Warum sich mit dem Zweitbesten zufrieden geben?

Beste Reismobil-Navigation für Urlauber!

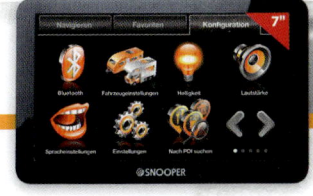

Rückfahrkameraanschluß

VENTURAPRO

VENTURA S8100 *7 Zoll Mobil*
NEU — DVB-T2 HD
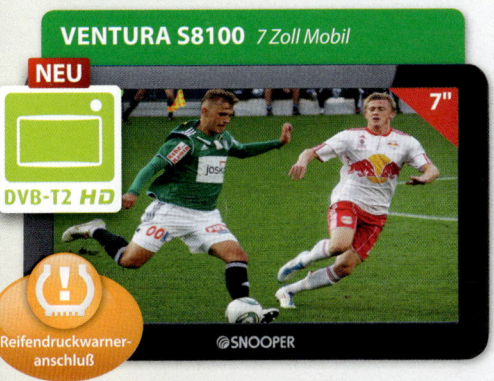
Reifendruckwarneranschluß

VENTURA S6800 *7 Zoll mobil*

Reifendruckwarneranschluß

VENTURA SC5800DVR
DVR Unfall-Fahrtenrekorder

Reifendruckwarneranschluß

Die speziell für Reisemobile und Caravans entwickelten Navigationssysteme beinhalten eine reisemobilspezifische Software, die die sicherste und effizienteste Route, unter Berücksichtigung der besonderen Anforderungen von Reisemobilen und Caravans an die Fahrstrecke wie z.B. Durchfahrtshöhen, Wendekreise, Tragfähigkeiten sowie auch die Straßenbeschaffenheit der Strecke berechnet. Hierzu muss vor Fahrantritt lediglich ein Profil des Fahrzeugs erfasst werden, wie Fahrzeugabmessung, Achslasten, Gesamtgewicht, Anhänger und Umweltzonen. Snooper hat zusammen mit den größten Camping- und Stellplatzspezialisten Europas (ACSI, Bordatlas, Camperstop und Alan Rogers) eine Suchfunktion nach persönlichen Ausstattungswünschen integriert, welche auf die umfangreichste verfügbare Datensammlung für Campingplätze (9.000 Stück) und Stellplätze (15.000 Stück) zugreift.

Tyre Pilot kompatibel

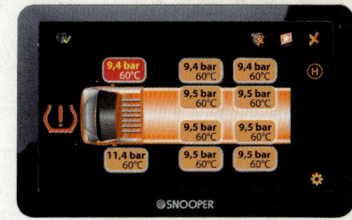
Reifendruckwarnsystemanschluss

Beschränkungen, die bei der Zielführung berücksichtigt werden:
 3,8m Höhe   5,5t Gewicht
 2m Breite   Keine Anhänger
 Länge 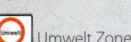 Umwelt Zone

Warnungen, die Ihnen mehr Sicherheit vermitteln:
 Steiler Anstieg voraus
 Steiles Gefälle voraus
 Enge Kurve voraus
 Seitenwinde
Schulen

Camping- und Stellplatzdatenbank:

Achtung! Lifetime-Karten, Stellplatz- und Campingplatz-Updates im Wert von 159,– € bei Navi-Kauf GRATIS!

 Maps for Life
Kartenmaterial von 48 Ländern, 36 davon mit spezieller Reisemobil-Navigation

 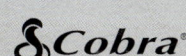

Car Guard Systems GmbH
Westfälische Straße 169c
44309 Dortmund

E-Mail: info@carguard.de
www.carguard.de
www.snooper-deutschland.de

Service: +49 (0)231 880 840 0
Technik: +49 (0)231 880 840 10
Fax: +49 (0)231 880 840 20

Zuverlässige Informationen
Jeden Sommer fahren 50 Teams der Facile Media durch Europa um die Stellplätze zu inspizieren. Die Kontrollen finden statt gemäß festgestellten Richtlinien. Die Kontrollen von diesen speziell trainierten begeisterten Reisemobilisten haben dazu beigetragen dass die Informationen in dem Führer so aktuell wie möglich sind. Das Ergebnis besteht aus über 9000 Stellplätzen und 7099 illustrativen Bildern.

Einmalige Weise um die Reisemobilstellplätze aufzufinden
Auf den 40 Landkarten sind die Stellplätze einfach aufzufinden. Direkt neben jeder Karte steht ein Ortsnameverzeichnis mit Landkartereferenz und Seitenummer wo der Ort in dem Führer aufgefunden werden kann. Auch wird hier die Art des Stellplatzes angedeutet. In einem Blick können Sie erkennen ob es sich handelt um einen Platz den Sie in Gedanken hatten. Um Ihnen weiter zu informieren wird auf der diesbezüglichen Seite die Ortschaft ausführlich umschrieben, meistens samt Bild.

GPS Datensets auf Ihr Navigationssystem
Zusätzlich zu diesem Führer können Sie über das Internet Datensets bestellen und herunterladen. Die Sets können in den meist üblichen Navigationssystemen heruntergeladen werden. Sie fahren so äußerst einfach zu den Reisemobilplätzen die in diesem Führer erwähnt werden. Mehr Information dazu treffen Sie auf Seite 8 an.

Werden Sie Fan und folgen uns auf Facebook:
facebook.com/CamperstopEurope

Weitere Informationen finden Sie unter:
camperstop.com/app

Vorwort

KOLOPHON

Herausgeber
Facile Media b.v., Oss
Landweerstraat-Zuid 109
5349 AK Oss
Postfach 555
NL-5340 AN Oss
Tel: +31 412 65 68 85
E-mail:
info@camperstop.com
Internet:
www.camperstop.com

Chefredakteur
Anne van den Dobbelsteen

Kartographie
MapCreator BV
www.mapcreator.eu
NAVTEQ

Druck
Grafica Editoriale,
Bologna, Italien

Vertrieb
GeoCenter Touristik
Medienservice GmbH
Stuttgart
Geo Regionalvertrieb,
Werner Klaus Bootz
Heiligenberg

Redaktionsschluss:
Oktober 2016

Anmerkungen oder
Verbesserungsvorschläge
sind immer willkommen:

Facile Media
Postfach 555
NL-5340 AN Oss
z. Hd.: Redaktion

E-mail:
info@camperstop.com

ISBN: 978-90-76080-47-5

Copyright 2016 Facile Media

Kein Teil dieses Werkes darf ohne schriftliche Einwilligung des Herausgebers in irgendeinerform (Fotokopie, Mikrofilm oder ein anderes Verfahren) reproduziert oder unter Verwendung elektronischer Systeme verarbeitet, vervielfältigt oder verbreitet werden. Facile Media prüft und aktualisiert die Informationen ständig. Trotz aller Sorgfalt können sich Daten inzwischen verändert haben. Eine Haftung oder Garantie für die Aktualität, Richtigkeit und Vollständigkeit der Informationen kann daher nicht übernommen werden.

20 Jahre Reisemobilstellplatzführer, niederländische Edition

Die 2017er Auflage der niederländischen Edition dieses Reiseführers ist 20 Jahre alt. Was 1997 als 336-seitiges niederländisches Sachbuch über die Beneluxstaaten und Frankreich begann, hat sich inzwischen zu einer umfangreichen Reiseführerserie mit 27 Ländern und 5 Sprachen entwickelt.

Unsere Camperstop-app ist bereits seit Frühjahr 2016 in den Appstores erhältlich. Die App lässt sich einfach benutzen, es steckt allerdings eine sehr komplizierte Technologie dahinter. Nach einem etwas holprigen Start, funktioniert die App aber mittlerweile zu unserer vollsten Zufriedenheit. Das Einschlagen dieses digitalen Wegs ist eine völlig neue Erfahrung für uns. Deshalb freuen wir uns sehr über Ihre Hilfe. Bitte geben Sie uns Feedback und schreiben Sie Bewertungen zu den Wohnmobilstellplätzen, die Sie besucht haben. So wird die App gemeinsam mit diesem Reiseführer zu einem überaus nützlichen und zuverlässigen Reisebegleiter für jede Wohnmobilreise.

Einige unserer Inspektoren haben in 2016 Wohnmobilstellplätze in Skandinavien besucht. Ich hoffe, dass die Fotos, die inzwischen die Informationen zu den Stellplätzen in Finnland, Schweden und Norwegen ergänzen, eine Inspiration für Sie sein werden, eine unvergessliche Reise in eines dieser Länder zu planen.

Wie jedes Jahr lasse ich Sie an einer unserer Reisen teilhaben. Im Juni 2016 fuhren wir nach Korsika und Sardinien. Ein atemberaubendes Erlebnis! Inselhüpfen mit dem Wohnmobil, die Nachtfähre von Genoa nach Bastia, dann von Bonifacio nach Santa Teresa Gallura in 50 Minuten und eine weitere Nachtfähre vom Golfo Aranci nach Livorno. Leider war es während der Überfahrt nicht möglich, in unserem Wohnmobil zu schlafen, aber die Übernachtung in einer Kabine ist ebenfalls bequem und am Morgen können Sie gut ausgeruht das Boot mit Ihrem Wohnmobil verlassen.

Korsika: eine Erinnerung an wundervolle Gerüche und schmale Straßen. Die Cap Corse Küstenstraße führt Sie über einen schmalen Weg vorbei an tiefen Abgründen, ist aber so wunderschön, dass es einem den Atem raubt. Der Pass, der direkt durch die Insel führt, ist fantastisch, aber auch hier ist Achtsamkeit geboten. Der ehemalige Saumpfad variiert in der Breite und Sie treffen unterwegs die unterschiedlichsten Tiere. Die wunderschönen Bountystrände südlich von Porto Vecchio und dem großartigen Bonifacio mit seinem malerischen Hafen und der Festung mit Wall, die hoch über dem Wasser thront, sind definitiv einen Besuch wert. Das Wetter in Korsika war enttäuschend, sodass wir unseren Besuch abgekürzt haben in der Hoffnung, dass die Wettergötter in Sardinien uns wohler gesinnt sein würden.

Die Fähre von Bonifacio aus bringt Sie innerhalb von 50 Minuten nach Sardinien. Nach kurzem Zögern ließ sich die Sonne häufiger blicken und das Thermometer kletterte auf eine angenehme Temperatur. Keine Menschenmengen, abwechslungsreiche Landschaften, atemberaubende Strände und köstliches Essen. Das macht Sardinien zu einem tollen Ziel für Wohnmobilreisen. Die zerklüftete Westküste, von der aus Sie abends den Sonnenuntergang betrachten können, hoch über dem Meer mit einem Glas Wein in Ihrer Hand. Die Ostküste mit ihren langen Sandstränden und einem azurblauen Meer, das Sie zu wundervollem Entspannen einlädt. Die gesamte Insel ist herrlich, aber Sie dürfen auf keinen Fall einen Besuch nach Orgosolo auslassen, einer Stadt mit vielen Wandmalereien sowie dem authentischen Bosa, wo Sie im Stadtzentrum die Nacht in Ihrem Wohnmobil verbringen können.

Ich hoffe, Sie fühlen sich durch diesen Reiseführer zu wunderschönen Reisen durch Europa mit dem Wohnmobil inspiriert.

Anne van den Dobbelsteen
Chefredakteur

Inhaltsverzeichnis

Wegweiser	7
Bequem mit GPS	8
Übersicht Tempolimits in Europa	10
Karten	12-78

AL - Albanien 85
AT - Österreich 87
Oberösterreich	87
Niederösterreich	88
Wien	91
Vorarlberg	92
Tirol	92
Salzburgerland	93
Steiermark	94
Kärnten	96
Burgenland	97

BA - Bosnien und Herzegowina 99
BE - Belgien 100
Westflandern	100
Ostflandern	102
Antwerpen	103
Flämisch Brabant	105
Limburg	106
Brüssel	108
Luttich	108
Hennegau	109
Namur	111
Luxemburg	111

CH - Schweiz 113
Schweiz West	113
Schweiz Nord	115
Schweiz Ost	115
Schweiz Süd	116

CZ - Tschechien 118
Böhmen	118
Mähren	118

DE - Deutschland 119
Schleswig-Holstein/Hamburg	119
Nieder-Sachsen/Bremen	130
Mecklenburg-Vorpommern	158
Sachsen Anhalt	166
Brandenburg/Berlin	171
Sachsen	175
Nordrhein Westfalen	178
Rheinland-Pfalz/Saarland	200
Hessen	226
Thüringen	238
Baden Württemberg	242
Bayern	264

DK - Dänemark 289
Jutland	289
Funen	298
Seeland, Møn, Lolland und Falster	299

ES - Spanien 303
Grün Spanien	303
Navarre/Rioja	309
Mittelmeer Gemeinschaften	310
Spanisch Inland	319
Andalusia	323

FI - Finnland 327
Südfinnland	327
Westfinnland	328
Ostfinnland	329
Oulu	329
Lappland	330
Åland	330

FR - Frankreich 331
Hauts-de-France	331
Grand Est	336
Normandie	351
Ile-de-France	363
Bretagne	364
Pays de la Loire	384
Centre-Val de Loire	400
Bourgogne-Franche-Comté	409
Auvergne-Rhône-Alpes	417
Nouvelle-Aquitaine	439
Okzitanien	469
Andorra	492
Provence-Alpes-Côte d'Azur	492
Korsika	500

GB - Vereinigtes Königreich 502
Nordirland	502
Schottland	502
Wales	506
England	507

GR - Griechenland 512
Zentral Griechenland	512
Peloponnes/Atikka	513
Griechenland Nord	517

HR - Kroatien 518
Istria/Kvarner Bucht	518
Dalmatien	520
Innenland	524

HU - Ungarn 525
Nordungarn	525
Große Ungarische Tiefebene	525
Mittelungarn	525
Balaton	525
Transdanubien	525

IE - Irland 527
Ulster	527
Connaught	527
Leinster	527
Munster	527

Inhaltsverzeichnis

IT - Italien 528
Aostatal 528
Piemont 529
Trentino Südtirol 538
Lombardei 542
Venetien 546
Friaul Julisch Venetien 550
Emilia-Romagna 552
Ligurien 558
Toskana 560
San Marino 569
Marken 570
Latium 575
Umbrien 579
Abruzzen 581
Molise 582
Apulien 582
Kampanien 584
Basilikata 585
Kalabrien 586
Sardinien 587
Sizilien 589

LU - Luxemburg 593
ME - Montenegro 595
NL - Niederlande 596
Nordholland 596
Friesland 598
Gröningen 603
Drenthe 605
Overijssel 606
Flevoland 610
Geldern 611
Utrecht 616
Südholland 617
Seeland 620
Nordbrabant 622
Limburg 625

NO - Norwegen 628
Nordnorwegen 628
Trøndelag 629
Westnorwegen 630
Südnorwegen 633
Ostnorwegen 634

PL - Polen 636
Westpommern 636
Pommern 636
Ermland-Masuren 637
Lebus 637
Großpolen 637
Masowien 637
Niederschlesien 637
Oppeln 637
Łódź 637
Kleinpolen 637
Karpatenvorland 638

PT - Portugal 639
Portugal Nord 639
Beira 643
Portugal Zentral und Lissabon 647
Alentejo 650
Algarve 654

RO - Rumänien 657
Transsilvanien 657
Moldau 658
Dobrudscha 658
Banat 658
Walachei 658

SE - Schweden 659
Stockholm 659
Västerbotten 659
Norrbotten 659
Uppsala 660
Södermanland 660
Östergötland 660
Jönköping 660
Kronoberg 661
Kalmar 661
Gotland 663
Blekinge 663
Skåne 663
Halland 665
Västra Götaland 665
Värmland 665
Örebro 666
Västmanland 666
Dalarna 666
Gävleborg 666
Västernorrland 666
Jämtland 666

SK - Slowakei 667
SI - Slowenien 668
Slowenien West 668
Slowenien Ost 670

Ortsnamenverzeichnis 674

NEU

Oyster® V

Die neue Oyster® V, kompakt, leicht und äußerst stabil durch Einsatz hochwertiger Materialien. Die SAT-Antenne, mit ihrer Top Reichweite, ist extrem schnell auf Empfang und weiß durch integriertes GPS, 3D-Kompass und Neigungssensor immer, wo die Satelliten sind. Nervige Rundumläufe entfallen.

Ein komplett neues Steuerkonzept ermöglicht einfache Bedienung, auch wahlweise durch Smartohone und Tablet. Die Updates kommen per Oyster®-App direkt auf das Smartphone und können immer und überall ins System eingepflegt werden. Technische Störungen können einfach ausgelesen und analysiert werden. Die Ein-Kabel-Lösung benötigt nur ein einziges spezielles Koaxkabel für Steuerung, Stromversorgung und Signalübertragung. **3 Jahre Herstellergarantie.**

Made in Germany

ten Haaft GmbH · Neureutstraße 9 · DE-75210 Keltern
Tel: +49 (0)72 31/58588-0 · Fax: +49 (0)72 31/58588-199 · www.ten-haaft.com

Wegweiser

Suchen in einer Region
Im Inhaltsverzeichnis, am Anfang des Führers, kann man eine Region in bevorzugtem Land suchen. Auf der Seite der Region zeigt eine Karte die unterschiedlichen Provinzen/Departements mit der entsprechenden Seitenangabe.

Übersichtskarten
In der Übersichtskarte auf Seite 10-11 sind die Länder aufgeteilt in Fächer. Die Nummer bei jedem Fach, ist die Kartennummer der betreffenden Karte. Die roten Punkte auf der Karte geben den Standort des jeweiligen Ortes an. Bei jeder Karte steht ein Index mit den Ortsnamen die auf der Karte vorkommen. Der Index zeigt den Ortsnamen, Art des Wohnmobilplatzes, Kartencode und Seitennummer an. Auf diese Weise kann die Beschrei-bung des Wohnmobilplatzes schnell gefunden werden.

Suchen nach Ort
Wenn Sie nach einem Reisemobilplatz in einem bestimmten Ort suchen, können Sie im Index ganz hinten im Führer schauen. Dort finden Sie den angebotenen Service, die Hinweise nach betreffenden Übersichtskarten und die Seitennummer mit Informationen.

Jedes Land hat seine eigenen Richtlinien
Wenn Sie reisen, bedenken Sie, dass jedes Land seine eigenen Richtlinien und Regelungen hat. Auf der ersten Seite jedes Landes finden Sie diese Richtlinien.

Empfehlung
Es wird empfohlen während der Reise rechtzeitig einen Übernachtungsplatz zu suchen. Es könnte sein, dass der ausgewählte Platz besetzt ist und nach einer Alternativen gesucht werden muss.

Ausstattung
- Wohnmobilstellplatz, wenn die Zahl der Plätze und die Tarife bekannt sind, werden sie erwähnt.
- Stellplatz wird vor Ort ausgeschildert
- Stellplatz wird im Ort ausgeschildert
- Stellplatz wird nicht ausgeschildert

Zahlung
- Die Stellplatzgebühr wird inkassiert
- Parkautomat
- Zahlung nur mit Kreditkarte/Bankkarte
- Zahlung mit Bargeld und Kreditkarte/Bankkarte

S Ver- und Entsorgung
Dieses Symbol zeigt an, dass es hier Ver- und Entsorgung gibt.

Dieser Service kann sein:
- Wasserentnahme
- Entsorgung Grauwasser
- Ch Entsorgung chemische Toilette
- Strom-Ladepunkt Batterie
- Stromanschluss (meistens jeder Platz)
- WC Toiletten
- Duschen
- Waschmaschine/ Wäschetrockner vor Ort
- WLAN/Hotspot

Beschreibung Wohnmobilstellplatz
Die Information pro Wohnmobilstellplatz fängt immer mit einem gefärbten Viereck an, in dem die Art des Stellplatzes, die Ortsnamen und Hinweise nach der Karte angeben sind. Direkt darunter stehen die Namen, Anschriften, die GPS-Koordinaten und die Symbole ob der Stellplatz angegeben wird, mit einem Foto. Unter dem Foto wird angegeben wie viele Plätze vorhanden sind, die Kosten des Platzes, die angebotenen Einrichtungen und Öffnungsdauer. Danach folgen, wenn bekannt, die Abstände z.B. Ortsmitte, Geschäfte und Restaurants und spezielle Eigenschaften bezüglich des Wohnmobilplatzes.

Wohnmobilstellplätze

 WOHNMOBILPARK
Dieses Symbol zeigt einen Wohnmobilpark an; ein Stellplatz mit umfangreichen Einrichtungen und durchgehend besetztem Empfang.

OFFIZIELLER ÜBERNACHTUNGSPLATZ
Dieses Symbol zeigt einen Platz zum Übernachten.

ZUGELASSERNER PLATZ
In einigen Ländern werden zugelassene Plätze erwähnt. Dies heißt, dass es offiziell verboten wird, aber dass bis zu diesem Punkt diese Plätze noch durch lokale Behörden zugelassen werden. Folglich kann es auch auftreten, dass sich diese Richtlinie schon geändert hat. Dennoch werden diese Plätze im Führer erwähnt, weil sie häufig von vielen Reisemobilisten besucht werden.

 ÜBERNACHTEN BEIM HAFEN/YACHTHAFEN
Übernachten is möglich im Hafen oder Yachthafen, oft bieten diese Plätze schöne Aussicht.

ÜBERNACHTEN AUF DEM BAUERNHOF/BEIM WINZER
Übernachtung möglich mit einem Reisemobil beim Bauernhof/Winzer.

 ÜBERNACHTUNG BEI GASTSTÄTTE
Stellplätze auf dem Parkplatz bei Hotels, Gaststätten oder Cafe´s. Es wird Wert darauf gelegt, hier auch die Mahlzeit einzunehmen. Bei einigen Restaurantskann man nur nach der Mahlzeit übernachten. Manchmal ist ein kleines Entgelt angebracht.

 ÜBERNACHTEN BEIM KURORT
Eine zunehmende Anzahl von Kurorten/Thermen bieten Wohnmobilfahrern die Möglichkeit bei diesen Komplexen zu übernachten, meistens in Deutschland.

 ÜBERNACHTEN BEI ZOO/MUSEUM/FREIZEITPARK
Zoos, Museen und Freizeitparks bieten die Möglichkeit zum Übernachten. Besuch nicht immer obligatorisch.

 ÜBERNACHTEN FIRMENGELÄNDE
Verschiedene Betriebe bieten die Möglichkeit der Übernachtung mit dem Wohnmobil.

 ÜBERNACHTEN VOR CAMPINGPLATZ
Man darf mit dem Wohnmobil vor dem Eingang (Parkplatz) des Campingplatzes übernachten.

A CAMPINGPLATZ
Genannte Campingplätze verfügen manchmal über spezielle (befestigte) Plätze. Nach Campingplatztarif.

P PARKEN
Parkplatz für Wohnmobile, häufig in den großen Städten und/oder in den touristischen Orten, kostenlos oder gegen Bezahlung. Bitte Beachten: keine Übernachtungsmöglichkeit.

Bequem mit GPS

GPS-Koordinaten downloaden

Es ist möglich, GPS-Koordinaten von den Stellplätze in diesem Führer zu downloaden von www.camperstop.com. Die Dateien sind für die meisten Navigationssysteme verwendbar. Die Daten, die in das Navigationssystem eingelesen werden, sind die GPS-Koordinaten, Platzname, mit Adresse und die Seitenangabe in diesem Führer. Auf dieser Seite ist der ausgewählte Platz zu finden und mit allen Einzelheiten beschrieben.

Ein genannter Ort im Navigationssystem bedeutet, dass er jede möglichen Ausstattung haben kann, die im Führer erwähnt ist. Es kann ein Übernachtungsplatz mit oder ohne Ver- und Entsorgung sein, nur ein Platz mit Ver- und Entsorgung, aber auch ein Büro der Touristinformation oder ein Campingplatz.

Ab dem Ort, wo Sie sich gerade befinden, gibt das Navigationssystem an, wo der nächstgelegene Platz zu finden ist. Im Führer ist beschrieben, um welche Art von Platz es sich handelt. Wenn Sie Ihre Wahl getroffen haben, werden Sie ohne Probleme zu diesem Ort navigiert.

Die Kosten für den Download betragen € 3,25 pro Land/Dataset. Die Niederlande/Belgien/Luxemburg werden als ein Land betrachtet, ebenfalls auch Österreich und die Schweiz, und Spanien/Portugal.

Wie der Download funktioniert, wird ausführlich auf der Internetseite www.camperstop.com beschrieben. Sie finden hier auch weitere Informationen für den entsprechenden Download für die verschiedenen Navigationssysteme.

Unterwegs: Frankreich - Nord-West Küste

CAMPERSTOP-APP
Powered by Facile Media

- ✓ On-/offline* Verwendung
- ✓ Smartphone/Tablet
- ✓ Navi-Verbindung
- ✓ Daten des Führers Reisemobilplätze Europa
- ✓ Wettervorhersage*
- ✓ Reviews

*Camperstop-Pro

Facile Media - Landweerstraat-zuid 109, NL-5349 AK Oss - Postbus 555, NL-5340 AN Oss
T: +31 (0)412 65 68 85 - E: info@camperstop.com - I: camperstop.com

camperstop.com/app

Tempolimits in Europa

In Europa bestehen Unterschiede bei den Tempolimits für Wohnmobile. Jedes Land hat andere Geschwindigkeitsbegrenzungen. Die folgende Tabelle gibt eine Übersicht über die Regelungen in Europa.

Auch hat jedes Land unterschiedliche Regelungen wenn es geht um Sachen wie Warndreieck, Warnweste oder Verbandkasten. Diese Informationen finden Sie hier unter auf einen Blick.

Land	Ortsgebiet	Landstraße <3,5T	Landstraße >3,5T	Expressstraße <3,5T	Expressstraße >3,5T	Autobahn <3,5T	Autobahn >3,5T	Obligatorisch
AL Albanien	40	80	70	90	70	110	80	Warndreieck, Verbandkasten
A Österreich	50	100	70			130	80	Warndreieck, Warnweste, Verbandkasten. A10-A12-A13-und A14: 22-05 Uhr max. 110Km/Std.
B Belgien	50	90	90			120	90	Warndreieck, Warnweste
BIH Bosnien und Herzegowina	50	80	80	100	80	130	80	Warndreieck, Warnweste, Feuerlöscher, Verbandkasten, Ersatzglühlampen
CH Schweiz	50	80	80	100	80	120	80	Warndreieck, Warnweste, Ersatzglühlampen
CZ Tschechien	50	90	80	120	80	130	80	Warndreieck, Warnweste, Verbandkasten, Ersatzglühlampen
D Deutschland	50	100	80	130	100	130	100	Warndreieck, Warnweste, Verbandkasten, Ersatzglühlampen. 130Km/Std ist Richtgeschwindigkeit.
DK Dänemark	50	80	70	110	80	130	80	Warndreieck, Warnweste, Feuerlöscher, Ersatzglühlampen
ES Spanien	50	80	80	90	80	100	90	Warndreieck, Warnweste
FIN Finnland	50	80	80	100	80	100	80	Warndreieck, Ersatzglühlampen
F Frankreich	50	90	80	110	100	130	110	Warndreieck, Warnweste. Geschwindigkeit bei trockener Straße. Warnweste auch für Radler. Alkoholtestset.
GB Großbritannien	30	60	50	70	60	70	70	30mph=48km 50mph=80km 60mph=96km 70mph=112km Geschwindigkeit in Miles/Std
GR Griechenland	50	90	90	110	90	120	90	Warndreieck, Feuerlöscher, Verbandkasten
HR Kroatien	50	90	80	110	80	130	90	Warndreieck, Warnweste, Verbandkasten. Ersatzglühlampen.
HU Ungarn	50	90	70	110	70	130	80	Warndreieck, Warnweste, Feuerlöscher, Verbandkasten, Ersatzglühlampen

	Ortsgebiet	Landstraße		Expressstraße		Autobahn		Obligatorisch:
IRL Irland	50	80		100 <3,5T	80 >3,5T	120 <3,5T	80 >3,5T	Warndreieck, Warnweste, Feuerlöscher, Verbandkaste
I Italien	50	90 <3,5T	80 >3,5T	110 <3,5T	80 >3,5T	130 <3,5T	100 >3,5T	Warndreieck, Warnweste, Tageslicht* — Geschwindigkeit bei trockener Straße. * Außerorts.
L Luxemburg	50	90 <3,5T	75 >3,5T			130 <3,5T	90 >3,5T	Warndreieck, Warnweste — Geschwindigkeit bei trockener Straße.
MNE Montenegro	50	80		100 <3,5T	80 >3,5T	100 <3,5T	80 >3,5T	Warndreieck, Warnweste, Verbandkaste
NL Niederlande	50	80		100 <3,5T	80 >3,5T	130 <3,5T	80 >3,5T	Warndreieck — >3,5 ton = Wohnmobil auf Bus oder LKW-Basis.
N Norwegen	50	80		90 <3,5T	80 >3,5T	100 <3,5T	80 >3,5T	Warndreieck, Warnweste, Feuerlöscher, Tageslicht
PL Polen	50	90 <3,5T	70 >3,5T	120 <3,5T	80 >3,5T	140 <3,5T	80 >3,5T	Warndreieck, Warnweste, Feuerlöscher, Verbandkaste, Tageslicht
P Portugal	50	90 <3,5T	80 >3,5T	100 <3,5T	80 >3,5T	120 <3,5T	90 >3,5T	Warnweste, Tageslicht
RO Rumänien	50	80		90 <3,5T	80 >3,5T	120 <3,5T	110 >3,5T	Warndreieck, Warnweste, Feuerlöscher, Verbandkaste, Tageslicht
S Schweden	50	70		100 <3,5T	70 >3,5T	120 <3,5T	80 >3,5T	Warndreieck, Warnweste, Feuerlöscher, Verbandkaste, Tageslicht
SLO Slowenien	50	90 <3,5T	80 >3,5T	100 <3,5T	80 >3,5T	130 <3,5T	80 >3,5T	Warndreieck, Warnweste, Feuerlöscher, Verbandkaste, Tageslicht — Ersatzglühlampen.
SK Slowakei	60	90		90 <3,5T	80 >3,5T	130 <3,5T	90 >3,5T	Warndreieck, Warnweste, Verbandkaste, Tageslicht

 Warndreieck    Warnweste    Feuerlöscher    Verbandkaste   Tageslicht   empfohlen

Angaben basieren auf den zum Druckdatum (November 2016) gültigen Informationen.

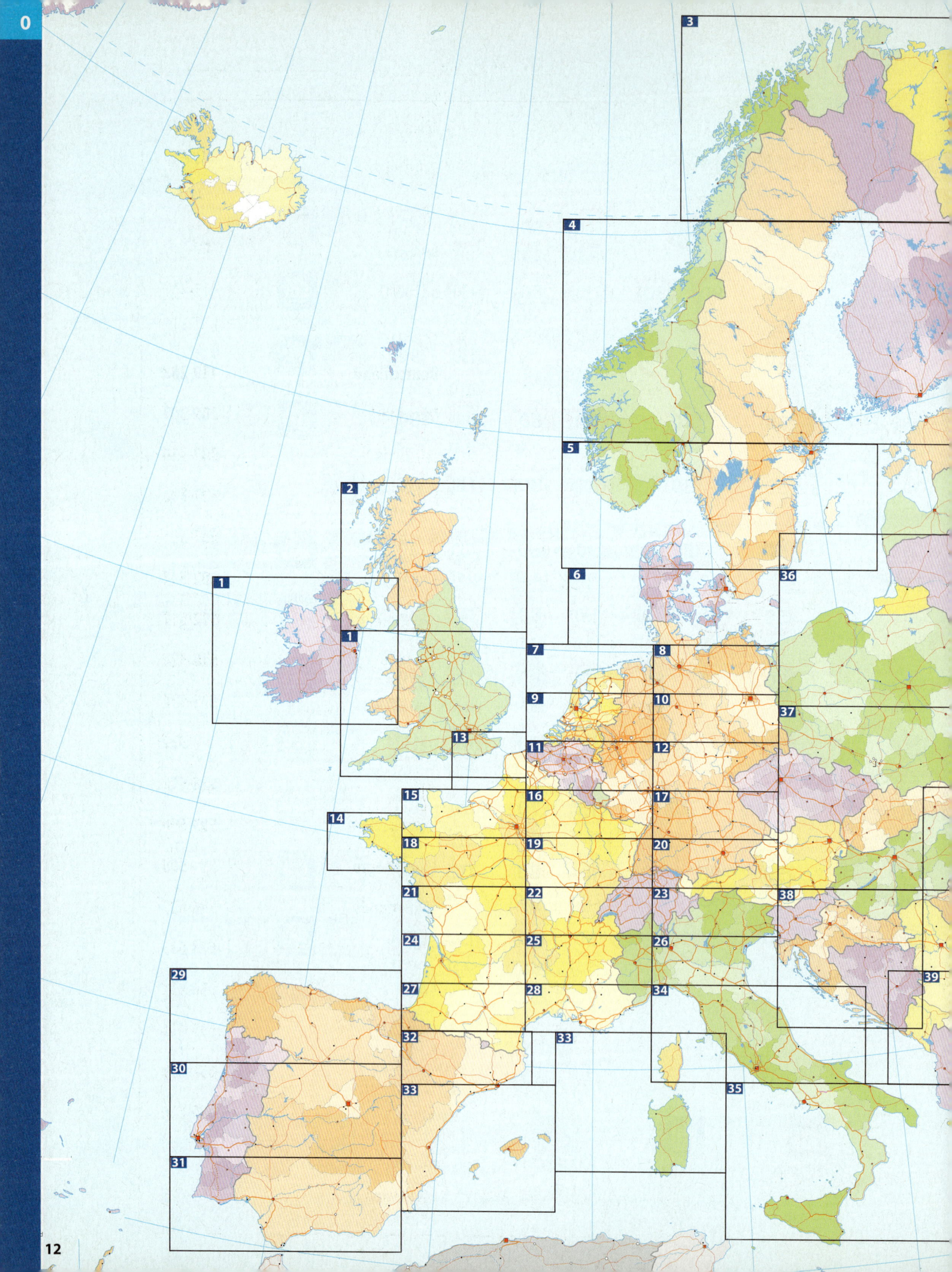

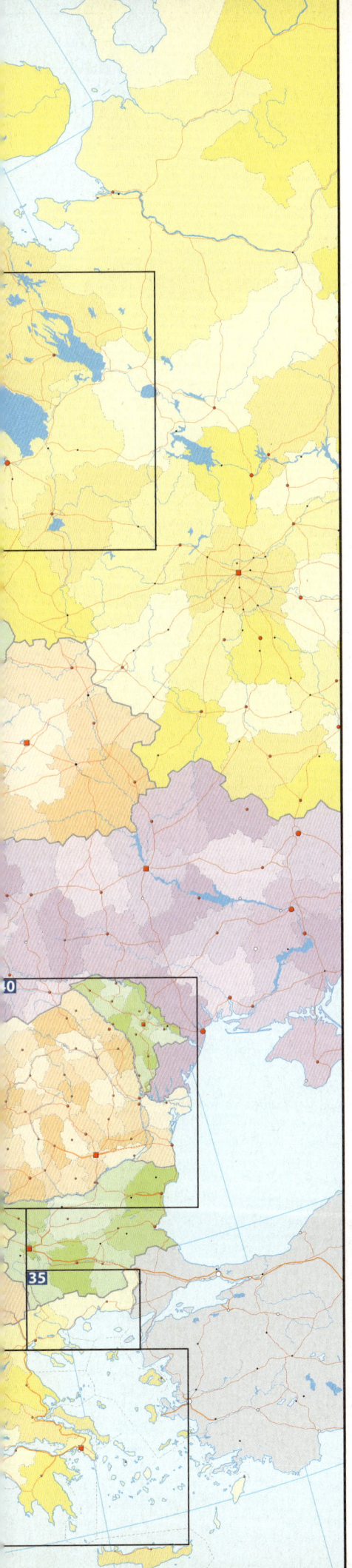

Übersichtskarte

AL	Albanien	85-86
AT	Österreich	87-98
BA	Bosnien und Herzegowina	99
BE	Belgien	100-112
CH	Schweiz	113-117
CZ	Tschechien	118
DE	Deutschland	119-288
DK	Dänemark	289-302
ES	Spanien	303-326
FI	Finnland	327-330
FR	Frankreich	331-501
GB	Grossbritannien	502-511
GR	Griechenland	512-517
HR	Kroatien	518-524
HU	Ungarn	525-526
IE	Irland	527
IT	Italien	528-592
LU	Luxemburg	593-594
ME	Montenegro	595
NL	Niederlande	596-627
NO	Norwegen	628-635
PL	Polen	636-638
PT	Portugal	639-656
RO	Rumänien	657-658
SE	Schweden	659-666
SK	Slowakei	667
SL	Slowenien	668-673

Abergynolwyn (GB)		1D3	506	Crickhowell (GB)		1F2	506	New Milton (GB)		1F3	509
Abingdon (GB)		1G2	507	Donaghadee (GB)		1D1	502	Newhaven (GB)		1G3	509
Aghadowey (GB)		1C1	502	Donegal (IE)		1C1	527	Newnham on Severn (GB)		1F2	509
Aldershot (GB)		1G3	507	Dover (GB)		1H3	508	Newton (GB)		1F2	507
Antrim (GB)		1D1	502	Dunfanaghy (IE)		1C1	527	Newton Abbot (GB)		1F3	509
Appledore (GB)		1E3	507	Galway (IE)		1B2	527	Newton Steward (GB)		1D1	505
Arundel (GB)		1G3	507	Girvan (GB)		1D1	504	Newtownards (GB)		1D1	502
Askeaton (IE)		1B2	527	Glenmalure (IE)		1C2	527	Oldham (GB)		1F1	509
Ballinamallard (GB)		1C1	502	Great Missenden (GB)		1G2	508	Pickering (GB)		1G1	509
Ballinskellig (IE)		1A3	527	Hay-on-Wye (GB)		1F2	507	Portrush (GB)		1C1	502
Ballymoney (GB)		1C1	502	Hayling Island (GB)		1G3	508	Portumna (IE)		1B2	527
Bideford (GB)		1E3	508	Holsworthy (GB)		1E3	509	Praa Sands (GB)		1E3	509
Bourton-on-the-Water (GB)		1G2	508	Huntingdon (GB)		1G2	509	Presteigne (GB)		1F2	507
Brecon (GB)		1D3	506	Ipswich (GB)		1H2	509	Rake (GB)		1G3	510
Broughshane (GB)		1D1	502	Irvine (GB)		1D1	504	Scarborough (GB)		1G1	510
Bude (GB)		1E3	508	Ivybridge (GB)		1E3	509	Sewerby (GB)		1G1	510
Builth Wells (GB)		1F2	506	Kirkcudbright (GB)		1D1	505	Southampton (GB)		1G3	510
Buncrana (IE)		1C1	527	Knighton (GB)		1F2	507	St Austell (GB)		1E3	510
Bury St Edmunds (GB)		1H2	508	Lendalfoot (GB)		1D1	505	St Ives (GB)		1G2	510
Canterbury (GB)		1H3	508	Liscanor (IE)		1B2	527	St Jidgey (GB)		1E3	510
Carrickfergus (GB)		1D1	502	Llandrindod Wells (GB)		1F2	507	Staple Fitzpaine (GB)		1F3	510
Castletownbere (IE)		1B3	527	Llanidloes (GB)		1E3	507	Stoke St Gregory (GB)		1F3	510
Cheltenham (GB)		1F2	508	Lochwinnoch (GB)		1D1	505	Stratford-upon-Avon (GB)		1G2	510
Chester (GB)		1F1	508	Maidstone (GB)		1H3	509	Tarrington (GB)		1F2	510
Cirencester (GB)		1F2	508	Mevagissey (GB)		1E3	509	Templeboy (IE)		1B1	527
Cobh (IE)		1B3	527	Midleton (IE)		1B3	527	Tenby (GB)		1D3	510
Corraguan (IE)		1B2	527	Moelfre (GB)		1D2	507	Thaxted (GB)		1G2	510
Crediton (GB)		1F3	508	Nantgaredig (GB)		1D3	507	Tintagel (GB)		1E3	510

Torrington (GB)	🅢	1E3	511
Welshpool (GB)	🅢S	1F2	507
Westward Ho! (GB)	🅢	1E3	511
Whaplode St Catherines (GB)	🍽S	1G2	511
Whitehead (GB)	🅢S	1D1	502
Winchester (GB)	🅢	1G3	511
Yeovil (GB)	🅢S	1F3	511

15

Place	Grid	Page
Aberdeen (GB)	2C2	502
Aberlour (GB)	2B1	503
Ardfern (GB)	2A2	503
Ardmair (GB)	2B1	503
Auchtertyre (GB)	2A1	503
Balchrick (GB)	2B1	503
Ballachulish (GB)	2B2	503
Balmacara (GB)	2A1	503
Banff (GB)	2C1	503
Callander (GB)	2B2	503
Cruden Bay (GB)	2C1	503
Cullen (GB)	2B1	503
Dumfries (GB)	2B3	504
Dundonnell (GB)	2B1	504
Dunthulm (GB)	2A1	504
Durness (GB)	2B1	504
Easdale (GB)	2A2	504
Falkirk (GB)	2B2	504
Fettercairn (GB)	2B2	504
Fort William (GB)	2A2	504
Glenbrittle (GB)	2A1	504
Hawick (GB)	2B3	504
Helensburgh (GB)	2B2	504
Jedburgh (GB)	2B3	504
Kalnakill (GB)	2A1	505
Kilchoan (GB)	2A2	505
Kylesku (GB)	2B1	505
Luskentyre (GB)	2A1	505
Moffat (GB)	2B3	505
New Abbey (GB)	2B3	505
Northcumberland (GB)	2C2	509
Oban (GB)	2A2	505
Scourie (GB)	2B1	505
Seilebost (GB)	2A1	506
Shawbost (GB)	2A1	506
Sligachan (GB)	2A1	506
Tomintoul (GB)	2B2	506
Uig (GB)	2A1	506

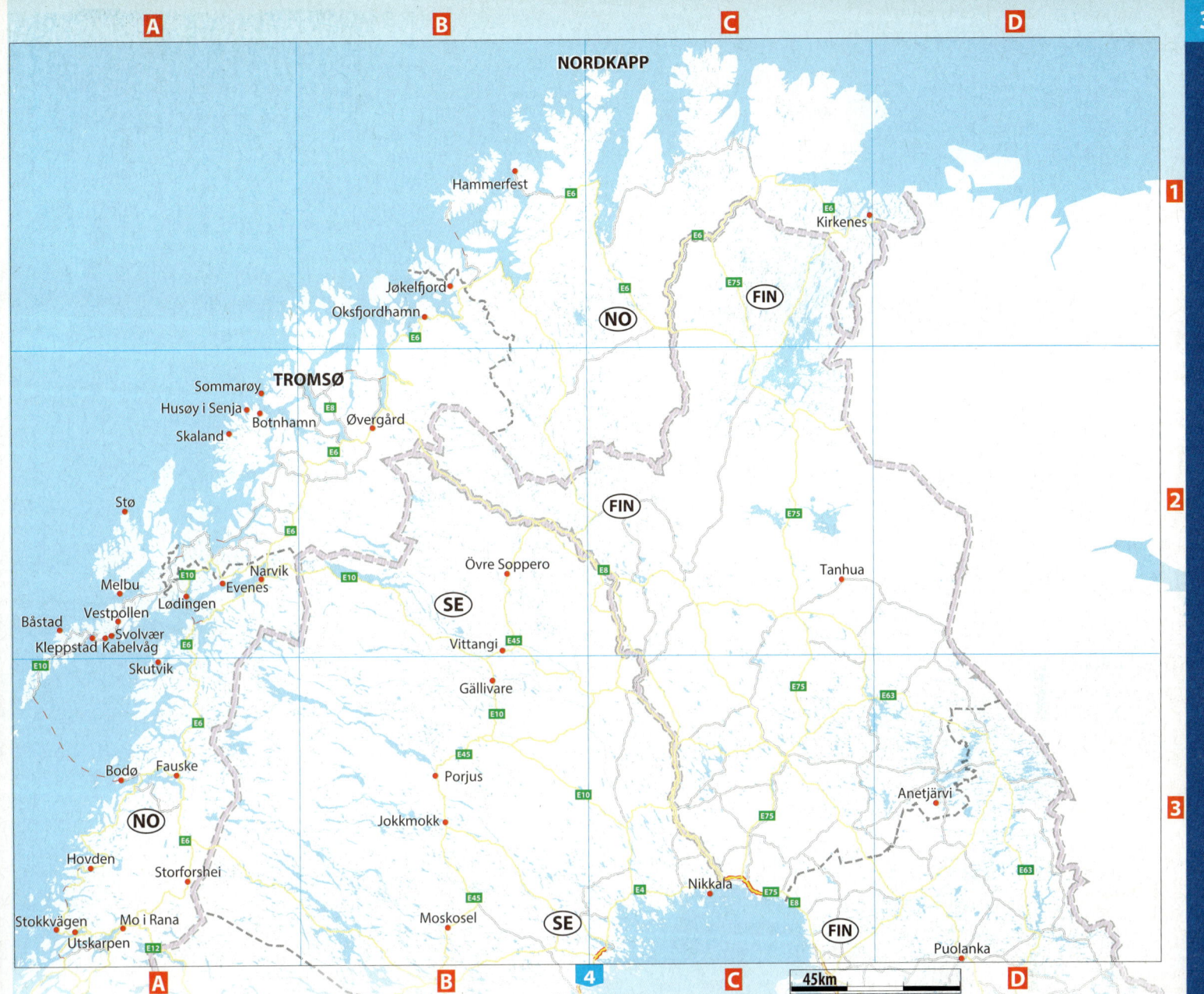

Anetjärvi (FI)		3D3	330	Sommarøy (NO)		3A2	629
Båstad (NO)		3A2	628	Stokkvägen (NO)		3A3	629
Bodø (NO)		3A3	628	Storforshei (NO)		3A3	629
Botnhamn (NO)		3A2	628	Stø (NO)		3A2	629
Evenes (NO)		3A2	628	Svolvær (NO)		3A2	629
Fauske (NO)		3A3	628	Tanhua (FI)		3C2	330
Gällivare (SE)		3B3	659	Utskarpen (NO)		3A3	629
Hammerfest (NO)		3A2	628	Vestpollen (NO)		3A2	629
Hovden (NO)		3A3	628	Vittangi (SE)		3B2	660
Husøy i Senja (NO)		3A2	629	Øvergård (NO)		3B2	629
Innhavet (NO)		3A2	629				
Jokkmokk (SE)		3B3	660				
Jøkelfjord (NO)		3B1	629				
Kabelvåg (NO)		3A2	629				
Kirkenes (NO)		3C1	629				
Kleppstad (NO)		3A2	629				
Lødingen (NO)		3A2	629				
Melbu (NO)		3A2	629				
Mo i Rana (NO)		3A3	629				
Moskosel (SE)		3B3	660				
Narvik (NO)		3A2	629				
Nikkala (SE)		3C3	660				
Oksfjordhamn (NO)		3B1	629				
Övre Soppero (SE)		3B2	660				
Porjus (SE)		3B3	660				
Puolanka (FI)		3D3	329				
Skaland (NO)		3A2	629				
Skutvik (NO)		3A3	629				

Siikajoki (FI)	S	4E1	329	Ylivieska (FI)	S	4E1	329
Skatan (SE)	S	4D2	666	Ylönkylä (FI)	S	4E3	329
Skellefteå (SE)	S	4D1	659	Øydegard (NO)	S	4A2	633
Skreia (NO)		4B3	634			
Smedjebacken (SE)	S	4C3	666			
Sollerön (SE)	S	4C3	666			
Stjärnsund (SE)	S	4C3	666			
Sulkava (FI)		4F2	329			
Svelgen (NO)		4A3	632			
Svenstavik (SE)	S	4C2	666			
Sykkylven (NO)	S	4A2	632			
Tärnaby (SE)	S	4C1	659			
Tjøvåg (NO)	S	4A2	632			
Tresfjord (NO)	S	4A2	632			
Trofors (NO)		4B1	630			
Trondheim (NO)		4B2	630			
Tuuri (FI)	S	4E2	329			
Tyristrand (NO)		4B3	635			
Uvdal (NO)		4B3	635			
Vaajakoski (FI)	S	4E2	329			
Vaasa (FI)	S	4D2	329			
Vågå (NO)		4B3	635			
Västerås (SE)	S	4D3	666			
Vevelstad (NO)		4B1	629			
Viitasaari (FI)	S	4E1	329			
Viksdalen (NO)	S	4A3	633			
Vilhelmina (SE)	S	4C1	659			
Vormsele (SE)		4C1	659			
Ylämaa (FI)	S	4F2	328			
Säter (SE)		4C3	666			

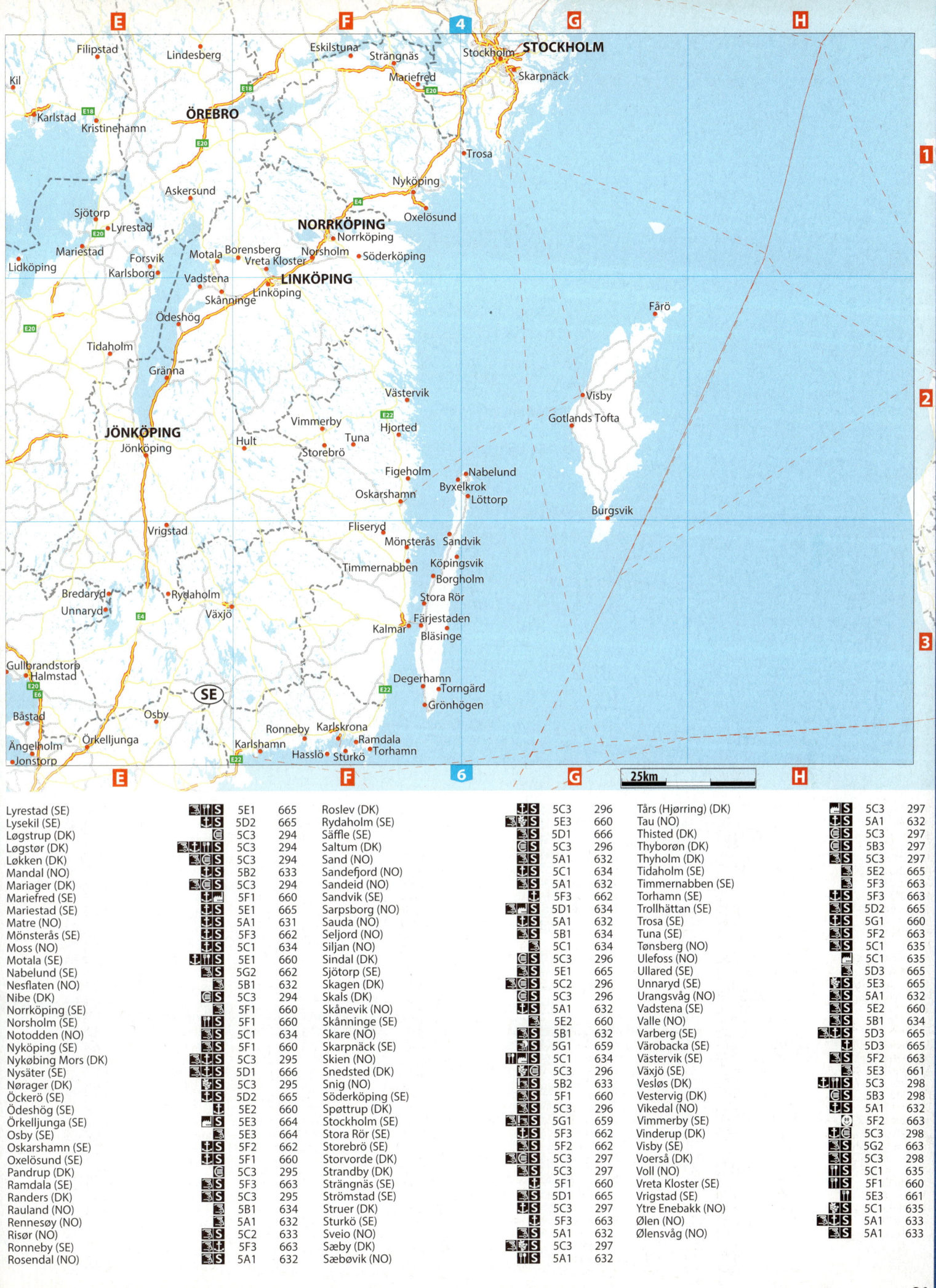

Name		Grid	Page
Lyrestad (SE)	🏛️⛴️S	5E1	665
Lysekil (SE)	⚓S	5D2	665
Løgstrup (DK)	C	5C3	294
Løgstør (DK)	🏛️⛴️S	5C3	294
Løkken (DK)	🏛️CS	5C3	294
Mandal (NO)	S	5B2	633
Mariager (DK)	🏛️CS	5C3	294
Mariefred (SE)	🏛️	5F1	660
Mariestad (SE)	⚓S	5E1	665
Matre (NO)		5A1	631
Mönsterås (SE)	⚓S	5F3	662
Moss (NO)	⚓	5C1	634
Motala (SE)	🏛️⚓S	5E1	660
Nabelund (SE)	S	5G2	662
Nesflaten (NO)		5B1	632
Nibe (DK)	CS	5C3	294
Norrköping (SE)	⚓S	5F1	660
Norsholm (SE)	🏛️S	5F1	660
Notodden (NO)	S	5C1	634
Nyköping (SE)	⚓S	5F1	660
Nykøbing Mors (DK)	🏛️⚓S	5C3	295
Nysäter (SE)	🏛️⚓S	5D1	666
Nørager (DK)	S	5C3	295
Öckerö (SE)	⚓S	5D2	665
Ödeshög (SE)	🏛️	5E2	660
Örkelljunga (SE)		5E3	664
Osby (SE)	S	5E3	664
Oskarshamn (SE)	⚓S	5F2	662
Oxelösund (SE)	⚓S	5F1	660
Pandrup (DK)	C	5C3	295
Ramdala (SE)	S	5F3	663
Randers (DK)	S	5C3	295
Rauland (NO)		5B1	634
Rennesøy (NO)		5A1	632
Risør (NO)		5C2	633
Ronneby (SE)	⚓S	5F3	663
Rosendal (NO)	S	5A1	632
Roslev (DK)		5C3	296
Rydaholm (SE)	🏛️S	5E3	660
Säffle (SE)		5D1	666
Saltum (DK)		5C3	296
Sand (NO)		5A1	632
Sandefjord (NO)	⚓S	5C1	634
Sandeid (NO)		5A1	632
Sandvik (SE)		5F3	662
Sarpsborg (NO)	⚓S	5D1	634
Sauda (NO)		5A1	632
Seljord (NO)		5B1	634
Siljan (NO)		5C1	634
Sindal (DK)	C	5C3	296
Sjötorp (SE)	S	5E1	665
Skagen (DK)	🏛️CS	5C2	296
Skals (DK)	S	5C3	296
Skånevik (NO)		5A1	632
Skånninge (SE)		5E2	660
Skare (NO)		5B1	632
Skarpnäck (SE)		5G1	659
Skien (NO)	⚓	5C1	634
Snedsted (DK)		5C3	296
Snig (NO)		5B2	633
Söderköping (SE)	⚓S	5F1	660
Spøttrup (DK)		5C3	296
Stockholm (SE)	🏛️⚓S	5G1	659
Stora Rör (SE)	S	5F3	662
Storebrö (SE)		5F2	662
Storvorde (DK)	🏛️CS	5C3	297
Strandby (DK)		5C3	297
Strängnäs (SE)	S	5F1	660
Strömstad (SE)		5D1	665
Struer (DK)		5C3	297
Sturkö (SE)	⚓	5F3	663
Sveio (NO)		5A1	632
Sæby (DK)	⚓S	5C3	297
Sæbøvik (NO)	🏛️S	5A1	632
Tårs (Hjørring) (DK)	S	5C3	297
Tau (NO)	⚓S	5A1	632
Thisted (DK)	CS	5C3	297
Thyborøn (DK)	CS	5B3	297
Thyholm (DK)		5C3	297
Tidaholm (SE)		5E2	665
Timmernabben (SE)		5F3	663
Torhamn (SE)		5F3	663
Trollhättan (SE)	S	5D2	665
Trosa (SE)	⚓S	5G1	660
Tuna (SE)		5F2	663
Tønsberg (NO)		5C1	635
Ulefoss (NO)		5C1	635
Ullared (SE)		5D3	665
Unnaryd (SE)		5E3	665
Urangsvåg (NO)		5A1	632
Vadstena (SE)		5E2	660
Valle (NO)		5B1	634
Varberg (SE)	⚓S	5D3	665
Värobacka (SE)		5D3	665
Västervik (SE)	S	5F2	663
Växjö (SE)		5E3	661
Vesløs (DK)	⚓S	5C3	298
Vestervig (DK)	CS	5B3	298
Vikedal (NO)	⚓S	5A1	632
Vimmerby (SE)		5F2	663
Vinderup (DK)	CS	5C3	298
Visby (SE)	S	5G2	663
Voerså (DK)	S	5C3	298
Voll (NO)	🏛️S	5C1	635
Vreta Kloster (SE)	🏛️S	5F1	660
Vrigstad (SE)		5E3	661
Ytre Enebakk (NO)	⚓S	5C1	635
Ølen (NO)	⚓S	5A1	633
Ølensvåg (NO)	S	5A1	633

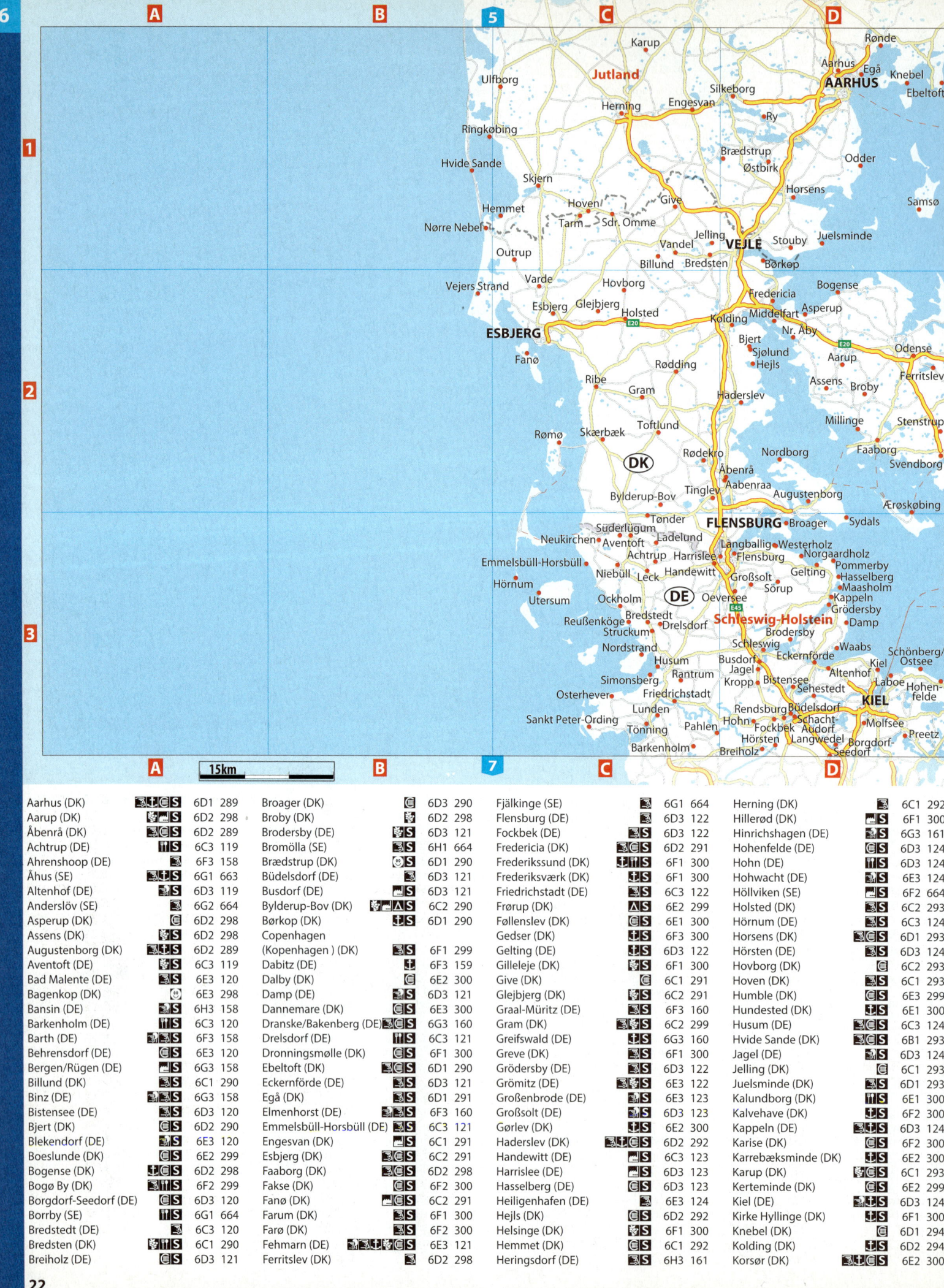

Akkrum (NL)	⚓S	7D3	598	Den Oever (NL)	⚓S	7C3	596	Hesel (DE)	S	7G2	144
Anjum (NL)	S	7E2	598	Detern (DE)	S	7G3	138	Het Zand (NL)	S	7C3	597
Apen (DE)		7G3	131	Ditzum (DE)	S	7F2	138	Hogebeintum (NL)		7D2	599
Appelscha (NL)	S	7E3	598	Doezum (NL)	S	7E3	603	Hude (DE)	S	7I3	144
Appingedam (NL)	S	7F2	603	Dokkum (NL)	S	7E2	599	Ihlienworth (DE)	S	7H1	144
Aurich (DE)	S	7G2	131	Dornum (DE)	CS	7G2	138	Ihlow (DE)	S	7G2	144
Bad Zwischenahn (DE)	S	7G3	132	Dörpen (DE)		7F3	138	IJlst (NL)	S	7D3	599
Balk (NL)	⚓S	7D3	598	Dorum (DE)	S	7H2	138	Jade (DE)	S	7H2	145
Barßel (DE)	⚓S	7G3	132	Drachten (NL)		7E3	599	Jever (DE)	S	7G2	145
Bergum (NL)	S	7E3	598	Earnewâld (NL)		7E3	599	Joure (NL)	⚓S	7D3	600
Berne (DE)	S	7H3	133	Edewecht (DE)	S	7E3	139	Kollum (NL)	⚓S	7E3	600
Blesdijke (NL)	S	7E3	599	Eelderwolde (NL)		7E3	605	Koudum (NL)	CS	7D3	600
Blijham (NL)	S	7F3	603	Eenrum (NL)	⚓S	7E2	603	Krummhörn (DE)	S	7F2	145
Blomberg (DE)	S	7G2	133	Eext (NL)	CS	7F3	605	Langweer (NL)	⚓S	7D3	600
Bockhorn (DE)	S	7G2	133	Eggestedt (DE)		7H3	139	Lauwersoog (NL)	S	7E2	603
Bolsward (NL)	S	7D3	599	Elsfleth (DE)	⚓	7H3	139	Leens (NL)	S	7E2	603
Borger (NL)	S	7F3	605	Emden (DE)	⚓S	7F2	140	Leer (DE)	S	7G3	146
Brake (DE)	⚓S	7H2	134	Esens (DE)	S	7G2	140	Leeuwarden (NL)	S	7D3	600
Brantgum (NL)	S	7E2	599	Esterwegen (DE)		7G3	140	Lemmer (NL)	S	7D3	600
Bremen (DE)	CS	7H3	135	Friedeburg (DE)	S	7G2	140	Lemwerder (DE)	S	7H3	146
Bremerhaven (DE)	S	7H2	135	Friedrichskoog (DE)		7H1	122	Lollum (NL)	S	7D3	600
Bunde (DE)	S	7F3	136	Friesoythe (DE)		7G3	141	Losdorp (NL)	S	7F2	603
Burdaard (NL)	⚓	7E3	599	Groningen (NL)		7E3	603	Loxstedt (DE)	S	7H2	146
Büsum (DE)		7H1	121	Großefehn (DE)	S	7G2	142	Lutjegast (NL)		7E3	603
Butjadingen (DE)	⚓S	7H2	136	Großenkneten (DE)		7H3	142	Makkum (NL)	⚓S	7D3	600
Cloppenburg (DE)		7G3	137	Großheide (DE)	S	7F2	142	Marienhafe (DE)	S	7F2	147
Cuxhaven (DE)	CS	7H1	137	Hage (DE)	S	7F2	142	Matsloot (NL)	CS	7E3	606
Dangast (DE)	S	7G2	138	Hambergen (DE)	S	7H2	142	Meldorf (DE)	S	7H1	126
Delfzijl (NL)	S	7F2	603	Haren (NL)		7E3	603	Midwolda (NL)	S	7F3	603
Delmenhorst (DE)	S	7H3	138	Harlingen (NL)	S	7D3	599	Mirns (NL)	CS	7D3	600
Den Helder (NL)	⚓S	7C3	596	Heerenveen (NL)	S	7E3	599	Molkwerum (NL)	S	7D3	601

24

Name	Icons	Grid	Page
Moormerland (DE)		7G2	147
Musselkanaal (NL)		7F3	604
Nes (NL)		7E3	601
Nessmersiel (DE)		7F2	147
Neuharlingersiel (DE)		7G2	147
Nijetrijne (NL)		7E3	601
Norddeich (DE)		7F2	148
Nordenham (DE)		7H2	148
Nordholz (DE)		7H1	148
Nuis (NL)		7E3	604
Oldenburg (DE)		7H3	148
Onderdendam (NL)		7E2	604
Onstwedde (NL)		7F3	604
Osterholz-Scharmbeck (DE)		7H3	148
Ostrhauderfehn (DE)		7G3	149
Otterndorf (DE)		7H1	149
Oudega (NL)		7E3	601
Oudemirdum (NL)		7D3	601
Oudeschoot (NL)		7E3	601
Ovelgönne (DE)		7H2	149
Papenburg (DE)		7G3	149
Rastede (DE)		7H3	149
Rhauderfehn (DE)		7G3	149
Rhede/Ems (DE)		7F3	149
Ried (NL)		7D3	601
Rohel (NL)		7D3	601
Sande (Nieder-Sachsen) (DE)		7G2	150
Sandstedt (DE)		7H2	150
Saterland (DE)		7G3	150
Schoonloo (NL)		7F3	606
Schortens (DE)		7G2	151
Schwanewede (DE)		7H3	151
Sellingen (NL)		7F3	604
Sexbierum (NL)		7D3	601
Sint Jacobiparochie (NL)		7D3	601
Slochteren (NL)		7F3	604
Slootdorp (NL)		7C3	598
Sloten (NL)		7D3	601
Sneek (NL)		7D3	601
Stadland (DE)		7H2	152
Stadskanaal (NL)		7F3	604
Stavoren (NL)		7D3	602
Strücklingen (DE)		7G3	153
Südbrookmerland (DE)		7F2	153
Sumar (NL)		7E3	602
Surhuisterveen (NL)		7E3	602
Surwold (DE)		7G3	153
Ter Apel (NL)		7F3	604
Termunterzijl (NL)		7F2	604
Tersoal (NL)		7D3	602
Texel/De Cocksdorp (NL)		7C3	598
Timmel (DE)		7G2	153
Uplengen (DE)		7G2	154
Usquert (NL)		7E2	604
Veendam (NL)		7F3	604
Vrees (DE)		7G3	154
Walchum (DE)		7F3	154
Wangerland (DE)		7G2	155
Wardenburg (DE)		7H3	155
Wartena (NL)		7E3	602
Weener (DE)		7F3	155
Werdum (DE)		7G2	155
Werlte (DE)		7G3	155
Westerbork (NL)		7F3	606
Westerholt (DE)		7G2	155
Westerstede (DE)		7G3	155
Westoverledingen (DE)		7G3	155
Wiefelstede (DE)		7G3	156
Wiesmoor (DE)		7G2	156
Wildeshausen (DE)		7H3	156
Wilhelmshaven (DE)		7G2	156
Winschoten (NL)		7F3	605
Winsum (DE)		7E2	605
Winsum (NL)		7D3	602
Wittmund (DE)		7G2	157
Wommels (NL)		7D3	602
Workum (NL)		7D3	602
Woudsend (NL)		7D3	602
Ypecolsga (NL)		7D3	602
Zetel (DE)		7G2	157
Zoutkamp (NL)		7E2	605
Zuidbroek (NL)		7F3	605
Zurich (NL)		7D3	602
Zwaagwesteinde (NL)		7E3	602

Name	Grid	Page
Abbendorf (DE)	8D3	171
Adendorf (DE)	8C2	130
Ahlbeck (DE)	8G1	158
Ahlerstedt (DE)	8A2	130
Ahlum (DE)	8C3	166
Albersdorf (DE)	8A1	119
Alt Schwerin (DE)	8E2	158
Altwarp (DE)	8G1	158
Amelinghausen (DE)	8B3	130
Angermünde (DE)	8G2	171
Arendsee (DE)	8D3	166
Artlenburg (DE)	8C2	131
Aukrug (DE)	8B1	119
Bad Bevensen (DE)	8C3	131
Bad Bramstedt (DE)	8B1	119
Bad Oldesloe (DE)	8B1	120
Bad Schwartau (DE)	8C1	120
Bad Segeberg (DE)	8B1	120
Bad Wilsnack (DE)	8E3	172
Balje (DE)	8A1	132
Barmstedt (DE)	8B1	120
Beckerwitz (DE)	8D1	158
Bergen (DE)	8B3	132
Bienenbüttel (DE)	8C3	133
Bispingen (DE)	8B3	133
Blankensee (DE)	8G1	159
Bleckede (DE)	8C2	133
Boiensdorf (DE)	8D1	159
Boltenhagen (DE)	8C1	159
Bordesholm (DE)	8B1	120
Bosau (DE)	8B1	120
Bösdorf (DE)	8B1	120
Bremervörde (DE)	8A2	135
Brenz (DE)	8D2	159
Brietlingen (DE)	8B2	135
Brokdorf (DE)	8A1	121
Broock (DE)	8E2	159
Bruchhausen-Vilsen (DE)	8A3	135
Brunsbüttel (DE)	8A1	121
Buchholz/Nordheide (DE)	8B2	136
Buxtehude (DE)	8A2	136
Cadenberge (DE)	8A1	137
Carpin (DE)	8F2	159
Clenze (DE)	8C3	137
Dalwitz (DE)	8E1	159
Dannenberg (DE)	8C3	138
Dassow (DE)	8C1	159
Deinste (DE)	8A2	138
Demmin (DE)	8F1	159
Dömitz (DE)	8D3	160
Dörverden (DE)	8A3	139
Drage/Elbe (DE)	8B2	139
Dreetz (DE)	8E3	173
Drochtersen (DE)	8A2	139
Egestorf (DE)	8B3	139
Eldena (DE)	8D2	160
Elmshorn (DE)	8A1	121
Estorf (DE)	8A2	140
Eutin (DE)	8C1	121
Eystrup (DE)	8A3	140
Faßberg (DE)	8B3	140
Fehrbellin (DE)	8F3	173
Feldberg (DE)	8F2	160
Fredenbeck (DE)	8A2	140
Freiburg/Elbe (DE)	8A1	140
Fresenbrügge (DE)	8D2	160
Fürstenberg/Havel (DE)	8F2	173
Gartow (DE)	8D3	141
Geesthacht (DE)	8B2	122
Glückstadt (DE)	8A1	122
Gnarrenburg (DE)	8A2	141
Gorleben (DE)	8D3	141
Grabow (DE)	8D2	160
Grasberg (DE)	8A3	141
Großenaspe (DE)	8B1	123
Großenwörden (DE)	8A2	142
Güstrow (DE)	8E1	160
Gützkow (DE)	8F1	160
Hamburg (DE)	8B2	123
Hanerau-Hademarschen (DE)	8A1	123
Hankensbüttel (DE)	8C3	142
Harsefeld (DE)	8A2	143
Hasloh (DE)	8B2	123
Havelberg (DE)	8E3	169
Heide (DE)	8A1	123
Hermannsburg (DE)	8B3	143
Hitzacker (DE)	8C3	144
Höhenland (DE)	8G3	173
Hohnstorf/Elbe (DE)	8C2	144
Hollern (DE)	8A2	144
Hornstorf (DE)	8D1	161
Hoya/Weser (DE)	8A3	144
Insel Poel (DE)	8D1	161
Itzehoe (DE)	8A1	124
Jork (DE)	8A2	145
Kaltenkirchen (DE)	8B1	124
Kamminke (DE)	8G1	161
Karenz (DE)	8D2	161
Kargow (DE)	8F2	161
Karnin (DE)	8G1	161
Kellinghusen (DE)	8A1	124
Kienitz (DE)	8H3	173

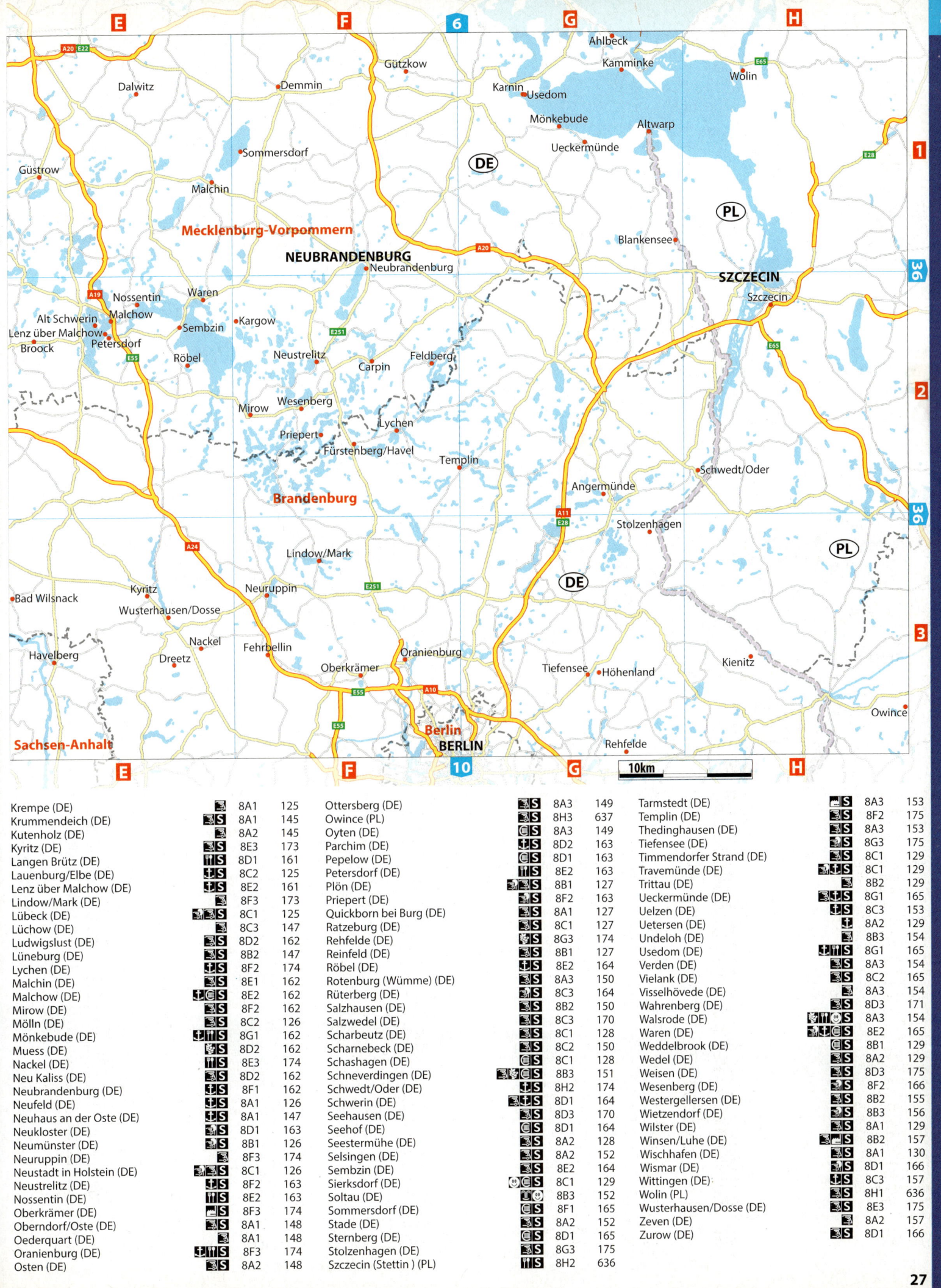

Name		Grid	Page
Krempe (DE)		8A1	125
Krummendeich (DE)		8A1	145
Kutenholz (DE)		8A2	145
Kyritz (DE)		8E3	173
Langen Brütz (DE)		8D1	161
Lauenburg/Elbe (DE)		8C2	125
Lenz über Malchow (DE)		8E2	161
Lindow/Mark (DE)		8F3	173
Lübeck (DE)		8C1	125
Lüchow (DE)		8C3	147
Ludwigslust (DE)		8D2	162
Lüneburg (DE)		8B2	147
Lychen (DE)		8F2	174
Malchin (DE)		8E1	162
Malchow (DE)		8E2	162
Mirow (DE)		8F2	162
Mölln (DE)		8C2	126
Mönkebude (DE)		8G1	162
Muess (DE)		8D2	162
Nackel (DE)		8E3	174
Neu Kaliss (DE)		8D2	162
Neubrandenburg (DE)		8F1	162
Neufeld (DE)		8A1	126
Neuhaus an der Oste (DE)		8A1	147
Neukloster (DE)		8D1	163
Neumünster (DE)		8B1	126
Neuruppin (DE)		8F3	174
Neustadt in Holstein (DE)		8C1	126
Neustrelitz (DE)		8F2	163
Nossentin (DE)		8E2	163
Oberkrämer (DE)		8F3	174
Oberndorf/Oste (DE)		8A1	148
Oederquart (DE)		8A1	148
Oranienburg (DE)		8F3	174
Osten (DE)		8A2	148
Ottersberg (DE)		8A3	149
Owince (PL)		8H3	637
Oyten (DE)		8A3	149
Parchim (DE)		8D2	163
Pepelow (DE)		8D1	163
Petersdorf (DE)		8E2	163
Plön (DE)		8B1	127
Priepert (DE)		8F2	163
Quickborn bei Burg (DE)		8A1	127
Ratzeburg (DE)		8C1	127
Rehfelde (DE)		8G3	174
Reinfeld (DE)		8B1	127
Röbel (DE)		8E2	164
Rotenburg (Wümme) (DE)		8A3	150
Rüterberg (DE)		8C3	164
Salzhausen (DE)		8B2	150
Salzwedel (DE)		8C3	170
Scharbeutz (DE)		8C1	128
Scharnebeck (DE)		8C2	150
Schashagen (DE)		8C1	128
Schneverdingen (DE)		8B3	151
Schwedt/Oder (DE)		8H2	174
Schwerin (DE)		8D1	164
Seehausen (DE)		8D3	170
Seehof (DE)		8D1	164
Seestermühe (DE)		8A2	128
Selsingen (DE)		8A2	152
Sembzin (DE)		8E2	164
Sierksdorf (DE)		8C1	129
Soltau (DE)		8B3	152
Sommersdorf (DE)		8F1	165
Stade (DE)		8A2	152
Sternberg (DE)		8D1	165
Stolzenhagen (DE)		8G3	175
Szczecin (Stettin) (PL)		8H2	636
Tarmstedt (DE)		8A3	153
Templin (DE)		8F2	175
Thedinghausen (DE)		8A3	153
Tiefensee (DE)		8G3	175
Timmendorfer Strand (DE)		8C1	129
Travemünde (DE)		8C1	129
Trittau (DE)		8B2	129
Ueckermünde (DE)		8G1	165
Uelzen (DE)		8C3	153
Uetersen (DE)		8A2	129
Undeloh (DE)		8B3	154
Usedom (DE)		8G1	165
Verden (DE)		8A3	154
Vielank (DE)		8C2	165
Visselhövede (DE)		8A3	154
Wahrenberg (DE)		8D3	171
Walsrode (DE)		8A3	154
Waren (DE)		8E2	165
Weddelbrook (DE)		8B1	129
Wedel (DE)		8A2	129
Weisen (DE)		8D3	175
Wesenberg (DE)		8F2	166
Westergellersen (DE)		8B2	155
Wietzendorf (DE)		8B3	156
Wilster (DE)		8A1	129
Winsen/Luhe (DE)		8B2	157
Wischhafen (DE)		8A1	130
Wismar (DE)		8D1	166
Wittingen (DE)		8C3	157
Wolin (PL)		8H1	636
Wusterhausen/Dosse (DE)		8E3	175
Zeven (DE)		8A2	157
Zurow (DE)		8D1	166

Name	Grid	Pg	Name	Grid	Pg	Name	Grid	Pg	Name	Grid	Pg	Name	Grid	Pg
Aalten (NL)	9F2	611	Bergen op Zoom (NL)	9B3	622	Diepenheim (NL)	9E2	607	Gelsenkirchen (DE)	9F3	184	Herford (DE)	9H2	186
Abbenes (NL)	9C2	596	Bergkamen (DE)	9G3	180	Diepholz (DE)	9H1	138	Gemert (NL)	9D3	623	Hertme (NL)	9F2	608
Aerdt (NL)	9E2	611	Best (NL)	9D3	622	Dinslaken (DE)	9F3	182	Gendringen (NL)	9E2	612	Herzlake (DE)	9G1	143
Afferden (NL)	9E3	625	Bestwig (DE)	9H3	180	Doesburg (NL)	9E2	612	Gennep (NL)	9E3	625	Heteren (NL)	9D2	613
Ahaus (DE)	9F2	178	Beuningen (NL)	9F1	607	Doornenburg (NL)	9E2	612	Giessenburg (NL)	9C3	618	Holdorf (DE)	9H1	144
Ahlen (DE)	9G3	178	Bielefeld (DE)	9H2	181	Dordrecht (NL)	9C3	618	Giethoorn (NL)	9E1	608	Holten (NL)	9E2	608
Alblasserdam (NL)	9C3	617	Billerbeck (DE)	9F2	181	Dorsten (DE)	9F3	183	Gladbeck (DE)	9F3	185	Hoogblokland (NL)	9C2	618
Almelo (NL)	9F1	606	Bippen (DE)	9G1	133	Dortmund (DE)	9G3	185	Goch (DE)	9E3	185	Hoogerheide (NL)	9B3	623
Almen (NL)	9E2	611	Bissendorf (DE)	9H2	133	Drensteinfurt (DE)	9G3	183	Goldenstedt (DE)	9H1	141	Hoogeveen (NL)	9E1	606
Almere (NL)	9D2	610	Bleiswijk (NL)	9C2	617	Drimmelen (NL)	9C3	623	Gorinchem (NL)	9C3	618	Hoorn (NL)	9C1	597
Almere-Haven (NL)	9D2	610	Bleskensgraaf (NL)	9C3	617	Duisburg (DE)	9F3	183	Gorssel (NL)	9E2	612	Hopsten (DE)	9G2	187
Alpen (DE)	9E3	178	Bocholt (DE)	9F3	181	Dülmen (DE)	9F3	183	Gouda (NL)	9C2	618	Hörstel (DE)	9G2	187
Altenberge (DE)	9G2	178	Bohmte (DE)	9H1	134	Dwingeloo (NL)	9E1	605	Goudriaan (NL)	9C2	618	Hövelhof (DE)	9H2	187
Amersfoort (NL)	9D2	616	Borculo (NL)	9E2	611	Eggermühlen (DE)	9G1	139	Grave (NL)	9D3	623	Hüde (49448) (DE)	9H1	144
Amsterdam (NL)	9C1	596	Borken (DE)	9F3	181	Eibergen (NL)	9F2	611	Greven (DE)	9G2	185	Huissen (NL)	9E2	613
Ankum (DE)	9G1	131	Borne (NL)	9E2	607	Elburg (NL)	9D1	612	Groenlo (NL)	9F2	612	Huizen (NL)	9D2	597
Apeldoorn (NL)	9E2	611	Bottrop (DE)	9F3	182	Elim (NL)	9E1	605	Gronau (DE)	9F2	185	Hulten (NL)	9C3	623
Appeltern (NL)	9D3	611	Boxtel (NL)	9D3	622	Emmeloord (NL)	9D1	610	Grubbenvorst (NL)	9E3	625	Hurwenen (NL)	9D3	613
Arnhem (Arnheim) (NL)	9E2	611	Bramsche (DE)	9G1	134	Emmen (NL)	9F1	605	Haaksbergen (NL)	9F2	608	Hüsten (DE)	9H3	187
Arnsberg (DE)	9H3	181	Breda (NL)	9C3	622	Emmerich (DE)	9E3	183	Haltern/See (DE)	9F3	185	Ibbenbüren (DE)	9G2	188
Ascheberg (DE)	9G3	178	Bredevoort (NL)	9F2	611	Emsbüren (DE)	9F1	140	Hamm (DE)	9G3	185	IJsselstein (NL)	9C2	617
Baarn (NL)	9D2	617	Breskens (NL)	9A3	620	Emst (NL)	9E2	612	Hansweert (NL)	9B3	620	Iserlohn (DE)	9G3	188
Bad Bentheim (DE)	9F2	131	Bünde (DE)	9H2	182	Enkhuizen (NL)	9D1	597	Hardenberg (NL)	9E1	608	Isselburg (DE)	9E3	188
Bad Essen (DE)	9H1	131	Bunnik (NL)	9D2	617	Ennigerloh (DE)	9G3	184	Harderwijk (NL)	9D2	612	Issum-Sevelen (DE)	9E3	188
Bad Oeynhausen (DE)	9H2	179	Bunschoten-S (NL)	9D2	617	Enschede (NL)	9F2	607	Haren/Ems (DE)	9F1	143	Isterberg (DE)	9F1	144
Bad Salzuflen (DE)	9H2	179	Büren (DE)	9H2	182	Enter (NL)	9E2	607	Harsewinkel (DE)	9H2	185	Kalkar (DE)	9E3	188
Bad Sassendorf (DE)	9H3	179	Coesfeld (DE)	9F2	182	Erica (NL)	9F1	605	Haselünne (DE)	9G1	143	Kamp-Lintfort (DE)	9E3	188
Bad Waldliesborn (DE)	9H3	179	Culemborg (NL)	9D2	611	Ermelo (NL)	9D2	612	Hasselt (NL)	9E1	608	Kampen (NL)	9E1	609
Bad Westernkotten (DE)	9H3	180	Dalfsen (NL)	9E1	607	Escharen (NL)	9D3	623	Hattem (NL)	9E1	613	Kamperland (NL)	9B3	621
Bad Wünnenberg (DE)	9H3	180	Damme (DE)	9H1	137	Essen (BE)	9C3	104	Hattingen (DE)	9F3	185	Katwoude (NL)	9C1	597
Bakel (NL)	9D3	622	De Heen (NL)	9B3	622	Etten-Leur (NL)	9C3	623	Havixbeck (DE)	9G2	186	Kerken (DE)	9E3	188
Barger C (NL)	9F1	605	De Heurne (NL)	9E2	611	Everswinkel (DE)	9G2	184	Heerde (NL)	9E1	613	Kerkwijk (NL)	9D3	613
Barnstorf (DE)	9H1	132	De Lutte (NL)	9F2	607	Freistatt (DE)	9H1	140	Heeswijk-D (NL)	9D3	623	Kevelaer (DE)	9E3	189
Bathmen (NL)	9E2	179	De Rijp (NL)	9C1	596	Fürstenau (DE)	9G1	141	Heeten (NL)	9E1	608	Kleve (DE)	9E3	189
Beckum (DE)	9G3	180	Dedemsvaart (NL)	9E1	607	Garderen (NL)	9D2	612	Helenaveen (NL)	9E3	612	Kranenburg (DE)	9E3	190
Bedburg-Hau (DE)	9E3	180	Delft (NL)	9C2	618	Geertruidenberg (NL)	9C3	623	Hellendoorn (NL)	9E1	608	Kruiningen (NL)	9B3	621
Belt Schutsloot (NL)	9E1	606	Den Haag (NL)	9C2	618	Geeste (DE)	9F1	141	Helmond (NL)	9D3	623	Ladbergen (DE)	9G2	190
Bemmel (NL)	9E2	611	Den Ham (NL)	9E1	607	Geesteren (NL)	9F1	607	Hemer (DE)	9G3	186	Langerak (NL)	9C2	619
Bentelo (NL)	9F2	606	Diemelsee (DE)	9H3	229	Geldermalsen (NL)	9D2	612	Hengelo (NL)	9E2	613	Laren (NL)	9D2	619
Berge (NL)	9G1	132	Diepenau (DE)	9H1	138	Geldern (DE)	9E3	184	Hengelo (NL)	9F2	608	Lathum (NL)	9E2	613

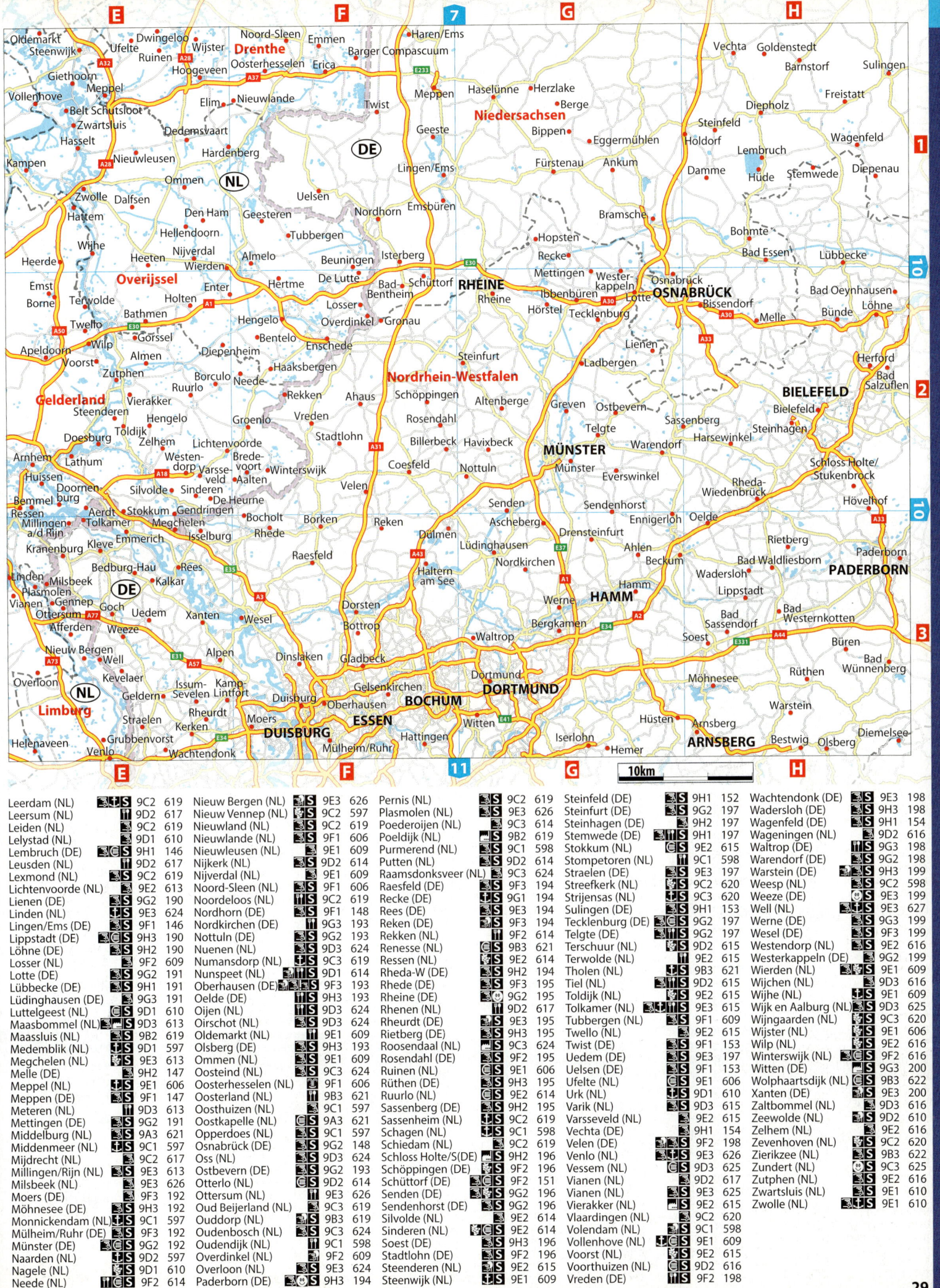

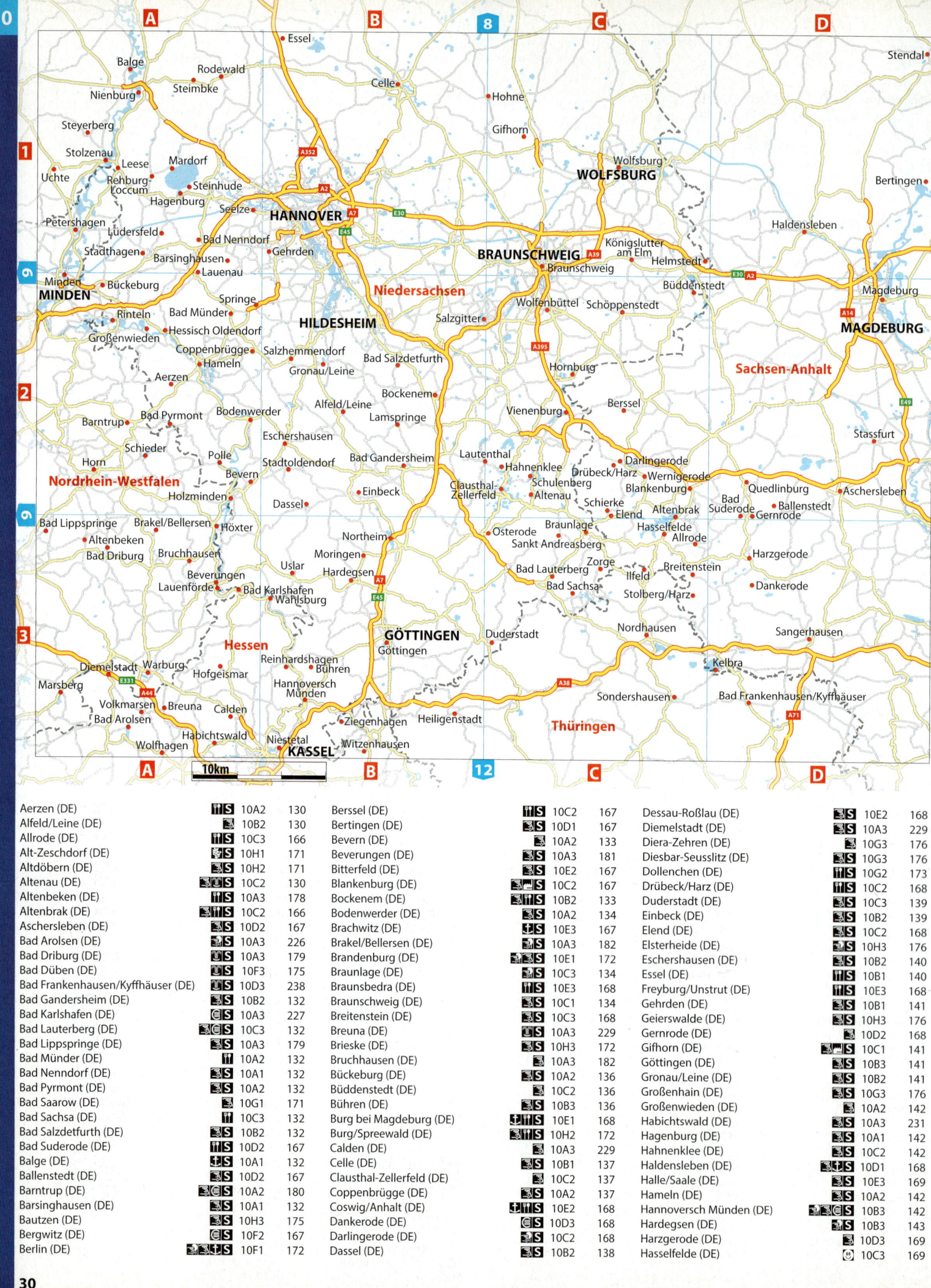

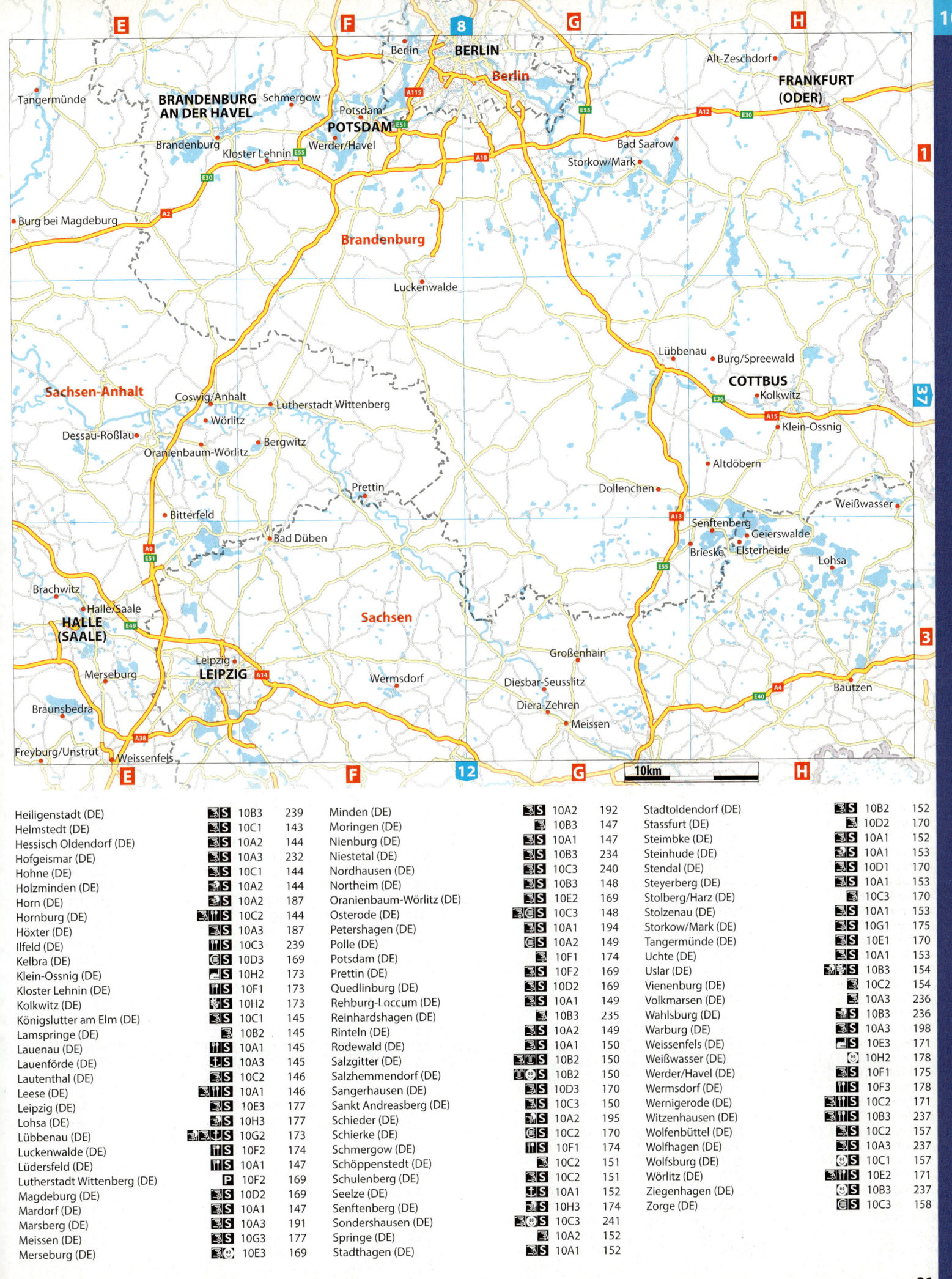

Heiligenstadt (DE)	10B3	239	Minden (DE)	10A2	192	Stadtoldendorf (DE)		10B2	152
Helmstedt (DE)	10C1	143	Moringen (DE)	10B3	147	Stassfurt (DE)		10D2	170
Hessisch Oldendorf (DE)	10A2	144	Nienburg (DE)	10A1	147	Steimbke (DE)		10A1	152
Hofgeismar (DE)	10A3	232	Niestetal (DE)	10B3	234	Steinhude (DE)		10A1	153
Hohne (DE)	10C1	144	Nordhausen (DE)	10C3	240	Stendal (DE)		10D1	170
Holzminden (DE)	10A2	144	Northeim (DE)	10B3	148	Steyerberg (DE)		10A1	153
Horn (DE)	10A2	187	Oranienbaum-Wörlitz (DE)	10E2	169	Stolberg/Harz (DE)		10C3	170
Hornburg (DE)	10C2	144	Osterode (DE)	10C3	148	Stolzenau (DE)		10A1	153
Höxter (DE)	10A3	187	Petershagen (DE)	10A1	194	Storkow/Mark (DE)		10G1	175
Ilfeld (DE)	10C3	239	Polle (DE)	10A2	149	Tangermünde (DE)		10E1	170
Kelbra (DE)	10D3	169	Potsdam (DE)	10F1	174	Uchte (DE)		10A1	153
Klein-Ossnig (DE)	10H2	173	Prettin (DE)	10F2	169	Uslar (DE)		10B3	154
Kloster Lehnin (DE)	10F1	173	Quedlinburg (DE)	10D2	169	Vienenburg (DE)		10C2	154
Kolkwitz (DE)	10H2	173	Rehburg-Loccum (DE)	10A1	149	Volkmarsen (DE)		10A3	236
Königslutter am Elm (DE)	10C1	145	Reinhardshagen (DE)	10B3	235	Wahlsburg (DE)		10B3	236
Lamspringe (DE)	10B2	145	Rinteln (DE)	10A2	149	Warburg (DE)		10A3	198
Lauenau (DE)	10A1	145	Rodewald (DE)	10A1	150	Weissenfels (DE)		10E3	171
Lauenförde (DE)	10A3	145	Salzgitter (DE)	10B2	150	Weißwasser (DE)		10H2	178
Lautenthal (DE)	10C2	146	Salzhemmendorf (DE)	10B2	150	Werder/Havel (DE)		10F1	175
Leese (DE)	10A1	146	Sangerhausen (DE)	10D3	170	Wermsdorf (DE)		10F3	178
Leipzig (DE)	10E3	177	Sankt Andreasberg (DE)	10C3	150	Wernigerode (DE)		10C2	171
Lohsa (DE)	10H3	177	Schieder (DE)	10A2	195	Witzenhausen (DE)		10B3	237
Lübbenau (DE)	10G2	173	Schierke (DE)	10C2	170	Wolfenbüttel (DE)		10C2	157
Luckenwalde (DE)	10F2	174	Schmergow (DE)	10F1	174	Wolfhagen (DE)		10A3	237
Lüdersfeld (DE)	10A1	147	Schöppenstedt (DE)	10C2	151	Wolfsburg (DE)		10C1	157
Lutherstadt Wittenberg (DE)	10F2	169	Schulenberg (DE)	10C2	151	Wörlitz (DE)		10E2	171
Magdeburg (DE)	10D2	169	Seelze (DE)	10A1	152	Ziegenhagen (DE)		10B3	237
Mardorf (DE)	10A1	147	Senftenberg (DE)	10H3	174	Zorge (DE)		10C3	158
Marsberg (DE)	10A3	191	Sondershausen (DE)	10C3	241				
Meissen (DE)	10G3	177	Springe (DE)	10A2	152				
Merseburg (DE)	10E3	169	Stadthagen (DE)	10A1	152				

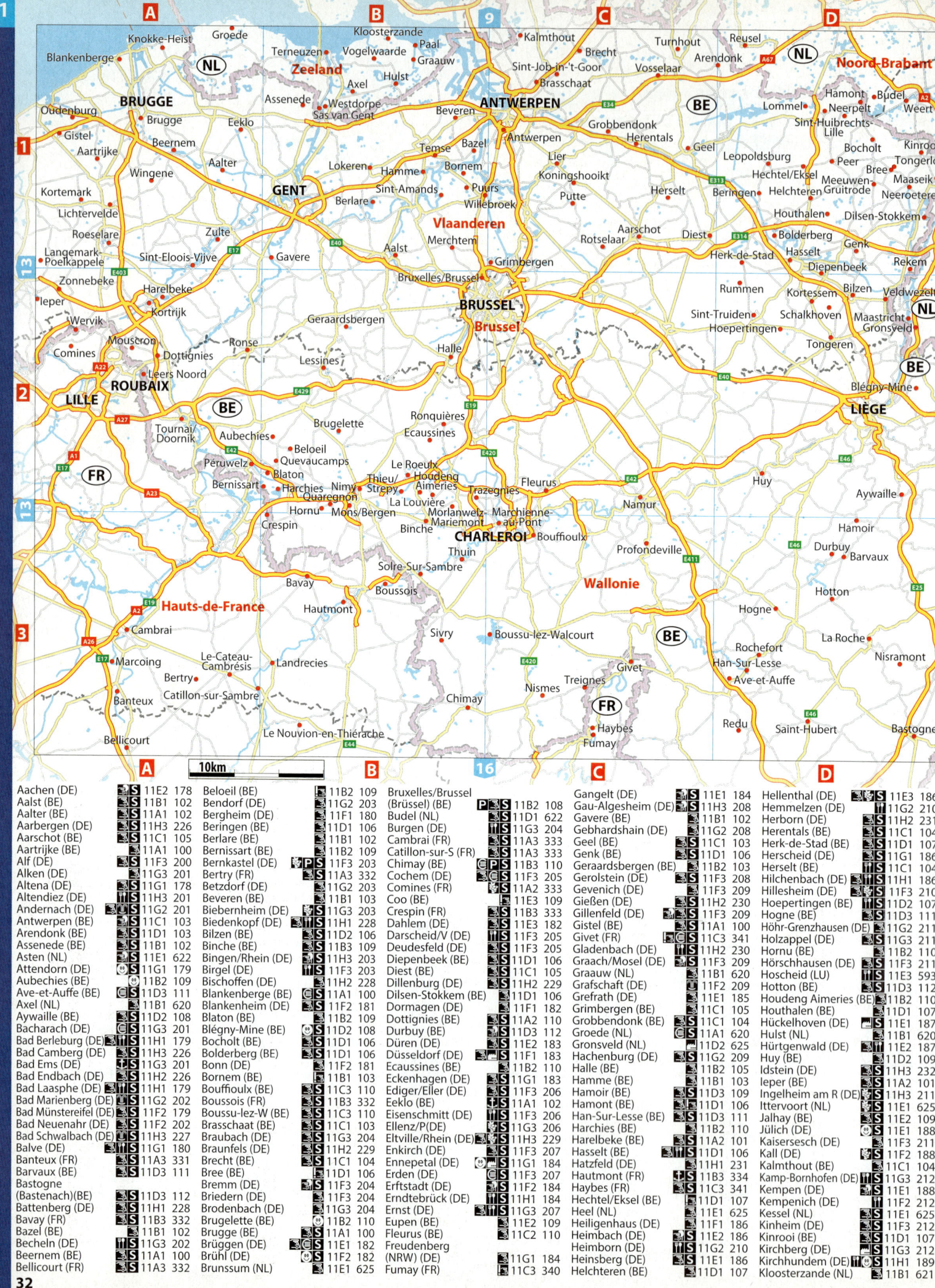

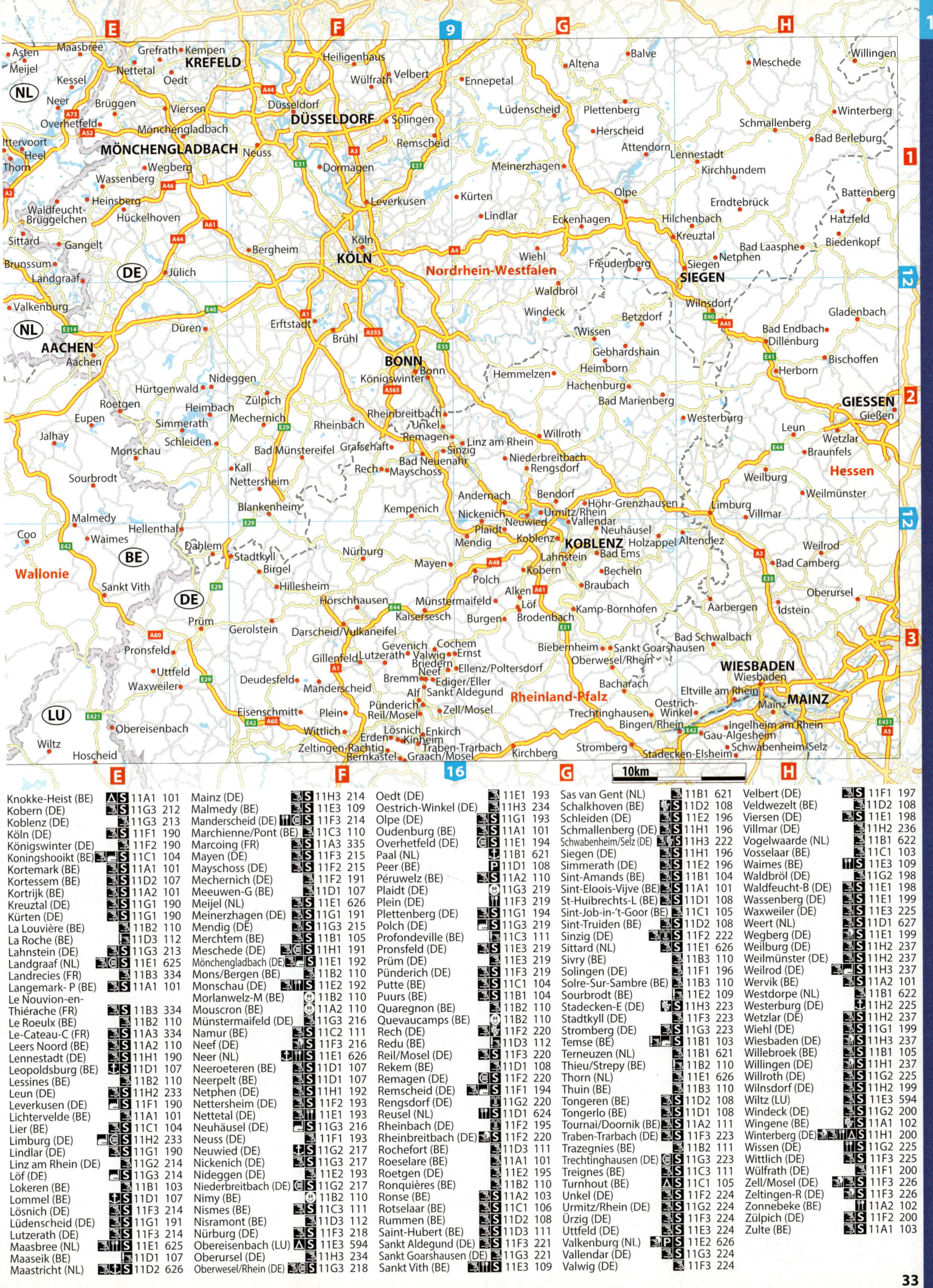

Name	Grid	Page
Lich (DE)	12A2	233
Linda (DE)	12E2	240
Litzendorf (DE)	12D3	278
Lohr/Main (DE)	12B3	278
Maintal (DE)	12A3	233
Marburg (DE)	12A2	233
Marienberg (DE)	12G2	177
Marktleuthen (DE)	12E3	278
Marktredwitz (DE)	12E3	278
Mehlmeisel (DE)	12E3	279
Meineringhausen (DE)	12A1	233
Meiningen (DE)	12C2	240
Mellrichstadt (DE)	12C2	279
Melsungen (DE)	12B1	233
Memmelsdorf (DE)	12D3	279
Mernes (DE)	12B3	234
Mihla (DE)	12C1	240
Mistelgau (DE)	12D3	279
Mitterteich (DE)	12E3	279
Münnerstadt (DE)	12C3	280
Münzenberg (DE)	12A2	234
Naila (DE)	12E2	280
Naumburg/Saale (DE)	12E1	169
Nelahozeves (CZ)	12H2	118
Neualbenreuth (DE)	12F3	280
Neuental (DE)	12A1	234
Neukirchen (DE)	12A1	126
Neustadt/Orla (DE)	12E1	240
Niedenstein (DE)	12A1	234
Niederwerrn (DE)	12C3	280
Nimritz (DE)	12E2	240
Nordheim am Main (DE)	12C3	281
Oberaula (DE)	12B1	234
Oberelsbach (DE)	12B2	281
Oberhof (DE)	12C2	240
Oberkotzau (DE)	12E2	281
Oberthulba (DE)	12B3	281
Oberwiesenthal (DE)	12F2	177
Ostheim (DE)	12C2	282
Ottrau (DE)	12A2	235
Pirna (DE)	12H1	177
Poppenhausen (DE)	12B2	235
Ramsthal (DE)	12B3	283
Rasdorf (DE)	12B2	235
Reichenbach (DE)	12E1	240
Ringgau (DE)	12B1	235
Rosenthal (DE)	12A1	235
Rotenburg/Fulda (DE)	12B1	235
Rothenbuch (DE)	12B3	283
Rothenkirchen (DE)	12D2	284
Röthlein (DE)	12C3	284
Rudolstadt (DE)	12D2	241
Saalfeld (DE)	12D2	241
Schleiz (DE)	12E2	241
Schlitz (DE)	12B2	235
Schlüchtern (DE)	12B2	235
Schmiedefeld (DE)	12C2	241
Schöllkrippen (DE)	12A3	284
Schönwald (DE)	12E3	285
Schwalmstadt (DE)	12A1	235
Schwalmtal (DE)	12A2	236
Schwarzenbach/Saale (DE)	12E3	285
Seiffen (DE)	12G1	177
Selb (DE)	12E3	285
Sinntal (DE)	12B3	236
Sitzendorf (DE)	12D2	241
Sněžník (CZ)	12H1	118
Sontra (DE)	12B1	236
Stadtlengsfeld (DE)	12B2	241
Steinau/Strasse (DE)	12B3	236
Steinheid (DE)	12D2	241
Struppen (DE)	12H1	178
Tabarz (DE)	12C1	241
Tambach-Dietharz (DE)	12C1	241
Tann/Rhön (DE)	12B2	236
Themar (DE)	12C2	242
Thierstein (DE)	12E3	286
Thüngersheim (DE)	12B3	286
Tiefenort (DE)	12B1	242
Treffurt (DE)	12C1	242
Ulrichstein (DE)	12A2	236
Vacha (DE)	12B1	242
Velemín (CZ)	12H2	118
Vöhl (DE)	12A1	236
Volkach (DE)	12C3	287
Waldeck (DE)	12A1	236
Waldkappel (DE)	12B1	236
Waldsassen (DE)	12F3	287
Wanfried (DE)	12B1	236
Weidenberg (DE)	12E3	287
Weimar (DE)	12D1	242
Weismain (DE)	12D3	287
Wiesenttal (DE)	12D3	288
Wunsiedel (DE)	12E3	288
Zeil am Main (DE)	12C3	288
Zeitz (DE)	12E1	171
Zella-Mehlis (DE)	12C2	242
Zellingen (DE)	12B3	288
Zeulenroda (DE)	12E2	242
Zwota (DE)	12F2	178

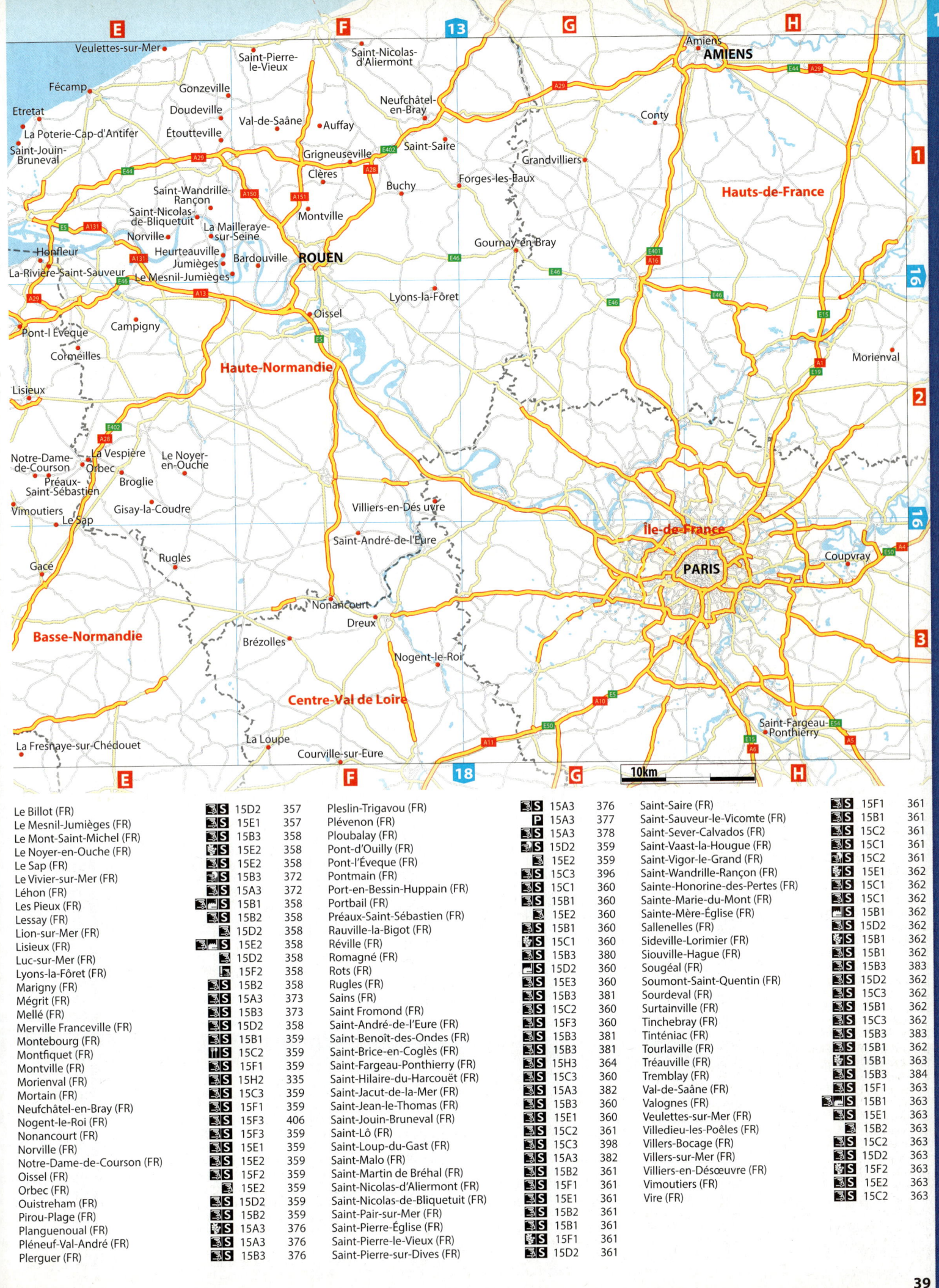

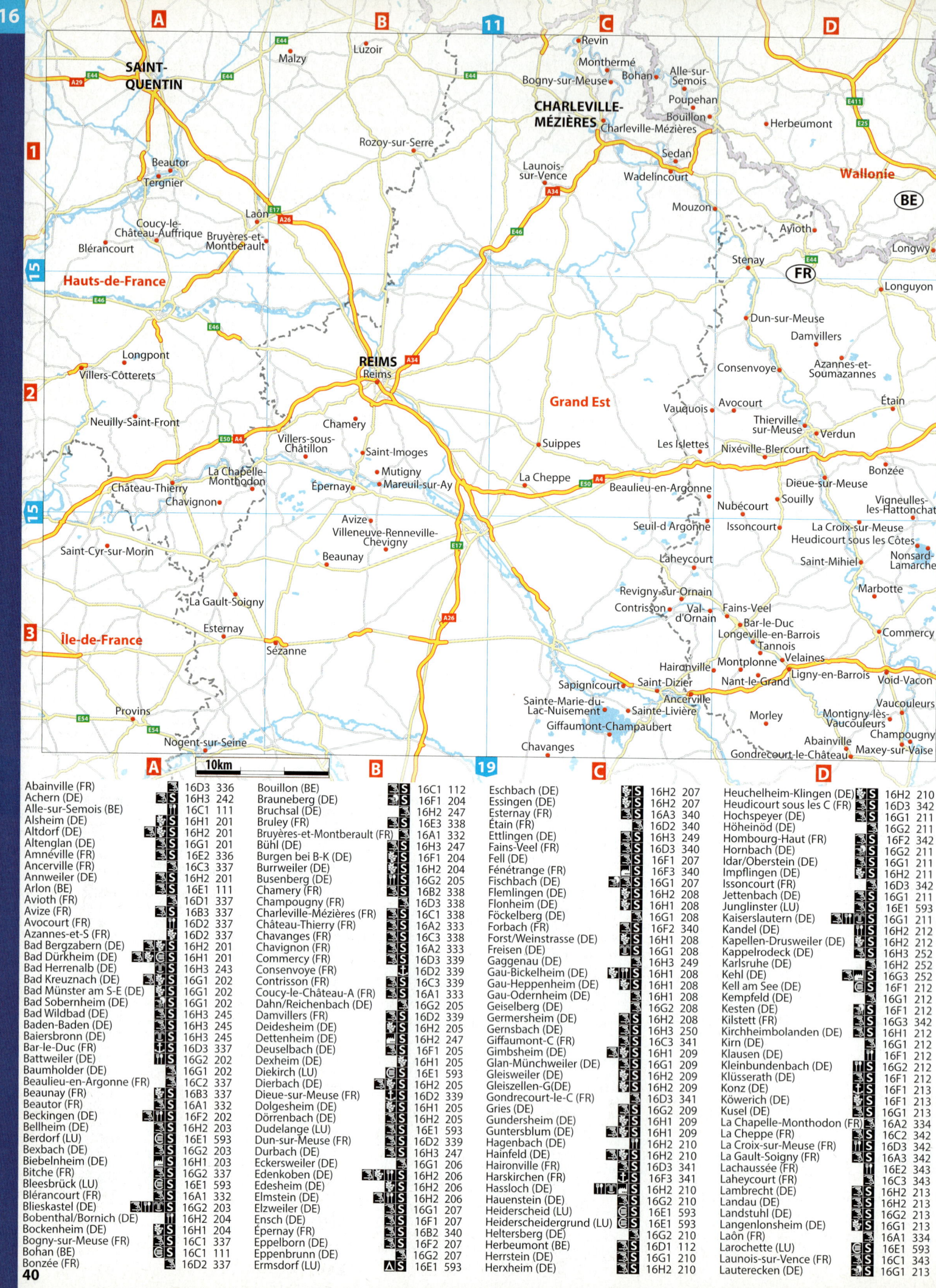

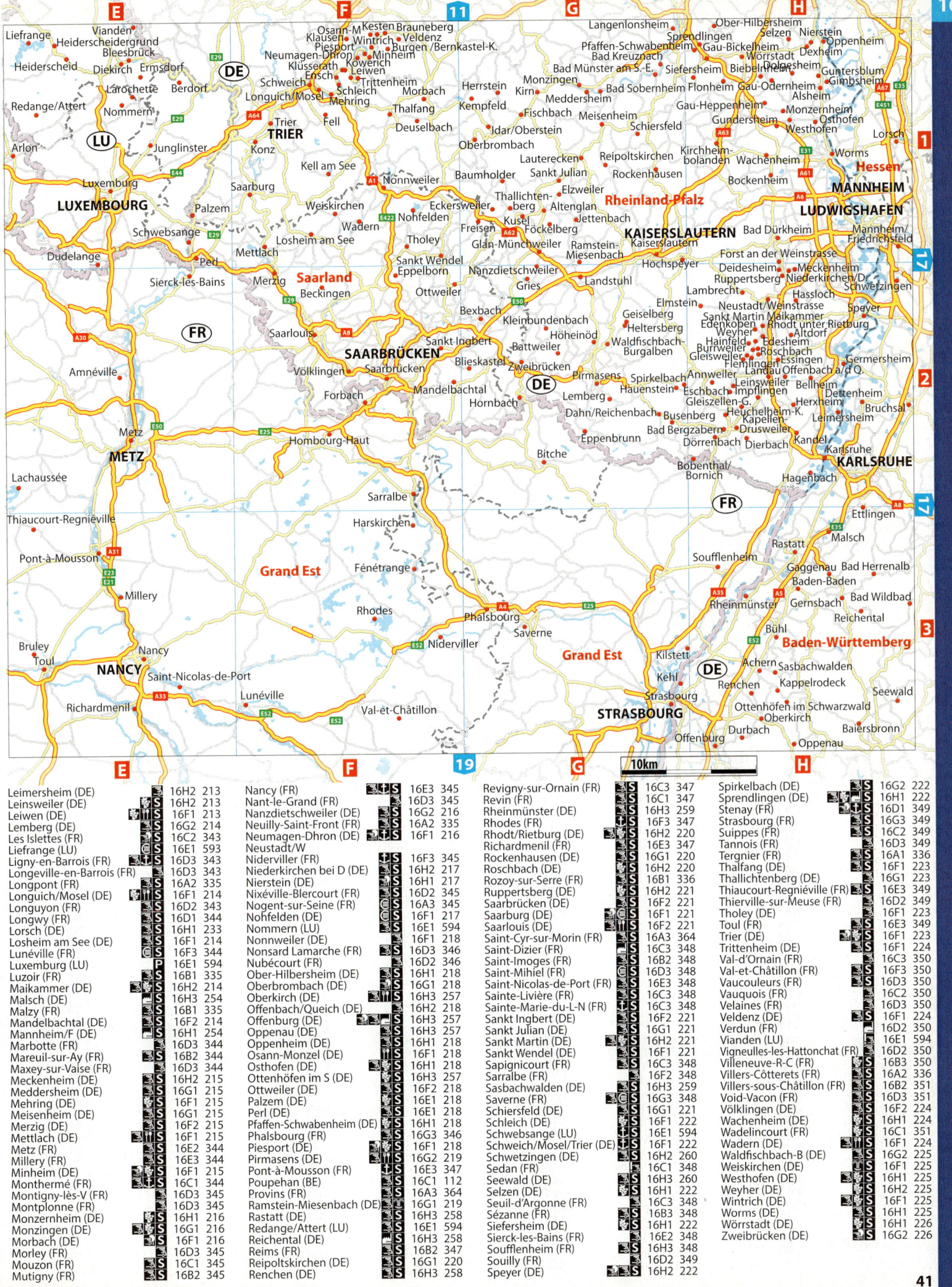

Kreuzwertheim (DE)	17B1 276
Külsheim (DE)	17B1 253
Kümmersbruck (DE)	17E1 277
Ladenburg (DE)	17A1 253
Lalling (DE)	17G2 277
Landau/Isar (DE)	17F3 277
Langenau (DE)	17C3 253
Langenbrettach (DE)	17B2 253
Langenburg (DE)	17B2 253
Lauda-Königshofen (DE)	17B1 254
Leonberg (DE)	17A3 254
Lindenfels (DE)	17A1 233
Mainbernheim (DE)	17C1 278
Mainstockheim (DE)	17C1 278
Manching (DE)	17E3 278
Marbach am Neckar (DE)	17A2 254
Markelsheim (DE)	17B1 254
Marktbreit (DE)	17C1 278
Marktheidenfeld (DE)	17B1 278
Massing (DE)	17F3 279
Maulbronn (DE)	17A2 254
Metzingen (DE)	17B3 255
Michelbach/ Blitz (DE)	17B2 255
Michelstadt (DE)	17A1 234
Miltenberg (DE)	17A1 279
Monheim (DE)	17D2 279
Moosbach (DE)	17F1 279
Mörnsheim (DE)	17D2 279
Mosbach (DE)	17A2 255
Murrhardt (DE)	17B2 256
Nagold (DE)	17A3 256
Nattheim (DE)	17C3 256
Neckarsulm (DE)	17A2 256
Neckarwestheim (DE)	17A2 256
Neresheim (DE)	17C3 256
Neuburg/Donau (DE)	17D3 280
Neuffen (DE)	17B3 256
Neumarkt/Oberpfalz (DE)	17E1 280
Neunkirchen (DE)	17A2 256
Neusäß (DE)	17D3 280
Neustadt/Aisch (DE)	17C1 280
Nordheim (DE)	17A2 256
Nördlingen (DE)	17C3 281
Nürnberg (DE)	17D1 281
Nürtingen (DE)	17B3 257
Oberstenfeld (DE)	17B2 257
Oberviechtach (DE)	17F1 282
Oettingen (DE)	17C2 282
Öhringen (DE)	17B2 257
Öllingen (DE)	17C3 257
Oppenweiler (DE)	17B2 257
Parkstein (DE)	17E1 282
Passau (DE)	17H3 282
Pforzheim (DE)	17A3 258
Pfullingen (DE)	17A3 258
Plattling (DE)	17G2 282
Pleinfeld (DE)	17D2 282
Pleystein (DE)	17F1 282
Poppenricht (DE)	17E1 283
Pottenstein (DE)	17D1 283
Prichsenstadt (DE)	17C1 283
Rain/Lech (DE)	17D3 283
Ranshofen (AT)	17G3 88
Rechberghausen (DE)	17B3 258
Reichelsheim/Odenwald (DE)	17A1 235
Reutlingen (DE)	17A3 258
Riedenburg (DE)	17E2 283
Roding (DE)	17F2 283
Rothenburg/Tauber (DE)	17C1 284
Rottenburg/Neckar (DE)	17A3 259
Röttingen (DE)	17B1 284
Scheinfeld (DE)	17C1 284
Schlüsselfeld (DE)	17C1 284
Schnelldorf (DE)	17C2 284
Schönsee (DE)	17F1 285
Schorndorf (DE)	17B3 259
Schrobenhausen (DE)	17D3 285
Schwäbisch Gmünd (DE)	17B3 260
Schwäbisch Hall (DE)	17B2 260
Schwaigern (DE)	17A2 260
Schwandorf (DE)	17E1 285
Segnitz (DE)	17C1 285
Sindelfingen (DE)	17A3 260
Sinsheim (DE)	17A2 260
Spalt (DE)	17D2 285
Steinach/Straubing (DE)	17F2 285
Steinberg am See (DE)	17F1 285
Sternenfels (DE)	17A2 260
Suben (AT)	17H3 88
Sulzbach-Rosenberg (DE)	17E1 285
Tauberbischofsheim (DE)	17B1 261
Tauberrettersheim (DE)	17B1 286
Treuchtlingen (DE)	17D2 286
Ulm (DE)	17C3 261
Untermünkheim (DE)	17B2 262
Unterowisheim (DE)	17A2 261
Veitshöchheim (DE)	17B1 286
Viechtach (DE)	17G2 286
Vilseck (DE)	17E1 287
Vilshofen (DE)	17G3 287
Vohenstrauß (DE)	17F1 287
Waiblingen (DE)	17B3 262
Waidhaus (DE)	17F1 287
Waldkirchen (DE)	17H2 287
Walldürn (DE)	17B1 262
Wassertrüdingen (DE)	17C2 287
Weikersheim (DE)	17B1 263
Weil der Stadt (DE)	17A3 263
Weinheim (DE)	17A1 263
Weinsberg (DE)	17A2 263
Weissenburg (DE)	17D2 288
Welzheim (DE)	17B2 263
Wertheim (DE)	17B1 263
Wertingen (DE)	17D3 288
Wildberg (DE)	17A3 263
Wolnzach (DE)	17E3 288
Würzburg (DE)	17B1 288
Zaberfeld (DE)	17A2 263
Zirndorf (DE)	17D1 288

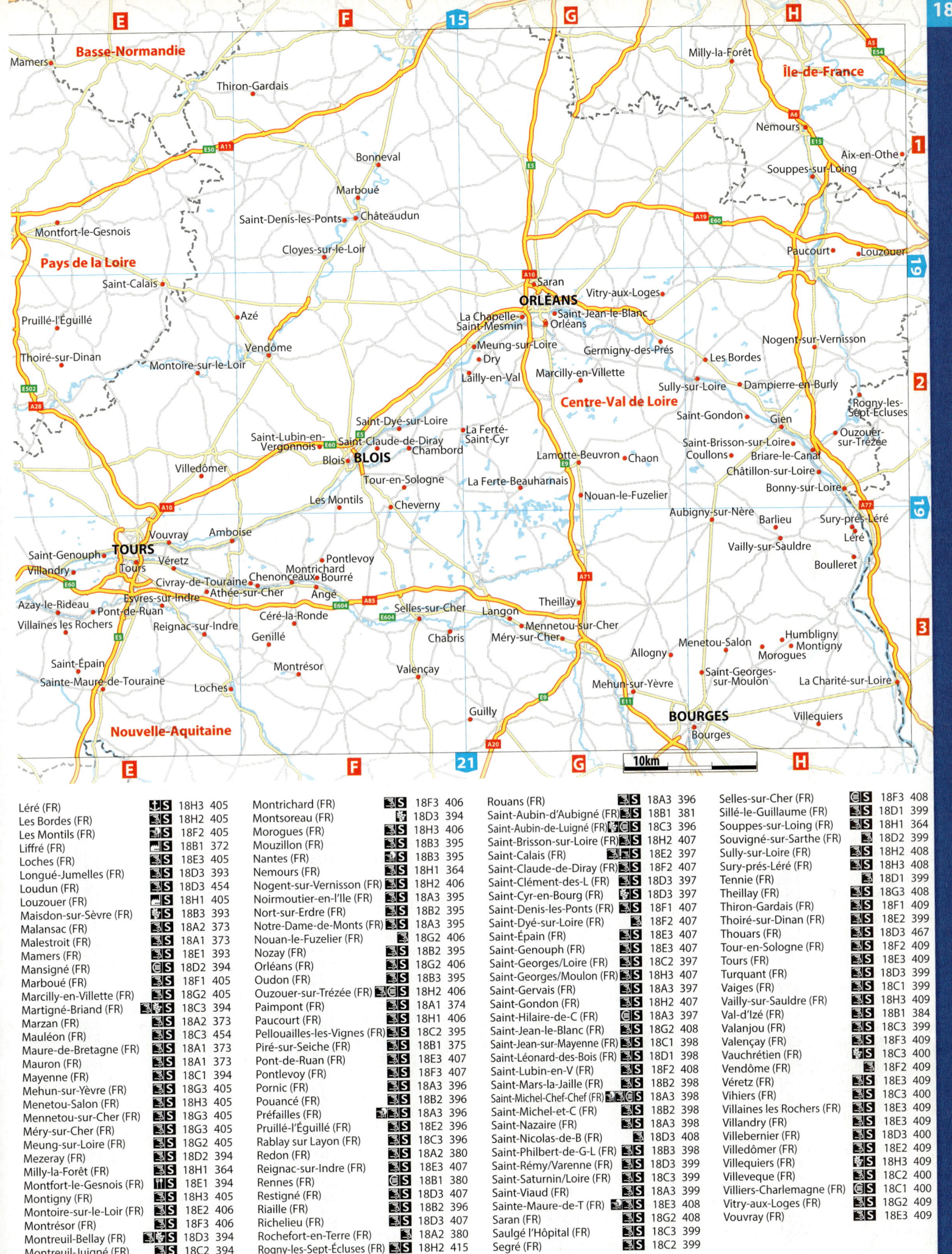

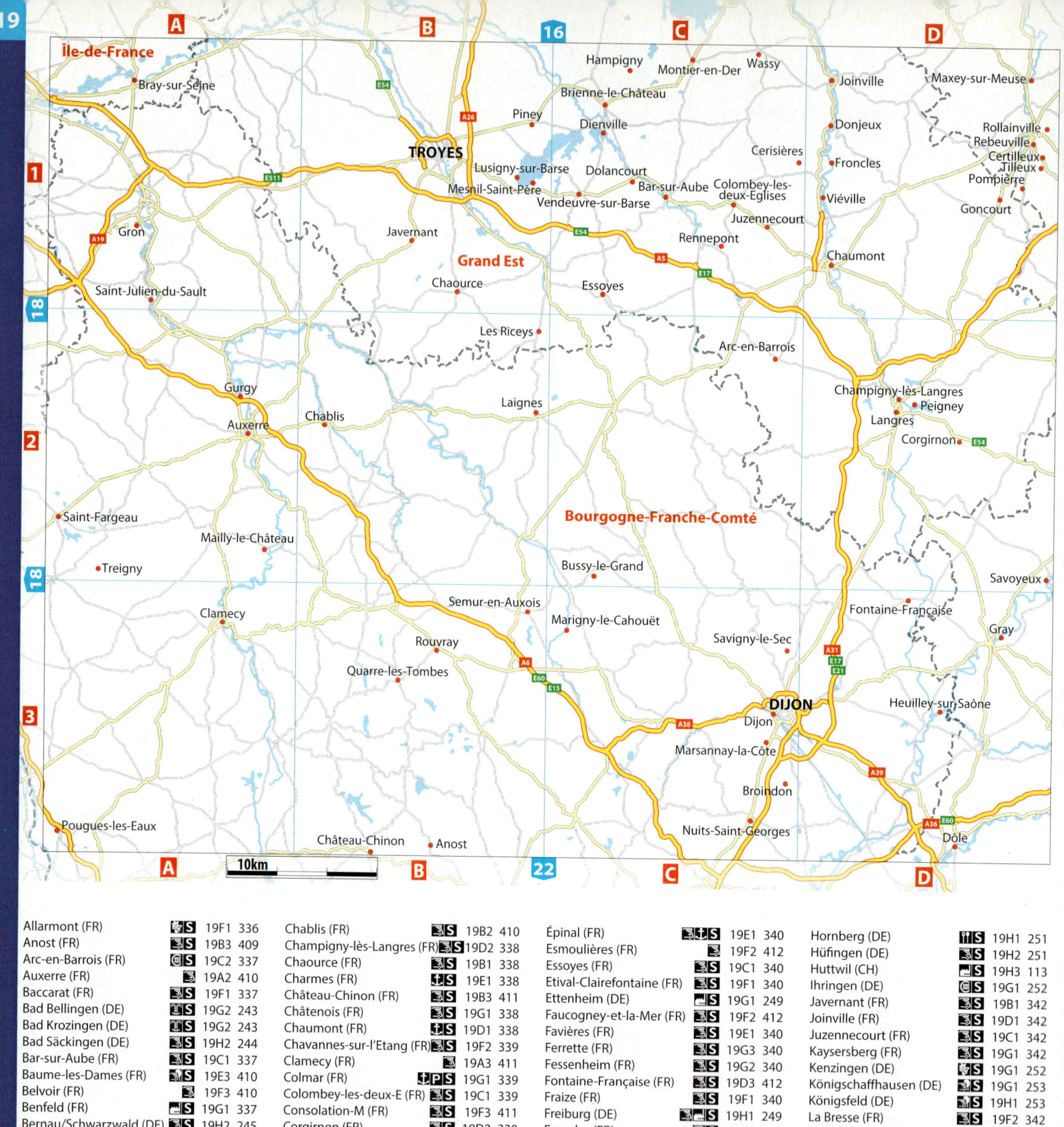

Name	Grid	Page
Allarmont (FR)	19F1	336
Anost (FR)	19B3	409
Arc-en-Barrois (FR)	19C2	337
Auxerre (FR)	19A2	410
Baccarat (FR)	19F1	337
Bad Bellingen (DE)	19G2	243
Bad Krozingen (DE)	19G2	243
Bad Säckingen (DE)	19H2	244
Bar-sur-Aube (FR)	19C1	337
Baume-les-Dames (FR)	19E3	410
Belvoir (FR)	19F3	410
Benfeld (FR)	19G1	337
Bernau/Schwarzwald (DE)	19H2	245
Besançon (FR)	19E3	410
Blumberg (DE)	19H2	246
Bonndorf (DE)	19H2	246
Bourbach-le-Haut (FR)	19F2	337
Bray-sur-Seine (FR)	19A1	363
Breisach/Rhein (DE)	19G1	247
Brienne-le-Château (FR)	19C1	337
Brognard (FR)	19F2	410
Broindon (FR)	19C3	410
Bucey-les-Gy (FR)	19E3	410
Buchenbach (DE)	19H2	247
Bulgnéville (FR)	19E1	338
Burgdorf (CH)	19G3	113
Burkheim (DE)	19G1	247
Bussy-le-Grand (FR)	19C2	410
Cerisières (FR)	19C1	338
Certilleux (FR)	19D1	338
Chablis (FR)	19B2	410
Champigny-lès-Langres (FR)	19D2	338
Chaource (FR)	19B1	338
Charmes (FR)	19E1	338
Château-Chinon (FR)	19B3	411
Châtenois (FR)	19G1	338
Chaumont (FR)	19D1	338
Chavannes-sur-l'Etang (FR)	19F2	339
Clamecy (FR)	19A3	411
Colmar (FR)	19G1	339
Colombey-les-deux-E (FR)	19C1	339
Consolation-M (FR)	19F3	411
Corgirnon (FR)	19D2	339
Corravillers (FR)	19F2	411
Corre (FR)	19E2	411
Crosey-le-Petit (FR)	19F3	411
Delémont (CH)	19G3	113
Dienville (FR)	19C1	339
Dijon (FR)	19C3	412
Dolancourt (FR)	19C1	339
Dôle (FR)	19D3	412
Dommartin-lès-R (FR)	19F2	339
Donjeux (FR)	19D1	339
Dürrenroth (CH)	19G3	113
Ebringen (DE)	19G2	248
Eguisheim (FR)	19G1	340
Eichstetten (DE)	19G1	248
Eisenbach (DE)	19H2	248
Emmendingen (DE)	19H1	248
Endingen am Kaiserstuhl (DE)	19G1	248
Épinal (FR)	19E1	340
Esmoulières (FR)	19F2	412
Essoyes (FR)	19C1	340
Etival-Clairefontaine (FR)	19F1	340
Ettenheim (DE)	19G1	249
Faucogney-et-la-Mer (FR)	19F2	412
Favières (FR)	19E1	340
Ferrette (FR)	19G3	340
Fessenheim (FR)	19G2	340
Fontaine-Française (FR)	19D3	412
Fraize (FR)	19F1	340
Freiburg (DE)	19H1	249
Froncles (FR)	19D1	340
Gérardmer (FR)	19F1	340
Goncourt (FR)	19D1	341
Gray (FR)	19D3	412
Gron (FR)	19A1	412
Guebwiller (FR)	19G2	341
Gurgy (FR)	19A2	412
Hampigny (FR)	19C1	341
Hartmannswiller (FR)	19G2	341
Haslach/Kinzigtal (DE)	19H1	250
Hausach (DE)	19H1	250
Häusernmoos (CH)	19G3	113
Heiligenstein (FR)	19G1	341
Hemmiken (CH)	19H3	115
Heuilley-sur-Saône (FR)	19D3	412
Hinterzarten (DE)	19H2	251
Hirtzbach (FR)	19G2	342
Höchenschwand (DE)	19H2	251
Hornberg (DE)	19H1	251
Hüfingen (DE)	19H2	251
Huttwil (CH)	19H3	113
Ihringen (DE)	19G1	252
Javernant (FR)	19B1	342
Joinville (FR)	19D1	342
Juzennecourt (FR)	19C1	342
Kaysersberg (FR)	19G1	342
Kenzingen (DE)	19G1	252
Königschaffhausen (DE)	19G1	253
Königsfeld (DE)	19H1	253
La Bresse (FR)	19F1	342
La Chaux-de-Fonds (CH)	19F3	114
La Montagne (FR)	19F2	413
Lahr/Scharzwald (DE)	19H1	253
Laignes (FR)	19B2	413
Langenthal (CH)	19G3	114
Langres (FR)	19D2	343
Lauchringen (DE)	19H2	254
Laufenburg (DE)	19H2	254
Le Bonhomme (FR)	19F1	343
Le Landeron (CH)	19F3	114
Les Brenets (CH)	19F3	114
Les Riceys (FR)	19B2	343
Linthal (FR)	19F2	343
Löffingen (DE)	19H2	254
Lusigny-sur-Barse (FR)	19B1	344
Luxeuil-les-Bains (FR)	19E2	413
Mailly-le-Château (FR)	19A2	414
Marigny-le-Cahouët (FR)	19C3	414

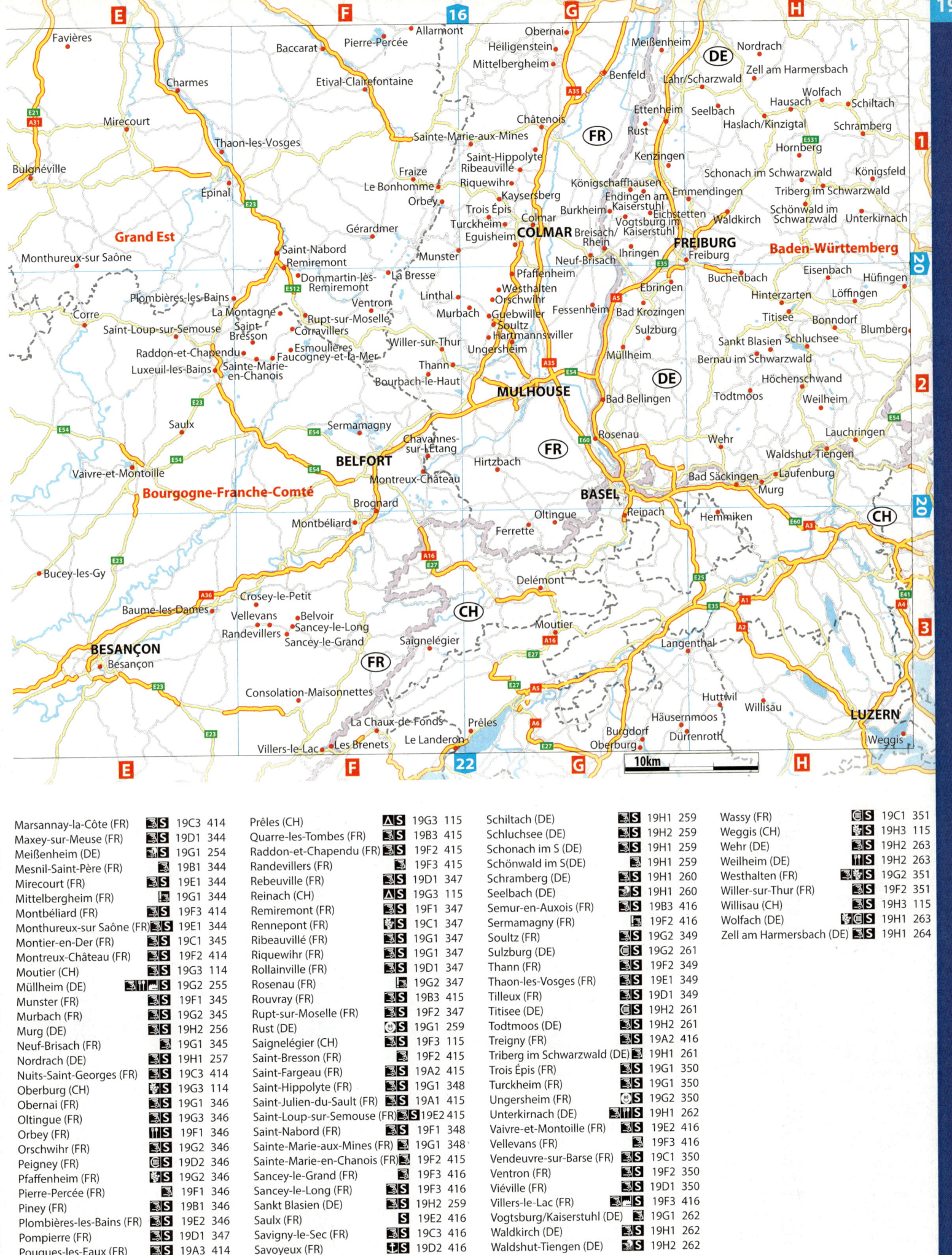

Name		Grid	Page
Murnau am Staffelsee (DE)	🅢	20D2	280
Nassereith (AT)	🅢	20D3	93
Nesselwang (DE)	🅢	20C2	280
Neubeuern (DE)		20F2	280
Neuhausen (CH)	🅢	20A2	116
Neuhausen ob Eck (DE)	🅢	20A1	256
Neukirchen (AT)	🅢	20F3	94
Oberammergau (DE)	🅢	20D2	281
Oberaudorf (DE)	🅢	20F2	281
Obermaiselstein (DE)	🅢	20C2	281
Oberndorf/Neckar (DE)	🅢	20A1	257
Oberstdorf (DE)	🅢	20C3	281
Oberteuringen (DE)	🅢	20B2	257
Obsteig (AT)	🅢	20D3	93
Ostrach (DE)	🅢	20B2	257
Ottobeuren (DE)	🅢	20C1	282
Peiting (DE)		20D2	282
Petting (DE)	🅢	20G1	282
Pettneu am Arlberg (AT)	🅢	20C3	93
Pfronten (DE)	🅢	20D2	282
Pfullendorf (DE)	🅢	20B2	258
Pfunds (AT)	🅢	20D3	93
Pichl-Kainisch (AT)		20H2	96
Prien am Chiemsee (DE)	🅢	20F1	283
Racines (IT)		20E3	540
Radolfzell (DE)	🅢	20A2	258
Ravensburg (DE)	🅢	20B2	258
Reichenau (DE)	🅢	20A2	258
Reit im Winkl (DE)	🅢	20F2	283
Riedlingen (DE)	🅢	20B1	259
Rielasingen-W (DE)	🅢	20A2	259
Roßhaupten (DE)	🅢	20D2	283
Rottweil (DE)	🅢	20A1	259
Ruhpolding (DE)	🅢	20G2	284
Sachsenburg (AT)		20H3	97
Samnaun (CH)	🅢	20C3	116
Sankt Gallen (CH)	🅢	20B3	116
Scharnstein (AT)	🅢	20H1	88
Scheidegg (DE)	🅢	20C2	284
Schiers (CH)	🅢	20B3	116
Schliersee (DE)	🅢	20E2	284
Schongau (DE)	🅢	20D2	285
Schwangau (DE)	🅢	20D2	285
Schwaz (AT)	🅢	20E2	93
Siegsdorf (DE)	🅢	20G1	285
Sigmaringen (DE)	🅢	20B1	260
Singen (DE)	🅢	20A2	260
Sonthofen (DE)		20C2	285
Steckborn (CH)	🅢	20A2	116
Steinach am Brenner (AT)	🅢	20E3	93
Stetten (DE)	🅢	20B2	260
Stockach/Bodensee (DE)	🅢	20A2	260
Straß im Attergau (AT)	🅢	20H1	88
Stumm (AT)		20F3	93
Sulz am Neckar (DE)	🅢	20A1	261
Sulzemoos (DE)	🅢	20D1	286
Tettnang (DE)	🅢	20B2	261
Traunstein (DE)	🅢	20F1	286
Trochtelfingen (DE)	🅢	20B1	261
Tuttlingen (DE)	🅢	20A1	261
Tweng (AT)		20H3	94
Überlingen (DE)	🅢	20A2	261
Übersee/Chiemsee (DE)	🅢	20F1	286
Uhldingen-Mühlhofen (DE)	🅢	20B2	261
Ummendorf (DE)	🅢	20B1	262
Unterwasser (CH)	🅢	20B3	116
Uttenweiler (DE)	🅢	20B1	262
Vaduz/Liechtenstein (CH)	🅢	20B3	116
Villingen/Schwenningen (DE)	🅢	20A1	262
Vöcklabruck (AT)	🅢	20H1	88
Wald (DE)	🅢	20D2	287
Wangen im Allgäu (DE)	🅢	20B2	262
Weilheim/Oberbayern (DE)	🅢	20D2	287
Weingarten (DE)	🅢	20B2	263
Wenns/Piller (AT)	🅢	20D3	93
Wertach (DE)	🅢	20C2	288
Wiesing (AT)	🅢	20E2	93
Wolfegg/Allgäu (DE)	🅢	20B2	263
Wonneberg (DE)		20G1	288
Zlan (AT)		20H3	97
Zug (CH)	🅢	20A3	115
Zürich (CH)		20A3	116

Location	Ref	Page
Agris (FR)	21D3	439
Aigre (FR)	21D3	439
Ainay-le-Vieil (FR)	21H1	400
Airvault (FR)	21D1	439
Angoulins (FR)	21B2	440
Arçais (FR)	21C2	440
Archignat (FR)	21H2	418
Ardentes (FR)	21G1	400
Argenton-sur-Creuse (FR)	21F1	400
Aubusson (FR)	21G3	440
Aulnay (FR)	21C2	440
Auriat (FR)	21F3	440
Aydat (FR)	21H3	418
Bellac (FR)	21E2	441
Belleville-sur-Vie (FR)	21B1	385
Benet (FR)	21C2	385
Bessais-le-Fromental (FR)	21H1	401
Bessines/Gartempe (FR)	21F2	441
Boismé (FR)	21C1	442
Bosmoreau-les-Mines (FR)	21F3	442
Bougon (FR)	21D2	442
Bourcefranc/Chapus (FR)	21B3	443
Bourganeuf (FR)	21F3	443
Bressuire (FR)	21C1	443
Brétignolles-sur-Mer (FR)	21A1	386
Bujaleuf (FR)	21F3	443
Bussière-Poitevine (FR)	21E2	443
Cellefrouin (FR)	21D3	444
Celles-sur-Belle (FR)	21D2	444
Chabanais (FR)	21E3	444
Chaille-les-Marais (FR)	21B2	386
Chalus (FR)	21E3	444
Chamberet (FR)	21F3	444
Chambon-sur-Voueize (FR)	21H2	445
Chantonnay (FR)	21B1	387
Charbonnières-les-V (FR)	21H3	421
Château-d'Olonne (FR)	21A1	387
Château-Larcher (FR)	21D2	445
Château-sur-Allier (FR)	21H1	421
Châteauroux (FR)	21F1	402
Châtel-Guyon (FR)	21H3	421
Châtelaillon-Plage (FR)	21B2	445
Châtelus-le-Marcheix (FR)	21F3	445
Chef-Boutonne (FR)	21D2	445
Chénerailles (FR)	21G2	445
Cherves-Richemont (FR)	21C3	445
Chey (FR)	21D2	445
Cieux (FR)	21E3	445
Coëx (FR)	21A1	388
Cognac (FR)	21C3	446
Confolens (FR)	21E2	446
Couhé (FR)	21D2	446
Coulon (FR)	21C2	446
Coulonges-sur-l'Autize (FR)	21C1	446
Cressat (FR)	21G2	446
Criteuil la Magdeleine (FR)	21C3	446
Culan (FR)	21G2	403
Cussac (FR)	21E3	446
Cuzion (FR)	21F2	403
Dolus-d'Oléron (FR)	21B3	447
Dompierre-sur-C (FR)	21C3	447
Ebreuil (FR)	21H2	423
Echillais (FR)	21B3	447
Epineuil-le-Fleuriel (FR)	21H1	403
Estivareilles (FR)	21H2	423
Felletin (FR)	21G3	447
Fontaines (FR)	21C2	389
Fontenay-le-Comte (FR)	21C1	389
Fouras (FR)	21B2	448
Foussais-Payré (FR)	21C1	389
Fromental (FR)	21F2	448
Gençay (FR)	21D2	448
Genté (FR)	21C3	448
Gouzon (FR)	21G2	449
Guéret (FR)	21G2	449
Hiers-Brouage (FR)	21B3	449
Jard-sur-Mer (FR)	21A1	390
Jarnages (FR)	21G2	449
Javerdat (FR)	21E3	449
La Brée-les-Bains (FR)	21B2	450
La Châtre (FR)	21G1	404
La Couronne (FR)	21D3	450
La Courtine (FR)	21G3	450
La Faute-sur-Mer (FR)	21B2	390
La Meilleraie-Tillay (FR)	21C1	390
La Mothe-Saint-Héray (FR)	21D2	450
La Pérouille (FR)	21F1	404
La Roche-Posay (FR)	21E1	450
La Roche-sur-Yon (FR)	21B1	391
La Rochefoucauld (FR)	21D3	450
La Rochelle (FR)	21B2	450
La Tranche-sur-Mer (FR)	21B2	391
La Tremblade (FR)	21B3	451
Laqueuille (FR)	21H3	425
Le Blanc (FR)	21E1	404
Le Bois-Plage-en-Ré (FR)	21B2	452
Le Château d'Oléron (FR)	21B3	452
Le Châtelet (FR)	21G1	404
Le Grand Village Plage (FR)	21B3	452
Le Poiré-sur-Vie (FR)	21B1	392
Le Verdon-sur-Mer (FR)	21B3	452
Les Ancizes-Comps (FR)	21H3	426
Les Epesses (FR)	21C1	393
Les Essarts (FR)	21B1	393
Les Herbiers (FR)	21B1	393
Les Mathes/La Palmyre (FR)	21B3	453
Les Portes-en-Ré (FR)	21B2	453
Les Sables-d'Olonne (FR)	21A1	393
Les Salles-Lavaugyon (FR)	21E3	453
Levet (FR)	21H1	405
Lezay (FR)	21D2	453
Lizant (FR)	21D2	454
Londigny (FR)	21D2	454
Luant (FR)	21F1	405
Luçon (FR)	21B1	393
Lurcy-Lévis (FR)	21H1	427
Lussac-les-Châteaux (FR)	21E2	454
L'Aiguillon-sur-Mer (FR)	21B2	393
Maillé (FR)	21C2	393
Maillezais (FR)	21C2	393
Manzat (FR)	21H3	427
Marennes (FR)	21B3	454
Martizay (FR)	21E1	405
Mauzé-sur-le-Mignon (FR)	21C2	454

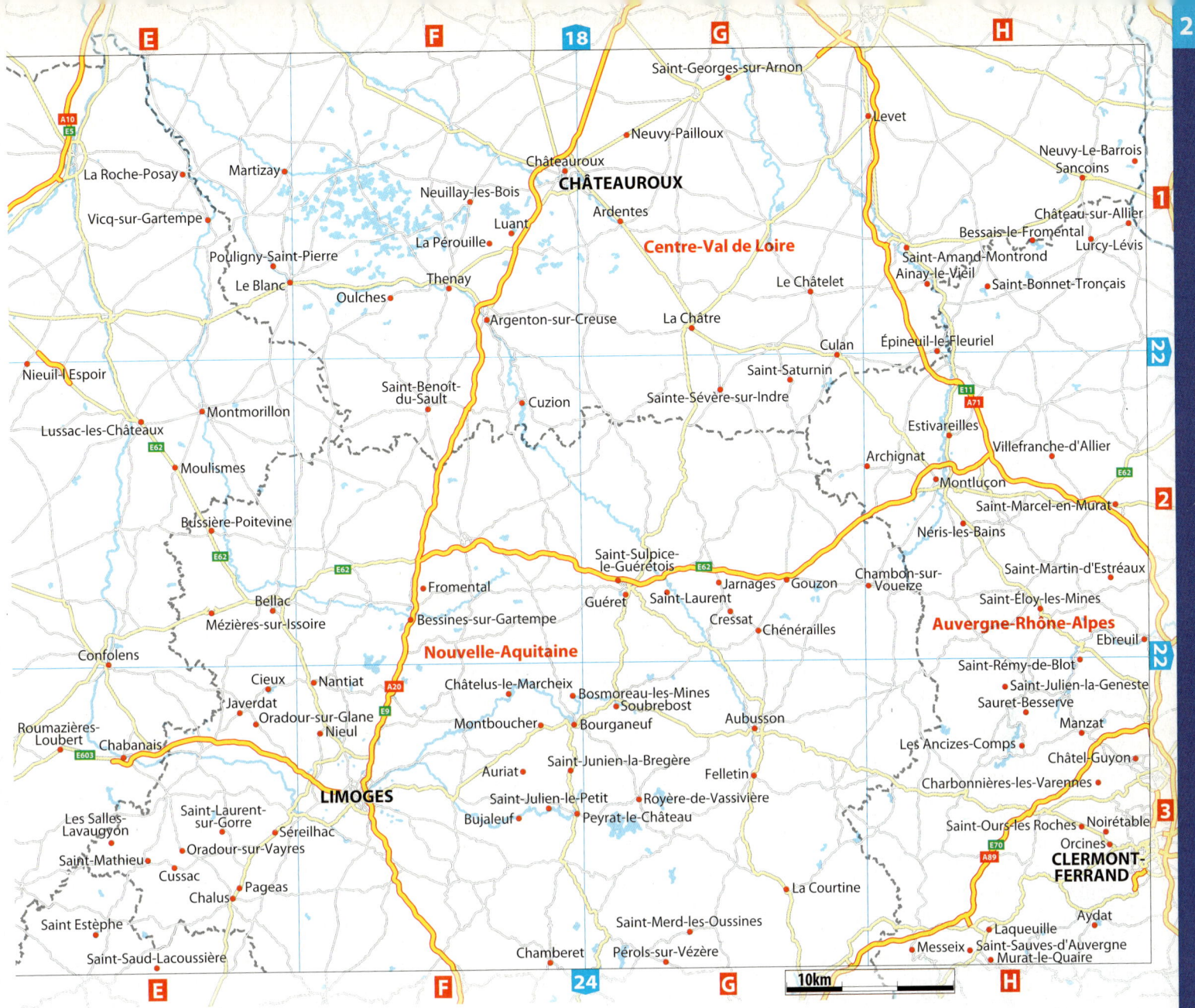

Name	Ref	Page
Ménigoute (FR)	21D1	454
Mervent (FR)	21C1	394
Meschers-sur-Gironde (FR)	21B3	454
Mesnard-la-Barotière (FR)	21B1	394
Messé (FR)	21D2	455
Messeix (FR)	21H3	428
Mézières-sur-Issoire (FR)	21E2	455
Mirebeau (FR)	21D1	455
Montboucher (FR)	21F3	456
Montils (FR)	21C3	456
Montluçon (FR)	21H2	428
Montmorillon (FR)	21E2	456
Mortagne/Gironde (FR)	21C3	456
Moulismes (FR)	21E2	457
Moutiers-sur-le-Lay (FR)	21B1	394
Murat-le-Quaire (FR)	21H3	429
Nantiat (FR)	21F3	457
Néris-les-Bains (FR)	21H2	429
Nersac (FR)	21D3	457
Neuillay-les-Bois (FR)	21F1	406
Neuvy-Le-Barrois (FR)	21H1	406
Neuvy-Pailloux (FR)	21G1	406
Nieuil-l'Espoir (FR)	21E2	457
Nieul (FR)	21F3	457
Nieulle-sur-Seudre (FR)	21B3	457
Niort (FR)	21C2	457
Noirétable (FR)	21H3	429
Olonne-sur-Mer (FR)	21A1	395
Oradour-sur-Glane (FR)	21E3	458
Oradour-sur-Vayres (FR)	21E3	458
Orcines (FR)	21H3	429
Oulches (FR)	21F1	406
Pageas (FR)	21E3	458
Pamproux (FR)	21D2	458
Parthenay (FR)	21D1	458
Pérignac (FR)	21C3	458
Pérols-sur-Vézère (FR)	21G3	458
Peyrat-le-Château (FR)	21F3	458
Pons (FR)	21C3	459
Port-des-Barques (FR)	21B2	459
Pouligny-Saint-Pierre (FR)	21E1	407
Pouzauges (FR)	21C1	396
Rivedoux-Plage (FR)	21B2	459
Rochefort (FR)	21B2	459
Romagne (FR)	21D2	460
Rouillac (FR)	21D3	460
Roullet-Saint-Estèphe (FR)	21D3	460
Roumazières-Loubert (FR)	21E3	460
Royan (FR)	21B3	460
Royère-de-Vassivière (FR)	21G3	460
Ruffec (FR)	21D2	460
Saint Césaire (FR)	21C3	460
Saint Estèphe (FR)	21E3	460
Saint Laurant dl Prée (FR)	21B2	460
Saint-Agnant (FR)	21B3	460
Saint-Amand-M (FR)	21H1	407
St-Amand/Sèvre (FR)	21C1	460
St-Benoît-du-Sault (FR)	21F2	407
St-Bonnet-Tronçais (FR)	21H1	432
St-Clément/Baleines (FR)	21B2	461
Saint-Denis-d'Oléron (FR)	21B2	461
Saint-Éloy-les-Mines (FR)	21H2	432
St-Genis-de-Saintonge (FR)	21C3	461
St-Georges/Didonne (FR)	21B3	461
St-Georges-sur-Arnon (FR)	21G1	407
St-Germain-de-M (FR)	21C2	461
Saint-Gilles-Croix-de-V (FR)	21A1	397
Saint-Hilaire-de-Riez (FR)	21A1	397
Saint-Hilaire-la-Palud (FR)	21C2	462
Saint-Jean-d'Angély (FR)	21C3	462
Saint-Jean-de-M (FR)	21A1	397
Saint-Julien-la-Geneste (FR)	21H3	433
Saint-Julien-le-Petit (FR)	21F3	462
Saint-Junien-la-B (FR)	21F3	462
Saint-Laurent (FR)	21G2	462
Saint-Laurent/Gorre (FR)	21E3	462
Saint-Marcel-en-Murat (FR)	21H2	433
Saint-Martin-d'Estréaux (FR)	21H2	434
Saint-Martin-de-Ré (FR)	21B2	462
Saint-Mathieu (FR)	21E3	463
Saint-Merd/Oussines (FR)	21G3	463
Saint-Michel/l'Herm (FR)	21B2	398
Saint-Michel-Mt-M (FR)	21C1	398
Saint-Ours-les-Roches (FR)	21H3	434
Saint-Pierre-d'Oléron (FR)	21B2	463
Saint-Porchaire (FR)	21C3	463
Saint-Rémy-de-Blot (FR)	21H3	434
Saint-Saturnin (FR)	21G2	408
St-Saud-Lacoussière (FR)	21E3	463
St-Sauves-d'Auvergne (FR)	21H3	435
St-Sulpice/Guérétois (FR)	21G2	464
Saint-Trojan-les-Bains (FR)	21B3	464
Saint-Vincent-sur-Jard (FR)	21B1	399
St-Yrieix-sur-Charente (FR)	21D3	465
Sainte-Foy (FR)	21A1	399
Ste-Sévère-sur-Indre (FR)	21G2	408
Saintes (FR)	21C3	465
Sancoins (FR)	21H1	408
Saujon (FR)	21B3	466
Sauret-Besserve (FR)	21H3	435
Sauzé-Vaussais (FR)	21D2	466
Segonzac (FR)	21C3	466
Séreilhac (FR)	21E3	466
Soubise (FR)	21B3	467
Soubrebost (FR)	21G3	467
Soulac-sur-Mer (FR)	21B3	467
Talmont-Saint-Hilaire (FR)	21A1	399
Thenay (FR)	21F1	408
Thurageau (FR)	21D1	468
Tonnay-Charente (FR)	21B3	468
Touvre (FR)	21D3	468
Vasles (FR)	21D1	468
Venansault (FR)	21B1	400
Vendrennes (FR)	21B1	400
Vicq-sur-Gartempe (FR)	21E1	469
Villefranche-d'Allier (FR)	21H2	438
Vouvant (FR)	21C1	400

Name		Ref		Name		Ref		Name		Ref		Name		Ref
Aeschi (CH)	⛺S	22G1 113		Boën (FR)	⛺S	22B3 419		Conliège (FR)	⛺S	22D1 411		Grimentz (CH)	⛺S	22G2 117
Aigueperse (FR)	⛺S	22A3 417		Bois-d'Amont (FR)	⛺S	22E2 410		Courmayeur (IT)	⛺S	22F3 529		Grimselpas (CH)	⛺S	22H1 117
Aix-les-Bains (FR)	⛺S	22E3 417		Boltigen (CH)	⛺S	22G1 113		Cournon d'Auvergne (FR)	CS	22A3 422		Grindelwald (CH)	⛺S	22H1 113
Albertville (FR)	⛺S	22F3 417		Böningen (CH)	⛺S	22H1 113		Cours-la-Ville (FR)	⛺S	22B2 422		Gryon (CH)	⛺S	22G2 113
Ambierle (FR)	⛺S	22B2 417		Borgosesia (IT)	⛺S	22H3 530		Courtenay (FR)	S	22D3 422		Gstaad (CH)	⛺S	22G2 113
Amplepuis (FR)	⛺S	22B3 417		Bourg-en-Bresse (FR)	⛺S	22D2 419		Cousance (FR)	⛺S	22D2 411		Gwatt-Thun (CH)	⛺S	22G1 113
Annecy (FR)	⛺S	22E3 417		Bourget-du-Lac (FR)	CS	22E3 420		Cravagliana (IT)	⛺S	22H3 532		Hauteluce (FR)	⛺S	22F3 423
Anse (FR)	⛺C3	22C3 417		Bouveret (CH)	⛺S	22F2 116		Crémieu (FR)	⛺S	22D3 422		Hérémence (CH)		22G2 117
Antey-Saint-André (IT)	⛺S	22G3 528		Brienz (CH)	⛺S	22H1 113		Cudrefin (CH)	S	22F1 113		Hinterkappelen (CH)	⛺S	22G1 113
Anthy-sur-Léman (FR)		22F2 417		Brig (CH)	⛺S	22H2 116		Digoin (FR)	⛺S	22B2 411		Hône (IT)	⛺S	22H3 529
Aosta (IT)	⛺S	22G3 528		Brusson (IT)	⛺S	22H3 528		Diou (FR)	⛺S	22B2 423		Horw (CH)	⛺S	22H1 115
Arc-et-Senans (FR)	⛺S	22E1 409		Bullet (CH)	⛺S	22F1 113		Dompierre-sur-Besbre (FR)	CS	22A2 423		Illiat (FR)	⛺S	22C2 424
Arçon (FR)	⛺S	22B3 418		Carcoforo (IT)	⛺S	22H3 530		Echallens (CH)	⛺S	22F1 113		Interlaken (CH)	⛺S	22H1 113
Arinthod (FR)	⛺S	22D2 409		Cervinia/Breuil (IT)	⛺S	22G3 528		Ecuisses (FR)	⛺S	22C1 412		Izernore (FR)	⛺S	22D2 424
Arsure-Arsurette (FR)	⛺S	22E1 410		Chalmazel (FR)	⛺S	22B3 420		Engelberg (CH)	⛺S	22H1 115		Jaligny-sur-Besbre (FR)	⛺S	22A2 424
Aubusson-d'Auvergne (FR)	⛺S	22A3 418		Chalon-sur-Saône (FR)	⛺S	22C1 410		Estavayer-le-Lac (CH)	⛺S	22F1 113		Jeurre (FR)	⛺S	22D2 412
Autun (FR)	⛺S	22B1 410		Chamonix-Mont-Blanc (FR)	⛺S	22F3 420		Étang-sur-Arroux (FR)	⛺S	22B1 412		Job (FR)	⛺S	22A3 424
Avenches (CH)	⛺S	22F1 113		Champagnole (FR)	CS	22E1 411		Étroubles (IT)	C	22G3 529		Joux (FR)	⛺S	22B3 424
Avermes (FR)	⛺S	22A1 418		Champéry (FR)	⛺S	22F2 116		Evolène (CH)	⛺S	22G2 117		La Balme de Sillingy (FR)	⛺S	22E3 424
Aymavilles (IT)	⛺S	22G3 528		Champoly (FR)	⛺S	22B3 420		Faverges (FR)	⛺S	22E3 423		La Bénisson-Dieu (FR)	⛺S	22B2 424
Bard (IT)	⛺S	22H3 528		Champorcher (IT)	⛺S	22G3 528		Fénis (IT)		22G3 529		La Brévine (FR)	⛺S	22E1 413
Baume-les-Messieurs (FR)		22D1 410		Charix (FR)	⛺S	22D2 421		Flaine (FR)		22F3 423		La Chapelle des Bois (FR)	⛺S	22E1 413
Beaulon (FR)	⛺S	22A1 419		Charlieu (FR)	⛺S	22B2 421		Fontainemore (IT)	⛺S	22H3 529		La Chapelle-de-G (FR)	⛺S	22C2 413
Beaune (FR)	⛺S	22C1 410		Charolles (FR)	CS	22B2 421		Fours (FR)	⛺S	22A1 412		La Clusaz (FR)		22F3 424
Bellerive-sur-Allier (FR)	⛺S	22A2 419		Château-d'Oex (CH)	⛺S	22G2 113		Frutigen (CH)	⛺S	22G1 115		La Féclaz (FR)	⛺S	22E3 424
Belleville (FR)	⛺S	22C2 419		Chatillon (IT)	⛺S	22G3 528		Gaby (IT)	⛺S	22H3 529		La Fouly (CH)	⛺S	22G2 117
Belley (FR)	⛺S	22D3 419		Châtillon-en-Bazois (FR)	⛺S	22A1 411		Gampelen (CH)	⛺S	22F1 113		La Pesse (FR)	⛺S	22E2 413
Belleydoux (FR)	⛺S	22E2 419		Chevagnes (FR)	⛺S	22A1 421		Génelard (FR)	⛺S	22B2 412		La Roche-Blanche (FR)	⛺S	22A3 424
Belmont-de-la-Loire (FR)	⛺S	22B2 419		Cheyres (CH)	S	22F1 113		Gilly-sur-Loire (FR)	⛺S	22B2 412		La Thuile (IT)	⛺S	22F3 529
Bibost (FR)		22C3 419		Chiddes (FR)	S	22B1 411		Giswil (CH)		22H1 115		Lamoura (FR)	⛺S	22E2 413
Bielmonte (IT)	⛺S	22H3 530		Clairvaux-les-Lacs (FR)	⛺S	22E1 411		Givry (FR)	⛺S	22C1 412		Lamure-sur-Azergues (FR)	⛺S	22C2 425
Billy (FR)	⛺S	22A2 419		Clermont Ferrand (FR)	⛺S	22A3 422		Grandson (CH)	⛺S	22F1 113		Lapalisse (FR)	⛺S	22A2 425
Bionaz (IT)	⛺S	22G3 528		Cogne (IT)	⛺S	22G3 528		Gressoney-Saint-Jean (IT)	⛺S	22H3 529		Laprugne (FR)	⛺S	22A3 425

Place	Ref	Page
Agno (CH)	23A3	116
Alzano Lombardo (IT)	23C3	542
Ampezzo (IT)	23G1	550
Andalo (IT)	23D2	538
Andeer (CH)	23B1	115
Andreis (IT)	23G2	550
Aquileia (IT)	23H3	550
Arco (IT)	23D3	538
Arona (IT)	23A3	530
Arta Terme (IT)	23G1	550
Artegna (IT)	23H2	550
Asiago (IT)	23E3	546
Asolo (IT)	23F3	546
Auronzo di Cadore (IT)	23F1	546
Avegno (CH)	23A2	116
Avio (IT)	23D3	538
Barbiano (IT)	23E1	538
Barcis (IT)	23G2	550
Bardolino (IT)	23D3	546
Baselga di Pine (IT)	23E2	538
Bassano del Grappa (IT)	23F3	546
Baveno (IT)	23A3	530
Bellinzona (CH)	23A2	116
Belluno (IT)	23F2	546
Bezzecca (IT)	23D3	538
Biassono (IT)	23B3	542
Bibione (IT)	23G3	547
Bivio (CH)	23B2	115
Bolzano/Bozen (IT)	23E1	538
Borgo Valsugana (IT)	23E2	538
Bormio (IT)	23C1	542
Bovec (SI)	23H1	668
Braies (IT)	23F1	538
Breil/Brigels (CH)	23A1	115
Brentonico (IT)	23D3	538
Brescia (IT)	23C3	542
Brugnera (IT)	23G2	550
Brunico/Bruneck (IT)	23F1	539
Brunnen (CH)	23A1	115
Caldes (IT)	23D2	539
Caldonazzo (IT)	23E2	539
Campione (IT)	23D3	542
Cannobio (IT)	23A2	530
Capo di Ponte (IT)	23C2	542
Capriva del Friuli (IT)	23G2	550
Carenno (IT)	23B3	542
Castelfondo (IT)	23E1	539
Cavalese (IT)	23E2	539
Cavallino-Treporti (IT)	23G3	547
Cavasso Nuovo (IT)	23G2	550
Chiavenna (IT)	23B2	542
Chiesa in Valmalenco (IT)	23C2	542
Chiusa (IT)	23E1	539
Chur (CH)	23B1	116
Churwalden (CH)	23B1	116
Cividale del Friuli (IT)	23H2	550
Clauzetto (IT)	23G2	550
Clusone (IT)	23C3	542
Codroipo (IT)	23H2	550
Colà di Lazise (IT)	23D3	547
Colico (IT)	23B2	543
Colloredo di Monte A (IT)	23H2	550
Como (IT)	23B3	543
Conegliano (IT)	23F2	547
Cormons (IT)	23H2	550
Corno di Rosazzo (IT)	23H2	550
Corvara in Badia (IT)	23F1	539
Costa Volpino (IT)	23C3	543
Davos (CH)	23C1	116
Desenzano del Garda (IT)	23D3	543
Dimaro (IT)	23D2	539
Domegge di Cadore B (IT)	23F1	547
Elm (CH)	23B1	116
Eppan (IT)	23E1	539
Esine (IT)	23C3	543
Feltre (IT)	23F2	547
Ferrara di Monte Baldo (IT)	23D3	547
Folgaria (IT)	23E3	539
Folgarida (IT)	23D2	539
Forni di Sopra (IT)	23G1	551
Gandino (IT)	23C3	543
Garda (IT)	23D3	547
Gargazzone (IT)	23E1	539
Gavirate (IT)	23A3	543
Gemona del Friuli (IT)	23H2	551
Germignaga (IT)	23A3	543
Glorenza (IT)	23D1	539
Gordevio (CH)	23A2	117
Gorizia (IT)	23H2	551
Gradisca d'Isonzo (IT)	23H2	551
Grado (IT)	23H3	551
Hermagor (AT)	23H1	97
Iseo (IT)	23C3	543
Kobarid (SI)	23H1	668
Kötschach–Mauthen (AT)	23G1	97
La Villa in Badia (IT)	23F1	539
Lago (IT)	23E2	540
Latisana (IT)	23H3	551
Lavarone (IT)	23E2	540
Lazise (IT)	23D3	547
Lecco (IT)	23B3	543
Levico Terme (IT)	23E2	540
Lido di Jesolo (IT)	23G3	548
Livigno (IT)	23C1	543
Livinallongo del CD (IT)	23F1	548
Locarno (CH)	23A2	117
Lodrino (IT)	23C3	543
Luino (IT)	23A3	544
Maccagno (IT)	23A2	544
Madonna del Sasso (IT)	23A3	533
Malborghetto Valbruna (IT)	23H1	551
Malcesine (IT)	23D3	548
Mandello del Lario (IT)	23B3	543
Maniago (IT)	23G2	551
Marghera (IT)	23F3	548
Menaggio (IT)	23B2	544
Merate (IT)	23B3	544
Mergozzo (IT)	23A3	533
Meride (CH)	23A3	117
Mirano (IT)	23F3	548

Misurina (IT)	23F1 548	Rabbi (IT)	23D2 540	Sesto/Sexten (IT)	23F1 541	Valvasone (IT)	23G2 552
Moena (IT)	23E2 540	Rateče (SI)	23H1 669	Silandro (IT)	23D1 541	Venezia (Venedig) (IT)	23G3 550
Molina (IT)	23D3 548	Ravascletto (IT)	23G1 551	Sirmione (IT)	23D3 545	Vezzano (IT)	23D2 542
Molinazzo di Montegio (CH)	23A3 117	Recoaro Terme (IT)	23E3 549	Smarano (IT)	23E2 541	Vicenza (IT)	23E3 550
Molveno (IT)	23D2 540	Riva del Garda (IT)	23D3 540	Solda (IT)	23D1 541	Villa Vicentina (IT)	23H2 552
Monfalcone (IT)	23H2 551	Rivera (CH)	23A2 117	Sondrio (IT)	23C2 545	Vito d'Asio (IT)	23G1 552
Monte Marenzo (IT)	23B3 544	Rovereto (IT)	23E3 540	Sonogno (CH)	23A2 117	Zizers (CH)	23B1 116
Montereale Valcellina (IT)	23G2 551	Rovetta (IT)	23C3 545	Spilimbergo (IT)	23G2 552	Zoppola (IT)	23G2 552
Morbegno (IT)	23B2 544	Sacile (IT)	23G2 551	Splügen (CH)	23B1 116		
Mossa (IT)	23H2 551	San Candido (IT)	23F1 540	Stampa (CH)	23B2 117		
Muzzano-Lugano (CH)	23A3 117	San Daniele del Friuli (IT)	23G2 551	Stezzano (IT)	23B3 545		
Niardo (IT)	23C2 544	San Guiseppe al Lago (IT)	23E2 541	Sulzano (IT)	23C3 546		
Nova Milanese (IT)	23B3 545	San Martino di C (IT)	23F2 541	Tarcento (IT)	23H2 552		
Novate Mezzola (IT)	23B2 545	San Vigilio di Marebbe (IT)	23F1 541	Tarvisio (IT)	23H1 552		
Novigrad (Istria) (HR)	23H3 519	San Vito al Tagliamento (IT)	23G2 551	Tenero (CH)	23A2 117		
Oggebbio (IT)	23A3 534	Sankt Moritz (CH)	23C1 116	Ternate (IT)	23A3 546		
Oleis (IT)	23H2 551	Santa Caterina Valfurva (IT)	23D2 545	Timau (IT)	23G1 552		
Olginate (IT)	23B3 545	Santa Cristina Valgardena (IT)	23E1 541	Tirano (IT)	23C2 546		
Omegna (IT)	23A3 534	Santa Maria M (IT)	23A2 536	Tirolo (IT)	23E1 541		
Orta San Giulio (IT)	23A3 534	Santo Stefano di C (IT)	23G1 549	Tonadico (IT)	23F2 541		
Paluzza (IT)	23G1 551	Sappada (IT)	23G1 549	Torbole (IT)	23D3 546		
Pergine Valsugana (IT)	23E2 540	Saronno (IT)	23B3 545	Torre di Mosto (IT)	23G3 549		
Piancavallo (IT)	23G2 551	Sauris (IT)	23G1 552	Tramonti di Sopra (IT)	23G2 552		
Pombia (IT)	23A3 535	Savognin (CH)	23B1 116	Trento (IT)	23E2 541		
Pontresina (CH)	23C2 116	Savudrija (HR)	23H3 520	Tres (IT)	23E2 542		
Pordenone (IT)	23G2 551	Schio (IT)	23E3 549	Treviglio (IT)	23B3 546		
Predazzo (IT)	23E2 540	Selva di Val Gardena (IT)	23F1 541	Treviso (IT)	23F3 549		
Preone (IT)	23G1 551	Sent (CH)	23C1 116	Udine (IT)	23H2 552		
Punta Sabbioni (IT)	23G3 549	Sernaglia della B (IT)	23F3 549	Umag (HR)	23H3 520		
Quinto di Trevisio (IT)	23F3 551	Sesto al Reghena (IT)	23G2 552	Vals (CH)	23B1 116		

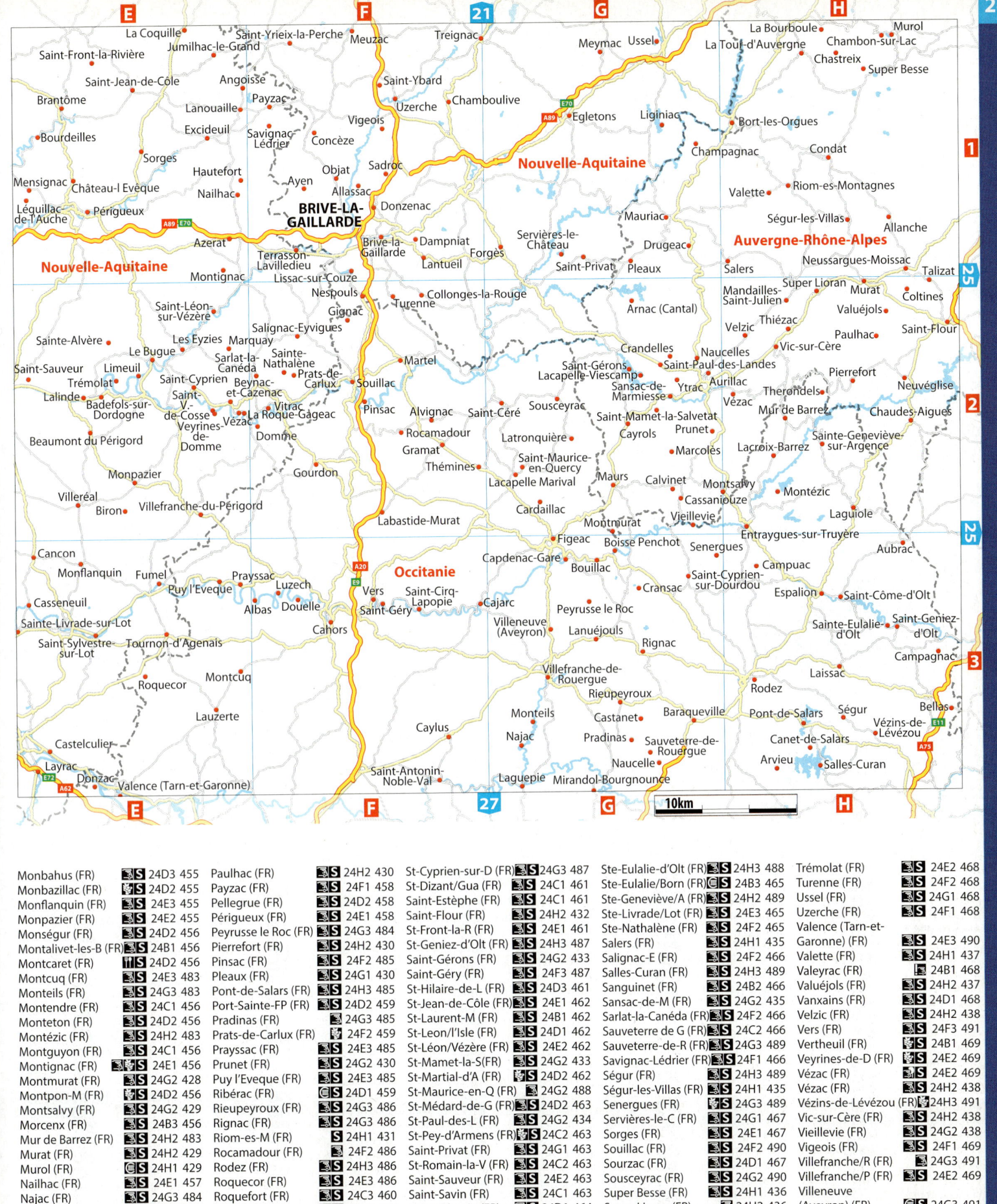

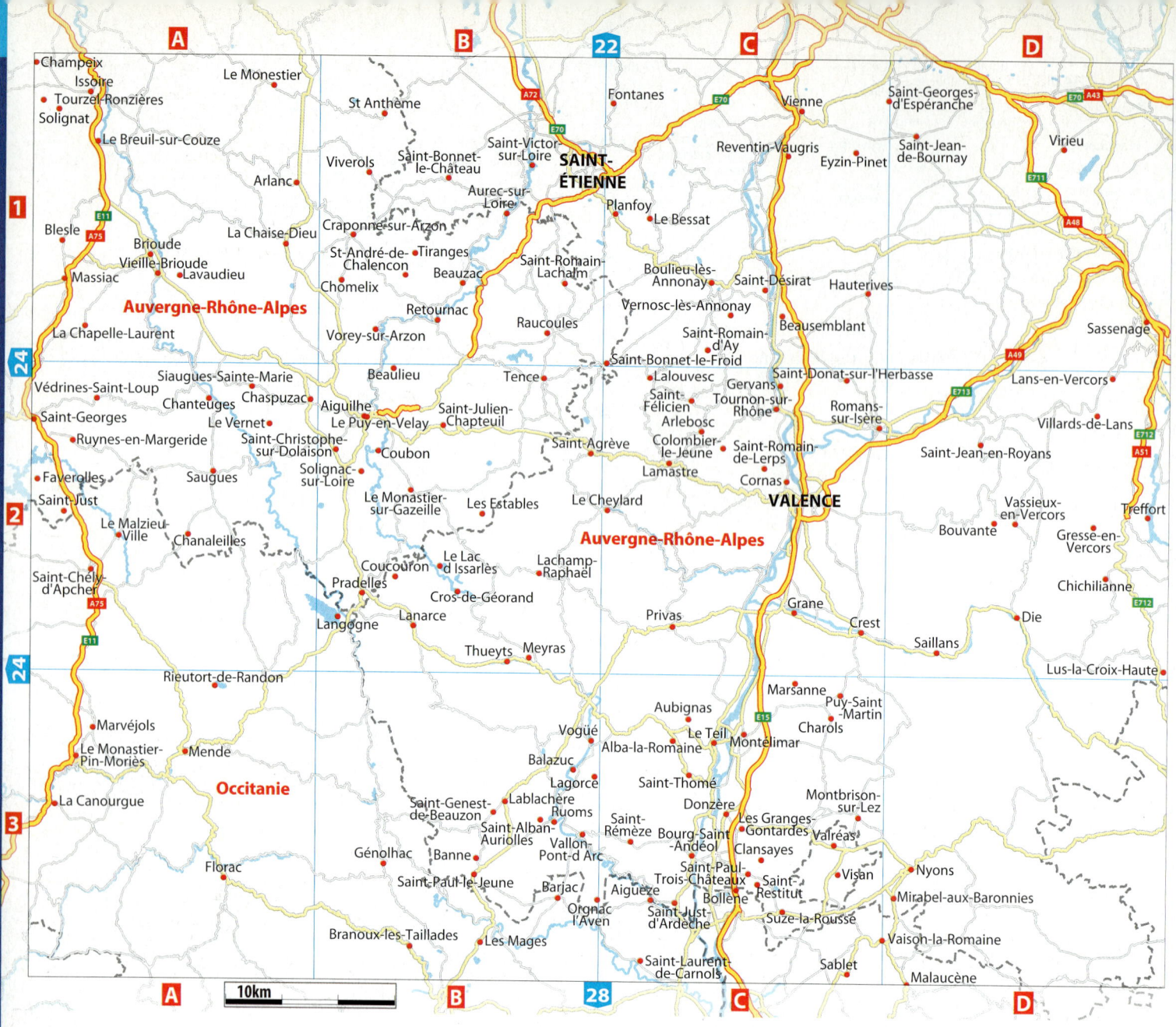

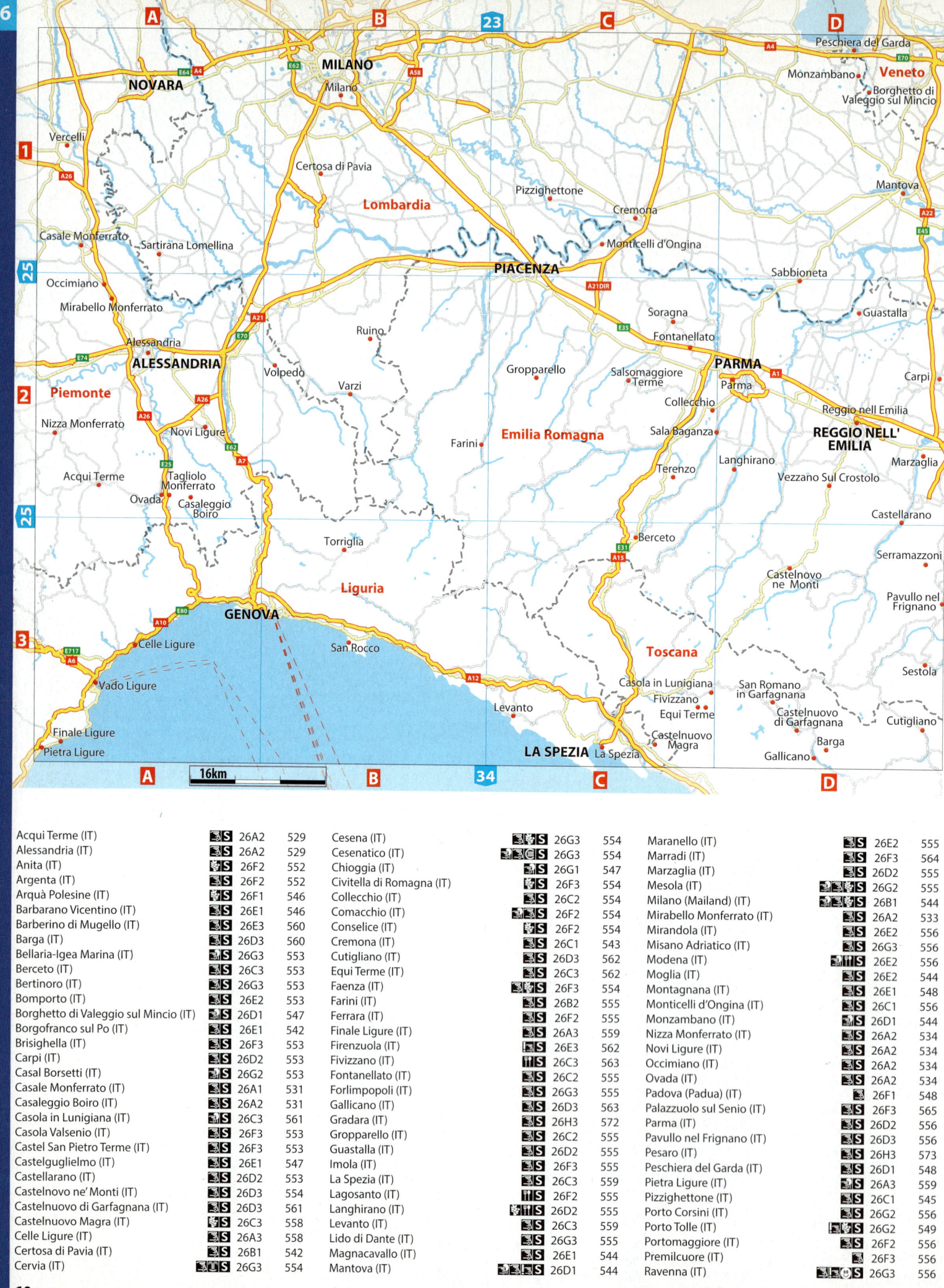

Reggio nell'Emilia (IT)	26D2	557	Verona (IT)	26E1	550
Riccione (IT)	26G3	557	Vezzano Sul Crostolo (IT)	26D2	558
Rimini (IT)	26G3	557	Volpedo (IT)	26B2	538
Ro (IT)	26F1	557			
Rocca San Casciano (IT)	26F3	557			
Ruino (IT)	26B2	545			
Sabbioneta (IT)	26D2	545			
Sala Baganza (IT)	26C2	557			
Salsomaggiore Terme (IT)	26C2	557			
San Benedetto Po (IT)	26E1	545			
San Giuseppe (IT)	26G2	558			
San Marino (IT)	26G3	569			
San Rocco (IT)	26B3	559			
San Romano in Garfagnana (IT)	26D3	568			
Sartirana Lomellina (IT)	26A1	545			
Scarperia (IT)	26E3	568			
Serramazzoni (IT)	26D3	558			
Sestola (IT)	26D3	558			
Soave (IT)	26E1	549			
Soragna (IT)	26C2	558			
Suviana (IT)	26E3	558			
Tagliolo Monferrato (IT)	26A2	536			
Terenzo (IT)	26C2	558			
Torriglia (IT)	26B3	559			
Tredozio (IT)	26F3	558			
Tresigallo (IT)	26F2	558			
Vado Ligure (IT)	26A3	560			
Varzi (IT)	26B2	546			
Vercelli (IT)	26A1	537			
Vergato (IT)	26E3	558			

Accous (FR)	S	27B3	439	Bonac Irazein (FR)	S	27E3	473	Gimont (FR)	S	27E1	477
Adé (FR)	S	27C2	469	Broquies (FR)	S	27H1	473	Grenade-sur-Garonne (FR)	S	27F1	477
Agos-Vidalos (FR)	S	27C3	469	Cadours (FR)	S	27E1	473	Grenade-sur-l'Adour (FR)	S	27C1	449
Aire-sur-l'Adour (FR)	S	27C1	439	Cahuzac-sur-Vère (FR)	S	27G1	473	Gruissan (FR)	S	27H3	477
Albi (FR)	S	27G1	470	Camares (FR)	S	27H1	473	Guzet-Neige (FR)	S	27E3	477
Anglès (FR)	S	27H2	470	Cambo-les-Bains (FR)	S	27A2	444	Hagetmau (FR)	S	27C1	449
Anglet (FR)	S	27A1	439	Campan (FR)	S	27D3	473	Hendaye (FR)	S	27A2	449
Ansó (ES)	S	27B3	309	Capbreton (FR)	S	27A1	444	Hondaribbia (ES)	S	27A2	306
Aoiz (ES)	S	27A3	309	Carcassonne (FR)	S	27G2	474	L'Hôpital-Saint-Blaise (FR)	S	27B2	450
Aragnouet (FR)	S	27D3	471	Castelnau-de-Montmiral (FR)	S	27F1	474	La Bastide-de-Sérou (FR)	S	27F3	477
Arette (FR)	S	27B2	440	Castelnau-Durban (FR)	S	27F3	474	La Cavalerie (FR)	S	27H1	478
Arfons (FR)		27G2	471	Castelnaudary (FR)	S	27G2	474	La Palme (FR)	S	27H3	478
Argelès-Gazost (FR)	S	27C3	471	Castelsarrasin (FR)	S	27E1	474	La Pierre-Saint-Martin (FR)	S	27B3	450
Arreau (FR)	S	27D3	471	Castres (FR)	S	27G2	474	Labastide-d'Armagnac (FR)	S	27C1	451
Arrens-Marsous (FR)	S	27C3	471	Cauterets (FR)	S	27C3	474	Labenne (FR)	S	27A1	451
Arzacq-Arraziguet (FR)	S	27C2	440	Condom (FR)	S	27D1	475	Labruguiere (FR)	S	27G2	478
Auch (FR)	S	27D1	471	Cordes-sur-Ciel (FR)	S	27G1	475	Lacaune (FR)		27H1	478
Auterive (FR)	S	27F2	471	Coupiac (FR)	S	27H1	475	Lagrasse (FR)	S	27H3	478
Auzas (FR)	S	27E2	471	Cuxac-Cabardès (FR)	S	27G2	475	Lannemezan (FR)	S	27D2	479
Ax-les-Thermes (FR)	S	27F3	471	Dax (FR)	S	27B1	447	Lapradelle Puilaurens (FR)	S	27G3	479
Azur (FR)	S	27A1	441	Duilhac-sous-Peyrepertuse (FR)	S	27G3	475	Laruns (FR)	S	27C3	451
Bagnères-de-Bigorre (FR)	S	27D3	472	Eaux-Bonnes (FR)	S	27C3	447	Le Barcarès (FR)	S	27H3	479
Bagnères-de-Luchon (FR)	S	27D3	472	Espéraza (FR)	S	27G2	476	Le Fossat (FR)	S	27F2	480
Barbotan-les-Thermes (FR)		27C1	472	Espés Undurein (FR)	S	27B2	447	Le Houga (FR)	S	27D1	480
Bardigues (FR)	S	27E1	472	Fanjeaux (FR)	S	27G2	476	Le Ségala (FR)	S	27F2	480
Barèges (FR)		27D3	472	Félines-Termenès (FR)	S	27H3	476	Le Ségur (FR)	S	27G1	480
Bédarieux (FR)	S	27H2	472	Fitou (FR)	S	27H3	476	Léon (FR)	S	27A1	453
Behobia (ES)		27A2	304	Fleurance (FR)	S	27E1	476	Les Cabannes (FR)	S	27F3	480
Bélesta (FR)	S	27H3	472	Fraïsse-sur-Agout (FR)	S	27H2	476	Lescar (FR)	S	27C2	453
Belmont sur Rance (FR)	S	27H1	473	Frejairolles (FR)	S	27G1	476	Lestelle-Bétharram (FR)		27C2	453
Belpech (FR)	S	27F2	473	Gaillac (FR)	S	27F1	476	Leucate (FR)	S	27H3	480
Bénéjacq (FR)	S	27C2	441	Gan (FR)	S	27C2	448	Limoux (FR)	S	27G3	481
Berriozar (ES)	S	27A3	310	Gavarnie (FR)	S	27C3	477	Lisle sur Tarn (FR)	S	27F1	481
Biarritz (FR)	S	27A2	441	Gèdre (FR)	S	27C3	477	Lombez (FR)	S	27E2	481

Name	Grid	Page
Loudenvielle (FR)	27D3	481
Lourdes (FR)	27C2	481
Marbre (FR)	27D3	481
Maya (ES)	27A2	310
Mazamet (FR)	27G2	482
Mazères-sur-Salat (FR)	27E3	482
Messanges (FR)	27A1	454
Miélan (FR)	27D2	482
Millau (FR)	27H1	482
Mirepoix (FR)	27F3	482
Moissac (FR)	27E1	482
Moliets-et-Maa (FR)	27A1	455
Mont Roc (FR)	27G1	482
Mont-de-Marsan (FR)	27C1	456
Montauban (FR)	27F1	483
Montferrand (FR)	27F2	483
Montréal (Gers) (FR)	27D1	483
Montréjeau (FR)	27D3	483
Monze (FR)	27G3	483
Mugron (FR)	27B1	457
Murviel-lès-Béziers (FR)	27H2	483
Nages (FR)	27H2	483
Narbonne (FR)	27H3	484
Narbonne-Plage (FR)	27H3	484
Nègrepelisse (FR)	27E1	484
Ogeu-les-Bains (FR)	27C2	457
Oloron-Sainte-Marie (FR)	27B2	457
Ondres (FR)	27A1	458
Oust (FR)	27E3	484
Ouveillan (FR)	27H2	484
Pau (FR)	27C2	458
Peyragudes (FR)	27D3	484
Peyrehorade (FR)	27B1	459
Peyriac-de-Mer (FR)	27H3	484
Pezens (FR)	27G2	484
Pierrefitte-Nestalas (FR)	27C3	485
Pomarez (FR)	27B1	459
Port-la-Nouvelle (FR)	27H3	485
Preignan (FR)	27D1	485
Puylaurens (FR)	27G2	485
Quillan (FR)	27G3	485
Rébénacq (FR)	27C2	459
Rennes-les-Bains (FR)	27G3	485
Requista (FR)	27H1	486
Revel (FR)	27G2	486
Rivières (FR)	27G1	486
Roncesvalles (ES)	27A3	310
Roquefort-sur-Soulzon (FR)	27H1	486
Routier (FR)	27G3	486
Saint-Antoine (FR)	27E1	486
Saint-Bertrand-de-Comminges (FR)	27D3	487
Saint-Clar (FR)	27E1	487
Saint-Couat-d'Aude (FR)	27H2	487
Saint-Félix-Lauragais (FR)	27F2	487
Saint-Girons (FR)	27E3	487
Saint-Jean-de-Luz (FR)	27A2	462
Saint-Jean-et-Saint-Paul (FR)	27H1	487
Saint-Jean-Pied-de-Port (FR)	27A2	462
Saint-Just-sur-Viaur (FR)	27G1	487
Saint-Lary-Soulan (FR)	27D3	487
Saint-Mamet (FR)	27D3	488
Saint-Martory (FR)	27E2	488
Saint-Nicolas-de-la-Grave (FR)	27E1	488
Saint-Palais-sur-Mer (FR)	27B2	463
Saint-Paul-lès-Dax (FR)	27B1	463
Saint-Pée-sur-Nivelle (FR)	27A2	463
Saint-Puy (FR)	27D1	488
Saint-Thomas (FR)	27E2	488
Sainte-Croix-Volvestre (FR)	27E3	488
Sainte-Marie-de-Campan (FR)	27D3	489
Salies-de-Béarn (FR)	27B2	466
Salles-sur-l'Hers (FR)	27F2	489
Samatan (FR)	27E2	489
Sare (FR)	27A2	466
Sarrant (FR)	27E1	489
Sauvagnon (FR)	27C2	466
Sauveterre-de-Comminges (FR)	27D3	489
Seignosse (FR)	27A1	467
Serres-sur-Arget (FR)	27F3	489
Sévignacq Méracq (FR)	27C2	467
Soorts-Hossegor (FR)	27A1	467
Soulom (FR)	27C3	490
Soustons (FR)	27A1	467
Tarbes (FR)	27D2	490
Uhart-Mixe (FR)	27B2	468
Vabre (FR)	27G1	490
Vabres-l'Abbaye (FR)	27H1	490
Valderiés (FR)	27G1	490
Valence-sur-Baïse (FR)	27D1	490
Vénerque (FR)	27F2	491
Vic-en-Bigorre (FR)	27D2	491
Vicdessos (FR)	27F3	491
Vielle-Saint-Girons (FR)	27A1	469
Vieux-Boucau-les-Bains (FR)	27A1	469
Villasavary (FR)	27G2	491
Villecomtal-sur-Arros (FR)	27D2	491
Villeneuve-de-Marsan (FR)	27C1	469
Villeneuve-Minervois (FR)	27G2	492

Place	Ref	No.	Place	Ref	No.	Place	Ref	No.
Agde (FR)	28A2	469	Clermont-l'Hérault (FR)	28A2	475	La Motte (FR)	28F2	495
Aigues-Mortes (FR)	28B2	470	Comps (FR)	28C1	475	Laudun-l'Ardoise (FR)	28C1	479
Alès (FR)	28B1	470	Comps-sur-Artuby (FR)	28F1	493	Le Bosc (FR)	28A1	479
Alzon (FR)	28A1	470	Cuges-les-Pins (FR)	28E2	493	Le Cap d'Agde (FR)	28A2	479
Anduze (FR)	28B1	470	Dauphin (FR)	28E1	494	Le Caylar (FR)	28A1	480
Aniane (FR)	28A2	470	Diano Marina (IT)	28H1	559	Le Grau du Roi (FR)	28B2	480
Annot (FR)	28F1	492	Digne-les-Bains (FR)	28E1	494	Le Thoronet (FR)	28E2	496
Arles (FR)	28C2	492	Ensuès-la-Redonne (FR)	28D2	494	Les Issambres (FR)	28F2	496
Arre (FR)	28A1	471	Esparron de Verdon (FR)	28E1	494	Les Salles-sur-Verdon (FR)	28E1	496
Avèze (FR)	28A1	471	Fayence (FR)	28F2	494	Lodève (FR)	28A2	481
Avignon (FR)	28C1	492	Fleury-d'Aude (FR)	28A2	476	Lunas (FR)	28A1	481
Bagnols-en-Fôret (FR)	28F2	492	Florensac (FR)	28A2	476	Malemort-du-Comtat (FR)	28D1	481
Bagnols-sur-Cèze (FR)	28C1	472	Fontaine-de-Vaucluse (FR)	28D1	494	Marseillan-Plage (FR)	28A2	481
Balaruc-les-Bains (FR)	28A2	472	Fontvieille (FR)	28C1	494	Marseille (FR)	28D2	496
Banon (FR)	28D1	492	Gémenos (FR)	28D2	494	Ménerbes (FR)	28D1	496
Beaucaire (FR)	28C1	472	Gigondas (FR)	28C1	494	Mèze (FR)	28A2	482
Bédoin (FR)	28D1	492	Gordes (FR)	28D1	494	Montagnac (FR)	28A2	483
Bellegarde (FR)	28C1	473	Greasque (FR)	28D2	494	Montbrun-les-Baines (FR)	28D1	428
Borghetto Santo Spirito (IT)	28H1	558	Gréoux-les-Bains (FR)	28E1	495	Montcalm (FR)	28B2	483
Bréau-et-Salagosse (FR)	28A1	473	Grimaud (FR)	28F2	495	Montdardier (FR)	28A1	483
Caille (FR)	28F1	493	Guillaumes (FR)	28F1	495	Montpellier (FR)	28B2	483
Carnon (FR)	28B2	474	Hyères (FR)	28E3	495	Mourèze (FR)	28A2	483
Carpentras (FR)	28C1	493	Imperia (IT)	28H1	559	Moustiers-Sainte-Marie (FR)	28E1	496
Carro (FR)	28C2	493	Jouques (FR)	28D2	495	Nîmes (FR)	28B1	484
Carry-le-Rouet (FR)	28D2	493	L'Isle-sur-la-Sorgue (FR)	28D1	495	Octon (FR)	28A2	484
Castellane (FR)	28F1	493	La Couvertoirade (FR)	28A1	478	Ollioules (FR)	28E3	497
Cavalière (FR)	28F3	493	La Crau (FR)	28E3	495	Oppède-le-Vieux (FR)	28D1	497
Cervo (IT)	28H1	558	La Grande Motte (FR)	28B2	478	Palavas-les-Flots (FR)	28B2	484
Château-Arnoux-Saint-Auban (FR)	28E1	493	La Londe-les-Maures (FR)	28E3	495	Pélissanne (FR)	28D2	497
Chusclan (FR)	28C1	475	La Martre (FR)	28F1	495	Plan-de-la-Tour (FR)	28F2	497

Location	Code	Page
Port Saint-Louis-du-Rhône (FR)	28C2	497
Portiragnes (FR)	28A2	485
Puget Theniers (FR)	28F1	497
Puimoisson (FR)	28E1	497
Puyvert (FR)	28D1	497
Quinson (FR)	28E1	497
Ramatuelle (FR)	28F2	497
Remoulins (FR)	28C1	485
Riez (FR)	28E1	497
Roussillon (FR)	28D1	497
Saint-André-les-Alpes (FR)	28F1	498
Saint-Chamas (FR)	28C2	498
Saint-Gilles (FR)	28B2	487
Saint-Jean-du-Gard (FR)	28B1	487
Saint-Laurent-du-Var (FR)	28G1	498
Saint-Mamert-du-Gard (FR)	28B1	488
Saint-Mandrier-sur-Mer (FR)	28E3	498
Saint-Martin-de-Crau (FR)	28C2	498
Saint-Martin-de-Londres (FR)	28A1	488
Saint-Mathieu-de-Tréviers (FR)	28B1	488
Saint-Michel-l'Observatoire (FR)	28E1	498
Saint-Paul-lès-Durance (FR)	28E2	498
Saint-Sauveur-Camprieu (FR)	28A1	488
Saint-Thibéry (FR)	28A2	488
Saint-Tropez (FR)	28F2	498
Sainte-Croix-du-Verdon (FR)	28E1	498
Sainte-Maxime (FR)	28F2	498
Saintes-Maries-de-la-Mer (FR)	28B2	498
Salasc (FR)	28A2	489
Salernes (FR)	28E2	499
Salin-de-Giraud (FR)	28C2	499
San Lorenzo al Mare (IT)	28H1	559
Santo Stefano al Mare (IT)	28H1	559
Sarrians (FR)	28C1	499
Sault (FR)	28D1	499
Sausset-les-Pins (FR)	28D2	499
Sauve (FR)	28B1	489
Sénas (FR)	28D1	499
Sérignan-Plage (FR)	28A2	489
Sète (FR)	28A2	489
Sillans-la-Cascade (FR)	28E2	499
Six-Fours-les-Plages (FR)	28E3	499
Sommières (FR)	28B1	490
Sospel (FR)	28G1	500
Thorenc (FR)	28F1	500
Trigance (FR)	28F1	500
Vailhan (FR)	28A2	490
Valberg (FR)	28F1	500
Vallabrègues (FR)	28C1	490
Valleraugue (FR)	28A1	491
Valras-Plage (FR)	28A2	491
Vauvenargues (FR)	28D2	500
Vézénobres (FR)	28B1	491
Vias (FR)	28A2	491
Villeneuve (FR)	28E1	500
Villeneuve-lès-Maguelone (FR)	28B2	491
Vinon sur Verdon (FR)	28E1	500

A Coruña (ES)	29C1	303	Bertamirans (ES)	29C1	304	Cudillero (ES)	29E1	305
A Guarda (ES)	29B2	303	Bilbao (ES)	29H2	304	Duruelo de la Sierra (ES)	29G3	321
A Laracha (ES)	29C1	303	Boiro (ES)	29C2	304	Elorrio (ES)	29H2	305
A Pontenova (ES)	29D1	303	Braga (PT)	29C3	640	Eltziego (ES)	29H3	305
A Rúa (ES)	29D2	303	Bragança (PT)	29D3	640	Entre-os-Rios (PT)	29C3	640
Aguçadoura (PT)	29B3	639	Bretocino (ES)	29E3	320	Espinho (PT)	29B3	640
Aguilar de Campoo (ES)	29F2	319	Bueu (ES)	29C2	304	Espinosa de los Monteros (ES)	29G2	321
Agurain (ES)	29H2	303	Burela (ES)	29D1	304	Esposende (PT)	29B3	640
Amarante (PT)	29C3	639	Burgos (ES)	29G3	320	Falces (ES)	29H3	310
Ampudia (ES)	29F3	320	Cabárceno (ES)	29G2	304	Ferrol (ES)	29C1	305
Amurrio (ES)	29H2	303	Camariñas (ES)	29B1	305	Finisterre (ES)	29B1	305
Añana (ES)	29G2	303	Caminha (PT)	29B3	640	Foncastín (ES)	29F3	321
Arcade (ES)	29C2	303	Candás (ES)	29E1	305	Frómista (ES)	29F3	321
Arcos de Valdevez (PT)	29C3	639	Cangas de Morrazo (ES)	29C2	305	Fuente Dé (ES)	29F2	305
Arnedillo (ES)	29H3	309	Cangas de Onís (ES)	29F1	305	Gedrez (ES)	29D2	306
Arrigorriaga (ES)	29H2	303	Cangas del Narcea (ES)	29E1	305	Gerês (PT)	29C3	640
Arróniz (ES)	29H2	309	Carnota (ES)	29B1	305	Gijón (ES)	29E1	306
As Neves (ES)	29C2	304	Carrazeda de Ansiães (PT)	29D3	640	Gondomar (PT)	29C3	641
As Nogais (ES)	29D2	304	Carrión de los Condes (ES)	29F3	320	Gorliz (ES)	29H2	306
As Pontes de García Rodríguez (ES)	29D1	304	Cartelle (ES)	29C2	305	Gozon (ES)	29E1	306
Astorga (ES)	29E2	320	Cascante (ES)	29H3	310	Guilhufe (PT)	29C3	641
Astudillo (ES)	29F3	320	Castelo de Paiva (PT)	29C3	643	Guitiriz (ES)	29C1	306
Avintes (PT)	29B3	639	Castelo do Neiva (PT)	29B3	640	Haro (ES)	29H2	310
Ayegui (ES)	29H2	310	Castro Caldelas (ES)	29D2	305	Hernani (ES)	29H2	306
Bakio (ES)	29H2	304	Castro de Rei (ES)	29D1	305	Herrera de Pisuerga (ES)	29F2	321
Baltanàs (ES)	29F3	320	Cenlle (ES)	29C2	305	Hontoria del Pinar (ES)	29G3	321
Barcelos (PT)	29B3	639	Cervera de Pisuerga (ES)	29F2	320	Huergas de Babia (ES)	29E2	321
Barrio Cosío (ES)	29F2	304	Chantada (ES)	29C2	305	Illa de Arousa (ES)	29C2	305
Bárzana (ES)	29E1	304	Chaves (PT)	29C3	640	Illano (ES)	29D1	306
Beasain (ES)	29H2	304	Cinfães (PT)	29C3	644	Irura (ES)	29H2	310
Becerreá (ES)	29D2	304	Coaña (ES)	29D1	305	Izeda (PT)	29D3	641
Becerril de Campos (ES)	29F3	320	Colombres (ES)	29F1	305	Labastida (ES)	29H3	306
Beche (ES)	29C1	304	Colunga (ES)	29F1	305	Lanestosa (ES)	29G2	306
Bergara (ES)	29H2	304	Cospeito (ES)	29D1	305	Langreo (ES)	29E1	306
Bermeo (ES)	29H2	304	Covas (PT)	29C3	640	Legazpi (ES)	29H2	306

Place	Grid	Page
Lekeitio (ES)	29H2	306
León (ES)	29E2	321
Liérganes (ES)	29G2	306
Logroño (ES)	29H3	310
Lordelo (PT)	29C3	641
Lugo (ES)	29D1	306
Lugones (ES)	29E1	306
Macedo de Cavaleiros (PT)	29D3	641
Matosinhos (PT)	29B3	641
Mazaricos (ES)	29B1	306
Melgaço (PT)	29C2	641
Mieres (ES)	29E1	307
Milladoiro (ES)	29C1	307
Miño (ES)	29C1	307
Miranda de Ebro (ES)	29G2	307
Miranda do Douro (PT)	29E3	641
Mirandela (PT)	29D3	641
Mogadouro (PT)	29D3	642
Mondariz (ES)	29C2	307
Mondim de Basto (PT)	29C3	642
Mondoñedo (ES)	29D1	307
Monfero (ES)	29C1	307
Monforte de Lemos (ES)	29D2	307
Montalegre (PT)	29C3	642
Murça (PT)	29C3	642
Nava (ES)	29E1	307
Navarrete (ES)	29H3	310
Navelgas (ES)	29E1	307
Navia (ES)	29D1	307
Nogueira de Ramuín (ES)	29C2	307
Noia (ES)	29C2	307
O Barco (ES)	29D2	307
Oleiros (ES)	29C1	307
Oñati (ES)	29H2	307
Osorno (ES)	29F2	321
Ourol (ES)	29D1	307
Oviedo (ES)	29E1	307
Pajares (ES)	29E2	307
Palencia (ES)	29F3	321
Parada (PT)	29C3	642
Parada do Sil (ES)	29D2	307
Paredes de Coura (PT)	29C3	642
Peñafiel (ES)	29F3	322
Peso da Régua (PT)	29C3	642
Pobra do Brollón (ES)	29D2	307
Pola de Laviana (ES)	29E1	307
Pollos (ES)	29E3	322
Ponte de Lima (PT)	29C3	642
Pontedeva (ES)	29C2	307
Posada de Valdeón (ES)	29F2	307
Potes (ES)	29F2	308
Póvoa de Varzim (PT)	29B3	642
Queimadela (PT)	29C3	642
Redondela (ES)	29C2	308
Rentería (ES)	29H2	308
Ribadeo (ES)	29D1	308
Ribamontán al Monte (ES)	29G1	308
Ribaseca (ES)	29E2	322
Ríos (ES)	29D3	308
Riosa (ES)	29E1	308
Saldaña (ES)	29F2	322
San Clodio (ES)	29D2	308
San Martín del Rey Aurelio (ES)	29E1	308
San Sebastian (ES)	29H2	308
Santander (ES)	29G1	308
Santiago de Compostela (ES)	29C1	308
Santillana del Mar (ES)	29G1	308
Sanxenxo (ES)	29B2	308
São João da Pesqueira (PT)	29C3	646
São Romão do Corgo (PT)	29C3	642
Sarria (ES)	29D1	307
Saturrarán (ES)	29H2	309
Soajo (PT)	29C3	642
Sopela (ES)	29H2	309
Soria (ES)	29H3	322
Suesa (ES)	29G1	309
Tapia (ES)	29D1	309
Teverga (ES)	29E1	309
Tolosa (ES)	29H2	309
Toro (ES)	29E3	322
Tui (ES)	29C2	309
Valencia de Don Juan (ES)	29E2	322
Valladolid (ES)	29F3	322
Valpaços (PT)	29D3	642
Vegadeo (ES)	29D1	309
Viana do Castelo (PT)	29B3	642
Vila Chã (PT)	29B3	642
Vila de Cruces (ES)	29C2	309
Vila do Conde (PT)	29B3	642
Vila Nova de Cerveira (PT)	29B2	643
Vila Nova de Gaia (PT)	29B3	643
Vila Real (PT)	29C3	643
Vilalba (ES)	29D1	309
Villada (ES)	29F3	322
Villalpando (ES)	29E3	322
Villanueva de Oscos (ES)	29D1	309
Vinhais (PT)	29D3	643
Vitoria Gasteiz (ES)	29H2	309
Zamora (ES)	29E3	323
Zegama (ES)	29H2	309
Zumaia (ES)	29H2	309

Place	Grid	Page	Place	Grid	Page	Place	Grid	Page
A-dos-Cunhados (PT)	30A2	647	Campo Maior (PT)	30C3	651	Fátima (PT)	30B2	648
Abrantes (PT)	30B2	647	Carregal do Sal (PT)	30C1	640	Figueira da Foz (PT)	30B1	644
Alcácer do Sal (PT)	30B3	650	Cascais (PT)	30A3	648	Foz do Arelho (PT)	30B2	648
Alcázar de San Juan (ES)	30G3	323	Castelo Bom (PT)	30D1	643	Fratel (PT)	30C2	644
Aldeadávila de la Ribera (ES)	30D1	319	Castelo Branco (PT)	30C2	643	Freixo de Espada a Cinta (PT)	30D1	640
Aldeanueva de Barbarroya (ES)	30E2	320	Castelo de Vide (PT)	30C2	651	Freixo de Numão (PT)	30D1	640
Aldeia da Ponte (PT)	30D1	643	Castelo Mendo (PT)	30D1	643	Fundão (PT)	30C2	644
Alenquer (PT)	30B3	647	Castelo Rodrigo (PT)	30D1	643	Furadouro (PT)	30B1	644
Almada (PT)	30A3	647	Celorico da Beira (PT)	30C1	644	Gosende (PT)	30C1	641
Almazán (ES)	30H1	320	Cerradas (PT)	30A3	648	Guarda (PT)	30C1	644
Almeida (PT)	30D1	643	Coca (ES)	30F1	321	Idanha-a-Nova (PT)	30C2	645
Almourol (PT)	30B2	647	Coimbra (PT)	30B1	644	Idanha-a-Velha (PT)	30C2	645
Anadia (PT)	30B1	643	Coimbrão (PT)	30B2	644	Ilhavo (PT)	30B1	645
Ariza (ES)	30H1	309	Comporta (PT)	30B3	651	Jerte (ES)	30E2	321
Arruda dos Vinhos (PT)	30B3	647	Condeixa (PT)	30B1	644	La Alberca (ES)	30D1	321
Assafora (PT)	30A3	647	Constância (PT)	30B2	644	Lagartera (ES)	30E2	321
Aveiro (PT)	30B1	643	Consuegra (ES)	30G3	321	Lamego (PT)	30C1	641
Avila (ES)	30F1	320	Coruche (PT)	30B3	648	Lisbon (Lissabon) (PT)	30A3	648
Avis (PT)	30C3	651	Costa da Caparica (PT)	30A3	648	Logrosán (ES)	30E3	321
Badajoz (ES)	30C3	320	Covas do Monte-SP do Sul (PT)	30C1	644	Lorvão (PT)	30C1	645
Baleal (PT)	30A2	647	Cuellar (ES)	30F1	321	Luso (PT)	30B1	645
Barril de Alva (PT)	30C1	643	Deleitosa (ES)	30E2	321	Mação (PT)	30C2	648
Barriosa (PT)	30C1	643	Dois Portos (PT)	30A3	647	Mafra (PT)	30A3	648
Batalha (PT)	30B2	647	Don Benito (ES)	30D3	321	Marinha Grande (PT)	30B2	648
Belmonte (PT)	30C2	643	Elvas (PT)	30C3	651	Marvão (PT)	30C2	652
Bico (PT)	30B1	640	Ericeira (PT)	30A3	648	Melo-Gouveia (PT)	30C1	645
Burgo de Osma (ES)	30G1	320	Escalos de Baixo (PT)	30C2	644	Mérida (ES)	30D3	321
Cabo Espichel (PT)	30A3	648	Estarreja (PT)	30B1	644	Mira (PT)	30B1	645
Cabrerizos (ES)	30E1	320	Estremoz (PT)	30C3	651	Mira de Aire (PT)	30B2	649
Cáceres (ES)	30D2	320	Evora (PT)	30C3	651	Miranda do Corvo (PT)	30B2	645

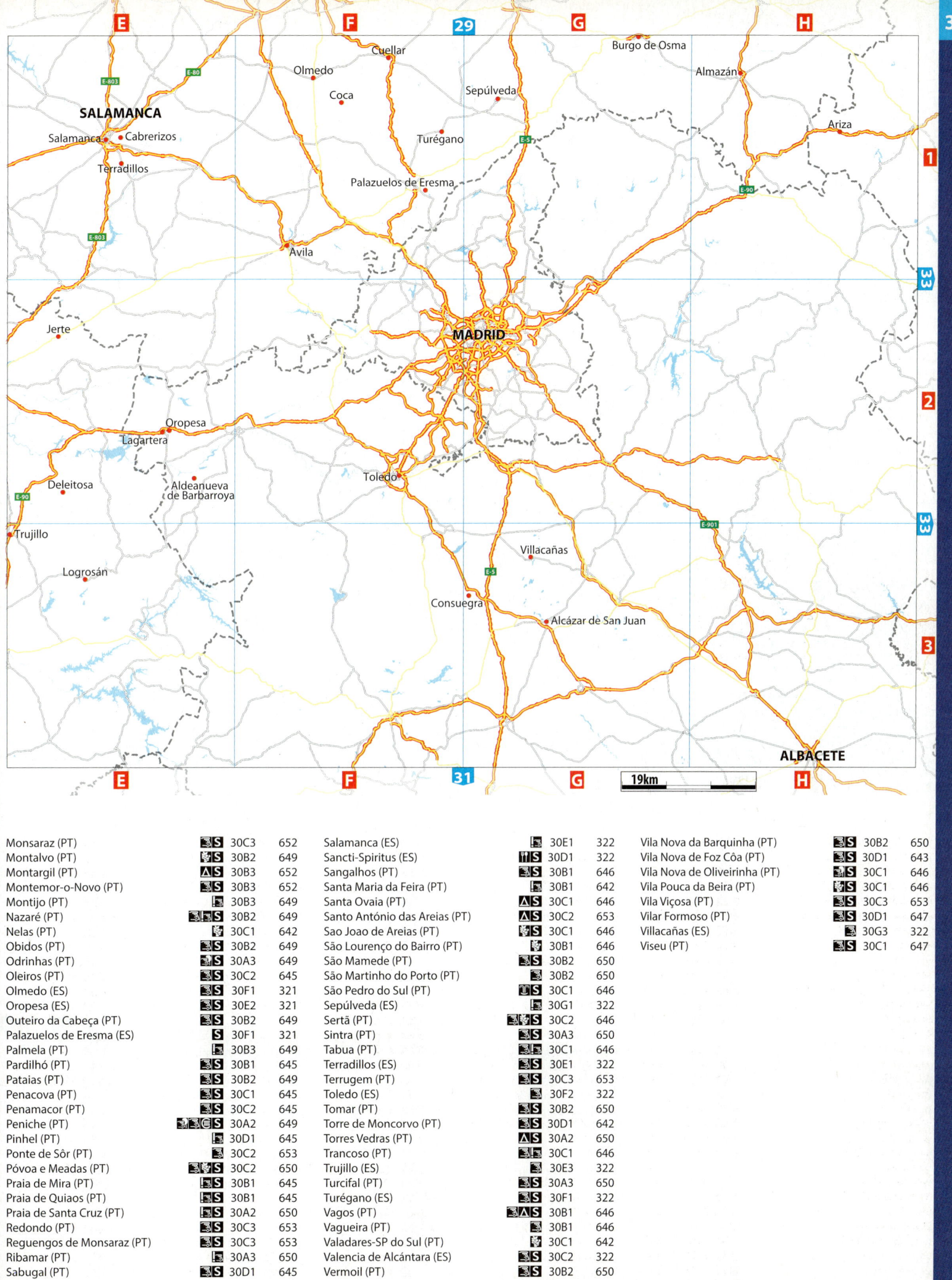

Name	Code	Page
Monsaraz (PT)	30C3	652
Montalvo (PT)	30B2	649
Montargil (PT)	30B3	652
Montemor-o-Novo (PT)	30B3	652
Montijo (PT)	30B3	649
Nazaré (PT)	30B2	649
Nelas (PT)	30C1	642
Obidos (PT)	30B2	649
Odrinhas (PT)	30A3	649
Oleiros (PT)	30C2	645
Olmedo (ES)	30F1	321
Oropesa (ES)	30E2	321
Outeiro da Cabeça (PT)	30B2	649
Palazuelos de Eresma (ES)	30F1	321
Palmela (PT)	30B3	649
Pardilhó (PT)	30B1	645
Pataias (PT)	30B2	649
Penacova (PT)	30C1	645
Penamacor (PT)	30C2	645
Peniche (PT)	30A2	649
Pinhel (PT)	30D1	645
Ponte de Sôr (PT)	30C2	653
Póvoa e Meadas (PT)	30C2	650
Praia de Mira (PT)	30B1	645
Praia de Quiaos (PT)	30B1	645
Praia de Santa Cruz (PT)	30A2	650
Redondo (PT)	30C3	653
Reguengos de Monsaraz (PT)	30C3	653
Ribamar (PT)	30A3	650
Sabugal (PT)	30D1	645
Salamanca (ES)	30E1	322
Sancti-Spiritus (ES)	30D1	322
Sangalhos (PT)	30B1	646
Santa Maria da Feira (PT)	30B1	642
Santa Ovaia (PT)	30C1	646
Santo António das Areias (PT)	30C2	653
Sao Joao de Areias (PT)	30C1	646
São Lourenço do Bairro (PT)	30B1	646
São Mamede (PT)	30B2	650
São Martinho do Porto (PT)	30B2	650
São Pedro do Sul (PT)	30C1	646
Sepúlveda (ES)	30G1	322
Sertã (PT)	30C2	646
Sintra (PT)	30A3	650
Tabua (PT)	30C1	646
Terradillos (ES)	30E1	322
Terrugem (PT)	30C3	653
Toledo (ES)	30F2	322
Tomar (PT)	30B2	650
Torre de Moncorvo (PT)	30D1	642
Torres Vedras (PT)	30A2	650
Trancoso (PT)	30C1	646
Trujillo (ES)	30E3	322
Turcifal (PT)	30A3	650
Turégano (ES)	30F1	322
Vagos (PT)	30B1	646
Vagueira (PT)	30B1	646
Valadares-SP do Sul (PT)	30C1	642
Valencia de Alcántara (ES)	30C2	322
Vermoil (PT)	30B2	650
Vila Nova da Barquinha (PT)	30B2	650
Vila Nova de Foz Côa (PT)	30D1	643
Vila Nova de Oliveirinha (PT)	30C1	646
Vila Pouca da Beira (PT)	30C1	646
Vila Viçosa (PT)	30C3	653
Vilar Formoso (PT)	30D1	647
Villacañas (ES)	30G3	322
Viseu (PT)	30C1	647

Place	Grid	Page	Place	Grid	Page	Place	Grid	Page	Place	Grid	Page
Abla (ES)	31G2	323	Cañada de Callego (ES)	31H2	313	Huércal-Overa (ES)	31H2	325			
Agua Amarga (ES)	31H3	323	Canjáyar (ES)	31G3	324	La Isleta (ES)	31H3	325			
Águilas (ES)	31H2	310	Carboneras (ES)	31H3	324	La Línea de Concepción (ES)	31D3	325			
Alanís (ES)	31D1	323	Carrapateira (PT)	31A2	654	Lagos (PT)	31B2	655			
Albufeira (PT)	31B2	654	Carvoeiro (PT)	31B2	654	Lorca (ES)	31H2	316			
Alcalá de Guadaíra (ES)	31D2	323	Castro Marim (PT)	31C2	654	Lorquí (ES)	31H2	316			
Alcoutim (PT)	31C2	654	Cavaleiro (PT)	31B1	651	Lousal (PT)	31B1	652			
Algar (ES)	31D3	323	Ceutí (ES)	31H2	314	Luz (PT)	31C1	652			
Alicún de las Torres (ES)	31G2	323	Conil de la Frontera (ES)	31D3	324	Málaga (ES)	31E3	325			
Aljezur (PT)	31A1	654	Córdoba (ES)	31E1	323	Manta Rota (PT)	31C2	655			
Almayate (ES)	31F3	323	Cuevas de San Marcos (ES)	31F2	324	Marchena (ES)	31E2	325			
Almensilla (ES)	31D2	323	Cullar (ES)	31G2	324	Melides (PT)	31B1	652			
Almerimar (ES)	31G3	323	Dólar (ES)	31G2	324	Mértola (PT)	31C1	652			
Almograve (PT)	31B1	651	Doña Mencía (ES)	31F2	324	Messejana (PT)	31B1	652			
Altura (PT)	31C2	654	Dos Hermanas (ES)	31D2	324	Mina de São Domingos (PT)	31C1	652			
Alvito (PT)	31B1	651	El Bosque (ES)	31D3	324	Moncarapacho (PT)	31B2	655			
Alvor (PT)	31B2	654	El Higuerón (ES)	31E1	324	Mula (ES)	31H2	316			
Ameixial (PT)	31B2	654	El Puerto de Santa Maria (ES)	31D3	324	Odeceixe (PT)	31B1	652			
Antequera (ES)	31E2	323	El Real de la Jara (ES)	31D1	324	Odeleite (PT)	31C2	655			
Archena (ES)	31H1	311	Estrela (PT)	31C1	651	Odemira (PT)	31B1	652			
Archidona (ES)	31E2	323	Falésia (PT)	31B2	655	Olvera (ES)	31E2	325			
Baeza (ES)	31F1	323	Faro (PT)	31B2	655	Paderne (PT)	31B2	655			
Benarrabá (ES)	31E3	323	Ferreira do Alentejo (PT)	31B1	652	Pedrogão do Alentejo (PT)	31C1	653			
Budens (PT)	31A2	654	Frailes (ES)	31F2	324	Peñarroya-Pueblonuevo (ES)	31E1	325			
Cabo de Gata (ES)	31H3	323	Fuengirola (ES)	31E3	325	Pêra (PT)	31B2	655			
Cabo de São Vicente (PT)	31A2	654	Gelves (ES)	31D2	325	Pereiro (PT)	31C2	655			
Cabra (ES)	31F2	323	Granada (ES)	31F2	325	Portimão (PT)	31B2	655			
Cala de Mijas (ES)	31E3	324	Grândola (PT)	31B1	652	Porto Covo (PT)	31B1	653			
Caldas de Monchique (PT)	31B2	654	Grazalema (ES)	31E3	325	Priego de Córdoba (ES)	31F2	325			
Calnegre (ES)	31H2	312	Huelva (ES)	31C2	325	Quarteira (PT)	31B2	655			

Ramonete (ES)	S	31H2	317
Ricote (ES)	S	31H1	317
Rute (ES)	S	31F2	325
Sagres (PT)	S	31A2	655
San Juan de los Terreros (ES)	S	31H2	326
Sancti Petri La Barrosa (ES)		31D3	326
Sanlúcar de Barrameda (ES)	S	31D2	326
Santa Clara-e-Velha (PT)		31B1	653
Santiago do Cacém (PT)	S	31B1	653
São Bartolomeu de Messines (PT)	S	31B2	656
São Martinho das Amoreiras (PT)		31B1	653
Sevilla (ES)	PS	31D2	326
Sierra Nevada (ES)	S	31F2	326
Silves (PT)	S	31B2	656
Taberno (ES)	S	31H2	326
Tarifa (ES)	S	31D3	326
Tavira (PT)	S	31B2	656
Torre de Benagalbón (ES)	S	31F3	326
Totana (ES)	S	31H2	318
Úbeda (ES)	S	31G1	326
Valverde del Camino (ES)	S	31C1	326
Vélez-Rubio (ES)	S	31H2	326
Vera (ES)	S	31H2	326
Vila do Bispo (PT)	S	31A2	656
Vila Nova de Santo André (PT)	S	31B1	653
Vila Real de Santo António (PT)	S	31C2	656
Villanueva de Algaidas (ES)	S	31E2	326
Zafra (ES)	S	31D1	323

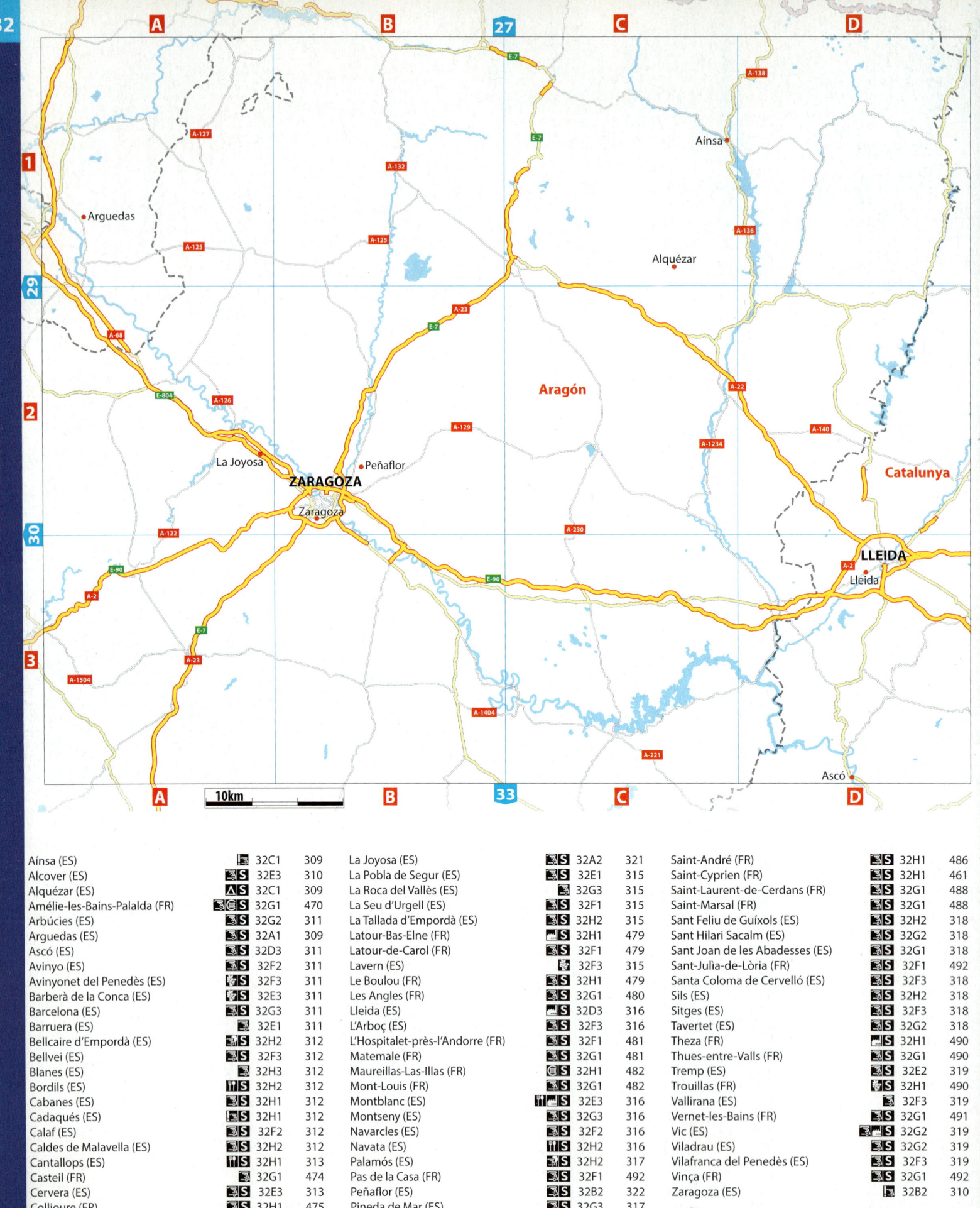

Location	Ref	Page
Aínsa (ES)	32C1	309
Alcover (ES)	32E3	310
Alquézar (ES)	32C1	309
Amélie-les-Bains-Palalda (FR)	32G1	470
Arbúcies (ES)	32G2	311
Arguedas (ES)	32A1	309
Ascó (ES)	32D3	311
Avinyo (ES)	32F2	311
Avinyonet del Penedès (ES)	32F3	311
Barberà de la Conca (ES)	32E3	311
Barcelona (ES)	32G3	311
Barruera (ES)	32E1	311
Bellcaire d'Empordà (ES)	32H2	312
Bellvei (ES)	32F3	312
Blanes (ES)	32H3	312
Bordils (ES)	32H2	312
Cabanes (ES)	32H1	312
Cadaqués (ES)	32H1	312
Calaf (ES)	32F2	312
Caldes de Malavella (ES)	32H2	312
Cantallops (ES)	32H1	313
Casteil (FR)	32G1	474
Cervera (ES)	32E3	313
Collioure (FR)	32H1	475
Figueres (ES)	32H1	314
Garrigàs (ES)	32H2	314
Girona (ES)	32H2	314
Granollers (ES)	32G3	315
Gualta (ES)	32H2	315
La Guàrdia dels Prats (ES)	32E3	315
La Joyosa (ES)	32A2	321
La Pobla de Segur (ES)	32E1	315
La Roca del Vallès (ES)	32G3	315
La Seu d'Urgell (ES)	32F1	315
La Tallada d'Empordà (ES)	32H2	315
Latour-Bas-Elne (FR)	32H1	479
Latour-de-Carol (FR)	32F1	479
Lavern (ES)	32F3	315
Le Boulou (FR)	32H1	479
Les Angles (FR)	32G1	480
Lleida (ES)	32D3	316
L'Arboç (ES)	32F3	316
L'Hospitalet-près-l'Andorre (FR)	32F1	481
Matemale (FR)	32G1	481
Maureillas-Las-Illas (FR)	32H1	482
Mont-Louis (FR)	32G1	482
Montblanc (ES)	32E3	316
Montseny (ES)	32G3	316
Navarcles (ES)	32F2	316
Navata (ES)	32H2	316
Palamós (ES)	32H2	317
Pas de la Casa (FR)	32F1	492
Peñaflor (ES)	32B2	322
Pineda de Mar (ES)	32G3	317
Platja d'Aro (ES)	32H2	317
Port Vendres (FR)	32H1	485
Quart (ES)	32H2	317
Rialp (ES)	32E1	317
Ripoll (ES)	32G2	317
Saillagousse (FR)	32F1	486
Saint-André (FR)	32H1	486
Saint-Cyprien (FR)	32H1	461
Saint-Laurent-de-Cerdans (FR)	32G1	488
Saint-Marsal (FR)	32G1	488
Sant Feliu de Guíxols (ES)	32H2	318
Sant Hilari Sacalm (ES)	32G2	318
Sant Joan de les Abadesses (ES)	32G1	318
Sant-Julia-de-Lòria (FR)	32F1	492
Santa Coloma de Cervelló (ES)	32F3	318
Sils (ES)	32H2	318
Sitges (ES)	32F3	318
Tavertet (ES)	32G2	318
Theza (FR)	32H1	490
Thues-entre-Valls (FR)	32G1	490
Tremp (ES)	32E2	319
Trouillas (FR)	32H1	490
Vallirana (ES)	32F3	319
Vernet-les-Bains (FR)	32G1	491
Vic (ES)	32G2	319
Viladrau (ES)	32G2	319
Vilafranca del Penedès (ES)	32F3	319
Vinça (FR)	32G1	492
Zaragoza (ES)	32B2	310

E
F
27
G
H
PERPIGNAN
Vinça
Occitanie
L Hospitalet-
près-l Andorre
Trouillas
Theza
Saint-Cyprien
Latour-Bas-Elne
Barruera
ANDORRA LA
VELLA
Pas de la Casa
Les Angles
Matemale
Vernet-les-
Bains
Thues-entre-Valls
Casteil
Saint-Marsal
Saint-André
Le Boulou
Collioure
Port
Vendres
Rialp
Sant-Julià-
de-Lòria
Latour-de-
Carol
Mont-Louis
Saillagousse
FR
Amélie-les-
Bains-Palalda
Maureillas-
Las-Illas
Saint-Laurent-
de-Cerdans
Cantallops
La Seu
d'Urgell
La Pobla de Segur
ES
Cabanes
Figueres
Cadaqués
Navata
Tremp
Ripoll
Sant Joan
de les Abadesses
Garrigàs
Catalunya
Bellcaire
d'Empordà
La Tallada
d'Empordà
Bordils
Gualta
Tavertet
Girona
Vic
Quart
Avinyo
Sant Hilari
Sacalm
Viladrau
Caldes de
Malavella
Arbúcies
Palamós
Sils
Platja
d'Aro
Navarcles
Sant Feliu
de Guíxols
Calaf
Cervera
Montseny
Blanes
Granollers
La Roca
del Vallès
Pineda de Mar
La Guàrdia
dels Prats
Barberà de la Conca
Lavern
Barcelona
Montblanc
Vallirana
BARCELONA
Vilafranca del
Penedès
Avinyonet
del Penedès
Santa Coloma
de Cervelló
L Arboç
Alcover
Sitges
Bellvei
33
10km
1
2
3

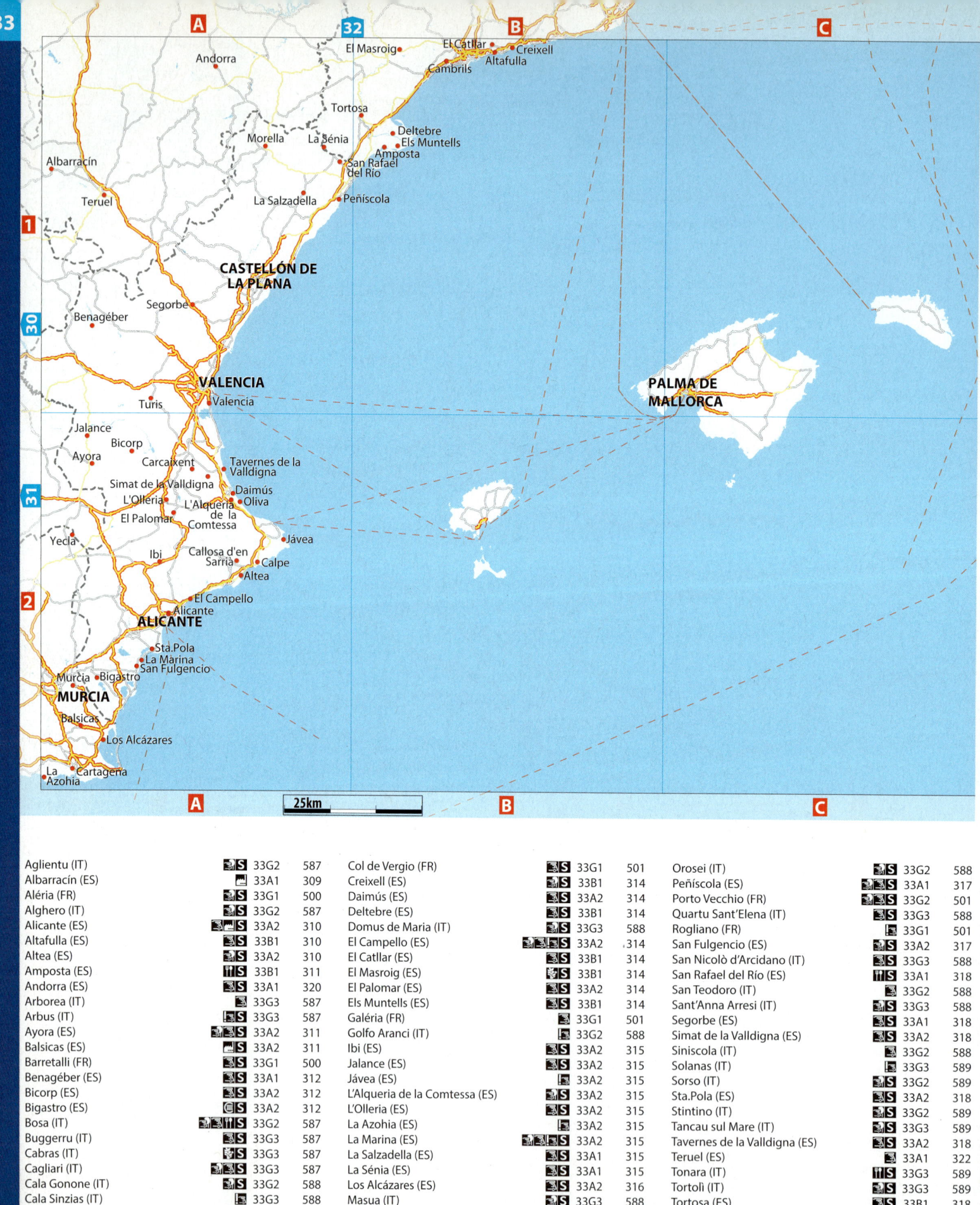

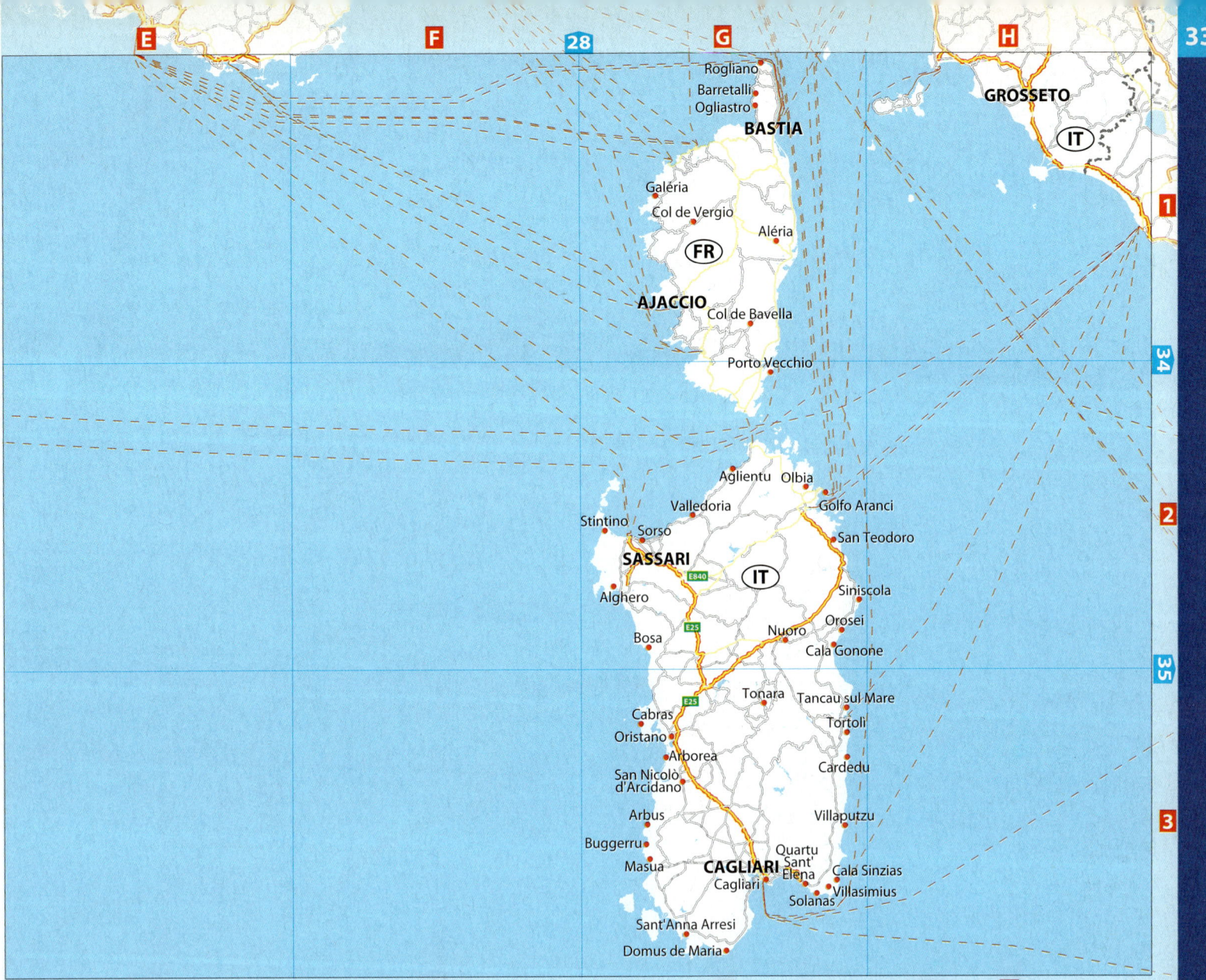

Name	Ref	Page
Montevarchi (IT)	34B1	565
Montone (IT)	34C1	580
Montopoli in Val d'Arno (IT)	34B1	565
Morro d'Alba (IT)	34D1	573
Notaresco (IT)	34E2	581
Offida (IT)	34E2	573
Orbetello (IT)	34B3	565
Oriolo Romano (IT)	34C3	577
Orvieto (IT)	34C2	580
Ovindoli (IT)	34E3	581
Panicale (IT)	34C2	580
Passignano sul Trasimeno (IT)	34C1	580
Pedaso (IT)	34E1	573
Penne (IT)	34E2	581
Perugia (IT)	34C2	580
Pescasseroli (IT)	34E3	581
Peschici (IT)	34G3	584
Pescia Romana (IT)	34B3	577
Petacciato Marina (IT)	34F3	582
Petritoli (IT)	34E1	573
Piandimeleto (IT)	34C1	573
Pienza (IT)	34C2	565
Pietrarubbia (IT)	34C1	573
Pieve Santo Stefano (IT)	34D1	573
Pievebovigliana (IT)	34D2	573
Pineto (IT)	34E2	581
Piombino (IT)	34A2	565
Pioraco (IT)	34D1	573
Pisa (IT)	34A1	566
Pistoia (IT)	34B1	566
Poggibonsi (IT)	34B1	566
Pollenza (IT)	34D1	574
Pontassieve (IT)	34B1	566
Poppi (IT)	34C1	566
Porto Ercole (IT)	34B3	566
Porto Recanati (IT)	34E1	574
Porto San Giorgio (IT)	34E1	574
Portovenere (IT)	34A1	559
Potenza Picena (IT)	34E1	574
Pratovecchio (IT)	34C1	566
Radda in Chianti (IT)	34B1	566
Radicofani (IT)	34C2	566
Radicondoli (IT)	34B1	567
Rapolano Terme (IT)	34C1	567
Recanati (IT)	34D1	574
Rieti (IT)	34D2	577
Roccaraso (IT)	34E3	581
Rodi Garganico (IT)	34G3	584
Roma (Rom) (IT)	34D3	577
Roseto degli Abruzzi (IT)	34E2	581
Rosignano M (IT)	34A1	567
San Benedetto/ Tronto (IT)	34E2	574
San Casciano/Bagni (IT)	34C2	567
San Casciano in Val di Pesa (IT)	34B1	567
San Demetrio/Vestini (IT)	34E3	582
San Gemini (IT)	34D2	580
San Gimignano (IT)	34B1	567
San Ginesio (IT)	34D1	574
San Giovanni Rotondo (IT)	34G3	584
San Leo (IT)	34C1	574
San Miniato Basso (IT)	34B1	567
San Piero a Sieve (IT)	34B1	568
San Piero in Bagno (IT)	34C1	558
San Quirico d'Orcia (IT)	34C2	568
San Salvo Marina (IT)	34F3	582
San Severino Marche (IT)	34D1	574
San Vincenzo (IT)	34A2	568
Sansepolcro (IT)	34C1	568
Sant'Anatolia di Narco (IT)	34D2	580
Santa Fiora (IT)	34C2	568
Santa Sofia (IT)	34C1	558
Santo Stefano di S (IT)	34E2	582
Sant'Agata Feltria (IT)	34C1	574
Sant'Egidio alla V (IT)	34E2	582
Sarnano (IT)	34D2	574
Sasso Pisano (IT)	34B2	568
Sassoferrato (IT)	34D1	574
Saturnia (IT)	34B2	568
Scheggia e Pascelupo (IT)	34D1	580
Senigallia (IT)	34D1	574
Sestino (IT)	34C1	568
Sesto Fiorentino (IT)	34B1	569
Siena (IT)	34B1	569
Spello (IT)	34D2	580
Spoleto (IT)	34D2	580
Stia (IT)	34C1	569
Suvereto (IT)	34B2	569
Terni (IT)	34D2	580
Tivoli (IT)	34D3	577
Todi (IT)	34C2	580
Tolentino (IT)	34D1	574
Torgiano (IT)	34C2	581
Torino di Sangro (IT)	34F2	582
Torrita di Siena (IT)	34C2	569
Tortoreto Lido (IT)	34E2	582
Trevi (IT)	34D2	581
Trevignano Romano (IT)	34C3	578
Troia (IT)	34G3	584
Tuscania (IT)	34C2	578
Urbania (IT)	34C1	575
Urbino (IT)	34C1	575
Urbisaglia (IT)	34D1	575
Venturina (IT)	34B2	569
Viareggio (IT)	34A1	569
Vico del Gargano (IT)	34G3	584
Vieste (IT)	34G3	584
Villa San Giovanni in Tuscia (IT)	34C3	578
Villalago (IT)	34E3	582
Vinci (IT)	34B1	569
Visso (IT)	34D2	575
Viterbo (IT)	34C2	578
Vitorchiano (IT)	34C2	578
Volterra (IT)	34B1	569

Location	Code	Ref	Num
Mineo (IT)	S	35C3	590
Mondragone (IT)	S	35B1	585
Monemvasía (GR)	S	35G3	515
Monopoli (IT)	S	35D1	583
Montallegro (IT)	S	35B3	590
Montevago (IT)	S	35B3	590
Morano Calabro (IT)	S	35C1	586
Motta Camastra (IT)	S	35C3	590
Moustheni (GR)	S	35H1	517
Mussomeli (IT)	S	35B3	590
Mycenae (GR)	S	35G2	515
Nafpaktos (GR)	S	35F2	513
Nafplio (GR)	P	35G2	516
Napoli (Neapel) (IT)	S	35B1	585
Neo Itylo (GR)	S	35G3	516
Nettuno (IT)	S	35A1	577
Noto (IT)	S	35C3	590
Oliveri (IT)	S	35C2	591
Olympia (GR)	S	35F2	516
Orikum (AL)	S	35E1	85
Otranto (IT)	S	35D1	583
Ouranoupoli (GR)	S	35H1	517
Pachino (IT)	S	35C3	591
Paestum (IT)	S	35C1	585
Palermo (IT)	S	35B3	591
Palinuro (IT)	S	35C1	585
Palmi (IT)	S	35C2	586
Paralia Astros (GR)	S	35G2	516
Paralia Epanomi (GR)	S	35G1	517
Paralia Platanou (GR)	S	35F2	516
Paralia Rizomilos (GR)	S	35F2	516
Parga (GR)	S	35E1	513
Pátra (GR)	S	35F2	516
Perahóra (GR)	S	35G2	516
Perdika (GR)	S	35E1	513
Petalidi (GR)	S	35F3	516
Piazza Armerina (IT)	S	35B3	591
Pilion (GR)	S	35G1	513
Pírgos Dhiroú (GR)	S	35G3	516
Plataria (GR)	S	35E1	513
Pompei (IT)	S	35B1	585
Porto Empedocle (IT)	S	35B3	591
Porto Kagio (GR)	S	35G3	516
Porto Lagos (GR)	S	35H1	517
Portopalo di Capo P (IT)	S	35C3	591
Pozzallo (IT)	S	35C3	591
Pozzuoli (IT)	S	35B1	585
Praia a Mare (IT)	S	35C1	586
Préveza (GR)	S	35F1	513
Putignano (IT)	S	35D1	584
Radhimë (AL)	S	35E1	86
Rafina (GR)	S	35G2	516
Realmonte (IT)	S	35B3	591
Reitano (IT)	S	35B3	592
Ribera (IT)	S	35B3	592
Roccalumera (IT)	S	35C3	592
Rossano (IT)	S	35C1	586
Sala Consilina (IT)	S	35C1	585
Salandi (GR)	S	35G2	516
San Felice Circeo (IT)	S	35B1	578
San Giovanni La Punta (IT)	S	35C3	592
San Pietro in Bevagna (IT)	S	35D1	584
San Vito Lo Capo (IT)	S	35B3	592
Santa Maria al Bagno (IT)	S	35D1	584
Sarandë (AL)	S	35E1	86
Savalia (GR)	S	35F2	516
Scalea (IT)	S	35C1	587
Scicli (IT)	S	35C3	592
Scopello (IT)	S	35B3	592
Siracusa (IT)	S	35C3	592
Sivota (GR)	P	35E1	513
Skoutari (GR)	S	35G3	516
Sounion (GR)	S	35G2	516
Sutera (IT)	S	35B3	592
Taormina (IT)	S	35C3	592
Terme Vigliatore (IT)	S	35C2	592
Terracina (IT)	S	35B1	578
Tolo (GR)	S	35G2	516
Torre Canne di F (IT)	S	35D1	584
Torre dell'Orso (IT)	S	35D1	584
Tramonti (IT)	S	35B1	585
Trapani (IT)	S	35A3	592
Tyrchu (GR)	S	35G2	516
Vagia (GR)	S	35G2	513
Vergina (GR)	S	35G1	517
Vonitsa (GR)	S	35F2	513
Zacharo (GR)	S	35F2	517

Biskupice (PL)		36A3	637	**MAP 37**			Gaishorn am See (AT)	37A3	94
Czaplinek (PL)		36A3	636	Aggsbach Dorf (AT)		37A3	88	Gallneukirchen (AT)	37A3	87
Dobre Miasto (PL)		36B2	637	Aggsbach Markt (AT)		37A3	88	Gaming (AT)	37A3	89
Gdańsk (Danzig) (PL)		36B2	636	Altenmarkt an der Triesting (AT)		37A3	88	Gars am Kamp (AT)	37A3	89
Gierloz (PL)		36C2	637	Andau (AT)		37B3	97	Golčův Jeníkov (CZ)	37A2	118
Grönhögen (SE)		36A1	661	Arbesbach (AT)		37A3	88	Göllersdorf (AT)	37A3	89
Lipce Reymontowskie (PL)		36B3	637	Ardagger (AT)		37A3	88	Gora Swietej Anny (PL)	37B1	637
Malbork (PL)		36B2	636	Armschlag (AT)		37A3	88	Graz (AT)	37A3	94
Mikolajki (PL)		36C2	637	Aschbach Markt (AT)		37A3	89	Großlobming (AT)	37A3	94
Milolyn (PL)		36B2	637	Bad Deutsch-Altenburg (AT)		37B3	89	Gumpoldskirchen (AT)	37A3	89
Miroslawiec (PL)		36A3	636	Bad Großpertholz (AT)		37A3	89	Győr (HU)	37B3	526
Osetno (PL)		36B3	637	Bad Muskau (DE)		37A1	175	Hainburg/Donau (AT)	37B3	89
Parchowo (PL)		36A2	637	Bad Tatzmannsdorf (AT)		37A3	97	Halászi (HU)	37B3	526
Paslek (PL)		36B2	637	Bad Waltersdorf (AT)		37A3	94	Haligovce (SK)	37C2	667
Piecki (PL)		36C2	637	Banka (SK)		37B2	667	Hernádvécse (HU)	37C2	525
Pieniezno (PL)		36B2	637	Bekölce (HU)		37C3	525	Hieflau (AT)	37A3	95
Sorkwity (PL)		36C2	637	Bernhardsthal (AT)		37B2	89	Hinterstoder (AT)	37A3	87
Tolkmicko (PL)		36B2	637	Borsodbóta (HU)		37C2	525	Hohenau/March (AT)	37B2	89
Torngärd (SE)		36A1	663	Bozsok (HU)		37B3	525	Hollenstein/Ybbs (AT)	37A3	89
Warszawa (Warschau) (PL)		36C3	637	Bratislava (SK)		37B3	667	Horitschon (AT)	37B3	97
Wierzbna (PL)		36A3	637	Brezno (SK)		37C2	667	Illmitz (AT)	37B3	97
Zagaje (PL)		36A2	637	Budapest (HU)		37C3	525	Jois (AT)	37B3	97
Łukta (PL)		36B2	637	Červená Řečice (CZ)		37A2	118	Judenburg (AT)	37A3	95
				Csernő (HU)		37C3	525	Kaindorf (AT)	37A3	95
				Deutsch Jahrndorf (AT)		37B3	97	Karlstein an der Thaya (AT)	37A2	89
				Deutschfeistritz (AT)		37A3	94	Karpacz (PL)	37A1	637
				Dunajská Streda (SK)		37B3	667	Kefermarkt (AT)	37A3	87
				Ebersbach/Sachsen (DE)		37A1	176	Klosterneuburg (AT)	37A3	89
				Eggenburg (AT)		37A3	89	Königswiesen (AT)	37A3	87
				Erlauf (AT)		37A3	89	Kraków (Krakau) (PL)	37C1	637

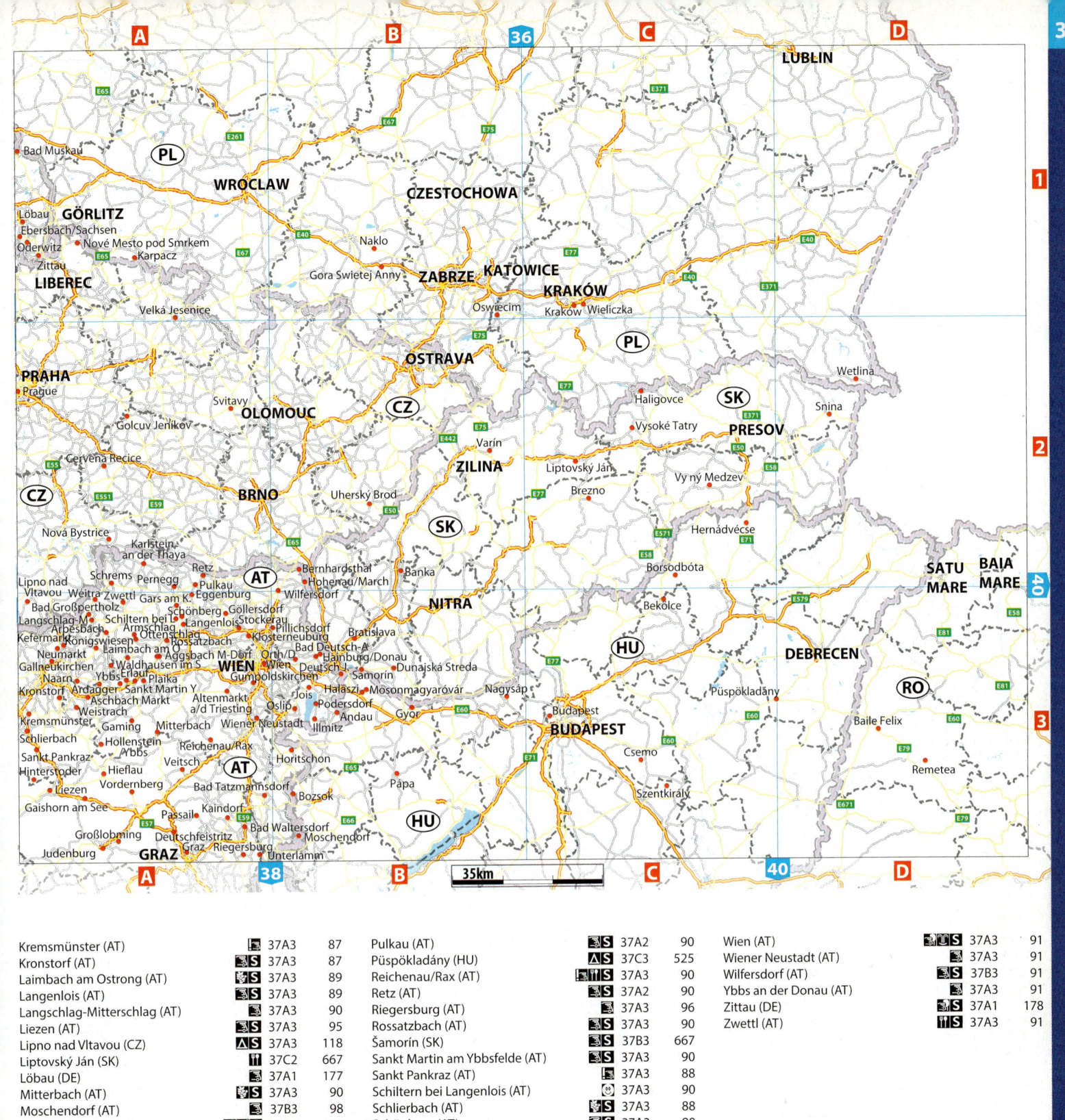

Location		Ref	Page
Kremsmünster (AT)		37A3	87
Kronstorf (AT)		37A3	87
Laimbach am Ostrong (AT)		37A3	89
Langenlois (AT)		37A3	89
Langschlag-Mitterschlag (AT)		37A3	90
Liezen (AT)		37A3	95
Lipno nad Vltavou (CZ)		37A3	118
Liptovský Ján (SK)		37C2	667
Löbau (DE)		37A1	177
Mitterbach (AT)		37A3	90
Moschendorf (AT)		37B3	98
Mosonmagyaróvár (HU)		37B3	526
Naarn (AT)		37A3	88
Nagysáp (HU)		37B3	526
Naklo (PL)		37B1	637
Neumarkt (AT)		37A3	88
Nová Bystřice (CZ)		37A2	118
Nové Město pod Smrkem (CZ)		37A1	118
Oderwitz (DE)		37A1	177
Orth/Donau (AT)		37B3	90
Oslip (AT)		37B3	98
Oswiecim (PL)		37B1	638
Ottenschlag (AT)		37A3	90
Pápa (HU)		37B3	526
Passail (AT)		37A3	96
Pernegg (AT)		37A2	90
Pillichsdorf (AT)		37B3	90
Plaika (AT)		37A3	90
Podersdorf (AT)		37B3	98
Prague (Prag) (CZ)		37A2	118
Pulkau (AT)		37A2	90
Püspökladány (HU)		37C3	525
Reichenau/Rax (AT)		37A3	90
Retz (AT)		37A2	90
Riegersburg (AT)		37A3	96
Rossatzbach (AT)		37A3	90
Šamorín (SK)		37B3	667
Sankt Martin am Ybbsfelde (AT)		37A3	90
Sankt Pankraz (AT)		37A3	88
Schiltern bei Langenlois (AT)		37A3	90
Schlierbach (AT)		37A3	88
Schönberg (AT)		37A3	90
Schrems (AT)		37A2	90
Snina (SK)		37D2	667
Stockerau (AT)		37A3	90
Svitavy (CZ)		37A2	118
Szentkirály (HU)		37C3	525
Uherský Brod (CZ)		37B2	118
Unterlamm (AT)		37A3	96
Varín (SK)		37B2	667
Veitsch (AT)		37A3	96
Velká Jesenice (CZ)		37A1	118
Vordernberg (AT)		37A3	96
Vyšný Medzev (SK)		37C2	667
Vysoké Tatry (SK)		37C2	667
Waldhausen im Strudengau (AT)		37A3	88
Weistrach (AT)		37A3	91
Weitra (AT)		37A3	91
Wetlina (PL)		37D2	638
Wieliczka (PL)		37C1	638
Wien (AT)		37A3	91
Wiener Neustadt (AT)		37A3	91
Wilfersdorf (AT)		37B3	91
Ybbs an der Donau (AT)		37A3	91
Zittau (DE)		37A1	178
Zwettl (AT)		37A3	91

Location	Symbol	Grid	Page
Aurel Vlaicu (RO)	⛺S	40B2	657
Baile Felix (RO)	⛺S	40A2	657
Blăjel (RO)	⛺S	40B2	657
Borșa (RO)	⛺S	40B1	657
Bran (RO)	⛺S	40C2	657
Cârța (RO)	⛺S	40B2	657
Dărmănești (RO)	S	40C2	658
Fundu Moldovei (RO)	⛺S	40B1	658
Gârbova (RO)	⛺S	40B2	657
Gilău (RO)	⛺S	40B2	657
Jupiter (RO)	⛺S	40D3	658
Mehadia (RO)	⛺S	40B3	658
Miniș (RO)	⛺S	40A2	657
Mureș (RO)	⛺S	40B2	657
Murighiol (RO)	🍴S	40D2	658
Navodari (RO)	⛺S	40D3	658
Nireș (RO)	⛺S	40B2	657
Ocna Sibiului (RO)	S	40B2	657
Paclele Mici (RO)	⛺S	40C2	658
Remetea (RO)	⛺S	40A2	657
Richis (RO)	⛺S	40B2	657
Vișeu de Sus (RO)	S	40B1	657
Zărnești (RO)	⛺S	40C2	658

Albanien

Hauptstadt: Tirana
Staatsform: parlamentarisch Republik
Amtssprache: Albanisch
Einwohnerzahl: 3.029.000 (2015)
Fläche: 28.748 km²

Allgemeine Informationen
Telefonvorwahl: 0355
Allgemeine Notrufnummer: 112
Währung: Lek (ALL) € 1 = 136 ALL, 10 ALL = € 0,07
(Oktober 2016)
Kreditkarten werden in den großen Städten akzeptiert.

Freies Übernachten im Wohnmobil
Freie Übernachtungen sind erlaubt mit Erlaubnis von Gemeinde, Polizei oder Grundbesitzer.

Gesetzliche Feiertage 2017
14. März Summer Day
21. März Nowruz
14. April Karfreitag
19. Oktober Mutter Teresa Tag
28. November Unabhängigkeitstag
29. November Befreiungstag

Zeitzone
Winterzeit GMT+1
Sommerzeit GMT+2

Barbullush 39C3
Restaurant/Camping Albania, Barbullush 4022.
GPS: n41,92386 o19,54186.

€ 12 Ch WC €3,50 inklusive.
Lage: Ländlich. **Untergrund**: Wiese. 01/01-31/12.
Entfernung: Skodër 20km.

Berat 39D3
Berat Caravan Camping, Ura Vajgurore. **GPS**: n40,77914 o19,85848.

30 € 17 Ch WC inklusive.
Untergrund: Wiese. 01/01-31/12.
Entfernung: Zentrum Berat 18Km vor Ort vor Ort.

Divjakë Plazh 39C3
Bar/Rest/Hotel Adrian Satka. GPS: n40,97156 o19,48036.

Fushë-Kruje 39D3
Hotel Nordpark. GPS: n41,47078 o19,69875.

€ 19 Ch WC inklusive.
Sonstiges: Inkl. Schwimmbad.

Gjirokaster 35E1
Viroi, SH4. **GPS**: n40,10308 o20,12289.

2 kostenlos.
Entfernung: 3Km vor Ort.

Himarë 35E1
Camping Kranea, Livadh Beach. **GPS**: n40,10734 o19,72739.

€ 14 €2 €3.

Hudënisht 39D3
Peshku, SH3. **GPS**: n40,96725 o20,64274.
€ 5-12 Ch WC inklusive €2.
Untergrund: Wiese. 01/01-31/12.
Entfernung: 100M.
Sonstiges: Ohridsee, kostenlose Nutzung der Sonnenliegen und Strandstühle.

Kavajë 39C3
Camp Pa Emer, Rrakull-Karpen. **GPS**: n41,18138 o19,47750.

34 € 18 Ch WC inklusive.
Untergrund: Wiese/Schotter. 01/04-01/11.
Entfernung: 1Km vor Ort vor Ort.

Ksamil 35E1
Sunset, SH81. **GPS**: n39,77908 o20,00831.
20 € 10 Ch WC inklusive.
Untergrund: ungepflastert. 01/01-31/12.
Entfernung: Sarandë 10km vor Ort vor Ort.

Leskovik 35E1
Farma Sotira, SH75, Leskovik > Ersekë 15km.
GPS: n40,21477 o20,64611.

20 € 10 Ch WC inklusive.
Lage: Ländlich, abgelegen. **Untergrund**: Wiese. 01/04-01/11.
Entfernung: vor Ort vor Ort vor Ort vor Ort.

Llogara 35E1
Hotel Hamiti, SH8. **GPS**: n40,21035 o19,57924.
€ 5.

Omarë 39C2
Lake Shkodra Resort, Rruga E Liqenit.
GPS: n42,13836 o19,46562.
€ 12, Jul/Aug € 14 Ch €2 WC €3,95 inklusive.
Untergrund: Wiese. 01/04-15/11.
Entfernung: Skodër 10km See mit Sandstrand vor Ort vor Ort.
Sonstiges: Kostenlose Nutzung der Sonnenliegen und Strandstühle, Kanu- und Fahrradverleih.

Orikum 35E1
Camping Dion. GPS: n40,34407 o19,48280.

12 € 10 Ch inklusive.
Untergrund: befestigt. 01/01-31/12.
Entfernung: 500M vor Ort vor Ort.
Sonstiges: S 148.

| S | Radhimë | 35E1 |

Rezidenca Cekodhima, SH8. **GPS**: n40,37706 o19,47872.

20 € 20 Ch WC.
Untergrund: Schotter. 01/01-31/12.
Entfernung: Kiesstrand vor Ort.

| S | Sarandë | 35E1 |

Hotel Mediterrane, Rruga Skënderbeu. **GPS**: n39,87041 o20,01854.

10 € 15 inklusive WC.
Lage: Städtisch. **Untergrund:** asphaltiert. 01/01-31/12.
Entfernung: Zentrum 1Km 600M vor Ort.

| S | Tirana | 39D3 |

Hotel Baron, Rruga e Elbasanit. **GPS**: n41,29947 o19,85012.

6 € 15 Ch WC inklusive.
Untergrund: befestigt.
Entfernung: Stadtmitte 4Km vor Ort.

Österreich

Hauptstadt: Wien
Staatsform: Föderale, parlamentarisch-
demokratische Republik
Amtssprache: Deutsch
Einwohnerzahl: 8.665.000 (2015)
Fläche: 83.857 km²

Allgemeine Informationen
Telefonvorwahl: 0043
Allgemeine Notrufnummer: 112
Währung: Euro

Freies Übernachten im Wohnmobil
Im Algemein sind freie Übernachtungen erlaubt, ausgenommen: Tirol, Wien, Naturschutzgebiete und bei lokalen Verboten; kein Kampaktivitäten; Entsorgung nur auf offiziellen Plätzen.

Gesetzliche Feiertage 2017
6. Januar Heilige Drei Könige
1. Mai Staatsfeiertag
15. Juni Fronleichnam
15. August Mariä Himmelfahrt
26. Oktober Nationalfeiertag
1. November Aller Heiligen
8. Dezember Mariä Empfängnis

Zeitzone
Winterzeit GMT+1 - Sommerzeit GMT+2

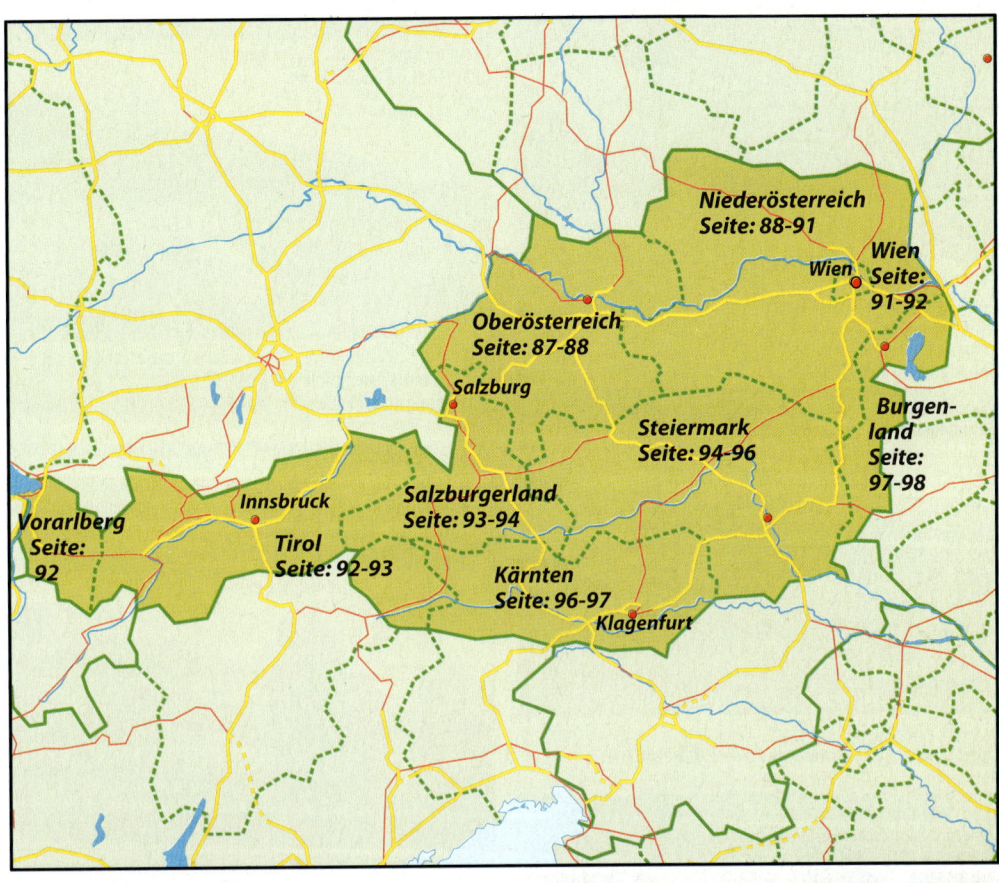

Oberösterreich

Ebensee — 20H1
Am Traunsee, Trauneck. **GPS**: n47,81283 o13,77730.

5 € 12/24 Std €0,50/50Liter Ch (12x)€3 WC.
Lage: Ländlich, einfach, ruhig. **Untergrund**: asphaltiert.
Entfernung: 500M vor Ort 300M.
Sonstiges: Am See.

Ebensee — 20H1
Freizeitanlage Rindbach, Strandbadstraße.
GPS: n47,80934 o13,79002.

30 € 12 €1/25Liter (4x)€1/Std. **Lage**: Ländlich, einfach, ruhig. **Untergrund**: Wiese. 01/04-31/10.
Entfernung: 1,4Km.
Sonstiges: Am See.

Eferding — 17H3
Brandstatt, Pupping. **GPS**: n48,33503 o14,02698.
Sonstiges: An der Donau.

Gallneukirchen — 37A3
Freizeitcentrum, Veitsdorfer Weg 10. **GPS**: n48,36045 o14,40797.

10 kostenlos. **Lage**: Ländlich, einfach. **Untergrund**: asphaltiert.
01/01-31/12.
Entfernung: 1Km vor Ort 1Km.

Gmünden — 20H1
Parkplatz des Toscanapark, Scharnsteiner Straße.
GPS: n47,91186 o13,78708.
5 kostenlos. **Untergrund**: asphaltiert. 01/01-31/12.
Entfernung: 1Km 200M.

Gosau — 20H2
Gasthaus Echo, Gosau 614. **GPS**: n47,55171 o13,51345.
10 kostenlos €5. **Lage**: Ländlich, einfach, abgelegen, ruhig. **Untergrund**: asphaltiert. 01/05-31/10.
Entfernung: 400M vor Ort.

Gosau — 20H2
Hotel Gosauschmied, Gosau 57. **GPS**: n47,55072 o13,51607.
10 € 10 Ch auf Anfrage.
Untergrund: asphaltiert. 01/01-31/12.
Entfernung: 3Km vor Ort 3Km vor Ort 500M vor Ort.

Haslach — 17H3
Gasthof Furtmühle, Schwackerreith 20, St.Oswald.
GPS: n48,60497 o14,01967.
15 kostenlos kostenpflichtig. 01/01-31/12 Di.
Entfernung: vor Ort.

Hinterstoder — 37A3
Gasthof Baumschlagerreith. **GPS**: n47,64525 o14,09632.
10 € 8, für Gäste kostenlos. **Lage**: Ländlich, einfach, abgelegen, ruhig. 01/01-31/12.
Entfernung: 9Km vor Ort.

Kefermarkt — 37A3
Schloßbrauerei Weinberg, Weinberg 2. **GPS**: n48,44856 o14,53957.

5 Gäste kostenlos. **Lage**: Ländlich, einfach. **Untergrund**: asphaltiert.
01/01-31/12.
Entfernung: 800M vor Ort.

Königswiesen — 37A3
Freibad, Badgasse 4. **GPS**: n48,40450 o14,84080.

3 € 2 + € 2/pP Ch WC kostenlos. **Lage**: Ländlich, einfach, ruhig. **Untergrund**: asphaltiert. 01/04-31/10.
Entfernung: 500M 10M Freibadbuffet 300M.
Sonstiges: Parkplatz Schwimmbad.

Kremsmünster — 37A3
Parkplatz Benediktiner Stift, Fuxjägerstraße.
GPS: n48,05407 o14,12607.
Entfernung: 500M 500M.

Kronstorf — 37A3
Stellplatz Metzenhof, Dörfling 2. **GPS**: n48,12828 o14,43432.

Oberösterreich - Niederösterreich

10 🅿 € 18, 2 Pers. inkl 🚰 WC 📶 inklusive.
Lage: Ländlich, komfortabel, abgelegen, ruhig.
Untergrund: Schotter/befestigt. 01/03-30/11.
Entfernung: 🏊 vor Ort ⊗ vor Ort.
Sonstiges: Am Golfplatz.

Mondsee 20H1
Geflügelhof Schweighofer, Schwand 10.
GPS: n47,88186 o13,31105.

5 🅿 € 13, 2 Pers. inkl 🚰 Ch 🗑 inklusive.
Lage: Ländlich, ruhig. **Untergrund:** Wiese. 01/01-31/12.
Entfernung: 🛒 3Km 🏊 2km 🛒 3km.

Naarn 37A3
Bauernhof Mostschenke, Dirnwagram 1.
GPS: n48,21750 o14,61972.

5 🅿 € 10 🚰 Ch 🗑 €2/Tag WC inklusive.
Lage: Ländlich, einfach. **Untergrund:** asphaltiert.
Entfernung: 🛒 2km ⊗ vor Ort 🚗 2km.
Sonstiges: Ankunft <19.30 Uhr, max. 4 Tage.

Naarn 37A3
Gasthof zur Post, Marktplatz 1. **GPS:** n48,22579 o14,60662.

5 🅿 € 6 2 Pers. inkl.
Lage: Einfach, laut. **Untergrund:** asphaltiert. Do.
Entfernung: 🛒 vor Ort ⊗ vor Ort.

Neumarkt 37A3
Stellplatz Einfach Ausspannen, Seisenbachweg 12.
GPS: n48,43457 o14,47739.
2 🅿 € 10 🚰 WC inklusive.
Lage: Ländlich, abgelegen, ruhig. **Untergrund:** Wiese.
Entfernung: 🛒 1Km 🏊 vor Ort ⊗ 1km.

Ranshofen 17G3
Vereinslokal, Scheuhub 2. **GPS:** n48,23228 o12,99893.
10 🅿 kostenlos 🚰 Ch 🗑 **Untergrund:** Wiese. 01/01-31/12.
Entfernung: 🛒 2km ⊗ vor Ort 🚗 2km.

Sankt Pankraz 37A3
Parkplatz Klauser Stausee, Klaus an der Pyhrnbahn.
GPS: n47,82733 o14,15703.
🅿.
Sonstiges: Am Fluss.

Scharnstein 20H1
Camping Schatzlmühle, Viechtwang 1A.
GPS: n47,91578 o13,97353.

5 🅿 € 10 🚰 Ch inklusive 🗑 €3 🚿 €2 ⊗ €2. **Lage:** Ländlich, ruhig.
Untergrund: Wiese/Schotter. 01/05-31/10.
Entfernung: 🛒 2km ⊗ vor Ort 🚗 600m 🚗 vor Ort 🏊 vor Ort 🚲 vor Ort.

Schlierbach 37A3
Bauernhof Eisterer, Föhrenweg 7. **GPS:** n47,95083 o14,08639.
3 🅿 € 6 + € 4/pP 🚰 Ch 🗑 €2,50/Tag 🗑 **Lage:** Ländlich, komfortabel. **Untergrund:** Wiese.

Straß im Attergau 20H1
Landgasthof Rosslwirt, Halt 4. **GPS:** n47,90488 o13,44677.

6 🅿 Gäste kostenlos 🚰 🗑 kostenlos. **Lage:** Ländlich, einfach,
ruhig. **Untergrund:** Wiese/Schotter. 01/01-31/12.
Entfernung: ⊗ vor Ort.

Suben 17H3
Hotel Suben, Etzelshofen 125. **GPS:** n48,40149 o13,42582.
40 🅿 € 10 🚰 Ch 🗑 inklusive. **Lage:** Autobahn, einfach, laut.
01/01-31/12.
Entfernung: 🛒 vor Ort ⊗ vor Ort.

Vöcklabruck 20H1
Hallenbad am Freizeitgelände, Hausruckstraße.
GPS: n48,01107 o13,65299.

6 🅿 kostenlos 🚰 Ch 🗑 **Lage:** Ländlich, einfach.
Untergrund: befestigt. 01/01-31/12.
Entfernung: 🛒 500M.
Sonstiges: Max. 48 Std.

Waldhausen im Strudengau 37A3
Badesee, Schloßberg. **GPS:** n48,28420 o14,95883.

6 🅿 freiwilliger Beitrag 🚰 €1/10Minuten 🗑 Ch 🗑 €1/8Std.
Lage: Ländlich, abgelegen, ruhig. **Untergrund:** Schotter.
01/01-31/12.
Entfernung: 🛒 2km 🏊 vor Ort ⊗ vor Ort 🚗 2km 🚗 2km.

Niederösterreich

Aggsbach Dorf 37A3
Gasthof Pension zur Kartause, Aggsbach-Dorf 38.
GPS: n48,29638 o15,42604.

10 🅿 kostenlos 🗑 **Lage:** Ländlich, abgelegen, ruhig.
Untergrund: Wiese. 01/01-31/12.
Entfernung: ⊗ vor Ort.

Aggsbach Markt 37A3
Badestrand. GPS: n48,29814 o15,40497.

26 🅿 € 11,50 🚰 Ch 🗑 €1/24Std WC 🗑 **Lage:** Komfortabel.
Untergrund: Schotter. 01/03-31/10.
Entfernung: 🛒 500M 🏊 50m Donauüberl 🚗 500M.
Sonstiges: An der Donau.

Altenmarkt an der Triesting 37A3
Gasthof Zum Kleinen Semmering, Hafnerberg 15.
GPS: n48,01762 o16,01383.

10 🅿 kostenlos WC. **Lage:** Ländlich, einfach.
Untergrund: Schotter.
Entfernung: 🛒 2,3km ⊗ vor Ort 🚗 2,3km.

Arbesbach 37A3
Am Ganser. GPS: n48,49123 o14,95683.

15 🅿 € 5 🚰 Ch 🗑 inklusive. **Lage:** Ländlich, einfach.
Untergrund: Schotter. 01/01-31/12.
Entfernung: 🛒 500M 🏊 vor Ort ⊗ 500M 🚗 500M.
Sonstiges: Anmelden bei Rathaus.

Ardagger 37A3
Stellplatz am Donauwellenpark, Markt 39.
GPS: n48,17981 o14,82579.

10 🅿 kostenlos 🚰 €2 Ch 🗑 (6x) €1/kWh. **Lage:** Ländlich, einfach.
Entfernung: 🛒 100M 🚲 7Km ⊗ 100M 🚗 100M 🚲 vor Ort.
Sonstiges: Am Donau-Radweg.

Armschlag 37A3
Mohndorf. GPS: n48,45222 o15,21944.

88   Österreich

Niederösterreich

5 € 7, 2 Pers. inkl. Ch inklusive.
Lage: Ländlich, einfach. **Untergrund:** asphaltiert.
01/01-31/12.
Entfernung: vor Ort, vor Ort, 2km Mohnstrudelwandernetz.

Aschbach Markt — 37A3
Fam. Edtbauer, Auckental 1 u. 2. **GPS:** n48,10682 o14,69988.

8 kostenlos €2. **Lage:** Ländlich, ruhig. 15/04-30/10.
Entfernung: 7Km 3Km 7Km.

Bad Deutsch-Altenburg — 37B3
Parking Donaupromenade, Donaupromenade.
GPS: n48,14110 o16,90090.

Lage: Ländlich, einfach. **Untergrund:** asphaltiert.
01/01-31/12.
Entfernung: 500M vor Ort 1km 1km.

Bad Großpertholz — 37A3
Busparkplatz Naturpark Nordwald, Scheiben.
GPS: n48,61765 o14,81548.
Lage: Ländlich. **Untergrund:** asphaltiert.

Bernhardsthal — 37B2
Am Bernhardsthaler Teich, Schulstrasse.
GPS: n48,69402 o16,87481.

5 kostenlos. **Untergrund:** Wiese.
01/01-31/12.
Entfernung: 500M vor Ort, vor Ort, nur an Wochenenden.

Eggenburg — 37A3
Stellplatz an der Stadtmauer, Erzherzog-Karl-Ring 19.
GPS: n48,64513 o15,81745.

8 € 4 €1/10Minuten (8x) €1/8Std. **Lage:** Ländlich, komfortabel. **Untergrund:** Schotter. 01/04-31/10.
Entfernung: vor Ort 4Km Bach 300M 200M 500M vor Ort 300M.

Erlauf — 37A3
Plaikawirt, Plaika 1, Bergland. **GPS:** n48,16866 o15,16436.

10 Gäste kostenlos €2/100Liter €2/24Std. **Lage:** Ländlich, ruhig. **Untergrund:** asphaltiert. Mo.
Entfernung: 2km vor Ort, vor Ort.

Gaming — 37A3
Kartause. **GPS:** n47,92463 o15,08223.

Gars am Kamp — 37A3
Sport- und Erlebnisbad, Göhler Strasse/Strandgasse, Thunau am Kamp. **GPS:** n48,59300 o15,65723.

5 € 16 Ch WC inklusive. **Lage:** Komfortabel.
01/01-31/12.
Entfernung: 200M vor Ort 200M.
Sonstiges: Am Schwimmbad.

Göllersdorf — 37A3
Parkplatz Barbara Heuriger, Spitalgasse 467.
GPS: n48,49667 o16,11171.

10 kostenlos. **Lage:** Ländlich, einfach. **Untergrund:** Schotter.
Entfernung: 500M 1Km vor Ort 1Km.

Gumpoldskirchen — 37A3
Brunngasse. **GPS:** n48,04212 o16,27820.

10 kostenlos. **Lage:** Ländlich, einfach. **Untergrund:** asphaltiert.
Entfernung: 500M 500M.
Sonstiges: Max. 8M.

Gumpoldskirchen — 37A3
Neustiftgasse. **GPS:** n48,04423 o16,27552.
Ch.

Hainburg/Donau — 37B3
Parkplatz an der Donau, Donaulande 4.
GPS: n48,15110 o16,94440.

Lage: Ländlich, einfach. **Untergrund:** asphaltiert.
01/01-31/12.
Entfernung: 500M vor Ort, vor Ort, 500M.

Hohenau/March — 37B2
Freizeitzentrum, Kindergartenstrasse. **GPS:** n48,61095 o16,91010.

kostenlos. **Untergrund:** asphaltiert. 01/01-31/12.
Sonstiges: Schimmbad 200m.

Hollenstein/Ybbs — 37A3
Naturpark Hollenstein, Wenten 1. **GPS:** n47,76884 o14,77270.
3 € 5 Ch.
Lage: Ländlich, abgelegen, ruhig. 01/01-31/12.
Entfernung: 4Km.

Hollenstein/Ybbs — 37A3
Gasthof Staudach, Walcherbauer 5. **GPS:** n47,80703 o14,76687.
4 € 14, 4 Pers. inkl Ch.
Entfernung: 200M 10M 200M vor Ort.

Karlstein an der Thaya — 37A2
Sieghartser Straße. **GPS:** n48,88186 o15,40442.
Untergrund: Wiese. 01/01-31/12.
Entfernung: 200M 200M.
Sonstiges: Am Tennisplatz.

Klosterneuburg — 37A3
Euromobil Campers, Bahnhofplatz 16, Kritzendorf.
GPS: n48,33582 o16,29863.

4 kostenlos Ch.
Lage: Einfach. **Untergrund:** asphaltiert. 01/01-31/12.
Entfernung: 12,5Km 300M 500M.
Sonstiges: Abgeschlossener, überwachter Parkplatz.

Laimbach am Ostrong — 37A3
Bauernhof Stoiber, Wagmühle 34. **GPS:** n48,31711 o15,12565.

5 € 12 Ch inklusive. **Lage:** Ländlich, einfach.
Untergrund: Wiese.
Entfernung: 300M 300M 300M.

Langenlois — 37A3
Reisemobilstellplatz Langenlois, Krumpöckallee 21.
GPS: n48,47063 o15,69782.

7 € 8 + € 1,50/pP €1/10Minuten Ch (7x)€1/8Std.
Lage: Ländlich, einfach, ruhig. **Untergrund:** befestigt.
Entfernung: 1,5Km 1Km 1Km.

Österreich

Niederösterreich

Langschlag-Mitterschlag 37A3
Freizeitanlage Frauenwieserteich, Böhmerwald-Bundesstraße. **GPS**: n48,58038 o14,83507.

10 kostenlos. **Lage**: Ländlich, einfach, abgelegen, ruhig. **Untergrund**: Wiese/Schotter. 01/01-31/12. **Entfernung**: 5Km vor Ort vor Ort vor Ort 5Km.

Mitterbach 37A3
Biobauernhof Sepplbauer, Bergstraße 11. **GPS**: n47,83216 o15,30648. 10 € 6 €2. **Lage**: Ländlich, abgelegen, ruhig. **Untergrund**: Wiese. 01/05-30/09. **Entfernung**: 4Km.

Orth/Donau 37B3
P2, Am Rosenhügel. **GPS**: n48,14523 o16,70383.

4 kostenlos. **Lage**: Städtisch, einfach. **Untergrund**: Schotterasen. 01/01-31/12. **Entfernung**: vor Ort 3Km 250M 1,2Km.

Ottenschlag 37A3
Florianigasse. **GPS**: n48,42361 o15,22750.

8-10 € 5 €1/10Minuten Ch €1/8Std. **Lage**: Ländlich, einfach. **Untergrund**: Schotter. **Entfernung**: 500M Gaststätte 500M.

Pernegg 37A2
Freizeitanlage Gallien, Gallien 1. **GPS**: n48,71333 o15,66139.
20 € 15 + € 5/pP Ch WC inklusive. **Lage**: Ländlich, komfortabel. **Entfernung**: vor Ort vor Ort.

Pillichsdorf 37B3
Am Tennisclub, Bahnstraße 8A. **GPS**: n48,36167 o16,53750.

8 kostenlos, Nutzung der Einrichtungen € 10 Ch WC. **Lage**: Einfach. 01/01-31/12. **Entfernung**: 500M, Wien 15Km 300M 500M vor Ort. **Sonstiges**: Benutzung Clubhaus möglich.

Plaika 37A3
Gasthaus zum Plaikawirt, Plaika 1. **GPS**: n48,16878 o15,16416.
5 kostenlos. 01/01-31/12. **Entfernung**: 5Km vor Ort.

Pulkau 37A2
Rat-Cumfe Straße. **GPS**: n48,70430 o15,86637.

8 € 5 €1/10Minuten Ch €1/6Std. **Lage**: Städtisch, einfach. **Untergrund**: Schotter. 01/01-31/12. **Entfernung**: 500M 300M vor Ort vor Ort.

Reichenau/Rax 37A3
Kaiserbrunn, Bundesstraße Höllental 27. **GPS**: n47,73480 o15,79188.

kostenlos. **Untergrund**: befestigt.

Reichenau/Rax 37A3
Gasthof Flackl Wirt, Hinterleiten 12. **GPS**: n47,69056 o15,82778.

5 € 14, Frühstück inkl nach Verbrauch WC in Restaurant. **Entfernung**: 1,5Km vor Ort.

Retz 37A2
Parkplatz Alter Sportplatz, Jahnstraße. **GPS**: n48,75382 o15,95105.

2 € 3 €1/10Minuten Ch €1/8Std. **Lage**: Einfach. **Untergrund**: asphaltiert. 01/04-31/10 letztes Wochenende von Sep. **Entfernung**: 500M 500M.

Rossatzbach 37A3
Wohnmobilplatz Artner, Aggsteiner-Bundesstraße. **GPS**: n48,38750 o15,51722.

12 € 10 Ch (12x) WC inklusive. **Lage**: Ländlich, komfortabel. **Untergrund**: Schotter. 01/01-31/12. **Entfernung**: 300M vor Ort 100M 1,5Km. **Sonstiges**: Vinotheek 300M.

Sankt Martin am Ybbsfelde 37A3
Gemeindeparkplatz, St. Martin. **GPS**: n48,16465 o15,01995.

kostenlos (2x)€1/8Std. **Lage**: Ländlich, einfach, ruhig. **Untergrund**: Schotterasen. 01/01-31/12. **Sonstiges**: Parkplatz gegenüber Kirche.

Schiltern bei Langenlois 37A3
Erlebnisgärtner Kittenberger, Laabergstraße 15. **GPS**: n48,51180 o15,63277.

3 kostenlos. **Lage**: Einfach, abgelegen. 01/01-31/12. **Entfernung**: 500M.

Schönberg 37A3
Freizeitzentrum, Badgasse. **GPS**: n48,52063 o15,69377.

5 € 5, 1. Nacht kostenlos WC. **Lage**: Ländlich, einfach. **Untergrund**: asphaltiert. 15/05-31/08. **Entfernung**: 200M 300M 200M Kamptalradweg. **Sonstiges**: Am Fluss, Sanitärnutzung nur während der Öffnungszeiten Schwimmbad.

Schrems 37A2
Parkplatz Stadthalle, Doktor-Karl-Renner-Straße. **GPS**: n48,79167 o15,07120.

3 kostenlos. **Lage**: Städtisch, einfach, zentral. **Untergrund**: asphaltiert. 01/01-31/12. **Entfernung**: vor Ort vor Ort 100M.

Stockerau 37A3
Hallenbad Wellness Oase, Pestalozzigasse. **GPS**: n48,39385 o16,21912.

6 kostenlos €2 Ch WC Sanitär im Schwimmbad. **Lage**: Komfortabel. **Untergrund**: Schotter. 01/01-31/12. **Entfernung**: 1,5Km 500M 50M.

Niederösterreich - Wien

1. REISEMOBIL-Stellplatz Wien

A-1230 Wien, Perfektastraße 49-53
GPS: 48°08'13" N 16°18'57" E

- Perfekte Nahversorgung
- 2 Sanitärgebäude für Damen & Herren
- Stellplätze von 10 bis 20 m Länge
- 9 Ver- & Entsorgungsstationen

Tel.: 0043 (0) 664 433 7271, Fax.: 0043 1 863 11 12
Email: office@reisemobilstellplatz-wien.at

www.reisemobilstellplatz-wien.at

150 m zur U-Bahn in 20 Minuten im Zentrum

4 km von der Autobahn zum Reisemobil-Stellplatz

24 Stunden täglich & ganzjährig geöffnet

Stockerau 37A3
Alte Au, Zum Spitzgarten. GPS: n48,38366 o16,20394.

3 kostenlos. **Lage:** Städtisch, einfach. **Untergrund:** asphaltiert. 01/01-31/12. **Entfernung:** 1Km 50M. **Sonstiges:** Am Sportzentrum.

Weistrach 37A3
Parkplatz Sportplatz. GPS: n48,05475 o14,58167.

10 kostenlos. **Lage:** Ländlich, einfach. **Untergrund:** asphaltiert. 01/01-31/12. **Entfernung:** 200M vor Ort 200M. **Sonstiges:** Neben Sportplatz.

Weitra 37A3
Freizeitzentrum Hausschachen, Promenade.
GPS: n48,70414 o14,89343.

10 kostenlos. **Lage:** Einfach, ruhig. **Untergrund:** Schotter. 01/01-31/12. **Entfernung:** 600M 600M. **Sonstiges:** Max. 1 Nacht.

Wiener Neustadt 37A3
Parkplatz Stadion, Stadionstrasse. GPS: n47,82156 o16,25629.

20. **Lage:** Städtisch. **Untergrund:** asphaltiert. 01/01-31/12. **Entfernung:** 500M vor Ort.

Wilfersdorf 37B3
Schloss Wilfersdorf, Parkplatz am Schloss.
GPS: n48,58600 o16,64514.

3 €4 WC. 01/01-31/12.

Entfernung: 100M 300M vor Ort.
Sonstiges: Anmeldung beim Schloss, 10-16 Uhr Di/So.

Ybbs an der Donau 37A3
Donauufer, Donaulände. GPS: n48,17979 o15,08387.
5 kostenlos. **Untergrund:** befestigt. 01/01-31/12.
Entfernung: 700M 700M.

Zwettl 37A3
Wirtshaus zur Minidampfbahn, 47, Teichhäuser bei Zwettl.
GPS: n48,66278 o15,15444.

10 €5 Ch €2,50. **Lage:** Ländlich, einfach, ruhig.
Untergrund: Wiese. 01/01-31/12.
Entfernung: 2km 200M vor Ort 2,5Km.

Wien

Wien 37A3
Reisemobilstellplatz Wien, Perfektastraße 49-53.
GPS: n48,13698 o16,31582.

167 €19 Ch (167x)€2/24Std WC inklusive.
Lage: Städtisch, komfortabel. **Untergrund:** Wiese/Schotter.

Österreich

Wien - Vorarlberg - Tirol

🅿 01/01-31/12.
Entfernung: Zentrum 12Km, 4Km, 30M, 30M, U-Bahn 150M, Bus 50M, 100M.

Wien — 37A3
Kurpark Oberlaa, Filmteichstrasse 5.
GPS: n48,15215 o16,40363.

kostenlos. **Lage:** Städtisch, einfach. **Untergrund:** Schotterasen.
🅿 01/01-31/12.
Entfernung: Stadtmitte > Bus 68A Reumannplatz > Straßenbahn U1 Stefansdom.
Sonstiges: Keine Campingaktivitäten. **Touristinformation Wien:**
ℹ Nachts Parken verboten.
ℹ Tourist-Info, Albertinaplatz 1, info.wien.at/. Kaiserliche Stadt, viele Sehenswürdigkeiten, Hauptstadt der klassischen Musik.
ℹ Wien-Karte. Karte ermöglicht 72 Std Zutritt zu den öffentlichen Verkehrsmitteln und Rabatte auf Eintrittsgelder für Museen, Sehenswürdigkeiten. Erhältlich beim Tourist-Info und in den Hotels. € 24,90.
👁 Spanische Hofreitschule, Michaelerplatz 1. Spanische Reitschule, Morgentraining kann ohne Reservierung besucht werden. 10-12.
M Kunsthistorisches Museum, Maria Theresien-Platz. Bemerkenswerte Gemäldeausstellung. Di-So 10-18 Uhr, Do 10-21 Uhr. € 15.
👁 Wurstelprater. Vergnügungspark. 15/03-15/10 10-24 Uhr.

Vorarlberg

Dornbirn — 20B3
Stellplatz Mathis, Obere Härte 27. **GPS:** n47,40577 o9,72492.
3 (7-8-10m) € 15 + Kurtaxe € 1/pP inklusive.
Lage: Komfortabel. **Untergrund:** Schotterasen.
🅿 01/01-31/12.
Entfernung: vor Ort, 2km, vor Ort, vor Ort.

Hard — 20B2
Gasthaus Sternen, Landstraße 49. **GPS:** n47,48442 o9,68698.
8 Gäste kostenlos. **Untergrund:** asphaltiert. Mo.
Entfernung: Bregenz 4,5km, vor Ort.

Tirol

Achenkirch — 20E2
Wohnmobilhafen Achensee, Achenkirch 17.
GPS: n47,49947 o11,70655.

10 ab € 14 + € 1,50/pP Kurtaxe, € 1 Umwelttaxe, Ch, €3,50/24Std WC inklusive. **Lage:** Ländlich, komfortabel, luxus, ruhig. **Untergrund:** Schotterasen/befestigt. 🅿 01/01-31/12.
Entfernung: vor Ort, vor Ort.
Sonstiges: Max. 1 Nacht, Hund 4,50, extra Pers € 7, Strom Winter € 0,70/kWh.

Aschau im Zillertal — 20F3
Reisemobilhafen Aufenfeld, Aufenfeldweg.
GPS: n47,26318 o11,90063.

10 € 17, Ch, WC. **Lage:** Ländlich. **Untergrund:** Wiese.

🅿 01/01-31/12.
Sonstiges: Quick-Stop: >19 Uhr - <9 Uhr.

Biberwier — 20D3
Wohnmobilhafen Arienberg, Marienbergstrasse 15.
GPS: n47,37472 o10,89223.

18 € 15, 2 Pers. inkl, Kurtaxe € 2/pP, Ch, €2,50/24 inklusive. **Lage:** Ländlich, komfortabel.
Untergrund: Wiese/Schotter. 🅿 01/01-31/12.
Entfernung: vor Ort, 2km, vor Ort, vor Ort.

Bichlbach — 20D2
Almkopfbahn. GPS: n47,42367 o10,78116.

15. 🅿 01/01-31/12.
Entfernung: 5Km, vor Ort, vor Ort, vor Ort.
Sonstiges: Parkplatz neben Talstation.

Breitenwang — 20D2
Seespitze. GPS: n47,47438 o10,78515.
€ 22,50-31, Ch, WC. 🅿 01/01-31/12.

Breitenwang — 20D2
Sennalpe. GPS: n47,48639 o10,83972.
€ 14. 🅿 15/10-15/10.

Feichten/Kaunertal — 20D3
Kaunertal. GPS: n47,05333 o10,75056.
60 € 20,50, Ch, WC. 🅿 01/05-30/09.

Galtür — 20C3
Bergbahnen, Silvretta-Bundesstraße, B188, Wirl.
GPS: n46,96570 o10,16390.

€ 20, Sommer kostenlos, Ch.
Lage: Ländlich. **Untergrund:** Schotter. 🅿 Winter.
Entfernung: 100M, vor Ort, vor Ort, vor Ort.
Sonstiges: Gratis Skibus nach Ischgl.

Galtür — 20C3
Zeinissee, Zeinisjochstrasse. **GPS:** n46,97824 o10,12738.

€ 23-25,50 2 Pers inkl., Hund € 3, €0,70/kWh, WC inklusive, kostenpflichtig.
Lage: Ländlich. **Untergrund:** Wiese/Schotter. 🅿 Pfingsten-05/10.
Entfernung: Galtür 8,5km, vor Ort.
Sonstiges: Silvrettacard inklusive, bei 1 Übernachtung + € 5.

Gerlos — 20F3
Bauernhof Schönachhof, Schönachtal 242. **GPS:** n47,22639 o12,05476.

24 € 20, Winter € 30 + Kurtaxe, Hund € 4, Ch, WC.
Lage: Abgelegen. 🅿 01/01-31/12.
Touristinformation Gerlos:
👁 Activ Wellness. Gratis Wellnessprogramm. 🅿 01/07-30/09.

Gries am Brenner — 20E3
Gasthof Humler-Hof, Nößlach 483. **GPS:** n47,06660 o11,47187.
50 WC kostenlos. 🅿 01/01-31/12.
Entfernung: Gries 5km, 1km.

Hall in Tirol — 20E3
Wohnmobilpark, Scheidensteinstraße 24.
GPS: n47,28444 o11,49665.

10 € 10-15 + € 1/pP + Kurtaxe, Ch, inklusive.
Lage: Städtisch. **Untergrund:** befestigt. 🅿 01/01-31/12.
Entfernung: 400M, 200m Gaststätte, 300M.
Sonstiges: Max. 1 Nacht.

Heiterwang — 20D2
Ferienhof Sunnawirt, Mühle 4. **GPS:** n47,44951 o10,74812.

30 € 7 + Kurtaxe € 2/pP, Ch, €3.
Untergrund: Wiese/Schotter.
Entfernung: 200M, Heiterwanger See 1,6km, 200M, 200M, vor Ort, 3Km, vor Ort.
Sonstiges: Brötchenservice.

Ischgl — 20C3
Mathoner Straße 5, Ischgl-Mathon. **GPS:** n46,98967 o10,24751.

8 € 15 + Kurtaxe, Ch, (8x). **Lage:** Ländlich, einfach.
Untergrund: Schotter. 🅿 01/01-31/12.
Entfernung: 1Km, 100M.
Sonstiges: Gratis Skibus nach Ischgl und Galtür.

Jenbach — 20E2
Gasthof Rieder, Fischl 3. **GPS:** n47,40131 o11,77500.

Tirol - Salzburgerland

3 € kostenlos. **Lage:** Ländlich, einfach, abgelegen.
Untergrund: asphaltiert.
Sonstiges: Nur Kunden.

Kramsach 20F2
Camping Seehof, Moosen 42. **GPS:** n47,46206 o11,90733.

10 € 18-25 2 Pers.inkl., Hund € 3-3,50 Ch
(10x) €3/4kWh WC inklusive €4/4 €3/Tag. **Lage:** Ländlich.
Untergrund: asphaltiert. 01/01-31/12.
Entfernung: 3Km Reintalersee vor Ort vor Ort kostenlos vor Ort vor Ort vor Ort.
Sonstiges: 10 Stellplätze vor der Schranke + 10 speziellen Stellplätze auf dem Campingplatz (zum selben Preis).

Leutasch 20D3
Am Kreithlift, Weidach 381. **GPS:** n47,36392 o11,16657.
20 € 26 2 Pers. inkl Ch WC inklusive.
Untergrund: asphaltiert/Schotter. 15/12-15/03.
Entfernung: 1,5Km vor Ort vor Ort vor Ort.
Sonstiges: Loipenplakette, Ski-Trockenraum und Sauna inklusive.

Matrei 20F3
Matreier Tauernhaus, Nähe Tauer 22. **GPS:** n47,11833 o12,49778.
20 € 5/24 Std. **Untergrund:** Schotter. 01/05-30/11.
Entfernung: vor Ort.

Nassereith 20D3
Roßbach, Roßbach 325. **GPS:** n47,31046 o10,85524.

€ 20,50 Ch WC. **Untergrund:** Wiese. 01/01-31/12.
Entfernung: 500M.

Obsteig 20D3
Gasthof zum Lenz, Gschwent 282. **GPS:** n47,30930 o10,94482.

6 € 15 Ch inklusive. **Lage:** Ländlich, einfach, abgelegen.
Untergrund: Wiese/Schotter. 01/01-31/12.
Sonstiges: vor Ort vor Ort.

Pettneu am Arlberg 20C3
Camping Arlberg, Pettneu am Arlberg 235. **GPS:** n47,14506 o10,33816.

54 € 15, Winter € 23 + Kurtaxe, Hund € 3 Ch inklusive
€1/2kWh. **Lage:** Luxus. **Untergrund:** Wiese/befestigt. 01/01-31/12.
Entfernung: 1Km 250M vor Ort.
Sonstiges: Brötchenservice, Winter: Skibus, Sommer: Wanderbus.

Pfunds 20D3
Wohnmobilplatz Via Claudiasee, Rauth 714.
GPS: n46,95429 o10,51171.

10 € 10 + € 1,50/pP Kurtaxe, Hund € 1,50 €1/80Liter Ch
€0,60/kWh WC Sanität €3/pp ab €0,50.
Lage: Ländlich, komfortabel.
Untergrund: Wiese/befestigt.
01/01-31/12.
Entfernung: 2km vor Ort 200M vor Ort vor Ort.
Sonstiges: Brötchenservice.

Schwaz 20E2
Wohnmobilstellplatz Königfeld, Königfeldweg.
GPS: n47,34655 o11,70436.

10 € 4 €2 Ch. **Lage:** Städtisch, einfach, zentral.
Untergrund: asphaltiert. 01/01-31/12.
Entfernung: 500M 1,9Km Gaststätte 50m 50M.
Touristinformation Schwaz:
Schwazer Silberbergwerk.
01/05-30/09 9-17 Uhr, 01/10-30/04 10-16 Uhr.

Steinach am Brenner 20E3
Gasthaus Wolf, Brennerstraße 36. **GPS:** n47,06704 o11,48574.
5 Gäste kostenlos. **Untergrund:** asphaltiert.
Entfernung: 2km vor Ort.
Sonstiges: An der alten Brennerstrasse.

Stumm 20F3
Gasthof Rißbacher Hof, Ahrnbachstraße 37.
GPS: n47,27951 o11,89347.

3 € 15 WC.
Lage: Ländlich, einfach. **Untergrund:** asphaltiert. Mi.

Wenns/Piller 20D3
Gasthof Sonne, Piller 41. **GPS:** n47,13581 o10,69390.

3 € 5, für Gäste kostenlos. **Lage:** Ländlich, einfach, abgelegen.
Untergrund: Schotter. 01/01-31/12.
Entfernung: vor Ort 50M.
Sonstiges: Höhe 1350M.

Wiesing 20E2
Inntal. **GPS:** n47,40585 o11,80536.

€ 20-24,50 Ch WC. 01/01-31/12.

Salzburgerland

Altenmarkt im Pongau 20H2

Stellplatz Kellerbauer Altenmarkt

- Ruhig gelegen
- Idealer Ausgangspunkt für Wanderungen und Radtouren
- Wintersportgebiet

www.kellerbauer.co.at
kellerbauer@sbg.at

Stellplatz Kellerbauer, Kellerdörfl 18. **GPS:** n47,37043 o13,42903.
10 € 11 Ch (15x) €3/24 Std, 16Amp WC €2/2 inklusive.
Lage: Komfortabel, abgelegen, ruhig. **Untergrund:** Wiese/Schotter.
01/01-31/12.
Entfernung: 1,2Km 4Km 2km 1,2Km vor Ort 1Km.

Golling 20G2
Wohnmobil-Park Aqua Salza, Möslstraße 199.
GPS: n47,59543 o13,17222.

15 € 9,90 + € 1/pP Kurtaxe €1/80Liter Ch €0,50/kWh.
Lage: Ländlich, ruhig. **Untergrund:** asphaltiert. 01/01-31/12.
Entfernung: 500M 300M 300M 200M.
Sonstiges: Max. 5 Tage, Ankunft anmelden.

Hüttschlag 20H3
Bauernhof Stockham-Camping, See 5. **GPS:** n47,14775 o13,28947.
5 € 15,60, 2 Pers. inkl Ch €1,50 WC €1. 01/04-31/10.
Entfernung: 6Km 150M 6Km.

Krimml 20F3
Hotel Krimmlerfälle, Wasserfallstraße 42.
GPS: n47,21827 o12,17543.

Österreich

Steiermark

10 € 20, Hund € 4 Ch inklusive (4x). **Lage:** Ländlich, einfach. **Untergrund:** Wiese/Schotter. 15/05-25/10. **Entfernung:** 500M vor Ort.

Leogang 20G2
Leoganger Bergbahnen, Hütten 39. **GPS:** n47,43963 o12,72040.

50 € 8 + € 1,50/pP Kurtaxe Ch (50x)€2/24 Std WC. **Lage:** Ländlich, komfortabel, ruhig. **Untergrund:** Wiese/Schotter. **Entfernung:** 3,5Km vor Ort vor Ort.

Maria Alm 20G2
Wohnmobilstellplatz Stegerbauer, Stegen 16. **GPS:** n47,39765 o12,90350.

10 € 10-12 + Kurtaxe € 1/pP Ch (10x)€2,50. **Untergrund:** Schotter. 01/01-31/12. **Entfernung:** 1Km vor Ort 500M 1Km 200M vor Ort 1km vor Ort.

Neukirchen 20F3
Panoramastellplatz, Scheffau 96. **GPS:** n47,23862 o12,24083.

17 € 7, für Gäste kostenlos Ch €2 WC. **Lage:** Ländlich, abgelegen, ruhig. **Untergrund:** Schotter. 01/01-31/12. **Entfernung:** 4Km vor Ort Tauernradweg vor Ort vor Ort vor Ort. **Sonstiges:** Brötchenservice.

Tweng 20H3
Landhotel Postgut, Tweng 2. **GPS:** n47,19058 o13,60210.

5 € 10. **Untergrund:** befestigt. 01/01-31/12. **Entfernung:** vor Ort vor Ort.

Steiermark

Bad Gams 38A1
Freizeitzentrums GamsBad, Bad Gams 2. **GPS:** n46,86730 o15,22743.

6 € 5 Ch. **Untergrund:** Schotterasen/befestigt. 01/01-31/12. **Entfernung:** 200M vor Ort 200M 100M 200M. **Sonstiges:** Anmelden bei Gamsbad.

Bad Radkersburg 38B1
Camping Alt-Weindörfl, Altneudörfl 144. **GPS:** n46,69444 o15,98991. € 4 + € 3/pP WC inklusive. **Untergrund:** Schotter. **Entfernung:** 750M vor Ort 750M.

Bad Waltersdorf 37A3
Gasthof Erhardt, Am Waltersdorfberg 99. **GPS:** n47,16687 o15,98921.

4 € 8, für Gäste kostenlos. **Lage:** Ländlich, einfach. **Untergrund:** Schotterasen. 01/01-31/12. **Entfernung:** 1,8Km 3,2Km vor Ort.

Bad Waltersdorf 37A3
Thermenland Camping, Campingplatzweg 316. **GPS:** n47,16246 o16,02296. 10 Mondscheinplätze € 9,50/18-9 Uhr 2 Pers. Inkl. + Kurtaxe. 01/01-31/12. **Entfernung:** 1,6Km 3Km Stüberl.

Deutsch Goritz 38B1
Pechmann's Alte Ölmühle, Ratschendorf 188. **GPS:** n46,75072 o15,81337. 15 Gäste kostenlos nach Verbrauch. **Untergrund:** befestigt. **Entfernung:** 850M vor Ort.

Deutschfeistritz 37A3
Sportclub Union. **GPS:** n47,20116 o15,32710.

20 € 11 2 Pers. inkl Ch €2 WC inklusive. **Untergrund:** Wiese. 01/04-01/11. **Sonstiges:** Beim Manege, Ankunft anmelden, Brötchenservice.

Deutschlandsberg 38A1
Koralmhalle, Höhe Frauentalerstraße 51. **GPS:** n46,81783 o15,22248.

2 kostenlos. **Untergrund:** asphaltiert. 01/01-31/12. **Entfernung:** 200M vor Ort 100M vor Ort.

Sonstiges: Max. 3 Tage.

Gaishorn am See 37A3
Sportzentrum, Sieberer Weg, B113. **GPS:** n47,48583 o14,54803. 10 € 10 + € 1,20/pp Ch (6x)€1 WC inklusive. **Untergrund:** Schotter. 15/04-30/09. **Entfernung:** 500M 4,6Km Gaishorner See 100m 150M 500M.

Gamlitz 38B1
Wohnmobilstellplatz Gamlitz, Untere Hauptstraße 455. **GPS:** n46,72028 o15,56833.

30 € 20 €1/100Liter Ch €1/2kWh WC. **Lage:** Ländlich, komfortabel. **Untergrund:** Schotter. 01/04-31/10. **Entfernung:** 1Km 5Km vor Ort vor Ort vor Ort. **Sonstiges:** Parkplatz am Motorikpark.

Gamlitz 38B1
Buschenschank Loar-Moar, Untere Hauptstraße 21. **GPS:** n46,72196 o15,56495.

9 € 22 Ch WC inklusive. **Lage:** Ländlich. **Untergrund:** Wiese. 01/05-31/10. **Entfernung:** 900M 5,5Km.

Gosdorf 38B1
Hof Schönwetter, Haus 5. **GPS:** n46,72630 o15,79652. 6 € 10. **Untergrund:** Wiese. 01/01-31/12. **Entfernung:** 500M 2km.

Graz 37A3
Reisemobil Stellplatz Graz, Martinhofstraße 3. **GPS:** n47,02472 o15,39694.

160 € 21 Ch (160x)WC inklusive €2/2 €2/Tag. **Lage:** Städtisch. **Untergrund:** Wiese/Schotter. 01/01-31/12. **Entfernung:** vor Ort 3,5Km vor Ort vor Ort 200M 250M 200M vor Ort vor Ort. **Sonstiges:** Videoüberwachung.

Graz 37A3
Stellplatz Wölfl, Steinfeldgasse 47. **GPS:** n47,06527 o15,42046. 5 € 12 €2/Tag. **Lage:** Einfach. **Untergrund:** asphaltiert. 01/01-31/12 Sa-So. **Entfernung:** 1,5Km 3,7Km. **Sonstiges:** Bei Reisemobilhändler, Anmeldung während Öffnungszeiten.

Touristinformation Graz:
Freilichtmuseum, Stübing. Freilichtmuseum. 18/03-31/10.
Schloß Eggenberg, Eggenberger Allee 90. 01/04-31/10 Di-So 10-17 Uhr. € 11,50.
Schlossbergbahn, Kaiser-Franz-Josef-Kai. Bergbahn, Steigung 61%.

Großlobming 37A3
Murinsel, Teichweg 1. **GPS:** n47,19326 o14,80422. 16 € 9/18-10U 2 Pers. Inkl. 1 Stunde € 1 Ch inklusive. **Untergrund:** Wiese. 01/01-31/12. **Sonstiges:** Reservierung in der Winterhochsaison.

Steiermark

1. REISEMOBIL-Stellplatz Graz

A-8054 Graz, Martinhofstraße 3
GPS: 47°01'29" N 15°23'49" E

- Perfekte Nahversorgung, neben Freibad
- 2 Sanitärgebäude für Damen & Herren
- Stellplätze von 10 bis 20 m Länge
- 9 Ver- & Entsorgungsstationen

Tel.: 0043 (0) 676 3785 102, Fax.: 0043 1 863 11 12
Email: office@reisemobilstellplatz-graz.at

www.reisemobilstellplatz-graz.at

200 m zum Autobus
in 20 Minuten im Zentrum

3,5 km von der Autobahn zum Reisemobil-Stellplatz

24 Stunden täglich & ganzjährig geöffnet

Hieflau — 37A3
Gasthaus zum Harmonika Wald, Wandau 9. GPS: n47,62255 o14,75411.
5 Gäste kostenlos inklusive. Untergrund: asphaltiert. 01/01-31/12 Mi.
Entfernung: 1,8Km. vor Ort.

Jagerberg — 38B1
Am Freibad. GPS: n46,85152 o15,74655.

6 kostenlos €0,50/60Liter Ch.
Lage: Ländlich, einfach. Untergrund: asphaltiert/Schotter.
Entfernung: 500M 500M 500M.

Jagerberg — 38B1
Kindergarten Vorplatz, Jagerberg 98.
GPS: n46,85692 o15,74292.

15 kostenlos (1x). Lage: Ländlich, einfach.
Untergrund: Schotter. 01/01-31/12.
Entfernung: 400M 400M 400M 400M.

Judenburg — 37A3
Erlebnisbad, Fichtenhainstraße. GPS: n47,16407 o14,65308.

5 €5 ChWC kostenlos. Untergrund: Schotter.
01/01-31/12. Entfernung: 500M 200M 200M.
Sonstiges: Anmeldung beim Schwimmbad.

Kaindorf — 37A3
Buschenschank Schleiss, Obertiefenbach 42.
GPS: n47,23839 o15,84498.

4 €6, für Gäste kostenlos Ch. Lage: Ländlich, einfach.
Untergrund: asphaltiert. 01/03-15/12.
Entfernung: vor Ort.

Leutschach — 38B1
Buschenschank Krampl, Schloßberg 9. GPS: n46,63898 o15,45872.
10 Ch. 01/03-30/11.
Entfernung: 6Km.

Leutschach — 38B1
Ölpresse Resch, Schlossberg 89. GPS: n46,65170 o15,47114.
6 €13 WC inklusive. Lage: Ländlich, einfach.
Untergrund: asphaltiert. 01/04-30/11.
Entfernung: 2km.

Leutschach — 38B1
Weinbau Peter Grill, Kranach 48. GPS: n46,68478 o15,47191.
4 kostenlos inklusive €3. Untergrund: Wiese.
Ostern-01/11. Entfernung: 4,5Km.

Liezen — 37A3
Sportzentrum, Friedau. GPS: n47,56500 o14,23333.

3 kostenlos €1. Untergrund: Schotter. 01/01-31/12.
Entfernung: 1Km 5,3Km 300M 1Km vor Ort.

Mureck — 38B1
Ölmühle Sixt, Oberrakitsch 115. GPS: n46,73818 o15,74574.
10 €10 Ch WC inklusive. Untergrund: Schotter.
Entfernung: 600M.
Sonstiges: Brötchenservice.

Mureck — 38B1
Wohnmobilstellplätze Mureck, Hauptplatz 30.
GPS: n46,70489 o15,77240.

5 €12,40-19. Lage: Städtisch, einfach. Untergrund: befestigt.
01/04-03/11.
Entfernung: 350M 10Km.

Österreich — AT

Steiermark - Kärnten

Sonstiges: Max. 5 Tage.

Murfeld 38B1
Gasthof Dorfheuriger Rom Thomas, Dorfstrasse 1, Unterschwarza. **GPS:** n46,71557 o15,67624.

40 €10 Ch WC inklusive. **Lage:** Komfortabel. **Untergrund:** Wiese. 01/01-31/12. **Entfernung:** 200M 2,5Km vor Ort. **Sonstiges:** Anmeldung bei Restaurant, Brötchenservice, Kode WLAN: Camping01, Eintrittskode: camp1.

Oberrakitsch 38B1
Ölmühle Sixt, Oberrakitsch 115. **GPS:** n46,73863 o15,74605.

10 €10 Ch WC inklusive. **Lage:** Ländlich, einfach. **Untergrund:** Schotter. 01/01-31/12. **Entfernung:** 1Km vor Ort 1Km 3Km 4Km. **Sonstiges:** Brötchenservice.

Passail 37A3
Almenland Stellplatz, Auen 61. **GPS:** n47,28217 o15,55711.

4 kostenlos €0,50/60Liter Ch €0,50/kWh. **Lage:** Ländlich, komfortabel. **Untergrund:** asphaltiert. 01/01-31/12. **Entfernung:** Passail 3,5Km.

Pichl-Kainisch 20H2
Sportstüberl Andrea, Pichl 57. **GPS:** n47,56711 o13,85207. 3 Gäste kostenlos. **Untergrund:** befestigt. 01/01-31/12 Mi.

Pölfing-Brunn 38A1
Kipferlbad, Badstraße 13. **GPS:** n46,72422 o15,29268.

10 kostenlos. **Lage:** Ländlich, einfach. **Untergrund:** Wiese. 01/01-31/12. **Entfernung:** 1Km vor Ort 1Km 1Km.

Riegersburg 37A3
P Seebad. **GPS:** n46,99677 o15,94107.

10 kostenlos. **Lage:** Ländlich, einfach. **Untergrund:** asphaltiert. 01/01-31/12. **Entfernung:** 500M 2 vor Ort 500M. **Sonstiges:** Schwimmbad.

Sankt Stefan im Rosental 38B1
Schichenauerstraße 6. **GPS:** n46,90634 o15,71431.

15 kostenlos €1/100Liter Ch (6x)€0,50/kWh. **Lage:** Ländlich, komfortabel. **Untergrund:** Schotter. 01/01-31/12. **Entfernung:** 200M 200M 200M.

Schwanberg 38A1
Freibad, Badstraße. **GPS:** n46,76361 o15,20639.

4 kostenlos, 16/05-14/09 €6 Ch inklusive. **Untergrund:** Schotter. 01/01-31/12. **Entfernung:** 500M vor Ort vor Ort 500M 500M.

Soboth 38A1
Parkplatz Soboth-Stausee. **GPS:** n46,68142 o15,03805.

kostenlos. **Lage:** Ländlich, einfach. **Untergrund:** asphaltiert. **Entfernung:** 5Km vor Ort 200M vor Ort. **Sonstiges:** Parkplatz am Stausee.

Stadl an der Mur 38A1
Da' Bräuhauser, Steindorf 23. **GPS:** n47,08885 o13,98824. 15 €14-18, 2 Pers. inkl. Kurtaxe €1/pP Ch inklusive €0,60/kWh. **Untergrund:** Wiese. 01/01-31/12. **Entfernung:** 500M.

Stainz 38A1
Ettendorfer Straße 3. **GPS:** n46,89377 o15,26823.

10 kostenlos. **Untergrund:** befestigt. 01/01-31/12. **Entfernung:** 100M 100M 100M.

Touristinformation Stainz:
Region Süd-Weststeiermark, Hauptplatz 34, www.stainz.at. Das Land des Schilcher, Land des österreichischen Roséweins. Der Stainzer Flascherlzug. Schmalspur-Dampfeisenbahn. 01/05-31/10 Sa/So/Feiertage 15 Uhr. Ren(nt)a Traktor, Anton Nettwall, Sommereben 95, St. Stefan ob Stainz. Mit einem Traktor durch das Schilcherland. €58 1/2 Tag.

Unterlamm 37A3
Sieglhof, Magland 44. **GPS:** n46,98152 o16,09172.

10 €5 auf Anfrage. **Lage:** Ländlich, einfach. **Untergrund:** Wiese/Schotter. 01/01-31/12 Di + Mi. **Entfernung:** 4Km vor Ort 1,5Km vor Ort.

Veitsch 37A3
Marktgemeindeamt, Obere Hauptstraße 18. **GPS:** n47,57896 o15,48961.

2 kostenlos. **Untergrund:** asphaltiert. 01/01-31/12. **Entfernung:** 300M 100M 100M 100M.

Vordernberg 37A3
Hauptplatz 2. **GPS:** n47,48617 o14,99202.

6 €1/10Minuten Ch €1/8Std. **Untergrund:** Schotter. 01/04-31/10. **Entfernung:** 500M 500M 500M vor Ort.

Vordernberg 37A3
Traktormuseum, Böhlerstraße 8. **GPS:** n47,47364 o14,98741. 5 €5, für Gäste kostenlos. **Untergrund:** Wiese. 01/01-31/12 Restaurant: Mo-Di. **Entfernung:** 13Km vor Ort. **Sonstiges:** Parkplatz in der Nähe vom Museum.

Kärnten

Bad Sankt Leonhard im Lavanttal 38A1
Bachwegbrücke. **GPS:** n46,96037 o14,79358.

8 kostenlos. 01/01-31/12. **Sonstiges:** Parkplatz hinter Spar-Supermarkt.

Bleiburg 38A1
Grabenstraße. **GPS:** n46,59095 o14,79550.

Kärnten - Burgenland

4 ⛺ kostenlos. **Untergrund:** Schotterrasen. 🗓 01/01-31/12.
Entfernung: ⊗100M 🚰vor Ort 200M.

Ferlach 38A1
Messeparkplatz Schloß Ferlach. GPS: n46,52633 o14,29750. ⬆➡.

30 ⛺ € 4/24 Std 🚰€1/10Minuten 🔌Ch 🚿(10x)€1/10Std. 🚽.
Lage: Städtisch, einfach. **Untergrund:** befestigt. 🗓 01/01-31/12.
Entfernung: 🍴500M ⛱vor Ort ⊗300M 🛒300M 🥖300M.
Sonstiges: Max. 24 Std, keine Campingaktivitäten.

Glödnitz 38A1
Gasthof Hochsteiner, Laas Straß2 9. **GPS:** n46,87226 o14,11655.
20 ⛺ € 3, Gäste kostenlos.
Untergrund: asphaltiert. 🗓 01/01-31/12 ⏸ Restaurant: Mo.
Entfernung: ⊗vor Ort.

Heiligenblut 20G3
Möllfluss-Camping, Pockhorn 30. **GPS:** n47,02371 o12,86180.
⛺ € 16 2P inkl. + Kurtaxe. **Untergrund:** asphaltiert.
🗓 15/06-01/09.

Hermagor 23H1
Schluga, Vellach 15. **GPS:** n46,63147 o13,39532.

6 ⛺ € 14 2 Pers.inkl., Hund € 3,10 🚰🔌Ch 🚿(6x)€2,72
WC inklusive. **Untergrund:** Schotter. 🗓 01/01-31/12.
Entfernung: 🚌Im Winter Bus zu den Pisten.
Sonstiges: Hochsaison max. 3 Tage, max. 7 Tage.
Touristinformation Hermagor:
♦ Presseggersee. Naturschutzgebiet, Motorboote verboten.

Kötschach–Mauthen 23G1
Gasthof Gailberghöhe, Gailberg 3. **GPS:** n46,71525 o12,96753.

70 ⛺ € 14,50, 2 Pers. inkl. 🚰🔌Ch 🚿WC inklusive.
Untergrund: asphaltiert/Schotter. 🗓 01/05-15/11, 15/12-15/03.
Entfernung: 🍴7Km ⛱vor Ort 7Km 2km ⛷7Km.

Ledenitzen 38A1
Ferien am Walde. GPS: n46,57000 o13,95242.
220 ⛺ € 13-18 🚰🔌Ch 🚿WC. 🗓 01/05-01/10.

Mörtschach 20G3
Gasthaus Schwaiger, Mörtschach 35. **GPS:** n46,92287 o12,91348.

4 ⛺ Gäste kostenlos 🚰. **Untergrund:** Wiese.

Rosegg 38A1
Gasthof Roseggerhof, Schulweg 4. **GPS:** n46,59026 o14,02037. ⬆.

30 ⛺ € 10,50-12 + € 1,20/pP Kurtaxe 🚰🔌 inklusive 🚿€2.
Lage: Ländlich, einfach. **Untergrund:** Wiese.
🗓 01/04-01/11.
Entfernung: 🚗8Km ⊗vor Ort 🥖Bäckerei 150M.

Sachsenburg 20H3
Restaurant Auszeit, Obergottesfeld 79. **GPS:** n46,79959 o13,35137. ⬆.

10 ⛺ Gäste kostenlos.
Lage: Ländlich, einfach. **Untergrund:** Schotter.
🗓 01/01-31/12 ⏸ Woche nach Ostern, Woche nach Allerheiligen.
Entfernung: 🚗9Km ⊗vor Ort.

Wernberg 38A1
Landgasthof Fruhmann, Triester Straße 1.
GPS: n46,62501 o13,92933. ⬆.

5 ⛺ Gäste kostenlos. **Lage:** Ländlich, einfach. **Untergrund:** Schotter.
🗓 01/01-31/12.
Entfernung: 🍴Villach 6,5km 🏊1,2Km ⊗vor Ort 🥖Bäckerei +
Metgerei.

Zlan 20H3
Nagelerhof, Ziebl 4. **GPS:** n46,74042 o13,57707. ⬆.

8 ⛺ € 17,20 + € 1,50/pP Kurtaxe 🚰🔌Ch 🚿€1,50 WC inklusive. 🚽.
Lage: Einfach. **Untergrund:** Wiese.
🗓 01/03-31/10.
Entfernung: 🚗8Km.
Sonstiges: Nicht für Reisemobile +7m.

Burgenland

Andau 37B3
Pusztasee. GPS: n47,77426 o17,01307.
150 ⛺ € 19-23 🚰🔌Ch 🚿 🗓 15/04-15/10.

Bad Tatzmannsdorf 37A3
Thermencamping, Am Campingplatz 1, Oberschützen.
GPS: n47,33912 o16,21892. ⬆.

15 ⛺ € 13-20,20 + € 1,50/pP Kurtaxe 🚰🔌Ch 🚿€0,52/
kWh WC inklusive 🚽. **Lage:** Ländlich, komfortabel.
Untergrund: Schotter. 🗓 01/01-31/12.
Entfernung: 🍴1,5Km 🛒500M 🥖450M.

Deutsch Jahrndorf 37B3
Deutsch Jahrndorf, Söldnergasse 19. **GPS:** n48,00777 o17,11073. ⬆➡.

17 ⛺ freiwilliger Beitrag 🚰🔌Ch 🚽.
Lage: Ländlich, einfach. **Untergrund:** Wiese. 🗓 01/04-31/10.
Entfernung: 🍴500M ⊗500M 🛒500M.
Sonstiges: Max. 3 Nächte.

Horitschon 37B3
Weingut Duschanek, Hauptstraße 104. **GPS:** n47,59162 o16,53493. ⬆.

10 ⛺ € 5, für Gäste kostenlos 🔌 inklusive 🚿€3/24Std WC. 🚽.
Lage: Einfach. **Untergrund:** befestigt. 🗓 01/01-31/12.
Entfernung: 🍴600M ⊗vor Ort 🛒600M 🥖vor Ort.

Illmitz 37B3
Wohnmobilstellplatz Pustablick, Ufergasse 42.
GPS: n47,75851 o16,79606. ⬆.

5 ⛺ freiwilliger Beitrag 🚿€2. **Lage:** Ländlich, einfach.
Untergrund: Wiese. 🗓 01/04-01/11.
Entfernung: 🍴900M ⊗900M 🥖Bäckerei 500M.

Jois 37B3
Bioweingut Edelhof, Hauptplatz 6. **GPS:** n47,95922 o16,79012. ⬆.

Burgenland

Entfernung: 500M 13,5Km 500m Neusiedler See vor Ort 1Km.
Sonstiges: Beim Weinkauf 1 Übernachtung frei.

3 € 15 Ch inklusive. **Lage:** Ländlich, einfach.
Untergrund: Wiese/Schotter. 01/03-31/10.
Sonstiges: Im Innenhof eines mittelalterlichen Bauernhofanlage.

Moschendorf — 37B3
P **Weinmuseum-Kulturverein Moschendorf**, Moschendorf 95.
GPS: n47,05784 o16,47713.

kostenlos. **Lage:** Städtisch, einfach. **Untergrund:** asphaltiert.
01/01-31/12.
Entfernung: vor Ort.

Oslip — 37B3
Kulturzentrum Gasthof Cselly Mühle, Sachsenweg 63.
GPS: n47,84119 o16,62510.

10 kostenlos. **Lage:** Ländlich, einfach, abgelegen.
Untergrund: Wiese. 01/01-31/12.
Entfernung: 1,2Km vor Ort.
Sonstiges: Ankunft anmelden.

Podersdorf — 37B3
Weingut Schaller, Frauenkirchnerstraße 20.
GPS: n47,85032 o16,83934.

8 € 8 Ch inklusive €2/24 Std.
Lage: Ländlich, einfach. **Untergrund:** Wiese.
Entfernung: 300M.
Sonstiges: Beim Weinkauf 1 Übernachtung frei.

Podersdorf — 37B3
Weingut Sloboda, Alte Satz 1. **GPS**: n47,85020 o16,83091.

11 € 10 Ch WC inklusive. **Lage:** Ländlich, komfortabel, ruhig. **Untergrund:** Wiese. 01/03-31/10.

Bosnien und Herzegowina

Hauptstadt: Sarajevo
Staatsform: parlamentarische Bundesrepublik
Amtssprache: Bosnisch, Serbisch, Kroatisch.
Einwohnerzahl: 3.867.000 (2015)
Fläche: 51.209 km²

Allgemeine Informationen
Telefonvorwahl: 0387
Allgemeine Notrufnummer: 112
Währung: Marka (BAM), der Euro wird überall akzeptiert.
Kreditkarten werden in den großen Städten akzeptiert.

Freies Übernachten im Wohnmobil
Freies übernachten ist verboten.

Gesetzliche Feiertage 2017
1. Mai Tag der Arbeit
9. Mai Tag des Friedens
25. November Nationalfeiertag

Zeitzone
Winterzeit GMT+1
Sommerzeit GMT+2

Banja Luka — 38C2
Kamp Olimp. GPS: n44,71114 o17,16642.
10 €15 Ch inklusive. Untergrund: Wiese.
01/01-31/12. Entfernung: 8Km vor Ort, vor Ort.

Bihać — 38B2
Kamp Orljani. GPS: n44,80145 o15,90643.
120 €18,50 Ch inklusive.
Untergrund: Wiese/Schotter. 01/05-01/11.
Entfernung: 3,5Km vor Ort 100M.

Bihać — 38B2
Una Kiro Rafting, Golubić. GPS: n44,78250 o15,92472.
9 €17 Ch inklusive. Untergrund: Wiese.
01/04-01/11. Entfernung: 5Km vor Ort, vor Ort, vor Ort.

Bila — 38C3
Motel Carousel. GPS: n44,17886 o17,75475.
15 €15 Ch inklusive. Untergrund: Wiese.
01/01-31/12. Entfernung: 1km vor Ort.

Blagaj — 39B2
Autocam Blagaj. GPS: n43,25682 o17,87936.
25 €20 Ch inklusive. Untergrund: Wiese.
01/04-01/10.
Entfernung: Mostar 12km vor Ort.

Blagaj — 39B2
Mail Wimbledon. GPS: n43,26317 o17,87799.
60 €18 Ch €3 inklusive. Untergrund: Wiese/Schotter.
01/01-31/12.
Entfernung: Mostar 10km 150M 100M.

Blagaj — 39B2
River Camp Aganovac. GPS: n43,25724 o17,88774.
8 €20 Ch inklusive. Untergrund: Wiese/Sand.
01/01-31/12.
Entfernung: vor Ort, vor Ort 200M 150M.

Bosanska Krupa — 38B2
Una Camping. GPS: n44,91484 o16,15696.
16 Ch inklusive. Untergrund: Wiese. 01/05-01/10.
Entfernung: vor Ort, vor Ort.

Buna — 39B2
River Camp Half Island. GPS: n43,24166 o17,83861.

20 €17 Ch inklusive.
Untergrund: Wiese. 01/04-01/10.
Entfernung: vor Ort, vor Ort 500M 500M.
Sonstiges: Nur Bargeldzahlung.

Foča — 39C1
Auto Camp Drina. GPS: n43,52948 o18,78254.
15 €17 Ch inklusive.
Untergrund: Wiese. 01/05-15/09.
Entfernung: 3Km vor Ort, vor Ort, vor Ort.

Gradačac — 38D2
Hipodrom Vuković. GPS: n44,91860 o18,41893.
20 Ch inklusive.
Lage: Ländlich. Untergrund: Wiese/Sand. 01/04-01/11.
Entfernung: vor Ort.

Jajec — 38C3
Autocamp Plivsko Jezero. GPS: n44,35103 o17,22682.

40 €21 Ch inklusive. Untergrund: Wiese.
15/04-31/10. Entfernung: 5Km 100M 100M vor Ort.

Krupa na Vrbasu — 38C2
Camp Krupa. GPS: n44,61616 o17,14837.
80 €12 Ch inklusive. Untergrund: Wiese.
01/05-01/10. Entfernung: vor Ort, vor Ort 200M.

Kulen Vakuf — 38B3
RC Discover Bihac. GPS: n44,56909 o16,08338.

25 €5 + €5/pP Ch WC inklusive.
Untergrund: Wiese/Schotter. 01/04-30/10.
Entfernung: vor Ort, vor Ort, vor Ort.

Medugorje — 39B2
Camp Zemo. GPS: n43,19432 o17,67612.
45 €10 Ch inklusive. Untergrund: Schotter.
01/01-31/12. Entfernung: 100M 100M.

Sarajevo — 39B1
Oaza. GPS: n43,82799 o18,29659.

350 €20,90 Ch inklusive €2,60.
Untergrund: Wiese. 01/01-31/12.
Entfernung: 10Km 100M 800M.

Šćit — 39B1
Konoba Gaj. GPS: n43,80230 o17,52560.
5 €10 Ch inklusive.
Lage: Ländlich. 01/01-31/12.
Entfernung: vor Ort, vor Ort, vor Ort.

Belgien

Hauptstadt: Brüssel
Staatsform: parlamentarische Monarchie
Amtssprache: Niederländisch, Französisch und Deutsch
Einwohnerzahl: 11.324.000 (2015)
Fläche: 30.518 km²

Allgemeine Informationen
Telefonvorwahl: 0032
Allgemeine Notrufnummer: 112
Währung: Euro

Freies Übernachten im Wohnmobil
Freie Übernachtungen sind durch lokale Polizeiverordnungen verboten.

Gesetzliche Feiertage 2017
1. Mai Tag der Arbeit
11. Juli Fest der Flämischen Gemeinschaft
21. Juli Nationalfeiertag
15. August Mariä Himmelfahrt
27. September Fest der Wallonie
1. November Allerheiligen
11. November Waffenstillstand 1918

Zeitzone
Winterzeit GMT+1
Sommerzeit GMT+2

Antwerpen Seite: 103-105
Ostflandern Seite: 102-103
Westflandern Seite: 100-102
Limburg Seite: 106-108
Flämisch Brabant Seite: 105-106
Brüssel Seite: 108
Hennegau Seite: 109-111
Luttich Seite: 108-109
Namur Seite: 111
Luxemburg Seite: 111-112

Westflandern

Aartrijke — 11A1
Sint-Aarnoutstraat. GPS: n51,11341 o3,08983.

3 kostenlos. Untergrund: asphaltiert. 01/01-31/12.
Entfernung: 400M 80M 50M.

Beernem — 11A1
Kanaaloever Beernem, Oude Vaartstraat. GPS: n51,13482 o3,33427.

6 €10/24 Std Ch (4x)WC inklusive, Sanitär im Hafengebäude.
Lage: Ländlich. Untergrund: befestigt. 01/01-31/12.
Entfernung: 1,9Km.
Sonstiges: Max. 72 Std, nur mit Münzen und passend zahlen.

Blankenberge — 11A1
Kampeerautoterrein De Wielen, Zeebruggelaan 135.
GPS: n51,31106 o3,15154.

26 € 20-23 Ch inklusive €0,50 €4/3.
Untergrund: Wiese/befestigt. 01/01-31/12.
Entfernung: 2km 2km.

Touristinformation Blankenberge:
Dienst Toerisme, Koning Leopold III-plein. Lebhafter Badeort.
Sea Life Centre, Koning Albert I Laan 116. Unterwasserwelt. 10-18 Uhr.
Serpentarium, Zeedijk 147. Welt der Reptilien. Ostern-Okt 10-18 Uhr, 01/07-31/08 10-21 Uhr.

Brugge — 11A1
Bargeweg. GPS: n51,19633 o3,22544.

59 € 15, € 22,50 01/04-30/09 €0,50 Ch inklusive.
Lage: Städtisch, einfach, zentral. Untergrund: befestigt.
01/01-31/12.
Entfernung: zu Fuß erreichbar vor Ort.
Sonstiges: Max 3,5T, überwachter Parkplatz.

Touristinformation Brugge:
Brugge City Karte ermöglicht freien Zutritt zu 27 Museen, Rundfahrten und Einkaufsrabatte. € 47.
Toerisme Brugge, 't Zand 34, www.brugge.be. Stadt mit mittelalterlichen Charakter, Infos zu Wanderstrecken erhältlich beim Fremdenverkehrsamt.
Brouwerij Halve Maan, Walplein 26. Stadtbrauerei. 11-16u. € 8,50.
Lamme Goedzak, Noorweegsekaai 31. Bootsausflug von Brügge nach Damme mit dem „Lamme Goedzak", Abfahrt Noorweegse Kaai. 01/04-30/09 10-16.
Diamantmuseum, Katelijnestraat 43. Diamantmuseum. 10.30-17.30 Uhr.

Boudewijn Seapark, Alfons De Baeckerstraat 12, Sint-Michiels. Vergnügungspark mit Delphinarium, Seehundinsel etc., im Winter große überdachte Eisbahn. 01/07-31/08 10-18 Uhr.

Diksmuide — 13D2
't Nesthof, Zijdelingstraat 2a. GPS: n51,07178 o2,86422.

14 € 9/Nacht Ch €2. Lage: Ländlich, abgelegen, ruhig.
Untergrund: Wiese. 01/04-01/10.
Entfernung: 5Km.
Sonstiges: Brötchenservice.

Gistel — 11A1
Sportstraat. GPS: n51,16112 o2,96495.

2 kostenlos Ch kostenlos. Untergrund: befestigt.
Entfernung: 1km 3,3Km vor Ort vor Ort.
Sonstiges: Parkplatz hinter Schwimmbad, Schlüssel Ver-/Entsorgung beim Schwimbad, viele Rad- und Wanderwege.

Westflandern

Harelbeke 11A2
Kampeerautoterrein De Dageraad, Stasegemsesteenweg 21. **GPS:** n50,84396 o3,31057.

8 🚐 € 5/24 Std Ch inklusive WC € 1,25 kostenlos.
Untergrund: befestigt. 01/01-31/12.
Entfernung: 1,6Km 4,5Km 700M 100M.
Sonstiges: Parkplatz neben Minigolf, Ver-/Entsorgung während der Öffnungszeiten: 8-20 Uhr.

Ieper 11A2
Kampeerautoterrein Zillebekevijver, Zillebekevijverdreef. **GPS:** n50,83578 o2,90504.

17 🚐 € 8/24 Std €1/100Liter Ch inklusive.
Lage: Ländlich, komfortabel.
Untergrund: Schotterasen/befestigt.
01/01-31/12.
Entfernung: 2,5Km 500M 1,5Km 1Km vor Ort vor Ort.
Sonstiges: Max. 48 Std.

Knokke-Heist 11A1
Holiday, Natiënlaan 72. **GPS:** n51,33612 o3,28666.
10 🚐 € 16-23 Ch WC **Untergrund:** befestigt.
01/01-31/12.
Entfernung: 1Km.

Kortemark 11A1
Sporthal Kortemark, Ichtegemstraat 2a. **GPS:** n51,03201 o3,04168.

2 🚐 kostenlos €2 €2 Ch.
Untergrund: befestigt. 01/01-31/12. **Entfernung:** 500M vor Ort. **Sonstiges:** Max. 48 Std.

Kortrijk 11A2
Kampeerautoterrein Broeltorens, Damkaai. **GPS:** n50,83120 o3,26818.

8 🚐 € 10/24 Std Ch inklusive.
Lage: Städtisch. **Untergrund:** befestigt. 01/01-31/12.
Entfernung: Zentrum 400M 100M.
Touristinformation Kortrijk:
Dienst Toerisme, Begijnhofpark, www.kortrijk.be. Historische Stadt mit Beginenstift.

Langemark-Poelkappele 11A2
Boezingestraat 51a. **GPS:** n50,90944 o2,91763.

8 🚐 € 12/24 Std Ch (4x)inklusive €1. **Lage:** Städtisch, einfach. **Untergrund:** Schotterasen. 01/01-31/12.
Sonstiges: Max. 72 Std, anmelden an der Rezeption Sportzentrum.

Lichtervelde 11A1
O.C. De Schouw, Twee Lindenstraat. **GPS:** n51,02389 o3,13493.
2 🚐 kostenlos. **Untergrund:** befestigt. 01/01-31/12.
Entfernung: 600M 600M 300M vor Ort vor Ort.
Sonstiges: Max. 48 Std.

Mesen 13D2
Kerkstraat. **GPS:** n50,76391 o2,89825.

3 🚐 kostenlos. **Untergrund:** befestigt. 01/01-31/12.
Entfernung: vor Ort frituur 200m 100M.
Sonstiges: Vor der Kirche, max. 24 Std.

Middelkerke 13D1
Camperpark Poldervallei, Westendelaan 178. **GPS:** n51,16684 o2,78246.
16 🚐 € 15-22 Ch inklusive. **Untergrund:** asphaltiert.
01/01-31/12.
Sonstiges: Beim Campingplatz.

Nieuwpoort 13D1
De Zwerver, Brugsesteenweg 29, N367. **GPS:** n51,12988 o2,76576.

28 🚐 € 0,50/Std €0,50/50Liter Ch inklusive,10Amp WC
€4. **Untergrund:** Wiese. 01/01-31/12.
Entfernung: zu Fuß erreichbar 3,3Km.

Oudenburg 11A1
Carpool, Stationsstraat. **GPS:** n51,19387 o3,00567.

🚐 kostenlos €2 €2 Ch. **Untergrund:** befestigt.
Entfernung: 800M.
Sonstiges: P Ver-/Entsorgung max. 30 Min.
Touristinformation Oudenburg:
Mi-mittag.

Poperinge 13D2
Oudstrijdersplein. **GPS:** n50,85333 o2,72332.

🚐 Fr.
Entfernung: 500M 50M.

Roeselare 11A1
O.L. Vrouwmarkt. **GPS:** n50,94786 o3,13450.

1 kostenlos. **Untergrund:** befestigt. 18-9 Uhr, 01/01-31/12.
Entfernung: 200M vor Ort.
Sonstiges: Max. 1 Nacht.

Roeselare 11A1
Trakelweg. **GPS:** n50,94438 o3,13320.

10 🚐 kostenlos. **Lage:** Städtisch. **Untergrund:** asphaltiert.
01/01-31/12. **Entfernung:** 1Km vor Ort vor Ort.
Sonstiges: Keine Campingaktivitäten.

Sint-Eloois-Vijve 11A1
Kampeerautoterrein Leiekamper, Leiesas 15. **GPS:** n50,90879 o3,40468.

8 🚐 € 5 €1/100Liter inklusive,16Amp. 01/01-31/12.
Entfernung: 400M 400M 1Km vor Ort vor Ort.
Sonstiges: Max. 72 Std.

Veurne 13D2
Kaaiplaats/Lindendreef. **GPS:** n51,07052 o2,66484.

6 🚐 kostenlos WC €0,50 €1,50,Sanitär im Hafengebäude.
Untergrund: befestigt.
Entfernung: vor Ort 2km.
Sonstiges: Max. 6,5M.

Wervik 11A2
Kampeerautoterrein De Balokken, De Balokken. **GPS:** n50,77456 o3,03705.

Belgien

Westflandern - Ostflandern

8 €10/72 Uhr €1/100Liter Ch inklusive. 01/01-31/12.
Entfernung: 1Km vor Ort vor Ort Cafetaria 700M Bäckerei.
Sonstiges: Auf Freizeit-Insel, max. 72 Std.

Westende 13D1
Camperpark Westende, Heidestraat 18. **GPS:** n51,15597 o2,76623.

30 € 18, 2 Pers. inkl Ch WC inklusive. 01/01-31/12.
Entfernung: vor Ort 1Km vor Ort.
Sonstiges: Rabatt bei längerem Aufenthalt, Schwimmbad.

Westende 13D1
Kompas kampeerautoterrein, Strandjuttersdreef.
GPS: n51,15594 o2,76019.

35 20 Std € 12,50-19, 44 Std € 21-29 Ch inklusive.
Untergrund: Schotterasen/befestigt. 01/01-31/12.
Entfernung: vor Ort 1Km Taverne, Frituur vor Ort.

Westende 13D1
Polervallei, Westendelaan 178. **GPS:** n51,16675 o2,78242.
15 € 16-25 Ch inklusive. **Untergrund:** asphaltiert. 01/01-31/12.
Entfernung: 1Km.

Wingene 11A1
Smart - ijs, Noordakkerstraat 1a. **GPS:** n51,07377 o3,26515.

6 € 8, Rabat für Kunden Ch inklusive.
Lage: Ländlich. **Untergrund:** Schotter. 01/01-31/12.
Entfernung: 2km 1,5Km Rad-Knotenpunkt vor Ort.
Sonstiges: Max. 72 Std.

Zonnebeke 11A2
Café De Dreve, Lange Dreef 16. **GPS:** n50,85410 o2,97924.

kostenlos. **Untergrund:** Schotter. 01/01-31/12.
Entfernung: Zonnebeke 2,7km 3,5km A19 snacks vor Ort vor Ort.
Sonstiges: Passendalemuseum-Zonnebeke.

Ostflandern

Aalst 11B1
Zwembadlaan 2. **GPS:** n50,93825 o4,05829.

2 kostenlos Ch inklusive 1Std €5.
Untergrund: befestigt.
Entfernung: Zentrum ± 1Km 3,8Km vor Ort vor Ort vor Ort.
Sonstiges: Nur 2 Stellplätze markiert, mehr Plätze erlaubt.
Touristinformation Aalst:
Do-Morgen.

Aalter 11A1
Vaart-Zuid, Bellem. **GPS:** n51,09821 o3,49365.

25 kostenlos. **Untergrund:** asphaltiert.
Entfernung: Kanal.

Aalter 11A1
Vaart-Noord, Bellem. **GPS:** n51,09875 o3,49468.

25 kostenlos. **Untergrund:** asphaltiert.
Entfernung: 600M 500M.

Aalter 11A1
Bellemdorpweg, Bellem. **GPS:** n51,09323 o3,48308.

2 kostenlos. **Untergrund:** asphaltiert.
Entfernung: 500M.
Sonstiges: Am Fussballplatz.

Aalter 11A1
Wingenestraat, Maria Aalter. **GPS:** n51,09915 o3,37141.
2 kostenlos €1. **Untergrund:** befestigt. 01/01-31/12.
Entfernung: vor Ort.
Sonstiges: Bei Kirche.
Touristinformation Aalter:
Kasteel Poeke, Kasteelstraat 26, Poeke. Wochenende, Urlaub, Feiertage 01/04-31/10 So 14-17 Uhr.
Mi-Morgen.

Assenede 11B1
Kapelledreef. **GPS:** n51,23067 o3,74891.

5 €10/72 Uhr €1/60 Ch WC kostenlos €1/1.
Lage: Städtisch, komfortabel, ruhig. **Untergrund:** Wiese.
01/01-31/12 Ver-/Entsorgung: Winter.
Entfernung: 500M 600M vor Ort vor Ort.
Sonstiges: Hinter der Sporthalle, max. 72 Std, Sanitärnutzung nur während Öffnungszeiten Sporthalle.

Bazel 11B1
Sporthal De Dulpop, Beekdam 1. **GPS:** n51,14778 o4,30583.

10 kostenlos. **Lage:** Ländlich, einfach. **Untergrund:** asphaltiert.
Entfernung: 200M 6km 3km 500M 500M vor Ort vor Ort.
Sonstiges: Scheunemuseum 200m.

Berlare 11B1
Donklaan, Berlare-Overmere. **GPS:** n51,04258 o3,98293.

4 kostenlos. **Untergrund:** Schotterasen. 01/01-31/12.
Entfernung: 9Km Donkmeer vor Ort.

Eeklo 11A1
Jachthaven Eeklo, Nijverheidskaai. **GPS:** n51,17884 o3,54959.

12 €10/24 Std €0,50/130Liter Ch €5/24Std,6Amp WC.
Untergrund: Schotterasen/befestigt. 01/01-31/12.
Entfernung: 1,5Km 1,5Km 800M.
Sonstiges: Anmelden beim Hafenmeister, Sanitärnutzung nur während der Öffnungszeiten.
Touristinformation Eeklo:
Provincial Domein "Het Leen", Gentsesteenweg 80. Naturschutzgebiet. 9-12 Uhr, 13-17 Uhr Mo.

Gavere 11B1
Sportdreef. **GPS:** n50,92823 o3,65810.

12 kostenlos. **Untergrund:** asphaltiert. 01/01-31/12.

Ostflandern - Antwerpen

Entfernung: vor Ort.
Sonstiges: Hinter Sportanlage.

Geel 11C1
Parking Pas, Diestseweg. **GPS:** n51,15828 o4,99158.
3 €5 Ch €1/kWh. **Untergrund:** befestigt.
01/01-31/12.
Entfernung: Zentrum 200M 400M.
Sonstiges: Ver-/Entsorgung 100M.

Geraardsbergen 11B2
Jeugherberg 't Schipken, Kampstraat 59, N460, dir Ninove.
GPS: n50,79500 o3,90412.

4 kostenlos. **Untergrund:** Wiese. 01/01-31/12.
Entfernung: Geraardsbergen 3,7km vor Ort.
Sonstiges: Max. 1 Nacht.
Touristinformation Geraardsbergen:
Provinciaal Domein "de Gavers", Onkelzelestraat 280. Erholungsgebiet; Schwimmen, Wassersport, Fischen, Rundfahrten und Tennis. Eintritt frei, Zahlung pro Attraktion.

Hamme 11B1
Camperplaats Hamme, Mirabrug, Hamveer.
GPS: n51,10418 o4,14246.

2 kostenlos. **Lage:** Ländlich, einfach, ruhig.
Untergrund: befestigt.
Entfernung: 1Km 400M 500M vor Ort vor Ort.
Sonstiges: Max. 48 Std.

Lokeren 11B1
Veerstraat. **GPS:** n51,11013 o3,97163.

5 kostenlos. **Lage:** Städtisch, laut. **Untergrund:** befestigt.
01/01-31/12.
Entfernung: 1,5Km, Bäckerei 500M.
Sonstiges: Parkplatz gegenüber Kirche, max. 48 Std.

Lokeren 11B1
Verloren Bos, Aardeken. **GPS:** n51,10981 o3,99525.

2 kostenlos. **Lage:** Ländlich, einfach. **Untergrund:** ungepflastert.
01/01-31/12.
Entfernung: 500M 600M.
Touristinformation Lokeren:
Stationsplein. Trödelmarkt. So 7-12 Uhr.
Molsbroek. Europäisches Naturschutzgebiet,80 ha Sumpfgebiet mit vielen Vögeln, asphaltierte Wanderwege. So 14-17 Uhr, 01/07-31/08 Mi-So 14-17 Uhr.

Ronse 11A2
Engelsenlaan/Boulevard des Anglais. **GPS:** n50,74447 o3,58794.

4 kostenlos kostenlos. **Untergrund:** asphaltiert.
Entfernung: 1Km 200M vor Ort. **Sonstiges:** Hinter Schwimmbad, Eintrittskode erhältlich beim Schwimmbad.

Temse 11B1
De Zaat, Nagelheetmakerslaan1. **GPS:** n51,12466 o4,21007.

kostenlos. **Lage:** Städtisch. **Untergrund:** asphaltiert.
01/01-31/12. **Entfernung:** 400M 250M.
Sonstiges: Hinter Polizeistation, temporärer stellplatz.

Temse 11B1
Camperbedrijf Alpha Motorhomes, Kapelanielaan 13a, N16.
GPS: n51,13699 o4,18017.

kostenlos Ch kostenlos. **Untergrund:** befestigt.
Entfernung: Stadtmitte 3Km.
Touristinformation Temse:
Grote Markt. Fr-Morgen.

Vosselaar 11C1
Sportcentrum Diepvenneke, Diepvenneke 43.
GPS: n51,30142 o4,89418.
2 kostenlos. **Untergrund:** befestigt. 01/01-31/12.
Entfernung: Zentrum 1,5Km.

Zulte 11A1
Leihoekstraat, Machelen. **GPS:** n50,96103 o3,48352.

8 € 8/72 Std €1 Ch inklusive. **Untergrund:** befestigt.
01/01-31/12.
Entfernung: 150M 50M 150M vor Ort.
Sonstiges: Max. 72 Std.

Antwerpen

Antwerpen 11C1
Vogelzang, Vogelzanglaan 7-9. **GPS:** n51,18983 o4,40074.

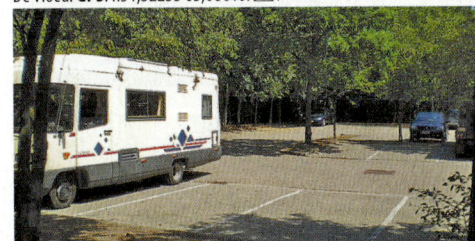

115 € 8, Jun/Jul/Aug € 10 €1 Ch inklusive (30x)€1/kWh.
Lage: Einfach. **Untergrund:** Wiese/befestigt. 01/01-31/12.
31/10-11/11, 04/01-19/01.
Entfernung: Stadtmitte 3Km 1Km 3Km 500M 1Km 3Km 150M.
Touristinformation Antwerpen:
Antwerp City Card. Antwerp City Karte ermöglicht freien Citytour, Zutritt zu Museen, Kirchen und Einkaufsrabatte. ab € 27.
Toerisme Antwerpen, Grote Markt, 13, www.visitantwerpen.be. Große Hafenstadt mit vielen Sehenswürdigkeiten.
Dageraadsplaats. Do 8-13 Uhr.
Lijnwaadmarkt. Antiquitätenmarkt. Ostern-Okt Sa 9-17 Uhr.
St. Andriesplaats. Di 8-13 Uhr.
St. Jansplein. Mi 8-13 Uhr.
St. Jansvliet. Trödelmarkt. So 9-17 Uhr.
Theaterplein. Exotischer Markt. Sa.
Vogelenmarkt, Theaterplein. Bekannter Trödelmarkt.
So-Morgen.

Arendonk 11D1
De Vloed. **GPS:** n51,32253 o5,08610.

kostenlos.
Entfernung: 400M vor Ort 100M.
Sonstiges: Parkplatz gegenüber Schwimmbad, max. 24 Std, Wasser während der Öffnungszeiten des Schwimmbads.

Beveren 11B1
De Meerminnen, Klapperstraat. **GPS:** n51,21201 o4,24377.
2 kostenlos. **Lage:** Städtisch. **Untergrund:** asphaltiert. 01/01-31/12.

Bornem 11B1
Kasteel d'Ursel, Koningin Astridlaan. **GPS:** n51,10294 o4,27261.

5 kostenlos. **Lage:** Ländlich. **Untergrund:** ungepflastert.
01/01-31/12.
Sonstiges: Parkplatz neben Schloß, offen 8-21U.

Brasschaat 11C1
P5b, Elshoutbaan 17. **GPS:** n51,28555 o4,50325.

15 kostenlos €1/100Liter Ch kostenlos €0,50/kWh.
Lage: Ländlich. **Untergrund:** befestigt/Sand. 01/01-31/12.
Entfernung: 1,7Km 6Km 500M 500M vor Ort vor Ort.
Sonstiges: Parkplatz Sport- und Erholungszentrum, max. 72 Std.
Touristinformation Brasschaat:
Armand Reusensplein.

Belgien

Antwerpen

Mo 8-13 Uhr.

Brecht 11C1
Mudeausstraat. GPS: n51,34814 o4,64123.

2 kostenlos Am Rathaus. **Lage:** Städtisch. **Untergrund:** befestigt. 01/01-31/12. **Entfernung:** vor Ort 1,2Km 150M 150M. **Sonstiges:** Max. 48 Std.

Brecht 11C1
Schoolstraat. GPS: n51,34992 o4,64577.

10 kostenlos. **Untergrund:** Wiese. **Entfernung:** 800M 1,5Km.

Essen 9C3
Kerkeneind, N133. GPS: n51,47086 o4,46401.

2 kostenlos Ch kostenlos. **Lage:** Städtisch, einfach, zentral, ruhig. **Untergrund:** befestigt. 01/01-31/12. **Entfernung:** 500M 150M vor Ort vor Ort. **Sonstiges:** Max. 24 Std.

Grobbendonk 11C1
Vaartkom. GPS: n51,18954 o4,73638.

6 kostenlos €1/5Minuten Ch €1 (6x)€1. **Untergrund:** asphaltiert. 01/01-31/12. **Entfernung:** 200M 3,6Km frituur 200m.

Herentals 11C1
Herenhoutseweg. GPS: n51,16586 o4,82664.

3. **Untergrund:** asphaltiert. **Entfernung:** 1,5Km 2,8Km Bäckerei 200M. **Sonstiges:** Parkplatz Mehrzweck-Gelände, neben Fussballstadion VC Herentals.

Herentals 11C1
Jachthaven, Noordervaart 45. GPS: n51,17666 o4,85694.
€ 10 €0,50/kWh. **Untergrund:** befestigt. 01/01-31/12. **Entfernung:** 3,9Km vor Ort.

Herentals 11C1
BLOSO centrum Netepark, Vorselaarsebaan. GPS: n51,18937 o4,82899.
15 kostenlos. **Untergrund:** asphaltiert.
Touristinformation Herentals:
Augustijnenlaan. So-Morgen.
Grote Markt. Fr-Morgen.

Herselt 11C1
Taverne Herberg Mie Maan, Diestsebaan 28.
GPS: n51,06025 o4,92897.

6 kostenlos. **Untergrund:** Schotter. 01/01-31/12. **Entfernung:** 3Km vor Ort 3Km. **Sonstiges:** Restaurantbesuch geschätzt, Kreuzpunkt Wander- und Radwegen.

Kalmthout 11C1
Kalmthoutse Heide, Heibloemlaan. GPS: n51,37688 o4,44911.

2 kostenlos. **Lage:** Ländlich, einfach, abgelegen, ruhig. **Untergrund:** Schotterasen. 01/01-31/12. **Entfernung:** Stadtmitte 2Km 50M vor Ort vor Ort. **Sonstiges:** Parkplatz Nutrschutzgebiet, max. 24 Std.

Koningshooikt 11C1
Donderheide. GPS: n51,08439 o4,56541.

kostenlos. **Untergrund:** ungepflastert. **Entfernung:** vor Ort. **Sonstiges:** Gegenüber 'Het Fort'.

Koningshooikt 11C1
Motorhomes Konings, Sander de Vosstraat 141.
GPS: n51,08774 o4,62816.

€ 2,50 €2 €2,50. **Untergrund:** asphaltiert. **Sonstiges:** Anmeldung während der Öffnungszeiten.

Lier 11C1
Parking Mol Poort, Aarschotsesteeweg. GPS: n51,12525 o4,57332.

Lier 11C1
Zaat, Leuvense Poort. GPS: n51,13020 o4,58212.

7 €1 Ch 01/01-31/12. **Entfernung:** 1Km.

2 kostenlos. **Untergrund:** befestigt. 01/01-31/12.
Touristinformation Lier:
Dienst Toerisme, Grote Markt 57. Stadt mit altem, sehenswürdigem Zentrum.
Mittelalterliche Stadtmauern, Gefängnisturm und Zimmertoren.
10-12 Uhr, 14-17/18 Uhr.
Grote Markt/Eikelstraat. Sa 8-13 Uhr.
Kerststallentocht. Dez.

Putte 11C1
Ixenheuvel, Heuvel. GPS: n51,04678 o4,62564.

2 kostenlos Ch kostenlos. **Lage:** Einfach. **Untergrund:** asphaltiert. 01/01-31/12. **Entfernung:** 1,5Km. **Sonstiges:** Max. 48 Std.

Puurs 11B1
Eeuwfeeststraat/ Kerkhofstraat. GPS: n51,07476 o4,28337.

2 kostenlos Ch kostenlos. **Untergrund:** befestigt. 01/01-31/12. **Entfernung:** 5,3Km. **Sonstiges:** Max. 48 Std, Kreuzpunkt Wander- und Radwegen.

Sint-Amands 11B1
Parking Noord, Emile Verhaerenstraat. GPS: n51,05906 o4,20206.

2 kostenlos Ch kostenlos. **Untergrund:** befestigt. 01/01-31/12. **Entfernung:** 200M 200M vor Ort vor Ort.

Antwerpen - Flämisch Brabant

365 Tage Feriengefühl
auf Baalse Hei ...

Urlaub mit dem Wohnmobil?
dann sind Sie auf Baalse Hei herzlich Willkommen!

- Auswahl aus 3 verschiedenen Wohnmobilstellplätzen: feste Stellplätze zu 50 m² für Kurzurlaube, touristische Plätze zu 100 m² und Luxusplätze zu 250 m² mit noch mehr Privacy. Gratis WiFi.
- Ein touristenfreundlicher Campingplatz mit schönem Schwimm-, Ruder- und Angelteich in einem einzigartigem Naturgebiet. Trotzdem nah an der Ausfahrt der Autobahn E34.
- Entdecken Sie das großzügige Rad- und Wandernetzwerk in der Umgebung! Turnhout ist mit dem Fahrrad erreichbar über den Kanalweg.

Baalse Hei
't Groene Caravanpark

Roodhuisstraat 10 | 2300 Turnhout, Belgium | T + 32 (0)14 44 84 70 | info@baalsehei.be | www.baalsehei.be

BE

Sint-Job-in-'t-Goor — 11C1
Vaartlaan. **GPS:** n51,30151 o4,56888.

2 kostenlos. **Lage:** Städtisch. **Untergrund:** befestigt.
01/01-31/12. **Entfernung:** vor Ort 50M 50M.
Sonstiges: Max. 48 Std.

Turnhout — 11C1
Baalse Hei, Roodhuisstraat. **GPS:** n51,35385 o4,95591.
7 € 16-28 Ch. €1,20 WC kostenlos. **Lage:** Ländlich.
15/01-15/12. **Entfernung:** 3Km vor Ort vor Ort vor Ort.
Touristinformation Turnhout:
Begijnhof. Beginenstift. Di-Sa 14-17 Uhr, So 11-17 Uhr
Weihnachten.

Willebroek — 11B1
Dijlelaan. **GPS:** n51,06028 o4,34472.

3 kostenlos €1 €1 Ch. **Untergrund:** befestigt.
01/01-31/12.
Entfernung: 300M. **Sonstiges:** Max. 2 Nächte.

Flämisch Brabant

Aarschot — 11C1
Demervallei. **GPS:** n50,98285 o4,83809.
kostenlos kostenlos.
Entfernung: vor Ort vor Ort.
Sonstiges: Max. 48 Std.

Diest — 11C1
De Halve Maan, Omer Vanaudenhovelaan 48.
GPS: n50,98607 o5,06373.

4 € 15 Ch. (4x)inklusive WC. **Lage:** Komfortabel, ruhig.
Untergrund: Wiese/Schotter. 01/11-28/02.
Entfernung: 1,2Km, Beginenstift 350M 20M 200M 100M 100M.
Sonstiges: Anmelden bei Kassa Erholungszentrum, max. 72 Std.
Touristinformation Diest:
Begijnhof. Beginenstift. Kunststudios geöffnet: Sa/So Nachmittags, im Juli/Aug jeder Nachmittag. Beginenstift täglich, Engelstift Sa/So 14.30-17, Kirche Ostern-Okt So 14-17 Uhr.

Grimbergen — 11C1
K.S.C. Grimbergen, Brusselsesteenweg. **GPS:** n50,92787 o4,36610.

10 kostenlos. **Lage:** Einfach. **Untergrund:** asphaltiert.
01/01-31/12.
Entfernung: 1Km 1Km > Brüssel.
Touristinformation Grimbergen:
Gemeentelijke Dienst voor Toerisme, Prinsenstraat 22. Bekannt durch das Abteibier, Infos beim Biermuseum.
Abdijkerk. Abteikirche. 10-12 Uhr, 13-17 Uhr.
Jaarmarkt. Dorffest mit u.a. Kirmes, Viehmarkt. erste Wochenende Sep.

Halle — 11B2
Jean Laroystraat 12. **GPS:** n50,73945 o4,24203.
kostenlos. 01/01-31/12.
Entfernung: Zentrum 600M.

Merchtem — 11B1
Brusselsesteenweg. **GPS:** n50,95553 o4,24011.

4 kostenlos.
Untergrund: befestigt.
Entfernung: 300M Gute Busverbindung nach Brüssel.
Sonstiges: Neben Friedhof und Sportplatz, keine Campingaktivitäten.

Flämisch Brabant - Limburg

Rotselaar 11C1
Recreatiedomein Sportoase Ter Heide, Vakenstraat 18. **GPS:** n50,96217 o4,72288.

4 kostenlos €1/100Liter Ch kostenlos €1/kWh WC.
Untergrund: Schotter. 01/01-31/12.
Entfernung: 2km 100M 100M 500M 2km 200M vor Ort vor Ort.

Limburg

Beringen 11D1
P Koolmijnmuseum, Koolmijnlaan. **GPS:** n51,07048 o5,22097.
2 kostenlos. **Untergrund:** befestigt. 01/01-31/12
Veranstaltungen. **Entfernung:** 2,3km.
Sonstiges: Max. 24 Std.

Bilzen 11D2
Parking Lanakerdij, Lanakerdij. **GPS:** n50,86985 o5,52215.

7 kostenlos €2/4Minuten Ch (5x).
Untergrund: asphaltiert. 01/01-31/12.
Entfernung: 300M 3Km 300M 300M vor Ort vor Ort.
Sonstiges: Max. 24 Std.
Touristinformation Bilzen:
Landcommanderij Alden Biesen, Kasteelstraat 6. Di-So 10-17 Uhr. € 3.
Zuivelhoeve 't Wanthof. Molkerei. Di-Fr 10-22 Uhr, Sa-So 9-23 Uhr.
Markt. Mi.

Bocholt 11D1
Heuvelzicht, Schipperstraat 1. **GPS:** n51,17722 o5,58500.

7 € 6,50/24 Std Ch WC inklusive €1.
Untergrund: befestigt.
01/01-31/12.
Entfernung: vor Ort 50M 100M 50M 50M.
Sonstiges: Parkplatz Jachthafen bei Zuidwillemsvaart, max. 48 Std.

Bolderberg 11D1
Domein Bovy, Galgeneinde. **GPS:** n50,98690 o5,27048.

3 kostenlos €2 Ch €2/1Std.
Lage: Ländlich.
Untergrund: befestigt.
Entfernung: 500M 150M 500M vor Ort.

Bree 11D1
N721, Opitter. **GPS:** n51,11788 o5,64524.

5 kostenlos. **Untergrund:** befestigt. 01/01-31/12. **Entfernung:** vor Ort vor Ort. **Sonstiges:** Parkplatz neben der Kirche, gegenüber Tankstelle, max. 48 Std.
Touristinformation Bree:
Vrijthof. Fr.
Sint-Antoniuskapel, Opitter.

Diepenbeek 11D1
Demerstrand, Stationsstraat. **GPS:** n50,91323 o5,42189.

4 kostenlos €2/100Liter Ch €2/8Std.
Untergrund: asphaltiert. 01/01-31/12.
Entfernung: 500M 250M 1Km.
Sonstiges: An der Sporthalle, Videoüberwachung.

Dilsen-Stokkem 11D1
De Wissen, Maaspark 3. **GPS:** n51,02361 o5,74945.

3 kostenlos. **Lage:** Ländlich. **Untergrund:** Schotter.
01/01-31/12. **Entfernung:** 500M vor Ort vor Ort Taverne Maascentrum 500M vor Ort vor Ort vor Ort.
Sonstiges: Parkplatz Touristenbüro de Wissen, Start für Radwege, Flechtwerkmuseum.

Genk 11D1
Parking Kattevennen, Kattevennen. **GPS:** n50,95728 o5,53337.

8 € 5 Ch.
Untergrund: asphaltiert. 01/01-31/12.
Entfernung: 3Km taverne vor Ort vor Ort vor Ort.
Sonstiges: Max. 24 Std, Wander- und Mountainbikewege, Nationalpark Hoge Kempen.
Touristinformation Genk:
Zondagsmarkten. Trödelmarkt.
01/06-31/08 9-13 Uhr.

Hamont 11D1
Michielsplein, Achel. **GPS:** n51,25421 o5,48128.

4 kostenlos. **Lage:** Städtisch. **Untergrund:** befestigt.
Entfernung: vor Ort vor Ort vor Ort.
Sonstiges: Am Radweg Limburgse Kempen, hinter der Kirche von Achel, max. 24 Std, Markt Dienstag 8-13 Uhr.

Hamont 11D1
Kerkplein. **GPS:** n51,25152 o5,54612.

5 kostenlos. **Lage:** Städtisch. **Untergrund:** befestigt.
01/01-31/12. **Entfernung:** vor Ort 50M 50M 50M vor Ort. **Sonstiges:** Hinter Kirche, max. 24 Std.

Hamont 11D1
Stadpark. **GPS:** n51,25085 o5,55200.

5 kostenlos. **Lage:** Ländlich. **Untergrund:** Schotterasen/Wiese.
Entfernung: 200M.
Sonstiges: Grosser Parkplatz im Zentrum hinter den Tennisplätzen, max. 24 Std.
Touristinformation Hamont:
VVV, Generaal Dempseylaan 1, www.hamontachel.com. Historische Stadt. Mo-Fr 9-12 Uhr, 13-16 Uhr, Sa 9-12 Uhr.

Hasselt 11D1
Sporthal Alverberg, Herkenrodesingel. **GPS:** n50,93871 o5,32081.

>5 kostenlos €2 Ch. **Untergrund:** asphaltiert.
01/01-31/12. **Entfernung:** Stadtmitte 3Km Carrefour vor Ort.

Hasselt 11D1
Bakkerslaan. **GPS:** n50,92141 o5,32562.

3 kostenlos. **Lage:** Städtisch, einfach.
Untergrund: Schotterasen/Wiese. 01/01-31/12.
Entfernung: 2km 600M 500M 500M vor Ort.

Limburg

Hasselt — 11D1
Restaurant Aan het Water, Overdemerstraat 20, Kuringen.
GPS: n50,94663 o5,30877.

8 Gäste kostenlos. **Untergrund:** Wiese. 01/01-31/12 Di, Mi, 26/09-06/10.
Entfernung: vor Ort. Bäckerei 50M.

Hechtel/Eksel — 11D1
Parking CC De Schans, Rode Kruisplein 10, Hechtel.
GPS: n51,12391 o5,36271.

3 kostenlos. **Untergrund:** asphaltiert.
Entfernung: 400M.

Hechtel/Eksel — 11D1
Pijnven, Bosmuseum, Kiefhoekstraat. **GPS:** n51,16133 o5,31091.

5 kostenlos. **Lage:** Ländlich. **Untergrund:** asphaltiert.
Entfernung: 4Km.
Sonstiges: Waldparkplatz.

Helchteren — 11D1
Parking de Dool, Sportstraat. **GPS:** n51,06087 o5,38650.

10 kostenlos. **Untergrund:** asphaltiert. 01/01-31/12.
Entfernung: 1Km, 500M, 500M.
Sonstiges: Neben Schloss.

Herk-de-Stad — 11D1
Park Olmenhof, Pikkeleerstraat. **GPS:** n50,93361 o5,16654.

7 kostenlos. €1/100Liter Ch €0,60/kWh WC.
Lage: Ländlich, einfach. **Untergrund:** asphaltiert. 01/01-31/12.
Entfernung: 400M, 7Km, 50M, 300M.
Sonstiges: Am Fussballplatz, max. 48 Std.

Hoepertingen — 11D2

De Verborgen Parel Hoepertingen

- Gepflasterte Stellplätze
- Ländlicher Umgebung
- Brötchenservice

www.deverborgenparel.be
infodeverborgenparel@gmail.com

De Verborgen Parel, Hoenshovenstraat 5.
GPS: n50,80224 o5,29073.
6 €7,50 Ch inklusive.
Lage: Einfach.
Untergrund: Wiese. 01/01-31/12.
Entfernung: 1,5Km, vor Ort, 1,5Km, vor Ort, vor Ort.
Sonstiges: Brötchenservice, Saunabenutzung kostenpflichtig.

Houthalen — 11D1
Parking Kelchterhoef, Kelchterhoefstraat.
GPS: n51,03015 o5,44063.

4 kostenlos. **Lage:** Ländlich. **Untergrund:** Schotterrasen/befestigt.
01/01-31/12.
Sonstiges: Gegenüber Abteihof.

Kinrooi — 11D1
Bomerhof, Bomerstraat 13. **GPS:** n51,15201 o5,74064.

25 €10 Ch WC inklusive. **Untergrund:** Wiese.
01/01-31/12.
Entfernung: 800M, 800M, vor Ort, vor Ort.
Sonstiges: Ankunft anmelden.

Kortessem — 11D2
Kapittelstraat. **GPS:** n50,85724 o5,39126.

5 kostenlos (10x). **Untergrund:** asphaltiert. 01/01-31/12.
Entfernung: 200M, 200M, Bäckerei 200M, vor Ort.
Sonstiges: An der Sporthalle, max. 2 Nächte.
Touristinformation Kortessem:
't Rood Kasteel, Guigoven. Ehemaliges mittelalterliches Wasserschloss.

Leopoldsburg — 11D1
Jachthaven, Antwerpsesteenweg 129. **GPS:** n51,12892 o5,25028.

22 €10 inklusive WC €1.
Untergrund: asphaltiert. 01/01-31/12. **Entfernung:** 2km, vor Ort, vor Ort, 2km.
Sonstiges: Anmelden beim Hafenmeister.

Lommel — 11D1
Taverne Haven de Meerpaal, Boskantstraat 60.
GPS: n51,24266 o5,36891.

10 €10 €0,50 Ch (6x) €1 WC €1
Untergrund: asphaltiert. **Entfernung:** 500M, vor Ort.
Sonstiges: In der Nähe des Yachthafens.

Maaseik — 11D1
Sportlaan P4. **GPS:** n51,10108 o5,78964.

20 kostenlos. **Untergrund:** asphaltiert. 01/01-31/12.
Entfernung: Altstadt 200M.
Touristinformation Maaseik:
Marktplein. Mi 9-12 Uhr.

Meeuwen-Gruitrode — 11D1
CC Gruitrode, Royerplein 1, Gruitrode. **GPS:** n51,08939 o5,58949.

8 kostenlos. **Untergrund:** befestigt. 01/01-31/12.
Entfernung: 200M, vor Ort, 200M, 200M, vor Ort.
Sonstiges: Max. 24 Std.

Neeroeteren — 11D1
Komweg. **GPS:** n51,08375 o5,70284.

6 €8 €1/150Liter Ch.
Untergrund: befestigt. 01/01-31/12.
Sonstiges: Am Fussballplatz.

Neerpelt — 11D1
De Welvaart, Jaak Tassetstraat. **GPS:** n51,23333 o5,43164.

Belgien

8 € 6/24 Std Ch kostenlos. **Untergrund:** befestigt. 01/01-31/12.
Entfernung: 500M.
Sonstiges: Am Kanal, Parkplatz Jachthafen, max. 48 Std, wird kontrolliert, Wertmünzen Müll € 1.

P Peer 11D1

P1 Aan den Boogaard. **GPS:** n51,13193 o5,45741.
kostenlos.
Entfernung: 100M.
Sonstiges: Max. 24 Std.

P Peer 11D1

P2 Noordervest. **GPS:** n51,13422 o5,45511.
kostenlos.
Entfernung: 150M.
Sonstiges: Max. 24 Std.

Rekem 11D1

Kanaalstraat. **GPS:** n50,92177 o5,70493.

13 kostenlos. **Lage:** Ländlich. **Untergrund:** Schotter. 01/01-31/12.
Entfernung: 1Km vor Ort vor Ort 500M 1Km 100M vor Ort. **Sonstiges:** Max. 48 Std, Wander- und Radwegen.

Touristinformation Rekem:
Oud-Rekem mit Museumskirche, Stadtwällen und Schloss, markierter Stadtbummel 2Km.

S Rummen 11D2

Ketelstraat. **GPS:** n50,89285 o5,16037.

4 kostenlos. **Untergrund:** Schotterasen/befestigt. 01/01-31/12.
Entfernung: vor Ort 300M 250M vor Ort vor Ort.
Sonstiges: An der Sporthalle.

S Schalkhoven 11D2

Nollekes Winning, Schalkhovenstraat 79. **GPS:** n50,84531 o5,44687.

9 freiwilliger Beitrag Ch WC.
Untergrund: Schotterasen/befestigt. 01/01-31/12.
Entfernung: 200M vor Ort.
Sonstiges: Verkauf von Wein.

S Sint-Huibrechts-Lille 11D1

De Bosuil, Bosuilstraat 4. **GPS:** n51,22371 o5,49502.

32 € 6 Ch inklusive. **Lage:** Ruhig. **Untergrund:** Wiese. 01/01-31/12.
Entfernung: 1,5Km vor Ort vor Ort vor Ort.
Sonstiges: Ankunft anmelden.

S Sint-Truiden 11D2

Scouting, Hasseltsesteenweg. **GPS:** n50,82946 o5,20547.
5 kostenlos Ch. **Untergrund:** befestigt. 01/01-31/12.
Entfernung: Stadtmitte 2Km. **Sonstiges:** Max. 72 Std.

Touristinformation Sint-Truiden:
Toerisme Sint-Truiden, Stadhuis, Grote Markt, www.sint-truiden.be. Abteistadt.
Grote Markt, Groenmarkt, Trudoplein, Minderbroedersplein. Sa 7.30-13 Uhr.
Veemarkt, Speelhoflaan. Antiquitäten- und Trödelmarkt. Sa 6-12 Uhr.

S Tongeren 11D2

Pliniuspark, Fonteindreef. **GPS:** n50,78626 o5,45256.

25 €10/24 Std €0,50/100Liter kostenlos Ch €0,50/kWh. **Lage:** Ländlich. **Untergrund:** Schotterasen/befestigt. 01/01-31/12. **Entfernung:** 2km vor Ort vor Ort.
Sonstiges: Am Schwimmbad, max. 24 Std.

Touristinformation Tongeren:
Dienst Toerisme, Stadhuisplein 9, www.tongeren.be. Älteste Stadt von Belgien mit zahlreichem kulturhistorischem Erbe.
Maastrichterstraat, Schiervelstraat, Clarissenstraat. Größte Antiquitätenmarkt der Benelux, auch alle Antiquitätengeschäfte geöffnet. So 6-13 Uhr.

S Tongerlo 11D1

De Kieper, Keyartstraat. **GPS:** n51,12397 o5,65449.

4 kostenlos €1/100Liter €1. **Lage:** Ländlich.
Untergrund: befestigt. 01/01-31/12.
Entfernung: 10 Gehminuten vor Ort vor Ort.

Veldwezelt 11D2

Omstraat 20. **GPS:** n50,86195 o5,62696.

5 kostenlos. **Untergrund:** befestigt. 01/01-31/12.
Entfernung: 800M 200M 500M.
Sonstiges: Parkplatz Sporthalle.

Brüssel

P Bruxelles/Brussel 11B2

Bruparck, Wemmel/Heizel, Brüssel (Bruxelles/Brussel).
GPS: n50,89745 o4,33826.
Sonstiges: Max. 24 Std. Ring Brüssel Ausfahrt 8.

S Bruxelles/Brussel 11B2

Jeugdherberg Génération Europe, Rue de l'Eléphant 4, Brüssel (Bruxelles/Brussel). **GPS:** n50,85317 o4,33479.
5 € 30 Ch WC. 01/01-31/12.
Entfernung: vor Ort.

P Bruxelles/Brussel 11B2

Heizel/Heysel Metro, Brüssel (Bruxelles/Brussel).
GPS: n50,89736 o4,33827.
Sonstiges: In der Nähe von Bruparck.

Touristinformation Brüssel (Bruxelles/Brussel):
Brussels City Card ermöglicht freien Zutritt zu öffentlichen Verkehrsmitteln und Museen und viele Einkaufsrabatte. € 22.
Bureau van Toerisme, Office de Tourisme, Grote Markt 1, Grand Place, visit.brussels. Hauptstadt von Belgien, mit einer Geschichte von mehr als 1000 Jahren. Viele sehenswürdige Gebäude und historische Plätze.
Koninklijke Serres van Laken, Les serres royales à Laeken. Park, Garten, Naturgebiet.
Basiliek van Koekelberg, basilique de Koekelberg. Die fünft größte Kirche der Welt. Mi, Do, Sa, So 14-16 Uhr. € 5.
Autoworld, Jubelpark 11, Parc du Cinquantenaire. Automobilgeschichte von 1886 bis zu den siebziger Jahren. 01/04-30/09 10-18, 01/10-31/03 10-17.
Museum van de stad Brussel Broodhuis, Musée de la ville Bruxelles, Grote Markt 44, Grand Place. Geschichte der Stadt. Di-So 10-17 Uhr.
Grote Zavel, Place du Grand Sablon. Antiquitäten- und Büchermarkt. Sa 9-17 Uhr, So 9-14 Uhr.
Vossenplein. Trödelmarkt. 6-14 Uhr.
Grote Markt, Grand place. Blumen- und Pflanzenmarkt. 8-18 Uhr.
Kunstmarkt, marché d'art, Boterstraat, rue au Beurre. Maler- und Porträtmaler. 11-18 Uhr.
Atomium, Bruparck, Boulevard du Centenaire, Laeken. Erbaut 1958 anlässlich der Weltausstellung. Es stellt das Eisenkristallmolekül in 160-milliardenfacher Vergrößerung dar (Atomium). 10-18 Uhr.
Bruparck, Boulevard du Centenaire 20, Laeken. Familienpark mit unter anderem Mini-Europa, Schwimmparadies und The Village mit Gaststätten, Cafés und Geschäften. 01/01-31/12.
Mini-Europe, Bruparck, Boulevard du Centenaire, Laeken. Europa in Miniatur, 350 Monumente.
Oceade, Bruparck, Boulevard du Centenaire, Laeken. Subtropischer Vergnügungspark. Urlaub, Sa-So 10-22 Uhr.

Luttich

S Aywaille 11D2

Esplanade du Fair-Play, Rue de la Heid. **GPS:** n50,47583 o5,67809.

8 € 8/48 Std, inkl. 1 Wertmünz (Wasser oder 2 Std Strom) €2 Ch (4x)€2/Std. **Untergrund:** befestigt. 01/01-31/12.
Entfernung: 300M 200M.
Sonstiges: Beim Erholungsgebiet.

S Blégny-Mine 11D2

Domaine de Blégny-Mine, Rue Lambert Marlet.
GPS: n50,68617 o5,72367.

8 kostenlos Ch kostenlos (8x)€2/12Std.

BE

Lüttich - Hennegau

Lage: Ländlich, komfortabel, abgelegen, ruhig. **Untergrund:** Schotter. ◯ 01/01-31/12. **Entfernung:** 4,6km vor Ort, vor Ort vor Ort. **Sonstiges:** Beim ehemaligen Zeche, UNESCO-Weltkulturerbe, Zugang € 9,30, Tageskarte all-inclusive € 29,50, Werstmünzen Strom bei Rezeption Park.

Coo — 11E3
Petit Coo. **GPS:** n50,39222 o5,87531.
€ 5. **Lage:** Einfach. **Untergrund:** asphaltiert. ◯ 01/01-31/12. **Entfernung:** 150M 150M.

Eupen — 11E2
Langesthal 164. **GPS:** n50,62180 o6,09148.

kostenlos. **Untergrund:** asphaltiert. ◯ 18-10 Uhr. **Entfernung:** Eupen 4km 150m Taverne. **Sonstiges:** Beim Stauer, abgelegen.
Touristinformation Eupen:
Benedenstad. ◯ Mi 7-12.30 Uhr.
Eupen/Keltenis. Trödelmarkt. ◯ So 7-16 Uhr.

Hamoir — 11D3
Complexe Sportif, Quai du Batty. **GPS:** n50,42463 o5,53522.

10 € 8/24 Std Ch kostenlos. **Lage:** Städtisch, komfortabel. **Untergrund:** Wiese/Schotter. ◯ 01/01-31/12. **Entfernung:** 200M vor Ort vor Ort 200M 200M. **Sonstiges:** An der Ourthe, max. 24 Std.

Huy — 11D2
Avenue Godin Parnajon. **GPS:** n50,52379 o5,24310.

2 kostenlos. **Lage:** Städtisch, zentral, laut. **Untergrund:** asphaltiert. ◯ 01/01-31/12. **Entfernung:** 500M vor Ort 500M. **Sonstiges:** Parkplatz gegenüber Gaststätte Quick.

Huy — 11D2
Quai de Namur. **GPS:** n50,51673 o5,23453.

2 kostenlos. **Lage:** Städtisch, zentral, laut. **Untergrund:** asphaltiert. ◯ 01/01-31/12. **Entfernung:** 500M vor Ort vor Ort 500M. **Sonstiges:** Vom Zentrum aus unter der Zitadelle, entlang der Maas, gegenüber Hôtel du Fort nach rechts am Kai.
Touristinformation Huy:
Office du Tourisme, Quai de Namur,1, www.huy.be. Touristenort, Zitadelle über der Stadt.
Fort en museum. ◯ Ostern-Sep 10-17/18/19 Uhr.

Jalhay — 11E2
Baraque de La Gileppe. **GPS:** n50,58759 o5,96980.
4 kostenlos kostenlos. **Entfernung:** 3,5Km. **Sonstiges:** Am Stausee.

Malmedy — 11E3
Avenue de la Gare, N62. **GPS:** n50,42282 o6,03080.

30 € 5/24 Std Ch (8x). **Untergrund:** Schotter/befestigt. ◯ 01/01-31/12. **Entfernung:** 300M 300M Bäckerei 100M, Supermarkt 800M vor Ort vor Ort Waimes 5Km. **Sonstiges:** Am Radweg (ehemalige Eisenbahnstrecke).
Touristinformation Malmedy:
Place St. Géréon. ◯ Fr 7-13 Uhr.
Hautes Fagnes. Naturschutzgebiet das Hohe Venn.

Sankt Vith — 11E3
An den Weyern, Rodter Strasse 9a. **GPS:** n50,28091 o6,12240.

20 kostenlos €1/4Minuten. **Lage:** Städtisch, einfach. **Untergrund:** asphaltiert. ◯ 01/01-31/12. **Entfernung:** 500M vor Ort vor Ort. **Sonstiges:** Am Sportzentrum.

Sankt Vith
Skihütte-Biermuseum, Rodt 89/A. **GPS:** n50,29720 o6,06193.

10 kostenlos.
Lage: Ländlich, abgelegen, ruhig. **Untergrund:** asphaltiert/Schotter. ◯ 01/01-31/12. **Entfernung:** 5Km 3Km vor Ort 5Km vor Ort vor Ort.

Sourbrodt — 11E2
Signal de Botrange, Rue de Botrange. **GPS:** n50,50148 o6,09312.

20 kostenlos.
Lage: Ländlich, einfach, laut. **Untergrund:** Schotter. ◯ 01/01-31/12. **Entfernung:** vor Ort vor Ort.

Waimes — 11E3
La Faitafondue, Rue de Merkem 4. **GPS:** n50,39532 o6,07024.

10 € 9, für Gäste kostenlos WC. **Lage:** Ländlich, komfortabel. **Untergrund:** Schotter. ◯ 01/01-31/12. ◉ Mi. **Entfernung:** 4Km 6Km vor Ort vor Ort 200M.

Hennegau

Aubechies — 11B2
Parking Archéosite, Rue de l'Abbaye 1Y. **GPS:** n50,57419 o3,67546.
Sonstiges: Beim Museum.
Touristinformation Aubechies:
Archéosite d'Aubechies. Archäologisches Freilichtmuseum. ◯ Mo-Fr 9-17 Uhr, 01/04-31/10 9-18 Uhr.

Beloeil — 11B2
Château Beloeil, Rue de la Hunelle. **GPS:** n50,55128 o3,73280.
kostenlos. **Untergrund:** ungepflastert. ◯ 01/01-31/12. **Sonstiges:** Parkplatz Schloss.
Touristinformation Beloeil:
Château de Beloeil, www.beloeil.be/. ◯ 01/06-30/09 10-19 Uhr, 01/04-31/05 Sa/So/Feiertage 10-19 Uhr.

Bernissart — 11B2
Musée de l'Iguanodon, Ruelle des Médecins. **GPS:** n50,47530 o3,64958.

kostenlos. **Entfernung:** 6Km. **Sonstiges:** Parkplatz 100m vom Dinosauriermuseum.

Binche — 11B3
Pastures, Rue des Pastures. **GPS:** n50,41413 o4,17070.

50 kostenlos Ch (2x). **Untergrund:** asphaltiert. ◯ 01/01-31/12. **Entfernung:** vor Ort. **Sonstiges:** Parkplatz gleich ausserhalb vom Zentrum.
Touristinformation Binche:
Office du Tourisme, Parc communal, rue des Promenades, 2, www.binche.be. Mittelalterliche Stadt mit Stadtwällen.

Blaton — 11B2
Place de Feignies. **GPS:** n50,50179 o3,66135.

kostenlos.
Entfernung: 200M. **Sonstiges:** In der Nähe von romanischer Kirche.

Belgien

Hennegau

Bouffioulx 11C3
Maison de la Poterie, Rue du Général Jacques.
GPS: n50,39024 o4,51406.
3 €0,50 Ch. **Untergrund**: befestigt. 01/01-31/12.
Sonstiges: Neben Centre d'Interprétation de la Poterie, Wertmünzen bei Maison de la Poterie.

Boussu-lez-Walcourt 11C3
Les Lacs de l'Eau d'Heure, Route de la Plate Taille.
GPS: n50,19265 o4,37958.

20 kostenlos Chkostenlos. **Untergrund**: asphaltiert.
01/01-31/12. **Entfernung**: vor Ort, vor Ort, vor Ort, vor Ort.

Brugelette 11B2
Pairi Daiza, Domaine de Cambron. **GPS**: n50,58892 o3,88670.

€ 7. **Untergrund**: Schotter/Sand. 01/04-31/10.
Touristinformation Brugelette:
Parc Paradisio, Domaine de Cambron. Park mit Vogelparadies und Affeninsel. 26/03-06/11 10-18.

Chimay 11B3
Communal de Chimay, Allée des Princes 1. **GPS**: n50,04557 o4,30956.
7 € 5 Ch inklusive. **Untergrund**: Wiese/befestigt.
01/01-31/12.
Entfernung: vor Ort, 300M, 200M.

Chimay 11B3
Place Froissart. **GPS**: n50,04728 o4,31307.

Chimay 11B3
Place Léopold. **GPS**: n50,04747 o4,31784.
Fr.

Dottignies 11A2
Rue des Écoles 75b. **GPS**: n50,72821 o3,30011.
4 kostenlos kostenlos. 01/01-31/12.
Entfernung: 500M, 1,3Km.
Sonstiges: Platz hinter Feuerwehr.

Ecaussines 11B2
Château de la Folie, Rue de la Folie. **GPS**: n50,57443 o4,17851.
kostenlos.
Entfernung: 800M.

Ecaussines 11B2
Eglise Sainte Aldegonde, Rue Jacquemart Boulle 28, Ecaussines-Lalaing. **GPS**: n50,57085 o4,18107.
kostenlos.
Entfernung: 500M.

Fleurus 11C2
Parking Gare, Avenue de la Gare. **GPS**: n50,48215 o4,54433.

Fleurus 11C2
Stade Communal, Rue de Fleurjoux. **GPS**: n50,47852 o4,55237.

kostenlos.

Harchies 11B2
Place du Rivage. **GPS**: n50,47106 o3,69619.

Hornu 11B2
Le Site du Grand Hornu, Rue Sainte-Louise 82.
GPS: n50,43488 o3,83707.

kostenlos.
Entfernung: 1Km.
Touristinformation Hornu:
Grand-Hornu. Ehemaliger Werkskomplex im Kohlebergbau, ein bedeutender Zeitzeuge der industriellen Revolution. Di-Fr 10-18 Uhr. € 8.

Houdeng Aimeries 11B2
Musée de la Mine de Bois-du-Luc, Rue Saint-Patrice.
GPS: n50,47081 o4,14952.
kostenlos.

La Louvière 11B2
Boulevard de Roi Baudouin. **GPS**: n50,46619 o4,19055.
kostenlos.
Sonstiges: P Station Sud.
Touristinformation La Louvière:
Ascenseur Funiculaire de Strépy-Thieu, Strépy-Bracquegnies. Hebewerk, 19 Jahrhundert. 01/02-27/11 9.30-18.30.
Rue du Marché. Sa 8-13 Uhr.

Le Roeulx 11B2
Grand Place. **GPS**: n50,50019 o4,10919.

Le Roeulx 11B2
Place de la Chapelle. **GPS**: n50,50294 o4,10874.
Entfernung: 100M.
Sonstiges: Neben Kirche.

Le Roeulx 11B2
Place de la Tannée. **GPS**: n50,50339 o4,10819.

Le Roeulx 11B2
Place du Château. **GPS**: n50,50406 o4,11024.
Sonstiges: Parkplatz Schloss.

Leers Noord 11A2
La Maison du Canal, Rue du Canal 6. **GPS**: n50,69089 o3,25728.

3 kostenlos Chkostenlos. **Lage**: Ländlich, ruhig.
Untergrund: Schotter. 01/01-31/12.
Entfernung: vor Ort, vor Ort, vor Ort, vor Ort.
Sonstiges: Taverne Montag Ruhetag.

Lessines 11B2
Rue des 4 fils Aymon. **GPS**: n50,71280 o3,83403.
kostenlos.
Entfernung: 400M.

Marchienne-au-Pont 11C3
Musée d'Histoire et d'Archéologie Industrielle, 134 rue de la Providence. **GPS**: n50,41301 o4,40450.
kostenlos.
Sonstiges: Gegenüber Museum.

Mons/Bergen 11B2
Maison Van Gogh, Rue de Pavillon 3, Cuesmes, Mons (Mons/Bergen).
GPS: n50,44174 o3,92630.
kostenlos.

Sonstiges: Für Stadtbesuch parken man am besten beim Bahnhof oder am Rundweg.
Touristinformation Mons (Mons/Bergen):
Maison Van Gogh, Rue du Pavillon 3, Cuesmes. Ehemaliger Wohnort des Malers Van Gogh 1879/80, Ausstellung der Reproduktionen. 10-18 Uhr Mo.
Château Havré, Havré. Schloss, 12-13. Jahrhundert.

Morlanwelz-Mariemont 11B2
Musée Alex Louis Martin, Place de Carnières, 52, Carnières.
GPS: n50,44402 o4,25416.
10 kostenlos.

Mouscron 11A2
Musée du Folklore, Rue des Brasseurs, 3.
GPS: n50,74217 o3,21795.
kostenlos.
Sonstiges: Reservieren möglich Telefon 02.56.33.23.36.

Nimy 11B2
Musée de la Pipe et du Vieux Nimy, Rue Mouzin.
GPS: n50,47499 o3,95853.
kostenlos. **Untergrund**: befestigt.
Sonstiges: Museum geschlossen: Nov-Mrz.

Péruwelz 11A2
Port de plaisance, Rue de la Boîterie. **GPS**: n51,51864 o3,60904.
10 € 5 WC. **Untergrund**: asphaltiert/Schotter. 01/02-30/11.

Quaregnon 11B2
La Grand Place. **GPS**: n50,44369 o3,86428.
2.

Quevaucamps 11B2
Musée de la Bonneterie, Rue Paul Pastur.
GPS: n50,52671 o3,68776.

2 kostenlos. 01/01-31/12.
Sonstiges: Parkplatz gegenüber Museum, über N527.

Ronquières 11B2
Grande tour et promenade en Bateau Mouche, Rue Rosemont.
GPS: n50,60636 o4,22249.

20 kostenlos. 01/01-31/12.
Entfernung: vor Ort, vor Ort.

Sivry 11B3
Observatoire de Sivry, Route de Mons 52. **GPS**: n50,17897 o4,22646.
2.
Sonstiges: Zentrum für Naturforschung.

Solre-Sur-Sambre 11B3
Château-Fort, Rue du Chateau Fort. **GPS**: n50,30918 o4,15585.
kostenlos.
Sonstiges: Beim Schloss.

Thieu/Strepy 11B2
Rue Saint-Géry. **GPS**: n50,47156 o4,09069.
+10 kostenlos. **Untergrund**: befestigt. 01/01-31/12.

Thuin 11B3
Drève des Alliés. **GPS**: n50,33951 o4,29860.
Sonstiges: Max. 24 Std.

Thuin 11B3
L'Abbaye d'Aulnes, Rue Vandervelde. **GPS**: n50,36592 o4,33324.
kostenlos.
Sonstiges: Neben der Abtei, max. 24 Std.

Thuin 11B3
Place du Chapitre. **GPS**: n50,33980 o4,28724.

Belgien

Hennegau - Namur - Luxemburg

Tournai/Doornik 11A2
Maison de la Culture, Boulevard Frère Rimbaud, Tournai (Tournai/Doornik). **GPS:** n50,60432 o3,38199.

15-20 kostenlos Ch kostenlos. **Untergrund:** befestigt. 01/01-31/12.
Entfernung: 5 Gehminuten 5 Gehminuten 5 Gehminuten vor Ort.

Trazegnies 11B2
Place Albert I 32. **GPS:** n50,46248 o4,33025.
Entfernung: 1,5Km.
Sonstiges: Parkplatz Schloss.

Namur

Alle-sur-Semois 16C1
Recreatiecentrum Recrealle, restaurant les Pierres du Diable, Rue Léon Henrard 16. **GPS:** n49,84648 o4,97579.

10 kostenlos. **Lage:** Ländlich, einfach. **Untergrund:** ungepflastert. 01/01-31/12.
Entfernung: 700M vor Ort Angelschein obligatorisch vor Ort 700M.
Touristinformation Alle-sur-Semois:
Recrealle. Kanuverleih; Abfahrt für Kanu- und Kajak, Fisch- und Schwimmmöglichkeiten, Bowlingspiel, Tennis, Spielplatz, Gaststätte.

Ave-et-Auffe 11D3
Le Roptaï, Rue du Roptaï 34. **GPS:** n50,11144 o5,13373.

10 €15-20 Ch (10x)€3/24Std WC inklusive €1 €4 €1/3Std. **Lage:** Ländlich, komfortabel, ruhig.
Untergrund: Wiese/Schotter. 08/01-31/12.
Entfernung: 4Km 2km 1Km 5Km 1Km vor Ort.
Sonstiges: Brötchenservice, Han 5Km.

Bohan 16C1
Rue de Monts les Champs. **GPS:** n49,86918 o4,88628.
4 Ch. **Untergrund:** befestigt. 01/01-31/12.
Entfernung: 600M 600M.

Han-Sur-Lesse 11D3
Rue de la Lesse. **GPS:** n50,12751 o5,18819.

40 €7,50, Jul/Aug €10 Ch WC inklusive.
Lage: Städtisch. **Untergrund:** asphaltiert. 01/01-31/12.
Entfernung: 200M 200M 200M vor Ort.
Sonstiges: Parkplatz in der Nähe der Höhlen und Zentrum.
Touristinformation Han-Sur-Lesse:
Grottes de Han. Tropfsteinhöhlen, Spiel mit Tönen und Licht, Rundfahrt auf unterirdischem Fluss. 01/04-31/10 10-16/18 Uhr, 01/11-31/03 11.30-16 Uhr. Réserve d'Animaux. Tierpark mit europäischen Tieren, die in dieser Region leben oder gelebt haben. 01/03-31/12 10-17 Uhr, 01/07-31/08 9.30-18 Uhr.

Hogne 11D3
Aire del Foy, 16 rue de Serinchamps. **GPS:** n50,24981 o5,27933.
25 €5-10 16Amp WC. **Untergrund:** Wiese.
Entfernung: vor Ort.

Namur 11C2
Tabora, Place André Ryckmans. **GPS:** n50,46770 o4,85056.

8 kostenlos Ch €7,50. **Untergrund:** asphaltiert. 01/01-31/12. **Entfernung:** 1Km 1Km 1Km 200M.
Sonstiges: Hinter der Sporthalle.

Nismes 11C3
Rue Longue. **GPS:** n50,07387 o4,54863.

± 8 €5 €2/100Liter Ch €2/Std.
Untergrund: asphaltiert.
01/01-31/12.
Entfernung: vor Ort 100M Bäckerei 100M vor Ort vor Ort.
Sonstiges: Wertmünzen bei Office de Tourisme.

Profondeville 11C3
Chaussée de Namur. **GPS:** n50,37644 o4,87106.

4 kostenlos. **Untergrund:** asphaltiert. 01/01-31/12.
Entfernung: 50M 150M 50M.
Sonstiges: Max. 24 Std.

Rochefort 11D3
Route de Marche. **GPS:** n50,15800 o5,22639.

10 kostenlos. **Lage:** Städtisch, einfach. **Untergrund:** befestigt.
01/01-31/12.
Entfernung: 200M 200M 200M.

Saint-Hubert 11D3
Chemin des Etangs/ Rue de Lavaux. **GPS:** n50,02689 o5,38088.

3 kostenlos kostenlos. **Lage:** Städtisch, einfach.
Untergrund: Schotter. 01/01-31/12.
Entfernung: 500M 500M 500M vor Ort vor Ort.
Sonstiges: Max. 48 Std, 10 Stellplätze erlaubt, Europäische Hauptstadt der Jagd, Veranstaltungen: am ersten Wochenende im September und am 3. November Verehrung heiliger Hubertus.

Saint-Hubert 11D3
Fourneau Saint Michel, Rue Saint Hubert.
GPS: n50,08480 o5,33902.

10 kostenlos Ch kostenlos (4x)€1/Std. **Lage:** Ländlich, einfach. **Untergrund:** asphaltiert/Wiese. 01/01-31/12.
Entfernung: St Hubert 9km 200M vor Ort.
Sonstiges: Bei Freilichtmuseum von Forneau Saint-Michel.

Treignes 11C3
Rue de la Gare. **GPS:** n50,09085 o4,68182.

3 kostenlos €2 Ch €2. **Untergrund:** Schotter.
01/01-31/12. **Entfernung:** 900M.
Sonstiges: Beim ehemaligen Bahnhof, Wertmünzen beim Touristenbüro Nismes, Dampfeisenbahnmuseum.

Luxemburg

Arlon 16E1
Casserne Callemeyn, Drève des Espagnols, N882.
GPS: n49,68990 o5,81929.

5 kostenlos kostenlos. **Lage:** Städtisch, einfach.
Untergrund: asphaltiert. 01/01-31/12.
Entfernung: 600M 5,8Km.
Sonstiges: Bei der Feuerwehr.
Touristinformation Arlon:
Parc Archéologique, Rue des Thermes. Archäologisches Terrain.
9-12 Uhr, 14-17 Uhr.
Flohmarkt. 01/03-31/10 ersten So des Monats 7-19 Uhr.

Barvaux 11D3
Petit Barvaux. **GPS:** n50,35223 o5,49501.

Luxemburg

20 €10/24 Std €2 Ch. **Untergrund:** Schotterasen. 01/01-31/12.
Entfernung: 300M Delhaize 50m Ravel-route vor Ort.
Sonstiges: An der Ourthe, max. 24 Std, Wertmünzen bei Office de Tourisme.
Touristinformation Barvaux:
Labyrinthus, Rue Basse Commene. Labyrinthpark. Jul/Aug 10-19 Uhr, Sep 11-17 Uhr.
Domaine de Hottemme. Naturschutzgebiet mit Besucherzentrum. 10.30-17 Uhr, Sommer 10.30-18 Uhr. € 2.

Bastogne — 11D3
Avenue Albert I. **GPS:** n49,99825 o5,71526.

10 kostenlos kostenlos. **Lage:** Städtisch, einfach, zentral.
Untergrund: asphaltiert. 01/01-31/12.
Entfernung: 300M 3Km 300M 300M.

Bouillon — 16C1
Parking du stade, Rue de la Poulie. **GPS:** n49,79106 o5,05767.

10 kostenlos Ch €1/kWh. **Untergrund:** Schotter. 01/01-31/12.
Entfernung: 1,3Km 1,3Km 1,5Km.
Sonstiges: Wertmünzen bei Office de Tourisme.

Durbuy — 11D3
P Mobilhome Le Vedeur, Rue Fond de Vedeur. **GPS:** n50,35780 o5,45672.

50 € 21, 2 Pers. inkl Ch WC inklusive.
Lage: Komfortabel. **Untergrund:** Schotter. 01/01-31/12.
Entfernung: 750M vor Ort Angelschein obligatorisch 750M 750M vor Ort.
Touristinformation Durbuy:
Confiturerie Saint Amour, Rue St Amour 13. Fertigung der traditionellen Produkte. 10-18 Uhr 01/10-31/03 Mo. kostenlos.
Diamour, Rue de la Prevoté 2. Ardenner Zentrum von Diamanten und Edelschmiedekunst. 10.30-19.30 Uhr Di-Mi. kostenlos.
Parc des Topiaires, Rue Haie Himbe. Modellgarten. 10-18 Uhr 01/01-31/01. € 4,50.
Antiquitäten- und Trödelmarkt. 01/03-30/09, 9-17 Uhr, 2. Sa des Monats.

Herbeumont — 16D1
Avenue de Combattants. **GPS:** n49,77729 o5,23700.

50 kostenlos Ch kostenlos. **Lage:** Ländlich.
Untergrund: asphaltiert/Wiese.
Entfernung: 500M 500M.
Sonstiges: Parkplatz vom alten Bahnhof.
Touristinformation Herbeumont:
Royal Syndicat d'Initiative, Avenue des Combattants, 7, www.herbeumont.be. Schöne Lage in den Ardennen. Ruinen eines mittelalterlichen Schlosses, freier Eintritt.
Au cœur de l'Ardoise, Rue du Babinay 1, Bertrix. Schiefergrube. Sa-So 10-18 Uhr, Mi 14 Uhr. € 9,50.

Hotton — 11D3
Haie Notre Dame. **GPS:** n50,26937 o5,45738.
6 € 10 Ch. **Untergrund:** asphaltiert. 01/01-31/12.
Entfernung: 800M 800M RAVeL.
Sonstiges: Beim Kirchplatz.
Touristinformation Hotton:
Grottes de Hotton, Chemin du spéléoclub 1. Höhlen. 01/04-31/10 10-17 Uhr, 01/07-31/08 10-18 Uhr.

La Roche — 11D3
Rue du Harzé. **GPS:** n50,19075 o5,57432.

5 kostenlos. **Lage:** Städtisch, einfach. **Untergrund:** asphaltiert.
01/01-31/12. **Entfernung:** 500M 500M 500M vor Ort.
Sonstiges: Parkplatz am Sportpark.
Touristinformation La Roche:
Syndicat d'Initiative, Place du Marché, 15, www.la-roche-tourisme.com. Städtchen wurde total zerstört während der Schlacht in den Ardennen, 1944/45.
Mittelalterliche Zitadelle. 10-12 Uhr, 14-17 Uhr, 01/07-31/08 10-19 Uhr, Winter Sa-So mit Frost.

Nisramont — 11D3
Barrage de Nisramont, Rue de barrage. **GPS:** n50,14089 o5,67118.

10 kostenlos. **Lage:** Einfach, abgelegen, ruhig.
Untergrund: befestigt. 01/01-31/12.
Entfernung: 3,7Km 15Km vor Ort vor Ort vor Ort vor Ort.
Sonstiges: Am Stausee.

Poupehan — 16C1
Rue du Pont. **GPS:** n49,80886 o5,00418.

20 kostenlos Ch kostenlos. **Lage:** Ländlich, einfach, ruhig.
Untergrund: Schotter. 01/01-31/12.
Entfernung: vor Ort vor Ort 200M 300M.
Sonstiges: Entlang der Semois (Sesbach), neben Sportplatz, max. 24 Std, kanoverleih.

Redu — 11D3
Rue de Saint Hubert. **GPS:** n50,00877 o5,16348.

10 kostenlos. **Lage:** Ländlich, einfach. **Untergrund:** Schotter.
01/01-31/12.
Entfernung: vor Ort.

🇨🇭 Schweiz

Hauptstadt: Bern
Staatsform: Direkte Demokratie, Bundesstaat
Amtssprache: Deutsch, Französisch, Italienisch und Rätoromanisch
Einwohnerzahl: 8.120.000 (2015)
Fläche: 41.284 km²

Allgemeine Informationen
Telefonvorwahl: 0041
Allgemeine Notrufnummer: 112
Währung: Schweizer Franken (CHF)
1 CHF = € 0,93, € 1 = 1,07 CHF (November 2016)

Freies Übernachten im Wohnmobil
Freie Übernachtungen sind erlaubt, max. 15 Stunden.

Gesetzliche Feiertage 2017
1. August Nationalfeiertag

Zeitzone
Winterzeit GMT+1
Sommerzeit GMT+2

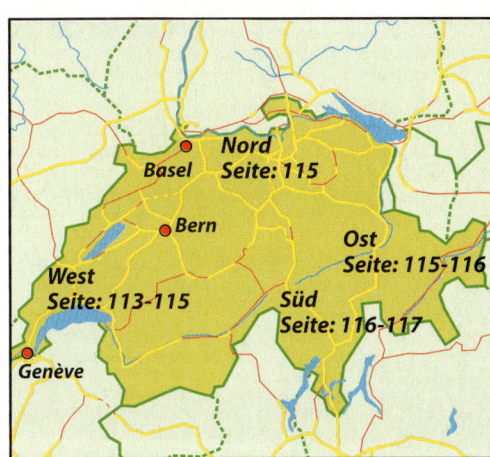

Schweiz West

Aeschi — 22G1
Panorama, Scheidgasse 272. GPS: n46,65399 o7,70070.
50 CHF 22,40-31,20 Ch WC. 15/05-15/10.

Avenches — 22F1
Port-Plage. GPS: n46,90351 o7,04918.
300 CHF 45 Ch WC. 01/04-01/10.

Boltigen — 22G1
Jaunpass. GPS: n46,59208 o7,33758.
117 Ch WC. 01/01-31/12.

Böningen — 22H1
Seeblick, Campingstrasse 14. GPS: n46,68987 o7,89398.
105 CHF 41,80 Ch WC. Ostern-01/10.

Brienz — 22H1
Aaregg. GPS: n46,74859 o8,04957.
180 CHF 30-45 Ch WC. 24/03-31/10.

Touristinformation Brienz:
Alpen Region Brienz-Meiringen-Hasliberg, Bahnhofstrasse 22, Meiringen, www.alpenregion.ch. Holzschnitzerdorf.
während der Schulestunden. 01/07-31/08.
Brienz Rothorn Bahn. Dampfzahnradbahn. 01/06-31/10 8.45 Uhr. CHF 57-88.
Freilichtmuseum Ballenberg. Freilichtmuseum.
15/04-31/10 10-17 Uhr.

Bullet — 22F1
Restaurant Les Cluds, Les Cluds. GPS: n46,84248 o6,55991.

4 CHF 10 Ch (4x)inklusive. Lage: Ländlich, einfach, abgelegen, ruhig. Untergrund: asphaltiert.
01/01-31/12. Restaurant: Mo.
Entfernung: vor Ort.
Sonstiges: Max. 2 Nächte, Bezahlung bei restaurant.

Burgdorf — 19G3
Waldegg, Waldeggweg. GPS: n47,05407 o7,62895.
CHF 28-31,50 Ch WC. 01/04-31/10.

Château-d'Oex — 22G2
Le Berceau. GPS: n46,46673 o7,12529.
70 CHF 38,50 Ch WC. 01/01-31/12.

Cheyres — 22F1
Route de Crevel. GPS: n46,81651 o6,78501.
10Minuten Ch (2x)kostenpflichtigStd. Lage: Einfach.
01/01-31/12.
Touristinformation Cheyres:
Fête de vendages. Weinfeste. Anfang Okt.

Cudrefin — 22F1
Route de Neuchâtel. GPS: n46,56000 o7,02750.
Chkostenlos. 15/03-01/11.

Sonstiges: Vor Camping Le Chablais.

Delémont — 19G3
Place de Parc Gros-Pré Monsieur, Route de Porrentruy.
GPS: n47,36289 o7,34008.

10 kostenlos Ch kostenlos. Untergrund: Schotter.
01/01-31/12. Entfernung: 200M.

Dürrenroth — 19G3
Reisemobilstellplatz Blueberry Hill, Brunnen 54.
GPS: n47,06563 o7,76553.

5 CHF 10 CHF2. Lage: Ländlich, komfortabel, ruhig.
Untergrund: Schotter. 01/01-31/12.
Entfernung: Dürrenroth 3,5km vor Ort vor Ort.
Sonstiges: Schöne Aussicht.

Echallens — 22F1
Chemin du Pont. GPS: n46,63945 o6,64096.

5 kostenlos Chkostenlos. Lage: Ländlich, einfach.
Untergrund: asphaltiert. 01/01-31/12.
Entfernung: 700M 300M 700M.

Estavayer-le-Lac — 22F1
Nouvelle-Plage. GPS: n46,85602 o6,84801.
30 CHF 27-46,60 Ch WC. 01/04-01/11.

Frutigen — 22G1
Grassi. GPS: n46,58178 o7,64213.
68 CHF 26 Ch. 01/01-31/12.

Gampelen — 22F1
Fanel, Seestraße. GPS: n47,00154 o7,03957.
CHF 42-52 Ch. 24/03-09/10.

Grandson — 22F1
Le Pécos, Rue du Pécos. GPS: n46,80371 o6,63575.

4 CHF 26 Ch WC. 01/04-01/10.
Sonstiges: Neben Campingplatz.

Grindelwald — 22H1
Eigernordwand. GPS: n46,62135 o8,01683.
CHF 34 Ch. 01/01-31/12.

Touristinformation Grindelwald:
Jungfraubahn. Zugfahrt zum höchst gelegenen Bahnhof Europas.

Gryon — 22G2
Place de la Barboleuse. GPS: n46,28222 o7,07028.

4 CHF 2,80/pP, Sommer CHF 5,30/pP Ch (4x)CHF 5.
Lage: Ländlich, einfach, ruhig. Untergrund: asphaltiert.
Entfernung: 200M 3,5Km vor Ort 100M.
Sonstiges: Bezahlen bei Office de Tourisme.

Gstaad — 22G2
Bellerive. GPS: n46,48106 o7,27328.
CHF 27,50-30 Ch. 01/01-31/12.

Gwatt-Thun — 22G1
Betllereiche. GPS: n46,72749 o7,62760.
CHF 42-62 Ch WC. 24/03-09/10.

Häusernmoos — 19G3
Restaurant Koi-Gartenteich, Huttwilstrasse 22.
GPS: n47,07890 o7,74935.
4 CHF 10, übernachten kostenlos Ch CHF 4 inklusive, in Restaurant. 01/01-31/12 Restaurant: Mo-Di.
Entfernung: vor Ort 2km.

Hinterkappelen — 22G1
Kappelenbrucke, Wohlenstrasse 62. GPS: n46,96433 o7,38361.
70 Ch WC. 01/01-31/12.

Huttwil — 19H3
Firma Flyer E-Bike, Luzernstrasse. GPS: n47,11527 o7,86795.

16 kostenlos Ch kostenlos. Lage: Ländlich.
Untergrund: Schotter. 01/01-31/12.
Entfernung: 500M.
Sonstiges: Hersteller E-Bikes, Führung Dienstag 14.30 Uhr.

Interlaken — 22H1
Hobby, Lehnweg 16. GPS: n46,68424 o7,83022.
80 CHF 29,40-40 Ch WC. 01/04-30/09.

Schweiz West

Interlaken 22H1
Lazy-Rancho, Lehnweg 6. **GPS:** n46,68583 o7,83095.
90 CHF 33-51 Ch WC. Ostern-01/10.
Touristinformation Interlaken:
Heimwehfluhbahn. Drahtseilbahn aus 1906. 24/03-23/10 10-17.
JungfrauPark. Vergnügungs- und Themenpark. 01/05-23/10 11-18u 25/12-01/01.

La Brévine 22F1
Les Varodes. GPS: n46,97195 o6,58860.

10 kostenlos Ch (2x) WC kostenlos. **Lage:** Ländlich, einfach, abgelegen, ruhig. **Untergrund:** asphaltiert. 01/01-31/12.
Entfernung: 3Km vor Ort 1,5Km vor Ort vor Ort vor Ort.
Sonstiges: Parkplatz bei Lac des Taillères.

La Chaux-de-Fonds 19F3
Bois du Couvent. GPS: n47,09334 o6,83593.

2 kostenlos Ch (4x) kostenlos. **Lage:** Ländlich, einfach.
Untergrund: Schotter. 01/05-30/09.
Entfernung: 1,3Km 350M 700M vor Ort.
Sonstiges: Gegenüber Campinggelände du Bois du Couvent.
Touristinformation La Chaux-de-Fonds:
Tourisme neuchâtelois - Montagnes, Espacité 1, Place Le Corbusier. Hauptstadt der Uhrenindustrie.
Musée International d'Horlogerie, Rue des Musée 29. Uhrenmuseum. 10-17 Uhr Mo, 25/12-01/01.
Musée paysan et artisanal, Rue des Crêtets 148. Das Bauernleben und altes Handwerk. 01/04-31/10 14-17 Uhr, 01/11-28/02 Mi, Sa, So 14-17 Uhr Mo, 01/03-31/03.

Langenthal 19G3
Lexa-Wohnmobile, Bern-Zürichstrasse 49b.
GPS: n47,22461 o7,77944.

5 kostenlos Ch kostenlos.
Untergrund: asphaltiert. 01/01-31/12.
Entfernung: 2km. **Sonstiges:** Bei Reisemobilhändler.

Lausanne 22F2
Vidy, Chemin du Camping 3. **GPS:** n46,51734 o6,59777.

10 CHF 23,10 oder € 20 Ch WC inklusive CHF 4,35/4Std. **Lage:** Städtisch, einfach, zentral. **Untergrund:** Wiese/befestigt. 01/01-31/12.

Entfernung: vor Ort vor Ort.
Sonstiges: Neben Campinggelände das Vidy, bezahlen bei Rezeption, Ver-/Entsorgung Passanten CHF 3, kostenloser Bus zum Zentrum.
Touristinformation Lausanne:
Lausanne Tourisme, Avenue de Rhodanie 2, www.lausanne-tourisme.ch. Parken am Hafen, mit der Zahnradbahn ins Zentrum.
Musée Olympique, Quai d'Ouchy 1. Alles über die Olympischen Spiele. 01/05-14/10 9-18 Uhr, 14/10-30/04 10-18 Uhr Mo, 01/10-30/04.

Lauterbrunnen 22H1
Jungfrau. GPS: n46,58834 o7,90882.
CHF 42,80 Ch WC. 01/01-31/12.

Lauterbrunnen 22H1
Schützenbach. GPS: n46,59047 o7,91194.
Ch WC. 01/01-31/12.
Touristinformation Lauterbrunnen:
Jungfraubahn, Grindelwald. Zugfahrt zum höchst gelegenen Bahnhof Europas.
Klöppelstube, Altes Schulhaus. Spitzen klöppeln. Fr 13.30-16.30 Uhr. kostenlos.
Trümmelbachfälle, Lauterbrunnen dir Stechelberg. Unterirdische Wasserfälle. 01/04-30/11 9-17 Uhr.

Le Landeron 19F3
Camp des Pêches. GPS: n47,05257 o7,06993.
CHF 38 Ch WC. 01/04-15/10.
Touristinformation Le Landeron:
Restaurant Le Carnotzet, Rue de la Gare 22. Restaurant mit regionalen Spezialitäten. Di-Sa 11-14 Uhr, 17-23 Uhr Mo, So.

Les Brenets 19F3
Champ de la Fontaine. GPS: n47,06588 o6,69898.
CHF 5 Ch. 01/01-31/12.
Sonstiges: Beim Campingplatz Lac de Brenets.

Les Ponts-de-Martel 22F1
Rue du Bugnon. GPS: n46,99644 o6,73065.

3 kostenlos Ch (2x) kostenlos. **Lage:** Ländlich, einfach.
Untergrund: asphaltiert.
Entfernung: 600M 700M.
Sonstiges: Am Kulturzentrum.

Malvilliers 22F1
Hotel-Restaurant La Croisée, Route de Neuchâtel.
GPS: n47,03200 o6,86779.

5 CHF 5 Ch (4x) inklusive. **Lage:** Einfach, laut.
Untergrund: asphaltiert. 01/01-31/12.
Entfernung: 100M vor Ort.

Meiringen 22H1
Alpencamping, Brünigstrasse 46. **GPS:** n46,73448 o8,17122.
8 CHF 27,90 Ch WC inklusive.
Untergrund: Wiese.
Entfernung: 1Km 1Km. **Sonstiges:** Max. 3 Nächte.

Morges 22F2
Le Petit Bois. GPS: n46,50446 o6,48894.
170 CHF 56 Ch WC. 01/04-01/10.
Sonstiges: Ver-/Entsorgung am Eingang Campingplatz.

Moutier 19G3
Chemin de la Piscine. GPS: n47,27365 o7,37923.

5 kostenlos Ch kostenlos. **Lage:** Städtisch, einfach, ruhig.
Untergrund: asphaltiert.
Entfernung: 1Km.
Sonstiges: Am Schwimmbad.

Murten 22G1
Lac de Morat, Ryf. **GPS:** n46,93240 o7,11967.

30 CHF 1/Std, übernachten kostenlos. **Lage:** Städtisch, einfach, zentral. **Untergrund:** Schotterasen. 01/01-31/12.
Entfernung: vor Ort vor Ort vor Ort.

Neuchâtel 22F1
Route des Falaises. GPS: n47,00145 o6,95735.

8 kostenlos Ch (4x) kostenlos. **Lage:** Einfach, laut.
Untergrund: Schotterasen.
Entfernung: Stadtmitte 2Km 300M 100M.
Sonstiges: Max. 2 Tage, max. 7M.
Touristinformation Neuchâtel:
Le Creux-du-Van, Val-de-Travers. Naturschutzgebiet. 01/01-31/12.

Oberburg 19G3
Reisemobilstellplätze Kürbishof, Krauchthalstrasse 40.
GPS: n47,03807 o7,62079.
5 CHF 13 oder € 9 Ch WC kostenpflichtig. 01/01-31/12.
Entfernung: 600M 300M. **Sonstiges:** Zahlung auch in Euros.

Payerne 22F1
Place de la Concorde. GPS: n46,81976 o6,93757.

2 kostenlos Ch (2x) kostenlos. **Lage:** Städtisch, einfach, zentral, laut. **Untergrund:** asphaltiert. 01/01-31/12.
Entfernung: vor Ort vor Ort vor Ort.

Portalban 22F1
Route du Port. GPS: n46,92131 o6,95614.

Schweiz West - Schweiz Nord - Schweiz Ost

25 CHF 20, 2 Pers. inkl (30x)WC inklusive.
Lage: Ländlich, einfach. **Untergrund:** Schotterasen.
01/01-31/12.
Entfernung: vor Ort 200M vor Ort vor Ort.
Sonstiges: Im Hafen, nahe Campingplatz, anmelden an der Rezeption.

Prêles — 19G3
Prêles, Route de la Neuveville 61. **GPS:** n47,08569 o7,11714.
CHF 37,50 WC 01/04-15/10.

Rolle — 22E2
Camping de Rolle Aux Vernes, Chemin de la Plage.
GPS: n46,46191 o6,34630.
5 CHF 18-30 + CHF 8,50-10/pP Kurtaxe CHF 3.
Untergrund: asphaltiert. 01/03-01/10.
Entfernung: 500M.
Sonstiges: Max. 48 Std.

Romont — 22F1
Promenade des Avoines. **GPS:** n46,69753 o6,91774.

2 kostenlos Ch (4x)kostenlos. **Lage:** Ländlich, einfach, laut. **Untergrund:** Schotterasen. 01/01-31/12.
Entfernung: vor Ort 100M 700M.
Sonstiges: Max. 24 Std.

Saignelégier — 19F3
Chemin de la Tuilerie. **GPS:** n47,25223 o7,00347.

10 kostenlos Ch kostenlos. **Lage:** Ländlich, einfach, laut.
Untergrund: Schotterasen. 01/01-31/12.
Entfernung: 700M vor Ort 200M.

Saint Blaise — 22F1
Chemin des Pêcheurs. **GPS:** n47,01139 o6,98778.

12 CHF 16/24 Std Ch (4x)WC inklusive.
Lage: Städtisch, einfach, zentral, laut.
Untergrund: asphaltiert.
Entfernung: Neuchâtel 5km 300M 250M 500M 600M.

Saint-Aubin — 22F1
Port de St-Aubin-Sauges. **GPS:** n46,89181 o6,77427.

---

10 CHF 20 Ch (6x)WC inklusive. **Lage:** Einfach, ruhig.
Untergrund: asphaltiert. 01/01-31/12.
Entfernung: 600M vor Ort vor Ort 400M 400M.
Sonstiges: Parkplatz Hafen, nahe bei capitainerie.

Sainte-Croix — 22F1
Grand-Rue, L'Auberson. **GPS:** n46,82019 o6,47230.

4 kostenlos Ch (4x)kostenlos. **Lage:** Ländlich, einfach.
Untergrund: asphaltiert.
Entfernung: 2km vor Ort 3Km.

Satigny — 22E2
Bois de Bay, Route du Bois-de-Bay 19. **GPS:** n46,20087 o6,06619.
Ch WC. 01/01-31/12.

Vesenaz — 22E2
Pointe a la Bise. **GPS:** n46,24517 o6,19331.
105 CHF 62 Ch WC 28/03-05/10.

Zweisimmen — 22G1
Vermeille, Eygässli 2. **GPS:** n46,56265 o7,37766.
25 CHF 24,80-30,30 Ch 01/01-31/12.

Schweiz Nord

Altikon — 20A2
Stellplatz auf dem Bauernhof, Feldstrasse 18.
GPS: n47,57337 o8,78391.
3 CHF 10 CHF 1 Ch CHF 4 CHF 2.
Untergrund: befestigt. 01/01-31/12.
Entfernung: 200M 200M.
Sonstiges: Max. 48 Std.

Brunnen — 23A1
Hopfraeben. **GPS:** n46,99700 o8,59300.
40 CHF 23-39 Ch WC 01/05-01/10.

Engelberg — 22H1
Eienwäldli, Wasserfallstraße 108. **GPS:** n46,81009 o8,42243.
130 CHF 28-36 Ch WC 01/01-31/12.

Giswil — 22H1
Stellplatz an der Kirche, Panoramastrasse. **GPS:** n46,83230 o8,17900.
3 kostenlos. **Untergrund:** asphaltiert.
Entfernung: vor Ort vor Ort vor Ort.
Sonstiges: Max. 1 Nacht.

Hemmiken — 19H3
Stellplatz Bauernhof, Asphof 50. **GPS:** n47,49682 o7,88749.
3 CHF 20 Ch. **Lage:** Abgelegen.
Untergrund: ungepflastert. 01/01-31/12.
Entfernung: 1,4Km.

Horw — 22H1
Steinibachried. **GPS:** n47,01100 o8,31100.
CHF 38-50 Ch. 24/03-09/10.

Reinach — 19G3
Waldhort, Heideweg 16. **GPS:** n47,49923 o7,60296.
CHF 36 Ch WC 01/03-01/10.

Weggis — 19H3
Bauernhof Gerberweid, Eichistrasse 2. **GPS:** n47,03888 o8,41446.

15 CHF 6-10 + CHF 6/pP + CHF 2,70/pP Kurtaxe CHF 1 Ch
CHF 3 CHF 2. **Untergrund:** Wiese. 01/04-15/10.
Entfernung: 2km 1Km 1Km 500M vor Ort.

Willisau — 19H3
Bisangmatt. **GPS:** n47,11937 o7,99829.

4 CHF 5 (4x)inklusive. **Untergrund:** befestigt.
01/01-31/12. **Entfernung:** 800M 800M 800M.
Sonstiges: Bei der Feuerwehr.

Zug — 20A3
Zugersee, Chamer Fussweg 36. **GPS:** n47,17758 o8,49358.
CHF 40 Ch WC. 24/03-09/10.
Sonstiges: Max. ^3,17M.

Schweiz Ost

Altstätten — 20B3
Gasthausziel, Trogenerstrasse 99. **GPS:** n47,38892 o9,53457.
6 CHF 10, für Gäste kostenlos Ch CHF 5/Tag.
01/01-31/12 Mi-Do.
Entfernung: 3Km vor Ort.

Andeer — 23B1
Sut Baselgia. **GPS:** n46,60651 o9,42630.
CHF 30 Ch 01/01-31/12.

Appenzell — 20B3
Restaurant Eggli, Egglistrasse. **GPS:** n47,32104 o9,46565.
10 Ch Gäste kostenlos. **Untergrund:** asphaltiert.
01/01-31/12.
Sonstiges: Der schönste Aussichtspunkt von Appenzell.

Bivio — 23B2
Wohnmobil-Stellplatz Tua. **GPS:** n46,46304 o9,65597.

20 CHF 10-15 + CHF 2,50/pP Kurtaxe Ch CHF 7/Tag.
Untergrund: Schotterasen. 01/01-31/12.
Entfernung: Savognin 18km vor Ort Savognin 18km vor Ort.
Sonstiges: Parkplatz bei den Skiliften.

Breil/Brigels — 23A1
Parkplatz der Bergbahnen. **GPS:** n46,77104 o9,06770.

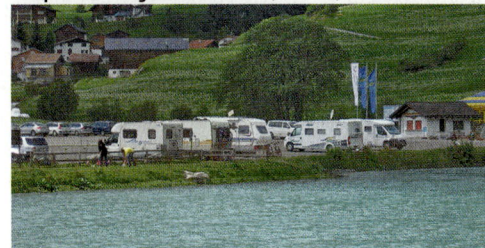

20 CHF 7 + CHF 3/pP Kurtaxe CHF 2/50Liter Ch CHF 3/Tag.
Untergrund: befestigt. 01/04-30/11.
Entfernung: 600M vor Ort Imbiss vor Ort, Restaurants 600M

Schweiz Ost - Schweiz Süd

600M vor Ort in der Nähe.
Sonstiges: Am Brigeler See.

Chur 23B1
Stellplätze Camp Au, Felsenaustrasse 61. **GPS**: n46,86187 o9,50756.
CHF 15 + CHF 1,20/pP Kurtaxe ChWC.
01/01-31/12.
Entfernung: 3Km 2km vor Ort vor Ort.
Sonstiges: Max. 1 Nacht, älteste Stadt der Schweiz.

Churwalden 23B1
Pradafenz, Girabodawag 34. **GPS**: n46,77690 o9,54121.
50 CHF 35,60 Ch WC. 01/01-31/12.

Davos 23C1
Rinerlodge Talstation, Landwasserstrasse. **GPS**: n46,74150 o9,77814.
10 CHF 26-32 CHF 2.
Untergrund: Schotter.
01/01-31/12.
Entfernung: 1Km vor Ort vor Ort vor Ort.
Sonstiges: Max. 24 Std.
Touristinformation Davos:
- Davos Alpengarten. Botanische Gärten.
 01/05-30/09 9-17 Uhr.
- Berghaus Stafelalp, Frauenkirch. In dem 250 Jahren alten Gasthaus kocht man noch auf einem Holzofen, bei Anbruch der Dämmerung werden Petroleumlampen angezündet.

Elm 23B1
Sportbahnen Elm, Schiesserblock. **GPS**: n46,91332 o9,16228.
50 kostenlos. **Untergrund**: asphaltiert. 01/03-30/11.
Entfernung: 650M 650M vor Ort vor Ort.

Eschenz 20A2
Hüttenberg. **GPS**: n47,64436 o8,85935.
8 CHF 20 Ch WC inklusive. **Lage**: Ländlich.
Untergrund: Wiese/befestigt. 01/01-31/12.
Sonstiges: 01/04-31/10 Quickstop >19 Uhr <10 Uhr, Zahlung auch in Euros.

Kreuzlingen 20B2
Fischerhaus, Promenadestraße 52. **GPS**: n47,64745 o9,19898.
CHF 41-51 Ch. 23/03-16/10.

Neuhausen 20A2
Parkplatz Fischacker, Nohlstrasse. **GPS**: n47,67373 o8,60866.

50 € 15 ChWC. **Untergrund**: Wiese/befestigt.
Entfernung: 200M vor Ort 200M 1Km.
Touristinformation Neuhausen:
- Der Rheinfall. Wasserfälle.

Pontresina 23C2
Plauns. **GPS**: n46,46200 o9,93400.
Ch. 01/06-15/10, 15/12-15/04.

Samnaun 20C3
Wohnmobilstellplatz Samnaun-Ravaisch, Sportplatzweg 13.
GPS: n46,94906 o10,36705.

18 CHF 18-39/Tag, CHF 6,20/pP Ch WC inklusive.
01/01-31/12.
Entfernung: 750M 200M vor Ort.
Sonstiges: Am Fussballplatz.

Sankt Gallen 20B3
Paul-Grüninger-Stadion, Grütlistrasse. **GPS**: n47,43361 o9,40464.
2 CHF 2/9-19 Std, CHF 1/19-8 Std CHF 1/100Liter CHF 0,50/kWh. **Untergrund**: asphaltiert. 01/01-31/12.
Entfernung: 2km 300M.
Sonstiges: Neben Sportplätzen.

Sankt Moritz 23C1
Olympiaschanze. **GPS**: n46,47800 o9,82600.
125 CHF 45 Ch WC. 20/05-03/10.
Touristinformation Sankt Moritz:
- Clean Energy Tour. Wanderroute: Natur, Energie, Klima und Wetterabenteuer. Anmelden: Kur- und Verkehrsverein St. Moritz. 15/06-01/10 Mi 13.45 Uhr Dauer 2,5 Stunde.

Savognin 23B1
Veia Sandeilas. **GPS**: n46,59660 o9,59226.
15 CHF 15 + CHF 8/pP CHF 1 Ch CHF 2,50.
Untergrund: Schotter. 01/01-31/12.
Entfernung: 500M.
Sonstiges: Bei Sesselbahn, Sommer: parken bei Campingplatz Julia.

Schiers 20B3
Restaurant Prättigauerhof, Flurystrasse 19. **GPS**: n46,97034 o9,68752.
2 kostenlos, Einnahme einer Mahlzeit Pflicht.
Untergrund: befestigt. 01/01-31/12 Sa + So.
Entfernung: 300M vor Ort 100M.

Sent 23C1
Camping Sur En. **GPS**: n46,81852 o10,36596.
10 CHF 15 + CHF 2,50/pP Kurtaxe CHF 3.
01/01-31/12.
Entfernung: vor Ort.
Sonstiges: Max. 1 Nacht, 17-10 Uhr.

Splügen 23B1
Auf dem Sand. **GPS**: n46,54922 o9,31399.
CHF 40 Ch WC. 01/01-31/12.

Steckborn 20A2
Wohnmobilplatz Steckborn, Schützengraben.
GPS: n47,66813 o8,98462.

8 CHF 12/24 Std Ch (8x)inklusive. **Untergrund**: Schotter.
01/01-31/12.
Entfernung: 400M 200M 400M 300M.

Unterwasser 20B3
Hotel Restaurant Post, Postplatz. **GPS**: n47,19673 o9,30949.
6 CHF 15 + CHF 3/pP Kurtaxe, Gäste kostenlos (6x).
01/01-31/12.
Entfernung: 300M vor Ort 300M vor Ort.

Vaduz/Liechtenstein 20B3
Rheinparkstadion, Rheindamm. **GPS**: n47,14022 o9,50945.

10 CHF 4,50, 19-07U kostenlos ChWC kostenlos.
Untergrund: asphaltiert. 01/01-31/12.
Entfernung: 1,8km vor Ort.
Sonstiges: Am Rhein, Parkplatz nahe Stadion, max. 24 Std.
Touristinformation Vaduz/Liechtenstein:
- Liechtenstein Tourismus, Städtle 37, www.vaduz.li. Fürstentum an der Österreichisch-Schweizer Grenze.
- Kunstmuseum Liechtenstein, Städtle 32. Di-So 10-17 Uhr.
- Erlebniswelt Neuguthof, Neugutweg 30. Maislabyrinth mit Westernstadt. 15/06-30/09 Mi 13-18 Uhr, Sa-So 10-20 Uhr, Urlaub Mo-Fr 10-20U, Sa-So 10-22 Uhr.

Vals 23B1
Stellplatz Vals, Vallée. **GPS**: n46,60891 o9,17438.

10 CHF 17 + CHF 2,80/pP Kurtaxe WC. **Untergrund**: befestigt.
Sonstiges: Sommer.
Entfernung: 300M vor Ort 300M 300M vor Ort.
Sonstiges: Parkplatz Drahtseilbahn.

Zizers 23B1
K. Lüthi, Rappagugg. **GPS**: n46,91937 o9,56270.
5 kostenlos Ch. **Untergrund**: befestigt.
Entfernung: 1,6Km vor Ort.
Sonstiges: Bei Reisemobilhändler.

Zürich 20A3
Camping Zürich, Seestrasse 559. **GPS**: n47,33641 o8,53960.
. 01/01-31/12.
Touristinformation Zürich:
- Zürich Tourismus, Im Hauptbahnhof, www.zuerich.com. Historische Stadt mit großer Fußgängerzone.

Schweiz Süd

Agno 23A3
Eurocampo, Via di Molinnazzo. **GPS**: n45,99556 o8,90621.
CHF 30-34 Ch WC. 01/04-31/10.

Avegno 23A2
Piccolo Paradiso, Via Cantonale 13. **GPS**: n46,20100 o8,74300.
280 CHF 27-46 Ch WC. 20/03-25/10.

Bellinzona 23A2
Centro Sportivo, Viale Giuseppe Motta. **GPS**: n46,20116 o9,01729.

7 CHF 20 CHF 1/20Liter Ch. **Untergrund**: asphaltiert.
01/01-31/12.
Entfernung: 1,5Km 4Km.
Sonstiges: Max. 48 Std.
Touristinformation Bellinzona:
- Castelgrande, Via Salita Castelgrande 18. 11-16 Uhr, Apr/Jun/Sep/Oct 10-18 Uhr, Jul/Aug 10-19 Uhr.
- Castello di Montebello, Via Artore 4. 01/03-30/11 10-18 Uhr.
- Castello di Sasso Corbaro. 01/04-30/11 10-18 Uhr.
- Palestra di Roccia San Paolo, Palazo Civico. Klettergarten für Anfänger und Experten, 30.000 m², 23 Kletterrouten.

Bouveret 22F2
Rive Bleue. **GPS**: n46,38645 o6,86041.
CHF 28,20-37,20 Ch WC. 25/03-16/10.

Brig 22H2
Brigerbad. **GPS**: n46,30209 o7,93102.
400 CHF 29-33 Ch WC. 30/04-02/11.

Champéry 22F2
Route de la Fin. **GPS**: n46,17592 o6,87076.

6 CHF 18 + CHF 2,20/pP Ch (4x)inklusive. **Lage**: Ländlich, einfach. **Untergrund**: asphaltiert. 01/01-31/12.
Entfernung: 100M vor Ort 200M 200M.
Sonstiges: Parkplatz Supermarkt, in der Nähe der Seilbahn.

Schweiz Süd

Evolène — 22G2
Evolène. **GPS:** n46,11075 o7,49654.
CHF 29,40 Ch WC 01/01-31/12.

Gordevio — 23A2
Bella Riva. GPS: n46,22159 o8,74194.
Ch WC 01/04-01/10.

Grimentz — 22G2
Aire camping-car l'Îlot Bosquet, Route de Moiry.
GPS: n46,17432 o7,57271.

20 CHF 15 Ch CHF 3. **Lage:** Ländlich, einfach, ruhig.
Untergrund: asphaltiert. 01/01-31/12.
Entfernung: vor Ort, vor Ort, vor Ort, vor Ort, in der Nähe, in der Nähe.
Sonstiges: Zahlen und Wertmünzen beim Touristenbüro, öffentlichen Verkehrsmitteln, kostenloser Schwimmbadeintritt (Sommer).
Touristinformation Grimentz:
Grimentz/St.Jean Tourisme, www.grimentz.ch. Viele ausgeschilderte Rad- und Wanderwege.
La Maison bourgeoisiale. Das Leben der Bürger von Grimentz.
Führung Mo. kostenlos.

Grimselpas — 22H1
Hotel Grimselblick, Totensee. **GPS:** n46,56115 o8,33673.
20 CHF 10. **Untergrund:** asphaltiert.
Entfernung: vor Ort.
Sonstiges: Ver-/Entsorgung bei Hotel.

Hérémence — 22G2
Val des Hérémence, Parking B,C,D en E, Le Chargeur.
GPS: n46,08882 o7,40362.

15 kostenlos. **Untergrund:** ungepflastert. 01/01-31/12.
Sonstiges: Am Stausee.

La Fouly — 22G3
Les Glaciers. GPS: n45,93351 o7,09361.
CHF Ch WC. 15/05-30/09.

Les Haudères — 22G2
Molignon. GPS: n46,09061 o7,50776.
CHF 14,50-30,60 Ch WC 01/01-31/12.

Leuk — 22G2
Hexenplatzstrasse. GPS: n46,31082 o7,63436.
4 CHF 15/24 Std Ch. **Untergrund:** asphaltiert.
01/01-31/12. **Entfernung:** 400M vor Ort, vor Ort 400M 400M.

Leukerbad — 22G2
Winterstellplatz, Parkplatz Fischweiher. **GPS:** n46,38215 o7,63232.

30 CHF 10/24 Std. **Lage:** Ländlich, einfach.
Untergrund: Schotter/Sand. 01/11-15/04.
Entfernung: 150M 600M 100M.
Sonstiges: Zahlung nur mit Münzen.

Locarno — 23A2
Parco della Pace, Via Gioacchino Respini.
GPS: n46,16011 o8,80255.

50 CHF 5/6 Std. **Untergrund:** Schotter. 01/01-31/12.
Entfernung: 900M 100M 100M.
Sonstiges: Max. 24 Std.
Touristinformation Locarno:
Rasa. Touristisches autofreies Minidorf, erreichbar mit der Centrovalli-Bahn bis Verdasio, von dort aus mit der kleinen Drahtseilbahn nach Rasa.
Tenero-Locarno-Tenero. Kostenloser Boot-Service. 31/05-30/09.

Martigny — 22G2
Les Neuvilles, Rue du Levant 68. **GPS:** n46,09787 o7,07930.
70 CHF 44 Ch WC 24/03-16/10.
Touristinformation Martigny:
Gorges du Durnand. Wanderroute durch die Schlucht des Durnand.

Meride — 23A3
Parco al Sole. GPS: n45,88806 o8,94944.
CHF 38-56 Ch 15/04-25/09.

Molinazzo di Montegio — 23A3
Tresiana. GPS: n45,98990 o8,81576.
95 CHF 26-46 Ch WC 19/03-23/10.

Muzzano-Lugano — 23A3
Piodella di Agnuzzo. GPS: n45,99463 o8,90857.
200 CHF 45 Ch WC 01/01-31/12.

Raron — 22H2
Santa Monica, Kantonstrasse 56. **GPS:** n46,30007 o7,82374.
CHF 23-29 Ch WC 01/01-31/12.

Reckingen — 22H2
Camping Augenstern, Im Ellbogen 21. **GPS:** n46,46500 o8,24500.
50 CHF 29-35 Ch WC 01/05-18/10 und 15/12-15/03.

Rivera — 23A2
Area Camper Tamaro, Monte Ceneri 19. **GPS:** n46,13926 o8,90675.
80 3-72 Std CHF 1/Std Ch inklusive.
Untergrund: Wiese/Schotter. 01/01-31/12, 24/24 Std.
Entfernung: vor Ort.
Sonstiges: Videoüberwachung.

Saas Fee — 22H2
Parkplatz P4. GPS: n46,11090 o7,93208.

50 CHF 26/24 Std Ch inklusive CHF 2
WC. **Lage:** Ländlich, einfach, abgelegen, ruhig.
Untergrund: Wiese/Schotter. 01/01-31/12. Versorgung im Winter. **Entfernung:** 100M 200M 900M 200M.

Saillon — 22G2
Bains de Saillon, Route du Centre Thermal 16. **GPS:** n46,17353 o7,19372.
12 kostenlos. **Untergrund:** Wiese. 01/01-31/12.
Entfernung: 4Km.
Sonstiges: Max. 48 Std.
Touristinformation Saillon:
Sentier des Vitraux. Wanderroute, 45 Minuten, durch die Weingärten und das mittelalterliche Saillon.

Saint-Léonard — 22G2
Place du Lac Souterrain. **GPS:** n46,25564 o7,42600.

15 CHF 10/Nacht Ch (4x)WC inklusive. **Lage:** Ländlich, einfach, zentral, ruhig. **Untergrund:** asphaltiert/Wiese. Ver-/entsorgung: 01/11-19/03.
Entfernung: 5,5Km 300M.
Sonstiges: Zahlen bei Kiosk.

Simplon — 22H2
Col du Simplon, Simplonstrasse. **GPS:** n46,24944 o8,03056.

18 kostenlos Ch WC kostenlos. **Lage:** Ländlich, abgelegen. **Untergrund:** asphaltiert.
Entfernung: 200M.

Sonogno — 23A2
Camper Area Sonogno, Cioss. **GPS:** n46,35058 o8,78846.
15 € 16/Nacht Ch inklusive. **Lage:** Ländlich, abgelegen, ruhig. **Untergrund:** Wiese. 01/01-31/12.
Entfernung: 200M 200M 200M.

Stampa — 23B2
Tankstelle Esso, Strada Principale. **GPS:** n46,34593 o9,59660.
8 CHF 8 CHF 3 Ch CHF 3. 01/01-31/12.
Entfernung: vor Ort.
Sonstiges: Max. 24 Std.

Tenero — 23A2
Lido Mappo, Via Mappo. **GPS:** n46,17692 o8,84433.
CHF 36-56 Ch 18/03-23/10.

Tenero — 23A2
Tamaro, Via Mappo 32. **GPS:** n46,17525 o8,84779.
CHF 36 Ch WC 15/03-01/11.

Trient — 22F3
Place de Repos Du Peuty, Le Peuty. **GPS:** n46,04645 o6,99499.

6 CHF 3/pP kostenlos. **Lage:** Ländlich, einfach, abgelegen, ruhig. **Untergrund:** Wiese.
Entfernung: 1,5Km vor Ort.

Vétroz — 22G2
Restaurant As de Pique. GPS: n46,20556 o7,27833.
Ch CHF 15, für Gäste kostenlos. 01/01-31/12.

Tschechien

Hauptstadt: Prag
Staatsform: Parlamentarische Republik
Amtssprache: Tschechisch
Einwohnerzahl: 10.645.000 (2015)
Fläche: 78.866 km²

Allgemeine Informationen
Telefonvorwahl: 00420
Allgemeine Notrufnummer: 112
Währung: Koruna (CZK)
€ 1 = 27 CZK, 1 CZK = € 0,04 (Oktober 2016)
Kreditkarten werden fast überall akzeptiert.

Freies Übernachten im Wohnmobil
Freies übernachten ist nicht erlaubt.

Gesetzliche Feiertage 2017
1. Mai Tag der Arbeit
8. Mai Kriegsende
5. Juli Feiertag der Heiligen Kyrill und Method
28. September Heiligen Wenzels
28. Oktober National Feiertag
17. November Tag für Freiheit und Demokratie

Zeitzone
Winterzeit GMT+1
Sommerzeit GMT+2

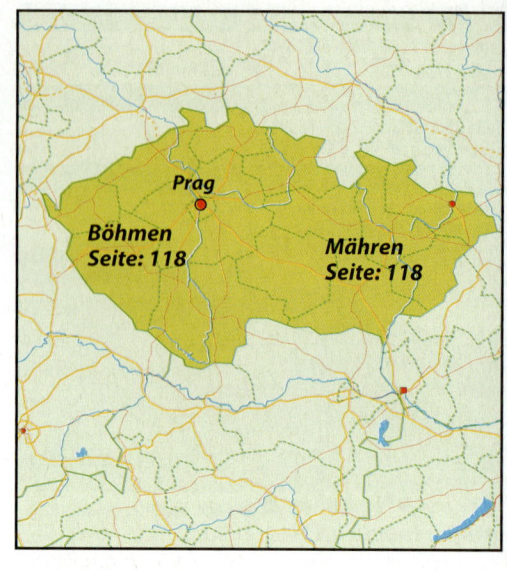

Böhmen Seite: 118
Mähren Seite: 118

Böhmen

Golčův Jeníkov — 37A2
Mamolina, Římovice 9. GPS: n49,80428 o15,44581.
20 € Ch . 01/01-31/12.

Janovice N.U — 17G1
Camping U Dvou Orechu, Splz 13- Strzov. GPS: n49,28137 o13,24008.
10 € 19/22 Ch WC inklusive.
Untergrund: Wiese/befestigt. 01/05-15/09.
Entfernung: 3Km 3Km 500M vor Ort vor Ort.

Karlovy Vary — 12F2
Nakladni. GPS: n50,23438 o12,86782.
15 € 20 Ch inklusive €1. Untergrund: befestigt.
01/03-01/11.
Entfernung: 500M 200M 600M.

Karlovy Vary — 12F2
U. Podjezdu 1616/5. GPS: n50,21992 o12,83688.
10 Ch inklusive €2,50. Untergrund: Wiese.
01/03-01/11.
Entfernung: 400M.

Lipno nad Vltavou — 37A3
Camping Hotel Panorama, Lipno nad Vltavou 22.
GPS: n48,63869 o14,22484.
40 € 10,50-17,50 Ch WC inklusive. Lage: Ländlich.
Untergrund: Wiese/befestigt. 01/04-01/10.
Entfernung: vor Ort vor Ort vor Ort vor Ort.
Sonstiges: Brötchenservice.

Nelahozeves — 12H2
Marina Vltava, Dvořákova stezka. GPS: n50,25898 o14,30230.
15 € 6 €2/100Liter €2 €2 .
Untergrund: Schotterasen. 01/01-31/12.
Entfernung: vor Ort vor Ort 300M.

Nová Bystřice — 37A2
Farma Alpaka, Dobrá Voda čp 20. GPS: n49,06400 o15,10481.
10 € 8 Ch. Lage: Ländlich. Untergrund: Schotter.
01/01-31/12.
Entfernung: 6Km.
Sonstiges: Brötchenservice.

Nové Město pod Smrkem — 37A1
Ludvikov Horses&Holiday, Ludvikov pod Smrkem 9.
GPS: n50,91579 o15,20486.
15 € 13 Ch inklusive WC . Lage: Ländlich.
Untergrund: Wiese. 01/01-31/12.
Entfernung: vor Ort vor Ort 10Km.

Prague — 37A2
Camp Herzog, Trojská 602/161, Prag (Prague).
GPS: n50,11719 o14,42717.
20 € 14 Ch €3,50 WC inklusive. Lage: Städtisch.
Untergrund: Wiese. 01/01-31/12.
Entfernung: 4,2Km 500M.

Prague — 37A2
Caravan Camping Císařská Louka, Císařská louka 16, Prag (Prague).
GPS: n50,05584 o14,41336.
40 € 16,50 Ch WC €3,50 inklusive. Lage: Städtisch.
Untergrund: Wiese. 01/01-31/12.
Entfernung: 4Km 750M.

Prague — 37A2
Dana Troja, Trojská 357/129, Prag (Prague).
GPS: n50,11716 o14,43176.
15 € 19 Ch €3 WC €2,50 inklusive. Lage: Städtisch.
Untergrund: Wiese. 01/01-31/12.
Entfernung: 4Km 200M.

Sněžník — 12H1
Stellplatz Sněžník, Jílové. GPS: n50,79647 o14,08425.

15 € 5/5 Std, dann € 0,60/Std €0,10/10Liter Ch €0,60/kWh.
01/01-31/12.
Entfernung: 50M.

Svitavy — 37A2
U Stadion, U Stadionu. GPS: n49,75146 o16,46521.
6 kostenlos Ch kostenlos €0,25/kWh. Lage: Städtisch.
Untergrund: befestigt. 01/01-31/12.
Entfernung: vor Ort.
Sonstiges: Am Stadion.

Velemín — 12H2
Finaso, Velemin 198. GPS: n50,53639 o13,97333.

6 kostenlos Ch kostenlos €0,50/kWh. Lage: Einfach.
Untergrund: befestigt. 01/01-31/12.

Velká Jesenice — 37A1
Stellplatz Rozkoš, Vodní nádrž Rozkoš. GPS: n50,36444 o16,05944.
16 € 11 inklusive. Lage: Ländlich.
01/01-31/12.
Entfernung: vor Ort vor Ort.

Mähren

Červená Řečice — 37A2
Camping Kovarna, Červená Řečice 63. GPS: n49,51922 o15,15661.
39 € 15 Ch €3,75 WC inklusive. Lage: Ländlich.
Untergrund: Wiese. 01/06-26/08.
Entfernung: vor Ort 5Km 2km vor Ort vor Ort.
Sonstiges: Brötchenservice.

Uherský Brod — 37B2
Aquapark Delfin, Slovácké náměstí 2377.
GPS: n49,01960 o17,64828.
2 kostenlos. Lage: Städtisch. Untergrund: befestigt.
01/01-31/12.
Entfernung: 100M 150M.

Deutschland

Hauptstadt: Berlin
Staatsform: demokratisch-parlamentarischer Bundesstaat
Amtssprache: Deutsch
Einwohnerzahl: 81.000.000 (2015)
Fläche: 356.970 km²

Allgemeine Informationen
Telefonvorwahl: 0049
Allgemeine Notrufnummer: 112
Währung: Euro

Freies Übernachten im Wohnmobil
Übernachtung an öffentlichen Straßen ist erlaubt, wenn kein lokales Verbot gilt, keine Kampaktivitäten ausserhalb von Campingplätzen.

Gesetzliche Feiertage 2017
6. Januar Heilige Drei Könige
14. April Karfreitag
17. April Ostermontag
1. Mai Tag der Arbeit
5. Juni Pfingstmontag
15. Juni Fronleichnam
15. August Maria Himmelfahrt
3. Oktober Tag der Deutsche Einheit
1. November Aller Heiligen

Zeitzone
Winterzeit GMT+1
Sommerzeit GMT+2

Schleswig-Holstein/Hamburg

Achtrup 6C3
Landgasthof Achtruper Stuben, Ladelunderstrasse 24.
GPS: n54,79337 o9,02676.

3 kostenlos. **Lage:** Einfach. 01/01-31/12 Mo-Di.
Entfernung: 5Km vor Ort 5Km.
Sonstiges: Entlang Durchgangsstrasse.

Albersdorf 8A1
Freitzeitbad Albersdorf, Weg zur Badeanstalt 18.
GPS: n54,15135 o9,28055.

6 €15 Schwimmbad inkl Ch (6x)inklusive.
Lage: Ländlich, abgelegen, ruhig. **Untergrund:** Wiese.
01/05-31/08.
Entfernung: 1Km 100M 300M vor Ort vor Ort.
Sonstiges: Parkplatz am Schwimmbad, max. 3 Tage.

Altenhof 6D3
Wohnmobilpark Ostsee 'Grüner Jäger', Grünen Jäger.
GPS: n54,44392 o9,90526.

80 €8 Chinklusive (40x)€4/24 Std WC €1.
Lage: Ländlich, einfach, abgelegen, ruhig. **Untergrund:** Wiese.
01/01-31/12.
Entfernung: Eckernförde 6km 2km vor Ort 6Km 200M Bushaltestelle -> Kiel vor Ort vor Ort.
Sonstiges: Anmeldung bei Restaurant Grüner, Brötchenservice.

Aukrug 8B1
Parkplatz am Freibad, Zum Sportplatz 1.
GPS: n54,07441 o9,79160.

10 €8 Ch (10x)inklusive. **Lage:** Ländlich.
Untergrund: Wiese/befestigt. 01/01-31/12.
Entfernung: 1Km 800M 1Km vor Ort vor Ort.
Sonstiges: Max. 5 Tage, Anmeldung und Schlüssel Ver-/Entsorgung an der Schwimmbadkasse.

Aventoft 6C3
Wohnmobilstellplatz Zu den Fuchswiesen, Revtoftweg 1.
GPS: n54,87661 o8,84562.

15 €5 €1,50/24Std. **Lage:** Ländlich, einfach, abgelegen, ruhig. **Untergrund:** asphaltiert/Wiese. 01/01-31/12.
Entfernung: 3Km 3Km 3Km vor Ort.
Sonstiges: Brötchenservice.

Bad Bramstedt 8B1
Parkplatz P7, Am Bahnhof, König Christian Strasse.
GPS: n53,92167 o9,88967.

5 kostenlos. **Lage:** Städtisch, einfach, zentral, laut.
Untergrund: befestigt. 01/01-31/12.
Entfernung: Zentrum 500M 500M 500M vor Ort.
Sonstiges: Am Bahnhof, max. 1 Nacht, Ver-/Entsorgung beim Camping Roland, Kielerstrasse.

Schleswig-Holstein / Hamburg

Bad Malente 6E3
Parkplatz Krützen, Sebastian-Kneipp-Straße.
GPS: n54,17198 o10,54919.

4 €5 + €2/pP Kurtaxe €1 Ch. Lage: Ländlich, einfach.
Untergrund: befestigt. 01/01-31/12.
Entfernung: vor Ort 500M 1Km.
Sonstiges: Max. 24 Std.

Bad Oldesloe 8B1
Wohnmobilplatz Exer, Am Bürgerpark.
GPS: n53,81101 o10,36915.

8 kostenlos €1/10Minuten Ch. (8x)€2/10Std WC. Lage: Städtisch, einfach, ruhig. Untergrund: befestigt. 01/01-31/12.
Entfernung: vor Ort 3Km vor Ort 400M.
Sonstiges: Max. 3 Nächte, Brötchenservice.

Bad Schwartau 8C1
Landschaftsschutzgebiet Riesebusch. GPS: n53,92405 o10,69795.
15 €5/24 Std, Kurtaxe € 1,65/pP €1/90Liter Ch €1/8Std. 01/01-31/12.
Entfernung: 1,5Km 1,5Km.
Sonstiges: Max. 72 Std.

Bad Segeberg 8B1
Kalkbergblick, Kastanienweg 1b. GPS: n53,93872 o10,31423.

25 €8 Chinklusive (15x)€2/12Std,6 Amp.
Lage: Ländlich, komfortabel, ruhig. Untergrund: Schotter.
01/01-31/12.
Entfernung: 500M A7 3Km 600m Segerberger See 600M 500M 500M vor Ort vor Ort.
Sonstiges: Jun/Aug Karl May Spiele, Freilichttheater.

Barkenholm 6C3
Gaststätte Jägerstuben, Dorfstraße 28. GPS: n54,23497 o9,17484.

6 €5, für Gäste kostenlos kostenlos €1/Tag.
Lage: Ländlich, einfach, abgelegen. Untergrund: Schotterasen.
01/01-31/12 Mi.
Entfernung: 8Km vor Ort.
Sonstiges: WLAN beim restaurant.

Barmstedt 8B1
Parkplatz am Rondeel, Platz Roissy-en-Brie.
GPS: n53,78640 o9,76420.

5 €5 Ch. WC inklusive. Lage: Städtisch, einfach.
Untergrund: befestigt. 01/01-31/12.
Entfernung: vor Ort 500M vor Ort vor Ort.
Sonstiges: Zahlen beim Schwimmbad, Schlüssel Strom beim Schwimmbad.

Behrensdorf 6E3
Campingpark Waldesruh, Neuland. GPS: n54,35754 o10,60216.

23 €11-13, 2 Pers. Inkl. Hund € 1,50 Ch €0,40/kWh WC.
Lage: Ländlich, komfortabel. Untergrund: Wiese.
01/04-30/10.
Entfernung: 2km vor Ort vor Ort vor Ort.
Sonstiges: Hund € 1,50/Nacht.

Bistensee 6D3
Ferienplatz bei Matz, Mühlenweg 1. GPS: n54,39538 o9,71386.

4 €10 WC €1 inklusive. Lage: Ländlich, einfach, abgelegen, ruhig. Untergrund: Wiese. 01/01-31/12.
Entfernung: 500M 600m Bistensee vor Ort 2km 1Km vor Ort vor Ort.
Sonstiges: Hund € 2/Tag.

Blekendorf 6E3
Am Sehlendorfer Strand, Strandstrasse 24.
GPS: n54,30571 o10,69358.

40 €15,50 €1 Ch inklusive WC.
Lage: Ländlich, komfortabel. Untergrund: Wiese.
01/01-31/12.
Entfernung: 1Km vor Ort vor Ort vor Ort 5Km.

Bordesholm 8B1
Festplatz, Kielerstrasse. GPS: n54,18389 o10,02667.

6 kostenlos. Lage: Ländlich, einfach, ruhig.
Untergrund: Wiese/Sand. 01/01-31/12.
Entfernung: 1,5km 4Km.
Sonstiges: Max. 18 Std, Ver-/Entsorgung bei der Tankstelle.

Bordesholm 8B1
Shell tankstelle, Bahnofstrasse 78. GPS: n54,17343 o10,03497.
Ch. 01/01-31/12.

Borgdorf-Seedorf 6D3
Seecampingplatz BUM, Hauptstrasse 99. GPS: n54,18256 o9,88422.
12 €13,50 Ch €3,50.
Entfernung: 3Km.

Bosau 8B1
Dat Gröne Huus, Stadtbeker Strasse 97. GPS: n54,09198 o10,42886.

3 €5, für Gäste kostenlos €3 Lage: Ländlich, einfach, ruhig. Untergrund: Schotter. 01/04-30/11.
Entfernung: 100M Großer Plöner See vor Ort vor Ort 1Km.
Sonstiges: Brötchenservice.

Bösdorf 8B1
Wohnmobilcamp Augustfelde, Vierer See, Augustfelde.
GPS: n54,12898 o10,45506.

16 €11,50-13,50 Ch (16x)WCinklusive €0,75.
Untergrund: Wiese. 01/04-25/10.
Entfernung: vor Ort vor Ort vor Ort vor Ort.

Bösdorf 8B1
Landhaus zur Tenne, Hörn 6. GPS: n54,12792 o10,50194.
10 €6 Chinklusive €2/Tag. Untergrund: Wiese/Schotter.
Entfernung: vor Ort vor Ort.

Bösdorf 8B1
Campingpark Gut Ruhleben, Missionsweg 2, Ruhleben.
GPS: n54,14308 o10,45021.

10 €11-13 Ch €2,50 inklusive. Lage: Ländlich, einfach. Untergrund: Wiese/Schotter. 01/04-30/09.
Sonstiges: Max. 3 Nächte.

Bredstedt 6C3
Süderstraße. GPS: n54,61307 o8,97082.

15 kostenlos. Lage: Ländlich, einfach, ruhig.
Untergrund: asphaltiert. 01/01-31/12.
Entfernung: 900M Aldi 650M.

Schleswig-Holstein/Hamburg

Sonstiges: In der Nähe der Sportanlage, in der Nähe vom Schwimmbad.

Breiholz 6D3
Campingplatz Eidertal, Fährstraße 1. GPS: n54,21502 o9,53157.
12 € 12 Ch WC inklusive.
Entfernung: vor Ort.

Brodersby 6D3
Ferienhof Lassen, Grossbrodersbyer weg 5.
GPS: n54,53829 o9,71443.

3 € 10 Ch inklusive. **Lage:** Ländlich, einfach, ruhig.
Untergrund: Wiese.
Entfernung: 500M 2km 500M.

Brokdorf 8A1
Stellplatz Brokdorf, Dorfstrasse 53. GPS: n53,86417 o9,31667.

30 € 5, 01/03-31/10 € 10 €1/70Liter €1 Ch
(30x)€0,50/kWh WC kostenlos €1. **Lage:** Ländlich, komfortabel.
Untergrund: befestigt. 01/01-31/12.
Entfernung: 800M 400M vor Ort 500M vor Ort.
Sonstiges: Max. 3 Tage.

Brunsbüttel 8A1
An der Braake, Am Freizeitbad. GPS: n53,89832 o9,13138.

12 € 3 €2 Ch. **Lage:** Ländlich, komfortabel, zentral, ruhig.
Untergrund: Wiese/befestigt. 01/01-31/12.
Entfernung: 500M 500M 500M vor Ort.
Sonstiges: Zahlen beim Schwimmbad.

Büdelsdorf 6D3
Hermann-Ehlers-Platz, Agnes Miegel Strasse.
GPS: n54,31583 o9,69306.

10 kostenlos. **Lage:** Einfach, zentral. **Untergrund:** befestigt.
01/01-31/12.
Entfernung: vor Ort 1Km 1,5Km.
Sonstiges: Max. 1 Nacht.

Busdorf 6D3
Autohof Wikingerland, Wittgenstein 2. GPS: n54,47736 o9,54454.
kostenlos Ch (6x) WC. **Lage:** Autobahn.
Entfernung: vor Ort.
Sonstiges: An der Tankstelle, separater Platz für Wohnmobile.

Büsum 7H1
Wohnmobilstellplatz Nordsee, Dr. Martin Bahr Strasse.
GPS: n54,12889 o8,86889.

100 € 11, 01/03-31/10 € 15 €0,50/Liter Ch (100x)
inklusive WC €0,50 €1/4Minuten €0,50/Tag. **Lage:** Ländlich, komfortabel, abgelegen, ruhig. **Untergrund:** Wiese. 01/01-31/12.
Entfernung: 1km 500M 300M vor Ort vor Ort.
Sonstiges: Schlüssel Dusche bei Imbiss.

Damp 6D3
Wohnmobilpark Damp, Parkstrasse 2.
GPS: n54,57750 o10,01667.

70 € 14 €1/100Liter Ch (60x)€0,60/kWh
WC €1/4Minuten. **Lage:** Ländlich, komfortabel, ruhig.
Untergrund: Wiese/Schotter. 01/01-31/12.
Entfernung: vor Ort vor Ort 150M.

Drelsdorf 6C3
Drelsdörper Krog, Dorfstrasse 23. GPS: n54,60555 o9,03555.

10 € 5, für Gäste kostenlos €2 WC. **Lage:** Ländlich, zentral, laut.
Untergrund: Wiese. 01/01-31/12.
Entfernung: 200M vor Ort 2km.
Sonstiges: Entlang Durchgangsstrasse.

Eckernförde 6D3
Wohnmobilstellplatz am Noor, Kakabellenweg.
GPS: n54,46443 o9,83402.
49 € 13 + € 2/pP Kurtaxe €1/100Liter Ch €0,50/kWh
WC €2/2 inklusive.
01/01-31/12.
Entfernung: 1Km vor Ort vor Ort 500M vor Ort.

Elmshorn 8A1
Stellplatz Elmshorn, Nordufer. GPS: n53,75157 o9,65268.

4 kostenlos €1/80Liter Ch WC. **Lage:** Städtisch, einfach, ruhig. **Untergrund:** befestigt. 01/01-31/12.
Entfernung: 800M vor Ort vor Ort.

Emmelsbüll-Horsbüll 6C3
Stellplatz am Badedeich, Südwesthörner Strasse.
GPS: n54,79686 o8,66075.

3 kostenlos €1. **Lage:** Ländlich, einfach, abgelegen, ruhig.
Untergrund: Wiese/Schotter. 01/01-31/12.
Entfernung: vor Ort vor Ort.
Sonstiges: Max. 5 Tage.

Eutin 8C1
Elisabethstrasse. GPS: n54,13507 o10,60935.

6 kostenlos. **Lage:** Städtisch. **Untergrund:** asphaltiert.
01/01-31/12.
Entfernung: vor Ort 300M. **Sonstiges:** Parkplatz am Bahnhof.

Eutin 8C1
Forsthaus am Ukleisee, Zum Ukleisee 23, Sielbeck.
GPS: n54,18181 o10,64137.
€ 5. **Untergrund:** Wiese/Schotter.

Fehmarn 6E3
Wohnmobilpark Wulfener Hals, Wulfener-Hals-Weg 16, Wulfen.
GPS: n54,40687 o11,17489.

100 ab € 12,90-49 Ch €4,20 WC €0,90.
Lage: Ländlich, luxus. **Untergrund:** Wiese. 01/01-31/12.
Entfernung: vor Ort.
Sonstiges: Rad/PKW Verleih.

Fehmarn 6E3
Wohnmobilplatz Johannisberg, Johannisberg 4, Burg.
GPS: n54,50081 o11,17865.
50 € 10-15 €0,10/10Liter €2 Ch €0,50 €1 €3,50/2,00.
Untergrund: Wiese. 01/01-31/12.
Entfernung: 800M vor Ort.
Sonstiges: Brötchenservice.

Fehmarn 6E3
Hintz-Heizungsbau, Landkirchenerweg 1b, Burg.
GPS: n54,44228 o11,18967.

16 € 10 €1 Ch (16x)€5. **Lage:** Einfach, ruhig.
Untergrund: befestigt. 01/01-31/12.
Entfernung: vor Ort.

Fehmarn 6E3
Parkplatz Ost, Osterstrasse, Burg. GPS: n54,43754 o11,19990.

Schleswig-Holstein/Hamburg

30 €8 (21-8 Uhr). Lage: Städtisch, einfach.
Untergrund: befestigt. 01/01-31/12.
Entfernung: 100M.

Fehmarn 6E3
Kommunal- und Yachthafen Burgstaaken, Burgstaaken/Am Binnensee. GPS: n54,42028 o11,19224.

15 €10 21-08U. Lage: Ländlich, einfach. Untergrund: befestigt.
01/01-31/12.
Entfernung: 100M 100M.

Fehmarn 6E3
Ferienhof Wachtelberg. GPS: n54,44653 o11,26039.
4 €13, 2 Pers. inkl. extra Pers €5 Ch WC inklusive.
Untergrund: Wiese. 01/01-31/12.
Entfernung: 1Km.

Fehmarn 6E3
Camping Strukkamphuk, Strukkamp. GPS: n54,41239 o11,10223.

21 €14,50-31 Ch WC inklusive. Lage: Ländlich.
Untergrund: Wiese. 01/01-31/12.
Entfernung: 10M.

Flensburg 6D3
Am Industriehafen, dir Flensburg Mürwick. GPS: n54,80444 o9,44388.

20 kostenlos. Lage: Städtisch, einfach, abgelegen, ruhig.
Untergrund: Schotter.
Entfernung: 1,5Km vor Ort vor Ort.

Fockbek 6D3
Am Freibad, Grosse Rheie 17. GPS: n54,30190 o9,60331.

3 kostenlos Ch WC. Lage: Ländlich, ruhig.
Untergrund: Wiese/Sand. 01/01-31/12.
Entfernung: 800M 800M 800M vor Ort vor Ort.

Sonstiges: Parkplatz Schwimmbad, max. 24 Std.

Friedrichskoog 7H1
P2, Nordseestrasse. GPS: n54,03272 o8,84833.

30 €10/24 Std Ch inklusive.
Lage: Ländlich, komfortabel, abgelegen, ruhig.
Untergrund: asphaltiert/Wiese. 01/03-31/10.
Entfernung: 1Km 550M 800M vor Ort.
Sonstiges: Brötchenservice.

Friedrichstadt 6C3
Friedrichstädter Wohnmobilstellplatz, Halbmond 5.
GPS: n54,37256 o9,08868.

65 €13 €0,10/10Liter Ch €0,60/kWh WC kostenlos
€1 €3,50/3,50 €1/1Std. Lage: Ländlich, luxus.
Untergrund: Wiese/Schotter. 01/01-31/12.
Entfernung: 300M vor Ort 300M.

Geesthacht 8B2
Alter Schiffsanleger 777, Elbuferstrasse.
GPS: n53,42574 o10,37907.

16 €7 €1/100Liter Ch (12x)€0,50/kWh.
Lage: Ländlich, einfach. Untergrund: Schotterasen/befestigt.
01/01-31/12.
Entfernung: 1,5Km vor Ort vor Ort 1,5Km 2km vor Ort vor Ort vor Ort.
Sonstiges: Am Elbeufer, max. 3 Tage.

Gelting 6D3
Hafen Wackerballig, Strandweg, Wackerballig.
GPS: n54,75564 o9,87842.

12 €8 Ch inklusive €1,50/Tag WC €0,50.
Lage: Ländlich, einfach. Untergrund: Wiese/Schotter.
01/04-31/10.
Entfernung: 1,5Km vor Ort 2km.
Sonstiges: Schlüssel Sanitärgebäude/Müll beim Hafenmeister, Kaution €20.

Glückstadt 8A1
Park & Ride platz, Pentzstrasse. GPS: n53,78776 o9,43145.

10 kostenlos. Lage: Städtisch, einfach. Untergrund: asphaltiert.
01/01-31/12.
Entfernung: 900M 200M vor Ort vor Ort.

Glückstadt 8A1
Am Außenhafen, Am Hafen. GPS: n53,78560 o9,41088.

16 €10. Lage: Ländlich, komfortabel. Untergrund: befestigt.
01/01-31/12 Hochwasser.
Entfernung: 1Km vor Ort vor Ort vor Ort vor Ort.
Sonstiges: Am Elbeufer, Geld in Umschlag in den Briefkasten.

Grödersby 6D3
WSG Arin/Grödersby, Friedenshöher Straße 21.
GPS: n54,63444 o9,92944.

20 €15 Ch WC €3/2 inklusive.
Lage: Ländlich, einfach, ruhig.
Untergrund: Schotter/befestigt.
01/05-30/09.
Entfernung: 200M vor Ort vor Ort 200M vor Ort.

Grömitz 6E3
Großraumparkplatz, Gildestraße 14. GPS: n54,14490 o10,95262.

60 15/03-31/10 €15, 01/11-14/03 €6 €0,50 Ch (20x)€1/kWh. Lage: Ländlich, komfortabel. Untergrund: befestigt.
01/01-31/12 kein Wasser im Winter.
Entfernung: 200M vor Ort 200M 500M.

Grömitz 6E3
Wohnmobilstellplatz am Lensterstrand, Blankwasserweg.
GPS: n54,15650 o10,99134.

50 kostenlos, 15/03-31/10 €10 WC. Lage: Ländlich.
Untergrund: Wiese. 01/01-31/12 kein Wasser im Winter.

Schleswig-Holstein/Hamburg

Entfernung: ⛵vor Ort 🚤vor Ort.
Sonstiges: Max. 24 Std.

Grömitz — 6E3
Wohnmobilplatz Kattenberg/Cismar, Kattenberg 8, Cismar.
GPS: n54,18637 o10,96541.
5🚐€8 ⛽🔌Ch 💧€2. **Untergrund:** Wiese.
Entfernung: 🛒Grömitz 5Km ⊗1,3Km.

Großenaspe — 8B1
Wildpark Eekholt, Eekhol 1. **GPS:** n53,94819 o10,02916.⬆

10🚐kostenlos. **Lage:** Ländlich, einfach, abgelegen, ruhig.
Untergrund: Wiese/Sand. 📅 01/01-31/12.
Entfernung: 🛒4km Grossenaspe ⊗Kiek ut Stuben, Wildpark 🍴> Wildpark.

Großenbrode — 6E3
Wassersportzentrum, Am Kai 29. **GPS:** n54,35583 o11,07798.⬆➡.

50🚐€ 10-12 ⛽€0,50/100Liter 🔌Ch 💧€1/kWh WC 🚿€0,50 📶.
Lage: Ländlich. **Untergrund:** Wiese/befestigt. 📅 01/01-31/12.
Entfernung: 🛒300M ⊗vor Ort 🏖2km.

Großenbrode — 6E3
Wohnmobilhafen Reise, Südstrand 1.
GPS: n54,36170 o11,08567.⬆➡.

36🚐€ 10-14 ⛽🔌Ch 💧WC inklusive 🚿€0,50 📶€3/Tag.
Lage: Ländlich, komfortabel. **Untergrund:** Schotter. 📅 01/01-31/12.
Entfernung: 🛒300M ⊗vor Ort 🏖500M 🍴vor Ort.
Sonstiges: Brötchenservice.

Großsolt — 6D3
Stellplatz Mühlenbrück, Flensburger strasse, Mühlenbrück.
GPS: n54,70853 o9,52243.⬆.

13🚐€ 10 ⛽🔌Ch 💧(13x)€2/Tag WC 🚿€0,50.
Lage: Ländlich, komfortabel, ruhig. **Untergrund:** Schotter.
📅 01/03-01/10.
Entfernung: 🛒200M.

Hamburg — 8B2
Elbepark-Bunthaus, Moorwerder Hauptdeich 33.
GPS: n53,46194 o10,06265.⬆.

80🚐€ 12-19 ⛽🔌Ch 💧(70x)WC inklusive 🚿€0,50 📶€1 📶.
Lage: Ländlich, komfortabel, ruhig.
Untergrund: asphaltiert.
📅 15/03-05/10.
Entfernung: 🛒15Km vor Ort 🚲vor Ort.
Sonstiges: Mehreren Standorte, Brötchenservice, reservieren möglich.

Hamburg — 8B2
Wohnmobilhafen Hamburg, Grüner Deich 8, Hammerbrook.
GPS: n53,54360 o10,02570.⬆➡.

60🚐€ 19 ⛽🔌Ch 💧WC inklusive.
Lage: Städtisch, einfach, zentral, laut. **Untergrund:** Schotter.
📅 01/01-31/12.
Entfernung: 🛒4Km 🏖200M.

Hamburg — 8B2
Heiligengeistfeld. **GPS:** n53,55523 o9,97361.⬆.

30🚐€ 18 ⛽€5/Tag 💧€5/Tag inklusive. **Lage:** Städtisch, einfach. **Untergrund:** Schotter/Sand. ⬤ während Veranstaltung.
Entfernung: 🛒vor Ort ⊗300M 🏖300M.
Sonstiges: Via Eingang C erreichbar, max. 3 Nächte, reservieren möglich, separater Platz für Wohnmobile.

Hamburg — 8B2
Am Strand Pauli, St. Pauli Hafenstraße. **GPS:** n53,54598 o9,96099.
20🚐€ 12,50, Wochenende € 19,50.
Untergrund: asphaltiert.
📅 01/01-31/12.
Entfernung: 🛒Hamburg Altstadt 2,4Km ⛵vor Ort ⊗Viele Restaurants ab 100M 🍴600M.

Touristinformation Hamburg:
ℹ Hamburg-card. Karte bietet freien Zutritt zu öffentlichen Transportmitteln und Museen, Rabatte auf Rundfahrten, Zoo etc. Erhältlich bei der Touristen-Information. 🚈 € 9,90 1 Tag, € 25,50/3 Tage, 1 Erwachsene max. 3 Kinder.
👁 Sankt Pauli. Stadtteil mit der bekannten Reeperbahn.
⛺ Flohschanze, Rinderschlachthalle St Pauli. Trödelmarkt. 📅 Sa 8-16 Uhr.
☺ Tierpark Hagenbeck, Stellingen. Zoo.
🛒 Antikpassage, Klosterwall 9-21. Galerie mit 39 Antiquitätengeschäften. 📅 Di-Fr 12-18 Uhr, Sa 10-16 Uhr.

Handewitt — 6C3
Scandinavian Park. **GPS:** n54,77826 o9,33445.
🚐10 ⛽🔌ChWC.
Entfernung: ⊗vor Ort 🍴vor Ort.
Sonstiges: Im Einkaufszentrum.

Hanerau-Hademarschen — 8A1
Ferienhof Sievers, Wilhelmsburg. **GPS:** n54,12360 o9,38627.⬆.

5🚐€ 10 ⛽🔌Ch 💧(6x)WC inklusive. **Lage:** Ländlich, komfortabel, abgelegen, ruhig. **Untergrund:** Schotterasen/Wiese.
📅 01/01-31/12.
Entfernung: 🛒2km 🏖500M vor Ort 🚲vor Ort.

Harrislee — 6D3
Skandic Camping, Am Oxer 17a. **GPS:** n54,79800 o9,36960.⬆.

5🚐€ 5 ⛽🔌Ch 💧inklusive WC€1. **Lage:** Städtisch, einfach, abgelegen. **Untergrund:** befestigt. 📅 01/01-31/12.
Entfernung: 🛒6Km.
Sonstiges: Reisemobilhändler, Zubehör-Shop.

Hasloh — 8B2
Stellplatz Tante Henni, Garstedter Weg 36a.
GPS: n53,69251 o9,92608.⬆.

21🚐€ 17 ⛽🔌Ch 💧(21x)WC€1 inklusive. **Lage:** Ländlich, komfortabel, ruhig. **Untergrund:** Wiese. 📅 01/01-31/12.
Entfernung: 🛒vor Ort ⛵vor Ort 🏖4km ⊗1,5Km 🏖1,5Km 🍴800M vor Ort 🚲vor Ort.
Sonstiges: Ankunft anmelden.

Hasselberg — 6D3
Camping Oehe-Draecht, Drecht. **GPS:** n54,71590 o9,99030.⬆➡.

10🚐€ 11 ⛽🔌Ch 💧€3 WC inklusive. **Lage:** Ländlich, einfach, ruhig. **Untergrund:** Wiese. 📅 01/04-30/09.
Entfernung: 🛒3km ⛵vor Ort ⊗vor Ort.

Heide — 8A1
Wohnmobilplatz Heide, Langvogt-Johannsen-strasse.
GPS: n54,20181 o9,11319.⬆.

16🚐€ 7 ⛽€1/100Liter 🔌Ch 💧€1/2kWh.
Lage: Städtisch, komfortabel, zentral, laut.
Untergrund: Schotterasen/befestigt. 📅 01/01-31/12.

Deutschland

Schleswig-Holstein / Hamburg

Entfernung: 800M 5,5Km 100M 300M.
Sonstiges: Am Schwimmbad, Saunabenutzung kostenpflichtig.

Heiligenhafen 6E3
Reisemobilstellplatz Binnensee, Eichholzweg.
GPS: n54,37721 o10,95548.

20 € 7,50-10. Lage: Städtisch. Untergrund: befestigt.
01/01-31/12.
Entfernung: 1Km vor Ort.
Sonstiges: Max. 24 Std.

Hohenfelde 6D3
Campingpark Ostseestrand, Strandstraße.
GPS: n54,38588 o10,49152.

25 € 15-21, Hund € 2 Ch WC inklusive.
Lage: Ländlich, luxus. Untergrund: Wiese.
01/04-15/10.
Entfernung: 1Km Strand 150M 150M vor Ort vor Ort.

Hohenfelde 6D3
Wohnmobilplatz Radeland, Strandstraße 18.
GPS: n54,38278 o10,49295.

20 € 6, Hund € 1,50 €2 Ch €0,70/kWh €3/Tag.
Lage: Ländlich. Untergrund: Wiese/Sand. 01/04-30/09.
Entfernung: 300M.

Hohn 6D3
Rosenhof Hohn, Westende 12. GPS: n54,29980 o9,49485.
5 € 10 Ch. Untergrund: Wiese. 01/04-31/10.
Entfernung: vor Ort.

Hohwacht 6E3
Parkplatz Alt-Hohwacht, Strandstrasse.
GPS: n54,31902 o10,67529.

19 € 10 €1/80Liter €1 Ch (20x)€1/kWh.
Lage: Städtisch. Untergrund: befestigt. 01/01-31/12.
Entfernung: vor Ort vor Ort.

Hörnum 6C3
Zeltplatz. GPS: n54,76385 o8,28335.
30 € 18 Ch €0,45/kWh vor Ort 750M.

Hörsten 6D3
Reisemobilstellplatz NOK, Schachtholm 1.
GPS: n54,22472 o9,60194.

49 € 10 WC inklusive.
Entfernung: vor Ort vor Ort.
Sonstiges: Brötchenservice.

Husum 6C3
Loof's Wohnmobilhafen, Dockkoogstrasse 7.
GPS: n54,47451 o9,04249.

30 € 12 €1 €2 Ch €2 (30x)€3 WC inklusive €0,50.
Lage: Städtisch, einfach, zentral, ruhig. Untergrund: Schotter.
01/01-31/12.
Entfernung: 200M 200M 200M 200M 200M vor Ort vor Ort.

Husum 6C3
Wohnmobilplatz Am Dockkoog, Dockoogstrasse 17.
GPS: n54,47888 o9,01138.

25 € 13 Ch WC inklusive. Lage: Ländlich, einfach, ruhig.
Untergrund: Wiese. Ostern-15/10.
Entfernung: 500M 200M 200M vor Ort vor Ort vor Ort.
Sonstiges: Max. 3 Nächte, Sanitär beim Campingplatz.

Itzehoe 8A1
Malzmüllerwiesen, Schuhmacherallee.
GPS: n53,91970 o9,51815.

5 kostenlos (4x)€0,50/kWh. Lage: Ländlich, einfach, zentral, ruhig. Untergrund: befestigt/Sand. 01/01-31/12 während Veranstaltung.
Entfernung: 600M 20M vor Ort vor Ort.

Jagel 6D3
Wohnmobilhafen Jagel, Bundesstrasse 13.
GPS: n54,45388 o9,53416.

31 € 10 Ch €2/Tag WC. Lage: Ländlich, komfortabel, ruhig. Untergrund: Wiese. 01/01-31/12.
Entfernung: 250M 4,5Km.

Kaltenkirchen 8B1
Reisemobilstellplatz Holstentherme, Norderstrasse 8.
GPS: n53,84056 o9,94650.

20 kostenlos €1/80Liter €1 Ch €1 €0,50/kWh.
Lage: Städtisch, ruhig. Untergrund: Wiese/Schotter. 01/01-31/12.
Entfernung: 1,5Km 1Km vor Ort 1,5Km vor Ort.
Sonstiges: Wertmünzen erhältlich an der Kasse der Therme.

Kappeln 6D3
Aral-Tankstelle, Eckernförder Strasse 9/B. GPS: n54,65688 o9,94480.

10 kostenlos Ch €5/Tag. Lage: Städtisch, einfach.
Untergrund: befestigt. 01/01-31/12.
Entfernung: 300M 2km vor Ort.
Sonstiges: Kaution Schlüssel Strom € 25.

Kappeln 6D3
Anker Yachting, Am Hafen. GPS: n54,66715 o9,93718.
50 € 10-14 Ch €0,50/kWh €1. 15/02-15/11.
Entfernung: 1Km 1Km 100M.
Sonstiges: In der Nähe des Yachthafens.

Kellinghusen 8A1
Am Freibad, Jacob-Fleischer-Strasse 6. GPS: n53,94715 o9,71035.

6 kostenlos €0,50/100Liter Ch €0,50 (4x)€1/Std
WC Sanitärnutzung beim Schwimmbad. Lage: Ländlich, einfach, ruhig. Untergrund: Schotter. 01/01-31/12.
Entfernung: Zentrum 500M 500M 500M vor Ort.
Sonstiges: Anmeldung beim Schwimmbad.

Kiel 6D3
Wohnmobilstellplatz Kiel, Förde und Kanalblick, Mecklenburgstrasse 58. Kiel-Wik. GPS: n54,36362 o10,14705.

32 € 12-15 Ch (33x)€3,50/24 Std WC €1/5Minuten €3/1.
Lage: Städtisch, einfach, zentral, laut.
Untergrund: befestigt.
01/01-31/12.
Entfernung: 6,5Km Imbiss vor Ort 1,5Km vor Ort vor Ort.
Sonstiges: Anmelden und zahlen beim Rezeption, Brötchenservice.

Kiel 6D3
Olympiahafen Schilksee, Soling 26. GPS: n54,43033 o10,16634.

Schleswig-Holstein / Hamburg

20 €10 €0,50/3Minuten €1 Ch WC.
Untergrund: befestigt. 01/01-31/12 letzten 2 Wochen von Juni.
Entfernung: 13Km 400M 400M.
Sonstiges: Anmelden und Wertmünzen beim Hafenmeister.
Touristinformation Kiel:
M Schleswig-Holsteinisches Freilichtmuseum, Hamburger Landstraße 97, Molfsee. Freilichtmuseum. 01/04-31/10 täglich 9-18 Uhr, 01/11-31/03 So/Feiertage 11-16 Uhr. € 8, Familienkarte € 17.

Krempe 8A1
Am Schul- und Sportzentrum, Am Freibad.
GPS: n53,83356 o9,49447.

3 kostenlos. **Lage**: Ländlich, einfach, ruhig. **Untergrund**: Schotter.
01/01-31/12.
Entfernung: 200M.

Kropp 6D3
Hotel Wikingerhof, Tetenhusener Chaussee 1.
GPS: n54,40638 o9,51055.

8 €5, für Gäste kostenlos WC. **Lage**: Städtisch, einfach, ruhig. **Untergrund**: befestigt. 01/01-31/12.
Entfernung: 300M vor Ort 300M.

Kropp 6D3
Restaurant Rosengarten, Rheiderweg 7.
GPS: n54,41388 o9,50138.

5 €5 WC. **Lage**: Städtisch, einfach, ruhig. **Untergrund**: befestigt.
01/01-31/12.
Entfernung: 200M vor Ort 200M.

Kropp 6D3
Garage Audi-VW Thomsen, Werkstrasse 2. **GPS**: n54,41361 o9,52833.

5 €5 Ch. **Lage**: Städtisch, einfach, laut.
Untergrund: befestigt. 01/01-31/12.
Entfernung: 300M 300M 300M.

Laboe 6D3
Ostseebad Laboe Ehrenmal, Steinerweg/Prof. Munzerring.
GPS: n54,41029 o10,23289.

18 €12 €1/5Minuten €1 Ch. **Lage**: Städtisch, einfach.
Untergrund: Wiese. 01/01-31/12.
Entfernung: 1Km 400M 400M vor Ort 1Km.

Ladelund 6C3
Am Naturbad, Stato. **GPS**: n54,84919 o9,03629.

5 €10 Ch WC inklusive. **Lage**: Ländlich, komfortabel, abgelegen, ruhig. **Untergrund**: Wiese.
Entfernung: 1Km vor Ort.

Langballig 6D3
Campingplatz Langballigau, Strandweg 3, Langballigau.
GPS: n54,82234 o9,65969.

50 €10, Hund €1 Ch €2,50/Nacht WC inklusive €1. **Lage**: Ländlich, einfach. **Untergrund**: Wiese/Schotter.
01/01-31/12.
Entfernung: 100M vor Ort.

Langwedel 6D3
Caravanpark am Brahmsee, Mühlenstraße 30a.
GPS: n54,21462 o9,91943.

20 €15 €1/80Liter Ch €2,50/24Std,6Amp WC Sanitär beim Campingplatz. **Lage**: Ländlich, komfortabel, ruhig.
Untergrund: Wiese/Schotter. 01/01-31/12.
Entfernung: 600M 3Km Brahmsee 500m 500M 7Km.
Sonstiges: Anmelden an der Rezeption Campingplatz, Brötchenservice.

Lauenburg/Elbe 8C2
Marina Lauenburg/Yachthafen, Hafenstrasse 14.
GPS: n53,37156 o10,56527.

20 €10 €1/100Liter (8x)€1/kWh WC €0,50 €1 €4/4.
Lage: Ländlich, komfortabel.
Untergrund: befestigt.
01/01-31/12.
Entfernung: 10 Gehminuten vor Ort 10 Gehminuten.

Leck 6C3
Reisemobilhafen Leck, Am Stadion 3. **GPS**: n54,76704 o8,98123.

20 €5 €1/80Liter Ch (16x)€0,50/kWh.
Lage: Komfortabel, zentral, ruhig. **Untergrund**: Wiese/Schotter.
01/01-31/12.
Entfernung: 850M vor Ort.
Sonstiges: Am Schwimmbad, zahlen beim Schwimmbad.

Lensahn 6E3
Reisemobilplatz Lensahn, Dr. Julius-Stinde strasse.
GPS: n54,21446 o10,87745.

15 €8 €1/80Liter €1 Ch (4x)€2. **Lage**: Ländlich, einfach. **Untergrund**: Schotterasen. 01/01-31/12.
Entfernung: 1,5Km vor Ort 200M 2,5Km.

Lübeck 8C1
Wohnmobil Treff Lübeck, An der Hülshorst 11.
GPS: n53,89510 o10,71088.

40 €9/Tag Ch inklusive WC €1/5Minuten €1,50.
Lage: Städtisch, luxus, ruhig. **Untergrund**: Schotter. 02/01-31/10.
Entfernung: 4,5Km 5Km vor Ort 50M.

Lübeck 8C1
Wohnmobilstellplatz Lübeck Marienbrücke P4, Lastadie.
GPS: n53,87147 o10,67904.

16 kostenlos, 18-10 Uhr. **Lage**: Städtisch, einfach.
Untergrund: asphaltiert. 01/01-31/12.

Schleswig-Holstein/Hamburg

Entfernung: 500M 2km vor Ort vor Ort.
Sonstiges: Max. 24 Std.
Touristinformation Lübeck:
Museum Holstentor, Holstentorplatz. Historisches Museum. 10-16/17 Uhr. € 7, Familienkarte € 15.
Niederegger Einkaufserlebnis, Café und Marzipan-Museum, Breitestrasse 89. Marzipan, eine Lübecker Spezialität, Museum, Café und Geschäft.

Lunden — 6C3
Wollersumer Straße. **GPS:** n54,33280 o8,99697.

10 kostenlos. **Lage:** Ländlich, einfach. **Untergrund:** Wiese/Schotter. 01/01-31/12. Hochwasser.
Entfernung: 1,7Km vor Ort.

Maasholm — 6D3
Stellplatz am Yachthafen, Uleweg 31. **GPS:** n54,68334 o9,99436.

40 € 10 Ch €2/Tag €0,50 €2.
Lage: Ländlich, komfortabel, ruhig. **Untergrund:** Wiese/Schotter. 01/01-31/12.
Entfernung: 100M 5Km vor Ort vor Ort 100M.
Sonstiges: Parkplatz Jachthafen.

Meldorf — 7H1
Reisemobil-Stellplatz am Deich, Deichstraße 2. **GPS:** n54,09409 o8,95070.

80 € 8 (18x) €3 WC €2.
Lage: Ländlich, komfortabel, abgelegen, ruhig.
Untergrund: Wiese/befestigt. Ostern-31/10.
Entfernung: 7Km vor Ort Imbiss 10-18 uur vor Ort vor Ort.

Molfsee — 6D3
Freilichtmuseum/Restaurant Drathenhof, Hamburger Landstrasse 99. **GPS:** n54,27411 o10,07571.

20 kostenlos, Einnahme einer Mahlzeit erwünscht. WC in Restaurant.
Lage: Zentral. **Untergrund:** Schotter. 01/01-31/12.
Entfernung: vor Ort vor Ort vor Ort vor Ort.
Sonstiges: Am Freilichtmuseum.

Mölln — 8C2
Alt Möllner strasse. **GPS:** n53,62564 o10,68314.

24 € 7 (20x) inklusive. **Lage:** Ländlich. **Untergrund:** Schotter. 01/01-31/12.
Entfernung: 1km 250M 300M.
Sonstiges: Ver-/Entsorgung: Vorkamp 19, GPS N53,62024, o10,67701.

Neufeld — 8A1
SBC Neufeld, An'n Hoven. **GPS:** n53,90677 o9,02042.

20 € 8 (20x) €2/Tag WC inklusive. **Lage:** Ländlich, komfortabel, ruhig. **Untergrund:** Wiese. 01/04-31/10.
Entfernung: vor Ort vor Ort vor Ort.

Neukirchen 23779 — 6E3
Wohnmobilhafen Seepark Sütel, Sütel. **GPS:** n54,33359 o11,06620.
30 € 12-14, 2 Pers. inkl inklusive. **Untergrund:** Wiese.
Entfernung: 500M 750M vor Ort vor Ort.
Sonstiges: Brötchenservice im Sommer.

Neukirchen 25927 — 6C3
Sportzentrum, Kirchenweg 2. **GPS:** n54,86602 o8,73304.

4 kostenlos. **Lage:** Ländlich, einfach, ruhig. **Untergrund:** Beton. 01/01-31/12.
Entfernung: 500M 500M 350M.
Sonstiges: Max. 4 Tage.

Neumünster — 8B1
Bad am Stadtwald, Hansaring 177. **GPS:** n54,08078 o9,96064.

22 € 10 €0,50/100Liter €0,50 Ch (22x) €0,50/kWh WC €1. **Lage:** Ländlich, komfortabel, zentral, ruhig. **Untergrund:** Wiese/Schotter. 01/01-31/12.
Entfernung: 2km A7 1 km vor Ort 300M vor Ort.
Sonstiges: Anmeldung beim Schwimmbad.

Neustadt in Holstein — 8C1
Wohnmobilstellplatz Ostsee, Auf der Pelzer Wiese 45, Pelzerhaken. **GPS:** n54,08889 o10,87250.

90 € 14 + Kurtaxe (Sommer) €1/100Liter €1 Ch (90x) €1/2kWh WC €2. **Lage:** Ländlich, luxus, laut. **Untergrund:** Wiese. 05/01-03/03.
Entfernung: 900M 150M 900M 400M vor Ort.

Neustadt in Holstein — 8C1
P5, Am Binnenwasser. **GPS:** n54,11096 o10,81496.

10 Mo-Fr € 5/24 Std, Sa-So kostenlos (2x) €0,50/kWh. **Lage:** Städtisch, einfach. **Untergrund:** befestigt. 01/01-31/12.
Entfernung: vor Ort.

Niebüll — 6C3
Parkplatz, Lornsenstrasse 19. **GPS:** n54,78901 o8,82546.

25 € 5 €1/5Minuten €1 Ch (12x) €1/8Std kostenlos. **Lage:** Städtisch, einfach, zentral, ruhig. **Untergrund:** Wiese. 01/01-31/12. 1. Woche in Juni.
Entfernung: vor Ort 200M 300M.
Sonstiges: Parkplatz Schwimmbad, max. 24 Std.

Nordstrand — 6C3
Wohnmobilplatz Margarethenruh, Süderhafen 8. **GPS:** n54,46944 o8,91000.

21 € 20,50, 2 Pers. inkl Ch €3,20/24Std WC inklusive €3/3. **Lage:** Ländlich, komfortabel, zentral, ruhig. **Untergrund:** Wiese/Schotter. 01/01-31/12.
Entfernung: 3Km 300M 150M 3Km.

Nordstrand — 6C3
Womoland, Norderquerweg 2. **GPS:** n54,51736 o8,93012.

44 € 7 + € 4/pP Ch €0,60/kWh WC inklusive.
Lage: Komfortabel, abgelegen, ruhig.
Untergrund: Wiese/Schotter. 15/03-31/10.

Schleswig-Holstein/Hamburg

Entfernung: ⬇10Km ⬇6Km ⬇vor Ort ⊗vor Ort ⬇6Km.
Sonstiges: Brötchenservice.
Touristinformation Nordstrand:
🅿 Ehemalige Watteninsel.

Norgaardholz 6D3
Campingplatz Nordstern, Nordstern 1. **GPS:** n54,78528 o9,79889. ⬆.

10 € 8, Hunde € 1 ⛽Ch ⚡€2/Tag WC ⬇€1, Nutzung Sanitäranlagen €4/Nacht ⬇kostenlos. **Lage:** Ländlich, einfach, ruhig. **Untergrund:** Schotter/befestigt. 01/04-30/09.
Entfernung: ⬇vor Ort ⊗vor Ort.

Ockholm 6C3
Wohnmobilstellplätze Altes Pastorat Ockholm, Baderstrasse 5/6.
GPS: n54,66517 o8,82940. ⬆.

5 € 9 ⛽Ch ⚡(5x)€2/24Std WC ⬇inklusive ⬇€5/5. **Lage:** Ländlich, einfach, abgelegen, ruhig.
Untergrund: Wiese/Schotter. 01/01-31/12.
Entfernung: ⊗100M ⬇vor Ort.
Sonstiges: Entlang Durchgangstrasse, Brötchenservice.

Oeversee 6D3
Kranzbinderei Schnell, Frörupsand 2. **GPS:** n54,69134 o9,43602. ⬆.

9 € 6 ⛽Ch ⚡€1/Nacht ⬇kostenlos. **Lage:** Ländlich, einfach, ruhig. **Untergrund:** Wiese. 01/01-31/12.
Entfernung: ⊗500M.

Osterhever 6C3
Stellplatz Norderheverkoog, Norderheverkoogstraße 12, Norderheverkoog. **GPS:** n54,39656 o8,76163. ⬆.

10 € 10 ⛽Ch ⚡(10x)WC inklusive ⬇€1. **Lage:** Ländlich, abgelegen, ruhig. **Untergrund:** Wiese. 01/04-31/10.
Entfernung: ⬇1Km ⬇2km ⬇1Km ⬇vor Ort ⬇vor Ort.
Sonstiges: Brötchenservice, Fahrradverleih.

Pahlen 6C3
Fischerstrasse 17. **GPS:** n54,27101 o9,30015. ⬆.

12 € 6 + € 1/pP ⛽(12x)WC inklusive. **Lage:** Ländlich, komfortabel, ruhig. **Untergrund:** Wiese. 01/01-31/12.
Entfernung: ⬇200M ⬇50M ⬇50M ⬇200M ⬇200M.

Plön 8B1
Wohnmobilhafen Plön, Ascheberger straße 76.
GPS: n54,14709 o10,39841. ⬆.

14 € 17, Hund € 3 ⛽Ch WC inklusive.
Lage: Komfortabel, laut. **Untergrund:** Wiese/Schotter. 01/04-15/12.
Entfernung: ⬇1,5Km ⬇vor Ort.
Sonstiges: Max. 4 Nächte.

Plön 8B1
Womo-Stop Kleinen Plöner See, Hamburgerstrasse/Aschenberg strasse, B430. **GPS:** n54,15278 o10,40417. ⬆.

11 € 5 ⛽1/1 ⚡€0,50 Ch. **Lage:** Einfach.
Untergrund: asphaltiert. 01/01-31/12.
Entfernung: ⬇vor Ort.
Sonstiges: Durchgang zum Strand gegenüber, max. 24 Std.

Pommerby 6D3
Campingplatz Seehof, Gammeldam 5. **GPS:** n54,76495 o9,96782. ⬆.

5 € 3,75 + € 4,50/pP, Kind € 2, Hund € 2 ⛽Ch €2/Tag WC €0,50/5 ⚡€2,50. **Lage:** Ländlich, einfach, ruhig.
Untergrund: Wiese/Schotter. 01/04-31/10.
Entfernung: ⬇vor Ort ⬇vor Ort.

Preetz 6D3
Wohnmobilpark Preetz, Kahlbrook 25a.
GPS: n54,22811 o10,28616. ⬆.

10 € 15 ⛽ inklusive WC. **Untergrund:** Schotter.
01/01-31/12 Ver-/Entsorgung 01/11-31/03.

Entfernung: ⬇10Min ⬇vor Ort ⊗vor Ort.
Sonstiges: Brötchenservice, Kanu- und Fahrradverleih.

Puttgarden 6E3
Wohnmobilplatz Johannisberg, Johannisbergstrasse.
GPS: n54,50054 o11,17938. ⬆.

50 € 10-15 ⛽€0,10/10Liter ⚡€2 Ch €0,50/kWh WC €1 ⬇3,50/2,00. **Lage:** Ländlich, einfach, ruhig. **Untergrund:** Wiese/befestigt. 01/01-31/12.
Entfernung: ⬇2,5Km ⬇800M ⬇800M ⬇vor Ort.
Sonstiges: In Naturschutzgebiet Am Grüner Brink, Brötchenservice.

Puttgarden 6E3
Bade- und Surfstrand Grüner Brink, Krögenweg.
GPS: n54,51174 o11,18285.
30 € 9 ⚡€2,50 Ch. **Untergrund:** Schotter. 01/01-31/12.
Entfernung: ⬇vor Ort.

Quickborn bei Burg 8A1
Am Helmschen-Bach, Hauptstrasse 2. **GPS:** n54,01165 o9,21648. ⬆.

5 € 6 ⛽inklusive ⚡€0,50/kWh. **Lage:** Ländlich, komfortabel, ruhig. **Untergrund:** Wiese. 01/04-30/09.
Entfernung: ⬇300M ⬇vor Ort.

Rantrum 6C3
Reisemobilhafen Rantrum, Bannony. **GPS:** n54,43369 o9,12743. ⬆.

13 € 10 ⛽Ch (12x)WC inklusive. **Lage:** Ländlich, einfach, abgelegen, ruhig. **Untergrund:** Schotter. 01/01-31/12.
Entfernung: ⬇8km ⬇30km ⬇300M.
Sonstiges: Am Schwimmbad.

Ratzeburg 8C1
Hallenbad Aqua Siwa, Fischerstrasse 43.
GPS: n53,69567 o10,77598. ⬆.

12 € 8/24 Std ⛽€1/80Liter Ch ⚡€0,50/kWh.
Lage: Städtisch, einfach, zentral, laut. **Untergrund:** Schotter. 01/01-31/12.
Entfernung: ⬇500M ⬇vor Ort ⬇vor Ort ⬇vor Ort.

Reinfeld 8B1
Am Herrenteich, Karpfenplatz. **GPS:** n53,83024 o10,48362. ⬆.

Deutschland

Schleswig-Holstein/Hamburg

5 kostenlos €0,50/70Liter €0,50 Ch €0,50/kWh. **Lage:** Städtisch, einfach, ruhig. **Untergrund:** befestigt. 01/01-31/12.
Entfernung: 500M 200M 400M.

Rendsburg 6D3
Wohnmobil-Hafen Eiderblick, An der Untereider 9.
GPS: n54,30406 o9,65610.

40 15 €1/75Liter Ch (45x)€0,50/kWh WC inklusive kostenpflichtig. **Lage:** Städtisch, luxus, zentral, ruhig. **Untergrund:** Schotter. 01/01-31/12.
Entfernung: 800M vor Ort 800M vor Ort vor Ort vor Ort.
Sonstiges: Brötchenservice, Internetcafé.

Touristinformation Rendsburg:
- Eiserne Lady. Zugbrücke Nord- Ostseekanal, 42M hoch.
- Blue Line. Stadtführung 3 Kilometer.
- Hausbrauerei Niewarker, Paradeplatz. Führungen und Probe.

Reußenköge 6C3
Amsinck Haus, Sönke Nissenkoog 36a. **GPS:** n54,61666 o8,87027.

11 7 (6x)€2/24Std WC inklusive €3. **Lage:** Ländlich, komfortabel, abgelegen, ruhig. **Untergrund:** asphaltiert. 01/04-31/10.
Entfernung: 4Km 4Km.
Sonstiges: Fahrradverleih.

Sankt Peter-Ording 6C3
Reisemobilhafen St.Peter-Ording, Am Ketelskoog.
GPS: n54,30881 o8,63522.

70 16 €2/50Liter Ch (70x)€0,60/kWh WC €0,20 €1
€1/Std. **Lage:** Ländlich, komfortabel. **Untergrund:** Schotter. 01/01-31/12.
Entfernung: 300M 1Km 300M 300M.
Sonstiges: Ankunft <22 Uhr, Mittwoch Markt.

Touristinformation Sankt Peter-Ording:
- Westküstenpark, Wohldweg 6. Tierpark. Sommer 9.30-18 Uhr, Winter 11 Uhr-Sonnenuntergang.

Schacht-Audorf 6D3
WohnmobilPark Schacht-Audorf, K76. **GPS:** n54,30611 o9,71250.

41 €10 €0,50/100Liter Ch (33x)€0,60/kWh WC €0,50
€1 . **Lage:** Ländlich, komfortabel. **Untergrund:** Schotter. 01/01-31/12.
Entfernung: 700M A7 2Km 800M 800M vor Ort.
Sonstiges: Max. 3 Nächte.

Scharbeutz 8C1
Reisemobilplatz Hamburger Ring, Hamburgerring/Trelleborg Strasse.
GPS: n54,03028 o10,75222.

58 €15,60/24 Std, Strandtaxe inkl €1/100Liter Ch (2x)€1.
Lage: Ländlich. **Untergrund:** Sand. 01/01-31/12.
Entfernung: 300M, Hundestrand 1Km 400M.

Schashagen 8C1
Ostsee-Campingplatz Kagelbusch, Strandweg/Kagelbusch.
GPS: n54,12570 o10,92789.
€10 €1.
Entfernung: 500M.

Schashagen 8C1
Wohnmobilpark Ostseeblick, Biesdorf.
GPS: n54,11934 o10,92108.

30 7, 01/04-30/09 €14,50-16,50, 2 Pers. Inkl. Hund €2,50-3,50
€1/80Liter Ch €0,50/kWh WC . **Lage:** Ländlich, komfortabel, ruhig. **Untergrund:** Schotterasen. 01/01-31/12.
Ver-/Entsorgung: Winter.
Entfernung: 300M.

Schleswig 6D3
Am Schleswig Stadthafen, Am Hafen 5. **GPS:** n54,51167 o9,56917.

45 €16/24 Std Ch WC €2,50/2,50 inklusive. **Lage:** Städtisch, komfortabel, zentral. **Untergrund:** Schotter/befestigt. 01/04-01/11.
Entfernung: 150M 5Km vor Ort vor Ort 50M 500M
in der Nähe 50M.
Sonstiges: Max. 48 Std, anmelden beim Hafenmeister.

Schleswig 6D3
Wiking-Yachthafen, Wikingeck 11. **GPS:** n54,50670 o9,54733.
8 €12 €1 €1 Ch €0,40/kWh WC €2 .
Untergrund: befestigt. 01/05-30/09.
Entfernung: 2km vor Ort vor Ort vor Ort.
Sonstiges: Anmelden beim Hafenmeister.

Touristinformation Schleswig:
Tourist Information Schleswig, Plessenstrasse 7.
Historische Stadt, gegründet durch die Wikinger, Haithabu.
Schloß Gottorf.
Landesmuseum, archäologisches Museum und Museum für Kunst und Kultur.
Museum am Danewerk, Ochsenweg 5, Dannewerk. Verteidigungsanlagen, 50-1200.
Winter 10-16 Uhr, 01/04-31/10 Di-Fr 9-17 Uhr, Sa-So 10-18 Uhr.
Wikinger Museum Haithabu, Haddeby-Busdorf.
Alles über das Leben der Wikinger.
01/04-31/10 9-17 Uhr, 01/11-31/03 Di-So 10-16 Uhr.

Schönberg/Ostsee 6D3
Brasilien, Seesternweg. **GPS:** n54,42408 o10,39116.

40 €9, 15/05-15/09 €11 Ch inklusive. **Lage:** Ländlich, einfach. **Untergrund:** Wiese. 01/01-31/12.
Entfernung: 200M 200M.

Schönberg/Ostsee 6D3
Stellplatz Mittelstrand, Mittelstrand.
GPS: n54,42233 o10,39573.

50 €9, 01/05-30/09 €11 Ch €2 WC inklusive.
Lage: Ländlich. **Untergrund:** Wiese. 01/01-31/12.
Entfernung: 200M vor Ort.
Sonstiges: Brötchenservice im Sommer.

Seestermühe 8A2
Achtern Diek. **GPS:** n53,70333 o9,56232.

4 €2 €2 €2 Ch €2 €2/Tag €1,50. **Lage:** Ländlich.
Untergrund: befestigt. 01/01-31/12.
Entfernung: 200M.

Sehestedt 6D3
Wohnmobilstellplatz Sehestedt, Fährstrasse 1.
GPS: n54,36466 o9,81973.

13 €7/24 Std €0,50/80Liter Ch. **Untergrund:** Schotter. 01/01-31/12.
Entfernung: 750M A7 13Km vor Ort 200M.
Sonstiges: Direkt am Nort-Ostseekanal.

Schleswig-Holstein/Hamburg

Sierksdorf — 8C1
Hansa-Park, Am Fahrenkrog 1. **GPS:** n54,07417 o10,77522.
200 € 4/24 Std.

Sierksdorf — 8C1
Wohnmobilstellplatz Hof Sierksdorf, Altonaer Straße.
GPS: n54,06013 o10,75737.
15 € 11 excl. Kurtaxe €1 €1 Ch €0,50/kWh WC.
Untergrund: Schotter. 01/04-30/09.
Entfernung: Strand 100M.

Simonsberg — 6C3
Nordsee Camping Zum Seehund, Lundenbergweg 4.
GPS: n54,45515 o8,96958.

15 € 15-21 Ch WC inklusive €3/Mal kostenlos.
Lage: Ländlich, komfortabel, abgelegen, ruhig. **Untergrund:** Schotter.
Ostern-31/10.
Entfernung: 3Km 500M vor Ort vor Ort am Campingplatz vor Ort vor Ort.
Sonstiges: Nutzung Dampfbad, Sauna, Fitness inklusive.

Sörup — 6D3
Südensee, Seeblick. **GPS:** n54,71216 o9,66611.

5 € 4 Ch €2/Nacht WC. **Lage:** Ländlich, einfach, ruhig.
Untergrund: Wiese. 01/04-31/10.
Entfernung: vor Ort vor Ort Kiosk.
Sonstiges: Parkplatz am kleinen See.

Struckum — 6C3
Marschblick, Kennedy Weg 3. **GPS:** n54,58597 o8,99117.

30 € 10 Ch WC inklusive €3.
Lage: Ländlich, einfach, ruhig. **Untergrund:** asphaltiert.
01/01-31/12.
Entfernung: 100M 8Km 750M 1,5Km 100M vor Ort.
Sonstiges: Geld in Umschlag in den Briefkasten.

Süderlügum — 6C3
Wohnmobilplatz Mehrzweckhalle, Jahnstrasse.
GPS: n54,87472 o8,90306.

5 kostenlos. **Lage:** Ländlich, einfach, zentral, ruhig.
Untergrund: befestigt. 01/01-31/12.
Entfernung: 500M 300M.
Sonstiges: Max. 7M.

Timmendorfer Strand — 8C1
Am Vogelpark, P4, Bäderrandstraße, B76.
GPS: n53,99136 o10,81439.

50 € 7,50 + €3/pP Kurtaxe €0,50/120Liter Ch €1/kWh.
Lage: Ländlich. **Untergrund:** Wiese/Sand.
01/01-31/12.
Entfernung: 180M.
Sonstiges: Max. 1 Nacht.

Tönning — 6C3
Wohnmobilplatz Eiderblick - Kapitänshaus, Am Strandweg.
GPS: n54,30920 o8,93684.

50 € 12 2P inkl. + Kurtaxe €1/100Liter Ch €0,60/kWh inklusive €4/3 €1/2Std.
Lage: Ländlich, luxus, abgelegen, ruhig. **Untergrund:** Wiese.
01/01-31/12.
Entfernung: 500M vor Ort vor Ort vor Ort.
Sonstiges: Entlang der Eider, Schimmbad 200m.

Travemünde — 8C1
Wohnmobilparkplatz Kowitzberg, Kowitzberg.
GPS: n53,97598 o10,87830.

49 15/5-14/9 € 12, 15/9-14/5 € 8 €1/100Liter Ch (48x) €1/5kWh. **Lage:** Städtisch. **Untergrund:** Wiese. 01/01-31/12.
Entfernung: 2,5Km 800M 800M 300M 250M 50M.

Travemünde — 8C1
Parkplatz am Fischereihafen, Auf dem Baggersand 15.
GPS: n53,95556 o10,86139.

90 € 12-15 €1/35Liter Ch (5x) €3/kWh WC €2.
Lage: Städtisch, einfach. **Untergrund:** Wiese/Schotter.
01/01-31/12.
Entfernung: Strand 800M max. 500M Schnellbus Altstadt Lübeck. **Sonstiges:** Parkplatz Fischereihafen, Fahrradverleih.

Trittau — 8B2
Zum Schützenplatz. **GPS:** n53,61063 o10,40843.
5 kostenlos. 01/01-31/12.
Entfernung: vor Ort 500M.
Sonstiges: Neben Schwimmbad.

Uetersen — 8A2
Am Stichhafen, Ziegelei. **GPS:** n53,67977 o9,66861.

4 kostenlos. **Lage:** Städtisch, einfach. **Untergrund:** befestigt.
01/01-31/12.
Entfernung: 400M 7,4Km 300M.

Utersum — 6C3
Wohnmobilstellplatz Föhr, Strunwai 14. **GPS:** n54,71593 o8,40117.
15 €0,50/100Liter Ch WC €0,50. **Untergrund:** Wiese.
Entfernung: 400M.

Waabs — 6D3
Gut Ludwigsburg. **GPS:** n54,50350 o9,95767.
10 € 11 Ch WC €4.

Weddelbrook — 8B1
Campingplatz Vogelzunge, Schulstraße 19.
GPS: n53,89995 o9,82657.

6 € 10 Chinklusive €0,50/4Std WC €1/4Minuten.
Lage: Ländlich, einfach, ruhig. **Untergrund:** Wiese.
01/01-31/12.
Entfernung: 300M vor Ort.
Sonstiges: Am See, Anmeldung und Schlüssel bei Rezeption.

Wedel — 8A2
Am Freibad. **GPS:** n53,57860 o9,69520.

20 € 10 €1/10Minuten Ch (14x) €1/8Std WC.
Lage: Ländlich, einfach, ruhig. **Untergrund:** Wiese/befestigt.
01/01-31/12 während Veranstaltung.
Entfernung: 800M.
Sonstiges: Max. 3 Tage, zahlen beim Schwimmbad.

Westerholz — 6D3
Campingplatz Fördeblick, Kummle 1. **GPS:** n54,81998 o9,66686.
45 € 10 Ch €3/Nacht, 6Amp WC €1 inklusive.
Lage: Ländlich, einfach, ruhig. **Untergrund:** Wiese/Schotter.
01/04-30/09.
Entfernung: 2,5Km 100M 1,5Km 2,5Km vor Ort.
Sonstiges: Am Flensburger Förde, max. 24 Std.

Wilster — 8A1
Colosseumplatz, Etatsrätin-doos-strasse 14-17.
GPS: n53,92419 o9,37449.

15 kostenlos €1/5Minuten Ch €1 (4x) €0,50/kWh.
Lage: Städtisch, einfach, zentral, ruhig. **Untergrund:** Wiese/Schotter.
01/01-31/12 Kirmes.
Entfernung: 200M 100M vor Ort vor Ort.

Schleswig-Holstein/Hamburg - Nieder-Sachsen/Bremen

Wischhafen 8A1
Alter Hafen, Hafenstraße 10. GPS: n53,77278 o9,32278.

8 kostenlos (6x)€1/kWh. **Lage:** Ländlich, einfach.
Untergrund: Wiese/Schotter. 01/01-31/12.
Entfernung: 500M 1Km.

Wischhafen 8A1
Ziegelstraße, Gewerbegebiet Wischhafen.
GPS: n53,76417 o9,32111.

3 kostenlos Chkostenlos. **Lage:** Ländlich, einfach.
Untergrund: Schotter. 01/01-31/12.
Entfernung: 1Km 200M.

Wischhafen 8A1
Süder-Elbe, Glückstädter Straße. GPS: n53,78678 o9,34017.

15 kostenlos. **Lage:** Ländlich, einfach, abgelegen.
Untergrund: Schotter. 01/01-31/12.
Entfernung: 3Km 150M.
Sonstiges: Parkplatz bei der Fähre.

Wischhafen 8A1
Unterm Deich 7. GPS: n53,77528 o9,32111.

6 kostenlos. **Lage:** Ländlich, einfach. **Untergrund:** Wiese.
01/01-31/12.
Entfernung: 300M vor Ort 1Km.

Nieder-Sachsen/Bremen

Adendorf 8C2
Freizeitzentrum, Scharnebecker Weg. GPS: n53,28925 o10,45398.

30 € 8 €1/10Minuten Ch (4x)€1/8Std,01/10-30/04 €2/8Std.
Lage: Ländlich, einfach, laut. 01/01-31/12.
Entfernung: 500M.

Sonstiges: Parkplatz Sportzentrum, max. 3 Tage, Schwimmbad und Sauna vor Ort.

Aerzen 10A2
Restaurant Waldquelle, Waldquelle 1.
GPS: n52,05952 o9,26146.

4 € 4,50 (1x)€1,50/Tag. **Lage:** Ländlich, abgelegen.
Untergrund: Schotter. 01/01-31/12 Di.
Entfernung: 2Km 1Km 500M vor Ort.
Sonstiges: Anmelden bei Hotel.

Ahlerstedt 8A2
Ahlerstedt Ottendorf, Rickstücken 2. GPS: n53,38908 o9,41017.

25 € 8 Ch inklusive. **Lage:** Ländlich, einfach.
Untergrund: befestigt. 01/01-31/12.
Entfernung: 3Km 3Km.

Alfeld/Leine 10B2
Bornstrasse. GPS: n51,98586 o9,82769.

4 kostenlos.
Lage: Einfach. **Untergrund:** befestigt. 01/01-31/12.
Entfernung: vor Ort 80M 200M.
Sonstiges: Parkplatz im Stadtzentrum hinter der evangelischen Kirche.

Altenau 10C2
Alter Bahnhof Altenau, Rothenbergerstrasse 52.
GPS: n51,79879 o10,43320.

20 € 13, Kurtaxe inkl €1/50Liter €1 Ch (10x)€2,50/Tag WC.
Lage: Ruhig. **Untergrund:** Schotter.
01/01-31/12.
Entfernung: 1Km 2km 1Km vor Ort vor Ort 2km vor Ort.

Altenau 10C2
Kristall-Saunatherme Heißer Brocken, Karl-Reinecke-Weg 35.
GPS: n51,79836 o10,44408.

20 € 10 + € 2/pP Kurtaxe €0,50/40Liter Ch €0,50/kWh €1,50/Mal. **Lage:** Ländlich, ruhig. **Untergrund:** befestigt.
01/01-31/12.
Entfernung: 1,5Km vor Ort vor Ort vor Ort.
Sonstiges: Zahlen an der Kasse der Therme.

Amelinghausen 8B3
Lopausee, Auf der Kalten Hude. GPS: n53,13324 o10,23441.

50 € 5, 1/9-1/7 € 3,50 Chinklusive. **Lage:** Einfach, abgelegen, ruhig. **Untergrund:** Schotter/Sand. 01/01-31/12.
Entfernung: 1Km 100M 100M 1Km 1Km vor Ort vor Ort.
Sonstiges: Brötchenservice im Sommer, Karte erhältlich an den Tankstellen, Kiosk Lopausee, Kasse Waldbad und Touristenbüro.

Amelinghausen 8B3
Waldbad, Zum Lopautal. GPS: n53,12402 o10,23018.

40 € 8 Ch inklusive.
Lage: Komfortabel.
01/01-31/12.
Entfernung: 1Km 500M 1Km 1Km vor Ort vor Ort.
Sonstiges: Brötchenservice im Sommer, inkl. Schwimmbad.

Amelinghausen 8B3
Kronsbergheide, Hochseilgarten. GPS: n53,13500 o10,23389.

10 € 5, 1/9-1/7 € 3,50. **Lage:** Ländlich, einfach, abgelegen, ruhig.
01/01-31/12.
Entfernung: 1Km 500M vor Ort 1Km 1Km vor Ort vor Ort.
Sonstiges: Karte erhältlich an den Tankstellen, Kiosk Lopausee, Kasse Waldbad und Touristenbüro.

Amelinghausen 8B3
Schwindbeckerheide, Steinbeckerstrasse, Soderstorf.
GPS: n53,12247 o10,09934.

Nieder-Sachsen / Bremen

15 €5, 1/9-1/7 €3,50. **Lage:** Ländlich, einfach, abgelegen. **Untergrund:** befestigt/Sand. 01/01-31/12. **Entfernung:** 6Km vor Ort vor Ort. **Sonstiges:** Karte erhältlich an den Tankstellen, Kiosk Lopausee, Kasse Waldbad und Touristenbüro.

Amelinghausen 8B3
Landgasthaus Eichenkrug, Unter den Eichen 10, Dehnsen. **GPS:** n53,12804 o10,16817.

4 €6 inklusive. **Lage:** Einfach, abgelegen. **Untergrund:** befestigt. 01/01-31/12. **Entfernung:** 4Km vor Ort 4Km vor Ort vor Ort. **Sonstiges:** Max. 3 Nächte.

Amelinghausen 8B3
Schenck's Hotel & Gasthaus, Lüneburgerstrasse 48. **GPS:** n53,12568 o10,21426.

15 €10 €0,80/kWh, +€1,50 WC inklusive. **Lage:** Einfach, zentral. **Untergrund:** befestigt. **Entfernung:** vor Ort vor Ort vor Ort vor Ort vor Ort. **Touristinformation Amelinghausen.** Oldendorfer Totenstatt. Hünengräber aus der Eiszeit. Führung 01/05-30/09.

Ankum 9G1
Ferienhof Buse-Glass, Tütingen 5. **GPS:** n52,51431 o7,86842.

5 €15 WC inklusive. **Lage:** Ruhig. **Untergrund:** Wiese. 01/01-31/12. **Entfernung:** 2,5Km 500M 2,5Km.

Apen 7G3
Am Drahkamp, Edewechter Strasse, Godensholt. **GPS:** n53,16999 o7,83356. kostenlos. **Lage:** Ländlich. **Entfernung:** Apen 6Km 900M.

Apen 7G3
Am Freibad, Hauptstrasse, Hengstforde. **GPS:** n53,21795 o7,78706.

10 kostenlos. **Lage:** Ländlich. **Untergrund:** befestigt. 01/05-15/09. **Entfernung:** 5,8Km 50M. **Sonstiges:** Entlang der Bahnlinie, am Schwimmbad Hengstforde.

Apen 7G3
Viehmarktplatz, Hauptstrasse. **GPS:** n53,21820 o7,80221.

10 kostenlos. **Lage:** Einfach. **Untergrund:** befestigt. 01/01-31/12. **Entfernung:** 100M 5Km vor Ort. **Sonstiges:** Max. 2 Tage.

Artlenburg 8C2
Am Sportboothafen, Am Deich 9. **GPS:** n53,37680 o10,48550.

30 €10-15 Ch WC. **Lage:** Komfortabel, ruhig. **Untergrund:** Wiese. 15/04-15/10. **Entfernung:** 500M vor Ort vor Ort 500M 500M. **Sonstiges:** Am Elbeufer.

Aurich 7G2
Familienbad De Baalje, Tannenbergstraße. **GPS:** n53,46540 o7,47568. 20 €9 €1/100Liter Ch (24x) €1/kWh €1. **Untergrund:** befestigt. 01/01-31/12. **Entfernung:** 500M 100M. **Sonstiges:** Anmelden und zahlen Kasse Schwimmbad.

Aurich 7G2
An den Kiesgruben, Tannenhausen. **GPS:** n53,52173 o7,47834.

kostenlos. **Untergrund:** ungepflastert. **Entfernung:** 10M vor Ort. **Sonstiges:** Am Tannenhausensee.

Aurich 7G2
Landgasthof Alte Post, Essenerstrasse. **GPS:** n53,54573 o7,60736.

6 €6, Gäste €3 €1 Ch WC. **Untergrund:** befestigt. 01/01-31/12. **Entfernung:** vor Ort. **Sonstiges:** Kaution Schlüssel Strom €10.

Bad Bentheim 9F2
Am Mühlenberg, Mühlenberg. **GPS:** n52,29360 o7,10095.

10 €8 €1/80Liter Ch €0,50/kWh WC. **Lage:** Ländlich. **Untergrund:** befestigt. 01/01-31/12. **Entfernung:** 200M 50M 200M vor Ort vor Ort.

Bad Bentheim 9F2
Am Schloßpark, Funkenstiege. **GPS:** n52,30328 o7,15448.

35 €8 €1/80Liter Ch (36x) €0,50/kWh WC. **Untergrund:** befestigt. 01/01-31/12. **Entfernung:** 200M 100M.

Bad Bevensen 8C3
Am Waagekai. **GPS:** n53,07417 o10,60139.

30 €5,40 + €3/pP Kurtaxe Ch inklusive €1. **Lage:** Ländlich, einfach, ruhig. **Untergrund:** Schotter/Sand. 01/01-31/12. **Entfernung:** 1Km vor Ort 1Km 600M vor Ort.

Bad Essen 9H1
Wohnmobilstellplatz Falkenburg, Falkenburg 3. **GPS:** n52,32352 o8,36384.

50 €7 €1/100Liter Ch €2/4kWh WC €0,50. **Lage:** Ländlich, komfortabel, ruhig. **Untergrund:** Wiese/befestigt. 01/03-30/10. **Entfernung:** 1,2Km 900M 300M. **Sonstiges:** Am Mittellandkanal, in der Nähe des Yachthafens, Brötch-

Nieder-Sachsen/Bremen

enservice (Wochenende).

Bad Gandersheim 10B2
Wohnmobil-Stellplatz Rio Gande, An der Wiek.
GPS: n51,87191 o10,01881.

24 € 7/24 Std, Kurtaxe inkl €1/100Liter Ch (14x)€0,50/kWh. **Lage**: Ländlich, einfach. **Untergrund**: Schotter. 01/01-31/12.
Entfernung: 400M 100M 200M vor Ort vor Ort.
Sonstiges: Max. 3 Nächte, Brötchenservice nur im Sommer.

Bad Lauterberg 10C3
Erlebnisbad Vitamar, Mast Tal 1. **GPS**: n51,63358 o10,48661.

5 kostenlos €1 €1 Ch€1. **Lage**: Einfach, ruhig. **Untergrund**: befestigt. 01/01-31/12.
Entfernung: 1,5Km 30Km vor Ort 1,5Km vor Ort.

Bad Lauterberg 10C3
Wiesenbeker Teich, Wiesenbek 75. **GPS**: n51,61719 o10,49074.

4 € 13 Ch inklusive. **Lage**: Abgelegen, ruhig.
Untergrund: Schotter. 01/01-31/12.
Entfernung: 2km 30Km vor Ort vor Ort vor Ort 2km 2km vor Ort.
Sonstiges: Anmelden und zahlen beim Rezeption Campingplatz, max. 1 Nacht.

Bad Münder 10A2
Rhomelbad, Lindenallee. **GPS**: n52,19305 o9,47111.

5 kostenlos.
Lage: Einfach. **Untergrund**: befestigt. 01/01-31/12.
Entfernung: 400M vor Ort 400M 200M.

Bad Nenndorf 10A1
Wohnmobilstellplatz am Schulzentrum, Bahnhofstrasse 77.
GPS: n52,34294 o9,37666.

15 kostenlos €2/45Liter Ch (8x)€1/6Std WC.
Lage: Einfach. **Untergrund**: Schotter/befestigt. 01/01-31/12.
Entfernung: 700M 3,4Km vor Ort vor Ort vor Ort.

Bad Pyrmont 10A2
Reisemobilhafen in den Emmerauen, Hauptmann Boelke-Weg.
GPS: n51,98092 o9,25108.
65 € 9 + € 2,30-3,20/pP Kurtaxe €0,10/10Liter Ch (44x)€0,60/kWh WC kostenlos.
Lage: Städtisch, zentral. **Untergrund**: Wiese/Schotter. 01/01-31/12.
Sonstiges: Brötchenservice, <9 Uhr kostenlos schwimmen, E-Bikeverleih, freier Shuttlebus zu den Thermen.
Touristinformation Bad Pyrmont:
Bad Pyrmont Tourismus GmbH, Europa-Platz 1, www.badpyrmont.de. Kurort.

Bad Sachsa 10C3
Harzer Schnitzelhaus & Waffelbäckerei, Schützenstrasse 13.
GPS: n51,59778 o10,55056.

2 Gäste kostenlos. **Lage**: Ländlich, einfach, zentral.
Untergrund: asphaltiert. 01/01-31/12.
Entfernung: vor Ort vor Ort 100M.
Sonstiges: Max. 2 Tage.

Bad Salzdetfurth 10B2
Am Solebad, Solebadstraße, Detfurth.
GPS: n52,07193 o10,01859.

10 € 5/24 Std €1/50Liter Ch €1/6Std.
Lage: Ländlich. **Untergrund**: asphaltiert. 01/01-31/12.
Entfernung: 2km Bistro 50m 100M vor Ort vor Ort.
Sonstiges: Freitag-Morgen Markt.

Bad Zwischenahn 7G3
Wohnmobilstellplatz Am Badepark, Am Badepark.
GPS: n53,18722 o8,00021.

50 € 14 Kurtaxe inkl €0,50/100Liter Ch (35x)€0,60/kWh WC (Thermalbad) inklusive. **Lage**: Städtisch, einfach.
Untergrund: befestigt. 01/01-31/12.
Entfernung: vor Ort 6,8Km vor Ort vor Ort 100M 500M vor Ort.

Balge 10A1
Stellplatz Marina Mehlbergen, Werderstraße.
GPS: n52,68788 o9,17779.
20 € 10 Ch (16x)€0,50/kWh WC inklusive.
Untergrund: befestigt. 01/01-31/12.
Entfernung: 2km vor Ort vor Ort 2km 2km 1Km vor Ort vor Ort.
Sonstiges: Ankunft anmelden.

Balje 8A1
Am Natureum, Neuenhof 8, Neuhaus. **GPS**: n53,81958 o9,03867.

6 kostenlos. **Lage**: Ländlich, einfach, abgelegen.
Untergrund: Wiese. 01/01-31/12.
Entfernung: 4Km vor Ort 4Km 4Km.

Barnstorf 9H1
Wohnmobilstellplatz Midden int Dörp, Rathausweg/Brinkstraße.
GPS: n52,71170 o8,50780.
3 kostenlos Ch. **Untergrund**: befestigt. 01/01-31/12.
Entfernung: vor Ort 100M 300M.

Barßel 7G3
Am Bootshafen, Deichstrasse. **GPS**: n53,16754 o7,73441.

18 € 6 Ch (34x)€2/24Std WC €1 inklusive.
Lage: Städtisch, einfach. **Untergrund**: Schotterasen. 01/01-31/12.
Entfernung: 500M vor Ort vor Ort 500M.

Barsinghausen 10A1
Wohnmobilstellplatz am Besucherbergwerk Klosterstollen, Conrad-Bühreweg. **GPS**: n52,29858 o9,46943.

5 € 6,50 (5x)inklusive. **Lage**: Ländlich, einfach.
Untergrund: Schotter. 01/01-31/12.
Entfernung: 300M in der Nähe 300M.
Sonstiges: Max. 3 Tage, Besuch Zeche möglich.

Berge 9G1
Stift Börstel, Börstel 5. **GPS**: n52,64957 o7,69438.
2 € 5, Umschlag in den Briefkasten €2 €2.
Untergrund: befestigt. 01/01-31/12.
Entfernung: Zentrum Haselünne 7km 3Km 7Km 150M.
Sonstiges: Neben der Abtei, max. 2 Nächte.

Berge 9G1
Dorfteich Berge, Schienenweg 19. **GPS**: n52,62011 o7,75099.
2 kostenlos. 01/01-31/12.
Entfernung: 400M 400M 300M 150M.

Bergen 8B3
Stellplatz am Ziegeleiweg, Ziegeleiweg. **GPS**: n52,81273 o9,96457.

Nieder-Sachsen / Bremen

6 €3,50 €1 Ch inklusive.
Untergrund: Schotter.
01/01-31/12.
Entfernung: in der Nähe 300M 450M 250M.
Sonstiges: Kaution Schlüssel € 20 am Rathaus.
Touristinformation Bergen:
Wildpark Lüneburger Heide, Nindorf. Wildpark. 01/03-31/10 8-19U, 01/11-28/02 9.30-16.30 Uhr.

Berne 7H3
Fähranleger Motzen, Motzener Strasse. **GPS:** n53,17972 o8,55778.

4 kostenlos €1/60Liter Ch (4x)€1/6Std. **Lage:** Städtisch, einfach, abgelegen, laut. **Untergrund:** Schotter/Sand.
01/01-31/12.
Entfernung: 3,5Km vor Ort 1Km 100M 100M.
Sonstiges: Parkplatz bei der Fähre am Weser.

Bevern 10A2
Schwimm- und Freizeitzentrum, Jahnstrasse.
GPS: n51,85750 o9,50805.

5 kostenlos. **Lage:** Ländlich, einfach. **Untergrund:** asphaltiert.
01/01-31/12.
Entfernung: 1,2Km 500M 500M.

Bienenbüttel 8C3
Wohnmobilstellplatz Ilmenauwiese, Niendorfer strasse, K42.
GPS: n53,14514 o10,49051.

12 € 6 €1/8Minuten Ch (12x)€1/8Std WC €1.
Lage: Ländlich, komfortabel, ruhig. **Untergrund:** befestigt.
01/01-31/12.
Entfernung: 500M vor Ort vor Ort 500M 500M
Skulpturenroute.

Bippen 9G1
Dorfteich, Hauptstrasse. **GPS:** n52,58209 o7,73887.
2 kostenlos. 01/01-31/12.

Bippen 9G1
Ferienhof Nyenhuis, Hallweg 8. **GPS:** n52,59360 o7,73005.

20 € 13 WC €2,50. **Lage:** Ländlich, einfach, ruhig.
Untergrund: Wiese. 01/01-31/12.
Entfernung: 1Km.

Bippen 9G1
Gasthof Mol, Einigkeitsstraße 20, Lonnerbecke.
GPS: n52,54337 o7,67118.
10 kostenlos Ver-/Entsorgung€7/Tag.
Entfernung: vor Ort.

Bippen 9G1
Hotel-Restaurant-Café Sülte Mühle, Ölmühle 1, Lonnerbecke.
GPS: n52,54972 o7,69594.
2 kostenlos €2.

Bispingen 8B3
Parkplatz Oberhaverbeck, Oberhaverbeck. **GPS:** n53,14281 o9,91998.

30 € 3/Tag, € 6/Nacht €1/10Minuten Ch (8x)€1/10Std.
Lage: Ländlich, einfach, abgelegen.
Untergrund: Wiese/Schotter.
01/01-31/12 Ver-/Entsorgung: Winter.
Entfernung: 6Km 350M 6Km 100M vor Ort vor Ort.
Sonstiges: In Naturschutzgebiet Lüneburger Heide.

Bispingen 8B3
Parking Rathaus, Borsteler Straße 4-6. **GPS:** n53,08499 o9,99789.

5 kostenlos.
Lage: Einfach, zentral. **Untergrund:** befestigt.
01/01-31/12.
Entfernung: vor Ort 1Km 100M 100M vor Ort vor Ort.

Bispingen 8B3
Reiter- und Ferienhof Cohrs, Volkwardingen 1, Moorweg.
GPS: n53,13409 o10,00047.

10 € 14 Ch inklusive WC €3.
Lage: Komfortabel, abgelegen, ruhig. **Untergrund:** Wiese.
01/01-31/12.
Entfernung: 3Km 5,5Km 500M 5Km vor Ort.
Sonstiges: Brötchenservice.

Bissendorf 9H2
Reisemobil-Center Veregge & Welz, Gewerbepark 14, A30 Abfahrt Bissendorf. **GPS:** n52,24026 o8,13977.

6 kostenlos €1/5Minuten Ch (4x)€1/6Std. **Lage:** Städtisch, einfach, ruhig. **Untergrund:** befestigt. 01/01-31/12.
Entfernung: 1Km 650M 800M 800M.

Bleckede 8C2
Campingpark Elbtalaue, Am Waldbad 23.
GPS: n53,25948 o10,80526.

15 € 14, 2 pers inkl €1 Ch €3,50/Nacht, oder €0,50/0,8kWh WC inklusive €3,50/3 €4/Tag, €9/3 Tage. **Lage:** Ländlich, luxus, abgelegen, ruhig. **Untergrund:** Wiese. 01/01-31/12.
Entfernung: 2km 300M 800M 6Km 50M.

Blomberg 7G2
Dorfplatz Blomberg, Hauptstrasse. **GPS:** n53,57718 o7,55815.

20 kostenlos €1 Ch€1 €0,50/kWh WC.
Untergrund: Wiese/befestigt. 01/01-31/12.
Entfernung: vor Ort 200M 200M 50M.

Bockenem 10B2
Am Freibad, In den Reesen. **GPS:** n52,00787 o10,13610.

5 kostenlos. **Lage:** Ländlich, einfach, ruhig. **Untergrund:** Schotter.
01/01-31/12.
Entfernung: 800M 200M 300M.

Bockenem 10B2
Hotel Sauer am Aral Autohof, Allensteiner strasse 7.
GPS: n52,00224 o10,13379.

20 Gäste kostenlos €1,50 Ch (8x)€2,50 WC €1,50.
Lage: Ländlich, einfach, befestigt. 01/01-31/12.
Entfernung: 300M vor Ort 500M.

Bockhorn 7G2
Reisemobilplatz Germer, Am Geeschendamm 1.
GPS: n53,38575 o8,00857.

Nieder-Sachsen/Bremen

30 €6 €1,50 Ch (30x)€0,50/kWh WC €2. **Lage:** Komfortabel. 01/01-31/12.

Bockhorn 7G2
Erlebnisbad, Urwaldstrasse 35a. **GPS:** n53,39876 o7,99410.

5 kostenlos. **Lage:** Ländlich. **Untergrund:** befestigt.
01/01-31/12. **Entfernung:** vor Ort.
Sonstiges: Parkplatz Schwimmbad, max. 1 Tag.

Bockhorn 7G2
Gaststätte Altdeutsche Diele, Landesstrasse 11, Steinhausen.
GPS: n53,41539 o8,03622.

3 kostenlos (3x)kostenpflichtig. **Lage:** Einfach.
Untergrund: befestigt. 01/01-31/12.

Bockhorn 7G2
Zum Sandkrug, Sandkrugsweg 21,Grabstede.
GPS: n53,35893 o8,00186.

4 kostenlos. **Lage:** Ländlich, einfach, ruhig. **Untergrund:** Wiese.
01/01-31/12.
Entfernung: vor Ort.

Bodenwerder 10A2
Wohnmobilstellplatz Bodenwerder, Am Mühlentor.
GPS: n51,98037 o9,51795.

25 €6, Kurtaxe € 1/pP €2/10Minuten Ch €2,50/Tag
WC €1,50. **Lage:** Städtisch, einfach. **Untergrund:** Wiese.
01/01-31/12.
Entfernung: 200M Weser 200m 200M 500M 200M.
Sonstiges: Anmelden und zahlen Kasse Schwimmbad.

Bohmte 9H1
Golfclub Arenshorst, Arenshorster Kirchweg 2.
GPS: n52,35651 o8,28450.

3 Gäste kostenlos. **Lage:** Ländlich, einfach.
Untergrund: Wiese/befestigt. 01/01-31/12.
Entfernung: 3Km vor Ort 3Km.

Bohmte 9H1
Landgasthaus Gieseke-Asshorn, Bremer strasse 55.
GPS: n52,36674 o8,31261.

4 Gäste kostenlos kostenlos. **Lage:** Städtisch, ruhig.
Untergrund: befestigt. 01/01-31/12.
Entfernung: 50M vor Ort 200M.

Bohmte 9H1
VARIOmobil Fahrzeugbau GmbH, Bremer strasse.
GPS: n52,38623 o8,30761.

2 kostenlos Ch kostenlos. **Lage:** Ländlich, ruhig.
Untergrund: befestigt. 01/01-31/12.
Entfernung: 500M 1Km 1Km.
Sonstiges: Ver-/Entsorgung nur während der Öffnungszeiten.

Brake 7H2
City-Parkplatz, Breite Strasse. **GPS:** n53,32534 o8,47982.

2 kostenlos.
Lage: Städtisch, einfach, zentral, laut. **Untergrund:** befestigt.
01/01-31/12.
Entfernung: vor Ort vor Ort 200M 200M vor Ort.
Sonstiges: Schlüssel bei Aparthotel Panorama (50M).

Brake 7H2
Am Binnenhafen, Hafenstrasse. **GPS:** n53,32802 o8,48296.

4 kostenlos €1/10Minuten Ch (4x)€0,50/6Std.
Lage: Städtisch, einfach, zentral, laut.
Untergrund: Schotterasen.
01/01-31/12.

Entfernung: vor Ort 1Km 100M 200M 200M vor Ort.

Bramsche 9G1
Wohnmobilstellplatz Waldwinkel, Zum Dreschhaus 4.
GPS: n52,39591 o8,10244.

60 €7 €0,10/10Liter Ch (80x)€2 WC €1.
Lage: Ländlich, komfortabel, ruhig. **Untergrund:** Wiese.
01/01-31/12.
Entfernung: 3,5Km 100M 3,5Km vor Ort vor Ort.
Sonstiges: Neben Camping Waldwinkel.

Bramsche 9G1
Hasebad, Malgartener strasse 49. **GPS:** n52,41493 o7,99423.

6 kostenlos. **Lage:** Städtisch, einfach, ruhig. **Untergrund:** befestigt.
01/01-31/12.
Entfernung: 500M.

Bramsche 9G1
Reisemobile Lewandowsky, Am Kanal 1b.
GPS: n52,38524 o7,92958.

2 kostenlos Ch kostenlos €2/Tag. **Lage:** Ländlich, einfach.
Untergrund: Schotter. 01/01-31/12.
Entfernung: 1Km 1Km 1Km.
Sonstiges: Auch Reparaturen möglich, Ver-/Entsorgung während der Öffnungszeiten, Wander- und Radwegen.

Braunlage 10C3
Schützenplatz, Schützenstrasse 21. **GPS:** n51,71658 o10,60847.

85 € 10 + €2,20/pP Kurtaxe €1/80Liter Ch €0,50/kWh
WC inklusive €1,50 €1,50. **Lage:** Ländlich, luxus, ruhig.
Untergrund: Schotter. 01/01-31/12.
Entfernung: 400M Café Restaurant Hubertushöhe vor Ort vor Ort vor Ort.
Sonstiges: Brötchenservice.

Braunschweig 10C1
Theodor-Heuss-Straße. **GPS:** n52,24964 o10,51835.

Nieder-Sachsen/Bremen

16 🅿 kostenlos ⛽€1/10Minuten 🚻 Ch 🔌(16x)€1/8Std.
Lage: Städtisch, einfach, laut. **Untergrund:** asphaltiert.
📅 01/01-31/12.
Sonstiges: Max. 2 Nächte.

Bremen 7H3
Wohnmobil Oase Bremen, Schoster born, via Emil von Behringstrasse.
GPS: n53,06778 o8,86333. ⬆.

8 🅿 €15 + Kurtaxe €1/pP ⛽€2 🚻 Ch 🔌 WC inklusive
🚿€1,50, Nutzung luxuriöses Badezimmer €5, Sauna €5 🔋€6.
Lage: Städtisch, komfortabel, zentral. **Untergrund:** Schotter.
📅 01/01-31/12.
Entfernung: 🚲4Km ⊗vor Ort 🚉50M 🚊Straßenbahn vor Ort.
Sonstiges: Wohnmobil < 7m.

Bremen 7H3
Am Kuhhirten, Kurhirtenweg. **GPS:** n53,06500 o8,81871. ⬆➡.

70 🅿 €15 ⛽€1/100Liter 🚻 Ch 🔌(70x)€0,50/kWh WC €1/24 Std 🚿€1/5Minuten 📶. **Lage:** Städtisch, komfortabel, zentral.
Untergrund: Schotter. 📅 01/01-31/12.
Entfernung: 🚲Altstadt 1,3Km 🏊500M ⊗vor Ort 🚉800M 🚊Straßenbahn 700M 🚲vor Ort.
Sonstiges: Brötchenservice.

Bremen 7H3
Bremer Schweiz, Im Pohl, Lesum. **GPS:** n53,16765 o8,69560. ⬆➡.

7 🅿 €5/24 Std ⛽€1/10Minuten 🚻 Ch 🔌(8x)€1/8Std.
Lage: Städtisch, komfortabel, ruhig. **Untergrund:** Schotter.
📅 01/01-31/12.
Entfernung: 🚲vor Ort 🚴2,4Km ⊗vor Ort 🚉300M 🚊vor Ort 🚲vor Ort.

Bremen 7H3
Maritime Meile, Schulkenstrasse. **GPS:** n53,17298 o8,60906. ⬆➡.

5 🅿 €5 + Kurtaxe ⛽€1/80Liter 🚻 Ch 🔌(4x)€1/8Std.
Lage: Städtisch, komfortabel, zentral, ruhig. **Untergrund:** asphaltiert.
📅 01/01-31/12.
Entfernung: 🚲Bremen 20Km 🏊100M 🚉200M 🚲vor Ort.

Bremen 7H3
Camping Stadtwaldsee, Hochschulring 1.
GPS: n53,11381 o8,84389. ⬆.

20 🅿 €12-15 ⛽€1/80Liter 🚻 Ch 🔌(20x)€1/5Std WC inklusive.
Lage: Ländlich, luxus.
Untergrund: Schotterasen.
📅 01/01-31/12.
Entfernung: 🚲5,5Km 🏊3Km 🚉vor Ort 🚊vor Ort ⊗vor Ort 🚲100M 🚉vor Ort.

Touristinformation Bremen:
ℹ Tourist Information, Obernstrasse en Hauptbahnhof, www.bremen-tourism.de. Hansestadt und zweite Hafenstadt Deutschlands.
👁 Böttcherstrasse. Fußgängerpassage.
🎪 Weserpromenade Schlachte. Trödel und AntiKmarkt. 📅 Sa 8-14 Uhr.

Bremerhaven 7H2
Reisemobil-Parkplatz Doppelschleuse, An der Neuen Schleuse.
GPS: n53,53230 o8,57607. ⬆➡.

63 🅿 €10 ⛽€1/80Liter 🚻 Ch 🔌(40x)€0,50/kWh WC €0,50 🚿€0,50. **Lage:** Städtisch, komfortabel, luxus, zentral, ruhig.
Untergrund: asphaltiert. 📅 01/01-31/12.
Entfernung: 🚲1Km 🚴8Km 🏊1Km ⊗1,5Km 🚉1,2Km 🚲vor Ort.
Sonstiges: Brötchenservice.

Bremerhaven 7H2
Reisemobil-Parkplatz Fischereihafen, Hoebelstrasse, Fischereihafen 1. **GPS:** n53,52634 o8,57610. ⬆➡.

47 🅿 €10, Kurtaxe inkl ⛽€1/100Liter 🚻 Ch 🔌(36x)€0,50/kWh WC inklusive 🚿€0,50. **Lage:** Städtisch, luxus, zentral, ruhig.
Untergrund: asphaltiert/befestigt. 📅 01/01-31/12.
Entfernung: 🚲4Km 🚴vor Ort 🚊vor Ort ⊗500M 🚉500M 🚊200M 🚲200M.
Sonstiges: Am Hafen, Kaution Schlüssel Sanitär €5.

Bremerhaven 7H2
Havenhostel Bremerhaven, Bürgermeister-Smidt-Straße 209.
GPS: n53,55932 o8,56793.
20 🅿 €15 ⛽ 🚻 Ch 🔌 inklusive WC 🚿€2/2. **Untergrund:** Wiese.

📅 01/01-31/12.
Entfernung: ⊗1Km 🚉vor Ort.
Sonstiges: Anmelden an der Rezeption, Frühstücksservice.

Bremervörde 8A2

Wohnmobilstation Bremervörde
- Direkte Lage am See
- Idealer Ausgangspunkt für Wanderungen und Radtouren
- Brötchenservice

www.bremervoerde.de
touristik@bremervoerde.de

Wohnmobilstation Bremervörde, Kiebitzweg 1.
GPS: n53,49453 o9,15576. ⬆➡.
40 🅿 €9,50, 01/11-28/02 €6,50 ⛽ 🚻 Ch 🔌(21x)€3/Tag,10Amp WC €1 📶 inklusive. **Lage:** Ländlich, komfortabel, ruhig.
Untergrund: befestigt. 📅 01/01-31/12.
Entfernung: 🚲1,5Km 🏊100M 🚉100M 🚊300M 🚲1Km 🚴1,5Km 🚊vor Ort 🎯vor Ort.

Brietlingen 8B2
Reihersee, Grosse strabe. **GPS:** n53,34344 o10,45844. ⬆.

50 🅿 €8 ⛽€2,50. **Lage:** Ländlich, einfach, abgelegen.
Untergrund: Wiese. 📅 01/03-31/10.
Entfernung: ⊗vor Ort.

Brietlingen 8B2
Landhotel Franck, Bundesstrasse 31b. **GPS:** n53,32951 o10,44491. ⬆.

5 🅿 Gäste kostenlos 🔌(1x)€5/Nacht.
Lage: Ländlich, einfach, ruhig.
Entfernung: 🚲vor Ort 🚉500M.

Bruchhausen-Vilsen 8A3
Reisemobilstellplatz Bruchhausen-Vilsen, Bollenstrasse.
GPS: n52,82671 o8,99536. ⬆➡.

40 🅿 €6 ⛽€1/100Liter 🚻 Ch 🔌(24x) WC inklusive 📶.
Untergrund: Schotter. 📅 01/01-31/12.
Entfernung: 🚲200M ⊗200M 🚉200M.
Sonstiges: Max. 3 Tage.

Nieder-Sachsen/Bremen

Buchholz/Nordheide 8B2
Campingplatz Nordheide, Weg zum Badeteich 20. GPS: n53,28202 o9,87495.

12 €12-15 Ch (6x)€2 WCinklusive.
Lage: Ländlich, komfortabel. Untergrund: befestigt/Sand.
01/01-31/12.
Entfernung: 200M vor Ort vor Ort 200M.

Bückeburg 10A2
Am Schloss, Georgstrasse/Liebesallee. GPS: n52,25777 o9,04583.

20 €5 €1 Ch (24x)€1/12Std. Lage: Städtisch, ruhig.
Untergrund: Schotter/befestigt. 01/01-31/12.
Entfernung: 500M 500M 500M 200M vor Ort.

Bückeburg 10A2
Neumarktplatz, Unterwallweg 5c. GPS: n52,26326 o9,05040.

15 kostenlos €1/80Liter Ch (6x)€0,50/kWh.
Lage: Städtisch, einfach. Untergrund: Schotter. 01/01-31/12.
Entfernung: 250M 250M 250M.

Büddenstedt 10C2
Am Sportplatz. GPS: n52,17567 o11,01843.

3 kostenlos. Lage: Ländlich, einfach, ruhig.
Untergrund: asphaltiert. 01/01-31/12.
Entfernung: 1Km vor Ort 2km.
Sonstiges: Parkplatz Schwimmbad.

Büddenstedt 10C2
Parking K22, Barneberger Straße, Offleben.
GPS: n52,13738 o11,04409.

2 kostenlos. Lage: Ländlich, einfach. Untergrund: asphaltiert.
01/01-31/12.
Entfernung: 500M 500M 500M.

Bühren 10B3
Alter Festplatz, Im Teich. GPS: n51,48378 o9,67451.

20 €2 €2. Lage: Ländlich, abgelegen. Untergrund: Wiese.
01/01-31/12.
Entfernung: 700M 5Km vor Ort vor Ort.

Bunde 7F3
Am Friedhofsweg. GPS: n53,18500 o7,26639.

15 €5 €1 Ch €1/10Std. Untergrund: Schotterasen.
01/01-31/12.
Entfernung: 100M 2,3Km 350M 200M.
Sonstiges: Am Rathaus, max. 3 Tage.

Bunde 7F3
Freizeitgelände, Denkmalstrasse 11, Ditzumerverlaat.
GPS: n53,26028 o7,26861.

10 €3/24 Std €0,50 Ch (8x)€1/8Std.
Untergrund: befestigt. 01/01-31/12 während Veranstaltung.
Entfernung: 250M vor Ort vor Ort 350M 250M.
Sonstiges: Max. 3 Tage.

Bunde 7F3
Möhlenlandbad, Kellingwold 25. GPS: n53,18683 o7,27418.
10 €3. Untergrund: befestigt. 01/01-31/12.
Entfernung: 500M.

Butjadingen 7H2
Henken's Stellplatz, Am Hafen 6, Fedderwardersiel.
GPS: n53,59581 o8,35669.

80 €5 + €1,10-2,20/pP Kurtaxe €0,01/1Liter Ch €1/24 Std
(48x)€2,50/Tag. Lage: Ländlich, komfortabel, zentral, ruhig.
Untergrund: Wiese. 01/01-31/12.
Entfernung: 500M 2Km vor Ort vor Ort vor Ort 500M vor Ort vor Ort.
Sonstiges: Brötchenservice.

Butjadingen 7H2
Jachthaven Fedderwardersiel. GPS: n53,59518 o8,35700.

Butjadingen 7H2
Hof Iggewarden, Iggewarden 1. GPS: n53,58622 o8,32653.

30 €10 excl. Kurtaxe Ch€1,50 (20x)€2,50/Tag
WC 4Minuten €6. Lage: Ländlich, komfortabel, abgelegen,
ruhig. Untergrund: Wiese. 01/01-31/12.
Entfernung: 800M vor Ort vor Ort 800M 800M.

Butjadingen 7H2
Hof Iggewarden, Iggewarden 1. GPS: n53,58622 o8,32653.

20 €8 €1/100Liter Ch (2x)€2/Tag WC. Lage: Ländlich,
komfortabel, abgelegen, ruhig. Untergrund: Schotter.
01/01-31/12.
Entfernung: 2km 2km vor Ort vor Ort 300M vor Ort.

Butjadingen 7H2
Knaus Campingpark Burhave, Strand Allee, Burhave.
GPS: n53,58306 o8,37000.

50 €9,80 + €2,20/pP Kurtaxe €2,20 Ch €0,70/kWh
WC €3,30. Untergrund: Wiese. 15/04-15/10.
Entfernung: 1Km vor Ort 200M 1Km.

Buxtehude 8A2
Pfingstmarktplatz, Cuxhavenerstrasse, Neukloster, B73.
GPS: n53,47974 o9,63528.

40 kostenlos €1/100Liter Ch €2. Lage: Ländlich, einfach.
Untergrund: asphaltiert. 01/01-31/12. Woche vor/nach
Pfingsten. Entfernung: 3Km Imbiss Bäckerei 200M.
Sonstiges: Schlüssel Dusche bei Imbiss.

Buxtehude 8A2
Stellplatz am Schützenplatz, Genslerweg.
GPS: n53,47139 o9,69528.

30 €5 €1/100Liter Ch (18x)€1/kWh. Lage: Städtisch,

Deutschland

Nieder-Sachsen/Bremen

zentral. **Untergrund:** Schotter. 01/01-31/12.
Entfernung: Nahe Altstadt 50M Bäckerei 50M vor Ort vor Ort.
Touristinformation Buxtehude:
Das Fleth. Ältester Binnenhafen von Europa.

Cadenberge 8A1
Reisemobilvermietung Hennig, Alter Postweg 1.
GPS: n53,76686 o9,05681.

4 € 5 €0,50/100Liter €1,50/24Std. **Lage:** Ländlich, einfach. **Untergrund:** Wiese. 01/01-31/12.
Entfernung: 50M vor Ort 50M.

Celle 10B1
Schützenplatz, Hafenstraße. **GPS:** n52,62794 o10,07348.

35 kostenlos €1 ChWC. **Untergrund:** Wiese/befestigt. 01/01-31/12.
Entfernung: 150M 100M.

Celle 10B1
Langensalzaplatz. GPS: n52,61842 o10,08052.

3 kostenlos. **Untergrund:** befestigt. 01/01-31/12.
Entfernung: vor Ort.

Clausthal-Zellerfeld 10C2
Busbahnhof, Bahnhofstraß 5. **GPS:** n51,81360 o10,33602.

4 Kurtaxe € 1,50. **Lage:** Ländlich, einfach. **Untergrund:** befestigt. 01/01-31/12.
Entfernung: vor Ort 200M 600M vor Ort vor Ort.

Clenze 8C3
Regenbogen-Hof, Mützen. **GPS:** n52,94079 o10,93899.

5 € 7/pP Ch WC inklusive. **Lage:** Ländlich, einfach, abgelegen, ruhig. **Untergrund:** Wiese. 01/01-31/12.
Entfernung: 3Km vor Ort 3Km vor Ort.
Sonstiges: Ankunft <22 Uhr.

Cloppenburg 7G3
Am Stadtpark, Hagenweg. **GPS:** n52,84649 o8,04687.

3 € 5, Kurtaxe inkl €1/80Liter Ch kostenlos €0,50/kWh.
Lage: Städtisch, einfach. **Untergrund:** befestigt. 01/01-31/12.
Entfernung: 100M 2km 100M 300M.
Sonstiges: Max. 3 Tage.

Cloppenburg 7G3
Museumsdorf Cloppenburg, Bether Straße.
GPS: n52,85197 o8,05335.

20 kostenlos. **Lage:** Ländlich, einfach. **Untergrund:** befestigt. 01/01-31/12.
Entfernung: 900M 1Km.
Sonstiges: Parkplatz gegenüber Museumsdorf, max. 24 Std.

Coppenbrügge 10A2
Parkplatz am Frei- und Hallenbad, Felsenkellerweg.
GPS: n52,11613 o9,53676.

12 € 3,50 €2,50 Ch (12x)€1. **Lage:** Ländlich, einfach.
Untergrund: Wiese/Schotter. 01/01-31/12.
Entfernung: 1,5Km 500M 500M vor Ort vor Ort.
Sonstiges: Anmeldung bei Campingplatz.

Cuxhaven 7H1
Duhner Allee, Duhnen. **GPS:** n53,88284 o8,64814.

60 € 8, Hauptsaison € 10 Ch €2/Tag WC €0,50 €1. **Lage:** Einfach. **Untergrund:** asphaltiert. 01/01-31/12.
Sonstiges: Strandparkplatz, gegenüber Campingplatz am Bäderring.

Cuxhaven 7H1
Elbe-Ferry, Am Fährhafen. **GPS:** n53,87508 o8,70315.

100 € 10-13, Kurtaxe inkl Ch. **Lage:** Städtisch, einfach.
Untergrund: asphaltiert. 01/01-31/12.
Entfernung: 1km 500M.
Sonstiges: Brötchenservice.

Cuxhaven 7H1
Privatparkplatz Kugelbake Halle, Nordfeldstraße.
GPS: n53,89033 o8,67703.

80 € 8 ChWC. **Lage:** Städtisch, einfach.
Untergrund: befestigt. 01/01-31/12.
Entfernung: 200M 100M.

Cuxhaven 7H1
Campingplatz Finck, Am Sahlenburger Strand 25.
GPS: n53,86039 o8,59167.

16 € 17, Kurtaxe inkl Ch (16x)inklusive WC €0,50.
Lage: Komfortabel. 15/03-31/10.
Entfernung: 3Km vor Ort vor Ort am Campingplatz 100M.
Sonstiges: Sanitär beim Campingplatz.

Damme 9H1
Stellplatz am Flugplatz, Am Flugplatz 8.
GPS: n52,49055 o8,17925.

12 € 10 €0,50/80Liter Ch (12x)€0,50/kWh WC €1.
Lage: Luxus. **Untergrund:** Wiese/Schotter. 01/01-31/12.
Entfernung: 1.4Km vor Ort 100M.
Sonstiges: Parkplatz Flugplatz Damme.

Damme 9H1
Parkplatz Altes Amtsgericht, Ohlkensbergweg 10.
GPS: n52,52389 o8,19488.
5 kostenlos. **Untergrund:** befestigt. 01/01-31/12.
Entfernung: 300M 400M 100M 150M.

Damme 9H1
Olgahafen, Dümmerstrasse, Dümmerlohausen.
GPS: n52,52917 o8,31098.

Deutschland

Nieder-Sachsen/Bremen

12 kostenlos €1 Ch €1. **Lage:** Ländlich, einfach, ruhig. **Untergrund:** Schotter. 01/01-31/12.
Entfernung: 100M 100M vor Ort Bäckerei.
Sonstiges: Am Dümmersee, max. 3 Tage.

Dangast 7G2
Sielstrasse 30. **GPS:** n53,44539 o8,10979.
40 €9 inklusive. **Lage:** Einfach. **Untergrund:** Wiese. 15/04-15/10.
Entfernung: vor Ort vor Ort vor Ort.

Dannenberg 8C3
Bäckergrund 32. **GPS:** n53,10062 o11,10903.
4 Ch. 01/04-30/09.
Entfernung: 300M 850M.

Dassel 10B2
Am Badesee in der Ortschaft, Lauenberg. **GPS:** n51,75750 o9,76389.

8 free, 01/05-01/10 €5 €1/80Liter Ch €1/8Std inklusive, 01/05-30/09. **Lage:** Ländlich, abgelegen, ruhig.
Untergrund: asphaltiert. 01/01-31/12.
Entfernung: 8,5Km vor Ort 300M 300M 300M vor Ort vor Ort.

Dassel 10B2
Am Sollingbad, An der Badeanstalt. **GPS:** n51,80722 o9,68917.

5 kostenlos. **Lage:** Ländlich, abgelegen. 01/01-31/12.
Entfernung: Altstadt 500M 1Km vor Ort vor Ort.

Deinste 8A2
Gut Deinster Mühle, Im Mühlenfeld 30. **GPS:** n53,53132 o9,43301.
15 kostenlos. **Untergrund:** Wiese. 01/01-31/12.
Entfernung: vor Ort 400M Bäckerei vor Ort vor Ort.
Sonstiges: Golfplatz.

Delmenhorst 7H3
Reisemobilhafen Delmenhorst, An den Graften.
GPS: n53,04722 o8,62278.

8 kostenlos Ch kostenlos €1/kWh. **Lage:** Städtisch, einfach, zentral, ruhig. **Untergrund:** Schotter/Sand. 01/01-31/12 während Veranstaltung.
Entfernung: vor Ort 2,8Km vor Ort 200M.
Sonstiges: Max. 7 Tage.

Detern 7G3
Reisemobilhafen Detern, Alte Heerstrasse 6, Stickhausen.
GPS: n53,21560 o7,64743.

40 €8 €1/100Liter Ch (44x)€2/24Std WC €1/6Minuten €0,50. **Lage:** Städtisch, luxus.
Untergrund: asphaltiert/Schotter. 01/01-31/12.
Entfernung: vor Ort 6Km vor Ort vor Ort vor Ort vor Ort vor Ort.
Sonstiges: Hinter Touristenbüro, Brötchenservice.

Diepenau 9H1
Stellplatz am Bahnhof, Am Bahnhof. **GPS:** n52,42470 o8,74106.

5 kostenlos €1 Ch (5x)€1/8Std. **Untergrund:** befestigt. 01/01-31/12.
Entfernung: 500M 500M 500M.

Diepenau 9H1
Wohnmobilstellplatz Am Tor zum Moor, Steinbrinkerstrasse 8.
GPS: n52,47664 o8,74016.

30 €8 Ch inklusive. **Untergrund:** Wiese/befestigt. 01/04-31/10.
Entfernung: vor Ort vor Ort 1Km.

Diepholz 9H1
Parkplatz Am Heldenhain, Am Heldenhaim (B69).
GPS: n52,61250 o8,37056.

20 kostenlos €1/80Liter Ch (20x)€0,50/kWh kostenlos.
Lage: Städtisch. **Untergrund:** Wiese. 01/01-31/12.
Entfernung: 500M 500M 500M.
Sonstiges: Max. 3 Tage.

Ditzum 7F2
Ankerplatz Blank, Pogumer Straße. **GPS:** n53,31489 o7,27619.

14 €7/24 Std €1/100Liter Ch (10x)€1/2kWh WC €0,50. **Untergrund:** befestigt. 01/01-31/12.
Entfernung: 100M 300M 300M 100M vor Ort.

Ditzum 7F2
Reisemobilstellplatz Ditzum, Am Deich.
GPS: n53,31555 o7,28666.

45 €7/Nacht €1/100Liter Ch (45x)€1/2kWh.
Untergrund: befestigt. 01/01-31/12.
Entfernung: 100M 100M 100M 100M 300M.
Sonstiges: Brötchenservice, Müll €1, Dusche €1.

Dornum 7G2
Schöpfwerkstraße, Dornumersiel. **GPS:** n53,67272 o7,48092.
30 €9, Nordsee-ServiceCard inkl €4/8Std.
Untergrund: befestigt. 01/01-31/12.
Entfernung: 500M 100M 100M.

Dornum 7G2
Schützenplatz. **GPS:** n53,64850 o7,42365.

30 €9, Nordsee-ServiceCard inkl €1/65Liter Ch €1/8Std.
Untergrund: Wiese. 01/01-31/12.
Entfernung: vor Ort 300M 50M.
Sonstiges: Max. 1 Nacht.

Dornum 7G2
Wohnmobilstellplatz Nordseeblick. **GPS:** n53,67912 o7,47767.
38 €13 Nordsee-ServiceCard inkl €2/100Liter Ch €1/kWh WC. **Untergrund:** Schotterasen. 24/03-03/10.
Entfernung: 200M 200M 500M 500M.
Sonstiges: Schwimmbad.

Dornum 7G2
Am Nordseestrand, Hafenstraße 7. **GPS:** n53,68063 o7,48294.
10 €17 Nordsee-ServiceCard inkl Ch inklusive.
01/04-30/09.
Entfernung: vor Ort 300M 500M.
Sonstiges: Brötchenservice.

Dörpen 7F3
Festplatz, Veeneweg. **GPS:** n52,97115 o7,33425.

5 kostenlos. **Lage:** Einfach. **Untergrund:** Wiese/befestigt.
01/01-31/12 1. Woche in Juni: Kirmes.
Entfernung: 500M vor Ort 500M vor Ort.
Sonstiges: Max. 4 Nächte.

Dorum 7H2
Wohnmobilhafen Grube-Petrat, Am Neuen Deich 2a.
GPS: n53,73838 o8,51966.

Nieder-Sachsen/Bremen

20 🚐 € 12,50 + € 2 Kurtaxe, 01/05-15/09 € 14 + € 3,40 Kurtaxe 🚰Ch 🚿inklusive WC 🗑€1 ♻ **Lage:** Einfach.
Untergrund: befestigt. 📅 01/01-31/12.
Entfernung: 🏊vor Ort 🛒vor Ort ⊗vor Ort.
Sonstiges: Anmelden bei Deichhotel, Brötchenservice.

🅂 Dörverden 8A3
In der Worth. GPS: n52,84529 o9,22568. ⬆➡.

5 🚐kostenlos 🚰€1/80Liter 🚿(5x)€1/8Std. **Lage:** Städtisch, einfach, ruhig. **Untergrund:** Schotter. 📅 01/01-31/12.
Entfernung: 🏊200M ⊗200M 🛒200M 🚌Bremen/Hannover 🚲100M 🚶1Km.
Sonstiges: Hinter dem Rathaus, max. 3 Nächte.

♿ Dörverden 🏕🐾 8A3
Wolfcenter, Kasernenstraße, Barme. **GPS:** n52,82635 o9,21417.
10 🚐kostenlos. **Lage:** Einfach. **Untergrund:** Beton.
📅 01/01-31/12.
Entfernung: 🏊Dörverden 3km ⊗vor Ort 🛒Aldi 3Km.
Sonstiges: Parkplatz Wolfspark.

🅂 Drage/Elbe 🌊 8B2
Reisemobilplatz Stover Strand, Stover Strand 10.
GPS: n53,42467 o10,29213. ⬆.

100 🚐 € 13, Hund € 2 🚰€1/80Liter 🍽Ch🚿(100x) € 0,50/kWh WC 🗑€ 0,50/4Minuten ♻€4/4 ♨€2/Std. **Lage:** Komfortabel.
Untergrund: Wiese. 📅 01/01-31/12.
Entfernung: 🏊vor Ort ⊗vor Ort 🛒vor Ort 🚌500M 🚲vor Ort 🚶vor Ort.
Sonstiges: Neben Campingplatz.

🅂 Drochtersen 🍴 8A2
Wohnmobilstellplatz Krautsand, Hinterm Elbdeich, Krautsand.
GPS: n53,75167 o9,39028. ⬆➡.

10 🚐 € 10 WCinklusive. 🅿 **Lage:** Ländlich, einfach.
Untergrund: Wiese/befestigt. 📅 15/04-03/10.
Entfernung: 🏊Elbstrand 🛒300M.

🅂 Drochtersen 🍴 8A2
Hallenbad Drochtersen, Am Sportplatz. **GPS:** n53,70548 o9,38215. ⬆.

6 🚐kostenlos.
Lage: Einfach. **Untergrund:** befestigt. 📅 01/01-31/12.
Entfernung: 🏊1Km 🛒1Km.
Sonstiges: Parkplatz am Schwimmbad.

Drochtersen 🍴 8A2
Am Alten Hafen, Asseler Sand. **GPS:** n53,69418 o9,43928. ⬆.

6 🚐kostenlos. **Lage:** Ländlich, einfach. **Untergrund:** Schotter.
📅 01/01-31/12.
Entfernung: ⊗500M 🛒1Km.

🅂 Duderstadt 🏕🍴 10C3
P&R Parkplatz, Adenauerring. **GPS:** n51,51043 o10,27278. ⬆➡.

50 🚐kostenlos 🚰€1/120Liter 🍽€1 Ch€1 🚿(4x)€0,50/kWh.
Lage: Ländlich, ruhig. **Untergrund:** Schotter. 📅 01/01-31/12.
Entfernung: 🏊800M 🚲17Km ⊗800M 🛒200M 🚌100M.

Duderstadt 🏕🍴 10C3
Eichsfeldhalle, August Werner Allee. **GPS:** n51,50662 o10,25890. ⬆.

5 🚐kostenlos.
Lage: Ländlich, einfach. **Untergrund:** Schotter.
📅 01/01-31/12.
Entfernung: 🏊900M 🚲17Km ⊗900M 🛒900M 🚌700M.
Sonstiges: Max. 1 Nacht.
Touristinformation Duderstadt:
ℹ Gästeinformation der Stadt Duderstadt, Marktstrasse 66, www.duderstadt.de. Altstadt mit Fachwerkhäusern.

🅂 Edewecht 7G3
Am Marktplatz, Rathhausstrasse. **GPS:** n53,12834 o7,98201. ⬆.

20 🚐 € 5/24 Std 🚰€1/80Liter 🍽Ch🚿(8x)€1/6Std. **Lage:** Städtisch, einfach. **Untergrund:** Wiese. 📅 01/01-31/12.
Entfernung: 🏊vor Ort ⊗400M 🛒Aldi 50M.

🅂 Egestorf 8B3
Naturerlebnisbad Acquadies, Ahornweg 5.
GPS: n53,19796 o10,05455. ⬆➡.

30 🚐 € 8 🚰€1 🍽Ch🚿(20x)€2/10Std WC🗑€2. ♻
Lage: Einfach, ruhig. **Untergrund:** Schotter/befestigt.
📅 01/01-31/12.
Entfernung: 🏊1Km 🚲2,2Km ⊗vor Ort 🛒700M 🚌1Km.
Sonstiges: Am Schwimmbad, Dusche während Öffnungszeiten.

🅂 Eggermühlen 9G1
Reiterhotel Vox, OT Bockraden 1. **GPS:** n52,57278 o7,79553. ⬆➡.

8 🚐 € 25, Kunden € 7,50 🚰🍽Ch🚿WC inklusive. **Lage:** Ländlich.
Untergrund: Wiese. 📅 01/01-31/12.
Entfernung: 🏊3Km 🛒3Km.

Eggestedt 7H3
Eggestedt, Betonstrasse/Habichthorsterweg.
GPS: n53,22819 o8,63902. ⬆.

8 🚐kostenlos. **Lage:** Einfach, abgelegen, laut.
Untergrund: befestigt/Sand. 📅 01/01-31/12.
Entfernung: 🏊4Km 🛒400M.

🅂 Einbeck 🏕🍴 10B2
Am Schwimmbad, Ochsenhofweg. **GPS:** n51,82433 o9,86464. ⬆➡.

30 🚐kostenlos 🚰€1/60Liter 🍽€1 Ch🚿(18x)€0,50/kWh.
Lage: Einfach. **Untergrund:** Schotter. 📅 01/01-31/12.
Entfernung: 🏊800M ⊗500M 🛒500M 🚲vor Ort 🚶vor Ort.
Sonstiges: Parkplatz am Schwimmbad.
Touristinformation Einbeck:
ℹ Alte Marktplatz. 📅 Mi + Sa Morgen.

🅂 Elsfleth 🏕🍴 7H3
Im Hafen, An der Kaje. **GPS:** n53,23771 o8,46545. ⬆➡.

Nieder-Sachsen / Bremen

20 €8/24 Std €1/80Liter Ch (16x)€2/8Std WC €2.
Lage: Städtisch, komfortabel, zentral, laut. **Untergrund:** Beton. 01/01-31/12.
Entfernung: 150M 900M vor Ort 100M 500M vor Ort vor Ort.

Emden 7F2
Alter Binnenhafen, Am Eisenbahndock. **GPS:** n53,36306 o7,20778.

29 €9 €0,50/100Liter €0,50 Ch (36x)€0,50/kWh WC €0,50 €1 €3/1. **Untergrund:** befestigt. 01/01-31/12.
Entfernung: 500M 500M 500M.
Sonstiges: Bezahlung beim Hafenmeister.

Emden 7F2
Wohnmobilstellplatz Knock, Jannes Ohling Strasse.
GPS: n53,35559 o7,00367.

25 €4,50. **Untergrund:** befestigt. 01/01-31/12.
Entfernung: 13km 500M vor Ort 13Km.
Sonstiges: Schöne Aussicht.

Emden 7F2
Außenhafen Emden, An der Nesserlanderschleuse.
GPS: n53,34571 o7,19132.
10 €5. **Untergrund:** asphaltiert. 01/01-31/12.
Entfernung: 3,5km vor Ort vor Ort.

Emden 7F2
Nordkai, Zum Nordkai 6. **GPS:** n53,35037 o7,21712.
9 €8. **Untergrund:** befestigt. 01/01-31/12.
Entfernung: Stadtmitte 2,5Km Hafenbistro vor Ort.

Emsbüren 9F1
Landgasthof Elberger Schlipse, Elbergen 1, Elbergen.
GPS: n52,46825 o7,30103.

30 €4 Chinklusive (15x)€2,50/24Std .
Lage: Ländlich, ruhig. **Untergrund:** Wiese. 01/01-31/12.
Entfernung: 2km 100M 2km vor Ort vor Ort.

Eschershausen 10B2
Reisemobil-Stellplatz am Angerplatz, Angerweg.
GPS: n51,92965 o9,62806.

10 kostenlos €1/100Liter €1 Ch €0,50/kWh.
Untergrund: befestigt. 01/01-31/12.
Entfernung: 1Km.

Esens 7G2
Wohnmobil-Stellplatz Esens, Schützenplatz.
GPS: n53,63921 o7,61077.

20 €2 + €2,80/pP Kurtaxe Ch inklusive.
Untergrund: Wiese. 01/01-31/12.
Entfernung: 500M 50M 200M.
Sonstiges: Max. 2 Nächte.

Essel 10B1
Hotel Heide-Kröpke, Esseler Damm 1. **GPS:** n52,73240 o9,69419.

5 kostenlos (3x) . **Untergrund:** Wiese. 01/01-31/12.
Entfernung: vor Ort 9km.
Sonstiges: Einnahme einer Mahlzeit erwünscht, Vogelschutzgebiet Ostenholzer-Moor.

Esterwegen 7G3
Am Erikasee. **GPS:** n52,99366 o7,66768.

6 kostenlos €1/100Liter Ch (8x)€1/2kWh WC .
Lage: Ländlich, einfach, abgelegen. **Untergrund:** Schotter/befestigt. 01/01-31/12.
Entfernung: 2km 100M Imbiss 80m.
Sonstiges: Wander- und Radwege.

Estorf 8A2
Wohnmobilstellplatz Gräpel - An der Prahmfähre, Zum Hafen 21.
GPS: n53,56596 o9,17315.
3 kostenlos. **Untergrund:** Schotter.
Entfernung: vor Ort.
Sonstiges: An der Oste.

Eystrup 8A3
Bahnhofstrasse 21. **GPS:** n52,78004 o9,21840.

5 kostenlos. **Untergrund:** Wiese. 01/01-31/12.
Entfernung: 100M.
Sonstiges: Max. 5 Tage.

Faßberg 8B3
Am Schützenplatz, Moorweg. **GPS:** n52,90518 o10,16991.

50 €2 €1 ChWC. **Untergrund:** Wiese. 01/01-31/12.
Entfernung: 700M.

Faßberg 8B3
Parkplatz Heidesee, Unterlüßerstraße, L280, Müden.
GPS: n52,87889 o10,12472.

20 €2 €1 Ch €1. **Untergrund:** Wiese. 01/01-31/12 ende Sep.
Entfernung: 500M 1km.

Faßberg 8B3
Parkplatz am Wildpark, Willinghäuser Kirchweg, Müden.
GPS: n52,87222 o10,10861.

20 €2. **Untergrund:** Wiese. 01/01-31/12.
Entfernung: 1Km 1Km.

Fredenbeck 8A2
Dinghornerstraße 21. **GPS:** n53,52146 o9,39598.
5 kostenlos. **Untergrund:** Wiese/Schotter. 01/01-31/12.
Entfernung: vor Ort vor Ort vor Ort.

Fredenbeck 8A2
Restaurant Niedersachsenschänke, Schwingestraße 33.
GPS: n53,52646 o9,39314.
5 kostenlos. **Untergrund:** Wiese. 01/01-31/12.
Entfernung: 300M vor Ort 300M vor Ort vor Ort.

Freiburg/Elbe 8A1
Stellplatz am Freizeitcentrum, Am Bassin 25.
GPS: n53,82285 o9,29305.

30 €8 Ch WCinklusive €1.
Lage: Ländlich, einfach. **Untergrund:** befestigt. 01/01-31/12.
Entfernung: 200M 50M 300M 400M.
Sonstiges: Mehr Möglichkeiten sind auf Stadtplan zu finden.

Freistatt 9H1
Freistätter Feldbahn, Badeweg. **GPS:** n52,62613 o8,65147.
6 €2 Ch inklusive. 01/01-31/12.
Entfernung: 1Km 400M.

Friedeburg 7G2
Schützenplatz. **GPS:** n53,45488 o7,83349.

Nieder-Sachsen/Bremen

20 kostenlos Ch (6x)€1/8Std. **Lage:** Ländlich, einfach. **Untergrund:** Wiese. 01/01-31/12. **Entfernung:** 15/05-15/09 400M. **Sonstiges:** Max. 3 Tage.

Friedeburg 7G2
Gasthaus Wilken am See, Friedeburger Straße 19. **GPS:** n53,45794 o7,88265.
10 €5 **Untergrund:** Wiese. **Entfernung:** vor Ort. **Sonstiges:** Am See.

Friesoythe 7G3
Am Aquaferrum, Thüler Straße 28A. **GPS:** n53,01149 o7,86152.

5 kostenlos €1/100Liter Ch €3 (8x)€6/24Std. 01/01-31/12. **Entfernung:** 900M 900M 800M. **Sonstiges:** Am Schwimmbad.

Fürstenau 9G1
Schlossinsel Fürstenau, Schlossplatz 1. **GPS:** n52,51638 o7,67333.

2 kostenlos €3 Ch €2/Tag. **Lage:** Ruhig. **Untergrund:** befestigt. 01/01-31/12. **Entfernung:** 100M 100M 100M vor Ort vor Ort. **Sonstiges:** Neben Schloss.

Gartow 8D3
Imbiss am See, Springstraße 88. **GPS:** n53,02944 o11,44944.

20 €5 WC. **Untergrund:** Schotter/befestigt. 01/04-30/10. **Entfernung:** 1Km vor Ort vor Ort. **Sonstiges:** Imbiss 11-21U.

Geeste 9F1
Am Speicherbecken, Biener Straße 13. **GPS:** n52,59407 o7,27417.

10 kostenlos WC. **Lage:** Ruhig. **Untergrund:** befestigt.

01/01-31/12. **Entfernung:** 2km 100M. **Sonstiges:** Max. 1 Nacht.

Geeste 9F1
P Biotop/Ausblick, Osterbrocker Strasse. **GPS:** n52,59840 o7,29279.

4 kostenlos. **Untergrund:** befestigt. 01/01-31/12. **Entfernung:** 1,5Km 1,5Km vor Ort vor Ort. **Sonstiges:** Max. 1 Nacht, Wandergebiet.

Gehrden 10B1
An den Sporthallen, Lange Feldstraße 12. **GPS:** n52,31197 o9,60971.

2 kostenlos (2x)€0,50/kWh. **Lage:** Einfach. **Untergrund:** befestigt. 01/01-31/12. **Entfernung:** Stadtmitte 700M 200M.

Gifhorn 10C1
Frei- und Hallenbad Allerwelle, Konrad Adenauerstrasse. **GPS:** n52,48437 o10,55407.
12 kostenlos €1/Aufenthalt Ch (12x)€1/8Std WC. **Lage:** Ländlich, komfortabel, ruhig. **Untergrund:** Schotterasen. 01/01-31/12. **Entfernung:** 200M 100M 250M 200M 200M vor Ort vor Ort. **Sonstiges:** Max. 3 Tage.

Gifhorn 10C1
Fischer Camping + Gas, Schmiedeweg 4, Wische. **GPS:** n52,50863 o10,48462.

8 kostenlos €0,50/50Liter Ch (8x). **Lage:** Ländlich, einfach, abgelegen. **Untergrund:** Wiese. 01/01-31/12. **Entfernung:** 3Km 500M 3Km. **Sonstiges:** Campingzubehör-Shop.

Gnarrenburg 8A2
Parkplatz Brillit, Alte Strasse, Brillit. **GPS:** n53,41390 o9,00007.

15 kostenlos Ch kostenlos. **Lage:** Ländlich, einfach. **Untergrund:** Schotter. 01/01-31/12. **Entfernung:** 1km 3Km 1Km vor Ort vor Ort. **Sonstiges:** Am Kulturzentrum.

Gnarrenburg 8A2
Schulzentrum, Brilliterweg. **GPS:** n53,39000 o9,00028.

15 kostenlos Ch kostenlos. **Untergrund:** befestigt. 01/01-31/12. **Entfernung:** 1Km 500M. **Sonstiges:** Sportzentrum.

Goldenstedt 9H1
Haus im Moor, Arkeburger Straße 22. **GPS:** n52,72777 o8,39120.
6 kostenlos. **Entfernung:** 8,5Km.

Gorleben 8D3
Am Sportboothafen, Ringstraße. **GPS:** n53,04972 o11,35111.

5 €5 €1/10Minuten (4x)€1/10Std WC. **Lage:** Ländlich, komfortabel, ruhig. **Untergrund:** Schotterasen. 01/01-31/12. **Entfernung:** vor Ort vor Ort 500M. **Sonstiges:** Bäckerei 500M.

Göttingen 10B3
Reisemobilhafen Eiswiese, Windauweg 6. **GPS:** n51,52320 o9,92965.

28 €9 €1/100Liter Ch (24x)€0,50/kWh WC €1/15Std. **Lage:** Komfortabel. **Untergrund:** Schotter. 01/01-31/12. **Entfernung:** 500M 5,2Km 100M 20-400M 100M 500M 100M. **Sonstiges:** Max. 3 Nächte.

Grasberg 8A3
P&R, Wörpedorfer Straße. **GPS:** n53,18411 o8,98433.

10 kostenlos €1 Ch (8x)€1/6Std. **Lage:** Einfach. **Untergrund:** Schotter. 01/01-31/12. **Entfernung:** vor Ort vor Ort vor Ort > Bremen.

Gronau/Leine 10B2
Kuhmasch. GPS: n52,08265 o9,77034.

Nieder-Sachsen/Bremen

4 🚐 € 5 💧 €1,50 WC. **Lage:** Ländlich, einfach. **Untergrund:** Wiese. 🗓 01/01-31/12.
Entfernung: 🛒 200M ⚕ 300M 🍺 300M 🚶 vor Ort.
Sonstiges: Anmeldung beim Schwimmbad, Kaution Schlüssel Strom € 10.

Großefehn 7G2
Ostfriesen-Bräu Bagband, Voerstad 8, Badband.
GPS: n53,35034 o7,61060. ⬆.

4 🚐 € 5,70, kostenlos bei Verzehr von € 7/pP 💧 16Amp WC.
Untergrund: befestigt. 🗓 01/01-31/12.
Entfernung: 🛒 10Km ⚕ 4Km 🍺 600M.

Großenkneten 7H3
Dorfplatz, Bahnhofstrasse, Huntlosen. **GPS:** n52,99145 o8,28658. ⬆.

6 🚐 kostenlos. **Lage:** Ländlich, einfach. **Untergrund:** Schotterasen. 🗓 01/01-31/12.
Entfernung: 🛒 vor Ort ⚕ 50M 🍺 1Km.

Großenkneten 7H3
Wilhelm-Wellman-Platz, Ahlhorner Strasse/markt.
GPS: n52,94274 o8,25751. ⬆.

6 🚐 kostenlos. **Lage:** Ländlich, einfach. **Untergrund:** Schotterasen. 🗓 01/01-31/12.
Entfernung: 🛒 200M ⚕ 200M 🍺 vor Ort.

Großenwieden 10A2
Am Steinbrink, Hessisch Oldendorf. **GPS:** n52,17191 o9,18982. ⬆➡.

4 🚐 kostenlos. **Lage:** Ländlich. **Untergrund:** Schotter.
🗓 01/01-31/12. **Entfernung:** 🛒 3,8Km Gasthaus/Biergarten 300M 🚴 Weserradweg 🚶 vor Ort.

Großenwörden 8A2
Deichstraße 21. GPS: n53,67757 o9,25769.
3 🚐 € 5 💧 €1 €1/kWh. **Untergrund:** Schotterasen.
🗓 01/01-31/12.
Entfernung: ⚕ 200M. **Sonstiges:** An der Oste.

Großheide 7F2
Kirchweg, Berumerfehn. **GPS:** n53,56040 o7,34713. ⬆.

6 🚐 kostenlos. **Untergrund:** befestigt. 🗓 01/01-31/12.
Entfernung: 🛒 vor Ort ⚕ vor Ort 🍺 2km.
Sonstiges: Max. 2 Nächte.

Großheide 7F2
P Freizeitanlage Am Kiessee, Doornkaatsweg.
GPS: n53,58656 o7,35787.
3 🚐 kostenlos.
Entfernung: ⚕ vor Ort.

Großheide 7F2
AC Dehne, Dorfstraße 86. **GPS:** n53,56254 o7,36077. ⬆.
3 🚐 € 4 💧 €1 €1. **Untergrund:** Wiese.

Hage 7F2
Kurzentrum, Wichter Weg, Blandorf-Wichte.
GPS: n53,60373 o7,31998. ⬆.
12 🚐 € 9 💧 €0,50/80Liter Ch €1/2kWh 📶 inklusive.
Untergrund: befestigt. 🗓 01/01-31/12.

Hagenburg 10A1
Grillplatz, Steinhuder-Meer-Straße. **GPS:** n52,43684 o9,32388. ⬆.

8 🚐 kostenlos (8x)€1/6Std. **Lage:** Ländlich, abgelegen.
Untergrund: Schotter. 🗓 01/01-31/12.
Entfernung: 🛒 500M Steinhuder See 1,1Km 🍺 200M.
Sonstiges: Am Sportpark.

Hahnenklee 10C2
Am Bocksberg. GPS: n51,85757 o10,34176. ⬆.
3 🚐 kostenlos €2/60Liter Ch.
Lage: Ländlich, komfortabel, ruhig. **Untergrund:** Beton.
🗓 01/01-31/12.
Entfernung: 🛒 500M 🍺 1Km 🚴 500M 🚶 vor Ort 🐕 vor Ort.

Hambergen 7H2
Festplatz, Kirchweg/Am Langenend. **GPS:** n53,31050 o8,82389. ⬆➡.

20 🚐 € 3,50 💧 Ch.
Lage: Städtisch, einfach. **Untergrund:** Schotter/Sand.
🗓 01/01-31/12.
Entfernung: 🛒 vor Ort ⚕ 50M 🍺 50M 🚴 1Km 🚶 vor Ort.
Sonstiges: Kaution Schlüssel Ver-/Entsorgung € 25.

Hameln 10A2
Hannes Weserblick, Ruthenstrasse 14.
GPS: n52,09623 o9,35853. ⬆➡.

27 🚐 € 8/24 Std 💧 €1/100Liter Ch (27x)€1/8Std.
Lage: Städtisch, einfach. **Untergrund:** befestigt. 🗓 01/01-31/12.
Entfernung: 🛒 1Km ⚕ 600M 🍺 600M 🚴 800M Weser-Radweg.

Hankensbüttel 8C3
Parkplatz Am Boldhamm, Wiesenweg.
GPS: n52,73111 o10,61417. ⬆➡.

10 🚐 € 6 💧 Ch inklusive.
Lage: Ländlich, einfach. **Untergrund:** Wiese.
🗓 01/04-30/09.
Entfernung: 🛒 900M ⚕ 1Km 🍺 1Km.
Sonstiges: Ver-/Entsorgung: Mo/Fr 6-12 Uhr, Sa/So 8-12 Uhre.
Touristinformation Hankensbüttel:
Otter-Zentrum. Tierpark, Zoo. 🗓 15/03-31/10 9.30-18 Uhr, 01/11-14/03 9.30-17 Uhr 🗓 15/12-15/01.

Hannoversch Münden 10B3
Am Weserstein, Tanzwerder. **GPS:** n51,42000 o9,64888. ⬆➡.

30 🚐 € 6/24 Std 💧 €1 Ch (16x)€1/8Std. **Lage:** Zentral.
Untergrund: befestigt. 🗓 01/01-31/12 Ostermarkt, Ver-/Entsorgung.
Entfernung: 🛒 900M ⚕ 100M 🍺 vor Ort 🚶 vor Ort.
Sonstiges: 01/11-31/03 no service.

Hannoversch Münden 10B3
Am Hochbad, Rattwerder. **GPS:** n51,40595 o9,64643. ⬆.

15 🚐 kostenlos. **Lage:** Ländlich. **Untergrund:** asphaltiert.
🗓 01/01-31/12. **Entfernung:** 🛒 1,7Km 🚴 vor Ort.

Hannoversch Münden 10B3
Am Werraweg, Werraweg. **GPS:** n51,41701 o9,66176. ➡.

10 🚐 kostenlos. **Lage:** Einfach. **Untergrund:** Schotter.
🗓 01/01-31/12.
Entfernung: 🛒 700M 🍺 vor Ort. **Sonstiges:** An der Werra.

Hannoversch Münden 10B3
Grüne Insel Tanzwerder, Tanzwerder 1. **GPS:** n51,41694 o9,64751. ⬆.

Deutschland

Nieder-Sachsen/Bremen

20 € 6 + € 3,50/pP, Hund € 2 € 1/80 Ch (6x)€0,60/kWh,+ € 2 WC € 3/Std.
Lage: Einfach. **Untergrund:** Wiese.
01/01-31/12.
Entfernung: 100M 150M 150M vor Ort vor Ort.
Sonstiges: Max. 3T.
Touristinformation Hannoversch Münden:
Touristik Naturpark Münden e.V, Rathaus, www.hann-muenden.net/spontan. Altstadt mit 430 Fachwerkhäusern.

Hardegsen 10B3
Wohnmobilhafen Steinbreite, Alte Uslarer Straße 1. **GPS:** n51,65093 o9,82267.

15 € 6 € 1/100 Ch (16x)€1/8Std WC€2/Tag €2/Tag €2,50/Tag. **Lage:** Komfortabel. **Untergrund:** Schotterasen.
01/01-31/12.
Entfernung: 500M vor Ort vor Ort.

Haren/Ems 9F1
Am Schloss Danken, Am Tiergarten. **GPS:** n52,79724 o7,20530.

22 € 12/24 Std Ch (18x) WC€1. **Lage:** Ländlich, einfach. **Untergrund:** Wiese/Schotter. 21/03-25/10.
Entfernung: 1Km 2,8Km vor Ort vor Ort vor Ort.

Haren/Ems 9F1
Stellplatz an der Ems, Schleusenstraße. **GPS:** n52,78890 o7,24744.
15 kostenlos. **Untergrund:** Schotterasen. 01/01-31/12.
Entfernung: 500M 550M.

Harsefeld 8A2
Klosterpark, Kirchenstrasse. **GPS:** n53,45384 o9,50344.

5 kostenlos (10x).
Lage: Ländlich, einfach.
01/01-31/12.
Entfernung: 100M 100M 100M 100M vor Ort vor Ort.
Sonstiges: Kaution Strom € 10 beim Hotel, Parkplatz Klosterpark, max. 5 Tage.

Haselünne 9G1
Erholungsgebiet am See. **GPS:** n52,67060 o7,49907.
kostenlos Ch. **Untergrund:** befestigt. 01/01-31/12.
Entfernung: Stadtmitte 1,2Km vor Ort vor Ort 1,2Km.

Haselünne 9G1
Sportzentrum, Lingener Strasse 28. **GPS:** n52,66778 o7,48222.

4 kostenlos Ch. **Lage:** Einfach, ruhig. **Untergrund:** befestigt.
01/01-31/12.
Entfernung: 400M 400M 400M 100M vor Ort.
Sonstiges: Parkplatz Schwimmbad.

Haselünne 9G1
Dröge-Polle, Poller Straße 19. **GPS:** n52,65123 o7,49849.
Ch.

Helmstedt 10C1
Am Maschweg, Maschweg. **GPS:** n52,23535 o11,01128.

25 kostenlos €1/3Minuten €1/4Std.
Lage: Ländlich, einfach. **Untergrund:** befestigt.
01/01-31/12.
Entfernung: 500M 800M 50M 200M vor Ort vor Ort.
Sonstiges: Andere Parkplätze bei Veranstaltungen.

Helmstedt 10C1
Brunnentheater, Brunnenweg 6A, Bad Helmstedt. **GPS:** n52,23676 o11,06411.

5 kostenlos. **Lage:** Ländlich, einfach, abgelegen, ruhig. **Untergrund:** asphaltiert.
01/01-31/12.
Entfernung: 4Km 500M 4Km vor Ort vor Ort.

Hermannsburg 8B3
Parkplatz Waldschwimmbad, Lotharstrasse 66. **GPS:** n52,82718 o10,10807.

6 kostenlos €1 €1 Ch. **Untergrund:** befestigt.
01/01-31/12.
Entfernung: 500M. **Sonstiges:** Parkplatz am Schwimmbad.

Hermannsburg 8B3
Schützenplatz, Lotharstraße 75. **GPS:** n52,82787 o10,10963.

40 € 2 Ch. **Untergrund:** Wiese. 01/01-31/12.
Entfernung: 500M vor Ort.
Sonstiges: Max. 1 Nacht, Ver-/Entsorgung beim Waldbad (50m).

Hermannsburg 8B3
Grillplatz Bonstorf, Schulstrasse. **GPS:** n52,86492 o10,05134.

4 kostenlos. **Untergrund:** Wiese. 01/01-31/12.
Entfernung: 5Km.
Sonstiges: Parkplatz Sportpark.

Hermannsburg 8B3
Parkplatz am Feuerwehrhaus, Weesenerstrasse, Weesen. **GPS:** n52,83645 o10,13692.

3 kostenlos. **Untergrund:** Wiese. 01/01-31/12.
Entfernung: 500M.
Sonstiges: Parkplatz Feuerwehr.

Hermannsburg 8B3
Parkplatz Örtzetal- Halle, Lutterweg. **GPS:** n52,83363 o10,09579.

5 kostenlos. **Untergrund:** befestigt. 01/01-31/12.
Entfernung: 100M.

Hermannsburg 8B3
Lutter Hof, Waldstrasse, Lutter. **GPS:** n52,84188 o10,09894.

5 € 5 inklusive. **Untergrund:** Wiese. 01/01-31/12.

Herzlake 9G1
Hasetal, Im Mersch. **GPS:** n52,68211 o7,60780.

Deutschland 143

Nieder-Sachsen/Bremen

30 kostenlos Ch WC kostenlos. **Untergrund:** Wiese. 15/03-15/11. **Entfernung:** 700M 200M. **Sonstiges:** Parkplatz Sportzentrum.

Hesel 7G2
Dorfplatz, Kirchstrasse. **GPS:** n53,30497 o7,59174.

12 € 4 €1 Ch €1/8Std €1,beim Schwimmbad Hesel. **Untergrund:** befestigt. 01/01-31/12. **Entfernung:** vor Ort 1km vor Ort vor Ort.

Hessisch Oldendorf 10A2
Südwall P1, Weserstraße. **GPS:** n52,16693 o9,25049.

4 kostenlos €0,50/5Minuten €0,50 Ch €0,50. **Lage:** Ländlich, einfach. **Untergrund:** Wiese/Schotter. 01/01-31/12. **Entfernung:** 400M 500M 500M Weserradweg 1km. **Sonstiges:** Max. 5 Tage.

Hitzacker 8C3
Bleichwiesen, K36, Elbufferstrasse. **GPS:** n53,15074 o11,04941.

40 kostenlos €2/70Liter Ch (17x)€2/6Std WC. **Lage:** Ländlich, komfortabel. **Untergrund:** befestigt. 01/01-31/12. **Entfernung:** 200M 450M. **Sonstiges:** Max. 2 Nächte.

Hohne 10C1
Am Waldbad, Am Schwimmbad 23. **GPS:** n52,59340 o10,37398.

4 € 5 Ch (4x) WC inklusive. **Lage:** Ländlich, komfortabel, ruhig. **Untergrund:** Schotter. 01/01-31/12. **Entfernung:** 1km 50M 200M. **Sonstiges:** Max. 7 Tage, Kaution Schlüssel € 50, Sanitärnutzung nur während der Öffnungszeiten Schwimmbad.

Hohnstorf/Elbe 8C2
Wohnmobilstellplatz Hohnstorf, Schulstraße 1. **GPS:** n53,36234 o10,56223.

9 € 8/24 Std €1/100Liter Ch (3x)€1/10Std. **Lage:** Komfortabel. **Untergrund:** befestigt. 01/01-31/12. **Entfernung:** vor Ort 500M 500M. **Sonstiges:** Am Elbeufer.

Holdorf 9H1
Zeltplatz Heidesee, Zum Heidesee 53. **GPS:** n52,57788 o8,11424.

60 € 9 Ch inklusive €2 kostenpflichtig. **Untergrund:** Schotterasen. 01/03-15/10. **Entfernung:** 1,5Km 3,4Km Sandstrand vor Ort 1,5Km. **Sonstiges:** Bei den Tennisplätzen, Brötchenservice.

Hollern 8A2
Am Deich, Twielenfleth. **GPS:** n53,60417 o9,55917.

15 € 5/24 Std. **Lage:** Ländlich, einfach. **Untergrund:** befestigt. 01/01-31/12. **Entfernung:** 200M Imbiss 300M. **Sonstiges:** Am Elbeufer.

Holzminden 10A2
Mobilcamping Holzminden, Stahler Ufer 16. **GPS:** n51,82681 o9,43909.

145 € 7,50 €1/100Liter Ch €0,60/kWh WC €0,50. **Lage:** Komfortabel. **Untergrund:** Wiese. 01/01-31/12. **Entfernung:** 550M 100M 100M 100M 200M vor Ort vor Ort. **Sonstiges:** Brötchenservice.

Hornburg 10C2
Am Freibad, Bgm. Löhdenstrasse. **GPS:** n53,10350 o9,56874.
8 kostenlos. **Lage:** Städtisch. **Untergrund:** befestigt. 01/01-31/12.

Hornburg 10C2
Iberg-Gaststätte, Schützenallee 1. **GPS:** n52,03133 o10,59677.

Hoya 8A3
20 € 2 (6x)€1/Nacht. **Lage:** Ländlich, einfach, ruhig. **Untergrund:** Wiese/befestigt. 01/01-31/12. **Entfernung:** 600M 5,6Km vor Ort 1km vor Ort.

Hoya/Weser 8A3
Reisemobilstellplatz Weserblick, Stettiner Straße. **GPS:** n52,80106 o9,13987.

10 freiwilliger Beitrag €1/150Liter Ch. **Untergrund:** Wiese/Schotter. 01/01-31/12. **Entfernung:** 500M 100M 500M.

Hude 7H3
Wohnmobilstellplatz Hude, Schützenstrasse. **GPS:** n53,10758 o8,45867.

10 € 5 €1 Ch (12x)€0,50/kWh. **Lage:** Städtisch, ruhig. **Untergrund:** Schotter. 01/01-31/12. **Entfernung:** vor Ort vor Ort 400M vor Ort vor Ort 1km.

Hüde (49448) 9H1
Freizeitarena Dümmer See, Rohrdommelweg 33. **GPS:** n52,50176 o8,35425.

50 € 10 Ch €3/Tag WC inklusive. **Lage:** Ländlich, ruhig. **Untergrund:** Wiese. 15/04-01/11. **Entfernung:** 150M 150M Bäckerei 300M vor Ort.

Ihlienworth 7H1
Auf der Schöpfwerkinsel, Hauptstrasse 40. **GPS:** n53,74539 o8,91831.
9 kostenlos €1 kostenlos Ch €1 €1/kWh. **Lage:** Ländlich, einfach. **Untergrund:** Wiese/befestigt. 01/03-30/10. **Entfernung:** vor Ort vor Ort 500M.

Ihlow 7G2
Straub's Bürgerstuben, 1.Kompanieweg 3, Ihlowerfehn. **GPS:** n53,41153 o7,44013.
kostenlos Ch kostenpflichtig. **Untergrund:** befestigt. 01/01-31/12 Mi. **Entfernung:** vor Ort vor Ort vor Ort.

Isterberg 9F1
Am Isterberger Waldhaus, Lehmstrasse. **GPS:** n52,35167 o7,14906.
30 € 7 €2 Ch €1. **Entfernung:** vor Ort.

Nieder-Sachsen/Bremen

Jade 7H2
Quittenweg, Süderschweiburg. **GPS:** n53,39139 o8,26639.

8 kostenlos €1 Ch (8x)€1/8Std. **Lage:** Ländlich, komfortabel, abgelegen. **Untergrund:** Schotter/befestigt.
01/01-31/12.
Entfernung: 800M 500M 1Km 800M vor Ort vor Ort.

Jade 7H2
Drei Eichen, Kreuzmoorstrasse 28. **GPS:** n53,31531 o8,23084.

10 €10 Ch (3x)WC inklusive kostenpflichtig. **Lage:** Ländlich, einfach, ruhig. **Untergrund:** Wiese/Schotter.
01/01-31/12.
Entfernung: 4Km.
Sonstiges: Beim Manege.

Jade 7H2
Schützenhof, Am Schützenplatz, Vareler Strasse. **GPS:** n53,34111 o8,18667.

10 Gäste kostenlos auf Anfrage (3x)€2/Nacht. **Lage:** Einfach. **Untergrund:** befestigt.
01/01-31/12.
Entfernung: vor Ort vor Ort vor Ort.
Sonstiges: Parkplatz beim Schützenverein.

Jade 7H2
Jaderpark, Tiergartenstrasse 69, Jaderberg. **GPS:** n53,32679 o8,18521.

20 kostenlos. **Lage:** Einfach. **Untergrund:** Schotter.
01/01-31/12.
Entfernung: vor Ort vor Ort.
Sonstiges: Parkplatz Jaderpark, Zoo- und Erlebnispark, max. 1 Nacht.

Jever 7G2
Jahnstrasse. **GPS:** n53,57733 o7,89074.

20 €8 €2 Ch (20x)€2. **Untergrund:** befestigt.
01/01-31/12.
Entfernung: Altstadt 750M 100M.
Sonstiges: Sportzentrum, max. 3 Tage, Wertmünzen bei Tankstelle Henn.
Touristinformation Jever:
Schloßmuseum. Schloss, englische Gärten und Museum. Di-So 10-18 Uhr, 01/07-31/08 Mo-So 10-18 Uhr.
Friesisches Brauhaus. Brauerei mit Museum. Führungen, Dauer 2 Stunden, inklusive 2 Getränken. Mo-Fr 9.30-16.30 Uhr, Sa 9.30-12.30 Uhr.

Jork 8A2
Festplatz, Schützenhofstrasse/Festplatzweg.
GPS: n53,53100 o9,68336.

80 €7 €1/100Liter Ch WC €0,50. **Lage:** Ländlich, einfach. **Untergrund:** befestigt.
01/01-31/12.
Entfernung: 200M 200M 200M.
Sonstiges: Parkplatz Festplatz, max. 24 Std.

Jork 8A2
Stellplatz Lühe-Anleger, Fährstraße, Grünendeich.
GPS: n53,57271 o9,63129.
10 €10/24 Std. **Untergrund:** Schotter. 01/01-31/12.

Jork 8A2
Am Yachthafen, Neuenschleuse. **GPS:** n53,55375 o9,66858.

18 €7 €1/90Liter Ch (18x)€0,50/kWh WC €2. **Lage:** Städtisch, einfach. **Untergrund:** ungepflastert.
01/01-31/12.
Entfernung: Jork 3Km vor Ort vor Ort vor Ort.
Sonstiges: Am Elbeufer.

Jork 8A2
Stubbe's Gasthaus, Lühe 46. **GPS:** n53,56861 o9,63333.

14 €10 €2. **Lage:** Ländlich, komfortabel. **Untergrund:** Wiese. 01/01-31/12.
Entfernung: vor Ort.
Sonstiges: Brötchenservice, Picknickplatz Am Gartenteich.

Königslutter am Elm 10C1
P1 Niedernhof, Amtsgarten. **GPS:** n52,25009 o10,81996.

5 kostenlos €1/5Minuten €1 Ch €1 (4x)€1/8Std. **Lage:** Städtisch, komfortabel, zentral, laut. **Untergrund:** Schotterasen.
01/01-31/12.
Entfernung: vor Ort vor Ort vor Ort.

Krummendeich 8A1
Stellplatz Krummendeich, Osterwechtern.
GPS: n53,83145 o9,20231.

6 kostenlos WC €0,50 €0,50. **Lage:** Ländlich, einfach. **Untergrund:** Schotter. 01/01-31/12.
Entfernung: 100M 300M.

Krummhörn 7F2
Reisemobilhafen Greetsiel, Mühlenstraße 3, Greetsiel.
GPS: n53,49711 o7,10181.

55 €11 2 Pers. inkl €2/90Liter Ch (40x)€1/8Std. **Untergrund:** Schotter. 01/01-31/12.
Entfernung: 250M.

Kutenholz 8A2
Festhalle, Bürgermeister-Schmetjen-Platz. **GPS:** n53,48163 o9,31486.
10 kostenlos. 01/01-31/12.
Entfernung: 800M vor Ort vor Ort.

Lamspringe 10B2
Am Bahnhof. **GPS:** n51,95404 o10,00656.

3 kostenlos.
Lage: Ländlich, abgelegen. **Untergrund:** Schotter. 01/01-31/12.
Entfernung: 750M 1Km 400M 250M Radweg zur Kunst vor Ort.
Sonstiges: Max. 3 Tage.

Lauenau 10A1
Brauhaus Felsenkeller, Feggendorfer Straße 10.
GPS: n52,27914 o9,36906.

10 kostenlos kostenlos. **Lage:** Ländlich, einfach. **Untergrund:** Schotter. 01/01-31/12.
Entfernung: 500M 2,4Km vor Ort.
Sonstiges: Anmeldung bei Restaurant.

Lauenförde 10A3
Yachthafen Dreiländereck, Würgasser Straße.
GPS: n51,65045 o9,37983.

Deutschland

Nieder-Sachsen/Bremen

50 €8 Chinklusive (35x)€2,20/Tag WC €0,50 €2,50 €4,95. **Lage:** Ländlich, komfortabel. **Untergrund:** Schotter. 01/04-01/11.
Entfernung: 3Km vor Ort 3Km vor Ort vor Ort.
Sonstiges: Brötchenservice.

Lautenthal 10C2
Kaspar Bitter Strasse 7b. **GPS:** n51,87020 o10,28729.

25 €4 + €1/pP Kurtaxe €1/60Liter €2 Ch €2 (8x)€1/6Std.
Lage: Ländlich, komfortabel, ruhig. **Untergrund:** Schotter. 01/01-31/12.
Entfernung: 300M 300M 500M 50M.

Leer 7G3
P9, Große Bleiche. **GPS:** n53,22577 o7,44686.

6 kostenlos €1/100Liter €1 Ch (6x)€1/24Std WC €0,50 €1.
Lage: Städtisch, einfach. **Untergrund:** befestigt. 01/01-31/12.
Entfernung: 200M vor Ort 2km.
Sonstiges: Max. 3 Nächte, Kaution Schlüssel Sanitär €30, Sanitär bei Büro Bruchbrücke.

Leer 7G3
Hallen- und Freibad, Burfehnerweg 32. **GPS:** n53,23927 o7,44998.

10 kostenlos. **Lage:** Städtisch, einfach. **Untergrund:** befestigt. 01/01-31/12.
Entfernung: vor Ort vor Ort 1Km.
Sonstiges: Max. 3 Nächte.

Leer 7G3
Am Hafen, Nessestrasse. **GPS:** n53,22527 o7,45472.

10 kostenlos WC €0,50 €1. **Lage:** Städtisch, einfach.
Untergrund: asphaltiert/Schotter. 01/01-31/12.
Entfernung: 500M 300M 2km.

Sonstiges: Max. 3 Nächte, Kaution Schlüssel Sanitär €30, Sanitär bei Büro Bruchbrücke.

Leer 7G3
Segelnverein, Segelerweg 3. **GPS:** n53,21907 o7,44793.
3 €8 Chinklusive €0,30/kWh WC €1. 01/01-31/12.

Leer 7G3
Landgaststätte zur Jümme-Fähre, Amdorfer Straße 101.
GPS: n53,22429 o7,52593.
Entfernung: vor Ort vor Ort vor Ort.
Sonstiges: Am Fluss.

Leer 7G3
Windmühlenhof Eiklenborg, Logabirumer Straße, Logabirum.
GPS: n53,24745 o7,51582.
5 €12 Ch WC €2,50. **Untergrund:** Wiese/befestigt. 01/01-31/12.
Sonstiges: Nahe der alten Holländische Mühle.

Leese 10A1
Wohnmobilhafen Leeser See, Mühlenberg. **GPS:** n52,50616 o9,10360.
kostenlos €1/6Std.
Entfernung: Bäckerei 500M.

Leese 10A1
Loccumer Straße. **GPS:** n52,50272 o9,11733.

4 kostenlos. **Untergrund:** befestigt. 01/01-31/12.
Entfernung: 200M vor Ort 200M.

Leese 10A1
Rasthaus Leeser Tanger, Bahlweg. **GPS:** n52,49372 o9,12055.

8 €15, Rabat für Kunden inklusive. **Untergrund:** befestigt. 01/01-31/12.
Entfernung: 800M vor Ort.

Lembruch 9H1
Stellplatz Dümmer-See Lembruch, Seestraße.
GPS: n52,52439 o8,36703.

20 kostenlos. **Lage:** Ländlich. **Untergrund:** Wiese. 01/01-31/12.
Entfernung: 300M 100M.

Lembruch 9H1
Campingplatz Seeblick, Birkenallee. **GPS:** n52,52583 o8,36056.

20 €9 Cham Campingplatz €5,50. **Lage:** Ländlich.

Untergrund: Wiese. 01/01-31/12.
Entfernung: 50M 50M.
Sonstiges: Max. 1 Nacht.

Lemwerder 7H3
Reisemobilhafen Peter-Baxmann-Platz, Schulstrasse 44.
GPS: n53,15784 o8,61783.

50 €3/24 Std Chinklusive (40x)€1/8Std.
Lage: Städtisch, komfortabel, abgelegen, ruhig. **Untergrund:** Schotter.
Entfernung: vor Ort 200M 500M 500M 300M.
Sonstiges: In der Nähe vom Schwimmbad.

Lemwerder 7H3
Vulkanparkplatz an der Weser, Uferweg.
GPS: n53,17000 o8,60028.

5 kostenlos. **Lage:** Städtisch, einfach, ruhig. **Untergrund:** asphaltiert/befestigt. 01/01-31/12.
Entfernung: 2km vor Ort 2km 2km vor Ort vor Ort.

Lingen/Ems 9F1
Linus Bad, Teichstrasse. **GPS:** n52,51863 o7,30606.

30 €5 €1 Ch (16x)€0,50/kWh. **Lage:** Ländlich.
Untergrund: Schotter. 01/01-31/12.
Entfernung: 1Km vor Ort vor Ort.
Sonstiges: Max. 3 Tage.

Loxstedt 7H2
Stotel, Alte Schulstraße 75. **GPS:** n53,44067 o8,59356.

4 kostenlos. **Lage:** Städtisch, einfach, ruhig. **Untergrund:** Wiese. 01/01-31/12.
Entfernung: 600M 1Km Stoteler See 100M vor Ort.

Loxstedt 7H2
Am Bootshafen, Fährstrasse. **GPS:** n53,44438 o8,49942.

Deutschland

Nieder-Sachsen / Bremen

5 kostenlos (6x)€0,50/kWh. **Lage:** Ländlich, einfach.
Untergrund: Schotter/Sand. 01/04-15/10.
Entfernung: 300M vor Ort vor Ort vor Ort.
Sonstiges: An der Weser.

Lüchow 8C3
Parkstraße. **GPS:** n52,96983 o11,14594.

2 kostenlos. **Lage:** Städtisch, einfach.
Untergrund: asphaltiert/befestigt. 01/01-31/12.
Entfernung: 900M 900M 1,7Km.
Sonstiges: Max. 3 Nächte.

Lüdersfeld 10A1
Heinrichs'Reisemobil Stellplatz, Am Hülsebrink 10+11.
GPS: n52,35972 o9,25512.

30+15 €6 Ch (8x)inklusive. **Lage:** Ländlich, einfach.
Untergrund: Schotter. 01/01-31/12.
Entfernung: 500M vor Ort.
Sonstiges: Anmelden bei Hotel, Brötchenservice.

Lüneburg 8B2
Am Sülzwiesen, Pieperweg. **GPS:** n53,24556 o10,39694.

53 €10 €1/10Minuten Ch (40x)€1/8Std,01/10-30/04
€2/8Std. **Lage:** Ländlich, komfortabel, abgelegen, ruhig.
Untergrund: befestigt. 01/01-31/12.
Entfernung: 1Km 300M.
Sonstiges: Max. 1 Nacht.

Mardorf 10A1
Wohnmobilstellplatz Steinhuder Meer, Rote-Kreuz-Strasse 16.
GPS: n52,48704 o9,30065.

60 €7 €1/100Liter Ch (60x)€3. **Untergrund:** Wiese.
01/01-31/12.

Entfernung: 1Km 300M 1Km.
Sonstiges: Brötchenservice.

Marienhafe 7F2
Rechtsupweg, Poststrasse. **GPS:** n53,52658 o7,32550.
20 kostenlos kostenpflichtig. **Untergrund:** Schotter.
01/01-31/12. **Entfernung:** 150M 150M.

Marienhafe 7F2
Tjücher Moortun. **GPS:** n53,52835 o7,28168.
5 €5 €1/100Liter Ch €1/24Std. **Lage:** Ländlich,
komfortabel. **Untergrund:** Schotter. 01/01-31/12.
Entfernung: 400M vor Ort Lidl 400M.

Marienhafe 7F2
Dorfplatz Leezdorf, Sträkweg. **GPS:** n53,54802 o7,29354.
01/01-31/12.
Entfernung: 150M.

Melle 9H2
Am Wellenbad 43. **GPS:** n52,20497 o8,32368.

10 kostenlos. **Lage:** Einfach, ruhig. **Untergrund:** befestigt.
01/01-31/12.
Entfernung: vor Ort 1,2Km in der Nähe 300M.
Sonstiges: Parkplatz Schwimmbad.

Meppen 9F1
Reisemobilplatz am Hallenbad, An der Bleiche.
GPS: n52,69107 o7,28399.

10 €8, Schwimmbad inkl. 1 Pers €2/100Liter Ch (4x)€2/24
Std. **Untergrund:** befestigt. 01/01-31/12.
Entfernung: 200M vor Ort 300M.
Sonstiges: Parkplatz Schwimmbad, max. 2 Nächte.
Touristinformation Meppen:
Di-Sa Morgen.

Moormerland 7G2
Am Rathaus, Theodor Heussstrasse 12, Warsingsfehn.
GPS: n53,31062 o7,48618.

4 kostenlos. **Untergrund:** befestigt. 01/01-31/12.
Entfernung: 50M 250M 50M 50M.
Sonstiges: Parkplatz Rathaus, max. 3 Nächte.

Moormerland 7G2
Bei Cassi, Deichlandstraße 10, Rorinchem.
GPS: n53,32010 o7,35473.

15 €5, für Gäste kostenlos €1 Ch €2 €1.
Untergrund: Schotter. 01/04-31/10. Restaurant: Mo.
Entfernung: vor Ort.

Moringen 10B3
Domänenhof, Amtsfreiheit. **GPS:** n51,69833 o9,86861.

3 kostenlos. **Lage:** Ländlich, einfach. **Untergrund:** Schotter.
01/01-31/12.
Entfernung: vor Ort 5,5Km 300M.
Sonstiges: Am Stadtpark.

Nessmersiel 7F2
Strandstrasse. **GPS:** n53,68369 o7,35963.
€10. **Lage:** Ländlich, einfach. **Untergrund:** Wiese/Schotter.
01/01-31/12.
Entfernung: 2km vor Ort.

Neuharlingersiel 7G2
Wohnmobilstellplatz am Ostanleger, Am Hafen Ost.
GPS: n53,70173 o7,70741.

23 €12 inklusive WC. **Lage:** Ländlich, komfortabel, ruhig.
Untergrund: befestigt. 01/01-31/12.
Entfernung: 500M 800M 1Km.
Sonstiges: Max. 3 Nächte.

Neuhaus an der Oste 8A1
Am Yachthafen. **GPS:** n53,80348 o9,04013.
13 €9 Ch €2/Tag €2 €7,50. **Lage:** Ländlich.
Untergrund: Wiese. 01/03-30/10.
Entfernung: vor Ort.

Nienburg 10A1
Reisemobilstellplatz Nienburg/Weser, Oyler Straße.
GPS: n52,64094 o9,20137.

25 €5 €1/120Liter Ch (12x)€1/8Std.
Untergrund: Schotter. 01/01-31/12.
Entfernung: 10 Gehminuten vor Ort vor Ort 300M
500M.
Sonstiges: Am Weserufer.

Nienburg 10A1
Am Theaterparkplatz, Mühlenstraße. **GPS:** n52,63651 o9,20563.
Untergrund: befestigt. 01/01-31/12.
Entfernung: vor Ort.

Nieder-Sachsen/Bremen

Norddeich 7F2
Wohnmobilhafen Norddeich, Itzendorferstrasse.
GPS: n53,61073 o7,15649.

100 € 11/24 Std, 2 pers. + Kurtaxe, inkl. 30% Rabatt Erlebnisbad Ocean Wave Ch (96x)€1/2kWh WC €1.
Untergrund: befestigt. 01/01-31/12.
Entfernung: 100M 100M 100M 500M 100M.

Norddeich 7F2
Womo Park Norddeich, Deichstraße 24. **GPS**: n53,60166 o7,13527.

44 € 11, Kurtaxe exkl., Hund € 2 €1/100Liter Ch €1/kWh WC €1 €3/1,50.
Untergrund: Schotter. 01/01-31/12.
Entfernung: 2km Strand 1,5Km, Strand (Hunde erlaubt) 1Km vor Ort 500M 100M.
Sonstiges: Brötchenservice.

Nordenham 7H2
Freizeitbad Störtebeker, Atenser Allee.
GPS: n53,49478 o8,47368.

15 € 6 €1/Liter Ch kostenlos (16x)€1/8Std €2,bei Sauna.
Lage: Städtisch, komfortabel, laut. **Untergrund**: Schotterasen.
01/01-31/12.
Entfernung: 1Km 2km vor Ort 400M vor Ort.
Sonstiges: Max. 3 Tage, Brötchenservice.

Nordenham 7H2
Volkers, Deichstrasse 158. **GPS**: n53,54003 o8,50905.

6 € 5 €1/100 Ch (6x)€2/Tag WC auf Anfrage.
Lage: Ländlich, komfortabel, ruhig. **Untergrund**: Schotter.
01/01-31/12.
Entfernung: 2km 100M 500M vor Ort.

Nordholz 7H1
Wuster Strasse 12, Spieka. **GPS**: n53,75772 o8,59409.

5 € 5 + Kurtaxe €1/100Liter €1 Ch (5x)€1/2kWh.
Lage: Ländlich, einfach. **Untergrund**: befestigt.
Entfernung: vor Ort 100M.

Nordhorn 9F1
Vechtesee, Heseperweg. **GPS**: n52,43683 o7,08190.

35 € 5 €1/80Liter Ch €1/5Std. **Lage**: Ländlich.
Untergrund: Wiese/befestigt. 01/01-31/12.
Entfernung: 400M 300M 300M vor Ort vor Ort.

Northeim 10B3
Grosser Freizeitsee, Am Nordhafen. **GPS**: n51,72920 o9,96286.

10 € 6 €0,50/50Liter Ch (8x)€1/kWh.
Lage: Ländlich, einfach, laut. **Untergrund**: Schotter.
01/01-31/12.
Entfernung: 5Km 3Km vor Ort 2km.

Oberndorf/Oste 8A1
Wohnmobilplatz Bentwisch, Hoffmann-von-Fallersleben-Straße 10.
GPS: n53,75398 o9,15054.

8 € 5 €2/100Liter Ch (6x)€2/8Std WC€0,50 €0,50.
Lage: Ländlich, komfortabel. **Untergrund**: Wiese/Schotter.
01/01-31/12.
Entfernung: 2km 100M 100M vor Ort.

Oederquart 8A1
Am Sportplatz. **GPS**: n53,80411 o9,24485.
6 kostenlos. **Untergrund**: befestigt.
Sonstiges: Am Sportzentrum.

Oldenburg 7H3
Am Küstenkanal, Westfalendamm. **GPS**: n53,12927 o8,21465.

3 freiwilliger Beitrag. **Lage**: Ländlich, einfach.
Untergrund: Schotter. 01/01-31/12.

Entfernung: vor Ort 1Km vor Ort 100M 400M.
Sonstiges: Ausweichmöglichkeit Campingplatz Am Flötenteich 53,166944 8,235, 2 kostenlose Stellplätze.

Oldenburg 7H3
Hymer Zentrum Fassbender, Sieben Berge. **GPS**: n53,19187 o8,22574.
4 kostenlos €0,50 Ch kostenlos €1. **Lage**: Einfach.
Entfernung: 50M.

Osnabrück 9G2
Wohnmobilplatz Netebad, Im Haseesch 6.
GPS: n52,30470 o8,05413.

5 € 5 €1/100Liter Ch €1/10Std. **Lage**: Städtisch, einfach, ruhig. **Untergrund**: Wiese/befestigt. 01/01-31/12.
Entfernung: vor Ort.
Sonstiges: Max. 48 Std.

Osten 8A2
Festhalle, Altendorf 13. **GPS**: n53,69602 o9,18813.

10 € 8 Ch (2x)inklusive. **Lage**: Ländlich, einfach.
Untergrund: befestigt. 01/01-31/12.
Entfernung: vor Ort vor Ort 500M.
Sonstiges: Bezahlen beim Hotel Fährkrug.

Osterholz-Scharmbeck 7H3
August-Schlüter-Turnhalle, Lange Strasse 28.
GPS: n53,22562 o8,79000.

4 kostenlos €1/100Liter. **Lage**: Städtisch, einfach, zentral.
Untergrund: befestigt. 01/01-31/12.
Entfernung: vor Ort vor Ort vor Ort.

Osterode 10C3
Aloha-Aqualand, Schwimmbadstraße.
GPS: n51,72263 o10,24998.

7 € 8-10 €1/75Liter €1 Ch (7x)€1,50/8Std.
Lage: Ländlich, laut. **Untergrund**: befestigt. 01/01-31/12.
Entfernung: 1Km 200M 500M.
Sonstiges: Max. 2 Nächte.

Osterode 10C3
Campingplatz Eulenburg, Scheerenberger Straße 100.
GPS: n51,72766 o10,28347.

Nieder-Sachsen/Bremen

13 € 8, 2 Pers. inkl €1/100Liter Ch (12x)€1/kWh WC €0,70/4Minuten €4/Tag. **Lage:** Ländlich, komfortabel, ruhig. **Untergrund:** Schotter. 01/01-31/12. **Entfernung:** 2km vor Ort 2,5Km vor Ort. **Sonstiges:** Brötchenservice, Schwimmbad inkl.

Ostrhauderfehn 7G3
Reisemobilhafen Ostrhauderfehn, Hauptstrasse 115. **GPS:** n53,13872 o7,62318.

32 € 5 Ch (12x)€1/2kWh WC €0,50 €2 inklusive. **Untergrund:** Wiese/befestigt. 01/01-31/12. während Kirmes in Juni. **Entfernung:** 100M 100M 100M. **Sonstiges:** Kaution Schlüssel € 10, Sanitär beim Stube.

Otterndorf 7H1
Schützenplatz, Fröbelweg. **GPS:** n53,80861 o8,89444.

8 kostenlos. **Lage:** Ländlich, einfach. **Untergrund:** befestigt. 01/01-31/12. **Entfernung:** vor Ort 200M.

Otterndorf 7H1
Seglertreff, Schleuse 5. **GPS:** n53,82250 o8,89472.

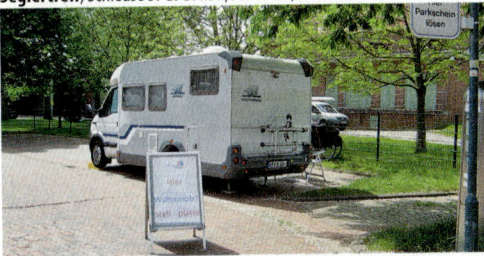

12 kostenlos, 01/04-31/10 € 7 + Kurtaxe Ch €2,50/24Std €1,50. **Lage:** Ländlich, komfortabel. **Untergrund:** befestigt. 01/01-31/12. **Entfernung:** 2km 50M vor Ort vor Ort 2km vor Ort vor Ort.

Ottersberg 8A3
Am Sportzentrum, Fährwisch. **GPS:** n53,10721 o9,13558.

8 kostenlos €1 Ch €1/8Std. **Lage:** Einfach. **Untergrund:** Schotter/Sand. 01/01-31/12. **Entfernung:** 500M 200M.

Ovelgönne 7H2
Burgdorf Ovelgönne, Am Sportplatz. **GPS:** n53,34333 o8,42750.

5 kostenlos €1/100Liter Ch kostenlos. **Lage:** Städtisch, einfach, abgelegen, ruhig. **Untergrund:** Wiese. 01/01-31/12. **Entfernung:** 700M 700M 700M vor Ort.

Oyten 8A3
KNAUS Reisemobilpark, Oyter See 1. **GPS:** n53,04645 o9,00396.

28 € 22 Ch €3,50 WC inklusive €1. **Lage:** Ländlich, komfortabel. **Untergrund:** befestigt. 01/03-01/11. **Entfernung:** 2,5Km 3Km Oyter See 150M. **Sonstiges:** Kaution Schlüssel € 5, Ver-/Entsorgung Passanten € 4.

Papenburg 7G3
Roten Kreuz, Rathausstraße 15. **GPS:** n53,07646 o7,39266. 30 kostenlos. **Untergrund:** Schotter. 01/01-31/12. **Entfernung:** vor Ort 300M.

Papenburg 7G3
Hotel-Restaurant Hilling, Mittelkanal links 94. **GPS:** n53,07879 o7,43894. 22 € 8 €1 €1 Ch €0,50/kWh. **Untergrund:** Wiese. **Entfernung:** vor Ort.

Papenburg 7G3
Hotel-Restaurant Hilling, Mittelkanal links 94. **GPS:** n53,07879 o7,43894. 22 € 8 €1 €1 Ch €0,50/kWh. **Untergrund:** Wiese. 01/01-31/12. **Entfernung:** vor Ort.

Papenburg 7G3
Poggenpoel, Zum Poggenpoel. **GPS:** n53,06526 o7,42630.

20 € 10 €3/100Liter €1 Ch (8x)2,50/24Std WC €2. **Lage:** Ländlich, einfach. **Untergrund:** Schotter. 01/01-31/12. **Entfernung:** 3,5Km Badesee. **Sonstiges:** Am See, max. 3 Nächte.

Polle 10A2
Weserpromenade, Mühlenweg 2. **GPS:** n51,89871 o9,40830.

15 € 8 + € 1/pP Kurtaxe, 01/10-31/05 kostenlos Ch inklusive. **Lage:** Ländlich, einfach. **Untergrund:** Wiese. 01/01-31/12. **Entfernung:** 100M vor Ort vor Ort 100M 100M.

Weser-Radweg. **Sonstiges:** An der Weser, Anmeldung bei Campingplatz.

Rastede 7H3
Mühlenstraße. **GPS:** n53,24806 o8,20944.

4 kostenlos. **Lage:** Städtisch, einfach. **Untergrund:** befestigt. 01/01-31/12. **Entfernung:** 1Km 2,7Km 1Km 2km.

Rehburg-Loccum 10A1
Wohnmobilstellplatz Rehburg, Auf der Bleiche. **GPS:** n52,47370 o9,23227.

8 € 5 €1/100Liter €1/12Std. **Untergrund:** Schotter. 01/01-31/12. **Entfernung:** 400M vor Ort vor Ort. **Touristinformation Rehburg-Loccum.** Dinosaurierpark Münchehagen. Vergnügungspark rund um den Dinosaurier. 12/03-30/10 9-18.

Rhauderfehn 7G3
Paddel- und Pedalstation, Am Siel 8. **GPS:** n53,13878 o7,58689.

16 € 5 €1/100Liter Ch (16x)€1/8Std WC €1,50. **Lage:** Ländlich, luxus, ruhig. **Untergrund:** Wiese. 01/01-31/12. **Entfernung:** 500M vor Ort vor Ort 50M. **Sonstiges:** Kaution Schlüssel Sanitär € 10, Kanu- und Fahrradverleih.

Rhede/Ems 7F3
Emspark, Am Sportplatz 6. **GPS:** n53,05853 o7,27621.

5 kostenlos. **Lage:** Einfach. **Untergrund:** befestigt. 01/01-31/12. **Entfernung:** 500M 500M 500M. **Sonstiges:** Parkplatz vor Sportpark.

Rhede/Ems 7F3
Gasthof Prangen, Kirchstraße 25. **GPS:** n53,05943 o7,26923. 10 Gäste kostenlos. **Entfernung:** vor Ort.

Rinteln 10A2
Reisemobilplatz am Weseranger, Dankerser strasse. **GPS:** n52,19226 o9,07842.

Deutschland

Nieder-Sachsen/Bremen

40 kostenlos €2/100Liter €2 Ch€2 (36x)€0,50/kWh. **Lage:** Ländlich, einfach. **Untergrund:** Wiese/Schotter. 01/01-31/12.
Entfernung: 600M vor Ort vor Ort 100M 400M 400M Weserradweg vor Ort.
Sonstiges: Max. 3 Tage.

Rodewald 10A1
Am Freibad, Im Zentrum. **GPS:** n52,66369 o9,48020.

6 freiwilliger Beitrag €0,50/100Liter (10x)€0,50/kWh. **Untergrund:** Schotterasen. 01/01-31/12.
Entfernung: 200M vor Ort vor Ort.

Rotenburg (Wümme) 8A3
Am Weichelsee, Bremer Straße. **GPS:** n53,11960 o9,38230.

20 €5 Ch (20x)€3. **Lage:** Ländlich, einfach. **Untergrund:** befestigt. 01/01-31/12.
Entfernung: 2km vor Ort Strandhaus 2km vor Ort.
Sonstiges: Anmeldung bei StrandHouse.

Salzgitter 10B2
Reisemobilstellplatz am Salzgittersee, Zum Salzgittersee. **GPS:** n52,15222 o10,31306.

18 kostenlos €2/100Liter Ch (14x)€1/6Std. **Lage:** Ländlich, komfortabel. **Untergrund:** Wiese/befestigt. 01/01-31/12.
Entfernung: 1km vor Ort 500M 1Km vor Ort vor Ort.
Sonstiges: Max. 4 Tage, Bootsverleih.

Salzgitter 10B2
Thermalsolebad, Parkallee 3, Salzgitter-Bad. **GPS:** n52,03724 o10,38351.

6 kostenlos. **Lage:** Ländlich, einfach, ruhig. **Untergrund:** befestigt. 01/01-31/12.
Entfernung: 1,5Km vor Ort 1,5Km vor Ort vor Ort vor Ort.
Sonstiges: Max. 4 Tage, keine Campingaktivitäten.

Salzhausen 8B2
Am Waldbad, Schwienbrink. **GPS:** n53,22199 o10,17841.

6 kostenlos €1/10Minuten Chkostenlos (4x)€1/8Std. **Lage:** Ländlich, einfach. **Untergrund:** Schotter. 01/01-31/12.
Entfernung: 1km 500M.

Salzhemmendorf 10B2
Ith-Sole-Therme, In der Saale-Aue. **GPS:** n52,07093 o9,58564.

20 € 7,50 €0,20/20Liter €1 Ch (20x)€1/kWh. **Lage:** Ländlich, ruhig. **Untergrund:** Wiese/Schotter. 01/01-31/12.
Entfernung: 400M vor Ort.
Sonstiges: Anmelden an der Kasse der Therme.

Salzhemmendorf 10B2
Rasti-land, Quanthofer strasse 9. **GPS:** n52,09706 o9,66451.

5 kostenlos. **Lage:** Abgelegen. **Untergrund:** Schotter/Sand.
Entfernung: 1km.
Sonstiges: Busparkplatz Vergnügungspark.
Touristinformation Salzhemmendorf:
Rasti-Land, Quanthofer strasse 9. Vergnügungspark. 01/04-31/10 10-17/18 Uhr, Apr, Sep: Sa, So.

Sande (Nieder-Sachsen) 7G2
Am Markt. **GPS:** n53,50251 o8,01113.

4 kostenlos. **Lage:** Städtisch, einfach. **Untergrund:** befestigt. 01/01-31/12.
Entfernung: 100M 100M 100M.

Sande (Nieder-Sachsen) 7G2
Jade Weser Airport, Mariensielerstrasse. **GPS:** n53,50788 o8,05245.
4 kostenlos. **Lage:** Einfach. **Untergrund:** Wiese/befestigt.

Sande (Nieder-Sachsen) 7G2
Paddel- und Pedalstation, Altmarienhausen. **GPS:** n53,51174 o8,01076.
4 kostenlos. **Untergrund:** Schotter. 01/01-31/12.
Entfernung: 1Km Sander See 50m.

Sande (Nieder-Sachsen) 7G2
Sander See, Loppelter Weg. **GPS:** n53,51162 o8,00206.

4 kostenlos. **Untergrund:** befestigt. 01/01-31/12.
Entfernung: 2km vor Ort.

Sande (Nieder-Sachsen) 7G2
Freizeitmobile von der Kammer, Huntestraße 1. **GPS:** n53,49076 o8,02292.
Ch auf Anfrage. Winter.

Sandstedt 7H2
Wohnmobilstellplatz Sandstedt, Am Radarturm 5. **GPS:** n53,36317 o8,51231.

10 kostenlos €1/100Liter €1 Ch€1 (9x)€1 WC 150M auf Campingplatz. **Lage:** Ländlich, komfortabel, abgelegen, ruhig. **Untergrund:** Wiese/Schotter. 01/04-30/09.
Entfernung: 500M 3km 100M 950M 3km 500M vor Ort vor Ort.

Sankt Andreasberg 10C3
Silbererzgrube Samson, Am Samson 4. **GPS:** n51,71398 o10,51625.

20 € 11 (20x)inklusive. **Lage:** Ländlich, einfach, ruhig. **Untergrund:** Schotter. 01/01-31/12.
Entfernung: 1km 400M 1km vor Ort.
Sonstiges: Bei historische Silbererzgrube.

Saterland 7G3
Reisemobilhafen am Maiglöckchensee, Am Sportplatz, Scharrel. **GPS:** n53,07060 o7,70116.

28+7 € 5 €1/100Liter €1 Ch€1 (28x)€2/24Std WC €0,50 €2. **Lage:** Ländlich, luxus, ruhig. **Untergrund:** Wiese. 01/01-31/12.
Entfernung: 300M 50M 50M 1km 500M 500M.

Scharnebeck 8C2
Wohnmobilstellplatz Am Schiffshebewerk, Adenforfer Straße 40. **GPS:** n53,29196 o10,49320.

Nieder-Sachsen/Bremen

15 € 6/24U, parken € 2 €1/10Minuten Ch
(8x)€1/8Std. Lage: Ländlich, komfortabel, abgelegen, ruhig.
Untergrund: befestigt. 01/01-31/12.
Entfernung: 1km 200M. Aldi 400M.
Sonstiges: Kletterwand 100M, Schiffshebewerk Scharnebeck.

Schneverdingen 8B3

Wohnmobil-Park Lüneburger Heide Schneverdingen

- Komfortable Wohnmobilstellplatz
- Gelegen im Naturpark
- Restaurant mit regionalen Spezialitäten

www.wohnmobilhafen-lueneburger-heide.de
info@camping-LH.de

Wohnmobil-Park Lüneburger Heide, Badeweg 3, Heber.
GPS: n53,07104 o9,86481.
44 € 16 €1/80Liter Ch (40x),10Amp WC inklusive
Lage: Ländlich, komfortabel. Untergrund: Wiese/befestigt.
01/04-31/10.
Entfernung: 7Km 5Km vor Ort vor Ort am Campingplatz vor Ort vor Ort.
Sonstiges: Sanitärnutzung beim Campingplatz, Vermietung PKW, Shuttlebus.

Schneverdingen 8B3

Am Quellenbad, Inseler Straße. GPS: n53,13110 o9,77280.

10 kostenlos €2 ChWC €1. Lage: Städtisch, einfach.
Untergrund: Wiese. 01/01-31/12.
Entfernung: 2km vor Ort vor Ort vor Ort.
Sonstiges: Max. 2 Nächte, Sanitärnutzung nur während der Öffnungszeiten Schwimmbad.

Schneverdingen 8B3

Parkplatz Festhalle, Im Osterwald. GPS: n53,11893 o9,80681.

10 kostenlos. Lage: Einfach. Untergrund: befestigt.
01/01-31/12.
Entfernung: 2km 2km.
Sonstiges: Max. 2 Nächte, Eingang durch Festhalle.

Schneverdingen 8B3

Walter-Peters-Park, Verdener Straße. GPS: n53,11307 o9,78799.
2 kostenlos.

Entfernung: 100M.
Sonstiges: In der Nähe vom Polizeirevier.

Schneverdingen 8B3

Mariechens Hoff, Voßbarg 15, Reinsehlen.
GPS: n53,17122 o9,83316.

8 € 8 Chinklusive (8x)€0,40/kWh.
Lage: Ländlich, einfach, abgelegen, ruhig. Untergrund: Wiese.
01/01-31/12.
Entfernung: 7Km 15Km 3Km 4Km vor Ort vor Ort.

Schneverdingen 8B3

Reisemobilhafen Lüneburgerheide, Badeweg 3, Heber.
GPS: n53,07108 o9,86464.

5 € 12 Ch (5x)inklusive WC €2,50.
Lage: Ländlich, luxus, ruhig. Untergrund: Schotterrasen/befestigt.
01/04-31/10.
Entfernung: 5Km am Campingplatz vor Ort vor Ort.
Sonstiges: Sanitär beim Campingplatz.

Schöppenstedt 10C2

Elm-Asse-Platz, Schützenplatz am Berge.
GPS: n52,14756 o10,77737.

15 kostenlos. Lage: Ländlich, einfach, laut. Untergrund: asphaltiert.
01/01-31/12.
Entfernung: 600M 1Km 1Km.
Sonstiges: Neben Sportplatz.

Touristinformation Schöppenstedt:
Die Region von Till Eulenspiegel. Tills-Tauf-Tour: Wander- und Radwege durch das Land von Till Eulenspiegel, Start am Till Eulenspiegel Museum. Di-Fr 14-17 Uhr, Sa/So/Feiertage 11-17 Uhr.
Till Eulenspiegelmuseum, Nordstrasse 4a. Di-Fr 14-17 Uhr, Sa/So/Feiertage 11-17 Uhr Mo.

Schortens 7G2

Aqua-toll, Beethovenstrasse. GPS: n53,53961 o7,93780.

2 kostenlos. Untergrund: befestigt. 01/01-31/12.
Entfernung: 200M 25M.
Sonstiges: Parkplatz Schwimmbad, max. 6,5M.

Schortens 7G2

Reisemobilstellplatz Fair-Cafe, Birkenstraße.
GPS: n53,55281 o7,97650.

6 Gäste kostenlos. Untergrund: ungepflastert. 01/01-31/12.
Entfernung: 3Km 100M.

Schulenberg 10C2

Wiesenbergstrasse. GPS: n51,83535 o10,43464.

20 € 5 + € 1,50/pP Kurtaxe €1/80Liter Ch (6x)€0,60/kWh WC.
Lage: Ländlich, komfortabel, ruhig. Untergrund: Schotter.
01/01-31/12.
Entfernung: vor Ort vor Ort 6Km vor Ort vor Ort.
Sonstiges: Anmelden bei Touristenbüro, Blick über Okerstausee.

Schüttorf 9F2

Am Kuhmplatz, Graf-Egbert-Straße. GPS: n52,32123 o7,22642.

10 kostenlos Chkostenlos. Lage: Ländlich, einfach.
Untergrund: Schotter. 01/01-31/12.
Entfernung: 2,4Km 100M.
Sonstiges: Parkplatz Schwimmbad.

Schüttorf 9F2

Quendorfer See, Weiße Riete 3. GPS: n52,33892 o7,22665.
€ 5 Chinklusive. Untergrund: Schotter. 01/04-31/10.
Entfernung: 450M 450M.

Schwanewede 7H3

Am Markt, Am Markt. GPS: n53,22412 o8,59644.

3 kostenlos. Lage: Einfach, zentral. Untergrund: befestigt.
01/01-31/12.
Entfernung: vor Ort vor Ort vor Ort.

Schwanewede 7H3

Brücke zu Harriersand, Inselstraße. GPS: n53,26489 o8,49762.

5 kostenlos. Lage: Ländlich, einfach, abgelegen.
Untergrund: Wiese. 01/01-31/12.

Nieder-Sachsen/Bremen

Entfernung: 7Km.

Schwanewede 7H3
Löhnhorst, Hammersbeckerweg/Am Fosshall. **GPS:** n53,20355 o8,62453.

2 kostenlos. **Lage:** Ländlich, einfach, abgelegen, ruhig. **Untergrund:** befestigt. 01/01-31/12. **Entfernung:** 6Km 6Km 6Km.

Schwanewede 7H3
Wohnmobilstellplatz, Klint, Neuenkirchen. **GPS:** n53,23670 o8,50919.

5 kostenlos. **Lage:** Ländlich, einfach, ruhig. **Untergrund:** ungepflastert. 01/01-31/12. **Entfernung:** 500M. **Sonstiges:** Sackgasse.

Seelze 10A1
Marina Rasche Werft, Werftstraße 10. **GPS:** n52,39560 o9,56435.

13 €6,50 Chinklusive (13x)€3 WC €2. 01/04-15/10. **Entfernung:** 2km 4,5Km vor Ort. **Sonstiges:** Brötchenservice.

Selsingen 8A2
Wohnmobilstation, Im Sick. **GPS:** n53,37573 o9,20681.

25 kostenlos Chkostenlos. **Lage:** Ländlich, einfach. **Untergrund:** befestigt. 01/01-31/12. **Entfernung:** 500M 100M.

Soltau 8B3
Soltau Therme, Stubbendorffweg. **GPS:** n52,99301 o9,84443.

10 kostenlos. **Lage:** Einfach, zentral, ruhig. **Untergrund:** befestigt. 01/01-31/12.

Entfernung: 1Km vor Ort vor Ort vor Ort. **Sonstiges:** Max. 1 Nacht.

Soltau 8B3
Heidepark. **GPS:** n53,02166 o9,87370.

100 €6. **Lage:** Ländlich, einfach, abgelegen, ruhig. **Untergrund:** Schotterasen. 19/03-30/10. **Sonstiges:** Parkplatz Vergnügungspark.

Touristinformation Soltau:
Heidepark. Vergnügungspark. 01/03-31/10 9-18 Uhr, 01/07-15/08 Sa 9-21 Uhr.

Springe 10A2
Auf dem Burghof. **GPS:** n52,20765 o9,55717.

5 kostenlos. **Lage:** Einfach. **Untergrund:** asphaltiert. 01/01-31/12. **Entfernung:** Altstadt 200M 300M.

Stade 8A2
Wohnmobilstellplatz Am Schiffertor, Schiffertorsstrasse 21. **GPS:** n53,60278 o9,46667.

79 €9,50/24 Std €1/80Liter Ch €0,50/kWh WC. **Lage:** Städtisch, zentral. **Untergrund:** Schotter. 01/01-31/12. **Entfernung:** 500M 700M vor Ort. **Sonstiges:** Brötchenservice im Sommer.

Stadland 7H2
Am Sportplatz, Hauptstrasse, Seefeld. **GPS:** n53,45639 o8,35778.

5 kostenlos €1/10Minuten (4x)€1/8Std. **Lage:** Städtisch, einfach, ruhig. **Untergrund:** asphaltiert. 01/01-31/12. **Entfernung:** vor Ort vor Ort vor Ort vor Ort vor Ort. **Sonstiges:** Neben Sportplatz.

Stadland 7H2
Deichparkplatz, Fährstrasse, Kleinensiel. **GPS:** n53,44250 o8,47833.

5 kostenlos €1/100Liter (4x)€1. **Lage:** Ländlich, einfach, abgelegen, ruhig. **Untergrund:** Schotter. 01/01-31/12. **Entfernung:** 500M 200m Weserstrand 300M vor Ort.

Stadland 7H2
Rathausplatz, Am Markt, Rodenkirchen. **GPS:** n53,39944 o8,45444.

10 kostenlos €1/10Minuten Ch (4x)€1/8Std. **Lage:** Städtisch, einfach, zentral, ruhig. **Untergrund:** Schotterasen/befestigt. 01/01-31/12. Do 5-13 Uhr Markt. **Entfernung:** vor Ort 500M 500M vor Ort vor Ort.

Stadland 7H2
Birkenweg, Kleinensiel. **GPS:** n53,44194 o8,47444. Chkostenlos. **Lage:** Städtisch. 01/01-31/12.

Stadthagen 10A1
Reisemobilplatz am Tropicana, Jahnstraße 2. **GPS:** n52,32236 o9,18896.

15 kostenlos €1/100Liter Ch (4x)€1/2kWh WC. **Lage:** Ländlich, ruhig. **Untergrund:** Schotter. 01/01-31/12. **Entfernung:** 2km 1Km 1Km vor Ort vor Ort. **Sonstiges:** Max. 3 Tage, Ver-/Entsorgung beim Tropicana.

Stadtoldendorf 10B2
Mobilcamping unter den Homburg, Linnenkämper Strasse 33. **GPS:** n51,87777 o9,63500.

30 €5/Tag €1 €1 Ch (25x)€2/Tag. **Lage:** Einfach. **Untergrund:** Wiese. 01/01-31/12. **Entfernung:** 1km 1km. **Sonstiges:** Anmeldung bei Restaurant.

Steimbke 10A1
Klostergarten. **GPS:** n52,65989 o9,38707.
8 freiwilliger Beitrag (8x). 01/01-31/12. **Entfernung:** 400M vor Ort.

Steinfeld 9H1
Zur Schemder Bergmark, Dammer Strasse. **GPS:** n52,58308 o8,21476.

Nieder-Sachsen / Bremen

10 🚐 kostenlos ⛽€1/100Liter 💧€0,50 Ch€0,50. **Lage:** Ländlich, ruhig. **Untergrund:** befestigt. 📅 01/01-31/12.
Entfernung: 🚶500M 🍽500M.
Sonstiges: Parkplatz Schwimmbad, max. 3 Tage.

Steinhude 10A1
Wohnmobilstellplatz Steinhude, Am Bruchdamm.
GPS: n52,44874 o9,35478. ⬆️.

180 🚐€7,50 ⛽€1 Ch 🔌(60x)€3/Tag WC €1 🚿€2,50/2,50.
Untergrund: Wiese.
📅 01/01-31/12.
Entfernung: 🚶500M 🏊500M 🛒500M 🍽500M.
Sonstiges: Max. 3 Nächte, Brötchenservice.
Touristinformation Steinhude:
⚓ Jachthafen am gleichnamigen See.

Steyerberg 10A1
Wohnmobilstellplatz Steyerberg, Kleine Straße 7.
GPS: n52,56655 o9,02505. ⬆️.
4 🚐 kostenlos ⛽€1 Ch€1 🔌(8x)€1/8Std. **Untergrund:** Schotter.
📅 01/01-31/12.
Entfernung: 🚶vor Ort.

Stolzenau 10A1
Reisemobilstellplatz Stolzenau, Weserstrasse.
GPS: n52,51021 o9,08104. ⬆️➡️.

33 🚐€4 ⛽€1/60Liter 💧Ch 🔌(24x)€2/12Std.
Untergrund: Schotterasen. 📅 01/01-31/12. ♻️ Ver-/Entsorgung 01/11-31/03. **Entfernung:** 🚶250M 🏊vor Ort 🛒vor Ort 🛍300M 🍽300M. **Sonstiges:** An der Weser.

Strücklingen 7G3
Reisemobilpark Sagter Ems, Hauptstrasse.
GPS: n53,12166 o7,66761. ⬆️➡️.
55 🚐€7 ⛽€1/100Liter 💧Ch 🔌€0,50/kWh 🚿€1/10Minuten 📶kostenpflichtig 🐕. **Lage:** Ländlich, komfortabel.
Untergrund: Wiese/Schotter. 📅 01/01-31/12.
Entfernung: 🛒vor Ort.

Strücklingen 7G3
Reisemobilplatz Am Bootshafen, Hauptstrasse 640, Strücklingen.
GPS: n53,12819 o7,66762. ⬆️.

15 🚐€3 ⛽€1/100Liter 💧€1 Ch 🔌€1,50/24Std €1 🚿€0,50.
Lage: Ländlich, einfach. **Untergrund:** Wiese/Schotter.

📅 01/01-31/12.
Entfernung: 🚶100M 🏊vor Ort 🛒vor Ort 🛍vor Ort 🍽100M.

Südbrookmerland 7F2
Grosses Meer, Langerweg. **GPS:** n53,44454 o7,30808. ⬆️➡️.
30 🚐€9 ⛽€0,50/100Liter 💧€0,50 Ch€0,50 🔌€1/2kWh WC 🚿.
Lage: Ländlich, komfortabel. **Untergrund:** befestigt.
📅 01/01-31/12.

Sulingen 9H1
Am Stadtsee, Kornstraße. **GPS:** n52,67653 o8,80127. ⬆️.

20 🚐 kostenlos ⛽€1/5Minuten 💧€1 Ch€1. **Untergrund:** befestigt.
📅 01/01-31/12.
Entfernung: 🚶600M 🍽300M.

Surwold 7G3
Privatplatz Klapper, Papenburgerstrasse 57.
GPS: n53,01774 o7,48470. ⬆️.

10 🚐€10 ⛽💧Ch 🔌(4x)€2/24Std WC 🚿€2. **Lage:** Ländlich, einfach. **Untergrund:** Wiese. 📅 01/01-31/12.
Entfernung: 🚶1Km 🏊1,5Km 🛒1Km 🍽1Km.
Sonstiges: Schwimmbad und Picknickplatz vorhanden.

Surwold 7G3
Erholungsgebiet Surwolds Wald, Waldstrasse.
GPS: n52,96743 o7,51535. ⬆️.

20 🚐€8 ⛽€1/100Liter 💧Ch 🔌€3 WC 🚿€2. **Untergrund:** Wiese.
📅 01/01-31/12.
Entfernung: 🚶800M 🍽250M.

Tarmstedt 8A3
Landtechniek Grabau, Bahnhofstraße.
GPS: n53,22421 o9,08728. ⬆️➡️.
10 🚐 kostenlos ⛽€2 💧ChWC. **Untergrund:** asphaltiert. 📅 01/01-31/12.

Thedinghausen 8A3
Reisemobilstellplatz Erbhof, Braunschweiger Straße 45.
GPS: n52,96188 o9,03020. ⬆️.

15 🚐€6 💧Chinklusive 🔌nach Verbrauch. 🐕 **Lage:** Einfach. **Untergrund:** befestigt. 📅 01/01-31/12.
Entfernung: 🚶vor Ort 🏊500M 🍽vor Ort.

8 🚐€5 ⛽€1/10Minuten 💧Ch 🔌(8x)€1/6Std WC.
Untergrund: Schotterasen. 📅 01/01-31/12.
Entfernung: 🚶500M 🛒vor Ort 🍽vor Ort.

Timmel 7G2
Ferienhof Welsch, Ulbagrgerstrasse 17. **GPS:** n53,36492 o7,52840. ⬆️.
6 🚐€6 ⛽€1 💧Ch 🔌€0,50/kWh 🐕. **Lage:** Komfortabel.
Untergrund: Wiese/befestigt. 📅 01/01-31/12.
Entfernung: 🏊1,1Km 🛒250M 🍽1Km.

Twist 9F1
Am Hallenbad. **GPS:** n52,64719 o7,08918. ⬆️.

6 🚐 kostenlos ⛽€1/100Liter 💧Ch 🔌(8x)€1/2kWh.
Untergrund: befestigt. 📅 01/01-31/12.
Entfernung: 🚶vor Ort 🏊vor Ort.
Sonstiges: Barfußpfad.

Uchte 10A1
Balkenkamp. **GPS:** n52,49761 o8,90618. ⬆️.

3 🚐 kostenlos ⛽€1 💧Ch 🔌€1/8Std. **Untergrund:** befestigt.
📅 01/01-31/12.
Entfernung: 🚶100M 🛒500M 🍽100M.

Uelsen 9F1
Festplatz, Hardinghauserstrasse. **GPS:** n52,49575 o6,88840. ⬆️➡️.

10 🚐 kostenlos ⛽€2 💧ChWC. **Untergrund:** asphaltiert. 📅 01/01-31/12.

Uelzen 8C3
Im Sportboothafen, Riedweg 7. **GPS:** n52,95722 o10,59444. ⬆️.

8 🚐€8 + €1/pP ⛽€1/70Liter 💧€1 Ch 🔌(8x)€1/6Std WC inklusive
🚿€2,50/2,50. **Lage:** Ländlich, einfach, ruhig. **Untergrund:** befestigt.
📅 01/01-31/12.
Entfernung: 🏊vor Ort 🛒vor Ort 🛍vor Ort 🍽1,9Km 🚴vor Ort 🚶vor Ort.

Nieder-Sachsen/Bremen

Sonstiges: Max. 3 Nächte, Fahrräder kostenlos zur Verfügung, Spielplatz.

Undeloh 8B3
Am Naturschutzpark, Wilseder Straße. **GPS:** n53,19253 o9,97709.

30 € 3/Tag, € 6/Nacht. **Lage:** Ländlich, einfach. **Untergrund:** ungepflastert. 01/01-31/12. **Entfernung:** 500M 100M vor Ort. **Sonstiges:** In Naturschutzgebiet Lüneburger Heide.

Uplengen 7G2
Remelser Paddel- & Pedalstation, Uferstraße. **GPS:** n53,30123 o7,75151.

5 € 5 Ch (4x)€1/12Std. **Untergrund:** befestigt. 01/01-31/12. **Entfernung:** 500M 50M 500M. **Sonstiges:** Max. 3 Tage, Kanu- und Fahrradverleih.

Uplengen 7G2
Schützenplatz, Schützenstraße. **GPS:** n53,30719 o7,74708.

10 € 5 Ch €1/12Std. **Untergrund:** Schotterrasen. 01/01-31/12. 10/06-15/06. **Entfernung:** 500M. **Sonstiges:** Max. 3 Nächte.

Uslar 10B3
Reisemobilpark am Badeland, Zur Schwarzen Erde. **GPS:** n51,66753 o9,62831.

20 € 6 + Rabatt Schwimmbad €1/10Minuten Ch €1/8Std WC €0,50. **Lage:** Ruhig. **Untergrund:** Schotterrasen. 01/01-31/12. **Entfernung:** 1Km vor Ort 500M vor Ort.

Uslar 10B3
Am Lindenhof, Lindenhof 1. **GPS:** n51,67213 o9,62952.

ersten Nacht € 5, € 2 jede weitere Nacht Ch inklusive €0,50/kWh. **Lage:** Ländlich, einfach. **Untergrund:** Wiese/Schotter. 01/01-31/12. **Entfernung:** 2,5Km 2,5Km 2,5Km vor Ort.

Touristinformation Uslar:
- Markt, Stadtzentrum. Fr 9-13 Uhr.
- Alaris Schmetterlingspark. Schmetterlingspark im tropischen Regenwald. 18/03-01/10 9.30-17.30, 02/10-01/11 9.30-16.30.
- Uslarer Badeland. Schwimmparadies. Sa 13-19 Uhr, So 10-18 Uhr, Di-Fr 15-20 Uhr.

Vechta 9H1
Am Hallenwellen- und Freibad, Dornbusch. **GPS:** n52,74000 o8,29639.

10 kostenlos. **Lage:** Städtisch, einfach. **Untergrund:** Wiese/befestigt. 01/01-31/12. **Entfernung:** 1Km 1Km 1Km. **Sonstiges:** Parkplatz Schwimmbad, max. 3 Tage, Ver-/Entsorgung Bokenerddamm 40.

Vechta 9H1
Oldenburgerstraße. **GPS:** n52,73245 o8,28833.

5 kostenlos. **Lage:** Städtisch, einfach. **Untergrund:** befestigt. 01/01-31/12. **Entfernung:** vor Ort vor Ort vor Ort.

Verden 8A3
Conrad-Wode-Straße. **GPS:** n52,92572 o9,22738.
14 € 6/24 Std €1/90Liter Ch €1/8Std. **Lage:** Städtisch, komfortabel, zentral. **Untergrund:** Wiese. 01/01-31/12. 26/05-05/06. **Entfernung:** 350M 300M 300M 300M.

Touristinformation Verden:
- Reiterstadt, Pferdstadt mit internationalem Ruf.
- Deutsches Pferdemuseum, Holzmarkt 9. Pferdemuseum. Di-So 10-17 Uhr.
- Verdener Bauernmarkt. Sa 8-13 Uhr.

Vienenburg 10C2
Schacht I. **GPS:** n51,95705 o10,56772.

4 kostenlos. **Lage:** Ländlich, einfach, ruhig. **Untergrund:** befestigt. 01/01-31/12. **Entfernung:** 700M 700M 600M vor Ort vor Ort. **Sonstiges:** Am Vienenburger See, max. 24 Std.

Visselhövede 8A3
Zu den Visselwiesen, Wüstenhof 1. **GPS:** n52,98530 o9,57772.

8 kostenlos. **Lage:** Städtisch, einfach. **Untergrund:** befestigt. 01/01-31/12. **Entfernung:** vor Ort 100M 200M.

Vrees 7G3
Herzog-Arenberg-Straße 5. **GPS:** n52,88972 o7,77488.
6 kostenlos €1/100Liter Ch €1/2kWh. 01/01-31/12. **Entfernung:** vor Ort 350M.

Wagenfeld 9H1
Hallen-Freibad, Schulstraße 12. **GPS:** n52,54531 o8,59634.
20 € 7 Ch inklusive. 01/01-31/12. **Entfernung:** 300M 300M. **Sonstiges:** Am Schwimmbad.

Wagenfeld 9H1
Ströher Lokschuppen, Bahnhofstraße 29, Ströhen. **GPS:** n52,53954 o8,68465.
25 € 4 €1,50 €1,50 Ch €1 €3. **Untergrund:** Wiese. 01/01-31/12. **Entfernung:** vor Ort Bäckerei.

Walchum 7F3
Marinapark Emstal, Steinbilder Straße. **GPS:** n52,92680 o7,29624.

10 € 10 Ch (6x) WC €1,50. **Lage:** Ländlich. **Untergrund:** Wiese. 01/01-31/12. **Entfernung:** Angelschein obligatorisch 300M vor Ort vor Ort vor Ort.

Walsrode 8A3
Ferienhof Wiechers, Klein Eilstorf 6. **GPS:** n52,81462 o9,47898.
3 € 15 + € 3/pP. **Untergrund:** Wiese.

Walsrode 8A3
Forellenhof, Hünzingen 3. **GPS:** n52,89855 o9,59122.

10 € 15 (2x)inklusive. **Lage:** Ländlich, einfach, abgelegen, ruhig. **Untergrund:** Schotterrasen/Wiese. **Entfernung:** 3Km vor Ort 3Km. **Sonstiges:** Für Gäste kostenlos.

Walsrode 8A3
Weltvogelpark, Am Vogelpark. **GPS:** n52,88425 o9,59720.

20 kostenlos (12x)€1/8Std. **Lage:** Ländlich, einfach, zentral. **Untergrund:** Wiese. 01/01-31/12. **Entfernung:** 2,5Km vor Ort 2,5Km. **Sonstiges:** Max. 1 Nacht.

Nieder-Sachsen/Bremen

Touristinformation Walsrode:
☺ Weltvogelpark. Vogelpark und botanischer Garten. ◻ 01/03-31/10.

Wangerland 7G2
Am Hallenwellenbad, Hooksiel. GPS: n53,63435 o8,03532. ↑.
18 € 10, Hund € 3 €1/100Liter Ch €0,50/kWh inklusive.
◻ 01/01-31/12.
Entfernung: 1km 100M.
Sonstiges: Am Schwimmbad.

Wangerland 7G2
An der Ostdüne, Bäderstrasse, Hooksiel.
GPS: n53,64103 o8,03514. ↑ →.

75 € 12 + € 2,90/pP Kurtaxe, Hunde € 3,10
Ch WC inklusive. **Untergrund:** Schotter. ◻ 01/04-30/10.
Entfernung: 1,7Km Strand ±250M.

Wangerland 7G2
Nordsee-Camping-Schillig, Jadestraße, Schillig.
GPS: n53,69986 o8,02338. ↑ →.

80 € 12 + € 2,90/pP Kurtaxe, Hunde € 3,10 Ch
(80x) WC inklusive. **Untergrund:** Wiese. ◻ 01/04-31/10.
Entfernung: 200M.

Wangerland 7G2
Wangermeer, Jelliestede. GPS: n53,66962 o7,90975.
10 kostenlos kostenpflichtig. **Lage:** Einfach.
Untergrund: Wiese/Sand.
Entfernung: 800M 100m Lidl.

Wangerland 7G2
Am Yachthafen, Zum Hafen, Horumersiel.
GPS: n53,68293 o8,02091. ↑ →.

22 € 12 €1 Ch WC inklusive. **Untergrund:** Beton.
◻ 01/04-30/10.
Entfernung: 600M vor Ort.

Wardenburg 7H3
Keilstrasse, Astrup. GPS: n53,04770 o8,21197. ↑.

5 kostenlos (3x). **Lage:** Städtisch, einfach. **Untergrund:** Wiese.
◻ 01/01-31/12.
Entfernung: 2,5Km.

Wardenburg 7H3
Marktplatz, Huntestraße. GPS: n53,06401 o8,19832. ↑ →.

3 kostenlos. **Lage:** Städtisch, einfach. **Untergrund:** befestigt.
◻ 01/01-31/12.
Entfernung: vor Ort 3,6Km.

Weener 7F3
Am Alten Hafen, Panneborgstrasse. GPS: n53,16953 o7,36167. ↑.

45 € 7,50/24 Std €1/100Liter Ch (45x)€2,50/24Std
WC €1. **Lage:** Städtisch, komfortabel. **Untergrund:** asphaltiert.
◻ 01/01-31/12 während Hafenfest 3. Woche von Juni.
Entfernung: vor Ort vor Ort vor Ort.
Sonstiges: Max. 3 Tage.

Weener 7F3
Am Yachthafen, Am Marina-Park. GPS: n53,16570 o7,36480. ↑ →.
24 € 7,50 €2,50 €2. **Untergrund:** befestigt. ◻ 01/04-30/09.
Entfernung: Stadtmitte 1,2Km 50M.

Werdum 7G2
Raiffeisenplatz. GPS: n53,65823 o7,71515. ↑.
15 € 10 €0,50 Ch €0,50/kWh. **Lage:** Einfach.
Untergrund: Schotter. ◻ 01/01-31/12.
Entfernung: vor Ort vor Ort.

Werlte 7G3
Kreutzmanns Mühle, Kirchstraße 28. GPS: n52,85463 o7,68155. ↑.

6 kostenlos €1/100Liter Ch (8x)€1/2kWh. **Lage:** Städtisch,
komfortabel. **Untergrund:** befestigt. ◻ 01/01-31/12.
Entfernung: 200M 200M 200M.

Westergellersen 8B2
Turniergelände Luhmühlen, Westergellerser Heide.
GPS: n53,23306 o10,21623. ↑ →.

35 € 8 €1 Ch (35x)€1/8Std WC. **Lage:** Ländlich,
komfortabel, abgelegen, ruhig. **Untergrund:** Wiese. ◻ 01/01-31/12.
Entfernung: 4Km 1,5Km 4Km 2km.
Sonstiges: Schlüssel Sanitärgebäude beim Autohaus.

Westerholt 7G2
Schützenplatz, Nordener Straße. GPS: n53,58918 o7,45327.

6 kostenlos €1/5Minuten €1 Ch €1 €1/2kWh.
Lage: Ländlich. ◻ 01/01-31/12.
Entfernung: 400M 400M vor Ort vor Ort.
Sonstiges: Max. 3 Tage.

Westerholt 7G2
Sportzentrum. GPS: n53,59120 o7,44852. ↑.
5 kostenlos Ch. ◻ 01/01-31/12.
Entfernung: 750M 800M.

Westerstede 7G3
Albert-Post-Platz, Auf der Lohe. GPS: n53,25883 o7,92685. ↑.

5 kostenlos. **Lage:** Städtisch, einfach. **Untergrund:** befestigt.
◻ 01/01-31/12.
Entfernung: 100M 2km 250M.
Sonstiges: Max. 3 Tage.

Westerstede 7G3
Badesee Karlshof, Bekassinenweg. GPS: n53,18811 o7,86954. ↑.

5 kostenlos. **Lage:** Ländlich, einfach, abgelegen.
Untergrund: Schotter. ◻ 01/01-31/12.
Entfernung: Badesee.
Sonstiges: Max. 3 Tage.

Westerstede 7G3
Hössensportanlage, Jahnallee. GPS: n53,25369 o7,91229. ↑.
5 kostenlos. **Untergrund:** Schotterasen. ◻ 01/01-31/12.
Entfernung: 1Km 500M 500M.
Sonstiges: Am Schwimmbad, max. 3 Tage.

Westerstede 7G3
Wohnmobilhafen Westerstede, Süderstraße 2.
GPS: n53,24968 o7,93438. ↑.

50 € 9 Ch WC inklusive. **Lage:** Städtisch,
komfortabel, ruhig. **Untergrund:** Wiese/Schotter. ◻ 01/01-31/12.
Entfernung: 800M 1,4Km McDonalds 200M.

Westoverledingen 7G3
Rathausplatz, Bahnhofstrasse 18, Ihrhove.
GPS: n53,16634 o7,45173. ↑ →.

Nieder-Sachsen / Bremen

3 🚐 kostenlos ⛽€1/100Liter 🚿Ch. **Lage:** Städtisch, einfach.
Untergrund: Wiese. 📅 01/01-31/12 ⬤ Letzte Woche Jun.
Entfernung: 🥖vor Ort ⊗50M.
Sonstiges: Am Rathaus.

Westoverledingen 7G3
Reisemobilhafen zur Mühle, Mühlenstrasse 214, Steenfelderfehn.
GPS: n53,12944 o7,44051. ⬆➡

30 🚐€5 ⛽🚿Ch 🔌(18x) WC inklusive. **Lage:** Ländlich, einfach.
Untergrund: Wiese/befestigt. 📅 01/01-31/12.
Entfernung: ⊗vor Ort 🏊1Km.

Westoverledingen 7G3
Schützenplatz Flachsmeer, Papenburger strasse 74, Flachsmeer.
GPS: n53,12700 o7,46367. ⬆➡

10 🚐€5 ⛽🔌(10x)inklusive. **Lage:** Ländlich, einfach.
Untergrund: Wiese. 📅 01/01-31/12.
Entfernung: ⊗vor Ort 🏊100M.

Wiefelstede 7G3
Wohnmobilstellplatz am Bernsteinsee, Dorfstrasse 11, Conneforde.
GPS: n53,32657 08,06362. ⬆➡

30 🚐€6 ⛽€1 💧€2 Ch 🔌(25x)€0,50/kWh WC ⚿€0,50 📍am Campingplatz. **Lage:** Ländlich, komfortabel. **Untergrund:** Wiese.
📅 01/01-31/12.
Entfernung: 🚤vor Ort ⊗vor Ort.
Sonstiges: Gegenüber Campingplatz, Kaution Sepkey €5.

Wiefelstede 7G3
Freibad Wiefelstede, Alter Damm 11. **GPS:** n53,26146 08,10713. ⬆

10 🚐 kostenlos. **Lage:** Ländlich, einfach, ruhig. **Untergrund:** befestigt. 📅 01/01-31/12.
Entfernung: 🥖500M ⊗vor Ort 🏊1,5Km.

Wiesmoor 7G2
Bootshafen Ottermeer, Am Stadion. **GPS:** n53,40951 o7,71841. ⬆➡

14 🚐€5,50 ⛽🚿Ch ⚡inklusive. **Untergrund:** Wiese/befestigt.
📅 01/01-31/12.
Entfernung: 🥖1,5Km.
Sonstiges: Schlüssel Ver-/Entsorgung bei Gastätte (12-19U).

Wietzendorf 8B3
Übernachtungsoase Südsee Camp, Südsee camp 1, K41.
GPS: n52,93120 o9,96474. ⬆

40 🚐€15 ⛽€1/100Liter 🔌€0,50/kWh WC ⚿. **Lage:** Komfortabel.
Untergrund: befestigt.
Entfernung: 🥖2km 🏊100M 🛒vor Ort.
Sonstiges: Kaution Schlüssel Ver-/Entsorgung € 3.

Wildeshausen 7H3
Am Krandel, Krandelstrasse. **GPS:** n52,90042 o8,42728. ⬆➡

19 🚐€5/24 Std ⛽€1/80Liter 🚿Ch 🔌(20x)inklusive ⚿€2.
Lage: Ländlich, einfach. **Untergrund:** Wiese/befestigt.
📅 01/01-31/12.
Entfernung: 🥖500M 🏊4,4km ⊗400M 🛒700M.
Sonstiges: Parkplatz am Schwimmbad.

Wilhelmshaven 7G2
Wohnmobilhafen Nautimo, Friedenstrasse 99.
GPS: n53,53546 08,10104. ⬆➡

26 🚐€8 ⛽€1/100Liter 🚿Ch 🔌(26x)€1/6Std,10Amp WC ⚿€1
💧€2/Std. **Untergrund:** befestigt. 📅 01/01-31/12.
Entfernung: 🥖2km 🚴3Km 🏊4Km 🌊1,5Km ⊗vor Ort 🛒200M 🏖1,5Km 🏥100M 🚐vor Ort.
Sonstiges: Max. 7 Tage.

Wilhelmshaven 7G2
Wohnmobilstellplatz Schleuseninsel, Schleussenstrasse 37.
GPS: n53,51478 08,15218. ⬆

Wilhelmshaven 7G2
Am Freibad Nord, Möwenstraße 30. **GPS:** n53,57032 08,10368. ⬆➡

30 🚐€10, Anhänger €5 ⛽€1/100Liter 🚿Ch 🔌(28x)€3/24Std WC. **Untergrund:** Schotter. 📅 01/01-31/12.
Entfernung: ⊗250M 🛒Jadebussen.

Wilhelmshaven 7G2
Am Freibad Nord, Möwenstraße 30. **GPS:** n53,57032 08,10368. ⬆➡

6 🚐€6, kostenlos nach Benutzung Schwimmbad ⛽🚿Ch €1/6Std.
WC. **Untergrund:** Schotter. 📅 01/05-31/08.
Entfernung: 🥖1,5Km. **Sonstiges:** Sanitärnutzung nur während der Öffnungszeiten Schwimmbad.

Wilhelmshaven 7G2
Reisemobilstellplatz Wilhelmshaven Südstadt, Banterweg 12.
GPS: n53,51559 08,09072. ⬆

16 🚐€10 ⛽🚿Ch 🔌(16x)inklusive 📶. **Untergrund:** Schotter.
📅 01/01-31/12.

Wilhelmshaven 7G2
Fliegerdeich West, Fliegerdeich. **GPS:** n53,50996 08,12718. ⬆

40 🚐€0,75/U, €12/Tag. 🚐.
Lage: Ländlich. **Untergrund:** befestigt. 📅 01/01-31/12.
Entfernung: 🥖2,5Km 🌊Meer ⊗in der Nähe.
Sonstiges: Keine Campingaktivitäten.

Wilhelmshaven 7G2
Wohnmobilstellplatz Jade, Bunsenstraße 10.
GPS: n53,51110 08,08153. ⬆

10 🚐€10 ⛽⚡inklusive.
Untergrund: asphaltiert. 📅 01/01-31/12. ⬤ Wasser: 01/11-31/03.

Touristinformation Wilhelmshaven:
👁 Aquarium Wilhelmshaven, Südstrand 123. Meeresaquarium.
📅 10-18 Uhr.

Nieder-Sachsen/Bremen

Winsen/Luhe 8B2
Festplatz Bleiche, Tönnhäuserweg. GPS: n53,36452 o10,21228.⬆.

10 🚐kostenlos. **Lage**: Einfach, zentral. **Untergrund**: asphaltiert.
📅 01/01-31/12.
Entfernung: 🚲100M ⊗100M 🛒100M.

Winsen/Luhe 8B2
GreenEagle Golf, Radbrucher Straße 200. GPS: n53,32278 o10,22778.
15 🚐kostenlos, golf spielen obligatorisch. **Lage**: Einfach.
Untergrund: Schotter. 📅 01/01-31/12.
Entfernung: 🚲6Km 🚲2,2Km ⊗vor Ort.

Winsen/Luhe 8B2
Freizeit Center Albrecht, Porchestrasse 15, Gewerbegebiet Lühdorf.
GPS: n53,33750 o10,21947.⬆.

10 🚐kostenlos 🚰€1 🗑€2 Ch 🚿(11x) WC. **Lage**: Ländlich, einfach.
Untergrund: befestigt. 📅 01/01-31/12.
Entfernung: 🚲4,5Km 🚶vor Ort.

Wittingen 8C3
Wittinger Sporthafen, Am Sporthafen 1.
GPS: n52,72706 o10,66187.⬆➡.

20 🚐€ 9 + € 0,50/pP 🚰🗑Ch 🚿(20x)WC inklusive 💧€2,50/2,50.
Lage: Ländlich, komfortabel. **Untergrund**: Wiese. 📅 01/04-01/10.
Entfernung: 🚲4Km 🚲vor Ort 🚶vor Ort ⊗vor Ort 🛒4Km 🚌200M
🚶vor Ort.
Sonstiges: In der Nähe des Yachthafens.

Wittmund 7G2
Am Gulfhof, Funnixer Riege 11. GPS: n53,64202 o7,78566.
8 🚐€9 🚰🗑Ch 🚿inklusive. 🐕 **Lage**: Einfach.
Untergrund: Wiese. 📅 01/01-31/12.

Wittmund 7G2
Schützenplatz, Auricherstrasse. GPS: n53,55763 o7,69156.⬆.
15 🚐kostenlos. **Untergrund**: Wiese. 📅 01/01-31/12.
Entfernung: 🚲800M 🛒Bäckerei 200M.

Wittmund 7G2
Wohnmobilstellplatz an der Mole, Am Harlesiel 20.
GPS: n53,70941 o7,80839.⬆➡.

54 🚐€ 12 + € 2,50/pP Kurtaxe, Hunde € 2 🚰🗑Ch 🚿€3 WC.
Untergrund: befestigt. 📅 15/03-31/10.
Entfernung: 🏊vor Ort.
Sonstiges: Kaution Schlüssel Strom € 10.

Wittmund 7G2
Campingplatz Harlesiel, Am Harlesiel, Carolinensiel-Harlesiel.
GPS: n53,70797 o7,80649.⬆.
🚐€ 12 + € 2,50/pP Kurtaxe, Hunde € 2 🚰🗑Ch 🚿€3 WC.
Untergrund: asphaltiert. 📅 15/03-31/10.
Entfernung: 🏊100M 🛒100M.

Wolfenbüttel 10C2
Alte Spinnerei, Am Seeligerpark. GPS: n52,16228 o10,52632.
10 🚐kostenlos 🚰€1 🚿(3x)€1. **Untergrund**: befestigt.
📅 01/01-31/12. **Entfernung**: 🚲800M 🛒300M.
Sonstiges: Max. 3 Tage, ruhig im Nacht, tagsüber lebhaft.

Wolfenbüttel 10C2
Sporthalleninsel, Vor dem Wehre. GPS: n52,16168 o10,52646.⬆➡.

2 🚐kostenlos 🚰€1/80Liter 🚿(4x)€1/8Std. **Lage**: Städtisch, zentral,
laut. **Untergrund**: befestigt. 📅 01/01-31/12.
Entfernung: 🚲250M ⊗500M 🛒500M 🚌200M.
Sonstiges: An der Bahnlinie.

Wolfenbüttel 10C2
Wohnmobilpark Stadtbad Okeraue, Harztorwall 21.
GPS: n52,15689 o10,50411.
44 🚐€ 12 2 Pers. inkl 🚰🗑Ch 🚿(44x)inklusive WC.
Untergrund: Wiese. 📅 01/01-31/12.
Sonstiges: Neben Schwimmbad.

Wolfsburg 10C1
Autostadt P2, Berliner Brücke. GPS: n52,43485 o10,79716.⬆.

9 🚐€ 3/Tag, € 6/24 Std 🚰🚿inklusive. 🚌 **Lage**: Städtisch, laut.
Untergrund: asphaltiert. 📅 01/01-31/12.
Entfernung: 🚲2km ⊗vor Ort 🛒2km.
Touristinformation Wolfsburg:
☺ Autostadt. Über den Volkswagen-Konzern; mit Pavillons verschiedener Automarken, Autoturm über 20 ETage, Testfahren. ⏰ 9-20 Uhr.

Zetel 7G2
Johann Quathamer, Fuhrenkampstrasse 60.
GPS: n53,40084 o7,91893.⬆.

15 🚐€ 7 🚰€1/100Liter 🗑Ch 🚿(15x)inklusive 💧€0,50.
🐕 **Lage**: Ländlich, komfortabel, ruhig. **Untergrund**: Wiese.
📅 01/01-31/12.
Entfernung: 🚲4Km.

Zetel 7G2
Marktthamm, Neuenburger Strasse. GPS: n53,41706 o7,97000.⬆.

40 🚐kostenlos 🚰🗑Chkostenlos 🚿(6x)€1/kWh.
Lage: Städtisch, einfach, zentral. **Untergrund**: Schotterasen.
📅 01/01-31/12.
Entfernung: 🚲vor Ort ⊗Imbiss.
Sonstiges: Parkplatz Zentrum, max. 2 Tage, Ver-/Entsorgung Kläranlage geöffnet: Mo/Di 11-23U, Do/Sa 11-23U, So 16-23U.

Zetel 7G2
Driefeler Esch. GPS: n53,41835 o7,98445.⬆.

10 🚐kostenlos. **Lage**: Einfach. **Untergrund**: Schotter.
📅 01/01-31/12. **Sonstiges**: Parkplatz Schwimmbad, max. 48 Std.

Zetel 7G2
Schulmuseum Bohlenbergerfeld, Wehdestrasse.
GPS: n53,41322 o7,92143.⬆.

25 🚐kostenlos. **Lage**: Ländlich, einfach, abgelegen.
Untergrund: Wiese/Schotter. 📅 01/01-31/12.
Entfernung: 🚲2,5Km.
Sonstiges: Beim Museum.

Zetel 7G2
Urwald, Urwaldstrasse, Neuenburg. GPS: n53,39293 o7,96547.⬆.

20 🚐kostenlos. **Lage**: Ländlich, einfach, ruhig. 📅 01/01-31/12.
Sonstiges: Max. 1 Tag.

Zetel 7G2
Kläranlage, Moorstraße. GPS: n53,42302 o7,97937.
🚰🗑Chkostenlos. 📅 01/01-31/12.
Sonstiges: Mo/Do 7-16 Uhr, Frei 7-13 Uhr, Sa/So 9-9.30 Uhr.

Zeven 8A2
Viehmarktplatz, Meyerstrasse/Godenstedterstrasse.
GPS: n53,29764 o9,27514.⬆➡.

4 🚐kostenlos. **Lage**: Einfach. **Untergrund**: befestigt.

Deutschland

Nieder-Sachsen/Bremen – Mecklenburg-Vorpommern

◫ 01/01-31/12.
Entfernung: 500M.

[C][S] Zorge 10C3
Campingplatz im Waldwinkel, Kunzental 2.
GPS: n51,64188 o10,64881.

30 € 9,50, 2 Pers. inkl €0,20/10Liter Ch
(15x)€2/Tag €1/pP. Lage: Ländlich, einfach, ruhig.
Untergrund: Wiese/Schotter. 01/01-31/12.
Entfernung: 1,5Km vor Ort 6Km 300M vor Ort vor Ort.
Sonstiges: Max. 2 Nächte.

Mecklenburg-Vorpommern

[S] Ahlbeck 8G1
Caravanplatz Am Wiesenrand, Gothenweg 5a.
GPS: n53,94100 o14,17600.

27 € 11-13,50 Ch €0,50/kWh WC inklusive €1
€3/2 €3,50/3Std. Lage: Ländlich, komfortabel, ruhig.
Untergrund: Wiese. 01/03-31/10.
Entfernung: 10Min 10Min 500M 200M.
Sonstiges: Brötchenservice, reservieren möglich.

[S] Ahlbeck 8G1
Wohnmobilstellplatz Rauthe, Waldstrasse 7.
GPS: n53,93660 o14,18660.

30 € 16 Ch (30x)WC inklusive €2 €4.
Lage: Städtisch, zentral. Untergrund: Wiese.
01/01-31/12.
Entfernung: vor Ort 5 Min 200M 200M.

[S] Ahlbeck 8G1
Parkplatz an der Grenze, Swinemüdestrasse.
GPS: n53,92380 o14,21280.

30 € 5 + € 2,50/pP. Lage: Städtisch, einfach.
Untergrund: befestigt. 01/01-31/12.
Entfernung: 3Km.
Sonstiges: Max. 24 Std.

Ahrenshoop 6F3
Dorfstraße. GPS: n54,39155 o12,43914.

10 € 6/Tag, € 25/Nacht. Lage: Ländlich, einfach, abgelegen, laut.
Untergrund: Schotter. 01/01-31/12.
Entfernung: 2km Strand 50M.

[C][S] Alt Schwerin 8E2
Insel Camping Werder, Wendorf 8. GPS: n53,48696 o12,31833.

13 € 15,80 €0,50/40Liter Ch €2 WC €3/3
inklusive. Lage: Ländlich, luxus, ruhig. Untergrund: Wiese.
01/01-31/12.
Entfernung: 4Km vor Ort vor Ort 1Km 3,5Km.
Sonstiges: Max. 9M, Hund € 2/Tag.

[S] Altwarp 8G1
Hafen, Seestrasse. GPS: n53,73905 o14,27147.

40 € 9,50 Ch €2/24Std WC inklusive €1 €2/1.
Lage: Ländlich, luxus, ruhig. Untergrund: Wiese/befestigt.
01/01-31/12.
Entfernung: 500M 300M vor Ort 300M 400M 300M vor Ort.
Sonstiges: Beim Touristenbüro.

[S] Bansin 6H3
Waldparkplatz Bansin, Am Heuberg 1. GPS: n53,98834 o14,11291.

100 € 5-6 + € 3-3,50/pP, Hund € 1,50 Ch €2,70/24 Std
WC inklusive €1 €4,50/3. Lage: Ländlich, komfortabel, abgelegen.
Untergrund: Wiese/befestigt. 01/05-30/09.
Entfernung: 3Km 400M vor Ort.

[S] Barth 6F3
Segelverein, Am Westhafen. GPS: n54,37130 o12,72510.

Sonstiges: Kaution Schlüssel Sanitär € 20.

[S] Barth 6F3
Wohnmobilparkplatz Barth, Am Osthafen.
GPS: n54,36965 o12,73251.

10 € 7 (8x)€0,50/kWh. Lage: Städtisch, einfach, laut.
Untergrund: befestigt. 01/01-31/12.
Entfernung: 300M 300M 300M vor Ort vor Ort.

[C][S] Beckerwitz 8D1
Ostseecamping Beckerwitzer Strand, Ostseestrasse 10.
GPS: n53,94137 o11,31682.

12 € 6-8 €1 Ch €2,60/Nacht €0,50 €3,50/3,50.
Lage: Ländlich, komfortabel. Untergrund: Wiese. 01/04-10/10.
Entfernung: vor Ort vor Ort vor Ort 4Km vor Ort vor Ort.

[S] Bergen/Rügen 6G3

Wohnmobilstellplatz Rügen
Bergen auf Rügen

- Ganzjährig geöffnet
- Ruhig gelegen
- Für längere Aufenthalte geeignet

www.wohnmobil-stellplatz-ruegen.de
info@wohnmobil-stellplatz-ruegen.de

Wohnmobilstellplatz Rügen, Tilzower Weg 32a.
GPS: n54,40281 o13,42781.
20 € 14 €1/60Liter Ch (16x)€2/24Std,25Amp
WC €2/6Minuten €4/4 inklusive. Lage: Komfortabel.
Untergrund: befestigt. 01/01-31/12.
Entfernung: 1Km 400M 500M, Bäckerei 300M 100M vor Ort.
Sonstiges: Vermietung PKW.

[S] Binz 6G3
Wohnmobil-Oase Rügen, Proraer Chaussee 60.
GPS: n54,44819 o13,56181.

150 € 13-16 €1/50Liter €1 Ch €0,50 €1/kWh WC €0,20
€0,50/Minuten €4/4 nach Verbrauch.
Lage: Luxus, abgelegen, ruhig. Untergrund: Wiese/Schotter.
15/04-15/10.

20 € 10 Ch €2 WC €1. Untergrund: Wiese.
01/05-01/10.
Entfernung: vor Ort vor Ort vor Ort.

Mecklenburg-Vorpommern

Entfernung: 🚲Binz 6Km ⛱1,5Km ⊗vor Ort ⛽6Km 🚌vor Ort.
Sonstiges: Brötchenservice.

Binz — 6G3
Parkplatz Zentrum, Proraer Chaussee 5.
GPS: n54,40278 o13,60194. ⬆.

60 🚐€ 17/24 Std. **Lage:** Städtisch, einfach.
Untergrund: Wiese/befestigt. 📅 01/01-31/12.
Entfernung: vor Ort ⊗50M ⛽vor Ort.
Sonstiges: Neben Tankstelle.

Blankensee — 8G1
Reisemobilplatz Lühn, Am Achterfeld 1.
GPS: n53,51787 o14,31844. ⬆.
4 🚐€ 4 🚰€2 Ch 🔌€0,50/kWh WC. **Lage:** Ruhig.
Untergrund: Wiese.
Entfernung: 🚲800M ⊗600M ⛽5Km.

Boiensdorf — 8D1
Am Strand, Bungalowsiedlung. **GPS:** n54,02412 o11,54744. ⬆➡.

35 🚐€ 8/24 Std 🚰€0,20/10Liter 🚰€2 Ch 🔌€2/Tag WC €0,50.
Lage: Ländlich, komfortabel, ruhig.
Untergrund: Wiese.
📅 01/01-31/12.
Entfernung: ⛱vor Ort 🛒vor Ort ⊗50M ⛽vor Ort 🚌vor Ort.

Boltenhagen — 8C1
Krämer's Wohnmobilhafen, Ostsee-allee 58b.
GPS: n53,98122 o11,21908. ⬆.

45 🚐€ 10-14, 2 Pers. inkl 🚰€0,20/20Liter Ch 🔌€2,50/Tag WC €0,50. **Lage:** Städtisch, komfortabel, zentral, laut.
Untergrund: Wiese/Schotter. 📅 01/01-31/12.
Entfernung: 🚲800M ⛱200M 🛒200M ⊗100M ⛽700M 🚌vor Ort 🚶vor Ort.
Sonstiges: Brötchenservice im Sommer, Fahrradverleih.

Boltenhagen — 8C1
Wohnmobilpark Boltenhagen, Ostsee-allee 58.
GPS: n53,98133 o11,21854. ⬆.

50 🚐€ 9-13 + € 2,10/pP Kurtaxe 🚰€2,50 Ch 🔌€2,50/Tag WC €1 🚿€5. **Lage:** Städtisch, einfach, laut. **Untergrund:** Wiese.
📅 01/01-31/12.
Entfernung: 🚲700M ⛱200M 🛒200M ⊗vor Ort ⛽700M 🚌vor Ort 🚶vor Ort.

Boltenhagen — 8C1
Swin Golf Boltenhagen, Ausbau 15, Redewisch.
GPS: n54,00851 o11,17180. ⬆.

10 🚐€ 13-15 🚰🔌€2/Tag. **Lage:** Ländlich, komfortabel, ruhig.
Untergrund: Wiese. 📅 01/04-31/10.
Entfernung: ⛱vor Ort 🛒vor Ort 🚲vor Ort.
Sonstiges: Am Golfplatz.

Boltenhagen — 8C1
Regenbogen Boltenhagen, Ostseeallee 54.
GPS: n53,98196 o11,21714. ⬆.

20 🚐€ 20 🚰WC inklusive 🔌€4/3 🚿€1/Std. **Lage:** Städtisch, komfortabel, zentral, laut. **Untergrund:** Wiese/befestigt.
📅 01/01-31/12.
Entfernung: 🚲600M ⛱200M 🛒200M ⊗vor Ort ⛽100M 🚌vor Ort 🚶vor Ort.
Sonstiges: Max. 1 Nacht, anmelden an der Rezeption.

Brenz — 8D2
Landhaus Böttcher, Parchimer strasse 11.
GPS: n53,38688 o11,67103. ⬆.

5 🚐€ 10, für Gäste kostenlos 🚰€1,50 🚿(4x)€2/Tag WC inklusive.
Lage: Ländlich, einfach. **Untergrund:** Wiese/befestigt.
📅 01/01-31/12.
Entfernung: 🚲vor Ort ⛱3Km ⊗vor Ort ⛽5Km 🚌200M.

Broock — 8E2
Hotel-Restaurant Am Worns-Berg, Am Worns-Berg 1.
GPS: n53,46734 o12,10698. ⬆.

6 🚐€ 5, für Gäste kostenlos 🚰Ch 🔌€2 WC €1,50.
Untergrund: Schotter.
📅 01/01-31/12.
Entfernung: 🚲5Km ⛱1,5Km 🛒1,5Km ⊗vor Ort ⛽5Km 🚌500M.

Carpin — 8F2
Landgasthof Am Schleesersee, Hauptstrasse 25.
GPS: n53,35424 o13,24028. ⬆.

10 🚐€ 5, für Gäste kostenlos 🚰WC inklusive.
Untergrund: befestigt.
📅 01/01-31/12.
Entfernung: 🚲500M ⛱vor Ort 🛒vor Ort ⛽4Km.

Dabitz — 6F3
Hafen Dabitz, Boddenstraße. **GPS:** n54,36217 o12,80610. ⬆➡.

5 🚐€ 6/Nacht.
Lage: Ländlich, einfach, ruhig. **Untergrund:** Beton.
📅 01/01-31/12.
Entfernung: 🚲500M ⛱vor Ort 🛒vor Ort 🚌vor Ort 🚶vor Ort.

Dalwitz — 8E1
Ferien Gut Dalwitz, Dalwitz 46. **GPS:** n53,93484 o12,53830. ⬆.

2 🚐€ 10 🚰€1 🔌WC €3/3 🚿. **Untergrund:** Wiese.
📅 01/01-31/12.
Entfernung: 🚲15Km ⊗vor Ort ⛽vor Ort.
Sonstiges: Parkplatz Landgut.

Dassow — 8C1
Reisemobilplatz Ostseestrand, Straße des Friedens 14, Rosenhagen.
GPS: n53,96040 o10,94430. ⬆.

10 🚐€ 10 🚰Ch 🔌€3 WC €3. **Lage:** Ländlich, komfortabel, ruhig. **Untergrund:** Wiese. 📅 01/01-31/12.
Entfernung: ⛱1Km ⊗500M.
Sonstiges: Am Café Strandgut.

Demmin — 8F1
Kanuhaus Demmin, Meyenkrebs 15. **GPS:** n53,91806 o13,02833. ⬆.

2 🚐€ 6-8,40 🚰 WC inklusive 🚿€1/3Minuten. **Lage:** Einfach.
Untergrund: Wiese. 📅 01/04-31/10.
Entfernung: 🚲1Km ⛱vor Ort ⊗400M ⛽500M.

Deutschland

Mecklenburg-Vorpommern

Dömitz — 8D3
WasserWanderZentrum Dömitz, An der Schleuse 1.
GPS: n53,14078 o11,25908.

30 € 10 €1,50/150Liter Ch €2/Tag WC 1.
Lage: Ländlich, komfortabel, ruhig. **Untergrund**: Wiese.
01/01-31/12.
Entfernung: 400M vor Ort vor Ort 100M 800M.

Dömitz — 8D3
Dömitzer Hafen, Hafenplatz 3. GPS: n53,13724 o11,26034.

22 € 8 €1/50Liter (10x)€2/Tag €1. **Lage**: Ländlich, komfortabel, ruhig. **Untergrund**: Wiese. 01/01-31/12.
Entfernung: 1Km 10M 10M 200M 800M 600M.
Sonstiges: Brötchenservice.

Dranske/Bakenberg — 6G3
MC Burgstaedt Wohnmobilstellplatz, Nonnevitz 23a.
GPS: n54,67139 o13,29278.

12 € 19-25 €3/Tag WC inklusive. **Lage**: Ländlich, einfach, abgelegen, ruhig. **Untergrund**: Wiese. 15/05-31/10.
Entfernung: 6Km 100M 300M 300M.
Sonstiges: Hund € 2/Tag.

Dranske/Bakenberg — 6G3
Küstencamp, Nonnevitz 23. GPS: n54,66288 o13,26929.

15 € 13,50-15 Ch €3,20/Tag WC inklusive €1/2Minuten €3/3. **Lage**: Ländlich, komfortabel, abgelegen, ruhig.
Untergrund: befestigt. 01/01-31/12.
Entfernung: 7Km 400M 400M 500M.
Sonstiges: Brötchenservice, Vermietung PKW.

Eldena — 8D2
Bootshafen und Campingplatz Eldena, Am Bootshafen 1.
GPS: n53,23163 o11,42224.

Elmenhorst — 6F3

12 € 10,50 Ch WC inklusive €1,10 €3,50/3,50.
Lage: Ländlich, komfortabel, ruhig. **Untergrund**: Wiese.
01/04-31/10.
Entfernung: 400M 10M 10M 50M 400M vor Ort.

Elmenhorst — 6F3
Stellplatz Elmenhorst, Gewerbeallee 3a.
GPS: n54,15321 o12,01584.

24 € 10 €0,10/10Liter Ch inklusive €0,50/kWh kostenlos. **Untergrund**: befestigt. 01/01-31/12.

Elmenhorst — 6F3
Firma Stuhr, Hauptstrasse 47. GPS: n54,15882 o12,00464.

20 € 8 Ch €2 WC. **Lage**: Ländlich, einfach, ruhig.
Untergrund: Wiese. 01/01-31/12.
Entfernung: 1Km 1,3Km 1Km 500M 200M.
Sonstiges: Nutzung Sanitäranlagen € 2/pP pro Tag.

Elmenhorst — 6F3
Stellplatz Elmenhorst, Gewerbeallee 3a.
GPS: n54,15250 o12,01667.

24 € 10 €1/100Liter Ch €0,50/kWh kostenlos.
Lage: Ruhig. **Untergrund**: befestigt. 01/01-31/12.
Entfernung: 300M.

Feldberg — 8F2
Weidendamm 1. GPS: n53,33583 o13,44176.

10 € 10. **Lage**: Städtisch, einfach. **Untergrund**: Wiese/befestigt.
01/01-31/12.
Entfernung: vor Ort 150M 400M.

Fresenbrügge — 8D2
Wohnmobilhafen an der Edle, Eldeufer 1.
GPS: n53,26355 o11,54243.

Graal-Müritz — 6F3
Strandmitte, Buchenkampweg. GPS: n54,25663 o12,25005.

23 € 10 Ch inklusive €2/Tag WC €1/pP.
Lage: Ländlich, komfortabel, abgelegen, ruhig.
Untergrund: Wiese.
01/01-31/12.
Entfernung: vor Ort vor Ort 2km 2km vor Ort vor Ort.

20 € 15/24 Std, Kurtaxe € 2/pP €1/100Liter.
Lage: Ländlich, einfach, ruhig. **Untergrund**: Wiese/befestigt.
01/01-31/12.
Entfernung: 500M vor Ort vor Ort 500M 500M vor Ort vor Ort.
Sonstiges: Max. 3 Tage.

Grabow — 8D2
Stadthafen, Canalstrasse. GPS: n53,27738 o11,55949.

20 € 8 Ch €2 WC. **Lage**: Ländlich, einfach, ruhig.
Untergrund: Wiese. 01/01-31/12.
Entfernung: 1Km 1,3Km 1Km 500M 200M.

18 kostenlos €0,50 Ch €0,50 €0,50 €1.
Untergrund: befestigt.
01/01-31/12, Ver-/Entsorgung: 8-9.30U und 18.30-20U.

Greifswald — 6G3
Am Museumhafen, Marienstraße 10. GPS: n54,09887 o13,38945.

20 € 15 Ch WC inklusive.
Lage: Städtisch, einfach. **Untergrund**: befestigt.
01/03-30/11.
Entfernung: 300M 300M 1Km.
Touristinformation Greifswald:
Fischerdorf Greifswald-Wieck. Sehenswürdiges Fischerdorf.

Güstrow — 8E1
Gleviner Platz. GPS: n53,79117 o12,18054.

3 kostenlos. **Lage**: Städtisch. **Untergrund**: asphaltiert.
01/01-31/12. **Entfernung**: 400M 5Km 5Km 100M.

Güstrow — 8E1
Hotel Am Tierpark, Verbindungschaussee 7.
GPS: n53,79159 o12,21577.
30 € 10 2 Pers. inkl Ch €2,50 WC Nutzung Sanitäranlagen €2,50/pP. **Untergrund**: Wiese. 01/01-31/12.
Entfernung: 5Km vor Ort 5Km.

Gützkow — 8F1
Rittergut Schloss Pentin, Zum Bollwerk 11.
GPS: n53,91824 o13,46763.

Mecklenburg-Vorpommern

10 🚐 € 10 🚰 €0,50/80Liter 🚽Ch 🔌€0,50/kWh 🗑€1.
Lage: Ländlich, einfach. **Untergrund:** Wiese/Schotter.
🗓 01/01-31/12.
Entfernung: 🚲1Km 🏖400M.
Sonstiges: Brötchenservice, Naturschutzgebiet.

Heringsdorf 6H3
Blasendorff, Labahnstrasse 10. **GPS:** n53,95940 o14,15680.

3 🚐 € 10 🚰 €0,50/40Liter 🚽€1,50 🔌€1,80. **Lage:** Städtisch, einfach. **Untergrund:** Wiese. 🗓 01/01-31/12.
Entfernung: 🚲10Min 🏖300M 🛒300M 🍴300M.

Heringsdorf 6H3
P An der Kirche, Rudolf-Breitscheid-Straße.
GPS: n53,95762 o14,16219.

30 🚐 € 10,50, 2,50 Pers. inkl. Kurtaxe € 2,50/pP 🚰
Ch 🚽€1,50 WC inklusive 🗑€1. **Lage:** Städtisch, zentral.
Untergrund: Wiese/Sand. 🗓 01/01-31/12.
Entfernung: 🚲vor Ort 🏖Strand 500M 🛒250M 🍴250M.

Hinrichshagen 6G3
Reisemobilstellplatz Wöller, Chausseestraße 12.
GPS: n54,07450 o13,35230.

50 🚐 € 10 🚰🚽Ch 🔌inklusive WC. **Lage:** Komfortabel.
Untergrund: Wiese/Schotter. 🗓 01/01-31/12.
Entfernung: 🚲3,5Km 🛒1,8Km 🍴800M.
Sonstiges: Nutzung Sanitäranlagen € 5/Wohnmobil, Ver-/Entsorgung im Winter limitiert, Ver-/Entsorgung Passanten € 5.

Hornstorf 8D1
Gartencenter Offermann, Dorfstraße 1. **GPS:** n53,89473 o11,54159.

20 🚐 € 10 🚽Ch inklusive. **Lage:** Ländlich, einfach, laut.
Untergrund: Beton. 🗓 01/01-31/12.

Insel Poel 8D1
Strandparkplatz Timmendorf, Tau n Lüchttorm.
GPS: n53,99287 o11,38058.

60 🚐 € 5/Tag, € 4/Nacht + € 2/pP Kurtaxe 🚰€0,50/80Liter 🚽Ch (64x)€2/2kWh 🗑€1. **Lage:** Ländlich, einfach, ruhig. **Untergrund:** Wiese.
🗓 01/01-31/12.
Entfernung: 🏖150M 🚲500M 🛒200M 🍴300M vor Ort 🎣vor Ort.
Sonstiges: Anmelden bei Kiosk, Kaution Schlüssel Sanitär € 10.

Insel Poel 8D1
Poeler Forellenhof, Niendorf 13. **GPS:** n53,99454 o11,44714.

16 🚐 € 13, 2 Pers. inkl 🚰€2/100Liter 🚽 WC inklusive 🔌€2,60/2,60.
Lage: Ländlich, einfach. **Untergrund:** Beton. 🗓 01/01-31/12.
Entfernung: 🏖1,5Km 🚲vor Ort 🛒vor Ort 🍴vor Ort 🎣1,5Km vor Ort 🎣vor Ort. **Sonstiges:** Anmeldung bei Restaurant, Dampfbad und Sauna, Fischräucherei.

Kamminke 8G1
Ortstraße. GPS: n53,86750 o14,20480.

15 🚐 € 8. **Untergrund:** Wiese. 🗓 01/01-31/12.
Entfernung: 🚲vor Ort 🎣vor Ort.

Karenz 8D2
Reiterhof am Steinberg, Grebserstrasse 1. **GPS:** n53,23638 o11,34836.

3 🚐 € 10 🚰€1 🚽Ch 🔌€1,50 WC. **Lage:** Ländlich, einfach, abgelegen. **Untergrund:** Wiese. 🗓 01/01-31/12.
Entfernung: 🏖1Km 🛒1Km 🍴300M.
Sonstiges: Parkplatz beim Manege.

Kargow 8F2
Reisemobilstellplatz Ziegenwiese, Schwarzenhof 7.
GPS: n53,46433 o12,79925.

10 🚐 € 7,50 🚰€3 🚽Ch 🔌€1,50. **Lage:** Ländlich, ruhig.
Untergrund: Wiese. 🗓 01/01-31/12.
Entfernung: 🚲1Km 🏖1Km 🛒200M 🍴4Km.

Karnin 8G1
Hafen, Karnin 14a. **GPS:** n53,84450 o13,85860.

3 🚐 € 10 🚰€0,50/100Liter 🚽Ch €1 🔌€0,50/kWh WC €1 🗑€4.
Lage: Ländlich, ruhig. **Untergrund:** befestigt.
🗓 01/01-31/12.
Entfernung: 🏖6Km 🛒500M 🍴6Km vor Ort 🚲vor Ort 🎣vor Ort.
Sonstiges: Kreuzpunkt Wander- und Radwegen.

Kühlungsborn 6F3
Hafenstrasse. GPS: n54,15051 o11,76329.

20 🚐 € 8/24 Std. **Lage:** Städtisch, einfach, laut.
Untergrund: Beton. 🗓 01/01-31/12.
Entfernung: 🚲500M 🛒vor Ort 🍴vor Ort 🎣vor Ort.

Langen Brütz 8D1
Landhaus Bondzio, Hauptstrasse 21a. **GPS:** n53,65722 o11,55737.

4 🚐 € 12 🚰🚽 WC inklusive 🗑€2. **Lage:** Ländlich, einfach.
Untergrund: asphaltiert/Wiese. 🗓 01/01-31/12. Restaurant: Mo.
Entfernung: 🏖150M 🛒vor Ort 🍴50M.

Lenz über Malchow 8E2
Lenzer Hafen, Zum Hafen 1. **GPS:** n53,46793 o12,34929.

25 🚐 € 13,30-16,30 🚰€2 Ch €0,50 🔌€1/2kWh WC €1,50 🗑€3
inklusive. **Lage:** Ländlich, ruhig. **Untergrund:** Schotterrasen.
🗓 01/03-31/10.
Entfernung: 🏖5Km 🚲vor Ort 🎣vor Ort 🛒vor Ort 🍴5Km.
Sonstiges: Parkplatz am östlichen Ufer des Plauersees.

Deutschland

Mecklenburg-Vorpommern

Lohme 6G3
Wohnmobilstellplatz Dorfladen, Arkonastrasse 4.
GPS: n54,58300 o13,61150.

35 € 14 - € 17,50 €1/90Liter Ch €2 €1/2kWh WC €2/5Minuten €3/3 inklusive.
Lage: Ländlich, komfortabel. **Untergrund:** Wiese/befestigt. 01/01-31/12.
Entfernung: vor Ort 200M vor Ort vor Ort vor Ort.
Sonstiges: Hund € 1,50/Nacht, Frühstücksservice, Rabatt bei längerem Aufenthalt.

Lohme 6G3
Zum Königsstuhl, Stubbenkammerstraße 57, Hagen.
GPS: n54,56220 o13,62590.

40 € 10,50 + € 1/pP Kurtaxe €1/100Liter Ch €2,50/24Std €0,50 €1/4Minuten. **Lage:** Ländlich.
Untergrund: Wiese/befestigt. 01/01-31/12.
Entfernung: vor Ort 600M vor Ort.

Ludwigslust 8D2
Am Schloss, Friedrich-Naumann-Allee. **GPS:** n53,32735 o11,49080.

20 € 7/24 Std €1/100Liter €1 Ch €1 WC.
Lage: Ländlich, einfach, ruhig. **Untergrund:** Schotter/Sand. 01/01-31/12.
Entfernung: 600M 500M 600M.
Sonstiges: Wertmünzen bei Geschäfte.

Lütow 6G3
Yachtlieger Achterwasser, Netzelkow. **GPS:** n54,02690 o13,90950.

22 € 1/M + € 1/pP Ch (20x)€0,25/kWh WC €2.
Untergrund: Wiese. 01/01-31/12.
Entfernung: vor Ort vor Ort vor Ort.
Sonstiges: Brötchenservice, Rad/PKW Verleih.

Malchin 8E1
Malchiner Kanu-club, Am Kanal 2. **GPS:** n53,74417 o12,76611.

8 € 10 Ch €1 WCinklusive €0,50 €3/2.
Lage: Komfortabel, ruhig. **Untergrund:** Wiese. 01/05-30/09.
Entfernung: 500M vor Ort vor Ort 500M 500M.
Sonstiges: Hund € 3.

Malchow 8E2
Marina Malchow, Ziegeleiweg 5. **GPS:** n53,46432 o12,42417.

20 € 10-20 excl. Kurtaxe Ch €2,50 WCinklusive €2,50. **Lage:** Ländlich, komfortabel, ruhig. **Untergrund:** Wiese. 01/05-30/09.
Entfernung: 2km 4Km vor Ort vor Ort 2km 4Km 250M.
Sonstiges: Brötchenservice.

Malchow 8E2
Wohnmobilstellplatz Am Plauer See, Zum Plauer See 1.
GPS: n53,49192 o12,37268.

5 € 10-12 Pers. inkl Ch (5x)€3,30 WC Aufenthalt inklusive.
Lage: Ländlich, ruhig. **Untergrund:** Wiese. 01/01-31/12.
Entfernung: 5Km vor Ort vor Ort vor Ort vor Ort.
Sonstiges: Nutzung Sanitäranlagen € 2/pP pro Tag.

Mirow 8F2
Schloßstraße 1A. **GPS:** n53,27623 o12,81348.

8 kostenlos €1 €1 Ch €1 (8x) WC€0,50. **Lage:** Einfach.
Untergrund: Schotterasen/befestigt. 01/01-31/12.
Entfernung: 400M 200M 400M.

Mönkebude 8G1
Stettinger Haff, Am Hafen. **GPS:** n53,77174 o13,96868.

25+15 € 8,50-10, Kurtaxe € 1/pP €0,50/100Liter

Ch €2/24Std WCinklusive €1/4Minuten €3,50 €4/4Std.
Lage: Ländlich, komfortabel. **Untergrund:** Wiese. 01/01-31/12.
Entfernung: 50M vor Ort 50M.
Sonstiges: Hund € 2/Tag, Hochsaison: sanitäre Einrichtungen, Nov/Apr Ver-/Entsorgung nur auf Anfrage.

Mönkebude 8G1
Gaststätte Kregelin's Bistro, Hauptstrasse.
GPS: n53,76663 o13,97614.

4 Gäste kostenlos. **Untergrund:** befestigt.
Entfernung: vor Ort.

Muess 8D2
Feriendorf Muess, Alte Crivitzer Landstrasse 6.
GPS: n53,59995 o11,47940.

15 € 10, 01/03-30/09 € 20, Hund € 1 Ch WC inklusive, Winterpreis, keine Dusche €2/1,70. **Lage:** Ländlich, komfortabel. **Untergrund:** Wiese. 01/01-31/12.
Entfernung: 100M 100M 100M 100M 100M vor Ort.
Sonstiges: Am Freilichtmuseum, anmelden an der Rezeption, Fahrradverleih.

Neu Kaliss 8D2
Find 's Hier, An der Elde 2. **GPS:** n53,17810 o11,29720.

13 € 9 Ch inklusive €2/Nacht WC €1.
Lage: Ländlich, einfach, abgelegen, ruhig.
Untergrund: Wiese. 01/01-31/12.
Entfernung: vor Ort vor Ort vor Ort 400M 400M.

Neubrandenburg 8F1
Wassersportzentrum Tollensesee, Augustastrasse 7.
GPS: n53,53861 o13,25665.

30 € 10 €1 Ch €1 €0,50/kWh WC €1 €2/Tag.
Lage: Ruhig. **Untergrund:** Wiese/befestigt. 15/03-31/10.
Entfernung: 2km vor Ort vor Ort 200M 500M.
Sonstiges: Wassersportzentrum.

Neuendorf 6F3
Wohnmobilstellplatz Saal Neuendorf, Am Hafen.
GPS: n54,33516 o12,52812.

---

162 Deutschland

Mecklenburg-Vorpommern

36 € 10 inklusive WC€0,20 €1 auf Anfrage.
Lage: Ländlich, einfach, ruhig. **Untergrund:** Wiese.
01/04-31/10.
Entfernung: 100M vor Ort vor Ort Imbiss Kiosk 400M vor Ort vor Ort.

Neukloster 8D1
Wohnmobilpark Neuklostersee, Alte Gärtnerei 3.
GPS: n53,86121 o11,69536.

69 € 9,50 €1,50 Ch €1/2kWh WC €2 €4/2.
Lage: Ländlich, komfortabel, luxus, ruhig. **Untergrund:** Schotter.
16/03-31/10.
Entfernung: 500M vor Ort 50M 500M 1,2Km 500M vor Ort vor Ort.

Neustrelitz 8F2
Parkplatz Am Stadthafen, Zierker Nebenstrasse 6.
GPS: n53,36568 o13,05551.

25 € 8 €0,50/80Liter €0,50 Ch€0,50 €0,50/kWh WC€0,20 €0,50 €2.
Lage: Städtisch, komfortabel, ruhig. **Untergrund:** befestigt.
01/01-31/12.
Entfernung: vor Ort 100M, schwimmen 1km 200M 100M 200M 200M vor Ort vor Ort.
Sonstiges: Wertmünzen beim Hafenmeister (200m), Altstadt.

Nossentin 8E2
Am Fleesensee, Am Park 33. **GPS:** n53,51866 o12,46766.

5 € 8 Ch WC inklusive. **Untergrund:** Wiese.
01/04-31/10.
Entfernung: 5Km 100M 100M vor Ort 5Km.

Ostseebad Sellin/Rügen 6G3
Reisemobilhafen Sellin, Kiefernweg 4b. **GPS:** n54,37170 o13,70165.

50 € 13-15 €0,50/60Liter Ch (50x)€0,50/kWh inklusive €0,50/2Minuten. **Untergrund:** Wiese/befestigt. 15/03-15/11.
Entfernung: 300M 1km 1km 200M 300M 300M.

Ostseebad Sellin/Rügen 6G3
Hafen Seedorf, Seedorf 8. **GPS:** n54,35410 o13,65359.

5 € 10 auf Anfrage €0,50/kWh €0,50/2Minuten.
Lage: Ländlich, einfach, ruhig. **Untergrund:** befestigt.
01/05-15/10.
Entfernung: 250M 250M 250M.

Ostseebad Wustrow 6F3
Surfcenter Wustrow, An der Nebelstation 2.
GPS: n54,34080 o12,38040.

30 € 16-29, Hund € 2,50-5 Ch €2,50/Tag WC 0,50 €1/2Minuten inklusive. **Lage:** Ländlich, einfach, ruhig.
Untergrund: asphaltiert. 01/04-31/10.
Entfernung: 1km 50M vor Ort vor Ort vor Ort.

Ostseebad Wustrow 6F3
Hafenstraße. **GPS:** n54,34363 o12,40053.

30 € 4/Tag, € 10/Nacht. **Lage:** Ländlich, einfach, ruhig.
Untergrund: Wiese/Sand. 01/01-31/12.
Entfernung: 400M 1,5km vor Ort vor Ort vor Ort vor Ort.
Sonstiges: Max. 1 Nacht.

Parchim 8D2
Yachthafen, Am Fischerdamm. **GPS:** n53,42594 o11,84494.

10 € 6 €0,50/50Liter Ch€0,50 €0,50/kWh WC€0,50 €0,50. **Lage:** Städtisch, komfortabel, zentral. **Untergrund:** befestigt.
01/01-31/12.
Entfernung: 100M vor Ort vor Ort 100M 100M.

Pepelow 8D1
Wohnmobilpark Am Salzhaff, Seeweg 1.
GPS: n54,03805 o11,58441.

39 € 8-12 2 Pers. inkl Ch €3,30/Nacht WC €2,50/pP €3/3 inklusive. **Lage:** Ländlich, komfortabel, luxus, ruhig.
Untergrund: Wiese. 01/01-31/12.
Entfernung: 700M vor Ort vor Ort vor Ort vor Ort vor Ort.

Petersdorf 8E2
Hotel Haus Waldesruh, Lenzerstrasse 19.
GPS: n53,45892 o12,36060.

10 € 7,50 €1 Ch €2 WC €1,50 €1,50/1,50.
Untergrund: Wiese. 01/01-31/12.
Entfernung: 7Km 600M 600M vor Ort 7Km.

Priepert 8F2
Wohnmobilpark Am Großen Priepertsee, An der Freiheit 8.
GPS: n53,22043 o13,04201.

30 € 7 Ch inklusive €2,25 WC €3/Tag €1 €5.
Lage: Ländlich, komfortabel, ruhig. **Untergrund:** Wiese.
01/01-31/12.
Entfernung: vor Ort 70M 70M 500M 12Km.

Putbus 6G3
Im-Jaich OHG, Am Yachthafen 1, Lauterbach.
GPS: n54,34278 o13,50167.

14 € 16-18 €0,50/50Liter WC €0,50 €4/3 inklusive.
Lage: Luxus. **Untergrund:** Schotter.
01/01-31/12.
Entfernung: 500M vor Ort vor Ort vor Ort 800M.
Sonstiges: Brötchenkiosk, Meeresblick.

Putbus 6G3
Wohnmobilstellplatz Lauterbach, Chausseestrasse 14.
GPS: n54,34639 o13,49889.

Deutschland

Mecklenburg-Vorpommern

26 🚐 € 13-15 ⛽€0,60/50Liter 🔌Ch ⚡€0,70/kWh WC€0,30
🚿€2/5Minuten 🚰€4/4 📶€1/Tag. **Lage:** Ländlich, luxus, ruhig.
Untergrund: Wiese/befestigt. 📅 15/03-15/10.
Entfernung: 🛒1km 🏖400M ⛴400M 🚌100M.
Sonstiges: Max. 8M.

	Putbus	6G3

Wohnmobilstellplatz Lauterbach, Chausseestrasse 14.
GPS: n54,34639 o13,49889.

26 🚐 € 13-15 ⛽€0,60/50Liter 🔌Ch ⚡€0,70/kWh WC€0,30
🚿€2/5Minuten 🚰€4/4 📶€1/Tag. **Lage:** Ländlich, luxus, ruhig.
Untergrund: Wiese/befestigt. 📅 15/03-15/10.
Entfernung: 🛒1km 🏖400M ⛴400M 🚌100M.
Sonstiges: Max. 8M.

	Putgarten	6G3

Kap Arkona, Varnkevitzer Weg. **GPS:** n54,67190 o13,40800.

30 🚐 € 5, ^3,10m € 15. **Lage:** Einfach. **Untergrund:** asphaltiert.
📅 01/01-31/12.
Entfernung: 🛒100M 🍴Imbiss 🚌6km.

S	Rerik	6E3

Wohnmobilhafen Ostseebad Rerik, Straße am Zeltplatz 8.
GPS: n54,11332 o11,63037.

35 🚐 € 13, Jul/Aug € 23 ⛽🔌Ch ⚡WC€0,30 🚰€3/3 📶inklusive.
Lage: Ländlich, komfortabel, ruhig. **Untergrund:** Wiese.
📅 01/01-31/12.
Entfernung: 🏖Sandstrand 600M 🍴vor Ort ⛴vor Ort 🚌vor Ort 🚴vor Ort.
Sonstiges: Anmelden an der Rezeption.

S	Ribnitz-Damgarten	6F3

Gänsewiese, Am See 50. **GPS:** n54,24513 o12,42265.

25 🚐 kostenlos, Nacht € 8 ⛽€0,50/100Liter 🔌Ch ⚡€0,50/12Std WC
🚿 **Lage:** Ländlich, einfach, ruhig. **Untergrund:** Schotterasen/Wiese.
📅 01/01-31/12.
Entfernung: 🛒500M 🍴vor Ort ⛴vor Ort 🚌500M 🚴500M vor Ort 🚶vor Ort.

	Ribnitz-Damgarten	6F3

Hafen Ribnitz, Am See 44. **GPS:** n54,24536 o12,42921.

10 🚐 kostenlos, Nacht € 10 WC€1/3Minuten.
Lage: Städtisch, einfach, ruhig. **Untergrund:** Beton.
📅 01/01-31/12.
Entfernung: 🛒100M 🍴vor Ort ⛴vor Ort 🚌vor Ort 🚴200M vor Ort 🚶vor Ort.

	Röbel	8E2

Am Seglerhafen, Müritzpromenade 20. **GPS:** n53,38734 o12,61755.

40 🚐 € 12 ⛽🔌Ch ⚡€2 WC inklusive 🚰€1 📶€2/Tag.
Lage: Komfortabel. **Untergrund:** Schotterasen/befestigt.
📅 01/04-31/10.
Entfernung: 🛒2km 🍴vor Ort ⛴vor Ort ⛔300M 🚌1km.

	Rostock	6F3

Am Stadthafen, Warnowuffer. **GPS:** n54,09297 o12,12878.

25 🚐 € 12. **Lage:** Städtisch, einfach.
Untergrund: asphaltiert/befestigt. 📅 01/01-31/12.
Entfernung: 🛒vor Ort 🍴vor Ort 🚌vor Ort.
Touristinformation Rostock:
ℹ️ www.rostock.de. Hansestadt mit historischer Stadtmitte.

S	Rüterberg	8C3

Wohnmobilparkplatz Dorfrepublik Rüterberg, Ringstraße 2.
GPS: n53,15294 o11,18511.

10 🚐 € 5/24 Std + € 0,50/pP ⛽€1/50Liter 🔌Ch €1 ⚡€1,50/kWh
WC€1. **Lage:** Ländlich, einfach, zentral, ruhig. **Untergrund:** Wiese.
📅 01/01-31/12.
Entfernung: 🛒10M ⛔50M.
Sonstiges: Brötchenservice.

S	Schwerin	8D1

Am Hauptbahnhof, Wismarsche Straße. **GPS:** n53,63692 o11,40893.

4 🚐 € 8/24 Std ⛽€1/80Liter 🔌Ch ⚡(4x)€1/2kWh.

Lage: Städtisch, einfach, zentral, laut. **Untergrund:** befestigt.
📅 01/01-31/12.
Entfernung: 🛒vor Ort ⛔vor Ort 🚌vor Ort 🚴vor Ort.

	Schwerin	8D1

Am Stadthafen, Schliemannstraße. **GPS:** n53,62977 o11,41966.

10 🚐 € 16/24 Std ⚡(8x)€0,50/kWh.
Lage: Städtisch, einfach, zentral, laut. **Untergrund:** befestigt.
📅 01/01-31/12.
Entfernung: 🛒vor Ort 🚲8km ⛔vor Ort 🚌vor Ort 🚴vor Ort 🚶vor Ort.
Sonstiges: Keine Campingaktivitäten.

S	Schwerin	8D1

Marina-Nord Schwerin, Buchenweg 19.
GPS: n53,64584 o11,43264.

16 🚐 € 10 + € 1/pp ⛽🔌Ch ⚡(14x)€0,50/kWh WC€1,50 📶€1/24
Std. **Lage:** Ländlich, komfortabel. **Untergrund:** Wiese.
📅 15/04-15/10.
Entfernung: 🛒4km 🚲5km 🍴vor Ort ⛔vor Ort 🚌1km
🚴100M vor Ort 🚶vor Ort.
Sonstiges: Anmelden an der Rezeption, Brötchenservice.

S	Schwerin	8D1

Sportbootzentrum Ziegelsee, Güstrower Straße 88.
GPS: n53,64823 o11,43004.

10 🚐 € 12/24 Std ⛽€0,50/70Liter 🔌Ch ⚡€1/24Std
WC€1/6Minuten 🚰€5/5. **Lage:** Ländlich, komfortabel, ruhig.
Untergrund: Beton. 📅 01/04-30/10.
Entfernung: 🛒2km 🚲8km 🍴vor Ort ⛔2km 🚌300M
🚴vor Ort 🚶vor Ort.

	Seehof	8D1

Campingplatz Seehof, Am Zeltplatz 1. **GPS:** n53,69676 o11,43658.

10 🚐 € 15-24, 2 Pers. inkl ⛽🔌Ch ⚡WCinklusive 🚰€1
🚿€3,50/3,50. **Lage:** Ländlich, komfortabel. **Untergrund:** Wiese.
📅 01/01-31/10.
Entfernung: 🛒1,2km 🍴vor Ort ⛔vor Ort 🚌vor Ort 🚴vor Ort 🚶vor Ort.
Sonstiges: Fahrrad- und Bootsverleih.

S	Sembzin	8E2

Rasthof Sembzin, Dorfstrasse 2. **GPS:** n53,46445 o12,60386.

Mecklenburg-Vorpommern

16 €8 Ch inklusive WC €1/24Std. **Lage:** Laut. **Untergrund:** Wiese/Schotter. 01/04-31/10. **Entfernung:** 8Km vor Ort 1,5Km. **Sonstiges:** € 8 Verzehrgutschein, Nutzung Sanitäranlagen € 2/pP pro Tag, Schwimmbad inkl.

Sievershagen 6F3
Ferienhof Dubberke, Alt Sievershagen 16. **GPS:** n54,11480 o12,03481.

7 €10 Ch WC inklusive €1. **Lage:** Ländlich, komfortabel, ruhig. **Untergrund:** Wiese. 01/01-31/10. **Entfernung:** 500m, Rostock 5km 2km 800M 800M vor Ort vor Ort.

Sommersdorf 8F1
Wohnmobilpark Sommersdorf, Am Kummerower See. **GPS:** n53,79824 o12,87576.

28 €8-12, 2 Pers. inkl Ch €3/Tag WC €1 inklusive. **Lage:** Ländlich, komfortabel, abgelegen, ruhig. **Untergrund:** Wiese. 01/01-31/12. **Entfernung:** 1Km vor Ort vor Ort 1Km. **Sonstiges:** Nutzung Sanitäranlagen € 2/pP pro Tag.

Sternberg 8D1
Sternberger, Maikamp 11. **GPS:** n53,71318 o11,81236.

15 €14-18 Ch €3/Tag WC inklusive €2. **Lage:** Ländlich. **Untergrund:** Wiese. 01/04-31/10. **Entfernung:** 1Km vor Ort vor Ort vor Ort 500M 500M.

Stralsund 6G3
An der Rügenbrücke, Werftstrasse 9a. **GPS:** n54,30222 o13,09889.

40 €15, 2 Pers. inkl €1/50Liter €1 Ch €1 (40x)€0,50/kWh

WC inklusive €1 €3/3 €4,95/Tag. **Lage:** Komfortabel, laut. **Untergrund:** Wiese/Schotter. 01/01-31/12. **Entfernung:** 1,8Km 1,8Km 200M vor Ort. **Sonstiges:** Brötchenservice.

Ueckermünde 8G1
An der Uecker, Ueckerstrasse 125. **GPS:** n53,73470 o14,04930.

13 €8 + € 1/pP Kurtaxe Ch inklusive. **Lage:** Städtisch, einfach. **Untergrund:** Wiese/befestigt. 01/01-31/12. **Entfernung:** Altstadt 200M 200M 100M.

Ueckermünde 8G1
See Sport, Grabenstrasse. **GPS:** n53,73917 o14,04944.

6 €0,50/100Liter €0,50/kWh WC €0,50/2Minuten. **Lage:** Städtisch, zentral. **Untergrund:** Wiese. 01-01/31/12. **Entfernung:** 200M vor Ort 200M 500M.

Ueckermünde 8G1
See Sport, Grabenstrasse. **GPS:** n53,73917 o14,04944.

6 €0,50/100Liter €0,50/kWh €0,50/2Minuten. **Lage:** Städtisch, zentral. **Untergrund:** Wiese. 01-01/31/12. **Entfernung:** 200M vor Ort 200M 500M.

Usedom 8G1
Am Hafen Usedom, Peenestraße. **GPS:** n53,87099 o13,92679.

20 €10 €0,50/50Liter Ch €0,50/kWh WC €0,50 €2. **Lage:** Ländlich, einfach. **Untergrund:** befestigt. 01/01-31/12. **Entfernung:** 600M vor Ort vor Ort 1,3Km. **Sonstiges:** Beim ehemaligen Fischerhafen.

Usedom 8G1
Gaststätte Haffschänke, Dorfstrasse 19, Karnin. **GPS:** n53,84348 o13,86537.

20 €7 Ch €3 WC €2,50. **Untergrund:** Wiese. 01/01-31/12. **Entfernung:** vor Ort vor Ort vor Ort.

Vielank 8C2
Vielanker Brauhaus, Lindenplatz 1. **GPS:** n53,23443 o11,14023.

12 kostenlos €3 WC. **Lage:** Ländlich, einfach, ruhig. **Untergrund:** Wiese. 01/01-31/12. **Entfernung:** 20M vor Ort. **Sonstiges:** Anmelden an der Rezeption.

Waren 8E2
Blumen und Parken, Mecklenburgerstrasse. **GPS:** n53,51363 o12,69431.

40 €9,50 + € 1,50/pP Kurtaxe Ch €0,50/kWh WC inklusive. **Lage:** Städtisch, einfach. **Untergrund:** Wiese/Schotter. 01/01-31/12. **Entfernung:** 100M 1Km 1Km 1Km 1Km vor Ort.

Waren 8E2
Wohnmobilpark Kamerun, Zur Stillen Bucht 3, Müritz. **GPS:** n53,51175 o12,65174.

60 €10-15,50 + Kurtaxe Ch €3,30 WC €0,75 inklusive. **Lage:** Ländlich, komfortabel, ruhig. **Untergrund:** Wiese. 01/01-31/12. **Entfernung:** 3Km vor Ort vor Ort vor Ort vor Ort 500M. **Sonstiges:** Nutzung Sanitäranlagen € 2,50/pP pro Tag.

Waren 8E2
Parkplatz Am Hafen, Strandstrasse 3b. **GPS:** n53,51194 o12,68583.

20 €13 Ch inklusive. **Lage:** Städtisch. **Untergrund:** befestigt. 01/01-31/12. **Entfernung:** vor Ort vor Ort vor Ort vor Ort vor Ort.

Waren 8E2
Campingplatz Ecktannen, Fontanestrasse 66. **GPS:** n53,49944 o12,66361.

Mecklenburg-Vorpommern - Sachsen Anhalt

17 € 14-18, 2 Pers. inkl Ch WC €2,60/2,60 inklusive. **Lage:** Komfortabel, ruhig. **Untergrund:** Schotterasen/befestigt. 01/01-31/12. **Entfernung:** 3,5Km 500M 500M Bistro 3Km vor Ort.

S **Warnemünde** 6F3
Am Bahnhof. **GPS:** n54,17762 o12,09002.

100 € 6/3 Std, € 12/12 Std, € 16/24 Std €0,50/100Liter. **Lage:** Städtisch, einfach, zentral, laut. **Untergrund:** Wiese/befestigt. 01/01-31/12. **Entfernung:** vor Ort vor Ort vor Ort vor Ort vor Ort vor Ort.

S **Warnemünde** 6F3
Parkplatz Strand-Mitte, Parkstrasse 46. **GPS:** n54,17643 o12,05765.

100 €10/24 Std. **Lage:** Städtisch, einfach, laut. **Untergrund:** befestigt. 01/01-31/12. **Entfernung:** 2,5Km 100M 400M 2km vor Ort vor Ort vor Ort.

S **Wesenberg** 8F2
Stellplatz Marina Wesenberg, Ahrensberger Weg 11. **GPS:** n53,27666 o12,98694.

34 € 16, 2 Pers. inkl Ch WC inklusive. **Untergrund:** Wiese. 01/04-30/09. **Entfernung:** 1Km vor Ort vor Ort 1,5Km 2,5Km 1km.

Wismar 8D1
Wohnmobilpark Westhafen Wismar, Schiffbauerdamm 12. **GPS:** n53,89430 o11,45151.

65 € 7/12 Std, € 10/24 Std €1/100Liter Ch €1/8Std WC €1. **Lage:** Städtisch, einfach, zentral, laut. **Untergrund:** asphaltiert/Schotter. 01/01-31/12. **Entfernung:** 800M 500M 300m, Burger King 400m 300M 800M 100M. **Sonstiges:** Kaution Schlüssel Sanitär € 10.

S **Wittenbeck** 6F3
Sanddornstrand, Bäderweg. **GPS:** n54,14513 o11,79277.

150 € 12-14 Ch (60x)€0,60/kWh WC €0,50 inklusive. **Lage:** Ländlich, einfach, ruhig. **Untergrund:** Wiese/befestigt. 01/03-31/10. **Entfernung:** 1Km vor Ort vor Ort vor Ort 2,5Km 50M. **Sonstiges:** Brötchenservice.

S **Zingst** 6F3
Strandübergang 6, Straminke. **GPS:** n54,44070 o12,70750.

40 € 10/15 + € 2/pP Kurtaxe €1/100Liter €3 WC inklusive €1. **Lage:** Ländlich, einfach, ruhig. **Untergrund:** Wiese. 01/01-31/12. **Entfernung:** 500M vor Ort 500M 500M 1Km 1Km vor Ort vor Ort.

S **Zingst** 6F3
Wohnmobilhafen Am Freesenbruch, Am Bahndamm 1. **GPS:** n54,44060 o12,66058.

40 € 12 + € 9/pP, Hund € 4 Ch €2,30/Tag WC inklusive €3/3. **Lage:** Ländlich, komfortabel, laut. **Untergrund:** Wiese. 01/01-31/12. **Entfernung:** 1,5Km 50M vor Ort vor Ort vor Ort vor Ort. **Sonstiges:** Brötchenservice.

S **Zurow** 8D1
Urlaub am Schloss, Kastanienallee 56, Krassow. **GPS:** n53,87379 o11,56618.

10 € 5 €1 Ch €2/Tag WC €2. **Lage:** Ländlich, einfach, ruhig. **Untergrund:** Wiese/befestigt. 01/01-31/12. **Entfernung:** 1,5Km 1Km 3Km 100M vor Ort vor Ort. **Sonstiges:** Kaution Schlüssel Sanitär € 10.

Sachsen Anhalt

S **Ahlum** 8C3
Fischerhütte Ahlumer See, Am Mühlenberg 63. **GPS:** n52,69541 o11,00583.

100 € 10 2 Pers. inkl Ch €3 WC inklusive. **Untergrund:** Wiese. 01/01-31/12. **Entfernung:** vor Ort vor Ort vor Ort. **Sonstiges:** Brötchenservice.

S **Allrode** 10C3
Hotel Harzer Land, Teichstraße 28. **GPS:** n51,67774 o10,96478.

25 € 15,50 Ch WC inklusive. **Untergrund:** Wiese. 01/01-31/12. **Entfernung:** vor Ort vor Ort.

Altenbrak 10C2
Bodewiese, Am Bielstein. **GPS:** n51,72569 o10,94196.

8 € 5, übernachten kostenlos. **Lage:** Ländlich, einfach. **Untergrund:** befestigt. 01/01-31/12. **Entfernung:** 100M vor Ort 100M 200M vor Ort.

S **Altenbrak** 10C2
Hotel Zur Talsperre, Oberbecken 1, Wendefurth. **GPS:** n51,73434 o10,90690.

20 € 10 excl. Kurtaxe (20x)€0,50/kWh WC inklusive. **Lage:** Ländlich, einfach, abgelegen. **Untergrund:** asphaltiert/Wiese. 01/01-31/12. **Entfernung:** vor Ort.

S **Arendsee** 8D3
Im kleinen Elsebusch, Lüchower strasse 6a. **GPS:** n52,87656 o11,46121.

10 € 13 €1,50 €1,50 Ch. **Untergrund:** Wiese. 01/01-31/12. **Entfernung:** 2,5Km vor Ort 2,5Km.

Sachsen Anhalt

Aschersleben — 10D2
Sport- und Freizeitzentrum Ballhaus, Seegraben.
GPS: n51,76101 o11,45760.

8 kostenlos €1/15Minuten Ch€2 (12x)€1/6Std.
Lage: Städtisch, komfortabel, zentral, ruhig.
Untergrund: asphaltiert.
01/01-31/12.
Entfernung: 1km 200M 200M vor Ort vor Ort vor Ort.
Sonstiges: Kaution Schlüssel € 15, Schlüssel bei Rezeption BallHaus.

Bad Bibra — 12D1
Parkplatz am Schwimmbad. GPS: n51,21214 o11,60002.

20 € 3. **Lage:** Ländlich, einfach, abgelegen, ruhig.
Untergrund: Schotter/befestigt. 01/01-31/12.
Entfernung: 1,5Km 200M 1,5km.
Sonstiges: Am Schwimmbad.

Bad Bibra — 12D1
Parkplatz Bürgergarten, Haus des Gastes.
GPS: n51,20526 o11,57929.

10 € 3. **Lage:** Städtisch, einfach, zentral, ruhig.
Untergrund: Schotter/befestigt. 01/01-31/12.
Entfernung: 200M 500M.

Bad Kösen — 12E1
Am Saalebogen, Stendorf 14. **GPS:** n51,11356 o11,69609.

15 € 8 Ch (15x)€2/Tag WC inklusive €1.
Lage: Ländlich, komfortabel, ruhig.
Untergrund: Schotterasen/befestigt.
01/01-31/12.
Entfernung: 3Km 200M Bäckerei 200M vor Ort vor Ort.

Bad Suderode — 10D2
Restaurant Am Kurpark, Jägerstrasse 7. **GPS:** n51,72685 o11,12078.

Ballenstedt — 10D2

4 € 10, € 13 Ver-/Entsorgung incl Ch €5/Tag.
Lage: Städtisch, komfortabel, zentral, ruhig.
Entfernung: 100M vor Ort 200M 200M vor Ort vor Ort.

Ballenstedt — 10D2
Verkehrslandeplatz Ballenstedt/Quedlinburg, Asmusstedt 13.
GPS: n51,74190 o11,23427.

32 € 9 Ch (16x) WC inklusive. **Lage:** Ländlich, einfach, ruhig. **Untergrund:** Schotterasen/befestigt. 01/01-31/12.
Entfernung: 2km vor Ort 2km 200M.

Bergwitz — 10F2
Camping Bergwitzsee, Strandweg. **GPS:** n51,79439 o12,57773.

20 € 6 €3 Ch. **Lage:** Ländlich, einfach, abgelegen, ruhig.
Untergrund: Wiese/Sand. 01/01-31/12. **Entfernung:** 1Km 50M 50M 300M 1,5Km. **Sonstiges:** Anmelden an der Rezeption Campingplatz, Ver-/Entsorgung auf Campingplatz.

Berssel — 10C2
Gasthof Zum Schloß, Am Schloß 1. **GPS:** n51,95266 o10,76027.

5 kostenlos auf Anfrage. **Lage:** Ländlich, einfach, ruhig.
Untergrund: befestigt. 01/01-31/12.
Entfernung: 200M vor Ort vor Ort vor Ort.

Bertingen — 10D1
Hotel La Porte, Im Wald 2. **GPS:** n52,35994 o11,82264.

30 € 7,50 Ch inklusive. **Untergrund:** Wiese.
01/01-31/12.
Entfernung: vor Ort 5km.
Sonstiges: Brötchenservice.

Bitterfeld — 10E2
Spaßbad Woliday, Reudener Straße, Bitterfeld-Wolfen.
GPS: n51,67102 o12,24842.

10 € 13 WC inklusive. **Untergrund:** Schotterasen.
01/01-31/12.
Entfernung: 1,2Km vor Ort 900M.
Sonstiges: Inkl. Schwimmbad.

Blankenburg — 10C2
Am Schnappelberg, Schnappelberg 2. **GPS:** n51,78862 o10,96036.

4 € 6 €1 €2/Nacht WC. **Lage:** Städtisch, einfach, zentral, ruhig. **Untergrund:** asphaltiert. 01/01-31/12.
Entfernung: 500M 300M vor Ort.

Blankenburg — 10C2
Busparkplatz, Am Schnappelberg. **GPS:** n51,78884 o10,96076.

6 € 4/24 Std (6x)€1/kWh. **Lage:** Städtisch, einfach, ruhig.
Untergrund: befestigt. 01/01-31/12.
Entfernung: 400M 300M 200M vor Ort vor Ort.

Blankenburg — 10C2
Teichwirtschaft, Harzstraße 31a, Timmenrode.
GPS: n51,76874 o10,99134.

10 € 9 €1 Ch €1 €1. **Lage:** Ländlich, einfach, ruhig.
Untergrund: Wiese/befestigt. 01/01-31/12.
Entfernung: Blankenburg 5km vor Ort vor Ort.
Sonstiges: Fischteich.

Brachwitz — 10E3
Marina Saale-Ufer, An der Fähre. **GPS:** n51,53270 o11,87059.

30 € 5 (4x)€0,50/kWh WC. **Lage:** Ländlich, komfortabel, ruhig. **Untergrund:** Wiese. 01/01-31/12.
Entfernung: 500M vor Ort 500M.

Sachsen Anhalt

Braunsbedra 10E3
Mobilpark am Geiseltalsee, Schortauer Weg.
GPS: n51,29421 o11,85346.

25 € 10 Ch WC inklusive €2 kostenpflichtig.
Lage: Städtisch, komfortabel, ruhig. **Untergrund:** Wiese/befestigt.
01/01-31/12.
Entfernung: 700M 500M.

Breitenstein 10C3
Hauptstrasse, L236. **GPS:** n51,61756 o10,94957.

8 kostenlos (4x)€1/8Std. **Lage:** Ländlich, einfach, ruhig.
Untergrund: Schotter. 01/01-31/12.
Entfernung: 400M Sportgaststätte.

Burg bei Magdeburg 10E1
Wassersportfreunde Burg, Am Kanal 20a.
GPS: n52,28329 o11,84808.

6 € 18 €1/100Liter WC inklusive. **Untergrund:** Wiese.
01/05-30/09.
Entfernung: 1Km vor Ort.

Burg bei Magdeburg 10E1
Eschenhof, Parchauer Chaussee 5. **GPS:** n52,28718 o11,86583.

15 € 12 2 Pers.inkl., Hund € 1 Ch WC inklusive.
Untergrund: Wiese. 01/01-31/12.
Entfernung: 2km vor Ort 1Km.

Coswig/Anhalt 10E2
Marina Coswig, Post Elbstrasse 22. **GPS:** n51,88071 o12,43552.

40 € 12 2 Pers.inkl., Hund € 1 €1/100Liter Ch €0,60/kWh WC €1/4Minuten.
Lage: Komfortabel, ruhig. **Untergrund:** Schotter.
01/01-31/12.

Entfernung: 750M vor Ort vor Ort 150M vor Ort.

Coswig/Anhalt 10E2
Hotel Zur Fichtenbreite, Fichtenbreite 5.
GPS: n51,88723 o12,40749.

15 € 5 Ch inklusive (4x)€2,50/Tag €3,50.
Lage: Ländlich, einfach, laut. **Untergrund:** Wiese.
01/01-31/12.
Entfernung: 2km 500M vor Ort 2km.
Sonstiges: Brötchenservice, Fahrradverleih.

Dankerode 10D3
Campingplatz Panoramablick, Hinterdorf 79.
GPS: n51,58832 o11,14189.

12 € 10 excl. Kurtaxe €1 €1 Ch €1 (6x)€2,50 WC.
Lage: Ländlich, einfach, abgelegen, ruhig.
Untergrund: Wiese.
01/04-30/10.
Entfernung: 500M vor Ort 500M vor Ort vor Ort.

Darlingerode 10C2
Wohnmobilpark Harzblick, Hinter den Gärten 11.
GPS: n51,85278 o10,73667.

25 € 8 €1/80Liter Ch (12x)€0,60/kWh €1/Tag.
Lage: Ländlich, komfortabel, ruhig.
Untergrund: Wiese/Schotter.
01/01-31/12.
Entfernung: 600M 500M 500M 500M vor Ort vor Ort.

Dessau-Roßlau 10E2
Flugplatz Hugo Junkers, Alte Landesbahn 27.
GPS: n51,83447 o12,18289.

8 € 9 Ch WC inklusive.
Lage: Ländlich, komfortabel, abgelegen, ruhig.
Untergrund: Wiese/befestigt. 01/01-31/12.
Entfernung: 5Km.
Sonstiges: Ankunft <19 Uhr, max. 8M.

Drübeck/Harz 10C2
Zur Waldschänke, Tänntalstraße 6. **GPS:** n51,84564 o10,71415.

8 1. Tag € 10, dann € 5 Ch inklusive.
Lage: Ländlich, einfach, ruhig. **Untergrund:** Wiese/Schotter.
01/01-31/12 Restaurant: Mo-Di.
Entfernung: 1,5Km vor Ort.

Elend 10C2
Waldbad Schenke, Am Waldbad 1. **GPS:** n51,74612 o10,69531.

10 € 5-10 + € 1,50/pP Kurtaxe (5x)€1.
Lage: Ländlich, einfach, ruhig.
Untergrund: Wiese/befestigt.
01/01-31/12.
Entfernung: 600M vor Ort 500M vor Ort vor Ort.

Freyburg/Unstrut 10E3
Stellplatz Schleusenblick, Wasserstraße 22.
GPS: n51,21049 o11,76979.

8 € 10 + € 1/pP Kurtaxe Ch WC inklusive €2/Tag.
Lage: Städtisch, komfortabel, zentral, ruhig. **Untergrund:** befestigt.
01/01-31/12.
Entfernung: 100M 50M 300M.
Sonstiges: An der Unstrut.

Gernrode 10D2
Osterteich, Osterallee. **GPS:** n51,72449 o11,16007.

20 kostenlos. **Lage:** Ländlich, einfach, abgelegen, ruhig.
Untergrund: befestigt. 01/01-31/12.
Entfernung: 1,5Km 300M 1,5Km vor Ort.
Sonstiges: Neben Haltepunkt Selketalbahn.

Haldensleben 10D1
Am Stendaler Turm, Bornsche Strasse. **GPS:** n52,29291 o11,41342.

10 kostenlos. **Untergrund:** Beton. 01/01-31/12.
Entfernung: 200M 250M 150m Aldi.

Sachsen Anhalt

Haldensleben 10D1
Am Sportboothafen, Kronesruhe. GPS: n52,27933 o11,40240.

15 €10 Chinklusive €0,50/kWh WC €1. **Lage:** Ländlich.
Untergrund: Wiese. 15/04-31/10.
Entfernung: 2km 14Km vor Ort vor Ort 200M.
Sonstiges: Brötchenservice.

Halle/Saale 10E3
Parkplatz, Fährstraße. GPS: n51,50210 o11,95397.

3 €5 €1/80Liter Ch Aufenthalt WC kostenpflichtig.
Lage: Städtisch, einfach, zentral, laut. **Untergrund:** befestigt.
01/01-31/12.
Entfernung: 2km 7Km 200M 500M vor Ort.
Sonstiges: Max. 5 Tage, Umweltzone: Umweltplakettenpflicht.

Halle/Saale 10E3
P25, An der Stadtschleuse. GPS: n51,48065 o11,96183.

10 kostenlos. **Lage:** Städtisch, einfach, zentral, laut.
Untergrund: befestigt. 01/01-31/12.
Entfernung: Altstadt 500M vor Ort.
Sonstiges: An der Bahnlinie, Umweltzone: Umweltplakettenpflicht.

Harzgerode 10D3
Parkplatz Wallgarten, Wallstrasse. GPS: n51,64210 o11,13983.

5 kostenlos. **Lage:** Städtisch, einfach, ruhig. **Untergrund:** befestigt.
01/01-31/12.
Entfernung: 100M 1Km 3Km 100M 100M 100M 1Km.

Hasselfelde 10C3
P Pullman City/Westernstadt, Im Rosentale.
GPS: n51,70179 o10,86604.

10 kostenlos. **Lage:** Ländlich, einfach, ruhig. **Untergrund:** Schotter.

15/04-31/10.

Havelberg 8E3
Campinginsel. GPS: n52,82830 o12,06853.

6 €1 €3 Ch (24x)€/kWh. **Untergrund:** befestigt.

Kelbra 10D3
Seecamping Südharz, L1040. GPS: n51,42583 o11,00287.

15 €10-12 Ch inklusive kostenpflichtig.
Lage: Untergrund: befestigt. 01/01-31/12.
Entfernung: 2,5Km vor Ort vor Ort vor Ort.

Lutherstadt Wittenberg 10F2
Platz der Jugend. GPS: n51,86712 o12,63120.

5 kostenlos. **Lage:** Städtisch, einfach, laut. **Untergrund:** befestigt.
01/01-31/12.
Entfernung: Zentrum 500M 150M 150M.
Sonstiges: Max. 8 Std, übernachten erlaubt.

Magdeburg 10D2
Stellplatz Petriförde, Petriförder 1. GPS: n52,13289 o11,64714.

50 €8 €1 €1 Ch €1. **Untergrund:** befestigt. 01/01-31/12.
Entfernung: vor Ort.
Sonstiges: Am Elbeufer.

Merseburg 10E3
Am Saaleufer, Brühl. GPS: n51,35491 o12,00234.

3 kostenlos. **Lage:** Städtisch, einfach. **Untergrund:** befestigt.
01/01-31/12.
Entfernung: 500M.

Merseburg 10E3
Luftfahrt und Technik-museum Merseburg, Kastanienpromenade
50. GPS: n51,36004 o11,97044.

6 €3, Gäste kostenlos. **Lage:** Ländlich, einfach, ruhig.
Untergrund: Schotter/befestigt. 01/01-31/12.
Entfernung: 1Km 1,5Km.

Naumburg/Saale 12E1
Altstadtparkplatz Vogelwiese, Luisenstraße.
GPS: n51,14861 o11,81391.

15 €10 €0,50/80Liter Ch (6x)€0,50/kWh WC.
Untergrund: Schotter. 01/01-31/12.
Entfernung: 500M 50M 500M 50M.
Sonstiges: Max. 3 Tage.

Oranienbaum-Wörlitz 10E2
Jugendverkehrsschule Oranienbaum, Dessauer Strasse 47.
GPS: n51,80279 o12,39023.

6 €7,50 Ch (6x) WC inklusive €1/Tag.
Lage: Ländlich, komfortabel, ruhig. **Untergrund:** Schotter/befestigt.
01/01-31/12.
Entfernung: 1Km.

Oranienbaum-Wörlitz 10E2
Seespitze 25. GPS: n51,84729 o12,41301.

24 €10 €2 (24x)€2. **Untergrund:** befestigt. 01/01-31/12.
Entfernung: 600M 7,5Km vor Ort 600M.

Prettin 10F2
Bade- und Angelsee, Hinterfährstraße. GPS: n51,66485 o12,90551.

5 €6 + €2,80/pP Ch inklusive €0,30/kWh.
Untergrund: Schotter. 01/04-31/10.
Entfernung: 1,2Km.

Quedlinburg 10D2
An den Fischteichen. GPS: n51,79308 o11,14863.

20 €10 + €5/pP Kurtaxe €1/80Liter

DE

Deutschland

169

Sachsen Anhalt

(8x)€1/6Std. **Lage:** Städtisch, komfortabel, zentral, ruhig. **Untergrund:** Schotterasen/befestigt. 01/01-31/12. **Entfernung:** 350M 300M 250M 150M.

Quedlinburg 10D2
Marschlinger Hof. **GPS:** n51,79138 o11,13965.

6 € 15/24 Std €1/80Liter Ch (4x)€1/6Std WC. **Lage:** Städtisch, komfortabel, zentral, ruhig. **Untergrund:** befestigt. 01/01-31/12. **Entfernung:** 100M 50M 400M 200M. **Sonstiges:** Max. 7M.

Quedlinburg 10D2
Schloßparkplatz, Schenkgasse. **GPS:** n51,78755 o11,13507.

6 € 6/24 Std €1/80Liter Ch (4x)€1/6Std. **Lage:** Städtisch, komfortabel, ruhig. **Untergrund:** befestigt. 01/01-31/12. **Entfernung:** vor Ort 100M.

Quedlinburg 10D2
Wohnmobilparkplatz Familie Jahnke, Feldmark links der Bode 17. **GPS:** n51,80373 o11,17548.

10 € 10 €2/Tag WCinklusive. **Lage:** Ländlich, einfach, ruhig. **Untergrund:** Beton. 01/01-31/12. **Entfernung:** 2,5Km.

Salzwedel 8C3
Stellplatz der Hansestadt Salzwedel, Dämmchenweg 41. **GPS:** n52,85049 o11,13911.

6 € 3 Ch €2 WC Sanitär €2. **Untergrund:** befestigt. 01/01-31/12. **Entfernung:** Altstadt 1Km 100M.

Sangerhausen 10D3
An der Walkmühle, Taubenberg. **GPS:** n51,49056 o11,31127.

50 kostenlos. **Untergrund:** Sand. 01/01-31/12. **Entfernung:** 2km vor Ort.

Sangerhausen 10D3
P7, An der Probstmühle. **GPS:** n51,47707 o11,30798.

20 kostenlos. **Untergrund:** ungepflastert. 01/01-31/12. **Entfernung:** 500M 200M 100M.

Sangerhausen 10D3
Rosarium, Sotterhäuser Weg. **GPS:** n51,47245 o11,31798. €2 Ch. 15/04-15/10. **Sonstiges:** Anmelden beim Geschäft.

Schierke 10C2
Campingplatz Am Schierker Stern, Hagenstrasse. **GPS:** n51,75696 o10,68398.

6 € 10 excl. Kurtaxe Chinklusive (6x)kostenpflichtig. **Lage:** Ländlich, einfach. **Untergrund:** Schotter/befestigt. 01/01-31/12. **Entfernung:** 1Km vor Ort vor Ort vor Ort vor Ort vor Ort.

Seehausen 8D3
Stellplatz Seehausen, Schulstrasse 6. **GPS:** n52,89068 o11,75119.

12 € 5 €2 Ch (3x)€2. **Untergrund:** befestigt. 01/01-31/12. **Entfernung:** 100M 200M. **Sonstiges:** Anmelden bei Touristenbüro.

Stassfurt 10D2
Neumarkt, Lehrter Straße. **GPS:** n51,85424 o11,58284.

6 kostenlos. **Lage:** Städtisch, einfach, zentral, ruhig. **Untergrund:** Schotter. 01/01-31/12. **Entfernung:** 500M 100M.

Sonstiges: An der Bode.

Stendal 10D1
Nordwall-Schützenplatz. **GPS:** n52,61116 o11,86121.

20 kostenlos €1/80Liter €1 Ch. **Untergrund:** Wiese/befestigt. 01/01-31/12. **Entfernung:** vor Ort Bäckerei 50M.

Stolberg/Harz 10C3
Am Bahnhof. **GPS:** n51,56727 o10,95696.

5 kostenlos. **Lage:** Ländlich, einfach, ruhig. **Untergrund:** asphaltiert. 01/01-31/12. **Entfernung:** Stadtmitte 800M. **Sonstiges:** Max. 2 Tage.

Stolberg/Harz 10C3
Am Rittertor, Rittergasse. **GPS:** n51,57655 o10,94539.

5 kostenlos. **Lage:** Ländlich, einfach, ruhig. **Untergrund:** asphaltiert. 01/01-31/12. **Entfernung:** 1Km. **Sonstiges:** Max. 2 Tage.

Stolberg/Harz 10C3
Freizeitbad Thyragrotte, Thyratal 5. **GPS:** n51,56378 o10,95796.

3 kostenlos. **Lage:** Ländlich, einfach. **Untergrund:** asphaltiert. 01/01-31/12. **Entfernung:** Zentrum 1Km 1Km vor Ort.

Tangermünde 10E1
Tangerplatz, Klosterberg. **GPS:** n52,53774 o11,96803.

30 € 5 Ch inklusive. **Untergrund:** befestigt. 01/01-31/12. **Entfernung:** 700M 150M.

Sachsen Anhalt - Brandenburg/Berlin

Wahrenberg 8D3
Stellplatz Storchenwiese, Eichenwinkel 34.
GPS: n52,98342 o11,67362.

8 €5 €1/100Liter Ch€2 (6x)€3. **Untergrund**: Wiese. 01/01-31/12.

Weissenfels 10E3
Caravan- und Freizeitmarkt Gerth, Drei Wege.
GPS: n51,19822 o11,99875.

7 kostenlos €1/80Liter Ch (4x)€1/Aufenthalt. **Lage**: Städtisch, einfach, laut. **Untergrund**: asphaltiert. 01/01-31/12. **Entfernung**: 4Km vor Ort vor Ort.

Wernigerode 10C2
Am Katzenteich. **GPS**: n51,83882 o10,78168.

20 €5/Aufenthalt €1/40Liter Ch (20x)€1/kWh WC€0,50. **Lage**: Komfortabel, ruhig. **Untergrund**: befestigt. 01/01-31/12. **Entfernung**: 500M 200M 500M vor Ort vor Ort vor Ort.

Wernigerode 10C2
Schlossparkplatz am Anger, Halberstädler strasse 1.
GPS: n51,83807 o10,79535.

24 €5, übernachten kostenlos €2 ChWC€0,50. **Lage**: Städtisch, einfach, zentral, ruhig. **Untergrund**: befestigt. 01/01-31/12, Ver-/Entsorgung 9-18 Uhr. **Entfernung**: 300M 200M 600M vor Ort vor Ort.

Wernigerode 10C2
Harzpension Familie Mann, Mühlental 76, B244.
GPS: n51,81902 o10,81430.

6 €10 excl. Kurtaxe €0,50 Chinklusive €0,50/kWh WC€0,50. **Lage**: Ländlich, einfach, ruhig. **Untergrund**: Schotter.

01/04-10/11.
Entfernung: 4Km vor Ort.
Sonstiges: Ankunft <21 Uhr, Anmeldung bei Restaurant.

Wörlitz 10E2
Seeparke, Seespitze, K2376. **GPS**: n51,84899 o12,41296.

24 €5 Tag/€5 Nacht kostenlos (24x)€2 WC€0,50 €0,50. **Lage**: Ländlich, komfortabel, ruhig. **Untergrund**: befestigt. 01/01-31/12. **Entfernung**: 800M 500M 800M 800M vor Ort vor Ort. **Sonstiges**: Parkplatz am Rande des Wörlitzer Parks, max. 24 Std, Kaution Schlüssel Sanitär € 15.

Wörlitz 10E2
Hotel Coswiger Elbterrasse, Elbterrasse 1.
GPS: n51,87750 o12,45097.

10 €5, für Gäste kostenlos. **Lage**: Einfach, ruhig. **Untergrund**: Wiese. 01/01-31/12. **Entfernung**: 1,5Km vor Ort 4Km. **Sonstiges**: Anmelden bei Hotel, Gäste kostenlos.

Zeitz 12E1
Obsthof Martin, Kloster Posa 1. **GPS**: n51,05836 o12,15797.

20 €5 Ch (4x)€3/Tag. **Lage**: Ländlich, komfortabel, ruhig. **Untergrund**: Wiese. 01/01-31/12. **Entfernung**: 1,5Km 200M 1Km.

Brandenburg/Berlin

Abbendorf 8D3
Gasthaus Dörpkrog an Diek, Am Deich 7.
GPS: n52,89663 o11,90975.

6 €5 Ch WCinklusive. 01/01-31/12.
Entfernung: vor Ort.
Sonstiges: Brötchenservice.

Alt-Zeschdorf 10H1
Reiterhof Blumrich, Falkenhagerweg 11.
GPS: n52,42649 o14,42328.

30 €10 Ch **inklusive**. **Untergrund**: Wiese. 01/01-31/12 Winter Mo. **Entfernung**: 1,5Km. **Sonstiges**: Beim Manege, Brötchenservice.

Altdöbern 10H2
Q1 Rasthof Altdöbern, Senftenberger strasse 11.
GPS: n51,64523 o14,03544.

20 €10 WCinklusive. **Untergrund**: befestigt. 01/01-31/12. **Entfernung**: 500M vor Ort 500M.

Angermünde 8G2
Parkplatz Am Oberwall, Oberwall 5. **GPS**: n53,01501 o14,00371.

5 kostenlos €1/100Liter €1/2kWh. **Lage**: Städtisch, einfach, zentral. **Untergrund**: befestigt. 01/04-31/10. **Entfernung**: vor Ort vor Ort vor Ort Historische Stadtkerne Märkischer Landweg.
Sonstiges: An der Stadtmauer.

Angermünde 8G2
NABU-Erlebniszentrum Blumberger Mühle, Blumberger Mühle 2.
GPS: n53,05752 o13,96806.

10 kostenlos. **Lage**: Ländlich, einfach, abgelegen, ruhig. **Untergrund**: Wiese/befestigt. 01/01-31/12. **Entfernung**: 4Km nahe Fischteich vor Ort vor Ort vor Ort. **Sonstiges**: Beim Biosphärenreservat.

Bad Saarow 10G1
Parkplatz Strolin, Silberbergerstrasse. **GPS**: n52,28726 o14,03895.

4 kostenlos. **Untergrund**: befestigt. 01/01-31/12. **Entfernung**: 100M 100M.

Brandenburg/Berlin

Bad Saarow 10G1
Saarow-Therme, Ringstrasse. GPS: n52,29399 o14,06243.

6 kostenlos. **Untergrund:** befestigt. 01/01-31/12.
Entfernung: vor Ort 300M 400M.

Bad Wilsnack 8E3
Kur- und Gradier-Therme Bad Wilsnack, Am Kähling.
GPS: n52,96316 o11,95007.

43 € 13,50 + € 1/pP Kurtaxe Ch (43x) WC inklusive.
Untergrund: Sand. 01/01-31/12.
Entfernung: 500M 200M 500M.
Sonstiges: Anmelden an der Kasse der Therme, Brötchenservice.

Berlin 10F1
Historisches Fährhaus Berlin, Muggelbergallee 1, Berlin-Köpenick.
GPS: n52,41851 o13,58734.

15 € 19-23 2 Pers inkl., Hund € 3 Ch (15x) €5/24 Std WC inklusive €1/5Minuten €5/Aufenthalt. **Lage:** Städtisch, luxus, ruhig. **Untergrund:** Wiese/Schotter. 01/01-31/12.
Entfernung: vor Ort 8Km vor Ort vor Ort 100M, Supermarket 750M 1Km S-Bahn 100M.
Sonstiges: Reservieren möglich, Sauna € 5.

Berlin 10F1
WohnmobilPark Berlin, Waidmannsluster Damm 12-14.
GPS: n52,59559 o13,28910.

90 € 10-22, 2 Pers. inkl. Kurtaxe € 1/pP, Hund € 2 €1/100Liter Ch €3,50/24Std WC €1, €4/4.
Lage: Städtisch, zentral. **Untergrund:** Wiese/befestigt.
01/01-31/12.
Entfernung: Stadtmitte Berlin 16Km 600M vor Ort vor Ort U-Bahn 1Km.
Sonstiges: Schlüssel Sanitärgebäude € 4/Tag, Hotline-Nr.: 0176 – 99 55 25 00.

Berlin 10F1
Reisemobilhafen Berlin Spandau, Askanierring 70.
GPS: n52,55309 o13,20050.

180 € 15, 2 Pers. inkl. Kurtaxe € 1/pP €0,10/10Liter Ch WC inklusive €1/5Minuten €2/24Std. **Lage:** Städtisch, einfach, zentral, laut. **Untergrund:** Wiese/Schotter. 01/01-31/12.
Entfernung: vor Ort 100M vor Ort 300M.
Sonstiges: In der Nähe der Anflugschneise des Flughafens, ruhig 23-5 Uhr, anmelden bei Kiosk, außerhalb der Umweltzone. Am Gelände der ehemaligen englischen Kaserne, 'Alexander Barracks', A10 Ausfahrt Berlin-Spandau, Strasse folgen bis Kreuzung Heerstrasse/Gatowerstrasse, hier nach links, bei Flakenseerplatz gerade aus, Neuendorferstrasse, vor Hohenzollernring links.

Berlin 10F1
Köpenicker Hof, Stellingdamm 15, Berlin-Köpenick.
GPS: n52,45929 o13,58532.

40 € 12-20 2 Pers inkl., Hund € 3 Ch €0,50/kWh WC inklusive. **Lage:** Einfach, ruhig.
Untergrund: Wiese/befestigt. 01/01-31/12.
Entfernung: vor Ort vor Ort S-Bahn (Zentrum 300M).
Sonstiges: Kaution Schlüssel Sanitärgebäude € 20, Brötchenservice, Hund € 1,50/Nacht.

Berlin 10F1
Marina Lanke Berlin, Scharfe Lanke 109-131.
GPS: n52,50344 o13,18801.

20 € 1,50/M + € 3,50/pP, Hund €2 Ch WC inklusive €3/2. **Lage:** Städtisch. **Untergrund:** asphaltiert.
01/05-15/10.
Entfernung: Stadtmitte Berlin 16Km vor Ort vor Ort 1Km.
Sonstiges: Anmelden beim Hafenmeister.

Berlin 10F1
Marina Wendenschloss, Wendenschlossstrasse 350-354.
GPS: n52,42558 o13,58384.

10 € 15 Ch WC inklusive €1. **Lage:** Einfach, ruhig. **Untergrund:** Wiese/befestigt.
01/04-31/10.
Entfernung: 18Km Stadtmitte vor Ort 100M Straßenbahn 200M.
Sonstiges: Außerhalb der Umweltzone.

Touristinformation Berlin:
Berlin Card ermöglicht freien Zutritt zu öffentlichen Verkehrsmitteln und Museen und viele Einkaufsrabatte. ab € 42.
Tourist Info, Europacenter, Eingang Budapester strasse 3; Brandenburgertor, Südflügel; Fernsehturm, Alexanderplatz, http://www.visitberlin.de/. Informationspakete vorhanden, anfordern über Internet.
Haus am Checkpoint Charly, Friedrichstrasse 44. Am ehemaligen Grenzübergang, anhand von Bildern wird die Geschichte der Mauer erklärt. 9-22 Uhr.
Zeughaus. Deutsches historisches Museum.
Alexanderplatz. Alte historische Stadtmitte von Berlin.
Brandenburger Tor. Gebaut 1791 als Triumphbogen, nach dem Bau der Berliner Mauer war das Tor das Symbol der deutschen Teilung. kostenlos.
Schloß Charlottenburg, Spandauer Damm 10-22. Sommerpalast der preußischen Könige. Di-So 10-18 Uhr 01/11-31/03. € 10.
Arkonaplatz. Flohmarkt. So 10-16 Uhr.
Ostbahnhof. Trödel und AntiKmarkt. So 9-17 Uhr.
Strasse des 17. Juni. Kunst- und Flohmarkt. Sa-So 10-17U.
Zoologischer Garten, Hardenbergplatz 8. Stadtzoo. 01/04-30/09 9-18.30 Uhr, 01/10-31/10 9-18 Uhr, 01/11-28/02 9-17 Uhr.

Brandenburg 10E1
Am Brandenburger Dom, Grillendamm.
GPS: n52,41724 o12,56576.

60 € 10 €1/100Liter Ch (26x) €1/kWh WC €1/4Minuten. **Lage:** Städtisch, einfach, laut. **Untergrund:** asphaltiert.
01/01-31/12.
Entfernung: Neustadt 15min, Altstadt 15min vor Ort Imbiss vor Ort vor Ort vor Ort.

Brandenburg 10E1
Wassersportzentrum Alte Feuerwache, Franz Zieglerstrasse 27.
GPS: n52,40485 o12,54868.

30 € 12 Ch €1/Tag WC €1 inklusive. **Lage:** Städtisch, einfach, zentral, laut. **Untergrund:** Wiese/befestigt.
01/01-31/12.
Entfernung: 500M vor Ort 500M vor Ort vor Ort Ort.
Sonstiges: Brötchenservice, Bootsverleih, Fahrrad- und E-Bikeverleih.

Brieske 10H3
Reimann, Brieske Dorf 27. GPS: n51,49203 o13,94743.

20 € 6 Ch (12x) €2 WC inklusive. **Untergrund:** Wiese.
01/01-31/12.
Entfernung: 200M 9,3Km 2km.

Burg/Spreewald 10H2
Hagens Insel - Wasserwanderrastplatz, Weidenweg 4.
GPS: n51,86138 o14,11527.

Brandenburg/Berlin

10 🅿€ 10 🚰Ch 🚿 WC inklusive. **Untergrund:** Wiese.

Burg/Spreewald 10H2
Landgasthof zur Wildbahn, Wildbahnweg 20.
GPS: n51,85104 o14,09384.

50 🅿€ 9 🚰Ch inklusive 🚿€2,50/Tag WC €1,50 kostenlos.
Lage: Ländlich, komfortabel, ruhig. **Untergrund:** Wiese.
🗓 01/01-31/12.
Entfernung: 1Km, vor Ort, vor Ort, vor Ort, 1Km, vor Ort, vor Ort.
Sonstiges: WLAN-Kode beim Hafenmeister, Bootsverleih, in der nähe des ehemaligen Frauenkonzentrationslagers Ravensbrück.

Höhenland 8G3
Das Forsthaus, Bahnhofstraße 13. **GPS:** n52,68433 o13,88171.

15 🅿€ 10, für Gäste kostenlos 🚰€2/Tag WC €2.
Lage: Ländlich, einfach, komfortabel.
Untergrund: Wiese.
🗓 01/01-31/12.
Entfernung: 1,8Km, vor Ort, vor Ort, vor Ort, vor Ort.
Sonstiges: Anmelden bei Hotel.

Kolkwitz 10H2
Bauernhof Korreng, Papitzerstrasse 48. **GPS:** n51,76676 o14,22410.

9 🅿€ 20, 2 Pers. Inkl. Hund €2 🚰 🚿 WC inklusive.
Untergrund: befestigt. 🗓 01/03-30/10.

Dollenchen 10G2
Gasthaus Stuckatz, Hauptstrasse 29. **GPS:** n51,60745 o13,86226.

8 🅿€ 10,50 🚰Ch 🚿 WC inklusive €5/Tag.
Lage: Ländlich, komfortabel, ruhig. **Untergrund:** Schotterasen.
🗓 01/01-31/12.
Entfernung: 3km vor Ort, vor Ort.
Sonstiges: Brötchenservice.

Kienitz 8H3
Ferienhaus Marth, Kienitzeroderstrasse 20.
GPS: n52,67616 o14,39890.

3 🅿€ 10 🚰Ch 🚿 WC inklusive. **Untergrund:** Wiese.
🗓 01/03-31/10.
Entfernung: 2,5Km.

Kyritz 8E3
Parkplatz Wässering, Graf-von-der-Schulenburg-Straße.
GPS: n52,94044 o12,40053.

20 🅿€ 8 🚰Ch 🚿 WC inklusive. **Untergrund:** Wiese.
🗓 01/01-31/12.
Entfernung: vor Ort, vor Ort, 3Km.

Dreetz 8E3
Reiterhof Müller, Schulstrasse 61. **GPS:** n52,79796 o12,46874.

15 🅿kostenlos 🚰€1/100Liter Ch €1/8Std WC €0,50 €1.
Lage: Städtisch, komfortabel, laut. **Untergrund:** Schotterasen.
🗓 01/01-31/12.
Entfernung: Zentrum 100M, vor Ort, 250M, 250M.

Lindow/Mark 8F3
Am Wutzsee. **GPS:** n52,97205 o12,98924.

10 🅿€ 14 🚰Ch 🚿 inklusive WC. **Lage:** Ländlich, einfach, abgelegen, ruhig. **Untergrund:** Wiese. 🗓 01/01-31/12.
Entfernung: 800M, 300M, 500M, 500M.

Fehrbellin 8F3
FF Freizeitmobile, Gewerbepark 29. **GPS:** n52,79770 o12,78624.

8 🅿€ 10 🚰Ch 🚿€1,50 WC €1,50. **Untergrund:** Wiese.
🗓 01/04-30/09.
Entfernung: 3km, 3km.

Klein-Ossnig 10H2
Caravan-Krokor, Hauptstrasse 12/a, B169.
GPS: n51,69962 o14,27917.

3 🅿kostenlos, Kurtaxe € 0,50/pP. **Lage:** Städtisch, einfach, laut.
Untergrund: befestigt. 🗓 01/01-31/12.
Entfernung: vor Ort, vor Ort, 150M, 150M, vor Ort, vor Ort.
Sonstiges: Max. 1 Nacht, bezahlen beim Touristenbüro.

Lübbenau 10G2
Autocamping im Spreewald, Chausseestrasse 17a, Lübbenau-Zerkwitz.
GPS: n51,86559 o13,93324.

15 🅿€ 7 🚰Ch 🚿 inklusive. **Untergrund:** Wiese.
🗓 01/01-31/12.
Entfernung: vor Ort, 3Km, 50M, 2km, vor Ort, vor Ort.
Sonstiges: Ankunft nur während der Öffnungszeiten: Mo-Fr 8-18 Uhr, Sa 8-13 Uhr.

Kloster Lehnin 10F1
Hotel Seehof, Am See 51. **GPS:** n52,34924 o12,70374.

10 🅿€ 7,50 🚰Ch inklusive 🚿€2,50/Tag kostenlos.
Lage: Städtisch, einfach, ruhig.
Untergrund: Wiese.
🗓 01/01-31/12.
Entfernung: 1Km, 2km, 1Km, 1Km, vor Ort, vor Ort.
Sonstiges: Zubehör-Shop.

Fürstenberg/Havel 8F2
Marina Fürstenberg, Ravensbrücker Dorfstrasse 26.
GPS: n53,19489 o13,14895.

6 🅿€ 14/24 Std, Kurtaxe € 1,50/pP, Hund € 1 🚰€1,50.

Deutschland 173

Brandenburg/Berlin

Ch WC inklusive. **Untergrund:** Schotterasen. Ostern-31/10. **Entfernung:** 2,5Km 500M.

Lübbenau 10G2
Am Bahnhof, Bahnhofstraße (B115). **GPS:** n51,86139 o13,96361.

10 € 8 €1/80Liter Ch €0,50/kWh. **Untergrund:** asphaltiert. 01/01-31/12. **Entfernung:** 800M 3,3Km 350M 50M. **Sonstiges:** Entlang der Bahnlinie, max. 2 Tage.

Lübbenau 10G2
Kahnfährhafen Leipe, Dorfstrasse 34, Leipe. **GPS:** n51,85301 o14,05023.

4 € 5. **Untergrund:** befestigt. 01/01-31/12. **Entfernung:** 11,6Km.

Luckenwalde 10F2
Waldidyll im Elsthal, Elsthal 6. **GPS:** n52,07511 o13,16908.
10 € 10 Ch WC inklusive. **Untergrund:** Sand. 01/01-31/12. **Entfernung:** vor Ort. **Sonstiges:** Max. <>2,35M.

Lychen 8F2
Marina-Yachthafen Lychensee, Schlüsstrasse 7. **GPS:** n53,21187 o13,29686.

6 € 10 Ch €2,50/Tag WC €1. **Lage:** Ländlich, einfach, ruhig. **Untergrund:** Wiese. 15/04-15/10. **Entfernung:** 700M 650M. **Sonstiges:** Anmelden beim Hafenmeister, Bootsverleih.

Nackel 8E3
Gaststätte Birkenhof, Segeletzerstrasse 2. **GPS:** n52,82503 o12,56528.

3 € 3 e3 Ch inklusive WC. **Lage:** Ländlich, einfach, abgelegen, ruhig. **Untergrund:** befestigt. 01/01-31/12 Di. **Entfernung:** 5Km vor Ort vor Ort.

Neuruppin 8F3
Sportcenter Neuruppin, Trenckmannstraße 14. **GPS:** n52,91573 o12,80365.

30 € 6 WC €2,50. **Lage:** Städtisch, einfach, ruhig. **Untergrund:** Schotterasen. 01/01-31/12. **Entfernung:** vor Ort Neuruppiner See 500m vor Ort 200M, Bäckerei 400M vor Ort vor Ort. **Sonstiges:** Anmelden beim Sportzentrum.

Oberkrämer 8F3
Bäckerei Plentz, Dorfstraße 43. **GPS:** n52,73643 o13,08540.

4 € 8 Ch WC inklusive. **Lage:** Ländlich, einfach, ruhig. **Untergrund:** befestigt. 01/01-31/12. **Entfernung:** vor Ort 1Km 500M Zug 500M vor Ort vor Ort. **Sonstiges:** Entlang der Bahnlinie, gegenüber Bäckerei.

Oranienburg 8F3
Am Schlosshafen, Rungestrasse 47. **GPS:** n52,75760 o13,23879.

26 € 10 €1/80Liter Ch (16x)€1/kWh WC €0,50 €1/5Minuten €5. **Lage:** Ländlich, komfortabel, zentral, ruhig. **Untergrund:** befestigt. 01/01-31/12. **Entfernung:** 600M vor Ort 600M 600M vor Ort vor Ort. **Sonstiges:** Tallycard: Ver-/Entsorgung, Strom, Sanitärgebäude, Kaution € 10.

Oranienburg 8F3
Motel Havelidyll, Havelhauser Brücke 1, Havelhausen. **GPS:** n52,72161 o13,25047.

10 € 15 Ch WC inklusive. **Lage:** Ländlich, einfach, abgelegen, ruhig. **Untergrund:** Wiese. 01/04-15/11. **Entfernung:** 10Km 4Km vor Ort vor Ort.

Potsdam 10F1
Am Krongut, Potsdamer Straße 196. **GPS:** n52,41332 o13,02905.

11 €10/24 Std. **Lage:** Städtisch, einfach. **Untergrund:** Beton. 01/01-31/12. **Entfernung:** Stadtmitte 2Km 100M Straßenbahn 300M.

Potsdam 10F1
P historische Mühle, Zur Historischen Mühlen. **GPS:** n52,40562 o13,03453.

5 € 2/Std, max. € 20/24 Std. **Lage:** Städtisch, einfach. **Untergrund:** befestigt. 01/01-31/12. **Entfernung:** 2km vor Ort. **Touristinformation Potsdam:** Filmpark Babelsberg, Großbeerenstrasse 200. Vergnügungspark über den Film. 23/03-31/10 10-18.

Rehfelde 8G3
Campershof, Alt Werder 8. **GPS:** n52,52093 o13,94080.

12 € 8,50 Ch inklusive €1/Tag WC €2,50. **Lage:** Ländlich, komfortabel, ruhig. **Untergrund:** Wiese. 01/01-31/12. **Entfernung:** 2km 2km 2km vor Ort vor Ort. **Sonstiges:** Brötchenservice.

Schmergow 10F1
Zum fröhlichen Landmann, Ziegeleiweg 17. **GPS:** n52,45416 o12,80553.

30 € 7,50 Ch €1/2kWh inklusive. **Lage:** Ländlich, einfach, abgelegen. **Untergrund:** Wiese. 01/04-31/10. **Entfernung:** 500M vor Ort 500M 400M.

Schwedt/Oder 8H2
Wassersportzentrum Schwedt, Wasserplatz 4. **GPS:** n53,05759 o14,29861.

30 € 10 Ch WC inklusive. **Untergrund:** Wiese. 01/01-31/12. **Entfernung:** 1Km vor Ort vor Ort 500M. **Sonstiges:** Anmelden beim Hafenmeister oder Bar.

Senftenberg 10H3
Wohnmobilstellplatz Buchwalde, Buchwalder Straße 52. **GPS:** n51,51256 o14,02278.
12 € 11-14 Ch inklusive €2 WC €0,50. **Untergrund:** Schotterasen. 01/04-01/11. **Entfernung:** 2km Senftenberger See vor Ort vor Ort. **Sonstiges:** Max. 4 Nächte, Kaution Schlüssel Sanitär € 20.

Brandenburg/Berlin - Sachsen

Stolzenhagen 8G3
Am Kietz, Kietz 9. **GPS:** n52,94916 o14,10833.

20 € 7,50 Ch. (10x)€2,50/Tag WC inklusive €2,50/pP.
Lage: Ländlich, komfortabel, ruhig.
Untergrund: Wiese/befestigt.
01/01-31/12.
Entfernung: vor Ort Imbiss Oder-Neiße-Radweg vor Ort.
Sonstiges: Direkt am Kanal, Anmeldung beim Imbiss, Brötchenservice.

Storkow/Mark 10G1
An der Schleuse, Kirchstrasse. **GPS:** n52,25792 o13,93178.
5 € 10 inklusive. **Untergrund:** Schotterasen. 01/01-31/12.
Entfernung: 200M 300M 500M.
Sonstiges: Am Storkower-Kanal, max. 36 Std.

Templin 8F2
Alter Knehdenerstrasse. **GPS:** n53,12359 o13,49423.

40 kostenlos €1/60Liter Ch. **Lage:** Städtisch, einfach, ruhig.
Untergrund: asphaltiert/befestigt.
Entfernung: 300M 300M 300M vor Ort vor Ort.

Tiefensee 8G3
Reisemobilplatz, Country Camping Tiefensee, Schmiedeweg 1.
GPS: n52,68302 o13,84292.

64 € 16,50 2 Pers inkl., Hund 1,50 Ch (51x) WC inklusive
€0,50 €2,50. **Lage:** Ländlich, komfortabel, ruhig.
Untergrund: Wiese. 01/01-31/12.
Entfernung: vor Ort vor Ort vor Ort vor Ort vor Ort vor Ort vor Ort vor Ort.
Sonstiges: Anmelden an der Rezeption Campingplatz.

Weisen 8D3
Wohnmobilstellplatz Am Biotop, Heinrich-Heine-Strasse 4.
GPS: n53,02062 o11,78086.

8 € 5 Ch inklusive. **Untergrund:** Schotter. 01/01-31/12.
Entfernung: 300M 200M 300M.

Werder/Havel 10F1
An der Föhse. **GPS:** n52,37807 o12,93704.

25 € 7 + € 1,50/pP Kurtaxe €0,50/80Liter Ch (8x)€0,50/
kWh,(8x)€0,50/kWh WC €0,50. **Lage:** Städtisch, einfach.
Untergrund: Schotter. 01/01-31/12.
Entfernung: vor Ort vor Ort vor Ort vor Ort 100M vor Ort.
Sonstiges: Anmelden beim Hafenmeister.

Wusterhausen/Dosse 8E3
Dossehalle, Zur Dossehalle 6. **GPS:** n52,89337 o12,46537.

3 kostenlos €1/25Liter Ch €1/8Std. **Lage:** Städtisch, einfach, ruhig. **Untergrund:** asphaltiert. 01/01-31/12.
Entfernung: Zentrum 500M 450M.

Sachsen

Adorf 12E2
Waldbad, Waldbadstrasse 5. **GPS:** n50,30778 o12,25056.

3 kostenlos. **Untergrund:** befestigt. 01/03-30/11.
Entfernung: 1Km 500M.
Sonstiges: Max. 24 Std.
Touristinformation Adorf:
TouristInfo, Freiberger Str. 8.

Bad Düben 10F3
Im Kurgebiet, Parkstraße 1. **GPS:** n51,60139 o12,58247.

4 kostenlos, Kurtaxe € 1,20-1,50/pP €1/80Liter €1 Ch €1
WC. **Lage:** Ländlich, einfach, abgelegen. **Untergrund:** befestigt.
01/01-31/12.
Entfernung: 750M 1,4Km 1,4Km.

Bad Elster 12E2
Albertbad, Austus-Klingner Straße. **GPS:** n50,28545 o12,24034.
5 € 8 + € 2,20/pP Kurtaxe €1/100Liter inklusive.
Untergrund: asphaltiert. 01/01-31/12.
Entfernung: 1Km 250M.
Sonstiges: Anmelden Kasse Schwimmbad, Kaution € 20.

Bad Lausick 12F1
Freizetbad Am Riff, Am Riff 3. **GPS:** n51,14321 o12,65383.

10 kostenlos. **Lage:** Ländlich, einfach, zentral, ruhig.
Untergrund: Schotterasen. 01/01-31/12.
Entfernung: 100M 100M vor Ort vor Ort.
Sonstiges: Am Schwimmbad.

Bad Muskau 37A1
Am Fürst-Pückler-Park, Bautzener Straße 39.
GPS: n51,53382 o14,71838.

25 € 8, € 12 Ver-/Entsorgung incl. + € 1,25/pP Kurtaxe
Ch (25x) WC. **Lage:** Städtisch, komfortabel, zentral, ruhig.
Untergrund: Schotterasen/befestigt. 01/01-28/12.
Entfernung: 400M 4Km 2Km vor Ort vor Ort.

Bautzen 10H3
Schliebenstraße. **GPS:** n51,18168 o14,41482.

4 kostenlos €1 €1 (4x)€0,50/kWh. **Untergrund:** befestigt.
01/01-31/12.
Entfernung: 1,2Km 1Km.
Sonstiges: Max. 2 Nächte.

Breitenbrunn 12F2
Sportpark Rabenberg, Rabenbergweg. **GPS:** n50,45556 o12,74417.

15 € 8,50 + € 8,50/pP Ch inklusive €2/Tag WC €1.
Untergrund: befestigt. 01/01-31/12.
Entfernung: 5Km 5Km 5Km.
Sonstiges: Ankunft <22 Uhr, Hund € 2/Tag.

Dennheritz 12F1
Caravan Service Bressler, Zwickauerstrasse 78.
GPS: n50,80889 o12,48667.

6 € 4/Nacht €1 Ch €2. **Untergrund:** befestigt.
01/01-31/12.
Entfernung: 2,1Km.

Sachsen

Diera-Zehren 10G3
Zum Zuessenhaus, Elbstraße 10. **GPS:** n51,19500 o13,41917.

10 € 5. **Lage:** Ländlich, einfach. **Untergrund:** Wiese/befestigt.
01/01-31/12.

Diesbar-Seusslitz 10G3
Parkplatz Am Schloss, An der Weinstraße.
GPS: n51,24111 o13,41575.

6 € 4 (9-19U), übernachten kostenlos (6x)€1/6Std.
Lage: Ländlich, einfach, ruhig. **Untergrund:** befestigt.
01/01-31/12.
Entfernung: 100M 200M vor Ort vor Ort.

Dresden 12G1
Parkplatz Grosse Meissner, Wiesentor Strasse.
GPS: n51,05639 o13,74306.

60 € 18/24 Std €2/100Liter Ch€2 (14x)€5/Tag WC.
Lage: Städtisch, einfach, zentral. **Untergrund:** asphaltiert.
01/01-31/12.
Entfernung: 100M vor Ort vor Ort vor Ort.

Dresden 12G1
Sachsenplatz Dresden, Käthe-Kollwitz-Ufer 4.
GPS: n51,05700 o13,75990.
150 € 10 (25x)€5/24Std. **Lage:** Städtisch, zentral.
01/01-31/12.
Entfernung: Altstadt 2,2km 300M Aldi 700M 500M.

Dresden 12G1
Werner Knopf, B6, Meissner Landstrasse.
GPS: n51,08131 o13,65563.

7 € 5/6M + € 1/M €2 (8x)€2/Nacht €1,50.
Lage: Städtisch, einfach, ruhig. **Untergrund:** Schotterasen.
01/03-30/10.
Entfernung: 6Km 500M vor Ort.
Sonstiges: Tor schließt am 22U.

Dresden 12G1
Wohnmobilstellplatz am Blüherpark, Zinzendorfstraße 7.
GPS: n51,04426 o13,74371.

Dresden 12G1

50 € 14 €1 €1 €3/Nacht,16Amp €2/Tag.
Lage: Städtisch, komfortabel, zentral. **Untergrund:** Wiese/befestigt.
01/01-31/12.
Entfernung: 1Km 5Km 500M 450M.
Sonstiges: Anmelden bei Cityherberge, Lingnerallee 3, 24/24.

Dresden 12G1
Wohnmobilstellplatz Dresden, Kesselsdorfer Straße 153.
GPS: n51,03988 o13,66949.

5 € 12 Ch (5x)€2,50/Nacht €2/pPpT.
Lage: Städtisch, komfortabel, zentral.
Untergrund: Schotter/befestigt. 01/01-31/12.
Entfernung: Stadtmitte Dresden 4Km 4Km vor Ort 200M 800M.
Sonstiges: Beim Wellnesshotel Landlust.

Dresden 12G1
CaravaningPark Schaffer, Kötzschenbroderstrasse 125.
GPS: n51,08639 o13,68222.

100 € 15 €0,50/60Liter €0,50 Ch€0,50 €0,50/kWh WC €0,50.
Lage: Städtisch, komfortabel.
Untergrund: Wiese.
01/01-31/12.
Entfernung: Dresden 5km 2km 200M 500M 200M 500M.
Sonstiges: Brötchenservice, Möglichkeit zur Wohnmobil-Reparatur, Zugang möglich bis 19 Uhr.
Touristinformation Dresden:
Dresden-City-Card. Karte berechtigt zur freien Nutzung öffentlicher Verkehrsmittel, freier Zutritt zu vielen Museen, Rabatte auf Rundfahrten, Gaststätten etc. 01/01-31/12. € 35/48 Std.
Tourist Information, Prager strasse; Schinkelwache/Theaterplatz, www.dresden.de. Ehemalige Residenzstadt mit vielen Sehenswürdigkeiten.
Striezelmarkt, Altstadt. Weihnachtsmarkt. Adventzeit.

Ebersbach/Sachsen 37A1
Fest- und Parkplatz am Freibad, Kottmarsdorfer Strasse 1.
GPS: n51,00972 o14,59806.

7 € 5, € 10 Ver-/Entsorgung incl Ch WC. **Lage:** Ländlich, einfach, abgelegen, ruhig. **Untergrund:** befestigt. 01/01-31/12.
Entfernung: 1Km 500M 1Km vor Ort.

Elsterheide 10H3
Wohnmobilstellplatz Lothar Meusel, Am Hochwald 27, Tätzschwitz.
GPS: n51,48304 o14,10750.

14 € 8,50 €1 Ch inklusive WC€2,50/Tag.
Lage: Ländlich, komfortabel, abgelegen, ruhig.
Untergrund: Schotterasen/Wiese.
Entfernung: 3Km 8-10Km vor Ort. Ostern-31/10.

Freiberg 12G1
Am Johannisbad, Lessingstraße. **GPS:** n50,91461 o13,33368.

10 ersten Nacht € 10, € 7,50 2. Nacht €1/80Liter €1 Ch€1 (10x)€0,50/kWh WC.
Lage: Städtisch, einfach, zentral, ruhig. **Untergrund:** befestigt.
01/01-31/12.
Entfernung: Altstadt 900m 150M Kaufland 500m vor Ort.

Geierswalde 10H3
Ferien- und Freizeitpark Geierswalde See, Promenadeweg 1-3.
GPS: n51,49372 o14,13481.

100+ € 6 €2/Tag Ch €3 WC. **Lage:** Ländlich, abgelegen, ruhig. **Untergrund:** Wiese. 01/01-31/12.
Entfernung: 500M Geierswaldesee 300m 1km 5Km vor Ort.

Großenhain 10G3
Carl-Maria-von-Weber-Allee. **GPS:** n51,29032 o13,53584.
5 € 5, 15/09-15/05 kostenlos €1/70Liter €1 €1/4Std.
Untergrund: befestigt. 01/01-31/12.
Entfernung: 500M 100M.
Sonstiges: Zahlen beim Schwimmbad.

Grünhain 12F2
Freizeitpark, Auer Strasse 82, Haus des Gastes, Grünhain-Beierfeld.
GPS: n50,58139 o12,79167.

6 € 10 €1 €1,Gäste kostenlos Ch €1,50/Tag WC €1.
Untergrund: befestigt. 01/01-31/12.
Entfernung: 1Km vor Ort 3km.

Hermsdorf 12G1
Ski- & Sporthotel SWF, Bahnhofstraße 7.
GPS: n50,73241 o13,66400.

Deutschland

Sachsen

8 €5, Kurtaxe €0,50/pP €2 Ch €0,50/kWh.
Lage: Ländlich, einfach, abgelegen, ruhig.
Untergrund: Schotter/befestigt. 01/01-31/12.
Entfernung: vor Ort vor Ort vor Ort.

Königsfeld-Stollsdorf 12F1
Spreer's Ferienhaus, Hauptstrasse 28. **GPS:** n51,04861 o12,74500.

4 €8 Ch €2. 01/01-31/12.
Entfernung: 4Km 4Km.

Königstein 12H1
Panoramhotel Lilienstein, Ebenheit 7. **GPS:** n50,92505 o14,07546.

10 €22 inklusive €5. **Lage:** Ländlich, einfach, abgelegen, ruhig. **Untergrund:** Wiese/Schotter. Ostern-15/11.
Entfernung: vor Ort vor Ort.
Sonstiges: Brötchenservice und Frühstücksbuffet.

Leipzig 10E3
Reisemobilhafen Leipzig „Parc Fermé", Im Dölitzer Holz 20. **GPS:** n51,28525 o12,38352.

30 €11,50 €1 Ch (12x) €3,50/Tag kostenlos.
Lage: Ländlich, komfortabel, ruhig. **Untergrund:** Schotter/befestigt. 01/01-31/12.
Entfernung: 5,5Km 2,5Km 100M Straßenbahn 850M.
Sonstiges: Zu erreichen ohne Umweltplakette: aus die Richtung Goethesteig.

Leipzig 10E3
Stellplatz Melinenburg, Stöhrerstraße 3.
GPS: n51,36648 o12,42717.

20 €10, 2 Pers. inkl, extra Pers €1, Hund €1 €1 Ch€1 (8x)€2/Tag. **Lage:** Städtisch, komfortabel, zentral, ruhig.
Untergrund: Beton. 01/01-31/12.

Entfernung: 4,5Km 1,2Km 200M.
Sonstiges: Brötchenservice, außerhalb der Umweltzone.

Löbau 37A1
Am Löbauer Berg, Beethovenstraße. **GPS:** n51,09508 o14,68088.

3 kostenlos (3x)kostenpflichtigkWh. **Lage:** Ländlich, einfach, abgelegen, ruhig. **Untergrund:** Schotterasen/befestigt. 01/01-31/12. **Entfernung:** 1Km.

Lohsa 10H3
Dreiweibern See, Am strand Weißkollm 1.
GPS: n51,40782 o14,40008.

14 €10 €1/80Liter Ch (14x)WCinklusive.
Lage: Ländlich, komfortabel, abgelegen, ruhig.
Untergrund: Schotterasen/Wiese. 01/01-31/12.
Entfernung: 1,5Km vor Ort Imbiss vor Ort.

Marienberg 12G2
Ratsseite-Wiesenweg, Pobershau. **GPS:** n50,63250 o13,20896.
10 €3 + €1/pP Kurtaxe €1 €1. 01/04-31/10.
Entfernung: Marienberg 5km 200M.

Marienberg 12G2
Tourismuszentrum Rätzteich, Gelobtland 27c.
GPS: n50,62417 o13,17861.

4 €3 €1 Ch€1 €1.
Untergrund: befestigt. 01/01-31/12.
Entfernung: 5Km vor Ort 500M 5Km vor Ort vor Ort 3Km vor Ort.
Sonstiges: Erholungsgebiet.

Marienberg 12G2
Drei Brüder Höhe. **GPS:** n50,65660 o13,12437.
10 €6/pP WC inklusive.
Lage: Abgelegen. 01/04-31/10.
Entfernung: vor Ort.

Meissen 10G3
Wellenspiel, Berghausstraße 2. **GPS:** n51,17444 o13,49861.
19 €5 €2/Tag. **Lage:** Ländlich, einfach, ruhig.
Untergrund: Wiese/befestigt. 01/01-31/12.
Entfernung: 900M.
Sonstiges: Am Schwimmbad, Kaution Schlüssel €20.

Meissen 10G3
An der Elbe, Hochuferstraße 1. **GPS:** n51,16806 o13,47361.

20 €5. **Lage:** Städtisch, einfach, zentral. **Untergrund:** befestigt. 01/01-31/12.
Entfernung: 800M vor Ort 800M 300M vor Ort.

Oberwiesenthal 12F2
OTG Tennishalle, Vieren Strasse 1a. **GPS:** n50,42722 o12,96944.

20 €18, 01/11-31/03 €25, Kurtaxe exkl Ch WC inklusive €1. **Untergrund:** befestigt. 01/01-31/12.
Entfernung: vor Ort 250M.
Sonstiges: Anmelden an der Rezeption < 22 Uhr, Brötchenservice.

Oderwitz 37A1
Rodelpark Oberoderwitz, Spitzbergstraße 4a.
GPS: n50,96528 o14,70111.

5 kostenlos. **Lage:** Ländlich, einfach, abgelegen, ruhig.
Untergrund: Schotter/befestigt. 01/01-31/12.
Entfernung: 600M vor Ort.

Pirna 12H1
Schloßpark Pirna, Schloßpark 13a. **GPS:** n50,95998 o13,95232.

8 €12 Ch inklusive €1/kWh. **Lage:** Ruhig.
Untergrund: befestigt. 01/01-31/12.
Entfernung: 2,5Km 500M.

Pirna 12H1
Elbeparkplatz, Hauptplatz 14. **GPS:** n50,96654 o13,93775.

15 kostenlos. **Untergrund:** asphaltiert. 01/01-31/12.
Entfernung: 650M vor Ort 350M vor Ort.
Sonstiges: Am Elbeufer, max. 24 Std.

Seiffen 12G1
Berghof, Kurhausstrasse 36. **GPS:** n50,64605 o13,48114.

20 Gäste kostenlos. 01/01-31/12.

Sachsen - Nordrhein Westfalen

Entfernung: 2,5Km vor Ort 300M.

Struppen 12H1
Camping-Stellplatz Struppen, Kirchberg 20.
GPS: n50,93814 o14,01307.

30 € 10, 25/03-05/11 € 13 + € 0,75/pP Kurtaxe €1/100Liter Ch (30x)€0,60/kWh €1 €3/3.
Lage: Luxus. **Untergrund:** Wiese/befestigt. 01/01-31/12.
Entfernung: 500M 500M.

Weißwasser 10H2
Am Tierpark, Teichstraße 56. GPS: n51,51205 o14,63665.

10 kostenlos. **Lage:** Städtisch, einfach, zentral.
Untergrund: befestigt. 01/01-31/12.
Entfernung: 500M vor Ort 500M 500M vor Ort.

Wermsdorf 10F3
Zum Goldnen Hirsch, Hirschplatz 2. GPS: n51,28300 o12,94065.

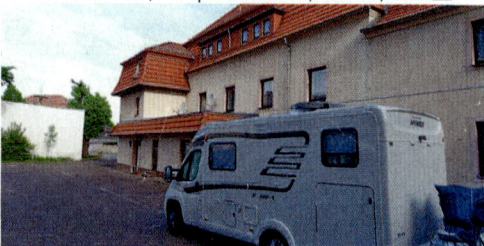

4 € 5 €1 (4x) WC. **Lage:** Städtisch, einfach.
Untergrund: befestigt. 01/01-31/12.
Entfernung: vor Ort vor Ort vor Ort.

Zittau 37A1
Zittau Am Dreiländereck, Brückenstrasse 23.
GPS: n50,89457 o14,82143.

100 € 7 €1/10Minuten Ch (32x)€1/6Std WC.
Lage: Städtisch, komfortabel, zentral, ruhig. **Untergrund:** Wiese.
01/01-31/12.
Entfernung: 1,5Km 200M 100M vor Ort.
Sonstiges: Dreiländereck Deutschland-Tschechische Republik-Polen.

Zwota 12F2
Natur Camping Platz, Merkneukirchner Strasse 79.
GPS: n50,35111 o12,38111.

40 € 10 €1,50 €1 Ch (16x) WC inklusive.
Untergrund: Schotter. 01/01-31/12.
Entfernung: Klingenthal 6km 6Km.

Nordrhein Westfalen

Aachen 11E2
Aachen-Camping, Branderhofer Weg 11.
GPS: n50,76111 o6,10306.

46 € 15 Ch WC inklusive €1. **Lage:** Städtisch, luxus, zentral, ruhig. **Untergrund:** befestigt. 01/01-31/12.
Entfernung: 1,7Km 700M 700M 300M.
Sonstiges: Backer 8.30-9 Uhr.

Ahaus 9F2
Am Aquahaus, Vredener Dyk. GPS: n52,07778 o6,98361.

8 € €0,50/40Liter Ch (8x)€0,50/kWh,16Amp WC.
Lage: Ländlich, einfach, abgelegen. **Untergrund:** befestigt.
01/01-31/12.
Entfernung: 2km 1,5Km vor Ort.
Sonstiges: Max. 3 Tage.

Ahaus 9F2
Kirmesplatz, Schlossstrasse. GPS: n52,07450 o7,00299.

8 kostenlos €0,50/80Liter Ch (6x)€0,50,16Amp WC.
Lage: Ländlich, einfach, abgelegen. **Untergrund:** befestigt.
01/01-31/12 während Veranstaltung.
Entfernung: vor Ort 600M 600M.
Sonstiges: Parkplatz Zentrum, max. 3 Nächte.

Ahlen 9G3
Parkbad Ahlen, Dolbergerstrasse 66. GPS: n51,75559 o7,89694.

4 € 8/24 Std Ch inklusive. **Lage:** Ländlich, komfortabel, ruhig. **Untergrund:** befestigt. 01/01-31/12.
Entfernung: Stadtmitte 300M 100M 300M vor Ort vor Ort.
Sonstiges: Max. 3 Nächte, Kaution Schlüssel Ver-/Entsorgung € 10, 50% Rabatt beim Schwimmbad.

Alpen 9E3
An der Motte, Burgstrasse 66. GPS: n51,57985 o6,51846.

11 € 7,50 Ch inklusive.
Lage: Ländlich, komfortabel. **Untergrund:** Schotter. 01/01-31/12.
Entfernung: 500M 2,5Km 700M 500M.
Sonstiges: Bei den Tennisplätzen.

Altena 11G1
Sauerlandhalle Pragpaul, Hermann Vossstrasse 14.
GPS: n51,30861 o7,66056.

8 kostenlos €1 €1 Ch (6x)€1/kWh. **Lage:** Ländlich, einfach, ruhig. **Untergrund:** asphaltiert/Schotter. 01/01-31/12.
Entfernung: 2km 10Km in der Nähe 2km vor Ort Ort.

Altenbeken 10A3
Landhaus Friedenstal, Hüttenstrasse 42. GPS: n51,75992 o8,95111.

5 € 5 (5x)€2,50/24 Std WC auf Anfrage, beim Restaurant.
Lage: Einfach, zentral. **Untergrund:** Wiese/Schotter.
01/01-31/12.
Entfernung: 200M vor Ort 200M.

Altenberge 9G2
Sportpark Grosseberg, Sportzentrum. GPS: n52,05528 o7,47056.

15 kostenlos €0,50/60Liter Ch. **Lage:** Ländlich, abgelegen, ruhig. **Untergrund:** befestigt. 01/01-31/12 kein Wasser im Winter. **Entfernung:** 1,6Km in der Nähe 1,5Km.
Sonstiges: Parkplatz Sportzentrum.

Arnsberg 9H3
An der Schlacht. GPS: n51,40174 o8,06574.
4 kostenlos. **Lage:** Einfach. **Untergrund:** Schotter.
Entfernung: 3,3Km Lidl 50M.

Arnsberg 9H3
Wohnmobilstandort Neheim Jahnallee, Jahnallee 38, Neheim.
GPS: n51,44855 o7,95105.
kostenlos.
Entfernung: Zentrum 1Km vor Ort 3Km.

Ascheberg 9G3
Appelhof, Appelhofstraße. GPS: n51,79003 o7,61902.

Nordrhein Westfalen

4 kostenlos. **Lage:** Ländlich, einfach, zentral, ruhig.
Untergrund: befestigt. 01/01-31/12.
Entfernung: vor Ort vor Ort vor Ort.

Ascheberg 9G3
Gasthaus Eickholt, Frieport 22, Davensberg. **GPS:** n51,82619 o7,59391.

6 € 5, für Gäste kostenlos €3/24Std WC kostenlos.
Lage: Einfach. **Untergrund:** Wiese.
01/01-31/12 Mo.
Entfernung: 800M 1Km vor Ort 1Km 800M vor Ort.
Sonstiges: Swingolf.

Attendorn 11G1
Atta Höhle, Finnentroper Straße 39. **GPS:** n51,12489 o7,91421.
8 € 7,50 Ch inklusive. **Untergrund:** befestigt.
01/01-31/12.
Entfernung: 500M Lidl 400M.

Bad Berleburg 11H1
Bismarckstraße. GPS: n51,04986 o8,39406.
3 kostenlos €2/80Liter Ch €1/6Std.
Untergrund: befestigt. 01/01-31/12.
Entfernung: 500M 500M.

Bad Berleburg 11H1
Hotel-Restaurant Erholung - Laibach, Auf dem Laibach 1.
GPS: n51,06776 o8,44527.

5 für Gäste kostenlos (1x)€5/Tag WC.
Untergrund: asphaltiert. 01/01-31/12.
Entfernung: 5Km vor Ort 5Km vor Ort vor Ort vor Ort 1,5Km.

Bad Berleburg 11H1
Pension-Bauernladen Schmelzhütte, K52 Hoheleye.
GPS: n51,13874 o8,45742.

6 € 10 Ch €2.
Untergrund: asphaltiert. 01/01-31/12 Mo.
Entfernung: 1Km vor Ort 1Km.
Sonstiges: Brötchenservice.

Bad Driburg 10A3
P Driburg Therme, Georg-Nave-Strasse 24.
GPS: n51,74194 o9,02542.

10 € 5 + Kurtaxe (10x)€3/24Std WC.
Lage: Ländlich, einfach, ruhig. **Untergrund:** asphaltiert.
01/01-31/12.
Entfernung: 1Km vor Ort 1Km vor Ort vor Ort vor Ort.
Sonstiges: Max. 7M, Kaution € 10, Schlüssel Strom an der Kasse.

Bad Laasphe 11H1
Mühlenstrasse. GPS: n50,92412 o8,41146.

7 € 9/24 Std €0,50/80Liter Ch (6x)€0,50/kWh.
Untergrund: asphaltiert. 01/01-31/12.
Entfernung: 500M 500M 500M.
Sonstiges: Parkplatz am Rathaus.

Bad Laasphe 11H1
Hotel Jagdhof Glashütte, Glashütterstrasse 20, Volkholz.
GPS: n50,92008 o8,28070.

6 € 13,80, für Gäste kostenlos WC. **Lage:** Ländlich.
Untergrund: Wiese. 01/01-31/12 23-24/12.
Entfernung: 4Km vor Ort vor Ort 4Km 1,5Km.

Bad Laasphe 11H1
Restaurant-Café Marburger, Hesselbacher Straße 21.
GPS: n50,88558 o8,36338.
6 Gäste kostenlos. Mo.
Entfernung: vor Ort.

Bad Lippspringe 10A3
Arminiuspark, Burgstraße 10. **GPS:** n51,78124 o8,82447.

11 € 6,50 Ch. **Lage:** Städtisch, ruhig.
Untergrund: befestigt. 01/01-31/12.
Entfernung: 300M 350M vor Ort vor Ort.
Sonstiges: Bezahlen beim Touristenbüro.

Bad Münstereifel 11F2
Wohnmobilpark Bad Münstereifel, Dr.-Greve-Straße 16.
GPS: n50,54600 o6,76514.

26 € 7, Kurtaxe € 1/pP €1/100Liter Ch (30x) inklusive WC €1,80. **Lage:** Ländlich, komfortabel, ruhig.
Untergrund: Wiese/befestigt. 01/01-31/12.
Entfernung: 350M vor Ort 100M.
Sonstiges: Zahlen und Wertmünzen beim Schimmbad, 20% Rabatt Schwimmbad.

Bad Oeynhausen 9H2
Südbahnstraße/Detmolder Straße. GPS: n52,19680 o8,80038.
3 kostenlos. **Untergrund:** asphaltiert. 01/01-31/12.
Sonstiges: Max. 2 Tage.

Bad Oeynhausen 9H2
Siekmeiers Hof, Volmerdingsener strasse 111.
GPS: n52,24679 o8,78394.

10 Gäste kostenlos. **Lage:** Städtisch, ruhig. **Untergrund:** Schotter.
01/01-31/12 Mo, Di.
Entfernung: vor Ort vor Ort 1Km.

Bad Salzuflen 9H2
Wohnmobil-Park Flachsheide, Forsthausweg.
GPS: n52,09868 o8,74569.

25 € 7, Kurtaxe € 2,90/pP Ch WC inklusive.
Lage: Ländlich, ruhig. 01/01-31/12.
Entfernung: 1,5Km 5,5Km vor Ort 500M 1,5Km kostenlos.

Bad Sassendorf 9H3
Kurcamping Rumkerhof, Weslarnerstrasse 30.
GPS: n51,59581 o8,17909.

90 € 9, Kurtaxe exkl Ch (93x)€0,50/kWh inklusive.
Untergrund: Schotter. 01/01-31/12.
Entfernung: 1,3Km 1,3Km.
Sonstiges: Müll € 0,50, Brötchenservice.

Bad Waldliesborn 9H3
Wohnmobilpoint, Quellenstraße. **GPS:** n51,71759 o8,33587.

Nordrhein Westfalen

10 🚐 € 4,40 + € 7,55/pP ⛽€2/100Liter 💧Ch ♻ (8x)€2/24Std.
Lage: Ländlich, ruhig. **Untergrund:** Schotter. 📅 01/01-31/12.
Entfernung: 🚶400M 🚴200M 🏊400M 🚌400M.
Sonstiges: Rabatt auf Eintritt zu den Bädern.

Bad Westernkotten 9H3
Wohnmobilplatz An den Sole-Thermen, Mühlenweg 1.
GPS: n51,63126 o8,35195. ⬆.

46 🚐 € 7, Kurtaxe € 2/pP ⛽€1/100Liter ♻€0,50/kWh. 🅿
Untergrund: Wiese. 📅 01/01-31/12.
Entfernung: 🏪Bäckerei 300M.
Sonstiges: Brötchenservice.

Bad Wünnenberg 9H3
Wohnmobilhafen, In den Erlen. **GPS**: n51,52058 o8,70133. ⬆➡.

12 🚐 € 5 ⛽€1/100Liter 💧Ch ♻(12x)€1/24Std. 🚿
Lage: Städtisch, zentral.
Untergrund: Schotter.
📅 01/01-31/12.
Entfernung: 🚶100M 🚴400M 🏊100M 🚌400M 🛒vor Ort 🍴vor Ort.

Balve 11G1
Am Hallenbad, In der Murmke 9. **GPS**: n51,32729 o7,86920. ⬆➡.

3 🚐 kostenlos ⛽€1/80Liter ♻€1/kWh. **Lage:** Städtisch, einfach.
Untergrund: befestigt. 📅 01/01-31/12.
Entfernung: 🚶600M 🚴600M 🏊600M 🛒vor Ort 🍴vor Ort.

Balve 11G1
Haus Recke Hönnetal, Binolen 1. **GPS**: n51,37037 o7,86108. ⬆.
3 🚐 ⛽ 💧Ch.
Sonstiges: ⊗vor Ort 🍴vor Ort.

Barntrup 10A2
Badeanstaltsweg. **GPS**: n51,98790 o9,10990. ⬆➡.

4 🚐 € 6 ⛽€1/100Liter 💧Ch ♻€0,50/kWh. **Lage:** Ländlich, einfach.
Untergrund: asphaltiert. 📅 01/01-31/12.
Entfernung: 🚶450M 🚴450M 🏊450M 🚌450M.
Sonstiges: Zahlen beim Campingplatz Teutoburger Wald.

Barntrup 10A2
Ferienpark Teutoburger Wald, Badeanstaltsweg 4.
GPS: n51,98768 o9,11027. ⬆.

9 🚐 € 20,50 ⛽ 💧Ch ♻ 🚿€5/5 inklusive.
Lage: Ländlich, luxus, ruhig. **Untergrund:** Wiese/befestigt.
📅 01/04-31/10.
Entfernung: 🚶450M 🚴450M 🏊450M 🚌450M 🛒vor Ort 🍴vor Ort.

Beckum 9G3
Am Hallenbad, Paterweg 4. **GPS**: n51,75129 o8,03585. ⬆➡.

3 🚐 kostenlos ⛽€0,50/100Liter 💧Ch ♻(2x)€0,50/kWh.
Lage: Städtisch, einfach, laut. **Untergrund:** befestigt.
📅 01/01-31/12.
Entfernung: 🚶1Km 🚴4Km 🏊1Km 🚌1Km.

Bedburg-Hau 9E3
Womo-Moyland, Moyländer Allee 3a, Moyland.
GPS: n51,75562 o6,24381. ⬆➡.

50 🚐 € 7 ⛽€0,50/100Liter 💧Ch ♻(40x)€3/24Std
🚿inklusive. 🅿 **Lage:** Ländlich, komfortabel, abgelegen, ruhig.
Untergrund: Waldboden. 📅 01/01-31/12.
Entfernung: 🚶Kleve 8Km 🚴2,5Km 🏊300M 🛒vor Ort.
Sonstiges: Golfplatz 500m, Schloss Moyland 300m.

Bedburg-Hau 9E3
Landgasthaus Schwanenhof, Mühlenstraße 71, Ortsteil Schneppenbaum. **GPS**: n51,76096 o6,20404. ⬆.

25 🚐 € 5 ⛽€1,50 💧Ch ♻(18x)€1,50 🚿inklusive.
Lage: Ländlich, komfortabel, abgelegen, ruhig. **Untergrund:** Wiese.
📅 01/01-31/12.
Entfernung: 🚶500M 🛒vor Ort 🍴1Km.
Touristinformation Bedburg-Hau:
🏛 Schloß Moyland, Am Schloss 4. Schloss. 📅 Di-Fr 11-18 Uhr,
Sa-So 10-18 Uhr, 01/04-30/09 Di-So 11-17 Uhr 🚫 Mon.

Bergheim 11F1
Stellplatz Paffendorf, Königsstrasse/Kastanienallee.
GPS: n50,96389 o6,61194. ⬆➡.

8 🚐 kostenlos. **Lage:** Ländlich, einfach, ruhig.
Untergrund: asphaltiert. 📅 01/01-31/12.
Entfernung: 🚶Bergheim 2km 🚴2,3Km 🏊300M 🚌500M.
Sonstiges: Max. 2 Tage, Schloss Paffendorf 100m.

Bergkamen 9G3
Wohnmobilhafen Marina Rünthe, Hafenweg, Rünthe.
GPS: n51,64106 o7,64309.

18 🚐 € 7/24 Std ⛽€1/80Liter 💧Ch ♻(12x)€0,50/kWh. 🅿
Untergrund: Wiese/Schotter. 📅 01/01-31/12.
Entfernung: 🚶500M 🚴3,8Km.
Sonstiges: Max. 3 Tage, nur mit Münzen und passend zahlen.

Bergkamen 9G3
Freizeitzentrum Im Häupen, Häupenweg 29.
GPS: n51,61300 o7,63075. ⬆➡.

5 🚐 kostenlos. **Untergrund:** befestigt. 📅 01/01-31/12.
Entfernung: 🚶500M 🚴3,4Km 🏊500M 🚌500M.
Sonstiges: Max. 72 Std.

Bestwig 9H3
Besucherbergwerk, Ziegelwiese, Ramsbeck.
GPS: n51,31821 o8,40318. ⬆.

10 🚐 kostenlos. **Lage:** Einfach. **Untergrund:** befestigt.
📅 01/01-31/12.
Entfernung: ⊗800M.

Bestwig 9H3
Ludwigstrasse. **GPS**: n51,36064 o8,40165. ⬆.

4 🚐 kostenlos. **Lage:** Einfach. **Untergrund:** befestigt.
📅 01/01-31/12.
Entfernung: 🚶vor Ort ⊗300M 🏊200M.

Nordrhein Westfalen

Beverungen — 10A3
Wohnmobilhafen Weser, Am Hakel. GPS: n51,66167 o9,37639.

10 €kostenlos €1/100Liter Ch€1 (12x)€1/6Std.
Lage: Städtisch, einfach. **Untergrund:** Wiese/befestigt.
01/01-31/12 Ver-/Entsorgung: 01/11-01/03.
Entfernung: vor Ort, vor Ort, vor Ort, vor Ort, vor Ort.
Sonstiges: Neben Festplatz.

Bielefeld — 9H2
Am Johannisberg, Dornbergerstrasse. GPS: n52,02270 o8,51155.

10 €5/24 Std €0,50/40Liter Ch (10x)€1/2kWh.
Lage: Ländlich, komfortabel, ruhig. **Untergrund:** befestigt.
01/01-31/12.
Entfernung: 2km, Imbiss 2km, 2km.
Sonstiges: Max. 5 Tage.

Billerbeck — 9F2
Am Freibad, Osterwickerstrasse. GPS: n51,97928 o7,28190.

11 €5 €1/100Liter Ch (8x)€1/2kWh,16Amp.
Lage: Städtisch, einfach. **Untergrund:** Schotter. 01/01-31/12.
Entfernung: 500M, 500M.
Sonstiges: Am Schwimmbad.

Billerbeck — 9F2
Am Konzert Theater, Osterwicker Straße 39.
GPS: n51,95322 o7,17390.

12 €kostenlos €1/100Liter Chkostenlos (12x)€1/2kWh €1.
Lage: Ländlich, einfach. **Untergrund:** Schotter/befestigt.
01/01-31/12.
Entfernung: 800M, 800M, 100M.

Blankenheim — 11F2
An der Weiherhalle, Koblenzerstrasse. GPS: n50,43499 o6,65439.

Bocholt — 9F3
WoMo Park am Aasee, Uhlandstraße 39.
GPS: n51,83496 o6,63146.

15 €5/24 Std €1/80Liter Ch (12x)€2/10Std.
Lage: Ländlich, einfach. **Untergrund:** befestigt. 01/01-31/12.
Entfernung: 150M.

Bocholt — 9F3
Inselbad Bahia, Hemdenerweg 169. GPS: n51,86265 o6,61002.

50 €6 €0,50/50Liter Ch€0,50 (44x)€0,50/kWh WC€0,50 €1 €3,50/2,50 €1/24Std. **Lage:** Ländlich, komfortabel, laut.
Untergrund: befestigt. 01/01-31/12.
Entfernung: 800M, 300M, 300M, 300M, 300M, 200M, vor Ort, vor Ort.
Sonstiges: Ver-/Entsorgung Passanten € 2.

Bocholt — 9F3
Euregio-Gymnasium, Unter den Eichen, Blücherstrasse.
GPS: n51,84884 o6,63700.

10 €kostenlos. **Lage:** Städtisch, einfach, laut. **Untergrund:** befestigt.
01/01-31/12.
Entfernung: 1Km, 700M, vor Ort.
Sonstiges: Parkplatz 'Stadtswald', max. 3 Nächte.
Touristinformation Bocholt:
Rathaus - Gasthausplatz. Do-Abend.

Bonn — 11F2
An der Rheinaue, Ludwig-Erhard-Allee. GPS: n50,70981 o7,13904.
18 €kostenlos. **Untergrund:** asphaltiert. 01/01-31/12.
Entfernung: Stadtmitte 4Km, A565 4,6Km, 300M Linie 66 > Bonn Zentrum.

Borken — 9F3
Reisemobilstellplatz am Aquarius-Freizeitbad, Parkstraße.
GPS: n51,83618 o6,86074.

15 €6 Ch. **Lage:** Ländlich. **Untergrund:** Schotterrasen.
01/01-31/12.
Entfernung: 1Km, 1Km, 800M, 500M, vor Ort, vor Ort.
Sonstiges: Parkplatz Schwimmbad, max. 72 Std.

Borken — 9F3
Festplatz Weseke, Borkenwirther strasse, Weseke.
GPS: n51,90529 o6,85210.

10 €kostenlos. **Lage:** Ländlich, einfach. **Untergrund:** befestigt.
01/01-31/12.
Entfernung: 500M, 500M, 500M.
Sonstiges: Max. 3 Nächte.

Borken — 9F3
Schlossklinik Pröbsting, Pröbstinger Allee.
GPS: n51,83861 o6,80556.

10 €kostenlos. **Lage:** Ländlich, laut. **Untergrund:** befestigt.
01/01-31/12.
Entfernung: Badesee 150M, 300M, vor Ort, vor Ort.

Borken — 9F3
Wasserburg Gemen, Coesfelderstrasse, Gemen.
GPS: n51,86172 o6,86909.

5 €kostenlos. **Lage:** Ländlich, einfach. **Untergrund:** befestigt.
01/01-31/12.
Entfernung: 1Km, 500M, 500M, 1Km, 1Km.
Sonstiges: Parkplatz Sportpark, max. 3 Nächte.

Borken — 9F3
Gestüt Forellenhof Wolter, Zum Homborn 9.
GPS: n51,86245 o6,89797.

15 €10 Ch (7x)inklusive. **Lage:** Ländlich.

Deutschland 181

Nordrhein Westfalen

Untergrund: Schotter. 01/01-31/12.
Entfernung: Borken 3,5Km Fischteich vor Ort.
Sonstiges: In Gaststätte anmelden, € 5 euro Gutschein.

Borken 9F3
Camping Pröbstingersee, Dirkshof 11, Hoxfeld.
GPS: n51,83237 o6,78764.

10 kostenlos Ch. **Untergrund**: befestigt. 01/01-31/12.
Entfernung: 6,5Km 100M 100M.
Sonstiges: Max. 3 Nächte, Ver-/Entsorgung auf Campingplatz, gegen Gebühr.

Bottrop 9F3
Movie Park, Kirchhellen, Warner Allee 1. **GPS**: n51,62400 o6,97096.

100 € 5. **Untergrund**: befestigt. 01/04-31/10.
Entfernung: 2,7Km 100M 2,7Km.
Touristinformation Bottrop:
- Alpincenter, Prosperstrasse. Indoor Skizentrum. 9-24 Uhr. Tageskarte ab € 49, <18 Uhr € 25.
- Warner Bros Movie World, Kirchhellen. Vergnügungspark über den Film.

Brakel/Bellersen 10A3
Wohnmobilhafen Mühlengrund, Meinolfussstrasse 6.
GPS: n51,77217 o9,18804.

23 € 9,50 €0,50 Ch (23x)inklusive.
Lage: Ländlich, komfortabel, abgelegen. **Untergrund**: Schotterasen. 01/01-31/12.
Entfernung: 800M 400M 800M 800M vor Ort vor Ort.

Bruchhausen 10A3
Bruchhäuserstrasse. **GPS**: n51,70714 o9,29192.

4 kostenlos. **Lage**: Ländlich, einfach. **Untergrund**: Wiese/Schotter. 01/01-31/12.
Entfernung: 200M 200M 200M.

Brüggen 11E1
Wohnmobilhafen Brüggen, Bornerstraße 48.
GPS: n51,24264 o6,18955.

---

8 kostenlos €1/10Minuten Ch €1/8Std. **Lage**: Städtisch, einfach. 01/01-31/12.
Entfernung: vor Ort 500M 200M.
Sonstiges: Parkplatz in der Nähe vom Schwimmbad, Wertmünzen bei Tankstelle.

Büren 9H3
Dorfhalle, Niederhagen, Wewelsburg. **GPS**: n51,60947 o8,65544.
kostenlos.
Entfernung: 600M.

Büren 9H3
Ringelsteiner Wald, Eichenweg, Ringelstein.
GPS: n51,50097 o8,56999.
kostenlos. 01/01-31/12.
Entfernung: 1Km 1Km vor Ort.

30 € 4 Ch inklusive. €2/24Std.
Untergrund: Schotter. 01/01-31/12.
Entfernung: 500M 100M 50M 50M.
Sonstiges: Hinter Aldi-Süd.

Brüggen 11E1
Freizeitplatz Brachter Wald, St.-Barbara-Straße 40–42, Bracht.
GPS: n51,25713 o6,17022.

14 € 9, 2 Pers. inkl Ch €2/Tag WC €1.
Untergrund: Schotterasen. 01/01-31/12.
Entfernung: 2km vor Ort vor Ort.

Brühl 11F2
Phantasialand P1, Berggeiststrasse 31-41.
GPS: n50,79919 o6,87875.

10 € 12,50/Nacht WC.
Lage: Komfortabel, ruhig. **Untergrund**: befestigt.
04/04-31/10.
Entfernung: 100M vor Ort.
Touristinformation Brühl:
- Phantasialand. Großer Vergnügungspark. 19/03-01/11 9-18 Uhr, Winter wechselnde Öffnungszeiten.

Bünde 9H2
Stadthallen, Steinmeisterstrasse. **GPS**: n52,19869 o8,58986.

5 kostenlos. **Lage**: Städtisch, einfach. **Untergrund**: befestigt. 01/01-31/12.
Entfernung: 50M 50M 50M.
Sonstiges: Max. 72 Std.

Büren 9H3
Wohnmobilparkplatz Netz - Bürener Land, Fürstenberger Strasse.
GPS: n51,54969 o8,56356.

Coesfeld 9F2
Brauhaus Stephanus, Overhagenweg 1. **GPS**: n51,93719 o7,15617.

4 Gäste kostenlos. **Lage**: Städtisch, einfach, laut.
Untergrund: befestigt. 01/01-31/12.
Entfernung: vor Ort 100M vor Ort.

Dahlem 11E3
Flugplatz Dahlemer Binz, Dahlemer Binz.
GPS: n50,40663 o6,53700.

3 kostenlos €1/80Liter Ch. **Lage**: Ländlich, einfach.
Untergrund: asphaltiert. 01/01-31/12.
Entfernung: vor Ort.
Sonstiges: Flughafen Dahlemer Binz.

Dahlem 11E3
Wohnmobilstellplatz Kronenburger See, Seeuferstrasse 6.
GPS: n50,35785 o6,46989.

12 € 8/24 Std €1/120Liter Ch (12x)inklusive.
Lage: Ländlich, einfach, ruhig. **Untergrund**: Wiese.
01/01-31/12.
Sonstiges: Am Stausee.

Dinslaken 9F3
Am Rotbachsee, Am Freibad. **GPS**: n51,56707 o6,77807.

10 kostenlos. **Untergrund**: Sand. 01/01-31/12.
Entfernung: 100M 100M 100M vor Ort vor Ort.

Dormagen 11F1
Parkplatz Flügeldeich, Herrenweg, Feste Zons.
GPS: n51,12553 o6,85001.

Nordrhein Westfalen

3 ⛺ € 5. **Untergrund:** befestigt. ⬜ 01/01-31/12.
Entfernung: 🚰400M 🚿vor Ort 🛒100M 🛍500M.
Sonstiges: In der Nähe von der Rhein, max. 3 Tage.

Dorsten 9F3
Reisemobilhafen An der Lippe, Zur Lippe.
GPS: n51,66550 o6,96744.

38 ⛺ € 8/24 Std 🚰 Ch inklusive 🚿(34x)€1/8Std 💧€2.
Untergrund: befestigt/Sand. ⬜ 01/01-31/12.
Entfernung: 🚰300M 🛒300M 🛍300M.
Sonstiges: Brötchenservice im Sommer, Ladestation Elektrofahrräder.
Touristinformation Dorsten:
Marler Str.. Flohmarkt. 2. So des Monats, 11-18 Uhr.

Dortmund 9G3
Mobil-Camp Wischlingen, Wischlinger Weg 50-61, Wischlingen.
GPS: n51,52001 o7,39868.

50 ⛺ € 8, 2 Pers. inkl 🚰€1/80Liter Ch (30x)€0,50/kWh WC €1.
Untergrund: asphaltiert. ⬜ 01/01-31/12.
Entfernung: 🚰1km 🛒Rewe 1km 🛍200M.
Sonstiges: Ehemaliger Tennisplatz im Erholungsgebiet.

Drensteinfurt 9G3
Am Erlbad, Im Erlfeld 2. **GPS:** n51,78972 o7,74778.

3 ⛺ € 3/pP 🚰 Ch 🚿€3/24Std WC inklusive 💧€3.
Lage: Ländlich, einfach, laut. **Untergrund:** asphaltiert/befestigt.
⬜ 01/05-15/09.
Entfernung: 🚰800M 🛒9km 🛍800M.
Sonstiges: Max. 3 Nächte, max. 8M, Anmeldung beim Schwimmbad, Schwimmbad inkl.

Duisburg 9F3
Landschaftspark Duisburg-Nord, Emscherstraße 71, Meiderich.
GPS: n51,48413 o6,78077.
5 ⛺ kostenlos. **Untergrund:** asphaltiert. ⬜ 01/01-31/12.
Entfernung: 🚰1,6km 🛒vor Ort 🛍vor Ort.

Dülmen 9F3
Reisemobilstellplatz Hüttendyk, Ecke Halterner Strasse.
GPS: n51,82606 o7,27228.

8 ⛺ kostenlos 🚰€1/80Liter Ch 🚿(8x)€2/8Std.
Lage: Ländlich, einfach. **Untergrund:** befestigt. ⬜ 01/01-31/12.
Entfernung: 🚰500M 🛍200M 🛒100M.
Sonstiges: Max. 72 Std.

Dülmen 9F3
Reisemobilstellplatz Kapellenweg, Kapellenweg.
GPS: n51,82310 o7,27945.

7 ⛺ kostenlos 🚰 Ch. **Lage:** Ländlich, einfach.
Untergrund: befestigt. ⬜ 01/01-31/12.
Entfernung: 🚰500M 🛍600M 🛒vor Ort 🛒vor Ort.
Sonstiges: Max. 72 Std.

Dülmen 9F3
Reisemobilstellplatz Düb, Nordlandwehr 99.
GPS: n51,84408 o7,27300.

7 ⛺ kostenlos. **Lage:** Ländlich, einfach.
Untergrund: Schotterasen/befestigt. ⬜ 01/01-31/12.
Entfernung: 🚰2km 🛍1km.
Sonstiges: Max. 72 Std.

Dülmen 9F3
Reisemobilstellplatz Hausdulmen, Sandstrasse.
GPS: n51,80707 o7,24746.

20 ⛺ kostenlos. **Lage:** Ländlich, einfach, ruhig. **Untergrund:** Wiese.
⬜ 01/01-31/12.
Entfernung: 🚰2,5km 🛒500M 🛍400M 🛒vor Ort.
Sonstiges: Max. 72 Std.

Düren 11E2
IG Reisemobilhafen Düren, Rurstrasse 188. **GPS:** n50,80861 o6,46556.

20 ⛺ € 7 🚰 Ch inklusive 🚿(18x)€2. **Lage:** Ländlich, einfach, ruhig. **Untergrund:** Schotter.

Entfernung: 🚰900M 🛒Bistro 100m 🛍Lidl 500M.
Sonstiges: Ver-/Entsorgung Passanten € 2.

Düsseldorf 11F1
P Rheinterasse/Tonhalle, Robert-Lehr-Ufer.
GPS: n51,23710 o6,77029.

30 ⛺ € 2/Std, max. € 12/24 Std. **Untergrund:** befestigt.
⬜ 01/01-31/12. **Entfernung:** 🚰Altstadt 1km 🛒50M 🛍1,3km.

Düsseldorf 11F1
Wohnmobilstellplatz Düsseldorf/Erkrath, Heinrich-Hertz-Straße 18, Unterfeldhaus, Düsseldorf/Erkrath. **GPS:** n51,19825 o6,91679.

6 ⛺ € 6 🚰€1/100Liter Ch inklusive. **Lage:** Städtisch, einfach, ruhig. **Untergrund:** befestigt. ⬜ 01/01-31/12.
Entfernung: 🚰500M 🛣5,5km 🛒300M 🛍50M.
Touristinformation Düsseldorf:
ℹ️ Tourist Info, Immermannstrasse, Gegenüber Station; Kö-Galerie/Finanzhaus, Berliner Alee; Burgplatz, Berliner Allee, www.duesseldorf-tourismus.de. Historische Stadtmitte, wichtige Modestadt, alle großen Marken haben an der Königsallee ihren Standort, Umweltzone: die grüne Umwelt-Plakette ist obligatorisch.
Während des Caravan Salon (Ende August/Anfang September) gibt es einen großen Wohnmobilplatz (+2000 Stellplätze). Freier Shuttle-Bus zur Ausstellung und zur Altstadt, Festzelt mit abendlichem Musikprogramm.

Eckenhagen 11G1
Rodener Festplatz, Rodener Platz. **GPS:** n50,98667 o7,69361.

20 ⛺ kostenlos Ch kostenlos.
Lage: Städtisch, einfach, ruhig. **Untergrund:** asphaltiert/Schotter.
⬜ 01/01-31/12.
Entfernung: 🚰200M 🛣4km 🛒300M 🛍300M 🛒vor Ort 🛒vor Ort.

Emmerich 9E3
Auf dem Eltenberg Hoch Elten, Luitgardisstraße.
GPS: n51,86559 o6,17265.

25 ⛺ kostenlos. **Lage:** Ländlich, einfach. **Untergrund:** Wiese.
⬜ 01/01-31/12.
Entfernung: 🚰1km 🛒100M 🛍1km 🛒vor Ort.
Sonstiges: Ver-/Entsorgung beim Jachthafen.

Emmerich 9E3
P6, Kleiner Wall, Rheinpromenade. **GPS:** n51,83229 o6,23594.

Deutschland

Nordrhein Westfalen

5 kostenlos. **Lage:** Städtisch, einfach, zentral, laut. **Untergrund:** Schotter. 15/03-01/11.
Entfernung: vor Ort, vor Ort, vor Ort, vor Ort.

Emmerich 9E3
Yachthafen, Fackeldeystrasse 15-65. **GPS:** n51,83693 o6,21948.

75 € 12 Ch (80x)4,. WC €0,50 inklusive.
Lage: Ländlich, luxus, abgelegen. **Untergrund:** Wiese. 01/03-30/11.
Entfernung: 2,5Km, vor Ort, vor Ort, 1,5Km, vor Ort, vor Ort.
Sonstiges: Ankunft <22 Uhr, max. 9M.

Ennepetal 11G1
Am Platsch, Mittelstraße 108. **GPS:** n51,29295 o7,37668.

4 € 3 inklusive. **Untergrund:** Schotter. 01/01-31/12.
Entfernung: 10,8Km, 5Km, 5Km, vor Ort, vor Ort, Nordic Walking-Wege.
Sonstiges: Anmeldung an der Schwimmbadkasse, vor Ort: Bistro, Schwimmbad, Sauna und Golf.

Ennepetal 11G1
Firma Möller-Elektronic, Königstrasse 17, Oelkinghausen.
GPS: n51,29086 o7,32050.

5 kostenlos Ch €3. **Lage:** Städtisch, einfach, ruhig.
Untergrund: befestigt. 01/01-31/12.
Entfernung: 2km, 1Km, 200M, vor Ort, vor Ort.

Ennigerloh 9G3
Am Freibad 3. GPS: n51,83304 o8,01629.

2 kostenlos €0,50/50Liter Ch €0,50/kWh.
Lage: Ländlich, einfach, laut. **Untergrund:** befestigt. 01/01-31/12.
Entfernung: 600M, 600M, 600M, vor Ort, vor Ort.

Erftstadt 11F2
Mobilcamp am Ville-Express, Carl-Schurz-strasse 1a, Liblar.
GPS: n50,81781 o6,81986.

11 € 6 €1/80Liter Ch (11x)€0,50/kWh.
Lage: Städtisch, komfortabel. **Untergrund:** befestigt.
01/01-31/12.
Entfernung: 1Km, 4,4Km, 500M, 200M, 1Km.

Erndtebrück 11H1
Pension Hofius, Hilchenbachterweg 2, Zinse.
GPS: n51,00599 o8,21224.

3 € 6/24 Std Ch inklusive. 01/01-31/12.
Entfernung: 5Km, vor Ort, vor Ort.
Sonstiges: Max. 8M.

Everswinkel 9G2
Vitus-Bad, Alverkirchenerstrasse 29. **GPS:** n51,92309 o7,83776.

3 kostenlos €0,50/50Liter Ch €0,50/kWh.
Lage: Ländlich, einfach, laut. **Untergrund:** befestigt. 01/01-31/12.
Entfernung: 500M, vor Ort, 100M, vor Ort, 100-Schlös-ser-Route, vor Ort.
Sonstiges: Parkplatz Schwimmbad.

Freudenberg (NRW) 11G1
Lohmühle, P5. **GPS:** n50,89625 o7,87636.

5 kostenlos. **Untergrund:** befestigt. 01/01-31/12.
Entfernung: vor Ort, 100M, 200M.
Sonstiges: Max. 3 Tage.

Gangelt 11E1
Rodebachtal, Am Freibad 13. **GPS:** n50,98583 o5,99806.

40 € 10 Ch €0,40/kWh WC €0,60/4Minuten €2,40.
Lage: Ländlich, luxus, ruhig. **Untergrund:** befestigt.

01/01-31/12.
Entfernung: vor Ort, vor Ort, vor Ort, 1,5Km, vor Ort, vor Ort.
Sonstiges: Ankunft <18 Uhr, Kaution Schlüssel € 10.

Geldern 9E3
Am Holländer See, Am Holländer See 19.
GPS: n51,51131 o6,32867.

50 € 8/24 Std, 3 Tage € 19 €1/80Liter Ch €0,50/kWh.
Untergrund: Wiese/befestigt. 01/01-31/12.
Entfernung: 1Km, 1Km, 1Km.
Sonstiges: Parkplatz Zentrum.

Geldern 9E3
Reisemobilhafen Am Freibad, Am Freibad 6, Walbeck.
GPS: n51,49461 o6,22666.

50 € 8/24 Std €1/80Liter Ch (36x)€0,50/kWh.
Untergrund: Wiese/Sand. 01/01-31/12.
Entfernung: Stadtmitte Walbeck 1Km, Stadtmitte Geldern 6Km, 1Km, 1Km.
Sonstiges: Am Schwimmbad.

Geldern 9E3
Reisemobilstellplatz Am Sportplatz, Hülspassweg 20, Veert.
GPS: n51,52960 o6,30347.

30 kostenlos. **Untergrund:** Schotter. 01/01-31/12.
Entfernung: Stadtmitte Veert 200M, Stadtmitte Geldern 2Km, 500M. **Sonstiges:** Parkplatz am Sportpark.

Geldern 9E3
Freizeit-Store Diepers, Lieblligstrasse 33. **GPS:** n51,52971 o6,35456.
€1 Ch. 01/01-31/12, während Öffnungszeiten.
Touristinformation Geldern:
Internationaler Wettbewerb der strassenmaler und strassenmusikant-en und -theatergruppen, Centrum. Internationaler Straßenmaler-Wettbewerb, mit Straßenmusikanten -+nd Theatergruppen. Anfang Sep.
Internationales Reisemobilfest. Internationales Festival für Wohnmobilinhaber mit ausführlichem touristischen Programm. Vorherige Anmeldung nicht erforderlich. Letztes Wochenende im April. kostenlos.

Gelsenkirchen 9F3
Stellplatz Nienhausen, Feldmarkstraße 201.
GPS: n51,50167 o7,06333.

20 € 7, 2 Pers. inkl. €1/90Liter Ch €1/2kWh €3.

Nordrhein Westfalen

Untergrund: befestigt. 01/01-31/12.
Entfernung: 2,8km 3,2km 100M 2km Straßenbahn 700M. **Sonstiges:** Brötchenservice.

Gladbeck 9F3
Freizeitstätte Wittringer Wald, Bohmertstrasse 277.
GPS: n51,55912 06,98403.

20 kostenlos Ch. **Untergrund:** Schotterasen/Wiese.
01/01-31/12. **Entfernung:** 2km 1km 200M 1km.
Sonstiges: Umweltzone: Umweltplakettenpflicht, Wasserschloß Wittringen 450M.

Goch 9E3
Friedensplatz, Thielenstrasse. **GPS:** n51,67556 06,16639.

70 € 5/24 Std €1/100Liter Chinklusive (60x)€0,50/kWh. **Lage:** Städtisch, komfortabel, ruhig. **Untergrund:** Wiese.
01/01-31/12.
Entfernung: 700M vor Ort 700M 700M 100M.
Sonstiges: Direkt am Niers.

Goch 9E3
Reisemobilstellplatz GochNess, Kranenburger Strasse 20, Kessel.
GPS: n51,70291 06,08915.

6 kostenlos.
Lage: Ländlich, einfach, abgelegen, ruhig.
Untergrund: Wiese.
01/01-31/12.
Entfernung: 1km 1km 1km.
Sonstiges: Am Schwimmbad.

Touristinformation Goch:
Wallfahrt für Wohnmobile. Letztes Wochenende Jun.
Museumscafé Edison, Museum Goch. Grammophon-Sammlung.
So 15-17 Uhr.
Herrensitz-Route. Radweg entlang Maas und Niers, Route erhältlich bei der Kulturbühne Goch. € 7,90.

Grefrath 11E1
Eissportzentrum Grefrath, Stadionstrasse. **GPS:** n51,34889 06,33972.

50 kostenlos. **Untergrund:** Schotterasen.
Entfernung: 2km 500M 300M 2km.
Sonstiges: Niederrheinisches Freilichtmuseum 650m.

Greven 9G2
Reisemobilhafen Camp Marina, Fuestruperstrasse 37, Fuestrup.
GPS: n52,04449 07,68328.

90 € 11 €0,50/50Liter Ch €2,50 WC €1 €3/2,50.
Lage: Komfortabel. **Untergrund:** Wiese. 01/01-31/12.
Entfernung: vor Ort Restaurant/Biergarten 3Km vor Ort vor Ort.
Sonstiges: Passantenhafen am Kanal, Brötchenservice, Einkaufsservice.

Gronau 9F2
Erholungsgebiet Dreiländersee, Brechterweg.
GPS: n52,23716 07,08006.

80 € 8/24 Std, nur passend zahlen €0,50/130Liter Ch (32x)€1/4Std WC. **Lage:** Ländlich, einfach, abgelegen.
Untergrund: Wiese/befestigt. 01/01-31/12.
Entfernung: 3km 100M vor Ort 200M 50m (camping) vor Ort.
Sonstiges: In der Nähe vom See, max. 48 Std.

Haltern am See 9F3
Wohnmobilpark Haltern am See, Hullerner Straße 45-49.
GPS: n51,74186 07,20179.
20 € 10 €1/100Liter Ch (20x)€0,50/kWh WC.
Untergrund: Schotterasen.
Entfernung: 1km 300M vor Ort.
Sonstiges: Am Schwimmbad.

Haltern am See 9F3
RMS ReisemobileSpezialist, Hellweg 252.
GPS: n51,75589 07,20127.

4 € 7 €1/70Liter Ch €3,50. **Lage:** Ländlich, einfach, abgelegen. **Untergrund:** Wiese/Schotter. 01/01-31/12.
Entfernung: Altstadt 1km 800M 800M.

Hamm 9G3
Freizeitpark Maximilian Park, Alter Grenzweg 2.
GPS: n51,68392 07,88395.

10 kostenlos.
Lage: Ländlich, einfach. **Untergrund:** Wiese.
01/01-31/12.
Entfernung: 300M 300M 300M 200M vor Ort vor Ort.

Harsewinkel 9H2
Frei- und Hallenbad, Prozessionsweg 8. **GPS:** n51,96556 08,21935.

6 kostenlos. **Lage:** Ländlich, einfach, ruhig. **Untergrund:** Wiese.
01/01-31/12.
Entfernung: 200M 100M 200M 200M vor Ort.
Sonstiges: Parkplatz neben Schwimmbad, max. 48 Std.

Hattingen 9F3
Roonstrasse. **GPS:** n51,40167 07,18389.

2 € 4. **Lage:** Städtisch, einfach, ruhig.
Untergrund: asphaltiert/befestigt. 01/01-31/12.
Entfernung: 300M 5km 300M 300M.

Hattingen 9F3
Wohnmobilstellplatz Ruhrtal, Ruhrdeich 24.
GPS: n51,40839 07,18091.

15 € 7 €1/90Liter Ch (12x)€1/2kWh kostenlos.
Lage: Ländlich, komfortabel, ruhig.
Untergrund: Schotter.
01/01-31/12.
Entfernung: 2,5km 5Km vor Ort vor Ort 500M 1Km.
Sonstiges: An der Ruhr, neben Minigolf, Brötchenservice.

Hattingen 9F3
August-Bebel strasse. **GPS:** n51,39833 07,18028.

2 € 3.
Lage: Städtisch, einfach, zentral, laut. **Untergrund:** befestigt.
01/01-31/12.
Entfernung: vor Ort 5km vor Ort vor Ort vor Ort.
Sonstiges: Im Einkaufszentrum Carré.

Hattingen 9F3
Ruhrgasse, Bahnhofstrasse. **GPS:** n51,40127 07,17700.

Deutschland

Nordrhein Westfalen

3 kostenlos. **Lage:** Städtisch, einfach, ruhig. **Untergrund:** Schotter.
01/01-31/12.
Entfernung: 500M 5Km 500M 500M.
Sonstiges: Parkplatz hinter den Amtshäusern, nur am Sa und So.

Hattingen 9F3
Wanderparkplatz, Isenbergstrasse. **GPS:** n51,38969 o7,15340.

3 kostenlos. **Lage:** Ländlich, einfach. **Untergrund:** Schotter.
Mo-Fr, 01/01-31/12.
Entfernung: 2km 5Km 300M 1Km vor Ort vor Ort vor Ort.
Sonstiges: Parkplatz an der Ruhr, max. 2 Tage.

Havixbeck 9G2
Am Freibad, Kardinal-von-Hartmann-Straße.
GPS: n51,97507 o7,42092.

8 kostenlos €1/80Liter Ch (8x)kostenpflichtig WC.
Lage: Einfach, ruhig. **Untergrund:** befestigt. 01/01-31/12.
Entfernung: 1Km 1km 800M 800M vor Ort.
Sonstiges: Parkplatz am Schwimmbad, kleinen Stellplätze.

Havixbeck 9G2
Klute's Historischem Brauhaus, Poppenbeck 28.
GPS: n51,98938 o7,39291.

15 Gäste kostenlos (8x)€5. **Lage:** Ländlich, einfach, abgelegen. **Untergrund:** befestigt. 01/01-31/12.
Entfernung: 2km vor Ort 2km.

Heiligenhaus 11F1
Westfalenstrasse. **GPS:** n51,32853 o6,97327.
3 kostenlos. **Lage:** Einfach. **Untergrund:** befestigt.
01/01-31/12.
Entfernung: 200M 200M 200M.

Heimbach 11E2
Wohnmobilhafen am Nationalpark-Tor, An der Laag 4.
GPS: n50,63683 o6,47265.

19 € 7,50/24 Std, € 0,45/pP Kurtaxe €1/100Liter Ch
(20x)€0,50/kWh. **Lage:** Ländlich, einfach, laut. **Untergrund:** Schotter.
01/01-31/12.
Entfernung: 200M 100M vor Ort.
Sonstiges: In de Nähe von Regioshuttle Rurtallbahn.

Heinsberg 11E1
Heinsberg am Lago, Fritz-Bauer-Strasse 3.
GPS: n51,07333 o6,09278.

44 P1 € 10/Tag, P2 € 10/2 Tage €1/100Liter Ch (31x)€0,50/kWh. **Lage:** Ländlich, luxus, ruhig.
Untergrund: Schotterasen.
Entfernung: 1Km Bagger See vor Ort 800M.

Hellenthal 11E3
Europa-Wohnmobilhafen, Am Weissen Stein, Udenbreth, B265.
GPS: n50,40896 o6,37220.

28 € 10 €2 Ch (28x)inklusive. **Lage:** Ländlich, einfach.
Untergrund: befestigt. 01/01-31/12.
Entfernung: vor Ort vor Ort.
Sonstiges: Ver-/Entsorgung auf Campingplatz, Wintersportgebiet Hellenthal am Wald.

Hellenthal 11E3
Grenzlandhalle Hellenthal, Aachenerstrasse.
GPS: n50,49251 o6,43651.

15 kostenlos. **Lage:** Ländlich, einfach. **Untergrund:** Schotterasen.
01/01-31/12.
Entfernung: 500M vor Ort 200M.
Sonstiges: Ver-/Entsorgung auf Campingplatz.

Hellenthal 11E3
Breuerhof, Zum Wilsamtal 39, Udenbreth.
GPS: n50,41081 o6,38992.

2 € 10 Ch (2x). **Lage:** Ländlich, komfortabel, ruhig.
Untergrund: befestigt.
Entfernung: 2km vor Ort.
Sonstiges: Anmelden bei nr. 35.
Touristinformation Hellenthal:
Greifvogelstation, Wildfreigehege 1. Raubvogelstation. 01/11-31/03 10-17 Uhr, 01/04-31/10 9-18 Uhr.

Hemer 9G3
Wohnmobilstellplatz Hemer, Hönnetalstrasse.
GPS: n51,37841 o7,77151.

20 € 2/8-20 Uhr €1/100Liter Ch€1 (12x)€0,50/kWh.
Lage: Städtisch, komfortabel, ruhig. **Untergrund:** asphaltiert/Wiese.
01/01-31/12.
Entfernung: 1Km 6Km 300M Bäckerei 500M vor Ort.

Herford 9H2
H20, Wiessenstrasse 90. **GPS:** n52,10750 o8,68534.

22 € 5 Ch. **Lage:** Ländlich, komfortabel.
Untergrund: befestigt. 01/01-31/12.
Entfernung: vor Ort 2km 200M.
Sonstiges: Am Schwimmbad.

Herford 9H2
Am Stadion, Dennewitzstrasse 15. **GPS:** n52,10474 o8,68931.

10 kostenlos. **Lage:** Ländlich, einfach. 01/01-31/12.
Entfernung: 2,5Km 3Km 350M 350M.

Herscheid 11G1
Am Warmwasserfreibad, Unterdorfstrasse.
GPS: n51,17567 o7,74368.

3 kostenlos €1/10Minuten Ch (4x)€1/8Std.
Lage: Ländlich, komfortabel, ruhig. **Untergrund:** Schotter.
01/01-31/12.
Entfernung: 1,2Km 10Km 400M 650M vor Ort.

Hilchenbach 11H1
Hallenbad Dahlbruch, Bernhard-Weiss-Platz, Dahlbruch.
GPS: n50,97792 o8,05343.

3 kostenlos €1/10Minuten.
Untergrund: asphaltiert/befestigt. 01/01-31/12.
Entfernung: 400M 400M.
Sonstiges: Parkplatz hinter Schwimmbad, max. 48 Std.

Nordrhein Westfalen

Hilchenbach 11H1
Bürgerhaus, Merklinghäuser weg, Müsen.
GPS: n50,99267 o8,04497.

3 kostenlos. **Untergrund**: asphaltiert. 01/01-31/12.
Sonstiges: Max. 48 Std.

Hilchenbach 11H1
Parkplatz P4, Rothenberger strasse, L728.
GPS: n50,99702 o8,11103.

3 kostenlos. **Untergrund**: befestigt. 01/01-31/12.
Entfernung: 100M 200M 100M.
Sonstiges: Parkplatz gegenüber dem Einkaufszentrum Gerberpark, max. 48 Std.

Hilchenbach 11H1
Landhotel Steubers Siebelnhof, Siebelnhoferstrasse, Vormwald.
GPS: n50,98658 o8,13173.
6 € 20,50, Sanitärnutzung/Schwimmbad/Sauna inkl WC inklusive 01/01-31/12.
Entfernung: vor Ort.

Hopsten 9G1
Dreifachturnhalle, Rüschendorfer strasse 4.
GPS: n52,38544 o7,60490.

6 kostenlos Ch kostenlos. **Lage**: Ländlich, einfach.
Untergrund: Wiese/befestigt. 01/01-31/12.
Entfernung: 100M 100M 100M vor Ort vor Ort.
Sonstiges: Parkplatz an der Sporthalle, max. 3 Tage.

Horn 10A2
Wohnmobilhafen am Bad Meinberger Badehaus, Wällenweg, Bad Meinberg. **GPS**: n51,89818 o8,99249.

24 € 7,50 + € 2,60/pP Kurtaxe € 1/100Liter €0,50 Ch €0,50/kWh WC €2,50.
Lage: Ländlich, ruhig. **Untergrund**: Wiese/befestigt.
01/01-31/12.
Entfernung: 200M vor Ort 200M 100M.
Sonstiges: Hinter Kurort, Brötchenservice, Rabatt beim Schwimmbad.

Hörstel 9G2
Wohnmobilhafen Riesenbeck, Postdamm-Lazarusbrücke.
GPS: n52,25574 o7,63387.

20 kostenlos € 1/2kWh. **Lage**: Ländlich, komfortabel, zentral, laut. **Untergrund**: Wiese/Schotter. 01/01-31/12.
Entfernung: 700M vor Ort vor Ort 300M vor Ort 100-Schlösser-Route vor Ort.
Sonstiges: Max. 3 Nächte.

Hövelhof 9H2
P Bahnhof, Westfalenstrasse. **GPS**: n51,82417 o8,66099.

6 kostenlos kostenlos (6x)€1/kWh. **Lage**: Städtisch.
Untergrund: Schotter. 01/01-31/12.
Entfernung: 500M 4,2Km 500M 700M 50M vor Ort vor Ort.

Hövelhof 9H2
Wohnmobil-stellplatz Apelhof, Paderborner Straße 172.
GPS: n51,80166 o8,67697.
8 € 8. **Untergrund**: Wiese.
Entfernung: 3Km 250M 3Km.

Höxter 10A3
Freizeitanlage Godelheimer See, Godelheimer Strasse, Höxter-Godelheim. **GPS**: n51,75787 o9,37557.

50 € 7/24 Std Ch WC inklusive.
Lage: Komfortabel. **Untergrund**: Schotterasen.
01/01-31/12 Ver-/Entsorgung: 01/10-01/04.
Entfernung: 2km vor Ort Fluss 500M vor Ort 2km vor Ort vor Ort. **Sonstiges**: Brötchenservice, Erholungsgebiet.

Höxter 10A3
Wohnmobilhafen Floßplatz, Milchweg.
GPS: n51,77325 o9,38781.

50 € 7/24 Std € 1/100Liter Ch (18x)€1/2kWh.
Lage: Ländlich, komfortabel, zentral, ruhig.
Untergrund: Wiese/Schotter.
01/01-31/12.
Entfernung: 300M vor Ort Angelschein erhältlich 100M 300M 500M am Campingplatz 50M vor Ort.
Sonstiges: Parkplatz an der Weser, Brötchenservice im Sommer.

Hückelhoven 11E1
Hückelhovener Ruraue, Rheinstraße 4b. **GPS**: n51,05146 o6,21208.

6 € 4,50 €0,50/100Liter Ch €0,50/kWh.
Lage: Ländlich, einfach, abgelegen, ruhig. **Untergrund**: befestigt.
01/01-31/12 Beim Schnee.
Entfernung: 1,5Km.

Hürtgenwald 11E2
Einmündung Kall-Rur, Zerkall. **GPS**: n50,69156 o6,45212.

10 kostenlos. **Lage**: Ländlich, einfach. **Untergrund**: Schotter.
01/01-31/12.
Entfernung: 100M vor Ort vor Ort 200M.
Sonstiges: Entlang der Kall/Rur.

Hürtgenwald 11E2
Parkplatz Burgstrasse, Burgstrasse, Bergstein.
GPS: n50,69582 o6,43848.

5 kostenlos.
Lage: Einfach. **Untergrund**: befestigt. 01/01-31/12.

Hürtgenwald 11E2
Soldatenfriedhof, Höhenstrasse, Hürtgen.
GPS: n50,70552 o6,36063.

9 kostenlos. **Lage**: Ländlich, einfach, laut. **Untergrund**: asphaltiert.
01/01-31/12.

Hürtgenwald 11E2
Landhotel Kallbach, Kallweg 24, Simonskall. **GPS**: n50,66716 o6,35395.

5 € 12. **Lage**: Ländlich, komfortabel, ruhig. **Untergrund**: befestigt.
01/01-31/12.
Entfernung: 200M vor Ort.
Sonstiges: Rabatt im Restaurant.

Hüsten 9G3
Parkplatz Große Wiese. **GPS**: n51,43151 o8,00475.

4 kostenlos. **Untergrund**: asphaltiert.

Deutschland

Nordrhein Westfalen

Entfernung: 2km vor Ort, vor Ort.
Sonstiges: Neben Sole-Bad.

Ibbenbüren 9G2
Aseebad, An der Umfluth 99. GPS: n52,26181 o7,73171.

30, €3.
Lage: Komfortabel, zentral, ruhig. Untergrund: Wiese.
Entfernung: 2,3Km.
Sonstiges: Parkplatz neben Schwimmbad, max. 4 Nächte.

Iserlohn 9G3
Parkplatz Seilerblick, Friesenstraße. GPS: n51,38456 o7,71128.

5 kostenlos €1 Ch€1 (4x)€0,50. Lage: Städtisch, einfach, laut. Untergrund: asphaltiert. 01/01-31/12.
Entfernung: 2km, 2,5Km vor Ort, vor Ort.
Sonstiges: Neben Tennisplatz.

Isselburg 9E3
Stellplatz am Stadtturm, Münsterdeich. GPS: n51,83452 o6,46477.

6 €5 €1/100Liter Chinklusive (6x)€1/Tag.
Lage: Ländlich, einfach, ruhig. Untergrund: Wiese.
01/01-31/12.
Entfernung: vor Ort, vor Ort 300M 100M.
Sonstiges: An der Issel, Parkplatz Zentrum, max. 72 Std.

Isselburg 9E3
Hotel Restaurant Brüggenhütte, Hahnerfeld 23, Anholt.
GPS: n51,85301 o6,47187.

5 kostenlos.
Lage: Ländlich, einfach, laut. Untergrund: Wiese.
01/01-31/12.
Entfernung: 200M vor Ort, 2km vor Ort.
Sonstiges: Entlang Durchgangsstrasse, hinter Restaurant, max. 3 Tage.

Isselburg 9E3
Bürgerhaus, Anholter strasse, Vehlingen. GPS: n51,83089 o6,42297.

5 kostenlos. Lage: Ländlich, einfach. Untergrund: Schotter.
01/01-31/12.
Entfernung: 1Km vor Ort.
Sonstiges: Max. 2 Nächte.

Isselburg 9E3
Biotopwildpark Anholter Schweiz, Pferdehorster Str. 1.
GPS: n51,83225 o6,43013.

6 €7 (6x)inklusive. Lage: Ländlich, einfach.
Untergrund: Schotter/befestigt. 15/03-25/10.
Entfernung: 1km vor Ort.
Sonstiges: Max. 3 Tage, anmelden an der Kasse, Kaution Schlüssel Strom € 20.

Isselburg 9E3
Ponyhof Leiting, Alte Bundesstrasse 3, Werth.
GPS: n51,81332 o6,49258.

20 kostenlos.
Lage: Ländlich, einfach, ruhig. Untergrund: Wiese. 01/01-31/12.
Entfernung: vor Ort.
Sonstiges: Max. 72 Std.

Issum-Sevelen 9E3
Wohnmobilpark Hexenland-Sevelen, Koetherdyck 18.
GPS: n51,49926 o6,43676.

20 €9 Ch €3/24Std WC €1/10Minuten.
Untergrund: Schotter. 01/01-31/12.
Entfernung: Sevelen 1km 200M 100M 1km.

Jülich 11E1
Brückenkopf-Park, Rurauenstrasse 11. GPS: n50,92345 o6,34029.

22 €9,50 €1/100Liter Ch WC.
Lage: Einfach, laut. Untergrund: Wiese.
01/01-31/12 Sanitärgebäude: 1/11-31/3.
Sonstiges: Parkplatz am Ruhr.
Touristinformation Jülich:
Alte Festungstadt.

Kalkar 9E3
Reisemobilstellplatz Kalkar, Waysche strasse.
GPS: n51,74008 o6,30101.

35 €4/24 Std €1/30Liter Ch (24x)€1/2kWh.
Lage: Ländlich, komfortabel, zentral. Untergrund: Wiese/Schotter.
01/01-31/12.
Entfernung: 500M 400M 700M vor Ort.
Sonstiges: Max. 3 Nächte.
Touristinformation Kalkar:
KernWasser Wunderland. Vergnügungspark.

Kall 11F2
Im Kallbachtal, Kapellenstrasse 25, Golbach.
GPS: n50,52784 o6,53681.

6 €6 €1 Ch (8x)€0,50/kWh. Lage: Ländlich, ruhig. Untergrund: Schotter. 01/01-31/12.

Kamp-Lintfort 9E3
Pappelsee, Berthastraße 74. GPS: n51,50026 o6,53861.

20 kostenlos. Untergrund: asphaltiert. 01/01-31/12.
Entfernung: 1,5Km 1Km 1,5Km.
Sonstiges: Kaution € 2,50 zahlbar bei der Kasse des Parks.
Touristinformation Kamp-Lintfort:
Marktplatz, Eberstrasse. Do, Sa.
Rathausplatz. Di 7.30-13 Uhr.
Mittelalterlicher Markt, Abteiplatz. Mittelalterlicher Markt. 3. Wochenende Sep.

Kempen 11E1
Reisemobilpark Kempen am Aqua-sol, Berliner Allee.
GPS: n51,36719 o6,40910.

29 €8/24 Std €1/100Liter Ch €0,50/kWh.
Untergrund: befestigt. 01/01-31/12.
Entfernung: 1,5Km vor Ort 1,5Km.

Kerken 9E3
Wohnmobilpark Aldekerker Platte, Kempener Straße 9, Aldekerk.
GPS: n51,43551 o6,41902.

Deutschland — 188

Nordrhein Westfalen

30 🅿 €9 🚰🚽Ch⚡€3. **Untergrund:** Wiese/Schotter.
📅 01/01-31/12. **Entfernung:** 🛒600M 🍽600M 🏛600M.

Kevelaer 9E3
Den Heyberg, Im Auwelt 45, Twisteden. **GPS:** n51,56345 o6,19418.⬆.

150 🅿 €9 🚰🚽Ch⚡(150x)inklusive.
Untergrund: asphaltiert/befestigt. 📅 01/01-31/12.
Entfernung: 🛒2km 🍽100M 🏛2km 🏥100M.
Sonstiges: Brötchenservice (Wochenende), Grillplatz.

Kevelaer 9E3
Sporthotel Schravelsche Heide, Grotendonkerstrasse 54-58.
GPS: n51,59556 o6,25306.⬆➡.

80 🅿 €9,50 🚰🚽Ch🚿WC⚡€0,50/Mal 📶inklusive.
Lage: Komfortabel, ruhig. **Untergrund:** Wiese. 📅 01/01-31/12.
Entfernung: 🛒1,5Km 🍽100M 🏛1Km.

Kevelaer 9E3
Europaplatz, Bahnhof/Geldernstrasse, B9.
GPS: n51,57904 o6,25192.⬆.

3 🅿 kostenlos. **Untergrund:** asphaltiert.
Entfernung: 🛒500M 🍽500M 🏛vor Ort.
Touristinformation Kevelaer:
⛪ 📅 Fr 14-18 Uhr.

Kirchhundem 11H1
Restaurant Rhein-Weser-Turm, Rhein-Weser-Turm 2.
GPS: n51,07109 o8,19791.

10 🅿 €15 🚰🚽Ch⚡inklusive. 📅 01/01-31/12.
Entfernung: 🍽vor Ort.

Kirchhundem 11H1
Restaurant Zur Hahnenquelle, Rhein-Weser-Turm.
GPS: n51,07198 o8,19792.⬆.
10 🅿 €8 🚰🚽Ch inklusive. 📅 01/01-31/12.
Entfernung: 🍽vor Ort.

Kirchhundem 11H1
PanoramaPark Sauerland Wildpark, Rinsecker Straße 100.
GPS: n51,06972 o8,17417.⬆.
10 🅿 €2. 📅 01/01-31/12.

Kleve 9E3
Stellplatz van-den-Bergh-Straße, Van-den-Bergh-Straße.
GPS: n51,78917 o6,14836.⬆.

60 🅿 €4 🚰🚽Ch⚡(30x)€0,50/kWh. **Lage:** Städtisch, einfach,
laut. **Untergrund:** befestigt. 📅 01/01-31/12.
Entfernung: 🛒500M 🍽400M 🏛200M.
Sonstiges: Hinter dem Bahnhof, max. 72 Std.

Kleve 9E3
Reisemobilpark Kleve, Landwehr/Spyckstraße.
GPS: n51,80083 o6,13222.⬆.

75 🅿 €6,50 🚰€1 🚽Ch⚡(45x)€2,50 WC€0,50 📶€1 🚿 🚾
Lage: Komfortabel. **Untergrund:** Wiese/befestigt. 📅 01/01-31/12.
Entfernung: 🛒Kleve-Zentrum 1,5Km 🍽300M 🏛400M.

Kleve 9E3
Am Willisee, Zyfflicherstrasse 33, Keeken.
GPS: n51,84013 o6,08307.⬆.

25 🅿 €10 🚰🚽Ch⚡(25x)€2/Tag WC 📶inklusive. 🚿
Lage: Luxus, abgelegen, ruhig. **Untergrund:** Wiese/Schotter.
📅 01/01-31/12.
Entfernung: 🛒900M, Kleve Stadtmitte 7Km 🏊vor Ort 🍽400M
🏛4,2Km 🏥150M 🚲vor Ort 🚶vor Ort.
Sonstiges: Angelschein erhältlich.

Kleve 9E3
Parkplatz Sporthalle Kleve-Kellen, Postdeich, Kellen.
GPS: n51,80463 o6,16378.⬆.

20 🅿 kostenlos. **Lage:** Ländlich, einfach, ruhig. **Untergrund:** befestigt.
Entfernung: 🛒2,5Km 🍽Steakhaus 350m 🏛300M 🚲vor Ort.

Kleve 9E3
Schenkenschanz. GPS: n51,83526 o6,11205.⬆.

5 🅿 kostenlos. **Lage:** Ländlich, einfach, abgelegen, ruhig.
Untergrund: befestigt. 📅 01/01-31/12.
Entfernung: 🛒Kleve 6,5Km 🍽1Km 🏛2,5Km.

Kleve 9E3
Stellplatz Reichswalde, Dorfanger, Reichswalde.
GPS: n51,75985 o6,10243.⬆.

10 🅿 kostenlos. **Lage:** Städtisch, einfach, ruhig.
Untergrund: asphaltiert. 📅 01/01-31/12.
Entfernung: 🛒Kleve 3Km 🍽200M 🏛500M 🚲vor Ort
🚶vor Ort.

Kleve 9E3
Stellplatz Rindern, Drususdeich, Rindern.
GPS: n51,81212 o6,12884.⬆.

5 🅿 kostenlos. **Lage:** Ländlich, einfach, ruhig. **Untergrund:** befestigt.
📅 01/01-31/12.
Entfernung: 🛒Kleve-Zentrum 2,3Km 🍽450M 🏛400M 🚲vor Ort
🚶vor Ort.
Sonstiges: Hinter Kirche.

Kleve 9E3
Tiergarten, Tiergartenstrasse, B9 dir Nijmegen.
GPS: n51,79784 o6,12059.⬆.

5 🅿 kostenlos. **Lage:** Autobahn, einfach. **Untergrund:** befestigt.
📅 01/01-31/12.
Entfernung: 🛒800M 🍽250M.

Kleve 9E3
Wehrpöhl, Griethausen. **GPS:** n51,82476 o6,16448.⬆.

5 🅿 kostenlos. **Lage:** Ländlich, einfach, ruhig.
Untergrund: asphaltiert. 📅 01/01-31/12.
Entfernung: 🛒2,5Km 🍽300M 🏛300M 🚲vor Ort.

Nordrhein Westfalen

Sonstiges: Zugang über Brienen.
Touristinformation Kleve:
☼ Lichterfest. Stadtfest. 🌙 2. Sa des Monats.
☻ Tiergarten Kleve, Tiergartenstrasse. Tierpark.

Köln — 11F1
Reisemobilhafen Köln, An der Schanz.
GPS: n50,96265 o6,98254.

65 🛏 €10/24 Std 🚰 €1 🚽Ch 🔌(30x)€0,50/kWh.
Lage: Städtisch, komfortabel, ruhig. **Untergrund:** asphaltiert.
Entfernung: 🚶vor Ort 🚗5km 🚇U-Bahn 10 Gehminuten.
Sonstiges: Am Rhein.

Königswinter — 11F2
Hauptstrasse, Niederdollendorf. **GPS**: n50,69697 o7,17641.

30 🛏 kostenlos. **Lage:** Städtisch, einfach.
Untergrund: asphaltiert/befestigt. 📅 01/01-31/12.
Entfernung: 🚶400M 🚗9Km 🚇800M vor Ort 🚶vor Ort.

Kranenburg — 9E3
Am Sportzentrum, Großen Haag. **GPS**: n51,79242 o6,01033.

30 🛏 € 4 🚰 €0,20/Liter 🚽Ch 🔌(12x)€0,50/kWh.
Lage: Ländlich, einfach. **Untergrund:** Wiese. 📅 01/01-31/12.
Entfernung: 🚶500M 🚗1Km 🚇1Km 🛒500M 500M.
Sonstiges: Ver-/Entsorgung 500M.

Kreuztal — 11G1
Heugraben. **GPS**: n50,95778 o7,99167.

2 🛏 kostenlos 🚰€1/100Liter 🚽Ch 🔌€1/2kWh.
Untergrund: befestigt. **Entfernung:** 🚶300M 🚗7,5Km 🚇300M
🛒300M Bahnhof 100M. **Sonstiges:** Max. 3 Tage.

Kürten — 11G1
Wohnmobilpark am Splash, Broch 8. **GPS**: n51,05586 o7,28943.

20 🛏 € 8 🚰 €2 🚽Ch 🔌€2.
Lage: Ländlich, einfach, ruhig. **Untergrund:** Schotter.
📅 01/01-31/12.
Entfernung: 🚶2km 🚗17Km 🚇vor Ort 🛒vor Ort 🚶vor Ort.
Sonstiges: Hinter Sauna-/Badeland Splash.

Ladbergen — 9G2
Rathauspark, Jahnstrasse. **GPS**: n52,13652 o7,74009.

8 🛏 kostenlos. **Lage:** Ländlich, einfach, ruhig. **Untergrund:** Wiese.
📅 01/01-31/12.
Entfernung: 🚶200M 🚗200M 🚇300M 🛒200M vor Ort.
Sonstiges: Parkplatz hinter Rathaus.

Lennestadt — 11H1
Naturerlebnisbad, Fasanenweg 10. **GPS**: n51,11814 o8,16990.
3 🛏 kostenlos 🔌. 📅 01/01-31/12.
Entfernung: 🚶300M 🚇300M.
Sonstiges: Am Schwimmbad.

Lennestadt — 11H1
Parkplatz P4, An der Sauerlandhalle. **GPS**: n51,10557 o8,08017.

4 🛏 kostenlos 🔌(4x)€0,50/4Std. **Untergrund:** asphaltiert.
📅 01/01-31/12. **Entfernung:** 🚶700M 🚗700M 🚇100M.

Leverkusen — 11F1
Camping-Caravaning Meier, Adolf-Kaschny-Straße 9, Küppersteg.
GPS: n51,05211 o7,00003.

10 🛏 kostenlos 🚰€0,50 🚽Ch€0,50. **Lage:** Städtisch.
Untergrund: Schotter. 📅 01/01-31/12.
Entfernung: 🚗3,2Km.
Sonstiges: Reisemobilhändler, Zubehör-Shop, Reparaturen.

Lienen — 9G2
Hallenfreibad, Holperdorperstrasse 37/39.
GPS: n52,15575 o7,97392.

3 🛏 kostenlos 🚰€5 🚽Ch 🚻WC €3.
Lage: Einfach, ruhig. **Untergrund:** befestigt. 📅 01/01-31/12.
Entfernung: 🚶1Km 🚗100M 🚇2Km 🛒vor Ort vor Ort.
Sonstiges: Parkplatz gegenüber Schwimmbad, max. 3 Nächte, Ver-/Entsorgung bezahlen beim Schwimmbad.

Lindlar — 11G1
Am Freizeitpark, Brionner Straße. **GPS**: n51,01550 o7,36645.

2 🛏 kostenlos 🚰€1 🚽Ch 🔌(4x)€1/6Std.
Lage: Städtisch, einfach. **Untergrund:** befestigt.
📅 01/01-31/12.
Entfernung: 🚶1Km 🚗16Km 🚇1Km 🛒1Km vor Ort 🚶vor Ort.

Lippstadt — 9H3
Bückeburger Straße. **GPS**: n51,67348 o8,33336.

11 🛏 kostenlos 🚰€1/10Minuten 🚽Chkostenlos 🔌€1.
Lage: Städtisch, komfortabel, ruhig. 📅 01/01-31/12.
Entfernung: 🚶1,2Km 🚗500M 🚇600M 🛒vor Ort 🚶vor Ort.
Sonstiges: Am Schwimmbad, max. 4 Tage.

Lippstadt — 9H3
Camping Lippstadt, Seeuferstraße 16. **GPS**: n51,70194 o8,40789.
18 🛏 € 11, 2 Pers. Inkl. Hund € 2,50 🚰€0,50 🚽Ch 🔌€0,50 WC.
Untergrund: Wiese/Schotter.
Entfernung: 🚶200M 🚇200M.

Lippstadt — 9H3
Campingoase Lange, Dorfstraße 47, Benninghausen.
GPS: n51,66103 o8,24435.

15 🛏 € 10 2 Pers. inkl 🚰 🚽Ch 🔌inklusive.
Lage: Ländlich, einfach. **Untergrund:** befestigt. 📅 01/01-31/12.
Entfernung: 🚶300M 🚇vor Ort.

Löhne — 9H2
Reisemobilstellplatz, Albert-Schweitzer-strasse 12.
GPS: n52,20399 o8,71892.

Nordrhein Westfalen

18 €8 Ch inklusive (18x)€1/2kWh. **Lage:** Ländlich, ruhig. **Untergrund:** befestigt. 01/01-31/12.
Entfernung: 500M 1Km 100M 500M 500M.

Lotte 9G2
Fam. Arendröwer, Am Nordberg 4. **GPS:** n52,26306 o7,89833.

4 €4 €2/24 inklusive. **Lage:** Einfach, abgelegen, laut.
Untergrund: Wiese/befestigt. 01/03-01/10.
Entfernung: 3Km 500M 3Km.

Lotte 9G2
Tennishalle Lotte, Kornweg 3. **GPS:** n52,27192 o7,92275.

10 kostenlos. **Lage:** Einfach, ruhig. **Untergrund:** Schotter/befestigt. 01/01-31/12.
Entfernung: 900M 3,5Km 1Km 300M.

Lübbecke 9H1
Stellplatz Lübbecke, Rahdener Straße. **GPS:** n52,31019 o8,61839.

4 €6 €3 Ch €3. **Lage:** Städtisch, zentral.
Untergrund: befestigt. 01/01-31/12.
Entfernung: 600M 500M.
Sonstiges: Max. 3 Tage.

Lüdenscheid 11G1
Familienbades Nattenberg, Talstraße 59.
GPS: n51,21042 o7,61803.

4 kostenlos €1/100Liter Ch (4x)€1/6Std. **Lage:** Städtisch, einfach. **Untergrund:** befestigt. 01/01-31/12.
Entfernung: Zentrum 1,6Km 4Km Burger King 450m Aldi 900M vor Ort.

Lüdinghausen 9G3
Parkplatz Aqua-See, Rohrkamp 23. **GPS:** n51,77229 o7,42731.

10 kostenlos. **Lage:** Ländlich, einfach, ruhig. **Untergrund:** befestigt. 01/01-31/12.
Entfernung: 1,5Km 1Km vor Ort.
Sonstiges: Parkplatz Schwimmbad.

Lüdinghausen 9G3
Parkplatz Rosengarten, Am Rosengarten, Seppenrade.
GPS: n51,76407 o7,39728.

2 kostenlos. **Lage:** Einfach, ruhig. **Untergrund:** asphaltiert. 01/01-31/12.
Entfernung: 200M 200M 800M.

Marsberg 10A3
Wohnmobilhafen, Am Sportplatz. **GPS:** n51,45974 o8,84864.

4 € 5/24 Std Ch (4x)inklusive.
Lage: Städtisch. **Untergrund:** asphaltiert. 01/01-31/12.
Entfernung: 100M 200M 200M.
Sonstiges: Max. 5 Tage, Kaution Schlüssel € 20 (an der Kasse der Therme).

Mechernich 11F2
Mühlental, Elisabethhütte, B477. **GPS:** n50,59686 o6,63207.

20 kostenlos. **Lage:** Ländlich, einfach, laut.
Untergrund: asphaltiert. 01/01-31/12.
Entfernung: 500M.

Mechernich 11F2
Parkplatz Essensgasse, Am Kirchberg, Kommern.
GPS: n50,61376 o6,64479.

8 kostenlos. **Lage:** Ländlich, einfach, laut. **Untergrund:** befestigt. 01/01-31/12.
Entfernung: Altstadt 200M.
Sonstiges: Über B266.

Meinerzhagen 11G1
An der Musikschule, Schulplatz. **GPS:** n51,10865 o7,64329.

3 kostenlos (4x)€0,50/kWh.
Lage: Städtisch, einfach, ruhig. **Untergrund:** asphaltiert. 01/01-31/12.
Entfernung: 400M 3Km 400M 400M vor Ort vor Ort.

Meschede 11H1
Am Wofibad, Im Ohl 13, Freienohl. **GPS:** n51,37574 o8,17664.

3 kostenlos kostenpflichtig. **Lage:** Einfach.
Untergrund: befestigt. 01/01-31/12.

Meschede 11H1
An der Ruhr, Arnsberger Strasse. **GPS:** n51,34897 o8,27356.

10 kostenlos. **Lage:** Einfach. **Untergrund:** befestigt. 18.30-9.30 Uhr.
Entfernung: 500M vor Ort vor Ort 500M 500M.
Sonstiges: Am Schwimmbad.

Meschede 11H1
Knaus Campingpark Hennesee, Mielinghausen 7.
GPS: n51,29846 o8,26366.

17 €8-10 €1/60Liter €0,50 Ch€0,50 (16x)€0,70/kWh WC Sanitär€2,30-3,50. **Untergrund:** Wiese/befestigt. 01/01-31/12.
Entfernung: 5Km 100M 100M vor Ort vor Ort vor Ort vor Ort.

Mettingen 9G2
Hallenbad, Bahnhofstrasse 18-20. **GPS:** n52,31738 o7,78312.

2 kostenlos WC. **Lage:** Einfach. **Untergrund:** befestigt. 01/01-31/12.
Entfernung: vor Ort 200M 200M vor Ort vor Ort vor

Nordrhein Westfalen

Ort.
Sonstiges: Parkplatz Schwimmbad, Ver-/Entsorgung: Kläranlage, Neuenkirchenerstrasse 208, Fahrradverleih.

Minden 10A2
Reisemobilstellplatz Kanzlers Weide, Hausbergerstrasse.
GPS: n52,28750 o8,92551.

100 € 5 €1/100Liter Ch (18x)€0,50/kWh,6Amp.
Lage: Städtisch, einfach, ruhig. **Untergrund:** befestigt.
01/01-31/12.
Entfernung: 200M 50M 50M 200M 200M 200M.
Sonstiges: Max. 3 Nächte, nicht während großen Veranstaltungen.

Moers 9F3
Freizeitpark Schoßpark, Krefelder straße.
GPS: n51,44659 o6,61642.

4 kostenlos. **Untergrund:** Schotterasen. 01/01-31/12.
Entfernung: 700M 700M 500M.

Möhnesee 9H3
Freizeitanlage Möhnesee-Körbecke, Börnigeweg.
GPS: n51,49160 o8,12555.

20 € 6/24 Std (8x)€2/24 Std.
Lage: Einfach. **Untergrund:** befestigt.
01/01-31/12.
Entfernung: 1Km vor Ort vor Ort 1Km vor Ort vor Ort.
Sonstiges: Max. 24 Std.

Möhnesee 9H3
Strandbad, Linkstraße 20, Delecke. **GPS**: n51,49177 o8,08255.
50 € 12 Ch (16x)WC inklusive. **Lage:** Ländlich, komfortabel, ruhig. **Untergrund:** Schotter. 01/03-01/11.
Entfernung: Möhnesee 3,5km 7,3km A44 Möhnesee.

Möhnesee 9H3
Völlinghausen, Kettelbötel. **GPS**: n51,47360 o8,19831.

10 kostenlos. **Untergrund:** Wiese/Schotter. 01/01-31/12.
Entfernung: 1,5Km vor Ort vor Ort.

Mönchengladbach 11E1
Schloß Wickrath, Neukircherweg, Wickrath.
GPS: n51,12889 o6,42258.

10 kostenlos. **Untergrund:** asphaltiert. 01/01-31/12.
Entfernung: 2km 2km 500M.
Sonstiges: Parkplatz hinter Schloss (500M), max. 2 Tage.

Mönchengladbach 11E1
Camping-Center Krings, Monschauerstrasse 10/32.
GPS: n51,19454 o6,40884.

15 kostenlos Ch kostenlos. **Untergrund:** befestigt.
01/01-31/12. **Entfernung:** 3km 1km 500M.
Sonstiges: Max. 2 Nächte, Ver-/Entsorgung während der Öffnungszeiten.

Monschau 11E2
Biesweg, B258. **GPS**: n50,55389 o6,23194.

4 € 12 €5/7Minuten Ch (4x)€5/10Std. **Lage:** Einfach, laut. **Untergrund:** asphaltiert. 01/01-31/12.
Entfernung: 600M 600M 600M.
Sonstiges: Max. 1 Nacht.

Monschau 11E2
Haus Vennblick, Hauptstrasse 24, Höfen. **GPS**: n50,53934 o6,25292.

8 € 10, für Gäste kostenlos. **Lage:** Ländlich, einfach, laut.
Untergrund: Schotter. Mi.
Entfernung: 300M vor Ort 4Km vor Ort 4Km.

Mülheim/Ruhr 9F3
Mintarder Straße 4. **GPS**: n51,41462 o6,86934.

6 kostenlos. **Untergrund:** befestigt. 01/01-31/12.
Entfernung: 2,7Km 50M 100M vor Ort vor Ort.
Sonstiges: Max. 72 Std.

Mülheim/Ruhr 9F3
Hymer Zentrum, Kölner Strasse 35-37. **GPS**: n51,39985 o6,87700.
€0,50/80Liter Ch.

Münster 9G2
Am Ostbad, Mauritz-Lindenweg. **GPS**: n51,95922 o7,65879.

6 kostenlos. **Lage:** Städtisch, einfach. **Untergrund:** befestigt.
01/01-31/12.
Entfernung: 2,5Km 100M 300M 300M vor Ort.
Sonstiges: Am Schwimmbad, max. 8M.

Münster 9G2
Hafenstraße/Albersloher Weg. **GPS**: n51,95199 o7,63600.

6 € 2/Std, übernachten kostenlos.
Lage: Städtisch, einfach, zentral, laut. **Untergrund:** asphaltiert.
01/01-31/12.
Entfernung: Altstadt 1km vor Ort vor Ort vor Ort.
Sonstiges: An der Bahnlinie.

Münster 9G2
Campingplatz Münster, Laerer Werseufer.
GPS: n51,94583 o7,69082.

24 € 15 2 Pers.inkl., Hund € 3,50 €0,50 €0,50 Ch €0,50 WC inklusive €0,50/3 €3/Tag. **Lage:** Ländlich, einfach.
Untergrund: Schotter. 01/01-31/12.
Entfernung: Münster 4,5km 100M vor Ort 100M vor Ort vor Ort.
Sonstiges: Bezahlen bei Rezeption Campingplatz.

Netphen 11H1
Freizeitpark Netphen, P3, Brauersdorferstrasse.
GPS: n50,91250 o8,12567.

3 € 3,50/Tag €1/70Liter Ch.
Untergrund: befestigt.
01/01-31/12.
Entfernung: 2km 2km.
Sonstiges: Max. 3 Nächte, Wertmünzen beim Schwimbad.

Nordrhein Westfalen

Nettersheim 11F2

Wohnmobilhafen Nettersheim Nettersheim
- Ruhig gelegen
- Ganzjährig geöffnet
- Ausgangspunkt für Wanderungen und Radtouren

www.wohnmobilstellplatz.de
naturzentrum@nettersheim.de

Wohnmobilhafen Nettersheim, Urftstraße. **GPS:** n50,48606 o6,62627.
25 € 8,50/24 Std € 1 Ch (25x)inklusive. **Lage:** Ländlich, einfach, ruhig. **Untergrund:** befestigt. 01/01-31/12. **Entfernung:** 500M 7,5Km vor Ort 500M 1,5Km 700M vor Ort vor Ort vor Ort. **Sonstiges:** Brötchenservice.

Nettetal 11E1
Am Nettebruch, Flothender straße/Flothend. **GPS:** n51,30188 o6,26715.

5 kostenlos. **Untergrund:** Wiese/Schotter. 01/01-31/12. **Entfernung:** 1Km vor Ort vor Ort 1Km.

Nettetal 11E1
Am Krickenbeck See, Krickenbecker Allee 38. **GPS:** n51,34460 o6,25793.

50 Kostenlos, Einnahme einer Mahlzeit erwünscht. **Untergrund:** asphaltiert. 01/01-31/12. **Entfernung:** 2km vor Ort

Neuss 11F1
Allrounder Winterworld/Skihalle, An der Skihalle 1. **GPS:** n51,17316 o6,64862.

30 kostenlos. **Untergrund:** befestigt. 01/01-31/12. **Entfernung:** vor Ort Indoor-Ski.

Nideggen 11E2
Parkplatz Danzley, Bahnhofstrasse. **GPS:** n50,69247 o6,47952.

14 kostenlos. **Lage:** Ländlich, einfach. **Untergrund:** befestigt. 01/01-31/12. **Entfernung:** 500M 500M.

Nordkirchen 9G3
Hotel Plettenberger Hof, Schlossstrasse 28. **GPS:** n51,73659 o7,52819.

2 Gäste kostenlos. **Untergrund:** asphaltiert. 01/01-31/12. **Entfernung:** 200M vor Ort.

Nottuln 9G2
Wellenfreibad/Hallenbad, Rudolf-Harbigstrasse. **GPS:** n51,92410 o7,34514.

5 kostenlos. **Lage:** Ländlich, einfach. **Untergrund:** befestigt. 01/01-31/12. **Entfernung:** 1,5Km Bäckerei 800M vor Ort. **Sonstiges:** Parkplatz Schwimmbad, Ver-/Entsorgung während der Öffnungszeiten.

Oberhausen 9F3
Stellplatz Kaisergaten, Am Kaisergarten 28. **GPS:** n51,48743 o6,85519.

60 € 7 € 1/100Liter Ch (24x)€ 0,50/2Std. **Untergrund:** Wiese. 01/01-31/12. **Entfernung:** Oberhausen City 30 Gehminuten 1,6Km 1,7Km 1,7Km.

Oberhausen 9F3
Stellplatz Marina, Heinz-Schleußer-Straße 1. **GPS:** n51,49444 o6,88417.
18 € 1,25/Meter € 2/Tag WC € 1. **Untergrund:** Schotter/befestigt. 01/01-31/12. **Entfernung:** 1Km 200M vor Ort 250M 800M.

Oberhausen 9F3
Parking 10 - CentrO, Arenastraße. **GPS:** n51,48930 o6,87063.

40 kostenlos. **Untergrund:** befestigt. 01/01-31/12. **Entfernung:** 100M vor Ort vor Ort. **Sonstiges:** Bei CentrO.
Touristinformation Oberhausen:
CentrO. Großes Einkaufszentrum, 250 Geschäfte, 100 Restaurants/Gaststätten und Markt. 10-20 Uhr, Restaurants bis 22 Uhr, Do 10-21 Uhr.

Oedt 11E1
Wohnmobile-Stellplatz Niers-Perle-Oedt, Mühlengasse. **GPS:** n51,32327 o6,37650.

7 kostenlos. **Untergrund:** asphaltiert. 01/01-31/12. **Entfernung:** 800M 500M 500M.

Oelde 9H3
Pott's Brau und Backhaus, In der Geist 120. **GPS:** n51,81192 o8,13103.

6 € 5 € 1/60Liter Ch inklusive. **Lage:** Einfach, laut. **Untergrund:** Wiese/befestigt. 02/01-23/12. **Entfernung:** 500M vor Ort. **Sonstiges:** Kaution Schlüssel € 35.

Olpe 11G1
Freizeitbad Olpe, Seeweg 5. **GPS:** n51,03242 o7,84163.

10 € 5 € 0,20/Liter Ch (4x)€ 1/2kWh WC inklusive, am Schwimmbad 7-22U. **Lage:** Städtisch. **Untergrund:** asphaltiert. 01/01-31/12. **Entfernung:** 500M 2km 250M. **Sonstiges:** Am Biggeseeufer, max. 3 Tage.

Olsberg 9H3
Wohnmobilplatz am AquaOlsberg, Zur Sauerlandtherme 1. **GPS:** n51,35637 o8,48487.
10 € 8,50/24 Std, Kurtaxe € 1,50/pP € 1/80Liter € 1/8Std. **Untergrund:** Wiese. **Entfernung:** vor Ort 250M 250M. **Sonstiges:** Rabatt beim Schwimmbad.

Ostbevern 9G2
Bever Bad, Am Hanfgarten 22. **GPS:** n52,03673 o7,84392.

Deutschland

Nordrhein Westfalen

6+10 €10, nur übernachten 20-9U kostenlos 🚰 💧 Ch WC inklusive. **Lage:** Luxus, ruhig. **Untergrund:** Wiese. 📅 01/01-31/12.
Entfernung: 🚶400M ⊗300M 🍴300M 🛒300M.
Sonstiges: Parkplatz Schwimmbad, Kaution Schlüssel Ver-/Entsorgung € 10, inkl. Schwimmbad.

Overhetfeld 11E1
Camp Graskamp, Graskamp 19. **GPS:** n51,22259 o6,13977.⬆️

5 €8 🚰 Ch WC inklusive. **Untergrund:** Wiese.
📅 01/01-31/12.
Entfernung: 🚶200M ⊗200M 🍴vor Ort.

Paderborn 9H3
Maspernplatz, P4, Hathumarstrasse. **GPS:** n51,72278 o8,75417.⬆️➡️

7/Tag € 6, Wochenende kostenlos 💧(4x)€0,50/Std. **Lage:** Städtisch, zentral, laut. **Untergrund:** befestigt. 📅 01/01-31/12.
Entfernung: 🚶500M 🚲4Km ⊗100M 🍴500M 🛒vor Ort.

Paderborn 9H3
Rolandsbad, Fürstenweg. **GPS:** n51,72825 o8,74509.

16 €5/24 Std 🚰€0,50/60Liter Ch💧(16x)€0,50/kWh.
Untergrund: asphaltiert. 📅 01/01-31/12.
Entfernung: 🚶Stadtmitte 700M ⊗vor Ort 🍴vor Ort 🛒vor Ort.
Sonstiges: Max. 72 Std.

Paderborn 9H3
Lippesee-Nordufer, Sennelagerstrasse 58, Sande.
GPS: n51,76087 o8,67756.⬆️

10 kostenlos. **Lage:** Ländlich, einfach. **Untergrund:** Wiese.
📅 01/01-31/12.
Entfernung: 🚶Zentrum Paderborn 9Km 🍴150M 🛒150M ⊗1Km

🍴500M vor Ort 🛒vor Ort.

Paderborn 9H3
Heinz Nixdorf MuseumsForum, Fürstenallee 7.
GPS: n51,73193 o8,73592.
3 kostenlos. **Untergrund:** befestigt. 📅 01/01-31/12.
Entfernung: 🚶Stadtmitte 2,5Km ⊗vor Ort.
Sonstiges: Beim Museum.

Petershagen 10A1
Am Sportplatz, Hohoffstraße 15. **GPS:** n52,37532 o8,96875.⬆️➡️

10 kostenlos 🚰€1/90Liter 💧(8x)€1/kWh. **Lage:** Städtisch, ruhig.
Untergrund: befestigt. 📅 01/01-31/12.
Entfernung: 🚶100M ⊗100M 🍴100M 🛒vor Ort.
Sonstiges: In der Nähe vom Fussballplatz, max. 3 Tage, anmelden bei Touristenbüro.

Plettenberg 11G1
Aqua Magis, Albert Schweizerstrasse, Böddinghausen.
GPS: n51,23220 o7,85308.⬆️➡️

12 kostenlos 🚰€1/40Liter Ch 💧(8x)€0,50 WC.
Lage: Ländlich, komfortabel, ruhig. **Untergrund:** befestigt.
📅 01/01-31/12.
Entfernung: 🚶vor Ort 🚲11Km ⊗vor Ort 🍴200M 🛒vor Ort 🏊vor Ort.
Sonstiges: Am Schwimmparadies, max. 48 Std.

Raesfeld 9F3
Wohnmobilstellplatz Graf Alexander, Südring.
GPS: n51,76523 o6,83035.⬆️➡️

8 €8 🚰€1/8Minuten Ch 💧(8x)€1/12Std WC.
Lage: Ländlich, einfach, ruhig. **Untergrund:** Schotter.
📅 01/01-31/12.
Entfernung: 🚶1Km ⊗150M 🛒vor Ort 🏊vor Ort.

Recke 9G1
Yackthafen Marina Recke, Auf der Haar 23.
GPS: n52,35082 o7,71174.⬆️

40 €7 Ch(10x)€1,50 WC €1,50.
Untergrund: Wiese/befestigt. 📅 01/01-31/12.
Entfernung: 🚶1km, Recke 3,5km 🛒vor Ort 🚲vor Ort ⊗vor Ort 🍴900M 🛒400M 🏊vor Ort.
Sonstiges: Am Mittellandkanal, anmelden beim Hafenmeister.

Rees 9E3
Stellplatz Rees am Niederrhein, Ebentalstrasse.
GPS: n51,76428 o6,38829.⬆️➡️

46 €6/Tag Ch inklusive. **Lage:** Städtisch, komfortabel, zentral. **Untergrund:** Wiese. 📅 01/01-31/12.
Entfernung: 🚶400M.
Sonstiges: Hinter Schwimmbad, Brötchenservice.

Reken 9F3
Wohnmobilstellplatz Reken, Bergen 2a.
GPS: n51,82864 o7,05895.⬆️➡️

20 €6 🚰€1/200Liter Ch 💧(20x)€0,50/kWh.
Lage: Ländlich, komfortabel, ruhig. **Untergrund:** Wiese.
📅 01/01-31/12.
Entfernung: 🚶1Km ⊗1Km 🍴1Km 🛒vor Ort.
Sonstiges: Max. 2 Tage, Markt am Freitag.

Remscheid 11F1
Brückenpark Müngsten, Mügstener Brückenweg.
GPS: n51,16833 o7,13750.⬆️

4 kostenlos. **Lage:** Ländlich, einfach, ruhig. **Untergrund:** Schotter.
📅 01/01-31/12.
Entfernung: 🚶5Km 🚲4Km 🍴100M 🛒100M 🏊vor Ort.
Sonstiges: Max. 1 Nacht.

Remscheid 11F1
Dörperhöhe, Bei Haus nr. 15, Lennep. **GPS:** n51,17986 o7,30205.
4 kostenlos. **Untergrund:** asphaltiert. 📅 01/01-31/12.
Sonstiges: Max. 1 Nacht.

Remscheid 11F1
Jahnplatz, Am Stadion, Lennep. **GPS:** n51,19052 o7,26110.
4 kostenlos. **Untergrund:** asphaltiert. 📅 01/01-31/12.
Entfernung: 🚶Altstadt Lennep 300M.
Sonstiges: Max. 1 Nacht.

Remscheid 11F1
Garage Pauli GmbH, Lenneperstrasse 152 (Bundesstrasse 229).
GPS: n51,18020 o7,22591.
3 kostenlos 🚰Ch kostenlos. **Untergrund:** Schotterasen.
📅 01/01-31/12. **Sonstiges:** Bei Reisemobilhändler, max. 1 Nacht.

Rheda-Wiedenbrück 9H2
Am Werl, Gütersloherstrasse. **GPS:** n51,85456 o8,29768.

4 kostenlos 🚰 Ch 💧 WC. **Lage:** Städtisch.

Nordrhein Westfalen

Untergrund: befestigt. 01/01-31/12.
Entfernung: 300M 300M.
Sonstiges: Max. 3 Tage.

Rheda-Wiedenbrück 9H2
P Hallenbad, Ostring/Am Hallenbad, Wiederbrück.
GPS: n51,83188 o8,32350.

4 kostenlos.
Lage: Städtisch, ruhig. **Untergrund:** befestigt.
01/01-31/12.
Entfernung: 1Km 200M Bäckerei 200M vor Ort vor Ort.
Sonstiges: Parkplatz Schwimmbad.

Rhede 9F3
Reisemobilstellplatz Kettelerplatz, Kettelerstrasse 9.
GPS: n51,83677 o6,69346.

15 kostenlos €1/3Minuten Ch. (6x)€1/Aufenthalt.
Lage: Städtisch, einfach, ruhig. **Untergrund:** Wiese.
01/01-31/12.
Entfernung: 750M 750M 500M.
Sonstiges: Bei der Feuerwehr.

Rhede 9F3
Hallen- und Freibad, Heideweg 59. **GPS:** n51,83164 o6,68635.

2 kostenlos. **Lage:** Städtisch, einfach, ruhig. **Untergrund:** befestigt.
01/01-31/12.
Entfernung: 1,5Km 600M 1,2Km.
Sonstiges: Parkplatz Schwimmbad, max. 3 Tage.

Rheinbach 11F2
Freizeitpark Monte Mare, Münstereifelerstraße 69.
GPS: n50,61883 o6,93262.

4 kostenlos. **Lage:** Ländlich, einfach. **Untergrund:** befestigt.
01/01-31/12.
Entfernung: 1,5Km vor Ort 1,5Km.
Sonstiges: Max. 3 Tage.

Rheine 9G2
Im Stadtpark, Kopernikusstrasse. **GPS:** n52,28137 o7,45478.

2 kostenlos. **Lage:** Städtisch, einfach. **Untergrund:** befestigt.
01/01-31/12.
Entfernung: 500M vor Ort 500M 300M vor Ort.

Rheine 9G2
Am Naturzoo, Weihbishof-Dalhaus-strasse.
GPS: n52,29526 o7,41645.

10 kostenlos. **Lage:** Ländlich, einfach. **Untergrund:** Schotterasen.
01/01-31/12.
Entfernung: 1,5Km 5Km vor Ort 100M.

Rheurdt 9E3
Wohnmobilhafen Ökodorf, St. Nikolausweg 15.
GPS: n51,46382 o6,46780.

21 €10 Ch. inklusive WC.
Untergrund: befestigt. 01/01-31/12.
Entfernung: 500M 500M 500M vor Ort vor Ort.

Rietberg 9H3
Jakobistrasse, Mastholte. **GPS:** n51,75667 o8,39111.

6 kostenlos €0,50/80Liter Ch. **Lage:** Ländlich, zentral.
Untergrund: asphaltiert. 01/01-31/12.
Entfernung: 100M 100M 100M.

Rietberg 9H3
Parkplatz Rottwiese, Jerusalemer Straße.
GPS: n51,80999 o8,41203.
kostenlos Ch. **Untergrund:** Schotter. 01/01-31/12.
Entfernung: Stadtmitte 1,2Km.
Sonstiges: Beim Museum.

Rietberg 9H3
Am Heimathaus, Langenberger Strasse, Mastholte.
GPS: n51,75765 o8,38945.

2 kostenlos. **Lage:** Städtisch. **Untergrund:** asphaltiert.
01/01-31/12. **Entfernung:** 100M 100M 100M.

Roetgen 11E2
Am Bahnhof, Bahnhofstrasse. **GPS:** n50,64868 o6,18506.

10 kostenlos. **Lage:** Ländlich, einfach, laut.
Untergrund: Schotter/befestigt. 01/01-31/12.
Entfernung: 300M 300M.

Rosendahl 9F2
Wohnmobilplatz Darfeld, Sudetenstrasse, Darfeld.
GPS: n52,02696 o7,26501.

20 kostenlos €1/100Liter Ch. (12x)€1/6Std. **Lage:** Ländlich, einfach. **Untergrund:** Wiese/befestigt. 01/01-31/12.
Entfernung: 500M vor Ort 500M 1Km.

Rüthen 9H3
Auf der Kamp. GPS: n51,49523 o8,43293.

12 €5 €1 Ch. €1/8Std. **Untergrund:** asphaltiert.
Entfernung: vor Ort 200M.

Sassenberg 9H2
Parkplatz Feldmark, Feldmark. **GPS:** n52,00370 o8,06528.

3 kostenlos €1/80Liter Ch.
Lage: Ländlich, einfach. **Untergrund:** befestigt.
Entfernung: 2,5Km 100M vor Ort vor Ort vor Ort vor Ort.

Schieder 10A2
Freizeitzentrum Schiedersee, Kronenbruch.
GPS: n51,92073 o9,16471.

Deutschland

Nordrhein Westfalen

300 € 10 €1/100Liter Ch €0,50/kWh WC €0,50 €2.
Lage: Ländlich, komfortabel, ruhig. **Untergrund:** Wiese/befestigt. 01/01-31/12.
Entfernung: 1,3Km 50M 50M vor Ort vor Ort vor Ort vor Ort.

Schleiden 11E2
Wohnmobilhafen am Nationalpark-Eifel, Pfarrer-Kneipp-Straße, Gemünd. **GPS:** n50,57855 o6,49107.

55 € 8, Kurtaxe € 1/pP Ch inklusive 1,100m.
Lage: Ländlich, komfortabel, ruhig. **Untergrund:** Schotter/befestigt. 01/01-31/12.
Entfernung: zu Fuß erreichbar 500M 500M vor Ort vor Ort.
Sonstiges: Brötchenservice.

Schleiden 11E2
Erlebnisfreibad, Im Wiesengrund. **GPS:** n50,52993 o6,47022.

3 kostenlos. **Lage:** Ländlich, einfach, ruhig.
Untergrund: asphaltiert. 01/01-31/12.
Sonstiges: Max. 24 Std.

Schloss Holte/Stukenbrock 9H2
Reisemobilstellplatz Am Sennebach, Liemkerstrasse 27, Liemke.
GPS: n51,86979 o8,61531.

20 € 5 €2 Ch (18x)inklusive. **Lage:** Ländlich, abgelegen, ruhig. **Untergrund:** Schotterasen. 01/01-31/12.
Ver-/Entsorgung: Sa/So. **Entfernung:** 1Km 1Km.
Sonstiges: Hinter Froli Kunststoffwerk Fromme.

Schmallenberg 11H1
Im Sorpetal, Winkhausen 21. **GPS:** n51,16083 o8,34056.

11 € 9 + € 1,25/pP Kurtaxe €0,50/60Liter Ch (12x)€0,50/kWh.

Untergrund: Wiese. 01/01-31/12.
Entfernung: vor Ort 100M 2km 500M 1km vor Ort.
Sonstiges: Forellen Teich, Golfplatz 500m, Spielplatz.

Schöppingen 9F2
Schulze Althoff, Heven 48. **GPS:** n52,07361 o7,22361.

30 € 14/Nacht 3 Pers. Inkl. 4. Pers. € 4 Ch (12x) inklusive,6Amp WC Sanitär €2/pp €5.
Lage: Ländlich, einfach.
Untergrund: Wiese.
Entfernung: 2,5Km vor Ort vor Ort 2,5Km vor Ort.
Sonstiges: Schwimmbad.

Senden 9G2
Sportpark Senden, Buldenerstrasse 13b. **GPS:** n51,85419 o7,47433.

10 kostenlos. **Lage:** Einfach, laut. **Untergrund:** Schotterasen. 01/01-31/12.
Entfernung: vor Ort 200M 300M vor Ort.
Sonstiges: Parkplatz am Sportpark.

Senden 9G2
Wohnmobilstellplatz Steinhoff, Gettrup 37.
GPS: n51,83305 o7,46878.

10 € 6 Ch (6x)€0,50/kWh. **Lage:** Ländlich, abgelegen.
Untergrund: Wiese/befestigt. 01/01-31/12.
Entfernung: Senden 4km 2,5Km 2,5Km.

Sendenhorst 9G2
Westor 31. GPS: n51,84286 o7,81849.

3 kostenlos €0,50/40Liter Ch €0,50.
Lage: Städtisch, einfach, zentral, laut. **Untergrund:** befestigt. 01/01-31/12.
Entfernung: vor Ort 300M 1Km vor Ort.
Sonstiges: Max. 3 Nächte.

Siegen 11H1
An der Alche, Freudenbergerstraße 67. **GPS:** n50,88073 o8,00764.
4 €0,50/40Liter Ch (4x) €0,50/kWh.
01/01-31/12. **Entfernung:** 1Km 5Km 200M 1Km.
Sonstiges: Max. 3 Tage.

Siegen 11H1
Hallenbad Weidenau, Poststraße 27. **GPS:** n50,89463 o8,02405.

3 kostenlos €1/10Minuten Ch (2x)€1/8Std.
Lage: Städtisch. **Untergrund:** befestigt. 01/01-31/12.
Entfernung: 200M 200M 200M 250M vor Ort vor Ort.
Sonstiges: Max. 3 Tage.

Simmerath 11E2
Wohnmobilhafen Rurseezentrum, Seeufer 1, Rurberg.
GPS: n50,60658 o6,38177.

10 € 8/24 Std €2 Ch. **Lage:** Ländlich, komfortabel.
Untergrund: Schotterasen. 01/01-31/12.
Entfernung: 100M 50M.

Soest 9H3
City Motel, Altes Stellwerk 9. **GPS:** n51,57503 o8,11478.

14 € 8 Ch (14x) WC €2 €3 inklusive.
Lage: Städtisch, komfortabel, zentral, ruhig.
Untergrund: Schotter. 01/01-31/12.
Entfernung: 200M 200M 200M 200M vor Ort vor Ort.

Solingen 11F1
Am Brandteich, Gräfrath. **GPS:** n51,21151 o7,07217.

10 kostenlos. **Lage:** Städtisch, einfach, ruhig. **Untergrund:** Beton. 01/01-31/12.
Entfernung: vor Ort 2,7Km vor Ort 300M.
Sonstiges: Parkplatz Feuerwehr.

Stadtlohn 9F2
Freizeit- und Hallenbad, Uferstrasse 29.
GPS: n51,99792 o6,93019.

4 kostenlos €0,50/100Liter Ch (4x)€1/kWh WC.
Lage: Ländlich, einfach, abgelegen. **Untergrund:** befestigt.

Nordrhein Westfalen

⏰ 01/01-31/12 🚫 kein Wasser im Winter.
Entfernung: 🏊800M 🛒1Km 🍴800M.
Sonstiges: Parkplatz Schwimmbad.

Steinfurt 9G2
Wohnmobilstellplatz Steinfurt, Liedekerkerstrasse 70, Burgsteinfurt.
GPS: n52,14738 o7,34746.

20 🅿 kostenlos ⛽€1/100Liter 🔌Ch ⚡€1/2kWh. **Lage:** Ländlich, einfach. **Untergrund:** Schotter. ⏰ 01/01-31/12.
Entfernung: 🏊1Km 🛒500M 🍴200M.
Sonstiges: Parkplatz hinter Polizeistation, max. 3 Nächte, freiwilliger Beitrag.

Steinfurt 9G2
Am Rathaus, Emsdettener Strasse 40. **GPS:** n52,12822 o7,39356.

6 🅿 kostenlos. **Lage:** Städtisch, einfach. **Untergrund:** asphaltiert.
⏰ 01/01-31/12.
Entfernung: 🏊400M 🛒200M 🍴400M 🏪400M 🚌200M.

Steinhagen 9H2
Am Cronsbach. GPS: n51,99998 o8,42351.

2 🅿 kostenlos. **Lage:** Städtisch, einfach. **Untergrund:** befestigt.
⏰ 01/01-31/12.
Entfernung: 🏊100M 🛒100M 🍴100M.
Sonstiges: Max. 2 Tage.

Stemwede 9H1
Stellplatz Hollenmühle, Hinterm Teich 3, Levern.
GPS: n52,36783 o8,43833.

36 🅿 €14 ⛽🔌Ch ⚡WC 🚿 inklusive. **Lage:** Ländlich, komfortabel. **Untergrund:** Wiese/Schotter. ⏰ 01/01-31/12.
Entfernung: 🛒vor Ort 🍴3,2Km.
Sonstiges: Brötchenservice.

Stemwede 9H1
Park Stemwederberg, Stemwederbergstrasse/Freudeneck, Westrup.
GPS: n52,43246 o8,43973.

8 🅿 kostenlos. **Lage:** Ländlich, komfortabel. **Untergrund:** Wiese.
⏰ 01/01-31/12.
Entfernung: 🏊2km 🛒2km 🍴2km 🏪vor Ort.

Stemwede 9H1
Hotel-Gasthof Moorhof, Wagenfelderstrasse 34, Oppenwehe.
GPS: n52,49979 o8,53507.

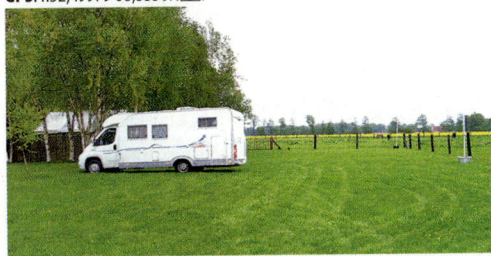

20 🅿 €7, für Gäste kostenlos ⛽ inklusive ⚡€2,16Amp.
Lage: Ländlich, ruhig. **Untergrund:** Wiese. ⏰ 01/01-31/12 🚫 Mo, Do.
Entfernung: 🛒vor Ort.

Straelen 9E3
Fitnessbad Wasserstraelen, Lingsforterstrasse 100.
GPS: n51,45201 o6,25708.

27 🅿 €8 ⛽€1/80Liter 🔌Ch ⚡(30x)€0,50/kWh ⚡ inklusive.
Untergrund: asphaltiert. ⏰ 01/01-31/12.
Entfernung: 🏊1,2Km 🛒1Km 🍴1Km.
Sonstiges: Max. 3 Tage.

Tecklenburg 9G2
Parkplatz Bismarckturm, Am Weingarten.
GPS: n52,22129 o7,79905.

5 🅿 €4. **Lage:** Einfach, ruhig. **Untergrund:** asphaltiert.
⏰ 01/01-31/12.
Entfernung: 🏊800M 🚌200M.

Tecklenburg 9G2
Regenbogen-Camp, Grafenstrasse. **GPS:** n52,22941 o7,89052.
4 🅿 €10 > 17 Uhr < 13 Uhr ⛽🔌 inklusive. **Lage:** Städtisch, einfach, laut. **Untergrund:** asphaltiert. ⏰ 01/01-31/12.
Entfernung: 🏊Tecklenburg 7km.

Telgte 9G2
Am Dümmert, Emstor. **GPS:** n51,98497 o7,79151.
3 🅿 kostenlos ⛽€1/100Liter 🔌Ch ⚡€1/kWh. **Lage:** Einfach.
Untergrund: Schotter. ⏰ 01/01-31/12.
Entfernung: 🏊600M 🛒600M 🍴600M 🏪vor Ort.

Telgte 9G2
Waldschwimmbad Klatenberge, Waldweg.
GPS: n51,99459 o7,78328.

20 🅿 kostenlos. **Lage:** Ländlich, einfach. **Untergrund:** asphaltiert.
⏰ 01/01-31/12.
Entfernung: 🏊1Km 🛒300M 🍴900M 🏪vor Ort.
Sonstiges: Parkplatz Schwimmbad, Erholungsgebiet.

Telgte 9G2
Altes Gasthus Lauheide, Lauheide 3, K17.
GPS: n51,99862 o7,75319.

80 🅿 €10 ⛽🔌Ch ⚡ inklusive.
Lage: Ruhig. **Untergrund:** Wiese.
⏰ 01/01-31/12 🚫 Restaurant: Mi.
Entfernung: 🏊4Km 🛒vor Ort 🚌Bus 300M 🍴vor Ort 🏪vor Ort.

Uedem 9E3
Reisemobilstellplatz Uedem, Bergstraße 99.
GPS: n51,66173 o6,28734.

26 🅿 €9 ⛽🔌Ch ⚡ inklusive. **Lage:** Ländlich, komfortabel.
Untergrund: Wiese. ⏰ 01/01-31/12.
Entfernung: 🏊1,5Km 🍴1,3Km 🏪vor Ort 🛒vor Ort.

Velbert 11F1
Unter der Saubrücke, Parkstraße, Velbert-Mitte.
GPS: n51,34097 o7,03050.

6 🅿 €5/24 Std ⛽€1/100Liter 🔌Ch ⚡€0,50/kWh.
Lage: Städtisch, einfach, ruhig. **Untergrund:** Schotter.
⏰ 01/01-31/12.
Entfernung: 🏊800M 🛒1,6Km 🍴250M 🏪vor Ort.

Velbert 11F1
Panoramabad Velbert-Neviges, Wiesenweg.
GPS: n51,30582 o7,08546.

4 🅿 kostenlos ⛽€1/80Liter 🔌Ch. **Lage:** Städtisch, einfach, ruhig.
Untergrund: Beton. ⏰ 01/01-31/12.

Deutschland

Nordrhein Westfalen

Entfernung: 🚲800M ⊗in der Nähe 🛒500M.
Sonstiges: Parkplatz Schwimmbad, max. 3 Nächte.

Velbert 　　　11F1
Domparkplatz, Bernsaustrasse Schloss Hardenberg.
GPS: n51,31565 o7,08724.⬆️.

4 🅿️kostenlos. 🚿 **Lage:** Städtisch. **Untergrund:** Schotter.
📅 01/01-31/12.
Entfernung: 🚲600M ⊗vor Ort.
Sonstiges: Max. 3 Nächte.

Velbert 　　　11F1
Nizzabad, Nizzatal 4, Langenberg. **GPS:** n51,34362 o7,13766.⬆️➡️.

3 🅿️kostenlos. **Lage:** Einfach, ruhig. **Untergrund:** befestigt.
📅 01/01-31/12.
Entfernung: 🚲Langenberg 2,5km ⊗vor Ort.
Sonstiges: Max. 3 Nächte.

Velen 　　　9F2
Stellplatz Erholungsgebiet, Klyer Damm 8-10.
GPS: n51,90167 o7,01167.⬆️➡️.

30 🅿️€ 15, 2 Pers. inkl 🚰🚽(50x) WC 🚿€1/4Minuten.
Lage: Ländlich, luxus. **Untergrund:** Schotter.
📅 01/01-31/12.
Entfernung: 🚲2km ⊗8,5Km ⊗vor Ort 🚲vor Ort 🚶vor Ort.
Sonstiges: Brötchenservice (Wochenende).

Velen 　　　9F2
Freibad Ramsdorf, Velener Straße, Ramsdorf.
GPS: n51,88955 o6,92503.⬆️.

5 🅿️kostenlos. **Lage:** Ländlich, einfach, laut. **Untergrund:** asphaltiert.
📅 01/01-31/12.
Entfernung: 🚲Ramsdorf 300M 🛒200M 🚲vor Ort 🚶vor Ort.
Sonstiges: Am Schwimmbad.

Viersen 　　　11E1
Am Familienbad Ransberg, Heesstraße 80, Viersen-Dülken.
GPS: n51,25083 o6,35291.⬆️.

9 🅿️€ 10 🚰€0,50/100Liter 🚽 (9x)inklusive.
Untergrund: befestigt. 📅 01/01-31/12.
Entfernung: 🚲Dülken 400m, Viersen 3km ⊗400M 🛒2km 🚌100M.
Sonstiges: Max. 3 Tage, zahlen beim Schwimmbad.

Vreden 　　　9F2
Hotel Zum Möwenparadies, Zwillbrockerstrasse 39.
GPS: n52,05305 o6,70733.⬆️.

10 🅿️€ 10 🚰 Ch 🚿 WC inklusive. 🚿
Lage: Einfach, abgelegen. **Untergrund:** Wiese.
📅 01/01-31/12.
Entfernung: 🚲4Km ⊗vor Ort 🚲vor Ort ⊗vor Ort 🚌200M.
Sonstiges: Forellen Teich.

Vreden 　　　9F2
Wohnmobilpark Vreden, Ottensteiner Strasse 59.
GPS: n52,03962 o6,84136.⬆️.

50 🅿️€ 8, 4 Pers. inkl 🚰 Ch 🚿(14x)inklusive WC €2 📶€3/Std.
Lage: Ländlich, einfach, ruhig. **Untergrund:** Wiese.
📅 01/01-31/12.
Entfernung: 🚲500M ⊗vor Ort.
Sonstiges: Frühstückservice, Schwimmbad €2/pP.

Wachtendonk 　　　9E3
Bleiche P4, Achter de Stadt. **GPS:** n51,40601 o6,33170.⬆️➡️.

24 🅿️€ 7 🚰€0,50/60Liter 🚽€0,50 Ch 🚿(12x)€0,50/kWh 📶.
Untergrund: Schotter. 📅 01/01-31/12.
Entfernung: 🚲400M ⊗100M 🛒400M.
Sonstiges: Geld in Umschlag in den Briefkasten.

Wadersloh 　　　9H3
Im Klostergarten 18, Liesborn. **GPS:** n51,71414 o8,25960.⬆️➡️.

4 🅿️kostenlos 🚰€0,50/80Liter 🚽 Ch 🚿(4x)€0,50/12Std.

Lage: Ländlich. **Untergrund:** befestigt. 📅 01/01-31/12.
Entfernung: 🚲400M ⊗100M 🛒400M vor Ort 🚶vor Ort.
Sonstiges: Hinter der Sporthalle.

Waldbröl 　　　11G2
Am Hallenbad, Vennstrassse. **GPS:** n50,87511 o7,60987.⬆️.

5 🅿️kostenlos.
Lage: Ländlich, einfach, ruhig. **Untergrund:** befestigt.
📅 01/01-31/12.
Entfernung: 🚲vor Ort ⊗350M 🛒300M 🚲vor Ort 🚶vor Ort.
Sonstiges: Max. 2 Tage.

Waldfeucht-Brüggelchen 　　　11E1
Reisemobilstellplatz Tilder Weg, Tilderweg.
GPS: n51,07076 o5,99454.⬆️.

18 🅿️€ 5 🚰€1/80Liter 🚽 Ch 🚿(10x)€0,50/kWh. 🚿
Lage: Ländlich, einfach, ruhig. **Untergrund:** befestigt.
📅 01/01-31/12.
Entfernung: 🚲1Km ⊗vor Ort 🛒500M 🚲100M 🚶vor Ort.
Sonstiges: Max. 4 Nächte, Geld in Umschlag in den Briefkasten.

Waltrop 　　　9G3
Restaurant Zur Lohburg, Lohburgerstrass 105, A2 Ausfahrt henreichenburg, Schiffshebewerk. **GPS:** n51,60613 o7,34882.

10 🅿️€ 5 🚰🚽€3. **Untergrund:** Wiese. 📅 01/01-31/12.
Entfernung: 🚲1Km ⊗vor Ort 🛒1Km.

Warburg 　　　10A3
Schützenplatz, Paderborner Tor 134. **GPS:** n51,48993 o9,13810.
5 🅿️€ 5 🚰 Ch 🚿inklusive. **Untergrund:** befestigt. 📅 15/09-15/10.
Entfernung: 🚲500M ⊗100M 🛒200M.
Sonstiges: Max. 3 Tage.

Warendorf 　　　9G2

Parkplatz am Emsseepark Warendorf
- Direkte Lage am See
- Ganzjährig geöffnet
- Historisches Zentrum

www.warendorf.de
marketing@warendorf.de

Deutschland

Nordrhein Westfalen

Parkplatz am Emsseepark, Sassenberger Strasse.
GPS: n51,95447 o7,99904. ⬆️
14 🅿️ kostenlos ⛽€1/50Liter 🔌Ch 🔥(14x)€1/kWh.
Lage: Ländlich, einfach, zentral, ruhig. **Untergrund:** befestigt.
📅 01/01-31/12.
Entfernung: 🛒500M 🍴vor Ort ⊗100M 🏊800M 🚌100M 🚲vor Ort 🚶vor Ort.

Warendorf 9G2
Parkplatz Zwischen den Emsbrücken, Am Emswehr.
GPS: n51,95426 o7,99164. ⬆️

2 🅿️ kostenlos. 📅 01/01-31/12.
Entfernung: 🛒100M.

S Warstein 9H3
Camperpark zum Bayernstadl, Enkerbruch 12a.
GPS: n51,43041 o8,37432. ⬆️➡️

40 🅿️ € 8 ⛽€1/100Liter 🔌Ch 🔥(18x)€2/Tag 📶.
Untergrund: Schotter. 📅 01/01-31/12.
Entfernung: 🛒1,5Km ⊗vor Ort 🏊1,5Km 🚌1,5Km.
Sonstiges: Brötchenservice.

S Warstein 9H3
Vans in Paradise, Zu Hause im Waldpark. **GPS:** n51,42615 o8,35525. ⬆️

40 🅿️ € 15 ⛽🔌Ch 🔥(76x),16Amp WC ⬜inklusive 🚿€2/2.
Lage: Abgelegen, ruhig. **Untergrund:** Wiese/Schotter.
📅 01/01-31/12. **Entfernung:** 🛒2km 🍴kleine Speisekarte 🏊2km 🚌2km. **Sonstiges:** Beim Warstein Brauerei, Brötchenservice.

Warstein 9H3
Schützenhalle, Schützenstraße 30, Hirschberg.
GPS: n51,43398 o8,27477.
3 🅿️ kostenlos 🚿 📅 01/01-31/12 ⓧ Pfingsten.
Entfernung: 🛒500M, Warstein 12km 🏊500M.

Warstein 9H3
Wohnmobilstellplatz, Dammweg. **GPS:** n51,45103 o8,34750. ⬆️➡️

5 🅿️ kostenlos. **Lage:** Einfach.
Untergrund: Schotter/befestigt.
📅 01/01-31/12.
Entfernung: 🛒2km ⊗500M 🏊1km 🚌1km.
Sonstiges: Am Sportpark.
Touristinformation Warstein:
ⓘ Warsteiner Brauerei, Zu Hause im Waldpark. Führungen, Dauer 1.45

Std, inklusive 2 Getränke. 📅 täglich 12-17 Uhr, So 13-15 Uhr.

S Wassenberg 11E1
Parkbad Wassenberg, Auf dem Taubenkamp 2.
GPS: n51,09833 o6,14364. ⬆️➡️

11 🅿️ € 5/Tag, € 20/Woche ⛽€1/100 🔌Ch 🔥€0,50/kWh.
Lage: Ländlich, komfortabel, ruhig. **Untergrund:** befestigt.
📅 01/01-31/12.
Entfernung: 🛒1,5Km.
Sonstiges: Zahlen beim Schwimmbad.

S Weeze 9E3
Tierpark Fährsteg, L5 Fährsteg. **GPS:** n51,63074 o6,20086. ⬆️.

13 🅿️ € 5 🔥€0,50/kWh. **Lage:** Einfach. 📅 01/01-31/12.
Entfernung: 🛒500M 🏊500M.

S Weeze 9E3
Aral, Industriestraße. **GPS:** n51,62029 o6,20972. ⬆️.
⛽€1 🔌Ch.

S Wegberg 11E1
Wegberger Reisemobilstellplatz, Schul- und Sportzentrum,
Maaseiker Strasse 67. **GPS:** n51,13389 o6,28266. ⬆️➡️

10 🅿️ € 8 ⛽🔌Ch 🔥inklusive. **Untergrund:** Wiese/Schotter.
📅 01/01-31/12.
Entfernung: 🛒400M ⊗400M 🏊400M 🚌vor Ort.
Sonstiges: Zahlen beim Schwimmbad, Kaution Schlüssel € 20.

S Werne 9G3
Natur Solebad, Am Hagen. **GPS:** n51,65910 o7,63414. ⬆️➡️.

12 🅿️ € 5/24 Std ⛽€1/80Liter 🔌Ch 🔥€0,50/kWh.
Untergrund: befestigt. 📅 01/01-31/12.
Entfernung: 🛒400M ⊗200M 🚌vor Ort.
Sonstiges: Dienstag und Freitag Markt.

S Wesel 9F3
Reisemobilstellplatz Römerwardt, Rheinpromenade.
GPS: n51,66116 o6,59256. ⬆️➡️.

45 🅿️ € 7, 01/04-31/10 € 9 ⛽€1/80Liter 🔌Chinklusive 🔥€1/kWh 🚿€1,50/Mal. **Lage:** Ländlich, komfortabel, ruhig.
Untergrund: Wiese/befestigt. 📅 01/01-31/12.
Entfernung: 🛒1,5Km ⊗100M 🏊1,5Km 🚲vor Ort 🚶vor Ort.
Sonstiges: Ankunft anmelden, Brötchenservice, Fahrradverleih, Mittwoch und Samstag Markt.

Westerkappeln 9G2
Am Freibad, Bullerteichstraße 12. **GPS:** n52,31556 o7,88070. ⬆️.

2 🅿️ kostenlos. **Lage:** Städtisch, einfach. **Untergrund:** Schotterasen.
📅 01/01-31/12.
Entfernung: 🛒600M ⊗400M 🚌50M.

S Wiehl 11G1
Freizeitpark Wiehl, Brücknerstrasse. **GPS:** n50,94716 o7,54585. ⬆️➡️

5 🅿️ kostenlos ⛽€1/80Liter 🔌Ch. **Lage:** Einfach, zentral.
Untergrund: befestigt.
Entfernung: 🛒300M 🍴5,4Km 🏊400M.
Sonstiges: Parkplatz neben Erholungspark und Diskothek, max. 3 Nächte.

Wiehl 11G1
Sportplatz Eichhardt, Friedhofstrasse.
GPS: n50,95110 o7,54482. ⬆️⬆️.

3 🅿️ kostenlos.
Lage: Städtisch. **Untergrund:** befestigt.
📅 01/01-31/12.
Entfernung: 🛒1km 🍴5,3Km ⊗1km 🚌1km.
Sonstiges: Parkplatz Sportpark, max. 3 Nächte.
Touristinformation Wiehl:
ⓘ www.wiehl.de. Städtchen in grüner Hügellandschaft. 180 Km markierte Wanderwege.
ⓘ Wiehler Dahlienschau. 150 Dahlien-Arten. 📅 01/08-31/10 täglich 9-19 Uhr. 🅿️ kostenlos.
ⓘ Wiehler Trofsteinhöhle. Tropfsteinhöhlen, Temperatur beträgt 8°C.
📅 15/03-31/10 10-17 Uhr, 01/11-14/03 Sa-So 11-16 Uhr.
ⓘ Bergische Postkutsche, Nümrecht Post. Postkutschenfahrt zwischen Wiehl und Nümbrecht. 📅 01/05-30/09 Fr-So 10-16 Uhr.

S Wilnsdorf 11H2
Wielandshof, Bauhofstraße 5. **GPS:** n50,80692 o8,10896. ⬆️.

Nordrhein Westfalen - Rheinland-Pfalz/Saarland

5 €5 €0,50/60Liter Ch (4x)€1/12Std.
Untergrund: Schotter. 01/01-31/12.
Entfernung: 900M 900M.
Sonstiges: Anmelden bei Bauernhof.

Windeck 11G2
Am Sportplatz, Im Bungert, Herchen. **GPS:** n50,78025 o7,51308.

5 kostenlos (10x)€0,50/kWh.
Lage: Ländlich, einfach, ruhig. **Untergrund:** Schotter.
01/01-31/12.
Entfernung: 200M 8,5Km 200M 200M vor Ort vor Ort.
Sonstiges: Parkplatz Sportpark.

Windeck 11G2
Hallenbad, Bergische strasse 21, Dattenfeld.
GPS: n50,80754 o7,56105.

4 kostenlos €2 €2 Ch€2. **Lage:** Ländlich, einfach, ruhig.
Untergrund: befestigt. 01/01-31/12.
Entfernung: 8,5Km vor Ort vor Ort.

Windeck 11G2
Auf dem Greent, Dattenfeld. **GPS:** n50,80697 o7,55495.

50 kostenlos. **Lage:** Ländlich, einfach, ruhig.
Untergrund: asphaltiert/Wiese. 01/01-31/12.
Entfernung: 500M 8,5Km 500M 500M.
Sonstiges: Festplatz.

Windeck 11G2
Brunnenweg, Dattenfeld. **GPS:** n50,80486 o7,56087.

5 kostenlos.
Lage: Einfach, ruhig. **Untergrund:** Wiese/Schotter.
01/01-31/12.
Entfernung: 200M 8Km 200M 150M vor Ort vor Ort.

Sonstiges: Erholungspark.

Windeck 11G2
Museumsdorf Altwindeck, Im Thal Windeck 17, Alt-Windeck.
GPS: n50,81276 o7,57554.

4 kostenlos.
Lage: Ländlich, einfach, ruhig. **Untergrund:** Schotter.
01/01-31/12.
Entfernung: 2km 8,5Km vor Ort 2km vor Ort vor Ort.
Sonstiges: Parkplatz Museum, max. 3 Tage.

Winterberg 11H1
Wohnmobilpark Winterberg, Neuastenberger Straße 4a, OT Neuastenberg. **GPS:** n51,15974 o8,48383.
70 €7,50-13,50 + €1,95/pP Kurtaxe €1/100Liter Ch €0,60/kWh €1 €2,50/2,50. **Untergrund:** Schotter.
01/01-31/12.
Entfernung: vor Ort vor Ort.
Sonstiges: Brötchenservice.

Winterberg 11H1
Parkplatz Stadthalle, Schulstrasse. **GPS:** n51,19163 o8,53810.

20 €8/24 Std €0,50/50Liter Ch (10x)€0,50/3Std.
Untergrund: befestigt. 01/01-31/12.
Entfernung: 1Km 1Km.

Winterberg 11H1
Bergrestaurant Bobhaus, Auf der Kappe 1. **GPS:** n51,18493 o8,50559.

8 €12, für Gäste kostenlos. **Lage:** Ländlich.
Untergrund: asphaltiert.
Entfernung: 2km vor Ort vor Ort vor Ort vor Ort.
Sonstiges: Parkplatz Skilift, Anmeldung bei Restaurant.

Winterberg 11H1
Campingplatz Winterberg. **GPS:** n51,18632 o8,50445.

€18,50-20,50 Ch (25x)€0,55/kWh WC €1 €0,50.
Lage: Ländlich, luxus. **Untergrund:** befestigt. 01/01-31/12.
Entfernung: 2km vor Ort 2km 20M vor Ort vor Ort vor Ort vor Ort.
Sonstiges: Parkplatz an den Skipiste.

Witten 9G3
Reisemobil-Center, Pferdebachstrasse 150.
GPS: n51,45411 o7,35246.

8 kostenlos €1/80Liter Ch. **Untergrund:** Schotter.
01/01-31/12. **Entfernung:** 3Km 3Km 3Km.

Wülfrath 11F1
Parkplatz, Mettmanner Straße 42. **GPS:** n51,28188 o7,02741.

6 kostenlos. **Lage:** Städtisch, einfach, ruhig. **Untergrund:** Beton.
01/01-31/12.
Entfernung: vor Ort 500M 800M.

Xanten 9E3
Womopark Xanten, Fürstenberg 6. **GPS:** n51,65413 o6,46389.

60+20 €10 + Kurtaxe €2,50/Wohnmobil Ch inklusive
€3 €1. **Lage:** Ländlich, luxus, ruhig. **Untergrund:** Wiese.
01/01-31/12.
Entfernung: 1,7Km 300M 200M.
Sonstiges: Ankunft anmelden.

Zülpich 11F2
Wohnmobilpark Seepark, Eichenallee.
GPS: n50,67660 o6,65867.

40 €9 €1 Ch inklusive. **Lage:** Ländlich, einfach, abgelegen. **Untergrund:** Wiese. 01/01-31/12.
Entfernung: 100M.
Sonstiges: Ver-/Entsorgung in der Nähe von Tennisplatz 100M.

Rheinland-Pfalz/Saarland

Alf 11F3
Freizeitbad Arrastal, Mühlenstraße. **GPS:** n50,05273 o7,11326.

100 €6 Ch inklusive €2,50/Tag. **Lage:** Ländlich, einfach. **Untergrund:** asphaltiert/Wiese. 01/01-31/12.
Entfernung: 800M.

Rheinland-Pfalz/Saarland

Alken 11G3
Moselstraße 1. **GPS:** n50,25090 o7,44590.

5 kostenlos. **Lage:** Ländlich, einfach. **Untergrund:** Schotter. 01/01-31/12.
Entfernung: 200M 100M 200M vor Ort.

Alsheim 16H1
Weingut Elisabethenhof, In den Weingärten 10.
GPS: n49,76563 o8,34748.

4 10 inklusive €2/24Std. **Lage:** Ländlich, einfach, ruhig. **Untergrund:** Beton. 01/01-31/12.
Entfernung: 300M 500M.

Altdorf 16H2
Schulstraße. **GPS:** n49,28426 o8,22035.
kostenlos. **Untergrund:** befestigt.
Entfernung: 300M 300M.

Altdorf 16H2
Spelzenhof, Hauptstrasse 77. **GPS:** n49,28869 o8,22028.

6 7,50 inklusive. **Lage:** Einfach. **Untergrund:** Wiese.
01/01-31/12. Mo, Di. **Entfernung:** in der Nähe. 7Km 150M 400M in der Nähe.

Altendiez 11H3
Restaurant Bimbes-Stubb, Lahnblick 4.
GPS: n50,36612 o7,98041.

6 8 inklusive. **Lage:** Einfach. **Untergrund:** Schotter.
01/01-31/12. Mo.
Entfernung: vor Ort vor Ort 500M.

Altenglan 16G1
Draisine, Austrasse. **GPS:** n49,55001 o7,46465.

4 kostenlos €1/80Liter Ch (6x)€1. **Lage:** Ländlich, einfach, ruhig. **Untergrund:** Schotter. 01/04-31/10.
Entfernung: 100M 100M vor Ort vor Ort.

Andernach 11G2
Wohnmobilstellplatz Andernach, Scheidsgasse/Uferstrasse.
GPS: n50,44176 o7,40796.

70 7 €1/100Liter Ch (40x)€1/2kWh WC €0,50.
Untergrund: befestigt. 01/01-31/12.
Entfernung: vor Ort Rhein 200M 400M.
Sonstiges: Max. 3 Nächte.

Andernach 11G2
Wohnmobilstellplatz Monte Mare, Klingelswiese 1.
GPS: n50,42633 o7,38492.

12 3 €1/100Liter Ch (12x)€0,50/kWh WC.
Untergrund: Beton. 01/01-31/12.
Entfernung: 2km.
Sonstiges: Brötchenservice.
Touristinformation Andernach:
Sa 7-13 Uhr.

Annweiler 16H2
Am Kurpark, Bindersbacherstrasse. **GPS:** n49,19624 o7,96817.

10 kostenlos €1/80Liter Ch kostenlos. **Lage:** Ländlich, ruhig.
Untergrund: asphaltiert. 01/01-31/12.
Entfernung: 1km 600M.
Sonstiges: Max. 3 Tage.

Bacharach 11G3
Reisemobilplatz Sonnenstrand, B9 Leinpfad.
GPS: n50,05487 o7,77123.

30 8 €1 Ch (12x)€2,50/24Std €1 €3/3.
Lage: Komfortabel, zentral, ruhig. **Untergrund:** Schotter.
01/01-31/12. Hochwasser.
Entfernung: vor Ort der Rhein 300M 300M.
Sonstiges: Brötchenservice.

Bad Bergzabern 16H2
Schloßgärten, Weinbergstrasse 7. **GPS:** n49,10322 o7,99737.

10 4 €1/80Liter €1 Ch €1.
Lage: Städtisch, einfach, zentral, laut. **Untergrund:** befestigt.
01/01-31/12. kein Wasser im Winter.
Entfernung: vor Ort vor Ort 200M.

Bad Bergzabern 16H2
Weingut Hitziger, Liebrauenbergweg 3. **GPS:** n49,10667 o7,99611.

8 5 Ch inklusive €1/kWh.
Lage: Ländlich, einfach, ruhig. **Untergrund:** Wiese. 01/01-31/12.
Entfernung: 1Km 2km 2km.

Bad Dürkheim 16H1
In der Silz, Leistadterstrasse. **GPS:** n49,46944 o8,16722.

170 6 €1/80Liter Ch €1/kWh. **Lage:** Städtisch, einfach. **Untergrund:** Wiese/Schotter. 01/01-31/12.
Entfernung: 300M 100M 300M 200M.
Sonstiges: Ver-/Entsorgung bei Knaus Park.

Bad Dürkheim 16H1
Katharinenhof, In den Kornwiesen 1. **GPS:** n49,46633 o8,20144.
10 10 Ch. **Untergrund:** Wiese. 01/01-31/12.
Sonstiges: Brötchenservice.

Bad Dürkheim 16H1
Knaus park, In den Almen 3. **GPS:** n49,47472 o8,19167.

16 9,50 €1/70Liter Ch €0,70/kWh €3,30/pP.
Untergrund: Schotter/befestigt. 01/01-31/12.

Bad Ems 11G3
Yachthafen Kutscher's Marina, Nievernerstrasse 20.
GPS: n50,33278 o7,70167.

16 10 Ch €1/kWh WC €1.
Lage: Komfortabel, ruhig. **Untergrund:** Schotter. 01/03-15/11.
Entfernung: vor Ort vor Ort 1Km 300M.

Deutschland

Rheinland-Pfalz/Saarland

Bad Kreuznach 16G1
Wohnmobilstellplatz Salinental, Karlshalle 11, Saline. **GPS**: n49,82778 o7,85001.
40 € 13 €0,50/60Liter Ch €3/Nacht WC 1.
Untergrund: Schotter. 01/01-31/12.
Entfernung: 2km vor Ort vor Ort 200M 2km vor Ort.

Bad Kreuznach 16G1
Weingut Desoi, Am Darmstädter Hof. **GPS**: n49,82803 o7,88934.
3 € 5 inklusive. **Lage**: Ländlich, einfach, ruhig.
Untergrund: Beton. 01/01-31/12.
Entfernung: 1,5Km 10Km 500M.

Bad Kreuznach 16G1
Weingut Gut Neuhof, Gut Neuhof. **GPS**: n49,86923 o7,85924.
4 € 10 inklusive. **Lage**: Ländlich, einfach, ruhig.
Untergrund: Wiese. 01/01-31/12.
Entfernung: 3Km 2,5Km.

Bad Marienberg 11G2
Marienbad, Bismarckstrasse 65. **GPS**: n50,64321 o7,93515.
40 € 10 €1/80Liter Ch (40x)€0,50/kWh inklusive.
Lage: Luxus, ruhig. **Untergrund**: befestigt. 01/01-31/12.
Entfernung: 2km Bistro.
Sonstiges: 10 Tage € 78, Brötchenservice, kostenlose Nutzung der Sonnenliegen und Strandstühle.

Bad Münster am Stein-Ebernburg 16G1
Reisemobilstellplatz Weingut Rapp, Schlossgartenstrasse 74. **GPS**: n49,80800 o7,83208.

3 € 9,50 €1/100Liter **Lage**: Ländlich, einfach, ruhig.
Untergrund: Schotter. 01/01-31/12.

Entfernung: 15km.

Bad Neuenahr 11F2
Am Schwimmbad. **GPS**: n50,53806 o7,10139.

25 € 7 €0,50 Ch €1/2kWh €0,50.
Lage: Städtisch, zentral. **Untergrund**: befestigt. 01/01-31/12.
Entfernung: 400M 300M Bäckerei 500M.
Sonstiges: An der Ahr, max. 24 Std.

Bad Neuenahr 11F2
Apolinaris-Stadion, Kreuzstrasse. **GPS**: n50,54456 o7,15132.

20 € 5/24 Std €1/80Liter Ch **Untergrund**: asphaltiert. 01/01-31/12.
Entfernung: 3Km.

Bad Neuenahr 11F2
Wohnmobilstellplatz Bachem, St.-Pius-Straße. **GPS**: n50,53962 o7,10775.

20 € 5/24 Std. **Lage**: Städtisch, einfach. **Untergrund**: asphaltiert. 01/01-31/12.
Entfernung: 700M 700M.
Sonstiges: Parkplatz an der Ahr.

Bad Sobernheim 16G1
Reisemobilstellplatz am Nohfels, Hömigweg 1. **GPS**: n49,77993 o7,65702.

39 € 9 €0,10/10Liter Ch (48x)€2,50/Tag,16Amp WC
Lage: Ländlich, komfortabel, ruhig. **Untergrund**: befestigt. 01/01-31/12.
Entfernung: 500M 100M 100M 200M 500M 300M vor Ort vor Ort.
Sonstiges: Brötchenservice.

Battweiler 16G2
Flugplatz Pottschütthöhe, Pottschütthöhe. **GPS**: n49,26761 o7,49096.

10 € 15 Ch (10x)inklusive. **Lage**: Einfach, abgelegen, ruhig. **Untergrund**: Wiese/Schotter. 01/01-31/12. Mo.
Entfernung: 2km 10Km vor Ort.
Sonstiges: Beim Flugplatz.

Baumholder 16G1
Freizeitzentrum Am Weiher, Ringstrasse. **GPS**: n49,61111 o7,33917.

3 kostenlos. **Lage**: Ländlich, einfach. **Untergrund**: asphaltiert. 01/04-31/10.
Entfernung: 2km vor Ort McDonalds 250M 250M.

Bechein 11G3
Restaurant Zum Wolfsbusch, Emser strasse 1. **GPS**: n50,29609 o7,71503.

5 € 2, Gäste kostenlos €2. **Lage**: Einfach, ruhig.
Untergrund: Schotter/befestigt.
Entfernung: vor Ort vor Ort 300M.

Beckingen 16F2
Wohnmobilstellplatz Düppenweiler, Brunnenstrasse 11, Düppenweiler. **GPS**: n49,41414 o6,76973.

20 € 4 €1/100Liter Ch (6x)€1/Tag.
Lage: Einfach, ruhig. **Untergrund**: befestigt. 01/01-31/12.
Entfernung: vor Ort 300M.

Beckingen 16F2
Landgasthaus Wilscheider Hof, Zum Wilscheider Hof, Düppenweiler. **GPS**: n49,42562 o6,76422.

15 € 5 Ch (7x)€1/Tag WC €1,50.
Lage: Ländlich, komfortabel, abgelegen, ruhig. **Untergrund**: Wiese. 01/01-31/12.
Entfernung: 1,5Km vor Ort 1,5Km.

Rheinland-Pfalz/Saarland

Bellheim 16H2
Wohnmobilstellplatz Bellheim, Auchtweide.
GPS: n49,19552 o8,27466.

8 €5 WCinklusive €1/pP. **Lage**: Einfach, abgelegen, ruhig.
Untergrund: Wiese/Schotter. 01/05-31/10.
Entfernung: 700M 3km 750M 1km 200M.
Sonstiges: Bei den Tennisplätzen, max. 24 Std.

Bendorf 11G2
Wohnmobilstellplatz Bendorf, Koblenz Olper Strasse.
GPS: n50,43998 o7,57486.
6 kostenlos. 01/01-31/12.
Entfernung: 4km.

Bernkastel 11F3
Weingut Studert-Prüm im Maximin Hof, Hauptstrasse 150, Wehlen.
GPS: n49,93771 o7,04811.

43 €10-12 Ch WCinklusive. **Lage**: Ländlich, komfortabel, ruhig. **Untergrund**: Wiese. 01/04-31/10.
Entfernung: vor Ort vor Ort vor Ort 2km, Bäckerei 300M vor Ort vor Ort.

Bernkastel 11F3
Nikolausufer. **GPS**: n49,91119 o7,06721.

40 Ch. **Lage**: Städtisch. **Untergrund**: Schotterasen.
01/01-31/12, 10-18 Uhr.
Entfernung: vor Ort.
Sonstiges: Max. 6 Std.

Betzdorf 11G2
Friedrichstrasse. **GPS**: n50,78636 o7,87781.

1 kostenlos. **Lage**: Städtisch, einfach, laut. **Untergrund**: asphaltiert.
01/01-31/12.
Entfernung: 500M.
Sonstiges: Max. 24 Std.

Betzdorf 11G2
Schützenplatz, Martin-Luther-Strasse. **GPS**: n50,79323 o7,86793.

Betzdorf 11G2
Vor dem Stadion, Eberhardystrasse. **GPS**: n50,78524 o7,86507.

1 kostenlos. **Lage**: Städtisch, einfach. **Untergrund**: Schotter.
01/01-31/12.
Sonstiges: Max. 1 Nacht.

Betzdorf 11G2
Vor dem Stadion, Eberhardystrasse. **GPS**: n50,78524 o7,86507.

1 kostenlos. **Lage**: Städtisch, einfach, zentral. **Untergrund**: Schotter.
01/01-31/12.
Entfernung: 1km 50M vor Ort vor Ort.
Sonstiges: Max. 1 Nacht.

Bexbach 16G2
Bexbacher Reisemobilhafen, Im Blumengarten.
GPS: n49,34161 o7,25698.

35 €7 €1/80Liter Ch (36x)€2,50/Nacht WC.
Lage: Ländlich, luxus, ruhig. **Untergrund**: Wiese. 01/01-31/12.
Entfernung: 900M 5km vor Ort 500M 200M vor Ort vor Ort.
Sonstiges: Brötchenservice.

Biebelnheim 16H1
Wohnmobilpark am Petersberg, Flonheimer Strasse 34.
GPS: n49,79432 o8,16236.

20 €5 €2 Ch €2. **Untergrund**: befestigt. 01/01-31/12.
Entfernung: 1km 1,5km Bistro Am Petersberg 1km.
Sonstiges: Max. 2 Nächte.

Biebernheim 11G3
Reiterhof Pabst, Auf dem Flürchen. **GPS**: n50,14127 o7,70828.

20 €6 2 Pers. inkl Ch (6x)€2. **Lage**: Ländlich, einfach, abgelegen, ruhig. **Untergrund**: Wiese. 01/01-31/12.
Entfernung: 10km.

Sonstiges: Brötchenservice.

Bingen/Rhein 11H3
Wohnmobilpark Bingen, Mainzer Straße, Bingen/Kempten.
GPS: n49,96860 o7,94417.

39 €6,50/Nacht Ch €2,50/24Std €3/3
inklusiveAufenthalt. **Lage**: Komfortabel, ruhig.
Untergrund: Wiese/befestigt. 01/01-31/12.
Entfernung: 2,5km 1,5km 800M 2,7km.
Sonstiges: Brötchenservice.

Birgel 11F3
Historische Wassermühle, Bahnhofstrasse 16.
GPS: n50,32033 o6,61764.

10 €15, für Gäste kostenlos >€15 Ch (2x)inklusive.
Lage: Einfach, ruhig. **Untergrund**: Schotter. 01/01-31/12.
Entfernung: 500M 25km vor Ort 1km.

Blieskastel 16G2
Freizeitanlage Würzbacher Weiher, Marxstraße, Niederwürzbach.
GPS: n49,24674 o7,19226.

10 €4,50 €1/10Minuten €1 Ch €1/4Std.
Lage: Ländlich, einfach, ruhig. **Untergrund**: Wiese/Schotter.
01/01-31/12.
Entfernung: 500M vor Ort vor Ort 100M 600M 600M.
Sonstiges: Am See, Würzbacher Weiher.

Blieskastel 16G2
Hotel Restaurant Hubertushof, Kirschendell 32.
GPS: n49,24456 o7,21573.

8 €5, für Gäste kostenlos.
Untergrund: asphaltiert. 01/01-31/12.
Entfernung: vor Ort vor Ort 1km.
Sonstiges: Ankunft <19 Uhr, max. 2 Nächte, Brötchenservice.

Blieskastel 16G2
Freizeitzentrum Blieskastel, Bliesaue 1, Webenheim.
GPS: n49,23527 o7,26946.

Deutschland

Rheinland-Pfalz/Saarland

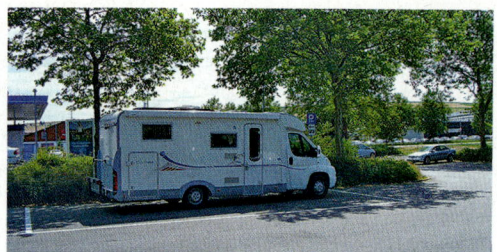

3 kostenlos. **Lage:** Städtisch, einfach, laut. **Untergrund:** befestigt. 01/01-31/12.
Entfernung: vor Ort 5Km vor Ort.

Bobenthal/Bornich 16H2
Hotel-Restaurant St. Germanshof, Hauptstrasse 10.
GPS: n49,04749 o7,89985.

4 Gäste kostenlos. **Untergrund:** befestigt. 01/01-31/12 Mo.
Entfernung: 5Km vor Ort 7Km.

Bockenheim 16H1
Weingut Benss, Am Spiegelpfad 10. **GPS:** n49,59959 o8,17823.

6 kostenlos (6x) WC Ver-/Entsorgung €5. **Lage:** Ländlich, einfach, ruhig. **Untergrund:** Wiese. 01/01-31/12.
Entfernung: 7Km 500M 3Km.

Bockenheim 16H1
Weingut W. Kohl, Am Sonnenberg 3. **GPS:** n49,59902 o8,17925.

6 € 8/Nacht WC inklusive.
Untergrund: befestigt. 01/01-31/12.
Entfernung: 500M 500M 3Km.

Braubach 11G3
Braubacher Rheintreff, Rheinuferstrasse, B42.
GPS: n50,26972 o7,64750.

30 € 10 Liter Ch kWh inklusive €3.
Lage: Komfortabel, ruhig. **Untergrund:** asphaltiert. 01/01-31/12.
Entfernung: 300M vor Ort vor Ort 300M 300M 300M.
Sonstiges: Brötchenservice.

Brauneberg 16F1
Wohnmobilplatz Juffer, Moselweinstrasse.
GPS: n49,90518 o6,97760.

25 € 8 Ch **Untergrund:** befestigt. 01/01-31/12.
Entfernung: 100M vor Ort 300M 300M 100M.

Bremm 11F3
Weingut Oster-Franzen, Calmontstrasse 96.
GPS: n50,09593 o7,12383.

16 € 14, 2 pers inkl €0,50/60Liter Ch €0,60/kWh WC €2/6Minuten. **Lage:** Ländlich, komfortabel.
Untergrund: Schotter. 01/03-30/11.
Entfernung: vor Ort 800M vor Ort vor Ort.

Briedern 11F3
Wohnmobilstellplatz Briedern, Moselstrasse.
GPS: n50,11165 o7,20867.

15 € 6,50.
Lage: Ländlich, einfach. **Untergrund:** Wiese/Schotter.
Entfernung: vor Ort 300M 200M vor Ort.

Brodenbach 11G3
Moselufer. **GPS:** n50,22471 o7,43930.

2 kostenlos. **Lage:** Städtisch, einfach. **Untergrund:** befestigt. 01/01-31/12.
Entfernung: 500M 500M vor Ort.

Brodenbach 11G3
Salzwiese 9. **GPS:** n50,22519 o7,44291.

4 kostenlos. **Lage:** Städtisch. **Untergrund:** Beton. 01/01-31/12.
Entfernung: 400M Mosel 200M 400M.

Burgen 11G3
Hotel Schmause Mühle, Baybachstrasse 50.
GPS: n50,20859 o7,39365.

20 € 8 Ch €2,50/Tag WC €1.
Lage: Ruhig. 01/01-31/12.
Entfernung: vor Ort vor Ort 300M.

Burgen bei Bernkastel-Kues 16F1
Weingut Bohn-Leimbrock, Lindenstrasse 6.
GPS: n49,87986 o6,99967.

4 € 8 WC.
Untergrund: Wiese. 01/01-31/12.
Entfernung: 150M 50M 2km 50M vor Ort vor Ort.

Burrweiler 16H2
Wein- und Sektgut Hermann-Bruno Eberle, Böchingerstrasse 1a.
GPS: n49,24649 o8,07989.

3 € 6 WC inklusive.
Lage: Ländlich, ruhig. **Untergrund:** befestigt. 01/01-31/12.
Entfernung: 100M 200M.

Burrweiler 16H2
Weingut Diether Bauer, Weinstrasse 52. **GPS:** n49,21982 o8,03059.

3 € 5 WC inklusive. **Lage:** Ländlich, ruhig.
Untergrund: befestigt. 01/01-31/12.
Entfernung: vor Ort 300M.

Burrweiler 16H2
Weingut Hertel, Raiffeisenstrasse 2. **GPS:** n49,24861 o8,07705.

3 € 5 kostenlos WC auf Anfrage. **Lage:** Ländlich, einfach, ruhig. **Untergrund:** befestigt. 01/04-31/10.

Burrweiler 16H2
Weingut Winzerhof, Am Schlossberg 3. **GPS:** n49,25147 o8,07902.

Rheinland-Pfalz/Saarland

4🅿€8 🚰 WCinklusive. 🚐 **Lage:** Ländlich, ruhig.
Untergrund: befestigt. 📅 01/01-31/12.
Entfernung: 🚶1Km 🛒300M.

| **S** | **Busenberg** | **16G2** |

Weißensteiner Hof, An der B427. **GPS:** n49,12152 o7,83943. ⬆.

3🅿Gäste kostenlos 🚰auf Anfrage. **Lage:** Ländlich, einfach.
Untergrund: asphaltiert. 📅 01/01-31/12. ⊘ Mo + Frei.

| | **Cochem** | | **11F3** |

Bergstrasse, K59. **GPS:** n50,15028 o7,17083.

4🅿€2,50 9-19 Uhr, übernachten kostenlos.
Untergrund: Schotterasen/befestigt.
Entfernung: 🚶300M ⊘300M.

| | **Cochem** | | **11F3** |

Moselpromenade, B49. **GPS:** n50,14108 o7,16936. ⬆.

4🅿€1/Std 8-19U, übernachten kostenlos. **Untergrund:** befestigt.
📅 01/01-31/12.

| | **Cochem** | | **11F3** |

Wohnmobil-Stellplatz an der Nordbrücke, Moselstrasse, B49.
GPS: n50,15329 o7,16828. ⬆.

16🅿€1/Std 8-19U, übernachten kostenlos. **Lage:** Städtisch, einfach.
Untergrund: befestigt. 📅 01/01-31/12.
Entfernung: 🚶700M ⊘200M 🛒200M 🚌vor Ort.

| **C** **S** | **Cochem** | | **11F3** |

Wohnmobil-Stellplatz am Freizeitzentrum, Stadionstrasse.
GPS: n50,16051 o7,17956. ⬆.

50🅿€0,50/Std 🚰🗑. **Untergrund:** Schotter/Sand.
📅 01/01-31/12. **Entfernung:** 🚶2,5Km ⊘400M 🛒vor Ort.
Sonstiges: An der Mosel, max. 24 Std.

| **S** | **Dahn/Reichenbach** | **16G2** |

Altes Bahnhöf'l, An der Reichenbahn 6. **GPS:** n49,13890 o7,79908. ⬆.

10🅿kostenlos. **Lage:** Ländlich, einfach, ruhig. **Untergrund:** Schotter.
📅 01/01-31/12 ⊘ Mo.
Entfernung: 🚶vor Ort ⊘vor Ort 🛒100M.

| **S** | **Darscheid/Vulkaneifel** | **11F3** |

Kucher's Landhotel, Karl-Kaufmann-Strasse 2.
GPS: n50,21060 o6,88270.
3🅿Gäste kostenlos 🚰. 📅 01/01-31/12 ⊘ Di.

| | **Deidesheim** | **16H2** |

Weinhaus Villa Giessen, Weinstrasse 3. **GPS:** n49,41210 o8,19105.
3🅿€7,50 🚰🗑. 📅 01/01-31/12.
Entfernung: 🚲5Km.

| | **Deudesfeld** | | **11F3** |

Meisburgerstrasse. **GPS:** n50,10084 o6,72932. ⬆➡.

8🅿kostenlos 🚰€1/120Liter 🗑Ch 🔌€0,50/kWh.
Lage: Ländlich, einfach, ruhig. **Untergrund:** Wiese. 📅 01/01-31/12.
Entfernung: 🚶300M.

| | **Deudesfeld** | | **11F3** |

Leyendecker Platz, Mandertscheider Strasse.
GPS: n50,10164 o6,73217. ⬆.

4🅿kostenlos. **Lage:** Ländlich, einfach, ruhig. **Untergrund:** Schotter.
📅 01/01-31/12.
Entfernung: 🚶200M.

| **S** | **Deuselbach** | | **16F1** |

Wohnmobilstellplatz Erbeskopf, K130. **GPS:** n49,73589 o7,08327. ⬆.

50🅿€4 🚰🗑Ch 🔌(5x)€3/Tag WCinklusive 🚿€0,50/5Minuten.
Lage: Ländlich, einfach, ruhig. **Untergrund:** befestigt.
📅 01/01-31/12.
Entfernung: 🚲10Km.

| | **Dexheim** | **16H1** |

Weingut Bacchushof, Wörrstädter Strasse 14.
GPS: n49,84812 o8,31144. ⬆.

5🅿kostenlos. **Lage:** Ländlich, einfach. **Untergrund:** Beton.
📅 01/01-31/12.
Entfernung: 🚲12Km.

| | **Dierbach** | **16H2** |

Jahnstrasse. **GPS:** n49,08177 o8,06201. ⬆.

10🅿€5 🚰🗑Ch 🔌(5x)kostenlos. 🚐 **Lage:** Einfach, ruhig.
Untergrund: asphaltiert.
Entfernung: 🚶700M 🚲12Km ⊘1Km 🛒3Km 🚌50M.
Sonstiges: Am Sportzentrum.

| **S** | **Dierbach** | **16H2** |

Weingut Geiger, Hauptstrasse 21. **GPS:** n49,08344 o8,06673. ⬆➡.

30🅿€10 🚰🗑Ch WCinklusive 🔌€2/Tag. **Lage:** Ländlich,
komfortabel, luxus, ruhig. **Untergrund:** Wiese. 📅 01/03-31/12.
Entfernung: 🚶vor Ort 🚲12Km 🛒500M.
Sonstiges: Brötchenservice.

| **S** | **Dolgesheim** | **16H1** |

Weingut Seck, Weinolsheimer Strasse 12. **GPS:** n49,79752 o8,26154. ⬆.

3🅿€5 🚰🚿📶inklusive. 🚐 **Lage:** Ländlich, einfach, ruhig.
Untergrund: Wiese. 📅 01/01-31/12.
Entfernung: 🚶200M 🚲13Km ⊘300M 🛒2km.

| **S** | **Dörrenbach** | **16H2** |

Übergasse. **GPS:** n49,08840 o7,96921. ⬆.

Rheinland-Pfalz/Saarland

10 🚐 € 6 🚰 Ch 💧 inklusive. **Lage:** Ländlich, ruhig.
Untergrund: Schotter/Sand. 📅 01/01-31/12.
Entfernung: 🚶 500M 🛒 700M.
Sonstiges: Neben Sportplätzen.

Eckersweiler 16G1
Am Sportplatz. GPS: n49,55646 o7,30577. ⬆.

4 🚐 kostenlos. **Lage:** Ländlich, einfach, abgelegen.
Untergrund: Wiese. 📅 01/01-31/12.
Entfernung: 🚶 1,3Km 🛒 vor Ort 🎿 vor Ort.

Edenkoben 16H2
Wohnmobilstellplatz Kirchbergplatz, Bahnhofstraße.
GPS: n49,28234 o8,13116. ⬆.

40 🚐 € 5 🚰 €1/100Liter Ch 💧(8x)€1/kWh.
Untergrund: asphaltiert. 📅 01/01-31/12.
Entfernung: 🚶 vor Ort 🚲 2km 🛒 300M 🛒 Aldi 800M.
Sonstiges: Max. 3 Nächte.

Edenkoben 16H2
Obstgut & Brennerei Göring, Blücherstrasse 45.
GPS: n49,27792 o8,13487.

5 🚐 € 10 🚰 Ch 💧 inklusive WC. **Untergrund:** Wiese.
📅 01/01-31/12.
Entfernung: 🚲 3Km.

Edenkoben 16H2
Weingut Bernd und Herbert Schäfer, Rhodter Strasse 24.
GPS: n49,27844 o8,12572.
3 🚐 kostenlos 🚰 €5. 📅 01/01-31/12.
Entfernung: 🚲 3,5Km.

Edenkoben 16H2
Weingut Edel Brauch, St.-Martiner-Strasse 30.
GPS: n49,28901 o8,12236.
4 🚐 kostenlos 🚰 €2 Ch 💧 €2. 📅 01/01-31/12.
Entfernung: 🚲 3Km.

Edenkoben 16H2
Gasthof Ziegelhütte, Luitpoldstrasse 75-79. **GPS:** n49,28539 o8,13872.

3 🚐 € 5/Nacht. **Untergrund:** befestigt. 📅 01/01-31/12.
Entfernung: 🚶 vor Ort 🚲 1km 🛒 vor Ort 🛒 vor Ort.

Edesheim 16H2
Weingut Boos, Ludwigstrasse 150. **GPS:** n49,25785 o8,11673. ⬆.

3 🚐 € 6 🚰 Ch 💧(3x)inklusive. **Lage:** Ländlich, einfach, ruhig.
Untergrund: Wiese. 📅 01/01-31/12.
Entfernung: 🚶 500M 🛒 300M 🛒 1Km.
Sonstiges: Brötchenservice.

Edesheim 16H2
Weingut Braun & Sohn, Ludwigsstrasse 151.
GPS: n49,25761 o8,11587. ⬆.

3 🚐 € 5 🚰 Ch 💧 inklusive. **Lage:** Ländlich, einfach, ruhig.
Untergrund: Wiese. 📅 01/01-31/12.
Entfernung: 🚶 300M 🛒 300M.

Edesheim 16H2
Weingut Erlenmühle, Erlenmühle 1. **GPS:** n49,25865 o8,11417. ⬆.

5 🚐 € 5 🚰 Ch 💧 inklusive 🛒 auf Anfrage. **Lage:** Ländlich, einfach, ruhig. **Untergrund:** Schotter. 📅 01/01-31/12.
Entfernung: 🚶 500M 🛒 vor Ort 🛒 1Km.
Sonstiges: Ankunft <22 Uhr.

Edesheim 16H2
Weingut Rehm, Ludwigstrasse 36. **GPS:** n49,26015 o8,12734. ⬆.

6 🚐 € 5 🚰 inklusive 💧(6x)€2,50/Tag WC €2,50. **Lage:** Ländlich, einfach, ruhig. **Untergrund:** Wiese. 📅 01/01-31/12.

Ediger/Eller 11F3
Stellplatz Ediger, Moselweinstrasse. **GPS:** n50,09320 o7,15942. ⬆.

18 🚐 € 5 🚰 Ch inklusive. **Lage:** Ländlich, einfach.
Untergrund: Schotter/befestigt. 📅 01/04-30/11.
Entfernung: 🚶 100M 🏊 vor Ort 🛒 vor Ort 🛒 vor Ort 🛒 vor Ort.
Sonstiges: An der Mosel in Ediger.

Ediger/Eller 11F3
Stellplatz Moselufer, Eller. **GPS:** n50,09915 o7,14370. ⬆.

10 🚐 € 5.
Lage: Ländlich, einfach. **Untergrund:** befestigt.
📅 01/04-30/11.
Entfernung: 🏊 vor Ort 🛒 vor Ort 🛒 vor Ort 🛒 200M 🛒 vor Ort.
Sonstiges: An der Mosel in Eller.

Eisenschmitt 11F3
Hotel-Restaurant Molitors Mühle, Eichelhütte.
GPS: n50,03681 o6,73766. ⬆.

5 🚐 Gäste kostenlos 🚰 WC inklusive. **Lage:** Ländlich, einfach.
Untergrund: Schotter. 📅 01/01-31/12.
Entfernung: 🚶 1Km 🚲 6Km 🏊 vor Ort 🛒 vor Ort 🛒 vor Ort 🛒 1Km 🛒 300M 🎿 vor Ort.
Sonstiges: Ankunft <23 Uhr.

Ellenz/Poltersdorf 11G3
Weingut Loosen, Im Goldbäumchen 4. **GPS:** n50,11389 o7,23528. ⬆➡.

12 🚐 € 9 🛒 WC inklusive. **Lage:** Ländlich, komfortabel, ruhig.
Untergrund: Schotter. 📅 01/01-31/12.
Entfernung: 🚶 vor Ort 🏊 150M 🛒 500M 🛒 1Km 🛒 vor Ort.

Touristinformation Ellenz/Poltersdorf:
🎉 Strassenweinfest. Weinbauern und -häuser öffnen die Türen, Weinproben. 📅 ende Sep.
🎉 Wein- und Heimatfeste. Traditionelle Weinfeste. 📅 letztes Wochenende Jul, 1. Wochenende Aug.

Elmstein 16H2
NaturFreundeHaus Elmstein, Esthaler Strasse 63.
GPS: n49,36133 o7,95123. ⬆.

Rheinland-Pfalz/Saarland

12 €3 €1 €2 €1/pP. **Lage:** Ländlich, einfach, zentral, ruhig. **Untergrund:** Schotter. 01/01-31/12. **Sonstiges:** Brötchenservice.

Elmstein 16H2
Stellplatz Elmstein, Bahnhofstrasse 88. **GPS:** n49,34803 o7,94337.

4 kostenlos (4x)€0,50/kWh. **Lage:** Ländlich. **Untergrund:** Schotter. 01/01-31/12. **Entfernung:** 500M 100M 500M.

Elmstein 16H2
Wohnmobilplatz Waldesruhe, Schwarzbach 36. **GPS:** n49,34037 o7,83397.

10 €5, für Gäste kostenlos. **Lage:** Ländlich, einfach, abgelegen, ruhig. **Untergrund:** Wiese. 01/01-31/12. **Sonstiges:** Bezahlen beim Restaurant.

Elzweiler 16G1
Stellplatz Elzweiler, Hauptstraße 7. **GPS:** n49,58036 o7,51393.

2 kostenlos €1 Ch €1. **Lage:** Ländlich. **Untergrund:** befestigt. 01/01-31/12. **Entfernung:** vor Ort vor Ort vor Ort vor Ort. **Sonstiges:** Kleinen Stellplätze.

Enkirch 11F3
Wohnmobilplatz an der Mosel, Moselvorgelände, B53. **GPS:** n49,98396 o7,12157.

200 €7 €1/80Liter Ch (90x)€1/2kWh WC €1. €1,50/30Minuten. **Lage:** Ländlich, komfortabel, ruhig. **Untergrund:** Wiese. Ostern-31/10. **Entfernung:** vor Ort vor Ort. **Sonstiges:** An der Mosel.

Ensch 16F1
Reisemobilplatz An den 2 Pappeln, Am Moselufer/ B53. **GPS:** n49,82760 o6,83549.

45 €5 Ch (45x)€2. **Untergrund:** Wiese. 01/04-31/10. **Entfernung:** 200M 300M 500M 100M. **Sonstiges:** Brötchenservice.

Eppelborn 16F2
Wohnmobilstellplatz Finkenrech, L303. **GPS:** n49,43285 o6,99986.

3 €5 €0,50. **Lage:** Ländlich, einfach, ruhig. **Untergrund:** Schotter. 01/01-31/12. **Entfernung:** 3Km vor Ort.

Eppenbrunn 16G2
Im Sportzentrum. **GPS:** n49,11179 o7,56512.

6 kostenlos. **Lage:** Ländlich, einfach, ruhig. **Untergrund:** befestigt. 01/01-31/12. **Entfernung:** 500M vor Ort 1Km. **Sonstiges:** Parkplatz Sportzentrum im Naturschutzgebiet Pfälzer Wald.

Eppenbrunn 16G2
Neudorfstrasse. **GPS:** n49,11531 o7,55360.

5 kostenlos. **Lage:** Ländlich, einfach, laut. **Untergrund:** befestigt. 01/01-31/12. **Entfernung:** vor Ort vor Ort vor Ort vor Ort.

Erden 11F3
Wohnmobilstellplatz Erden, An Moselufer 1. **GPS:** n49,97989 o7,02120.

21 €10 Ch inklusive (21x)€3 €0,30/Minuten auf Anfrage. **Lage:** Ländlich. **Untergrund:** Wiese. 01/04-31/10. **Entfernung:** 15Km 300M vor Ort vor Ort.

Ernst 11G3
Wohnmobilstellplatz im Weinberg, Weingartenstrasse 106. **GPS:** n50,14339 o7,23237.

30 €9 Ch inklusive €5/10Std. **Lage:** Ländlich, komfortabel. **Untergrund:** Schotter. 01/01-31/12. **Entfernung:** 300M vor Ort 200M 100M.

Ernst 11G3
Mosella Schinkenstube, Weingatenstrasse 97. **GPS:** n50,14382 o7,23071.

18 €8 Ch inklusive. **Untergrund:** Wiese. **Entfernung:** vor Ort.

Eschbach 16H2
Weingut Wind, Weinstrasse 3-5. **GPS:** n49,17594 o8,02171.

3 €5, Rabat für Kunden €1/100Liter €3 WC inklusive. **Lage:** Ländlich, einfach, ruhig. **Untergrund:** Schotter. 01/01-31/12. **Entfernung:** vor Ort vor Ort 250M. **Sonstiges:** Ankunft anmelden.

Essingen 16H2
Weingut Schweikart Dalberghof, Kirchstrasse 16. **GPS:** n49,23478 o8,17524.

3 €5 €1/100Liter (3x)€1/Nacht WC €1. **Lage:** Einfach, ruhig. **Untergrund:** Wiese. 01/01-31/12. **Entfernung:** vor Ort 3Km 1Km 3Km 7Km 30M. **Sonstiges:** Verkauf von Wein.

Fell 16F1
Besucherbergwerk, Auf den Schiefergruben, K82. **GPS:** n49,75440 o6,79731.

30 €4 €2. **Lage:** Abgelegen, ruhig. **Untergrund:** Beton. 01/01-31/12.

Fischbach 16G1
Wohnmobilpark, Marktstraße 1. **GPS:** n49,74046 o7,40444.

Deutschland

Rheinland-Pfalz/Saarland

40 €7 Chinklusive (40x)€2,50,. **Lage:** Ländlich, einfach, zentral. **Untergrund:** Wiese. 01/01-31/12. **Entfernung:** 800M vor Ort 300M 1,5Km. **Sonstiges:** Brötchenservice, Ver-/Entsorgung Passanten € 3.

Fischbach 16G1
Historisches Kupferbergwerk, Hosenbachstraße. **GPS:** n49,75398 o7,38287.

15 kostenlos. **Lage:** Ländlich, einfach, abgelegen, ruhig. **Untergrund:** Schotter. 01/01-31/12. **Entfernung:** 1,7Km vor Ort. **Sonstiges:** Besucherzentrum der alte Kupfermine.

Flemlingen 16H2
Weingut Eichhorn, Maxstrasse 21. **GPS:** n49,24122 o8,09341.

10 €5 (10x)€2 WCinklusive €2/pP. **Lage:** Ländlich, einfach, ruhig. **Untergrund:** Wiese. 01/01-31/12. **Entfernung:** 6Km 400M.

Flonheim 16H1
Weingut Meyerhof, Aussiedlerhof. **GPS:** n49,78836 o8,04531.

4 €8 (4x)inklusive. **Lage:** Ländlich, einfach, ruhig. **Untergrund:** Beton. 01/01-31/12. **Entfernung:** 700M 4Km 100M 100M. **Sonstiges:** Brötchenservice.

Föckelberg 16G1
Wildpark Potzberg, Auf dem Potzberg. **GPS:** n49,52240 o7,48079.

4 kostenlos. **Lage:** Ländlich, einfach, ruhig. **Untergrund:** asphaltiert/Sand. 01/01-31/12. **Entfernung:** 1Km.

Forst an der Weinstrasse 16H1
Weingut Margarethenhof, Wiesenweg 4. **GPS:** n49,42814 o8,19219.

3 €8 WC. 01/01-31/12. **Entfernung:** 1Km 7Km 1Km.

Freisen 16G1
Weiselbergbad, Zum Schwimmbad. **GPS:** n49,53324 o7,26048.

3 €5 €2/Tag. **Lage:** Ländlich, einfach, laut. **Untergrund:** befestigt. 01/01-31/12. **Entfernung:** 1Km 3Km. **Sonstiges:** Anmeldung beim Schwimmbad.

Gau-Algesheim 11H3
Reimo Gau-Algesheim, Bingerstrasse 8. **GPS:** n49,96331 o8,01213.

38 €4/Nacht Chinklusive (40x)€2/24 Std. **Lage:** Komfortabel, ruhig. **Untergrund:** befestigt. 01/01-31/12. **Entfernung:** 800M 2,5Km 500M 200M.

Gau-Bickelheim 16H1
Winzerhof Schnabel, Bahnhofstrasse 31. **GPS:** n49,83941 o8,02116.

15 €5 inklusive (8x)€3/Tag. **Lage:** Ländlich. **Untergrund:** Wiese. 01/01-31/12. **Entfernung:** 3Km 5Km 1Km.

Gau-Bickelheim 16H1
Am Autohof, B50. **GPS:** n49,83461 o7,99664.

15 kostenlos. **Lage:** Ländlich, einfach, laut. **Untergrund:** asphaltiert. 01/01-31/12. **Entfernung:** vor Ort.

Gau-Heppenheim 16H1
Weingut Gustavshof, Hauptstrasse 53. **GPS:** n49,74138 o8,17082.

3 €8 (3x)inklusive. **Lage:** Ländlich, einfach, ruhig. **Untergrund:** Beton. 01/04-31/10.

Entfernung: 4Km 2km 3Km.

Gau-Odernheim 16H1
Petersberghalle, Mühlstraße. **GPS:** n49,78528 o8,19575.

3 kostenlos. **Untergrund:** befestigt. 01/01-31/12. **Entfernung:** 200M 400M 200M. **Sonstiges:** Max. 3 Tage.

Gebhardshain 11G2
Festwiese, Steinebacherstrasse. **GPS:** n50,74412 o7,82079.

5 kostenlos. **Lage:** Städtisch, einfach, zentral, ruhig. **Untergrund:** asphaltiert. 01/01-31/12. **Entfernung:** 500M 500M 500M.

Geiselberg 16G2
Grillplatz Geiselberg, Hauptstrasse, K31. **GPS:** n49,32381 o7,70957.

10 kostenlos. **Lage:** Ländlich, einfach, ruhig. **Untergrund:** Schotter. 01/01-31/12. **Sonstiges:** Max. 2 Tage.

Germersheim 16H2
Carnot'sche Mauer, Rüdolf von Habsburgstrasse. **GPS:** n49,22004 o8,37906.

8 €3/24 Std €1/100Liter Ch (8x)€1/5kWh. **Lage:** Einfach, zentral. **Untergrund:** Wiese. 01/01-31/12. **Entfernung:** 300M 2km 500M 300M 100M vor Ort.

Gerolstein 11F3
Am Hallen- und Freibad, Raderstrasse 22. **GPS:** n50,22096 o6,65387.

25 €10/24 Std €1/100Liter Ch (12x)€1/Tag. **Lage:** Städtisch, einfach. **Untergrund:** Wiese/befestigt.

Deutschland

Rheinland-Pfalz/Saarland

☼ 15/03-15/11.
Entfernung: in der Nähe 25Km 500M 1Km.
Sonstiges: Am Schwimmbad.

Gevenich 11F3
Am Sportplatz. **GPS:** n50,14727 o7,08385.

5 kostenlos. **Lage:** Ländlich, einfach, abgelegen.
Untergrund: Wiese. 01/01-31/12.
Entfernung: 1Km vor Ort.

Gillenfeld 11F3
Wohnmobilhafen Pulvermaar, K14. **GPS:** n50,13294 o6,93218.

30 €7, 2 Pers. Inkl. Hund € 1 €1/50Liter Ch €0,50/kWh
WC €2. **Lage:** Einfach. **Untergrund:** Schotter.
01/01-31/12.
Entfernung: 3Km vor Ort vor Ort 200M 200M 300M.

Gillenfeld 11F3
Feriendorf Pulvermaar, Vulkanstrasse. **GPS:** n50,13000 o6,93194.

40 €7, 2 Pers. inkl. €1/50Liter Ch inklusive €0,50/kWh
WC kostenlos €2/Aufenthalt. **Lage:** Einfach, komfortabel, ruhig.
Untergrund: Wiese/Schotter. 01/03-30/11.
Entfernung: 3Km 7Km vor Ort vor Ort 150M 150M 200M.

Gimbsheim 16H1
Schwimbadstrasse. **GPS:** n49,77806 o8,38278.

8 €4/Nacht. **Untergrund:** asphaltiert/Wiese. 15/05-15/09.
Entfernung: 500M 300M.

Gimbsheim 16H1
Weingut Falger-Baier, Alsheimerstrasse 25. **GPS:** n49,77733 o8,36959.
3 € 5. 01/01-31/12.
Entfernung: 3Km Pizzeria 50M 500M.

Glan-Münchweiler 16G1
Am Bahnhof, Bahnhofstraße. **GPS:** n49,46935 o7,44420.

3 kostenlos €1 Ch (4x)€1/2Std. **Lage:** Städtisch, zentral, laut. **Untergrund:** befestigt. 01/01-31/12.
Entfernung: 750M 150M vor Ort.

Gleisweiler 16H2
Weingut Kost, Hainbachtalstrasse 3. **GPS:** n49,23862 o8,06737.

3 kostenlos kostenlos. **Lage:** Ländlich, ruhig.
Untergrund: Wiese. 01/01-31/12.
Entfernung: 8Km vor Ort.

Gleiszellen-Gleishorbach 16H2
Weingut Schoenlaub, Bergstrasse 14. **GPS:** n49,13131 o8,00465.

2 kostenlos kostenlos. **Lage:** Ländlich, einfach, ruhig.
Untergrund: Wiese. 01/01-31/12.
Entfernung: 15Km 500M.
Sonstiges: Anmelden bei Weingut.

Graach/Mosel 11F3
Wohnmobilpark Sun-Park, Gestade 16a. **GPS:** n49,93322 o7,06249.

140 € 10/Tag Liter Ch (132x)€3/Tag WC inklusive €1,50/pP €2,50. **Lage:** Ländlich, einfach. **Untergrund:** Wiese/Schotter. 27/03-03/11.
Entfernung: 200M vor Ort 200M 2km vor Ort vor Ort vor Ort.
Sonstiges: Brötchenservice, Videoüberwachung.

Grafschaft 11F2
Panorama Sauna, Panoramaweg 2. **GPS:** n50,56029 o7,05368.

20 kostenlos. **Untergrund:** Schotter. 01/01-31/12.
Entfernung: 5Km 300M 300M.

Gries 16G2
Seestube am Ohmbachsee, Bahnhofstrasse 17b.
GPS: n49,41664 o7,40377.

12 € 6 €1/80Liter Ch (12x)€0,60/kWh.
Lage: Ländlich, einfach, ruhig. **Untergrund:** Wiese.
01/01-31/12.
Entfernung: 6Km vor Ort vor Ort.
Sonstiges: Brötchenservice.

Gundersheim 16H1
Huppert's Wohnmobile Wingert, Untere Grabenstraße 21.
GPS: n49,69499 o8,20465.

12 € 5 €3. **Untergrund:** Schotter/Sand. 01/01-31/12.
Entfernung: 1Km vor Ort 300M.
Sonstiges: Max. 3 Nächte.

Guntersblum 16H1
Am Sportanlage, Alsheimerstrasse 85. **GPS:** n49,78974 o8,34373.

16 € 5 €1/80Liter Ch (12x)€0,50/kWh.
Lage: Ländlich. **Untergrund:** Schotter. 01/01-31/12.
Entfernung: 500M 500M 500M.

Guntersblum 16H1
Weingut Katharinenhof, Alsheimerstrasse 95.
GPS: n49,78667 o8,34324.

10 € 5 inklusive (7x)€2/24Std. **Lage:** Ländlich, einfach, ruhig. **Untergrund:** Wiese. 01/01-31/12.
Entfernung: 1Km 1Km 1Km.

Hachenburg 11G2
P4 - Burggarten, Alexanderring. **GPS:** n50,66250 o7,82694.

8 kostenlos €1/70Liter Ch €1/6Std WC. **Lage:** Städtisch, einfach, ruhig. **Untergrund:** Schotterasen. 01/01-31/12.
Entfernung: 300M 300M 300M vor Ort vor Ort.
Sonstiges: Juni 2014 während Inspektion Service außer Betrieb, nur Strom, Altstadt.

Deutschland

Rheinland-Pfalz/Saarland

Hagenbach 16H2
Stadtbrauhaus Hagenbach, Stixwörthstrasse 2-4.
GPS: n49,00884 o8,25902.

10 kostenlos. 01/01-31/12 Mo, Di.
Entfernung: 5Km vor Ort.

Hainfeld 16H2
Modenbach. **GPS:** n49,25730 o8,10328.

20 kostenlos. **Lage:** Einfach, ruhig. **Untergrund:** Schotter.
Entfernung: 150M 3Km 250M 1Km vor Ort.

Hainfeld 16H2
Weingut Edgar und Andreas Lutz, Weinstrasse 57.
GPS: n49,25696 o8,09882.
4 € 6, € 8 Ver-/Entsorgung incl WC. **Lage:** Einfach.
Untergrund: befestigt.
Entfernung: vor Ort 100M.

Hassloch 16H2
Hotel Sägmühle, Sägmühlweg 140. **GPS:** n49,34674 o8,25491.

2 € 12, für Gäste kostenlos (2x) WC inklusive.
Lage: Einfach, abgelegen, ruhig. 01/01-31/12.
Entfernung: 10Km.
Sonstiges: Fahrradverleih.

Hassloch 16H2
Badepark Hassloch, Lachener Weg 175. **GPS:** n49,34804 o8,24677.

9 kostenlos kostenlos. **Lage:** Einfach, ruhig. 01/01-31/12.
Entfernung: 2km 10Km 50M 200M 100M.

Hassloch 16H2
Magin Reisemobile, Hans-Böckler-Strasse 52.
GPS: n49,34968 o8,23935.

8 € 12,50, 2 Pers. inkl Ch (8x) inklusive.
Lage: Städtisch, einfach, ruhig. **Untergrund:** Schotter/befestigt.
01/01-31/12.
Entfernung: 2km 7Km 50M 200M.
Touristinformation Hassloch:
Holiday Park. Vergnügungspark mit Shows. 01/03-31/10 10-18 Uhr.

Hauenstein 16G2
Stellplatz am Deutschen Schumuseum Hauenstein, Turnstrasse 5.
GPS: n49,18896 o7,85669.

16 € 7 80Liter Ch kostenlos €0,55/kWh. **Lage:** Ländlich, einfach, ruhig. **Untergrund:** Schotter. 01/01-31/12.
Entfernung: vor Ort 200M 300M.
Sonstiges: Ankunft anmelden, zahlen an der Museumskasse.

Heimborn 11G2
Gasthaus zum Nisterstrand, Vor der Hardt.
GPS: n50,71609 o7,75322.

6 Gäste kostenlos Ch. **Lage:** Ländlich, einfach, ruhig.
Untergrund: asphaltiert. 01/01-31/12.
Entfernung: vor Ort vor Ort vor Ort.

Heltersberg 16G2
Am Bergbad, Bergstrasse. **GPS:** n49,31654 o7,70380.

5 kostenlos. **Lage:** Ländlich, einfach, ruhig. **Untergrund:** Wiese.
01/01-31/12.
Entfernung: 900M.
Sonstiges: Parkplatz Schwimmbad.

Hemmelzen 11G2
Hotel Im Heisterholz, Heisterholzstrasse 10.
GPS: n50,69579 o7,58456.

4 € 12 inklusive.
Lage: Ländlich, ruhig. **Untergrund:** Schotter.
01/01-31/12 Mo.
Entfernung: 200M vor Ort 100M vor Ort vor Ort.
Sonstiges: € 2 Rabatt in Restaurant.

Herrstein 16G1
Wohnmobilstellplatz Herrstein, Brühlstrasse.
GPS: n49,77963 o7,33569.

3 kostenlos €1/80Liter €0,50/kWh WC.
Lage: Ländlich, einfach. **Untergrund:** befestigt.
01/01-31/12.
Entfernung: 300M vor Ort.
Sonstiges: Max. 48 Std.
Touristinformation Herrstein:
Touristinformation Deutsche Edelsteinstraße, Brühlstrasse 16. Stadt mit Fachwerkhäusern. 01/05-01/10.

Herxheim 16H2
Festhalle, Bonifatiusstraße. **GPS:** n49,14463 o8,21656.

8 kostenlos Ch kostenlos. **Lage:** Einfach, zentral.
Untergrund: Schotterasen. 01/01-31/12.
Entfernung: vor Ort 4Km 150M 200M 75M.

Heuchelheim-Klingen 16H2
Gästehaus am Fürstweg, Hauptstrasse 2. **GPS:** n49,14511 o8,05788.
3 € 5 Ch. 01/01-31/12.
Entfernung: 14Km.

Heuchelheim-Klingen 16H2
Weingut Junghof, Hauptstrasse 21. **GPS:** n49,14572 o8,05580.

4 € 5, für Gäste kostenlos €2/100Liter €2/Nacht.
Lage: Einfach. **Untergrund:** Wiese/befestigt. 01/01-31/12.
Entfernung: vor Ort 14Km 500M 2km 500M.

Hillesheim 11F3
Markt- und Messeplatz, Am Viehmarkt.
GPS: n50,28895 o6,67239.

6 € 7 Ch (6x) WC inklusive. **Lage:** Städtisch, einfach, zentral. **Untergrund:** Schotter. 01/01-31/12.
Entfernung: vor Ort 200M.

Hillesheim 11F3
Wohnmobilstellplatz Birkenhof, Birkenhof 1.
GPS: n50,28639 o6,69083.

Rheinland-Pfalz / Saarland

8 🚐 € 10 ⛽(6x)inklusive 💡kostenlos. **Lage:** Ländlich, einfach, ruhig. **Untergrund:** Schotter. 📅 01/01-31/12.
Entfernung: 🚶1,5Km 🚲1,5Km.
Sonstiges: Brötchenservice.

Hochspeyer — 16G1
Am Schwimmbad, Mühlhofstraße. **GPS:** n49,44108 o7,89333.

6 🚐 € 5 ⛽€1/80Liter 🚽Ch 💧(12x)€0,50/kWh.
Lage: Einfach, zentral, ruhig. **Untergrund:** asphaltiert.
📅 01/01-31/12. 01/08-15/08.
Entfernung: 🚶400M 🚲5Km 🛒400M Bäckerei.
Sonstiges: Max. 3 Tage.

Höheinöd — 16G2
Am Haus des Bürgers, Hauptstrasse 24. **GPS:** n49,28691 o7,60468.

3 🚐 kostenlos. **Lage:** Ländlich, einfach, ruhig. **Untergrund:** befestigt.
📅 01/01-31/12.
Entfernung: 🚶vor Ort 🚲8Km.
Sonstiges: Max. 2 Nächte.

Höhr-Grenzhausen — 11G2
Ferbachstraße. **GPS:** n50,43330 o7,66833.

8 🚐 kostenlos. 📅 01/01-31/12.
Entfernung: 🚶vor Ort 🚲2km 🛒100M.

Holzappel — 11G3
Stellplatz am Herthasee, Am Herthasee. **GPS:** n50,36135 o7,90274.

12 🚐 € 6/24 Std, € 11/48 Std, € 15/72 Std ⛽€1/90Liter 🚽Ch
💧(12x)€1/2kWh. **Lage:** Ländlich, komfortabel, ruhig.
Untergrund: Wiese. 📅 01/01-31/12.
Entfernung: 🚶1Km 🏊vor Ort 🛒vor Ort 🚲vor Ort.

Hornbach — 16G2
Wohnmobilpark Hornbach, Bahnhofstraße.
GPS: n49,18382 o7,36560.

26 🚐 € 7 ⛽€1/60Liter 🚽Ch 💧(30x)€1/2kWh 💡inklusive.
Lage: Ländlich, komfortabel, ruhig. **Untergrund:** Schotter.
📅 01/01-31/12.
Entfernung: 🚶vor Ort 🚲8km 🛒vor Ort 🏊300M 🚌vor Ort.
Sonstiges: Grillplatz.

Hörschhausen — 11F3
Mechels Hof, Dauner Straße 24. **GPS:** n50,24248 o6,92770.

3 🚐 € 5 + € 4/pP, Hund € 1 ⛽🚽Ch 💧(3x)€2/24Std.
Lage: Ländlich, einfach. **Untergrund:** Schotter. 📅 01/01-31/12.
Entfernung: 🚲9Km.
Sonstiges: Brötchenservice.

Idar/Oberstein — 16G1
Parking Börse, Hauptstrasse 100. **GPS:** n49,71932 o7,30313.

12 🚐 € 6/Tag, ersten 24 Std kostenlos ⛽€1/100Liter 🚽ChWC.
Lage: Städtisch, einfach. **Untergrund:** asphaltiert. 📅 01/01-31/12.
Entfernung: 🚶300M 🛒vor Ort 🚲300M.
Touristinformation Idar/Oberstein
👁 Edelsteinminen des Steinkaulenberges. Edelsteinmine. 15/03-15/11 10-18 Uhr.
🅼 Deutsches Edelsteinmuseum. Edelsteinmuseum. 01/05-31/10 9.30-17.30 Uhr, 01/11-30/04 10-17 Uhr. 14/01-01/02.

Impflingen — 16H2
Weingut Junker, Sonnenberghof 1. **GPS:** n49,16242 o8,10728.

3 🚐 € 5 ⛽(4x)€2 WC. **Lage:** Einfach, ruhig.
Untergrund: Schotter. 📅 01/01-31/12.
Entfernung: 🚶1Km 🚲7Km 🛒vor Ort 🏊3Km 🍴200M 🚌vor Ort 🚶vor Ort.

Ingelheim am Rhein — 11H3
Weingut Menk, Außenliegend 143. **GPS:** n49,97190 o8,09295.

Hornbach — 16G2

6 🚐 € 10 ⛽🚽Ch 🚻WCinklusive. **Lage:** Ländlich, komfortabel, ruhig. **Untergrund:** Wiese. 📅 01/01-31/12.
Entfernung: 🚶2km 🚲9Km vor Ort.

Jettenbach — 16G1
Freizeitgelände Schwimmbad, Austrasse.
GPS: n49,52919 o7,56453.

6 🚐 kostenlos ⛽🚽Ch. **Lage:** Einfach, ruhig.
Untergrund: asphaltiert. 📅 01/01-31/12.
Entfernung: 🚶500M 🚲800M.
Sonstiges: Ver-/Entsorgung auf Nachfrage.

Kaisersesch — 11F3
Am Markt. **GPS:** n50,23223 o7,14044.
4 🚐 kostenlos. 📅 01/01-31/12.
Entfernung: 🚶1Km.

Kaiserslautern — 16G1
Daennerplatz. **GPS:** n49,44300 o7,80230.

11 🚐 €10/24 Std ⛽€1/100Liter 🚽Ch 💧€2/2kWh.
Lage: Städtisch. **Untergrund:** befestigt.
Entfernung: 🚶2,5Km 🛒vor Ort 🚲vor Ort.
Sonstiges: Kostenloser Bus zum Zentrum.

Kaiserslautern — 16G1
Gasthaus Licht Luft, Entersweilerstraße 51.
GPS: n49,43828 o7,80338.

14 🚐 kostenlos ⛽🚽Chauf Anfrage.
Lage: Städtisch, zentral, ruhig. **Untergrund:** Schotter.
📅 01/01-31/12.
Entfernung: 🚶5Km 🛒vor Ort 🍴vor Ort 🚲vor Ort 🏊vor Ort.

Kaiserslautern — 16G1
Am Monte Mare, Mailänder Straße 6. **GPS:** n49,45387 o7,81203.

Deutschland — 211

Rheinland-Pfalz/Saarland

10 kostenlos. **Lage:** Ländlich, einfach, ruhig. **Untergrund:** befestigt.
01/01-31/12.
Entfernung: 1Km.

Kamp-Bornhofen 11G3
Bistro Rheinufer, Rheinuferstrasse 66 A.
GPS: n50,22305 o7,61888.
7 € 8 €1 €2,50 WC. **Untergrund:** befestigt.
01/01-31/12.
Entfernung: vor Ort vor Ort 300M vor Ort.
Sonstiges: Am Rhein, Toiletten nur während der Öffnungszeiten Restaurant.

Kandel 16H2
Adams Hof, Rheinzaberner Strasse 1. **GPS:** n49,08902 o8,22194.

30 € 10/Nacht €2,50 (20x)€2,50/12Std WC.
Lage: Einfach, ruhig. **Untergrund:** Wiese. 01/01-31/12.
Entfernung: 1,5Km vor Ort vor Ort 1,5Km 1,5Km.
Sonstiges: € 5 Verzehrgutschein Biergarten.

Kapellen-Drusweiler 16H2
Weingut Manderscheid, Dorfstrasse 4. **GPS:** n49,10482 o8,03723.

10 kostenlos (3x)kostenlos. **Lage:** Ländlich, einfach, ruhig.
Untergrund: Wiese. 01/01-31/12.
Entfernung: 500M 500M 2km.

Kell am See 16F1
Am Camping Hochwald, L 143. **GPS:** n49,63800 o6,80140.

10 € 20, 2 Pers. inkl Ch WC inklusive.
Lage: Ländlich, einfach, ruhig. **Untergrund:** befestigt. 01/06-30/08.
Entfernung: 2km 2km.
Sonstiges: Kostenloser Schwimmbadeintritt.

Kempenich 11F2
Eifel-Gasthof Kleefuß, In der Hardt 1. **GPS:** n50,42209 o7,10951.

4 Gäste kostenlos. **Lage:** Ländlich. **Untergrund:** Schotter.
01/01-31/12 Mo, Di.
Entfernung: 500M.

Kempfeld 16G1
An der Wildenburg, Wildenburgstraße.
GPS: n49,77588 o7,25423.

3 kostenlos. **Lage:** Ländlich. **Untergrund:** befestigt.
01/01-31/12. **Entfernung:** 2km 2km.

Kesten 16F1
Wohnmobilpark Kesten/Mosel, Urmetzgasse/K134.
GPS: n49,90306 o6,96232.

100 € 6/24 Std €0,50/50Liter Ch inklusive
(100x)€2/24Std,6Amp. **Untergrund:** Wiese/befestigt.
01/04-31/10.
Entfernung: 300M 10M 10M 300M 1Km 300M vor Ort vor Ort.
Sonstiges: Parkplatz an der Mosel, Brötchenservice.

Kinheim 11F3
Am Moselufer, Moselweinstraße, B53. **GPS:** n49,97218 o7,05706.

50 € 8 Ch €2/Tag inklusive.
Lage: Ländlich, einfach, ruhig. **Untergrund:** Wiese.
01/01-31/12.
Entfernung: 100M vor Ort vor Ort 150M vor Ort vor Ort.
Sonstiges: Parkplatz an der Mosel.
Touristinformation Kinheim:
Tag den offenen Weinkeller. Offene Weinkeller. 2. Do nach Pfingsten.
Wein- und Frülingsfest. Wein- und Frülingsfest. Pfingsten.
Winzerfest. Weinfest. 2. Wochenende Sep.

Kirchberg 11G3
AMB-Reisemobile, Herbert-Kühn-Straße 10.
GPS: n49,95400 o7,40829.

15 € 6 Ch inklusive. **Lage:** Ländlich, einfach.
Untergrund: Wiese. 01/01-31/12.
Entfernung: 700M 700M 700M 600M vor Ort.

Kirchheimbolanden 16H1
Festplatz Herrengarten, Hitzfeldstrasse. **GPS:** n49,66667 o8,01501.

20 kostenlos €1/70Liter Ch €0,50. **Untergrund:** befestigt.
01/01-31/12 2. Wochenende Mai-Aug-Okt.
Entfernung: 300M 300M vor Ort.

Kirn 16G1
Wohnmobilstellplatz Auf der Kiesel, Fontaine-les-Dijon-Strasse.
GPS: n49,78406 o7,45798.

3 € 1,25/Tag. **Lage:** Städtisch, komfortabel, ruhig, laut.
Untergrund: Beton. 01/01-31/12.
Entfernung: 300M vor Ort vor Ort.
Sonstiges: Montag Markt.

Klausen 16F1
Zentralparkplatz, Eberhardstrasse/ K51. **GPS:** n49,90550 o6,88104.

5 kostenlos. 01/01-31/12.
Entfernung: 2km.

Kleinbundenbach 16G2
Auf der Stampermühle, Stampermühle 1.
GPS: n49,31778 o7,45694.

10 € 7 inklusive.
Lage: Ländlich, einfach, abgelegen. **Untergrund:** Schotter.
Entfernung: vor Ort.

Klüsserath 16F1
Reisemobilpark Klüsserath, B53. **GPS:** n49,84170 o6,85475.

400 € 6,50 €1/90Liter Ch €1,50/24Std.
Untergrund: Wiese. Ostern-31/10.
Sonstiges: An der Mosel, Brötchenservice.

Kobern 11G3
Am Kalkofen B416, Kobern-Gondorf. **GPS:** n50,30524 o7,46064.

Rheinland-Pfalz/Saarland

50 €5/24 Std €1/80Liter €0,10 Ch€0,10.
Untergrund: befestigt.
01/01-31/12.
Entfernung: 300M 8Km vor Ort vor Ort 300M 300M.

Koblenz 11G3
Busparkplatz, Pastor-Klein-Straße. **GPS:** n50,36557 o7,57417.

50 kostenlos. **Lage:** Einfach. **Untergrund:** Schotter.
01/01-31/12. **Entfernung:** Altstadt 2km 600M Aldi 500M.

Konz 16F1
An der Saarmündung, Am Moselufer 1. **GPS:** n49,70550 o6,57597.
3 €8 Ch WC kostenpflichtig. **Untergrund:** Wiese.
01/03-31/10.
Entfernung: vor Ort vor Ort 100M 1Km vor Ort vor Ort.
Sonstiges: Ver-/Entsorgung 100M.

Köwerich 16F1
Weingut Hans Klären-Maringer 'Off'm Herrach', Beethovenstrasse 40. **GPS:** n49,84123 o6,86287.

20 €7 Ch €0,50/kWh WC €1 €4.
Untergrund: Wiese.
01/01-31/12.
Entfernung: 500M 500M 500M vor Ort 2km 100M.
Sonstiges: Anmeldung bei Restaurant, Brötchenservice.

Kusel 16G1
Parkplatz der Tuchfabriken, Trierer Straße 61.
GPS: n49,54016 o7,39626.

3 kostenlos Ch Ver-/Entsorgung €5. **Lage:** Städtisch, einfach, ruhig. **Untergrund:** asphaltiert. 01/04-31/10.
Entfernung: 500M 300M.
Sonstiges: Max. 3 Tage, Schlüssel Ver-/Entsorgung bei Touristinformation (300m).

Lahnstein 11G3
Wohnmobilstellplatz Krönchen, Johannisstraße 44.
GPS: n50,30939 o7,59833.

60 €9,50 €1/100Liter Ch €0,50/kWh WC €1.
Lage: Einfach. **Untergrund:** Schotter. 01/01-31/12.
Entfernung: 1Km 600M 600M.

Lahnstein 11G3
Wohnmobilstellplatz Blücherstraße, Blücherstraße 20.
GPS: n50,31335 o7,59331.

10 kostenlos. **Lage:** Städtisch, einfach, zentral.
Untergrund: Schotter. 01/01-31/12.
Entfernung: 2km vor Ort vor Ort vor Ort.
Sonstiges: Max. 3 Tage.

Lambrecht 16H2
Blainviller-Straße 1. **GPS:** n49,37030 o8,07448.
7 kostenlos €1 Ch €1/8Std. **Untergrund:** Schotter.
01/01-31/12.
Entfernung: vor Ort vor Ort.
Sonstiges: Neben Sportplatz.

Landau 16H2
La Ola Das Freizeitbad, Horstring 2. **GPS:** n49,20230 o8,14270.

5 €10/24 Std €4 Ch. **Lage:** Einfach, ruhig.
Untergrund: befestigt. 01/01-31/12.
Entfernung: 3Km 1Km 500M 100M.

Landstuhl 16G2
Bahnstraße. **GPS:** n49,41595 o7,57092.

2 kostenlos Ch kostenlos. **Lage:** Städtisch, einfach, laut.
Untergrund: befestigt. 01/01-31/12.
Entfernung: vor Ort 1,3Km 350M Aldi 100M.
Sonstiges: Max. 3 Tage.

Langenlonsheim 16G1
Weingut Im Zwölberich, Schützenstrasse 14.
GPS: n49,89672 o7,89466.

5 €10 inklusive. **Lage:** Ländlich, einfach, zentral, ruhig.
Untergrund: asphaltiert/Wiese. 01/01-31/12.
Entfernung: 7Km.

Lauterecken 16G1
Wohnmobilstellplatz Villa Toskana, Friedhofweg 3a.
GPS: n49,65056 o7,58806.

30 €8 €1/80Liter Ch (18x) €1/8Std WC €3 €1/5Minuten.
Lage: Komfortabel, luxus, ruhig. **Untergrund:** Schotter.
01/01-31/12.
Entfernung: 300M vor Ort 300M vor Ort vor Ort Ort.
Sonstiges: Brötchenservice.

Leimersheim 16H2
Sport- und Freizeithalle, Rheinstraße 42.
GPS: n49,12534 o8,35457.

5 kostenlos.
Lage: Ländlich, einfach, ruhig. **Untergrund:** Schotter.
01/01-31/12.
Entfernung: 500M 4Km 100M 100M vor Ort 1Km.
Sonstiges: Bei den Tennisplätzen.

Leinsweiler 16H2
Weingut Erlenswein, Wacholderhof. **GPS:** n49,18747 o8,03323.

8 €10 Ch inklusive. **Lage:** Ländlich, einfach, ruhig.
Untergrund: Wiese. 01/03-31/11.
Entfernung: 1km.
Sonstiges: Anmelden bei Weingut.

Leiwen 16F1
Weingut Heinz Spieles, Schulstrasse 20. **GPS:** n49,82331 o6,87524.

4 €8 €1 Ch €1 inklusive.

Rheinland-Pfalz/Saarland

Untergrund: Wiese/Schotter. 01/01-31/12.
Entfernung: 400M 400M.

Leiwen 16F1
Moselblick, Flurgartenstrasse 2/ Weinallee.
GPS: n49,82611 o6,88057.

12 €8 Ch WC €1.
Untergrund: Wiese/Schotter. 01/01-31/12.
Entfernung: 500M vor Ort vor Ort vor Ort 300M 500M.

Lemberg 16G2
Lemberger Weiher, Weiherstraße. **GPS:** n49,17284 o7,64731.

5 kostenlos Ver-/Entsorgung/Strom inkl. €7.
Lage: Ländlich. **Untergrund:** Schotterasen. 01/01-31/12.
Entfernung: 400M 600M vor Ort vor Ort.
Sonstiges: Max. 3 Tage.

Linz am Rhein 11G2
B42 Linzhausenstrasse. **GPS:** n50,56291 o7,27982.

6 kostenlos. **Untergrund:** asphaltiert. 01/01-31/12.
Entfernung: 500M vor Ort 50M.
Sonstiges: Am Rhein, max. 3 Tage.

Löf 11G3
SOG Dahmann, In der Mark 2. **GPS:** n50,23194 o7,43750.

9 kostenlos Ch (4x)€0,50/kWh WC. **Lage:** Ländlich.
Untergrund: befestigt. 01/01-31/12.
Entfernung: 13Km 1Km.

Longuich/Mosel 16F1
Feiten, Rioler weg 2. **GPS:** n49,80417 o6,77899.

40 €5 €0,50/70Liter Ch €3 WC €1.
Untergrund: Wiese.

01/01-31/12.
Entfernung: 300M 2km vor Ort vor Ort vor Ort 1Km.
Sonstiges: Spielplatz.

Longuich/Mosel 16F1
WeinKulturgut Longen Schlöder, Kirchenweg 9.
GPS: n49,81023 o6,76427.

8 €7 €2 (3x)€2,50 WC €3.
Untergrund: Schotter/befestigt. 01/01-31/12 Di.
Entfernung: 1Km 150M 150M vor Ort 500M.

Losheim am See 16F1
Reisemobilplatz am Stausee, Zum Stausee.
GPS: n49,51999 o6,74123.

8 €6 €0,50/70Liter Ch WC inklusive.
Lage: Ländlich, einfach. **Untergrund:** Wiese/Schotter.
01/01-31/12.
Entfernung: 1Km 200M 200M 100M 1Km vor Ort vor Ort.
Sonstiges: Parkplatz am See, gegenüber Touristenbüro.

Lösnich 11F3
Stellplatz am Moselufer, Gestade. **GPS:** n49,97560 o7,04276.

96 €7 Ch inklusive €2/Tag.
Lage: Ländlich, einfach, ruhig. **Untergrund:** Wiese. 01/03-01/11.
Entfernung: vor Ort vor Ort vor Ort vor Ort 3Km vor Ort vor Ort.
Sonstiges: An der Mosel, Backer kommt jede Morgen.

Lutzerath 11F3
Bürgerhaus zum Üssbachtal, Trierer Strasse.
GPS: n50,13015 o7,01002.

10 €5/Tag €0,50 Ch (6x)€0,50/kWh. **Lage:** Städtisch, einfach. **Untergrund:** asphaltiert. 01/01-31/12.
Entfernung: vor Ort vor Ort vor Ort.
Sonstiges: Anmelden beim Hotel Restaurant Maas, Trierer Str. 30.

Maikammer 16H2
Sporthalle Kalmit, Johannes Dammstrasse.
GPS: n49,30307 o8,13219.

€4/Tag inklusive. **Untergrund:** asphaltiert.
01/01-31/12. **Entfernung:** 100M in der Nähe in der Nähe.

Maikammer 16H2
Weingut Gerald Groß, Bahnhofstraße 24. **GPS:** n49,30649 o8,13742.
2 €10 WC inklusive. **Untergrund:** Wiese.

Maikammer 16H2
Weingut Hubert Müller, Raiffeisenstrasse 59.
GPS: n49,30737 o8,13646.
3 €13 WC inklusive. **Untergrund:** Schotter.
01/01-31/12.
Entfernung: vor Ort 7Km.

Maikammer 16H2
Weingut Schädler, Dieterwiesenstraße. **GPS:** n49,30848 o8,12530.
3 €7 WC inklusive. 01/01-31/12.
Entfernung: 500M 1Km vor Ort vor Ort.

Maikammer 16H2
Weingut Ziegler-Ullrich, Weinstraße Nord 46.
GPS: n49,30659 o8,13369.
2 €5 inklusive. 01/01-31/12.
Entfernung: 4Km.

Mainz 11H3
Wohnmobilstellplatz Mainz, Dr.-Martin-Luther-King-Weg 21.
GPS: n49,99849 o8,24638.

56 €10 €1/90Liter Ch €0,50/kWh. 01/01-31/12.
Entfernung: Altstadt 1,7Km 150M Aldi 200M Bus 160M.

Mandelbachtal 16F2
Ommersheimer Weiher, L107. **GPS:** n49,21899 o7,16766.

2 kostenlos €1 (2x)€1/8Std. **Lage:** Ländlich, einfach, abgelegen, ruhig. **Untergrund:** asphaltiert. 01/01-31/12.
Entfernung: vor Ort vor Ort.

Mandelbachtal 16F2
Kloster Gräfinthal, Gräfinthal. **GPS:** n49,15975 o7,11924.

2 kostenlos. **Lage:** Ländlich, einfach, laut. **Untergrund:** befestigt.
01/01-31/12.
Entfernung: 100M.

Manderscheid 11F3
Hotel Heidsmühle, Mosenbergstrasse 22.
GPS: n50,08504 o6,80021.

Rheinland-Pfalz/Saarland

20 🚐 kostenlos 🚰 (4x)€2,50/Tag.
Lage: Ländlich, einfach, abgelegen, ruhig.
Untergrund: Wiese/Schotter. 📅 01/01-31/12.
Entfernung: 🚶 2km 🛒 6Km 🍴 vor Ort ⛽ vor Ort 🚲 vor Ort 🚶 vor Ort.

C S | Manderscheid | 11F3
Campingplatz Vulkaneifel, Herbstwiese.
GPS: n50,09713 o6,79969. ➡️.

8 🚐 €6/pP, Hund €1,50 ⛽ €0,50/100Liter 🔌 Ch 💧 €2,50 WC inklusive 📶. **Lage:** Ländlich, einfach, ruhig.
Untergrund: befestigt. 📅 15/03-31/10.
Entfernung: 🚶 800M 🛒 800M 🍴 800M am Campingplatz 🚲 vor Ort 🚶 vor Ort.
Sonstiges: Brötchenservice.

S | Mayen | 11F3
Wohnmobilstellplatz am Viehmarkt, Polcherstrasse.
GPS: n50,32194 o7,22806. ⬆️.

6 🚐 kostenlos ⛽ €1/80Liter 🔌 Ch WC. **Lage:** Einfach.
Untergrund: Schotter. 📅 01/01-31/12.
Entfernung: 🚶 100M 🛒 4Km 🍴 100M 🚶 100M.
Sonstiges: Neben Festplatz, max. 3 Nächte.

S | Mayschoss | 11F2
Ahruferplatz, Ahr-Rotweinstraße 46. **GPS:** n50,51736 o7,01948. ⬆️.

75 🚐 €6 ⛽ €1/100Liter 🔌 Ch 💧 (15x)€2,50/Tag WC. 🚿
Lage: Ländlich, zentral. **Untergrund:** asphaltiert/Schotter.
📅 01/01-31/12.
Entfernung: 🍴 vor Ort 🛒 100M 🚶 250M Bäckerei 🛒 50M.
Sonstiges: An der Ahr, Parkplatz am Bahnhof.

S | Meckenheim | 16H2
Sporthalle Meckenheim, Rödersheimerstraße.
GPS: n49,41167 o8,24056. ⬆️.
10 🚐 kostenlos 💧 €0,50/kWh. **Untergrund:** Schotter.
📅 01/01-31/12. **Entfernung:** 🚶 1Km.

S | Meddersheim | 16G1
Winzergenossenschaft, Naheweinstrasse 63. **GPS:** n49,77988 o7,61347.
10 🚐 kostenlos ⛽ kostenlos 💧 €3/Tag. **Lage:** Ländlich, einfach, ruhig. **Untergrund:** Schotter. 📅 01/01-31/12.
Entfernung: 🚶 800M.
Sonstiges: Max. 2 Nächte, Tor kann manuell geöffnet werden.

S | Mehring | 16F1
Weingut Zellerhof, Zellerhof 1. **GPS:** n49,79369 o6,81944. ⬆️➡️.

43 🚐 €6 ⛽ €0,50/70Liter 🔌 Ch 💧 (43x)€0,50/kWh WC 🚿 €1.
Untergrund: Wiese/befestigt.
📅 01/01-31/12.
Entfernung: 🚶 100M 🍴 vor Ort ⛽ vor Ort 🛒 vor Ort 🚶 100M.

S | Mehring | 16F1
Wohnmobilstellplatz del Mosel, Moselweinstrasse 2.
GPS: n49,79423 o6,81726. ⬆️.

72 🚐 €8 ⛽ €1/100Liter 🔌 Ch 💧 (60x)€2 WC 🚿 €2. 🚿
Untergrund: Wiese. 📅 01/01-31/12.
Entfernung: 🚶 100M 🍴 vor Ort 🚶 200M.
Sonstiges: Brötchenservice.

S | Meisenheim | 16G1
Schwimmbad Meisenheim, In der Heimbach.
GPS: n49,71472 o7,65750. ⬆️.

12 🚐 €5 ⛽ €1/100Liter 🔌 €1 Ch 💧 (12x)€1/kWh. 🚿
Lage: Ländlich, einfach, ruhig. **Untergrund:** Wiese/Schotter.
📅 01/01-31/12 ⚫ 01/07-09/07.
Entfernung: 🚶 1,6Km 🍴 vor Ort 🚶 500M.

S | Mendig | 11G3
Brauerstraße. **GPS:** n50,37678 o7,28404. ⬆️.

20 🚐 kostenlos ⛽ €1/30Liter 🔌 Ch 💧 (12x)€0,50/kWh.
Lage: Ländlich, ruhig. **Untergrund:** Schotter. 📅 01/01-31/12.
Entfernung: 🚶 200M 🍴 Vulkanbrauhaus&Felsenkeller 🚶 400M.
Sonstiges: Gegenüber Fussballplatz, Vulkanmuseum Lava-Dome 100M.

| Merzig | 16F2
Das Bad, Saarwiesenring 3. **GPS:** n49,44541 o6,62418. ⬆️➡️.

12 🚐 €7,50 ⛽ €1/100Liter 🔌 Ch 💧 inklusive. **Lage:** Ländlich, einfach, ruhig. **Untergrund:** Schotterasen. 📅 01/01-31/12.
Entfernung: 🚶 2km 🛒 vor Ort 🚶 2km.
Sonstiges: Anmeldung beim Schwimmbad, Kaution Schlüssel €50.

S | Mettlach | 16F1
Cloef-Atrium, Alfred-Backer-strasse, Mettlach-Orscholz.
GPS: n49,50394 o6,53225. ⬆️➡️.
10 🚐 €5 🔌 WC. **Untergrund:** Schotter.
Entfernung: 🚶 vor Ort.
Sonstiges: Zahlen mit SMS, max. 24 Std.

🍴 S | Mettlach | 16F1
Mettlacher Abtei-Bräu, P6, Bahnhofstrasse 32.
GPS: n49,49847 o6,59612. ⬆️.

10 🚐 €5 🔌 Ch kostenlos.
Untergrund: Schotter. 📅 01/01-31/12.
Entfernung: 🚶 500M 🛒 7Km 🏊 vor Ort 🍴 vor Ort 🚶 vor Ort.
Sonstiges: Am der Saar, Zahlen mit SMS.

🍴 | Mettlach | 16F1
Restaurant zum Kaltenborn, Zur Großwies 21, Orscholz.
GPS: n49,50916 o6,53030. ⬆️.

10 🚐 €5. 🚿 📅 01/01-31/12 ⚫ Do.
Entfernung: 🛒 vor Ort.
Touristinformation Mettlach:
👁 M Erlebniszentrum Villeroy&Boch. 🕐 Mo-Fr: 9.30-19 Uhr, Sa 9.30-18 Uhr.
🛍 Villeroy&Boch Factory Outlet, Freiherr-vom-Stein-Strasse 4-6. 🕐 Mo-Fr: 9.30-19 Uhr, Sa 9.30-18 Uhr.

S | Minheim | 16F1
Reisemobilpark Sonneninsel, K53. **GPS:** n49,86500 o6,94111. ⬆️➡️.

90 🚐 €6,50 ⛽ €1/100Liter 🔌 Ch 💧 €1/2kWh. 🚿
Untergrund: Wiese/Schotter. 📅 01/01-31/12.
Entfernung: 🚶 10Km 🛒 400M 🚶 3Km.
Sonstiges: An der Mosel neben Fussballplatz.

S | Minheim | 16F1
Weinhaus Moselblick, In der Olk 9. **GPS:** n49,86428 o6,93294. ⬆️.

Rheinland-Pfalz/Saarland

10 🚐 €9 ⛽ Ch 💧 €1,50/Tag. 🚿
Untergrund: Wiese/Schotter. 📷 01/01-31/12.
Entfernung: 🛒 200M 🍴 200M.

Monzernheim — 16H1
Weingut Helmut Geil, Am Römer 26. GPS: n49,72376 o8,22715. ⬆️

3 🚐 €6 ⛽ 💧 (3x)inklusive. 🚿 Lage: Ländlich, einfach, ruhig.
Untergrund: Wiese. 📷 01/01-31/12.
Entfernung: 🛒 8Km 🍴 4Km 🚶 4Km.
Sonstiges: Anmelden beim Weingut.

Monzingen — 16G1
Parkplatz Festhalle, Rosengartenstrasse 11.
GPS: n49,79438 o7,59075. ⬆️

3 🚐 kostenlos. Lage: Ländlich, einfach, laut. Untergrund: asphaltiert.
📷 01/01-31/12.
Entfernung: 🍴 vor Ort 🚶 1Km.

Monzingen — 16G1
Weingut Axel Schramm, Soonwaldstrasse 49.
GPS: n49,81088 o7,48058. ⬆️

3 🚐 kostenlos ⛽ kostenlos. Lage: Ländlich, einfach, abgelegen, ruhig. Untergrund: Beton. 📷 01/01-31/12.
Entfernung: 🚶 1,2Km.

Morbach — 16F1
Reisemobilhafen Morbach, Zum Camping 15, Hoxel.
GPS: n49,77855 o7,10695. ⬆️ ➡️

40 🚐 €5/Nacht ⛽ €1/80Liter 💧 Ch 🚿 (40x)€2/Nacht.
Lage: Ländlich. Untergrund: Wiese. 📷 16/03-15/11.
Entfernung: ⊗300M 🚶 300M.

Münstermaifeld — 11G3
An der Stadthalle, An den Gärten 6. GPS: n50,24583 o7,36778. ⬆️

2 🚐 kostenlos. Lage: Städtisch, einfach. Untergrund: befestigt.
📷 01/01-31/12.
Entfernung: 🛒 800M ⊗800M 🚶 800M.

Münstermaifeld — 11G3
Erlebnisbad Maifeld, Pilligertorstrasse. GPS: n50,24522 o7,35831.

4 🚐 Lage: Ländlich, einfach. Untergrund: befestigt.
📷 01/09-15/05.
Entfernung: 🛒 700M ⊗700M 🚶 700M.

Nanzdietschweiler — 16G2
Hauptstrasse. GPS: n49,44083 o7,43500. ⬆️

2 🚐 kostenlos ⛽ €1/100Liter 💧 (4x)€1/8Std. Lage: Ländlich, einfach, abgelegen, ruhig. Untergrund: befestigt. 📷 01/01-31/12.
Entfernung: 🛒 7Km 🍴 vor Ort 🚶 vor Ort.

Neef — 11F3
Wohnmobilstellplatz Zum Frauenberg.
GPS: n50,09455 o7,13730. ⬆️ ➡️

100 🚐 €6 ⛽ Ch inklusive 🚿 (42x)€2/24Std,4Amp.
Lage: Ländlich, einfach. Untergrund: Wiese. 📷 01/04-01/11.
Entfernung: 🛒 vor Ort 🍴 vor Ort ⊗200M.
Sonstiges: An der Mosel, in der Nähe von Sportplätzen, Brötchenservice.

Neuhäusel — 11G3
Wohnmobilstellplatz Efferz, Im Feldchen. GPS: n50,38271 o7,70331.

20 🚐 €8 ⛽ €1/80Liter 💧 Ch 🚿 (12x)€1/2kWh WC 📶.
Untergrund: befestigt. 📷 01/01-31/12.
Entfernung: 🛒 250M ⊗250M 🚶 250M 🍴 100m > Koblenz.
Sonstiges: Brötchenservice.

Neumagen-Dhron — 16F1
Gaststatte Beim Ketsch, In der Zeil. GPS: n49,86449 o6,90321. ⬆️ ➡️

100 🚐 €6 ⛽ Ch inklusive 💧 €1,50/Tag WC €2 €3
📶 kostenpflichtig. 🚿 Untergrund: Wiese/Schotter. 📷 01/01-31/12.
Sonstiges: Brötchenservice.

Neumagen-Dhron — 16F1
Yachthafen Neumagen, Moselstrasse 21.
GPS: n49,85188 o6,89232. ⬆️ ➡️

40 🚐 <9m €6, >9m €8 + €2,50/pP ⛽ €0,50/40Liter 💧 Ch 🚿 €0,60/kWh WC inklusive 📶 €3/24Std. 🚿
Untergrund: Schotter.
📷 01/01-31/12.
Entfernung: 🛒 100M 🍴 vor Ort ⊗vor Ort 🚶 1,3Km.
Sonstiges: Anmelden beim Hafenmeister.

Neustadt/Weinstrasse — 16H2
Dammstrasse-Ost, Hambach. GPS: n49,33083 o8,13150. ⬆️ ➡️

10 🚐 kostenlos ⛽ €1/100Liter 💧 €1 Ch. Untergrund: Wiese.
📷 01/01-31/12.
Entfernung: 🛒 in der Nähe ⊗in der Nähe 🚶 in der Nähe.
Sonstiges: Neben Schwimmbad, Ver-/Entsorgung 500M.

Neustadt/Weinstrasse — 16H2
Reisemobilstellplatz Martin-Luther-Kirche, Martin-Luther-Strasse.
GPS: n49,35485 o8,15255. ⬆️

30 🚐 €4/24 Std ⛽ €1/8Minuten 💧 Ch 🚿 (24x)€1/kWh.
Untergrund: befestigt. 📷 01/01-31/12.
Entfernung: 🛒 300M ⊗250M 🍴 vor Ort.

Neustadt/Weinstrasse — 16H2
Festplatz Neustadt-Haardt, Am Mandelring, Haardt.
GPS: n49,36731 o8,13917.
2 🚐 kostenlos. 📷 01/01-31/12.
Entfernung: 🛒 5Km.

Neustadt/Weinstrasse — 16H2
Parkplatz am Rebenmeer, Am Falltor, Duttweiler.
GPS: n49,30148 o8,21192. ⬆️

Rheinland-Pfalz/Saarland

10 🚐 **kostenlos. Lage:** Ländlich, einfach, ruhig.
Untergrund: Schotter/befestigt. 🔲 01/01-31/12.
Entfernung: 🚲 5Km 🍞 300M 🛒 250M Bäckerei.

Neustadt/Weinstrasse 16H2
Wohnmobilstellplatz Gimmeldingen, Peter-Koch-Strasse.
GPS: n49,37771 o8,15448.
2 🚐 kostenlos. 🔲 01/01-31/12.
Entfernung: 🛒 500M 🚲 5Km 🍞 vor Ort 🍽 vor Ort.

Neustadt/Weinstrasse 16H2
Altes Weingut Steigelmann, Lauterbachstrasse 33, Mussbach.
GPS: n49,37285 o8,17230.
5 🚐 € 5 ⛽ Ch ⚡ €1,50. 🔲 01/01-31/12.
Entfernung: 🚲 3Km.

Neustadt/Weinstrasse 16H2
Rebenhof Wein- und Sektgut, Andergasse 93, Hambach.
GPS: n49,32157 o8,12241. ⬆

5 🚐 € 8 ⛽ ⚡ inklusive. **Untergrund:** Wiese. 🔲 01/01-31/12.
Entfernung: 🚲 5Km.

Neustadt/Weinstrasse 16H2
Weingut & Weinschenke Hans Abel, Weinstrasse 103, Hambach.
GPS: n49,33784 o8,13157.
3 🚐 kostenlos 💧 €2,50. 01/01-31/12 ⚫ Do.
Entfernung: 🚲 4,5Km.

Neustadt/Weinstrasse 16H2
Weingut Andres, Langensteinstrasse 22, Lachen-Speyersdorf.
GPS: n49,33631 o8,20579.
3 🚐 kostenlos 💧 🔲 01/01-31/12.

Neustadt/Weinstrasse 16H2
Weingut Carl Disson, Andergasse 96, Hambach.
GPS: n49,32123 o8,12220. ⬆

4 🚐 € 7 WC. **Untergrund:** Wiese. 🔲 01/01-31/12.
Entfernung: 🚲 5Km.
Sonstiges: Brötchenservice, Weinprobe.

Neustadt/Weinstrasse 16H2
Weingut Hammer, Zum Klausental 29. **GPS:** n49,32109 o8,13251.
3 🚐 € 5 ⛽ 🔲 01/01-31/12.
Entfernung: 🚲 5Km.

Neustadt/Weinstrasse 16H2
Weingut Klohr, An der Eselshaut 67, Mussbach.
GPS: n49,36931 o8,17414.
2 🚐 ⛽ ⚡ 🔲 01/01-31/12.
Entfernung: 🚲 2km.

Neustadt/Weinstrasse 16H2
Weingut Kreiselmaier, Goethestrasse 77, Lachen.
GPS: n49,32215 o8,20071. ⬆

3 🚐 € 5 ⛽ €2/100Liter ⚡ €2/Nacht. **Lage:** Einfach, ruhig.
Untergrund: Wiese. 🔲 01/03-31/10.
Entfernung: 🍞 vor Ort 🚲 4,5Km ⛽ 250M 🛒 3Km 🍽 150M.
Sonstiges: Verkauf von Wein.

Neustadt/Weinstrasse 16H2
Weingut Müller-Kern, Andergasse 38, Hambach.
GPS: n49,32266 o8,12681. ⬆

3 🚐 € 6 + € 3/pP WC. **Untergrund:** Wiese. 🔲 01/01-31/12.
Entfernung: 🚲 4,5Km 🍞 300M 🚴 vor Ort 🥾 vor Ort.
Sonstiges: In der Nähe Wander- und Fahrradmöglichkeiten.

Neustadt/Weinstrasse 16H2
Weingut Rumsauer, Von-Dalheim-Strasse 11, Diedesfeld.
GPS: n49,31978 o8,14028.
2 🚐 ⛽ 🔲 01/01-31/12.
Entfernung: 🚲 5Km.

Neustadt/Weinstrasse 16H2
Weingut Schäfer, Schiessmauer 56, Mussbach.
GPS: n49,36335 o8,17111.

5 🚐 € 15 ⛽ Ch WC inklusive 📶 kostenlos. 🔲 01/03-31/10.
Entfernung: 🚲 2km.

Neustadt/Weinstrasse 16H2
Weingut Völcker, An der Eselshaut 15, Mussbach.
GPS: n49,36825 o8,16805.
3 🚐 € 5 ⛽ ⚡. **Untergrund:** Wiese. 🔲 01/01-31/12.
Entfernung: 🚲 3km.

Neustadt/Weinstrasse 16H2
Weinhaus Am Herzog, Mandelring 195, Haardt.
GPS: n49,36889 o8,14583.
2 🚐 € 15 ⛽ ⚡ WC inklusive. 🔲 01/01-31/12.
Entfernung: 🚲 4Km.

Neustadt/Weinstrasse 16H2
Weinland Königsbach-Neustadt, Deidesheimer Strasse 12, Königsbach. **GPS:** n49,38712 o8,16239.
5 🚐 ⛽ ⚡. 🔲 01/01-31/12.
Entfernung: 🚲 6,5Km.

Neustadt/Weinstrasse 16H2
Weinland Meckenheim, An der Eselshaut 76, Mussbach.
GPS: n49,37037 o8,17479.
3 🚐 € 5 ⚡ €2,50. 🔲 01/01-31/12.
Entfernung: 🚲 2,3Km.

Neustadt/Weinstrasse 16H2
Weingut Helbighof, Andergasse 40, Hambach.
GPS: n49,32256 o8,12657.
3 🚐. 🔲 01/01-31/12.
Entfernung: 🚲 4,5Km.

Neustadt/Weinstrasse 16H2
Hambacher Schloss, Weinstrasse 110, Hambach.
GPS: n49,33706 o8,13155.
2 🚐 kostenlos. 🔲 01/01-31/12 ⚫ 01/10-31/10.

Entfernung: 🚲 4,5Km.

Neuwied 11G2
Yachthafen Neuwied, Rheinstrasse 180. **GPS:** n50,41413 o7,47946. ⬆

40 🚐 € 7, 2 Pers. inkl. ⛽ Ch ⚡ €0,50/kWh WC inklusive.
Untergrund: befestigt. 🔲 01/01-31/12.
Entfernung: 🛒 2km 🍞 vor Ort 🍽 2km.
Sonstiges: Barzahlung.

Nickenich 11G3
Wohnmobilstellplatz am Baggerado, Auf dem Teich 1.
GPS: n50,40607 o7,33299. ⬆
4 🚐 € 7 ⛽ Ch ⚡ (4x). **Untergrund:** befestigt. 🔲 01/01-31/12.
Entfernung: 🛒 800M 🍽 800M.

Niederbreitbach 11G2
Campingplatz Neuerburg, Im Freizeitpark 1.
GPS: n50,52969 o7,41414. ➡

8 🚐 € 6 ⛽ 80Liter Ch ⚡ €1,50/Tag ⚡ €1 📺 €3,50. 🛁
Lage: Ländlich, komfortabel. **Untergrund:** Schotter. 🔲 01/01-31/12.
Entfernung: 🛒 250M 🚲 13Km 🏊 vor Ort ⛽ vor Ort 🍽 vor Ort 🚴 vor Ort 🥾 vor Ort.
Sonstiges: Brötchenservice.

Niederkirchen bei Deidesheim 16H2
Wohnmobilstellplatz Niederkirchen, An de Sportanlage 1.
GPS: n49,40891 o8,22141.
6 🚐 kostenlos ⚡ €1. **Untergrund:** Schotter. 🔲 01/01-31/12.
Entfernung: 🛒 1Km 🚲 4,5Km.

Nierstein 16H1
Mobilstellplatz auf dem Weingut Gehring, Ausserhalb 17.
GPS: n49,85621 o8,32520. ⬆

30 🚐 € 9 ⛽ Ch ⚡ (15x)€3/Tag ⚡ €1/6Minuten 📶 inklusive. 🛁
Lage: Ländlich, komfortabel, ruhig. **Untergrund:** Wiese.
🔲 01/01-31/12.
Entfernung: 🛒 1Km 🚲 11Km 🏊 3Km 🚌 1,2Km ⛽ 10M 🍽 500M 🍞 1,2Km 🚴 50M 🥾 10M.
Sonstiges: Brötchenservice.

Nohfelden 16F1
Campingplatz Bostalsee, P6, L325, Bosen.
GPS: n49,56039 o7,06113. ⬆ ➡

10 🚐 € 12 ⛽ €0,50/60Liter Ch €0,50 ⚡ €1/kWh inklusive.
Lage: Ländlich, einfach, ruhig. **Untergrund:** befestigt.

Rheinland-Pfalz/Saarland

01/01-31/12. **Entfernung:** 500M 6Km 200M €8/Tag vor Ort 800M vor Ort vor Ort.

Nonnweiler 16F1
Stellplatz Am Hallenbad, Triererstrasse 2.
GPS: n49,60686 06,97216.

5 kostenlos €1/100Liter (4x)€0,50. **Lage:** Ländlich, einfach, ruhig. **Untergrund:** Wiese/befestigt. 01/01-31/12.
Entfernung: vor Ort 1Km vor Ort 800M.
Sonstiges: Parkplatz Schwimmbad, max. 48 Std.

Nürburg 11F3
Wohnmobilpark Motorsporthotel, Hauptstrasse 34.
GPS: n50,33982 06,95131.
12 €10 inklusive auf Anfrage. **Lage:** Ländlich, einfach.
Untergrund: Wiese. 01/01-31/12.
Entfernung: vor Ort.
Sonstiges: An Rennstrecke, bezahlen beim Hotel.

Ober-Hilbersheim 16H1
Napoleonshöhe, Sprendlingers Straße. **GPS:** n49,89785 08,02421.

40 kostenlos Ch. **Untergrund:** Wiese. 01/01-31/12.
Entfernung: 500M 300M.

Oberbrombach 16G1
Wohnmobilstellplatz Höhenblick, Sonnenberger Strasse.
GPS: n49,69481 07,25960.

75 €7 Ch inklusive (45x)€2/4kWh. **Lage:** Ländlich, komfortabel, ruhig. **Untergrund:** Wiese/Schotter. 01/01-31/12.
Entfernung: 400M 4Km 1,5Km.

Oberwesel/Rhein 11G3
Stellplatz am Schiffsanleger, B9. **GPS:** n50,10816 07,72758.
10 €8/24 Std. **Untergrund:** befestigt. 01/01-31/12.
Entfernung: 10Km vor Ort vor Ort.

Oberwesel/Rhein 11G3
Camping Schönburgblick, Am Hafendamm 1.
GPS: n50,10294 07,73663.

20 €9 Ch inklusive €0,60/kWh €2,50 €2.
Lage: Komfortabel, ruhig. **Untergrund:** Wiese. 15/03-31/10.
Entfernung: 800M vor Ort vor Ort 200M 400M.
Sonstiges: Max. 8M, reservieren möglich.

Offenbach an der Queich 16H2
Am Queichtalzentrum, Konrad-Lerch-Ring.
GPS: n49,20056 08,19478.

2 kostenlos.
Lage: Einfach. **Untergrund:** befestigt. 01/01-31/12.
Entfernung: 100M 6Km 500M 1Km 400M.
Sonstiges: Max. 3 Tage.

Oppenheim 16H1
Womoland Oppenheim, An der Festwiese.
GPS: n49,85673 08,36502.

20 €7 €1/50Liter €3/24Std. **Untergrund:** Wiese.
01/01-31/12. Woche vor/nach Pfingsten.
Entfernung: 500M 500M.

Osann-Monzel 16F1
Wohnmobilstellplatz Panorama, Moselstrasse 16.
GPS: n49,90904 06,95624.

8 €5 €2 kostenpflichtig.
Untergrund: Schotter. 01/06-31/10.
Entfernung: 9Km 50M.
Sonstiges: Schlüssel bei Aparthotel Panorama (50M).

Osthofen 16H1
Festplatz Wonnegauhalle, Herrnsheimer Strasse.
GPS: n49,69913 08,32691.

50 kostenlos Ch kostenlos.
Untergrund: Schotter. 01/01-31/12.
Entfernung: 500M 7Km 500M. **Sonstiges:** Max. 48 Std.

Osthofen 16H1
Sommerried Stadion, L439. **GPS:** n49,69222 08,32805.

10 kostenlos. **Untergrund:** Wiese/Sand. 01/01-31/12.

Entfernung: 6Km 800M.
Sonstiges: Max. 48 Std.

Osthofen 16H1
Weingut Borntaler Hof, Alter Westhofer Weg.
GPS: n49,69985 08,29860.

4 €5 WC inklusive.
Untergrund: befestigt. 01/01-31/12.
Entfernung: 9Km.

Ottweiler 16F2
Stellplatz Wingertsweiher, Am Wingertsweiher.
GPS: n49,41134 07,18076.

12 €5/24 Std €1/150Liter €1 Ch (6x)€3/8Std.
Lage: Ländlich, einfach, ruhig. **Untergrund:** Wiese/befestigt.
01/01-31/12.
Entfernung: 1,5Km vor Ort vor Ort vor Ort 1,5Km 1Km.
Sonstiges: Max. 7 Tage, Geld in Umschlag in den Briefkasten.

Palzem 16E1
Weingut E. Pauly, Obermoselstrasse 5.
GPS: n49,56402 06,37581.

3 €7 WC. **Untergrund:** Schotter/befestigt.
01/01-31/12. **Entfernung:** 50M 4Km.
Sonstiges: Nicht geeignet für grossen Reisemobile, schöne Aussicht.

Perl 16E1
Am Perlbach, Auf dem Sabel 4. **GPS:** n49,47900 06,38493.

6 €8, Winter €5 €1/6Minuten Ch €1/8Std.
Untergrund: befestigt. 01/01-31/12.
Entfernung: 500M 3,5Km 500M 500M.

Pfaffen-Schwabenheim 16H1
Pferdepension am Sonnenhof, Brühlstraße.
GPS: n49,85224 07,95951.
10 €10 WC inklusive. **Lage:** Ländlich, einfach, abgelegen, ruhig. **Untergrund:** Beton. 01/01-31/12.
Entfernung: 7Km.

Piesport 16F1
Piesporter Goldtröpfchen, Moselstrasse.
GPS: n49,87199 06,92703.

Rheinland-Pfalz/Saarland

30 €6 €1/80Liter Ch €2.
Untergrund: Schotter. 01/01-31/12.
Entfernung: 100M 11Km vor Ort vor Ort vor Ort 500M.
Sonstiges: Brötchenservice Mo-Sa.

Piesport 16F1
Altes Kelterhaus, St. Martinstrasse 33. **GPS**: n49,87872 o6,92590.

6 €7,50, für Gäste kostenlos €2,50. Ch €2,50.
Untergrund: Schotter. 01/01-31/12.
Entfernung: 10Km vor Ort vor Ort.

Piesport 16F1
Weingut Heinz Kirsten, In der Noo. **GPS**: n49,88017 o6,92597.

6 €6 €1. Untergrund: Schotter. 01/01-31/12.
Entfernung: 7,5Km vor Ort vor Ort.
Sonstiges: Anmelden bei Bahnhofstrasse 28.

Piesport 16F1
Weingut Spang, Reisemobilplatz Rebengarten, In den Dur 11.
GPS: n49,88287 o6,92781.

3 €8 €0,70/kWh WC €2,50.
Untergrund: Schotter.
01/01-31/12.
Entfernung: vor Ort 8Km 100M 100M 500M 500M.
Sonstiges: Brötchenservice.

Piesport 16F1
Wohnmobilstellplatz Loreleyblick, Loreleyblick 20.
GPS: n49,87323 o6,92535.

5 €8 Ch (10x) €1.
Untergrund: Schotter. 01/01-31/12.
Entfernung: vor Ort 11Km 1Km 300M.

Sonstiges: Brötchenservice.

Pirmasens 16G2
Am Messegelände, Zeppelinstraße. **GPS**: n49,20446 o7,60885.

8 €5/24 Std €1/100Liter Ch €1/6Std.
Lage: Städtisch, einfach, laut. Untergrund: Schotter.
01/01-31/12.
Entfernung: 450M 6Km 450M 450M.

Pirmasens 16G2
Forsthaus Beckenhof, Beckenhofer Strasse.
GPS: n49,19604 o7,65635.

10 Gäste kostenlos. Lage: Ländlich, einfach, ruhig.
Untergrund: Schotter. 01/01-31/12.

Plaidt 11G3
Wohnmobilstellplatz am Vulkanpark, Rauschermühle 6.
GPS: n50,38790 o7,40444.

10 kostenlos. Lage: Ländlich. Untergrund: befestigt.
01/01-31/12.
Entfernung: 5Km.

Plein 11F3
Hotel-Restaurant Waldschlößchen Plein, Zum Waldschlößchen 3.
GPS: n50,03223 o6,88074.
3 Gäste kostenlos. 01/01-31/12.
Entfernung: 4Km vor Ort.

Polch 11G3
Niesmann&Bisschof, Clou-strasse 1. **GPS**: n50,30680 o7,30684.

25 kostenlos €0,50/80Liter Ch (12x)€0,50/kWh.
Untergrund: befestigt. 01/01-31/12.
Entfernung: vor Ort vor Ort.

Pronsfeld 11E3
Am Alten Bahnhof, Bahnhofstrasse. **GPS**: n50,16343 o6,33669.

50 €6 €0,50/60Liter Ch (24x)€0,50/kWh.
Lage: Ländlich, komfortabel, ruhig. Untergrund: Wiese/Schotter.
01/01-31/12.
Entfernung: 600M 7,5Km 600M 700M 500M vor Ort vor Ort.

Prüm 11E3
Wohnmobilstellplatz Prüm, Monthermeerstrasse 3.
GPS: n50,20956 o6,42715.

4 kostenlos. Lage: Städtisch, einfach. Untergrund: Schotter.
01/01-31/12.
Entfernung: 600M 2,2Km 500M 500M 200M.

Pünderich 11F3
Wohnmobilstellplatz Pünderich, Moselallee.
GPS: n50,04355 o7,12548.

80 €6 Chinklusive (12x)€2/24Std.
Lage: Ländlich, einfach, ruhig. Untergrund: Wiese.
01/04-31/10.
Entfernung: vor Ort vor Ort vor Ort 300M 500M.

Ramstein-Miesenbach 16G1
City Parkplatz, Talstrasse. **GPS**: n49,45103 o7,55557.

3 kostenlos. Lage: Städtisch, einfach, laut. Untergrund: Schotter.
01/01-31/12.
Entfernung: 3,7Km.

Ramstein-Miesenbach 16G1
Freizeitbad Azur, Schernauer Strasse 5. **GPS**: n49,44578 o7,56971.

30 kostenlos. Lage: Ländlich, einfach, laut. Untergrund: befestigt.
01/01-31/12.
Entfernung: 5,5Km.

Rheinland-Pfalz/Saarland

Rech 11F2
Wohnmobilstellpark Alt Bodendorf, Rotweinstraße 13.
GPS: n50,51458 o7,03738.

15 € 4. 01/01-31/12.
Entfernung: 11Km.

Rech 11F2
Im Bungert. **GPS:** n50,51343 o7,03865.
10 € 4. **Lage:** Ländlich, einfach. **Untergrund:** Schotter.
01/01-31/12.
Entfernung: vor Ort vor Ort vor Ort vor Ort.

Reil/Mosel 11F3
Am Moselufer, Moselstrasse. **GPS:** n50,02566 o7,11493.

70 € 7 Ch (48x)€2 WC inklusive. **Lage:** Ländlich, komfortabel, ruhig. **Untergrund:** Wiese. 01/03-31/10.
Entfernung: 500M vor Ort 450M.
Sonstiges: An der Mosel.

Reipoltskirchen 16G1
Wasserburg, Kegelbahnstrasse. **GPS:** n49,63448 o7,66373.

7 kostenlos €1/4Minuten Ch (4x)€1/12Std.
Lage: Ländlich, einfach, zentral, ruhig. **Untergrund:** befestigt.
01/01-31/12.
Entfernung: 150M vor Ort Bäckerei 100M vor Ort.

Reipoltskirchen 16G1
Stellplatz Ausbacherhof, K42, Ausbacherhof.
GPS: n49,61307 o7,65667.

4 kostenlos. **Lage:** Ländlich, einfach, abgelegen, ruhig.
Untergrund: Wiese/Schotter. 01/01-31/12.

Remagen 11F2
Wohnmobilhafen Goldene Meile, Simrockweg 9–13.
GPS: n50,57667 o7,24750.

30 € 12 €1/90Liter Ch (18x)€1/6Std.
Untergrund: Wiese. 01/04-31/10.
Entfernung: 10Km vor Ort vor Ort.

Rengsdorf 11G2
Monte Mare, Monte-Mare-Weg 1. **GPS:** n50,50803 o7,48388.

4 kostenlos. **Lage:** Ländlich. **Untergrund:** Schotter.
01/01-31/12. **Entfernung:** 600M 600M.

Rheinbreitbach 11F2
Wohnmobilstellplatz Siebengebirgsblick, Rolandsecker Weg 8.
GPS: n50,62193 o7,22812.

14 € 8 €1/90Liter Ch (12x)€1/2kWh. **Lage:** Einfach.
Untergrund: Wiese/Schotter. 01/01-31/12.
Entfernung: 500M.
Sonstiges: Bezahlen bei Rolandsecker Weg 8.

Rhodt unter Rietburg 16H2
Theresienstraße. **GPS:** n49,27464 o8,09917.

20 € 4. **Lage:** Ländlich, einfach. **Untergrund:** Schotter.
01/01-31/12.
Entfernung: 100M 5Km.

Rhodt unter Rietburg 16H2
Meyer Karl Herman, Edesheimerstrasse 17.
GPS: n49,26883 o8,10868.

6 € 9 (6x)inklusive. **Lage:** Ländlich, einfach, ruhig.
Untergrund: Schotter. 01/01-31/12.
Entfernung: 200M 200M 200M.

Rhodt unter Rietburg 16H2
Weingut Fader, Traminerweg 1. **GPS:** n49,26972 o8,11057.

Rhodt unter Rietburg 16H2
Weingut Krieger, Edesheimerstrasse 7. **GPS:** n49,26961 o8,10803.

12 € 10 Ch (12x)inklusive. **Lage:** Ländlich, einfach, ruhig. **Untergrund:** Schotter. 01/04-31/10.
Entfernung: 300M 200M 200M.

Rhodt unter Rietburg 16H2
Weingut Nichterlein, Mühlgasse 15. **GPS:** n49,27349 o8,10802.

2 € 5 kostenlos auf Anfrage. **Lage:** Ländlich, einfach. **Untergrund:** Wiese. 01/01-31/12.
Entfernung: 100M 6Km 200M 200M.

Rhodt unter Rietburg 16H2
Weingut Nichterlein, Mühlgasse 15. **GPS:** n49,27349 o8,10802.

3 € 6 auf Anfrage WC kostenlos.
Lage: Ruhig. **Untergrund:** befestigt. 01/01-31/12.
Entfernung: 300M 5km.

Rhodt unter Rietburg 16H2
Weingut Jürgen Heußler, Weyherer Strasse 34/35.
GPS: n49,27052 o8,10386.

3 € 3. **Lage:** Einfach. 01/01-31/12.
Entfernung: 300M 6Km 100M.

Rockenhausen 16G1
Reisemobilhafen Rockenhausen, Obermühle.
GPS: n49,62136 o7,82146.

5 kostenlos €1/80Liter Ch (6x)€1/6Std.
Lage: Ländlich, einfach. **Untergrund:** Schotter. 01/01-31/12.
Entfernung: 800M vor Ort.
Sonstiges: Am Schwimmbad.

Roschbach 16H2
Weingut Koch, Am Rosenkränzel 13. **GPS:** n49,24736 o8,11532.

Rheinland-Pfalz/Saarland

3 🚐 € 5 ⛽inklusive 🚿€2/Nacht. **Lage:** Ländlich, ruhig. **Untergrund:** Wiese. 📅 01/01-31/12. **Entfernung:** 🚴5Km.

Ruppertsberg 16H2
Winzerhaus Im Linsenbusch, Hauptstrasse 70. **GPS:** n49,39944 o8,20044.
2 🚐 € 8 ⛽ inklusive WC €7/Tag. 📅 01/01-31/12. **Entfernung:** 🚴3Km.

Saarbrücken 16F2
Reisemobilhafen Calypso, Deutschmühlental 7. **GPS:** n49,23027 o6,96222.

20 🚐 € 7 + Rabatt Schwimmbad ⛽inklusive 🚿(4x)€1/24Std. **Lage:** Einfach, laut. **Untergrund:** befestigt. 📅 01/01-31/12. **Entfernung:** 🚴700M 🏊100M ⛽vor Ort 🛒500M 🚌vor Ort. **Sonstiges:** Zahlen beim Schwimmbad.

Saarburg 16F1
Reisemobilpark Saarburg, Am Saarufer. **GPS:** n49,60158 o6,55442.

100 🚐 € 9, 01/11-28/02 € 6 ⛽€1/100Liter Ch (70x)€0,50/kWh WC €1,50. **Untergrund:** Wiese/befestigt. 📅 01/01-31/12 Ver-/Entsorgung: Winter. **Entfernung:** 🚴850M 🏊vor Ort 🛒vor Ort 🚌200M. **Sonstiges:** Brötchenservice.

Saarburg 16F1
Reisemobilstellplatz Leukbachtal, Leukbachtal 1. **GPS:** n49,59921 o6,54130.

20 🚐 € 15 ⛽ Ch WC inklusive. **Lage:** Komfortabel, ruhig. **Untergrund:** Wiese. 📅 01/03-31/10. **Entfernung:** 🚴1Km 🛒150M.

Saarlouis 16F2
In den Fliesen, St.Nazairer Allee. **GPS:** n49,32146 o6,74267.

30 🚐 kostenlos ⛽€1/80Liter Ch. **Lage:** Städtisch, einfach, ruhig. **Untergrund:** befestigt. 📅 01/01-31/12. **Entfernung:** 🚴500M 🏊1,5Km ⛽vor Ort 🛒vor Ort ⛽500M 🚌300M. **Sonstiges:** Am Sportzentrum, Brötchenservice.

Saarlouis 16F2
Hotellerie Waldesruh, Siersburger Strasse 8, Wallerfangen. **GPS:** n49,34440 o6,67614.

2 🚐 € 10, für Gäste kostenlos. **Lage:** Ländlich, einfach, laut. **Untergrund:** befestigt. 📅 01/01-31/12. **Entfernung:** 🚴10Km ⛽vor Ort.

Sankt Aldegund 11F3
Am Moselstausee. GPS: n50,07899 o7,13119.

40 🚐 € 6 ⛽ Ch inklusive 🚿(28x)€2/24Std. **Lage:** Ländlich, einfach. **Untergrund:** Wiese/befestigt. 📅 01/04-01/12. **Entfernung:** 🚴250M ⛽vor Ort ⛽250M. **Sonstiges:** Brötchenservice.

Sankt Goarshausen 11G3
Loreley Besucherzentrum, Auf der Loreley 7. **GPS:** n50,14191 o7,73303.

25 🚐 € 8. **Lage:** Einfach, abgelegen. **Entfernung:** 🏊600M 🚌600M.

Sankt Ingbert 16F2
Reisemobilplatz 'Das Blau', Spieser Landstraße. **GPS:** n49,28652 o7,13194.

8 🚐 kostenlos ⛽€1/80Liter Ch. **Lage:** Einfach, zentral, ruhig. **Untergrund:** Wiese. 📅 01/01-31/12. **Entfernung:** 🚴1,5Km 🏊3,5Km ⛽100M 🛒1,7Km 🚌vor Ort. **Sonstiges:** Neben Schwimmbad-Parkplatz, Ver-/Entsorgung 100M.

Sankt Julian 16G1
An der Ölmühle, Mühlstraße (K26). **GPS:** n49,60758 o7,51480.

10 🚐 € 5 ⛽€1 Ch €1/kWh. **Lage:** Ländlich, einfach, ruhig. **Untergrund:** Wiese. 📅 01/04-31/10. **Entfernung:** 🛒vor Ort 🚌300M.

Sankt Martin 16H2
Edenkoperstrasse. GPS: n49,29702 o8,10838.

14 🚐 € 6/Tag. **Untergrund:** asphaltiert. 📅 01/01-31/12. **Entfernung:** 🚴5Km. **Sonstiges:** Max. 1 Nacht.

Sankt Martin 16H2
Weingut Schreieck, Friedhofstrasse 8. **GPS:** n49,30113 o8,10560.
17 🚐 € 12 ⛽ Ch 🚿 WC inklusive. 📅 01/01-31/12. **Entfernung:** 🚴5Km.

Sankt Martin 16H2
Weinkellerei Ziegler, Mühlstrasse 26. **GPS:** n49,29921 o8,10028.
3 🚐 € 10 ⛽ 🚿. 📅 01/01-31/12. **Entfernung:** 🚴5Km.

Sankt Martin 16H2
Consulat des Weines, Maikammerer strasse 44. **GPS:** n49,29934 o8,10826.
10 🚐 € 1/pP Kurtaxe. 📅 01/01-31/12. **Entfernung:** 🚴4,5Km.

Sankt Martin 16H2
Winzer Holger Schneider, Riedweg. **GPS:** n49,29814 o8,10824.

🚐 kostenlos für Kunden. **Untergrund:** Schotter. **Entfernung:** ⛽vor Ort.

Sankt Martin 16H2
Riedweg. **GPS:** n49,29814 o8,10824.
⛽€1 Ch.

Sankt Wendel 16F1
Am Wendelinuspark, Tholeyer Straße. **GPS:** n49,46907 o7,14267.

12 🚐 € 5 ⛽ Ch 🚿 kostenlos. **Lage:** Städtisch, einfach. **Untergrund:** befestigt. 📅 01/01-31/12. **Entfernung:** 🚴1Km ⛽vor Ort 🛒100M 🚌vor Ort. **Sonstiges:** Kaution Schlüssel Ver-/Entsorgung € 10, Tickets Wendelinusbad.

Schiersfeld 16G1
Sulzbachtal, Bismarkstraße. **GPS:** n49,69274 o7,76895.

Deutschland

Rheinland-Pfalz/Saarland

8-12 kostenlos €1 (8x)€1/4kWh. **Lage:** Ländlich, einfach, ruhig. **Untergrund:** Schotter. 01/01-31/12. **Entfernung:** 500M Bäckerei 500M Moscheltalradweg vor Ort.

Schleich 16F1
Zum Moselufer, Am Moselufer. **GPS:** n49,81335 o6,84228.

6 €5 Ch €2 WC. **Untergrund:** Wiese. 01/01-31/12. **Entfernung:** vor Ort vor Ort 200M.

Schwabenheim/Selz 11H3
Reisemobilstellplatz Schwabenheim, Ingelheimer Straße. **GPS:** n49,93284 o8,09430.

10 kostenlos (12x)kostenlos. **Lage:** Ländlich, komfortabel, ruhig. **Untergrund:** Schotterasen. 01/01-31/12. **Entfernung:** 200M 8,5Km 200M vor Ort vor Ort. **Sonstiges:** Max. 96 Std kostenlos, dann € 3/24 uur.

Schwabenheim/Selz 11H3
Weingut Schuck Sonnenhof, Ausserhalb 6. **GPS:** n49,93130 o8,09117.

3 €5 (3x)inklusive WC. **Lage:** Ländlich, komfortabel, ruhig. **Untergrund:** Wiese/Schotter. 01/01-31/12. **Entfernung:** 500M 9Km.

Schweich/Mosel bei Trier 16F1
Wohnmobilpark zum Fahrturm, Am Yachthafen. **GPS:** n49,81455 o6,75038.

40 < 6m € 11, 2 Pers inkl. + € 1/M, Hund € 2,10 Ch €0,60/kWh,+ € 1 €0,50 €3 kostenpflichtig. **Untergrund:** Wiese. 01/04-31/10. **Entfernung:** vor Ort vor Ort vor Ort vor Ort 50M vor Ort vor Ort.

Sonstiges: Bootsverleih.

Selzen 16H1
Weingut Kapellenhof, Kapellenstrasse 18. **GPS:** n49,86484 o8,25528.

4 €5 (4x)inklusive. **Lage:** Ländlich, einfach, ruhig. **Untergrund:** Schotterasen. 01/01-31/12. **Entfernung:** vor Ort 100M 2km.

Siefersheim 16H1
Weingut Sommer, Mühlweg 19. **GPS:** n49,79850 o7,95245.

6 €5 (6x)inklusive. **Lage:** Ländlich, einfach. **Untergrund:** Wiese. 01/04-31/10. **Entfernung:** 8Km 2km 2km.

Sinzig 11F2
Wohnmobilhafen am Sportplatz, Bäderstrasse. **GPS:** n50,55128 o7,21731.

10 € 6/24 Std €1 Ch (12x)€0,50/kWh WC €1/1,beim Freibad. **Lage:** Ländlich, einfach. **Untergrund:** Schotter. 01/01-31/12. **Entfernung:** 7Km 800M vor Ort vor Ort.

Sinzig 11F2
Sinziger Schloß, Jahnstrasse. **GPS:** n50,54684 o7,24844.

20 kostenlos. **Lage:** Städtisch, einfach. **Untergrund:** befestigt. 01/01-31/12. **Entfernung:** 100M vor Ort.

Sinzig 11F2
Wohnmobilhafen am Thermalfreibad, Bäderstrasse. **GPS:** n50,54912 o7,21749.

50 € 6/24 Std €1 Ch (18x)€0,50/kWh €1/pP. **Lage:** Ländlich, einfach. **Untergrund:** befestigt.

01/01-31/12. **Entfernung:** 50M vor Ort vor Ort.

Speyer 16H2
Techniek Museum Speyer, Geibstrasse. **GPS:** n49,31222 o8,45009.

90 € 22 Ch WC inklusive. **Lage:** Komfortabel, zentral, laut. **Untergrund:** Wiese. 01/01-31/12. **Entfernung:** 8,5Km 150M 200M vor Ort vor Ort. **Sonstiges:** Brötchenservice, Rabatt auf Museumsbesuch und Theater.

Speyer 16H2
An den Stadtwerken, Industriestraße 21. **GPS:** n49,30329 o8,44817.

10 €5 €1 €1 Ch 1 inklusive. **Lage:** Einfach. **Untergrund:** asphaltiert. **Entfernung:** 1,5Km 6Km 1,5Km 1,6Km 500M vor Ort. **Sonstiges:** Anmeldung bei Stadwerke.

Touristinformation Speyer:
Technik Museum Speyer/Imax Filmtheater, Geibstrasse. Mo-Fr 9-18 Uhr, Sa-So 9-17 Uhr.

Spirkelbach 16G2
Grillplatz Spirkelbach. **GPS:** n49,19454 o7,88208.

4 € 7 Ch WC inklusive. **Lage:** Ländlich, einfach, ruhig. **Untergrund:** Schotter. 01/01-31/12. **Entfernung:** 500M 500M vor Ort vor Ort. **Sonstiges:** Ankunft anmelden, Tel: 0171 3355971, Naturpark Pfalzer Wald.

Sprendlingen 16H1
Wiesbach, Bachgasse/Bleichstrasse. **GPS:** n49,85424 o7,98538.

24 € 4 €2/10Minuten Ch (24x)€2/Tag. **Lage:** Ländlich, komfortabel, ruhig. **Untergrund:** asphaltiert. 01/01-31/12. **Entfernung:** 700M 3,4Km 500M 900M vor Ort. **Sonstiges:** Parkplatz am Schwimmbad, Brötchenservice, Eintritt Schwimmbad € 2/Tag.

Sprendlingen 16H1
Weingut Annenhof, Außerhalb 13. **GPS:** n49,85778 o7,99278.

Rheinland-Pfalz / Saarland

4 🚐 kostenlos 🚰 WC kostenlos. **Lage:** Ländlich, einfach.
Untergrund: Beton. 01/01-31/12.
Entfernung: 3Km 500M 800M.

Sprendlingen 16H1
Weingut Hembd, Karlstrasse 24a. **GPS:** n49,86422 o7,98811.

10 🚐 €10 inklusive. **Lage:** Ländlich, einfach.
Untergrund: Wiese. 01/01-31/12.
Entfernung: 4Km 500M 500M.

Sprendlingen 16H1
Eura Mobil Stellplatz, Graf-von-Sponheimstrasse.
GPS: n49,86297 o7,97612.

38 🚐 kostenlos €1/100Liter Ch (38x)kostenlos. **Lage:** Ländlich, einfach, ruhig. **Untergrund:** asphaltiert/befestigt.
01/01-31/12. **Entfernung:** 600M 4,4Km 300M.
Sonstiges: Werktage ab 9 Uhr Führungen (kostenlos).

Stadecken-Elsheim 11H3
Weingut Mengel-Eppelmann, Mühlstrasse 16.
GPS: n49,91575 o8,12107.

5 🚐 €5, kostenlos für Kunden inklusive. **Lage:** Komfortabel, ruhig. **Untergrund:** asphaltiert. 01/01-31/12.
Entfernung: vor Ort 6Km vor Ort.

Stadtkyll 11F3
Kurallee. GPS: n50,35290 o6,52820.
6 🚐 kostenlos. 01/01-31/12.

Stromberg 11G3
Reisemobilplatz Michelsland, Königsberger Straße.
GPS: n49,94709 o7,78818.

6 🚐 €5 Ch inklusive (6x)€0,50/kWh. **Lage:** Komfortabel, ruhig. **Untergrund:** Wiese. 01/01-31/12.

Entfernung: 500M 500M 50m Lidl.

Thalfang 16F1
Festplatz Thalfang, Talstrasse 2. **GPS:** n49,75103 o6,99902.

40 🚐 €5 Ch (6x)kostenlos. **Lage:** Einfach, ruhig.
Untergrund: Wiese/Schotter. 01/01-31/12 21/09-30/09.
Entfernung: 200M vor Ort vor Ort vor Ort 200M 200M vor Ort.
Sonstiges: Max. 4 Nächte, Anmeldung beim Schwimmbad.

Thalfang 16F1
Ferienpark Himmelberg, Birkenweg 73. **GPS:** n49,74835 o6,98721.

2 🚐 kostenlos. **Lage:** Ländlich, einfach. **Untergrund:** befestigt.
01/01-31/12.
Entfernung: 300M.

Thallichtenberg 16G1
Burg Lichtenberg, K23. **GPS:** n49,55716 o7,35975.

4 🚐 kostenlos. **Lage:** Ländlich, einfach, ruhig.
Untergrund: asphaltiert. 01/01-31/12.
Entfernung: 7Km 300M 1Km.
Sonstiges: Max. 3 Tage.

Tholey 16F1
Parkplatz Am Schaumburg, Am Schauberg.
GPS: n49,48965 o7,03804.

±20 🚐 kostenlos. **Lage:** Ländlich, einfach, ruhig.
Untergrund: befestigt. 01/01-31/12.
Entfernung: 500M 100M vor Ort vor Ort.

Traben-Trarbach 11F3

Wohnmobilstellplatz am Mosel Traben-Trarbach

- Direkte Lage am Fluss
- Restaurant mit regionalen Spezialitäten
- Idealer Ausgangspunkt für Wanderungen und Radtouren

www.moselstellplatz.de
info@moselcampingplatz.de

Wohnmobilstellplatz am Mosel, Rissbacherstraße 155.
GPS: n49,96583 o7,10583.
45 🚐 €10 Ch (45x),6Amp WC inklusive.
Lage: Ländlich, komfortabel. **Untergrund:** Wiese/Schotter.
01/04-31/12.
Entfernung: 500M vor Ort vor Ort 500M 200M 100M vor Ort vor Ort.
Sonstiges: An der Mosel.

Trechtingshausen 11G3
Camping Marienort, Mainzer Straße. **GPS:** n50,00426 o7,85516.

20 🚐 €7 Ch inklusive €2/24Std WC €1.
Lage: Komfortabel, ruhig. **Untergrund:** Wiese. 01/01-31/12.
Entfernung: vor Ort vor Ort vor Ort.
Sonstiges: Brötchenservice, Sanitär beim Campingplatz, schmale Durchfahrt.

Trier 16F1
Reisemobilpark Treviris, In den Moselauen.
GPS: n49,74092 o6,62502.

110 🚐 €0,20/Std 10-18 Uhr, €8/18-10 Uhr €1/100Liter Ch
(62x)€0,70/kWh WC €1/3Minuten.
Untergrund: Schotterasen. 01/01-31/12.
Entfernung: 3Km 6Km 400M McDonald's vor Ort.
Sonstiges: An der Mosel, Brötchenservice.

Trier 16F1
Weingut Vonnell, Im Tiergarten 12. **GPS:** n49,73840 o6,65914.

15 🚐 €10 inklusive.
Untergrund: Wiese/Schotter. 01/01-31/12.
Entfernung: 3Km 7Km.
Touristinformation Trier:

Rheinland-Pfalz / Saarland

Tourist Information, An der Porta Nigra, www.trier.de. Alte römische Stadt mit gut erhaltenem und auch größtem römischen Stadttor in Europa: Porta Nigra.
Triercard. Stadtbus kostenlos und Rabatt für Museen, Rundfahrten, Schwimmbad etc. €9,90, Familienkarte €21, 3 Tage.

Trittenheim — 16F1
Moselpromenade Reisemobilplatz Trittenheim, Moselstrasse.
GPS: n49,82436 06,90295.

50 €6,50 €0,50/100Liter Ch (30x)€3/24Std.
Untergrund: Wiese/befestigt. 01/01-31/12.
Entfernung: 500M vor Ort vor Ort 300M 400M.
Sonstiges: Brötchenservice.

Unkel — 11F2
P3, Parkplatz Hallenbad, Kamenerstrasse.
GPS: n50,59776 07,21962.

6 kostenlos €1/80Liter ChWC. **Lage:** Städtisch.
Untergrund: asphaltiert. 01/01-31/12.
Entfernung: 100M 100M 150M vor Ort.

Urmitz/Rhein — 11G2
Wohnmobilhafen am Rhein, Kaltenengerser Straße 3.
GPS: n50,41849 07,52448.

24 €7,50 €1/4Minuten Ch (24x)€1/8Std.
Untergrund: befestigt. 01/01-31/12.
Entfernung: vor Ort 5Km vor Ort vor Ort 350M 300M.
Sonstiges: Am Rhein, Brötchenservice.

Ürzig — 11F3
Panorama-Mobilstellplatz Ürzig, Moselufer B53.
GPS: n49,97837 07,00700.

25 €9,50 Chinklusive €1,50/Tag.
Lage: Komfortabel, ruhig. **Untergrund:** Wiese.
01/04-31/10.
Entfernung: 9Km vor Ort Bäckerei 150M vor Ort vor Ort.
Sonstiges: An der Mosel.

Uttfeld — 11E3
Raffeisenstrasse. **GPS:** n50,12740 06,27170.
15 €5 €0,50/80Liter Ch (2x)€0,50/kWh WC.
Lage: Ländlich, komfortabel, abgelegen, ruhig.
Untergrund: Schotter. 01/01-31/12.

Entfernung: 6,5Km 6,5Km vor Ort.

Vallendar — 11G3
Rheinufer. **GPS:** n50,39749 07,61277.

3 kostenlos . **Lage:** Städtisch, einfach.
Untergrund: asphaltiert/befestigt. 01/01-31/12.
Entfernung: Zentrum 500M 3Km vor Ort 200M Aldi 200M.
Sonstiges: An der Bahnlinie, Max. ^3M.

Valwig — 11F3
Moselweinstrasse. **GPS:** n50,14271 07,21292.

10 €6.
Lage: Ländlich, einfach. **Untergrund:** Schotter.
01/01-31/12.
Entfernung: 100M vor Ort 100M vor Ort vor Ort.

Veldenz — 16F1
Wohnmobilpark Veldenz, Hauptstrasse, K88.
GPS: n49,89222 07,01944.

40 €6 Ch (24x)inklusive €2. **Untergrund:** Wiese.
01/01-31/12.
Entfernung: 300M 300M 300M 200M.

Völklingen — 16F2
Weltkulturerbe Völklinger Hütte, Rathausstraße.
GPS: n49,24730 06,84492.

10 kostenlos €1/80Liter Ch (6x)€0,25/Std.
Lage: Städtisch, einfach, zentral, laut. **Untergrund:** asphaltiert.
01/01-31/12.
Entfernung: 500M 1,1Km 400M 850M vor Ort vor Ort.
Sonstiges: Besucherzentrum des industriellen Erbes.

Wachenheim — 16H1
Weingut Rudolf Hein, Hauptstrasse 38. **GPS:** n49,63860 08,16832.

8 €6 inklusive €2/24Std.
Lage: Ländlich, einfach, ruhig. **Untergrund:** Wiese. 01/01-31/12.
Entfernung: 10Km 1Km 3Km.

Wadern — 16F1
An der Stadthalle. GPS: n49,54188 06,89232.

10 kostenlos €0,50 (8x)€1/Tag kostenlos.
Lage: Städtisch, einfach, zentral, ruhig. **Untergrund:** befestigt.
01/01-31/12.
Entfernung: vor Ort 3Km vor Ort 100M.
Sonstiges: Parkplatz im Zentrum.

Wadern — 16F1
Noswendeler See, Seestrasse. **GPS:** n49,52021 06,86387.

5 kostenlos. **Lage:** Ländlich, einfach. **Untergrund:** Wiese/befestigt.
01/01-31/12.
Entfernung: vor Ort vor Ort 3Km.

Wadern — 16F1
Zum Wiesental, Nunkirchen. **GPS:** n49,48866 06,83575.

5 kostenlos. **Lage:** Ländlich, einfach, ruhig. **Untergrund:** befestigt.
01/01-31/12.
Entfernung: vor Ort vor Ort vor Ort.

Wadern — 16F1
Hotel Pension Steil, Schlossstrasse 2, Lockweiler.
GPS: n49,52765 06,90158.

4 Gäste kostenlos. **Untergrund:** befestigt. 01/01-31/12.
Entfernung: 1Km vor Ort 500M.

Wadern — 16F1
Hotel Restaurant Reidelbacher Hof, Reidelbach 5, Reidelbach.
GPS: n49,57706 06,86808.
5 €5, für Gäste kostenlos. 01/01-31/12.

Rheinland-Pfalz/Saarland

Entfernung: 🚲3Km 🚴9Km ⊗vor Ort 🛒3Km.
Touristinformation Wadern:
ℹ️ Tourist Information, Marktplatz 13, www.wadern.de. Naturpark Saar Hunsrück, viele ausgeschilderte Rad- und Wanderwege.

Waldfischbach-Burgalben 16G2
In den Bruchwiesen, Carentaner Platz.
GPS: n49,28155 o7,64772. ⬆️➡️.

6 🚐 kostenlos ⛽€1/80Liter 💧Ch. 🚿€1/8Std. **Lage:** Einfach, zentral, ruhig. **Untergrund:** asphaltiert. 📅 01/01-31/12.
Entfernung: 🚲600M ⊗100M.
Sonstiges: Hinter der Sporthalle.

Waxweiler 11E3
Wohnmobilplatz Waxweiler, Bahnhofstrasse.
GPS: n50,09401 o6,35669. ➡️.

30 🚐 €5 ⛽€1 💧Ch. 🚿€2. **Lage:** Ländlich, einfach, ruhig.
Untergrund: befestigt. 📅 01/01-31/12.
Entfernung: 🚲vor Ort ⊗1Km 🛒500M.

Weiskirchen 16F1
Am Kurpark, Burgstrasse. **GPS:** n49,55868 o6,81810. ⬆️.

6 🚐 €1,40/pP ⛽€0,50 💧€0,50 Ch 🚿€0,50. **Lage:** Ländlich.
Untergrund: befestigt. 📅 01/01-31/12.
Entfernung: 🚲vor Ort ⊗500M 🛒300M. **Sonstiges:** Parkplatz am Kurpark, max. 2-3 Tage, bezahlen beim Touristenbüro.

Westerburg 11H2
Am Segelhafen, Seestrasse, Pottum. **GPS:** n50,59526 o7,99860. ⬆️.

10 🚐 kostenlos. **Lage:** Ländlich, einfach, ruhig. **Untergrund:** befestigt.
📅 01/01-31/12.
Entfernung: 🚲250M ⛱️vor Ort 🍴vor Ort 🛒250M.

Westhofen 16H1
Parkplatz Nickelgarten, Am Nickelgarten.
GPS: n49,70559 o8,24672. ⬆️.

15 🚐 kostenlos 🚿(12x)€1/8Std. **Untergrund:** befestigt.
📅 01/01-31/12.
Entfernung: 🚲100M 🚴4Km ⊗100M. **Sonstiges:** Max. 3 Tage.

Westhofen 16H1
Weingut Dreihornmühle, An der Brennerei.
GPS: n49,70375 o8,25288. ⬆️.

3 🚐 €5, für Gäste kostenlos 🚿€1/Tag. **Untergrund:** Wiese.
📅 01/01-31/12.
Entfernung: 🚲600M ⊗600M 🛒150M. **Sonstiges:** Max. 24 Std.

Westhofen 16H1
Tankstelle Raiffeisen. **GPS:** n49,70039 o8,24699. ⬆️.
⛽💧Ch. 📅 01/01-31/12.
Sonstiges: Wertmünzen bei Tankstelle.

Weyher 16H2
Weingut Möwes, Hübühl 10. **GPS:** n49,26982 o8,08663. ⬆️.

2 🚐 €8 ⛽inklusive. **Lage:** Ländlich, ruhig.
Untergrund: befestigt. 📅 01/01-31/12.
Entfernung: 🚲200M 🚴7Km.

Weyher 16H2
Weingut Valentin Ziegler Sohn, Hübühl 9.
GPS: n49,26937 o8,08609. ⬆️.

2 🚐 €5 ⛽inklusive 🚿auf Anfrage. **Lage:** Ländlich, ruhig.
Untergrund: Wiese. 📅 01/01-31/12.
Entfernung: 🚲200M 🚴7Km.

Willroth 11G2
Steiger-Mühle, Steinstrasse. **GPS:** n50,57176 o7,52995. ⬆️.

15 🚐 €6 💧€2,50. **Lage:** Ländlich. 📅 01/01-31/12.
Entfernung: 🚴2km ⊗vor Ort.
Sonstiges: Bezahlen beim Biergarten.

Wintrich 16F1

Mosel Stellplatz Wintrich
Wintrich

- Direkte Lage am Fluss
- Ruhig gelegen
- Restaurant mit regionalen Spezialitäten

www.moselstellplatz.de
info@moselcampingplatz.de

Mosel Stellplatz Wintrich, Moselstrasse.
GPS: n49,88417 o6,94833. ⬆️➡️.
90 🚐 €9 ⛽€1/100Liter 💧Ch.🚿(90x) WC €0,50 🔌€1 📶inklusive.
🅿️ **Untergrund:** Wiese/Schotter. 📅 01/04-31/10.
Entfernung: 🚲vor Ort ⛱️vor Ort 🍴vor Ort ⊗100M 🛒200M
🏥200M 🚌vor Ort 🚶vor Ort.
Sonstiges: An der Mosel.

Wintrich 16F1
Weingut Clemens, Kurtfürstenstrasse 11.
GPS: n49,89000 o6,95416. ⬆️➡️.

20 🚐 €5 ⛽€2 💧Ch. 🚿€2 WC.
Untergrund: Schotter/befestigt. 📅 01/01-31/12.
Entfernung: 🚲vor Ort ⊗vor Ort 🛒1Km.

Wissen 11G2
Hahnhof, Nistertalstraße. **GPS:** n50,76106 o7,72083. ⬆️.

25 🚐 €5 ⛽💧Ch. 🔌€1/kWh WC €1,50. **Lage:** Ländlich, abgelegen, ruhig. **Untergrund:** Schotter. 📅 01/01-31/12.
Entfernung: 🚲2,5Km ⊗vor Ort 🍴vor Ort.

Wittlich 11F3
Zweibächen, Hasenmühlenweg. **GPS:** n49,99470 o6,87595. ⬆️➡️.

30 🚐 €5/24 Std ⛽€1/80Liter 💧Ch.
Lage: Ländlich, einfach. **Untergrund:** Wiese. 📅 01/01-31/12.
Entfernung: 🚲1Km 🚴4Km ⊗1Km 🛒1Km. **Sonstiges:** Max. 3 Tage, zahlen beim Schwimmbad, Ver-/Entsorgung 50M.

Worms 16H1
Wohnmobilhafen, Kastanienallee. **GPS:** n49,63458 o8,37513. ⬆️➡️.

Deutschland

Rheinland-Pfalz/Saarland – Hessen

30 €5/24 Std €1 Ch (12x)€1/8Std.
Untergrund: Schotter. 01/01-31/12.
Entfernung: 15 Gehminuten 7Km Rheinpromenade 300M 500M vor Ort.
Sonstiges: Am Fluss, Ver-/Entsorgung bei Gaststätte Hagenbräu 300m vom Parkplatz.

Wörrstadt — 16H1
Spargelhof Weinmann, Rommersheimer Strasse 105.
GPS: n49,83446 o8,10673.

3 €6 (6x)inklusive. **Lage:** Ländlich, einfach, zentral, ruhig.
Untergrund: Schotter. 01/01-31/12.
Entfernung: 4Km 300M 300M.

Zell/Mosel — 11F3
Wohnmobilstellplatz Römerquelle, Am Freizeitzentrum, Kaimt.
GPS: n50,01632 o7,17662.

70 €7 €1/100Liter Ch €1/2kWh. **Lage:** Ländlich, komfortabel. **Untergrund:** Wiese/befestigt. 01/01-31/12.
Entfernung: 1Km vor Ort 500M 1Km.
Sonstiges: An der Mosel, Brötchenservice.

Zell/Mosel — 11F3
Am Fussgängerbrücke. GPS: n50,02991 o7,17754.

23 €7 €0,50/90Liter Ch €2,beim Campingplatz.
Lage: Einfach, ruhig. **Untergrund:** asphaltiert. Ostern-31/10.
Entfernung: 300M vor Ort vor Ort 200M 300M.

Zeltingen-Rachtig — 11F3
Wohnmobilstellplatz Zeltingen, An der Brücke.
GPS: n49,95478 o7,00942.

45 €9 Ch (34x)inklusive.
Lage: Ländlich, einfach, ruhig. **Untergrund:** Schotterasen.

18/03-15/11 Hochwasser.
Entfernung: 50M 9Km vor Ort 300M 700M vor Ort vor Ort vor Ort.

Zweibrücken — 16G2
Wohnmobilplatz am Freizeitpark an der Schließ, Geschwister-Scholl-Allee 11. **GPS:** n49,25332 o7,37625.
23 €9-12 €1/100Liter Ch €0,60/kWh WC inklusive €2/2. **Untergrund:** Schotter.
Entfernung: vor Ort.
Sonstiges: Anmelden bei Hotel.

Hessen

Aarbergen — 11H3
Im Brühl, Hauptstraße 58, Michelbach. **GPS:** n50,23099 o8,05988.

10 €5 Ch inklusive. **Lage:** Ländlich.
Untergrund: befestigt. 01/01-31/12.

Alsfeld — 12A2
Erlenstadion, Fulder Weg. **GPS:** n50,74844 o9,27947.

20 €5 €1 €1 Ch €0,50/kWh. **Lage:** Einfach.
Untergrund: befestigt. 01/01-31/12.
Entfernung: 200M 1,8km.

Alsfeld — 12A2
Hotel zum Schäferhof, A20 dir Eudorf. **GPS:** n50,76742 o9,29048.

20 kostenlos €6. **Lage:** Städtisch, einfach, ruhig.
Untergrund: befestigt. 01/01-31/12.
Entfernung: 2km vor Ort 500M.
Sonstiges: Anmelden bei Hotel, Einnahme einer Mahlzeit erwünscht.

Amöneburg — 12A2
In den Lückeäckern. GPS: n50,79554 o8,93135.

4 kostenlos. **Lage:** Ländlich, einfach. 01/01-31/12.
Entfernung: Altstadt 1Km 500M 500M.
Sonstiges: Parkplatz Tennishalle.

Bad Arolsen — 10A3

Reisemobilhafen Twistesee Bad Arolsen
- Direkte Lage am See
- Ruhig gelegen
- Hundestrand

www.reisemobilhafen-twistesee.de
info@reisemobilhafen-twistesee.de

Reisemobilhafen Twistesee, Bericher Seeweg 1, Wetterburg.
GPS: n51,38396 o9,06546.
130 €10, Kurtaxe inkl €1/100Liter Ch (120x)€0,50/kWh,16Amp WC inklusive €1. **Lage:** Ländlich, komfortabel, abgelegen. **Untergrund:** Wiese/Schotter. 01/01-31/12.
Entfernung: 500M 50M 50M 800M 800M vor Ort vor Ort.
Sonstiges: Direkt am See, Brötchenservice, Hundestrand.

Bad Camberg — 11H3
Jahnstraße. GPS: n50,29650 o8,26660.

8 kostenlos €1 €1 Ch €1/2kWh. **Lage:** Städtisch.
Untergrund: Schotter. 01/01-31/12. Wasser: 01/12-31/03.
Entfernung: 350M 2,5Km 250M.

Bad Emstal — 12A1
Am Mineral-Thermalbad, Karlsbader Straße 4, Sand.
GPS: n51,24858 o9,24952.

8 €7, Kurtaxe inkl €1/100Liter Ch (12x)€1/8Std.
Lage: Ländlich, komfortabel. **Untergrund:** Schotter/befestigt.
01/01-31/12.
Entfernung: 1Km vor Ort vor Ort vor Ort.

Bad Emstal — 12A1
Erzeberg, Birkenstraße, Balhorn 21. **GPS:** n51,26927 o9,25147.

20 €10 2 Pers. inkl Ch WC €1 inklusive.
Lage: Ländlich, einfach. **Untergrund:** befestigt. 01/01-31/12.
Entfernung: 100M. **Sonstiges:** Anmeldung bei Campingplatz (100m), Eintritt Schwimmbad inkl.

Bad Endbach — 11H2
Kultur-, Sport- und Freizeitzentrum, Am Bewegungsbad 4.
GPS: n50,75669 o8,47875.

Hessen

18 €5 + Kurtaxe Ch WC inklusive, Sanitär bei Therme. **Lage:** Ländlich, einfach, ruhig. **Untergrund:** Schotterrasen. 01/01-31/12.
Entfernung: 1Km vor Ort 100M.
Sonstiges: Anmelden bei Lahn-Dill-Bergland-Therme 200M.

| S | Bad Hersfeld | 12B1 |

Geistalbad, Am Schwimmbad. **GPS:** n50,87485 o9,70025.

6 €5 €0,50/80Liter Ch (6x)€0,50/kWh.
Lage: Städtisch, einfach. **Untergrund:** asphaltiert/befestigt.
01/01-31/12 Lullusfest (Okt).
Entfernung: 50M 3,9Km 1Km.

| | Bad Hersfeld | 12B1 |

Acqua-fit, Kolpingstraße 6. **GPS:** n50,86771 o9,72951.
5 kostenlos. **Untergrund:** asphaltiert. 01/01-31/12.
Entfernung: 2km.
Sonstiges: Am Schwimmbad.

| | Bad Hersfeld | 12B1 |

Auf der Unteraue. **GPS:** n50,85764 o9,69786.

3 kostenlos. **Untergrund:** befestigt. 01/01-31/12.
Sonstiges: Am Tennisplatz.

| | Bad Hersfeld | 12B1 |

Seilerweg. **GPS:** n50,87092 o9,71179.
kostenlos. 01/01-31/12.
Entfernung: 500M 500M.

| S | Bad Hersfeld | 12B1 |

Waldhotel Glimmesmühle, Hombergerstraße.
GPS: n50,88420 o9,66984.

5 für Gäste kostenlos inklusive kostenpflichtig.
Lage: Ländlich, einfach. **Untergrund:** befestigt.
01/01-31/12.
Entfernung: vor Ort 2km.
Touristinformation Bad Hersfeld:
Lullusfest. Traditionelles Volksfestival zu Ehren des Stadtgründer. Woche 16/10.

| S | Bad Karlshafen | 10A3 |

Am Rechten Weserufer, Am Rechten Weserufer 2.
GPS: n51,64508 o9,44953.

12 €11 2 Pers. inkl €0,50/100Liter Ch (12x)€1/2kWh.
Lage: Zentral. **Untergrund:** Schotterrasen/Wiese.
01/01-31/12.
Entfernung: vor Ort vor Ort vor Ort vor Ort vor Ort.
Sonstiges: Max. 4 Tage, anmelden an der Rezeption Campingplatz.

| S | Bad König | 17A1 |

P3, Am Bahndamm. **GPS:** n49,74312 o9,00320.

9 €5 (9x)inklusive. **Lage:** Städtisch, einfach, zentral, laut.
Untergrund: befestigt. 01/01-31/12.
Entfernung: 100M 100M 400M vor Ort vor Ort.

| | Bad Nauheim | 12A3 |

Usa-Wellenbad, Friedberger Strasse 16-20.
GPS: n50,35352 o8,74305.

40 €5. **Lage:** Ländlich, einfach, abgelegen. **Untergrund:** befestigt.
01/01-31/12.
Entfernung: 1Km vor Ort 300M vor Ort.
Sonstiges: Anmeldung beim Wellenbad, 8-20 Uhr.

| | Bad Orb | 12A3 |

Am Busbahnhof, Austraße. **GPS:** n50,23014 o9,34659.

4 €7, Kurtaxe inkl Ch (4x) WC inklusive.
Lage: Städtisch, einfach, zentral, laut. **Untergrund:** befestigt.
01/01-31/12.
Entfernung: 400M 450M 300M.
Sonstiges: Altstadt.

| S | Bad Orb | 12A3 |

Am Kurpark, Spessartstraße. **GPS:** n50,21700 o9,35477.

9 €7 + Kurtaxe €2,50/pP €1/90Liter Ch €1/8Std.

Lage: Ländlich, einfach, ruhig. **Untergrund:** Schotter.
01/01-31/12.
Entfernung: 1,1Km 6Km 200M vor Ort.

| S | Bad Salzschlirf | 12B2 |

Riedstraße. **GPS:** n50,62090 o9,50304.

10 kostenlos €1 Ch €1. **Lage:** Einfach.
Untergrund: asphaltiert. 01/01-31/12.
Entfernung: 100M 100M.

| S | Bad Schwalbach | 11H3 |

Wohnmobilstellplatz im Stahlbrunnental, Reitallee 21.
GPS: n50,13988 o8,06362.

4 kostenlos €0,50/50Liter Ch €0,50/kWh.
Lage: Ländlich, einfach. **Untergrund:** befestigt. 01/01-31/12.
Entfernung: 500M 400M.

| S | Bad Soden-Salmünster | 12A3 |

Spessart Therme, Parkstraße 12, Bad Soden.
GPS: n50,28544 o9,35917.

33 €6, Kurtaxe inkl €1/100Liter Ch (33x)€1/2kWh.
Lage: Ländlich, luxus, ruhig. **Untergrund:** befestigt.
01/01-31/12.
Entfernung: 1Km 300M 850M.
Sonstiges: Zahlen und Wertmünzen bei Spessart Therme.

| S | Bad Sooden-Allendorf | 12B1 |

Reisemobilhafen Franzrasen, Am Alten Festplatz, Allendorf.
GPS: n51,27149 o9,97209.

100 €8 €1/5Minuten €0,50 Ch (40x)€0,50/kWh,16Amp €2,50/30Minuten. **Lage:** Ländlich, einfach, abgelegen, ruhig.
Untergrund: Wiese/befestigt. 01/01-31/12.
Entfernung: 200M vor Ort vor Ort.
Sonstiges: Preis inklusive Kurtaxe und öffentlichen Verkehrsmitteln.

| S | Bad Wildungen | 12A1 |

Wohnmobilstellplatz Bad Wildungen, Bahnhofstrasse.
GPS: n51,12008 o9,13631.

Hessen

16 🚐 € 5 ⛽€1/45Liter 🚽Ch⚡(15x)€1/2kWh. **Lage:** Städtisch, komfortabel. **Untergrund:** Schotterasen. 📅 01/01-31/12. **Entfernung:** 🛒1,5Km 🏥 vor Ort 🚌 vor Ort. **Sonstiges:** Max. 3 Tage.

♿S Bad Wildungen 12A1
Wohnmobilstellplatz Frekot, Wiesenweg 23. **GPS:** n51,11134 o9,06677.

15 🚐 € 6 ⛽🚽Ch⚡€0,33/kWh WC inklusive 🚿 € 2. **Lage:** Ländlich, einfach. **Untergrund:** Wiese. 📅 01/01-31/12. **Entfernung:** 🛒300M. **Sonstiges:** Brötchenservice.

♿S Bad Zwesten 12A1
Reisemobilstellplatz, Hardtstrasse 7. **GPS:** n51,05849 o9,17613.

10 🚐 € 6 ⛽€1/100Liter 🚽Ch⚡(8x)€1/kWh. **Lage:** Städtisch, komfortabel. **Untergrund:** Schotter/befestigt. 📅 01/01-31/12. **Entfernung:** 🛒400M 🏥 vor Ort 🛒300M. **Sonstiges:** Max. 3 Tage.

♿S Battenberg ❄ 11H1
Festhalle Battenberg, Festplatzweg. **GPS:** n51,00915 o8,63643.

5 🚐 kostenlos ⛽🚽Ch. **Lage:** Ländlich, einfach. **Untergrund:** Schotter/befestigt. 📅 01/01-31/12. **Entfernung:** 🛒1Km 🏥1Km 🛒1Km. **Sonstiges:** Am Kulturzentrum, Ver-/Entsorgung: Esso-station, Battenfelderstr. 6.

♿S Battenberg 11H1
Hallen- und Freibad, Senonchesstraße. **GPS:** n51,01233 o8,63532.

3 🚐 kostenlos ⛽🚽Ch. **Lage:** Ländlich, einfach. **Untergrund:** asphaltiert. 📅 01/01-31/12. **Entfernung:** 🛒300M 🏊100M 🏥 vor Ort 🛒 vor Ort.

Sonstiges: Parkplatz Schwimmbad, Ver-/Entsorgung: Esso-station, Battenfelderstr. 6.
Touristinformation Battenberg:
👁 Besucherbergwerk Burgbergstollen. 150 Jahre alter Schacht, kann von Marktplatz aus erreicht werden. 📅 01/05-30/09 1. So des Monats 14-17 Uhr.

♿S Baunatal 12A1
Parkstadion. **GPS:** n51,25769 o9,39851.

16 🚐 € 5/24 Std ⛽€1/100Liter 🚽Ch⚡(16x)€0,50/kWh. **Lage:** Ländlich, einfach, ruhig. **Untergrund:** Wiese/Schotter. 📅 01/01-31/12. **Entfernung:** 🛒500M 🏥4Km vor Ort 🚌 vor Ort. **Sonstiges:** Max. 3 Tage.

♿S Bebra 12B1
Natur- und Freizeitpark Fuldaaue Breitenbachen Seen, Hersfelder Straße. **GPS:** n50,95899 o9,78764.

30 🚐 € 3, € 18/Woche ⛽€1/100Liter 🚽Ch⚡(18x)€0,50/kWh. **Lage:** Komfortabel. **Untergrund:** Wiese. 📅 01/01-31/12. **Entfernung:** 🛒1Km 🏥 vor Ort 🛒 vor Ort 🛒1Km vor Ort 🚌 vor Ort.

♿S Bebra 12B1
Am Schwimmbad, Annastrasse 17. **GPS:** n50,97464 o9,79836.

4 🚐 kostenlos. **Lage:** Ländlich, einfach. **Untergrund:** asphaltiert. 📅 01/01-31/12. **Entfernung:** 🛒400M. **Sonstiges:** Parkplatz Schwimmbad.

♿S Bebra 12B1
Mehrzweckparkplatz, Bei der Laupfütze/Rathausstrasse. **GPS:** n50,97000 o9,79000.

10 🚐 kostenlos. **Lage:** Ländlich, einfach. **Untergrund:** befestigt. 📅 01/01-31/12. **Entfernung:** 🛒 vor Ort.

♿S Beerfelden 17A1
Parkplatz NordicCenter, Seeweg. **GPS:** n49,56034 o8,97557.

4 🚐 kostenlos ⛽€0,50/50Liter 🚽Ch⚡(4x)€0,50/kWh. **Lage:** Ländlich, einfach, ruhig. **Untergrund:** asphaltiert. 📅 01/01-31/12. **Entfernung:** 🛒1Km 🏥 vor Ort 🚌 vor Ort.

Berkatal 12B1
Am Sportplatz. **GPS:** n51,23763 o9,91504.

3 🚐 kostenlos. **Lage:** Ländlich, einfach, abgelegen, ruhig. **Untergrund:** asphaltiert. 📅 01/01-31/12. **Entfernung:** 🛒800M 🏥500M vor Ort.

Biedenkopf ❄ 11H1
Parkplatz Stadtwerke, Mühlweg 6. **GPS:** n50,90925 o8,52687.

4 🚐 € 5/24 Std ⛽€1/12Std. **Lage:** Städtisch. **Untergrund:** asphaltiert. 📅 01/01-31/12. **Entfernung:** 🛒200M. **Sonstiges:** Max. 3 Tage.

Biedenkopf ❄ 11H1
Freizeitzentrum Sackpfeife, An der Berggaststätte. **GPS:** n50,94735 o8,53317.

4 🚐 € 5/24 Std. **Lage:** Ländlich. **Untergrund:** Beton. 📅 01/01-31/12. **Entfernung:** 🏥 vor Ort 🍴 vor Ort 🚌 vor Ort. **Sonstiges:** Max. 3 Tage.

Biedenkopf ❄ 11H1
Halbersbacher Parkhotel Biedenkopf, Auf dem Radeköppel 2. **GPS:** n50,91183 o8,53515.

5 🚐 für Gäste kostenlos. **Lage:** Städtisch. 📅 01/01-31/12. **Entfernung:** 🛒 vor Ort 🏥 vor Ort 🛒500M 🏊12Km 🚌12Km.

♿S Bischoffen 11H2
P Aartalsee, Am See. **GPS:** n50,70172 o8,46726.

Hessen

10 🚐 € 3/Tag, € 5,50/Nacht. **Untergrund:** Wiese/Schotter. 🗓 01/01-31/12. **Entfernung:** 🛒 1,5Km.

Borken 12A1
Borkener See, Westrandstrasse. **GPS:** n51,04447 o9,27392. ⬆.

2 🚐 kostenlos. **Lage:** Ländlich, einfach. **Untergrund:** asphaltiert. 🗓 01/01-31/12. **Entfernung:** 🛒 500M 🚲 4,5Km 🏊 100M ⛽ 1Km 🏥 500M. **Sonstiges:** Am Schwimmbad.

Braunfels 11H2
Wohnmobilstation Schloss Braunfels, Jahnplatz. **GPS:** n50,51478 o8,38609.

4 🚐 € 5, € 7,50 Ver-/Entsorgung incl 💧 Ch ⚡. **Lage:** Ländlich, einfach, ruhig. **Untergrund:** befestigt. 🗓 01/01-31/12. **Entfernung:** 🛒 vor Ort ⛽ 350M 🚶 vor Ort. **Sonstiges:** Zahlung und Schlüssel Ver-/Entsorgung: Gasthof am Turm, Marktplatz 11, Kaution € 15.

Breuberg 17A1
Bahnhofsstraße 4, Neustadt. **GPS:** n49,81576 o9,04063. ⬆ ➡.

4 🚐 kostenlos 💧 €1/5Minuten ⚡ Ch €1 ⚡ (4x) €0,50/kWh. **Lage:** Städtisch, einfach, einfach, zentral. **Untergrund:** asphaltiert. 🗓 01/01-31/12. **Entfernung:** 🛒 vor Ort ⛽ 300M 🏥 550M 🚶 vor Ort.

Breuna 10A3
Märchenlandtherme, Schulstraße. **GPS:** n51,41875 o9,18612. ⬆.
3 🚐 kostenlos ⚡ €3. **Untergrund:** Schotter. 🗓 01/01-31/12. **Entfernung:** 🛒 500M ⛽ 50M.

Büdingen 12A3
Hinter der Meisterei 20. **GPS:** n50,29094 o9,12587. ⬆.

8 🚐 kostenlos. **Lage:** Ländlich, einfach, ruhig. **Untergrund:** befestigt. 🗓 01/01-31/12. **Entfernung:** 🛒 Altstadt 750M ⛽ 500M. **Sonstiges:** Am Schwimmbad.

Büdingen 12A3
Mühltorbrücke. GPS: n50,29051 o9,11581. ⬆.

2 🚐 € 5/5 Std. **Untergrund:** befestigt. 🗓 01/01-31/12. **Entfernung:** 🛒 Altstadt 50M.

Burghaun 12B2
Oberste Straße. **GPS:** n50,69179 o9,73203. ⬆.
3 🚐 kostenlos 💧 €1/100Liter ⚡ Ch ⚡ (4x) €0,50/kWh. **Lage:** Städtisch, einfach. **Untergrund:** asphaltiert. 🗓 01/01-31/12. **Entfernung:** 🛒 800M ⛽ vor Ort 🚶 vor Ort.

Calden 10A3
Waldschwimmbad Calden, Zum Lindenrondell. **GPS:** n51,39420 o9,40064. ⬆.

3 🚐 kostenlos. **Lage:** Ländlich, einfach, abgelegen. **Untergrund:** Wiese. 🗓 01/01-31/12. **Entfernung:** 🛒 1Km ⛽ 1,5Km 🏥 2km.

Diemelsee 9H3
Terrassenparkplatz Hohes Rad, Hohes Rad 1. **GPS:** n51,36470 o8,71935. ⬆.

30 🚐 € 5 WC. **Lage:** Ländlich, einfach. **Untergrund:** Wiese/Schotter. 🗓 01/01-31/12. **Entfernung:** 🏊 Diemelsee 🛒 vor Ort ⛽ 500M.

Diemelsee 9H3
Campingpark Hohes Rad, Hohes Rad 1. **GPS:** n51,36355 o8,71830. ⬆.

5 🚐 € 5/pP 💧 Ch ⚡ €0,53/kWh WC inklusive 💧 €1/Tag. **Lage:** Ländlich, einfach. **Untergrund:** Wiese/Schotter. 🗓 01/01-31/12. **Entfernung:** 🏊 vor Ort 🚶 vor Ort ⛽ 6Km.

Diemelstadt 10A3
Autohof, Kupferkuhle. **GPS:** n51,49034 o9,00885. ⬆.
10 🚐 kostenlos 💧 €1 ⚡ Ch €1. **Lage:** Autobahn. **Untergrund:** asphaltiert. 🗓 01/01-31/12. **Entfernung:** 🛒 500M ⛽ 250m McDonalds.

Dillenburg 11H2
Aquarena-Bad, Stadionstrasse. **GPS:** n50,73994 o8,27815. ⬆ ➡.

8 🚐 kostenlos 💧 €1/90Liter ⚡ Ch ⚡ (6x) €1/8Std. **Lage:** Städtisch, einfach. **Untergrund:** asphaltiert. 🗓 01/01-31/12. **Entfernung:** 🛒 300M.

Edermünde 12A1
Aueweg, Grifte. **GPS:** n51,21252 o9,44905. ⬆.

12 🚐 € 5 💧 €1/100Liter ⚡ Ch ⚡ (6x) inklusive 15Std, dann €1/3 Std. **Lage:** Ländlich, einfach. **Untergrund:** asphaltiert. 🗓 01/01-31/12. **Entfernung:** 🛒 300M 🚲 1,7Km ⛽ 300M 🏥 100M 🚴 Premium-Radweg R1 🚶 vor Ort.

Edertal 12A1
Wohnmobilstellplatz Hemfurth/Edersee, Kraftwerkstrasse. **GPS:** n51,17022 o9,05096. ⬆ ➡.

30 🚐 <8M € 6, >8M € 10 💧 €1/100Liter ⚡ Ch €1. **Lage:** Ländlich, einfach. **Untergrund:** befestigt. 🗓 01/01-31/12. **Entfernung:** 🛒 500M ⛽ vor Ort 🏥 100M 🚶 500M.

Edertal 12A1
Wohnmobilstellplatz Rehbach, Am Eschelberg. **GPS:** n51,18394 o9,02618. ⬆.

20 🚐 <8M € 6, >8M € 10. **Lage:** Ländlich, einfach. **Untergrund:** Schotter. 🗓 01/01-31/12. **Entfernung:** 🏖 Strand 200M 🚶 vor Ort.

Eltville am Rhein 11H3
Parkplatz Weinhohle, Weinhohle. **GPS:** n50,02832 o8,12406. ⬆.

Deutschland

Hessen

+20 € 5 €1/60Liter €1 Ch.
Lage: Städtisch, einfach, zentral. **Untergrund:** befestigt.
Entfernung: 200M 400M 50M.

Eltville am Rhein · 11H3
Weingut Offenstein Erben, Wiesweg 13. **GPS:** n50,02871 o8,11728.
2 € 15 WC inklusive. **Untergrund:** befestigt.
Entfernung: 1Km.

Eltville am Rhein · 11H3
Weinhof Martin, Bachhöller Weg 4, Erbach im Rheingau.
GPS: n50,02365 o8,08815.
€ 10 WC. **Untergrund:** befestigt.
Entfernung: 600M 400M.

Erbach · 17A1
Alexanderbad, In der Stadtwiese. **GPS:** n49,66349 o8,98863.

10 kostenlos €1/70Liter Ch (6x)€0,50/kWh.
Lage: Städtisch, einfach, ruhig. **Untergrund:** befestigt.
01/01-31/12. **Entfernung:** 800M 500M 100M 100M vor Ort. **Sonstiges:** Max. 72 Std.

Eschwege · 12B1
Reisemobilhafen Werratalsee, Am werratalsee 2.
GPS: n51,19196 o10,06728.

20 € 10-15 €1/80Liter Ch (18x)€0,70/kWh Nutzung Sanitäranlagen €3,30/pP. **Lage:** Ländlich, einfach, zentral, laut.
Untergrund: befestigt. 01/01-31/12.
Entfernung: 2km vor Ort vor Ort.
Sonstiges: Bezahlung bei Bistro, Ver-/Entsorgung Passanten € 4.

Touristinformation Eschwege:
Besuchbergwerk Grube Gustav, Höllethal, Meissner, Abterode. Schiefergrube. 15/03-31/10 Di-So/Feiertage 13-16 Uhr.

Flörsbachtal-Lohrhaupten · 12B3
Am Schwimbad. GPS: n50,12178 o9,47258.

10 € 9 Ch €1,50/24 Std WC inklusive kostenpflichtig.
Lage: Ländlich, komfortabel, ruhig. **Untergrund:** Wiese/Schotter.
01/01-31/12. Ver-/Entsorgung: Winter.
Entfernung: 1Km 100M 1Km vor Ort vor Ort.
Sonstiges: Anmelden bei Gartenstrasse 10a.

Frankenberg/Eder · 12A1
Ederberglandhalle, Teichweg 3. **GPS:** n51,05613 o8,80195.

10 kostenlos €1/25Liter Ch (4x)€1/kWh WC.
01/01-31/12 kein Wasser im Winter.
Entfernung: 500M 200M 100M. **Sonstiges:** Sanitärnutzung nur während der Öffnungszeiten Schwimmbad.

Friedberg · 12A3
Engel Caravaning, Dieselstraße 4. **GPS:** n50,34646 o8,75685.

2 freiwilliger Beitrag erwünscht €0,50 Ch (2x).
Lage: Städtisch, einfach, zentral. **Untergrund:** befestigt.
01/01-31/12.
Entfernung: 800M 100M 800M.
Sonstiges: Reisemobilhändler, Zubehör-Shop, nachts abgeschlossen.

Frielendorf · 12A1
Wohnmobilpark Silbersee, Zum Silbersee.
GPS: n50,98389 o9,34667.

50 € 10 Ch inklusive €2. **Lage:** Ländlich, einfach, ruhig.
Untergrund: Wiese/befestigt. 01/04-01/11.
Entfernung: 1Km 250M.

Fritzlar · 12A1
Am Grauen Turm. GPS: n51,13221 o9,26974.

10 € 7 €1/90Liter Ch €1/2kWh.
Lage: Städtisch, zentral. **Untergrund:** befestigt. 01/01-31/12.
Entfernung: 100M 100M 600M.

Touristinformation Fritzlar:
Stadtführungen. Stadtführung durch die historische Altstadt.
15/03-31/10 Di-Sa 10.30, So/Feiertage 11 Uhr. € 4.

Fulda · 12B2
Weimarerstrasse. GPS: n50,55685 o9,66663.

30 € 0,10/1 Std, € 5/24 Std €1 Ch €1/6Std.

Lage: Städtisch, einfach, zentral. **Untergrund:** asphaltiert.
01/01-31/12.
Entfernung: 400M 50M.

Gelnhausen · 12A3
Am Hallenbad. GPS: n50,20125 o9,17795.

4 kostenlos. **Lage:** Städtisch, einfach, laut. **Untergrund:** asphaltiert.
01/01-31/12.
Entfernung: 1Km 100M 100M vor Ort.
Sonstiges: Parkplatz am Schwimmbad.

Gießen · 11H2
Badezentrum Ringallee, Gutfleischstraße.
GPS: n50,58947 o8,68406.

6 € 3 (6x)€0,50/kWh. **Lage:** Städtisch, einfach.
Untergrund: befestigt. 01/01-31/12.
Entfernung: 600M 1,5Km.

Gilserberg · 12A1
Landgasthof Steller, Marburgerstrasse 3.
GPS: n50,95047 o9,06220.

4 € 5, Gäste € 2,50 €2,50 €2,50 WC. **Lage:** Städtisch, einfach. **Untergrund:** asphaltiert. 01/01-31/12 Mi.
Entfernung: 250M vor Ort vor Ort.

Gladenbach · 11H2
Restaurant Rosengarten, Hoherainstrasse 45.
GPS: n50,77462 o8,57952.

3 € 5,50. **Lage:** Städtisch, einfach. **Untergrund:** Wiese.
01/01-31/12.
Entfernung: 600M vor Ort 1Km.
Sonstiges: Bezahlung und Schlüssel beim Restaurant.

Grebenau · 12B2
Borngasse 20. GPS: n50,74134 o9,47212.

Hessen

4 kostenlos, kostenlos. **Lage:** Ländlich, einfach.
Untergrund: Wiese. 01/01-31/12.
Entfernung: vor Ort 200M 200M.
Sonstiges: Bei der Feuerwehr.

Grebenhain 12A2
Reisemobilstellplatz am Kurpark, Hindenburgstraße, Hochwaldhausen. **GPS:** n50,51910 o9,31756.

30 €6 Ch WCinklusive. **Lage:** Ländlich, einfach, zentral.
Untergrund: Schotter. 01/01-31/12.
Entfernung: 500M 500M Radbus 200M Vulkanradweg 200m vor Ort.
Sonstiges: Zahlen bei Kiosk.

Grebenhain 12A2
Gasthof Zum Felsenmeer, Jean-Berlit-Straße 1.
GPS: n50,51926 o9,31424.

10 €5 + €1/pP Kurtaxe (2x)€0,50/kWh,+ €1.
Lage: Ländlich. **Untergrund:** Wiese. 01/01-31/12.
Entfernung: vor Ort.

Großalmerode 12B1
Am Mühlgraben, Oststraße. **GPS:** n51,25841 o9,79349.
20 kostenlos Ch. **Lage:** Ländlich. **Untergrund:** Wiese.
01/01-31/12.
Entfernung: 700M 150M.

Großalmerode 12B1
Panoramabad, Heinrich-Koch-Straße. **GPS:** n51,26603 o9,78452.
3 kostenlos. **Untergrund:** Wiese. 01/01-31/12.
Entfernung: 500M 500M 500M.
Sonstiges: Neben Schwimmbad.

Grünberg 12A2
Gallusplatz, Gerichtsstraße. **GPS:** n50,59517 o8,95593.

10 kostenlos €0,50 Ch (10x)€0,50/10Std. **Lage:** Städtisch, einfach, zentral. **Untergrund:** Schotter. 01/01-31/12.
Entfernung: Altstadt 300M 100M Aldi 400M vor Ort vor Ort.

Habichtswald 10A3
Am Kressenborn, Bergweg, Dörnberg. **GPS:** n51,34361 o9,34389.

4 kostenlos (2x)€2/24Std WC. **Lage:** Einfach, ruhig.
Untergrund: Schotter. 01/01-31/12.
Entfernung: 200M 5,5km 200M.
Sonstiges: Kaution € 20, Schlüssel Strom/Toilette bei Tankstelle.

Habichtswald 10A3
Hasenbreite, Ehlen. **GPS:** n51,32291 o9,31961.

6 kostenlos €2/24Std WC. **Lage:** Ländlich, einfach, abgelegen, ruhig. **Untergrund:** Wiese/befestigt. 01/01-31/12.
Entfernung: 400M 2,5km 400M 400M.
Sonstiges: Kaution € 20, Schlüssel Strom/Toilette bei Schwimmbad.

Hatzfeld 11H1
Parking Edertal strasse. **GPS:** n50,99144 o8,54817.

5. **Lage:** Städtisch, einfach, ruhig. **Untergrund:** Wiese/Schotter.
01/01-31/12.
Entfernung: vor Ort vor Ort 200M vor Ort.
Sonstiges: Hinter Feuerwehr.

Helsa 12B1
Sportplatzweg. **GPS:** n51,25444 o9,68638.

4 kostenlos. **Untergrund:** befestigt. 01/01-31/12.
Entfernung: 800M 800M 700M 400M.

Herborn 11H2
Herborner Schießplatz, Sinner Landstraße.
GPS: n50,67950 o8,30672.

6 kostenlos €1/90Liter Ch Aufenthalt (6x)€1/kWh.
Lage: Einfach. **Untergrund:** befestigt. 01/01-31/12.
Entfernung: 200M 1,8km.

Herbstein 12A2
VulkanTherme Herbstein, Zum Thermalbad 1.
GPS: n50,56883 o9,34647.

11 €6 + €1,50/pP Kurtaxe €1/100Liter Ch
(11x) €1/2kWh WC €1,50. **Lage:** Ländlich, komfortabel, ruhig.
Untergrund: befestigt. 01/01-31/12.
Entfernung: 1,1km 800M 300M vor Ort vor Ort.
Sonstiges: Wertmünzen erhältlich an der Kasse der Therme.

Hessisch Lichtenau 12B1
Alter Bahnhof/Western Rail Station, Bahnhofstrasse 5, Warlburg.
GPS: n51,20055 o9,77833.

10 €10. **Lage:** Ländlich, abgelegen, ruhig.
Untergrund: asphaltiert. 01/01-31/12.
Entfernung: 5km 700M 1km vor Ort.

Hessisch Lichtenau 12B1
Sportcenter Fürstenhagen, Breslauer strasse 18.
GPS: n51,20672 o9,69443.

10 €5/24 Std €1/80Liter Ch €0,50/kWh.
Lage: Ländlich, einfach, ruhig. **Untergrund:** befestigt.
01/01-31/12.
Entfernung: 3km 1km 2km.
Sonstiges: Anmelden beim Sportzentrum.

Hessisch Lichtenau 12B1
Hopfelderstrasse. **GPS:** n51,19417 o9,72389.

14 kostenlos. **Lage:** Städtisch, einfach, abgelegen, ruhig.
Untergrund: befestigt. 01/01-31/12.
Entfernung: 500M 400M 500M.

Hessisch Lichtenau 12B1
Wohnmobilstellplatz am Hallenbad, Freiherr-vom-Stein-Straße 12.
GPS: n51,20445 o9,72655.

6 kostenlos. **Lage:** Ländlich, einfach, abgelegen, ruhig.
Untergrund: befestigt. 01/01-31/12.

Hessen

Entfernung: ⛱600M.
Sonstiges: Parkplatz Schwimmbad.

Hessisch Lichtenau — 12B1
Berggasthof Hoher Meißner, Hoher Meissner 1.
GPS: n51,20376 o9,84852.

10 kostenlos WC.
Lage: Ländlich, einfach, abgelegen, ruhig. **Untergrund:** befestigt. 01/01-31/12.
Entfernung: 10Km vor Ort vor Ort vor Ort vor Ort.

Hilders — 12B2
Ulsterwelle, Heideweg 19. **GPS:** n50,56909 o9,99351.

5 kostenlos. **Lage:** Ländlich. **Untergrund:** Schotter.
01/01-31/12. **Entfernung:** 750M 50M 800M.

Hirschhorn — 17A1
Beim Ätsche, Jahnstraße 2. **GPS:** n49,44214 o8,89804.

25 € 7 €0,50/40Liter Ch €2,50/Tag.
Lage: Ländlich, komfortabel, ruhig. **Untergrund:** Wiese.
01/01-31/12. Hochwasser.
Entfernung: 500M vor Ort Zug 400M vor Ort.
Sonstiges: An der Neckar.

Hirzenhain — 12A2
Festplatz Hirzenhain, Robert-Eichenauerweg.
GPS: n50,39259 o9,13593.

6 kostenlos. **Lage:** Städtisch, einfach, zentral.
Untergrund: befestigt. 01/01-31/12.
Entfernung: 100M 100M vor Ort vor Ort.

Hirzenhain — 12A2
Müller-Mobil, Junkernwiese 2. **GPS:** n50,40004 o9,14744.

6 kostenlos €1/130Liter Ch (6x). **Lage:** Ländlich, einfach,

ruhig. **Untergrund:** befestigt. 01/01-31/12.
Entfernung: 1,5Km vor Ort vor Ort vor Ort.

Hofgeismar — 10A3
Am Sälber Tor. GPS: n51,49521 o9,37547.

100 kostenlos €1/80Liter Ch (18x)€1/2kWh.
Lage: Ländlich, komfortabel, zentral, ruhig. **Untergrund:** Schotter.
01/01-31/12. 31/05-14/06.
Entfernung: vor Ort 300M vor Ort.

Homberg/Efze — 12A1
Wassmuthshäuserstrasse, Dresdener Alee.
GPS: n51,02757 o9,41470.

7 kostenlos €1/80Liter Ch kostenlos. **Lage:** Städtisch,
einfach. **Untergrund:** Schotter. 01/01-31/12.
Entfernung: vor Ort 1Km 500M.

Homberg/Ohm — 12A2
An der Stadthalle, Stadthallenweg 12.
GPS: n50,72626 o8,99439.

4 kostenlos €1/80Liter Ch (4x)€0,50/kWh. **Lage:** Ländlich,
einfach. **Untergrund:** Schotter. 01/01-31/12.
Entfernung: 400M 350M 1Km vor Ort.

Hünfeld — 12B2
Hessisches Kegelspiel, Zu den Unaben.
GPS: n50,67626 o9,77622.

18 € 5 €1/120Liter Ch (12x)€1/2kWh.
Lage: Städtisch, einfach. 01/01-31/12.
Entfernung: 500M 250M 500M.

Hungen — 12A2
Inheiden, Am Köstgraben. **GPS:** n50,45509 o8,90049.

6 kostenlos €1/100Liter Ch €2/6Std WC.

Lage: Ländlich, komfortabel, ruhig. **Untergrund:** Schotterasen.
01/01-31/12. Wasser: 01/11-31/03.
Entfernung: Trais-Horloffer See 3Km 500M Radbus 1Km.

Idstein — 11H3
Wohnmobilhafen Idstein, Himmelsbornweg.
GPS: n50,21775 o8,27923.

12 € 10 €1/80Liter Ch €1/8Std. **Lage:** Ländlich.
Untergrund: Schotter/befestigt. 01/01-31/12. kein Wasser im
Winter. **Entfernung:** 500m Altstadt 3,3Km.

Kassel — 12A1
Wohnmobilplatz Kassel, Am Sportzentrum/Giessenallee, Kassel-süd.
GPS: n51,29250 o9,48750.

12 €12,50/Tag €1/100Liter €0,50 Ch€0,50 (8x)€0,50/kWh.
Lage: Ländlich, einfach, abgelegen, ruhig. 01/01-31/12.
Entfernung: 1,4Km 500M 50M vor Ort vor Ort.
Sonstiges: Mit Parkkarte kostenlose Nutzung öffentlicher Verkehrsmittel, max. 3 Nächte.

Touristinformation Kassel:
Treppenstrasse, Einkaufspromenade, moderne Architektur.

Kaufungen — 12B1
Festplatz, Am Steckkopf. **GPS:** n51,28525 o9,61956.

4 kostenlos €2/40Liter Ch. **Lage:** Ländlich, einfach, ruhig.
Untergrund: befestigt. 01/01-31/12.
Entfernung: 800m Steinersee 300M 500M.

Kirchheim — 12B2
Campingplatz Seepark, Brunnenstrasse 20.
GPS: n50,81400 o9,52000.

50 € 13, Hund € 2 €1 Ch (30x)€3/Tag €1,50.
Lage: Ländlich, einfach. **Untergrund:** befestigt. 01/01-31/12.
Entfernung: 5Km 4,9Km 20M vor Ort 20M.

Kleinwallstadt — 17A1
Fährstraße 14. GPS: n49,87571 o9,16378.
12 € 5 €1/100Liter Ch €1/6Std.
Untergrund: befestigt. 01/01-31/12.
Entfernung: 500M 500M.

Korbach — 12A1
Westring. GPS: n51,27260 o8,85509.

Hessen

5 🅿 kostenlos. **Lage:** Städtisch, ruhig.
Untergrund: Schotterasen/befestigt.
Entfernung: 1Km Lidl 200M.
Sonstiges: Max. 3 Nächte.

Laubach 12A2
Quick Camp Caravanpark Laubach, Kurze Hohl.
GPS: n50,55021 o9,00806.

30 🅿 € 6 2 Pers. inkl €2 €2 Ch WC €2. **Lage:** Ländlich, einfach, abgelegen, ruhig. **Untergrund:** Schotterasen/Wiese.
01/01-31/12.
Entfernung: 1,5Km 1,5Km 1,5Km.

Lauterbach 12A2
Auf der Bleiche, Bleichstrasse. **GPS:** n50,63849 o9,40444.

5 🅿 kostenlos. **Lage:** Ländlich, einfach. **Untergrund:** befestigt.
01/01-31/12.
Entfernung: 100M 150M vor Ort.

Lauterbach 12A2
Freizeitzentrum Steinigsgrund, Am Sportfeld 9.
GPS: n50,62758 o9,39288.

8 🅿 kostenlos. **Lage:** Städtisch. **Untergrund:** befestigt.
01/01-31/12. **Entfernung:** 800M 50M vor Ort vor Ort.

Lauterbach 12A2
David-Eifertstrasse. **GPS:** n50,64288 o9,39393.
€1/80 Ch. **Lage:** Städtisch. 01/01-31/12.

Leun 11H2
Lahnwiese, Limburger Straße. **GPS:** n50,55089 o8,35346.

8 🅿 € 6 €2 WC. **Lage:** Ländlich, einfach. **Untergrund:** Wiese.
01/01-31/12.
Entfernung: 400M 400M 400M.

Sonstiges: An der Lahn, max. 4 Tage.

Lich 12A2
P6, Ringstraße. **GPS:** n50,51816 o8,82257.

3 🅿 kostenlos. **Lage:** Ländlich, einfach, zentral, ruhig.
Untergrund: Wiese/befestigt. 01/01-31/12.
Entfernung: 300M 400M Lidl 50M 100M.
Sonstiges: Max. 3 Tage.

Limburg 11H2
Freizeitfalzeuge Singhof, Hoenbergstraße 2.
GPS: n50,40312 o8,07148.

3 🅿 kostenlos €3 kostenlos. **Lage:** Ländlich, einfach.
Untergrund: befestigt. 01/01-31/12.

Limburg 11H2
Lahn Camping, Schleusenweg 16. **GPS:** n50,38902 o8,07387.

8 🅿 max. € 12-15/24 Std €0,50/50Liter Ch €0,50/kWh
€2/Tag. **Lage:** Ländlich, einfach, ruhig. **Untergrund:** Schotter.
01/01-31/12.
Entfernung: 900M 1,5Km Gaststätte.
Sonstiges: An der Lahn, Sommer: Brötchenservice, Biergarten.

Lindenfels 17A1
Kappstraße. **GPS:** n49,68077 o8,78304.

10 🅿 € 5 €1/80Liter Ch (4x)€0,50/6Std.
Lage: Ländlich, komfortabel, ruhig. **Untergrund:** Wiese.
01/01-31/12.
Entfernung: vor Ort vor Ort vor Ort.
Sonstiges: Max. 3 Tage.

Lorsch 16H1
Wohnmobilstellplatz Karolingerstadt Lorsch, Odenwaldallee.
GPS: n49,65206 o8,57855.

16 🅿 € 10 €1/80Liter Ch (16x)€1/2kWh.
Lage: Ländlich, komfortabel, ruhig. **Untergrund:** befestigt.
01/01-31/12.
Entfernung: 800M 4,5Km 800M 800M vor Ort.
Sonstiges: Max. 5 Tage.

Maintal 12A3
Wohnmobilstellplatz Maintal, Uferpromenade, Dörnigheim.
GPS: n50,13067 o8,83920.

2 🅿 kostenlos.
Lage: Ländlich, einfach, zentral. **Untergrund:** Schotterasen.
01/01-31/12.
Entfernung: vor Ort vor Ort 1Km vor Ort vor Ort.
Sonstiges: Entlang der Main.

Marburg 12A2
Jahnstraße. **GPS:** n50,80354 o8,77544.

8 🅿 €10/24 Std €1/100Liter Ch (4x)€1/4Std.
Lage: Städtisch, einfach. **Untergrund:** Schotter. 01/01-31/12.
Entfernung: 300M 500M.

Meineringhausen 12A1
Hobbywiese, Walmenstrasse 25. **GPS:** n51,25945 o8,93807.

17 🅿 € 7 Ch inklusive €0,50/kWh, oder €3/Tag WC €1.
Lage: Ländlich, komfortabel.
Untergrund: Wiese/Schotter.
01/01-31/12.
Entfernung: 2km Korbach 800M 2km vor Ort vor Ort.

Melsungen 12B1
Schloßbrücke, Sandstraße. **GPS:** n51,13280 o9,54502.

🅿 € 0,30/Std, übernachten kostenlos.
Lage: Städtisch, zentral. **Untergrund:** befestigt.
01/01-31/12.
Entfernung: 200M 5Km vor Ort vor Ort vor Ort.
Sonstiges: An der Fulda, gegenüber Polizeirevier.

Melsungen 12B1
Waldparkplatz, Dreuxallee. **GPS:** n51,12352 o9,55169.

Deutschland

Hessen

5 kostenlos. **Lage:** Städtisch, einfach. **Untergrund:** Wiese/Schotter. 01/01-31/12.
Entfernung: Stadtmitte 1,1Km 5Km vor Ort.

Mernes 12B3
Wohnmobilstellplatz Mernes, Jossastraße, Mernes.
GPS: n50,24109 o9,47700.

6 €5 €0,50/80Liter Ch €0,50/kWh. **Lage:** Ländlich, komfortabel, ruhig. **Untergrund:** Schotterasen. 01/01-31/12.
Entfernung: 200M 250M 200M vor Ort.
Sonstiges: Bezahlen beim Gasthaus Zum Jossatal, Salmünsterer Straße 15.

Michelstadt 17A1
Parkplatz Altstadt, Wiesenweg. **GPS:** n49,68038 o9,00143.

9 kostenlos €1/90Liter Ch €1/2kWh WC. **Lage:** Städtisch, einfach, zentral, laut. **Untergrund:** Schotter/befestigt. 01/01-31/12.
Entfernung: 200M 200M 50M vor Ort vor Ort.

Münzenberg 12A2
Sporthallenparkplatz, Am Viehtrieb. **GPS:** n50,45712 o8,77171.

5 kostenlos. **Lage:** Ländlich, einfach, ruhig. **Untergrund:** Schotter. 01/01-31/12.
Entfernung: 800M 2,6Km 500M.
Sonstiges: Max. 3 Tage.

Münzenberg 12A2
Sportplatz, Butzbacher Straße, Gambach. **GPS:** n50,45770 o8,73412.

15 kostenlos. **Lage:** Ländlich, einfach, laut. **Untergrund:** asphaltiert. 01/01-31/12.
Entfernung: 2,4Km 400M vor Ort.
Sonstiges: Max. 3 Tage.

Neuental 12A1
Neuenhainer See, Seeblick 14, Neuenhain.
GPS: n50,99533 o9,26652.

12 € 4 €1 Ch €1/12Std WC €0,50. **Lage:** Ländlich, einfach. **Untergrund:** asphaltiert. 01/01-31/12.
Entfernung: Neuental 6km 4km vor Ort 250M.
Sonstiges: Sanitärnutzung beim Campingplatz.

Neukirchen 12A1
Reisemobilpark Urbachtal, Urbachweg 1.
GPS: n50,87139 o9,34861.

49 € 10 + € 1/pP Kurtaxe €1/100Liter Ch (52x)€0,60/kWh WC €2,80 €1,30min. **Lage:** Ländlich, luxus. **Untergrund:** Wiese/befestigt. 01/01-31/12.
Entfernung: 300M 2km 300M 200m Rewe 300M 700M vor Ort.

Neukirchen 12A1
Birkenallee, Knüllgebirge. **GPS:** n50,86567 o9,34478.

10 kostenlos. **Lage:** Ländlich, einfach, abgelegen, ruhig. **Untergrund:** befestigt. 01/01-31/12.
Entfernung: 500M 500M Edeka 500m.
Sonstiges: Parkplatz Tennisplatz, max. 4 Tage.

5 kostenlos kostenlos. **Untergrund:** asphaltiert. 01/01-31/12. **Entfernung:** 500M 200M.

Niedenstein 12A1
Am Hallenbad, Am Schwimmbad 2. **GPS:** n51,22739 o9,31657.

2 kostenlos. **Lage:** Ländlich, einfach. **Untergrund:** Schotter. 01/01-31/12.
Entfernung: 300M 300M.

Niestetal 10B3
Spiekershäuser Straße/Fuldablick. **GPS:** n51,32686 o9,55490.
3 kostenlos €1/100Liter Ch €1/2kWh.
Untergrund: asphaltiert. 01/01-31/12.
Entfernung: 1,1Km vor Ort vor Ort.
Sonstiges: An der Fulda, Kassel Innenstadt 6km.

Oberaula 12B1
Sportplatz, Schwimbadstraße. **GPS:** n50,85421 o9,45908.

10 kostenlos Ch kostenlos. **Lage:** Ländlich, einfach. **Untergrund:** asphaltiert. 01/01-31/12.
Entfernung: 800M Rewe 100m vor Ort.

Oberaula 12B1
Golfplatz, Am Golfplatz 1. **GPS:** n50,83590 o9,46211.

3 kostenlos. **Lage:** Ländlich, einfach, abgelegen, ruhig. **Untergrund:** Wiese. 01/01-31/12.
Entfernung: 2,5Km 11Km.
Sonstiges: Max. 4 Tage, Schildern 'Golfplatz' folgen, 18-Loch-Golfplatz.

Oberaula 12B1
Tennishalle, Teichstrasse. **GPS:** n50,86116 o9,47353.

Oberaula 12B1
Reiterhof Aumühle, Aumühle 1. **GPS:** n50,85235 o9,47794.
4 € 10 Ch inklusive. **Lage:** Ländlich, komfortabel. **Untergrund:** Wiese/Schotter. 01/01-31/12.
Entfernung: 1Km 1Km 1,5Km.
Sonstiges: Saunabenutzung kostenpflichtig.

Oberursel 11H3
Wanderparkplatz Taunus, Alfred-Lechler-Straße.
GPS: n50,21533 o8,53606.

5 € 7.
Lage: Einfach, ruhig. **Untergrund:** befestigt. 01/01-31/12.
Entfernung: 4Km 100M U-Bahn 100M vor Ort vor Ort.

Oestrich-Winkel 11H3
Am Sportzentrum, Kirchstraße 125. **GPS:** n50,00470 o7,99904.

Hessen

12 🚐 kostenlos. **Lage:** Ländlich, einfach, zentral. **Untergrund:** befestigt. 01/01-31/12. **Entfernung:** 1Km. **Sonstiges:** Max. 2 Tage.

Ottrau 12A2
Am Schwimmbad 10. **GPS:** n50,80400 o9,38500.

4 🚐 €6 WC. **Lage:** Ländlich, einfach. **Untergrund:** asphaltiert. 01/01-31/12. **Entfernung:** vor Ort.

Poppenhausen 12B2
Sport- und Freizeitgelände Lüttergrund, Sebastian-Kneippweg, Wasserkuppe. **GPS:** n50,49012 o9,87689.

10 🚐 €6 €1/6Std. **Lage:** Ländlich, einfach. **Untergrund:** befestigt. 01/01-31/12. **Entfernung:** 300M 300M vor Ort vor Ort.

Rasdorf 12B2
Sport- und Freizeitgelände, Setzelbacher Straße. **GPS:** n50,71422 o9,90306.

4 🚐 €4 €1/120Liter €1/10Std. **Lage:** Ländlich, einfach. **Untergrund:** befestigt. 01/01-31/12. **Entfernung:** 850M 500M. **Sonstiges:** Max. 3 Tage.

Reichelsheim/Odenwald 17A1
Reichenbergschule, Beerfurtherstrasse. **GPS:** n49,71507 o8,84234.

20 🚐 kostenlos €1/100Liter (8x)€0,50/kWh. **Lage:** Städtisch, einfach, zentral. **Untergrund:** asphaltiert. 01/01-31/12. **Entfernung:** vor Ort 100M vor Ort.

Reinhardshagen 10B3
Freibad, Klinkersweg. **GPS:** n51,48694 o9,59194.

4 🚐 kostenlos. **Lage:** Ländlich, einfach, abgelegen. **Untergrund:** asphaltiert. 01/01-31/12. **Entfernung:** 2km 2km 2km vor Ort vor Ort vor Ort. **Sonstiges:** Parkplatz Schwimmbad, OT Veckerhagen, max. 3 Tage.

Ringgau 12B1
Am Festplatz, In der Röste, Gandenborn. **GPS:** n51,08139 o10,04239.

20 🚐 kostenlos, Ver-/Entsorgung/Strom inkl. € 7 Ch WC. **Lage:** Ländlich, einfach, ruhig. **Untergrund:** Schotter. 01/01-31/12. **Entfernung:** 100M 200M.

Rosenthal 12A1
Fischewosse, Willershäuser Straße 2. **GPS:** n50,97561 o8,86884.

5 🚐 kostenlos €2/Tag. **Lage:** Städtisch, komfortabel. **Untergrund:** befestigt. 01/01-31/12. erste 2 Wochen von Juli. **Entfernung:** 400M vor Ort 800M. **Sonstiges:** Max. 48 Std.

Rotenburg a/d Fulda 12B1
Wohnmobilpark Am Wittlich, Braacher Straße 14. **GPS:** n51,00049 o9,72074.

50 🚐 €6,50 €1 Ch €0,50/kWh. **Lage:** Einfach, ruhig. **Untergrund:** Wiese. 01/01-31/12. **Entfernung:** Altstadt 650M 200M vor Ort vor Ort. **Sonstiges:** An der Fulda.

Rotenburg a/d Fulda 12B1
Am Kuckucksmarktgelände, Braach. **GPS:** n51,00583 o9,69361.

Rotenburg a/d Fulda 12B1
Im Heienbach. **GPS:** n51,00223 o9,74141.

Untergrund: ungepflastert. 01/01-31/12. **Entfernung:** 200M vor Ort vor Ort 200M. **Sonstiges:** Max. 72 Std.

5 🚐 kostenlos. **Lage:** Einfach. 01/01-31/12. **Sonstiges:** Parkplatz Schwimmbad.

Rotenburg a/d Fulda 12B1
Biergarten Hof Hafermas, Rotenburgerstrasse 13, Braach. **GPS:** n51,00316 o9,69085.

3 🚐 kostenlos €1 Ch. **Untergrund:** Schotter. 01/01-31/12. **Entfernung:** vor Ort vor Ort.
Touristinformation Rotenburg a/d Fulda: Kuckucksmarkt, Braach. Bauernmarkt. 01/05-30/09 letztes Wochenende des Monats 10-18 Uhr.

Schlitz 12B2
Damenweg. **GPS:** n50,66909 o9,56908.

3 🚐 kostenlos €1. **Lage:** Ländlich, einfach. **Untergrund:** Schotter. 01/01-31/12. **Entfernung:** 2,3km. **Sonstiges:** Am Schwimmbad.

Schlüchtern 12B2
Ludovica-von-Stumm-Straße. **GPS:** n50,34935 o9,53023.

5 🚐 kostenlos. **Lage:** Städtisch, einfach, laut. **Untergrund:** asphaltiert. 01/01-31/12. **Entfernung:** 300M 4,3Km vor Ort.

Schwalmstadt 12A1
Altstadt Schwalmstadt-Treysa, Zwalmstraße. **GPS:** n50,91447 o9,19327.

15 🚐 kostenlos €1/50Liter Ch. **Lage:** Ländlich.

Deutschland

H e s s e n

10 kostenlos Ch. 01/01-31/12.
Entfernung: 100M.
Sonstiges: Ver- und Ensorgung in der Nähe, ausgeschildert.

Schwalmstadt 12A1
Fünftenweg, Ziegenhain. **GPS:** n50,91753 09,24633.

5 kostenlos Ch. **Lage:** Ländlich, einfach.
Untergrund: befestigt. 01/01-31/12.
Entfernung: vor Ort. **Sonstiges:** Parkplatz Schwimmbad, Ver- und Ensorgung in der Nähe, ausgeschildert.

Schwalmtal 12A2
Reisemobilplatz, Friedenstrasse, Storndorf.
GPS: n50,65579 09,26935.

15 €3 €1/80Liter Ch (6x)€0,50/kWh.
Lage: Ländlich, einfach. **Untergrund:** asphaltiert. 01/01-31/12.
Entfernung: 300M vor Ort vor Ort.
Sonstiges: In der Nähe vom Sportpark.

Sinntal 12B3
Am Naturbad, Aspenweg, Altengronau.
GPS: n50,25453 09,63316.

7 kostenlos €0,50/50Liter Ch (7x)€3/24 Std.
Lage: Ländlich, einfach, ruhig. **Untergrund:** befestigt.
01/01-31/12.
Entfernung: 1,5Km 1,5Km 1,5Km vor Ort.

Sontra 12B1
Langhelle/Jahnstrasse. **GPS:** n51,07227 09,94673.

5 kostenlos €0,50/80Liter Ch €1/12Std WC.
Lage: Ländlich, einfach, abgelegen, ruhig.
Untergrund: asphaltiert/befestigt. 01/01-31/12.
Entfernung: 600M vor Ort.
Sonstiges: Parkplatz hinter Schwimmbad.

Sontra 12B1
Vimoutiersstrasse. **GPS:** n51,07139 09,93306.
8 kostenlos. **Untergrund:** Städtisch.
Untergrund: Schotter/befestigt. 01/01-31/12.
Entfernung: 400M 300M 50M.

Steinau/Strasse 12B3
Am Steines. **GPS:** n50,31605 09,46029.

5 kostenlos €1 Ch €1 (4x)€1/kWh. **Lage:** Ländlich, einfach, ruhig. **Untergrund:** asphaltiert. 01/01-31/12.
Entfernung: 1Km 350M.
Sonstiges: Parkplatz am Sportzentrum, max. 2 Tage.

Tann/Rhön 12B2
Festplatz Tann, Am Unsbach. **GPS:** n50,64195 010,01802.

8 €5 €1/120Liter Ch (8x)€1/6Std. **Lage:** Ländlich, einfach, abgelegen. **Untergrund:** Schotter. 01/01-31/12.
Entfernung: 1Km 1Km 1Km.
Sonstiges: Max. 3 Tage, Karte erhältlich an den Tankstellen, Touristinfo oder Schreib- und Spielwaren Krenzer.

Ulrichstein 12A2
Reisemobilstellplatz Panoramablick, Erlenweg.
GPS: n50,57588 09,20619.

12 €5 €1/80Liter Ch (6x)€0,50/kWh.
Lage: Ländlich, komfortabel, ruhig.
Untergrund: asphaltiert.
01/01-31/12.
Entfernung: 1Km 1Km 1Km vor Ort vor Ort vor Ort.
Sonstiges: Schöne Aussicht.

Villmar 11H2
P3, König-Konrad-Straße. **GPS:** n50,39102 08,18625.

10 kostenlos. **Lage:** Ländlich, einfach. **Untergrund:** befestigt.
01/01-31/12.
Entfernung: vor Ort.
Sonstiges: Parkplatz am Fluss.

Vöhl 12A1
Camping-und Ferienpark Teichmann, Herzhausen.
GPS: n51,17472 08,89103.

10 €10-14 Ch WC inklusive €3 €4,50.
Lage: Ländlich, komfortabel.
Untergrund: befestigt.
01/01-31/12.
Entfernung: 1Km vor Ort Angelschein € 8/Tag vor Ort.
Sonstiges: Max. 1 Nacht.

Volkmarsen 10A3
Schulstraße. **GPS:** n51,41249 09,11058.
4 kostenlos. **Untergrund:** asphaltiert. 01/01-31/12.
Entfernung: 200M 7,8Km Aldi 650M.

Wahlsburg 10B3
Landhotel "Zum Anker", Weserstrasse 14.
GPS: n51,62447 09,55212.

60 €9 €0,50/50Liter Ch (60x)€0,50/kWh WC.
Lage: Ländlich, komfortabel, ruhig. **Untergrund:** Wiese.
01/01-31/12.
Entfernung: 200M vor Ort vor Ort 500M vor Ort vor Ort.
Sonstiges: An der Weser, Brötchenservice.

Waldeck 12A1
Edersee Alm, Am Bettenhagen 2. **GPS:** n51,18861 09,00944.

85 €12 €1/100Liter Ch inklusive €0,50/kWh WC €1/Aufenthalt. **Lage:** Ländlich, luxus. **Untergrund:** Schotter.
01/01-31/12. **Entfernung:** vor Ort Angelschein obligatorisch vor Ort. **Sonstiges:** Brötchenservice.

Waldeck 12A1
Seeblick Wohnmobil, Güldener Ort 12. **GPS:** n51,20309 09,05004.

€ 11 2 Pers.inkl., Hund € 1 Ch €3 WC inklusive.
Lage: Ländlich, einfach. **Untergrund:** Schotterasen.
01/01-31/12.
Entfernung: 50M vor Ort.
Sonstiges: Am Edersee, Müll € 2.

Waldkappel 12B1
Am Sportplatz. **GPS:** n51,14177 09,87278.

4 kostenlos €1/100Liter.
Lage: Ländlich, einfach, ruhig. **Untergrund:** Schotter.
01/03-31/10.
Entfernung: 400M 400M 400M Bäckerei Waldpark 500m.
Sonstiges: Am Sportpark.

Hessen

Wanfried 12B1
In der Werraaue, Eschweger Straße. **GPS:** n51,18722 o10,16528.

12 €5 €2/100Liter Ch (12x)€1/24Std.
Lage: Ländlich, einfach, ruhig. **Untergrund:** befestigt.
01/01-31/12.
Entfernung: 50M 50M vor Ort vor Ort.

Weilburg 11H2
Wohnmobilstation, Hainallee. **GPS:** n50,48385 o8,25848.

80 €6 inklusive €2 WC10-17Uhr. **Lage:** Städtisch, einfach. **Untergrund:** befestigt. 01/01-31/12. Veranstaltungen.
Entfernung: vor Ort vor Ort.
Sonstiges: Kaution Schlüssel € 15.

Weilmünster 11H2
In der Au, Am Froschgraben, L3054. **GPS:** n50,43345 o8,37343.

12 freiwilliger Beitrag Chkostenlos €2/16Std.
Lage: Ländlich, einfach. **Untergrund:** befestigt. 01/01-31/12.
Entfernung: vor Ort 100M 200M.

Weilrod 11H3
Taunus Mobilcamp, Hochtaunussstrasse. **GPS:** n50,31138 o8,42581.

30 €7 + € 1,50/pP, Hund € 1 €1/80Liter Ch €0,50/kWh WC inklusive. **Lage:** Ländlich, einfach, abgelegen, laut. **Untergrund:** befestigt. 01/01-31/12.
Entfernung: 500M 6Km.

Weilrod 11H3
Golfclub Taunus, Merzhäuser Straße 29. **GPS:** n50,32082 o8,42694.
2 kostenlos, nur Gästspieler. **Lage:** Laut. **Untergrund:** asphaltiert.
01/05-30/09.
Entfernung: vor Ort.

Wetzlar 11H2
An der Dill, Falkenstrasse. **GPS:** n50,55667 o8,49111.

16 €8 Ch (16x)inklusive. **Lage:** Städtisch, einfach.
Untergrund: Schotter. 01/01-31/12.
Entfernung: 800M 3Km 500M vor Ort.

Wetzlar 11H2
Parkplatz Lahninsel, Lahninsel. **GPS:** n50,55488 o8,49756.

4 €8 (8-19U), übernachten kostenlos Ch inklusive WC.
Lage: Städtisch. **Untergrund:** asphaltiert. 01/01-31/12.
Entfernung: 300M 1,5Km 250M.

Wiesbaden 11H3
Reisemobilhafen Wiesbaden, Wörther-See-Strasse/Saarstrasse. **GPS:** n50,05583 o8,20972.

+40 €7, übernachten 21-9U € 3,50 €1/60Liter Ch (40x)€0,50/kWh €1. **Lage:** Städtisch, komfortabel.
Untergrund: Schotter. 01/01-31/12.
Entfernung: 150M 800M 800M 150M.
Sonstiges: Zu erreichten ohne Umweltplakette: A643 Ausfahrt Wiesbaden Dotzheim.

Willingen 11H1
Wohnmobilpark Willingen, Am Hagen.
GPS: n51,29050 o8,61278.

55 € 12 2 Pers. inkl €1/10Minuten Ch €1/2kWh WC €1,50/30Minuten,beim Schwimmbad.
Lage: Ländlich, komfortabel. **Untergrund:** befestigt.
01/01-31/12.
Entfernung: 1Km 100M 1Km 300M 300M.
Sonstiges: Rabatt auf subtropisches Schwimmbad und Eishalle.

Witzenhausen 10B3
Reisemobilplatz Diebesturm, Oberburgstrasse.
GPS: n51,34110 o9,85435.

4 €5 €0,50/100Liter Ch (4x)€0,50.
Lage: Städtisch, einfach, zentral, laut. **Untergrund:** Schotter.
01/01-31/12.
Entfernung: 500M vor Ort 500M.

Witzenhausen 10B3
Reisemobilplatz Josef-Pott-Platz, Laubenweg.
GPS: n51,34477 o9,85503.

10 €5 €1/100Liter Ch (10x)€0,50/6Std.
Lage: Ländlich, einfach, ruhig. **Untergrund:** befestigt.
01/01-31/12.
Entfernung: 800M 9Km 800M Aldi 100M vor Ort vor Ort.

Witzenhausen 10B3
Haus des Gastes, Ringkopfstrasse, Dohrenbach.
GPS: n51,31061 o9,83372.

8 €4 Chinklusive €2/24Std WC.
Lage: Ländlich, einfach, abgelegen, ruhig. **Untergrund:** befestigt.
01/01-31/12.
Entfernung: vor Ort vor Ort 300M vor Ort.
Touristinformation Witzenhausen:
Kesperkirmes. Kirmes. Anfang Jul.

Wolfhagen 10A3
Freizeitanlange Bruchwiesen, Siemensstrasse.
GPS: n51,32944 o9,17083.

35 €3/24 Std €1/80Liter Ch (12x)€1/8Std.
Lage: Ländlich, einfach, abgelegen, ruhig.
Untergrund: Wiese/Schotter.
01/01-31/12.
Entfernung: vor Ort 500M 200M vor Ort vor Ort.

Ziegenhagen 10B3
Erlebnispark Ziegenhagen, Ziegenberg 3.
GPS: n51,37191 o9,76472.

15 €5 €1 Ch.
Lage: Einfach, abgelegen, ruhig. 01/03-31/10.
Entfernung: 6Km.

Thüringen

Asbach/Sickenberg — 12B1
Grenzmuseum Schifflersgrund, Sickenberger Straße 1.
GPS: n51,28667 o10,01052.
6 €3 Ch. **Untergrund:** Schotter.

Bad Berka — 12D1
P2, Bleichstrasse. **GPS:** n50,89969 o11,28528.

3 kostenlos €1/3Minuten €1 Ch (3x)€1/3Std.
Untergrund: asphaltiert. 01/01-31/12.
Entfernung: 200M vor Ort 200M 200M.
Sonstiges: 10/7/10 während Inspektion Service außer Betrieb.

Bad Colberg/Heldburg — 12C3
Rainbrünnlein. **GPS:** n50,27967 o10,73063.

5 kostenlos €1/60Liter Ch €1/8Std.
Lage: Einfach. **Untergrund:** Schotterasen. 01/01-31/12.
Entfernung: 100M 200M 200M.
Sonstiges: Am Sportpark.

Bad Frankenhausen/Kyffhäuser — 10D3
Bornstraße, B85. **GPS:** n51,35550 o11,10333.

15 €14 inklusive. **Lage:** Ländlich. **Untergrund:** befestigt.
01/01-31/12.
Entfernung: 500M 200M 300M.
Sonstiges: Anmelden an der Kasse der Therme.

Bad Klosterlausnitz — 12E1
Kristall Sauna-Wellnesspark/Soletherme, Köstritzerstrasse 16.
GPS: n50,91190 o11,87242.

15 €10 + €1,30/pP Kurtaxe €1/80Liter Ch €1/2kWh WC.
Untergrund: Schotter. 01/01-31/12.
Entfernung: 800M 2,8Km vor Ort.

Bad Langensalza — 12C1
Friederiken Therme, Böhmenstrasse.
GPS: n51,11535 o10,64440.

40 €4, Kurtaxe €1,20/pP €1 Ch (8x)€1/10Std.
Untergrund: befestigt. 01/01-31/12.
Entfernung: 1Km vor Ort 200M.
Sonstiges: Parkplatz-Thermen, zahlen an der Kasse der Therme.

Bad Liebenstein — 12C1
Villa Georg, Friedensallee 12. **GPS:** n50,81876 o10,35517.

6 €8 €1/100Liter Ch €3 WC. **Lage:** Komfortabel, ruhig.
Untergrund: Schotter. 01/01-31/12 Dienstag.
Entfernung: 500M vor Ort 800M vor Ort.

Bad Lobenstein — 12E2
Ardesia Therme, Parkstrasse 8. **GPS:** n50,44981 o11,64294.

11 €2,50 + €1/pP Kurtaxe, kostenlos nach Badenutzung €2 Ch €0,50/kWh WC €3. **Untergrund:** befestigt.
01/01-31/12.
Entfernung: 200M vor Ort 200M vor Ort.

Bad Salzungen — 12C1
ErlebisINSEL Flößrasen, Flössrasen 1. **GPS:** n50,81541 o10,23748.

88 €7,50 + €1,50/pP Kurtaxe €1/60Liter (88x)€1/2kWh kostenpflichtig. **Lage:** Städtisch, komfortabel.
Untergrund: befestigt. 01/01-31/12.
Entfernung: 500M 400M 400M vor Ort vor Ort.

Bad Tennstedt — 12C1
Am Swimmbad, Zweifeldersporthalle. **GPS:** n51,15994 o10,83952.
5 kostenlos. **Lage:** Städtisch, einfach. **Untergrund:** befestigt.
01/01-31/12.
Entfernung: 500M 500M 500M.

Breitungen — 12C2
Hotel Jagdhaus Seeblick, Seeblick. **GPS:** n50,74250 o10,32306.

15 €5 freiwilliger Beitrag €2/Tag WC. **Lage:** Ländlich,
einfach, ruhig. **Untergrund:** Wiese. 01/01-31/12 Mon.
Entfernung: 2km 1km vor Ort 2km vor Ort.

Brotterode — 12C1
Inselbergbad, Am Bad 1. **GPS:** n50,82290 o10,45302.

10 €5.
Lage: Ländlich, einfach. **Untergrund:** Schotter. 01/01-31/12.
Entfernung: 500M vor Ort Edeka 250m 50M.
Sonstiges: Zahlen beim Schwimmbad.

Dorndorf — 12B1
Kultur- und Freizeitzentrum, Hardtstraße 3a.
GPS: n50,83453 o10,09087.

8 €4 €1/90Liter Ch €1 €0,50/kWh. **Lage:** Städtisch,
einfach. **Untergrund:** Schotterasen. 01/01-31/12.
Entfernung: 1km 50M.
Sonstiges: Neben Fahrradherberge.

Eisenach — 12C1
Automobilmuseum, Heinrich-Erhardt-Platz.
GPS: n50,98122 o10,32342.

3 kostenlos.
Lage: Einfach. **Untergrund:** befestigt. 01/01-31/12.
Entfernung: 1km 400M 100M.

Eisenach — 12C1
Burg Wartburg, Auf der Wartburg 1. **GPS:** n50,96775 o10,30989.

5 €6.
Lage: Städtisch. **Untergrund:** befestigt. 01/01-31/12.
Entfernung: vor Ort.
Sonstiges: In der Nähe vom Schloss Wartburg.

Eisenach — 12C1
Karl-Marx-Straße. **GPS:** n50,97861 o10,32083.

Thüringen

3 🛌 9-17 Uhr max. € 6, übernachten kostenlos. **Untergrund:** Schotter.
🗓 01/01-31/12.
Entfernung: 500M 100M 100M.

Eisenach 12C1
Wohnmobile A. Waldhelm, Ringstrasse 27.
GPS: n51,00194 o10,32667.

20 🛌 € 10 — Ch inklusive — €3/Tag WC €0,50.
Lage: Städtisch, einfach. **Untergrund:** Schotterasen.
🗓 01/01-31/12.
Entfernung: 1Km 1Km 1Km Shuttle-Bus.
Sonstiges: Reisemobilhändler, Zubehör-Shop, Ankunft anmelden, Brötchenservice.

Eisfeld 12D2
Festplatz, Am Volkshaus. **GPS:** n50,42615 o10,90992.

5 🛌 kostenlos. **Lage:** Einfach. **Untergrund:** Schotterasen.
🗓 01/01-31/12 Pfingsten.
Entfernung: 200M 200M 300M vor Ort.

Eisfeld 12D2
Waldhotel Hubertus, Coburgerstrasse 501.
GPS: n50,39680 o10,92269.

20 🛌 kostenlos, Einnahme einer Mahlzeit erwünscht €2 €2.
Lage: Ländlich, einfach. **Untergrund:** asphaltiert/Wiese.
🗓 01/01-31/12. **Entfernung:** 2Km vor Ort 2km vor Ort.

Erfurt 12D1

Wohnmobilpark Trautmann Erfurt
- Brötchenservice
- Komfortable Wohnmobilstellplatz
- Ganzjährig geöffnet

www.caravan-erfurt.de
info@sauna-trautmann.de

Wohnmobilpark Trautmann, Rottenbacherweg 11, Melchendorf.
GPS: n50,95404 o11,06654.
15 🛌 € 8,50 €1,50/150Liter Ch €1,50
(15x)€1,50/5kWh,16Amp €1,50 €3,50/1,50 inklusive.
Untergrund: Schotter. 🗓 01/01-31/12.
Entfernung: vor Ort 1,2Km 300M 200M 300M.

Sonstiges: Rabatt auf Eintritt zu Sauna/Wellness, Videoüberwachung.

Erfurt 12D1
P&R, Am Urbicher Kreuz. **GPS:** n50,94992 o11,09456.

15 🛌 kostenlos Ch.
Untergrund: asphaltiert. 🗓 01/01-31/12.
Entfernung: 7Km Total-shop S-Bahn bis 24 Uhr.
Sonstiges: Ver-/Entsorgung bei der Tankstelle.

Erfurt 12D1
Am kleinen Ring, Juri-Gagarin-Ring. **GPS:** n50,98111 o11,03472.

4 🛌 kostenlos. **Untergrund:** asphaltiert. 🗓 01/01-31/12.
Entfernung: Altstadt 1Km 500M 500M.
Sonstiges: Max. 48 Std.

Erfurt 12D1
Eichenstrasse. **GPS:** n50,97327 o11,02737.

4 🛌 € 12. **Untergrund:** asphaltiert. 🗓 01/01-31/12.
Entfernung: 200M 200M 300M vor Ort.
Sonstiges: Max. 48 Std.

Erfurt 12D1
P&R Parkplatz Messe, Gothaerstrasse. **GPS:** n50,95818 o10,98296.

4 🛌 kostenlos. **Untergrund:** asphaltiert. 🗓 01/01-31/12.
Entfernung: Stadtmitte 4Km Bus <23 Uhr.
Sonstiges: Parkplatz Messegelände.

Erfurt 12D1
P&R Parkplatz Thüringerhalle, Werner-Seelenbinderstrasse.
GPS: n50,95771 o11,03605.

7 🛌 kostenlos. **Untergrund:** Schotter. 🗓 01/01-31/12.
Entfernung: 2,6Km S-Bahn bis 23 Uhr.
Sonstiges: In der Nähe der B4, Südrand der Stadt.

Touristinformation Erfurt:
Erfurt-Card. Karte gibt freien Zutritt zu u.a. Museen, öffentlichem Verkehr und Stadtmuseen und Rabatt auf viele Sehenswürdigkeiten, Führungen, Schwimmbäder, Theater, Souvenirs. € 14,90.
Stadtführung, Tourist Information, Benediktsplatz 1. Stadtführung durch die historische Altstadt. 🗓 01/04-31/12 Mo-Fr 13 Uhr, Sa-So 11 Uhr, 13 Uhr, 01/01-31/03 Sa-So 11 Uhr, 13 Uhr. € 11.

Gotha 12C1
Parkallee 1. **GPS:** n50,94402 o10,70948.
3 🛌 kostenlos. **Lage:** Städtisch, einfach. **Untergrund:** befestigt.
Entfernung: 800M 800M.

Heiligenstadt 10B3
Stadthalle, Aegidienstrasse 20. **GPS:** n51,37407 o10,13715.

6 🛌 kostenlos €0,50 Ch €1/3kWh WC. **Lage:** Komfortabel.
Untergrund: asphaltiert. 🗓 01/01-31/12.
Entfernung: 150M 200M.
Sonstiges: Am Schwimmbad, gegenüber Rathaus.

Touristinformation Heiligenstadt:
Stadt der Kirchen, Kurort.
Literaturmuseum Theodor Storm. Museum des wichtigsten deutschen Schriftstellers. 🗓 Di-Fr 9-12 Uhr, 13-16 Uhr, Sa-So 14-16 Uhr.

Ichtershausen 12D1
Autohof, Thöreyerstrasse. **GPS:** n50,88824 o10,93478.

20 🛌 € 6,50/24 Std, erste Std kostenlos €0,50 Ch €0,50 WC.
Lage: Autobahn. **Untergrund:** asphaltiert. 🗓 01/01-31/12.
Entfernung: 4Km vor Ort Esso-shop.

Ichtershausen 12D1
Freizeitfahrzeuge Mobilease, Feldstrasse 1.
GPS: n50,86907 o10,96563.

5 🛌 € 7,50 Ch (4x) inklusive WC während Öffnungszeiten.
Untergrund: Schotter. 🗓 01/01-31/12.
Entfernung: 3Km 500M Bäckerei 500M.

Ilfeld 10C3
Gasthof Brauner Hirsch, Dorfstrasse 42, Sophienhof.
GPS: n51,63467 o10,79223.

15 🛌 € 5 Ch (3x) €0,35/kWh WC €2.
Lage: Ländlich. **Untergrund:** befestigt. 🗓 01/01-31/12.
Entfernung: vor Ort 3km vor Ort vor Ort.

Deutschland

Thüringen

Ilmenau — 12D2
Festhalle, Naumannstraße. **GPS**: n50,68139 o10,90472. ⬆.

4 🚐 kostenlos ⛽€2/80Liter 🚽Ch. **Untergrund**: asphaltiert.
📅 01/01-31/12.
Entfernung: 🚶1Km 🛒100M 🍴500M. **Sonstiges**: Max. 24 Std.

Kühndorf — 12C2
Flugschule Dolmar, Am Flugplatz 1. **GPS**: n50,61198 o10,47079. ➡.

20 🚐 €6 ⛽€1 🚽Ch€1,50 💧€2/Tag WC€1,50. ♿.
Lage: Ländlich, abgelegen. **Untergrund**: Wiese/Schotter.
📅 01/01-31/12.
Entfernung: 🚶2km 🛒vor Ort 🍴vor Ort.
Sonstiges: Brötchenservice, Parkplatz hinter dem Hangar.

Lauscha ❄ — 12D2
Parkplatz Obermühle. **GPS**: n50,48026 o11,16795. ⬆.

10 🚐 kostenlos. **Lage**: Einfach. **Untergrund**: asphaltiert.
📅 01/01-31/12. **Entfernung**: 🚶300M 🛒100M 🍴1Km 🚶vor Ort.

Lauscha ❄ — 12D2
Sommerrodelbahn, Lauschaer Straße, Ernstthal.
GPS: n50,48726 o11,17243. ⬆.

10 🚐 kostenlos. **Lage**: Einfach. **Untergrund**: asphaltiert.
📅 01/01-31/12. **Entfernung**: 🚶650M 🚗50M 🍴50M.

Linda — 12E2
Knappmühle, Ortsstraße. **GPS**: n50,68473 o11,78324. ⬆.

10 🚐 €6 ⛽ 🚽Ch 💧(6x)€1/kWh.
Untergrund: Wiese/Schotter. 📅 01/03-31/10.
Entfernung: 🚶300M 🚗5Km 🛒3Km 🍴5Km.

Meiningen — 12C2
Rohrer Stirn, Frankental. **GPS**: n50,56976 o10,43477. ⬆.

Meiningen — 12C2
(continued)

10 🚐 kostenlos 💧(6x)€0,50/kWh. **Lage**: Städtisch, einfach, ruhig.
Untergrund: asphaltiert. 📅 01/01-31/12.
Entfernung: 🚶2km.
Sonstiges: Parkplatz am Schwimmbad.

Meiningen — 12C2
Grossmutterwiesen, Werrastrasse. **GPS**: n50,56172 o10,41266. ⬆➡.

5 🚐 kostenlos. **Lage**: Einfach. **Untergrund**: Beton. 📅 01/01-31/12.
Entfernung: 🛒vor Ort 🍴200M 🚶100M.
Sonstiges: Ver-/Entsorgung möglich bei Kläranlage.

Meiningen — 12C2
Volkshausplatz, Landsbergerstrasse. **GPS**: n50,57427 o10,41369. ⬆➡.

5 🚐 kostenlos. **Lage**: Städtisch, einfach. **Untergrund**: befestigt.
📅 01/01-31/12.
Entfernung: 🚶200M 🛒vor Ort 🍴200M 🚶200M.
Sonstiges: Ver-/Entsorgung möglich bei Kläranlage.

Mihla — 12C1
Graues Schloss, Thomas-Münztzer-Straße 4.
GPS: n51,07854 o10,33166. ⬆➡.

15 🚐 €8, für Gäste kostenlos. **Lage**: Ländlich, einfach, ruhig.
Untergrund: ungepflastert. 📅 01/01-31/12 Pfingsten.
Entfernung: Angelschein obligatorisch 🛒vor Ort
🍴500M 🚶vor Ort 🚶vor Ort.

Neustadt/Orla — 12E1
Gaststätte & Pension Heinrichs-Ruhe, Heinrichsruhe 1, Rodaer
Strasse. **GPS**: n50,75545 o11,75595. ⬆.

10 🚐 Gäste kostenlos 💧(6x)€0,50/kWh.
Untergrund: Wiese/Schotter. 📅 01/01-31/12 Restaurant: Mo.
Entfernung: 🚶2,6Km 🚗12,2Km 🛒vor Ort 🍴2,6Km.

Nimritz — 12E2
Wohnmobilstellplatz Nimritz, Ortsstrasse 29.
GPS: n50,70079 o11,64858. ⬆➡.

10 🚐 freiwilliger Beitrag ⛽€0,50 🚽Ch 💧(7x)€0,50/kWh.
Untergrund: Schotterrasen.
Entfernung: 🚶300M 🍴300M.

Nordhausen — 10C3
Am Badehaus, Grimmelallee 40. **GPS**: n51,50450 o10,78508. ⬆➡.

2 🚐 €5, €10 Ver-/Entsorgung und Schwimmbad inkl ⛽€2 🚽Ch€1
💧€1 🍴€3. **Lage**: Einfach. **Untergrund**: befestigt.
Entfernung: 🚶800M 🛒500M 🍴300M.

Nordhausen — 10C3
Am Kuhberg, Parkallee. **GPS**: n51,51502 o10,78492. ⬆.

10 🚐 kostenlos. **Lage**: Ländlich, abgelegen. **Untergrund**: asphaltiert.
📅 01/01-31/12.
Entfernung: 🚶2km 🛒vor Ort 🍴500M.

Oberhof ❄ — 12C2
Wohnmobilstellplatz Oberhof, Jahnstrasse 7.
GPS: n50,70278 o10,72694. ⬆➡.

+60 🚐 €10 + €2/pP Kurtaxe ⛽€1/80Liter 🚽Ch 💧(50x)€0,50/kWh.
♿. **Lage**: Städtisch, einfach. **Untergrund**: asphaltiert.
📅 01/01-31/12.
Entfernung: 🚶400M 🛒200M 🍴500M 🚶vor Ort.
Sonstiges: Brötchenservice.
Touristinformation Oberhof:
👁 Rennsteiggarten Oberhof. Botanische Gärten. 📅 01/05-30/09 9-18
Uhr, 01/10-31/10 9-17 Uhr.

Reichenbach — 12E1
Holzland Freizeitcenter, Rodaer Landstrasse.
GPS: n50,86118 o11,87607. ⬆.

Thüringen

50 €8, für Gäste kostenlos €1 Ch (15x)€2/Tag WC €2/pP.
Untergrund: Beton. 01/01-31/12.
Entfernung: 2km vor Ort Bäckerei 500M.

Rudolstadt 12D2
Freizeit- und Erlebnisbad Saalemaxx, Hugo-Trinckler-Straße 6.
GPS: n50,70635 o11,31659.

9 €7/24 Std €1/80Liter €1 Ch €0,50/kWh.
Untergrund: Schotter. 01/01-31/12.
Entfernung: 2km 100M.
Sonstiges: Rabatt beim Schwimmbad.

Saalfeld 12D2
Reschwitzerstrasse, B281. **GPS:** n50,63720 o11,36751.

10 kostenlos. **Untergrund:** Schotter. 01/01-31/12.
Entfernung: 2,8Km.
Sonstiges: Parkplatz am Schwimmbad.

Saalfeld 12D2
Saalfelder Feengrotten, Feengrottenweg 2.
GPS: n50,63468 o11,33982.

10 €10 €3/5Minuten €3 Ch (6x)€0,50/kWh WC.
Untergrund: Wiese. 01/01-31/12.
Entfernung: 2,3Km vor Ort Bäckerei 500M 500M.

Schleiz 12E2
Spitzbergs Zollhaus, Burgkerstrasse 25.
GPS: n50,55507 o11,73438.

5 €5, für Gäste kostenlos Ch (7x)€2/24Std.
Untergrund: Schotter/befestigt. 01/01-31/12 Mo.
Entfernung: 7Km 5,4Km vor Ort 7Km.

Schleiz 12E2
HEM-Großtankstelle, Saalburgerstrasse.
GPS: n50,55004 o11,78788.

8 €2 €1 Ch WC. **Lage:** Autobahn.
Untergrund: asphaltiert. 01/01-31/12.
Entfernung: 5km vor Ort shop.
Sonstiges: Gewerbegebiet, max. 24 Std.

Schmiedefeld 12C2
Sportplatz, Sportplatzstraße. **GPS:** n50,60324 o10,81491.

20 €3 + €1/pP Kurtaxe. **Lage:** Ländlich, einfach, ruhig.
Untergrund: Schotterasen/befestigt. 01/01-31/12.
Entfernung: 500M 400M vor Ort vor Ort.
Sonstiges: Bezahlen beim Touristenbüro oder Gasthaus Thüringer Hof.

Sitzendorf 12D2
Sitzendorfer Porzellanmanufaktur, Hauptstrasse 26.
GPS: n50,63174 o11,16788.

5 kostenlos. **Untergrund:** asphaltiert. 01/01-31/12.
Entfernung: vor Ort 200M 200M.

Sondershausen 10C3
P7 zur Windleite, Hospitalstrasse. **GPS:** n51,37824 o10,86234.

5 kostenlos €1 Ch (4x)€1/2Std.
Untergrund: befestigt. 01/01-31/12.
Entfernung: 2,5Km 500M 100M.

Sondershausen 10C3
Freizeitpark Possen, Possen 1. **GPS:** n51,33800 o10,86265.

10 €4/Aufenthalt. **Untergrund:** befestigt. 01/01-31/12.
Entfernung: 5km vor Ort.

Stadtlengsfeld 12B2
Am Schwimmbad, Eisenacher Straße. **GPS:** n50,79065 o10,11373.

6 kostenlos €1/80Liter €1/kWh. **Lage:** Ländlich, einfach.
Untergrund: asphaltiert. 01/01-31/12.
Entfernung: 1,5Km.

Steinheid 12D2
Am Rennsteig, Eisfelder Straße, Limbach.
GPS: n50,47568 o11,06937.

4 kostenlos. **Lage:** Ländlich, einfach, laut. **Untergrund:** Schotter.
01/01-31/12.
Entfernung: 150M 10Km vor Ort.

Steinheid 12D2
Thüringer Baumschmuck, Neuhäuser Strasse 8-10.
GPS: n50,47302 o11,08672.

8 €5, kostenlos für Kunden €2/90Liter inklusive.
Lage: Einfach. **Untergrund:** ungepflastert.
01/01-31/12.
Entfernung: 3Km, Bäckerei 50M vor Ort vor Ort.
Sonstiges: Bei Hersteller von Christbaumkugeln.

Tabarz 12C1
Karl-Kornhaß-Straße. **GPS:** n50,87782 o10,52038.

8 kostenlos, Kurtaxe €1,50/pP. **Lage:** Ländlich, einfach, ruhig.
Untergrund: befestigt. 01/01-31/12.
Entfernung: 200M Rewe 400m.
Sonstiges: Bezahlen beim TABBS Sportzentrum.

Tambach-Dietharz 12C1
Festplatz, Burgstallstraße. **GPS:** n50,78902 o10,60897.

4 kostenlos, Kurtaxe €1/pP Ch Ver-/Entsorgung €6.
Lage: Städtisch, einfach. **Untergrund:** Schotter. 01/01-31/12.

Thüringen - Baden Württemberg

Entfernung: vor Ort, vor Ort.
Sonstiges: Schlüssel Ver-/Entsorgung bei Rathaus.

Tambach-Dietharz 12C1
Freigelande Lohmühle, Lohmühle 1-5. **GPS:** n50,81056 o10,62778.

30 €6 + €4/pP Ch €2 WC €1.
Lage: Ländlich, einfach, ruhig.
Untergrund: Wiese.
01/02 -31/12 Mon.
Entfernung: vor Ort, 3km, vor Ort, vor Ort.
Sonstiges: Ankunft anmelden, Barfußpark, Lohmühlenmuseum.

Themar 12C2
Am Hexenturm, Mauerstrasse. **GPS:** n50,50512 o10,61194.

5 kostenlos €1/50Liter Ch €1/kWh. **Lage:** Städtisch, einfach, ruhig. **Untergrund:** Schotterasen. 01/01-31/12.
Entfernung: 100M 300M 400M vor Ort, vor Ort.
Sonstiges: An der Werra, 01/11-31/03 Wasser abgeschlossen.

Tiefenort 12B1
Freizeitanlage Heerstatt, Auf der Heerstatt.
GPS: n50,83444 o10,16306.

6 kostenlos €2/Tag. **Lage:** Ländlich, einfach.
Untergrund: Beton. 01/03 -31/10.
Entfernung: vor Ort 50M Bäckerei 900M, vor Ort.
Sonstiges: Am Werra Insel.

Treffurt 12C1
Wohnmobilstellplatz Unter den Linden.
GPS: n51,13398 o10,23659.

20 kostenlos €0,50/80Liter Ch (8x) €1/kWh.
Lage: Ländlich, einfach, ruhig.
Untergrund: Schotterasen/Wiese.
01/01-31/12 15/07-31/07.
Entfernung: 300M vor Ort 50M 500M vor Ort, vor Ort.
Sonstiges: Am Fluss, Wasser im Winter geschlossen.
Touristinformation Treffurt:
Städtchen mit Fachwerkhäusern, mittelalterliche Burg Normannstein.

Vacha 12B1
Frankfurter Strasse. **GPS:** n50,81856 o10,01327.
5 kostenlos. **Lage:** Einfach.
Entfernung: 1Km 1Km.

Sonstiges: Am Schwimmbad.

Weimar 12D1
Hermann Brill-Platz. **GPS:** n50,98501 o11,31701.

20 €10/24 Std €1 Ch (6x) €1/6Std.
Untergrund: befestigt. 01/01-31/12.
Entfernung: Weimar Zentrum 1,2Km, vor Ort 500M.

Zella-Mehlis 12C2
Toschis Station, An der Quelle 5. **GPS:** n50,64375 o10,68436.

10 €5 Ch (20x). **Lage:** Einfach, zentral.
Untergrund: Wiese/Schotter. 01/01-31/12.
Entfernung: vor Ort 300M.
Sonstiges: Anmelden an der Rezeption.

Zeulenroda 12E2
Badewelt Waikiki, Am Birkenwege 1. **GPS:** n50,66543 o11,99355.

6 €10 Ch inklusive, Wasser und Strom €10/Tag.
Untergrund: befestigt. 01/01-31/12.

Baden Württemberg

Aalen 17C3
Hirschbach, Hirschbachstrasse 68. **GPS:** n48,84524 o10,10712.

12 kostenlos €1/80Liter Ch €1/2kWh.
Lage: Ländlich. **Untergrund:** asphaltiert. 01/01-31/12.
Entfernung: 800M 100M 200M.
Sonstiges: Am Schwimmbad, max. 3 Tage.

Aalen 17C3
Limes-Thermen, P1, Osterbucher Steige.
GPS: n48,82047 o10,07918.

12 kostenlos. **Lage:** Ländlich. **Untergrund:** Schotterasen.
01/01-31/12.

Entfernung: 100M.

Achern 16H3
Wohnmobilstellplatz Achern, Kapellenstrasse/Badstrasse.
GPS: n48,62436 o8,07359.

14 €6 €1/100Liter Ch (12x) €1/6Std. **Lage:** Städtisch, einfach, ruhig. **Untergrund:** Schotter/befestigt.
Entfernung: 500M 4,8Km 650M vor Ort, vor Ort.
Sonstiges: Neben Schwimmbad, Markt am Dienstag und Samstag.

Albstadt 20A1
Sonnencamping, Beibruck 54. **GPS:** n48,21438 o8,97879.
16 €6 €0,57/kWh WC €2. **Untergrund:** Wiese.
01/01-31/12.

Allensbach 20A2
Landgasthaus Mindelsee, Gemeinmärk 7.
GPS: n47,74279 o9,04411.

15 €8, für Gäste kostenlos. **Untergrund:** befestigt.
01/01-31/12 Di. **Entfernung:** 5Km vor Ort.
Sonstiges: Max. 1 Nacht, max 3,5T.

Amtzell 20B2
Wohnmobilstellplatz Büchelweisen, Büchel 3.
GPS: n47,70871 o9,76684.

36 €10 €1/90Liter Ch (36x) €0,50/kWh WC €1,50/Mal.
Untergrund: Schotterasen. 01/01-31/12.
Entfernung: 1,5Km 1Km 1Km vor Ort 1,5Km.
Sonstiges: Brötchenservice.

Aspach 17B2
Gemeindehallen, Rübengasse. **GPS:** n48,96437 o9,39706.
5 kostenlos.
Entfernung: 100M.
Sonstiges: An der Sporthalle.

Aspach 17B2
Wanderparkplatz Fautenhau, Im Fautenhau, Hohrot.
GPS: n48,97823 o9,39483.

5 kostenlos. **Lage:** Ländlich. **Untergrund:** befestigt.
01/01-31/12.
Entfernung: vor Ort. **Sonstiges:** Max. 1 Nacht, parken P0.

Aspach 17B2
Wanderparkplatz Heiligental, Heiligentalstrasse, Rietenau.
GPS: n48,99158 o9,40519.

Baden Württemberg

5 ⛺ kostenlos. **Lage:** Ländlich, ruhig. **Untergrund:** asphaltiert/Wiese.
🕐 01/01-31/12.
Entfernung: 🚶 vor Ort.
Sonstiges: Max. 1 Nacht.

| S | **Aspach** 🌳 | **17B2** |

Caravan-Service-Station, L1124. **GPS:** n48,96375 o9,37582. ⬆.
🚰 Ch. 🕐 01/01-31/12.

| | **Aulendorf** | **20B1** |

Schwaben-Therme, Ebisweilerstrasse 5. **GPS:** n47,95797 o9,63728. ➡.

20 (P3) ⛺ kostenlos. **Lage:** Ländlich. **Untergrund:** befestigt.
🕐 01/01-31/12.
Entfernung: 🏊 500M 🚫 vor Ort 🍴 500M.
Sonstiges: Parkplatz Schwimmbad, max. 2 Nächte.

| 🏊 | **Aulendorf** | **20B1** |

Carthago City, Carthago ring 1. **GPS:** n47,93156 o9,65429.
6 ⛺ kostenlos 🚰 €0,50 🚰 Ch. ⚡ €0,50/kWh. **Untergrund:** befestigt.
🕐 01/01-31/12.
Entfernung: 🏊 2,5Km.
Sonstiges: Beim Wohnmobilhersteller.

| S | **Backnang** 🌳 | **17B2** |

Martin-Dietrich-Allee. **GPS:** n48,95041 o9,45281. ⬆.

4 ⛺ kostenlos 🚰 €1/90Liter 🚰 Ch. **Lage:** Ländlich, einfach.
Untergrund: Schotter. 🕐 01/01-31/12.
Entfernung: 🏊 1Km 🍴 400M 🚲 vor Ort 🚶 vor Ort.

| S | **Bad Bellingen** ♨ | **19G2** |

Balinea Thermen, Badstrasse 14. **GPS:** n47,72963 o7,55233. ⬆.

31 ⛺ €14 + €1,45/2,25 Kurtaxe 🚰 €1/80Liter 🚰 Ch. ⚡ (31x)€1/kWh
WC €1,50. 🚿 **Lage:** Städtisch, laut.
Untergrund: asphaltiert/befestigt. 🕐 01/01-31/12.
Entfernung: 🏊 500M 🚲 5,5Km 🚫 vor Ort 🍴 vor Ort.

| 🏊 S | **Bad Buchau** | **20B1** |

Adelindis Therme, Am Kurpark. **GPS:** n48,06865 o9,60653. ⬆.

21 ⛺ €9,50 XL-Stellplatz € 11 🚰 €1/80Liter 🚰 Ch. ⚡ €0,50/kWh
WC €1. 🚿 **Untergrund:** befestigt. 🕐 01/01-31/12.
Entfernung: 🏊 500M.

| 🏊 S | **Bad Buchau** | **20B1** |

Seegasse. **GPS:** n48,06801 o9,60977.

17 ⛺ €9,50 🚰 €1/80Liter 🚰 Ch. ⚡ (17x)€0,50/kWh. 🚿
Untergrund: befestigt. 🕐 01/01-31/12.
Entfernung: 🏊 500M.
Sonstiges: Adelindis Therme 300M.

| 🏊 S | **Bad Buchau** | **20B1** |

Federseemuseum, Wellerstraße. **GPS:** n48,07051 o9,60949. ➡.

12 ⛺ €9 ⚡ (12x)€0,50/kWh WC. 🚿
Lage: Ländlich. **Untergrund:** asphaltiert. 🕐 01/01-31/12.
Entfernung: 🏊 800M.
Sonstiges: Adelindis Therme 500M.

| 🏊 S | **Bad Buchau** | **20B1** |

Am Freibad, Friedhofstrasse. **GPS:** n48,06292 o9,61714. ⬆.

10 ⛺ €9. **Untergrund:** asphaltiert. 🕐 01/01-31/12.
Entfernung: 🏊 700M.

| 🏊 S | **Bad Ditzenbach** ♨ | **17B3** |

Vinzenz Therme, Badstraße 20. **GPS:** n48,59003 o9,70553. ⬆.

10 ⛺ € 5, Winter € 6 🚰 🚰 Ch. ⚡. 🚿
Untergrund: asphaltiert. 🕐 01/01-31/12.
Sonstiges: Kaution Schlüssel € 50.

| 🏊 S | **Bad Dürrheim** | **20A1** |

Reisemobilhafen Bad Dürrheim, Huberstraße 34/2.
GPS: n48,01204 o8,53506. ⬆ ➡.

300 ⛺ € 6,50, Kurtaxe € 2,50/pP 🚰 €1/100Liter 🚰 Ch. ⚡ €2,50/Nacht
WC €2. 🚿 **Lage:** Ländlich, komfortabel. **Untergrund:** Schotter.
🕐 01/01-31/12.
Entfernung: 🚫 vor Ort.
Sonstiges: Zahlen an der Rezeption, Brötchenservice, spezielles Kurarrangement möglich.

| 🏊 S | **Bad Herrenalb** ♨ 🌳 | **16H3** |

Wohnmobilstation Siebentäler Therme, Schweizer Wiese.
GPS: n48,80334 o8,44067. ⬆.

9 ⛺ € 5 + Kurtaxe € 2,50/pP 🚰 €1 🚰 €1 Ch €1 ⚡ (4x)€0,50/kWh.
Lage: Ländlich, einfach. **Untergrund:** asphaltiert.
🕐 01/01-31/12.
Entfernung: 🏊 500M 🚫 100M 🍴 200M 🛒 200M 🚲 vor Ort 🚶 vor Ort.
Sonstiges: Max. 2 Nächte, Sanitärnutzung nur während der Öffnungszeiten, Rabatt auf Eintritt zu den Bädern, Markt am Freitag.
Touristinformation Bad Herrenalb:
🥾 Quellenerlebnispfad, Kurpark Herrenalb. Wanderroute entlang 60 Quellen.

| 🏊 S | **Bad Krozingen** ♨ | **19G2** |

Wohnmobilstellplatz Vita Classica, Thürachstraße.
GPS: n47,91763 o7,68821. ⬆ ➡.

80 ⛺ € 12, ab 7. Nacht € 10,50 🚰 🚰 Ch. ⚡ €3,50/Tag,16Amp WC €3
📶 inklusive 📹 🚿 **Lage:** Ländlich, komfortabel.
Untergrund: Schotter. 🕐 01/01-31/12.
Entfernung: 🏊 600M 🚲 3Km 🚫 50M 🍴 600M 🛒 800M 🚐 vor Ort
🚲 vor Ort 🚶 vor Ort.
Sonstiges: Brötchenservice, Anhänger € 2,50/Nacht, Fahrrad- und E-Bikeverleih.

| 🏊 S | **Bad Liebenzell** ♨ ♨ | **17A3** |

Campingpark Bad Liebenzell, Pforzheimer strasse 34.
GPS: n48,77850 o8,73120. ⬆.

16 ⛺ € 8, Kurtaxe € 2/pP 🚰 🚰 Ch. ⚡ (16x)WC inklusive 📶 €3 📡
🚿 **Lage:** Ländlich, einfach, laut. **Untergrund:** befestigt/Sand.
🕐 01/01-31/12.
Entfernung: 🏊 vor Ort 🚲 17Km 🚫 500M 🍴 100M 🛒 vor Ort 🚲 vor Ort 🚶 vor Ort.

| 🏊 S | **Bad Mergentheim** ♨ | **17B1** |

Festplatz beim Freibad, Erlenbachweg.
GPS: n49,49194 o9,79167. ⬆ ➡.

Baden Württemberg

20 € 5 + Kurtaxe €1/80Liter Ch kostenlos (8x) €1/8Std.
Lage: Ländlich, einfach. **Untergrund:** Schotter.
01/01-31/12.
Entfernung: Altstadt 1Km 200M Lidl 800M 100M.
Sonstiges: Max. 3 Nächte, Anmeldung bei Restaurant Tennispark.

Bad Niedernau 17A3
Wohnmobilparkplatz Bad Niedernau, Blaue Brücke.
GPS: n48,45931 o8,89959.

5 kostenlos. **Lage:** Ländlich, einfach. **Untergrund:** Schotter.
01/01-31/12.
Entfernung: 500M 3Km vor Ort.
Sonstiges: An der Neckar, max. 3 Nächte.

Bad Rappenau 17A2
Weinbrennerstrasse. GPS: n49,23517 o9,11396.

30 € 3/pP, Kind € 2 €1/3Minuten Ch (24x) €1/kWh.
Lage: Komfortabel. **Untergrund:** befestigt. 01/01-31/12.
Entfernung: 1Km 50M 1Km.
Sonstiges: Anmelden an der Kasse der Therme, Therme 400m.

Bad Rappenau 17A2
Autohof Bad Rappenau, A6, Wilhelm-Hauff-Straße 43, Fürfeld.
GPS: n49,21043 o9,06927.
15 € 10, kostenlos für Kunden Ch WC
Lage: Autobahn, einfach. **Untergrund:** befestigt. 01/01-31/12.
Entfernung: 300M vor Ort vor Ort.
Sonstiges: Frühstückservice.

Bad Säckingen 19H2
Reisemobilplatz Am Rheinufer, Ausstrasse.
GPS: n47,54903 o7,94765.

40 € 12/24 Std, >7,8M € 16/24 Std €0,50/100Liter €0,20 Ch (39x) WC. **Lage:** Städtisch, komfortabel, ruhig.
Untergrund: Schotter. 01/01-31/12. Anfang Mrz, ende Okt.
Entfernung: 300M 6Km 50M vor Ort.
Sonstiges: Spezielle Angebote, z. B. kostenlose Nutzung öffentlicher Verkehrsmittel.

Touristinformation Bad Säckingen:
Nachtwächterführungen. Abendführung mit Nachtwache in historischer Kleidung und Laterne.

Bad Saulgau 20B1
GolfPark Bad Saulgau, Koppelweg 103. **GPS:** n47,97928 o9,48623.

30 € 10, Golfspieler kostenlos €1/100Liter Ch €1/6Std.
Lage: Ländlich, ruhig. **Untergrund:** befestigt. 01/03-31/10.
Entfernung: 4Km vor Ort 4Km.

Bad Saulgau 20B1
Wohnmobilstellplatz Sonnenhof-Therme, Am Schönen Moos.
GPS: n48,01703 o9,48838.

53 € 10 + € 1,50/pP Kurtaxe €0,50/50Liter Ch (69x) €0,50/kWh. **Lage:** Ländlich. **Untergrund:** befestigt.
01/01-31/12.
Entfernung: vor Ort vor Ort vor Ort.
Sonstiges: Brötchenservice, Rabatt auf Eintritt zu den Bädern.

Bad Schönborn 17A2
Reisemobilhafen WellMobilPark, Kraichgaustraße 16.
GPS: n49,21839 o8,67144.

86 € 9, >10m € 13 €1/100Liter Ch (112x) €0,50/kWh € 2 €1/Std. **Lage:** Ländlich, luxus. **Untergrund:** Schotter.
01/01-31/12.
Entfernung: 800M vor Ort 1Km 200M.
Sonstiges: Brötchenservice, Schwimmbad.

Bad Schussenried 20B1
Am Zellersee, Zellerseeweg. **GPS:** n48,00160 o9,64724.

10 € 5 + € 1,20/pP Kurtaxe Ch
Untergrund: asphaltiert. 01/01-31/12.
Entfernung: 900M vor Ort vor Ort.

Bad Schussenried 20B1
Bierkrugmuseum, Wilhelm Schussenstrasse 12.
GPS: n48,00325 o9,65902.

30 kostenlos Ch €5, Rabatt für Gäste WC.
Lage: Ruhig. **Untergrund:** befestigt. 01/01-31/12.

Entfernung: vor Ort 150M 250M.
Sonstiges: Brauerei und Brauereimuseum.

Touristinformation Bad Schussenried:
Kloster Schussenried. Die Geschichte des Klosters. Ostern-Okt 13.30-17.30 Uhr.

Bad Teinach 17A3
Untere talstasse 33. GPS: n48,68890 o8,69440.

20 kostenlos.
Lage: Ländlich, einfach. **Untergrund:** asphaltiert.
01/01-31/12.
Entfernung: 50M 100M 100M vor Ort vor Ort vor Ort.
Sonstiges: Parkplatz Schwimmbad, max. 24 Std.

Bad Teinach 17A3
Stellplatz am Wanderheim, Fronwaldstraße 48.
GPS: n48,69916 o8,69500.
5 kostenlos. 01/01-31/12.
Entfernung: Stadtmitte 1,2Km vor Ort 1,3Km 1Km vor Ort.
Sonstiges: Max. 8M.

Bad Urach 17B3
Wohnmobilstellplatz Bad Urach, Bäderstraße.
GPS: n48,50060 o9,37713.

26 € 8 €0,50/60Liter €0,50 Ch inklusive.
Lage: Städtisch. **Untergrund:** asphaltiert. 01/01-31/12.
Entfernung: vor Ort 5Km 200M 800M 200M 10Km 10Km.

Bad Waldsee 20B1
Bauernhof Lott, Mattenhaus 4. **GPS:** n47,95113 o9,75838.

10 € 10, 2 Pers. inkl, Kurtaxe € 2/pP Ch (10x) €0,50/kWh WC €4. 01/03-30/11.
Entfernung: 3,5Km 3Km 3Km 200M 3Km.
Sonstiges: Brötchenservice.

Bad Waldsee 20B1
Waldsee-Therme, Unterurbacher weg. **GPS:** n47,91441 o9,76047.

40 € 5 + € 2/pP Kurtaxe €1 €1 Ch €0,50/kWh.
Untergrund: befestigt. 01/01-31/12.
Entfernung: 1Km 1Km 1Km 500M 1Km 500M.
Sonstiges: Brötchenservice.

Baden Württemberg

Bad Wildbad — 16H3
Kernerstrasse. **GPS:** n48,74132 o8,54740.

11 € 10 €1/3Minuten Ch (16x)€2/8Std.
Lage: Ländlich, einfach, laut. **Untergrund:** asphaltiert. 01/01-31/12.
Entfernung: 500M 500M 300M vor Ort vor Ort vor Ort.
Sonstiges: Max. 3 Tage, Donnerstag Markt.

Bad Wimpfen — 17A2
An der Alten Saline 2. **GPS:** n49,23604 o9,15630.

8 € 8, Kurtaxe exkl €1/70Liter Ch (8x)€1/12Std WC.
Lage: Ländlich, komfortabel, ruhig. **Untergrund:** asphaltiert. 01/01-31/12.
Entfernung: 800M.
Sonstiges: Parkplatz am Kurzentrum.

Bad Wurzach — 20C2
Wohnmobilstellplatz Vitalium, Riedhalde, An der Thermalquelle 1.
GPS: n47,91437 o9,90363.

17 € 5,50 + € 1,50/pP Kurtaxe €0,50 €0,50 Ch inklusive WC. **Lage:** Ländlich, ruhig. **Untergrund:** asphaltiert. 01/01-31/12.
Entfernung: 500M 300M 500M.
Sonstiges: Anmelden an der Kasse Vitalium.

Baden-Baden — 16H3
Wohnmobilparkplatz, Hubertusstraße 2, Badenscheunern.
GPS: n48,78193 o8,20388.

28 € 12 €1/100Liter Ch (28x)€0,50/kWh.
Lage: Städtisch, komfortabel, laut. **Untergrund:** befestigt. 01/01-31/12.
Entfernung: Baden-Baden 4km 1Km 100M 150M vor Ort vor Ort vor Ort.
Sonstiges: Max. 4 Tage, Videoüberwachung.

Baiersbronn — 16H3
Schelklewiesen, Neumühleweg/Lochweg.
GPS: n48,51016 o8,37272.

15 € 10, Kurtaxe inkl €1/80Liter Ch (12x)€0,50/kWh.
Lage: Ländlich, einfach, ruhig. **Untergrund:** befestigt. 01/01-31/12.
Entfernung: 300M vor Ort 100M 200M vor Ort vor Ort.
Sonstiges: Max. 8M.

Balingen — 20A1
Wohnmobilstellplatz an der Eyach, Heinzlerstrasse.
GPS: n48,27024 o8,85300.

10 kostenlos €1 Ch (8x)€0,50/kWh. **Lage:** Städtisch, einfach. **Untergrund:** asphaltiert. 01/01-31/12.
Entfernung: vor Ort 500M 300M 300M.
Sonstiges: Max. 4 Tage.

Benningen am Neckar — 17A2
Parkplatz Gemeindehalle, Max-Eyth Strasse.
GPS: n48,94574 o9,23363.

4 kostenlos. **Lage:** Ländlich, einfach. **Untergrund:** befestigt. 01/01-31/12.
Entfernung: vor Ort 50M 1Km.

Bernau im Schwarzwald — 19H2
Sportzentrum Spitzenberg, Sportplatzstraße.
GPS: n47,80614 o8,02803.

15 16/04-30/09 kostenlos, 01/10-15/04 € 3,50 + € 2,20/pP Kurtaxe €1/100Liter Ch €1/8Std. **Lage:** Ländlich, einfach, ruhig.
Untergrund: Wiese/Schotter. 01/01-31/12.
Entfernung: 500M 1Km 500M.
Sonstiges: Bezahlen beim Touristenbüro.

Besigheim — 17A2
Wohnmobilstellplatz bei der Minigolfanlage, Auf dem Kies 32.
GPS: n48,99771 o9,14863.

Bad (Beuren) — 17B3

9 € 5 €1/50Liter Ch (6x)€0,50/kWh. **Lage:** Ländlich, komfortabel, ruhig. **Untergrund:** befestigt. 01/01-31/12.
Entfernung: 500M 10Km 500M 200M 500M 200M vor Ort vor Ort.
Sonstiges: Nach 5 Nächte € 20/Nacht.

Beuren — 17B3
Panorama Therme, Goethestraße. **GPS:** n48,56621 o9,39944.

4 € 6 €1/3kWh. **Lage:** Städtisch, einfach.
Untergrund: befestigt. 01/01-31/12.
Entfernung: 500M vor Ort 500M 100M.

Beuron — 20A1
Kloster Beuron, Abteistraße. **GPS:** n48,05306 o8,96704.

± 4 kostenlos. **Lage:** Städtisch, einfach. **Untergrund:** Schotter. 01/01-31/12.
Entfernung: vor Ort.
Sonstiges: Parkplatz Kloster.

Beuron — 20A1
Besi-Kanu-Sport, Bahnhofstrasse 29. **GPS:** n48,08597 o9,09559.

10 € 5 Ch WCinklusive.
Lage: Ländlich, einfach. **Untergrund:** Schotter. 01/01-31/12.
Entfernung: 1Km 200M 5Km.
Sonstiges: Kanuverleih.

Biberach/Riss — 20B1
Rißstraße. **GPS:** n48,10401 o9,79582.

18 € 5 Ch inklusive €0,50/kWh. **Untergrund:** Schotter.
01/01-31/12 Ver-/Entsorgung: 01/11-28/02.
Entfernung: 700M 300M Donau-Bodensee-Radweg.
Sonstiges: Max. 3 Tage.

Deutschland

Baden Württemberg

Bietigheim-Bissingen 17A2
Wohnmobilstellplatz an der Enz, Mühlwiesenstrasse. **GPS**: n48,96110 o9,13329.

9 €5 €0,50/80Liter Ch (8x)€0,50/kWh. **Lage**: Städtisch. **Untergrund**: befestigt. 01/01-31/12. **Entfernung**: 200M 1Km 1Km 100M 100M 100M. **Sonstiges**: Max. 4 Tage, max. 8M, anmelden bei Lama Bar.

Blaubeuren 17B3
Parkplatz P6, Dodelweg. **GPS**: n48,41351 o9,79102.

20 €5 €1/5Minuten Ch €1. **Untergrund**: befestigt. 01/01-31/12. **Entfernung**: 1Km 1Km 1Km 800M. **Sonstiges**: Parkplatz am Schwimmbad, max. 2 Tage.

Blaustein 17B3
Freizeitbad Bad Blau, Boschstraße. **GPS**: n48,41757 o9,91630. 3 kostenlos. **Lage**: Einfach. **Untergrund**: Schotter. **Entfernung**: 6,5Km 200M 500M.

Blumberg 19H2
P1, Festplatz, Oberes Ried. **GPS**: n47,83943 o8,54226.

20 €7,50, 01/11-30/04 € 6,50 €1/50Liter Ch (36x)€1/24Std €1,50. **Lage**: Komfortabel, ruhig. **Untergrund**: Schotter/befestigt. 01/01-31/12. **Entfernung**: 800M 100M 80M. **Sonstiges**: Bei Zahlung: Konus-Gästekarte mit vielen Vorteilen.

Blumberg 19H2
P2, Parkplatz Bahnhof Zollhaus, Achdorf. **GPS**: n47,83767 o8,55777.

5 €7,50, 01/11-30/04 € 6,50. **Lage**: Städtisch, laut. **Untergrund**: Schotter. 01/01-31/12. **Entfernung**: 1,5Km.

Blumberg 19H2
P3, Achdorfer Tal. **GPS**: n47,83528 o8,49833.

Böblingen 17A3
Im Zimmerschlag. **GPS**: n48,67000 o9,03272.

10 €7,50, 01/11-30/04 € 6,50 €1 Ch (12x)€1/Nacht, Winter€1,50. **Lage**: Ländlich, einfach, abgelegen, ruhig. **Untergrund**: Schotter. 01/01-31/12. **Entfernung**: 4Km. **Sonstiges**: Bei Zahlung: Konus-Gästekarte mit vielen Vorteilen, Kaution Schlüssel € 10 (Anschluss Strom), Ver-/Entsorgung bei Kläranlage.

Böblingen 17A3
Im Zimmerschlag. **GPS**: n48,67000 o9,03272.

4 kostenlos Chkostenlos. **Lage**: Städtisch, einfach. **Untergrund**: Schotterrasen/befestigt. 01/01-31/10. **Entfernung**: 3Km 100M 1,5Km vor Ort.

Bodman-Ludwigshafen 20A2
Am Sportplatz. **GPS**: n47,82369 o9,05153.

20 €8 Ch (4x)€2. **Lage**: Einfach. **Untergrund**: Wiese/befestigt. 01/01-31/12. **Entfernung**: 1Km 3,2Km 1,4Km.

Bonndorf 19H2
Schwimmbad, Ob dem Tal 1. **GPS**: n47,81644 o8,33969. €7,50 + €1/pP Kurtaxe WC aufAnfrage. **Entfernung**: 450M 500M. **Sonstiges**: Anmeldung beim Schwimmbad.

Bonndorf 19H2
Wohnmobilstellplatz Holzschlag, Schulstraße/Bonndorfer Straße, Bonndorf-Holzschlag. **GPS**: n47,84970 o8,26784.

€5, Kurtaxe € 0,80/pP Chinklusive. **Lage**: Einfach, laut. **Entfernung**: 100M.

Bönnigheim 17A2
Mineralfreibad Bönnigheim, Bachstrasse 40. **GPS**: n49,03910 o9,08439.

Bopfingen 17C3
Gasthof zum Bären, Nördlinger Straße 3. **GPS**: n48,85715 o10,35508.

4 kostenlos. **Lage**: Ländlich, einfach. **Untergrund**: Schotterrasen/befestigt. 01/01-31/12. **Entfernung**: 500M 500M 1Km. **Sonstiges**: Kaution Schlüssel € 10 (Wasser.

6 €6 €1 €1 Ch €1. **Untergrund**: asphaltiert. 01/01-31/12. **Entfernung**: vor Ort 16Km vor Ort 100M. **Sonstiges**: Für Gäste kostenlos.

Boxberg 17B1
Gasthof Hagenmühle, Uiffinger strasse 74. **GPS**: n49,48710 o9,61299.

12 €5 (12x)€2,50. **Lage**: Ländlich, einfach. **Untergrund**: Wiese/Schotter. 01/01-31/12 Restaurant: Mo. **Entfernung**: 2km Forellenteich vor Ort 1Km 200M.

Brackenheim 17A2
Weingut und Besenwirtschaft 'Zum Alten Pflug', Seebergweg. **GPS**: n49,10261 o9,04994.

3 € 6, kostenlos für Kunden Ch (3x)€2 WC €2. **Untergrund**: befestigt. 01/01-31/12. **Entfernung**: 3Km 3Km. **Sonstiges**: Sonntag auf Anfrage.

Brackenheim 17A2
Weingut Winkler, Stockheimer strasse 13. **GPS**: n49,08001 o9,06270.

3 €5 Chinklusive. **Lage**: Ländlich, einfach. **Untergrund**: Wiese/befestigt. 01/01-31/12.

Baden Württemberg

Entfernung: 🚰vor Ort 🛒10Km 🍴10Km ⊗300M 🚂1Km 🚌300M.
Sonstiges: Beim Weinkauf 1 Übernachtung frei.

Breisach/Rhein 19G1
Wohnmobil-Parkplatz, Josef-Buebstrasse.
GPS: n48,02944 o7,57576.⬆️➡️

80 🚐kostenlos 8-20 Uhr, € 6/Nacht, 2 Nächte € 10, 3 Nächte € 13, Winter kostenlos 🚰€1/100Liter 🚿€1 Ch€1. **Lage:** Städtisch, einfach.
Untergrund: asphaltiert. 🗓️ 01/01-31/12 Andere Parkplätze bei Veranstaltungen.
Entfernung: 🛒300M 🏊vor Ort 🍴vor Ort 🚂300M 🚌1,5km.
Sonstiges: Gelände der Weinfeste, Brötchenservice.

Breisach/Rhein 19G1
Restaurant Am Rhein, Hafenstrasse 11. **GPS:** n48,04292 o7,57378.⬆️

5 🚐kostenlos.
Lage: Einfach. **Untergrund:** befestigt. 🗓️ 01/01-31/12.
Entfernung: 🛒2km ⊗vor Ort 🚂500M.
Sonstiges: Am Rhein, nur Kunden.
Touristinformation Breisach/Rhein:
🍷 Weinfest Kaiserstuhl Tuniberg. Weinfeste. 🗓️ ende Aug.

Bretten 17A2
Reisemobil-Stellplatz Bretten, Willi-Hesselbacher-Weg.
GPS: n49,02980 o8,71914.⬆️➡️

4 🚐kostenlos 🚰€1/100Liter 🔌€1/10Std. **Lage:** Städtisch, komfortabel. **Untergrund:** befestigt. 🗓️ 01/01-31/12.
Entfernung: 🛒Zentrum 1,5km.
Sonstiges: Sportzentrum, max. 2 Tage.

Bruchsal 16H2
Stellplatz am Sportzentrum, Giesgrabenweg.
GPS: n49,13227 o8,58981.⬆️

2 🚐kostenlos. **Lage:** Städtisch, einfach, zentral.
Untergrund: befestigt. 🗓️ 01/01-31/12.
Entfernung: 🛒1km 🏊4Km ⊗100M 🚂1Km 🚴vor Ort 🚶vor Ort.
Sonstiges: Am Sportzentrum, max. 2 Tage.

Buchen/Odenwald 17A1
Wohnmobilhafen Morretal, Mühltalstraße. **GPS:** n49,52888 o9,31020.

Buchenbach 19H2
Wanglerhof, Vogtweg 1. **GPS:** n47,96820 o7,99269.⬆️

12 🚐€ 5/24 Std, 3 Tage € 20 🚰€1/100Liter 🚿Chinklusive (12x)€0,50/kWh WC €0,20 🛁€3/Tag. **Lage:** Ländlich, komfortabel, ruhig. **Untergrund:** Wiese. 🗓️ 01/01-31/12.
Entfernung: 🛒800M 🏊vor Ort. **Sonstiges:** Parkplatz Waldbad, Sanitärnutzung nur während der Öffnungszeiten Schwimmbad.

Buchenbach 19H2
Wanglerhof, Vogtweg 1. **GPS:** n47,96820 o7,99269.⬆️

10 🚐€ 12 🚰Ch 🔌(10x)inklusiveAufenthalt 🛁€2.
Lage: Ländlich, einfach, ruhig. **Untergrund:** Wiese.
🗓️ 01/01-31/12.
Entfernung: 🛒1Km ⊗100M 🚂1Km.

Bühl 16H3
Wohnmobilstellplatz am SchwarzwaldbadS, Ludwig-Jahn-strasse 8. **GPS:** n48,68862 o8,12995.⬆️➡️

20 🚐€ 5 🚰€2/100Liter 🚿Ch 🔌
Lage: Städtisch, einfach, laut. **Untergrund:** Schotter/befestigt. 🗓️ 01/01-31/12.
Entfernung: 🛒1Km 🏊6Km ⊗500M 🚂1Km 🚴vor Ort 🚶vor Ort.
Sonstiges: Brötchenservice.

Burkheim 19G1
Am Kirchberg. **GPS:** n48,10226 o7,59656.➡️

14 🚐kostenlos 🚰kostenlos. **Lage:** Ländlich, einfach, ruhig.
Untergrund: Schotterasen. 🗓️ 01/01-31/12.
Entfernung: 🛒500M ⊗vor Ort 🚶vor Ort.

Calw 17A3
Wohnmobilstellplatz Am Alten Bahnhof, Bahnhofstrasse.
GPS: n48,70592 o8,73808.⬆️➡️

6 🚐kostenlos 🚰€1/80Liter 🚿€1 Ch€1 🔌(4x)€0,50/7kWh.
Lage: Ländlich, einfach, laut. **Untergrund:** asphaltiert.

🗓️ 01/01-31/12.
Entfernung: 🛒1Km 🏊100M 🚂200M 🚴vor Ort 🚶vor Ort.

Cleebronn/Tripsdrill 17A2
Erlebnispark Tripsdrill. **GPS:** n49,03102 o9,05096.⬆️➡️

100 🚐kostenlos.
Lage: Ländlich, abgelegen, ruhig.
Untergrund: Wiese.
🗓️ 28/03/2015-08/11/2015.
Entfernung: 🛒1Km ⊗vor Ort 🚂3Km 🚌400M.
Sonstiges: Max. 3 Tage.
Touristinformation Cleebronn/Tripsdrill:
🎡 Erlebnispark Tripsdrill. Vergnügungspark. 🗓️ 19/03-06/11 9-18 Uhr.

Crailsheim 17C2
Autohof Euro Rastpark, Marco-Polo-Straße 1, Satteldorf.
GPS: n49,18146 o10,06889.
10 🚐€ 10 🚰🔌 **Untergrund:** befestigt. 🗓️ 01/01-31/12.
Entfernung: 🏊600M ⊗vor Ort.

Dettenheim 16H2
Kartbahn Liedolsheim, Kartbahnring 1. **GPS:** n49,14326 o8,43118.

180 🚐kostenlos 🚰Ch 🔌(10x)€5/Tag WC €2,50.
Lage: Ländlich, einfach, abgelegen. **Untergrund:** Wiese/befestigt.
🗓️ 01/01-31/12.
Entfernung: 🛒3Km 🏊2km 🍴2km ⊗vor Ort 🚂5Km.
Sonstiges: Parkplatz bei Kartbahn.

Donaueschingen 20A2
Am Schlosspark, Prinz Fritz Allee. **GPS:** n47,94746 o8,51183.⬆️➡️

20 🚐kostenlos 🚰€1/50Liter 🔌(14x)€0,50/kWh. **Lage:** Ländlich, einfach, ruhig. **Untergrund:** Wiese. 🗓️ 01/01-31/12.
Entfernung: 🛒1,5Km 🚴Donau-Radweg 🚶vor Ort.
Sonstiges: Max. 2 Tage, Ver-/Entsorgung 300M.

Donaueschingen 20A2
Kläranlage, Haberfeld. **GPS:** n47,94931 o8,52209.⬆️➡️
🚰€1/50Liter 🚿Ch.
🗓️ 01/01-31/12.
Touristinformation Donaueschingen:
ℹ️ Tourismus- und Sportamt, Karlstrasse 58, www.donaueschingen.de. Pferdestadt, genannt nach der Quelle der Donau.
🚴 Der Donau Radweg. Ausgeschilderter Radweg entlang der Donau.

Durbach 16H3
Grol/Festplatz, Almstrasse. **GPS:** n48,49407 o8,01105.⬆️➡️

Baden Württemberg

15 🅿 € 6 🚰 €1/100Liter 🔌 (8x)€1/8Std. 🏠 **Lage:** Ländlich, einfach. **Untergrund:** Schotter. 📅 01/01-31/12 🎪 Veranstaltungen. **Entfernung:** 🚶500M 🚲10Km ⛪vor Ort 🛒vor Ort 🚌50M 🚏 vor Ort.

🅢 **Durbach** 16H3
Wohnmobilstellplatz Ebersweier, Wiesenstraße, Ebersweier.
GPS: n48,50122 o7,98940. ⬆️➡️

6 🅿 € 6 🚰 €1/80Liter 💧Ch 🔌 (6x)€1/4Std. 🏠 **Lage:** Ländlich, einfach. **Untergrund:** Schotterasen. 📅 01/01-31/12.
Entfernung: 🚶500M 🚲10km 🏊750M 🛒200M 🚏 vor Ort.

Eberbach 17A1
Wohnmobilstellplatz In der Au, In der Au.
GPS: n49,46162 o8,97812. ⬆️

7 🅿 kostenlos 🔌(6x)€1/2kWh 🚻 **Lage:** Einfach, abgelegen. **Untergrund:** Schotter. 📅 01/01-31/12.
Entfernung: 🚶1Km 🏊vor Ort.
Sonstiges: Am Schwimmbad, max. 2 Nächte.

Eberbach 17A1
Wohnmobilstellplatz Neckarlauer, B37, Uferstrasse.
GPS: n49,46012 o8,98652. ⬆️

7 🅿 kostenlos. **Lage:** Zentral. **Untergrund:** befestigt. 📅 01/01-31/12 ⚠️ Hochwasser.
Entfernung: 🚶300M 🛒300M 🚏500M.

🅢 **Eberbach** 17A1
In der Au. **GPS:** n49,46217 o8,97351. ⬆️
🚰€1/60Liter 💧Ch.

Ebringen 19G2
An der Schönberghalle, Schulstraße 8.
GPS: n47,95639 o7,77667. ⬆️➡️

3 🅿 kostenlos. **Lage:** Ländlich, einfach, ruhig.
Untergrund: Schotterasen. 📅 01/01-31/12.
Entfernung: 🚲7,6Km 🛒vor Ort.
Sonstiges: Max. 2 Tage, max. 6,5M.

🅢 **Ehingen** 20B1
Wohnmobilstellplatz Ehingen, Am Stadion.
GPS: n48,28053 o9,73571. ⬆️

10 🅿 kostenlos 🚰€1/50Liter 💧Ch 🔌 (4x)€2/10Std 🚿kostenlos. **Untergrund:** befestigt. 📅 01/01-31/12.
Entfernung: 🚶1Km 🏊1Km 🛒vor Ort 🚏500M 🚌10M 🚲 Donau-Radweg.

🅢 **Eichstetten** 19G1
Weingut Köbelin, Altweg 131. **GPS:** n48,09510 o7,72057. ⬆️

5 🅿 € 13 🚰💧Ch 🔌 inklusive. 🚻
Lage: Ländlich, einfach, komfortabel, abgelegen, ruhig.
Untergrund: Schotter/Sand. 📅 01/01-31/12.
Entfernung: 🚶Zentrum 1,5Km 🏊1,5Km 🛒1,4Km 🚏900M 🏃vor Ort.

🅢 **Eigeltingen** 20A2
Landgasthof Mönchhof, Mönchhof. **GPS:** n47,88094 o8,95278.

4 🅿 Gäste kostenlos 🚰💧Ch 🔌.
Untergrund: befestigt. 📅 01/01-31/12.
Entfernung: 🚶6Km 🛒vor Ort 🚏4Km 🚌vor Ort.

🅢 **Eisenbach** 19H2
Reisemobilpark Höchstberg. **GPS:** n47,94938 o8,25441. ⬆️

20 🅿 € 8, Kurtaxe €1,60/pP 🚰€1/100Liter 💧Ch 🔌 (20x) inklusive,nur im Sommer. 🚿 **Lage:** Ländlich, komfortabel, ruhig. **Untergrund:** Wiese/Schotter. 📅 01/01-31/12.
Entfernung: 🛒vor Ort 🏃vor Ort.
Sonstiges: Höhe 1033M, am Sportpark.

Ellwangen 17C2
Maxi-Autohof Ellwangen, Max-Eyth-Strasse 1.
GPS: n48,95628 o10,18319. ⬆️

15 🅿 € 5/Nacht 🚰💧ChWC 🔌 🚿kostenpflichtig. **Lage:** Autobahn. **Untergrund:** asphaltiert. 📅 01/01-31/12.
Entfernung: 🚶3Km 🛒vor Ort 🚏1Km.

🅢 **Emmendingen** 19H1
Wohnmobilstellplatz am Sportfeld, Am Sportfeld.
GPS: n48,11869 o7,84154. ⬆️

30 🅿 kostenlos 🚰€1/80Liter 💧Ch 🔌. **Lage:** Städtisch, einfach. **Untergrund:** asphaltiert. 📅 01/01-31/12.
Entfernung: 🚶1Km 🏊400M 🛒600M.
Sonstiges: Gegenüber Schwimmbad, max. 3 Tage.

🅢 **Endingen am Kaiserstuhl** 19G1
P2 Stadthalle, Freiburger Weg. **GPS:** n48,13830 o7,70321. ⬆️➡️

20 🅿 kostenlos. **Lage:** Städtisch, einfach, zentral. **Untergrund:** Beton. 📅 01/01-31/12.
Entfernung: 🚶200M 🛒200M.

🅢 **Eppingen** 17A2
Wohnmobilhalt am Freibad, Am Altstadring.
GPS: n49,13793 o8,91402. ⬆️

4 🅿 kostenlos 🚰€1/80Liter 💧€1 Ch €1 🔌 (4x)€1. **Lage:** Ländlich, komfortabel. **Untergrund:** befestigt. 📅 01/01-31/12.
Entfernung: 🚶500M 🛒vor Ort 🏊300M 🚏500M 🚌vor Ort 🏃 vor Ort.

🅢 **Esslingen am Neckar** 17B3
Äußerer Burgplatz, Mülbergerstraße. **GPS:** n48,74713 o9,31064. ⬆️

2 🅿 kostenlos. **Lage:** Städtisch, einfach. **Untergrund:** asphaltiert. 📅 01/01-31/12.
Entfernung: 🚶1Km 🏊1Km 🛒vor Ort 🚏1Km 🚌300M.
Sonstiges: Max. 48 Std.

Baden Württemberg

Ettenheim — 19G1
Ernst Caravan und Freizeit Center, Rudolf Hell Straße 32-44.
GPS: n48,27431 o7,78161.

30 kostenlos €1 €1 Ch€1 (12x)€0,50/kWh.
Lage: Autobahn, einfach. **Untergrund**: Beton. 01/01-31/12.
Entfernung: 500M.
Sonstiges: Reisemobilhändler, Zubehör-Shop, Reparaturen.

Ettlingen — 16H3
Wohnmobilstellplatz Am Freibad, Schöllbronner strasse.
GPS: n48,93561 o8,41747.

14 kostenlos €2/5Minuten Ch (4x)€2/8Std.
Lage: Städtisch, einfach. **Untergrund**: asphaltiert. 01/01-31/12.
Entfernung: 100M 3,3Km 100M 700M vor Ort vor Ort.
Sonstiges: Parkplatz Schwimmbad, max. 48 Std, Mittwoch und Samstag Markt.

Filderstadt — 17A3
Parkplatz P2, Tübinger Strasse 40. **GPS**: n48,67347 o9,21456.

8 €7/24 Std €1/80Liter Ch (8x)€0,50/kWh,16Amp.
Lage: Städtisch. **Untergrund**: Schotter. 01/01-31/12.
Entfernung: 500M 500M 500M 500M.

Freiburg — 19H1
Reisemobilplatz Freiburg, Bissierstrasse / Am Eschholzpark.
GPS: n47,99915 o7,82643.

60 €9, wohnmobil >7M + €1,00/1M €1/100Liter Ch (20x)€1/kWh kostenlos.
Lage: Städtisch, komfortabel. **Untergrund**: asphaltiert/Schotter.
01/01-31/12.
Entfernung: Altstadt 1,5Km 4,3Km 450M.
Sonstiges: Max. 72 Std, Umweltzone: Umweltplakettenpflicht.

Freiburg — 19H1
WV-Südcaravan, Hanferstrasse 30, Hochdorf.
GPS: n48,04146 o7,81473.

6 kostenlos €1/80Liter Ch€2 €5/Tag. **Lage**: Städtisch, einfach. **Untergrund**: asphaltiert/befestigt. 01/01-31/12.
Entfernung: Altstadt 10Km 3Km 300M 3Km.
Sonstiges: Während der Öffnungszeiten.

Freudenberg — 17A1
P. Freudenberg-Süd, Hauptstrasse. **GPS**: n49,74001 o9,31938.

10 €5/Nacht €1/15Minuten Ch (6x)€1/8Std,16Amp kostenlos. **Lage**: Ländlich, komfortabel. **Untergrund**: befestigt.
01/01-31/12.
Entfernung: 50M 20M 20M 300M 500M.

Friedrichshafen — 20B2
Stellplatz Friedrichshafen, Lindauerstrasse 2.
GPS: n47,65025 o9,49597.

20 kostenlos, 01/04-31/10 €12 €1/80Liter ChWC.
Untergrund: asphaltiert/befestigt. 01/01-31/12.
Entfernung: 200M 200M vor Ort.
Sonstiges: Max. 3 Nächte, Zahlung nur mit Münzen.

Gaggenau — 16H3
Badstrasze 15. GPS: n48,80786 o8,30275.

4 kostenlos. **Lage**: Ländlich, einfach.
Untergrund: Schotterasen/befestigt. 01/01-31/12.
Entfernung: 1,5Km 800M vor Ort vor Ort.
Sonstiges: Parkplatz-Thermen, Samstag Markt.

Gaildorf — 17B2
Bleichgärten. GPS: n49,00224 o9,76587.

7 kostenlos Ch (4x)kostenlos,16Amp. **Lage**: Einfach.
Untergrund: befestigt. 01/01-31/12.
Entfernung: 500M 400M 500M 500M.
Sonstiges: Max. 3 Tage.

Gailingen am Hochrhein — 20A2
Rheinuferpark, Strandweg. **GPS**: n47,69051 o8,75621.
20 €15. 01/04-31/10.
Entfernung: 1Km vor Ort.

Gammertingen — 20A1
Freizeitanlage an der Lauchert, Reutlingerstrasse.
GPS: n48,25611 o9,21056.

8 kostenlos (6x)€1/4Std WC.
Lage: Einfach. **Untergrund**: Wiese/Schotter.
01/01-31/12.
Entfernung: 1Km vor Ort vor Ort 1Km 700M vor Ort.

Geisingen — 20A2

Reisemobilstellplatz Geisingen, Am Espen 8.
GPS: n47,92016 o8,65153.
37 €9 €1/80Liter Chinklusive (37x)€2/4kWh.
Untergrund: Schotter.
01/01-31/12.
Entfernung: 200M 1,5Km 200M 200M 500M 500M 200M 100M.

Reisemobilstellplatz Geisingen

- Komfortable Wohnmobilstellplatz
- Ebene Stellplätze
- 37 Stellplätze, Schotter
- Jeder Platz mit Strom
- Ganzjärig geöffnet
- Ruhig gelegen
- Restaurants und Einkauf auf 500m
- Idealer Ausgangspunkt für Wanderungen und Radtouren

www.geisingen.de
info@geisingen.de

Deutschland

Baden Württemberg

Gernsbach 16H3
Am Schwimmbad 1, Oberstrot. **GPS:** n48,74239 o8,34186.

10 kostenlos (4x)€1/8Std. **Lage:** Ländlich, einfach, ruhig. **Untergrund:** Wiese. 01/01-31/12. **Entfernung:** 200M 200M vor Ort vor Ort. **Sonstiges:** Am Schwimmbad.

Gernsbach 16H3
Parkplatz Murginsel, Schlossstrasse/Klingelstrasse. **GPS:** n48,75934 o8,33900.

8 €5 €1/100Liter Ch (8x)€1/12Std WC. **Lage:** Ländlich, einfach. **Untergrund:** asphaltiert. 01/01-31/12. **Entfernung:** 500M vor Ort 500M 1Km vor Ort vor Ort. **Sonstiges:** Max. 7 Tage.

Giengen 17C3
Reisemobilstation Charlottenhöhle, Lonetalstrasse 60, Hürben. **GPS:** n48,58412 o10,21203.

15 €7/Nacht €2 Ch (6x)€2/12Std,16Amp WC €2. **Lage:** Ländlich, ruhig. **Untergrund:** Schotter. 01/01-31/12. **Sonstiges:** Bei der prähistorischen Höhle, Wertmünzen in Hölenhaus.

Giengen 17C3
Am Schießberg, Auf dem Schießberg. **GPS:** n48,62975 o10,25159.

8 kostenlos. **Lage:** Einfach. **Untergrund:** Schotter. 01/01-31/12. **Entfernung:** 1,5Km 4,3Km 1,5Km 1,5Km. **Touristinformation Giengen:** Charlottenhöhle. Höhlen. 01/04-31/10 8.30-11.30 Uhr und 13.30-17 Uhr, So/Feiertage 9-16.30 Uhr.

Göppingen 17B3
Parkplatz P1, An der EWS-Arena, Lorcherstrasse. **GPS:** n48,71176 o9,64816.

6 kostenlos €1/60Liter Ch. **Lage:** Städtisch. **Untergrund:** asphaltiert. 01/01-31/12. **Entfernung:** 1Km 1Km 1Km. **Sonstiges:** Max. 2 Nächte.

Grossbottwar 17B2
Winzerhäuser Tal, In den Frauengärten. **GPS:** n49,00363 o9,28739.

5 €10 Ch €1/2kWh. **Untergrund:** befestigt. 01/01-31/12. **Entfernung:** 400M 400M 200M. **Sonstiges:** Am Sportpark, max. 5 Tage.

Gschwend 17B2
Naturbadesee, Frickenhofer Strasse. **GPS:** n48,93603 o9,75143.

3 kostenlos. **Lage:** Ländlich. **Untergrund:** Waldboden. 01/01-31/12. **Entfernung:** 1,5Km.

Gschwend 17B2
Joosenhofer Sägmühle. **GPS:** n48,92312 o9,77393. kostenlos €1/80Liter Ch. **Untergrund:** asphaltiert. 01/01-31/12.

Güglingen 17A2
Kreuzgärten. **GPS:** n49,06492 o8,99489.

10 kostenlos €1 Ch. **Lage:** Ländlich, einfach. **Untergrund:** befestigt. 01/01-31/12. **Entfernung:** 700M 500M Aldi-Lidl 500M vor Ort vor Ort. **Sonstiges:** Am Schwimmbad, max. 5 Nächte.

Haigerloch 20A1
Wohnmobilstellplatz Haigerloch, Weildorfer Kreuz 1. **GPS:** n48,36875 o8,79384.

10 kostenlos €1/60Liter Ch (10x)€1/8Std. **Lage:** Städtisch, einfach. **Untergrund:** asphaltiert. 01/01-31/12. **Entfernung:** 300M vor Ort. **Sonstiges:** Max. 4 Tage.

Hardheim 17B1
Am Alten Bahnhof, Bretzinger Straße. **GPS:** n49,60245 o9,47126.

12 kostenlos €1/80Liter Ch kostenlos (8x)€1/2kWh. **Lage:** Ländlich, komfortabel, laut. **Untergrund:** Schotter. 01/01-31/12. **Entfernung:** 1Km 1Km 1Km.

Haslach/Kinzigtal 19H1
Eichenbachsporthalle, Strickerweg. **GPS:** n48,27854 o8,07968.

10 kostenlos. **Lage:** Einfach. **Untergrund:** befestigt. 01/01-31/12. **Entfernung:** 500M 300M. **Sonstiges:** An der Sporthalle, am Schwimmbad.

Haslach/Kinzigtal 19H1
Waldseeparkplatz, Waldseeweg. **GPS:** n48,27161 o8,09148.

10 kostenlos. **Lage:** Ländlich, einfach. **Untergrund:** asphaltiert. 01/01-31/12. **Entfernung:** 1Km 200M 1Km.

Haslach/Kinzigtal 19H1
Wanderparkplatz Klosterplatz, Klosterstraße 1. **GPS:** n48,27572 o8,08509.

10 kostenlos. **Lage:** Städtisch, einfach. **Untergrund:** Beton. 01/01-31/12. **Entfernung:** 50M 150M 500M 100M vor Ort. **Sonstiges:** Beim Touristenbüro.

Hausach 19H1
Waldstadion, Waldstraße. **GPS:** n48,28058 o8,17829.

Baden Württemberg

4 🅿️ kostenlos 🚻 WC. **Lage:** Ländlich, einfach, einfach, ruhig, laut. **Untergrund:** Schotter/Sand. 01/01-31/12.
Entfernung: 500M 100M vor Ort.

Hausach 19H1
Badepark, Schanze 3. **GPS:** n48,28620 o8,16589.

6 🅿️ kostenlos. **Lage:** Ländlich, einfach. **Untergrund:** Beton. 01/01-31/12.
Entfernung: vor Ort 500M vor Ort vor Ort.
Sonstiges: In der Nähe vom Schwimmbad.

Hechingen 20A1
Freizeitanlage Domäne Areal, Brielhof 1.
GPS: n48,33773 o8,94966.

18 🅿️ € 18 inklusive. **Lage:** Einfach. **Untergrund:** befestigt. 01/01-31/12.
Entfernung: 2km 200M vor Ort.
Sonstiges: Rabatt bei Restaurants und Golf Park.

Hechingen 20A1
Burg Hohenzollern, K 7110. **GPS:** n48,32579 o8,96404.

3 🅿️ € 4. **Lage:** Ländlich, einfach. **Untergrund:** asphaltiert.
Entfernung: Imbiss vor Ort.

Hechingen 20A1
Zollernalbcamping, Niederhechingerstrasse.
GPS: n48,35797 o8,96093.

20 🅿️ € 10 €1 Ch €1 €1/kWh WC €3 €2,50.
01/01-31/12 Sanitärgebäude: 01/11-01/04.
Entfernung: 2km 500M vor Ort vor Ort.
Sonstiges: Müll € 2/Tag.

Heidenheim 17C3
In den Seewiesen. **GPS:** n48,69455 o10,16410.

22 🅿️ € 2/Tag €1/70Liter €1 Ch (18x)€0,50/kWh, 16Amp.
Lage: Ländlich, einfach. **Untergrund:** asphaltiert/Schotter.
01/01-31/12.
Entfernung: Stadtmitte 3Km 5Km 1Km.

Heilbronn 17A2
Wertwiesenpark, Neckarhalde. **GPS:** n49,13047 o9,20469.

20 🅿️ kostenlos €1/100Liter Ch (12x)€0,50/kWh.
Lage: Komfortabel. **Untergrund:** befestigt. 01/01-31/12.
Entfernung: 2km 7Km 100M 500M.

Heiligenberg 20B2
Sennerei Schläge, Betenbrunner strasse.
GPS: n47,81892 o9,31445.

10 🅿️ € 5/16-09U Ch.
Untergrund: Wiese/befestigt. 01/01-31/12.
Entfernung: 200M 300M 300M 200M Bäckerei 200M vor Ort.
Sonstiges: Max. 2 Nächte.

Herbrechtingen 17C3
P7 Eselstalparkplatz, Baumschulenweg.
GPS: n48,61758 o10,17411.

15 🅿️ € 7 €2 Ch €2/24 Std. **Lage:** Ländlich, ruhig.
Untergrund: asphaltiert. 01/01-31/12.
Sonstiges: Anmelden bei Hölenhaus.

Herrenberg 17A3
P Stadthalle, Stadthallenstrasse. **GPS:** n48,59832 o8,86943.
5 🅿️ kostenlos €1 €1. **Lage:** Einfach, laut.
01/01-31/12.
Entfernung: 300M 100M 50M.

Hessigheim 17A2
Fasanenhof, Römerweg 1. **GPS:** n49,00939 o9,18877.
15 🅿️ € 5. **Lage:** Ländlich, einfach. 01/01-31/12.
Entfernung: 3,5Km vor Ort Bauernhofladen vor Ort vor Ort.
Sonstiges: Bauernhof/Restaurant/Biergarten/Geschäft.

Hessigheim 17A2
Felsengarten Kellerei Besigheim e.G., Am Felsengarten 1.
GPS: n48,99612 o9,18068.

5 🅿️ Gäste kostenlos. **Untergrund:** asphaltiert. 01/01-31/12.
Entfernung: 1km vor Ort 1km.
Sonstiges: Max. 2 Nächte.

Heubach 17B3
Am Freibad, Mögglinger Strasse. **GPS:** n48,79726 o9,93763.

6 🅿️ € 6 €1/90Liter Ch€0,50 (6x)€1/kWh.
Untergrund: Schotterasen. 01/01-31/12.
Entfernung: 200M Lidl 400M.

Hinterzarten 19H2
Bahnhofstraße. **GPS:** n47,90441 o10,10996.
🅿️ kostenlos. **Untergrund:** Wiese. 01/01-31/12.
Entfernung: 300M 300M.
Sonstiges: Bei der Feuerwehr, max. 1 Nacht.

Höchenschwand 19H2
Natursportzentrum. GPS: n47,73652 o8,15990.

12 🅿️ € 8 Ch (12x)€1/6Std WC €3. **Lage:** Ländlich, komfortabel. **Untergrund:** Schotter. 01/01-31/12.
Entfernung: 400M 100M 600M vor Ort.

Holzmaden 17B3
Urwelt-Museum Hauff, Aichelbergerstrasse 75/90.
GPS: n48,63482 o9,52771.
6 🅿️ kostenlos. **Untergrund:** befestigt. 01/01-31/12.
Entfernung: 3Km 2,2Km.
Sonstiges: Max. 1 Nacht.

Hornberg 19H1
Hotel Schöne Aussicht, Schöne Aussicht 1, Niederwasser.
GPS: n48,19443 o8,18494.
4 🅿️ € 8 inklusive.
Entfernung: vor Ort.

Hüfingen 19H2
Wohnmobil-Stellplatz an der Breg, Bräunlinger Straße.
GPS: n47,92361 o8,48707.

22 🅿️ € 6, Kurtaxe € 1/pP €1,20/100Liter Ch €1,20/10Std
WC €1,20 €3,50/3,50.
Lage: Komfortabel, laut. **Untergrund:** Wiese.
01/01-31/12.
Entfernung: 300M 300M.
Sonstiges: Ankunft anmelden, Brötchenservice, Donnerstag Markt.

Baden Württemberg

Hülben — 17B3
Phoenix Wohnmobihafen, Kaltentalstrasse.
GPS: n48,52620 o9,41227.

10 🚐 kostenlos ⛽ €0,50/80Liter 🚰Ch (6x)€0,50/kWh.
Lage: Ländlich, einfach. **Untergrund:** Schotter. 01/01-31/12.
Entfernung: 🚴400M 🛒400M 🚌500M Vordere-Alb-Radweg 🚶vor Ort 🛏vor Ort.
Sonstiges: Max. 4 Tage.

Ihringen — 19G1
Kaiserstuhl Camping, Nachtwaid 5. **GPS:** n48,03083 o7,65778.

6 🚐 € 14,60 + Kurtaxe 🚰Ch €1,80/3kWh WC 📶 inklusive.
Lage: Ländlich, komfortabel. **Untergrund:** asphaltiert/befestigt.
31/03-30/10.
Entfernung: 🚴600M 🛒200M vor Ort.

Isny — 20C2
Parkplatz An der Untere Mühle, Seidenstrasse 43.
GPS: n47,69457 o10,03780.

16 🚐 € 7,50 + € 1,50/pP Kurtaxe 🚰Ch inklusive (8x)€0,50/kWh
WC 🛏 **Lage:** Städtisch. **Untergrund:** asphaltiert/Schotter.
01/01-31/12.
Entfernung: 🚴300M 🛒100M 🚌300M 🚗200M.
Sonstiges: Max. 2 Nächte.

Isny — 20C2
Caravans Dethleffs, Rangenbergweg. **GPS:** n47,69938 o10,05490.

9 🚐 € 5 + € 1,50/pP Kurtaxe, Kunden Dethleffs kostenlos 🚰Ch
(9x)inklusive. **Untergrund:** befestigt. 01/01-31/12.
Entfernung: 🚴1Km 🛒1Km 🚌1Km 🚗1,4Km 🚶500M.
Sonstiges: Max. 3 Nächte.

Kaisersbach — 17B2
Schwaben-Park, Hofwiesen 11, Gmeinweiler.
GPS: n48,90304 o9,65484.

10 🚐 kostenlos. 01/04-31/10.
Sonstiges: Schräge Stellflächen.
Touristinformation Kaisersbach:
Schwaben-Park, Vergnügungspark. 19/03-06/11 9-18.

Kappelrodeck — 16H3
Wohnmobileck am Heidenhof, Grüner Winkel.
GPS: n48,58370 o8,12650.

17 🚐 € 5/Tag, 3 Tage € 10, 7 Tage € 20 ⛽ €1/100Liter 🚰Ch
(8x)€1/2kWh. **Lage:** Ländlich, einfach, ruhig.
Untergrund: Schotter/befestigt. 01/01-31/12.
Entfernung: 🚴800M 🛒150M 🚌500M vor Ort 🚶 vor Ort.
Sonstiges: Max. 7 Nächte.

Karlsruhe — 16H2
Am Yachthafen Maxau, Maxau am Rhein.
GPS: n49,03720 o8,30583.

12 🚐 kostenlos. **Untergrund:** Schotter. 01/01-31/12.
Entfernung: 🚴Karlsruhe 9km vor Ort 🚌2km.
Sonstiges: Am Rhein, max. 24 Std.

Karlsruhe — 16H2
Ettlinger Allee. GPS: n48,98761 o8,40412.

2 🚐 kostenlos. **Untergrund:** asphaltiert. 01/01-31/12.
Entfernung: 🚴Stadtmitte 2,5km 400M 🚇U-Bahn 400M.
Sonstiges: Max. 24 Std, kleiner Stellplätze.

Kehl — 16G3
Am Wasserturm, Schwimbadstrasse. **GPS:** n48,56350 o7,81400.

40 🚐 € 8 ⛽ €1/80Liter 🚰Ch (40x)€0,50/kWh.
Lage: Städtisch, komfortabel, ruhig. **Untergrund:** Schotter.
01/01-31/12.
Entfernung: 🚴1Km 🛒100M 🚌500M vor Ort vor Ort 🚶Ort.

Kehl — 16G3
Reisemobilstellplatz Hurst, An den Sportanlagen 1, Kehl-Auenheim.
GPS: n48,60653 o7,83146.

18 🚐 € 7 ⛽ €1 🚰Ch (12x)€3 WC €0,50 €1,50.
Lage: Ländlich, einfach, ruhig.
Untergrund: asphaltiert/Wiese.
01/01-31/12.
Entfernung: 🚴500M vor Ort 🚌500M 🚶vor Ort 🚗vor Ort.
Sonstiges: Ankunft anmelden.

Kehl — 16G3
Bürstner-Service-Centrum, Elsässer strasse 80, Kehl-Neumühl.
GPS: n48,57010 o7,84042.

6 🚐 kostenlos ⛽ €1/100Liter (6x)€1/kWh.
Lage: Ländlich, einfach. **Untergrund:** asphaltiert. 01/01-31/12.
Entfernung: 🚴1Km 🛒100M 🚌600M vor Ort 🚶vor Ort.
Sonstiges: Dienstag und Freitag Markt.

Kenzingen — 19G1
Ritter's Weingut, Rossleiteweg 1. **GPS:** n48,18739 o7,78343.

15 🚐 € 10, 2 Pers. inkl. € 2/pP ⛽ €2,50/Tag WC inklusive.
Lage: Ländlich, einfach. **Untergrund:** Wiese/Schotter.
01/01-31/12.
Entfernung: 🚴7,5km vor Ort.

Kirchberg/Jagst — 17B2
Wanderparkplatz Kirchberg-Tal, Hohen Loher Strasse.
GPS: n49,20367 o9,98344.

10 🚐 kostenlos. **Untergrund:** Schotter. 01/01-31/12.

Kirchheim unter Teck — 17B3
Ziegelwasen, Schlierbacher Straße. **GPS:** n48,64998 o9,45919.

Baden Württemberg

3 kostenlos. **Lage:** Städtisch, einfach. **Untergrund:** asphaltiert/befestigt.
01/01-31/12.
Entfernung: 500m Altstadt 500M 500M 100M vor Ort.
Sonstiges: Max. 3 Tage.

Kisslegg — 20C2
Wohnmobilhafen Kißlegg, Strandbadweg.
GPS: n47,79602 o9,87950.
24 €5-7 €1/100Liter Ch (5x)€0,50/kWh WC.
Untergrund: befestigt. 01/01-31/12.
Entfernung: 800M 100M 100M 100M 1Km 400M.

Kisslegg — 20C2
Familiefreizeitgelände St Anna, Le Pouliguenstrasse.
GPS: n47,79119 o9,87229.

3 kostenlos. **Untergrund:** Wiese/befestigt. 01/01-31/12.
Entfernung: 800M 500M 500M.
Sonstiges: Max. 2 Nächte.

Kisslegg — 20C2
Hotel Sonnenstrahl, Sebastian Kneipp strasse 1.
GPS: n47,78421 o9,87973.
3 kostenlos. **Untergrund:** asphaltiert/befestigt. 01/01-31/12.
Entfernung: 800M vor Ort 800M.
Sonstiges: Max. 2 Nächte.

Königschaffhausen — 19G1
Wohnmobilgarten im Kirschenhof Schmidt, Königsweg 5.
GPS: n48,14277 o7,66273.

28 €15 Ch WCinklusive €1 . **Lage:** Ländlich, komfortabel. **Untergrund:** Schotter/befestigt. 01/01-31/12.
Entfernung: 500M vor Ort vor Ort.
Sonstiges: WLAN in Cafe.

Königsfeld — 19H1
Reisemobilpark Bregnitzhof, Buchenberger Strasse 34.
GPS: n48,14028 o8,40583.

21 €10 €0,10/10Liter Ch €1/2kWh.
Lage: Ländlich, luxus, ruhig. **Untergrund:** Schotter. 01/01-31/12.
Entfernung: 1Km 10 Gehminuten.
Sonstiges: Anmelden zwischen 14-19 Uhr, 18-Loch-Golfplatz, Saunalandschaft Bregnitzhof.

Konstanz — 20B2
Parkplatz Döbele, Döbeleplatz. **GPS:** n47,65794 o9,16933.

12 €1,40/Std, €14/24Std Ch WCinklusive.
Untergrund: asphaltiert/befestigt. 01/01-31/12.
Entfernung: 1Km 800M 800M 200M 800M 500M.
Sonstiges: Max. 24 Std.

Korb — 17B3
Reisemobilstellplatz Unterm Korber Kopf, Brucknerstrasse 14.
GPS: n48,84597 o9,35544.

6 €3 €0,50/80Liter Ch (6x)€0,50/kWh.
Untergrund: befestigt. 01/01-31/12.
Entfernung: 400M Gaststätte 300M 500M.
Sonstiges: Wertmünzen bei Restaurant.

Kraichtal — 17A2
Gochsheim, Immenstrasse, Gochsheim. **GPS:** n49,10056 o8,74084.

2 kostenlos. **Lage:** Einfach. **Untergrund:** asphaltiert.
Entfernung: 500M.
Sonstiges: Am Sportpark, kleinen Stellplätze.

Kressbronn — 20B2
Wohnmobilstellplatz Tunau, Tunau 4.
GPS: n47,58999 o9,57512.

40 €21 Ch (40x)WC €1,50/pP inklusive.
Untergrund: asphaltiert/Wiese. 01/04-31/10.
Entfernung: 1Km 1Km 1Km vor Ort 1Km.

Kressbronn — 20B2
Gohren am See. GPS: n47,58818 o9,56256.
11 €12 Ch €3/12Std WC €1/Tag.
Untergrund: Wiese/Schotter. 01/04-15/10.
Entfernung: Bodensee.

Külsheim — 17B1
Am Schloss Külsheim, Kirchbergweg. **GPS:** n49,67123 o9,52255.

8 kostenlos €0,50/80Liter Ch (12x)€0,50/kWh kostenlos. **Lage:** Ländlich. **Untergrund:** Schotterrasen.
01/01-31/12 10/09-25/09.
Entfernung: 300M.

Ladenburg — 17A1
Wohnmobilstellplatz Ladenburg, Heidelberger Straße.
GPS: n49,46596 o8,61460.

35 €10/24 Std €1/80Liter Ch €1/2kWh €1/24 Std.
Lage: Städtisch, komfortabel, zentral, ruhig. **Untergrund:** Wiese.
01/01-31/12.
Entfernung: Altstadt 500M, Heidelberg 10Km 3Km 200M 200M.

Lahr/Scharzwald — 19H1
Stellplatz Breitmatten, Breitmatten. **GPS:** n48,33954 o7,89885.

14 €6 €1/100Liter Ch €1/kWh.
Untergrund: befestigt. 01/01-31/12.
Entfernung: Zentrum 1,5Km 100M 1,2Km vor Ort vor Ort.

Langenau — 17C3
Karlstraße. **GPS:** n48,50193 o10,12203.
4 €5 €0,50/70Liter €0,50/kWh. **Lage:** Einfach.
Untergrund: befestigt. 01/01-31/12.
Entfernung: 500M 3,2Km 300M 1,2Km.

Langenbrettach — 17B2
Freibad Langenbeutingen, Schwabbacher Strasse 24, Langenbeutingen. **GPS:** n49,21227 o9,40767.

3 kostenlos. **Lage:** Ländlich. **Untergrund:** asphaltiert.
Sonstiges: Parkplatz Schwimmbad.

Langenburg — 17B2
Am Freibad, In der Strut 5. **GPS:** n49,24973 o9,86681.
2 kostenlos. **Untergrund:** Schotter. 01/01-31/12.
Entfernung: 1Km.
Sonstiges: Von Westen kommend nicht erreichbar.

Lauchringen — 19H2
An der Wutach, Badstrasse. **GPS:** n47,62556 o8,31361.

19 €8 Ch (16x)€2/24 Std inklusive.
Lage: Ländlich, komfortabel, ruhig. **Untergrund:** Schotter.
01/01-31/12 Ver-/Entsorgung: 01/11-01/04.
Entfernung: vor Ort vor Ort vor Ort.

Baden Württemberg

Lauda-Königshofen 17B1
Badstrasse, Lauda. **GPS:** n49,55886 o9,70099.⬆

4🚐kostenlos. **Lage:** Ländlich, einfach. **Untergrund:** asphaltiert. ⭕ 01/01-31/12.
Entfernung: 🚶1Km 🛒500M.
Sonstiges: Parkplatz am Schwimmbad.

Lauda-Königshofen 17B1
Gasthaus Zur Lamm, St. Josefstrasse 30-32, Marbach.
GPS: n49,56568 o9,72834.⬆➡

12🚐€ 7/24 Std (12x)inklusive Ch kostenlos,in Restaurant.
Lage: Ländlich, einfach, ruhig. **Untergrund:** asphaltiert.
⭕ 01/01-31/12 Restaurant: Mo.
Entfernung: ⊗vor Ort 🚲vor Ort.

Laufenburg 19H2
Laufenburg Baden P6, Andelsbachstraße.
GPS: n47,56585 o8,06677.⬆➡

6🚐€ 8 €2/5Minuten Ch€2 (6x)€0,50/kWh. **Lage:** Städtisch, ruhig. **Untergrund:** Beton. ⭕ 01/01-31/12.
Sonstiges: Am Rhein.

Laupheim 20B1
Schloß Grosslaupheim, Klaus-Graf-Stauffenberg-Strasse.
GPS: n48,23128 o9,88872.⬆➡

7🚐€ 8 €0,50 €0,50 Ch €0,50 inklusive.
Lage: Ländlich, einfach. **Untergrund:** Wiese. ⭕ 01/01-31/12.
Entfernung: 🚶vor Ort.

Leonberg 17A3
Parkplatz Steinstrasse, Steinstrasse. **GPS:** n48,79705 o9,01751.⬆

5🚐kostenlos, Mo-Frei 8-18 Uhr € 2,50. **Untergrund:** befestigt. ⭕ 01/01-31/12 Sa 5-13 Uhr.
Entfernung: 🚶400M ⊗150M 🛒300M vor Ort.

Leutkirch im Allgäu 20C2
Wohnmobilstellplatz Leutkirch, Kemptener Straße 62.
GPS: n47,82228 o10,03939.⬆

14🚐€ 6 €1/100Liter Ch €0,50/kWh.
Untergrund: Schotterasen. ⭕ 01/01-31/12.
Entfernung: 🚶1Km 🛒300M.

Löffingen 19H2
Waldbad Löffingen, Am Waldbad. **GPS:** n47,90017 o8,33287.⬆➡

7🚐€ 8, Kurtaxe € 2/pP (4x)inklusive €0,50,Am Schwimmbad. **Lage:** Komfortabel. **Untergrund:** Beton.
⭕ 01/01-31/12 Ver-/Entsorgung 01/10-01/05.
Entfernung: 🏊Am Schwimmbad ⊗vor Ort.
Sonstiges: Anmeldung an der Schwimmbadkasse.
Touristinformation Löffingen:
💬 Schwarzwaldpark. Wildpark und Sommerrodelbahn (€ 1.02 pro Fahrt). ⭕ Ostern-Okt 9-18 Uhr.

Malsch 16H3
Gast Caravanning, Daimlerstr. 20b. **GPS:** n48,89079 o8,30747.⬆

6🚐kostenlos €1/80Liter Ch. **Lage:** Städtisch, einfach.
Untergrund: asphaltiert/befestigt. ⭕ 01/01-31/12.
Entfernung: 🚗7,6Km.
Sonstiges: Reisemobilhändler, Zubehör-Shop, Markt am Freitag.

Mannheim/Friedrichsfeld 16H1
Güma Reisemobile, Steinzeugstrasse 21. **GPS:** n49,44570 o8,56780.⬆

8🚐kostenlos Ch WC kostenlos.
Lage: Einfach, laut. **Untergrund:** befestigt. ⭕ 01/01-31/12.
Entfernung: 🚶10Km 🚲1Km 🛒1Km 🚌300M.
Sonstiges: Max. 3 Nächte, Sanitärnutzung während der Geschäfts-Öffnungszeiten.

Marbach am Neckar 17A2
Parkplatz Bolzplatz, Poppenweiler/Weimarstrasse.
GPS: n48,93389 o9,26278.⬆

5🚐€ 5 Ch €1/2kWh. **Lage:** Ländlich, einfach.
Untergrund: befestigt. ⭕ 01/01-31/12.
Entfernung: 🚶1Km 🚲6,2Km ⊗100M 🛒600M 🚌500M.
Sonstiges: Max. 2 Nächte, Ver-/Entsorgung: Gruppenklärwerk Häldenmühle, L1100.

Markelsheim 17B1
Engelbergparkplatz, Engelsbergstrasse.
GPS: n49,47537 o9,83474.⬆➡

2🚐kostenlos. **Lage:** Städtisch. **Untergrund:** asphaltiert.
⭕ 01/01-31/12 Woche von Pfingsten.
Entfernung: 🚶300M ⊗300M.
Sonstiges: Bei der Feuerwehr, max. 2 Nächte.

Maulbronn 17A2
Am Kloster, Hilsenbeuerstrasse. **GPS:** n48,99872 o8,50501.⬆
8🚐kostenlos €1 Ch kostenlos €0,50/kWh. **Lage:** Einfach.
Untergrund: befestigt. ⭕ 01/01-31/12.
Entfernung: 🚶vor Ort ⊗50M 🛒250M.
Sonstiges: Wohnmobil max. 7M.

Meckenbeuren 20B2
Wohnmobilplatz Besenwirtschaft Georgshof, Pfingstweiderstrasse 10-12/1, Reute. **GPS:** n47,68022 o9,55308.⬆➡

9🚐€ 9 Ch (9x)€0,50/kWh WC €1.
Untergrund: Wiese/Schotter. ⭕ 01/01-31/12.
Entfernung: 🚶vor Ort 🏊Bodensee 5km ⊗200M 🛒100M.

Meersburg/Bodensee 20B2
Wohnmobilparkplatz Ergeten, Daisendorfer Strasse.
GPS: n47,70160 o9,26898.⬆

38🚐€ 12/24 Std €1/100Liter €1 Ch €0,50/kWh WC.
Untergrund: befestigt. ⭕ 01/01-31/12.
Entfernung: 🚶1Km ⊗100M 🛒50M 🚌Bus zum Stadtmitte.
Sonstiges: Am Rand der Stadt, + 2x Parkplatz Allmendweg P1 n47.70211, o 9.26983, P2 n47,70159, o 9,27172.

Meißenheim 19G1
Wohnmobilpark Ortenau, Winkelstrasse 36.
GPS: n48,41616 o7,77736.⬆➡

Baden Württemberg

24+30 € 8 €1/100Liter Ch inklusive (24x)€3,50/24Std.
Lage: Ländlich, komfortabel. **Untergrund:** Schotter/befestigt.
01/01-31/12.
Entfernung: 500M 200M 800M vor Ort vor Ort.

Memmingen 20C1
Wohnmobil-stellplatz Memmingen, Colmarer Straße/Hemmerlestraße. **GPS:** n47,99531 o10,18245.

20 € 1/2 Std, € 5/24 Std €0,50/100Liter Ch (18x)€0,50/kWh. **Lage:** Städtisch, einfach. **Untergrund:** befestigt.
01/01-31/12.
Entfernung: 900M 2,2Km 700M Lidl 600M.
Sonstiges: Max. 2 Nächte.

Mengen 20B1
Südsee III, Uferweg 25. **GPS:** n48,03117 o9,28265.

50 € 12 €1/80Liter Ch (16x)€0,50/kWh WC inklusive.
Lage: Ländlich, komfortabel, ruhig.
Untergrund: Schotter.
01/01-31/12.
Entfernung: 500M vor Ort vor Ort 500M vor Ort.
Sonstiges: Inkl. Eintritt Badesee.

Messkirch 20A1
Messplatz P2, Am Stachus. **GPS:** n47,99381 o9,11514.

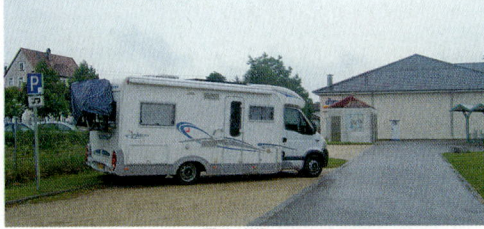

4 kostenlos €1/80Liter Ch WC. **Lage:** Städtisch, einfach.
Untergrund: befestigt. 01/01-31/12, Ver-/Entsorgung 01/04-30/09.
Entfernung: 500M 400M 200M 500M.

Metzingen 17B3
Reisemobilplatz Outletcity Metzingen, Stetterstrasse 4.
GPS: n48,53241 o9,27574.

20 € 10 Ch inklusive (6x)€3,16Amp.

Lage: Städtisch, einfach. **Untergrund:** Schotter.
01/01-31/12.
Entfernung: 800M 800M 800M 800M Bus jede 15 Min.
Sonstiges: Geld in Umschlag in den Briefkasten.

Michelbach an der Blitz 17B2
Hagenhofweg 8. **GPS:** n49,07133 o9,76993.
2 kostenlos €1/100Liter €3/24Std.
Lage: Ländlich, ruhig. **Untergrund:** befestigt.
01/01-31/12.
Entfernung: 300M 400M 600M 300M vor Ort vor Ort.

Mosbach 17A2
Wasemweg. **GPS:** n49,36139 o9,14833.

10 kostenlos €1/150Liter Ch (8x)€1/12Std. **Lage:** Ländlich, komfortabel, ruhig. **Untergrund:** Beton. 01/01-31/12.
Entfernung: 800M 800M 600M.
Sonstiges: Max. 3 Nächte.

Mössingen 20A1
Wohnmobilstellplatz Firstwald, Firstwaldstraße, Kernstadt.
GPS: n48,41348 o9,06915.

10 kostenlos €1/50Liter €1 Ch (10x)€0,50/kWh,16Amp.
Lage: Städtisch, einfach. **Untergrund:** Schotterasen.
01/01-31/12.
Entfernung: 1,5Km 500M 1Km 100M.

Mühlberg 20C1
Ferienhof Musch, Unterer weg 7. **GPS:** n47,98534 o9,98697.

3 € 10 2 Pers. inkl Ch (3x)inklusive WC €3 €2,50/Tag. **Untergrund:** Wiese/befestigt. 01/01-31/12.
Entfernung: 10Km 100M 100M 10Km 10Km.
Sonstiges: Brötchenservice.

Müllheim 19G2
Am Friedhof, Am Engelberg, Hügelheim.
GPS: n47,83282 o7,62320.

2 kostenlos. **Lage:** Ländlich, einfach, abgelegen, ruhig.
Untergrund: asphaltiert. 01/01-31/12.
Entfernung: 500M 300M 1,5Km 400M.
Sonstiges: Beim Kirchplatz.

Müllheim 19G2
Am Nüsslegarten, Am Nüsslegarten, Britzingen.
GPS: n47,82891 o7,67336.

2 kostenlos. **Lage:** Ländlich, einfach, ruhig.
Untergrund: asphaltiert. 01/01-31/12.
Entfernung: Stadtmitte 700M 250M 250M vor Ort vor Ort.
Sonstiges: Neben Schwimmbad, max. 2 Nächte.

Müllheim 19G2
Freibad Müllheim, Ziegleweg 7. **GPS:** n47,80237 o7,63403.

3 kostenlos. **Lage:** Städtisch, einfach. **Untergrund:** asphaltiert.
01/01-31/12.
Entfernung: Zentrum 1Km 200M 500M 600M.
Sonstiges: Neben Schwimmbad, max. 2 Nächte.

Müllheim 19G2
Parkplatz Nußbaumallee, Nußbaumallee.
GPS: n47,80942 o7,62985.

3 kostenlos. **Lage:** Städtisch, einfach. **Untergrund:** asphaltiert.
01/01-31/12.
Sonstiges: Max. 2 Tage.

Müllheim 19G2
Restaurant Kreuz, Bundesstrasse 3 Nr. 7. **GPS:** n47,80934 o7,60778.
5 kostenlos auf Anfrage €5. **Untergrund:** Schotter.
Entfernung: vor Ort vor Ort.
Sonstiges: Frühstückservice.

Müllheim 19G2
Markgräfler Kräuterhof, Im Käppeleacker 3, Hügelheim.
GPS: n47,83237 o7,62045.

4 kostenlos. **Lage:** Städtisch, einfach. **Untergrund:** Schotterasen.
01/01-31/12.
Entfernung: 500M 50M 1Km 300M.
Sonstiges: Kräuterei, Kräuterstube.

Münsingen 20B1
Wiesentalstadion, Grafenecker Straße. **GPS:** n48,40939 o9,48580.

Deutschland

Baden Württemberg

18 €5/24 Std, 3 Tage € 12 €1/100Liter Ch €1/6Std.
Lage: Städtisch, einfach. **Untergrund:** Schotter. 01/01-31/12.
Entfernung: 1Km 200M zu Fuß erreichbar vor Ort vor Ort vor Ort.

Murg 19H2
Am Freibad. GPS: n47,55196 o8,02403.

15 € 10 €1/100Liter €0,50/kWh. **Lage:** Ländlich, komfortabel, ruhig. **Untergrund:** befestigt. 01/01-31/12.
Entfernung: 500M vor Ort.

Murrhardt 17B2
Parkplatz Festhalle, Kaiser-Ludwig-Straße 25.
GPS: n48,97960 o9,57461.

3 kostenlos €1/90Liter Ch. **Lage:** Ländlich, einfach.
Untergrund: asphaltiert. 01/01-31/12.
Entfernung: 400M 100M.

Nagold 17A3
Wohnmobilhafen am Nagoldtal-Radweg, Am Glockenrain.
GPS: n48,56389 o8,72306.

22 € 3 €1/80Liter €1 Ch €1 (12x)€1/kWh.
Lage: Ländlich, einfach, ruhig.
Untergrund: Schotter/befestigt. 01/01-31/12.
Entfernung: 1Km 25M 900M 400M vor Ort vor Ort.
Sonstiges: Mittwoch und Samstag Markt.

Nagold 17A3
Am Bahnhof, Bahnhofstraße. **GPS:** n48,55791 o8,72748.

4 kostenlos. **Lage:** Ländlich, einfach, laut.
Untergrund: asphaltiert. 01/01-31/12.

Entfernung: 700M 100M vor Ort vor Ort vor Ort.
Sonstiges: Max. 4 Nächte, Mittwoch und Samstag Markt.

Nattheim 17C3
Ramensteinbad, Dieselstrasse 22. **GPS:** n48,70261 o10,23745.

4 kostenlos Ch kostenlos €1/2kWh. **Lage:** Städtisch, ruhig.
Untergrund: befestigt. 01/01-31/12 25/04-07/05.
Entfernung: 500M 300M 200m Lidl.
Sonstiges: Parkplatz Schwimmbad, max. 3 Tage.

Neckarsulm 17A2
Freizeitbad Aquatoll, Reisachmühlweg. **GPS:** n49,18802 o9,24302.

25 kostenlos €1/60Liter Ch. **Lage:** Ländlich, einfach.
Untergrund: asphaltiert/Schotter. 01/01-31/12.
Entfernung: 1Km 4Km 450M 400M.
Sonstiges: Parkplatz Schwimmbad, max. 24 Std.

Neckarwestheim 17A2
Wohnmobilstellplätze Im Bühl, Liebensteiner Strasse.
GPS: n49,04186 o9,18797.

2 kostenlos €2 Ch (4x)€2/8Std.
Untergrund: befestigt. 01/01-31/12.
Entfernung: 500M 200M 500M.
Sonstiges: Ab 4. Nacht € 25/Nacht.

Neresheim 17C3
Stellplatz Alter Bahnhof, Dischinger Straße 11.
GPS: n48,75102 o10,33957.

5 kostenlos €1 Ch (4x)€1/4Std.
Lage: Laut. **Untergrund:** befestigt. 01/01-31/12.
Entfernung: vor Ort 12Km vor Ort 300M.
Sonstiges: Ver-/Entsorgung während der Öffnungszeiten.

Neuffen 17B3
Am Schützenhaus, Schützenhausweg. **GPS:** n48,54726 o9,37057.

8 kostenlos €2/8Minuten Ch (7x)€2/8Std.
Lage: Einfach. **Untergrund:** asphaltiert. 01/01-31/12.
Entfernung: 500M 500M 500M vor Ort.

Neuhausen ob Eck 20A1
Wohnmobilstellplatz Auf der Eck, Beim Friedhof.
GPS: n47,97473 o8,92397.

8 freiwilliger Beitrag €1 €1 Ch €1 (9x).
Lage: Städtisch, einfach. **Untergrund:** befestigt. 01/01-31/12.
Entfernung: 300M 500M 1Km 300M 2km 2km.
Sonstiges: Max. 4 Tage.

Neunkirchen 17A2
Festplatz, Zwingenbergerstrasse. **GPS:** n49,38818 o9,01531.

8 kostenlos €1/90Liter Ch. **Lage:** Einfach, ruhig.
Untergrund: asphaltiert. 01/01-31/12.
Entfernung: 300M 500M.
Sonstiges: Ver-/Entsorgung neben: Autohaus Weishaupt, Industriestrasse 3 (200m).

Nordheim 17A2
Lauffener Straße. GPS: n49,10461 o9,13552.

2 € 5/3 Tage Ch inklusive.
Lage: Einfach. **Untergrund:** asphaltiert. 01/01-31/12.
Entfernung: vor Ort vor Ort.
Sonstiges: Gegenüber Schwimmbad, max. 3 Tage.

Nordheim 17A2
Müllers Weingut und Weinstube, Im Auerberg 3.
GPS: n49,10236 o9,13810.

2 € 5, mit Strom und Wasser € 8 Ch.
Lage: Ländlich.
Entfernung: 800M vor Ort vor Ort vor Ort vor Ort.

Baden Württemberg

Nordheim 17A2
Rolf Willy Privatkellerei, Schafhohle 26. **GPS:** n49,11212 o9,12845.
4 € 10, für Gäste kostenlos (2x).
Entfernung: 350M.

Nordrach 19H1
Schwarzwald-Panorama Wohnmobilstellplatz, Im Dorf 29.
GPS: n48,39873 o8,07927.

8 kostenlos €1/10Liter Ch (8x)€1/6Std. **Lage:** Ländlich, einfach, zentral. **Untergrund:** befestigt. 01/01-31/12.
Entfernung: 100M 100M.

Nürtingen 17B3
Stellplatz Plätschwiesen, B313, Plätschwiesen, Oberensingen.
GPS: n48,63645 o9,33051.

12 € 5/24 Std €1 Ch (8x)€1. **Lage:** Städtisch.
Untergrund: befestigt. 01/01-31/12.
Entfernung: 1Km vor Ort 500M.
Sonstiges: Max. 7 Tage.

Oberkirch 16H3
Am Renchtalstadion, Renchallee. **GPS:** n48,52972 o8,07250.

38 € 5, € 7/2 Tagen + € 2 Kurtaxe €1/80Liter €1 Ch (30x)€1/2kWh. **Lage:** Ländlich, einfach, ruhig.
Untergrund: Wiese/Schotter. 01/01-31/12. Woche vor/nach 1. Wochenende Sep.
Entfernung: 100M 100M 100M vor Ort vor Ort.

Oberkirch 16H3
Waldparkplatz Schauenburg, Burgstraße 29.
GPS: n48,53812 o8,09452.

4 € 8 (4x)€2 **Lage:** Einfach, abgelegen, ruhig.
Untergrund: Wiese/Sand. 01/01-31/12.
Entfernung: 500M.
Sonstiges: Max. 4 Tage, € 8 Verzehrgutschein.

Oberndorf/Neckar 20A1
Neckarhalle, Austrasse 12. **GPS:** n48,28222 o8,58472.

8 kostenlos €1/70Liter Ch (4x)€1/8Std.
Lage: Ländlich, einfach, laut. **Untergrund:** asphaltiert.
01/01-31/12.
Entfernung: 1,5Km 300M 200M 50M vor Ort vor Ort.
Sonstiges: Max. 3 Tage.

Oberstenfeld 17B2
Mineralfreibad, Beilsteiner Strasse 100. **GPS:** n49,03160 o9,31890.

4 kostenlos. **Untergrund:** asphaltiert. 01/01-31/12.

Oberteuringen 20B2
Ferienhof Kramer, St. Georg strasse 8. **GPS:** n47,73948 o9,47278.

8 € 16, 2 Pers. inkl Ch (8x)€2 WC €4.
Untergrund: Schotter/befestigt. 15/04-15/09.
Entfernung: 2km vor Ort 300M 300M.

Offenburg 16H3
Strandbad Gifizsee, Platanenallee 15. **GPS:** n48,45785 o7,93663.

11 € 22 2 Pers. inkl €1/5Minuten Ch (11x)€1/kWh WC
inklusive. **Lage:** Ländlich, einfach. **Untergrund:** Schotterasen.
01/04-31/10.
Entfernung: 2,5Km 3,8Km 100M vor Ort 150M.
Sonstiges: Brötchenservice.

Offenburg 16H3
Bürgerpark, Stegermattstraße 26a. **GPS:** n48,46565 o7,94566.

2 € 2. **Lage:** Städtisch, einfach, ruhig.
Untergrund: asphaltiert/befestigt. 01/01-31/12.
Entfernung: 500M 300M.
Sonstiges: Gegenüber Schwimmbad, kleinen Stellplätze.

Offenburg 16H3
Camping Kuhn, Im Drachenacker 4. **GPS:** n48,48039 o7,92776.

10 kostenlos €0,50/50Liter Ch (8x)kostenlos.
Lage: Städtisch, einfach. **Untergrund:** befestigt.
Entfernung: 2km 3,7Km 500M.
Sonstiges: Ver-/Entsorgung während der Öffnungszeiten.

Öhringen 17B2
Hornbergstraße 2, Cappel. **GPS:** n49,19918 o9,52610.
8 € 8 inklusive. 01/01-31/12.
Entfernung: 100M 100M.
Sonstiges: Beim Manege, max. 3 Tage.
Touristinformation Öhringen:
RADius. Radweg, 18Km.

Öllingen 17C3
Parking Rathaus, Hauptstrasse. **GPS:** n48,52816 o10,14813.

4 kostenlos Chkostenlos. **Untergrund:** Schotterasen.
01/01-31/12. **Entfernung:** 100M 100M vor Ort.

Oppenau 16H3
Wohnmobilstellplatz Oppenau, Hauptstrasse.
GPS: n48,47639 o8,16972.

6 € 6 €1/100Liter Ch (6x)€1/8Std. **Lage:** Ländlich, einfach, ruhig. **Untergrund:** Schotter. 01/01-31/12.
Entfernung: 300M 150M Bäckerei 300M vor Ort vor Ort.
Sonstiges: Sanitärnutzung nur während der Öffnungszeiten Schwimmbad.

Oppenweiler 17B2
Caravanstation, Murrwiesenstraße 15.
GPS: n48,97999 o9,45898.

2 kostenlos €1/80Liter Ch.
Untergrund: asphaltiert. 01/01-31/12.
Entfernung: 600M. **Sonstiges:** Max. 2 Tage.

Ostrach 20B2
Wohnmobilstellplatz Weites Ried, Burgweiler.
GPS: n47,91722 o9,35438.
€ 4 (4x)€1/8Std. **Untergrund:** Schotter. 01/01-31/12.
Entfernung: 5Km.

Ottenhöfen im Schwarzwald 16H3
Bauernhof Murhof, Murhof 1. **GPS:** n48,56005 o8,15350.

Deutschland

DE

257

Baden Württemberg

20⚡€ 10 2 Pers. inkl ⛽€1/100Liter 🚽Ch 🔌(15x)€0,50/kWh WC⚡€0,50. **Lage**: Ländlich, einfach, ruhig.
Untergrund: Wiese/befestigt. 📅 01/04-31/10.
Entfernung: 🚴1Km ⊗500M 🛒500M 🚶vor Ort.
Sonstiges: Schimmbad 200m.

Pforzheim 17A3
Reisemobilplatz Oststadt am Enzauenpark, Wildersinnstraße.
GPS: n48,89784 o8,72232.

15⚡kostenlos 🔌(6x)€1/kWh. **Lage**: Städtisch, einfach, laut.
Untergrund: befestigt. 📅 01/01-31/12.
Entfernung: 🚴1,5Km ⊗200M 🛒100M 🚗vor Ort 🚶vor Ort 🍴vor Ort.
Sonstiges: Max. 7 Tage, Ver-/Entsorgung 200M.

Pforzheim 17A3
Parkplatz 2&3 Wildpark, Tiefenbronnerstraße.
GPS: n48,87651 o8,71749.
⚡€ 3-5. **Lage**: Städtisch. 📅 01/01-31/12.
Sonstiges: Max. 1 Nacht.

Pforzheim 17A3
Hohwiesenweg. **GPS**: n48,89750 o8,72674.
⛽€1/80Liter 🚽Ch.

Pfullendorf 20B2
Seepark Linzgau, P-Ost, Bannholzerweg 18. **GPS**: n47,93097 o9,23728.

15⚡€ 4/24 Std ⛽. **Untergrund**: ungepflastert. 📅 01/01-31/12.

Pfullingen 17A3
Wohnmobilplatz Schönbergbad, Klosterstraße.
GPS: n48,45537 o9,22812.

8⚡kostenlos ⛽€1/50Liter 🚽Ch 🔌€1/2kWh.
Lage: Städtisch, einfach. **Untergrund**: Wiese. 📅 01/01-31/12.
Entfernung: 🚴1,5Km ⊗in der Nähe 🚶vor Ort.
Sonstiges: Max. 4 Tage.

Radolfzell 20A2
Wohnmobilstellplatz in den Herzen, Zeppelinstraße.
GPS: n47,73888 o8,95331.

15⚡€ 8/24 Std ⛽€1/80Liter 🚽Ch 🔌(12x)€0,50/kWh.
Untergrund: befestigt. 📅 01/01-31/12.
Entfernung: 🚴1Km ⊗500M 🛒1Km 🚴BodenseeRadweg 🚶Bodensee-Rundwanderweg.
Sonstiges: Max. 2 Nächte.

Radolfzell 20A2
Wohnmobilstellplatz Halbinsel Mettnau, Strandbadstrasse.
GPS: n47,73784 o8,98007.

12⚡€ 8/24 Std ⛽€1/50Liter 🚽Ch 🔌(6x)€0,50/kWh.
Untergrund: asphaltiert. 📅 01/01-31/12.
Entfernung: 🚴500M 🏊700M 🛒700M ⊗500M 🍴700M 🚗100M.
Sonstiges: Max. 2 Nächte.

Radolfzell 20A2
Campingplatz Böhringer See, Hindenburgstrasse.
GPS: n47,76176 o8,93488.

10⚡€ 10-13 ⛽🚽Ch 🔌(5x)€0,50/kWh WC⚡€1.
Untergrund: befestigt. 📅 01/01-31/12.
Entfernung: 🚴1Km 🚶vor Ort 🛒1Km.

Rastatt 16H3
Stellplatz am Familienbad Alohra, Leopoldring 8.
GPS: n48,85409 o8,19970.

5⚡€ 5 ⛽€1/10Minuten 🚽Ch 🔌(8x)€1/6Std.
Lage: Städtisch, einfach. **Untergrund**: befestigt. 📅 01/01-31/12.
Entfernung: 🚴500M 🍴3,8Km.
Sonstiges: Anmeldung an der Schwimmbadkasse, Rabatt beim Schwimmbad und Sauna, Dienstag, Donnerstag und Samstag Markt.

Ravensburg 20B2
Wohnmobilstellplatz Ravensburg, Mühlbruckstrasse.
GPS: n47,78196 o9,60001.

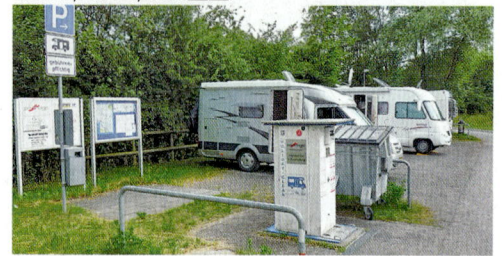

19⚡€ 8 ⛽€1/80Liter 🚽Ch 🔌€0,50/kWh.
Untergrund: befestigt. 📅 01/01-31/12.
Entfernung: 🚴Stadtmitte 800M ⊗500M 🛒200M 🚗250M 🚴Donau-Bodensee Radweg.
Sonstiges: Max. 3 Nächte.
Touristinformation Ravensburg:
🎫 Bodensee-Erlebniskarte. Karte ermöglicht freien Zugang zu alle Booten, Drahtseilbahnen, Stränden etc. Rund um den Bodensee in Deutschland, Schweiz und Österreich. €72/3 Tage.
ℹ️ Tourist Information, Kirchstrasse 16. Stadt der Tore und Türme.

Rechberghausen 17B3
Sportpark Lindach, Am Desenbach. **GPS**: n48,72405 o9,63594.

6⚡kostenlos ⛽€0,50/80Liter 🚽Ch 🔌(6x)€0,50/kWh.
Lage: Ländlich, einfach. **Untergrund**: Wiese. 📅 01/04-01/11.
Entfernung: 🚴1Km 🏊500M 🛒1Km 🍴1Km 🚗500M 🚶vor Ort.

Reichenau 20A2
Zum Sandseele. **GPS**: n47,69887 o9,04711.

12⚡€ 12/24 Std ⛽€1/80Liter 🚽Ch 🔌(8x)€1/2kWh.
Untergrund: asphaltiert/befestigt. 📅 01/01-31/12.
Entfernung: 🚴1,5Km 🏊vor Ort 🚶vor Ort ⊗100M 🛒2km.
Sonstiges: Max. 1 Nacht.

Reichental 16H3
Auwiesenstraze. **GPS**: n48,73166 o8,39616.

10⚡kostenlos ⛽🚽Ch. **Lage**: Einfach, abgelegen, ruhig.
Untergrund: Schotter. 📅 01/01-31/12.
Entfernung: 🚴1Km 🚶vor Ort.

Renchen 16H3
Ullenburgstrasse, Ulm. **GPS**: n48,58088 o8,04556.

6⚡€ 7 ⛽€1/100Liter 🚽Ch 🔌inklusive2kWh.
Lage: Ländlich, komfortabel. 📅 01/01-31/12.
Entfernung: 🚴300M ⊗300M 🍴vor Ort 🚶vor Ort.
Sonstiges: Markt am Freitag.

Reutlingen 17A3
P&R Parkplatz, Am Südbahnhof/Marktstrasse.
GPS: n48,48280 o9,22982.

Baden-Württemberg

3 kostenlos Ch. **Lage:** Städtisch, einfach, laut. **Untergrund:** Schotter. 01/01-31/12.
Entfernung: 3km vor Ort vor Ort.
Sonstiges: Gegenüber Reisemobilhändler Berger, max. 48 Std.

Reutlingen 17A3
Sportpark Markwasen, Hermann-Hesse-Straße.
GPS: n48,47536 o9,19377.

10 € 8 €1/80Liter Ch (8x)€0,50/kWh.
Lage: Städtisch, einfach. **Untergrund:** Schotter. 01/01-31/12.
Entfernung: 3Km.
Sonstiges: öffentlichen Verkehrsmitteln inklusive.

Rheinmünster 16H3
Freizeit Center Oberrhein, Am Campingpark 1.
GPS: n48,77250 o8,04240.

20 € 8/24 Std €1/80Liter Ch (20x)€0,50/kWh.
Lage: Ländlich, komfortabel, ruhig. **Untergrund:** Wiese.
01/01-31/12.
Entfernung: vor Ort 200M vor Ort vor Ort.

Riedlingen 20B1
Stadthalle, Hindenburgstraße. **GPS:** n48,15189 o9,47766.

3 kostenlos €1/100Liter Ch €1/4Std.
Lage: Städtisch. **Untergrund:** asphaltiert. 01/01-31/12.
Entfernung: 300M 200M 100M.
Sonstiges: Max. 3 Tage.

Rielasingen-Worblingen 20A2
Naturbad Aachtal, Herdweg. **GPS:** n47,72127 o8,86332.
6 kostenlos, Mai-Sep € 4,50/Tag €1/100Liter Ch €0,50/kWh 01/05-30/09. **Lage:** Ländlich. **Untergrund:** Schotter.
01/01-31/12. **Entfernung:** 600M.

Rottenburg/Neckar 17A3
Wohnmobilhafen Neckarufer, Ulmenweg 4.
GPS: n48,47213 o8,95010.

12 € 5 €1/80Liter Ch (8x)€0,50/kWh.
Lage: Städtisch, einfach. **Untergrund:** asphaltiert. 01/01-31/12.
Entfernung: 800M 800M 800M vor Ort.
Sonstiges: Max. 3 Tage.

Rottweil 20A1
Parkplatz, Stadionstrasse. **GPS:** n48,15556 o8,62861.

16 € 5 €1 Ch (16x)€1/8Std. **Lage:** Städtisch, einfach.
Untergrund: Schotter. 01/01-31/12.
Entfernung: 1Km 1Km 1Km 500M.
Sonstiges: Parkplatz Stadion.

Rust 19G1
Europapark Rust, Europa-Parkstrasse. **GPS:** n48,27189 o7,71745.

200 8-20 Uhr € 2/Std (max. € 6), 20-8 Uhr 2,50/Std (max. € 25) Ch WC inklusive. **Lage:** Einfach.
Untergrund: Schotterasen. 19/03-06/11, 26/11-08/01 9-18.
Entfernung: vor Ort vor Ort.
Touristinformation Rust:
Europa-park, Europa-Park-Straße 2. Großer Vergnügungs- und Freizeitpark mit Thema Europa. 19/03-06/11 9-18, 26/11-08/01 11-19.

Sankt Blasien 19H2
Rehbach in Menzenschwand, Rehbachweg, Sankt Blasien.
GPS: n47,81306 o8,06933.

20 € 6 Ch (16x)€3/24Std. **Lage:** Ländlich, einfach, ruhig.
Untergrund: Schotter. 01/01-31/12.
Entfernung: St Blasien 8Km Bäckerei 500M vor Ort vor Ort vor Ort.
Sonstiges: Am Skilift Rehbach, im Winter nicht immer leicht zu erreichen.

Sasbachwalden 16H3
Wohnmobilstellplatz Alde Gott, Talstraße 2.
GPS: n48,61945 o8,12147.

30 € 7/Nacht €1/100Liter Ch (20x)€2/24Std.
Lage: Ländlich, komfortabel, ruhig. **Untergrund:** Schotter/befestigt.
01/01-31/12.
Entfernung: Stadtmitte 300M 9Km 9Km 100M 250M 250M 100M vor Ort vor Ort.
Sonstiges: Wasserfall 1km, Schwimmbad 800m.

Schiltach 19H1
Stellplatz P1 Lehwiese, Am Hirschen. **GPS:** n48,29111 o8,34250.

10 kostenlos (3x).
Lage: Städtisch, einfach, ruhig. **Untergrund:** Schotter.
01/01-31/12.
Entfernung: 200M 50M 50M vor Ort vor Ort vor Ort.
Sonstiges: Tagsüber lebhafter Parkplatz.

Schluchsee 19H2
P Aqua Fun, Faulenfürster Straße 18. **GPS:** n47,81569 o8,18113.

22 € 10 + € 2,60/pP Kurtaxe €1/100Liter Ch €1/8Std.
Lage: Ländlich, komfortabel, zentral, ruhig. **Untergrund:** asphaltiert.
01/01-31/12.
Entfernung: 200M.
Sonstiges: Max. 1 Nacht.

Schonach im Schwarzwald 19H1
Parkplatz Obertal, Schwimmbadweg. **GPS:** n48,14573 o8,18872.

10 € 7 €1 €1 Ch (8x)€1/8Std. **Lage:** Ländlich, komfortabel.
Untergrund: Schotterasen. 01/01-31/12.
Entfernung: 1Km 650M vor Ort vor Ort vor Ort vor Ort.
Sonstiges: Max. 3 Nächte, Wertmünzen beim Touristenbüro, kostenloser Schwimmbadeintritt, Skilift und Nutzung öffentlicher Verkehrsmittel.

Schönwald im Schwarzwald 19H1
Skilift Dobel, Franz-Schubert-Straße. **GPS:** n48,09728 o8,19588.
kostenlos. 01/01-31/12.
Entfernung: 600M vor Ort vor Ort vor Ort.

Schorndorf 17B3
Gmünder Straße 84/1. **GPS:** n48,80539 o9,54187.

Deutschland

Baden Württemberg

7 🅿 €5 + €4/pP ⛽€2 💧Ch€2 ⚡€0,50/kWh,+ €1 WC 🚿€2 🛁€2/2 📶€1. **Lage:** Einfach. **Untergrund:** befestigt.
📅 01/01-31/12.
Entfernung: 🏪10Min.

S   **Schorndorf**   17B3
Oskar Frech SeeBad, Lortzingstrasse 56. **GPS:** n48,79645 o9,51410.
5 🅿kostenlos ⛽€1 💧Ch€1 ⚡€0,50/kWh.
Entfernung: ⛱vor Ort.
Sonstiges: Am Schwimmbad.

S   **Schramberg**   19H1
Bahnhofstraße, B462. **GPS:** n48,23017 o8,38323. ➡️

2 🅿kostenlos ⛽€1/80Liter 💧Ch.
Lage: Ländlich, einfach, laut. **Untergrund:** Beton.
📅 01/01-31/12.
Entfernung: 🏪vor Ort ⛱100M 🚆50M 🚌10M 🚲vor Ort 🚶vor Ort.
Sonstiges: Max. 7 Tage.

S   **Schwäbisch Gmünd**   17B3
Schießtalplatz, Schiesstalstraße. **GPS:** n48,80543 o9,81308. ⬆️

8 🅿kostenlos ⛽€1/50Liter 💧Ch. ⚡(8x)€0,50/kWh.
Lage: Ländlich, einfach. **Untergrund:** Schotter. 📅 01/01-31/12.
Entfernung: 🏪1Km ⛱50M 🚌500M.
Sonstiges: Wohnmobil < 7m, max. 5 Tage pro Monat.

Schwäbisch Hall   17B2
Wohnmobilstellplatz Auwiese, Spitalmühlenstraße.
GPS: n49,12218 o9,73473. ⬆️➡️

7 🅿kostenlos. **Untergrund:** Schotter. 📅 01/01-31/12.
Entfernung: 🏪1,5Km ⛱100M.
Sonstiges: Max. 48 Std.

S   **Schwaigern**   17A2
Wohnmobilstellplatz Schaigern, Gemminger Straße 91.
GPS: n49,14576 o9,04529. ⬆️

2 🅿kostenlos ⛽€1/90Liter 💧Ch. ⚡kostenlos.
Untergrund: asphaltiert. 📅 01/01-31/12.
Entfernung: 🏪1Km ⛱300M 🚌vor Ort.

S   **Schwetzingen**   16H2
Ketscher Landstrasse. **GPS:** n49,37803 o8,55820. ⬆️

12 🅿kostenlos ⛽€3/80Liter 💧Ch. **Lage:** Einfach, laut.
Untergrund: Schotterasen/befestigt. 📅 01/01-31/12.
Entfernung: 🏪500M ⛱vor Ort 🚆vor Ort 🚌100M 🚲vor Ort 🚶vor Ort.
Sonstiges: Max. 3 Nächte, lauter Platz.

S   **Seelbach**   19H1
Reisemobil-Wellness-Stellplatz Schwarzwälder Hof, Am Tretenbach.
GPS: n48,30042 o7,94497. ⬆️

14 🅿€20 ⛽€1/90Liter 💧Ch. ⚡(14x)kWh WC 📶 🧺.
Lage: Ländlich, komfortabel, laut. **Untergrund:** Wiese.
📅 01/01-31/12.
Entfernung: 🏪600M ⛱100M.
Sonstiges: Inkl. Eintritt zum Schwimmbad, Sanitärnutzung, Eintritt 1P Wellness/Sauna.

Seewald   16H3
P4, L362. **GPS:** n48,55131 o8,49522. ⬆️➡️.

17 🅿kostenlos WC kostenlos. **Lage:** Ländlich, einfach, ruhig.
Untergrund: asphaltiert. 📅 01/01-31/12. ⚫ Ver-/Entsorgung 01/11-31/03. **Entfernung:** 🏪1,5Km 🚌25M ⛱600M.

S   **Sigmaringen**   20B1
Wohnmobilplatz Sigmaringen, Georg Zimmerer Straße 4.
GPS: n48,08545 o9,21029. ⬆️➡️.

20 🅿€8 ⛽€1/80Liter 💧Ch. ⚡(20x)€1/4Std. 🧺 **Lage:** Einfach.
Untergrund: befestigt. 📅 01/01-31/12.

Entfernung: 🏪500M ⛱500M 🚌200M vor Ort.

Sindelfingen   17A3
Badezentrum Sindelfingen, Hohenzollernstrasse.
GPS: n48,71993 o9,01779. ⬆️.

10 🅿kostenlos. **Lage:** Städtisch, einfach. **Untergrund:** asphaltiert.
📅 01/01-31/12.
Entfernung: ⛱vor Ort ⛱vor Ort 🚲vor Ort 🚶vor Ort.

S   **Singen**   20A2
P Landesgartenschau, Schaffhauserstrasse.
GPS: n47,75992 o8,82766. ⬆️➡️.

20 🅿kostenlos ⛽💧Chkostenlos ⚡(16x)€1/6Std.
Untergrund: Wiese/Schotter.
📅 01/01-31/12, Ver-/Entsorgung 15/03-15/11.
Entfernung: 🏪1Km ⛱vor Ort 🚌200M. **Sonstiges:** Max. 72 Std.

S   **Singen**   20A2
Hallenbad, Waldeckstraße 4. **GPS:** n47,76472 o8,84781. ⬆️.
3 🅿kostenlos. **Untergrund:** asphaltiert. 📅 01/01-31/12.
Entfernung: 🏪500M.
Sonstiges: Am Schwimmbad.

S   **Sinsheim**   17A2
Wohnmobilpark Sinsheim, Am Ilvesbach.
GPS: n49,25022 o8,88002. ⬆️.
32 🅿€6 ⛽€1/100Liter 💧Ch. ⚡€0,50/kWh 📶inklusive.
Untergrund: befestigt. 📅 01/01-31/12.
Entfernung: 🏪300M.
Sonstiges: Rabatt beim Schwimmbad.

Sternenfels   17A2
Diefenbach, Burrainstrasse, Diefenbach. **GPS:** n49,02440 o8,85535. ⬆️.
3 🅿kostenlos. **Lage:** Städtisch, einfach. **Untergrund:** asphaltiert.
Entfernung: 🏪100M ⛱vor Ort.

S   **Stetten**   20B2
Alte Brennerei, Riedetsweilerstrasse 5. **GPS:** n47,69326 o9,29788. ⬆️.

15 🅿€9 ⛽€1 💧€1 Ch. ⚡(6x)€0,50/kWh.
Untergrund: Wiese/Schotter. 📅 01/01-31/12.
Entfernung: 🏪300M ⛱2km 🚆2km ⛱300M 🚌300M 🚲300M.

Stockach/Bodensee   20A2
Reisemobilhafen 'Papiermühle', Johann-Glatt-strasse 3.
GPS: n47,84169 o8,99945. ⬆️.

Baden Württemberg

85 € 10 €0,50/50Liter Ch (118x) WC.
Untergrund: Schotter/befestigt. 01/01-31/12.
Entfernung: 1,5Km vor Ort 700M.

Sulz am Neckar 20A1
Stellplatz Wöhrd, Ludwigstraße. **GPS:** n48,36427 o8,63681.

6 kostenlos €1/80Liter €1 Ch €1 (6x)€0,50/kWh.
Lage: Ländlich, einfach, ruhig. **Untergrund:** Beton.
01/01-31/12.
Entfernung: 300M 10Km 100M 100M vor Ort vor Ort vor Ort.

Sulzburg 19G2
Camping Sulzbachtal, Sonnmatt 4. **GPS:** n47,84773 o7,69868.

10 € 15 + Kur- und Ekotaxe Ch (10x)€0,70/kWh WC inklusive. **Lage:** Komfortabel.
Untergrund: Wiese/Schotter. 01/01-31/12.
Entfernung: 500M vor Ort.

Tauberbisschofsheim 17B1
P Freibad, Vittryallee. **GPS:** n49,62155 o9,66632.

3 kostenlos Ch WC kostenlos €0,50, während Öffnungszeiten.
Lage: Einfach. **Untergrund:** asphaltiert. 01/01-31/12.
Entfernung: 500M 300M 100M 500M.
Sonstiges: Ver-/Entsorgung Kläranlage ma-do 7-16 uur.

Tettnang 20B2
Loretostrasse. **GPS:** n47,66425 o9,59175.

14 € 5 €1 €1 Ch €1 (8x)€1/8Std.
Untergrund: Wiese/befestigt. 01/01-31/12.
Entfernung: 800M 200M 200M 200M.
Sonstiges: Max. 72 Std.

Tettnang 20B2
Gutshof Camping Badhütten, Badhütten, Laimnau.
GPS: n47,63370 o9,64668.

70 € 20 €1 Ch €1/3kWh WC €1.
Untergrund: Wiese. 01/01-31/12.

Titisee 19H2
Camping Bankenhof, Bruderhalde 31a, Hinterzarten.
GPS: n47,88643 o8,13046.

8 € 14, 2 pers inkl Ch WC inklusive €3/3 €0,50/Std.
Lage: Ländlich, komfortabel, ruhig.
Untergrund: Schotter/Sand.
01/01-31/12.
Entfernung: 3Km Titisee 600m vor Ort vor Ort 3km.
Sonstiges: Bezahlen bei Rezeption.

Todtmoos 19H2
Jägermatt, Vordertodtmoos. **GPS:** n47,73390 o8,00285.

30 € 5 Ch inklusive. **Lage:** Ländlich, einfach, laut.
Untergrund: Schotter/befestigt. 01/01-31/12.
Entfernung: 1km 50M.

Triberg im Schwarzwald 19H1
Sommerauer Strasse, Nußberg. **GPS:** n48,13161 o8,25294.

20 kostenlos. **Lage:** Ländlich, einfach. **Untergrund:** Schotter.
01/01-31/12.
Entfernung: 2km vor Ort.

Trochtelfingen 20B1
Eberhard-von Werderberg-Halle, Siemensstrasse.
GPS: n48,30811 o9,23546.

20 € 3 €1/80Liter Ch (4x)kostenlos,16Amp.
Lage: Städtisch, einfach. **Untergrund:** Schotter. 01/01-31/12.
Entfernung: Altstadt 500M 500M vor Ort.
Sonstiges: Im Rathaus zahlen.

Trochtelfingen 20B1
Kräuter- und Erlebnisgarten Alb-Gold Nudelfabrik, Grindel 1.
GPS: n48,32838 o9,24001.

4 kostenlos. **Lage:** Ländlich, einfach, laut. **Untergrund:** befestigt.
01/01-31/12.
Entfernung: 3km vor Ort vor Ort vor Ort.

Tuttlingen 20A1
Stellplatz Donaupark, Stuttgarter strasse.
GPS: n47,98490 o8,81316.

10 kostenlos €1/5Minuten €1 Ch.
Lage: Städtisch, einfach. **Untergrund:** befestigt. 01/01-31/12.
Entfernung: 500M 500M 500M 500M Donauradweg.
Sonstiges: Max. 3 Nächte.

Überlingen 20A2
Reisemobilhafen Überlingen, Kurt-Hahn-strasse.
GPS: n47,77617 o9,15046.

20 € 6-10 €0,50/70Liter €0,50 Ch (30x)€0,50/2kWh WC.
Untergrund: asphaltiert/Schotter. 01/01-31/12.
Entfernung: 1km 1km 1km 200M 1,5km 200M.
Sonstiges: Max. 3 Tage, Preis inkl. Bustransport (Max 5 pers) zum Stadtzentrum.

Uhldingen-Mühlhofen 20B2
Ehbachstrasse. **GPS:** n47,72535 o9,23649.

21 8-18 Uhr € 1,50/Std, max. € 5, Nacht € 10 €1 €1 Ch WC.
Untergrund: Schotterasen/befestigt. 01/03-31/10.
Entfernung: 1km 2km 2km Kiosk vor Ort 300M.
Sonstiges: Max. 24 Std.

Ulm 17C3
P+R Friedrichsau, Wielandstraße 74. **GPS:** n48,40774 o10,00929.

Baden Württemberg

50 kostenlos €1 Ch. **Lage:** Städtisch, einfach, zentral. **Untergrund:** befestigt. 01/01-31/12.
Entfernung: 200M vor Ort.
Sonstiges: Max. 3 Tage, Umweltzone: Umweltplakettenpflicht.

Ummendorf 20B1
Bräuhaus Ummendorf, Bachstrasse 10.
GPS: n48,06340 o9,83252.

5 kostenlos (5x)€3/Tag WC €3.
01/01-31/12.
Entfernung: 300M vor Ort 800M 100M.
Sonstiges: 3 Tage kostenlos.

Unterkirnach 19H1
Reisemobilhafen Am Rathaus, Rathausplatz.
GPS: n48,07719 o8,36707.

17 €11 Ch inklusive,6Amp. **Lage:** Städtisch, luxus, ruhig. **Untergrund:** Schotter. 01/01-31/12.
Entfernung: vor Ort 400M 500M 200M 300M 200M 150M 400M.
Sonstiges: Bezahlen beim Touristenbüro, Ausweichmöglichkeit wenn voll.

Unterkirnach 19H1
Ackerloch-Grillschopf, Unteres Ackerloch 2.
GPS: n48,08473 o8,36573.

20 €5, Kurtaxe €2,10/pP Ch WC inklusive.
Lage: Ländlich, einfach.
Untergrund: ungepflastert.
Nov.
Entfernung: 1,5Km vor Ort vor Ort vor Ort vor Ort.

Untermünkheim 17B2
Wohnmobilpark Ostertag, Kupfer Straße 20, Übrigshausen.
GPS: n49,17603 o9,71321.

10 €8 €0,50 Ch €0,50 €1. **Lage:** Ländlich, komfortabel.
Untergrund: Wiese/Schotter. 01/03-30/11.
Entfernung: 50M.
Sonstiges: Beim Manege.

Unteröwisheim 17A2
Muhlweg. **GPS:** n49,14306 o8,67250.

2 kostenlos. **Lage:** Einfach, ruhig. **Untergrund:** Schotter.
01/01-31/12.
Entfernung: 500M vor Ort.

Uttenweiler 20B1
Naturfreibad, Weiherstrasse. **GPS:** n48,13814 o9,61962.
6 €6 Ch kostenlos €0,50/kWh. **Lage:** Ländlich.
Untergrund: Wiese/Schotter. 01/05-01/11.
Entfernung: 600M vor Ort 600M.

Villingen/Schwenningen 20A1
Messegelände, Waldeckweg. **GPS:** n48,05028 o8,54056.

4 kostenlos €1 Ch. **Lage:** Städtisch, einfach, laut.
Untergrund: asphaltiert. 01/01-31/12.
Entfernung: 1Km 500M.

Vogtsburg im Kaiserstuhl 19G1
Hauptstraße/L115, Oberrotweil. **GPS:** n48,09000 o7,64361.

8 kostenlos. **Lage:** Ländlich, einfach, abgelegen, ruhig.
01/01-31/12.
Entfernung: 800M 50M vor Ort vor Ort.
Sonstiges: Am Schwimmbad.

Waiblingen 17B3
Parkplatz Hallenbad, An der Talaue. **GPS:** n48,83029 o9,32540.

20 €8/24 Std €1/80Liter Ch (6x)€1/8Std WC.
Lage: Städtisch. **Untergrund:** Schotter. 01/01-31/12.
Entfernung: 500M 500M 50M 300M 600M.
Sonstiges: Parkplatz Schwimmbad, max. 3 Nächte, während der Kongresse extra Tarife.

Waldkirch 19H1
Wohnmobilstellplatz Waldkirch, Am Stadtrain.
GPS: n48,09023 o7,95833.

---

10 kostenlos €1/80Liter Ch kostenlos. **Lage:** Städtisch, einfach, zentral. **Untergrund:** Beton. 01/01-31/12.
Entfernung: 500M vor Ort.
Sonstiges: Max. 2 Tage.

Waldshut-Tiengen 19H2
Wohmobil-Park Waldshut-Tiengen, Jahnweg 22, Waldshut.
GPS: n47,61121 o8,22513.

44 €12 €1/100Liter Ch €1/kWh €0,50.
Lage: Städtisch, luxus, ruhig. **Untergrund:** befestigt.
01/01-31/12.
Entfernung: vor Ort.
Sonstiges: Am Rhein, Brötchenservice.

Walldürn 17B1
Basilikaplatz, Hauptstrasse. **GPS:** n49,58637 o9,36726.

8 kostenlos €1/80Liter (4x)€0,50/kWh.
Lage: Ländlich, einfach. **Untergrund:** Schotter. 01/01-31/12.
Entfernung: 250M 400M.
Sonstiges: Wallfahrtsort.

Walldürn 17B1
Goldschmitt Technik-Center, Industrieparkstrasse.
GPS: n49,58977 o9,39339.

30 kostenlos €1/80Liter Ch (18x)€0,50/kWh.
Lage: Ländlich, komfortabel. **Untergrund:** asphaltiert/Schotter.
01/01-31/12.
Entfernung: 2,6Km 100M.
Sonstiges: Backer kommt jede Morgen.

Wangen im Allgäu 20B2
P17, Am Klösterle. GPS: n47,68160 o9,83401.

40 €7 + €1,30/pP Kurtaxe €0,50/120Liter Ch (46x) WC.
Untergrund: befestigt. 01/01-31/12.
Entfernung: vor Ort 500M 500M vor Ort vor Ort vor Ort.
Sonstiges: Kurtaxe €1.

Touristinformation Wangen im Allgäu:
Tourist Information, Parkplatz 1, Rathaus. Traditionelle kleine bayerische Stadt. Jeden Donnerstag Stadtführung durch historisches Stadtzentrum, 10.30-12 Uhr. €5.
Mi.

Baden Württemberg

Wehr 19H2
Ludingarten. **GPS:** n47,62515 o7,90582.

7 €10/24 Std €1/100Liter Ch (8x)€1/8Std WC.
Lage: Einfach, ruhig. **Untergrund:** befestigt. 01/01-31/12.
Entfernung: in der Nähe.
Sonstiges: Bezahlen beim Tourist Info, Hauptstr. 14 oder Bistro Gleis 13, Bahnhofplatz.

Weikersheim 17B1
Parkplatz Tauberwiesen, August-Laukhuff-Straße 15.
GPS: n49,48364 o9,89706.

30 kostenlos. **Lage:** Ländlich, einfach. **Untergrund:** Schotter.
01/01-31/12.
Entfernung: 300M 400M.

Weikersheim 17B1
Campingplatz Schwabenmühle, Weikersheimer Strasse 21, Laudenbach. **GPS:** n49,45795 o9,92691.

6 €19-22,50 Ch (6x)inklusiveStd.
Lage: Einfach. **Untergrund:** Schotter. Ostern-15/10.
Entfernung: 300M 200M.

Weil der Stadt 17A3
Festplatz, Jahnstrasse. **GPS:** n48,75268 o8,87453.

4 kostenlos €1 €1 Ch (4x)€1/4Std. **Lage:** Städtisch, einfach, laut. **Untergrund:** asphaltiert. 01/01-31/12.
Entfernung: 300M 300M 250M vor Ort vor Ort.
Sonstiges: Max. 3 Tage.

Weilheim 19H2
Gret-Stube, Fohrenbachstraße 5, Nöggenschwiel.
GPS: n47,69252 o8,21349.
4 €12 Ch inklusive. **Lage:** Ländlich. 01/01-31/12.
Entfernung: vor Ort vor Ort.
Sonstiges: Frühstücksservice.

Weingarten 20B2
Festplatz, Abt Hyller Strasse 55. **GPS:** n47,81009 o9,63041.
8 €5 €1 Ch €2. **Untergrund:** befestigt.
01/01-31/12.
Entfernung: 1Km 500M vor Ort vor Ort.
Sonstiges: Max. 3 Nächte.

Weinheim 17A1
Am Miramar, Waidallee. **GPS:** n49,53378 o8,64473.

5 kostenlos. **Untergrund:** asphaltiert. 01/01-31/12.
Entfernung: 350M.
Sonstiges: Am Schwimmparadies.

Weinsberg 17A2
Eugen-Diez-Straße 2. **GPS:** n49,14846 o9,28464.
6 kostenlos €1/100Liter Ch (6x)€0,50/kWh kostenlos.
Lage: Ländlich, ruhig. **Untergrund:** Schotterasen. 01/01-31/12.
Entfernung: 500M 2km 50M vor Ort vor Ort.

Welzheim 17B2
Aichstruter Stausee, Seiboldsweiler, Aichstrut.
GPS: n48,90020 o9,63719.

9 €5 €1/80Liter Ch WC. **Untergrund:** Schotter.
01/01-31/12. **Entfernung:** 5Km vor Ort vor Ort vor Ort.
Sonstiges: Am Stausee, max. 1 Woche.

Welzheim 17B2
Am Bahnhof, Bahnhofstraße. **GPS:** n48,87256 o9,63053.
3 kostenlos. 01/01-31/12.
Entfernung: 400M 400M.
Sonstiges: Max. 3 Tage.

Welzheim 17B2
Am Stadtpark, Tannwaldweg. **GPS:** n48,86780 o9,63183.
2 kostenlos. 01/01-31/12.
Entfernung: 700M vor Ort.

Wertheim 17B1
Wohnmobilstellplatz An der Taubermündung, Linke Tauberstrasse. **GPS:** n49,76501 o9,51213.

54 €7/24 Std €1/90Liter Ch.
Lage: Einfach, laut. **Untergrund:** Schotter.
01/01-31/12 2. Sa des Monats + Hochwasser.
Entfernung: 500M vor Ort.
Sonstiges: Direkt am Tauber, max. 3 Tage.

Wertheim 17B1
Erwin Hymer World, Hymerring 1. **GPS:** n49,77368 o9,58034.

90 kostenlos €1/90Liter Ch €1/3Std
WC während Öffnungszeiten. **Lage:** Ländlich, komfortabel.
Untergrund: asphaltiert. 01/01-31/12. **Entfernung:** 400M
3,7Km. **Sonstiges:** Backer 8 Uhr Morgens, Wertheim Outletcentrum.
Touristinformation Wertheim:
Wertheim Village, Almosenberg. Outlet-shopping.

Wildberg 17A3
Wohnmobilstellplatz Wildberg, Klosterhof 4.
GPS: n48,62055 o8,74485.

4 kostenlos €1/50Liter Ch €1/kWh.
Lage: Ruhig. **Untergrund:** asphaltiert/befestigt.
01/01-31/12 Ver-/Entsorgung: 01/11-01/03.
Entfernung: Altstadt 500M 700M 1Km vor Ort.
Sonstiges: Am Fluss, in der Nähe vom Kloster.

Wolfach 19H1
Ferienhof Bartleshof, Ippichen 6, Ippichen.
GPS: n48,30183 o8,26264.

5 €15 Ch (4x) €2 €2. **Lage:** Ländlich, einfach, ruhig. **Untergrund:** Wiese/Schotter. 01/01-31/12.
Entfernung: vor Ort vor Ort.
Sonstiges: € 10, Rabatt beim Restaurant.

Wolfach 19H1
Trendcamping Schwarzwald, Schiltacher Straße 80, Halbmeil.
GPS: n48,29053 o8,27763.

6 €18, 2 Pers. inkl Ch WC inklusive €3 €2.
Lage: Ländlich, einfach, ruhig. **Untergrund:** Wiese/Sand.
10/04-15/10.
Entfernung: vor Ort.

Wolfegg/Allgäu 20B2
Reisemobilhafen Loretopark, Rötenbacher Straße.
GPS: n47,81489 o9,79802.
12 €5 €1/80Liter Ch €0,50/kWh. 01/01-31/12.
Entfernung: 500M.

Wolfegg/Allgäu 20B2
Hofgarten, Alttaner strasse. **GPS:** n47,82105 o9,79487.

2 €5. **Untergrund:** Schotter/befestigt.
01/01-31/12.
Entfernung: vor Ort.
Sonstiges: Max. 2 Nächte.
Touristinformation Wolfegg/Allgäu:
Automobilmuseum. 200 Oldtimer.
01/04-31/10 9.30-18, 01/11-31/03 So 10-17 Uhr.
Bauernhaus-museum. Freilichtmuseum. 01/04-31/10 Di-So 10-18/17 Uhr Mo Apr Okt.

Zaberfeld 17A2
An der Ehmetsklinge, Seestrasse. **GPS:** n49,05607 o8,91646.
3 kostenlos kostenpflichtig Ch €0,50/kWh. **Lage:** Ländlich.
Untergrund: befestigt. 01/01-31/12.

Baden Württemberg - Bayern

Entfernung: 250M vor Ort, vor Ort, vor Ort 250M vor Ort, vor Ort.

Zell am Harmersbach 19H1
Stellplatz Zell am Harmersbach, Nordracher Strasse.
GPS: n48,35146 o8,05942.

14 €5 €1/10Minuten Ch (8x)€2/12Std.
Lage: Ländlich, einfach, ruhig. **Untergrund:** Schotter.
01/01-31/12.
Entfernung: 2km 2km.

Bayern

Absberg 17D2
Badehalbinsel Brombachsee, Gunzenhausen-Pleinfeld Ausfart Absberg. **GPS:** n49,13770 o10,87389.

240 €12/24 Std €0,20/60Liter Ch (80x)€0,50/kWh WC €0,50.
Lage: Ländlich, komfortabel, ruhig. **Untergrund:** Wiese.
01/04-01/10.
Entfernung: 1Km vor Ort, vor Ort 1Km vor Ort, vor Ort.
Sonstiges: Brötchenservice.

Adelsdorf 17D1
Gasthof Niebler, Neuhauser Hauptstrasse 30.
GPS: n49,70017 o10,90221.

4 €15, für Gäste kostenlos. **Untergrund:** befestigt.
01/01-31/12.
Entfernung: vor Ort, vor Ort.

Ahorn 12D3
Freizeitzentrum Wittmannsberg, Badstrasse 20, Eicha.
GPS: n50,22537 o10,90252.

4 kostenlos. **Untergrund:** befestigt. 01/01-31/12.
Entfernung: vor Ort 5km.

Aichach 17D3
Reisemobilplatz, Franz-Beck-Strasse. **GPS:** n48,45889 o11,12611.

4 €5 Ch kostenlos. **Lage:** Städtisch, einfach, ruhig.
Untergrund: Wiese/Schotter. 01/01-31/12.
Entfernung: 500M 500M 100M.

Albertshofen 17C1
An der Fähre Mainstockheim-Albertshofen, Mainstraße.
GPS: n49,77254 o10,15749.

10 €5 Ch inklusive.
Lage: Ländlich, einfach, ruhig. **Untergrund:** Schotter.
01/01-31/12.
Entfernung: vor Ort, vor Ort, vor Ort 50M vor Ort.
Sonstiges: Entlang der Main, bei Hochwasser gesperrt.

Altmannstein 17E2
Gasthof Forster, Schulstrasse 9. **GPS:** n48,90125 o11,69559.

20 Gäste kostenlos (4x)€2/Nacht.
Untergrund: asphaltiert. 01/01-31/12.
Entfernung: vor Ort, vor Ort 3km.
Sonstiges: Brötchenservice, anmelden vor 19 Uhr (Mo-Di 16U).

Altötting 20G1
P2 Dultplatz, Traunsteinerstrasse. **GPS:** n48,22287 o12,67921.

8 kostenlos €1/10Liter (8x)€1/4Std. **Lage:** Städtisch, einfach, zentral. **Untergrund:** Schotter. 01/01-31/12.
Entfernung: 700M 300M 300M 250M.
Sonstiges: Max. 3 Tage.

Altötting 20G1
Wohnmobilstellplatz am Parkplatz, Griesstraße.
GPS: n48,22946 o12,67493.

8 kostenlos €1/80Liter Ch (8x)€1/4Std WC.
Lage: Städtisch, einfach, laut. **Untergrund:** Schotterasen.
01/01-31/12.

Entfernung: 600M 200M vor Ort. **Sonstiges:** Max. 3 Tage.

Altusried 20C2
Am Freibad, Im Tal 4. **GPS:** n47,79915 o10,21934.

10 €10-5 €1 Ch €0,50/kWh. **Lage:** Ländlich, einfach, ruhig. **Untergrund:** Wiese/Schotter. 01/01-31/12.
Entfernung: 500M 700M.
Sonstiges: Parkplatz am Schwimmbad, max. 3 Tage.

Amberg 17E1
Gasfabrikstraße. **GPS:** n49,44043 o11,86198.

10 kostenlos (12x)€1/12Std. **Lage:** Städtisch, einfach, zentral, ruhig. **Untergrund:** asphaltiert. 01/01-31/12.
Entfernung: 500M 50M 1km 1km 50M 50M.

Amorbach 17A1
P Altstadt, Dr.F.A.Freundt-Straße. **GPS:** n49,64683 o9,22115.

5 kostenlos. **Lage:** Städtisch, einfach.
01/01-31/12.
Entfernung: 500M 400M Lidl.

Ansbach 17C2
Freizeitbad Aquella, Am Stadion 2. **GPS:** n49,30459 o10,55852.

12 kostenlos €0,50/50Liter Ch (12x)€0,50/kWh.
Lage: Einfach, zentral. **Untergrund:** befestigt.
01/01-31/12.
Entfernung: 1Km 7,7km vor Ort 1km vor Ort.
Sonstiges: Am Schwimmbad.

Arnbruck 17G2
Landhotel Rappenhof, Rappendorf 5. **GPS:** n49,13517 o12,95069.

5 €10 Ch €5 WC inklusive. **Lage:** Einfach.
Untergrund: Wiese. 01/01-31/12 15/11-15/13.
Entfernung: 2km vor Ort 2km 10Km 8km.

Bayern

Sonstiges: Saunabenutzung kostenpflichtig.

Arnstein — 12B3
Badesee, Am Alten Schwimmbad. **GPS**: n49,97667 o9,95917.

12 kostenlos €1/80Liter Ch (4x)€1/2kWh.
Lage: Ländlich, einfach, ruhig. **Untergrund**: Wiese/befestigt.
01/01-31/12, Ver-/Entsorgung 01/04-31/10.
Entfernung: 500M 100M 100M Snack 100M 500M vor Ort.
Sonstiges: Am alten Schwimmbad.

Arnstein — 12B3
Cancale Platz. **GPS**: n49,97637 o9,96725.

5 kostenlos. **Lage**: Städtisch. **Untergrund**: befestigt.
01/01-31/12.
Entfernung: 100M 100M 100M. **Sonstiges**: Max. 1 Nacht.

Arzberg — 12E3
Am Rathausplatz. **GPS**: n50,05528 o12,18870.
2 kostenlos. **Untergrund**: befestigt. 01/01-31/12.
Entfernung: 250M 300M 250M.

Aschaffenburg — 12A3
Willigesbrücke, Grossostheimerstrasse. **GPS**: n49,97139 o9,13722.

25 € 3/24 Std (18x)€0,50/kWh.
Lage: Einfach, ruhig. **Untergrund**: Wiese/Schotter. 01/01-31/12.
Entfernung: Altstadt 500M 8km vor Ort.
Sonstiges: Parkplatz am Main, gegenüber Altstadt, ist mit kleinen Schild ausgeschildert, max. 3 Tage.

Aschheim — 20E1
Gasthof Zur Post, Ismaningerstrasse 11. **GPS**: n48,17433 o11,71490.

2 € 10. **Untergrund**: asphaltiert. 01/01-31/12.
Entfernung: vor Ort vor Ort 300M.

Auerbach — 17E1
Franz-Josef-Strauß-Platz, Hopfenoher Straße.
GPS: n49,69171 o11,63768.

3 kostenlos. **Lage**: Einfach. **Untergrund**: Wiese.
Entfernung: 500M 500M 500M.

Aufseß — 12D3
Brauerei-Gasthof Reichold, Hochstahl 24.
GPS: n49,88389 o11,26855.

38 € 7 €1/90Liter Ch (38x)€1,50 WC €1.
Lage: Ländlich, komfortabel, ruhig. **Untergrund**: Wiese/befestigt.
01/01-31/12.
Entfernung: vor Ort vor Ort vor Ort vor Ort Brauereienweg.
Sonstiges: Brötchenservice, Frühstücksbuffet € 8/pP.

Aufseß — 12D3
Brauerei Rothenbach, Im Tal 70. **GPS**: n49,88413 o11,22781.

3 € 5.
Lage: Städtisch, einfach. **Untergrund**: befestigt.
01/03-30/10.
Entfernung: vor Ort vor Ort vor Ort vor Ort.

Augsburg — 17D3
Schillstraße 109, Lechhausen. **GPS**: n48,38914 o10,90435.

4 € 5 Ch €1/2kWh WC.
Lage: Städtisch. **Untergrund**: Schotter. 01/01-31/12.
Entfernung: 3,2Km Sportgaststätte 200M vor Ort vor Ort.
Sonstiges: Am Sportzentrum.

Augsburg — 17D3
Wohnmobilstellplatz Wertach, Bürgermeister Ackermann strasse 1.
GPS: n48,36944 o10,87750.

15 € 8 €1/90Liter Ch €1/6Std. **Lage**: Städtisch, einfach.
Untergrund: Schotter. 01/01-31/12.

Entfernung: vor Ort 4,5Km vor Ort vor Ort 500M 500M vor Ort vor Ort.

Bad Abbach — 17E2
Kaiser-Therme, Kurallee 4. **GPS**: n48,92712 o12,04044.

34 € 10 + € 1,80/pP €1/4Minuten Ch (16x) WC.
Untergrund: Schotterasen/Wiese. 01/01-31/12.
Entfernung: 2km.
Sonstiges: Anmelden an der Kasse der Therme.

Bad Aibling — 20F1
Stellplatz an der Therme P13, Lindenstrasse/Heuburgstrasse.
GPS: n47,85639 o12,00583.

31 € 10 €0,50/80Liter Ch (20x)inklusive.
Lage: Ländlich, komfortabel. **Untergrund**: Schotterasen/befestigt.
01/01-31/12.
Entfernung: 500M 400M 500M 600M 100M.
Sonstiges: Sanitärnutzung nur während der Öffnungszeiten.

Bad Bayersoien — 20D2
Wohnmobilstellplatz Bad Bayersoien, Am Bahnhof 6.
GPS: n47,68798 o10,99820.

8 € 9/24 Std €1/90Liter Ch (12x)€1/2kWh.
Lage: Ländlich, einfach, ruhig. **Untergrund**: Schotter.
01/01-31/12.
Entfernung: 400M 300M 300M 400M 400M.

Bad Birnbach — 17G3
Camping Arterhof, Hauptstraße 3, Lengham.
GPS: n48,43512 o13,10939.

10 € 10 Ch WC inklusive. **Lage**: Ländlich, einfach, ruhig.
Untergrund: Schotter. 01/01-31/12.
Entfernung: vor Ort.

Bad Bocklet — 12B3
Kurgarten, Aschacherstrasse. **GPS**: n50,26490 o10,07486.

Deutschland

Bayern

13 €8, Kurtaxe inkl €1/80Liter Ch (13x)€0,50/kWh.
Untergrund: befestigt. 01/01-31/12.
Entfernung: 500M Kostenloser Bus nach Bad Kissingen.

Bad Brückenau 12B3
Schlosspark König Ludwig I, Schlüchterner Straße.
GPS: n50,30556 o9,74861.

10 €8 + €2,50/pp Gästekarte €1/100Liter Ch €0,50/kWh.
Untergrund: asphaltiert. 01/01-31/12.
Entfernung: 4Km 50M.

Bad Brückenau 12B3
Sinnflut, Industriestrasse P5. **GPS:** n50,31212 o9,79607.

8 €3 Ch (8x)€1. **Untergrund:** Schotter. 01/01-31/12.
Entfernung: 250M 250M 250M.
Sonstiges: Parkplatz Schwimmbad.

Bad Brückenau 12B3
Stellplatz Bahnhofstrasse, Buchwaldstrasse.
GPS: n50,30667 o9,78556.

20 €3 €1/8Std. **Untergrund:** befestigt. 01/01-31/12.
Entfernung: 300M vor Ort vor Ort vor Ort.

Bad Feilnbach 20F2
Gasthof Tiroler Hof, Aiblinger strasse 95.
GPS: n47,76476 o12,03857.

3 Gäste kostenlos. **Lage:** Einfach. **Untergrund:** Schotter.
01/01-31/12.
Entfernung: vor Ort vor Ort 1Km.

Bad Füssing 17G3
Campingplatz Holmerhof, Am Tennispark 10.
GPS: n48,35798 o13,30658.

9 €12, Kurtaxe inkl €1/100Liter Ch (8x)€0,60/kWh WC
€2. **Lage:** Ländlich, einfach. **Untergrund:** befestigt.
01/01-31/12.
Entfernung: 1Km vor Ort 1Km.
Sonstiges: Max. 3 Tage, Nutzung Sanitäranlagen €5/Wohnmobil, Schwimmbad.

Bad Gögging 17E2
Limes-Therme, Am Brunnenforum 1. **GPS:** n48,81857 o11,78868.

+20 €6, Kurtaxe €1,80/pP €0,50/50Liter Ch.
Lage: Einfach. **Untergrund:** asphaltiert. 01/01-31/12.
Entfernung: 150M 150M 150M.
Sonstiges: Anmelden an der Kasse der Therme.

Bad Griesbach 17G3
Mobilhafen Dreiquellenbad, Singham 40.
GPS: n48,42023 o13,19261.

29 €16,50 + Kurtaxe €1/80Liter Ch (29x)€0,60/kWh
inklusive €5. **Lage:** Ländlich, einfach, ruhig.
Untergrund: befestigt. 01/01-31/12.
Entfernung: 2km vor Ort.
Sonstiges: Max. 3 Tage, thermal-Vital-Oase inkl.

Bad Hindelang 20C2
Wiesengrund Wohnmobilpark, Parkplatz Wiesengrund 1.
GPS: n47,49931 o10,37218.

30 €10-16, Kurtaxe €2,10/pP, Kind 7><16 €0,90 €1/100Liter
Ch €0,50/kWh €1. **Lage:** Ländlich, luxus, ruhig. **Untergrund:** Wiese/Schotter.
01/01-31/12.
Entfernung: Zentrum 500M vor Ort 1Km vor Ort 3Km
3Km.

Bad Hindelang 20C2
Wohnmobilplatz Bergheimat, Passstraße 60, Oberjoch.
GPS: n47,51791 o10,42142.

10 €15, Hund €3,50 Ch €0,80/kWh WC €1.
Lage: Ländlich, einfach, laut. **Untergrund:** Wiese/Schotter.
01/01-31/12.
Entfernung: vor Ort vor Ort.

Bad Kissingen 12B3
KissSalis Therme, Heiligenfelder Allee 16.
GPS: n50,18861 o10,06139.

18 €4 + €3,40/pP Kurtaxe €1/90Liter Ch €1/8Std.
Untergrund: asphaltiert. 01/01-31/12.
Entfernung: 500M vor Ort vor Ort.

Bad Kohlgrub 20D2
Kurhotel Lauter im Park, Kurhausstrasse 81.
GPS: n47,66412 o11,04315.

4 €15. **Lage:** Ländlich, einfach, ruhig. **Untergrund:** Schotter.
01/01-31/12.
Entfernung: 1,5Km vor Ort 1,5Km 1Km 1Km.

Bad Kohlgrub 20D2
Campingoase Reindl, Sonnen 93. **GPS:** n47,65789 o11,04393.

16 €16,40, 2 Pers. Inkl. Hund €1 Ch €0,40/kWh WC
€2,50. **Untergrund:** Schotter. 01/01-31/12.
Entfernung: 1,5Km 1,5Km.

Bad Königshofen 12C3
Frankentherme, Am Kurzentrum 1. **GPS:** n50,30003 o10,47503.

77 €11 €1/80Liter Ch (77x)€0,50/kWh WC
€3/2Std.
Untergrund: Schotterasen/befestigt.
01/01-31/12.
Sonstiges: Waschmaschine/Trockner vorhanden, wenn voll, 2 Alternativen möglich, spezielles Kurarrangement möglich.

Bayern

Touristinformation Bad Königshofen:
Kurverwaltung Königshofen, Am Kurzentrum 1, www.bad-koenigshofen.de. Traditionelles Städtchen mit Fachwerkhäusern, Rad- und Wanderwege in der Umgebung.

Bad Kötztingen — 17G2
Aqacur, Bgm. Seidl Platz. **GPS:** n49,17539 o12,86196.

3 €kostenlos €1 Ch €1/8Std. **Lage:** Städtisch, einfach.
Untergrund: befestigt. 01/01-31/12.
Entfernung: 50M.

Bad Neustadt — 12C2
Parkplatz An der Saale. GPS: n50,31637 o10,22205.

60 € 8 €1/50Liter Ch (48x)inklusive.
Untergrund: Schotterasen. 01/01-31/12.
Entfernung: 500M.

Bad Reichenhall — 20G2
Wohnmobilpark an der RupertusTherme, Hammerschmiedweg.
GPS: n47,73466 o12,87536.

25 € 14, 2 pers inkl €1/80Liter Ch inklusive.
Lage: Komfortabel. **Untergrund:** asphaltiert. 01/01-31/12.
Entfernung: 500M 5Km 600M 800M vor Ort vor Ort vor Ort.
Sonstiges: Fahrradverleih.

Bad Rodach — 12C2
ThermeNatur Bad Rodach, Thermalbadstrasse.
GPS: n50,33452 o10,77499.

24 € 4,50 + € 2/pP Kurtaxe €1,50 Ch (16x)€1,50 WC.
Untergrund: befestigt. 01/01-31/12, Wasser: 01/04-30/09.
Entfernung: vor Ort vor Ort 500M.
Sonstiges: Kaution Schlüssel Ver-/Entsorgung € 10, Kaution Schlüssel Strom € 20, Schlüssel Ver-/Entsorgung beim Schwimbad.

Bad Staffelstein — 12D3
Stellplatz Obermain-Therme, Seestraße 3. **GPS:** n50,10766 o10,99202.

27 € 11 €0,50/40Liter Ch (8x)€0,50/kWh WC inklusive.
Untergrund: befestigt. 01/01-31/12.
Entfernung: 1Km 1,5Km vor Ort 1,5Km vor Ort vor Ort vor Ort.
Sonstiges: Max. 4 Nächte, Brötchenservice.

Bad Steben — 12E2
An der Therme, P3, Steinbacher Straße. **GPS:** n50,36250 o11,63239.

18 € 5 + € 0,50/pP Kurtaxe €0,50/80Liter Ch €0,50/kWh.
Untergrund: befestigt. 01/01-31/12.
Entfernung: 500M 200M 500M.

Bad Tölz — 20E2
Bürgermeister Stohlreiterpromenade. GPS: n47,76252 o11,55142.

30 € 8/24 Std €1/50Liter Ch.
Lage: Ländlich, einfach. **Untergrund:** asphaltiert. 01/01-31/12.
Entfernung: 1Km vor Ort vor Ort 500M 500M 500M.
Sonstiges: Max. 48 Std, inkl. Kurkarte.

Touristinformation Bad Tölz:
Alpamare. Großer Schwimmkomplex, Wellenbad, Alpa, Wasserrutschen, Sauna etc. So-Do 8-21 Uhr, Fr-Sa 8-22 Uhr, 24/12-01/01 8-16 Uhr.

Bad Windsheim — 17C1
Phoenix Reisemobilhafen, Bad Windsheimer Strasse 7.
GPS: n49,51361 o10,41722.

100 € 10,90 €1/100Liter Ch (80x)€0,50/kWh WC €1 €2,50/2,50. **Untergrund:** Schotter. 01/01-31/12.
Entfernung: 1Km 100M 500M.
Sonstiges: Brötchenservice.

Bad Windsheim — 17C1
Fränkisches Freilandmuseum, Eisweiherweg.
GPS: n49,49705 o10,41667.

20 € 5 + € 1,60/pP Kurtaxe.
Untergrund: Wiese. 01/01-31/12.
Entfernung: 1km 500M 500M.
Sonstiges: Freilichtmuseum.

Bad Wörishofen — 20D1
Therme Bad Wörishofen, Thermenallee 1.
GPS: n48,02120 o10,59100.

25 € 9 €1/100Liter Ch inklusive WC. **Lage:** Städtisch, einfach. **Untergrund:** asphaltiert. 01/01-31/12.
Entfernung: 1,5Km 4,3Km vor Ort 500M vor Ort.
Sonstiges: Anmelden an der Kasse der Therme, max. 3 Nächte, max. 8M, Brötchenservice.

Balderschwang — 20C2
Wohnmobilplatz Schwabenhof, Schwabenhof 23.
GPS: n47,45745 o10,12963.

56 € 12-17 €0,50 Ch €4/Tag WC €0,50/5Minuten.
Lage: Ländlich, komfortabel, luxus.
Untergrund: Wiese/Schotter.
01/01-31/12.
Entfernung: 3Km vor Ort 3Km 100M 100M 100M.
Sonstiges: Brötchenservice, Ski-Trockenraum.

Bamberg — 12D3
Wohnmobilplatz, Am Heinrichsdamm. **GPS:** n49,88626 o10,90296.

25 € 12 €1/100Liter Ch €0,50/kWh.
Lage: Städtisch, einfach. **Untergrund:** Schotter.
01/01-31/12.
Entfernung: 10 Gehminuten vor Ort vor Ort vor Ort.
Sonstiges: Max. 24 Std.

Bärnau — 12F3
Gasthof und Wald-Pension Blei, Altglashütte 4.
GPS: n49,77222 o12,38880.

Deutschland

Bayern

30 €10, für Gäste kostenlos ♿🚿Ch🚽WCinklusive,Gäste kostenlos. **Untergrund:** asphaltiert/Wiese. 01/01-31/12.
Entfernung: 6Km vor Ort 6Km 100M.

| S | **Baunach** | 12D3 |

Sportplatz-Festplatz, Bahnhofstrasse 14-4.
GPS: n49,98750 o10,85444.

5 kostenlos €1 Ch €1/12Std.
Untergrund: Wiese/befestigt. 01/01-31/12.
Entfernung: 200M 200M 200M.
Sonstiges: Parkplatz am Rande des Naturschutzgebiets Hassberge, im alten Stadtteil, max. 2 Nächte.

| C S | **Bayerbach** | 17G3 |

Wohnmobilhafen Vital, Huckenham 11.
GPS: n48,41537 o13,13010.

10 €12,50 2 Pers. inkl., Hund €2,50 Ch (8x)€0,60/kWh WC inklusive €1. **Lage:** Ländlich, einfach, ruhig.
Untergrund: befestigt. 01/01-31/12.
Entfernung: 500M vor Ort.
Sonstiges: Max. 3 Nächte, Sanitärnutzung beim Campingplatz.

| S | **Bayreuth** | 12E3 |

P6 Stadthalle, Jean-Paul strasse. **GPS:** n49,94028 o11,57639.

3 €0,60/30min, max €10. **Lage:** Städtisch, einfach, laut.
Untergrund: befestigt. 01/01-31/12.
Entfernung: vor Ort 200M 200M.

| S | **Bayreuth** | 12E3 |

Lohengrin Therme Bayreuth, Kurpormenade 5.
GPS: n49,94204 o11,63493.

24 €6 €1/50Liter €1 Ch €1 €1/6Std WC €1,50.
Lage: Ländlich, einfach, zentral, ruhig. **Untergrund:** asphaltiert.

01/01-31/12.
Entfernung: 1,5Km 3,5Km 500M 1Km vor Ort vor Ort.
Sonstiges: Brötchenservice.

| S | **Bayrischzell** | 20F2 |

Wohnmobilstellplatz Bayrischzell, Seebergstraße.
GPS: n47,67189 o12,01023.

20 €10 €0,50/80Liter Ch (12x)€0,50/kWh.
Lage: Komfortabel, zentral. **Untergrund:** Schotter.
01/01-31/12.
Entfernung: 400M 400M 400M 400M Bus 5min vor Ort.

| S | **Beilngries** | 17E2 |

Landgasthof Euringer, Dorfstrasse 23. **GPS:** n49,01054 o11,50261.

6 Gäste kostenlos Ch. **Lage:** Städtisch, einfach, zentral.
Untergrund: befestigt. 01/01-31/12.
Entfernung: 4Km vor Ort 4Km.

| S | **Beilngries** | 17E2 |

An der Altmühl, An der Altmühl 24. **GPS:** n49,02649 o11,47079.

20 €14 Ch WC inklusive. **Lage:** Städtisch, komfortabel, zentral, ruhig. **Untergrund:** Wiese. 01/03-31/10.
Sonstiges: Anmelden an der Rezeption Campingplatz.

| S | **Benediktbeuern** | 20E2 |

Wohnmobilstellplatz am Sportzentrum, Schwimmbadstraße 37.
GPS: n47,69920 o11,41556.

16 €7 €1 Ch €2/12Std. **Lage:** Ländlich, komfortabel, ruhig. **Untergrund:** asphaltiert. 01/04-31/10.
Entfernung: 1Km.
Sonstiges: Max. 3 Nächte, Alpenwarmbad 01/05-01/09.

| S | **Beratzhausen** | 17E2 |

Landgasthof Friesenmühle, Friesenmühle 1.
GPS: n49,08534 o11,81176.

10 kostenlos, Einnahme einer Mahlzeit erwünscht (2x) WC.
Untergrund: Wiese/Schotter. 01/01-31/12. Mi.
Entfernung: 1Km vor Ort 1Km.
Sonstiges: Ver- und Entsorgung: freiwilliger Beitrag, anmelden < 22 Uhr.

| S | **Berching** | 17E2 |

Wohnmobilstellplatz an der Schiffsanlegestelle, Uferpromenade.
GPS: n49,10972 o11,43910.

15 kostenlos, 01/04-31/10 €5 €1 Ch €1/8Std.
Untergrund: Schotterasen/befestigt. 01/01-31/12.
Entfernung: 200M 50M vor Ort 300M 100M.

| S | **Berchtesgaden** | 20G2 |

Reisemobilplatz Rasp, Renothenweg 15, Oberau.
GPS: n47,65026 o13,07037.

20 €8 + €2,10/pP Kurtaxe €2 Ch €2 WC.
Lage: Ländlich, zentral, ruhig. **Untergrund:** Schotter.
Ostern-30/11.
Entfernung: 500M 500M vor Ort.

| S | **Bergen/Chiemgau** | 20F1 |

Parkplatz Hochfelln-Seilbahn, Maria-Eck-Straße 8.
GPS: n47,79710 o12,59079.

10 €4. **Lage:** Einfach. **Untergrund:** befestigt.
01/01-31/12.
Entfernung: 1,2Km vor Ort 500M vor Ort.
Sonstiges: Parkplatz Skilift, max. 1 Nacht.

| S | **Bernau am Chiemsee** | 20F1 |

Am Tenniszentrum, Buchenstrasse 17.
GPS: n47,80944 o12,38222.

30 €12 + €1/pP Kurtaxe Ch €1,50/Tag WC €4 inklusive. **Lage:** Städtisch, komfortabel. **Untergrund:** befestigt.
01/01-31/12.
Entfernung: 800M 2km Chiemsee 3Km vor Ort 400M 350M vor Ort vor Ort 5Km 5Km.
Sonstiges: Zahlen an der Rezeption.

| S | **Bernau am Chiemsee** | 20F1 |

Am See, Rasthausstrasse. **GPS:** n47,83111 o12,38528.

Bayern

16 🚐 6 🚰Ch WC €0,50 🗑 €1. 🅿 **Lage:** Laut.
Untergrund: Schotter/befestigt. 🗓 01/01-31/12.
Entfernung: 🚶2,5Km 🚴600M 🍴vor Ort 🛒vor Ort ⛔vor Ort 🚌vor Ort 🚶vor Ort.
Sonstiges: Kanu- und Fahrradverleih, Ladestation Elektrofahrräder.

🍽 S Bernau am Chiemsee 20F1
Seiseralm & Hof, Reit 4. **GPS:** n47,79722 o12,35972. ⬆➡.

10 🚐 €10 🚰Ch €5 🗑€2 📶inklusive.
Lage: Einfach. **Untergrund:** asphaltiert.
🗓 01/01-31/12.
Entfernung: 🚶3,5Km 🚴5Km ⛔vor Ort 🚌vor Ort 🚶vor Ort.
Sonstiges: Sauna € 10.

🍽 S Bernried 17G2
Altes Gasthaus Artmeier, Innenstetten 45.
GPS: n48,89675 o12,90262. ⬆.

10 🚐 €5 🚰€1/100Liter 🔌(4x)€1/Tag.
Lage: Ländlich, einfach, ruhig. **Untergrund:** Schotter/Sand.
🗓 Di, Wasser: 01/11-31/12.
Entfernung: 🚶3Km ⛔vor Ort 🍴vor Ort.

🍽 S Biberach 20C1
Brauerei Biberach, Weißenhorner Straße 24, Roggenburg.
GPS: n48,28808 o10,22047.
8 🚐 €9 🚰€1/80Liter Chinklusive 🔌€1/2kWh. 🗑
Untergrund: Schotter/befestigt. 🗓 01/01-31/12.
Entfernung: 🚶400M 🚴8Km ⛔vor Ort 🍴400M 🚌250M 🛒vor Ort 🚶vor Ort.
Sonstiges: Fahrrad- und E-Bikeverleih.

🍽 S Biesenhofen 20D2
Gasthof Stegmühle, Stegmühle 2. **GPS:** n47,82437 o10,64428. ⬆.

4 🚐 €10, für Gäste kostenlos 🚰Ch WC 🗑 **Lage:** Einfach.
Untergrund: Schotter/befestigt. 🗓 01/01-31/12.
Entfernung: 🚶1Km 🍴1Km ⛔vor Ort 🛒1Km.

🍽 S Bischofsgrün 12E3
Rangenweg. GPS: n50,05407 o11,79292. ⬆➡.

6 🚐kostenlos, Kurtaxe €1,50, bezahlen beim Touristenbüro
🚰€1/40Liter Ch 🔌(6x)€1/12Std. **Untergrund:** befestigt.
🗓 01/01-31/12. **Entfernung:** 🚶250M 🚌500M 🛒in der Nähe.

🍽 S Bischofsheim an der Rhön 12B2
Viehweg 1, Haselbach. **GPS:** n50,39506 o9,99593. ⬆➡.

12 🚐 €5 🚰€1/80Liter Ch. **Untergrund:** asphaltiert.
🗓 01/01-31/12. **Entfernung:** 🚶vor Ort 🍴vor Ort 🚌vor Ort.
Sonstiges: Parkplatz Hallenbad in Haselbach.

🍽 S Bischofswiesen 20G2
Götschen Alm, Kollertradte 21, Loipl. **GPS:** n47,64817 o12,93631.

20 🚐 €5, Kurtaxe exkl 🚰 WC 📶€3. **Lage:** Ländlich, einfach.
Untergrund: Schotter. 🗓 01/05-30/10.
Entfernung: 🚶2km 🍴vor Ort 🚌2km 🚗vor Ort ⛔vor Ort 🛒vor Ort 🚶vor Ort.
Sonstiges: Gäste kostenlos.

🍽 S Blaichach 20C2
Alpen-Rundblick Mobil Camping, Am Eichbichl 1.
GPS: n47,54615 o10,25917. ⬆➡.

60 🚐 €10,50/12,50 + €1,70 pP 🚰€1/80Liter Ch 🔌(54x)€0,60/kWh WC €1,60 🗑€2,50.
Lage: Luxus. **Untergrund:** Wiese/Schotter. 🗓 01/01-31/12.
Entfernung: 🚶300M 🚴3,3Km 🍴vor Ort 🛒vor Ort ⛔500M 🚌500M 🚶5Km 🚶vor Ort.

🍽 S Bodenmais 17G2
Concorde-Reisemobil-Stellplatz, Kötztinger Straße.
GPS: n49,07147 o13,09273. ⬆.

12 🚐€7 + Kurtaxe 🚰€0,50/100Liter Ch 🔌€0,50/kWh.
Untergrund: asphaltiert.
🗓 01/01-31/12.

Entfernung: 🚶800M 🚌200M 🛒200M.
Sonstiges: Nutzung Schwimmbad, Sauna, Fitness inklusive.

🍽 S Bodenwöhr 17F1
Gasthof zum Troidlwirt, Bodenwöhrer strasse 6.
GPS: n49,28305 o12,26272. ⬆.

40 🚐 €10 🚰Ch 🔌(12x)€1 WC €1.
Untergrund: Wiese/befestigt. 🗓 01/01-31/12. 🍽 Restaurant: Sa.
Entfernung: 🍴vor Ort 🚌vor Ort 🛒Bäckerei 300M.

🍽 S Bogen 17F2
Wohnmobilstellplätze am Volksfestplatz, Kotaustraße 12.
GPS: n48,90744 o12,68877. ⬆.

5 🚐€10/24 Std 🚰€1 Ch 🔌(4x)€1/6Std.
Untergrund: Wiese/befestigt. 🗓 01/01-31/12. 🍽 03/07-12/07.
Entfernung: 🚶300M 🛒Edeka 100m.
Sonstiges: Anmelden an der Kasse des Schwimmbades.

🍽 S Burgbernheim 17C1
Wohnmobilstellplatz im Gründlein, Freibadstrasse.
GPS: n49,44627 o10,31869. ⬆➡.

12 🚐kostenlos 🚰€1/100Liter Ch 🔌(10x)€0,50/kWh.
Untergrund: Schotterasen. 🗓 01/01-31/12.
Entfernung: 🚶500M 🍴500M 🚌500M 🛒500M.

🍽 S Burghaslach 17C1
Hotel-Restaurant Steigerwaldhaus, Oberrimbach 2.
GPS: n49,72764 o10,53542. ⬆.

10 🚐 €10 🔌€4 🗑. **Untergrund:** Wiese. 🗓 01/01-31/12.
Entfernung: 🚶500M 🍴vor Ort 🛒5Km.
Sonstiges: Frühstücksservice.

🍽 S Burghausen 20G1
Waldpark Lindach, Berghamer Strasse 1.
GPS: n48,15443 o12,80859. ⬆➡.

Deutschland

Bayern

16 €5/24 Std €1/80Liter Ch (16x)€0,50/kWh WC
Lage: Ländlich, komfortabel, ruhig. **Untergrund:** Schotter.
01/01-31/12 Sanitär 01/11-31/03.
Entfernung: 1,5Km 500M 1,5Km.
Sonstiges: Anmelden bei Bürgerhaus Marktlerstr. 15a, Kaution Schlüssel Sanitär € 20.

Burgkirchen 20G1
Glöcklhofer, Peterhof 24. **GPS:** n48,15096 o12,75025.

3 €15, 2 Pers. inkl €0,50/kWh WC inklusive.
Lage: Ländlich, einfach, ruhig. **Untergrund:** Wiese.
01/01-31/12.
Entfernung: 2km 2km 2km.

Burgkunstadt 12D3
Alter Postweg. GPS: n50,13965 o11,25017.

4 kostenlos €1 Ch. **Lage:** Ländlich, einfach.
Untergrund: Schotter. 01/01-31/12.
Entfernung: 100M 15Km 100M 100M 300M 300M vor Ort vor Ort.
Sonstiges: Max. 48 Std.

Bürgstadt 17A1
Winzerfestplatz, Josef-Ullrich-Straße. **GPS:** n49,71356 o9,26405.

25 kostenlos €1/80Liter Ch (12x)€1/6Std. **Lage:** Ländlich, komfortabel. **Untergrund:** asphaltiert. 01/01-31/12.
Entfernung: 500M 200M 200M.

Cadolzburg 17D1
Stellplatz Am Höhbuck. GPS: n49,46123 o10,85188.
8 kostenlos Ch. **Untergrund:** befestigt. 01/01-31/12.
Entfernung: vor Ort.

Coburg 12D3
Ketschenanger, Schutzenstrasse. **GPS:** n50,25306 o10,96417.

9 kostenlos. **Untergrund:** asphaltiert.
Sonstiges: Parkplatz neben Sporthalle, max. 48 Std.

Coburg 12D3
Aral-station, Bambergerstrasse. **GPS:** n50,24833 o10,96639.

3 kostenlos €1 Ch.
Untergrund: befestigt.
01/01-31/12.
Entfernung: vor Ort.
Touristinformation Coburg:
Die Veste Coburg. Mittelalterliche Festung.
Schloß Ehrenburg. Führung Di-So.

Deggendorf 17G2
Konstantin-Bader-Straße. GPS: n48,82656 o12,96367.

3 kostenlos. **Lage:** Einfach. **Untergrund:** asphaltiert.
01/01-31/12. **Entfernung:** Zentrum 500M 250M.

Deggendorf 17G2
Elypso, Sandnerhofweg 4-6. **GPS:** n48,82029 o12,91098.
4 €6,50 €0,50/60Liter €0,50/kWh. **Untergrund:** befestigt.
01/01-31/12.
Entfernung: 5,3Km 4Km.

Deiningen 17C2
Cowabanga, Am Sportpark. **GPS:** n48,86292 o10,58042.

10 kostenlos €2,50 WC. **Lage:** Städtisch, einfach.
Untergrund: asphaltiert. 01/01-31/12.
Entfernung: 2km vor Ort.
Sonstiges: Parkplatz Sportzentrum.

Denkendorf 17E2
Gasthof Lindenwirt, Hauptstrasse 43. **GPS:** n48,92806 o11,45568.

10 €5 inklusive. **Lage:** Städtisch.
Untergrund: Schotter/Sand. 01/01-31/12.
Entfernung: vor Ort 700M vor Ort 200M vor Ort vor Ort.

Dettelbach 17C1
Zur Mainfähre, Mainsondheimerstrasse.
GPS: n49,80076 o10,16751.

35 €7 €1/60Liter Ch (24x)€0,50/kWh.
Untergrund: Wiese. 01/01-31/12 Ver-/Entsorgung: Winter.
Entfernung: 100M 100M 100M.

Dießen 20D1
Seestraße. GPS: n47,95220 o11,10598.
12 €8/24 Std €1 €1 Ch (12x)€1/4Std.
Untergrund: Schotter. 01/01-31/12.
Entfernung: 200M 200M 150M 150M.
Sonstiges: Max. 3 Tage.

Dingolfing 17F3
Wohnmobilstellplatz Dingolfing, Wollanger/Prasserweg.
GPS: n48,62827 o12,50206.

12 kostenlos €1/80Liter Ch (12x)€1/12Std.
Lage: Ländlich, komfortabel, ruhig. **Untergrund:** Schotter.
01/01-31/12 01/10-31/10.
Entfernung: 400M 4,6Km 250M.
Sonstiges: In der Nähe vom Schwimmbad.

Dinkelsbühl 17C2
Park- & Campanlage, Dürrwanger Straße.
GPS: n49,07812 o10,32906.

12 €12 Ch inklusive €1,50.
Untergrund: befestigt. 01/01-31/12.
Entfernung: 1,5Km 100M 500M.
Sonstiges: Zahlen beim Campingplatz (500m).

Dittelbrunn 12C3
Gasthaus Goldene Flasche, Strohgasse 1, Hambach.
GPS: n50,09787 o10,20763.

Bayern

3 €1. **Untergrund:** befestigt. 01/01-31/12.
Entfernung: vor Ort vor Ort 200M.

Donauwörth 17D3
Wohnmobilstellplatz am Festplatz, Neue Obermayerstraße 2.
GPS: n48,71490 o10,77874.

20 kostenlos €1/95Liter Ch €1/8Std. **Lage:** Städtisch, einfach. **Untergrund:** asphaltiert. 01/01-31/12.
Entfernung: vor Ort vor Ort 500M vor Ort.
Sonstiges: Max. 1 Nacht.

Ebermannstadt 17D1
P2, Oberes Tor. **GPS:** n49,78222 o11,18946.

10 kostenlos. **Untergrund:** befestigt. 01/01-31/12.
Entfernung: 750M 450M 100M.
Sonstiges: Max. 1 Nacht.

Ebern 12C3
Wohnmobilhafen Ebern, Walk-Strasser-Anlage.
GPS: n50,09312 o10,79496.

20 €6 Ch €1/2kWh WC inklusive.
Untergrund: befestigt.
01/01-31/12.
Entfernung: vor Ort 1km 2km 100M 200M 100M.

Ebern 12C3
Dietz, Bahnhofstrasse. **GPS:** n50,10167 o10,78917.

10 €5 €1/100Liter Ch WC.
Untergrund: asphaltiert/Wiese. 01/01-31/12.
Entfernung: 400M.

Ebrach 12C3
Naturbad, Schwimmbadweg. **GPS:** n49,84639 o10,48306.

5 kostenlos €1/80Liter Ch WC.
Untergrund: befestigt. 01/01-31/12.
Entfernung: 2km 2km 2km 500M.
Sonstiges: Parkplatz Schwimmbad.

Eggenfelden 17G3
P2, Birkenallee. **GPS:** n48,40185 o12,77579.

5 kostenlos. **Lage:** Einfach, ruhig. **Untergrund:** Schotterasen.
01/01-31/12.
Entfernung: 1Km.
Sonstiges: Max. 3 Tage.

Eging am See 17G2
Bavaria Kur-Sport Camping Park, Grafenauer Str. 31.
GPS: n48,72120 o13,26519.

10 €15, 2 Pers. inkl Ch (10x)inklusive. **Lage:** Ländlich, einfach, ruhig. **Untergrund:** asphaltiert. 01/01-31/12.
Sonstiges: Max. 2 Tage, anmelden an der Rezeption Campingplatz, Sanitärnutzung beim Campingplatz.

Eibelstadt 17B1
Wassersportclub Eibelstadt, Mainparkring.
GPS: n49,73146 o9,98701.

90 €10 €1/5Minuten Ch inklusive,6Amp WC €1 €5.
Untergrund: Wiese/Schotter. 01/01-31/12.
Entfernung: 2km 50M 50M 500M 1Km.
Sonstiges: Entlang der Main, Brötchenservice (Wochenende).

Eichstätt 17D2
Schottenwiese/Volkfestplatz. **GPS:** n48,88400 o11,19816.

50 €8 Ch (30x)€0,50/kWh WC €0,50.
Lage: Städtisch, einfach, zentral, ruhig. **Untergrund:** befestigt.
01/01-31/12 Eichstätter Volksfest.

Entfernung: 500M 500M vor Ort vor Ort.
Touristinformation Eichstätt:
Volksfestplatz. Flohmarkt. 10/05, 14/06, 12/07, 13/09, 04/10.
Altstadtfest, Innenstadt. Stadtfest. 28/08-06/09.
Eichstätter Volksfest, Volksfestplatz. Volksfest. 02/09-11/09.
Informationszentrum Naturpark Altmühltal, Notre Dame 1.
Informationszentrum Naturschutzgebiet. 01/04-31/10 Mo-Sa 9-17 Uhr, So 10-17 Uhr, 01/11-31/03 Mo-Fr 9-12 Uhr.

Einsiedl 20E2
Wohnmobilstellplatz, B11. **GPS:** n47,57000 o11,30389.

80 €6 €1/70Liter €1/kWh. **Lage:** Ländlich, komfortabel, ruhig. **Untergrund:** asphaltiert/Schotter. 01/01-31/12.
Entfernung: 500M vor Ort vor Ort 500M 3,5Km 1,5Km 1,5Km.
Sonstiges: Max. 3 Nächte.

Eisenheim 12C3
Weingut Herbert Schuler, An der Mainaue, Obereisenheim.
GPS: n49,88883 o10,17942.

60 €5 €1/80Liter Ch €0,50.
Untergrund: Wiese/befestigt. 01/01-31/12.
Entfernung: vor Ort vor Ort vor Ort.
Sonstiges: Entlang der Main.

Eltmann am Main 12C3
Parkplatz, Mainlände. **GPS:** n49,97306 o10,66250.

10 kostenlos €1/80Liter €1/6Std.
Untergrund: befestigt. 01/01-31/12.
Entfernung: 500M vor Ort vor Ort 100M 300M.

Enderndorf 17D2
Wohnmobilstellplatz Panorama, Kreisstraße, Spalt-Enderndorf.
GPS: n49,15028 o10,91083.

60 €8 €0,20/10Liter Ch (60x)€1/kWh.
Untergrund: Wiese. 01/04-31/10.
Entfernung: 400M 400M 400M 400M 3Km 150M.

Enderndorf 17D2
Reisemobilstellplatz Enderndorf-West, Zum Hafen.
GPS: n49,14777 o10,91126.

Deutschland

Bayern

25 € 12/24 Std €0,20/20Liter Ch €0,50/kWh.
Lage: Ländlich, einfach, abgelegen, ruhig.
Untergrund: Schotterrasen.
01/01-31/12.
Entfernung: 200M 150M 200M 200M vor Ort vor Ort.

Erbendorf 12E3
Am Stadtpark, Bahnhofstraße 21. **GPS:** n49,84144 o12,04769.

10 kostenlos €1 Ch. **Untergrund:** Schotter. 01/01-31/12.
Entfernung: 100M 200M 200M.
Sonstiges: Max. 3 Tage.

Erding 20E1
Wohnmobilpark Erding, Thermenallee 1.
GPS: n48,29332 o11,88707.

55 € 10/Tag €1/80Liter Ch €1/2kWh WC.
Untergrund: Schotterrasen/befestigt. 01/01-31/12.
Entfernung: 2km 2km 2km 50M.
Sonstiges: Max. 7 Nächte.

Escherndorf 12C3
Campingplatz Escherndorf, An der Güß 9a.
GPS: n49,85996 o10,17632.

22 € 9 + € 3,50/pP Ch WC.
Untergrund: Wiese. 01/04-31/10.
Entfernung: 300M 300M.

Ettenbeuren 20C1
Wohnmobilpark Kammelaue, Zum Sportplatz 12.
GPS: n48,37565 o10,36021.

40 € 8, € 14,50 Ver-/Entsorgung inkl Ch WC.
Lage: Ländlich, komfortabel, ruhig.
Untergrund: Schotterrasen/befestigt.

01/04-31/10.
Entfernung: 500M vor Ort 500M vor Ort vor Ort.

Feucht 17D1
Am Freibad Feuchtasia, Chormantelweg. **GPS:** n49,37848 o11,22495.

9 € 7-9 €1/80Liter Ch (8x)€1/2kWh.
Untergrund: Schotterrasen. 01/01-31/12.
Entfernung: 1Km 900M.

Fichtelberg 12E3
Automobilmuseum, Eckert Naglerweg 9.
GPS: n49,99760 o11,85820.

15 kostenlos. **Untergrund:** asphaltiert/befestigt. 01/01-31/12.
Entfernung: 100M.
Sonstiges: Parkplatz Museum.

Fischen 20C2
Wohnmobil-Stellplatz Fischen, Mühlenstraße.
GPS: n47,44950 o10,26946.

12 € 8, Kurtaxe € 1,95/pP €1 €1 Ch (12x)€1/12Std.
Lage: Ländlich, einfach. **Untergrund:** asphaltiert.
Entfernung: 1,2Km vor Ort vor Ort vor Ort.
Sonstiges: Bezahlung bei Sportpark, Mühlenstraße 55.

Forchheim 17D1
Sportinsel, An der Regnitzbrücke. **GPS:** n49,72120 o11,04939.

12 € 3 €3 ChWC €1. **Untergrund:** Schotterrasen.
01/01-31/12. Sanitärgebäude: 01/11-28/02.
Entfernung: 600M vor Ort vor Ort.

Freyung 17H2
Freizeitpark Solla, Solla. **GPS:** n48,80104 o13,54125.

12 € 5 €1/50Liter Ch (12x)€0,50/kWh. **Lage:** Ländlich,
einfach, ruhig. **Untergrund:** Schotterrasen. 01/01-31/12.

Entfernung: 2km 500M vor Ort vor Ort.

Freyung 17H2
Am Freibad, Zuppingerstrasse 1. **GPS:** n48,80515 o13,54102.

12 kostenlos. **Lage:** Städtisch, einfach, ruhig.
Untergrund: befestigt. 01/01-31/12.
Entfernung: 1Km 1km 1Km.

Friedberg 17D3
Herrgottsruhstrasse. GPS: n48,35765 o10,99095.

4 kostenlos. **Lage:** Einfach. **Untergrund:** Schotter. 01/01-31/12.
Entfernung: 600M 600M 600M.

Friedberg 17D3
Seestraße. GPS: n48,36540 o10,96529.

4 kostenlos. **Lage:** Ländlich, einfach, ruhig.
Untergrund: asphaltiert. 01/01-31/12.
Entfernung: 1,8Km 5Km vor Ort vor Ort 400M vor Ort vor Ort.

Friedberg 17D3
Marquardtstrasse 2/A. GPS: n48,34825 o10,99757.
Chkostenlos.
Entfernung: vor Ort.

Friedenfels 12E3
Freibad, Badstrasse. **GPS:** n49,88639 o12,10417.

15 € 3,50 €1. **Untergrund:** befestigt. 01/01-31/12.
Entfernung: 1,5Km.
Sonstiges: Max. 3 Tage, Ver-/Entsorgung während der Öffnungszeiten.

Friedenfels 12E3
Zentral, Gemmingenstraße. **GPS:** n49,88102 o12,10297.

15 € 3,50 €1/2kWh. **Untergrund:** befestigt. 01/01-31/12.

Entfernung: vor Ort 25M.
Sonstiges: Max. 3 Tage, bezahlen beim Touristenbüro, Café Am Steinwald, Gemmingenstr. 19.

Friedenfels 12E3
Stellplatz 'Ruhig', Weißensteiner Weg, Frauenreuth.
GPS: n49,89278 o12,08556.

5 € 3,50. **Untergrund:** befestigt. 01/01-31/12.
Entfernung: 1,5Km Frauenreuther Weiher.
Sonstiges: Max. 3 Tage.

Fürstenzell 17G3
Wohnmobilstellplatz bei der Waldschänke, Altenmarkt 1.
GPS: n48,55136 o13,34118.
6 €1/100Liter Ch €1,50. **Untergrund:** Wiese.
01/01-31/12.
Entfernung: vor Ort.

Füssen 20D2
Camper's Stop, Abt Hafnerstrasse 9. **GPS:** n47,58186 o10,70080.

120 € 14, Anhänger € 5 €0,50/150Liter Ch €1/kWh WC €1 €2. **Lage:** Städtisch, komfortabel, laut.
Untergrund: Schotter/befestigt. 01/01-31/12.
Entfernung: 1,5Km 600M 600M Terrasse 50M 250M 4Km 400M.

Füssen 20D2
Wohnmobilstellplatz Füssen, Abt Hafnerstrasse 1.
GPS: n47,58224 o10,70355.

30 € 14 Ch inklusive (6x)€2,50 WC €0,50 €2.
Lage: Laut. **Untergrund:** befestigt. 01/01-31/12.
Entfernung: 1,8Km 200M 300M 500M vor Ort vor Ort vor Ort.
Sonstiges: Sauna, Solarium.

Garmisch-Partenkirchen 20D2
Alpencamp am Wank, Wankbahnstraße 2.
GPS: n47,50573 o11,10802.

110 € 12, Kurtaxe > 16 € 2/pP, € 1 Umwelttaxe €1/50Liter Ch (110x)€0,75/kWh WC €1. **Lage:** Ländlich, komfortabel.
Untergrund: asphaltiert. 01/01-31/12.
Entfernung: 1Km 2km 50M 700M 50M 2,5Km 1,5Km.
Sonstiges: Ankunft anmelden.

Gerolzhofen 12C3
P3 Zur Volkach, Schallfelderstrasse. **GPS:** n49,89808 o10,35169.

6 € 5 €1 Ch (4x)€0,50/kWh WC.
Untergrund: befestigt. 01/01-31/12.
Entfernung: 100M.
Sonstiges: Max. 3 Tage.

Gerolzhofen 12C3
P1 Geomaris, Dingolshäuser Straße 2. **GPS:** n49,89980 o10,36035.

6 kostenlos. **Untergrund:** asphaltiert. 01/01-31/12.
Entfernung: 750M.
Sonstiges: Parkplatz Schwimmbad.

Geslau 17C2
Bauernhof Mohrenhof, Lauterbach 3.
GPS: n49,34630 o10,32500.

20 € 10-12 Ch €0,50/kWh WC €0,50 €3 €2,50/2Std.
Untergrund: Wiese. Ostern-31/10.
Entfernung: 500M vor Ort.
Sonstiges: Brötchenservice.

Goldkronach 12E3
Festplatz, Schulstrasse. **GPS:** n50,01265 o11,68276.

4 kostenlos €1/10Minuten Ch (4x)€1/10Std.
Untergrund: Schotter. 01/01-31/12.
Entfernung: 50M 500M 2km.

Gößweinstein 17D1
Alte Jugendherberge, Etzdorfer Straße 6.
GPS: n49,76556 o11,33028.

6 € 7 €1/80Liter Ch €1/2kWh.
Lage: Städtisch, einfach. **Untergrund:** befestigt.
Entfernung: 600M 600M 600M 300M 600M.

Grafenau 17G2
Grafenauer Kurpark, Freyunger Straße.
GPS: n48,85605 o13,40456.

18 € 10 + 1,95/pP Kurtaxe €1/80Liter Ch €0,50 kostenlos. **Lage:** Städtisch, einfach, ruhig.
Untergrund: Schotter. 01/01-31/12.
Entfernung: 500M 600M 550m ReWe vor Ort.
Sonstiges: WLAN in Touristinformation + 1/2 Std kostenlos Internet in Stadtbücherei.

Gräfendorf 12B3
Volkert an der Roßmühle, Roßmühle, Weickersgrüben.
GPS: n50,10660 o9,78309.

5 € 5 €2/100Liter Ch (5x)inklusive. 01/04-31/10.
Entfernung: vor Ort vor Ort vor Ort.
Sonstiges: Bei Reisemobilhändler, Zubehör-Shop, max. 24 Std, anmelden beim Geschäft.

Greding 17D2
Am Hallenbad. **GPS:** n49,04409 o11,35551.

20 kostenlos.
Lage: Städtisch. **Untergrund:** befestigt.
01/01-31/12.
Entfernung: Altstadt 300M 500M 250M 250M vor Ort vor Ort.
Sonstiges: Parkplatz an der Stadtmauer, gegenüber Schwimmbad.
Touristinformation Greding:
Stadtmauer und Türme.

Großheubach 17A1
Weingut Gasthaus Zur Bretzel, Kirchstraße 1.
GPS: n49,72620 o9,22083.

25 € 17 Ch WC inklusive €1. **Lage:** Ländlich, komfortabel, ruhig. **Untergrund:** Wiese/Schotter. 01/11-15/11.
Entfernung: 100M vor Ort vor Ort.
Sonstiges: Bezahlen beim Gasthaus, € 10 euro Gutschein (Restaurant, Wein).

Großweil 20E2
Berggasthof Kreut-Alm, Kreut 1. **GPS:** n47,66184 o11,28286.

Bayern

40 Gäste kostenlos. **Lage:** Ländlich, einfach, abgelegen, ruhig. **Untergrund:** asphaltiert. 01/03-31/10. **Entfernung:** 3,2Km vor Ort.

Großweil 20E2
Freilichtmuseum Glentleiten, An der Glentleiten 4.
GPS: n47,66495 o11,28506.

10 kostenlos. **Untergrund:** Schotter.
Entfernung: 2km 3,5Km Gaststätte - Biergarten 1Km.
Sonstiges: Freilichtmuseum, nur Übernachtungen.

Günzburg 17C3
Waldbad, Heidenheimer Straße. **GPS:** n48,46287 o10,26944.

24 € 5, 01/05-30/09 € 8 €1/100Liter (24x)€0,50/kWh.
Lage: Einfach. **Untergrund:** Schotter. 01/01-31/12.
Entfernung: Donau-Radweg.
Sonstiges: Parkplatz Schwimmbad.

Gunzenhausen 17D2
Surfzentrum Schlungenhof. GPS: n49,12790 o10,74559.

80 €11/24 Std €1 Ch. inklusive €1.
Lage: Ländlich, komfortabel, ruhig. **Untergrund:** Wiese/Schotter. 01/04-30/10.
Entfernung: 100M vor Ort 1,8Km.

Gunzenhausen 17D2
Altmühlsee, Seezentrum Mühr. GPS: n49,13145 o10,73534.

40 €9/24 Std WC. **Lage:** Ländlich, komfortabel, abgelegen, ruhig. **Untergrund:** Wiese. 01/01-31/12.
Entfernung: vor Ort 200M vor Ort vor Ort.
Sonstiges: Max. 3 Tage.

Hammelburg 12B3
Am Bleichrasen, P2, Am Weiher. **GPS:** n50,11390 o9,88820.

25 € 6/24 Std Ch. inklusive (18x)€0,50/kWh WC.
Lage: Städtisch, einfach, ruhig. **Untergrund:** asphaltiert. 01/01-31/12.
Entfernung: vor Ort vor Ort 200M 300M.

Hammelburg 12B3
Forellenhof Reuss, Am Erlich 30, Diebach.
GPS: n50,13310 o9,81917.

18 € 7 Ch. inklusive €2 €2. **Lage:** Ländlich, komfortabel, ruhig. **Untergrund:** Wiese. 01/04-31/10.
Entfernung: Hammelburg 7km vor Ort vor Ort.
Sonstiges: Brötchenservice, Wochenende: Gaststätte/Biergarten.

Hammelburg 12B3
Schloß Saaleck, Am Schlossberg. **GPS:** n50,10998 o9,87281.

3 kostenlos WC. **Untergrund:** asphaltiert/befestigt.
01/01-31/12. **Entfernung:** vor Ort.

Hammelburg 12B3
Restaurant Nöth, Morlesauer Strasse 3. **GPS:** n50,11707 o9,80313.

5 kostenlos. **Lage:** Ländlich, einfach, ruhig. **Untergrund:** Schotter.
01/01-31/12.
Entfernung: vor Ort vor Ort vor Ort vor Ort vor Ort.
Sonstiges: Anmeldung bei Restaurant, Einnahme einer Mahlzeit erwünscht.

Hassfurt 12C3
Festplatz am Gries, Ringstrasse. **GPS:** n50,03068 o10,50094.

22 € 5/Nacht €1 Ch. €1 WC.
Untergrund: asphaltiert. 01/01-31/12.
Entfernung: 200M 10M 200M 200M.
Sonstiges: Entlang der Main.

Herrieden 17C2
Volksfestplatz an der Altmühl, Staatsstrasse 2248.
GPS: n49,23191 o10,49588.

10 kostenlos. **Untergrund:** asphaltiert. 01/01-31/12.
Entfernung: 100M 200M 200M.
Sonstiges: Parkplatz an der alten Mühlbrücke.

Hersbruck 17D1
Fackelmann Therme Hersbruck, Badestraße.
GPS: n49,51142 o11,44267.

6 € 6 €1/50Liter Ch. €1/8Std. **Untergrund:** Schotter.
01/01-31/12.
Entfernung: vor Ort 200M 200M.
Sonstiges: Anmelden an der Kasse der Therme.

Herzogenaurach 17D1
Freizeitbad Atlantis, Würzburger Straße 35.
GPS: n49,57315 o10,86543.
12 € 6/24 Std €1 Ch. (12x)€0,50/kWh.
Untergrund: Schotter. 01/01-31/12.
Entfernung: vor Ort.
Sonstiges: € 2 Rabatt Schwimmbad.

Hilpoltstein 17D2
Seezentrum Heuberg am Rothsee, Heuberg.
GPS: n49,20954 o11,18595.

50 € 8/24 Std Ch. **Untergrund:** befestigt.
01/01-31/12 Ver-/Entsorgung: Winter.
Entfernung: 200M 200M.

Hilpoltstein 17D2
Am Main-Donau-Kanal. GPS: n49,20455 o11,18813.

40 € 6.
Untergrund: Wiese. 15/04-15/10.
Entfernung: 1,9Km Kanal 1,9Km 1Km vor Ort vor Ort.
Touristinformation Hilpoltstein:
Burgfeste. Festival mit Veranstaltungen. Anfang Aug.

Hof/Saale 12E2
Park Theresienstein, Plauener Straße. **GPS:** n50,32956 o11,92041.

Bayern

10 🚐 kostenlos. **Untergrund**: befestigt. 📅 01/01-31/12.
Entfernung: 🚿 2,5Km ⚡ 1Km.
Sonstiges: Max. 24 Std.

Hof/Saale 12E2
Utreusee, Wilhelm Löhe strasse. **GPS**: n50,28583 o11,91361.

10 🚐 kostenlos. **Untergrund**: asphaltiert/befestigt. 📅 01/01-31/12.
Entfernung: 🛒 100M 🚿 50M ⚡ 500M.
Sonstiges: Max. 24 Std.

Hof/Saale 12E2
Clean Park, Ernst Reuterstrasse. **GPS**: n50,32641 o11,89248.

4 🚐 € 5 ⛽ € 1 Ch 💧. **Untergrund**: befestigt. 📅 01/01-31/12.
Entfernung: 🛒 2km 🚿 800M.
Sonstiges: Max. 72 Std.
Touristinformation Hof/Saale:
👁 Bürgerpark Theresienstein. Landschaftspark, nach englischem Vorbild. ⏰ 9-18 Uhr, Winter 9-16 Uhr.
☼ Untreusee. Wassersportsee.

Hofheim in Unterfranken 12C3
Wohnmobilplatz Hofheim, Johannisstraße 28.
GPS: n50,14185 o10,51957.

30 🚐 € 8 ⛽ € 1/80Liter Ch 💧 € 0,50/kWh WC.
Untergrund: Schotterasen. 📅 01/01-31/12.
Entfernung: 🛒 750M ⚡ 750M.
Sonstiges: Brötchenservice.

Hohenberg/Eger 12E3
Wiesenfestplatz, Selberstrasse. **GPS**: n50,09762 o12,22085.

10-20 🚐 freiwilliger Beitrag ⛽ Ch kostenlos WC.
Untergrund: befestigt. 📅 01/01-31/12.
Entfernung: 🛒 200M 🚿 50M.

Sonstiges: Schöne Aussicht, Porzellanmuseum.

Hohenburg 17E1
Sportplatz, Sportplatzweg 1. **GPS**: n49,29194 o11,80917.

6 🚐 € 7 ⛽ € 2 WC. **Untergrund**: befestigt. 📅 01/01-31/12.
Entfernung: 🛒 1km.
Sonstiges: Parkplatz am Sportpark.

Huisheim 17D2
Waldparkplatz im Schwalbtal, Waldschenke 1, Gosheim.
GPS: n48,84932 o10,71530.

10 🚐 € 5. **Lage**: Ländlich, einfach, ruhig. **Untergrund**: asphaltiert.
📅 01/01-31/12.
Entfernung: 🚿 vor Ort.

Immenstadt 20C2
P 3 Viehmarktplatz, Badeweg. **GPS**: n47,56192 o10,20857.

6 🚐 € 8/24 Std ⛽ Ch WC. 🏠 **Lage**: Städtisch, einfach, komfortabel.
Untergrund: asphaltiert. 📅 01/01-31/12.
Entfernung: ⚡ 700M.

Ingolstadt 17E3
Parkplatz Hallenbad, Jahnstrasse. **GPS**: n48,76025 o11,42038.

8 🚐 € 5 (9-17U), übernachten kostenlos ⛽ € 1/80Liter Ch 💧
inklusive 🚿. 🏠 **Lage**: Städtisch, komfortabel. **Untergrund**: befestigt.
📅 01/01-31/12.
Entfernung: 🛒 vor Ort 🅿 1,6Km 🚿 vor Ort ⚡ vor Ort 🚲 vor Ort 🎣 vor Ort.
Sonstiges: Parkplatz am Sportpark, max. 3 Tage.

Inzell 20G1
Camping Lindlbauer, Kreuzfeldstraße 44.
GPS: n47,76717 o12,75417.

12 🚐 € 16 ⛽ Ch 💧 € 2 WC 🚿 inklusive. **Lage**: Ländlich, einfach,

ruhig. **Untergrund**: befestigt. 📅 01/01-31/12.
Entfernung: 🛒 1Km 🚿 vor Ort ⚡ vor Ort.
Sonstiges: Max. 1 Nacht, Kurpark 500m.

Iphofen 17C1
Einesheimer Tor, Birklinger Straße. **GPS**: n49,70260 o10,26459.

8 🚐 kostenlos ⛽ € 1 Ch 💧 (6x) € 1 WC. **Lage**: Städtisch, einfach.
Untergrund: Schotter. 📅 01/01-31/12.
Entfernung: 🛒 200M 🚿 200M.
Sonstiges: Parkplatz an der Stadtmauer.

Ippesheim 17C1
Kempe's Autohof Gollhofen, Industriestraße 1.
GPS: n49,58546 o10,17579.
25 🚐 € 6 WC 💧. **Untergrund**: asphaltiert. 📅 01/01-31/12.
Entfernung: 🚿 vor Ort.

Kastl/Oberpfalz 17E1
Wanderparkplatz Am Alten Bahnhof, Amberger Straße.
GPS: n49,36657 o11,68388.

5 🚐 kostenlos ⛽ Ch WC kostenlos. **Untergrund**: Schotter.
📅 01/01-31/12.
Entfernung: 🛒 200M 🚿 200M ⚡ 100M 🅿 50M vor Ort 🚲 vor Ort.

Kaufbeuren 20D1
Wohnmobilplatz Kaufbeuren, Buronstraße.
GPS: n47,89885 o10,61650.
8 🚐 kostenlos ⛽ Ch kostenlos 💧 (6x) € 1/kWh. **Lage**: Städtisch.
Untergrund: Schotter. 📅 01/01-31/12.
Entfernung: 🛒 Altstadt 3Km.
Sonstiges: Max. 3 Tage.

Kelheim 17E2
Volksfestplatz, Am Pflegerspitz. **GPS**: n48,91331 o11,87657.

50 🚐 € 6 ⛽ Ch 💧 (18x) € 1/2kWh WC. **Untergrund**: befestigt.
📅 01/01-31/12 Ver-/Entsorgung 01/11-31/03.
Entfernung: 🛒 500M ⚡ 500M.
Sonstiges: Max. 3 Nächte, hinterer Teil.

Kemnath 12E3
Wohnmobilstellplatz Kemnath, Am Eisweier 8.
GPS: n49,87219 o11,88774.

5 🚐 kostenlos ⛽ € 1 Ch 💧 (6x) € 1/6Std WC.
Untergrund: Schotterasen. 📅 01/01-31/12.
Entfernung: 🛒 650M 🚿 650M ⚡ 650M.

Deutschland

Bayern

Kempten 20C2
Sonstiges: Max. 3 Tage.
S | Illerstadion, Illerdamm/Jahnstrasse. GPS: n47,72915 o10,31940.
6 €5 €1. Lage: Städtisch, einfach, laut.
Untergrund: befestigt. 01/01-31/12.
Entfernung: 500M 2,7Km.

Kiefersfelden 20F2
Hödenauer See, Guggenauerweg 2. GPS: n47,62881 o12,18949.
10 €8 WC €0,50.
Lage: Einfach. Untergrund: Schotter/Sand.
01/01-31/12.
Entfernung: 2km 3Km vor Ort vor Ort 50M 300M.
Sonstiges: Max. 3 Tage, bezahlen beim Wasserskilift Hödenauersee.

Kiefersfelden 20F2
Rathausplatz. GPS: n47,61303 o12,18981.
20 €10. Lage: Einfach. Untergrund: asphaltiert. 01/01-31/12.
Entfernung: vor Ort 2km 100M.
Sonstiges: Max. 3 Tage.

Kirchenlamitz 12E3
Anfahrtsskizze, Weißenstädter Straße. GPS: n50,14905 o11,94055.
12 kostenlos Ch kostenlos freiwilliger Beitrag.
Lage: Komfortabel. Untergrund: asphaltiert. 01/01-31/12.
Entfernung: 500M 10M.

Kirchham 17G3
Erlebnispark Haslinger Hof, Ed 1. GPS: n48,34947 o13,29115.

25-30 Übernachtung €17 (inkl. €9 Gutschein) €1 Ch.
Lage: Ländlich, einfach, ruhig. Untergrund: Schotter.
01/01-31/12.

Kitzingen 17C1
Wohnmobilpark Am Main, Bleichwasen, Etwashausen.
GPS: n49,74274 o10,16491.

70 €7/24 Std €1/80Liter Ch €0,50/kWh WC.
Lage: Einfach. Untergrund: asphaltiert. 01/01-31/12.
Entfernung: 300M vor Ort vor Ort 300M 300M.
vor Ort. Sonstiges: Zwischen Alter Mainbrücke und Nordbrücke, Brötchenservice.

Klingenberg 17A1
Sonja's Wohnmobilhafen, Zur Einladung.
GPS: n49,78370 o9,17805.

55 €7,50 €1 Ch (30x)€2. Lage: Ländlich, komfortabel, ruhig. Untergrund: Wiese/Schotter. 01/03-29/10.
Entfernung: 500M vor Ort 500M 2km.
Sonstiges: Ver-/Entsorgung Passanten €2.

Königsberg 12C3
Buchweg. GPS: n50,08472 o10,57028.

6 €2 Ch. Untergrund: befestigt. 01/01-31/12.
Entfernung: 300M 300M 300M.
Sonstiges: Parkplatz Sportpark.

Königsbrunn 20D1
Königsallee. GPS: n48,27243 o10,88283.

12 €6/24 Std €1/100Liter Ch (12x)€0,50/kWh.
Lage: Laut. Untergrund: befestigt.
Entfernung: 1km 1km.

Kreuth 20E2
Wildbad Kreuth, Bremerweg. GPS: n47,62597 o11,74681.
Entfernung: vor Ort.
8 €5. Lage: Ländlich, einfach. Untergrund: Schotter/Sand.

Kreuzwertheim 17B1
Am Mainufer, Fährgasse. GPS: n49,76251 o9,51840.
01/01-31/12.
Entfernung: 50M vor Ort vor Ort.

10 €5. Lage: Einfach, ruhig. Untergrund: Schotter.
01/01-31/12.
Entfernung: Wertheim Zentrum 1,2km vor Ort 600M.
Sonstiges: Entlang der Main, max. 1 Nacht.

Kronach 12D3
Hammermühle, Am Sand. GPS: n50,23195 o11,32735.

10 €5/24 Std €1 Ch (12x)€0,50/kWh.
Lage: Ländlich, einfach. Untergrund: asphaltiert. 01/01-31/12.
Entfernung: 10Min vor Ort 200M 300M.

Kronach 12D3
Lucky Stable Ranch, Mostrach 1. GPS: n50,21840 o11,34012.

5 €5 2 Pers. inkl WC inklusive €1,50 €1,50.
Lage: Ländlich, einfach, abgelegen, ruhig.
Untergrund: Wiese/befestigt. 01/01-31/12.
Entfernung: 2km vor Ort vor Ort 2km.
Sonstiges: Beim Manege.

Krün 20E2
Tennsee Reisemobilhafen, Am Tennsee 1.
GPS: n47,49083 o11,25444.

37 €14,50-17, Kurtaxe €1,50/pP, Umwelttaxe €0,70/pP Ch €0,75/kWh WC inklusive €3 €3/Std.
Lage: Ländlich, komfortabel, luxus, ruhig.
Untergrund: Wiese/Schotter. 01/01-31/12 07/11-15/12.
Entfernung: 2,5km 800M 3km vor Ort vor Ort 100M vor Ort vor Ort 5km 300M.
Sonstiges: Hund €3.

Kulmbach 12D3
Wohnmobilstellplatz Kulmbach, Am Schwedensteg.
GPS: n50,11130 o11,46118.

Bayern

25 🚐 € 3 ⛽ €1/100Liter 🔌Ch▫ (25x)€1/2kWh. 🚽
☀ 01/01-31/12 ❄ kein Wasser im Winter.
Entfernung: 🛒 vor Ort 🚌 50M ⊗ 200M 🚆 500M ⛱ vor Ort 🚶 vor Ort 🏛 200M.

| | Kümmersbruck | 17E1 |

Wohnmobilstellplatz Kümmersbruck, Am Butzenweg.
GPS: n49,41978 o11,89651. ⬆.

8 🚐 kostenlos. **Lage:** Ländlich, einfach, ruhig. **Untergrund:** befestigt.
☀ 01/01-31/12.
Entfernung: 🛒 1Km ⊗ 1Km.
Sonstiges: Am Sportzentrum.

| 🅢 | Lalling | 17G2 |

Wohnmobilstellplatz Weber, Euschertsfurth 34.
GPS: n48,83222 o13,14444. ➡.

8 🚐 € 10 ⛽🔌Chinklusive ⚡(10x)€0,30/kWh 🚾🚽€1,50. ♿
Lage: Ländlich, komfortabel, ruhig. **Untergrund:** Wiese/befestigt.
☀ 01/04-30/11.
Entfernung: 🛒 1,5Km ⊗ 100M.
Sonstiges: Schwimmbad inkl.

| 🅢 | Lalling | 17G2 |

Lalling-Freizeitgelände, Waldstrasse. **GPS:** n48,84139 o13,13778. ⬆.

2 🚐 kostenlos ⛽ €1/80Liter 🔌Ch▫ €3/Tag. **Lage:** Ländlich, einfach, ruhig. **Untergrund:** befestigt/Sand. ☀ 01/01-31/12.
Entfernung: 🛒 2km.
Sonstiges: Bei den Tennisplätzen.

| 🅢 | Lalling | 17G2 |

Ferienbauernhof Sieglinde, Obstgarten 13, Hunding.
GPS: n48,84502 o13,14939. ⬆.

3 🚐 € 5 ⛽🔌Chinklusive ⚡(2x)€2/Tag 🚾🚽. **Lage:** Ländlich, einfach, ruhig. **Untergrund:** Wiese. ☀ 01/04-31/12.
Entfernung: ⊗ 700M.

| 🅢 | Lalling | 17G2 |

Lallinger Hof, Hauptstrasse 23. **GPS:** n48,84560 o13,13851. ⬆.

4 🚐 Gäste kostenlos ⚡ kostenpflichtig.
Lage: Ländlich, einfach, ruhig. ☀ 01/04-31/10.
Entfernung: 🛒 250M ⊗ 250M.
Sonstiges: Anmeldung bei Restaurant.

| 🍴 | Lalling | 17G2 |

Gasthof zur Post, Pfarrweg. **GPS:** n48,84405 o13,14064. ⬆.

15 🚐 kostenlos. **Lage:** Ländlich, einfach, ruhig. **Untergrund:** befestigt. ❄ Winter.
Entfernung: 🛒 200M ⊗ 200M.

| 🅢 | Lalling | 17G2 |

Feng Shui Kurpark, Euschertsfurther Straße.
GPS: n48,84137 o13,13952. ⬆.

10 🚐 € 1. **Untergrund:** Schotter. ☀ 01/01-31/12.
Sonstiges: Nicht ausgeschildert.

| 🅢 | Lalling | 17G2 |

Erikas Wohlfühlplatz, Kleinfeld 6, Hunding.
GPS: n48,84333 o13,17944. ⬆.

10 🚐 € 5 + € 0,50/pP ⛽ (10x)€1/Tag 🚾🚽€4. **Lage:** Ländlich, einfach, ruhig. **Untergrund:** Wiese/Sand. ☀ 01/04-31/10.
Entfernung: 🛒 vor Ort ⛱ vor Ort 🚆 3Km 🚌 200M 🏛 vor Ort 🚶 vor Ort.
Sonstiges: Anmelden bei Kleinfeld 6.

| | Landau/Isar | 17F3 |

Am Festplatz, Harburger Straße 20/B20.
GPS: n48,67712 o12,68323. ⬆ ➡.

± 20 🚐 kostenlos ⛽ €0,50/100Liter 🔌Ch▫ (6x)€0,50/kWh.
Untergrund: Wiese/Schotter. ☀ 01/01-31/12. **Entfernung:**
🛒 1,5km 🚴 2,3Km 🍔 McDonalds 200M 🥖 Bäckerei 200M.

| 🅢 | Landsberg am Lech | 20D1 |

Waitzinger Wiese, Gottesackerangerweg.
GPS: n48,05534 o10,87371. ⬆.

8 🚐 € 7/24 Std ⛽ €1/50Liter 🔌Ch▫ (8x)€1/6Std 🚾🚽€0,50. ♿
Lage: Städtisch, einfach. **Untergrund:** befestigt. ☀ 01/01-31/12.
Entfernung: 🛒 400M ⊗ 300M.

| 🅢 | Lechbruck am See | 20D2 |

Wohnmobilpark via Claudia, Via Claudia 6.
GPS: n47,71556 o10,82139. ⬆ ➡.

52 🚐 € 11,50, 2 Pers. Inkl. Hund € 3-3,50 ⛽🔌Ch ⚡inklusive 🚾🚽€1,50 🚽€2,50 🚿€3/24 Std. 🧺 **Lage:** Ländlich, komfortabel, luxus. **Untergrund:** Schotter. ☀ 01/01-31/12.
Entfernung: 🛒 5Km ⛱ vor Ort 🚌 vor Ort ⊗ vor Ort 🏛 vor Ort 🚶 vor Ort 🚴 10Km 🚆 vor Ort.

| 🅢 | Lenggries | 20E2 |

Dürrachstrasse, Fall. **GPS:** n47,57039 o11,53380. ⬆ ➡.

25 🚐 € 0,50/Std, € 4/24Std ⛽ €2 🚾🚽. ♿
Lage: Ländlich, abgelegen, ruhig.
Untergrund: befestigt.
☀ 01/01-31/12 ❄ Ver-/Entsorgung: 01/11-01/04.
Entfernung: 🚆 250M 🚌 250M ⊗ 150M 🛒 8Km 🏛 vor Ort 🚶 vor Ort.
Sonstiges: Max. 7 Tage.

| 🅢 | Lindau | 20B2 |

Blauwiese, P1. GPS: n47,55869 o9,70130. ⬆ ➡.

30 🚐 € 1/Std, € 20/24 Std ⛽ €0,50 🚽 €0,50 Ch 🚾.
Untergrund: befestigt.

Bayern

01/01-31/12.
Entfernung: vor Ort 1Km 1Km 500M 500M vor Ort.
Sonstiges: Max. 24 Std.

Lindau — 20B2
Park Camping, Frauenhoferstrasse, Lindau-Zech.
GPS: n47,53764 o9,73148.

15€ 12/24 Std Ch WC inklusive,am Campingplatz.
Untergrund: Schotter. 15/03-31/10.
Sonstiges: Max. 24 Std.
Touristinformation Lindau:
Lindau Insel. Promenade entlang dem See mit Mangturm, 700 Jahre alter Leuchtturm.

Litzendorf — 12D3
ASV Naisa, Am Wetterkreuz. **GPS:** n49,91559 o11,00261.

8 kostenlos. **Lage:** Ländlich, einfach, ruhig. **Untergrund:** Schotter.
01/01-31/12.
Entfernung: 200M vor Ort vor Ort.

Litzendorf — 12D3
Tiefenellern, Ellerbergstrasse. **GPS:** n49,91927 o11,07006.

3. **Lage:** Ländlich, einfach, abgelegen. **Untergrund:** Schotter.
Entfernung: vor Ort vor Ort.

Lohr/Main — 12B3
Lohr am Main, Osttangente. **GPS:** n49,99429 o9,58053.

21€ 5 €1/100Liter Ch (22x)€2/8Std WC €2/Std.
Lage: Städtisch, laut. **Untergrund:** befestigt. 01/04-31/10.
Entfernung: 300M vor Ort Aldi 800M.
Sonstiges: Entlang der Main, max. 3 Tage.

Mainbernheim — 17C1
Goldgrubenweg. **GPS:** n49,71153 o10,22045.

10 kostenlos. **Lage:** Städtisch, einfach, ruhig.
Untergrund: befestigt. 01/01-31/12.
Entfernung: vor Ort 200M 200M 100M.

Mainstockheim — 17C1
Wohnmobilhafen Mainstockheim, Albertshöfer straße.
GPS: n49,77173 o10,15595.

37€ 7 Ch inklusive. **Lage:** Ländlich, einfach, ruhig.
Untergrund: Schotter. 01/01-31/12.
Entfernung: vor Ort 5Km vor Ort 100M 100M vor Ort.
Sonstiges: Entlang der Main.

Manching — 17E3
Am Braunweiher. **GPS:** n48,71078 o11,49602.

50 kostenlos €1/80Liter Ch. **Lage:** Einfach.
Untergrund: Schotterrasen/befestigt. 01/01-31/12.
Entfernung: 1,5Km 1,3Km Edeka 1km.

Markt Wald — 20C1
Wohnmobilpark Markt Wald, Bürgle 1a.
GPS: n48,14602 o10,57517.

20€ 7 €1/100Liter Ch €0,50/kWh WC €2.
Lage: Ländlich, komfortabel, ruhig. **Untergrund:** Wiese/Schotter.
01/01-31/12.
Entfernung: 1Km vor Ort vor Ort vor Ort 1Km vor Ort vor Ort vor Ort. **Sonstiges:** Am kleinen See, Brötchenservice, Sanitärnutzung beim Campingplatz.

Marktbreit — 17C1
Am Kranen, Staatsstraße. **GPS:** n49,66878 o10,14241.

3 kostenlos.
Lage: Einfach. **Untergrund:** befestigt. 01/01-31/12.
Entfernung: vor Ort vor Ort vor Ort vor Ort 500M vor Ort.
Sonstiges: Max. 1 Tag.

Marktheidenfeld — 17B1
Martinswiese, Georg-Mayr-Straße. **GPS:** n49,84918 o9,59887.

30€ 5/24 Std €1/100Liter Ch (8x)€1/4Std WC inklusive.
Lage: Ländlich, komfortabel, ruhig.
Untergrund: Schotter.
01/01-31/12. während Veranstaltung.
Entfernung: 600M vor Ort vor Ort 200M Lidl 650M.
Sonstiges: Entlang der Main, max. 3 Tage.

Marktheidenfeld — 17B1
Georg-Mayr-Straße. **GPS:** n49,85364 o9,60025.

20 kostenlos. **Lage:** Ländlich, einfach, laut. **Untergrund:** Schotter.
01/01-31/12.
Entfernung: 1Km 50M Lidl 50M.
Sonstiges: Max. 3 Tage.

Marktleuthen — 12E3
Am Angerparkplatz. **GPS:** n50,12946 o11,99483.

10 kostenlos Ch (10x)kostenlos WC €0,50.
Untergrund: befestigt. 01/01-31/12.
Entfernung: 250M 150M 200M.
Sonstiges: Max. 7 Tage, Brötchenservice.

Marktoberdorf — 20D2
Parkplatz der Bayerischen Musikakademie, Kurfürstenstraße 19.
GPS: n47,78013 o10,62284.
4 kostenlos €1/50Liter Ch €0,50/kWh.
Untergrund: Schotterrasen. 01/01-31/12.
Entfernung: vor Ort 100M.

Marktredwitz — 12E3
Wohnmobilstellplatz am Auenpark, Dörflaser Platz, Fabrikstraße.
GPS: n49,99710 o12,08640.

20 kostenlos €0,50/150Liter €0,50 Ch €0,50 (6x)€0,50/kWh. **Untergrund:** asphaltiert/Schotter. 01/01-31/12.
Entfernung: 300M 50M 150M.

Marktredwitz — 12E3
Angerplatz, Egerland-Kulturhaus, Fikentscherstraße.
GPS: n50,00379 o12,09506.

Bayern

6🚐kostenlos. **Untergrund:** asphaltiert. 📅 01/01-31/12.
Entfernung: 🚶1Km ⊗500M.

Massing 17F3
Am Freilichtmuseum, Spirknerstraße. **GPS:** n48,39528 o12,60056.
10🚐kostenlos 🚰🔌auf Anfrage.
Untergrund: asphaltiert.
Entfernung: ⊗Museumstüberl.
Sonstiges: Freilichtmuseum, tagsüber lebhafter Parkplatz.

Mehlmeisel 12E3
Parkplatz Am Park. GPS: n49,97615 o11,85471.⬆.

🚐kostenlos. **Untergrund:** befestigt. 📅 01/01-31/12.
Entfernung: ⊗250M 🛒Bäckerei 100M.
Sonstiges: Max. 3 Nächte.

Mellrichstadt 12C2
Malbachweg. **GPS:** n50,43139 o10,30972.⬆.

7🚐kostenlos 🚰€1/80Liter 🔌Ch🔌€0,50/kWh.
Untergrund: asphaltiert. 📅 01/01-31/12.
Entfernung: 🚶500M ⊗750M 🛒750M vor Ort 🚶vor Ort.
Sonstiges: Max. 3 Tage.

Memmelsdorf 12D3
Seehofblick, Pödeldorferstrasse 20-A. **GPS:** n49,92906 o10,95594.
4🚐€5 🚰€1/80Liter🔌Ch🔌€1/8Std. **Lage:** Städtisch, einfach.
Untergrund: asphaltiert. 📅 04-31/10.
Entfernung: 🚶vor Ort ⊗250M.

Memmelsdorf 12D3
Stocksee, Stockseestrasse. **GPS:** n49,92556 o10,93417.⬆.

5🚐€5 🚰€1/80Liter🔌Chkostenlos 🔌(4x)€1/8Std.
Lage: Städtisch. **Untergrund:** asphaltiert. 📅 01/01-31/12.
Entfernung: 🚶1,2Km ⊗500M 🛒100M.

Miltenberg 17A1
Linkes Mainufer, Jahnstrasse/Luitpoldstrasse.
GPS: n49,70464 o9,25860.⬆➡.

20🚐kostenlos 🚰🔌ChWCkostenlos. **Lage:** Zentral.
Untergrund: asphaltiert. 📅 01/01-31/12.
Entfernung: 🚶200M ⊗200M 🛒200M.

Miltenberg 17A1
Am Yachthafen, Steingässerstrasse. **GPS:** n49,70446 o9,25435.⬆.

20🚐kostenlos. **Lage:** Ländlich, einfach. **Untergrund:** Wiese/Schotter.
📅 01/01-31/12.
Entfernung: 🚶800M 🏊vor Ort ⊗800M 🛒500M vor Ort.
Sonstiges: Entlang der Main.

Mistelgau 12D3
Therme Obernsees, An der Therme 1, Obernsees.
GPS: n49,91630 o11,37831.⬆.

40🚐€10 🚰€1/50Liter🔌Ch🔌€1/12Std WC.
Lage: Luxus, ruhig. **Untergrund:** Schotterasen/befestigt.
📅 01/01-31/12.
Entfernung: 🚶1Km ⊗Therme-Bistro 🛒vor Ort 🚶vor Ort 🚴vor Ort.
Sonstiges: Brötchenservice, Rabatt auf Einritt zu den Bädern.

Mittenwald 20E2
Wohnmobil-Stellplatz Karwendel, Albert-Schott-Straße.
GPS: n47,43792 o11,26411.⬆➡.

30🚐€7/24 Std + €4/pP Kurtaxe 🚰€1/80Liter🔌Ch🔌(30x)€0,80/kWh. **Lage:** Einfach, laut. **Untergrund:** asphaltiert/Schotter.
📅 01/01-31/12.
Entfernung: 🚶250M ⊗vor Ort.
Sonstiges: An der Bahnlinie.

Mitterteich 12E3
Freizeithugl Großbüchlberg, Großbüchlberg 32.
GPS: n49,97286 o12,22496.

24🚐€12, 2 Pers. Inkl. Hund €1,50 🚰🔌Ch🔌
(16x)€0,50 WC 🚽kostenpflichtig 📶€2,50/2,50 📡€1/24Std.
Untergrund: befestigt. 📅 01/01-31/12.
Entfernung: ⊗200M.
Sonstiges: Brötchenservice.

Monheim 17D2
An der Stadthalle, Schulstraße. **GPS:** n48,84503 o10,85329.⬆➡.

7🚐kostenlos 🚰€1/100Liter🔌Ch🔌€1/8Std. **Lage:** Einfach, zentral. **Untergrund:** Schotterasen 📅 01/01-31/12.
Entfernung: 🚶400M ⊗500M 🛒500M.

Moosbach 17F1
Am Natur-Waldbad Tröbes, Tröbes. **GPS:** n49,55851 o12,44074.
9🚐€10 🚰🔌Ch🔌WC. 📅 01/03-31/10.
Entfernung: 🏊vor Ort.

Moosbach 17F1
Bei der Wieskirche, Am Badeweiher Tröbes, Friedhofgasse.
GPS: n49,59076 o12,41193.⬆➡.

6🚐€5 🚰🔌Ch🔌inklusive. **Untergrund:** Schotter.
📅 01/03-31/10. **Entfernung:** 🚶250M ⊗250M 🛒250M.
Sonstiges: Anmelden bei Gästeinformation.

Mörnsheim 17D2
Wohnmobilstellplatz Hammermühle, Altendorf.
GPS: n48,87455 o11,02948.⬆.

21🚐€10, Hund €1 🚰🔌Chinklusive 🔌€0,60/kWh 📡€2.
Lage: Ländlich. **Untergrund:** ungepflastert. 📅 01/04-31/10.
Entfernung: 🚶Altendorf 2km ⊗Imbiss, Biergarten 🛒vor Ort 🚶vor Ort.
Sonstiges: Naturschutzgebiet Altmühltal, Brötchenservice.

München 20E1
Allianz-Arena Wohnmobilstellplätze, Werner-Heisenberg-Allee 25.
GPS: n48,22089 o11,62505.⬆.

110🚐€15 🚰€0,20/20Liter🔌(10x)€1/kWh.
Untergrund: asphaltiert. 📅 während Veranstaltung.
Entfernung: ⊗Bistro-Biergarten 🛒vor Ort 🚶vor Ort.
Sonstiges: FC Bayern Erlebniswelt (Fanmuseum).

München 20E1
Oktoberfest-Camping, De-Gasperi-Bogen, München-Riem.
GPS: n48,13342 o11,70746.
1000🚐€35, 2 Pers. inkl, extra Pers €15 🚰🔌Ch🔌WC inklusive.

Deutschland

Untergrund: befestigt. 🅿 Oktoberfest.
Entfernung: 🚻 vor Ort 🚿 vor Ort 🚌 U-Bahn 300M.
Sonstiges: 2 Tage vor dem Oktoberfest geöffnet.
Touristinformation München:
ℹ München CityTourCard. Karte ermöglicht freien Zutritt z.B. öffentliche Verkehrsmittel und 50% Rabatt auf Sehenswürdigkeiten. 🎟 € 10,90/Tag, € 20,90/3 Tage.
🍺 Agustinerbräu, Neuhauserstrasse 16. Brauerei von 1644.
🏰 Schloß Nymphenburg. Ehemalige Sommerresidenz der Wittelbacher Monarchen. 🕘 Di-So 9-12.30 Uhr, 13.30-17 Uhr. 🎟 € 6.
🏰 Neumarkt. Hoch über dem Platz stehen die Überreste einer alten Burg.
🎪 Oktoberfest. Bierfeste, extra Parkplätze für Wohnmobile ausgewiesen.

Münnerstadt 12C3
An der Lache, P1, Seminarstrasse. **GPS:** n50,25188 o10,19348.

4 🅿 kostenlos 🚰 €1/90Liter 🚽Ch ⚡(4x)€0,50/kWh,16Amp WC 🚿.
Untergrund: befestigt. 📅 01/01-31/12.
Entfernung: 🛒 350M.
Sonstiges: Max. 3 Tage.

Münnerstadt 12C3
Am Oberen Tor, P2, Dr.Engelhardt Weg. **GPS:** n50,24914 o10,19145.

3 🅿 kostenlos. **Untergrund:** befestigt. 📅 01/01-31/12.
Entfernung: 🚻 vor Ort 🚿 vor Ort.

Murnau am Staffelsee 20D2
Am P&R Bahnhof, Am Bahnhof. **GPS:** n47,68005 o11,19447.

6 🅿 €1/Tag 🚰 €1/100Liter 🚽Ch ⚡(6x)€1/2kWh.
Lage: Ländlich, komfortabel, zentral, ruhig.
Untergrund: Schotterasen/befestigt. 📅 01/01-31/12.
Entfernung: 🛒 500M 🚲 10Km ⛽ 400M 🏊 300M 🚻 vor Ort.
Sonstiges: Max. 72 Std.

Naila 12E2
Christian-Schlicht-strasse. **GPS:** n50,33071 o11,71127.

4 🅿 kostenlos 🚰 🚽Ch. **Lage:** Städtisch, einfach.
Untergrund: befestigt. 📅 01/01-31/12.
Entfernung: 🛒 100M 🛒 50M ⛽ 300M 🏊 300M 🚻 vor Ort 🚶 vor Ort.
Sonstiges: Parkplatz an der linken Seite des Bahnhofes, Donnerstag Markt.

Naila 12E2
Badstraße. **GPS:** n50,32965 o11,70108.

10 🅿 kostenlos. **Lage:** Städtisch, einfach, abgelegen.
Untergrund: asphaltiert. 📅 01/01-31/12.
Entfernung: 🛒 650M.
Sonstiges: Donnerstag Markt.

Nesselwang 20C2
An der Riese, Altspitzbahn. **GPS:** n47,61995 o10,49830.

70 🅿 €8 🚰 €1 🚽Ch 🛁(62x)€1/kWh 📶.
Lage: Ländlich, komfortabel. **Untergrund:** Schotter/befestigt.
📅 01/01-31/12.
Entfernung: 🛒 500M 🚲 3,8Km ⛽ 1Km 🏊 3Km ⛳ 200M 🚻 500M 🛒 500M 🚻 vor Ort 🏊 200M 🚶 200M.
Sonstiges: Bäcker kommt jede Morgen, Kode WLAN beim Touristinfo.

Neualbenreuth 12F3
Reisemobilhafen Sibyllenbad, Parkplatz P2, Kurallee.
GPS: n49,98099 o12,42406.

21 🅿 €8 + €1/pP Kurtaxe 🚰 🚽Ch ⚡(20x)€0,50/kWh WC 🚿.
Untergrund: befestigt. 📅 01/01-31/12.
Entfernung: 🛒 1,5Km.
Sonstiges: Brötchenservice.

Neubeuern 20F2
P2, Am Sportplatz. **GPS:** n47,77573 o12,14298.

6 🅿 kostenlos. **Lage:** Ländlich, einfach, ruhig. **Untergrund:** Schotter.
Entfernung: 🛒 500M ⛽ 500M.
Sonstiges: Max. 48 Std.

Neuburg/Donau 17D3
Parkplatz P1, Schlössliwiese, Zur Ringmeierbucht.
GPS: n48,74022 o11,18434.

30 🅿 kostenlos 🚰 €1/100Liter 🚽Ch. **Lage:** Städtisch, einfach, zentral, ruhig. **Untergrund:** Schotter/Sand. 📅 01/01-31/12.
Entfernung: ⛽ 100M 🏊 400M 🚻 vor Ort 🚶 vor Ort.
Sonstiges: An der Donau.

Neumarkt/Oberpfalz 17E1
Volksfestplatz, Woffenbacherstrasse. **GPS:** n49,28118 o11,44528.

30 🅿 kostenlos. **Untergrund:** Wiese. 📅 01/01-31/12.
Entfernung: 🛒 600M.
Sonstiges: Am Sportzentrum.

Neumarkt/Oberpfalz 17E1
Fritz Berger, Fritz-Berger-Str. 1. **GPS:** n49,30500 o11,48444.

🅿 kostenlos 🚰 🚽Ch kostenlos. **Untergrund:** Wiese.
📅 01/01-31/12. **Entfernung:** 🛒 2km 🏊 2km.

Neusäß 17D3
Titania-Therme, Birkenallee 1. **GPS:** n48,40089 o10,82508.

5 🅿 kostenlos. **Lage:** Städtisch, einfach, zentral, ruhig.
Untergrund: befestigt. 📅 01/01-31/12.
Entfernung: 🛒 1,2Km 🚲 3km ⛽ 1,2Km 🏊 vor Ort 🚻 vor Ort.

Neustadt/Aisch 17C1
Am Festplatz, Bei den Sommerkeller. **GPS:** n49,58187 o10,60271.

8 🅿 kostenlos 🚰 €1 🚽Ch €1. **Untergrund:** Schotter.
📅 01/01-31/12. **Entfernung:** 🛒 500M ⛽ 500M 🏊 500M 🚻 500M.

Neustadt/Aisch 17C1
Am Waldwald, Eilersweg. **GPS:** n49,57462 o10,62993.

6 🅿 kostenlos. **Untergrund:** Schotterasen. 📅 01/01-31/12.
Entfernung: 🛒 3,5Km 🏊 4Km ⛽ 4Km 🚻 1Km.

Niederwerrn 12C3
Jahnstrasse. **GPS:** n50,06073 o10,17526.

Bayern

35 freiwilliger Beitrag €3 Ch WC. **Untergrund:** asphaltiert. 01/01-31/12.
Entfernung: vor Ort vor Ort.
Sonstiges: Neben Sportplatz, max. 3 Nächte.

Nordheim am Main 12C3
Zehnthofstrasse. **GPS:** n49,85952 o10,17909.

50 €8/24 Std Ch kostenlos. **Untergrund:** befestigt. 01/04-31/10.
Entfernung: 200M.
Sonstiges: Entlang der Main, max. 3 Tage.

Nördlingen 17C3
Wohnmobilstellplatz Innerer Ring, Kaiserwiese.
GPS: n48,85488 o10,48445.

30 €3/24 Std €2 Ch €2/24Std WC. **Lage:** Städtisch, einfach, ruhig. **Untergrund:** asphaltiert. 01/01-31/12.
Entfernung: vor Ort McDonalds.
Sonstiges: Max. 48 Std.

Nürnberg 17D1
Volkspark Dutzendteich, Munchener Strasse.
GPS: n49,42403 o11,10586.

10 kostenlos. **Lage:** Städtisch. **Untergrund:** asphaltiert. 01/01-31/12.
Entfernung: 4Km 700M. **Sonstiges:** Max. 3 Nächte.

Nürnberg 17D1
Volkspark Marienburg, Kilianstrasse.
GPS: n49,47495 o11,09606.

8 kostenlos. **Lage:** Städtisch. **Untergrund:** Schotterasen/befestigt. 01/01-31/12.
Entfernung: Stadtmitte 4Km 800M 800M vor Ort.

Sonstiges: Max. 3 Nächte.

Nürnberg 17D1
Wöhrder See, Rechenberganlage, Dr Gustav Heinemannstrasse.
GPS: n49,46041 o11,11548.

8 kostenlos. **Lage:** Städtisch. **Untergrund:** befestigt. 01/01-31/12.
Entfernung: 3Km 500M.
Sonstiges: Max. 3 Nächte.

Touristinformation Nürnberg:
Stadtführung durch die Altstadt, täglich ab Tourist Information, Hauptmarkt. 14.30 Uhr.
Nürnberg Card. Karte ermöglicht freien Zutritt zu öffentlichen Verkehrsmitteln und Museen, Einkaufsrabatte, Rundfahrten, Stadtrundgängen etc.
M Spielzeugmuseum, Karlstrasse 13-15. Spielzeugmuseum. Di-So 10-17 Uhr.
Kaiserburg Nürnberg, Burg 13. Palast. 01/04-30/09 9-18 Uhr, 01/10-31/03 10-16 Uhr. €7.

Oberammergau 20D2
Campingpark Oberammergau, Ettalerstrasse 56B.
GPS: n47,59040 o11,07157.

20 €8 Ch WC kostenpflichtig. **Lage:** Einfach. **Untergrund:** Schotter. 01/01-31/12.
Entfernung: 1,2Km 400M 100M 1,2Km 1Km.
Sonstiges: Max. 24 Std.

Oberaudorf 20F2
Pechler Hof, Tatzlwurmstrasse 5. **GPS:** n47,66132 o12,16890.

5 €9 inklusive. **Lage:** Ländlich, einfach, ruhig.
Untergrund: Wiese. 01/01-31/12.
Entfernung: 1Km 500M 200M 100M.

Oberaudorf 20F2
Hotel Feuriger Tatzlwurm, Tatzlwurm, B307.
GPS: n47,67223 o12,08448.

10 Gäste kostenlos. **Lage:** Ländlich, einfach.
Untergrund: Schotter/befestigt. 01/01-31/12.
Entfernung: vor Ort vor Ort vor Ort.

Oberelsbach 12B2
Wohnmobilstellplatz Oberelsbach, Gangolfstrasse.
GPS: n50,44234 o10,11412.

6 €5 €1/80Liter Ch (6x)€0,50/kWh. 01/01-31/12.
Entfernung: 500M vor Ort.
Sonstiges: Max. 3 Tage.

Oberkotzau 12E2
Wohnmobilstellplatz Am Summa-Park, Fabrikstraße.
GPS: n50,26344 o11,93849.

9 €12 €1/100Liter Ch WC inklusive. **Untergrund:** befestigt. 01/01 31/12.
Entfernung: 450M.
Sonstiges: Max. 5 Tage.

Obermaiselstein 20C2
Wohnmobilplatz Allgäu, Am Goldbach 3, Niederdorf.
GPS: n47,44422 o10,24288.

30 €10 + €1,30/pP Kurtaxe Ch (25x)€2/Tag WC €1.
Lage: Ländlich, komfortabel, luxus.
Untergrund: asphaltiert/Schotter. 01/01-31/12.
Entfernung: vor Ort.

Oberstdorf 20C3
Rubi-Camp, Rubinger Straße 34. **GPS:** n47,42340 o10,27772.

80 €23-27 + €2,60/pP Kurtaxe, Hunde €3 Ch €0,70/kWh WC.
Untergrund: Wiese. 01/01-31/12.
Entfernung: 150M (Skibus) vor Ort vor Ort.
Sonstiges: Brötchenservice.

Oberstdorf 20C3
Wohnmobilstellplatz Oberstdorf, Enzenspergerweg 10.
GPS: n47,40856 o10,28625.

150 €12, Kurtaxe €2,60/pP Ch €2,50/24Std WC.
Lage: Ländlich, luxus. **Untergrund:** Wiese/befestigt.
01/01-31/12.
Entfernung: vor Ort 250M 100M vor Ort 500M 800M.

Oberthulba 12B3
Reisemobilstellplatz Thulbatal. **GPS:** n50,17419 o9,92499.

Bayern

25 🛌 € 8, 2 Pers. inkl 🚿 Ch inklusive 💡€2 WC 🚽€0,80 💧€2,30.
Untergrund: Schotterrasen. 📅 15/03-31/10.
Entfernung: 🏪1Km 🥖 vor Ort ⊗150M.

Oberviechtach 17F1
Am Freibad, Im Wiesengrund. **GPS:** n49,45296 o12,42458. ⬆

+5 🛌 kostenlos 🚿 Ch (3x)kostenlos. **Lage:** Einfach, abgelegen.
Untergrund: asphaltiert. 📅 01/01-31/12.
Entfernung: 🏪1Km ⊗600M.
Sonstiges: Max. 3 Tage.

Oettingen 17C2
Schießwasen. **GPS:** n48,95690 o10,60894. ⬆

4 🛌 kostenlos 💡€1/10Minuten 🚿Ch (4x)€1/8Std. **Lage:** Einfach, ruhig. **Untergrund:** befestigt. 📅 01/01-31/12 ❌ letztes Wochenende Jul, 1. Wochenende Aug.
Entfernung: 🏪10 Gehminuten ⊗500M.

Ostheim 12C2
Streuwiesenparkplatz, Nordheimer Straße/Alexander Straße.
GPS: n50,45820 o10,22656. ⬆

6 🛌 €3 💡€1/80Liter 🚿Ch 💧€0,50.
Untergrund: befestigt. 📅 01/01-31/12.
Entfernung: 🏪300M ⊗300M 🥖300M.

Ottobeuren 20C1
Parking Sportwelt, Galgenberg 4. **GPS:** n47,94907 o10,29649. ⬆

10 🛌 kostenlos 💡€1/100Liter 🚿Ch (6x)€0,50/kWh.
Lage: Städtisch, komfortabel. **Untergrund:** befestigt.
📅 01/01-31/12.
Entfernung: 🏪1Km.
Sonstiges: Wertmünzen bei Sportwelt (9-23U). Dorf mit sehenswerter Kathedrale.

Parkstein 17E1
Basaltkegel von Parkstein, Basaltstrasse 16.
GPS: n49,73179 o12,07127.

20 🛌 kostenlos. **Untergrund:** befestigt. 📅 01/01-31/12.
Entfernung: 🏪200M ⊗50M.
Sonstiges: In der Nähe von Gasthof Bergstüberl, schöne Aussicht.

Passau 17H3
Am Parkdeck Ilzbrücke, Halser Straße. **GPS:** n48,57895 o13,47437. ⬆

13 🛌 €1/U, max. €8/Tag 💡€1/50Liter 🚿Ch 💧€0,50/kWh.
Lage: Städtisch, komfortabel, zentral. **Untergrund:** befestigt.
📅 01/01-31/12 ❗ Hochwasser.
Entfernung: 🏪Zentrum 500M ⊗500M 🥖500M 🚌 vor Ort.
Sonstiges: Max. 24 Std.

Passau 17H3
Am Parkhaus, Bahnhofstraße. **GPS:** n48,57406 o13,44495. ⬆

15 🛌 €3/Std, max. €13/Tag 🚿Ch inklusive. 🚽 **Lage:** Städtisch, einfach, laut. **Untergrund:** befestigt. 📅 01/01-31/12.
Entfernung: 🏪500M ⊗500M 🥖100M.
Sonstiges: Preis inkl. Bustransport zum Stadtzentrum.

Passau 17H3
Winterhafen Racklau, Regensburgerstrasse/Racklau.
GPS: n48,57412 o13,42690. ⬆

30 🛌 kostenlos. **Untergrund:** Schotter. 📅 01/01-31/12
❗ Hochwasser. **Entfernung:** 🏪2km 🏞An der Donau 🚌 vor Ort ⊗500M 🥖500M 🚌300M.

Peiting 20D2
Wellenfreibad, Ammergauer Strasse 22/A. **GPS:** n47,79317 o10,92227.

3 🛌 kostenlos. 📅 01/01-31/12.
Entfernung: 🏪100M.

Sonstiges: Parkplatz am Schwimmbad, max. 48 Std.

Petting 20G1
Ferienhof Stubern, Stubern 1. **GPS:** n47,88988 o12,78455. ⬆

3 🛌 €15, 2 Pers. inkl 💡€2/100Liter 🚿Ch 💧€0,50/kWh WC.
Lage: Ländlich, einfach, ruhig. **Untergrund:** Wiese.
📅 01/05-30/10.
Entfernung: 🏪4Km 🏊5Km 🚲5Km ⊗3Km 🥖2km 🚌 vor Ort 🚶 vor Ort.

Petting 20G1
Stellplatz Schneiderhof, Seestrasse 11a.
GPS: n47,91375 o12,81120. ⬆

4 🛌 €15, 2 Pers. inkl 💡€1 🚿Ch 💧€0,50/kWh WC inklusive.
Lage: Ländlich, komfortabel. **Untergrund:** Wiese. 📅 01/05-30/10.
Entfernung: 🏪300M 🏊1Km ⊗300M 🥖300M 🚌500M.
Sonstiges: Hund € 3.

Pfronten ❄ 20D2
Wohnmobilstellplatz Wohlfahrt, Am Wiesele 7, Weißbach.
GPS: n47,59829 o10,55240. ⬆

44 🛌 €10 2 Pers. inkl 💡€1 🚿Ch (48x) WC inklusive
💧€0,50/3Minuten 🚽€3. **Untergrund:** Schotter. 📅 01/01-31/12.
Entfernung: 🏪400M ⊗100M 🥖400M 🚌Skibus 🚶5Km 🚲 vor Ort.

Plattling 17G2
Freizeit- und Sportzentrum Plattling, Georg-Ecklstrasse.
GPS: n48,77226 o12,87331. ⬆

20 🛌 kostenlos 💡€1/80Liter 🚿Ch (4x)€0,50/kWh.
Lage: Ländlich, einfach. **Untergrund:** Wiese/befestigt.
📅 01/01-31/12.
Entfernung: 🏪500M 🥖500M.

Pleinfeld 17D2
Freizeitanlage Ramsberg, Leitenbuckstraße.
GPS: n49,12103 o10,93275.
28 🛌 €12/24 Std 💧€0,50/kWh WC. **Untergrund:** Wiese.
📅 01/01-31/12.
Entfernung: 🏪800M 🏊 vor Ort 🚌 vor Ort ⊗100M 🥖5Km.

Pleystein 17F1
Reisemobilplatz Pleystein, Vohenstraußer Straße/Galgenbergweg.
GPS: n49,64429 o12,40548. ⬆

Bayern

8 kostenlos WC kostenlos. **Untergrund:** Schotter. 01/01-31/12. **Entfernung:** 350M 200M.

Poppenricht — 17E1
Wohnmobilstellplatz an der Vils, Vilsstrasse.
GPS: n49,48184 o11,83119.

20 kostenlos. **Lage:** Ländlich, einfach, ruhig. **Untergrund:** Schotter. 01/01-31/12.
Entfernung: 1Km vor Ort 2km 1Km vor Ort.
Sonstiges: An der historische "Goldenen Straße" von Nürnberg nach Prag, am Sportzentrum.

Pottenstein — 17D1
Wohnmobilpark Pottenstein, Am langen Berg.
GPS: n49,76294 o11,40826.

25 €7 €1/80Liter Ch €1 (6x)€1/kWh.
Lage: Ländlich, einfach. **Untergrund:** Wiese/befestigt.
01/01-31/12 Ver-/Entsorgung: Winter.
Entfernung: 1Km Aldi 200M.
Touristinformation Pottenstein:
Teufelshöhle. Höhlen, konstante Temperatur 9°C und atmosphärische Feuchtigkeit 98%. 19/03-06/11 9-17.
Burg Pottenstein. 1000 Jaar oude burcht. Di-So 10-17 Uhr.
Sommerrodelbahn. Rodelbahn 1km. 01/04-31/10 10-17 Uhr.

Prichsenstadt — 17C1
Wohnmobilstellplatz Schützengesellschaft 1752, Wiesentheider Straße 3. **GPS:** n49,81649 o10,34981.

5 €5 €1 €2,50. **Untergrund:** Schotter. 01/01-31/12.
Entfernung: 300M vor Ort.

Prien am Chiemsee — 20F1
Wohnmobilstellplatz Strandbad Schraml, Harrasser Strasse 39.
GPS: n47,85400 o12,36679.

20 €10 Ch €3/Tag WC. **Lage:** Ländlich, einfach, abgelegen. **Untergrund:** ungepflastert. 01/04-15/10.
Entfernung: 1,5Km 6km vor Ort 500M vor Ort vor Ort vor Ort.
Sonstiges: Ankunft >18h, Abreise <10 Uhr, zahlen an der Rezeption, Abends geschlossen mit Barriere, steile Rampe.

Rain/Lech — 17D3
Wohnmobilstellplatz Rain, Fasanenweg.
GPS: n48,69195 o10,90699.

8 kostenlos €1 Ch €1/6Std.
Untergrund: befestigt. 01/01-31/12.
Entfernung: 1Km vor Ort vor Ort.

Ramsthal — 12B3
Festplatz, Hauptstrasse, K6-4. **GPS:** n50,13750 o10,06111.

12 kostenlos €1/100Liter Ch €0,50/kWh WC.
Untergrund: befestigt. 01/01-31/12.
Entfernung: vor Ort Gasthof Wahler, Gaststätte zum Beck vor Ort.

Reit im Winkl — 20F2
Wohnmobilpark Reit im Winkl, Am Waldbahnhof 7, Groissenbach.
GPS: n47,67013 o12,48358.

250 €12, 15/12-03/04 €14 €0,20/10Liter Ch €0,75/kWh WC Nutzung Sanitäranlagen €4,50. **Lage:** Ländlich, ruhig. **Untergrund:** Wiese/befestigt. 01/01-31/12.
Entfernung: 1Km 1,5Km 200M vor Ort vor Ort vor Ort vor Ort.
Sonstiges: Skibus.

Reit im Winkl — 20F2
Wohnmobilpark Seegatterl, Seegatterl 7.
GPS: n47,65898 o12,54213.

50 €9, 05/12-03/04 €13 + Kurtaxe €0,20/10Liter Ch €0,75/kWh WC. **Lage:** Ländlich, einfach, ruhig.
Untergrund: Wiese/Schotter. 05/12-10/04, 01/06-15/10.
Entfernung: 4Km 1,5Km 500M vor Ort vor Ort vor Ort 150M vor Ort.

Reit im Winkl — 20F2
Gasthof Stoaner, Birnbacher Straße 34.
GPS: n47,67900 o12,44930.

15 €10, 2 Pers. inkl., Winter €12 Ch (12x)WC inklusive.
Lage: Ländlich, ruhig.
Untergrund: ungepflastert.
01/11-20/12, Ostern-30/04.
Entfernung: 2km 500M vor Ort vor Ort vor Ort.
Sonstiges: Am Golfplatz.

Riedenburg — 17E2
Volksfestplatz, Austraße. **GPS:** n48,96446 o11,68181.

40 €6 Ch inklusive €1/8Std.
Lage: Zentral. **Untergrund:** Schotter/befestigt.
01/01-31/12 Letzte Woche von August.
Entfernung: 450M vor Ort 300M 20M.
Sonstiges: Am Main-Donau-Kanal.

Roding — 17F2
Volksfestplatz, Jahnstraße 21. **GPS:** n49,19806 o12,51722.
4 kostenlos €1/70Liter €1 Ch €0,50/kWh. **Lage:** Städtisch, einfach. **Untergrund:** asphaltiert/befestigt. 01/01-31/12.
Entfernung: 150M 150M 500M.
Sonstiges: Max. 1 Tag.

Roßhaupten — 20D2
Wohnmobilstellplatz Miller, Augsburger Strasse 23.
GPS: n47,65889 o10,71944.

25 €9, 4 Pers. inkl €1,50 Ch €2 (3x)€2/Tag WC €1,50.
Lage: Einfach. **Untergrund:** befestigt. 01/01-31/12.
Entfernung: 50M 1,2Km 1,2Km 200M 150M 150M 1Km 500M.
Sonstiges: Neben Camping- und Freizeitmarkt, Reparatur-Werkstatt.

Rothenbuch — 12B3
Freizeitanlage, Heigenbrücker Weg. **GPS:** n49,97460 o9,39475.

Bayern

10 🚐 € 7 ⛽€1/80Liter 🚽Ch 🔌€0,50/kWh. 🏞 **Lage:** Ländlich, einfach, ruhig. **Untergrund:** Schotterasen. 📅 01/01-31/12. **Entfernung:** 🚶250M.

Rothenburg ob der Tauber 17C1
Parkplatz P2, Nördlinger Strasse. **GPS:** n49,37048 o10,18324.

25 🚐 € 10 ⛽€1/45Liter 🚽Ch 🔌€0,50/kWh WC.
Untergrund: befestigt. 📅 01/01-31/12.
Entfernung: 🚶700M.

Rothenburg ob der Tauber 17C1
Parkplatz P3, Schweinsdorfer Strasse. **GPS:** n49,38222 o10,18889.

30 🚐 € 10 ⛽€1/45Liter 🚽Ch WC.
Untergrund: befestigt. 📅 01/01-31/12.
Entfernung: 🚶vor Ort.
Touristinformation Rothenburg ob der Tauber:
🏛 Mittelalterliches Kriminalmuseum, Burggasse 3. Geschichte von 1000 Jahren Rechtsprechung.
📅 01/04-31/10 10-18 Uhr, 01/11-31/03 13-16 Uhr.
🎭 Schäfertanz. Traditionelles Fest.
📅 27/03, 15/05, 04/09.

Rothenkirchen 12D2
Waldschwimmbad. GPS: n50,37389 o11,31583.

40 🚐 € 5 ⛽€0,50 🚽Ch €1 🔌(16x) WC inklusive.
Untergrund: befestigt. 📅 01/04-31/10.
Entfernung: 🚶1,5Km.
Sonstiges: Parkplatz Schwimmbad.

Röthlein 12C3
Sportanlage TSV/Bundeskegelbahn, Friedhofstrasse.
GPS: n49,98694 o10,21583.

10 🚐 kostenlos. **Untergrund:** ungepflastert.
Entfernung: 🚶vor Ort.

Röttingen 17B1
Wohnmobilplatz an der Tauber, Neubronner Straße.
GPS: n49,50724 o9,96995.

20 🚐 € 5 ⛽€1/70Liter 🚽Chkostenlos 🔌€2/24Std WC€0,20 €1,20.
Lage: Ländlich, einfach. **Untergrund:** Schotter.
📅 01/04-31/10 🚫 letzten 2 Wochen von August.
Entfernung: 🚶300M vor Ort ⊗500M.
Sonstiges: An der Tauber.

Röttingen 17B1
Bach, Klingerstraße 1. **GPS:** n49,50731 o9,97368.

10 🚐 kostenlos 🔌€2,50/Tag WC €2,50/Tag. **Lage:** Ländlich, einfach.
Untergrund: Schotter. 📅 01/01-31/12.
Entfernung: 🚶500M vor Ort ⊗vor Ort.
Sonstiges: Angelschein erhältlich.

Ruhpolding 20G2
Campingplatz Ortnerhof, Ortsstraße 5.
GPS: n47,74260 o12,66303.

16 🚐 € 9 🚽Ch 🔌€0,70/kWh WC €3 €3/24Std.
Lage: Ländlich, einfach. **Untergrund:** Schotter. 📅 01/01-31/12.
Entfernung: 🚶3Km ⊗vor Ort 2km vor Ort vor Ort vor Ort.
Sonstiges: Am Golfplatz, max. 1 Nacht.

Scheidegg 20C2
Wohnmobilpark am Kurhaus, Am Hammerweiher 1.
GPS: n47,57351 o9,84545.
20 🚐 € 13,50 🚽Ch 🔌(16x)inklusive €2.
Untergrund: Schotter/befestigt. 📅 01/01-31/12.
Entfernung: Minishop.
Sonstiges: Brötchenservice.

Scheinfeld 17C1
Freibad Scheinfeld, Badstrasse 5. **GPS:** n49,67434 o10,46173.

14 🚐 € 7 🚽Ch €1/2kWh WC.
Untergrund: Schotter. 📅 01/01-31/12.
Sonstiges: Am Schwimmbad.

Schliersee 20E2
Am Spitzingsee, Spitzingstraße. **GPS:** n47,66648 o11,88851.

+10 🚐 Sommer € 12, Winter € 9 (ohne Ver-/Entsorgung) 🚽Ch.
Lage: Ländlich, einfach, abgelegen, ruhig. **Untergrund:** Schotter.
📅 01/01-31/12. **Ver-/Entsorgung:** Winter.
Entfernung: 🚶5,4Km vor Ort ⊗500M vor Ort vor Ort vor Ort.
Sonstiges: Höhe 1085M, am See.

Schlüsselfeld 17C1
Bambergerstrasse. GPS: n49,75572 o10,62267.

5 🚐 kostenlos ⛽€1/80Liter 🚽Ch. **Lage:** Städtisch, einfach, zentral.
Untergrund: asphaltiert. 📅 01/01-31/12.
Entfernung: 🚶vor Ort ⊗vor Ort vor Ort 50M 50M.

Schlüsselfeld 17C1
Concorde, Concorde-Straße 2–4. **GPS:** n49,76745 o10,56478.

20 🚐 kostenlos ⛽€1/100Liter 🚽Ch 🔌€0,50/kWh.
Lage: Ländlich, einfach, ruhig. **Untergrund:** befestigt.
📅 01/01-31/12.
Entfernung: 🚶1Km ⊗1Km 1Km.
Sonstiges: Beim Wohnmobilhersteller.

Schnelldorf 17C2
BP-Truckstop Feuchtwangen, Rudolph Dieselstrasse 1.
GPS: n49,17149 o10,24124.

20 🚐 € 7 ⛽€1/80Liter 🚽Ch 🔌(3x) WC €2.
Untergrund: befestigt. 📅 01/01-31/12.
Entfernung: 🚶300M ⊗vor Ort vor Ort.
Sonstiges: Rabatt beim Restaurant € 5, separater Platz für Wohnmobile.

Schöllkrippen 12A3
Naturerlebnisbad, Häfner-Ohnhaus-Straße.
GPS: n50,08484 o9,25247.

35 🚐 € 9/24 Std ⛽€1/80Liter 🚽Ch 🔌(24x)€0,50/kWh.

Bayern

Lage: Ländlich, komfortabel, ruhig. **Untergrund:** Wiese.
☐ 01/01-31/12.
Entfernung: 500M.
Sonstiges: Brötchenservice.

Schongau 20D2
Festplatz, Lechuferstrasse. **GPS:** n47,80906 o10,89815.

70 € 5/24 Std €1/50Liter ChWC.
Lage: Städtisch, einfach.
Untergrund: asphaltiert.
Ver-/Entsorgung: 20/03-05/11 während Veranstaltung.
Entfernung: 400M, 100M, 400M, vor Ort.
Sonstiges: Kaution Schlüssel Sanitär € 30, Gäste kostenlos.

Schönsee 17F1
Moorbad, Böhmerwaldstrasse. **GPS:** n49,51091 o12,55321.
5 kostenlos. **Lage:** Einfach. 01/01-31/12.
Entfernung: 300M.
Sonstiges: Max. 3 Tage.

Schönwald 12E3
Freizeitland Schönwald, Grünhaid 4. **GPS:** n50,20958 o12,09570.
€ 10, €2,50. 01/01-31/12.
Entfernung: vor Ort.
Sonstiges: Frühstückservice.

Schrobenhausen 17D3
Am Klostergarten, Rot-Kreuz-Straße.
GPS: n48,55835 o11,26234.

4 kostenlos. **Lage:** Einfach, ruhig. **Untergrund:** befestigt.
☐ 01/01-31/12.
Entfernung: 400M, 400M, 400M.

Schrobenhausen 17D3
Stadtwerke-Kläranlage, Köningslachenerweg 12.
GPS: n48,57374 o11,27519.
ChVer-/Entsorgung€5.
Sonstiges: Mo-Do 7-12 Uhr, 13-16 Uhr, Fr 7-12 Uhr.

Schwandorf 17E1
Festplatz, Angerring, Krondorf. **GPS:** n49,33230 o12,10247.

30 kostenlos Chkostenlos.
Lage: Einfach. **Untergrund:** asphaltiert/Wiese.
☐ 01/01-31/12 Woche vor/nach Pfingsten.
Entfernung: 500M, 200M, 500M.
Sonstiges: An der Naab.

Schwangau 20D2
Wohnmobilpark Schwangau, Münchenerstrasse 151.
GPS: n47,59167 o10,77250.

24 € 14-19, Kurtaxe € 1,90/pP, Hund € 2 Ch (24x)€2,50
WC inklusive. **Lage:** Städtisch, komfortabel.
Untergrund: Wiese/Schotter. 01/01-31/12.
Entfernung: 2km, vor Ort, vor Ort, vor Ort, vor Ort, 1Km, vor Ort.

Schwarzenbach an der Saale 12E3
Fleischgasse. **GPS:** n50,22324 o11,93311.
2 kostenlos €1 Ch €1. **Lage:** Zentral.
Untergrund: befestigt. 01/01-31/12.
Entfernung: vor Ort, vor Ort, vor Ort.

Segnitz 17C1
Mainstraße 20. **GPS:** n49,67012 o10,14242.

4 kostenlos. **Lage:** Städtisch, einfach. **Untergrund:** befestigt.
Entfernung: vor Ort, vor Ort, vor Ort, 200M.
Sonstiges: Max. 1 Tag.

Segnitz 17C1
Gasthaus zum Goldenen Anker, Mainstraße 8.
GPS: n49,67063 o10,14344.

17 € 7,50 €0,50/50Liter Ch €0,50. **Lage:** Einfach.
Untergrund: Wiese/Schotter. 01/01-31/12 Restaurant: Do.
Entfernung: vor Ort, vor Ort, vor Ort, vor Ort.
Sonstiges: Entlang der Main.

Selb 12E3
Papiermühlweg 2. **GPS:** n50,16952 o12,12512.
10 € 6 €0,50/100Liter Ch €0,50/kWh WC.
Untergrund: befestigt.
Entfernung: 200M, 400M.

Selb 12E3
Eissporthalle, Hanns-Braun-Straße 27. **GPS:** n50,15601 o12,13489.

10 kostenlos. **Untergrund:** Schotter. 01/01-31/12.
Entfernung: 1km, 200M, 1Km, vor Ort.
Sonstiges: Wanderwegen.

Siegsdorf 20G1
Gasthof Hörterer der Hammerwirt, Schmiedstrasse, B306, Hammer.
GPS: n47,80096 o12,70392.

10 Gäste kostenlos WC. **Lage:** Ländlich, einfach.
Untergrund: befestigt. 01/01-31/12 Mi.
Entfernung: 6Km, vor Ort, vor Ort, 100M, 100M, vor Ort, vor Ort, 2,5Km, 300M.
Sonstiges: Max. 3 Nächte.

Sonthofen 20C2
Erlebnisbad Wonnemar, Stadionweg 5.
GPS: n47,50344 o10,27883.

12 kostenlos. **Lage:** Städtisch, einfach. **Untergrund:** Schotter.
☐ 01/01-31/12.
Entfernung: 2,3Km, vor Ort, vor Ort, vor Ort.
Sonstiges: Max. 1 Nacht.

Spalt 17D2
Wohnmobilpark Rezattal, Obeltshauserstraße 3.
GPS: n49,17512 o10,92937.
12 € 9,50 + € 1,50/pP Kurtaxe Ch €2,50 WC.
Untergrund: Schotter.
☐ 01/01-31/12.
Entfernung: vor Ort, 500M, 200M, vor Ort, vor Ort.

Steinach/Straubing 17F2
Firma Hubert Brandl Caravantastic, Gewerbering 11.
GPS: n48,95639 o12,62250.

3 kostenlos €1. **Lage:** Einfach. **Untergrund:** Wiese.
☐ 01/01-31/12.
Entfernung: 1,5Km, 2km, 1Km.
Sonstiges: Anschluß Strom < 18 Uhr.

Steinberg am See 17F1
Movin'G'round, Am Steinberger See. **GPS:** n49,28247 o12,17357.

25 € 7 Ver-/Entsorgung €2 Ch. **Lage:** Ländlich, einfach.
Untergrund: Wiese. 01/04-31/10.
Entfernung: 500M, vor Ort, vor Ort.
Sonstiges: Anmelden an der Kasse.

Sulzbach-Rosenberg 17E1
Großparkplatz, Bayreuther Straße. **GPS:** n49,50583 o11,74500.

4 🚐kostenlos ⛽€1/80Liter 💧Ch (4x)€0,50/kWh.
Lage: Städtisch, einfach. **Untergrund:** Schotter. 📅 01/01-31/12.
Entfernung: 🛒300M ⊗500M 🍴500M 🚌 vor Ort.

Sulzemoos — 20D1
Der Freistaat Caravaning, Ohmstrasse. **GPS:** n48,28267 o11,26084. ⬆️

40 🚐kostenlos ⛽€1/80Liter 💧Ch (20x)€1/kWh WC.
Lage: Einfach. **Untergrund:** Schotter.
📅 01/01-31/12.
Entfernung: 🛒800M 🥖800M ⊗McDonalds 800M 🍴800M 🚌600M.
Sonstiges: Reisemobilhändler.

Tauberrettersheim — 17B1
Brunnenstrasse. **GPS:** n49,49635 o9,93720.

6 🚐kostenlos. **Lage:** Ländlich, einfach. **Untergrund:** Wiese.
📅 01/01-31/12.
Entfernung: 🛒vor Ort 🥖vor Ort 🚌vor Ort.

Thierstein — 12E3
Kaiserstein, Hirtweg. **GPS:** n50,10610 o12,10490. ⬆️➡️

10 🚐€ 5/24 Std ⛽💧Ch inklusive 📶freiwilliger Beitrag.
Untergrund: befestigt. 📅 01/01-31/12. 📅 01/10-31/03 kein Wasser.
Entfernung: 🛒500M ⊗500M 🍴500M.
Sonstiges: Max. 2 Nächte, schöne Aussicht.

Thüngersheim — 12B3
Parkplatz Main-Aue, Am Schwimbad. **GPS:** n49,88084 o9,83717.

20 🚐kostenlos ⛽💧Chkostenlos (16x)€0,50/kWh.
Lage: Ländlich, komfortabel, laut. **Untergrund:** Wiese.
📅 01/04-31/10.
Entfernung: 🛒500M 🚌vor Ort. **Sonstiges:** Entlang der Main.

Traunstein — 20F1
Gasthaus Jobst, Balthasar Permoserstrasse 64, Rettenbach.
GPS: n47,91188 o12,64899. ⬆️

10 🚐€ 3, Gäste kostenlos ⛽€2 🚽€2,50 WC. **Lage:** Ländlich, einfach.
Untergrund: befestigt. 📅 01/01-31/12 Mi.
Entfernung: 🛒vor Ort ⊗vor Ort 🍴vor Ort 🥖vor Ort 🚌 vor Ort.

Traunstein — 20F1
Firma Grüaugl, Schmidhamerstrasse 31. **GPS:** n47,88227 o12,59941.

12 🚐€ 5 ⛽€1/100Liter 💧Ch €0,50/kWh. **Lage:** Abgelegen.
Untergrund: befestigt. 📅 01/01-31/12.
Entfernung: 🛒2,5Km.
Sonstiges: Campingzubehör Shop.

Treuchtlingen — 17D2
Reisemobilstellplatz am Kurpark, Kästleinmühlenstrasse 20.
GPS: n48,96028 o10,91778. ⬆️➡️

56 🚐€ 9,50 ⛽€1/80Liter 💧Ch (56x)€1/8Std WC inklusive 📶
Lage: Städtisch, komfortabel, ruhig. **Untergrund:** Schotterasen.
📅 01/01-31/12.
Entfernung: 🛒800M 🚌 vor Ort.
Sonstiges: Brötchenservice.

Übersee/Chiemsee — 20F1
Bauernhof Steiner, Almfischer 11, Stegen.
GPS: n47,80963 o12,49136. ⬆️➡️

25 🚐€ 12 ⛽💧Ch €0,50/kWh WC €0,50/2Minuten.
Lage: Ländlich, einfach, ruhig. **Untergrund:** Schotter.
📅 01/01-31/12.
Entfernung: 🛒Übersee 2Km 🏖4,6Km ⛵Chiemsee 6Km 🍴1Km.

Übersee/Chiemsee — 20F1
Wohmobilstellplatz Schmid, Stegen 4. **GPS:** n47,81237 o12,48843. ⬆️

28 🚐€ 11,50 2P inkl, excl. Kurtaxe ⛽💧Ch €0,50/kWh 🚽€1,50.
Lage: Ländlich, einfach. **Untergrund:** Wiese/Schotter.
📅 01/01-31/12.
Entfernung: 🛒Übersee 2Km 🏖4Km ⛵Chiemsee 5Km 🍴2Km
⊗2Km 🥖1,5Km 🚌 vor Ort.
Sonstiges: Brötchenservice.

Veitshöchheim — 17B1
Parkplatz am Fußgängersteg, Am Güßgraben.
GPS: n49,83623 o9,86916. ⬆️➡️

5 🚐kostenlos. **Lage:** Ländlich, einfach. **Untergrund:** befestigt.
📅 01/01-31/12.
Entfernung: 🛒500M 🚌vor Ort.
Sonstiges: Entlang der Main, max. 24 Std.

Viechtach — 17G2
P1, Stadtmitte, Bierfeldstraße. **GPS:** n49,07876 o12,88235. ⬆️

6 🚐kostenlos. **Untergrund:** befestigt. 📅 01/01-31/12.
Entfernung: 🛒400M 🥖150M 🍴50M.
Sonstiges: Gegenüber Supermarkt Edeka, max. 3 Nächte.

Viechtach — 17G2
P2, Stadthalle, Friedhofstrasse. **GPS:** n49,07722 o12,88528. ⬆️

3 🚐kostenlos. **Lage:** Einfach. **Untergrund:** befestigt.
📅 01/01-31/12.
Sonstiges: Max. 3 Nächte.

Viechtach — 17G2
P5, TÜV, Karl-Gareis-Straße. **GPS:** n49,08222 o12,88306. ⬆️

🚐kostenlos. **Untergrund:** asphaltiert. 📅 01/01-31/12.
Entfernung: 🛒500M 🍴500M.
Sonstiges: Max. 3 Nächte, kleinen Stellplätze.

Bayern

Viechtach 17G2
Berghütte 'Zum Pröller', Hinterviechtach 3, Kollnburg.
GPS: n49,02939 o12,83892.

3 €5 inklusive. **Untergrund:** Schotter. 01/01-31/12.
Entfernung: Viechtach 7km 20M.
Sonstiges: Parkplatz an den Skipiste.

Viechtach 17G2
Am Regenufer 1. GPS: n49,08303 o12,88824.
€1 €1 Ch. 01/01-31/12.
Touristinformation Viechtach:
Stadtplatz. Wochenmarkt. Mi 7-17 Uhr.

Vilseck 17E1
Ziegelanger. GPS: n49,61145 o11,80068.

20 kostenlos. **Lage:** Einfach, zentral, ruhig.
Untergrund: asphaltiert/Schotter. 01/01-31/12.
Entfernung: 200M vor Ort vor Ort 200M 200M.

Vilshofen 17G3
Schiffanleger, Donaukade. GPS: n48,63833 o13,18000.

12 kostenlos.
Lage: Einfach, laut. **Untergrund:** asphaltiert.
01/01-31/12.
Entfernung: 500M An der Donau vor Ort 500M 500M.
Sonstiges: Max. 1 Nacht.

Vilshofen 17G3
Yachthafen Vilshofen, Am Bootshafen.
GPS: n48,63870 o13,18785.

10 €12 Ch. (10x)€3/Tag €1. **Lage:** Komfortabel, ruhig. **Untergrund:** Schotter. 01/04-30/11.
Entfernung: 500M An der Donau.

Vohenstrauß 17F1
Stadthalle, Neuwirtshauser Weg 11. GPS: n49,61872 o12,34523.

15 kostenlos Ch. kostenlos WC.
Untergrund: Schotter. 01/01-31/12.
Entfernung: 100M 800M 50M 100M.
Sonstiges: Kaution Schlüssel Sanitär € 50.

Volkach 12C3
Mainschleife, Am Main. GPS: n49,86389 o10,22139.

40 €5,50. **Untergrund:** Schotter. 01/01-31/12.
Entfernung: 500M vor Ort vor Ort 500M 500M.

Waidhaus 17F1
Barbara Sonneschein, Pfrentsch 20. GPS: n49,61823 o12,49040.

10 €5 Chinklusive €0,35/kWh. **Lage:** Ländlich, einfach, ruhig. **Untergrund:** Wiese. 01/01-31/12.
Entfernung: vor Ort vor Ort.

Wald 20D2
Walder Badeweiher, Am Sportplatz. GPS: n47,72294 o10,56348.

10 €5 Ch.
Lage: Ländlich, ruhig. **Untergrund:** Schotter.
01/01-31/12.
Entfernung: 500M vor Ort 250M vor Ort vor Ort.

Waldkirchen 17H2
Karoli-Badepark, VDK Heimstrasse 1. GPS: n48,72222 o13,60278.

16 kostenlos €1/50Liter Ch. (10x)€0,50/kWh WC.
Lage: Ländlich, einfach, ruhig. **Untergrund:** Schotter.
01/01-31/12.
Entfernung: 1Km 25M 2km vor Ort vor Ort.
Sonstiges: Parkplatz Eisbahn-Hallenbad, Brötchenservice, Sanitärnutzung nur während der Öffnungszeiten Schwimmbad, kostenpflichtig.

Waldsassen 12F3
P2 Schwanenwiese, Schwanengasse. GPS: n50,00526 o12,30739.

4 €5 (2x)€2/10Std WC. **Untergrund:** befestigt. 01/01-31/12.
Entfernung: 500M 500M 500M.
Sonstiges: Max. 3 Tage, bezahlen beim Touristenbüro.

Waldsassen 12F3
P1, Joseph-Wiesnetstrasse. GPS: n50,00250 o12,30361.

2 kostenlos. **Untergrund:** befestigt. 01/01-31/12.
Entfernung: 100M 100M 100M.
Sonstiges: Max. 3 Tage.

Wassertrüdingen 17C2
An der Wörnitz, Entengraben. GPS: n49,03926 o10,59494.

12 kostenlos €1/80Liter Ch. (6x)€2/8Std €1.
Lage: Städtisch, einfach, ruhig. **Untergrund:** befestigt.
01/01-31/12.
Entfernung: vor Ort vor Ort vor Ort 1Km.

Weidenberg 12E3
Am Sportpark, In der Au. GPS: n49,93781 o11,73068.

2-3 kostenlos. **Untergrund:** Schotter. 01/01-31/12.
Entfernung: 750M China-Restaurant 100M 1,5Km.

Weilheim in Oberbayern 20D2
Lohgasse. GPS: n47,84012 o11,13583.

8 €6 €0,50/50Liter Ch. €0,50/kWh WC.
Lage: Städtisch, einfach, zentral. **Untergrund:** asphaltiert.
01/01-31/12.
Entfernung: Altstadt 500M 100M 200M.
Sonstiges: Entlang der Ammer, max. 5 Tage.

Weismain 12D3
Bauhof, Burgkunstadterstrasse. GPS: n50,08639 o11,23872.

Bayern

4 ⛺kostenlos ⛽€1 €0,50 Ch€0,50 (6x)€0,50. **Lage:** Städtisch, einfach. **Untergrund:** asphaltiert. 01/01-31/12.
Entfernung: vor Ort vor Ort 200M 200M 200M.
Sonstiges: Parkplatz im Zentrum.

Weissenburg 17D2
Kirchweihplatz, Limesbad, Badstrasse 5.
GPS: n49,02476 o10,97180.

⛺kostenlos ⛽€1/80Liter Ch. **Lage:** Städtisch.
Untergrund: befestigt.
01/04-31/10.
Entfernung: Altstadt 300M La Fattoria, Frauentorstrasse 11; Mai Tai, Bismarckanlage 16; Wittelsbacher Hof, Fr.Ebertstrasse 21 vor Ort.

Wertach 20C2
Camping Grüntensee, Grüntenseestraße 41.
GPS: n47,61003 o10,44704.

12 ⛺€ 15 + Kurtaxe € 1/pP ⛽ Ch (12x)€0,50/kWh.
Lage: Ländlich, luxus, ruhig.
Untergrund: Schotter.
01/01-31/12.
Entfernung: 2,5Km 600M vor Ort vor Ort vor Ort 1,5Km 1,5Km vor Ort vor Ort vor Ort.

Wertingen 17D3
Wohnmobilpark Wertingen, Am Bahnhof 4.
GPS: n48,55948 o10,69065.

12 ⛺€ 7 ⛽€0,50/50Liter Ch (12x)€2/Tag.
Lage: Städtisch, komfortabel, zentral, ruhig.
Untergrund: Wiese/Schotter. 01/01-31/12.
Entfernung: 800M 300M.

Wiesenttal 12D3
Wohnmobilstellplatz Streitberg, Bahnhofstrasse, B470.
GPS: n49,80782 o11,21636.

7 ⛺€2 Chkostenlos. **Lage:** Ländlich, einfach, ruhig.
Untergrund: Schotter. 01/01-31/12.
Entfernung: 500M 500M 500M 500M 300M.
Sonstiges: Entlang der Bahnlinie.

Wolnzach 17E3
Schwimm- & Erlebnisbad Wolnzach, Hanslmühlweg 6.
GPS: n48,59718 o11,62792.

4 ⛺kostenlos ⛽€1/80Liter Ch (4x)€0,50/kWh. **Lage:** Einfach.
Untergrund: befestigt. 01/01-31/12.
Entfernung: 600M 500M 600M.
Sonstiges: Ver-/Entsorgung 100M.

Wonneberg 20G1
Gasthof Alpenblick, Traunsteiner Straße 21, Weibhausen.
GPS: n47,89880 o12,69123.

5 ⛺kostenlos, Einnahme einer Mahlzeit erwünscht
WCkostenpflichtig.
Lage: Einfach. **Untergrund:** Schotter.
Entfernung: 5Km 10Km 5Km vor Ort vor Ort vor Ort.

Wunsiedel 12E3
Wohnmobilstellplatz Festspielstadt Wunsiedel, Ludwigstraße.
GPS: n50,03638 o11,99351.

6 ⛺€ 5/24 Std ⛽ Ch inklusive. **Untergrund:** Schotter.
01/01-31/12 Wasser: Nov-März.
Entfernung: 600M 300M 1Km.
Sonstiges: Bezahlen beim Touristenbüro.

Würzburg 17B1
Viehmarktplatz, Dreikronenstra. **GPS:** n49,79782 o9,92319.

⛺6-20U € 5, übernachten kostenlos. **Lage:** Städtisch, einfach, laut.
Untergrund: asphaltiert. 01/01-31/12.
Entfernung: 800M vor Ort 50M.
Touristinformation Würzburg:
Würzburger Residenz, Residenzplatz. Barockes Schloss, UNESCO Weltkulturerbe. 01/04-31/10 9-18 Uhr, 01/11-31/03 10-16.30 Uhr. € 7,50.

Zeil am Main 12C3
Altstadtparkplatz, Mittelweg. **GPS:** n50,00667 o10,59583.

5 ⛺kostenlos. **Untergrund:** befestigt. 01/01-31/12.

Zeil am Main 12C3
Parkplatz Tuchanger, Oskar Winkler strasse.
GPS: n50,01083 o10,59056.

20 ⛺kostenlos. **Untergrund:** befestigt. 01/01-31/12.
Entfernung: 1Km 1Km 1Km.
Sonstiges: Parkplatz Sporthalle.
Touristinformation Zeil am Main:
Brauereigasthof Göller "Zum alten Freyung". Brauereigaststätte mit regionalen Spezialitäten und Göller-Bier. Mo-So 9.30-01 Uhr.
Altstadt Weinfest. Weinfeste. 06/08-08/08.
Wein-Wander-Weg. Wanderroute durch das Weingebiet.

Zellingen 12B3
Am Freibad, Badstraße. **GPS:** n49,89476 o9,82680.

5 ⛺kostenlos ⛽kostenlos €3/Tag. **Lage:** Ländlich, einfach.
Untergrund: Wiese. 01/01-31/12.
Sonstiges: Für Ver-/Entsorgung anmelden beim Schwimmbad.

Zirndorf 17D1
Playmobil Funpark, Brandstätterstrasse. **GPS:** n49,43087 o10,93935.
40 ⛺€ 4. **Untergrund:** befestigt.
Entfernung: vor Ort.

Deutschland

🇩🇰 Dänemark

Hauptstadt: Kopenhagen
Staatsform: parlamentarische Monarchie
Amtssprache: Dänisch
Einwohnerzahl: 5.581.500 (2015)
Fläche: 44.000m²

Allgemeine Informationen
Telefonvorwahl: 0045
Allgemeine Notrufnummer: 112
Währung: Dänische Krone (DKK), , 1 DKK= 100 øre, DKK 1 = € 0,13, € 1 = DKK 7,44 (November 2016)
Kreditkarten werden fast überall akzeptiert.

Freies Übernachten im Wohnmobil/ Campingplätze
Freie Übernachtungen sind nur für eine Nacht erlaubt, es gilt keine örtliche Verordnung, es gibt keine Kampaktivitäten ausserhalb von Campingplätzen. Wenn man auf einem Campingplatz übernachtet, ist Camping Key Europe verpflichtet und ist erhältlich bei jedem Campingplatz für DKK 110 (± € 14,80), Gültigkeit 1 Jahr.

Gesetzliche Feiertage 2017
12. Mai Großer Bettag
5. Juni Grundgesetztag
23. Juni Sankt Hans Eve

Zeitzone
Winterzeit GMT+1
Sommerzeit GMT+2

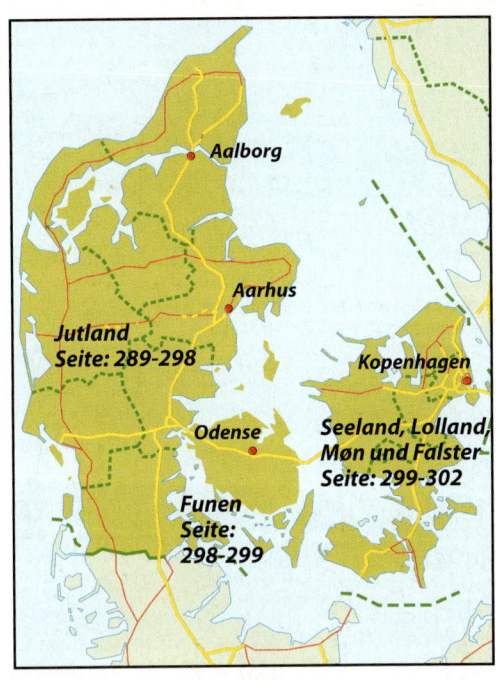

Jutland Seite: 289-298
Aalborg
Aarhus
Kopenhagen
Odense
Seeland, Lolland, Møn und Falster Seite: 299-302
Funen Seite: 298-299

Jutland

Aabybro — 5C3
Birthe&Leif Brinkmann, Kanalvej 164. GPS: n57,11947 o9,73156.

3 DKK 50.
Lage: Einfach, abgelegen. Untergrund: Wiese. 01/01-31/12.
Entfernung: 5Km.

Aalborg — 5C3
Aalborg, Skydebanevej 50. GPS: n57,05379 o9,87233.
DKK 126 Ch kostenpflichtig. 01/01-31/12.
Entfernung: vor Ort.
Sonstiges: Quick-Stop: >20 Uhr - <10 Uhr.

Aalborg — 5C3
Strandparken, Skydebanevej 20. GPS: n57,05502 o9,88499.
DKK 110 Ch kostenpflichtig. 24/03-18/09.
Sonstiges: Quick-Stop: >20 Uhr - <10 Uhr.

Touristinformation Aalborg:
Aalborg Tourist & Convention Bureau, østeraagade 8, www.visitaalborg.com.
Søfarts - og Marinemuseum, Vestre Fjordvej 81. Maritimmuseum. 01/05-31/12.
Aalborg Zoo, Mølleparkvej 63. Zoo. 01/05-30/12.

Aalbæk — 5C2
Galleri & Selskabslokal Gyllegaard, Hirtshalsvej 48.
GPS: n57,60619 o10,41757.

5 DKK 100. Lage: Einfach, abgelegen, ruhig. Untergrund: Wiese. 01/01-31/12.
Entfernung: 4Km 1Km 4Km 4Km.

Aalbæk — 5C2
Aalbæk Havn, Sønder Havnevej 69. GPS: n57,59306 o10,42686.

6 DKK 200 Ch (6x) WC DKK 20/20 inklusive.
Lage: Einfach, ruhig. Untergrund: Schotter. 01/01-31/12.
Entfernung: 800M vor Ort vor Ort 800M 800M 250M.
Sonstiges: Bezahlung beim Hafenmeister.

Aalbæk — 5C2
Skiveren Camping, Niels Skiverens Vej 5-7. GPS: n57,61616 o10,27891.
DKK 130. 18/03-30/09.
Entfernung: vor Ort.
Sonstiges: Quick-Stop: >20 Uhr - <10 Uhr.

Aarhus — 6D1
Aarhus centrum parkerinsplads, Kalkværksvej 2.
GPS: n56,14815 o10,21015.

6 kostenlos kostenlos. Lage: Städtisch, einfach, zentral.
Untergrund: asphaltiert. 01/01-31/12.
Entfernung: 500M vor Ort vor Ort.
Sonstiges: Hinter Tankstelle, max. 24 Std.

Aarhus — 6D1
Marselisborg Havn, Marselisborg Havnevej 54.
GPS: n56,13927 o10,21916.
Ch WC kostenpflichtig.
Entfernung: vor Ort vor Ort.

Aarhus — 6D1
Aarhus Nord, Randersvej 400. GPS: n56,22672 o10,16335.
DKK 100 Ch kostenpflichtig. 01/01-31/12.
Sonstiges: Quick-Stop: >20 Uhr - <10 Uhr.

Åbenrå — 6D2
Camperstop Aabenraa, Sønderskovvej 104.
GPS: n55,02513 o9,41471.

34 DKK 100 DKK 20/120Liter Ch DKK 4,50/kWh WC inklusive DKK 10/5Minuten DKK 25. Lage: Einfach, zentral, ruhig.
Untergrund: Wiese/Schotter. 01/01-31/12.
Entfernung: 2km 8Km 400M 400M 700M 600M.
Sonstiges: Chipkarte erhältlich beim Campingplatz.

Åbenrå — 6D2
Lystbådehavn, Kystvej 55. GPS: n55,03434 o9,42352.

48 € 17 Ch DKK 1/24 WC inklusive DKK 20 DKK 30.
Lage: Einfach, komfortabel, zentral. Untergrund: Schotter. 01/01-31/12.
Entfernung: 1Km vor Ort vor Ort vor Ort 300M 200M vor Ort vor Ort.
Sonstiges: Hafen Åbenrå.

Åbenrå — 6D2
Fjordlyst Camping, Sønderskovvej 100. GPS: n55,02466 o9,41469.
DKK 100. 19/03-23/10.
Sonstiges: Quick-Stop: >20 Uhr - <10 Uhr.

Åbenrå — 6D2
Sandskaer Strandcamping, Sandskaervej 592.
GPS: n55,10460 o9,48481.
DKK 100. 18/03-18/09.
Entfernung: 100M.
Sonstiges: Quick-Stop: >20 Uhr - <10 Uhr.

Aså — 5C3
Asaa Camping og Hytteferie, Vodbindervej 13.
GPS: n57,14560 o10,40264.
DKK 130. 19/03-25/09.
Sonstiges: Quick-Stop: >20 Uhr - <10 Uhr.

Augustenborg — 6D2
Augustenborg Slot, Ny Stavensbøl 1. GPS: n54,94703 o9,85427.

Jutland

70 DKK 130 Ch WC
Lage: Ländlich, komfortabel. **Untergrund:** Wiese. 01/01-31/12.
Entfernung: 1,5Km vor Ort vor Ort.

Augustenborg 6D2
Augustenborg Yachthavn, Langdel 6. **GPS:** n54,94074 o9,86942.

19 DKK 130 Ch DKK25 WC **Lage:** Luxus, zentral.
Untergrund: Wiese/Schotter. 01/04-31/10.
Entfernung: 700M 1Km vor Ort.

Billund 6C1
Camperpark Billund, Grenevej 5. **GPS:** n55,70480 o9,12406.

10 € 16 Ch inklusive DKK22. **Lage:** Ländlich, komfortabel.
Untergrund: Wiese. 01/01-31/12.
Entfernung: 3,5Km 3,5Km 3,5Km.

Bindslev 5C3
Tannisbugt Hallen, Stadion alle 7. **GPS:** n57,54559 o10,19943.
20 € 10 Ch WC.
Lage: Städtisch. **Untergrund:** befestigt. 15/07-07/08.

Bjert 6D2
Stensager Strand, Oluf Ravnsvej 16. **GPS:** n55,42076 o9,58785.
DKK 180 Ch kostenpflichtig. 24/03-15/09.
Sonstiges: Quick-Stop >20 Uhr - <10 Uhr.

Bredsten 6C1
Naturstedet Gårdbutik, Hærvejen 96. **GPS:** n55,73927 o9,32001.
DKK 50 **Untergrund:** Schotter.
Entfernung: 6Km.

Bredsten 6C1
B&B Klingsbjerggaard, Vejlevej 50. **GPS:** n55,70077 o9,40296.
DKK 100.
Entfernung: 1Km 1Km.

Broager 6D3
Broager Strand Camping, Skeldebro 32. **GPS:** n54,86780 o9,74419.
DKK 99. 01/01-31/12.
Entfernung: 100M.
Sonstiges: Quick-Stop >20 Uhr - <10 Uhr.

Broager 6D3
Gammelmark Strand Camping, Gammelmark 20.
GPS: n54,88586 o9,72926.
DKK 150. 23/03-02/10.
Entfernung: 100M.
Sonstiges: Quick-Stop >20 Uhr - <10 Uhr.

Brovst 5C3
Vilsbæk Rideskole ved Brovst, Kanalvej 34.
GPS: n57,11895 o9,53640.

10 DKK 60 Ch WC inklusive. **Lage:** Ländlich, einfach, abgelegen, ruhig. **Untergrund:** Wiese. 01/01-31/12.
Entfernung: 2km.

Brovst 5C3
Tranum Klit Camping, Sandmosevej 525. **GPS:** n57,17097 o9,46312.
DKK 120. 19/03-02/10.
Sonstiges: Quick-Stop: >20 Uhr - <10 Uhr.

Brædstrup 6D1
Hunos Museum & Samlinger, Hallevej 7.
GPS: n55,98548 o9,50352.
DKK 100 DKK 20. **Lage:** Ländlich. **Untergrund:** Wiese/Schotter.
Entfernung: 8,5Km.
Sonstiges: Beim Museum.

Brønderslev 5C3
Serritslev Fiskepark, Agårdsvej 35. **GPS:** n57,29750 o9,99597.

20 DKK 50 kostenlos WC. **Lage:** Ländlich, einfach, abgelegen, ruhig. **Untergrund:** Wiese. 01/01-31/12.
Entfernung: vor Ort.

Bylderup-Bov 6C2
Boskov, Kvænholtvej 15. **GPS:** n54,94488 o9,06078.

10 DKK 60 Ch inklusive. **Lage:** Ländlich, einfach, abgelegen, ruhig. **Untergrund:** Wiese/Schotter. 01/01-31/12.
Entfernung: 4Km 200M.

Bylderup-Bov 6C2
B&B Bredevad, Bredevadvej 5. **GPS:** n54,96885 o9,12138.

2 € 14, 2 pers inkl Ch WC inklusive.
Lage: Ländlich, komfortabel, abgelegen. **Untergrund:** Wiese.
01/01-31/12.
Entfernung: 15Km 7Km 4Km vor Ort vor Ort.

Bylderup-Bov 6C2
Kristianshåb Autocamper Park, Kristianshåbvej 5.
GPS: n54,96189 o9,06950.
25 DKK 110 Ch WC. **Lage:** Komfortabel, abgelegen.
01/01-31/12.
Entfernung: 6Km 1Km 5Km.

Touristinformation Bylderup-Bov:
Schackenborg Slot, Schackenborg 2, Tønder. Besuch am Schlossgarten.

Bælum 5C3
Bakgaarden, Hælskovvej 2. **GPS:** n56,83815 o10,12007.

4 DKK 75 Ch inklusive.
Untergrund: Wiese. 01/01-31/12.
Entfernung: 1Km 1Km.

Bønnerup 5D3
Bønnerup Lystbådehavn, Vestre Mole 2, Glesborg.
GPS: n56,53139 o10,71139.

20 DKK 150 Ch (12x)inklusive WC kostenpflichtig.
Lage: Ländlich, komfortabel, ruhig. **Untergrund:** Schotter.
01/01-31/12.
Entfernung: 500M vor Ort vor Ort 250M 400M.
Sonstiges: Parkplatz am Jachthafen.

Børkop 6D1
Brejning Lystbådehavn, Brejning Strand.
GPS: n55,67431 o9,68920.

12 € 16 (12x) WC inklusive.
Lage: Ländlich, einfach, abgelegen, ruhig.
Untergrund: Schotter/befestigt. 01/01-31/12.
Entfernung: Børkop 5km 4,1Km 10M 10M.
Sonstiges: Restaurant nur im Sommer.

Ebeltoft 6D1
Skøvgarde, Havmøllevej 5. **GPS:** n56,24475 o10,77902.

2 DKK 50. **Lage:** Ländlich, einfach, abgelegen, ruhig.
Untergrund: Wiese. 01/01-31/12.
Entfernung: vor Ort.
Sonstiges: Bezahlen bei Havmøllevej 5 oder 20.

Ebeltoft 6D1
Blushøj, Elsegårdevej 53. **GPS:** n56,16795 o10,72943.
DKK 140 Ch kostenpflichtig. 01/04-14/09.
Sonstiges: Quick-Stop: >20 Uhr - <10 Uhr.

Ebeltoft 6D1
Dråby Strand, Dråby Strandvej 13. **GPS:** n56,22172 o10,73778.
DKK 125 Ch kostenpflichtig. 19/03-14/09.
Sonstiges: Quick-Stop: >20 Uhr - <10 Uhr.

Ebeltoft 6D1
Elsegårde, Kristoffenvejen 1. **GPS:** n56,16843 o10,72278.
DKK 140 Ch kostenpflichtig. 01/01-31/12.
Sonstiges: Quick-Stop: >20 Uhr - <10 Uhr.

Jutland

Ebeltoft — 6D1
Krakær, Gl. Kærvej 18. **GPS:** n56,19730 o10,67426.
DKK 125 Ch kostenpflichtig. 20/03-23/10.
Sonstiges: Quick-Stop: >20 Uhr - <10 Uhr.

Ebeltoft — 6D1
Ebeltoft Strand Camping, Ndr. Strandvej 23.
GPS: n56,20983 o10,67852.
DKK 130. 01/01-31/12.
Entfernung: 100M.
Sonstiges: Quick-Stop: >20 Uhr - <10 Uhr.

Egå — 6D1
Egå Marina, Egå Havvej 35. **GPS:** n56,21069 o10,28819.

7 € 19 Ch (7x) WC inklusive.
Lage: Städtisch, komfortabel. **Untergrund:** asphaltiert.
01/01-31/12.
Entfernung: 2km 400M vor Ort vor Ort 600M 600M.
Sonstiges: Tallycard: Ver-/Entsorgung, Strom, Sanitärgebäude, Kaution DKK 50.

Ejerslev — 5C3
Ejerslev Havn, Utkærvej 5. **GPS:** n56,91855 o8,92096.

10 DKK 110 Ch (10x) WC inklusive. **Lage:** Ländlich, abgelegen, ruhig. **Untergrund:** Schotter. 01/01-31/12.
Entfernung: 4Km vor Ort 4Km vor Ort vor Ort.
Sonstiges: Brötchenservice, letzten 2Km Schotterweg, Fahrradverleih kostenlos.

Engesvan — 6C1
Pårup Autocamperplads, Silkeborgvej 8. **GPS:** n56,13694 o9,35028.
4 DKK 50 Ch inklusive. **Lage:** Städtisch, einfach, zentral. **Untergrund:** Schotter. 01/04-01/11.
Entfernung: vor Ort.

Erslev — 5C3
Inger-Marie og Knud Erik Nielsen, Bindeleddet 4.
GPS: n56,83881 o8,68060.

4 DKK 40. **Lage:** Ländlich, einfach, abgelegen, ruhig.
Untergrund: Schotter. 01/01-31/12.
Entfernung: 1Km.

Esbjerg — 6C2
Nebelso, Vestervadsvej 17 Vester Nebel.
GPS: n55,55000 o8,54361.

25 DKK 50 DKK 10 DKK 25. **Lage:** Ländlich, einfach, abgelegen, ruhig. **Untergrund:** Wiese/Schotter.
01/04-01/11.
Entfernung: 15Km vor Ort.
Sonstiges: Fischteich, Angelschein DKK 90 via www.nebelsoe.dk.

Esbjerg — 6C2
Esbjerg Camping, Gudenåvej 20. **GPS:** n55,51293 o8,38942.
DKK 184. 01/01-31/12.
Sonstiges: Quick-Stop: >20 Uhr - <10 Uhr.

Fanø — 6C2
Fanø Fiskesø, Storetoft 30. **GPS:** n55,43401 o8,39294.
4 DKK 100 Ch WC kostenpflichtig.
Untergrund: Schotter. **Entfernung:** vor Ort.
Sonstiges: Am Fischteich.

Fanø — 6C2
Feldberg Familie Camping, Kirkevejen 3-5, Rindby.
GPS: n55,42894 o8,39211.
DKK 100. 18/03-23/10.
Sonstiges: Quick-Stop: >20 Uhr - <10 Uhr.

Farsø — 5C3
Hvalpsund Autocamperplads, Fjordvej 1, Hvalpsund.
GPS: n56,70584 o9,20565.
DKK 130 Ch WC. **Untergrund:** Wiese.
Entfernung: vor Ort vor Ort vor Ort.

Fjerritslev — 5C3
Erna K Nielsen, Holmsøvej 31, Haverslev. **GPS:** n57,04102 o9,39252.

6 DKK 50 inklusive. **Lage:** Ländlich, einfach, ruhig.
Untergrund: Wiese. 01/01-31/12.
Entfernung: Limfjord 1,7Km.

Fjerritslev — 5C3
Niels Balle, Hedegardsvej 19. **GPS:** n57,12505 o9,33422.

4 DKK 70 (1x)inklusive. **Lage:** Ländlich, einfach, abgelegen.
Untergrund: Wiese. 01/01-31/12.
Entfernung: 7Km 4Km.

Flauenskjold — 5C3
Markedsplad, Agertoften 4. **GPS:** n57,24854 o10,28477.

10 DKK 50 DKK25 WC inklusive.
Lage: Ländlich, einfach, ruhig.
Untergrund: Wiese. 01/01-31/12.
Entfernung: 5Km.
Sonstiges: Geld in Umschlag in den Briefkasten, Fest- und Marktplatz.

Fredericia — 6D2
Lystbådehavnen, Strandvejen 115/Sanddalbakke.
GPS: n55,55246 o9,72805.

8 DKK 11 Ch (8x)WC inklusive.
Lage: Ländlich, einfach, ruhig.
Untergrund: befestigt.
01/01-31/12.
Entfernung: 1Km vor Ort vor Ort vor Ort 1Km 200M.
Sonstiges: Tallycard: Ver-/Entsorgung, Strom, Sanitärgebäude, Kaution DKK 50.

Fredericia — 6D2
Trelde Næs, Trelde Næsvej 297. **GPS:** n55,62461 o9,83342.
DKK 135 Ch. 18/03-23/10.
Sonstiges: Quick-Stop: >20 Uhr - <10 Uhr.

Frederikshavn — 5C3
Frederikshavn Marina, Søsportsvej 8. **GPS:** n57,42375 o10,52709.

20 DKK 150 Ch (10x) WC inklusive.
Lage: Städtisch, komfortabel, zentral, ruhig.
Untergrund: Wiese/Schotter.
01/01-31/12.
Entfernung: 800M vor Ort vor Ort vor Ort 700M.
Sonstiges: Bezahlung beim Hafenmeister.

Frederikshavn — 5C3
Svalereden, Frederikshavnsvej 112B.
DKK 100 Ch. 01/01-31/12.
Sonstiges: Quick-Stop: >20 Uhr - <10 Uhr.

Fur — 5C3
Fur Camping, Råkildevej 6. **GPS:** n56,83352 o8,97739.
€ 1/Std Ch Ver-/Entsorgung €6 DKK 0,50/kWh DKK 3,50. **Lage:** Abgelegen, ruhig. 18/03-05/09.
Entfernung: 650M.
Sonstiges: Max. 1 Nacht.

Gistrup — 5C3
Kirsten og Karl Age, Gunderupvej 164. **GPS:** n56,93476 o9,95844.

4 DKK 100 inklusive. **Lage:** Ländlich, einfach, abgelegen.
Untergrund: Schotter.

Give — 6C1
Give Camping, Skovbakken 34. **GPS:** n55,85051 o9,22953.
DKK 125. 19/03-25/09.
Sonstiges: Quick-Stop: >20 Uhr - <10 Uhr.

Glejbjerg — 6C2
Betina & Klaus Jørgensen, Gammelgårdsvej 3.
GPS: n55,55052 o8,78705.
4 kostenlos Ch kostenlos kostenpflichtig WC.
Lage: Komfortabel. **Untergrund:** Wiese/Schotter. 01/01-31/12.

Grenaa — 5D3
Fornæs, Stensmarkvej 36. **GPS:** n56,45398 o10,94009.
DKK 125 Ch kostenpflichtig. 19/03-21/09.
Sonstiges: Quick-Stop: >20 Uhr - <10 Uhr.

Grenaa — 5D3
Grenaa Strand Camping, Fuglsangvej 58. **GPS:** n56,38976 o10,91171.
DKK 130. 23/03-04/09.

Jutland

Entfernung: 300M.
Sonstiges: Quick-Stop: >20 Uhr - <10 Uhr.
Touristinformation Grenaa:
Kattegatcentret, Færgevej 4. Die Unterwasserwelt und Haifischzentrum. 10- 16/17 Uhr 13/12-26/12.

| | Haderslev | 6D2 |

Fam. Nowak, Felstrupvej 37. **GPS:** n55,25488 o9,52556.

2 kostenlos Ver-/Entsorgung DKK 30. **Lage:** Ländlich.
Untergrund: Schotter. 01/01-31/12.
Entfernung: 3Km 100M vor Ort.

| | Haderslev | 6D2 |

Haderslev Sejl Club, Sydhavnsvej 1F. **GPS:** n55,24806 o9,50028.

10 DKK 110 Ch WC inklusive.
Untergrund: Schotter. 15/05-30/09.
Entfernung: vor Ort.

| | Haderslev | 6D2 |

Gåsevig Strand, Gåsevig 19. **GPS:** n55,14222 o9,49903.
DKK 109 Ch kostenpflichtig. 19/03-18/09.
Sonstiges: Quick-Stop: >20 Uhr - <10 Uhr.

| | Haderslev | 6D2 |

Halk, Brunbjerg 105. **GPS:** n55,18599 o9,65374.
DKK 75 Ch kostenpflichtig. 24/03-18/09.
Sonstiges: Quick-Stop: >20 Uhr - <10 Uhr.

| | Haderslev | 6D2 |

Årø Camping, Årø 260. **GPS:** n55,25942 o9,75240.
DKK 100. 01/01-31/12.

| | Haderslev | 6D2 |

Danhostel Haderslev, Erlevvej 34. **GPS:** n55,24431 o9,47710.
DKK 110. 18/03-23/10.
Entfernung: vor Ort.
Sonstiges: Quick-Stop: >20 Uhr - <10 Uhr.

| | Haderslev | 6D2 |

Sønderballe Strand Camping, Diernæsvej 218.
GPS: n55,13243 o9,47610.
DKK 130. 18/03-18/09.
Entfernung: vor Ort.
Sonstiges: Quick-Stop: >20 Uhr - <10 Uhr.

| | Haderslev | 6D2 |

Vikær Strand Camping, Dundelum 29. **GPS:** n55,15008 o9,49444.
DKK 125. 19/03-02/10.
Entfernung: vor Ort.
Sonstiges: Quick-Stop: >20 Uhr - <10 Uhr.
Touristinformation Haderslev:
Sillerup Mølle, Sillerup Møllevej 35. Mühle, selbst Brot backen.
01/07-31/08 So 13-17 Uhr.
Wachman's Tour. Exkursion mit der Nachtwache im alten Stadtteil.
01/07-31/08 Do 21 Uhr.

| | Hadsund | 5C3 |

Hadsund Havn, Skovvej 67. **GPS:** n56,70988 o10,10428.

10 DKK 130 WC inklusive. **Lage:** Ländlich, komfortabel, ruhig. **Untergrund:** Wiese. 01/01-31/12.
Entfernung: 2km 2km 2km.

| | Hadsund | 5C3 |

Hvirvelkærgård, Kystvejen 202, Als. **GPS:** n56,76414 o10,28565.

10 DKK 90 DKK 30 WC inklusive.
Lage: Ländlich, einfach, ruhig. **Untergrund:** Wiese. 01/01-31/12.
Entfernung: 1Km 1Km.

| | Hadsund | 5C3 |

Øster Hurup Havn, Havnen 46. **GPS:** n56,80405 o10,27851.
DKK 140 Ch. **Untergrund:** Schotter.
Entfernung: 500M vor Ort 500M 500M.
Sonstiges: Dienstag Markt.

| | Hadsund | 5C3 |

Ingrid og Kristen Gade, Hobrovej 62. **GPS:** n56,70773 o10,07975.

4 DKK 100 (2x)WC inklusive. **Lage:** Ländlich, einfach.
Untergrund: Wiese. 01/01-31/12.

| | Hadsund | 5C3 |

Øster Hurup, Kystvejen 70. **GPS:** n56,79990 o10,27324.
DKK 130 Ch kostenpflichtig. 19/03-25/09.
Sonstiges: Quick-Stop: >20 Uhr - <10 Uhr.

| | Hadsund | 5C3 |

Hadsund Camping og Vandrerhjem, Stadionvej 33.
GPS: n56,72108 o10,13362.
DKK 90. 18/03-15/10.
Sonstiges: Quick-Stop: >20 Uhr - <10 Uhr.

| | Hals | 5C3 |

Lagunen, Lagunen 8. **GPS:** n57,04025 o10,36053.
DKK 150 Ch kostenpflichtig. 23/03-13/09.
Sonstiges: Quick-Stop: >20 Uhr - <10 Uhr.

| | Hanstholm | 5C3 |

Thy Minicamping (Rær Autocamperplads), Kærbakken 2.
GPS: n57,08945 o8,67104.

20 DKK 100 Ch WC inklusive.
Lage: Ländlich, komfortabel. **Untergrund:** Wiese. 01/01-31/12.
Entfernung: Hanstholm 4km 5Km.

| | Hanstholm | 5C3 |

Hanstholm, Hamborgvej 95. **GPS:** n57,10909 o8,66724.

DKK 120 Ch kostenpflichtig. 01/01-31/12.
Sonstiges: Quick-Stop: >20 Uhr - <10 Uhr.
Touristinformation Hanstholm:
Frøstrup mini-village, Søndergade 36, Frøstrup. Miniatur-Dorf.
01/05-15/10 Mi-Do 10-12 Uhr, 01/07-31/08 täglich 13.30-16.30 Uhr.

| | Havndal | 5C3 |

Udbyhøj Havn, Havnevej 62 Udbyhøj. **GPS:** n56,61111 o10,30583.

30 DKK 150 Ch inklusive kostenpflichtig WC.
Lage: Ländlich, komfortabel. **Untergrund:** asphaltiert.
01/01-31/12. **Entfernung:** vor Ort vor Ort 500M.

| | Havndal | 5C3 |

Rethe og Hans Jørn Mogensen, Klattrupgade 36, Klattrup.
GPS: n56,66397 o10,21208.

4 DKK 50 Ch inklusive. **Lage:** Ländlich, einfach, ruhig.
Untergrund: Wiese/Schotter. 01/01-31/12.
Entfernung: 2km 2km.

| | Havndal | 5C3 |

Randers Fjord, Midtvasen 21. **GPS:** n56,60997 o10,29334.
2 DKK 125 Ch kostenpflichtig. 01/01-31/12.
Sonstiges: Quick-Stop: >20 Uhr - <10 Uhr.

| | Hejls | 6D2 |

Hejlsminde Strand, Gendarmvej 3. **GPS:** n55,36851 o9,60095.
DKK 160 Ch kostenpflichtig. 19/03-14/09.
Sonstiges: Quick-Stop: >20 Uhr - <10 Uhr.

| | Hemmet | 6C1 |

Bork Havn, Kirkehøjvej 9A. **GPS:** n55,84850 o8,28257.
DKK 120 Ch kostenpflichtig. 18/03-24/10.
Sonstiges: Quick-Stop: >20 Uhr - <10 Uhr.

| | Herning | 6C1 |

Møllegade. **GPS:** n56,13741 o8,96660.
4 kostenlos. 01/01-/31/12.
Entfernung: vor Ort 100M 200M.

| | Hirtshals | 5C3 |

Banegårdspladse, Banegårdspladsen 1.
GPS: n57,59119 o9,96308.

30 DKK 75.
Lage: Einfach, zentral. **Untergrund:** Schotter. 01/01-31/12.
Entfernung: 600M 4,8Km 600M vor Ort.
Sonstiges: Beim Bahnhof und Fährterminal.

| | Hirtshals | 5C3 |

Willemoesvej. **GPS:** n57,59097 o9,98601.

Jutland

40 kostenlos. **Lage:** Einfach, ruhig. **Untergrund:** ungepflastert. 01/01-31/12.
Entfernung: 1Km Sandstrand 1Km.
Sonstiges: Parkplatz Fähre nach Norwegen.

Hirtshals 5C3
Tornby Strand, Strandvejen 13. **GPS:** n57,55540 o9,93264.
DKK 138 Ch kostenpflichtig. 01/01-31/12.
Sonstiges: Quick-Stop: >20 Uhr - <10 Uhr.

Hirtshals 5C3
Kjul Camping, Kjulvej 12. **GPS:** n57,58279 o10,03132.
DKK 130. 18/03-30/09.
Sonstiges: Quick-Stop: >20 Uhr - <10 Uhr.
Touristinformation Hirtshals:
Nordsømuseet, Willemoesvej 2. Ozeanarium, großes Aquarium. 11/01-01/12 10-17.

Hjallerup 5C3
Peter Bastholm Galleri Retro, Alborgvej 715.
GPS: n57,17919 o10,15856.

5 DKK 100 **Lage:** Ländlich, abgelegen, ruhig.
Untergrund: Schotter. 01/01-31/12.
Entfernung: Fischteich.

Hjørring 5C2
Somo-Art, Tverstedvej 41, Uggerby. **GPS:** n57,57523 o10,12868.
6 16 Ch inklusive kostenlos. **Lage:** Ländlich, ruhig.
Untergrund: Wiese. 01/04-20/10.
Entfernung: 3Km 3Km 3Km.

Hjørring 5C2
Thomas Lindrup, Tverstedvej 31. **GPS:** n57,57484 o10,12842.

6 DKK 120 Ch (6x) WC inklusive. **Lage:** Ländlich, komfortabel, abgelegen, ruhig. **Untergrund:** Wiese. 01/01-31/12.

Hobro 5C3
Hobro Camping Gattenborg, Skivevej 35. **GPS:** n56,64015 o9,78265.
3 DKK 160 Ch kostenpflichtig. 01/04-02/10.
Sonstiges: Quick-Stop: >20 Uhr - <10 Uhr.

Holsted 6C2
Holsted Golfbanen, Bergardsvej 4, Vejen-Esberg.
GPS: n55,52353 o8,93228.

15 € 10 WC. **Untergrund:** Schotter. 01/04-30/10.

Entfernung: 1Km.

Horsens 6D1
Lystbådehavn, Jens Hjernøes Vej 32. **GPS:** n55,85764 o9,87417.

5 DKK 160 Ch WC inklusive.
Lage: Ländlich, komfortabel, ruhig. **Untergrund:** Schotter. 01/01-31/12.
Entfernung: 3Km vor Ort vor Ort vor Ort.
Sonstiges: Hafen Horsens, speziellen Wohnmobilstellplätze, Tallycard: Ver-/Entsorgung, Strom, Sanitärgebäude, Kaution DKK 50.

Horsens 6D1
Husodde, Husoddevej 85. **GPS:** n55,86035 o9,91537.
DKK 135 Ch kostenpflichtig. 01/01-31/12.
Sonstiges: Quick-Stop: >20 Uhr - <10 Uhr.
Touristinformation Horsens:
Dolmen "Jættestuen", åbjerg Skov. Steingrabkammern. 01/01-31/12.

Hovborg 6C2
Holme Å Camping, Torpet 6. **GPS:** n55,60919 o8,93281.
DKK 138. 01/01-31/12.
Sonstiges: Quick-Stop: >20 Uhr - <10 Uhr.

Hoven 6C1
Kvindehojskole, Bredgade 10, Tarm. **GPS:** n55,85065 o8,75938.

6 kostenlos WC kostenlos. **Lage:** Städtisch, einfach.
Untergrund: Schotter. 01/01-31/12.
Entfernung: vor Ort.
Sonstiges: Parken und übernachten möglich auf mehrereb Plätzen; Brugsen 2/3 Wohnmobile; Sporthalle.

Hurup Thy 5B3
Nordisk Folkecenter, Kammersgaardsvej 16.
GPS: n56,69358 o8,41306.

8 DKK 70 WC inklusive. **Lage:** Ländlich, einfach, abgelegen, ruhig. **Untergrund:** Schotter. 01/01-31/12.
Entfernung: vor Ort 4Km.
Sonstiges: Anmelden an der Rezeption, eintritt Energiepark inkl.

Hvide Sande 6B1
Autocamper Fabriksvej 31, Fabriksvej 31.
GPS: n56,00245 o8,11979.
45 € 12,50. **Lage:** Ländlich, einfach.
Untergrund: Schotter/Sand. 01/01-31/12.
Entfernung: 800M 500M 500M.

Hvide Sande 6B1
Autocamper Fabriksvej 42. **GPS:** n56,00475 o8,11754.
20 € 12,50. **Lage:** Ländlich, einfach.
Untergrund: Schotter/Sand.
Entfernung: 200M vor Ort 200M.

Hvide Sande 6B1
Autocamper P, Tungevej 6. **GPS:** n55,99722 o8,12222.

40 DKK 90. **Lage:** Ländlich, einfach, ruhig.
Untergrund: Schotter/befestigt. 01/01-31/12.
Entfernung: 200M vor Ort 200M 300M vor Ort.
Sonstiges: Strandparkplatz, Ver-/Entsorgung Hvide Sande Camping, 1Km, DKK 37,50.

Hvide Sande 6B1
Bjerregaard, Sdr. Klitvej 185. **GPS:** n55,90620 o8,16565.
DKK 100 Ch kostenpflichtig. 15/04-01/10.
Sonstiges: Quick-Stop: >20 Uhr - <10 Uhr.

Hvide Sande 6B1
Hvide Sande (Beltana), Karen Brands Vej 70. **GPS:** n55,98689 o8,13478.
DKK 120 Ch kostenpflichtig. 03/04-26/10.
Sonstiges: Quick-Stop: >20 Uhr - <10 Uhr.

Højslev 5C3
Virksund, Sundvej 14. **GPS:** n56,60785 o9,28917.
DKK 75 Ch kostenpflichtig. 24/03-02/10.
Sonstiges: Quick-Stop: >20 Uhr - <10 Uhr.

Højslev 5C3
Virksund Lystbådehavn, Sandkrogen 10. **GPS:** n56,61014 o9,29139.
12 € 16 WC inklusive. **Untergrund:** Schotter.
Entfernung: vor Ort.

Jelling 6C1
Fårup Sø Camping, Fårupvej 58. **GPS:** n55,73616 o9,41772.
DKK 130. 21/03-18/09.
Entfernung: vor Ort.
Sonstiges: Quick-Stop: >20 Uhr - <10 Uhr.

Juelsminde 6D1
Havn & Marina, Havnegade 15. **GPS:** n55,71457 o10,01509.

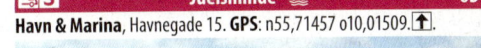

12 € 20 Ch (12x) WC inklusive.
Lage: Ländlich, komfortabel, zentral, ruhig.
Untergrund: Schotter.
01/05-30/09.
Entfernung: 200M vor Ort vor Ort vor Ort 200M.
Sonstiges: Tallycard: Ver-/Entsorgung, Strom, Sanitärgebäude, Kaution DKK 50.

Karup 6C1
2B Pack, Ulvedalsvej 43. **GPS:** n56,31528 o9,27361.

4 DKK 100 Ch.
Lage: Abgelegen, ruhig. 01/05-31/10.
Entfernung: vor Ort.

Karup 6C1
Hessellund Sø, Hessellundvej 12. **GPS:** n56,32308 o9,11501.
DKK 171 Ch kostenpflichtig. 27/03-29/09.
Sonstiges: Quick-Stop: >20 Uhr - <10 Uhr.

Karup 6C1
Hessellund Sø Camping, Hessellundvej 12. **GPS:** n56,32309 o9,11511.
DKK 171. 19/03-25/09.
Sonstiges: Quick-Stop: >20 Uhr - <10 Uhr.

Jutland

Knebel — 6D1
Sølyst Gaard Strand Camping, Dragsmurvej 15, Fuglsø.
GPS: n56,17546 o10,53394.
DKK 140. 19/03-18/09.
Entfernung: 200M.
Sonstiges: Quick-Stop: >20 Uhr - <10 Uhr.

Kolding — 6D2
Kolding Marina, Skamlingvejen 5. **GPS**: n55,48746 o9,50051.
15 DKK 125 Ch WC kostenpflichtig.
Lage: Ländlich, komfortabel, ruhig. **Untergrund**: Wiese/Schotter.
01/05-01/10.
Entfernung: 2,6Km vor Ort vor Ort.
Sonstiges: In der Nähe des Yachthafens, Tallycard: Ver-/Entsorgung, Strom, Sanitärgebäude, Kaution DKK 50.

Kvissel — 5C3
Bondegård Hansen, Mejlingvej 65. **GPS**: n57,46753 o10,39556.
10 DKK 75 Ch WC inklusive DKK 10.
Lage: Ländlich, komfortabel, ruhig. **Untergrund**: Wiese.
01/01-31/12.
Entfernung: 1Km 5Km.

Langå — 5C3
Langå, Skov Alle 16. **GPS**: n56,38780 o9,90439.
DKK 130 Ch kostenpflichtig. 01/01-31/12.
Sonstiges: Quick-Stop: >20 Uhr - <10 Uhr.

Lemvig — 5B3
Lemvig Havn, Toldbodgade. **GPS**: n56,55395 o8,30956.
10 kostenlos. **Untergrund**: Schotter. 01/01-31/12.
Entfernung: 250M 250M.
Sonstiges: Max. 12 Std.

Lemvig — 5B3
Bovbjerg, Juelsgårdvej 13. **GPS**: n56,52800 o8,12629.
DKK 110 Ch. 20/03-19/10.
Sonstiges: Quick-Stop: >20 Uhr - <10 Uhr.
Touristinformation Lemvig:
Bovbjerg Fyr, Fyrvej 27. Leuchtturm.

Løgstrup — 5C3
Hjarbæk Fjord Camping, Hulager 2. **GPS**: n56,53416 o9,00000.
DKK 125. 01/01-31/12.
Sonstiges: Quick-Stop: >20 Uhr - <10 Uhr.

Løgstør — 5C3
Løgstør Golfklub, Viborgvej 13, Ravnstrup.
GPS: n56,94689 o9,25390.

Løgstør — 5C3
10 DKK 110 (4x)inklusive. **Lage**: Einfach, abgelegen, ruhig.
Untergrund: Schotter.
Entfernung: 2km 2km 2km.

Løgstør — 5C3
Løgstør Lysbadehavn, Kanalvejen 19. **GPS**: n56,96728 o9,24528.
15 DKK 130 (12x) WC inklusive.
Lage: Komfortabel, zentral.
Untergrund: Wiese/befestigt.
01/01-31/12.
Entfernung: 200M vor Ort vor Ort vor Ort 200M.
Sonstiges: Bezahlung beim Hafenmeister.

Løgstør — 5C3
Café Bondestuen, Over Aggersund 49. **GPS**: n57,00835 o9,28776.
6 kostenlos. **Lage**: Ländlich, einfach. **Untergrund**: Schotter.
01/01-31/12.

Løkken — 5C3
Galleri Munkens Klit, Munkensvej 11. **GPS**: n57,33871 o9,70522.
10 DKK 100 DKK 5 WC inklusive. **Lage**: Ländlich, komfortabel, abgelegen, ruhig. **Untergrund**: Wiese. 01/01-31/12.
Entfernung: 3km.

Løkken — 5C3
Hugo Ottesen, Kettrupvej 80. **GPS**: n57,31135 o9,67861.
5 DKK 100. **Lage**: Ländlich, einfach, abgelegen.
Untergrund: Wiese. 01/01-31/12.

Løkken — 5C3
Løkkensvej 875. **GPS**: n57,38972 o9,77385.
DKK 75 DKK 40 DKK 25.
Untergrund: Wiese. 01/01-31/12.
Entfernung: 4,5Km.

Løkken — 5C3
Camping Rolighed, Grønhøj Strandvej 35. **GPS**: n57,32143 o9,67818.
DKK 75 Ch kostenpflichtig. 01/01-31/12.
Sonstiges: Quick-Stop: >18Uhr - <10 Uhr.

Løkken — 5C3
Gl.Klitgaard, Lyngbyvej 331. **GPS**: n57,41784 o9,76017.
DKK 140 Ch kostenpflichtig. 15/04-23/10.
Sonstiges: Quick-Stop: >20 Uhr - <10 Uhr.

Løkken — 5C3
Grønhøj Strand, Kettrupvej 125. **GPS**: n57,32127 o9,67293.
DKK 100 Ch kostenpflichtig. 18/03-18/09.
Sonstiges: Quick-Stop: >20 Uhr - <10 Uhr.

Løkken — 5C3
Løkken Campingcenter, Søndergade 69. **GPS**: n57,36480 o9,70940.
DKK 125 Ch kostenpflichtig. 01/01-31/12.
Sonstiges: Quick-Stop: >20 Uhr - <10 Uhr.

Løkken — 5C3
Løkken Strand, Furreby Kirkevej 97. **GPS**: n57,38533 o9,72571.
DKK 100 Ch kostenpflichtig. 29/04-04/09.
Sonstiges: Quick-Stop: >20 Uhr - <10 Uhr.

Løkken — 5C3
Gl. Klitgaard Camping og Hytteby, Lyngbyvej 331.
GPS: n57,42055 o9,76025.
DKK 169. 01/01-31/12.
Sonstiges: Quick-Stop: >20 Uhr - <10 Uhr.

Touristinformation Løkken:
Løkken Turistbureau, Jyllandsgade 15, www.loekken.dk. Badeort.
Vendsyssel historiske museum "Jens Thomsens Gård", Strandfogedgården i Rubjerg, Langelinie 2. Kulturelle Vergangenheit des Küstengebiets. Wanderwege.
25/06-30/08 Do-So 11-17 Uhr.
Familiy Farm Fun Park, Lyngbyvej 86, Vittrup. Tierpark.
14/05-24/10 10-18.

Mariager — 5C3
Kongsdl Bådelaug, Kongsdal Havn 8. **GPS**: n56,68383 o10,07023.
24 DKK 120 Ch (24x) WC DKK 5/3Minuten
inklusive. **Lage**: Ländlich, komfortabel, abgelegen, ruhig.
Untergrund: Schotter. 01/01-31/12.
Entfernung: 7Km vor Ort vor Ort.

Mariager — 5C3
Mariager, Ny Havnevej 5A. **GPS**: n56,65399 o9,97640.
2 DKK 100 Ch kostenpflichtig. 23/03-25/09.
Sonstiges: Quick-Stop: >20 Uhr - <10 Uhr.

Nibe — 5C3
Sølyst, Løgstørvej 2. **GPS**: n56,97248 o9,62460.
DKK 140 Ch kostenpflichtig. 01/01-31/12.
Sonstiges: Quick-Stop: >20 Uhr - <10 Uhr.

Nordborg — 6D2
Kvickly, Gartnervænget. **GPS**: n55,05611 o9,74150.
10 kostenlos. **Untergrund**: asphaltiert. 01/01-31/12.
Sonstiges: Am Supermarkt.

Nordborg — 6D2
Lone & Henning Carlsson, Kådnervej 7. **GPS**: n55,03194 o9,73111.
5 DKK 100 DKK 20 WC.
Lage: Ländlich, komfortabel, ruhig. **Untergrund**: Schotter.
01/01-31/12.
Entfernung: 5Km.
Sonstiges: Schmale Durchfahrt.

Jutland

	Nordborg	6D2
Købingsmark, Købingsmarksvej 53. GPS: n55,07887 o9,72912.
DKK 110 kostenpflichtig. 01/04-25/10.
Sonstiges: Quick-Stop: >20 Uhr - <10 Uhr.

| | Nordborg | 6D2 |
Augustenhof Strand, Augustenhofvej 30. GPS: n55,07767 o9,71464.
DKK 136 Ch. 01/01-31/12.
Sonstiges: Quick-Stop: >20 Uhr - <10 Uhr.

| | Nykøbing Mors | 5C3 |
Morsø Sejlklub & Marin, Jernbanevej 3A.
GPS: n56,79282 o8,86370.

18 DKK 120 Ch WC kostenpflichtig inklusive.
Lage: Komfortabel, ruhig.
Untergrund: Schotter. 01/01-31/12.
Entfernung: 150M vor Ort vor Ort vor Ort 200M.
Sonstiges: Tallycard: Ver-/Entsorgung, Strom, Sanitärgebäude, Kaution DKK 25.

| | Nykøbing Mors | 5C3 |
Ejerslev Havn, Utkærvej 5, Ejerslev. GPS: n56,91868 o8,92093.
€ 11 Ch €4. 01/01-31/12.

| | Nørager | 5C3 |
Stellplads E45 Autocamper, Fyrkildevej 39, Ladelund.
GPS: n56,77505 o9,70986.

15 DKK 75 inklusive. Lage: Ländlich, einfach, abgelegen, ruhig. Untergrund: Wiese. 01/01-31/12.
Entfernung: E45 5Km.

| | Nørre Nebel | 6B1 |
Nymindegab, Lyngtoften 12. GPS: n55,81368 o8,19992.
DKK 75 Ch kostenpflichtig. 17/03-27/09.
Sonstiges: Quick-Stop: >20 Uhr - <10 Uhr.

| | Odder | 6D1 |
Jørgen Petersen, Aarhusvej 354. GPS: n56,01650 o10,18157.

3 DKK 75 Ch WC inklusive. Lage: Ländlich, luxus, abgelegen, ruhig. Untergrund: Wiese/Schotter. 01/01-31/12.
Entfernung: 5Km.

| | Odder | 6D1 |
Odder strand Camping, Toldvejen 50. GPS: n55,93891 o10,25054.
DKK 150 Ch kostenpflichtig. 24/03-21/09.
Sonstiges: Quick-Stop: >20 Uhr - <10 Uhr.

| | Outrup | 6C1 |
Autocamperplads Outrup, Gartnervænget 18.
GPS: n55,71551 o8,34654.

15 DKK 100 Ch DKK 22 WC inklusive.
Untergrund: Wiese/Schotter. 01/01-31/12.
Entfernung: 500M 300M 500M vor Ort.

| | Pandrup | 5C3 |
Blokhus Klit Camping, Kystvejen 52. GPS: n57,22048 o9,58479.
DKK 100. 23/03-18/09.
Sonstiges: Quick-Stop: >20 Uhr - <10 Uhr.

| | Randers | 5C3 |
Mellerup Bådelaug, Amtsvejen 153 Mellerup.
GPS: n56,52431 o10,22213.

3 DKK 100 WC inklusive. Lage: Ländlich, einfach, ruhig. Untergrund: Schotter. 01/01-31/12.
Entfernung: Mellerup 1,2km vor Ort vor Ort.
Sonstiges: Bezahlung beim Hafenmeister.

| | Randers | 5C3 |
Randers havn, Toldbodgade 16. GPS: n56,46280 o10,05262.

10 DKK 150. Lage: Städtisch, einfach. Untergrund: Schotter. 01/01-31/12.
Entfernung: 500M vor Ort.
Sonstiges: Max. 24 Std.

| | Ribe | 6C2 |
Fabelbo, Høllesskovvej 48. GPS: n55,24076 o8,86077.
kostenlos WC kostenlos. Lage: Abgelegen, ruhig.
Untergrund: Wiese. 01/01-31/12.
Entfernung: Ribe 15Km.

| | Ribe | 6C2 |
Stampemøllevej. GPS: n55,32480 o8,75740.

25 kostenlos WC kostenlos. Lage: Städtisch, einfach.
Untergrund: asphaltiert.
01/01-31/12.
Entfernung: 500M 100M 400M.
Sonstiges: Parkplatz südlich vom Zentrum, max. 48 Std.

| | Ribe | 6C2 |
Storkesøen, Haulundvej 164. GPS: n55,31703 o8,76022.

24 DKK 140 Ch WC inklusive DKK 5. Lage: Ländlich, komfortabel, ruhig. Untergrund: Wiese. 01/01-31/12.
Entfernung: 1Km vor Ort.
Sonstiges: Am Fischteich.

| | Ribe | 6C2 |
Saltgade. GPS: n55,33258 o8,76830.
15 kostenlos. Untergrund: asphaltiert. 01/01-31/12.
Entfernung: 200M 200M.
Sonstiges: Max. 48 Std.

| | Ribe | 6C2 |
Maglegaard, Toftlundvej 6. GPS: n55,31067 o8,79151.

3 DKK 100 DKK 20.
Lage: Ländlich, einfach. Untergrund: Wiese.
Entfernung: 3Km.

| | Ribe | 6C2 |
Ribe, Farupvej 2. GPS: n55,33907 o8,76940.
DKK 75 Ch. 01/01-31/12.
Sonstiges: Quick-Stop: >20 Uhr - <10 Uhr.

Touristinformation Ribe:
Ribe Tourism Office, Torvet 3, http://www.visitribe.com/. Älteste Stadt Dänemarks am Ribeå.
Vadehavscentret, Okholmvej 5. Wattenmeerzentrum. 10- 16/17 Uhr. 01/12-31/01.
Museet Ribes Vikinger, Odins Plads 1. Wikingerzeit in Dänemark. täglich 10-16 Uhr, Sommer 10-18 Uhr 01/11-31/03 Mo.
Ribe Vikingecenter. Freilichtmuseum.
01/05-30/06, 01/09-15/10 Mo-Fr 10-15.30 Uhr, 01/07-31/08 täglich 11-17 Uhr.
Weis Stue, Torvet 2. Ältestes Gasthaus von Dänemark mit traditioneller dänischer Küche.

| | Ringkøbing | 6B1 |
Annemette & Svend Erik Jensen, Birkmosevej 6.
GPS: n56,08806 o8,26722.
15 kostenlos Ch kostenpflichtig. Lage: Einfach.
Untergrund: Wiese. 01/01-31/12.
Entfernung: 500M 500M 200M.

| | Ringkøbing | 6B1 |
Lystbadenhavn, Fiskerstraede 60. GPS: n56,08611 o8,24056.

10 € 14 Ch (6x)DKK 2,30/kWh WC inklusive DKK 10/3Minuten.
Lage: Städtisch, komfortabel, ruhig. Untergrund: Schotter.
01/01-31/12.
Entfernung: vor Ort vor Ort vor Ort 500M 500M.
Sonstiges: Parkplatz am Pier.

| | Ringkøbing | 6B1 |
Autocamperplads, Vesterled 11. GPS: n56,09338 o8,23740.

Jutland

20 DKK 70. Lage: Städtisch, einfach. Untergrund: Schotter.
01/01-31/12.
Entfernung: 700M 400M 400M 700M 700M.
Sonstiges: Zahlen mit Dänischen Münzen.

Ringkøbing 6B1
Søndervig, Solvej 2. GPS: n56,11186 o8,11760.
DKK 120 Chinklusive DKK 2,75/kWh,+ DKK 19 DKK 6.
04/04-25/10.
Entfernung: 600M.
Sonstiges: Quick-Stop: >20 Uhr - <10 Uhr.

Ringkøbing 6B1
Æblehavens, Herningvej 105. GPS: n56,08699 o8,31642.
DKK 130 Ch kostenpflichtig. 18/03-30/09.
Entfernung: 5Km.
Sonstiges: Quick-Stop: >20 Uhr - <10 Uhr.
Touristinformation Ringkøbing:
Fishing and Family Park West, Hovervej 56. Erholungspark mit Schwimmbad. 10 Uhr-Sonnenuntergang.

Roslev 5C3
Sallingsund Sejlklub, Færgevej 7. GPS: n56,76333 o8,86667.
€ 16 Ch WC inklusive.
Entfernung: vor Ort vor Ort.

Roslev 5C3
Sundsøre Lystbådehavn, Sundsørevej 1. GPS: n56,70991 o9,17324.
€ 16 WC inklusive. Lage: Abgelegen, ruhig.
Untergrund: Wiese/Schotter. 01/01-31/12.
Entfernung: vor Ort vor Ort.
Sonstiges: Am Jachthafen und Fähre.

Ry 6D1
Birkhede, Lyngvej 14. GPS: n56,10428 o9,74089.
DKK 150 Ch kostenpflichtig. 18/03-15/09.
Sonstiges: Quick-Stop: >20 Uhr - <10 Uhr.
Touristinformation Ry:
Ry Turistbureau, Klostervej 3.
Labyrinthia, Gamle Ryvej 2. Hölzernes Labyrinth. 23/04-25/09 11-16.

Rødding 6C2
JH ståldesign, Timekær 11. GPS: n55,33044 o9,05417.
DKK 75 Ch. Untergrund: Wiese. 01/01-31/12.
Entfernung: 500M.

Rødding 6C2
Inga & Ejnar Gejl, Skodborgskovvej 25, Skodborgskov.
GPS: n55,40056 o9,15722.
4 kostenlos kostenpflichtig WC kostenlos. Lage: Ländlich, einfach. Untergrund: Wiese. 01/01-31/12.
Entfernung: 5Km.

Rødding 6C2
Brændekilde, Haderslevvej 59. GPS: n55,35750 o9,18833.

13 kostenlos DKK 25 Ch DKK 25 WC.
Lage: Ländlich, einfach, laut. Untergrund: Schotter. 01/01-31/12.
Entfernung: 1Km.
Sonstiges: Max. 1 Woche.

Rødding 6C2
FB Camping Service, Industriparken 13. GPS: n55,42556 o9,16083.
15 kostenlos DKK 10 Ch DKK 40. Lage: Städtisch, einfach.
Untergrund: Schotter. 01/01-31/12.

Rødekro 6C2
Rødekro Fiskepark, østermarkvej 3-7. GPS: n55,08806 o9,30889.

50 DKK 100/pP Ch DKK 35/24kWh WC inklusive.
Lage: Ländlich, einfach, ruhig.
Untergrund: Wiese.
01/01-31/12.
Entfernung: 2km vor Ort vor Ort vor Ort 2km 100M.
Sonstiges: Am Fisch-See.

Rømø 6C2
Kommandørgården Camping, Havnebyvej 201.
GPS: n55,09854 o8,54292.
DKK 125. 01/01-31/12.
Sonstiges: Quick-Stop: >20 Uhr - <10 Uhr.

Rømø 6C2
Rømø Familie Camping, Vestervej 13. GPS: n55,16254 o8,54518.
DKK 110. 18/03-23/10.
Sonstiges: Quick-Stop: >20 Uhr - <10 Uhr.

Rønde 6D1
Nappedam Bådelaug, Molsvej 33. GPS: n56,27755 o10,49529.
DKK 125 Ch WC.
Entfernung: 3,5Km vor Ort 3,5Km.
Sonstiges: Max 3,5T.

Rønde 6D1
Kaløvig Strandgård, Strandvejen 150. GPS: n56,29330 o10,40399.
DKK 140 Ch. 01/01-31/12.
Sonstiges: Quick-Stop: >20 Uhr - <10 Uhr.

Rønde 6D1
Kaløvig Camping, Strandvejen 150. GPS: n56,29338 o10,40417.
DKK 140. 01/01-31/12.
Sonstiges: Quick-Stop: >20 Uhr - <10 Uhr.

Saltum 5C3
Saltum Strand, Saltum Strandvej 141. GPS: n57,28560 o9,65228.
DKK 140 Ch kostenpflichtig. 19/03-23/10.
Sonstiges: Quick-Stop: >20 Uhr - <10 Uhr.

Samsø 6D1
Camping & Feriecenter Samsø, Stensbjergvej 6, Kolby.
GPS: n55,79669 o10,55146.
DKK 60. 15/03-20/12.
Sonstiges: Quick-Stop: >20 Uhr - <10 Uhr.

Sdr. Omme 6C1
Omme Å Camping, Sønderbro 10. GPS: n55,83837 o8,88872.
DKK 140. 18/03-01/10.
Sonstiges: Quick-Stop: >20 Uhr - <10 Uhr.

Silkeborg 6D1
Anne & Gert Lassen, Ellinglund, Ellingvej 16, Funder Kirkeby.
GPS: n56,16546 o9,40954.
€ 14 Ch WC. Lage: Ländlich, komfortabel.
Untergrund: Wiese. 01/01-31/12.
Entfernung: 2km.

Silkeborg 6D1
Jørgen Engebjerg, Lemmingvej 12. GPS: n56,22124 o9,53991.
3 € 10 inklusive. Lage: Ländlich. Untergrund: Wiese.
01/01-31/12.
Entfernung: 5Km.

Silkeborg 6D1
Sø-Camping, Århusvej 51. GPS: n56,16984 o9,57657.
DKK 99 Ch kostenpflichtig.
18/03-23/10.
Sonstiges: Quick-Stop: >20 Uhr - <10 Uhr.
Touristinformation Silkeborg:
AQUA, Vejlsøvej 55. Aquarium. 01/09-31/05 Mo-Fr 10-16 Uhr, Sa-So 10-17 Uhr, 01/06-31/08 10-18 Uhr.

Sindal 5C3
Sindal, Hjørringvej 125. GPS: n57,46849 o10,17945.
3 DKK 110 Ch kostenpflichtig DKK 30 WC inklusive.
01/01-31/12.
Sonstiges: Quick-Stop: >20 Uhr - <10 Uhr.

Sjølund 6D2
Grønninghoved strand, Mosvigvej 21. GPS: n55,41105 o9,59220.
DKK 140 Ch kostenpflichtig. 19/03-15/09.

Skagen 5C2
P-plads på Grenen i Skagen, Akandevej.
GPS: n57,73895 o10,63283.

20 DKK 150. Lage: Ländlich, einfach, abgelegen.
Untergrund: asphaltiert. 01/01-31/12.
Entfernung: 2km 100M 3km.

Skagen 5C2
Råbjerg Mile, Kandestedvej 55. GPS: n57,65636 o10,45081.
DKK 130 Ch kostenpflichtig. 20/03-30/09.
Sonstiges: Quick-Stop: >20 Uhr - <10 Uhr.

Skagen 5C2
Skagen Camping, Flagbakkevej 55. GPS: n57,71989 o10,53991.
DKK 120. 18/03-01/09.
Sonstiges: Quick-Stop: >20 Uhr - <10 Uhr.

Skals 5C3
Ulbjerg, Skråhedevej 6. GPS: n56,64495 o9,33915.
€ 10,50 Ch kostenpflichtig. 01/01-31/12.
Sonstiges: Quick-Stop: >20 Uhr - <10 Uhr.

Skjern 6C1
Stauning Havn, Strandvejen, Stauning. GPS: n55,95488 o8,37352.
6, <10m € 14 Ch WC inklusive.
Untergrund: befestigt. 01/01-31/12.
Entfernung: Skjern 8km vor Ort.

Skjern 6C1
Skjern å Camping, Birkvej 37. GPS: n55,93316 o8,49291.
DKK 100 Ch kostenpflichtig. 01/01-31/12.
Sonstiges: Quick-Stop: >20 Uhr - <10 Uhr.

Skærbæk 6C2
Skærbæk, Ullerupvej 76. GPS: n55,16584 o8,77909.
DKK 100 Ch kostenpflichtig. 01/01-31/12.
Sonstiges: Quick-Stop: >20 Uhr - <10 Uhr.

Snedsted 5C3
Kaj Foget, Skyumvey 105. GPS: n56,84380 o8,59720.

6 DKK 50. Lage: Ländlich, einfach, abgelegen, ruhig.
Untergrund: Wiese. 01/01-31/12.

Snedsted 5C3
Krohavens familiecamping, Stenbjerg Kirkevej 21.
GPS: n56,91827 o8,36527.
DKK 135. 01/04-01/10.
Sonstiges: Quick-Stop: >20 Uhr - <10 Uhr.

Spøttrup 5C3
Gyldendal hav, Vester Hærup Strandvej 34.
GPS: n56,58107 o8,71066.

15 DKK 100 Ch (4x) WC inklusive.
Lage: Ländlich, einfach, ruhig.
Untergrund: Schotter/Sand. 01/01-31/12.
Entfernung: Sandstrand vor Ort vor Ort.

Jutland

Storvorde — 5C3
Egense Lystbådehavan, Kystvej 1. **GPS**: n56,98270 o10,30451.

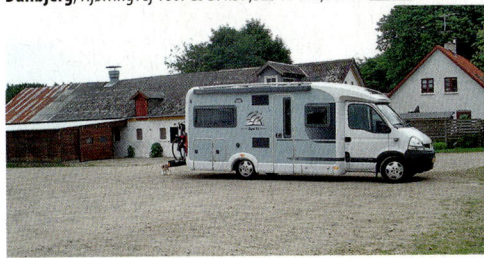

6 DKK 110 (6x) WC **Lage**: Ländlich, einfach, ruhig.
Untergrund: befestigt. 01/01-31/12.
Entfernung: vor Ort · vor Ort · 1Km.
Sonstiges: Bezahlung beim Hafenmeister.

Storvorde — 5C3
Dokkedal, Kystvej 118. **GPS**: n56,93305 o10,26225.
DKK 150 Ch kostenpflichtig. 01/01-31/12.
Sonstiges: Quick-Stop: >20 Uhr - <10 Uhr.

Storvorde — 5C3
Egense, Kystvej 6. **GPS**: n56,98071 o10,30086.
DKK 100 Ch kostenpflichtig. 24/03-17/09.
Sonstiges: Quick-Stop: >20 Uhr - <10 Uhr.

Stouby — 6D1
Løgballe Autocamperplads, Løgballevej 12.
GPS: n55,70765 o9,84359.

7 DKK 75 DKK 15 Ch (7x)DKK 30 WC **Lage**: Ländlich, einfach, abgelegen, ruhig. **Untergrund**: Schotter. 01/04-01/10.

Stouby — 6D1
Løgballe Camping, Løgballevej 12. **GPS**: n55,70786 o9,84423.
DKK 75. 18/03-25/09.
Sonstiges: Quick-Stop: >20 Uhr - <10 Uhr.

Stouby — 6D1
Rosenvold Strand Camping, Rosenvoldvej 19.
GPS: n55,67691 o9,81356.
DKK 100-120. 18/03-25/09.
Sonstiges: Quick-Stop: >20 Uhr - <10 Uhr.

Strandby — 5C3
Strandby havn, Søndre Havnevej 27. **GPS**: n57,49249 o10,50245.

6 DKK 120 WC inklusive. **Lage**: Städtisch, einfach.
Untergrund: befestigt.
01/01-31/12.
Entfernung: vor Ort · vor Ort · vor Ort · vor Ort · vor Ort.
Sonstiges: Bezahlung beim Hafenmeister.

Struer — 5C3
Holstebro-Struer Lystbådehavn, Fjordvejen.
GPS: n56,49380 o8,59068.

4 DKK 130 WC Zugang Sanitärgebäude DKK 20 inklusive. **Lage**: Städtisch, komfortabel, ruhig.
Untergrund: Schotter. Winter.
Entfernung: 100M · 100M.
Sonstiges: Tallycard: Ver-/Entsorgung, Strom, Sanitärgebäude, Kaution DKK 50.

Struer — 5C3
Venø Havn, Venø. **GPS**: n56,55102 o8,61622.
DKK 100 Ch WC. **Untergrund**: Schotter.
Entfernung: vor Ort · vor Ort · vor Ort.
Touristinformation Struer:
Gimsinghoved, Gimsinghoved 1. Ehemaliger großer dänischer Bauernhof.

Sydals — 6D3
Lysabildskov, Skovforten 4. **GPS**: n54,89159 o10,05268.
DKK 120 Ch kostenpflichtig. 19/03-30/09.
Sonstiges: Quick-Stop: >20 Uhr - <10 Uhr.

Sydals — 6D3
Mommark Marina Camping, Mommarkvej 380.
GPS: n54,93157 o10,04392.
DKK 120. 19/03-30/09.
Entfernung: vor Ort.
Sonstiges: Quick-Stop: >20 Uhr - <10 Uhr.

Sydals — 6D3
Sønderby Strand Camping, Sønderbygade 4-6, Kegnæs.
GPS: n54,86586 o9,89222.
DKK 120. 18/03-03/10.
Entfernung: 100M.
Sonstiges: Quick-Stop: >20 Uhr - <10 Uhr.

Sydals — 6D3
Drejby, Kregnæsvej 85. **GPS**: n54,90530 o9,96540.
DKK 150 Ch. 18/03-02/10.
Sonstiges: Quick-Stop: >20 Uhr - <10 Uhr.

Touristinformation Sydals:
Sydals Turistbureau, Kegnæsvej 52.
Kegnæs Fyr, Nørre Landevej 7. Leuchtturm. 01/06-30/09 Mo-So 9-19 Uhr.

Sæby — 5C3
Lene en Knut Holdensgård, Holdenggårdsvej 16, Sønder.
GPS: n57,21616 o10,45253.

3 DKK 50 **Lage**: Ländlich, einfach, abgelegen, ruhig.
Untergrund: Wiese. 01/01-31/12.

Sæby — 5C3
Sæby Havn, Havnen 20. **GPS**: n57,33218 o10,53373.

20 DKK 150 (20x)inklusive. **Lage**: Städtisch, einfach, zentral. **Untergrund**: asphaltiert. 01/01-31/12.
Entfernung: 100M · 100M · 100M.

Sæby — 5C3
Top Plads hos Ase en Helmer, Understedsvej 65, Understed.
GPS: n57,37249 o10,46447.

20 DKK 100 Ch WC. **Lage**: Ländlich, komfortabel, abgelegen. **Untergrund**: Wiese. 01/01-31/12.

Sæby — 5C3
Danbjerg, Hjørringvej 160. **GPS**: n57,32544 o10,36967.

6 DKK 50. **Lage**: Ländlich, einfach, abgelegen, ruhig.
Untergrund: Wiese/Schotter. 01/01-31/12.
Entfernung: 1Km · 1Km.

Tarm — 6C1
Par3Golf, Grimlundvej. **GPS**: n55,83819 o8,71321.
kostenlos. **Lage**: Abgelegen, ruhig. 01/01-31/12.
Entfernung: Tarm 19km.

Tårs (Hjørring) — 5C3
Vendelbo Vans Autocampere, Damhusvej 23.
GPS: n57,38972 o10,11500.

8 DKK 100 Ch (8x) WC inklusive.
Lage: Städtisch, komfortabel, zentral, ruhig.
Untergrund: Wiese/Schotter. 01/01-31/12.
Entfernung: 100M · 500M · 500M · 300M · 300M · 200M.
Sonstiges: Bei Reisemobilhändler, max. 48 Std, Sanitär 9-17U.

Thisted — 5C3
Thisted, Iversnsvej 3. **GPS**: n56,95309 o8,71249.
DKK 135 Ch kostenpflichtig. 01/01-31/12.
Sonstiges: Quick-Stop: >20 Uhr - <10 Uhr.

Thisted — 5C3
Nystrup Camping Klitmøller, Trøjborgvej 22, Klitmøller.
GPS: n57,03302 o8,47927.
DKK 100. 01/03-30/10.
Sonstiges: Quick-Stop: >20 Uhr - <10 Uhr.

Touristinformation Thisted:
Thy Turistbureau i Thisted, Store Torv 6, www.visitthy.dk. Badeort.
Thisted Bryghus, Bryggerivej 10. Brauerei, Informationen am Fremdenamt. Sommer Mi 11 Uhr. DKK 50.

Thorsager — 6D1
Dagli Brugsen, Thorsgade 26. **GPS**: n56,34305 o10,46286.

4 kostenlos. **Lage**: Städtisch, einfach.
Untergrund: Schotter/befestigt. 01/01-31/12.
Entfernung: vor Ort · vor Ort.
Sonstiges: Hinter Supermarkt Brugsen.

Thyborøn — 5B3
Thyborøn, Idrætsvej 3. **GPS**: n56,69456 o8,20456.
DKK 50 Ch. 01/01-31/12.
Sonstiges: Quick-Stop: >20 Uhr - <10 Uhr.

Thyholm — 5C3
Jegindø Havn, Havnegade. **GPS**: n56,65219 o8,63575.
€ 15 WC inklusive. **Untergrund**: Schotter.
01/01-31/12. **Sonstiges**: Beim Hafen.

Tinglev — 6C2
Stefan Christiansen, Uge Green 2. **GPS**: n54,97365 o9,34601.

Jutland - Funen

🗓 01/01-31/12.
Entfernung: 🚶vor Ort 🚌4Km.
Sonstiges: Parkplatz im Wald mit Lagerfeuerplatz, Legoland 10km.

Vejers Strand 6B2
Stjerne, Vejers Havvej 7. **GPS:** n55,61915 o8,14090.
🏕DKK 115 🔌Ch 🚿 kostenpflichtig. 🗓 01/01-31/12.
Sonstiges: Quick-Stop: >20 Uhr - <10 Uhr.

Vejers Strand 6B2
Vejers Familiecamping, Vejers Havvej 15. **GPS:** n55,61950 o8,13594.
🏕DKK 110 🔌Ch 🚿 kostenpflichtig.
🗓 01/01-31/12.
Sonstiges: Quick-Stop: >20 Uhr - <10 Uhr.

Touristinformation Vejers Strand:
👁 Tirpitz. Deutsche Bunker.

Vesløs 5C3
Amtoft Havn, Gårdbækvej 12. **GPS:** n57,00647 o8,94068. ⬆

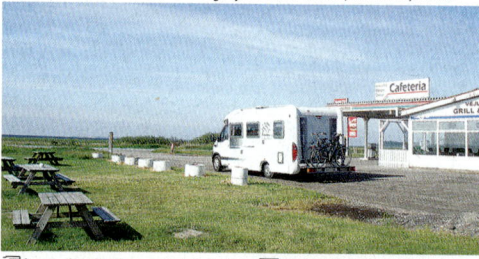

5 🏕DKK 100 🔌Ch 🚿 (10x) WC inklusive 📶 kostenlos 📷.
Lage: Ländlich, komfortabel, ruhig. **Untergrund:** Wiese/Schotter.
🗓 01/01-31/12.
Entfernung: 🚶vor Ort 🏊vor Ort 🛥vor Ort 🚌vor Ort.
Sonstiges: Bezahlen beim Supermarkt.

Vesløs 5C3
Vejlernes Grill & Kiosk, Aalborgvej 219B. **GPS:** n57,02518 o9,01585.

🏕 kostenlos. **Untergrund:** Schotter. 🗓 01/01-31/12.

Vestervig 5B3
Krik-Vig, Krikvej 112. **GPS:** n56,77800 o8,26210.
🏕DKK 100 🔌Ch 🚿 kostenpflichtig. 🗓 19/03-23/10.
Sonstiges: Quick-Stop: >20 Uhr - <10 Uhr.

Vinderup 5C3
Handbjerg Marina, Strandvejen. **GPS:** n56,47568 o8,71337.
5 🏕€ 10. 🗓 01/01-31/12.
Entfernung: 🛥vor Ort.

Vinderup 5C3
Sevel Camping, Halallé 6, Sevel.
GPS: n56,45889 o8,86950.
🏕DKK 50.
🗓 01/01-31/12.
Sonstiges: Quick-Stop: >20 Uhr - <10 Uhr.

Touristinformation Vinderup:
Ⓜ Hjerl Hedes Frilandsmuseum, Hjerl Hedevej 14. Freilichtmuseum.
🗓 01/05-30/09 10-16 Uhr, 01/07-31/07 10-17 Uhr.
⛪ Stubber Kloster, Stubbergård Sø. Ruine des ehemaligen Benediktinerklosters. 🗓 01/01-31/12. 🎟 kostenlos.

Voerså 5C3
Parking Havn, Havstokken 11. **GPS:** n57,20389 o10,49389. ⬆➡

20 🏕DKK 120 🔌Ch 🚿 (20x) WC inklusive 📶.
Lage: Ländlich, komfortabel, abgelegen. **Untergrund:** Schotter.
🗓 01/04-31/10.
Entfernung: 🚶3Km 🏊vor Ort 🛥vor Ort ⊗3Km 🚌3Km.

Sonstiges: Geld in Umschlag in den Briefkasten.

Østbirk 6D1
Elite Camp Vestbirk, Møllehøjvej 4. **GPS:** n55,96840 o9,75000.
🏕DKK 140 🔌Ch 🚿 kostenpflichtig. 🗓 19/03-28/09.
Sonstiges: Quick-Stop: >20 Uhr - <10 Uhr.

Funen

Aarup 6D2
Annemette & Lars Mogensen, Frøbjerg Vænge 31.
GPS: n55,34907 o10,08323.
3 🏕kostenlos 🚿kostenlos. **Untergrund:** Schotter. 🗓 01/01-31/12.

Aarup 6D2
Aalsbogaard Lystfiskersøer, St. Landevej 123 - 125, Billesbølle.
GPS: n55,42686 o10,01935.
🏕DKK 100 🔌 🚿.
Entfernung: 🛥vor Ort ⊗vor Ort.
Sonstiges: Am Fisch-See.

Asperup 6D2
Skovlund Camping, Kystvejen 1. **GPS:** n55,50647 o9,89967.
🏕DKK 99. 🗓 23/03-18/09.
Sonstiges: Quick-Stop: >20 Uhr - <10 Uhr.

Assens 6D2
Britta Bang, Lilletoftevej 7, Lilletofte Gamtofte.
GPS: n55,28165 o9,98850.
3 🏕€ 13,50 🔌Ch 🚿 inklusive WC. **Lage:** Ländlich.
Untergrund: befestigt.
Entfernung: 🚶7,5Km ⊗7Km 🚌7Km.

Touristinformation Assens:
Ⓜ Vestfyns Hjemstavnsgård, Klaregade 23, Gummerup, Glamsbjerg.
Freilichtmuseum. 🗓 01/04-31/10 10-16 Uhr 🚫 Mo.

Bagenkop 6E3
Koldkrigsmuseum Langelandsfor, Vognsbjergvej 4A.
GPS: n54,75306 o10,71583.
🏕DKK 95. **Untergrund:** befestigt. 🗓 01/04-31/10.
Sonstiges: Anmelden beim Museum.

Bogense 6D2
Bogense Havn, Vestre Havnevej 29. **GPS:** n55,56806 o10,07833. ⬆

8 🏕€ 14 🚿 WC inklusive 📶. **Untergrund:** Schotter.
🗓 01/01-31/12.
Entfernung: 🚶200M 🏊300M 🛥300M ⊗vor Ort 🚌200M.

Bogense 6D2
Kyst, østre Havnevej 1. **GPS:** n55,56626 o10,08395.
🏕DKK 210 🔌Ch 🚿. 🗓 20/03-18/09.
Sonstiges: Quick-Stop: >20 Uhr - <10 Uhr.

Broby 6D2
Bakkelyet, Præsteskovvej 7. **GPS:** n55,25707 o10,19292.
🏕DKK 50. **Lage:** Abgelegen, ruhig.
Entfernung: 🚶3Km ⊗vor Ort 🚌3Km.

Faaborg 6D2
Faaborg Havn, Kanalvej 19. **GPS:** n55,09658 o10,23429.
6 🏕DKK 120 🔌Ch 🚿 DKK 3/kWh WC.
Untergrund: asphaltiert. 🗓 01/01-31/12.
Entfernung: 🚶200M 🏊vor Ort 🛥vor Ort ⊗vor Ort 🚌500M 🚗200M.
Sonstiges: Anmelden beim Hafenmeister.

Faaborg 6D2
Faaborg Camping, Odensevej 140. **GPS:** n55,11667 o10,24477.
🏕DKK 150 🔌Ch 🚿 kostenpflichtig. 🗓 01/01-31/12.
Sonstiges: Quick-Stop: >20 Uhr - <10 Uhr.

Faaborg 6D2
Nab Strand Camping, Kildegaardsvej 8. **GPS:** n55,06428 o10,31390.
🏕DKK 160. 🗓 29/04-28/08.
Sonstiges: Quick-Stop: >20 Uhr - <10 Uhr.

Ferritslev 6D2
Jørgen Christensen, Rolfvej 45. **GPS:** n55,32111 o10,56806.
47 🏕kostenlos. **Lage:** Städtisch, einfach. **Untergrund:** befestigt.
🗓 01/01-31/12.

8 🏕€ 10 🔌Ch 🚿 (6x)DKK 27/24Std WC DKK 10 📶 inklusive.
Lage: Ländlich, komfortabel, luxus, abgelegen, ruhig.
Untergrund: Wiese. 🗓 01/01-31/12.
Entfernung: 🚶8Km 🚴2km 🏊vor Ort 🛥vor Ort ⊗800M 🚌vor Ort 🛫vor Ort.
Sonstiges: Golfplatz 1km.

Toftlund 6C2
Dahl, Lebækvej 2. **GPS:** n55,17839 o9,07768. ⬆
5 🏕DKK 45 🔌Ch 🚿 DKK 45 inklusive. **Untergrund:** Wiese.

Tønder 6C3
Tønder Sport & FritidsCenter, Sønderlandevej.
GPS: n54,93558 o8,87754.
🏕🔌🚿Ch. **Untergrund:** Schotter. 🗓 04/01-19/12.

Tønder 6C3
Kennel Roager, Flensborg Landevej 25. **GPS:** n54,93190 o8,99793. ⬆

5 🏕DKK 100 🔌 DKK 20/24Std WC inklusive 🚿DKK 20 📶 DKK 30.
Lage: Ländlich, einfach, abgelegen, laut. **Untergrund:** Wiese.
🗓 01/01-31/12.
Entfernung: 🚶10Km 🚌4Km.

Ulfborg 6C1
Tingvej. **GPS:** n56,27295 o8,00000. ⬆
4 🏕kostenlos. **Untergrund:** Schotter. 🗓 01/01-31/12.
Entfernung: 🚶vor Ort ⊗200M 🚌300M.
Sonstiges: In der Nähe vom Rathaus.

Ulfborg 6C1
Thorsminde Havn, Vesterhavsgade. **GPS:** n56,36578 o8,12163. ⬆
🏕DKK 75.
Entfernung: 🏊vor Ort 🛥vor Ort ⊗200M.

Ulfborg 6C1
Tvind Skolecenter, Skorkærvej 8. **GPS:** n56,25636 o8,28110. ⬆

15 🏕kostenlos.
Lage: Ländlich, einfach, abgelegen. 🗓 01/01-31/12.
Entfernung: 🚶8Km 🏊8Km 🚌8Km.

Ulfborg 6C1
Rejkjær, Ringkøbingvej 24. **GPS:** n56,23319 o8,30966.
🏕DKK 100 🔌Ch 🚿 kostenpflichtig. 🗓 03/04-18/10.
Sonstiges: Quick-Stop: >20 Uhr - <10 Uhr.

Ulfborg 6C1
Vedersø Klit, Øhusevej 23. **GPS:** n56,25829 o8,14130.
🏕DKK 125 🔌Ch 🚿 kostenpflichtig. 🗓 18/03-23/10.
Sonstiges: Quick-Stop: >20 Uhr - <10 Uhr.

Vandel 6C1
Dagli' Brugsen, Hans Thomsens Vej. **GPS:** n55,71285 o9,21800.
🏕kostenlos. **Untergrund:** asphaltiert. 🗓 01/01-31/12.
Sonstiges: An der Tankstelle und Supermarkt, Legoland 6km.

Vandel 6C1
Rastplads, Billundvej. **GPS:** n55,70687 o9,26709.
🏕kostenlos 🚿WC kostenlos. **Untergrund:** Waldboden.

Funen - Seeland, Møn, Lolland und Falster

Frørup 6E2
Kongshøj, Kongshøjvej 5. **GPS**: n55,22122 o10,80628.
DKK 105 Ch 01/01-31/12.
Sonstiges: Quick-Stop: >20 Uhr - <10 Uhr.

Gram 6C2
Anholm Fiskesø, Folevej 11. **GPS**: n55,30564 o8,99888.

15 DKK 150, Hund DKK 10 Chinklusive DKK 35.
Lage: Ländlich, einfach, abgelegen, ruhig. 01/04-30/11.
Entfernung: 5Km 1Km 5Km.
Sonstiges: Am Fischteich.

Gram 6C2
Gram Slot, Slotsvej 54. **GPS**: n55,29722 o9,05946.
50 DKK 75 WC inklusive. **Untergrund**: Wiese.
Entfernung: 1Km.

Gram 6C2
Annemettes bondegård, Ribelandevej 18.
GPS: n55,28647 o9,00098.

3 DKK 100 Ch DKK 25. **Lage**: Ländlich, einfach, abgelegen, ruhig. **Untergrund**: Wiese/Schotter. 03/01-01/11.

Humble 6E3
Ristinge, Ristingevej 104. **GPS**: n54,81944 o10,63988.
DKK 150 Ch kostenpflichtig. 03/06-28/08.
Sonstiges: Quick-Stop: >20 Uhr - <10 Uhr.

Kerteminde 6E2
Color Camp Kerteminde, Hindsholmvej 80. **GPS**: n55,46409 o10,67183.
DKK 125 Ch 21/03-18/09.
Sonstiges: Quick-Stop: >20 Uhr - <10 Uhr.

Middelfart 6D2
Lystbådehavn, Østre Hougvej 112. **GPS**: n55,49250 o9,73028.

13 € 17 Ch (12x) WC inklusive.
Lage: Ländlich, luxus, abgelegen, ruhig.
Untergrund: asphaltiert/befestigt.
01/01-31/12.
Entfernung: 2km vor Ort vor Ort vor Ort vor Ort.
Sonstiges: Hafen Middelfahrt, Tallycard: Ver-/Entsorgung, Strom, Sanitärgebäude, Kaution DKK 50.

Middelfart 6D2
Strib Bådehavn, Strandvejen 271, Strib. **GPS**: n55,53829 o9,76387.
DKK 120 WC. **Untergrund**: Schotter.
Entfernung: vor Ort 350M 1Km.

Middelfart 6D2
Vejlby Fed Camping, Rigelvej 1. **GPS**: n55,51949 o9,84975.
DKK 120 Ch kostenpflichtig. 19/03-11/09.
Sonstiges: Quick-Stop: >20 Uhr - <10 Uhr.

Millinge 6D2
Fasled Havn, Fiskerstræde 1. **GPS**: n55,15347 o10,14431.
DKK 110 inklusive. **Untergrund**: Wiese/Schotter.
Entfernung: vor Ort 200M.
Sonstiges: Anmelden beim Hafenmeister, Kode WLAN: havnen2.

Nr. Åby 6D2
Ronæs strand, Ronæsvej 10. **GPS**: n55,43975 o9,82692.
DKK 130 Ch kostenpflichtig. 19/03-25/09.
Sonstiges: Quick-Stop: >20 Uhr - <10 Uhr.

Nyborg 6E2
Hjejlevej 107. GPS: n55,29734 o10,83963.

kostenlos Ch kostenlos. **Untergrund**: befestigt.

Nyborg 6E2
Sulkendrup Vandmølle, Sulkendrupvej 1, Sulkendrup.
GPS: n55,29384 o10,71334.
3 € 10 DKK 25 ChWC DKK 10. **Lage**: Ländlich, komfortabel.
Untergrund: Wiese. 01/01-31/12.
Entfernung: 5Km.

Nyborg 6E2
Grønnehave strand, Rejstrupvej 83. **GPS**: n55,35646 o10,78767.
DKK 140 Ch kostenpflichtig. 24/03-25/09.
Sonstiges: Quick-Stop: >20 Uhr - <10 Uhr.

Touristinformation Nyborg:
Borgmestergården, Slotsgade 11. Lokale Geschichte. 01/05-31/10 10-15/16 Uhr.
Nyborg Fæstning, Slotsgade 1. Festung.
Nyborg Slot / Danehofslottet, Slotsgade 34. Schloss, Ende 12. Jahrhundert. 01/04-31/10 10-15/16 Uhr.

Odense 6D2
Tarup Campingcenter, Agerhatten 31. **GPS**: n55,36110 o10,46722.
20 kostenlos. **Untergrund**: Wiese. 01/01-31/12.
Entfernung: 6Km 2km.

Rudkøbing 6E2
Færgegårdens, Spodsbjergvej 335. **GPS**: n54,93219 o10,82945.
DKK 130 Ch kostenpflichtig. 01/01-31/12.
Sonstiges: Quick-Stop: >20 Uhr - <10 Uhr.

Stenstrup 6D2
Tronbjerggård Strandhave, Højbjergvej 13.
GPS: n55,12944 o10,58306.
3 kostenpflichtig WC.

Svendborg 6D2
Mogens Nielsen, Tordensgårdevej 3. **GPS**: n55,08750 o10,55389.
10 WC inklusive. **Lage**: Ländlich, komfortabel.
Untergrund: Wiese/befestigt. 01/01-31/12.
Entfernung: 5Km 5km vor Ort.

Svendborg 6D2
Carlsberg, Sundbrovej 19. **GPS**: n55,03344 o10,61332.
DKK 130 Ch kostenpflichtig. 17/03-02/10.
Sonstiges: Quick-Stop: >20 Uhr - <10 Uhr.

Svendborg 6D2
Idrætshallen, Ryttervej 70. **GPS**: n55,05668 o10,57613.
DKK 100 Ch.

Touristinformation Svendborg:
Egeskov Slot, Kværndrup. Zitadelle mit Park und 6 Museen. 01/05-31/10 10-17/20 Uhr.
Valdemars Slot, Slotsalléen 100, Troense, Tåsinge. Schloss auf der Insel Tåsinge, vollständig möbliert. 01/05-31/10 10-17 Uhr Mai, Sept, Oct: Mon.

Tranekær 6E2
Emmerbølle Strand Camping, Emmerbøllevej 24.
GPS: n55,03351 o10,84853.
DKK 170. 18/03-18/09.
Entfernung: vor Ort.
Sonstiges: Quick-Stop: >20 Uhr - <10 Uhr.

Varde 6C2
Fritidscenter, Lerpøtvej 55. **GPS**: n55,63294 o8,47447.
20 DKK 100 WC kostenpflichtig. **Untergrund**: Wiese.
01/05-31/10.
Sonstiges: Am Sportzentrum.

Varde 6C2
Jensen, Ringkøbingvej 143. **GPS**: n55,65762 o8,48942.

4 DKK 75 WC. **Lage**: Ländlich, komfortabel, abgelegen, ruhig. **Untergrund**: Wiese/befestigt.
Entfernung: 5Km.

Varde 6C2
Joan & Preben Christensen, Ringkøbingvej 259, Hindsig.
GPS: n55,72077 o8,49345.

5 DKK 50 Ch. **Lage**: Ländlich, komfortabel, ruhig.
Untergrund: Wiese. 01/01-31/12.
Entfernung: 12Km 3Km.

Ærøskøbing 6D2
Ærøskøbing Camping, Sygehusvejen 40. **GPS**: n54,89408 o10,40118.
DKK 100. 01/04-23/10.
Entfernung: vor Ort.
Sonstiges: Quick-Stop: >20 Uhr - <10 Uhr.

Seeland, Møn, Lolland und Falster

Boeslunde 6E2
Campinggaarden Boelunde, Rennebjergvej 110.
GPS: n55,28463 o11,26837.
DKK 140 Ch kostenpflichtig. 01/04-30/09.
Sonstiges: Quick-Stop: >20 Uhr - <10 Uhr.

Bogø By 6F2
Grønsundvej. GPS: n54,94889 o11,98653.

25 kostenlos ChWC kostenlos.
Lage: Ländlich. **Untergrund**: Schotter.
Entfernung: 200M vor Ort vor Ort vor Ort.

Bogø By 6F2
Café-Restaurant Stalden, Hougårdsbanke 5.
GPS: n54,93000 o12,02806.
4 kostenlos für Kunden Ch WC kostenpflichtig.
Lage: Ländlich. **Untergrund**: Wiese. 01/01-31/12.
Entfernung: 1Km vor Ort.

Copenhagen 6F1
Copenhagen City Camp, Elvaerksvej 7-9, Kopenhagen (Copenhagen).
GPS: n55,65440 o12,55697.

70 DKK 225 Ch WC inklusive.
Lage: Städtisch, einfach, ruhig. **Untergrund**: asphaltiert.

Seeland, Møn, Lolland und Falster

Pfingsten-10/09.
Entfernung: 4Km 500M 1Km 1Km vor Ort vor Ort.

Touristinformation Kopenhagen (Copenhagen)
Copenhagen Card. Karte berechtigt zur kostenlosen Nutzung der öffentlichen Verkehrsmittel u. kostenloser Eintritt in 73 Museen und Attraktionen. Erhältlich u.a.: Touristenbüro, Hotels, Camping-Plätze.
Dyrehavsbakken, Dyrehavevej 62, Klampenborg (ten n. van Kopenhagen). Beliebter Vergnügungspark, ältester Park von Dänemark, mit u.a.100 Attraktionen und 35 Gaststätten.
Tivoli, Vesterbrogade 3. Großer Vergnügungspark in der Stadtmitte mit u.a. 32 Gaststätten, 26 Attraktionen, Shows, usw.
DKK 110-120.

Dalby 6E2
Camp Hverringe, Blæsenborgvej 200. GPS: n55,50937 o10,71233.
DKK 75. 18/03-23/10.
Entfernung: vor Ort.
Sonstiges: Quick-Stop: >20 Uhr - <10 Uhr.

Dannemare 6E3
Hummingen, Pumpehusvej 1. GPS: n54,71317 o11,24606.
DKK 140 Ch kostenpflichtig inklusive. 18/03-23/10.
Sonstiges: Quick-Stop: >20 Uhr - <10 Uhr.

Dronningsmølle 6F1
Dronningsmølle, Strandkrogen 2b. GPS: n56,08393 o12,39112.
DKK 150 Ch. 15/03-14/09.
Sonstiges: Quick-Stop: >20 Uhr - <10 Uhr.

Fakse 6F2
Feddet, Feddet 12. GPS: n55,17366 o12,10118.
DKK 75, Hund DKK 30 Ch kostenpflichtig inklusive.
01/01-31/12.
Sonstiges: Quick-Stop: >20 Uhr - <10 Uhr.

Touristinformation Fakse
Faksekystens Turistinformation, Hovedgaden 29, Fakse Ladeplads, www.faksekysten.dk. Der Stadtbezirk Fakse hat 30 km Küstenlinie, markierte Rad- und Wanderwege.
Fortællerfestival, Fakse Lime Beach. Festival für Geschichtenerzähler. Letztes Wochenende Jun.
Rivierafest, Fakse Ladeplads. Festival, wird mit gratis Hering-Tisch am Sonntag beendet. Do-So der Woche 29.

Farum 6F1
Hovedgade 32. GPS: n55,81222 o12,36917.

3 kostenlos. Lage: Städtisch, einfach, laut. Untergrund: asphaltiert.
01/01-31/12.
Entfernung: 500M 100M vor Ort 500M vor Ort vor Ort.

Farum 6F1
Stavnsholt Renseanlæg. GPS: n55,81278 o12,40556.
Ch kostenlos. Mo-Do 7-15.30 Uhr, Fr 7-11.30h.

Farø 6F2
Farø, Grøsundvej. GPS: n54,94876 o11,98696.
20 kostenlos Ch WC kostenlos. Lage: Laut.
Untergrund: asphaltiert.

Frederikssund 6F1
Marbæk Lystbådehavn, Strandlystvej 26 D.
GPS: n55,82778 o12,06389.

6 125 DKK Ch WC inklusive kostenpflichtig DKK 20/20.
Lage: Ländlich, komfortabel, ruhig. Untergrund: Schotter.
01/01-31/12.
Entfernung: 1,5Km vor Ort vor Ort 1,5Km 1,5Km vor Ort vor Ort.

Frederikssund 6F1
B&B Bybjerggaard, Sundbylillevej 42. GPS: n55,83579 o12,11622.
DKK 50/pP.
Entfernung: vor Ort.

Frederiksværk 6F1
Frederiksværk Havn, Havnelinien 23. GPS: n55,96673 o11,99986.
4 DKK 140 inklusive.
Entfernung: 2km vor Ort vor Ort.

Føllenslev 6E1
Vesterlyng, Ravnholtvej 3. GPS: n55,74278 o11,30883.
DKK 130 Ch kostenpflichtig. 18/03-23/10.
Sonstiges: Quick-Stop: >20 Uhr - <10 Uhr.

Gedser 6F3
Gedser Lystbådehavn, Vestre Strand 3. GPS: n54,58194 o11,92361.
5 € 16 inklusive. Untergrund: Schotter. 01/01-31/12.
Entfernung: 200M.

Gilleleje 6F1
Smidstrup Farmen, Jydebjergvej 32. GPS: n56,10346 o12,22722.
DKK 100 .
Lage: Ländlich. Untergrund: Wiese/Schotter. 01/01-31/12.
Entfernung: 1,5Km 2km 1,5Km.
Sonstiges: Max. 3 Tage.

Greve 6F1
Copenhagen Motorhome Camp, Hundige Strandvej 72.
GPS: n55,59399 o12,34247.

42 DKK 205, 15/06-31/08 DKK 215 Ch DKK 52 inklusive.
Untergrund: Wiese. 01/04-31/10.
Entfernung: Copenhagen 19Km 1Km 3Km 800M.

Gørlev 6E2
Reersø Havn, Strandvejen 101, Reersø. GPS: n55,51750 o11,11833.

5 DKK 100 WC inklusive. Lage: Ländlich, einfach, ruhig.
Untergrund: Schotter. 01/04-01/11.
Entfernung: 300M vor Ort vor Ort vor Ort vor Ort vor Ort.
Sonstiges: Geld in Umschlag in den Briefkasten.

Helsinge 6F1
Anisse Vingård, Præstevej 89, Annisse. GPS: n55,98114 o12,17474.
DKK 75 . 01/01-31/12.

Hillerød 6F1
JOHS, Hestehavevej 24. GPS: n55,90221 o12,31155.
DKK 150 . Untergrund: Wiese/Schotter.
Entfernung: vor Ort vor Ort.

Hundested 6E1
Hundested Havn, Havnegade 8. GPS: n55,96557 o11,84845.

5 DKK 150 Ch WC kostenpflichtig.
Lage: Städtisch, komfortabel. Untergrund: befestigt.
01/01-31/12.
Entfernung: 500M vor Ort vor Ort vor Ort 200M 200M vor Ort.

Hundested 6E1
Lynæs Havn, Lynæs Havnevej 15 B, Lynæs.
GPS: n55,94407 o11,86507.

10 DKK 160 Ch WC inklusive kostenlos.
Lage: Ländlich, einfach, ruhig.
Untergrund: befestigt.
01/01-31/12.
Entfernung: 2km 500M vor Ort 2km vor Ort vor Ort.

Kalundborg 6E1
Debbies Bed & Breakfast, Hovvejen 114. GPS: n55,67564 o11,14552.
DKK 100 .
Sonstiges: Frühstücksservice.

Kalvehave 6F2
Lystbådehavn, Kalvehave Havnevej 26. GPS: n54,99584 o12,16641.
2 kostenpflichtig kostenpflichtig. Untergrund: Wiese/Schotter.

Karise 6F2
Lægårdens, Vemmetoftevej 2A. GPS: n55,27260 o12,22306.
DKK 105 Ch. 01/01-31/12.
Sonstiges: Quick-Stop: >20 Uhr - <10 Uhr.

Karrebæksminde 6E2
Naestved Sjelklub, Ved Broen 29. GPS: n55,17706 o11,65018.

6 € 18 Ch WC DKK 50/50 inklusive.
Lage: Ländlich, einfach, ruhig.
Untergrund: Schotter.
15/04-15/09.
Entfernung: vor Ort vor Ort vor Ort vor Ort vor Ort.

Kirke Hyllinge 6F1
Gershøj Havn, Gershøj Havnevej 5, Gershøj.
GPS: n55,71667 o11,98000.

10 € 8 Ch kostenpflichtig WC inklusive. Lage: Ländlich, einfach, ruhig. Untergrund: Schotter. 01/01-31/12.
Entfernung: 1,5Km vor Ort vor Ort.

Korsør 6E2
Pit-Stop Storebælt, Storebæltsvej 85. GPS: n55,34833 o11,11556.

40 € 10 Ch inklusive. Lage: Ländlich, einfach.
Untergrund: Wiese. 01/01-31/12.
Entfernung: 1Km 500M vor Ort 500M vor Ort vor Ort vor Ort.
Sonstiges: Entlang verkehrsreicher Durchgangsstrasse, Benutzung

Seeland, Møn, Lolland und Falster

Campingplatz-Anlage erlaub, nachts abgeschloßen.

Korsør 6E2
Lystbådehavn, Sylowsvej 10. **GPS**: n55,32664 o11,13190. ⬆.

20 € 17 inklusive WC kostenpflichtig.
Lage: Ländlich, einfach, ruhig. **Untergrund**: Schotter.
01/01-31/12.
Entfernung: 300M 4Km vor Ort vor Ort vor Ort 300M vor Ort vor Ort.
Sonstiges: Hafen Åbenrå.

Korsør 6E2
Lystskov, Korsør Lystskov 2. **GPS**: n55,32219 o11,18505.
DKK 90 Ch kostenpflichtig. 19/03-25/09.
Sonstiges: Quick-Stop: >20 Uhr - <10 Uhr.

Touristinformation Korsør:
Korsør Fæstning, Korsør Coastal Battery, The Fortress, Søbatteriet 7. Festung. 01/05-30/09 Mi-So 11-16 Uhr.

Lynge 6F1
Irene & Aage Andersen, Stengårdsvej 12.
GPS: n55,81972 o12,27376. ⬆.

3 kostenlos DKK 10/50Liter. **Lage**: Ländlich, einfach, ruhig.
Untergrund: Wiese. 01/01-31/12.
Entfernung: 1Km vor Ort vor Ort.

Maribo 6E3
Skelstrupgåren Bed and Breakfast, Skelstupvej 3.
GPS: n54,78774 o11,52095.
5 DKK 50 kostenpflichtig. **Untergrund**: Wiese.
Entfernung: 2,2Km 4Km.

Munke Bjergby 6E2
Dojringevej 40a. **GPS**: n55,49637 o11,55065. ⬆.

10 kostenlos DKK 10/20Liter DKK 10 DKK 30. **Lage**: Ländlich, komfortabel, ruhig. **Untergrund**: Wiese. 01/01-31/12.
Entfernung: 8Km vor Ort vor Ort.
Sonstiges: Max. 48 Std.

Nykøbing 6E1
Lystbådehavn, Snekkevej 9. **GPS**: n55,91610 o11,67287. ⬆.

10 DKK 110 Ch WC inklusive DKK 25/20.
Lage: Städtisch, einfach, ruhig. **Untergrund**: Wiese. 01/01-31/12.
Entfernung: 500M 100M 100M vor Ort vor Ort.

Nykøbing F. 6F3
Toreby Sejlklub, Dæmningen 2, Sundby Lolland.
GPS: n54,76051 o11,86041.
5 € 14 WC inklusive. **Untergrund**: Schotter.
Entfernung: vor Ort vor Ort.

Nykøbing F. 6F3
Falster City Camping, østre Allé 112. **GPS**: n54,76243 o11,89479.
DKK 120 Ch kostenpflichtig. 01/04-01/12.
Sonstiges: Quick-Stop: >20 Uhr - <10 Uhr.

Næstved 6E2
Rådmandshaven. **GPS**: n55,23166 o11,75344. ⬆.

14 kostenlos. **Lage**: Städtisch, einfach, laut. **Untergrund**: Beton.
01/01-31/12. **Entfernung**: 500M 500M 500M vor Ort.
Sonstiges: Parkplatz gegenüber dem Rathaus, separater Platz für Wohnmobile.

Præstø 6F2
Præstø Havn, Fjordstien 1. **GPS**: n55,12444 o12,04333. ⬆.

5 DKK 115 Ch WC DKK 25/25 inklusive.
Lage: Städtisch, einfach, ruhig.
Untergrund: asphaltiert. 01/01-31/12.
Entfernung: 500M 7Km vor Ort vor Ort vor Ort vor Ort.

Ringsted 6E2
Autocamper P-plads Ringsted, Delingen.
GPS: n55,45029 o11,80077. ⬆.

6 kostenlos kostenlos. **Lage**: Städtisch, einfach.
Untergrund: Schotterasen. 01/01-31/12.
Entfernung: 1Km 900M 900M.
Sonstiges: Max. 48 Std.

Ringsted 6E2
Mogens Madsen, Vibevej 34. **GPS**: n55,44222 o11,80667. ⬆.

3 kostenlos kostenpflichtig. **Lage**: Städtisch, einfach, laut.
Untergrund: befestigt. 01/01-31/12.
Entfernung: 4Km 800M.

Ringsted 6E2
Skovly Camping, Nebs Møllevej 65. **GPS**: n55,49615 o11,85768.
5 DKK 150. 01/01-31/12.
Sonstiges: Quick-Stop: >20 Uhr - <10 Uhr.

Roskilde 6F1
Camp Roskilde, Baunehøjvej 7. **GPS**: n55,67374 o12,08209.
DKK 150 DKK 45. 18/03-02/10.
Sonstiges: Quick-Stop: >20 Uhr - <10 Uhr.

Rødvig 6F2
Rødvig Fiskerihavn, Fiskerihavnen 8. **GPS**: n55,25417 o12,37500. ⬆.

4 € 12 WC inklusive DKK 5/4Minuten.
Lage: Ländlich, einfach, ruhig. **Untergrund**: befestigt.
01/01-31/12.
Entfernung: 200M vor Ort vor Ort vor Ort.
Sonstiges: Anmelden beim Hafenmeister.

Rødvig 6F2
Rødvig Camping, Højstrupvej 2 A. **GPS**: n55,25059 o12,34970.

5 DKK 100. **Lage**: Ländlich, einfach, ruhig.
Untergrund: Wiese. 01/04-28/09.
Entfernung: 2km vor Ort.
Sonstiges: Quick-Stop: >20 Uhr - <10 Uhr.

Sakskøbing 6E3
Sakskøbing Lystbådehavn, Maltrup Vænge 38.
GPS: n54,81078 o11,61957.
5 € 14 WC kostenpflichtig inklusive.
Entfernung: 500M.

Sjællands Odde 6E1
Sjællands Odde Havn, Østre Havnevej 42.
GPS: n55,97139 o11,36956. ⬆.

2 € 16 WC inklusive DKK 5/5Minuten.
Lage: Ländlich, einfach, ruhig. **Untergrund**: Schotter.
01/01-31/12.
Entfernung: vor Ort vor Ort 300M vor Ort.

Skælskør 6E2
Skælskør Havn, Havnevej 20. **GPS**: n55,25223 o11,28992. ⬆.

15 € 14 Ch (15x)DKK 25/kWh WC inklusive DKK 5/5Minuten DKK 25/25 kostenlos. **Lage**: Städtisch, einfach, zentral. **Untergrund**: befestigt. 01/01-31/12.
Entfernung: vor Ort vor Ort vor Ort vor Ort vor Ort vor Ort.
Sonstiges: Fahrräder kostenlos zur Verfügung.

Skælskør 6E2
Skælskør Nor, Kildehusvej 1. **GPS**: n55,25818 o11,28395.

Dänemark — 301

⟰DKK 100 ⌂⌘Ch⌁ ⌂ 01/01-31/12.
Sonstiges: Quick-Stop: >20 Uhr - <10 Uhr.

| | Store Fuglede | 6E2 |

Bjerge Sydstrand Camping, Osvejen 30. **GPS**: n55,56298 o11,16489.
⟰DKK 150. ⌂ 01/01-31/12.
Entfernung: ⌁vor Ort.
Sonstiges: Quick-Stop: >20 Uhr - <10 Uhr.

| | Taastrup | 6F1 |

Park Hotel, Brorsonsvej 3. **GPS**: n55,65389 o12,30000.

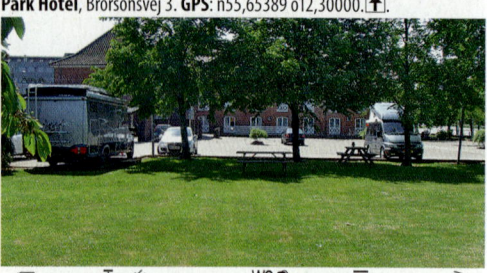

10 ⟰DKK 200 ⌂⌁(3x)DKK 25/Tag WC ⌁inklusive ⌁auf Anfrage ⌁.
⌁⌁ **Lage:** Einfach, ruhig. **Untergrund:** befestigt.
⌂ 01/01-31/12.
Entfernung: ⌁300M ⌁1,5Km ⌁vor Ort ⌁300M ⌁vor Ort ⌁vor Ort.
Sonstiges: Frühstücksbüffet DKK 75, Kode WLAN in Restaurant.
Entfernung: ⌁5Km ⌁vor Ort ⌁vor Ort ⌁vor Ort.

| | Tårs (Harpelunde) | 6E2 |

Tårs Havn Lolland, Tårsvej 215, Harpelund Lolland.
GPS: n54,87811 o11,02381.
2 ⟰DKK 125 ⌂⌁WC ⌁inklusive. ⌂ 01/01-31/12.
Sonstiges: Hafen Tårs.

| | Torrig | 6E2 |

Kragenæs Havn, Kragenæsvej 84. **GPS**: n54,91565 o11,35730.
⟰DKK 135 ⌂⌘Ch⌁kostenpflichtig. ⌂ 18/03-23/10.
Sonstiges: Quick-Stop: >20 Uhr - <10 Uhr.

| | Vejby | 6F1 |

Åmosevejen 18. **GPS**: n56,00000 o12,00000.
⟰DKK 100 ⌂⌁. **Lage:** Ländlich. ⌂ 01/01-31/12.
Entfernung: ⌁2km.
Sonstiges: Max. 3 Tage.

| | Vig | 6E1 |

Kongsøre Camping, Egebjergvej 342. **GPS**: n55,82390 o11,66743.
⟰DKK 120. ⌂ 01/04-30/09.
Entfernung: ⌁vor Ort.
Sonstiges: Quick-Stop: >20 Uhr - <10 Uhr.

| | Væggerløse | 6F3 |

Marielyst Feriepark & Camping, Godthåbs Allé 7, Marielyst.
GPS: n54,67357 o11,94427.
⟰DKK 100.
Sonstiges: Quick-Stop: >20 Uhr - <10 Uhr.

| | Værløse | 6F1 |

Furesø Museer, Skovgårds alle 37. **GPS**: n55,78528 o12,37722.

4 ⟰kostenlos. **Lage:** Städtisch, einfach, laut.
Untergrund: befestigt.
⌂ 01/01-31/12.
Entfernung: ⌁vor Ort ⌁250M ⌁250M ⌁vor Ort ⌁vor Ort.

| | Værløse | 6F1 |

Bryggeri Skovlyst, Skovlystvej 2. **GPS**: n55,76317 o12,38365.

3 ⟰kostenlos ⌂WC. **Lage:** Ländlich, einfach, ruhig.
Untergrund: Schotter. ⌂ 01/01-31/12.

🇪🇸 Spanien

Hauptstadt: Madrid
Staatsform: Konstitutionelle Monarchie
Amtssprache: Spanisch
Einwohnerzahl: 48.146.000 (2015)
Fläche: 505.782 km²

Allgemeine Informationen
Telefonvorwahl: 0034
Allgemeine Notrufnummer: 112
Währung: Euro

Freies Übernachten im Wohnmobil
Freie Übernachtungen sind erlaubt mit Erlaubnis von Gemeinde, Polizei oder Grundbesitzer. Freies Übernachten an der Mittelmeerküste ist fast überall verboten. Die Parkplätze (P) die hier publiziert sind, können als geduldeter Übernachtungsplatz betrachtet werden.

Gesetzliche Feiertage 2017
6. Januar, Heilige Drei Könige
14. April Karfreitag
1. Mai Tag der Arbeit
15. Juni Fronleichnam
15. August Mariä Himmelfahrt
12. Oktober Spanischer Nationalfeiertag
1. November Allerheiligen
6. Dezember Tag der spanischen Verfassung
8. Dezember Immaculate Conception

Zeitzone
Winterzeit GMT+1
Sommerzeit GMT+2

Grün Spanien

A Coruña — 29C1
Puerto de San Pedro de Visma, Zona de O Portiño. **GPS:** n43,37167 w8,44472.

12 kostenlos Ch kostenlos. **Untergrund:** befestigt. **Entfernung:** 3Km vor Ort 50M 1km Carrefour 1Km. **Sonstiges:** Max. 48 Std.

A Coruña — 29C1
Tore de Hercules. **GPS:** n43,38378 w8,40228.
kostenlos. **Untergrund:** asphaltiert.
Entfernung: vor Ort 50M 50M.

A Coruña — 29C1
Parking Marina Coruña, Paseo Marítimo Francisco Vázquez s/n. **GPS:** n43,36976 w8,38786.
15 € 1,50/Std, € 22/24 Std Ch WC inklusive.
Lage: Städtisch. **Untergrund:** befestigt. 01/01-31/12.
Entfernung: Stadtmitte 800M vor Ort.
Sonstiges: Parkplatz Jachthafen.

A Coruña — 29C1
Yakart, Carretera de mesoiro, 63. **GPS:** n43,33228 w8,425.
15 €10/24 Std Ch inklusive. **Lage:** Städtisch.
Untergrund: befestigt. 01/01-31/12.
Entfernung: Stadtmitte 4,5Km 500M 70M.
Sonstiges: Bei Reisemobilhändler, überwachter Parkplatz.

A Guarda — 29B2
GPS: n41,89892 w8,87825.

5. **Lage:** Städtisch, einfach, zentral.
Untergrund: asphaltiert.
Entfernung: 1Km 300M 500M.
Sonstiges: Parkplatz Hafen.

A Laracha — 29C1
Area de O Regado, AC-552. **GPS:** n43,24972 w8,61694.
3 kostenlos Ch kostenlos. **Untergrund:** asphaltiert.

A Pontenova — 29D1
Camiño do Antigo Ferrocarril. **GPS:** n43,35578 w7,18939.
6 kostenlos Ch kostenlos. **Untergrund:** asphaltiert.
01/01-31/12. **Entfernung:** 800M 800M vor Ort vor Ort.
Sonstiges: Max. 48 Std.

A Pontenova — 29D1
Rua de la Estación. **GPS:** n43,34739 w7,19171.

8 kostenlos Ch kostenlos. **Untergrund:** asphaltiert.
Entfernung: 200M 100M.
Sonstiges: Max. 48 Std.

A Rúa — 29D2
Área Recreativa O Aguillón. **GPS:** n42,38800 w7,11459.
10 kostenlos Ch kostenlos. **Untergrund:** asphaltiert/Wiese.
01/01-31/12.
Entfernung: 500M vor Ort 500M 500M vor Ort vor Ort.
Sonstiges: Neben Fussballplatz.

Agurain — 29H2
Bizkaia Kalea. **GPS:** n42,85324 w2,38495.
7 kostenlos Ch kostenlos. **Untergrund:** asphaltiert.
01/01-31/12. **Entfernung:** 500M 500M 350M.

Amurrio — 29H2
Araba Kalea. **GPS:** n43,05528 w2,99806.
3 kostenlos Ch kostenlos. 01/01-31/12.
Entfernung: 500M 500M.
Sonstiges: Max. 48 Std.

Añana — 29G2
Mercado Kalea. **GPS:** n42,80344 w2,98437.
2. **Untergrund:** befestigt. 01/01-31/12.
Entfernung: 300M.

Arcade — 29C2
Rúa do Peirao. **GPS:** n42,33946 w8,61329.
5 kostenlos Ch kostenlos. **Untergrund:** befestigt.
01/01-31/12. **Entfernung:** vor Ort vor Ort 100M 200M.

Arrigorriaga — 29H2
Carretera Buia Etorbidea. **GPS:** n43,23772 w2,91938.

Lage: Städtisch, einfach. **Untergrund:** asphaltiert.

Grün Spanien

 01/01-31/12.

As Neves 29C2
Camino del Emenjeric. **GPS**: n42,08726 w8,41374.
1 kostenlos Chkostenlos. **Lage**: Ländlich. 01/01-31/12.
Entfernung: 200M 200M.
Sonstiges: Max. 48 Std.

As Nogais 29D2
Calle Rosalía de Castro. **GPS**: n42,81066 w7,1069.
3 kostenlos Chkostenlos. **Untergrund**: asphaltiert.
 01/01-31/12. **Entfernung**: 500M 500M 500M vor Ort.
Sonstiges: Max. 48 Std, Schwimmbad und Picknickplatz vorhanden.

As Pontes de García Rodríguez 29D1
Rúa Juan Antonio Suanzes. **GPS**: n43,45103 w7,85445.
5 kostenlos Chkostenlos.
 01/01-31/12.
Entfernung: 200M 200M.
Sonstiges: Ideal für Besuch an Parque Natural de las Fragas do Eume.

Bakio 29H2
Parking, Bl 3101. **GPS**: n43,42783 w2,80442.

20 kostenlos WCkostenlos. **Lage**: Städtisch, einfach.
Untergrund: Schotterasen. 01/01-31/12.
Entfernung: 100M 200M 100M vor Ort.
Sonstiges: Hinter Touristenbüro.

Barrio Cosío 29F2
Área de Autocaravanas del Valle del Nansa.
GPS: n43,23349 w4,39892.

6 1. Tag kostenlos, dann €5 €3 Ch. **Lage**: Ländlich, einfach, ruhig. **Untergrund**: befestigt.
Entfernung: vor Ort vor Ort 100M.
Sonstiges: Max. 24 Std.

Bárzana 29E1
Area de Bárzana-Quiros, El Felguere. **GPS**: n43,15611 w5,97306.
15 kostenlos Chkostenlos. **Lage**: Einfach.
Untergrund: asphaltiert. 01/01-31/12.

Bárzana 29E1
Area de Bárzana-Quirós, El Felguere. **GPS**: n43,15611 w5,97306.

15 kostenlos Chkostenlos. **Lage**: Ländlich, einfach, ruhig.
Untergrund: asphaltiert. 01/01-31/12. Feiertage.
Entfernung: 100M 100M 100M.

Beasain 29H2
Igartza Oleta Kalea. **GPS**: n43,04682 w2,21228.
13 kostenlos Ch Ver-/Entsorgung €3.
Untergrund: asphaltiert. 01/01-31/12.
Entfernung: Zentrum 1Km 500M.

Becerreá 29D2
Parque Empresarial. **GPS**: n42,85283 w7,15179.
16 kostenlos Chkostenlos. **Untergrund**: asphaltiert.
 01/01-31/12.
Entfernung: 1Km 400M. **Sonstiges**: Max. 48 Std.

Beche 29C1
Lugar Beche, 6. **GPS**: n43,18318 w8,3067.
 kostenlos Chkostenlos. **Lage**: Abgelegen, ruhig.
Untergrund: Schotter. 01/01-31/12.
Sonstiges: Am Fluss, max. 48 Std.

Behobia 27A2
N10, Calle de Aria Juncal. **GPS**: n43,34310 w1,7598.

6 €3/2 Std < 19.30, übernachten kostenlos. **Lage**: Städtisch, einfach, laut. **Untergrund**: asphaltiert. 01/01-31/12.
Entfernung: vor Ort 500M 200M 500M vor Ort.

Bergara 29H2
Telleria Kalea, Labegaraieta. **GPS**: n43,10481 w2,42265.
 kostenlos Chkostenlos. **Untergrund**: asphaltiert.
 01/01-31/12. **Entfernung**: 2km vor Ort vor Ort vor Ort.
Sonstiges: Max. 48 Std.

Bermeo 29H2
Área de la Pérgola, Itsasoan Galdurakoen Lamera.
GPS: n43,42306 w2,72556.

10 kostenlos Chkostenlos. **Lage**: Städtisch, einfach.
Untergrund: asphaltiert. 01/01-31/12.
Entfernung: 500M 500M 500M 300M.
Sonstiges: In der Nähe vom Fussballplatz, max. 48 Std.

Bertamirans 29C1
Paseo Fluvial. **GPS**: n42,86009 w8,64838.

15 kostenlos Chkostenlos. **Untergrund**: asphaltiert.
 01/01-31/12. **Entfernung**: 100M 50m Carrefour dir.
Santiago jede 30 Min. **Sonstiges**: Max. 48 Std.

Bilbao 29H2
Kobetamendi, Monte Kobeta, 31. **GPS**: n43,25961 w2,96355.

72 €15/Tag Ch inklusive WC. **Lage**: Städtisch, komfortabel, ruhig.
Untergrund: Schotterasen.
 01/06-14/10.
Entfernung: Stadtmitte 4,5Km 2,8Km Bilbao-bus 58.
Sonstiges: 16/10-14/05 kostenlos parken, Asphalt, max. 72 Std, Ver-/Entsorgung Passanten € 6.
Touristinformation Bilbao:
 Bilbao. Hauptstadt des Baskenlandes, ehemaliges Zentrum der Eisenindustrie.
 Basilica de Begoña, Virgen de Begoña, 38, Bilbao-Vizcaya. Basilika.

Boiro 29C2
Playa Jardín de Barraña. **GPS**: n42,64183 w8,89481.

10 €3-6 Chkostenlos. **Untergrund**: asphaltiert.
 01/01-31/12. **Entfernung**: 500M 20M 200m Bistro Prima 400M. **Sonstiges**: Max. 48 Std.

Boiro 29C2
Playa Mañons, S/n 15930 Chancelas–Abanqueiro.
GPS: n42,63138 w8,85311.
8 kostenlos Chkostenlos.
Entfernung: vor Ort.

Bueu 29C2
PO315 dir Cabo Udra. **GPS**: n42,33460 w8,8248.
 kostenlos. **Untergrund**: Sand.
Sonstiges: Max. 48 Std.

Bueu 29C2
Puerto, Avda. de Montero Rios. **GPS**: n42,32732 w8,7838.

.

Burela 29D1
Area de Burela, Parque de O Campón, parking Hospital de Burela.
GPS: n43,65216 w7,35891.

4 kostenlos Chkostenlos. **Untergrund**: asphaltiert.
Entfernung: 200M 300M 200M.
Sonstiges: Max. 48 Std.

Cabárceno 29G2
Área Lago del Acebo, N634> dir Parque de la naturaleze de Cabárceno.
GPS: n43,35802 w3,81959.

Grün Spanien

30 kostenlos Chkostenlos. **Lage:** Ländlich, ruhig. **Untergrund:** asphaltiert.
Entfernung: 100M 50M 50M 200M 200M.
Sonstiges: Max. 48 Std.

Camariñas 29B1
Puerto Club Nautico, Rúa Castelo. **GPS:** n43,12694 w9,18333.
5 kostenlos. **Untergrund:** asphaltiert.

Candás 29E1
Area de La Fuente de los Angeles, Calle Estacion.
GPS: n43,58495 w5,77197.

6 kostenlos ChWCkostenlos. **Lage:** Städtisch, einfach.
Untergrund: asphaltiert. 01/01-31/12.
Entfernung: 500M 1km 500M 500M.
Sonstiges: An der Bahnlinie.

Cangas de Morrazo 29C2
Camping Car Area Playa Arneles, Ctra Viso- Vilanova s/n.
GPS: n42,27618 w8,83399.
30 € 12 Ch €3/Tag WC €1/Tag.
Untergrund: Wiese. 01/04-01/11.
Entfernung: 350M 300M 300M.

Cangas de Morrazo 29C2
Ruá Campo Morelo, Gatañal. **GPS:** n42,25546 w8,79758.
5 kostenlos Chkostenlos. **Untergrund:** asphaltiert.
01/01-31/12. **Sonstiges:** Hinter der Sporthalle.

Cangas de Onís 29F1
Parking Lanzadera Picos de Europa, Calle del Llreau.
GPS: n43,35211 w5,12536.

4 kostenlos Chkostenlos. **Lage:** Städtisch.
Untergrund: asphaltiert.
Entfernung: 100M. **Sonstiges:** Max. 48 Std.

Cangas del Narcea 29E1
Av. de oviedo. **GPS:** n43,18068 w6,54848.
2 kostenlos Chkostenlos. **Untergrund:** asphaltiert.
01/01-31/12. **Sonstiges:** Max. 72 Std, keine Campingaktivitäten.

Carnota 29B1
Area de Mar de Lira, Calle Miñarzo s/n. **GPS:** n42,80306 w9,12944.

4 kostenlos Chkostenlos. **Untergrund:** Sand.
Entfernung: Carnota 5km 10M vor Ort.
Sonstiges: Parkplatz in der Nähe einer Fischzuchtbetrieb.

Cartelle 29C2
Camperpark O Mundil, Antigua Carretera OU-659.
GPS: n42,21444 w8,03306.

22 € 10 Ch WC kostenlos. **Untergrund:** Schotter.
01/01-31/12.
Entfernung: 1km zona fluvial Río Arnoia 10M vor Ort.

Castro Caldelas 29D2
Travesía da Devesa. **GPS:** n42,37479 w7,41832.
8 kostenlos Chkostenlos. 01/01-31/12.
Entfernung: 850M 850M 850M.
Sonstiges: Max. 48 Std.

Castro de Rei 29D1
Castro de Ribeiras de Lea. **GPS:** n43,14663 w7,49211.
2 kostenlos Chkostenlos. **Untergrund:** befestigt.
01/01-31/12.
Entfernung: 250M. **Sonstiges:** Max. 48 Std.

Cenlle 29C2
Lugar Barbantes. **GPS:** n42,33252 w8,01296.
50 kostenlos Ch WC. **Lage:** Abgelegen, ruhig.
01/01-31/12.
Entfernung: Cenlle 10Km vor Ort vor Ort vor Ort.
Sonstiges: Max. 48 Std, kostenloser Schwimmbadeintritt, Picknickplatz.

Chantada 29C2
Champ de Sangoñedo, Ctra. De Barrela o Seixo.
GPS: n42,60598 w7,77989.
5 kostenlos ChWCkostenlos. **Untergrund:** Schotter.
01/01-31/12. **Entfernung:** 500M.
Sonstiges: Am Fussballstadion, max. 48 Std.

Coaña 29D1
Area de Ortiguera, Barrio Nueva Rasa. **GPS:** n43,56082 w6,73352.
2 kostenlos Chkostenlos. **Lage:** Ländlich, einfach.
Untergrund: asphaltiert.
Entfernung: vor Ort vor Ort.

Colombres 29F1
Area de Casa Junco, N-634. **GPS:** n43,38056 w4,55472.

15 kostenlos Chkostenlos. **Untergrund:** asphaltiert.
Entfernung: vor Ort.

Colunga 29F1
Area de Los Llanos, Avda de Asturias N-632.
GPS: n43,48472 w5,26491.

25 € 4 € 3 €1. **Lage:** Einfach. **Untergrund:** asphaltiert.
01/01-31/12.
Entfernung: 500M 2km 200M.
Sonstiges: Donnerstag Markt.

Cospeito 29D1
Rosalia de Castro. **GPS:** n43,23984 w7,55579.
5 kostenlos Ch kostenlos. **Untergrund:** asphaltiert.
01/01-31/12. **Entfernung:** 300M 300M 300M.
Sonstiges: Vögel beobachten, max. 48 Std.

Cudillero 29E1
Puerto. **GPS:** n43,56568 w6,1517.

5 . **Lage:** Einfach. **Untergrund:** asphaltiert.
Sonstiges: Parkplatz im Hafen.

Cudillero 29E1
Hotel Rest. Casa Fernando II, N-632. **GPS:** n43,56028 w6,17722.

5 kostenlos Ch€3. **Lage:** Einfach, ruhig.
Untergrund: asphaltiert. 01/01-31/12.
Entfernung: vor Ort.

Elorrio 29H2
San Jose Kalea. **GPS:** n43,12834 w2.
11 kostenlos Chkostenlos. **Untergrund:** asphaltiert.
01/01-31/12. **Entfernung:** 500M 500M.

Eltziego 29H3
Área de Barrihuelo, Carr. de Laguardia. **GPS:** n42,51496 w2,61546.
14 kostenlos Chkostenlos €2/12Std.
Untergrund: befestigt.
Entfernung: 300M 100M.
Sonstiges: Max. 72 Std.

Ferrol 29C1
Ctra. de la Malata. **GPS:** n43,49333 w8,23972.

15 kostenlos Chkostenlos. **Untergrund:** asphaltiert.
01/01-31/12. **Entfernung:** 700M 300M vor Ort.
Sonstiges: Max. 48 Std.

Finisterre 29B1
Area El Campo, Calle de La Coruña, 53. **GPS:** n42,91110 w9,2636.
30 € 8 Chinklusive €3. **Untergrund:** Sand.
01/01-31/12.
Entfernung: vor Ort 500M 50M.
Sonstiges: Privatstrand.

Finisterre 29B1
Praia de Langosteira. **GPS:** n42,92320 w9,26149.

5 kostenlos .
Entfernung: vor Ort 1Km 1Km.
Sonstiges: Strandparkplatz, max. 48 Std.

Fuente Dé 29F2
Picos de Europa, C621. **GPS:** n43,14433 w4,81274.
kostenlos. **Untergrund:** Sand.

Spanien

Grün Spanien

Sonstiges: Parkplatz Drahtseilbahn.

Gedrez 29D2
Área de Casa Funsiquín, CN-9, 42. **GPS:** n43,01344 w6,6081.
8 Gäste kostenlos Ch. **Lage:** Ländlich.
Untergrund: Wiese. 01/01-31/12.
Entfernung: vor Ort.

Gijón 29E1
Polígono Puerto Musel. **GPS:** n43,54467 w5,69562.

15 kostenlos kostenlos. **Lage:** Städtisch, einfach, laut.
Untergrund: asphaltiert. 01/01-31/12.
Entfernung: 3Km vor Ort vor Ort.
Sonstiges: Max. 48 Std.

Gijón 29E1
Camino de las Mimosas, El Rinconin. **GPS:** n43,54708 w5,63648.

20 kostenlos. **Lage:** Städtisch, einfach, zentral.
Untergrund: asphaltiert. 01/01-31/12.
Entfernung: 300M.
Sonstiges: Backer kommt jede Morgen (Jul/Aug).

Gorliz 29H2
Paseo de Astondo. **GPS:** n43,41220 w2,94194.

kostenlos. **Lage:** Städtisch, einfach. **Untergrund:** asphaltiert. 01/01-31/12.
Entfernung: 500M 50M vor Ort.
Sonstiges: Parkplatz Strand.

Gozon 29E1
Area Autocaravanas El Molino, Ctr. Luanco-Cabo Peñas. **GPS:** n43,62541 w5,81125.

25 € 10 inklusive €4,60. **Lage:** Ländlich, komfortabel, ruhig. **Untergrund:** Wiese. 01/01-31/12.
Entfernung: 500M vor Ort vor Ort vor Ort.
Sonstiges: Bezahlen beim Campingplatz.

Guitiriz 29C1
Rua do Voluntariado. **GPS:** n43,17727 w7,88062.
5 kostenlos Ch kostenlos. **Untergrund:** Schotter.
01/01-31/12. **Entfernung:** 800M 100M.
Sonstiges: Max. 48 Std.

Hernani 29H2
Ibaiondo Industrialdea. **GPS:** n43,26922 w1,96242.
kostenlos Ch kostenlos. **Untergrund:** asphaltiert.

Entfernung: 1,2Km 1,5Km 1,2Km.
Sonstiges: Max. 5 Nächte, keine Campingaktivitäten.

Hondaribbia 27A2
Ramón Iribarren Pasalekua. **GPS:** n43,37929 w1,79768.

20 €12/Tag inklusive. **Lage:** Städtisch, einfach, ruhig.
Untergrund: asphaltiert. 01/04-30/09.
Entfernung: 2km 8km vor Ort vor Ort.
Sonstiges: Schöne Aussicht.

Illa de Arousa 29C2
Área de Surf Camp, Playa de Xestelas. **GPS:** n42,53565 w8,86929.
€ 10 € 3. 01/06-30/09
Entfernung: vor Ort vor Ort vor Ort.
Sonstiges: Surfspot.

Illano 29D1
Area de Folgueirou, Area recreativa de Folgueirou.
GPS: n43,34333 w6,85116.
30 kostenlos Chinklusive. **Lage:** Ländlich, einfach.
Untergrund: Wiese/Schotter. 01/01-31/12.
Entfernung: vor Ort.

Labastida 29H3
Fray Domingo Salazar Kalea. **GPS:** n42,00000 w2,79446.
4 kostenlos Ch kostenlos € 1/30Minuten.
Untergrund: asphaltiert. 01/01-31/12.
Entfernung: 300M 300M.

Lanestosa 29G2
Area de Lanestosa, Calle Mirabueno. **GPS:** n43,21789 w3,43878.

22 kostenlos, Ver-/Entsorgung € 8/24 Std WC inklusive.
Lage: Ländlich, einfach. **Untergrund:** Schotter. 01/01-31/12.
Entfernung: 200M 400M 6km vor Ort vor Ort.

Langreo 29E1
Ecomuseo Minero Valle de Samuño, Calle Puente Carbón.
GPS: n43,27835 w5,67433.

11 kostenlos Ch kostenlos. **Lage:** Ländlich, einfach, ruhig.
Untergrund: asphaltiert/befestigt. 01/01-31/12.
Entfernung: vor Ort.
Sonstiges: Beim Ecomuseum.

Legazpi 29H2
Parque Mirandaola de Legazpi, Carretera Legazpia, GI 2630.
GPS: n43,03678 w2,33758.

5 kostenlos Ch kostenlos. **Lage:** Städtisch, einfach, laut.
Untergrund: asphaltiert. 01/01-31/12.
Entfernung: 1,5Km vor Ort vor Ort.
Sonstiges: Max. 48 Std.

Lekeitio 29H2
Iñigo Artieta Etorbidea. **GPS:** n43,35849 w2,50743.

14 kostenlos €3/100Liter Ch. **Lage:** Städtisch, komfortabel, ruhig. **Untergrund:** asphaltiert. 01/01-31/12.
Entfernung: 500M 500M 300M.
Sonstiges: Wertmünzen beim Touristenbüro.

Liérganes 29G2
Calle de Puente Romano. **GPS:** n43,34479 w3,74183.

10 kostenlos kostenlos. **Lage:** Städtisch, einfach, zentral.
Untergrund: asphaltiert. 01/01-31/12.
Entfernung: 200M 250M 350M.
Sonstiges: Parkplatz in der Nähe vom Bahnhof, max. 48 Std.

Lugo 29D1
Pabellón Municipal de Deportes, Avda. de Santiago.
GPS: n43,00452 w7,56144.

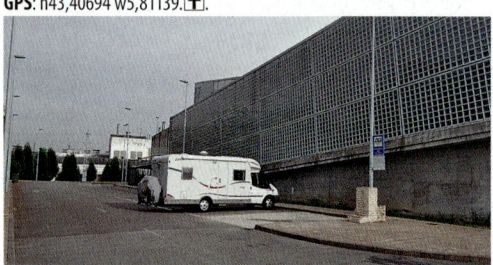

15 kostenlos Ch kostenlos. **Untergrund:** asphaltiert.
01/01-31/12. **Entfernung:** 5 Min 5,2Km 10Min.
Sonstiges: Parkplatz Sporthalle, max. 48 Std.

Lugo 29D1
Plaza de Asturias, Rúa Ánxel Fole. **GPS:** n43,00972 w7,55805.
15 € 12/24 Std kostenlos. **Untergrund:** asphaltiert.

Lugones 29E1
Area de Lugones, Calle Conde de Santa Bárbara.
GPS: n43,40694 w5,81139.

4 kostenlos Chinklusive. **Lage:** Städtisch, einfach.
Untergrund: asphaltiert/befestigt. 01/01-31/12.
Entfernung: 9Km Oviedo vor Ort vor Ort 200M.
Sonstiges: Neben Sportzentrum.

Mazaricos 29B1
Calle Picota. **GPS:** n42,93458 w8,9906.
4 kostenlos Ch kostenlos. **Untergrund:** befestigt.
01/01-31/12. **Entfernung:** vor Ort vor Ort.
Sonstiges: Max. 72 Std.

Mazaricos 29B1
NaturMaZ, Aeródromo da Fervenza. **GPS:** n42,98398 w9,00771.

Grün Spanien

Mieres — 29E1
Area de Mieres, Calle Asturias. **GPS**: n43,25194 w5,78083.

6 kostenlos Ch kostenlos. **Lage**: Städtisch, einfach.
Untergrund: asphaltiert. 01/01-31/12.
Entfernung: 100M 500M vor Ort vor Ort.
Sonstiges: Entlang der Bahnlinie.

Milladoiro — 29C1
Traversia do Porto, Ames. **GPS**: n42,84512 w8,58079.

15 kostenlos Ch kostenlos.
Untergrund: asphaltiert. 01/01-31/12
1. Woche Aug.
Entfernung: 200M 200M dir. Santiago jede 15 Min.
Sonstiges: Am Schwimmbad, max. 48 Std, Montag Markt.

Miño — 29C1
AP-9 Coruña-Ferrol ><, km 15,5. **GPS**: n43,37404 w8,18736.
12 kostenlos Ch WC kostenlos. **Untergrund**: asphaltiert.
Entfernung: vor Ort vor Ort.
Sonstiges: Parkplatz am Autobahn.

Miranda de Ebro — 29G2
Calle de Burgos. **GPS**: n42,68880 w2,95403.

7 kostenlos Ch kostenlos. **Lage**: Städtisch, einfach, laut.
Untergrund: befestigt. 01/01-31/12.
Entfernung: 1Km 3Km Fluss.
Touristinformation Miranda de Ebro:
Mittelalterlicher Jahrmarkt. um 1. Mai.
Wochenmarkt. Sa.

Mondariz — 29C2
Área recreativa da Praia do Val. **GPS**: n42,23727 w8,45943.
kostenlos. 01/01-31/12.
Entfernung: 1,2Km 750M vor Ort.

Mondoñedo — 29D1
Calle de Vicedo. **GPS**: n43,42778 w7,37028.
10 kostenlos Ch kostenlos. **Lage**: Städtisch.
Untergrund: Schotterasen.
Entfernung: 500M 500M.
Sonstiges: Max. 48 Std.

Monfero — 29C1
Área de Fragas do Eume, Lugar Vilafail Nº 2.
GPS: n43,39643 w8,07621.
12 €8 Ch inklusive €2 WC. **Lage**: Abgelegen, ruhig.
Untergrund: Schotter. 01/01-31/12.
Entfernung: 8Km 2,5Km vor Ort vor Ort.
Sonstiges: In Naturschutzgebiet, Backer kommt jede Morgen.

Monforte de Lemos — 29D2
Auditorio Multiusos de Monforte, Calle de la Circunvalación / Calle de Santa Clara. **GPS**: n42,52750 w7,5119.

20 kostenlos Ch kostenlos. **Untergrund**: asphaltiert.
01/01-31/12. **Entfernung**: 500M 550M 300M.
Sonstiges: Am Fluss entlang, max. 48 Std.

Nava — 29E1
Area de Nava, Avda. de la Constitución. **GPS**: n43,35722 w5,49917.

4 kostenlos Ch kostenlos. **Untergrund**: asphaltiert/befestigt.
01/01-31/12.
Entfernung: 900M 10km.
Sonstiges: Am Sportzentrum, keine Campingaktivitäten.

Navelgas — 29E1
Area de Navelgas, Recinto Ferial. **GPS**: n43,40402 w6,54167.
15 kostenlos Ch kostenlos. **Lage**: Städtisch.
Untergrund: asphaltiert/befestigt.
Entfernung: 100M.

Navia — 29D1
Area de la Granja, C/ Travesía de la Granja.
GPS: n43,54528 w6,72028.
10 kostenlos Ch kostenlos. **Lage**: Städtisch.
Untergrund: Schotter/befestigt.
Entfernung: vor Ort vor Ort.

Nogueira de Ramuín — 29C2
Lugar Luintra. **GPS**: n42,41003 w7,72161.
8 kostenlos Ch kostenlos. **Untergrund**: befestigt.
01/01-31/12. **Entfernung**: 400M 400M vor Ort.
Sonstiges: Am Schwimmbad, max. 48 Std.

Noia — 29C2
Rúa de Pedra Marques. **GPS**: n42,78783 w8,8906.

kostenlos. **Untergrund**: asphaltiert.
Entfernung: vor Ort 50M 50M Bus 20M.

Noia — 29C2
Hipermercado Eroski, Carretera Puerto Abarquiña.
GPS: n42,79799 w8,88836.
+10 kostenlos Ch kostenlos. **Lage**: Städtisch.
Untergrund: asphaltiert. 01/01-31/12.
Entfernung: Zentrum 1,7Km vor Ort.
Sonstiges: Am Supermarkt.
Touristinformation Noia:
El Pendo, 5km S. Santander. Höhle mit Felszeichnungen.

O Barco — 29D2
Malecón Campiño. **GPS**: n42,41063 w6,97493.

€8 Ch inklusive. **Lage**: Abgelegen, ruhig.
Untergrund: Wiese/Schotter.
01/01-31/12.
Entfernung: 10Km vor Ort vor Ort vor Ort.
Sonstiges: Beim Flugplatz.

10 kostenlos Ch kostenlos. **Untergrund**: ungepflastert.
01/01-31/12. **Entfernung**: 400M 250M 250M.
Sonstiges: Max. 48 Std.

Oleiros — 29C1
Rúa Marcial del Adalid, Muíño do Vento. **GPS**: n43,33936 w8,35474.
3 kostenlos Ch kostenlos. **Untergrund**: asphaltiert.
01/01-31/12. **Entfernung**: 650M.
Sonstiges: Max. 48 Std.

Oñati — 29H2
Area Autocaravanas Oñate, Martzelino Zelaia Kalea.
GPS: n43,02743 w2,40531.
17 kostenlos Ch kostenlos. **Lage**: Ländlich.
Untergrund: Schotterasen. 01/01-31/12.
Entfernung: 900M.
Sonstiges: Max. 72 Std.

Ourol — 29D1
Rúa Ourol. **GPS**: n43,56485 w7,64348.
8 kostenlos Ch kostenlos. **Untergrund**: befestigt.
01/01-31/12. **Sonstiges**: Max. 48 Std.

Oviedo — 29E1
Calle Daniel Moyano. **GPS**: n43,38266 w5,82396.
16 kostenlos Ch kostenlos. **Lage**: Ländlich.
Untergrund: asphaltiert. 01/01-31/12.
Entfernung: Oviedo 10Km 150M 50M 200M.

Pajares — 29E2
Valgrande-Pajares, Brañillín. **GPS**: n42,97889 w5,77194.

15 kostenlos Ch kostenlos. **Lage**: Ländlich. **Untergrund**: asphaltiert.

Parada do Sil — 29D2
Rural Pepe, Campo da Feira 17. **GPS**: n42,38287 w7,57106.
4 Gäste kostenlos Ch €2. 01/01-31/12.
Entfernung: vor Ort vor Ort.

Pobra do Brollòn — 29D2
Campo Municipal de Fut. **GPS**: n42,56944 w7,39417.
8 kostenlos Ch kostenlos. **Untergrund**: befestigt.

Pola de Laviana — 29E1
Area de Pola de Laviana, Av. Real Titánico.
GPS: n43,25478 w5,56836.

8 kostenlos Ch kostenlos. **Lage**: Ländlich, einfach.
Untergrund: Schotterasen. 01/01-31/12.
Entfernung: 1,5Km 1,5Km 1,5Km.

Pontedeva — 29C2
Aldea Valiño, Trado. **GPS**: n42,17646 w8,15477.
5 kostenlos Ch kostenlos. **Untergrund**: ungepflastert.
01/01-31/12. **Sonstiges**: Max. 48 Std.

Posada de Valdeón — 29F2
Calle del General Mola. **GPS**: n43,15285 w4,91747.

18 ⛺ € 8 🚰 Ch 🚻 🛋. **Lage:** Ländlich. **Untergrund:** Wiese.
Entfernung: ⊗vor Ort ⛽vor Ort.
Sonstiges: Max. 96 Std, in Parque Nacional de Los Picos de Europa.

| 🅿️🅢 | Potes 🌲⛰ | 29F2 |

Poblado Mijares. **GPS:** n43,15531 w4,61894.
+5 ⛺kostenlos. **Untergrund:** Wiese. ⏰ 01/01-31/12.
Entfernung: 🍴200M 🏊150M ⊗50M.

| 🅿️ | Potes 🌲⛰ | 29F2 |

Santo Toribio de Liébana, CA885. **GPS:** n43,15028 w4,65389.

⛺kostenlos. **Lage:** Abgelegen, ruhig. **Untergrund:** asphaltiert.
⏰ 01/01-31/12.
Entfernung: 🍴Potes 3km 🚶vor Ort.
Sonstiges: Parkplatz Kloster.

Touristinformation Potes:
🏪 Lokale Produkte. ⏰ Mo.
🐄 Historischer Viehmarkt, seit 1379.
🎉 01/08-15/08.

| 🅿️ | Redondela 🌲 | 29C2 |

Avda. de Mendiño. **GPS:** n42,28972 w8,61055.⬆️.
15 ⛺kostenlos 🚰Ch.
Entfernung: 🍴600M 🏊500M ⊗600M ⛽600M.

| 🅿️🅢 | Rentería 🏛 | 29H2 |

Área Rural de Listorreta-Barrengoloia.
GPS: n43,26800 w1,90135.⬆️.

2 ⛺kostenlos 🚰Chkostenlos. **Lage:** Ländlich, einfach, abgelegen, ruhig. **Untergrund:** asphaltiert. ⏰ 01/01-31/12.
Entfernung: 🍴Rentería 7km 🚶vor Ort.
Sonstiges: Parkplatz Nutzschutzgebiet.

| 🅿️🅢 | Ribadeo | 29D1 |

Eroski, Camino de Vilar. **GPS:** n43,54000 w7,06055.
10 ⛺kostenlos 🚰Chkostenlos. **Untergrund:** asphaltiert.
⏰ 01/01-31/12. **Entfernung:** 🍴500M 🏊1Km ⛽vor Ort.
Sonstiges: Am Supermarkt.

| 🅿️🅢 | Ribamontán al Monte | 29G1 |

A8 Bilbao > Santander. **GPS:** n43,40282 w3,62877.
10 ⛺kostenlos 🚰Chkostenlos.

| 🅿️🅢 | Ribamontán al Monte | 29G1 |

A8 Santander > Bilbao. **GPS:** n43,40446 w3,62476.
10 ⛺kostenlos 🚰Chkostenlos. **Lage:** Autobahn. **Untergrund:** asphaltiert.

| 🅿️🅢 | Riós | 29D3 |

Repsol. **GPS:** n41,98297 w7,28602.⬆️.
10 ⛺ 🚰Ch 🛋WC 🚻. ⏰ 01/01-31/12.
Entfernung: 🍴500M.
Sonstiges: An der Tankstelle.

| 🅿️🅢 | Riosa 🌲 | 29E1 |

Área de El Angliru, Viapará s/n. **GPS:** n43,24806 w5,90667.⬆️.

15 ⛺ € 5 🚰Chinklusive 📶. **Lage:** Ländlich, einfach, abgelegen, ruhig. **Untergrund:** befestigt. ⏰ 01/01-31/12.
Entfernung: ⊗vor Ort.
Sonstiges: Keine Campingaktivitäten.

| 🅿️🅢 | San Clodio | 29D2 |

Parque de Pena da Mula, Calle del Troque.
GPS: n42,46750 w7,28583.⬆️.

3 ⛺kostenlos 🚰Chkostenlos. **Untergrund:** asphaltiert.
⏰ 01/01-31/12. **Entfernung:** 🍴200M 🏊Playa Fluvial 25m ⊗Cafetaria.

| 🅿️🅢 | San Martín del Rey Aurelio | 29E1 |

Área del Pozo Entrego, Avda. de la Vega, AS17.
GPS: n43,28639 w5,63889.⬆️.

3 ⛺kostenlos 🚰Chkostenlos. **Lage:** Städtisch, einfach.
Untergrund: asphaltiert.
Entfernung: 🍴vor Ort ⊗vor Ort ⛽Alcampo 1km.
Sonstiges: Max. 48 Std.

| 🅿️🅢 | San Sebastián 🌲⛰ | 29H2 |

Paseo de Berio nº 2. **GPS:** n43,30797 w2,01426.⬆️.

44 ⛺ € 6,55, 01/10-31/05 € 4 🚰Chinklusive. 📷 📶.
Lage: Städtisch, laut.
Untergrund: Schotterasen.
⏰ 01/01-31/12.
Entfernung: 🍴Stadtmitte 3Km 🏊2km ⊗50M 🚌100M Bus Zentrum 33 und 5.
Sonstiges: Max. 48 Std, markierte Fläche, anmelden mit Nummernschild.

Touristinformation San Sebastian:
🏛 Centro de Atracción y Turismo (CAT), Boulevard Alameda, 8, www.donostia.org. Alte Stadt mit Parte Vieja, historisches Stadtzentrum mit zahlreichen Cafés, Gaststätten und Tapasbars.
🏛 Aquarium, Plaza de Carlos Blasco Imaz, 1. Museum für Meereskunde.
⏰ 10-19 Uhr, Sa/So/Feiertage 10-20 Uhr, 01/07-31/12 10-21 Uhr.
🛒 So-Morgen.

| 🅿️🅢 | Santander 🌲 | 29G1 |

Calle César Llamazares, Nueva Montaña. **GPS:** n43,44336 w3,83747.⬆️.
10 ⛺kostenlos. **Lage:** Einfach, abgelegen. **Untergrund:** asphaltiert.
⏰ 01/01-31/12.
Entfernung: 🍴3,5Km.
Sonstiges: Max. 48 Std.

| 🅿️🅢 | Santander 🌲 | 29G1 |

Marina de Santander, Calle Tramo de Unión, Camargo.
GPS: n43,42736 w3,80537.⬆️.

20 ⛺ € 6 🚰Chinklusive 🛋(2x)€3/24 Std 📷€5 📶€4/30Minuten.
🚿 **Lage:** Einfach. ⏰ 01/01-31/12.
Entfernung: ⊗100M 🏊3Km.

| 🅿️🅢 | Santiago de Compostela 🌲⛰ | 29C1 |

Rúa Manuel María.
GPS: n42,89560 w8,5317.
100 ⛺ 8-20 Uhr € 3 🚰 € 3 Ch.
Untergrund: asphaltiert.
⏰ 01/01-31/12.
Entfernung: 🍴Stadtmitte 2,5Km 🏊3Km ⊗50M 🚌Linie 1 > Stadtmitte.
Sonstiges: Die Strafe für Übernachtung ist € 12.

Touristinformation Santiago de Compostela:
🏛 Oficina de Turismo, Rúa del Villar, 43, www.santiagoturismo.com. Stadt, bekannt als Ziel der Pilgerroute.
👁 Plaza de la Quintana. Eindrucksvolles Viertel.
🎉 Fiesta del Apóstol Santiago. Das wichtigste Fest von Galizien.
⏰ 15/07-31/07.

| 🅿️🅢 | Santillana del Mar 🌲⛰ | 29G1 |

Ctra. C6316. **GPS:** n43,38895 w4,10721.

⛺ € 2/24 Std. **Untergrund:** asphaltiert.

| 🅿️🅢 | Sanxenxo | 29B2 |

Playa Pragueira. **GPS:** n42,40967 w8,86157.

15 ⛺ € 8-10 🚰Ch 🛋 inklusive 📷€3. **Untergrund:** Wiese.
⏰ 01/01-31/12.
Entfernung: 🏊vor Ort ⊗200M ⛽1Km.

| 🅿️🅢 | Sanxenxo | 29B2 |

Área de Cachadelos, PO-308. **GPS:** n42,41751 w8,86952.⬆️➡️.
65 ⛺ € 10 🚰Ch 🛋 inklusive 📷. **Untergrund:** Wiese.
Entfernung: 🏊200M 🏊2km ⛽vor Ort.
Sonstiges: Ver-/Entsorgung Passanten € 3.

| 🅿️🅢 | Sarria | 29D2 |

Rúa Castelao. **GPS:** n42,77194 w7,41028.⬆️.

12 ⛺kostenlos 🚰Chkostenlos. **Untergrund:** Schotter.
⏰ 01/01-31/12.
Entfernung: 🍴800M ⛽vor Ort ⊗800M.

Grün Spanien - Navarre/Rioja

Saturrarán 29H2
GPS: n43,31968 w2,41165.

5 kostenlos WC. **Lage:** Ländlich, einfach.
Untergrund: Schotterasen. 01/01-31/12.
Entfernung: 500M vor Ort 700M.
Sonstiges: Parkplatz Strand.

Sopela 29H2
Polideportivo de Urko, Urgitxieta kalea. **GPS:** n43,37370 w2,9898.
24 kostenlos €1/100Liter Ch. **Untergrund:** asphaltiert.
01/01-31/12 Ver- und Entsorgung 01/10-31/05.
Entfernung: 300M 450M U-Bahn > Bilbao.
Sonstiges: Max. 48 Std, Wertmünzen beim Touristenbüro, keine Campingaktivitäten.

Suesa 29G1
Area de Autocaravanas Suesa, Mojante 25.
GPS: n43,44736 w3,72788.

66 €9 Ch inklusive (10x)€3 WC. **Lage:** Komfortabel.
Untergrund: Schotterasen.
Entfernung: 1Km 1,8Km 1,5Km 1Km 1Km.
Sonstiges: Max. 96 Std, bezahlen bei Rezeption Campingplatz.

Tapia 29D1
Area de Playa Grande, Av. de la Playa. **GPS:** n43,56667 w6,94639.
15 kostenlos Ch kostenlos. **Lage:** Ländlich.
Untergrund: Schotterasen.
Entfernung: 500M 500M 500M.

Teverga 29E1
Parking Senda del Oso, Entrago. **GPS:** n43,16954 w6,09755.

20 kostenlos Ch kostenlos €3. **Lage:** Einfach, laut.
Untergrund: asphaltiert. 01/01-31/12.
Entfernung: vor Ort vor Ort.
Sonstiges: Max. 48 Std.

Tolosa 29H2
San Esteban Auzoa Auzoa. **GPS:** n43,13348 w2,08315.
€1/Tag Ch inklusive. **Lage:** Laut. **Untergrund:** asphaltiert.
01/01-31/12.
Entfernung: 700M 700M 500M.
Sonstiges: Entlang der Bahnlinie, max. 72 Std.

Tui 29C2
Puente Tripes, Avenida de Portugal. **GPS:** n42,04333 w8,64656.

---

3 kostenlos. **Lage:** Städtisch, einfach. **Untergrund:** asphaltiert.
01/01-31/12.
Entfernung: 1,3Km 500M Lidl 1,5Km.
Sonstiges: Max. 48 Std.

Vegadeo 29D1
Area de Vegadeo, Calle Emilio Cotarelo, s/n.
GPS: n43,46667 w7,05167.
8 kostenlos Ch kostenlos. **Lage:** Städtisch.
Untergrund: asphaltiert/befestigt.
Entfernung: vor Ort vor Ort.
Sonstiges: Max. 72 Std.

Vila de Cruces 29C2
Estrada Merza-Bodaño. **GPS:** n42,76199 w8,25602.
10 kostenlos WC kostenlos. **Untergrund:** asphaltiert.
01/01-31/12. **Entfernung:** Vila de Cruces 10Km vor Ort.
Sonstiges: Picknickplatz, Erholungsgebiet.

Vilalba 29D1
Rua da Feira. **GPS:** n43,29556 w7,67694.
15 kostenlos Ch kostenlos. **Untergrund:** asphaltiert.
Entfernung: 300M 300M.

Villanueva de Oscos 29D1
Area de Villanueva, Lugar de Villanueva. **GPS:** n43,31056 w6,98583.
2 kostenlos Ch kostenlos. **Untergrund:** Schotter.
Sonstiges: Max. 48 Std.

Vitoria Gasteiz 29H2
Área de Lakua, Portal de Foronde. **GPS:** n42,86684 w2,68539.

10 kostenlos Ch kostenlos. **Lage:** Städtisch, komfortabel, zentral, ruhig. **Untergrund:** asphaltiert. 01/01-31/12.
Entfernung: 2km 5Km 100M Bäckerei 50M 50M.
Sonstiges: Max. 72 Std, Mittwoch Markt.

Zegama 29H2
San Bartolome. **GPS:** n42,97524 w2,29233.
8 kostenlos Ch kostenlos €3/2Std. **Untergrund:** asphaltiert.
01/01-31/12.
Entfernung: 300M 300M 300M vor Ort.

Zumaia 29H2
Calle de la Estación. **GPS:** n43,29279 w2,24684.

25 kostenlos Ch kostenlos. **Lage:** Einfach, laut.
Untergrund: asphaltiert. 01/01-31/12.
Entfernung: 2km 4,4Km vor Ort vor Ort.

Navarre/Rioja

Aínsa 32C1
Plaza del Castillo. **GPS:** n42,41916 o0,13515.
kostenlos.
Untergrund: Sand.
Touristinformation Aínsa:
Hauptstadt eines mittelalterlichen Königreiches, von Wällen umgeben.
Di.

Albarracín 33A1
Quesería Sierra de Albarracín, Pol. Los Rubiales, 1.
GPS: n40,43286 w1,4405.

6 kostenlos. 01/01-31/12.
Entfernung: 1Km 200M 1Km 1Km.

Alquézar 32C1
Alquézar, Ctra.Barbastro,. **GPS:** n42,16456 o0,01499.
€ 16,50-19,50 Ch €5. 01/01-31/12.
Touristinformation Alquézar:
Historische Stadt.

Ansó 27B3
Ctra. de Ansó a Fago. **GPS:** n42,75648 w0,83102.
2 .

Aoiz 27A3
Hotel Ekai. **GPS:** n42,77624 w1,38536.

10 kostenlos Ch kostenlos. **Lage:** Ländlich, einfach.
Untergrund: Schotter/befestigt. 01/01-31/12.
Entfernung: 3Km vor Ort.

Arguedas 32A1
Aparcamiento Municipal de Autocaravanas de Arguedas, Calle Bordón. **GPS:** n42,17270 w1,5913.

9 kostenlos €2/100Liter Ch. **Lage:** Ländlich, einfach, ruhig.
Untergrund: Schotter. 01/01-31/12.
Entfernung: 800M 800M 800M.
Sonstiges: Bei Parque de Bardenas Reales, max. 48 Std.

Ariza 30H1
Area de Servicios La Cadiera, A2 Madrid > Zaragoza.
GPS: n41,31210 w2,00329.
5 .

Arnedillo 29H3
Calle Miguel del Pozo. **GPS:** n42,21361 w2,23972.

40 € 10 Ch (40x)€1/4Std WC, kalte Dusche inklusive.
Lage: Ländlich, komfortabel. **Untergrund:** asphaltiert.
01/01-31/12.
Entfernung: 200M 200M 200M vor Ort.
Sonstiges: Schildern im Dorf folgen.

Arróniz 29H2
Carretera Barbarin 38. **GPS:** n42,58911 w2,09575.
6 kostenlos Ch kostenlos. **Untergrund:** asphaltiert.
01/01-31/12. **Entfernung:** 300M 3Km 250M.
Sonstiges: Max. 48 Std, keine Campingaktivitäten.

Navarre/Rioja – Mittelmeer Gemeinschaften

Ayegui — 29H2
Plaza San Pelayo. **GPS**: n42,65436 w2,0451.
20 kostenlos €4 Chinklusive. **Untergrund**: Schotterasen.
Entfernung: 700M 700M 700M.
Sonstiges: Neben Schwimmbad.

Berriozar — 27A3
Av. Berriozar. **GPS**: n42,84043 w1,66557.
20 kostenlos €2/100Liter Ch. **Lage**: Städtisch, einfach.
Untergrund: Beton. 01/01-31/12.
Entfernung: 4km Pamplona 500M.
Sonstiges: Max. 72 Std, Wertmünzen bei Sportzentrum (9-21U).

Cascante — 29H3
Av. Fuentes Dutor Parking Termolúdico. **GPS**: n41,99372 w1,68669.
40 kostenlos kostenlos. **Lage**: Städtisch, einfach.
Untergrund: asphaltiert. 01/01-31/12.
Entfernung: 750M 800M.

Falces — 29H3
Calle la Mota. **GPS**: n42,39295 w1,79574.
6 kostenlos Chkostenlos. **Lage**: Einfach.
Untergrund: befestigt. 01/01-31/12.
Entfernung: 700M 300M.

Haro — 29H2
LR111. **GPS**: n42,57253 w2,86739.
10 kostenlos kostenlos. **Lage**: Ländlich, einfach, ruhig.
Untergrund: Schotter. 01/01-31/12.
Entfernung: 1,5Km 1,3Km 1,5Km.

Haro — 29H2
Parking centro deportivo, Av de los Ingenieros del Ministerio Obras Públicas, LR-111. **GPS**: n42,57677 w2,85222.
4 kostenlos kostenlos.
Lage: Städtisch, einfach.
Untergrund: asphaltiert. 01/01-31/12.
Entfernung: 500M 14Km vor Ort.
Sonstiges: Am Sportpark, Haro, Weinhauptstadt, Weinmuseum, vielen Bodegas.
Touristinformation Haro:
Hauptstadt des Rioja Weins.

Irura — 29H2
Area del Frontón, Calle Zilar. **GPS**: n43,16778 w2,0652.
4 kostenlos Chkostenlos. **Lage**: Städtisch, einfach, laut.
Untergrund: asphaltiert. 01/01-31/12.
Entfernung: 100M.

Logroño — 29H3
Avenue de la Sonsierra, LR132. **GPS**: n42,47916 w2,4571.
3 kostenlos Chkostenlos. **Lage**: Städtisch, einfach, laut.
Untergrund: befestigt. 01/01-31/12.
Entfernung: 700M 100M 400M 300M 20M.
Sonstiges: Max. 48 Std.

Logroño — 29H3
Emblase de la Grajera, Pontano de la Grajera.
GPS: n42,44909 w2,50189.
15 kostenlos. **Lage**: Ländlich, einfach. **Untergrund**: Beton.
01/01-31/12.
Entfernung: 7Km 1Km vor Ort.
Sonstiges: Parkplatz am See, Golfplatz und Park La Grajera.

Maya — 27A2
Otsondo, NA 4453. **GPS**: n43,23304 w1,49885.
6 kostenlos WCkostenlos. **Lage**: Ländlich, abgelegen.
Untergrund: Schotter. 01/01-31/12.
Entfernung: 3Km.

Navarrete — 29H3
Calle de la Carretera. **GPS**: n42,42458 w2,55584.
kostenlos. **Lage**: Städtisch, einfach. **Untergrund**: asphaltiert.
01/01-31/12.
Entfernung: 1Km 3Km 600M 800M.
Sonstiges: Parkplatz am Sportpark.

Roncesvalles — 27A3
Paseo Ibaneta. **GPS**: n43,02018 w1,32401.
5. **Lage**: Ländlich, einfach. **Untergrund**: asphaltiert.
01/01-31/12.
Entfernung: 1,5Km.
Sonstiges: Schöne Aussicht.

Zaragoza — 32B2
Parque de Atracciones de Zaragoza. **GPS**: n41,61994 w0,90122.
10.
Entfernung: 4,5Km.
Sonstiges: Parkplatz Vergnügungspark.

Mittelmeer Gemeinschaften

Águilas — 31H2
Playa de la Carolina. **GPS**: n37,37614 w1,62903.
kostenlos. **Lage**: Abgelegen. 01/01-31/12.
Sonstiges: Strandparkplatz.

Alcover — 32E3
Avinguda Catalunya 2. **GPS**: n41,26315 o1,17324.
5 €5/24 Std Chinklusive. **Lage**: Ländlich, einfach, zentral, ruhig. **Untergrund**: Beton. 01/01-31/12.
Entfernung: vor Ort 700M 350M 100M 280M.
Sonstiges: Max. 48 Std.

Alicante — 33A2
Vía Pista. **GPS**: n38,28923 w0,52072.
. **Untergrund**: ungepflastert.
Entfernung: Alicante 7Km vor Ort vor Ort 600M.
Sonstiges: Strandparkplatz, max 3,5T.

Alicante — 33A2
Villafranqueza, Av. Pintor Gastón Castelló 41.
GPS: n38,37808 w0,48822.
25 €7 Ch WC inklusive. **Lage**: Laut.
01/01-31/12.
Entfernung: 1Km 50M 50M.
Sonstiges: Neben Tankstelle.

Altafulla — 33B1
Área de Servicio Mèdol, AP-7 km 237, Barcelona > Taragona.
GPS: n41,14157 o1,34590.
10 kostenlos Chkostenlos. **Lage**: Autobahn.
Untergrund: asphaltiert. 01/01-31/12.
Entfernung: vor Ort vor Ort.

Altafulla — 33B1
Área de Servicio Mèdol, AP-7 km 237, Taragona > Barcelona.
GPS: n41,14054 o1,34746.
10 kostenlos Chkostenlos. **Untergrund**: asphaltiert.
01/01-31/12. **Entfernung**: vor Ort vor Ort.

Altea — 33A2
San Antonio Camperpark, Ctra. del Albir 5/6, CV7651.
GPS: n38,58544 w0,05989.

Mittelmeer Gemeinschaften

50 🚐 € 15, 2 Pers. inkl ⛽Ch. ⚡€0,45/kWh,10Amp WC 🚿 €3 📶inklusive. 🌳 **Lage:** Komfortabel. **Untergrund:** Schotter. 📅 30/09-30/04. **Entfernung:** 🚶Altea > 1km < Albir 🏖100M ⛪500M 🛒500M 🚌200M, S-Bahn 1km. **Sonstiges:** Brötchenservice, Rabatt bei längerem Aufenthalt.

Amposta 33B1
Casa de Fusta, Partida L'Encanyissada. **GPS:** n40,65851 o0,67475.

70 🚐kostenlos ⛽€3 🚿Ch. ⚡. 📶. **Lage:** Ländlich, komfortabel, abgelegen, ruhig. **Untergrund:** Schotter/Sand. 📅 01/01-31/12. **Entfernung:** 🏊vor Ort ⛪vor Ort 🛒vor Ort 🚌vor Ort 🚶vor Ort. **Sonstiges:** Brötchenservice.

Arbúcies 32G2
Área de Arbúcies, Camí del Molí. **GPS:** n41,81437 o2,52076.

🚐kostenlos ⛽🚿Chkostenlos. **Lage:** Städtisch, einfach, einfach, zentral, ruhig. **Untergrund:** asphaltiert. 📅 01/01-31/12. **Entfernung:** 🚶500M ⛪700M 🛒700M 🚌250M. **Sonstiges:** Max. 48 Std.

Archena 31H1
Avenida del Río Segura. **GPS:** n38,12214 w1,29427.
30 🚐kostenlos ⛽🚿Chkostenlos. **Untergrund:** Schotter. 📅 01/01-31/12. **Entfernung:** ⛪150M 🛒Mercadona 1,5km.

Ascó 32D3
C/ Alcalde Tomas Biarnes Radua. **GPS:** n41,18673 o0,56802.

25 🚐kostenlos ⛽🚿Chkostenlos. **Lage:** Einfach, zentral, laut. **Untergrund:** asphaltiert. 📅 01/01-31/12. **Entfernung:** 🚶100M 🏖200M 🚌200M ⛪500M 🛒500M.

Avinyo 32F2
Area Municipal de Avinyó, Calle Industria. **GPS:** n41,86556 o1,97472.

10 🚐kostenlos ⛽€1/50Liter 🚿Ch. **Lage:** Ländlich, einfach, ruhig. **Untergrund:** Schotter/Sand. 📅 01/01-31/12. **Entfernung:** 🚶300M 🚲3Km ⛪300M 🛒300M 🚌250M. **Sonstiges:** In der Nähe vom Schwimmbad, Videoüberwachung.

Avinyonet del Penedès 32F3
Area Cellar Can Batlle - Artcava, Masia Can Batlle s/n, BV2411. **GPS:** n41,36790 o1,77306.

10 🚐kostenlos ⛽🚿Chkostenlos. **Lage:** Ländlich, einfach, abgelegen, ruhig. **Untergrund:** Schotter. 📅 01/01-31/12. **Entfernung:** 🚶1Km 🚲6km ⛪1Km 🛒1Km. **Sonstiges:** Weinprobe.

Ayora 33A2
El Nogal, Romeral 5. **GPS:** n39,05870 w1,0324.

20 🚐€ 10 ⛽🚿Chinklusive ⚡€2/Tag 📶. **Lage:** Ländlich, komfortabel, abgelegen, ruhig. **Untergrund:** Wiese. **Entfernung:** 🚶2km 🚌2km 🛒vor Ort 🚶vor Ort.

Ayora 33A2
Calle Manuel Reig, N-330. **GPS:** n39,05605 w1,0526.
🚐kostenlos ⛽🚿Chkostenlos. **Untergrund:** ungepflastert. 📅 01/01-31/12. **Entfernung:** 🚶700M.

Balsicas 33A2
Calle Laguna de Cifuentes, Torre-Pacheco. **GPS:** n37,82074 w0,97462. 20 🚐€ 7 ⛽€3 🚿Ch ⚡€2 WC 🚿 €5 📶. **Lage:** Autobahn. **Untergrund:** asphaltiert. 📅 01/01-31/12. **Entfernung:** ⛪300M. **Sonstiges:** Gewerbegebiet, Waschplatz für Wohnmobile.

Barberà de la Conca 32E3
Area de la Cooperativa Barberá, Calle Comercio 40. **GPS:** n41,41025 o1,22734.

10 🚐kostenlos ⛽🚿Chkostenlos. **Lage:** Ländlich, einfach, zentral, ruhig. **Untergrund:** Schotter. 📅 01/11-31/08. **Entfernung:** 🚶vor Ort 🛒500M.

Barcelona 32G3
CityStop, Rambla Guipúzcoa. **GPS:** n41,42433 o2,20748.

80 🚐€ 30 ⛽🚿Ch ⚡€4/24 Std WC 🚿 📶. **Lage:** Städtisch, komfortabel. **Untergrund:** asphaltiert. 📅 01/01-31/12. **Entfernung:** 🚶1Km 🚲2km 🏖1Km ⛪400M 🛒500M.

Barcelona 32G3
Park & Ride del Besòs, Carrer del Taulat, B10 > salida 24 / 25, Sant Adrià del Besos. **GPS:** n41,41565 o2,22363.

30 🚐€ 3/Std, € 30/24 Std ⛽🚿Ch ⚡WC 📶inklusive. **Lage:** Städtisch. **Untergrund:** befestigt. 📅 01/01-31/12. **Entfernung:** 🚶1Km 🏖300M ⛪300M 🚋Straßenbahn 100M, Metro 500M. **Sonstiges:** Max. 72 Std, überwachter Parkplatz.

Barcelona 32G3
Almogàvers, Carrer de la Llacuna. **GPS:** n41,40301 o2,19604.

7 🚐€ 2,55/Std, Nacht € 18,30. 📶. **Lage:** Städtisch, einfach. **Untergrund:** asphaltiert. 📅 01/05-31/08. **Entfernung:** 🏖800M ⛪200M 🛒400M 🚌vor Ort. **Sonstiges:** Videoüberwachung.

Barcelona 32G3
Garcia Fària, Carrer de Josep Pla. **GPS:** n41,40662 o2,21829.

10 🚐€ 20. **Lage:** Städtisch, einfach, laut. **Untergrund:** asphaltiert. **Entfernung:** 🚶1Km 🚲2km 🏖100M ⛪150M 🛒400M 🚌vor Ort 🚶vor Ort. **Sonstiges:** Max. ^4.50M.

Barruera 32E1
Carrer de riu. **GPS:** n42,50127 o0,79614.
🚐kostenlos. **Lage:** Ländlich, abgelegen. **Untergrund:** ungepflastert. 📅 01/01-31/12. **Entfernung:** 🚶800M ⛪800M 🛒vor Ort 🚶vor Ort. **Sonstiges:** Am Fluss.

Spanien

Mittelmeer Gemeinschaften

Bellcaire d'Empordà — 32H2
Àrea Massís del Montgrí - Camper Park
Bellcaire d'Empordà

- Gelegen im Naturpark
- 5Km vom Strand
- Jeder Platz mit Strom/Wasser/Abwasser

www.massisdelmontgri.cat
info@massisdelmontgri.cat

Àrea Massís del Montgrí, Camí Vell d'Ullà, 21.
GPS: n42,07521 o3,09748.
36 € 8, 01/06-30/09 € 10 Ch (14x) € 4 WC € 2/5Minuten € 4 inklusive. **Lage:** Ländlich, komfortabel.
Untergrund: Wiese. 01/01-31/12.
Entfernung: 500M 5Km 500M 250M 100M vor Ort vor Ort.
Sonstiges: Am Schwimmbad (Sommer).

Bellvei — 32F3
Bellvei del Penedès, Camino Plains. **GPS:** n41,24613 o1,56992.

30 € 6 Ch inklusive € 3 € 1/Tag. **Lage:** Komfortabel, abgelegen, ruhig. **Untergrund:** Wiese/Schotter. 01/01-31/12.
Entfernung: 1Km 6,5Km 5Km 1,2Km 1Km vor Ort.

Benagéber — 33A1
Ctra. CV-3930. **GPS:** n39,70913 w1,10136.

70 kostenlos Ch kostenlos. **Lage:** Ländlich, einfach, abgelegen, ruhig. **Untergrund:** Schotter/Sand. 01/01-31/12.
Entfernung: 100M 400M vor Ort vor Ort.
Sonstiges: Max. 72 Std, Picknick und Grillplatz.

Bicorp — 33A2
Junto al Polideportivo. **GPS:** n39,13278 w0,79056.

20 € 5 Ch inklusive. **Lage:** Ländlich, abgelegen.
Untergrund: Schotter.
Entfernung: 200M.

Bigastro — 33A2
Camper Area La Pedrera, Calle Cañada de Andrea, 100.
GPS: n38,05116 w0,89863.
20 € 12 Ch WC inklusive. **Lage:** Ländlich.
Untergrund: Schotter. 01/01-31/12.

Entfernung: vor Ort vor Ort.

Blanes — 32H3
Carrer d'Antoni Gaudí. **GPS:** n41,66873 o2,78440.

kostenlos, 15/06-15/09 € 10.
01/01-31/12.
Entfernung: vor Ort 350M 250M 450M.

Touristinformation Blanes:
- Oficina de Turismo, Paseo de Catalunya, 2, www.blanes.net. Badeort.
- Jardín Botànic Mar i Murtra. Botanische Gärten.
- Mas Enlaire. Lokale Produkte.
- Mo-Fr 8-14 Uhr.
- Passeig de Mar. Kleidung, Andenken etc.
- Mo-Morgen.

Bordils — 32H2
Can Carreras del Mas, Carrer Creu 34. **GPS:** n42,04580 o2,91320.

5 € 12 € 2 € 4 inklusive. **Lage:** Ländlich, ruhig.
Untergrund: Wiese.
Entfernung: 400M 100M.
Sonstiges: Schmale Durchfahrt.

Cabanes — 32H1
El Noguer, Camí de la Creu. **GPS:** n42,30594 o2,97592.

30 € 10 Ch (16x) WC inklusive. **Lage:** Ländlich, einfach, ruhig. **Untergrund:** Wiese. 01/01-31/12.
Entfernung: Figueres 4Km 400M 450M 300M vor Ort vor Ort.
Sonstiges: Videoüberwachung.

Cadaqués — 32H1
Parking SABA, Riera de Sant Vicenç. **GPS:** n42,28964 o3,27260.

€ 20,20/24 Std WC. **Untergrund:** asphaltiert.
Entfernung: 100M 2Km 1,5Km 100M 100M.

Touristinformation Cadaqués:
- La Riera. Wochenmarkt. Mo 8-14 Uhr.

Calaf — 32F2
Area Calaf Barcelona, Calle Doctor Fleming, 6.
GPS: n41,72940 o1,52610.
10 € 10 Ch inklusive kostenlos. **Lage:** Ländlich, einfach.
Untergrund: asphaltiert. 01/01-31/12.
Entfernung: 500M 300M.

Calaf — 32F2
Área Municipal de Calaf, Carrer Berlin. **GPS:** n41,73500 o1,51389.

4 kostenlos Ch kostenlos. **Lage:** Städtisch, komfortabel, ruhig.
Untergrund: Schotter/befestigt. 01/01-31/12.
Entfernung: 300M 400M 300M 400M.
Sonstiges: Max. 48 Std, Samstag Markt.

Calaf — 32F2
Calle de Leida-Girona. **GPS:** n41,73306 o1,52667.

5 kostenlos Ch kostenlos. **Lage:** Städtisch, einfach.
Untergrund: Schotter. 01/01-31/12.
Entfernung: 800M 1Km 800M 700M 600M.
Sonstiges: An der Tankstelle, schräge Stellflächen, Videoüberwachung.

Caldes de Malavella — 32H2
Carrer Solei. **GPS:** n41,83873 o2,81080.

5 kostenlos Ch kostenlos. **Lage:** Städtisch, komfortabel, laut. **Untergrund:** Schotter. 01/01-31/12.
Entfernung: 500M 200M 300M 100M.
Sonstiges: Max. 3 Tage.

Callosa d'en Sarrià — 33A2
Fonts de l'Algar, Partida Segarra s/n. **GPS:** n38,65430 w0,09289.

40 € 14 Ch € 4 WC € 2 inklusive.
Lage: Komfortabel, abgelegen. 01/01-31/12.
Entfernung: 700M 700M.

Calnegre — 31H2
Camperpark Taray, RM-D21, Puntas de Calnegre.
GPS: n37,51520 w1,3985.

50 € 6 € 1/100Liter Ch € 4. **Lage:** Einfach.
Untergrund: Sand. 01/01-31/12.
Entfernung: 100M 500M 500M.

Paraíso Camper - Calpe

- Komfortable Wohnmobilstellplatz
- 800M vom Sandstrand
- Sanitäranlagen
- Wlan kostenlos
- Schwimmbad
- Ganzjährig geöffnet
- Reservierung möglich
- Wir sprechen Deutsch
- Für längere Aufenthalte geeignet

www.paraisocamper.com
calpe@paraisocamper.com

Calnegre 31H2
Puntas Calnegre, Ctra. Puntas de Calnegre, nº 42.
GPS: n37,51179 w1,41198.

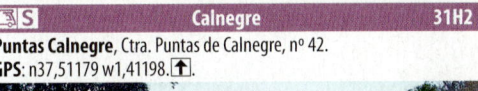

17 € 6,50, 01/06-30/09 € 8 Ch inklusive.
Untergrund: befestigt. 01/01-31/12.
Entfernung: 600M.

Calpe 33A2
Paraíso Camper, Urbanización Los Almendros, 9A. **GPS**: n38,64893 o0,06665.

58 € 11 (Rabatt bei längerem Aufenthalt) Ch (58x)€0,20/kWh WC inklusive €0,20 €3/3 €2/Tag. **Lage**: Komfortabel, zentral. **Untergrund**: Schotter. 01/01-31/12.
Entfernung: 1,8Km 7Km 800M 800M 400M 250M 400M 1Km.

Calpe 33A2
Mediterráneo Camper, Calle Partida Colari 7E.
GPS: n38,65126 o0,06942.

75 € 9-12, Jul/Aug € 14 Ch WC inklusive €3/3 €2/Tag. **Untergrund**: Schotter. 01/01-31/12.
Entfernung: Strand 750M 75M Mercadona 300m.
Sonstiges: Rabatt bei längerem Aufenthalt.

Calpe 33A2
Nautica caravanning, Ctra. N233. **GPS**: n38,65578 o0,03660.

20 € 10 Ch €2. **Lage**: Einfach, zentral.
Untergrund: asphaltiert. 01/01-31/12 Sa-So.
Entfernung: 500M 400M.
Sonstiges: Reisemobilhändler, Ankunft während Öffnungszeiten.

Cambrils 33B1
Camperpark Las Moreras, Carretera de N-340, Km. 1.139,1.
GPS: n41,04471 o0,99437.

120 € 11,45, Jul € 11,25 + € 6,15/pP, Aug € 11,25 + € 8,60/pP Ch WC €4/3 €1/Std. **Lage**: Komfortabel, abgelegen, ruhig. 01/01-31/12.
Entfernung: 4Km vor Ort vor Ort vor Ort 4Km vor Ort vor Ort.

Cambrils 33B1
Area de Cambrils, A7. **GPS**: n41,08542 o1,03777.

10 kostenlos, 20-8 Uhr € 16 Ch WC inklusive €4.
Lage: Autobahn, einfach, zentral, laut. **Untergrund**: asphaltiert. 01/01-31/12.
Entfernung: vor Ort.

Touristinformation Cambrils:
Oficina de Turismo, Paseo les Palmeres, nº 1, www.turcambrils.info.
Badeort in der traditionellen mediterranen Art.

Cañada de Callego 31H2
Loma de St.Antonio, Camino de Perchèles. **GPS**: n37,53542 w1,37226.

kostenlos. **Lage**: Einfach, abgelegen. **Untergrund**: Sand.
Sonstiges: Parkplatz am Meer.

Cantallops 32H1
Restaurant Can Pau, Carretera de Cantallops s/n.
GPS: n42,41863 o2,91386.
50 Gäste kostenlos. **Untergrund**: asphaltiert.
Entfernung: 1Km.
Sonstiges: Schwimmbad.

Carcaixent 33A2
Hort de Soriano. **GPS**: n39,07045 w0,40918.

15 kostenlos Ch kostenlos. **Lage**: Komfortabel, ruhig.
Untergrund: Sand. Mo, Aug.
Entfernung: 7Km vor Ort.
Sonstiges: Max. 48 Std, Picknick und Gillplatz. Beim Erholungsgebiet, erst Carrer Julián Ribera (39°7'19''N 00°27'04''W) hineinfahre, ± 5Km, dann Hort de Soriano folgen.

Cartagena 33A2
Area Autocaravanas Cartagena. **GPS**: n37,65373 w1,00345.

30 € 10 Ch WC €4 inklusive.
Untergrund: Schotter. 01/01-31/12.
Entfernung: Stadtmitte 5Km, Hafen 8Km 400M 400M 400M vor Ort vor Ort.
Sonstiges: Brötchenservice, Sonntag Markt Bohio 500m, Donnerstag Markt Dolores 1km.

Cartagena 33A2
Área Belmonte Plus, Ctra. de Tentegorra, 1.
GPS: n37,61500 w1,00555.

15 € 10 Ch inklusive. **Lage**: Laut.
Untergrund: asphaltiert.
Entfernung: 500M vor Ort.

Cervera 32E3
Centre d'Accolida Turistica, Av. Francesc Macià.
GPS: n41,67815 o1,28385.

Mittelmeer Gemeinschaften

10 kostenlos Ch kostenlos. **Lage:** Städtisch, ruhig.
Untergrund: Sand. 01/01-31/12.
Entfernung: 2km 500M 1,5Km.
Sonstiges: Beim Office du Tourisme, Markt am Freitag.

S | Ceutí | 31H2
Ceutí, Pz José Virgili 1. **GPS:** n38,08099 w1,26717.

20 kostenlos Ch WC kostenlos. **Lage:** Einfach.
Untergrund: asphaltiert. 01/01-31/12.
Entfernung: 300M 4,5Km 170M 200M.

S | Creixell | 33B1
Area 340, Carrer Aneto. **GPS:** n41,16663 o1,45707.
25 € 10-20 Ch inklusive. **Untergrund:** ungepflastert.
01/01-31/12.
Entfernung: 650M 300M.

S | Daimús | 33A2
Area Camper Dunes, Carrer Garbi 2a. **GPS:** n38,96981 w0,14509.

65 € 9 Ch €3 inklusive €3 €1/3Std.
Lage: Komfortabel. **Untergrund:** Schotter/befestigt.
Entfernung: 350M 50M 100M vor Ort.

S | Deltebre | 33B1
Agrobotiga del Delta, Avda. Les Goles de l'Ebre, 2.
GPS: n40,72605 o0,72261.

50 kostenlos Ch kostenlos. **Lage:** Ländlich, einfach, zentral.
Untergrund: Beton. 01/01-31/12.
Entfernung: 800M 19Km 1,5Km 600M vor Ort.

S | El Campello | 33A2
Camper Area Campello Beach, Calle Juan de la Cierva.
GPS: n38,39479 w0,40985.

45 € 12, Jul-Aug € 14 Ch €2/Tag WC inklusive €3 €3/3

€2. **Lage:** Luxus. **Untergrund:** Schotter/Sand.
01/01-31/12.
Entfernung: 1Km 5Km 400M 500M 500M vor Ort.

S | El Campello | 33A2
Camper Park Alicante, Carrer Llauradors 113.
GPS: n38,42599 w0,40914.

35 € 7,50 €3 Ch €2,50/Tag WC €2 kostenlos.
Lage: Komfortabel. **Untergrund:** Schotter. 01/01-31/12.
Entfernung: 500M 5Km 1,8Km 500M 1Km.

S | El Campello | 33A2
Bar-Restaurant, N332 km124. **GPS:** n38,45746 w0,36129.

5 € 5 WC inklusive. **Untergrund:** Sand.
Entfernung: vor Ort.
Sonstiges: 3 Tage kostenlos.

S | El Campello | 33A2
Disaminado Afueras 459. **GPS:** n38,41863 w0,39478.
20 kostenlos. **Untergrund:** befestigt. 01/01-31/12.

S | El Catllar | 33B1
Area de El Catllar, Cami de la Foni. **GPS:** n41,17658 o1,32685.

10 kostenlos Ch kostenlos. **Lage:** Einfach, zentral, ruhig.
Untergrund: befestigt. 01/01-31/12.
Entfernung: 200M 200M vor Ort vor Ort.

S | El Masroig | 33B1
Celler El Masroig, Passeig de Arbre 3. **GPS:** n41,12658 o0,73385.

10 kostenlos Ch WC. **Lage:** Ländlich, einfach.
Untergrund: Schotter. 01/01-31/12.
Entfernung: vor Ort 200M 200M.
Sonstiges: Verkauf von Wein.

S | El Palomar | 33A2
Font de Sis, Avenida Riuet. **GPS:** n38,85749 w0,5032.

17 € 5 Ch €3/Tag €2/Tag. **Lage:** Abgelegen.
01/01-31/12.
Entfernung: 200M vor Ort 200M.
Sonstiges: Picknick und Gillplatz.

S | Els Muntells | 33B1
Carrer Major. **GPS:** n40,66852 o0,75903.

10 € 6 Ch inklusive. **Lage:** Ländlich, einfach, abgelegen, ruhig.
Untergrund: asphaltiert/Schotter. 01/01-31/12.
Entfernung: 500M 1,2Km 400M 600M vor Ort vor Ort.

S | Figueres | 32H1
Parking Supermercado Esclat, Avda. de los Paisos Catalans, N260.
GPS: n42,26042 o2,95096.

5 kostenlos. **Untergrund:** asphaltiert.
Entfernung: vor Ort 500M vor Ort 50M.
Sonstiges: Max. 48 Std.

Touristinformation Figueres:
Rambla. Antiquitätenmarkt. 3. Sa des Monats.
Plaza Catalunya en Plaza del Gra. Die-Do-Sa 9-14 Uhr.

S | Garrigàs | 32H2
Área del Empordà Norte, A7 km-35. **GPS:** n42,17333 o2,93194.
10 kostenlos WC kostenlos. **Untergrund:** befestigt. 01/01-31/12.

S | Garrigàs | 32H2
Área del Empordà Sur, A7 km-35. **GPS:** n42,17456 o2,93074.

10 kostenlos WC kostenlos. **Untergrund:** befestigt. 01/01-31/12.

S | Girona | 32H2
Vayreda la Devesa, Placa de Mela Mutermilch.
GPS: n41,98392 o2,81384.

ES

314 Spanien

Mittelmeer Gemeinschaften

20 € 10 Ch €1/40Minuten WC inklusive.
Lage: Städtisch, einfach, zentral. **Untergrund:** befestigt.
01/01-31/12. **Entfernung:** 1Km 100M 100M 200M 100M. **Sonstiges:** Anmeldung über Sprechanlage oder Telefon, Ankunft <20 Uhr.

Granollers 32G3
Passeig Fluvial. **GPS:** n41,59857 o2,27833.
13 kostenlos Chkostenlos. **Untergrund:** asphaltiert.
01/01-31/12. **Entfernung:** Zentrum 1,5Km 500M 500M.

Gualta 32H2
C-31. **GPS:** n42,02456 o3,13490.
58 € 12 (50x)inklusive. 01/01/-31/12.
Entfernung: 8Km 400M 400M.
Sonstiges: Fahrradverleih.

Ibi 33A2
Área Chambit, Calle Pedro Valdivia. **GPS:** n38,62222 w0,56694.

25 kostenlos Chkostenlos. **Lage:** Einfach. **Untergrund:** Sand.
01/01-31/12.
Entfernung: 2,3Km.

Jalance 33A2
N330. **GPS:** n39,18740 w1,0761.

10 kostenlos Chkostenlos. **Lage:** Abgelegen.
Untergrund: asphaltiert. 01/01-31/12.
Entfernung: 300M.
Sonstiges: Parkplatz neben Schwimmbad, max. 48 Std.

Jávea 33A2
Avda.de Nancy. **GPS:** n38,77024 o0,18945.

10. **Untergrund:** ungepflastert.
Entfernung: 100M 100M.

L'Alqueria de la Comtessa 33A2
Camperpark KM Zero, Metge Panella nº 1.
GPS: n38,93878 w0,15276.

35 € 9 Ch (35x)€3/Tag,6Amp WC inklusive
€3/3 €1/Tag. **Lage:** Komfortabel. **Untergrund:** asphaltiert.
01/01-31/12 01/07-31/08.
Entfernung: 100M 1,5Km 4Km 200M 200M 150M 300M 500M.
Sonstiges: Vermietung PKW, Rabatt bei längerem Aufenthalt.

L'Olleria 33A2
Carrer J Bautista Ferrere. **GPS:** n38,91572 w0,55402.

5 kostenlos Ch. **Lage:** Städtisch. **Untergrund:** asphaltiert.
Entfernung: 300M 2km 250M.
Sonstiges: Max. 48 Std.

La Azohia 33A2
Carretera a La Azohía. **GPS:** n37,56332 w1,17393.

50 kostenlos. **Lage:** Einfach. **Untergrund:** ungepflastert.
Entfernung: 50M 100M 100M.

La Guàrdia dels Prats 32E3
Heretat Masia Poblet, Carretera d'Artesa.s/C-14.
GPS: n41,41468 o1,17487.

14 € 10, für Gäste kostenlos (14x)€3/Nacht
inklusive. **Lage:** Ländlich, einfach, abgelegen, ruhig.
Untergrund: Wiese/Schotter. 01/01-31/12 Di.
Entfernung: vor Ort 5Km 5Km vor Ort vor Ort.

La Marina 33A2
Finca La Escuera, Escuera 300. **GPS:** n38,14360 w0,66939.

11 € 14 Ch €0,26/kWh WC €4.
Untergrund: Sand.
01/01-31/12.
Entfernung: 300M 3Km 300M 300M 300M vor Ort.

La Marina 33A2
La Marina Elche, Cami del Molar o Pinet. **GPS:** n38,15628 w0,63791.

20 € 8 Chinklusive €0,50/kWh,16Amp. Winter.

La Marina 33A2
Camino del Pinet, La Marina nord. **GPS:** n38,15087 w0,63276.

40 kostenlos. **Untergrund:** asphaltiert.

La Pobla de Segur 32E1
Avenida Camp de la Sala. **GPS:** n42,24029 o0,96635.
12 kostenlos Ch kostenlos. **Untergrund:** asphaltiert.
01/01-31/12. **Entfernung:** 1Km 250M 550M.

La Roca del Vallès 32G3
Barri Gasuachs. **GPS:** n41,59349 o2,34521.
Entfernung: 2,2Km.
Sonstiges: Videoüberwachung.

La Salzadella 33A1
Av. Tomas Molins. **GPS:** n40,41611 o0,17305.

6 kostenlos Chkostenlos. **Lage:** Ländlich, einfach, ruhig.
Untergrund: asphaltiert.
Entfernung: 250M 250M 250M.
Sonstiges: Kirschendorf: Kirsche Seife, Kirschmarmelade.

La Sénia 33A1
Carrer dels Domenges. **GPS:** n40,63897 o0,28502.

10 kostenlos €2 Ch. **Lage:** Ländlich, einfach, ruhig.
Untergrund: Schotter. 01/01-31/12.
Entfernung: 800M 200M 200M.

La Seu d'Urgell 32F1
Parking Doctor Peiró, Avinguda del Camí Ral de Cerdanya.
GPS: n42,35871 o1,46476.
10 kostenlos €2/100Liter €1/2Std.
Untergrund: ungepflastert. während Veranstaltung.
Entfernung: 500M 350M.
Sonstiges: Max. 2 Nächte.

La Tallada d'Empordà 32H2
L'Empordanet, Carretera de Marenyà, 6. **GPS:** n42,08335 o3,05734.

€ 12 €3 Ch inklusive.
Untergrund: Schotter/befestigt. 01/01-31/12.
Entfernung: 1Km vor Ort vor Ort.
Sonstiges: Max. 48 Std, Schwimmbad.

Lavern 32F3
Cava Guilera, Masia Ca l'Artigas. **GPS:** n41,39848 o1,77038.

ES

Spanien

Mittelmeer Gemeinschaften

4 🚐 kostenlos. **Lage:** Ländlich, einfach, abgelegen, ruhig. **Untergrund:** Wiese. 01/01-31/12.
Entfernung: 1,5Km 5Km vor Ort vor Ort.
Sonstiges: Max. 2-3 Tage.

Lleida 32D3
Autocaravanas Miguel, Ctra. N-IIa 456. **GPS:** n41,58945 o0,57591.

40 🚐 € 8 Ch (4x)€2/Nacht WC inklusive.
Lage: Ländlich, einfach, abgelegen. **Untergrund:** Wiese/Schotter. 01/01-31/12.
Entfernung: vor Ort 4,5Km 750M 2km vor Ort.

Lorca 31H2
Caravanas Lorca, P.I. Saprelorca Buzón 233. **GPS:** n37,61205 w1,75993.
20 🚐 kostenlos €2 Ch. **Untergrund:** Schotter. So.
Entfernung: 7Km 300M 20Km 50M.
Sonstiges: Bei Reisemobilhändler.

Lorquí 31H2
Parque de la Constitución. **GPS:** n38,07909 w1,25918.

15 🚐 kostenlos Ch kostenlos. **Lage:** Einfach, zentral.
Untergrund: asphaltiert/befestigt. Mo 07-15 Uhr, Markt.
Entfernung: 500M 5Km 300M.

Los Alcázares 33A2
Camping Car Área Narejos, Calle Bergantín 6.
GPS: n37,76298 w0,83069.
90 🚐 € 7,90-12,90 Ch €3 WC inklusive €3/3.
Untergrund: asphaltiert.
Entfernung: 700M vor Ort.

L'Arboç 32F3
Área del Penedés Norte, AP7 dir Barcelona. **GPS:** n41,28794 o1,59117.
10 🚐 kostenlos. **Untergrund:** befestigt. 01/01-31/12.
Entfernung: vor Ort vor Ort.

L'Arboç 32F3
Área del Penedés Sur, AP7 dir Taragona. **GPS:** n41,29029 o1,59235.

10 🚐 Ch kostenlos. **Untergrund:** asphaltiert. 01/01-31/12.
Entfernung: vor Ort vor Ort.

Montblanc 32E3
Restaurant Masia Poblet, C14, La Guardia dels Prats.
GPS: n41,41464 o1,17479.

10 🚐 € 10, für Gäste kostenlos Ch inklusive.
€3,10Amp. **Lage:** Ländlich, komfortabel, abgelegen, ruhig.
Untergrund: Wiese/befestigt. 01/01-31/12.
Entfernung: 5Km vor Ort 5Km.

Montblanc 32E3
Area de Autocaravanas Sam, Avda. Lluis Companys.
GPS: n41,36933 o1,17180.

10 🚐 € 10 Ch WC inklusive. **Lage:** Einfach.
Untergrund: asphaltiert. 01/01-31/12.
Entfernung: 800M 350M 800M 400M.
Sonstiges: Bei Reisemobilhändler.

Montseny 32G3
Área de Montseny, AP7-Nord km-117 > Francia.
GPS: n41,64700 o2,42586.

20 🚐 kostenlos kostenlos. **Untergrund:** befestigt.
01/01-31/12. **Entfernung:** vor Ort vor Ort.

Montseny 32G3
Área de Montseny, AP7-Sur>Barcelona. **GPS:** n41,64803 o2,42661.

20 🚐 kostenlos kostenlos. **Untergrund:** befestigt.
01/01-31/12. **Entfernung:** vor Ort vor Ort.

Morella 33A1
N232. **GPS:** n40,62398 w0,09141.

30 🚐 kostenlos Ch kostenlos. **Lage:** Ländlich, einfach,
abgelegen, ruhig. **Untergrund:** Wiese/befestigt. 01/01-31/12.
Entfernung: 1,5Km 1,5Km 1,5Km vor Ort.
Sonstiges: Max. 72 Std.

Mula 31H2
Camino de las Curtis. **GPS:** n38,03972 n1,48139.

5 🚐 kostenlos Ch kostenlos. **Lage:** Einfach.
Untergrund: asphaltiert. 01/01-31/12.
Entfernung: 500M 500M.

Murcia 33A2
Camperpark Casablanca, F16. **GPS:** n38,00189 w1,01939.

120 🚐 € 12 Ch WC €3/3 inklusive.
Lage: Komfortabel, zentral. **Untergrund:** Schotter.
01/01-31/12.
Entfernung: Murcia 11km 500M 15Km 500M vor Ort
vor Ort vor Ort.
Sonstiges: 24/24 Überwachung.

Murcia 33A2
Camperpark Huerta de Murcia, Carril los Cánovas, Rincón de
Almodóvar, Los Ramos. **GPS:** n38,00520 w1,04229.

45 🚐 € 13 Ch WC €3/3 inklusive.
Lage: Komfortabel. **Untergrund:** Schotter. 01/01-31/12.
Entfernung: Alquerías 1,7km 500M 500M vor Ort.
Sonstiges: Brötchenservice.

Navarcles 32F2
Area Municipal d'Autocaravanas, Calle de la Font de la Cura.
GPS: n41,75661 o1,90833.

6 🚐 kostenlos Ch kostenlos. **Lage:** Städtisch, abgelegen,
ruhig. **Untergrund:** Schotter. 01/01-31/12.
Entfernung: 500M 3Km 100M 600M 200M 700M
50M.

Navata 32H2
Restaurante Can Janot, Ctra. de Olot nº 2.
GPS: n42,22600 o2,86325.

20 🚐 Gäste kostenlos €5 Ch WC in Restaurant. **Lage:** Ländlich,

316 Spanien

Mittelmeer Gemeinschaften

einfach, ruhig. **Untergrund:** Wiese.
◼ 01/01-31/12.
Entfernung: 🛒100M ⛽vor Ort 🚰100M 🗑150M 💧vor Ort 🚶vor Ort.

Oliva — 33A2
Area Camper Kikopark, C/ Assagador de Carro.
GPS: n38,93282 w0,09742. ⬆

15 🚐 € 18-26,50 🚰🗑Ch 💧 WC inklusive. ◼ 01/01-31/12.
Entfernung: 🏖vor Ort ⛽vor Ort.
Sonstiges: Stop & Go Ankunft >15h, Abreise <15 Uhr.

Palamós 🌿⛱🍽 — 32H2
Autocaravanning Palamós, Camí Vell de la Fosca, 18.
GPS: n41,85592 o3,13535. ⬆
96 🚐 € 12, 15/07-31/08 € 17 🚰🗑Ch 💧 WC 🚽€3 🛜 inklusive.
Lage: Komfortabel. **Untergrund:** Schotter. ◼ 01/01-31/12.
Entfernung: 🏖500M ⛽500M.
Sonstiges: Waschplatz für Wohnmobile.

Palamós 🌿⛱🍽 — 32H2

EmpordArea Palamós
☑ Ganzjährig geöffnet
☑ Fahrradverleih
☑ Wlan inklusive

www.empordarea.com
empordarea@empordarea.com

EmpordArea, C/ Pui Gorgoll s/n - C/ Pla del Llop s/n.
GPS: n41,85740 o3,11467. ⬆ ➡
40 🚐 € 12, 15/07-28/08 € 17 🚰🗑Ch 💧(40x),8Amp WC 🚽€1 🚿€4 🛜 inklusive. 🐕 **Lage:** Städtisch, komfortabel, ruhig.
Untergrund: Schotter/befestigt. ◼ 01/01-31/12.
Entfernung: 🛒1Km 🏖1,3Km 🚰1Km 🗑1Km ⛽700M 💧350M 🚌500M 🚉1,2Km 🚶1,2Km.
Sonstiges: Brötchenservice, Videoüberwachung, Vermietung von E-Roller und Fahrräder.

Peñíscola — 33A1
Area camper Vizmar, Cami de la Volta.
GPS: n40,39357 o0,40778. ⬆ ➡

25 🚐 € 7 🚰🗑Ch 💧€4/Tag WC inklusive 🛜€3,95/Tag.
Lage: Ländlich, komfortabel, ruhig. **Untergrund:** Schotter.
◼ 15/09-15/06 ◻ Semana Santa.
Entfernung: 🛒3Km 🏖500M 🚰300M ⛽300M 💧300M.
Sonstiges: Rabatt bei längerem Aufenthalt.

Peñíscola — 33A1
Camper Park Los Pinos, C/ Abellers, 2.
GPS: n40,37912 o0,38827. ⬆ ➡

30 🚐 15/09-15/06 € 10, 16/06-14/09 Campingplatz Tarif 🚰🗑Ch 💧10Amp WC 🚽€4,50/4,50 🛜 inklusive. **Lage:** Ländlich, luxus, ruhig. **Untergrund:** Schotter/befestigt. ◼ 01/01-31/12.
Entfernung: 🛒1,5Km 🏖2km ⛽1,5Km 💧800M.

Peñíscola — 33A1
Stop&Go La Volta, Camino de la Volta 20.
GPS: n40,39793 o0,40316. ⬆ ➡

70 🚐 € 7, 01/07-31/08 € 10, 2 Pers inkl., 1 Pers + € 1-2 🚰🗑Ch 💧€3,6Amp WC 🚽€4/4 🛜 inklusive. **Lage:** Ländlich, komfortabel, abgelegen, ruhig. **Untergrund:** Wiese/Schotter.
◼ 01/01-31/12.
Entfernung: 🛒4km, Peñíscola 5km 🏖1Km ⛽2km 💧4km 🚌1km.

Peñíscola — 33A1
Parking Els Daus, Avenida Valencia, 93. **GPS:** n40,37831 o0,40640. ⬆
130 🚐 € 6,30-12,60 🚰🗑Ch WC inklusive. **Untergrund:** Wiese.
◼ 01/01-31/12.
Entfernung: 🛒2km 🏖100M ⛽100M 💧30M.
Sonstiges: Strandparkplatz.

Pineda de Mar 🏖 — 32G3
Àrea Pineda de Mar, Carrer Tarragona, 24.
GPS: n41,62199 o2,68941. ⬆

30 🚐 € 10-12 🚰🗑Ch 💧€3 WC 🚽€1 🛜 inklusive.
◼ 01/01-31/12 9-21 Uhr.
Entfernung: 🏖vor Ort ⛽100M 💧100M.

Platja d'Aro 🏖🍽 — 32H2
Calle Roma. **GPS:** n41,81028 o3,05767. ⬆

30 🚐 kostenlos 🚰🗑Ch inklusive. **Untergrund:** asphaltiert.
◼ 01/10-31/03.
Entfernung: 🏖750M. **Sonstiges:** Max. 2 Tage.

Quart — 32H2
Avinguda de la Bóbila. **GPS:** n41,93944 o2,83917. ⬆

4 🚐 kostenlos 🚰🗑Ch kostenlos. **Untergrund:** befestigt.
◼ 01/01-31/12. **Entfernung:** 🛒vor Ort ⛽6,5Km 💧vor Ort.
Sonstiges: Max. 48 Std, max. 8M.

Ramonete — 31H2
Wo-Mo Puerto Villa Brisa, Los Curas, D21, Puntas de Calnegre.
GPS: n37,52589 w1,4336. ⬆ ➡

50 🚐 € 7 🚰🗑€0,10/10Liter 🗑Ch 💧€0,50 🚽€2 🚿€4/4 🛜. 🐕
Lage: Einfach, abgelegen. **Untergrund:** Schotter. ◼ 19/09-30/05.
Entfernung: 🛒5Km 🏖5Km ⛽5Km 💧5Km.
Sonstiges: Brötchenservice.

Rialp — 32E1
Paseig del Pallars. **GPS:** n42,43925 o1,13384.
5 🚐 kostenlos 🚰🗑Ch 💧. **Untergrund:** Schotter.
Entfernung: 🛒200M ⛽200M 💧200M 🚌100M.
Sonstiges: Neben Fussballplatz.

Ricote — 31H1
Huerta de Rivote, Calle Alharbona. **GPS:** n38,15098 w1,36674. ⬆ ➡
30 🚐 kostenlos 🚰🗑Ch kostenlos. **Untergrund:** Schotter. ◼ 01/01-31/12.

Ripoll 🌿⛱ — 32G2
Can Guetes, Carretera C-26 Km.126. **GPS:** n42,20267 o2,19390. ⬆

5 🚐 kostenlos 🚰🗑Ch kostenlos. **Lage:** Städtisch, einfach, zentral.
Untergrund: asphaltiert.
◼ 01/01-31/12.
Entfernung: ⛽vor Ort 💧500M 🗑150M 🚰vor Ort 🚶vor Ort.
Sonstiges: Max. 24 Std.

Ripoll 🌿⛱ — 32G2
Calle Pla D'Ordina, Raval de Barcelona. **GPS:** n42,20008 o2,18695. ⬆

5 🚐 kostenlos. **Lage:** Städtisch, einfach, laut. **Untergrund:** asphaltiert.
◼ 01/01-31/12.
Entfernung: 🛒300M ⛽500M 💧500M.
Sonstiges: Parkplatz neben Polizeirevier, max. 24 Std.

Touristinformation Ripoll:
🏛 Centrum. Wochenmarkt. ◻ Sa-Morgen.

San Fulgencio — 33A2
Camper Park San Fulgencio, Mar Cartabrico 7, Centro Comercial las Dunas. **GPS:** n38,12080 w0,66005. ⬆

Mittelmeer Gemeinschaften

40 🚐 1. Tag € 14, dann € 12 🚰 Ch 🚻 WC 📋 €3 💧 inklusive.
Lage: Komfortabel. **Untergrund:** Schotter.
📅 01/01-31/12.
Entfernung: 🏖1,5Km ⊗200M 🏪150M 🚌150M.

| 🅢 | San Fulgencio | 33A2 |

Ghol, Calle Mar Cantabrico. **GPS:** n38,11896 w0,65614. ⬆️.
14 🚐6m € 11, 9m € 12, 11m € 13 🚰 ⚡,2kWh/Tag
WC 📋 inklusive. **Untergrund:** Schotter. 📅 01/01-31/12.
Entfernung: 🏖2km ⊗400M 🏪Lidl 120M.
Sonstiges: Neben Tankstelle.

| 🅢 | San Fulgencio | 33A2 |

Oasis, Caminal del Convenio. **GPS:** n38,11972 w0,66194. ⬆️.

14 🚐€ 10, 15/06-15/09 € 14 🚰 Ch ⚡€0,40/kWh,16Amp
WC 📋 €3/2 💧inklusive. **Lage:** Komfortabel. **Untergrund:** Schotter.
📅 01/01-31/12.
Entfernung: 🏖San Fulgencio 7km 🏖Strand 1,5Km ⊗200M 🏪200M 🚌300M.

| 🅢 | San Rafael del Rio | 33A1 |

Restaurante Spätzle-Fritz, Planes del Reine, San Jorge, CV-11.
GPS: n40,57507 o0,39333. ⬆️.

50 🚐€ 8, für Gäste kostenlos 🚰€2 🚽€2 Ch ⚡€4 WC 📋€2 💧.
Lage: Ländlich, komfortabel, abgelegen, ruhig. **Untergrund:** Schotter.
📅 01/01-31/12.
Entfernung: 🏖3,5Km 🏖7km ⊗9km vor Ort.

| 🅢 | Sant Feliu de Guíxols 🏖 | 32H2 |

Carrer de la Via del Tren. **GPS:** n41,79036 o3,04414. ⬆️.
15 🚐€ 10 🚰 Ch 💧. **Untergrund:** Sand. 📅 01/01-31/12.
Entfernung: 🏖2km 🏖1km ⊗800M.
Sonstiges: Videoüberwachung.

| 🅢 | Sant Feliu de Guíxols 🏖 | 32H2 |

Parking Narcis Massanas, Ronda Narcis Massanas.
GPS: n41,78020 o3,02303. ⬆️.

15 🚐kostenlos 🚰 Ch kostenlos. **Lage:** Einfach, ruhig.
Untergrund: ungepflastert. 📅 01/01-31/12.
Entfernung: 🏖200M 🏖1,5km ⊗200M 🏪500M 🚌50M.
Sonstiges: Max. 5 Tage.

| 🅢 | Sant Hilari Sacalm 🏖 | 32G2 |

Area Autocaravana, Carretera de la Font Picant.
GPS: n41,88417 o2,50778. ⬆️.

30 🚐kostenlos 🚰 Ch kostenlos ⚡(2x)€1/8Std. **Lage:** Ländlich, einfach, ruhig. **Untergrund:** Schotter/Sand. 📅 01/01-31/12.
Sonstiges: In der Nähe vom Schwimmbad, max. 48 Std, Schlüssel Ver-/Entsorgung beim Schwimbad.

| 🅢 | Sant Joan de les Abadesses 🏖 | 32G1 |

Area Sant Joan de les Abadesses, Passeig de l'Estació.
GPS: n42,23535 o2,28412. ⬆️.

15 🚐kostenlos 🚰 Ch kostenlos. **Lage:** Städtisch, einfach, zentral, ruhig. **Untergrund:** asphaltiert. 📅 01/01-31/12.
Entfernung: 🏖500M 🏪500M 🚌200M vor Ort 🚶vor Ort.
Sonstiges: 5 Stellplätze reserviert, parken auf ganzen Parkplatz erlaubt.

| 🅢 | Santa Coloma de Cervelló | 32F3 |

Santa Coloma de Cervelló, Can Julià, s/n.
GPS: n41,36495 o2,02512. ⬆️➡️.

6 🚐kostenlos 🚰 Ch kostenlos. **Lage:** Einfach, abgelegen, ruhig.
Untergrund: asphaltiert. 📅 01/01-31/12.
Entfernung: 🏖500M 🏖5km ⊗400M 🚌500M.

| 🅢 | Segorbe 🏖 | 33A1 |

Area de Segorbe, Escalera de la Estación.
GPS: n39,84805 w0,48166. ⬆️➡️.

12 🚐kostenlos 🚰 Ch kostenlos. **Lage:** Einfach, zentral, ruhig.
Untergrund: asphaltiert/befestigt. 📅 01/01-31/12.
Entfernung: 🏖1Km 🏖2km ⊗800M 🏪800M 🚌vor Ort.
Sonstiges: Max. 48 Std.

| 🅢 | Sils | 32H2 |

Area de Sils, Carrer de l'Estany. **GPS:** n41,80751 o2,74572. ⬆️.

10 🚐kostenlos 🚰 Ch kostenlos. **Lage:** Städtisch, einfach, zentral.
Untergrund: Schotter/Sand. 📅 01/01-31/12.
Entfernung: 🏖700M ⊗vor Ort 🏪vor Ort 🚌50M.
Sonstiges: Max. 48 Std.

| 🅢 | Simat de la Valldigna | 33A2 |

Carrer dels Brolls. **GPS:** n39,04120 w0,308. ⬆️.

20 🚐kostenlos 🚰 Ch kostenlos. **Untergrund:** Sand.
📅 01/01-31/12. **Entfernung:** 🏖500M 🏪450M 🚌500M.

| 🅢 | Sitges | 32F3 |

Avda. del Cami Pla. **GPS:** n41,25083 o1,81838. ⬆️.

10 🚐€ 5, 01/04-31/10 € 8 🚰 Ch 💧. **Lage:** Einfach.
Untergrund: asphaltiert. 📅 01/01-31/12.
Entfernung: 🏖800M 🏖2,5km 🚌50M.
Sonstiges: Gewerbegebiet, max. 7 Tage, Barcelona 40Km.

| 🅢 | Sta.Pola | 33A2 |

Europa-Area, Carrer dels Electricistas. **GPS:** n38,20805 w0,57416. ⬆️➡️.

33 🚐€ 9 🚰 Ch ⚡€3 WC 📋€4 💧. 🅿️ **Lage:** Komfortabel.
Untergrund: Schotter/befestigt. 📅 01/01-31/12.
Entfernung: 🏖1,7km 🏖1,8km ⊗1,7km.

| 🅢 | Tavernes de la Valldigna | 33A2 |

Area Camper La Finca, Carrer del Carbi. **GPS:** n39,08178 w0,21245.
50 🚐€ 8 🚰 Ch ⚡€3 WC 📋€3 💧inklusive. 📅 01/01-31/12.
Entfernung: 🏖750M 🏪50M 🚌600M.
Sonstiges: Brötchenservice, Videoüberwachung.

| 🅢 | Tavertet | 32G2 |

Carrer Jaume Balmes. **GPS:** n41,99462 o2,41572. ⬆️.
10 🚐€ 10 🚰 Ch 💧inklusive. **Untergrund:** Schotter/Sand.
📅 01/01-31/12.
Entfernung: 🏖100M 🚌450M.

| 🅢 | Tortosa | 33B1 |

Área de Tortosa, Cami de la Toia. **GPS:** n40,80277 o0,51388. ⬆️➡️.

30 🚐kostenlos 🚰 Ch kostenlos. **Lage:** Einfach, zentral, ruhig.
Untergrund: asphaltiert. 📅 01/01-31/12.
Entfernung: 🏖1,1km 🏖10Km 🏪900M 🚌1Km.

| 🅢 | Totana | 31H2 |

Camperstop Sierra Espuña, Morti s/n Camino del Polideportivo.
GPS: n37,79380 w1,51139. ⬆️.

Mittelmeer Gemeinschaften - Spanisch Inland

25 € 7 Ch €3/Tag WC €1 €3 inklusive.
Lage: Komfortabel. **Untergrund:** Schotter.
Entfernung: 2,5Km 5Km 450M.

| S | Tremp | 32E2 |

Passeig de Conca de Tremp. **GPS:** n42,16312 o0,89043.

10 kostenlos kostenlos €1/2Std. **Untergrund:** asphaltiert.
Sonstiges: Max. 48 Std.

| S | Turis | 33A1 |

Carretera de Silla Tunis. **GPS:** n39,38944 w0,69777.

10 kostenlos Chkostenlos. **Lage:** Einfach.
Untergrund: ungepflastert. 01/01-31/12.
Entfernung: 500M.

| S | Valencia | 33A1 |

Valencia Camper Park
Valencia

- Wlan hi-speed inklusive
- The best rated by travellers
- Gute Lage für einen Stadtbesuch

www.valenciacamperpark.com
valcampark@gmail.com

Valencia Camper Park, Calle Universo, Bétera.
GPS: n39,57958 w0,44494.
78 € 12 €0,50/40Liter Ch (52x)€3/24Std,4Amp,6Amp
€5 WC €3 inklusive. **Lage:** Städtisch, luxus.
Untergrund: Schotter. 01/01-31/12.
Entfernung: Valencia 12km 1,5Km Zug 300M.
Sonstiges: Am Schwimmbad (Sommer).

| S | Valencia | 33A1 |

Area Camping-car La Marina, Carrer del Rio 556B, El Saler.
GPS: n39,38666 w0,3321.

70 € 11 ChWC. **Untergrund:** Schotter.
Entfernung: Valencia 6km Strand 150M 600M 500M
vor Ort vor Ort vor Ort.
Sonstiges: Rabatt bei längerem Aufenthalt.

| S | Valencia | 33A1 |

Valencia Caravan Park, Camino del Tizón, 91-D, Torrent.
GPS: n39,44048 w0,52521.
15 € 8 Chinklusive €2. **Lage:** Einfach.
01/01-31/12.
Entfernung: 15Km 150M 1Km 150M.

| | Vallirana | 32F3 |

Carrer Major, N340. **GPS:** n41,38239 o1,92719.

6. **Lage:** Einfach, laut. **Untergrund:** asphaltiert.
01/01-31/12.
Entfernung: 800M 300M 800M.

| S | Vic | 32G2 |

Area Municipal de Vic, Carrer de la Fura.
GPS: n41,93444 o2,24000.

10 € 5 €2/100Liter Ch €6/3Std. **Lage:** Ländlich.
Untergrund: Wiese.
Entfernung: 1,8Km 2km 300M 500M 400M.
Sonstiges: Max. 48 Std.

| S | Vic | 32G2 |

Área de pernocta ASM, Carrer del Blat. **GPS:** n41,95688 o2,24765.

6 kostenlos Chkostenlos. **Lage:** Ländlich, einfach.
Untergrund: asphaltiert.
Entfernung: 3,5Km 500M 3,5Km 3,5Km.
Sonstiges: Videoüberwachung.

| S | Viladrau | 32G2 |

Area de Viladrau, Carrer Montseny s/n. **GPS:** n41,84544 o2,38732.

16 kostenlos Ch kostenlos. **Lage:** Ländlich, einfach, ruhig.
Untergrund: Schotter/Sand. 01/01-31/12.
Entfernung: 500M 500M 500M.
Sonstiges: Max. 48 Std.

| S | Vilafranca del Penedès | 32F3 |

Vilafranca del Penedès, Avda. Tarragona, N-340a.
GPS: n41,34001 o1,69147.

10 kostenlos Ch. **Lage:** Ländlich, einfach, zentral, ruhig.
Untergrund: Schotter/Sand. 01/01-31/12.
Entfernung: 500M 1,2Km 900M 850m Lidl vor Ort
vor Ort.

| S | Yecla | 33A2 |

Finca Caravana, Paraje Fuente del Pinar A-14.
GPS: n38,71443 w1,11948.

10 € 8 Chinklusive. **Lage:** Ländlich, einfach, abgelegen.
Untergrund: Schotter/Sand. 05/06-30/06.

Spanisch Inland

| S | Aguilar de Campoo | 29F2 |

N611, Ctra Palencia-Aguillar de Campoo.
GPS: n42,78631 w4,25757.

10 kostenlos Chkostenlos. **Lage:** Städtisch, einfach.
Untergrund: asphaltiert. 01/01-31/12.
Entfernung: 1Km 3,1Km 1Km 1Km.
Sonstiges: Max. 48 Std.

| S | Aldeadávila de la Ribera | 30D1 |

GPS: n41,22028 w6,61333.

5 kostenlos Chkostenlos. **Untergrund:** asphaltiert.
01/01-31/12. **Entfernung:** vor Ort 200M.

Spanisch Inland

Aldeanueva de Barbarroya 30E2
Calle Aldeanueva. **GPS**: n39,75843 w5,01482.
5 kostenlos Chkostenlos. 01/01-31/12.
Entfernung: 700M 700M.
Sonstiges: Max. 72 Std.

Almazán 30H1
Camino Viejo del Cubo de la Solana. **GPS**: n41,49259 w2,53385.
Sonstiges: Parkplatz am Schwimmbad.

Ampudia 29F3
Area de San Martín, Glorieta. S. Martín.
GPS: n41,91130 w4,78082.

6 kostenlos Chkostenlos. **Lage**: Ländlich, einfach.
Untergrund: Schotter/befestigt. 01/01-31/12.
Entfernung: 400M.
Sonstiges: Keine Campingaktivitäten.

Andorra 33A1
Area en Andorra. **GPS**: n40,98384 w0,44724.

3 kostenlos €0,20/130Liter Ch. **Untergrund**: asphaltiert. 01/01-31/12.
Entfernung: 1Km 13Km 1,2Km.
Sonstiges: Wertmünzen bei Tankstelle.

Astorga 29E2
Parking plaza de Toros. **GPS**: n42,45138 w6,06593.

15 kostenlos Chkostenlos. **Untergrund**: befestigt.
Entfernung: 500M 1,4Km 500M 500M.
Sonstiges: Max. 48 Std.

Astudillo 29F3
Area de la Joya, Urbanizacion de don Bosco. **GPS**: n42,18944 w4,3.

10 kostenlos Chkostenlos. **Lage**: Ländlich, einfach.
Untergrund: Schotter.
Entfernung: 1Km 300M.
Sonstiges: Keine Campingaktivitäten.

Avila 30F1
Parking del Palacio de Congresos, Calle Molino dell Carril.
GPS: n40,66111 w4,70472.

10 kostenlos.
Untergrund: asphaltiert.
Entfernung: 2,2Km.
Touristinformation Avila:
Mittelalterliches Städt umgeben von Stadtwällen.
Die Basilika San Vincente ist ein römisches Bauwerk.

Badajoz 30C3
Parque del Guadiana, Camino Viejo de San Vicente.
GPS: n38,88481 w6,97845.

8 kostenlos Chkostenlos. **Untergrund**: asphaltiert.
01/01-31/12. **Entfernung**: 600M vor Ort.

Baltanàs 29F3
Area de la Ermita de Revilla, Plaza Arrañales de Revilla.
GPS: n41,93472 w4,2475.

5 kostenlos Chkostenlos. **Lage**: Ländlich, einfach.
Untergrund: Beton. 01/01-31/12.
Sonstiges: Keine Campingaktivitäten.

Becerril de Campos 29F3
Carretera de Monzón. **GPS**: n42,10997 w4,64315.
kostenlos Chkostenlos. **Untergrund**: befestigt.
01/01-31/12. **Entfernung**: vor Ort 14Km 500M 500M.
Sonstiges: Keine Campingaktivitäten.

Bretocino 29E3
Area para Autocaravanes, Cuesta de los Nogales.
GPS: n41,88654 w5,75517.

5 +25 €7 Chinklusive €3,10Amp WC.
Lage: Ländlich, komfortabel, ruhig. **Untergrund**: Beton.
20/03-20/10.
Entfernung: 300M 300M.
Sonstiges: Ver-/Entsorgung Passanten € 3, Schwimmbad.

Burgo de Osma 30G1
Calle de Santos Iruela. **GPS**: n41,58662 w3,07338.

10 kostenlos. **Lage**: Ländlich, einfach. **Untergrund**: befestigt.
01/01-31/12.
Entfernung: 500M 200M 500M.

Burgos 29G3
N120, Calle de Cartuja de Miraflores. **GPS**: n42,34037 w3,69361.

5 € 0,60/Std, max. € 2,60, 20-10 Uhr kostenlos.
Untergrund: asphaltiert. **Entfernung**: 2,6Km.
Sonstiges: Parkplatz am Fluss.
Touristinformation Burgos:
Stadt, 8. Jahrhundert, mit vielen Sehenswürdigkeiten wie die Kathedrale, das Schloss und Monasterio de Las Huelgas.

Cabrerizos 30E1
Don Quijote, Ctra. Aldealengua 4. **GPS**: n40,97500 w5,60306.
€ 17 Ch. 01/03-31/10.
Sonstiges: Formula Camper.

Cáceres 30D2
Valhondo, Calle Lope de Vega. **GPS**: n39,48041 w6,36649.

15 kostenlos Chkostenlos. **Untergrund**: asphaltiert.
Entfernung: 600M 6,7Km.
Sonstiges: Max. 24 Std, überwachter Parkplatz.
Touristinformation Cáceres:
Oficina de Turismo, Plaza Mayor, n° 3, www.inedito.com/caceres/. Stadt mit historischer Stadtmitte.
PeroPalo. Traditionelles Fest. 21/02-24/02.

Carrión de los Condes 29F3
C/ Las Huertas. **GPS**: n42,33875 w4,60808.

10 kostenlos Chkostenlos. **Lage**: Ländlich, einfach.
Untergrund: befestigt.
Entfernung: 200M 200M 200M.
Sonstiges: Max. 48 Std.

Cervera de Pisuerga 29F2
C/ El Maderao. **GPS**: n42,87139 w4,49972.

Spanisch Inland

10 kostenlos kostenlos. **Lage:** Ländlich, einfach, abgelegen. **Untergrund:** Sand.
Entfernung: 500M 500M 500M.
Sonstiges: Am Fluss, max. 48 Std.

Coca — 30F1
GPS: n41,21348 w4,52733.

5 kostenlos. **Lage:** Städtisch, einfach. **Untergrund:** befestigt.
01/01-31/12.
Sonstiges: Parkplatz Schloss.

Consuegra — 30G3
GPS: n39,45339 w3,6106.
3 kostenlos. **Untergrund:** Sand.
Sonstiges: Abgelegener Parkplatz am Fuss des Hügels mit Windmühlen.

Cuellar — 30F1
Área El Castillo, Calle del Alamillo, 40. **GPS:** n41,40083 w4,32028.

6 kostenlos kostenlos. **Lage:** Ländlich, einfach.
Untergrund: befestigt.
Entfernung: 2km.
Sonstiges: Beim Schloss.

Deleitosa — 30E2
Área PLA Deleitosa, Calle Eras. **GPS:** n39,64041 w5,64599.
3 kostenlos €3 Ch €1/Std. **Untergrund:** befestigt.
01/01-31/12.
Entfernung: 500M 500M.

Don Benito — 30D3
Avda. de los Deportes. **GPS:** n38,96250 w5,86305.
3 kostenlos Ch kostenlos. **Untergrund:** befestigt.
01/01-31/12. **Entfernung:** vor Ort vor Ort vor Ort.

Duruelo de la Sierra — 29G3
Avenida del Duero. **GPS:** n41,95242 w2,92725.
16 €4 Ch. **Untergrund:** befestigt. 01/01-31/12.
Entfernung: 400M 250M.

Espinosa de los Monteros — 29G2
Parking Las Cocinas, BU-570 > Bárcenas. **GPS:** n43,08556 w3,5575.

10 kostenlos kostenlos. **Lage:** Einfach, abgelegen.
Untergrund: asphaltiert. 01/01-31/12.
Entfernung: 1Km 1Km 1Km vor Ort.
Sonstiges: Max. 48 Std, Dienstag Markt.

Foncastín — 29F3
Estación de Servicios La Loba, A6, salida 175.
GPS: n41,44131 w4,97957.

5 kostenlos kostenlos. **Lage:** Ländlich, einfach.
Untergrund: asphaltiert. 01/01-31/12.
Entfernung: 250M vor Ort.

Frómista — 29F3
Paseo de Julio Senador, P-980. **GPS:** n42,26494 w4,41198.

6 kostenlos kostenlos. **Lage:** Städtisch, einfach.
Untergrund: befestigt. 01/01-31/12.
Entfernung: 600M 200M 500M 500M.
Sonstiges: Am Sportpark, max. 48 Std, Brückenwaage gegenüber € 0,50.

Herrera de Pisuerga — 29F2
Fuente Los Caños. GPS: n42,59011 w4,33225.
7 kostenlos Ch kostenlos. **Lage:** Ländlich. **Untergrund:** Schotter.
01/01-31/12.
Sonstiges: Keine Campingaktivitäten.

Hontoria del Pinar — 29G3
Cañon de Río Lobos, C/ De la Cuesta Herrera.
GPS: n41,84379 w3,16514.
9+24 kostenlos Ch kostenlos. **Untergrund:** Schotter.
01/01-31/12. **Entfernung:** 500M 450M.

Huergas de Babia — 29E2
El Moriscal, CL-626. **GPS:** n42,95651 w6,09335.
10 €5 Ch inklusive. **Lage:** Ländlich.
Untergrund: Schotter. 01/01-31/12.
Entfernung: vor Ort vor Ort.

Jerte — 30E2
Area de Jerte. GPS: n40,20976 w5,77284.
15 €3/150Liter (4x). **Lage:** Ländlich.
Untergrund: asphaltiert/befestigt. 01/01-31/12.
Entfernung: Stadtmitte 2Km 400M vor Ort vor Ort.
Sonstiges: Max. 72 Std, überwachter Parkplatz.

La Alberca — 30D1
Casa del Parque. GPS: n40,48833 w6,11583.
10 kostenlos kostenlos. **Untergrund:** befestigt.
Entfernung: 300M.
Sonstiges: Max. 48 Std.

La Joyosa — 32A2
Área de Marlofa, Calle Sobradiel. **GPS:** n41,73744 w1,06664.
21 kostenlos Ch €3 WC.
Untergrund: asphaltiert/Wiese. **Entfernung:** 9Km.

Lagartera — 30E2
Camino de la Estacion. **GPS:** n39,91151 w5,19978.

3 kostenlos kostenlos. **Untergrund:** asphaltiert.
01/01-31/12. **Entfernung:** vor Ort 1,4Km 100M.
Sonstiges: Max. 48 Std.

León — 29E2
Avenida los Peregrinos. **GPS:** n42,60471 w5,58525.

6 kostenlos Ch kostenlos. **Untergrund:** befestigt.
Entfernung: 300M 300M.
Sonstiges: Max. 48 Std.

Logrosán — 30E3
El Palomar, Carretera Villanueva-Seré. **GPS:** n39,33188 w5,48044.
10 kostenlos Ch kostenlos. **Lage:** Abgelegen.
Untergrund: Wiese. 01/01-31/12.
Sonstiges: Max. 48 Std.

Mérida — 30D3
Área Teatro Romano de Mérida, C/ Cabo Verde, s/n.
GPS: n38,91903 w6,33611.
<8M € 12/24 Std, >8M € 15/24 Std, Anhänger € 3 Ch €3 inklusive.
Lage: Städtisch.
Untergrund: asphaltiert. 01/01-31/12.
Entfernung: 700M.
Touristinformation Mérida:
Oficina de Turismo, Calle Santa Eulalia, 64. Auch das spanische Rom genannt. Es war ein Rastplatz an der alten Silberroute.

Olmedo — 30F1
Parque del Mudejar, N601, km 148,1. **GPS:** n41,29167 w4,68194.

9 kostenlos Ch kostenlos. **Lage:** Ländlich, einfach.
Untergrund: befestigt. 01/01-31/12.
Entfernung: 100M 200M.

Oropesa — 30E2
Camino de Torralba. **GPS:** n39,92124 w5,16738.
4 kostenlos Ch kostenlos. **Untergrund:** befestigt.
01/01-31/12. **Entfernung:** 600M.
Sonstiges: Max. 48 Std, keine Campingaktivitäten.

Osorno — 29F2
Los Chopos, N611 Osorno > Herrera de Pisuerga.
GPS: n42,41694 w4,35111.

30 kostenlos Ch kostenlos. **Untergrund:** asphaltiert.
Entfernung: 700M 2,2Km vor Ort.
Sonstiges: Max. 48 Std, überwachter Parkplatz.

Palazuelos de Eresma — 30F1
Calle Cordel. **GPS:** n40,92848 w4,05529.
€1 Ch kostenlos. 01/01-31/12.
Entfernung: 4km.

Palencia — 29F3
Parque Isla Dos Aguas, Avda. Ponce de León, 12.
GPS: n42,00389 w4,53333.

Spanien

Spanisch Inland

23 🛏kostenlos 🚰🔌Chkostenlos.
Untergrund: asphaltiert.
Entfernung: 🍴vor Ort 🛒4Km 🛒vor Ort 🍴El Arbol 50m 🚙100M.
Sonstiges: Max. 48 Std.

Peñafiel 29F3
Calle de Los Destiladeros. **GPS:** n41,59440 w4,11582.⬆

5 🛏kostenlos. **Lage:** Ländlich, einfach. **Untergrund:** asphaltiert. ☐ 01/01-31/12.
Entfernung: ⊗150M.
Sonstiges: Parkplatz Schloss.

Peñaflor 32B2
Parking Surrecreo, Urbanizacion Los Rosales Peñaflor.
GPS: n41,72777 w0,79194.⬆➡
150 🛏€ 15 🚰🔌Ch 🚿WCinklusive.
Entfernung: 🏖8Km.

🅂 Pollos 29E3
Estación de Servicios La Loba 2000, A62, salida 169.
GPS: n41,41004 w5,13396.⬆

10 🛏kostenlos 🚰🔌Chkostenlos. **Lage:** Autobahn, einfach.
Untergrund: befestigt. ☐ 01/01-31/12.
Entfernung: 🛒200M 🛒vor Ort 🍴vor Ort.
Sonstiges: An der Tankstelle.

🅂 Ribaseca 29E2
Area de Léon, Carretera la Bañeza. **GPS:** n42,54439 w5,5882.
🛏€ 15-25 🚰🔌Ch 🚿WC 💧inklusive.
Untergrund: asphaltiert. ☐ 01/01-31/12.
Entfernung: 🏖8Km 🛒2,3km 🍴800M. **Sonstiges:** Bei Reisemobilhändler, Vermietung PKW, Waschplatz für Wohnmobile.

Salamanca 🌿 30E1
Antiguo Campo De Rugbi. **GPS:** n40,95917 w5,67464.
+10 🛏kostenlos.
Lage: Laut. ☐ 01/01-31/12. **Entfernung:** 🏖1Km 🍴100M Lidl/Mercadona. **Sonstiges:** Neben Sportplätzen.

Saldaña 29F2
Calle de los Sauces. **GPS:** n42,51882 w4,74125.⬆

6 🛏kostenlos 🚰🔌Ch. **Lage:** Ländlich, einfach. **Untergrund:** Beton. ☐ 01/01-31/12.
Entfernung: 🏖1Km 🛒1Km.
Sonstiges: Neben Sportplatz, max. 48 Std.

🍴🅂 Sancti-Spiritus 30D1
Hostal-Restaurante La Ponderosa, Carretera nacional 620 km303.
GPS: n40,73481 w6,36093.

🛏Gäste kostenlos 🚰🔌.
Entfernung: 🛒3km.
Sonstiges: Tagesmenü € 8.

🅿 Sepúlveda 🌿 30G1
Calle de el Postiguillo. **GPS:** n41,29897 w3,74479.

10 🛏kostenlos. **Untergrund:** asphaltiert.
Entfernung: 🏖300M 🛒12Km ⊗100M.

🅿 Soria 29H3
Monte de las Animas. **GPS:** n41,76769 w2,45391.

🛏kostenlos. **Untergrund:** Schotter.

🅂 Soria 29H3
Hypermercado E. Leclerc, Calle J, P 290. **GPS:** n41,77249 w2,48497.⬆
6 🛏kostenlos 🚰€2 🔌Ch 🚿€2 💧. **Untergrund:** asphaltiert.
☐ 01/01-31/12.
Entfernung: 🏖1,8Km ⊗vor Ort 🛒vor Ort 🍴vor Ort.
Sonstiges: Wertmünzen bei Tankstelle.

🅂 Terradillos 30E1
Area del Encinar, Paseo de Poniente. **GPS:** n40,88000 w5,58194.⬆
10 🛏kostenlos 🚰🔌Chkostenlos. **Lage:** Einfach.
Untergrund: asphaltiert. **Entfernung:** ⊗200M.

Teruel 33A1
Parking Cuartel, Calle Tarazona de Aragon. **GPS:** n40,33132 w1,09273.
20 🛏kostenlos 🚰🔌Ch ☐ 01/01-31/12.
Entfernung: 🏖2km 🛒300M 🍴50M.
Sonstiges: Gegenüber Polizeirevier.

Toledo 🌿 30F2
Parking de la Estación, Avda. de Castilla la Mancha.
GPS: n39,86472 w4,01944.
50 🛏kostenlos.
Untergrund: asphaltiert.
Entfernung: 🛒1,3Km.
Touristinformation Toledo:
✝ Catedral. Die Kathedrale ist bekannt für ihren Reichtum.
🏛 El Alcázar. Römische Schlossruinen, 16. Jahrhundert.

🍴🅂 Toro 🌿 29E3
Area de Rumbeolas, Calle Santa María de la Vega.
GPS: n41,51489 w5,39301.
10 🛏€4 🚰🔌Chinklusive 🚿€3. **Lage:** Ländlich.
Untergrund: Sand. ☐ 01/01-31/12.
Entfernung: 🏖1,5Km 🛒5,5Km 🚶vor Ort.

Trujillo 🌿 30E3
Ronda de le Plaza de Toros. **GPS:** n39,45696 w5,87303.⬆
10 🛏kostenlos. **Untergrund:** asphaltiert. ☐ 01/01-31/12.
Entfernung: 🏖Stadtmitte 800M ⊗100M.

🅂 Turégano 30F1
CL603. **GPS:** n41,15241 w4,00749.⬆

10 🛏kostenlos 🚰🔌Chkostenlos. **Lage:** Ländlich, einfach.
Untergrund: asphaltiert. ☐ 01/01-31/12.
Entfernung: ⊗200M.
Sonstiges: Hinter ehemaligen Getreidefabrik, max. 48 Std.

🅂 Valencia de Alcántara 30C2
Area de Puerto Roque, N-521. **GPS:** n39,34104 w7,2775.⬆
10 🛏kostenlos 🚰€3 🔌Ch. **Lage:** Ländlich. **Untergrund:** befestigt.
☐ 01/01-31/12.
Entfernung: 🏖9Km 🛒vor Ort.

🅂 Valencia de Don Juan 29E2
Area de Coyanza, Calle Tres de Abril. **GPS:** n42,28750 w5,51333.⬆➡

7 🛏kostenlos 🚰🔌Chkostenlos. **Lage:** Städtisch, einfach.
Untergrund: Beton. ☐ 01/01-31/12.
Entfernung: 🏖500M 🛒300M.
Sonstiges: Max. 48 Std.

Valladolid 🌿 29F3
San Lorenzo, Av. Ramón Pradera. **GPS:** n41,65583 w4,73722.⬆

15 🛏€ 2,50/24 Std 🚰🔌inklusive. **Lage:** Städtisch.
Untergrund: asphaltiert.
Entfernung: 🏖Zentrum 1km 🛒3,2Km 🍴400M.
Sonstiges: Max. 48 Std.

Villacañas 30G3
Calle Juan Pablo II. **GPS:** n39,62101 w3,33188.⬆
2 🛏kostenlos. **Untergrund:** asphaltiert.
Entfernung: 🛒vor Ort ⊗350M.
Sonstiges: Max. 48 Std.

🅂 Villada 29F3
C/ San Fructuoso, Calle del Ferial Nuevo 10.
GPS: n42,25533 w4,9649.⬆➡

5 🛏kostenlos 🚰🔌Chkostenlos. **Lage:** Ländlich, einfach, ruhig.
Untergrund: Schotter. ☐ 01/01-31/12.
Entfernung: 🏖200M 🛒200M 🍴200M.
Sonstiges: Max. 48 Std, keine Campingaktivitäten.

Villalpando 29E3
Area de Servicios Villalpando, A6, salida 236.
GPS: n41,85906 w5,41993.⬆
5 🛏kostenlos. **Lage:** Autobahn, einfach, abgelegen, laut.

Spanisch Inland - Andalusia

Untergrund: asphaltiert. 01/01-31/12.
Entfernung: 200M vor Ort vor Ort.
Sonstiges: An der Tankstelle.

Zafra — 31D1
Ctra. de los Santos de Maimona, Ex101. **GPS:** n38,42527 w6,41083.

30 kostenlos Chkostenlos. **Untergrund:** asphaltiert. 01/01-31/12.

Zafra — 31D1
Ferial Zafra, Ctra. Badajoz-Granada. **GPS:** n38,42558 w6,4116.
30 kostenlos Chkostenlos. **Lage:** Städtisch. **Untergrund:** asphaltiert.

Zamora — 29E3
Estadio Barrio 3 Arboles, Calle de los Pisones.
GPS: n41,50337 w5,75585.

18 kostenlos. **Lage:** Städtisch, einfach, zentral.
Untergrund: asphaltiert.
Entfernung: 1km 1km.
Sonstiges: Spielplatz.

Andalusia

Abla — 31G2
Area de Abla, A-92A. **GPS:** n37,14455 w2,77347.
7 kostenlos Chkostenlos. **Untergrund:** asphaltiert.
01/01-31/12. **Entfernung:** vor Ort 1,5km 100M.

Abla — 31G2
Area de Montagón, Carretera ALP-503.
GPS: n37,15415 w2,77716.

13 kostenlos Chkostenlos. **Lage:** Ländlich, einfach, ruhig.
Untergrund: asphaltiert. 01/01-31/12.
Entfernung: 1,5km 2km 1,5km 1,5km.
Sonstiges: Neben Fussballplatz.

Agua Amarga — 31H3
Calle Ensenada. **GPS:** n36,93883 w1,93657.

20 kostenlos. **Lage:** Ländlich, einfach, ruhig.
Untergrund: Schotter/Sand. 01/01-31/12.
Entfernung: vor Ort 100M 50M 500M 2km.
Sonstiges: Im Flussbett.

Alanís — 31D1
Area de Alanís de la Sierra, Alameda del Parral.
GPS: n38,03729 w5,71057.
5 kostenlos Chkostenlos. **Lage:** Einfach.

Untergrund: befestigt. 01/01-31/12.
Entfernung: vor Ort 200M.

Alcalá de Guadaíra — 31D2
Autocaravanas Hidalgo, A92 Sevilla><Malaga km 7.
GPS: n37,32856 w5,8056.

18 € 10 €0,50 Ch inklusive.
Entfernung: 170M Ausfahrt 15.
Sonstiges: Reisemobilhändler, max. 2 Nächte.

Alcázar de San Juan — 30G3
Area de Alcazar de San Juan. **GPS:** n39,38972 w3,21944.
10 kostenlos Ch. **Untergrund:** asphaltiert. 01/01-31/12.
Entfernung: vor Ort 150M 300M.

Algar — 31D3
Complejo Tajo del Aguila. **GPS:** n36,65111 w5,66555.
€ 20 Ch WC inklusive. 01/01-31/12.
Entfernung: 1km vor Ort vor Ort.
Sonstiges: Max. 7 Nächte.

Alicún de las Torres — 31G2
GR6104. **GPS:** n37,50836 w3,10802.

3 kostenlos. **Untergrund:** befestigt. 01/01-31/12.
Entfernung: 100M 100M.
Sonstiges: Neben Thermalbad.

Almayate — 31F3
Area AMB, Carretera Nacional 340, km 266,5.
GPS: n36,72372 w4,13999.

40 € 7, 01/06-30/09 € 10 Ch inklusive.
Lage: Ländlich, einfach. **Untergrund:** Schotter.
Entfernung: 700M 100M 100M 2km 200M.
Sonstiges: Bei Reisemobilhändler.

Almensilla — 31D2
San Diego, A-8054. **GPS:** n37,31361 w6,09333.
15 kostenlos Chkostenlos.
Sonstiges: An der Tankstelle BP und Restaurant, Restaurantbesuch geschätzt.

Almerimar — 31G3
Parking Almerimar, Avenida del Mar. **GPS:** n36,70803 w2,80895.
136 € 7 Ch €3/24Std WC. **Lage:** Städtisch.
Untergrund: befestigt. 01/01-31/12.
Entfernung: Zentrum ± 1km 100M 50M 1km.

Almerimar — 31G3
Area del Puerto Deportivo Almerimar, Torre del puerto.
GPS: n36,69612 w2,79425.

20 € 12,69 Ch WC inklusive €3,50/24 Std.
Lage: Städtisch, einfach. **Untergrund:** asphaltiert. 01/01-31/12.
Entfernung: vor Ort 100M 300M 100M 100M.
Sonstiges: Anmelden beim Hafenmeister 9-14U, 16-21U.

Antequera — 31E2
Area de Antequera, Calle Miguel de Cervantes.
GPS: n37,02139 w4,57191.

12 kostenlos Chkostenlos. **Lage:** Städtisch, einfach, laut.
Untergrund: asphaltiert. 01/01-31/12.
Entfernung: vor Ort 6,5km 50M 500M.
Sonstiges: Neben Fussballplatz.

Archidona — 31E2
A7200. **GPS:** n37,09097 w4,38879.

12 kostenlos Chkostenlos. **Lage:** Ländlich, einfach.
Untergrund: Beton. 01/01-31/12.
Entfernung: 250M 1km 500M 1km vor Ort.

Baeza — 31F1
Calle Manuel Acero. **GPS:** n37,99679 w3,45923.
30 kostenlos Chkostenlos. **Untergrund:** Sand.
01/01-31/12. **Entfernung:** 1km 500M Bäckerei.
Sonstiges: Max. 96 Std, keine Campingaktivitäten.

Benarrabá — 31E3
Area Autocaravanas Benarrabá, Carretera Comarcal MA-538.
GPS: n36,54935 w5,27901.
5 kostenlos Chkostenlos. **Untergrund:** Schotter.
01/01-31/12. **Entfernung:** 500M 600M.

Cabo de Gata — 31H3
Cabo de Gata Camper Park, Carrertera de San José.
GPS: n36,81639 w2,14918.

50 € 7-10 Ch (50x) WC €3,50/3,50 inklusive.
Untergrund: Schotter. 01/01-31/12.
Entfernung: 5km 7km 7km vor Ort 5km vor Ort vor Ort vor Ort.
Sonstiges: Ver-/Entsorgung Passanten € 3, Fahrradverleih.

Cabra — 31F2
Area de Cabra II, Calle de la Libertad. **GPS:** n37,47602 w4,44271.

Andalusia

⬛kostenlos ⛽Chkostenlos. **Lage:** Städtisch.
Untergrund: asphaltiert. ⬛ 01/01-31/12 Mo 07-13 Uhr.
Entfernung: 🛒600M ⊗200M.

Cabra 31F2
Auditorio Municipal Alcalde Juan Muños, Juanita la Larga.
GPS: n37,46608 w4,42361. ⬆➡.

4 ⬛kostenlos ⛽Chkostenlos. **Lage:** Städtisch, einfach, ruhig.
Untergrund: asphaltiert. ⬛ 01/01-31/12.
Entfernung: 🛒500M ⊗300M 🍴500M.
Sonstiges: Max. 48 Std.

Cala de Mijas 31E3
Av. del Mediterraneo. GPS: n36,50496 w4,68344. ⬆.

50 ⬛kostenlos. **Lage:** Städtisch, einfach. **Untergrund:** Sand.
⬛ 01/01-31/12.
Entfernung: 🛒500M 🍴500M 🏖800M ⊗50M 🏪100M 🚌50M.
Sonstiges: Mittwoch und Samstag Markt.

Canjáyar 31G3
Paraje de la Alcoholera, A-348. **GPS:** n37,01400 w2,74523. ⬆.

7 ⬛kostenlos ⛽Chkostenlos. **Lage:** Ländlich, einfach, ruhig.
Untergrund: asphaltiert/befestigt.
Entfernung: 🛒1Km ⊗450M.
Sonstiges: Bei den Tennisplätzen.

Carboneras 31H3
El Rancho, ALP-711. **GPS:** n37,00371 w1,91127. ⬆.
45 ⬛ €10 ⛽Ch WC 🚿€3,50 inklusive. **Lage:** Ländlich.
Untergrund: Sand. ⬛ 01/01-31/12.
Entfernung: 🛒2km 🍴2,4Km Mercadona 2Km.

Conil de la Frontera 31D3
Avda. del Rio. GPS: n36,27282 w6,08994.

---

20 ⬛kostenlos. **Untergrund:** asphaltiert. ⬛ 01/01-31/12.
Entfernung: 🏖vor Ort 🏪500M 🍴500M.
Sonstiges: Parkplatz entlang der Küstenstrasse.

Córdoba 31E1
Área del Centro Histórico, Avda. de los Custodios.
GPS: n37,87528 w4,78778.
30 ⬛ €11 ⛽Ch. **Untergrund:** asphaltiert/Schotter.
⬛ 01/01-31/12. **Entfernung:** 🏛Altstadt 300M 🚌2,3Km.
Sonstiges: Gegenüber Polizeirevier.

Córdoba 31E1
Avda. del Campo de la Verdad/Calle del Compositor Rafael Castro.
GPS: n37,87515 w4,76626.
⬛kostenlos. **Untergrund:** asphaltiert. ⬛ 01/01-31/12.
Entfernung: 🏛1Km.

Touristinformation Córdoba:
🏛 Museo Municipal Taurino, Plaza de las Bulas. Museum des Stierkämpfens. ⬛ Di-Fr 8.30-20.45 Uhr, Sa 8.30-16.30, So 8.30-14.30 Uhr ⬛ Mo. 🎫 € 4.
🏛 Torre de la Calahorra. Städtisches Museum. ⬛ 10-14, 16.30-20.30. 🎫 € 4,50.
🏛 Oficina de Turismo, Torrijos, 10 (Plaza del Triunfo), www.cordoba-turismo.es. Historische und kulturreiche Stadt, Stadt des Flamencos und der Stierkämpfe.
🏛 Palacio del Marqués de Viana. Palast mit Sammlungen von Leder, Tafelsilber, Porzellan etc. ⬛ Mo-Sa 10-19 Uhr, So 10-15 Uhr. 🎫 € 8.
🕌 Mezquita. Weltberühmte maurische Moschee. ⬛ 10-18/19u.

Cuevas de San Marcos 31F2
GPS: n37,26059 w4,40237. ⬆.

15 ⬛kostenlos ⛽kostenlos. **Lage:** Ländlich, einfach, abgelegen.
Untergrund: asphaltiert.
Entfernung: 🛒1Km ⊗500M 🍴1Km.
Sonstiges: Parkplatz am Schwimmbad.

Cullar 31G2
Venta de Peral2, A-92. **GPS:** n37,55336 w2,6144.

20 ⬛kostenlos ⛽WC kostenlos. **Untergrund:** asphaltiert.
⬛ 01/01-31/12. **Entfernung:** 🛒3Km 🍴10M 🏪10M.

Dólar 31G2
Area de Venta de Dólar, A92. **GPS:** n37,19521 w2,98397. ⬆.

30 ⬛kostenlos ⛽Chkostenlos. **Lage:** Autobahn, einfach.
Untergrund: befestigt. ⬛ 01/01-31/12.
Entfernung: 🛒2km 🏖50M ⊗vor Ort.
Sonstiges: An der Tankstelle.

Doña Mencía 31F2
Area de Esparciamiento Dona Mencia. GPS: n37,54656 w4,35237. ⬆.

7 ⬛kostenlos ⛽kostenlos. **Lage:** Ländlich, komfortabel, ruhig.
Untergrund: Schotter. ⬛ 01/01-31/12.
Entfernung: 🛒500M La Cantina 🍴vor Ort.

Dos Hermanas 31D2
Multiparking La Jabega, Carretera SE 9024. **GPS:** n37,21278 w5,96389.

50 ⬛ €6 ⛽Ch 🚿€3 WC inklusive. **Untergrund:** Beton.
⬛ 01/01-31/12.
Sonstiges: Zentrum Sevilla 18Km.
Sonstiges: Videoüberwachung.

Dos Hermanas 31D2
Rubiales, Calle Pasadilla de Barranco. **GPS:** n37,31030 w5,9584. ⬆.
20 ⬛ €12 ⛽Chinklusive 🚿€3. **Untergrund:** Schotter.
⬛ 01/01-31/12.
Entfernung: 🛒Sevilla 10km 🚌> Sevilla 100M.

El Bosque 31D3
Calle de Juan Ramón Jiménez. GPS: n36,75670 w5,51056.

5 ⬛kostenlos ⛽Chkostenlos. **Untergrund:** befestigt.
⬛ 01/01-31/12. **Entfernung:** 🛒vor Ort 100M 🍴300M.

El Higuerón 31E1
Peter Pan, Avenida Principal. **GPS:** n37,87107 w4,85465.
10 ⬛ €6 ⛽Ch. **Untergrund:** Beton. ⬛ 01/01-31/12.
Entfernung: 🛒Córdoba 7Km 🏪450M, Mercadona 2Km 🚌Linie 54 > Córdoba.

El Puerto de Santa Maria 31D3
Parking Pasarela, Av. de Europa. **GPS:** n36,59840 w6,2212. ⬆.

50 ⬛ €6. **Lage:** Städtisch, einfach. **Untergrund:** asphaltiert.
⬛ 01/01-31/12.
Entfernung: 🛒500M ⊗200m Burgerking 🍴300M 🚌200M.

El Real de la Jara 31D1
Avenida Aguablanca. GPS: n37,95089 w6. ⬆.
8 ⬛kostenlos ⛽Ch. **Untergrund:** asphaltiert.
⬛ 01/01-31/12.
Entfernung: 🛒vor Ort 300M. **Sonstiges:** Max. 48 Std.

Frailes 31F2
Calle Mecedero. GPS: n37,48848 w3,8308. ⬆.
10 ⬛kostenlos ⛽Ch. **Untergrund:** befestigt. ⬛ 01/01-31/12.
Entfernung: 🛒500M ⊗500M. **Sonstiges:** Max. 48 Std.

Andalusia

Fuengirola — 31E3
Calle Receinto Ferial. **GPS:** n36,54843 w4,61998.
+20 kostenlos. 01/01-31/12.
Entfernung: vor Ort 300M 100M 100M.

Fuengirola — 31E3
Ristorante El Rengo, Calle Tramo de Unión.
GPS: n36,53229 w4,63844.
15 € 4,50 Ch inklusive €5.
Untergrund: Schotter/Sand.
01/01-31/12.
Entfernung: 2,5Km 1,6Km vor Ort Centro comercial 1Km.

Gelves — 31D2
Puerto Gelves, Calle de Puerto Gelves. **GPS:** n37,33934 w6,02405.

20 € 12 Ch €2,80 WC.
Untergrund: asphaltiert.
01/01-31/12.
Entfernung: vor Ort 4,3Km vor Ort vor Ort vor Ort.
Sonstiges: Sevilla 10km, gute Busverbindung.

Granada — 31F2
Área de Geysepark-Cármenes, Torre de Comares.
GPS: n37,15136 w3,59533.

100 € 16/Tag Ch Ver-/Entsorgung €5 €2/48Std.
Lage: Städtisch, einfach. **Untergrund:** asphaltiert.
01/01-31/12.
Entfernung: 200M 2km 200M 200M.
Sonstiges: Parkgarage, Eingang Wohnmobile 2. Rampe, max. ^3.10M, es wird empfohlen die Alhambra Eintrittskarten im Voraus zu kaufen.

Granada — 31F2
Alhambra, P5. **GPS:** n37,17168 w3,57974.

50 € 53/24 Std, 01/10-01/05 € 29/24 Std. **Lage:** Ländlich, einfach.
Untergrund: Schotter. 01/01-31/12.
Entfernung: 1,5Km 200M 200M 100M.
Touristinformation Granada:
 Alhambra. Die wichtigste Sehenswürdigkeit der Stadt, am best erhaltenen Araberpalast.
 9-20 Uhr, Winter, Sa 20-22 Uhr, So 9-18 Uhr, Sommer Di,Do, Sa 22-24 Uhr.
 Cuevas del Sacromonte. Höhlen im Sacromonte Berg, Zigeuner lebten hier jahrhundertelang. Jetzt bedeutender Touristenort und Bühne der Flamencoshows.
 El Albaicín. Maurischer Bezirk gegenüber der Alhambra.

Grazalema — 31E3
Calle Juan de la Rosa. **GPS:** n36,75807 w5,36365.

4 kostenlos. **Untergrund:** asphaltiert. 01/01-31/12.
Entfernung: 300M 200M 500M.

Huelva — 31C2
Monumento a Colón, Avenida Francesco Montenegro.
GPS: n37,21333 w6,93972.

15 kostenlos. **Untergrund:** asphaltiert. 01/01-31/12.
Entfernung: 6Km 50M vor Ort 6Km 500M.

Huércal-Overa — 31H2
Travesía de la Alameda. **GPS:** n37,39823 w1,94672.

10 kostenlos €0,50/100Liter Ch. **Lage:** Städtisch, einfach.
Untergrund: befestigt. 01/01-31/12 Mo 09-14 Uhr, Markt.
Entfernung: 200M 200M vor Ort vor Ort.
Sonstiges: Max. 72 Std, Wertmünzen bei El Pabellon Municipal.

La Isleta — 31H3
Playa del Pénom blanca, Carreta Noria. **GPS:** n36,81670 w2,05146.

15 kostenlos. **Lage:** Ländlich, einfach. **Untergrund:** Schotter.
Entfernung: 100M Sandstrand 20M 150M 300M.
Sonstiges: Parkplatz am Meer.

La Línea de Concepción — 31D3
Av. Principe de Asturias. **GPS:** n36,15583 w5,34553.

50 € 1/Std, € 15/24 Std. **Untergrund:** befestigt. 01/01-31/12.
Entfernung: 500M 1Km 200M 1Km.
Sonstiges: Mittwoch Markt.

La Línea de Concepción — 31D3
Area de Alcaidesa Marina, Av. Principe de Asturias.
GPS: n36,15528 w5,35389.
60 € 12 Ch inklusive. **Untergrund:** befestigt.
Entfernung: vor Ort vor Ort.

Málaga — 31E3
Area de Los Patios, Calle Montejaque. **GPS:** n36,68706 w4,46045.

10 kostenlos €1/50Liter Ch. **Lage:** Städtisch, einfach.
Untergrund: asphaltiert.
01/01-31/12.
Entfernung: vor Ort 1,7Km vor Ort Carrefour 400M.
Touristinformation Málaga:
 Oficina de Turismo, Pasaje de Chinitas, 1, www.andalucia.org. Alte lebhafte Hafenstadt mit schöne Stränden.
 Alcazaba. Maurisches Schloss mit archäologischem Museum.
 Museo casa natal de Pablo Picasso, Plaza de la Merced. Geburtsort des Malers. Mo-Sa 10-20 Uhr So-Mittag.
 Palacio de los Condes de Buena Vista, Calle San Agustin, 6. Kunsthistorisches Museum.
 So.

Marchena — 31E2
Calle Sevilla s/n. **GPS:** n37,33083 w5,42416.
20 kostenlos Ch kostenlos. **Untergrund:** befestigt.
Entfernung: 1Km.

Olvera — 31E2
Vía Verde de la Sierra. **GPS:** n36,94138 w5,25305.
48 € 5 Ch inklusive. 01/01-31/12.
Entfernung: 1Km.

Peñarroya-Pueblonuevo — 31E1
El Pantano. **GPS:** n38,27694 w5,27722.

20 € 7 Ch Ver-/Entsorgung €1,50 €2 inklusive.
Lage: Komfortabel, abgelegen, ruhig.
01/01-31/12.
Entfernung: 4Km See vor Ort vor Ort vor Ort.
Sonstiges: Direkter Zugang zum See, Waschplatz für Wohnmobile € 1, Schwimmbad.

Priego de Córdoba — 31F2
Parque Niceto Alcalá - Zamora, Calle del Carrusel s/n.
GPS: n37,44361 w4,21186.

10 kostenlos Ch kostenlos. **Lage:** Städtisch, einfach.
Untergrund: Beton. 01/01-31/12.
Entfernung: 500M 500M 500M.
Touristinformation Priego de Córdoba:
 Iglesia de la Aurora.

Rute — 31F2
Calle de Jésus Obrero. **GPS:** n37,33113 w4,37323.

Spanien

Andalusia

6 kostenlos Chkostenlos. **Lage:** Ländlich, einfach.
Untergrund: asphaltiert.
Entfernung: 500M 500M 300M.
Sonstiges: Parkplatz neben Polizeirevier, max. 48 Std.

San Juan de los Terreros — 31H2
Playa de Entrevista, A332. **GPS:** n37,35083 w1,67972.

>20 kostenlos. **Untergrund:** Schotter/Sand. 01/01-31/12.
Entfernung: 500M 100M 2km 2,5Km.
Sonstiges: Parkplatz Strand.

Sancti Petri La Barrosa — 31D3
Carretera de la Barossa. **GPS:** n36,38612 w6,2053.

20 kostenlos. **Untergrund:** befestigt. 01/01-31/12.
Entfernung: 2km 200M 1km 5km.
Sonstiges: Parkplatz Strand.

Sanlúcar de Barrameda — 31D2
Sanlúcar AC Parking, Camino de la Reyerta, s/n.
GPS: n36,76195 w6,39617.

58 01/07-30/09 € 12, 01/04-30/06 € 10, 01/10-31/03 € 8
Ch (30x)€3/Tag,5Amp WC €3/3 inklusive. 01/01-31/12.
Entfernung: 4km 100M 100M 300M 350M 400M 500M.

Sevilla — 31D2
Area Ac Sevilla Centro, Carretera de la Esclusa.
GPS: n37,36239 w5,99452.

100 € 15 Ch (40x)€3 WC inklusive.
Untergrund: asphaltiert.
01/01-31/12.
Entfernung: 200M 200M 300M vor Ort 200M 500M.

Sevilla — 31D2
Parking Puente de los Remedios, Avenida Presidente Adolfo Suarez.
GPS: n37,37235 w5,99444.
+10 € 10 €5. **Lage:** Städtisch. **Untergrund:** asphaltiert.
01/01-31/12.
Entfernung: vor Ort 300M 400M 400M.

Sevilla — 31D2
Parking Kansas City, Avda. de Kansas City. **GPS:** n37,39194 w5,97333.
18/24 Std. **Untergrund:** asphaltiert.

Touristinformation Sevilla:
- Alcazar, Plaza del Triumfo.
- Italica. Römische Ruinen, 9 Kilometer nördlich von Sevilla an der N630.
- Almeda de Hercules. So-Morgen.
- Parque de los Descubrimientos. Themenpark Wissenschaft, im Pavillon von der Expo 1992. Fr-So, Sommer Di-Do ab 18 Uhr 10/01-28/02.
- Calle de las Sierpes. Berühmte Einkaufsstraße.

Sierra Nevada — 31F2
Los Peñones de San Francisco. GPS: n37,09995 w3,3947.

60 € 10/Tag Chinklusive. **Untergrund:** asphaltiert.
Entfernung: 3Km 1Km 300M.
Sonstiges: Shuttlebus ins Dorf.

Touristinformation Sierra Nevada:
Parc Natural de Sierra Nevada. Großen Naturpark mit südlichste Skigebiet Europas.

Taberno — 31H2
Área El Rancho, Los Llanos (La Carrasquilla), Santopetar.
GPS: n37,46028 w2,03833.

8 € 8 Ch (4x)WC inklusive. **Lage:** Ländlich, einfach, ruhig. **Untergrund:** Schotter. Mo.
Entfernung: 600M 13Km vor Ort.
Sonstiges: Eintritt Schwimmbad € 2.

Tarifa — 31D3
Área de Tarifa centro, C/ Numancia, s/n. **GPS:** n36,01443 w5,60732.
10 <8M € 12/24 Std, >8M € 15/24 Std, Anhänger € 3
Chinklusive. €3. **Lage:** Städtisch. **Untergrund:** asphaltiert.
01/01-31/12.
Entfernung: 400M 1,3Km 300M.

Tarifa — 31D3
GPS: n36,06804 w5,6856.

20 kostenlos. **Untergrund:** Sand. 01/01-31/12.
Entfernung: 10Km vor Ort 50M 100M.
Sonstiges: Parkplatz Strand.

Touristinformation Tarifa:
- Tourist Office, Duke of Kent House, Cathedral Square, Gibraltar, www.gibraltar.gi. Britische Kronkolonie, Insel ist ein hoher Felsen.
- Siege Tunnels, Gibraltar. Tunnel-Labyrinth, raffinierte Verteidigungsanlage.

Torre de Benagalbón — 31F3
Camper Areas M&H El Rincón, Cortijo Casillas De Los Rubios.
GPS: n36,71658 w4,23799.

35 € 12/24 Std Chinklusive €3/24Std €7,50 €1/24Std.
Lage: Ländlich, komfortabel, ruhig. **Untergrund:** Schotter.
01/01-31/12.
Entfernung: 1Km 3Km 700M 100M 700M 750M.

Úbeda — 31G1
Travesia Commendador Messias. **GPS:** n38,00649 w3,37953.
10 kostenlos Chkostenlos. **Untergrund:** asphaltiert.
01/01-31/12.
Entfernung: Stadtmitte 1Km 1,8Km 250M vor Ort vor Ort. **Sonstiges:** Max. 48 Std.

Valverde del Camino — 31C1
Ctra. de Zalamea. **GPS:** n37,58111 w6,75138.

10 kostenlos Chkostenlos.
Untergrund: asphaltiert/Sand. 01/01-31/12.
Entfernung: 500M.

Vélez-Rubio — 31H2
Área Puerta Oriental de Andalucía, Calle Granada.
GPS: n37,65194 w2,07555.

10 kostenlos Chkostenlos. **Lage:** Ländlich, einfach, ruhig.
Untergrund: befestigt. 01/01-31/12 1. Woche Aug.
Entfernung: 500M 2,2Km 500M 500M.

Vera — 31H2
Acvera Motorhome Park & Aire, Camino de Los Pescadores s/n.
GPS: n37,26030 w1,85347.
160 € 9 Ch (160x)€2 WC inklusive. **Lage:** Ländlich, komfortabel. **Untergrund:** befestigt.
01/01-31/12.
Entfernung: Vera 2km 4,7Km Strand 10Km vor Ort.
Sonstiges: Tennis-und Paddle-Unterricht, 11 Tennisplätze.

Vera — 31H2
Oasis al Mar, Av del Salar. **GPS:** n37,22731 w1,82819.
50 € 7-9, Anhänger € 1 Ch €3/Tag €3 inklusive.
Lage: Ländlich, komfortabel. **Untergrund:** Schotter. 01/10-01/05.
Entfernung: Stadtmitte Vera 4,4Km 2km.
Sonstiges: Waschplatz für Wohnmobile € 4.

Villanueva de Algaidas — 31E2
Calle de la Archidona, A-7201. **GPS:** n37,17810 w4,45021.
20 kostenlos Chkostenlos. **Lage:** Ländlich, einfach.
Untergrund: asphaltiert.
Entfernung: 500M 50M.
Sonstiges: Max. 48 Std.

Finnland

Hauptstadt: Helsinki
Staatsform: parlamentarische Republik
Amtssprache: Finnisch, Schwedisch
Einwohnerzahl: 5.375.000 (2015)
Fläche: 336.855 km²

Allgemeine Informationen
Telefonvorwahl: 0358
Allgemeine Notrufnummer: 112
Währung: Euro
Kreditkarten werden fast überall akzeptiert.

Freies Übernachten im Wohnmobil
Aufenthalt in der Natur wird in der Regel erlaubt, auf einem privaten Grundstück mit Genehmigung des Eigentümers.

Wenn man auf einem Campingplatz übernachtet, ist Camping Key Europe verpflichtet und ist erhältlich bei jedem Campingplatz für € 16, Gültigkeit 1 Jahr.

Gesetzliche Feiertage 2017
14. April Karfreitag
17. April Oster Montag
1. Mai Maifeiertag
24-25. Juni Mittsommerfest
1. November Allerheiligen
6. Dezember Unabhängigkeitstag

Zeitzone
Winterzeit GMT+2
Sommerzeit GMT+3

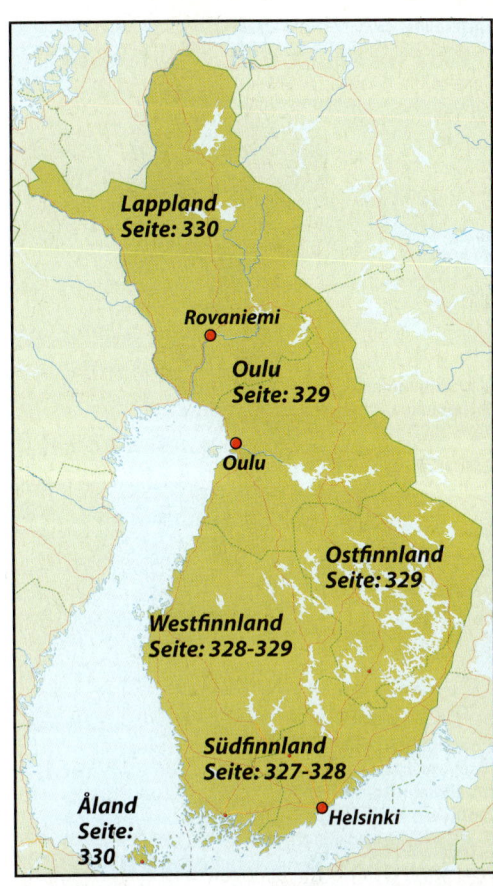

Südfinnland

Hamina 4F2
Aallokko Caravan, Helsingintie. **GPS**: n60,56039 o27,18280.

20 € 10 + € 2,50/pp Chinklusive €3/24 Std kostenlosStd. **Lage**: Ländlich, einfach, ruhig.
Untergrund: Schotter. 01/04-31/10.
Entfernung: 1Km vor Ort vor Ort 1Km.
Sonstiges: Saunabenutzung kostenpflichtig.

Helsinki 4F3
Mustikkanaantie / Blåbärslandsvägen. **GPS**: n60,18240 o24,99173.

10 kostenlos. **Lage**: Ländlich, einfach. **Untergrund**: asphaltiert. 01/01-31/12.
Entfernung: 5,5Km 1Km vor Ort vor Ort vor Ort 100M.

Imatra 4F2
ABC Imatra, Tiedonkatu 2. **GPS**: n61,18466 o28,73800.

20 € 5 Ch inklusive in Restaurant.
Lage: Einfach, laut. **Untergrund**: asphaltiert. 01/01-31/12.
Entfernung: 3Km vor Ort vor Ort vor Ort.

Jyväskylä 4E2
Parkeerplaats bij tuibrug, Vespuolentie 674.
GPS: n61,99235 o25,67093.

10 kostenlos. **Lage**: Ländlich, einfach, ruhig.
Untergrund: asphaltiert. 01/01-31/12.
Entfernung: 10Km vor Ort vor Ort.

Jyväskylä 4E2
Parkeerplaats bij tuibrug, Vespuolentie 674.
GPS: n61,99235 o25,67093.
10 kostenlos. **Lage**: Ländlich, einfach, ruhig.
Untergrund: asphaltiert. 01/01-31/12.
Entfernung: 10Km vor Ort vor Ort.

Karjaa 4E3
ABC Karjaa, Lepinpellonkatu 2. **GPS**: n60,05489 o23,64809.

4 € 5 Ch inklusive WC kostenlos.
Lage: Ländlich, einfach.
Untergrund: asphaltiert. 01/01-31/12.
Entfernung: 2km vor Ort vor Ort vor Ort 10Km.

Kortela 4E3
ABC Rauma Kortela, Unajantie 2. **GPS**: n61,09888 o21,50387.

10 € 5 Chinklusive €5/24 Std. **Lage**: Autobahn, einfach, laut. **Untergrund**: asphaltiert. 01/01-31/12.
Entfernung: 3,5Km vor Ort vor Ort.

Lepaa 4E2
Kyläkauppa Pikkuakka, Tyrvännöntie 576.
GPS: n61,11587 o24,34537.

12 € 20 Ch WCinklusive.
Lage: Ländlich, einfach, ruhig. **Untergrund**: Wiese. 01/01-31/12.

Südfinnland - Westfinnland

Entfernung: 🚗7Km 🚶1Km 🛒1Km ⛽vor Ort. 🍴vor Ort.

Liikkala 4F2
Onnelan Tila, Hakalantie 37. **GPS**: n60,70986 o27,01708. ⬆️

2 🚐 € 20 🚿inklusive. 🏕️ **Lage**: Ländlich, einfach, abgelegen, ruhig. **Untergrund**: Wiese. 🗓️ 01/01-31/12.
Entfernung: 🚗2km.

Parikkala 4F2
Tukkikuja. **GPS**: n61,55592 o29,49803. ⬆️

6 🚐kostenlos 🚿€10. **Lage**: Städtisch, einfach, ruhig.
Untergrund: asphaltiert. 🗓️ 01/01-31/12.
Entfernung: 🚗300M ⛽vor Ort. 🛒vor Ort. 🍴300M. 🚌300M.
Sonstiges: Beim Hafen.

Särkisalmi 4F2
Oronmyllyn Toimintakeskus, Oronmyllyntie 250.
GPS: n61,62059 o29,37868. ⬆️➡️

12 🚐 € 10 🚿 (4x) €10/24Std WC. 🏕️ **Lage**: Ländlich, einfach, abgelegen, ruhig. **Untergrund**: Wiese. 🗓️ 01/01-31/12.
Entfernung: 🚗7Km 🛒100M. 🍴100M.

Ylämaa 4F2
Korupirtti Oy Ravintola, Kikikylantie 7. **GPS**: n60,79054 o28,01026.

5 🚐kostenlos 🚿€1/Mal. **Lage**: Ländlich, einfach, ruhig.
Untergrund: Schotter. 🗓️ 01/01-31/12.
Entfernung: 🚗1Km 🍴vor Ort. ⛽vor Ort.
Sonstiges: Beim Museum.

Westfinnland

Hanhikoski 4E2
Maatilamatkailu Koivusalo, Vanhatie 386.
GPS: n62,96175 o22,77427. ➡️

3 🚐 € 20 🚿WC inklusive. **Lage**: Ländlich, einfach, ruhig.
Untergrund: Wiese/Schotter. 🗓️ 01/01-31/12.
Entfernung: 🚗4Km ⛽200M.
Sonstiges: Sauna € 10.

Hattu 4G1
Arhipan Pirtti. **GPS**: n62,92948 o31,28065. ⬆️
🚐 14 🚿 €4 WC.
Entfernung: 🛒300M vor Ort.

Huittinen 4E2
ABC Huittinen, Loimijoentie 89. **GPS**: n61,16713 o22,68061. ⬆️

7 🚐 € 5 🚿 Ch. kostenlos. 🏕️ **Lage**: Städtisch, einfach.
Untergrund: asphaltiert. 🗓️ 01/01-31/12.
Entfernung: 🚗1Km 🛒1Km ⛽vor Ort. 🍴vor Ort.

Ikaalinen 4E2
Ikaalisten Kylpylä Rantasipi, Hämyläntie 2.
GPS: n61,77586 o23,01928. ⬆️

20 🚐 € 12 🚿inklusive WC. 🏕️ **Lage**: Ländlich, einfach, ruhig.
Untergrund: asphaltiert. 🗓️ 01/01-31/12.
Entfernung: 🚗3Km ⛽vor Ort. ⛽vor Ort.

Ilmarinen 4E3
Ilmaristen Matkailutila, Vääntelantie 45.
GPS: n60,49801 o22,37492. ⬆️➡️

6 🚐 € 15 🚿 (4x)€5/24Std WC €2 kostenlos. 🏕️
Lage: Ländlich, einfach, ruhig. **Untergrund**: Schotter.
🗓️ 01/01-31/12.
Entfernung: 🚗2km ⛽2km 🛒1,5Km 🚌700M.

Kangasala 4E2
Mobilan Auto Kylä, Kustaa Kolmannen tie 75.
GPS: n61,44124 o24,12997. ⬆️➡️

5 🚐kostenlos. **Lage**: Ländlich, einfach, ruhig.
Untergrund: asphaltiert. 🗓️ 01/01-31/12.
Entfernung: 🚗6Km 🛒100M. 🍴100M.
Sonstiges: Beim Museum.

Killinkoski 4E2
Killinkosken Kyläyhdistys, Inkantie 60. **GPS**: n62,40382 o23,89105. ⬆️

5 🚐kostenlos 🚿kostenlos. **Lage**: Ländlich, einfach, ruhig.
Untergrund: Wiese. 🗓️ 01/01-31/12.
Entfernung: ⛽vor Ort. 🍴vor Ort. 🚌400M.

Lempäälä 4E2
Kärppälän Rustholli, Kärppäläntie 50. **GPS**: n61,33448 o23,67716. ➡️

8 🚐 € 25 🚿WC inklusive. 🏕️
Lage: Ländlich. **Untergrund**: Wiese. 🗓️ 01/01-31/12.
Entfernung: 🚗6Km ⛽100M. 🍴100M.

Mieto 4E2
Hakunin kotieläintila, Hakunintie 193.
GPS: n62,57169 o22,26394. ⬆️➡️

2 🚐 € 10 🚿inklusive. 🏕️ **Lage**: Ländlich, einfach, abgelegen, ruhig. **Untergrund**: Wiese/Schotter. 🗓️ 01/01-31/12.
Entfernung: 🚗2km.
Sonstiges: Sauna € 10.

Nokia 4E2
ABC Nokia Kolmenkulma, Rounionkatu 140.
GPS: n61,50143 o23,56800. ⬆️➡️

10 🚐 € 5 🚿 Ch inklusive 🚿 (10x)€5/24Std. 🏕️
Lage: Autobahn, einfach, laut. **Untergrund**: asphaltiert.
🗓️ 01/01-31/12.
Entfernung: 🚗2km 🍴vor Ort. ⛽vor Ort. 🛒vor Ort.

Pyhäjärvi 4E1
Vaskikello Klokkenmuseum, Vaskikellontie 420.
GPS: n63,71402 o25,91985.

5 🚐kostenlos 🚿kostenlos WC. **Lage**: Autobahn, einfach, ruhig.
Untergrund: asphaltiert.
Entfernung: 🚗4Km ⛽vor Ort. 🍴200M.

Westfinnland - Ostfinnland - Oulu

Tuuri 4E2
Kyläkaupan Onnela Karavaanarialue, Onnelantie 45.
GPS: n62,60595 o23,71426.

243 € 20 Ch €5 WC inklusive. **Lage:** Ländlich, luxus, ruhig. **Untergrund:** asphaltiert. 01/01-31/12.
Entfernung: 300M 300M.
Sonstiges: Schwimmbad und Sauna vor Ort.

Vaajakoski 4E2
ABC Vaajakoski, Vaajakoskentie 850. GPS: n62,22871 o25,90290.

10 € 5 Ch inklusive €5/24 Std in Restaurant.
Lage: Autobahn, laut. **Untergrund:** asphaltiert. 01/01-31/12.
Entfernung: vor Ort vor Ort vor Ort.

Vaasa 4D2
ABC Kiitokaari Vaasa, Kiitokaari 2. GPS: n63,05239 o21,71773.

20 € 5 Ch inklusive €5/24 Std in Restaurant.
Lage: Autobahn, einfach, laut. **Untergrund:** asphaltiert.
01/01-31/12.
Entfernung: 8Km vor Ort vor Ort vor Ort.

Viitasaari 4E1
ABC Viitasaari, Kokkosalmentie 78. GPS: n63,07527 o25,86618.

4 € 10 Ch (4x)inklusive.
Lage: Autobahn, einfach. **Untergrund:** asphaltiert. 01/01-31/12.
Entfernung: 1Km vor Ort vor Ort vor Ort vor Ort vor Ort.

Ylönkylä 4E3
Katiskanmäki, Särkisalontie 2. GPS: n60,16479 o22,99639.

30 € 6 + € 5/pP Ch €5 WC inklusive.
Lage: Ländlich, einfach, ruhig. **Untergrund:** Schotter.
01/01-31/12.

Entfernung: 8Km 5Km 5Km vor Ort 8Km.

Ostfinnland

Heinävesi 4F2
Heinäveden satama, Kermarannantie 48.
GPS: n62,43835 o28,63796.

4 € 10 inklusive WC. **Lage:** Ländlich, einfach, ruhig.
Untergrund: asphaltiert. 01/01-31/12.
Entfernung: 2km vor Ort.

Iisalmi 4F1
Untamonkatu 6. GPS: n63,56465 o27,19025.

10 kostenlos. **Lage:** Städtisch. **Untergrund:** asphaltiert.
01/01-31/12. **Entfernung:** vor Ort 800M 250M 250M.
Sonstiges: An der Sporthalle.

Iisalmi 4F1
Luuniemenkatu 11. GPS: n63,55102 o27,18841.

10 kostenlos. **Lage:** Städtisch, einfach, ruhig. **Untergrund:** Schotter.
01/01-31/12.
Entfernung: 2km 100M 100M 500M 500M.

Ilomantsi 4F1
Hyvinvointikeskus Toivonlahti, Henrikintie 4.
GPS: n62,67684 o30,91145.
12 € 10.
Entfernung: vor Ort vor Ort 200M.

Jongunjoki 4F1
Eräkeskus Wilderness Lodge Oy, Alakylä 15.
GPS: n63,52483 o30,03822.

5 € 8 + € 4/pP Ch inklusive €4/24 Std. **Lage:** Ländlich, einfach, abgelegen, ruhig, laut.
Untergrund: Wiese/Sand.
01/01-31/12.
Entfernung: 3Km vor Ort vor Ort vor Ort vor Ort.

Karhunpää 4F1
Laitalan Lomat, Laitalantie 85. GPS: n63,61440 o28,86089.

10 € 12 Aufenthalt WC inklusive. **Lage:** Ländlich, ruhig.
Untergrund: Wiese/Schotter.
Entfernung: 9Km vor Ort vor Ort vor Ort.
Sonstiges: Sauna € 10.

Lieksa 4F1
ABC Lieksa, Kalliokatu 8. GPS: n63,32240 o30,00854.
Ch €5. **Untergrund:** asphaltiert.
Entfernung: vor Ort.

Rantasalmi 4F2
Hotelli Rinssi-Everesti, Ohitustie 5. GPS: n62,06390 o28,30890.

6 € 10 Ch inklusive (6x)€5/24 Std WC in Restaurant in Restaurant.
Lage: Ländlich, einfach, ruhig.
Untergrund: asphaltiert. 01/01-31/12.
Entfernung: 300M 100M 100M vor Ort 500M.
Sonstiges: Saunabenutzung kostenpflichtig.

Sulkava 4F2
Alanteentie. GPS: n61,78528 o28,37769.

5 € 14 Ch WC inklusive. **Lage:** Städtisch, ruhig.
Untergrund: asphaltiert. 01/01-31/12.
Entfernung: 500M vor Ort vor Ort 100M 500M.

Oulu

Kontiomäki 4F1
Shell, Viitostie 2. GPS: n64,31988 o28,04344.
20 € 6 WC inklusive. **Lage:** Autobahn.
Entfernung: vor Ort.
Sonstiges: An der Tankstelle.

Puolanka 3D3
Pororajan Majoitus, Pudasjärventie 1. GPS: n64,87494 o27,64344.
8 € 12 €3 WC. **Untergrund:** asphaltiert.
01/01-31/12. **Entfernung:** 1Km 1Km 1Km vor Ort.

Sanginkylä 4E1
Valkeisen virkistysalueella, Puolangantie 207.
GPS: n64,86477 o26,74733.
€ 10 €2.
Entfernung: vor Ort vor Ort.

Siikajoki 4E1
Ruokolahden lava, Limingantie 197, Paavola.
GPS: n64,61267 o25,23947.
8 Ch €5 WC 15. **Lage:** Ländlich. **Untergrund:** Schotter.
23/05-06/09.
Entfernung: 2km vor Ort vor Ort.
Sonstiges: Schlüssel beim Kiosk.

Ylivieska 4E1
Hotelli Käenpesä, Lintutie 1. GPS: n64,06782 o24,52621.
4 € 20 WC.
Entfernung: 800M vor Ort.
Sonstiges: Anmelden bei Hotel.

Lappland

Anetjärvi 3D3
Aneen Loma, Anetjärventie 72A. **GPS**: n65,91851 o27,98786.
10 € 25 WC inklusive. **Lage:** Ländlich.
Entfernung: vor Ort, vor Ort.
Sonstiges: Am Strand, Sauna inkl..

Tanhua 3C2
Tanhuan Erämajat, Pessijoentie 2. **GPS**: n67,52802 o27,53691.
10 € 5 ChWC. **Untergrund:** Wiese.
Entfernung: 300M.

Tanhua 3C2
Tanhuan Erämajat, Pessijoentie 2. **GPS**: n67,52802 o27,53691.
10 € 5 ChWC. **Untergrund:** Wiese.
Entfernung: 300M.
Sonstiges: Saunabenutzung kostenpflichtig.

Åland

Keitele 4E1
Matkailukeskus Lossisaari, Sininentie 205.
GPS: n63,18941 o26,34270.

5 € 23 Ch WC inklusive in Restaurant.
Lage: Ländlich, komfortabel, ruhig. **Untergrund:** Wiese/Schotter.
01/01-31/12.
Entfernung: 1,5Km vor Ort, vor Ort, vor Ort 1,5Km.
Sonstiges: Hinter Tankstelle, Brötchenservice.

🇫🇷 Frankreich

Hauptstadt: Paris
Staatsform: semipräsidiale Republik
Amtssprache: Französisch
Einwohnerzahl: 66.300.000 (2015)
Fläche: 543.965 km²

Allgemeine Informationen
Telefonvorwahl: 0033
Allgemeine Notrufnummer: 112
Währung: Euro
Kreditkarten werden fast überall akzeptiert.

Freies Übernachten im Wohnmobil
Freies Übernachten ist im Binnenland fast überall erlaubt. Wenn es spezielle Vorschriften für Reisemobile gibt, dann findet man diese bei der Ortseinfahrt.

Gesetzliche Feiertage 2017
14. April Karfreitag
1. Mai Tag der Arbeit
8. Mai Befreiung 1945
14. Juli Nationalfeiertag
15. August Mariä Himmelfahrt
1. November Allerheiligen
11. November Waffenstillstand 1918

Zeitzone
Winterzeit GMT+1
Sommerzeit GMT+2

Hauts-de-France

Ambleteuse 13C2
D940 > Wimereux. GPS: n50,80638 o1,61484.
7 €5. Lage: Ländlich, einfach, ruhig. Untergrund: Wiese.
Entfernung: 750M 1,2Km.

Amiens 15H1
Boulevard Faidherbe. GPS: n49,89430 o2,28675.
kostenlos. Lage: Städtisch, zentral. Untergrund: asphaltiert.
01/01-31/12.
Entfernung: Stadtmitte 800M 300M 300M.

Amiens 15H1
Parc Moulin Saint-Pierre, Rue Massey. GPS: n49,90001 o2,31072.
kostenlos. Lage: Zentral. Untergrund: asphaltiert.
01/01-31/12.
Entfernung: Stadtmitte 2Km.

Amiens 15H1
Parc des Cygnes, 111, Avenue des Cygnes. GPS: n49,92086 o2,25971.
5 € 11,70, 4 Pers. inkl. Chinklusive. Untergrund: asphaltiert.
01/04-14/10.
Entfernung: Stadtmitte 5Km 3Km Bus 50M.

Touristinformation Amiens:
Office de Tourisme, 23 Place Notre Dame, www.amiens-tourisme.com. Hauptstadt der Region Somme.
St.Leu. Malerischer Bezirk.
Musée Picardie, 48, rue de la République. Archäologie, Stadtmittelalter, Schöne Künste. Di-So 10-12 Uhr, 14-18 Uhr.
Zoo d'Amiens, 101, rue du Faubourg de Hem. Stadtzoo. 10-17 Uhr, 01/04-30/09 10-18 Uhr. 16/11-31/01.

Arques 13D2
Rue Michelet. GPS: n50,74551 o2,30459.
20 € 3,50 €1,50 Ch €1,50. Lage: Einfach.
Untergrund: Schotter. 01/04-31/10.
Entfernung: 2km 100M.
Sonstiges: Hinter Campingplatz Beauséjour.

Arras 13D3
Rue des Rosati. GPS: n50,29463 o2,78812.

10 kostenlos €2/100Liter Ch €2/Std.
Untergrund: asphaltiert. 01/01-31/12.
Entfernung: 700M 500M.

Touristinformation Arras:
Hôtel de Ville. Rathaus in gotische Art. Auch Führungen durch den unterirdischen Gängen von Arras.
Mi, Sa.

Bailleul 13D2
Rue du collège. GPS: n50,74010 o2,73170.
20 kostenlos. Untergrund: asphaltiert. 01/01-31/12.
Entfernung: 700M 2,8Km.
Sonstiges: Am Denkmal.

Banteux 11A3
GPS: n50,06259 o3,20106.

5 € 4 Ch kostenlos.
Lage: Ländlich, einfach. Untergrund: Wiese/Schotter.
01/01-31/12 Ver-/Entsorgung 01/11-31/03.
Entfernung: 500M 2,5Km vor Ort vor Ort.

Hauts-de-France

Bapaume — 13D3
Avenue Abel Guidet. **GPS**: n50,10133 o2,85045.

2 kostenlos €2 Ch.
Entfernung: 300M 300M.
Sonstiges: Wertmünzen beim Touristenbüro, Rathaus und Bäckerei.

Bavay — 11B3
Chemin de Ronde. **GPS**: n50,30004 o3,79551.
10 kostenlos Chkostenlos. **Untergrund**: Schotter.
01/01-31/12. **Entfernung**: 200M 200M.

Beautor — 16A1
Rue du Port. **GPS**: n49,66083 o3,34927.
3 kostenlos ChWC. 01/01-31/12.

Bellicourt — 11A3
Hameau de Riqueval, D1044. **GPS**: n49,95156 o3,23519.

2 kostenlos Ch Ver-/Entsorgung €4.
Untergrund: asphaltiert. 01/01-31/12. Ver-/Entsorgung: 01/10-31/03. **Entfernung**: 300M vor Ort vor Ort.
Sonstiges: Wertmünzen bei Office de Tourisme.

Berck-sur-Mer — 13C3
Les Sternes, Chemin aux Raisins. **GPS**: n50,39701 o1,56431.

80 €10 Chinklusive. **Untergrund**: Schotter.
01/01-31/12. **Entfernung**: 1,5Km 100M.
Sonstiges: Backer kommt jede Morgen.

Berck-sur-Mer — 13C3
Parking Terminus, Rue Dr. Calot, Berck-Nord.
GPS: n50,42361 o1,56750.

40 €10 Chinklusive. **Lage**: Einfach. **Untergrund**: Schotter.
01/01-31/12.
Entfernung: Strand 200M.
Sonstiges: Strandparkplatz.

Berck-sur-Mer — 13C3
Chez Mireille, Chemin Genty. **GPS**: n50,41654 o1,57696.

Bergues — 13D2
Rue Maurice Cornette. **GPS**: n50,96543 o2,43596.

80 €8 €2 Ch (4x)€2/kWh kostenlos.
Untergrund: Wiese. 01/04-31/10.
Entfernung: 600M 800M vor Ort.
Sonstiges: Bezahlen bei der Bar.
Touristinformation Berck-sur-Mer:
Bagatelle, CD 940, Vergnügungspark. Ostern-Sep 10.30-18.30 Uhr.

Bergues — 13D2
Rue Maurice Cornette. **GPS**: n50,96543 o2,43596.

50 kostenlos. **Lage**: Einfach, ruhig. **Untergrund**: Schotter.
01/01-31/12.
Entfernung: 500M 2,2Km.
Sonstiges: Hinter Fussballplatz, max. 48 Std.

Bertry — 11A3
Rue Victor Hugo. **GPS**: n50,09092 o3,44829.
3 kostenlos Ch. **Lage**: Laut.
Entfernung: vor Ort 500M 700M.
Sonstiges: Am Bahnhof, max. 72 Std.

Blérancourt — 16A1
Avenue de la Libération. **GPS**: n49,51285 o3,15035.
6 kostenlos Chkostenlos. **Untergrund**: Schotter.
01/01-31/12. **Entfernung**: 750M.

Boulogne-sur-Mer — 13C2
Parking Moulin Wibert, Boulevard Sainte Beuve, D940.
GPS: n50,74308 o1,59688.

40 €6/24 Std €4/10Minuten Ch. **Untergrund**: befestigt.
Entfernung: Stadtmitte 2,5Km 5,5Km vor Ort vor Ort.

Boulogne-sur-Mer — 13C2
Boulevard Chanzy. **GPS**: n50,72194 o1,60027.

kostenlos. **Lage**: Einfach. **Untergrund**: asphaltiert.
Entfernung: 500M 4,5Km 300M 300M.
Sonstiges: Beim Casino.
Touristinformation Boulogne-sur-Mer:
Boulevard Clocheville. Mi-Morgen.
place Dalton, centre. Mi + Sa Morgen.
place Vignon. So-Morgen.

Bourseville — 13C3
Lotissement le Village. **GPS**: n50,10350 o1,52702.

Boussois — 11B3
Rue du Rivage. **GPS**: n50,28845 o4,04544.

35 €5 €2 Ch €3. **Lage**: Abgelegen, ruhig.
Untergrund: asphaltiert. 01/01-31/12.
Entfernung: 500M 3Km 500M 500M.

Boussois — 11B3
Rue du Rivage. **GPS**: n50,28845 o4,04544.
4 Ch. **Untergrund**: Schotter. 01/01-31/12.
Entfernung: 1Km.

Bray-Dunes — 13D2
Carrefour Market Bray Dunes, Rue Pierre Decock.
GPS: n51,06275 o2,52162.

6 kostenlos €2/10Minuten Ch €2/Std. **Lage**: Einfach, laut.
Untergrund: Schotterasen. 01/01-31/12.
Entfernung: vor Ort.
Sonstiges: Beim Supermarkt Carrefour, nur Übernachtungen 20- 8.30 Uhr.

Bruyères-et-Montberault — 16A1
Avenue de Verdun. **GPS**: n49,52538 o3,66080.

4 kostenlos. **Untergrund**: asphaltiert. 01/01-31/12.
Entfernung: 100M 100M 200M.

Calais — 13C2
Digue Gaston Berthe. **GPS**: n50,96688 o1,84406.

60 kostenlos, 01/04-31/10 € 7/24 Std Ch WCinklusive.
Lage: Einfach. **Untergrund**: asphaltiert.
Entfernung: 500M 100M 100M 100M.

Calais — 13C2
Quai Edmond Pagniez. **GPS**: n50,96050 o1,84466.

100 kostenlos, 01/04-31/10 € 7/24 Std Ch inklusive.
Lage: Einfach, laut. **Untergrund**: asphaltiert.
01/01-31/12.
Entfernung: 300M 350M.

Hauts-de-France

Sonstiges: Ver-/Entsorgung: Digue Gaston Berthe.
Touristinformation Calais:
Centre d'Information Eurotunnel. Ausstellung des Kanaltunnels.
Mi, Do, Sa.

Cambrai 11A3
Grand Carré. **GPS:** n50,18515 o3,22587.
6 €8 Ch inklusive. **Lage:** Komfortabel, ruhig.
Untergrund: asphaltiert. 01/01-31/12.
Entfernung: 1,5Km 750M.

Cassel 13D2
Route d'Oxelaere, C301. **GPS:** n50,79328 o2,48852.

5 kostenlos €2 Ch €2. **Lage:** Abgelegen, ruhig.
Untergrund: Schotter. 01/01-31/12.
Entfernung: 1Km.
Sonstiges: Am Sportpark, Wertmünzen beim Touristenbüro.

Catillon-sur-Sambre 11A3
Avenue de la Groise, N43. **GPS:** n50,07624 o3,64615.

5 €5 Ch inklusive. **Untergrund:** asphaltiert.
01/01-31/12. **Entfernung:** 200M vor Ort.
Sonstiges: Am Kanal, max. 72 Std.

Catillon-sur-Sambre 11A3
Rue de la Gare. **GPS:** n50,07699 o3,64404.

20 kostenlos. **Untergrund:** Schotter. 01/01-31/12.
Entfernung: 500M vor Ort.
Sonstiges: Am Kanal.

Cayeux-sur-Mer 13C3
Aire de camping-cars Les Galets de la Mollière, Rue Faidherbe.
GPS: n50,20300 o1,52612.

30 €7 €3 Ch. **Untergrund:** Schotter. 01/05-01/11.
Entfernung: 2km Am Meer, kein Strand 2km 2km.
Sonstiges: Bezahlen beim Campingplatz.

Cayeux-sur-Mer 13C3
Route blanche, Le Hourdel, D102. **GPS:** n50,21448 o1,55208.

30 kostenlos. **Lage:** Einfach, abgelegen, ruhig.
Untergrund: Schotter. 01/01-31/12.
Entfernung: 500M, Cayeux 6Km Meer 50M 500M 3Km.

Château-Thierry 16A2
Aire de Château, Avenue d'Essômes. **GPS:** n49,03657 o3,38365.

13 €7, Kurtaxe €0,20/pP Ch €4/24Std WC inklusive.
Lage: Städtisch, komfortabel. **Untergrund:** asphaltiert.
01/01-31/12.
Entfernung: Stadtmitte 1,8Km vor Ort vor Ort vor Ort vor Ort vor Ort vor Ort.
Sonstiges: Entlang der Marne.

Chavignon 16A2
Le domaine de ZAZA, La Fontaine Dubois.
GPS: n49,47941 o3,53396.
5 €6 Ch inklusive €3. **Untergrund:** Schotter.
Sonstiges: Anmelden beim Museum.

Comines 11A2
Ferme Hélicicole, Chemin de l'Apothicaire. **GPS:** n50,74190 o3,02322.

6 €5 €2/10Minuten Ch €3/24 Std.
Untergrund: Schotter. **Entfernung:** 3,5Km vor Ort vor Ort.

Conty 15G1
Rue du Marais. **GPS:** n49,74333 o2,15583.

70 kostenlos €2/100Liter Ch WC. **Untergrund:** Wiese.
01/01-31/12.
Entfernung: 200M 6,5Km 300M 300M 300M.
Sonstiges: Wertmünzen beim Touristenbüro, Rathaus und Bäckerei.

Coucy-le-Château-Auffrique 16A1
Chemin du Val Serain. **GPS:** n49,52037 o3,31150.

6 €5 Ch inklusive. **Lage:** Ländlich, komfortabel.

Untergrund: Schotter. 01/01-31/12.
Entfernung: 500M vor Ort 500M.
Sonstiges: Schloss 1Km.

Crespin 11B3
Rue du Vivier. **GPS:** n50,41950 o3,66274.
3 kostenlos €2 Ch.
Sonstiges: Am Friedhof, Wertmünzen beim Rathaus.

Doullens 13D3
Rue du Pont à l'Avoine, N25-Arras-Amiens. **GPS:** n50,15390 o2,34260.

4 kostenlos €2 €2. **Untergrund:** asphaltiert. 01/01-31/12.

Embry 13C2
Les Salons de l'Embryenne, D108. **GPS:** n50,49534 o1,96610.

8 €7 €3 Ch €3/4Std WC €3/12Minuten.
Lage: Abgelegen, ruhig. **Untergrund:** Schotter.
01/01-31/12.
Sonstiges: Brötchenservice, Videoüberwachung, Picknick und Grillplatz.

Enquin-les-Mines 13D2
La Ferme des Templiers de Flechinelle, 2 Rue des Templiers, Fléchinelle. **GPS:** n50,58175 o2,30505.
4 €7 Ch inklusive. **Untergrund:** Schotter.
01/01-31/12. **Entfernung:** vor Ort.

Equihen-Plage 13C2
Plage de la Crevasse, Rue du Beurre Fondu.
GPS: n50,67993 o1,56830.

20 €7 €3/10Minuten Ch (6x)€6/12Std.
Lage: Komfortabel, ruhig. **Untergrund:** Wiese/Schotter.
01/01-31/12.
Entfernung: 100M 100M 100M 100M.

Esquelbecq 13D2
Parking de la Chenaie, Rue d'Arneke. **GPS:** n50,88395 o2,43119.
kostenlos. **Untergrund:** asphaltiert.
Entfernung: 200M 200M.

Estaires 13D2
Rue de Merville. **GPS:** n50,64354 o2,71866.

3 kostenlos €2/10Minuten Ch €2/1Std (3x)€4/12Std.
Entfernung: 200M 150M.
Sonstiges: Barzahlung.

Frankreich

Hauts-de-France

Fort Mahon Plage — 13C3
Plage Parking de la Dune, Rue de la Bistouille.
GPS: n50,33833 o1,55611.

60 🅿️ € 9 ⛽Ch WC kostenlos. **Untergrund**: Schotter.
🕐 01/01-31/12. **Entfernung**: 🏖️200M 🛒600M 🍽️200M.

Grand-Fort-Philippe — 13D2
Rue Maréchal Foch. **GPS**: n51,00249 o2,09718.
🅿️. 🕐 01/01-31/12.
Sonstiges: Gegenüber Campingplatz.

Grand-Fort-Philippe — 13D2
Bd Carnot. **GPS**: n51,00142 o2,10851.
8 🅿️ kostenlos. **Untergrund**: asphaltiert. 🕐 01/01-31/12.
Entfernung: 🏖️vor Ort 🛒600M.
Sonstiges: Am Kanal, temporärer stellplatz.

S Grandvilliers — 15G1
Place de la Censé. **GPS**: n49,66536 o1,93576.
3 🅿️ kostenlos ⛽Ch WC kostenlos. **Untergrund**: asphaltiert.
🕐 01/01-31/12. **Entfernung**: 🏖️100M 🛒100M 🍽️400M.

Gravelines — 13D2
Parking des Miaules, Rue des Islandais/Rue du Port.
GPS: n50,98766 o2,12232.

20 🅿️ € 7. **Lage**: Ländlich, einfach, ruhig. **Untergrund**: Schotter.
🕐 01/01-31/12.
Entfernung: 🏖️500M 🛒in der Nähe 🍽️300M.

S Gravelines — 13D2
Rue de la Gendarmerie. **GPS**: n50,99342 o2,13177.
⛽€2 Ch.

Hardelot — 13C2
Place R.L. Peeters. **GPS**: n50,63500 o1,59888.

🅿️ kostenlos. **Lage**: Einfach. **Untergrund**: asphaltiert.
🕐 01/01-31/12. **Entfernung**: 🛒1,7Km.

S Hautmont — 11B3
Yacht Club Hautmont, Boulevard de l'Ecluse. **GPS**: n50,25090 o3,91206.
5 🅿️ € 7 ⛽Ch WC inklusive. **Untergrund**: Wiese.
Entfernung: 🏖️600M 🛒600M 🍽️600M.
Sonstiges: Bezahlung beim Hafenmeister, Kaution Schlüssel € 20.

Hondschoote — 13D2
Impasse Spinnewyn. **GPS**: n50,97628 o2,58033.

8 🅿️ kostenlos ⛽€2/100Liter Ch €2/1Std.
Untergrund: asphaltiert.
Entfernung: 🏖️800M 🛒800M 🍽️800M 🍺300M 🏧vor Ort 🚰vor Ort.
Sonstiges: Hinter Moulin de la Victoire, Wertmünzen erhältlich, Adressen aufgeschildert vor Ort.

La Chapelle-Monthodon — 16A2
1 hameau de Chézy. **GPS**: n49,02904 o3,63616.
5 🅿️ kostenlos. **Lage**: Ländlich, abgelegen, ruhig. 🕐 01/01-31/12.

Landrecies — 11B3
Avenue Dumey. **GPS**: n50,12715 o3,69007.
4 🅿️. 🕐 01/01-31/12.

Laôn — 16A1
Promenade de la Couloire. **GPS**: n49,56313 o3,62967.

7 🅿️ kostenlos. **Untergrund**: befestigt. 🕐 01/01-31/12.
Entfernung: 🛒300M 🍺500M.
Sonstiges: Nahe der alten Stadtmauern.

Laôn — 16A1
Rue du Maréchal Alphonse Juin. **GPS**: n49,55665 o3,16411.
6 🅿️ kostenlos. **Untergrund**: befestigt. 🕐 01/01-31/12.
Entfernung: 🛒vor Ort 🏧vor Ort.
Sonstiges: Mittelalterliches Dorf.

S Le Crotoy — 13C3
Camping-Car Park le Tarteron, Route de Rue.
GPS: n50,22972 o1,64128.

24 🅿️ €10/24 Std ⛽Ch inklusive. **Lage**: Laut.
Untergrund: Schotter. 🕐 01/01-31/12.
Entfernung: 🛒2km 🍽️2km 🍺2km.

Le Crotoy — 13C3
Aire Camping-car, Bassin des Chasses. **GPS**: n50,21800 o1,63300.

50 🅿️ € 7/24 Std ⛽€2/100Liter Ch €2/1Std.
Untergrund: Sand. 🕐 01/01-31/12.
Entfernung: 🛒5 Gehminuten 🍽️15 Gehminuten Laverie Crotelloise, 20, avenue du Gal de Gaulle.

S Le Crotoy — 13C3
Aire du Marais, Chemin du Marais. **GPS**: n50,22855 o1,61222.

35 🅿️ € 7/24 Std ⛽€2/10Minuten Ch €2/1Std.
Untergrund: Wiese/Schotter. 🕐 01/01-31/12.
Entfernung: 🛒1,5Km 🍽️vor Ort 🍺1,5Km Laverie Crotelloise, 20, avenue du Gal de Gaulle vor Ort 🏧 vor Ort.

S Le Nouvion-en-Thiérache — 11B3
Allée du S/I François d'Orléans. **GPS**: n50,00542 o3,78078.
5 🅿️ €3 ⛽Ch. **Lage**: Ländlich. **Untergrund**: asphaltiert.
🕐 01/01-31/12.
Entfernung: 🛒2km.
Sonstiges: Max. 72 Std, Wertmünzen beim Campingplatz.

S Le Portel — 13C2
Rue des Champs. **GPS**: n50,71188 o1,57485.

40 🅿️ € 5 ⛽€2/100Liter Ch €2/4Std.
Untergrund: befestigt. 🕐 01/01-31/12.
Entfernung: 🛒200M 🍽️300M 🍺300M.
Sonstiges: Neben Sportplätzen, 300m vom Strand (Treppe) entfernt, Markt am Freitag.

S Le Touquet-Paris Plage — 13C2
Parc International de la Canoke, Boulevard de la Canche.
GPS: n50,52648 o1,59869.

100 🅿️ € 10 ⛽€2/100Liter Ch €2/55Minuten.
Untergrund: Wiese/Schotter. 🕐 01/01-31/12.
Entfernung: 🛒10 Gehminuten 🍽️vor Ort 🍺vor Ort 🏧vor Ort 🚰vor Ort.

S Le Touquet-Paris Plage — 13C2
Centre Nautique du Touquet Base Nord, Avenue Jean Ruet.
GPS: n50,53588 o1,59285.

60 🅿️ € 15 ⛽€2/100Liter Ch €2/55Minuten.
Untergrund: asphaltiert. 🕐 01/01-31/12.
Entfernung: 🛒10 Gehminuten 🍽️vor Ort 🍺vor Ort 🏧vor Ort 🚰vor Ort.

Touristinformation Le Touquet-Paris Plage:
Aqualud. Wasservergnügungspark. 🕐 15/02-30/11 10-18 Uhr.

S Le-Cateau-Cambrésis — 11A3
Avenue du Maréchal Leclerc, N43. **GPS**: n50,10197 o3,55491.

5 🅿️ kostenlos ⛽Ch kostenlos. **Untergrund**: asphaltiert.
🕐 01/01-31/12. **Entfernung**: 🛒1Km.

S Lens — 13D3
Stade Bollaert-Delelis P6, Rue Maurice Fréchet.
GPS: n50,43192 o2,82057.

Hauts-de-France

6 🅿️ kostenlos 🚰 Ch kostenlos 🚿 kostenpflichtig 🅿️.
Lage: Einfach. **Untergrund:** asphaltiert. ⏱ 01/01-31/12.
Entfernung: 🛒 500M ⛽ vor Ort 🍽 1Km 🍞 vor Ort.
Sonstiges: Max. 24 Std.

Long 13C3
Camping Municipal La Peupleraie, Rue de la Chasse à Vaches.
GPS: n50,03457 o1,98313.

8 🅿️ €5 🚰 €2 🚿 Ch kostenlos 🚿 €2/Std WC 🅿️.
Untergrund: Wiese/Schotter. ⏱ 01/01-31/12. Ver-/Entsorgung:
16/10-30/04. **Entfernung:** 🏊 vor Ort 🍞 vor Ort.

Longfossé 13C2
Ferme du Louvet, 5, Route de Wierre, D52 Desvres > Samer.
GPS: n50,64667 o1,79062.

8 🅿️ €5 🚰 €3 🍽 Ch 🚿 €2/12Std. **Lage:** Ländlich, abgelegen, ruhig.
Untergrund: Schotter.
Sonstiges: Schmale Durchfahrt.

Longpont 16A2
Rue Saint-Louis, D17. **GPS:** n49,27395 o3,22129.

3 🅿️ kostenlos 🚰 100Liter 🍽 Ch 10Minuten, Ver-/Entsorgung €3.
Lage: Ländlich. **Untergrund:** Schotter. ⏱ 01/01-31/12.
Entfernung: 🛒 100M.
Sonstiges: Max. 72 Std, Abtei 150M.

Luzoir 16B1
Place de l'Église. **GPS:** n49,92520 o3,96261.
2 🅿️ kostenlos 🚰 🚿. ⏱ 01/01-31/12.
Sonstiges: Max. 48 Std.

Maisnil-lès-Ruitz 13D3
Parc d'Olhain, Rue de Rebreuve. **GPS:** n50,43926 o2,57826.

abgelegen, ruhig. **Untergrund:** Schotter. ⏱ 01/01-31/12.
Sonstiges: Erholungspark.

Malzy 16B1
Étangs des Sources, 16 rue des Marichoux.
GPS: n49,90602 o3,72153.
4 🅿️ €5 🚰 €2 🍽 Ch €2 🚿 €2. **Lage:** Ländlich.
Untergrund: Wiese. ⏱ 15/03-01/11. 🚫 Di, Do.
Entfernung: 🍞 vor Ort.
Sonstiges: Fischsee (Forelle).

Marck 13C2
La Ferme des Aigrettes, Allée de la Découverte.
GPS: n50,95626 o1,92830.

5 🅿️ €8 🚰 🍽 Ch 🚿 inklusive. **Lage:** Komfortabel, ruhig.
Untergrund: asphaltiert.
Entfernung: 🛒 250M 🏃 vor Ort.
Sonstiges: Max. 48 Std, für Eintrittskode anrufen.

Marcoing 11A3
Place de la Gare. **GPS:** n50,12126 o3,18204.
6 🅿️ kostenlos 🚰 🍽 Ch.
Entfernung: 🛒 1Km ⛽ 1Km.

Merlimont 13C3
Place de la Gare. **GPS:** n50,46026 o1,58053.

12 🅿️ kostenlos. **Lage:** Einfach. **Untergrund:** Schotter.
⏱ 01/01-31/12. **Entfernung:** 🏃 vor Ort.

Mers-les-Bains 13C3
Chemin de la Petite Allée. **GPS:** n50,06175 o1,40150.

50 🅿️ €7,50 🚰 €2 🍽 Ch 🚿 inklusive. **Lage:** Komfortabel.
Untergrund: Schotter. ⏱ 01/01-31/12.
Entfernung: 🛒 1,3Km 🏖 Sandstrand 1,5Km 🛒 Auchan 600m.

Montreuil-sur-Mer 13C3
Avenue des Garennes. **GPS:** n50,45944 o1,75939.

8 🅿️ kostenlos 🚰 €2/100Liter 🍽 Ch 🚿 (2x)€2 WC kostenlos.
Lage: Komfortabel. **Untergrund:** asphaltiert. ⏱ 01/01-31/12.
Entfernung: 🛒 500M ⛽ 300M 🍽 450M.
Sonstiges: Max. 48 Std, Samstag Markt.

Morienval 15H2
Route de Pierrefonds 32. **GPS:** n49,30352 o2,92309.

33 🅿️ €14,80 🍽 Ch 🚿 inklusive. 🧺 **Lage:** Komfortabel,

25 🅿️ €8 🚰 €2/100Liter 🍽 Ch 🚿 (21x)€2/Tag. **Lage:** Ländlich, komfortabel, ruhig. **Untergrund:** Wiese/Schotter. ⏱ 22/03-16/11.
Entfernung: 🛒 500M ⛽ 500M 🍞 vor Ort.
Sonstiges: Bei Abwesenheit, Geld in Umschlag in den Briefkasten.

Neuilly-Saint-Front 16A2
Chemin de la Chantraine. **GPS:** n49,16713 o3,26003.
20 🅿️ kostenlos 🚰 €3 🍽 Ch €3/55Minuten. **Untergrund:** Wiese.
Entfernung: 🛒 600M.

Nuncq-Hautecôte 13D3
La Pommeraie, 13, route nationale. **GPS:** n50,30516 o2,29375.

5 🅿️ €5 🚰 €2 🍽 Ch 🚿 €5 📶 kostenlos. **Lage:** Ländlich, komfortabel, ruhig. **Untergrund:** Wiese. ⏱ 01/01-31/12.
Entfernung: 🛒 50M.
Sonstiges: Hallenbad €3.

Oye-plage 13D2
Les Huttes d'Oye Plage. **GPS:** n50,99703 o2,04228.

10 🅿️ kostenlos. **Lage:** Einfach. **Untergrund:** Schotter.
⏱ 01/01-31/12. **Entfernung:** 🏊 vor Ort 💧 100M 🍞 vor Ort.
Sonstiges: Strandparkplatz, Ver-/Entsorgung Oye-Plage: 50,97713 2,03966.

Picquigny 13D3
Rue de la Cavée d'Airaines. **GPS:** n49,94388 o2,13496.

8 🅿️ €5 🚰 🍽 Ch 🚿 €2 WC inklusive. 🧺 **Lage:** Ländlich.
Untergrund: Wiese.
Entfernung: 🛒 500M 🍽 500M.

Quend 13C3
Ferme de la Grande Retz. **GPS:** n50,32893 o1,61811.

10 🅿️ €7 🚰 🍽 Ch 🚿 €3 📶 inklusive. **Untergrund:** Wiese.
⏱ 01/01-31/12.

Frankreich

Hauts-de-France - Grand Est

Entfernung: 3Km 9Km 9Km 2km.

Quend-plage-les-Pins 13C3
Plage des Pins. GPS: n50,32410 o1,55545.

100 €7/24 Std €3/10Minuten Ch €3/1Std.
Untergrund: Schotter. 01/01-31/12.
Entfernung: 800M Strand 900M vor Ort.

Richebourg 13D2
Rue de la Briqueterie. GPS: n50,58028 o2,74639.

6 kostenlos €2/100Liter €2/55Minuten inklusive.
Lage: Ländlich, komfortabel. Untergrund: Wiese. 01/01-31/12.
Entfernung: 500M vor Ort vor Ort.
Sonstiges: Max. 48 Std.

Rozoy-sur-Serre 16B1
Portes de la Thiérache, Rue de la Praille. GPS: n49,71367 o4,12202.
5 kostenlos €2/120Liter Ch. Untergrund: Schotter.
01/01-31/12. Entfernung: 1Km 1Km.

Saint-Omer 13D2
De Haut Pont, Rue de la Gaieté. GPS: n50,75654 o2,25943.

13 €5 €2 Ch €2 Lage: Einfach, laut.
Untergrund: asphaltiert/Schotter. 01/01-31/12.
Entfernung: 900M 900M.
Sonstiges: Max. 72 Std.

Saint-Valery-sur-Somme 13C3
Rue de la Croix l'Abbé. GPS: n50,18220 o1,62881.

180 €9/24 Std Ch inklusive. Lage: Ländlich.
Untergrund: Schotter. 01/01-31/12.
Entfernung: 1Km in der Nähe in der Nähe.
Sonstiges: Markt am Sontag.

Stella-plage 13C3
Cours des Champs Elysées. GPS: n50,47470 o1,57726.

30 kostenlos. Lage: Einfach, abgelegen. Untergrund: asphaltiert.
Entfernung: 1km vor Ort 650M.
Sonstiges: Parkplatz an der Düne.

Tardinghen 13C2
Le site des 2 caps, La Fleur des Champs.
GPS: n50,86281 o1,64907.

15 €6/24 Std. Untergrund: Wiese. 01/01-31/12.
Entfernung: 2km 2km.

Tardinghen 13C2
Le site des 2 caps, La Ferme d'Horloge, 1615 Route d'Ausques, D249.
GPS: n50,86250 o1,64890.

30 €6/24 Std €4 Ch €4/24 Std. Lage: Komfortabel, abgelegen, ruhig. Untergrund: befestigt. 01/01-31/12.
Entfernung: 1,6Km.
Sonstiges: Swin-golf € 5.

Tardinghen 13C2
Le site des 2 caps, Le Fond de Sombre, Herveligen > Wissant.
GPS: n50,89361 o1,68972.

10 €6/24 Std. Lage: Einfach, abgelegen, ruhig. Untergrund: Wiese.
01/01-31/12.
Entfernung: 1Km.

Tergnier 16A1
Base de loisirs de La Frette, Rue de la Prairie.
GPS: n49,64891 o3,31200.
20 free, 01/05-30/09 € 7 €3/100Liter Ch €3/30Minuten.
01/01-31/12.
Entfernung: 1,5Km vor Ort vor Ort.

Villers-Côtterets 16A2
Rue Alfred Juneaux. GPS: n49,26052 o3,08713.

6 kostenlos 100Liter Ch 10Minuten, Ver-/Entsorgung €3.
Lage: Städtisch, komfortabel, ruhig. Untergrund: Schotter/befestigt.
01/01-31/12.
Entfernung: vor Ort 600M 600M.
Sonstiges: Max. 72 Std, Ver-/Entsorgung 50M.

Watten 13D2
3 Rue Paul Mortier. GPS: n50,83101 o2,20887.

3 kostenlos €2 Ch €2/55Minuten. Lage: Einfach, ruhig.
Untergrund: befestigt. 01/01-31/12.
Entfernung: 500M 500M vor Ort.
Sonstiges: Wertmünzen beim Office de Tourisme, Supermarkt, tabacpresse und Cafe, max. 3 Nächte.

Wissant 13C2
Parking Wissant, Avenue Georges Clémenceau.
GPS: n50,88684 o1,67064.

30 kostenlos Ch kostenlos. Untergrund: befestigt.
01/01-31/12.
Entfernung: 700M 1,1Km. Sonstiges: Brötchenservice.

Grand Est

Abainville 16D3
Les Forges, Rue de la Dîme. GPS: n48,52944 o5,49556.
2 kostenlos. 01/01-31/12.
Entfernung: 500M.

Aix-en-Othe 18H1
Aire du Moulin à Tan. GPS: n48,22901 o3,00000.
6 € 6 Ch inklusive €2,50 WC. Lage: Ländlich.
Untergrund: Wiese. 01/04-15/10.
Entfernung: 1Km 1Km.

Allarmont 19F1
Le Meix du Haut Regard, 21, rue du Haut Regard.
GPS: n48,48070 o7,01381.

2 €5 inklusive Ch €5/24 Std €4 kostenlos.
Lage: Einfach. Untergrund: Schotter. 01/01-31/12.
Entfernung: 400M 400M 400M.
Sonstiges: Steile Rampe.

Amnéville 16E2
Rue de l'Europe. GPS: n49,24780 o6,13842.

10 € 9-12 Ch inklusive. Lage: Ländlich, einfach, ruhig.

Grand Est

Untergrund: Wiese. 01/01-31/12.
Entfernung: 1,8Km.
Sonstiges: Max. 48 Std, bezahlen beim Touristenbüro.

| | Ancerville | 16C3 |

Impasse des Pransons. **GPS:** n48,63641 o5,01582.

2 kostenlos. **Lage:** Städtisch, einfach, ruhig.
Untergrund: Schotterasen. 01/01-31/12.
Entfernung: vor Ort 400M 400M.

| | Arc-en-Barrois | 19C2 |

Camping municipal, D3/D159. **GPS:** n47,95056 o5,00528.

25 €5 Ch WC inklusive, am Campingplatz. **Lage:** Einfach.
Untergrund: Schotter. 01/01-31/12 Pfingsten.
Entfernung: 500M 500M 500M.

| | Avioth | 16D1 |

Rue de l'Hôpital. **GPS:** n49,56561 o5,39067.
2 kostenlos. 01/01-31/12.

| | Avize | 16B3 |

Place du Bourg Joli. **GPS:** n48,97175 o4,00999.

5 kostenlos Ch kostenlos. **Lage:** Städtisch, einfach, zentral, ruhig. **Untergrund:** asphaltiert. 01/01-31/12.
Entfernung: vor Ort 200M Bäckerei 50M.
Sonstiges: Neben Rathaus.

| | Avocourt | 16D2 |

Restaurant La Terrasse, Rue du Moulin. **GPS:** n49,20417 o5,14227.

4 kostenlos. **Lage:** Ländlich, einfach. **Untergrund:** Wiese.
01/01-31/12.
Entfernung: vor Ort vor Ort.

| | Azannes-et-Soumazannes | 16D2 |

Les Vieux Métiers, Domaine des Roises. **GPS:** n49,31096 o5,47714.
2 kostenlos.

| | Baccarat | 19F1 |

Place du General Le'Clerc. **GPS:** n48,44667 o6,74000.

15 €4 Ch €2/3Minuten WC. **Lage:** Einfach.
Untergrund: asphaltiert. 01/01-31/12 Fr-Morgen Markt.
Entfernung: 300M vor Ort vor Ort 300M 300M.
Sonstiges: Am Fluss, max. 24 Std.
Touristinformation Baccarat:
Musée du Cristal. Kristallmuseum. Mo-Sa 10-18 Uhr.

| | Bar-le-Duc | 16D3 |

Halte du port Fluvial, Rue du Débarcadère.
GPS: n48,77536 o5,16654.

7 kostenlos €2,10/100Liter Ch €2,10/55Minuten.
Lage: Städtisch, einfach, laut. **Untergrund:** asphaltiert.
01/01-31/12.
Entfernung: vor Ort 150M 150M 150M vor Ort.
Sonstiges: Am Kanal, Wertmünzen bei Office de Tourisme, 7 rue Jeanne d'Arc.

| | Bar-sur-Aube | 19C1 |

7, Rue des Varennes. **GPS:** n48,23491 o4,70065.

3 kostenlos €3,50/100Liter Ch €3,50/1Std. **Lage:** Einfach.
Untergrund: asphaltiert. 01/01-31/12.
Entfernung: vor Ort vor Ort vor Ort.

| | Beaulieu-en-Argonne | 16C2 |

Parking Mairie, Grande Rue, D2B. **GPS:** n49,03183 o5,06665.

6 kostenlos. **Lage:** Städtisch, einfach, zentral, ruhig.
Untergrund: Wiese. 01/01-31/12.
Entfernung: vor Ort 50M vor Ort vor Ort.
Sonstiges: Gegenüber Rathaus.

| | Beaulieu-en-Argonne | 16C2 |

Parking St. Rouin, D2. **GPS:** n49,03554 o5,02975.

4 kostenlos. **Lage:** Ländlich, einfach, abgelegen.

Untergrund: Wiese/Schotter.
Entfernung: Beaulieu 6km.
Sonstiges: Abgelegener Parkplatz.

| | Beaunay | 16B3 |

Ferme Du Bel Air, Rue Principale. **GPS:** n48,88177 o3,87475.

12 €8 Ch (6x)inklusive **Lage:** Ländlich, einfach, abgelegen, ruhig. **Untergrund:** Schotter. 01/01-31/12.
Entfernung: 2km 2km 2km.

| | Benfeld | 19G1 |

Concessionnaire CLC Alsace, 9, Rue de Hollande, RN83 dir Strasbourg-Colmar. **GPS:** n48,37772 o7,59778.

5 kostenlos Ch kostenlos. **Lage:** Autobahn, einfach, laut.
Untergrund: asphaltiert. 01/01-31/12.
Entfernung: 2km 2km 2km.
Sonstiges: Bei Reisemobilhändler.

| | Bitche | 16G2 |

Rue Bombelles. **GPS:** n49,05431 o7,43446.
5 kostenlos €2 Ch €2. **Lage:** Komfortabel, abgelegen, ruhig. **Untergrund:** Schotter.
Entfernung: 750M 750M 750M.

| | Bogny-sur-Meuse | 16C1 |

Rue de la Meuse. **GPS:** n49,85780 o4,74225.

6 kostenlos €2/100Liter Ch €2/2Std, nur 2-Euro-Münze. **Lage:** Ländlich, einfach, ruhig. **Untergrund:** asphaltiert.
01/01-31/12.
Entfernung: vor Ort vor Ort 250M 400M 500M.
Sonstiges: Entlang der Maas, Ver-/Entsorgung 75M.

| | Bonzée | 16D2 |

Parking de la Base de Loisirs du Colvert. **GPS:** n49,09806 o5,61551.
6 . 01/01-31/12.
Entfernung: 1Km vor Ort.

| | Bourbach-le-Haut | 19F2 |

Route Joffre. **GPS:** n47,79463 o7,02868.

10 €6 Ch inklusive. **Lage:** Ländlich, einfach, ruhig.
Untergrund: asphaltiert. 15/03-15/11.
Entfernung: 50M 100M 5Km.
Sonstiges: Vor Feuerwehr.

| | Brienne-le-Château | 19C1 |

Rue de la Gare. **GPS:** n48,39617 o4,53130.

Frankreich

Grand Est

10 kostenlos €3/10Minuten Ch €3/55Minuten.
Lage: Einfach, laut. **Untergrund:** asphaltiert. 01/01-31/12
kein Wasser im Winter.
Entfernung: 300M 400M 300M.
Sonstiges: Beim ehemaligen Bahnhof, Wertmünzen beim Office du Tourisme, Supermarkt Champion.

Bruley 16E3
D118, rue Saint-Martin. **GPS:** n48,70640 o5,85554.

10 kostenlos €3/10Minuten Ch (2x)€3/8Std.
Lage: Komfortabel, ruhig. **Untergrund:** Schotter. 01/01-31/12
Entfernung: 200M 300M 300M.
Sonstiges: Max. 48 Std.

Bulgnéville 19E1
Étang des Récollets, Rue des Récollets.
GPS: n48,20733 o5,83899.

10 €3/24 Std ChWCinklusive. **Lage:** Ländlich, luxus, ruhig.
Untergrund: asphaltiert. 15/04-31/12.
Entfernung: 700M 1,8Km vor Ort vor Ort 100M 700M.

Cerisières 19C1
D186, Froideau. **GPS:** n48,29921 o5,06339.

20 kostenlos Chkostenlos. **Lage:** Ländlich, einfach, abgelegen, ruhig. **Untergrund:** Schotter. 01/01-31/12.
Entfernung: 2km.

Certilleux 19D1
Rue de l'Église. **GPS:** n48,31193 o5,72679.

8 kostenlos kostenlos. **Lage:** Städtisch, einfach.
Untergrund: asphaltiert. 01/01-31/12.
Entfernung: vor Ort.

Sonstiges: Schöne Aussicht.

Chamery 16B2
Salle Polyvalente, Rue du Château Rouge.
GPS: n49,17475 o3,95446.

3 kostenlos €2/100Liter Ch €2/2Std. **Lage:** Ländlich, einfach, ruhig. **Untergrund:** Schotter. 01/01-31/12.
Entfernung: 300M 400M.
Sonstiges: Vor Kulturzentrum, max. 48 Std.

Champigny-lès-Langres 19D2
Rue du Port, D74. **GPS:** n47,88167 o5,33861.

5 kostenlos WC. **Lage:** Einfach, laut. **Untergrund:** Schotter.
01/01-31/12.
Entfernung: 400M 800M.

Champougny 16D3
D145f. **GPS:** n48,54410 o5,69277.

3 kostenlos. **Lage:** Ländlich, einfach, ruhig. **Untergrund:** Wiese.
01/01-31/12.
Entfernung: 200M 25M.

Chaource 19B1
Chemin de Ronde/Rue des Roises. **GPS:** n48,05944 o4,13861.

10 €2 €2/100Liter Ch €2/1Std.
Lage: Komfortabel, ruhig. **Untergrund:** Wiese.
01/01-31/12.
Entfernung: 100M vor Ort vor Ort vor Ort vor Ort.
Sonstiges: Wertmünzen beim Touristenbüro, 2, Grande rue, Montagmorgen Markt.

Charleville-Mézières 16C1
Rue des Pâquis. **GPS:** n49,78056 o4,72056.

8 kostenlos €2/100Liter Ch €2/55Minuten €5,40.

Untergrund: asphaltiert. 01/01-31/12 **Strom:** 01/11-31/03.
Entfernung: 800M vor Ort 500M 2km 600M vor Ort vor Ort.
Sonstiges: Ver-/Entsorgung nur mit 2-Euro-Münze, Strom fragen am Campingplatz.
Touristinformation Charleville-Mézières:
Musée Ardennes, Place Ducale. Heimatmuseum. 10-12, 14-18 Mo.
place Ducale. Regionale Produkte. Di, Do, Sa.

Charmes 19E1
Port de Plaisance. **GPS:** n48,37334 o6,29542.

80 €7 inklusive Ch (80x)€2 WC €1,50 €3/Tag. **Lage:** Städtisch, zentral. **Untergrund:** Wiese/befestigt.
01/01-31/12.
Entfernung: 1km 1,5Km vor Ort vor Ort.
Touristinformation Charmes:
Fr-Morgen.

Châtenois 19G1
Allee des Bains 10. **GPS:** n48,27476 o7,39853.

7 kostenlos €2 ChWCkostenlos. **Lage:** Städtisch, einfach, ruhig. **Untergrund:** asphaltiert/Wiese. 01/01-31/12.
Entfernung: 400M 250M.
Sonstiges: Max. 24 Std.

Chaumont 19D1
Port de la Maladière, RN74 Neufchâteau > Chaumont.
GPS: n48,11815 o5,15437.

12 €6,95, Kurtaxe €0,20/pP Ch WC €2,40
€2,35/3,35 inklusive. **Lage:** Ruhig. **Untergrund:** befestigt.
02/04-31/10.
Entfernung: 4Km Canal de la Marne 100M in der Nähe.
Sonstiges: Backer kommt jede Morgen.

Chavanges 16C3
Ruelle du Fief Berthaux. **GPS:** n48,50691 o4,57627.

8 kostenlos €3 Ch. **Lage:** Einfach, ruhig.
Untergrund: asphaltiert/Schotter. 01/01-31/12.
Entfernung: 300M 400M.
Sonstiges: Wertmünzen bei Geschäfte.

Grand Est

Chavannes-sur-l'Etang — 19F2
Aire pique-nique La Porte d'Alsace, RD419, Rue d'Alsace. **GPS**: n47,63325 o7,01858.

15 €8 Ch WC kostenlos. Lage: Ländlich, einfach, komfortabel, ruhig. Untergrund: asphaltiert. 01/01-31/12.
Entfernung: 900M vor Ort 900M 1Km vor Ort vor Ort.
Sonstiges: Parkplatz Picknickplatz.

Colmar — 19G1
Port de Plaisance de Colmar, 6 rue du Canal. **GPS**: n48,08054 o7,37599.

25 € 11-15 + €0,22/pP Kurtaxe Ch WC €3/2 inklusive.
Lage: Ländlich, komfortabel, ruhig. Untergrund: asphaltiert/Wiese. 01/01-31/12.
Entfernung: 1,3Km 200M vor Ort vor Ort vor Ort.
Sonstiges: Backer 8.30-9 Uhr.

Colmar — 19G1
Rue de la Cavalerie. **GPS**: n48,08218 o7,35990.
20 €3/Std. Lage: Städtisch, einfach, zentral, laut. Untergrund: asphaltiert.
Entfernung: 200M vor Ort vor Ort vor Ort.
Sonstiges: Max. 4 Std.

Colmar — 19G1
Rue Henry Wilhelm. **GPS**: n48,08366 o7,35527.
16 €3/Std. Lage: Städtisch, einfach, zentral. Untergrund: asphaltiert. 01/01-31/12.
Entfernung: 400M 400M 400M.
Sonstiges: Max. 4 Std.

Colombey-les-deux-Eglises — 19C1
Rue de Général de Gaulle. **GPS**: n48,22316 o4,88619.

10 kostenlos Ch WC kostenlos. Lage: Einfach, ruhig.
Untergrund: asphaltiert/Schotter. 01/01-31/12.
Entfernung: vor Ort 50M 50M.
Sonstiges: Museum und Memorial Général De Gaulle 800m.

Commercy — 16D3
Rue du Docteur Boyer. **GPS**: n48,76374 o5,59616.

4 kostenlos €3/15Minuten Ch (4x)€3/4Std kostenlos.
Lage: Komfortabel. Untergrund: asphaltiert. 01/01-31/12.

Entfernung: 800M vor Ort vor Ort 600M 100M.
Sonstiges: Dem Kanal entlang.

Commercy — 16D3
Parking de la Boîte à Madeleines, Rue de la Louvière.
GPS: n48,75378 o5,59928.
3 kostenlos. Untergrund: asphaltiert.
Entfernung: 1Km.

Consenvoye — 16D2
Gr la Grande Rue. **GPS**: n49,28547 o5,28403.

5 kostenlos kostenlos. Lage: Städtisch, einfach, ruhig.
Untergrund: asphaltiert.
Entfernung: 100M vor Ort 50M.

Contrisson — 16C3
Ballastière. **GPS**: n48,80530 o4,94714.

10 kostenlos WC. Lage: Ländlich, einfach, abgelegen, ruhig.
Untergrund: Wiese/Sand. 01/01-31/12.
Entfernung: 800M vor Ort vor Ort 1Km 1Km.
Sonstiges: Am kleinen See.

Corgirnon — 19D2
Allée du Parc. **GPS**: n47,80681 o5,50308.

8 €5 Ch inklusive. Lage: Ländlich, komfortabel, abgelegen, ruhig. Untergrund: Schotter. 01/01-31/12. kein Wasser im Winter.
Entfernung: 500M 10Km 500M, Backer kommt (Di-So).
Sonstiges: Brötchenservice.

Damvillers — 16D2
Rue de l'Isle d'Envie, D905. **GPS**: n49,33790 o5,39752.

4 kostenlos €2/100Liter Ch €2. Lage: Städtisch, einfach, zentral. Untergrund: asphaltiert. 01/01-31/12.
Entfernung: vor Ort vor Ort vor Ort.

Damvillers — 16D2
Etang, D905. **GPS**: n49,34978 o5,39970.
10 kostenlos. Lage: Abgelegen. Untergrund: Wiese.
01/01-31/12. **Entfernung**: Damvillers 1km vor Ort.

Dienville — 19C1
Parking Autobus. GPS: n48,34680 o4,52806.
5 kostenlos. Untergrund: asphaltiert. 01/01-31/12.
Entfernung: 700M 300M 300M.

Dieue-sur-Meuse — 16D2
Port de plaisance, Route des Dames. **GPS**: n49,07110 o5,42634.

15 kostenlos Ch kostenlos. Lage: Ländlich, einfach, ruhig.
Untergrund: Wiese. 01/01-31/12.
Entfernung: 200M vor Ort 200M 200M.
Sonstiges: Am Kanal.

Dolancourt — 19C1
Nigloland, RN19. **GPS**: n48,26086 o4,60945.

28 €6/24 Std, für Gäste kostenlos Ch inklusive.
Lage: Einfach, abgelegen. Untergrund: asphaltiert. 03/04-03/11.
Entfernung: vor Ort.
Sonstiges: Parkplatz Vergnügungspark, max. 24 Std.

Dommartin-les-Remiremont — 19F2
Place de l'Église. **GPS**: n47,99959 o6,64401.

8 kostenlos €3/10Minuten Ch €3/Std. Lage: Einfach, ruhig. Untergrund: asphaltiert.
Entfernung: vor Ort 200M.

Donjeux — 19D1
Halte Nautique, D67a. **GPS**: n48,36586 o5,14891.

4 kostenlos Ch (4x)kostenlos. Lage: Komfortabel, ruhig.
Untergrund: Schotter/befestigt. 01/01-31/12.
Entfernung: 1Km Canal de la Marne vor Ort 1Km 800M vor Ort.
Sonstiges: Backer kommt jede Morgen.

Dun-sur-Meuse — 16D2
Rue du Vieux Port. **GPS**: n49,38919 o5,17787.

16 €7 Ch WC inklusive.
Lage: Ländlich, komfortabel, zentral, ruhig. Untergrund: Schotter.
01/01-31/12. Sanitärgebäude: 01/11-01/04.

Frankreich

Entfernung: 600M vor Ort vor Ort 400M 600M

Eguisheim 19G1
Bannwarth, Rue de Bruxelles 3. GPS: n48,04456 o7,30478.

8 kostenlos Ch WC kostenlos. Lage: Städtisch, komfortabel, zentral, ruhig. Untergrund: befestigt. 01/01-31/12.
Entfernung: 100M 100M vor Ort vor Ort.
Sonstiges: Verkauf von Wein.

Épernay 16B2
Rue Dom Pérignon. GPS: n49,03602 o3,95130.

3 kostenlos €2/100Liter Ch €2/1Std WC €0,50.
Lage: Städtisch, einfach, zentral, laut. Untergrund: asphaltiert.
01/01-31/12.
Entfernung: zu Fuß erreichbar Avenue Jean Jaurès.
Sonstiges: Hinter Kirche St.Pierre-St.Paul, Wertmünzen bei Office de Tourisme.
Touristinformation Épernay:
- Cave de Catellane, 154, avenue de Verdun.
- Mercier, 70, avenue de Champagne. Mo-Sa 9.30-11.30 Uhr, 14-16.30 Uhr, So/Feiertage 9.30-11.30 Uhr 14-17.30 Uhr.

Épinal 19E1
Camping-Car Park, Chemin du Petit Chaperon Rouge.
GPS: n48,17969 o6,46865.

50 €12 Ch (20x) inklusive. Lage: Komfortabel, ruhig. 01/01-31/12.
Entfernung: 1,5Km.

Épinal 19E1
Port d'Épinal, Quai de Dogneville, D12. GPS: n48,18671 o6,44493.

5 Sommer €5, Winter €8 Ver-/Entsorgung €3/15Min.
Untergrund: asphaltiert.
Entfernung: 1Km 3,5Km vor Ort.
Sonstiges: Max. 48 Std.

Essoyes 19C1
Impasse de la Gare. GPS: n48,06067 o4,53444.
3 kostenlos Ch. Untergrund: befestigt. 01/01-31/12.
Entfernung: 600M 600M.

Esternay 16A3
Place des Tilleuls, D48, Rue de la Paix. GPS: n48,73245 o3,55698.

8 kostenlos kostenlos. Lage: Städtisch, einfach, zentral, ruhig. Untergrund: Schotter. 01/01-31/12. Wasser: 15/11-15/03.
Entfernung: zu Fuß erreichbar 200M 400M.
Sonstiges: Hinter Kirche, Kode WLAN: wifi-la-champagne.

Étain 16D2
Allée du champ de foire, D631. GPS: n49,20942 o5,63755.
6 kostenlos. Lage: Einfach, laut. Untergrund: befestigt.
01/01-31/12.
Entfernung: vor Ort 500M 500M.
Sonstiges: Neben Gaststätte.

Étain 16D2
Avenue Prud Homme Havette. GPS: n49,21025 o5,63627.
6 kostenlos.
Entfernung: vor Ort.

Etival-Clairefontaine 19F1
Rue du Vivier. GPS: n48,36355 o6,86504.

20 kostenlos Ch kostenlos. Lage: Einfach, ruhig.
Untergrund: Schotter. 01/01-31/12. kein Wasser im Winter.
Entfernung: vor Ort.
Sonstiges: Hinter dem Rathaus.

Fains-Veel 16D3
Halte Fluviale, Rue du Stade. GPS: n48,79276 o5,12552.
6 kostenlos kostenlos.
Lage: Einfach, ruhig. Untergrund: asphaltiert.
01/01-31/12.
Entfernung: 300M Kanal vor Ort 1,5Km Bäckerei 20M.

Favières 19E1
Base de Loisirs. GPS: n48,46660 o5,96124.

8 kostenlos Ch WC. Lage: Ländlich, komfortabel, zentral, ruhig. Untergrund: Schotter/befestigt.
Entfernung: 200M 13Km vor Ort vor Ort vor Ort Bäckerei 300M vor Ort vor Ort.

Fénétrange 16F3
Wally Services, Route de Sarre Union. GPS: n48,85365 o7,02723.
5 kostenlos €2 Ch €2. Untergrund: Wiese/befestigt.
Sonstiges: Max. 48 Std.

Ferrette 19G3
Rue de Lucelle. GPS: n47,48882 o7,31118.

5 kostenlos €2/10Minuten Ch €2/55Minuten.
Lage: Ländlich, einfach, abgelegen, ruhig. Untergrund: asphaltiert.
Entfernung: 700M 700M 2km vor Ort vor Ort.

Fessenheim 19G2
Allée de la Guyane. GPS: n47,91833 o7,53139.

30 kostenlos €2 Ch €2. Lage: Ländlich, einfach, ruhig.
Untergrund: asphaltiert/Schotter. 01/01-31/12.
Entfernung: 700M 700M 200M vor Ort vor Ort.
Sonstiges: Wertmünzen erhältlich bei Schwimmbad, Supermarkt.

Forbach 16F2
Avenue Saint-Rémy. GPS: n49,18519 o6,89252.
5 kostenlos €2/100Liter Ch. Untergrund: asphaltiert.
01/01-31/12. Entfernung: 350M 200M.

Fraize 19F1
Impasse de la Gare/ Place Jean Sonrel. GPS: n48,18188 o7,00360.

6 kostenlos €3 Ch €3 WC. Untergrund: asphaltiert.
01/01-31/12.
Entfernung: 100M 100M 100M.
Sonstiges: Hinter Touristenbüro.

Froncles 19D1
Halte Nautique. GPS: n48,29954 o5,15246.

10 €3 €3/Tag Ch (8x)€3/Tag €2,50 €3/3.
Lage: Komfortabel. Untergrund: Schotter. 01/01-31/12.
Entfernung: 500M klein Strand am Fluss vor Ort vor Ort 1Km vor Ort.
Sonstiges: Backer kommt (Di-So).

Fumay 11C3
Quai des Carmélites. GPS: n49,99736 o4,70986.

+10 kostenlos. Untergrund: ungepflastert. 01/01-31/12.
Entfernung: 400M.
Sonstiges: Entlang der Maas.

Gérardmer 19F1
Chemin de la Rayée, La Mauselaine. GPS: n48,05846 o6,88862.

Grand Est

100 ⛽€ 5,70/24 Std 🚰€2/100Liter Ch. **Untergrund:** asphaltiert. 📅 01/01-31/12.
Entfernung: 🚲Gérardmer 1,7Km.
Sonstiges: Parkplatz an den Skipiste.

Gérardmer 19F1
Parking de la Prairie, Boulevard d'Alsace.
GPS: n48,07199 o6,87333.⬆.

100 ⛽€ 5,70 🚰€2/100Liter ChWC.
Lage: Einfach, zentral, laut. **Untergrund:** asphaltiert/Schotter.
📅 01/01-31/12.
Entfernung: 🚲vor Ort.
Touristinformation Gérardmer:
⛺ 📅 Do, Sa.

Giffaumont-Champaubert 16C3
Site de Chantecoq, Rue du grand Der. **GPS:** n48,56880 o4,70294.⬆.

50 ⛽kostenlos 🚰€3,80/80Liter Ch €3,80/45Minuten WC.
Lage: Ländlich, einfach. **Untergrund:** befestigt. 📅 01/01-31/12.
Entfernung: 🏊vor Ort ⊗900M.
Sonstiges: Am Der de Chantecoq See, Wertmünzen bei Office de Tourisme.

Giffaumont-Champaubert 16C3
Station Nautique, P1, Rue du Port. **GPS:** n48,55358 o4,76434.⬆.

48 ⛽€ 7,50 20-8U, Parkplatz kostenlos 🚰Ch 📶inklusive.
Lage: Ländlich. 📅 01/01-31/12.
Entfernung: 🏊vor Ort ⊗200M 🚲8km Montier-en-Der 🛒vor Ort ⛺vor Ort.

Giffaumont-Champaubert 16C3
Station Nautique, P5, La Cachotte. **GPS:** n48,55071 o4,76829.⬆.
72 ⛽€ 7,50 20-8U, Parkplatz kostenlos 🚰Ch. **Untergrund:** Wiese.
📅 01/01-31/12.
Entfernung: 🏊650M ⊗700M.

Givet 11C3
Rue Jean Jaurès. **GPS:** n50,13593 o4,82138.⬆.

12 ⛽kostenlos. **Lage:** Städtisch, einfach, zentral, ruhig.
Untergrund: asphaltiert. 📅 01/01-31/12.

Givet 11C3
Camping Municipal, Rue Berthelot. **GPS:** n50,14291 o4,82611.⬆.

5 ⛽kostenlos 🚰€3/100Liter Ch €3/Std. **Lage:** Ländlich, einfach. **Untergrund:** asphaltiert. 📅 01/01-31/12.
Entfernung: 🚲750M ⊗750M 🛒1Km.
Sonstiges: Wertmünzen beim Campingplatz.

Goncourt 19D1
Rue des Lottes, D74. **GPS:** n48,23685 o5,60998.⬆.

30 ⛽€ 3 🚰€3 Ch. **Lage:** Ländlich, komfortabel.
Untergrund: asphaltiert/Schotter. 📅 01/01-31/12.
Entfernung: 🚲100M 🏊vor Ort ⊗100M 🛒100M.
Sonstiges: Entlang der Maas, max. 48 Std, backer 8 Uhr Morgens.

Gondrecourt-le-Château 16D3
Parking Musée du Cheval, Rue Saint Blaise.
GPS: n48,51390 o5,50975.⬆.

2 ⛽kostenlos. **Lage:** Einfach, ruhig. **Untergrund:** Schotter/befestigt.
Entfernung: 🚲vor Ort ⊗50M 🛒50M.

Gondrecourt-le-Château 16D3
Rue du Général Leclerc. **GPS:** n48,51373 o5,50386.⬆.

3 ⛽kostenlos 🚰Ch. **Lage:** Städtisch. **Untergrund:** Beton.
📅 01/01-31/12.
Entfernung: 🚲vor Ort 🏊vor Ort 🛒vor Ort.
Sonstiges: Wertmünzen beim Rathaus.

Guebwiller 19G2
Avenue Maréchal Foch. **GPS:** n47,90554 o7,21869.⬆.

20 ⛽kostenlos. **Lage:** Städtisch, einfach, zentral, laut.
Untergrund: Schotter. 📅 01/01-31/12.
Entfernung: 🚲300M 🏊vor Ort 🛒vor Ort ⊗300M 🛒300M 🛒300M ⛺vor Ort 🚲5km.

Haironville 16D3
GPS: n48,68438 o5,08586.⬆.

5 ⛽kostenlos 🚰€2/10Minuten Ch €2/50Minuten.
Lage: Ländlich, einfach, zentral, ruhig. **Untergrund:** Schotter.
📅 01/01-31/12.
Entfernung: 🚲200M 🛒200M.
Sonstiges: Wertmünzen bei Geschäfte im Dorf.

Hampigny 19C1
La Mare, Rue de la Marcelle. **GPS:** n48,45796 o4,59707.⬆.
⛽kostenlos 🚰€3 Ch. 📅 01/01-31/12.
Entfernung: ⛺vor Ort.

Harskirchen 16F3
Port de Plaisance, Rue de Bissert. **GPS:** n48,93930 o7,02759.⬆.
2 ⛽€ 10 🚰Ch 📶inklusive. **Untergrund:** Schotter.
📅 15/03-11/11.
Entfernung: 🚲vor Ort.
Sonstiges: Am Houillères de la Sarre-Kanal, max. 24 Std.

Hartmannswiller 19G2
Grand Rue. **GPS:** n47,86311 o7,21494.⬆.

4 ⛽kostenlos 🚰Ch kostenlos. **Lage:** Ländlich, einfach, ruhig. **Untergrund:** asphaltiert. 📅 01/01-31/12.
Entfernung: 🚲200M.

Haybes 11C3
Halte Fluviale, Quai du Docteur Adolphe Hamai.
GPS: n50,01093 o4,70762.⬆.

4 ⛽kostenlos 🚰Ch €2,05 €3,30/3,30. **Untergrund:** befestigt.
📅 01/01-31/12.
Entfernung: 🚲200M ⊗50M 🥖Bäckerei 200M.
Sonstiges: Entlang der Maas, Ver-/Entsorgung am Camping municipal.

Heiligenstein 19G1
Lieu-dit Lindel, D35. **GPS:** n48,42780 o7,45147.⬆.

Frankreich

Grand Est

3 kostenlos. **Lage:** Ländlich, einfach. **Untergrund:** Schotter. 01/01-31/12.
Entfernung: 800M 300M 500M vor Ort.
Sonstiges: Wanderroute und Weinprobe.

Heudicourt sous les Côtes 16D3
Ste Nautique de Madine. GPS: n48,93549 o5,71548.

42 €12 inklusive. **Lage:** Ländlich, komfortabel, ruhig. **Untergrund:** Wiese/Schotter. 01/04-31/10.
Entfernung: 3Km vor Ort vor Ort vor Ort.
Sonstiges: Aussicht auf Lac de Madine.

Heudicourt sous les Côtes 16D3
Entrée 2, D133. **GPS:** n48,94035 o5,71741.

50 €7. **Lage:** Ländlich, einfach, ruhig. **Untergrund:** Wiese. 01/04-31/10.
Entfernung: 3Km 100M 100M.
Sonstiges: Neben Campingplatz.

Hirtzbach 19G2
Place de la Gare. **GPS:** n47,60061 o7,22542.

10 kostenlos Ch kostenlos. **Lage:** Einfach, ruhig.
Untergrund: asphaltiert. 01/01-31/12.
Entfernung: 300M 200M vor Ort vor Ort.

Hombourg-Haut 16F2
Rue des Suédois. **GPS:** n49,12448 o6,77888.

7 kostenlos €2/100Liter €2/4Std.
Untergrund: asphaltiert. 01/01-31/12.
Entfernung: 400M 200M vor Ort.
Sonstiges: Max. 48 Std.

Issoncourt 16D3
Parking Relais de la Voie Sacrée, Rue de la Voie Sacrée 1.
GPS: n48,97070 o5,28776.

6 kostenlos. **Lage:** Ländlich, einfach, ruhig. **Untergrund:** Schotter.
Entfernung: 50M vor Ort.

Javernant 19B1
Le Cheminot, N77. **GPS:** n48,14789 o4,01046.

5 kostenlos kostenlos. **Lage:** Einfach. **Untergrund:** asphaltiert. 01/01-31/12.
Sonstiges: 2013: während Inspektion Service außer Betrieb.

Joinville 19D1
Halte Nautique, Rue des Jardins. **GPS:** n48,44583 o5,15000.

16 kostenlos €2/10Minuten Ch €2/55Minuten.
Lage: Einfach, ruhig. **Untergrund:** Schotter/befestigt. 01/01-31/12.
Entfernung: 500M vor Ort vor Ort 800M 100M vor Ort.

Juzennecourt 19C1
Place de la Mairie. **GPS:** n48,18429 o4,97890.

4 kostenlos Ch WC. **Lage:** Einfach, ruhig.
Untergrund: befestigt. 15/04-15/11.
Entfernung: vor Ort Bäckerei im Dorf vor Ort.
Sonstiges: Parkplatz Rathaus.

Kaysersberg 19G1
Aire Camping-car P1, Place de l'Erlenbad.
GPS: n48,13565 o7,26325.

80 €8/24 Std Ch WC kostenlos. **Lage:** Städtisch, einfach, ruhig. **Untergrund:** asphaltiert. 01/01-31/12.
Entfernung: 300M 300M 300M.
Sonstiges: WLAN beim Office de Tourisme.
Touristinformation Kaysersberg:
Musée Albert Schweitzer. Das Leben von Albert Schweitzer.

Kilstett 16G3
Place de la Mairie, Rue du Lieut de Bettignies.
GPS: n48,67501 o7,85691.

7 kostenlos. **Lage:** Städtisch, einfach, ruhig.
Untergrund: asphaltiert. 01/01-31/12.
Entfernung: vor Ort vor Ort.

Kilstett 16G3
Rue de l'Industrie. **GPS:** n48,67914 o7,84178.
Ch.

La Bresse 19F2
Camping du Haut Des Bluches, 5, route des Planches.
GPS: n47,99889 o6,91762.

17 €11,80 Ch WC inklusive €3,80 €5. **Lage:** Ruhig.
Untergrund: asphaltiert. 01/01-31/12. 12/11-15/12.
Entfernung: 4Km am Campingplatz vor Ort vor Ort vor Ort vor Ort.
Sonstiges: Zone camping-car, Brötchenservice.

La Bresse 19F2
Route de Niachamp. **GPS:** n47,99430 o6,85431.
€2/100Liter Ch. 01/01-31/12.

La Cheppe 16C2
Champ d'Attila, Rue de Champo d'Attila. **GPS:** n49,04892 o4,49377.

4 kostenlos €2/100Liter Ch €2/2Std WC.
Lage: Ländlich, einfach, ruhig. **Untergrund:** asphaltiert. 01/01-31/12.
Entfernung: 500M.

La Croix-sur-Meuse 16D3
Auberge de la Truite, Route de Seuzey. **GPS:** n48,98267 o5,53393.

4 €3 (4x)€5/24 Std WC. **Lage:** Ländlich, komfortabel, ruhig. **Untergrund:** Wiese. 01/01-31/12.
Entfernung: 2km vor Ort vor Ort.

La Gault-Soigny 16A3
Rue de la Liberté, D373. **GPS:** n48,81758 o3,59072.

Grand Est

8 kostenlos Ch kostenlos. **Lage:** Ländlich, einfach, ruhig. **Untergrund:** asphaltiert. 01/01-31/12.
Entfernung: vor Ort.
Sonstiges: Neben Salle des Fêtes, Ver-/Entsorgung 50M.

Lachaussée 16E2
Domaine du Vieux Moulin, Grande Rue. **GPS:** n49,03507 o5,81735.
4 **Lage:** Ländlich, einfach. **Untergrund:** Schotter.
Entfernung: 100M 50M vor Ort.
Sonstiges: Am Étang de Lachaussée.

Laheycourt 16C3
Rue de la Gare. **GPS:** n48,88903 o5,02165.

4 kostenlos. **Lage:** Ländlich, einfach, ruhig. **Untergrund:** Wiese. 01/01-31/12.
Entfernung: vor Ort 50M 50M.
Sonstiges: Entlang der Chée.

Langres 19D2
Place de Bel Air. **GPS:** n47,85885 o5,33225.

kostenlos WC. **Lage:** Städtisch, einfach, laut.
Untergrund: asphaltiert. 01/01-31/12.
Entfernung: vor Ort vor Ort.
Sonstiges: Videoüberwachung.

Langres 19D2
Ruelle de la Poterne. **GPS:** n47,85795 o5,32989.

6 kostenlos Ch kostenlos. **Lage:** Einfach, ruhig.
Untergrund: asphaltiert. 01/01-31/12.
Entfernung: 800M.
Sonstiges: Max. 24 Std.

Langres 19D2
Parking Sous-Bie, Allée des Marronniers. **GPS:** n47,86104 o5,33674.

20 kostenlos. **Lage:** Einfach, ruhig. **Untergrund:** asphaltiert. 01/01-31/12.
Entfernung: vor Ort vor Ort.
Sonstiges: Schräge Stellflächen, Videoüberwachung, Aufzug kostenlos zur Altstadt.
Touristinformation Langres:
Fr.

Launois-sur-Vence 16C1
Avenue Louis Jolly. **GPS:** n49,65467 o4,54005.

10 kostenlos. **Lage:** Ländlich, einfach, ruhig.
Untergrund: ungepflastert. 01/01-31/12.
Entfernung: vor Ort 50M.
Sonstiges: Gegenüber Touristenbüro, max. 48 Std.

Launois-sur-Vence 16C1
Rue du Thin. **GPS:** n49,65810 o4,53987.
€2/100Liter Ch €2/1Std. Wasser: mit Frost.
Entfernung: 150M. **Sonstiges:** Wertmünzen bei Office de Tourisme, Wertmünzen bei Restaurant.
Touristinformation Launois-sur-Vence:
Relais de Poste. Trödel- und AntiKmarkt monatlich. 3. So des Monats 9-18 Uhr.

Le Bonhomme 19F1
Col du Bonhomme, D148, route des Crêtes.
GPS: n48,16495 o7,07971.

kostenlos. **Lage:** Ländlich, einfach, ruhig. **Untergrund:** Schotter. 01/01-31/12.
Entfernung: vor Ort vor Ort vor Ort.

Les Islettes 16C2
Route du Lochères. **GPS:** n49,12122 o5,03684.

16 €7 Ch WC inklusive. **Lage:** Ländlich, komfortabel, ruhig. **Untergrund:** Schotter. 01/01-31/12.
Entfernung: 3Km 10,5Km 3Km 3Km.

Les Riceys 19B2
D452. **GPS:** n47,99222 o4,36458.

40 kostenlos €2 Ch €2. **Lage:** Einfach, abgelegen, ruhig. **Untergrund:** asphaltiert. 01/01-31/12.
Entfernung: 500M 500M 500M.

Ligny-en-Barrois 16D3
Aire de Pilvetus, Chemin des Pains de Seigle.
GPS: n48,69262 o5,33621.

10 kostenlos. **Lage:** Einfach, abgelegen. **Untergrund:** Schotter. 01/01-31/12.
Entfernung: 1,2Km.

Ligny-en-Barrois 16D3
Relais Nautique, Rue Jean Willemert. **GPS:** n48,68787 o5,31943.

12 €2 + €0,20/pP Kurtaxe €2/10Minuten Ch €2/55Minuten WC €2 €4 kostenlos. **Lage:** Städtisch, komfortabel, zentral, ruhig. **Untergrund:** asphaltiert.
Entfernung: 200M vor Ort 200M 200M vor Ort.
Sonstiges: Am Canal de la Marne au Rhin, kleinen Stellplätze.

Linthal 19F2
Rue du Markstein, D430. **GPS:** n47,94495 o7,12783.

4 kostenlos Ch kostenlos. **Lage:** Einfach, ruhig.
Untergrund: asphaltiert. 01/01-31/12.
Entfernung: 200M vor Ort 200M 200M vor Ort.

Longeville-en-Barrois 16D3
Gr Grande Rue. **GPS:** n48,74201 o5,20645.

6 kostenlos. **Lage:** Städtisch, einfach, ruhig.
Untergrund: asphaltiert.
Entfernung: vor Ort vor Ort 100M 100M vor Ort. **Sonstiges:** An der Ornain.

Longuyon 16D2
Parking Salvador Allende, N18. **GPS:** n49,44802 o5,59973.

2 kostenlos €2 Ch €2 WC. **Lage:** Städtisch, einfach, zentral, laut. **Untergrund:** asphaltiert.

Grand Est

Entfernung: vor Ort vor Ort 100M.
Sonstiges: Parkplatz neben Touristinfo, nicht geeignet für grossen Reisemobile.

Longwy   16D1
Stade Municipal, Avenue du 8 Mai 1945.
GPS: n49,52656 o5,76559.

7 kostenlos €2,50/20Minuten Ch €2,50/4Std.
Lage: Städtisch, einfach, zentral, laut. **Untergrund:** asphaltiert.
 01/01-31/12.
Entfernung: vor Ort 400M 350M.
Sonstiges: Am Fussballplatz.

Lunéville   16F3
Les Bosquets, Quai des Petits Bosquets. **GPS:** n48,59652 o6,49865.

23 € 8 Ch inklusive kostenlos **Lage:** Komfortabel, zentral, laut. 01/01-31/12.
Entfernung: 700M 50M 600M 600M.
Touristinformation Lunéville:
 Château Petit Versailles. Schloss, 18. Jahrhundert und Museum.
 10-12 Uhr, 14-18 Uhr Di. € 8.

Lusigny-sur-Barse   19B1
Route du Lac. **GPS:** n48,26451 o4,29735.
 kostenlos. 01/01-31/12.
Entfernung: 2,5Km vor Ort vor Ort.
Sonstiges: Am See, max 3,5T.

Marbotte   16D3
Parking de la Mairie, Rue Principale, D12.
GPS: n48,83445 o5,58142.

2 kostenlos. **Lage:** Einfach, ruhig. **Untergrund:** ungepflastert.
Entfernung: vor Ort.

Mareuil-sur-Ay   16B2
Relais nautique, Place Charles de Gaulle. **GPS:** n49,04522 o4,03490.

8 kostenlos 150Liter Ch 3Std,Ver-/Entsorgung €5.
Lage: Städtisch, komfortabel, zentral, ruhig. **Untergrund:** asphaltiert.
 01/01-31/12 kein Wasser im Winter.
Entfernung: vor Ort vor Ort vor Ort vor Ort vor Ort.
Sonstiges: Dem Kanal entlang, im Dorf, Wertmünzen beim Supermarkt.

Maxey-sur-Meuse   19D1
Sous la Voie, D19A. **GPS:** n48,44861 o5,69500.

4 kostenlos (4x) WC kostenlos. **Lage:** Einfach.
Untergrund: Schotter. 14/05-31/12.
Entfernung: 2km 2km 500M.

Maxey-sur-Vaise   16D3
Grande Rue. **GPS:** n48,53836 o5,66705.

6 kostenlos.
Lage: Einfach, zentral, ruhig. 01/01-31/12.
Entfernung: vor Ort.

Mesnil-Saint-Père   19B1
Rue du Lac. **GPS:** n48,25524 o4,34090.

50 kostenlos. **Lage:** Einfach. **Untergrund:** asphaltiert.
 01/01-31/12.
Entfernung: Strand 400M.
Sonstiges: In de Nähe vom Orient See.

Metz   16E2
Allée Metz Plage. **GPS:** n49,12371 o6,16887.

8 kostenlos Ch kostenlos. **Untergrund:** asphaltiert.
Entfernung: 350M 1,5Km 300M.
Sonstiges: Am Eingang zum Campingplatz, max. 48 Std, schräge Stellflächen.
Touristinformation Metz:
 Place St Louis. Platz umgeben durch Häuser vom 14. Jahrhundert.
 Cathédrale St Etienne. Kathedrale.

Millery   16E3
Avenue de la Moselle, D40. **GPS:** n48,81507 o6,12716.

5 kostenlos Ch kostenlos. **Untergrund:** asphaltiert.
 01/04-31/10 Wasser: 01/11-31/03.
Entfernung: vor Ort 3,5Km.
Sonstiges: Der Mosel entlang.

Mirecourt   19E1
Place Thierry. **GPS:** n48,29945 o6,13591.

20 € 6 10Minuten Ch 35Minuten WC inklusive.
Lage: Komfortabel, zentral. **Untergrund:** Schotter.
 01/01-31/12.
Entfernung: vor Ort.

Mittelbergheim   19G1
Parking Zotzenberg, Rue Ziegelscheuer. **GPS:** n48,39869 o7,44194.

4 kostenlos. **Lage:** Ländlich, einfach, ruhig.
Untergrund: asphaltiert. 01/01-31/12.
Entfernung: 300M 3Km 300M 300M vor Ort.
Sonstiges: Beim Kirchplatz, Weinprobe.

Monthermé   16C1
Rue du Général de Gaulle, D989. **GPS:** n49,88136 o4,72979.

6 kostenlos. **Lage:** Ländlich, einfach, ruhig. **Untergrund:** Wiese.
 01/01-31/12.
Entfernung: 900M vor Ort.
Sonstiges: Entlang der Maas, max. 24 Std.

Monthermé   16C1
Etape fluviale, Quai A. Briand. **GPS:** n49,88608 o4,73593.

± 20 € 3 + € 0,20/pP Kurtaxe €2,80/Tag €1,50
 €3,50/3,50. **Untergrund:** Schotterasen.
Entfernung: 300M.
Sonstiges: Entlang der Maas, anmelden beim Hafenmeister.

Monthureux-sur-Saône   19E1
D460. **GPS:** n48,03199 o5,97390.

8 kostenlos Ch WC kostenlos €3/48Std, WiÖ-Stop.
Lage: Komfortabel, ruhig. 01/01-31/12.
Entfernung: vor Ort vor Ort 200M 75M.

Grand Est

Sonstiges: Am Fussballplatz.

Montier-en-Der 19C1
Rue de l'Isle. **GPS:** n48,47861 o4,76861.

6 kostenlos €2/8Minuten Ch €2,80/55Minuten WC.
Lage: Einfach. **Untergrund:** Schotter. 01/01-31/12.
Entfernung: vor Ort 500M 500M.
Sonstiges: Wertmünzen bei Office de Tourisme.

Montigny-lès-Vaucouleurs 16D3
Rue de la Côte. **GPS:** n48,58875 o5,63007.

10 kostenlos. **Lage:** Ländlich, einfach, ruhig. **Untergrund:** Schotter. 01/01-31/12.
Entfernung: 700M.

Montplonne 16D3
Rue du Four. **GPS:** n48,68630 o5,16934.

4 kostenlos. **Lage:** Ländlich, einfach. **Untergrund:** Schotter.
Entfernung: vor Ort.
Sonstiges: Neben Friedhof.

Morley 16D3
Parking Lavoir, D5A. **GPS:** n48,57848 o5,24878.

5 kostenlos. **Lage:** Ländlich, einfach, zentral, ruhig.
Untergrund: Wiese.
Entfernung: vor Ort.

Mouzon 16C1
Halte fluviale. **GPS:** n49,60687 o5,07710.
8 €7,80, 01/11-31/03 kostenlos Ch WC inklusive.
Untergrund: asphaltiert. 01/01-31/12 Ver-/Entsorgung.
Winter. **Entfernung:** 100M.
Sonstiges: Entlang der Maas, Sanitär und WLAN-Kode beim Hafenmeister, Filzmuseum 100m (Mai-Sep).

Munster 19F1
Aire de camping-cars Munster, Rue du Dr Heid.
GPS: n48,03779 o7,13471.

54 €6 €3 Ch €3 WC €1,50 inklusive.
Lage: Ländlich, komfortabel, ruhig. **Untergrund:** Schotter. 01/01-31/12.
Entfernung: vor Ort vor Ort vor Ort vor Ort.

Murbach 19G2
Abbaye de Murbach, Rue de Guebwiller.
GPS: n47,92321 o7,16059.

20 kostenlos Ch kostenlos.
Lage: Ländlich, abgelegen, ruhig. **Untergrund:** Schotter/befestigt.
01/01-31/12.
Entfernung: 350M vor Ort vor Ort 5Km vor Ort 5Km.

Mutigny 16B2
Aire de l'étang, Route de Montflambert.
GPS: n49,06894 o4,02669.

8 kostenlos 150Liter Ch 3Std,Ver-/Entsorgung €5.
Lage: Ländlich, einfach, abgelegen, ruhig. **Untergrund:** asphaltiert.
01/01-31/12. **Entfernung:** 1Km 3Km 3Km.

Nancy 16E3
Parking Faubourg Des III Maisons, Rue Charles Keller.
GPS: n48,70403 o6,17598.

10 €4,50. **Lage:** Zentral. **Untergrund:** asphaltiert.
01/01-31/12.
Entfernung: Zentrum ± 1Km.

Nancy 16E3
Port Saint Georges, N57, boulevard du 21ème Régiment d'Aviation.
GPS: n48,69221 o6,19318.

15 €15,50 + €1,50/pP Ch inklusive WC.
Lage: Zentral. **Untergrund:** asphaltiert.
01/05-01/11.

Entfernung: 500M vor Ort vor Ort 100M 100M 100M.
Sonstiges: Max. 5 Nächte, anmelden beim Hafenmeister.
Touristinformation Nancy:
Musée Historique Lorraine, Palais Ducal, Heimatmuseum.
15/06-15/09 Di.
Zoo Haye, Velaine-en-Haye. Zoo mit Auffange für wilde Vögel.

Nant-le-Grand 16D3
Grand Rue, D169A. **GPS:** n48,67530 o5,22382.

4 kostenlos. **Lage:** Ländlich, einfach, ruhig.
Untergrund: Wiese/Schotter.
Entfernung: vor Ort.

Neuf-Brisach 19G1
Place de la Porte de Bâle. **GPS:** n48,01688 o7,53187.

kostenlos. **Untergrund:** asphaltiert. 01/01-31/12.
Entfernung: 300M 300M 300M.
Touristinformation Neuf-Brisach:
Point I Neuf-Brisach, 6, place d'Armes, www.tourisme-rhin.com/.
Sehenswürdige Stadt.

Niderviller 16F3
Marina Niderviller, Avenue de Lorraine. **GPS:** n48,71748 o7,09901.

12 €12 €2/Aufenthalt Ch €3/Tag WC. **Lage:** Einfach, ruhig. 01/03-30/10.
Entfernung: 200M.

Nixéville-Blercourt 16D2
Rue de la Grand. **GPS:** n49,11118 o5,24007.

4 €6 Ch inklusive. **Lage:** Ländlich, einfach, ruhig.
Untergrund: Beton.
Entfernung: 100M.

Nogent-sur-Seine 16A3
Parking Camping/Piscine, Rue du Camping.
GPS: n48,50388 o3,50888.

Frankreich

Grand Est

Obernai — 19G1
Camping municipal Le Vallon de l'Ehn, 1, rue de Berlin.
GPS: n48,46471 o7,46757. ⬆➡
€2 Ch. 01/01-31/12.

Oltingue — 19G3
Place Saint Martin. **GPS:** n47,49158 o7,39068. ⬆

5 €6,58/Nacht, €2,99/3 Std Chkostenlos (2x)inklusive3Std. **Lage:** Städtisch, einfach, ruhig. **Untergrund:** asphaltiert. 01/01-31/12.
Entfernung: 1,5Km 2km 1,5Km 1,5Km 2km.
Sonstiges: Max. 48 Std.

Nonsard Lamarche — 16D3
Base de Loisirs, Base de Loisirs de Madine.
GPS: n48,93064 o5,74873. ⬆

3 kostenlos €2/10Minuten Ch €2/55Minuten WCkostenlos.
Lage: Städtisch. **Untergrund:** asphaltiert. 01/01-31/12.
Entfernung: 100M vor Ort 100M 200M vor Ort vor Ort vor Ort.

Orbey — 19F1
Hôtel Restaurant Les Terrasses du Lac Blanc, Lac Blanc.
GPS: n48,13540 o7,08957. ⬆

30 €7 €3 Ch. **Lage:** Ländlich, einfach, abgelegen, ruhig. **Untergrund:** Wiese/befestigt. 01/04-31/10.
Entfernung: 700M vor Ort vor Ort vor Ort.
Sonstiges: Am Madine See, Wertmünzen beim Campingplatz.

Nubécourt — 16D2
D151, Rue Raymond Poincaré. **GPS:** n48,99704 o5,17256. ⬆➡

8 €7 inklusive Ch (8x)€2,50. **Lage:** Komfortabel, ruhig. **Untergrund:** Wiese/Schotter.
Entfernung: 500M 500M vor Ort.
Sonstiges: Gäste kostenlos.

Orschwihr — 19G2
Rue de la Source. **GPS:** n47,93722 o7,23083. ⬆➡

8 kostenlos. **Lage:** Ländlich, einfach, zentral, ruhig.
Untergrund: Schotter. 01/01-31/12.
Entfernung: vor Ort 200M vor Ort vor Ort.

Obernai — 19G1
Parking de l'Altau, Route d'Ottrott. **GPS:** n48,46239 o7,47369. ⬆

4 kostenlos Chkostenlos. **Lage:** Ländlich, einfach, ruhig.
Untergrund: asphaltiert. 01/01-31/12.
Entfernung: 200M 200M 5Km.
Sonstiges: Max. 48 Std.

Peigney — 19D2
Lac de la Liez, D284, rue Côté de Recey.
GPS: n47,87272 o5,38077. ⬆➡

10 kostenlos. **Lage:** Städtisch, einfach, zentral.
Untergrund: asphaltiert. 01/01-31/12.
Entfernung: 600M 600M 600M.
Sonstiges: Videoüberwachung.

Obernai — 19G1
Parking des Remparts, Rue Poincaré. **GPS:** n48,45972 o7,48667. ⬆➡

8 €10,50 Ch €2. **Lage:** Einfach. **Untergrund:** asphaltiert. 01/01-31/12.
Entfernung: 500M vor Ort vor Ort vor Ort vor Ort.

Pfaffenheim — 19G2
Aire du Winzerhof, Rue de la Tuilerie. **GPS:** n47,98639 o7,29167. ⬆

50 kostenlos kostenlos. **Lage:** Städtisch, einfach.
Untergrund: Schotter. 01/01-31/12.
Entfernung: 300M 2,7Km 300M 200M.
Sonstiges: Grosser Parkplatz im Zentrum, Videoüberwachung.

5 €5 Ch (5x)WCinklusive. **Lage:** Städtisch, einfach, ruhig. **Untergrund:** Schotter/befestigt. 01/01-31/12.
Entfernung: 400M 400M 3Km vor Ort vor Ort.
Sonstiges: Gäste kostenlos, Verkauf von Wein.

Phalsbourg — 16G3
Rue du commandant Taillant. **GPS:** n48,76545 o7,25950.
4 kostenlos €2/10Minuten Ch €4/12Std.
Untergrund: befestigt. 01/01-31/12.
Entfernung: 100M 100M 300M.
Sonstiges: Max. 48 Std.

Phalsbourg — 16G3
TOTAL tankstation, ZAC Louvois, Route du Luxembourg.
GPS: n48,76899 o7,24182. ➡

kostenlos €2 Ch €2. **Untergrund:** asphaltiert.
01/01-31/12.
Entfernung: vor Ort. **Sonstiges:** Max. 1 Nacht.

Pierre-Percée — 19F1
D182A. **GPS:** n48,46723 o6,92911. ⬆

± 8 kostenlos. **Lage:** Einfach, abgelegen, ruhig.
Untergrund: asphaltiert.
Entfernung: vor Ort vor Ort.
Sonstiges: Picknickplatz am Stausee.

Piney — 19B1
Place des Anciens Combattants, Rue du Général de Gaulle.
GPS: n48,35878 o4,33442. ⬆➡

5 kostenlos €3/10Minuten Ch €3/1Std. **Lage:** Einfach.
Untergrund: befestigt. 01/01-31/12. Wasser: mit Frost.
Entfernung: 500M 500M 500M.
Sonstiges: Wertmünzen beim Rathaus und Restaurant.

Plombières-les-Bains — 19E2
Allée Eugene Delacroix. **GPS:** n47,95822 o6,44966.

Grand Est

15 kostenlos (5x). **Lage:** Einfach, ruhig.
Untergrund: asphaltiert.

Pompierre — 19D1
Chemin de la Corvée. **GPS:** n48,25691 o5,67188.

3 kostenlos kostenlos. **Lage:** Städtisch, einfach, laut.
Untergrund: asphaltiert. 01/01-31/12.
Entfernung: 1Km 500M 500M.

Pont-à-Mousson — 16E3
Port de plaisance, Avenue des Etas Unis, D910.
GPS: n48,90296 o6,06088.

42 € 9,50 Ch WC inklusive. **Lage:** Luxus.
Untergrund: asphaltiert. 01/04-31/10.
Entfernung: 400M 3,4Km vor Ort 400M 400M vor Ort.
Sonstiges: Anmelden an der Rezeption, Brötchenservice.

Rebeuville — 19D1
Rue du Cougnot. **GPS:** n48,33530 o5,70128.

3 kostenlos Ch kostenlos.
Lage: Ländlich, komfortabel, abgelegen. **Untergrund:** asphaltiert.
01/01-31/12.
Entfernung: 5Km vor Ort vor Ort 5Km 5Km 500M.

Reims — 16B2
Parc du CIS de la Comédie, Esplanade André Malraux, chaussée Bocquaine. **GPS:** n49,24881 o4,02110.

9 kostenlos Ch kostenlos. **Lage:** Städtisch, einfach, zentral, laut. **Untergrund:** befestigt.
Entfernung: 15 Gehminuten 1,4Km 350M 100M.
Sonstiges: Max. 48 Std, für Eintrittskode anrufen, lauter Platz.

Remiremont — 19F1
Rue du Lit d'Eau. **GPS:** n48,01540 o6,60208.
31 € 6 Ch €3/24Std.
Lage: Komfortabel.
Untergrund: Schotter.
Entfernung: 1Km vor Ort vor Ort vor Ort vor Ort.
Sonstiges: Am kleinen See, am Bahnhof, Videoüberwachung.

Rennepont — 19C1
Domaine Rennepont, 31 Rue Principale. **GPS:** n48,14927 o4,85430.
22, Hund € 7,50 Ch inklusive. **Lage:** Abgelegen, ruhig. **Untergrund:** Wiese/Schotter. 15/03-31/10.

Revigny-sur-Ornain — 16C3
Stade/Office de Tourisme, Rue de l'Abattoir.
GPS: n48,82642 o4,98330.

2 kostenlos Ch kostenlos.
Lage: Städtisch, einfach, zentral, ruhig. **Untergrund:** asphaltiert.
01/01-31/12.
Entfernung: vor Ort 100M vor Ort vor Ort vor Ort.
Sonstiges: Wertmünzen bei Office de Tourisme.

Revin — 16C1
Rue du Port. **GPS:** n49,93962 o4,63843.
10 kostenlos €2/100Liter Ch €2/1Std.
Untergrund: befestigt. 01/01-31/12.
Entfernung: vor Ort vor Ort vor Ort.
Sonstiges: Max. 8M.

Rhodes — 16F3
Port Municipal, Rue Principale. **GPS:** n48,75784 o6,90053.

30 € 18/24 Std Ch WC inklusive. **Lage:** Luxus, ruhig.
Untergrund: Wiese. 01/04-30/09.
Entfernung: vor Ort vor Ort.
Sonstiges: Am Etang du Stock.

Ribeauvillé — 19G1
Route de Guémar. **GPS:** n48,19231 o7,32867.

15 € 1,50/5 Std, € 1,50/Nacht €2 Ch.
Lage: Städtisch, einfach, laut. **Untergrund:** Schotter.
01/01-31/12.
Entfernung: 400M vor Ort vor Ort.
Sonstiges: Neben Cave de Ribeauvillé.
Touristinformation Ribeauvillé:
Sa.

Richardmenil — 16E3
Chemin de la Maize. **GPS:** n48,59457 o6,16078.

5 kostenlos Ch (4x)kostenlos.
Lage: Abgelegen, ruhig. **Untergrund:** asphaltiert.
01/01-31/12.
Entfernung: 1Km vor Ort vor Ort 500M 1Km 1Km.

Riquewihr — 19G1
Avenue Jacques Preiss. **GPS:** n48,16608 o7,30175.

6 €2/5 Std, € 4/Nacht €2 Ch €2.
Lage: Einfach, laut. **Untergrund:** asphaltiert. 01/01-31/12.
Entfernung: 200M 200M 200M.
Sonstiges: Wohnmobile <7M, Videoüberwachung.
Touristinformation Riquewihr:
Office de Tourisme, Rue de 1ère Armée. Malerische Straße mit Häusern des 16. Jahrhunderts.

Rollainville — 19D1
Rue de la Cure. **GPS:** n48,36185 o5,73842.

1 kostenlos €2/30Minuten €2/6Std. **Lage:** Städtisch, einfach, zentral. **Untergrund:** asphaltiert. 01/01-31/12.
Entfernung: vor Ort.
Sonstiges: Backer 8 Uhr Morgens.

Rosenau — 19G2
Grand Canal d'Alsace. **GPS:** n47,65336 o7,52346.

+10 kostenlos. **Untergrund:** Wiese. 01/01-31/12.
Entfernung: Brasserie.
Sonstiges: Am Rhein.

Rupt-sur-Moselle — 19F2
Quai de la Parelle. **GPS:** n47,92061 o6,66194.

6 kostenlos €3/10Minuten Ch (4x)€3/3Std WC.
Lage: Einfach, ruhig. **Untergrund:** asphaltiert.
Entfernung: 350M 250M vor Ort Voie Verte.

Frankreich 347

Grand Est

Sonstiges: Wertmünzen in den Geschäften und bei Rathaus.

Saint-Dizier 16C3
Centre Loisirs Caravanning, Route de Villiers en Lieu. **GPS:** n48,64255 o4,91035.

6 kostenlos €4 Ch WC kostenlos. **Lage:** Einfach. **Untergrund:** asphaltiert. 01/01-31/12. **Entfernung:** 1,5Km 400M. **Sonstiges:** Bei Reisemobilhändler, Wertmünzen während Geschäftsstunden.

Saint-Hippolyte 19G1
Rue de la 5E Division Blindée. **GPS:** n48,23084 o7,37681.

3 kostenlos €4 Ch. **Lage:** Städtisch, einfach, ruhig. 01/01-31/12. **Entfernung:** vor Ort 300M. **Sonstiges:** Ver-/Entsorgung 100M, 3 Stellplätze Allée des Cygnes n48.23242, o7.37239, 3 Stellplätze Rue Windmuehl n48.23172, o7.36443.

Saint-Imoges 16B2
Rue de la Briquetrie. **GPS:** n49,10689 o3,97903.
8 kostenlos 150Liter Ch 1Std,Ver-/Entsorgung €2. **Lage:** Abgelegen, ruhig. 01/01-31/12.

Saint-Mihiel 16D3
Chemin Gué Rapeau. **GPS:** n48,90227 o5,53960.

4 €3 Ch kostenlos €3/24Std. **Lage:** Ländlich, einfach, abgelegen, ruhig. **Untergrund:** asphaltiert. **Entfernung:** 1,5Km 1Km 1,5Km. **Sonstiges:** Direkt am Fluss, in der Nähe von Schleusen, neben Camping municipal, max. 24 Std.

Saint-Nabord 19F1
Rue de la Croix Saint Jacques. **GPS:** n48,04527 o6,58175.

10 kostenlos €3/80Liter Ch €3. **Lage:** Einfach, ruhig. **Untergrund:** asphaltiert. 01/01-31/12. **Entfernung:** 300M 200M 50M.

Saint-Nicolas-de-Port 16E3
Rue du jeu de Paune. **GPS:** n48,63515 o6,30048.

10 kostenlos €4 Ch. **Lage:** Städtisch, einfach, zentral, ruhig. **Untergrund:** Schotter. 01/01-31/12. **Entfernung:** vor Ort 150M 200M 100M.

Sainte-Livière 16C3
1 rue Sainte Libaire. **GPS:** n48,60133 o4,82139.
19 €8 Ch (19x) inklusive. **Lage:** Ländlich, abgelegen, ruhig. **Untergrund:** Schotter. 01/01-31/12. **Entfernung:** 2Km Lac du Der-Chantecoq 2km. **Sonstiges:** Ver-/Entsorgung Passanten € 3.

Sainte-Marie-aux-Mines 19G1
Place des Tisserands. **GPS:** n48,24700 o7,18322.

10 kostenlos. **Lage:** Städtisch, einfach, ruhig. **Untergrund:** asphaltiert. 01/01-31/12. **Entfernung:** 100M 100M 300M. **Sonstiges:** Max. 24 Std.
Touristinformation Sainte-Marie-aux-Mines:
Office de Tourisme, 86, rue Wilson, www.tourisme.fr/office-de-tourisme/sainte-marie-aux-mines-68.htm. Mineralstadt mit Ilbermine, Mine d'Argent Sainte-Barthélemy.

Sainte-Marie-du-Lac-Nuisement 16C3
Port de Nuisement, D13A. **GPS:** n48,60285 o4,74922.
6 kostenlos €3/10Minuten Ch €3/55Minuten. **Untergrund:** asphaltiert. 01/01-31/12. **Entfernung:** 4Km vor Ort. **Sonstiges:** Wertmünzen bei Office de Tourisme.

Sapignicourt 16C3
Rue Deperthes à Larzicourt. **GPS:** n48,65111 o4,80583.

4 €2,50/10Minuten Ch €2,50/55Minuten. **Lage:** Ländlich, einfach, abgelegen, ruhig. **Untergrund:** Wiese. 01/01-31/12. **Entfernung:** 500M. **Sonstiges:** Wertmünzen beim Rathaus und Mr. Bauer, 14, grande rue.

Sarralbe 16F2
Rue de la Sarre. **GPS:** n49,00171 o7,03240.
4 kostenlos. **Untergrund:** asphaltiert. 01/01-31/12. **Entfernung:** 350M 350M. **Sonstiges:** Am Sportzentrum.

Saverne 16G3
Rue des Emouleurs. **GPS:** n48,74512 o7,36854.

€7 €2 €2/6Std. **Lage:** Einfach, zentral. **Untergrund:** Schotter/Sand. 01/01-31/12. **Entfernung:** Stadtmitte 650M.

Saverne 16G3
Camping Les Portes d'Alsace, Rue du Père Liebermann. **GPS:** n48,73131 o7,35504.

12 € 10-12 Ch WC inklusive €2,50 €2,50. **Lage:** Komfortabel, ruhig. **Untergrund:** Schotter. 01/04-30/09.
Touristinformation Saverne:
Château de Rohan. Museum, ehemaliger Sommerhaus der Bischofs von Straßburg.

Sedan 16C1
Rue Hue Tanton. **GPS:** n49,70145 o4,95092.
kostenlos. 01/01-31/12. **Sonstiges:** Parkplätze rundum dem Schloss von Sedan.

Seuil-d'Argonne 16C3
Rue du Commandant Laflotte, D2/D20. **GPS:** n48,98294 o5,06215.

5 kostenlos. **Lage:** Ländlich, einfach, ruhig. **Untergrund:** Schotter. 01/01-31/12. **Entfernung:** 650M 650M 650M 650M. **Sonstiges:** Gegenüber Sportplatz.

Sézanne 16B3
Place du Champ Benoist. **GPS:** n48,72222 o3,72125.

7 kostenlos €2/100Liter Ch €2/1Std WC kostenlos. **Lage:** Städtisch, einfach, zentral, laut. **Untergrund:** asphaltiert. 01/01-31/12 Sa Markt. **Entfernung:** vor Ort 50M 300M 50M.

Sierck-les-Bains 16E2
Place de la Gro. **GPS:** n49,44424 o6,36217.

8 kostenlos. **Lage:** Einfach. **Untergrund:** asphaltiert. 01/01-31/12. **Entfernung:** 200M 200M 350M. **Sonstiges:** An der Mosel, in der Nähe vom Polizeirevier.

Soufflenheim 16H3
Rue des Hirondelle. **GPS:** n48,83233 o7,96045.

Grand Est

Château, Louppy-sur-Loison. Schloss, 17. Jahrhundert.

Strasbourg 16G3
Parking Auberge de Jeunesse des Deux Rives (Parc du Rhin), Rue des Cavaliers. GPS: n48,56659 o7,79975.

13 kostenlos €2 Ch €2. **Lage:** Städtisch, einfach, ruhig. **Untergrund:** asphaltiert. 01/01-31/12.
Entfernung: 300M 200M 300M 200M.

Souilly 16D2
Route de St.André-en-Barrois, D159. GPS: n49,02730 o5,27985.

6 kostenlos. **Lage:** Ländlich, einfach. **Untergrund:** Schotter. 01/01-31/12.
Entfernung: 600M.

Soultz 19G2
Rue de la Marne. GPS: n47,88806 o7,23139.

30 kostenlos Ch kostenlos. **Lage:** Städtisch, einfach, ruhig. **Untergrund:** asphaltiert. 01/01-31/12.
Entfernung: 200M 200M 500M 500M.
Sonstiges: Zahlung nur mit Bankkarte.

Stenay 16D1
Aire Camping-car, D947. GPS: n49,48979 o5,18323.

47 €8 Ch WC €4/4 inklusive. **Lage:** Ländlich, komfortabel, ruhig. **Untergrund:** befestigt. 01/01-31/12.
Entfernung: 150M 150M 800M, Bäckerei 300M.
Sonstiges: Bezahlung und Eintrittskode beim Hafenmeister, Musée Européen de la Bière, Biermuseum.

Stenay 16D1
Port de plaisance, Rue du Port. GPS: n49,49096 o5,18312.

6 €8 Ch WC €4/4 inklusive. **Lage:** Komfortabel, ruhig. **Untergrund:** asphaltiert. 01/01-31/12.
Entfernung: vor Ort 200M 500M.
Sonstiges: Bezahlung beim Hafenmeister.
Touristinformation Stenay:
Musée de la Bière. Biermuseum.

Strasbourg 16G3
Parking Auberge de Jeunesse des Deux Rives (Parc du Rhin), Rue des Cavaliers. GPS: n48,56659 o7,79975.

40 kostenlos €2,50/100Liter Ch €2,50/1Std. **Lage:** Ländlich, einfach. **Untergrund:** asphaltiert/Sand. 01/01-31/12.
Entfernung: Strassburg Stadtmitte 5Km Bus 21 + S-Bahn.
Sonstiges: Max. 7 Tage.
Touristinformation Strasbourg:
Maison Kammerzell. Restaurant, 1467-1589, gilt als das schönste Fachwerkhaus der Elsass-Region.
Musée Alsacien. Volkskunst und Handwerk.
Cathédrale de Nôtre-Dame.

Suippes 16C2
Rue de l'Abreuvoir. GPS: n49,13074 o4,53419.

10 kostenlos €2/Liter Ch €2/1Std. **Lage:** Städtisch, einfach. **Untergrund:** asphaltiert. 01/01-31/12.
Entfernung: vor Ort 200M 200M.

Tannois 16D3
Parking du Belvédère, D169. GPS: n48,71977 o5,22967.

10 kostenlos. **Lage:** Ländlich, einfach, abgelegen, ruhig. **Untergrund:** Schotter. 01/01-31/12.
Entfernung: 1,3Km 1,5Km vor Ort vor Ort.

Thann 19F2
Parking du Centre, Rue du Général de Gaulle. N66. GPS: n47,80889 o7,10460.

Thann 19F2
Place du Bungert, Rue des Pèlerins. GPS: n47,81159 o7,10450.

30 kostenlos Ch Ver-/Entsorgung €4. **Lage:** Städtisch, einfach, laut. **Untergrund:** asphaltiert. 01/01-31/12.
Entfernung: 250M 50M 50M.

Thaon-les-Vosges 19E1
Aire du Coignot, Rue du Coignot. GPS: n48,24920 o6,42520.

10 kostenlos WC kostenlos.
Lage: Städtisch, einfach, zentral, ruhig. **Untergrund:** asphaltiert.
01/01-31/12 Sa-Morgen Markt.
Entfernung: 200M vor Ort 200M 500M vor Ort vor Ort.

10 kostenlos Ch kostenlos. **Lage:** Einfach, ruhig.
Untergrund: asphaltiert/Schotter. 01/03-01/10.
Entfernung: 1,5Km 400M.
Sonstiges: Neben port fluvial.

Thiaucourt-Regniéville 16E3
Rue du Stade. GPS: n48,95220 o5,86090.
kostenlos Ch €3/6Std. **Lage:** Abgelegen, ruhig.
Untergrund: Wiese/Schotter. 01/01-31/12.
Entfernung: 700M 700M.
Sonstiges: Bei den Tennisplätzen.

Thierville-sur-Meuse 16D2
Thierville sur-meuse, Avenue de l,etangbleu. GPS: n49,17499 o5,36357.

20 kostenlos. **Lage:** Ländlich, einfach. **Untergrund:** asphaltiert.
01/01-31/12.
Entfernung: 100M 50M 50M vor Ort vor Ort.
Sonstiges: Entlang der Maas.

Tilleux 19D1
Grande Rue. GPS: n48,29300 o5,72250.

8 kostenlos kostenlos. **Lage:** Einfach. **Untergrund:** Schotter.
01/01-31/12.
Entfernung: 100M.
Sonstiges: Schräge Stellflächen, Zufahrtsstraße max. 3,5T.

Toul 16E3
Avenue du Colonel Péchot. GPS: n48,67670 o5,88549.

Frankreich

Grand Est

12 €7/24 Std (8x)inklusive. **Lage:** Städtisch, komfortabel, ruhig. **Untergrund:** asphaltiert. 01/01-31/12. **Entfernung:** 4Km. **Sonstiges:** Max. 72 Std.

S Trois Épis 19G1
Place des Antonins. **GPS:** n48,10101 o7,22948.

25 kostenlos €2 Ch €3/55Minuten WC €0,50 €1. **Lage:** Städtisch, einfach, ruhig. **Untergrund:** asphaltiert. 01/01-31/12. **Entfernung:** 150M 150M 150M vor Ort.

Turckheim 19G1
Quai de la gare. **GPS:** n48,08555 o7,27739.

6 €5. **Lage:** Städtisch, einfach, laut. **Untergrund:** befestigt. 01/01-31/12. **Entfernung:** Altstadt 250M 250M 300M vor Ort.

S Turckheim 19G1
Camping municipal Les Cigognes, 4, quai de la Gare. **GPS:** n48,08539 o7,27535. €5,40 Ch. 15/03-31/10.

S Ungersheim 19G2
Ecomusée. **GPS:** n47,85200 o7,28400.

20 €6 inklusive. **Lage:** Ländlich, einfach, ruhig. **Untergrund:** Schotter/befestigt. 01/01-31/12. **Entfernung:** 6Km 200M. **Sonstiges:** Anmelden bei Hotel.

Val-d'Ornain 16C3
D2. **GPS:** n48,80327 o5,07284.
6 kostenlos. **Lage:** Ländlich, einfach. **Untergrund:** ungepflastert. 01/01-31/12.

S Val-et-Châtillon 16F3
Grande Rue / D993a. **GPS:** n48,56039 o6,96525.

6 kostenlos €3 Ch €3/55Minuten. **Lage:** Komfortabel, ruhig. **Untergrund:** Schotter. 01/01-31/12. **Entfernung:** 100M 3,5Km vor Ort. **Sonstiges:** Max. 4 Tage, Brötchenservice.

Vaucouleurs 16D3
Rue du Cardinal Lépicier. **GPS:** n48,60179 o5,66737.

3 €5 €2/100Liter Ch €2 WC. **Lage:** Städtisch, einfach, zentral. **Untergrund:** asphaltiert. 01/01-31/12.

Vauquois 16C2
Parking municipal, D212. **GPS:** n49,20405 o5,07398.

8 kostenlos. **Lage:** Ländlich, einfach. **Untergrund:** Schotter. **Entfernung:** vor Ort.

S Velaines 16D3
D120A. **GPS:** n48,70589 o5,29804.

4 kostenlos. **Lage:** Städtisch, einfach, zentral. **Untergrund:** Schotter. **Entfernung:** vor Ort 300M.

S Vendeuvre-sur-Barse 19C1
Place du 8 mai 1945, Rue du Pont Chevalier. **GPS:** n48,23727 o4,46646.

5 kostenlos €3 Ch €3. **Lage:** Städtisch, einfach, einfach. **Untergrund:** asphaltiert. Di-Abend, Mi-Morgen (Markt). **Entfernung:** 100M vor Ort ATAC vor Ort.

S Ventron 19F2
Chemin du Plain. **GPS:** n47,93906 o6,86900.

10 kostenlos €2/100Liter Ch €2/55Minuten. **Lage:** Einfach, zentral, ruhig. **Untergrund:** asphaltiert. 01/01-31/12. **Sonstiges:** Wertmünzen bei Office de Tourisme.

Ventron 19F2
Route de Frère Joseph. **GPS:** n47,92514 o6,86223.

kostenlos. **Untergrund:** asphaltiert. 01/01-31/12. **Entfernung:** Ventron 3,2Km vor Ort. **Sonstiges:** Parkplatz an den Skipiste.

Verdun 16D2
Dragées Braquir, Rue du Fort de Vaux, D112. **GPS:** n49,15955 o5,39989.

10 kostenlos. **Lage:** Städtisch, einfach, zentral. **Untergrund:** befestigt. **Entfernung:** vor Ort. **Sonstiges:** Max. 1 Nacht.

S Viéville 19D1
Halte Nautique La Licorne. **GPS:** n48,23825 o5,12988.

6 €1,50 €1,50/Tag (6x)€1,50/Tag. **Lage:** Ländlich, einfach, ruhig. **Untergrund:** Schotter. 01/01-31/12. **Entfernung:** vor Ort 3Km 500M vor Ort vor Ort.

S Vigneulles-les-Hattonchat 16D2
Rue Miss Skinner. **GPS:** n48,99200 o5,70122.
5 kostenlos. **Lage:** Abgelegen, ruhig. **Untergrund:** Schotter. **Entfernung:** 2km.

S Villefranche-sur-Saône 22C3
Camping-car Park, 2788 Route de Riottier. **GPS:** n45,97278 o4,75135.
128 €12 Ch inklusive. **Lage:** Städtisch, luxus. 15/05-15/09. **Entfernung:** A6 1,3Km Bahnhof > Lyon 3,4Km. **Sonstiges:** Kode WLAN: 692712.

S Villeneuve-Renneville-Chevigny 16B3
Champagne Leclère-Massard, 12, rue du Plessis. **GPS:** n48,91488 o4,05959.

Grand Est - Normandie

6 🅿 € 5 💧 Ch ⚡ inklusive 🚿 €2/Tag. **Lage:** Komfortabel.
Untergrund: asphaltiert.
Entfernung: 🚶3Km ⛲2km 🛒3Km 🍴3Km 🚶 vor Ort.
Sonstiges: Di-So Brötchenmobil, Champagneprobe.

Villers-sous-Châtillon 16B2
Halte camping-cars, Rue du Parc. **GPS:** n49,09642 o3,80078. ⬆➡.

5 🅿 kostenlos 💧€3/100Liter Ch ⚡€3/1Std. **Lage:** Ländlich, einfach, ruhig. **Untergrund:** asphaltiert. 📅 01/01-31/12.
Entfernung: 🚶1,2Km ⛲50M 🍴1,2Km 🛒2km.
Sonstiges: Wertmünzen beim Rathaus und Restaurant du Commerce.

Void-Vacon 16D3
Rue de la Gare. **GPS:** n48,68240 o5,61960. ⬆➡.

20 🅿 kostenlos 💧€2/100Liter Ch €2.
Lage: Ländlich, einfach, abgelegen, ruhig.
Untergrund: Wiese/Schotter. 📅 01/01-31/12.
Entfernung: 🚶700M ⛲10M 🛒10M.
Sonstiges: Wertmünzen bei den Geschäften/Rathaus.

Wadelincourt 16C1
Ferme du Chemin de Noyers, Rue Hubert Desrousseaux.
GPS: n49,68075 o4,93553.
1 🅿 kostenlos 💧 kostenlos. 📅 01/01-31/12.
Sonstiges: Regionale Produkte.

Wassy 19C1
Lac des Leschères, Réservoir Leschères Centre.
GPS: n48,48991 o4,94924.
🅿 kostenlos 💧 Ch. 📅 01/01-31/12.
Entfernung: 🚶1,5Km ⛲ vor Ort 🛒 vor Ort 🍴1,5Km 🛒1Km.

Westhalten 19G2
Rue St Blaise, D18, Vallée Noble, dir Soultzmatt..
GPS: n47,95626 o7,25135. ⬆➡.

6 🅿 kostenlos 💧€2 Ch. **Lage:** Ländlich, einfach, laut.
Untergrund: asphaltiert. 📅 01/03-30/11.
Sonstiges: Max. 48 Std.

Westhalten 19G2
Domaine du Bollenberg. **GPS:** n47,94459 o7,25652.
5 🅿 kostenlos 💧. 📅 01/01-31/12.
Entfernung: ⛲ vor Ort.
Sonstiges: Max 3,5T.

Willer-sur-Thur 19F2
Place de l'Eglise. **GPS:** n47,84315 o7,07292. ⬆➡.

3 🅿 kostenlos 💧 Ch WC kostenlos. **Lage:** Städtisch.
Untergrund: asphaltiert. 📅 01/01-31/12.
Entfernung: 🚶250M ⛲500M 🛒500M, Bäckerei 50M 🍴500M vor Ort 🚶500M.

Normandie

Agon-Coutainville 15B2
Flot Bleu Park, Boulevard Louis Lebel-Jéhenne.
GPS: n49,05176 w1,59123. ⬆➡.

25 🅿 € 6,30/24 Std 💧 Ch ⚡ inklusive 🚿 🚽 ♻.
Lage: Komfortabel. **Untergrund:** Wiese. 📅 01/01-31/12.
Entfernung: 🛒800M.
Sonstiges: Ver-/Entsorgung Passanten € 2,70.

Ardevon 15B3

La Bidonnière
Ardevon

■ **Gepflasterte und ebene Stellplätze**
■ **Schöne Aussicht**
■ **Sanitäranlagen**

campingcar.ardevivre.fr
campingcar@ardevivre.fr

La Bidonnière, Route de la Rive 5. **GPS:** n48,60352 w1,47612. ⬆.
60 🅿 € 10, 01/11-31/03 € 6 💧 Ch ⚡ (40x)€3,70/24 Std WC €3 🚿 inklusive. **Lage:** Ländlich, luxus, ruhig.
Untergrund: Wiese/Schotter. 📅 01/01-31/12.
Entfernung: 🚶 vor Ort ⛲3Km 🛒1Km 🍴3Km 🛒1,5Km 🚶 vor Ort 🍴 vor Ort.
Sonstiges: Brötchenservice, Fahrräder kostenlos zur Verfügung, Blick über Mt.St.Michel.

Arromanches-les-Bains 15C1
Arromanches 360, Cinéma Circulaire, Chemin du Calvaire / D514.
GPS: n49,33924 w0,61419. ⬆.

20 🅿 € 6 💧€2 Ch. **Lage:** Ländlich, komfortabel.
📅 01/01-31/12.
Entfernung: 🚶400M ⛲300M.

Sonstiges: Schöne Aussicht.

Arromanches-les-Bains 15C1
Rue François Carpentier. **GPS:** n49,33904 w0,62553. ⬆.

14 🅿 kostenlos 💧€2/10Minuten Ch €2/1Std 🚿 kostenlos 15 Minuten. **Untergrund:** asphaltiert. 📅 01/01-31/12.
Entfernung: 🚶150M ⛲100M 🍴100M 🛒250M.
Sonstiges: Neben Camping municipal, max. 1 Nacht.

Auderville 15B1
D901. **GPS:** n49,71431 w1,93481. ⬆.

15 🅿 kostenlos. **Lage:** Ländlich, einfach. **Untergrund:** Wiese/Schotter.
📅 01/01-31/12.
Entfernung: 🚶300M ⛲700M 🍴600M.

Auffay 15F1
Parking de la Gare. **GPS:** n49,71339 o1,09890. ⬆.

4 🅿 kostenlos 💧€3/100Liter Ch €3/1Std 🚿.
Lage: Städtisch, einfach, ruhig. **Untergrund:** Schotter.
📅 01/01-31/12.
Entfernung: 🚶800M ⛲17Km 🍴700M 🛒700M 🚶 vor Ort 🍴 vor Ort.

Avranches 15B3
Centre Culturel, Boulevard Jozeau Marigné.
GPS: n48,68585 w1,367. ⬆➡.

8 🅿 kostenlos 💧€2/10Minuten Ch. **Lage:** Städtisch, einfach.
Untergrund: Schotter/befestigt. 📅 01/01-31/12.
Entfernung: 🚶200M ⛲1,9Km 🍴200M 🛒200M.
Sonstiges: Hinter Kulturzentrum, max. 1 Nacht, attraktive mittelalterliche Stadt.

Touristinformation Avranches:
👁 Jardins des Plantes. Garten mit exotischen Pflanzen.
✝ Basilique St Germain. 📅 9-12 Uhr, 14-16 Uhr.
🍴 place des Halles. 📅 Sa + Di-Morgen.

Bagnoles-de-l'Orne 15D3
Avenue du Dr Paul Lemuet. **GPS:** n48,55558 w0,40973. ⬆.

Frankreich

Normandie

6 kostenlos. **Lage:** Einfach, laut. **Untergrund:** asphaltiert.
01/01-31/12.
Entfernung: 400M 400M 900M vor Ort.

Bagnoles-de-l'Orne 15D3
D235. **GPS:** n48,55821 w0,4129.

6 kostenlos. **Lage:** Städtisch, einfach. **Untergrund:** Schotter.
01/01-31/12.
Entfernung: vor Ort 400M 400M vor Ort.
Sonstiges: Hinter Office de Tourisme, Place du Marché.

Bagnoles-de-l'Orne 15D3
D916. **GPS:** n48,55034 w0,40202.

3 **Lage:** Einfach. **Untergrund:** asphaltiert.
01/01-31/12.
Entfernung: 900M vor Ort vor Ort vor Ort.

Bardouville 15F1
Le Grand Bois. **GPS:** n49,43027 o0,92362.

2 kostenlos. **Lage:** Ländlich, komfortabel, zentral, ruhig.
Untergrund: asphaltiert. 01/01-31/12.
Entfernung: 300M 15Km 500M 500M.

Barfleur 15C1
Chemin de la Masse. **GPS:** n49,67368 w1,2641.

20 kostenlos Ch WC. **Lage:** Städtisch, einfach.
Untergrund: Wiese/Schotter. 01/01-31/12.
Entfernung: 200M.

Barneville-Carteret 15B1
Quai Émile Valmy, rue du port. **GPS:** n49,37300 w1,789.

12 kostenlos. **Lage:** Städtisch, einfach. **Untergrund:** asphaltiert.
Entfernung: 600M vor Ort vor Ort 600M.
Sonstiges: Gegenüber Gare Maritime.

Barneville-Carteret 15B1
Carrefour Market, Route du Pont Rose. **GPS:** n49,38553 w1,75239.
€2 Ch €2/1Std. **Lage:** Einfach. 01/01-31/12.

Bayeux 15C2
Place Gauquelin-Despallières. **GPS:** n49,28044 w0,70775.

5 kostenlos Ch WC kostenlos. **Lage:** Städtisch.
Untergrund: asphaltiert. 01/01-31/12.
Entfernung: vor Ort 100M 100M vor Ort.
Sonstiges: Max. 12 Std.

Bayeux 15C2
Voie de la Rivière. **GPS:** n49,28168 w0,69604.
kostenlos Ch. 01/01-31/12.
Entfernung: 850M.

Bayeux 15C2
Boulevard Fabian Ware. **GPS:** n49,27242 w0,71053.
10 übernachten € 4. 01/01-31/12.
Entfernung: 900M.
Touristinformation Bayeux:
Musée Mémorial de la Bataille de Normandie, Boulevard Fabian Ware. Schlacht um die Normandie, 6. Juni bis zu 22. August 1944.
9.30-17 Uhr, 01/05-30/09 9-19 Uhr.
Cathédrale Nôtre Dame. Gotische Kathedrale.

Beauvoir 15B3
Aire de camping-car du mont St Michel, Route de Mont St Michel.
GPS: n48,59426 w1,5122.

122 € 12,50 Ch (122x) inklusive kostenlos.
Lage: Ländlich, komfortabel, luxus, ruhig.
Untergrund: Wiese/Schotter. 01/01-31/12.
Entfernung: 500M 500M.
Sonstiges: Ver-/Entsorgung Passanten € 4,50, le Mont Saint Michel 5Km.

Beauvoir 15B3
Le Mont-St-Michel, Rue Au Bis. **GPS:** n48,60841 w1,50681.

220 € 20/24 Std.
Untergrund: asphaltiert. 01/01-31/12.
Entfernung: vor Ort vor Ort.
Sonstiges: Freier Shuttlebus zu Le Mont-Saint-Michel 07.30-00.30Uhr.

Beauvoir 15B3
La Ferme Saint Michel, Route du Mont Saint Michel, D976.
GPS: n48,61112 w1,50978.

35 Gäste kostenlos Ch WC. **Lage:** Einfach.
Untergrund: Schotter. 01/01-31/12 Mo.
Entfernung: 600M vor Ort 600M vor Ort.

Bernières-sur-Mer 15D2
Rue Victor Tesnière. **GPS:** n49,33472 w0,41984.

35 kostenlos. **Lage:** Städtisch, einfach. **Untergrund:** Schotter.
Entfernung: vor Ort 100M 100M vor Ort 100M vor Ort vor Ort.

Beuvron-en-Auge 15D2
Parking de la Gare, Avenue de la Gare. **GPS:** n49,18560 w0,0495.

16 € 6 Ch inklusive. **Lage:** Ländlich, komfortabel, ruhig.
Untergrund: Schotter. 01/01-31/12.
Entfernung: 200M vor Ort vor Ort.
Sonstiges: Max. 24 Std, zahlen und Wertmünzen bei Tabac-Presse 200m.

Bretteville-sur-Odon 15D2
Auto Camping Car Service, 4-6 Avenue des Carrières.
GPS: n49,18449 w0,41465.

6 kostenlos Ch kostenlos. **Lage:** Städtisch, einfach.
Untergrund: befestigt. 01/01-31/12.
Entfernung: 1Km 500M.

Bréville-les-Monts 15D2
Rue des Dentellières. **GPS:** n49,24167 w0,228.

4 kostenlos €2/10Minuten Ch. **Lage:** Einfach, komfortabel.
Untergrund: asphaltiert. 01/03-15/11.
Entfernung: vor Ort.

Normandie

Sonstiges: Max. 72 Std, (Mai-Juli-Aug) 48 Std, Wertmünzen beim Office du Tourisme Merville und Hafenmeister.

Bricquebec — 15B1
Bas de Cattigny, D900, route de Cherbourg.
GPS: n49,47402 w1,64674.

6 kostenlos €Ch (2x)kostenlos. Lage: Komfortabel, ruhig. Untergrund: Schotter.
Entfernung: 1Km vor Ort.

Broglie — 15E2
Parc de la bibliothèque. GPS: n49,00563 o0,52948.

8 € 5/Nacht €2,50/100Liter
Ch €2,50/1Std. Untergrund: Wiese/befestigt.
01/03-31/10 7-22 Uhr, 01/11-28/02 7.30-19 Uhr.
Entfernung: 200M 200M 200M, 7.30-19 Uhr.
Touristinformation Broglie:
Fr 7-13 Uhr.

Buchy — 15F1
D919, Route de Forges. GPS: n49,58538 o1,36417.

8 kostenlos €2/100Liter Ch €2/Std.
Lage: Städtisch. Untergrund: Schotter.
01/01-31/12.
Entfernung: 500M 500M 500M vor Ort.
Sonstiges: Wertmünzen bei Geschäfte im Dorf, Montag-morgen Markt.

Cabourg — 15D2
Avenue Michel d'Ornano. GPS: n49,28225 w0,11994.

6 kostenlos €2/10Minuten Ch Lage: Ländlich, komfortabel, ruhig. Untergrund: asphaltiert. 01/01-31/12.
Entfernung: Stadtmitte 900M 7,5Km 1,6Km vor Ort.
Sonstiges: In der Nähe von der Pferderennbahn.

Cambremer — 15D2
Place de l'Europe/Avenue des Tilleuls. GPS: n49,14991 o0,04729.

7 kostenlos €2/100Liter Ch €2/1Std.
Lage: Ländlich, einfach, zentral, ruhig. Untergrund: Schotter.
01/01-31/12.
Entfernung: 50M 100M Bäckerei 100M.
Sonstiges: Wertmünzen in den Geschäften und bei Rathaus.

Campigny — 15E2
Chemin de la Motte. GPS: n49,31139 o0,55223.

3 kostenlos €Chkostenlos. Untergrund: Wiese.
01/01-31/12. Sonstiges: Im Hof des alten Pfarrhauses, max. 24 Std.

Carentan — 15C1
Camping-Car Park de Carentan, Chemin du Grand Bas Pays.
GPS: n49,30937 w1,2392.

12 € 10,80 Ch inklusive. Lage: Komfortabel, ruhig.
Untergrund: Schotter/befestigt. 01/01-31/12.
Entfernung: 500M 500M.
Sonstiges: Ver-/Entsorgung Passanten € 5.

Carolles — 15B3
Rue du Mont Dol. GPS: n48,75931 w1,57062.

15 € 8 €3/100Liter Ch €3/55Minuten.
Lage: Komfortabel. Untergrund: Wiese/Schotter. 01/01-31/12.
Entfernung: 150M vor Ort vor Ort.
Sonstiges: Nur mit Münzen und passend zahlen.

Carolles — 15B3
La Guérinière, Residence les Jaunets. GPS: n48,74989 w1,55695.
5 kostenlos €2 Ch €2. Untergrund: asphaltiert.
01/01-31/12.
Entfernung: vor Ort 2km. Sonstiges: Gegenüber Rathaus.

Caumont-l'Éventé — 15C2
Souterroscope des Ardoisières, Route de Saint Lô, D71.
GPS: n49,08868 w0,81645.

3 kostenlos €2/10Minuten Ch €2/55Minuten
WC. Lage: Einfach, abgelegen. Untergrund: asphaltiert.
01/01-31/12, Ver-/Entsorgung 15/02-15/11.
Entfernung: vor Ort 500M vor Ort.

Cerisy-la-Forêt — 15C2
GPS: n49,19806 w0,93389.

10 kostenlos €2 Ch €2. Lage: Ländlich, einfach.
Untergrund: Schotter. 01/01-31/12.
Entfernung: 500M 500M.
Sonstiges: In der Nähe der Abtei.

Cherbourg — 15B1
Musée Cité de la Mer, Llée du President Menut.
GPS: n49,64740 w1,61782.

40 kostenlos. Lage: Städtisch, einfach. Untergrund: asphaltiert.
Entfernung: 1Km vor Ort 1Km vor Ort.
Sonstiges: Max. 1 Nacht.
Touristinformation Cherbourg:
Musée Fort du Roule. Kriegsmuseum. 9.30-12 Uhr, 14-17.30 Uhr.

Clecy — 15D2
Rue du Stade. GPS: n48,91886 w0,48114.

5 kostenlos €2/20Minuten Ch Lage: Einfach, ruhig.
Untergrund: Schotter. 01/01-31/12.
Entfernung: 100M 100M 300M 200M.
Sonstiges: Wertmünzen bei Geschäfte im Dorf.

Clères — 15F1
Rue Edmond Spalikowski, Côte du Mont Blanc.
GPS: n49,60228 o1,11667.

10 kostenlos €4/100Liter Ch €4/6Std (8x)Std.
Lage: Komfortabel, ruhig. Untergrund: Schotter. 01/01-31/12

Frankreich

Ver-/Entsorgung: 01/11-28/02.
Entfernung: 500M 500M 500M vor Ort.
Sonstiges: In der Nähe vom Fussballplatz, max. 72 Std, Wertmünzen bei Bäckerei, Metzgerei und Bar-Tabac.

Colleville-Montgomery 15D2
Rue de Saint-Aubin/Rue les Petites Rues.
GPS: n49,27166 w0,29891.

9 €5 Ch kostenlos. **Lage:** Ländlich, einfach, ruhig.
Untergrund: Wiese. 01/01-31/12.
Entfernung: 200M 450M.
Touristinformation Colleville-Montgomery:
Musée Omaha Beach, St.Laurent-sur-Mer. Sammlung militärische Fahrzeuge, Waffen und Kostüme

Cormeilles 15E2
Route du Château de Malou, D810. **GPS:** n49,24926 o0,37371.

8 kostenlos Ch kostenlos. **Untergrund:** asphaltiert.
01/01-31/12. **Entfernung:** 400M Fluss 400M.

Coudeville-sur-Mer 15B2
Avenue de la Mer D351. **GPS:** n48,88707 w1,56607.

10 € 5,65/24 Std Ch inklusive. **Lage:** Ländlich.
Untergrund: Wiese/Schotter. 01/01-31/12.
Entfernung: 500M 200M 200M 500M 500M.

Courseulles-sur-Mer 15D2
Avenue de la Libération. **GPS:** n49,33440 w0,44551.

13 € 6,50 €2 Ch. **Lage:** Städtisch, komfortabel, zentral.
Untergrund: asphaltiert. 01/01-31/12.
Entfernung: 50M 200M pizzeria 50M.
Sonstiges: In der Nähe vom Eingang zum Campingplatz, max. 24 Std.

Courseulles-sur-Mer 15D2
Juno Beach, Voie des Français Libres. **GPS:** n49,33694 w0,46502.

25 kostenlos. **Lage:** Zentral, ruhig. **Untergrund:** befestigt.
01/01-31/12.
Entfernung: 100M 50M.

Couterne 15D3
Place de la Mairie. **GPS:** n48,51223 w0,41417.

10 kostenlos Ch WC kostenlos. **Lage:** Städtisch, einfach.
Untergrund: asphaltiert. 01/01-31/12.
Entfernung: vor Ort in der Nähe in der Nähe vor Ort.
Sonstiges: Max. 1 Nacht, bei Frost geschlossen.

Criel-sur-Mer 13C3
Rue de la Plage, D222. **GPS:** n50,03241 o1,31000.

30 kostenlos. **Lage:** Einfach, zentral, ruhig.
Untergrund: Wiese/Schotter. 01/01-31/12.
Entfernung: 500M vor Ort vor Ort 500M 1Km.

Deauville 15D2
Boulevard des Sports. **GPS:** n49,35727 o0,08417.

8 kostenlos Ch (6x) kostenlos. **Lage:** Städtisch, einfach, ruhig. **Untergrund:** Schotter. 01/01-31/12.
Entfernung: vor Ort 800M 500M.
Sonstiges: Hinter Stadion, max. 24 Std.

Dieppe 13B3
Aire d'accueil Front de Mer, Boulevard Maréchal-Foch.
GPS: n49,93188 o1,08433.

50 € 7/24 Std Ch (8x)inklusive.
Lage: Städtisch, komfortabel, zentral, ruhig. **Untergrund:** asphaltiert.
01/01-31/12.
Entfernung: vor Ort 100M 500M 500M 100M.
Sonstiges: Max. 48 Std.

Dieppe 13B3
NEUVILLE-les-Dieppe, Quai de la Marne.
GPS: n49,93014 o1,08667.

45 € 12/24 Std Ch (8x)kostenlos.
Lage: Städtisch, komfortabel, ruhig. **Untergrund:** asphaltiert.
01/01-31/12.
Entfernung: 500M vor Ort vor Ort 500M 500M vor Ort.
Sonstiges: Max. 48 Std, WLAN-Karte erhältlich beim Hafenmeister.
Touristinformation Dieppe:
Château Dieppe. Schloss, 15. Jahrhundert, mit Maritimmuseum.
10-12 Uhr, 14-18 Uhr. 01/10-31/05 Di.
Di, Do 8-14 Uhr.
Normannischer Markt. Sa 8-14 Uhr.

Dives-sur-Mer 15D2
Rue de l'avenir. **GPS:** n49,29028 w0,10345.

10 kostenlos €2/10Minuten Ch. **Lage:** Ländlich, komfortabel, ruhig. **Untergrund:** asphaltiert. 01/01-31/12.
Entfernung: 500M 900M.
Sonstiges: In de Nähe von Port Guillaume.

Doudeville 15E1
Place du Mont Criquet, centre-ville. **GPS:** n49,72000 o0,78750.

20 kostenlos €2/100Liter Ch. **Lage:** Städtisch, einfach, zentral, ruhig. **Untergrund:** asphaltiert. 01/01-31/12.
Entfernung: 100M 100M 100M vor Ort vor Ort vor Ort.
Sonstiges: Samstag Markt.

Dragey-Ronthon 15B3
Route de la Plage. **GPS:** n48,70945 w1,5139.

8 kostenlos. **Lage:** Einfach, einfach, abgelegen.
Untergrund: Wiese/Sand. 01/01-31/12.
Entfernung: 2km vor Ort vor Ort vor Ort.
Sonstiges: Max. 24 Std.

Ducey 15B3
P du Domaine, Rue St Quentin. **GPS:** n48,62513 w1,294.

Normandie

30 kostenlos €2/100Liter Ch €2 WC. **Lage:** Einfach, laut. **Untergrund:** Schotter/befestigt. 01/01-31/12.
Entfernung: 500M 500M 500M vor Ort.
Sonstiges: Nur mit Münzen und passend zahlen.

Englesqueville-la-Percée — 15C1
Ferme de la Rouge Fossé, D514. **GPS:** n49,38781 w0,94829.

6 €5 Ch€3 (6x)inklusive. **Lage:** Komfortabel, abgelegen, ruhig. **Untergrund:** Wiese/Schotter. 01/01-31/12.
Entfernung: 500M.

Equeurdreville — 15B1
Rue Jean Bart. GPS: n49,65465 w1,65044.

6 kostenlos Chkostenlos. **Lage:** Städtisch, einfach.
Untergrund: Schotter/Sand.
Entfernung: 1Km 1Km vor Ort.

Étoutteville — 15E1
Espace du Beau Soleil, Rue du Prieuré. **GPS:** n49,67609 o0,79073.

6 kostenlos €2/140Liter Ch €2/1Std. **Lage:** Ländlich, komfortabel, abgelegen, ruhig. **Untergrund:** Beton.
Entfernung: 500M 400M.

Etretat — 15E1
Aire de stationnement Maupassant, Rue Guy de Maupassant. **GPS:** n49,70009 o0,21579.

30 €8/24 Std €2/100Liter Ch €3/55Minuten.
Lage: Komfortabel, zentral, ruhig. **Untergrund:** Wiese/befestigt. 01/10-31/12.
Entfernung: 1Km 1,2Km 1Km 1Km 350M.
Sonstiges: Neben Camping municipal, max. 24 Std.

Etretat — 15E1
Pl. de la Gare. **GPS:** n49,70843 o0,21524.

10 kostenlos. **Untergrund:** befestigt. 01/01-31/12.
Entfernung: 900M 1Km.
Touristinformation Etretat:
Office de Tourisme, Place Maurice Guillard, www.etretat.net. Die Klippe, mit der Form eines Bogens, ist eine bekannte touristische Attraktion.

Fécamp — 15E1
Parking de la Mâture, Chaussée Gayant. **GPS:** n49,76024 o0,37412.
+10 kostenlos €3/100Liter Ch. **Lage:** Städtisch, einfach, zentral. **Untergrund:** asphaltiert.
Entfernung: vor Ort 200M 200M 200M.

Fécamp — 15E1
Quai Sadi Carnot. **GPS:** n49,76087 o0,37157.

10 kostenlos. **Lage:** Städtisch, einfach, einfach, abgelegen. **Untergrund:** asphaltiert. 01/01-31/12.
Entfernung: 200M vor Ort vor Ort 200M 500M 200M.
Sonstiges: Zwischen Pier und Jachthafen, max. 7M.
Touristinformation Fécamp:
Office de Tourisme, Quai Sadi Carnot, www.fecamptourisme.com. Stadt gegen die Kreidefelsen des Côte d'Albâtres, Fischerhafen ist jetzt hauptsächlich eine Jachthafen.
Palais Bénédictine, 110 rue Alexandre Le Grand. Museum mit Bénédictine Brennerei und Probelokal. 01/07-31/08 10-18.45 Uhr, 01/09-30/06 10.30-12.30 Uhr, 14.30-17.30 Uhr.

Fermanville — 15B1
Le Cap Lévi. GPS: n49,69002 w1,4673.

6 €3. **Lage:** Ländlich, einfach, ruhig. **Untergrund:** Wiese. 01/01-31/12.

Fervaches — 15C2
La Vallée. GPS: n48,99550 w1,0826.
8 €3 ChWCinklusive kostenlos. **Lage:** Ländlich, komfortabel. **Untergrund:** Wiese/Schotter.
Entfernung: 150M 150M.
Sonstiges: Kode WLAN beim Lebensmittelladen.

Forges-les-Eaux — 15G1
Aire de camping car de la Minière, Boulevard Nicolas Thiessé. **GPS:** n49,60569 o1,54288.

35 kostenlos, 15/03-15/10 € 8 Ch (6x)inklusive.

Lage: Städtisch, komfortabel, zentral, ruhig. **Untergrund:** asphaltiert. 01/01-31/12.
Entfernung: 2km 1Km 900M 300M 2km.
Sonstiges: Max. 48 Std, Wasser im Winter geschlossen.

Formigny — 15C1
La Ferme du Lavoir, D517. **GPS:** n49,34041 w0,89654.

6 € 10/Nacht Ch WC inklusive. **Lage:** Ländlich, komfortabel, ruhig. **Untergrund:** Wiese/Schotter. 01/01-31/12.
Entfernung: 300M 3km.
Sonstiges: Organische Obstgärten, Apfelweinproduktion.

Gacé — 15E3
Rue du Marché aux Bestiaux. **GPS:** n48,79500 o0,29583.

30 kostenlos €2 Ch. **Untergrund:** asphaltiert.
01/01-31/12. **Entfernung:** vor Ort 2,6Km 50M.
Sonstiges: Gegenüber Touristenbüro, max. 24 Std.

Gavray — 15B2
D38. **GPS:** n48,91113 w1,34641.

8 kostenlos €4/10Minuten Ch. **Lage:** Städtisch, komfortabel.
Entfernung: 400M 200M 600M 100M.
Sonstiges: Gegenüber Polizeirevier.

Gisay-la-Coudre — 15E2
D35. **GPS:** n48,95001 o0,62670.

6 kostenlos €2/100Liter Ch. **Untergrund:** asphaltiert.
01/01-31/12.
Entfernung: vor Ort 300M.
Sonstiges: Wertmünzen erhältlich beim restaurant La Tortue.

Gonzeville — 15E1
La Ruette. **GPS:** n49,76590 o0,80738.

Frankreich

Normandie

4 kostenlos WC.
Lage: Ländlich, einfach, abgelegen, ruhig.
Untergrund: asphaltiert/Schotter. 01/01-31/12.
Entfernung: vor Ort 7Km 7Km 100M vor Ort vor Ort.

Gournay-en-Bray 15G1
Avenue Sadi Carnot. **GPS:** n49,48055 o1,72640.

8 kostenlos Chkostenlos. **Lage:** Städtisch, einfach, zentral, ruhig. **Untergrund:** asphaltiert. 01/01-31/12 Di-Morgen geschlossen, Markt + 2. Wochenende Sep.
Entfernung: vor Ort vor Ort vor Ort vor Ort vor Ort vor Ort.
Sonstiges: Max. 48 Std.

Gournay-en-Bray 15G1
Route du Vieux Saint-Clair. **GPS:** n49,50106 o1,72245.

10 €6 €1 €2.
Lage: Ländlich, einfach, abgelegen, ruhig. 01/01-31/12.
Entfernung: 2,5Km 3Km 3Km 2,5Km vor Ort vor Ort.

Gouvets 15C2
Le Bourg D454. **GPS:** n48,93133 w1,09492.

20 WCkostenlos. **Lage:** Ländlich, einfach, abgelegen, ruhig. **Untergrund:** asphaltiert/befestigt. 01/01-31/12.
Entfernung: vor Ort 6Km vor Ort.

Gouville-sur-Mer 15B2
Chemin du Beau Rivage. **GPS:** n49,09970 w1,60896.

40 €5/19-10U Liter Ch Minuten WCinklusive.
Lage: Städtisch. **Untergrund:** Schotter. 01/01-31/12.
Entfernung: vor Ort vor Ort 50M.

Grainville-Langannerie 15D2
Rue de Lapford. **GPS:** n49,01438 w0,26805.

6 kostenlos €2/10Minuten Ch €2/55Minuten.
Lage: Ländlich, komfortabel. **Untergrund:** befestigt. 01/01-31/12.
Entfernung: 100M.
Sonstiges: In der Nähe von Salle des Fêtes.

Grandcamp-Maisy 15C1
Rue du Moulin Odo. **GPS:** n49,38620 w1,03782.

14 kostenlos €2 Ch. **Lage:** Ländlich, komfortabel, ruhig.
Untergrund: asphaltiert/Schotter.
Entfernung: 500M 500M.
Sonstiges: Wertmünzen beim Touristenbüro, rue Aristide Briand.

Granville 15B2
Haute Ville, Rue du Roc. **GPS:** n48,83530 w1,6095.

20 €6 €2/10Minuten Ch €2/55Minuten. **Lage:** Einfach.
Untergrund: asphaltiert/Schotter. 01/01-31/12.
Entfernung: 500M 500M 500M vor Ort.
Sonstiges: Reisemobilplatz hinter Aquarium, Oberstadt, Atlantic Wall 50M, max. 24 Std.

Touristinformation Granville:
Office de Tourisme, 4, Cours Jonville, www.ville-granville.fr. Die Altstadt, Haute-Ville, wird durch Stadtwälle umgeben. Unterstadt ist ein Badeort.
Mi, Sa.

Gréville-Hague 15B1
D402. **GPS:** n49,67509 w1,80127.

10 kostenlos €2 Ch €2 WC. **Lage:** Ländlich, komfortabel.
Untergrund: befestigt.
Entfernung: vor Ort 100M.
Sonstiges: Neben Sportplätzen.

Grigneuseville 15F1
La Plaine d'Hermesnil, 7 rue de la Plaine.
GPS: n49,64427 o1,19900.

7 €7 Ch (4x)inklusive. **Lage:** Ländlich, komfortabel, abgelegen, ruhig. **Untergrund:** Schotter.
Entfernung: 2,5Km 2,5Km 2,5Km.
Sonstiges: Ver-/Entsorgung Passanten € 3, Grillplatz, Picknickplatz.

Grossville 15B1
Bar-Epicerie Caladjo, Rue des Touzés. **GPS:** n49,50659 w1,74311.

15 €6 €2 Chkostenlos €2. **Lage:** Ländlich, einfach.
Untergrund: Schotter. 01/01-31/12.
Entfernung: vor Ort vor Ort.

Guilberville 15C2
D159. **GPS:** n48,98871 w0,94844.

15 kostenlos €2/100Liter Ch €2/1Std. **Lage:** Ländlich, einfach, ruhig. **Untergrund:** Schotter. 01/01-31/12 Ver-/Entsorgung: 01/11-01/03.
Entfernung: 300M 1,5Km 300M 300M.
Sonstiges: Wertmünzen beim Touristenbüro, Bistro und Bäckerei.

Hermanville-sur-Mer 15D2
Rue Verte. **GPS:** n49,28592 w0,31243.

6 kostenlos Chkostenlos. **Lage:** Einfach, zentral, ruhig.
Untergrund: asphaltiert. 01/01-31/12.
Entfernung: vor Ort 200M.
Sonstiges: Dienstag Markt.

Touristinformation Hermanville-sur-Mer:
Di Morgen.

Hérouvilette 15D2
Place l'Aiguillon, Avenue de Caen, D 513A.
GPS: n49,21983 w0,24497.

8 kostenlos Chkostenlos. **Lage:** Ländlich, komfortabel.
Untergrund: asphaltiert. 01/01-31/12.

S **Heurteauville** 15E1
Les Cerisiers, Rue de Village. **GPS**: n49,44777 o0,81333.

20 €5 + €0,50/pP Kurtaxe €5 Ch (12x)€4/24Std.
Lage: Ländlich, komfortabel, abgelegen, ruhig.
Untergrund: Wiese/Schotter. 01/04-30/09.
Entfernung: 5Km 20M 20M 5Km 5Km vor Ort vor Ort.
Sonstiges: An der Seine.

Honfleur 15E1
Bassin de l'Est, Quai de la cale. **GPS**: n49,41916 o0,24166.

120 €10 Ch (60x)inklusive.
Lage: Städtisch, einfach, zentral. **Untergrund**: Schotter.
01/01-31/12 Versorgung im Winter.
Entfernung: 500M 2,7Km 300M 500M.

Isigny-sur-Mer 15C1
Quai Neuf. **GPS**: n49,32150 w1,10456.

6 kostenlos €2/100Liter Ch. **Lage**: Ländlich.
Untergrund: asphaltiert.
Entfernung: 300M vor Ort 200M.

Jobourg 15B1
Nez de Jobourg, D202. **GPS**: n49,67722 w1,93806.

10 kostenlos WC kostenlos. **Untergrund**: befestigt.
01/01-31/12. **Entfernung**: 500M 500M.

S **Jumièges** 15E1
Rue Alphonse Callais. **GPS**: n49,43106 o0,81452.

20 kostenlos €3/100Liter Ch.
Lage: Ländlich, einfach, komfortabel, zentral.
Untergrund: Wiese/Schotter. 01/03-30/11.

Normandie

Entfernung: 1Km 500M 200M 200M vor Ort vor Ort vor Ort.
Sonstiges: Wertmünzen beim Touristenbüro und Bäckerei.

La Ferrière-aux-Etangs 15C3
Rue de l'Etang. **GPS**: n48,65931 w0,51706.

20 kostenlos €2/10Minuten Ch €2/Std. **Lage**: Einfach, ruhig. **Untergrund**: Wiese/Schotter. 01/01-31/12.
Entfernung: 400M 400M 400M vor Ort.
Sonstiges: Am See, ehemaliger Campingplatz, nur mit Münzen und passend zahlen.

S **La Ferté-Macé** 15D3
Ruelle des Fournelles, D916. **GPS**: n48,59018 w0,35528.

15 kostenlos Ch WC kostenlos. **Lage**: Städtisch, einfach.
Untergrund: asphaltiert. 01/01-31/12.
Entfernung: vor Ort 2,7Km 300M vor Ort.
Sonstiges: Parkplatz bei Kirche.

S **La Lucerne-d'Outremer** 15B3
D35. **GPS**: n48,78437 w1,42727.

6 kostenlos, freiwilliger Beitrag Ch freiwilliger Beitrag WC kostenlos. **Lage**: Städtisch, einfach. **Untergrund**: asphaltiert.
01/01-31/12.
Entfernung: vor Ort 100M 100M.
Sonstiges: Neben Schloss, max. 2 Tage.

S **La Mailleraye-sur-Seine** 15E1
Quai Paul Girardeau. **GPS**: n49,48444 o0,77333.

34 €5 + €0,50/pP Kurtaxe, 01/11-31/03 kostenlos €3/10Minuten Ch €3/1Std.
Lage: Städtisch, komfortabel, zentral.
Untergrund: Wiese.
01/01-31/12 2. Wochenende April und Mai.
Entfernung: 200M vor Ort vor Ort vor Ort 200M vor Ort vor Ort.
Sonstiges: An der Seine, Wertmünzen bei Rathaus und Geschäfte.

S **La Poterie-Cap-d'Antifer** 15E1
GPS: n49,68317 o0,16480.

4 kostenlos. **Lage**: Ländlich, einfach, ruhig.
Untergrund: Wiese/Schotter. 01/01-31/12.
Entfernung: 2km vor Ort.

S **La Vespière** 15E2
Chemin de la Grand Mare/Campaugé. **GPS**: n49,02763 o0,42221.

2 kostenlos €2/100Liter Ch €2/1Std. **Lage**: Einfach, komfortabel. **Untergrund**: asphaltiert. 01/01-31/12.
Entfernung: 300M A28 2,2Km Carrefour 200M.

La-Rivière-Saint-Sauveur 15E1
Parking de l'Orange - Place Albert Harel, Chemin des Bancs, D580.
GPS: n49,40856 o0,26926.

20 kostenlos €5/100Liter Ch €5/30Minuten.
Lage: Ländlich, einfach, zentral, ruhig. **Untergrund**: asphaltiert.
01/01-31/12.
Entfernung: vor Ort 700M Supermarkt + Bäckerei 100M.
Sonstiges: Wertmünzen bei Geschäfte im Dorf.

Langrune-sur-Mer 15D2
Rue du Colonel Pierre Harivel. **GPS**: n49,32474 w0,36814.

3 kostenlos. **Lage**: Komfortabel, zentral.
Untergrund: asphaltiert/befestigt. 01/01-31/12.
Entfernung: vor Ort Strand 50M 50M.

S **Le Billot** 15D2
D39. **GPS**: n48,96948 o0,07217.

4 kostenlos €2,50 Ch €2,50 WC. **Lage**: Ländlich, einfach.
Untergrund: Schotter/befestigt. 01/01-31/12.
Entfernung: 200M vor Ort.
Sonstiges: Wertmünzen bei Relais du Billot 200m, schöne Aussicht.

S **Le Mesnil-Jumièges** 15E1
Base de loisirs, Route de Mesnil. **GPS**: n49,41172 o0,84494.

Normandie

15 € 5, Jul/Aug € 10 €3/100Liter ChWC
Lage: Ländlich, komfortabel, abgelegen.
Untergrund: Wiese/befestigt. 01/01-31/12.
Entfernung: 1Km 200M 200M 1Km 1Km vor Ort vor Ort vor Ort.

Le Mont-Saint-Michel 15B3
Aire Camping-car du Mont-Saint-Michel. GPS: n48,61401 w1,50773.

€ 12,50/24 Std Ch
Untergrund: Wiese. 23-06 Uhr.
Entfernung: La Rotisserie vor Ort.

Le Mont-Saint-Michel 15B3
Parking Véolia, La Jacotière Ardevon. **GPS:** n48,61388 w1,5058.

50 € 20,60/24 Std. **Lage:** Ländlich. **Untergrund:** befestigt. 01/01-31/12.
Entfernung: 100M.
Sonstiges: Freier Shuttlebus zu Le Mont-Saint-Michel.
Touristinformation Le Mont-Saint-Michel:
Office de Tourisme, Corps de Garde des Bourgeois, www.mont-saint-michel.net. Städtchen mit Abtei auf einem Felsen ins Meer.

Le Noyer-en-Ouche 15E2
Ferme Lesur, La Godinière, D140. **GPS:** n49,01017 o0,72444.

5 € 7,50 €3 €3. **Untergrund:** Wiese. 01/01-31/12.

Le Sap 15E2
Les Terriers, Rue Nicolas Lesieur, D12. **GPS:** n48,89525 o0,33249.

4 kostenlos Ch kostenlos. **Untergrund:** Schotter.
01/01-31/12. **Entfernung:** 500M vor Ort 500M 500M.
Sonstiges: Neben Feuerwehr.

Le Tréport 13C3
Du Funiculaire, Route Touristique, D126E. **GPS:** n50,05777 o1,36222.

40 € 6,10 €2,30/100Liter Ch €2,30/55Minuten
Lage: Komfortabel, abgelegen, ruhig. **Untergrund:** Schotterasen.
Entfernung: Le Tréport Zentrum 2Km 2km 100M.
Sonstiges: Drahtseilfähre Stadtmitte (kostenlos), max. 48 Std.

Le Tréport 13C3
Parc Sainte Croix, Rue Pierre Mendès France.
GPS: n50,05954 o1,38919.

61 € 9,70, Kurtaxe inkl Ch (61x)inklusive €1,80.
Lage: Komfortabel, abgelegen, ruhig. **Untergrund:** asphaltiert.
01/01-31/12.
Entfernung: 700M 700M 500M Mr.Ed.
Sonstiges: Gewerbegebiet, nahe Camping municipal, max. 48 Std, Backer kommt jede Morgen (Jul/Aug).
Touristinformation Le Tréport:
Château d'Eu, Eu. Königliches Schloss, 19. Jahrhundert. 15/03-01/11 Sa.

Les Pieux 15B1
Plage Sciotot. GPS: n49,50722 w1,84731.
6 kostenlos.
Lage: Einfach. **Untergrund:** befestigt. 01/01-31/12.
Entfernung: Strand 50M.
Sonstiges: Grosser Parkplatz, 50m vom Strand entfernt.

Les Pieux 15B1
Intermarché, Route de Cherbourg. **GPS:** n49,51736 w1,79797.

6 kostenlos €2/100Liter Ch. **Untergrund:** asphaltiert.
Entfernung: vor Ort.

Lessay 15B2
Place Saint Cloud. GPS: n49,21850 w1,53548.

4 kostenlos Ch WCkostenlos. **Lage:** Städtisch, einfach.
Untergrund: asphaltiert. 01/01-31/12.
Entfernung: vor Ort 150M 200M.
Sonstiges: Für Ver-/Entsorgung anmelden beim Rathaus.

Lion-sur-Mer 15D2
Rue du General Gallieni. GPS: n49,30174 w0,31316.

4 kostenlos. **Lage:** Städtisch, zentral, laut. **Untergrund:** asphaltiert.
01/01-31/12.
Entfernung: vor Ort vor Ort 100M.
Sonstiges: Am Meer, Parkplatz Rathaus, nur Übernachtungen 20-10 Uhr.

Lisieux 15E2
Basilique de Lisieux, Rue des Champs Rémouleux. **GPS:** n49,14138.
kostenlos. **Untergrund:** asphaltiert.

Lisieux 15E2
Le Bowling de Lisieux, Rue de Paris. **GPS:** n49,14653.
10 € 8-10 Ch. 01/01-31/12.
Entfernung: 700M.

Lisieux 15E2
Parking du Carmel, Rue d'Alençon. **GPS:** n49,14413 o0,22788.
€2,80/100Liter Ch €2,80/1Std WC. 01/01-31/12.
Entfernung: vor Ort Fluss vor Ort vor Ort.

Luc-sur-Mer 15D2
Route de Lion-sur-Mer. GPS: n49,31430 w0,34346.

4 kostenlos. **Lage:** Ländlich, einfach. **Untergrund:** asphaltiert.
01/01-31/12.
Entfernung: 200M.

Lyons-la-Fôret 15F2
La Cuette. GPS: n49,39908 o1,47912.

8 kostenlos. **Lage:** Städtisch, einfach, zentral, ruhig.
Entfernung: 100M 100M 100M 200M vor Ort.

Marigny 15B2
Rue Auguste Eudeline, D53. **GPS:** n49,09911 w1,24776.

10 kostenlos €2/10Minuten Ch €2/55Minuten.
Lage: Städtisch, einfach. **Untergrund:** befestigt. 01/01-31/12.
Entfernung: 700M 200M 700M 700M vor Ort.

Merville Franceville 15D2
Boulevard Wattier. GPS: n49,28483 w0,21071.

Frankreich

Normandie

6 kostenlos €2/10Minuten Ch. **Lage:** Komfortabel, ruhig.
Untergrund: asphaltiert. 01/03-15/11.
Entfernung: 75M.
Sonstiges: Max. 48 Std.

Montebourg — 15B1
Parking Louis Lecacheux. **GPS:** n49,48486 w1,37449.

10 kostenlos Chkostenlos. **Lage:** Einfach.
Untergrund: befestigt. 01/01-31/12.

Montfiquet — 15C2
Hotel-Restaurant Relais de la Fôret, L'Embranchement, D572.
GPS: n49,19400 w0,863.

60 €14 Chinklusive WC €2, Nutzung Sanitäranlagen €2.
Untergrund: asphaltiert. 01/01-31/12.
Entfernung: 1Km 1Km.
Sonstiges: Bezahlen bei Rezeption, Picknick-Tische vorhanden.

Montville — 15F1
Place de l'Abbé Kerebel. **GPS:** n49,54710 o1,07304.

15 kostenlos €4,50/100Liter Ch €4,50/1Std
kostenlos,(8-22.30). **Lage:** Städtisch, komfortabel, zentral, ruhig.
Untergrund: Schotter. 01/01-31/12.
Entfernung: 400M 500M 600M 400M 300M.
Sonstiges: Wertmünzen beim Rathaus Restauration Hexagone, Museum, Samstag Markt.
Touristinformation Montville:
Mo-Morgen.

Mortain — 15C3
Place du Château. **GPS:** n48,64887 w0,94489.

6 kostenlos Ch WC kostenlos. **Lage:** Städtisch, einfach.
Untergrund: asphaltiert. 01/01-31/12.

Entfernung: vor Ort vor Ort vor Ort vor Ort.
Sonstiges: Max. 48 Std.
Touristinformation Mortain:
Office de Tourisme, Rue du Bourglopin, www.ville-mortain.fr.
Wanderroute nach Grande und Petite Cascade, Wasserfälle.

Neufchâtel-en-Bray — 15F1
Aire Camping Car Sainte Claire, Rue la Grande Flandre.
GPS: n49,73725 o1,42938.

14 €12 Ch am Campingplatz inklusive.
Lage: Städtisch, komfortabel, zentral, ruhig.
Untergrund: Wiese/Schotter. 01/01-31/12.
Entfernung: 1,5Km 2,5Km 500M 500M am Campingplatz. **Sonstiges:** Max. 8M.

Nonancourt — 15F3
D53, Rue Hippolyte Lozier. **GPS:** n48,77269 o1,19261.
4 kostenlos Ch kostenlos. **Untergrund:** asphaltiert.
Entfernung: 200M.

Norville — 15E1
Clos Saint Martin. **GPS:** n49,47859 o0,64021.

3 kostenlos €2/12Minuten Ch €2/3Std. **Lage:** Städtisch, komfortabel, zentral, laut. **Untergrund:** asphaltiert/Wiese.
01/01-31/12.
Entfernung: vor Ort 500M.

Notre-Dame-de-Courson — 15E2
D4. **GPS:** n48,99021 o0,25922.

5 kostenlos €2/20Minuten Ch €2/20Minuten.
Lage: Ländlich, komfortabel, ruhig. **Untergrund:** Schotter.
01/01-31/12.
Entfernung: 200M Le Tournebroche 200m vor Ort.
Sonstiges: Ver-/Entsorgung nur mit 1-Euro-Münze.

Oissel — 15F2
Île du Bras Saint-Martin. **GPS:** n49,33783 o1,09183.

2 kostenlos €2/10Minuten Ch €2/55Minuten.
Lage: Städtisch, komfortabel, zentral, ruhig.
Untergrund: Schotter.
01/01-31/12.
Entfernung: 200M vor Ort vor Ort 200M 200M 200M vor Ort.
Sonstiges: <7M, Wertmünzen bei Bäckerei: 1, Rue du Maréchal Foch.

Orbec — 15E2
Parc de Loisirs, Rue St. Pierre, D915. **GPS:** n49,01758 o0,40506.

6 kostenlos. **Untergrund:** ungepflastert. 01/01-31/12.

Ouistreham — 15D2
Rue des Dunes/Boulevard Maritime. **GPS:** n49,28716 w0,24968.

45 €10 Ch inklusive. **Lage:** Städtisch, komfortabel, laut. **Untergrund:** asphaltiert/Schotter. 01/01-31/12.
Entfernung: 650M 150M 2km.
Sonstiges: In der Nähe der Autofähre.

Pirou-Plage — 15B2
Rue des Hublots. **GPS:** n49,16522 w1,58937.

6 kostenlos €2/10Minuten Ch €2/55Minuten.
Lage: Einfach. **Untergrund:** asphaltiert. 01/01-31/12.
Entfernung: 500M 500M 500M 500M.
Sonstiges: Wertmünzen bei Camping Clos Marin und Restaurant La Marée, Markt am Sontag.

Pont-d'Ouilly — 15D2
Rue de la Libération. **GPS:** n48,87794 w0,41304.

43 €11/24 Std €2 Ch (43x)inklusive
Lage: Ländlich, komfortabel, ruhig. **Untergrund:** Schotter.
01/01-31/12.
Entfernung: 550M vor Ort 550M 550M.
Sonstiges: An der Orne.

Pont-l'Évêque — 15E2
Les Mouettes, Avenue de Verdun. **GPS:** n49,28563 o0,18769.

6 kostenlos.
Lage: Städtisch, einfach, zentral. 01/01-31/12.
Entfernung: vor Ort 6Km 100M 150M.

Frankreich 359

FR

Port-en-Bessin-Huppain 15C1

Super U, Avenue du Général de Gaulle. **GPS**: n49,34307 w0,75212.

12 kostenlos €3 Ch €3/24Std. **Lage:** Einfach.
Untergrund: Schotter/befestigt. 01/01-31/12.
Entfernung: 200M 400M 400M vor Ort.

Port-en-Bessin-Huppain 15C1

Rue du 11 Novembre. **GPS**: n49,34583 w0,75861.

17 € 4,50/Nacht. **Lage:** Ländlich, einfach. **Untergrund:** Sand.
01/01-31/12.
Entfernung: 300M 400M 400M 500M.

Portbail 15B1

Rue Gilles Poerier. **GPS**: n49,33776 w1,69273.

4 kostenlos €2 Ch €2/1Std. **Lage:** Einfach, ruhig.
Untergrund: asphaltiert.
Entfernung: 200M.
Sonstiges: Bei der Feuerwehr.

Préaux-Saint-Sébastien 15E2

Le Bourg. **GPS**: n48,98695.
kostenlos. **Lage:** Abgelegen, ruhig. 01/01-31/12.
Entfernung: vor Ort.

Quiberville 13B3

Camping de la Plage de Quiberville, Rue de la Saâne.
GPS: n49,90504 o0,92725.

8 kostenlos €3,80. **Lage:** Städtisch, einfach, zentral, ruhig.
Untergrund: Wiese/Sand. 01/04-31/10.
Entfernung: 100M 100M 400M vor Ort vor Ort.
Sonstiges: Max. 48 Std, Wertmünzen beim Campingplatz.

Rauville-la-Bigot 15B1

D900. **GPS**: n49,51723 w1,68368.

10 kostenlos Ch kostenlos. **Lage:** Komfortabel, ruhig.
Untergrund: asphaltiert.
Entfernung: 500M.

Réville 15C1

Ferme de la Froide Rue, 165, Rue des Monts.
GPS: n49,62583 w1,25278.

6 €7 Ch. **Lage:** Ländlich, komfortabel.
Untergrund: Wiese. 01/01-31/12.
Entfernung: 1Km.

Rots 15D2

Centre Commercial Cora, Chemin de la Croix Vautier, RN13.
GPS: n49,19985 w0,46027.

kostenlos Ch kostenlos.
Lage: Laut. **Untergrund:** asphaltiert.
01/01-31/12.
Entfernung: 1Km vor Ort vor Ort.
Sonstiges: Gelände mit Videoüberwachung.

Rugles 15E3

Place de la Liberté. **GPS**: n48,82230 o0,70846.

4 kostenlos Ch kostenlos. **Untergrund:** befestigt.
01/01-31/12. **Entfernung:** vor Ort 200M 200M.
Sonstiges: Max. 48 Std.

Saint Fromond 15C2

Rue des Gabariers, D8. **GPS**: n49,22202 w1,08956.

50 kostenlos €2 Ch €2. **Lage:** Ländlich, einfach.
Untergrund: asphaltiert/Schotter. 01/01-31/12.
Entfernung: vor Ort 50M vor Ort.

Touristinformation Saint Fromond:
Office de Tourisme, Bd de Verdun, Carentan, www.ot-carentan.fr.

Alte Bischofsstadt mit gotischer Kathedrale.

Saint-André-de-l'Eure 15F3

Boulevard Verdun. **GPS**: n48,90644 o1,26927.

10 kostenlos Ch kostenlos. **Lage:** Städtisch, komfortabel, laut.
Untergrund: befestigt. 01/01-31/12.
Entfernung: 1Km vor Ort 1Km vor Ort.
Sonstiges: An der Bahnlinie.

Saint-Hilaire-du-Harcouët 15C3

Place de la Motte. **GPS**: n48,57602 w1,09086.

10 kostenlos €2 Ch €2. **Lage:** Städtisch, einfach.
Untergrund: asphaltiert/befestigt. 01/01-31/12.
Entfernung: vor Ort vor Ort vor Ort.
Sonstiges: Hinter der Kirche.

Saint-Jean-le-Thomas 15B3

Boulevard Stanislas. **GPS**: n48,72567 w1,52296.

17 €8 €2 Ch €2 WC.
Lage: Ländlich, komfortabel.
Untergrund: asphaltiert/Wiese.
Entfernung: 500M 100M 100M 500M vor Ort vor Ort.

Saint-Jouin-Bruneval 15E1

Rue des Pruniers. **GPS**: n49,65099 o0,16322.

20 kostenlos €2/100Liter Ch €2/1Std. **Lage:** Ländlich, einfach, abgelegen, ruhig. **Untergrund:** Schotter. 01/01-31/12.
Entfernung: 1Km 1Km 1Km.

Saint-Jouin-Bruneval 15E1

Plage de Bruneval, Saint Jouin plage. **GPS**: n49,64970 o0,15349.

20 kostenlos. **Lage:** Einfach, ruhig. **Untergrund:** Schotter/befestigt.
01/01-31/12.
Entfernung: 4Km Kiesstrand vor Ort 100M 4Km.

Saint-Lô — 15C2
Place de la Vaucelle. **GPS**: n49,11351 w1,10309.

10 kostenlos €2/10Minuten Ch €2/Std **Lage**: Städtisch, komfortabel. **Untergrund**: asphaltiert. 01/01-31/12.
Entfernung: 100M 100M 100M vor Ort.
Sonstiges: Am Fluss.

Touristinformation Saint-Lô:
Haras National, Rue du Maréchal Juin. Nationales Pferdegestüt gegründet durch Napoleon 1806. 01/06-30/09 14-18.
Musée de la Libération, Place du Champ de Mars. Invasion 1944. 10-19 Uhr, Winter 14-19 Uhr Di. € 4.
Nôtre Dame. Renovierte Kirche, 13ten Jahrhundert.

Saint-Martin de Bréhal — 15B2
Av. de l'Hippodrome. **GPS**: n48,89829 w1,56583.

20 €4/24 Std kostenlos. **Lage**: Städtisch.
Untergrund: asphaltiert. 01/01-31/12.
Entfernung: 300M Strand 150M 300M 400M.

Saint-Nicolas-d'Aliermont — 15F1
Place du 19 Mars 1962, Rue d'Arques 88. **GPS**: n48,88045 o1,22092.

2 kostenlos €2/10Minuten Ch €2/1Std.
Lage: Städtisch, einfach, zentral, ruhig. **Untergrund**: asphaltiert.
01/01-31/12.
Entfernung: 200M 12Km 200M 200M vor Ort.
Sonstiges: Hinter dem Rathaus, max. 48 Std, Wertmünzen am Rathaus und Bibliothek.

Saint-Nicolas-de-Bliquetuit — 15E1
Route du Bac. **GPS**: n49,52083 o0,72777.

12 kostenlos €2/10Minuten Ch €2/1Std.
Lage: Einfach, ruhig.
Untergrund: asphaltiert.
01/01-31/12.
Entfernung: 1,4Km vor Ort vor Ort 2km 2km vor Ort.
Sonstiges: An der Seine, Wertmünzen bei Rathaus, Bar und Restaurant.

Saint-Pair-sur-Mer — 15B2
Avenue Léon Jozeau-Marigné. **GPS**: n48,81711 w1,56988.

30 €5 €2/10Minuten Ch €2/55Minuten.
Lage: Städtisch, einfach. **Untergrund**: asphaltiert/Schotter.
01/01-31/12.
Entfernung: 500M Strand 500M 500M vor Ort.
Sonstiges: Parkplatz am Tennisplatz, max. 48 Std.

Saint-Pierre-Église — 15B1
Parking du 8 Mai 1945. **GPS**: n49,66897 w1,40387.

6 kostenlos €2/100Liter Ch. **Lage**: Städtisch.
Untergrund: befestigt. 01/01-31/12.
Entfernung: 300M vor Ort.

Saint-Pierre-le-Vieux — 15F1
Ferme du Moulin, Route de la Vallée du Dun.
GPS: n49,85816 o0,88000.

5 €5 + €1/pP €2 Ch €3. **Lage**: Komfortabel, abgelegen, ruhig. **Untergrund**: Wiese/Schotter. 01/01-31/12.
Entfernung: 1Km 1km 1Km vor Ort.

Saint-Pierre-sur-Dives — 15D2
Aire Camping-Cars de la Halle Médiévale, Place du Marché.
GPS: n49,01713 w0,03047.

12 €5/24 Std €3 Ch.
Lage: Städtisch, einfach, zentral. **Untergrund**: Schotter.
01/01-31/12 Mo-Morgen Markt.
Entfernung: vor Ort 50M 150M.
Sonstiges: Ver-/Entsorgung Passanten €3.

Saint-Saire — 15F1
Rue de la Gare, D7. **GPS**: n49,69677 o1,49476.

8 kostenlos €3/10Minuten Ch €3/Std. **Lage**: Ländlich, einfach, komfortabel, abgelegen, ruhig. **Untergrund**: Wiese.
01/01-31/12.

Saint-Sauveur-le-Vicomte — 15B1
Place Auguste Cousin. **GPS**: n49,38678 w1,52947.

Entfernung: 300M vor Ort vor Ort vor Ort.

kostenlos Ch kostenlos. **Untergrund**: asphaltiert.
vor Ort.
Sonstiges: Neben Rathaus, max. 48 Std.

Saint-Sever-Calvados — 15C2
Place de la Mairie. **GPS**: n48,84169 w1,04842.

15 kostenlos Ch kostenlos. **Lage**: Städtisch, einfach, laut.
Untergrund: Schotter. 01/01-31/12.
Entfernung: 100M 15Km 100M.

Saint-Vaast-la-Hougue — 15C1
Aire de la Gallouette, Rue Galouette. **GPS**: n49,58400 w1,267.

27 €7/Nacht €2/10Minuten Ch €2/1Std.
Lage: Komfortabel. **Untergrund**: befestigt.
01/01-31/12.
Entfernung: 300M 300M.
Sonstiges: Nahe Campingplatz Gallouette.

Touristinformation Saint-Vaast-la-Hougue:
Office de Tourisme, 1, place Gen. de Gaulle, http://ot-pointedesaire.com. Wichtige Hafen für die Alliierten in 1944. Jetzt große Jachthafen.
Île de Tatihou, Port. Insel vor der Küste, Maritimmuseum und Vogelobservatorium. 01/04-30/09 10-18 Uhr.

Saint-Valery-en-Caux — 13B3
Quai d'Aval. **GPS**: n49,87220 o0,70898.

40 kostenlos, Wochenende 01/03-31/10 €6/Tag, 16/05-30/09 €6/Tag + €0,20/pP €3 Ch. **Lage**: Städtisch, komfortabel, zentral, ruhig. **Untergrund**: asphaltiert. 01/01-31/12.
Entfernung: 600M vor Ort vor Ort 500M Bäckerei 600M vor Ort.
Sonstiges: Max. 48 Std, Wertmünzen bei Office de Tourisme.

Saint-Vigor-le-Grand — 15C2
Les Peupliers, Rue de Magny. **GPS**: n49,29949 w0,67436.

Normandie

7 🅿 € 6, € 9 Ver-/Entsorgung incl ⛽ Ch 🔌 inklusive. **Lage:** Ländlich, komfortabel, abgelegen, ruhig. **Untergrund:** Schotter. ☐ 01/01-31/12. **Entfernung:** 🚲 2km.
Sonstiges: Backer kommt jede Morgen, Ver-/Entsorgung Passanten € 4, Bayeux Zentrum 3,5km, Arromanches Strände 6,5km.

Saint-Wandrille-Rançon 15E1
Ferme de la Mare, 20 impasse ferme de la mare.
GPS: n49,54031 o0,76800. ⬆️➡️.

3 🅿 € 5 ⛽ Ch 🔌 (3x)€2. 🧺 **Lage:** Ländlich, komfortabel, abgelegen, ruhig. **Untergrund:** Schotter. ☐ 01/01-31/12.
Entfernung: 🚲 3Km ⊗3km.

Sainte-Honorine-des-Pertes 15C1
Garage Vally, Route d'Omaha Beach, D514, dir Colleville-sur-Mer.
GPS: n49,34868 w0,81635. ⬆️.

32 🅿 € 6 ⛽ €1,50/100Liter Ch 🔌 (32x)inklusive. 🧺
Lage: Ländlich, komfortabel, ruhig. **Untergrund:** Wiese.
☐ 01/01-31/12.
Entfernung: 🚲 200M 🏊 500M ⊗ vor Ort.
Sonstiges: Brotautomat, Ver-/Entsorgung Passanten € 2,50.

Sainte-Marie-du-Mont 15C1
Camping-Car Park Utah Beach, La Madeleine, D913.
GPS: n49,41800 w1,18677. ⬆️.

49 🅿 € 12 ⛽ Ch 🔌 €4/3,50 inklusive. 🏠 **Lage:** Einfach, ruhig. **Untergrund:** Wiese/Schotter. ☐ 01/01-31/12.
Entfernung: 🏊 500M.
Sonstiges: Kode WLAN: f2d1941a5c.
Touristinformation Sainte-Marie-du-Mont:
M Musée du Débarquement, Utah-Beach. Landungsmuseum.

Sainte-Mère-Église 15B1
Super U, ZA les Crutelles. **GPS:** n49,40461 w1,32223.

3 🅿 €2 Ch. **Untergrund:** asphaltiert.
Entfernung: 🚲 1Km 🛒 vor Ort.
Sonstiges: Waschplatz für Wohnmobile max. ∧3.80m.
Touristinformation Sainte-Mère-Église:
🅱 Borne 0 de la voie de la Liberté. Pfahl 0, Ausgangspunkt der Weg nach der Freiheit.
ℹ️ Office de Tourisme, 2, Rue Eisenhower, www.sainte-mere-eglise. info. Dörfchen bekannt für dem Fallschirmjäger der bei dem Landung an den Kirchturm hängen blieb.
M Musée Airborne. Ausstellung der Invasion bei Ste.Mère-Eglise.
☐ 10-12 Uhr, 14-18 Uhr.

Sallenelles 15D2
Boulevard Maritime D514. **GPS:** n49,26474 w0,22694. ⬆️.

2 🅿 kostenlos ⛽ €2/10Minuten Ch. **Lage:** Ländlich, einfach, ruhig.
Untergrund: asphaltiert. ☐ 01/01-31/12.
Entfernung: 🚲 100M 🏊 vor Ort 🛒 300M.
Sonstiges: Hinter dem Rathaus, max. 48 Std.

Sideville-Lorimier 15B1
Camping-car l'Orimier, Route du Pont Roger, D152.
GPS: n49,58722 w1,69222. ⬆️.

6 🅿 € 7/Nacht ⛽ Ch 🔌 (6x)inklusive. **Lage:** Komfortabel, ruhig.
Untergrund: asphaltiert/Wiese.
Sonstiges: Regionale Produkte.

Siouville-Hague 15B1
Avenue des Peupliers. **GPS:** n49,56356 w1,8442.

30 🅿 kostenlos ⛽ €2 Ch. **Untergrund:** Wiese.
Entfernung: 🏊 200M.

Soumont-Saint-Quentin 15D2
Rue de la Mine. **GPS:** n48,97840 w0,25. ⬆️.

20 🅿 € 7, Kurtaxe € 0,20/pP ⛽ €1 Ch 🔌 inklusive. 🧺
Lage: Einfach. **Untergrund:** Wiese. ☐ Ostern-01/11.
Entfernung: 🚲 1Km.
Sonstiges: Ehemaligen Eisenmine.

Sourdeval 15C3
Parc Saint-Lys, Rue Jean Baptiste Janin.
GPS: n48,72603 w0,92308. ⬆️➡️.

8 🅿 kostenlos ⛽ Ch 🔌 kostenlos. **Lage:** Städtisch, einfach.
Untergrund: Schotter/befestigt. ☐ 01/01-31/12.
Entfernung: 🚲 100M ⊗ 400M 🛒 400M.

Surtainville 15B1
Rue des mielles. **GPS:** n49,46373 w1,82871.

10 🅿 kostenlos ⛽ €4,16/10Minuten Ch €4,16/55Minuten 🧺.
Lage: Städtisch. **Untergrund:** befestigt.
Entfernung: 🏊 vor Ort 🛒 100M.
Sonstiges: Wertmünzen bei camping municipal.

Tinchebray 15C3
Rue André Breton, D911. **GPS:** n48,76302 w0,73753. ⬆️➡️.

3 🅿 kostenlos ⛽ Ch 🔌 kostenlos. **Lage:** Städtisch, einfach.
Untergrund: asphaltiert. ☐ 01/01-31/12.
Entfernung: 🛒 vor Ort 🏊 300M.

Tourlaville 15B1
Espace Loisirs Colignon, piscine-camping municipal, Rue des Algues. **GPS:** n49,65398 w1,56606.

🅿 kostenlos ⛽ €2 Ch. **Lage:** Einfach. **Untergrund:** asphaltiert.
Sonstiges: Wertmünzen erhältlich beim Campingplatz oder Schwimmbad.

Tourlaville 15B1
Quai Amiral Kniskern/Boulevard Maritime. **GPS:** n49,64549 w1,59976.

🅿 kostenlos.

Normandie - Ile-de-France

Sonstiges: Parkplatz bei der Fähre.

Tréauville 15B1
1, La Chaussee, D65. **GPS:** n49,54444 w1,83472.

10 €6,50 Ch inklusive. **Untergrund:** Wiese/befestigt.
Entfernung: 2,5Km.

Val-de-Saâne 15F1
Rue Moulin du Traversin. **GPS:** n49,70390 o0,96506.

6 kostenlos €2/100Liter Ch €2/1Std.
Lage: Städtisch, komfortabel, zentral, ruhig. **Untergrund:** asphaltiert.
01/01-31/12.
Entfernung: 300M 300M 300M vor Ort vor Ort.
Sonstiges: Wertmünzen bei Rathaus, Backer und Restaurant, Markt am Sontag.

Valognes 15B1
Place Félix Buhot. **GPS:** n49,51159 w1,47813.

7 kostenlos €2 Ch €2. **Lage:** Einfach.
Untergrund: asphaltiert.
Entfernung: 1Km vor Ort.
Sonstiges: Neben Supermarkt Champion.

Valognes 15B1
Zone Artisanale d'Armanville, Chemin de la Brique.
GPS: n49,51433 w1,50004.

€5/24 Std €2 Ch €2 WC. **Lage:** Einfach.
Untergrund: asphaltiert. 01/01-31/12.
Entfernung: 1Km.
Sonstiges: Waschplatz für Wohnmobile.

Veules-les-Roses 13B3
Parking des Falaises, Sentier de Four. **GPS:** n49,87508 o0,79231.

40 kostenlos. **Lage:** Ländlich, einfach, abgelegen, ruhig.

Untergrund: Wiese. 01/01-31/12.
Entfernung: 500M vor Ort vor Ort 500M 500M.

Veules-les-Roses 13B3
Camping des Mouettes, Avenue Jean Moulin 7.
GPS: n49,87596 o0,80289.

15 €10/24 Std + €0,40/pP Kurtaxe Ch.
Lage: Einfach, abgelegen, ruhig. **Untergrund:** Schotter/befestigt.
01/04-30/10.
Entfernung: 300M 500M 500M 300M 300M vor Ort vor Ort.
Sonstiges: Max. 48 Std, Ver-/Entsorgung auf Campingplatz.

Veulettes-sur-Mer 15E1
Chemin des Courses. **GPS:** n49,85233 o0,60165.

15 €5 €3,50/100Liter Ch €3,50/1Std (16x).
Lage: Ländlich, einfach, zentral, ruhig. **Untergrund:** asphaltiert.
01/01-31/12.
Entfernung: 200M 100M 100M 400M 400M vor Ort.
Sonstiges: Hinter Syndicat d'Initiative, Wertmünzen beim Office de Tourisme, Campingplatz und Supermarkt.

Veulettes-sur-Mer 15E1
Parking de la Plage, D10. **GPS:** n49,85488 o0,60702.

20 €7 €3,50/10Minuten Ch €3,50/1Std WC.
Lage: Ländlich, einfach, ruhig. **Untergrund:** Wiese.
01/01-31/12.
Entfernung: 500M Kiesstrand 50M 50M 500M 400M 500M.
Sonstiges: Strandparkplatz.

Villedieu-les-Poêles 15B2
Parc de la Commanderie, Rue Taillemarche.
GPS: n48,83682 w1,22436.

5 kostenlos. **Lage:** Städtisch, einfach. **Untergrund:** asphaltiert.
01/01-31/12.
Entfernung: vor Ort 2,4Km 100M 100M.

Villers-Bocage 15C2
Rue du Canada. **GPS:** n49,07973 w0,6609.

5 kostenlos €2/10Minuten Ch €2/55Minuten.
Lage: Städtisch, einfach, ruhig. **Untergrund:** asphaltiert.
01/01-31/12.
Entfernung: 1,5Km vor Ort 400M vor Ort.
Sonstiges: Max. 48 Std.

Villers-sur-Mer 15D2
Paleospace l'Odyssée, Rue des Martois. **GPS:** n49,32910 o0,01273.

14 €10 €4 Ch inklusive €1.
Lage: Städtisch, komfortabel, ruhig. **Untergrund:** befestigt.
01/01-31/12.
Entfernung: 1Km Strand 250M Bäckerei 1,5Km.
Sonstiges: Max. 48 Std.

Villiers-en-Désœuvre 15F2
Centre Equestre, La Harelle, D106. **GPS:** n48,97560 o1,50250.
4 €10 WC inklusive. **Lage:** Abgelegen, ruhig.
Untergrund: Wiese.
Entfernung: 3,5Km.
Sonstiges: Beim Reiterhof.

Vimoutiers 15E2
D916, Avenue du Dr. Dentu. **GPS:** n48,93152 o0,19604.

6 kostenlos Ch (2x) WC kostenlos. **Lage:** Städtisch, einfach, zentral. **Untergrund:** asphaltiert. 01/01-31/12.
Entfernung: 400M 500M Carrefour 200M.
Sonstiges: Wichtiges Zentrum im Camembert Region, Camembert Museum.

Vire 15C2
Place du champ de foire. **GPS:** n48,84084 w0,88862.

25 kostenlos Ch kostenlos. **Lage:** Städtisch, einfach, laut.
Untergrund: asphaltiert. 01/01-31/12 Fr-Sa.
Entfernung: vor Ort vor Ort vor Ort.
Sonstiges: Wasser im Winter geschlossen, Freitag-Samstag Markt.

Ile-de-France

Bray-sur-Seine 19A1
Quai de l'Ile. **GPS:** n48,41713 o3,23745.

FR

Frankreich 363

Ile-de-France - Bretagne

30 kostenlos 100M Ch kostenlos. **Untergrund:** asphaltiert.
Entfernung: 100M 100M.
Sonstiges: An der Seine, max. 72 Std, max. 7M.
Touristinformation Bray-sur-Seine:
Fr 8-13 Uhr.

Coupvray 15H3
Parking Disneyland Paris, Boulevard du Parc.
GPS: n48,87500 o2,79700.

€30/Tag Ch WC inklusive. **Untergrund:** asphaltiert.
01/01-31/12.
Sonstiges: Wohnmobil Parkplatz Vergnügungspark, Achtung: Die Tarife werden pro Tag in Rechnung gestellt, auch wenn Sie in den Abend ankommen.
Touristinformation Coupvray:
Disneyland Paris, Marne-la-Vallée. Vergnügungs- und Themenpark.

Milly-la-Forêt 18H1
Route de Nemours. **GPS:** n48,39798 o2,48021.
6 kostenlos Ch kostenlos. **Lage:** Ländlich.
Untergrund: asphaltiert. 01/01-31/12.
Entfernung: 1Km 9,4km A6.
Sonstiges: Gegenüber Conservatoire Nationale des Plantes, Schranke öffnet sich automatisch.

Milly-la-Forêt 18H1
Total, 49-51 Avenue de Ganay. **GPS:** n48,40720 o2,46782.

€3,50 Ch. **Untergrund:** Wiese. 01/01-31/12.
Entfernung: Zentrum 500M 7,7km A6.
Sonstiges: Hinter Tankstelle, Schranke geöffnet 6-21U.

Nemours 18H1
Les Colverts de Kabaya, Route de Moret. **GPS:** n48,27866 o2,69893.
6 €6 €3. **Untergrund:** Wiese. 01/01-31/12.
Entfernung: 1,6Km 2,3Km 200M 200M.

Provins 16A3
Parking Office de Tourisme, Chemin de Villecran.
GPS: n48,56189 o3,27993.

30 €8 €3,50 Ch €3,50 **Untergrund:** Schotter.
01/01-31/12. Ver-/Entsorgung mit Frost.
Entfernung: 500M 500M.
Touristinformation Provins:
Sa 8-14 Uhr.

Saint-Cyr-sur-Morin 16A3
Avenue Daniel Simon. **GPS:** n48,90627 o3,18516.
4 kostenlos Ch kostenlos. **Untergrund:** Wiese.
01/01-31/12.
Entfernung: vor Ort. **Sonstiges:** Hinter der Kirche.

Saint-Fargeau-Ponthierry 15H3
Base de loisirs Seine-Ecole, Avenue Max Pierrou.
GPS: n48,53610 o2,55065.
5 €5,20 Ch inklusive. **Untergrund:** Wiese.
Entfernung: 850M.
Sonstiges: Erholungspark.

Souppes-sur-Loing 18H1
GPS: n48,18083 o2,72343.

5 €5 €2 Ch inklusive. **Untergrund:** asphaltiert.
Sonstiges: Max. 72 Std.

Bretagne

Antrain 15B3
Route de Pontorson. **GPS:** n48,46307 w1,47938.

2 kostenlos Ch WC kostenlos. **Lage:** Städtisch, einfach, zentral, ruhig. **Untergrund:** asphaltiert.
Entfernung: 100M 200M 100M 100M 1Km vor Ort 2km.

Arzal 18A2
Barrage d'Arzal, D139. **GPS:** n47,50089 w2,38074.

15 kostenlos. **Lage:** Ländlich, einfach, ruhig.
Untergrund: asphaltiert. 01/01-31/12.
Entfernung: 1,5Km 50M 50M 50M 50M.

Arzon 14D3
Aire d'accueil des Camping-cars de Kermor, Avenue de Kerlun, Kerjouanno. **GPS:** n47,53886 w2,88028.

49 €7/24 Std Ch (16x) inklusive. **Lage:** Ländlich, komfortabel, ruhig. **Untergrund:** asphaltiert. 01/01-31/12.
Sonstiges: In der Nähe von Plage du Fageo, Juni/Sep max. 72 Std.

Audierne 14B2
Rue Lamartine. **GPS:** n48,02733 w4,53721.

15 kostenlos €3/10Minuten Ch €3/55Minuten.
Lage: Städtisch, einfach. **Untergrund:** ungepflastert.
01/01-31/12.
Entfernung: 1,5Km vor Ort 500M vor Ort.

Auray 14D3
Chemin de Bellevue. **GPS:** n47,66365 w2,97393.

5 kostenlos €3/20Minuten Ch €3/Std WC.
Lage: Einfach. **Untergrund:** asphaltiert. 01/01-31/12.
Entfernung: 200M.
Sonstiges: Kleinen Stellplätze.

Auray 14D3
Place du Golheres. **GPS:** n47,66524 w2,99036.

3 kostenlos €2 Ch. **Lage:** Städtisch, einfach.
Untergrund: asphaltiert. 01/01-31/12.
Entfernung: 500M vor Ort.
Sonstiges: Während Inspektion 2015 Service außer Betrieb.
Touristinformation Auray:
Mo.

Availles-sur-Seiche 18B1
D106. **GPS:** n47,96248 w1,19902.
6 kostenlos Ch kostenlos. **Untergrund:** ungepflastert.
01/01-31/12. **Entfernung:** 100M 300M.

Baud 14D2
Rue du Champ de Foire. **GPS:** n47,87375 w3,02008.

10 kostenlos. **Lage:** Zentral. **Untergrund:** befestigt.
01/01-31/12.
Entfernung: vor Ort 1,5Km 200M vor Ort.

Baud 14D2
Rue de Pont Augan. **GPS:** n47,87580 w3,02518.
Ch kostenlos. 01/01-31/12.

Bazouges-la-Pérouse 15B3
Boulevard de Castel Marie. **GPS:** n48,42416 w1,57408.

Bretagne

7 kostenlos Ch kostenlos. **Lage:** Städtisch, einfach, zentral, ruhig. **Untergrund:** asphaltiert. 01/01-31/12.
Entfernung: 200M 150M 200M.

Bécherel 15A3
La Feronière. **GPS:** n48,29769 w1,93971.

40 kostenlos. **Lage:** Ländlich, einfach, einfach.
Untergrund: Schotter. 01/01-31/12.
Entfernung: 700M 700M vor Ort 200M.

Bédée 18A1
Rue de Dinan. **GPS:** n48,18099 w1,94416.

6 kostenlos Ch kostenlos. **Lage:** Städtisch, einfach.
Untergrund: asphaltiert.
Entfernung: 1Km 200M 50M.
Sonstiges: In der Nähe vom Friedhof.

Belle-Isle-en-Terre 14D1
Les Jardins du Guer, Rue Guerveur, D33.
GPS: n48,54332 w3,39417.

10 2 Tage kostenlos, dann € 5/Tag Ch kostenlos.
Lage: Komfortabel, zentral, ruhig. **Untergrund:** Schotter.
01/01-31/12. Ver-/Entsorgung: 01/11-01/04.
Entfernung: 100M 10M 350M Mountainbike-Strecke.
Sonstiges: Schmale Durchfahrt.

Belz 14D3
Parc de Loisirs, Rue des Sports. **GPS:** n47,66940 w3,17744.

10 kostenlos. **Lage:** Einfach. **Untergrund:** Schotter/befestigt.
01/01-31/12.

Berric 14D3
Chemin de l'Étang. **GPS:** n47,63294 w2,52905.

6 € 5 €2/10Minuten Ch €2/55Minuten.
Lage: Ländlich, komfortabel, ruhig. **Untergrund:** asphaltiert.
01/04-30/09.
Entfernung: 500M vor Ort vor Ort 500M 500M.
Sonstiges: Am Fluss, Wertmünzen bei Geschäfte im Dorf, zugänglich über Rue du Grand Pont.

Binic 14D1
Aire camping-car de l'Ic, Rue de l'Ic. **GPS:** n48,60059 w2,83573.

50 kostenlos Ch kostenlos. **Lage:** Städtisch, einfach, zentral, ruhig. **Untergrund:** Schotter. 01/01-31/12.
Entfernung: 500M 700M 500M 500M.
Touristinformation Binic:
Do.

Bourg-Blanc 14B1
Rue de Brest. **GPS:** n48,49188 w4,50312.

6 kostenlos Ch kostenlos. **Untergrund:** Sand.
01/01-31/12. Fischteich 100M.

Bréal-sous-Montfort 18A1
Les Jardins de Brocéliande, Les Mesnils.
GPS: n48,05384 w1,88963.

12 € 6 Ch.
Lage: Ländlich, einfach, ruhig. **Untergrund:** ungepflastert.
01/01-31/12.
Entfernung: 2,5Km 3,5Km vor Ort vor Ort vor Ort.

Brech 14D3
Rue de Pont Douar/Avenue des Pins, D768.
GPS: n47,71917 w3,00111.

6 kostenlos €3 Ch. **Lage:** Einfach. **Untergrund:** Wiese.
01/01-31/12. **Entfernung:** 100M 200M 200M.

Sonstiges: Parkplatz in der Nähe eines kleinen Sees, Plan d'eau, Wertmünzen in der Bäckerei.

Brest 14B1
Parking Océanopolis, Rue du Cormoran. **GPS:** n48,38893 w4,43535.

24 kostenlos. **Untergrund:** asphaltiert. 01/01-31/12.
Entfernung: vor Ort vor Ort 300M.
Sonstiges: Tagsüber lebhafter Parkplatz, Tor schließt um 20h.

Brest 14B1
Port du Moulin Blanc, Rue Eugène Berest.
GPS: n48,39174 w4,43612.
Ch kostenlos. 01/01-31/12.
Touristinformation Brest:
Tour Tanguy. Diorama altes Brest. täglich, 01/10-31/05 Mi, So Mittag.
Océanopolis. Meereszentrum, Pinguine und Seehunden. 01/04-31/08 9-18 Uhr, 01/09-31/03 10-17 Uhr Mo.

Brillac 14D3
Rue Saint-Maur. **GPS:** n47,54143 w2,81748.

7 kostenlos.
Lage: Städtisch, einfach, ruhig. **Untergrund:** asphaltiert.
01/01-31/12.
Entfernung: vor Ort 400M 450M vor Ort vor Ort.

Callac (22) 14C1
Av Ernest Renan. **GPS:** n48,40200 w3,43737.

6 kostenlos €2 Ch €2. **Lage:** Einfach, ruhig.
Untergrund: Schotter. 01/01-31/12.
Entfernung: 200M 200M vor Ort.
Sonstiges: Lac Verte Vallée.

Camaret-sur-Mer 14B1
Rue Georges Ancey. **GPS:** n48,27513 w4,60793.

75 kostenlos, 01/04-31/10 € 6, passen zahlen €2/100Liter Ch €2/55Minuten.
Lage: Ländlich, komfortabel, ruhig. **Untergrund:** Schotter.
01/01-31/12.
Entfernung: 1Km 500M 500M 500M vor Ort vor Ort.
Sonstiges: Max. 72 Std.

Campénéac 18A1
Rue de l'Étang. **GPS:** n47,95736 w2,29039.

Frankreich

Bretagne

30 kostenlos €2 WC. **Lage:** Ländlich. **Untergrund:** Wiese. 01/01-31/12.
Entfernung: 250M 250M 250M.
Sonstiges: Wertmünzen bei Fauchoux, rue nationale 32.

Campénéac 18A1
Rue de la Fontaine. **GPS:** n47,95674 w2,29364.
€2 ChWC.
Entfernung: vor Ort vor Ort vor Ort.
Sonstiges: Wertmünzen beim Rathaus und Supermarkt.

Cancale 15B3
Aire camping-car Ville Ballet, Rue des Français Libres.
GPS: n48,67004 w1,86583.

30 €10 10Minuten Ch 55Minuten,€3,40. **Lage:** Einfach.
Untergrund: Wiese. 01/01-31/12.
Entfernung: 300M 1Km 800M 100M.
Sonstiges: Brötchenservice.
Touristinformation Cancale:
La Ferme Marine. Geführter Tour Austerzucht. Sommer 11,15,17 Uhr Français, 14 Uhr English, 16 Uhr Deutsch.

Carantec 14C1
Aire du Meneyer, Rue Castel an Dour. **GPS:** n48,65967 w3,9138.

20 kostenlos €2/100Liter Ch €2/55Minuten.
Untergrund: Schotter/befestigt. 01/01-31/12.
Entfernung: 500M.
Sonstiges: Max. 48 Std.

Carantec 14C1
Chemin du Roch Glaz. **GPS:** n48,65235 w3,90308.

10 kostenlos. **Untergrund:** asphaltiert. 01/01-31/12.
Entfernung: Strand 300M vor Ort.
Sonstiges: Max. 24 Std, Meeresblick.

Carantec 14C1
Rue Pen Al Lann. **GPS:** n48,66861 w3,895.

15 kostenlos. **Untergrund:** asphaltiert. 01/01-31/12.
Entfernung: 500M 150M 150M 1Km 1Km.
Sonstiges: Bei den Tennisplätzen, max. 48 Std.

Carantec 14C1
Square du Grand Sacconex, Rue du Kélenn. **GPS:** n48,66892 w3,91085.

10 kostenlos. **Untergrund:** ungepflastert.
Entfernung: 300M vor Ort vor Ort vor Ort 300M vor Ort.
Sonstiges: An der Sporthalle.
Touristinformation Carantec:
Musée Maritime. Seefahrtsmuseum. 15/05-15-09 Do.

Carhaix-Plouguer 14C2
Rue de Bazeilles/Rue des Augustins. **GPS:** n48,27829 w3,57257.

10 kostenlos Ch kostenlos. **Lage:** Städtisch, einfach, zentral. **Untergrund:** asphaltiert. 01/01-31/12.
Entfernung: 200M 200M 200M.

Carnac 14D3
Square d'illertissen. **GPS:** n47,58505 w3,08242.

40 kostenlos €2/10Minuten Ch €2/2Std.
Lage: Einfach. **Untergrund:** asphaltiert.
01/01-31/12.
Entfernung: 50M 1,5Km 50M 50M.
Sonstiges: Max. 1 Nacht.
Touristinformation Carnac:
Office de Tourisme, 74, avenue des Druides, http://www.ot-carnac.fr/. Badeort und wichtige Fundplatz von 30.000 prähistorische Menhire.
Musée de Préhistoire. Prähistorisches Museum. 10-12.30 Uhr Uhrnd 14-18 Uhr 01/12-01/04.

Caulnes 15A3
Lavoir Fontaine, Rue de Dinan. **GPS:** n48,28655 w2,15517.

10 kostenlos €2/10Minuten Ch €2/1Std WC.
Lage: Städtisch, einfach, ruhig. **Untergrund:** Schotter.
15/03-15/11.
Entfernung: 500M 100M 100M 200M.
Sonstiges: Max. 24 Std.

Cesson-Sévigné 18B1
Route de La Valette. **GPS:** n48,11802 w1,59121.

8 kostenlos €2,30/10Minuten Ch €2,30/55Minuten.
Lage: Ländlich, einfach, zentral, ruhig. **Untergrund:** befestigt.
01/01-31/12.
Entfernung: 500M vor Ort vor Ort 100M 100M 500M vor Ort.

Châteauneuf-du-Faou 14C2
Penn ar Pont. **GPS:** n48,18286 w3,81576.

15 kostenlos. **Lage:** Einfach, ruhig. **Untergrund:** Schotter.
01/01-31/12.
Entfernung: 1,3Km vor Ort vor Ort.

Châtillon-en-Vendelais 18B1
D108. **GPS:** n48,23112 w1,17959.

10 kostenlos Ch kostenlos. **Lage:** Ländlich, einfach, ruhig.
Untergrund: asphaltiert.
Entfernung: 2km See vor Ort vor Ort.
Sonstiges: Am See, neben Campingplatz.

Cléden-Cap-Sizun 14B2
Place du 19 mars 1962, Rue de la ville d'ys.
GPS: n48,04803 w4,65008.

20 kostenlos €2/10Minuten Ch. **Lage:** Ländlich, einfach, ruhig. **Untergrund:** asphaltiert/befestigt. 01/01-31/12.
Entfernung: vor Ort vor Ort.

Bretagne

Cléden-Cap-Sizun — 14B2
Pointe du Van, D7. **GPS:** n48,05936 w4,70727.

20 kostenlos. **Lage:** Einfach, ruhig. **Untergrund:** Schotter. 01/01-31/12.
Entfernung: Cléden-Cap-Sizun ± 5km vor Ort vor Ort vor Ort.

Cléden-Cap-Sizun — 14B2
Route de Kastel Koz, Beuzec-Cap-Sizun. **GPS:** n48,08473 w4,51844.

20 kostenlos. **Lage:** Ländlich, einfach, abgelegen, ruhig. **Untergrund:** asphaltiert/Schotter. 01/01-31/12.
Entfernung: vor Ort vor Ort.

Cléden-Poher — 14C2
Route du Stade. **GPS:** n48,23686 w3,67165.

4 kostenlos Ch (4x)kostenlos. **Lage:** Einfach, ruhig. **Untergrund:** asphaltiert. 01/01-31/12.
Entfernung: 300M 50M Bäckerei 200M 400M.
Sonstiges: Freiwilliger Beitrag.

Clohars-Carnoët — 14C2
Place de NAVA, Route de Quimperlé. **GPS:** n47,79790 w3,585.

4 kostenlos €2/70Liter Ch €2/50Minuten. **Lage:** Einfach. **Untergrund:** asphaltiert. 01/01-31/12.
Entfernung: 200M 10Km 4,5Km Bäckerei 200M.

Combrit — 14B2
Place du 19 mars 1962, Hent Ty Plouz. **GPS:** n47,88755 w4,1546.

10 kostenlos €2/10Minuten Ch €2/60Minuten.
Lage: Städtisch, einfach, ruhig. **Untergrund:** befestigt. 01/01-31/12.
Entfernung: vor Ort 5km 200M 1,3Km vor Ort.
Sonstiges: Wertmünzen bei Geschäfte im Dorf.

Commana — 14C1
Place du salles de Sports, D11. **GPS:** n48,41611 w3,96139.

5 kostenlos kostenlos.
Lage: Ländlich, einfach, abgelegen, ruhig. **Untergrund:** Wiese. 01/01-31/12.
Entfernung: 200M 300M Bäckerei 300M vor Ort vor Ort.

Concarneau — 14C2
Le Porzou, Allée Jean Bouin. **GPS:** n47,86320 w3,9051.

40 kostenlos €4/10Minuten Ch €4/55Minuten WC.
Lage: Städtisch, einfach. **Untergrund:** asphaltiert. 01/01-31/12.
Entfernung: Stadtmitte 2Km vor Ort.
Sonstiges: Fußgängerfähre zum Zentrum.

Concarneau — 14C2
Parking de la Gare, Avenue de la Gare. **GPS:** n47,87864 w3,9202.

47 € 2/20-08 Uhr €4 Ch €4/55Minuten.
Lage: Einfach. **Untergrund:** asphaltiert. 01/01-31/12.
Entfernung: 500M Strand 1,4Km vor Ort vor Ort.
Sonstiges: Parkplatz Bahnhof.
Touristinformation Concarneau: Mo, Frei.

Crac'h — 14D3
Intermarché, AC Les Alizés. **GPS:** n47,60421 w2,99669.

8 kostenlos €2/10Minuten Ch. **Untergrund:** asphaltiert. 01/01-31/12.
Entfernung: vor Ort vor Ort.

Crozon — 14B1
Parking du Loc'h, Rue de l'Atlantique, Morgat.
GPS: n48,22523 w4,50851.

30 € 4,50/24 Std €2,30/10Minuten Ch €2,30/55Minuten

Crozon — 14B1
WC.
Lage: Städtisch, einfach. **Untergrund:** asphaltiert.
01/01-31/12.
Entfernung: 300M vor Ort vor Ort 100M vor Ort.
Sonstiges: Max. 48 Std, Mittwoch Markt.

Crozon — 14B1
Le Fret, Le Sillon, D55. **GPS:** n48,28457 w4,50934.

15 kostenlos €2,20/10Minuten Ch. **Lage:** Ländlich, einfach, ruhig. **Untergrund:** ungepflastert. 01/01-31/12.
Entfernung: 5,5Km 50M 250M 5,5Km vor Ort.

Crozon — 14B1
Parking Office de Tourisme, Boulevard de Pralognan, D887.
GPS: n48,24770 w4,4934.

20 kostenlos €2,30/100Liter. **Lage:** Städtisch, einfach.
Untergrund: asphaltiert. 01/01-31/12.
Entfernung: 50M vor Ort vor Ort.
Sonstiges: In der Nähe von Office de Tourisme, max. 48 Std.

Damgan — 14D3
Parking de Kervoyal. **GPS:** n47,51465 w2,56038.

76 €7,50 Chinklusive. **Lage:** Ländlich, komfortabel, ruhig.
Untergrund: befestigt/Sand. 01/01-31/12.
Entfernung: 600M Sandstrand.
Sonstiges: Parkplatz beim Strand, max. 48 Std.

Dinan — 15A3
Rue du Port, D12. **GPS:** n48,45450 w2,0389.

30 € 0,30/30Min 9-19U, übernachten kostenlos. **Lage:** Städtisch, einfach, zentral. **Untergrund:** asphaltiert. 01/01-31/12.
Entfernung: 800M 800M vor Ort 500M.

Dol-de-Bretagne — 15B3
Place Jean Hamelin. **GPS:** n48,54736 w1,75442.

Bretagne

16 kostenlos €2 Ch €2. **Lage:** Städtisch, einfach, laut. **Untergrund:** asphaltiert. 01/01-31/12. **Entfernung:** vor Ort 100M 100M 150M.

Douarnenez — 14B2
Rue Jean Barre. **GPS:** n48,09192 w4,3328.

4 kostenlos. **Lage:** Städtisch, einfach, laut. **Untergrund:** asphaltiert. 01/01-31/12. **Entfernung:** vor Ort 200M 200M. **Sonstiges:** Max. 24 Std, schmale Durchfahrt, nicht für Reisemobile +7m.

Elven — 14D3
Avenue des Martyrs de la Résistance, Le Guého. **GPS:** n47,73879 w2,58134.

26 kostenlos €2 Ch (12x)€2/4Std. **Lage:** Ländlich, einfach, ruhig. **Untergrund:** Wiese/Schotter. Parkplatz 01/01-31/12 Ver-/Entsorgung 01/07-31/08. **Entfernung:** 1,5Km 800M 800M.

Erdeven — 14D3
Chemin De Kerouriec. **GPS:** n47,62717 w3,17988.

10 €7 €2 Ch (10x)€2/Nacht WC. **Lage:** Ländlich, einfach, abgelegen, ruhig. **Untergrund:** Wiese. 01/01-31/12. **Entfernung:** 1,1Km.

Erdeven — 14D3
Parc Kerhillio, Boulevard d'Atlantique. **GPS:** n47,61429 w3,15958.

70 €6,50/24 Std €2 Ch inklusive. **Lage:** Ländlich, einfach. **Untergrund:** Wiese. 01/01-31/12. **Entfernung:** 500M 200M 200M vor Ort vor Ort.

Erquy — 15A3
Caroual Plage, Rue des Hirondelles. **GPS:** n48,62120 w2,4724.

44 €6/24 Std €2/100Liter Ch €2. **Lage:** Städtisch, komfortabel, zentral. **Untergrund:** asphaltiert/befestigt. **Entfernung:** 2,5Km vor Ort. **Sonstiges:** Strandparkplatz, max. 48 Std, backer 8 Uhr Morgens.

Étel — 14D3
Camping municipal, Rue de la Barre. **GPS:** n47,65100 w3,202.

25 €7/Nacht €2/100Liter Ch (16x)kostenpflichtig. **Lage:** Ländlich, einfach. **Untergrund:** Wiese. 01/04-30/09. **Entfernung:** 500M 200M vor Ort vor Ort. **Sonstiges:** Backer kommt jede Morgen (Jul/Aug).

Fouesnant — 14C2
Plage Mousterlin, Chemin de Kerneuc. **GPS:** n47,85144 w4,04662.

15 kostenlos. **Lage:** Ländlich, einfach, ruhig. **Untergrund:** Wiese/Sand. 01/01-30/12 31/12. **Entfernung:** Strand 50M 400M 500M vor Ort. **Sonstiges:** Strandparkplatz, max. 48 Std.

Fouesnant — 14C2
Leclerc, D45, Route de Quimper. **GPS:** n47,90234 w4,02938.

12 kostenlos €2/10Minuten Ch €2/55Minuten. **Untergrund:** asphaltiert. 01/01-31/12. **Entfernung:** vor Ort.

Fougères — 15B3
Allée des Fêtes. **GPS:** n48,35660 w1,20242.

25 kostenlos Ch WC kostenlos. **Lage:** Städtisch, einfach. **Untergrund:** asphaltiert. 01/01-31/12. **Entfernung:** 500M 200M 200M.

Fougères — 15B3
Parking de la Poterne, Boulevard de Rennes. **GPS:** n48,35524 w1,2113.

16 kostenlos Ch kostenlos. **Lage:** Städtisch, einfach, zentral. **Untergrund:** befestigt. 01/01-31/12. **Entfernung:** vor Ort 250M 300M vor Ort. **Sonstiges:** Schloss von Fougères 500m.

Fréhel — 15A3
La Ville Oie, Rue des Sports, D117, Pléhérel-plage. **GPS:** n48,65032 w2,35241.

40 €6 80Liter Ch 1Std,Ver-/Entsorgung €4. **Lage:** Ländlich, einfach, abgelegen. **Untergrund:** Schotter/befestigt. 01/01-31/12. **Entfernung:** 1,1Km Strand 1,2Km vor Ort.

Gâvres — 14C3
Les Joncs, Rue des Filets Bleus. **GPS:** n47,69515 w3,35097.
40 €5-7,60, 16/06-31/08 Campingplatz Tarif €2 Ch inklusive. **Untergrund:** Wiese. 01/01-31/12. **Entfernung:** 100M 100M.

Glomel — 14C2
Etang du Coronc, Rue du Lac. **GPS:** n48,22052 w3,38972.

12 kostenlos €2/100Liter Ch €2/1Std. **Lage:** Ländlich, einfach, ruhig. **Untergrund:** asphaltiert/Schotter. 01/01-31/12. **Entfernung:** 150M 400M. **Sonstiges:** Am See.

Goulven — 14B1
Aire Naturelle Ty Poas. **GPS:** n48,63109 w4,30833.

15 €5,50 + Kurtaxe €2 Ch €2 WC. **Lage:** Komfortabel, ruhig. **Untergrund:** Wiese/befestigt. 15/06-30/09. **Entfernung:** 500M Strand 200M 500M.

Grand-Fougeray — 18B2
Rue Camille de Jourdan. **GPS:** n47,72233 w1,7298.
5 kostenlos Ch. **Untergrund:** asphaltiert. 01/01-31/12. **Entfernung:** 300M 300M.

Gueltas — 14D2
Boju, Keriffe. **GPS:** n48,10406 w2,79064.

Frankreich

Bretagne

16 kostenlos. **Lage:** Ländlich, einfach, ruhig. **Untergrund:** Schotter. 01/01-31/12. **Entfernung:** 1km vor Ort. **Sonstiges:** Am Nantes-Brest-Kanal.

Gueltas 14D2
Cité des Écureuils, D125. **GPS:** n48,09667 w2,80111.

10 kostenlos. **Lage:** Ländlich, einfach, abgelegen, ruhig. **Untergrund:** Schotter. **Entfernung:** 700M. **Sonstiges:** In der Nähe vom Sportpark.

Guern 14D2
Kervazo, Rue de la Vallée, D1. **GPS:** n48,02815 w3,09215.

8 kostenlos. **Lage:** Ländlich, einfach, ruhig. **Untergrund:** asphaltiert. 01/01-31/12. **Entfernung:** 250M Bäckerei 300M.

Guern 14D2
Etang du Ponterre, D1. **GPS:** n48,03472 w3,0975.

6 kostenlos. **Lage:** Ländlich, einfach. **Untergrund:** Schotter. 01/01-31/12. **Entfernung:** 700M vor Ort 700M Bäckerei.

Guichen 18B1
Le Boel, Pont Réan. **GPS:** n48,00221 w1,77336.

5 €5 kostenlos. **Lage:** Einfach, ruhig. **Untergrund:** befestigt. 01/01-31/12. **Entfernung:** 500M vor Ort vor Ort vor Ort Bäckerei 150M. **Sonstiges:** Max. 48 Std.

Guidel 14C2
D152, Guidel-Plage > Fort-Bloqué. **GPS:** n47,75035 w3,50574.

15 kostenlos. **Lage:** Ländlich, einfach. **Untergrund:** Schotter/Sand. 01/01-31/12. **Entfernung:** 1,5Km 100M 1,5Km vor Ort vor Ort. **Sonstiges:** Hinter Résidence Maéva, Strandparkplatz, max. 24 Std.

Guidel 14C2
La Falaise, Guidel plage. **GPS:** n47,76640 w3,5258.

7 kostenlos. **Lage:** Einfach. **Untergrund:** befestigt. 01/01-31/12. **Entfernung:** vor Ort. **Sonstiges:** Hinter Segelschule, max. 24 Std.

Guidel 14C2
Plage du Loc'h, D152. **GPS:** n47,75650 w3,5159.

8 kostenlos. **Lage:** Ruhig. **Untergrund:** Sand. 01/01-31/12. **Entfernung:** 250M.

Guidel 14C2
Arc-en-Ciel, ZA de Pen Mané. **GPS:** n47,80980 w3,4633. Ver-/Entsorgung €2, während der Öffnungszeiten

Guimiliau 14C1
Parking Salle Polyvalente, Rue des Bruyeres. **GPS:** n48,48676 w3,99665.

15 kostenlos kostenlos. **Lage:** Einfach, zentral, laut. **Untergrund:** befestigt. 01/01-31/12. **Entfernung:** vor Ort 400M 400M vor Ort vor Ort. **Sonstiges:** Max. 2 Nächte.

Guingamp 14D1
Place du Vally. **GPS:** n48,56024 w3,1489.

3 kostenlos Ch kostenlos WC. **Lage:** Einfach, zentral. **Untergrund:** asphaltiert. 01/01-31/12 Fr Markt.

Entfernung: vor Ort. **Sonstiges:** Max. 24 Std.

Guiscriff 14C2
La Gare de Guiscriff, Rue de la Gare. **GPS:** n48,05722 w3,65401.

4 kostenlos Ch (4x)€5. **Lage:** Ländlich. **Untergrund:** befestigt. 01/01-31/12. **Entfernung:** 1Km Bäckerei 1Km vor Ort vor Ort.

Guissény 14B1
Rue de Plouguerneau. **GPS:** n48,63299 w4,41127.

3 kostenlos €2 Ch. **Lage:** Komfortabel. **Untergrund:** Schotter. 01/01-31/12. **Entfernung:** vor Ort Strand 550M 250M Bäckerei. **Sonstiges:** Wertmünzen in den Geschäften und bei Rathaus.

Hédé-Bazouges 15B3
La Magdalaine. **GPS:** n48,30592 w1,79218.

50 kostenlos. **Lage:** Ländlich, einfach. **Untergrund:** Wiese/Schotter. 01/01-31/12. **Entfernung:** 1Km vor Ort vor Ort 50M vor Ort vor Ort.

Hillion 14D1
Le Tertre Piquet, Lermot-plage. **GPS:** n48,53098 w2,66387.

20 kostenlos Ch WC kostenlos. **Lage:** Einfach, abgelegen. **Untergrund:** Wiese. 01/01-31/12. **Entfernung:** Sandstrand 100M. **Sonstiges:** Strandparkplatz, keine Campingaktivitäten.

Hillion 14D1
Rue Olivier Provost. **GPS:** n48,51743 w2,66772.

7 kostenlos Ch kostenlos. **Lage:** Einfach, zentral, ruhig. **Untergrund:** Schotter. 01/01-31/12.

Bretagne

Entfernung: 500M 100M vor Ort.

Hirel — 15B3
D155. **GPS:** n48,60841 w1,82032.

100 kostenlos, Nacht € 6 €2/100Liter Ch €2/55Minuten. **Lage:** Ländlich, einfach. **Untergrund:** Wiese/Schotter. 01/01-31/12.
Entfernung: 700M 200M 200M.

Huelgoat — 14C1
Place du Camping-cars, Route du Fao, D769a.
GPS: n48,36115 w3,75612.

30 kostenlos €5/10Minuten Ch 1Std. **Lage:** Ländlich, einfach, ruhig. **Untergrund:** befestigt. 01/01-31/12.
Entfernung: 500M vor Ort vor Ort 500M 500M 500M 500M 500M.
Sonstiges: Gegenüber Campingplatz, Ver-/Entsorgung 100M.

Janzé — 18B1
Aire du Hardier, D41. **GPS:** n47,97258 w1,53825.

5 € 10 €2 ChWC kostenlos. **Lage:** Autobahn, einfach, einfach. **Untergrund:** asphaltiert.
Entfernung: vor Ort.
Sonstiges: An der Tankstelle.

Josselin — 14D2
Place St.Martin. **GPS:** n47,95639 w2,55056.

50 kostenlos €2,50 Ch €2,50/Std WC.
Lage: Städtisch, zentral. **Untergrund:** befestigt.
01/01-31/12. Sa 9-14 Uhr.
Entfernung: 300M N24 900M 300M Bäckerei 300M 1Km vor Ort.
Sonstiges: Schloss von Josselin 400m.

Touristinformation Josselin:
Office de Tourisme, Place de la Congregation, www.paysdejosselin.com. Stadt wird dominiert durch das Schloss von Rohan.

Kerlouan — 14B1
Lestonquet. **GPS:** n48,66952 w4,36161.

kostenlos €2 Ch. **Untergrund:** Wiese. 01/01-31/12.
Sonstiges: Ehemaliger Campingplatz.

Kerlouan — 14B1
La Digue. **GPS:** n48,66195 w4,37879.

4 kostenlos. **Lage:** Abgelegen. **Untergrund:** Schotter.
01/01-31/12. **Entfernung:** 100M vor Ort.

Kernascléden — 14C2
Domaine du Scroff, Canquisquelen. **GPS:** n47,99785 w3,31845.
2 € 10 Ch WC inklusive. **Lage:** Komfortabel.
01/01-31/12.
Entfernung: 1Km vor Ort vor Ort.
Sonstiges: Beheiztes Schwimmbad.

La Chèze — 14D2
Chemin d'Alénor, Allée du 19 mars 1962.
GPS: n48,13419 w2,65787.

10 € 4, Wochenende/Feiertage kostenlos Ch (6x) WC kostenlos. **Lage:** Einfach, ruhig. **Untergrund:** asphaltiert.
01/01-31/12.
Entfernung: 200M 200M Mountainbike-Strecke.
Sonstiges: Parkplatz am kleinen See.

La Fontenelle — 15B3
Rue de Chevrigné. **GPS:** n48,46575 w1,50495.

6 kostenlos €2/10Minuten Ch €2/55Minuten.
Lage: Ländlich, einfach, ruhig. **Untergrund:** asphaltiert.
01/01-31/12.
Entfernung: vor Ort 350M vor Ort vor Ort.
Sonstiges: Neben Friedhof, in der Nähe Wander- und Fahrradmöglichkeiten.

La Martyre — 14C1
Route de Ploudiry, D35. **GPS:** n48,44861 w4,15694.

10 kostenlos Ch WC kostenlos. **Untergrund:** Schotter.
01/01-31/12.
Entfernung: 100M 100M 100M.
Sonstiges: In de Nähe von Maison du Plateau.

La Roche-Bernard — 18A2
Place du Dôme. **GPS:** n47,51753 w2,29733.

>20 kostenlos. **Lage:** Städtisch, einfach, zentral.
Untergrund: asphaltiert. 01/01-31/12.
Entfernung: 50M 100M 50M.

La Roche-Bernard — 18A2
Halte Camping-car, Rue du Patis. **GPS:** n47,52012 w2,30466.

15 € 9,60, 01/07-25/08 € 11,10 Ch €4,60 WC.
Lage: Städtisch, komfortabel, ruhig. **Untergrund:** Wiese.
02/04-16/09.
Entfernung: 100M 50M 50M 100M 100M.
Sonstiges: Neben Camping du Patis.

Touristinformation La Roche-Bernard:
Stadt besonders bekannt für die schöne hängende Brücke über dem Vilaine Fluss, 50M hoch und über 400M lang.

La Roche-Derrien — 14D1
Rue du Jouet. **GPS:** n48,74696 w3,25976.

12 € 2 €2 Ch (6x) €2. **Lage:** Ländlich, einfach, zentral, ruhig. **Untergrund:** Schotter.
01/01-31/12.
Entfernung: 100M 100M 100M.
Sonstiges: Wertmünzen in den Geschäften und bei Rathaus.

Lampaul-Plouarzel — 14B1
Aire de Porspaul, Rue de Beg ar Vir. **GPS:** n48,44667 w4,77722.

50 free, 15/04-15/10 € 3,50, Jul/Aug + € 0,30/pP €2/20Minuten Ch €2/55Minuten WC €1,60 €3/3,50.
Lage: Komfortabel. **Untergrund:** Wiese.
01/01-31/12.
Entfernung: 150M 100M 200M 500M vor Ort vor Ort.
Sonstiges: Dusche und Waschmaschine Jul/Aug.

Landerneau — 14B1
Rue du Calvaire. **GPS:** n48,44694 w4,25667.

Frankreich

Bretagne

25 €5, inkl. Strom €2 Ch inklusive. **Lage:** Komfortabel. **Untergrund:** Wiese/Schotter. 01/01-31/12. **Entfernung:** 500M Fluss 500M 500M vor Ort.

S | **Landivisiau** | 14C1
P de Keravel, Rue du Manoir. **GPS**: n48,51015 w4,0758.

3 kostenlos Chkostenlos. **Untergrund:** asphaltiert. 01/01-31/12. **Entfernung:** vor Ort vor Ort 100M

S | **Landudec** | 14B2
Super U, Rue des Écoles. **GPS**: n48,00143 w4,34088.

5 kostenlos €2/10Minuten Ch €2/55Minuten. **Lage:** Ländlich, einfach. **Untergrund:** asphaltiert. 01/01-31/12. **Entfernung:** 1Km vor Ort vor Ort. **Sonstiges:** Waschplatz für Wohnmobile.

S | **Lanfains** | 14D1
Étang du Pas, Le Pas, D7. **GPS**: n48,36466 w2,87938.

6 kostenlos ChWCkostenlos. **Lage:** Einfach, ruhig. **Untergrund:** asphaltiert/Wiese. 01/01-31/12. **Entfernung:** vor Ort vor Ort. **Sonstiges:** Parkplatz am kleinen See.

S | **Languidic** | 14D2
Zone Lanveur, Place du Bouilleur de Cru. **GPS**: n47,83722 w3,16188.

20 kostenlos Chkostenlos. **Lage:** Autobahn, einfach, laut. **Untergrund:** befestigt. 01/01-31/12. **Entfernung:** 700M N24 300M.

S | **Lanloup** | 14D1
Rue de Saint-Roch. **GPS**: n48,71359 w2,96289.

2 kostenlos WCkostenlos. **Lage:** Ländlich, einfach, ruhig. **Untergrund:** Schotter. 01/01-31/12. **Entfernung:** vor Ort.

S | **Lannilis** | 14B1
Aire Fontaine Rouge. **GPS**: n48,55667 w4,50528.

12 kostenlos ChWC. **Untergrund:** befestigt. 01/01-31/12. **Entfernung:** 1Km 1,5Km 1,5Km.

S | **Lannilis** | 14B1
Rue Haie Blanche. **GPS**: n48,57125 w4,52151.

3 kostenlos Chkostenlos. **Untergrund:** asphaltiert. 01/01-31/12. **Entfernung:** 100M Bäckerei 150M. **Sonstiges:** Gegenüber Friedhof.

S | **Lanvallay** | 15A3
Rue du terrain des sports. **GPS**: n48,45420 w2,03028.

5 kostenlos €2/100Liter Ch €2. **Lage:** Städtisch, einfach. **Untergrund:** asphaltiert. 01/01-31/12. **Entfernung:** 50M 50M 50M.

S | **Larmor-Baden** | 14D3
Route d'Auray. **GPS**: n47,58816 w2,89868.

3 kostenlos. **Lage:** Einfach. **Untergrund:** asphaltiert. 01/01-31/12. **Entfernung:** 50M 100M 100M. **Sonstiges:** Max. 6,5M.

S | **Larmor-Plage** | 14C3
Parking les Pins, Rue des Pins. **GPS**: n47,70970 w3,3791.

4 kostenlos ChWCkostenlos. **Lage:** Zentral. **Untergrund:** asphaltiert. 01/01-31/12. **Entfernung:** vor Ort 50M 100M 100M. **Sonstiges:** In der Nähe von plage de Toulhars, max. 72 Std.

S | **Le Conquet** | 14B1
Parking Parklec'H, Rue Général Leclerc. **GPS**: n48,36055 w4,7701.

+10 kostenlos €2/100Liter Ch €2/1Std. **Untergrund:** Schotter. 01/01-31/12. **Entfernung:** 200M Strand 800M 400M Bäckerei 300M vor Ort. **Sonstiges:** Wertmünzen beim Office de Tourisme und Rathaus.

S | **Le Croisty** | 14C2
Aire de pique-nique, D132, Kergoff. **GPS**: n48,06510 w3,38144.

8 kostenlos €2 Ch €2/55Minuten WC. **Lage:** Komfortabel, abgelegen, ruhig. **Untergrund:** asphaltiert. 01/01-31/12. **Entfernung:** 1,5Km vor Ort.

S | **Le Faou** | 14C1
Rue de la Grève. **GPS**: n48,29529 w4,18501.

8 15/06-15/09 € 3,50 €2/100Liter Ch. **Lage:** Städtisch, einfach. **Untergrund:** befestigt. 01/01-31/12. **Entfernung:** 500M 600M 1,5Km.

S | **Le Faouët** | 14C2
Restaurant Ty Blomen, Le Grand Pont. **GPS**: n48,03575 w3,48125.

15 kostenlos €2 Ch. **Lage:** Ländlich, einfach. **Untergrund:** asphaltiert. 01/01-31/12. **Entfernung:** vor Ort.

S | **Le Folgoët** | 14B1
Parking Frepel, Route de Gorrékear. **GPS**: n48,56002 w4,33507.

Frankreich

Bretagne

30 kostenlos Ch kostenlos.
Untergrund: Schotter/befestigt. 01/01-31/12.
Entfernung: vor Ort 100M 100M.
Sonstiges: In der Nähe der Basilika.

Le Guilvinec 14B2
Parking de la Petite Sole, Rue Jean Baudry.
GPS: n47,79588 w4,27997.

16 €4 €2/100Liter Ch €2/10Minuten.
Lage: Städtisch, einfach, laut.
Untergrund: asphaltiert.
01/01-31/12. So Markt.
Entfernung: vor Ort vor Ort 100M 100M vor Ort.
Sonstiges: Wertmünzen bei Office de Tourisme.

Le Trévoux 14C2
Rue des Sports. **GPS:** n47,89683 w3,64228.

4 kostenlos Ch kostenlos. **Lage:** Einfach.
Untergrund: Schotter. 01/01-31/12.
Entfernung: vor Ort.
Sonstiges: Nahe Tennisplätzen, max. 48 Std.

Le Trévoux 14C2
Plan d'Eau, Rue de Quimperlé. **GPS:** n47,89356 w3,6386.

10 kostenlos. **Lage:** Einfach. **Untergrund:** Schotter.
01/01-31/12.
Entfernung: vor Ort Bäckerei. **Sonstiges:** Am See.

Le Vivier-sur-Mer 15B3
Camping-Car Park, Rue de l'Abri des Flots.
GPS: n48,60291 w1,77255.

49 €8,40, 01/06-30/09 €9,60 Ch (49x) inklusive.
Lage: Ländlich, komfortabel, ruhig. **Untergrund:** asphaltiert.

01/01-31/12.
Entfernung: vor Ort 100M 100M 150M 150M vor Ort.

Léhon 15A3
Parking Club de Tennis. **GPS:** n48,44177 w2,04233.

6 kostenlos Ch kostenlos. **Lage:** Städtisch, einfach.
Untergrund: asphaltiert. 01/01-31/12.
Entfernung: vor Ort Bäckerei 100M.

Les Forges 14D2
Place de l'Église, D117. **GPS:** n48,01820 w2,6482.

5 kostenlos WC kostenlos. **Untergrund:** befestigt.
01/01-31/12.
Entfernung: 100M 100M.

Lézardrieux 14D1
Rue de l'Île à Bois. **GPS:** n48,83002 w3,08165.

5 kostenlos. **Lage:** Einfach, abgelegen, ruhig.
Untergrund: Schotter/Sand. 01/01-31/12.
Entfernung: Lézardrieux 6Km 50M vor Ort.
Sonstiges: Max. 24 Std.

Lézardrieux 14D1
Camping Municipal, Cité des Gardiens de Phare.
GPS: n48,78021 w3,1147.
Ch kostenlos. 01/01-31/12.
Entfernung: vor Ort.

Liffré 18B1
Intermarché. **GPS:** n48,22459 w1,50165.

kostenlos Ch kostenlos. **Lage:** Städtisch, einfach.
Untergrund: asphaltiert. 01/01-31/12.
Entfernung: 300M vor Ort.

Locmaria-Plouzané 14B1
Zône détente Ty Izella, Rue de la Fontaine.
GPS: n48,37306 w4,64306.

12 kostenlos €2 Ch €2. **Lage:** Ruhig.
Untergrund: Schotter. 01/01-31/12.
Entfernung: 100M 250M 250M.
Sonstiges: Wertmünzen beim Rathaus.

Locmaria-Plouzané 14B1
Plage de Portez, Rue de Portez, Porsmilin.
GPS: n48,35501 w4,67269.

8 €5 + Kurtaxe Ch inklusive €3. **Untergrund:** Schotter.
18/04-18/09.
Entfernung: 3,5Km Strand 50M vor Ort vor Ort.
Sonstiges: Bezahlen beim Campingplatz.

Locmariaquer 14D3
Aire de Pierres Plates, > Route des Plages.
GPS: n47,55720 w2,9486.

18 kostenlos. **Lage:** Einfach. **Untergrund:** befestigt.
01/01-31/12.
Entfernung: Strand 50M vor Ort.
Sonstiges: Max. 24 Std, 500m `von 'Les Pierres Plates'.

Locmariaquer 14D3
Résidence de Cresidui. **GPS:** n47,57204 w2,95328.
€2/100Liter Ch.
Touristinformation Locmariaquer:
Office de Tourisme, Rue de la Victoire,
www.ot-locmariaquer.com. Hafenstadt mit vielen Megalithen, unter-
zeichneten Dolmen.

Locminé 14D2
Rue Laennec / rue du Pont Person. **GPS:** n47,88788 w2,83174.

6 kostenlos Ch kostenlos. **Lage:** Einfach.
Untergrund: Schotter. 01/01-31/12.
Entfernung: 1Km N24 1,4Km 600M.
Sonstiges: Max. 48 Std.

Locmiquelic 14C3
Port de Ste. Catherine, Quai Rallier du Baty.
GPS: n47,72364 w3,34958.

Bretagne

3 kostenlos. **Lage:** Einfach. **Untergrund:** asphaltiert.
Entfernung: vor Ort, vor Ort, vor Ort.
Sonstiges: Parkplatz am Jachthafen, max. 1 Nacht.

S Locqueltas 14D3
Rue de la Fontaine. **GPS:** n47,75841 w2,76901.

6 kostenlos. Ch (4x)€3,50 WC kostenlos. **Lage:** Ländlich, einfach, ruhig. **Untergrund:** Schotter. 01/01-31/12.
Entfernung: 100M 600M 100M 100M.
Sonstiges: Max. 24 Std, Wertmünzen bei Bar-Tabac, 18 Place de la Mairie, Rathaus.

S Locronan 14B2
Parking de la Croix de Mission, Rue du Prieuré.
GPS: n48,09811 w4,21245.

10 kostenlos, 01/06-15/10 € 6/24 Std €2/10Minuten Ch €2/2Std. **Lage:** Städtisch, einfach, ruhig.
Untergrund: Wiese/Sand. 01/01-31/12.
Entfernung: 100M 50M vor Ort vor Ort.

Loctudy 14B2
Plage des Sables Blancs, Chemin de Toul Pesked.
GPS: n47,80110 w4,20044.

6 kostenlos. **Lage:** Ländlich, einfach. **Untergrund:** Wiese/Sand. 01/01-31/12.
Entfernung: 4Km Strand 80M vor Ort vor Ort.
Sonstiges: Strandparkplatz.

S Loudéac 14D2
Parking de la Gare, Boulevard de la Gare.
GPS: n48,18058 w2,76277.

3 kostenlos. Ch kostenlos. **Lage:** Städtisch, einfach.
Untergrund: asphaltiert. 01/01-31/12.

Entfernung: 600M 50M 200M 200M vor Ort.

S Maël-Carhaix 14C2
Place de l'école, Route de Rostrenen. **GPS:** n48,28344 w3,42148.

5 kostenlos €2 Ch WC. **Lage:** Städtisch, einfach.
Untergrund: asphaltiert. 01/01-31/12.
Entfernung: 100M 100M 100M.
Sonstiges: Bei der Feuerwehr, Wertmünzen beim Rathaus.

S Malansac 18A2
Rue Saint Fiacre. **GPS:** n47,67820 w2,29942.

5 kostenlos Ch kostenlos. **Lage:** Ländlich, komfortabel, ruhig.
Untergrund: Wiese.
Entfernung: 100M 100M 100M.

S Malestroit 18A1
Chemin des Tanneurs. **GPS:** n47,80772 w2,37885.

12 kostenlos. **Lage:** Komfortabel, ruhig.
Untergrund: Schotter/befestigt. 01/01-31/12.
Entfernung: 500M vor Ort 350M.
Sonstiges: Max. 48 Std.

S Malestroit 18A1
Chemin de l'Écluse. **GPS:** n47,81250 w2,38197.

12 kostenlos. **Lage:** Ländlich, komfortabel, ruhig.
Untergrund: Schotter/befestigt.
01/01-31/12.
Entfernung: 100M vor Ort vor Ort 100M 100M 200M.
Sonstiges: Max. 48 Std.

S Malestroit 18A1
Rue de Narvik. **GPS:** n47,80896 w2,37591.
Ch kostenlos. **Untergrund:** asphaltiert.
Entfernung: 1,5Km 600M 600M 2Km 1Km.

Marzan 18A2
Rue de la Source. **GPS:** n47,54023 w2,32383.

+20 kostenlos Ch WC kostenlos. **Lage:** Städtisch, einfach, ruhig. **Untergrund:** asphaltiert.
Entfernung: 50M 20M.

Maure-de-Bretagne 18A1
Rue de Campel, D65. **GPS:** n47,89230 w1,99031.

3 kostenlos Ch kostenlos. **Lage:** Städtisch, einfach, zentral, ruhig. **Untergrund:** Schotter. 01/01-31/12.
Entfernung: 200M vor Ort 200M 200M vor Ort vor Ort vor Ort.

Mauron 18A1
Rue de la Libération. **GPS:** n48,08024 w2,27677.

12 kostenlos €2,50/100Liter Ch WC. **Lage:** Ländlich, einfach, komfortabel, ruhig. **Untergrund:** asphaltiert.
Entfernung: 150M vor Ort vor Ort 150M 150M vor Ort vor Ort.

S Mégrit 15A3
Rue des Granitiers. **GPS:** n48,37817 w2,24722.
kostenlos Ch kostenlos. **Untergrund:** asphaltiert/Schotter.
01/01-31/12. **Entfernung:** vor Ort.

S Mellé 15B3
Rue Rouviel. **GPS:** n48,48919 w1,18814.

6 kostenlos Ch WC kostenlos. **Untergrund:** befestigt.
Entfernung: 200M 200M.
Sonstiges: In der Nähe vom Fussballplatz, max. 48 Std.

S Meslin 14D1
Allée des Loisirs, D28. **GPS:** n48,44363 w2,56994.

10 kostenlos Ch kostenlos. **Lage:** Städtisch, einfach, zentral.
Untergrund: befestigt. 01/01-31/12.
Entfernung: 300M bar/crêperie 50m 50M.

Bretagne

Moëlan-sur-Mer — 14C2
Kerdoualen, Route de l'Île Percée. **GPS:** n47,79045 w3,70314.

4 kostenlos. **Lage:** Ländlich. **Untergrund:** Schotter. 01/01-31/12. **Entfernung:** 200M.

Moëlan-sur-Mer — 14C2
Rue de Beg Tal Gward. **GPS:** n47,77749 w3,64404.

4 kostenlos. **Lage:** Ländlich, abgelegen, ruhig. **Untergrund:** asphaltiert. 01/01-31/12. **Entfernung:** Moëlan 5Km, Meer 50M.

Moncontour — 14D2
Camping la Tourelle, Rue François Lorant. **GPS:** n48,35271 w2,63719.

4 €2 Ch €2/55Minuten. **Lage:** Ländlich, einfach, ruhig. **Untergrund:** Schotter. 01/01-31/12. **Entfernung:** 1,5Km 1,5Km 1,5Km. **Sonstiges:** Max. 48 Std.

Morlaix — 14C1
Rue de Brest. **GPS:** n48,57422 w3,8316.

5 kostenlos. Ch kostenlos. **Lage:** Städtisch, einfach, zentral, laut. **Untergrund:** asphaltiert. 01/01-31/12. **Entfernung:** vor Ort, vor Ort, 200M, 100M, 200M, vor Ort, vor Ort.

Mûr-de-Bretagne — 14D2
L'ancienne Gare, Place de la Gare. **GPS:** n48,19814 w2,98961.

4 kostenlos. Ch. **Lage:** Städtisch, einfach. **Untergrund:** befestigt. 01/01-31/12. **Entfernung:** 700M 500M.

Mûr-de-Bretagne — 14D2
Anse de Leandroanec, Plage de Leandroanec. **GPS:** n48,20969 w3,01309.

10 kostenlos. **Lage:** Ländlich, einfach, ruhig. **Untergrund:** befestigt. 01/01-31/12. **Entfernung:** 2,5Km vor Ort.

Mûr-de-Bretagne — 14D2
Place Ste Suzanne. **GPS:** n48,20260 w2,98835.

4 kostenlos. **Lage:** Städtisch, einfach. **Untergrund:** befestigt. 01/01-31/12. **Entfernung:** 300M 100M.

Neulliac — 14D2
Rue des Deux Croix, D767. **GPS:** n48,12812 w2,98552.

4 kostenlos €2 Ch €2. **Lage:** Einfach, abgelegen, ruhig. **Untergrund:** asphaltiert. **Entfernung:** 300M 300M.

Névez — 14C2
Rue de Port Manech, Impasse du Stade. **GPS:** n47,81560 w3,7894.

20 kostenlos €2/10Minuten Ch €2/55Minuten WC. **Lage:** Einfach. **Untergrund:** asphaltiert. 01/01-31/12. **Sonstiges:** Parkplatz neben Stadion, max. 24 Std, Ver-/Entsorgung nur mit 2-Euro-Münze.

Névez — 14C2
Plage de Dourveil, Rue de Dourveil, D1. **GPS:** n47,79407 w3,8101.

5 kostenlos. **Untergrund:** Sand. **Entfernung:** vor Ort. **Sonstiges:** Max. 24 Std, keine Campingaktivitäten.

Névez — 14C2
Plage de Tahiti, Kerstalen. **GPS:** n47,79287 w3,79011.

± 11 kostenlos. **Lage:** Einfach. **Untergrund:** Wiese/Sand. 01/01-31/12. **Entfernung:** Strand 150M. **Sonstiges:** Strandparkplatz, max. 24 Std.

Névez — 14C2
Rue de la Plage. **GPS:** n47,80499 w3,74261.

5 kostenlos. **Lage:** Ländlich, einfach. **Untergrund:** Sand. 01/01-31/12. **Entfernung:** 50M. **Sonstiges:** Max. 24 Std.

Névez — 14C2
Rue des Iles, Raguénez. **GPS:** n47,78908 w3,80174.

Noyal-Pontivy — 14D2
Le Valvert, Caudan. **GPS:** n48,07833 w2,91583.

10 kostenlos. **Lage:** Einfach. **Untergrund:** asphaltiert. 01/01-31/12. **Entfernung:** Meer 10M, Strand 150M 100M. **Sonstiges:** Max. 24 Std.

Noyal-Pontivy — 14D2
Le Valvert, Caudan. **GPS:** n48,07833 w2,91583.

20 kostenlos WC kostenlos. **Lage:** Ländlich, komfortabel, abgelegen, ruhig. **Untergrund:** asphaltiert. 01/01-31/12. **Entfernung:** Noyal-Pontivy 4,5km vor Ort, vor Ort 50M. **Sonstiges:** Am kleinen See.

Paimpol — 14D1
Parking Pierre Loti, Rue Pierre Loti. **GPS:** n48,78404 w3,0463.

15 kostenlos €3,30/100Liter Ch €3,30/55Minuten. **Untergrund:** Schotter/Sand. 01/01-31/12. **Entfernung:** vor Ort 1Km 400M 100M vor Ort vor Ort. **Sonstiges:** Ver-/Entsorgung 100M.

Paimpol — 14D1
Parking de Goas Plat, Rue de Goas Plat. **GPS:** n48,77535 w3,04009.

37 € 8. **Lage:** Städtisch, einfach, zentral, ruhig. **Untergrund:** asphaltiert. **Entfernung:** Zentrum 500M 2km 500M 500M. **Sonstiges:** Max. 24 Std.

Paimpont — 18A1
Rue de l'Enchanteur Merlin. **GPS:** n48,02286 w2,17128.

70 € 3, 01/05-27/09 € 4 €3,70/10Minuten Ch WC. **Lage:** Einfach. **Untergrund:** Schotter. **Entfernung:** 200M 200M 200M 200M 200M vor Ort 100M.

Frankreich

Bretagne

Sonstiges: Wertmünzen beim Office de Tourisme und Supermarkt.

Pénestin 14D3
Allée du Grand Pré. **GPS:** n47,48111 w2,47361.

7 kostenlos, € 6/Nacht + € 0,20/pP €2,50/100Liter
Ch €2,50/1Std. **Lage:** Städtisch. **Untergrund:** asphaltiert.
Entfernung: 500M 1,5Km 500M.
Sonstiges: Anmelden alle Stellplätze Pénestin: Office de tourisme; Bar-PMU Le Narval, Rue Calvaire; Café O 20 100 O, Port de Tréhiguier, max. 48 Std, Wertmünzen beim Touristenbüro.

Pénestin 14D3
Aire camping-car de la Pointe du Bile, Route de l'Espernel.
GPS: n47,44524 w2,48029.

kostenlos, € 6/Nacht + € 0,20/pP. **Lage:** Ländlich, einfach, ruhig.
Untergrund: Wiese/Sand. 01/01-31/12.
Entfernung: 100M.
Sonstiges: Max. 48 Std.

Pénestin 14D3
Allée de Poudrantais. **GPS:** n47,46681 w2,48716.

4 kostenlos, € 6/Nacht + € 0,20/pP. **Lage:** Städtisch, einfach, ruhig.
Untergrund: Schotter/befestigt.
Entfernung: 50M.
Sonstiges: Max. 48 Std.

Pénestin 14D3
Chemin de Camaret. **GPS:** n47,49386 w2,49075.

4 kostenlos, € 6/Nacht + € 0,20/pP. **Lage:** Städtisch, einfach, ruhig.
Untergrund: Schotter.
Entfernung: 100M.
Sonstiges: Max. 48 Std.

Pénestin 14D3
Plage de la Source, Allée du Maro. **GPS:** n47,48158 w2,49005.

10 kostenlos, € 6/Nacht + € 0,20/pP. **Lage:** Ländlich, einfach, ruhig.
Untergrund: Wiese/befestigt.
Entfernung: 300M.
Sonstiges: Max. 48 Std.

Pénestin 14D3
Plage du Palandrin, L'Isle du Clos Parc, Kerséguin.
GPS: n47,45000 w2,46417.

6 kostenlos, € 6/Nacht + € 0,20/pP Kurtaxe.
Lage: Ländlich, einfach, abgelegen. **Untergrund:** Wiese/Sand.
01/01-31/12.
Entfernung: Sandstrand 1Km.
Sonstiges: Bezahlen beim Touristenbüro.

Pénestin 14D3
Route du Loguy. **GPS:** n47,49050 w2,49667.

20 kostenlos, € 6/Nacht + € 0,20/pP. **Lage:** Ländlich, einfach, ruhig.
Untergrund: Wiese/befestigt.
Entfernung: 150M.
Sonstiges: Max. 48 Std.

Penmarch 14B2
Aire de Kérity, Rue Victor Hugo. **GPS:** n47,79981 w4,34794.

10 kostenlos, 01/04-31/10 € 4/19-9 Uhr.
Lage: Ländlich, einfach, ruhig. **Untergrund:** Wiese/Schotter.
01/01-31/12.
Entfernung: 1,5Km 50M 1Km 5Km vor Ort vor Ort.

Penmarch 14B2
Aire du Ster, Rue de la Grande Grève. **GPS:** n47,80042 w4,31807.

15 kostenlos, 01/04-31/10 € 4/19-9 Uhr. **Untergrund:** Sand.
01/01-31/12.
Entfernung: Sandstrand 2km vor Ort vor Ort.

Sonstiges: Strandparkplatz.

Penmarch 14B2
Aire du Viben, Rue de la Plage. **GPS:** n47,82390 w4,3708.

30 kostenlos, 01/04-31/10 € 4/19-9 Uhr.
Lage: Ländlich, einfach, ruhig. **Untergrund:** befestigt.
01/01-31/12.
Entfernung: Bäckerei 1Km 50M 900M vor Ort vor Ort.
Sonstiges: Sandstrand.

Penmarch 14B2
Aire de Kerameil, Rue du Pont Nevez. **GPS:** n47,81369 w4,36077.
€2/10Minuten Ch WC. 01/01-31/12.
Sonstiges: Nur Übernachtungen 19-9 Uhr.

Penvins 14D3
Camping La Gree Penvins, Chemin du Marais 20.
GPS: n47,49746 w2,68606.

22 € 5. **Lage:** Städtisch, komfortabel, ruhig. **Untergrund:** Wiese.
01/01-31/12.
Entfernung: vor Ort 350M.
Sonstiges: Max. 48 Std.

Penzé 14C1
Rue du Dossen. **GPS:** n48,59811 w3,93439.

5 kostenlos €2 Ch €2 WC. **Lage:** Einfach, ruhig.
Untergrund: asphaltiert. 01/01-31/12.
Entfernung: 100M vor Ort vor Ort 50M 250M vor Ort vor Ort.
Sonstiges: In der Nähe vom Hafen.

Piré-sur-Seiche 18B1
Rue de Boistrudan. **GPS:** n48,00719 w1,42871.

15 kostenlos Ch kostenlos. **Lage:** Ländlich, einfach.
Untergrund: befestigt.
Entfernung: 300M vor Ort 300M 500M.
Sonstiges: Am Fisch-See.

Plabennec 14B1
Rue de l'Aber. **GPS:** n48,50155 w4,43374.

Frankreich

Bretagne

5 kostenlos Ch kostenlos. **Lage:** Einfach.
Untergrund: befestigt. 01/01-31/12.
Entfernung: vor Ort.
Sonstiges: Parkplatz am kleinen See.

Planguenoual 15A3
Bien y Vient. GPS: n48,53447 w2,54506.

6 €5 €2/24 Std. **Lage:** Ländlich, komfortabel, abgelegen, ruhig. **Untergrund:** Wiese. 01/01-31/12.
Entfernung: vor Ort.

Planguenoual 15A3
Ferme Gesbert, D786. **GPS:** n48,54883 w2,5556.

6 kostenlos €2 Ch €2. **Lage:** Ländlich.
Untergrund: Wiese/Schotter. 01/01-31/12.
Entfernung: 1Km 1Km 1Km.
Sonstiges: Regionale Produkte.

Plémet 14D2
Rue de l'Étang, D16. **GPS:** n48,17897 w2,58918.

15 kostenlos €2/100Liter Ch €2/55Minuten.
Untergrund: Schotter. 01/01-31/12.
Sonstiges: Parkplatz am kleinen See.

Pléneuf-Val-André 15A3
Avenue du Général Leclerc. **GPS:** n48,58355 w2,55669.

30 €6 €2 Ch. **Lage:** Städtisch, einfach, zentral, ruhig.
Untergrund: Wiese/Schotter. 01/01-31/12.
Entfernung: 1Km 450M.
Sonstiges: Max. 72 Std.

Plerguer 15B3
Route de Saint Mâlo. **GPS:** n48,52975 w1,85237.
6 Ch. 01/01-31/12.

Entfernung: 500M 500M vor Ort 500M.
Sonstiges: Am Supermarkt.

Plérin 14D1
Sous la Tour, Rue de la Tour, D24. **GPS:** n48,53146 w2,72483.

16 kostenlos Ch kostenlos. **Lage:** Einfach, ruhig.
Untergrund: Schotter. 01/01-31/12.
Entfernung: vor Ort 300M 1Km.

Pleslin-Trigavou 15A3
D28. **GPS:** n48,53631 w2,05009.

20 kostenlos Ch kostenlos. **Lage:** Städtisch, einfach.
Untergrund: asphaltiert.
Entfernung: vor Ort 400M vor Ort vor Ort.
Sonstiges: Rad- und Wanderwege: voie verte, Circuit des Mégalithes.

Plessala 14D2
Rue de l'Étang. **GPS:** n48,27394 w2,62427.

12 kostenlos Ch kostenlos. **Lage:** Städtisch, einfach, ruhig.
Untergrund: Schotter. 01/01-31/12.
Entfernung: 200M vor Ort.
Sonstiges: Am Fisch-See, max. 48 Std, Angelschein erhältlich.

Plestin-les-Grèves 14C1
Voie Communale de l'Armorique. **GPS:** n48,68157 w3,63411.

6 kostenlos. **Untergrund:** ungepflastert. 01/01-31/12.
Entfernung: 3Km 50M 2km vor Ort.
Sonstiges: Strandparkplatz, max. 24 Std.

Plestin-les-Grèves 14C1
Du Grand Rocher, Avenue de la Lieue de Grève.
GPS: n48,66968 w3,5858.

kostenlos. **Lage:** Einfach, abgelegen, ruhig.
Entfernung: 1,3Km 100M 1,3Km.

Plestin-les-Grèves 14C1
Route de la Corniche. GPS: n48,67235 w3,63602.

6 kostenlos. **Lage:** Ländlich, einfach, ruhig.
Untergrund: Wiese/Sand. 01/01-31/12.
Entfernung: 1Km vor Ort 300M Lidl 2Km.
Sonstiges: Max. 24 Std.

Plestin-les-Grèves 14C1
Rue de Guergay. **GPS:** n48,66232 w3,62562.
€2/10Minuten Ch €2/1Std.
Sonstiges: Waschplatz für Wohnmobile.

Pleubian 14D1
Port Béni. **GPS:** n48,84834 w3,17053.

4 kostenlos. **Lage:** Ländlich, einfach, abgelegen, ruhig.
Untergrund: asphaltiert. 01/01-31/12.
Entfernung: Pleubian 2,5Km vor Ort 2,5Km vor Ort.
Sonstiges: Max. 24 Std.

Pleubian 14D1
Rue de Kermagen, Kermagen. **GPS:** n48,85667 w3,14194.

4 kostenlos. **Untergrund:** Wiese. 01/01-31/12.
Entfernung: Pleubian 1,6Km Strand 100M vor Ort.
Sonstiges: Max. 24 Std.

Pleubian 14D1
Rue de Pen Lan, Lanéros. **GPS:** n48,85760 w3,07883.

4 kostenlos. **Untergrund:** asphaltiert. 01/01-31/12.
Entfernung: Pleubian 5,5Km vor Ort vor Ort.
Sonstiges: Max. 24 Std.

Pleumeur-Bodou 14C1
Parking de Toul ar Stang, Rue de Toul ar Stang, Ile Grande.
GPS: n48,79868 w3,58342.

Frankreich

Bretagne

6 €6/Nacht €2/10Minuten Ch €2/1Std.
Lage: Ländlich, einfach, ruhig. **Untergrund:** Wiese.
01/01-31/12.
Entfernung: Plemeur-Bodu 6Km Sandstrand 150M 150M vor Ort.

Pleumeur-Bodou 14C1
Cosmopolis-Parc Scientifique, Route du Radome.
GPS: n48,78297 w3,52587.

20 Parken kostenlos, €5/Nacht Ch WC.
Untergrund: Schotter/Sand. 01/01-31/12.
Entfernung: 1Km 1Km vor Ort.

Plévenon 15A3
Parking Cap Fréhel. GPS: n48,68174 w2,31811.

40 kostenlos, 01/06-30/09 €4. **Untergrund:** befestigt.
Entfernung: 50M.
Sonstiges: Max. 1 Nacht.

Pleyben 14C2
Pont Coblant. GPS: n48,19337 w3,98182.

80 kostenlos WC. **Lage:** Ländlich, einfach, ruhig.
Untergrund: Wiese. 15/06-15/09.
Entfernung: 300M vor Ort 300M 300M vor Ort.
Sonstiges: Dem Kanal entlang, ehemaliger Campingplatz.

Ploemeur 14C2
Aire de la Vraie Croix, Route de Larmor. **GPS:** n47,72784 w3,41423.
kostenlos Chkostenlos.
Sonstiges: Gewerbegebiet, max. 48 Std.

Ploemeur 14C2
Rue Louis Lessart. GPS: n47,73681 w3,43051.

7 kostenlos. **Untergrund:** asphaltiert. 01/01-31/12.

Entfernung: vor Ort.
Sonstiges: Parkplatz Zentrum, max. 24 Std.

Ploemeur 14C2
Golf Ploemeur, D152, Boulevard de l'Atlantique.
GPS: n47,72316 w3,48156.

9 kostenlos. **Lage:** Ländlich, ruhig. **Untergrund:** Schotter.
01/01-31/12.
Entfernung: Ploemeur 5Km N165 10Km Strand 300M 1,8Km.

Plogoff 14B2
Aire Naturelle Kerguidy Izella, Rue Guillaume Pennamen.
GPS: n48,03694 w4,68139.

30 €12 Ch WC inklusive. **Lage:** Ländlich,
komfortabel, luxus, ruhig. **Untergrund:** Wiese. 01/01-31/12.
Entfernung: 2km 4Km 1km 2km vor Ort.
Sonstiges: 9> <20 Uhr.

Plogoff 14B2
Parking de l'Eglise, Rue Cleder cap Sizum.
GPS: n48,03727 w4,6652.

3 kostenlos €2/10Minuten Ch. **Lage:** Ländlich, einfach.
Untergrund: asphaltiert. 01/01-31/12.
Entfernung: Stadtmitte.

Plogoff 14B2
Aire de la Pointe du Raz, Route des Langoustiers.
GPS: n48,03651 w4,7173.

40 €15. **Lage:** Ländlich, einfach, ruhig.
Untergrund: ungepflastert.
Entfernung: 3km 50M vor Ort vor Ort.

Plogoff 14B2
Parking du Stade, Rue du 19 Mars 1962. **GPS:** n48,03245 w4,66316.

50 kostenlos. **Lage:** Ländlich, einfach, ruhig.
Untergrund: Wiese/befestigt. 01/01-31/12.
Entfernung: vor Ort 450M 450M Bäckerei.

Plomelin 14B2
Rue Hent Keramer. GPS: n47,93410 w4,1515.

4 kostenlos €2/10Minuten Ch €2/Std. **Lage:** Ländlich,
einfach, ruhig. **Untergrund:** asphaltiert. 01/01-31/12.
Entfernung: vor Ort 400M 200M.
Sonstiges: Parkplatz Sportpark, max. 24 Std.

Plonévez-Porzay 14B2
Plonévez-Porzay, Rue des Eglantines. **GPS:** n48,12469 w4,22414.

15 kostenlos €2/10Minuten Ch €2/55Minuten.
Lage: Ländlich, komfortabel, ruhig. **Untergrund:** Wiese.
01/01-31/12.
Entfernung: 600M 450M Bäckerei + Spar vor Ort.

Plonévez-Porzay 14B2
Kervel Izella. GPS: n48,11570 w4,28065.

10 kostenlos. **Lage:** Ländlich, einfach, einfach.
Untergrund: Wiese/Sand. 01/01-31/12.
Entfernung: 8Km 50M vor Ort vor Ort.
Sonstiges: Strandparkplatz, max. 48 Std.

Plouarzel 14B1
Aire de camping-car de Ruscumunoc, Route de Ruscumunoc.
GPS: n48,42232 w4,78486.

kostenlos, 15/05-15/09 €4,60 €2,50/10Minuten
Ch €2,60/50Minuten €1. **Lage:** Komfortabel, ruhig.
Untergrund: Wiese. 01/01-31/12.
Entfernung: 3Km 100M.

Bretagne

Ploubalay — 15A3
Rue des Ormelets. GPS: n48,58057 w2,14524. ⬆

3 kostenlos Ch kostenlos. **Lage:** Einfach.
Untergrund: asphaltiert. 01/01-31/12.
Entfernung: 250M 100M 500M vor Ort.

Ploubazlanec — 14D1
Park Nevez, Cité de Lan ar Mendy. GPS: n48,80090 w3,0305.
3 kostenlos. **Lage:** Einfach. 01/01-31/12.
Entfernung: Bäckerei.
Sonstiges: Max. 24 Std.

Ploubazlanec — 14D1
Pointe de l'Arcouest, Route de l'Embarcadère.
GPS: n48,82102 w3,01948. ⬆

20 kostenlos, 30/06-30/09 € 6/24 Std. **Lage:** Einfach, abgelegen, ruhig. **Untergrund:** Wiese. 01/01-31/12.
Entfernung: 2km 50M vor Ort.

Ploubazlanec — 14D1
Rue du Port Loguivy. GPS: n48,82011 w3,06279.

6 kostenlos. **Untergrund:** asphaltiert. 01/01-31/12.
Entfernung: 100M vor Ort 100M 100M.

Plouescat — 14C1
Rue de Pen an Théven. GPS: n48,65902 w4,21863. ⬆

6 kostenlos. **Untergrund:** befestigt. 01/01-31/12.
Entfernung: 3,5Km 200M.

Plouescat — 14C1
Intermarché, La Rocade-Kerchapalain.
GPS: n48,65083 w4,18444. ⬆

4 kostenlos €2 Ch €2 €5/1. **Lage:** Komfortabel.

Plouézec — 14D1
Untergrund: asphaltiert. 01/01-31/12.
Entfernung: 500M 600M vor Ort vor Ort.
Sonstiges: Parkplatz Supermarkt.

Plouézec — 14D1
Parking A. Le Calvez, Route de Paimpol. GPS: n48,75041 w2,98651. ⬆

3 kostenlos. **Untergrund:** asphaltiert. 01/01-31/12.
Entfernung: 100M 200M 100M.

Plouézec — 14D1
Parking de la Corniche, Bréhec. GPS: n48,72875 w2,9455.

5 kostenlos. **Untergrund:** asphaltiert. 01/01-31/12.
Sonstiges: Schöne Aussicht.

Plouézec — 14D1
Place du 19 mars 1962. GPS: n48,74788 w2,9853. ⬆

3 kostenlos. **Untergrund:** asphaltiert. 01/01-31/12.
Entfernung: vor Ort.
Sonstiges: Ver-/Entsorgung am Camping municipal.

Plouézec — 14D1
Route de Paimpol. GPS: n48,75049 w2,98643. ⬆

3 kostenlos. **Lage:** Städtisch, einfach. **Untergrund:** asphaltiert. 01/01-31/12.
Entfernung: 100M 100M.

Plougasnou — 14C1
Parking de la Métairie, Rue Charles de Gaulle.
GPS: n48,69404 w3,79209. ⬆

7 kostenlos €2/10Minuten Ch €2/1Std WC. **Lage:** Ländlich.
Untergrund: Schotter. 01/01-31/12.
Entfernung: vor Ort Sandstrand 1,4Km 200M 250M Bäckerei vor Ort vor Ort.
Sonstiges: Dienstagmorgen Markt.

Plougasnou — 14C1
Rue des Grands Viviers, Le Diben. GPS: n48,70811 w3,82731. ⬆

7 kostenlos €2 Ch.
Lage: Ländlich, einfach, abgelegen, ruhig. **Untergrund:** asphaltiert. 01/01-31/12.
Entfernung: 300M vor Ort vor Ort 300M vor Ort.
Sonstiges: Max. 48 Std, Wertmünzen beim Rathaus.

Plougastel-Daoulas — 14B1
Rue de la Fontaine Blanche. GPS: n48,37111 w4,36428.

15 kostenlos Ch kostenlos. **Untergrund:** asphaltiert. 15/05-15/10.
Entfernung: 450M 450M 450M.
Sonstiges: Parkplatz an den Sportplätzen.

Plougonvelin — 14B1
Rue de Bertheaume. GPS: n48,33792 w4,70742. ⬆➡

50 € 6 Ch WC inklusive. **Lage:** Komfortabel, ruhig.
Untergrund: Wiese/Sand. 01/01-31/12.
Entfernung: 1Km Strand 650M.

Plougonvelin — 14B1
Intermarché, Rue du Stade. GPS: n48,34245 w4,72248.

€7 €2/100Liter Ch €1/1Std €5.
Untergrund: asphaltiert.
Entfernung: vor Ort.

Plouguerneau — 14B1
Lilia. GPS: n48,61891 w4,55341. ⬆➡

10 kostenlos €4/10Minuten Ch €4/55Minuten.
Lage: Komfortabel. **Untergrund:** asphaltiert. 01/01-31/12.
Entfernung: 400M 850M 450M.

Bretagne

Plouha 14D1
Plage de Palus, Route du Palus. **GPS**: n48,67667 w2,88556.

10 kostenlos. **Lage**: Ländlich, einfach, abgelegen, ruhig. **Untergrund**: Wiese. 01/03-31/10.
Entfernung: 3Km Sand/Kiesstrand 100M 50M vor Ort.
Sonstiges: Max. 3 Tage.

Ploumoguer 14B1
Rue Huon de Kermadec, D28. **GPS**: n48,40507 w4,72492.

30 kostenlos, Juli-Aug € 3 €2/80Liter Ch €2/45Minuten WC €2 €4/2,30. **Untergrund**: befestigt. 01/04-30/11.
Entfernung: 200M 200M 200M.
Sonstiges: Neben Stadion, max. 48 Std, Wertmünzen beim Rathaus, Supermarkt, Bäcker und Tabakladen.

Plouneour 14B1
Parking des Menhirs. **GPS**: n48,65090 w4,30573.
10 kostenlos. **Untergrund**: befestigt. 01/01-31/12.
Entfernung: 1km 50M.
Sonstiges: Am Meer.

Plouvorn 14C1
Plan d'Eau de Lanorgant. **GPS**: n48,57722 w4,03056.

15 kostenlos €2 Ch €2 WC. **Lage**: Einfach, ruhig.
Untergrund: befestigt. 01/01-31/12.
Entfernung: 500M 100M 100M 500M 500M.
Sonstiges: Parkplatz am kleinen See.

Pluméliau 14D2
Allée du vieux Blavet. **GPS**: n47,98229 w3,04209.

15 kostenlos €2 Chkostenlos.
Lage: Ländlich, komfortabel. **Untergrund**: Schotter.
01/01-31/12.
Entfernung: 500M vor Ort 250M vor Ort vor Ort.
Sonstiges: Am Blavet, Achtung: max. ^3,10m.

Pont-Aven 14C2
Rue Louis Lomenech. **GPS**: n47,85401 w3,74333.

Pont-Aven 14C2
Rue des Abbès Tanguy. **GPS**: n47,85646 w3,75203.

30 kostenlos €2,45/10Minuten Ch €2,45/55Minuten.
Lage: Einfach. **Untergrund**: asphaltiert. 01/01-31/12.
Entfernung: 450M 450M.
Sonstiges: Parkplatz nahe Stadion Sinquin, Wertmünzen bei Office de Tourisme (D783).

Pont-Aven 14C2
Rue des Abbès Tanguy. **GPS**: n47,85646 w3,75203.

kostenlos. **Lage**: Einfach. **Untergrund**: asphaltiert.
01/01-31/12. **Entfernung**: 400M.

Pont-l'Abbé 14B2
Parking de la Gare, Rue de la Gare. **GPS**: n47,86754 w4,22591.

30 kostenlos. **Lage**: Städtisch, einfach. **Untergrund**: ungepflastert.
01/01-31/12.
Entfernung: vor Ort 50M 400M 1Km.

Pont-l'Abbé 14B2
Leclerc, Route de Saint Jean Trolimont. **GPS**: n47,86414 w4,23646.

13 kostenlos €2/100Liter Ch €2/2Std. **Lage**: Städtisch, einfach. **Untergrund**: asphaltiert. 01/01-31/12.
Entfernung: 1,5Km vor Ort vor Ort vor Ort.
Sonstiges: Am Supermarkt.

Pontivy 14D2
Rue de la Fontaine. **GPS**: n48,06758 w2,96941.

6 kostenlos kostenlos. **Lage**: Städtisch, einfach.
Untergrund: asphaltiert. 01/01-31/12.
Entfernung: 800M Bäckerei 300M vor Ort.

Port-Louis 14C3
Aire de la Côte Rouge, D781 Port-Louis > Riantec.
GPS: n47,70873 w3,34295.

14 €5/24 Std, 01/06-15/09 €10/24 Std Ch (4x)inklusive.
Untergrund: asphaltiert. 01/01-31/12.
Entfernung: vor Ort vor Ort.

Port-Louis 14C3
Aire des Remparts, Promenade Henri François Buffet.
GPS: n47,70496 w3,35602.

30 €5/24 Std, 01/06-15/09 €10/24 Std Ch inklusive.
Lage: Städtisch. 01/01-31/12.
Entfernung: 100M 100M vor Ort.
Sonstiges: Gegenüber Campingplatz.

Portsall 14B1
Aire camping-cars Kerros, Rue de Porsguen.
GPS: n48,56583 w4,69944.

37 €5,20/24 Std Ch inklusive. **Lage**: Komfortabel, ruhig. **Untergrund**: Wiese. 01/01-31/12.
Entfernung: vor Ort 350M 200M 200M.
Sonstiges: Max. 3 Tage.

Poullaouen 14C1
D236, Rue de Ty Meur. **GPS**: n48,33672 w3,64218.

5 kostenlos Chkostenlos.
Lage: Ländlich, komfortabel, ruhig. **Untergrund**: Schotter.
01/01-31/12.
Entfernung: 200M 150M Véloroute Roscoff-Nantes vor Ort.

Primelin 14B2
Camping Municipal de Kermaléro, Route de l'Océan.
GPS: n48,02550 w4,61821.

15 kostenlos, 13/06-13/09 €3 €2/100Liter Ch €3/Std. **Lage**: Ländlich, einfach, ruhig. **Untergrund**: befestigt.
01/01-31/12.

Frankreich

Bretagne

Entfernung: 1Km 1Km.

Priziac 14C2
Base de Loisirs du Lac du Bel Air, Etang du Bel Air. **GPS:** n48,06183 w3,41132.

€ 5,50 Ch inklusive.
Entfernung: 300M.

Quiberon 14D3
Rue de Port Kerné. **GPS:** n47,49165 w3,13941.

140 € 6,40/24 Std €1/2Minuten Ch. **Lage:** Ländlich, einfach. **Untergrund:** Schotter. 01/01-31/12. Ver-/Entsorgung: 15/10-01/04.
Entfernung: 2km Meer 250M 2km 2km vor Ort vor Ort vor Ort.
Sonstiges: Neben Camping municipal, max. 3 Tage, Brötchenservice nur im Sommer, Meeresblick.

Quimper 14C2
Route de l'Innovation. **GPS:** n47,97399 w4,09319.

2 kostenlos €2/100Liter Ch €2/10Minuten.
Lage: Städtisch, einfach, laut. **Untergrund:** asphaltiert. 01/01-31/12.
Entfernung: 1Km vor Ort vor Ort vor Ort vor Ort.
Sonstiges: Parkplatz bei Centre commercial, separater Platz für Wohnmobile.

Quimperlé 14C2
Aire Saint Nicolas, Rue du Viaduc. **GPS:** n47,86640 w3,54334.

3 kostenlos Ch kostenlos. **Lage:** Einfach.
Untergrund: befestigt. 01/01-31/12.

Quintin 14D1
Place du Champ de Foire. **GPS:** n48,40056 w2,90222.

7 kostenlos Ch kostenlos. **Lage:** Städtisch, einfach, ruhig.
Untergrund: asphaltiert. 01/01-31/12. Ver-/Entsorgung: Winter.
Entfernung: vor Ort vor Ort.
Sonstiges: Neben Schwimmbad, in der Nähe vom See, Dienstag Markt.
Touristinformation Quintin:
Di-Morgen.

Radenac 14D2
Sente Verte, Les Gambris. **GPS:** n47,95778 w2,71333.

5 kostenlos. **Lage:** Ländlich, einfach, ruhig. **Untergrund:** Schotter. 01/01-31/12.
Entfernung: 700M vor Ort vor Ort vor Ort.
Sonstiges: Am kleinen See.

Redon 18A2
Quai Surcouf. **GPS:** n47,64510 w2,0897.

10 kostenlos Ch kostenlos. **Lage:** Einfach.
Untergrund: asphaltiert. 01/01-31/12.
Entfernung: 500M vor Ort 100M 200M 200M.
Sonstiges: Gegenüber Bureau du Port de Plaisance.
Touristinformation Redon:
Manoir de l'Automobile de Loheac. Autosammlung: Ferrari, Lamborghini, Porsche, Maserati.

Réguiny 14D2
Base de Loisirs, Rue de la Piscine. **GPS:** n47,96843 w2,73828.

10 kostenlos Ch kostenlos. **Lage:** Ländlich, einfach, ruhig.
Untergrund: ungepflastert. 01/01-31/12.
Entfernung: 1,3Km Bäckerei 1,3Km vor Ort vor Ort.

Rennes 18B1
Rue du Professeur Maurice Audin. **GPS:** n48,13531 w1,64542.

5 kostenlos €2/100Liter Ch €2/1Std €1/30Minuten.
Lage: Ländlich, einfach. **Untergrund:** asphaltiert. 01/01-31/12.
Entfernung: 3Km 100M 100M 3Km vor Ort.
Sonstiges: Im Park, max. 48 Std.
Touristinformation Rennes:
Musée de Bretagne. Heimatmuseum.
Di-Sa.

Riantec 14C3
Camping-car Park de Kerdurand. **GPS:** n47,71735 w3,31778.
49 Ch (40x) inklusive. **Lage:** Ländlich. 01/01-31/12.

Entfernung: 800M 1,5Km.
Sonstiges: Videoüberwachung.

Riantec 14C3
Leclerc, Rond-point de Kersabiec. **GPS:** n47,72611 w3,32137.

10 kostenlos €2 Ch €2/55Minuten. **Lage:** Einfach.
Untergrund: asphaltiert. 01/01-31/12.
Entfernung: vor Ort.

Riantec 14C3
Route de Plouhinec. **GPS:** n47,71163 w3,29858.

4 kostenlos €2/10Minuten Ch €2/55Minuten.
Lage: Ländlich, einfach. **Untergrund:** befestigt. 01/01-31/12.
Entfernung: 1,5Km.
Sonstiges: Beim alter Waschplatz (noch in Betrieb!), max. 24 Std.

Rochefort-en-Terre 18A2
Parking des Grées, Rue du Souvenir. **GPS:** n47,69975 w2,33384.

>100 € 2/24 Std. **Lage:** Ländlich, einfach, ruhig.
Untergrund: Schotter. 01/01-31/12.
Entfernung: 200M.

Rohan 14D2
Port de Plaisance, Rue Saint-Gouvry. **GPS:** n48,07187 w2,75559.

14 kostenlos Ch WC kostenlos.
Lage: Ländlich, komfortabel, ruhig. **Untergrund:** asphaltiert.
01/01-31/12.
Entfernung: 500M vor Ort vor Ort 500M vor Ort.
Sonstiges: Am Nantes-Brest-Kanal.

Romagné 15B3
Allée des Prunus, D812. **GPS:** n48,34409 w1,27415.

5 kostenlos Ch WC kostenlos. **Lage:** Städtisch, einfach.
Untergrund: befestigt. 01/01-31/12.

Bretagne

Entfernung: 100M 1,7Km 200M 50M.

Roscoff 14C1
Route du Laber. GPS: n48,71215 w3,99918.

30 kostenlos Ch kostenlos. **Lage:** Abgelegen. **Untergrund:** asphaltiert. 01/01-31/12.
Entfernung: 2km.
Sonstiges: Ver-/Entsorgung 200M.

Touristinformation Roscoff:
Office de Tourisme, 46, rue Gambetta, www.roscoff-tourisme.com. Badeort und ehemalige Piratenstadt. Mi.

Rostrenen 14D2
Rue Rosa l'Hénaff, D23. GPS: n48,23318 w3,32019.

6 kostenlos €2/100Liter Ch €2/1Std. **Lage:** Städtisch, einfach. **Untergrund:** Schotter. 01/01-31/12.
Entfernung: 400M 100M.
Sonstiges: Wertmünzen beim Office de Tourisme, Rathaus, maison de presse, tabac.

Sains 15B3
Rue du Puits Rimoult. GPS: n48,55305 w1,58603.

10 € 5, Kurtaxe € 0,20/pP Ch kostenlos. **Lage:** Ländlich, einfach, ruhig. **Untergrund:** Wiese/befestigt. 01/01-31/12.
Entfernung: 100M 2km 150M 150M vor Ort 100M vor Ort.

Saint Aignan 14D2
Place de l'Église. GPS: n48,18306 w3,01361.

20 kostenlos Ch WC kostenlos. **Lage:** Komfortabel, ruhig. **Untergrund:** asphaltiert. 01/01-31/12.
Entfernung: 100M vor Ort vor Ort.
Sonstiges: Platz hinter der Kirche.

Saint Gérard 14D2
Keroret, D322. GPS: n48,11333 w2,89028.

12 kostenlos Ch WC kostenlos. **Lage:** Ländlich, komfortabel, ruhig. **Untergrund:** Schotter. 01/01-31/12.
Entfernung: 800M vor Ort 150M vor Ort.
Sonstiges: Am Nantes-Brest-Kanal.

Saint-Aubin-d'Aubigné 18B1
Rue de Rennes. GPS: n48,26147 w1,60621.

5 kostenlos Ch WC kostenlos. **Lage:** Städtisch, einfach. **Untergrund:** asphaltiert. 01/01-31/12.
Entfernung: vor Ort 100M vor Ort vor Ort.

Saint-Barnabé 14D2
Place du Vieux Chêne, Rue Pierre Loti. GPS: n48,13672 w2,70146.

10 kostenlos Ch kostenlos. **Lage:** Städtisch, einfach, zentral. **Untergrund:** Schotter. 01/01-31/12.
Entfernung: 200M Bäckerei 50M.

Saint-Benoît-des-Ondes 15B3
Rue Bord de Mer. GPS: n48,61681 w1,84714.

10 kostenlos €3/50Liter Ch €3/15Minuten. **Lage:** Ländlich, einfach. **Untergrund:** asphaltiert.
Entfernung: 100M vor Ort vor Ort 100M 200M vor Ort vor Ort.

Saint-Brice-en-Coglès 15B3
Espace Jules Verne, Rue de Normandie, D102. GPS: n48,41126 w1,36252.

8 kostenlos €2/100Liter Ch €2/55Minuten WC. **Lage:** Städtisch, einfach, zentral. **Untergrund:** asphaltiert/befestigt. 01/01-31/12.
Entfernung: 300M 500M 400M 300M vor Ort.

Saint-Carreuc 14D1
Rue de la Lande, D27. GPS: n48,40300 w2,73923.

12 kostenlos €2/10Minuten Ch €2/55Minuten. **Lage:** Ländlich, einfach, abgelegen, laut. **Untergrund:** befestigt. 01/01-31/12.
Entfernung: 300M vor Ort vor Ort.
Sonstiges: Am Etang-du-Plessis, max. 24 Std.

Saint-Derrien 14C1
GPS: n48,54820 w4,1817.

20 kostenlos €3 Ch €3 WC. **Lage:** Ruhig. **Untergrund:** Schotter/befestigt. 01/05-31/10.
Entfernung: 100M vor Ort vor Ort 300M 300M.
Sonstiges: In der Nähe vom Erholungsgebiet.

Saint-Gelven 14D2
Rue de l'Ecole, D95. GPS: n48,22442 w3,09589.

10 kostenlos Ch kostenlos. **Lage:** Städtisch, einfach. **Untergrund:** Schotter. 01/01-31/12.
Sonstiges: Ver-/Entsorgung 100M.

Saint-Gelven 14D2
Tregnanton, D117. GPS: n48,21153 w3,08457.

kostenlos. **Lage:** Ländlich, abgelegen, ruhig. **Untergrund:** Wiese/befestigt.
Entfernung: 2,5Km vor Ort vor Ort vor Ort.

Saint-Gildas-de-Rhuys 14D3
Camping municipal de Kerver, Route du Rohu. GPS: n47,52238 w2,85803.

35 € 6/24 Std €2 Ch. **Lage:** Ländlich, einfach, ruhig. **Untergrund:** asphaltiert. 15/03-04/11.
Entfernung: 4km 50M 400M 4Km.

Frankreich

Bretagne

Saint-Guyomard 14D3
Route de Malestroit, D112. **GPS**: n47,78166 w2,51188.

20 € 5/Nacht €3 Ch €3. **Lage**: Ländlich, einfach, ruhig.
Untergrund: asphaltiert.
Entfernung: 300M 100M.
Sonstiges: Hinter Kirche, anmelden bei Rathaus.

Saint-Jacut-de-la-Mer 15A3
Rue de la Manchette. **GPS**: n48,58969 w2,18947.

26 € 6 Ch inklusive. **Lage**: Komfortabel.
Untergrund: Wiese/Schotter. 01/01-31/12.
Entfernung: 1Km 500M.
Sonstiges: Backer 8 Uhr Morgens.

Saint-Malo 15A3
Les Ilots, Avenue de la Guimorais, Rothéneuf.
GPS: n48,68109 w1,96348.

150 € 7, 25/06-04/09 € 12, 2 Pers. inkl €3 Ch (40x) inklusive. **Lage**: Ländlich, komfortabel.
Untergrund: Wiese. 08/03-14/11 und 16/12-03/01.
Entfernung: Sandstrand 100M 100M 200M.

Saint-Malo 15A3
Parking Paul Féval, Rue Paul Féval. **GPS**: n48,64341 w1,99385.

200 € 7,50, übernachten 19-9U kostenlos €2,50 Ch. **Lage**: Städtisch, einfach. **Untergrund**: Schotter.
Feiertage + 01/07-07/09. **Entfernung**: 800M 800M Ort. **Sonstiges**: Kostenloser Bus zum Zentrum.

Saint-Malo 15A3
Avenue Louis Martin. **GPS**: n48,64876 w2,01776.

kostenlos 19.00-09.00U. 01/01-31/12.
Entfernung: 5 Min 100M 1Km.

Saint-Malo 15A3
Sonstiges: Max. 24 Std.

Saint-Malo 15A3
Parking du Grand Domaine. **GPS**: n48,61568 w2.
01/01-31/12.

Saint-Malo 15A3
Parking Le Davier, Avenue J. Kennedy. **GPS**: n48,67356 w1,98098.
kostenlos 19.00-09.00U. 01/01-31/12.
Entfernung: 100M 400M.
Sonstiges: Max. 24 Std.

Saint-Malo 15A3
Parking Le Naye, Port des Bas-Sablons, Terre-Plein du Naye.
GPS: n48,64111 w2,02322.

kostenlos 19.00-09.00U. 01/01-31/12.
Entfernung: vor Ort 650M.
Sonstiges: Hinter Schwimmbad, max. 24 Std.

Saint-Malo 15A3
Parking Marville, Avenue de Marville. **GPS**: n48,64142 w2,00226.

kostenlos 19.00-09.00U. **Untergrund**: asphaltiert. 01/01-31/12.
Entfernung: 300M 300M 100M.
Sonstiges: Max. 24 Std.

Saint-Malo 15A3
Rue Henri Lemairié. **GPS**: n48,65467 w1,97374.

kostenlos 19.00-09.00U. 01/01-31/12.
Entfernung: vor Ort 1Km 1Km.
Sonstiges: Max. 24 Std.

Touristinformation Saint-Malo:
Château. Schloss, 14/15. Jahrhundert, historisches Museum.
10-12 Uhr, 14-18 Uhr.
Fort National. Fort entworfen von Vauban. Mit Ebbe zu Fuß erreichbar.

Saint-Pierre-Quiberon 14D3
Rue du Stade. **GPS**: n47,51160 w3,13903.

40 € 5/24 Std €2/10Minuten Ch €2/45Minuten.
Lage: Einfach. **Untergrund**: asphaltiert. 01/01-31/12.
Entfernung: 1Km 1,5Km vor Ort vor Ort.
Sonstiges: Max. 48 Std.

Saint-Pol-de-Léon 14C1
Quai de Pempoul. **GPS**: n48,68361 w3,97083.

30 € 6 €2 Ch €2 WC. **Untergrund**: befestigt.
01/01-31/12.
Entfernung: 800M vor Ort vor Ort 800M 800M.
Sonstiges: Am Meer.

Saint-Pol-de-Léon 14C1
Rue Hervé Mesguen. **GPS**: n48,67919 w3,99749.

8 kostenlos €2/10Minuten Ch €2/55Minuten.
Lage: Komfortabel. **Untergrund**: asphaltiert. 01/01-31/12.
Entfernung: vor Ort.
Sonstiges: Gegenüber Supermarkt Leclerc.

Saint-Renan 14B1
Route de l'Aber. **GPS**: n48,43878 w4,63063.

10 kostenlos €2 Ch €2. **Untergrund**: Schotter.
01/01-31/12.
Sonstiges: Jul/Aug max. 48 Std.

Saint-Rivoal 14C1
Saint-Rivoal, D42. **GPS**: n48,34930 w3,99782.

6 kostenlos Ch kostenlos. **Lage**: Ländlich, einfach, abgelegen, ruhig. **Untergrund**: Wiese/befestigt. 01/01-31/12.
Entfernung: 300M 500M vor Ort vor Ort.

Saint-Servais 14C1
Cité Yan d'Argent. **GPS**: n48,50984 w4,15434.

10 kostenlos Ch kostenlos WC. **Lage**: Einfach, ruhig.
Untergrund: Schotter/befestigt. 01/01-31/12.
Entfernung: 200M 200M 200M.

Saint-Thégonnec 14C1
Park an Iliz, D118. **GPS**: n48,52215 w3,94637.

Bretagne

25 kostenlos ♿ Ch kostenlos. **Lage:** Städtisch, komfortabel, zentral, ruhig. **Untergrund:** Schotter. 01/01-31/12.
Entfernung: vor Ort 150M 150M vor Ort vor Ort.
Sonstiges: Wertmünzen (gratis) erhältlich bei Geschäfte.
Touristinformation Saint-Thégonnec:
Fr.
Crêperie Steredenn, Rue de la Gare 6.

Santec — 14C1
Le bistrot à Crèpes, Rue de Méchouroux. **GPS:** n48,70102 w4,03868.

15 kostenlos €2 Ch WC kostenlos. **Lage:** Ruhig.
Untergrund: Wiese. 01/01-31/12. Mi.
Entfernung: La plage du Staol 100M vor Ort 800M.
Sonstiges: Max. 24 Std, Brötchenservice.

Sarzeau — 14D3
Aire du Rohaliguen, Rue du Raker/Rue du Pont Neui.
GPS: n47,49769 w2,76748.

10 € 5,50/18-10 Uhr Ch WC kostenlos. **Lage:** Ländlich, einfach, ruhig. **Untergrund:** befestigt. 01/01-31/12.
Entfernung: vor Ort 200M.

Sarzeau — 14D3
Rue de Brénudel. GPS: n47,52969 w2,7598.

20 € 5,50/24 Std €2 Ch €2. **Lage:** Städtisch, einfach, ruhig.
Untergrund: asphaltiert. 01/01-31/12 Schulestunden (8-16U).
Entfernung: vor Ort 750M.

Sarzeau — 14D3
Rue du Port St. Jacques, Kerbodo. **GPS:** n47,48906 w2,79297.

15 € 5,50/18-8 Uhr Ch WC kostenlos €2. **Lage:** Städtisch, komfortabel, ruhig. **Untergrund:** asphaltiert. 01/01-31/12.

Entfernung: 200M 500M 100M 200M.
Sonstiges: In der Nähe vom Hafen, max. 48 Std.

Sarzeau — 14D3
Rue du Stang, St.Colombier. **GPS:** n47,54665 w2,72151.

5 € 5,50/18-10 Uhr Ch kostenlos. **Lage:** Städtisch, einfach, ruhig. **Untergrund:** asphaltiert.
Entfernung: St.Colombier 100m 50M 50M 50M.
Sonstiges: Max. 48 Std.

Scaër — 14C2
Rue Louis Pasteur. **GPS:** n48,02774 w3,6951.

kostenlos €2/10Minuten Ch €2/55Minuten WC.
Lage: Ländlich, einfach, ruhig. **Untergrund:** asphaltiert.
01/01-31/12.
Entfernung: 500M Bäckerei 200M vor Ort vor Ort.
Sonstiges: Max. 72 Std, Wertmünzen bei camping municipal.

Sérent — 14D2
Du Pont Salmon, Rue du Général De Gaule,.
GPS: n47,82445 w2,50194.

10 kostenlos. **Lage:** Städtisch, einfach, ruhig.
Untergrund: asphaltiert. 01/01-31/12.
Entfernung: 400M 400M 400M vor Ort.

Silfiac — 14D2
P Salle Polyvalente, Rue du Résistant P. le Bourlay.
GPS: n48,14816 w3,15668.

kostenlos Ch kostenlos. **Lage:** Einfach.
Untergrund: asphaltiert. 01/01-31/12.
Entfernung: 150M 150M vor Ort vor Ort.

Silfiac — 14D2
Etang de pont Samuel, Pont Samuel. **GPS:** n48,12847 w3,17109.

5. **Lage:** Ländlich, einfach, abgelegen. **Untergrund:** ungepflastert.
01/01-31/12.
Entfernung: 300M 200M 200M.

Sougéal — 15B3
Le Placis, D15. **GPS:** n48,50651 w1,52562.

30 kostenlos Ch WC kostenlos. **Lage:** Ländlich, einfach, ruhig.
Untergrund: Schotter/befestigt. 01/01-31/12.
Entfernung: vor Ort 300M Bäckerei 300M.
Sonstiges: Bäckerei 500M.

Sulniac — 14D3
Salle des Fêtes, Rue des Écoles. **GPS:** n47,67756 w2,56642.

15 kostenlos Ch kostenlos. **Lage:** Ländlich, einfach, ruhig.
Untergrund: asphaltiert. 01/01-31/12.
Entfernung: 400M Bäckerei 500M.

Theix — 14D3
Allée de Noyalo. GPS: n47,62726 w2,66183.

4 kostenlos Ch kostenlos. **Lage:** Städtisch, einfach, ruhig.
Untergrund: asphaltiert. Ver-/Entsorgung: Winter.
Entfernung: 500M 500M 500M 50M 5M.

Tinténiac — 15B3
Quai de la Donac. GPS: n48,33168 w1,83202.

10 € 3 Ch kostenlos. **Lage:** Ländlich, einfach.
Untergrund: Wiese/Schotter. 01/04-31/10.
Entfernung: 500M Am Fluss vor Ort 100M 550M.

Trébeurden — 14C1
Route de Lannion, D65. **GPS:** n48,76711 w3,5514.

5 Parken kostenlos, € 7/Nacht €4,30 Ch €4,30.
Lage: Ländlich, komfortabel, zentral, ruhig.
Untergrund: asphaltiert.
Entfernung: vor Ort 1,4Km 1,5Km 1Km Bäckerei, Intermarché 1,5Km.

Trébeurden — 14C1
Corniche de Pors Mabo. GPS: n48,76886 w3,57794.
Parken kostenlos, € 7/Nacht. **Untergrund:** ungepflastert.

Frankreich

Bretagne - Pays de la Loire

| Trébeurden | 14C1 |

Impasse du Vieux Puits. **GPS**: n48,76999 w3,56849.
🅿Parken kostenlos, € 7/Nacht. **Untergrund**: asphaltiert.
Entfernung: vor Ort 1,5Km vor Ort vor Ort.

| Trébeurden | 14C1 |

Route de Pors Mabo. **GPS**: n48,76194 w3,56537.
🅿Parken kostenlos, € 7/Nacht. **Untergrund**: befestigt.
Entfernung: 1,5Km 200M.

| Trébeurden | 14C1 |

Rue Pierre Marzin. **GPS**: n48,76842 w3.
🅿Parken kostenlos, € 7/Nacht. **Untergrund**: befestigt.
01/01-31/12.
Entfernung: vor Ort 1Km 300M 600M.

| S | Trégastel | 14C1 |

Rue de Poul-Palud. **GPS**: n48,82437 w3,49874.

56 € 8 Chinklusive. **Lage**: Ländlich, komfortabel,
abgelegen, ruhig. **Untergrund**: asphaltiert. 01/01-31/12.
Entfernung: 1Km 1Km Super U vor Ort.
Sonstiges: Aug max. 3 Nächte, max. 5 Nächte.

| Tréguier | 14D1 |

Bois du Poète, Boulevard Anatole le Braz. **GPS**: n48,78932 w3,23144.

20 kostenlos Chkostenlos. **Untergrund**: asphaltiert.
01/01-31/12. **Entfernung**: 100M 20M 20M 100M.

| S | Tréguier | 14D1 |

Super U, Boulevard Jean Guehenno. **GPS**: n48,77892 w3,23346.
€1/10Minuten Ch €1/55Minuten. 01/01-31/12.
Entfernung: 200M vor Ort.

| Trégunc | 14C2 |

Parking Quentel, Place de la Mairie, Rue de Pont-Aven.
GPS: n47,85472 w3,85139.

6 kostenlos €3 Ch €3. **Untergrund**: befestigt.
01/01-31/12.
Sonstiges: Hinter dem Rathaus, max. 24 Std.

| Trégunc | 14C2 |

Parking de Pouldohan, Route de Pouldohan.
GPS: n47,84435 w3,88832.

5 kostenlos. **Lage**: Ländlich, einfach, abgelegen.

| Trégunc | 14C2 |

Untergrund: Wiese. 01/01-31/12.
Entfernung: 400M 400M.

| Trégunc | 14C2 |

Plage Ster Greich. **GPS**: n47,84918 w3,88656.
6 kostenlos. **Untergrund**: Sand. 01/01-31/12.
Entfernung: vor Ort.
Sonstiges: Max. 24 Std.

| Trégunc | 14C2 |

Route de Kerlaëron. **GPS**: n47,82964 w3,8872.

6 kostenlos. **Lage**: Ländlich, einfach. **Untergrund**: Wiese.
01/01-31/12.
Entfernung: 200M.
Sonstiges: Max. 24 Std.

| Trégunc | 14C2 |

Rue de Porzh Breign. **GPS**: n47,84079 w3,89736.

5 kostenlos. **Lage**: Ländlich, einfach, ruhig. **Untergrund**: Wiese.
01/01-31/12.
Entfernung: 200M.
Sonstiges: Max. 24 Std.

| S | Trégunc | 14C2 |

Supermarché Casino, Route de Concarneau, D783.
GPS: n47,85633 w3,86343.

4 kostenlos €2 Ch €2/55Minuten. **Lage**: Einfach.
Untergrund: asphaltiert.
Entfernung: vor Ort.

| S | Tremblay | 15B3 |

Route de Fougères. **GPS**: n48,42328 w1,47095.

15 kostenlos €2/10Minuten Ch €2/55Minuten.
Lage: Städtisch, einfach. **Untergrund**: asphaltiert. 01/01-31/12.
Entfernung: 400M 200M vor Ort.

| Trémuson | 14D1 |

Aire du Buchon, Rue de Brest, D712. **GPS**: n48,52250 w2,85278.

5 kostenlos Chkostenlos. **Lage**: Städtisch, einfach.
Untergrund: asphaltiert. 01/01-31/12.
Entfernung: 500M 50M 200M.
Sonstiges: Max. 48 Std.

| S | Val-d'Izé | 18B1 |

Rue du Château. **GPS**: n48,17904 w1,30133.

3 kostenlos Ch WCkostenlos. **Lage**: Städtisch, einfach,
ruhig. **Untergrund**: asphaltiert. 01/01-31/12.
Entfernung: 100M vor Ort 100M 100M vor Ort.
Sonstiges: Neben Sportplatz.

| S | Vannes | 14D3 |

Camping-car Parc, Avenue du Maréchal Juin.
GPS: n47,63283 w2,77996.

34 € 9,60, Jul/Aug € 12 Ch €4 WCinklusive.
Lage: Städtisch, komfortabel, ruhig. **Untergrund**: asphaltiert.
01/01-31/12.
Entfernung: Vannes 4km 200M 200M 1Km vor Ort
vor Ort vor Ort.
Sonstiges: Nur zugänglich nach Zahlung Eintritt (3 Formulen) durch
www.campingcarpark.com (WLAN nutzbar), kostenloser Bus (Sommer).
Touristinformation Vannes:
Office de Tourisme, 1, rue Thiers, www.tourisme-vannes.com. Der
alte Bezirk wird durch Stadtwälle umgeben mit Stadttürme und Parks
mit historischen Wäscheplätzen.
† Cathédrale St Pierre.

Pays de la Loire

| S | Angers | 18C2 |

Boulevard Olivier-Couffon. **GPS**: n47,46616 w0,56549.

30 € 14/24 Std Chkostenlos. **Lage**: Städtisch, laut.
Untergrund: asphaltiert. 01/01-31/12.
Entfernung: Stadtmitte 950M 3Km.
Sonstiges: Max. 72 Std, überwachter Parkplatz, Château d'Angers
600M.
Touristinformation Angers:
👁 Haras National du Lion d'Angers. Nationales Gestüt, Pferdezüchterei.
10-18 Uhr. kostenlos.
✕ Château d' Angers. Befestigtes Schloss, Museum für zeitgenössische
Kunst. 10-17.30 Uhr. € 8,50.

Pays de la Loire

Angrie 18C2
Route du Vieux Bourg. **GPS:** n47,57176 w0,97312.

10 kostenlos ChWC kostenlos. **Lage:** Ländlich. **Untergrund:** Schotter/befestigt. 01/01-31/12. 1. Wochenende Aug.
Entfernung: 400M vor Ort. **Sonstiges:** Max. 48 Std.

Arnage 18D1
Rue du Port. **GPS:** n47,93035 o0,18418.

2 kostenlos €2 Ch €2/15Minuten. **Lage:** Städtisch, einfach, ruhig. **Untergrund:** asphaltiert. 01/01-31/12.
Entfernung: 250M vor Ort 500M vor Ort.

Asnières-sur-Vègre 18D2
D190. **GPS:** n47,88950 w0,23716.
WC. **Untergrund:** Schotter.
Entfernung: 200M.

Assérac 14D3
Pen-Bé. **GPS:** n47,42556 w2,45528.

5 kostenlos WC. **Lage:** Einfach. **Untergrund:** Wiese. 01/01-31/12.
Entfernung: 50M 100M 100M 200M 200M.

Assérac 14D3
Chemin de la Marché aux Bœufs. **GPS:** n47,43111 w2,45194.

kostenlos WC. **Untergrund:** befestigt.
Entfernung: 1Km 300M 2km 2km.

Aubigné-sur-Layon 18C3
Rue de 17 mars 1962. **GPS:** n47,21167 w0,46383.

5 kostenlos Ch kostenlos. **Lage:** Einfach, ruhig. **Untergrund:** befestigt. 01/01-31/12.

Entfernung: 100M vor Ort vor Ort.

Auvers-le-Hamon 18D1
Chemin du tour. **GPS:** n47,90115 w0,34654.
Entfernung: 500M vor Ort 500M. **Sonstiges:** Am kleinen See.

Averton 18D1
Étang des Perles. **GPS:** n48,34744 w0,24468.

10 kostenlos €2,50 Ch €2,50 WC. **Lage:** Ländlich. **Untergrund:** Schotter. 01/01-31/12.
Entfernung: See vor Ort vor Ort vor Ort.

Batz-sur-Mer 14D3
Route de la Govelle. **GPS:** n47,26747 w2,4537.

7 €8 Ch €2 WC. **Lage:** Einfach. **Untergrund:** befestigt. 01/01-31/12.
Entfernung: 1,5Km 100M 100M 1,5Km 50M.
Sonstiges: Max. 48 Std, Wertmünzen beim Office de Tourisme und Rathaus, keine Campingaktivitäten.

Baugé-en-Anjou 18D2
Parking du plan d'eau, Rue de la Croix de Mission, Le Vieil Baugé.
GPS: n47,53066 w0,11899.

15 kostenlos Ch kostenlos. **Lage:** Ländlich. **Untergrund:** Schotter. 01/01-31/12.
Entfernung: vor Ort Bäckerei 100M. **Sonstiges:** Ver-/Entsorgung 50M.

Baugé-en-Anjou 18D2
Rue du Pont des Fées. **GPS:** n47,53886 w0,09637.

10 kostenlos €3/15Minuten Ch €3/15Minuten. **Lage:** Ländlich. **Untergrund:** Schotter. 01/01-31/12.
Entfernung: 2km 400M.

Baugé-en-Anjou 18D2
Super U, Avenue d'Angers. **GPS:** n47,53886 w0,09637.
15 kostenlos Ch. 01/01-31/12.
Entfernung: 300M vor Ort.

Bazouges-sur-le-Loir 18D2
Voie de la Liberté. **GPS:** n47,68994 w0,16952.

kostenlos. **Lage:** Ländlich, ruhig. **Untergrund:** Schotter. 01/01-31/12.
Entfernung: 200M 200M.

Beauvoir-sur-Mer 18A3
Place des Paludier, Rue de Nantes. **GPS:** n46,91685 w2,0465.

24 kostenlos, Nacht €5 €2,50/3Minuten Ch €2,50/15Minuten WC. **Lage:** Städtisch, einfach. **Untergrund:** asphaltiert. 01/01-31/12.
Entfernung: 400M 800M 800M.
Sonstiges: Max. 48 Std.

Belleville-sur-Vie 21B1
Rue des Écoliers. **GPS:** n46,78160 w1,42875.

15 kostenlos. **Untergrund:** Wiese/Schotter. 01/01-31/12.
Entfernung: 500M 500M 200M.
Sonstiges: In der Nähe von Salle des Fêtes.

Benet 21C2
Rue de la Gare. **GPS:** n46,36896 w0,59482.

10 kostenlos Ch WC kostenlos. **Lage:** Ländlich, einfach. **Untergrund:** asphaltiert.
Entfernung: 300M 300M vor Ort 50M.

Blain 18A2
Place Jollan de Clerville, Rue Victor Schoelcher.
GPS: n47,47444 w1,76139.

30 kostenlos Ch kostenlos. **Untergrund:** Schotter. 01/01-31/12. **Entfernung:** 100M 100M.

Blaison-Gohier 18C3
Aire de Bajun, Rue Thibaut de Blaison. **GPS:** n47,39897 w0,37513.

Frankreich

Pays de la Loire

4 🅿️kostenlos 🚰💧Ch 🚾WCkostenlos. **Lage:** Städtisch, einfach, ruhig. **Untergrund:** asphaltiert. 🕐 01/01-31/12. **Entfernung:** 🚲400M 🛒vor Ort ⛽300M 🍴1,5Km 🚶vor Ort 🏃vor Ort. **Sonstiges:** Brotautomat.

♿S **Blaison-Gohier** 18C3
Rue de Thibaut de Blaison. **GPS:** n47,39923 w0,37515. ⬆️➡️

5 🅿️kostenlos 🚰💧Chkostenlos. **Untergrund:** asphaltiert. 🕐 01/01-31/12. **Entfernung:** 🛒vor Ort ⛽200M 🍴200M.

♿S **Bouchemaine** 18C2
25 rue Chevrière. **GPS:** n47,41913 w0,61117. ⬆️➡️

45 🅿️€ 13,50 🚰€0,50/50Liter 💧Ch 🚾WC 🗑€1 inklusive 📶 🧺. **Untergrund:** Wiese/Schotter. 🕐 01/01-31/12. 🔘 Ver-/Entsorgung: 01/12-28/02. **Entfernung:** 🚲50M. **Sonstiges:** Entlang der Maine, ehemaliger Campingplatz, Backer kommt jede Morgen (Jul/Aug).

♿S **Bouère** 18C2
Rue des Sencies. **GPS:** n47,86320 w0,47661. ⬆️

16 🅿️kostenlos 🚰€2/80Liter 💧Ch 🚾€2. **Lage:** Ruhig. **Untergrund:** Wiese. 🕐 01/01-31/12. **Entfernung:** 🛒vor Ort ⛽50M 🍴Bäckerei 100M.

♿S **Bouin** 18A3
Port du Bec, Rue du Port du Bec. **GPS:** n46,93871 w2,07318. ⬆️

33 🅿️kostenlos 🚰€2,50/10Minuten 💧Ch 🚾€2,50/4Std. **Untergrund:** Schotter. 🕐 01/01-31/12. **Entfernung:** 🍴vor Ort 🚶vor Ort.

♿ **Bouin** 18A3
GPS: n47,00918 w2,02782. ⬆️

10 🅿️kostenlos. **Lage:** Ländlich, einfach. **Untergrund:** Wiese/Schotter. 🕐 01/01-31/12. **Entfernung:** 🛒vor Ort.

♿S **Bouin** 18A3
GPS: n46,99821 w2,03314. ⬆️

10 🅿️kostenlos. **Lage:** Einfach. **Untergrund:** befestigt. 🕐 01/01-31/12. **Entfernung:** 🛒vor Ort 🍴vor Ort.

♿S **Bourgneuf-en-Retz** 18A3
D758. **GPS:** n47,04028 w1,95704. ⬆️

12 🅿️kostenlos 🚰💧Ch🚾WCkostenlos. **Lage:** Einfach. **Untergrund:** asphaltiert. 🕐 01/01-31/12. 🔘 Ver-/Entsorgung: Winter. **Entfernung:** 🚲300M 🛒200M ⛽300M 🍴300M. **Sonstiges:** Parkplatz Touristenbüro, max. 48 Std.

♿S **Boussay** 18B3
Place des Marronniers. **GPS:** n47,04240 w1,18648. ⬆️➡️

4 🅿️kostenlos 🚰€2/100Liter 💧Ch 🚾€2/60Minuten. **Lage:** Einfach. **Untergrund:** asphaltiert. 🕐 01/01-31/12. **Entfernung:** 🚲200M 🛒200M 🍴200M 🚶vor Ort. **Sonstiges:** Max. 48 Std, Wertmünzen bei Rathaus, poste.

♿S **Brétignolles-sur-Mer** 21A1
Parking de la Normandelière, Rue de la Source. **GPS:** n46,61664 w1,85974. ⬆️

25 🅿️kostenlos. **Lage:** Einfach. **Untergrund:** befestigt. 🕐 01/01-31/12. **Entfernung:** 🚲1,5Km 🏖️Sandstrand 500M 🍴1,5Km 🚶vor Ort 🏃vor Ort. **Sonstiges:** Ver-/Entsorgung: Super U D38, GPS 46,62537 -1,85787.
Touristinformation Brétignolles-sur-Mer:

✈️ 🚫 Do, So.

♿S **Briollay** 18C2
Plage de Briollay. **GPS:** n47,56766 w0,50733. ⬆️
10 🅿️kostenlos 🚰€2 💧Ch. **Untergrund:** Wiese/Schotter. 🕐 01/01-31/12. **Sonstiges:** Entlang der Sarthe, geschlossen bei Frost und Hochwasser.

♿S **Brissac-Quincé** 18C3
Aire Communale, Rue de l'Aubance. **GPS:** n47,35465 w0,4463. ⬆️➡️

10 🅿️€ 4 🚰💧Chinklusive. **Lage:** Städtisch, einfach, ruhig. **Untergrund:** asphaltiert. 🕐 01/01-31/12. **Entfernung:** 🚲300M ⛽300M 🍴300M 🚶vor Ort 🏃vor Ort. **Sonstiges:** Max. 2 Tage.

♿S **Brissac-Quincé** 🌲 18C3
Domaine de la Belle Etoile, La Belle Étoile. **GPS:** n47,33404 w0,43597. ⬆️

8 🅿️€ 12 🚰💧Ch 🚾WC 🗑€3 📶inklusive 🧺. **Lage:** Ländlich, komfortabel, ruhig. **Untergrund:** Wiese. 🕐 31/10-01/04.

♿S **Brissac-Quincé** 🌲 18C3
Domaine de L'Etang, Route de Saint-Mathurin. **GPS:** n47,36103 w0,43529. ⬆️

6 🅿️€ 12-15 🚰💧Ch 🚾WC 🗑€5 📶inklusive 🧺. **Lage:** Ländlich, komfortabel, ruhig. **Untergrund:** Wiese. **Entfernung:** 🚲1,5Km 🛒500M 🍴2km 🚶vor Ort 🏃vor Ort. **Sonstiges:** Bezahlen beim Campingplatz.

♿S **Chailland** 18C1
Coccimarket. **GPS:** n48,22139 w0,86583. ⬆️➡️

4 🅿️kostenlos 🚰💧Chkostenlos. **Lage:** Ländlich, einfach. **Untergrund:** asphaltiert. 🕐 01/01-31/12. **Entfernung:** 🚲300M ⛽300M 🍴vor Ort. **Sonstiges:** Max. 24 Std.

♿S **Chaille-les-Marais** 21B2
Rue du 8 Mai 1945. **GPS:** n46,39228 w1,02127. ⬆️

Pays de la Loire

20 kostenlos €3 WC kostenlos. **Lage:** Einfach, ruhig. **Untergrund:** Wiese. 01/01-31/12 Do-Morgen. **Entfernung:** 100M 100M 300M 50M. **Sonstiges:** Bei der Feuerwehr und Sportpark.

Challans 18A3
Parking du Viaud Marais. **GPS:** n46,85027 w1,8742.

15 kostenlos Ch kostenlos. **Lage:** Städtisch. **Untergrund:** asphaltiert. 01/01-31/12. **Entfernung:** 1Km 500M 500M 100M. **Sonstiges:** Max. 3 Tage.

Chalonnes-sur-Loire 18C3
Le Champ du Bois, D751. **GPS:** n47,35105 w0,74466.

20 €9 €2 Ch inklusive. **Lage:** Ländlich, komfortabel. **Untergrund:** Wiese. 01/01-31/12. **Entfernung:** 1Km vor Ort 1Km vor Ort. **Sonstiges:** Beim Campingplatz.

Chambretaud 18C3
Aire des Diamants, Rue Notre Dame. **GPS:** n46,92300 w0,9717.

5 kostenlos €2/150Liter Ch WC. **Lage:** Ländlich, einfach. **Untergrund:** asphaltiert. 01/01-31/12. **Entfernung:** 1Km 5Km vor Ort 1Km.

Champ-Sur-Layon 18C3
Rue du Soleil Levant. **GPS:** n47,26369 w0,57289.

2 kostenlos Ch (1x)WC kostenlos. **Lage:** Ländlich, einfach, ruhig. **Untergrund:** asphaltiert/befestigt. 01/01-31/12. **Entfernung:** 150M 6Km 6Km vor Ort vor Ort.

Champtocé-sur-Loire 18C2
Rue de la Hutte. **GPS:** n47,41143 w0,86958.

8 kostenlos Ch kostenlos. **Lage:** Ländlich, einfach. **Untergrund:** asphaltiert. 01/01-31/12. **Entfernung:** 300M 5,7Km 400M 400M. **Sonstiges:** Am Stadion.

Champtoceaux 18B3
Parking Champalud, Place de Niederheimbach. **GPS:** n47,33816 w1,2649.

8 €4 Ch Std WC inklusive. **Lage:** Städtisch, einfach, ruhig. **Untergrund:** asphaltiert. 01/01-31/12. **Entfernung:** 150M 100M 150M vor Ort vor Ort vor Ort. **Sonstiges:** Platz hinter der Kirche, max. 48 Std, Zahlung und Kode WLAN bei Touristinfo.

Champtoceaux 18B3
Le Port du Moulin, Le Cul du Moulin, D751. **GPS:** n47,33913 w1,27445.

5 kostenlos WC kostenlos. **Lage:** Ländlich, einfach, ruhig. **Untergrund:** Schotter/befestigt. 01/01-31/12. **Entfernung:** 1,5Km vor Ort vor Ort vor Ort 1,5Km. **Sonstiges:** Entlang der Loire, max. 48 Std.

Changé 18C1
Parking du plan d'eau du Port, Rue du Bac. **GPS:** n48,10047 w0,78584.

10 kostenlos Ch kostenlos. **Lage:** Städtisch, einfach. **Untergrund:** Schotter/Sand. 01/01-31/12. **Entfernung:** 5Km 800M. **Sonstiges:** Entlang der Mayenne.

Chantenay-Villedieu 18D1
Plan d'eau. **GPS:** n47,91668 w0,16849.
kostenlos Ch WC kostenlos. 01/04-31/10.

Chantonnay 21B1
Rue de l'Arc en Ciel. **GPS:** n46,68754 w1,04104.

5 kostenlos €2/100Liter Ch €2/60Minuten. **Lage:** Ländlich, einfach, laut. **Untergrund:** asphaltiert. 01/01-31/12. **Entfernung:** 1Km 500M 1Km. **Sonstiges:** Neben Sportplätzen, Wertmünzen bei Office de Tourisme.

Chanzeaux 18C3
Aire de Ploizeau, Rue de Bel Air a Chanzeaux D121. **GPS:** n47,25548 w0,63848.

6 kostenlos €2/100Liter Ch WC. **Lage:** Ländlich, einfach, ruhig. **Untergrund:** befestigt. 01/01-31/12. **Entfernung:** 1Km vor Ort 1Km 1Km vor Ort vor Ort.

Charcé-Saint-Ellier-sur-Aubance 18C3
Rue Saint Ellier. **GPS:** n47,35647 w0,41146.

kostenlos Ch WC kostenlos. **Lage:** Städtisch, einfach, ruhig. **Untergrund:** befestigt/Sand. 01/01-31/12. **Entfernung:** 100M 3Km 3Km.

Charcé-Saint-Ellier-sur-Aubance 18C3
Rue Saint Ellier. **GPS:** n47,35647 w0,41146.
kostenlos Ch kostenlos. **Lage:** Städtisch, einfach, ruhig. **Untergrund:** befestigt/Sand. 01/01-31/12. **Entfernung:** 100M 3Km 3Km.

Château-d'Olonne 21A1
Les Plesses, Rue des Plesses. **GPS:** n46,49132 w1,74293.

20 €7,30/Nacht € 12,30/2 Nächte €2,07/6Minuten Ch. **Lage:** Einfach. **Untergrund:** asphaltiert. 01/01-31/12. **Entfernung:** 2km 500M.

Château-Gontier 18C2
Quai-du-Docteur Lefevre. **GPS:** n47,82450 w0,70206.

30 kostenlos. **Lage:** Städtisch, einfach, zentral.

Frankreich

Pays de la Loire

Untergrund: asphaltiert. 01/01-31/12.
Entfernung: 200M vor Ort 50M.
Sonstiges: Entlang der Mayenne.

Châteauneuf-sur-Sarthe — 18C2
L'aire de repos, Rue de la Gare. **GPS:** n47,67774 w0,4866.
€5,16 Ch. 01/01-31/12. Ver-/Entsorgung: 01/10-01/05. **Entfernung:** 200M 400M 500M.
Sonstiges: Entlang der Sarthe.

Chavagne-en-Paillers — 18B3
Place des Arcades. **GPS:** n46,89083 w1,24917.

3 kostenlos €2/10Minuten Ch €2/55Minuten.
Lage: Einfach, zentral, ruhig. **Untergrund:** asphaltiert. 01/01-31/12.
Entfernung: 300M 50M 100M 300M.
Sonstiges: Wertmünzen bei Touristenbüro/Rest. Le petit Marmiton/ Boulanger de Quartier, 8 rue G de Gaulle/ Carrefour Express, 197 rue G de Gaulle.

Chavagnes les Eaux — 18C3
Rue de l'Église. **GPS:** n47,27024 w0,45437.

4 kostenlos Ch kostenlos. **Lage:** Einfach, ruhig.
Untergrund: befestigt. 01/01-31/12.
Entfernung: vor Ort 150M.
Sonstiges: Hinter Kirche.

Chemillé-Melay — 18C3
La ferme Cabri d'Anjou, La Chaperonnière.
GPS: n47,22275 w0,7524.

2 kostenlos. **Lage:** Ländlich, einfach, einfach, abgelegen, ruhig.
Untergrund: Wiese. 01/01-31/12.
Entfernung: 2km 3km 3Km vor Ort vor Ort.
Sonstiges: Käsebauernhof.

Chênehutte-Trèves-Cunault — 18D3
Rue Beauregard, D751, Cunault. **GPS:** n47,32685 w0,19459.

40 kostenlos €3/100Liter Ch €3/6Std. **Lage:** Ländlich, einfach, ruhig. **Untergrund:** Wiese. 01/01-31/12.
Entfernung: 500M 500M 500M vor Ort vor Ort.
Sonstiges: Max. 72 Std.

Chenillé-Changé — 18C2
Le Pin, D78. **GPS:** n47,69919 w0,66693.

8 €3-4 €2,80 Ch. **Lage:** Einfach. **Untergrund:** Schotter. 01/01-31/12.
Entfernung: vor Ort 100M.
Sonstiges: Entlang der Mayenne, Wertmünzen beim Cafe.

Clefs-Val d'Anjou — 18D2
D938. **GPS:** n47,62442 w0,07698.
10 kostenlos. **Untergrund:** befestigt. 01/01-31/12.
Entfernung: 500M 500M 500M.

Coëx — 21A1
Rue des Goélettes. **GPS:** n46,69668 w1,76397.

4 kostenlos €2/10Minuten Ch €2/55Minuten.
Lage: Ländlich. **Untergrund:** asphaltiert. 01/01-31/12.
Entfernung: 200M 500M.
Sonstiges: Max. 48 Std, Wertmünzen beim Rathaus.

Combrée — 18C2
Rue de Bretagne, Bel-Air. **GPS:** n47,71281 w0,9989.

3 kostenlos Ch WC kostenlos. **Lage:** Ländlich.
Untergrund: ungepflastert. 01/01-31/12.
Entfernung: 100M.

Combrée — 18C2
Aire du Plan d'Eau, D203. **GPS:** n47,70321 w1,02755.

3 kostenlos. **Lage:** Ländlich, ruhig. **Untergrund:** asphaltiert. 01/01-31/12.
Entfernung: 200M vor Ort vor Ort 50M.
Sonstiges: Hinter Tennisplatz.

Concourson-sur-Layon — 18C3
Place du Prieuré. **GPS:** n47,17372 w0,34199.

10 kostenlos €3/100Liter Ch WC. **Lage:** Städtisch, einfach, ruhig. **Untergrund:** asphaltiert. 01/01-31/12.

Entfernung: 400M 400M 400M vor Ort vor Ort.
Sonstiges: Wertmünzen in der Bäckerei und auberge du Haut Layon, Ver-/Entsorgung 200M.

Dampierre-sur-Loire — 18D3
L'aire d'accueil de Dampierre-sur-Loire, Route de Montsoreau. **GPS:** n47,24157 w0,0232.

80 €6 + €0,50/pP Kurtaxe Ch inklusive WC kostenlos.
Lage: Städtisch, einfach, zentral, ruhig. **Untergrund:** Waldboden. 01/04-31/10.
Entfernung: vor Ort 100M vor Ort 4,5Km vor Ort.
Sonstiges: Direkt am Loire, hinter dem Rathaus.

Deux-Evailles — 18C1
Site de la Fenderie, Champ de Vigne, D129.
GPS: n48,20203 w0,52018.

20 kostenlos €2 Ch €2 WC. **Lage:** Ländlich, komfortabel, ruhig. **Untergrund:** Wiese/Schotter. 01/01-31/12.
Entfernung: 1Km 20M 20M 20M 5km Montsurs vor Ort.
Sonstiges: Wertmünzen bei Auberge.

Doué-la-Fontaine — 18D3
Domaine des Sablonnières, Rue Jean Gaschet.
GPS: n47,18280 w0,25742.

3 kostenlos Ch kostenlos. **Lage:** Städtisch, einfach, ruhig.
Untergrund: Schotter/befestigt.
Entfernung: 500M 300M 500M vor Ort vor Ort.

Doué-la-Fontaine — 18D3
Roseraie les Chemins, Route de Cholet. **GPS:** n47,18554 w0,31436.

8 kostenlos. **Lage:** Ländlich, einfach, ruhig. **Untergrund:** Schotter. 01/01-31/12.
Entfernung: 2km 2km 3Km vor Ort vor Ort.
Sonstiges: Rosenzüchterei.

Durtal — 18D2
Rue du Petit Port. **GPS:** n47,66842 w0,24172.

Pays de la Loire

5 kostenlos. **Lage:** Ländlich, ruhig. **Untergrund:** asphaltiert. **Entfernung:** 300M, 2,4Km.

Durtal 18D2
Rue Beausite. **GPS:** n47,67139 w0,2406.

2 kostenlos €2/10Minuten Ch €2/60Minuten. **Lage:** Einfach. **Untergrund:** asphaltiert. 01/01-31/12. **Entfernung:** 300M, 2,4Km. **Sonstiges:** Schräge Stellflächen.

Ernée 18C1
Plan d'eau d'Ernée, Plan d'eau d'Ernée. **GPS:** n48,29670 w0,93997.

2 kostenlos WC kostenlos. **Lage:** Städtisch, einfach, ruhig. **Untergrund:** asphaltiert. 01/01-31/12. **Entfernung:** 500M, vor Ort, 500M, 500M. **Sonstiges:** Parkplatz am kleinen See.

Faye d'Anjou 18C3
Chateau du Fresne, D55, Rue des Monts. **GPS:** n47,29923 w0,53806.

10 kostenlos Ch WC kostenlos. **Lage:** Ländlich, einfach, ruhig. **Untergrund:** Schotter. 01/01-31/12. **Entfernung:** 2km, 3Km.

Feneu 18C2
Port Albert. **GPS:** n47,56560 w0,60994.

6 kostenlos €2 Ch. **Lage:** Ländlich, ruhig. **Untergrund:** Schotter. 01/01-31/12. **Entfernung:** 1,5Km. **Sonstiges:** Entlang der Mayenne.

Fontaines 21C2
Place du Champ de Foire. **GPS:** n46,42291 w0,81952.

20 kostenlos Ch WC kostenlos. **Lage:** Ländlich, einfach. **Untergrund:** Schotter. **Entfernung:** 2km.

Fontenay-le-Comte 21C1
Avenue du Général de Gaulle. **GPS:** n46,46203 w0,80544.

10 € 5 €2/4Minuten Ch inklusive. **Lage:** Einfach, abgelegen, laut. **Untergrund:** asphaltiert. 01/01-31/12. **Entfernung:** 500M, 500M, 500M. **Sonstiges:** Gegenüber Polizeirevier, max. 24 Std, Zentrum.

Fontevraud l'Abbaye 18D3
Allée des Jardins. **GPS:** n47,18444 o0,04917.

8 kostenlos Ch WC kostenlos. **Lage:** Städtisch, einfach, zentral. **Untergrund:** asphaltiert. 01/01-31/12. **Entfernung:** 400M, 400M, 400M, 300M.

Foussais-Payré 21C1
Place du Prieuré. **GPS:** n46,53000 w0,68275.

20 kostenlos Ch kostenlos. **Lage:** Ländlich, einfach. **Untergrund:** Schotter. 01/01-31/12. **Entfernung:** 500M, 500M, 200M.

Freigné 18B2
Aire du Plan d'Eau, D185. **GPS:** n47,55071 w1,12686.
kostenlos Ch kostenlos. **Lage:** Ländlich, Wiese. 01/01-31/12. **Entfernung:** vor Ort, 400M, 400M.

Fresnay-sur-Sarthe 18D1
Rue de la Gare. **GPS:** n48,28171 o0,02978.

8 kostenlos Ch kostenlos. **Lage:** Einfach. **Untergrund:** Schotter. 01/01-31/12. **Entfernung:** 600M, 600M, 50M.

Gené 18C2
Escale du Haut Anjou, La Petite Fenouillère. **GPS:** n47,63770 w0,79641.

7 € 14 Ch inklusive. **Lage:** Ländlich, einfach. **Untergrund:** Schotter. 01/01-31/12. **Entfernung:** 1,2Km, Fischteich. **Sonstiges:** Käsebauernhof.

Gorron 15C3
Route de Brecé, Rue du Maine. **GPS:** n48,40735 w0,80993.
6 kostenlos Ch kostenlos. **Untergrund:** Schotter. 01/01-31/12. **Sonstiges:** Max. 2 Nächte.

Grez-en-Bouère 18C2
Place A. Peigné. **GPS:** n47,87306 w0,52306.

6 kostenlos Ch kostenlos WC. **Lage:** Ländlich, einfach. **Untergrund:** asphaltiert. 01/01-31/12, Ver-/Entsorgung: 01/04-30/11. **Entfernung:** 50M, 50M, 100M. **Sonstiges:** Max. 48 Std.

Grez-Neuville 18C2
Rue du Port, D291. **GPS:** n47,60119 w0,68504.

8 kostenlos Ch kostenlos. **Lage:** Ländlich, einfach. **Untergrund:** Wiese. 01/01-31/12. **Sonstiges:** Ehemaliger Campingplatz.

Guenrouet 18A2
Rue des Hauts du Port. **GPS:** n47,52198 w1,94978.

2 kostenlos €2 Ch €2. **Untergrund:** asphaltiert. 01/04-31/10. **Entfernung:** 200M, 50M, 200M, 200M. **Sonstiges:** Den Kanal entlang von Nantes/von Brest, neben Camping St. Clair, max. 24 Std.

Guérande 14D3
Avenue de la Brière, D99E. **GPS:** n47,33389 w2,42083.

Pays de la Loire

20 kostenlos €5/100Liter Ch €5/1Std. **Lage:** Einfach, laut. **Untergrund:** asphaltiert/Wiese. 01/01-31/12. **Entfernung:** 1Km.

Jans — 18B2
Place de l'Église. **GPS:** n47,62222 w1,61222.

6 kostenlos Ch WC kostenlos. **Untergrund:** Schotter. 01/01-31/12. **Sonstiges:** Hinter dem Rathaus.

Jard-sur-Mer — 21A1
Route des Goffineaux. **GPS:** n46,41074 w1,59358.

16 € 6,10/24 Std, € 10,20/48 Std €2/10Minuten Ch. **Lage:** Ländlich, einfach. **Untergrund:** asphaltiert. 01/01-31/12. **Entfernung:** 1Km 50M 1,5Km 1,5Km.

Juigne-sur-Loire — 18C3
Domaine des 2 moulins, Route de Martigneau. **GPS:** n47,40374 w0,47702.

5 € 5 Ch WC inklusive. **Lage:** Ländlich, komfortabel, ruhig. **Untergrund:** Schotter. 01/01-31/12. **Entfernung:** 1Km 4Km 2km 1Km 500M vor Ort vor Ort.
Sonstiges: Beim Weinkauf 1 Übernachtung frei.

Juvigné — 18C1
Plan d'Eau de Saint Martin, Rue de la Croixille, D29. **GPS:** n48,22806 w1,03806.

20 kostenlos Ch WC kostenlos. **Lage:** Städtisch, einfach. **Untergrund:** Schotter. 01/01-31/12. **Entfernung:** 200M 20M 200M 100M vor Ort.
Sonstiges: Max. 72 Std.

La Baconnière — 18C1
Place de l'Eglise. **GPS:** n48,18361 w0,89139.

5 kostenlos Ch kostenlos. **Lage:** Städtisch, einfach. **Untergrund:** asphaltiert. 01/01-31/12. **Entfernung:** vor Ort 100M.
Sonstiges: Hinter Kirche, Ver-/Entsorgung (Winter) auf Anfrage (Rathaus).

La Barre-de-Monts — 18A3
La Grande Côte. **GPS:** n46,88528 w2,15196.
39 € 8,40-10,60 Ch inklusive. **Untergrund:** befestigt/Sand. 01/01-31/12. **Entfernung:** 800M 200M 800M.

La Baule — 14D3
Boulevard Guy de Champsavin, La Baule-Escoublac. **GPS:** n47,28196 w2,42509.

20 kostenlos €3 Ch (20x)€3/55Minuten.
Lage: Komfortabel, ruhig. **Untergrund:** befestigt.
Entfernung: Strand 700M.

La Bernerie-en-Retz — 18A3
Parking Wilson, Avenue de Jean d Arc. **GPS:** n47,07871 w2,03399.

30 € 7, 15/06-15/09 € 8 €3,50/100Liter Ch €3,50/55Minuten WC. **Untergrund:** asphaltiert. 01/01-31/12. **Entfernung:** 300M 100M 300M 300M vor Ort.
Sonstiges: Max. 48 Std, Wertmünzen bei Office de Tourisme.

La Chapelle-Saint-Florent — 18B3
Aire du Stade, Rue de l'Evre. **GPS:** n47,33411 w1,05178.

6 kostenlos Ch kostenlos. **Lage:** Ländlich, einfach, ruhig. **Untergrund:** Schotter/befestigt. 01/01-31/12. **Entfernung:** 300M 300M 50M.

La Daguenière — 18C2
Chemin de Beausse, Rue de Stade. **GPS:** n47,42222 w0,43936.

12 kostenlos Ch kostenlos. **Lage:** Ländlich. **Untergrund:** asphaltiert. 01/01-31/12. **Entfernung:** 200M 300M 300M.
Sonstiges: Neben Sportplätzen.

La Daguenière — 18C2
Port Maillard. **GPS:** n47,41743 w0,43781.

6 kostenlos WC. **Lage:** Ländlich. **Untergrund:** ungepflastert. 01/01-31/12.
Sonstiges: Entlang der Loire.

La Faute-sur-Mer — 21B2
Camping-Car Park, Rond Point Fleuri. **GPS:** n46,33297 w1,32231.

31 € 8,41, Kurtaxe inkl Ch inklusive. **Untergrund:** asphaltiert. 01/01-31/12. **Entfernung:** vor Ort 850M 100M.
Sonstiges: Beim Touristenbüro.

La Flèche — 18D2
Promenade du Maréchal Foch. **GPS:** n47,69767 w0,07875.

10 kostenlos Ch kostenlos. **Lage:** Städtisch. **Untergrund:** asphaltiert. 01/01-31/12 Di-Abend (Markt). **Entfernung:** 100M 100M 100M.

La Fresnaye-sur-Chédouet — 15E3
La forêt de Perseigne, Les Ventes du Four, D236. **GPS:** n48,43469 o0,25972.

20 kostenlos Ch kostenlos. **Lage:** Ländlich, ruhig. **Untergrund:** Schotter. 01/01-31/12. **Entfernung:** La Fresnaye 1,5Km vor Ort.

La Meilleraie-Tillay — 21C1
Rue des Ombrages. **GPS:** n46,73923 w0,84578.

6 kostenlos €2/5Minuten Ch WC €1. **Lage:** Einfach,

Frankreich

Pays de la Loire

abgelegen, ruhig. **Untergrund:** asphaltiert. 01/04-31/10.
Entfernung: 700M 700M 700M.

La Plaine-sur-Mer — 18A3
Boulevard des Nations Unies. **GPS:** n47,13994 w2,19057.

8 kostenlos Chkostenlos. **Lage:** Einfach, abgelegen.
Untergrund: asphaltiert. 01/01-31/12.
Entfernung: 300M 800M 500M.
Sonstiges: Max. 24 Std.

La Poitevinière — 18C3
Aire de la Fontaine, Place de la Fontaine, D15.
GPS: n47,22750 w0,897.

5 kostenlos ChWCkostenlos. **Lage:** Städtisch,
komfortabel, ruhig. **Untergrund:** asphaltiert. 01/01-31/12.
Entfernung: 50M vor Ort 50M vor Ort.
Sonstiges: Wertmünzen erhältlich beim Bar.

La Roche-sur-Yon — 21B1
Boulevard Italie. **GPS:** n46,66833 w1,41861.

20 kostenlos Chkostenlos. **Lage:** Städtisch.
Untergrund: befestigt. 01/01-31/12.
Entfernung: 500M 500M 500M.
Sonstiges: Max. 36 Std.

La Séguinière — 18C3
Avenue de Nantes. **GPS:** n47,06005 w0,93768.

10 kostenlos €2/100Liter Ch€2/1Std WC. **Lage:** Einfach.
Untergrund: asphaltiert.
Entfernung: 100M vor Ort 50M.

La Selle-Craonnaise — 18C1
La Rincerie. **GPS:** n47,86330 w1,06843.
kostenlos Ch.
Entfernung: vor Ort vor Ort vor Ort.
Sonstiges: Am See.

La Suze-sur-Sarthe — 18D2
Rue du Camping. **GPS:** n47,88917 o0,03040.

10 € 5 Ch kostenlos WC. **Lage:** Städtisch, einfach.
Untergrund: Wiese/Schotter. 01/01-31/12.
Entfernung: 300M 300M vor Ort vor Ort.
Sonstiges: Entlang der Sarthe, im Hafen.

La Tranche-sur-Mer — 21B2
Boulevard de la Petite Hollande. **GPS:** n46,34965 w1,44769.

20 kostenlos, 14/06-14/09 € 10 €3,50/10Minuten Ch.
Lage: Einfach, ruhig. 01/01-31/12.
Sonstiges: Max. 7 Tage.

La Tranche-sur-Mer — 21B2
Parking de la Baleine, Place des Baleines.
GPS: n46,34340 w1,46222.

10 kostenlos, 14/06-14/09 € 10. **Lage:** Ländlich, ruhig.
Untergrund: Schotter. 01/01-31/12.
Entfernung: 200M vor Ort vor Ort.
Sonstiges: Max. 7 Tage.

La Tranche-sur-Mer — 21B2
Parking du Stade, Avenue du Général de Gaulle.
GPS: n46,35028 w1,43688.

30 kostenlos, 14/06-14/09 € 10 €3,50 Chkostenlos.
Lage: Ländlich. **Untergrund:** asphaltiert.
Entfernung: 1Km.
Sonstiges: Max. 7 Tage.

La Turballe — 14D3
GPS: n47,35150 w2,50558.
24 € 9 Ch inklusive. **Untergrund:** befestigt.
01/01-31/12.
Entfernung: 800M 800M 600M 400M vor Ort.

La Turballe — 14D3
Boulevard de la Grande Falaise. **GPS:** n47,33106 w2,49919.

23 € 7,40/24 Std, Kurtaxe inkl Chinklusive.
Lage: Komfortabel. **Untergrund:** Schotter. 01/01-31/12.
Entfernung: 2km 300M.
Sonstiges: Max. 72 Std.

La Turballe — 14D3
Rue Alphonse Daudet. **GPS:** n47,34870 w2,50804.

15 kostenlos, Juni-Sep € 3 Chkostenlos. **Lage:** Einfach,
ruhig. **Untergrund:** Schotter. 01/01-31/12.
Entfernung: 800M 500M 100M 100M.
Sonstiges: Max. 5 Tage.

Lassay-les-Châteaux — 15C3
Allée du Haut Perrin. **GPS:** n48,43777 w0,49822.

kostenlos €2 Ch. **Lage:** Städtisch, einfach, zentral.
Untergrund: asphaltiert. 01/01-31/12.
Entfernung: 100M.
Sonstiges: Wertmünzen beim Touristenbüro und Bäckerei.

Laval — 18C1
Parking de la Halte Fluviale, Rue du Vieux Saint-Louis.
GPS: n48,07589 w0,77142.

10 kostenlos Chkostenlos. **Lage:** Städtisch, einfach.
Untergrund: asphaltiert. 01/01-31/12.
Entfernung: 300M vor Ort vor Ort vor Ort.
Sonstiges: Parkplatz in der Nähe vom Viadukt.

Touristinformation Laval:
Vieux Château. Mittelalterliches Schloss, Museum mit Kollektion naiver Kunst. 9.30-12 und 13.30-18.30.

Le Coudray Macouard — 18D3
Route de Bron. **GPS:** n47,18806 w0,11722.

5 kostenlos Chkostenlos. **Lage:** Ländlich, einfach, abgelegen,

Pays de la Loire

ruhig. **Untergrund:** Wiese/Sand. 01/01-31/12.
Entfernung: 800M 800M.
Sonstiges: Neben Sportplatz.

Le Croisic — 14D3
Le Lin Gorzé, Rue du Lin Gorzé. **GPS:** n47,29917 w2,52194.

9 € 6,30, € 0,75/pP Kurtaxe €2 Ch. **Lage:** Einfach, ruhig.
Untergrund: asphaltiert. 01/01-31/12.
Entfernung: 500M 500M 500M 800M.
Sonstiges: Max. 48 Std, keine Campingaktivitäten.

Le Croisic — 14D3
Les Courlis, Rue des Courlis. **GPS:** n47,29000 w2,505.

15 € 6,30, € 0,75/pP Kurtaxe €2 Ch. **Lage:** Einfach.
Untergrund: Schotter. 01/04-31/10.
Entfernung: 500M 500M 500M.
Sonstiges: Max. 48 Std, keine Campingaktivitäten.

Le Croisic — 14D3
La Vigie, Avenue de Pierre Longue, D45. **GPS:** n47,28917 w2,53667.

9 € 6,30, € 0,75/pP Kurtaxe. **Lage:** Einfach.
Untergrund: asphaltiert. 01/01-31/12.
Entfernung: 3Km 50M 3Km 3Km.
Sonstiges: Max. 48 Std, keine Campingaktivitäten.

Le Croisic — 14D3
P1 Kerdavid, Rue Kerclavid 1. **GPS:** n47,29835 w2,51995.

8 € 6,30, € 0,75/pP Kurtaxe. **Lage:** Städtisch, einfach, ruhig.
Untergrund: asphaltiert. 01/01-31/12.
Entfernung: 500M 500M 800M.
Sonstiges: Max. 48 Std, keine Campingaktivitäten.

Touristinformation Le Croisic:
☺ Océarium du Croisic. Meeresaquarium. 01/06-31/08 10-20 Uhr, 01/05-31/05, 01/09-30/09 10-19 Uhr, 14-19 Uhr, 01/10-30/04 14-19 Uhr.

Le Guédéniau — 18D2
Plan d'eau, Rue du Lavoir. **GPS:** n47,49405 w0,04488.

25 kostenlos Ch WC kostenlos. **Lage:** Ländlich.
Untergrund: befestigt. 01/01-31/12.
Entfernung: vor Ort.
Sonstiges: Erholungsgebiet am See.

Le Mans — 18D1
Quai de l'Amiral Lalande. **GPS:** n48,00233 o0,18915.

7 kostenlos Ch kostenlos. **Lage:** Städtisch, einfach.
Untergrund: asphaltiert. 01/01-31/12.
Entfernung: Stadtmitte 1Km 8Km.
Sonstiges: Entlang der Sarthe.

Le Mans — 18D1
Rue Denfert Rochereau. **GPS:** n48,01111 o0,19750.

kostenlos. **Lage:** Städtisch, einfach, laut. **Untergrund:** asphaltiert. 01/01-31/12.
Entfernung: 500M 500M 500M.
Sonstiges: Max. 24 Std, Sonntag Morgen Markt.

Touristinformation Le Mans:
M Le Musée des 24 Heures - Circuit de la Sarthe, 9 Place Luigi Chinetti. Automobilmuseum.
Place des Jacobins. Mi + So-Morgen, Fr.

Le Pallet — 18B3
Rue Pierre Abelard. **GPS:** n47,13494 w1,3305.

20 kostenlos €1 Ch. **Lage:** Ländlich, einfach.
Untergrund: asphaltiert. 01/01-31/12.
Entfernung: 500M 500M 500M vor Ort vor Ort.
Sonstiges: Weinmuseum, Wertmünzen bei Geschäfte im Dorf.

Le Poiré-sur-Vie — 21B1
Rue de Roc. **GPS:** n46,76773 w1,51162.

5 kostenlos Ch kostenlos. **Lage:** Zentral, ruhig.

Untergrund: Schotter. 01/01-31/12.
Entfernung: 500M 500M 500M.

Le Puy-Notre-Dame — 18D3
Place du Gâte Argent, Rue du Parc. **GPS:** n47,12390 w0,23155.

15 kostenlos Ch kostenlos. **Lage:** Städtisch, einfach, ruhig.
Untergrund: befestigt. 01/01-31/12.
Entfernung: 100M 200M 200M.
Sonstiges: Neben Friedhof.

Le Puy-Notre-Dame — 18D3
Cave-Champignonnière St.Maur, 1 Rue du Chateau, Sanziers.
GPS: n47,11755 w0,20526.

8 kostenlos (1x)auf Anfrage WC kostenlos. **Lage:** Einfach, ruhig. **Untergrund:** befestigt. 01/03-30/10.
Entfernung: 2km.
Sonstiges: Beim Pilzzüchter.

Le Puy-Notre-Dame — 18D3
Domaine de la Renière, Les Caves. **GPS:** n47,13429 w0,24256.

5 € 6 inklusive €5/24Std. **Lage:** Einfach, ruhig.
Untergrund: befestigt. 01/03-01/11.
Entfernung: 700M.
Sonstiges: Beim Weinkauf 1 Übernachtung frei.

Le Puy-Notre-Dame — 18D3
Domaine du Vieux Tuffeau, Les Caves. **GPS:** n47,13498 w0,24704.

6 kostenlos kostenlos €5/Nacht. **Lage:** Ländlich, einfach, ruhig. **Untergrund:** befestigt. 01/01-31/12.
Entfernung: 1Km.

Le Puy-Notre-Dame — 18D3
Domaine de la Girardrie, Rue Fontaine de Cix.
GPS: n47,11616 w0,24127.

Frankreich

Pays de la Loire

6 🅿 kostenlos 🚰💧ChWC kostenlos. **Lage:** Einfach. **Untergrund:** Wiese. 📅 01/01-31/12. **Entfernung:** 🛒400M ⛽400M 🍴400M 🚌200M. **Sonstiges:** An der Sporthalle.

♿S Mouzillon 18B3
Route de la Vendée. **GPS:** n47,13944 w1,28194.⬆️➡️.

12 🅿 kostenlos 🚰€2 💧Ch. **Lage:** Einfach. **Untergrund:** asphaltiert. **Entfernung:** 🛒200M ⛽200M 🍴200M 🚌vor Ort.

♿S Nantes 18B3
Camping-car park du Petit Port, Boulevard du Petit Port. **GPS:** n47,24252 w1,5568.⬆️➡️.

15 🅿 € 12/24 Std 🚰💧Ch 📶 inklusive. **Lage:** Städtisch, einfach, zentral. **Untergrund:** Wiese/befestigt. 📅 01/01-31/12. **Entfernung:** 🛒vor Ort ⛽3,5Km 🍴vor Ort 🚌300M 🚇 S-Bahn 150M. **Sonstiges:** Kode WLAN: 44-2207, Eintrittskode: 2207A.

Touristinformation Nantes:
🏛️ Musée Jules Verne.

♿ Noirmoutier-en-l'Ile 18A3
Aire de La Guérinière, Rue de la Tresson. **GPS:** n46,96591 w2,21482.⬆️.

49 🅿 € 8-10, 02/07-27/08 € 13 🚰💧Ch 📶 inklusive. 🚙 **Untergrund:** Schotter. 📅 01/01-31/12. **Entfernung:** 🏖️Sandstrand 450M ⛽200M 🍴100M. **Sonstiges:** Max. 48 Std, Videoüberwachung.

♿S Noirmoutier-en-l'Ile 18A3
La Place de l'ancien moulin à eau, Noirmoutier-en-l'Ile. **GPS:** n47,00139 w2,25167.⬆️.

220 🅿 € 5, 01/04-30/10 € 8, Parkplatz kostenlos 🚰€2/100Liter 💧Ch 🚰€2/1Std kostenlos. 🚙 **Untergrund:** asphaltiert. 📅 01/01-31/12. **Entfernung:** 🛒750M 🏖️Sandstrand 2,5Km 🍴750M. **Sonstiges:** Max. 72 Std.

♿S Noirmoutier-en-l'Ile 18A3
Place des Ormeaux, L'Epine. **GPS:** n46,98060 w2,26404.⬆️.

51 🅿 € 8/24 Std, € 14/48 Std, € 20/72 Std 🚰100Liter 💧Ch inklusive 50Minuten WC. 📅 01/01-31/12. **Entfernung:** 🛒100M 🏖️1,3Km 🍴vor Ort 🚌200M 🏖️3Km 🚴vor Ort. **Sonstiges:** Max. 72 Std.

♿S Noirmoutier-en-l'Ile 18A3
Place R. Ganachaud, l'Herbaudière. **GPS:** n47,02016 w2,30061.⬆️.

18 🅿 € 5, 01/04-30/10 € 8, Parkplatz kostenlos 🚰€2/100Liter 💧Ch 🚰€2/1Std. **Untergrund:** asphaltiert. 📅 01/01-31/12. **Entfernung:** 🏖️vor Ort ⛽350M. **Sonstiges:** Parkplatz hinter Rathaus, max. 72 Std.

Touristinformation Noirmoutier-en-l'Ile:
⛲ Place de la République. 📅 Fr.
🐟 Sealand Aquarium, Le Vieux Port.

♿ Nort-sur-Erdre 18B2
13 Place du Bassin. **GPS:** n47,43746 w1,49546.⬆️.

6 🅿 kostenlos 🚰€2 💧ChWC kostenlos 📶. **Lage:** Einfach, ruhig. **Untergrund:** asphaltiert. 📅 01/01-31/12. **Entfernung:** 🛒300M 🍴100M 🚌300M 🏖️300M. **Sonstiges:** Max. 24 Std.

♿S Notre-Dame-de-Monts 18A3
Aire de la Clairière, Rue de la Clairière. **GPS:** n46,83460 w2,14282.⬆️➡️.

35 🅿 € 7/20-8 Uhr, 01/10-31/03 € 5/20-8 Uhr 🚰💧Ch kostenlos. 🚙 **Lage:** Ländlich, einfach. **Untergrund:** Schotter. 📅 01/01-31/12 **Ver-/Entsorgung:** 01/12-01/04. **Entfernung:** 🛒800M ⛽200M 🍴200M 🚌800M 🏖️800M. **Sonstiges:** Reisemobilplatz am Strand.

♿S Notre-Dame-de-Monts 18A3
Parking De Gaulle, Rue de La Barre. **GPS:** n46,83118 w2,13006.⬆️.

20 🅿 € 7/20-8 Uhr, 01/10-31/03 € 5/20-8 Uhr 🚰💧ChWC kostenlos. 🚙 **Untergrund:** asphaltiert. 📅 01/01-31/12 **Ver-/Entsorgung:** 01/12-01/04. **Entfernung:** 🛒300M ⛽500M 🍴300M.

♿ Nozay 18B2
Étang de Nozay. **GPS:** n47,57500 w1,62528.⬆️.

16 🅿 € 8 🚰💧Ch (16x) WC inklusive. **Untergrund:** Schotter. 📅 01/01-31/12 **Ver-/Entsorgung mit Frost.** **Entfernung:** 🛒1,5Km ⛽2km 🍴10M 🚌200M 🏖️400M.

♿ Olonne-sur-Mer 21A1
Aire camping-cars OlonnEscale, Rue des Anciens Combattants d'Afrique du Nord. **GPS:** n46,53814 w1,77517.⬆️➡️.

21 🅿 € 8/24 Std 🚰💧Ch 📶 inklusive. 🚙 **Lage:** Einfach. 📅 01/01-31/12. **Entfernung:** 🛒300M 🏖️6km 🍴600M 🚌300M. **Sonstiges:** Jul/Aug max. 48 Std, max. 72 Std.

♿S Oudon 18B3
Aire de Camping-Car Oudon, Rue de la Vieille Cour. **GPS:** n47,34567 w1,28415.⬆️.

8 🅿 kostenlos 🚰💧Ch. **Lage:** Ländlich, einfach, ruhig. **Untergrund:** Schotter. 📅 01/01-31/12. **Entfernung:** 🛒300M ⛽500M 🍴400M 🚌vor Ort 🚴vor Ort. **Sonstiges:** Ver-/Entsorgung beim Campingplatz 1km.

♿S Pellouailles-les-Vignes 18C2
Impasse de la Chapelle, D323. **GPS:** n47,52141 w0,43698.⬆️.

3 🅿 kostenlos 🚰💧Ch kostenlos. **Lage:** Ländlich. **Untergrund:** asphaltiert. 📅 01/01-31/12. **Entfernung:** 🛒vor Ort ⛽1,4Km 🍴100M 🥖Bäckerei 50M.

Pays de la Loire

Piriac-sur-Mer 14D3
Parking de Brambel, Avenue du Général de Gaulle, D452.
GPS: n47,39647 w2,51292.

12 €6,50 €2/100Liter ChWC **Lage:** Komfortabel.
Untergrund: befestigt. 01/01-31/12.
Entfernung: 2km Sandstrand 50M 2km 2km.
Sonstiges: Parkplatz am Meer.

Piriac-sur-Mer 14D3
Parking de Lérat, Route de Mesquêne, D99, Lieu-dit Lérat.
GPS: n47,36807 w2,53273.

25 €6,50 €2/100Liter Ch **Lage:** Einfach.
Untergrund: befestigt. 01/01-31/12.
Entfernung: 2,5Km 600M 600M 500M 500M.

Piriac-sur-Mer 14D3
Port de Piriac, Rue de la Tranchée. **GPS:** n47,37861 w2,5422.

15 €6,50 €2/100Liter Ch **Untergrund:** Schotter.
01/01-31/12.
Entfernung: 500M 500M 500M.
Touristinformation Piriac-sur-Mer:
01/06-30/09 Mo + Mi + Sa-Morgen, 01/10-30/05 Di.
Kunstmarkt. 01/07-31/08 Do-Abend.

Pontmain 15C3
Parking de la Mairie, Le Bourg. **GPS:** n48,43796 w1,06042.
50 kostenlos Ch kostenlos. 01/01-31/12.
Entfernung: vor Ort.
Sonstiges: Max. 1 Nacht.

Pornic 18A3
Le Val Saint-Martin. GPS: n47,12053 w2,09162.

7 kostenlos €2/100Liter Ch **Lage:** Komfortabel, abgelegen. **Untergrund:** asphaltiert. 01/01-31/12.
Entfernung: Zentrum 1,5Km.
Sonstiges: Neben Schwimmbad.

Pouancé 18B2
Rue de l'Hippodrome, Aubin. **GPS:** n47,75223 w1,18007.

5 €4,40 Ch (4x)WC kostenlos. **Lage:** Ländlich, einfach, ruhig. **Untergrund:** Wiese. 01/01-31/12.
Entfernung: 500M klein Strand 20M 20M 1Km 1Km.
Sonstiges: Am étang de Saint-Aubin.

Pouzauges 21C1
Parking de la Vallée, D49/D203. **GPS:** n46,77639 w0,82861.

10 kostenlos Ch kostenlos. **Lage:** Einfach.
Untergrund: asphaltiert. 01/01-31/12.
Entfernung: 1Km 1Km 1Km.

Préfailles 18A3
Camping-Car Park de La Pointe, Chemin du Port aux Anes.
GPS: n47,13872 w2,22213.

49 €12/24 Std Ch inklusive **Lage:** Komfortabel. **Untergrund:** Wiese/Schotter. 01/01-31/12.

Préfailles 18A3
Aire de Biochon, Chemin de Levertrie. **GPS:** n47,12973 w2,19028.

75 €3. **Lage:** Ländlich, einfach, ruhig.
Untergrund: Schotter/Sand. 01/01-31/12.
Entfernung: 3Km 500M 500M 3Km 3Km.
Sonstiges: Max. 48 Std, Backer kommt jede Morgen.

Préfailles 18A3
Aire de la Pointe St-Gildas, D313, chemin des Pinettes.
GPS: n47,13663 w2,23843.

45 €5. **Lage:** Ländlich, einfach, ruhig.
Untergrund: Wiese/Schotter. 01/01-31/12.
Entfernung: 3Km 50M 200M 3Km.
Sonstiges: Max. 48 Std, Backer kommt jede Morgen.

Préfailles 18A3
Rue de la Prée. **GPS:** n47,13439 w2,2117.

€2,50/100Liter Ch. **Lage:** Einfach. 01/01-31/12.
Sonstiges: Wertmünzen bei Office de Tourisme.

Pruillé-l'Éguillé 18E2
Berce Loisirs, La Quellerie. **GPS:** n47,82714 o0,42822.
23 €7 Ch €2 €1. **Untergrund:** Wiese.
01/01-31/12.
Entfernung: 1,2Km vor Ort 1,2Km vor Ort vor Ort.
Sonstiges: Am Fischteich.

Rablay sur Layon 18C3
Parking les Lavandières, D54. **GPS:** n47,29772 w0,57767.

5 kostenlos ChWC kostenlos. **Lage:** Ländlich, einfach, ruhig.
Untergrund: Schotter/Sand. 01/01-31/12.
Entfernung: 300M.

Riaillé 18B2
Rue de la Benate. **GPS:** n47,51412 w1,28803.

5 kostenlos ChWC kostenlos. **Lage:** Ländlich, einfach, ruhig.
Untergrund: Schotter. 01/01-31/12.
Entfernung: 700M 700M 700M.
Sonstiges: Max. 48 Std.

Rouans 18A3
Aire naturelle de Messan, Route des Marais.
GPS: n47,19272 w1,85419.

8 €3 ChWC kostenlos. **Lage:** Ländlich, einfach.
Untergrund: Wiese/befestigt. 01/01-31/12.
Entfernung: 1Km vor Ort vor Ort 1Km.
Sonstiges: Im Rathaus zahlen.

Saint-Aubin-de-Luigné 18C3
Domaine La Biquerie, Domaine viticole de la Biquerie D17.
GPS: n47,30843 w0,70211.

30 kostenlos Ch kostenlos.
Lage: Ländlich, einfach, ruhig. **Untergrund:** Wiese.
01/01-31/12.
Entfernung: 5Km 5Km 5Km 5Km vor Ort vor Ort.

Saint-Aubin-de-Luigné 18C3
Camping du Layon, Rue Jean de Pontoise.
GPS: n47,32796 w0,67112.

Pays de la Loire

10 €4 Chinklusive. **Lage:** Städtisch, zentral, ruhig. **Untergrund:** asphaltiert. 01/05-30/09. **Entfernung:** 50M 100M 250M 250M 250M vor Ort vor Ort. **Sonstiges:** Bezahlen beim Campingplatz oder am Rathaus.

Saint-Calais — 18E2
Boulevard du Docteur Gigon. **GPS:** n47,92416 o0,74459.

4 kostenlos ChWCkostenlos. **Lage:** Ländlich, einfach. **Untergrund:** asphaltiert. 01/01-31/12. **Entfernung:** 400M vor Ort.

Saint-Calais — 18E2
Le Champ Long, D249. **GPS:** n47,93375 o0,74568.

15 kostenlos WC. **Lage:** Ländlich. **Untergrund:** asphaltiert. 01/01-31/12. **Entfernung:** 1,6Km See vor Ort vor Ort.

Saint-Clément-des-Levées — 18D3
Rue de la Laiterie. **GPS:** n47,33064 w0,18042.

10 kostenlos €2 Ch. **Untergrund:** befestigt. 01/01-31/12. **Entfernung:** 300M. **Sonstiges:** Wertmünzen in den Geschäften und bei Rathaus.

Saint-Cyr-en-Bourg — 18D3
Cave de Saumur, Route de Saumoussay. **GPS:** n47,19642 w0,07266.

15 kostenlos ChWCkostenlos. **Lage:** Ländlich, einfach, ruhig. **Untergrund:** asphaltiert. 15/03-15/09. **Entfernung:** 3Km. **Sonstiges:** Max. 48 Std, Weinprobe 300m.

Saint-Georges-sur-Loire — 18C2
Rue de la Villette. **GPS:** n47,40610 w0,76301.

12 kostenlos Chkostenlos. **Lage:** Ländlich, einfach, ruhig. **Untergrund:** asphaltiert. 01/01-31/12. **Entfernung:** 300M 100M 300M 300M. **Sonstiges:** Neben der Abtei, max. 24 Std.

Saint-Gervais — 18A3
Route de St Urbain. **GPS:** n46,89999 w2,00134.
10 €3/10Minuten Ch €3/55Minuten. 01/01-31/12. **Entfernung:** 300M 300M.

Saint-Gilles-Croix-de-Vie — 21A1
La Rabalette, Rue de la Rabalette. **GPS:** n46,70302 w1,94728.

35 15/03-15/11 € 6/Nacht €2,60/10Minuten Ch. **Lage:** Städtisch, einfach. **Untergrund:** asphaltiert. 01/01-31/12. **Entfernung:** 500M 1Km 500M 500M. **Sonstiges:** In der Nähe vom See Soudinière, Wertmünzen bei Office de Tourisme.

Saint-Gilles-Croix-de-Vie — 21A1
Stade de la Chapelle, Rue du Bois. **GPS:** n46,69449 w1,92716.

€ 6 €2,60 Ch. **Lage:** Städtisch. **Untergrund:** ungepflastert. 01/04-30/09 Wochenende und Schulurlaub. **Entfernung:** Zentrum 500M. **Sonstiges:** Wertmünzen beim Touristenbüro.
Touristinformation Saint-Gilles-Croix-de-Vie: St.Gilles: Di, Do, So; Croix de Vie: Mi, Sa.

Saint-Hilaire-de-Chaléons — 18A3
Rue Eloi Guitteny, D61. **GPS:** n47,10389 w1,86639.

2 kostenlos ChWCkostenlos. **Untergrund:** asphaltiert. 01/01-31/12. **Entfernung:** 100M 500M 100M. **Sonstiges:** Neben Camping De l'Etoile, max. 24 Std.

Saint-Hilaire-de-Riez — 21A1
Base des vallées, Chemin des Vallées. **GPS:** n46,73154 w1,91132.

10 kostenlos €2,60/10Minuten Ch. **Lage:** Ländlich, einfach. **Untergrund:** asphaltiert. 01/01-31/12. **Entfernung:** St.Hilaire 3,7km 7Km.

Saint-Hilaire-de-Riez — 21A1
Parking des Becs, Avenue des Becs. **GPS:** n46,76040 w2,02656.

25 € 6/24 Std €2,60/10Minuten Ch. **Untergrund:** asphaltiert. 01/01-31/12. **Entfernung:** 100M Sandstrand 750M 200M. **Sonstiges:** Max. 3 Nächte.

Saint-Hilaire-de-Riez — 21A1
Allée de la Plage de la Parée Préneau. **GPS:** n46,72865 w1,99167.

48 kostenlos, Nacht € 5. **Lage:** Ländlich. **Untergrund:** befestigt. 01/01-31/12. **Entfernung:** vor Ort. **Sonstiges:** Strandparkplatz.

Saint-Hilaire-de-Riez — 21A1
Champ Gaillard, Avenue de Baisse. **GPS:** n46,76903 w2,03337.

28 kostenlos. **Lage:** Ländlich, abgelegen. **Untergrund:** Schotter. 01/01-31/12. **Entfernung:** Sandstrand 1Km.

Saint-Jean-de-Monts — 21A1
Le Repos des Tortues, Route de Notre Dame de Monts 38. **GPS:** n46,79879 w2,07344.

98 € 8, 01/07-31/08 € 12 Ch (49x), 4Amp WC €5/Aufenthalt €4 inklusive. **Lage:** Ländlich, luxus. **Untergrund:** Wiese/Schotter. 01/01-31/12. **Entfernung:** 800M 1,5Km 50M 2km. **Sonstiges:** Videoüberwachung.

Pays de la Loire

Saint-Jean-de-Monts 21A1
Aire de stationnement des Pimprenelles, Rue des Pimprenelles.
GPS: n46,78837 w2,07986.

20 € 8,50-12, Kurtaxe inkl Ch inklusive.
Lage: Komfortabel. Untergrund: asphaltiert. 01/04-01/11.
Entfernung: Sandstrand 200M.
Touristinformation Saint-Jean-de-Monts:
Mi, Sa.

Saint-Jean-sur-Mayenne 18C1
Les Marchanderies. GPS: n48,12793 w0,75244.

25 € 7,60 Ch WC inklusive.
Lage: Ländlich, luxus, ruhig. Untergrund: Wiese/Schotter.
01/01-31/12.
Entfernung: 500M vor Ort 300M 400M Bäckerei vor Ort.
Sonstiges: Entlang der Mayenne.

Saint-Léonard-des-Bois 18D1
Aire Municipale, Le Gué Plard. GPS: n48,35318 w0,08127.

10 kostenlos Ch WC kostenlos. Lage: Einfach, ruhig.
01/01-31/12.
Entfernung: 500M vor Ort 500M vor Ort vor Ort.

Saint-Loup-du-Gast 15C3
Zone d'Activité du Creusot. GPS: n48,38750 w0,58548.

6 kostenlos Ch kostenlos.
Lage: Ländlich, einfach. Untergrund: asphaltiert/Wiese.
01/01-31/12.
Entfernung: 350M.
Sonstiges: Max. 1 Nacht, abfahrt Vélorail, € 15 pro rad für 4 Pers.

Saint-Mars-la-Jaille 18B2
Rue Neuve. GPS: n47,52327 w1,18357.

12 kostenlos Ch WC kostenlos. Lage: Ländlich.
Untergrund: asphaltiert. 01/01-31/12.
Entfernung: 200M vor Ort.
Sonstiges: Parkplatz am kleinen See.

Saint-Michel-Chef-Chef 18A3
Camping-Car Park Le Thar-Cor La Plaine sur Mer, Avenue Cormier.
GPS: n47,16017 w2,16881.

24 € 12/24 Std Ch inklusive. Lage: Einfach, abgelegen, ruhig. 01/01-31/12.
Entfernung: Sandstrand 400M 400M 400M.

Saint-Michel-Chef-Chef 18A3
Rue du Chevecier. GPS: n47,18209 w2,14664.

30 kostenlos, 20-8 Uhr € 6 €2,95/100Liter Ch. Lage: Einfach.
Untergrund: asphaltiert. 01/01-31/12.
Entfernung: 300M 300M 300M.
Sonstiges: Parkplatz Rathaus, Wertmünzen beim Office de Tourisme und Rathaus.

Saint-Michel-Chef-Chef 18A3
Camping Clos Mer et Nature, Route de Tharon.
GPS: n47,17309 w2,15779.

€ 6 €2/100Liter Ch €2. Lage: Einfach, ruhig.
Untergrund: Wiese. 01/01-31/12.
Entfernung: 500M Sandstrand 400M 300M.
Sonstiges: Anmelden an der Rezeption Campingplatz.

Saint-Michel-en-l'Herm 21B2
Route de la Mer. GPS: n46,35161 w1,24821.

4 kostenlos €2 Ch. Lage: Einfach.
Untergrund: asphaltiert/Schotter.
Entfernung: 200M 200M 200M.

Sonstiges: Wertmünzen bei Geschäfte.

Saint-Michel-et-Chanveaux 18B2
Aire de la Coulée Verte, Rue de Bretagne. GPS: n47,68034 w1,13252.
4 kostenlos WC. Untergrund: ungepflastert.
01/01-31/12. Entfernung: 100M.

Saint-Michel-Mont-Mercure 21C1
Place du Sommet. GPS: n46,83222 w0,88222.

50 kostenlos €2/150Liter Ch. Lage: Einfach, abgelegen.
Untergrund: Schotter/Sand. 01/01-31/12.
Entfernung: 500M vor Ort 500M.

Saint-Nazaire 18A3
Parking du Théâtre, Boulevard Paul Leferme. GPS: n47,27895 w2.

28 € 7, Kurtaxe € 0,65/pP €4/10Minuten Ch inklusive.
Lage: Städtisch, einfach, abgelegen. Untergrund: befestigt.
01/01-31/12.
Entfernung: vor Ort 500M 50M.
Sonstiges: Kostenloser Bus zum Zentrum.

Saint-Nazaire 18A3
Route de l'Océan, D292, Saint-Marc-sur-Mer.
GPS: n47,23700 w2,30033.

15 kostenlos €4/100Liter Ch €4/1Std. Lage: Ländlich, einfach, ruhig. Untergrund: Schotter. 01/01-31/12.
Entfernung: 2km 100M 100M.

Saint-Nazaire 18A3
Quai du Port de Méan. GPS: n47,29937 w2,18333.
6 kostenlos. Untergrund: befestigt.
Entfernung: 4Km 1km 150M.

Saint-Nazaire 18A3
Route du Bois Joalland. GPS: n47,27954 w2,26229.

5 kostenlos. Lage: Einfach, zentral. Untergrund: Schotter.
01/01-31/12.
Entfernung: 500M 10M 10M vor Ort vor Ort.

Saint-Philbert-de-Grand-Lieu 18B3
Chemin de la Plage. GPS: n47,04500 w1,64172.

Pays de la Loire

10 kostenlos Ch kostenlos. **Untergrund:** Schotter.
01/01-31/12. **Entfernung:** 1Km vor Ort vor Ort 550M.

Saint-Rémy-la-Varenne 18D3
Rue St Aubin-D132. **GPS:** n47,39805 w0,31612.

3 kostenlos ChWC kostenlos. **Lage:** Städtisch, einfach, ruhig.
Untergrund: asphaltiert. 01/01-31/12.
Entfernung: vor Ort 100M 100M 150M vor Ort vor Ort.

Saint-Saturnin-sur-Loire 18C3
Route de Saumur, D751. **GPS:** n47,39267 w0,43285.

3 kostenlos Ch kostenlos. **Lage:** Städtisch, einfach, ruhig.
Untergrund: befestigt. 01/01-31/12.
Entfernung: vor Ort 100M 100M 150M vor Ort vor Ort.

Saint-Viaud 18A3
Rue du Parc des Sports. **GPS:** n47,25917 w2,015.

10 kostenlos Ch (2x). **Lage:** Ländlich, komfortabel, ruhig.
Untergrund: befestigt. 01/01-31/12.
Entfernung: 500M 100M 500M 500M.
Sonstiges: Am Erholungssee, max. 8 Tage.

Saint-Vincent-sur-Jard 21B1
Chemin des Roulettes, Le Goulet. **GPS:** n46,41038 w1,5413.

43 €0,35/Std €2/10Minuten Ch €2/55Minuten.
Lage: Ländlich, einfach. **Untergrund:** befestigt. 01/01-31/12
Ver-/Entsorgung: Winter.
Entfernung: 1Km 100M 400M.

Sainte-Foy 21A1
Rue Maurice Raimbaud. **GPS:** n46,54568 w1,67306.
3 kostenlos Ch kostenlos. **Untergrund:** asphaltiert.

01/04-31/10. **Entfernung:** vor Ort vor Ort.

Saulgé l'Hôpital 18C3
Terrain de Loisirs, Chemin de la Planche.
GPS: n47,29853 w0,38344.

15 kostenlos Ch kostenlos. **Lage:** Ländlich, einfach, ruhig.
Untergrund: Schotter. 01/01-31/12.
Entfernung: 100M 100M 100M.
Sonstiges: Ver-/Entsorgung 100M.

Segré 18C2
Aire de l'Europe, D775. **GPS:** n47,68497 w0,85719.

3 kostenlos ChWC kostenlos. **Lage:** Ländlich.
Untergrund: asphaltiert. 01/01-31/12.
Entfernung: 1Km.

Segré 18C2
Place du Moulin sous la Tour, Rue Emile Zola.
GPS: n47,68409 w0,87436.

10 kostenlos Ch kostenlos. **Lage:** Ländlich, einfach.
Untergrund: Schotter. 01/01-31/12 Ver-/Entsorgung: Winter.
Entfernung: 300M vor Ort 100M vor Ort.

Sillé-le-Guillaume 18D1
2, Place de la Gare. **GPS:** n48,18167 w0,13111.

8 kostenlos €3 Ch €3. **Lage:** Städtisch, einfach.
Untergrund: asphaltiert. 01/01-31/12.
Entfernung: 300M 300M 400M Zug 50M.
Sonstiges: Wertmünzen beim Touristenbüro.

Souvigné-sur-Sarthe 18D2
Le Val de Taude, Rue de la Vallée. **GPS:** n47,82782 w0,38896.
kostenlos.

Talmont-Saint-Hilaire 21A1
Parking des Gâtines, Rue des Gâtines. **GPS:** n46,46761 w1,61718.

16 €7,40/24 Std €3/10Minuten Ch €3/50Minuten.
Lage: Ländlich, einfach. **Untergrund:** asphaltiert. 01/01-31/12.
Entfernung: 500M Kleiner See (100M) 100M.

Talmont-Saint-Hilaire 21A1
Parking du Château Guibert, Avenue de la Plage.
GPS: n46,44098 w1,66351.

16 €7,40/24 Std €3 Ch €3 WC. **Lage:** Ländlich,
einfach. **Untergrund:** befestigt. 01/01-31/12.
Entfernung: 1Km.
Sonstiges: Max. 48 Std.

Tennie 18D1
Rue du Camping. **GPS:** n48,10636 w0,0786.
kostenlos. 01/01-31/12.
Entfernung: 250M.
Sonstiges: Am See.

Thoiré-sur-Dinan 18E2
19 rue Gabriel Guyon. **GPS:** n47,75343 o0,44621.
4 €5 Ch inklusive. 01/01-31/12.
Sonstiges: Picknick und Gillplatz.

Turquant 18D3
Aire Municipal, Rue des Ducs d'Anjou. **GPS:** n47,22393 o0,02858.

20 kostenlos €2,50 ChWC kostenlos.
Lage: Einfach, zentral. **Untergrund:** befestigt.
01/01-31/12.
Entfernung: 100M 50M 50M vor Ort vor Ort vor Ort.
Sonstiges: Hinter Kirche, Wertmünzen bei Geschäfte im Dorf.

Vaiges 18C1
Rue Robert Gletron, D57. **GPS:** n48,04189 w0,48285.

5 kostenlos €2 Ch. **Lage:** Städtisch, einfach, laut.
Untergrund: Schotter. 01/01-31/12.
Entfernung: 500M 1,7Km 20M 700M Bäckerei.

Valanjou 18C3
Aire de Plaisance, Rue de la Mairie. **GPS:** n47,21658 w0,60326.

Frankreich 399

Pays de la Loire - Centre-Val de Loire

6 🅿️ kostenlos 🚰 Ch WC kostenlos. **Lage:** Ländlich, einfach, ruhig. **Untergrund:** befestigt. 📅 01/01-31/12.
Entfernung: 🛒200M 🥖300M 🍽️300M vor Ort 🚶 vor Ort.
Sonstiges: In der Nähe vom Rathaus.

| S | **Vauchrétien** | 18C3 |

Domaine Dittiére, Chemin de la Grouas Vauchrétien.
GPS: n47,33273 w0,47231. ⬆️

5 🅿️ kostenlos 🚰 kostenlos. **Lage:** Ländlich, einfach, ruhig.
Untergrund: Schotter. 📅 01/01-31/12.
Entfernung: 🛒500M 🥖500M.

| S | **Venansault** | 21B1 |

Rue Pierre Nicolas Loué. **GPS:** n46,68250 w1,51472.

5 🅿️ kostenlos. **Untergrund:** Sand. 📅 01/01-31/12.
Entfernung: 🛒500M 🥖100M 🍽️300M 🚶500M.

| S | **Vendrennes** | 21B1 |

Route de l'Océan. **GPS:** n46,82690 w1,1217. ⬆️

5 🅿️ kostenlos 🚰€3/150Liter 🗑️Ch kostenlos. **Lage:** Ländlich, einfach, ruhig. **Untergrund:** befestigt/Sand. 📅 01/01-31/12.
Entfernung: 🛒200M.
Sonstiges: Wertmünzen in der Bäckerei.

| S | **Vihiers** | 18C3 |

Rue Champ de Foire des Champs. **GPS:** n47,14355 w0,5358. ⬆️➡️

5 🅿️ kostenlos 🚰 Ch WC kostenlos. **Lage:** Städtisch, einfach, ruhig.
Untergrund: asphaltiert. 📅 01/01-31/12.
Entfernung: 🛒50M 🥖100M 🍽️100M.

| S | **Villebernier** | 18D3 |

Le Port Roux. **GPS:** n47,25395 w0,03454. ⬆️➡️
40 🅿️ 🚰 🗑️Ch.

Sonstiges: Entlang der Loire.

| S | **Villeveque** | 18C2 |

Rue du Port. **GPS:** n47,56222 w0,42257. ⬆️
6 🅿️ kostenlos 🚰€1 🗑️Ch WC. 📅 01/01-31/12.
Entfernung: 🛒100M 🥖50M 🥖Bäckerei 200M.

| C S | **Villiers-Charlemagne** | 18C1 |

Village Vacances et Pêche, Rue des Haies.
GPS: n47,92083 w0,68167. ⬆️➡️

25 🅿️ €8,40, 1. Nacht kostenlos 🚰€2 🗑️Ch 🚿.
Lage: Ländlich, komfortabel, ruhig.
Untergrund: Wiese.
📅 01/01-31/12.
Entfernung: 🏊vor Ort 🎣Tageskarte erhältlich 🥖500M 🚶 vor Ort.

| S | **Vouvant** | 21C1 |

Rue de Château Neuf. **GPS:** n46,57462 w0,77462. ⬆️➡️

20 🅿️ kostenlos 🚰 🗑️Ch kostenlos. **Untergrund:** Schotter.
📅 01/01-31/12. **Entfernung:** 🛒500M 🥖500M 🍽️500M.

Centre-Val de Loire

| S | **Ainay-le-Vieil** | 21H1 |

La Tuilerie. **GPS:** n46,66159 o2,55582. ⬆️➡️

6 🅿️ kostenlos 🚰 🗑️Ch WC kostenlos. **Lage:** Ländlich, einfach, ruhig.
Untergrund: Wiese. 📅 01/01-31/12.
Entfernung: 🛒850M 🥖800M.

| S | **Allogny** 🍴 | 18G3 |

D944. **GPS:** n47,21913 o2,32329. ⬆️➡️

3 🅿️ kostenlos 🚰WC kostenlos. **Lage:** Ländlich, einfach, abgelegen, laut. **Untergrund:** asphaltiert. 📅 01/01-31/12.
Entfernung: 🛒800M 🥖50M 🍽️50M.

| S | **Amboise** 🚢🍴 | 18E3 |

Vinci Park, Alleé de la Chapelle Saint-Jean.
GPS: n47,41761 o0,98742. ⬆️

20 🅿️ €12/24 Std 🚰 🗑️Ch inklusive 🚿(20x)€2 🚾.
Lage: Ländlich, komfortabel, zentral, ruhig.
Untergrund: asphaltiert/Wiese.
📅 01/01-31/12.
Entfernung: 🛒200M 🏊200M 🥖200M 🍽️200M 🚴vor Ort 🚶 vor Ort.
Sonstiges: Neben Campingplatz, Schloss 500m.

| S | **Amboise** 🚢🍴 | 18E3 |

Parking St. Jean, Avenue Leonardo da Vinci 43, D61.
GPS: n47,40814 o0,98986. ⬆️➡️

11 🅿️ kostenlos. **Lage:** Städtisch, einfach, abgelegen, ruhig.
Untergrund: asphaltiert. 📅 01/01-31/12.
Entfernung: 🛒vor Ort 🥖1,5Km 🍽️1,5Km vor Ort.

| S | **Angé** | 18F3 |

Place de la Mairie. **GPS:** n47,33239 o1,24450. ⬆️➡️

20 🅿️ kostenlos 🚰€3/100Liter 🗑️Ch 🚿. **Lage:** Einfach, abgelegen, ruhig. **Untergrund:** Sand. 📅 01/01-31/12.
Sonstiges: Wertmünzen beim Rathaus und Supermarkt.

| S | **Ardentes** | 21G1 |

Avenue de Verdun. **GPS:** n46,74682 o1,82826. ⬆️

5 🅿️ kostenlos 🚰€2,50/10Minuten 🗑️Ch 🚿(4x) WC 🚾.
Lage: Ländlich, laut. **Untergrund:** Schotter.
Entfernung: 🛒vor Ort 🍽️vor Ort.

| S | **Argenton-sur-Creuse** | 21F1 |

Rue de la Grenouille. **GPS:** n46,58715 o1,52497. ⬆️➡️

50 🅿️ kostenlos. **Lage:** Einfach. **Untergrund:** Schotter.
📅 01/01-31/12. **Entfernung:** 🛒50M 🚲3,4Km 🍽️50M 🥖50M.

| S | **Argenton-sur-Creuse** | 21F1 |

Alleé du Champ de Foire. **GPS:** n46,58501 o1,52283. ⬆️
🚰 🗑️Ch WC kostenlos. **Lage:** Ländlich, einfach. 📅 01/01-31/12.

Centre-Val de Loire

Athée-sur-Cher — 18E3
Aire d'Athée-sur-Cher, D83, Rue de Cigogné.
GPS: n47,31439 o0,91756.⬆️➡️

3 kostenlos Ch kostenlos. **Lage**: Ländlich, einfach, abgelegen, ruhig. **Untergrund**: befestigt. 01/01-31/12.
Entfernung: 800M 11Km 1,5Km 1Km vor Ort.
Sonstiges: Max. 24 Std.

Aubigny-sur-Nère — 18H3
Parc des Sports, D7. **GPS**: n47,48201 o2,44995.⬆️➡️

9 kostenlos Ch kostenlos. **Lage**: Ländlich, einfach, abgelegen, ruhig. **Untergrund**: asphaltiert. 01/01-31/12.
Entfernung: 1Km 1Km 2km vor Ort vor Ort.
Sonstiges: Spielplatz.

Aubigny-sur-Nère — 18H3
Parking du Pré qui Danse, Mail Guichard.
GPS: n47,49140 o2,43830.⬆️

17 kostenlos Ch WC kostenlos. **Lage**: Städtisch, einfach.
Untergrund: asphaltiert. 01/01-31/12.
Entfernung: 200M 200M 200M 100M.

Avoine — 18D3
Avenue de la République. **GPS**: n47,21287 o0,17706.⬆️

11 €4 €2/10Minuten Ch (11x)€2/24Std.
Lage: Ländlich, komfortabel, luxus, zentral, ruhig.
Untergrund: asphaltiert/befestigt. 01/01-31/12.
Entfernung: 1Km Lac Mousseau 300M 300M 300M.
Sonstiges: Max. 3 Nächte.

Azay-le-Rideau — 18E3
Camping municipal Le Sabot, Rue du Stade.
GPS: n47,25925 o0,46992.⬆️➡️

8 kostenlos €3/100Liter Ch €1,70, am Campingplatz.
Lage: Städtisch, komfortabel, zentral, ruhig. **Untergrund**: asphaltiert. 01/04-01/10.
Entfernung: 200M 300M vor Ort vor Ort.
Sonstiges: Max. 24 Std, Wertmünzen bei camping (9-16 Uhr), Schloss 300m.

Azé — 18F2
M et Mme Hersant, Les Places, D957 Épuisay-Galette.
GPS: n47,86451 o0,97659.⬆️➡️

6 €10 Ch inklusive. **Lage**: Ländlich, komfortabel, abgelegen, ruhig. **Untergrund**: Wiese/Schotter. 01/01-31/12.
Entfernung: 7Km vor Ort.

Barlieu — 18H3
Base de loisirs de Badineau. **GPS**: n47,47918 o2,63168.⬆️

15 €2, 1. Nacht €3,50 €2/100Liter Ch €2/Std WC.
Lage: Ländlich, einfach, ruhig. **Untergrund**: Wiese/Schotter.
19/04-31/10.
Entfernung: 1Km vor Ort vor Ort.
Sonstiges: Am kleinen See.

Benais — 18D3
Rue Saint-Vincent. **GPS**: n47,29875 o0,21598.⬆️

6 kostenlos. **Lage**: Ländlich, einfach, ruhig. **Untergrund**: Wiese.
01/01-31/12.
Entfernung: 350M 350M vor Ort vor Ort.

Bessais-le-Fromental — 21H1
Base de loisirs de l'Étang de Goule, Champ de la Croix.
GPS: n46,73402 o2,80034.⬆️➡️

50 kostenlos €2 Ch. **Lage**: Einfach, abgelegen, ruhig.
Untergrund: asphaltiert/Wiese. Ver-/Entsorgung mit Frost.
Entfernung: 4Km vor Ort vor Ort am Campingplatz am Campingplatz.

Blois — 18F2
P2, Rue Jean Moulin. **GPS**: n47,58653 o1,32641.⬆️

20 €5/24 Std Ch kostenlos. **Untergrund**: asphaltiert.
01/05-30/09.
Entfernung: vor Ort 6,9Km 100M 100M vor Ort.
Touristinformation Blois:
Château de Blois.
Quatier Coty. Mi 7-13 Uhr.

Bonneval — 18F1
Rue de la Grève. **GPS**: n48,17980 o1,38840.⬆️

8 kostenlos Ch WC kostenlos. **Untergrund**: asphaltiert.
01/01-31/12. **Entfernung**: 200M 200M 350M.

Bonny-sur-Loire — 18H2
Chemin de la Cheuille. **GPS**: n47,55925 o2,83967.⬆️

6 kostenlos €2/Liter Ch €2/30Minuten WC. **Lage**: Ländlich, einfach, zentral. **Untergrund**: Schotter. 01/05-30/09.
Entfernung: 150M 50M 300M vor Ort vor Ort.
Sonstiges: Am Cheuille Fluss.

Boulleret — 18H3
Place des Charmes. **GPS**: n47,42304 o2,87244.⬆️➡️

4 kostenlos €2/100Liter Ch (1x)€2/6Std WC kostenlos.
Lage: Städtisch, einfach, zentral. **Untergrund**: asphaltiert.
01/01-31/12.
Entfernung: vor Ort vor Ort vor Ort vor Ort vor Ort.
Sonstiges: Wertmünzen bei Geschäfte und Restaurant, Sanitärgebäude: 01/05-30/09.

Bourges — 18H3
Rue Jean Bouin. **GPS**: n47,07597 o2,39897.⬆️

Centre-Val de Loire

50 kostenlos Ch kostenlos. **Lage:** Städtisch, einfach, zentral. **Untergrund:** asphaltiert. 01/01-31/12.
Entfernung: 50M 500M 500M.
Sonstiges: Max. 48 Std.
Touristinformation Bourges:
Ballades de Bourges. Festlichkeiten und Markt im Stadtzentrum. 01/07-31/08.

Bourgueil 18D3
Jardin de Tanneries, Rue des Tanneries. **GPS:** n47,28014 o0,17058.

6 kostenlos. **Lage:** Einfach, zentral, ruhig.
Untergrund: Schotter/Sand. 01/01-31/12.
Entfernung: 300M 150M.
Sonstiges: Max. 1 Nacht.

Bourré 18F3
Domaine Deniau, Route des Vaublins 18.
GPS: n47,35101 o1,24603.

6.
Lage: Ländlich, einfach. **Untergrund:** Schotter. 01/01-31/12.

Brézolles 15F3
Rue de Verneuil, D939. **GPS:** n48,69083 o1,06972.

10 kostenlos Ch kostenlos. **Untergrund:** Schotter.
01/01-31/12. **Entfernung:** 200M 200M.

Briare-le-Canal 18H2
Flot Bleu Park, Boulevard Lereou. **GPS:** n47,64304 o2,72270.

12 € 7/24 Std Ch inklusive. **Lage:** Städtisch, komfortabel, ruhig. **Untergrund:** Wiese. 01/01-31/12.
Entfernung: vor Ort 4,5Km vor Ort vor Ort 800M 800M 100M 500M.
Sonstiges: Max. 72 Std.

Briare-le-Canal 18H2
Rue des Vignes. **GPS:** n47,63215 o2,73981.

40 kostenlos €2/100Liter Ch. **Lage:** Städtisch, einfach.
Untergrund: Schotter. 01/01-31/12.
Entfernung: 300M 4,5Km 50M 500M 800M vor Ort vor Ort.

Briare-le-Canal 18H2
Port du Commerce, Quai de Mazoyer. **GPS:** n47,63470 o2,74030.

10 kostenlos WC kostenlos. **Lage:** Einfach.
Untergrund: asphaltiert. 01/01-31/12.
Entfernung: 200M 4,5Km vor Ort vor Ort 800M vor Ort vor Ort.

Céré-la-Ronde 18F3
Rue du Stade. **GPS:** n47,25788 o1,18232.
10 € 8,40-10,80 Ch inklusive. 01/01-31/12.
Entfernung: 500M.

Chabris 18F3
Place du Champ de Foire. **GPS:** n47,25317 o1,65211.

5 kostenlos €2 Ch €2. **Lage:** Ländlich, zentral, ruhig.
Untergrund: Schotter/befestigt. 01/01-31/12.
Entfernung: vor Ort 250M 250M.
Sonstiges: Wertmünzen beim Touristenbüro und Maison de la Presse (250m).

Chambord 18F2
Château de Chambord, Place St.Louis. **GPS:** n47,61608 o1,51057.

100 <7,90M € 7/Tag + € 10/Nacht, >7,90M € 45/Tag + € 45/Nacht.
Untergrund: asphaltiert.
Entfernung: 100M 100M.
Sonstiges: Parkplatz Schloss, max. 1 Nacht.

Champigny-sur-Veude 18D3
Place du Chapeau Rouge, Rue de la Bonne Dame.
GPS: n47,06499 o0,31773.
8 kostenlos Ch. **Untergrund:** asphaltiert. 01/01-31/12.
Sonstiges: Am kleinen See.

Chaon 18G2
La Maison du Braconnage, Rue des Genêts, D129.
GPS: n47,60942 o2,16611.

10 kostenlos Ch kostenlos. **Lage:** Ländlich, abgelegen, ruhig.
Untergrund: Wiese/befestigt. 01/01-31/12.
Entfernung: 200M 200M Bäckerei 50M.
Sonstiges: Videoüberwachung.

Châteaudun 18F1
Aire de Châteaudun, Rue des Fouleries.
GPS: n48,07172 o1,32421.

15 kostenlos €2/100Liter Ch €2/20Minuten WC.
Lage: Städtisch, komfortabel, zentral, ruhig. **Untergrund:** asphaltiert. 01/01-31/12.
Entfernung: 400M Kanuverleih vor Ort vor Ort.
Sonstiges: Entlang der Loir, Schloss von Châteaudun 300m.

Châteauroux 21F1
17, Avenue de Parc des Loisirs. **GPS:** n46,82278 o1,69507.

5 kostenlos €2,50/100Liter Ch €2,50/Std. **Lage:** Einfach.
Untergrund: asphaltiert. 01/05-31/10.
Entfernung: 3,6Km 2km 2km.
Sonstiges: Wertmünzen beim Campingplatz.

Châtillon-sur-Loire 18H2
Rue du Port. **GPS:** n47,59128 o2,76044.

± 6 € 9 Ch WC inklusive. **Lage:** Ländlich, komfortabel, ruhig. **Untergrund:** asphaltiert/Schotter.
Entfernung: 800M 9km A77 400M Bäckerei 500M.
Sonstiges: Am Kanal.

Chenonceaux 18F3
Aire de Chenonceaux, Chemin de la Varenne.
GPS: n47,33053 o1,06824.

10 kostenlos. **Lage:** Ländlich, einfach, abgelegen, laut.
Untergrund: Wiese. 01/01-31/12.

Centre-Val de Loire

Entfernung: 🚲500M ⊗500M vor Ort 🚴vor Ort.
Sonstiges: Entlang der Bahnlinie.

℗ Chenonceaux 🌿🚴 18F3
Rue du Château. **GPS:** n47,33020 o1,06648.⬆️

20 🚐kostenlos. **Lage:** Ländlich, einfach, abgelegen.
Untergrund: befestigt. 🔲 01/01-31/12.
Entfernung: 🚲500M ⊗500M 🚴vor Ort.
Sonstiges: Parkplatz Schloss von Chenonceaux.
Touristinformation Chenonceaux:
⛺ Schloss.

🚐 Cheverny 18F2
Château Cheverny P3, D102. **GPS:** n47,49762 o1,46097.

20 🚐kostenlos. **Untergrund:** befestigt.
🔲 9.30-12 Uhr, 14.15-17 Uhr, Apr-Sep 9.30-18.15 Uhr.
Entfernung: 🚲100M ⊗100M.
Touristinformation Cheverny:
⛺ Château Cheverny. Schloss. 🔲 9.30-12 Uhr, 14.15-17 Uhr, Apr-Sep 9.30-18.15 Uhr.

🚐S Chouzé-sur-Loire 18D3
Aire de Chouzé-sur-Loire, Rue de l'Eglise.
GPS: n47,23809 o0,12649.⬆️➡️

6 🚐kostenlos. 🚰€2 🔌Ch.
Lage: Ländlich, komfortabel, zentral, ruhig. **Untergrund:** Schotter.
🔲 01/01-31/12.
Entfernung: 🚲vor Ort ⊗250M 🍽vor Ort 🛒vor Ort 🚶vor Ort.
Sonstiges: Wertmünzen in den Geschäften und bei Rathaus.

🚐S Civray-de-Touraine 18F3
Caves du Père Auguste, 14 rue des Caves. **GPS:** n47,33497 o1,04718.

5 🚐kostenlos. 🚰€2/120Liter 💧(4x)€4/24Std WC🚽€3 📶.
Untergrund: asphaltiert/Wiese. 🔲 02/01-31/12.
Entfernung: 🚲500M ⊗1,5Km 🍽4Km 🚶vor Ort.

🚐S Cloyes-sur-le-Loir 18F1
Rue du Colonel Boussa. **GPS:** n49,99172 o1,23218.⬆️➡️
5 🚐kostenlos. **Untergrund:** asphaltiert. 🔲 01/01-31/12.
Entfernung: ⊗450M 🍽800M.

🚐S Coullons 18H2
Place du Monument. **GPS:** n47,62012 o2,49319.⬆️➡️

3 🚐kostenlos 🚰🔌ChWCkostenlos. **Lage:** Städtisch, einfach, ruhig.
Untergrund: Schotter. 🔲 01/01-31/12.
Entfernung: 🚲vor Ort ⊗500M 🍽50M 🛒50M 🚶vor Ort.

© S Courville-sur-Eure 15F3
Avenue Thiers. **GPS:** n48,44600 o1,24166.⬆️
6 🚐kostenlos 🚰€2,50/100Liter 🔌Ch 💧€2,50/55Minuten.
Untergrund: asphaltiert. 🔲 01/01-31/12.
Sonstiges: Wertmünzen beim Campingplatz und Geschäften.

🚐 Culan 🌿 21G2
Place du Champ de Foire. **GPS:** n46,54727 o2,34630.⬆️

20 🚐kostenlos 🚰€1,50/10Minuten 🔌Ch 💧€1,50/Std WC🚽.
Untergrund: asphaltiert. 🔲 01/01-31/12.
Entfernung: 🚲50M ⊗50M 🍽50M. **Sonstiges:** Beim Office du Tourisme, Wertmünzen erhältlich in den Geschäften.

🚐 Cuzion 🌿🚴 21F2
Base de Loisirs Pont des Piles, Rue des Petites Côtes.
GPS: n46,45639 o1,61167.⬆️➡️

6 🚐kostenlos. **Lage:** Abgelegen, ruhig. **Untergrund:** Wiese/befestigt.
🔲 01/01-31/12.
Sonstiges: Beim Schloss, max. 1 Nacht.

🚐S Dampierre-en-Burly 🌿🏖 18H2
Etang du Bourg, Rue nationale. **GPS:** n47,76250 o2,51413.⬆️

6 🚐kostenlos 🚰🔌Ch 💧WCkostenlos. **Lage:** Ländlich, einfach, ruhig. **Untergrund:** Schotter. 🔲 01/01-31/12.
Entfernung: 🚲1Km 🚣vor Ort 🍽vor Ort 🛒1Km 💊1,5Km 🏊500M 🚶vor Ort.

🚐 Dreux 15F3
Camping-Car Park, Rue Jean-Louis Chanoine. **GPS:** n48,74029 o1,33227.
9 🚐€9,60 🚰€ 🔌Ch 💧(8x) 📶inklusive. 🔲 01/01-31/12.
Entfernung: 🚲2,5Km ⊗vor Ort 🍽2km.

🚐 Dry 18G2
Rue de Meung. **GPS:** n47,79824 o1,71419.⬆️➡️

10 🚐kostenlos 🚰€2/10Minuten 🔌Ch 💧€2/55Minuten.
Lage: Einfach. **Untergrund:** befestigt. 🔲 01/01-31/12.
Entfernung: 🚲vor Ort ⊗1Km 🍽50M.
Sonstiges: Wertmünzen beim Rathaus.

🚐S Épineuil-le-Fleuriel 21H1
Le Bourg. **GPS:** n46,55690 o2,58265.⬆️

5 🚐kostenlos 🚰🔌Chkostenlos. **Lage:** Ländlich, einfach.
Untergrund: Schotter. 🔲 01/01-31/12.
Entfernung: 🚲500M.

🚐S Esvres-sur-Indre 👤 18E3
Salle des Fêtes, Impasse Auguste Noyant. **GPS:** n47,28291 o0,78418.⬆️

7 🚐kostenlos 🚰🔌kostenlos.
Lage: Städtisch, einfach, zentral, ruhig. **Untergrund:** Schotter.
🔲 01/01-31/12 ⊙ kein Wasser im Winter.
Entfernung: 🚲vor Ort ⊗100M 🍽250M 🛒vor Ort 🚴vor Ort 🚶vor Ort.

🚐S Genillé 18F3
Rue de la Varenne. **GPS:** n47,18442 o1,09201.⬆️
6 🚐€5 🚰€2/100Liter 🔌Ch 💧inklusive. 🔲 01/01-31/12.
Entfernung: 🚲150M ⊗200M 🚶vor Ort.

🚐S Genillé 18F3
Ferme Jouvin, La Galerie, D 764 Loches> Montrichard.
GPS: n47,21409 o1,10871.⬆️

🚐€2 🚰Ver-/Entsorgung€3 🔌Ch 💧inklusive. **Lage:** Ländlich, einfach, abgelegen. **Untergrund:** Wiese. 🔲 01/01-31/12.
Entfernung: 🚲2,7Km vor Ort.

🚐 Germigny-des-Prés 18G2
21 Route de Saint-Benoît. **GPS:** n47,84430 o2,26798.⬆️

5 🚐kostenlos 🚰🔌Chkostenlos. **Lage:** Ländlich, einfach, ruhig.

Frankreich 403

Centre-Val de Loire

Untergrund: Schotter/befestigt. 01/01-31/12.
Entfernung: 100M 1,5km, Bäckerei 600M.

Gien — 18H2
Quai de Nice. **GPS:** n47,67985 o2,64308.

8 kostenlos €2,10 Ch €2,10. **Lage:** Städtisch, laut.
Untergrund: asphaltiert. 01/01-31/12.
Entfernung: 2km vor Ort.
Sonstiges: Max. 48 Std, Wertmünzen beim Schwimbad.

Gizeux — 18D3
Aire de Gizeux, Route du Lavoir. **GPS:** n47,39275 o0,19689.

10 kostenlos €3/100Liter Ch Aufenthalt.
Lage: Ländlich, komfortabel, zentral, ruhig. **Untergrund:** Schotter.
01/01-31/12.
Entfernung: 200M 500M 200M vor Ort vor Ort vor Ort.
Sonstiges: Wertmünzen in den Geschäften und bei Rathaus, Château de Gizeux 400M.

Guilly — 18G3
Le Prieuré Chambres d'Hôtes, Rue du Prieuré.
GPS: n47,07920 o1,72100.

10 €5 €3 Ch. **Lage:** Ländlich, ruhig.
Untergrund: Wiese/befestigt. 01/01-31/12.
Entfernung: 150M vor Ort 150M.

Humbligny — 18H3
Chemin des Faviots, D44. **GPS:** n47,25451 o2,65850.

8 kostenlos €2/100Liter Ch €2/60Minuten. **Lage:** Ländlich, einfach. **Untergrund:** Schotter. 01/01-31/12.
Entfernung: vor Ort 1km 3km 50M.
Sonstiges: Wertmünzen beim Rathaus.

La Chapelle-Saint-Mesmin — 18G2
Aire camping-cars, Chemin de Fourneaux.
GPS: n47,88550 o1,83990.

23 €5/24 Std, €9/48 Std, €12/72 Std Ch inklusive.
Lage: Städtisch, komfortabel, ruhig. **Untergrund:** Wiese.
01/04-31/12.
Entfernung: 500M, Orléans 5km 2,7km 50M 50M 500M 500M vor Ort vor Ort.
Sonstiges: Entlang der Loire, Samstag Markt.

La Châtre — 21G1
Rue du Champ de Foire. **GPS:** n46,58250 o1,98250.

10 €2. **Lage:** Städtisch, einfach. **Untergrund:** asphaltiert.
Entfernung: 50M 50M 50M.

La Châtre — 21G1
Supermarché Super U, Avenue d'Auvergne, D943.
GPS: n46,58278 o2,00139.
10 kostenlos €2/10Minuten Ch €2/1Std. **Lage:** Einfach.
Untergrund: asphaltiert. 01/01-31/12.
Entfernung: 800M 50M.

La Ferté-Beauharnais — 18G2
D922. **GPS:** n47,54455 o1,84882.

12 kostenlos €2/10Minuten Ch €2/55Minuten WC.
Lage: Einfach, laut. **Untergrund:** Wiese/befestigt.
01/01-31/12.
Entfernung: 300M vor Ort vor Ort 250M 100M.
Sonstiges: Am kleinen See.

La Ferté-Saint-Cyr — 18G2
D925, Rue Faubourg de Bretagne. **GPS:** n47,65623 o1,67249.
4 . **Untergrund:** befestigt.

La Loupe — 15F3
Place du 8 mai, Docteur Moenner St. **GPS:** n48,47262 o1,01768.
3 €2,20 Ch €2,20. **Untergrund:** asphaltiert.
01/01-31/12. **Entfernung:** 300M 100M 800M.
Sonstiges: Wertmünzen bei Office de Tourisme.

La Pérouille — 21F1
Étang de la Roche, Le Champ Perrot. **GPS:** n46,70507 o1,52259.

kostenlos €2/10Minuten Ch WC. **Lage:** Ländlich, abgelegen, ruhig. **Untergrund:** Wiese/Schotter. 01/01-31/12.
Entfernung: 750M 5km A20 750M.
Sonstiges: Am kleinen See, Wertmünzen beim Rathaus und Restaurant (750m).

Lailly-en-Val — 18G2
Place de l'Église. **GPS:** n47,77023 o1,68544.

30 kostenlos Ch WC kostenlos. **Untergrund:** Schotter.
01/01-31/12. **Entfernung:** 100M 50M 300M 200M.

Lamotte-Beuvron — 18G2
Aire municipale, Chemin de Maisonfort. **GPS:** n47,59795 o2,02524.

10 kostenlos Ch WC kostenlos.
Lage: Städtisch, zentral. **Untergrund:** befestigt.
01/01-31/12. Fr-Morgen, kein Wasser im Winter.
Entfernung: 200M 4,5km vor Ort vor Ort 200M 300M 100M.
Sonstiges: Am Kanal.

Touristinformation Lamotte-Beuvron:
Avenue de la Republique. Markt. Fr-Morgen.

Langon (Loir-et-Cher) — 18G3
Parking Canal du Berry, D976. **GPS:** n47,28253 o1,82862.

7 kostenlos €2/10Minuten Ch €2/1Std. **Lage:** Ländlich, ruhig. **Untergrund:** asphaltiert. 01/01-31/12 Ver-/Entsorgung: Winter. **Entfernung:** 50M vor Ort 100M 100M.
Sonstiges: Wertmünzen in den Geschäften und bei Rathaus.

Le Blanc — 21E1
Place du Général de Gaulle. **GPS:** n46,63154 o1,06164.

kostenlos €2/100Liter Ch €2/Std. **Lage:** Zentral, laut.
Untergrund: asphaltiert. 01/01-31/12 Ver-/Entsorgung:
01/11-01/04.
Entfernung: vor Ort 250M.
Sonstiges: Wertmünzen bei Office de Tourisme.

Le Châtelet — 21G1
Le Tivoli, Avenue de la Gare. **GPS:** n46,64502 o2,27863.

Centre-Val de Loire

5 kostenlos €2 Ch €2/Std. **Lage:** Einfach.
Untergrund: asphaltiert. 01/01-31/12.
Entfernung: 50M 50M 300M.

Léré — 18H3

Le Port, Rue du Champ des Noyers. **GPS:** n47,47485 o2,87477.

4 kostenlos Ch kostenlos. **Lage:** Ländlich, einfach, ruhig.
Untergrund: asphaltiert. 01/01-31/12.
Entfernung: 400M vor Ort vor Ort.
Sonstiges: Am Kanal.

Les Bordes — 18H2

Etang du Petit Moulin, Route de Gien.
GPS: n47,81041 o2,40729.

6 kostenlos Ch kostenlos. **Lage:** Ländlich, einfach, ruhig.
01/01-31/12.
Entfernung: 400M 100M 150M 2km 500M vor Ort vor Ort.

Les Montils — 18F2

Camping-Car Park des Montils, Route de Seur.
GPS: n47,49308 o1,30571.
45 € 12 Ch (36x) inklusive. **Lage:** Ländlich.
Untergrund: Wiese.
Entfernung: 500M.
Sonstiges: Am Fluss, ehemaliger Campingplatz.

Levet — 21H1

Chemin du Crot A Thibault. GPS: n46,92306 o2,40639.

3 kostenlos (3x). **Lage:** Ländlich, einfach, abgelegen, ruhig.
Untergrund: Schotter. 01/03-31/10.
Entfernung: 250M 250M 250M.
Sonstiges: Max. 24 Std.

Loches — 18E3

Allée du Maquis Césario. GPS: n47,12656 o1,00221.
4 kostenlos. 01/01-31/12.
Entfernung: 700M 700M.

Loches — 18E3

Avenue Louis XI. GPS: n47,13315 o1,00023.
5 kostenlos. **Untergrund:** Schotter. 01/01-31/12.
Entfernung: Stadtmitte 250M.
Sonstiges: Max. 24 Std.

Loches — 18E3

Rue de l'Amiral de Pointis. GPS: n47,13744 o1,00115.
4 kostenlos. **Lage:** Einfach, laut. **Untergrund:** asphaltiert.
01/01-31/12.
Entfernung: 1,4Km 1,4Km.

Loches — 18E3

Avenue Aristide Briand. GPS: n47,12240 o1,00164.
kostenlos. 01/01-31/12.
kostenlos.

Louzouer — 18H1

Cidre Chivet, 323 Les Mussereaux. **GPS:** n48,02833 o2,87062.

5 € 5 €3 Ch. **Lage:** Komfortabel.
Untergrund: asphaltiert/befestigt. 15/03-31/12.
Entfernung: 1,5Km.
Sonstiges: Max. 24 Std.

Luant — 21F1

L'Étang Duris. GPS: n46,72222 o1,57338.

10 kostenlos €2 Ch €2.
Lage: Ländlich, abgelegen, ruhig. **Untergrund:** Schotter.
01/01-31/12.
Entfernung: 3Km 3,3km A20 See bar/brasserie vor Ort.
Sonstiges: Wertmünzen beim Rathaus und Restaurant.

Marboué — 18F1

L'Espace Loisirs des Fontaines, Rue du Croc Marbot.
GPS: n48,11240 o1,32870.

13+5 kostenlos €2/10Minuten Ch €2/50Minuten.
Lage: Ländlich, komfortabel, zentral, ruhig.
Untergrund: Wiese/befestigt.
01/01-31/12.
Entfernung: vor Ort 500M 150M vor Ort vor Ort.

Marcilly-en-Villette — 18G2

Rue du Lavoir. GPS: n47,76197 o2,02448.

6 kostenlos Ch kostenlos. **Lage:** Ländlich, einfach, ruhig.
Untergrund: Schotter. 01/01-31/12.
Entfernung: 200M 400M 500M vor Ort.
Sonstiges: Am Tennisplatz.

Martizay — 21E1

Aire de Loisirs, Rue des Afrique du Nord.
GPS: n46,80528 o1,03806.

9 kostenlos Ch (4x) WC kostenlos. **Lage:** Ländlich, ruhig.

Untergrund: befestigt/Sand. 01/01-31/12.
Entfernung: vor Ort Bäckerei 500M.

Mehun-sur-Yèvre — 18G3

Quai du Canal. GPS: n47,14409 o2,21010.

6 € 2,50 Ch. **Lage:** Ländlich, ruhig.
Untergrund: asphaltiert. 01/01-31/12.
Entfernung: 500M 400M.
Sonstiges: Am Kanal.

Menetou-Salon — 18H3

Rue de la Liberté. GPS: n47,23162 o2,49002.

6 kostenlos Ch (6x) kostenlos.
Untergrund: Schotter/befestigt. 01/04-31/10.
Entfernung: vor Ort 50M 100M 100M.

Mennetou-sur-Cher — 18G3

Place du 11 Novembre, N76. GPS: n47,26861 o1,86472.

8 kostenlos €2/10Minuten Ch €2/Std. **Lage:** Ländlich, ruhig. **Untergrund:** Sand. 01/01-31/12.
Entfernung: 150M 100M 150M 150M. **Sonstiges:** Wertmünzen bei Geschäften und Touristenbüro, Festungsstädtchen.

Méry-sur-Cher — 18G3

Chemin Lucien Bonneau/N76. GPS: n47,24586 o1,98989.

6 €7,55/24 Std €1/12Minuten Ch (7x) WC inklusive.
Lage: Ländlich, ruhig. **Untergrund:** befestigt. 01/01-31/12.
Entfernung: 150M 100M.
Sonstiges: Abends geschlossen mit Barriere.

Meung-sur-Loire — 18G2

Chemin des Grêves. GPS: n47,82327 o1,69814.
8 kostenlos €2 Ch. **Lage:** Ländlich. **Untergrund:** Schotter.
01/01-31/12.
Entfernung: 250M 300M 250M Bäckerei.
Sonstiges: Am Schwimmbad.

Montigny — 18H3

Le Vieux Château. GPS: n47,24283 o2,68627.

Centre-Val de Loire

2 🅿 kostenlos ⛽€2/100Liter 🚿€2/60Minuten. **Lage:** Ländlich, einfach, abgelegen, ruhig. **Untergrund:** Schotter. 📅 01/01-31/12.
Entfernung: 🛒800M 🛍850M.
Sonstiges: Wertmünzen bei Rathaus, poste.

| 🅿 S | Montoire-sur-le-Loir | 18E2 |

Avenue de la République. **GPS:** n47,75750 o0,86928. ⬆

15 🅿 kostenlos ⛽Ch kostenlos 🚿€1. **Lage:** Städtisch, komfortabel, ruhig. **Untergrund:** asphaltiert. 📅 01/01-31/12.
Entfernung: 🛒 vor Ort 🏊500M 🛍500M 🚌 vor Ort.
Sonstiges: Beim ehemaligen Bahnhof.

| 🅿 S | Montoire-sur-le-Loir | 18E2 |

Aire de Montoire-sur-le-Loir, Boulevard des Alliés, Quartier Marescot.
GPS: n47,74990 o0,86317. ⬆➡

8 🅿 kostenlos. **Lage:** Städtisch, einfach, zentral, ruhig. **Untergrund:** asphaltiert. 📅 01/01-31/12.
Entfernung: 🛒50M 🛍 vor Ort 🚲 vor Ort 🏊500M 🍴500M 🚌 vor Ort 🚶 vor Ort.

| 🅿 S | Montrésor | 18F3 |

Rue du 8 Mai. **GPS:** n47,15750 o1,20169. ⬆
10 🅿 kostenlos ⛽Ch kostenlos. **Untergrund:** asphaltiert.
📅 01/01-31/12. **Entfernung:** 🛒200M.

| 🅿 S | Montrichard | 18F3 |

Rue Frideloux. **GPS:** n47,34016 o1,17045.
40 🅿 €9,60 ⛽Ch inklusive. 📅 01/01-31/12.
Entfernung: 🛒500M 🏊500M 🍴500M 🚌400M.

| 🅿 | Morogues | 18H3 |

Route des Aix, D46. **GPS:** n47,23990 o2,59857. ⬆

4 🅿 kostenlos ⛽€2/100Liter ⛽Ch 🚿€2/60Minuten. **Lage:** Ländlich, einfach, ruhig. **Untergrund:** Schotter. 📅 01/01-31/12.
Entfernung: 🛒 vor Ort 🏊200M 🍴1Km 🚌800M.
Sonstiges: Wertmünzen beim Touristenbüro in Henrichemont (12km).

| 🅿 S | Neuillay-les-Bois | 21F1 |

Route de Buzançais, D1. **GPS:** n46,76917 o1,47333. ⬆

5 🅿 kostenlos ⛽Ch 🚿(2x)WC kostenlos. **Lage:** Einfach, ruhig.
Untergrund: befestigt. 📅 01/05-31/10.
Entfernung: 🛒50M 🚲50M 🏊50M 🍴50M.
Sonstiges: Max. 24 Std.

| 🅿 S | Neuvy-Le-Barrois | 21H1 |

La Prairie, Le Pénisson, D45. **GPS:** n46,86159 o3,03930. ⬆➡

6 🅿 €6 ⛽€2/100Liter ⛽Ch 🚿€4/24Std 💩€2. **Lage:** Ländlich, komfortabel, abgelegen, ruhig. **Untergrund:** Schotter/befestigt.
📅 01/01-31/12.
Entfernung: 🛒200M 🏊200M.

| 🅿 S | Neuvy-Pailloux | 21G1 |

Les Gloux, RN151. **GPS:** n46,88278 o1,83682. ⬆

15 🅿 kostenlos ⛽Ch WC kostenlos. **Lage:** Ländlich, einfach, abgelegen. **Untergrund:** asphaltiert. 📅 01/01-31/12.

| 🅿 S | Nogent-le-Roi | 15F3 |

Rue du Pont des Demoiselles. **GPS:** n48,65059 o1,52894. ⬆
4 🅿 kostenlos ⛽Ch kostenlos. **Untergrund:** asphaltiert.
Entfernung: 🛒400M 🏊400M 🍴400M.
Sonstiges: Neben Sportplätzen.

| 🅿 S | Nogent-sur-Vernisson | 18H2 |

Rue du Gué Mulet. **GPS:** n47,84055 o2,73996. ⬆➡

6 🅿 kostenlos. **Lage:** Einfach, ruhig. **Untergrund:** Schotter.
📅 01/01-31/12.
Entfernung: 🛒1Km 🚲 vor Ort 🍴 vor Ort 🚌1Km.

| 🅿 S | Nogent-sur-Vernisson | 18H2 |

Rue Georges Bannery. **GPS:** n47,85363 o2,74014.
⛽€2 ⛽Ch 🚿€2.
Sonstiges: Wertmünzen beim Office de Tourisme, PMU in Rue Bannery oder Bar in Rue A. Briand.

| 🅿 S | Nouan-le-Fuzelier | 18G2 |

Rue des Peupliers. **GPS:** n47,53324 o2,03437. ⬆➡

6 🅿 kostenlos. **Lage:** Städtisch, einfach.
Untergrund: asphaltiert/befestigt. 📅 01/01-31/12.
Entfernung: 🛒300M 🏊300M 🍴300M.

| 🅿 S | Orléans | 18G2 |

Parc des expositions, Rue du Président Robert Schumann.
GPS: n47,87408 o1,91351.
🅿 kostenlos ⛽ 🚿.
Touristinformation Orléans:
ℹ Office de Tourisme, 6, rue Albert 1er, www.ville-orleans.fr. Stadt mit vielen alten Gbd. Und Denkmäler.
🅼 Maison Jeanne d'Arc. Museum über das Leben von Jeanne d'Arc. 📅 01/04-31/10. ⛔ Mo.
✝ Cathédrale Ste Croix. Gotische Kathedrale.
✝ Église Nôtre Dame de recouvrance. Kirche, 16ten Jahrhundert.
✝ Tour Saint Paul. Kirche, 17ten Jahrhundert.
🌳 Allée Pierre Chevallier. ☀ So Morgen.
🌳 Quai du Roi. ⛔ Sa-Morgen.
🎉 Fête de Jeanne d'Arc. Historisches Fest. 📅 08/05.
🌳 Parc Floral. Blumenpark und Zoo. 📅 täglich.

| 🅿 S | Oulches | 21F1 |

Impasse de l'Étang. **GPS:** n46,61339 o1,29547. ⬆

5 🅿 kostenlos ⛽€2 ⛽Ch 🚿€2. **Lage:** Ländlich, einfach.
Untergrund: Schotter. 📅 01/01-31/12.
Entfernung: 🛒 vor Ort 🏊100M.
Sonstiges: Wertmünzen beim Rathaus.

| 🅿 S | Ouzouer-sur-Trézée | 18H2 |

Parking halte nautique, Rue Saint-Roche.
GPS: n47,67000 o2,80888. ⬆

5 🅿 kostenlos ⛽Ch WC kostenlos. **Lage:** Städtisch, komfortabel, ruhig. **Untergrund:** asphaltiert. 📅 01/04-31/10.
Entfernung: 🛒500M 🚲 vor Ort 🏊500M 🍴700M 🚌50M.
Sonstiges: Am Kanal 'de Briare', max. 48 Std.

| C S | Ouzouer-sur-Trézée | 18H2 |

Camping municipal, Chemin du Rochoir.
GPS: n47,66819 o2,80611. ⬆➡

6 🅿 €4,50 ⛽Ch 🚿€2,60 WC inklusive.
Untergrund: Wiese/Schotter. 📅 01/04-31/10.

| 🅿 S | Paucourt | 18H1 |

Rue de l'Église. **GPS:** n48,03441 o2,79179. ⬆

Centre-Val de Loire

⑤kostenlos ⛽Chkostenlos. **Lage:** Ländlich. **Untergrund:** asphaltiert. 01/01-31/12. **Entfernung:** vor Ort 4,5Km.

Pont-de-Ruan 18E3
D17. **GPS:** n47,26373 o0,57632.
⑤kostenlos €2 Ch€2. **Lage:** Einfach, abgelegen. **Untergrund:** Schotter/Sand. **Entfernung:** 300M.

Pontlevoy 18F3
4 rue de Coutant. **GPS:** n47,38619 o1,25905.
⑤kostenlos Ch. 01/01-31/12. **Entfernung:** 500M.

Pouligny-Saint-Pierre 21E1
Route du Blanc, D950, Bénavent. **GPS:** n46,65591 o1,02054.

10 ⑤kostenlos €2 €2 Ch€2 €2. **Lage:** Ländlich, einfach, ruhig. **Untergrund:** Schotter. **Entfernung:** Bäckerei 50M. **Sonstiges:** Wertmünzen in der Bäckerei.

Reignac-sur-Indre 18E3
Rue Louis de Barberin, D58. **GPS:** n47,22922 o0,91585.

5 ⑤kostenlos €2/100Liter Ch. **Lage:** Ländlich, einfach, zentral, laut. **Untergrund:** asphaltiert. 01/01-31/12. **Entfernung:** 300M 20Km vor Ort vor Ort vor Ort. **Sonstiges:** Max. 24 Std, Wertmünzen bei Geschäfte im Dorf.

Restigné 18D3
Rue Basse. **GPS:** n47,28041 o0,22614.
4 ⑤kostenlos €2/100Liter Ch. **Lage:** Städtisch, einfach, zentral, ruhig. **Untergrund:** Schotter. 01/01-31/12. **Entfernung:** vor Ort vor Ort vor Ort vor Ort. **Sonstiges:** Wertmünzen beim Rathaus.

Richelieu 18D3
Avenue Pasteur. **GPS:** n47,01098 o0,32265.
10 ⑤kostenlos €4. **Untergrund:** befestigt. 01/01-31/12. **Entfernung:** 300M 300M Bäckerei 300M vor Ort vor Ort. **Sonstiges:** Ver-/Entsorgung beim Campingplatz 1km.

Saint-Amand-Montrond 21H1
Base de Loisirs Virlay, Etangs de Goule. **GPS:** n46,73362 o2,48851.

21 ⑤kostenlos Chkostenlos. **Lage:** Ländlich, einfach, ruhig. **Untergrund:** asphaltiert/Wiese. 01/01-31/12. **Entfernung:** 1Km 5Km 500M 500M vor Ort vor Ort.

Saint-Amand-Montrond 21H1
Quai Lutin, via Avenue Maréchal Foch. **GPS:** n46,71818 o2,50480.

4 ⑤kostenlos Chkostenlos. **Lage:** Städtisch, einfach. **Untergrund:** asphaltiert/Schotter. 01/01-31/12. **Entfernung:** 200M vor Ort vor Ort 200M 200M. **Sonstiges:** Dem Kanal entlang.

Saint-Benoit-du-Sault 21F2
Place du Champ de Foire. **GPS:** n46,44117 o1,39249.

3 ⑤kostenlos €2/120Liter Ch €2/4Std. **Lage:** Ländlich. **Untergrund:** asphaltiert. 01/01-31/12. **Entfernung:** 300M 300M. **Sonstiges:** Beim Touristenbüro.

Saint-Brisson-sur-Loire 18H2
Rue des Ruets, route d'Autry, D52. **GPS:** n47,64680 o2,68028.

6 ⑤kostenlos Chkostenlos. **Lage:** Städtisch, einfach, ruhig. **Untergrund:** asphaltiert. 01/01-31/12. **Entfernung:** 100M 100M 100M 50M. **Sonstiges:** Parkplatz in der Nähe vom Rathaus.

Saint-Claude-de-Diray 18F2
Rue du Moulin D98. **GPS:** n47,61356 o1,41402.
4 ⑤kostenlos Chkostenlos. **Lage:** Einfach, ruhig. **Untergrund:** Schotter. **Entfernung:** 500M. **Sonstiges:** Neben Friedhof.

Saint-Denis-les-Ponts 18F1
Aire de Saint Denis-les-Ponts, Rue Jean Moulin. **GPS:** n48,06643 o1,28950.

+10 ⑤kostenlos €2/100Liter Ch. **Lage:** Städtisch, komfortabel, zentral, ruhig. **Untergrund:** Schotter. 01/01-31/12 Ver-/Entsorgung: Winter. **Entfernung:** Châteaudun 3Km vor Ort vor Ort 100M vor Ort vor Ort. **Sonstiges:** Wertmünzen bei Geschäfte im Dorf, Châteaudun (Stadt und Schloss) 4Km.

Saint-Dyé-sur-Loire 18F2
Parking de la base nautique. **GPS:** n47,65454 o1,47852.
4 ⑤kostenlos. **Untergrund:** Wiese. 01/01-31/12. **Entfernung:** 800M vor Ort. **Sonstiges:** Entlang der Loire, max. 48 Std.

Saint-Épain 18E3
Plan d'eau. **GPS:** n47,14444 o0,53960.
⑤€5,10 Ch €1,70. **Entfernung:** 300M vor Ort. **Sonstiges:** Bezahlung im Rathaus, Angelschein erhältlich bei Tabac und Supermarkt.

Saint-Genouph 18E3
Rue de l'Auberdière. **GPS:** n47,37702 o0,60200.
⑤kostenlos Ch. **Untergrund:** befestigt. 01/01-31/12. **Entfernung:** 350M 350M.

Saint-Georges-sur-Arnon 21G1
Allée de la Presle. **GPS:** n46,99999 o2,09884.

10 ⑤kostenlos Chkostenlos. **Lage:** Ländlich, abgelegen, ruhig. **Untergrund:** Schotter. 01/01-31/12. **Entfernung:** vor Ort vor Ort. **Sonstiges:** Am kleinen See, ehemaliger Campingplatz, max 3,5T.

Saint-Georges-sur-Arnon 21G1
N151. **GPS:** n46,97740 o2,06908.

10 ⑤kostenlos ChWCkostenlos. **Lage:** Einfach, abgelegen. **Untergrund:** asphaltiert. **Sonstiges:** Mai 2016 während Inspektion Service außer Betrieb.

Saint-Georges-sur-Moulon 18H3
Route de Ville. **GPS:** n47,18596 o2,41786.

2 ⑤kostenlos Chkostenlos. **Lage:** Einfach, abgelegen, ruhig. **Untergrund:** Schotter. 01/01-31/12. **Entfernung:** 1,5Km 1km 1,5Km.

Saint-Gondon 18H2
Rue de Sully. **GPS:** n47,69808 o2,53876.

Centre-Val de Loire

3 🅿️ kostenlos 🚰💧 Ch kostenlos. **Lage:** Ländlich, einfach, ruhig. **Untergrund:** asphaltiert. 📅 01/01-31/12. **Entfernung:** 🛒 300M 🥖 300M 🍴 200M. **Sonstiges:** Max. 48 Std.

Saint-Gondon 18H2
Rue du Petit Clou. **GPS:** n47,69995 o2,54356. ⬆️.

10 🅿️ kostenlos 🚰💧 Ch kostenlos. **Lage:** Ländlich, einfach. **Untergrund:** befestigt. 📅 01/01-31/12. **Entfernung:** 🛒 100M. **Sonstiges:** Gegenüber Friedhof.

Saint-Jean-le-Blanc 18G2
Base de loisirs de l'Ile Charlemagne, Levée de la Chevauchée. **GPS:** n47,89437 o1,93870. ⬆️.

🅿️ kostenlos 🚰 €2/100Liter 💧 Ch. **Lage:** Einfach, abgelegen. **Untergrund:** Sand. 📅 01/01-31/12. **Entfernung:** 🛒 Orléans 3km vor Ort 🍴 vor Ort.

Saint-Lubin-en-Vergonnois 18F2
Place Jacques Michaux. **GPS:** n47,61241 o1,23927. ⬆️.
🅿️ kostenlos 🚰💧 Ch. **Untergrund:** Schotter. **Entfernung:** 🛒 vor Ort.

Saint-Nicolas-de-Bourgueil 18D3
Rue de la Treille. **GPS:** n47,28496 o0,12528. ⬆️➡️.

5 🅿️ kostenlos. **Lage:** Ländlich, einfach, ruhig. **Untergrund:** Schotter/Sand. 📅 01/01-31/12. **Entfernung:** 🛒 150M 🥖 250M.

Saint-Saturnin 21G2
Route de Perassay. **GPS:** n46,50565 o2,23585. ⬆️.

🅿️ kostenlos 🚰 €2 💧 Ch. **Lage:** Ländlich, einfach, ruhig. **Untergrund:** Schotter. 📅 01/01-31/12.

Sainte-Maure-de-Touraine 18E3
Aire du Bois Chaudron, D910, Le Bois Caudron. **GPS:** n47,09315 o0,61275. ⬆️➡️.

40 🅿️ €2 2 Pers. inkl 🚰 €2 💧 €1 Ch €3 🚿 (4x) €2/12Std WC €2 📺 €4/3 📶. **Lage:** Ländlich, komfortabel, abgelegen, ruhig. **Untergrund:** Wiese. 📅 01/01-31/12. **Entfernung:** 🛒 1,5Km 🥖 4,4Km 🍴 1,5Km 🚍 1,5Km ⛽ vor Ort. **Sonstiges:** Brötchenservice.

Sainte-Maure-de-Touraine 18E3
Parking Ronsard, Rue de la Métairie. **GPS:** n47,11096 o0,61640. ⬆️➡️.

15 🅿️ kostenlos 🚰💧 Ch kostenlos WC. **Lage:** Städtisch, einfach, zentral, ruhig. **Untergrund:** asphaltiert. 📅 01/01-31/12. **Entfernung:** 🛒 200M 🥖 3Km 🍴 200M 🚍 200M ⛽ vor Ort.

Sainte-Sévère-sur-Indre 21G2
Place du Champ de Foire, rue de Verdun. **GPS:** n46,48724 o2,07167. ⬆️.

🅿️ kostenlos 🚰 €2 💧 Ch. **Lage:** Ländlich, einfach. **Untergrund:** Schotter/Sand. **Entfernung:** 🛒 100M 🥖 200M.

Sancoins 21H1
Quai du Canal. **GPS:** n46,83356 o2,91568. ⬆️➡️.

20 🅿️ kostenlos 🚰 €2,50/100Liter 💧 Ch WC. **Lage:** Einfach, ruhig. **Untergrund:** Schotter/befestigt. 📅 01/01-31/12. **Entfernung:** 🛒 200M 🥖 vor Ort 🍴 vor Ort 🚍 200M ⛽ 150M vor Ort ⛽ vor Ort.

Saran 18G2
Allée Claude Bernard. **GPS:** n47,95106 o1,87315. ⬆️.

10 🅿️ kostenlos 🚰💧 Ch. **Lage:** Einfach, zentral. **Untergrund:** Schotter. 📅 01/01-31/12.

Entfernung: 🛒 vor Ort 🚰 vor Ort 💧 1,5Km 🥖 1Km 🍴 800M 🚍 vor Ort ⛽ vor Ort.

Selles-sur-Cher 18F3
Avenue Kleber-Loustau, D856. **GPS:** n47,27639 o1,55889. ⬆️.

15 🅿️ €5 🚰💧 Ch. **Lage:** Ländlich, komfortabel, ruhig. **Untergrund:** asphaltiert. 📅 01/04-30/09. **Entfernung:** 🛒 500M 🥖 200M 🍴 500M 🚍 500M. **Sonstiges:** Bezahlen beim Campingplatz, Ver-/Entsorgung auf Campingplatz.

Sully-sur-Loire 18H2
Espace Loisirs Georges Blareau, Chemin de la Salle Verte. **GPS:** n47,77139 o2,38451. ⬆️➡️.

16 🅿️ kostenlos 🚰💧 Ch kostenlos. **Lage:** Komfortabel, ruhig. **Untergrund:** Schotter/befestigt. 📅 01/01-31/12. **Entfernung:** 🛒 800M 🚰 vor Ort 🥖 vor Ort 🍴 800M 🚍 800M. **Sonstiges:** In der Nähe vom Schloss von Sully, schmale Durchfahrt.

Sury-près-Léré 18H3
Route de Savigny. **GPS:** n47,48301 o2,86527. ⬆️.

6 🅿️ kostenlos 🚰 €2/100Liter 💧 Ch ⚡ €2/60Minuten. **Lage:** Ländlich, einfach, ruhig. **Untergrund:** asphaltiert. 📅 01/01-31/12. **Entfernung:** 🛒 1,5Km 🚍 50M 🍴 1,5Km. **Sonstiges:** Wertmünzen beim Rathaus und Restaurant.

Theillay 18G3
Chemin du Ronaire. **GPS:** n47,31849 o2,03775. ⬆️.

10 🅿️ kostenlos 🚰💧 Ch kostenlos. **Lage:** Ländlich, ruhig. **Untergrund:** Schotter/befestigt. 📅 01/04-30/10. **Entfernung:** 🛒 250M 🍴 250M. **Sonstiges:** Am Friedhof.

Thenay 21F1
Rue de la Paix, D48. **GPS:** n46,63199 o1,43096. ⬆️➡️.

Centre-Val de Loire - Bourgogne-Franche-Comté

5 kostenlos €2 Ch €2. **Lage:** Ländlich, einfach, ruhig. **Untergrund:** befestigt. 01/01-31/12. **Entfernung:** 200M. **Sonstiges:** Wertmünzen in den Geschäften und bei Rathaus.

Thiron-Gardais 18F1
Aire de Thiron-Gardais, Avenue de la Gare. **GPS:** n48,31194 o0,99583.

10 kostenlos Ch kostenlos. **Lage:** Städtisch, einfach. **Untergrund:** asphaltiert. **Entfernung:** 100M 300M 300M 300M vor Ort 100M.

Tour-en-Sologne 18F2
Rue de la Mairie. **GPS:** n47,53786 o1,49973.

10 kostenlos €2,50/100Liter Ch €2,50/Std WC. **Untergrund:** Schotter. **Entfernung:** 50M 200M Bäckerei 100M. **Sonstiges:** Wertmünzen beim Rathaus und Backer.

Tours 18E3
Parking relais du Lac, Avenue du Général Niessel. **GPS:** n47,36700 o0,70007.
6 €2,60 €2/100Liter Ch. **Untergrund:** asphaltiert. **Entfernung:** 2,5Km.

Vailly-sur-Sauldre 18H3
Rue du Pont. **GPS:** n47,45727 o2,64665.

20 €3,50 Ch kostenlos €2,50 WC €0,80. **Lage:** Komfortabel, zentral, ruhig. **Untergrund:** Schotter/befestigt. 01/04-31/10. **Entfernung:** 300M vor Ort in der Nähe in der Nähe. **Sonstiges:** Am Sauldre.
Touristinformation Vailly-sur-Sauldre: Fr.

Valençay 18F3
Avenue de la Résistance. **GPS:** n47,16080 o1,56163.

10 kostenlos €2 Ch €4. **Lage:** Ländlich, ruhig. **Untergrund:** befestigt. 01/01-31/12. **Entfernung:** 100M 100M 100M. **Sonstiges:** In der Nähe vom Schloss-Eingang.
Touristinformation Valençay: Château. Schloss, 15.-18. Jahrhundert. 01/03-30/11.

Vendôme 18F2
Aire de Vendôme, Rue Geoffroy Martel. **GPS:** n47,79111 o1,07528.

5 kostenlos. **Lage:** Städtisch, einfach, zentral. **Untergrund:** asphaltiert. 01/01-31/12. **Entfernung:** 500M.

Véretz 18E3
Camping-car Park Véretz, Rue des Isles. **GPS:** n47,35810 o0,81466.
63 €9,60 Ch (35x). 01/01-31/12. **Entfernung:** 800M 800M 750M. **Sonstiges:** Am Fluss.

Villaines les Rochers 18E3
Aire de Villaines-les-Rochers, Place de la Mairie/ Rue des Ecoles. **GPS:** n47,22083 o0,49583.

6 kostenlos Ch WC kostenlos. **Lage:** Städtisch, komfortabel, zentral, ruhig. **Untergrund:** asphaltiert. 01/01-31/12. **Entfernung:** vor Ort 100M 100M vor Ort vor Ort. **Sonstiges:** Max. 24 Std.

Villandry 18E3
Aire de Villandry, Rue Principale. **GPS:** n47,34100 o0,51127.

25 kostenlos €2/100Liter Ch WC. **Lage:** Ländlich, komfortabel, zentral, ruhig. **Untergrund:** Schotterrasen. 01/01-31/12. **Entfernung:** 50M 3,1Km 300M 100M 100M vor Ort vor Ort vor Ort. **Sonstiges:** Wertmünzen bei Office de Tourisme(100M), Château de Villandry 200M.

Villedômer 18E2
Aire de Loisirs de Lavoir, Rue du Lavoir. **GPS:** n47,54465 o0,88727.

5 kostenlos, 15/06-15/09 €5 €2/100Liter Ch €4/1Std. **Lage:** Ländlich, einfach, zentral, ruhig. **Untergrund:** befestigt. 01/01-31/12. **Entfernung:** 100M 8,1Km 100M 200M 200M vor Ort vor Ort. **Sonstiges:** Max. 24 Std, Wertmünzen beim Rathaus (200M), Bäckerei (200M) und Supermarkt (50M).

Villequiers 18H3
L'Étappe Berrichonne, Le Petit Azillon. **GPS:** n47,08828 o2,77429.

6 €7 Ch inklusive. **Lage:** Abgelegen, ruhig. **Untergrund:** Schotter/befestigt. 01/01-31/12. **Entfernung:** 3Km.

Vitry-aux-Loges 18G2
Rue des Érables. **GPS:** n47,93915 o2,27078.
kostenlos Ch kostenlos. **Lage:** Ländlich. **Untergrund:** asphaltiert. **Entfernung:** 100M 100M vor Ort vor Ort. **Sonstiges:** Am Kanal von Orléans.

Vouvray 18E3
Parking Bec de Cisse, Rue Bec de Cisse. **GPS:** n47,40929 o0,79735.

3 kostenlos €2/100Liter Ch €2/1Std WC. **Lage:** Ländlich, komfortabel, zentral, ruhig. **Untergrund:** asphaltiert. 01/01-31/12. **Entfernung:** vor Ort 8,5Km 500M 150M 150M vor Ort vor Ort. **Sonstiges:** Max. 48 Std, Wertmünzen beim Campingplatz und Touristenbüro.

Bourgogne-Franche-Comté

Anost 19B3
Place Centrale. **GPS:** n47,07738 o4,09869.

10 kostenlos Ch kostenlos. **Lage:** Ländlich, einfach, ruhig. **Untergrund:** befestigt. 01/01-31/12. **Entfernung:** vor Ort.

Arc-et-Senans 22E1
Grande rue. **GPS:** n47,03343 o5,78120.

10 kostenlos €2 Ch. **Lage:** Einfach. **Untergrund:** Schotter. 01/01-31/12. **Entfernung:** 500M 500M. **Sonstiges:** Wertmünzen beim Rathaus, Supermarkt und Campingplatz.

Arinthod 22D2
Rue de la Prélette. **GPS:** n46,39654 o5,57013.

Frankreich

Bourgogne-Franche-Comté

5 €6 Ch inklusive. **Lage:** Ländlich. **Untergrund:** Schotter. 01/01-31/12.
Entfernung: 100M.
Sonstiges: Neben Sportplatz.

Arsure-Arsurette 22E1
Châlet des Arches, Route de l'Aliance de vie blanc.
GPS: n46,72168 o6,08402.

10 kostenlos €2 WC. **Lage:** Abgelegen.
Untergrund: asphaltiert. 01/01-31/12.

Autun 22B1
Route de Chalon. **GPS:** n46,95548 o4,31667.

17 kostenlos €3,50 ChWC. **Lage:** Städtisch, einfach.
01/01-31/12.
Entfernung: Stadtmitte 2Km 100M 100M Supermarkt 900M vor Ort vor Ort.
Sonstiges: Parkplatz am kleinen See Le Vallon an der N80, gegenüber McDonalds.
Touristinformation Autun:
Musée Rolin. Römischen und mittelalterlichen Ausgrabungen.
Mi, Fr, So.

Auxerre 19A2
Quai de l'Ancienne Abbaye. **GPS:** n47,79742 o3,57738.

10 kostenlos. **Untergrund:** asphaltiert. 01/01-31/12.
Entfernung: 300M 300M 300M.
Sonstiges: Dem Fluss Yonne entlang.
Touristinformation Auxerre:
Di, Fr.

Baume-les-Dames 19E3
Quai du Canal. **GPS:** n47,34203 o6,35778.

30 €9,30 + €0,20/pP Kurtaxe €2 Ch WC inklusive €1,70.
Lage: Ländlich, komfortabel.
Untergrund: asphaltiert/Wiese.
01/01-31/12.
Entfernung: vor Ort 5,3Km vor Ort vor Ort.
Sonstiges: Brötchenservice.
Touristinformation Baume-les-Dames:
Abbaye Nôtre Dame. Historisches DenKmal, 18. Jahrhundert.

Baume-les-Messieurs 22D1
Cascade des Tufs, Rue des Moulins. **GPS:** n46,69124 o5,63946.

10 kostenlos. **Lage:** Einfach.

Beaune 22C1
Avenue Charles de Gaulle. **GPS:** n47,01731 o4,83628.

5 kostenlos €3 Ch €3/2Std. **Lage:** Städtisch, einfach, zentral. **Untergrund:** asphaltiert.
Entfernung: 500M 2,6Km 200M centre commercial 300m.
Sonstiges: 5 Stellplätze reserviert, parken auf ganzen Parkplatz erlaubt.
Touristinformation Beaune:
Hôtel Dieu et Musée. Ehemaliges Krankenhaus, 15. Jahrhundert, Museum.
Château de Meursault, Meursault. Schloss mit Weingarten und Weinprobe.

Belvoir 19F3
Chateaux Belvoir. **GPS:** n47,32139 o6,61097.

3 kostenlos. **Lage:** Ländlich, einfach.
Untergrund: asphaltiert/Schotter. 01/01-31/12.

Besançon 19E3
Parking du Crous, Cité Carnot, Quai Veil Picard.
GPS: n47,23702 o6,01644.

12 €5/24 Std Ch kostenlos. **Lage:** Städtisch, einfach.
Untergrund: asphaltiert. 01/01-31/12.
Entfernung: vor Ort 500M 500M vor Ort.
Touristinformation Besançon:
Jardin Botanique, Avenue de la Paix. Botanische Gärten. 7-19
Sa nach 11 Uhr. kostenlos.
Château, Vaire-le-Grand. 15/08-18/09, 19/09-14/08 nach Vereinbarung.
Di, Fr, So.
Parc Zoologique de la Citadelle, Citadelle. Zoo. 10-17/19 Uhr.

Bois-d'Amont 22E2
Impasse de l'Eglantine. **GPS:** n46,53771 o6,13934.

10 kostenlos €2 Ch €2. **Lage:** Ländlich, komfortabel, ruhig.
Untergrund: asphaltiert. 01/01-31/12.
Entfernung: vor Ort vor Ort vor Ort vor Ort.

Brognard 19F2
Base de Loisirs de la Savoureuse, Rue de Paquis.
GPS: n47,52834 o6,85652.

3 kostenlos Ch kostenlos. **Lage:** Ländlich, laut.
Untergrund: asphaltiert. 01/01-31/12.
Entfernung: 50M 1,3Km.
Sonstiges: Max. 48 Std.

Broindon 19C3
Aire Du Cerisier Chambertin, Rue du cerisier.
GPS: n47,19834 o5,04522.
kostenlos. 01/04-30/11.

Bucey-les-Gy 19E3
Chemin de Tranot 1. **GPS:** n47,42456 o5,83974.

5 kostenlos €2/20Minuten Ch kostenlos (5x)€2/4Std.
01/01-31/12.
Sonstiges: Wertmünzen erhältlich im Geschäft.

Bussy-le-Grand 19C2
Château de Bussy, Rue du Château. **GPS:** n47,56069 o4,52544.
5 kostenlos. **Untergrund:** befestigt. 01/01-31/12.
Entfernung: 200M.
Sonstiges: Beim Schloss.

Chablis 19B2
Route d'Auxerre, D235. **GPS:** n47,81711 o3,78425.

5 kostenlos kostenlos. **Lage:** Einfach, ruhig.
Untergrund: asphaltiert.
Entfernung: Zentrum 500M vor Ort.

Chalon-sur-Saône 22C1
P Ville Historique, Promenade Sainte Marie.
GPS: n46,78365 o4,86046.

Frankreich

Bourgogne-Franche-Comté

2 🅟kostenlos ⛽Chkostenlos. **Lage:** Einfach.
Untergrund: asphaltiert. 🗓 01/01-31/12.
Entfernung: 🚶500M ⊗50M.
Sonstiges: Kostenloser Bus zum Zentrum.

Champagnole 22E1
20, Rue Georges Vallerey. **GPS:** n46,74633 o5,89918.⬆️.

5 🅟€6 ⛽€4 Ch€4 WC €3. **Lage:** Einfach.
Untergrund: Schotter/Sand. 🗓 25/03-30/09.
Entfernung: 🚶500M 🚲250M.
Sonstiges: Max. 1 Nacht, Wertmünzen beim Campingplatz.

Charolles 22B2
Route de Viry. **GPS:** n46,43956 o4,28203.⬆️.

8 🅟€3 ⛽Ch €3. **Lage:** Einfach. **Untergrund:** Schotter.
🗓 01/04-01/10.
Entfernung: 🚶300M.
Sonstiges: Max. 48 Std.

Château-Chinon 19B3
Rue Jean Sallonnyer. **GPS:** n47,06304 o3,93627.⬆️.

4 🅟kostenlos ⛽Chkostenlos WC. **Lage:** Einfach.
Untergrund: befestigt.
Entfernung: 🚶200M ⊗250M 🚲250M.
Sonstiges: Max. 24 Std.

Châtillon-en-Bazois 22A1
Place Pierre Saury. **GPS:** n47,05310 o3,65511.⬆️.

5 🅟kostenlos ⛽Ch. **Untergrund:** befestigt. 🗓 01/04-31/10.
Entfernung: 🚲50M.

Chiddes 22B1
Le Bourg. **GPS:** n46,86108 o3,94091.⬆️➡️.

4 🅟kostenlos ⛽Chkostenlos WC. **Lage:** Einfach.
Untergrund: Schotter. 🗓 01/01-31/12.
Entfernung: 🚶Ort ⊗vor Ort.
Sonstiges: Max. 48 Std, Wertmünzen (gratis) erhältlich beim restaurant.

Chiddes 22B1
Augendre. **GPS:** n46,86781 o3,94364.
🅟€3 + €2,20/pP ⛽€2 💧€2,50. **Untergrund:** Schotter.

Clairvaux-les-Lacs 22E1
Route de Lons-le-Saunier, D678. **GPS:** n46,58246 o5,74660.⬆️.

6 🅟kostenlos ⛽Chkostenlos. **Lage:** Städtisch, einfach.
🗓 01/01-31/12.
Entfernung: 🛒in der Nähe.
Sonstiges: Bei Dorfeinfahrt, in der Nähe vom Polizeirevier.

Clamecy 19A3
Rue de l'Abattoir. **GPS:** n47,46222 o3,52250.⬆️.

6 🅟kostenlos. **Lage:** Einfach. **Untergrund:** Schotter. 🗓 01/01-31/12.
Entfernung: 🚶350M 🚲150M.

Conliège 22D1
Rue du Saugeois. **GPS:** n46,65270 o5,59981.⬆️➡️.

2 🅟kostenlos ⛽ChWCkostenlos. **Lage:** Städtisch, einfach.
Untergrund: asphaltiert.
Entfernung: 🚶100M.

Consolation-Maisonnettes 19F3
Parc du Seminaire du Cirque de Consolation., D377.
GPS: n47,15848 o6,60600.⬆️.

10 🅟€10/24 Std ⛽Ch 💧WCinklusive 🧺. **Lage:** Ländlich, einfach.
Untergrund: asphaltiert.
Entfernung: 🏊vor Ort.
Sonstiges: Anmelden beim Geschäft.

Corravillers 19F2
Rue de la Mairie. **GPS:** n47,89431 o6,62162.⬆️➡️.

2 🅟kostenlos ⛽€2/23Minuten 💧Chkostenlos 💦€2/23Minuten.
Lage: Ländlich, einfach. **Untergrund:** Wiese/Schotter.
🗓 01/01-31/12.
Entfernung: ⊗500M 🚲500M.

Corre 19E2
Fluvial Loisirs, Pré le Saônier. **GPS:** n47,91402 o5,99308.⬆️➡️.

32 🅟€10 ⛽Ch 💧inklusive €4/3 📶€3/Tag 🧺.
Lage: Ländlich, komfortabel, ruhig. **Untergrund:** Wiese.
🗓 01/01-31/12.
Entfernung: 🚶200M 🚴50M ⊗50M 🥖Bäckerei 300M, Supermarkt 500M 🚲100M.

Cousance 22D2
Grande rue, Champs de foire. **GPS:** n46,52929 o5,39154.⬆️.

4 🅟kostenlos ⛽ChWCkostenlos. **Untergrund:** asphaltiert.
🗓 01/01-31/12. **Entfernung:** 🚶100M 🚴6,6Km 🚲100M.

Crosey-le-Petit 19F3
Rue de begin. **GPS:** n47,35039 o6,48913.⬆️➡️.

1 🅟kostenlos. **Lage:** Ländlich, einfach.
Untergrund: asphaltiert/Schotter. 🗓 01/01-31/12.
Entfernung: 🏊vor Ort 🎣vor Ort.

Digoin 22B2
Place de la Grève, Route de Vichy. **GPS:** n46,48102 o3,97288.⬆️➡️.

± 15 🅟kostenlos 💧(4x) WC. **Lage:** Einfach, zentral.
Untergrund: asphaltiert. 🗓 01/01-31/12.
Entfernung: 🚶vor Ort ⊗vor Ort 🚴vor Ort 🚲vor Ort.
Sonstiges: Neben office de tourisme.

Frankreich

Bourgogne-Franche-Comté

Dijon 19C3
Aire de Dijon, 3, Boulevard Chainoine Kir. **GPS:** n47,32125 o5,01090.

16 kostenlos €10/24 Std Ch (17x)inklusive.
Lage: Städtisch, komfortabel, laut.
Untergrund: asphaltiert.
01/01-31/12 Wasser: mit Frost.
Entfernung: Stadtmitte Dijon 1,5km 10Km 300M 300M 500M 500M >Dijon 150M 10M.
Sonstiges: Achtung: Wohnmobile ^3m Rampe nehmen vom Suden.
Touristinformation Dijon:
Office de Tourisme, 11 Rue des Forges, Place Darcy, www.destinationdijon.com. Sehenswürdige Stadt mit einige große ursprüngliche Häuser und Straßen mit Fachwerkhäuser.

Dôle 19D3
Parking de Lahr, Avenue de Lahr. **GPS:** n47,08983 o5,49418.

20 kostenlos. **Lage:** Einfach, zentral, laut. **Untergrund:** asphaltiert.
Kirmes: mitte Mai.
Entfernung: vor Ort vor Ort.
Touristinformation Dôle:
Maison natale de Louis Pasteur, 43 Rue Pasteur. Geburtshaus von Pasteur, Museum. 1/4-31/10 10-12 Uhr, 14-18 Uhr, 01/11-31/03 Sa-So 14-18 Uhr So-Morgen.

Ecuisses 22C1
Place Marcel Pagnol, Route du Bourg. **GPS:** n46,76019 o4,52283.

20 kostenlos €2 Ch €2. **Lage:** Einfach.
Untergrund: befestigt. 01/01-31/12.
Sonstiges: Am See, max. 48 Std, Wertmünzen beim Rathaus und Backer.

Esmoulières 19F2
D236. **GPS:** n47,85243 o6,61502.

2 kostenlos. **Lage:** Ländlich, einfach. **Untergrund:** asphaltiert.
01/01-31/12.

Étang-sur-Arroux 22B1
Place du Mousseau. **GPS:** n46,86631 o4,18946.

kostenlos Ch kostenlos. **Lage:** Einfach.
Untergrund: asphaltiert. 01/01-31/12.
Entfernung: 100M 100M.

Faucogney-et-la-Mer 19F2
Rue des Chars. **GPS:** n47,83735 o6,56003.

6 kostenlos €2/23Minuten Ch kostenlos €2/20Minuten.
Lage: Ländlich, einfach. **Untergrund:** Wiese/Schotter.
01/01-31/12.
Entfernung: 800M.

Fontaine-Française 19D3
Rue Berthault. **GPS:** n47,52487 o5,36768.

5 kostenlos €3 Ch. **Lage:** Ländlich, einfach.
Untergrund: asphaltiert/Wiese. 01/01-31/12.
Entfernung: 100M 16Km vor Ort 250M Bäckerei.
Sonstiges: Am Fluss und zwischen 2 Seen, Wertmünzen bei den Geschäften im Dorf 08-21 Uhr.

Fours 22A1
Rue des Saules, D981. **GPS:** n46,81720 o3,71806.

10 kostenlos Ch kostenlos. **Lage:** Einfach.
Untergrund: Schotter. 01/01-31/12.
Entfernung: 200M 200M 200M.

Génelard 22B2
Place du Bassin, D974. **GPS:** n46,57750 o4,23500.

2 kostenlos Ch kostenlos. **Lage:** Einfach.
Untergrund: asphaltiert. 01/01-31/12.
Entfernung: vor Ort.

Gilly-sur-Loire 22B2
Le Gatefer. **GPS:** n46,53768 o3,78218.
10 kostenlos Ch kostenlos. **Untergrund:** befestigt.

Givry 22C1
Relais camping-car, Rue de la Gare. **GPS:** n46,78000 o4,74830.

15 kostenlos €2/100Liter Ch €2/1Std. **Lage:** Komfortabel.
Untergrund: asphaltiert. 01/01-31/12.
Entfernung: vor Ort 300M Bäckerei 300M vor Ort vor Ort.
Sonstiges: Wertmünzen bei Restaurant.
Touristinformation Givry:
Marché. Markt. Do.
La Voie Verte de Givry à Cluny. Radweg auf einer ehemaligen Eisenbahnstrecke.

Gray 19D3
Rue de la Plage. **GPS:** n47,46045 o5,61874.

12 kostenlos Ch kostenlos. **Lage:** Komfortabel.
Untergrund: Wiese/Schotter. 01/01-31/12.
Sonstiges: Nahe Camping municipal.

Gron 19A1
Rue des Petits Prés. **GPS:** n48,16011 o3,25636.
5 kostenlos Ch WC. **Lage:** Einfach, ruhig.
Untergrund: asphaltiert. 01/01-31/12.

Gurgy 19A2
Quai des Fontaines. **GPS:** n47,86348 o3,55376.

20 €7 Ch inklusive. **Untergrund:** Wiese/Schotter.
01/04-31/10.
Entfernung: 50M 7Km vor Ort 500M 300M.
Sonstiges: Dem Fluss Yonne entlang, Wertmünzen beim Supermarkt.

Heuilley-sur-Saône 19D3
Rue Condé. **GPS:** n47,32800 o5,45471.

20 kostenlos €3 Ch WC. **Lage:** Ländlich, ruhig.
Untergrund: Schotter/Sand. 01/01-31/12.
Entfernung: vor Ort 100M 100M.
Sonstiges: Wertmünzen beim Rathaus.

Jeurre 22D2
35, Rue Principale. **GPS:** n46,36662 o5,70769.

Frankreich

Bourgogne-Franche-Comté

40 €5 €2 Ch €2 €3/Tag. **Lage:** Ländlich, einfach. **Untergrund:** Wiese. 01/05-31/10.

S | La Chapelle des Bois | 22E1
Station de ski, Chemin du Marais Blanc. **GPS**: n46,60307 o6,11317.

kostenlos. **Untergrund:** ungepflastert. **Entfernung:** vor Ort.

S | La Chapelle-de-Guinchay | 22C2
Le Clos Meziat. **GPS**: n46,21017 o4,76720.

± 10 kostenlos ChWC kostenlos. **Lage:** Ländlich, komfortabel, ruhig. **Untergrund:** Schotter/befestigt. 01/01-31/12. **Entfernung:** Stadtmitte 1,2Km A6 10Km 1,2Km 1,2Km.

| La Charité-sur-Loire | 18H3
Quai de la Tête de l'Ourth. **GPS**: n47,17577 o3,01254.
3 kostenlos. **Untergrund:** asphaltiert. 01/01-31/12.
Sonstiges: Parkplatz am Fluss.

| La Charité-sur-Loire | 18H3
Quai Romain Mollot. **GPS**: n47,17483 o3,01123.

5 kostenlos. **Untergrund:** asphaltiert. 01/01-31/12.
Entfernung: 250M vor Ort vor Ort vor Ort vor Ort.
Sonstiges: Parkplatz am Fluss, max. 24 Std.

| La Montagne | 19F2
D136. **GPS**: n47,92581 o6,58710.

2 kostenlos. **Lage:** Ländlich, einfach. **Untergrund:** asphaltiert. 01/01-31/12.
Sonstiges: Parkplatz an den Skipiste.

S | La Pesse | 22E2
Rue de l'Epicéa, D25. **GPS**: n46,28400 o5,84764.

15 kostenlos €2 ChWC. **Lage:** Ländlich, einfach. **Untergrund:** ungepflastert. 01/01-31/12. **Entfernung:** vor Ort vor Ort.
Sonstiges: Bei Start der Langlaufstrecke.

S | La Pesse | 22E2
Ferme Auberge de La Combe aux Bisons, Lieu-dit Pré Reverchon. **GPS**: n46,29278 o5,86011.

3 Gäste kostenlos. **Lage:** Einfach, abgelegen. 01/01-31/12. Mo, Di.
Entfernung: vor Ort.

S | Laignes | 19B2
Chemin du Moulin Neuf, D965. **GPS**: n47,84850 o4,36132.

7 kostenlos. **Lage:** Einfach, ruhig. **Untergrund:** Wiese. 01/01-31/12.
Entfernung: 1Km vor Ort.
Sonstiges: Parkplatz am Fluss, max. 24 Std.

S | Lamoura | 22E2
Route de Prémanon, D25. **GPS**: n46,41107 o5,99458.

20 kostenlos Ch kostenlos WC. **Lage:** Ländlich, einfach. **Untergrund:** asphaltiert. **Entfernung:** Winter vor Ort vor Ort.
Sonstiges: Ver-/Entsorgung sportcentre La Serra, nur im Winter.

S | Lamoura | 22E2
Route de Prémanon, D25. **GPS**: n46,40139 o5,98561.

6 kostenlos. **Entfernung:** vor Ort vor Ort.

S | Larochemillay | 22B1
Centre Bourg. **GPS**: n46,87793 o4,00155.
4 kostenlos Ch kostenlos. 01/01-31/12.

Entfernung: vor Ort vor Ort.
Sonstiges: Wertmünzen beim Rathaus und Restaurant, max. 48 Std.

S | Le Vernois | 22D1
Caveau des Byards. **GPS**: n46,73342 o5,59405.

2 kostenlos. **Lage:** Städtisch, einfach. **Untergrund:** Wiese/Schotter.

S | Les Rousses | 22E2
Parking l'Aube, Route du Lac. **GPS**: n46,48779 o6,06690.

30 kostenlos, € 4/Winter €3,60/100Liter Ch €3,60/1Std. **Lage:** Einfach. **Untergrund:** asphaltiert. 01/01-31/12. **Entfernung:** 500M 500M 200M.

S | Les Rousses | 22E2
Porte du Balanciers, Route Blanche, N5. **GPS**: n46,44852 o6,07591.

30 kostenlos, € 4/Winter €3,50 Ch WC. **Untergrund:** asphaltiert. 01/01-31/12.
Entfernung: Imbiss 5Km.
Sonstiges: Wertmünzen bei Office de Tourisme, Skistation, Skischule und Skiverleih.

| Louhans | 22D1
Halte nautique, Rue du Port. **GPS**: n46,62952 o5,21302.

22 kostenlos, 01/04-30/09 € 6 + € 0,20/pP Kurtaxe ChWC inklusive. **Lage:** Komfortabel, ruhig. **Untergrund:** Schotter. **Entfernung:** 400M vor Ort.
Sonstiges: Bezahlen bei Halte Nautique, Sanitärgebäude: 01/05-30/09.

S | Luxeuil-les-Bains | 19E2
Place de l'Etang de la Poche, Rue Gambetta. **GPS**: n47,81679 o6,38659.

20 kostenlos €2/100Liter Ch €2/1Std. **Lage:** Einfach, ruhig. **Untergrund:** Schotter. 01/01-31/12. Ver-/Entsorgung: Winter.

Frankreich

Bourgogne-Franche-Comté

Entfernung: 🛒1Km 🏊100M ⛽1Km 🛍Auchan/Aldi 500m ⚕1Km.
Sonstiges: Max. 72 Std, Wertmünzen bei Office de Tourisme.
Touristinformation Luxeuil-les-Bains:
ℹ Fougerolles. Seit dem 16. Jahrhundert ist das Städtchen das Zentrum der Brennereien (Kirsch und Kirschweinbrand).

Luzy — 22B1
Place du champ De Foire. **GPS:** n46,79028 o3,96840. ⬆➡.

4 🅿kostenlos 💧 Ch WC kostenlos. **Lage:** Einfach.
Untergrund: befestigt. 📅 01/01-31/12.
Entfernung: 🛒Stadtmitte 300M ⊗100M ⛽200M 🚌500M.
Sonstiges: Max. 48 Std, Wertmünzen bei Geschäfte und Restaurant.

Mailly-le-Château — 19A2
L'espace naturel du Beauvais, Rue du Beauvais.
GPS: n47,59308 o3,63059. ⬆.
🅿kostenlos 💧€3 🔌Ch 🚿€3 📶. **Lage:** Abgelegen, ruhig.
Untergrund: Wiese. 📅 01/01-31/12.
Entfernung: 🛒650M.
Sonstiges: Wertmünzen bei Geschäfte.

Maisod — 22D2
La Mercantine. **GPS:** n46,46500 o5,68864.

40 🅿€6 💧€2 🔌Ch.
Lage: Ländlich, einfach. **Untergrund:** Schotter.
Entfernung: 🏊100M ⊗200M.
Sonstiges: Am Vouglans See, max. 24 Std.

Marigny-le-Cahouët — 19C3
Chemin des Écluses. **GPS:** n47,46370 o4,45598.
🅿kostenlos. **Untergrund:** Schotter/befestigt. 📅 01/01-31/12.
Entfernung: 🛒200M Bäckerei 200M vor Ort 🍴vor Ort.
Sonstiges: Am Kanal, Picknickplatz.

Marsannay-la-Côte — 19C3
Espace du Rocher, Rue du Rocher. **GPS:** n47,27099 o4,99224. ⬆➡.

5 🅿kostenlos 💧 Ch kostenlos. **Lage:** Städtisch, einfach, ruhig.
Untergrund: asphaltiert. 📅 01/01-31/12.
Entfernung: 🛒500M ⛽750M.

Marsannay-la-Côte — 19C3
Rue de Mazy, D122. **GPS:** n47,27027 o4,98761.
🅿kostenlos. **Untergrund:** asphaltiert. 📅 01/01-31/12.
Entfernung: 🛒vor Ort 🍴5km.
Sonstiges: Parkplatz neben Office de Tourisme.

Marzy — 22A1
Aire de camping-cars, Allée des Vignes du Clos.
GPS: n46,97982 o3,09357.
3 🅿kostenlos 💧€2 🔌Ch. **Lage:** Einfach, ruhig.
Untergrund: asphaltiert. 📅 01/01-31/12.
Entfernung: ⊗100M.
Sonstiges: Max. 72 Std.

Mesnay — 22E1
Rue Vermot. **GPS:** n46,89834 o5,80036. ⬆➡.

5 🅿kostenlos 💧€2/10Minuten 🔌Ch kostenlos 🚿€2/55Minuten.
Lage: Einfach. 📅 01/01-31/12.
Entfernung: 🛒500m, 2,5km Arbois.

Montbéliard — 19F3
Parking du Champ de Foire. **GPS:** n47,50663 o6,79128. ⬆.

4 🅿kostenlos 💧€1,60 🔌Ch €1,60. **Lage:** Städtisch.
Untergrund: asphaltiert.
Sonstiges: Max. 48 Std.

Montreux-Château — 19F2
D11. **GPS:** n47,60283 o7,00252. ⬆.

8 🅿€ 5/24 Std 💧€5/10Minuten 🔌Ch (8x) WC inklusive.
Lage: Einfach. **Untergrund:** Schotter.

Moussières — 22E2
GPS: n46,32111 o5,89778. ⬆.

6 🅿kostenlos 💧€2 🔌Ch €2. **Lage:** Ländlich, einfach.
Untergrund: Schotter. 📅 01/01-31/12.
Entfernung: 🍴vor Ort.
Sonstiges: Gegenüber Käsebauernhof.

Mouthe — 22E1
Place de l'Eglise. **GPS:** n46,71042 o6,19570. ⬆➡.

20 🅿kostenlos 💧€3 🔌Ch. **Lage:** Ländlich, einfach.
Untergrund: asphaltiert.
Sonstiges: Wertmünzen bei Bäckerei, Supermarkt, Office de Tourisme.

Nolay — 22C1
Avenue de la Liberté. **GPS:** n46,95016 o4,62828. ⬆.

± 10 🅿kostenlos 💧€3 🔌Ch 🚽€3. **Lage:** Städtisch, einfach.
Untergrund: Schotter. 📅 01/01-31/12.
Entfernung: 🛒100M ⊗300M ⛽300M.
Sonstiges: Wertmünzen beim Office de Tourisme und Rathaus.
Touristinformation Nolay:
ℹ Site Champêtre du Bout du Monde, Vauchignon. Wasserfälle.

Nozeroy — 22E1
Rue des Remparts. **GPS:** n46,77249 o6,03516. ⬆➡.

10 🅿€6 💧 🔌Ch 🚿inklusive, 2Amp. **Lage:** Ländlich, abgelegen, ruhig. **Untergrund:** Wiese/Schotter. 📅 01/01-31/12.
Entfernung: 🛒200M.

Nuits-Saint-Georges — 19C3
Rue de Cussigny. **GPS:** n47,13178 o4,95189. ⬆➡.

10 🅿kostenlos 💧 🔌Ch kostenlos. **Lage:** Städtisch, einfach.
Untergrund: asphaltiert. 📅 01/01-31/12.
Entfernung: 🛒400M 🚲2,1Km ⊗500M ⛽Intermarché 300m.
Touristinformation Nuits-Saint-Georges:
ℹ Fr.

Orgelet — 22D2
Place Ancien Champ de Foire, Rue du Faubourg de l'Orme.
GPS: n46,52232 o5,60860. ⬆.

20 🅿kostenlos 💧 🔌Ch WC kostenlos. **Lage:** Einfach.
Untergrund: Wiese/befestigt. 📅 01/01-31/12.
Entfernung: 🛒300M.
Sonstiges: Bei Frost geschlossen.

Pougues-les-Eaux — 19A3
D907. **GPS:** n47,08315 o3,09382. ⬆.

5 🅿kostenlos 💧€2/10Minuten 🔌Ch 🚿€2/10Minuten.
Untergrund: asphaltiert. 📅 01/01-31/12.

Bourgogne-Franche-Comté

Entfernung: 250M 1,4Km 100M.
Sonstiges: Wertmünzen beim Campingplatz und Touristenbüro.

Prissé 22C2
Vignerons des Terres Secrètes, Les Grandes Vignes.
GPS: n46,32226 o4,75257.

5 kostenlos €2 ChWC. **Lage:** Ländlich, einfach.
Untergrund: Schotter. 01/01-31/12.
Entfernung: 500M 3Km.
Sonstiges: Max. 24 Std.

Pruzilly 22C2
La Croix Blanche, salle des Fêtes. GPS: n46,25708 o4,69792.

6 kostenlos ChWC kostenlos. **Lage:** Ländlich, einfach.
Untergrund: asphaltiert. 01/01-31/12.
Entfernung: vor Ort vor Ort.
Sonstiges: Max. 48 Std, Vins de Côte de Beaujolais.

Quarre-les-Tombes 19B3
Rue des Ecoles. **GPS:** n47,36853 o3,99936.
6 kostenlos kostenlos. **Untergrund:** befestigt.
01/04-31/10. **Entfernung:** 100M 100M 100M.

Raddon-et-Chapendu 19F2
GPS: n47,84899 o6,47427.

6 kostenlos €2/23Minuten €2/23Minuten. **Lage:** Ländlich,
einfach. **Untergrund:** Schotter.
Sonstiges: Neben Sportplatz.

Randevillers 19F3
Rue de la Cote. **GPS:** n47,30944 o6,52707.

3 kostenlos. **Lage:** Ländlich. **Untergrund:** asphaltiert/Schotter.

Rémilly 22B1
Le Bourg. **GPS:** n46,81995 o3,81171.
4 kostenlos Ch kostenlos. **Untergrund:** Wiese.
01/01-31/12. **Entfernung:** 200M 200M.
Sonstiges: Wertmünzen beim Rathaus und Restaurant, max. 48 Std.

Rogny-les-Sept-Écluses 18H2
Quai Sully. **GPS:** n47,74673 o2,88104.
4 kostenlos Ch kostenlos. **Lage:** Einfach, ruhig.
Untergrund: Wiese. 01/01-31/12.
Entfernung: vor Ort 350M.
Sonstiges: Am Kanal.

Rouvray 19B3
Place du Champs de foire, D906. **GPS:** n47,42271 o4,10412.

4 kostenlos Ch kostenlos. **Untergrund:** befestigt.
Entfernung: vor Ort.
Sonstiges: Max. 48 Std.

Saint-Benin-d'Azy 22A1
1 rue François Mitterrand. **GPS:** n47,00381 o3,40113.
3 kostenlos Ch kostenlos. 01/01-31/12.

Saint-Bresson 19F2
La Rue Saint Bresson. **GPS:** n47,86999 o6,50226.

2. **Lage:** Ländlich, einfach. **Untergrund:** asphaltiert.

Saint-Claude 22E2
Avenue de la Libération, D436. **GPS:** n46,38049 o5,85209.

3 kostenlos Ch kostenlos. **Lage:** Städtisch, einfach, laut.
Untergrund: asphaltiert. 01/01-31/12. **Entfernung:** 1Km.
Touristinformation Saint-Claude:
Touristische Stadt, Produktion Pfeifen.
Musée du Pipe et Diamant. Pfeifen- und Diamantausstellung.
01/06-30/09 9.30-12 Uhr, 14-18.30 Uhr, 01/10-31/05 14-18 Uhr
So.

Saint-Fargeau 19A2
Rue de Laveau, D18. **GPS:** n47,63968 o3,06999.

10 kostenlos ChWC kostenlos. 01/01-31/12.
Entfernung: 50M 50M.

Saint-Gengoux-le-National 22C1
GPS: n46,60624 o4,66844.

16 kostenlos €3/15Minuten Ch €3/50Minuten WC.
Lage: Einfach, ruhig. **Untergrund:** Schotter. 01/01-31/12.

Entfernung: 500M.
Sonstiges: Beim ehemaligen Bahnhof.
Touristinformation Saint-Gengoux-le-National:
La Voie Verte. Radweg auf einer ehemaligen Eisenbahnstrecke.

Saint-Honoré-les-Bains 22B1
Allée de la Cressonnière. **GPS:** n46,90471 o3,84059.

4 kostenlos €2 Ch €2. **Lage:** Einfach.
Untergrund: Schotter. 01/01-31/12.
Entfernung: 300M 300M 50M.
Sonstiges: Max. 48 Std, Wertmünzen beim Rathaus und Supermarkt.

Saint-Julien-du-Sault 19A1
Stade Jean Sax, Rue du Stade. **GPS:** n48,02906 o3,30116.
13 kostenlos Ch kostenlos. 01/01-31/12.

Saint-Léger-sur-Dheune 22C1
Route de Saint-Bérain. **GPS:** n46,84648 o4,63248.

12 €7/24 Std Ch inklusive. 01/01-31/12.
Entfernung: vor Ort.

Saint-Loup-sur-Semouse 19E2
Rue de Champ de Tir. **GPS:** n47,88643 o6,27051.

4 kostenlos €3 Ch. **Untergrund:** asphaltiert.
01/03-30/11.
Entfernung: vor Ort 500M vor Ort vor Ort vor Ort.
Sonstiges: Hinter Kirche, max. 24 Std.

Saint-Point-Lac 22E1
Aire d'acceuil pour camping-cars, Rue du lac.
GPS: n46,81268 o6,30375.

40 €6 10Minuten Ch 55Minuten WC kostenlos.
Untergrund: Schotter/Sand. 01/03-30/11.
Entfernung: vor Ort.
Sonstiges: Max. 3 Nächte, keine Campingaktivitäten.

Sainte-Marie-en-Chanois 19F2
Rue de la Lolonge. **GPS:** n47,83663 o6,51216.

Frankreich

Bourgogne-Franche-Comté

5 kostenlos. **Lage:** Ländlich, einfach. **Untergrund:** asphaltiert.

S Salins-les-Bains 22E1
Rue de la République, D472. **GPS:** n46,93254 o5,87899.

8 kostenlos / Ch kostenlos. **Lage:** Einfach. **Untergrund:** asphaltiert. 01/01-31/12.
Entfernung: 50M.
Sonstiges: Parken/übernachten erlaubt auf allen Parkplätzen.

S Sancey-le-Grand 19F3
D-31. **GPS:** n47,29040 o6,57742.

2 kostenlos. **Lage:** Ländlich, einfach. **Untergrund:** Schotter. 01/01-31/12.
Entfernung: 500M.

S Sancey-le-Long 19F3
D31/D464. **GPS:** n47,30513 o6,59477.

2 kostenlos €2 Ch €2. **Lage:** Ländlich, einfach. **Untergrund:** Schotter.
Sonstiges: Wertmünzen beim Supermarkt, Cafe, Centre commercial.

S Saulx 19E2
Place de l'Eglise. **GPS:** n47,69620 o6,28030.
€2/100Liter €2/2Std WC kostenlos. **Lage:** Einfach, ruhig.

S Savigny-le-Sec 19C3
Rue de la Mare. **GPS:** n47,43365 o5,04607.

10 € 3,50 Ch inklusive WC. **Lage:** Ländlich, einfach, abgelegen, ruhig. **Untergrund:** asphaltiert/Schotter. 01/01-31/12.
Entfernung: 1,3Km. Bäckerei 1,3Km.

S Savoyeux 19D2
Port de plaisance, Rue des Chênes. **GPS:** n47,56270 o5,73971.
4 €5 Ch €2 WC €2 €1/12Std. 01/01-31/12.

Entfernung: 1Km.
Sonstiges: Bezahlung beim Hafenmeister.

S Semur-en-Auxois 19B3
Avenue Pasteur. **GPS:** n47,49506 o4,34945.

30 kostenlos Ch kostenlos. **Lage:** Einfach, ruhig. **Untergrund:** asphaltiert. 01/01-31/12. Wasser: Nov-März.
Entfernung: Altstadt 1,3Km 10Km 800M 800M.
Sonstiges: Am Fussballplatz.
Touristinformation Semur-en-Auxois:
Alise-Ste-Reine. Entdeckungen der Gallorömischen Stadt. 01/04-31/10 täglich.

S Sermamagny 19F2
Rue Alfred Lallemand. **GPS:** n47,68351 o6,81416.

30 kostenlos. **Untergrund:** Wiese.

S Seurre 22D1
Rue de la Perche à l'Oiseau. **GPS:** n47,00405 o5,14318.

15 kostenlos €4,70/20Minuten Ch Ver-/Entsorgung €4/20Min. **Lage:** Ländlich, einfach, ruhig. **Untergrund:** asphaltiert. 01/01-31/12.
Entfernung: 800M 100M 100M 700M 700M.
Sonstiges: Ver-/Entsorgung: 8-20 Uhr.

S Thoirette 22D2
Grande Rue. **GPS:** n46,26924 o5,53529.

5 €6 Ch inklusive. **Lage:** Einfach. **Untergrund:** Schotter.
Entfernung: 25M 50M 25M.

S Tournus 22C2
Quai de la Marine. **GPS:** n46,56757 o4,91118.
8 kostenlos Ch. **Lage:** Städtisch. **Untergrund:** befestigt. 01/01-31/12.
Entfernung: 300M 300M 500M 300M.
Sonstiges: Samstag Markt.

S Treigny 19A2
Rue du Champ de Foire. **GPS:** n47,54982 o3,18159.
2 kostenlos. **Lage:** Einfach, ruhig. **Untergrund:** asphaltiert. 01/01-31/12.
Entfernung: 200M 200M 200M.

S Vaivre-et-Montoille 19E2
Avenue des Rives du Lac. **GPS:** n47,62938 o6,12701.

7 kostenlos €2,50 Ch. **Lage:** Ländlich, einfach, ruhig. **Untergrund:** Sand. 01/01-31/12.
Entfernung: 1,5Km Strand 100M 100M 25M vor Ort vor Ort.
Sonstiges: Schwimmparadies, See.

S Vaivre-et-Montoille 19E2
Avenue du Lac. **GPS:** n47,63718 o6,10752.

5 kostenlos. **Lage:** Ländlich. **Untergrund:** asphaltiert. 01/01-31/12. **Entfernung:** vor Ort vor Ort vor Ort.
Sonstiges: Direkt am See.

S Vellevans 19F3
D464. **GPS:** n47,31042 o6,49139.

2 kostenlos. **Lage:** Ländlich. **Untergrund:** Wiese/Schotter.

S Villers-le-Lac 19F3
Vedettes Panoramiques, Rue du Clos Rondot. **GPS:** n47,05948 o6,67195.

8 kostenlos €2 Ch kostenlos. **Lage:** Einfach. **Untergrund:** Beton. 01/01-31/12.
Entfernung: 50M.
Sonstiges: Kleinen Stellplätze.

S Villers-le-Lac 19F3
Bateaux du Saut du Doubs. **GPS:** n47,05500 o6,67000.

50 €8, kostenlos nach Bootsfahrt €3,50 Ch beim B¨ro/Geschäft. **Lage:** Einfach, zentral. **Untergrund:** Wiese/Schotter. 01/04-31/10.
Entfernung: 100M.
Sonstiges: Anmelden bei Bateaux.

Bourgogne-Franche-Comté - Auvergne-Rhône-Alpes

Vinzelles 22C2
Clos Bonin. **GPS**: n46,27145 o4,77008.

10 kostenlos Ch kostenlos.
Lage: Ländlich, einfach. **Untergrund**: asphaltiert.
01/01-31/12.
Entfernung: 200M A6 2,8Km vor Ort vor Ort vor Ort.

Auvergne-Rhône-Alpes

Aiguebelle 25E1
Pré de foire. **GPS**: n45,54289 o6,30635.

18 kostenlos €2/100Liter Ch. **Untergrund**: asphaltiert/Wiese.
01/01-31/12 Di-Morgen geschlossen, Markt.
Entfernung: vor Ort 6,1km.
Touristinformation Aiguebelle:
Di-Morgen.

Aigueperse 22A3
Place du Foirail, Rue de la Porte aux Boeufs. **GPS**: n46,02634 o3,20313.

15 kostenlos €2/10Minuten Ch €2/1Std. **Lage**: Städtisch, einfach, zentral, ruhig. **Untergrund**: asphaltiert. 01/01-31/12
17/08-28/08.
Entfernung: vor Ort in der Nähe in der Nähe.
Sonstiges: Marktplatz.

Aiguilhe 25B2
Avenue de Bonneville. **GPS**: n45,05063 o3,88356.

6 kostenlos. **Lage**: Städtisch, einfach, zentral.
Untergrund: asphaltiert. 01/01-31/12.
Entfernung: vor Ort 350M.
Sonstiges: Max. 24 Std.

Aix-les-Bains 22E3
Avenue du Grand Port. **GPS**: n45,70504 o5,88810.

16 kostenlos kostenlos WC. **Lage**: Städtisch, einfach, laut.
Untergrund: Schotter. 01/01-31/12.
Entfernung: Stadtmitte 2Km 2km See 100M 150M
Brötchenservice 500M vor Ort.
Sonstiges: Max. 48 Std, Mittwoch und Samstag Markt.

Aix-les-Bains 22E3
Camping-Car Park, Rue des Goélands. **GPS**: n45,69627 o5,88926.
77 €13 Ch (52x) €5/3 inklusive.
Untergrund: Wiese. 01/01-31/12.
Entfernung: 500M vor Ort 200M 500M 200M.
Sonstiges: Am See.

Alba-la-Romaine 25C3
Bragigous. **GPS**: n44,55329 o4,59741.

35 €4 €2 Ch. **Lage**: Ländlich, ruhig.
Untergrund: Wiese/Schotter. 01/01-31/12.
Entfernung: vor Ort 200M 200M.
Sonstiges: Ver-/Entsorgung zahlen beim Seniorenheim.

Albertville 22F3
Parking Conflans, Montée Adolphe Hugues, Conflans.
GPS: n45,67389 o6,39694.
6 kostenlos €3,50 Ch. **Untergrund**: asphaltiert.
Entfernung: 10 Gehminuten.
Touristinformation Albertville:
Quai des Allobroges. Do 6-18 Uhr.

Allanche 24H1
Aire de la Gare, Chemin de la Roche Marchal.
GPS: n45,23000 o2,93139.

25 kostenlos €2 Ch. **Lage**: Ländlich, einfach, ruhig.
Untergrund: Schotter/Sand. 01/05-30/09, Parkplatz 01/01-31/12.
Entfernung: 300M 300M 300M.
Sonstiges: Höhe 1000M, Wertmünzen bei Camping, Office de tourisme, Rathaus, erreichbar via Allanche Zentrum.

Allevard 25E1
Place du David. **GPS**: n45,38838 o6,07110.
+10 €4 Ch WC kostenlos. **Lage**: Ländlich.
Untergrund: ungepflastert. 01/01-31/12.
Entfernung: 500M 300M.
Sonstiges: Max. 48 Std.

Alpe d'Huez 25E2
Parking de Brandes. **GPS**: n45,08654 o6,07916.

75 €10/Tag + €0,40/pP Kurtaxe Ch WC.
Untergrund: asphaltiert.
Entfernung: 1Km vor Ort.
Sonstiges: Erst ein Parkschein kaufen bei Palais des Sports et des Congrès.

Alpe d'Huez 25E2
Parking l'Eclose, Rue du 93me Ram. **GPS**: n45,08796 o6,07019.
25 €10/Tag + €0,20/pP Kurtaxe Ch WC inklusive.
Untergrund: asphaltiert. 01/12-01/04, 11/07-31/08.
Entfernung: 200M 200M 200M vor Ort.
Sonstiges: Erst ein Parkschein kaufen bei Palais des Sports et des Congrès.

Ambierle 22B2
Complexe sportif, Rue Sainte Claude. **GPS**: n46,10663 o3,89384.

3 kostenlos Ch kostenlos. **Lage**: Ländlich, einfach, ruhig.
Untergrund: asphaltiert. 01/01-31/12.
Entfernung: vor Ort 200M 300M.
Sonstiges: Am Sportpark.

Amplepuis 22B3
Rue Paul de la Goutte. **GPS**: n45,97027 o4,33085.
kostenlos Ch kostenlos. **Untergrund**: asphaltiert.
Entfernung: vor Ort 50M 100M vor Ort.
Sonstiges: Hinter der Sporthalle.

Annecy 22E3
Parking de Colmyr, Rue des Marquisats, N1508.
GPS: n45,89070 o6,13915.

14 kostenlos Ch kostenlos.
Lage: Städtisch, einfach, zentral, ruhig. **Untergrund**: asphaltiert.
01/01-31/12.
Entfernung: 700M 100M vor Ort 700M 700M.
Sonstiges: Max. 24 Std, Markt Dienstag, Freitag, Sonntag.
Touristinformation Annecy:
Office de Tourisme, Bonlieu, 1 rue Jean Jaurès, www.lac-annecy.com. Am gleichnamigen See und durch Gebirgsspitzen umgeben. Das alte Stadtzentrum besteht von überdachten Wegen, Kanälen und Brücken.
Place de Romains. Die 7-19 Uhr.

Anse 22C3
Cave Saint Cyr, 31 chemin de Trechen. **GPS**: n45,93169 o4,68623.
4 kostenlos Ch. **Lage**: Ländlich.
Untergrund: Schotter/befestigt. 01/01-31/12.

Anthy-sur-Léman 22F2
Rue du Lac. **GPS**: n46,35889 o6,42192.

Auvergne-Rhône-Alpes

5 kostenlos. **Untergrund:** Schotter.
Entfernung: 700M 50M vor Ort.
Sonstiges: Max. 48 Std, max. 7M.

Archignat 21H2
Rue des Chalets. **GPS:** n46,37336 o2,42408.
5 € 5 + € 0,20/pP Kurtaxe €2 Ch €3 WC. **Lage:** Ruhig.
Untergrund: Wiese/Schotter.
Entfernung: vor Ort.

Arçon 22B3
Le Bourg. **GPS:** n46,00977 o3,88793.

3 kostenlos Chkostenlos. **Lage:** Ländlich, einfach, ruhig.
01/01-31/12.
Entfernung: vor Ort 50M.

Arlanc 25A1
Loumans. **GPS:** n45,41233 o3,71782.

+10 kostenlos €2 Ch. **Lage:** Ländlich, einfach, ruhig.
Untergrund: asphaltiert/Wiese. 01/04-31/10. **Entfernung:**
500M vor Ort 100M 1Km vor Ort. **Sonstiges:** Am
Schwimmbad und kleinen See, Wertmünzen bei Office de Tourisme.

Arlebosc 25C2
Place du Marché aux Fruits. **GPS:** n45,03683 o4,65238.

10 kostenlos Chkostenlos. **Lage:** Ländlich, einfach.
Untergrund: Schotter. 01/01-31/12.
Entfernung: vor Ort Bäckerei 150M vor Ort.

Arnac (Cantal) 24G2
Aire camping-cars, RD61. **GPS:** n45,06056 o2,23389.

2 kostenlos €2/100Liter Ch €2/1Std. **Lage:** Ländlich,
einfach, ruhig. **Untergrund:** Wiese/Schotter. 01/01-31/12.
Entfernung: 50M 150M 150M.

Aubignas 25C3
Aire camping-cars. **GPS:** n44,58732 o4,63177.

10 freiwilliger Beitrag € 2 €2/100Liter ChWC.
Untergrund: Schotter.
Entfernung: 300M.
Sonstiges: Schöne Aussicht.

Aubusson-d'Auvergne 22A3
Base de Loisirs-lac d'Aubusson. **GPS:** n45,75377 o3,61079.

50 € 6 ChWC kostenlos.
Lage: Ländlich, einfach, abgelegen, ruhig. **Untergrund:** befestigt.
01/01-31/12.
Entfernung: vor Ort vor Ort 200M 8Km vor Ort.

Aurec-sur-Loire 25B1
Place de la Gare. **GPS:** n45,37164 o4,19919.

3 kostenlos Chkostenlos. **Lage:** Städtisch, einfach, zentral,
ruhig. **Untergrund:** Schotter/Sand. 01/01-31/12.
Entfernung: 450M 450M 500M 50M.
Sonstiges: Am Bahnhof, max. 48 Std.

Aurillac 24G2
Place du Champ de Foire, Cours d'Angoulême.
GPS: n44,92944 o2,44963.

10 kostenlos €3,50 Ch €3,50. **Lage:** Städtisch, einfach,
laut. **Untergrund:** asphaltiert. 01/01-31/12 Ver-/Entsorgung:
31/10-01/05.
Entfernung: vor Ort 100M 100M.
Sonstiges: Max. 24 Std, Wertmünzen beim Touristenbüro.
Touristinformation Aurillac:
Europäisches Straßentheater und Festival. 3. Woche Aug.

Avermes 22A1
Avenue des Isles. **GPS:** n46,58611 o3,30667.
3 kostenlos €2 ChWC. **Untergrund:** befestigt.
01/01-31/12. **Sonstiges:** Am Sportzentrum.

Aydat 21H3
Aire camping-cars. **GPS:** n45,66025 o2,97778.

41 € 9,50/24 Std Ch (28x)WC inklusive.
Lage: Ländlich, komfortabel, ruhig.
Untergrund: Wiese. 01/01-31/12.
Entfernung: 200M vor Ort vor Ort vor Ort 250M.
Sonstiges: Ehemaliger Campingplatz, max. 8,20M.

Balazuc 25B3
Parking Champgelly, La Croisette. **GPS:** n44,50601 o4,37366.

kostenlos. **Lage:** Ländlich. **Untergrund:** Schotter. 01/01-31/12.
Entfernung: 1Km.

Banne 25B3
Quartier l'Eglise, D251. **GPS:** n44,36539 o4,15691.

25 kostenlos €3/60Liter Ch €3/1Std.
Untergrund: Schotter/befestigt. 01/01-31/12.
Entfernung: 500M.
Sonstiges: Hinter Kirche, schöne Aussicht.

Barjac 25B3
Rue Pierre Andre Benoit. **GPS:** n44,30589 o4,34343.

20 kostenlos Ch €3, Wasser 10 Min + Strom 55 Min.
Lage: Einfach. 01/01-31/12.
Entfernung: 100M 100M vor Ort.
Sonstiges: Wertmünzen beim Office de Tourisme und Rathaus, Markt
am Freitag.

Beaulieu 25B2
Lous Saux. **GPS:** n45,12662 o3,94799.

5 kostenlos Ch (2x)kostenlos. **Lage:** Ländlich, einfach,
ruhig. **Untergrund:** Schotter. 01/04-31/10 Ver-/Entsorgung
01/11-31/03. **Entfernung:** 800M 300M vor Ort vor Ort.
Sonstiges: Max. 48 Std.

Auvergne-Rhône-Alpes

Beaulon 22A1
Écluse de Beaulon, La Curesse. **GPS:** n46,60443 03,65840.

+10 kostenlos (10x)kostenlos. **Lage:** Ländlich, einfach, abgelegen, ruhig. **Untergrund:** Schotter. 01/01-31/12. **Entfernung:** 1,2Km Kanal vor Ort 1,2Km 1,2Km vor Ort vor Ort.

Beausemblant 25C1
Drôme des Collines, Rue des Glycines, D122. **GPS:** n45,21826 04,83282.

4 kostenlos Ch kostenlos. **Lage:** Einfach. **Untergrund:** Schotter. 01/01-31/12. **Entfernung:** 100M 100M vor Ort. **Sonstiges:** Max. 48 Std.

Beauzac 25B1
Espace La Dorlière, D42. **GPS:** n45,26161 04,10170.

8 kostenlos Ch kostenlos. **Lage:** Ländlich, einfach, ruhig. **Untergrund:** Schotter/Sand. 15/04-31/10. **Entfernung:** 250M 300M.

Bellerive-sur-Allier 22A2
Riv'Air Camp, Rue Claude Decloitre. **GPS:** n46,11514 03,43114.

39 € 10 Ch (50x)WC inklusive. **Lage:** Städtisch, komfortabel, abgelegen, ruhig. **Untergrund:** befestigt. 01/01-31/12. **Entfernung:** 2,5Km 17Km vor Ort vor Ort vor Ort 800M. **Sonstiges:** Am Allier.

Belleville 22C2
Ancienne Avenue du Port. **GPS:** n46,10626 04,75470.

8 kostenlos Ch kostenlos. **Untergrund:** asphaltiert. 01/01-31/12. **Entfernung:** Zentrum 500M A6 900m 500M.

Belley 22D3
Route de Saint-Germain, D41. **GPS:** n45,75535 05,67790.

20 kostenlos €2 Ch €2. **Lage:** Städtisch, einfach, zentral, ruhig. **Untergrund:** asphaltiert. 01/01-31/12. **Entfernung:** Zentrum 1Km 1Km 1Km 1Km. **Sonstiges:** Beim Sportpark, Ver-/Entsorgung nur mit 1-Euro-Münze.

Belleydoux 22E2
Relais Flot Bleu, Route Principale. **GPS:** n46,25556 05,77994.
kostenlos €2 Ch €2/20Minuten. 01/01-31/12.

Belmont-de-la-Loire 22B2
Place de l'Église. **GPS:** n46,16543 04,34634.

2 kostenlos Ch WC. **Lage:** Ländlich, einfach, ruhig. **Untergrund:** befestigt. 03/03-19/07, 01/08-31/10. **Entfernung:** 50M 100M 100M vor Ort.

Bibost 22C3
D91. **GPS:** n45,79500 04,55144.
kostenlos Ch kostenlos. **Lage:** Ländlich, ruhig. **Untergrund:** Schotter. 01/01-31/12. **Sonstiges:** Schöne Aussicht.

Billy 22A2
Rue de la Fontaine. **GPS:** n46,23586 03,43044.

kostenlos Ch kostenlos. **Untergrund:** asphaltiert. 01/01-31/12. **Entfernung:** vor Ort. **Sonstiges:** Max. 48 Std.

Blesle 25A1
Route du Babory, D8. **GPS:** n45,31733 03,17424.

6 kostenlos. **Lage:** Ländlich, einfach, ruhig. **Untergrund:** Schotter/Sand. 01/01-31/12. **Entfernung:** 300M 300M 300M vor Ort. **Sonstiges:** Max. 2 Nächte, Ver-/Entsorgung am Camping municipal.

Blesle 25A1
Hôtel-Restaurant Le Scorpion, Le Basbory, D909. **GPS:** n45,31219 03,18677.

25 € 12,50 Ch (8x)WC inklusive. **Lage:** Ländlich, komfortabel, ruhig. **Untergrund:** Wiese. 01/01-31/12. **Entfernung:** 5,8Km vor Ort.

Boën 22B3
Boulevard Moizieux. **GPS:** n45,74401 04,00263.

kostenlos Ch kostenlos. **Untergrund:** Schotter. 01/01-31/12. 200M 200M 300M.

Boulieu-lès-Annonay 25C1
Chemin du Lavoir. **GPS:** n45,26928 04,66963.

6 kostenlos Ch WC kostenlos. **Lage:** Ländlich, komfortabel, ruhig. **Untergrund:** Schotter. **Entfernung:** 400M 400M 400M. **Sonstiges:** Freiwilliger Beitrag, Markt am Sontag.

Bourg-en-Bresse 22D2
Parking V.L./Bus, Boulevard de Brou. **GPS:** n46,19854 05,23766.

10 kostenlos WC 100m. **Lage:** Städtisch, einfach, zentral, laut. **Untergrund:** asphaltiert. Mi, Sa. **Entfernung:** vor Ort 6Km 100M 200M vor Ort vor Ort.

Bourg-Saint-Andéol 25C3
Chemin de la Barrière. **GPS:** n44,37520 04,64327.

30 kostenlos Ch kostenlos. **Untergrund:** asphaltiert. 01/01-31/12. **Entfernung:** 750M 50m Lidl. **Sonstiges:** Entlang der Bahnlinie, max. 48 Std.

Bourg-Saint-Maurice 25F1
Arc1600. **GPS:** n45,59523 06,78951.
20 €2 Ch €2. 01/01-31/12. **Entfernung:** Bourg St.Maurice 15km.

Frankreich — FR — 419

Auvergne-Rhône-Alpes

Bourget-du-Lac — 22E3
International au l'Ile de Cygnes. GPS: n45,65250 o5,86378.

32 €6,20-12,50 ChWC inklusive. Lage: Ländlich, komfortabel, ruhig. Untergrund: befestigt. 01/01-31/12 Ver-/Entsorgung: 01/12-01/03.
Entfernung: 500M 500M Strand 300M 100M vor Ort, vor Ort 100M vor Ort vor Ort.

Bourgneuf — 25E1
Aire camping-cars, D925. **GPS:** n45,55257 o6,21091.

30 kostenlos €2 Ch. 01/01-31/12.
Entfernung: 5Km Brasserie/Pizzeria Bäckerei.
Sonstiges: Wertmünzen erhältlich bei Pizzeria/Tabac.

Bouvante — 25D2
Village de Font d'Urle, Font d'Urle. **GPS:** n44,89789 o5,32195.

10 kostenlos €2/100Liter Ch (5x)€7/24Std €2.
Lage: Einfach, ruhig. **Untergrund:** Schotter. 15/05-30/09.
Entfernung: vor Ort Nordic Walking vor Ort.
Sonstiges: Höhe 1550M, Wertmünzen beim Reiterhof.

Brioude — 25A1
Parking Centre Historique, Avenue de Lamothe, D588. **GPS:** n45,29444 o3,38778.

30 kostenlos €2 Ch €2. **Lage:** Städtisch, einfach, zentral, ruhig. **Untergrund:** asphaltiert/Schotter. 01/01-31/12.
Entfernung: 100M 100M 100M vor Ort.
Sonstiges: Wertmünzen bei Office de Tourisme(100M).
Touristinformation Brioude:
L'aquarium-la Maison du Saumon et de la Rivière, Place de la Résistance. Lachsmuseum. 01/04-30/11.

Calvinet — 24G2
Aire de Calvinet, Terrain de sport. **GPS:** n44,71023 o2,35914.

Cassaniouze — 24G2
Aire camping-cars, Le Bourg. **GPS:** n44,69347 o2,38233.

6 kostenlos €2 Ch €2. **Lage:** Ländlich, einfach, ruhig. **Untergrund:** Schotter. 01/01-31/12 Ver-/Entsorgung 01/11-31/03.
Entfernung: 1,5Km 1,5Km 1,5Km.
Sonstiges: In der Nähe des Sportplatzes.

Cayrols — 24G2
Aire camping-cars, La Devèze, D51. **GPS:** n44,83000 o2,23278.

6 kostenlos €2/80Liter Ch €2/1Std €1. **Lage:** Ländlich, einfach, ruhig. **Untergrund:** Schotter. 01/01-31/12 Ver-/Entsorgung 01/11-31/03.
Entfernung: 600M 600M 600M.

Chalmazel — 22B3
Le Bourg Le Pont d'Ouest. GPS: n45,70149 o3,85459.

10 kostenlos €3,80 Ch €3,80 WC. **Lage:** Ländlich, komfortabel, ruhig. **Untergrund:** befestigt. 01/01-31/12 Ver-/Entsorgung 01/11-31/03.
Entfernung: 100M 200M.
Sonstiges: Max. 1 Woche, Wertmünzen bei Geschäfte im Dorf und Tankstelle.

Chambéry — 25E1
Rue Costa de Beauregard. **GPS:** n45,56289 o5,93302.

6 kostenlos Ch kostenlos. **Lage:** Städtisch.
Untergrund: asphaltiert.
Entfernung: 500M 1,2Km 500M 500M.
Sonstiges: Wasser im Winter geschlossen.
Touristinformation Chambéry:
Vieux Cité. Historische Stadtmitte mit alten Villen.
Château des Ducs de Savoie. Gebäude-Komplex, 13-14ten Jahrhundert.

Chambon-sur-Lac — 24H1
Camping Les Bombes, La Vergne. **GPS:** n45,56991 o2,90176.

Chamonix-Mont-Blanc — 22F3
Parking Grépon, Aiguille du Midi, D1506. **GPS:** n45,91578 o6,86970.

30 €7 €3 Ch. **Lage:** Ländlich, einfach, ruhig. **Untergrund:** Wiese/Schotter. 01/01-31/12 Ver-/Entsorgung: 15/09-01/05. **Entfernung:** 500M 200M 1Km 500M 500M Bäckerei vor Ort vor Ort.
Sonstiges: Zahlen und Wertmünzen beim Campingplatz.

50 €12,50/24 Std ChWC kostenlos.
Untergrund: asphaltiert. 01/01-31/12, Ver-/Entsorgung nur im Sommer. **Entfernung:** 1Km 350M 600M
Touristinformation Chamonix-Mont-Blanc:
Aiguille du Midi. Drahtseilbahn von Chamonix (M. 1036) nach Aiguille de Midi (3842m).
Montenvers et mer de Glace. Straßenbahn von Montenvers nach Eissee, ein Gletscher von 7 Kilometer lang und 1,2 Kilometer breit.

Champagnac — 24G1
D12. **GPS:** n45,35806 o2,39929.

4 kostenlos ChWC kostenlos. **Lage:** Einfach, ruhig.
Untergrund: asphaltiert.
Entfernung: vor Ort vor Ort.

Champeix — 25A1
Champeix, Route de Montaigut, D996. **GPS:** n45,58845 o3,11568.

20 kostenlos €2 Ch. **Lage:** Ländlich, einfach, abgelegen, ruhig. **Untergrund:** Wiese/Schotter. 01/04-31/10.
Entfernung: 1,3Km 1,3Km 500M.

Champoly — 22B3
La Péniche, Chemin de la salle des fêtes. **GPS:** n45,85583 o3,83227.
2 kostenlos €2 Ch €2 WC. 01/01-31/12.

Chamrousse — 25E2
Place des Niverolles, Rue de la Cembraie. **GPS:** n45,12666 o5,87356.

Frankreich

Auvergne-Rhône-Alpes

12 🚐 € 8 🚰 Ch ♻ inklusive. **Untergrund:** asphaltiert.
🗓 01/01-31/12. **Entfernung:** 🛒400M ⊗400M 🍴400M.
Sonstiges: Max. 24 Std.

Chanaleilles 25A2
Le Bourg. **GPS:** n44,85971 o3,49052.

5 🚐kostenlos 🚰 🔌 Ch WC kostenlos. **Lage:** Ländlich, einfach, abgelegen, ruhig. **Untergrund:** asphaltiert. 🗓 01/01-31/12. **Entfernung:** 🛒500M ⊗400M 🚲vor Ort.

Chanteuges 25A2
Ancienne Gare. **GPS:** n45,07234 o3,53005.

6 🚐kostenlos 🚰 🔌 Ch kostenlos. **Lage:** Ländlich, einfach, abgelegen, ruhig. **Untergrund:** Schotter. 🗓 01/01-31/12.
Entfernung: 🛒200M.
Sonstiges: Max. 8M.

Charbonnières-les-Varennes 21H3
Route de Saint-Georges, Paugnat. **GPS:** n45,88457 o2,97993.

10 🚐kostenlos 🚰€2/10Minuten 🔌Ch €2/55Minuten.
Lage: Ländlich, komfortabel, ruhig.
Untergrund: Wiese.
🗓 01/01-31/12.
Entfernung: 🛒500M 🥖Bäckerei 500M 🍴vor Ort.
Sonstiges: Wertmünzen bei Geschäfte im Dorf, Trail zum Vulkankrater.

Charix 22D2
Auberge du Lac Genin. **GPS:** n46,21981 o5,69556.

20 🚐€ 5 + € 0,20/pP Kurtaxe, für Gäste kostenlos 🚰 🔌 Ch kostenlos. **Lage:** Ländlich, einfach, abgelegen, ruhig. **Untergrund:** Schotter.
🗓 01/05-30/09.
Entfernung: 🛒4,7Km 🏊See 🍴vor Ort ⊗vor Ort 🚲vor Ort 🚶vor Ort.

Charlieu 22B2
Place d'Eningen. **GPS:** n46,16031 o4,17813.

5 🚐kostenlos 🚰 Ch WC kostenlos. **Lage:** Ländlich.
Untergrund: Schotter/befestigt. 🗓 01/01-31/12.
Entfernung: 🛒Altstadt 500M ⊗500M 🍴500M.
Sonstiges: Gegenüber Polizeirevier.

Charols 25C3
Aire municipale, D9. **GPS:** n44,59160 o4,95441.

10 🚐kostenlos 🚰 🔌 kostenlos. **Untergrund:** asphaltiert.
🗓 01/01-31/12. **Entfernung:** 🛒200M ⊗200M 🍴50M.

Chaspuzac 25A2
Aérodrome du Puy-en-Velay, Rue du Vol à Voile.
GPS: n45,07491 o3,76131.

4 🚐kostenlos 🚰€2 Ch. **Lage:** Ländlich, einfach, ruhig.
Untergrund: asphaltiert. 🗓 01/01-31/12 ⊙ Ver-/Entsorgung 01/11-28/02.
Entfernung: ⊗50M 🍴vor Ort. **Sonstiges:** Ansicht über Flugplatz.

Chastreix 24H1
Parking Station de Ski, Chastreix Sancy. **GPS:** n45,53507 o2,77695.

14 🚐kostenlos 🚰 🔌 Ch ♻€9,(Winter) WC ⛟€2,(Winter).
Lage: Ländlich, einfach, ruhig. **Untergrund:** befestigt.
🗓 01/01-31/12.
Entfernung: 🛒Chastreix 6Km 🚲vor Ort.
Sonstiges: Anmelden zwischen 9-17 Uhr.

Château-sur-Allier 21H1
Domaine Fessebois. **GPS:** n46,76379 o3,02714.
4 🚐kostenlos 🚰€3 Ch ♻. **Lage:** Ländlich, einfach, abgelegen, ruhig. **Untergrund:** Schotter. 🗓 01/01-31/12.
Sonstiges: Picknickplatz.

Châtel-Guyon 21H3
Place de la Musique Nationale. **GPS:** n45,92324 o3,06590.

7 🚐€ 5/Tag 🚰€2 Ch WC. **Lage:** Städtisch, komfortabel, zentral, ruhig. **Untergrund:** asphaltiert. 🗓 01/01-31/12. **Entfernung:** 🛒in der Nähe ⊗400M 🍴400M 🚲vor Ort. **Sonstiges:** Anmeldung bei Polizei (gegenüber), Wertmünzen beim Touristenbüro.

Châtel-Guyon 21H3
Parking des Roches, Chemin de Bussane.
GPS: n45,91789 o3,06545.

10 🚐kostenlos. **Lage:** Städtisch, einfach, ruhig.
Untergrund: asphaltiert. 🗓 01/01-31/12.
Entfernung: 🛒500M ⊗600M 🍴600M.

Châtel-Guyon 21H3
Pré Morand, Avenue de Russie. **GPS:** n45,91713 o3,05724.
🚐kostenlos. **Untergrund:** Schotter. 🗓 01/01-31/12.
Sonstiges: Gegenüber der Therme.

Chaudes-Aigues 24H2
Parking Beauredon, Avenue Georges Pompidou, D921.
GPS: n44,84972 o3,00306.

10 🚐kostenlos 🚰€2 Ch ⛟€2/55Minuten. **Lage:** Städtisch, einfach, ruhig. **Untergrund:** Schotter. 🗓 15/04-15/10.
Entfernung: 🛒400M ⊗400M 🍴400M 🚲vor Ort.
Touristinformation Chaudes-Aigues:
ℹ Office de Tourisme, 1, avenue Georges Pompidou, www.chaudes-aigues.com. Städtchen mit warmen Thermalquellen (82°C).

Chevagnes 22A1
Route Nationale. **GPS:** n46,61028 o3,55219.
4 🚐kostenlos 🚰€2 Ch ♻ €2. **Lage:** Komfortabel, abgelegen, ruhig. **Untergrund:** Schotter. 🗓 01/01-31/12.
Entfernung: 🛒vor Ort ⊗200M.

Chichilianne 25D2
Passière. **GPS:** n44,81226 o5,57532.

🚐kostenlos 🚰€3 Ch. **Untergrund:** Wiese.
🗓 01/01-31/12 ⊙ kein Wasser im Winter.
Entfernung: 🛒vor Ort 🍴vor Ort.
Sonstiges: Wertmünzen beim Rathaus oder Maison du Parc.

Chomelix 25B1
Centre Multi Activités Chomelix, Route d'Estables, D135.
GPS: n45,26219 o3,82573.

Auvergne-Rhône-Alpes

5 kostenlos €4 Ch. **Lage:** Ländlich, einfach, ruhig.
Untergrund: Schotter. 01/01-31/12.
Entfernung: vor Ort vor Ort vor Ort vor Ort.

Clansayes 25C3
Aire de Toronne, Quartier Toronne RD133.
GPS: n44,36975 o4,79901.

25 € 10, 2 Pers. Inkl. Hund € 1,50 Ch €4/Tag WC €4.
Lage: Ländlich, komfortabel, luxus, abgelegen, ruhig.
Untergrund: Wiese/Schotter. 01/01-31/12.
Entfernung: 2km 10Km buvette-menu rapide-restauration 3Km.
Sonstiges: Brötchenservice, regionale Produkte, am Schwimmbad (Sommer).

Clermont Ferrand 22A3
P&R Les Pistes, Rue de la Fontaine de la Ratte.
GPS: n45,79810 o3,11222.

6 € 5 Chkostenlos. **Lage:** Städtisch.
Untergrund: asphaltiert. 01/01-31/12.
Entfernung: Altstadt 3km 50M. **Sonstiges:** In der Nähe vom Michelin-Museum, melden bei Parkplatzwachter.

Colombier-le-Jeune 25C2
Place de la Marie, Le Bourg. **GPS:** n45,01106 o4,70312.

kostenlos Chkostenlos. **Lage:** Ländlich.
Untergrund: befestigt. 01/01-31/12. kein Wasser im Winter.
Entfernung: vor Ort vor Ort vor Ort.

Coltines 24H2
D40. **GPS:** n45,09612 o2,98555.

5 kostenlos €2/100Liter Ch €2/60Minuten. **Lage:** Ländlich, einfach, ruhig. **Untergrund:** Schotter. 15/04-15/10.

Entfernung: 400M 400M 400M.
Sonstiges: Wertmünzen bei Epicerie-Presse, Centre Chantarisa und Rathaus.

Condat 24H1
Parking au Pont, D678. **GPS:** n45,33889 o2,76250.

4 kostenlos Ver-/Entsorgung €2,50 Ch. **Lage:** Einfach.
Untergrund: asphaltiert. 01/01-31/12 Ver-/Entsorgung: 01/10-01/05. **Entfernung:** 50M 10M 50M.
Sonstiges: Wertmünzen beim Campingplatz La Borie Basse (500M).

Cornas 25C2
Impasse de Iris, Grande Rue, D86. **GPS:** n44,96024 o4,84722.

5 kostenlos Chkostenlos. **Lage:** Einfach.
Untergrund: Schotter. 01/01-31/12.
Entfernung: 200M 200M Bäckerei 200M.
Sonstiges: Max. 48 Std, mehr 'Caves' mit Weinprobe.

Coubon 25B2
Route du Plan d'Eau. **GPS:** n44,99735 o3,91742.

5 kostenlos €3 Ch WC. **Untergrund:** asphaltiert.
01/01-31/12 kein Wasser im Winter.
Sonstiges: Entlang der Loire, Schlüssel Ver-/Entsorgung beim Supermarkt Vival und Bar/Tabac 75m.

Coucouron 25B2
Les Eygades. **GPS:** n44,80168 o3,96148.

33 01/05-30/09 € 8/Tag Ch inklusive. **Lage:** Ländlich, einfach. **Untergrund:** Schotter. 01/01-31/12.
Entfernung: 1km vor Ort vor Ort 1km vor Ort.
Sonstiges: Am Lac de Coucouron, max. 7 Tage, außerhalb der Saison kostenlos auf Camping municipal (kein Service).

Cournon d'Auvergne 22A3
Les Pres Des Laveuses, Rue de Laveuses. **GPS:** n45,73994 o3,22225.
10 € 5 €2,30 Ch. **Lage:** Ländlich, einfach.
Untergrund: Schotter. 01/01-31/12.
Entfernung: vor Ort vor Ort vor Ort.

Cours-la-Ville 22B2
La Rivière. **GPS:** n46,10399 o4,32315.

10 kostenlos Chkostenlos. **Lage:** Ländlich, einfach.
Untergrund: Wiese/Schotter. 01/01-31/12.
Entfernung: 300M vor Ort vor Ort vor Ort.
Sonstiges: Am Trambouze, zu erreichen aus Norden, Boulevard Pierre de Coubertin.

Courtenay 22D3
Etang de Salette. **GPS:** n45,72417 o5,37124.

7 kostenlos. **Lage:** Ländlich, abgelegen, ruhig. **Untergrund:** Schotter.
Entfernung: 1Km Pizzeria Brötchenservice 1,2Km vor Ort.

Crandelles 24G2
Aire camping-cars, Lac des Genevrières. **GPS:** n44,95877 o2,34289.

10 kostenlos €3,50 Ch. **Lage:** Komfortabel, zentral, ruhig.
Untergrund: Schotter. 01/01-31/12 Ver-/Entsorgung: 01/11-01/04. **Entfernung:** 300M 50M 50M 300M.

Craponne-sur-Arzon 25B1
Place de la Gare. **GPS:** n45,33381 o3,84996.

+20 kostenlos €2 Ch €2/Std. **Lage:** Städtisch, einfach, ruhig. **Untergrund:** asphaltiert/Schotter. 01/01-31/12 Ver-/Entsorgung 01/11-31/03.
Entfernung: 150M 150M vor Ort.

Crémieu 22D3
Rue du 19 mars 1962. **GPS:** n45,72549 o5,24670.

12 kostenlos Chkostenlos. **Lage:** Städtisch, einfach, zentral.
Untergrund: asphaltiert. 01/01-31/12.
Entfernung: 300M 250M 300M 100M.

Crest 25C2
Place du Champ de Mars, Avenue Agirond. **GPS:** n44,72600 o5,02100.

Auvergne-Rhône-Alpes

17 €5 €3 Ch €3 kostenlos. **Lage:** Städtisch, einfach. **Untergrund:** asphaltiert. 01/01-31/12. **Entfernung:** 200M pizzeria Bäckerei 50M.

Cros-de-Géorand 25B2
Lac de la Palisse. GPS: n44,78041 o4,10356.
6 €8,40 Ch (4x) inklusive. 01/01-31/12.

Die 25D2
Aire de Meyrosse, Avenue du Maréchal Leclerc, D238. **GPS:** n44,75103 o5,37385.

30 €5/24 Std ChWC kostenlos. **Untergrund:** Wiese/Schotter. 01/01-31/12.
Entfernung: 300M 300M 1Km.
Sonstiges: Max. 1 Nacht, zahlen bei Police Municpale.

Diou 22B2
Camping du Gué de Loire, Chemin de la Procession. **GPS:** n46,53523 o3,74401.
6 kostenlos, 15/06-30/09 €5 Ch. **Untergrund:** Wiese. 01/01-31/12.

Dompierre-sur-Besbre 22A2
Les Gauffroux. GPS: n46,51967 o3,67907.
7 kostenlos Ch kostenlos. 01/01-31/12.
Entfernung: vor Ort 300M 200M.

Donzère 25C3
Aire de respos de Combelonge, RN 7. **GPS:** n44,44060 o4,71899.

15 kostenlos ChWC kostenlos. **Untergrund:** asphaltiert. 01/01-31/12.
Entfernung: 500M 7Km. **Sonstiges:** An RN7.

Drugeac 24G1
Aire de camping-cars, La Gare SNCF. **GPS:** n45,16694 o2,38667.

4 kostenlos €2/100Liter Ch €2/1Std. **Lage:** Ländlich, einfach, ruhig. **Untergrund:** asphaltiert. 01/01-31/12. Ver-/Entsorgung: 01/11-01/05.
Entfernung: 100M 100M 100M.
Sonstiges: Beim ehemaligen Bahnhof, Abfahrt Vélorail.

Ebreuil 21H2
Parking du Stade, D915. **GPS:** n46,10954 o3,07606.

10 kostenlos. **Lage:** Einfach. **Untergrund:** Schotter. 01/01-31/12. **Entfernung:** 6,5Km.
Sonstiges: Gegenüber Campingplatz, Ver-/Entsorgung 500M.

Ebreuil 21H2
Chemin des Nières. **GPS:** n46,11083 o3,08111.
Ch kostenlos. 01/01-31/12.
Sonstiges: übernachten Parking du Stade.

Estivareilles 21H2
Salle Polyvalente, Rue de la République. **GPS:** n46,42471 o2,61529.

20 kostenlos Ch kostenlos. **Lage:** Städtisch, einfach. **Untergrund:** Schotter. 01/01-31/12.
Entfernung: vor Ort 9Km 200M Bäckerei 200M.

Eyzin-Pinet 25C1
Rue du Stade. **GPS:** n45,47463 o4,99965.

6 kostenlos Ch kostenlos. **Lage:** Ländlich, einfach, zentral, ruhig. **Untergrund:** Schotter. 01/01-31/12.
Entfernung: 50M 50M 200M vor Ort vor Ort.

Faverges 22E3
Route d'Annecy, D2508. **GPS:** n45,74943 o6,28626.

20 kostenlos Ch kostenlos. **Lage:** Ländlich, einfach, laut. **Untergrund:** Schotter. 01/01-31/12 Ver-/Entsorgung: Winter.
Entfernung: 800M 800M vor Ort 100M 100M.
Sonstiges: Max. 48 Std, Mittwoch Markt.

Faverolles 25A2
Place de la mairie, Le Bourg, D248. **GPS:** n44,93906 o3,14756.

4 kostenlos €2/10Minuten Ch €2/55Minuten.
Lage: Städtisch, einfach. **Untergrund:** Schotter/befestigt. 01/01-31/12.

Entfernung: 200M 200M vor Ort.

Flaine 22F3
Parking P1. GPS: n46,00377 o6,69083.

25 €5. **Untergrund:** Schotter. 01/01-31/12.
Entfernung: vor Ort.
Sonstiges: Parkplatz an den Skipiste.

Fontanes 25C1
Hameau Chantemerle. GPS: n45,54681 o4,44027.

3 kostenlos Ch kostenlos. **Lage:** Ländlich, einfach, ruhig. **Untergrund:** asphaltiert. 01/01-31/12.
Entfernung: 500M 13Km 400M.
Sonstiges: Bei den Tennisplätzen, schräge Stellflächen.

Gervans 25C2
Place des Amandiers, Rue de l'école. **GPS:** n45,10932 o4,83031.

4 kostenlos Ch kostenlos. **Lage:** Einfach.
Untergrund: Schotter. **Entfernung:** vor Ort vor Ort vor Ort.
Sonstiges: Max. 24 Std, keine Campingaktivitäten.

Grane 25C2
Domaine Distaise, D104. **GPS:** n44,75564 o4,86768.

15 €2/pP. **Untergrund:** Wiese. 01/01-31/12.

Gresse-en-Vercors 25D2
D8D, La Ville. **GPS:** n44,89184 o5,54766.

kostenlos Ch. **Untergrund:** Schotter.
Entfernung: vor Ort.
Sonstiges: Max. 24 Std, Ver-/Entsorgung auf Campingplatz.

Hauteluce 22F3
Parking de la Fôret, Tetras, D123. **GPS:** n45,74633 o6,53441.

Auvergne-Rhône-Alpes

5 kostenlos €2 Ch €2. **Untergrund:** Schotter.
01/01-31/12. **Entfernung:** 3Km 3Km 3Km.

Hauteluce 22F3
Parking Du Col des Saisies, D218b. **GPS:** n45,76297 06,53382.

40 €8 €2 Ch €2 WC. **Untergrund:** asphaltiert.
01/01-31/12. **Entfernung:** 500M vor Ort 500M 200M.

Hauterives 25C1
D538. **GPS:** n45,25497 05,03022.

kostenlos, 01/04-31/10 € 5/24 Std €3/50Liter Ch WC.
Lage: Ländlich, einfach. **Untergrund:** Schotter.
Entfernung: 250M 250M.
Touristinformation Hauterives:
Palais Idéal du Facteur Cheval.

Illiat 22C2
GPS: n46,18495 04,88802.

4 kostenlos Ch WC kostenlos. **Lage:** Ländlich, einfach, ruhig.
Untergrund: Schotter. 01/01-31/12.
Entfernung: 650M vor Ort vor Ort 650M vor Ort vor Ort.
Sonstiges: Am kleinen See.

Issoire 25A1
Boulevard André Malraux. **GPS:** n45,54521 03,24107.
8 kostenlos. **Untergrund:** Schotter/befestigt. 01/01-31/12.
Entfernung: 300M 300M 100M vor Ort.

Izernore 22D2
Rue de l'Oignin. **GPS:** n46,21847 05,55041.

15 kostenlos Ch kostenlos.
Lage: Ländlich, einfach, zentral, ruhig.

01/01-31/12.
Entfernung: vor Ort 6Km 500M 500M 500M 500M.
Sonstiges: Am Fuße der Monts Berthiand.

Jaligny-sur-Besbre 22A2
Rue de la Chaume. **GPS:** n46,38155 03,59147.

5 kostenlos Ch (5x)kostenlos. **Lage:** Ländlich, einfach, ruhig. **Untergrund:** Schotter. 01/01-31/12.
Entfernung: 200M vor Ort vor Ort 250M 250M.
Sonstiges: Entlang der Besbre.

Job 22A3
25 Route de Chansert, D255. **GPS:** n45,62019 03,74502.
kostenlos Ch. **Untergrund:** Schotter.
Entfernung: 500M 500M.

Joux 22B3
Salle des Fêtes, La Noirie, D79. **GPS:** n45,88869 04,37587.

10 kostenlos Ch kostenlos. **Lage:** Ländlich.
Untergrund: asphaltiert. 01/01-31/12 kein Wasser im Winter.
Entfernung: 200M 3,2Km 200M 200M.
Sonstiges: Beim Schlossgarten.

La Balme de Sillingy 22E3
Aire de Camping-cars Domaine du Tornet, D508.
GPS: n45,97124 06,03135.

30 € 5 Ch kostenlos. **Lage:** Ländlich, einfach, zentral, ruhig. **Untergrund:** Schotter. 01/04-31/10.
Entfernung: 100M (Angelschein erhältlich) 100M vor Ort.
Sonstiges: Erholungspark, max. 48 Std.

La Bénisson-Dieu 22B2
Parking de l'école, Rue des Comtes du Forez.
GPS: n46,15094 04,00000.
2 kostenlos. 01/01-31/12.

La Bourboule 24H1
Chemin de la Suchère. **GPS:** n45,58572 02,73489.
10 kostenlos €5 Ch. **Untergrund:** befestigt.
Entfernung: 500M 500M.
Sonstiges: Max. 48 Std.

La Bourboule 24H1
Plateau de Charlannes. **GPS:** n45,57811 02,73513.

10 kostenlos. **Lage:** Ländlich, einfach, ruhig.
Untergrund: asphaltiert. 01/01-31/12.

Entfernung: 6,5Km Snackbar vor Ort vor Ort.
Sonstiges: Parkplatz an der Drahtseilbahn.

La Chaise-Dieu 25A1
Esplanade de la Gare. **GPS:** n45,31682 03,69694.

8 kostenlos €2 Ch. **Lage:** Städtisch, einfach, ruhig.
Untergrund: Schotter/Sand. 01/04-31/10.
Entfernung: 500M vor Ort.
Sonstiges: Wertmünzen bei Geschäften und Touristenbüro.

La Chapelle-Laurent 25A1
Aire camping-cars, D10. **GPS:** n45,18028 03,24389.

20 kostenlos freiwilliger Beitrag Ch kostenlos. **Lage:** Ländlich, einfach, ruhig. **Untergrund:** Wiese. 01/01-31/12 Ver-/Entsorgung 15/11-30/04.
Entfernung: 50M in der Nähe 100M 100M vor Ort vor Ort.

La Clusaz 22F3
Route des Confins. **GPS:** n45,92298 06,48380.
kostenlos. **Untergrund:** asphaltiert. 01/01-31/12.
Sonstiges: Parkplatz an den Pisten.

La Féclaz 22E3
Aire Camping-cars de la Féclaz, D206a. **GPS:** n45,64210 05,98411.

40 € 4 €1,50 Ch €1,50. **Untergrund:** asphaltiert.
01/01-31/12.
Entfernung: vor Ort vor Ort vor Ort 300M.

La Roche-Blanche 22A3
Les Trolières, La Pigné Sud, Route des Fours à Chaux.
GPS: n45,71567 03,14790.

100 € 6 €2/100Liter Ch (4x)€6/6Std.
Lage: Ländlich, einfach, abgelegen, ruhig. **Untergrund:** Wiese.
01/03-30/11.
Entfernung: 1,1Km.
Sonstiges: Max. 48 Std.

La Tour-d'Auvergne 24H1
Route de Bagnols. **GPS:** n45,53290 02,68213.

Auvergne-Rhône-Alpes

25 kostenlos €2/100Liter Ch €2. **Lage:** Einfach, ruhig. **Untergrund:** befestigt. 01/01-31/12.
Entfernung: vor Ort 650M 650M Bäckerei.

Lablachère 25B3
La Ferme Théâtre, D104, Notre Dame. **GPS:** n44,45481 o4,22004.

20 €5/24 Std €2 €3/12Std. **Lage:** Ländlich. **Untergrund:** Schotter.
01/01-31/12.
Entfernung: 1Km 150M.
Sonstiges: Max. 24 Std, Theater, regionale Produkte.

Lacapelle-Viescamp 24G2
Aire camping-cars, D18. **GPS:** n44,92167 o2,26361.

5 kostenlos €3/100Liter Ch €3/1Std. **Lage:** Ländlich, einfach. **Untergrund:** befestigt. 01/01-31/12.
Entfernung: 100M 100M vor Ort.
Sonstiges: Wertmünzen erhältlich im Geschäft.

Lachamp-Raphaël 25B2
D122, Le Village. **GPS:** n44,81133 o4,28860.

5 kostenlos €2 Ch.
Lage: Ländlich, einfach, ruhig. **Untergrund:** Schotter.
01/01-31/12.
Entfernung: 300M 300M Brot 300M Abfahrt Nordic.
Sonstiges: Höhe 1330M, Wertmünzen beim Bar/Hotel, schöne Aussicht.

Lagorce 25B3
Le Sainte Anne, Leyris. **GPS:** n44,49581 o4,42190.
kostenlos. 01/01-31/12.

Lalouvesc 25C2
Vallon d'Or, Sainte Agathe. **GPS:** n45,11947 o4,53384.

3 kostenlos WC. **Lage:** Einfach, zentral. **Untergrund:** asphaltiert.

01/01-31/12.
Entfernung: vor Ort 100M 100M.

Lalouvesc 25C2
La Fontaine. **GPS:** n45,12149 o4,53393.
€2/15Minuten Ch €2.
15/05-15/10.
Sonstiges: Wertmünzen bei der Tankstelle und Camping municipal.

Lamastre 25C2
Parking Pont de Tain, Place Pradon. **GPS:** n44,98672 o4,58001.

20 kostenlos €4,40/100Liter Ch €2,50/1Std.
Lage: Einfach. **Untergrund:** asphaltiert. 01/01-31/12.
Entfernung: vor Ort vor Ort vor Ort.
Sonstiges: Wertmünzen bei Office de Tourisme.

Lamure-sur-Azergues 22C3
Place de la gare. **GPS:** n46,06120 o4,49185.

10 kostenlos €2 Ch €2 WC.
Lage: Ländlich, einfach. **Untergrund:** asphaltiert.
01/01-31/12.
Entfernung: vor Ort 100M 100M Zug/Bus vor Ort.
Sonstiges: In der Nähe des Bahnhofs.

Lanarce 25B2
Camping Municipal. **GPS:** n44,72518 o4,00403.
kostenlos, 15/06-15/09 €10 Ch €3 WC inklusive.
Untergrund: Wiese. 01/01-31/12 Ver-/Entsorgung: Winter.
Entfernung: 700M vor Ort 700M.
Sonstiges: Am Fluss entlang.

Lans-en-Vercors 25D2
Route de l'Aigle. **GPS:** n45,12418 o5,59125.

30 kostenlos Ch WC kostenlos. **Lage:** Ländlich, einfach.
Untergrund: Schotter. 01/01-31/12.
Entfernung: 500M vor Ort.
Sonstiges: Grosser Parkplatz, Markt am Dienstag und Samstag.

Lapalisse 22A2
Place Jean Moulin, RN7 dir Roanne. **GPS:** n46,25000 o3,63500.

50 kostenlos Ch WC. **Lage:** Städtisch, einfach, zentral, ruhig. **Untergrund:** asphaltiert. 01/01-31/12.
Entfernung: 300M vor Ort vor Ort vor Ort.
Sonstiges: Wertmünzen bei Office de Tourisme.

Laprugne 22A3
Domaine La Bourbonnaise, D477. **GPS:** n45,98661 o3,74569.
8 €8 Ch. **Untergrund:** asphaltiert. 01/01-31/12.
Entfernung: vor Ort.

Laqueuille 21H3
Place de Foirail, Le Bourg. **GPS:** n45,65008 o2,73289.
2 kostenlos €2/10Minuten Ch €4/8Std WC.
01/01-31/12.
Entfernung: 100M.

Lathuile 22E3
Les Jardin du Tailleter, 190 route de la Porte, Bout du lac, N 508. **GPS:** n45,79480 o6,20796.

24 €8 Ch inklusive (24x)€2. **Lage:** Ländlich, einfach. **Untergrund:** Wiese. 01/06-31/08.
Entfernung: Meer von Annecy 750M.
Sonstiges: Max. 24 Std.

Lavaudieu 25A1
Le Bourg. **GPS:** n45,26297 o3,45606.

+10 kostenlos. **Lage:** Einfach, abgelegen, ruhig.
Untergrund: Wiese/Schotter. 01/01-31/12.
Entfernung: 200M vor Ort vor Ort vor Ort.

Le Bessat 25C1
Croix de Chaubouret. **GPS:** n45,36812 o4,52768.

4 kostenlos €2,50/20Minuten Ch (4x)€2,50/6Std.
Lage: Ländlich. **Untergrund:** asphaltiert. 01/01-31/12.
Entfernung: 1Km 100M Mountainbike-Strecke vor Ort vor Ort.
Sonstiges: Höhe 1200m, Wertmünzen bei Chalet des Alpes und Geschäfte im Dorf.

Le Breuil-sur-Couze 25A1
Allée de Treize Vents. **GPS:** n45,46867 o3,26121.

8 kostenlos Ch kostenlos. **Lage:** Städtisch, einfach.
Untergrund: Schotter. 01/01-31/12.
Entfernung: 900M 700M Bäckerei, Supermarkt.
Sonstiges: Entlang der Bahnlinie.

Le Cheix-sur-Morge 22A3
D425. **GPS:** n45,95138 o3,17812.

Auvergne-Rhône-Alpes

6 🚐kostenlos 🚰🔌Ch kostenlos. **Lage:** Ländlich, einfach, abgelegen, ruhig. **Untergrund:** Schotter. 📅 01/01-31/12.
Entfernung: 🛒500M.
Sonstiges: Max. 48 Std.

Le Cheylard 25C2
Super U, Chemin du pre-jalla, ZI la Palisse.
GPS: n44,91143 o4,44162.

20 🚐kostenlos 🚰€2 🔌Ch 💧€2. **Lage:** Einfach, laut.
Untergrund: asphaltiert. 📅 01/01-31/12.
Entfernung: ⊗vor Ort 🍽vor Ort.
Sonstiges: Max. 24 Std.

Le Cheylas 25E1
Avenue de la Libération. **GPS:** n45,37170 o5,99014.
🚐kostenlos 🚰🔌ChWC kostenlos. **Untergrund:** asphaltiert/befestigt.
Entfernung: 🛒vor Ort 🍽in der Nähe.

Le Crozet 22B2
Les Minières, Le Bourg. **GPS:** n46,16934 o3,85727.
2 🚐kostenlos 🚰€2/30Minuten 🔌Ch 💧€2/4Std.
Untergrund: befestigt. 📅 01/01-31/12.
Entfernung: ⊗150M.

Le Grand Bornand 22F3
Route de La Broderie. **GPS:** n45,94144 o6,43636.

10 🚐kostenlos. **Untergrund:** befestigt. 📅 01/01-31/12.
Entfernung: 🛒600M 🍽vor Ort.
Sonstiges: Max. 48 Std.

Le Lac d'Issarlès 25B2
D16. **GPS:** n44,81948 o4,06156.

24 🚐€11 + €0,25/pP Kurtaxe 🚰🔌Ch 💧WC inklusive.
Lage: Zentral. **Untergrund:** befestigt.
📅 15/04-01/11.
Entfernung: 🛒100M ⊗100M 🍽100M.
Sonstiges: Achtung: Dorf ist nicht Issarlès!.

Le Monastier-sur-Gazeille 25B2
Rue Augustin Ollier. **GPS:** n44,93720 o3,99250.

10 🚐kostenlos 🚰€2/5Minuten 🔌Ch. **Lage:** Ländlich, einfach, ruhig.
Untergrund: Schotter. 📅 01/03-31/10.
Entfernung: 🛒300M ⊗300M 🍽500M vor Ort.

Le Monestier 25A1
D39. **GPS:** n45,56364 o3,66088.
🚐kostenlos 🚰🔌Ch. **Untergrund:** Wiese/Schotter.

Le Puy-en-Velay 25B2
Place Maréchal Leclerc. **GPS:** n45,04489 o3,89498.

26 🚐€12 🚰🔌Ch 💧(26x) 📶inklusive.
Lage: Städtisch, komfortabel, zentral, ruhig. **Untergrund:** asphaltiert.
📅 01/01-31/12.
Entfernung: 🛒1Km ⊗1km 🍽2km 🚌300M.

Le Puy-en-Velay 25B2
Boulevard de Cluny. **GPS:** n45,04963 o3,88976.
🚰€2 🔌Ch.

Le Reposoir 22F3
Route Departementale D204. **GPS:** n46,01010 o6,53648.

10 🚐kostenlos 🚰🔌Ch kostenlos WC. **Untergrund:** befestigt.
Entfernung: 🛒150M 🍽vor Ort.

Le Teil 25C3
Alleé Paul Avon. **GPS:** n44,55138 o4,68972.

6 🚐kostenlos 🚰🔌Ch kostenlos. **Lage:** Laut.
Untergrund: Wiese/befestigt.
Entfernung: ⛽vor Ort ⊗vor Ort 🍽500M.
Sonstiges: In de Nähe von D86.
Touristinformation Le Teil:
🏛 📅 Do Morgen.

Le Vernet 25A2
Place de l'étang, D48. **GPS:** n45,03560 o3,66952.

14 🚐€3 🚰🔌Ch inklusive 💧(14x)€3/Nacht.
Lage: Ländlich, einfach, abgelegen, ruhig. **Untergrund:** Wiese/Sand.
📅 01/01-31/12 📍 Ver-/Entsorgung 01/11-30/04.
Entfernung: 🛒50M 🍽vor Ort.
Sonstiges: Max. 72 Std.

Les Ancizes-Comps 21H3
Camping de Comps les Fads, Le Moulin. **GPS:** n45,93986 o2,79985.
🚐€8,40 2 Pers. inkl 🚰🔌Ch 💧€2. **Untergrund:** Wiese.
📅 01/01-31/12.

Les Carroz-Arâches 22F3
Télécabine Les Cluses. GPS: n46,02500 o6,64361.

🚐kostenlos 🚰🔌Ch 💧kostenlos. 📅 01/06-30/11.
Entfernung: 🛒500M 🍽500M.
Sonstiges: Parkplatz Drahtseilbahn.

Les Deux-Alpes 25E2
Avenue de la Muzelle, D213. **GPS:** n45,02394 o6,12120.
🚐€7 🚰🔌Ch 💧inklusive. **Untergrund:** asphaltiert. 📍 Winter.
Sonstiges: Schöne Aussicht.

Les Estables 25B2
Foirail de la Mézine, Le Bourg. **GPS:** n44,90231 o4,15679.

8 🚐kostenlos 🚰🔌ChWC 💧kostenlos. **Lage:** Ländlich, einfach.
Untergrund: asphaltiert. 📅 01/01-31/12.
Entfernung: 🛒50M ⊗50M 🍽vor Ort 🚌500M vor Ort.
Sonstiges: Ver-/Entsorgung bei der Tankstelle, freies WLAN, Kode bei office de tourisme.

Les Gets 22F2
Route du Front de Neige. **GPS:** n46,14992 o6,65673.

25 🚐€0,90/pP Kurtaxe, Winter €17 🚰🔌Ch 💧.
Untergrund: Schotter. 📅 01/01-31/12.
Entfernung: 🛒1Km 🍽vor Ort.
Sonstiges: Max. 7 Tage, alle 30 Minuten Bus zum Zentrum.
Touristinformation Les Gets:
🏛 Wochenmarkt. 📅 Do-Morgen.

Les Granges-Gontardes 25C3
Domaine de la Tour d'Elyssas, Quartier Combe d'Elissas.
GPS: n44,41811 o4,75465.

Auvergne-Rhône-Alpes

8 kostenlos Ch kostenlos. **Untergrund:** Schotter.
01/01-31/12. **Entfernung:** 9Km. **Sonstiges:** Beim Weinbauer, max. 48 Std.

Les Houches 22F3
Aire d'accueil camping-car Mont Blanc, 500 route du Pont.
GPS: n45,89257 o6,81706.
22 € 15 Ch inklusive. **Lage:** Komfortabel, abgelegen, ruhig. **Untergrund:** Schotter. 01/04-30/11.
Entfernung: 2,5Km 1Km 500M.

Les Karellis 25F1
GPS: n45,22778 o6,40639.
kostenlos. 01/01-31/12.
Sonstiges: Gebirgsstation, in der Nähe von St. Jean-de-Maurienne.

Les Menuires 25F1
Les Bruyères, Dir Val Thorens. **GPS:** n45,32557 o6,53414.
70 € 10/24 Std + € 0,20/pP Kurtaxe Ch (7x)€2/4Std WC
Untergrund: asphaltiert. 01/01-31/12.
Entfernung: vor Ort vor Ort vor Ort.
Sonstiges: In Pistennähe.

Les Noës 22B3
Le Bourg, D47. **GPS:** n46,04083 o3,85206.

5 kostenlos Ch WC kostenlos. **Lage:** Ländlich, einfach, ruhig.
Untergrund: Schotter. 01/01-31/12.
Entfernung: vor Ort 50M vor Ort.

Les Sauvages 22B3
D121. **GPS:** n45,92083 o4,37711.

kostenlos Ch kostenlos. **Lage:** Ländlich, einfach, ruhig.
Untergrund: Schotter. 01/01-31/12.
Entfernung: vor Ort 100M 100M vor Ort.

Lezoux 22A3
Parking Musée départemental de la Céramique, Rue de la République. **GPS:** n45,82686 o3,38459.

30 kostenlos Ch WC kostenlos. **Lage:** Komfortabel, zentral, ruhig. **Untergrund:** Schotter. 01/01-31/12. Wasser: 01/11-31/03.
Entfernung: 500M 3,5Km 500M 500M.

Lurcy-Lévis 21H1
Plan d'eau des Sézeaux, Rue de Fontgroix.
GPS: n46,73797 o2,93863.

6 kostenlos €3/100Liter Ch €3/55Minuten WC.
Lage: Ländlich, komfortabel, ruhig. **Untergrund:** Wiese/Schotter.
01/01-31/12. **Entfernung:** 800M Kleiner See vor Ort 800M 800M.
Sonstiges: Wertmünzen beim Cafe, gegenüber Kirche.

Lus-la-Croix-Haute 25D2
D 505. **GPS:** n44,66712 o5,70800.
6 kostenlos WC kostenlos. **Untergrund:** befestigt.
01/01-31/12. **Entfernung:** 500M vor Ort vor Ort.
Sonstiges: Bei der Feuerwehr, Tennisplatz.

Mâcot-la-Plagne 25F1
GPS: n45,50677 o6,68652.
46 kostenlos, Winter € 10 €2 Ch €4/8Std.
Untergrund: asphaltiert. 01/01-31/12.
Entfernung: vor Ort.

Mandailles-Saint-Julien 24H2
Le Mas, D17. **GPS:** n45,06916 o2,65611.

5 kostenlos €3,50 Ch. **Lage:** Ländlich, einfach, ruhig.
Untergrund: befestigt. 01/01-31/12. Ver-/Entsorgung: 30/09-01/05. **Entfernung:** 200M 200M 200M vor Ort.
Sonstiges: Max. 24 Std, Wertmünzen bei Restaurants.

Manzat 21H3
Place du 14 Juillet. **GPS:** n45,96180 o2,93883.

20 kostenlos Ch kostenlos. **Lage:** Ländlich, einfach, ruhig.
Untergrund: ungepflastert. 01/01-31/12.
Entfernung: vor Ort 5,6Km 250M 200M.
Sonstiges: Gegenüber Polizeirevier.

Marcolès 24G2
Aire camping-cars, Terrain de sport. **GPS:** n44,78028 o2,35389.

5 €2 Ch kostenlos. **Lage:** Ländlich, einfach, ruhig.
Untergrund: Schotter. 01/01-31/12. Ver-/Entsorgung 01/11-31/03.
Entfernung: 100M 100M 100M. **Sonstiges:** Künstlerdorf.

Marsanne 25C3
Avenue de Baillincourt, D57. **GPS:** n44,64568 o4,87175.

5 kostenlos Ch kostenlos. **Lage:** Ländlich, ruhig.
Untergrund: Wiese. 01/01-31/12.
Entfernung: 300M 300M in der Nähe.
Sonstiges: Max. 48 Std, mittelalterliches Dorf.

Massiac 25A1
Aire du Bouclier Arverne, Rue Jacques Chaban Delmas.
GPS: n45,25364 o3,19376.

8 kostenlos Ch kostenlos. **Lage:** Städtisch, einfach, ruhig.
Untergrund: asphaltiert. 01/01-31/12.
Entfernung: 350M 400M 400M vor Ort.

Massiac 25A1
Aire de Massiac, Rue Jacques Chaban Delmas.
GPS: n45,25267 o3,19433.

8 kostenlos. **Lage:** Ländlich, ruhig. **Untergrund:** Wiese.
01/01-31/12.
Entfernung: 400M 1,4Km vor Ort vor Ort 400M 400M 200M vor Ort.

Mauriac 24G1
Aire camping-cars, Rue du Val Saint Jean.
GPS: n45,21863 o2,32183.

10 kostenlos €2/100Liter Ch €2/1Std. **Lage:** Ländlich, einfach, ruhig. **Untergrund:** befestigt. 01/01-31/12.
Entfernung: 1Km Strand 300M 1,2Km 1,2Km.

Maurs 24G2
Maurs La Jolie, Route de Quezac. **GPS:** n44,71442 o2,19615.

5 kostenlos €2/100Liter Ch €2/1Std.
Lage: Städtisch, einfach, zentral, ruhig. **Untergrund:** asphaltiert.
01/01-31/12.
Entfernung: 300M 300M 300M 300M.

Frankreich

Auvergne-Rhône-Alpes

Sonstiges: Wertmünzen bei Papetterie und Touristinfo.

Megève 22F3
Chemin des Ânes. GPS: n45,86401 o6,62010.
kostenlos. 01/01-31/12.
Sonstiges: Gegenüber Grossparkplatz Télécabine du Jaillet.

Messeix 21H3
Place des Pins. GPS: n45,61576 o2,55621.

6 kostenlos €2/10Minuten Ch €2/55Minuten.
Lage: Städtisch, einfach, ruhig. **Untergrund:** asphaltiert.
01/01-31/12.
Entfernung: 500M 18Km 1,7Km vor Ort.
Sonstiges: Wertmünzen bei Geschäfte.

Meyras 25B2
Grande rue, D26. GPS: n44,67939 o4,26847.

15 € 4/48 Std €4/100Liter Ch €4/5kWh.
Untergrund: asphaltiert. 01/04-31/10.
Entfernung: 200M 200M 200M.
Sonstiges: Max. 48 Std, Wertmünzen bei Geschäfte im Dorf.

Mijoux 22E2
D50, Route de la Combe-en-Haut. GPS: n46,36963 o6,00247.

20 kostenlos €3,50 Ch €3,50.
Untergrund: Schotter. Ver-/Entsorgung: Winter.
Entfernung: 500M 500M 500M vor Ort vor Ort.
Sonstiges: Wertmünzen beim Rathaus und Supermarkt.

Mirabel-aux-Baronnies 25D3
Aire camping-cars, Chemin des Grottes. **GPS:** n44,31269 o5,09968.

6+10 freiwilliger Beitrag Chkostenlos. **Lage:** Ländlich.
Untergrund: Wiese/befestigt. 01/01-31/12.
Entfernung: 200M.

Montalieu-Vercieu 22D3
Chamboud. GPS: n45,82776 o5,42100.

6 kostenlos ChWC Campingplatz. **Lage:** Ländlich, einfach, abgelegen, ruhig. **Untergrund:** asphaltiert.
Entfernung: 2km 2km 2km 1,5Km.
Sonstiges: Neben Camping/Base de Loisirs de la Vallée Bleue, max. 2 Nächte.

Montbrison-sur-Lez 25C3
Place Publique. GPS: n44,43663 o5,01779.

4 kostenlos kostenlos. **Untergrund:** befestigt.
01/01-31/12. **Entfernung:** 100M 100M 100M.

Montbrison-sur-Lez 25C3
Quartier le Chatelard. GPS: n44,42751 o5,02438.

6 €5 €2/60Liter Ch €2. **Lage:** Abgelegen.
Untergrund: Schotter/befestigt. 01/01-31/12.
Sonstiges: Wertmünzen bei Bar und Garage.

Montbrun-les-Bains 28D1
Toscan. GPS: n44,17247 o5,43881.

10 kostenlos. **Lage:** Ländlich, ruhig. **Untergrund:** Wiese.
01/01-31/12.
Entfernung: 500M 300M 400M vor Ort 400m Tour de la Citadelle.

Montbrun-les-Bains 28D1
Condamine. GPS: n44,17413 o5,44071.
€2 Ch €2.

Montélimar 25C3
Domaine du Bois de Laud, Chemin du Bois de Laud.
GPS: n44,56522 o4,75691.

17 € 4,30 Chinklusive. **Lage:** Städtisch.
Untergrund: Wiese/befestigt. 01/01-31/12.
Entfernung: 500M 100M.

Sonstiges: In der Nähe von Centre commercial Leclerc, max. 48 Std.

Montluçon 21H2
Route de l'Etang de Sault, Prémilhat. **GPS:** n46,33469 o2,55855.

8 kostenlos €6/150Liter Ch (6x)€2,50/10Std. 01/01-31/12. **Untergrund:** Schotter.
Entfernung: 5Km Montluçon 2,6Km 150M 150M 500M.
Sonstiges: Max. 72 Std.

Montluçon 21H2
Place de la Fraternité, Rue des Marais. **GPS:** n46,35535 o2,58686.

15 kostenlos €5/150Liter Ch €2,50/10Minuten WC.
Lage: Städtisch, einfach, laut.
Untergrund: asphaltiert.
01/01-31/12. Wasser: Nov-März.
Entfernung: vor Ort A71 16Km vor Ort vor Ort vor Ort.
Sonstiges: Do-Morgen geschlossen, Markt (6-15 Uhr).

Montmurat 24G2
Aire camping-cars, Le Bourg, D345. **GPS:** n44,62811 o2,19804.

10 kostenlos €1 Ch. **Lage:** Ländlich, einfach, abgelegen, ruhig. **Untergrund:** Schotter. 01/01-31/12.
Entfernung: vor Ort.

Montoldre 22A2
D21. GPS: n46,33272 o3,44727.

+10 kostenlos €2/100Liter Ch. **Lage:** Ländlich, einfach, ruhig.
Untergrund: asphaltiert. 01/01-31/12.
Entfernung: Stadtmitte vor Ort.
Sonstiges: Gegenüber Rathaus.

Montpeyroux 22A3
D797C, Rue De l'Hume. GPS: n45,62373 o3,19911.

Auvergne-Rhône-Alpes

+10 kostenlos €2,50 Ch €2,50/1Std. **Lage:** Ländlich, einfach, ruhig. **Untergrund:** Schotter. 01/01-31/12. **Entfernung:** 100M 200M 200M. **Sonstiges:** Wertmünzen bei Geschäfte im Dorf.

Touristinformation Montpeyroux:
Städtchen mit Weinkeller Cave de Montpeyroux. Mo/Sa 8.30-12.30 Uhr, 14-18/19 Uhr, So 10.30-12 Uhr, 16-19 Uhr.

Montsalvy 24G2
Route de Junhac. **GPS:** n44,70778 o2,49667.

11 kostenlos €2 Ch €2 WC €1. **Lage:** Ländlich, komfortabel, ruhig. **Untergrund:** asphaltiert. 01/01-31/12. **Entfernung:** 400M 400M 400M.

Morillon 22F3
GPS: n46,08289 o6,67968.
10 kostenlos Ch WC kostenlos. **Lage:** Ländlich. **Untergrund:** asphaltiert. **Entfernung:** 200M 300M 100M.

Moulins 22A2
Flot Bleu Park, Chemin de Halage. **GPS:** n46,55852 o3,32491.

92 €0,10/Std €2 Ch €2 (12x)€2/4Std. **Lage:** Städtisch, komfortabel, zentral, ruhig. **Untergrund:** Wiese/befestigt. **Entfernung:** Zentrum 1Km 100M 300M vor Ort.

Murat 24H2
Place du 19 mars. **GPS:** n45,10912 o2,86728.

8 kostenlos €2/10Minuten Ch €2/1Std WC kostenlos. **Lage:** Städtisch, einfach, zentral, laut. **Untergrund:** asphaltiert. 01/01-31/12. **Entfernung:** 300M 100M 1,5Km 100M vor Ort. **Sonstiges:** Wertmünzen bei Office de Tourisme, markierte Fläche am Ende des Parkplatzes.

Touristinformation Murat:
Fr-Morgen.

Murat-le-Quaire 21H3
Les Rives du Lac, Route de la Banne d'Ordanche. **GPS:** n45,60274 o2,73797.

37 €9,60/24 Std Ch (8x)WC €1 inklusive. **Lage:** Ländlich, komfortabel, ruhig. **Untergrund:** Wiese/befestigt. 01/01-31/12. **Entfernung:** 1,2Km 12Km 200M 100M Tageskarte erhält-lich vor Ort vor Ort 100M 5Km. **Sonstiges:** Brötchenservice.

Murol 24H1
Domaine du lac Chambon, Plage Est. **GPS:** n45,57158 o2,92959.
15 €10 Ch (15x)inklusive. **Untergrund:** Wiese. 20/04-01/09. **Entfernung:** 100M. **Sonstiges:** Eintrittkode erhältlich bei Campingplatz.

Nantua 22D2
D74. **GPS:** n46,15497 o5,59656.

13 €7,50 + €0,20/pP Kurtaxe Ch WC inklusive. **Lage:** Städtisch, komfortabel, zentral. **Untergrund:** Schotter. 01/04-30/10. **Entfernung:** 700M 7Km vor Ort vor Ort 150M 150M vor Ort vor Ort. **Sonstiges:** Am See von Nantua.

Naucelles 24G2
Aire camping-cars, Rue du Terrou. **GPS:** n44,95694 o2,41757.

5 kostenlos €3,50/100Liter Ch €3,50/1Std. **Lage:** Städtisch, einfach, ruhig. **Untergrund:** asphaltiert. 01/01-31/12. **Entfernung:** Spar 300M. **Sonstiges:** Wertmünzen beim Supermarkt im Dorf.

Néris-les-Bains 21H2
Camping du Lac, Avenue Marrx Dormoy, D155. **GPS:** n46,28673 o2,65235.

6 €7 Ch (6x)WC inklusive €1,50/Std. **Lage:** Städtisch, komfortabel. **Untergrund:** Schotter. 01/03-31/10. **Entfernung:** 500M 12Km Bäckerei 500M. **Sonstiges:** Max. 3 Nächte, bezahlen beim Campingplatz.

Neussargues-Moissac 24H1
Allée des Peupliers. **GPS:** n45,13438 o2,98130.

5 kostenlos €2/100Liter Ch €2/2Std WC. **Lage:** Ländlich, komfortabel, ruhig. **Untergrund:** Schotter. 01/01-31/12 kein Wasser im Winter. **Entfernung:** 300M vor Ort vor Ort. **Sonstiges:** Wertmünzen beim Rathaus und Restaurant.

Neuvéglise 24H2
Le Bourg. **GPS:** n44,92924 o2,98344.
3 kostenlos Ch kostenlos. **Lage:** Städtisch, einfach, zentral. **Untergrund:** asphaltiert. 01/01-31/12. **Entfernung:** vor Ort 100M 200M.

Noailly 22B2
Parking Maison du Temps Libre. **GPS:** n46,13649 o4,00000.
3 kostenlos Ch. **Untergrund:** asphaltiert. 01/01-31/12. **Entfernung:** 200M.

Noirétable 21H3
Aire d'accueil de camping-cars, Lieu-dit La Roche. **GPS:** n45,80739 o3,00000.

7 kostenlos €3 Ch €1/2Std. **Lage:** Einfach, ruhig. **Untergrund:** befestigt. 01/01-31/12. **Entfernung:** 800M 100M 100M 100M 800M vor Ort vor Ort vor Ort. **Sonstiges:** Neben Campingplatz (50M), Wertmünzen beim Campingplatz.

Nyons 25D3
Promenade de la Digue. **GPS:** n44,35778 o5,13861.

20 €10/24 Std Ch WC inklusive. **Untergrund:** Schotter. 01/01-31/12. **Entfernung:** 250M 250M 250M 250M. **Sonstiges:** Neben Parc loisirs aquatique, max. 48 Std.

Nyons 25D3
Domaine Rocheville, Route de Montélimar, RD 538. **GPS:** n44,36850 o5,11775.

6 €7, Kurtaxe €0,20/pP €4/100Liter Ch €4 WC inklusive, Sommer kostenlos. **Untergrund:** Wiese. 01/01-31/12.

Touristinformation Nyons:
Pavillon du Tourisme, Place de la Libération. Wichtige Olivenstadt in der Provence.
Musée de l'Olivier, Espace Vignolis. Museum über die Olivenbäume und die Produktion des Ölivenöls. täglich 01/11-28/02 So.

Orcines 21H3
Route du Puy de Dôme, D68. **GPS:** n45,76958 o2,98624.
3 kostenlos Ch kostenlos. **Lage:** Ländlich, abgelegen. **Untergrund:** asphaltiert. 01/01-31/12 Ver-/Entsorgung: Winter.

Orcines 21H3
D941. **GPS:** n45,80394 o2,98726.

10 kostenlos. **Lage:** Einfach, laut. **Untergrund:** befestigt. 01/01-31/12.

Auvergne-Rhône-Alpes

Orcines 21H3
D941B dir Orcines Vulcania. **GPS:** n45,78765 o3,00947. ⬆.
⛽€2/100Liter 🚿Ch💧€2/1Std. **Lage:** Einfach, laut.
🔌 01/01-31/12.

Orgnac l'Aven 25B3
Le Fez, D217. **GPS:** n44,30419 o4,43240. ⬆.

5 🅿kostenlos 🚰💧Chkostenlos. **Lage:** Ländlich.
Untergrund: Schotter. 🔌 01/01-31/12.
Entfernung: 🛒200M ⊗10M 🍴300M.
Sonstiges: Höhle von Aven d'Orgnac 2Km.

Panissières 22B3
Aire camping-cars, Allée des Acacias. **GPS:** n45,78835 o4,34355. ⬆.

4 🅿€6,50 🚰💧Ch🚻inklusive4 WC Nutzung Sanitäranlagen €3,30/pP ♿. **Lage:** Ländlich, einfach, ruhig. **Untergrund:** befestigt.
🔌 01/01-31/12 ⊘ Ver-/Entsorgung: Winter.
Entfernung: 🛒300M ⊗300M 🍴300M.
Sonstiges: Nutzung Sanitäranlagen € 2,40/pP pro Tag.

Paray-le-Frésil 22A1
Le Bourg. **GPS:** n46,65472 o3,61294. ⬆.
3 🅿kostenlos 🚰€2💧Ch€2/55Minuten. **Lage:** Ruhig.
Untergrund: Sand. 🔌 01/01-31/12.
Entfernung: 🛒vor Ort 🍴vor Ort.
Sonstiges: Ver-/Entsorgung nur mit Kreditkarte.

Paulhac 24H2
Place des Chausseurs. **GPS:** n45,00669 o2,90394. ⬆.

3 🅿kostenlos 🚰💧Chkostenlos 🚿Am Rathaus. **Lage:** Ländlich, einfach, abgelegen, ruhig. **Untergrund:** Wiese. 🔌 01/01-31/12.
Entfernung: 🛒vor Ort 🍴vor Ort.

Périgny 22A2
Rue de l'Église. **GPS:** n46,25306 o3,55307.
8 🅿kostenlos 💧Ch. **Lage:** Ländlich, einfach, abgelegen, ruhig.
Untergrund: Schotter. 🔌 01/01-31/12.

Pierrefort 24H2
Côte de Chabridet. **GPS:** n44,92172 o2,84199. ⬆➡.

20 🅿kostenlos 🚰€2/100Liter💧Ch🚿€2. **Lage:** Ländlich, einfach.
Untergrund: Schotter. 🔌 01/01-31/12.
Entfernung: 🛒200M ⊗300M 🍴300M 🍽vor Ort.
Sonstiges: Wertmünzen bei Office de Tourisme, Ver-/Entsorgung 100M.

Planfoy 25C1
Chemin du Vignolet. **GPS:** n45,37445 o4,44910. ⬆➡.

10 🅿kostenlos 🚰€2,50/15Minuten💧Ch🚿(8x)€2,50/6Std.
Lage: Ländlich, komfortabel, ruhig. **Untergrund:** asphaltiert.
🔌 01/01-31/12.
Entfernung: 🛒1,3Km 🏊7Km 🍴1,3Km 🍽vor Ort.
Sonstiges: Wertmünzen bei Geschäfte im Dorf.

Pleaux 24G1
Parc des Auzerals, Place d'Empeyssine.
GPS: n45,13556 o2,22833. ⬆➡.

30 🅿kostenlos 🚰💧Ch🚿WCkostenlos. **Lage:** Städtisch, einfach, zentral, ruhig. **Untergrund:** asphaltiert/Schotter. 🔌 01/01-31/12.
Entfernung: 🛒vor Ort ⊗100M 🍴100M.

Pont-de-Veyle 22C2
D933, Rue de la Poste. **GPS:** n46,26437 o4,88697. ⬆.

20 🅿kostenlos 🚰💧. **Lage:** Städtisch, einfach, zentral, laut.
Untergrund: Schotter.
Entfernung: 🛒vor Ort 🏊3,5Km 🏖vor Ort 🍴vor Ort 🍽50M
🍴150M.

Pontcharra-sur-Turdine 22C3
Place A. Schweitzer. **GPS:** n45,87405 o4,49133. ⬆.

4 🅿kostenlos 🚰💧Ch WC kostenlos. **Lage:** Städtisch.
🔌 01/01-31/12. **Entfernung:** 🛒50M 🏊vor Ort 🍴50M 🍽50M.

Pouilly-sous-Charlieu 22B2
Place du Marché, Rue de la République. **GPS:** n46,14335 o4,10832. ⬆.
5 🅿kostenlos 🚰💧Ch WC kostenlos. **Untergrund:** asphaltiert.
⊘ So-Morgen (Markt).
Entfernung: 🛒vor Ort.

Pouilly-sous-Charlieu 22B2
Rue de la Berge. **GPS:** n46,14699 o4,10075.
4 🅿kostenlos 💧. **Untergrund:** Schotter. 🔌 01/01-31/12.
Entfernung: ⊗vor Ort.
Sonstiges: Parkplatz an der Loire.

Pradelles 25B2
Aire de la Salaison, N88. **GPS:** n44,77540 o3,88752. ⬆➡.

40 🅿kostenlos 🚰💧Ch🚿(8x)€2 ♿kostenlos. **Lage:** Ländlich, komfortabel. **Untergrund:** Wiese/Schotter. 🔌 01/01-31/12.
Entfernung: 🛒1Km ⊗vor Ort 🍴vor Ort.
Sonstiges: Max. 24 Std, regionale Produkte und Brot.

Prapoutel-les-Sept-Laux 25E1
D281. **GPS:** n45,25769 o5,99785.

🅿kostenlos 🚰WC. **Untergrund:** befestigt. 🔌 01/01-31/12.
Entfernung: 🏊50M.
Sonstiges: Parkplatz an den Pisten.

Privas 25C2
Avenue de la gare. **GPS:** n44,73134 o4,59309. ⬆.

10 🅿kostenlos 🚰💧Ch. **Lage:** Städtisch.
Untergrund: Schotter/befestigt. 🔌 01/01-31/12.
Entfernung: 🛒Stadtmitte 750M.

Prunet 24G2
Aire camping-cars, Le Bourg. **GPS:** n44,82049 o2,46398. ➡.

3 🅿kostenlos 🚰💧Ch🚿kostenlos. **Lage:** Ländlich, einfach, ruhig.
Untergrund: Schotter. 🔌 01/01-31/12 ⊘ Ver-/Entsorgung 01/11-31/03. **Entfernung:** 🛒300M ⊗300M.

Puy-Saint-Martin 25C3
Aire de camping-car. **GPS:** n44,62753 o4,97492. ⬆➡.

13 🅿kostenlos 🚰💧Ch. **Lage:** Ländlich, komfortabel.
Untergrund: Wiese.
Entfernung: 🛒vor Ort ⊗50M 🍴Bäckerei 300M.
Sonstiges: Ehemaliger Campingplatz, max. 48 Std, freiwilliger Beitrag.

Randan 22A3
Rue du Puy de Dôme. **GPS:** n46,01630 o3,35075. ⬆➡.

Auvergne-Rhône-Alpes

5 🅿️ kostenlos 🚰€2/15Minuten 💧Ch €2/15Minuten.
Lage: Städtisch, einfach, ruhig. **Untergrund:** Schotter.
📅 01/01-31/12.
Entfernung: 🛒500M ⛽500M 🚌200M.
Sonstiges: Wertmünzen bei Maison de la Presse, Rue de Commerce.

Raucoules 25B1
Le Bourg. **GPS:** n45,18640 o4,29750.
€2/100Liter 💧Ch €2/1Std.
Entfernung: 🛒vor Ort ⛽100M 🚌100M.
Sonstiges: übernachten auf Parking de la Piscine, GPS N 45,27902 O 2,66403.

4 🅿️ kostenlos 🚰€2/20Minuten 💧Ch (4x)€2/4Std.
Lage: Ländlich, einfach, zentral, ruhig. **Untergrund:** asphaltiert.
📅 01/01-31/12.
Entfernung: 🛒200M ⛽300M 🍴vor Ort 🥾vor Ort.
Sonstiges: Wertmünzen erhältlich in den Geschäften.

Renaison 22B3
La Rivière. **GPS:** n46,04757 o3,92124.

10 🅿️ kostenlos 💧Ch kostenlos. **Lage:** Ländlich, einfach, ruhig.
Untergrund: Wiese/Schotter. 📅 01/01-31/12.
Entfernung: 🛒400M 🍴vor Ort 🚌700M.
Sonstiges: Am Fluss.

Retournac 25B1
Aire de la Chaud, Rue de la Loire. **GPS:** n45,20328 o4,04501.

20 🅿️ kostenlos 🚰💧Ch kostenlos. **Lage:** Ländlich, einfach, abgelegen, ruhig. **Untergrund:** Schotter. 📅 01/01-31/12. Ver-/Entsorgung: Winter.
Entfernung: 🛒Zentrum 1Km 🚲vor Ort 🍴vor Ort ⛽650M 🚌vor Ort 🥾vor Ort. **Sonstiges:** Entlang der Loire.

Reventin-Vaugris 25C1
Rue Mouret. **GPS:** n45,46821 o4,84239.

10 🅿️ kostenlos 🚰💧WC. **Lage:** Ländlich, einfach, zentral, ruhig.
Untergrund: Schotter/befestigt. 📅 01/01-31/12.

Riom 22A3
Route d'Ennezat, D224. **GPS:** n45,89455 o3,12477.

4 🅿️ kostenlos 🚰€2/15Minuten 💧Ch €2/15Minuten.
Lage: Städtisch, einfach, zentral, laut. **Untergrund:** Schotter.
📅 01/01-31/12.
Entfernung: 🛒700M ⛽2,5Km 🍴in der Nähe 🚌in der Nähe.

Riom-es-Montagnes 24H1
Rue du Champ de Foire. **GPS:** n45,28444 o2,65389.
Lage: Einfach. 📅 01/01-31/12.
Entfernung: 🛒vor Ort ⛽100M 🚌100M.
Sonstiges: übernachten auf Parking de la Piscine, GPS N 45,27902 O 2,66403.

Roanne 22B3
Port de Plaisance, Quai Commandant de Fourcauld.
GPS: n46,03750 o4,08306.

10 🅿️€6 🚰€2,50/15Minuten 💧€2,50 Ch €2,50 €2,50/4Std WC.
Lage: Städtisch, komfortabel, ruhig. **Untergrund:** Schotter.
📅 01/01-31/12.
Entfernung: 🛒500M 🥖500M ⛽2km 🍴2km 🚌vor Ort 🚲vor Ort 🥾vor Ort.
Sonstiges: Max. 6 Tage.

Romans-sur-Isère 25C2
Avenue Gambetta. **GPS:** n45,04521 o5,05879.

4 🅿️ kostenlos. **Lage:** Städtisch, einfach. **Untergrund:** befestigt.
📅 01/01-31/12.
Entfernung: 🛒Stadtmitte 700M.
Sonstiges: Parkplatz gegenüber Marques Avenue, max. 48 Std.

Ruoms 25B3
La Grand Terre. **GPS:** n44,42381 o4,33253.
15 🅿️€10,80-12 🚰💧Ch (12x) inklusive.
Lage: Ländlich. **Untergrund:** Wiese/befestigt. 📅 01/01-31/12.
Entfernung: 🛒3Km ⛽200M 🚲vor Ort 🥾vor Ort.
Sonstiges: Gegenüber Campingplatz.

Ruynes-en-Margeride 25A2
Le Bourg. **GPS:** n45,00111 o3,22389.

8 🅿️ kostenlos 🚰€2/10Minuten 💧Ch €2/55Minuten.
Lage: Städtisch, einfach, ruhig. **Untergrund:** Schotter/Sand.

Saillans 25D2
La Roche, Quartier Tourtoiron, Montmartel.
GPS: n44,69549 o5,19350.

20 🅿️€3 🚰€2 💧Ch.
Lage: Ländlich, einfach. **Untergrund:** Schotter.
📅 01/01-31/12.
Entfernung: 🛒300M.
Sonstiges: Entlang der Drôme, max. 24 Std, bei Hochwasser gesperrt.

Saint-Agrève 25B2
Coussac. **GPS:** n45,01042 o4,39339.

🅿️ kostenlos 🚰€3 💧Ch €3, Wasser 10 Min + Strom 50 Min WC.
Lage: Einfach. **Untergrund:** asphaltiert. 📅 01/01-31/12.
Entfernung: 🛒500M ⛽500M 🚌500M.
Sonstiges: Wertmünzen bei Office de Tourisme.

Saint-Agrève 25B2
Le Lac de Véron, Pré de Gardy, D120. **GPS:** n44,99981 o4,40164.

5 🅿️€5/24 Std 🚰auf Anfrage 💧kostenlos.
Lage: Ländlich, komfortabel, ruhig. **Untergrund:** ungepflastert.
📅 01/04-31/10.
Entfernung: 🛒Dorf 1km 🥖vor Ort ⛽vor Ort 🍴vor Ort 🥾vor Ort.
Sonstiges: Am Fisch-See.

Saint-Alban-Auriolles 25B3
Rue Marius Perbost. **GPS:** n44,42693 o4,30096.

🅿️ kostenlos 🚰€3 💧Ch €3. **Untergrund:** Schotter.
Entfernung: 🛒300M 🚌200M.

Saint-André-d'Apchon 22B3
La Prébande. **GPS:** n46,03385 o3,92705.

Frankreich

Auvergne-Rhône-Alpes

3 kostenlos Ch kostenlos. **Lage:** Ländlich, einfach, ruhig.
Untergrund: Schotter. 01/01-31/12.
Entfernung: 300M 100M.

Saint-Bonnet-le-Château 25B1
Esplanade de la Boule. **GPS**: n45,42514 04,06436.

50 kostenlos Ch WC kostenlos. **Lage:** Einfach.
Untergrund: befestigt. Fr.
Entfernung: 200M 1Km 200M 200M.
Touristinformation Saint-Bonnet-le-Château:
Musée de la Pétanque et des Boules, Esplanade de la Boule. Alles über den geliebten französischen nationalen Sport. 01/04-31/10.
Musée International Pétanque et Boules, Boulevard des Chauchères. Fr.

Saint-Bonnet-le-Froid 25C1
Chemin de Brard. **GPS**: n45,14136 04,43454.

6 €5 Ch inklusive. **Lage:** Städtisch, einfach, zentral, ruhig. **Untergrund:** Schotter. 01/03-15/11.
Entfernung: 150M 150M 150M vor Ort.
Sonstiges: Zugang über D105.

Saint-Bonnet-Tronçais 21H1
Parking du Stade, Route de Tronçais, D39.
GPS: n46,66001 02,69717.
10 €5 Ch. **Untergrund:** Schotter.
01/01-31/12 kein Wasser im Winter.
Entfernung: 300M.
Sonstiges: Wertmünzen in der Bäckerei und Camping.

Saint-Bonnet-Tronçais 21H1
Rue de l'Étang. **GPS**: n46,65896 02,69228.
10 kostenlos. **Lage:** Einfach, zentral. **Untergrund:** Schotter.
01/01-31/12.
Entfernung: vor Ort 27Km See 450M Bäckerei 200M.

Saint-Christophe-sur-Dolaison 25B2
Place des Jardins, Le Bourg. **GPS**: n44,99802 03,82158.

6 kostenlos €2 Ch €2. **Lage:** Ländlich, einfach, ruhig.
Untergrund: asphaltiert. 01/01-31/12.
Entfernung: 100M 150M vor Ort vor Ort.
Sonstiges: Wertmünzen beim Rathaus.

Saint-Désirat 25C1
Musée de l'Alambic, Distillerie Jean Gauthier, D291.
GPS: n45,25856 04,79261.

kostenlos Ch kostenlos. **Lage:** Einfach.
Untergrund: asphaltiert.
Entfernung: 300M 300M. **Sonstiges:** Max. 1 Nacht.

Saint-Donat-sur-l'Herbasse 25C2
Route de St.Bardoux. **GPS**: n45,11902 04,98284.

kostenlos Ch kostenlos. **Lage:** Einfach. 01/01-31/12.
Entfernung: 400M 400M 1Km.
Sonstiges: Gegenüber Sporthalle, max. 1 Nacht.

Saint-Éloy-les-Mines 21H2
Rue du Puy-de-Dôme, RN144. **GPS**: n46,15559 02,83615.

30 kostenlos €2 Ch €2. **Lage:** Ländlich, einfach.
Untergrund: befestigt. 01/01-31/12.
Entfernung: vor Ort 700M 400M Carrefour Market.
Sonstiges: Max. 48 Std.

Saint-Étienne-la-Varenne 22C3
Le Bourg. **GPS**: n46,07731 04,63024.

4 kostenlos Ch kostenlos. **Lage:** Ländlich, einfach, ruhig.
Untergrund: Schotter/befestigt. 01/01-31/12.
Entfernung: vor Ort 50M vor Ort vor Ort.
Sonstiges: Neben Kirche.

Saint-Félicien 25C2
Place du Pré Lacour. **GPS**: n45,08453 04,62848.

6 kostenlos €2 Ch. **Lage:** Städtisch, einfach.
Untergrund: asphaltiert/Schotter. 01/01-31/12.
Entfernung: vor Ort vor Ort vor Ort.
Sonstiges: Hinter Polizeistation, max. 2 Nächte.

Saint-Flour 24H2
Cours Chazerat. **GPS**: n45,03389 03,08750.

20 kostenlos €2 Ch €2/55Minuten.
Lage: Städtisch, einfach. **Untergrund:** befestigt.
01/01-31/12.
Entfernung: vor Ort 4,6Km 50M 50M vor Ort vor Ort.
Sonstiges: Oberstadt.

Saint-Flour 24H2
Place de l'Ander, ville basse. **GPS**: n45,03556 03,09750.

8 kostenlos €2/100Liter Ch €2/55Minuten.
Lage: Städtisch, einfach. **Untergrund:** asphaltiert. 01/01-31/12.
Entfernung: 300M 4Km 300M 300M vor Ort.
Sonstiges: Nahe Campingplatz, Unterstadt.
Touristinformation Saint-Flour:
Office de Tourisme, 17bis, place d'Armes, www.saint-flour.com.
Stadt mit Autofreie Stadtmitte, Vieux Saint Flour.

Saint-Forgeux 22C3
Le Tram. **GPS**: n45,85733 04,47566.

kostenlos Ch kostenlos WC. **Lage:** Ländlich, einfach, ruhig. **Untergrund:** befestigt. 01/01-31/12.
Entfernung: 300M 300M 300M vor Ort.

Saint-Genest-de-Beauzon 25B3
Domaine la Pize, La Pize. **GPS**: n44,43759 04,19431.

€ 10 Ch WC inklusive. **Lage:** Ländlich, abgelegen, ruhig.
Untergrund: ungepflastert. 01/01-31/12.
Entfernung: 1,6Km.

Saint-Georges 25A2
Aire du Cantal. **GPS**: n45,03167 03,13500.

20 kostenlos €2 Ch €2 WC. **Lage:** Autobahn, einfach, laut.
Untergrund: asphaltiert. 01/01-31/12.
Entfernung: 3Km 500M 200M 500M.

Frankreich

Sonstiges: An der Tankstelle Esso.

Saint-Georges-d'Espérance 25C1
Chemin des Platières. GPS: n45,55560 o5,07478.

14 kostenlos Chkostenlos. Lage: Ländlich, einfach, zentral, ruhig. Untergrund: befestigt. 01/01-31/12.
Entfernung: vor Ort 100M 500M.
Sonstiges: Max. 48 Std.

Saint-Gérand-de-Vaux 22A2
Etang du Moulin, Les Gaillards. GPS: n46,38416 o3,39972.

30 kostenlos €2/100Liter Ch €2/1Std. Lage: Ruhig.
Untergrund: Wiese. 01/01-31/12.
Entfernung: vor Ort.

Saint-Germain-Lespinasse 22B2
Place du 8 mai 1945. GPS: n46,10510 o3,96229.

3 kostenlos Chkostenlos. Lage: Ländlich, einfach, ruhig.
Untergrund: Schotter. 01/01-31/12.
Entfernung: 200M 50M 50M.

Saint-Gérons 24G2
Plage d'Espinet. GPS: n44,93257 o2,23190.
26 € 8,40-10,80 Ch inklusive. 01/01-31/12.
Entfernung: 2km Snackbar.
Sonstiges: Videoüberwachung.

Saint-Gervais-les-Bains 22F3
77, impasse Cascade. GPS: n45,88864 o6,71287.

20 kostenlos €2 Ch €2. Untergrund: asphaltiert.
Entfernung: 200M 200M 200M 300M.
Sonstiges: Parkplatz Eisbahn.

Saint-Haon-le-Châtel 22B3
Fondanges, Route de la Croix du Sud, D39.
GPS: n46,06362 o3,91313.

Saint-Hilaire-sous-Charlieu 22B2
Le Grand Couvert, Les Perches. GPS: n46,11247 o4,18602.
2 kostenlos. 01/01-31/12.

Saint-Jean-d'Ardières 22C2
Domaine de Grande Ferrière, 831 route des Rochons.
GPS: n46,12954 o4,71581.

5 kostenlos Chkostenlos €5/4Nacht WC. Lage: Ländlich, einfach. Untergrund: Schotter.
Entfernung: 3Km 6Km 5Km 500M 3Km 3Km.

Saint-Jean-de-Bournay 25D1
Place du Marche. GPS: n45,50130 o5,13845.

10 kostenlos kostenlos Ch. Lage: Ländlich, einfach, zentral, ruhig. Untergrund: asphaltiert. 01/01-31/12.
Entfernung: vor Ort 100M 100M.

Saint-Jean-de-Maurienne 25E1
Rue Louis Sibue. GPS: n45,27995 o6,34776.
10 kostenlos €2 Ch €2 WC. Untergrund: asphaltiert.
01/01-31/12.
Entfernung: 2,5Km 100M.

Saint-Jean-en-Royans 25D2
Rue de la Gare. GPS: n45,02028 o5,29032.

3 kostenlos Chkostenlos. Lage: Einfach.
Untergrund: Schotter. 01/01-31/12.
Entfernung: 200M 200M 200M.

Saint-Julien-Chapteuil 25B2
L'Holme, La Croix Blanche. GPS: n45,03917 o4,06305.
€3 Ch. 01/01-31/12.
Sonstiges: Ver-/Entsorgung vor Campingplatz.

Saint-Julien-la-Geneste 21H3
Les Marceaux. GPS: n46,03221 o2,75787.
12 € 8 Ch (10x). Lage: Abgelegen, ruhig.

Saint-Just 25A2
Camping Municipal, Le Bourg. GPS: n44,88972 o3,20889.

10 € 8 €2/100Liter Ch €2/55Minuten (4x)€3,50/Nacht WC inklusive. Lage: Ländlich, komfortabel, ruhig.
Untergrund: Wiese. 01/01-31/12.
Entfernung: 50M 6,2Km 100M 100M vor Ort.
Sonstiges: Inkl. Benutzung campingplatz.

Saint-Just-d'Ardèche 25C3
Domaine La Favette, D86, route des Gorges d'Ardèche.
GPS: n44,30134 o4,60649.

6 € 5 €2 Ch €2. 01/01-31/12.
Sonstiges: Beim Weinbauer, max. 24 Std.
Touristinformation Saint-Just-d'Ardèche:
Guter Ausgangspunkt, zu entdecken der Ardèche Schluchten.
Do.

Saint-Just-en-Chevalet 22B3
Boulevard de l'Astrée. GPS: n45,91411 o3,84727.

5 kostenlos ChWCkostenlos. Lage: Ländlich, einfach.
01/01-31/12 Do-Morgen.
Entfernung: vor Ort vor Ort vor Ort vor Ort.

Saint-Mamet-la-Salvetat 24G2
Aire camping-cars, D20. GPS: n44,85714 o2,30981.

3 kostenlos €2/100Liter Ch €2/1Std WC. Lage: Ländlich, einfach, ruhig. Untergrund: asphaltiert. 01/01-31/12.
Entfernung: 500M 350M.
Sonstiges: Wertmünzen in den Geschäften und bei Rathaus.

Saint-Marcel-d'Urfé 22B3
Le Bourg. GPS: n45,87361 o3,88391.
3 kostenlos Chkostenlos. Untergrund: Schotter.
Entfernung: vor Ort vor Ort.
Sonstiges: Am Tennisplatz.

Saint-Marcel-en-Murat 21H2
D243. GPS: n46,32184 o3,00837.

Auvergne-Rhône-Alpes

10 kostenlos €2/100Liter Ch €2/1Std. **Lage:** Ländlich, einfach. **Untergrund:** Schotter. 01/01-31/12. **Entfernung:** 3,5Km Ausfahrt 11 A71 in der Nähe. **Sonstiges:** Wertmünzen beim Rathaus und Restaurant.

Saint-Martin-d'Estréaux 21H2
Place des Gouttes. **GPS:** n46,20713 o3,00000.
3 kostenlos. **Untergrund:** befestigt. 01/01-31/12.
Entfernung: 200M 200M 200M.

Saint-Martin-en-Haut 22C3
Etang du Kaiser, Lieu-dit-Jeangouttière. **GPS:** n45,64206 o4,53511.

4 kostenlos Ch WC. **Lage:** Ländlich, komfortabel, ruhig. **Untergrund:** Schotter. 01/01-31/12.
Entfernung: St.Martin 4km vor Ort vor Ort vor Ort.
Sonstiges: Am kleinen See, max. 72 Std.

Saint-Ours-les-Roches 21H3
Vulcania, 2 route de Mazayes. **GPS:** n45,81467 o2,94309.
65 € 10 €2/100Liter Ch (20x) €2/6Std. 15/03-13/11.
Sonstiges: Max. 2 Nächte.

Saint-Paul-des-Landes 24G2
Aire camping-cars, Rue du Moinac. **GPS:** n44,94250 o2,31694.

3 kostenlos €3,50 Ch €3,50. **Lage:** Ländlich, einfach, zentral, ruhig. **Untergrund:** asphaltiert. 01/01-31/12.
Entfernung: 50M 200M 50M.
Sonstiges: Wertmünzen bei Tankstelle.

Saint-Paul-le-Jeune 25B3
Rue Louis Roux, D901. **GPS:** n44,33999 o4,15322.

3 kostenlos €2 Ch €2. **Lage:** Ländlich. **Untergrund:** Wiese. 01/01-31/12.
Entfernung: vor Ort 100M.
Sonstiges: Wertmünzen bei Geschäfte im Dorf.

Saint-Paul-Trois-Châteaux 25C3
Parking Office de Tourisme, Le Courreau, Place Chausy. **GPS:** n44,34786 o4,76995.

3 kostenlos Ch kostenlos WC. **Lage:** Städtisch. **Untergrund:** asphaltiert.
Entfernung: 50M 50M. **Sonstiges:** Max. 24 Std.
Touristinformation Saint-Paul-Trois-Châteaux:
Marché. Di-Morgen.
Marché aux truffes du Tricastin. Dez-Mrz So-Morgen.

Saint-Pierre-en-Faucigny 22E3
Avenue de la Gare. **GPS:** n46,05884 o6,37450.

4 kostenlos Ch kostenlos. **Untergrund:** asphaltiert.
01/04-30/11. **Entfernung:** vor Ort 60M vor Ort vor Ort.
Sonstiges: In der Nähe vom Bahnhof.

Saint-Pourçain-sur-Sioule 22A2
Aire Camping-car de la Moutte, Rue de la Moutte. **GPS:** n46,31262 o3,29656.

73 kostenlos €4 Ch (8x) €4/4Std.
Lage: Städtisch, komfortabel, zentral, ruhig. **Untergrund:** Wiese.
01/01-31/12.
Entfernung: 800M vor Ort vor Ort vor Ort.
Sonstiges: An der Sioule.

Saint-Rémèze 25C3
Les Chais du Vivarais, D362. **GPS:** n44,39536 o4,50576.

3 kostenlos Ch kostenlos. **Untergrund:** asphaltiert.
01/03-15/11. **Entfernung:** 500M 200M.
Sonstiges: Max. 48 Std.
Touristinformation Saint-Rémèze:
Grotte Aven Marzal. Tropfsteinhöhlen. Sa/So/Urlaub, 01/04-30/09 10.30-18 Uhr.
Grotte de la Madelaine. Tropfsteinhöhlen. Apr-Okt 10-18 Uhr.
Musée de la lavande. Museum und Brennerei mit Lavendelfeldern. 01/05-30/09 10-17 Uhr, Apr + Okt Sa-So-Urlaub 10-17 Uhr.
Zoo préhistorique, Route des Gorges. Prähistorischer Park. 10.30-17.30 Uhr.

Saint-Rémy-de-Blot 21H3
Place du Bourg. **GPS:** n46,07722 o2,93139.

7 kostenlos WC. **Lage:** Ländlich, einfach, abgelegen, ruhig. **Untergrund:** Schotterasen. 01/01-31/12.
Entfernung: vor Ort.

Saint-Restitut 25C3
Le Village. **GPS:** n44,33144 o4,79093.

4 kostenlos Ch kostenlos. **Untergrund:** asphaltiert.
01/01-31/12. **Entfernung:** vor Ort.

Saint-Rirand 22B3
Le Bourg. **GPS:** n46,07589 o3,84965.
3 kostenlos Ch kostenlos. **Untergrund:** Schotter. 01/01-31/12.

Saint-Romain-d'Ay 25C1
Praperier, D6. **GPS:** n45,16430 o4,66339.

4 kostenlos €2/20Minuten Ch (4x) €2/4Std WC.
Lage: Einfach. **Untergrund:** asphaltiert. 01/01-31/12.
Entfernung: 550M 100M.
Sonstiges: Wertmünzen beim Rathaus und superette.

Saint-Romain-de-Lerps 25C2
Le Village, D287. **GPS:** n44,98029 o4,79596.

10 kostenlos Ch €4,100 Liter Wasser + 1 Std Strom WC.
Lage: Ländlich, einfach, ruhig. **Untergrund:** Schotter.
01/01-31/12 01/10 und 01/04.
Entfernung: 100M 100M Bäckerei 100M.
Sonstiges: Nicht geeignet für Reisemobile > 6,5m, Wertmünzen beim Bäckerei, bar/resto 3duPic und Rathaus, Panoramablick auf das Rheintal 200m.

Saint-Romain-Lachalm 25B1
Rulière. **GPS:** n45,26399 o4,33576.

4 kostenlos €2/10Minuten Ch (4x) €2/4Std.
Lage: Ländlich, einfach, abgelegen. **Untergrund:** asphaltiert.

Auvergne-Rhône-Alpes

🅢 01/01-31/12.
Entfernung: 🚲100M 🥖Bäckerei 200M.
Sonstiges: Wertmünzen in den Geschäften und bei Rathaus.

Saint-Sauves-d'Auvergne 21H3
Domaine de Lavaux, D82. **GPS:** n45,61688 o2,68975. ⬆️➡️.

50 🚐€ 8 🚰🖥Ch 🔌(10x)€4/Tag WCinklusive 🚿€1,25 ♻️€5.
Lage: Ländlich, komfortabel, abgelegen, ruhig. **Untergrund:** Wiese.
🅞 15/05-30/09.
Entfernung: 🛒1Km 🥖vor Ort.

Saint-Symphorien-sur-Coise 22C3
Bois des Pinasses. **GPS:** n45,62578 o4,45837. ⬆️.

🚐kostenlos. **Lage:** Ländlich, einfach. **Untergrund:** Schotter.
🅞 01/01-31/12.
Entfernung: 🛒1Km 🥖50M.
Sonstiges: Neben Sportplätzen.

🅢 Saint-Symphorien-sur-Coise 22C3
Rue des Rameaux. **GPS:** n45,63378 o4,45883. ⬆️.
🚰🖥Chkostenlos. **Lage:** Einfach. 🅞 01/01-31/12.
Sonstiges: Wertmünzen bei Bar-Tabac und Rathaus.

🅒🅢 Saint-Théoffrey 25E2
Camping Ser-Sirant, Chemin du Lavoir. **GPS:** n45,00034 o5,77819. ⬆️.
4 🚐€ 8-9,50 🚿€1,50 🖥Ch. **Lage:** Ländlich. **Untergrund:** Wiese.
Entfernung: 🏖Strand Saint Théoffrey.
Sonstiges: Am See von Laffrey, bezahlen bei Rezeption Campingplatz.

🅢 Saint-Thomé 25C3
N107, Les Crottes. **GPS:** n44,50059 o4,63445. ⬆️.

1 🚐kostenlos 🚰🖥Chkostenlos. **Untergrund:** asphaltiert.

🅢 Saint-Victor-sur-Loire 25B1
Base Nautique du lac de Grangent. **GPS:** n45,44787 o4,25626. ⬆️➡️.

12 🚐kostenlos 🚰🖥Chkostenlos 🔌(4x)€2,60/4Std WC.
Lage: Ländlich, komfortabel. **Untergrund:** asphaltiert.
🅞 01/01-31/12. **Entfernung:** 🏖vor Ort 🥖vor Ort 🛒vor Ort.
Sonstiges: Max. 72 Std, Wertmünzen bei Geschäfte im Dorf.

🅢 Saintt-André-de-Chalencon 25B1
Place des Droits de l'Homme. **GPS:** n45,27254 o3,97010. ⬆️.
2 🚐kostenlos 🚰€2/10Minuten 🖥Ch€2/1Std. **Lage:** Städtisch, einfach, zentral. **Untergrund:** Schotter/Sand. 🅞 01/01-31/12.
Entfernung: 🥖vor Ort.

🅢 Salers 24H1
Le Mouriol, Route du Puy Mary. **GPS:** n45,14718 o2,49900. ⬆️.

15 🚐€ 3,70 + € 0,50 Kurtaxe 🚰€2,10 🖥Ch€1,50,am Campingplatz.
Lage: Ländlich. **Untergrund:** Schotter.
Entfernung: 🛒1,2Km 🚫50M.
Sonstiges: Neben Camping municipal, Wertmünzen beim Campingplatz und Touristenbüro.

Salers 24H1
D680. **GPS:** n45,14010 o2,49478.
12 🚐€ 3. **Lage:** Ländlich. **Untergrund:** asphaltiert/befestigt.
Entfernung: 🛒500M.
Sonstiges: Max. 24 Std, keine Campingaktivitäten.

Salers 24H1
Rue Notre-Dame. **GPS:** n45,13898 o2,49583.
6 🚐€ 3. **Untergrund:** asphaltiert. 🅞 01/01-31/12.
Entfernung: 🛒250M.
Sonstiges: Max. 24 Std, keine Campingaktivitäten.

Samoëns 22F3
Aire d'accueil camping-car de Vercland, Hameau de Vercland.
GPS: n46,07283 o6,69957. ⬆️➡️.

10 🚐kostenlos 🚰🖥Ch€5. **Untergrund:** befestigt.
🅞 01/01-31/12 🅞 Ver-/Entsorgung: Winter.
Entfernung: 🛒2km 🥖100M 🏖2km.

🅒🅢 Samoëns 22F3
Parking du Giffre. **GPS:** n46,07666 o6,71899. ⬆️.

5 🚐€ 10 🚰🖥Ch. **Untergrund:** asphaltiert.
🅞 01/01-31/12 🅞 Ver-/Entsorgung: Winter.
Entfernung: 🛒100M 🥖100M 🚫100M Skibus nach Samoëns 1600 100M 🏖vor Ort.
Sonstiges: In der Nähe von Campingplatz du Giffre, Parkplatz 150M.

🅢 Sansac-de-Marmiesse 24G2
Aire camping-cars, Rue de la Vidalie. **GPS:** n44,88389 o2,34639. ⬆️➡️.

3 🚐kostenlos 🚰€3,50 🖥Ch€3,50. **Lage:** Städtisch, einfach, zentral. **Untergrund:** asphaltiert. 🅞 01/10-30/04. 🅞 Ver-/Entsorgung: 01/10-30/04.
Entfernung: 🥖vor Ort 🚫200M 🛒vor Ort.
Sonstiges: Wertmünzen in der Bäckerei.

🅢 Sassenage 25D1
Rue Pierre de Coubertin. **GPS:** n45,21346 o5,66858. ⬆️.

9 🚐kostenlos 🚰🖥Chkostenlos. **Untergrund:** asphaltiert.
🅞 01/01-31/12. **Entfernung:** 🛒vor Ort 🏖vor Ort.
Sonstiges: Am Sportplatz, max. 48 Std.

Sauges 25A2
Place du Brieul. **GPS:** n44,95940 o3,54395. ⬆️.

10 🚐kostenlos 🚰🖥Chkostenlos. **Lage:** Einfach.
Untergrund: asphaltiert. 🅞 01/01-31/12.
Entfernung: 🛒vor Ort 🥖Bäckerei 200M.

🅢 Sauret-Besserve 21H3
D523. **GPS:** n45,99245 o2,80746.

4 🚐kostenlos 🚰€2 🖥Ch. **Lage:** Ländlich, einfach, abgelegen.
🅞 01/01-31/12.
Sonstiges: Bei Kirche.

🅢 Ségur-les-Villas 24H1
Aire de camping-cars, Le Bourg. **GPS:** n45,22311 o2,81818. ⬆️➡️.

10 🚐kostenlos 🚰€3/100Liter 🖥Ch€3/1Std. **Lage:** Ländlich, einfach, ruhig. **Untergrund:** Wiese. 🅞 01/05-31/10.
Entfernung: 🛒200M 🥖300M 🏖200M. **Sonstiges:** In der Nähe vom Fussballplatz, Wertmünzen bei Geschäfte im Dorf.

🅢 Serrières-en-Chautagne 22E3
GPS: n45,87964 o5,84230. ⬆️.

15 🚐kostenlos 🚰🖥ChWCkostenlos. **Lage:** Ländlich, zentral, ruhig.
Untergrund: befestigt. 🅞 01/01-31/12. 🅞 Ver-/Entsorgung: Winter.
Entfernung: 🥖vor Ort 🛒1Km 🏖Strand 50M 🚫vor Ort 🚫200M 🚫100M 🚫100M.
Sonstiges: Am Gebirgsbach.

🅢 Seyssel 22E3
Parking Base de Loisirs, Quai du Rhône. **GPS:** n45,95146 o5,83343.

4 🚐kostenlos 🚰🖥Chkostenlos. **Lage:** Ländlich, einfach, zentral,

FR

Frankreich 435

Auvergne-Rhône-Alpes

ruhig. **Untergrund:** Schotter. 01/01-31/12. **Entfernung:** 800M vor Ort vor Ort 500M 800M vor Ort. **Sonstiges:** Am Erholungssee und der Rhone.

Seyssel — 22E3
Quai du Rhône. **GPS:** n45,95001 o5,83406.

12 kostenlos. **Lage:** Ländlich, einfach, zentral, ruhig. **Untergrund:** Schotter. 01/10-01/06. **Entfernung:** 400M vor Ort vor Ort 400M 400M 400M vor Ort.

Siaugues-Sainte-Marie — 25A2
D590. **GPS:** n45,09303 o3,62784.

4 kostenlos €2/10Minuten Ch €2/Std. **Lage:** Ländlich, einfach. **Untergrund:** Wiese. 01/01-31/12. **Entfernung:** 300M.

Sixt-Fer-à-Cheval — 22F3
Route du Cirque du Fer à Cheval. **GPS:** n46,05698 o6,78048.

20 kostenlos Ch €4/12Std. **Untergrund:** asphaltiert. 01/01-31/12. **Entfernung:** 500M vor Ort 500M.

Solignac-sur-Loire — 25B2
Le Vis. **GPS:** n44,96471 o3,88001.

20 €12 Ch WCinklusive. **Lage:** Ländlich, komfortabel, abgelegen, ruhig. **Untergrund:** Wiese. 01/05-01/11. **Entfernung:** 800M.

Solignat — 25A1
Route des Dauphins d'Auvergne, D32. **GPS:** n45,51701 o3,17074.

+50 kostenlos €2/100Liter Ch €2/1Std. **Lage:** Ländlich, einfach, ruhig. **Untergrund:** Wiese. 01/01-31/12.

Entfernung: 100M.

St Anthème — 25B1
Rambaud. **GPS:** n45,52354 o3,91464.

30 €3 Ch inklusive. **Lage:** Ländlich, einfach, zentral, ruhig. **Untergrund:** Wiese/Schotter. 01/01-31/12. Wasser bei Frost. **Entfernung:** 200M Strand 250M 200M vor Ort. **Sonstiges:** Neben Camping Rambaud.

Super Besse — 24H1
La Binche, Ronde de Vassivière. **GPS:** n45,50644 o2,85342.

172 € 5,60/24 Std, € 37,80/8 Tage €1/20Minuten Ch (100x)€2,50/4Std. **Lage:** Komfortabel, ruhig. **Untergrund:** asphaltiert. 01/01-31/12. **Entfernung:** 300M 300M vor Ort 300M. **Sonstiges:** Auf Ring um See, P5, P7 und P10, keine Campingaktivitäten.

Super Lioran — 24H2
Aire de Laveissière, Parking Font d'Alagnon. **GPS:** n45,08856 o2,73819.

25 kostenlos. **Lage:** Ländlich, einfach, ruhig. **Untergrund:** asphaltiert. 01/01-31/12. **Entfernung:** 200M 200M 50M 30M 30M.

Suze-la-Rousse — 25C3
Route de Bollène, D94. **GPS:** n44,28598 o4,83185.

3 kostenlos kostenlos. **Untergrund:** Wiese/Schotter. 01/01-31/12. **Entfernung:** 850M vor Ort vor Ort. **Sonstiges:** Am Sportplatz.

Suze-la-Rousse — 25C3
50 Impasse de la Zone Artisanale. **GPS:** n44,28965 o4,84783. Ch kostenlos. 01/01-31/12. **Entfernung:** 1,5Km.

Talizat — 24H2
Place du 19 mars 1962. **GPS:** n45,11417 o3,04583.

3 kostenlos €2 Ch €2. **Lage:** Ländlich, einfach, ruhig. **Untergrund:** asphaltiert. 01/01-31/12. **Entfernung:** vor Ort 100M 100M vor Ort. **Sonstiges:** Wertmünzen beim Rathaus und Restaurant, hinter dem Rathaus.

Tence — 25B2
Place du Fieu. **GPS:** n45,11580 o4,29220.

6 kostenlos €2/10Minuten Ch. **Lage:** Städtisch, einfach, ruhig. **Untergrund:** Schotter/befestigt. 01/01-31/12. **Entfernung:** 200M 200M vor Ort.

Thiel-sur-Acolin — 22A2
Rue de la Motte. **GPS:** n46,52269 o3,58776.
11 kostenlos €2 Ch €2. **Lage:** Ländlich, abgelegen, ruhig. **Untergrund:** Schotter. 01/01-31/12. **Entfernung:** 650M. **Sonstiges:** Ver-/Entsorgung nur mit Kreditkarte.

Thiel-sur-Acolin — 22A2
Route Départementale 914. **GPS:** n42,63763 o2,93675.
6 € 12 Ch inklusive.

Thiers — 22A3
Base de loisirs Iloa, D44 > Dorat. **GPS:** n45,87070 o3,48311.

10 kostenlos kostenlos. **Lage:** Ländlich, einfach, abgelegen, ruhig. **Untergrund:** befestigt. 01/01-31/12. **Entfernung:** 2,6Km.

Thiézac — 24H2
Aire de camping-car La Sapinière, D59. **GPS:** n45,01583 o2,66278.

8 kostenlos €2 Ch €2. **Lage:** Ländlich, einfach, ruhig. **Untergrund:** asphaltiert. 01/01-31/12. **Entfernung:** 50M 100M 100M. **Sonstiges:** Max. 24 Std, Wertmünzen bei Tankstelle.

Thueyts — 25B2
Chemin d'Echelle du Roi, via N102. **GPS:** n44,67274 o4,21917.

Auvergne-Rhône-Alpes

10 kostenlos 5Minuten Ch 10Minuten,Ver-/Entsorgung €2. **Lage:** Ländlich, einfach, ruhig. **Untergrund:** Wiese/Schotter. 15/03-15/11.
Entfernung: 200M 200M vor Ort.
Sonstiges: Bei der Ardèche und Pont du Diable, neben Sportplatz, max. 24 Std.

Tiranges 25B1
Accueil Camping Car, La Nerceyre. **GPS:** n45,30702 o3,99107.

10 kostenlos €2 Ch. **Lage:** Ländlich, einfach, ruhig. **Untergrund:** asphaltiert. 01/01-31/12.
Entfernung: 400M 400M 400M.

Tournon-sur-Rhône 25C2
Chemin de la Beaume/D86. **GPS:** n45,07337 o4,82150.

25 €5 Chkostenlos. **Lage:** Städtisch, einfach.
Untergrund: asphaltiert. 01/01-31/12.
Entfernung: 1Km 5Km 1Km 1Km.
Sonstiges: Max. 24 Std.
Touristinformation Tournon-sur-Rhône:
Mi, Sa.
Route Panoramique, place Jean Jaurès. Start touristische Route.

Tourzel-Ronzières 25A1
Aire camping-car, Chemin du Clos, D23. **GPS:** n45,52989 o3,13504.

15 kostenlos Ch WCkostenlos. **Lage:** Ländlich, abgelegen, ruhig. **Untergrund:** Wiese/Schotter. 01/01-31/12.
Entfernung: 500M 500M.

Treffort 25D2
Plage de la Salette, D110b. **GPS:** n44,90732 o5,67208.

12 €10/24 Std €2 Ch €2 WC. **Untergrund:** Schotter.

01/05-31/10.
Entfernung: 3Km See See vor Ort vor Ort vor Ort.
Sonstiges: Am See von Monteynard.

Treteau 22A2
Rue du Rosier, D21. **GPS:** n46,36800 o3,51758.

+10 €3,50/Nacht €2 Ch €2 WC. **Lage:** Ländlich, einfach, ruhig. **Untergrund:** Wiese/befestigt. 01/03-31/10.
Entfernung: 500M vor Ort Tageskarte erhältlich 100M vor Ort.
Sonstiges: Am kleinen See.

Trévoux 22C3
Chemin du Camping. **GPS:** n45,94017 o4,76694.

4 €5 €3 Ch €3 WC €2. **Lage:** Städtisch, einfach, zentral, ruhig. **Untergrund:** Wiese/Schotter. 01/01-31/12.
Entfernung: vor Ort 7Km 100M 1Km 1Km 1Km.
Sonstiges: Am Fluss, am Eingang zum Campingplatz, bezahlen beim Campingplatz oder am Rathaus.

Ugine 22F3
Place du 8 Mai 1945. **GPS:** n45,74634 o6,41774.
3 kostenlos €2 Ch €2 WC. **Untergrund:** asphaltiert.
01/01-31/12. **Entfernung:** 50M 50M 50M.
Touristinformation Ugine:
Mi, Sa-Morgen.

Val d'Isère 25F1
Le Pont Saint-Charles, Route du Col de l'Iseran, D902. **GPS:** n45,45432 o6,97005.

50 kostenlos kostenlos. **Untergrund:** Schotter. 01/01-31/12.
Entfernung: vor Ort. **Sonstiges:** Parkplatz an den Skipiste.

Valette 24H1
Aire camping-cars, D678. **GPS:** n45,27000 o2,60222.

5 kostenlos €2 Ch €2. **Lage:** Ländlich, komfortabel, ruhig. **Untergrund:** Schotter. 01/01-31/12 Ver-/Entsorgung: 01/11-01/05. **Entfernung:** 50M 100M 150M.

Valloire 25F1
Camping-Car Park Les Verneys, Route du Galibier. **GPS:** n45,14591 o6,42011.
30 €12 Ch WC inklusive. **Untergrund:** asphaltiert.

01/01-31/12.
Entfernung: vor Ort 250M.
Sonstiges: Kostenloser Bus.

Vallon-Pont-d'Arc 25B3
Chemin du Chastelas. **GPS:** n44,40537 o4,39683.

20 €6/24 Std €2 Ch €2 WC. 01/01-31/12.
Entfernung: 100M 100M 100M.
Sonstiges: Freier Shuttlebus zum Pont d'Arc, 2x pro Stunde.

Vallon-Pont-d'Arc 25B3
Domaine de l'Esquiras, Chemin du Fez. **GPS:** n44,41583 o4,37738.

5 € 8, Hauptsaison € 10 + € 0,60/pP Kurtaxe Ch €3 WC kostenlos. **Untergrund:** Schotter. 12/04-21/09.
Entfernung: 800M.
Sonstiges: Sanitärnutzung + Schwimmbad € 4/pp.
Touristinformation Vallon-Pont-d'Arc:
Office de Tourisme, 1 Place de l'Ancienne Gare, http://pontdarc-ardeche.fr. Touristische Stadt mit dem bekannten Pont d'Arc, ein natürlicher Bogen über dem Ardèche Fluss.
Grotte des Huguenots. Ehemaliger Versteck der Hugenotten.
15/06-31/08.
Do-Morgen.

Valuéjols 24H2
Place de 19 Mars 1962. **GPS:** n45,05349 o2,92927.

15 €3 Chinklusive. **Lage:** Ländlich, einfach.
Untergrund: asphaltiert. 01/01-31/12.
Entfernung: 400M 400M 400M vor Ort vor Ort vor Ort.

Varennes-sur-Allier 22A2
Place Hôtel de Ville, Rue de Beaupuy. **GPS:** n46,31288 o3,40476.

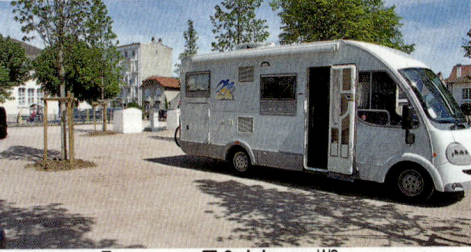

30 kostenlos €2/100Liter Ch €2/Std WC.
Lage: Städtisch, einfach, zentral, laut. **Untergrund:** befestigt.
01/01-31/12.
Entfernung: vor Ort vor Ort vor Ort.
Sonstiges: Wertmünzen beim Rathaus.

Vassieux-en-Vercors 25D2
Avenue du Mémorial, D76. **GPS:** n44,89703 o5,36927.

Frankreich

Auvergne-Rhône-Alpes

30 kostenlos Ch kostenlos. **Lage:** Ländlich, einfach. **Untergrund:** befestigt. Versorgung im Winter. **Entfernung:** 200M 200M 200M vor Ort 7km Font D'Urle vor Ort.
Sonstiges: Neben Fussballplatz.

S Vaujany 25E1
Télécabine. **GPS:** n45,15694 o6,08011.

15 kostenlos Ch kostenlos €5. **Untergrund:** Schotter. 01/01-31/12.
Entfernung: 300M 300M 300M 300M.
Sonstiges: Max. 24 Std, Wertmünzen bei Office de Tourisme (Strom).

S Védrines-Saint-Loup 25A2
Route du Plan d'Eau. **GPS:** n45,06758 o3,27565.

5 kostenlos €2/10Minuten Ch €2/55Minuten.
Lage: Ländlich, einfach, abgelegen, ruhig.
Untergrund: Schotter/befestigt. 01/01-31/12.
Entfernung: 400M vor Ort vor Ort vor Ort.

S Velzic 24H2
Lavernière, Rue de Fracort. **GPS:** n45,00166 o2,54638.

5 kostenlos €3,50 Ch. **Lage:** Ländlich, einfach, abgelegen.
Untergrund: asphaltiert. 01/01-31/12 Ver-/Entsorgung: 31/10-01/04. **Entfernung:** 1Km 1Km 1Km vor Ort.
Sonstiges: Wertmünzen erhältlich bei épicerie Pas de Peyrols.

S Vernosc-lès-Annonay 25C1
257 rue du Centre. **GPS:** n45,21914 o4,71409.
6 kostenlos Ch. 01/01-31/12.
Entfernung: 200M 200M.
Sonstiges: Neben Rathaus.

S Vézac 24H2
Aire de camping-cars, Route de Cavanière.
GPS: n44,89059 o2,51779.

8 kostenlos €3,50 Ch. **Lage:** Ländlich, einfach.
Untergrund: asphaltiert. 01/01-31/12.
Entfernung: 100M 50M 700M.
Sonstiges: Am Golfplatz, Wertmünzen bei bar/tabac, 50M.

Vic-sur-Cère 24H2
Aire de camping-cars, Avenue des Tilleuls.
GPS: n44,98194 o2,63111.

10 kostenlos €2 Ch €2. **Lage:** Ländlich, komfortabel, ruhig.
Untergrund: asphaltiert. 01/01-31/12.
Entfernung: 200M 200M 150M.
Sonstiges: Wertmünzen bei Office de Tourisme, Avenue Mercier.

S Vieille-Brioude 25A1
Rue de Combevignouse. **GPS:** n45,26540 o3,40557.

6 kostenlos €2/10Minuten Ch €2/55Minuten.
Lage: Städtisch, einfach, zentral, ruhig. **Untergrund:** asphaltiert. 01/01-31/12.
Entfernung: 150M 200M.
Sonstiges: Ver-/Entsorgung 200M.

S Vieillevie 24G2
Aire de Vieillevie, Le Bourg. **GPS:** n44,64432 o2,41773.

5 kostenlos €2 Ch €2. **Lage:** Ländlich, komfortabel, ruhig.
Untergrund: Schotter. 01/01-31/12.
Entfernung: 50M 100M 50M 50M.

S Vienne 25C1
Place Joseph Muray et Jean Tardy, N7. **GPS:** n45,53860 o4,87271.

10 kostenlos Ch kostenlos. **Lage:** Städtisch, einfach, zentral, laut. **Untergrund:** asphaltiert. Mi-mittag (Markt).
Entfernung: 50M 2km 50M 50M 50M.

Villards-de-Lans 25D2
Chemin des Bartavelles. **GPS:** n45,06619 o5,55609.

15 kostenlos. **Untergrund:** asphaltiert.
Entfernung: 600M 600M 600M.
Sonstiges: Max. 48 Std.

Villars-les-Dombes 22C3
Parc des Oiseaux, RN83. **GPS:** n45,99126 o5,02582.

100 Gäste kostenlos. **Lage:** Einfach, ruhig.
Untergrund: asphaltiert/Wiese.
01/01-31/12. Sonn- und Feiertage, Winter.
Entfernung: 2km 1km 1km 2km 2km vor Ort.
Sonstiges: Parkplatz Vogelpark, max. 1 Nacht, Tor geschlossen von 21-8 Uhr.
Touristinformation Villars-les-Dombes:
Parc des Oiseaux. Vogelpark, 23ha. 9.30-18.30 Uhr.

S Villefranche-d'Allier 21H2
Avenue du 8 Mai 1945. **GPS:** n46,39565 o2,85672.

4 kostenlos €2/10Minuten Ch (4x)€2/2Std.
Untergrund: asphaltiert. 01/01-31/12.
Entfernung: 150M 12Km 150M 150M.
Sonstiges: Wertmünzen erhältlich in den Geschäften.

Villerest 22B3
Aire camping-car du Grezelon, D18, Route de Seigne.
GPS: n45,98610 o4,04300.

15 €6, Kurtaxe €0,25/pP €4 Ch. **Untergrund:** Schotter.
01/01-31/12. Ver-/Entsorgung: 01/10-30/04.
Entfernung: vor Ort 1Km vor Ort.
Sonstiges: Beim Lac du Villerest und Talsperre, max. 48 Std.

S Violay 22B3
Place Giroud. **GPS:** n45,85268 o4,35564.

FR

438 *Frankreich*

Auvergne-Rhône-Alpes - Nouvelle-Aquitaine

3 kostenlos €2 Ch €2. **Lage:** Ländlich, einfach, ruhig. **Untergrund:** befestigt. 01/01-31/12. **Entfernung:** 100M A89 9Km 200M 150M. **Sonstiges:** Schöne Aussicht.

Virieu 25D1
Rue du May, D17. **GPS:** n45,48166 o5,47746.

4 kostenlos Ch WC kostenlos. **Lage:** Ländlich, einfach, zentral, ruhig. **Untergrund:** Schotter. **Entfernung:** vor Ort 200M 200M vor Ort. **Sonstiges:** Picknickplatz am Dorfrand.

Viverols 25B1
Camping Le Pradoux, Le Ruisseau. **GPS:** n45,43123 o3,88279.

6 kostenlos €2 Ch €2. **Untergrund:** Schotter. 01/04-31/10.

Vogüé 25B3
Chemin de Setras. **GPS:** n44,55163 o4,41308.

20 kostenlos. **Untergrund:** asphaltiert. 01/01-31/12. **Entfernung:** 50M Ardèche 200m. **Sonstiges:** Beim Kirchplatz.

Vorey-sur-Arzon 25B1
Aire Les Moulettes, Chemin de Félines. **GPS:** n45,18667 o3,90489.

5 €2 €3 Ch €4. **Lage:** Ländlich, einfach. **Untergrund:** Schotter. 01/01-31/12 Ver-/Entsorgung 15/09-30/04. **Entfernung:** 200M vor Ort 200M 200M vor Ort vor Ort. **Sonstiges:** Am Fluss Arzon, Wertmünzen und Kode Wlan erhältlich beim Campingplatz.

Ytrac 24G2
Aire camping-cars, Impasse Jean de la Fontaine. **GPS:** n44,91510 o2,36368.

3 kostenlos €3,50 Ch €3,50. **Lage:** Ländlich, einfach, zentral. **Untergrund:** asphaltiert. 01/01-31/12. **Entfernung:** 150M 100M 150M. **Sonstiges:** Wertmünzen bei Geschäften und Touristenbüro.

Nouvelle-Aquitaine

Accous 27B3
La Nabe, D339. **GPS:** n42,91028 w0,61939.

20 € 12 Ch WC inklusive. **Lage:** Ländlich, komfortabel, abgelegen, ruhig. **Untergrund:** Wiese/Schotter. **Entfernung:** 7Km 100M vor Ort.

Agris 21D3
Le Pont d'Agris, D6. **GPS:** n45,78619 o0,33944.

6 kostenlos €2 Ch €2. **Untergrund:** asphaltiert. 01/01-31/12. **Entfernung:** vor Ort vor Ort vor Ort.

Aigre 21D3
Parc Les Charmilles, Rue des Charrières. **GPS:** n45,89341 o0,00578.

10 € 5,50 Ch (4x)WC inklusive. **Untergrund:** befestigt. 01/04-31/10. **Entfernung:** vor Ort vor Ort vor Ort. **Sonstiges:** 4. Nacht kostenlos.

Aillas 24C3
À Bourg. **GPS:** n44,47514 w0,07318.

5 kostenlos Ch kostenlos. **Lage:** Städtisch, einfach, ruhig. **Untergrund:** Schotter. 01/01-31/12. **Entfernung:** 200M 100M. **Sonstiges:** Neben Sportplätzen.

Aire-sur-l'Adour 27C1
Rue des Graviers. **GPS:** n43,70333 w0,25535.

50 € 3, 01/07-31/08 € 4 €1 Ch. **Lage:** Ländlich, einfach, ruhig. **Untergrund:** Schotter. 01/01-31/12 3. Woche Jun. **Entfernung:** 200M vor Ort vor Ort 200M. **Sonstiges:** Nahe Campingplatz, max. 72 Std.

Airvault 21D1
Rue Faubourg des Cyprès. **GPS:** n46,82516 w0,14219.

10 kostenlos Ch WC kostenlos. **Lage:** Städtisch, einfach, zentral. **Untergrund:** asphaltiert. 01/01-31/12. **Entfernung:** 250M 250M 250M.

Allassac 24F1
Avenue du Saillant. **GPS:** n45,25897 o1,47358.

4 kostenlos Ch (2x)kostenlos. **Lage:** Städtisch, einfach, laut. **Untergrund:** Schotter/Sand. 01/01-31/12. **Entfernung:** 500M 5Km 500M 500M. **Sonstiges:** Parkplatz Bahnhof.

Andernos-les-Bains 24B2
Port Ostréicole, Avenue du Commandant Allègre. **GPS:** n44,74477 w1,10969.

60 € 9,20 €2,50/100Liter Ch €2,10. **Lage:** Städtisch, komfortabel, ruhig. **Untergrund:** Wiese/befestigt. 01/01-31/12. **Entfernung:** 500M vor Ort vor Ort 50M. **Sonstiges:** Im Hafen, max. 48 Std.

Anglet 27A1
Aire de camping-car de La Barre, Avenue de l'Adour, D405. **GPS:** n43,52608 w1,51488.

50 kostenlos, Apr/Juni € 6, Juli-Aug € 10 €3 Ch. **Untergrund:** Wiese/befestigt. 13/04-11/11. **Entfernung:** 1Km 300M 50M 500M 500M 100M. **Sonstiges:** Privatgelände.

Anglet 27A1
Parking "Haut" - Plage des Corsaires, Boulevard des Plages. **GPS:** n43,50696 w1,53373.

Frankreich

Nouvelle-Aquitaine

80 kostenlos, Apr/Juni € 6, Juli-Aug € 10 Ch inklusive. Untergrund: asphaltiert. 01/01-31/12. Entfernung: 500m, Biarritz 2km 500M 500M 500M. Sonstiges: Max. 24 Std, Backer kommt jede Morgen.

Angliers 18D3
Aire de repos de la Briande, D347. GPS: n46,95861 o0,10472.

8 kostenlos Ch WC kostenlos. Lage: Ländlich, komfortabel, ruhig. Untergrund: asphaltiert. 01/01-31/12. Entfernung: Angliers 1km 50M.

Angoisse 24E1
Le Pont du Jour, L'Hépital, D704. GPS: n45,43296 o1,14413.

8 €5 Ch inklusive €3 €3. Lage: Ländlich, einfach. Untergrund: Wiese. Entfernung: 500M 1Km 4,5Km.

Angoulins 21B2
Rue du Chay. GPS: n46,10623 w1,13565.

17 kostenlos. Lage: Ländlich, einfach. Untergrund: asphaltiert. Entfernung: 1Km 20M.

Arcachon 24B2
Boulevard Mestrézat, D650. GPS: n44,65142 w1,14864.

20 kostenlos Ch kostenlos. Lage: Städtisch, einfach, laut. Untergrund: asphaltiert/Schotter. 01/01-31/12. Entfernung: 1Km 50M. Sonstiges: Max. 24 Std.

Arcachon 24B2
Avenue du Parc. GPS: n44,64868 w1,19672.

kostenlos. Lage: Einfach. Untergrund: Schotter. 01/01-31/12. Entfernung: vor Ort vor Ort.
Touristinformation Arcachon:
place du XI Novembre. Überdachte Markt. 01/06-31/08 täglich 7-13 Uhr.

Arçais 21C2
Aire camping-cars du Coursault, Rue de Coursault. GPS: n46,29583 w0,69.

20 €8 Ch WC kostenlos. Lage: Einfach, ruhig. Untergrund: Wiese. 01/01-31/12. Entfernung: 400M vor Ort in der Nähe in der Nähe.

Arette 27B2
Aire de camping car d'Arette, Place de la Mairie. GPS: n43,09477 w0,71511.

10 kostenlos Ch WC. Lage: Einfach. Untergrund: asphaltiert. 01/01-31/12.

Arzacq-Arraziguet 27C2
Aire de camping cars, Place du Marcadieu. GPS: n43,53481 w0,41035.

10 kostenlos Ch WC kostenlos. Lage: Städtisch. Untergrund: asphaltiert. 01/01-31/12. Entfernung: vor Ort 500M 500M 100M 100M.

Aubeterre-sur-Dronne 24D1
Base de Loisirs, D2, Route de Ribérac. GPS: n45,26934 o0,17586.

7 kostenlos Ch kostenlos. Lage: Ländlich, einfach, abgelegen, ruhig. Untergrund: Schotter/befestigt. 01/01-31/12. Entfernung: 500M vor Ort 300M 500M. Sonstiges: Bei den Tennisplätzen.
Touristinformation Aubeterre-sur-Dronne:
Place de Village. Do, So.

Aubusson 21G3
Parking Champ de Foire, Rue des Fusilles, D988. GPS: n45,95694 o2,17528.

70 kostenlos Ch WC kostenlos. Lage: Städtisch. Untergrund: asphaltiert. 01/01-31/12. Entfernung: 500M 500M 500M.

Aulnay 21C2
Rue de Salles. GPS: n46,02239 w0,34528.

10 kostenlos Ch kostenlos. Untergrund: Schotter. Entfernung: 200M 200M 200M. Sonstiges: Max. 24 Std.

Aulnay 21C2
Place Charles de Gaulle, Rue Haute de l'Eglise. GPS: n46,02306 w0,35444.

10 kostenlos. Untergrund: befestigt. 01/01-31/12. Entfernung: 200M 200M 200M.

Auriat 21F3
Etang d'Auriat. GPS: n45,87790 o1,64277.

3 kostenlos Ch kostenlos. Lage: Ländlich, abgelegen, ruhig. Untergrund: befestigt. 01/01-31/12. Entfernung: vor Ort vor Ort. Sonstiges: Am kleinen See.

Ayen 24F1
Route de la Noix, Ayen Bas. GPS: n45,24964 o1,32343.

20 kostenlos Ch kostenlos. Lage: Ländlich, einfach, ruhig. Untergrund: Wiese/Schotter. 01/01-31/12. Entfernung: 300M. Sonstiges: In der Nähe von D39, Campingplatz und Sportpark.

Nouvelle-Aquitaine

Azerat — 24E1
Le Bourg. **GPS:** n45,14954 o1,12496.

6 €2 €3 Ch. **Lage:** Städtisch, einfach, ruhig. **Untergrund:** Schotter. 01/01-31/12. **Entfernung:** 50M 150M. **Sonstiges:** Bezahlung im Rathaus.

Azur — 27A1
Camping-Car Park, Route du Lac. **GPS:** n43,78842 w1,3119.

31 € 9,60 + einmalig € 4 Pass'Etapes Ch inklusive. **Lage:** Ländlich, ruhig. **Untergrund:** Schotter. 01/01-31/12. **Entfernung:** 1,5Km 150M 150M 200M vor Ort vor Ort.

Badefols-sur-Dordogne — 24E2
Le Bourg. **GPS:** n44,84254 o0,79160.

10 kostenlos €2/100Liter Ch WC kostenlos. **Lage:** Ländlich, einfach. **Untergrund:** asphaltiert. 01/01-31/12. Sa Markt. **Entfernung:** vor Ort Bäckerei 50M. **Sonstiges:** Wertmünzen beim Rathaus.

Barbezieux-Saint-Hilaire — 24C1
E.Leclerc, Rue du Commandant Foucaud. **GPS:** n45,47047 w0,16032.

8 kostenlos €2/100Liter Ch. **Lage:** Städtisch, einfach, zentral, laut. **Untergrund:** asphaltiert. 01/01-31/12. **Entfernung:** 500M vor Ort vor Ort.

Bazas — 24C3
Rue de l'Eyrevieille. **GPS:** n44,43389 w0,21509.

5 Ch WC kostenlos. Ver-/Entsorgung: Winter.

Beaumont du Périgord — 24E2
Avenue Rhinau, D660. **GPS:** n44,77469 o0,76559.

20 kostenlos Ch kostenlos. **Untergrund:** asphaltiert. 01/01-31/12. **Entfernung:** 800M. **Touristinformation Beaumont du Périgord:** Bastide de Beaumont.

Bellac — 21E2
Aire d'accueil camping-car rives du Vincou, Rue des Tanneries. **GPS:** n46,11513 o1,05242.

4 kostenlos Ch kostenlos. **Lage:** Ländlich, abgelegen, ruhig. **Untergrund:** asphaltiert. 01/01-31/12. **Entfernung:** 1Km. **Sonstiges:** Ver-/Entsorgung 100M.

Bellac — 21E2
Le Champ de foire, Rue des Doctrinaires. **GPS:** n46,12085 o1,05018.

4 kostenlos. **Lage:** Städtisch, einfach. **Untergrund:** asphaltiert. **Entfernung:** vor Ort vor Ort vor Ort. **Sonstiges:** >3,5T verboten.

Bellac — 21E2
Parking de la Mairie, Place de la République. **GPS:** n46,12155 o1,04604.

2 kostenlos. **Lage:** Städtisch, einfach. **Untergrund:** asphaltiert. 01/01-31/12. **Entfernung:** 300M.

Bénéjacq — 27C2
L'Esplanade du Lagoin, Place de la Fontaine. **GPS:** n43,19009 w0,20914.

Wertmünzen in der Bäckerei, Restaurant und Apotheke.

Bergerac — 24D2
Parc Public de Pombonne, Avenue Marceau Feyry. **GPS:** n44,87104 o0,50408.

6 kostenlos €2/100Liter Ch. **Lage:** Einfach. **Untergrund:** befestigt. **Entfernung:** Stadtmitte 3Km 1Km. **Sonstiges:** Max. 24 Std.
Touristinformation Bergerac:
Musée du Tabac, Maison Peyrarède, Place du Feu. Geschichte des Tabaks. Mo-Fr 10-12 Uhr, 14-18 Uhr, Sa 10-12 Uhr, 14-17 Uhr, So 14.30-17.30 Uhr, Nov-Mar Mo-Fr.
Église Notre Dame, Rue Saint Esprit. Mit, Sa 7-13 Uhr.

Bernos-Beaulac — 24C3
La Grande Route, N524. **GPS:** n44,36949 w0,24257.

10 € 4 €2/10Minuten Ch. **Lage:** Ländlich, einfach, ruhig. **Untergrund:** befestigt. 01/01-31/12. Wasser: mit Frost. **Entfernung:** Fluss vor Ort Bäckerei 100M. **Sonstiges:** Wertmünzen bei Tankstelle.

Bessines-sur-Gartempe — 21F2
Place du Champ de Foire, Rue d'Ingolsheim. **GPS:** n46,10979 o1,37008.

4 kostenlos €2 Ch €2. **Lage:** Städtisch, einfach. **Untergrund:** asphaltiert. 01/01-31/12. **Entfernung:** vor Ort 900M 100M 50M.

Beynac-et-Cazenac — 24E2
Le Parc, D703. **GPS:** n44,84466 o1,14560.

20 kostenlos. **Lage:** Ländlich, einfach. **Untergrund:** Schotter. 01/01-31/12. **Entfernung:** Altstadt 500M 500M.

Biarritz — 27A2
Aire de camping-cars Gabrielle Dorziat, Allée Gabrielle Dorziat. **GPS:** n43,45974 w1,56893.

Frankreich — 441

Nouvelle-Aquitaine

19 € 12/24 Std Ch inklusive. 01/01-31/12.
Sonstiges: Max. 48 Std.

Biarritz — 27A2
Parking Milady, Avenue de la Milady. GPS: n43,46536 w1,57162.

50 € 12 Ch inklusive. Lage: Städtisch, einfach.
Untergrund: asphaltiert. 01/01-31/12.
Entfernung: 500M 300M 500M 500M.
Sonstiges: Backer kommt jede Morgen.
Touristinformation Biarritz
Rue des Halles. täglich.

Biron — 24E2
Route de Vergt de Biron. GPS: n44,63080 o0,87055.

10 kostenlos €2/100Liter Ch €2/1Std. Lage: Einfach.
Untergrund: Wiese/befestigt. 01/01-31/12 Ver-/Entsorgung 01/11-31/03. Entfernung: 250M 250M.
Sonstiges: Wertmünzen beim Lebensmittelladen.

Biscarrosse — 24B3
Biscarrosse Plage Sud, Chemin de Navarosse.
GPS: n44,43223 w1,16566.

30 € 8, Jul/Aug € 15 Ch kostenlos WC.
Lage: Einfach. Untergrund: befestigt. 01/01-31/12.
Entfernung: 4Km 50M 100M 50M vor Ort.
Sonstiges: Videoüberwachung.

Biscarrosse — 24B3
Rue des Viviers, Biscarrosse-plage. GPS: n44,46027 w1,24627.

80 € 12,50, 15/09-14/06 € 8, 15/07-31/08 € 16 inklusive. Lage: Einfach, ruhig.
Untergrund: Waldboden. 01/05-31/10.
Entfernung: 2,5Km 400M 100M 50M vor Ort.

Blanquefort — 24C2
Château Saint Ahon, Rue de Saint-Ahon.
GPS: n44,92663 w0,63217.

4 € 3 kostenlos. Lage: Städtisch, einfach, zentral, ruhig.
Untergrund: Schotter/befestigt. 01/01-31/12 So/Feiertage.
Entfernung: 300M 12Km 300M vor Ort.
Sonstiges: Ankunft <19 Uhr, max. 48 Std.

Blasimon — 24C2
Rue Abbé Greciet. GPS: n44,74836 w0,07537.

4 kostenlos Ch kostenlos. Lage: Städtisch, einfach, ruhig.
Untergrund: Schotter. 01/01-31/12.
Entfernung: 100M 100M 100M.

Blasimon — 24C2
Château la Peyraude, Bleurette. GPS: n44,73463 w0,09942.

15 kostenlos Ch WC kostenlos. Lage: Ländlich, einfach. Untergrund: Wiese. 01/01-31/12.
Entfernung: 3Km.
Sonstiges: Ankunft <22 Uhr, regionale Produkte.

Blaye — 24C1
Parking de la Citadelle, Rue Pierre Semard.
GPS: n45,12549 w0,66535.

30 kostenlos.
Lage: Städtisch, einfach, zentral, ruhig.
Untergrund: Schotter/befestigt. 01/01-31/12.
Entfernung: 250M vor Ort 300M 2km 300M.

Blaye — 24C1
Château le Cône, Route des Cônes. GPS: n45,13742 w0,66507.

12 kostenlos Ch (4x). Lage: Ländlich, komfortabel, ruhig.
Untergrund: asphaltiert/Schotter. 01/01-31/12.
Entfernung: 2km vor Ort vor Ort.

Boismé — 21C1
Rue des Essarts. GPS: n46,77765 w0,43347.

4 kostenlos Ch WC kostenlos.
Lage: Ländlich, abgelegen, ruhig. Untergrund: befestigt.
01/01-31/12.
Entfernung: vor Ort 500M 500M vor Ort vor Ort.
Sonstiges: Am kleinen See, Spielplatz.

Bort-les-Orgues — 24H1
Rue de la Fontaine Grande. GPS: n45,39913 o2,49710.

6 kostenlos Ch kostenlos. Lage: Städtisch, einfach, zentral, ruhig. Untergrund: asphaltiert. 01/01-31/12.
Entfernung: 200M Fluss 200M 200M.

Bosmoreau-les-Mines — 21F3
Le Bourg. GPS: n45,99936 o1,75194.

5 kostenlos Ch kostenlos. Lage: Ländlich, einfach, ruhig.
Untergrund: Schotter. 01/01-31/12.
Entfernung: 500M.

Bouglon — 24D3
Aire de Repos, Le Clavier. GPS: n44,38599 o0,10271.

4 kostenlos WC kostenlos. Lage: Ländlich, einfach, ruhig.
Untergrund: asphaltiert. 01/01-31/12.
Entfernung: 500M 500M 500M.
Sonstiges: Picknickplatz.

Bougon — 21D2
Musée des Tumulus, La Chapelle. GPS: n46,37845 o0,06825.

10 kostenlos kostenlos. Lage: Ländlich, einfach, abgelegen.

Nouvelle-Aquitaine

Untergrund: asphaltiert. ⏲ 01/01-31/12.
Entfernung: 🚲 3Km.
Sonstiges: Parkplatz Museum.

Bourcefranc-le-Chapus 21B3
Bois de Pin, Prise du Portail Rouge. GPS: n45,82611 w1,14278.⬆️

20 🅿️ € 6. 🏠 Lage: Abgelegen, ruhig. Untergrund: Schotter.
⏲ 01/01-31/12.
Entfernung: 🚲 4Km 🏊 vor Ort 🛒 vor Ort 🍴 3Km.

Bourcefranc-le-Chapus 21B3
Rue du Président Kennedy. GPS: n45,84546 w1,14929.⬆️

10 🅿️ kostenlos. Lage: Städtisch, einfach, zentral.
Untergrund: asphaltiert. ⏲ 01/01-31/12.
Entfernung: 🚲 250M 🏊 750M 🛒 250M 🍴 250M.
Sonstiges: Max. 24 Std.

Bourcefranc-le-Chapus 21B3
Camping de la Giroflée, Fief de Bonnemort.
GPS: n45,83112 w1,15073.⬆️
⛽€2,60/100Liter 💧Ch. ⏲ 01/05-31/10.
Entfernung: 🚲 2,5Km 🛒 vor Ort.
Sonstiges: Wertmünzen beim Office de Tourisme und Rathaus.

Bourdeilles 24E1
Plaine des Loisirs, Le Bourg. GPS: n45,32270 o0,58260.⬆️

40+ 🅿️ € 4,50 ⛽€2/100Liter 💧Ch. Lage: Komfortabel, ruhig.
Untergrund: Wiese. ⏲ 01/01-31/12.
Entfernung: 🚲 500M 🏊 vor Ort 🛒 vor Ort 🎣 200M 🍴 200M.
Sonstiges: Wertmünzen bei Geschäfte.

Bourg-sur-Gironde 24C1
Quai Jean Bart. GPS: n45,03794 w0,55699.⬆️

10 🅿️ € 5 ⛽€3.
Lage: Städtisch, einfach, zentral. Untergrund: asphaltiert
⏲ 01/01-31/12.
Entfernung: 🚲 vor Ort 🏊 Direkt am Gironde 🛒 vor Ort 🍴 vor Ort.

Bourganeuf 21F3
Place de l'Etang, Avenue du Dr Butaud. GPS: n45,95444 o1,75750.⬆️

10 🅿️ kostenlos ⛽💧Chkostenlos. Lage: Städtisch.
Untergrund: Schotter. ⏲ 01/01-31/12 🛒 Di-Abend, Mi-Morgen (Markt). Entfernung: 🚲 vor Ort 🛒 300M 🍴 vor Ort.
Sonstiges: Max. 48 Std.

Branne 24C2
Route de Cabara. GPS: n44,83191 w0,18448.⬆️➡️

3 🅿️ kostenlos ⛽€2/100Liter 💧Ch 🚽 €2/1Std. Lage: Städtisch, einfach, laut.
Entfernung: 🚲 vor Ort 🛒 vor Ort 🎣 500M 🍴 500M.

Brantôme 24E1
Chemin de Vert Galant. GPS: n45,36134 o0,64842.⬆️➡️

50 🅿️ € 5,50 ⛽€2/12Minuten 💧Ch. 🚮 Lage: Einfach, ruhig.
Untergrund: Wiese. ⏲ 01/01-31/12.
Entfernung: 🚲 200M 🛒 100M 🍴 300M.

Brantôme 24E1
Aire Camping-cars Font Vendôme, Route de Nontron.
GPS: n45,37924 o0,64588.⬆️➡️

4 🅿️€ 2 ⛽€2 💧Ch. 🚽 €1/Nacht WC. Lage: Einfach.
Untergrund: asphaltiert. ⏲ 01/01-31/12.
Entfernung: 🚲 3,5Km 🛒 1Km 🍴 1Km.
Sonstiges: Geld in Umschlag in den Briefkasten.
Touristinformation Brantôme:
🏠 ⏲ Fr-Morgen.

Bressuire 21C1
Place Labâte. GPS: n46,84417 w0,49086.⬆️

5 🅿️ kostenlos ⛽💧Chkostenlos. Lage: Städtisch, einfach, laut.
Untergrund: Sand. ⏲ 01/01-31/12.
Entfernung: 🚲 400M 🛒 400M 🍴 400M.

Brive-la-Gaillarde 24F1
Rue des 3 Provinces. GPS: n45,16486 o1,54170.⬆️

12 🅿️ ersten Nacht € 9, € 7 jede weitere Nacht + Kurtaxe € 0,60/pP ⛽💧Ch 🔌 (12x)€3/6Std. Lage: Städtisch, einfach.
Untergrund: asphaltiert.
Entfernung: 🚲 1Km 🛒 150M 🍴 500M.
Sonstiges: Kostenloser Bus zum Zentrum.

Bujaleuf 21F3
Route du Champ de Foire. GPS: n45,80418 o1,63696.⬆️➡️

5 🅿️ kostenlos ⛽💧Chkostenlos. Lage: Ländlich, einfach, ruhig.
Untergrund: Schotter. ⏲ 01/01-31/12.
Entfernung: 🚲 1,5Km 🏊 vor Ort 🍴 1,5Km.
Sonstiges: Max. 24 Std, Ver-/Entsorgung 1,5Km GPS 45,79747 1,63141.

Bussière-Poitevine 21E2
Croix de l'Hosanna, Rue du Quatrième Zouave.
GPS: n46,23670 o0,90173.➡️

10 🅿️ ⛽€2/100Liter 💧Ch. WC. Lage: Ländlich.
Untergrund: asphaltiert. ⏲ 15/03-14/11.
Entfernung: 🚲 450M.
Sonstiges: Wertmünzen bei Geschäfte.

Buzet-sur-Baïse 24D3
Port de Buzet-Val d'Albret. GPS: n44,25799 o0,30569.⬆️

20 🅿️€ 7 ⛽€2 💧Ch. 🚽€2 WC €2 🔌€2 📶 €2/24Std.
Lage: Ländlich, komfortabel. Untergrund: Wiese. ⏲ 01/01-31/12.
Entfernung: 🚴 6,5Km 🏊 vor Ort 🛒 350M 🍴 350M 🎣 vor Ort 🚣 vor Ort.

Cadillac 24C2
Avenue du Parc. GPS: n44,63871 w0,31721.⬆️

10 🅿️ kostenlos ⛽💧Chkostenlos 🔌€2/3Std. Lage: Städtisch,

Nouvelle-Aquitaine

einfach. **Untergrund:** asphaltiert. 01/01-31/12.
Entfernung: vor Ort 100M 100M 100M.
Sonstiges: Max. 3 Nächte, Wasser bei Frost abgeschlossen.

Cambo-les-Bains 27A2
Chemin Arroka. **GPS:** n43,35537 w1,41173.
8 €10 Ch inklusive. **Untergrund:** befestigt.
01/01-31/12.
Entfernung: 500M 100M 500M 200M.

Cancon 24E3
Rue des Écoles. **GPS:** n44,53638 o0,62562.

10 kostenlos Ch WC kostenlos. **Lage:** Einfach.
Untergrund: befestigt. 01/01-31/12.
Entfernung: 100M 100M 100M.

Capbreton 27A1
Plage l'Océanide, Parking des Ortolans, Allée des Ortolans.
GPS: n43,63578 w1,44681.

133 € 8,80-13,50 Ch (120x) WC inklusive.
Untergrund: asphaltiert. 15/11-31/03.
Entfernung: 1,5Km vor Ort vor Ort 1,5Km 1,5Km.
Sonstiges: Strandparkplatz, 14/07-20/08: max. 2 Nächte.

Capian 24C2
D13/Chemin de Lavergne. **GPS:** n44,71177 w0,33093.

25 kostenlos €2/10Minuten Ch €2/55Minuten.
Lage: Ländlich, einfach, ruhig. **Untergrund:** Schotter.
01/01-31/12.
Entfernung: 500M.

Carcans 24B1
Route de Bombannes, Maubuisson. **GPS:** n45,08545 w1,14866.

20 €6,10 Ch kostenlos €2.
Lage: Ländlich, einfach, abgelegen, ruhig.
Untergrund: asphaltiert/Schotter. 01/07-31/08.
Entfernung: 2km 400M 2km 2km vor Ort vor Ort.
Touristinformation Carcans:
Office de Tourisme, Maison de la Station, www.carcans-maubuisson.com. Touristisches Ort zwischen dem Ozean und der Weinregion des Médocs, 120Km beschilderte Radwegen.

Casseneuil 24E3
Rue Grande, D225. **GPS:** n44,44667 o0,61861.

20 kostenlos Ch kostenlos. **Lage:** Ländlich, einfach.
Untergrund: asphaltiert. 01/01-31/12.
Entfernung: 100M vor Ort vor Ort 100M 800M.

Castelculier 24E3
GPS: n44,17475 o0,69452.

5 kostenlos €2 Ch. **Lage:** Städtisch, einfach, ruhig.
Untergrund: befestigt. 01/01-31/12.
Entfernung: 200M.

Casteljaloux 24D3
Ste Castel Chalets, D933. **GPS:** n44,29230 o0,07361.

11 € 10, Jul/Aug € 15, Hund € 3 Ch WC inklusive.
Lage: Ländlich, komfortabel, ruhig. **Untergrund:** Schotter/Sand.
01/04-31/10.
Entfernung: 2km Lac de Clarens.

Casteljaloux 24D3
Impasse de la Fôret. **GPS:** n44,31068 o0,07933.

4 kostenlos Ch kostenlos. **Lage:** Ländlich, einfach, ruhig.
Untergrund: asphaltiert. 01/01-31/12.
Entfernung: 250M.
Sonstiges: Parkplatz am Schwimmbad, max. 48 Std.

Casteljaloux 24D3
La Taillade, Route de la Forge, La Réunion.
GPS: n44,26998 o0,08004.

4 € 8 Ch inklusive. **Lage:** Ländlich, abgelegen, ruhig.
Untergrund: Waldboden. 01/04-31/10.

Caumont-sur-Garonne 24D3
Bourg de Caumont. **GPS:** n44,44202 o0,17887.

14 kostenlos €1 Ch €1/2Std. **Lage:** Ländlich, einfach, ruhig.
Untergrund: Schotter. 01/01-31/12.
Entfernung: 8Km vor Ort.

Cellefrouin 21D3
D739. **GPS:** n45,89361 o0,38639.

50 kostenlos Ch WC kostenlos. **Lage:** Einfach, abgelegen, ruhig. **Untergrund:** Schotter. 01/01-31/12.
Entfernung: 300M.

Celles-sur-Belle 21D2
Place de l'Aumônerie, Rue des Halles.
GPS: n46,26278 w0,20806.

10 kostenlos Ch kostenlos. **Lage:** Städtisch, einfach, ruhig.
Untergrund: Schotter. 01/01-31/12.
Entfernung: 100M 100M 100M.

Chabanais 21E3
Chemin des Tanneries, N141. **GPS:** n45,87447 o0,72008.

4 kostenlos. **Lage:** Ländlich, einfach. **Untergrund:** asphaltiert.
01/01-31/12 Do.
Entfernung: vor Ort 100M 100M.
Sonstiges: Am Vienne.

Chalus 21E3
Aire des Energies, Avenue Jean Jaurès. **GPS:** n45,66095 o0,98798.

10 kostenlos €2 Ch €2. **Lage:** Einfach.
Untergrund: Schotter.
Entfernung: 1,2Km vor Ort.
Sonstiges: Hinter Tankstelle.

Chamberet 21F3
Ris Combeix. **GPS:** n45,57926 o1,70843.

Nouvelle-Aquitaine

7 kostenlos Ch (1x). **Lage:** Ländlich, komfortabel, abgelegen, ruhig. **Untergrund:** Wiese. **Entfernung:** 1,3Km 1,3Km.

Chamberet 21F3
Route de St Dulcet. **GPS:** n45,57961 o1,72051.

4 kostenlos Ch. **Lage:** Städtisch, einfach, ruhig. **Untergrund:** Schotter. 01/01-31/12. **Entfernung:** 900M. **Sonstiges:** Neben Fussballplatz.

Chambon-sur-Voueize 21H2
Rue du Stade. **GPS:** n46,18579 o2,43426.

4 kostenlos €2/10Minuten Ch €2/1Std. **Lage:** Ländlich, ruhig. **Untergrund:** asphaltiert. 01/01-31/12 Ver-/Entsorgung 01/11-31/03. **Entfernung:** 500M 500M 200M. **Sonstiges:** Nahe Camping municipal.

Chamboulive 24F1
GPS: n45,42255 o1,71639.
10 kostenlos €2 Ch €2/Std. 01/01-31/12. **Entfernung:** 1,2Km 1,2Km 1,2Km.

Château-Larcher 21D2
Val de Clouère. **GPS:** n46,41444 o0,31556.

10 €5 Ch WC inklusive. **Lage:** Ländlich, komfortabel, abgelegen, ruhig. **Untergrund:** Wiese/Schotter. 01/03-31/11. **Entfernung:** 300M 100M 300M 300M. **Sonstiges:** Am kleinen See, ehemaliger Campingplatz, Backer kommt jede Morgen.

Château-l'Evêque 24E1
Place de la Fontaine. **GPS:** n45,24472 o0,68743.

8 kostenlos €2 Ch €2. **Lage:** Städtisch.

Untergrund: Schotter. 01/03-31/10 Sommer: So (Flohmarkt). **Entfernung:** 50M 100M vor Ort. **Sonstiges:** Max. 48 Std, Wertmünzen bei den Geschäften im Dorf 08-21 Uhr.

Châtelaillon-Plage 21B2
GPS: n46,07253 w1,07886.

51 €8,40-10,80 Ch (48x) inklusive. **Lage:** Ländlich, einfach. **Untergrund:** asphaltiert/Wiese. 01/01-31/12. **Entfernung:** 700M 800M 700M.

Châtelaillon-Plage 21B2
Parking de l'Office du Tourisme, Avenue de Strasbourg. **GPS:** n46,07679 w1,08859.

5 kostenlos. **Lage:** Städtisch, einfach. **Untergrund:** befestigt. 01/01-31/12. **Entfernung:** vor Ort 500M vor Ort vor Ort.

Châtelaillon-Plage 21B2
Les Boucholeurs, Avenue de l'Abbé Guichard. **GPS:** n46,05538 w1,08738.

7 kostenlos. **Untergrund:** asphaltiert. 01/01-31/12. **Entfernung:** 150M 150M 150M. **Sonstiges:** Max. 48 Std.

Châtelus-le-Marcheix 21F3
Rue du Tursaud. **GPS:** n45,99894 o1,60339.

8 kostenlos €2 Ch €2. **Lage:** Ländlich. **Untergrund:** Schotter/befestigt. 01/01-31/12. **Entfernung:** 300M 300M 300M. **Sonstiges:** Neben Camping municipal.

Chef-Boutonne 21D2
Aire camping-cars, Chemin du Parc. **GPS:** n46,10982 w0,07869.

20 kostenlos Ch WC kostenlos. **Untergrund:** Wiese/Schotter. 01/04-31/10. **Entfernung:** 800M 300M 800M vor Ort.

Chénérailles 21G2
Route d'Aubusson, lotissement Marlaud, D990. **GPS:** n46,11058 o2,17753.

5 kostenlos €4 Ch €4. **Lage:** Einfach. **Untergrund:** asphaltiert. 01/01-31/12. **Entfernung:** 200M 50M 100M. **Sonstiges:** Wertmünzen erhältlich beim restaurant le Coq d'Or (50M).

Cherves-Richemont 21C3
Allee des Coquelicots. **GPS:** n45,74030 w0,35607.

6 kostenlos Ch kostenlos. **Untergrund:** asphaltiert. 01/01-31/12 Ver-/Entsorgung 01/11-15/04. **Entfernung:** 500M 100M 500M.

Chey 21D2
Place de la Liberté. **GPS:** n46,30412 w0,05002.

4 kostenlos Ch WC kostenlos. **Lage:** Ländlich, komfortabel, ruhig. **Untergrund:** asphaltiert. 01/01-31/12. **Entfernung:** vor Ort.

Cieux 21E3
Avenue du Lac. **GPS:** n45,99173 o1,04939.

25 €8 €2 Ch €1,50. **Lage:** Einfach. **Untergrund:** Wiese. 15/04-15/10. **Entfernung:** 100M.

Civrac-en-Médoc 24B1
Route de Montignac, Montignac. **GPS:** n45,33619 w0,922.

5 kostenlos. **Lage:** Ländlich, einfach, abgelegen, ruhig. **Untergrund:** Schotter. 01/01-31/12.

Frankreich

Nouvelle-Aquitaine

Entfernung: 2km.

ⓈClérac 24C1
Étang des Prés de Réaux, Route des Vignes.
GPS: n45,17906 w0,228.

8 kostenlos Ch kostenlos. **Lage:** Ländlich, einfach, abgelegen, ruhig. **Untergrund:** Schotter. 01/01-31/12.
Entfernung: 200M vor Ort 100M 100M vor Ort vor Ort.
Sonstiges: Am kleinen See, max. 1 Nacht.

Cognac 21C3
Place de la Levade, Quartier Saint-Jacques. **GPS:** n45,69847 w0,33265.

4 kostenlos €2 Ch. **Lage:** Städtisch, einfach, zentral.
Untergrund: asphaltiert. 01/01-31/12.
Entfernung: 100M 100M 100M 500M vor Ort.
Touristinformation Cognac:
Otard. Kognakbrennerei im 16. Jahrhundertschloß. Führungen und Probe. täglich 01/10-31/03 Wochenende.
Cognac-musée. Kultur rundum Cognac. 01/10-31/05 14-17.30 Uhr, 01/06-30/09 10-12 Uhr, 14-18 Uhr.

ⓈCollonges-la-Rouge 24F2
Parking le Marchadial. **GPS:** n45,05833 o1,65889.

20 kostenlos, 01/03-31/10 € 8/24 Std Ch WC inklusive.
Lage: Ländlich, einfach, ruhig. **Untergrund:** Schotter. 01/01-31/12.
Entfernung: 500M 500M 500M 1Km.

ⓈConcèze 24F1
D56E. **GPS:** n45,35472 o1,34583.

3 kostenlos Ch kostenlos. **Lage:** Ländlich, einfach, ruhig.
Untergrund: Schotter. 01/01-31/12.
Entfernung: vor Ort.

ⒸⓈConfolens 21E2
Camping les Ribières, Avenue de Sainte-Germain.
GPS: n46,01894 o0,67570.

kostenlos, Mai-Sep € 5 Ch WC inklusive.
Untergrund: befestigt. 01/01-31/12
Ver-/Entsorgung: 16/09-14/05. **Entfernung:** 750M.
Touristinformation Confolens:
Mi, Sa.

Contis-Plage 24A3
Avenue du Phare. **GPS:** n44,09333 w1,31861.

70 € 9, 01/06-01/09 € 13/24 Std, 01/12-28/02 kostenlos €2 Ch WC. **Lage:** Einfach. **Untergrund:** Schotter.
01/01-31/12.
Entfernung: 200M vor Ort.
Sonstiges: Max. 72 Std.

ⓈCouhé 21D2
Place du Marché. **GPS:** n46,29906 o0,17882.

25 kostenlos Ch WC kostenlos. **Lage:** Städtisch, einfach, zentral, ruhig. **Untergrund:** asphaltiert. 01/01-31/12.
Entfernung: 200M 200M 200M.

ⓈCoulon 21C2
Parking d'Autremont, Rue André Cramois.
GPS: n46,32102 w0,59063.

80 € 8,50 Ch WC inklusive. **Lage:** Städtisch, komfortabel. **Untergrund:** Wiese/Schotter. 01/04-30/11.
Entfernung: 350M 350M 350M vor Ort vor Ort.

ⓈCoulonges-sur-l'Autize 21C1
Avenue de la Gare. **GPS:** n46,48011 w0,59393.

2 kostenlos Ch WC kostenlos. **Lage:** Städtisch, einfach, laut. **Untergrund:** asphaltiert. 01/01-31/12.
Entfernung: 450M 350M 350M.
Sonstiges: Max. 24 Std, Picknickplatz.

ⓈCréon 24C2
Vélo-centre, Boulevard Victor Hugo, D20.
GPS: n44,77663 w0,34806.

5 kostenlos €3 Ch €3/4Std.
Lage: Städtisch, einfach. **Untergrund:** asphaltiert.
01/01-31/12 Di-Abend, Mi-Morgen (Markt).
Entfernung: 500M 500M vor Ort.

ⓈCressat 21G2
D990, Rue de la Prade. **GPS:** n46,13956 o2,11015.

5 kostenlos €3/100Liter Ch €3/Std. **Lage:** Ländlich.
Untergrund: asphaltiert. 01/01-31/12.
Entfernung: 100M 500M.
Sonstiges: Am Angelsee, Wertmünzen bei superette 'la Montagne' (500m) und Rathaus.

Criteuil la Magdeleine 21C3
Le Bourg. **GPS:** n45,53788 w0,21597.

3 kostenlos Ch WC kostenlos. **Lage:** Ländlich, einfach, ruhig. **Untergrund:** asphaltiert. 01/01-31/12.
Entfernung: vor Ort.

Cussac 21E3
Jardin de la Palène, Rue du 8 Mai 1945.
GPS: n45,70519 o0,84936.

4 €2 Ch (2x)€2. **Lage:** Ländlich, komfortabel, ruhig.
Untergrund: Wiese/Schotter. 01/04-31/10.
Entfernung: 200M 200M 100M.
Sonstiges: Wertmünzen bei Rathaus, Bar und Restaurant.

ⓈDamazan 24D3
Gites La Vignerai, Route Cap de Bosc. **GPS:** n44,28130 o0,26285.

6 € 9 €1 Ch €1 €1/Tag WC €5. **Lage:** Einfach.

Nouvelle-Aquitaine

🅿 01/01-31/12.
Entfernung: 500M 1Km.

Dampniat 24F1
Stade, Le Mas. **GPS:** n45,16262 o1,63728.

4 kostenlos €2/10Minuten Ch (2x)€2/55Minuten.
Lage: Ländlich, einfach, ruhig. **Untergrund:** Schotter.
Entfernung: 850M.
Sonstiges: Am Sportzentrum.

Dax 27B1
Parking du Pont des Arènes, Boulevard des Sports.
GPS: n43,71427 w1,04931.

8 kostenlos kostenlos. **Lage:** Städtisch, einfach, laut.
Untergrund: asphaltiert. 01/01-31/12.
Entfernung: vor Ort vor Ort 1Km.
Sonstiges: Max. 72 Std, Samstag Markt in den Hallen.
Touristinformation Dax:
Office de Tourisme, 11, cours Foch, www.dax.fr. Kurort mit Warmwasserquellen und medizinischem Schlamm.

Dolus-d'Oléron 21B3
Route du Stade. **GPS:** n45,91137 w1,25255.

40 € 6 €4/100Liter €4/1Std. **Lage:** Ländlich, einfach.
Untergrund: Wiese. 01/01-31/12.
Entfernung: 500M 1,2Km Hypermarché.
Sonstiges: Wertmünzen bei Office de Tourisme.

Domme 24F2
Le Pradal. **GPS:** n44,80053 o1,22156.

20 kostenlos, Nacht € 5 €2/100Liter Ch €2/1Std.
Lage: Einfach, ruhig. **Untergrund:** asphaltiert.
01/01-31/12 Ver-/Entsorgung: Winter.
Entfernung: 500M 500M.
Touristinformation Domme:
Office de Tourisme, Place de la Halle, www.ot-domme.com. Befestigte sehenswürdige Stadt, Parkplatz für Wohnmobilen außerhalb der Stadt, ausgeschildert.

Dompierre-sur-Charente 21C3
Camping Municipal du Pré St Jean, Rue de Saintonge.
GPS: n45,70099 w0,49438.

5 kostenlos €4 Ch. **Lage:** Ländlich, einfach, abgelegen.
Untergrund: Schotter/befestigt. 15/06-15/09.
Entfernung: vor Ort 300M 100M 100M.
Sonstiges: Wertmünzen in der Bäckerei und Camping.

Donzenac 24F1
Village de Vacance La Rivière, Rue de la Riviere.
GPS: n45,21897 o1,51829.

10 kostenlos Ch €4,20/Nacht WC kostenlos.
Lage: Ländlich, einfach, ruhig. **Untergrund:** Schotter.
01/01-31/12. **Entfernung:** 4Km 1,3Km 4Km 400M.
Sonstiges: Max. 48 Std.

Douchapt 24D1
Beauclair. **GPS:** n45,25145 o0,44335.

€ 5 €2/100Liter Ch €2/1Std. **Lage:** Ländlich, einfach,
abgelegen. **Untergrund:** befestigt. 01/01-31/12.
Entfernung: 1,5Km Fluss Dronne 1,5Km.
Sonstiges: Zahlen und Wertmünzen bei Village Vacances Beauclair.

Duras 24D2
Municipal du Château de Duras, Le Bourg.
GPS: n44,67755 o0,17854.

5 kostenlos, Juli-Aug € 2,60 + € 3,15/pP Ch kostenlos
€2,10. **Lage:** Ländlich, einfach, ruhig. **Untergrund:** Wiese.
01/01-31/12.
Entfernung: 350M 350M 350M.

Eaux-Bonnes 27C3
Parking du Ley, D918, Gourette. **GPS:** n42,96304 w0,33933.

60 € 10 Ch €5 WC inklusive. **Lage:** Ländlich, einfach.
Untergrund: asphaltiert. 01/01-31/12.
Entfernung: 1,4Km 1,4Km 1,4Km 1,4Km.

Echillais 21B3
Place de la Carrière. **GPS:** n45,89753 w0,95545.

15 € 5,10 €3 Ch. **Lage:** Ländlich, einfach.
Untergrund: asphaltiert.
Sonstiges: Zugänglich über rue de l'église.

Egletons 24G1
Parking Espace Ventadour, Rue Henri Dignac.
GPS: n45,40406 o2,04791.

20 kostenlos €2/100Liter Ch.
Lage: Städtisch, einfach, ruhig. **Untergrund:** Schotter.
01/01-31/12 Ver-/Entsorgung: Winter.
Entfernung: 300M 3,5Km 300M 300M.

Espés Undurein 27B2
Etche Gochoki, D11. **GPS:** n43,26388 w0,88083.

6 € 8 €2 Ch €2. **Untergrund:** Wiese/befestigt.
01/01-31/12.
Entfernung: 500M 500M 400M.

Excideuil 24E1
Rue Léon Barreau. **GPS:** n45,33614 o1,05269.

4 kostenlos Ch €3. **Lage:** Städtisch, einfach, laut.
Untergrund: asphaltiert. 01/01-31/12.
Entfernung: vor Ort 100M 100M.

Felletin 21G3
Parking Lagrange, Avenue Joffre. **GPS:** n45,88308 o2,17667.

10 kostenlos Ch WC kostenlos. **Lage:** Städtisch, ruhig.
Untergrund: Schotter. 01/01-31/12.
Entfernung: vor Ort.

Nouvelle-Aquitaine

Fontet 24D2
Base de Loisirs Fontet. GPS: n44,56118 w0,02282.

20 €9 Ch WC inklusive €1. **Lage:** Ländlich, komfortabel, ruhig. **Untergrund:** Wiese/Schotter. 01/01-31/12. **Entfernung:** vor Ort Bäckerei 500M, Supermarkt 4Km. **Sonstiges:** Am See, in der Nähe des Yachthafens.

Forgès 24G1
Camping-Car Park, Rue Pierre et Marie Curie. **GPS:** n45,15403 o1,87089.

33 € 8,40, Kurtaxe € 0,75/pP Ch (12x)inklusive. **Lage:** Ländlich, komfortabel, ruhig. **Untergrund:** Wiese. 01/01-31/12. **Entfernung:** vor Ort vor Ort.

Fouras 21B2
Plage Nord, Avenue du Cadoret. **GPS:** n45,99194 w1,08694.

15 € 7 €1/50Liter. **Lage:** Städtisch, einfach. **Untergrund:** befestigt. 01/01-31/12. **Entfernung:** vor Ort vor Ort vor Ort. **Sonstiges:** Gegenüber Camping Cadoret, Fun Golf, max. 48 Std, Wertmünzen beim Campingplatz und Touristenbüro.

Fouras 21B2
Prairie du Casino, Dir pointe de la Fumée. **GPS:** n45,99583 w1,10611.

30 € 6 Liter. **Lage:** Ländlich, einfach. **Untergrund:** befestigt. 01/01-31/12. **Entfernung:** vor Ort vor Ort vor Ort. **Sonstiges:** Max. 48 Std.

Fourques-sur-Garonne 24D3
Halte Nautique d Pont des Sables, Pont des Sables, D933. **GPS:** n44,46081 o0,13932.

4 kostenlos Ch kostenlos. **Lage:** Städtisch, einfach. **Untergrund:** befestigt. 01/03-31/10. **Entfernung:** Fourques 2,5km 3Km vor Ort.

Fromental 21F2
Place Jean Theillaud. GPS: n46,15950 o1,39643.

4 kostenlos Ch (4x)WC kostenlos. **Lage:** Ländlich, ruhig. **Untergrund:** Schotter. 01/01-31/12. **Entfernung:** vor Ort vor Ort. **Sonstiges:** Bei Kirche.

Frontenac 24C2
D236. **GPS:** n44,73781 w0,16308.

10 kostenlos WC kostenlos. **Lage:** Ländlich, einfach. **Untergrund:** Wiese/Schotter. 01/01-31/12. **Entfernung:** 200M 200M Bäckerei 200M vor Ort. **Sonstiges:** Hinter dem Rathaus, max. 48 Std.

Fumel 24E3
Place Du Saulou, rue Massenet, D911. **GPS:** n44,49809 o0,97165.

10 kostenlos Ch WC kostenlos. **Lage:** Städtisch, einfach. **Untergrund:** asphaltiert. 01/01-31/12. **Entfernung:** 200M 200M. **Sonstiges:** Château de Bonaguil 7Km.

Gan 27C2
Cave de Gan Jurançon, Avenue Henri IV. **GPS:** n43,23670 w0,38979.

5 kostenlos €2 Ch WC. **Lage:** Einfach. **Untergrund:** asphaltiert. **Entfernung:** 900M vor Ort Bäckerei. **Sonstiges:** Wertmünzen beim Cave de Gan Jurançon, Ver-/Entsorgung auf der anderen Seite der Straße.

Gan 27C2
Le Clos Husté, Chemin de Cours-Husté. **GPS:** n43,19703 w0,41247.
5 kostenlos. **Lage:** Einfach. **Entfernung:** 5Km.

Gastes 24B3
Port de Gastes, Avenue du lac. **GPS:** n44,32880 w1,15068.

100 € 2-4,50, 01/06-30/09 € 8 Ch WC inklusive. **Lage:** Komfortabel. **Untergrund:** Wiese. 01/01-31/12. Versorgung im Winter. **Entfernung:** Parentis-en-Born 7Km vor Ort vor Ort 800M 800M. **Sonstiges:** Entlang dem See, Backer kommt jede Morgen.

Gastes 24B3
Camping Les Echasses, 193 rue de Bernadon. **GPS:** n44,31871 w1,13879.

6 € 6,50-8,50 €3 Ch inklusive. **Lage:** Einfach. **Untergrund:** Wiese. 01/01-31/12. **Entfernung:** Gastes Lac 2Km vor Ort. **Sonstiges:** Max. 1 Nacht, keine Campingaktivitäten.

Gencay 21D2
Place du Champs de Foire. GPS: n46,37315 o0,40638.

10 kostenlos €2 Ch €2 WC. **Lage:** Städtisch, einfach, laut. **Untergrund:** Wiese/befestigt. 01/01-31/12. **Entfernung:** 200M 200M. **Sonstiges:** Wertmünzen bei Geschäfte.

Genté 21C3
Rue de l'Eglise. **GPS:** n45,62861 w0,315.

6 kostenlos Ch (6x)WC kostenlos. **Untergrund:** asphaltiert. 01/01-31/12. **Entfernung:** vor Ort 350M vor Ort.

Gornac 24C2
Aire Municipale, Esplanade Fongave. **GPS:** n44,66020 w0,18129.

30 kostenlos Ch kostenlos. **Lage:** Ländlich, einfach, ruhig. **Untergrund:** asphaltiert. 01/01-31/12. **Entfernung:** 200M 200M.

Nouvelle-Aquitaine

Gouzon 21G2
Place du Champ de Foire, Rue d'Alcantera.
GPS: n46,19139 o2,24028.

6 kostenlos Chkostenlos. **Lage:** Ländlich, einfach, ruhig.
Untergrund: befestigt/Sand. 01/01-31/12.
Entfernung: 300M 300M 300M.

Grayan-et-l'Hôpital 24B1
Route de l'Océan. **GPS:** n45,43332 w1,1437.

10 kostenlos €2/100Liter Ch €2.
Lage: Ländlich, einfach, abgelegen, ruhig.
Untergrund: Waldboden.
Entfernung: 5Km 200M 100M vor Ort vor Ort vor Ort.
Sonstiges: Nahe Campingplatz.

Grenade-sur-l'Adour 27C1
Place du 19 mars 1962. **GPS:** n43,77500 w0,43472.

10 kostenlos ChWCkostenlos. **Lage:** Ländlich, einfach.
Untergrund: asphaltiert/Schotter.
Entfernung: 100M 100M 100M.
Sonstiges: Neben Friedhof, max. 24 Std.

Grézillac 24C2
Le Bourg. **GPS:** n44,81727 w0,21692.
2 kostenlos. **Untergrund:** Schotter. 01/01-31/12.

Guéret 21G2
Aire des Monts de Guéret, RN145. **GPS:** n46,18189 o1,85837.
16 kostenlos €2/100Liter Ch kostenlos.
Untergrund: asphaltiert. 01/01-31/12.
Entfernung: Stadtmitte 4km 500M.

Hagetmau 27C1
Rue de Piquette. **GPS:** n43,65398 w0,5983.

5 kostenlos Chkostenlos. **Lage:** Ländlich, ruhig.
Untergrund: asphaltiert.
Entfernung: 500M 500M 1,5Km.

Hautefort 24E1
Route de Boisseuil. **GPS:** n45,26017 o1,14907.

3 kostenlos Ch €2 WCkostenlos.
Lage: Einfach. **Untergrund:** asphaltiert. 01/01-31/12.
Entfernung: 50M 100M Intermarché 1Km.
Touristinformation Hautefort:
Château Hautefort. Klassifiziertes Schloss. 01/04-30/09 täglich,
01/10-31/03 Mittags 12/11-29/02.
Mi-Morgen.

Hendaye 27A2
Gare des deux Jumeaux, Rue d'Ansoenia.
GPS: n43,37019 w1,7648.

25 € 10 €2/100Liter Ch €2/1Std. **Lage:** Städtisch, einfach.
Untergrund: asphaltiert. 01/01-31/12.
Entfernung: vor Ort 800M 450M 450M vor Ort.
Sonstiges: Bahnhof Hendaye-plage, max. 72 Std, Abends geschlossen mit Barriere.

Hiers-Brouage 21B3
D3. **GPS:** n45,86250 w1,07667.

20 kostenlos. **Lage:** Ländlich. **Untergrund:** Wiese/Schotter.
01/01-31/12.
Entfernung: 250M 250M 250M.
Sonstiges: Ankunft >20h, Abreise <9 Uhr.

Hiers-Brouage 21B3
Rue Palissy, D3. **GPS:** n45,85284 w1,07745.
€4 Ch. **Untergrund:** befestigt. 01/01-31/12.

Hostens 24C3
Parking, La Hourcade. **GPS:** n44,49718 w0,64867.
5 kostenlos WC. **Untergrund:** befestigt/Sand.
Entfernung: 1,2Km 1.2Km vor Ort vor Ort.
Sonstiges: Am See, Picknickplatz.

Houeillès 24D3
Aire de Repos, Rue du 19 Mars 1962. **GPS:** n44,19611 o0,03250.

15 kostenlos WCkostenlos. **Lage:** Ländlich, einfach, ruhig.
Untergrund: Wiese/Schotter. 01/01-31/12.
Entfernung: 100M 250M.
Sonstiges: Max. 24 Std.

Hourtin 24B1
Aire de camping Car Hourtin, 108, Avenue du Lac.
GPS: n45,18083 w1,08056.

90 € 7,90, 01/04-30/09 € 10,50 Ch (40x)€2 WCinklusive.
Lage: Städtisch, komfortabel, zentral, ruhig.
Untergrund: Schotter/befestigt. 01/01-31/12.
Entfernung: 50M 50M 50M.

Jarnages 21G2
Route des Promenctes, D65. **GPS:** n46,18417 o2,08098.

6 kostenlos €2 Ch €2. **Lage:** Ländlich, einfach, ruhig.
Untergrund: asphaltiert. 01/01-31/12.
Entfernung: 500M vor Ort 500M 500M.
Sonstiges: Bei den Tennisplätzen.

Javerdat 21E3
Le Bourg. **GPS:** n45,95249 o0,98582.

4 kostenlos €2/100Liter Ch €2/55Minuten WC.
Lage: Ländlich, ruhig. **Untergrund:** Schotter. 01/01-31/12.
Entfernung: 100M.
Sonstiges: Wertmünzen bei Auberge Limousine (100M).

Jonzac 24C1
Place du 8 Mai 1945. **GPS:** n45,44800 w0,433.

18 kostenlos €4,20/100Liter Ch €4,20/Std. **Lage:** Städtisch,
einfach, zentral. **Untergrund:** asphaltiert. 01/01-31/12.
Entfernung: 500M 200M 200M vor Ort.
Sonstiges: Max. 24 Std, Wertmünzen bei Office de Tourisme.

Jonzac 24C1
Chez M. Alex Beurg, Chez Marchand. **GPS:** n45,44121 w0,40427.
3 kostenlos. **Lage:** Ländlich, einfach, abgelegen, ruhig.
Untergrund: Wiese. 01/01-31/12.
Sonstiges: Max. 24 Std.

Jumilhac-le-Grand 24E1
Boulevard du Pigeonnier, D78. **GPS:** n45,49219 o1,06092.

Frankreich

Nouvelle-Aquitaine

2 kostenlos Ch kostenlos. **Lage:** Städtisch, einfach. **Untergrund:** asphaltiert. 01/01-31/12. **Entfernung:** vor Ort 200M Bäckerei 200M. **Sonstiges:** Nahe Château de Jumilhac.

S L'Hôpital-Saint-Blaise 27B2
Parking l'Église, D25. **GPS:** n43,25088 w0,76925.

5 kostenlos WC kostenlos. **Lage:** Ländlich, einfach. **Untergrund:** asphaltiert. 01/01-31/12. **Entfernung:** vor Ort vor Ort vor Ort vor Ort.

S La Brée-les-Bains 21B2
Rue de la Baudette. **GPS:** n46,00810 w1,35764.

50 kostenlos Ch. **Lage:** Ländlich, einfach, ruhig. **Untergrund:** asphaltiert. 01/01-31/12. **Sonstiges:** Wertmünzen bei Office de Tourisme.

S La Coquille 24E1
N21, Place de l'église. **GPS:** n45,54245 o0,97702.

5 kostenlos Ch WC kostenlos. **Lage:** Städtisch, einfach, zentral. **Untergrund:** asphaltiert. 01/01-31/12. **Entfernung:** 100M 200M 200M.

S La Couronne 21D3
Rue du Champs de Foire. **GPS:** n45,60619 o0,10015.

kostenlos Ch WC kostenlos. **Lage:** Einfach, zentral. **Untergrund:** asphaltiert. 01/01-31/12 Mi-Morgen, Sa-Morgen Markt. **Entfernung:** vor Ort vor Ort vor Ort vor Ort.

S La Courtine 21G3
Rue Impasse J Bayle. **GPS:** n45,70591 o2,25890.

5 kostenlos €2/100Liter Ch €2/1Std. **Lage:** Einfach, ruhig. **Untergrund:** asphaltiert. 01/01-31/12.

Entfernung: 1Km 100M.

S La Mothe-Saint-Héray 21D2
Rue du Pont l'Abbé. **GPS:** n46,35971 w0,11775.

4 kostenlos €1/50Liter Ch WC. **Lage:** Ländlich, komfortabel. **Untergrund:** Schotter. 01/01-31/12. **Entfernung:** 500M 200M 200M.

S La Pierre-Saint-Martin 27B3
Aire de campingcar de la Pierre-Saint-Martin, Braça de Guilhers. **GPS:** n42,97918 w0,7487.

40 €10 Ch (Winter). **Lage:** Einfach. **Untergrund:** asphaltiert. 01/01-31/12. **Entfernung:** 300M 300M 150M.

S La Réole 24D2
Les Justices, Avenue Gabriel-Chaigne. **GPS:** n44,58059 w0,03036.

10 €4 Ch kostenlos. **Lage:** Städtisch, einfach, laut. **Untergrund:** Wiese. 15/04-01/10. **Entfernung:** 800M 700M. **Sonstiges:** In der Nähe von Musée Automobile et Militaire.

S La Roche-Chalais 24D1
Halte Nautique, D730. **GPS:** n45,15701 o0,00419.

4 kostenlos Ch WC kostenlos. **Lage:** Ländlich, einfach. **Untergrund:** befestigt. 01/01-31/12. **Entfernung:** 400M 100M 100M. **Sonstiges:** Ver-/Entsorgung Intermarché, Av.d'Aquitaine, n45,14633 o0,00569.

S La Roche-Posay 21E1
Super U, ZA Les Chaumettes. **GPS:** n46,79361 o0,79750.

kostenlos Ch kostenlos. **Lage:** Einfach, laut. **Untergrund:** asphaltiert. 01/01-31/12.

Entfernung: 1,5Km vor Ort.

S La Rochefoucauld 21D3
Aire camping-car, Rue des Flots, Rivières. **GPS:** n45,74505 o0,38085.

+20 Ch WC 01/01-31/12. **Entfernung:** 1Km. **Sonstiges:** Am Fluss Tardoire, neben Campingplatz, Château de La Rochefoucauld 1,3Km.

La Rochelle 21B2
Esplanade des Parc, Chemin des Remparts. **GPS:** n46,16620 w1,1544.

24 kostenlos. **Lage:** Städtisch. **Untergrund:** asphaltiert. 01/01-31/12. **Entfernung:** 250M 100M 250M 50M.

La Rochelle 21B2
Port Neuf, 6 boulevard Aristide Rondeau. **GPS:** n46,16046 w1,18453.

171 €8, Kurtaxe inkl Ch inklusive kostenlos. **Lage:** Städtisch. **Untergrund:** Schotter. 01/01-31/12. **Entfernung:** Stadtmitte 2,5Km 1Km vor Ort.

S La Rochelle 21B2
Vieux Port, Avenue Jean Moulin. **GPS:** n46,15250 w1,13944.

50 €10,50/24 Std Ch. **Untergrund:** asphaltiert. 01/01-31/12. **Entfernung:** 1,5Km kostenlos. **Sonstiges:** Zahlen an der Rezeption, Shuttlebus ins Zentrum.

La Rochelle 21B2
Quai du Lazaret. **GPS:** n46,14213 w1,16773.

40 kostenlos. **Lage:** Städtisch, einfach. **Untergrund:** asphaltiert. 01/10-30/06.
Touristinformation La Rochelle:

Nouvelle-Aquitaine

Ⓜ La Maison Henri II, Rue de Augustins. Archäologisches Museum.
15/5-30/9 Sa-Fr 10-19 Uhr Sa-So 14-19 Uhr.
Ⓜ Musée Maritime de la Rochelle, Bassin des Chautiers. Schiffahrtmuseum. täglich 10-18.30 Uhr.
Aquarium, Quai Louis Prunier. Meeresaquarium. 01/07-31/08 9-23 Uhr, 01/09-30/06 10-20 Uhr.

La Roque-Gageac — 24E2
D703. **GPS:** n44,82428 o1,18376.

20 €7 €2/10Minuten Ch €2/1Std.
Lage: Einfach. **Untergrund:** befestigt.
01/01-31/12.
Entfernung: 200M 100M 100M 200M 200M.
Sonstiges: Entlang der Dordogne, kanoverleih.
Touristinformation La Roque-Gageac:
www.cc-perigord-noir.fr. Sehenswürdige Stadt, im Dordognetal.

La Teste-de-Buch — 24B2
Aire de Camping Car du Lac de Cazaux, Rue Guynemer.
GPS: n44,53158 w1,16025.

30 €12/24 Std Ch inklusive. **Lage:** Komfortabel, ruhig.
Untergrund: Schotter/befestigt. 01/01-31/12.
Entfernung: 450M 450M vor Ort.

La Teste-de-Buch — 24B2
Centre LeClerc, Rue Pierre et Marie Curie. **GPS:** n44,61628 w1,11403.

15 kostenlos €2/10Minuten Ch €2/30Minuten.
Untergrund: asphaltiert.
Entfernung: vor Ort vor Ort.

La Tremblade — 21B3
85 Rue Marcel Gaillardon. **GPS:** n45,78268 w1,15228.

49 €10/24 Std Ch 16Amp inklusive.
Lage: Ländlich, komfortabel, zentral, ruhig.
Untergrund: Schotter/befestigt. 01/01-31/12.
Entfernung: 2,2Km vor Ort 500M vor Ort.
Sonstiges: Max. 72 Std, Backer kommt jede Morgen.

Labastide-d'Armagnac — 27C1
Les Embarrats. **GPS:** n43,97205 w0,18602.

20 kostenlos Chkostenlos. **Lage:** Ländlich, einfach, ruhig.
Untergrund: Wiese.
Entfernung: 300M.

Labenne — 27A1
Route Océane. **GPS:** n43,59616 w1,45492.

50 €10 Ch inklusive. **Untergrund:** befestigt.
10/04-01/10.
Entfernung: 1km 2km 2km 1km 1km.
Sonstiges: Max. 48 Std, keine Campingaktivitäten.

Lacanau — 24B1
Le Huga, Alleé des Sauviels. **GPS:** n45,00583 w1,16528.

125 €13,80/24 Std Ch inklusive.
Lage: Ländlich, komfortabel, ruhig. **Untergrund:** ungepflastert.
01/01-31/12.
Entfernung: 2km 2km 100M 2km vor Ort vor Ort.
Sonstiges: Gegenüber Hubschrauberlandeplatz, max. 48 Std.

Ladaux — 24C2
Vignobles Lobre & Fils, Le Bos. **GPS:** n44,69677 w0,24393.

5 kostenlos Ch WC. **Lage:** Ländlich, einfach.
Untergrund: Wiese/befestigt. 01/01-31/12.
Entfernung: 300M.

Lalinde — 24E2
Avenue Général Leclerc. **GPS:** n44,83938 o0,74302.

2 kostenlos Chkostenlos. **Lage:** Einfach.
Untergrund: ungepflastert. 01/01-31/12.
Entfernung: 500M 500M 500M vor Ort.
Sonstiges: In der Nähe des Bahnhofs.

Lanouaille — 24E1
Rue du Chemin Neuf. **GPS:** n45,39248 o1,14002.

6 kostenlos Ch WC kostenlos. **Lage:** Einfach, zentral, ruhig. **Untergrund:** asphaltiert. 01/01-31/12.
Entfernung: 50M 100M 100M vor Ort.
Sonstiges: Max. 48 Std.

Lanton — 24B2
Allée Albert Pitres, Taussat. **GPS:** n44,71710 w1,06991.

8 kostenlos Chkostenlos. **Lage:** Städtisch, einfach, abgelegen. **Untergrund:** asphaltiert. 01/01-31/12.
Entfernung: 2km Sandstrand 100M 100M 4Km.

Lantueil — 24F1
Route du Doux. **GPS:** n45,12900 o1,66138.

5 kostenlos Chkostenlos. **Lage:** Städtisch, einfach, ruhig.
Untergrund: Schotter.
Entfernung: 100M 100M.

Laruns — 27C3
Artouste Fabrèges. **GPS:** n42,87914 w0,39693.

80 kostenlos €5/100Liter Ch €5/1Std WC. **Lage:** Ländlich, einfach. **Untergrund:** asphaltiert/Wiese. 01/01-31/12.
Entfernung: 200M vor Ort vor Ort vor Ort vor Ort 1Km.
Sonstiges: Wertmünzen bei Office de Tourisme.

Laruns — 27C3
Parking du Cinéma, Avenue de la Gare. **GPS:** n42,98919 w0,42481.

30 €6 Ch WC. **Lage:** Städtisch, einfach.
Untergrund: asphaltiert. 01/01-31/12.
Entfernung: 100M 100M 100M 400M.
Sonstiges: Max. 24 Std, Wertmünzen bei Office de Tourisme.

Nouvelle-Aquitaine

Lauzun — 24D2
Rue Saint-Colomb. **GPS:** n44,62762 o0,45979.⬆.

2 🚐kostenlos 🚰WCkostenlos. **Untergrund:** Schotter. 📅 01/01-31/12. **Entfernung:** 🛒350M 🥖vor Ort ⊗350M 🏊350M 🎣vor Ort. **Sonstiges:** Am kleinen See, max. 48 Std.

Lavardac — 24D3
Rue de la Victoire - Place du Foirail. **GPS:** n44,17883 o0,29928.⬆.

3 🚐kostenlos 🚰Chkostenlos. **Lage:** Ländlich, einfach. **Untergrund:** asphaltiert. 📅 01/01-31/12. **Entfernung:** 🛒vor Ort 🥖Bäckerei 150M.

Layrac — 24E3
Aire de Layrac, Rue du 19 Mars 1962. **GPS:** n44,13233 o0,65946.⬆➡.

4 🚐kostenlos 🚰ChWCkostenlos. **Lage:** Städtisch, einfach. **Untergrund:** asphaltiert. 📅 01/01-31/12. **Entfernung:** 🛒vor Ort ⊗150M 🏊150M.

Layrac — 24E3
Le Moulin, D129. **GPS:** n44,13640 o0,66441.⬆➡.

max. 4 🚐€10/24 Std 🚰Ch🔌WC🚿inklusive. **Lage:** Einfach, laut. **Untergrund:** Schotter. 📅 01/01-31/12. **Entfernung:** 🛒vor Ort. **Sonstiges:** Anrufen wenn niemand da ist, Videoüberwachung.

Le Bois-Plage-en-Ré — 21B2
Parking Municipal, Avenue du Pas des Boeufs. **GPS:** n46,17708 w1,38613.⬆.
15 🚐kostenlos. **Lage:** Einfach. **Untergrund:** Schotter/Sand. **Entfernung:** 🏊150M.

Le Bois-Plage-en-Ré — 21B2
Aire Camping-Car Campéole, Avenue du Pas des Boeufs. **GPS:** n46,17741 w1,38674.⬆.

Le Bugue — 24E2
Place Léopold Salme. **GPS:** n44,91679 o0,92775.⬆.

35 🚐€ 8,60-12,80 🚰€3 🔌Ch🚿€2/12Std. **Lage:** Ländlich, einfach. **Untergrund:** Schotter/befestigt. 📅 01/01-31/12. **Entfernung:** 🏊150M. **Sonstiges:** Zahlung beim Campingplatz möglich.

Le Bugue — 24E2
Place Léopold Salme. **GPS:** n44,91679 o0,92775.⬆.

50 🚐€ 7 🚰Ch WCkostenlos. 🚿 **Lage:** Einfach. **Untergrund:** Wiese. 📅 01/01-31/12 ⊘ Ver-/Entsorgung: Winter. **Entfernung:** 🛒200M ⊗20M 🏊100M 🥖Intermarché 100M. **Sonstiges:** Am Vézère, Markt am Dienstag und Samstag.

Le Château d'Oléron — 21B3
Boulevard Philippe Daste. **GPS:** n45,89641 w1,20236.⬆➡.

90 🚐€ 10 🚰Ch🔌WC🚿 inklusive. 🥖 **Lage:** Ländlich, komfortabel. **Untergrund:** Wiese. **Sonstiges:** Ehemaliger Campingplatz.

Le Grand Village Plage — 21B3
Allée des Pins. **GPS:** n45,86222 w1,24111.⬆➡.

8 🚐€ 6 🚰€4/100Liter 🔌Ch🚿€4. **Lage:** Ländlich, einfach. **Sonstiges:** 01/04-30/09 max. 24 Std.

Le Mas-d'Agenais — 24D3
Grande Garesse. **GPS:** n44,40656 o0,22030.⬆➡.

8 🚐kostenlos 🚰Ch🔌 (8x)kostenlos. **Lage:** Städtisch, komfortabel. **Untergrund:** Schotter. 📅 01/01-31/12. **Entfernung:** 🛒600M ⊗600M.

Le Porge — 24B2
Avenue de l'Océan. **GPS:** n44,89437 w1,2131.⬆.

10 🚐kostenlos. **Lage:** Ländlich, einfach, abgelegen. **Untergrund:** Waldboden. 📅 01/01-31/12. **Entfernung:** 🛒Le Porge 10km 🏊vor Ort 🥖vor Ort ⊗vor Ort 🎣vor Ort. **Sonstiges:** Max. 24 Std.

Le Porge — 24B2
Intermarché, D107. **GPS:** n44,87574 w1,07883.⬆.
🚰€2/20Minuten 🔌Ch. **Lage:** Einfach. 📅 01/01-31/12. **Entfernung:** 🛒vor Ort 🥖vor Ort.

Le Teich — 24B2
Parking de la Gare, Rue de l'Industrie. **GPS:** n44,63303 w1,02643.⬆.
🚐kostenlos 🚰€5/100Liter 🔌Ch🚿€5/Std. 📅 01/01-31/12. **Entfernung:** ⊗700M 🥖1Km 🛒vor Ort.

Le Temple-sur-Lot — 24D3
Avenue de Verdun. **GPS:** n44,38000 o0,52639.⬆➡.

4 🚐kostenlos 🚰ChWCkostenlos. **Lage:** Städtisch, einfach, ruhig. **Untergrund:** asphaltiert. 📅 01/01-31/12. **Entfernung:** ⊗100M 🏊100M.

Le Temple-sur-Lot — 24D3
Le Bosc, D911. **GPS:** n44,38144 o0,53649.
10 🚐€ 5 🚰Chnach Verbrauch 🚿inklusive. 🥖 **Lage:** Ländlich. **Untergrund:** Wiese. 📅 01/01-31/12. **Entfernung:** 🛒800M ⊗800M 🏊800M 🥖vor Ort. **Sonstiges:** Picknick und Grillplatz.

Le Verdon-sur-Mer — 21B3
Plage fluviale, Allée des Baïnes. **GPS:** n45,54633 w1,0541.⬆➡.

31+19 🚐€ 5/24 Std, 01/06-30/09 € 8/24 Std 🚰€2/100Liter 🔌Ch🚿. **Lage:** Städtisch, komfortabel, abgelegen, ruhig. **Untergrund:** Schotter/befestigt. 📅 01/01-31/12. **Entfernung:** 🛒50M ⊗500M 🏊2km 🥖vor Ort. **Sonstiges:** Wertmünzen am Rathaus, Office de Tourisme und bei den Geschäften am Strand.

Lège-Cap-Ferret — 24B2
Route des Pastourelles, Avenue Charles de Gaulle, D106, Claouey. **GPS:** n44,75127 w1,18033.⬆.

10 🚐kostenlos 🚰Ch🔌 (2x)kostenlos. **Lage:** Städtisch, einfach, laut. **Untergrund:** Waldboden. 📅 01/01-31/12. **Entfernung:** 🛒vor Ort 🏊1Km ⊗600M 🥖600M 🎣vor Ort. **Sonstiges:** Wertmünzen bei camping municipal, tagsüber parken

Frankreich

Nouvelle-Aquitaine

erlaubt, übernachten auf Wohnmobilstellplätze.

Lège-Cap-Ferret — 24B2
Avenue Edouard Branly. **GPS**: n44,75203 w1,18809.

15 kostenlos.
Lage: Ländlich, einfach. **Untergrund**: Waldboden.
01/01-31/12.
Entfernung: 2km 600M 600M 600M 600M vor Ort.
Sonstiges: In der Nähe von Camping Les Embruns.

Lège-Cap-Ferret — 24B2
D106, Avenue de Bordeaux, L'Herbe. **GPS**: n44,68655 w1,2451.

15 kostenlos. **Lage**: Ländlich, einfach, ruhig.
Untergrund: asphaltiert/befestigt. 01/01-31/12.
Entfernung: 2km 1Km 2km 2km.

Léguillac-de-l'Auche — 24E1
Glenon. **GPS**: n45,20319 o0,55876.
6 kostenlos €2 €3/24 Std. **Lage**: Ländlich, abgelegen, ruhig. **Untergrund**: Wiese.
Entfernung: 2km 2km 2km.

Lembras — 24D2
Aire de Caudeau, Impasse de l'Anguillère.
GPS: n44,88300 o0,52522.

kostenlos Ch kostenlos (10x)€4/12Std. **Lage**: Ländlich, komfortabel, zentral. **Untergrund**: Schotter. 01/01-31/12.
Entfernung: 200M 200M 200M 2,5km.

Léon — 27A1
Route de Puntaou. **GPS**: n43,88444 w1,31861.

80 € 11 Ch inklusive. **Lage**: Einfach.
Untergrund: Wiese/Schotter. 01/01-31/12.
Entfernung: 1Km 250M 50M 50M 50M.
Sonstiges: In der Nähe vom See.

Les Eyzies — 24E2
Parking de la Vézère, Promenade de la Vézère.
GPS: n44,93863 o1,00907.

25 €5/Nacht €2/100Liter Ch. **Lage**: Städtisch, komfortabel, ruhig. **Untergrund**: Wiese/Sand. 01/01-31/12.
Sonstiges: Am Vézère, sommer max. 48 Std, Parkgebühr wird einkassiert um 9 Uhr.
Touristinformation Les Eyzies:
Village Troglodytique de la Madeleine, Tursac. Troglodyten-Dorf, Dorf mit Felswohnungen.
Le Village du Bournat, Le Bugue. Freilichtmuseum. 01/03-31/10 10-18/19 Uhr.

Les Mathes/La Palmyre — 21B3
Aire de la Garenne, Rue de la Garenne, Les Mathes.
GPS: n45,71433 w1,14752.

20 € 8/24 Std €4/100Liter Ch WC. **Lage**: Ländlich, einfach, abgelegen. **Untergrund**: befestigt. 01/01-31/12.
Entfernung: 400M.
Sonstiges: Wertmünzen am Rathaus Mo-Frei 9-18h und Office de Tourisme in La Palmyre täglich 9-19h im Jul/Aug.

Les Mathes/La Palmyre — 21B3
Aire du Corsaire, Avenue de lAtlantique. **GPS**: n45,69193 w1,18896.

90 € 8/24 Std €4/100Liter Ch €2/1Std.
Lage: Einfach, zentral, ruhig. **Untergrund**: asphaltiert.
01/01-31/12.
Entfernung: 1Km 200M 200M vor Ort.
Sonstiges: Max. 7 Tage.

Les Mathes/La Palmyre — 21B3
Boulevard de la Plage, La Palmyre. **GPS**: n45,68287 w1,17942.

50 € 8/24 Std. **Lage**: Städtisch, einfach, zentral, ruhig.
Untergrund: asphaltiert. 01/01-31/12 01/07-31/08.
Entfernung: 1,2km 100M 200M vor Ort.
Touristinformation Les Mathes/La Palmyre:
Zoo de la Palmyre. Zoo, 1600 Tiere, 14Ha. 01/04-30/09 9-20.30 Uhr, 01/10-31/03 9-12 Uhr, 14-18 Uhr.

Les Portes-en-Ré — 21B2
Parking de la Patache, Route du Fier. **GPS**: n46,22925 w1,48315.

10 €10/24 Std Ch WC kostenlos. **Lage**: Ländlich, einfach.
Untergrund: befestigt. 01/01-31/12.
Entfernung: vor Ort vor Ort 3,5Km.
Sonstiges: Max. 24 Std, Zahlung nur mit Münzen.

Les Salles-Lavauguyon — 21E3
Le Tilleul, Route de St Mathieu. **GPS**: n45,73998 o0,70100.

6 € 5 (3x)inklusive. **Lage**: Ländlich, einfach, abgelegen.
Untergrund: Schotter. 01/01-31/12.

Lescar — 27C2
Parking Jacques Monod, Chemin de Beneharnum.
GPS: n43,33062 w0,43458.
5 kostenlos. **Untergrund**: asphaltiert. 01/01-31/12.
Entfernung: vor Ort vor Ort vor Ort vor Ort.
Sonstiges: Max. 48 Std.

Lescar — 27C2
Place de l'Evêché. **GPS**: n43,33348 w0,43401.
3 kostenlos. **Untergrund**: befestigt. 01/01-31/12.
Entfernung: vor Ort 150M vor Ort.
Sonstiges: Beim Office du Tourisme, max. 48 Std.

Lescar — 27C2
Impasse du Vert Galant. **GPS**: n43,32669 w0,44373.
Ch kostenlos.

Lestelle-Bétharram — 27C2
D937. **GPS**: n43,12522 w0,2074.
10 kostenlos. **Lage**: Städtisch, einfach, laut.
Untergrund: asphaltiert. 01/01-31/12.
Entfernung: 500M 250M.

Lezay — 21D2
Rue de Gâte Bourse. **GPS**: n46,26500 w0,01139.

15 kostenlos Ch kostenlos. **Lage**: Städtisch, einfach.
Untergrund: asphaltiert. 01/01-31/12.
Entfernung: 200M 200M.

Liginiac — 24G1
Le Maury-Liginiac. **GPS**: n45,39158 o2,30387.

2 kostenlos Ch (1x)kostenlos. **Lage**: Ländlich, einfach, abgelegen, ruhig. **Untergrund**: Schotter. 01/01-31/12.
Entfernung: 4,5Km Sandstrand vor Ort.
Sonstiges: Am See von Neuvic. Restaurant Le Maury folgen.

Nouvelle-Aquitaine

Limeuil 24E2
D31. **GPS**: n44,88564 o0,89151. ⬆.

10 🅿kostenlos. **Lage**: Ländlich, einfach, abgelegen.
Untergrund: Wiese/Schotter. 📅 01/01-31/12.
Entfernung: 🚶400M 🛒400M 🍽750M.

Lissac-sur-Couze 24F1
Parking du poste de secours. **GPS**: n45,09914 o1,46277. ⬆➡.

15 🅿€ 4/Aufenthalt 💧€4/100Liter ♻Ch ⚡(12x)€4/6Std.
Lage: Ländlich, komfortabel. **Untergrund**: Schotter. 📅 01/01-31/12.
Entfernung: 🚶vor Ort. 🛒vor Ort.

Lit-et-Mixe 24A3
Cap de l'Homy, 600, avenue Océan. **GPS**: n44,03730 w1,33419. ⬆.

36 🅿€ 11,30-21,30 + € 0,61/pP Kurtaxe 💧♻Ch 🚻WC.
Lage: Einfach, ruhig. **Untergrund**: Waldboden. 📅 01/05-30/09.
Entfernung: 🚶400M 🏖200M 🛒200M 🍽vor Ort.
Sonstiges: Neben Camping municipal.

Lizant 21D2
D107. **GPS**: n46,08614 o0,27834.
8 🅿kostenlos 💧♻Ch 🚻WC. **Untergrund**: Schotter.
Entfernung: 🛒100M 🍽vor Ort.
Sonstiges: Spielplatz.

Londigny 21D2
Place de l'Eglise. **GPS**: n46,08333 o0,13472.

5 🅿kostenlos 💧♻Ch 🚻WC kostenlos. **Lage**: Abgelegen, ruhig.
Untergrund: Schotter. 📅 01/01-31/12.
Sonstiges: Max. 48 Std.

Loudun 18D3
Place de la Porte Saint Nicolas. **GPS**: n47,01357 o0,07833. ⬆➡.

3 🅿kostenlos 💧€2/10Minuten ♻Ch €2/55Minuten.
Lage: Städtisch, einfach, laut. **Untergrund**: asphaltiert.
📅 01/01-31/12.
Entfernung: 🚶500M 🛒500M 🍽100M, Bäckerei 10M.
Sonstiges: Max 3,5T.

Lussac-les-Châteaux 21E2
GPS: n46,40250 o0,72583. ⬆.

20 🅿kostenlos 💧♻Ch 🚻WC kostenlos. **Lage**: Städtisch, einfach, zentral. **Untergrund**: befestigt. 📅 01/01-31/12 🛍 Mi, Markt.
Entfernung: 🚶200M 🛒200M 🍽200M.

Marennes 21B3
1 Avenue William Bertrand. **GPS**: n45,82140 w1,13828. ⬆.

5 🅿kostenlos. **Lage**: Ländlich, einfach. **Untergrund**: befestigt.
📅 01/01-31/12.
Entfernung: 🛒vor Ort.
Sonstiges: Max. 6,5M.

Marmande 24D3
La Filhole, Rue de la Filhole. **GPS**: n44,49667 o0,16412. ⬆.

30 🅿€ 8 💧♻Ch inklusive. **Lage**: Ländlich, einfach, ruhig.
Untergrund: Wiese. 📅 01/04-01/11.
Entfernung: 🚶500M 🛒500M 🍽1Km.

Marmande 24D3
Place du Moulin. **GPS**: n44,49833 o0,16028.

2 🅿kostenlos 💧♻Ch kostenlos. **Lage**: Städtisch.
Untergrund: asphaltiert. 📅 01/11-01/04.
Entfernung: 🚶150M 🛒vor Ort.
Sonstiges: Max. 48 Std.

Marquay 24E2
D6. **GPS**: n44,94401 o1,13529. ⬆.
🅿kostenlos 💧♻Ch. **Untergrund**: Schotter.
Entfernung: 🏖100M.

Mauléon 18C3
Rue de la Bachelette. **GPS**: n46,91904 w0,75267. ⬆➡.

4 🅿kostenlos 💧♻Ch kostenlos. **Lage**: Ländlich, einfach, ruhig.
Untergrund: asphaltiert. 📅 01/01-31/12.
Entfernung: 🚶500M 🛒500M 🍽500M.
Sonstiges: Neben Schwimmbad.

Mauzé-sur-le-Mignon 21C2
Le Port, Rue du Port. **GPS**: n46,19989 w0,67952. ⬆.

10 🅿kostenlos 💧€4 ♻Ch 🚻WC. **Lage**: Ländlich.
Untergrund: Schotter. 📅 01/01-31/12.
Entfernung: 🚶1Km 🛒vor Ort.
Sonstiges: Wertmünzen beim Campingplatz und Geschäften.

Ménigoute 21D1
Rue des Vignes. **GPS**: n46,49790 w0,05795. ⬆.

4 🅿kostenlos 💧♻Ch kostenlos. **Lage**: Städtisch, einfach, ruhig.
Untergrund: Schotter.
Entfernung: 🛒vor Ort.

Mensignac 24E1
Combecouyere-Sud. **GPS**: n45,22309 o0,56553.
3 🅿kostenlos 💧€2 ♻Ch. **Lage**: Ländlich. **Untergrund**: befestigt.
📅 01/03-31/10.

Meschers-sur-Gironde 21B3
Port de Plaisance, Route des Salines. **GPS**: n45,55614 w0,9451. ⬆.

10 🅿€ 7/24 Std 💧€2/100Liter ♻Ch ⚡(8x) 🚿€1,50 🔌€2/2.
Lage: Ländlich, komfortabel, ruhig.
Untergrund: asphaltiert. 📅 01/01-31/12.
Entfernung: 🚶1Km 🏖100M 🛒100M 🍽1Km.

Messanges 27A1
Plage principale, Avenue de la Plage. **GPS**: n43,81549 w1,40088. ⬆.

10 🅿kostenlos 🚻WC. **Lage**: Einfach. **Untergrund**: befestigt/Sand.
Entfernung: 🚶1,5Km 🏖200M.

Nouvelle-Aquitaine

Sonstiges: Max. 48 Std.

Messé 21D2
D114. **GPS:** n46,26306 o0,11203.

20 kostenlos ChWC kostenlos. **Lage:** Ländlich, abgelegen, ruhig. **Untergrund:** Schotter. 01/01-31/12.
Entfernung: vor Ort 10Km.

Meuzac 24F1
Étang de la Roche, D243. **GPS:** n45,54805 o1,44017.

15 kostenlos Ch kostenlos. **Lage:** Ländlich, einfach, ruhig. **Untergrund:** Schotter. 01/01-31/12.
Entfernung: 100M 5Km vor Ort vor Ort 100M 100M vor Ort.
Sonstiges: Ver-/Entsorgung 200M.

Meymac 24G1
Parking Lac de Sechemailles, Le Montbazet.
GPS: n45,52500 o2,12761.

20 kostenlos €2,60 Ch €2,60. **Lage:** Ländlich, komfortabel, ruhig. **Untergrund:** Schotter. 01/01-31/12.
Entfernung: 2km 500M 500M.
Sonstiges: Wertmünzen erhältlich bei Office du Tourisme und Bar.

Meymac 24G1
Boulevard de la Garenne. **GPS:** n45,53973 o2,15381.
30 kostenlos €2 Ch (1x)€2. **Lage:** Ländlich, einfach.
Untergrund: Schotter. 20/04-02/11.
Sonstiges: Wertmünzen beim Campingplatz und Touristenbüro.

Mézières-sur-Issoire 21E2
Place de la République. **GPS:** n46,10726 o0,91014.

4 kostenlos Ch kostenlos. **Lage:** Ländlich.
Untergrund: asphaltiert. 01/01-31/12.
Entfernung: vor Ort.

Mimizan 24B3
Hélistation Plage Sud, Rue des Lacs, Mimizan-Plage.
GPS: n44,20517 w1,29675.

85 € 14,50 Ch inklusive. **Lage:** Komfortabel. **Untergrund:** asphaltiert.
01/01-31/12.
Entfernung: 500M vor Ort 500M 200M.
Sonstiges: Parkplatz an der Düne, Anhänger nicht erlaubt.

Mimizan 24B3
Route du C.E.L.. **GPS:** n44,21375 w1,28239.

150 € 7,50 €3/20Minuten Ch. **Lage:** Einfach.
Untergrund: Schotter/Sand. 01/06-31/09.
Entfernung: 1,5Km vor Ort.

Mimizan 24B3
Camping du Lac, Avenue de Woolsack, Mimizan-lac.
GPS: n44,21956 w1,22972.

21 € 11-18 + € 0,22/pP Kurtaxe, Hund € 1,10-1,90 €2/15Minuten
Ch WC €3. **Lage:** Komfortabel. **Untergrund:** Schotter.
30/04-30/09.
Entfernung: 6Km vor Ort vor Ort.

Mirambeau 24C1
92, avenue de la République. **GPS:** n45,37816 w0,56872.
20 € 8 Ch inklusive. **Untergrund:** Wiese.
01/01-31/12.
Entfernung: 500M 3Km 50M Super U 150M.
Sonstiges: Ehemaliger Campingplatz.

Mirebeau 21D1
14 rue du Pas Martin. **GPS:** n46,78064 o0,19430.
7 €2 €2 Ch €5. 01/01-31/12.
Sonstiges: Grillplatz.

Moliets-et-Maa 27A1
Avenue de l'Océan, Moliets-Plage. **GPS:** n43,85091 w1,38188.

120 € 7, 01/04-31/08 € 13 Ch WC.
Lage: Komfortabel, laut. **Untergrund:** Waldboden.
Entfernung: 200M 750M 200M 200M.
Sonstiges: Schattenreich.

Monbahus 24D3
Rue du Moulin, Le Bourg. **GPS:** n44,54738 o0,53517.

3 kostenlos Ch (2x)kostenlos. **Lage:** Ländlich, einfach.
Untergrund: asphaltiert. 01/01-31/12. Ver-/Entsorgung: Winter. **Entfernung:** 300M 200M 300M.
Sonstiges: Schöne Aussicht, steiler Zufahrtsstraße.

Monbazillac 24D2
Château du Haut Pezaud, Les Pezauds. **GPS:** n44,78471 o0,48687.

10 € 5, 1. Nacht kostenlos €1,50 €21/Tag WC kostenlos €1/pPpT €1,50/Tag. **Lage:** Ländlich, einfach. **Untergrund:** Wiese.
01/01-31/12.
Entfernung: table d'hôtes durch die Weingarten.
Sonstiges: Max. 7 Nächte, Backer kommt jede Morgen, Probe von regionalen Produkten.

Monbazillac 24D2
Domaine La Lande, Route de Ribagnac, D13.
GPS: n44,78822 o0,49587.

10 kostenlos ChWC kostenlos. **Lage:** Ländlich, einfach.
Untergrund: Wiese. 01/01-31/12.
Entfernung: 800M 200M vor Ort.
Sonstiges: Backer kommt jede Morgen, Verkauf von Wein.

Monflanquin 24E3
Chemin de la Source, 3, Allée des Érables.
GPS: n44,52812 o0,75537.

kostenlos Ch kostenlos.
Lage: Einfach. **Untergrund:** Schotter.
01/01-31/12.
Entfernung: 1,5Km Lac de Coulon 150m 1,3Km 250M.
Sonstiges: Ver-/Entsorgung 500m n44,52477 o0,75642.
Touristinformation Monflanquin:
Office de Tourisme, Place des Arcades, www.monflanquin-tourisme.com. Mittelalterliche Städt.

Monpazier 24E2
La Duelle-nord. **GPS:** n44,68499 o0,89362.

Nouvelle-Aquitaine

10 kostenlos Chkostenlos. **Untergrund:** Schotter. 01/01-31/12. **Entfernung:** 300M 400M 500M.

Monségur — 24D2
Place du 8 mai. **GPS:** n44,65060 o0,08363.

4 kostenlos WCkostenlos. **Lage:** Einfach, laut. **Untergrund:** Schotter. 01/01-31/12. **Entfernung:** vor Ort. **Sonstiges:** Max. 48 Std. Nicht zugänglich über La Bastide.

Mont-de-Marsan — 27C1
Aire du Camping-Cars du Marsan, 541 Avenue de Villeneuve. **GPS:** n43,88992 w0,47559.

45 €5,10-8,40, Kurtaxe €0,33/pP €1/5Minuten Ch (3x)€1/4Std. **Lage:** Ländlich, zentral. **Untergrund:** asphaltiert/Wiese. 01/01-31/12. **Entfernung:** 2,3Km 500M.

Montalivet-les-Bains — 24B1
Boulevard de Lattre de Tassigny, Montalivet-sud. **GPS:** n45,37611 w1,15667.

30 €5 €1 Ch. **Lage:** Städtisch, einfach, ruhig. **Untergrund:** Wiese/befestigt. 01/05-30/09. **Entfernung:** vor Ort 100M 400M 400M. **Sonstiges:** Am Meer, max. 48 Std, Ver-/Entsorgung Aldi 1km. Touristinformation Montalivet-les-Bains: Fr.

Montboucher — 21F3
GPS: n45,95152 o1,68069.

10 kostenlos ChWCkostenlos. **Lage:** Ländlich, ruhig. **Untergrund:** Wiese/Schotter. 01/01-31/12. **Entfernung:** 8Km 8Km 8Km.

Montcaret — 24D2
Le Chalet du Gourmet, D936. **GPS:** n44,85337 o0,03988.

16 €6,50 Ch inklusive WC €2 €3. **Lage:** Ländlich, einfach. **Untergrund:** Schotter. 01/01-31/12. **Entfernung:** 1,2km vor Ort. **Sonstiges:** Brötchenservice, Verkauf von Obst-Gemüse-Wein-Regionale Produkte.

Montendre — 24C1
Place de la Paix. **GPS:** n45,28627 w0,41116.

15 kostenlos ChWCkostenlos. **Lage:** Städtisch, einfach, zentral, ruhig. **Untergrund:** asphaltiert. 01/01-31/12. Do 6-14 Uhr. **Entfernung:** 100M 100M 500M.

Monteton — 24D2
D423. **GPS:** n44,62249 o0,25745.

25 kostenlos Chkostenlos. **Lage:** Ländlich, einfach. **Untergrund:** Wiese. 01/01-31/12. **Entfernung:** vor Ort 150M. **Sonstiges:** Schöne Aussicht.

Montguyon — 24C1
Plaine des Sports, Rue de Vassiac. **GPS:** n45,21796 w0,18368.

15 kostenlos ChWCkostenlos. **Lage:** Städtisch, einfach, zentral, ruhig. **Untergrund:** Schotter. 01/01-31/12. **Entfernung:** 500M 500M 500M vor Ort. **Sonstiges:** Max. 72 Std.

Montignac — 24E1
P Vieux Quartiers, Rue des Sagnes. **GPS:** n45,06800 o1,16547.

35 €5/Nacht Ch inklusive. **Lage:** Komfortabel, zentral. **Untergrund:** Schotter. 01/01-31/12. **Entfernung:** 200M 200M 200M.

Montignac — 24E1
Ferme du Bois Bareirou, Les Baraques, Montignac-Lascaux. **GPS:** n45,09053 o1,11143.

20 kostenlos €3 Ch €3. **Lage:** Ländlich, abgelegen, ruhig. **Untergrund:** Wiese. 01/01-31/12. **Entfernung:** 5Km. **Sonstiges:** Max. 3 Tage.

Montils — 21C3
Le Vignolet, D233. **GPS:** n45,65285 w0,50576.

20 kostenlos Ch kostenlos. **Lage:** Ländlich, einfach, abgelegen. **Untergrund:** Schotter/befestigt. 01/01-31/12. **Entfernung:** 300M.

Montmorillon — 21E2
Rue Léon Dardant. **GPS:** n46,42326 o0,86788.

10 kostenlos €2/10Minuten Ch €2. **Lage:** Städtisch, einfach, zentral, ruhig. **Untergrund:** asphaltiert. 01/01-31/12. **Entfernung:** 500M 500M 2km. **Sonstiges:** Entlang der Gartempe, max. 24 Std.

Montpon-Ménestérol — 24D2
Chez Lou Cantou, 46 rue Gustave Eiffel, D730. **GPS:** n45,02101 o0,15997. 4 €10/24 Std €3/100Liter Ch €3. 01/04-31/10 mit Frost.

Morcenx — 24B3
Chemin des Abattoirs. **GPS:** n44,03811 w0,90914.

kostenlos Chkostenlos. **Lage:** Einfach. **Entfernung:** 500M 8,8Km. **Sonstiges:** Entlang der Bahnlinie.

Mortagne-sur-Gironde — 21C3
Le Port de Mortagne, Quai des Pêcheurs. **GPS:** n45,47472 w0,79778.

Nouvelle-Aquitaine

50 ⛺ € 8 🚰 Ch 🚿 WC kostenpflichtig 📶 inklusive. 🛒
Lage: Ländlich, einfach, abgelegen, ruhig. **Untergrund:** Wiese.
📅 01/01-31/12.
Entfernung: 🛒 750M ⊗ 200M 🚲 750M 🏊 vor Ort.
Sonstiges: Gegenüber Capitainerie.

Moulismes — 21E2
RN147. **GPS:** n46,33306 o0,81000.

50 ⛺ kostenlos 🚰 €3 Ch WC. **Lage:** Ländlich, einfach, ruhig.
Untergrund: Wiese/befestigt. 📅 01/01-31/12.
Entfernung: 🛒 400M 🚶 vor Ort 🍴 vor Ort 🚲 400M.
Sonstiges: Am kleinen See (plan d'eau).

Mugron — 27B1
Avenue des Martyrs de la Résistance, D32e.
GPS: n43,74846 w0,75063.

4 ⛺ kostenlos 🚰 Ch 🚿 (4x)kostenlos. **Lage:** Ländlich, einfach.
Untergrund: Schotter. 📅 01/01-31/12.
Entfernung: 🛒 300M 🚶 vor Ort.
Sonstiges: Max. 24 Std.

Nailhac — 24E1
Lorserie, D62E3. **GPS:** n45,23276 o1,14214.

6 ⛺ kostenlos 🚰 Ch kostenlos 💰 €3,50/24 Std. **Lage:** Ländlich, einfach. **Untergrund:** befestigt.
Entfernung: 🛒 1,5Km ⊗ 1,5Km.

Nantiat — 21F3
L'Étang des Haches, Route de Chamboret. **GPS:** n46,00484 o1,15332.
⛺ kostenlos 🚰 €2/100Liter Ch €2/4Std. 📅 01/01-31/12.

Naujan-et-Postiac — 24C2
Lafuge. **GPS:** n44,78715 w0,17928.

⛺ kostenlos. **Lage:** Ländlich, einfach. **Untergrund:** Schotter.

📅 01/01-31/12.
Entfernung: 🛒 200M.

Nérac — 24D3
Place du Foirail. **GPS:** n44,13435 o0,33655.

2 ⛺ kostenlos 🚰 Ch WC. **Lage:** Städtisch, einfach.
Untergrund: asphaltiert. 📅 01/01-31/12.
Entfernung: 🛒 50M 🚶 vor Ort 🍴 vor Ort.

Nersac — 21D3
Rue d'Epagnac. **GPS:** n45,62599 o0,05015.

7 ⛺ kostenlos 🚰 Ch 🚿 (4x)kostenlos. **Untergrund:** asphaltiert.
📅 01/01-31/12.
Entfernung: 🛒 vor Ort ⊗ 100M 🍴 100M 🚲 100M.
Sonstiges: Max. 48 Std.

Nespouls — 24F2
GPS: n45,05244 o1,49568.

10 ⛺ 🚰 Ch kostenlos. **Lage:** Ländlich, komfortabel.
Untergrund: Schotter.
Entfernung: 🛒 1Km 🚶 500M ⊗ vor Ort 🍴 vor Ort.

Nieuil-l'Espoir — 21E2
Allée du champ de foire. **GPS:** n46,48505 o0,45417.

10 ⛺ kostenlos 🚰 €2 Ch €2. **Lage:** Ländlich, komfortabel.
Untergrund: Wiese/befestigt. 📅 01/01-31/12.
Entfernung: 🛒 200M 🍴 150M 🚲 vor Ort 🚶 vor Ort.
Sonstiges: Am Base de Loisirs, Wertmünzen bei Geschäfte.

Nieul — 21F3
19 Mars 1962, D28. **GPS:** n45,92564 o1,17236.

15 ⛺ kostenlos 🚰 Ch WC kostenlos. **Lage:** Ländlich, zentral, ruhig.
Untergrund: Wiese/Schotter. 📅 01/04-31/10.
Entfernung: 🛒 400M ⊗ 400M 🍴 400M.

Sonstiges: Max. 72 Std.

Nieulle-sur-Seudre — 21B3
Place de la Mairie. **GPS:** n45,75275 w1,00209.

4 ⛺ kostenlos 🚰 €4/100Liter Ch kostenpflichtig.
Lage: Städtisch, einfach, zentral, ruhig. **Untergrund:** asphaltiert.
📅 01/01-31/12.
Entfernung: 🛒 vor Ort.
Sonstiges: Wertmünzen beim Rathaus.

Niort — 21C2
Aire des camping-cars du Pré Leroy, Rue de Bessac.
GPS: n46,32917 w0,46444.

14 ⛺ € 7,70 🚰 Ch inklusive. 🛒
Lage: Städtisch, komfortabel, ruhig. **Untergrund:** befestigt.
📅 01/01-31/12.
Entfernung: 🛒 1,2Km ⊗ 150M 🍴 300M.
Touristinformation Niort:
🚫 Di, Sa.
Marais Poitevin. Sumpfgebiet, Möglichkeit von Rundfahrten.

Objat — 24F1
Parc Aquatique Espace Loisirs, Avenue Jules Ferry.
GPS: n45,27110 o1,41147.

20 ⛺ € 6,60, 01/04-31/10 € 8,60 🚰 €2/100Liter Ch 🚿 WC €2
Lage: Ländlich, komfortabel, ruhig. **Untergrund:** Wiese/befestigt.
📅 01/01-31/12.
Entfernung: 🛒 500M 🍴 500M.
Sonstiges: Max. 7 Tage, Backer vor Ort: Di-Sa, Strom kostenlos 72Std, Schwimmbad 200m, Eintrittskode erhältlich beim Office de tourisme.

Ogeu-les-Bains — 27C2
Avenue de Pau. **GPS:** n43,15349 w0,5022.

4 ⛺ kostenlos 🚰 Ch kostenlos. **Lage:** Städtisch, einfach, einfach.
Untergrund: asphaltiert/Schotter. 📅 01/01-31/12.
Entfernung: 🛒 100M 🍴 500M.
Sonstiges: Max. 48 Std.

Oloron-Sainte-Marie — 27B2
Parking Tivoli, Rue Adoue. **GPS:** n43,18399 w0,60854.

Nouvelle-Aquitaine

7 kostenlos €4/55Minuten Ch €4/55Minuten.
Untergrund: asphaltiert. 01/01-31/12.
Entfernung: 100M vor Ort vor Ort 400M 400M.
Sonstiges: Max. 48 Std, Wertmünzen bei Office de Tourisme.

Ondres 27A1
P3, Avenue de la Plage, Ondres-Plage. GPS: n43,57611 w1,48611.

41 € 8, Jul/Aug € 10 Ch WC kostenlos.
Untergrund: asphaltiert. 15/04-01/11.
Entfernung: 3Km vor Ort vor Ort vor Ort vor Ort.
Sonstiges: Max. 48 Std.

Oradour-sur-Glane 21E3
Aire de camping-cars, Rue du Stade. GPS: n45,93570 o1,02471.

30 kostenlos €2/100Liter Ch €2 WC. Lage: Ländlich.
Untergrund: asphaltiert. 01/01-31/12. Ver-/Entsorgung: Winter. Entfernung: 800M 800M 800M.
Sonstiges: Wertmünzen bei Office de Tourisme, Spielplatz.

Touristinformation Oradour-sur-Glane
Office de Tourisme, Place du Champ de Foire. Märtyrerstadt, wurde von 200 SS-Soldaten am 10. Juni 1944 angegriffen. Sie ermordeten die Bevölkerung. Danach wurde das Dorf niedergebrannt. Im Gedenken dieser Tatsache ist nach dem Krieg eine Wand um die Stadt errichtet worden. kostenlos.

Oradour-sur-Vayres 21E3
Rue Jean Giraudoux. GPS: n45,73269 o0,86592.

10 Ch kostenlos. Lage: Städtisch, einfach.
Untergrund: Schotter.
Entfernung: 200M 200M.

Pageas 21E3
RN21. GPS: n45,67758 o1,00224.

20 kostenlos €3 Ch €3 WC. Lage: Ländlich, komfortabel.
Untergrund: Wiese/Schotter. 01/01-31/12.
Entfernung: 100M vor Ort vor Ort vor Ort.
Sonstiges: In der Nähe von N21, Wertmünzen beim Rathaus.

Pamproux 21D2
Rue de la Cueille. GPS: n46,39625 w0,05874.

3 kostenlos €2/20Minuten Ch €2/20Minuten.
Lage: Ländlich, einfach, ruhig. Untergrund: asphaltiert.
01/01-31/12.
Entfernung: 100M 5,2Km 100M.

Parentis-en-Born 24B3
Site du Lac, Route des Campings. GPS: n44,34432 w1,09879.

25 € 7 Ch (4x)inklusive. Lage: Komfortabel.
Untergrund: Schotter. 01/01-31/12 Versorgung im Winter.
Entfernung: 3km 50M 50M.

Parthenay 21D1
Aire base de loisirs Bois Vert, Rue de Boisseau 14.
GPS: n46,64088 w0,26689.

8 € 9-10 Ch inklusive €3 €2 €4/Tag.
Lage: Städtisch. Untergrund: Schotter. 05/04-31/10.
Entfernung: 2,5Km vor Ort in der Nähe 2km 100M.
Sonstiges: An der Thouet, Anmeldung bei Campingplatz.

Touristinformation Parthenay:
Les Halles. Wochenmarkt in der Markthalle und in den Straßen. Mi.

Pau 27C2
Place de Verdun, Rue Ambroise Bordelongue.
GPS: n43,29848 w0,37811.

20 kostenlos. Lage: Städtisch. Untergrund: asphaltiert.

01/01-31/12. Entfernung: vor Ort vor Ort 200M.
Sonstiges: Max. 48 Std, kostenloser Bus.

Payzac 24F1
Le Bourg. GPS: n45,40008 o1,21950.

2 kostenlos Ch kostenlos. Lage: Einfach.
Untergrund: asphaltiert. 01/01-31/12.
Entfernung: vor Ort vor Ort vor Ort vor Ort.

Pellegrue 24D2
Le Touran, Rue du Lavoir. GPS: n44,74514 o0,07416.

3 kostenlos Ch kostenlos. Lage: Städtisch, einfach.
Untergrund: befestigt. 01/01-31/12.
Entfernung: 100M 200M 700M.

Pérignac 21C3
Pla de l'Église. GPS: n45,62532 w0,46309.
10 kostenlos Ch. Untergrund: asphaltiert. 01/01-31/12.
Entfernung: vor Ort vor Ort.
Sonstiges: Hinter der Kirche.

Périgueux 24E1
Espace des Prés, Rue des Prés. GPS: n45,18770 o0,73081.

40 € 6 Ch inklusive. Lage: Städtisch, komfortabel, zentral. Untergrund: asphaltiert. 01/01-31/12 kein Wasser im Winter.
Entfernung: 800M vor Ort.
Sonstiges: Max. 48 Std.

Pérols-sur-Vézère 21G3
Le Bourg. GPS: n45,58665 o1,98460.

10 kostenlos €2 Ch. Lage: Ländlich, komfortabel, ruhig.
Untergrund: Wiese.
Entfernung: 50M vor Ort vor Ort vor Ort.
Sonstiges: Wertmünzen bei Office de Tourisme.

Peyrat-le-Château 21F3
Auphelle. GPS: n45,80750 o1,84111.

Nouvelle-Aquitaine

100 kostenlos € 4,20, Jul/Aug € 6 €2,50/100Liter €6/4Std.
Lage: Ländlich, ruhig. **Untergrund:** Wiese. 12/04-07/11.
Entfernung: Lac de Vassivière 300m.
Sonstiges: Gegenüber Campingplatz, Brötchenservice im Sommer.

Peyrat-le-Château 21F3
Parking Pré de l'Age. **GPS**: n45,81468 o1,77085.
€2 Ch.
Sonstiges: Wertmünzen beim Office de Tourisme und Rathaus.
Touristinformation Peyrat-le-Château:
Office de Tourisme, 1, Rue du Lac, www.peyrat-tourisme.com. Touristenstadt in der Nähe der Wassersportsee Lac de Vassivière, markierter Rad- und Wanderwege. Sa-So 15-17 Uhr.

Peyrehorade 27B1
Des Gaves, Route de la Pêcherie. **GPS**: n43,54300 w1,1071.
16 kostenlos € 9 Ch €2,50 WC. **Untergrund:** Wiese.
01/06-30/09.
Entfernung: 150M vor Ort vor Ort 150M 150M 200M.

Peyrehorade 27B1
Place Jean Bridart, Rue du Sablot, D817.
GPS: n43,54300 w1,09994.

10 kostenlos Ch kostenlos.
Lage: Städtisch, einfach. **Untergrund:** befestigt.
01/01-31/12.
Entfernung: 50M vor Ort vor Ort 100M vor Ort.

Pomarez 27B1
Rue de la Mairie. **GPS**: n43,62853 w0,82895.
5 kostenlos Ch WC. **Lage:** Städtisch, laut.
Untergrund: asphaltiert. 01/01-31/12.
Entfernung: vor Ort 200M 400M.
Sonstiges: Am Rathaus, max. 72 Std.

Pomarez 27B1
Ferme du Grand Castagnet, Chemin du Lucq.
GPS: n43,62040 w0,86525.
3 kostenlos Ch WC. **Untergrund:** Schotter/befestigt.
01/01-31/12.
Entfernung: 2km.

Pons 21C3
Place de l'Europe. **GPS**: n45,58086 w0,5528.
10 kostenlos WC. 01/01-31/12.
Entfernung: 400M 400M 400M.
Sonstiges: Max. 24 Std.

Pons 21C3
Chateau Renaud, D234E5, Bougneau. **GPS**: n45,60102 w0,5367.
10 kostenlos. **Lage:** Abgelegen. 01/01-31/12.
Entfernung: vor Ort 1,2Km.
Sonstiges: Am Fluss.

Pons 21C3
Camping municipal Le Paradis, Avenue du Poitou.
GPS: n45,57765 w0,55536.

5 kostenlos €6 Ch €6/Std. **Lage:** Städtisch, einfach.
Untergrund: asphaltiert.
Entfernung: 300M.

Port-des-Barques 21B2
Pré des Mays, Avenue des Sports. **GPS**: n45,94722 w1,09.

30 kostenlos €6,20/24 Std €2/10Minuten Ch kostenlos €2/55Minuten. **Lage:** Ländlich, einfach. **Untergrund:** befestigt.
15/03-15/11.
Sonstiges: Gegenüber Stadion.

Port-Sainte-Foy-et-Ponchapt 24D2
Rue Jacques Jasmin. **GPS**: n44,84210 o0,20915.

4 kostenlos Ch kostenlos. **Lage:** Städtisch, einfach, zentral, ruhig. **Untergrund:** asphaltiert. 01/01-31/12.
Entfernung: vor Ort 600M 600M.
Sonstiges: Entlang der Dordogne, Ver-/Entsorgung 200M.

Prats-de-Carlux 24F2
Les Oies du Périgord Noir, D47B. **GPS**: n44,89936 o1,31503.

4 kostenlos. **Lage:** Ländlich, einfach, ruhig. 01/01-31/12.
Entfernung: 3Km 3Km 3Km.
Sonstiges: Max. 24 Std.

Rébénacq 27C2
Chemin de Montés. **GPS**: n43,15690 w0,39733.

4 kostenlos Ch kostenlos. **Lage:** Ländlich, einfach, ruhig. **Untergrund:** asphaltiert.
Entfernung: 400M vor Ort vor Ort.
Sonstiges: Am Fussballplatz, max. 48 Std.

Ribérac 24D1
Camping de la Dronne, 91 Rue des Etats Unis.
GPS: n45,25704 o0,34255.

10 kostenlos, 01/06-15/09 € 5,60 Ch kostenlos.
Lage: Städtisch, einfach. **Untergrund:** befestigt. 01/01-31/12
Wasser bei Frost. **Entfernung:** 1,3Km 50M Leclerc 900M.

Rivedoux-Plage 21B2
Campéole Le Platin, 125, Av Gustave Perreau.
GPS: n46,15889 w1,27139.

17 kostenlos € 14-17 €3 Ch. **Lage:** Städtisch, einfach.
Untergrund: asphaltiert. 01/01-31/12.
Entfernung: 100M Plage Nord.
Sonstiges: Neben Campingplatz Le Platin, bezahlen beim Campingplatz.

Rochefort 21B2
Rue de la Fosse aux Mâts. **GPS**: n45,92735 w0,95467.

25 kostenlos € 6/24 Std Ch inklusive. **Lage:** Städtisch, einfach.
Untergrund: asphaltiert. 01/01-31/112.

Rochefort 21B2
Avenue Marcel Dassault. **GPS**: n45,94661 w0,96002.

15 kostenlos € 6. **Lage:** Städtisch, einfach. **Untergrund:** asphaltiert.
01/01-31/12.
Entfernung: 1Km.

Rochefort 21B2
Pont Transbordeur, Chemin de Charente.
GPS: n45,91792 w0,96388.

5 kostenlos. **Lage:** Städtisch, einfach. **Untergrund:** Wiese/Schotter.
01/01-31/12.

Rochefort 21B2
Rue de la Vieille Forme. **GPS**: n45,94448 w0,95554.
10 kostenlos € 6. **Lage:** Einfach. **Untergrund:** Schotter.
Sonstiges: In der Nähe des Yachthafens.

Nouvelle-Aquitaine

Rochefort 21B2
Port de Plaisance, Quai Lemoigne de Sérigny.
GPS: n45,94444 w0,95556. ⬆
Chkostenlos.
01/01-31/12.
Touristinformation Rochefort:
Corderie Royale. Alte königliche Seilerei.
Di, Do, Sa.

Romagne 21D2
Rue du Vigneau. **GPS:** n46,26884 o0,30373. ⬆➡

6 kostenlos ChWC kostenlos. **Lage:** Ländlich, komfortabel, ruhig. **Untergrund:** Schotter. 15/03-31/10.
Entfernung: 250M 250M.

Roquefort 24C3
Allée de Nauton. **GPS:** n44,04754 w0,32255. ⬆

6 kostenlos Ch. **Lage:** Ländlich.
Untergrund: Wiese/Schotter. 01/01-31/12.
Entfernung: 1,7Km 5Km.
Sonstiges: Neben Camping municipal.

Rouillac 21D3
Super U, Rue de Genac. **GPS:** n45,77650 w0,06133. ⬆➡

8 kostenlos €3 Ch. **Untergrund:** Schotter.
01/01-31/12. **Entfernung:** 500M 500M 50M.
Sonstiges: Wertmünzen erhältlich bei Supermarkt.

Roullet-Saint-Estèphe 21D3
Aire de camping-car Roullet, D210. **GPS:** n45,58086 o0,04461. ⬆
20 kostenlos Ch kostenlos. **Lage:** Ländlich.
Untergrund: Schotter. 01/01-31/12.
Entfernung: 300M 150M 350M.

Roumazières-Loubert 21E3
Aire de Détente de Ronmatiéres, RN141.
GPS: n45,88275 o0,57287. ⬆➡

3 kostenlos Ch WC kostenlos. **Untergrund:** asphaltiert.
01/01-31/12.
Entfernung: 500M 100M 300M.

Royan 21B3
Camping-Car Park Royan, Rue Bel-air. **GPS:** n45,62834 w1,01204. ⬆

28 € 9,60 Ch inklusive. **Lage:** Städtisch, komfortabel, zentral, ruhig. **Untergrund:** Schotter/befestigt.
01/01-31/12.
Entfernung: 500M 500M 500M.

Royère-de-Vassivière 21G3
Le Bourg. **GPS:** n45,84012 o1,91122. ⬆

6 kostenlos ChWC kostenlos. **Lage:** Ländlich, einfach.
Untergrund: asphaltiert. 01/01-31/12. Do>14U (Markt).
Entfernung: vor Ort 200M vor Ort.
Sonstiges: Max. 48 Std.

Ruffec 21D2
SARL Remy Frères Camping-Cars, D26. **GPS:** n46,03316 o0,18366.

10 kostenlos Ch kostenlos. **Untergrund:** asphaltiert.
Entfernung: 1Km.
Sonstiges: Bei Reisemobilhändler.

Sadroc 24F1
Place du Château. **GPS:** n45,28325 o1,54854. ⬆➡

6 kostenlos Ch kostenlos. **Lage:** Städtisch, einfach, ruhig.
Untergrund: asphaltiert. 01/01-31/12.
Entfernung: vor Ort 5,2Km 50M.
Sonstiges: Max. 24 Std.

Saint Césaire 21C3
Parking Paléosite, Rue de Groies. **GPS:** n45,75406 w0,50751. ⬆➡

20 kostenlos Ch kostenlos. **Lage:** Ländlich, einfach, abgelegen, ruhig. **Untergrund:** asphaltiert/befestigt. 01/01-31/12.
Entfernung: vor Ort 500M 100M vor Ort.
Touristinformation Saint Césaire:
Paléosite, Route de la Montée Verte. Interactiver Park, auf den Spuren der Neandertaler. 10.30-18.30 Uhr, Jul-Aug 10-20 Uhr.

Saint Estèphe 21E3
Etang de Saint Estèphe, Route du Grand Etang.
GPS: n45,59458 o0,67437. ⬆➡

10 € 5 Ch inklusive. **Lage:** Ländlich, komfortabel.
Untergrund: Waldboden. 01/01-31/12.
Entfernung: 700M See vor Ort vor Ort 3Km, Bäckerei 800M.
Sonstiges: Max. 48 Std, Sommer: Strand, Bar, Restaurant.

Saint Laurant de la Prée 21B2
La Cabane, Route de l'Océan. **GPS:** n45,99043 w1,04942. ⬆

10 € 7 Ch inklusive. **Lage:** Ländlich, einfach.
Untergrund: Schotter. 01/01-31/12.

Saint-Agnant 21B3
Place de Verdun. **GPS:** n45,86635 w0,9641. ⬆

10 kostenlos Ch kostenlos. **Lage:** Ländlich, einfach.
Untergrund: asphaltiert. 01/01-31/12.
Sonstiges: Neben Rathaus.

Saint-Amand-sur-Sèvre 21C1
Boulevard de Maumusson. **GPS:** n46,86903 w0,8. ⬆

5 kostenlos Ch kostenlos. **Lage:** Ländlich, einfach, ruhig.
Untergrund: Schotterasen. 01/01-31/12.
Entfernung: 500M 500M 500M.

Saint-Amand-sur-Sèvre 21C1
Le Moulin Chaligny. **GPS:** n46,88493 w0,82342. ⬆

10 € 10 Ch WC inklusive. **Lage:** Ländlich, abgelegen, ruhig. **Untergrund:** Wiese. 01/01-31/12.
Entfernung: 3Km 3Km 3Km vor Ort vor Ort.

Frankreich

Nouvelle-Aquitaine

Saint-Antoine-Cumond 24D1
Le Bourg, D43. **GPS**: n45,25553 o0,19963.

10 kostenlos ChWC kostenlos. **Lage**: Ländlich, einfach. **Untergrund**: asphaltiert/Schotter. 01/01-31/12. **Entfernung**: vor Ort.

Saint-Antoine-de-Breuilh 24D2
Camping-Car Park, 86 bis avenue du Périgord. **GPS**: n44,84516 o0,15847.
26 € 9,60-10,80 Ch (24x) inklusive.
Lage: Komfortabel, ruhig.
01/01-31/12.
Entfernung: 200M 200M 300M 500M vor Ort vor Ort.

Saint-Caprais-de-Blaye 24C1
Route de Saintes, RN137, Ferchaud. **GPS**: n45,29120 w0,5692.

8 kostenlos Ver-/Entsorgung €2 ChWC kostenlos, kalte Dusche. **Untergrund**: asphaltiert. 01/01-31/12. **Entfernung**: 6,4Km vor Ort vor Ort.
Sonstiges: Touristeninformation und Picknick-Tische vorhanden.

Saint-Clément-des-Baleines 21B2
Rue de la Forêt. **GPS**: n46,22756 w1,54644.

30 € 11/Nacht, € 18/2 Nächte Ch €4/1Std kostenlos.
Lage: Ländlich, einfach. **Untergrund**: befestigt.
01/01-31/12.
Entfernung: 250M 500M.
Sonstiges: Neben Campingplatz, Zahlung nur mit Münzen.

Saint-Cyprien 24E2
Place Mackenheim, Rue du Priolat. **GPS**: n44,86828 o1,04435.

8 € 3,50 Ch. **Lage**: Einfach. **Untergrund**: asphaltiert.
01/01-31/12.
Entfernung: 50M Bäckerei 50M, Supermarkt 100M.
Sonstiges: Max. 24 Std, Wertmünzen beim Touristenbüro und Restaurant La Sivade.
Touristinformation Saint-Cyprien:
Marché repas gourmand. Sommer Do-Abend.

Saint-Denis-d'Oléron 21B2
Aire du Moulin, Route des Huttes. **GPS**: n46,02750 w1,38306.

170 €10/24 Std Ch WC inklusive. **Lage**: Ländlich, einfach. **Untergrund**: Wiese. 01/01-31/12. **Entfernung**: 1Km.
Sonstiges: Max. 4 Nächte.

Saint-Dizant-du-Gua 24C1
Les berges du Taillon, 6 Rue du Pérat. **GPS**: n45,43062 w0,707.
25 kostenlos €2 Ch €2.
Untergrund: Wiese/befestigt.
01/01-31/12.
Entfernung: 200M vor Ort vor Ort vor Ort vor Ort.

Saint-Estèphe 24C1
Rue du Littoral. **GPS**: n45,26544 w0,7582.

5 kostenlos ChVer-/Entsorgung €5.
Lage: Ländlich, einfach, ruhig. **Untergrund**: Schotter/befestigt.
01/01-31/12.
Entfernung: 2km vor Ort vor Ort vor Ort vor Ort.
Sonstiges: Kostenlos, Wertmünzen erhältlich beim Restaurant.

Saint-Front-la-Rivière 24E1
Chez Boutau, D83. **GPS**: n45,46645 o0,72419.

10 kostenlos Ch (2x) kostenlos. **Lage**: Ländlich, komfortabel, abgelegen, ruhig. **Untergrund**: befestigt. 01/01-31/12.
Sonstiges: Max. 72 Std, Picknickplatz.

Saint-Genis-de-Saintonge 21C3
Rue Fanny. **GPS**: n45,48330 w0,56569.

20 € 6/24 Std 10Minuten Ch (20x) inklusive 4Std.
Lage: Städtisch, komfortabel, zentral, ruhig. **Untergrund**: asphaltiert.
01/01-31/12.
Entfernung: 400M.
Sonstiges: Hinter Kino, max. 72 Std.

Saint-Georges-de-Didonne 21B3
Parking Maudet, Rue du Docteur Maudet.
GPS: n45,60408 w0,99964.

19 € 6/24 Std Ch inklusive. **Lage**: Städtisch, einfach, zentral, ruhig. **Untergrund**: asphaltiert. 01/01-31/12.
Sonstiges: Max. 72 Std.

Saint-Georges-de-Didonne 21B3
Front de Mer, Boulevard de la Côte de Beauté.
GPS: n45,59557 w0,99163.

20 € 6/24 Std. **Lage**: Städtisch, einfach, ruhig.
Untergrund: Schotter/befestigt. 01/01-31/12.
Entfernung: 500M vor Ort 350M vor Ort.
Sonstiges: Strandparkplatz, max. 72 Std.

Saint-Georges-de-Didonne 21B3
Parking Gillet, Rue du Professeur Langevin.
GPS: n45,60324 w0,9921.

13 € 6/24 Std. **Lage**: Städtisch, einfach, zentral, ruhig. **Untergrund**: asphaltiert. 01/01-31/12.
Entfernung: vor Ort 800M vor Ort vor Ort.
Sonstiges: Max. 72 Std.

Saint-Georges-de-Didonne 21B3
Parking Miramar, Rue du Port. **GPS**: n45,60031 w1,007.

15 € 6/24 Std. **Lage**: Städtisch.
Untergrund: Schotter/befestigt. 01/01-31/12.
Entfernung: 1Km 100M vor Ort 200M 1Km.
Sonstiges: Max. 72 Std.

Saint-Germain-de-Marencennes 21C2
Rue du Moulin Neuf. **GPS**: n46,07882 w0,78283.
10 € 6 Ch WC inklusive. **Lage**: Einfach, ruhig.
Untergrund: asphaltiert. 15/03-15/11.
Entfernung: 500M.

Saint-Hilaire-de-Lusignan 24D3
D813. **GPS**: n44,22491 o0,51364.

Frankreich

Nouvelle-Aquitaine

3 🅿kostenlos 🚰€3/10Minuten 💧Ch. **Lage:** Städtisch, einfach, laut. **Untergrund:** Schotter. 📅 01/01-31/12. **Entfernung:** 🛒vor Ort 🥖1km 🏪5Km, Bäckerei 500M.

| ⓢ | **Saint-Hilaire-la-Palud** | 21C2 |

Place de la Marie. **GPS:** n46,26444 w0,71306.⬆.

10 🅿kostenlos. **Untergrund:** asphaltiert. 📅 01/01-31/12. **Entfernung:** 🛒vor Ort ⛽vor Ort 🍺vor Ort. **Sonstiges:** Parkplatz gegenüber dem Rathaus, max. 2 Nächte.

| ⓢ | **Saint-Jean-d'Angély** | 21C3 |

Base de Plein Air, Avenue de Marennes, D18. **GPS:** n45,94537 w0,53735.⬆.

10 🅿kostenlos 🚰💧Chkostenlos. **Untergrund:** Schotter. 📅 01/01-31/12. **Entfernung:** 🛒1Km 🥖100M 🏊100M ⛽200M 🍺1Km. **Sonstiges:** Max. 2 Nächte.

| | **Saint-Jean-de-Côle** | 24E1 |

Le Bourg. **GPS:** n45,41984 o0,84048.⬆.

3 🅿kostenlos 🚰€2 💧Ch♻€2. **Lage:** Städtisch, einfach, ruhig. **Untergrund:** befestigt. 📅 01/01-31/12. **Entfernung:** 🛒vor Ort 🥖200M 🏪300M ⛽200M. **Sonstiges:** Am Tennisplatz, Wertmünzen bei Office de Tourisme.

| 🅟ⓢ | **Saint-Jean-de-Luz** | 27A2 |

Avenue Geneviève Antonios de Gaulle, D810. **GPS:** n43,38527 w1,6629.⬆➡.

18 🅿kostenlos 🚰💧Ch♻kostenlos. **Untergrund:** asphaltiert. **Entfernung:** 🛒200M 🚲2,2Km 🏊300M 🥖300M ⛽100M 🍺100M. **Sonstiges:** Max. 48 Std.

Touristinformation Saint-Jean-de-Luz:
ℹ Office de Tourisme, Place du Maréchal Foch, www.saint-jean-de-luz.com. Touristische Stadt mit schönen Geschäften. Die lokale Spezialität ist chipirones, Tintenfisch gekocht in seiner eigenen Tinte. 🏛 Halles, Bd Victor Hugo. ◆ Morgen.

| ⓢ | **Saint-Jean-Pied-de-Port** 🌿🏛 | 27A2 |

Parking du Lai Alai. **GPS:** n43,16519 w1,23208.⬆.

50 🅿€ 5,50 🚰💧Ch♻WC🚿⚡. **Untergrund:** befestigt. 📅 01/01-31/12. **Entfernung:** 🛒350M 🏊350M 🥖350M ⛽350M 🍺350M 🚶vor Ort. **Sonstiges:** In der Nähe vom Stadion, max. 48 Std.

Touristinformation Saint-Jean-Pied-de-Port:
ℹ Office de Tourisme, 14, Place Charles de Gaulle, www.pyrenees-basques.com. Festungsstadt am Fuße des Roncesvallespass an der Weg nach Santiago de Compostela.
↯ Forêt d'Iraty. Naturschutzgebiet, Wanderroute erhältlich in OT.

| | **Saint-Julien-le-Petit** | 21F3 |

Route de la Plage. **GPS:** n45,82142 o1,70531.⬆.

12 🅿€ 5 2 Pers. inkl 🚰💧Ch♻WC🚿⚡. **Lage:** Ländlich, ruhig. **Untergrund:** Wiese.

| ⓢ | **Saint-Junien-la-Bregère** | 21F3 |

Rue du Chevalier de Châteauneuf. **GPS:** n45,88236 o1,75282.⬆.

3 🅿kostenlos 🚰💧Chkostenlos. **Lage:** Ländlich, ruhig. **Untergrund:** asphaltiert. 📅 01/01-31/12.

| ⓢ | **Saint-Laurent** | 21G2 |

Rue des Cerisiers. **GPS:** n46,16639 o1,96167.⬆.

4 🅿kostenlos 🚰💧Ch♻kostenlos. **Lage:** Ländlich. **Untergrund:** befestigt. 📅 01/01-31/12. **Entfernung:** 🛒vor Ort ⛽vor Ort.

| ⓢ | **Saint-Laurent-Médoc** | 24B1 |

Place du 8 mai 1945. **GPS:** n45,14903 w0,8215.⬆.

6 🅿kostenlos 🚰💧Ch♻. **Lage:** Städtisch, einfach, komfortabel. **Untergrund:** Schotter/befestigt. 📅 01/01-31/12. **Entfernung:** 🛒vor Ort ⛽300M 🍺300M.

| | **Saint-Laurent-sur-Gorre** | 21E3 |

Les Chênes, Allée des Primevères. **GPS:** n45,76528 o0,95639.⬆➡.

20 🅿€ 6 🚰€2/100Liter 💧Ch♻ ⚡(7x)€2/4Std WC🚿📶inklusive. **Lage:** Ländlich, komfortabel, ruhig. **Untergrund:** Wiese. 📅 01/01-31/12. **Entfernung:** 🛒300M 🥖vor Ort ⛽vor Ort 🏊300M 🍺300M.

| 🅟ⓢ | **Saint-Leon-sur-l'Isle** | 24D1 |

Skate Park Bord de l'Isle, D41E2. **GPS:** n45,12002 o0,49628.

6 🅿kostenlos 🚰💧Chkostenlos. **Lage:** Ländlich, einfach. **Untergrund:** befestigt/Sand. 📅 01/01-31/12. **Entfernung:** 🛒2km 🥖5,3Km ⛽vor Ort 🏪2km 🍺2km. **Sonstiges:** Ver-/Entsorgung im Dorf 750m, n45.11515 o0.5003400.

| ⓢ | **Saint-Léon-sur-Vézère** 🌿 | 24E2 |

Le Bourg, C201. **GPS:** n45,01230 o1,08978.⬆.

15 🅿kostenlos, 01/04-15/11 € 6 🚰€2 💧WC♻. **Lage:** Ländlich, einfach, ruhig. **Untergrund:** Wiese/Schotter. 📅 01/01-31/12. **Entfernung:** 🛒100M ⛽200M 🍺150M. **Sonstiges:** Wertmünzen bei Office de Tourisme.

| 🅟ⓢ | **Saint-Martial-d'Artenset** | 24D2 |

Le Gaec du Petit Clos, Ferrachat. **GPS:** n44,99877 o0,22052.
🅿€ 5, € 10 Ver-/Entsorgung incl 🚰💧Ch♻📶. **Lage:** Komfortabel, abgelegen, ruhig. **Entfernung:** 🛒2,5Km 🥖9Km 🍺2,5Km.

| ⓢ | **Saint-Martin-de-Ré** | 21B2 |

Rue de Rempart. **GPS:** n46,19925 w1,36514.⬆➡.

17 🅿€ 11 🚰💧Chinklusive. 🚿♻ **Lage:** Ländlich.

Frankreich

Nouvelle-Aquitaine

Untergrund: Schotter. ⬛ 01/01-31/12.
Entfernung: 🚰500M 🛒700M ⊗500M 🍴500M.
Sonstiges: 01/04-30/09 max. 72 Std.

Saint-Mathieu   21E3
Les Champs. **GPS:** n45,71465 o0,78720.

15 kostenlos €2/100Liter Ch. **Lage:** Ländlich, einfach, ruhig.
Untergrund: asphaltiert. ⬛ 01/01-31/12.
Entfernung: 🚰2km ⊗vor Ort 🍴vor Ort.

Saint-Médard-de-Guizières   24D2
Place du 14 Juillet. **GPS:** n45,01526 w0,05813.
3 kostenlos ChWC kostenlos. **Untergrund:** asphaltiert.
⬛ 01/01-31/12. **Entfernung:** 🚰vor Ort ⊗vor Ort 🍴300M.

Saint-Merd-les-Oussines   21G3
D109 > Tarnac. **GPS:** n45,63500 o2,03719.

6 kostenlos €2 Ch. **Lage:** Ländlich, einfach, abgelegen, ruhig.
Untergrund: Wiese/Schotter. ⬛ 01/01-31/12.
Entfernung: 🚰400M.
Sonstiges: Wertmünzen bei Auberge du Mont-Chauvet.

Saint-Palais-sur-Mer   27B2
Parking Place Ste. Elisabeth, Rue Gaztelu Zena.
GPS: n43,32944 w1,0325.

10 kostenlos ChWC kostenlos. **Lage:** Einfach.
Untergrund: asphaltiert. ⬛ 01/01-31/12.
Entfernung: 🚰200M ⊗250M 🍴250M.

Saint-Paul-lès-Dax   27B1
Allée Salvador Allende. **GPS:** n43,73460 w1,07865.

8 kostenlos Ch kostenlos. **Lage:** Einfach.
Untergrund: Schotter/Sand. ⬛ 01/01-31/12.
Entfernung: 🚰500M 🍴500M.
Sonstiges: Max. 72 Std, schattenreich.

Saint-Pée-sur-Nivelle   27A2
Flot bleu park St. Pée sur Nivelle, Promenade du Parlement de Navarre. **GPS:** n43,34945 w1,5215.

50 € 9,50/24 Std €2,50/120Liter Ch €2,50/4Std.
Untergrund: asphaltiert. ⬛ 01/01-31/12.
Entfernung: 🚰3km ⊗vor Ort 🍴500m Restaurant Aintzira Le Lac.
Sonstiges: Parkplatz am See, max. 48 Std, Brötchenservice.

Saint-Pey-d'Armens   24C2
Château Gerbaud, Gerbaud. **GPS:** n44,85310 w0,10699.

40 € 5 Ch inklusive (8x)€3. **Lage:** Ländlich, einfach.
Untergrund: Wiese. ⬛ 01/01-31/12.
Entfernung: 🚰1Km Bäckerei 1Km, Supermarkt 2Km.
Sonstiges: Max. 48 Std.

Saint-Pierre-d'Oléron   21B2
Avenue des Pins, La Cotinière. **GPS:** n45,92393 w1,3427.

10 € 9 €4/Aufenthalt Ch. **Lage:** Ländlich, einfach.
Sonstiges: Gegenüber Campingplatz, bezahlen bei Rezeption.

Saint-Porchaire   21C3
Place du Champ de Foire. **GPS:** n45,82063 w0,78215.

10 kostenlos ChWC kostenlos. **Lage:** Städtisch, einfach, zentral, ruhig. **Untergrund:** Schotter. ⬛ 01/01-31/12.
Entfernung: 🚰400M ⊗200M 🍴1Km.
Sonstiges: Max. 48 Std.

Saint-Privat   24G1
Rue des Chanaux. **GPS:** n45,14037 o2,09765.

10 kostenlos €2 Ch €2. **Lage:** Städtisch, einfach, zentral, ruhig. **Untergrund:** Wiese/befestigt. ⬛ 01/01-31/12.
Entfernung: 🚰200M ⊗200M 🍴200M.

Saint-Romain-la-Virvée   24C2
Rue des Milonis. **GPS:** n44,96449 w0,40139.

5 kostenlos Ch kostenlos. **Lage:** Ländlich, komfortabel, ruhig.
Untergrund: asphaltiert. ⬛ 01/01-31/12.
Entfernung: 🚰vor Ort 🛒10Km ⊗250M.
Sonstiges: Neben Sportplätzen.

Saint-Saud-Lacoussière   21E3
Étang de la Gourgousse, Route du Grand Etang.
GPS: n45,55780 o0,82237.

kostenlos. **Lage:** Ländlich, abgelegen, ruhig.
Untergrund: Waldboden.
Entfernung: Sandstrand vor Ort vor Ort.
Sonstiges: Max. 72 Std.

Saint-Saud-Lacoussière   21E3
Domaine Sous Chardonnièras, 4, Impasse Sous Chardonnièras.
GPS: n45,54053 o0,81909.

4 € 12,50 WC inklusive. **Lage:** Einfach, ruhig.
Untergrund: Wiese. ⬛ 01/01-31/12.
Entfernung: 🚰500M 🛒2km 🍴2km ⊗500M 🍴500M.

Saint-Sauveur   24E2
Le Bourg, D21. **GPS:** n44,86850 o0,58834.

3 kostenlos ChWC kostenlos. **Lage:** Einfach.
Untergrund: asphaltiert. ⬛ 01/01-31/12.
Entfernung: 🚰100M ⊗100M 🍴100M.

Saint-Savin   24C1
Aire de Civrac-de-Blaye, Parc de la Mairie, D36, Civrac-de-Blaye.
GPS: n45,11222 w0,44444.

1 kostenlos WC kostenlos. **Untergrund:** Wiese. ⬛ 01/01-31/12.
Entfernung: 🚰50M 🍴100M.

Nouvelle-Aquitaine

Saint-Savin — 24C1
Aire de St.Girons d'Aiguevives, St.Girons d'Aiguevives. **GPS**: n45,13972 w0,5425.

2 kostenlos. **Untergrund**: Wiese/Schotter. 01/01-31/12.
Entfernung: vor Ort 4Km 10Km.
Sonstiges: Parkplatz gegenüber Kirche.

Saint-Savin — 24C1
Aire des Lacs du Moulin Blanc, St.Christoly-de-Blaye. **GPS**: n45,15167 w0,47583.

2 kostenlos WC kostenlos. **Untergrund**: Schotter. 01/01-31/12. **Entfernung**: 800M 50M vor Ort vor Ort 3Km. **Sonstiges**: Parkplatz am See.

Saint-Savin — 24C1
Aire des Lagunes, St.Mariens. **GPS**: n45,11790 w0,40243.

2 kostenlos WC kostenlos. **Untergrund**: asphaltiert. 01/01-31/12. **Entfernung**: vor Ort 6Km 6Km 2Km.

Saint-Savin — 24C1
Parking Centre Culturel. **GPS**: n45,13800 w0,4465.

2 kostenlos WC. **Untergrund**: Schotter. 01/01-31/12. **Entfernung**: vor Ort 3Km 3Km 150M 800M, Bäckerei 50M. **Sonstiges**: Max. 48 Std.

Saint-Savin — 24C1
Aire de l'Église, Générac. **GPS**: n45,18000 w0,54.
2 kostenlos. 01/01-31/12. **Entfernung**: vor Ort 6Km 10Km.

Saint-Savin — 24C1
Aire de Marcenais, Marcenais. **GPS**: n45,05808 w0,33889.

2 kostenlos. 01/01-31/12.
Entfernung: vor Ort 6Km 6Km.
Sonstiges: Vor Kulturzentrum.

Saint-Savin — 24C1
Aire de Saugon, Saugon. **GPS**: n45,17795 w0,50243.
2 kostenlos. 01/01-31/12.
Entfernung: vor Ort 6Km 6Km 3Km 6Km.
Sonstiges: Hinter dem Rathaus.

Saint-Savin — 24C1
Aire de St. Vivien, RN137, St.Vivien-de-Blay. **GPS**: n45,09917 w0,51666.

2 kostenlos. 01/01-31/12.
Entfernung: vor Ort 3Km 3Km 3Km 3Km.
Sonstiges: Parkplatz bei Kirche.

Saint-Savin — 24C1
Aire du Dojo, Cézac. **GPS**: n45,09000 w0,41.

1 kostenlos. 01/01-31/12.
Entfernung: vor Ort 6Km 6Km 3Km 3Km.
Sonstiges: In der Nähe vom Rathaus.

Saint-Savin — 24C1
Aire du Lac des Vergnes, Laruscade. **GPS**: n45,10000 w0,34.
2 kostenlos. 01/01-31/12.
Entfernung: 200M vor Ort 500M 2km.
Sonstiges: Parkplatz am See.

Saint-Savin — 24C1
Aire Maison de la Forêt, Donnezac. **GPS**: n45,24000 w0,44.

2 kostenlos. 01/01-31/12.
Entfernung: vor Ort 6Km 6Km.
Sonstiges: Vor Kulturzentrum.

Saint-Savin — 24C1
Parking communal Aire de Cavignac, Rue de Paix, Cavignac. **GPS**: n45,10019 w0,39192.

2 kostenlos. 01/01-31/12.
Entfernung: vor Ort 8Km 50M 300M.

Saint-Savin — 24C1
Parking communal Aire de Saint Yzan, Parking de la Gare, St.Yzan-de-Soudiac. **GPS**: n45,14006 w0,40996.
2 kostenlos. 01/01-31/12.
Entfernung: vor Ort 12Km 800M 3Km 3Km vor Ort.

Saint-Savin — 24C1
Parking de Marsas, Rue Chaignaud, Marsas. **GPS**: n45,06770 w0,3849.
2 kostenlos. 01/01-31/12.
Entfernung: vor Ort 4Km 4Km.

Saint-Savin — 24C1
Parking Maison des Jeunes, Cubnezais. **GPS**: n45,07500 w0,40861.

kostenlos. **Untergrund**: asphaltiert. 01/01-31/12.
Entfernung: 50M 3Km 3Km.

Saint-Séverin — 24D1
Rue de la Pavancelle. **GPS**: n45,31269 o0,25527.

2 kostenlos Ch WC kostenlos. **Lage**: Ländlich.
Untergrund: asphaltiert. 01/01-31/12.
Entfernung: 200M 200M Spar 100M.

Saint-Sorlin-de-Conac — 24C1
Pôle Nature de Vitrezay. **GPS**: n45,32780 w0,71053.
20 kostenlos Ch kostenlos. 01/01-31/12.
Entfernung: 400M.
Sonstiges: Naturschutzgebiet.

Saint-Sulpice-le-Guérétois — 21G2
Le Masgerot. **GPS**: n46,18265 o1,84714.

16 €2/100Liter Ch.
Lage: Laut. **Untergrund**: asphaltiert.
Entfernung: vor Ort vor Ort.
Sonstiges: Neben Tankstelle.

Saint-Sylvestre-sur-Lot — 24E3
Place du Lot, Avenue Jean Moulin. **GPS**: n44,39621 o0,80499.

12 kostenlos Ch kostenlos. **Lage**: Städtisch, einfach.
Untergrund: asphaltiert. 01/01-31/12.
Entfernung: 150M, Penne d'Agenais Stadtmitte 1,8Km 100M 50M.
Sonstiges: Ver-/Entsorgung 100M.

Saint-Trojan-les-Bains — 21B3
Parking de la Liberté, Rue Marie Curie. **GPS**: n45,84371 w1,20899.

Nouvelle-Aquitaine

9 kostenlos €4. **Lage:** Städtisch, einfach.
Untergrund: asphaltiert. 01/01-31/12.
Entfernung: 200M vor Ort.
Sonstiges: Max. 72 Std.

Saint-Trojan-les-Bains 21B3
Parking Patoizeau, Boulevard de la plage. **GPS:** n45,84100 w1,20491.

10 kostenlos. **Lage:** Ländlich, einfach. **Untergrund:** asphaltiert. 01/01-31/12.
Entfernung: 600M 100M.
Sonstiges: Vor Feuerwehr, max. 72 Std.
Touristinformation Saint-Trojan-les-Bains:
Bureau Municipal de Tourisme, Carrefour du Port, www.st-trojan-les-bains.fr. Badeort auf der Insel Oléron, berühmt wegen die Mimose und die Austernzucht.
place de Filles de la Sagesse. Warenmarkt. Do + Sa-Morgen, Sommer täglich.
Marche Nocturne, rue de la République. Abendmarkt. Do ab 17 Uhr.

Saint-Vincent-de-Cosse 24E2
Ferme d'Enveaux. GPS: n44,82669 o1,09822.

50 Gäste kostenlos Ch kostenlos. **Untergrund:** ungepflastert. 01/01-31/12.
Entfernung: Kiesstrand 50M vor Ort vor Ort.
Sonstiges: Entlang der Dordogne, max. 48 Std, Schlüssel Wasser beim Kanuverleih.

Saint-Vincent-Jalmoutiers 24D1
Le Bourg. **GPS:** n45,20055 o0,19091.

25 kostenlos ChWC kostenlos. **Lage:** Ländlich, einfach.
Untergrund: Wiese/Sand. 01/01-31/12.
Entfernung: 350M 350M.

Saint-Ybard 24F1
Foyer Rural, Rue des Fontaines. **GPS:** n45,44886 o1,52271.

2 kostenlos kostenlos.
Lage: Städtisch, einfach, zentral, ruhig.
Entfernung: vor Ort 200M vor Ort vor Ort.

Saint-Yrieix-la-Perche 24F1
Parking J.P Fabrègue, Avenue de Lattre de Tassigny, D901. **GPS:** n45,51271 o1,20646.

5 kostenlos €3,50 Ch. **Lage:** Städtisch, einfach.
Untergrund: asphaltiert. 01/01-31/12.
Entfernung: 300M 300M 300M.
Sonstiges: Wertmünzen beim Touristenbüro und Maison de la Presse.

Saint-Yrieix-la-Perche 24F1
Ferme du Poumier, Lieu-dit Poumier, Marcognac. **GPS:** n45,52065 o1,26853.

4 €6 Ch inklusive. **Lage:** Ländlich, abgelegen, ruhig.
Untergrund: Schotter. 01/01-31/12.
Entfernung: St.Yrieix 5km.

Saint-Yrieix-sur-Charente 21D3
Camping du Plan d'eau, Rue du Plan d'Eau, Impasse des Ooyères. **GPS:** n45,69176 o0,14517.

14 € 7,20, Jul/Aug € 9,25 Ch kostenlos €3,65.
Lage: Komfortabel, luxus. **Untergrund:** asphaltiert. 01/04-31/10.
Entfernung: 2km 1Km 1Km 3Km 1km.

Sainte-Alvère 24E2
Rue de la Fontaine Saint Jean. **GPS:** n44,94500 o0,80499.

10 kostenlos €2,50/100Liter Ch €2,50/Std. **Lage:** Ländlich, einfach. **Untergrund:** Schotter. 01/01-31/12.
Entfernung: 500M 500M 500M.
Sonstiges: Am Sportzentrum, Wertmünzen beim Rathaus.

Sainte-Colombe-en-Bruilhois 24D3
Lieu-dit Bécade. **GPS:** n44,17889 o0,51692.

4 kostenlos ChWC kostenlos. **Lage:** Ländlich, einfach, ruhig.
Untergrund: Schotter. 01/01-31/12.
Entfernung: vor Ort 200M 200M.

Sainte-Eulalie-en-Born 24B3
Route du Port, D652. **GPS:** n44,30634 w1,18206.

40 € 4,50-7 Ch WC inklusive €3.
Lage: Komfortabel, ruhig. **Untergrund:** Wiese.
01/04-31/10 Ver-/Entsorgung 01/11-01/03.
Sonstiges: Am Jachthafen, bezahlen beim Campingplatz.

Sainte-Livrade-sur-Lot 24E3
Avenue René Bouchon. **GPS:** n44,39588 o0,59179.

8 kostenlos Ch kostenlos. **Lage:** Städtisch, einfach.
Untergrund: asphaltiert. 01/01-31/12.
Entfernung: vor Ort 850M.
Sonstiges: Bei der Feuerwehr.

Sainte-Nathalène 24F2
Les Ch'tis, Le Bourg, D47. **GPS:** n44,90409 o1,28765.

6 € 10 Ch inklusive. **Lage:** Ländlich, einfach.
Untergrund: Schotter. 01/01-31/12.
Entfernung: Sarlat 7km 50M Brötchenservice 50M.
Sonstiges: Mittwoch Markt (Juli-August).

Saintes 21C3
Aire camping-cars Avenue de Saintonge, Chemin de la Prairie. **GPS:** n45,74047 w0,62696.

12 € 5/24 Std Ch Ver-/Entsorgung €5
Lage: Städtisch, einfach, zentral. **Untergrund:** asphaltiert.

Nouvelle-Aquitaine

🅿 01/01-31/12.
Entfernung: 🛒1Km 🥖200M 🛒Leclerc 100m.
Sonstiges: Max. 7 Tage.
Touristinformation Saintes:
👁 Les Arènes. Römisch Amphitheater.
⛪ Place 11 November. 🕐 Di + Fr Morgen.
⛪ Grande Foire. Großen regionalen Markt. 🕐 1. Montag des Monats.

Salies-de-Béarn — 27B2
Aire Camping-car du Herre, Chemin du Herré.
GPS: n43,47270 w0,9339.⬆➡.

24🚐 € 6,70 🚽€2,50 💧Ch 🗑 🔌
Lage: Ländlich, einfach, ruhig. **Untergrund:** Schotter.
🅿 01/01-31/12.
Entfernung: 🛒300M 🏊vor Ort 🥖vor Ort ⛽300M 🍽300M 🏞300M.

Salignac-Eyvigues — 24F2
Rue des Ecoles. **GPS:** n44,97257 o1,32061.⬆.

10🚐kostenlos 🚽💧Chkostenlos. **Lage:** Einfach, ruhig.
Untergrund: Wiese. 🅿 01/01-31/12.
Entfernung: 🛒300M ⛽300M 🍽250M.

Salignac-Eyvigues — 24F2
Les Jardins du Manoir d'Eyrignac, Rte des Jardins du Manoir.
GPS: n44,93875 o1,31609.

40🚐kostenlos. **Lage:** Ländlich. **Untergrund:** Wiese/Schotter.
Entfernung: 🛒Sarlat 13km ⛽vor Ort.

Sanguinet — 24B2
Aire Des Bardets, 1131, Avenue de Losa. **GPS:** n44,48399 w1,09154.⬆.

15🚐kostenlos, 01/05-18/10 € 8 🚽💧Chkostenlos.
Lage: Einfach, ruhig. **Untergrund:** befestigt.
🅿 01/01-31/12.
Entfernung: 🛒800M 🏊vor Ort 🥖vor Ort ⛽50M 🍽vor Ort.
Sonstiges: Am See, max. 48 Std.

Sanguinet — 24B2
Parking du Pavillon, 459, Avenue de Losa.
GPS: n44,48579 w1,08479.⬆.

30🚐kostenlos, 01/06-15/09 € 9 🚽💧ChWC. **Lage:** Einfach, ruhig.
Untergrund: Waldboden. 🅿 01/01-31/12.
Entfernung: 🏊vor Ort 🍽Le Pavillon.
Sonstiges: Max. 48 Std.

Sare — 27A2
Route des Platane. **GPS:** n43,31179 w1,5839.⬆.

23🚐 € 6 🚽💧Ch. **Lage:** Einfach. **Untergrund:** asphaltiert.
🅿 01/01-31/12.
Entfernung: 🛒400M ⛽400M 🏊vor Ort.
Sonstiges: In der Nähe vom Schwimmbad.
Touristinformation Sare:
👁 Office de Tourisme, Bourg, www.sare.fr. Typisches baskisches Dorf in die Labourd-Region.
👁 Le petit train de la Rhune, Col de Saint Ignace. Der Zug läuft durch die Berge im Baskenland auf der Franco-Spanische Grenze. 🕐 15/03-15/11 ab 9 Uhr.
👁 Les Grottes de Sare. Höhlen, prähistorischer Park und Museum.
🅿 01/02-31/12.

Sarlat-la-Canéda — 24F2
Place Flandres Dunkerque. **GPS:** n44,89530 o1,21266.⬆➡.

50🚐 € 7/24 Std, € 15/48 Std 🚽€2 💧Ch €2 🗑 🔌
Lage: Städtisch, einfach, laut. **Untergrund:** asphaltiert.
🅿 01/01-31/12.
Entfernung: 🛒1Km 🥖100M 🍽Bäckerei 50M.
Touristinformation Sarlat-la-Canéda:
⛪ Centre ville. Zentrum des französischen Handels im foie Gras.
🕐 Sa-Morgen.

Saujon — 21B3
Route des Ecluses. **GPS:** n45,67503 w0,932.⬆.

14🚐 € 4/24 Std 🚽€2/100Liter 💧Ch 🚾€2/1Std. 🗑
Lage: Städtisch, einfach, zentral, ruhig. **Untergrund:** asphaltiert.
🅿 01/01-31/12.
Entfernung: 🛒900M.
Sonstiges: Max. 6 Tage, Wertmünzen beim Rathaus.

Sauvagnon — 27C2
Champ de Foire, Rue du Béarn. **GPS:** n43,40361 w0,38635.⬆.

7🚐kostenlos 🚽💧ChWCkostenlos. **Lage:** Ländlich.
Untergrund: asphaltiert. 🅿 01/01-31/12.
Entfernung: 🛒vor Ort ⛽vor Ort 🥖vor Ort 🍽vor Ort.
Sonstiges: Max. 48 Std.

Sauvagnon — 27C2
Rue du Béarn. **GPS:** n43,40310 w0,3876.⬆.

5🚐kostenlos. **Lage:** Ländlich, einfach, ruhig.
Untergrund: Schotterasen. 🅿 01/01-31/12.
Entfernung: 🛒vor Ort.

Sauveterre de Guyenne — 24C2
Boulevard de 11 Novembre. **GPS:** n44,69022 w0,08624.⬆.

4🚐kostenlos 🚽€1,50/90Minuten 💧Ch 🔌€1,50/90Minuten.
Lage: Städtisch, einfach, laut. **Untergrund:** befestigt.
🅿 01/01-31/12.
Entfernung: 🛒350M 🥖1000M, Bäckerei 100M.
Sonstiges: Wertmünzen beim Office du Tourisme, Supermarkt.

Sauzé-Vaussais — 21D2
Place des Halles. **GPS:** n46,13540 o0,10660.

🚐kostenlos 🚽💧Ch 🚾WCkostenlos. **Untergrund:** asphaltiert.
🅿 01/01-31/12 💧 Wasser: Nov-März.
Entfernung: 🛒vor Ort ⛽vor Ort.

Savignac-Lédrier — 24F1
Route de Juillac. **GPS:** n45,36401 o1,22066.➡.

15🚐kostenlos 🚽💧Ch kostenlos. **Lage:** Ländlich.
Untergrund: Schotter. 🅿 01/01-31/12.
Entfernung: 🛒vor Ort ⛽100M.
Sonstiges: Wertmünzen bei Restaurant des Forges.

Segonzac — 21C3
Place Blanche. **GPS:** n45,61456 w0,22113.⬆➡.

Nouvelle-Aquitaine

4 🅿kostenlos 🚰Ch (4x)WCkostenlos. **Untergrund:** Schotter.
🅾 01/01-31/12.
Entfernung: 🛒500m, Cognac 8km ⊗500M 🍴500M.

Segonzac 🌿 21C3
Cognac Forgeron, Chez Richon. **GPS:** n45,62545 w0,17514. ⬆.

6 🅿kostenlos. **Lage:** Ländlich, ruhig. **Untergrund:** Wiese.
🅾 01/01-31/12.
Entfernung: 🛒500M.
Sonstiges: Ankunft anmelden, Weinprobe.

🅂 Seignosse 27A1
Camping-car Park, D79. **GPS:** n43,69089 w1,42539. ⬆➡.

110 🅿€11 🚰Ch 💧 WC 📶 inklusive.
Untergrund: Wiese/Schotter. 🅾 01/01-31/12.
Entfernung: 🛒500M 🏖500M 🍴500M ⊗500M 🍺500M.
Sonstiges: Neben Camping municipal Hourn-Nao, Videoüberwachung.

🅂 Séreilhac 21E3
Allée Catherine Tabaraud. GPS: n45,76751 o1,07903. ⬆➡.

10 🅿kostenlos 🚰€2/10Minuten 💧Ch 💦(2x)€2/1Std.
Lage: Ländlich, komfortabel, ruhig. **Untergrund:** Schotter.
🅾 01/01-31/12.
Entfernung: 🛒200M 🍴vor Ort ⊗400M 🍺vor Ort.

🅂 Servières-le-Château 🍴 24G1
Centre touristique du lac de Feyt. GPS: n45,14415 o2,03665. ⬆➡.

15 🅿kostenlos, 29/03-27/09 €5 🚰€2/100Liter 💧Ch 💦€2/1Std.
Lage: Ländlich, komfortabel, abgelegen, ruhig.
Untergrund: Wiese/befestigt. 🅾 01/01-31/12.
Entfernung: 🏖Sandstrand ⊗vor Ort.

🅂 Sévignacq Méracq 27C2
Aire du gave d'Ossau, Quartier Raguette.
GPS: n43,10681 w0,42082. ⬆➡.

20 🅿€10 🚰€3 💧Ch 💦€2 WC. **Lage:** Einfach, ruhig.
Untergrund: Wiese/Schotter. 🅾 15/02-10/11.
Entfernung: 🛒1Km 🏖vor Ort 🍴vor Ort ⊗1Km 🍺1Km.

🅂 Soorts-Hossegor 27A1
Route des Lacs. GPS: n43,67279 w1,42087. ⬆.

85 🅿€6/24 Std, 01/06-30/09 €12 🚰€2/30Wochenende 💧Ch WC 📶.
Lage: Ländlich, ruhig. **Untergrund:** Schotter. 🅾 01/01-31/12.
Entfernung: 🏖550M.
Sonstiges: Max. 5 Tage.

🅂 Sorges 24E1
Aire de repos Grangearias, Le Bourg, N21.
GPS: n45,30570 o0,87238. ⬆.

4 🅿kostenlos 🚰Chkostenlos. **Lage:** Städtisch, einfach.
Untergrund: befestigt. 🅾 01/01-31/12.
Entfernung: 🛒100M 🍴200M ⊗250M.
Sonstiges: Ver-/Entsorgung 100M.

🅂 Soubise 21B3
Aire camping-car, Le Port/rue Colbert. **GPS:** n45,92833 w1,00666. ⬆.

17 🅿€7 🚰Ch 💦 WC inklusive.
Lage: Ländlich, einfach. **Untergrund:** Wiese/befestigt.
🅾 01/01-31/12.
Entfernung: 🍴vor Ort ⊗50M.
Sonstiges: Am Fluss, max. 24 Std, Dusche und warmes Wasser inkl.

🅂 Soubrebost 21G3
La Martinèche Maison Martin Nadaud Parking, D13.
GPS: n45,98489 o1,85574. ⬆.

10 🅿kostenlos 🚰💧Chkostenlos. **Lage:** Ländlich, abgelegen, ruhig.
Untergrund: asphaltiert. 🅾 01/01-31/12.
Entfernung: 🛒9Km.

Soulac-sur-Mer 🌿🏖 21B3
Boulevard de L'Amélie. GPS: n45,49938 w1,1373. ⬆.

45 🅿€4, 15/06-15/09 €8 🚰€3,70/10Minuten 💧Ch 💦€3,70/Std.
🏠 **Lage:** Städtisch, komfortabel.
Untergrund: Schotter/befestigt.
🅾 01/01-31/12.
Entfernung: 🛒2km 🏖50M ⊗2,5Km 🍺2,5Km 🍴vor Ort 🍺vor Ort.

🅂 Sourzac 24D1
D6089. GPS: n45,05147 o0,39518. ⬆.

8 🅿kostenlos 🚰€2/100Liter 💧ChWC.
Lage: Ländlich, zentral. **Untergrund:** Schotter/befestigt.
🅾 01/01-31/12 ⛔ kein Wasser im Winter.
Entfernung: 🛒600M ⊗100M.
Sonstiges: Wertmünzen bei Tankstelle.

🅂 Soustons 🍴 27A1
Parking du Lac Marin, Avenue de la Pêtre, Soustons Plage.
GPS: n43,77525 w1,41076. ⬆.

82 🅿€7, 01/05-30/09 €13 🚰Ch 💦 WC inklusive. 🏠.
Lage: Einfach. **Untergrund:** Schotter/befestigt.
🅾 01/01-31/12.
Entfernung: 🛒Stadtmitte 3Km 🏖See 50M, Ozean 300M ⊗50M 🍺50M 🍴vor Ort.
Sonstiges: Max. 72 Std.

🅂 Terrasson-Lavilledieu 🌿🏛 24F1
MCD Camping-cars, Rue Alphonse Daudet.
GPS: n45,13389 o1,30832. ⬆➡.

25 🅿€6 🚰€2 💧Ch 💦€3. **Lage:** Ländlich, komfortabel, ruhig.
Untergrund: Wiese. 🅾 01/03-31/11.
Entfernung: 🛒1Km 🍴600M 🍺600M.

Thouars 🌿 18D3
Rue Felix Gellusseau. GPS: n46,97614 w0,21151. ⬆➡.

Nouvelle-Aquitaine

10 kostenlos ChWC kostenlos. **Lage:** Städtisch, einfach, ruhig. **Untergrund:** Sand. 01/01-31/12. **Entfernung:** 200M 200M 200M. **Touristinformation Thouars:** Di, Fr.

Thurageau 21D1
Fam. Turpeau, Agressais. **GPS:** n46,78388 o0,25644.

5 kostenlos Ch kostenlos. **Lage:** Ländlich, einfach, ruhig. **Untergrund:** Schotter. 01/01-31/12. **Entfernung:** 2,5km. **Sonstiges:** Ziegenhof, Verkauf Produkte vom Bauernhof.

Tocane-Saint-Apre 24D1
Pré Sec, D103. **GPS:** n45,25712 o0,49471.

8 kostenlos €2/100Liter Ch €2/1Std. **Lage:** Ländlich, einfach. **Untergrund:** befestigt. 01/01-31/12. **Entfernung:** 300M 100M 300M 300M. **Sonstiges:** Wertmünzen bei Geschäfte im Dorf.

Tonnay-Charente 21B3
Quai des Capucins. **GPS:** n45,93921 w0,88171.

15 kostenlos Ch kostenlos. **Lage:** Städtisch, einfach. **Untergrund:** Schotter. 01/01-31/12. **Entfernung:** 1km 500M.

Tournon-d'Agenais 24E3
Base de Loisirs Camp Beau, Pont Roumio, Route de Libos, D102. **GPS:** n44,40444 o0,99833.
15 kostenlos Ch kostenlos. **Lage:** Ländlich, einfach. **Untergrund:** befestigt. 01/01-31/12. **Entfernung:** 500M.

Touvre 21D3
Route de Pontil. **GPS:** n45,66085 o0,25834.
7 kostenlos Ch. **Untergrund:** Schotter. 01/01-31/12.

Treignac 24F1
Les rivières, Route du lac, D940. **GPS:** n45,54341 o1,79950.

25 kostenlos ChWC kostenlos. **Lage:** Ländlich, einfach, ruhig. **Untergrund:** Wiese/Schotter. 01/04-01/10 Ver-/Entsorgung mit Frost. **Entfernung:** 2km vor Ort. **Sonstiges:** Am Fluss.
Touristinformation Treignac:
Office de Tourisme, 1, Place de la République. Stadtführung kostenlos erhältlich in OT.

Trémolat 24E2
D30. **GPS:** n44,87378 o0,83065.

5 kostenlos €2/25Minuten Ch. **Lage:** Ländlich, einfach. **Untergrund:** asphaltiert. 01/01-31/12. **Entfernung:** 300M 300M 300M vor Ort. **Sonstiges:** Wertmünzen beim Rathaus.

Turenne 24F2
Aire camping-cars, Avenue du Sénateur Labrousse, D8. **GPS:** n45,05391 o1,57988.

10 kostenlos €2 Ch €2 WC. **Lage:** Ländlich, komfortabel, zentral. **Untergrund:** Schotter. 01/01-31/12. **Entfernung:** vor Ort 100M 100M. **Sonstiges:** Hinter Touristenbüro, Wertmünzen beim Office de Tourisme und Supermarkt, schmale Durchfahrt, nicht für Reisemobile +7m.
Touristinformation Turenne:
Tour de Cesar. Ostern-Okt täglich, Winter So.

Uhart-Mixe 27B2
Parking de la salle polyvalente d'Airetik, Route départementale 933. **GPS:** n43,27780 w1,02245.

4 €5 €2. **Lage:** Ländlich, einfach, ruhig. **Untergrund:** asphaltiert. **Entfernung:** 1km. **Sonstiges:** Max. 24 Std.

Ussel 24G1
Aire du lac de Ponty. GPS: n45,54762 o2,28330.

15 kostenlos €2 Ch €2 WC. **Lage:** Ländlich, einfach, ruhig. **Untergrund:** Wiese/Schotter. 01/01-31/12. **Entfernung:** Ussel 3km 8,5Km vor Ort vor Ort. **Sonstiges:** Am See, gegenüber Campingplatz.

Uzerche 24F1
Place de la Petite Gare, Rue Paul Langevin. **GPS:** n45,42477 o1,56696.

20 kostenlos ChWC kostenlos. **Lage:** Städtisch, einfach, zentral, ruhig. **Untergrund:** asphaltiert. 01/01-31/12 20. jeden Monats. **Entfernung:** 300M 4,4Km Bach.

Valeyrac 24B1
Port de Goulée, Route Castillonaise. **GPS:** n45,40500 w0,91028.

5 kostenlos. **Lage:** Ländlich, einfach, abgelegen, ruhig. **Untergrund:** Schotter/befestigt. 01/01-31/12. **Entfernung:** 50M vor Ort vor Ort 20M vor Ort vor Ort. **Sonstiges:** Am Hafen.

Vanxains 24D1
Le Petit Verteillac, D708. **GPS:** n45,21204 o0,28399.

2 kostenlos Ch WC kostenlos. **Lage:** Ländlich, einfach, ruhig. **Untergrund:** asphaltiert. 01/01-31/12. **Entfernung:** 400M 700M.

Vasles 21D1
Mouton Village, Rue de la Cité. **GPS:** n46,57329 w0,02309.

10 kostenlos ChWC kostenlos. **Lage:** Ländlich, einfach, ruhig. **Untergrund:** Schotter. 01/01-31/12. **Entfernung:** 400M 400M.

Nouvelle-Aquitaine - Okzitanien

Vertheuil — 24B1
Château Ferré, 3 rue des Aubépines. GPS: n45,26225 w0,82798.

4 kostenlos ChWC. Lage: Ländlich, komfortabel. Untergrund: Wiese/Schotter. 01/01-31/12.
Entfernung: 2km 8km 2,5Km.

Veyrines-de-Domme — 24E2
Boutique des Bois d'Envaux, Route des Milandes, 6-102 Le Falgueyrat. GPS: n44,82090 o1,10394.

30 kostenlos. Lage: Einfach, abgelegen. Untergrund: Wiese. Entfernung: vor Ort.
Sonstiges: Verkauf von Foie Gras und Wein, montagabend marché gourmand.

Vézac — 24E2
Camping-Car Park, La Malartrie. GPS: n44,82440 o1,16950.

15 € 9,60, 01/07-31/08 € 12 + Kurtaxe € 1,22/pP Ch inklusive. Untergrund: Wiese/Schotter. 01/01-31/12.

Vicq-sur-Gartempe — 21E1
25, Route de la Roche Posay. GPS: n46,72414 o0,86189.

10 kostenlos ChWC kostenlos. Lage: Ländlich, einfach, ruhig. Untergrund: Schotter. 01/01-31/12.
Entfernung: 500M.

Vielle-Saint-Girons — 27A1
Lac de Léon, plage de Vielle. GPS: n43,90279 w1,30944.
30 € 8-14 + Kurtaxe € 0,61/pP, Hund € 5,10 Ch (30x)€5/Nacht WC. Lage: Einfach. Untergrund: Schotter/befestigt. 01/04-30/09.
Entfernung: 100M 300M 50M 100M.
Sonstiges: Max. 48 Std.

Vielle-Saint-Girons — 27A1
Les Tourterelles, Saint Girons-Plage. GPS: n43,95278 w1,35778.

40 € 9,90 02/07-27/08 € 15,50 16/07-20/08 € 15,95 Ch €4/24Std WC. Lage: Komfortabel.
Untergrund: Schotter/befestigt. 01/04-30/09.
Entfernung: 300M 500M 500M.
Sonstiges: Sanitär beim Campingplatz.

Vieux-Boucau-les-Bains — 27A1
Aire camping-cars Village, Avenue des Pêcheurs. GPS: n43,77971 w1,40041.

150 € 6, 01/05-30/09 € 12 Ch inklusive.
Lage: Komfortabel. Untergrund: Schotter/Sand. 01/01-31/12.
Entfernung: 500M 200M 500M 500M vor Ort.
Sonstiges: >3,5T verboten.

Vigeois — 24F1
D7, route de Brive. GPS: n45,36717 o1,53392.

12 kostenlos €3/150Liter Ch €3. Lage: Ländlich, einfach, abgelegen, ruhig. Untergrund: Wiese/Schotter. 01/04-31/10.
Entfernung: 2km 7,2Km Strand 150M.
Sonstiges: Wertmünzen erhältlich beim Rathaus und den Bars im Dorf.

Villefranche-du-Périgord — 24E2
Plan d'eau, Le Bourg. GPS: n44,63104 o1,07728.

15 kostenlos €2,50 Ch €2,50. Lage: Ländlich, ruhig.
Untergrund: befestigt. 01/01-31/12.
Entfernung: 300M.

Villeneuve-de-Marsan — 27C1
Avenue du Stade 40. GPS: n43,88737 w0,30595.
7 kostenlos Ch (2x)kostenlos,16Amp. Lage: Ländlich, einfach, ruhig. Untergrund: asphaltiert. 01/01-31/12.
Entfernung: 1Km 1Km 1Km.
Sonstiges: Max. 48 Std.

Villeréal — 24E2
Aire de Jeux, Boulevard Alphonse de Poitiers, D104.
GPS: n44,63798 o0,74065.
kostenlos Ch. Untergrund: asphaltiert. 01/01-31/12.
Entfernung: 300M 300M 300M.

Villeton — 24D3
D120. GPS: n44,36386 o0,27279.

4 € 4,60, 01/04-31/10 € 5,60 €4 Ch €2/4Std WC.
Lage: Ländlich, komfortabel.
Untergrund: Schotter.
01/01-31/12 kein Wasser im Winter.
Entfernung: 10,5Km vor Ort vor Ort vor Ort 500M.

Vitrac — 24F2
Montfort, D703. GPS: n44,83558 o1,24852.

10 kostenlos €3/100Liter Ch €3/Std WC. Lage: Ländlich, einfach. Untergrund: Wiese/Schotter. 01/01-31/12.
Entfernung: 50M 2Km Strand an Dordogne 200M.
Sonstiges: Wertmünzen erhältlich beim restaurant Le Point Vue (200m).

Okzitanien

Adé — 27C2
Feerie-des-Eaux, 70 Avenue des Pyrénées, N21.
GPS: n43,12834 w0,0277.

27 € 10 Ch inklusive. Lage: Komfortabel, laut.
Untergrund: asphaltiert/Wiese. Ostern-31/10.
Entfernung: Lourdes 2km 1Km 500M 200M.

Agde — 28A2
Les Canoës, Route de la Tamarissière. GPS: n43,29871 o3,45391.
€ 12-15 + € 0,83/pP Kurtaxe, Hund € 3 Ch.
01/04-31/10. Sonstiges: Ehemaliger Campingplatz.
Touristinformation Agde:
Cathédrale Ste Étienne. Romanische befestigte Kathedrale, 12. Jahrhundert.

Agos-Vidalos — 27C3
Le Pibeste, Avenue du Lavedan. GPS: n43,03552 w0,07069.

30 € 9,60, 01/07-31/08 €10,80 Ch inklusive.
Lage: Ländlich, komfortabel. Untergrund: Wiese/Schotter.

◻ 01/01-31/12.
Entfernung: 🚰vor Ort 🛒10Km ⊗vor Ort 🚽3Km 🕽vor Ort 🚶vor Ort.

| 🚐S | Aigues-Mortes 🌿🧺 | 28B2 |

Les Poissons d'Argent, CD62. **GPS**: n43,56476 o4,16289. ⬆️.

120 🚐 € 10 🚰🔌 **Ch**inklusive 🔌(32x)€3/24 Std,5Amp 📶.
Lage: Einfach. **Untergrund:** Schotter.
◻ 01/03-31/10.
Entfernung: 🚰3Km 🏊3Km 🚴vor Ort ⊗vor Ort 🛒1,5km Lidl 🚲500M 🚶500M.
Sonstiges: Am Angelsee, Angelschein inkl, Brötchenservice.

| 🚐S | Aigues-Mortes 🌿🧺 | 28B2 |

Rue du Port. GPS: n43,56631 o4,18575. ⬆️.

50 🚐 € 16 🚰🔌**Ch**kostenlos. 🏪 **Lage:** Einfach.
Untergrund: befestigt. ◻ 01/01-31/12.
Entfernung: 🚰600M.
Sonstiges: Max. 24 Std.
Touristinformation Aigues-Mortes:
🛈 Office de Tourisme, Place Saint Louis, ot-aiguesmortes.com. Mittelalterliche Festung, 13. Jahrhundert, im Sumpflandschaft des Camargue, touristische Attraktion.
👁 La Tour Carbonnière, Place Saint Louis. Turm, Wachtenposten für die Verteidigung der Stadt.

| 🚐 | Aiguèze 🌿 | 25C3 |

GPS: n44,30530 o4,55250. ⬆️.

+20 🚐kostenlos. **Lage:** Ländlich, einfach, ruhig.
Untergrund: Wiese/Schotter. ◻ 01/01-31/12.
Entfernung: 🚰300M ⊗300M.

| 🚐S | Albas 🍴🧺 | 24F3 |

Pech del Gal. GPS: n44,47480 o1,23275. ⬆️➡️.

10 🚐kostenlos 🚰🔌**Ch**kostenlos. **Lage:** Einfach, abgelegen, laut.
Untergrund: Schotter. ◻ 01/01-31/12 ⛔ kein Wasser im Winter.
Sonstiges: Beim Stauer.

| 🚐S | Albi 🌿🧺🍴 | 27G1 |

Base de Loisirs Pratgraussals, Rue de Lamothe.
GPS: n43,92951 o2,13480. ⬆️➡️.

Okzitanien

20 🚐kostenlos 🚰🔌**Ch**kostenlos. **Lage:** Ländlich, einfach, abgelegen, ruhig. **Untergrund:** asphaltiert. ◻ 01/01-31/12.
Entfernung: 🚰1,5Km.
Sonstiges: Am Friedhof, Ver-/Entsorgung 200M.

| | Albi 🌿🧺🍴 | 27G1 |

Parking Cathédrale. GPS: n43,92750 o2,14111. ⬆️➡️.

10 🚐kostenlos. **Lage:** Städtisch, einfach, laut.
Untergrund: asphaltiert. ◻ 01/01-31/12.
Entfernung: 🚰50M ⊗50M 🛒100M.
Sonstiges: Parkplatz in der Nähe der Kathedrale Sainte Cécile, max. 48 Std.

| 🚐S | Albi 🌿🧺🍴 | 27G1 |

Supermarkt Leclerc, Les portes d'Albi. **GPS**: n43,91846 o2,10968. ⬆️.

🚐kostenlos 🚰€2/10Minuten 🔌**Ch**🚽€2/55Minuten 🧺.
Lage: Städtisch, einfach, laut. **Untergrund:** asphaltiert.
◻ 01/01-31/12.
Entfernung: 🚰3Km ⊗vor Ort 🛒vor Ort 🚐vor Ort.
Sonstiges: Parkplatz Supermarkt.

| S | Albi 🌿🧺🍴 | 27G1 |

Rue Michelet. GPS: n43,94583 o2,15111. ⬆️➡️.
🚰🔌**Ch**kostenlos. ◻ 01/01-31/12.

| 🚐S | Alès 🌿🧺🍴🧺 | 28B1 |

Place du camping-car, Avenue Jules Guesde.
GPS: n44,12013 o4,08207. ⬆️.

6 🚐kostenlos 🚰🔌**Ch**kostenlos. **Lage:** Städtisch, komfortabel, zentral, laut. **Untergrund:** asphaltiert. ◻ 01/01-31/12.
Entfernung: 🚰vor Ort 🏊vor Ort 🚴vor Ort 🛒400M 🚲600M 🚶vor Ort 🕽Routen erhältlich beim Touristinbüro.

| | Alvignac 🌿 | 24F2 |

Parc du Samayou, Route de Padirac. **GPS**: n44,82504 o1,69711. ⬆️.

10 🚐kostenlos 🚰🔌**Ch**WC. **Untergrund:** asphaltiert.
Entfernung: 🚰100M ⊗200M 🛒200M.

| 🚐S | Alzon | 28A1 |

D999. GPS: n43,96567 o3,43902.
20 🚐kostenlos 🚰€2/100Liter 🔌**Ch**.
Untergrund: Schotter/befestigt. ◻ 01/01-31/12.
Entfernung: ⊗100M.
Sonstiges: Wertmünzen bei Restaurant.

| 🚐S | Amélie-les-Bains-Palalda ♨ | 32G1 |

Carrer de l'Oreneta. GPS: n42,48063 o2,67951. ⬆️.

40 🚐 € 7 🚰🔌**Ch**inklusive. 🔌 **Untergrund:** Schotter.
◻ 01/01-31/12. **Entfernung:** 🚰2km 🛒500M.
Sonstiges: Hinter Hotel du Lion D'Or, max. 7 Tage.

| 🚐S | Amélie-les-Bains-Palalda ♨ | 32G1 |

Camping Amélie, Avenue Beau Soleil, D115.
GPS: n42,47894 o2,67414. ⬆️.

8 🚐 € 6 🚰€4. 🔌 **Lage:** Einfach, laut. **Untergrund:** Wiese/Schotter.
◻ 01/01-31/12.
Entfernung: 🚰vor Ort 🛒1Km 🚶1Km.
Sonstiges: Max. 48 Std, Wertmünzen beim Campingplatz.

| 🚐S | Anduze 🌿🧺🍴 | 28B1 |

Place de la Gare. GPS: n44,05000 o3,98444. ⬆️.

20 🚐kostenlos 🚰€2 🔌**Ch**🚽€2/55Minuten.
Lage: Städtisch, einfach, zentral, ruhig.
Untergrund: asphaltiert.
◻ 01/01-31/12.
Entfernung: 🚰vor Ort 🛒300M 🚲400M 🚶vor Ort.
Sonstiges: Max. 48 Std.
Touristinformation Anduze:
👁 Bambousserie de Prafrance, 552 rue de Montsauve. Bambusgarten ausgebreitet 1835, mit einer großen Vielzahl der Bambussorte.
◻ 01/02-15/11.
👁 Train Touristique, 38 Place de la Gare. Touristischer Zug von Anduze zu St.Jean-du-Gard. ◻ 26/03-31/10.

| 🚐S | Anglès | 27H2 |

Route de Saint-Pons. GPS: n43,56553 o2,56544. ⬆️.
4 🚐kostenlos 🚰🔌**Ch**📶. **Untergrund:** befestigt.
Entfernung: 🚰500M.

| 🚐S | Aniane 🌿 | 28A2 |

Le Pont du Diable. GPS: n43,70270 o3,55988. ⬆️.

Okzitanien

🅿€5/Tag, € 18/24 Std 🚗€3 💧Ch ♨. **Lage:** Ländlich, abgelegen. **Untergrund:** Schotter. 📅 01/01-31/12. **Entfernung:** 🚲9Km. **Sonstiges:** Max. 48 Std, Pont du Diable 600M, St.Guilhem-le-Désert 4Km, freier shuttlebus Mai-Sept: Wochenende (11-19 Uhr), Juli-Aug täglich (10-23 Uhr).

🅿S | **Aniane** 🌿 | 28A2
Lotissement du Camp de Sauve. **GPS:** n43,68652 o3,58254. ⬆️➡️.

15 🅿kostenlos. **Untergrund:** Schotter. 📅 01/01-31/12. **Entfernung:** 🚲300M 🛒in der Nähe🍴300M 🥖300M.

🅿S | **Aragnouet** ⛰️❄️ | 27D3
Piau Engaly. **GPS:** n42,78599 o0,15800. ⬆️➡️.

120 🅿kostenlos, Winter € 15 🚗💧Ch ♿(120x) WC 📶. **Lage:** Komfortabel, abgelegen, ruhig. **Untergrund:** asphaltiert. 📅 01/12-31/08. **Entfernung:** 🚲300M 🛒300M 🎣300M. **Sonstiges:** Ver-/Entsorgung nur im Winter.

♿ | **Arfons** | 27G2
Pierron-Les Escudiés. **GPS:** n43,43972 o2,19472.

4🅿€ 5. **Untergrund:** Wiese. 📅 01/01-31/12. **Entfernung:** 🚲4km 🛒1km 🍴4km 🥖4km.

🅿S | **Argelès-Gazost** ❄️ | 27C3
Carrefour Market, Route du Stade. **GPS:** n43,00455 w0,08636. ⬆️.

26 🅿kostenlos 🚗💧Ch. **Lage:** Ländlich, komfortabel, ruhig. **Untergrund:** asphaltiert. 📅 01/01-31/12. **Entfernung:** 🚲4Km ⛽350M 🍴vor Ort 🥖vor Ort.

🅿S | **Arre** ⛰️🍴♨ | 28A1
D999. **GPS:** n43,96771 o3,52139. ⬆️➡️.

6 🅿kostenlos 🚗€2/100Liter 💧Ch€2/1Std WC. **Lage:** Ländlich, einfach, zentral, ruhig. **Untergrund:** befestigt. 📅 01/01-31/12. **Entfernung:** 🚲vor Ort 🛒vor Ort 🍴vor Ort 🥖vor Ort 🥖Bäckerei 200M 🚶vor Ort.

🅿S | **Arreau** 🌿⛰️ | 27D3
Chemin de Fregel. **GPS:** n42,90708 o0,35912. ⬆️.

25 🅿kostenlos, Juli-Aug € 2 🚗💧Ch kostenlos. ♨. **Lage:** Städtisch, einfach, zentral. **Untergrund:** befestigt. 📅 01/01-31/12. **Entfernung:** 🚲100M 🛒100M 🍴150M 🥖300M ⛽200M 🚶vor Ort 🎣vor Ort.

🅿S | **Arrens-Marsous** ⛰️🍴❄️ | 27C3
D918. **GPS:** n42,95806 w0,20722. ⬆️.

10 🅿kostenlos 🚗€2/100Liter 💧Ch🍴€2. **Lage:** Ländlich, einfach, abgelegen, ruhig. **Untergrund:** asphaltiert. 📅 01/01-31/12. **Entfernung:** 🚲650M ⛽550M 🍴500M 🎣vor Ort 🚶vor Ort.

🅿S | **Arvieu** ⛰️ | 24H3
GPS: n44,19246 o2,65916. ⬆️.

6 🅿kostenlos 🚗€2/80Liter 💧Ch kostenlos. **Lage:** Einfach, ruhig. **Untergrund:** Schotter. 📅 01/01-31/12. **Entfernung:** 🚲100M ⛽vor Ort 🛒100M 🍴100M 🚶vor Ort. **Sonstiges:** Am Sportzentrum, max. 72 Std, Wertmünzen in den Geschäften und bei Rathaus.

🅿S | **Aubrac** | 24H3
D533. **GPS:** n44,62026 o2,98705.
10 🅿kostenlos 🚗💧Ch WC kostenlos. **Lage:** Einfach, ruhig. **Untergrund:** Schotter. 📅 01/01-31/12. **Entfernung:** 🚲50M 🛒vor Ort 🍴vor Ort 🥖vor Ort 🎣vor Ort.

🅿S | **Auch** 🌿🍴🍺 | 27D1
Camping municipal, Rue des Cormorans. **GPS:** n43,63654 o0,58854. ⬆️➡️.

3 🅿€ 4 💧Ch kostenlos 🚿€1,50. **Untergrund:** asphaltiert. 📅 01/01-31/12. **Entfernung:** 🚲15Min ⛽15Min 🍴15Min.

🅿S | **Auterive** | 27F2
Grande Allée du Ramier. **GPS:** n43,35025 o1,47730. ⬆️.

6 🅿kostenlos 🚗💧Ch kostenlos. **Untergrund:** asphaltiert. 📅 01/01-31/12. **Sonstiges:** Bei der Feuerwehr.

🅿S | **Auterive** | 27F2
Rue des Docteurs Basset. **GPS:** n43,35182 o1,47641. ⬆️.
10 🅿kostenlos. **Untergrund:** asphaltiert. **Entfernung:** 🚲200M ⛽200M. **Sonstiges:** Am Fluss.

🅿S | **Auzas** | 27E2
La Grangère. **GPS:** n43,17016 o0,88690. ⬆️.

10 🅿€ 4 🚗💧Ch ♿(4x) inklusive. **Untergrund:** asphaltiert. **Entfernung:** 🛒vor Ort. **Sonstiges:** Am See.

🅿S | **Avèze** | 28A1
Aire de Loisirs du Pont Vieux, D999. **GPS:** n43,97517 o3,59899. ⬆️➡️.

6 🅿kostenlos 🚗€2 💧Ch€2/1Std. **Untergrund:** befestigt. 📅 01/01-31/12. **Entfernung:** 🚲500M ⛽vor Ort 🛒vor Ort 🍴500M 🥖1,3Km 🚶vor Ort. **Sonstiges:** Neben Camping municipal, max. 48 Std.

🅿S | **Ax-les-Thermes** 🌿⛰️🍴❄️♨ | 27F3
A Bonascre, Rue des Chalets. **GPS:** n42,70340 o1,81657. ⬆️.
40 🅿kostenlos 🚗€2/100Liter 💧Ch 🚿€6/24Std ♨. **Lage:** Abgelegen, ruhig. **Untergrund:** Schotter. 📅 01/01-31/12.

🅿S | **Ax-les-Thermes** 🌿⛰️🍴❄️♨ | 27F3
N20. **GPS:** n42,72565 o1,83154. ⬆️.
30 🅿€ 8 🚗100Liter ♿inklusive 1Std. 🚻 ♨. **Lage:** Einfach, laut. **Untergrund:** asphaltiert. **Entfernung:** 🚲1Km.

🅿S | **Ax-les-Thermes** 🌿⛰️🍴❄️♨ | 27F3
Parc d'Espagne. **GPS:** n42,71504 o1,84142. ⬆️.

Frankreich 471

Okzitanien

35 € 5. **Untergrund:** asphaltiert. 01/01-31/12. **Entfernung:** 500M 500M 500M.

Bagnères-de-Bigorre   27D3
Rue René Cassin. **GPS:** n43,07319 o0,15256.

30 kostenlos ChWCkostenlos. **Lage:** Ländlich, einfach, laut. **Untergrund:** Schotter. 01/01-31/12. **Entfernung:** 500M 15Km 500M 650M.

Bagnères-de-Bigorre   27D3
Avenue de Belgique. **GPS:** n43,06917 o0,14889.

10 kostenlos. **Lage:** Städtisch, einfach, zentral, laut. **Untergrund:** asphaltiert. 01/01-31/12. **Entfernung:** 200M 15Km 200M 200M vor Ort vor Ort. **Sonstiges:** Am Bahnhof.

Bagnères-de-Luchon   27D3
Lac de Badech, Rue Jean Mermoz. **GPS:** n42,79540 o0,59875.

50 € 4/24 Std Ver-/Entsorgung €4 **Lage:** Ländlich, einfach, ruhig. **Untergrund:** asphaltiert. 01/01-31/12. Ver-/Entsorgung: 01/12-01/04. **Entfernung:** 1Km 1Km 500M vor Ort vor Ort. **Sonstiges:** Wertmünzen bei Office de Tourisme.

Bagnols-sur-Cèze   28C1
Av. de l Europe, D8086. **GPS:** n44,16820 o4,61958.

20 kostenlos Chkostenlos. **Untergrund:** Schotter. **Sonstiges:** Max. 24 Std.

Balaruc-les-Bains   28A2
Avenue des Hespérides 335. **GPS:** n43,44499 o3,67564.

6 € 8,50 Ch. **Lage:** Ländlich, ruhig. **Untergrund:** ungepflastert. 01/01-31/12. **Entfernung:** vor Ort.

Balaruc-les-Bains   28A2
Thermes Hespérides, Allée des Sources. **GPS:** n43,44574 o3,67770.

6 € 7 Ch 55Minuten WCinklusive. **Lage:** Einfach, ruhig. **Untergrund:** asphaltiert. 01/01-31/12. **Entfernung:** 1Km. **Sonstiges:** Kostenloser Bus zum Zentrum.

Baraqueville   24G3
Rue du Val de Lenne. **GPS:** n44,27850 o2,43407.

10 kostenlos €3 Ch. **Lage:** Einfach, ruhig. **Untergrund:** asphaltiert. 01/01-31/12. Ver-/Entsorgung 01/11-31/03. **Entfernung:** vor Ort 50M vor Ort vor Ort. **Sonstiges:** Wertmünzen bei Geschäfte im Dorf, schräge Stellflächen.

Barbotan-les-Thermes   27C1
Avenue des Thermes. **GPS:** n43,94884 w0,04344.

6 kostenlos, Nacht € 4,50. **Untergrund:** asphaltiert. 01/01-31/12. **Entfernung:** 500M 50M 500M.

Bardigues   27E1
GPS: n44,03869 o0,89271.

4 kostenlos €2/100Liter Ch. **Untergrund:** Schotter. 01/01-31/12. **Entfernung:** 150M 8,6Km 150M 150M.

Barèges   27D3
Le Tournabou, Route de Tourmalet, D918. **GPS:** n42,90329 o0,10151.

15 kostenlos. **Lage:** Ländlich, abgelegen, ruhig. **Untergrund:** asphaltiert. 01/01-31/12. **Entfernung:** 2,5Km vor Ort 3Km vor Ort vor Ort vor Ort vor Ort.

Beaucaire   28C1
Les Marguilliers, Chemin des Marguilliers. **GPS:** n43,81667 o4,64107.

9 € 15/24 Std Ch inklusive. **Untergrund:** Schotter. 01/01-31/12. **Entfernung:** 500M 500M 500M 500M.

Beaucaire   28C1
Quai de la Paix. **GPS:** n43,80615 o4,63739.

10 kostenlos €2/100Liter Ch €2/1Std. **Lage:** Städtisch, einfach. **Untergrund:** asphaltiert. 01/01-31/12. kein Wasser im Winter. **Entfernung:** 300M 300M 300M Bäckerei 300M. **Sonstiges:** Wertmünzen bei Office de Tourisme.

Bédarieux   27H2
Avenue Jean Moulin. **GPS:** n43,61071 o3,15329.

10 kostenlos Chkostenlos. **Lage:** Städtisch, einfach, zentral, ruhig. **Untergrund:** Wiese. 01/01-31/12. **Entfernung:** vor Ort vor Ort vor Ort 800M. **Sonstiges:** An der Orb.

Bélesta   27H3
Rue des Loisirs. **GPS:** n42,71560 o2,60786.

10 € 5 €2/20Minuten (8x)€2/4Std. **Lage:** Ländlich, einfach, ruhig. **Untergrund:** Wiese/Schotter. 01/04-31/10. **Entfernung:** 100M vor Ort.

Bellas   24H3
D995. **GPS:** n44,31256 o3,12689.

Okzitanien

10 🅿 € 5 kostenlos 🚿€3. **Lage:** Ländlich, ruhig.
Untergrund: Wiese/befestigt. 01/01-31/12.
Entfernung: vor Ort, vor Ort.

Bellegarde — 28C1
Port de plaisance, Las Courrejos Est. **GPS:** n43,74422 o4,51890.

kostenlos €2 Ch €2/1Std. **Lage:** Ländlich, einfach.
Untergrund: Schotter/Sand. 01/01-31/12.
Entfernung: Zentrum 1,5Km.
Sonstiges: Max. 48 Std, Wertmünzen beim Hafenmeister.

Belmont sur Rance — 27H1
Parking de la Mairie, Route de Lacaune. **GPS:** n43,81630 o2,75269.

3 kostenlos Ch kostenlos. **Untergrund:** asphaltiert.
01/01-31/12. **Entfernung:** vor Ort.

Belpech — 27F2
Stade municipal, Rue du Stade. **GPS:** n43,19864 o1,74472.

15 kostenlos Ch kostenlos WC. **Untergrund:** Wiese.
01/01-31/12.
Entfernung: 1Km, 1Km, 1Km.
Sonstiges: Am Fussballplatz.

Boisse Penchot — 24G3
Rue du Chateau Bas. **GPS:** n44,59201 o2,20567.

8 kostenlos €3/100Liter Ch €3/1Std.
Untergrund: asphaltiert.
01/01-31/12.
Entfernung: 100M, vor Ort, vor Ort, vor Ort.

Bonac Irazein — 27E3
Lac Bonac. GPS: n42,87541 o0,97565.

10 € 6 Ch inklusive. **Untergrund:** Wiese/Schotter.
01/03-30/11.
Entfernung: vor Ort.
Sonstiges: Am Stausee von Bonac.

Bouillac — 24G3
Aire de Bouillac, D840. **GPS:** n44,57333 o2,15750.

6 kostenlos €3 Ch. **Untergrund:** befestigt. 01/03-30/11.
Entfernung: vor Ort, vor Ort, vor Ort 600M.
Sonstiges: Max. 24 Std, Wertmünzen bei Geschäfte.

Branoux-les-Taillades — 25B3
Aire de la Placette, La placette. **GPS:** n44,22607 o4,01036.
4 kostenlos €4/10Minuten Ch. **Untergrund:** befestigt.
01/01-31/12.
Entfernung: 100M.
Sonstiges: Picknickplatz.

Bréau-et-Salagosse — 28A1
Le Rieumage, D272. **GPS:** n43,99338 o3,56716.
6 € 2 €2 Ch. **Lage:** Ländlich, abgelegen, ruhig.
Untergrund: Schotter. 01/01-31/12.

Broquies — 27H1
Route de Mazies. GPS: n44,00498 o2,69371.

30 kostenlos Ch WC. **Untergrund:** Schotter.
01/04-30/11. **Entfernung:** 50M, vor Ort, vor Ort.
Sonstiges: Wertmünzen beim Supermarkt.

Cadours — 27E1
Rue Malakoff. GPS: n43,72320 o1,04861.

5 kostenlos Ch kostenlos. **Lage:** Ländlich.
Untergrund: Wiese. 01/01-31/12. Di-Abend, Mi-Morgen.
Entfernung: 1km, 1Km.
Sonstiges: Am Fussballplatz.

Cahors — 24F3
Parking Chartreux, Rue de la Chartreuse.
GPS: n44,44016 o1,44119.

3 kostenlos Ch kostenlos. **Untergrund:** Schotter.
01/01-31/12. **Entfernung:** 500M, vor Ort, 250M, 50M,
vor Ort. **Sonstiges:** Am Fluss.

Cahors — 24F3
Parking Saint George, Rue Saint George.
GPS: n44,43875 o1,44111.
20 kostenlos. **Untergrund:** asphaltiert. 01/01-31/12.
Entfernung: 1,2Km, 15Km, 100M, vor Ort.
Sonstiges: Shuttlebus ins Zentrum.
Touristinformation Cahors:
Mi, Sa.

Cahuzac-sur-Vère — 27G1
Place du Mercadial. GPS: n43,98194 o1,91111.

5 kostenlos Ch WC kostenlos. **Lage:** Ländlich, einfach.
Untergrund: Schotter.
Entfernung: 200M, 200M, 200M, vor Ort.
Sonstiges: Am Friedhof.

Cajarc — 24F3
Place de la Gare. GPS: n44,48458 o1,84573.

8 kostenlos €1 Ch. **Untergrund:** Wiese. 01/01-31/12.
Entfernung: 100M, 200M, 200M.

Camares — 27H1
Base de loisirs des Zizines. GPS: n43,81654 o2,87988.

16 kostenlos, Nacht € 3 Ch WC kostenlos.
Untergrund: Schotter. 15/04-31/10.
Entfernung: 100M, vor Ort, vor Ort.

Campagnac — 24H3
La Sagne. GPS: n44,41885 o3,08875.

5 kostenlos, 13/06-13/09 € 3 Ch. **Untergrund:** befestigt.
01/01-31/12.
Entfernung: 400M, 400M, 400M.
Sonstiges: Wertmünzen am Campingplatz und am Rathaus.

Campan — 27D3
Le Bourg. GPS: n43,01817 o0,17828.

5 kostenlos Ch WC. **Lage:** Ländlich, einfach, ruhig.
Untergrund: Schotter. 01/01-31/12.

Frankreich — FR — 473

Okzitanien

Campan 27D3
Serre Crampe, Payolle. **GPS**: n42,93711 o0,30259.

15 kostenlos kostenlos. **Lage**: Ländlich, abgelegen, ruhig. **Untergrund**: Schotter. 01/01-31/12.
Entfernung: 5Km 150M 150M 600M 6Km vor Ort vor Ort vor Ort vor Ort.
Sonstiges: Max. 48 Std, Ver-/Entsorgung 100M.

Campuac 24H3
GPS: n44,57027 o2,59162.
10 kostenlos Ch WC kostenlos. **Untergrund**: Schotter. 01/01-31/12. **Entfernung**: 100M vor Ort.

Canet-de-Salars 24H3
Les Fontanelles. **GPS**: n44,23260 o2,74716.

6 € 6, Kurtaxe € 0,60/pP €2/20Minuten Ch WC inklusive.
Lage: Ländlich, einfach, ruhig. **Untergrund**: Wiese/Schotter. 01/04-30/10.
Entfernung: 750M 5km 750M vor Ort.
Sonstiges: Wertmünzen bei Bar und Garage.

Capdenac-Gare 24G3
Camping-Car Park, Boulevard Paul Ramadier.
GPS: n44,57302 o2,07292.
50 € 8,40, 01/07-31/08 € 9,60 Ch WC. 01/01-31/12.
Entfernung: vor Ort.
Sonstiges: Ehemaliger Campingplatz.

Carcassonne 27G2
Camping de la Cité, Route de Saint-Hilaire.
GPS: n43,19980 o2,35317.
38 € 12/24 Std + € 0,20/pP Kurtaxe €2 Ch.
Untergrund: Schotter. 01/01-31/12.
Entfernung: 3,5Km.
Touristinformation Carcassonne:
Office de Tourisme, 15, Boulevard Camille Pelletan, www.carcassonne-tourisme.com. Mittelalterliche Festungsstadt, Museumstadt mit vielen Sehenswürdigkeiten.
Die neue Stadt hat ein modernes Einkaufszentrum.

Cardaillac 24G2
Le Pré del Prie. **GPS**: n44,67868 o1,99805.

12 kostenlos €2/100Liter Ch €2/Std. **Lage**: Abgelegen, ruhig. **Untergrund**: Schotter. 01/01-31/12.
Entfernung: 100M vor Ort 100M.
Sonstiges: Hinter der Kirche.

Carnon 28B2
Les Saladelles, Avenue Grassion Cibrand, Carnon-plage.
GPS: n43,55097 o3,99417.

18 € 11,50, 01/07-31/08 € 13 Ch WC inklusive, am Campingplatz €5. **Lage**: Ländlich. **Untergrund**: asphaltiert. 01/04-15/10.
Entfernung: 1Km 80M 50M.
Sonstiges: Neben Campingplatz Les Saladelles.

Castanet 24G3
GPS: n44,27889 o2,28944.

4 € 8 Ch inklusive. **Lage**: Ländlich, komfortabel, ruhig.
Untergrund: Schotter. 01/01-31/12.
Entfernung: vor Ort vor Ort.
Sonstiges: Geld in Umschlag in den Briefkasten.

Casteil 32G1
D116. **GPS**: n42,53324 o2,39230.

5 kostenlos. **Lage**: Ländlich, einfach, abgelegen, ruhig.
Untergrund: Waldboden. 01/04-31/10.
Entfernung: 1Km vor Ort vor Ort.

Castelnau-de-Montmiral 27F1
Domaine Les Miquels. **GPS**: n43,96667 o1,80278.

6 € 10 Ch inklusive. **Lage**: Ländlich, komfortabel, abgelegen, ruhig. **Untergrund**: Wiese. 01/01-31/12.
Entfernung: 2,5Km 2,5km.

Castelnau-Durban 27F3
D117. **GPS**: n42,99994 o1,33976.

10 kostenlos €2 Ch €2 WC. **Untergrund**: befestigt.
Sonstiges: Parkplatz gegenüber Kirche, max. 48 Std.

Castelnaudary 27G2
Camping-Car Park Castelnaudary, Passage des Lavandières.
GPS: n43,31427 o1,94899.

Castelsarrasin 27E1
Allée de la Source. **GPS**: n44,03861 o1,10221.

14 € 8,40, 01/07-31/08 € 9,60 Ch (8x) inklusive. **Lage**: Städtisch, komfortabel. **Untergrund**: Wiese/Schotter. 01/01-31/12.
Entfernung: vor Ort vor Ort vor Ort.
Sonstiges: Am Canal du Midi.

Castres 27G2
Place Gerard Philipe, Chemin des Porches. **GPS**: n43,60168 o2,24939.

40 € 3/24 Std €2,50/100Liter Ch €2,50/24Std.
Untergrund: Schotter. 01/01-31/12.
Entfernung: 500M 500M 500M.

kostenlos. **Lage**: Städtisch. **Untergrund**: asphaltiert.
01/01-31/12. **Entfernung**: 2km 2km 2km.
Sonstiges: Max 3,5T, kostenloser Bus zum Zentrum.

Castres 27G2
Route de l'Industrie Z.I. de Melou. **GPS**: n43,59069 o2,20648.
Ch kostenlos. 01/01-31/12.
Touristinformation Castres:
Palais Episcopal. Episkopaler Palast.
Di, Do-So.

Cauterets 27C3
Ancien Boulodrome, Avenue Charles Thierry.
GPS: n42,88628 w0,11522.

24 € 10 Ch inklusive. **Lage**: Ländlich, einfach, ruhig.
Untergrund: asphaltiert. 01/01-31/12.
Entfernung: 300M 20Km 300M 350M vor Ort vor Ort vor Ort.

Cauterets 27C3
Place de la Patinoire, D920. **GPS**: n42,89361 w0,11256.

474 *Frankreich*

Okzitanien

50 €10/24 Std Ch inklusive.
Lage: Ländlich, komfortabel, ruhig. **Untergrund:** asphaltiert.
01/01-31/12.
Entfernung: 300M 20km 300M 300M vor Ort vor Ort.
Sonstiges: Max. 21 Nächte.

Caylus 24F3
Base de loisirs Labarthe, D19. **GPS:** n44,23363 o1,77225.

6 kostenlos Chkostenlos. **Lage:** Ländlich, einfach.
Untergrund: Wiese/Schotter. 01/01-31/12.
Entfernung: 200M 200M 200M.
Touristinformation Caylus:
St.Antonin. Städtchen mit dem ältesten Rathaus von Frankreich.

Chusclan 28C1
Cave Chusclan, Route d'Orsan, D138. **GPS:** n44,14552 o4,67762.

40 kostenlos Chkostenlos. **Untergrund:** Schotter.
01/01-31/12. **Entfernung:** 500M 500M.

Clermont-l'Hérault 28A2
Aire de stationnement camping-car, Lac du Salagou.
GPS: n43,64677 o3,38915.

8 €5-7 €2/100Liter Ch (6x). **Lage:** Ländlich, einfach,
abgelegen, ruhig. **Untergrund:** Schotter. 01/01-31/12.
Entfernung: 7Km vor Ort vor Ort vor Ort 7Km vor Ort vor Ort.
Sonstiges: Wertmünzen beim Campingplatz.

Collioure 32H1
Route de Madeloc. **GPS:** n42,52566 o3,06861.

15 €10/24 Std Ch (12x) WCinklusive.
Lage: Komfortabel, ruhig. **Untergrund:** asphaltiert. 01/01-31/12.
Entfernung: 2km 2,3Km 2km 2km.

Sonstiges: überwachter Parkplatz, Mai-Sep kostenloser Shuttle nach Collioure.

Comps 28C1
Place des Arènes. **GPS:** n43,85402 o4,60724.

50 €5 €2/110Liter Ch €2/50Minuten WC.
Lage: Ländlich. **Untergrund:** Wiese/Schotter.
01/01-31/12.
Entfernung: 50M vor Ort vor Ort 50M vor Ort vor Ort.

Comps 28C1
GPS: n43,85390 o4,60912.

30 €5. **Lage:** Ländlich. **Untergrund:** ungepflastert.
01/01-31/12.
Sonstiges: Am Fluss.

Condom 27D1
Avenue des Mousquetaires. **GPS:** n43,94836.
12 kostenlos Ch. **Lage:** Komfortabel, abgelegen, ruhig.
Untergrund: befestigt. 01/01-31/12.
Entfernung: 500M.
Sonstiges: Max. 5 Tage.

Condom 27D1
Ferme de Parette, Route de Nérac, RN930.
GPS: n43,98802 o0,35046.

8 €8, 2 Pers. inkl Ch inklusive €4.
Lage: Komfortabel, abgelegen, ruhig. **Untergrund:** Wiese.
01/01-31/12.
Entfernung: 2km 2km 2km.
Touristinformation Condom:
Musée de l'Armagnac. Alles über Armagnac.

Cordes-sur-Ciel 27G1
Parking les Tuileries. **GPS:** n44,06453 o1,95802.

40 €6 60Liter Ch inklusive 3Std. **Lage:** Ländlich,
einfach, abgelegen, ruhig. **Untergrund:** Wiese/Schotter.
01/01-31/12.
Entfernung: 500M 500M.

Coupiac 27H1
Route de Martin. **GPS:** n43,95174 o2,58464.
10 kostenlos Chkostenlos. **Untergrund:** Wiese.
01/01-31/12.
Entfernung: 500M 450M.
Sonstiges: Max. 72 Std.

Cransac 24G3
Aire de Camping-car Cransac, Route de la Gare.
GPS: n44,52278 o2,27444.

6 €6,30, Kurtaxe €0,40/pP Chinklusive.
Untergrund: Schotter. 01/03-23/11.
Entfernung: 500M 500M 500M.
Sonstiges: Max. 48 Std.

Cuxac-Cabardès 27G2
La Cabasse. **GPS:** n43,36126 o2,30185.
8 €5 €2 Ch €3. **Lage:** Abgelegen, ruhig.
Untergrund: befestigt.

Donzac 24E3
Lac de Sources, D30. **GPS:** n44,11308 o0,82044.

10 kostenlos Chkostenlos. **Lage:** Ländlich.
Untergrund: Schotter. 01/01-31/12.
Entfernung: vor Ort.
Sonstiges: Max. 48 Std.

Douelle 24F3
Domaine Marcilhac, D8. **GPS:** n44,47927 o1,34947.

10 kostenlos €2 Ch. **Lage:** Ländlich. **Untergrund:** Schotter.
01/01-31/12.
Entfernung: 1km 1km 1km 1km.

Duilhac-sous-Peyrepertuse 27G3
Route du château. **GPS:** n42,86160 o2,56527.

25 kostenlos Ch WCkostenlos. **Lage:** Ländlich, einfach, ruhig.
Untergrund: asphaltiert. 01/04-31/10.
Entfernung: 200M 200M.

Entraygues-sur-Truyère 24H2
Route de Villecomtal, D904. **GPS:** n44,64020 o2,56925.

Frankreich

Okzitanien

3 🅿 kostenlos. **Untergrund:** Wiese. 01/04-31/12.
Entfernung: 🚰50M 💧vor Ort 🚽vor Ort ⊗50M 🏖50M.

| S | Entraygues-sur-Truyère 🌿🏛️🍴🏞️ | 24H2 |

Rue de la Grave, **GPS:** n44,64417 o2,56278.

5 🅿 kostenlos. **Untergrund:** Schotter. 01/01-31/12.
Entfernung: 🚰50M 💧150M 🏖150M.

| S | Entraygues-sur-Truyère 🌿🏛️🍴🏞️ | 24H2 |

Rue du 16 Août 1944. **GPS:** n44,64269 o2,56577.
🚿€3 💧Ch 🔌.
Sonstiges: Wertmünzen bei Office de Tourisme.

| S | Espalion | 24H3 |

Avenue Pierre Monteil. **GPS:** n44,52156 o2,76921.
25 🅿 €9,60-10,80 🚿💧Ch 🔌(8x) 📶inklusive. 🗑️
Untergrund: Schotter/befestigt. 01/01/-31/12.
Entfernung: 🚰1Km 💧1Km 🏖1Km.
Sonstiges: Am Schwimmbad.

| S | Espéraza 🌿 | 27G3 |

Promenade François Mitterand. **GPS:** n42,93370 o2,21589.⬆️

20 🅿 kostenlos 🚿💧Ch kostenlos. **Lage:** Ländlich, einfach, ruhig.
Untergrund: Wiese.
Entfernung: 🚰500M 💧vor Ort 🚽vor Ort ⊗500M.

| S | Fanjeaux 🌿 | 27G2 |

Chemin des Fontanelles. **GPS:** n43,18611 o2,03222.⬆️➡️

15 🅿 kostenlos 🚿💧Ch kostenlos. **Lage:** Ländlich, einfach.
Untergrund: Wiese/Schotter. 01/01-31/12.
Entfernung: 🚰100M 💧100M 🏖100M.
Sonstiges: Neben dem Altenheim, max. 48 Std.

| S | Félines-Termenès | 27H3 |

Av. de Termenes, dir Mouthoumet. **GPS:** n42,98691 o2,61285.⬆️

3 🅿 kostenlos 🚿💧Ch kostenlos. **Lage:** Ländlich, einfach, ruhig.
Untergrund: Schotter. 01/01-31/12.
Entfernung: 🚰50M.
Sonstiges: Wasser bei Frost abgeschlossen.
Touristinformation Félines-Termenès:
🏛️ Cité Médiéval, Villerouge Termenes. Mittelalterliches Dorf und Schloss vom 12-14. Jahrhundert. 01/07-30/09.

| S | Figeac | 24G3 |

Parking le Foiral, Boulevard Colonel Teulié.
GPS: n44,61089 o2,03674.⬆️

5 🅿 kostenlos 🚿€2 💧Ch 🔌€2. **Lage:** Zentral, laut.
Untergrund: asphaltiert. 01/01-31/12.
Entfernung: 🚰100M 💧400M 🏖100M 🛒100M.
Touristinformation Figeac:
🍴 Marché régional. Regionalen Markt. 🛒 Sa-Morgen.

| i S | Fitou | 27H3 |

Aragon, Route Nationale 9, Les Cabanes de Fitou.
GPS: n42,89275 o2,99672.⬆️

15 🅿 €5/12 Std, €7/24 Std 🚿💧Ch 🔌€2,50 📶inklusive.
Lage: Ländlich. **Untergrund:** Schotter. 01/01-31/12.
Entfernung: 🛣A9 6,5Km 💧vor Ort 🏖500M.
Sonstiges: Videoüberwachung.

| S | Fleurance | 27E1 |

Boulevard de Metz. **GPS:** n43,85164 o0,66184.⬆️➡️

20 🅿 kostenlos 🚿€2 💧Ch 🔌€2. **Untergrund:** Schotter.
Entfernung: 🚰200M 💧vor Ort 🚽vor Ort.

| S | Fleury-d'Aude 🏛️🍴 | 28A2 |

Base de Loisirs Étang de Pissevache, Saint-Pierre-la-Mer.
GPS: n43,18972 o3,19694.⬆️

100 🅿 €5/24 Std, 01/04-31/10 €8,75/24 Std 🚿Chinklusive 🔌€2/4Std 🗑️ 🔌 **Untergrund:** ungepflastert. 01/01-31/12.
Entfernung: 🏖Sandstrand 300M.
Sonstiges: Parkplatz direkt hinter Strand, neben Tennispark und kleinem Surfsee, Base De Loisirs folgen.

| S | Fleury-d'Aude 🏛️🍴 | 28A2 |

Les-Cabanes-de-Fleury. **GPS:** n43,21529 o3,23315.⬆️

100 🅿 €7 🚿€2 💧Ch 🔌 **Untergrund:** befestigt/Sand.
01/01-31/12.
Entfernung: 💧vor Ort 🚽vor Ort ⊗200M.
Sonstiges: Neben Camping municipal Rive d'Aude, Wertmünzen beim Capitainerie (1Km).

| S | Florac 🌿🏛️🍴 | 25A3 |

D16. **GPS:** n44,32582 o3,59032.⬆️➡️

23 🅿 kostenlos 🚿€2/100Liter 💧Ch 🔌€2/1Std WC kostenlos.
Lage: Ländlich, komfortabel, zentral, ruhig. **Untergrund:** asphaltiert.
01/01-31/12.
Entfernung: 🚰150M 💧300M 🚽300M ⊗150M 🏖150M 🚵Mountainbike-Strecke 🚶vor Ort.
Sonstiges: In der Nähe vom Friedhof.

| i S | Florensac | 28A2 |

Domaine de Veyrac, Route de Bessan, D28.
GPS: n43,36221 o3,47671.⬆️➡️

10 🅿 €7 🚿.
Lage: Einfach, abgelegen, ruhig. **Untergrund:** Schotter.
Entfernung: 🚰5Km 🛒3,6Km.

| S | Fraïsse-sur-Agout 🏛️🍴 | 27H2 |

Allée des Tilleuls. **GPS:** n43,60583 o2,79778.⬆️➡️

15 🅿 €7 🚿💧Ch 🔌(1x)inklusive. **Untergrund:** asphaltiert/Wiese.
01/01-31/12.
Entfernung: 🚰400M 💧20M 🚽20M ⊗400M.
Sonstiges: Am Dorfrand, direkt am Agout.

| S | Frejairolles | 27G1 |

Domaine du Grand Chêne, D81. **GPS:** n43,86043 o2,24799.⬆️
10 🅿 €10 🚿💧Ch 🔌 WC 🧺€5/3 📶inklusive.
Untergrund: Wiese/Schotter.

| S | Gaillac | 27F1 |

Parking des Rives Thomas, Rue Claude Nougaro.
GPS: n43,89951 o1,89494.⬆️

Okzitanien

4 kostenlos Chkostenlos. **Lage:** Städtisch, einfach, laut. **Untergrund:** asphaltiert. 01/01-31/12. **Entfernung:** 200M 200M 200M.

Gavarnie 27C3
Parking Holle, Route de la station des Espécières, D923. **GPS:** n42,73857 w0,01959.

20 kostenlos, Juli-Aug €7 Chinklusive. **Lage:** Ländlich, einfach, abgelegen, ruhig. **Untergrund:** befestigt. 01/01-31/12. **Entfernung:** 1,5Km 100M 800M 800M 800M vor Ort 100M 1,5Km.

Gavarnie 27C3
Parking du Cirque, Baretge. **GPS:** n42,73549 w0,0116.

20 €7. **Lage:** Ländlich, einfach. **Untergrund:** asphaltiert. 01/07-31/08. **Entfernung:** 200M 200M 200M 200M vor Ort vor Ort vor Ort.

Touristinformation Gavarnie:
Cirque de Gavarnie. Mit Esel, Pferd oder zu Fuß zu erreichen. Ein riesige Wasserfall, Sneesäule und Bergwänden.

Gèdre 27C3
Aire de stationnement de Héas, D922. **GPS:** n42,74916 o0,08935. kostenlos. **Lage:** Ländlich, einfach, abgelegen, ruhig. **Untergrund:** Wiese. Winter. **Entfernung:** 9Km 600M. **Sonstiges:** Bei Chapelle de Héas.

Gèdre 27C3
Place de la Bergère, Gedre Débat. **GPS:** n42,78860 o0,01967.

12 kostenlos. **Lage:** Ländlich, einfach. **Untergrund:** asphaltiert. 01/01-31/12. **Entfernung:** vor Ort 250M 50M.

Gèdre 27C3
Auberge de la Munia, Héas, D922. **GPS:** n42,73643 o0,08631. 5 €6. **Entfernung:** vor Ort.

Génolhac 25B3
Les Taillades, Place du 19 Mars 1962, D906. **GPS:** n44,35388 o3,94844.

10 kostenlos Chkostenlos. **Lage:** Ländlich, einfach, abgelegen, ruhig. **Untergrund:** befestigt. 01/01-31/12. **Entfernung:** 200M 800M vor Ort.

Gignac 24F2
Le Moulin, Place des Troubadours. **GPS:** n45,00624 o1,45687.

10 kostenlos Ch. **Untergrund:** befestigt. 01/01-31/12. **Entfernung:** 50M 150M 150M.

Gimont 27E1
Avenue de Cahuzac, RN124. **GPS:** n43,62987 o0,87009.

12 kostenlos Ch kostenlos. **Lage:** Einfach, laut. **Untergrund:** Schotter. 01/01-31/12. **Entfernung:** 100M vor Ort vor Ort 300M 300M 300M. **Sonstiges:** Am See, max. 48 Std, Mittwoch und Sonntag Markt.

Gourdon 24F2
Esplanade du foirail. GPS: n44,73423 o1,38523.

8 €1/6 Std Ch (8x)inklusive. **Lage:** Komfortabel, ruhig. **Untergrund:** Schotter. 01/01-31/12. **Entfernung:** 200M 100M 200M vor Ort.

Gramat 24F2
La Garenne, Avenue Paul Mezet. **GPS:** n44,77966 o1,72904.

10 kostenlos Ch. **Untergrund:** Schotter. 01/01-31/12. **Entfernung:** 400M 400M 400M. **Sonstiges:** Max. 48 Std.

Grenade-sur-Garonne 27F1
Quai de Garonne. GPS: n43,77201 o1,29673.

4 kostenlos Ch. **Untergrund:** Schotter. **Entfernung:** 100M 100M 100M 100M. **Sonstiges:** Ver-/Entsorgung: Allées Alsace Lorraine (100m).

Gruissan 27H3
Aire des 4 Vents, Avenue des quatre vents. **GPS:** n43,10444 o3,09944.

120 free, 12/02-30/11 €9 ChWC inklusive. **Untergrund:** Schotter. 01/01-31/12. **Entfernung:** vor Ort vor Ort vor Ort vor Ort.

Gruissan 27H3
Aire des Châlets, Avenue de la Jetée, Gruissan-plage. **GPS:** n43,09583 o3,11111.

80 €9 Chinklusive. **Untergrund:** Schotter. 01/04-30/09. **Entfernung:** 2km vor Ort vor Ort 2km 2km.

Gruissan 27H3
Étang de Mateille, Gruissan dir Narbonne-Plage, base de voile, D332. **GPS:** n43,12083 o3,11417.

150 €9 Ch (24x)€1,50 WC. **Untergrund:** Wiese/befestigt. 01/07-31/08. **Entfernung:** 4Km vor Ort vor Ort 800M Lidl 2Km.

Touristinformation Gruissan:
L'Hospitalet. Wahrscheinlich der größte Weinkeller der Welt.
Vieux Port. Alte Fischerhafen.

Guzet-Neige 27E3
Station de ski de Guzet. GPS: n42,78007 o1,29979. kostenlos WC. 01/01-31/12. **Entfernung:** vor Ort vor Ort.

La Bastide-de-Sérou 27F3
Bargnac, D15. **GPS:** n43,00194 o1,44556.

Okzitanien

15 € 14,60, Jul/Aug € 18,60 Ch WC inklusive. **Lage:** Ländlich, abgelegen, ruhig. **Untergrund:** asphaltiert/Schotter. 11/04-03/11.

La Canourgue — 25A3
Avenue du Lot, D998. **GPS:** n44,43325 o3,20775.

10 kostenlos Ch kostenlos. **Lage:** Ländlich, einfach, abgelegen, ruhig. **Untergrund:** befestigt. 01/01-31/12. Jul/Aug: Di. **Entfernung:** 500M 1,3Km 600M 600M 600M. **Sonstiges:** Max. 24 Std.

La Cavalerie — 27H1
Camping-Car Park. **GPS:** n44,00876 o3,15228.
32 € 9,60 Ch. **Untergrund:** Schotter. **Entfernung:** 200M 200M.

La Couvertoirade — 28A1
GPS: n43,91012 o3,31276.

10 € 3 €3/100Liter WC. **Lage:** Ländlich, abgelegen, ruhig. **Untergrund:** Schotter. 01/01-31/12. **Entfernung:** 50M 50M. **Sonstiges:** Grosser Parkplatz am Dorfrand.
Touristinformation La Couvertoirade:
Citadelle de l'Ordre de Tempeliers. Festungsstadt im ursprünglichen Zustand. Heutzutage werden viele alte Handwerke ausgeübt. Es gibt eine Zollstelle am Zutritt des Dorfs, Zulassungsgebühr wird gehoben.

La Grande Motte — 28B2
Aire camping-car Les Cigales, Avenue de la Petite Motte.
GPS: n43,56789 o4,07404.

50 € 11-13, Jul-Aug € 16 + € 1/pP Kurtaxe ChWC. **Lage:** Ländlich. **Untergrund:** Schotter. 01/01-31/12. **Entfernung:** 2km 1,2Km 2km 2km.

La Palme — 27H3
Les Salins de La Palme, Route de Port la Nouvelle.
GPS: n42,98033 o3,01858.
49 € 12 Ch (49x). **Lage:** Ländlich, komfortabel, abgelegen, ruhig. **Untergrund:** Wiese. 01/01-31/12. **Entfernung:** 2,5Km 2km vor Ort.

Labastide-Murat — 24F2
Route de Gramat. **GPS:** n44,64944 o1,57061.
kostenlos Ch. **Lage:** Ländlich, einfach. **Untergrund:** asphaltiert.

Entfernung: 300M vor Ort. **Sonstiges:** Beim Supermarkt Carrefour.

Labruguiere — 27G2
Domaine d'en Laure, Avenue Arthur Batut.
GPS: n43,53139 o2,25528.

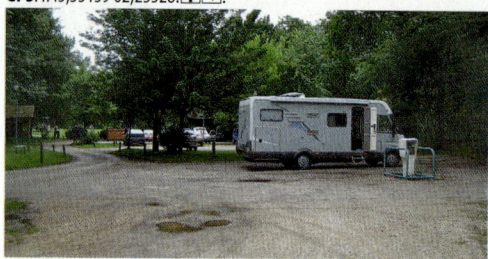

10 kostenlos €2/10Minuten Ch €2/Minuten. **Lage:** Ländlich, einfach, abgelegen, ruhig. **Untergrund:** Wiese. 01/01-31/12. **Entfernung:** 2km vor Ort vor Ort 1,3Km 1,3Km.

Lacapelle Marival — 24G2
Place de Larroque. **GPS:** n44,72806 o1,92944.

50 kostenlos €2/100Liter Ch €2/Std. **Untergrund:** asphaltiert. Ver-/Entsorgung 15/05-30/09. **Entfernung:** vor Ort 100M 50M.

Lacaune — 27H1
Rue de la Balme. **GPS:** n43,70795 o2,69010.

20 kostenlos. **Untergrund:** Schotter. 01/01-31/12. **Entfernung:** vor Ort vor Ort.

Lacroix-Barrez — 24H2
Le Ventoux. **GPS:** n44,77793 o2,63086.
10 € 2,50 + € 0,30 Kurtaxe Ch. **Untergrund:** Wiese. 01/01-31/12. Ver-/Entsorgung: 01/11-17/04. **Entfernung:** 400M.

Lagrasse — 27H3
Parking de la Promenade, P2, Les Condamines.
GPS: n43,09273 o2,62004.

40 € 3, 01/06-30/09 € 5 ChWC kostenlos. **Lage:** Ländlich, einfach, ruhig. **Untergrund:** Wiese/Schotter. 01/01-31/12. **Entfernung:** vor Ort vor Ort vor Ort vor Ort vor Ort.

Laguepie — 24G3
Chemin de Saint Cambraire. **GPS:** n44,14578 o1,97298.

6 kostenlos Ch kostenlos. **Lage:** Ländlich, einfach, ruhig. **Untergrund:** Wiese/Schotter. 01/01-31/12. **Entfernung:** 600M 600M 500M.

Laguiole — 24H2
Du Bouyssou, La Serre. **GPS:** n44,67199 o2,92451.
€ 8 €3. **Untergrund:** asphaltiert. **Entfernung:** 7km vor Ort.

Laguiole — 24H2
Rue de Lavernhe. **GPS:** n44,68408 o2,85048.

10 kostenlos Ch kostenlos. **Untergrund:** Schotter. 01/01-31/12, Ver-/Entsorgung: 17/04-15/10. **Entfernung:** vor Ort.

Laguiole — 24H2
La Montagnettte, Les Clauzades. **GPS:** n44,70457 o2,84037.
5 kostenlos €3. **Lage:** Einfach, abgelegen, ruhig. **Untergrund:** Schotter. 01/01-31/12. **Entfernung:** 4Km.

Laissac — 24H3
Place du Foirail des Ovins, RN88. **GPS:** n44,38590 o2,82160.

6 kostenlos Ch kostenlos. **Untergrund:** asphaltiert. 01/03-30/11. **Entfernung:** 500M 500M 500M. **Sonstiges:** Max. 24 Std.

Langogne — 25B2
Camping-Car Park, Route du lac. **GPS:** n44,73700 o3,83448.

40 € 9,10-10,30 Ch (16x) inklusive. **Lage:** Ländlich, komfortabel, ruhig. **Untergrund:** ungepflastert. 01/01-31/12. **Entfernung:** 2km Strand 1km vor Ort 2km 2km. **Sonstiges:** Am See von Naussac.

Langogne — 25B2
Centre Polyvalente. **GPS:** n44,72281 o3,85419.

Okzitanien

10 kostenlos €2/100Liter Ch. **Lage:** Zentral, ruhig.
Untergrund: asphaltiert. 01/01-31/12.
Entfernung: vor Ort 300M 300M vor Ort.
Sonstiges: Wertmünzen bei Office de Tourisme.

S Lannemezan 27D2
L'Espace du Nébouzan, Chemin du Carrérot de Blazy.
GPS: n43,12779 o0,38085.

20 kostenlos Ch kostenlos. **Lage:** Ländlich, komfortabel.
Untergrund: Schotter. 01/01-31/12.
Entfernung: 450M 200M 250M.

S Lanuéjouls 24G3
Aire Campingcar Lanuéjouls, Avenue du Rouergue, D1.
GPS: n44,42528 o2,16139.

14 €5 Ch WC inklusive. **Lage:** Ländlich, komfortabel.
Untergrund: Schotter. 01/01-31/12.
Entfernung: 100M 100M 100M.
Sonstiges: Zugangskarte bei den Geschäften im Dorf.

Lapradelle Puilaurens 27G3
D117. **GPS:** n42,81003 o2,30854.

6 kostenlos Ch kostenlos. **Lage:** Ländlich, einfach, ruhig.
Untergrund: befestigt. 01/01-31/12.
Entfernung: vor Ort vor Ort vor Ort.
Sonstiges: Bei der Feuerwehr.

S Latour-Bas-Elne 32H1
Aire de Latour Bas Elne, Route de la Mer.
GPS: n42,60017 o3,00667.

40 € 10, € 14 Jun-Aug, Anhänger € 2 Ch inklusive
€3/48Std. **Lage:** Komfortabel. **Untergrund:** Wiese.
01/01-31/12.

Entfernung: 3Km.
Sonstiges: Backer 9 Uhr Morgens, überwachter Parkplatz.

S Latour-de-Carol 32F1
Village Club Yravals, 2 Rue de Saneja. **GPS:** n42,45829 o1,89460.

5 € 10, 2 Pers. inkl, extra Pers € 1 Ch WC inklusive €2/
Tag. **Untergrund:** Wiese. 01/04-31/10.
Entfernung: 2km.

S Latronquière 24G2
Place du Foirail. **GPS:** n44,79917 o2,07917.

4 kostenlos Ch WC kostenlos. **Untergrund:** asphaltiert.
01/01-31/12.
Entfernung: 300M 3Km 3Km 300M 300M.

S Laudun-l'Ardoise 28C1
Place des Arènes. **GPS:** n44,10791 o4,65556.

3 kostenlos €4 . **Lage:** Einfach, zentral, laut.
Untergrund: asphaltiert. 01/01-31/12.
Entfernung: 300M 300M.

S Laudun-l'Ardoise 28C1
Route d'Avignon, N580. **GPS:** n44,09527 o4,70164.

kostenlos Ch kostenlos. **Lage:** Einfach, zentral.
Untergrund: asphaltiert. 01/01-31/12.
Entfernung: 5,5Km.
Sonstiges: Hinter Polizeistation, am Tennisplatz.

S Laudun-l'Ardoise 28C1
Vignerons de Laudun, Avenue du Général de Gaulle.
GPS: n44,10388 o4,66362.

10 kostenlos Ch. **Untergrund:** Wiese/Schotter.
Entfernung: 750M 300M 750M.
Sonstiges: Max. 3 Tage.

S Lauzerte 24E3
1, Place du Foirail. **GPS:** n44,25432 o1,13666.

10 kostenlos Ch WC kostenlos. **Untergrund:** asphaltiert.
01/01-31/12. Di-Abend, Mi-Morgen.
Entfernung: 500M vor Ort vor Ort.

S Lauzerte 24E3
D2, Vignals. **GPS:** n44,26750 o1,14083.

20 kostenlos Ch WC kostenlos. **Untergrund:** Wiese/Schotter.
01/01-31/12.
Entfernung: Lauzerte 1Km vor Ort 2km.
Touristinformation Lauzerte:
Mi-Morgen.

S Le Barcarès 27H3
Barcares le Port, Quai des Tourettes. **GPS:** n42,80165 o3,03277.
49 € 9,60, Jul/Aug € 12 Ch (16x) inklusive.
01/01-31/12.
Entfernung: 1,5Km 2km vor Ort vor Ort 1,5Km.

S Le Bosc 28A1
Parc Activités Méridienne. **GPS:** n43,68932 o3,35328.

10 kostenlos €2/100Liter Ch €2/1Std. **Lage:** Autobahn,
einfach, abgelegen. **Untergrund:** asphaltiert. 01/01-31/12.
Entfernung: 400M vor Ort Intermarché 50M.

S Le Boulou 32H1
Chemin du Moulin Nou. **GPS:** n42,52719 o2,83704.

21 kostenlos €2 Ch WC. **Lage:** Ländlich, einfach, komfortabel.
Untergrund: asphaltiert. 01/01-31/12.
Entfernung: 300M 1Km 300M 300M.
Sonstiges: Gegenüber Friedhof, max. 24 Std.

Le Cap d'Agde 28A2
Rue du Gouverneur. **GPS:** n43,28600 o3,51739.

Frankreich

Okzitanien

30 € 5, 27/03-02/11 € 10 €2 Ch inklusive.
Lage: Ländlich, komfortabel, zentral.
Untergrund: asphaltiert/befestigt. 01/01-31/12.
Entfernung: vor Ort 500M 500M 500M.
Sonstiges: In der Nähe von Camping La Clape, Videoüberwachung.

Le Caylar 28A1
Domaine des Templiers, Route de la Couvertoirade, D609.
GPS: n43,86944 o3,31466.

30 € 10 Ch (9x)inklusive12Std WC €4/pP.
Lage: Komfortabel, abgelegen, ruhig. **Untergrund:** Schotter.
01/04-31/10.
Entfernung: 600M 500M vor Ort.

Le Fossat 27F2
Aire des Lallières, Place de la Mairie. **GPS:** n43,17201 o1,41170.

21 € 12 Ch WC inklusive. **Lage:** Luxus.
Untergrund: Schotter. 01/03-30/11.

Le Grau du Roi 28B2
Parking de la plage, Rue du Commandant Marceau.
GPS: n43,54061 o4,13349.

40 € 8,80, Juni-Aug € 12,50 €2/100Liter Ch €2/55Minuten.
Untergrund: asphaltiert. 01/01-31/12.
Entfernung: Zentrum 550M Sandstrand 20M vor Ort vor Ort.
Sonstiges: Strandparkplatz, Videoüberwachung.

Le Houga 27D1
Ferme aux Cerfs, Route de Mont de Marsan, D6.
GPS: n43,78430 o0,20997.

15 € 3 Chkostenlos. **Untergrund:** Wiese. 01/01-31/12.
Entfernung: 2,5Km vor Ort.

Le Malzieu-Ville 25A2
Place Foirail. GPS: n44,85506 o3,33385.

6 kostenlos ChWCkostenlos.
Lage: Ländlich, einfach, komfortabel, zentral, ruhig.
Untergrund: asphaltiert. 01/01-31/12.
Entfernung: vor Ort 10Km vor Ort 200M 200M vor Ort.

Le Monastier-Pin-Moriès 25A3
Place de la Gare. GPS: n44,50896 o3,25162.

4 kostenlos ChWCkostenlos. **Lage:** Ländlich, einfach, abgelegen, ruhig. **Untergrund:** asphaltiert. 01/01-31/12.
Entfernung: 1Km 1,5Km 1Km.
Sonstiges: Wertmünzen bei der Tankstelle (200m), Picknickplatz.

Le Ségala 27F2
Esplanade du Canal. GPS: n43,34089 o1,83544.

10 kostenlos WC. **Lage:** Ländlich, einfach, ruhig.
Untergrund: Schotter. 01/01-31/12.
Entfernung: vor Ort 1Km vor Ort vor Ort vor Ort vor Ort.
Sonstiges: Keine Campingaktivitäten.

Le Ségur 27G1
Place de Marie. GPS: n44,10889 o2,05861.

3 kostenlos ChWCkostenlos. **Lage:** Ländlich, einfach, ruhig.
Untergrund: befestigt. 01/01-31/12.
Entfernung: 50M 100M 100M.
Sonstiges: Am Rathaus.

Les Angles 32G1
Pla del Mir. GPS: n42,56321 o2,06780.

100 kostenlos €3,50 ChWC. **Lage:** Ländlich, einfach, ruhig.

Untergrund: asphaltiert. 01/01-31/12.
Entfernung: 2,6Km vor Ort.

Les Cabannes 27F3
Quartier la Bexane. GPS: n42,78493 o1,68301.

30 € 4/24 Std €2/100Liter ChWC. **Untergrund:** asphaltiert.
Entfernung: 300M 300M.

Les Mages 25B3
Serre Marine, D904, St. Ambroix/Alés. **GPS:** n44,23442 o4,16967.

7 kostenlos Chkostenlos. **Lage:** Ländlich, einfach, abgelegen, laut. **Untergrund:** befestigt. 01/01-31/12.
Entfernung: 700M 700M 800M.
Sonstiges: Picknickplatz.

Leucate 27H3
Chemin des Coussoules, La Franqui. **GPS:** n42,94329 o3,02917.

70 € 6 Cham Campingplatz €5.
Untergrund: ungepflastert. 01/02-30/11.
Entfernung: 2km vor Ort vor Ort 2km 2km.
Sonstiges: Neben Campingplatz Coussoules, anmelden an der Rezeption Campingplatz.

Leucate 27H3
Le Goulet, D627. **GPS:** n42,91145 o3,01946.

150 € 10,20-13,80 €2 Ch €2. **Lage:** Ländlich, einfach. **Untergrund:** ungepflastert. 01/01-31/12.
Entfernung: Stadtmitte Leucate 850M vor Ort vor Ort.
Sonstiges: Terrassen, am See von Leucate, Backer vor Ort (20/03-31/10).

Leucate 27H3
Mouret, Chemin du Mouret, Leucate Plage.
GPS: n42,90022 o3,05272.

Okzitanien

236 🛏€ 10,20-13,80/24 Std ⛽🚰Ch inklusive 🚐🗑. **Lage:** Ländlich, einfach. **Untergrund:** asphaltiert/Schotter. 🕐 01/01-31/12.
Entfernung: 🛒300M 🏊vor Ort 🍽vor Ort.
Sonstiges: Strandparkplatz, Backer vor Ort (20/03-31/10).

Limoux — 27G3
Parking, Rue Louis Braille. **GPS:** n43,05741 o2,21490. ⬆➡.

30 🛏kostenlos ⛽🚰Ch kostenlos. **Lage:** Städtisch, einfach, ruhig. **Untergrund:** befestigt. 🕐 01/01-31/12.
Entfernung: 🛒200M 🏊vor Ort 🍽200M.

Lisle sur Tarn — 27F1
Aire de Bellevue, Rue des Aulnes. **GPS:** n43,86167 o1,81833. ⬆➡.

12 🛏kostenlos ⛽€2/100Liter 🚰Ch. **Lage:** Ländlich, einfach, abgelegen, ruhig. **Untergrund:** Sand. 🕐 01/01-31/12.
Entfernung: 🛒1,5Km 🏊vor Ort 🍽vor Ort ⛽1,5Km 🍺1,5Km.
Sonstiges: Wertmünzen beim Touristenbüro und Maison de la Presse.

Lodève — 28A2
Baie des Vailhés, Celles. **GPS:** n43,67087 o3,35565.
🛏€ 5, 01/07-31/08 € 8 + Kurtaxe € 0,20/pP.
Touristinformation Lodève:
ℹ Maison de Tourisme, 7, Place de la République, www.lodeve.com. Alte Stadt am Tor der Mediterranere.

Lombez — 27E2
Route de Toulouse, D632. **GPS:** n43,47417 o0,91592. ⬆➡.

20 🛏kostenlos ⛽🚰WC kostenlos. **Untergrund:** Schotter.
Entfernung: 🛒200M 🏊150M 🍽200M.

Loudenvielle — 27D3
Aire de campingcar Les Seguettes, Chemin du Hourgade.
GPS: n42,80163 o0,41088.

30 🛏kostenlos, 01/07-15/09 € 3 ⛽€2/100Liter 🚰Ch €2/Std.
Lage: Ländlich, ruhig. **Untergrund:** Schotter. 🕐 01/01-31/12.
Entfernung: 🛒700M 🍽700M 🍺800M.
Sonstiges: Am See, Wertmünzen beim Touristenbüro und Maison de la Presse.

Loudenvielle — 27D3
La Ribère, D25 Génos. **GPS:** n42,79963 o0,40813. ⬆.
6 🛏kostenlos, 01/07-15/09 € 3. **Lage:** Ländlich, einfach, ruhig.
Untergrund: Schotter. 🕐 01/01-31/12.
Entfernung: 🛒500M 🏊vor Ort 🍽vor Ort 🍺500M ⛽vor Ort.

Lourdes — 27C2
Le Vieux Berger, Route de Julos. **GPS:** n43,10451 w0,0332. ⬆➡.

27 🛏€ 11, Mai-Jun € 13, Jul-Sep € 14 ⛽🚰Ch WC €3/3 📶inklusive 🚐🗑. **Lage:** Ländlich, luxus, laut.
Untergrund: Wiese/Schotter. 🕐 01/01-31/12.
Entfernung: 🛒1Km 🏊2km 🍽700M 🍺100M ⛽vor Ort.
Sonstiges: Neben Campingplatz.
Touristinformation Lourdes:
ℹ Office de Tourisme, Place Peyramale, www.lourdes-infotourisme.com. Lebhafter Wallfahrtsort.
✝ Basilique St.Pius X. Unterirdische Basilika, der größten Heiligtums der Welt, Platz für 25.000 Leute.

Lunas — 28A1
Base de Loisirs Prade, D35. **GPS:** n43,70555 o3,18555. ⬆➡.

75 🛏kostenlos ⛽🚰Ch kostenlos.
Lage: Einfach, abgelegen, ruhig. **Untergrund:** Wiese/befestigt.
🕐 01/01-31/12.
Entfernung: 🛒900M 🏊vor Ort 🍽vor Ort 🍺200M ⛽700M 🚶200M.

Luzech — 24F3
Les Berges de Caïx, D9. **GPS:** n44,49068 o1,29506. ⬆.

15 🛏€ 8,50 + € 0,22/pP Kurtaxe ⛽🚰Ch WC inklusive €2.
Untergrund: Schotter. 🕐 01/01-31/12.
Entfernung: 🛒2km.
Sonstiges: Entlang der Lot.

L'Hospitalet-près-l'Andorre — 32F1
N22. **GPS:** n42,58823 o1,79833.

5 🛏kostenlos €2 🚰Ch €6. **Untergrund:** asphaltiert.
Entfernung: 🍺100M.

Marbre — 27D3
Lac de Payolle, D918, Campan > Col de Aspin.
GPS: n42,93528 o0,29222. ⬆.

🛏kostenlos. **Lage:** Ländlich, einfach, abgelegen.
Untergrund: Wiese/Schotter.
Entfernung: 🛒5Km 🏊50M 🍽50M 🍺700M ⛽5Km 🚶vor Ort.

Marseillan-Plage — 28A2
Rue des Goélands. **GPS:** n43,31902 o3,54864. ⬆➡.

122 🛏€4-6-12/24 Std ⛽€2/10Minuten 🚰Ch 🚐🗑.
Lage: Komfortabel, ruhig. **Untergrund:** Schotter.
🕐 01/01-31/12.
Entfernung: 🛒vor Ort 🏊Sandstrand 600M 🍽vor Ort 🍺vor Ort.
Sonstiges: Max. 48 Std.

Martel — 24F2
La Fontanelle, Avenue de Nassogne. **GPS:** n44,93505 o1,60656. ⬆➡.

12 🛏kostenlos ⛽🚰Ch. **Untergrund:** Schotter. 🕐 01/01-31/12.
Entfernung: 🛒250M 🍺250M ⛽250M.

Martel — 24F2
Parking Monti. **GPS:** n44,93957 o1,60827. ⬆.
12 🛏kostenlos. **Untergrund:** asphaltiert. 🕐 01/01-31/12.
Entfernung: 🛒400M 🍺400M ⛽400M.

Marvéjols — 25A3
Boulevard Aurelle de Paladines, Le Pré de Suzon.
GPS: n44,55406 o3,28753. ⬆.

10 🛏kostenlos ⛽🚰Ch WC kostenlos. **Lage:** Zentral.
Untergrund: asphaltiert.
Entfernung: 🛒vor Ort 🏊7,5Km 🍽vor Ort 🍺vor Ort.
Touristinformation Marvéjols:
ℹ Maison de Tourisme, Porte du Soubeyran, www.ville-marvejols.fr. Alte Festungstadt, Stadttor mit Zinnen und Türme.

Matemale — 32G1
GPS: n42,57964 o2,10227. ⬆.

Okzitanien

10 kostenlos €1 ChWC. **Lage:** Ländlich, einfach, abgelegen, ruhig. **Untergrund:** asphaltiert. 01/01-31/12. **Entfernung:** 3Km vor Ort vor Ort 300M. **Sonstiges:** Parkplatz am See.

Matemale 32G1
Rue de la Truite. **GPS:** n42,56559 o2,10433.

10 kostenlos. **Lage:** Ländlich, einfach, abgelegen, ruhig. **Untergrund:** Schotter. 01/01-31/12. **Entfernung:** 1,5Km 20M 1,5Km 1,5Km. **Sonstiges:** Parkplatz am See.

Maureillas-Las-Illas 32H1
GPS: n42,48711 o2,80748.
20 € 8-12,50 Ch €4. **Untergrund:** befestigt. 01/01-31/12. **Entfernung:** 500M 500M 500M.

Mazamet 27G2
D118. **GPS:** n43,46278 o2,34609.
kostenlos Chkostenlos. **Lage:** Ländlich, abgelegen, ruhig. **Untergrund:** Wiese/Schotter. 01/01-31/12. **Entfernung:** 8Km vor Ort vor Ort vor Ort.

Mazamet 27G2
Rue Galibert-Ferret, Champ de la Ville. **GPS:** n43,49089 o2,37918.

10 kostenlos Chkostenlos. **Lage:** Städtisch. **Untergrund:** asphaltiert. 01/01-31/12. Fr-Sa Markt. **Entfernung:** vor Ort vor Ort. **Sonstiges:** Am Rathaus, max. 24 Std.

Mazères-sur-Salat 27E3
Rue de Vieux Ruisseau. **GPS:** n43,13457 o0,97633.

15 kostenlos Chkostenlos. **Untergrund:** befestigt. 01/01-31/12. **Entfernung:** 4,5Km Fluss.

Mende 25A3
Rue du Faubourg Montbel. **GPS:** n44,52063 o3,49660.

20 kostenlos €2/10Minuten Chkostenlos €2/55Minuten. **Lage:** Städtisch, komfortabel, zentral, ruhig. **Untergrund:** asphaltiert. 01/01-31/12. **Entfernung:** vor Ort vor Ort 200M 400M vor Ort vor Ort. **Sonstiges:** Entlang der Lot, max. 96 Std.

Mende 25A3
Camping-car Park, Aérodrome Mende-Brenoux. **GPS:** n44,52063 o3,49660.
38 €9,60/24 Std. **Untergrund:** Wiese. 01/01-31/12. **Sonstiges:** Beim Flugplatz.

Mèze 28A2
Complexe sportif des Sesquiers, Route de Villeveyrac. **GPS:** n43,44135 o3,59436.

6 kostenlos Chkostenlos. **Lage:** Einfach, laut. **Untergrund:** Schotter. **Entfernung:** 2,5Km 10Km.

Miélan 27D2
Rue du Cubet. **GPS:** n43,43319 o0,30900.

6 kostenlos Chkostenlos. **Lage:** Ländlich, einfach. **Untergrund:** Schotter. 01/01-31/12. **Entfernung:** 350M 350M 350M.

Millau 27H1
Camping-car Park, Rue de la Saunerie 19. **GPS:** n44,09610 o3,08577.

41 €9,60/24 Std Ch inklusive. **Lage:** Komfortabel. **Untergrund:** Schotter. 01/01-31/12. **Entfernung:** 500M. **Sonstiges:** Wohnmobile <7,5M, Eintrittskode Nacht: parknight, Videoüberwachung.
Touristinformation Millau:
Office de Tourisme, 1, Place du Beffroi, www.ot-millau.fr. Touristische Stadt im Tarn- und Dourbie-Tal. Wichtiger Platz für die Lederindustrie.
Vieux Millau. Historische Wanderroute, info- Office de Tourisme.

Mirandol-Bourgnounce 24G3
Place de Foirail. **GPS:** n44,14167 o2,16667.

Mirepoix 27F3
Parking des Capitouls, Alée des Soupirs. **GPS:** n43,08491 o1,87399.

8 kostenlos ChWC kostenlos. **Lage:** Ländlich, einfach, ruhig. **Untergrund:** asphaltiert. 01/01-31/12. **Entfernung:** vor Ort vor Ort 50M vor Ort.

20 kostenlos ChWC kostenlos. **Untergrund:** asphaltiert. 01/01-31/12. **Entfernung:** Zentrum 500M 200M 400M. **Sonstiges:** Neben Kulturzentrum.
Touristinformation Mirepoix:
Viehmarkt. Winter 2., 4. Mo des Monats.
Do, Sa.

Moissac 27E1
Promenade Sancert. **GPS:** n44,10011 o1,08540.

4 kostenlos €2/4Std. **Lage:** Städtisch, einfach. **Untergrund:** befestigt. 01/01-31/12. **Entfernung:** 100M 100M. **Sonstiges:** Wertmünzen bei Office de Tourisme.

Mont Roc 27G1
Salle de Fêtes. **GPS:** n43,80330 o2,37192.

8 kostenlos €2 Ch €2 WC. **Untergrund:** befestigt. 01/01-31/12. **Entfernung:** 50M vor Ort vor Ort.

Mont-Louis 32G1
Parking des Remparts. **GPS:** n42,50765 o2,12273.

20 € 5 inklusive. **Lage:** Städtisch, einfach, ruhig. **Untergrund:** asphaltiert. **Entfernung:** 200M 200M 200M. **Sonstiges:** Parkplatz an der Stadtmauer.

Okzitanien

Montagnac 28A2
D613. **GPS:** n43,47520 o3,49129.

3 kostenlos Chkostenlos. **Untergrund:** Schotter.
Entfernung: 1Km 1Km 1Km.

Montauban 27F1
Mr. Lacaze, aire camping-car, 225, route de Corbarieu, D21. **GPS:** n43,99188 o1,35196.

15 €6 €1 Ch €2 WC €1. **Untergrund:** Schotter.
01/01-31/12.
Entfernung: Montauban 3km 1Km.
Sonstiges: Max 3,5T.

Montauban 27F1
Port Canal, Rue des Oules. **GPS:** n44,00744 o1,34105.
10 €6 €6 Ch. **Lage:** Komfortabel, ruhig.
Untergrund: Wiese/Schotter. 01/01-31/12.
Entfernung: 2,5Km.
Sonstiges: Am Kanal.

Montauban 27F1
La Ferme des Pibouls, Route de Saint-Antonin.
GPS: n44,03658 o1,40499.
12 kostenlos Ch.
Untergrund: Wiese.
Entfernung: 5Km.
Touristinformation Montauban:
Office de Tourisme, 2, rue du Collège, officetourisme.montauban.com. Stadt der Rosen.
Sa.

Montcalm 28B2
Le Caveau du Chêne, Route d'Aigues Mortes, D58.
GPS: n43,57322 o4,30505.

40 kostenlos für Kunden. **Lage:** Ländlich, abgelegen, ruhig.
Untergrund: Wiese. 01/01-31/12.

Montcuq 24E3
Route de Cahors, D653. **GPS:** n44,34082 o1,20242.

15 kostenlos €2 Ch €2. **Untergrund:** Schotter.
01/01-31/12.
Entfernung: 250M 250M 250M.
Sonstiges: Wertmünzen beim Touristenbüro und Tankstelle.

Montdardier 28A1
Rue de l'église. **GPS:** n43,92885 o3,59073.
5 kostenlos.
Entfernung: 350M.
Sonstiges: Max. 72 Std.

Monteils 24G3
D47. **GPS:** n44,26694 o1,99667.

4 kostenlos Chkostenlos. **Lage:** Ländlich, einfach, ruhig.
Untergrund: Wiese/Schotter. 01/01-31/12.
Entfernung: 100M 100M 50M.

Montézic 24H2
Les Prades Sud. GPS: n44,71054 o2,64413.

4 kostenlos Ch. **Untergrund:** asphaltiert. 01/03-31/10.
Entfernung: 500M vor Ort vor Ort.

Montferrand 27F2
Col de Naurouze, Route du Ségala, N113> D218.
GPS: n43,35238 o1,82390.

20 kostenlos. **Lage:** Ländlich, einfach, ruhig. **Untergrund:** Schotter.
01/01-31/12.
Entfernung: 2km vor Ort 2km vor Ort vor Ort.

Montpellier 28B2
Parking Joffre, Rue d'Argencour. **GPS:** n43,61316 o3,88608.
€ 1/Std. **Untergrund:** asphaltiert. 01/01-31/12.
Entfernung: 4Km.
Sonstiges: übernachten möglich. Über avenue Jean Mermoz.
Touristinformation Montpellier:
Corum. Opernkomplex.
Place de la Comédie. Platz mit vielen Cafés.

Montréal (Gers) 27D1
Stade André Daubin, D29. **GPS:** n43,95375 o0,19730.

kostenlos Chkostenlos. **Untergrund:** Schotter.
01/01-31/12.
Entfernung: 200M 500M 500M.
Sonstiges: Parkplatz am Rugbygelände.
Touristinformation Montréal (Gers):
Office de Tourisme, place de l'Hôtel de Ville, www.montrealdugers.com/. Festungsstadt mit Stadtwälle, Arkaden und malerischen Gassen.

Montréjeau 27D3
Grande Halle, Place de Verdun. **GPS:** n43,08448 o0,57112.

Montdardier / Monze 27G3
La Bretonne. GPS: n43,15475 o2,45867.

4 kostenlos. **Lage:** Städtisch, einfach, zentral, laut.
Untergrund: asphaltiert. 01/01-31/12.
Entfernung: 100M 400M vor Ort.

Monze 27G3
(already above)

2 kostenlos. **Lage:** Ländlich, einfach, abgelegen, ruhig.
Untergrund: asphaltiert. 01/01-31/12.
Entfernung: 50M 500M.
Sonstiges: Max. 48 Std.

Mourèze 28A2
D8. **GPS:** n43,61728 o3,36111.

6 €6 ChWCinklusive. **Lage:** Einfach, abgelegen, ruhig.
Untergrund: Schotter. 01/01-31/12.
Entfernung: vor Ort 300M vor Ort.

Mur de Barrez 24H2
Parc de la Corette, Place du Foirail. **GPS:** n44,84842 o2,65980.

6 kostenlos Ch. **Untergrund:** asphaltiert. 01/04-15/11.
Entfernung: 100M vor Ort 50M.
Sonstiges: Max. 72 Std.

Murviel-lès-Béziers 27H2
Camping-Car Park, Route de Réals, D36. **GPS:** n43,43953 o3,13420.

25 € 9,60-10,80 Ch (20x)WC inklusive.
Lage: Ländlich, komfortabel, abgelegen, ruhig.
Untergrund: ungepflastert. 01/01-31/12.
Entfernung: 700M 10Km 700M 1,7Km vor Ort.
Sonstiges: Altstadt.

Nages 27H2
Aire de camping car du Lac, Lac du Laouzas, D162.
GPS: n43,64694 o2,78194.

Okzitanien

22 🚐 € 7 ⛽🔌Ch inklusive. **Lage:** Abgelegen, ruhig.
Untergrund: Wiese/Schotter. 📅 31/03-01/11.
Entfernung: 🚿 vor Ort.
Sonstiges: In der Nähe der Seebasis.

Najac 🍴🏛️ 24G3
Le Pontet. **GPS:** n44,22167 o1,96778.

10 🚐 € 6, 01/04-30/09 € 8 ⛽🔌Ch (12x)inklusive. 🚮♻️
Lage: Komfortabel, ruhig. **Untergrund:** asphaltiert. 📅 01/01-31/12.
Entfernung: 🛒1,8Km 🚿vor Ort 🍞vor Ort 🏊1,8Km 🚶vor Ort.
Sonstiges: Altstadt.

Narbonne 27H3
Parking du Parc des Sports, Avenue Maître Hubert Mouly.
GPS: n43,18017 o3,02294.

36 🚐 € 9/24 Std ⛽€2/20Minuten 🔌Ch 🚿€2 🚮♻️
Untergrund: asphaltiert.
📅 01/01-31/12.
Entfernung: 🛒vor Ort 🚲2,3Km 🛒Carrefour.
Sonstiges: Alle 30 Minuten kostenloser Bus zum Zentrum.
Touristinformation Narbonne:
🚂 Autorail Touristique du Minervois. Touristische Zugfahrt von Narbonne nach Bize. 📅 01/07-17/09.
🏛️ Palais des Archevêques. Schloss, 11ten Jahrhundert, mit Kathedrale.
☕ 🅿️ Do, So.

Narbonne-Plage 27H3
Créneau Naturel, Route de Gruissan. **GPS:** n44,14725 o3,15408.
100 🚐 € 10 ⛽🔌ChWC inklusive. 📅 01/01-31/12.
Entfernung: 🏙️Narbonne 16Km 🚿vor Ort 🍞vor Ort 🛒1Km.

Naucelle 🏛️ 24G3
Place du Ségala. **GPS:** n44,19753 o2,34175.

4 🚐kostenlos ⛽🔌Chkostenlos.
Lage: Einfach, laut. **Untergrund:** asphaltiert.
📅 01/01-31/12.
Entfernung: 🛒vor Ort 🏊500M 🍞500M 🚲vor Ort 🍴vor Ort.

Nègrepelisse 27E1
Avenue Jean Fleury. **GPS:** n44,07408 o1,52664.
15 🚐kostenlos ⛽🔌Chkostenlos. **Untergrund:** Wiese/Schotter.
📅 01/01-31/12. 💧 Ver-/Entsorgung: 01/12-01/04.
Entfernung: 🛒500M 🏊500M 🚿vor Ort.

Sonstiges: Neben Sportplatz.

Nîmes 🍷🍴🏛️ 28B1
Domaine de Fontbespierre, 3359, route d'Anduze.
GPS: n43,87142 o4,27746.

50 🚐 € 10 ⛽€2 🔌Ch 🚿€2/Tag WC. **Lage:** Ländlich.
Untergrund: Wiese. 📅 01/01-31/12.
Entfernung: 🛒6Km 🏊6Km 🍞6Km.
Sonstiges: Gelände mit Videoüberwachung.

Octon 🏛️ 28A2
Avenue de la Molière. **GPS:** n43,65390 o3,30378.

8 🚐kostenlos. **Lage:** Einfach, ruhig. **Untergrund:** asphaltiert.
Entfernung: 🛒50M 🏊50M 🍞50M 🏞️Lac du Salagou 🚶Lac du Salagou.
Sonstiges: Parkplatz hinter 'Clamery', Lac du Salagou.

Oust 27E3
Aire camping-car, Foute d'Aulus les Bains.
GPS: n42,87167 o1,21833.

10 🚐 € 14,50, 2 Pers. inkl. ⛽🔌Ch 🚿WC. **Untergrund:** Schotter.
📅 01/01-31/12.
Sonstiges: Neben Campingplatz Les 4 Saisons, Ankunft >14 Uhr Abreise <12 Uhr.

Ouveillan 27H2
Place Cave Coopératieve. **GPS:** n43,29204 o2,97080.

7 🚐kostenlos ⛽🔌Chkostenlos. **Untergrund:** Schotter/befestigt.
📅 01/01-31/12.
Entfernung: 🛒2km 🏊2km 🍞2km.

Palavas-les-Flots 28B2
D62E2. **GPS:** n43,53281 o3,92654.

23 🚐 € 11-19 ⛽🔌Ch 🚿inklusive. **Untergrund:** asphaltiert.
📅 01/01-31/12.
Entfernung: 🏙️Zentrum 600M 🏖️Sandstrand 800M.

Palavas-les-Flots 28B2
Port Fluvial, Base Paul Riquet, Avenue de Lattre Tassigny.
GPS: n43,53091 o3,92316.

135 🚐 € 14, 01/06-30/09 € 17 + € 0,83/pP Kurtaxe, Zuschlag >8m und Anhänger ⛽€3 🔌Ch 🚿€3 WC inklusive. 📶
Untergrund: asphaltiert. 📅 01/01-31/12.
Entfernung: 🛒1Km 🏊1Km 🍞1Km.
Sonstiges: Fahrradverleih.

Peyragudes 🏔️❄️ 27D3
Parking de Balestas, Culas. **GPS:** n42,79629 o0,44015.

25 🚐kostenlos ⛽€2/100Liter 🔌€2/1Std. **Lage:** Ländlich, einfach, abgelegen, ruhig. **Untergrund:** Schotter. 📅 01/01-31/12.
Entfernung: 🛒10Km 🏊150M 🍞850M 🚶vor Ort 🍴vor Ort 🚲vor Ort.
Sonstiges: Wertmünzen bei Maison de Peyragudes.

Peyriac-de-Mer 🌊 27H3
Route des Bages. **GPS:** n43,09372 o2,96205.

20 🚐 € 5/24 Std ⛽🔌Ch 🚿
Lage: Ländlich, einfach, einfach. **Untergrund:** Wiese/befestigt.
📅 01/01-31/12.
Entfernung: 🛒1Km 🚿vor Ort 🏊1Km 🍞1Km 🚶vor Ort 🍴vor Ort.
Sonstiges: Neben Rugbygelände.

Peyrusse le Roc 24G3
D87. **GPS:** n44,49500 o2,13972.

12 🚐kostenlos ⛽🔌Chkostenlos. **Untergrund:** Wiese/Sand.
📅 01/01-31/12. **Entfernung:** 🛒500M 🏊500M 🍞500M.

Pezens 27G2
Place de la Liberté, D6113. **GPS:** n43,25528 o2,26361.

Okzitanien

5 kostenlos, kostenlos. **Lage:** Städtisch, einfach, laut. **Untergrund:** Schotter. 01/01-31/12. **Entfernung:** 50M 50M 50M.

Pierrefitte-Nestalas 27C3
Chemin de la Portere. **GPS:** n42,96048 w0,07638.

15 kostenlos €1/50Liter ChWC. **Lage:** Ländlich, abgelegen, ruhig. **Untergrund:** asphaltiert. 01/01-31/12.
Entfernung: 200M 10Km 200M 200M vor Ort vor Ort.
Sonstiges: Max. 8 Tage.

Pinsac 24F2
Parking Salle des Fêtes, D43. **GPS:** n44,85500 o1,51222.

5 kostenlos €2 Ch. **Untergrund:** Schotter. 01/01-31/12.
Entfernung: vor Ort 9,5Km 700M.

Pont-de-Salars 24H3
Place de la Rivière. **GPS:** n44,27822 o2,72853.

5 kostenlos €5/80Liter Ch.
Lage: Einfach. **Untergrund:** asphaltiert. 01/05-31/10.
Entfernung: 100M 2km 2km vor Ort 100M vor Ort.
Sonstiges: Am Fluss, max. 3 Tage, Wertmünzen bei Geschäfte.

Port Vendres 32H1
L'Anse des Tamarins, Route de la Jetée. **GPS:** n42,51778 o3,11375.

40 € 6, Mai/Okt € 10 €2/100Liter ChWC. **Lage:** Ländlich, einfach. **Untergrund:** Schotter. 01/01-31/12.
Entfernung: 1,3Km 100M vor Ort.

Port-la-Nouvelle 27H3
Chemin des Vignes. **GPS:** n43,01366 o3,04077.

30 kostenlos, Apr/Juni-Sep/Nov € 4, Juli-Aug € 9 €2/15Minuten Ch €2/15Minuten inklusive, am Campingplatz.
Lage: Ländlich, einfach. **Untergrund:** Wiese/Schotter.
Entfernung: 2km 8,6Km 2km 2km 1km Huit-à-huit, Passage de l'Abbé Gavanon.

Port-la-Nouvelle 27H3
Parking Super U, Avenue du Général de Gaulle. **GPS:** n43,01609 o3,04933.
€2/10Minuten Ch kostenlos €2/55Minuten kostenpflichtig. **Untergrund:** asphaltiert. 01/01-31/12, 19.30-08.30U. **Entfernung:** 1Km 1Km 1Km.

Portiragnes 28A2
Avenue de la Grande Maïre. **GPS:** n43,27558 o3,35156.

± 15 kostenlos. **Lage:** Ländlich, einfach, ruhig. **Untergrund:** ungepflastert. 01/01-31/12.
Entfernung: Sandstrand 200M.
Sonstiges: Max. 2 Tage.

Pradinas 24G3
Place de l'Eglise. **GPS:** n44,23855 o2,26583.

5 Ch kostenlos. **Lage:** Ländlich, einfach, ruhig.
Untergrund: Wiese/Sand.
Entfernung: vor Ort.

Prayssac 24E3
Avenue Maréchal Bessières. **GPS:** n44,50352 o1,19197.

15 kostenlos ChWC. **Untergrund:** Wiese/Schotter.

Preignan 27D1
Rue Emile Zola. **GPS:** n43,71243 o0,63378.

20 kostenlos Ch kostenlos. **Untergrund:** Schotter. **Entfernung:** 1Km. **Sonstiges:** Am Sportpark.

Puy l'Eveque 24E3
Place de la Gendarmerie. **GPS:** n44,50699 o1,13560.

4 kostenlos ChWC kostenlos. **Untergrund:** Schotter. 01/01-31/12 05/08-14/08.
Entfernung: 250M 300M 300M.
Sonstiges: Gegenüber Rathaus, max. 24 Std, Oberstadt.

Puylaurens 27G2
Rue Albert Thorel. **GPS:** n43,56861 o2,01194.

17 kostenlos Ch kostenlos. **Untergrund:** Schotter. 01/01-31/12. **Entfernung:** 700M 700M 400M.
Sonstiges: Max. 48 Std, WLAN beim Supermarkt.

Quillan 27G3
Parking Joseph Courjétaire, D117. **GPS:** n42,87366 o2,18266.

10 kostenlos €3,10 ChWC. **Lage:** Städtisch, einfach, ruhig. **Untergrund:** asphaltiert. 01/01-31/12.
Entfernung: vor Ort vor Ort vor Ort vor Ort vor Ort.
Sonstiges: In der Nähe der Bahnlinie, Wertmünzen erhältlich bei Office du Tourisme und Bar.

Remoulins 28C1
N86. **GPS:** n43,93789 o4,55851.

10 kostenlos €5/20Minuten Ch. **Lage:** Städtisch.
Untergrund: asphaltiert.
Entfernung: 100M 100M 100M.
Sonstiges: Parkplatz in der Nähe vom Fluss, Ver-/Entsorgung auf der anderen Seite der Brücke: Route du Pont du Gare.
Touristinformation Remoulins:
Pont du Gard, Römischer Aquädukt.

Rennes-les-Bains 27G3
Plateau Sport Nature, Route des Corbières.
GPS: n42,91479 o2,31814.

Frankreich — FR — 485

Okzitanien

7 🅿 € 5/24 Std ⛽🍽kostenlos. **Lage:** Ländlich, einfach, ruhig. **Untergrund:** asphaltiert. 📅 01/01-31/12. **Entfernung:** 🛒500M 🏊100M.

♿S **Requista** ⛰ 27H1
Place François Fablé. **GPS:** n44,03465 o2,53599. ⬆.

6 🅿kostenlos ⛽🍽kostenlos. **Untergrund:** Schotter. 📅 01/01-31/12. **Entfernung:** 🛒200M.

♿S **Revel** 27G2
Roy des Eaux, Chemin de la Pergue. **GPS:** n43,45286 o2,01233. ⬆➡.
28 🅿 € 7, 01/06-31/08 € 9, Kurtaxe exkl ⛽Ch 🍽inklusive. 🚿. **Untergrund:** Schotter. 📅 01/01-31/12. **Entfernung:** 🛒1Km ⛽1Km 🏊1Km. **Sonstiges:** Max. 7 Nächte.

♿S **Rieupeyroux** 24G3
15 Rue de la Calquière. **GPS:** n44,30861 o2,23194. ⬆➡.

3 🅿kostenlos ⛽Ch 🍽kostenlos. **Lage:** Einfach. **Untergrund:** asphaltiert. 📅 01/04-01/11. **Entfernung:** 🛒500M 🏊500M 🏊1,5Km. **Sonstiges:** Neben Schule.

♿ **Rieutort-de-Randon** 25A3
Lac de Charpal. **GPS:** n44,62491 o3,56046. ⬆.

10 🅿kostenlos. **Lage:** Ländlich, abgelegen, ruhig. **Untergrund:** ungepflastert. 📅 01/01-31/12. **Entfernung:** 🛒8Km 🏊18Km ⛽vor Ort 🍽vor Ort ⛽vor Ort 🏊vor Ort. **Sonstiges:** Am See von Charpal.

♿S **Rignac** 24G3
Hameau du Lac, La Peyrade. **GPS:** n44,40456 o2,28955. ⬆➡.

12 🅿kostenlos, Juni-Aug € 5 ⛽🍽Chkostenlos. 🛁 **Lage:** Ländlich, einfach, ruhig. **Untergrund:** Wiese. 📅 01/01-31/12. **Entfernung:** 🛒1Km ⛽vor Ort ⛽1Km 🏊1Km 🅿 vor Ort.

♿S **Rivières** 🌲 27G1
Aire de Salta, La Courtade Haute. **GPS:** n43,91072 o1,98889. ⬆➡.

6 🅿 € 12 ⛽Ch (6x)inklusive. 🍽 **Lage:** Ländlich, komfortabel, ruhig. **Untergrund:** Schotter. 📅 01/06-30/09. **Entfernung:** 🛒2km ⛽vor Ort 🍽vor Ort 🏊2km. **Sonstiges:** An dem Tarn.

Rocamadour 24F2
Le Château, D673. **GPS:** n44,80000 o1,61528. ⬆.

30 🅿kostenlos. **Untergrund:** Schotter. 📅 15/06-15/09. **Entfernung:** ⛽100M.

Rodez 24H3
Route du Gué de Salelles. **GPS:** n44,35731 o2,59374. ⬆➡.

6 🅿kostenlos ⛽🍽Chkostenlos. **Lage:** Städtisch, einfach, laut. **Untergrund:** Schotter. 📅 01/01-31/12. **Entfernung:** 🛒1Km 🏊1Km. **Sonstiges:** Max. 72 Std.

♿S **Roquecor** 24E3
Place du Foirail. **GPS:** n44,32346 o0,94496. ⬆.

6 🅿kostenlos ⛽🍽Chkostenlos. **Untergrund:** asphaltiert. 📅 01/01-31/12. **Entfernung:** 🛒250M ⛽300M 🏊250M. **Sonstiges:** Max. 48 Std.

♿S **Roquefort-sur-Soulzon** 27H1
D23. **GPS:** n43,98120 o2,98163. ⬆.

🅿kostenlos ⛽🍽ChWCkostenlos. **Untergrund:** asphaltiert. 📅 01/01-31/12. **Entfernung:** 🛒100M. **Sonstiges:** Parkplatz hinter Touristinfo, Wasser im Winter geschlossen.

♿S **Routier** 27G3
Sous la Serre. **GPS:** n43,10813 o2,12362. ⬆➡.

7 🅿kostenlos ⛽🍽Chkostenlos. **Lage:** Ländlich, einfach, ruhig. **Untergrund:** Wiese/Schotter. 📅 01/01-31/12 🚫 kein Wasser im Winter. **Entfernung:** 🛒vor Ort.
Touristinformation Routier:
ℹ Corbières. Region bekannt für seine Weine und die Katherenzitadellen, das Schloss von Queribus in Cucugan ist eine der letzten Bastionen der Katharen.

♿S **Saillagousse** 🌲🌳 32F1
Rue des Sports. **GPS:** n42,45764 o2,03766. ⬆.

7 🅿kostenlos ⛽€4 Ch 🍽WC. **Lage:** Städtisch, einfach, ruhig. **Untergrund:** asphaltiert. 📅 01/01-31/12. **Entfernung:** 🛒vor Ort ⛽vor Ort 🏊vor Ort. **Sonstiges:** Wertmünzen beim Office de Tourisme und Rathaus.

♿S **Saint-André** 32H1
Parking de Taxo. **GPS:** n42,55248 o2,97303. ⬆➡.

6 🅿 € 2,30 ⛽€2 Ch €2. **Untergrund:** asphaltiert. 📅 01/01-31/12. **Entfernung:** 🛒vor Ort. **Sonstiges:** Max. 3 Nächte, Wertmünzen bei Office de Tourisme.

♿S **Saint-Antoine** 27E1
GPS: n44,03587 o0,84209. ⬆➡.

♿S **Saint-Antonin-Noble-Val** 🌲🌳 24F3
Chemin de Roumégous. **GPS:** n44,15222 o1,75139. ⬆➡.

15 🅿kostenlos ⛽🍽Chkostenlos. **Lage:** Ländlich, einfach, ruhig. **Untergrund:** asphaltiert/Schotter. 📅 01/01-31/12.

Frankreich

Okzitanien

Entfernung: 200M 300M 200M vor Ort.

Saint-Bertrand-de-Comminges 27D3
Parking Cathédrale, D26a. **GPS:** n43,02944 o0,57221.

25 kostenlos WC. **Lage:** Ländlich, ruhig.
Untergrund: asphaltiert/Wiese. 01/01-31/12.
Entfernung: 200M 200M 3Km vor Ort vor Ort.

Saint-Céré 24G2
Rue du Stade. **GPS:** n44,86139 o1,88583.

3 kostenlos Ch kostenlos. **Lage:** Einfach, zentral.
Untergrund: asphaltiert. 01/01-31/12.
Entfernung: 200M 200M 150M.
Sonstiges: Hinter Stadion, in der Nähe vom Friedhof.

Saint-Chély-d'Apcher 25A2
Parking du Péchaud, Boulevard G. d'Apcher, N9.
GPS: n44,80084 o3,27296.

2 kostenlos €2/100Liter Ch €2/10Minuten.
Lage: Einfach, zentral, ruhig. **Untergrund:** asphaltiert.
01/01-31/12.
Entfernung: 200M 2,5Km 200M 200M vor Ort.
Sonstiges: Wertmünzen bei Office de Tourisme.

Saint-Cirq-Lapopie 24F3
Porte Roques, D662. **GPS:** n44,47055 o1,68050.

40 €7,50 €2/100Liter Ch €2 WC €2.
Lage: Abgelegen, ruhig. **Untergrund:** Wiese/Schotter.
01/01-31/12. **Entfernung:** 1,5Km vor Ort 50M.
Sonstiges: Entlang der Lot, nahe Campingplatz, max. 48 Std.
Touristinformation Saint-Cirq-Lapopie:
Dorf, steht unter Denkmalpflege, ist gebaut auf einem Felsen über dem Lot Fluss.
Grotte de Pech-Merle, Cabrerets. Tempelhöhle, Denkmal vom Paleolithicum mit Bildern von Mammuts, Pferde und Bisons.

Saint-Clar 27E1
Aire de repos, Avenue de la Garlepe. **GPS:** n43,89111 o0,77250.

10 kostenlos Ch WC kostenlos. **Lage:** Komfortabel, abgelegen, ruhig. **Untergrund:** Wiese/Schotter. 01/01-31/12.
Entfernung: 500M 250M.

Saint-Côme-d'Olt 24H3
Rue des Ginestes. **GPS:** n44,51647 o2,82072.
9 Ch. 01/01-31/12.
Entfernung: 500M 500M 500M.
Sonstiges: Wertmünzen beim Office de Tourisme und Supermarkt.

Saint-Couat-d'Aude 27H2
La Bellevue. **GPS:** n43,21429 o2,63052.
€5 €3 Ch €3 WC. **Lage:** Komfortabel, abgelegen, ruhig.

Saint-Cyprien 32H1
Aire du Théâtre de la Mer, Quai Arthur Rimbaud.
GPS: n42,61776 o3,03512.

49 € 12,50/24 Std, 15/10-31/03 € 10,15/24 Std Ch inklusive.
Lage: Komfortabel. **Untergrund:** asphaltiert.
01/01-31/12. Ver-/Entsorgung 15/10-31/03.
Entfernung: 450M Jachthafen 300M.

Saint-Cyprien-sur-Dourdou 24G3
La Citarelle. **GPS:** n44,54782 o2,40844.
13 €5 Ch. **Untergrund:** Wiese/Schotter. 01/01-31/12.
Entfernung: vor Ort 350M.

Saint-Félix-Lauragais 27F2
Lac de Lenclas, D622. **GPS:** n43,42667 o1,89806.

10 kostenlos Ch WC. **Lage:** Einfach, abgelegen, ruhig.
Untergrund: Schotter. 01/01-31/12.
Entfernung: 100M 100M.
Sonstiges: Max. 24 Std.

Saint-Geniez-d'Olt 24H3
Avenue de la gare. **GPS:** n44,46305 o2,97563.

10 kostenlos WC kostenlos. **Untergrund:** Schotter.
01/01-31/12.
Entfernung: vor Ort vor Ort vor Ort vor Ort vor Ort.
Sonstiges: Max. 24 Std.

Saint-Géry 24F3
Domaine du Porche, D662. **GPS:** n44,47818 o1,58091.
15 € 5,50 €2/100Liter Ch €2/1Std. **Untergrund:** Schotter.
01/01-31/12.

Entfernung: 100M 100M.
Sonstiges: Markt am Sontag.

Saint-Gilles 28B2
Quai du Canal. **GPS:** n43,67154 o4,43281.

kostenlos. **Lage:** Ländlich. **Untergrund:** asphaltiert.
01/01-31/12. **Entfernung:** 500M 200M 500M.
Touristinformation Saint-Gilles:
Abbay St.Gilles. Abtei mit unterirdische Kirche.

Saint-Girons 27E3
Rue Aristide Berges. **GPS:** n42,98865 o1,13852.

7 kostenlos €2/150Liter Ch €2/15Minuten.
Untergrund: asphaltiert.
Entfernung: 100M. **Sonstiges:** Max. 48 Std.

Saint-Jean-du-Gard 28B1
Av. de la Résistance. **GPS:** n44,10210 o3,88347.

20 kostenlos Ch WC kostenlos.
Lage: Städtisch, einfach. **Untergrund:** befestigt.
01/01-31/12.
Entfernung: vor Ort 100M 100M 50M 300M vor Ort.
Sonstiges: Touristenzug.

Saint-Jean-et-Saint-Paul 27H1
Saint Jean d'Alcas. **GPS:** n43,92646 o3,00887.
10 kostenlos Ch WC kostenlos. **Untergrund:** Schotter.
01/01-31/12. **Entfernung:** vor Ort.

Saint-Just-sur-Viaur 27G1
Parking La Fabrie, D532. **GPS:** n44,12402 o2,37588.

4 kostenlos Ch WC kostenlos. **Lage:** Ländlich, abgelegen, ruhig. **Untergrund:** Schotter. 01/01-31/12. Ver-/Entsorgung 01/11-31/03. **Entfernung:** 10Km vor Ort vor Ort.

Saint-Lary-Soulan 27D3
Parking du Stade, Route de Vieille Aure. **GPS:** n42,82248 o0,32329.

Frankreich

Okzitanien

4⛺ €6/Nacht ⛽€2/100Liter 🚿Ch €2/Std. 🅿
Lage: Ländlich, einfach, laut. Untergrund: asphaltiert.
📅 01/01-31/12.
Entfernung: 🏊500M ⊗500M 🛒500M vor Ort 🚶vor Ort.
Sonstiges: Parkplatz hinter Stadion.

Saint-Laurent-de-Carnols 25C3
Cave Coopérative Vinicole, Route de Bagnols D166.
GPS: n44,21002 o4,53132.
5⛺kostenlos 💧🚿♻ 📅 01/01-31/12.
Entfernung: 🛒200M.

Saint-Laurent-de-Cerdans 32G1
Parking Halle Polyvalente, Place du Syndicat.
GPS: n42,38336 o2,61572.⬆➡.

15⛺kostenlos 💧🚿WCkostenlos. Lage: Städtisch, einfach, ruhig.
Untergrund: Schotter. 📅 01/01-31/12.
Entfernung: 🏊500M ⊗100M 🛒500M vor Ort.
Sonstiges: Max. 48 Std.

Saint-Mamert-du-Gard 28B1
Rue des Fraisses. GPS: n43,88965 o4,19039.⬆.

6⛺kostenlos. Lage: Einfach. Untergrund: asphaltiert.
📅 01/01-31/12. Entfernung: 🏊400M.

Saint-Mamert-du-Gard 28B1
Route du Stade. GPS: n43,88491 o4,19054.
💧🚿Chkostenlos. 📅 01/01-31/12.

Saint-Mamet 27D3
Rue Pierre Baysse, D27. GPS: n42,78399 o0,60393.➡.

7⛺€5 💧🚿Chkostenlos. Lage: Ländlich, ruhig.
Untergrund: asphaltiert. 📅 01/01-31/12.
Entfernung: 🏊200M ⊗850M 🛒150M.
Sonstiges: Neben Friedhof, max. 3 Nächte, im Rathaus zahlen.

Saint-Marsal 32G1
GPS: n42,53755 o2,62242.⬆.

25⛺€3 ⛽kostenlos. 🚽 Lage: Ländlich, einfach.
Untergrund: asphaltiert. 📅 01/01-31/12.
Entfernung: ⛽vor Ort.

Saint-Martin-de-Londres 28A1
Rue des Sapeurs. GPS: n43,79046 o3,73470.⬆➡.

6⛺€4 💧🚿inklusive. Lage: Einfach. 📅 01/01-31/12.
Entfernung: 🛒150M vor Ort.

Saint-Martory 27E2
Place Nationale, D52E, D117. GPS: n43,14141 o0,93033.

7⛺kostenlos 💧🚿ChWCkostenlos. Untergrund: asphaltiert.
⊗ Do (Markt).
Entfernung: ⛽3Km. Sonstiges: Am Fluss, max. 1 Nacht.

Saint-Mathieu-de-Tréviers 28B1
D17. GPS: n43,76206 o3,86016.⬆➡.

8⛺€5 💧🚿Ch inklusive. Untergrund: Schotter.
📅 01/01-31/12.
Entfernung: 🏊1Km. Sonstiges: Anmelden bei Sporthalle.

Saint-Maurice-en-Quercy 24G2
Place de l'église. GPS: n44,74306 o1,94722.

10⛺kostenlos. Lage: Einfach, ruhig. Untergrund: Schotter.
📅 01/01-31/12.

Saint-Nicolas-de-la-Grave 27E1
Rue de la Calle. GPS: n44,06379 o1,02471.➡.

⛺kostenlos 💧🚿Chkostenlos. Untergrund: asphaltiert/Schotter.
📅 01/01-31/12. Entfernung: 🏊100M ⊗50M ⊗100M.

Saint-Puy 27D1
Grande Rue, D654. GPS: n43,87611 o0,46250.⬆.

3⛺kostenlos 💧🚿ChWCkostenlos. Untergrund: Schotter.
📅 01/01-31/12. Entfernung: 🏊20M ⊗50M 🛒20M.

Saint-Sauveur-Camprieu 28A1
D710 Maison du Bois. GPS: n44,10843 o3,48304.
6⛺kostenlos ⛽€2/100Liter 🚿Ch. Lage: Ländlich, abgelegen.
📅 01/01-31/12.
Entfernung: ⛽vor Ort.
Sonstiges: Höhe 1000M.

Saint-Thibéry 28A2
Domaine de la Vière, Chemin de la Vière.
GPS: n43,38301 o3,40137.⬆➡.

26⛺€10 💧🚿Ch WC inklusive. 🚽 Lage: Ländlich,
komfortabel, abgelegen. Untergrund: ungepflastert. 📅 01/01-31/12.
Entfernung: 🏊2km ⊗A9 3km 🛒14km ⊗3km ⛽4Km.
Sonstiges: Im Wochenende mögliche Nachteil von Motocross.

Saint-Thomas 27E2
Ferme Le Gros, D58. GPS: n43,50190 o1,07451.⬆➡.
10⛺€3 💧🚿Ch inklusive. Lage: Ländlich.
Untergrund: Wiese/Schotter.
Entfernung: 🏊2km.

Sainte-Croix-Volvestre 27E3
Lenclos. GPS: n43,12673 o1,17094.⬆➡.

⛺kostenlos 💧🚿Chkostenlos. Lage: Einfach, abgelegen, ruhig.
Untergrund: Wiese/Schotter. 📅 01/01-31/12.
Sonstiges: Am Fussballplatz.

Sainte-Eulalie-d'Olt 24H3
La Grave. GPS: n44,46466 o2,94974.⬆.

Okzitanien

10 🅿 € 7, 15/05-15/09 € 8 ⛽Ch ✂WC ⚡inklusive. 🚿 ⌫
Lage: Ländlich, ruhig. **Untergrund:** Schotter. 📅 01/01-31/12.
Entfernung: 🏪300M 🏊vor Ort ⛲250M 🍞350M.
Sonstiges: Entlang der Lot, neben Campingplatz.

| 🅿S | Sainte-Geneviève-sur-Argence | 24H2 |

Rue de l'Argence. **GPS:** n44,80194 o2,76222. ⬆.

30 🅿 kostenlos ⛽€2 ⛽Ch ✂ **Untergrund:** Schotter.
📅 01/01-31/12. **Entfernung:** 🏪300M ⛲500M 🏊500M ⛽300M

| 🅿S | Sainte-Marie-de-Campan | 27D3 |

Place du 19 Mars 1962, D918. **GPS:** n42,98234 o0,22821. ⬆.

5 🅿 kostenlos ⛽Ch kostenlos. **Lage:** Ländlich, einfach, ruhig.
Untergrund: asphaltiert. 📅 01/01-31/12.
Entfernung: 🏪100M ⛽250M ⛲200M 🏊vor Ort 🚶vor Ort.
Sonstiges: Max. 48 Std.

| 🅿S | Salasc | 28A2 |

Route de la Gloriette, D148. **GPS:** n43,61746 o3,31709.
2 🅿 kostenlos. 📅 01/01-31/12.
Entfernung: 🏪300M 🏊300M.

| 🅿S | Salles-Curan | 24H3 |

Aire de camping-car des Vernhes, Lac de Pareloup.
GPS: n44,20002 o2,77573. ⬆➡.

80 🅿 €11/24 Std ⛽€4 ⛽Ch (80x) WC ⚡inklusive. 🚿 ⌫
Lage: Ländlich, komfortabel, ruhig.
Untergrund: Wiese/Schotter.
📅 01/04-31/10.
Entfernung: 🏪4Km ⛲vor Ort 🏊vor Ort ⛽4Km 🍞4Km 🚶vor Ort.
Sonstiges: Am See, ehemaliger Campingplatz.

| 🅿S | Salles-sur-l'Hers | 27F2 |

Allée des Platanes. **GPS:** n43,29194 o1,78844. ⬆.

10 🅿 kostenlos ⛽Ch kostenlos. **Lage:** Ländlich, einfach,
abgelegen, ruhig. **Untergrund:** Schotter. 📅 01/01-31/12.
Entfernung: 🏊vor Ort ⛽100M 🍞100M.
Sonstiges: Am Fussballplatz.

| 🅿S | Samatan | 27E2 |

Les Rivages Base de Loisirs, Avenue de Lombez, D39.
GPS: n43,48791 o0,92616. ➡.

10 🅿 €3 + €0,20/pP Kurtaxe ⛽Ch ✂WC ⚡inklusive.
Untergrund: asphaltiert. 📅 01/01-31/12.
Entfernung: 🏪500M ⛲vor Ort 🏊vor Ort ⛽250M 🍞250M
🚶250M.

| 🅿S | Sarrant | 27E1 |

Route de Solomiac. **GPS:** n43,77532 o0,92822. ⬆➡.

20 🅿 kostenlos ⛽Ch kostenlos. **Untergrund:** Wiese/Schotter.
📅 01/01-31/12. **Entfernung:** 🏪150M 🍞150M.
Sonstiges: Gegenüber Fussballstadion.

| 🅿S | Sauve | 28B1 |

D999. **GPS:** n43,94017 o3,95218. ⬆➡.

5 🅿 kostenlos ⛽Ch kostenlos. **Lage:** Städtisch, einfach, zentral,
laut. **Untergrund:** befestigt. 📅 01/01-31/12.
Entfernung: 🏪50M 🏊50M 🚶vor Ort.

| 🅿S | Sauveterre-de-Comminges | 27D3 |

Hameau de Bruncan, D9. **GPS:** n43,03391 o0,66711. ⬆➡.

5 🅿 €6 ⛽Ch ✂WC ⚡inklusive. 🚿
Lage: Ländlich, einfach, ruhig. **Untergrund:** Wiese/Schotter.
📅 01/01-31/12.
Entfernung: 🏊vor Ort ⛲vor Ort 🍞10Km ⛽vor Ort 🚶vor Ort.
Sonstiges: Anmeldung beim Bar, Ver-/Entsorgung Passanten €3.

| 🅿S | Sauveterre-de-Rouergue | 24G3 |

Le Sardou, D997. **GPS:** n44,21613 o2,31700. ⬆.

15 🅿 kostenlos ⛽Ch kostenlos ✂€2/Tag WC ⚡€1,50/12Minuten.
Lage: Ländlich, komfortabel, ruhig. **Untergrund:** Schotter.
📅 01/05-31/10.
Entfernung: 🏪500M 🏊500M 🍞500M.
Sonstiges: Wertmünzen bei Office de Tourisme.

| 🅿S | Ségur | 24H3 |

Impasse du Pré Amat. **GPS:** n44,29087 o2,83503. ⬆.

3 🅿 kostenlos ⛽Ch WC kostenlos ⚡€2/6Minuten. **Lage:** Ländlich,
einfach. **Untergrund:** asphaltiert. 📅 01/05-31/10.
Entfernung: 🏪500M 🍞500M.
Sonstiges: Wertmünzen beim Rathaus und Supermarkt, kleinen
Stellplätze, überdachter Picknickplatz mit Strom.

| 🅿S | Senergues | 24G3 |

La Ferme des Autruches, La Besse. **GPS:** n44,58861 o2,48361. ⬆.
5 🅿 kostenlos, freiwilliger Beitrag ⛽Ch kostenlos.
Untergrund: Wiese/Schotter. 📅 01/03-30/11.
Entfernung: 🏪2km.

| 🅿S | Sérignan-Plage | 28A2 |

Camping-Car Park Serignan Plage. **GPS:** n43,26909 o3,33149.
🅿 € 9,60, 01/07-31/08 € 12 ⛽Ch 📶 🚗 ⌫ **Untergrund:** Wiese.
📅 15/03-14/10.
Entfernung: ⛲200M 🍞200M.
Sonstiges: Gegenüber Campingplatz.

| 🅿S | Sérignan-Plage | 28A2 |

Mini Golf du Lion, Avenue de la Plage. **GPS:** n43,26892 o3,33629. ⬆.

20 🅿 €8, 01/05-30/09 €13 + Kurtaxe €2/pP ⛽Ch ✂WC
⚡inklusive €4. **Lage:** Ländlich, komfortabel, ruhig.
Untergrund: ungepflastert. 📅 01/01-31/12.
Entfernung: ⛲150M 🏊vor Ort 🍞150M.
Sonstiges: Hinter Restaurant, Brötchenservice, Schwimmbad.

| 🅿S | Serres-sur-Arget | 27F3 |

GPS: n42,96990 o1,51972.

🅿€5 ⛽Ch ✂ ⚡inklusive. **Lage:** Abgelegen, ruhig.
Untergrund: befestigt. 📅 01/01-31/12.
Sonstiges: Vor Kulturzentrum.

| 🅿S | Sète | 28A2 |

Parking Les 3 Digues. **GPS:** n43,36663 o3,61523. ⬆.

Okzitanien

70 € 6,66-9,66, Jul/Aug € 11,66 €1/10Minuten Ch
Lage: Ländlich, einfach. **Untergrund:** Schotter. 01/01-31/12.
Entfernung: 50M vor Ort vor Ort.
Sonstiges: Strandparkplatz, max. 72 Std, 01/06-30/09 Hundeverbot am Strand.

Sommières 28B1
Chemin de la Princesse. **GPS:** n43,78701 o4,08717.

25 kostenlos €3 Ch. **Lage:** Einfach. **Untergrund:** Schotter.
Entfernung: 500M 100M 300M.
Sonstiges: Gegenüber Campingplatz.

Souillac 24F2
Parking de Baillot, Chemin de Baillot. **GPS:** n44,89139 o1,47667.

20 kostenlos €3 Ch €3. **Untergrund:** asphaltiert.
01/01-31/12.
Entfernung: 400M 4,5km 400M 500M.

Touristinformation Souillac:
Bd Louis-Jean Malvy. Klosterstadt, 12ten Jahrhundert, zwischen die Regionen Périgord und Quercy.

Soulom 27C3
Place des Fêtes, D921. **GPS:** n42,95611 w0,0725.

15 kostenlos kostenlos. **Lage:** Ländlich, einfach, laut.
Untergrund: asphaltiert. 01/01-31/12.
Entfernung: 200M 500M 200M 200M.

Sousceyrac 24G2
Place des Condamines. **GPS:** n44,87255 o2,03649.

10 kostenlos Ch WC kostenlos. **Lage:** Einfach, zentral, laut. **Untergrund:** asphaltiert. 01/04-30/10.
Entfernung: vor Ort vor Ort vor Ort 100M.
Sonstiges: Gegenüber Rathaus, max. 1 Nacht.

Tarbes 27D2
Aire de Service Camping-car Ambulance Didier, Avenue de la Libération. **GPS:** n43,24284 o0,06790.

30 € 10 Ch inklusive €2/Nacht.
Lage: Ruhig. **Untergrund:** asphaltiert. 01/01-31/12.
Entfernung: 1km 1Km 800M 1km.
Sonstiges: Nur Ver-/Entsorgung: Wasser € 2, Wasser und Strom € 5, Videoüberwachung.

Thémines 24F2
Place de l'église. **GPS:** n44,74083 o1,82972.

3 Ch kostenlos. **Untergrund:** asphaltiert.
01/01-31/12.
Entfernung: vor Ort 100M 100M. **Sonstiges:** Bei Kirche.

Therondels 24H2
La Cazournie. **GPS:** n44,89833 o2,75937.
10 kostenlos Ch kostenlos. **Untergrund:** Wiese.
01/04-15/11. **Entfernung:** vor Ort 100M 100M.

Theza 32H1
Route Départementale 914. **GPS:** n42,63763 o2,93675.
6 € 12 Ch WC inklusive. 01/01-31/12.
Sonstiges: Ver-/Entsorgung Passanten € 6.

Thues-entre-Valls 32G1
Gorges de la Carança. **GPS:** n42,52346 o2,22517.

25 € 9/24 Std Ch inklusive.
Lage: Einfach, abgelegen, ruhig. **Untergrund:** Wiese/Schotter.
01/01-31/12 mit Frost.
Entfernung: 2km vor Ort vor Ort vor Ort.

Trouillas 32H1
Les Oliviers de la Canterrane, Solt de las Moles, D612.
GPS: n42,61399 o2,81599.

20 kostenlos Ch kostenlos. **Lage:** Ländlich, abgelegen, ruhig.
Untergrund: Schotter. 01/01-31/12.
Entfernung: 500M 4Km vor Ort.

Vabre 27G1
Route de Castres. **GPS:** n43,69401 o2,42595.

kostenlos Ch kostenlos. **Untergrund:** asphaltiert.
Entfernung: 500M 500M vor Ort.
Sonstiges: Tennisplatz, am Schwimmbad (Sommer).

Vabres-l'Abbaye 27H1
Le Coustel, Rue de la Vigne. **GPS:** n43,94575 o2,83957.
15 kostenlos Ch kostenlos. **Untergrund:** Schotter.
01/04-30/10. **Entfernung:** 50M vor Ort vor Ort.

Vailhan 28A2
Parking de l'Eglise. **GPS:** n43,55527 o3,29882.

6 € 5 Ch inklusive. **Untergrund:** Schotter. 01/01-31/12.
Entfernung: 1km 200M 50M.

Valderiés 27G1
Place de Mairie, D91. **GPS:** n44,01167 o2,23333.

5 kostenlos Ch WC kostenlos. **Lage:** Einfach.
Untergrund: asphaltiert. 01/01-31/12.
Entfernung: vor Ort vor Ort vor Ort vor Ort.
Sonstiges: Ver-/Entsorgung 100M, Brückenwaage.

Valence (Tarn-et-Garonne) 24E3
Aire de camping-car à Valence d'Agen, D953EC.
GPS: n44,10547 o0,88608.
€ 4 Ch. **Untergrund:** asphaltiert.
Entfernung: 600M.

Valence (Tarn-et-Garonne) 24E3
M. Cadot, aire privée, 341, Route des Charretiers, Valence-sud.
GPS: n44,09803 o0,89043.
8 € 8 Ch inklusive. **Lage:** Ländlich, komfortabel, abgelegen, ruhig. **Untergrund:** Schotter. 01/01-31/12.
Entfernung: 1,2Km 1,2Km 1,2Km.

Valence-sur-Baïse 27D1
Route d'Auch, D930. **GPS:** n43,87272 o0,38787.

7 kostenlos Ch WC kostenlos. **Lage:** Einfach, laut.
Untergrund: Schotter. 01/01-31/12.
Entfernung: 500M 500M 500M vor Ort.

Vallabrègues 28C1
Route d'Aramon, D183A. **GPS:** n43,85763 o4,62639.

Okzitanien

5 kostenlos €2 Ch €2/Std. **Lage:** Ländlich.
Untergrund: Schotter. 01/01-31/12 Hochwasser.
Entfernung: 500M.
Sonstiges: Am See und der Rhone.

Valleraugue 28A1
Avenue de l'Aigoual, D986. **GPS:** n44,08054 o3,63613.
6 kostenlos €2 Ch. **Untergrund:** asphaltiert.
01/01-31/12. **Entfernung:** 450M.

Valras-Plage 28A2
Avenue du Casino. **GPS:** n43,24230 o3,28162.

30 kostenlos €2 Ch.
Untergrund: asphaltiert/befestigt.
01/10-30/06 Sommer.
Entfernung: vor Ort 200M vor Ort vor Ort vor Ort.
Sonstiges: Hinter Casino/Disco, Ver-/Entsorgung: Boulevard Pierre Giraud 200m, keine Campingaktivitäten.

Valras-Plage 28A2
Boulevard de la Recanette. **GPS:** n43,25310 o3,29623.
20 € 12 Ch (9x)inklusive. **Untergrund:** Schotter.
Entfernung: 800M 800M 800M.

Vénerque 27F2
Allée du Duc de Ventadour. **GPS:** n43,43356 o1,44021.

10 kostenlos Ch kostenlos.
Untergrund: Schotter/befestigt. **Entfernung:** vor Ort.

Vernet-les-Bains 32G1
Chemin de la Laiterie. **GPS:** n42,54268 o2,39092.

7 kostenlos €2,50/20Minuten Ch €2,50/20Minuten.
Lage: Ländlich, einfach, ruhig. **Untergrund:** Schotter.
01/03-31/10.
Entfernung: 600M vor Ort 600M.
Sonstiges: Wertmünzen beim Office de Tourisme und Rathaus.

Vers 24F3
Halte Nautique. **GPS:** n44,48551 o1,55503.

20 € 5 Ch WC kostenlos. **Lage:** Wiese.
01/05-30/09.
Entfernung: 100M 100M 200M 100M vor Ort vor Ort.

Vézénobres 28B1
Parc Audibal. **GPS:** n44,03851 o4,14118.
3 € 7 Ch inklusive. 01/01-31/12.

Vézins-de-Lévézou 24H3
La Ferme du Lévézou, Les Vialettes du Ram.
GPS: n44,26275 o2,92293.

6 kostenlos. **Lage:** Ländlich, abgelegen, ruhig.
Untergrund: Schotter. **Entfernung:** 6Km 25Km.
Sonstiges: Max. 24 Std, regionale Produkte.

Vias 28A2
Aire de l'Espagnac, 2080 chemin de Portiragnes.
GPS: n43,31013 o3,36226.
27 Ch €3 inklusive. **Untergrund:** Wiese/Schotter.
01/01-31/12.
Entfernung: 9Km.

Vic-en-Bigorre 27D2
Rue du Stade, Avenue de Pau D6. **GPS:** n43,38472 o0,04917.

4 kostenlos Ch kostenlos. **Lage:** Ländlich, laut.
Untergrund: Schotter. 01/01-31/12.
Entfernung: 500M 300M 50M 50M.

Vicdessos 27F3
GPS: n42,76891 o1,50257.

20 € 6 Ch inklusive. **Untergrund:** befestigt.
01/01-31/12.
Entfernung: vor Ort.

Villasavary 27G2
Camping-Car Park des Collines, Zone du Pradel.
GPS: n43,21881 o2,03242.

11 € 8,40, 01/07-31/08 € 9,60 Ch inklusive.
Lage: Ländlich, komfortabel, abgelegen, ruhig.
Untergrund: asphaltiert. 01/01-31/12.
Entfernung: 650M 10km vor Ort.
Sonstiges: Videoüberwachung.

Villecomtal-sur-Arros 27D2
Rue de la Fontaine. **GPS:** n43,40286 o0,19852.

15 kostenlos €1,50/100Liter Ch €1,50/Std. **Lage:** Ländlich, einfach, ruhig. **Untergrund:** Schotter. 01/01-31/12.
Entfernung: vor Ort 100M 200M 50M.
Sonstiges: Wertmünzen beim Rathaus und Backer.

Villefranche-de-Rouergue 24G3
Parking des Ruelles, Traverse des Ruelles.
GPS: n44,35111 o2,03333.

3 kostenlos. **Lage:** Städtisch, einfach, laut. **Untergrund:** asphaltiert.
01/01-31/12.
Entfernung: 100M 100M 100M.
Touristinformation Villefranche-de-Rouergue:
place Notre Dame. Do.

Villeneuve (Aveyron) 24G3
La Coustone. **GPS:** n44,44104 o2,03737.

10 € 7 Ch (4x)WC inklusive. **Lage:** Ländlich, einfach, ruhig. **Untergrund:** Schotter. 12/04-01/11.
Entfernung: 200M 200M 200M.

Villeneuve-lès-Maguelone 28B2
Avenue René Poitevin. **GPS:** n43,52980 o3,86584.

26 € 9, 01/05-14/09 € 15/24 Std Ch inklusive.
Lage: Ländlich. **Untergrund:** asphaltiert. 01/01-31/12.
Entfernung: 500M 8km 2,5Km 500M 250M 50M

Frankreich

Okzitanien - Andorra - Provence-Alpes-Côte d'Azur

🅿️S vor Ort.
Sonstiges: 26/04-30/09: Bargeldzahlung möglich bei office de tourisme (200m).

| 🅿️S | **Villeneuve-Minervois** | 27G2 |

Avenue du Jeu de Mail. **GPS:** n43,31516 o2,46432. ⬆️

20 🅿️ kostenlos 🚰ChWC. **Untergrund:** asphaltiert/befestigt.
🕐 01/01-31/12.
Entfernung: 🛒vor Ort ⊗vor Ort 🍴vor Ort.
Sonstiges: Gegenüber Rathaus, max. 48 Std.

| 🅿️S | **Vinça** | 32G1 |

Portes du Canigou. **GPS:** n42,64939 o2,53184.
35 🅿️ €10,80-12 🚰Ch 💧(32x) inklusive 🔌
Untergrund: befestigt. 🕐 01/01-31/12.
Entfernung: 🛒650M 🏊vor Ort ⊗vor Ort 🍴100M 🚇650M 🚍500M 🚲vor Ort 🚶vor Ort.
Sonstiges: Videoüberwachung.

Touristinformation Vinça:
ℹ️ Office de Tourisme, Place Bernard Alart, www.ville-vinca.fr. Katalanische Stadt zu einem See von 10ha.

Andorra

| 🅿️S | **Pas de la Casa** | 32F1 |

Avinguda del Consell General. **GPS:** n42,54468 o1,73525.
🅿️ 20-8 Uhr € 2,10 🚰 🔌. **Untergrund:** befestigt.

| 🅿️S | **Sant-Julia-de-Lòria** ⛷❄️ | 32F1 |

Carretera de la Rabassa. **GPS:** n42,46573 o1,49462. ⬆️➡️

4 🅿️ € 0,50/Std, 20.00-08.00 kostenlos 🚰Ch 💧(4x)inklusive 🔌
Untergrund: asphaltiert. 🕐 01/01-31/12.
Entfernung: 🛒1Km.

Provence-Alpes-Côte d'Azur

| 🅿️S | **Allos** ⛷❄️ | 25F3 |

Les Prés. **GPS:** n44,24289 o6,62220. ⬆️

30 🅿️ € 6 🚰Ch 💧(9x)inklusive WC. 🔌
Untergrund: asphaltiert. 🕐 01/01-31/12.
Entfernung: 🛒500M 🏊200M ⊗500M 🍴500M 🚲200M 🚶200M.
Sonstiges: Max. 72 Std.

| 🅿️S | **Allos** ⛷❄️ | 25F3 |

Parking de la Cluite. **GPS:** n44,24677 o6,66918. ⬆️

6 🅿️ kostenlos. **Lage:** Abgelegen, ruhig. **Untergrund:** Schotter.
Entfernung: 🛒Allos 6,5km.
Sonstiges: Abgelegener Parkplatz, Jul/Aug Shuttlebus nach Lac d'Allos.

| 🅿️S | **Allos** ⛷❄️ | 25F3 |

La Foux d'Allos. **GPS:** n44,29583 o6,56944. ⬆️➡️

5 🅿️ kostenlos 🚰ChWC kostenlos. **Untergrund:** asphaltiert.
Entfernung: 🛒1Km ⊗100M 🍴100M 🚌Skibus 50M 🚶50M.

| 🅿️S | **Annot** 🍴 | 28F1 |

Chemin de la Colle Basse. **GPS:** n43,96351 o6,66386. ⬆️➡️

20 🅿️ kostenlos 🚰Ch kostenlos. **Untergrund:** Wiese/Schotter.
🕐 01/01-31/12. **Entfernung:** 🛒400M ⊗400M 🍴400M.

| 🅿️S | **Arles** 🍴 | 28C2 |

Quai Kalymnos, Avenue de la Camargue. **GPS:** n43,67796 o4,61802.
🅿️ €5, übernachten kostenlos 🚰Ch. 🕐 01/01-31/12.
Entfernung: 🛒Zentrum ±1Km 🚇300M.
Sonstiges: Am der Rhone.

Touristinformation Arles:
ℹ️ Office de Tourisme, Boulevard des Lices, www.tourisme.ville-arles.fr. Stadt am Rand des Naturschutzgebietes der Camargue mit römischer Ruine. Der Maler Van Gogh lebte in Arles, 1888-89.
✝ Église St.Trophine. Romanische und gotische Aufbau.
⌂ Palais Constantin. Große römischer kaiserlicher Palast, nur die Baden sind übrig geblieben.

| C S | **Avignon** 🍴 | 28C1 |

Aire de camping-car Pont d'Avignon, 10 chemin de la Barthelasse.
GPS: n43,95691 o4,80184.
35 🅿️ € 11,50-18,50, Kurtaxe inkl 🚰 € 2,50 🚰Ch 💧€2,50. 🔌
Untergrund: Wiese.
🕐 05/03-01/11.
Entfernung: 🛒Zentrum 1,5Km ⊗200M 🍴200M 🚲vor Ort 🚶vor Ort.

| P | **Avignon** 🍴 | 28C1 |

Chemin de l'Île Piot. **GPS:** n43,95167 o4,79361. ⬆️

20 🅿️ kostenlos. **Untergrund:** asphaltiert. 🕐 01/01-31/12.
Entfernung: 🛒800M ⊗800M 🚇800M 🚶vor Ort.
Sonstiges: Max. 24 Std, alle 10 Minuten kostenloser Bus zum Zentrum.

Touristinformation Avignon:
ℹ️ Office de Tourisme, 41, cours Jean Jaurès, www.ot-avignon.fr. Ursprünglich römische Stadt, dominiert beim Palais du Papes.
🕐 01/04-31/08, 01/10-31/10 9-17 Uhr, 01/09-30/09 9-20 Uhr, 01/11-31/03 9-12.45 Uhr, 14-18 Uhr.
👁 Place d'Horloge. Gemütliche Patz in der Altstadt.
👁 Pont Saint Bénézet. Bekannt als das *Pont d'Avignon*, Brücke über dem Rhône Fluss.

| 🅿️S | **Bagnols-en-Fôret** | 28F2 |

Parc de Notre-Dame Les Merles, 1 chemin des Meules, D47.
GPS: n43,53590 o6,68893. ⬆️➡️

15 🅿️ € 5 🚰 €4 💧. **Lage:** Ländlich, komfortabel, abgelegen, ruhig.
Untergrund: Wiese. 🕐 01/01-31/12.
Entfernung: 🛒1Km ⊗1Km 🚇1Km 🚶vor Ort.

| 🅿️S | **Banon** 🍴 | 28D1 |

Espace de la Grand Fontaine, Rue de la Grande Fontaine.
GPS: n44,03982 o5,63006. ⬆️

± 15 🅿️ € 3/24 Std 🚰Ch kostenlos WC. 🔌
Lage: Ländlich, einfach. **Untergrund:** Schotter/befestigt.
Entfernung: 🛒250M ⊗250M 🍴100M 🚲vor Ort 🚶vor Ort.
Sonstiges: Max. 7 Tage, Dienstagmorgen Markt.

| 🅿️S | **Banon** 🍴 | 28D1 |

Fontaine de Crême, Route de La Rochegiron D112.
GPS: n44,05960 o5,66880.
🅿️ € 10 🚰inklusive 💧€3 🔌. 🕐 01/01-31/12.
Entfernung: 🛒3Km 🚲vor Ort 🚶vor Ort.
Sonstiges: Regionale Produkte.

| 🅿️S | **Barcelonnette** 🍴 | 25F3 |

Parking du Bouguet, Chemin des Alpages.
GPS: n44,38222 o6,65778. ⬆️➡️

15 🅿️ € 6 🚰€2/100Liter 🚰Ch 🔌€2/1Std 💧. **Lage:** Abgelegen, ruhig.
Untergrund: Wiese. 🕐 01/01-31/12.
Entfernung: 🛒500M 🏊200M ⊗500M 🚇500M.

| 🅿️ | **Barcelonnette** 🍴 | 25F3 |

GPS: n44,38717 o6,64626. ⬆️
3 🅿️ kostenlos. **Lage:** Einfach. **Untergrund:** asphaltiert.
🕐 01/01-31/12.
Entfernung: 🛒500M ⊗500M 🚇600M. **Sonstiges:** Max. 48 Std.

| 🅿️S | **Bédoin** 🍴 | 28D1 |

Chemin des Sablières. **GPS:** n44,12472 o5,17167. ⬆️➡️

🅿️ € 3 🚰€2/10Minuten,nur 2-Euro-Münze 🚰Ch kostenlos
💧€2/55Minuten,nur 2-Euro-Münze. 🔌
Lage: Ländlich, einfach, ruhig. **Untergrund:** Wiese/befestigt.

Provence-Alpes-Côte d'Azur

⏰ 01/01-31/12.
Entfernung: 🚲600M ⊗600M 🛒600M 🚵 Mont-Ventoux 🚶 vor Ort.
Sonstiges: Neben Campingplatz La Pinède, max. 3 Nächte.

Bollène — 25C3
Centre Leclerc, Route de Saint Paul Trois Châteaux, D26.
GPS: n44,32222 o4,74306.

🚿kostenlos 🚰Chkostenlos. ⏰ 01/01-31/12.
Entfernung: 🛒4,3Km.
Sonstiges: Ver-/Entsorgung nur während der Geschäfts-Öffnungszeiten.
Touristinformation Bollène:
👁 Village Troglodyte. Höhlendorf. ⏰ 01/04-31/10 9.30-19, 01/11-31/03 Sa-So, Feiertage, Urlaub 14-18 Uhr. 01/12-31/01.

Briançon — 25F2
Parc des Sports, Rue Jean Moulin. **GPS:** n44,89028 o6,62883.
4🚿kostenlos 🚰€2/100Liter Ch €2.
Untergrund: asphaltiert.
Entfernung: 🛒1Km.
Sonstiges: Am Sportpark, max. 24 Std.
Touristinformation Briançon:
ℹ Office de Tourisme, 1, place du Temple, www.ot-briancon.fr. Höchste Stadt Europas, Festung ist jetzt ein Touristikzentrum, im Winter Wintersportort und im Sommer parapente, rafting und Rad fahren.
🌲 Parc des Écrins. Naturschutzgebiet.

Caille — 28F1
Aire de Caille, Chemin de la Plaine. **GPS:** n43,77893 o6,73331.

3🚿kostenlos €4/15Minuten Ch €2/15Minuten.
Lage: Einfach, ruhig. **Untergrund:** asphaltiert.
⏰ 01/01-31/12.
Entfernung: 🚲50M ⊗50M 🛒100M 🚵 vor Ort 🚴10Km 🏖150M.

Carpentras — 28C1
Parking de Coubertin, Avenue de Coubertin.
GPS: n44,04398 o5,05372.

8🚿kostenlos 🚰Chkostenlos. **Lage:** Städtisch, einfach.
Untergrund: asphaltiert.
Entfernung: 🛒1,5Km.
Sonstiges: Am Sportzentrum P. de Coubertin, max. 24 Std.
Touristinformation Carpentras:
👁 Hôtel Dieu. Ehemaliges Krankenhaus, 18. Jahrhundert.
⛪ Centre-ville. ⏰ Fr-Morgen.

Carro — 28C2
Quai Jean Verandy. GPS: n43,32931 o5,04076.

70🚿€ 6,30, 01/04-30/06 € 8,40, 01/07-31/08 € 10,50 Ch
inklusive.
Lage: Komfortabel, zentral, ruhig. **Untergrund:** Schotter.
⏰ 01/01-31/12.
Entfernung: 🚲vor Ort 🏊vor Ort 🛒vor Ort ⊗200M 🛒200M.
Sonstiges: Max. 72 Std, Fischverkauf ab 8 Uhr.

Carry-le-Rouet — 28D2
Avenue Pierre Sémard. GPS: n43,33829 o5,15921.

4🚿kostenlos. **Lage:** Einfach, laut. **Untergrund:** asphaltiert.
⏰ 01/01-31/12.
Entfernung: 🚲1Km 🏊1Km 🛒500M.
Sonstiges: In der Nähe vom Polizeirevier, max. 48 Std.

Castellane — 28F1
Ancienne Route de Grasse. GPS: n43,84600 o6,51471.

28🚿€ 6,50 Chinklusive WC.
Untergrund: asphaltiert. ⏰ 01/01-31/12.
Entfernung: 🚲100M.
Sonstiges: Parkplatz unter den Felsen, am Fluss, bei Pont du Roc.

Castellane — 28F1
Route de Digne. GPS: n43,85468 o6,50159.
25🚿€ 5,50 Chinklusive €3. **Untergrund:** Wiese/befestigt.
⏰ 01/01-01/11.
Entfernung: 🚲800M ⊗800M 🛒500M 🚶 vor Ort.
Sonstiges: Beim Museum.

Castellane — 28F1
Supermarché Casino. GPS: n43,85222 o6,50791.
6🚿kostenlos €2 Ch. **Untergrund:** befestigt. ⏰ 01/01-31/12.
Entfernung: 🚲400M ⊗300M 🛒vor Ort 400M.
Touristinformation Castellane:
⛪ ⏰ Sa-Morgen.

Cavalière — 28F3
Avenue du Cap Nègre, D559. **GPS:** n43,15228 o6,43078.

50🚿€ 16-18 Ch inklusive. **Untergrund:** Sand.
Entfernung: 🚲50M 🏊50M 🛒50M 200M.

Château-Arnoux-Saint-Auban — 28E1
Avenue Gén. de Gaulle, N85. **GPS:** n44,09543 o6,01022.

+10🚿kostenlos Chkostenlos. **Lage:** Städtisch, zentral, laut.
Untergrund: asphaltiert.
Entfernung: 🚲vor Ort 🛒2,3Km.
Sonstiges: Max. 48 Std, Ver-/Entsorgung 50M.

Chorges — 25E3
Place du champ de foire. GPS: n44,54600 o6,28008.

10🚿kostenlos 🚰kostenlos. **Untergrund:** Schotter.
⏰ 01/01-31/12.
Entfernung: 🚲400M ⊗400M 🛒1Km. **Sonstiges:** Max. 12 Std.
Touristinformation Chorges:
ℹ Lac de Serre Ponçon, Serre Ponçon. Hellblauer Stausee, viele Wassersportmöglichkeiten.

Colmars-les-Alpes — 25F3
Parking de la Lance, La Bourgade. **GPS:** n44,17943 o6,62695.

10🚿kostenlos €2 Ch. **Untergrund:** asphaltiert.
⏰ 01/01-31/12. **Entfernung:** 🚲300M 🏊50M 🛒50M ⊗300M
🛒300M. **Sonstiges:** Max. 24 Std, Dienstag Markt.

Comps-sur-Artuby — 28F1
La Grange du Roux, D955. **GPS:** n43,70652 o6,50678.

10🚿kostenlos €3 ChWC. **Lage:** Ländlich, komfortabel, abgelegen, ruhig. **Untergrund:** Schotter. ⏰ 01/01-31/12.
Entfernung: 🚲350M ⊗pizzeria/crêperie 50m 🛒350M.
Sonstiges: Wertmünzen bei Geschäfte.

Crots — 25F3
Park de Crots, Plage de Canterenne. **GPS:** n44,53830 o6,45489.
40🚿€ 10,80-9,60 Ch (16x) inklusive.
Untergrund: befestigt. ⏰ 01/01-31/12.
Entfernung: 🚲1Km 🏊100M 🛒500M 🚶 vor Ort 🚶 vor Ort.
Sonstiges: Altstadt.

Cuges-les-Pins — 28E2
Le Jardin de la Ville. GPS: n43,28150 o5,70558.

Provence-Alpes-Côte d'Azur

10 🚐 €3 🚰 €1,50 Ch. **Lage:** Ländlich, komfortabel, abgelegen, ruhig. **Untergrund:** Wiese/Schotter. 🅿 01/01-31/12. **Entfernung:** 🛒500M ⊗500M 🍴500M.
Sonstiges: überwachter Parkplatz.
Touristinformation Cuges-les-Pins:
M Musée Légion Etrangères, Aubagne. Museum über den französischen Fremdenlegion.

Dauphin 28E1
Route de la Rencontre. **GPS:** n43,90028 o5,78417. ⬆.

4 🚐 kostenlos.
Lage: Ländlich, einfach, ruhig. **Untergrund:** befestigt.
Entfernung: 🛒300M ⊗300M vor Ort 🚶 vor Ort.
Sonstiges: In der Nähe von Salle des Fêtes.

Digne-les-Bains 28E1
La Halle des Sports, Avenue René Cassin. **GPS:** n44,08280 o6,22170.

20 🚐 kostenlos 🚰 €2,50/10Minuten Ch. **Untergrund:** Schotter.
🅿 01/01-31/12 während Kirmes.
Entfernung: Zentrum 1,4Km.

Digne-les-Bains 28E1
Le Vallon des Sources, Avenue des Thermes.
GPS: n44,07998 o6,26091. ⬆.

25 🚐 kostenlos 🚰 €2 Ch. 🅿 01/01-31/12.
Entfernung: 🛒2,5Km ⊗750M 🍴2km 🚌100M.
Sonstiges: Wertmünzen erhältlich an der Kasse der Therme.

Ensuès-la-Redonne 28D2
Avenue de la Côte Bleue. **GPS:** n43,35530 o5,18915.

20 🚐 🚰 Chkostenlos. **Lage:** Abgelegen, laut.
Untergrund: Schotter. 🅿 01/01-31/12.
Entfernung: 🛒1,2Km 🏊3Km 🍴1Km 🚌100M.

Esparron de Verdon 28E1
D82. **GPS:** n43,74233 o5,97366. ⬆.

7 🚐 kostenlos 🚰. **Lage:** Ländlich, einfach.
Entfernung: 🛒500M 🏊500M 🍴500M 🚶500M vor Ort.

Fayence 28F2
Allée des Jardins. **GPS:** n43,62308 o6,68982. ⬆➡.

2 🚐 kostenlos 🚰 €4 Ch. **Lage:** Einfach, zentral, laut.
Untergrund: asphaltiert.
Entfernung: 🛒750M 🏊750M 🍴300M.
Sonstiges: Am Tennisplatz und Schwimmbad, max. 48 Std.

Fontaine-de-Vaucluse 28D1
Camping-Car Park, Route de Cavaillon. **GPS:** n43,92024 o5,12452. ⬆.

🚐 €12 🚰 Ch (2x) inklusive. **Lage:** Ländlich, komfortabel, ruhig. **Untergrund:** Schotter/befestigt. 🅿 01/01-31/12.
Entfernung: 🛒500M 🍴500M vor Ort 🚶 vor Ort.

Fontvieille 28C1
Parking du Moulin de Daudet, Allée des Pins.
GPS: n43,72000 o4,71200. ⬆.

🚐 €5 🚰 €2 Ch. **Lage:** Ländlich, komfortabel, ruhig.
Untergrund: Schotter.
Entfernung: 🛒800M ⊗800M.

Gap 25E3
Parking Dumont, Avenue Commandant Dumont, N85.
GPS: n44,56544 o6,08447. ⬆➡.

3 🚐 kostenlos 🚰 €3 Ch €3. **Untergrund:** asphaltiert.
Entfernung: 🛒500M vor Ort 🍴vor Ort.
Sonstiges: Übernachten auf anderen Parkplätzen erlaubt.

Gap 25E3
Avenue d'Embrun 93. **GPS:** n44,56958 o6,10249.
6 🚐 kostenlos 🚰 Chkostenlos. **Untergrund:** befestigt.
🅿 01/01-01/11. **Entfernung:** 🛒800M ⊗100M 🍴100M 🚌50M.
Sonstiges: Kostenloser Bus zum Zentrum.

Gémenos 28D2
Cours Sudre. **GPS:** n43,29772 o5,62953. ⬆➡.

3 🚐 kostenlos 🚰 Ch WC kostenlos. **Lage:** Zentral, ruhig.
Untergrund: befestigt. 🅿 01/01-31/12.
Entfernung: 🛒100M ⊗100M 🍴100M 🚌50M.
Sonstiges: Beim Office du Tourisme, max. 24 Std.

Gigondas 28C1
Domaine des Florets, Route des Dentelles, D80.
GPS: n44,16220 o5,01725. ⬆.

3 🚐 kostenlos 🚰 kostenlos. **Lage:** Ländlich, einfach, ruhig.
Untergrund: Schotter. 🅿 01/01-31/12.
Entfernung: 🛒1,7Km 🍴500M vor Ort 🚶Des Dentelles.
Sonstiges: Anmelden beim Probelokal.

Gordes 28D1
D2. **GPS:** n43,90056 o5,19306. ⬆.

20 🚐 kostenlos. **Lage:** Ländlich, einfach. **Untergrund:** Schotter.
🅿 01/01-31/12.
Entfernung: 🛒2km 🍴2km 🚌2km.

Greasque 28D2
Musée de la Mine, Route de Puits Hely d'Oissel.
GPS: n43,43281 o5,53439. ⬆.

15 🚐 kostenlos 🚰 Chkostenlos. **Untergrund:** Schotter.
🅿 16/01-20/12. **Entfernung:** 🛒600M.

Gréoux-les-Bains 28E1
Aire Camping-car, Chemin de la Barque.
GPS: n43,75562 o5,88862. ⬆➡.

Frankreich

Provence-Alpes-Côte d'Azur

80 €10/24 Std Ch WCinklusive. Lage: Städtisch, einfach, laut. Untergrund: Schotter. 01/01-31/12.
Entfernung: 150M 150M 150M vor Ort.
Sonstiges: Max 3,5T, max. 30 Tage.

Grimaud 28F2
Saint Pons Les Mûres, D98. GPS: n43,28000 o6,57806.

12 €15 Chinklusive €2,50 Lage: Einfach, laut.
Untergrund: asphaltiert. 01/01-31/12.
Entfernung: 800M 800M 200M 500M.
Sonstiges: Max. 72 Std.

Guillaumes 28F1
D2202. GPS: n44,08861 o6,85285.

10 kostenlos €2/100Liter Ch €2/1Std.
01/01-31/12.
Entfernung: 50M vor Ort vor Ort 50M 50M.
Sonstiges: Wertmünzen bei Bar-Tabac, office de tourisme, Rathaus.

Hyères 28E3
Les Etangs de Sauvebonne, 566 Route de Pierrefeu.
GPS: n43,16220 o6,12291.

20 €10 Chinklusive €3/Tag. Lage: Ländlich, komfortabel, ruhig. Untergrund: Wiese. 01/01-31/12.
Entfernung: vor Ort vor Ort.

Hyères 28E3
Parking des îles, Avenue des Arbannais. GPS: n43,02864 o6,15438.
4 . Lage: Städtisch. 01/01-31/12.
Entfernung: 100M Bäckerei 100M.
Sonstiges: Beim Hafen.

Jausiers 25F3
Route de Jausiers-Barcelonette, D900. GPS: n44,41266 o6,72936.

3 kostenlos €3 Ch Untergrund: befestigt.
01/01-31/12. Entfernung: 600M 50M 100M 400M.

Jausiers 25F3
Pont de Barnuquel, Lotissement des Neiges. GPS: n44,41278 o6,72472.

20 kostenlos. Untergrund: ungepflastert. 01/01-31/12.
Entfernung: 600M vor Ort 100M 400M.
Sonstiges: Ver-/Entsorgung 200m.

Jouques 28D2
Parking Saint Honorat, D11. GPS: n43,63176 o5,64414.
5 kostenlos Ch. Untergrund: asphaltiert.
Entfernung: 750M 750M 750M.

L'Isle-sur-la-Sorgue 28C1
Parking de la Gare, Avenue Julien Guigue.
GPS: n43,91768 o5,04686.
kostenlos. Lage: Einfach, laut. Untergrund: Schotter.
Entfernung: 500M 150M 700M vor Ort.
Sonstiges: Am Bahnhof.

La Bréole 25E3
Bourg La Bréole. GPS: n44,45777 o6,29194.

6 kostenlos Ch WC kostenlos. Lage: Einfach, ruhig.
Untergrund: asphaltiert. 01/01-31/12.
Entfernung: vor Ort 2km 2km Lac de Serre Ponçon 100M 100M.

La Crau 28E3
Espace Lavage Auto Grand Bleu, La Moutonne.
GPS: n43,12417 o6,07444.

3 kostenlos €4 Ch. Lage: Einfach, laut. Untergrund: Beton.
01/01-31/12.

La Londe-les-Maures 28E3
Rond-point Ducourneau, chemin du Pansard.
GPS: n43,13185 o6,23053.

4 kostenlos €3 Ch Lage: Einfach, abgelegen, ruhig.
Untergrund: asphaltiert. 01/01-31/12.
Entfernung: 800M 3km 800M 800M.
Sonstiges: 03/07/2015 während Inspektion Service außer Betrieb, max. 24 Std.

La Martre 28F1
Chemin de Fontvieillle. GPS: n43,77233 o6,60255.

3 €5 Ch inklusive. Lage: Komfortabel, abgelegen, ruhig.
Untergrund: Wiese/Schotter. 01/01-31/12.
Entfernung: 300M 300M 300M.

La Motte 28F2
Chemin des Correns. GPS: n43,48860 o6,54212.

10 kostenlos €2 Ch. Lage: Ländlich, einfach, abgelegen, ruhig. Untergrund: Schotter. 01/01-31/12.
Entfernung: 800M 300M. Sonstiges: Bei den Tennisplätzen, max. 24 Std, Wertmünzen bei Geschäfte.

La Motte 28F2
Moulin de Vallongues, Avenue Fréderique Mistral, D47.
GPS: n43,49630 o6,53134.

10 kostenlos €2/100Liter Ch €2/Std. Lage: Abgelegen, ruhig. Untergrund: Schotter. 01/01-31/12.
Entfernung: 600M 600M 4Km.
Sonstiges: Max. 24 Std.

La Roche-des-Arnauds 25E3
D994, Chemin des Digues. GPS: n44,56134 o5,95637.

5 kostenlos. Untergrund: asphaltiert. 01/01-31/12.
Entfernung: 100M vor Ort vor Ort 100M.
Sonstiges: Max. 24 Std.

La Salle-les-Alpes 25F2
Aire camping car Pontillas, Hameau de Bez.
GPS: n44,94805 o6,55564.
20 €8 Ch inklusive. Untergrund: befestigt.
Entfernung: 400M 400M 400M 20M.
Sonstiges: Bezahlen beim Touristenbüro.

La Salle-les-Alpes 25F2
Chemin de l'Oratoire, Villeneuve. GPS: n44,94417 o6,55583.

Provence-Alpes-Côte d'Azur

15 🚐 € 8, Winter € 18 🚰🚽Ch 🔌 inklusive. **Untergrund:** Schotter. 📅 01/01-31/12.
Entfernung: 🛒 200M ⛽ 50M.
Sonstiges: Parkplatz an den Skipiste.

| | Laragne-Montéglin | 25E3 |

Avenue de Provence, D1075. **GPS:** n44,31212 o5,82543. ⬆.

15 🚐 kostenlos 🚰🚽Ch kostenlos. **Untergrund:** asphaltiert.
📅 01/01-31/12. **Entfernung:** 🛒 300M ⛽ 300M 🍴 300M.

| | Laragne-Montéglin | 25E3 |

Intermarché, D1075. **GPS:** n44,30300 o5,83700. ⬆.

30 🚐 kostenlos 🚰 €2 🚽Ch. 📅 01/01-31/12.
Entfernung: 🛒 2km.

| | Le Lauzet-Ubay | 25F3 |

D900. **GPS:** n44,42833 o6,43389. ⬆.

10 🚐 kostenlos. **Lage:** Abgelegen, ruhig. **Untergrund:** Schotter.
📅 01/01-31/12.
Entfernung: 🛒 50M 🏊 50M ⛽ 50M 🍴 100M.
Sonstiges: Am kleinen See.

| | Le Monêtier-les-Bains | 25F2 |

Aire camping car les Charmettes, Route des Bains.
GPS: n44,97602 o6,50933. ⬆.
40 🚐 € 4,80/Tag + Kurtaxe 🚰🚽Ch kostenlos.
Untergrund: befestigt. 📅 01/01-31/12.
Entfernung: 🎿 vor Ort.
Sonstiges: Parkplatz an den Skipiste.

| | Le Thoronet | 28E2 |

D17, boulevard du 17 aout 1944. **GPS:** n43,45097 o6,30411. ⬆.

2 🚐 kostenlos 🚰 €2 🚽Ch. **Lage:** Ländlich, einfach, zentral, laut.
Untergrund: asphaltiert. 📅 01/01-31/12.
Entfernung: 🛒 vor Ort 🍴 50M.
Sonstiges: Max. 48 Std, Wertmünzen bei Office de Tourisme.

| | Les Issambres | 28F2 |

Chez Marcel, Plage La Gaillarde, N98. **GPS:** n43,36559 o6,71202. ⬆.

40 🚐 € 11, Hauptsaison € 16 🚰🚽Ch inklusive 🔌€3/Tag
🚿€0,50 🛁€5/5. **Lage:** Komfortabel, abgelegen, ruhig.
Untergrund: Schotter/Sand. 📅 01/01-31/12.
Entfernung: 🛒 3Km ⛽ 50M 🍴 200M 🏊 200M.

| | Les Salles-sur-Verdon | 28E1 |

L'Ermitage, D957. **GPS:** n43,77434 o6,21773. ⬆.

5 🚐 € 6, Jul/Aug € 8 🚰🚽Ch 🔌€5 inklusive. **Lage:** Ländlich,
einfach. **Untergrund:** Schotter/Sand.
Entfernung: 🛒 700M Lac de Ste Croix 1km ⛽ vor Ort 🍴 vor Ort
🏊 vor Ort.
Sonstiges: Ver-/Entsorgung Passanten € 5, Schwimmbad inkl.

| | Malaucène | 25D3 |

Avenue Charles de Gaulle. **GPS:** n44,17792 o5,12970. ⬆.

40 🚐 € 3,50 excl. Kurtaxe 🚰🚽Ch kostenlos.
Lage: Ländlich, einfach, laut.
Untergrund: ungepflastert.
📅 01/01-31/12.
Entfernung: 🛒 150M ⛽ 150M 🍴 150M Mont-Ventoux 🚶 vor Ort.
Sonstiges: Zwischen Sportplatz und Polizeirevier.
Touristinformation Malaucène.
⛺ Marché Provencal. Mi-Morgen.

| | Malemort-du-Comtat | 28D1 |

Avenue Docteur Tondut, D5. **GPS:** n44,02175 o5,15714. ⬆.

🚐 kostenlos 🚰🚽Ch kostenlos. **Lage:** Ländlich, einfach.
Untergrund: Schotter.
Entfernung: 🛒 200M ⛽ vor Ort.
Sonstiges: Neben Salle des Fêtes.

| | Marseille | 28D2 |

Marlyparc, Chemin de Morgiou 120. **GPS:** n43,24085 o5,40693. ⬆.

40 🚐 € 12 🚰🚽Ch inklusive 🔌€5. **Lage:** Städtisch, einfach,
zentral, ruhig. **Untergrund:** befestigt. 📅 01/01-31/12.
Entfernung: 🛒 7km Marseille 🏊 3Km ⛽ 1Km 🍴 vor Ort.

| | Ménerbes | 28D1 |

Parking Longue Durée. **GPS:** n43,83193 o5,20828. ⬆.

🚐 kostenlos. **Lage:** Ländlich, einfach. **Untergrund:** Schotter.
Entfernung: 🛒 250M ⛽ 100M 🍴 vor Ort.

| | Montgenèvre | 25F2 |

Aire des Marmottes. **GPS:** n44,93417 o6,73317. ⬆.

250 🚐 € 10 🚰🚽Ch (80x) inklusive. **Lage:** Komfortabel,
abgelegen, ruhig. **Untergrund:** befestigt. 📅 01/01-31/12.
Entfernung: 🛒 500M ⛽ 500M 🎿 vor Ort.

| | Moustiers-Sainte-Marie | 28E1 |

P5, D952. **GPS:** n43,84361 o6,21874. ⬆.

🚐 € 8,50/Nacht 🚰 €2/10Minuten 🚽Ch €2/10Minuten.
Lage: Ländlich, einfach. **Untergrund:** Schotter.
Entfernung: 🛒 10 Gehminuten vor Ort 🍴 vor Ort.
Sonstiges: Max. 2 Nächte.

| | Névache | 25F2 |

D994G. **GPS:** n45,01666 o6,64261.

🚐 kostenlos, 01/07-31/08 € 5 🚰 kostenlos. **Lage:** Abgelegen.
Untergrund: Wiese. 📅 01/01-31/12.

| | Ollioules | 28E3 |

Route des Gorges, DN8. **GPS:** n43,13868 o5,85002.
8 🚐 € 3. 📅 01/04-30/09.
Entfernung: 🛒 600M ⛽ 600M 🍴 450M.
Sonstiges: Max. 48 Std.

| | Oppède-le-Vieux | 28D1 |

Parking Oppéde-le-Vieux. **GPS:** n43,83094 o5,15897. ⬆.

Provence-Alpes-Côte d'Azur

2 🚐 € 5/Tag 🚰 kostenlos WC. **Lage:** Ländlich, einfach.
Untergrund: Schotter.
Entfernung: 🛒500M ⊗500M.
Touristinformation Oppède-le-Vieux:
🚶 Wanderroute durch mittelalterliches Dorf.

Orcières-Merlette 25E2
Camping-car Casse Blanche, Pra Palier, P2.
GPS: n44,69517 o6,32567.⬆️
24 🚐€10/24 Std 🚰 Ch 🔌 inklusive. **Untergrund:** asphaltiert.
⬛ 01/01-31/12.
Entfernung: 🛒vor Ort 🏪vor Ort.
Sonstiges: Sommer: zahlen bei Touristinfo.

Pélissanne 28D2
Prouvenque, Chemin de la Prouvenque.
GPS: n43,62805 o5,15307.⬆️➡️.

6 🚐 kostenlos 🚰 Ch kostenlos. **Lage:** Städtisch, einfach, ruhig.
Untergrund: asphaltiert.
Entfernung: 🛒500M 🏪8Km.
Sonstiges: Parkplatz Stadion.

Plan-de-la-Tour 28F2
Parking Foch. GPS: n43,33787 o6,54532.

🚐kostenlos.
Lage: Einfach, zentral, ruhig. **Untergrund:** Schotter.
Entfernung: 🛒vor Ort ⊗100M 🏪150M.
Sonstiges: Max. 48 Std.
Touristinformation Plan-de-la-Tour:
🕐 Do Morgen 6-12 Uhr.

Port Saint-Louis-du-Rhône 28C2
Av. de la 1 Dfl. **GPS:** n43,38424 o4,81909.⬆️➡️.

50 🚐€ 6,25 🚰 Ch inklusive. **Lage:** Einfach, abgelegen, ruhig.
Untergrund: asphaltiert/Schotter. ⬛ 01/01-31/12.
Entfernung: 🛒1,5Km 🏪2km 🏪vor Ort ⊗1Km 🏪1,5Km.
Sonstiges: Max. 48 Std.

Pra-Loup 25F3
Parking des Choupettes. GPS: n44,36806 o6,60611.⬆️

50 🚐 kostenlos 🚰€3 Ch €3 WC. **Untergrund:** asphaltiert.
⬛ 01/01-31/12.
Entfernung: 🛒400M ⊗400M 🏪400M 🏪50M.
Sonstiges: Parkplatz an den Skipiste.

Puget Theniers 28F1
Aire de la Condamine, Route des Grandes Alpes.
GPS: n43,95306 o6,89944.⬆️➡️.

10 🚐 € 3,50 🚰 Ch inklusive. **Untergrund:** asphaltiert.
⬛ 01/01-31/12.
Entfernung: 🛒300M 🏪20M ⊗300M 🏪300M.

Puimoisson 28E1
Les Lavandins, Basses Toures. **GPS:** n43,87006 o6,12979.⬆️➡️.

40 🚐€ 5/24 Std 🚰€0,50/100Liter. **Untergrund:** Schotter.
⬛ 01/04-31/10.
Entfernung: 🛒650M ⊗650M.

Puy-Saint-Vincent 25F2
Clôt de Saint-Romain, D4. **GPS:** n44,83245 o6,48331.⬆️
20 🚐€ 6 🚰 Ch 🔌 inklusive. ⬛ 18/12-25/04.
Sonstiges: Höhe 1600M, max. 15 Tage, Information bei Drahtseilbahn.

Puyvert 28D1
Super U, D118. **GPS:** n43,74763 o5,33727.⬆️.

5 🚐kostenlos 🚰 Ch (2x)kostenlos ⬛€4. **Lage:** Ländlich.
Untergrund: asphaltiert. ⬛ 01/01-31/12.
Entfernung: 🛒1,5Km 🏪vor Ort.
Sonstiges: Parkplatz Super-U.

Quinson 28E1
Les Prés du Verdon, Allée des Prés du Verdon.
GPS: n43,69801 o6,03911.⬆️.

5 🚐kostenlos Ch kostenlos. **Lage:** Ländlich, einfach, ruhig.

Untergrund: Schotter/Sand. ⬛ 01/01-31/12.
Entfernung: 🛒100M 🏪100M ⊗300M 🏪500M 🏃vor Ort.
Sonstiges: Bei prähistorischen Museum der Gorges du Verdon.

Ramatuelle 28F2
Parking de Tamaris, Plage de Pampelonne, Route des Tamaris.
GPS: n43,23893 o6,66149.⬆️

60 🚐€ 5/Tag, € 5/Nacht, 1/7-31/8 € 9/Tag, € 9/Nacht, Hund € 1 🚰
Ch (20x)€7/Tag. **Lage:** Ländlich. **Untergrund:** Schotter.
Entfernung: 🛒vor Ort ⊗vor Ort 🏪vor Ort.
Sonstiges: Strandparkplatz.

Ramatuelle 28F2
Parking Municipal, Plage de Pampelonne, Route de Bonne-Terrasse.
GPS: n43,21126 o6,66217.⬆️➡️.

130 🚐€ 8,20, 02/11-10/03 € 5,10 🚰 Ch WC 📶.
Lage: Ländlich. **Untergrund:** Schotter.
Entfernung: 🛒200M 🏪200M 🏪2km.
Sonstiges: Strandparkplatz, max. 48 Std, Brötchenservice.
Touristinformation Ramatuelle:
🕐 La place de l'Ormeau. Provenzalischer Markt. ⬛ Do, So.

Riez 28E1
P de l'Auvestre, Chemin du Relais. **GPS:** n43,82180 o6,09197.⬆️➡️.

30 🚐€ 5/24 Std 🚰 Ch kostenlos. **Lage:** Ländlich, komfortabel,
ruhig. **Untergrund:** Schotter.
Entfernung: 🛒500M ⊗500M 🏪100M 🏪vor Ort 🏃vor Ort.

Roussillon 28D1
Parking Saint Joseph, D149. **GPS:** n43,89660 o5,29593.⬆️➡️.

20 🚐€ 2/Tag, € 7/Nacht. **Lage:** Ländlich, komfortabel.
Untergrund: Schotter.
Entfernung: 🛒800M ⊗800M 🏪vor Ort 🏃vor Ort.
Sonstiges: Max. 48 Std, keine Campingaktivitäten.
Touristinformation Roussillon:
🚶 Sentier des Ocres. Wanderroute, 45 min.

Sablet 25C3
Domaine du Parandou, D977. **GPS:** n44,19325 o4,99522.⬆️➡️.

Provence-Alpes-Côte d'Azur

5 € 2 Ch (2x)€3 WC inklusive. **Lage:** Ländlich, einfach.
Untergrund: Schotter. 01/01-31/12.
Entfernung: 2km.

Saint-André-les-Alpes 28F1
Grand Rue. **GPS:** n43,96525 06,50735.

30 kostenlos €3/10Minuten Ch. **Lage:** Komfortabel, ruhig.
Untergrund: asphaltiert. 01/01-31/12.
Entfernung: 250M 100M 250M.

Saint-Chamas 28C2
Avenue Marx Dormoy. **GPS:** n43,54636 05,03246.
10 kostenlos Ch. **Lage:** Städtisch, einfach.
Untergrund: Schotter. 01/01-31/12.
Entfernung: vor Ort vor Ort.
Sonstiges: In der Nähe des Yachthafens.

Saint-Crépin 25F2
D138. **GPS:** n44,70562 06,60196.

6 + € 0,40/pP Kurtaxe ChWC inklusive. **Lage:** Ruhig.
Untergrund: Wiese. 01/01-31/12.
Entfernung: 500M vor Ort.
Sonstiges: Ver-/Entsorgung auf der anderen Seite der Brücke.

Saint-Étienne-de-Tinée 25F3
Camping du Plan d'Eau, Boulevard de la Digue.
GPS: n44,25847 06,92307.
6 € 10 €3 Ch. **Lage:** Komfortabel, ruhig.
Untergrund: Schotter. 01/06-30/09.
Sonstiges: Am See, im Dorf.

Saint-Jean-Saint-Nicolas 25E2
GPS: n44,66782 06,23484.

Saint-Laurent-du-Var 28G1
Route des Pugets. **GPS:** n43,68584 07,18459.

7 kostenlos Ch kostenlos. **Lage:** Abgelegen, laut.
Untergrund: asphaltiert. 01/01-31/12.
Entfernung: 1,2Km 4,5Km 1,2Km 1,2Km.
Sonstiges: Max. 7 Tage.

Saint-Laurent-du-Var 28G1
Avenue Francis Teisseire. **GPS:** n43,66628 07,19595.

5 kostenlos. **Lage:** Einfach, zentral, laut. **Untergrund:** asphaltiert.
01/01-31/12.
Entfernung: Stadtmitte 2Km 200M 600M 500M 500M 500M.
Sonstiges: Max. 8M.

Saint-Mandrier-sur-Mer 28E3
Pin Roland, Impasse de la Mer. **GPS:** n43,07771 05,90444.

6 kostenlos Ch kostenlos. **Untergrund:** asphaltiert.
01/01-31/12.
Entfernung: 500M 500M. **Sonstiges:** Max. 48 Std.

Saint-Martin-de-Crau 28C2
Place François Miterrand. **GPS:** n43,63859 04,81454.
3 kostenlos ChWC kostenlos. **Lage:** Städtisch.
Untergrund: befestigt. 01/01-31/12.
Entfernung: 400M 400M 1,5Km.
Sonstiges: Gegenüber Rathaus, max. 48 Std.

Saint-Michel-l'Observatoire 28E1
Place du Serre. **GPS:** n43,90908 05,71750.

10 kostenlos . **Lage:** Einfach. **Untergrund:** Schotter.
01/03-15/11.
Entfernung: 200M 200M vor Ort.
Sonstiges: Schönes Panorama.

Saint-Paul-lès-Durance 28E2
Rue du Camping le Retour. **GPS:** n43,68700 05,70588.

6 kostenlos Ch kostenlos. **Lage:** Ländlich, einfach, ruhig.
Untergrund: Schotter. 01/01-31/12.
Entfernung: 500M 4Km 500M 700M.
Sonstiges: Max. 48 Std.

Saint-Tropez 28F2
Aire camping-car, Chemin Fontaine du pin, Chemin de la Moutte.
GPS: n43,26468 06,67227.

15 € 16 €2 Ch €2,50 WC €1. **Lage:** Abgelegen.
Untergrund: Wiese/Sand. 01/01-31/12.
Entfernung: 3Km 800M.
Touristinformation Saint-Tropez:
La Citadelle, musée de la Marine. Marinemuseum.
Place des Lices. Wochenmarkt. Mi + Sa Morgen.

Saint-Véran 25F2
D5. **GPS:** n44,70447 06,86091.
20 € 2/Tag, € 5/Nacht ChWC kostenlos. **Lage:** Abgelegen,
ruhig. **Untergrund:** befestigt. 01/01-31/12.
Entfernung: 100M 100M 200M vor Ort 200M.

Sainte-Croix-du-Verdon 28E1
Route du Lac. **GPS:** n43,76077 06,15102.

20 € 6,50/24 Std €2/10Minuten ChWC inklusive.
Lage: Ländlich, einfach. **Untergrund:** asphaltiert.
Entfernung: 100M 100M vor Ort vor Ort.
Sonstiges: Max. 3 Nächte, Wasser im Winter geschlossen.

Sainte-Maxime 28F2
D25, le Muy dir Ste.Maxime. **GPS:** n43,31730 06,62999.

50 € 10/24 Std, 01/10-31/03 € 5 Ch kostenlos.
Lage: Komfortabel, ruhig. **Untergrund:** befestigt. 01/01-31/12.
Entfernung: Zentrum 1Km 1,2Km McDonalds 50M Lidl 200M.
Sonstiges: Max. 48 Std.
Touristinformation Sainte-Maxime:
Do-Morgen.
Les Greniers du Golfe, Aire des Magnoti. Trödel. Mi 08-18 Uhr.

Saintes-Maries-de-la-Mer 28B2
Avenue d'Arles, D570. **GPS:** n43,45535 04,42750.

60 € 13 ChWC inklusive. **Lage:** Einfach, zentral, ruhig.
Untergrund: asphaltiert. 01/01-31/12.
Entfernung: 200M Strand 400M 100M 50M 100M.
Sonstiges: Max. 48 Std, Ver-/Entsorgung: 8.30-11.30U, 16-19.30U.

Saintes-Maries-de-la-Mer 28B2
Plage Ouest, Route d'Aigues-Mortes, D38.
GPS: n43,44991 04,40407.

Provence-Alpes-Côte d'Azur

50 ⌂ € 12, >7.50m € 24 ⛽ Chinklusive. **Lage:** Abgelegen, ruhig. **Untergrund:** asphaltiert/Schotter. ◉ 01/01-31/12. **Entfernung:** 1,5Km 50M.
Sonstiges: Strandparkplatz.

Saintes-Maries-de-la-Mer 28B2
Valée des Lys, Parking Plage Est, Avenue Cousteau.
GPS: n43,45364 o4,43695.

150 ⌂ € 12 ⛽ Chkostenlos. **Untergrund:** befestigt.
◉ 01/01-31/12. **Entfernung:** 250M Strand 50M 100M.

Saintes-Maries-de-la-Mer 28B2
Camping de la Brise. GPS: n43,45572 o4,43620.

50 ⌂ € 16 + Kurtaxe ⛽Ch WC inklusive.
Lage: Komfortabel, zentral, ruhig. **Untergrund:** Wiese/Schotter.
◉ 16/12-11/11. **Entfernung:** 850M direkter Zugang zum Zandstrand 800M 800M vor Ort vor Ort.
Sonstiges: Max. 48 Std.

Saintes-Maries-de-la-Mer 28B2
Parking du Large, Avenue du Docteur Cambon.
GPS: n43,45430 o4,43326.

20 ⌂ kostenlos.
Lage: Einfach, zentral. **Untergrund:** Schotter.
Entfernung: 250M 700M 250M 250M.

Saintes-Maries-de-la-Mer 28B2
Route de Cacharel. **GPS:** n43,45684 o4,43305.

10 ⌂ kostenlos. **Lage:** Einfach, abgelegen, ruhig.
Entfernung: 700M 750M.

Salernes 28E2
Aire Municipal, Route des Quatre Chemins. **GPS:** n43,55923 o6,23381.

35 ⌂ kostenlos ⛽ Chkostenlos. **Untergrund:** Wiese/Schotter.
◉ 01/01-31/12. **Entfernung:** 300M. **Sonstiges:** Max. 24 Std.

Salin-de-Giraud 28C2
Rue de la Bouvine. **GPS:** n43,41222 o4,73056.

20 ⌂ kostenlos ⛽ 2 Ch €0,80. **Lage:** Einfach, ruhig.
Untergrund: Schotter. ◉ 01/04-31/10.
Entfernung: 500M 500M 500M.
Sonstiges: Bei der Feuerwehr, Wertmünzen beim Rathaus, Duschen nur in Juli/Aug.

Sarrians 28C1
Avenue de la Camargue. **GPS:** n44,07943 o4,97788.

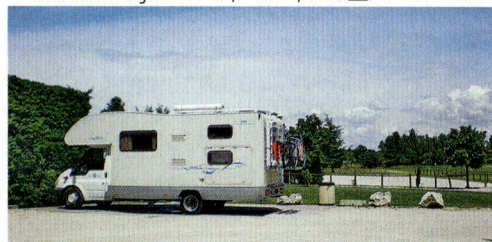

10 ⌂ € 3/Tag ⛽ Chkostenlos. **Lage:** Ländlich, einfach.
Untergrund: Schotter. ◉ 01/01-31/12.
Entfernung: 800M 500M.

Sault 28D1
P3, Route de Saint-Trinit. **GPS:** n44,09434 o5,41308.

15 ⌂ kostenlos ⛽ €2/10Minuten Ch Aufenthalt.
Lage: Ländlich, einfach. **Untergrund:** Schotter.
◉ 01/01-31/12.
Entfernung: 500M 500M vor Ort 4km chemin des Lavandes.

Sausset-les-Pins 28D2
Avenue Pierre Mataja. **GPS:** n43,33890 o5,10916.

15 ⌂ kostenlos ⛽ €4/100Liter Ch €4/1Std. **Lage:** Einfach, abgelegen, ruhig. **Untergrund:** asphaltiert. ◉ 01/01-31/12.
Entfernung: 1,2Km 1,2Km 1,2Km 5M.
Sonstiges: Am Stadion, max. 72 Std.

Savines-le-Lac 25F3
Parking du Barnafret, Av. du Faubourg, D954.
GPS: n44,52495 o6,40090.

17 ⌂ € 8 ⛽ €2/120Liter Ch (20x). **Lage:** Komfortabel, zentral. **Untergrund:** asphaltiert.
Entfernung: 300M 500M 100M.

Selonnet 25E3
Quartier de Boulangère. **GPS:** n44,36862 o6,31525.

7 ⌂ kostenlos ⛽ €2/10Minuten Ch €2/55Minuten.
Lage: Ländlich. **Untergrund:** Schotter. ◉ 01/01-31/12.
Entfernung: 300M 300M 300M.
Sonstiges: Wertmünzen beim Rathaus, Supermarkt, Bäcker und Tabakladen, WLAN kostenlos beim Rathaus.

Sénas 28D1
Avenue des Jardins. **GPS:** n43,74403 o5,08020.

6 ⌂ kostenlos ⛽ €3/10Minuten Ch. **Lage:** Städtisch, einfach.
Untergrund: asphaltiert. ◉ 01/01-31/12.
Entfernung: 200M 1,5Km 200M 200M.
Sonstiges: Wertmünzen beim Touristenbüro und maison de presse.

Sillans-la-Cascade 28E2
Route de Salernes. **GPS:** n43,56692 o6,18277.
⌂ kostenlos, Juli-Aug € 2 ⛽ €3 Ch. ◉ 01/01-31/12.
Entfernung: 500M 500M.
Sonstiges: Kostenloser Schwimmbadeintritt.

Sisteron 25E3
Aire camping-cars, Avenue de la Libération.
GPS: n44,19105 o5,94542.
12 ⌂ € 2/12 Std ⛽ €2/20Minuten Ch €2/4Std.
Untergrund: asphaltiert. ◉ 01/01-31/12.
Entfernung: 800M.
Sonstiges: Entlang der Bahnlinie.

Sisteron 25E3
Parking Melchior Donnet, D4085. **GPS:** n44,20028 o5,94389.

10 ⌂ kostenlos ⛽ €2 Ch €2/12Std. **Untergrund:** asphaltiert.
◉ 01/01-31/12.
Entfernung: 4,5Km.

Six-Fours-les-Plages 28E3
Port de la Coudoulière. **GPS:** n43,09750 o5,81194.

Frankreich

Provence-Alpes-Côte d'Azur - Korsika

5 €10 WCinklusive €2. **Lage:** Zentral.
Untergrund: asphaltiert. 01/10-30/04.
Entfernung: 100M 100M 100M.

Six-Fours-les-Plages 28E3
Promenade Gén. Charles de Gaulle. **GPS:** n43,11252 o5,81172.
€3 Ch. 01/01-31/12.
Sonstiges: Hinter Office de Tourisme, 8-12, 14-19 Uhr.

Sospel 28G1
Stade E. Donato, D2566. **GPS:** n43,87876 o7,44213.

4 kostenlos Chkostenlos. **Untergrund:** asphaltiert.
01/01-31/12. **Entfernung:** 300M 300M 300M.

Thorenc 28F1
Lac de Thorenc, D2. **GPS:** n43,79921 o6,80802.

10 kostenlos €5 Ch WC. **Lage:** Ländlich, einfach, abgelegen, ruhig. **Untergrund:** befestigt. 01/01-31/12.
Entfernung: 750M vor Ort vor Ort vor Ort épicerie 750M vor Ort.
Sonstiges: Am Thorenc See.

Trigance 28F1
Quartier Saint Roch. **GPS:** n43,76060 o6,44255.

5 €5 Ch inklusive. **Lage:** Abgelegen, ruhig.
Untergrund: asphaltiert/Schotter. 01/01-31/12.
Sonstiges: Max. 2 Tage.

Uvernet-Fours 25F3
Losissement Le Bachelard, D902. **GPS:** n44,36816 o6,62783.

6 kostenlos €2 Ch €2. **Lage:** Abgelegen, ruhig.
Untergrund: Schotter/Sand. 01/01-31/12.
Entfernung: 900M.

Vaison-la-Romaine 25D3
Aire camping-car, Avenue André Coudray.
GPS: n44,24650 o5,07392.

30 €8/24 Std, Kurtaxe €0,55/pP Chkostenlos.
Lage: Städtisch, komfortabel. **Untergrund:** Schotter.
01/01-31/12. Di-Morgen.
Entfernung: 800M.
Touristinformation Vaison-la-Romaine:
 Le Pont Romain. Brücke aus der Römischen Zeitalter.
 Le Château. Ruinen des Schlosses der Grafen von Toulouse.
 Di.

Valberg 28F1
Le Lagopède, Route de Rouya. **GPS:** n44,09615 o6,93675.

21 €10 + €0,20/pP Kurtaxe Ch (21x) WCinklusive.
Lage: Komfortabel, abgelegen, ruhig. **Untergrund:** asphaltiert.
01/01-31/12.
Entfernung: 500M vor Ort 500M 500M 600M.

Valréas 25C3
Aire camping-car. **GPS:** n44,38713 o4,99245.

5 kostenlos. **Lage:** Einfach. **Untergrund:** asphaltiert.
01/01-31/12. **Entfernung:** 400M 250M.
Sonstiges: Hinter Touristenbüro, max 3,5T.

Valréas 25C3
Domaine du Lumian, Route de Montélimar, D941.
GPS: n44,39384 o4,96325.

6 kostenlos Ch kostenlos. **Untergrund:** Schotter.
01/01-31/12. **Entfernung:** 2,5Km.

Vauvenargues 28D2
Boulevard Moraliste. **GPS:** n43,55485 o5,59764.
3 kostenlos. **Untergrund:** asphaltiert. 01/01-31/12.
Entfernung: 300M vor Ort 300M.
Sonstiges: Beim Kirchplatz.

Veynes 25E3
Base de Loisirs Les Iscles, Les Graviers, D994.
GPS: n44,51830 o5,79860.
€5,50. **Lage:** Ländlich, einfach, ruhig. **Untergrund:** Schotter.
Entfernung: vor Ort vor Ort.
Sonstiges: WLAN beim restaurant.

Villeneuve 28E1
GPS: n43,89611 o5,86167.

12 kostenlos Chkostenlos. **Lage:** Ländlich, einfach, ruhig.
Untergrund: Schotter. 01/01-31/12. Ver-/Entsorgung: 30/11-01/03. **Entfernung:** 200M 5,5Km vor Ort vor Ort.
Sonstiges: Max. 48 Std.

Vinon sur Verdon 28E1
Chemin du Plan. **GPS:** n43,72952 o5,80141.

20 kostenlos €2/20Minuten Chinklusive. **Lage:** Ländlich, einfach. **Untergrund:** asphaltiert.
Entfernung: 3Km vor Ort vor Ort.
Sonstiges: Parkplatz Carrefour Market, Wertmünzen bei Tankstelle.

Visan 25C3
Domaine de Lucena, 1600 chemin du Rastelet.
GPS: n44,31576 o4,98406.
5 Ch. **Lage:** Abgelegen, ruhig. **Untergrund:** Schotter.
01/01-31/12.
Entfernung: 4Km.

Visan 25C3
Domaine des Lauribert, D976. **GPS:** n44,34833 o4,97276.

20 kostenlos Ch (8x) €2 WC. **Untergrund:** ungepflastert.
01/01-31/12.
Sonstiges: Beim Weinbauer, max. 72 Std.

Korsika

Aléria 33G1
Le Banana's, Casaperta. **GPS:** n42,17353 o9,42103.

16 €15 Ch €5 inklusive. **Lage:** Ländlich, komfortabel. **Untergrund:** asphaltiert/Wiese. 01/01-31/12.
Entfernung: Fluss 200M 800M vor Ort.
Sonstiges: Schwimmbad.

Barretalli 33G1
Marine de Giottani. **GPS:** n42,86593 o9,34370.

Korsika

10 🚐 € 10 🚰🔌Ch inklusive. Lage: Ländlich, einfach, abgelegen.
Untergrund: Schotter/Sand. 📅 01/01-31/12.
Entfernung: 🛒 300M 🍴 300M.
Sonstiges: Schmale Durchfahrt.

Col de Bavella — 33G1
Parking du Col, D268. **GPS**: n41,79567 o9,22470.

15 🚐 € 4. Lage: Einfach, abgelegen. Untergrund: Schotter/Sand.
📅 01/01-31/12.
Entfernung: 🍴 250M.
Sonstiges: übernachten erlaubt.

Col de Vergio — 33G1
D84. **GPS**: n42,28647 o8,89441.

20 🚐 € 12 🚰🔌Ch inklusive. Lage: Ländlich, einfach, abgelegen.
Untergrund: Schotter/Sand. 📅 01/01-31/12.
Entfernung: 🍴 100M 🚶 vor Ort 🚲 1Km.

Galéria — 33G1
D351. **GPS**: n42,41661 o8,65660.

20 🚐 kostenlos, Nacht € 20. Lage: Ländlich, einfach, abgelegen.
Untergrund: Schotter.
Entfernung: 🛒 600M 🏖 400M 🚶 vor Ort.
Sonstiges: Kanu Safari ± 1 Stunde, € 6/pP.

Ogliastro — 33G1
Parking de la Plage, Marine d'Albo D80. **GPS**: n42,81041 o9,33592.

10 🚐 kostenlos, Juli-Aug € 6 🚰 Ver-/Entsorgung €2 🔌Ch.
Lage: Einfach. Untergrund: ungepflastert. 📅 01/01-31/12.
Entfernung: 🏖 100M 🍴 100M.
Sonstiges: Wertmünzen bei Geschäfte und Restaurant.

Porto Vecchio — 33G2
Camperpark Guiseppe, Route de Palombaggia.
GPS: n41,55015 o9,30636.

25 🚐 € 25 🚰🔌Ch 🚽 WC inklusive €0,50 📶 beim Restaurant.
Lage: Komfortabel. Untergrund: ungepflastert.
Entfernung: 🛒 Porto Vecchio 9Km 🏖 weißer Sandstrand 150M 🍴 150M.

Porto Vecchio — 33G2
Parking de la Plage, Route de Palombaggia.
GPS: n41,56389 o9,33601.

50 🚐 € 14 🚰 €2 🔌Ch, kalt 📶 inklusive. Lage: Komfortabel.
Untergrund: Sand. 📅 15/05-15/09.
Entfernung: 🛒 Porto Vecchio 10Km 🏖 500M 🍴 500M.
Sonstiges: Brötchenservice.

Rogliano — 33G1
Parking de Tollare, D153, Ersa. **GPS**: n43,00733 o9,38831.

+10 🚐 kostenlos, Juli-Aug € 10. Lage: Einfach, abgelegen.
Untergrund: Wiese/Sand. 📅 01/01-31/12.
Entfernung: 🏖 vor Ort 🚲 vor Ort 🚶 vor Ort.
Sonstiges: Achtung: schmaler Weg, 5,5Km.

Vereinigtes Königreich

Hauptstadt: London
Staatsform: parlamentarische Monarchie
Amtssprache: Englisch
Einwohnerzahl: 64.088.222 (2015)
Fläche: 243.610 km²

Allgemeine Informationen
Telefonvorwahl: 0044
Allgemeine Notrufnummer: 112
Währung: Pfund Sterling, (GBP),
£1 = € 1,11, € 1 = £0.88 (Oktober 2016)

Freies Übernachten im Wohnmobil
Freie Übernachtungen in dem Vereinigten Königreich sind verboten.

Gesetzliche Feiertage 2017
17. März St. Patricksday (Nordirland)
14. April Karfreitag
17. April Ostern Montag
1. Mai Tag der Arbeit
1. Mai Early May Bank Holiday
29. Mai Spring Bank Holiday
12. Juli Orangemen's Day (Nordirland)
28. August Summer Bank Holiday
31. Oktober Halloween
5. November Guy Fawkes Day
26. Dezember Boxing Day

Zeitzone
Winterzeit GMT+0
Sommerzeit GMT+1

Nordirland

Aghadowey 1C1
Golf Car Park, Brown Trout Golf and Country Inn, 209 Agivey Road, A54. **GPS:** n55,02413 w6,59985.
kostenlos.
Sonstiges: Max. 48 Std.

Antrim 1D1
The Ramble Inn, 236 Lisnevenagh Road. **GPS:** n54,76198 w6,24265.
kostenlos.
Entfernung: Antrim 7km.

Ballinamallard 1C1
Ballinamallard Football Club, Ferney Park. **GPS:** n54,41474 w7,60092.

kostenlos. **Untergrund:** Schotter.
Entfernung: 1,5Km.
Touristinformation Ballinamallard:
Ballinamallard River, Kilgortnaleague Bridge, A35 Enniskillen > Irvinestown. Fluss mit Lachs und Forelle.

Ballymoney 1C1
Anglers' Rest, 139 Vow Road. **GPS:** n54,99087 w6,56672.
kostenlos.
Entfernung: vor Ort.
Touristinformation Ballymoney:
Leslie Hill Open Farm, 9, Macfin Road. Alte Irische Bauernhof, Picknickplatz, Tea-room, Spielplatz. Ostern-31/05: So-Feiertage 14-18 Uhr, 01/06-30/06: Sa-So 14-18 Uhr, 01/07-31/08: Mo-Sa 11-18 Uhr, So 14-18 Uhr.

Old Bushmills Distillery, Main Street, Bushmills. Alte Wiskeybrennerei.
Mo-Sa 09.15-16.45 Uhr, So 12-16.45 Uhr.

Broughshane 1D1
Houston Mills, Buckna road. **GPS:** n54,89352 w6,20076.

kostenlos £1 Ch (4x)£1. **Lage:** Zentral, laut.
Untergrund: asphaltiert.
Entfernung: vor Ort vor Ort.
Sonstiges: Wertmünzen beim Supermarkt.

Carrickfergus 1D1
Carrickfergus Harbour Car Park, Rodgers Quay.
GPS: n54,71177 w5,8119.
kostenlos £1 Ch £1.
Sonstiges: Wertmünzen beim Hafenmeister und Touristinfo.

Donaghadee 1D1
The Commons Parks, Millisle Road. **GPS:** n54,63475 w5,5312.
kostenlos £2/100Liter £2/Std.
Untergrund: asphaltiert.
Entfernung: vor Ort vor Ort vor Ort vor Ort.
Sonstiges: Wertmünzen bei Tankstelle.

Newtownards 1D1
Daft Eddys, Sketrick Island. **GPS:** n54,48812 w5,64807.

kostenlos.
Entfernung: Newtownards 17km.
Touristinformation Newtownards:
Somme Heritage Centre, 233 Bangor Road, Conlig, A21. Museum über den Ersten Weltkrieg.
Castle Espie Wildfowl And Wetlands Centre, 78 Ballydrain Road, Comber. 01/01-31/12 10-17 23-25/12.

Portrush 1C1
Sandhill Drive. **GPS:** n55,20107 w6,65253.
10 £1,25/100Liter Ch £1,25/kWh. **Lage:** Einfach, zentral. **Untergrund:** asphaltiert.
Entfernung: vor Ort 600M.

Whitehead 1D1
Bentra Golf Club, Slaughterford Road. **GPS:** n54,75908 w5,72012.
kostenlos £1 Ch. **Untergrund:** asphaltiert.
Entfernung: 1Km 1,5Km 150M.

Schottland

Aberdeen 2C2
Aberdeen Lighthouse parking, Greyhope Rd, Aberdeen.
GPS: n57,14219 w2,05728.

Schottland

8 kostenlos. **Lage:** Ländlich, einfach, ruhig.
Untergrund: asphaltiert. 01/01-31/12.
Entfernung: 3Km vor Ort 2,5Km 1,5Km vor Ort.
Sonstiges: Wale und Delfine beobachten.

Aberlour 2B1
Aberlour Parking, Aberlour, Elchies road.
GPS: n57,47020 w3,22929.

20 kostenlos WC kostenlos. **Lage:** Ländlich, einfach, ruhig.
Untergrund: asphaltiert. 01/01-31/12.
Entfernung: 500M 100M 100M 500M 500M 250M vor Ort.

Ardfern 2A2
Ardfern Motorhome Park, Lochgilphead PA31 8US.
GPS: n56,17402 w5,54799.

10 £15, 01/06-15/08 £20 Ch WC inklusive.
Lage: Ländlich, komfortabel, abgelegen, ruhig. **Untergrund:** Schotter.
01/01-31/12.
Entfernung: 1Km vor Ort vor Ort 1Km 1Km.

Ardmair 2B1
Ardmair Point Campsite, Ullapool IV26 2TN.
GPS: n58,03430 w5,07101.

50 £21 Ch WC inklusive £4.
Lage: Ländlich, komfortabel, abgelegen, ruhig.
Untergrund: Wiese/befestigt.
01/04-01/10.
Entfernung: 6Km vor Ort vor Ort vor Ort vor Ort.

Auchtertyre 2A1
Auchtertyre Parking, A890 Auchtertyre.
GPS: n57,28867 w5,57118.

8 kostenlos. **Lage:** Ländlich, einfach, ruhig.
Untergrund: asphaltiert. 01/01-31/12.
Entfernung: 2km.

Balchrick 2B1
Droman Pier parking, Balchrick. **GPS:** n58,48394 w5,11249.

5 kostenlos. **Lage:** Ländlich, einfach, ruhig.
Untergrund: asphaltiert. 01/01-31/12.
Entfernung: vor Ort 1Km.

Ballachulish 2B2
Glencoe Mountain Resort Campsite, Glencoe, A82 Ballachulish > Achallader. **GPS:** n56,63295 w4,82744.

9 £15 Ch WC inklusive. **Lage:** Ländlich, komfortabel, abgelegen, ruhig. **Untergrund:** asphaltiert/Schotter.
01/01-31/12.
Entfernung: 15Km vor Ort vor Ort vor Ort.
Sonstiges: Parkplatz bei den Skiliften.

Balmacara 2A1
Reraig, Kyle Of Lochalsh. **GPS:** n57,28290 w5,62608.

40 £15.90 Ch £1,50/Tag WC £3/Std.
Lage: Ländlich, komfortabel, ruhig.
Untergrund: Wiese/Schotter.
01/05-30/09.
Entfernung: 8Km vor Ort vor Ort 8Km vor Ort.

Banff 2C1
Gamrie Bay, Easter Cushnie, Gardenstown.
GPS: n57,65139 w2,33382.

50 freiwilliger Beitrag (£10) kostenlos. **Lage:** Ländlich, einfach, ruhig. **Untergrund:** befestigt.
01/01-31/12.
Entfernung: vor Ort vor Ort vor Ort 850M vor Ort.
Sonstiges: Max. 3 Tage.

Banff 2C1
Quayside parking, 11 Quayside Banff. **GPS:** n57,67092 w2,52462.

6 £12, 01/04-30/09 £14 Ch inklusive.
Lage: Ländlich, luxus, abgelegen, ruhig. **Untergrund:** Schotter.
01/01-31/12.
Entfernung: 2,5Km 2,5Km 2,5Km 1Km.

10 kostenlos WC kostenlos.
Lage: Städtisch, einfach, ruhig. **Untergrund:** Beton.
01/01-31/12.
Entfernung: 300M vor Ort vor Ort 700M 700M 400M.

Banff 2C1
Banff parking, Temple View, Banff. **GPS:** n57,66366 w2,51905.

25 kostenlos. **Lage:** Städtisch, einfach, ruhig. **Untergrund:** Beton.
01/01-31/12.
Entfernung: 1Km 300M 300M 200M 200M 400M.

Callander 2B2
The Cabin at Loch Lubnaig, A84. **GPS:** n56,27765 w4,2834.

2 £10 Ch £2 £1. **Lage:** Ländlich, einfach, abgelegen, laut.
Untergrund: asphaltiert. 01/01-31/12.
Entfernung: 7,5Km vor Ort vor Ort 7,5Km 7,5Km vor Ort 1Km.
Sonstiges: Max. 3 Nächte, Tor schließt um 20h.

Cruden Bay 2C1
Port Errol, Harbour Street. **GPS:** n57,41130 w1,84546.

freiwilliger Beitrag (£10) kostenlos. **Lage:** Ländlich, einfach, ruhig. **Untergrund:** befestigt.
01/01-31/12.
Entfernung: vor Ort vor Ort vor Ort 850M vor Ort.
Sonstiges: Max. 3 Tage.

Cullen 2B1
Cullen Harbour parking, Port Long Rd, Cullen, Moray.
GPS: n57,69408 w2,81992.

6 kostenlos WC kostenlos. **Lage:** Ländlich, einfach, einfach, ruhig.
Untergrund: Schotter. 01/01-31/12.
Entfernung: 400M vor Ort vor Ort 400M 400M vor

Schottland

Dumfries 2B3
P Long Stay, White Sands. **GPS:** n55,06722 w3,6125.

10 kostenlos. **Lage:** Einfach, laut. **Untergrund:** asphaltiert.
01/01-31/12.
Entfernung: 100M vor Ort vor Ort vor Ort vor Ort vor Ort.

Dundonnell 2B1
Corrieshalloch Parkiing, A832 Garve. **GPS:** n57,75898 w5,03397.

8 kostenlos. **Lage:** Ländlich, einfach, ruhig.
Untergrund: asphaltiert. 01/01-31/12.
Entfernung: 5Km 300M.

Dunthulm 2A1
Camus More Campsite, Isle of Skye. **GPS:** n57,65020 w6,40459.

7 £8 WC inklusive. **Lage:** Ländlich, einfach, abgelegen, ruhig.
Untergrund: Wiese. 15/05-07/09.
Entfernung: 10km vor Ort 10Km 10Km.
Sonstiges: In der Nähe von Dunthulm Castle.

Durness 2B1
Sango Sands Oasis campsite, Durness IV27 4PZ, UK.
GPS: n58,57013 w4,74269.

60 £20 Ch WC inklusive £2/2 £5/Tag.
Lage: Ländlich, komfortabel, ruhig.
Untergrund: Wiese/befestigt.
01/04-31/10.
Entfernung: vor Ort 100M 200M vor Ort vor Ort.

Easdale 2A2
Souvenir shop, Ellenabeich, Isle of Seil. **GPS:** n56,29521 w5,64926.

10 £10 WC. **Lage:** Ländlich, einfach, ruhig.

Untergrund: befestigt. 01/01-31/12.
Entfernung: vor Ort vor Ort vor Ort vor Ort 4,5Km vor Ort vor Ort.

Falkirk 2B2
The Falkirk Wheel, Lime Road. **GPS:** n56,00031 w3,83982.

30 £15 WC. **Lage:** Ländlich, einfach, ruhig.
Untergrund: asphaltiert. 01/01-31/12.
Entfernung: 4km vor Ort vor Ort 4Km vor Ort vor Ort vor Ort.
Sonstiges: Anmeldung während Öffnungszeiten, oder anrufen: 01324676912, Kaution Schlüssel Sanitär £20.

Fettercairn 2B2
Car Park Bowling Club, Fettercairn, Laurencekirk.
GPS: n56,84971 w2,57306.

Lage: Ländlich, einfach, laut. **Untergrund:** asphaltiert.
01/01-31/12.
Entfernung: 100M 100M 250M 100M.

Touristinformation Fettercairn:
Fettercairn Distillery Visitor Centre Information, Distillery Road. Brennerei von malt Scotch whiskey. 01/05-30/09, Mo-Sa 10-14.30 Uhr. £5.

Fort William 2A2
Fort William parking long stay, West End Roundabout, Fort William. **GPS:** n56,81522 w5,11686.

10 £2. **Lage:** Städtisch, einfach, laut. **Untergrund:** asphaltiert.
01/01-31/12.
Entfernung: 200M 200M 200M 200M 200M 10Km.

Girvan 1D1
Harbour street- Henriettastreet. **GPS:** n55,24324 w4,85869.

50 kostenlos WC. **Lage:** Ländlich, einfach, ruhig.
Untergrund: asphaltiert. 01/01-31/12.
Entfernung: 100M Sandstrand 50M 50M 500M 600M 50M vor Ort.

Glenbrittle 2A1
Glenbrittle Campsite, Carbost. **GPS:** n57,20251 w6,29021.

33 £9 Ch £2 £6 WC inklusive.
Lage: Ländlich, komfortabel, abgelegen, ruhig.
Untergrund: Wiese/befestigt.
01/04-01/10.
Entfernung: 10km vor Ort vor Ort vor Ort vor Ort.

Hawick 2B3
Common Haugh, Victoria Rd, Hawick. **GPS:** n55,42310 w2,79114.

50 kostenlos WC. **Lage:** Städtisch, einfach, zentral.
Untergrund: asphaltiert. 01/01-31/12.
Entfernung: 800M
800M vor Ort vor Ort vor Ort.
Sonstiges: Max. 24 Std, separater Platz für Wohnmobile.

Helensburgh 2B2
Helensburgh Pier Car Parking, Sinclair St. Helensburgh.
GPS: n56,00198 w4,73503.

20 £1.20/Std 9-18 Uhr WC kostenlos. **Lage:** Städtisch, einfach, zentral, laut. **Untergrund:** asphaltiert. 01/01-31/12.
Entfernung: 200M vor Ort vor Ort 200M 250M 300M vor Ort vor Ort.

Irvine 1D1
Irvine Beach Drive Parking, Irvine Beach Drive.
GPS: n55,60628 w4,69263.

100 kostenlos WC kostenlos. **Lage:** Ländlich, einfach, ruhig.
Untergrund: asphaltiert. 01/01-31/12.
Entfernung: 1,5Km 4Km vor Ort 1,2Km 850M 400M vor Ort.
Sonstiges: Am Meer, Altstadt.

Jedburgh 2B3
Canongate Parking, 7 Queen Street, Jedburgh.
GPS: n55,47761 w2,55313.

Schottland

15 🅿kostenlos WC kostenlos. **Lage:** Städtisch, einfach, zentral, laut. **Untergrund:** Beton. 📅 01/01-31/12. **Entfernung:** 🚲vor Ort ⊗vor Ort 🍽100M 🛒vor Ort 🚶vor Ort. **Sonstiges:** Beim Touristenbüro.

Kalnakill 2A1
Kalnakill parking, IV54 Kalnakill. **GPS:** n57,54182 w5,84807. ⬆.

4 🅿kostenlos. **Lage:** Ländlich, einfach, abgelegen, ruhig. **Untergrund:** asphaltiert. 📅 01/01-31/12. **Entfernung:** 🚲2,2Km.

Kilchoan 2A2
Far View Campsite, Pier Road. **GPS:** n56,69409 w6,09621. ⬆➡.

2 🅿£15 ⚡Ch inklusive. **Lage:** Ländlich, komfortabel, abgelegen, ruhig. **Untergrund:** Wiese/Schotter. 📅 01/01-31/12. **Entfernung:** 🚲1,5Km 🚶500M 🛒500M ⊗500M vor Ort 🚶vor Ort. **Sonstiges:** Fähre nach Isle of Mull 400M.

Kilchoan 2A2
Kilchoan Ferry Port Parking, Pier Road. **GPS:** n56,69008 w6,09603. ⬆.

15 🅿kostenlos. **Lage:** Ländlich, einfach, abgelegen, ruhig. **Untergrund:** asphaltiert. 📅 01/01-31/12. **Entfernung:** 🚲2km vor Ort ⊗1km.

Kirkcudbright 1D1
Kirkcudbright Parking, Beaconsfield Place, Kirkcudbright. **GPS:** n54,83707 w4,05045. ⬆.

5 🅿kostenlos WC kostenlos. **Lage:** Einfach, zentral, laut. **Untergrund:** asphaltiert. 📅 01/01-31/12. **Entfernung:** 🚲vor Ort 🚶vor Ort ⊗vor Ort 🍽vor Ort 🛒vor Ort 🚶vor Ort.

Kylesku 2B1
Kylesku Parking, A894 Kylesku. **GPS:** n58,25756 w5,02726. ⬆.

10 🅿kostenlos. **Lage:** Ländlich, einfach, abgelegen, ruhig. **Untergrund:** asphaltiert. 📅 01/01-31/12. **Entfernung:** 🚲1Km 🚶vor Ort 🛒vor Ort ⊗1Km.

Lendalfoot 1D1
Lendalfoot Parking, 8 A77 Girvan. **GPS:** n55,16301 w4,94904. ⬆.

4 🅿kostenlos. **Lage:** Ländlich, einfach, laut. **Untergrund:** Beton. 📅 01/01-31/12. **Entfernung:** 🚲500M 🚶vor Ort.

Lochwinnoch 1D1
Clyde Muirshiel parking, 22 Saint Winnoc Road, Lochwinnoch. **GPS:** n55,79569 w4,62302. ⬆.

10 🅿kostenlos WC kostenlos. **Lage:** Ländlich, einfach, ruhig. **Untergrund:** asphaltiert. 📅 01/01-31/12. **Entfernung:** 🚲500M 🚶vor Ort ⊗vor Ort 🍽vor Ort 🚐300M 🛒vor Ort 🚶vor Ort.

Luskentyre 2A1
Luskentyre Parking, Luskentyre, Isle of Harris HS3. **GPS:** n57,86673 w6,91537. ⬆.

3 🅿£5. **Lage:** Ländlich, einfach, abgelegen, laut. **Untergrund:** asphaltiert/befestigt. 📅 01/01-31/12. **Entfernung:** 🚶vor Ort 🛒vor Ort. **Sonstiges:** Online bezahlen mit PayPal.

Moffat 2B3
Grey Mare's Tail Nature reserve, Moffat Water Valley, Dumfries and Galloway. **GPS:** n55,41779 w3,28646. ⬆.

10 🅿£2. **Lage:** Ländlich, einfach, abgelegen, ruhig.

New Abbey 2B3
Parking Sweetheart Abbey, A710, Main Street. **GPS:** n54,98070 w3,61966. ⬆.

6 🅿kostenlos WC. **Lage:** Einfach, ruhig. **Untergrund:** asphaltiert/befestigt. 📅 01/01-31/12. **Entfernung:** 🚲200M 🚶vor Ort 🍽200M 🛒200M 🚶vor Ort.

Newton Steward 1D1
Newton Steward parking, Galloway Forrest Park. **GPS:** n54,97358 w4,43804. ⬆.

3 🅿kostenlos. **Lage:** Ländlich, einfach, abgelegen, ruhig. **Untergrund:** asphaltiert/Schotter. 📅 01/01-31/12. **Entfernung:** 🚲6Km 🚶500M 🚶vor Ort.

Oban 2A2
Oban, Lochavuling Parking, Lochavullin road, Oban. **GPS:** n56,40948 w5,47142. ⬆.

4 🅿£10. **Lage:** Städtisch, einfach, laut. **Untergrund:** asphaltiert. 📅 01/01-31/12. **Entfernung:** 🚲400M ⊗400M 🚶vor Ort 🚶400M. **Sonstiges:** Beim Touristenbüro.

Oban 2A2
The Wide Mouthed Frog, A85 Oban, Dunbeg. **GPS:** n56,44856 w5,4319. ⬆.

5 🅿kostenlos. **Lage:** Städtisch, einfach, laut. **Untergrund:** Schotter. 📅 01/01-31/12. **Entfernung:** 🚲6Km 🚶vor Ort ⊗vor Ort 🍽5Km.

Scourie 2B1
Scourie campsite, Scourie Lairg IV27 45E, UK. **GPS:** n58,35157 w5,15523. ⬆➡.

Schottland - Wales

50 £20 Ch WC inklusive £2/1.
Lage: Ländlich, komfortabel, abgelegen, ruhig.
Untergrund: Wiese/befestigt.
01/04-30/09.
Entfernung: 200M vor Ort vor Ort vor Ort 200M vor Ort.

Seilebost 2A1
Seilebost Parking, A859 Seilebost, Isle of Harris.
GPS: n57,86615 w6,88152.

10 £5. Lage: Ländlich, einfach, ruhig.
Untergrund: Schotter/befestigt. 01/01-31/12.
Entfernung: 6Km 2km.
Sonstiges: Online bezahlen mit PayPal.

Shawbost 2A1
Eilean Fraoich campsite, 77 N Shawbost, Isle of Lewis.
GPS: n58,31989 w6,68753.

25 £18 Ch WC inklusive £4/3 £5/Tag. Lage: Ländlich, komfortabel, abgelegen, ruhig.
Untergrund: Schotter/befestigt. Ostern-01/10.
Entfernung: 500M 1Km 500M vor Ort.

Sligachan 2A1
Sligachan campsite, A87 Sligachan, Isle of skye, UK.
GPS: n57,29146 w6,17696.

100 £7.50/pP Ch £5 WC £3 inklusive.
Lage: Ländlich, einfach, abgelegen, ruhig.
Untergrund: Wiese/Schotter.
01/04-16/10.
Entfernung: 10Km vor Ort 100M 10Km vor Ort 100M.

Tomintoul 2B2
Tomintoul Bowlingclub Campsite, Lecht Drive, Tomintoul.
GPS: n57,25073 w3,37636.

£7 WC inklusive. Lage: Städtisch, einfach, zentral, ruhig.
Untergrund: Schotter. 01/01-31/12.
Entfernung: 300M 300M 300M 300M 300M 300M 12Km.
Sonstiges: Geld in Umschlag in den Briefkasten.

Touristinformation Tomintoul
Tourist Information Centre, The Square.
Tomintoul Museum, Tomnabat Lane. Historisches Heimatmuseum.
Ostern-31/10, mon-sa 9.30-12 Uhr, 14-16 Uhr.

Uig 2A1
Uigbay Campsite, A87 Uig, Portree, isle of skye, UK.
GPS: n57,58559 w6,37971.

15 £7 Ch £3 WC £3 inklusive. Lage: Ländlich, einfach, abgelegen, ruhig. Untergrund: Schotter/befestigt.
01/01-31/12.
Entfernung: 200M vor Ort 100M 200M vor Ort.

Wales

Abergynolwyn 1D3
Riverside Guest House, Llanegryn Street.
GPS: n52,64584 w3,95856.

5 £10/Nacht Ch inklusive £6/Nacht.
Lage: Ländlich, komfortabel, zentral, ruhig.
Untergrund: Wiese/befestigt. 01/01-31/12.
Sonstiges: Ankunft <18 Uhr, schmale Durchfahrt (2,6M), Snowdonia National Park.

Brecon 1D3
The Watton Car Park, Heol Gouesnou. GPS: n51,94609 w3,38531.

25 £0.70/Std, Max. £3.20 8-18U, übernachten kostenlos
WC kostenlos,150m. Lage: Städtisch, einfach, ruhig.
Untergrund: asphaltiert. 01/01-31/12.
Entfernung: vor Ort vor Ort.
Sonstiges: 1 Nacht pro 7 Nächte.

Brecon 1D3
Canal Road Car/Coach-Lorry Park, Canal Road.
GPS: n51,94486 w3,38993.

10 £0.70/Std, Max. £3.20 8-18U, übernachten kostenlos.
Lage: Städtisch, einfach, zentral, ruhig. Untergrund: asphaltiert.
01/01-31/12.
Entfernung: 100M 100M.
Sonstiges: 1 Nacht pro 7 Nächte.

Brecon 1D3
The Promenade Car Park, Fenni-Fach Rd. GPS: n51,95089 w3,4036.

25 £0.70/Std, Max. £3.20 8-18U, übernachten kostenlos.
Lage: Städtisch, einfach, abgelegen, ruhig. Untergrund: asphaltiert.
01/01-31/12.
Entfernung: 600M vor Ort 700M.
Sonstiges: 1 Nacht pro 7 Nächte.

Builth Wells 1F2
The Groe Car Park, The Strand. GPS: n52,14969 w3,40252.

20 £0.70/Std, Max. £3.20 8-18U, übernachten kostenlos WC.
Lage: Städtisch, einfach, ruhig. Untergrund: asphaltiert.
01/01-31/12.
Entfernung: vor Ort vor Ort vor Ort.
Sonstiges: 1 Nacht pro 7 Nächte.

Builth Wells 1F2
Smithfield Car Park, Brecon Rd. GPS: n52,14714 w3,40261.

50 £0.70/Std, Max. £3.20 8-18U, übernachten kostenlos.
Lage: Städtisch, einfach, zentral. Untergrund: asphaltiert.
01/01-31/12.
Entfernung: 200M.
Sonstiges: 1 Nacht pro 7 Nächte.

Crickhowell 1F2
Beaufort Street Car Park, Greenhill Way. GPS: n51,85838 w3,13557.

8 £0.70/Std, Max. £3.20 8-18U, übernachten kostenlos.

Lage: Städtisch, einfach, zentral, ruhig. **Untergrund:** asphaltiert. 01/01-31/12.
Entfernung: 50M.
Sonstiges: 1 Nacht pro 7 Nächte.

Hay-on-Wye 1F2
Oxford Road Car Park, Oxford Road. **GPS:** n52,07316 w3,12592.

25 £0.70/Std, Max. £3.20 8-18U, übernachten kostenlos WC kostenlos.
Lage: Städtisch, einfach, zentral, ruhig. **Untergrund:** asphaltiert. 01/01-31/12.
Entfernung: 150M 150M 150M vor Ort.
Sonstiges: 1 Nacht pro 7 Nächte.

Knighton 1F2
Bowling Green Lane Car Park, Bowling Green Lane. **GPS:** n52,34324 w3,04553.

30 £0.70/Std, Max. £3.20 8-18U, übernachten kostenlos WC kostenlos.
Lage: Ländlich, einfach, zentral, ruhig. **Untergrund:** asphaltiert. 01/01-31/12.
Entfernung: 200M 300M vor Ort.
Sonstiges: 1 Nacht pro 7 Nächte.

Llandrindod Wells 1F2
High Street Car Park, High Street. **GPS:** n52,24151 w3,38042.

30 £0.70/Std, Max. £3.20 8-18U, übernachten kostenlos.
Lage: Städtisch, einfach, zentral. **Untergrund:** asphaltiert. 01/01-31/12.
Entfernung: 150M vor Ort.
Sonstiges: 1 Nacht pro 7 Nächte, max. 6M.

Llanidloes 1D3
Mount Street Car Park, Mount Lane. **GPS:** n52,44750 w3,53938.

12 £0.70/Std, max. £3.20 8-18 Uhr, Nacht £5. **Lage:** Städtisch, einfach, zentral, ruhig. **Untergrund:** asphaltiert. 01/01-31/12.
Entfernung: vor Ort 100M 100M 100M.
Sonstiges: 1 Nacht pro 7 Nächte.

Moelfre 1D2
Lligwy Bay. **GPS:** n53,35910 w4,26132.
£10/Nacht.
Sonstiges: Strandparkplatz.

Nantgaredig 1D3
Railway Hotel, B4310. **GPS:** n51,86533 w4,18976.

5 £5 WC. 01/01-31/12.

Newton 1F2
Back Lane Car Park, Back Lane. **GPS:** n52,51534 w3,31735.

40 £0.70/Std, max. £3.20 8-18 Uhr, Nacht £5 WC kostenlos.
Lage: Städtisch, einfach, zentral, ruhig. **Untergrund:** asphaltiert. 01/01-31/12.
Entfernung: 150M vor Ort vor Ort.
Sonstiges: 1 Nacht pro 7 Nächte.

Newton 1F2
The Gravel Car Park, Heol Les Herbiers. **GPS:** n52,51421 w3,31167.

25 £0.70/Std, max. £3.20 8-18 Uhr, Nacht £5.
Lage: Städtisch, einfach, zentral. **Untergrund:** asphaltiert. 01/01-31/12.
Entfernung: 250M 50M 250M.
Sonstiges: 1 Nacht pro 7 Nächte.

Presteigne 1F2
Hereford Street Car Park, Hereford Street. **GPS:** n52,27245 w3,00488.

10 £0.70/Std, Max. £3.20 8-18U, übernachten kostenlos WC kostenlos.
Lage: Städtisch, einfach, zentral, ruhig. **Untergrund:** asphaltiert. 01/01-31/12.
Entfernung: 100M vor Ort.
Sonstiges: 1 Nacht pro 7 Nächte, max. 6M.

Welshpool 1F2
Berriew Street Car Park, Berriew Rd. **GPS:** n52,65875 w3,14806.

30 £0.70/Std, max. £3.20 8-18 Uhr, Nacht £5 WC kostenlos.
Lage: Städtisch, einfach, zentral, ruhig. **Untergrund:** asphaltiert. 01/01-31/12.
Entfernung: 200M 500M.
Sonstiges: 1 Nacht pro 7 Nächte.

Welshpool 1F2
Church Street Car Park, Church Street. **GPS:** n52,66031 w3,1438.

25 £0.70/Std, max. £3.20 8-18 Uhr, Nacht £5 WC kostenlos.
Lage: Städtisch, einfach, zentral, ruhig. **Untergrund:** asphaltiert. 01/01-31/12.
Entfernung: 150M 300M.
Sonstiges: 1 Nacht pro 7 Nächte.

England

Abingdon 1G2
Rye Farm Pay & Display car park, Bridge Street, A415. **GPS:** n51,66746 w1,27799.

8 £7.30/24 Std WC. **Lage:** Städtisch, einfach. **Untergrund:** asphaltiert. 01/01-31/12.
Entfernung: 500M 500M 800M.
Sonstiges: Max. 24 Std, erstmals anrufen oder mailen, carparks@southandvale.gov.uk, 01235 547665.

Aldershot 1G3
Parsons Barracks Car park, Ordnance Road. **GPS:** n51,24979 w0,75731.

10 £0.50/Std, nacht £1. **Lage:** Städtisch, einfach. **Untergrund:** asphaltiert. 01/01-31/12.
Entfernung: 550M 550M.

Appledore 1E3
Churchfields Car Park, The Quay. **GPS:** n51,05464 w4,19135.

25 £5 18-10U, £3 Tag WC kostenlos. **Lage:** Städtisch, einfach, ruhig. **Untergrund:** asphaltiert. 01/01-31/12.
Entfernung: 150M 50M 200M.
Sonstiges: Max. 2 Nächte, min. 6M Abstand zwischen Wohnmobile.

Arundel 1G3
Mill Road Car Park, Mill Road. **GPS:** n50,85392 w0,55067.

England

50 🛏£5. 🅿 **Lage:** Einfach, ruhig. **Untergrund:** Wiese. 📷 Sa-So.
Entfernung: 🚶100M ⊗100M 🛒200M.
Sonstiges: Beim Schloss, Ankunft 8><16 Uhr.

| 📍 | **Bideford** 🌊🚢 | **1E3** |

Riverbank (long stay) Car Park, Kingsley road.
GPS: n51,02086 w4,20386.⬆

20 🛏£5 18-10U, £3 Tag. 🅿 **Lage:** Städtisch, einfach, ruhig.
Untergrund: asphaltiert. 📅 01/01-31/12.
Entfernung: 🚶1,5Km 🏊50M 🛒500M 🚌1Km 🚉500M.
Sonstiges: Max. 2 Nächte, min. 6M Abstand zwischen Wohnmobile.

| 🛉S | **Bourton-on-the-Water** | **1G2** |

Bourton Rovers, Rissington Road. **GPS:** n51,87995 w1,7513.⬆

5 🛏£10 🚰Ch WC kostenlos, Passwort bei Bar. 🍴
Lage: Ländlich, einfach, zentral, ruhig. **Untergrund:** Wiese.
📅 01/01-31/12.
Entfernung: 🚶500M 🛒500M 🚉500M.

| 🛉S | **Bourton-on-the-Water** | **1G2** |

Bourton Vale Car & Coach Park, Station Rd.
GPS: n51,88512 w1,75471.⬆

10 🛏9-18U Parkplatzgebühr, übernachten £8 WC kostenlos. 🅿📷
Lage: Städtisch, einfach, zentral, ruhig. **Untergrund:** asphaltiert.
📅 01/01-31/12.
Entfernung: 🚶200M ⊗vor Ort ⚓vor Ort.

| | **Bude** | **1E3** |

Bude Town Football Club, Broadclose Hill.
GPS: n50,83000 w4,5359.⬆

20 🛏£8. 🍴 **Lage:** Einfach. **Untergrund:** Wiese. 📅 01/01-31/12.
Entfernung: 🚶500M.
Sonstiges: Am Fussballplatz.

| 🛉S | **Bury St Edmunds** 🏛 | **1H2** |

Ram Meadow Carpark Annexe, Cotton Lane.
GPS: n52,24775 o0,71893.⬆

5 🛏£2.20 8-18U, übernachten kostenlos WC kostenlos. 🅿
Lage: Städtisch, einfach, zentral, ruhig. **Untergrund:** asphaltiert.
📅 01/01-31/12.
Entfernung: 🚶300M ⊗300M 🛒300M.
Sonstiges: Max. 1 Nacht.

| 🛉S | **Canterbury** | **1H3** |

New Dover Road Park&Ride, New Dover Road.
GPS: n51,26199 o1,10258.⬆➡

24 🛏£3 🚰Ch WC inklusive. 🅿
Lage: Ländlich, einfach, abgelegen, ruhig. **Untergrund:** asphaltiert.
📅 Zugang Mo-Sa 6.30-20.30U, Ausfahrt 24/24.
Entfernung: ⊗Vintage Inn 100m ⚓vor Ort.

| 🛉S | **Canterbury** | **1H3** |

Canterbury Coach Park, Kingsmead Road.
GPS: n51,28470 o1,08340.⬆➡

10 🛏£15/12 Std. 🅿 **Lage:** Städtisch. **Untergrund:** asphaltiert.
📅 01/01-31/12.
Entfernung: 🚶650M ⊗650M 🛒100M 🚌150M.

| 🛉S | **Cheltenham** | **1F2** |

The Gloucester Old Spot, Tewkesbury Road, A4109.
GPS: n51,93325 w2,14881.⬆.

5 🛏kostenlos, Einnahme einer Mahlzeit Pflicht
🚰WC inklusive, während Öffnungszeiten. **Lage:** Ländlich, einfach,
abgelegen. **Untergrund:** Schotter/Sand. 📅 01/01-31/12.
Entfernung: 🏖500M ⊗vor Ort.

| 🛉S | **Chester** 🏛⛲ | **1F1** |

Car Park, Little Roodee, Castle Road. **GPS:** n53,18447 w2,89245.
🛏£5.80, übernachten £1.50 🚾WC.
Entfernung: 🏊3,5Km.
Sonstiges: Am Dee, Tor geschlossen von 22.30-6 Uhr.

| | **Cirencester** | **1F2** |

Old Cricklade Road lorry park, Cricklade Road.
GPS: n51,70760 w1,955.⬆.

20 🛏£6.20. 🅿
Lage: Städtisch, einfach. **Untergrund:** asphaltiert. 📅 01/01-31/12.
Entfernung: 🚶1,5Km ⊗50M ⚓150M.
Sonstiges: In der Nähe von McDonalds.

| 🍴S | **Cirencester** | **1F2** |

The Crown Inn, High Street, Cerny Wick. **GPS:** n51,66264 w1,88933.⬆.

5 🛏£10 🚰Ch 🚾WC während Öffnungszeiten. 🍴
Lage: Ländlich, einfach. **Untergrund:** Wiese/befestigt.
📅 01/01-31/12.
Entfernung: ⊗vor Ort.

| 🍴S | **Crediton** | **1F3** |

Thelbridge Cross Inn, Thelbridge Hill. **GPS:** n50,89530 w3,72228.⬆.

6 🛏£5 ⚡(2x)£3,50. **Lage:** Abgelegen, ruhig.
Untergrund: asphaltiert. **Entfernung:** 🚶14Km ⊗vor Ort.
Sonstiges: Rabatt im Restaurant.

| | **Dover** | **1H3** |

Marine Parade. **GPS:** n51,12350 o1,31710.

10 🛏£1.10/Std, Max. £8.25, übernachten kostenlos. 🅿
Untergrund: asphaltiert. 📅 01/01-31/12.
Entfernung: ⚓vor Ort ⊗100M.
Sonstiges: Max. 24 Std, max 3,5T.

| 🍴 | **Great Missenden** | **1G2** |

The Black Horse, Aylesbury Road. **GPS:** n51,71019 w0,71215.
5 🛏Gäste kostenlos. **Untergrund:** befestigt.
Entfernung: 🚶800M ⊗vor Ort.

| 🛉S | **Hayling Island** | **1G3** |

West Beach Car Park, Sea Front. **GPS:** n50,78530 w1,0007.⬆.

40 🛏8-22U Parkplatzgebühr, max. £6, übernachten £10, 01/03-
01/10 £15 🚰kostenlos Ch WC 🚿£1, Bei TI, 7 Sea-Front (600M). 🅿

England

Lage: Ländlich, einfach, ruhig. **Untergrund:** Wiese/Schotter. 01/01-31/12. **Entfernung:** vor Ort / vor Ort / 600M. **Sonstiges:** Max. 72 Std, Schlüssel Ver-/Entsorgung bei Touristinformation (900m).

Holsworthy 1E3
The Manor Car Park, Western Road. **GPS:** n50,81133 w4,35282.

6 £5 18-10 Uhr, £3 Tag. **Lage:** Städtisch, einfach, ruhig. **Untergrund:** asphaltiert. 01/01-31/12. **Entfernung:** vor Ort / 150M / 150M. **Sonstiges:** Max. 2 Nächte, min. 6M Abstand zwischen Wohnmobile.

Huntingdon 1G2
Wellsbridge Motorhomes Sales, Ramsey Forty Foot, Ramsey. **GPS:** n52,47540 w0,08834.

5 £5 WC. **Lage:** Ländlich, einfach, abgelegen, ruhig. **Untergrund:** asphaltiert. 02/01-23/12. **Entfernung:** vor Ort.

Ipswich 1H2
Burnt House Farm, Wash Lane, Witnesham. **GPS:** n52,11418 o1,20094.

5 £8 Ch WC inklusive. **Lage:** Ländlich, komfortabel, abgelegen, ruhig. **Untergrund:** Wiese/befestigt. 01/01-31/12. **Entfernung:** 2km / 2km.

Ipswich 1H2
Orwell Crossing Lorry Park, A14 Eastbound, Nacton. **GPS:** n52,02473 o1,22678.

20 £12. **Lage:** Autobahn, einfach, laut. **Untergrund:** asphaltiert. 01/01-31/12. **Entfernung:** vor Ort.

Ivybridge 1E3
Lee Mill Services, A38. **GPS:** n50,38493 w3,97041.

10 £17.50/Nacht WC inklusive. **Lage:** Einfach, laut. **Untergrund:** asphaltiert. 01/01-31/12. **Entfernung:** vor Ort / 500M. **Sonstiges:** Hinter Tankstelle, Rabatt im Restaurant £5.

Maidstone 1H3
Maidstone Services, M20. **GPS:** n51,26687 o0,61502.

8 £20/24 Std, ersten 2 Stunden kostenlos WC kostenpflichtig. **Lage:** Autobahn, einfach, laut. **Untergrund:** asphaltiert. 01/01-31/12. **Entfernung:** 200M / vor Ort / 150M. **Sonstiges:** Zahlung mit Handy.

Touristinformation Maidstone:
Museum of Kent Life, Lock Lane, Sandling. Historie und Tradition von Kent. 10-17 Uhr.

Mevagissey 1E3
Willow Car & Coach Park, Valley Road. **GPS:** n50,27155 w4,79044.

10 10-18U Parkplatzgebühr, übernachten £7.50 auf Anfrage. **Lage:** Einfach, zentral. **Untergrund:** befestigt. 01/01-31/12. **Entfernung:** 150M / 1km / 300M.

New Milton 1F3
Orchard Lakes, New Lane, Bashley. **GPS:** n50,77182 w1,6645.

5 £15 Ch inklusive. **Lage:** Ländlich, komfortabel, abgelegen, ruhig. **Untergrund:** Wiese/befestigt. 01/01-31/12. **Entfernung:** 400M / 6,5Km / vor Ort / New Forest. **Sonstiges:** Ankunft >18 Uhr.

Newhaven 1G3
West Side Promenade. **GPS:** n50,78189 o0,05530.

30 £3. **Untergrund:** Beton. Ostern-30/09. **Entfernung:** 2km / vor Ort / vor Ort / 400M / 850M / 2km. **Sonstiges:** Ankunft 8><17 Uhr.

Newnham on Severn 1F2
Elton Farm, Littledean Road, A4151. **GPS:** n51,82355 w2,44753.
5 £5 Ch. **Lage:** Ländlich, einfach, abgelegen. **Untergrund:** Wiese. 01/01-31/12. **Entfernung:** vor Ort / vor Ort.

Newton Abbot 1F3
Sunnyside, Yvonne Bassett, Totnes Road, A381, Ipplepen. **GPS:** n50,48591 w3,63376.

5 £8.50/Nacht Ch £1,50/Tag WC inklusive. **Lage:** Ländlich, einfach, ruhig. **Untergrund:** Wiese/befestigt. 01/03-31/10. **Entfernung:** 100M. **Sonstiges:** Ankunft <18 Uhr.

Northcumberland 2C2
Hazlehead Park, Hazledene Road. **GPS:** n57,13987 w2,17956.

20 kostenlos. **Lage:** Einfach, laut. **Untergrund:** asphaltiert. 01/01-31/12. **Entfernung:** 6Km / 2km / 2km / vor Ort.

Northcumberland 2C2
The Barn at Beal, TD15 2PB, Northcumberland. **GPS:** n55,67754 w1,89434.

9 £15 Ch WC inklusive. **Lage:** Ländlich, komfortabel, ruhig. **Untergrund:** Schotter/befestigt. 01/01-31/12. **Entfernung:** 2km / vor Ort / vor Ort / vor Ort. **Sonstiges:** Reservieren möglich.

Oldham 1F1
The Hawthorn, Roundthorn Road. **GPS:** n53,53352 w2,08637.
5 £9 £2,50/Nacht WC. **Entfernung:** 3Km.

Pickering 1G1
Antiques Centre, Southgate. **GPS:** n54,24413 w0,78026.

5 £10 Ch. **Lage:** Einfach. **Untergrund:** asphaltiert. 01/01-31/12. **Entfernung:** 500M.

Praa Sands 1E3
Sydney Cove Car Park, Castle Drive. **GPS:** n50,10440 w5,3919.

Grossbritannien

England

10 £8/24 Std. **Lage:** Einfach.
Entfernung: 100M 100M.

| | | Rake | 1G3 |

The Flying Bull, London Road. **GPS:** n51,04419 w0,85418.

5 £5 inklusive WC in Restaurant. **Lage:** Ländlich, abgelegen, ruhig. **Untergrund:** Wiese. 01/01-31/12.
Entfernung: 3Km vor Ort.
Sonstiges: Max. 1 Nacht, Anmeldung bei Restaurant.

| | | Rye | 13B2 |

The River Haven Hotel, Winchelsea Rd. **GPS:** n50,94880 o0,72990.

5 £5. **Untergrund:** Schotter. 01/01-31/12.
Entfernung: 400M vor Ort 100M.
Sonstiges: Bezahlen beim Hotel.

| | | Scarborough | 1G1 |

South Moor Farm, Dalby Forest Drive. **GPS:** n54,30049 o0,61169.
5 £10 Ch. **Lage:** Ländlich, einfach. **Untergrund:** Wiese. 01/01-31/12.

| | | Sewerby | 1G1 |

The Ship Inn, Cliff Road. **GPS:** n54,10167 w0,16411.
5 £15 Ch. **Untergrund:** ungepflastert.
Entfernung: vor Ort.

| | | Southampton | 1G3 |

Long Stay Car Park, West Quay Road. **GPS:** n50,90090 w1,4083.

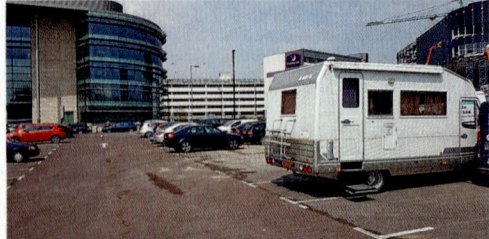

Tag max. £7.50, Nacht £2. 01/01-31/12.
Entfernung: 800M 800M 800M.
Sonstiges: Max 3,5T.

| | | St Austell | 1E3 |

Edgemoor, Enniscaven, St.Dennis. **GPS:** n50,39636 w4,8676.

5 £5/Nacht WC inklusive. **Lage:** Komfortabel, ruhig. **Untergrund:** Wiese/befestigt. 01/01-31/12.
Entfernung: St.Austell 14,5km vor Ort vor Ort.

| | | St Ives | 1G2 |

The Seven Wives, Ramsey road. **GPS:** n52,33193 w0,07634.

5 £5 Ch. £6/Nacht WC. **Lage:** Städtisch, einfach, zentral. **Untergrund:** befestigt. 01/01-31/12.
Entfernung: 1,4Km vor Ort.

| | | St Jidgey | 1E3 |

Halfway House Inn. **GPS:** n50,48949 w4,89943.
4 £10, Gäste kostenlos. **Lage:** Ländlich, abgelegen, ruhig. **Untergrund:** Wiese.
Entfernung: vor Ort.

| | | Staple Fitzpaine | 1F3 |

Home Mead, New Rd. **GPS:** n50,95970 w3,0489.

5 £5 inklusive. **Lage:** Ländlich, abgelegen, ruhig. **Untergrund:** Wiese. 01/01-31/12.
Entfernung: vor Ort.

| | | Stoke St Gregory | 1F3 |

The Royal Oak, The Square. **GPS:** n51,04050 w2,9318.

5 Gäste kostenlos Ch kostenlos £4.
Untergrund: asphaltiert. 01/01-31/12.
Entfernung: vor Ort 50M 50M.
Sonstiges: Parkplatz gegenüber Kirche.

| | | Stratford-upon-Avon | 1G2 |

Stratford Marina Car Park, Bridgeway. **GPS:** n52,19280 w1,70154.

10 9-18U £8, übernachten £15. **Lage:** Städtisch, einfach, zentral. **Untergrund:** asphaltiert. 01/01-31/12.
Entfernung: 200M 200M 200M.

| | | Stratford-upon-Avon | 1G2 |

The New Inn Hotel, Clifford Chambers. **GPS:** n52,16929 w1,7168.

5 £8 £4,80. **Lage:** Ländlich, einfach. **Untergrund:** Wiese. 01/01-31/12.
Entfernung: vor Ort vor Ort.
Touristinformation Stratford-upon-Avon: Geburtsort von William Shakespeare.

| | | Tarrington | 1F2 |

The Tarrington Arms, Ledbury road. **GPS:** n52,06473 w2,5604.

5 kostenlos WC kostenlos. **Lage:** Ländlich, einfach. **Untergrund:** befestigt.
Entfernung: 200M vor Ort.

| | | Tenby | 1D3 |

Carew Airfield & Pavilion, Sageston. **GPS:** n51,69362 w4,80973.

5 £15-20/Nacht Ch WC inklusive. **Lage:** Komfortabel, ruhig. **Untergrund:** Beton. 01/01-31/12.
Entfernung: 150M 8Km 500M 1,5Km 1,5Km.

| | | Thaxted | 1G2 |

Margaret Street Car Park, Margaret Street.
GPS: n51,95530 o0,34328.

2 kostenlos WC kostenlos. **Lage:** Städtisch, einfach, zentral, ruhig. **Untergrund:** Beton. 01/01-31/12.
Entfernung: 150M 150M.
Sonstiges: Max. 48 Std in 2 Wochen.

| | | Tintagel | 1E3 |

King Arthur's Car Park, Fore Street. **GPS:** n50,66441 w4,75119.

50 £3.90 10-16 Uhr, £3 16-10 Uhr WC. **Lage:** Einfach.
Untergrund: asphaltiert.
Entfernung: vor Ort vor Ort 100M.
Sonstiges: Gegenüber Tintagel Old Post Office.

England

Tintagel 1E3
Mayfair Car Park, Fore Street. **GPS**: n50,66386 w4,75061.

30 £2 8-20U, £3.50 20-08U. **Lage:** Städtisch, einfach, zentral.
Untergrund: Wiese. 01/01-31/12.
Entfernung: vor Ort 100M vor Ort.
Sonstiges: Neben King Arthur's Car Park.

Tintagel 1E3
Sword in Stone Car Park, Bossiney Road. **GPS**: n50,66257 w4,74763.

20 £5/24 Std.
Lage: Städtisch, einfach. **Untergrund:** asphaltiert. 01/01-31/12.
Entfernung: 150M 250M.

Touristinformation Tintagel:
Tintagel Old Post Office, Fore Street. 600 Jahren alten traditionellen Cornish Longhouse.
King Arthur's Castle, Castle Road. 25/03-30/10.

Torrington 1E3
Sydney House Car Park, South Street. **GPS**: n50,95121 w4,14438.

20 £5 18-10U, £3 Tag. **Lage:** Städtisch, einfach, ruhig.
Untergrund: asphaltiert. 01/01-31/12.
Entfernung: 300M 250M 250M.
Sonstiges: Max. 2 Nächte, min. 6M Abstand zwischen Wohnmobile.

Westward Ho! 1E3
Main Car Park, Golf Links Rd. **GPS**: n51,04069 w4,23728.

8 £7, 01/11-14/03 £3, Nacht £5. **Lage:** Städtisch, einfach, zentral, ruhig. **Untergrund:** asphaltiert.
01/01-31/12.
Entfernung: vor Ort 200M 200M.
Sonstiges: Max. 5000Kg, min. 6M Abstand zwischen Wohnmobile.

Whaplode St Catherines 1G2
The Bleu Bell Inn, Cranesgate S. **GPS**: n52,75956 w0,0155.
5 £5, für Gäste kostenlos Ch (2x)£ 2,50/Nacht.
Lage: Einfach. 01/01-31/12 Mo.
Entfernung: vor Ort.

Winchester 1G3
Coach Park, Worthy Lane, B3044. **GPS**: n51,06931 w1,31628.

10 £7, übernachten kostenlos. **Lage:** Städtisch, einfach.
Untergrund: asphaltiert.
Entfernung: 850M 500M 50M.
Sonstiges: Max. 24 Std.

Yeovil 1F3
Cartgate and Picnic Area, A303/A3088 roundabout. **GPS**: n50,96926 w2,74087.

20 kostenlos WC Passwort bei Restaurant. **Lage:** Autobahn, einfach, laut. **Untergrund:** asphaltiert. 01/01-31/12.
Entfernung: 15Km vor Ort.

🇬🇷 Griechenland

Hauptstadt: Athen
Staatsform: Parlamentarische Demokratie
Amtssprache: Griechisch
Einwohnerzahl: 10.775.600 (2015)
Fläche: 131.990 km²

Allgemeine Informationen
Telefonvorwahl: 0030
Allgemeine Notrufnummer: 112
Währung: Euro

Freies Übernachten im Wohnmobil
Freie Übernachtungen sind offiziell nicht erlaubt. Die Übernachtungsplätze, die hier publiziert sind, sind keine offiziellen Reisemobilstellplätze, können aber als geduldeter Übernachtungsplatz betrachtet werden.

Gesetzliche Feiertage 2017
6. Januar Heilige Drei Könige
27. Februar Rosenmontag
25. März Staatsfeiertag
16.-17. April Orthodoxe Ostern
1. Mai Tag der Arbeit
15. August Mariä Himmelfahrt
28. Oktober Nationalfeiertag

Zeitzone
Winterzeit GMT+2
Sommerzeit GMT+3

Griechenland Nord Seite: 517
Zentral Griechenland Seite: 512-513
Peloponnes/Attika Seite: 513-517

Zentral Griechenland

Achillio 35G1
Epar. Od. Archilliou-Glifas. GPS: n39,00943 o22,95758.
Entfernung: vor Ort, vor Ort, vor Ort.

Agios Nikolaos 35F2
GPS: n38,34959 o22,15661.
01/10-30/04.
Sonstiges: Parkplatz beim Hafen.

Ammoudia 35E1
GPS: n39,23636 o20,48073.

Untergrund: Schotter/Sand.
Entfernung: vor Ort 50M, vor Ort 100M, 250M.
Sonstiges: Am Hafen.

Ammoudia 35E1
GPS: n39,23989 o20,48116.

Untergrund: Sand.
Entfernung: vor Ort, vor Ort, vor Ort 200M, 50M.
Sonstiges: Strandparkplatz.

Arahova 35G2
GPS: n38,47948 o22,58164.
01/01-31/12.

Arillas 35E1
Restaurant Soukas, Aglias-Platarias. GPS: n39,35278 o20,28861.

kostenlos für Kunden. Lage: Ländlich.
Untergrund: Wiese/Sand. 01/05-01/10.
Entfernung: vor Ort, vor Ort.

Boukka 35F1
GPS: n38,93125 o21,14200.

Untergrund: Sand.
Entfernung: vor Ort, 100M.
Sonstiges: Neben Sportplatz, Strandparkplatz.

Corfu 35E1
Dionysus, Dassia, Korfu (Corfu). GPS: n39,66472 o19,84440.
€ 18,20-21. 01/04-20/10.

Corfu 35E1
Dolphin Camping, Sidari, Korfu (Corfu). GPS: n39,78890 o19,72354.
€ 12-14,10. 01/07-10/09.

Corfu 35E1
Karda Beach, Dassia, Korfu (Corfu).
GPS: n39,68611 o19,83861.
€ 22,30-23,60. 26/04-01/09.
Entfernung: vor Ort.
Touristinformation Korfu (Corfu):
Esplanada, Kerkyra (Corfu). Treffpunkt für Einwohner und Touristen.
Kerkyra (Corfu).
Frurion, Kerkyra (Corfu). Zitadelle, 1550.
Aqualand, Corfu Water Park, Ag.Ioannis. Wasservergnügungspark.

Delphi 35F2
Apollon. GPS: n38,48388 o22,47550.
01/01-31/12.

Delphi 35F2
Chrissa. GPS: n38,47267 o22,46206.
55 € 18,50-22,50. 01/01-31/12.

Delphi 35F2
Delphi Camping. GPS: n38,47833 o22,47450.

€ 19,60-21,80. 01/04-31/10.
Touristinformation Delphi:
Site of Delphi. Archäologisches Terrain. 7.30-17.30 Uhr. Freitag. € 9.

Eratini 35F2
N48/E65 km 47. GPS: n38,33769 o22,19198.

Untergrund: Wiese/Sand.
Entfernung: vor Ort, vor Ort.
Sonstiges: Strandparkplatz, max 3,5T.

Erétria 35G2
Milos Camping. GPS: n38,39139 o23,77556.
€ 25-32. 15/04-30/09.
Touristinformation Erétria:
Badeort und der archäologische Ort Antik Eretria.

Gliki 35E1
Taverne Panorama. GPS: n39,32726 o20,61568.

Gäste kostenlos. Untergrund: Wiese.
Entfernung: 500M, 500M.
Sonstiges: An der Acheron.

Hiliadou 35F2
GPS: n38,39408 o21,92096.

Untergrund: Schotter.

Zentral Griechenland - Peloponnes/Attika

Entfernung: Nafpaktos 7km vor Ort.
Sonstiges: Strandparkplatz.

Igoumenítsa 35E1
GPS: n39,51540 o20,21087.

10. **Untergrund:** Sand.
Entfernung: vor Ort 100M.
Sonstiges: Strandparkplatz.

Igoumenítsa 35E1
GPS: n39,51278 o20,25741.

Entfernung: vor Ort 600M vor Ort.
Sonstiges: Parkplatz Supermarkt an der Umgehungsstrasse 6, Rí Ioánnina.
Touristinformation Igoumenítsa:
- Goumani (titani). Archäologisches Terrain.

Ioánnina 35E1
Sta Papagou 7. **GPS:** n39,67319 o20,85476.

10. 8. **Untergrund:** befestigt. 01/01-31/12.
Entfernung: 100M 100M 100M.
Sonstiges: überwachter Parkplatz.

Ioánnina 35E1
Limnopoula. **GPS:** n39,67770 o20,84280.
24 Ch.
01/04-15/10.
Touristinformation Ioánnina:
- Hauptstadt von Epirus, bedeutende Stadt in der türkischen Zeit.
- Perama. Höhlen.
- täglich.

Itea 35F2
Ayannis, Kirra. **GPS:** n38,42440 o22,45880.
20-25 Ch. 01/05-30/09.
Touristinformation Itea:
- Nautical Museum, Mouseio, 4, Galaxídi.

Krioneri 35F2
GPS: n38,34397 o21,58823.

Untergrund: Schotter. 01/01-31/12.
Entfernung: vor Ort vor Ort 300M.

Levkas 35F2
Vlycho. **GPS:** n38,68318 o20,69819.
Entfernung: vor Ort.
Sonstiges: Parkplatz am Kai.

Levkas 35F2
Dessimi Beach, Vlicho, Lefkas (Levkas). **GPS:** n38,67250 o20,71100.
28-35 Ch WC. 01/04-30/11.

Levkas 35F2
Poros Beach, Poros, Lefkas (Levkas). **GPS:** n38,64094 o20,69698.
Ch WC. 01/05-30/09.

Mesolóngi 35F2
GPS: n38,36358 o21,42016.
01/01-31/12.
Sonstiges: Parkplatz im Hafen.

Metéora 35F1
Taverna Arsenis, East Street, Kalambaka. **GPS:** n39,69923 o21,64109.
8 Gäste kostenlos WC. 01/01-31/12.

Metéora 35F1
Meteora Garden, Kalambaka. **GPS:** n39,70869 o21,60915.
Ch WC. 01/01-31/12.

Metéora 35F1
Rizos International, Kalambaka. **GPS:** n39,69010 o21,64564.
Ch. 01/01-31/12.

Metéora 35F1
Vrachos Kastraki, Kastraki.
GPS: n39,71338 o21,61588.
18 Ch. 01/01-31/12.
Touristinformation Metéora:
- Wertvolles kulturelles Erbgut, 24 Klöster wurden gebaut auf Sandsteinfelsen, 6 Klöster können besichtigt werden.
- 9-13 Uhr, 15-17 Uhr. kostenpflichtig.

Métsovo 35F1
GPS: n39,76898 o21,17749.

Touristinformation Métsovo:
- Traditionelles Bergdorf.
- Archotiko Tositsa. Restaurierte Villa aus dem 18. Jahrhundert, Heimatmuseum.
- 8.30-13 Uhr, 16-18 Uhr.
- € 3.

Nafpaktos 35F2
Xiliadou, N48/E65 km 80,5.
GPS: n38,38139 o21,81661.
Untergrund: Schotter/Sand.
Entfernung: vor Ort vor Ort in der Nähe.
Sonstiges: Parkplatz beim Strand.
Touristinformation Nafpaktos:
- Alte Stadt mit venezianischem Schloss, Hafen von kreisförmigen Mauern umgeben.

Parga 35E1
Enjoy Lichnos. **GPS:** n39,28358 o20,43340.
28-36 Ch WC. 01/05-15/10.

Parga 35E1
Valtos Camping.
GPS: n39,28556 o20,38972.
20-21,50 Ch.
01/05-30/09.
Touristinformation Parga:
- Lebhafter Badeort.
- Necromanteion of Ephyra. Totenorakel.

Perdika 35E1
GPS: n39,38607 o20,27473.

kostenlos.
Entfernung: Perdika 7km vor Ort.
Sonstiges: Strandparkplatz.

Pilion 35G1
Olizon, Milina. **GPS:** n39,16472 o23,21666.
24-32 Ch WC. 01/05-15/10.

Pilion 35G1
Sikia Fig Tree, Kato Gatzea. **GPS:** n39,31025 o23,10977.
€ 19-24,50 Ch WC. 01/04-31/10.
Touristinformation Pilion:
- Mythologische Halbinsel, sehenswürdige Natur, ursprüngliche Bergdörfer und Fischerorte.
- Makrinitsa. Sehenswürdiges Dorf, autofrei.
- Miliés. Volksmuseum. 01/04-31/10 Di-So, 01/11-31/03 Mi-So.
- Archeological Museum, Athanasáki 1, Vólos. Di-So. Freitag.

Plataria 35E1
Nautilos. **GPS:** n39,44389 o20,25806.
€ 21-23,50 Ch. 01/04-20/10.

Préveza 35F1
Mitikas. **GPS:** n39,01719 o20,71555.

Untergrund: asphaltiert/Schotter.
Entfernung: Preveza 7km vor Ort vor Ort 500M.
Sonstiges: Parkplatz beim Strand.

Préveza 35F1
GPS: n38,95008 o20,75498.

Touristinformation Préveza:
- Kassópi, Kassópi. Archäologisches Terrain.
- Nikopolis. Alte römische Stadt.

Sivota 35E1
Parking. **GPS:** n39,40772 o20,24270.
Untergrund: ungepflastert.
Entfernung: 200M Hafen 200M 200M 50M.
Sonstiges: Kein Strand.

Sivota 35E1
Parking. **GPS:** n39,40924 o20,24061.
kostenlos. **Untergrund:** ungepflastert.
Entfernung: 200M Hafen 200M 200M 200M.
Sonstiges: Kein Strand.

Vagia 35G2
Restaurant Ynaiopio, Palaia Ethniki Odos Athinon-Lamias.
GPS: n38,34331 o23,19378.
für Gäste kostenlos.

Vonitsa 35F2
Agio Sotiriou. **GPS:** n38,93302 o20,91937.

Untergrund: Wiese.
Entfernung: Vonitsa 3km See vor Ort taverne 3Km.

Vonitsa 35F2
Marina. **GPS:** n38,92172 o20,88482.
5 kostenlos. **Lage:** Einfach. **Untergrund:** Schotter.
Sonstiges: In der Nähe des Yachthafens.

Peloponnes/Attika

Agia Kyriaki 35G3
GPS: n36,71883 o23,02305.
Sonstiges: Am Strand.

Agios Andreas 35G2
GPS: n37,37120 o22,78262.

WC kostenlos. **Untergrund:** Schotter.
Entfernung: 3Km vor Ort vor Ort vor Ort.
Sonstiges: Am Hafen.

Peloponnes/Attika

Agios Andreas — 35G2
Camping Agios Andreas. GPS: n36,86664 o21,92087.
20/04-30/09.
Entfernung: vor Ort.

Agios Fokas — 35G3
GPS: n36,59565 o23,06108.

5 . **Untergrund**: Sand.
Entfernung: Monemvasia 13km.
Sonstiges: Parkplatz am Pier.

Agios Kiriaki — 35F3
Filiatra, Epar.Od.Filiatron. **GPS**: n37,11963 o21,57611.
01/01-31/12.

Assini — 35G2
Kastraki. GPS: n37,52861 o22,87556.
€ 24,50-26,50 Ch WC 01/04-01/10.

Athens — 35G2
GPS: n37,96987 o23,72263.
01/01-31/12.
Sonstiges: Parkplatz der Akropolis, bewacht nach Erlaubnis. Vermutlich nur ausserhalb der Hauptsaison.

Athens — 35G2
Athens camping, Leoforis Athinon, Athen (Athens).
GPS: n38,00889 o23,67222.
€ 29 Ch WC .
01/01-31/12.
Touristinformation Athen (Athens):
- Monasteraki. Altes Viertel mit Athener Flohmarkt. So 8-14 Uhr.
- Panathenaic Stadium. Stadion der ersten olympischen Spiele 1896.
- Plaka. Altes Viertel rund um die Akropolis.
- Tomb of the Unknown Soldier, Plateía Syntágmatos. Sonntags 11.00 Uhr Wachwechsel.
- Acropolis. Archäologisches Terrain.
01/05-31/10 Mo-Fr 8-18.30 Uhr, Sa-So 8.30-14.30 Uhr, 01/11-30/04 8.30-16.30 Uhr
01/05, 28/10, Feiertag.

Bozas — 35G3
GPS: n36,70437 o22,82144.

20 kostenlos für Kunden Ch. **Lage**: Abgelegen.
Untergrund: Sand. 01/01-31/12.
Entfernung: vor Ort vor Ort.

Diakofto — 35F2
GPS: n38,19747 o22,20167.

. **Untergrund**: asphaltiert.
01/01-31/12.
Entfernung: vor Ort vor Ort vor Ort 500M.
Sonstiges: Parkplatz beim Hafen.
Touristinformation Diakofto:
- Rack railway, Kalavryta. Zugahrt mit Zahnradbahn.

Dimitsána — 35F2
Kefalari tou Ai-Yanni. GPS: n37,59058 o22,04286.
4 .
Sonstiges: Parkplatz Wassermuseum.

Dimitsána — 35F2
Taverna Koustenis, Eparchiaki Odos Kato Davias.
GPS: n37,58650 o22,04459.
5 kostenlos. **Lage**: Ländlich, einfach.
Untergrund: Schotter.
Entfernung: 9Km vor Ort.
Touristinformation Dimitsána:
- Loúsios-kloof. 5Km Länge und 300M Tiefe, markierte Wanderwege.

Elefsina — 35G2
GPS: n38,04235 o23,53942.
. 01/01-31/12.
Sonstiges: Parkplatz vor den Ruinen im Stadtzentrum.

Epidaurus — 35G2
GPS: n37,59675 o23,07444.

WC kostenlos.
Untergrund: Schotter.
Sonstiges: Übernachtung auf Parkplatz am Ancient Theater wird im Allgemeinen zugelassen.
Touristinformation Epidauros (Epidaurus):
- Ancient Epidaurus. Archäologisches Terrain. 8-19 Uhr.

Ermioni — 35G2
Hydras Wave. GPS: n37,40583 o23,31556.
€ 18 Ch WC 15/04-15/10.

Galatas — 35G2
Epar.Odos Ermionis. **GPS**: n37,49491 o23,45546.
20 .
Entfernung: vor Ort vor Ort.
Sonstiges: Am Kai.

Gerolimenas — 35G3
GPS: n36,48230 o22,39969.

3 . **Untergrund**: asphaltiert.
Entfernung: vor Ort vor Ort 50M vor Ort.
Sonstiges: Parkplatz beim Strand.

Gialova Pylou — 35F3
Navarino Beach. GPS: n36,94770 o21,70620.
€ 20-23 Ch WC 01/04-31/10.

Glifa Kyllini — 35F2
Ionion. GPS: n37,83640 o21,13340.
€ 21-24,50 Ch 01/01-31/12.

Gythion — 35G3
Valtaki beach, Valtaki. **GPS**: n36,78883 o22,58225.

. **Untergrund**: Sand.
Entfernung: vor Ort vor Ort.
Sonstiges: Am Strand, ± 5km von Gythion Ri Skala.

Gythion — 35G3
Gythion Bay. GPS: n36,72942 o22,54535.
€ 20,50-22 Ch 01/04-31/10.

Kakovatos — 35F2
GPS: n37,45721 o21,63869.
. **Untergrund**: befestigt.
Sonstiges: Parkplatz beim Strand.

Kalo Nero — 35F2
GPS: n37,29786 o21,69525.

10 kostenlos. **Untergrund**: Schotter.
Entfernung: 100M Sandstrand 100M.

Kalogria — 35F2
Camper Stop Kalogria, Kalogria. **GPS**: n38,15986 o21,37162.

40 € 10, 16/07-31/08 € 12 Ch (20x)€3/Tag WC inklusive.
Untergrund: ungepflastert. 01/05-31/10.
Entfernung: 5Km 11Km 500M 300M 50M vor Ort vor Ort vor Ort.
Touristinformation Kalogria:
- Kotychi, Lapas. Besucherzentrum, Sumpfgebiet.

Kamares — 35G3
GPS: n36,68203 o22,52090.

. **Untergrund**: Sand.
Entfernung: vor Ort vor Ort 350M.

Kameras Irion — 35F1
Poseidon. GPS: n40,01305 o22,59039.
€ 30-38 Ch WC 01/04-31/10.

Karathona — 35G2
GPS: n37,54389 o22,82278.

50 kostenlos.
Entfernung: Sandstrand.

Peloponnes / Attika

Karavostasi — 35G3

Taverna Faros Karavostasi

- Direkte Lage am Meer
- Restaurant mit regionalen Spezialitäten
- Gepflasterte und ebene Stellplätze

www.taverna-faros.eu
faroskaravostasimani@gmail.com

Taverna O Faros, Karavostasi. **GPS:** n36,69733 o22,38073.
15 kostenlos. **Lage:** Ländlich, einfach. **Untergrund:** Schotter.
Entfernung: vor Ort, vor Ort.
Sonstiges: Kein Strand.

Kastro — 35F2

Killinis Beach. GPS: n37,87413 o21,10748.

kostenlos. **Untergrund:** Wiese/Sand.
Entfernung: 2km, vor Ort, vor Ort, Strandtaverne.
Sonstiges: Strandparkplatz.
Touristinformation Kastro:
Chlemoutsi. Mittelalterliches Schloss.

Kato Alissos — 35F2

Kato Allisos. GPS: n38,14986 o21,57740.
€ 18,30-19 Ch WC 30/06-01/09.

Kifisiá — 35G2

Dionissiotis. GPS: n38,10535 o23,81355.
€ 19 Ch WC 01/01-31/12.
Sonstiges: 18Km nördlich von Athen, Route Athen Ri Lamia.
Touristinformation Kifisiá:
Ferienort der Athener seit der römischen Zeit.
Goulándris, Levidou 13. Naturgeschichtliches Museum.

Killini — 35F2

Epar Od. Andravidas-Killinis. GPS: n37,92598 o21,16699.
Entfernung: 2km.
Sonstiges: Parkplatz beim Strand.

Kiveri — 35G2

GPS: n37,52761 o22,73120.

10 kostenlos. **Untergrund:** Schotter.
Entfernung: 200M, Kiesstrand 50M, 100M.
Sonstiges: Beim Hafen.

Kokkinia — 35G3

GPS: n36,79762 o22,78485.

20 kostenlos. **Untergrund:** befestigt.
Entfernung: Sandstrand 400M.
Sonstiges: Strandparkplatz.

Korfos — 35G2

GPS: n37,76361 o23,13302.

Untergrund: Schotter.
Sonstiges: Am Fischereihafen.

Korinthos — 35G2

Afrodites Waters, Ancient Corinth. **GPS:** n37,91139 o22,87861.

20 € 10 Ch WC inklusive. 01/01-31/12.
Entfernung: 350M, 350M, 350M.

Korinthos — 35G2

Ancient Corinth. GPS: n37,90750 o22,87806.

Touristinformation Korinthos:
Wichtiges Handelszentrum.
Korinth Canal. Kanal, 23 m breit.
Acrocorinth. Festung.
8-19U, Winter 8-17 Uhr.
kostenlos.
Ancient Korinthos. Archäologisches Terrain.
01/04-31/10 8-19 Uhr, 01/11-31/03 8-17 Uhr
25/12-26/12, 01/01, 25/03, Ostern, 01/05.

Koroni — 35F3

GPS: n36,79729 o21,96002.

Sonstiges: Parkplatz beim Hafen.

Koroni — 35F3

Camping Koroni. GPS: n36,79942 o21,95068.
€ 25 Ch WC 01/01-31/12.
Entfernung: 600M, vor Ort, vor Ort.
Touristinformation Koroni:
Hafenstadt mit venezianischem Schloss, 1206.

Kosmas — 35G2

Epar.Od.Leonidiou-Kosma. GPS: n37,09180 o22,74043.

Untergrund: befestigt.
Entfernung: vor Ort, vor Ort, vor Ort.
Sonstiges: Hinter Kirche.

Kotronas — 35G3

GPS: n36,61899 o22,49367.

kostenlos. **Untergrund:** Beton.
Entfernung: vor Ort, vor Ort, 50M.
Sonstiges: Parkplatz am Pier.

Lambiri — 35F2

Tsolis, Old National Road. **GPS:** n38,32083 o21,97194.
€ 17-20 Ch WC 01/01-31/12.

Legrena — 35G2

GPS: n37,66206 o23,99772.
01/01-31/12.

Marathon — 35G2

Ramnous.
GPS: n38,13139 o24,00722.
€ 27-35 Ch WC
01/04-31/10.
Touristinformation Marathon:
www.marathon.gr. Der Name des Marathon, einer Strecke von 41 Kilometern, stammt von dieser Stadt.

Mayroyouni/Gythion — 35G3

Meltemi.
GPS: n36,72986 o22,55360.
€ 19 Ch WC.
Touristinformation Mayroyouni/Gythion:
Tourist Information Areópoli, Vasiléos Pávlou 21, Máni. Halbinsel.
Pýrgos Diroú, Máni. Höhlen.

Monemvasía — 35G3

GPS: n36,68240 o23,03821.
Sonstiges: Parkplatz Hafen.

Monemvasía — 35G3

GPS: n36,68875 o23,05076.
Untergrund: asphaltiert.
Entfernung: vor Ort, vor Ort, Bus zum Altstadt.
Touristinformation Monemvasía:
Festungsstadt, Unterstadt ist restauriert worden.
Agía Sofía. Kirche, 13. Jahrhundert.

Mycenae — 35G2

Atreus. GPS: n37,71911 o22,74114.
€ 24-32 Ch WC 01/01-31/12.
Touristinformation Mycenae:
Archeological Museum, Argos. € 12.
Archäologisches Terrain. 1/4-31/10 8-19 Uhr, 1/11-31/3 8-17 Uhr

Peloponnes/Attika

◉ Freitag.
⌂ Agora Argos, Argos. Archäologisches Terrain. ◉ Sommer 8.30-15 Uhr.

P Nafplio 35G2
GPS: n37,56823 o22,80170.

kostenlos. **Untergrund**: asphaltiert.
Entfernung: 500M 300M.
Sonstiges: Parkplatz Jachthafen.
Touristinformation Nafplio:
ℹ Tourist information, Ikostispémtis Martiou 2. Erste griechische Hauptstadt.
M Archeological Museum. Di-So 8.30-15 Uhr. Mo.
✕ Palamídi. Zitadelle, 18. Jahrhundert.

Neo Itylo 35G3
Black Pirate. **GPS**: n36,69154 o22,38986.

10 kostenlos. **Untergrund**: Wiese/Schotter.
Entfernung: vor Ort Kiesstrand vor Ort 50M.

A S Olympia 35F2
Alphios. **GPS**: n37,64360 o21,61930.
€ 24-33 Ch WC 01/04-31/10.
Touristinformation Olympia:
M Archeological Museum. Wichtigstes archäologische Museum von Griechenland. Mo 11-19 Uhr, Di-So 8-19 Uhr.

Paralia Astros 35G2
GPS: n37,44475 o22,74800.

Untergrund: Schotter.
Entfernung: vor Ort vor Ort 200M.
Sonstiges: Am Strand.

S Paralia Platanou 35F2
GPS: n38,17104 o22,26828.

Untergrund: Schotter.
Entfernung: vor Ort.
Sonstiges: Am Strand.

S Paralia Rizomilos 35F2
GPS: n38,21898 o22,14745.

kostenlos.
Untergrund: Schotter.
Sonstiges: Nicht vor Hotel.

A S Pátra 35F2
Golden Sunset, Old national Road km 19. **GPS**: n38,14389 o21,58778.
€ 32-39 Ch WC 01/04-15/10.
Touristinformation Pátra:
◉ Archaïa Klauss. Erster kommerzieller Weinproduzent von Griechenland.

Perahóra 35G2
Limni Vouliagmenis. **GPS**: n38,03188 o22,87293.

Entfernung: vor Ort vor Ort.
Sonstiges: Am See.

S Petalidi 35F3
GPS: n36,95871 o21,93418.
Untergrund: asphaltiert.
Sonstiges: In der Nähe vom Hafen.

S Petalidi 35F3
GPS: n36,95915 o21,92870.

Untergrund: asphaltiert.
Entfernung: vor Ort.
Sonstiges: Parkplatz im Dorf, am Meer.

Pírgos Dhiroú 35G3
Diros. **GPS**: n36,64206 o22,38357.

20 **Lage**: Abgelegen. **Untergrund**: ungepflastert.
Entfernung: vor Ort.

Porto Kagio 35G3
Taverna Porto. **GPS**: n36,42811 o22,48697.
max. 3 Gäste kostenlos. **Untergrund**: Wiese.
Entfernung: vor Ort vor Ort vor Ort mini market.

Rafina 35G2
GPS: n38,01835 o24,01227.
01/01-31/12.

Salandi 35G2
GPS: n37,44748 o23,12474.

Lage: Abgelegen. **Untergrund**: Schotter.
Entfernung: Didyma 5km vor Ort vor Ort.
Sonstiges: Am Strand.

Savalia 35F2
Savalia Beach. **GPS**: n37,79685 o21,25578.

Untergrund: asphaltiert.
Entfernung: vor Ort vor Ort.

Skoutari 35G3
GPS: n36,65921 o22,49962.

max. 3 **Untergrund**: Beton.
Entfernung: vor Ort vor Ort zu Fuß erreichbar.
Sonstiges: Beim Fischerhafen.

A S Sounion 35G2
Camping Bacchus.
GPS: n37,67694 o24,04750.
€ 23 Ch WC.
01/01-31/12.
Touristinformation Sounion:
M Mineralogical Museum, Lavrió. Alter Schacht der Silberminen.
Mi, Sa-So.
⌂ Archäologisches Terrain.

S Tolo 35G2
GPS: n37,51469 o22,85662.

WC. **Untergrund**: asphaltiert.
Entfernung: 500M 100M vor Ort 200M.
Sonstiges: Beim Fischerhafen.

Tyrchu 35G3
Taverne Ostria. **GPS**: n37,31414 o22,82054.

Peloponnes/Attika - Griechenland Nord

3 Gäste kostenlos. **Untergrund:** Schotter.
 15/05-30/09.
Entfernung: Tyros 10km vor Ort vor Ort vor Ort.
Sonstiges: Am Strand, Achtung: über einen steilen Weg.

| | Zacharo | 35F2 |

GPS: n37,51917 o21,60248.

.
Entfernung: vor Ort.

5 kostenlos . **Untergrund:** asphaltiert.
Entfernung: vor Ort.
Sonstiges: Parkplatz am Pier.

| | Vergina | 35G1 |

Parking, Aristotelos 25. **GPS:** n40,48506 o22,31978.
25 €4 €2. **Lage:** Städtisch, einfach. **Untergrund:** asphaltiert.
Entfernung: vor Ort 200M 450M.

| | Zacharo | 35F2 |

Tholo Beach. GPS: n37,41160 o21,66830.
€18,50 Ch WC . 01/04-31/10.

Griechenland Nord

| | Ag.Mamas Moudania | 35H1 |

Ouzoni Beach. GPS: n40,21611 o23,31833.
€17,60-23 Ch WC . 01/05-30/09.

| | Akt Armenistis Sithonia | 35H1 |

Armenistis. GPS: n40,15222 o23,91361.
€31-40 Ch WC . 01/05-15/09.

| | Alexandroúpoli | 35H1 |

GPS: n40,84364 o25,87693.
.
Sonstiges: Parkplatz Hafen.

| | Alexandroúpoli | 35H1 |

Apollonias.
GPS: n40,84342 o25,86477.
. **Untergrund:** asphaltiert.
Sonstiges: Parkplatz nahe Stadion.
Touristinformation Alexandroúpoli:
 Tourist Information, Mákris. Großer Ferienort, schöner Strand.

| | Gerakani | 35H1 |

Kouyoni. GPS: n40,26464 o23,46347.
€22,25-24,50 Ch . 01/05-30/09.

| | Kalamaria | 35G1 |

Zampetaz, Tessaloniki-Perea. **GPS:** n40,50289 o22,97053.
10 kostenlos Ch kostenlos. **Lage:** Einfach.
Untergrund: asphaltiert.
Entfernung: 10Km 3Km vor Ort.

| | Kastoriá | 35F1 |

GPS: n40,50461 o21,27977.
kostenpflichtig .
Sonstiges: Freiwilliger Beitrag.

| | Metamorphosi | 35H1 |

Sunny Bay. GPS: n40,22694 o23,58944.
€18,90-21,70 Ch WC . 01/05-31/10.

| | Moustheni | 35H1 |

Moystheni Station. GPS: n40,84413 o24,11506.
10 kostenlos Ch . **Untergrund:** asphaltiert.
Entfernung: 100M vor Ort Mini Market.
Sonstiges: Separater Platz für Wohnmobile, Shop, Restaurant, Tankstelle 24/24.

| | Ouranoupoli | 35H1 |

Ouranoupoli. GPS: n40,33944 o23,97056.
€28-31 Ch . 01/04-31/10.

| | Paralia Epanomi | 35G1 |

Golden Beach. GPS: n40,40469 o22,89925.
10 €10 €5. **Lage:** Ländlich, einfach.
Untergrund: Wiese/Sand.
Entfernung: vor Ort vor Ort.

| | Porto Lagos | 35H1 |

GPS: n41,00633 o25,12028.

Kroatien

Hauptstadt: Zagreb
Staatsform: parlamentarische Demokratie
Amtssprache: Kroatisch
Einwohnerzahl: 4.491.000 (2014)
Fläche: 56.594 km²

Allgemeine Informationen
Telefonvorwahl: 00385
Allgemeine Notrufnummer: 112
Währung: Kuna, kn, 1 kuna = 100 lipa,
1kn = € 0,13, € 1 = 7,50 kn (Oktober 2016)
Kreditkarten werden fast überall akzeptiert.

Freies Übernachten im Wohnmobil
Freies übernachten ist verboten.

Gesetzliche Feiertage 2017
6. Januar Heilige Drei Könige
1. Mai Tag der Arbeit
15. Juni Fronleichnam
22. Juni Dan antifasisticke borbe, Tag des antifaschistischen Kampfes
25. Juni Dan drzavnosti, Staatsfeiertag
5. August Tag des Sieges und der Dankbarkeit
15. August Mariä Himmelfahrt
8. Oktober Unabhängigkeitstag

Zeitzone
Winterzeit GMT+1
Sommerzeit GMT+2

Istrien/Kvarner Bucht

Baderna — 38A2
Farm Pino, Katun 1. GPS: n45,22020 o13,72908.

14 € 10 + € 3/pP Ch (23x) WC Ver-/Entsorgung €4 €2
Lage: Ländlich, abgelegen, ruhig. Untergrund: Wiese.
01/01-31/12.
Entfernung: 2km 6Km 2km 400M vor Ort vor Ort.

Cres/Cres — 38A2
Kovačine, Melin I, 20. GPS: n44,96278 o14,39694.
€ 19,20-41,10 Ch WC 19/03-16/10.
Entfernung: vor Ort.

Touristinformation Cres/Cres:
Turisticka zajednica, Riva Creskih Kapetana, www.tzg-cres.hr. Insel, erreichbar mit Fährdienst ab Brestova, südlich von Rijeka und Valbiska, westlich von Krk.

Cres/Martinščica — 38A3
Slatina. GPS: n44,82091 o14,34238.
€ 16-28,20 Ch 19/03-31/10.

Cres/Nerezine — 38A3
Lopari, Nerezine. GPS: n44,68253 o14,39846.
€ 13-24,50 Ch WC 25/03-10/10.

Cres/Nerezine — 38A3
Preko Mosta, Osor 76, Nerezine. GPS: n44,69250 o14,39167.
KN 129-179 Ch WC 01/04-30/09.

Cres/Nerezine — 38A3
Rapoća, Rapoća, Nerezine. GPS: n44,66357 o14,39756.
€ 20-28 Ch WC 22/04-10/10.

Crikvenica — 38A2
Kacjak, Kacjak BB. GPS: n45,16703 o14,70511.
€ Ch WC 15/05-15/09.

Dobrinj — 38A2
Slamni Camping, Klimno 8a. GPS: n45,15360 o14,61758.
€ 20,27 Ch WC 22/04-10/10.

Fažana — 38A3
Ul.1.Maja. GPS: n44,92880 o13,80255.

200kn/€ 30 WC. Lage: Städtisch, einfach, zentral.
Untergrund: Wiese/Sand. 01/01-31/12.
Entfernung: 100M vor Ort 100M 100M vor Ort vor Ort.
Sonstiges: Max. 24 Std.

Fažana — 38A3
Bi Village, Dragonja 115. GPS: n44,91750 o13,81111.
€ 21-46 Ch WC 21/04-30/09.

Fažana — 38A3
Pineta Fažana, Perojska cesta bb.
GPS: n44,93835 o13,79554.
€ 11,10-24,10 Ch WC 27/04-30/09.

Touristinformation Fažana:
Nationaal Park Brijuni, Brijuni. Naturschutzgebiet, Bootverbindung von Fažana. täglich.

Grožnjan — 38A2
Parking bus. GPS: n45,38163 o13,72375.

20 kostenlos. Lage: Ländlich, einfach, abgelegen, ruhig.
Untergrund: Schotter.
01/01-31/12.
Entfernung: 200M 200M vor Ort vor Ort vor Ort.
Sonstiges: Neben Friedhof.

Ičići — 38A2
Opatija. GPS: n45,31083 o14,28472.
€ Ch WC 27/04-13/10.

Klenovica — 38A2
Klenovica, Zidinice BB. GPS: n45,09788 o14,84393.
€ 19-26,60 Ch 01/05-30/09.
Entfernung: vor Ort vor Ort.

Koromačno — 38A2
Tunarica. GPS: n44,96917 o14,09889.
€ 20,50-24,10 Ch WC 29/04-30/09.

Kraljevica — 38A2
Ostro. GPS: n45,27109 o14,56402.
€ Ch 01/05-30/09.

Krk/Baška — 38A2
Kamp Mali, Put Zablace 100. GPS: n44,96609 o14,74710.

33 € 10-20 Ch (30x),10Amp WC €5 inklusive.
Lage: Städtisch, komfortabel, zentral, ruhig.
Untergrund: Schotterasen. 01/03-30/10.
Entfernung: 300M 150M vor Ort 50M vor Ort vor Ort.

Krk/Baška — 38A2
Zablace, Emila Geitslicha 34, Baška. GPS: n44,96694 o14,74528.
€ 38,50-47,30 Ch WC 01/05-01/10.

Krk/Klimno — 38A2
Slamni, Klimno 8a. GPS: n45,15351 o14,61770.
€ 18-38 Ch 22/04-10/10.
Sonstiges: Mini-camp.

Krk/Krk — 38A2
Camper Stop Felix, Ulica Narodnog preporoda 51.
GPS: n45,02928 o14,58149.

12 € 25 Ch (12x),16Amp WC €5 inklusive.
Lage: Städtisch, komfortabel, zentral, ruhig.
Untergrund: Wiese/Schotter. 01/01-31/12.
Entfernung: 300M 300M 300M 50M 50M vor Ort vor Ort vor Ort.

Krk/Krk — 38A2
Bor. GPS: n45,02250 o14,56194.
€ 20,40-29 Ch WC 01/01-31/12.

Krk/Krk — 38A2
Jezevac, Plavnička bb. GPS: n45,01963 o14,57000.
€ 26-38 Ch WC 25/03-01/10.

Krk/Krk — 38A2
Marta, Škrbcici 29. GPS: n45,04930 o14,48940.
€ 12,30-17,10 Ch WC 01/05-30/09.
Sonstiges: Mini-camp.

Touristinformation Krk/Krk:
Tourist Information, Vela placa 1/1, www.krk.hr. Insel Krk zugänglich über die Zollbrücke südöstlich von Rijeka.
Jazz-festival, Kamplin. Aug.

Istrien/Kvarner Bucht

Krk/Malinska — 38A2
Draga, Palih Boraca 4. **GPS**: n45,12052 o14,52494.
€ 12,90-17 Ch WC 01/04-15/10.
Sonstiges: Mini-camp.

Krk/Malinska — 38A2
Glavotok, Glavokok 4. **GPS**: n45,09472 o14,44111.
€ 17,95-43,15 Ch WC 22/04-02/10.
Entfernung: vor Ort.

Krk/Njivice — 38A2
Njivice, Primorska bb. **GPS**: n45,16963 o14,54740.
€ 20,80-40,20 Ch WC 09/04-30/10.

Krk/Omišalj — 38A2
Pusca, Pušča bb. **GPS**: n45,23613 o14,55108.
Ch WC 01/06-30/09.

Krk/Pinezici — 38A2
Amar, Njivine 8. **GPS**: n45,04351 o14,47985.
Sonstiges: Mini-camp.

Krk/Punat — 38A2
Maslinik, Nikole Tesle 1. **GPS**: n45,01809 o14,63478.
€ 13,33-21,99 Ch WC 01/04-04/10.
Sonstiges: Mini-camp.

Krk/Punat — 38A2
Pila, Setalište Ivana Brusića. **GPS**: n45,01581 o14,62860.
250 € 15-20 Ch 22/04-09/10.

Krk/Punat — 38A2
Škrila, Stara Baška. **GPS**: n44,96611 o14,67389.
350 € 20,60-33,20
01/04-01/10.

Touristinformation Krk/Punat:
Otočić Košljun. Kloster.

Krk/Šilo — 38A2
Tiha Šilo, Konjska bb. **GPS**: n45,14876 o14,67150.
€ 16,50-26 Ch WC 01/04-15/10.
Sonstiges: Mini-camp.

Labin — 38A2
Kamp Tunarica, Koromačno. **GPS**: n44,96933 o14,09979.

50 € 15, 01/07-31/08 € 19 Ch (50x)€4/Nacht,16Amp WC €5 inklusive. **Lage**: Ländlich, einfach, abgelegen, ruhig.
Untergrund: Waldboden. 01/05-30/09.
Entfernung: 15Km vor Ort, vor Ort, vor Ort, vor Ort, 2km vor Ort.

Labin — 38A2
Camping Romantik, Kapelica 47b. **GPS**: n45,08167 o14,10188.
20 € 17-24 Ch WC €5,30 inklusive.
Entfernung: 2km vor Ort, vor Ort.
Sonstiges: Mini-camp.

Labin — 38A2
Marina. **GPS**: n45,03333 o14,15806.
€ 27,80-42,10 Ch WC 25/03-30/10.

Labin — 38A2
Marina, Sveta Marina. **GPS**: n45,03387 o14,15723.
€ 37-47 Ch WC
25/03-30/10.
Sonstiges: Mini-camp.

Touristinformation Labin:
Narodni muzej, N. Katunara 6. Volkskunde-Museum. täglich 10-13 Uhr, 17-19 Uhr.

Lošinj/Mali Lošinj — 38A3
Čikat. **GPS**: n44,53750 o14,45056.
940 € 22,50-36,60 Ch WC. 01/01-31/12.

Lošinj/Mali Lošinj — 38A3
Poljana. **GPS**: n44,55556 o14,44167.
€ 16,50-21 Ch WC 17/03-17/10.

Touristinformation Lošinj/Mali Lošinj:
Delphintag, Aktionstag mit Möglichkeit zur Adoption eines Delphins. 1. Sa Aug.

Medulin — 38A3
Indije, Banjole. **GPS**: n44,82398 o13,85090.
Ch WC 01/05-01/10.

Medulin — 38A3
Kazela. **GPS**: n44,80695 o13,95015.
Ch WC 01/04-15/10.

Medulin — 38A3
Kranjski Kamp, Runke 52, Premantura. **GPS**: n44,80694 o13,91616.
€ 19,80-27,10 Ch WC 01/06-18/09.
Sonstiges: Mini-camp.

Medulin — 38A3
Medulin. **GPS**: n44,81417 o13,93194.
1500 Ch WC 03/04-09/10.

Medulin — 38A3
Piškera, Indie 49, Banjole. **GPS**: n44,82332 o13,84855.
KN 170-200 Ch WC.
Sonstiges: Mini-camp.

Medulin — 38A3
Pomer, Pomer. **GPS**: n44,82064 o13,90205.
Ch WC.
Sonstiges: Mini-camp.

Medulin — 38A3
Postolovic, Bumbište 10. **GPS**: n44,82037 o13,85749.
Ch.
Sonstiges: Mini-camp.

Medulin — 38A3
Runke, Premantura. **GPS**: n44,80742 o13,91632.
€ 28-37 Ch WC 01/05-30/09.

Medulin — 38A3
Širola, Rupice Bd. **GPS**: n44,82113 o13,85872.
10 Ch.
Sonstiges: Mini-camp.

Medulin — 38A3
Stupice, Premantura. **GPS**: n44,79779 o13,91354.
Ch 01/05-25/09.

Medulin — 38A3
Tasalera, Premantura.
GPS: n44,81425 o13,91275.
€ 27-35 Ch WC 01/04-30/09.

Touristinformation Medulin:
Premantura. Der südlichste Ort von Istrien.
Banjole. Fischerdorf mit natürlichem Hafen.

Moščenička Draga — 38A2
Draga. **GPS**: n45,24023 o14,25021.
131-186kn Ch 15/04-01/10.
Sonstiges: Mini-camp.

Moščenička Draga — 38A2
Draga. **GPS**: n45,24000 o14,25028.
165 15/04-15/10.

Motovun — 38A2
Motovun Camping, Rizanske skupstine 1a.
GPS: n45,33446 o13,82523.

12 € 15-25 + Kurtaxe € 1/pP Ch WC inklusive.
Lage: Ländlich, komfortabel. **Untergrund**: Schotter.
01/01-31/12.
Entfernung: 50M, vor Ort, 50M, 50M, 100M, vor Ort, vor Ort. **Sonstiges**: Kostenloser Schwimmbadeintritt, Rabatt bei längerem Aufenthalt.

Novi Vinodolski — 38A2
Autocamp Sibinje, Sibinj. **GPS**: n45,04405 o14,87751.
80 € 24 Ch WC 01/04-30/09.
Entfernung: vor Ort, 50M, 50M.
Sonstiges: Mini-camp.

Novigrad (Istria) — 23H3
Mareda. **GPS**: n45,34149 o13,54610.
800 ab € 17 Ch WC inklusive. 15/04-30/09.

Novigrad (Istria) — 23H3
Sirena. **GPS**: n45,31528 o13,57556.
€ 32-52 Ch WC 01/04-30/09.

Touristinformation Novigrad (Istria):
Hoofdstraat van de oude stad. Bauernmarkt. täglich.
Feest van de beschermheilige Pelegrinus, Umag. 23/05.

Poreč — 38A2
30. Travinja/Karla Huguesa. **GPS**: n45,22104 o13,60742.

28 200kn, Winter kostenlos. **Lage**: Einfach, zentral, laut.
Untergrund: asphaltiert. 01/01-31/12.
Entfernung: 800M, 2km, 2km, 400M, 2km, 500M, vor Ort, vor Ort.

Poreč — 38A2
Bijela Uvala. **GPS**: n45,19139 o13,59667.
2000 € 35-52 Ch WC 01/04-15/10.

Poreč — 38A2
Laternacamp. **GPS**: n45,29639 o13,59444.
3000 ab € 22,65 Ch WC 01/04-15/10.

Poreč — 38A2
Puntica, Funtana. **GPS**: n45,17749 o13,60406.
250 Ch WC 11/04-13/10.

Poreč — 38A2
Zelena Laguna. **GPS**: n45,19611 o13,58917.
1000 € 32,50-55 Ch WC 01/04-15/10.

Poreč — 38A2
Materada, Materada. **GPS**: n45,24628 o13,59600.

Sonstiges: Mini-camp.

Touristinformation Poreč:
Turisticka zajednica, Zagrebacka 9, www.istra.com/porec. Alte Stadt, touristisches und kulturelles Zentrum.
Decumanus. Römische Hauptstraße mit Palazzi aus der venezianische Zeit.
Zavicajnog muzeja poreštine. Heimatmuseum von Porec.
täglich 10-13 Uhr, 18-22 Uhr.
Eufrazijeva bazilika. Basilika, 6. Jahrhundert, in der Stadtmitte.
täglich 7-19 Uhr.

Pula — 38A3
Puntižela. **GPS**: n44,89806 o13,80722.
Ch WC inklusive. 01/05-30/09.

Pula — 38A3
Stoja. **GPS**: n44,86000 o13,81472.
750 € 32,50-40,90 Ch WC 03/04-02/11.

Touristinformation Pula:
Arheoloski Muzej Istre, Carrarina 3. Archäologisches Museum.
Winter Mo-Fr 9-14 Uhr, Sommer Mo-Sa 9-19 Uhr.
Amfiteatar. Großes Amphitheater aus der römischen Zeit.
täglich 8-21 Uhr.
Ljetni klasicni Festival, Amfitheater. Opernfestival. Aug.

Rab — 38A3
Camperpark Lando Resort, Kampor 321. **GPS**: n44,78404 o14,70682.
Ch WC €7 inklusive. **Lage**: Komfortabel.
Untergrund: Wiese/befestigt. 01/01-31/12.
Entfernung: Zentrum 1,5Km, 50M, 50M, 1,5Km, vor Ort, vor Ort.
Sonstiges: Beheiztes Schwimmbad.

Rab — 38A3
Mel, Kampor 319. **GPS**: n44,79390 o14,70302.

Sonstiges: Mini-camp.

Rab — 38A3
Planka, Kampor 326. **GPS**: n44,78049 o14,72048.

Sonstiges: Mini-camp.

Rabac — 38A2
Oliva. **GPS**: n45,07960 o14,14777.
300 Ch WC 15/03-30/09.
Entfernung: vor Ort.

Kroatien

Istrien/Kvarner Bucht - Dalmatien

Ribnik — 38B2
△ S
Srce Prirode/Heart of Nature Camp, Gorica Lipnička 8. **GPS**: n45,56389 o15,39278.
30 € 29,40-35 Ch WC 01/04-31/10.
Sonstiges: Mini-camp.

Rijeka — 38A2
△ S
Preluk Katalinic, Preluk 1. **GPS**: n45,35340 o14,33235.
90 Ch WC.
Sonstiges: Mini-camp.
Touristinformation Rijeka:
 Tourist Information, Kastav 47, Kastav. Ummauerte Stadt mit reicher Geschichte.
 Pomorski i povijesni muzej, Muzejski trg 1. Marinemuseum. Mo-Fr 10-13 Uhr, 18-21 Uhr.
 Velika trznica. Markt gegenüber des Modello-Palastes.
 Carnaval van Rijeka. Feb.

Rovinj — 38A2
C S
Aleja Ruera Boskovica. **GPS**: n45,08898 o13,64537.
30 25kn/Std 6-23 Uhr (± € 55), übernachten kostenlos Ch WC inklusive. **Lage**: Städtisch, einfach, zentral, laut.
Untergrund: asphaltiert. 01/01-31/12.
Entfernung: 1km 300M 300M 300M 1km 300M vor Ort vor Ort.

Rovinj — 38A2
C S
Camping Polari. **GPS**: n45,06300 o13,67480.
40 € 12-32 Ch WC inklusive 25kn 100kn.
Lage: Ländlich, einfach, ruhig. **Untergrund**: Wiese/befestigt.
22/04-04/10.
Entfernung: 3km vor Ort vor Ort vor Ort vor Ort Juni/Juli/Aug vor Ort vor Ort.
Sonstiges: Camperstop max. 48 Std.

Rovinj — 38A2
△ S
Mon Paradiso, Uvala Veštar. **GPS**: n45,04947 o13,69000.
40 € 36-50 Ch WC. 01/06-30/09.
Sonstiges: Mini-camp.

Rovinj — 38A2
△ S
Polari. **GPS**: n45,06258 o13,67477.
2150 € 18-44,80 Ch WC. 22/04-02/10.

Rovinj — 38A2
△ S
Porton Biondi. **GPS**: n45,09410 o13,64232.
396 KN 114-226 Ch WC. 15/03-30/10.

Rovinj — 38A2
△ S
Valdaliso. **GPS**: n45,10389 o13,62500.
400 Ch WC inklusive. 20/04-15/10.

Rovinj — 38A2
△ S
Vestar. **GPS**: n45,05389 o13,68639.
800 € 15-52,40 Ch WC. 22/04-25/09.

Rovinj — 38A2
△
Ulika, Polari Bd. **GPS**: n45,06528 o13,67583.
. 01/04-01/10.
Sonstiges: Mini-camp.
Touristinformation Rovinj:
 Turisticka zajednica, Budicin 12, www.istra.com/rovinj. Stadt ist ein kulturelles DenKmal seit 1963.
 Aquarium, Obala G. Paliage 5. täglich 9-21 Uhr.
 Palazzo Califfi, Trg Marsala Tita 11. Di-So 10.30-14 Uhr, Sommer 18-20 Uhr.
 Markt.
 Grisia, Grisia. Kunstfestival. 2. Woche Aug.

Savudrija — 23H3
△ S
Pineta. **GPS**: n45,48667 o13,49250.
460 € 15,70-36,70 Ch WC. 22/04-25/09.

Savudrija — 23H3
△ S
Veli Jože, Borozija. **GPS**: n45,49556 o13,50444.
Ch WC. 01/04-30/09.

Savudrija — 23H3
△ S
Ravna Dolina. **GPS**: n45,49246 o13,50490.
01/05-30/09.

Selce — 38A2
△ S
Selce. **GPS**: n45,15408 o14,72533.
€ 17,50-31,10 Ch WC. 01/04-15/10.

Selina — 38A2
△ S
Camp Terre, 79. **GPS**: n45,15770 o13,76765.
10 100-125kn Ch (14x),16Amp WC € 5 inklusive.
Lage: Ländlich, luxus, abgelegen, ruhig. **Untergrund**: Schotter.
01/01-31/12.
Entfernung: 3Km 5Km 3Km 3Km vor Ort vor Ort.

Umag — 23H3
△ S
Finida. **GPS**: n45,39278 o13,54194.
204 € 15,70-36,30 Ch WC. 22/04-25/09.

Umag — 23H3
△ S
Stella Maris. **GPS**: n45,45056 o13,52278.
400 € 15,50-24,40 Ch WC. 24/04-25/09.

Vižinada — 38A2
S
Agroturizam Jadruhi, Jadruhi 11. **GPS**: n45,29978 o13,74819.
10 50kn Ch (6x)inklusive,16Amp WC kostenlos.
Lage: Ländlich, einfach, abgelegen, ruhig.
Untergrund: Schotter/befestigt. 01/01-31/12.
Entfernung: 4Km 6Km vor Ort 4Km vor Ort vor Ort vor Ort.
Sonstiges: Anmeldung bei Restaurant.

Vrsar — 38A2
C S
Camperstop Valkanela, Fontana. **GPS**: n45,16501 o13,60804.
20 € 12-32 Ch WC inklusive 100kn/24 Std.
Lage: Städtisch, einfach, zentral, ruhig. **Untergrund**: Wiese.
22/04-03/10.
Entfernung: 500M vor Ort vor Ort vor Ort 1km vor Ort vor Ort.
Sonstiges: Camperstop max. 48 Std, Benutzung Campingplatz-Anlage inkl.

Vrsar — 38A2
△
Dalmatinska ulica. **GPS**: n45,14706 o13,60422.

Vrsar — 38A2
△ S
Porto Sole. **GPS**: n45,14139 o13,60222.
800 € 15,40-38,60 Ch WC. 01/03-01/11.

30 50kn/Tag. **Lage**: Städtisch, einfach, zentral, laut.
Untergrund: asphaltiert. 01/01-31/12.
Entfernung: 350M 350M 350M 350M 350M 350M vor Ort vor Ort.

Dalmatien

Babino Polje — 39B2
△ S
Mungos. **GPS**: n42,73885 o17,53441.
€ 25-35 Ch. 15/05-30/09.
Sonstiges: Mini-camp.

Baška Voda — 39A2
△ S
Basko Polje. **GPS**: n43,34561 o16,96272.
€ 29-37 Ch WC. 15/05-30/09.

Bibinje — 38B3
△ S
Andela. **GPS**: n44,05557 o15,29263.
Ch.
Sonstiges: Mini-camp.

Bibinje — 38B3
△ S
Dido, Težački put. **GPS**: n44,05708 o15,29116.
Ch WC.
Sonstiges: Mini-camp.

Bibinje — 38B3
△ S
Kero, Punta Bibinje. **GPS**: n44,05730 o15,28918.
€ 20 Ch WC.
Sonstiges: Mini-camp.

Bibinje — 38B3
△
Punta, Težački put. **GPS**: n44,05680 o15,29162.
.
Sonstiges: Mini-camp.

Biograd na Moru — 38B3
△ S
Dijana & Josip, Put Solina 26. **GPS**: n43,93229 o15,45252.
€ 42-50 Ch WC. 01/05-30/09.
Sonstiges: Mini-camp.

Biograd na Moru — 38B3
△ S
Ljutic, Put Solina. **GPS**: n43,92654 o15,45353.
€ 26-36 Ch WC. 01/05-01/10.
Sonstiges: Mini-camp.

Biograd na Moru — 38B3
△ S
Mia, Put Solina 47. **GPS**: n43,93441 o15,44803.
€ 18-40 Ch. 01/01-31/12.
Sonstiges: Mini-camp.

Biograd na Moru — 38B3
△ S
Soline, Put Kumenta. **GPS**: n43,92756 o15,45595.
€ 21,90-39,20 Ch WC. 22/04-30/09.

Bol — 39A2
△ S
Kito, Ante Radića 1. **GPS**: n43,26407 o16,64820.
KN 110-180 Ch WC. 01/01-31/12.

Drace-Pelješac — 39B2
△ S
Plaža, Janjina. **GPS**: n42,92477 o17,43079.
.
Sonstiges: Mini-camp.

Dubrovnik — 39B2
△ S
Solitudo, Vatroslava Lisinskog 17. **GPS**: n42,66178 o18,07052.
€ 24,20-51,60 Ch WC.
01/04-31/10.
Touristinformation Dubrovnik:
 Akvarij Dubrovnik, D. Jude 2. Meeresaquarium. Mo-Sa 9-13 Uhr.
 City Walls, Gundulićeva poljana 2. Stadtmauer um die gesamte Altstadt. 10-12 Uhr, 01/04-31/10 10-18.30 Uhr. 90kn.
 Place Stradun. Hauptstraße mit Onofrio-Fontäne und Sveti Frane Kloster.
 Dubrovacki Muzej, Pred Dvorom 3. Geschichte der Stadt. Mo-Sa 9-14 Uhr.
 Pomorski Muzej, Sveti Ivan. Schiffahrtmuseum. Di-Sa 9-16 Uhr.
 Zomerfestival. 10/07-25/08.

Dalmatien

Dugi Rat 39A1
Ivo, Duce Rogac. **GPS:** n43,44111 o16,65778.
€ 11-20 ⚡Ch WC ▢ 15/04-15/11.
Sonstiges: Mini-camp.

Dugi Rat 39A1
Luka, Duce Rogac. **GPS:** n43,44164 o16,65347.
€ 12,50-21 ⚡Ch WC ▢ 30/06-01/09.
Sonstiges: Mini-camp.

Dugi Rat 39A1
Orij, Orij, Duce Rogac. **GPS:** n43,44631 o16,63429.
Sonstiges: Mini-camp.

Grebaštica 39A1
Ante&Toni, Brodarica. **GPS:** n43,63833 o15,95833.
25 ⚡Ch WC ▢ 01/05-01/10.
Entfernung: 100M vor Ort.
Sonstiges: Mini-camp.

Grebaštica 39A1
Tomas, D8. **GPS:** n43,63003 o15,93764.
30 € 10,70 ⚡Ch WC ▢ 01/05-01/11.
Entfernung: vor Ort.
Sonstiges: Mini-camp.

Kaštel Kambelovac 39A1
U Dragama, A. Starcevica 39. **GPS:** n43,54951 o16,37778.
Sonstiges: Mini-camp.

Kaštel Štafilic 39A1
Koludrovac, Resnik Bb. **GPS:** n43,54373 o16,31753.
Sonstiges: Mini-camp.

Kaštel Stari 39A1
Kamp- Biluš Josip. **GPS:** n43,55162 o16,34978.
KN 95-138 ⚡Ch WC ▢ 01/04-30/09.
Sonstiges: Mini-camp.

Kaštel Stari 39A1
Adria. **GPS:** n43,55143 o16,35349.
Sonstiges: Mini-camp.

Kolan 38B3
Sveti Duh. **GPS:** n44,51518 o14,95525.
KN 120-150 ⚡Ch ▢ 01/06-30/09.
Sonstiges: Mini-camp.

Korčula 39A2
Kalac. **GPS:** n42,95056 o17,14500.
€ 40-50 ⚡Ch WC ▢ 01/06-01/10.

Korčula 39A2
Oskorušica, Oskorušica 27/ VI, Racišce. **GPS:** n42,96795 o17,07335.
⚡Ch WC
Sonstiges: Mini-camp.

Korčula 39A2
Vela Postrana, Lumbardra 142.
GPS: n42,92230 o17,17266.
⚡Ch WC
Sonstiges: Mini-camp.

Touristinformation Korčula:
Turisticka zajednica, Obala Tudmana, www.korcula.net. Historische Stadtmitte, Geburtsort Marco Polos.
☀ Marco Polo fest. 09/07-11/07.
✶ Zwaarddansfestival. täglich 04/07-23/08.

Korenica 38B2
Bistro Marina, Zagrebačka 6. **GPS:** n44,74702 o15,70464.

12 Gäste kostenlos €2/100Liter €2/Nacht,10Amp WC.
Lage: Städtisch, einfach, zentral, ruhig.
Untergrund: asphaltiert.
06/01-30/01.
Entfernung: 100M vor Ort 10M 100M vor Ort vor Ort.
Sonstiges: Gäste kostenlos.

Kornati/Murter 38B3
Jazina, Tisno. **GPS:** n43,80940 o15,62760.
KN 93,20-155 ⚡Ch WC ▢ 01/04-15/10.

Kornati/Murter 38B3
Jezera-Lovišča, Jezera. **GPS:** n43,79370 o15,62867.
€ 16,55-36 ⚡Ch WC ▢ 28/04-10/10.

Kornati/Murter 38B3
Kosirina, Betina. **GPS:** n43,79727 o15,61004.
⚡Ch WC ▢ 01/05-30/09.

Kornati/Murter 38B3
Plitka Vala, Betina. **GPS:** n43,80515 o15,61284.
€ 14,50-23,60 ⚡Ch WC ▢ 01/04-31/10.

Kornati/Murter 38B3
Slanica, Jurija Dalmatinca 17. **GPS:** n43,81682 o15,57733.
KN 109,40-173,40 ⚡Ch WC ▢ 15/04-15/10.

Krvavica 39A2
Autocamp Krvavica. **GPS:** n43,32375 o16,98559.
Entfernung: 100M.

Kučište 39A2
Palme. **GPS:** n42,97639 o17,12917.
€ 16,50-26 ⚡Ch WC ▢ 01/06-01/10.

Kučište 39A2
Plaža, Viganj 4, Od Gaja. **GPS:** n42,97935 o17,10400.
Sonstiges: Mini-camp.

Lokva Rogoznica 39A2
Danijel, Ruskamen bb. **GPS:** n43,40973 o16,74529.
⚡Ch WC.
Sonstiges: Mini-camp.

Lokva Rogoznica 39A2
Linda. **GPS:** n43,40834 o16,75683.
⚡Ch WC.
Sonstiges: Mini-camp.

Lovište 39A2
Lupiš. **GPS:** n43,02790 o17,03012.
€ 20-30 ⚡Ch WC ▢ 01/03-01/11.
Sonstiges: Mini-camp.

Lukoran 38B3
Novi Kamp, Punta 28. **GPS:** n44,10538 o15,15518.
Sonstiges: Mini-camp.

Mlini 39B2
Kate, Tupina 1. **GPS:** n42,62472 o18,20806.
KN 158-214 ⚡Ch ▢ 04/04-28/10.
Sonstiges: Mini-camp.

Mlini 39B2
Kupari, Kupari bb. **GPS:** n42,62462 o18,18833.
€ 11,50-15,20 ⚡Ch WC ▢ 01/04-30/09.
Sonstiges: Mini-camp.

Mlini 39B2
Matkovica, Srebreno 8. **GPS:** n42,62450 o18,19295.
€ 20-24 ⚡Ch WC.
Sonstiges: Mini-camp.

Mlini 39B2
Paradiso Laguna, Za Gospom, Plat. **GPS:** n42,60759 o18,22838.
KN 109-130 ⚡Ch.
Sonstiges: Mini-camp.

Mlini 39B2
Porto, Srebreno. **GPS:** n42,62433 o18,19107.
⚡Ch.
Sonstiges: Mini-camp.

Mljet 39B2
Marina, Marina Matana,Ropa 11. **GPS:** n42,75260 o17,46000.
€ 27,80-42,10 ⚡Ch WC ▢ 25/03-30/10.
Sonstiges: Mini-camp.

Mokalo 39B2
Adriatic. **GPS:** n42,97694 o17,22500.
01/04-31/10.

Molunat 39B2
Adriatic I, Višnjici 4, Đurinici. **GPS:** n42,45341 o18,43554.
⚡Ch.
Sonstiges: Mini-camp.

Molunat 39B2
Monika, Molunat 10. **GPS:** n42,45284 o18,42871.
KN 80-180 ⚡Ch ▢ 01/01-31/12.
Sonstiges: Mini-camp.

Molunat 39B2
Adriatic II. **GPS:** n42,45327 o18,43582.
Sonstiges: Mini-camp.

Nin 38B3
Dišpet, Put Ždrijaca 13. **GPS:** n44,24618 o15,18971.
€ 26-35 ⚡Ch WC ▢ 01/04-15/10.

Nin 38B3
Nin, Put Venere Anzotike 41. **GPS:** n44,24541 o15,17401.
KN 100-132 ⚡Ch ▢ 01/05-15/10.

Nin 38B3
Ninska Laguna, Put blata 10. **GPS:** n44,24639 o15,17389.
€ 10-20 ⚡Ch WC ▢ 15/04-15/10.
Sonstiges: Mini-camp.

Touristinformation Nin:
M Arheološka zbirka Nin, Trg Kraljevac 8. Archäologisches Museum.
01/10-31/5 8-14U, 01/06-30/09 8-22U.

Novigrad (Dalmatia) 38B3
Adria-Sol Mulic. **GPS:** n44,19019 o15,54703.
€ 17,70-19,70 ⚡Ch WC ▢ 01/05-30/09.
Sonstiges: Mini-camp.

Obrovac 38B3
Zrmanja Camping Village, Kruševo, Župani - Drage bb.
GPS: n44,18506 o15,69279.
Sonstiges: Mini-camp.

Omiš 39A1
Galeb. **GPS:** n43,44061 o16,68128.
KN 126,80-248,60 ⚡Ch WC ▢ 13/05-01/11.

Omiš 39A1
Lisičina, Lisičina 2. **GPS:** n43,44737 o16,69038.
KN 76-131 ⚡Ch WC ▢ 01/01-31/12.
Sonstiges: Mini-camp.

Opuzen 39B2
Rio, Put Zlatinovca 23. **GPS:** n43,01147 o17,47035.
€ 18-25 ⚡Ch WC ▢ 01/04-30/10.

Orašac 39B2
Pod Maslinom, Put prema moru b.b.. **GPS:** n42,69907 o18,00592.
KN 96-138 ⚡Ch ▢ 01/04-01/11.
Sonstiges: Mini-camp.

Pag 38B3
Košljun, Košljun B.B.. **GPS:** n44,39849 o15,07936.
KN 131-156 ⚡Ch WC ▢ 01/06-01/10.
Sonstiges: Mini-camp.

Pag 38B3
Pere, Dinjiška. **GPS:** n44,35939 o15,18641.
€ 15 ⚡Ch WC ▢ 01/05-15/10.
Sonstiges: Mini-camp.

Pag 38B3
Porat, Stjepana Radića bb., Povljana. **GPS:** n44,34914 o15,10547.
60 € 12,66-20,94 ⚡Ch WC ▢ 23/04-30/09.
Sonstiges: Mini-camp.

Pag 38B3
Simuni, V. Nazora b.b, Simuni. **GPS:** n44,45979 o14,97670.
94-379kn ⚡Ch WC ▢ 01/01-31/12.

Pakoštane 38B3
Blaž. **GPS:** n43,90763 o15,50089.
⚡Ch.
Sonstiges: Mini-camp.

Pakoštane 38B3
Kozarica. **GPS:** n43,90970 o15,49881.
€ 16,90-48,90 ⚡Ch WC ▢ 15/04-15/10.

Pakoštane 38B3
Marin. **GPS:** n43,90442 o15,51866.
€ 13,50-32,50 ⚡Ch WC ▢ 01/07-31/10.
Sonstiges: Mini-camp.

Pakoštane 38B3
Nordsee. **GPS:** n43,90525 o15,51617.
€ 14,40-27,50 ▢ 01/03-05/11.

Pakoštane 38B3
Oaza Mira, Dr. Franje Tuđmana bb, Drage. **GPS:** n43,88607 o15,53290.
150 € 23-56 ⚡Ch WC ▢ 01/04-15/10.
Sonstiges: Mini-camp.

Pakoštane 38B3
Oaza, Drage. **GPS:** n43,87035 o15,55917.

Dalmatien

€ 14-24 Ch WC 01/04-15/10.
Sonstiges: Mini-camp.

Pakoštane — 38B3
Pakoštane. GPS: n43,91258 o15,49772.

Sonstiges: Mini-camp.

Pašman — 38B3
Camp Arboretum, Barotul 8. **GPS:** n43,96283 o15,36082.
€ 20-22 Ch WC 01/06-30/09.
Sonstiges: Mini-camp.

Pelješac/Orebić — 39B2
Camping Ponta, Kvaternikova 3. **GPS:** n42,97722 o17,22444.
30 65-80kn WC .
Entfernung: vor Ort vor Ort.

Pelješac/Orebić — 39B2
Ulica Bana Josipa Jelačića. **GPS:** n42,97499 o17,16929.
±10 70kn. **Untergrund:** Wiese/Schotter. 01/01-31/12.
Entfernung: Kiesstrand 500M.

Pelješac/Orebić — 39B2
Camping Adriatic, Mokalo 6. **GPS:** n42,97672 o17,22489.
€ 14-35,50 Ch WC 01/04-31/10.
Sonstiges: Mini-camp.

Pelješac/Orebić — 39B2
Glavna Plaža. GPS: n42,97583 o17,18917.
€ 12-20,20 Ch WC 15/05-15/10.

Pelješac/Orebić — 39B2
Paradiso. GPS: n42,96750 o17,24293.
Ch .
Sonstiges: Mini-camp.

Pelješac/Orebić — 39B2
Perna. GPS: n42,97638 o17,13272.
€ 13,50- 18,80 Ch 16/04-14/10.

Pelješac/Orebić — 39B2
Trstenica, Šetalište Kneza Domagoja 50. **GPS:** n42,97725 o17,18995.
25 Ch WC .
Sonstiges: Mini-camp.

Pelješac/Orebić — 39B2
Paradiso, Obala Pomoraca 70 A. **GPS:** n42,96693 o17,24230.
.
Sonstiges: Mini-camp.

Pelješac/Trpanj — 39B2
Divna. GPS: n43,00944 o17,26806.
100 Ch 01/06-30/09.

Pelješac/Trpanj — 39B2
Vrila. GPS: n43,00360 o17,28467.
Ch WC 20/05-10/10.

Petrcane — 38B3
Pineta, Punta Radman 21. **GPS:** n44,17805 o15,16161.
KN 110-138 Ch WC 01/05-01/09.
Sonstiges: Mini-camp.

Podgora — 39A2
Sutikla. GPS: n43,23455 o17,07759.
KN 99-198 Ch WC 22/06-15/09.

Podstrana — 39A1
Tamaris, Sv.Martin 114. **GPS:** n43,47551 o16,56383.
50 € 18,70-21,37 Ch WC 15/06-15/09.
Entfernung: vor Ort.
Sonstiges: Mini-camp.

Podstrana — 39A1
Car, Sv. Martin 180. **GPS:** n43,47479 o16,56624.
.
Sonstiges: Mini-camp.
Touristinformation Podstrana:
Sinjska alka, Sinj. Ritterfest. 5. August.

Posedarje — 38B3
Kristina. GPS: n44,21288 o15,49820.
€ 12,80-15,80 Ch . 01/05-30/09.
Sonstiges: Mini-camp.

Posedarje — 38B3
Bristi. GPS: n44,21231 o15,48038.
.
Sonstiges: Mini-camp.

Povijana — 38B3
Mali Dubrovnik, Kralja P. Svacica 1. **GPS:** n44,34931 o15,10060.
Ch WC .
Sonstiges: Mini-camp.

Povijana — 38B3
Porat, Ante Starcevica Bb. **GPS:** n44,14466 o15,08569.
30 KN 120-136 Ch WC 01/05-01/10.
Sonstiges: Mini-camp.

Primošten — 39A1
Zagrebacka ul.. **GPS:** n43,58854 o15,92632.
10 € 7/24 Std.
Entfernung: 200M 200M 200M 200M.

Primošten — 39A1
Adriatic, Huljerat b.b.. **GPS:** n43,60645 o15,92193.
€ 16,80-30,90 Ch WC 07/04-31/10.

Privlaka — 38B3
Dalmacija, Ivana Pavla II 40. **GPS:** n44,25613 o15,12557.
€ 15,70-40,40 Ch WC 01/05-15/10.

Privlaka — 38B3
Medanić, Put Brtalica 47. **GPS:** n44,24887 o15,13379.
Ch WC .
Sonstiges: Mini-camp.

Ražanac — 38B3
Kamp Miočić, Rtina I 139, Rtina. **GPS:** n44,29219 o15,30179.
Ch WC .

Ražanac — 38B3
Kamp Odmoree, Rtina Stošići bb. **GPS:** n44,30040 o15,28881.
13 KN 345 Ch .

Ražanac — 38B3
Planik. GPS: n44,27778 o15,34472.
€ 14,94-19,33 Ch 01/01-31/12.
Sonstiges: Mini-camp.

Ražanac — 38B3
Puntica, Puntica 1. **GPS:** n44,28389 o15,34306.
€ 12-18,80 Ch WC 01/05-15/10.

Rovanjska — 38B3
Tamaris. GPS: n44,25037 o15,53735.
30 KN 112-142 Ch WC 01/05-01/10.

Senj — 38A2
Kamp Škver, Filipa Vukasovica 5. **GPS:** n44,99385 o14,90012.

50 69kn, Jun/Sep 89kn, Jul/Aug 106kn Ch Nacht,20kn, 16Amp WC 35kn inklusive . **Lage:** Städtisch, komfortabel. **Untergrund:** Schotter/befestigt. 01/04-01/10.
Entfernung: 500M vor Ort vor Ort vor Ort 150M 500M vor Ort vor Ort.
Sonstiges: Angelschein erhältlich.

Senj — 38A2
Bunica, Bunica 33. **GPS:** n45,02607 o14,88630.
Ch .
Sonstiges: Mini-camp.

Senj — 38A2
Ujca, M. Cihlar Nehajeva, 4. **GPS:** n44,96833 o14,92167.
KN 100-150 Ch WC 01/05-01/10.
Entfernung: vor Ort.
Sonstiges: Mini-camp.

Šibenik — 38B3
Cikada, Konjevodci 63. **GPS:** n43,78200 o15,99116.
10 € 9-12 + € 0,50-1/pP Kurtaxe Ch €2,50 WC .
Lage: Ländlich. **Untergrund:** Schotter. 01/05-31/10.

Šibenik — 38B3
Camperstop, Lozovac-Gradina. **GPS:** n43,79207 o15,97042.

kn 40. **Untergrund:** ungepflastert. 01/01-31/12.
Sonstiges: 1Km von den Krka-Wasserfälle.

Šibenik — 38B3
Solaris. GPS: n43,69917 o15,87795.
€ 15-62 Ch WC 24/03-20/10.

Šibenik — 38B3
Solaris-Zablaće, Obala palih boraca 2a. **GPS:** n43,70524 o15,86850.
€ 30-32,50 Ch WC 01/05-30/09.
Touristinformation Šibenik:
Internationaal kinderfestival. 22/06-06/07.
Nacionalni Park Krka, Krka. Naturschutzgebiet.

Skradin — 38B3
Robeko Camping, Piramatovci. Bilostanovi 12.
GPS: n43,89193 o15,82320.
Ch WC .
Sonstiges: Mini-camp.

Slano — 39B2
Baldo. GPS: n42,79683 o17,84989.
€ 26-32 Ch 19/04-09/10.
Sonstiges: Mini-camp.

Slano — 39B2
Bambo. GPS: n42,77513 o17,88500.
Ch .
Sonstiges: Mini-camp.

Slano — 39B2
Banja, Put Od Banje. **GPS:** n42,77414 o17,88405.
Ch .
Sonstiges: Mini-camp.

Slano — 39B2
Rogac, Grgurici. **GPS:** n42,78229 o17,87536.
KN 64-76 Ch WC 01/04-01/10.
Sonstiges: Mini-camp.

Slano — 39B2
Sladenovici, Sladenovici 9. **GPS:** n42,78451 o17,85984.
€ 11 .
Sonstiges: Mini-camp.

Slatine — 39A1
Domic, Put Porta 71, Ciove. **GPS:** n43,49784 o16,34060.
.
Sonstiges: Mini-camp.

Soline — 38B3
Camping Mandarino. GPS: n44,14148 o14,86495.
€ 20-48 Ch WC 14/05-30/09.
Sonstiges: Mini-camp.

Split — 39A1
Stobreč. GPS: n43,50401 o16,52644.

€ 16,70-30,30 Ch WC 01/01-31/12.
Entfernung: Stadtmitte 7Km vor Ort.
Touristinformation Split:
M Arheoloski Muzej, Zrjinsko-Frankopanska 25. Funde aus der römischen Zeit und des Mittelalters. Di-Fr 9-14 Uhr, Sa-So 9-13 Uhr, 01/06-30/09 Di-Fr 9-12 Uhr, 13-20, Sa-So 9-13 Uhr.
M Galerija Ivana Mestrovica, Setaliste I. Mestrovica 46. Galerie.
Mo-Sa 10-18 Uhr, So 10-14 Uhr.
M Muzej Hrvatskih Arheoloskih Spomenika, S. Gunjace bb. Archäologischer Fundplatz. Mo-Sa 9-20 Uhr.
Dioklecijanova palača. Römischer Palast.

Dalmatien

Starigrad/Paklenica — 38B3
Camp National Park, Paklenica. **GPS:** n44,28832 o15,44573.
€ 35-50. 15/03-15/10.
Sonstiges: Mini-camp.

Starigrad/Paklenica — 38B3
Marko, Paklenicka 7, Paklenica. **GPS:** n44,28643 o15,45247.
€ 16-19. 01/01-31/12.
Sonstiges: Mini-camp.

Starigrad/Paklenica — 38B3
Pinus, Ive Senjanina 5, Paklenica. **GPS:** n44,32242 o15,39288.
€ 12,70-16,80. 01/05-01/09.
Sonstiges: Mini-camp.

Starigrad/Paklenica — 38B3
Pisak, Paklenica. **GPS:** n44,27285 o15,47806.
KN 124-146. 01/05-01/10.

Starigrad/Paklenica — 38B3
Plantaža, Put Plantaže 2, Paklenica. **GPS:** n44,30056 o15,43211.
€ 27-33. 01/01-31/12.
Sonstiges: Mini-camp.

Starigrad/Paklenica — 38B3
Vesna, Paklenicka 103, Paklenica. **GPS:** n44,28610 o15,45243.
01/01-31/12.
Sonstiges: Mini-camp.

Starigrad/Paklenica — 38B3
Jaz, Seline, Paklenica. **GPS:** n44,28323 o15,46028.
01/05-30/09.
Sonstiges: Mini-camp.

Touristinformation Starigrad/Paklenica:
Nacionalni park "Paklenica". Naturschutzgebiet, 150 Kilometer Wander- und Radwege, Vogelobservation, Tunnel und Höhlen.

Ston — 39B2
Prapratno. **GPS:** n42,81778 o17,67611.
€ 35-50. 01/05-30/09.

Ston — 39B2
Vrela, Brijesta 10. **GPS:** n42,90397 o17,53266.
€ 22-30. 01/04-30/10.
Sonstiges: Mini-camp.

Sukošan — 38B3
Brajde. **GPS:** n44,04256 o15,30755.

Sukošan — 38B3
Malenica, Vl. Milan Gašparović. **GPS:** n44,03658 o15,32790.
50. 01/05-01/10.
Sonstiges: Mini-camp.

Sukošan — 38B3
Oliva. **GPS:** n44,04247 o15,30805.
01/01-31/12.
Sonstiges: Mini-camp.

Sukošan — 38B3
Kaj. **GPS:** n44,04278 o15,30655.

Supetar — 39A2
Waterman Beach. **GPS:** n43,38076 o16,56439.
01/05-30/09.

Sutivan — 39A2
Mlin, Brac. **GPS:** n43,38316 o16,47795.
Sonstiges: Mini-camp.

Sutivan — 39A2
Sutivan, Gorana Pavlova 12. **GPS:** n43,38523 o16,48460.
01/01-31/12.

Sv. Filip I Jakov — 38B3
Antonio, Turanj. **GPS:** n43,97488 o15,39990.

Sv. Filip I Jakov — 38B3
Djardin, Sveti Filip i Jakov bb. **GPS:** n43,96139 o15,42750.
€ 14,60-26,20. 23/04-01/10.

Sv. Filip I Jakov — 38B3
Filip, Put Primorja 10a. **GPS:** n43,96055 o15,42910.
€ 9,73-26,66. 01/04-01/10.
Sonstiges: Mini-camp.

Sv. Filip I Jakov — 38B3
Maestral, Turanj 90. **GPS:** n43,96611 o15,41162.
KN 122-152. 01/05-31/10.
Sonstiges: Mini-camp.

Sv. Filip I Jakov — 38B3
Moce, Put Primorja 8. **GPS:** n43,95968 o15,42915.
€ 13,32-26,66. 01/04-01/10.
Sonstiges: Mini-camp.

Sv. Filip I Jakov — 38B3
Rio, Put Primorja. **GPS:** n43,95583 o15,43500.
€ 33-44.
Sonstiges: Mini-camp.

Sv. Filip I Jakov — 38B3
Ante, Turanj. **GPS:** n43,99637 o15,37915.
Sonstiges: Mini-camp.

Sv. Filip I Jakov — 38B3
Bepo, Turanj. **GPS:** n43,96562 o15,41254.
Sonstiges: Mini-camp.

Sv. Filip I Jakov — 38B3
Bozo, Sv. Petar. **GPS:** n43,99688 o15,37838.
Sonstiges: Mini-camp.

Sv. Filip I Jakov — 38B3
Jugo, Turanj. **GPS:** n43,96605 o15,41173.
Sonstiges: Mini-camp.

Sv. Filip I Jakov — 38B3
Livada. **GPS:** n43,95976 o15,43108.
Sonstiges: Mini-camp.

Sv. Filip I Jakov — 38B3
Milan, Sv. Petar. **GPS:** n44,00205 o15,36859.
Sonstiges: Mini-camp.

Sv. Filip I Jakov — 38B3
R & B, Turanj. **GPS:** n43,96592 o15,41196.
Sonstiges: Mini-camp.

Sveti Juraj — 38A2
Camping Ujča, Ujča 146/A. **GPS:** n44,96853 o14,92273.
100-110kn. 01/05-01/10.
Sonstiges: Mini-camp.

Sveti Petar na Moru — 38B3
Autocamp Martin. **GPS:** n44,00003 o15,36880.
15. € 14. €3. **Untergrund:** Wiese/Schotter.
01/01-31/12.
Entfernung: vor Ort, vor Ort.

Tkon — 38B3
Brist. **GPS:** n43,92312 o15,41493.
Sonstiges: Mini-camp.

Tkon — 38B3
Adriana. **GPS:** n43,91734 o15,42596.
Sonstiges: Mini-camp.

Tribanj — 38B3
Camp CTT, D8. **GPS:** n44,34673 o15,32444.
7. **Untergrund:** Wiese/Schotter. 01/01-31/12.
Entfernung: 900M, vor Ort.
Sonstiges: Nicht für Reisemobile +7m.

Tribanj — 38B3
Punta Šibuljina, Šibuljina. **GPS:** n44,33631 o15,34627.
150. € 13,95-22. 23/04-08/10.
Sonstiges: Mini-camp.

Tribanj — 38B3
Ante, Kruščica. **GPS:** n44,34469 o15,32842.
Sonstiges: Mini-camp.

Trogir — 39A1
Seget, Seget Donji. **GPS:** n43,51904 o16,22430.
50. ab € 21. 01/03-31/10.
Entfernung: 800M, vor Ort.
Sonstiges: Mini-camp.

Trogir — 39A1
Vranjica Belvedere, Seget Vranjica. **GPS:** n43,51196 o16,19159.
451. 15/04-15/10.

Touristinformation Trogir:
Tourist Information, Ivana Pavla II Square, www.trogir-online.com. Stadt mit reicher Kultur aus der griechischen, römischen und venezianischen Zeit.
Town Museum, Fanfogna palace, Garagnin. Geschichte der Stadt. 16/09-14/06 nach Aufforderung 8-14 Uhr, 15/06-15/09 9-21 Uhr.
Zbirka Kairos. Kirchliche Kunstsammlung. 15/6-15/9 8-13 Uhr, 15-19 Uhr. Fortress Kamerlengo. Festung. 15/6-15/9 9-20 Uhr.
Katedrala St. Lawrence. Glockenturm der Kathedrale St. Laurentius, 47m. 15/6-15/9 9-12 Uhr, 16-19 Uhr. 5kn.

Vela Luka — 39A2
Mindel, Stani 193. **GPS:** n42,98369 o16,67060.
€ 14. 01/01-31/12.

Veli Rat — 38A3
Camping Kargita, Veli Rat 67. **GPS:** n44,15402 o14,82221.
30. € 17,10-31. 23/04-01/10.
Sonstiges: Mini-camp.

Viganj — 39A2
Antony Boy. **GPS:** n42,97889 o17,10752.
KN 134-170. 01/01-31/12.

Vir — 38B3
Luka. **GPS:** n44,29610 o15,10605.

Vir — 38B3
Sapavac, Put Bunara 101. **GPS:** n44,29432 o15,07640.
Sonstiges: Mini-camp.

Vodice — 38B3
Imperial, Vatroslava Lisinskog 2/I. **GPS:** n43,75287 o15,78992.
145. € 23-41. 21/03-11/11.

Vransko Jezero — 38B3
Crkvine. **GPS:** n43,93035 o15,51012.
€ 23-29. 15/04-15/10.

Vrsi — 38B3
Mulic, Mulo. **GPS:** n44,26174 o15,21246.
Sonstiges: Mini-camp.

Zaboric — 39A1
Jasenovo. **GPS:** n43,65116 o15,95025.
50. € 13-29. 01/05-01/10.
Entfernung: vor Ort.
Sonstiges: Mini-camp.

Zadar — 38B3
Borik, Radovana 7. **GPS:** n44,13528 o15,21528.
500. € 19,20-30,10. 01/05-01/10.

Touristinformation Zadar:
Trg Pet Bunara. Platz mit den fünf Fontänen.
Arheoloski Muzej, Simuna Kozicica Benje bb. Archäologischer Fundplatz. Mo-Sa 9-13 Uhr, 18-20 Uhr.
Muziekavonden in de St. Donatius van Zadar. 01/07-15/08.

Zaostrog — 39B2
Uvala Borova, Mkarska. **GPS:** n43,13123 o17,28750.
90. € 21,80-32,60. 01/05-30/09.

Zaton — 38B3
Zaton. **GPS:** n44,23385 o15,16671.
€ 22,60-57,70. 30/04-30/09.

Ždrelac — 38B3
Ruža. **GPS:** n44,00987 o15,27653.
40.
Sonstiges: Mini-camp.

Živogošče — 39A2
Dole. **GPS:** n43,17118 o17,19669.
€ 36-45. 01/05-30/09.

Žrnovo — 39A2
Vrbovica, Vrbovica bb. **GPS:** n42,95882 o17,11394.
KN 120-160. 01/06-01/09.
Sonstiges: Mini-camp.

Žrnovo — 39A2
Tri Žala, Uvala Tri Žala 808. **GPS:** n42,96407 o17,09104.
Sonstiges: Mini-camp.

Žuljana — 39B2
Vucine. **GPS:** n42,88257 o17,45135.
Sonstiges: Mini-camp.

Innenland

Kopačevo — 38D1
Family-Camperstop, Ferenca Kiša 7. **GPS**: n45,59832 o18,78467.
20 € 01/04-30/09.

Koprivnica — 38C1
Cerine, Miroslava Krleze 81. **GPS**: n46,15361 o16,84250.

11 ersten Nacht 110kn, 75kn jede weitere Nacht, 2 Pers inkl. + 7kn Kurtaxe Ch inklusive. **Lage**: Komfortabel.
Untergrund: Schotterasen. 01/01-31/12.
Entfernung: 1,5Km 300M 1Km.
Sonstiges: Parkplatz-Thermen, Kode WLAN beim Schwimmbad.

Lipovac — 38D2
Spacva. **GPS**: n45,04593 o18,99682.
01/05-01/10.

Plitviča — 38B2
Bear, Selište Drežničko 52. **GPS**: n44,94804 o15,63639.

30 130kn, 01/06-30/09 150kn, 01/07-31/08 170kn Ch (30x),16Amp WC inklusive. **Lage**: Ländlich, komfortabel, zentral, ruhig. **Untergrund**: asphaltiert/Schotter. 01/04-15/10.
Entfernung: 300M 700M 20Km 150M 400M vor Ort vor Ort vor Ort.
Sonstiges: Backer kommt jede Morgen, Wasserfälle Plitvica 5Km.

Plitviča — 38B2
Cvetkovic, Jezerce 28. **GPS**: n44,86338 o15,63967.

20 € 10/pP Ch WC inklusive.
Lage: Ländlich, komfortabel, zentral, ruhig.
Untergrund: Wiese/Schotter. 01/01-31/12.
Entfernung: 800M 10Km 800M 800M vor Ort vor Ort 800M 800M.
Sonstiges: Wasserfälle Plitvica 2Km.

Plitviča — 38B2
Korana. **GPS**: n44,99260 o15,64916.
€ 20-24 Ch 25/03-31/10.

Touristinformation Plitviča:
Nacionalni Park Plitviča Jezera, www.np-plitvicka-jezera.hr. Nationalpark Plitvice Seen. 9-17 Uhr.

Racovica — 38B2
Turist, Grabovac 102. **GPS**: n44,97222 o15,64750.
€ 20-26,40 Ch WC 30/04-01/10.

Zagreb — 38B2
Camp-Zagreb, Jezerska 6. **GPS**: n45,80253 o15,82622.

50 € 23-31 Ch WC inklusive.
Lage: Städtisch, luxus. **Untergrund**: befestigt.
Entfernung: vor Ort vor Ort vor Ort vor Ort vor Ort.
Sonstiges: Bus nach Zagreb € 8/hin und zurück.

Touristinformation Zagreb:
http://www.infozagreb.hr/. Hauptstadt, Fläche 64133 Km^2, Einwohner 885.000, 11 Theater und 22 Museen.
- Archeological Museum, 19 Nikola Subic Zrinski Square. Di-Fr 10-17 Uhr, Sa-So 10-13 Uhr.
- Atelje Mestrovic, Mletacka 8. Ehemaliges Wohnhaus vom Bildhauer Ivan Mestrovic. Di-Fr 10-18 Uhr, Sa-So 10-13 Uhr.
- Ethnographic Museum, Mazuranicev trg 14. Di-Do 10-18 Uhr, Fr-So 10-13 Uhr.
- Muzej Grada Zagreb, Opaticka 20. Stadtmuseum. Di-Fr 10-18 Uhr, Sa 11-19 Uhr, So 10-14 Uhr.
- Tehnicki Muzej, Savska cesta 18. Technisches Museum. Di-Fr 9-17 Uhr, Sa-So 9-13 Uhr.
- Medjunarodna Smotra Folklora. Internationales, folkloristisches Festival. 20/07/05-24/07/05.
- Zomerfestival van Zagreb. 01/07-15/08.
- Park Prirode Kopacki Rit. Naturschutzgebiet, Bootsverleih. täglich 8-16 Uhr.

Ungarn

Hauptstadt: Budapest
Staatsform: parlamentarische Republik
Amtssprache: Ungarisch.
Einwohnerzahl: 9.897.000 (2015)
Fläche: 93.024 km²

Allgemeine Informationen
Telefonvorwahl: 0036
Allgemeine Notrufnummer: 112
Währung: Forint (HUF)
€ 1 = 305 HUF, 10 HUF = € 0,03 (Oktober 2016)
Kreditkarten werden fast überall akzeptiert.

Freies Übernachten im Wohnmobil
Freies übernachten ist verboten.

Gesetzliche Feiertage 2017
15. März Nationalfeiertag
20. August Tag des Heiligen Stephan
23. Oktober Volksaufstand 1956
1. November Allerheiligen

Zeitzone
Winterzeit GMT+1
Sommerzeit GMT+2

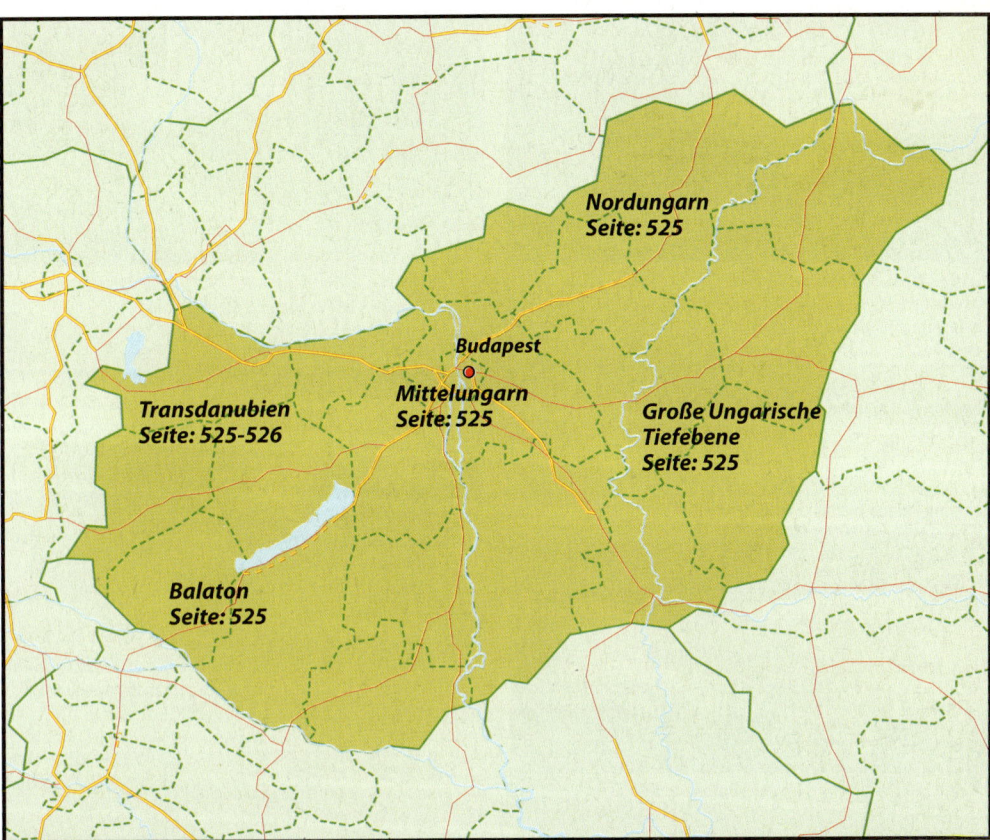

Nordungarn

Bekölce 37C3
Camping Bekölce, Béke út 252. **GPS**: n48,08260 o20,24904.
10 € 15 Ch inklusive. 01/01-31/12.

Borsodbóta 37C2
Camping Amedi, Rákóczi út 181. **GPS**: n48,21329 o20,40569.
40 € 12,50, 01/07-31/08 € 16,50 Ch inklusive €4.
Untergrund: Wiese. 01/05-30/09.

Budapest 37C3
Ave Natura, Csermely u 3.
GPS: n47,51416 o18,97300.

12 € 18,50 Ch (12x)€3,80 WC inklusive.
Untergrund: Wiese/Sand.
01/04-10/11.
Entfernung: 5Km 100M 2km vor Ort vor Ort vor Ort.

Hernádvécse 37C2
Zonnebloempaleis, Rákóczi út 96. **GPS**: n48,43360 o21,17230.
1 € 10, 15/06-28/08 € 12 Ch inklusive. Lage: Ländlich.
Untergrund: Wiese. 14/04-01/10.
Entfernung: 2km.

Pécs 38C1
Família Camping, Gyöngyösi utca 6. **GPS**: n46,08559 o18,26206.
15 € 15 Ch inklusive. Lage: Ländlich.
Untergrund: befestigt. 01/05-30/09.
Entfernung: 2,5Km 200M 100M.

Große Ungarische Tiefebene

Püspökladány 37C3
Árnyas Thermal Camping és Üdülőpark, Petőfi Sándor Ut 62.
GPS: n47,32192 o21,10273.
50 € 15 Ch inklusive. Lage: Ländlich.
Untergrund: Wiese/befestigt. 01/05-30/09.

Entfernung: vor Ort.

Szentkirály 37C3
Fantazia Tanya, Felsö Tanya 165. **GPS**: n46,94087 o19,93109.
20 € 13 Ch inklusive €4. Lage: Ländlich.
Untergrund: Wiese. 01/04-01/11.
Entfernung: vor Ort.

Zsana 38D1
Camping Oázis Tanya, L Körzet 15. **GPS**: n46,41438 o19,61111.
20 € 16,20, 01/07-31/08 €18 Ch €2,50 inklusive.
Lage: Ländlich. Untergrund: Wiese. 15/04-30/09.
Entfernung: 10Km.

Mittelungarn

Csemő 37C3
Békés Föld, Bezzeg dülö. **GPS**: n47,13217 o19,73983.
4 € 12,50 Ch inklusive. Untergrund: Wiese/Sand.
01/01-31/12.

Balaton

Balatonkeresztúr 38C1
Bertalan, Ady Endre utca 51. **GPS**: n46,70333 o17,37047.

6 € 12 Ch WC inklusive. Lage: Städtisch, einfach.
Untergrund: Wiese. 01/01-31/12 Ver-/Entsorgung: Jul/Aug.
Entfernung: vor Ort Plattensee 300m 200M 150M
500M.

Cserszegtomaj 38C1
Camping Panorama, Panoráma köz 1. **GPS**: n46,80667 o17,21306.
15 € 16 Ch inklusive. Untergrund: Wiese.
01/04-31/10. Entfernung: 5Km 5Km 2km 2km.

Gyenesdiás 38C1
Wellnes-Park, Napfény utca 6. **GPS**: n46,76417 o17,30250.
€ 15,80-18,80 Ch inklusive. Untergrund: Wiese.
01/04-15/10.
Entfernung: 2km Balaton 2Km 200M 500M 2km.

Kisbárapáti 38C1
Camping Jó Napot, Ady Endre utca 46. **GPS**: n46,59827 o17,86750.
15 € 15,50 Ch inklusive €3,50. Lage: Ländlich.
Untergrund: Wiese. 15/04-15/09.

Koppányszántó 38C1
Tranquil Pines, Dózsa György utca 334. **GPS**: n46,59027 o18,10344.

10 € 11,50 Ch inklusive €5,50.
Lage: Ländlich. Untergrund: befestigt. 01/01-31/12.
Entfernung: 1,5Km.

Somogyvár 38C1
Kimis Camp, Bartók Béla utca 58. **GPS**: n46,58275 o17,62398.

36 € 9 Ch (24x)WC inklusive €1.
Lage: Ländlich, komfortabel. Untergrund: Wiese. 01/05-30/09.
Entfernung: 500M vor Ort.

Transdanubien

Bozsok 37B3
Nagy Vendégház, Rákoczi út 105. **GPS**: n47,32059 o16,48590.

Ungarn 525

Transdanubien

5 ⛺ € 5 🚰🔌Ch ⚡ WC. ♨ **Lage:** Ländlich, einfach, komfortabel.
Untergrund: Wiese. 📅 01/01-31/12.
Entfernung: ⛽30M 🛒400M.
Sonstiges: Ankunft >14 Uhr Abreise <12 Uhr.

△ S | Felsőszentmárton | 38C1
Camping de-ommekeer, Szent Lhászló Utca 38.
GPS: n45,85261 o17,69925.
10 ⛺ € 15 🚰🔌Ch ⚡ inklusive. **Untergrund:** Wiese. 📅 01/04-30/09.

△ S | Győr | 37B3
Camping Pihenö, Mártírok útja. **GPS:** n47,72515 o17,71406.

35 ⛺ € 15,50 🚰🔌Ch ⚡ inklusive. **Untergrund:** Wiese.
📅 01/01-31/12.
Entfernung: 🚲7Km 🏊9Km.

🍴 S | Halászi | 37B3
Party Csárda, Duna sétány. **GPS:** n47,88586 o17,32201.⬆

5 ⛺ € 15 + € 1,75/pP Kurtaxe 🚰🔌Ch ⚡€2 WC ,kalt
inklusive.♨
Lage: Ländlich, einfach.
Untergrund: Schotterasen. 📅 01/01-31/12.
Entfernung: 🚲300M vor Ort ⛽vor Ort 🛒200M.
Sonstiges: WLAN beim restaurant.

🍴 S | Lenti | 38B1
Rudas, Béke utca 32. **GPS:** n46,62582 o16,53266.⬆

6 ⛺ € 10 🚰🔌Ch ⚡ aufAnfrage WCinklusive 📹. ♨ **Lage:** Ländlich, einfach. **Untergrund:** Wiese. 📅 01/01-31/12.
Entfernung: 🚲200M 🏊800M 800M ⛽30M 🛒300M 🚌600M.

△ S | Magyaregregy | 38C1
Camping Máré Vára, Várvölgyi utca 2. **GPS:** n46,23407 o18,30913.
36 ⛺ € 17,50 🚰🔌Ch ⚡ (36x)WC inklusive 📹.
Lage: Ländlich.
Untergrund: Wiese. 📅 15/04-30/09.
Entfernung: 🚲500M vor Ort 🏊1Km 1Km 🚴vor Ort 🚶vor Ort.
Sonstiges: Brötchenservice, Schimmbad 200m.

△ S | Mosonmagyaróvár | 37B3
AquaThermalcamp, Kigyo utca 1. **GPS:** n47,87715 o17,27948.⬆

40 ⛺ € 9 + 9/pP + € 1/pP Kurtaxe 🚰🔌Ch ⚡€3/24 Std WC inklusive 📹.♨ **Lage:** Städtisch, komfortabel.
Untergrund: Wiese. 📅 01/01-31/12.
Entfernung: 🚲100M vor Ort ⛽vor Ort 🛒100M.

△ S | Mosonmagyaróvár | 37B3
Kocisi Joseph, Vízpart utca 59. **GPS:** n47,87335 o17,27851.⬆

8 ⛺ € 15 🚰🔌Ch ⚡ inklusive 📹. ♨ **Lage:** Ländlich, komfortabel.
Untergrund: Wiese/befestigt. 📅 01/01-31/12.
Entfernung: 🚲300M ⛽200M 🛒200M.

△ S | Nagysáp | 37B3
Granárium Camper-port, Granárium domb 3.
GPS: n47,68573 o18,60741.⬆

7 ⛺ € 10 🚰🔌Ch ⚡ (4x),16Amp WC €10 inklusive 📹.
Untergrund: Schotter.
📅 01/01-31/12.
Entfernung: 🚲500M ⛽vor Ort 🛒500M 50M 🚴vor Ort 🚶vor Ort.

C S | Pápa | 37B3
Thermalcamping Pápa, Varkert Utca 7. **GPS:** n47,33781 o17,47359.⬆

6 ⛺ € 12 + € 1,60/pP Kurtaxe 🚰🔌Ch ⚡ WC inklusive 📹.♨
♨ **Lage:** Städtisch, einfach.
Untergrund: Schotter. 📅 01/01-31/12.
Entfernung: 🚲500M ⛽vor Ort 🛒500M.
Sonstiges: Sanitärnutzung beim Campingplatz.

△ S | Patosfa | 38C1
Camping Farkas, Petőfi utca 52-56. **GPS:** n46,12545 o17,65788.
9 ⛺ € 19 🚰🔌Ch ⚡ WC inklusive. **Lage:** Ländlich.
Untergrund: Sand. 📅 01/05-30/09.
Sonstiges: Naturschwimmbad, Brötchenservice, regionale Produkte.

△ S | Sormás | 38C1

István Parkhotel & Restaurant Sormás

- Wlan kostenlos
- Ganzjährig geöffnet
- Restaurant mit regionalen Spezialitäten

www.istvanhotel.hu
info@istvanhotel.hu

István Parkhotel & Restaurant, Külterület 28.
GPS: n46,46071 o16,90783.⬆
16 ⛺ € 7 🚰🔌Ch ⚡ (16x)€3,50,10Amp WC €3 inklusive 📹.
Lage: Ländlich, komfortabel, luxus. **Untergrund:** Wiese/befestigt.
📅 01/01-31/12.
Entfernung: 🚲2km 🏊1Km vor Ort ⛽vor Ort 🛒vor Ort 200M 🚴vor Ort 🚶vor Ort.

Irland

Hauptstadt: Dublin
Staatsform: Parlamentarische Republik
Amtssprache: Irisch und Englisch
Einwohnerzahl: 4.892.000 (2015)
Fläche: 69.825 km²

Allgemeine Informationen
Telefonvorwahl: 00353
Allgemeine Notrufnummer: 112
Währung: Euro
Kreditkarten werden fast überall akzeptiert.

Freies Übernachten im Wohnmobil
Freies übernachten wird mit Genehmigung von Land Eigentümer erlaubt, und maximal 24 Stunden auf den regulären Parkplätzen und auf dem Weg.

Gesetzliche Feiertage 2017
17. März St.Patricksday
14. April Karfreitag
17. April Ostermontag
1. Mai Early May Bank Holiday
5. Juni June Bank Holiday
7. August First Moday in August
30. Oktober October Bank Holiday
1. November Allerheiligen

Zeitzone
Winterzeit GMT+0
Sommerzeit GMT+1

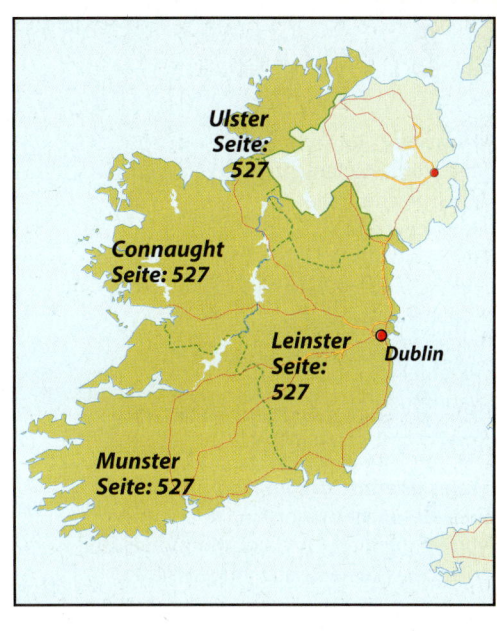

Ulster

Buncrana 1C1
R238. **GPS**: n55,12828 w7,45782.
3 kostenlos kostenlos €5. **Untergrund**: befestigt. 01/01-31/12.

Donegal 1C1
Parking 4 Port, Quaystreet. **GPS**: n54,65183 w8,1123.
4 € 2,70. **Lage**: Städtisch. **Untergrund**: asphaltiert. 01/01-31/12.

Dunfanaghy 1C1
N56. **GPS**: n55,18392 w7,97303.
10 Ch. 01/01-31/12.

Connaught

Corraguan 1B2
White Strand. **GPS**: n53,66904 w9,90211.
10 kostenlos. **Lage**: Ländlich. 01/01-31/12.

Galway 1B2
Galway Harbour, Dockstreet. **GPS**: n53,27004 w9,04885.
15 8-19 Uhr € 2/Std, 19-8 Uhr € 4 €3/10kWh. **Lage**: Städtisch. **Untergrund**: asphaltiert. 01/01-31/12.

Portumna 1B2
Castle Avenue. **GPS**: n53,08388 w8,22038.
8 kostenlos WC kostenlos. **Lage**: Ländlich. **Untergrund**: asphaltiert. 01/01-31/12.

Templeboy 1B1
Beach Bar, Aughris head. **GPS**: n54,26908 w8,75696.
10 € 20 Ch inklusive. **Lage**: Ländlich. **Untergrund**: Wiese. 01/01-31/12.

Leinster

Glenmalure 1C2
Glenmalure lodge, Wicklow Way. **GPS**: n52,95743 w6,35405.
4. **Lage**: Ländlich. **Untergrund**: befestigt. 01/01-31/12.

Munster

Askeaton 1B2
Askeaton Leisurecenter, The Quay. **GPS**: n52,60273 w8,97511.
4. **Lage**: Städtisch. **Untergrund**: asphaltiert. 01/01-31/12.

Ballinskellig 1A3
Cois Tra Lower. **GPS**: n51,82093 w10,27323.
10 kostenlos. **Lage**: Ländlich. **Untergrund**: asphaltiert. 01/01-31/12.

Castletownbere 1B3
Berehaven Golf Club, Filane West. **GPS**: n51,65417 w9,86125.
10 € 18 inklusive Ch €2 WC kostenlos. **Lage**: Ländlich. **Untergrund**: befestigt. 01/01-31/12.

Cobh 1B3
Whitepoint Moorings. **GPS**: n51,84716 w8,30735.
10 kostenlos. **Lage**: Städtisch. **Untergrund**: asphaltiert. 01/01-31/12.

Liscanor 1B2
Cliffs of Moher. **GPS**: n52,97145 w9,42475.
€ 6/pP. **Lage**: Ländlich. **Untergrund**: befestigt. 01/01-31/12.

Midleton 1B3
Distillery Road Car Park. **GPS**: n51,91344 w8,16981.
6 €0,25 €0,25 Ch €0,25. **Lage**: Städtisch. **Untergrund**: asphaltiert. 01/01-31/12.

Italien

Hauptstadt: Rom
Staatsform: parlamentarische Republik
Amtssprache: Italienisch
Einwohnerzahl: 61.680.000 (2014)
Fläche: 301.318 km²

Allgemeine Informationen
Telefonvorwahl: 0039
Allgemeine Notrufnummer: 112
Währung: Euro
Kreditkarten werden fast überall akzeptiert.

Freies Übernachten im Wohnmobil
Freie Übernachtungen sind erlaubt mit Erlaubnis von Gemeinde, Polizei oder Grundbesitzer, solange es keine Belästigungen gibt.

Gesetzliche Feiertage 2017
6. Januar Heilige Drei Könige
25. April Tag der Befreiung
1. Mai Tag der Arbeit
2. Juni Nationalfeiertag
15. August Mariä Himmelfahrt
1. November Aller Heiligen
4. November Waffenstillstand
8. Dezember Immaculate Conception

Zeitzone
Winterzeit GMT+1
Sommerzeit GMT+2

Aostatal

Antey-Saint-André 22G3
Località Filey, SR46. **GPS**: n45,81246 o7,58898.
15 € 8, Kurtaxe € 0,20/pP Ch inklusive.
Untergrund: befestigt. 01/01-31/12.
Entfernung: 850M.
Sonstiges: Bezahlen bei der Bar, Ver-/Entsorgung Passanten € 5.

Aosta 22G3
Via Cadutti del Lavoro. **GPS**: n45,73600 o7,33035.

30 € 12/24 Std Ch inklusive. €1/kWh. **Lage**: Städtisch, laut.
Untergrund: asphaltiert. 01/01-31/12 Di-Morgen geschlossen, Markt.
Entfernung: vor Ort 4,5Km 200M vor Ort.
Sonstiges: Parkplatz schließt um 22h, Videoüberwachung.

Aymavilles 22G3
Strada Comunale del Moulins. **GPS**: n45,70125 o7,23960.

20 € 8/24 Std. **Untergrund**: befestigt. 01/05-31/10.
Entfernung: vor Ort 2km.

Bard 22H3
SS 26 della Valle d'Aost. **GPS**: n45,61564 o7,74204.
kostenlos. **Untergrund**: befestigt. 01/01-31/12.
Entfernung: vor Ort.

Bionaz 22G3
Area Attrezzata Bosco di Lexert. **GPS**: n45,87458 o7,42381.
€ 10/Nacht Ch. **Untergrund**: Wiese/Schotter.
Sonstiges: Picknickplatz, am kleinen See.

Brusson 22H3
Foyer du Ski, Rue Vollon. **GPS**: n45,76617 o7,71117.

50 € 10,80/24 Std Ch inklusive.
Untergrund: Wiese/befestigt. 01/01-31/12.
Entfernung: vor Ort.
Sonstiges: Am See.

Cervinia/Breuil 22G3
Area Camper del Breuil. **GPS**: n45,92614 o7,62026.
50 € 7/24 Std Ch. **Untergrund**: asphaltiert. 01/01-31/12.
Entfernung: 1Km Lago Blu 400m vor Ort.
Sonstiges: Höhe 2000M, Shuttlebus ins Zentrum.

Champorcher 22G3
Area pic-nic, Loc. Chardonney. **GPS**: n45,62141 o7,60992.
35 € 6 kostenlos. **Untergrund**: Wiese.
Entfernung: 300M 300M.
Sonstiges: In der Nähe der Drahtseilbahn.

Chatillon 22G3
Area Camper attrezzata Chatillon, Frazione Perolle.
GPS: n45,74889 o7,62388.

16 € 6/12 Std Ch. **Untergrund**: befestigt.
01/01-31/12. **Entfernung**: Altstadt 500M.

Cogne 22G3
Fraz. Lillaz. **GPS**: n45,59602 o7,38815.

37 € 8,70, Jul-Aug und 24/12-6/1 € 10,70, Kurtaxe exkl
Ch. €2,50. **Untergrund**: asphaltiert.
01/01-31/12.
Entfernung: 100M vor Ort 100M 100M vor Ort 1Km.
Sonstiges: Höhe 1650M.

Cogne 22G3
Fraz. Revettaz. **GPS**: n45,60840 o7,35830.

Aostatal - Piemont

130 €8,70, Jul/Aug und 24/12-06/01 €10,70 €2,50.
Untergrund: asphaltiert. 01/01-31/12 kein Wasser im Winter.
Touristinformation Cogne.
Parco Nacionale Gran Paradiso, Vall d'Aosta. Naturschutzgebiet, Informationszentrum: Dégioz, Rhêmes-Notre-Dame und Cogne.

Courmayeur 22F3
Funivia Val Veny. GPS: n45,81428 o6,95612.
kostenlos. **Untergrund:** befestigt. 01/01-31/12.
Entfernung: 3Km vor Ort.

Étroubles 22G3
Camping Tunnel, Rue des Chevriéres, 4. **GPS:** n45,81874 o7,22922.
9 €13, 22/07-27/08 €18 Ch inklusive.
Untergrund: Wiese/befestigt.
Sonstiges: Max. 48 Std.

Fénis 22G3
Località Chez Sapin. GPS: n45,73939 o7,48553.
kostenlos. **Untergrund:** asphaltiert.
Entfernung: 500M.
Sonstiges: Am Friedhof.

Fontainemore 22H3
SR44. GPS: n45,64598 o7,85916.
2 €6 Ch €3 WC €1,Sommer. 01/01-31/12.
Entfernung: 350M 350M.
Sonstiges: Bezahlen bei der Bar.

Gaby 22H3
Piazzale Vourry. GPS: n45,70157 o7,87295.
9 kostenlos. 01/01-31/12 Ver-/Entsorgung: Winter.
Entfernung: 1,5Km.
Sonstiges: Höhe 1000M.

Gressoney-Saint-Jean 22H3
P Weissmatten, Via Bildschocke, Saint Jean.
GPS: n45,76028 o7,83556.

Ch inklusive. **Untergrund:** asphaltiert.
01/01-31/12.
Sonstiges: Parkplatz Drahtseilbahn.

Gressoney-Saint-Jean 22H3
Tschaval, La Trinité. **GPS:** n45,85657 o7,81362.

36 €12/24 Std + €0,80/pP Kurtaxe Ch €3 WC.
Untergrund: befestigt. 01/01-31/12, 24/24 Std.
Entfernung: 2 restaurants 300M vor Ort vor Ort vor Ort 200M.

Hône 22H3
Via Raffort. GPS: n45,61169 o7,73262.
18 €8 Ch inklusive €1/4Std. **Untergrund:** befestigt.
01/01-31/12.
Entfernung: 350M 7Km.
Sonstiges: Max. 48 Std.

La Thuile 22F3
Azzurra Camper. GPS: n45,70823 o6,95335.

80 €13-18 + €0,80/pP Kurtaxe Ch (45x)€3 €3 €5.
Untergrund: befestigt. 01/01-31/12.
Entfernung: 500M 500M 100M.
Sonstiges: Brötchenservice, Videoüberwachung.

Pont-Saint-Martin 22H3
Piazzale Palazzetto dello Sport. GPS: n45,60025 o7,79338.
kostenlos. **Untergrund:** asphaltiert.
Entfernung: 1Km.

Rhemes Notre Dame 25G1
Gipeto, Loc. Chanavey. **GPS:** n45,57960 o7,12392.
30 €6/12 Std, >1 Std €0,50/Std inklusive.
Untergrund: befestigt. 01/01-31/12.
Entfernung: vor Ort.

Rhemes Notre Dame 25G1
Frazione Bruil. GPS: n45,57148 o7,11848.
20 kostenlos. **Untergrund:** asphaltiert.

Saint-Denis 22G3
Strada Regionale del Col Saint Pantaléon, Loc. Plaù.
GPS: n45,77129 o7,56092.

4 €7/24 Std Ch WC. **Lage:** Ruhig.
Untergrund: Schotterasen/Wiese. 15/04-31/10.
Entfernung: 16Km.

Saint-Oyen 22G3
Rue de Flassin. GPS: n45,82133 o7,20822.
€15/24 Std Ch WC inklusive €1. 01/01-31/12.
Entfernung: 22Km vor Ort vor Ort.

Saint-Pierre 22G3
Place des Valdôtains à l'étranger, Località Pommier.
GPS: n45,70831 o7,22402.
8 kostenlos. 01/01-31/12.
Entfernung: 300M 300M vor Ort.

Torgnon 22G3
Plan Prioriond. GPS: n45,80397 o7,55490.
25 €8/24 Std Ch.
Untergrund: Schotterasen/befestigt. 01/01-31/12.
Entfernung: 50M.

Valgrisenche 22G3
Frazione Bonne. GPS: n45,61931 o7,05930.

20 €10/24 Std Ch €3. **Untergrund:** Wiese/Sand.
Sonstiges: Beim Stauer.

Valgrisenche 22G3
Localita' Mondanges. GPS: n45,62638 o7,06252.
20 **Lage:** Ländlich. **Untergrund:** asphaltiert.
01/01-31/12.
Entfernung: vor Ort.

Valsavarenche 25G1
Località Dégioz. GPS: n45,59404 o7,20721.
11 €5/12 Std Ch. **Untergrund:** Schotterasen/befestigt.

01/04-31/10.
Entfernung: 100M.
Sonstiges: Anmelden bei Rathaus, Tabaccheria oder Bar Lo Fourquin, mit Kennzeichen Wohnmobil.

Verrès 22G3
Piazzale Grand Ronc, Via Stazione. **GPS:** n45,66226 o7,69392.

6 €5 kostenlos. **Untergrund:** asphaltiert. 01/01-31/12.
Entfernung: 200M 1,5Km.

Piemont

Acceglio 25F3
SP422. GPS: n44,47526 o6,98530.
kostenlos. **Lage:** Ländlich, abgelegen, ruhig.
Untergrund: Wiese/Schotter. 01/01-31/12.
Sonstiges: Max. 24 Std.

Acqui Terme 26A2
Area comunale, SS456, Viale Einaudi. **GPS:** n44,66533 o8,47228.

150 €8 Ch (16x)inklusive WC.
Lage: Städtisch, komfortabel, zentral, laut.
Untergrund: Schotterasen/befestigt. 01/01-31/12.
Entfernung: 1,5Km 25Km 50M 250M.

Aglié 25H1
Via della Gula. GPS: n45,36662 o7,76381.

40 kostenlos. **Lage:** Städtisch, einfach. **Untergrund:** befestigt.
01/01-31/12.
Entfernung: vor Ort.

Alba 25H2
Alba Village, Corso Piave 219, loc. San Cassiano.
GPS: n44,68553 o8,01095.

20 €8 + €0,50/pP Kurtaxe €0,50/30Liter Ch kostenlos.
Lage: Städtisch, komfortabel, zentral. **Untergrund:** Wiese.
01/01-31/12.
Entfernung: 2,5Km 1Km vor Ort 100M vor Ort.
Sonstiges: In der Nähe von Hotel&Camping Alba Village, max. 48 Std, anmelden an der Rezeption, überwachter Parkplatz.

Alessandria 26A2
Area comunale, Viale Teresa Michel. **GPS:** n44,92075 o8,62722.

Piemont

25 kostenlos Ch. **Lage:** Städtisch, einfach.
Untergrund: asphaltiert. 01/01-31/12.
Entfernung: 2km 2km vor Ort 500M vor Ort.

Arona 23A3
Via Michelangelo Buonarotti. **GPS:** n45,76879 o8,54495.
20 kostenlos. **Untergrund:** befestigt. 01/01-31/12.
Entfernung: 2km 200M 2km.

Asti 25H2
Piazza Campo del Palio. **GPS:** n44,89712 o8,21057.
>50 kostenlos. **Lage:** Städtisch, einfach, zentral, laut.
Untergrund: asphaltiert. 01/01-31/12 Mi-Sa.
Entfernung: vor Ort vor Ort vor Ort.

Avigliana 25G2
Via Giovanni Suppo. **GPS:** n45,07304 o7,39004.

8 kostenlos Ch kostenlos.
Lage: Städtisch, einfach, ruhig. **Untergrund:** asphaltiert.
Entfernung: 1km 4,6Km.
Sonstiges: In der Nähe der Sportanlage.
Touristinformation Avigliana:
Do.

Barge 25G2
Via Carlo Alberto. **GPS:** n44,73108 o7,32000.

4 kostenlos Ch kostenlos. **Lage:** Einfach.
Untergrund: asphaltiert. **Entfernung:** 800M vor Ort.

Battifollo 25H3
Cian del Mondo, Loc. Piano del Mondo.
GPS: n44,31994 o8,01858.

20 € 15 Ch (20x)€2,50/Tag WC inklusive.
Lage: Ländlich, komfortabel. **Untergrund:** Schotter. 01/03-08/12.
Entfernung: 700M 500M vor Ort vor Ort.

Baveno 23A3
Area Comunale, Piazza Umberto Giordano.
GPS: n45,91139 o8,50056.

40 € 12/24 Std Ch WC inklusive. **Lage:** Laut.
Untergrund: befestigt. 01/01-31/12.
Entfernung: 500M 2,8Km Lago Maggiore 300m 300M.
Sonstiges: Hinter dem Bahnhof, max. 72 Std, keine Campingaktivitäten, Wochenende: laut.

Bibiana 25G2
Piazza 3° Alpini. **GPS:** n44,79581 o7,29366.

8 kostenlos Ch. **Lage:** Städtisch, einfach.
Untergrund: befestigt.
Entfernung: 500M 500M.

Biella 25H1
Area Comunale, Piazzale Sandro Pertini. **GPS:** n45,55559 o8,06760.

30 kostenlos kostenlos. **Lage:** Städtisch.
Untergrund: asphaltiert. 01/01-31/12.
Entfernung: vor Ort 100M Bahnhof 100M.
Sonstiges: Platz neben Station F.S San Paolo.

Bielmonte 22H3
Piazzale 2, SS232. **GPS:** n45,66250 o8,08472.
8 € 3,50 Ch inklusive €3,50.

Borgo San Dalmazzo 25G3
P Area Camper, Strada Comunale Del Cimitero.
GPS: n44,32889 o7,49167.

15 kostenlos Ch kostenlos. **Lage:** Städtisch, einfach, ruhig.
Untergrund: asphaltiert. 01/01-31/12.
Entfernung: 100M.
Sonstiges: Am Sportpark.

Borgosesia 22H3
Piazza Milanaccio, Via Varallo. **GPS:** n45,72005 o8,27408.

8 kostenlos Ch kostenlos. **Lage:** Städtisch.

Untergrund: asphaltiert. 01/01-31/12 Jun.
Entfernung: 300M.
Sonstiges: Samstag Markt.

Candelo 25H1
Area Comunale, Via Cesare Pavese. **GPS:** n45,54163 o8,11595.

2 kostenlos Ch kostenlos. **Lage:** Städtisch, ruhig.
Untergrund: Schotter. 01/01-31/12.
Entfernung: 400M 400M 100M.
Sonstiges: In der Nähe des Sportzentrums.

Candelo 25H1
Area Ricetto, Via Mulino. **GPS:** n45,54624 o8,11573.

25 kostenlos Ch kostenlos. **Lage:** Komfortabel.
Untergrund: befestigt. 01/01-31/12.
Entfernung: 400M 400M.

Canelli 25H2
Piazza Unione Europea. **GPS:** n44,72039 o8,29369.

15 kostenlos Ch kostenlos. **Lage:** Städtisch, einfach, laut.
Untergrund: asphaltiert. 01/01-31/12.
Entfernung: 500M vor Ort vor Ort vor Ort.

Cannobio 23A2
Area Comunale, Via Al Fiume / Via San Rocco.
GPS: n46,06179 o8,69242.

55 € 15/24 Std Ch WC inklusive.
Lage: Ländlich. **Untergrund:** Schotterasen. 01/01-31/12.
Entfernung: 500M vor Ort 500M 300M.
Sonstiges: Am Fluss, max. 3 Tage.
Touristinformation Cannobio:
So.

Carcoforo 22H3
Le Giare, SP11, Loc. Tetto Minocco. **GPS:** n45,90769 o8,05130.

Italien

Piemont

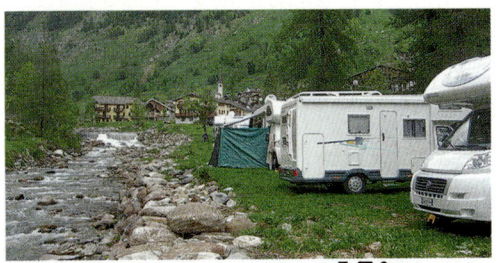

100 €10/Tag, €15/Wochenende, €40/Woche Chkostenlos (16x)€1,50 WC €1. **Untergrund:** Wiese. 01/01-31/12.
Entfernung: vor Ort 50M 300M vor Ort.
Sonstiges: Entlang der Egua.

Casale Monferrato 26A1
Palazzetto dello Sport Paolo Ferraris, Via Visconti.
GPS: n45,12556 o8,46194.

15 kostenlos beim Einkaufszentrum. **Lage:** Ländlich.
Untergrund: asphaltiert. 01/01-31/12.
Entfernung: 1,5Km 3,6Km 200M 200M.
Sonstiges: Am Sportzentrum.

Casale Monferrato 26A1
Parcheggio Castello, Piazza Castello. **GPS:** n45,13722 o8,44806.

>10 kostenlos. **Lage:** Städtisch, einfach, zentral, laut.
Untergrund: asphaltiert.
Di, Fr 6-16U (Markt.
Entfernung: 200M 4Km 100M 250M vor Ort vor Ort.

Casaleggio Boiro 26A2
Via Castello. **GPS:** n44,63354 o8,73254.

8 kostenlos Chkostenlos (6x)inklusive. **Lage:** Ländlich, komfortabel, ruhig. **Untergrund:** Schotter. 01/01-31/12.
Entfernung: 250M 10Km 150M 250M.

Castelletto Stura 25G3
Via Cuneo. **GPS:** n44,44194 o7,63444.

20 kostenlos kostenlos. **Lage:** Ländlich, einfach.
Untergrund: Schotter.
Sonstiges: In der Nähe vom Sportpark.

Castiglione Falletto 25H2
Area comunale, Piazzale Muntelier. **GPS:** n44,62379 o7,97486.

10 kostenlos Chkostenlos. **Lage:** Ländlich, komfortabel, ruhig. **Untergrund:** befestigt. 01/01-31/12.
Entfernung: 100M 100M 100M.

Castiglione Tinella 25H2
Camperstop Ai Ciuvin, Agriturismo, Strada Manzotti 3.
GPS: n44,73357 o8,18140.

12 €20 Ch. WC inklusive. **Lage:** Ländlich, komfortabel, abgelegen, ruhig. **Untergrund:** Wiese. 01/01-31/12.
Entfernung: 15Km 20Km vor Ort 15Km.
Sonstiges: Max. 48 Std.

Cavour 25G2
Via Vigone. **GPS:** n44,78766 o7,37660.

18 €5/24 Std Chkostenlos. **Untergrund:** befestigt.
Entfernung: 400M 100M.

Ceresole Reale 25G1
Area sosta Camper Lungolago, Strada Provinciale 50.
GPS: n45,43407 o7,22783.
€8 kostenlos Ch €3 WC €0,50/15Minuten.
01/01-31/12. **Entfernung:** 300M 300M 300M vor Ort vor Ort.

Ceresole Reale 25G1
Borgata Chiapili Inferiore, SP50. **GPS:** n45,45049 o7,18765.
€8 €4 Ch. €3. **Untergrund:** ungepflastert.
Entfernung: 4Km Ristorante Lo Sciatore 2km.
Sonstiges: An der Orco, Nationalpark 'Gran Paradiso'.

Cesana Torinese 25F2
Area Sosta Camper Casa Cesana, Viale Sen. Bouvier.
GPS: n44,94782 o6,79516.

12 €10/24 Std Chinklusive (12x)€3/Tag,6Amp.
Lage: Einfach. **Untergrund:** asphaltiert. 01/06-01/11.
Entfernung: 300M 50M 100M.
Sonstiges: Anmelden bei Hotel.

Cherasco 25H2
Parking Area Camper, Piazza Giovanni Paolo II.
GPS: n44,64946 o7,85529.

9 kostenlos Chkostenlos (8x)kostenpflichtig WC.
Lage: Ländlich, einfach, ruhig. **Untergrund:** asphaltiert.
01/01-31/12.
Entfernung: 400M 3,7Km 200M 300M.
Sonstiges: Max. 48 Std.

Chianocco 25G1
Area Camper Giraude. **GPS:** n45,14110 o7,16592.

20 €3-10 ChWCinklusive. **Lage:** Ländlich, einfach.
Untergrund: Wiese/Schotter. 01/04-31/10.
Entfernung: 1Km.
Sonstiges: Max. 48 Std.

Chiaverano 25H1
Area Camper Lago Sirio, Strada Provinciale 75.
GPS: n45,48585 o7,88815.

€10 Ch €2 WC. **Untergrund:** Wiese. 01/01-31/12.
Entfernung: vor Ort vor Ort vor Ort vor Ort.

Chieri 25H2
Piazza Quarini, via Bernardo Vittone. **GPS:** n45,00391 o7,82744.

12 kostenlos Chkostenlos. **Untergrund:** asphaltiert.
01/01-31/12. **Entfernung:** vor Ort 200M > Turin. **Sonstiges:** Hinter Kasernen, Dienstag Markt.

Chieri 25H2
Strada San Silvestro. **GPS:** n45,01460 o7,83214.

10 kostenlos Chkostenlos. **Lage:** Städtisch, einfach.
Untergrund: asphaltiert.
Entfernung: vor Ort 50M 50M.

Chiusa di Pesio 25H3
Via Provinciale (SP42). **GPS:** n44,27233 o7,66361.

Italien

Piemont

8 🅿️ € 4 🚰 Ch.
Entfernung: 🚂 vor Ort ⊗300M 🚌 700M 🚴 vor Ort
🚶 vor Ort.

| 📷S | Chiusa di San Michele | 25G2 |

Via Pragallo. **GPS:** n45,10294 o7,33034. ⬆️➡️.

5 🅿️ € 8 🚰 💨 inklusive. **Lage:** Einfach, komfortabel.
Untergrund: Schotter. 📅 01/04-31/10.
Entfernung: 🚴 8Km ⊗600M.
Sonstiges: Max. 48 Std, bezahlen bei Uffici Comunali, Piazza Bauchiero 2.

| 📷S | Chivasso | 25H1 |

Piazza Libertini, Via Gerbido. **GPS:** n45,18514 o7,89296. ⬆️.

20 🅿️ kostenlos 🚰 €2 💨. **Lage:** Städtisch, einfach.
Untergrund: asphaltiert.
Entfernung: 🚴 300M 🛒 Carrefour 100M.
Sonstiges: Parkplatz Schwimmbad.

| 📷S | Collegno | 25G2 |

Collegno Area Sosta Camper, Corso Pastrengo.
GPS: n45,08070 o7,58313. ⬆️.

30 🅿️ kostenlos 🚰 €0,50 💨 €0,50 Ch €1 💨 €1/4Std. **Lage:** Ruhig.
Untergrund: asphaltiert. **Entfernung:** 🚴 4Km 🚌 vor Ort.
Sonstiges: Wertmünzen bei Autolavaggio Il Draghetto, Videoüberwachung.

| 📷S | Cortemilia | 25H3 |

Strada San Roco. **GPS:** n44,57848 o8,18567.
10 🅿️ kostenlos 🚰 💨 Ch kostenlos. **Lage:** Einfach.
Untergrund: Schotter.
Entfernung: 🚴 500M ⊗500M. **Sonstiges:** Max. 48 Std.

| 📷S | Cravagliana | 22H3 |

Pian delle Fate, Loc. Brugarolo, SP di Valle Mastallone.
GPS: n45,85223 o8,22473. ⬆️.

30 🅿️ € 14 + € 1/pP 🚰 💨 Ch 💨 (4x) WC 💨 inklusive.
Untergrund: Wiese. 📅 15/03-15/10.
Entfernung: 🚴 vor Ort 🚌 vor Ort.

| 📷S | Crissolo 🌲 🌸 ❄️ | 25G2 |

Via Ruata. **GPS:** n44,69771 o7,15931.

20 🅿️ € 5 🚰 💨 Ch WC inklusive. **Lage:** Städtisch, einfach, ruhig.
Untergrund: asphaltiert.
Entfernung: 🚴 vor Ort 🚌 vor Ort.

| 📷S | Cuceglio | 25H1 |

Area Camper Erbaluce, Via Porta Pia 69/71. **GPS:** n45,34724 o7,81168.

10 🅿️ € 12 🚰 💨 (10x) 💨 inklusive. **Lage:** Ländlich, komfortabel. **Untergrund:** Schotter.

| 📷S | Donato | 25H1 |

Area Camper Fabrizio de André, Via S. Pertini, SP405.
GPS: n45,52774 o7,90944. ⬆️.

6 🅿️ € 5 🚰 💨 WC kostenlos. **Lage:** Ländlich.
Untergrund: Schotterasen. 📅 01/01-31/12.
Entfernung: 🚴 300M ⊗300M.
Sonstiges: Zahlen bei Tabaccheria im Dorf.

| 📷S | Entracque | 25G3 |

Area C'era una Volta, SS22. **GPS:** n44,25151 o7,38975. ⬆️.

18 🅿️ € 15 🚰 💨 Ch 💨 (16x) WC 💨 €5/Tag 💨 €1 💨 inklusive.
Lage: Ländlich. **Untergrund:** ungepflastert. 📅 01/01-31/12.
Entfernung: 🚴 1Km 🚂 Strand am Fluss 500m 🚌 500M 🚴 vor Ort
🛒 1Km > Cuneo 🚴 vor Ort 🚶 vor Ort 🚲 1Km.

| 📷S | Entracque | 25G3 |

Parcheggio Camper Real Park, Ponterosso.
GPS: n44,26111 o7,37750. ⬆️.

66 🅿️ € 6 🚰 💨 Ch 💨 inklusive. **Lage:** Ländlich.
Untergrund: Wiese/Schotter.
Entfernung: 🚴 3Km ⊗ vor Ort 🚌 vor Ort 🚲 6Km.
Sonstiges: Erholungspark, max. 2 Tage.

| 📷S | Entracque | 25G3 |

Via del Mulino. GPS: n44,23389 o7,39723. ⬆️➡️.

60 🅿️ € 12/24 Std, € 20/48 Std 🚰 💨 💨 (50x) inklusive 💨 €2.
Lage: Ländlich, einfach. **Untergrund:** Schotter.
Entfernung: 🚴 300M.

| 📷S | Fenestrelle | 25G2 |

GPS: n45,03889 o7,04583.

9 🅿️ kostenlos 🚰 💨 kostenlos. **Untergrund:** asphaltiert.
Sonstiges: Neben Friedhof.

| 📷S | Fenestrelle | 25G2 |

Le Casermette. GPS: n45,03671 o7,05090. ⬆️.

20 🅿️ kostenlos, Frei-So € 5-10, Jun-Aug € 10 🚰 💨 Ch 💨 inklusive.
Untergrund: ungepflastert. 📅 01/01-31/12.

| 📷S | Frabosa Soprana 🌲 | 25H3 |

Fontane. **GPS:** n44,23554 o7,83561.
🅿️ kostenlos 🚰 💨 Ch kostenlos. **Lage:** Ländlich, abgelegen, ruhig.
📅 01/01-31/12.

| 📷S | Frabosa Soprana 🌲 | 25H3 |

Grotta di Bossea, Loc. Bossea 10.
GPS: n44,24077 o7,83939. ⬆️.
5 🅿️ kostenlos 🚰 💨 Ch kostenlos WC. **Lage:** Ländlich, einfach, abgelegen. **Untergrund:** asphaltiert. 📅 01/01-31/12.
Entfernung: 🚴 12Km 🚌 vor Ort ⊗ vor Ort 🚲 12Km 🚶 vor Ort.
Sonstiges: Parkplatz an der Höhlen.

| 📷S | Garessio | 25H3 |

Area Comunale, Str. Provinciale del Colle di San Bernardo (P582).
GPS: n44,19927 o8,02587. ⬆️.

Italien

Piemont

30 kostenlos, Ch kostenlos. **Lage:** Ländlich, einfach.
Untergrund: asphaltiert. 01/01-31/12.
Entfernung: 1Km 22Km 1Km 1Km.

Genola 25H3
Grosso Vacanze, Via Divisione Alpina Cuneense 2, SS20.
GPS: n44,59751 o7,65982.

kostenlos, Ch. **Untergrund:** befestigt. 01/01-31/12.
Sonstiges: Reisemobilhändler, Zubehör-Shop.

Giaveno 25G2
SP187, via Torino. **GPS:** n45,04154 o7,36096.

kostenlos, kostenlos. **Untergrund:** asphaltiert.
Entfernung: 100M.

Grinzane Cavour 25H2
Piazza Ugo Genta, Via Bricco. **GPS:** n44,65515 o7,98936.

3 kostenlos, Ch kostenlos. **Lage:** Ländlich, einfach, abgelegen, laut. **Untergrund:** asphaltiert. 01/01-31/12.
Entfernung: 500M 500M 2km vor Ort.

Ivrea 25H1
La Dora d'Ivrea, Via Dora Baltea. **GPS:** n45,46334 o7,87621.

10 € 5, Ch inklusive. **Lage:** Komfortabel.
Untergrund: asphaltiert. 01/01-31/12.
Entfernung: 500M 4,5Km Ipermercato 800M 350M.
Sonstiges: Am Fluss entlang.

Locana 25G1
Via Nusiglie. **GPS:** n45,41361 o7,46278.
€ 8/24 Std €4/24Std WC.

Macugnaga 22H3
Pecetto, Di Iacchine Pierluigi Loc. Pecetto. **GPS:** n45,97015 o7,95352.

28 € 10, 2 Nächte € 15, Ch WC kostenlos.
Lage: Ländlich, einfach, ruhig.
Untergrund: Beton. 01/05-30/11.
Entfernung: 1Km 100M 500M 100M vor Ort.
Sonstiges: Am Skilift.

Madonna del Sasso 23A3
Area Comunale, Via Santuario, Fraz. Boleto.
GPS: n45,78974 o8,37222.

8 kostenlos, Ch kostenlos. **Untergrund:** Schotterasen.
01/01-31/12. **Entfernung:** 200M Lago d'Orta 700M 100M 50M. **Sonstiges:** Schmale Durchfahrt, Blick über Lago d'Orta.

Maglione 25H1
SP78, Via Cigliano. **GPS:** n45,34338 o8,01456.

20 kostenlos. **Lage:** Ländlich, einfach, ruhig. **Untergrund:** Wiese.
Entfernung: vor Ort 50M.
Sonstiges: Kunststädtchen.

Marsaglia 25H3
Via della Stazione, SP115. **GPS:** n44,45228 o7,97929.
18 € 13, Ch WC. **Untergrund:** asphaltiert/Wiese.
01/01-31/12.
Entfernung: vor Ort.
Sonstiges: Besuch Juni 2013: geschlossen Wegen Umbau.

Marsaglia 25H3
Agriturismo Cascina Zanot, Strada S. Rocco, 17.
GPS: n44,46506 o7,95838.
€ 15-25, Ch WC inklusive.
Sonstiges: Schöne Aussicht.

Melle 25G3
SP8. **GPS:** n44,56245 o7,31739.

22 € 3, 01/06-01/10 € 5, Ch WC inklusive.
Lage: Komfortabel. **Untergrund:** befestigt. 01/01-31/12.
Entfernung: 250M.

Mergozzo 23A3
Parcheggio Area Camper, Via Sempione 49.
GPS: n45,96204 o8,44320.
6 €10/24 Std, Ch inklusive €5. **Untergrund:** asphaltiert.
01/01-31/12.
Entfernung: 300M Mergozzo See 500M 300M.

Mirabello Monferrato 26A2
SS31. **GPS:** n45,02976 o8,52939.

8 kostenlos, €2, Ch €1. **Lage:** Einfach, abgelegen, ruhig.
Untergrund: asphaltiert. 01/01-31/12.
Entfernung: 900M 10Km 800M 50M 50M.

Mombarcaro 25H3
SP103. **GPS:** n44,46900 o8,08352.
8 € 5, Ch inklusive. **Lage:** Ländlich, komfortabel.
Untergrund: befestigt. 01/01-31/12.
Entfernung: 500M.

Mondovì 25H3
Piazza le Giardini. **GPS:** n44,39430 o7,82370.
kostenlos, Ch kostenlos. **Lage:** Einfach, laut.
Untergrund: asphaltiert. 01/01-31/12.
Entfernung: 500M.
Sonstiges: Nahe Busbahnhof, Parkplatz unter Eisenbahnbrücke.

Mondovì 25H3
Piazza Republica. **GPS:** n44,38964 o7,81930.
kostenlos. **Lage:** Städtisch, einfach, zentral.
Untergrund: asphaltiert. 01/01-31/12.
Entfernung: 400M 5Km 50M 100M vor Ort.
Sonstiges: In der Nähe vom alten Bahnhof.

Mondovì 25H3
Mondovicino Outlet Center. **GPS:** n44,41889 o7,84966.
kostenlos, Ch. **Lage:** Einfach. **Untergrund:** asphaltiert.
25/12, 01/01.
Entfernung: 4km 1,2Km vor Ort.
Sonstiges: Parkplatz bei Outlet Center und Centro Commercial.

Mongrando 25H1
Area Comunale, Via dei Giovanni. **GPS:** n45,52543 o8,00595.

15 kostenlos, Ch kostenlos. **Lage:** Städtisch, ruhig.
Untergrund: Schotterasen. 01/01-31/12.
Entfernung: 900M.
Sonstiges: Am Sportzentrum.

Montiglio Monferrato 25H2
Via Padre Carpignano. **GPS:** n45,06261 o8,10045.
25 kostenlos. 01/01-31/12.
Entfernung: 200M.

Neive 25H2
Via Crocetta. **GPS:** n44,72753 o8,11332.

6 € 10, Ch (6x) WC inklusive.
Untergrund: Wiese/Schotter.
Entfernung: 100M 100M. **Sonstiges:** Anmelden beim Sportzentrum.

Niella Belbo 25H3
Agriturismo Ca'd Tistu, Via Pian Lea, 2.
GPS: n44,49941 o8,07991.
6 € 6. **Lage:** Ländlich, abgelegen, ruhig. 01/01-31/12.
Entfernung: 1,8Km vor Ort.

Italien

Piemont

Niella Tanaro — 25H3
Agriturismo I Fornelli, Via Fornello 1. GPS: n44,41418 o7,90988.

3 €5 €3,50 Ch €2,50/24Std WC.
Lage: Ländlich, einfach, abgelegen, ruhig.
Untergrund: Wiese/Schotter. 01/01-31/12.
Entfernung: 4Km 2km 1km 10Km.
Sonstiges: Produkte vom Bauernhof, Direktverkauf.

Nizza Monferrato — 26A2
Parking Camper Piazzale S.Pertini, Piazzale Sandro Pertini. GPS: n44,77140 o8,35346.

13 €5 Ch Ver-/Entsorgung, Strom inkl. €3.
Lage: Städtisch, komfortabel, zentral, ruhig. **Untergrund:** Wiese. 01/01-31/12.
Entfernung: 200M 500M 500M.
Sonstiges: Tor geschlossen, Motorhome Club Nicese anrufen, zwischen 9-20U.

Novi Ligure — 26A2
Viale Pinan Cichero, zona stadio comunale. GPS: n44,77041 o8,78181.

25 kostenlos kostenlos. **Lage:** Städtisch, einfach, laut.
Untergrund: asphaltiert. 01/01-31/12.
Entfernung: 1,5Km 2km vor Ort 600M.
Sonstiges: Parkplatz Sporthalle.

Occimiano — 26A2
Via Circonvallazione. GPS: n45,05834 o8,50940.

5 €5 Ch inklusive. **Lage:** Ländlich, komfortabel.
Untergrund: asphaltiert. 01/01-31/12.
Entfernung: 250M 15Km 250M 400M.
Sonstiges: Zahlen bei der Bar Concordia.

Oggebbio — 23A3
Area Camper Oggebbio, Via Martiri Oggebbiesi 6. GPS: n45,99680 o8,65304.

22 €18/24 Std Ch WC inklusive €1 €5/24 Std.
Lage: Luxus. **Untergrund:** Schotter.
01/03-01/12. vor Ort 700M.
Sonstiges: Achtung: schmaler Weg, Aussicht über Lago Maggiore, Videoüberwachung.

Omegna — 23A3
Area Camper Lago d'Orta, Via Caduti di Bologna 1. GPS: n45,86340 o8,39840.

25 €8/12 Std, 01/06-30/09 €10/12 Std
Ch WC inklusive. **Untergrund:** befestigt.
01/01-31/12. **Entfernung:** 1,8Km Strand vor Ort vor Ort.
Sonstiges: Kaution Schlüssel Strom €30, Barzahlung, Videoüberwachung.

Ormea — 25H3
Via Orti della Rana. GPS: n44,14532 o7,90751.

10 €10 Ch. **Lage:** Ländlich, komfortabel, ruhig.
Untergrund: Schotterasen. 01/01-31/12.
Entfernung: 1Km 500M 1Km.
Sonstiges: Bezahlen beim Touristenbüro.

Ormea — 25H3
Riserva la Regina, Via Martinetto. GPS: n44,15162 o7,90929.
€10/24 Std Ch WC €1,50. **Untergrund:** Schotter.
Ostern-30/10.
Entfernung: 500M Angelschein obligatorisch vor Ort 500M vor Ort.
Sonstiges: Regionale Produkte.

Oropa — 22H3
Area di Santuari, Via Santuario di Oropa.
GPS: n45,62864 o7,97530.

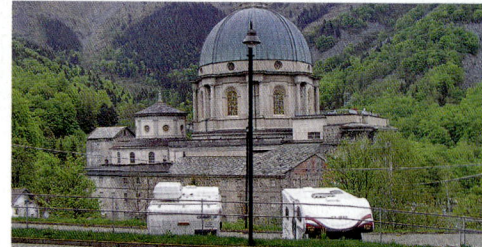

31 €10 Ch WC.
Lage: Ländlich. **Untergrund:** befestigt. 01/05-31/10.
Entfernung: 200M.

Orta San Giulio — 23A3
Parco del Sacro Monte, Via Sacro Monte. GPS: n45,79732 o8,41204.

8 kostenlos. **Untergrund:** Schotter. 01/01-31/12.
Entfernung: 900M 400M.
Sonstiges: Max. 48 Std.

Orta San Giulio — 23A3
Via Panoramica. GPS: n45,79729 o8,41527.

20 €10/24 Std. **Untergrund:** asphaltiert. 01/01-31/12.
Entfernung: 500M Lago d'Orta 500M 100M.

Ovada — 26A2
Via Gramsci. GPS: n44,64084 o8,64920.

25 kostenlos kostenlos. **Lage:** Einfach, zentral.
Untergrund: Schotterasen. 01/01-31/12.
Entfernung: 300M 3Km 100M 500M.

Piatto — 22H3
Area Comunale, Fraz. Malina. GPS: n45,58908 o8,13630.

10 kostenlos Ch. **Lage:** Städtisch. **Untergrund:** asphaltiert.
01/01-31/12.
Sonstiges: Am Sportpark.

Pietraporzio — 25G3
Area Camper Pontebernardo, Via Nazionale, SS21.
GPS: n44,34868 o7,01831.

21 €5/24 Std Ch. **Lage:** Ländlich, komfortabel.
Untergrund: Schotter. 01/01-31/12.
Entfernung: 100M.
Sonstiges: 3. Nacht kostenlos.

Pinerolo — 25G2
Olimpico, Via Alpi Cozie. GPS: n44,88917 o7,35111.

Italien

Piemont

10 ⓚkostenlos ⛽💧Ch⚡(10x)kostenpflichtig. **Lage:** Städtisch, einfach. **Untergrund:** befestigt. 🗓 01/03-01/11.
Entfernung: 🚌2km 🛒1,5Km ⛱300M 🏊300M 🍽200M.
Sonstiges: In der Nähe vom Sportpark.

Pollone 22H3
Burcina di Pollone, Via Felice Piacenza.
GPS: n45,58548 o8,00521.⬆➡.

21 ⓚ€ 16/24 Std ⛽💧Ch⚡WCinklusive 🚿€2 📶.🚐
Lage: Ländlich, komfortabel. **Untergrund:** Schotterasen. 🗓 01/01-31/12.
Entfernung: 🚌600M 🛒vor Ort.
Sonstiges: Bei parco Naturale Burcina, max. 48 Std.

Pombia 23A3
Safari Park, SS 32 km 23,4. **GPS:** n45,64167 o8,61740.
ⓚkostenlos ⛽WC. **Untergrund:** asphaltiert.

Ponderano 25H1
Area Comunale, Strada Vicinale al Cimitero.
GPS: n45,53683 o8,04949.⬆.

10 ⓚkostenlos ⛽💧kostenlos. **Lage:** Städtisch, einfach.
Untergrund: Schotter. 🗓 01/01-31/12.
Entfernung: 🚌400M.
Sonstiges: In der Nähe vom Sportpark.

Pont Canavese 25G1
Feiteria, Via Soana. **GPS:** n45,42153 o7,60020.
12 ⓚ€ 7,50 ⛽€2,50 💧Ch⚡€2,50. **Untergrund:** Wiese.
🗓 01/01-31/12.
Entfernung: 🛒vor Ort.
Sonstiges: Max. 48 Std, Videoüberwachung.

Pontechianale 25G3
Area Camper, Fraz Maddalena. **GPS:** n44,62158 o7,02776.
ⓚ€ 7/24 Std ⛽💧Ch. **Untergrund:** Wiese. 🗓 01/05-30/09.
Entfernung: 🚌200M 🛒200M 🏊200M 🍽200M.
Sonstiges: Neben Campingplatz.

Pontechianale 25G3
Chianle, SP 251. **GPS:** n44,65055 o6,99280.
15 ⓚkostenlos. **Lage:** Einfach, abgelegen.
Untergrund: Wiese/Schotter. **Entfernung:** 🚌4Km 🛒vor Ort.

Pragelato 25F2
Villagio GoFree, SS23. **GPS:** n45,02187 o6,94914.

ⓚ€ 16-21, 4 Pers. inkl ⛽💧Ch⚡€1,50 WC 📶. 🚐 12/06-13/09.
Entfernung: 🛒vor Ort 🎿vor Ort 🎾vor Ort 🏊vor Ort.
Sonstiges: Spa, Ski, Tennis, Golf.

Prali ❄ 25G2
Fraz.Ghigo. GPS: n44,89176 o7,04956.⬆.

ⓚkostenlos ⛽💧Chkostenlos. **Untergrund:** Wiese.
Entfernung: 🛒300M 🛒vor Ort.
Sonstiges: Höhe 1450M, am Fluss.

Prarostino 25G2
Porto di Montagne, Via Piani. **GPS:** n44,86488 o7,26970.⬆.

15 ⓚ€ 7 ⛽💧Ch⚡WCinklusive. **Lage:** Komfortabel.
Untergrund: Wiese/Schotter. 🗓 01/01-31/12 ❄ Beim Schnee.
Entfernung: 🛒300M 🏊200M 🛒vor Ort.
Sonstiges: Bezahlen bei der Bar.

Prato Nevoso ❄ 25H3
Area Stalle Lunghe, Via Corona Boreale. **GPS:** n44,25200 o7,78192.⬆.

ⓚ€ 15-20 ⛽💧Ch⚡inklusive.
Untergrund: asphaltiert.
🗓 01/01-31/12.
Entfernung: 🚌vor Ort 🛣A6 33Km 🛒vor Ort 🏊50M 🍽vor Ort.

Prato Nevoso ❄ 25H3
Piazza G. Dodero. GPS: n44,25200 o7,78192.⬆➡.

10 ⓚkostenlos. **Lage:** Ländlich, einfach, zentral.
Untergrund: asphaltiert. 🗓 01/01-31/12.
Entfernung: 🚌vor Ort 🛒vor Ort 🏊vor Ort 🍽vor Ort.

Rimasco 22H3
Il Laghetto, Strada del Lago. **GPS:** n45,86109 o8,06450.⬆.

20 ⓚ€10/24 Std ⛽💧Ch⚡€3/Tag WCinklusive.
Untergrund: Wiese. 🗓 01/05-30/09 🍴 Restaurant: Di.

Entfernung: 🚌vor Ort 🏊vor Ort.
Sonstiges: Am See.

Riva Valdobbia 22H3
Area Lo Chalet, Via Circonvallazione. **GPS:** n45,83476 o7,95486.⬆.

48 ⓚ€ 13/24 Std ⛽💧Ch⚡€2 WCinklusive 🚿.🚐
Untergrund: Wiese/befestigt. 🗓 01/04-31/10.
Entfernung: 🚌vor Ort 🛒vor Ort 🍽vor Ort.
Sonstiges: Am Fluss.

Roaschia 25G3
Area camper I Funtanil, Via Circonvallazione, SP 108.
GPS: n44,26758 o7,45860.⬆.

15 ⓚ€ 9 ⛽💧Ch WC 🚿inklusive. **Lage:** Ländlich, komfortabel, ruhig. **Untergrund:** Schotter.
Entfernung: 🛒vor Ort.

Romano Canavese 25H1
Strada provinciale 56. GPS: n45,38644 o7,86177.⬆.

10 ⓚ ⛽💧. **Lage:** Ländlich, einfach.
Untergrund: Schotterasen/befestigt.
Entfernung: 🛒2,2Km.

Rosta 25G2
Via Buttigliera Alta 2, Via Piave. GPS: n45,07106 o7,46333.

5 ⓚkostenlos ⛽€2 💧Ch⚡€2. **Lage:** Städtisch.
Untergrund: asphaltiert. 🗓 01/01-31/12.
Entfernung: 🚇vor Ort 🚆Zug > Turin 19 Min.

Saluzzo 25G2
Area Bodoni, Via Olivero Matteo. **GPS:** n44,63886 o7,49192.⬆.

17 ⓚkostenlos ⛽💧kostenlos. **Lage:** Städtisch, einfach.
Untergrund: Schotterasen. 🗓 01/01-31/12.
Entfernung: 🚌700M 🛒200M.

Italien 535

Piemont

Sonstiges: Kleinen Stellplätze.

Saluzzo — 25G2
Via Cuneo 16. **GPS:** n44,63739 o7,49740.

±10 kostenlos kostenlos. **Lage:** Städtisch. **Untergrund:** asphaltiert. 01/01-31/12. **Entfernung:** 1Km.

San Damiano d'Asti — 25H2
Via Monsignor Franco. **GPS:** n44,82659 o8,05921.

50 kostenlos Ch. **Lage:** Ländlich, einfach. **Untergrund:** Schotter. 01/01-31/12. **Entfernung:** 1Km 1Km 1Km.
Sonstiges: Beim Kirchplatz.

San Damiano d'Asti — 25H2
Agriturismo Gran Collina, Frazione Stizza 38. **GPS:** n44,00000 o8,04919.
€ 10 inklusive nach Verbrauch. **Entfernung:** Km.
Sonstiges: Fahrradverleih, regionale Produkte.

San Damiano d'Asti — 25H2
Azienda Agricola Cascina Piana, Fraz S.Grato. **GPS:** n44,85136 o8,07417.

25 € 8-10 Ch (8x)WC inklusive. **Lage:** Ländlich, komfortabel, abgelegen, ruhig. **Untergrund:** Wiese. 01/02-30/06 und 01/09-30/11. **Entfernung:** 1,5Km 1,5km 500M.
Sonstiges: Produkte vom Bauernhof, Direktverkauf.

Sanfront — 25G2
Via Montebracco, SP26. **GPS:** n44,64944 o7,32056.

15 kostenlos Ch kostenlos. **Lage:** Städtisch, einfach. **Untergrund:** ungepflastert.
Sonstiges: Am Sportpark, max. 24 Std.

Santa Maria Maggiore — 23A2
Area Verde Attrezzata, Via Alfredo Belcastro/via Pineta. **GPS:** n46,13219 o8,45500.

Santa Maria Maggiore — 23A2
Agriturismo Al Piano delle Lutte, Via Domodossola 57. **GPS:** n46,13569 o8,44753.

32 € 20/24 Std Ch. **Lage:** Ländlich. **Untergrund:** Wiese/Schotter. 01/01-31/12. **Entfernung:** 200M vor Ort.
Sonstiges: Max. 48 Std.

Santa Maria Maggiore — 23A2

6 €10/24 Std Ch nach Verbrauch WC. **Lage:** Ländlich, einfach. **Untergrund:** Wiese/Schotter. 01/01-31/12. **Entfernung:** vor Ort.
Sonstiges: Regionale Produkte.

Sant'Antonino di Susa — 25G2
Area Sosta Il Sentiero Dei Franchi, Borgo Cresto 16/1. **GPS:** n45,09973 o7,27754.

20 € 10 Ch €2. **Lage:** Einfach, komfortabel, ruhig. **Untergrund:** Wiese/Schotter. 01/01-31/12. **Entfernung:** vor Ort vor Ort.
Sonstiges: Anmeldung bei Restaurant.

Sestriere — 25F2
Lago Losetta, Strada Azzurri d'Italia. **GPS:** n44,96465 o6,88141.

60 € 15/24 Std Ch inklusive. **Untergrund:** ungepflastert. 01/01-31/12. **Entfernung:** 800M Skibus.

Sommariva Perno — 25H2
Area comunale, Loc.Piano, SP0. **GPS:** n44,75126 o7,89667.

10 kostenlos Ch kostenlos. **Lage:** Ländlich, einfach, laut. **Untergrund:** Schotter. 01/01-31/12. **Entfernung:** 500M 13Km 250M 250M.

Susa — 25G1
Piazza Repubblica. **GPS:** n45,13861 o7,05389.

12 kostenlos Ch kostenlos €1. **Lage:** Städtisch, einfach, zentral. **Untergrund:** asphaltiert. 01/01-31/12. **Entfernung:** 300M 500M 800M.

Tagliolo Monferrato — 26A2
Str. del Varo. **GPS:** n44,63960 o8,67126.
21 € 5/24 Std Ch. **Lage:** Ländlich, einfach, ruhig. **Untergrund:** Wiese/Schotter. 01/01-31/12. **Entfernung:** 250M 2km 200M 400M.
Sonstiges: Max. 72 Std, Eintrittskarte bei Bar/Tabac, Kaution € 10.

Torino — 25H2
Corso Casale 327. **GPS:** n45,08084 o7,72993.

kostenlos kostenlos. **Lage:** Städtisch, laut. **Untergrund:** asphaltiert.
Entfernung: 800M 100M 150M.

Torino — 25H2
Corso Giovanni Agnelli. **GPS:** n45,02888 o7,63924.

57 € 10 Ch inklusive €0,50 WC €1. **Lage:** Städtisch, komfortabel. **Untergrund:** Schotterasen. 01/01-31/12. **Entfernung:** 4Km 4km 100M 100M vor Ort.
Sonstiges: Max. 5 Tage, überwachter Parkplatz 24/24.

Torino — 25H2
Parco Ruffini, Corso Lione/Corso Carlo Piaggia, Turin (Torino). **GPS:** n45,05686 o7,63166.

20 kostenlos Ch kostenlos. **Lage:** Städtisch, einfach, laut. **Untergrund:** asphaltiert. **Entfernung:** Stadtmitte 5Km vor Ort.

Touristinformation Turin (Torino):
- Mole Antonelliana. Nationales Filmmuseum.
- Museo Nazionale dell'Automobile, Corso Unità d'Italia 40. Automobil-Museum. Di-Sa, 10-18.30 Uhr, So 10-20.30 Uhr, Mo.
- Palazzo Madame. Historische Kunst.
- Palazzo Reale. Königlicher Palast.
- Kathedrale, 1498.
- Basilica di Superga. Barocke Basilika.

Piemont

Usseaux 25G2
Magic Forest, Strada Comunale dell'inverso 1.
GPS: n45,04170 o6,98518.

100 € 15 Ch WC €1 €5 inklusive. **Lage**: Ländlich, komfortabel. **Untergrund**: Wiese. 01/06-01/09.

Usseaux 25G2
Area sosta Usseaux, Fraz. Fraisse-Pourrières. **GPS**: n45,04146 o6,98500.
€ 15 ChWC. **Untergrund**: Wiese.

Usseaux 25G2
Lago di Laux, Via Lago 7. **GPS**: n45,04166 o7,02222.

100 € 15/24 Std €3 Ch (54x)€2,50/24 Std.
Lage: Ländlich, einfach, abgelegen, ruhig. **Untergrund**: Wiese. 01/06-31/09.
Entfernung: 500M 200M vor Ort 5Km.
Sonstiges: Bezahlung bei restaurant.

Valdieri 25G3
Centro Alpino S.Anna, Loc. S. Anna. **GPS**: n44,24513 o7,32548.

40 € 12 Ch inklusive. **Lage**: Ländlich.
Untergrund: Wiese/Schotter.
Entfernung: 100M vor Ort 100M.
Sonstiges: Schmale Durchfahrt (Brücke).

Valdieri 25G3
Parco Alpi Marittime, Terme di Valdieri. **GPS**: n44,20546 o7,26840.

€ 10 Ch. **Untergrund**: Schotter. 01/01-31/12.

Valle Mosso 22H3
Piazza Alpini d'Italia. **GPS**: n45,63316 o8,14629.

3 kostenlos Chkostenlos. **Lage**: Städtisch.
Untergrund: asphaltiert. 01/01-31/12.

Entfernung: vor Ort Conad 20M 50M.

Varallo 22H3
Area Comunale, Via Sant'Antonio. **GPS**: n45,81797 o8,24857.

8 €10/24 Std Ch (4x)inklusive. **Lage**: Städtisch, ruhig.
Untergrund: Schotter/Sand. 01/01-31/12.
Entfernung: 500M 500M.
Sonstiges: Im Rathaus zahlen.

Venaria Reale 25G1
Relax and Go, Via Scodeggio 15. **GPS**: n45,14108 o7,62404.

15 € 18-20 Chinklusive. €2/Tag. **Lage**: Einfach.
Untergrund: Wiese.
Entfernung: 2km 500M 500M bus GTT, S-Bahn 72>Turin.

Venasca 25G3
SP8, Via Provinciale. **GPS**: n44,56620 o7,39328.

20 kostenlos Chkostenlos. **Lage**: Ländlich, einfach, laut.
Untergrund: asphaltiert.
Entfernung: 600M.

Verbania 22H3
Punto Sosta Camper, Viale Azari 97. **GPS**: n45,93122 o8,00000.
34 € 6/12 Std, € 12/24 Std (18x). **Untergrund**: asphaltiert.
Entfernung: 900M 1,2Km 200M.

Verbania 22H3
Via Brigata Cesare Battisti. **GPS**: n45,94027 o8,57676.
10.
Entfernung: 350M vor Ort 350M.
Sonstiges: Am Fluss.

Verbania 22H3
Corso Europa. **GPS**: n45,92732 o8,56266.
Ch.

Vercelli 26A1
Via Trento, c/o piazzale Pala-hockey. **GPS**: n45,33417 o8,41861.

10 kostenlos kostenlos. **Lage**: Städtisch, einfach.
Untergrund: asphaltiert. 01/01-31/12.
Entfernung: 1,5Km 6Km 50M 1,5Km vor Ort.
Touristinformation Vercelli:
Basilica di Sant'Andrea. Basilika, Teil der Abtei.

Vergne 25H3
Piazza della Vite e del dell Vina. **GPS**: n44,61298 o7,92064.

6 kostenlos Chkostenlos. **Lage**: Einfach.
Untergrund: befestigt. **Entfernung**: vor Ort vor Ort.

Vernante 25G3
E74. **GPS**: n44,24489 o7,53219.

20 € 5 kostenlos. **Lage**: Städtisch, einfach. **Untergrund**: asphaltiert.
Entfernung: 200M 200M 300M vor Ort.

Vialfrè 25H1
Via Luigi Emanuel, SP55. **GPS**: n45,38298 o7,81754.

7 kostenlos Chkostenlos. **Lage**: Ländlich, einfach.
Untergrund: Schotterasen.
Entfernung: vor Ort 6Km 300M 300M.

Vidracco 25H1
Damanhur Crea, Via Baldissero 21. **GPS**: n45,42884 o7,75327.

30 € 8/24 Std Ch (24x)WC inklusive. **Lage**: Einfach, ruhig. **Untergrund**: asphaltiert.
Entfernung: Cafetaria vor Ort.
Touristinformation Vidracco:
Damanhur Crea, Via Baldissero 21. Außerordentliche Italienische künstlerische und spirituelle Gemeinschaft.

Villar Focchiardo 25G2
Area Camper Villar Focchiardo, Via Fratta, SS24.
GPS: n45,11336 o7,22408.

54 € 5-10, Wochenende € 15 Chkostenlos.
Lage: Ländlich, einfach, komfortabel, ruhig. **Untergrund**: Wiese.
01/01-31/12 Ver-/Entsorgung: 01/11-31/03.
Entfernung: 4,5Km.

Villar Pellice 25G2
Parco Flissia, Via Cave del Fin. **GPS**: n44,80472 o7,15083.

Italien

20 €6 ChWC kostenlos. **Lage:** Ländlich, einfach, abgelegen. **Untergrund:** Wiese. 01/04-01/10.
Entfernung: 500M vor Ort Angelschein obligatorisch agriturismo.
Sonstiges: Ver-/Entsorgung Passanten € 3.

Vinadio 25G3
Area di Sosta Communale, Bagni di Vinadio, Fraz. Strapesi.
GPS: n44,28747 o7,07534.

30 €11/24 Std Ch kostenlos.
Lage: Ländlich, einfach. **Untergrund:** Wiese/Schotter.
Entfernung: 300m, Vinadio 10km vor Ort vor Ort.
Sonstiges: Höhe 1350M, parken bei den Thermen von Strapeis.

Vinadio 25G3
Piazza d'Armi, SS21. **GPS:** n44,30667 o7,17083.

01/06-31/08 € 5 Ch kostenlos. **Untergrund:** asphaltiert.
Entfernung: 400M.

Volpedo 26B2
Lungo Curone Matteotti. **GPS:** n44,88512 o8,98707.

6 kostenlos Ch kostenlos. **Untergrund:** Wiese/Schotter.
Entfernung: 600M.
Sonstiges: Am Sportpark.

Trentino Südtirol

Andalo 23D2
Via Rindole, 6, Loc. Rindole. **GPS:** n46,16113 o11,00647.

80 € 15-20 Ch (20x)€5. **Lage:** Ländlich, einfach, ruhig.
Untergrund: asphaltiert. Sommer.
Entfernung: 200M vor Ort vor Ort.
Sonstiges: Ver-/Entsorgung Passanten € 10, schöne Aussicht.

Arco 23D3
Piazzale Carmellini, Viale Paolina Caproni.
GPS: n45,92232 o10,89032.

14 € 1/4 Std, max. € 10/24 Std. **Lage:** Städtisch, einfach.
Untergrund: asphaltiert. 01/01-31/12.
Entfernung: 200M 200M vor Ort.
Sonstiges: Max. 72 Std.

Arco 23D3
Viale Rovereto. **GPS:** n45,91820 o10,89225.
Ch kostenlos. kein Wasser im Winter.

Avio 23D3
Agriturismo Erta, Via Pozza, Località Erta 2.
GPS: n45,74292 o10,96807.

25 € 15 Ch (16x) inklusive. **Lage:** Ländlich.
Untergrund: Wiese. 01/01-31/12.
Entfernung: 800M 200M 300M vor Ort 800M vor Ort vor Ort vor Ort 20Km.

Barbiano 23E1
Kollmann Stop, Frazione Colma, SS12. **GPS:** n46,58728 o11,52401.

15 € 12, Umschlag in den Briefkasten €5 Ch inklusive.
Lage: Einfach, laut. **Untergrund:** Schotter.
01/01-31/12.
Entfernung: 300M 9Km 300M 300M vor Ort vor Ort.
Sonstiges: Entlang Durchgangsstrasse, max. 48 Std.

Baselga di Pine 23E2
Ice Rink Piné, Via Dello Stadio. **GPS:** n46,12617 o11,25382.

10 kostenlos. **Lage:** Ländlich, einfach, ruhig.
Untergrund: befestigt.
Entfernung: 1Km.
Sonstiges: >18.00 Uhr kostenlos.

Bezzecca 23D3
Via Peluca. **GPS:** n45,89861 o10,71833.

22 €10/24 Std Ch kostenlos. **Lage:** Ländlich, einfach, abgelegen, ruhig. **Untergrund:** Schotterasen. 01/04-01/11.
Entfernung: 450M 2km 300M.

Bolzano/Bozen 23E1
Parking Fiera Messe, Via Bruno Buozzi. **GPS:** n46,47417 o11,32617.

30 kostenlos Ch kostenlos. **Lage:** Städtisch, einfach, laut.
Untergrund: asphaltiert. 01/01-31/12.
Entfernung: Stadtmitte 4Km 1,1Km vor Ort 4Km vor Ort.
Sonstiges: An der Bahnlinie.

Bolzano/Bozen 23E1
Via Maso della Pieve. **GPS:** n46,47327 o11,33693.

8 € 1/h 8-19 Uhr, Sa 8-13 Uhr, übernachten kostenlos Ch. **Lage:** Städtisch, einfach, laut. **Untergrund:** asphaltiert.
01/01-31/12.
Entfernung: Stadtmitte 3Km 100M vor Ort.

Borgo Valsugana 23E2
Via Tommaso Temanza. **GPS:** n46,05444 o11,46361.

18 €10/24 Std Ch inklusive.
Lage: Städtisch, einfach.
Untergrund: Schotterasen.
Entfernung: 100M 20M 20M 100M 100M vor Ort.
Sonstiges: Max. 48 Std, Ver-/Entsorgung Passanten € 5.

Braies 23F1
P2, Lago di Braies, Fraz. San Vito. **GPS:** n46,70265 o12,08520.

25 € 12 €0,50. **Lage:** Ländlich, einfach, ruhig.
Untergrund: Schotter. 30/05-31/10.
Entfernung: Braies 5km Lago di Braies 250m 250M 5Km vor Ort vor Ort.

Braies 23F1
P1, Lago di Braies, Fraz. San Vito. **GPS:** n46,70577 o12,08698.
€ 9/Tag, € 7/Nacht. **Untergrund:** Schotter. 01/01-31/12.
Entfernung: Pragser Wildsee 850M.

Brentonico 23D3
Via al Dosset. **GPS:** n45,81540 o10,95581.

Trentino Südtirol

11 🅿️ € 7 ⛽ €2/100Liter 💧inklusive 🔌€3/24Std.
Lage: Ländlich, komfortabel, ruhig. **Untergrund:** Schotterasen.
📅 01/01-31/12.
Entfernung: 🚶400M 🚲10Km ⛲250M 🏪300M.

Brunico/Bruneck 23F1
P2, Piazza Mercato di Stegona. **GPS:** n46,79558 o11,93006.

>25 🅿️ € 7. **Lage:** Städtisch, einfach, laut. **Untergrund:** Schotter.
📅 01/01-31/12.
Entfernung: 🚶800M ⛲500M 🏪500M vor Ort 🚲vor Ort 🍴vor Ort.
Touristinformation Brunico/Bruneck:
ℹ️ Associazione Turistica, Via Europa,24.
Festungsstadt, 14. Jahrhundert.
🏛 Heimatmuseum. 🎪 Jahrmarkt. ⭕ Letzte Woche Okt.

Caldes 23D2
Rafting Val di Sole, Loc. Contrè. **GPS:** n46,36139 o10,94528.

30 🅿️ € 10, Jul € 13, Aug € 15 ⛽ 💧€6. **Untergrund:** asphaltiert.
📅 01/04-30/09.
Entfernung: 🚶2km ⛲200M 🏪2km.

Caldonazzo 23E2
Via al Lago. GPS: n46,00501 o11,26307.

30 🅿️ € 8/6-22U (01/04-30/9), € 10/Nacht. **Lage:** Einfach.
Untergrund: Wiese/Sand. 📅 01/01-31/12.
Entfernung: 🚶2km 🏊50M 🏪300M.
Sonstiges: Zahlung nur mit Münzen.

Castelfondo 23E1
Belverde, Via Alfonso Lamarmora. **GPS:** n46,45831 o11,13163.

16 🅿️ € 12/24 Std 🔌(16x) WC 💧 **Untergrund:** Schotter.
Entfernung: ⛲800M 🏪800M 🏪300M vor Ort.

Sonstiges: Max. 72 Std.

Cavalese 23E2
P Fondovalle, SP232. **GPS:** n46,28438 o11,47256.

50 🅿️ € 12 ⛽ **Lage:** Einfach. **Untergrund:** Schotterasen/befestigt.
📅 01/01-31/12.

Chiusa 23E1
Gamp, Via Gries 10. **GPS:** n46,64128 o11,57244.

20 🅿️ € 14,50-16/24 Std 2 Pers. + 2 Kinder inkl., Hund € 2 ⛽ 💧
Ch. inklusive. **Lage:** Ländlich, einfach. **Untergrund:** Wiese.
📅 01/01-31/12.
Entfernung: 🚶300M 🏪800M vor Ort 🏪Mini Market 🏪100M
🚲vor Ort 🍴vor Ort.

Corvara in Badia 23F1
P Corvara, Strada Planac SS244. **GPS:** n46,54105 o11,88388.

10 🅿️ kostenlos. **Lage:** Ländlich, einfach, abgelegen.
Untergrund: Schotter.
📅 01/01-31/12.
Entfernung: 🚶3,5Km 🛒vor Ort 🏪3,5Km 🚲vor Ort 🍴vor Ort.

Dimaro 23D2
Camper Solander, Loc. Rovina. **GPS:** n46,32488 o10,86215.

10 🅿️ € 20/24 Std, € 10/Nacht ⛽ 💧Ch. WC inklusive.
Untergrund: Schotter. 📅 01/01-31/12.
Entfernung: 🚶500M 🛒vor Ort.
Sonstiges: In der Nähe von Campingplatz Dolomiti.

Dimaro 23D2
Dolomiti, Via Gole. **GPS:** n46,32507 o10,86267.
🅿️ € 20-31 ⛽ 💧Ch. ✔inklusive. **Lage:** Ländlich.
Untergrund: asphaltiert. 📅 01/01-31/12.
Entfernung: 🚲vor Ort 🍴vor Ort.

Eppan 23E1
Camper Stop Eppan, Sillnegg 2. **GPS:** n46,44871 o11,26418.
27 🅿️ € 18/24 Std ⛽💧Ch. 🔌 WC inklusive. **Lage:** Komfortabel,
luxus, ruhig. **Untergrund:** Schotter.
Entfernung: 🚶800M 🍕pizzeria 200M 🏪800M 🏪100M 🚲vor Ort
🍴vor Ort.

Folgaria 23E3
Area Sosta Bucaneve, Via Negheli 87. **GPS:** n45,91849 o11,19255.

25 🅿️ € 8. **Lage:** Einfach. **Untergrund:** Schotterasen.
📅 01/01-31/12.
Entfernung: 🚶300M 🚲100M.
Sonstiges: Anmelden und zahlen beim Rezeption, Golfplatz, Shuttlebus.

Folgaria 23E3
SS3501. GPS: n45,91397 o11,17081.
⛽€1 💧Ch.

Folgarida 23D2
Hotel Belvedere, Piazzale Belvedere. **GPS:** n46,29716 o10,86741.
🅿️ € 15 🔌 €5.
Entfernung: 🛒vor Ort 🏪200M 🚲150M.

Gargazzone 23E1
Weißhof-Keller, Landstrasse 65 SS38. **GPS:** n46,58500 o11,20528.

10 🅿️ € 10 ⛽💧Ch. 🔌€2/24Std WC 💧€1. **Lage:** Ländlich, einfach,
ruhig. **Untergrund:** Wiese/Schotter. 📅 01/01-31/12.
Entfernung: 🚶2km 🚲1,5km ⛲500M 🏪2km vor Ort 🚲vor Ort
🍴vor Ort.
Sonstiges: Reservieren für Weinachtsurlaub, Tel.: +39 (0)473 292448.
Touristinformation Gargazzone:
ℹ️ Consorzio Turistico, Via Maria Trost, 5, Merano, www.meranerland.
com. Ort mit Heilquellen.
🏛 Castel Tirolo, 4km N. de Merano. Heimatmuseum.
📅 01/03-31/12.
🎪 Merano. ⭕ Di, Fr.
🎉 Festa della Città, Merano. ⭕ 1. Wochenende Aug.

Glorenza 23D1
Glurms Camping im Park, > SS41. **GPS:** n46,67067 o10,54520.

40 🅿️ € 12 ⛽💧Ch. 🔌€2 WC 💧. **Untergrund:** Wiese.
Entfernung: 🚶500M 🛒vor Ort.
Sonstiges: Entlang der Etsch.

La Villa in Badia 23F1
Odlina, Strada Ninz, 49. **GPS:** n46,58889 o11,90028.

45 🅿️ Sommer € 25, Winter € 30 ⛽💧Ch. 🔌 WC inklusive 💧€5
🚿€3.
Lage: Ländlich, luxus, ruhig. **Untergrund:** befestigt. 📅 01/01-31/12.
Entfernung: 🚶400M ⛲150M 🏪150M vor Ort 🚲vor Ort 🍴vor
Ort 🏪300M.
Sonstiges: Reservieren für Weinachtsurlaub: info@odlina.it, Saunabe-

Trentino Südtirol

nutzung kostenpflichtig.

Lago 23E2
Via Tresselume. GPS: n46,28291 o11,52557.

30 kostenlos €1 €2 Ch€1 (12x)€2/8Std. Lage: Ländlich, einfach. Untergrund: befestigt. 01/01-31/12. Entfernung: 200M 200M.

Lavarone 23E2
Prà Grando, Via Padova. GPS: n45,93602 o11,27099.

40 € 16,50 Mai/Juni/Juli, € 19 Aug, € 18 Dec-April (3x) €1/3Minuten inklusive. Lage: Ländlich, einfach, ruhig. Untergrund: Wiese/Schotter. 01/05-30/09, 01/12-31/03. Entfernung: 300M 32Km Lago di Lavarone 1km 1km 300M 300M 300M 1Km 1km.

Lavarone 23E2
SS 349, Loc Moar. GPS: n45,94575 o11,26397.

18 € 13/24 Std €0,50 Chkostenlos. Lage: Ländlich, einfach, ruhig. Untergrund: befestigt. 01/01-31/12. Entfernung: 800M Lago di Lavarone 1,9km 500M. Sonstiges: Neben Sportplätzen, max. 72 Std.

Levico Terme 23E2
Area Sosta Camper Valsugana, Loc Pleina. GPS: n46,00691 o11,28706.

50 €19/24 Std Ch WC €4 inklusive. Lage: komfortabel. Untergrund: Wiese. 01/01-31/12. Entfernung: 1,3km 200m, Lido di Levico 1,1km 50M 50M vor Ort vor Ort vor Ort. Sonstiges: Max. 3 Nächte, anmelden an der Rezeption Campingplatz.

Levico Terme 23E2
Area 47, SP1. GPS: n46,00415 o11,28880.

18 € 18, 01/06-30/09 € 25 ChWC inklusive. Lage: Ländlich, komfortabel. Untergrund: asphaltiert. Entfernung: 1,3km vor Ort. Sonstiges: Inkl. Eintritt zum Schwimmbad und Privatstrand.

Moena 23E2
Bar Il Giardino, SS 48 Forno di Moena. GPS: n46,35238 o11,63149.

40 € 12, 01/07-31/08 und 25/12-08/01 € 14 €4 Ch €4/24Std WC. Lage: Ländlich, komfortabel, zentral. Untergrund: Wiese/befestigt. 01/01-31/12. Entfernung: 3,5Km 500M 2km 300M vor Ort vor Ort vor Ort. Sonstiges: Max. 48 Std, Skibus kommt zum Parkplatz.

Molveno 23D2
Area attrezzata per camper Lago di Molveno, Via Lungolago, 25, Loc. Ischia. GPS: n46,14122 o10,95819.

50 € 15-30 Ch inklusive. Lage: Ländlich, einfach, ruhig. Untergrund: befestigt. 01/01-31/12. Entfernung: 800M 200M 200M 100M.

Pergine Valsugana 23E2
Soleando Camperparking, Via al lago 23/A. GPS: n46,05121 o11,23593.

10 € 12 Ch inklusive. Lage: Städtisch, einfach, laut. Untergrund: Schotter. 01/01-31/12. Entfernung: 600M Lago di Caldonazzo 1km 300M 300M 100M vor Ort.

Touristinformation Pergine Valsugana:
www.apt.trento.it. Stadt am Fuß der Dolomiten mit historischem Stadtzentrum.
Palazzo Pretorio, Trento. Kirchliches Museum.

Predazzo 23E2
Latemar 2200, SS48, dir Moena. GPS: n46,32582 o11,59970.

50 kostenlos, Hauptsaison € 7-10/24 Std Chinklusive. Lage: Ländlich, einfach, laut. Untergrund: asphaltiert/Schotter. 01/01-31/12. Entfernung: 2,5Km 2,5Km vor Ort vor Ort vor Ort vor Ort vor Ort. Sonstiges: Parkplatz bei den Skiliften.

Rabbi 23D2
Al Plan, Loc. Plan, Bagni di Rabbi. GPS: n46,40768 o10,79559.

105 € 18-23, 2 Pers. Inkl. Hund € 1 Ch WCinklusive kostenpflichtig. Lage: Ländlich. Untergrund: befestigt. 01/05-30/09. Entfernung: 600M 600M vor Ort vor Ort vor Ort. Sonstiges: Max. 48 Std.

Racines 20E3
Sportzone Ratschings, Belprato, Stanghe. GPS: n46,88254 o11,38383.

20 kostenlos. Lage: Ländlich, einfach. Untergrund: Schotter. 01/01-31/12. Entfernung: 400M 5Km 400M 400M 400M Gilfenklammroute.

Riva del Garda 23D3
Via Monte Brione. GPS: n45,87986 o10,85872.

41 € 0,50/Std, max. € 24/48 Std Chinklusive. Lage: Städtisch, einfach. Untergrund: Schotterasen. 01/11-07/12. Entfernung: 1,5Km 200M. Sonstiges: Max. 48 Std.

Touristinformation Riva del Garda:
Museo Civico, Piazza Battisti.

Rovereto 23E3
Area Camper Quercia, Via Palestrina. GPS: n45,90232 o11,03704.

15 € 8/12 Std, € 16/24 Std Ch WC inklusive. Lage: Einfach. Untergrund: Schotterasen. 01/01-31/12. Entfernung: 1,5Km 2km. Sonstiges: Kaution € 5, Fahrradverleih, Picknick-Tische vorhanden.

Touristinformation Rovereto:
Museo Storico Italiano della Guerra, Via Castelbarco, 7. Kriegsmuseum. Mo-Fr 8.30-12.30 Uhr, 14-18 Uhr 01/01-28/02. Di-So.
Castel Beseno, Besenello.

San Candido 23F1
Area di Sosta Camper, Via Prato alla Drava, 1/A. GPS: n46,73924 o12,36559.

Trentino Südtirol

90 🚐 € 20 🚰🚽 Ch 💧 WC inklusive 🛢 €2. **Lage:** Ländlich, komfortabel, ruhig. **Untergrund:** Schotter. 📅 01/01-31/12. **Entfernung:** 🚶6Km ⛽vor Ort 🛒500M 🍴vor Ort 🏊vor Ort 🎿2km ⛷500M.
Sonstiges: Fahrradverleih, Shuttle-Bus San Candido und Skipisten € 1/pP.

San Guiseppe al Lago   23E2
Posteggio Camper Lago di Caldero, San Guiseppe 18.
GPS: n46,39038 o11,25663. ➡

35 🚐 € 20/Nacht 🚰🚽 Ch 💧 WC 🛢. **Lage:** Ländlich, komfortabel, ruhig. **Untergrund:** Schotter. 📅 13/03-15/11.
Entfernung: 🚶5km Caldero 🏖Privatstrand ⛽50M 🍴Beim Campingplatz 🛒vor Ort 🏊vor Ort 🎿vor Ort.
Sonstiges: Neben Campingplatz, max. 4 Tage.

San Martino di Castrozza   23F2
Area Sosta Tognola, Loc.Tognola. **GPS:** n46,25373 o11,80158. ⬆

90 🚐 € 15 🚰 inklusive Ch 💧 €1/80Minuten. 🚽
Lage: Ländlich, komfortabel, ruhig.
Untergrund: Schotter. 📅 01/01-31/12.
Entfernung: 🚶1,5Km 🛒500M 🍴vor Ort 🏊vor Ort 🎿vor Ort.
Sonstiges: Neben Skilift, kostenloser Bus.

San Vigilio di Marebbe   23F1
Restaurant Pizzeria Rittenkeller, Str. Ras Costa, 2.
GPS: n46,70630 o11,92920. ➡

120 🚐 01/04-30/11 € 25, 01/12-31/03 € 30 🚰🚽 Ch 💧 inklusive.
Lage: Ländlich, einfach, ruhig. **Untergrund:** Schotter.
📅 01/01-31/12.
Entfernung: 🚶600M 🏖500M ⛽vor Ort 🛒600M 🍴600M 🎿vor Ort ⛷600M.
Sonstiges: Neben Skilift, Frühstücksservice, reservieren für Weinachtsurlaub: info@ritterkeller.it.

Santa Cristina Valgardena   23E1
P1 Monte Pana, Strada Pana. **GPS:** n46,55174 o11,71624. ⬆

50 🚐 € 15/24 Std. 🚰 **Lage:** Einfach, abgelegen, ruhig. **Untergrund:** Schotter. 📅 01/01-31/12.
Entfernung: 🚶2,5Km ⛽vor Ort 🛒2,5Km 🏊vor Ort 🎿vor Ort ⛷vor Ort.
Sonstiges: Höhe 1650M, max. 7 Tage, schmale Durchfahrt.

Selva di Val Gardena   23F1
Piz Sella, Strada Plan de Gralba. **GPS:** n46,53204 o11,77230. ⬆

50 🚐 € 12/24 Std.
Lage: Ländlich, einfach. **Untergrund:** Schotter. 📅 01/01-31/12.
Entfernung: 🚶4km 🛒150M 🏊vor Ort 🎿vor Ort.
Sonstiges: Schräge Stellflächen.

Sesto/Sexten   23F1
Caravanpark Sexten, SS52 St Josefstrasse 54.
GPS: n46,66741 o12,39996. ➡

35 🚐 € 23-27 🚰🚽 Ch 💧 4Amp WC inklusive 🛢 €4 🛢 €2.
Lage: Ländlich, luxus, ruhig. **Untergrund:** Schotterasen.
📅 01/01-31/12.
Entfernung: 🚶3Km ⛽vor Ort 🛒vor Ort 🍴vor Ort 🏊vor Ort 🎿900M ⛷vor Ort.
Sonstiges: Max. 48 Std, Sauna und Wellness.

Silandro   23D1
Via Ospedale, Silandro/Schlanders. **GPS:** n46,62721 o10,78185.

🚐 € 3. **Untergrund:** Schotterasen.
Entfernung: 🚶500M 🛒500M.

Smarano   23E2
Area Sosta Ostaria del Filò, Viale Merlonga 48/a.
GPS: n46,34962 o11,10956. ⬆

43 🚐 € 10-13 🚰🚽 Ch 💧 WC 🛢 €1 🔌. **Untergrund:** Wiese. 📅 01/01-31/12.
Entfernung: 🚶1Km ⛽vor Ort.
Sonstiges: Anmeldung bei Restaurant.

Solda   23D1
GPS: n46,51448 o10,59578.
25 🚐 kostenlos. **Lage:** Einfach. **Untergrund:** Schotter.
📅 01/01-31/12. **Entfernung:** 🚶1Km ⛽100M 🏊vor Ort 🎿vor Ort.

Tirolo   23E1
Schneeburghof, Monte Benedetto 26. **GPS:** n46,67789 o11,16495.

20 🚐 € 23 🚰🚽 Ch 💧 inklusive. **Lage:** Komfortabel.
Untergrund: Schotter.
Entfernung: 🏊vor Ort.
Sonstiges: Brötchenservice, am Schwimmbad (Sommer).

Tonadico   23F2
Lanterna Verde, Via Zocchet 10. **GPS:** n46,18216 o11,84318. ➡

46 🚐 € 16 🚰🚽 Ch 💧 WC inklusive. **Lage:** Ländlich, komfortabel, ruhig. **Untergrund:** Schotterasen. 📅 01/01-31/12.
Entfernung: 🚶1Km ⛽100M 🛒1Km 🍴vor Ort 🏊vor Ort 🎿15Km ⛷15Km.
Sonstiges: Max. 48 Std, Anmeldung bei Restaurant.

Trento   23E2
P Zuffo, Loc. Vela. **GPS:** n46,07650 o11,11050. ⬆➡

20 🚐 € 5 🚰 €1 🚽 Ch.
Lage: Einfach, laut. **Untergrund:** asphaltiert. 📅 01/01-31/12.
Entfernung: 🚶1,8Km 🚲150M 🚌200M.
Sonstiges: Max. 48 Std.

Trento   23E2
Camper Trento Park, Via Brennero, 181. **GPS:** n46,09438 o11,11335.
200 🚐 € 12/24 Std 🚰🚽 Ch 💧 inklusive 🛢 €1 🔌.
Untergrund: asphaltiert. 📅 01/01-31/12.
Entfernung: 🚶Stadtmitte 3Km 🚲2km ⛽400M 🛒400M Bus 3-11-17 > Stadtmitte.
Sonstiges: Besuch 2015: geschlossen Wegen Umbau.

Trento   23E2
Parking Trentino, Via Santi Cosma e Damiano 64.
GPS: n46,07674 o11,10411. ⬆

20 🚐 € 15 🚰🚽 Ch 💧 inklusive. **Lage:** Städtisch, einfach, laut.
Untergrund: Schotterasen. 📅 01/01-31/12.
Entfernung: 🚶1,8Km 🚲300M ⛽300M bus > Stadtmitte 15 Min.
Sonstiges: Für Eintrittskode anrufen: 3389004043 Mr. Pisetta.

Italien

Trentino Südtirol - Lombardei

Trento 23E2
P3 Giardino Botanico Fondo Viote, SP85.
GPS: n46,02445 o11,03973.

100, 4-10/10 Std, übernachten kostenlos. **Lage:** Ländlich, einfach, abgelegen, ruhig. **Untergrund:** asphaltiert. 01/01-31/12.
Entfernung: 18km Trento 150M vor Ort vor Ort vor Ort vor Ort.
Sonstiges: Höhe 1450M, max. 48 Std.

Tres 23E2
Batuda, SP della Predaia. **GPS:** n46,32040 o11,10202.

15 € 12/24 Std Ch WC inklusive. **Lage:** Ländlich.
Untergrund: Schotterasen/befestigt. 01/01-31/12.
Entfernung: 800M.

Vezzano 23D2
Vecchio Mulino, SS45bis. **GPS:** n46,07684 o11,01980.
10. **Lage:** Ländlich, einfach.
Untergrund: Wiese. 25/04-10/11.
Entfernung: vor Ort.

Lombardei

Alzano Lombardo 23C3
Via Europa. GPS: n45,73690 o9,72007.

3. **Untergrund:** asphaltiert. Sa 6-15 Uhr Markt.
Sonstiges: Am Sportpark.

Biassono 23B3
Via al Parco/Via della Sciavatera. GPS: n45,63102 o9,28865.

10 kostenlos Ch kostenlos. **Lage:** Ländlich, einfach, abgelegen. **Untergrund:** asphaltiert. 01/01-31/12.
Entfernung: 500M. Centro Commerciale Vilasanta 4km Zug > Mailand 500M.

Borgofranco sul Po 26E1
Via Filipo Turati. GPS: n45,04775 o11,20524.

4 kostenlos Ch kostenlos. **Lage:** Einfach, ruhig.
Untergrund: Wiese. 01/01-31/12. Wasser: mit Frost.
Entfernung: 600M 1Km 200M 300M 200M 200M.

Bormio 23C1
Bormio 2000, Via Battaglion Morbegno. **GPS:** n46,46260 o10,37190.

8/24 Std Ch inklusive. **Untergrund:** Sand. 01/01-31/12.
Entfernung: 500M 500M vor Ort.
Sonstiges: Parkplatz Drahtseilbahn, Ver-/Entsorgung Passanten € 5.
Touristinformation Bormio:
Ufficio Informazioni e di Accoglienza Turistica, Via Roma, 131/b.
Alpenstadt, großes Wintersportgebiet, auch Sommerski.
Parco Nazionale dello Stelvio. Region mit 50 Gletscherseen und hohen Bergspitzen. Zugänglich über Bormio.

Brescia 23C3
Agriturismo Cascina Maggi, Via della Maggia 3.
GPS: n45,51232 o10,23634.

16 € 15 Ch inklusive. **Untergrund:** befestigt. 01/01-31/12.
Entfernung: 2,5Km vor Ort 500M vor Ort.
Sonstiges: Anmelden bei Hotel, Samstag Markt.

Campione 23D3
Area Camper Campione del Garda, Via Verdi.
GPS: n45,75651 o10,74985.

30 € 15/24 Std. **Untergrund:** ungepflastert. 01/04-31/10.
Entfernung: 500M vor Ort 200M.

Capo di Ponte 23C2
Concarena, Via Santo Stefano. **GPS:** n46,02447 o10,34325.

12 € 8/24 Std, 1/10-28/2 kostenlos Ch WC inklusive.
Untergrund: asphaltiert. 01/01-31/12.

Carenno 23B3
Via per il Colle. GPS: n45,79952 o9,46606.
8 € 5 Ch inklusive. **Untergrund:** asphaltiert. 01/01-31/12.
Entfernung: 250M. **Sonstiges:** Neben Sportplatz, max. 72 Std.

Certosa di Pavia 26B1
Parking Certosa, Via di Vittorio, SP27. **GPS:** n45,25735 o9,14161.

20 € 15/24 Std Ch WC kostenlos. **Lage:** Einfach.
Untergrund: Wiese/Schotter. 01/01-31/12. kein Wasser im Winter. **Entfernung:** 1Km 200M vor Ort vor Ort.
Sonstiges: Kloster Certosa di Pavia 450M.

Chiavenna 23B2
Piazzale Leonardo da Vinci, Via A. Moro, SS36.
GPS: n46,31424 o9,39631.

kostenlos Ch kostenlos. **Untergrund:** asphaltiert.
Entfernung: 800M 200M.

Chiesa in Valmalenco 23C2
Loc. Vassalini. GPS: n46,27020 o9,85670.

kostenlos €3. **Untergrund:** Schotter.
Entfernung: 1Km 200M.

Clusone 23C3
Busgarina, Via Vago 6, loc Fiorine. **GPS:** n45,87312 o9,91642.

80 € 13 Ch (33x) €2 €1/7Minuten. 01/01-31/12.
Entfernung: vor Ort.

Clusone 23C3
Viale Vittorio Emanuele. GPS: n45,88926 o9,95812.

5 kostenlos Ch kostenlos. **Untergrund:** asphaltiert.

Lombardei

 01/01-31/12.
Entfernung: 600M vor Ort. **Sonstiges:** Max. 48 Std.

Colico 23B2
L'Ontano, Via Montecchio Nord. **GPS:** n46,14213 o9,37452.

25 € 20/24 Std Ch WC €1/3Minuten.
Untergrund: befestigt. 01/02-31/12.
Entfernung: 500M vor Ort vor Ort.
Sonstiges: Aussicht über Comosee.

Como 23B3
Area Camper Como, Via Brennero 7, Tavernola.
GPS: n45,83518 o9,06140.

10 € 0,50/Std, € 12/24Std €1,50 Ch €2,50 €1/kWh.
Lage: Komfortabel. **Untergrund:** Schotterasen. 01/01-31/12.
Entfernung: Zentrum Como 4,5Km 800M 400M 200M
 vor Ort vor Ort.

Como 23B3
Via Aldo Moro. GPS: n45,80286 o9,09155.

3 € 0,50/Std €1,50 Ch €2,50 €0,50/kWh.
Lage: Städtisch, zentral, laut. **Untergrund:** asphaltiert.
 01/01-31/12.
Entfernung: Zentrum 1Km 150M 100M.

Costa Volpino 23C3
Via Nazionale 24.
GPS: n45,82298 o10,08680.
25 € 12/24 Std Ch WC €1. 01/01-31/12.
Entfernung: 900M vor Ort 100M vor Ort vor Ort.
Sonstiges: Am See.

Cremona 26C1
Piazzale della Croce Rossa, Via Mantova.
GPS: n45,13744 o10,03464.

kostenlos Ch kostenlos.
Lage: Einfach.
Untergrund: asphaltiert. 01/01-31/12.
Entfernung: vor Ort 3Km vor Ort 200M vor Ort.
Sonstiges: In der Nähe vom Stadion.

Desenzano del Garda 23D3
Area Sosta Camper La Spiaggia, Via Vò, 19.
GPS: n45,48747 o10,52180.

100 € 12/24 Std Ch inklusive WC.
Untergrund: Schotter.
 01/01-31/12.
Entfernung: 200M Pizzeria Stella Del Garda 10M vor Ort.
Sonstiges: Videoüberwachung, Grillplatz.

Esine 23C3
Fontanelle on the Road, Via Toroselle 12, SS42.
GPS: n45,90302 o10,21820.

15 Ch. **Untergrund:** Wiese. 01/01-31/12.
Entfernung: 4Km vor Ort.

Gandino 23C3
Via Giovanni Pascoli. **GPS:** n45,81286 o9,90538.

2 kostenlos Ch kostenlos. **Untergrund:** Schotterasen.
 01/01-31/12.
Entfernung: Altstadt 250M. **Sonstiges:** Max. 48 Std.

Gavirate 23A3
Via Cavour. **GPS:** n45,83913 o8,72105.

30 € 8/Tag €2 Ch €1 €1/12Std.
Lage: Ländlich, einfach, ruhig. **Untergrund:** Schotterasen.
 01/01-31/12.
Entfernung: 200M 10M vor Ort vor Ort vor Ort.
Sonstiges: Am Varesesee, Markt am Freitag.

Germignaga 23A3
Via A. Bodmer. **GPS:** n45,99630 o8,72421.

6 € 1,50/Std, € 15/24 Std €1 Ch €3 WC.
Lage: Einfach, zentral, ruhig.
Untergrund: asphaltiert. 01/01-31/12.
Entfernung: 500M vor Ort vor Ort 500M 500M.
Sonstiges: Max. 48 Std, Schlüssel Strom an der Kasse.

Iseo 23C3
Viale Europa. **GPS:** n45,65396 o10,04449.

kostenlos. **Untergrund:** ungepflastert. 01/01-31/12.
Entfernung: 1km 250M 600M.
Touristinformation Iseo:
 I.A.T. (Ufficio Informazioni e di Accoglienza Turistica), Lungolago Marconi, 2. Altes Fischerdorf.
 Wochenmarkt. Fr.

Lecco 23B3
Via Arturo Toscanini, Loc. Bione di Lecco. **GPS:** n45,83136 o9,40779.

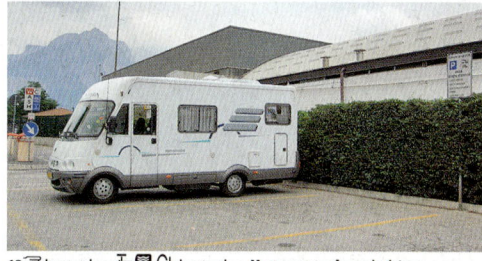

12 kostenlos Ch kostenlos. **Untergrund:** asphaltiert.
 01/01-31/12.
Entfernung: 2,8Km. **Sonstiges:** Am See von Garlate, Radwegen.

Livigno 23C1
Aquafresca, Via Palipert 374. **GPS:** n46,50713 o10,11952.
Ch WC. 01/01-31/12.
Entfernung: vor Ort vor Ort.
Sonstiges: Kostenloser Bus.

Livigno 23C1
Stella Alpina, Via Palipert 570. **GPS:** n46,50515 o10,11958.

28 € 15 Ch €3 WC.
Untergrund: Schotter. 01/01-31/12.
Entfernung: 400M Kostenloser Bus vor Ort.
Sonstiges: Freier Shuttlebus zu den Skiliften.

Livigno 23C1
Trepalle, SS301. **GPS:** n46,52655 o10,17578.

50 € 10 Ch kostenlos. **Untergrund:** asphaltiert.
Entfernung: Livigno 6,6km 200M Alle 40 Minuten Bus nach Livigno vor Ort. **Sonstiges:** Höhe 2000M.
Touristinformation Livigno:
 Latteria di Livigno, Via Pemonte 911. Entdecken Sie die Geheimnisse der Milchprodukte aus Livigno. Mittwochs gibt es die Möglichkeit der Zubereitung von Gerichten, Kosten € 7, ab 14 Uhr. Sommer Mo-Fri 8-20 Uhr.

Lodrino 23C3
Via Kennedy, Localité Dade. **GPS:** n45,71450 o10,28107.

Italien

Lombardei

3 ⓈⓀⓀⓈⓀ kostenlos ⛽♻Ch⚡ kostenlos. **Untergrund:** asphaltiert. 📅 01/01-31/12. **Entfernung:** 🛒500M.

♿Ⓢ Luino 23A3
Via Gorizia. **GPS:** n45,97255 o8,75275.⬆➡.

16 Ⓢ € 9 ♻Ch. **Lage:** Ländlich, abgelegen, ruhig. **Untergrund:** asphaltiert/Wiese. 📅 01/01-31/12. **Entfernung:** 🛒3Km ⊗ vor Ort 🏊3Km.
Sonstiges: Am Sportplatz.

♿Ⓢ Maccagno 23A2
Via Virgilio Parisi. **GPS:** n46,04010 o8,73545.⬆➡.

18 Ⓢ kostenlos ⛽ kostenlos. **Lage:** Ländlich, einfach, zentral, ruhig. **Untergrund:** Schotter.
Entfernung: 🛒300M 🏖200M 🚂200M ⊗300M 🛒300M 🚗300M
🏊 vor Ort 🎾 vor Ort.
Sonstiges: Am Sportzentrum, max. 72 Std, Markt am Freitag.

♿Ⓢ Magnacavallo 26E1
Via Salvador Allende. **GPS:** n45,00587 o11,17906.⬆➡.

4 Ⓢ kostenlos ⛽♻Ch kostenlos. **Lage:** Einfach.
Untergrund: asphaltiert. 📅 01/01-31/12.
Entfernung: 🛒200M ⊗200M 🛒200M 🚲50M.
Sonstiges: Am Sportpark.

♿Ⓢ Mandello del Lario 23B3
Area Cima, Via Giulio Cesare. **GPS:** n45,91830 o9,31589.➡.

12 Ⓢ € 10 ⛽♻Ch. **Untergrund:** asphaltiert. 📅 01/01-31/12.
Entfernung: 🛒800M Lago di Lecco 400m.

♿Ⓢ Mantova 26D1
Parco Paganini, Via Fiera 11, Grazie di Curtatone.
GPS: n45,15333 o10,69111.⬆➡.

108 Ⓢ € 12 ⛽♻Ch⚡WC inklusive. **Lage:** Einfach, zentral.
Untergrund: asphaltiert/Wiese. 📅 01/03-13/11.
Entfernung: 🛒300m, Mantova 6km ⊗300M 🛒4Km, Bäckerei 300M.

♿Ⓢ Mantova 26D1
Sparafucile, Via Legnago 1/a. **GPS:** n45,16336 o10,81244.⬆➡.

54 Ⓢ € 10/12-12 Uhr, € 15/24 Std ⛽♻Ch⚡WC inklusive 🚿.
Lage: Komfortabel, luxus, ruhig.
Untergrund: Wiese/befestigt.
📅 01/01-31/12.
Entfernung: 🛒1Km 🏊4Km ⊗500M 🛒500M vor Ort 🎾 vor Ort.
Sonstiges: Donnerstag Markt.

🅿 Mantova 26D1
Anconetta. **GPS:** n45,15322 o10,79864.⬆.

Ⓢ kostenlos. **Lage:** Städtisch, einfach. **Untergrund:** asphaltiert.
📅 01/01-31/12.
Entfernung: 🛒Stadtmitte 800M 🛥 vor Ort.
Sonstiges: Jachthafen.

♿Ⓢ Menaggio 23B2
Via Armando Diaz 12. **GPS:** n46,02454 o9,23900.
20 Ⓢ kostenlos. 📅 01/01-31/12.
Entfernung: 🛒550M 🛥 vor Ort 🚌 vor Ort.

♿Ⓢ Merate 23B3
Via Papa Giovanni Paolo I, loc. Sartirana. **GPS:** n45,71326 o9,41865.⬆.

10 Ⓢ € 5,50 ⛽♻Ch⚡. **Untergrund:** Schotterrasen.
Sonstiges: Max. 72 Std.

♿Ⓢ Milano 26B1
Ripamonti SNC, Via Ripamonti 481, Mailand (Milano).
GPS: n45,40914 o9,20937.

30 Ⓢ € 20/24 Std ⛽♻Ch⚡€5 WC inklusive.
Untergrund: asphaltiert. **Entfernung:** ⊗vor Ort 🚌Meiland 40Min.
Sonstiges: überwachter Parkplatz.

♿Ⓢ Milano 26B1
Camper Village Linate Parking, Viale Enrico Forlanini, 123, Mailand (Milano). **GPS:** n45,46245 o9,27024.⬆.
3 Ⓢ € 20/24 Std. **Lage:** Städtisch. **Untergrund:** befestigt.
📅 01/01-31/12.
Entfernung: 🛒Stadtmitte 7Km 🚌N 74 > Stadtmitte.

♿Ⓢ Milano 26B1
Agriturismo Cascina Gaggioli, Via Selvanesco 25, Mailand (Milano). **GPS:** n45,41785 o9,19578.⬆.
8 Ⓢ € 20 ⛽⚡WC. **Untergrund:** befestigt.
Entfernung: 🛒6Km ⊗500M 🚌250M.

Touristinformation Mailand (Milano):
Ⓜ Castello Sforzesco.
⛪ Duomo. Geschichte der gotischen Architektur. Di-So.
🎭 Via Fauché. Di, Sa.
🛍 Mercatone del Naviglio Grande, Naviglio Grande. Antiquitätenmarkt, 400 Marktbuden. 📅 Letzten So des Monats.
🏛 Galleria.

♿Ⓢ Moglia 26E2
Via Tazio Nuvolari. **GPS:** n44,93639 o10,91582.⬆.

14 Ⓢ kostenlos ⛽♻Ch kostenlos. **Untergrund:** asphaltiert.
📅 01/01-31/12. **Entfernung:** 🛒300M 🛣A22 7Km ⊗300M.
Sonstiges: Am Schwimmbad.

♿Ⓢ Monte Marenzo 23B3
Via Papa Giovanni. **GPS:** n45,77639 o9,45222.⬆.

6 Ⓢ kostenlos ⛽♻ kostenlos. **Untergrund:** Schotter.
📅 01/01-31/12. **Entfernung:** 🛒300M.

♿Ⓢ Monzambano 26D1
Area attrezzata camper Comunale di Monzambano, Via Degli Alpini n. 9. **GPS:** n45,38916 o10,69277.⬆➡.

130 Ⓢ € 13/24 Std ⛽♻⚡ (24x) 💧€0,50 🚿inklusive.
Untergrund: Schotter. 📅 01/01-31/12.
Entfernung: 🛒200M ⊗100M 🛒300M, Bäckerei 100M vor Ort 🎾 vor Ort.
Sonstiges: Max. 48 Std, Markt am Sonntag.

♿Ⓢ Morbegno 23B2
Area Sosta Camper Morbegno, Via del Foss.
GPS: n46,14419 o9,57500.⬆.
22 Ⓢ € 10 ⛽♻Ch⚡🚿 inklusive.
Lage: Ländlich.
Untergrund: Schotterrasen. 📅 01/01-31/12.
Entfernung: 🛒Altstadt 500M ⊗100M 🎿Skibus vor Ort.

♿Ⓢ Niardo 23C2
Area di sosta Mr. Sanders, Località Crist.
GPS: n45,97690 o10,31959.⬆.

Lombardei

20 🚐 € 10 🚰 Ch 🚿€2 WC 🚻.
Untergrund: befestigt. 📅 01/01-31/12.
Entfernung: 🚶Niardo 1,3km 🛒vor Ort ⊗vor Ort.
Sonstiges: Brötchenservice.

📷S Nova Milanese 🛒 23B3
Via G. Brodolini. **GPS:** n45,58298 o9,19668. ⬆➡.

4 🚐kostenlos 🚰🔌kostenlos. **Lage:** Städtisch, einfach.
Untergrund: asphaltiert. 📅 01/01-31/12.
Entfernung: 🚶500M 🛒1,6Km 🛒200M.
Sonstiges: Videoüberwachung.

📷 Novate Mezzola 🌊 23B2
Via al Lido. **GPS:** n46,21083 o9,45000. ⬆➡.

25 🚐kostenlos. **Untergrund:** Wiese/Schotter. 📅 01/01-31/12.
Entfernung: 🚶800M 🏊40M 🛒800M 🚲vor Ort.
Sonstiges: Am Mezzola See, ausgeschilderte Radwegen.

📷S Olginate 23B3
Via Cesare Cantù. **GPS:** n45,79523 o9,41610. ⬆.

46 🚐 € 14/24 Std 🚰Ch 🚿inklusive. **Untergrund:** befestigt.
📅 01/01-31/12. 📅 Do>16U-Fr<16U (Markt).
Entfernung: 🚶200M 🛒vor Ort.
Sonstiges: Am Olginate See.

📷S Pizzighettone ⛪ 26C1
Via De Gasperi. **GPS:** n45,18538 o9,79402. ⬆➡.

4 🚐kostenlos 🚰🔌Chkostenlos. **Lage:** Einfach.
Untergrund: Schotter. 📅 01/01-31/12.
Entfernung: 🚶400M 🏊300M 🛒Lidl 100M.

📷S Rovetta 23C3
Campo sportivo, Via Papa Giovanni XIII. **GPS:** n45,88392 o9,98214. ⬆.

3 🚐kostenlos 🚰🔌Ch. **Untergrund:** asphaltiert.
Entfernung: 🚶400M.
Sonstiges: Parkplatz an der Sporthalle.

🍴S Ruino 🌿🍽🏞💐 26B2
Agriturismo Adriana Tarantani, Loc. Tre Venti.
GPS: n44,92833 o9,26311. ⬆.

6 🚐für Gäste kostenlos 🚰🔌Ch🚿. **Lage:** Ländlich, einfach.
Untergrund: Wiese/Schotter. 📅 01/01-31/12.
Entfernung: 🚶1Km 🛒vor Ort 🛒100M.

📷S Sabbioneta 26D2
Via Piccola Atene. **GPS:** n44,99459 o10,48849. ⬆➡.

15 🚐kostenlos 🚰🔌Chkostenlos. **Lage:** Einfach, ruhig.
Untergrund: befestigt. 📅 01/01-31/12.
Entfernung: 🚶200M ⊗400M 🛒500M.

📷S San Benedetto Po 🌿 26E1
Via Cardinal Ruffini. **GPS:** n45,04292 o10,93432. ⬆.
4 🚐kostenlos 🚰🔌Chkostenlos. **Untergrund:** asphaltiert.
📅 01/01-31/12. **Entfernung:** 🚶500M 🚲vor Ort.

🍴S Santa Caterina Valfurva 23D2
Agriturismo Zia Edda, Via Forni, loc. Nassegno.
GPS: n46,40917 o10,50833. ⬆➡.

3 🚐 € 12 🚰🔌Ch 🚿€3. **Untergrund:** Wiese.
Entfernung: 🚶500M 🛒vor Ort 🛒vor Ort.

📷S Saronno 23B3
Via E.H.Griegh. **GPS:** n45,61265 o9,04274. ⬆.

2 🚐kostenlos 🚰 €1/100Liter 🔌Ch. **Lage:** Einfach, einfach.
Untergrund: asphaltiert. 📅 01/01-31/12.
Entfernung: 🚶1,5Km 🛒3,5Km ⊗500M 🛒200M.

📷 Saronno 23B3
Via Dalmazia 11. **GPS:** n45,62446 o9,02469. ⬆.

2 🚐kostenlos.
Lage: Städtisch, zentral. **Untergrund:** Beton. 📅 01/01-31/12.
Entfernung: 🚶vor Ort 🛒2km ⊗1km 🛒1km.
Sonstiges: Max. 24 Std.

📷S Sartirana Lomellina 26A1
Via Cavour. **GPS:** n45,11337 o8,66936. ⬆➡.

3 🚐kostenlos 🚰€2/100Liter 🔌Ch. **Lage:** Einfach.
Untergrund: asphaltiert. 📅 01/01-31/12 📅 Sa-Morgen Markt.
Entfernung: 🚶100M 🛒200M 🛒100M 🛒vor Ort.

📷S Sirmione 🌊 23D3
Camper Park Sirmione, Via Cantarane. **GPS:** n45,46083 o10,63333. ⬆.

150 🚐 € 20/24 Std, € 11/20.30-9.30 Uhr 🚰🔌Ch 🚿€3 🚻inklusive.
Untergrund: Schotter. 📅 15/03-31/10.
Entfernung: 🚶1,5Km 🏊Gardasee ⊗100M 🛒1Km 🛒100M.

📷S Sirmione 🌊 23D3
Piazzale Montebaldo. **GPS:** n45,48694 o10,61028. ⬆➡.

21 🚐ab € 2,50 1/2 Std bis € 21/24 Std 🚰🔌ChWC.
Untergrund: asphaltiert. 📅 01/01-31/12.
Entfernung: 🚶200M 🏊vor Ort ⊗50M 🛒200M.

📷S Sondrio ⛰❄ 23C2
Area Sportiva, Via Vanoni. **GPS:** n46,16064 o9,86957. ⬆.

6 🚐kostenlos 🚰🔌Chkostenlos. **Untergrund:** asphaltiert.
Entfernung: 🚶600M.
Sonstiges: Parkplatz Sportpark.

📷S Stezzano 23B3
Via Pietro Mascagni. **GPS:** n45,65594 o9,65301. ⬆.

Lombardei - Venetien

⬛kostenlos ⬛Chkostenlos. **Untergrund:** asphaltiert.

Ⓢ **Sulzano** 23C3
Parking Gerolo, Via Tassano 14. **GPS**: n45,68830 o10,10341. ⬆➡

25 ⬛€ 15/24 Std, € 10/Nacht ⬛Ch⬛WC.
Untergrund: Wiese. 01/01-31/12.
Entfernung: 300M Lago Iseo 400m 300M.

Ⓢ **Ternate** 23A3
Via Roma. **GPS**: n45,78006 o8,69780. ⬆➡

8 ⬛€ 10 ⬛Ch (4x)kostenlos. **Lage:** Einfach, zentral, ruhig.
Untergrund: ungepflastert. 01/01-31/12.
Entfernung: 200M vor Ort vor Ort 100M 200M vor Ort vor Ort.
Sonstiges: Am Comabbio See.

Ⓢ **Tirano** 23C2
Area Camper Tirano, Via Polveriera/Via Sala Piero.
GPS: n46,21361 o10,15722. ⬆➡

20 ⬛€ 15/24 Std ⬛Ch inklusive. **Lage:** Komfortabel.
Untergrund: Schotterasen. 01/01-31/12.
Entfernung: 1km Bahnhof 800M.

Touristinformation Tirano:
ℹ Bernina Express. Höchste Bahn-Transversale der Alpen, die Reise in den Panoramawagen der Rhätischen Bahn führt von Tirano (It) nach Chur (Ch), UNESCO Weltkulturerbe. T ± € 100/pp Hin- und Rückfahrt (Tirano-Chur), ± € 45/pp Hin- und Rückfahrt (Tirano-Pontresina).

Ⓢ **Torbole** 23D3
Camperstop Torbole, Via Al Cor. **GPS**: n45,87264 o10,87260. ⬆➡

120 ⬛€ 20-34 ⬛Ch WC inklusive. **Untergrund:** Wiese.
01/01-31/12.
Entfernung: vor Ort vor Ort vor Ort vor Ort.

Sonstiges: Am Gardasee.

Ⓢ **Treviglio** 23B3
Via al Malgari. **GPS**: n45,53142 o9,59710. ⬆➡

4 ⬛kostenlos ⬛Chkostenlos. **Untergrund:** befestigt.
01/01-31/12. **Entfernung:** 700M 400M.
Sonstiges: Am Sportpark.

Ⓢ **Varzi** 26B2
Strada Circonvallazione. **GPS**: n44,82172 o9,19727. ⬆➡

30 ⬛kostenlos, Sommer € 5 ⬛Ch⬛WCkostenlos. **Lage:** Einfach, zentral. **Untergrund:** asphaltiert/befestigt. 01/01-31/12.
Entfernung: 200M 50M 50M.
Sonstiges: An Staffora-ufer, Markt am Freitag.

Venetien

Ⓢ **Arquà Polesine** 26F1
Ostello Canalbianco, SS 16, n15. **GPS**: n44,99665 o11,76243.
12 ⬛€ 10 ⬛Ch WC.
Entfernung: vor Ort.

Ⓢ **Asiago** 23E3
P Verdi Mosele, SS349, Via Giuseppe Verdi.
GPS: n45,87129 o11,50026. ⬆

20 ⬛€ 1/U, € 4/Tag. **Untergrund:** asphaltiert. 01/01-31/12.
Entfernung: 300M 500M.

Ⓢ **Asolo** 23F3
Area Camper Communale, Via Forestuzzo.
GPS: n45,79637 o11,91283. ⬆➡

20 ⬛€ 7/24 Std ⬛Ch (14x)inklusive.
Lage: Ländlich, komfortabel.
Untergrund: Wiese/Sand. 01/01-31/12.
Entfernung: 400M 400M 400M.
Sonstiges: Eintritt 8-19.30 Uhr, Grillplatz, Picknickplatz vorhanden.

Ⓢ **Auronzo di Cadore** 23F1
Taiarezze, SR48, Via Reaneloc. **GPS**: n46,56217 o12,41640. ⬆

30 ⬛€ 12, 01/07-31/08 und 24/12-06/01 € 18 ⬛Chinklusive. **Lage:** Ländlich, einfach, ruhig. **Untergrund:** asphaltiert.
01/01-31/12.
Entfernung: 1,5Km vor Ort vor Ort vor Ort vor Ort 1,6Km 1,6Km.
Sonstiges: Max. 48 Std, Zahlung nur mit Münzen.

Ⓢ **Barbarano Vicentino** 26E1
Viale Vittorio Veneto 66. **GPS**: n45,40725 o11,54654. ⬆

3 ⬛kostenlos ⬛kostenlos. **Untergrund:** asphaltiert.
01/01-31/12. **Entfernung:** 200M 200M 200M.

Ⓢ **Bardolino** 23D3
Parking Serenella, Via Gardesana dell'Acqua.
GPS: n45,56115 o10,71412. ⬆➡

10 ⬛€ 17/24 Std ⬛Chinklusive. **Lage:** Ländlich, einfach, ruhig.
Untergrund: Schotterasen. 01/01-31/12.
Entfernung: 2km vor Ort vor Ort vor Ort Lidl 2Km vor Ort vor Ort.

Touristinformation Bardolino:
ℹ I.A.T. (Ufficio Informazioni e di Accoglienza Turistica), Piazzale Aldo Moro.

Ⓢ **Bassano del Grappa** 23F3
Parcheggio Gerosa, Via Alcide de Gasperi.
GPS: n45,75831 o11,73091. ⬆➡

20 ⬛€ 12/24 Std ⬛Ch inklusive. **Untergrund:** asphaltiert.
01/01-31/12.
Entfernung: 300M 300M 300M vor Ort.
Sonstiges: Max. 48 Std.

Ⓢ **Bassano del Grappa** 23F3
Prato Santo Caterina, Via Chini 6. **GPS**: n45,76009 o11,73413.
⬛kostenlos.
Entfernung: vor Ort.

Ⓢ **Belluno** 23F2
Rio Cavalli, Via Sagrogna 74. **GPS**: n46,15646 o12,26136. ⬆

Venetien

20 🛏 € 15 🚰 💧 €5 WC 📶.
Lage: Komfortabel, zentral, ruhig. **Untergrund:** Wiese/Sand.
📅 01/01-31/12.
Entfernung: 🚶3Km 🏖6Km 🍽vor Ort ⊗vor Ort 🚆3Km 🚌vor Ort.

| 📷 S | **Belluno** 🏔🍴☕🍺 | 23F2 |

Viale dei Dendrofori, loc. Lamboi. **GPS:** n46,13712 o12,21371. ⬆➡.

12 🛏 8-18 Uhr € 0,80/Std, Nacht kostenlos 🚰💧Chkostenlos.
Lage: Einfach, zentral, laut. **Untergrund:** Schotterasen/befestigt.
📅 01/01-31/12.
Entfernung: 🚶100M ⊗100M 🚆100M.
Sonstiges: In der Nähe von Schwimmbad und Eisbahn.

| 📷 S | **Bibione** 🏖 | 23H3 |

Valle Vecchia, Strada Brussa. **GPS:** n45,62458 o12,95866. ⬆.

100 🛏 € 10/08-18U, übernachten kostenlos 🚰kostenlos WC 💧.
Lage: Ländlich, einfach, abgelegen, ruhig. **Untergrund:** Wiese.
📅 01/01-31/12.
Entfernung: 🚶12Km 🏖Sandstrand 250M ⊗12Km 🚆12Km 🚌vor Ort 🚶vor Ort.
Sonstiges: Tagsüber überwacht, Dusche während Öffnungszeiten, Hunde erlaubt am Strand.

| 📷 S | **Borghetto di Valeggio sul Mincio** 🏔 | 26D1 |

Camper Parking Visconteo, Strada provinciale 55.
GPS: n45,35537 o10,72017. ⬆.
60 🛏 €10/24 Std 🚰 €3 💧Ch 💧€2/24 Std. **Lage:** Ländlich, komfortabel. **Untergrund:** Schotter. 📅 01/01-31/12.
Entfernung: 🚶vor Ort 🏖Gardasee 13Km ⊗250M 🚌vor Ort 🚶vor Ort.
Sonstiges: Borghetto 200M.

| 📷 S | **Castelguglielmo** | 26E1 |

Via Alessandro Volta. **GPS:** n45,02246 o11,53518. ⬆➡.

10 🛏 kostenlos 🚰💧Ch 💧kostenlos. **Untergrund:** befestigt.
Entfernung: 🚶500M 🚆500M.

| 📷 S | **Cavallino-Treporti** 🏖🌊 | 23G3 |

Spiaggia di Cà Ballarin, Via Gabrielle Berton.
GPS: n45,45998 o12,51659. ⬆.

4 🛏 kostenlos. **Lage:** Ländlich, einfach, ruhig.
Untergrund: Sand.
📅 01/05-31/10.
Entfernung: 🚶1Km 🏖vor Ort 🍽vor Ort ⊗vor Ort 🚆1Km 🚌300M.
Sonstiges: Strandparkplatz.
Touristinformation Cavallino-Treporti:
⛺ Wochenmarkt. 📅 Di-Do Morgen.

| 📷 S | **Chioggia** | 26G1 |

2 Palme, Lungomare Adriatica. **GPS:** n45,22122 o12,29624. ⬆.

100 🛏 € 12, Hauptsaison € 20, So/Feiertage€ 15 🚰💧Ch 💧 (100x) WC inklusive 💧€0,50. 🚌 **Lage:** Städtisch, einfach, zentral. **Untergrund:** Wiese/Schotter. 📅 01/01-31/12.
Entfernung: 🚶Stadtmitte 1,8km 🏖200M.
Sonstiges: Chioggia: klein Venedig.

| 📷 S | **Colà di Lazise** ♨ | 23D3 |

Villa dei Cedri, Via Possoi. **GPS:** n45,46777 o10,74972. ⬆➡.

200 🛏 € 1/Std, 5 Std min 🚰💧Ch 💧inklusive. 🚌
Lage: Ländlich, komfortabel, ruhig. **Untergrund:** Schotterasen.
📅 01/01-31/12. **Sonstiges:** Parco Termale 300M.

| 📷 S | **Conegliano** ☕ | 23F2 |

Area de Sosta Campeggio Club Conegliano, Via San Giovanni Bosco, SS13. **GPS:** n45,87799 o12,30111. ⬆➡.

30 🛏 € 12/24 Std 🚰💧Ch 💧(16x) inklusive WC 💧. **Lage:** Einfach, zentral, ruhig. **Untergrund:** Wiese.
📅 01/01-31/12.
Entfernung: 🚶2km ⊗in der Nähe 🚆vor Ort.

| 📷 S | **Domegge di Cadore Belluno** 🏔❄♨ | 23F1 |

Camping Cologna, Vallesella di Cadore. **GPS:** n46,44605 o12,40658. ⬆.

30 🛏 € 10 🚰💧Ch. **Lage:** Ländlich, einfach, ruhig.
Untergrund: Wiese. 📅 01/05-20/10.
Entfernung: 🚶1Km 🏖Am See 🍽vor Ort ⊗vor Ort 🚆1Km 🚌1Km 🚶vor Ort 🚴vor Ort.
Sonstiges: Max. 24 Std, schmale Durchfahrt.

| 📷 S | **Feltre** | 23F2 |

Area Camper Vincheto, Via Casonetto 158C.
GPS: n46,03124 o11,95911. ⬆.
12 🛏 € 15 🚰💧Chinklusive 💧€3. **Untergrund:** Wiese/befestigt.
📅 01/01-31/12.

| 📷 S | **Feltre** | 23F2 |

Piazzale Pra del Vescovo, Viale A. Gaggia.
GPS: n46,02013 o11,90792. ⬆.

15 🛏 kostenlos 🚰💧Chkostenlos. **Untergrund:** befestigt.
📅 01/01-31/12. **Entfernung:** 🚶500M ⊗500M 🚆500M 🚌500M.
Sonstiges: Max. 48 Std.

| 📷 S | **Ferrara di Monte Baldo** 🏔♨ | 23D3 |

Via Chiesa. **GPS:** n45,67794 o10,85491. ⬆.

16 🛏 kostenlos 🚰💧Chkostenlos 💧(16x)€5/Tag. **Lage:** Ländlich, einfach, abgelegen, ruhig. **Untergrund:** Schotter. 📅 01/01-31/12.
Entfernung: 🚶300M ⊗300M 🚆300M 🚌300M 🚶vor Ort 🚴vor Ort 🌊vor Ort.
Sonstiges: Bezahlen bei der Bar.

| 📷 S | **Garda** 🌊 | 23D3 |

P Centro, SS249. **GPS:** n45,57501 o10,71019. ⬆.

20 🛏 € 17/24 Std 🚰💧Ch WC inklusive. 🚌 **Lage:** Einfach.
Untergrund: befestigt. 📅 01/01-31/12.
Entfernung: 🚶200M ⊗vor Ort 🚆vor Ort.

| 📷 S | **Garda** | 23D3 |

Via Preite. **GPS:** n45,57620 o10,71404. ⬆➡.

30 🛏 € 17/24 Std 🚰💧Chinklusive. 🚌 **Lage:** Ruhig.
Untergrund: Schotterasen. 📅 Ostern-31/10.
Entfernung: 🚶300M 🏖Gardasee 300M.

| 📷 S | **Lazise** 🌊☕ | 23D3 |

Parking Lazise Dardo, Via San Martino, SP31.
GPS: n45,50623 o10,73584.

Italien

Venetien

15 € 17/24 Std. Untergrund: asphaltiert. 01/01-31/12.
Entfernung: 200M 5,8Km 200M 200M 200M.

S Lido di Jesolo 23G3
Area camping Albatros, Via Correr 102/A.
GPS: n45,52477 o12,68995.

131 € 12-32 Ch WC inklusive. Lage: Ländlich, komfortabel, abgelegen, ruhig. Untergrund: Wiese. 01/03-31/10.
Entfernung: 500M 700M 100M 100M 100M 100M.

S Lido di Jesolo 23G3
Boscopineta, Via Vettor Pisani. GPS: n45,52278 o12,69178.

250 € 11-20 Ch WC €1 €5 inklusive.
Lage: Ländlich, komfortabel, zentral. Untergrund: Wiese.
Ostern-31/10.
Entfernung: 100M 400M 250M vor Ort.

S Lido di Jesolo 23G3
Camping Park dei Dogi, Viale Oriente. GPS: n45,52146 o12,68828.

200 € 14-26, 4 Pers. inkl. Ch WC inklusive €0,50 €5
€1/Woche. Lage: Ländlich, komfortabel, zentral, ruhig.
Untergrund: Wiese. 01/01-31/12.
Entfernung: 200M Sandstrand 200M 40M 150M 20M.

S Lido di Jesolo 23G3
Jesolo Camper Don Bosco, Via Oriente/via G.Don Bosco.
GPS: n45,52188 o12,68943.

250 € 11-20 Ch €3 WC €1 €5 inklusive.
Lage: Ländlich, komfortabel. Untergrund: Wiese/Schotter.
01/01-31/12.
Entfernung: 100M 100M vor Ort 100M vor Ort.
Sonstiges: Bus nach Venedig hält vor Reisemobilplatz.

S Livinallongo del Col di Lana 23F1
Sportbar del Ghiaccio, Via Piagn,6 Arabba.
GPS: n46,49678 o11,87692.

50 € 17 Ch (17x)€3/24Std WC €3. Lage: Ländlich, komfortabel, ruhig. Untergrund: Wiese/Schotter. 01/01-31/12.
Entfernung: vor Ort vor Ort 200M 200M vor Ort vor Ort 200M. Sonstiges: An der Eisbahn, Anmeldung in Bar, Ver-/Entsorgung Passanten € 6.

S Malcesine 23D3
Camping Lombardi, Via Navene 141, loc. Campagnola.
GPS: n45,78429 o10,82187.

20 € 18/24 Std, 28/06-01/09 € 21/24 Std Ch €1/24Std
WC inklusive €1,50 nach Verbrauch. Lage: Ländlich, einfach, ruhig. Untergrund: Schotterrasen. 01/04-31/10.
Entfernung: 3Km Gardasee 500M 50M vor Ort vor Ort vor Ort.
Sonstiges: Max. 48 Std.

P Marghera 23F3
Parcheggio Terminal Service, Via dei Petroli 1/3 angolo via della Libertà. GPS: n45,46806 o12,26589.

€ 20/24 Std. Lage: Einfach, zentral, ruhig.
01/01-31/12.
Entfernung: > Venedig.
Sonstiges: überwachter Parkplatz.

S Mirano 23F3
Camper Club Mirano, Via viasana, 4. GPS: n45,49322 o12,08968.

€ 15 Ch inklusive. Lage: Ländlich, komfortabel.
Untergrund: Schotterrasen. 01/01-31/12.
Entfernung: Altstadt 1,5Km 8Km 500M 600M 300M Padua-Venedig.
Sonstiges: Für Eintrittskode email: camperclubmirano@libero.it oder Telefon 3479831010.

S Misurina 23F1
Piazzale Loita, Via Monte Piana. GPS: n46,58839 o12,25737.

50 € 2/Uhr, € 18/Tag Ch inklusive.
Lage: Ländlich, einfach, einfach, zentral, laut. Untergrund: Schotter.
01/01-31/12.
Entfernung: 300M 500M 50M 300M vor Ort vor Ort vor Ort 3Km.
Sonstiges: Max. 48 Std, Barzahlung.

S Misurina 23F1
P camper Rifugio Auronzo, Rifugio Auronzo.
GPS: n46,61267 o12,29342.

40 € 40 Mautstraße inkl., Extranacht € 15. Lage: Ländlich, einfach, abgelegen. Untergrund: Schotter. 01/05-30/10.
Entfernung: Misurina 12Km vor Ort 12Km vor Ort Tre Cime di Lavadero 15Km.
Sonstiges: Schöne Aussicht.

S Molina 23D3
Camper el Crear, Via Bartolomeo Bacilieri 145.
GPS: n45,61229 o10,90855.

20 € 5 kostenlos. Lage: Ländlich, einfach, ruhig.
Untergrund: Wiese/Schotter. 01/01-31/12.
Entfernung: vor Ort vor Ort.
Sonstiges: Max. 48 Std, Bezahlung bei restaurant.

S Montagnana 26E1
Via Circonvallazione. GPS: n45,23528 o11,46639.

20 kostenlos Ch WC kostenlos. Untergrund: asphaltiert.
01/01-31/12. Entfernung: 200M 200M 200M.
Sonstiges: Am Sportzentrum.

S Padova 26F1
P1, Piazza della Pace Ytzhak Rabbin, Via cinquantottesimo Fanteria, Padua (Padova).
GPS: n45,39686 o11,87673.
€ 8-20 Uhr € 10, 20-8 Uhr € 10, 18-10 Uhr € 20.
Untergrund: asphaltiert.
01/01-31/12.
Entfernung: vor Ort 6Km vor Ort vor Ort vor Ort.
Touristinformation Padua (Padova):
Caffe Pedrocchi, Via Oberdan. Café, Treffpunkt von Studenten.
Capella degli Scrovegni. Kapelle.

S Peschiera del Garda 26D1
Area camper Peschiera, Via Milano. GPS: n45,43995 o10,68474.

548 *Italien*

Venetien

100 🚐 € 15/24 Std 🔌Ch 🚽WC 🚿€1 📶inklusive. 🍴
Lage: Einfach, ruhig. **Untergrund:** Schotter. 📅 01/01-31/12.
Entfernung: 🏪200M 🏖1Km 🚌400M 🚗400M vor Ort 🚲 vor Ort 🚶 vor Ort.
Sonstiges: Montag-morgen Markt.

Peschiera del Garda — 26D1
Nuova Area Camper, Via Frassino 11. **GPS:** n45,43115 o10,67500.

80 🚐 € 15 🔌Ch 🚽WC 📶inklusive. 🍴 **Lage:** Ländlich, einfach. **Untergrund:** Schotter. 📅 01/01-31/12.
Entfernung: 🏪1,5Km 🚗300M.
Touristinformation Peschiera del Garda:
ℹ️ Touristische Stadt am Gardasee.
🛍 Mo-Morgen.

Porto Tolle — 26G2
Via strada del Mare, loc. Barricata, SP38. **GPS:** n44,84997 o12,46342.

50 🚐 € 3,50. **Lage:** Ländlich, ruhig. **Untergrund:** Wiese/Sand.
Entfernung: 🏖50M.
Sonstiges: Strandparkplatz.

Porto Tolle — 26G2
Agriturismo La Ca' del Delta, Via Mazzini, 1.
GPS: n44,97798 o12,39785.
8 🚐 € 15 💶€2/Tag. **Lage:** Abgelegen, ruhig.
Entfernung: vor Ort.

Punta Sabbioni — 23G3
Parking Dante Alighieri, Dante Alighieri 26.
GPS: n45,44132 o12,42131.

36 🚐 € 17-20 + € 3/pP 🔌Ch 🚽€3/24Std WC inklusive
€3 kostenlos. **Lage:** Städtisch, einfach, zentral, ruhig.
Untergrund: Wiese. 📅 01/03-01/11.
Entfernung: 🏪1,5Km 🏖1,5Km 🚗1,5Km 🚌500M.
Sonstiges: Ankunft <22 Uhr, überwachter Parkplatz, Fähre nach Venedig 500m.

Punta Sabbioni — 23G3
Agricamping da Scarpa, Via Pealto 15.
GPS: n45,44279 o12,44055.

15 🚐 € 16-20 + € 6-7/pP 🔌Ch 🚽WC 🚿€3 📶inklusive. 🍴
Lage: Ländlich, komfortabel, ruhig.
Untergrund: Wiese. 📅 01/01-31/12.
Entfernung: 🏪500M vor Ort 🚌500M Fähr Venedig 1,5Km.
Sonstiges: Frühstücksservice.

Recoaro Terme — 23E3
Area Communale, Via Della Resistenza.
GPS: n45,70430 o11,22902.

16 🚐 € 5/24 Std 💶€0,10/10Liter 🔌Ch (16x)€0,50/2Std,6Amp.
📅 01/01-31/12.
Entfernung: vor Ort 🏖vor Ort 🚗vor Ort 🚌vor Ort 🚶vor Ort.

Santo Stefano di Cadore — 23G1
Albergo Gasperina, Loc. Cima Canale, Val Visdende.
GPS: n46,60835 o12,63053.

49 🚐 € 12/24 Std, Aug € 14 🔌Ch (49x)€2,50/Tag WC inklusive
€2. **Untergrund:** Schotter. 📅 01/06-01/10.
Entfernung: 🏪12Km 🚌300M vor Ort 🚗6Km 🚲 vor Ort 🚶vor Ort.
Sonstiges: Anmeldung bei Restaurant, Brötchenservice, 10% Rabatt im Restaurant.

Sappada — 23G1
Borgata Palù. **GPS:** n46,56254 o12,67991.

40 🚐 € 12/24 Std 🔌Ch (24x)inklusive. 🍴
Lage: Ländlich, einfach, ruhig. **Untergrund:** Schotter.
📅 01/01-31/12.
Entfernung: 🏪1,1Km 🏖500M 🚗1Km 🚌vor Ort 🚶vor Ort 🚲100M.
Sonstiges: Keycard beim Rathaus, Kaution € 10.

Schio — 23E3
Parking Palasport, Viale dell'Industria. **GPS:** n45,71389 o11,37599.

4 🚐 kostenlos 🔌Ch kostenlos. **Untergrund:** asphaltiert.
📅 01/01-31/12. **Entfernung:** 🏪1Km 🏖1Km 🚗1Km 🚌vor Ort 🚶vor Ort.

Sernaglia della Battaglia — 23F3
Area attrezzata Le Grave, Via Passo Barca, Falzè di Piave.
GPS: n45,85676 o12,16566.

24 🚐 € 5/12 Std 🔌Ch inklusive 💶€2/24Std. **Lage:** Ländlich, einfach. **Untergrund:** Wiese. 📅 01/01-31/12.
Entfernung: 🏪500M 🏖vor Ort 🚗100M 🚌500M 🚶300M.

Soave — 26E1
Via Invalidi del Lavoro. **GPS:** n45,42340 o11,24541.

8 🚐 € 5 🔌Ch (8x)kostenlos,16Amp. 🍴
Untergrund: Schotterasen.
📅 01/01-31/12.
Entfernung: 🏪200M 🏖3Km 🚌vor Ort 🚗200M 🚶200M 🚲300M.

Torre di Mosto — 23G3
Agriturismo La Via Antiga, Via S. Martino 13.
GPS: n45,64389 o12,67056.

8 🚐 € 15 🔌Ch (5x)inklusive. **Lage:** Ländlich, einfach, abgelegen, ruhig. **Untergrund:** Wiese/Schotter. 📅 01/03-30/09.
Entfernung: 🏪7Km 🚌vor Ort.

Treviso — 23F3
Parking ex Foro Boario, Via Castello d'Amore.
GPS: n45,67014 o12,25733.

13 🚐 kostenlos 🔌Ch kostenlos. **Lage:** Ländlich, einfach.
Untergrund: befestigt. 📅 01/01-31/12.
Entfernung: 🏪500M 🏖11,5Km 🚗500M 🚌500M 🚶200M.
Sonstiges: Max. 48 Std.

Treviso — 23F3
Via Giovanni Boccaccio. **GPS:** n45,66769 o12,26361.

Italien

Venetien - Friaul Julisch Venetien

24 kostenlos kostenlos. **Lage:** Städtisch, einfach, zentral, laut. **Untergrund:** asphaltiert. 01/01-31/12.
Entfernung: 1Km 500M 300M.
Sonstiges: An der Bahnlinie.
Touristinformation Treviso:
 Sile. Fischmarkt auf Insel.

Venezia 23G3
Parcheggio Al Tronchetto, Venedig (Venezia).
GPS: n45,44146 o12,30514.

40 € 21/0-12 Std, 12-24 Std € 16 inklusive.
Lage: Städtisch, einfach, zentral, ruhig. **Untergrund:** asphaltiert.
01/01-31/12.
Entfernung: 2km vor Ort 2km 2km Fähr, Zug.

Venezia 23G3
Parco di San Giuliano, Via San Giuliano, Venedig (Venezia).
GPS: n45,46742 o12,27916.

100 € 18/24 Std €3 Ch (30x)€4/24Std WC inklusive.
Lage: Städtisch, komfortabel, zentral, ruhig.
Untergrund: Wiese.
01/01-31/12.
Entfernung: 4Km 200M 1,5Km Fähr Venedig 100M, Bus.
Touristinformation Venedig (Venezia):
 A.P.T. (Azienda di Promozione Turistica), www.turismovenezia.it. Historische Stadt, besteht aus 117 Inseln, 150 Kanälen und 400 Brücken.

Verona 26E1
Area sosta camper Porta Palio, Via dalla Bona.
GPS: n45,43354 o10,97879.

37 € 5/4 Std, € 10/24 Std Ch inklusive. **Lage:** Städtisch, einfach, zentral.
Untergrund: asphaltiert. 01/01-31/12.
Entfernung: 500M Pizza (Bestellservice) Bus 62 > Stadtmitte.

Verona 26E1
Agricamping Corte Finiletto, Strada Bresciana, 41.
GPS: n45,44651 o10,91917.

15 € 21, 2 Pers. inkl Ch €2 WC inklusive.
Lage: Ländlich. **Untergrund:** Wiese.
Entfernung: 6Km 3Km 3Km vor Ort 1,5Km 1,5Km.
Sonstiges: 10% Rabatt bei Vorlage eines aktuellen Führer.
Touristinformation Verona:
 Arena. Großes Amphitheater, im Juli/August Opernaufführungen.
 Via Capella. Bekannt für das Liebedrama von Romeo und Julia.
 Piazza dellen Erbe. täglich.

Vicenza 23E3
Park Interscambio CentroBus, Via Bassano, Zona sud-est.
GPS: n45,54321 o11,55886.

40 €10/24 Std WC inklusive.
Untergrund: asphaltiert. 01/01-31/12 während Veranstaltung.
Entfernung: 2km vor Ort kostenloser Bus zum Zentrum, jede 15 Min. **Sonstiges:** Am Stadion.

Vicenza 23E3
Park Interscambio CentroBus, Viale Cricoli, Zona nord.
GPS: n45,56418 o11,54903.

18 € 8,40/24 Std Ch WC inklusive.
Untergrund: asphaltiert. 01/01-31/12.
Entfernung: 1,6Km vor Ort vor Ort kostenloser Bus zum Zentrum.
Touristinformation Vicenza:
 Quartiere delle Barche. Viertel mit Palästen im venezianischen Stil.

Friaul Julisch Venetien

Ampezzo 23G1
Via Laucjit. **GPS:** n46,41170 o12,80073.
6 € 7/24 Std Ch WC. **Untergrund:** Wiese/befestigt.
01/01-31/12.
Entfernung: 500M 650M vor Ort.
Sonstiges: Neben Sportplätzen.

Andreis 23G2
SP20. **GPS:** n46,19880 o12,61157.

€ 5/Tag . **Lage:** Einfach. **Untergrund:** Wiese/Schotter.
Entfernung: Bach.

Aquileia 23H3
Via Achille Grandi. **GPS:** n45,76549 o13,36898.
20 €10/24 Std Ch. **Untergrund:** Schotterasen.
01/01-31/12. **Entfernung:** 500M 200M vor Ort.
Sonstiges: Max. 48 Std.

Arta Terme 23G1
Terme di Arta. **GPS:** n46,47554 o13,01677.
7 kostenlos Ch. **Untergrund:** Schotterasen. 01/01-31/12.
Entfernung: 1Km.
Sonstiges: In der Nähe vom Fussballplatz.

Artegna 23H2
Via Vicenza. **GPS:** n46,23465 o13,14919.
3 kostenlos. 01/01-31/12.
Entfernung: 800M 800M.

Barcis 23G2
Loc. Portuz, SS251. **GPS:** n46,19055 o12,56507.

20 € 12/24 Std Ch. **Lage:** Komfortabel, abgelegen, ruhig.
Untergrund: Schotterasen/befestigt. 01/01-31/12.
Entfernung: 400M vor Ort 500M 500M.
Sonstiges: Am Barcis See, max. 48 Std.

Brugnera 23G2
Parco Di Villa Varda, Via Villa Varda di S. Cassiano.
GPS: n45,88861 o12,52980.
40 kostenlos Ch. **Untergrund:** Schotter. 01/01-31/12.

Capriva del Friuli 23G2
Via degli Alpini. **GPS:** n45,94657 o13,00000.
6 kostenlos Ch WC. **Untergrund:** befestigt.
01/01-31/12. **Entfernung:** 600M.

Cavasso Nuovo 23G2
Via Dante Alighieri. **GPS:** n46,19514 o12,77467.
4 kostenlos Ch. **Untergrund:** asphaltiert.
01/01-31/12. **Entfernung:** 400M.

Cividale del Friuli 23H2
Via delle Mura. **GPS:** n46,09446 o13,43618.
4 kostenlos Ch kostenlos. **Untergrund:** asphaltiert.
Entfernung: 500M 500M vor Ort.
Sonstiges: Max. 72 Std.

Clauzetto 23G2
Ambito delle Grotte di Pradis, Via Pradis di sotto,76.
GPS: n46,24538 o12,88974.
8 kostenlos Ch kostenlos. **Lage:** Ländlich, abgelegen.
Untergrund: Waldboden. 01/01-31/12.
Entfernung: Clauzetto 3Km 150M vor Ort.
Sonstiges: Parkplatz an der Höhlen.

Codroipo 23H2
Strada vicinale molino della sega, Passariano.
GPS: n45,94649 o13,00836.
30 € 3/6 Std Ch . 01/01-31/12.
Entfernung: Stadtmitte 3,5Km 300M.
Sonstiges: Wertmünzen beim Touristenbüro.

Colloredo di Monte Albano 23H2
Strada Provinciale 49. **GPS:** n46,16556 o13,13932.
10 kostenlos. **Untergrund:** befestigt. 01/01-31/12.
Entfernung: 100M 100M.

Cormons 23H2
P.le Luciano Zani, Salita del Monte Quarin.
GPS: n45,96672 o13,47341.
4 kostenlos kostenlos. **Lage:** Ländlich.
Untergrund: befestigt. 01/01-31/12.
Entfernung: 3,5Km 2km 2,5Km vor Ort.

Corno di Rosazzo 23H2
Via dei Pini. **GPS:** n45,98955 o13,43917.

Friaul Julisch Venetien

8 kostenlos Ch kostenlos. **Lage:** Ländlich, einfach, ruhig.
Untergrund: asphaltiert. 01/01-31/12.
Entfernung: 300M 1,5Km 1Km.
Sonstiges: Max. 48 Std.

Forni di Sopra 23G1
Santa Viela, SS52. **GPS:** n46,42500 o12,57036.

20 € 7-9 Ch kostenlos. **Lage:** Ländlich, einfach, laut.
Untergrund: asphaltiert. 01/01-31/12.
Entfernung: 800M vor Ort 800M 400M vor Ort vor Ort
vor Ort vor Ort.
Sonstiges: Keine Campingaktivitäten.

Gemona del Friuli 23H2
Piazzale Mons. Battista Monai. **GPS:** n46,27585 o13,13728.

15 kostenlos Ch kostenlos. **Lage:** Ländlich, einfach, zentral,
laut. **Untergrund:** asphaltiert. 01/01-31/12.
Entfernung: vor Ort 3,3Km 300M 500M vor Ort.

Gorizia 23H2
Viale Oriani. **GPS:** n45,94554 o13,61603.

30 kostenlos Ch kostenlos. **Lage:** Einfach, ruhig.
Untergrund: asphaltiert. 01/01-31/12.
Entfernung: Zentrum 500M vor Ort.

Gradisca d'Isonzo 23H2
Viale Trieste. **GPS:** n45,88577 o13,49582.

3 kostenlos Ch kostenlos. **Lage:** Zentral.
Untergrund: asphaltiert. 01/01-31/12.
Entfernung: vor Ort 2,3Km vor Ort vor Ort.
Sonstiges: Max. 48 Std.

Gradisca d'Isonzo 23H2
Agriturismo Ai Feudi di Marizza Monica e Villi, Via Venuti, 11.
GPS: n45,89214 o13,46782.
Gäste kostenlos.
Entfernung: vor Ort.

Grado 23H3
Viala Italia. **GPS:** n45,68218 o13,41230.

41 € 16/24 Std Ch inklusive. **Lage:** Einfach.
Untergrund: asphaltiert. 01/01-31/12.
Entfernung: 2km 24km 600M vor Ort.
Sonstiges: Videoüberwachung.

Latisana 23H3
Via Gasperi. **GPS:** n45,77943 o12,99523.
10 kostenlos Ch. 01/01-31/12.
Entfernung: 500M.
Sonstiges: Am Supermarkt.

Malborghetto Valbruna 23H1
Malga Saisera. **GPS:** n46,45624 o13,46955.
€ 8. **Lage:** Ländlich, abgelegen, ruhig. **Untergrund:** Schotter.
Entfernung: 5,5Km 5,5Km vor Ort.

Maniago 23G2
Via Colvera. **GPS:** n46,17632 o12,71149.
5 kostenlos Ch kostenlos. **Untergrund:** Schotterasen.
01/01-31/12.
Entfernung: 500M 500M.

Monfalcone 23H2
Areacamper F.V.G, Via Consiglio d'Europa, 13.
GPS: n45,79754 o13,55867.
36 € 15/24 Std Ch WC. **Untergrund:** befestigt.
01/01-31/12.
Entfernung: Stadtmitte 3Km vor Ort.
Sonstiges: In der Nähe vom Hafen, Videoüberwachung.

Montereale Valcellina 23G2
Via dell'Omo. **GPS:** n46,15168 o12,66122.

15 € 5 Ch inklusive. **Lage:** Städtisch, einfach.
Untergrund: asphaltiert. 01/01-31/12.
Entfernung: 500M 300M.
Sonstiges: Ver-/Entsorgung Passanten € 2, Schlüssel bei Tankstelle/Bar.

Mossa 23H2
Via delle Fornaci. **GPS:** n45,94563 o13,54536.
5 kostenlos. **Untergrund:** befestigt. 01/01-31/12.
Entfernung: 1Km vor Ort.

Oleis 23H2
Via Rosazzo. **GPS:** n46,01634 o13,39311.
10 kostenlos Ch kostenlos. **Lage:** Abgelegen, ruhig.
Untergrund: befestigt. 01/01-31/12.
Entfernung: 100M.

Paluzza 23G1
Ponte di Sutrio, Via Nazionale. **GPS:** n46,51148 o13,00203.
10 kostenlos Ch kostenlos. **Untergrund:** Schotter.
01/01-31/12. **Entfernung:** 150M 150M.

Piancavallo 23G2
Via Barcis. **GPS:** n46,11141 o12,51411.
70 € 13/24 Std Ch. **Untergrund:** befestigt.
01/01-31/12.
Entfernung: 600M.
Sonstiges: Max. 7 Tage, anmelden bei Hotel.

Pordenone
SS13, Pordenone. **GPS:** n45,97236 o12,64332.

8 € 3 Ch. **Lage:** Städtisch, einfach, laut.
Untergrund: asphaltiert. 01/01-31/12.
Entfernung: 1Km 3Km 200M vor Ort.
Sonstiges: Max. 48 Std, bezahlen bei Tankstelle.

Preone 23G1
Strada Provinciale 12. **GPS:** n46,39736 o12,86561.
12 € 13/24 Std Ch. **Untergrund:** Schotterasen.
01/01-31/12.
Entfernung: 500M 350M 350M.

Quinto di Trevisio 23F3
Camper Resort Quinto, Via Costamala 26.
GPS: n45,63901 o12,15728.

28 € 15 Ch WC inklusive.
Lage: Luxus. **Untergrund:** Schotter. 01/01-31/12.
Entfernung: 800M vor Ort 500M 650M vor Ort vor
Ort.
Sonstiges: Max. 5 Tage.

Ravascletto 23G1
Via Valcalda. **GPS:** n46,52348 o12,92790.
20 € 6 Ch. **Untergrund:** Schotterasen. 01/01-31/12.
Entfernung: 500M 200M.
Sonstiges: Im Rathaus zahlen.

Sacile 23G2
Viale Repubblica. **GPS:** n45,95672 o12,49667.
7 € 9/24 Std Ch. **Untergrund:** befestigt.
Entfernung: 600M 300M vor Ort.
Sonstiges: Max. 48 Std, Videoüberwachung.

San Daniele del Friuli 23G2
Via Udine, SP16. **GPS:** n46,15610 o13,01368.

20 kostenlos Ch kostenlos. **Lage:** Ländlich, zentral, ruhig.
Untergrund: Schotterasen. 01/01-31/12.
Entfernung: 300M 300M 300M 200M.
Sonstiges: Parkplatz Sportpark.

San Vito al Tagliamento 23G2
Area di sosta San Vito al Tagliamento, Via Pulet.
GPS: n45,91224 o12,86590.

12 € 5/12 Std, € 8/24 Std, € 15/48 Std €1 Ch inklusive.
Lage: Ländlich, einfach, abgelegen, ruhig. **Untergrund:** asphaltiert.
01/01-31/12.

Italien

Friaul Julisch Venetien – Emilia-Romagna

Entfernung: 500M 15Km 500M 500M 500M.
Sonstiges: Max. 48 Std, Tor kann manuell geöffnet werden.

Sauris 23G1
Prosciuttificio Wolf Sauris, Sauris di Sotto 88.
GPS: n46,46756 o12,70833.
10 kostenlos WC kostenlos. **Lage:** Ländlich, einfach, ruhig.
Untergrund: asphaltiert. 01/01-31/12.
Entfernung: vor Ort 150M vor Ort.
Sonstiges: Regionale Produkte.

Sesto al Reghena 23G2
Viale degli Olmi. **GPS:** n45,84615 o12,81273.
6 €5 €0,10/10Liter €3 Ch €2 €1/12Std.
Untergrund: asphaltiert. 01/01-31/12.
Entfernung: 500M 500M.

Spilimbergo 23G2
Via Udine. **GPS:** n46,10814 o12,90411.

10 kostenlos Ch kostenlos. **Lage:** Städtisch, einfach, zentral. **Untergrund:** Schotterasen. 01/01-31/12.
Entfernung: 300M 300M 400M.
Sonstiges: Max. 48 Std.

Tarcento 23H2
Plein-air Torre, Via Sottocolleverzan. **GPS:** n46,21446 o13,22504.

10 kostenlos Ch kostenlos. **Lage:** Städtisch, einfach, ruhig.
Untergrund: Schotterasen. 01/01-31/12.
Entfernung: 200M 200M 200M.
Sonstiges: In der Nähe des Sportzentrums, max. 72 Std, keine Campingaktivitäten.

Tarvisio 23H1
Parcheggio P3, Via Armando Diaz. **GPS:** n46,50426 o13,57157.

32 €15/24 Std Ch.
Lage: Städtisch, einfach, zentral. **Untergrund:** befestigt.
10/06-18/09 und 19/12-06/01.
Entfernung: 900M 100M 100M.
Sonstiges: Max. 2 Tage.

Timau 23G1
Strada Statale 52bis. **GPS:** n46,58974 o12,97102.
5 €10/24 Std Ch. **Lage:** Ländlich, abgelegen.
Untergrund: Schotterasen/Wiese. 01/06-30/09.
Entfernung: 2,5Km.
Sonstiges: Am kleinen See, bezahlen bei der Bar.

Tramonti di Sopra 23G2
Area picnic Sot Trivea, Strada Da Lis Fornas. **GPS:** n46,30133 o12,77974.
4 €10/24 Std Ch. **Lage:** Ländlich, abgelegen, ruhig.
Untergrund: Wiese/Schotter. 01/01-31/12.
Entfernung: 1,5Km 1,5Km.
Sonstiges: Am Fluss entlang.

Trieste 38A2
Mamaca park, Via del Pane Bianco. **GPS:** n45,62539 o13,78707.
49 €18 Ch €4 WC. 01/01-31/12.

Entfernung: 200M 100M.
Sonstiges: Schmale Durchfahrt.

Trieste 38A2
Via Karl Ludwig Von Bruck. **GPS:** n45,63710 o13,76990.

50 €4 Ch kostenlos. **Lage:** Autobahn, einfach, laut.
Untergrund: asphaltiert. 01/01-31/12.
Entfernung: 3Km Bus zum Stadtmitte.
Sonstiges: Max. 72 Std, Stellplätze unter der Autobahn.

Trieste 38A2
Via Ottaviano Augusto. **GPS:** n45,64599 o13,75654.

kostenlos. **Lage:** Städtisch, laut. **Untergrund:** asphaltiert.
01/01-31/12.
Entfernung: Zentrum 500M 100M vor Ort.
Sonstiges: Gegenüber Piazza Unità d'Italia.

Trieste 38A2
Piazzale 11 settembre 2001, Viale Miramare.
GPS: n45,68250 o13,75138.

20 kostenlos. **Lage:** Städtisch, einfach, ruhig.
Untergrund: befestigt.
Entfernung: vor Ort.
Sonstiges: Gegenüber porticciolo di Barcola, ruhig im Nacht, tagsüber lebhaft.
Touristinformation Trieste:
Grotta del Giganta. Höhlen. Di-So, 01/07-31/08 Mo-So.

Udine 23H2
Via Chiusaforte. **GPS:** n46,08115 o13,22317.

50 kostenlos Ch kostenlos. **Lage:** Städtisch, einfach, laut.
Untergrund: Schotterasen. 01/01-31/12.
Entfernung: Stadtmitte 2Km 3,5Km 160M 400M Linie 1 > Stadtmitte.

Valvasone 23G2
Via Pier Pasolini. **GPS:** n45,99819 o12,86031.

8 kostenlos Ch kostenlos. **Lage:** Ländlich, einfach, ruhig.
Untergrund: asphaltiert. 01/01-31/12.
Entfernung: 350M 350M 400M.
Sonstiges: Max. 48 Std.

Villa Vicentina 23H2
Via Duca d'Aosta. **GPS:** n45,81738 o13,39369.
10 kostenlos Ch. **Untergrund:** asphaltiert.
01/01-31/12. **Entfernung:** 200M vor Ort.

Vito d'Asio 23G1
Via Gialinars, San Francesco. **GPS:** n46,31244 o12,93427.
5 kostenlos Ch. **Lage:** Ländlich, abgelegen, ruhig.
Untergrund: befestigt. 01/01-31/12.
Entfernung: Vito d'Asio 15Km 350M.

Zoppola 23G2
Via Manteghe. **GPS:** n45,96502 o12,78019.

20 kostenlos Ch kostenlos. **Lage:** Ländlich, abgelegen, ruhig. **Untergrund:** befestigt. 01/01-31/12.
Entfernung: Zentrum 500M 850M 1,5Km.
Sonstiges: An der Sporthalle, max. 48 Std.

Emilia-Romagna

Anita 26F2
Agriturismo Prato Pozzo, Via Rotta Martinella 34/a.
GPS: n44,54892 o12,13322.

20 €6 + €6/pP, für Gäste kostenlos Ch (12x)€2,60/Tag
WC inklusive. **Lage:** Ländlich, komfortabel, abgelegen, ruhig.
Untergrund: Wiese/befestigt. 01/01-31/12.
Entfernung: 1Km 500M 500M vor Ort 1Km 1Km.

Argenta 26F2
Area Golf Club, Via Poderi. **GPS:** n44,63027 o11,81112.
5 €5 Ch inklusive. **Untergrund:** Schotter/befestigt.
01/01-31/12.
Entfernung: 3Km.
Sonstiges: Schlüssel bei Golf Club.

Argenta 26F2
Via Galassi. **GPS:** n44,61265 o11,83972.

10 kostenlos kostenlos. **Untergrund:** befestigt.
01/01-31/12. **Entfernung:** 200M 200M 200M 200M.
Sonstiges: Bei den Tennisplätzen.

Emilia-Romagna

Bagno di Romagna — 34C1
Area camper Diga di Ridracoli, SP112, Santa Sofia. **GPS**: n43,88477 o11,83343.
13 € 21 Ch WC inklusive. **Lage**: Abgelegen. **Untergrund**: Wiese. 01/03-31/10.
Sonstiges: In Naturschutzgebiet.

Bagno di Romagna — 34C1
Via Lungo Savio 1. **GPS**: n43,84108 o11,96532.

10 kostenlos. **Untergrund**: befestigt. 01/01-31/12.
Entfernung: 500M 1Km 500M 500M.
Sonstiges: Parkplatz Schwimmbad.
Touristinformation Bagno di Romagna:
Wochenmarkt. Fr 7.30-12.30 Uhr.

Bellaria-Igea Marina — 26G3
Parking delle Robinie, Via Pinzon 260, Igea Marina, Zona sud. **GPS**: n44,12783 o12,48873.

106 € 10-19 Ch €2,50/Tag €1.
Lage: Ländlich, komfortabel, zentral, ruhig.
Untergrund: Wiese/Schotter. 12/03-15/10, 8-23 Uhr.
Entfernung: 10M 200M 100M 50M.

Bellaria-Igea Marina — 26G3
Mare d'Inverno, Via Murri, 13. **GPS**: n44,11639 o12,49972.

45 € 11, 21/06-31/08 € 17,50, Feiertage + € 2 Ch €2,50/Tag €1. **Lage**: Ländlich, komfortabel, ruhig. **Untergrund**: Wiese. 15/03-30/09.
Entfernung: 800M 200M 800M 1,5Km, Bäckerei 800M 100M.

Bellaria-Igea Marina — 26G3
Area Sosta Rio Pircio, Via Benivieni 4, Igea Marina. **GPS**: n44,12688 o12,48849.

68 € 14, 21/06-31/08 € 19 Ch €2/Tag WC €1
warme Dusche €1. **Lage**: Ländlich, komfortabel, zentral, ruhig.
Untergrund: Wiese. 01/03-31/10.
Entfernung: 100M 200M 250M.

Bellaria-Igea Marina — 26G3
L'Adriatico Parking, Via Benivieni, 12. **GPS**: n44,12644 o12,48740.

60 € 10, 21/06-31/08 € 19 Ch €2,50/Tag €1 kostenpflichtig €1/24 Std, €5/Woche. **Lage**: Ländlich, komfortabel, ruhig. **Untergrund**: Wiese. 15/03-31/12.
Entfernung: 250M.

Berceto — 26C3
Via P. Salas. **GPS**: n44,51123 o9,98589.

20 € 7 Ch WC inklusive.
Untergrund: asphaltiert. 01/01-31/12.
Entfernung: 200M 4Km 200M 200M vor Ort vor Ort.
Sonstiges: Kaution € 20, Schlüssel beim Kiosk gegenüber Restaurant Rina.

Bertinoro — 26G3
Via Superga, SP 83, Loc. Fratta Terme. **GPS**: n44,13749 o12,10313.

kostenlos Ch kostenlos. **Untergrund**: asphaltiert.
01/01-31/12. **Entfernung**: 1Km 1Km 1Km 300M.
Sonstiges: Nahe Thermen und Sportzentrum.

Bomporto — 26E2
Piazza dello Sport, Via Verdi. **GPS**: n44,72886 o11,03585.

10 kostenlos kostenlos. **Lage**: Städtisch, einfach.
Untergrund: befestigt.
Entfernung: 500M 500M.
Sonstiges: Parkplatz am Sportpark.

Brisighella — 26F3
Piazzale Donatori di Sangue. **GPS**: n44,22168 o11,77883.

18 € 8 Ch kostenlos €2/12Std.
Untergrund: asphaltiert. 01/01-31/12.
Entfernung: 1Km 1Km 1Km 500M.
Sonstiges: In der Nähe der Therme.

Carpi — 26D2
Bruno Losi, Piazzale delle Piscine. **GPS**: n44,78444 o10,86817.

kostenlos Ch kostenlos. **Untergrund**: befestigt.
01/01-31/12. **Entfernung**: 300M 50M vor Ort.
Sonstiges: Parkplatz Schwimmbad, max. 72 Std.

Casal Borsetti — 26G2
Area Sosta Camper Mare e Parco, Via Ortolani. **GPS**: n44,55000 o12,27997.

238 € 10, 01/06-01/09 € 12/24 Std, 01/11-28/02 kostenlos
Ch inklusive €3/24Std WC. **Lage**: Wiese/befestigt, zentral, ruhig. **Untergrund**: Wiese/befestigt. 01/01-31/12.
Entfernung: 150M 150M.
Sonstiges: Hundestrand.

Casola Valsenio — 26F3
Via don Milani/Via Antonio Gramsci. **GPS**: n44,22597 o11,62953.

3 kostenlos kostenlos. **Untergrund**: asphaltiert. 01/01-31/12.
Entfernung: 300M 500M 500M.
Sonstiges: Am Schwimmbad.

Casola Valsenio — 26F3
Viale Domenico Neri. **GPS**: n44,22483 o11,62392.
4 kostenlos kostenlos. **Untergrund**: asphaltiert. 01/01-31/12.
Entfernung: 100M 500M 100M.

Castel San Pietro Terme — 26F3
Via Oriani. **GPS**: n44,39725 o11,59197.

8 kostenlos €1 Ch WC €0,20.
Untergrund: asphaltiert. 01/01-31/12.
Entfernung: 300M 4,2Km 200M 250M 250M 250M.
Sonstiges: In der Nähe des Krankenhauses.

Castellarano — 26D2
Parco Don Reverberi, Via Don Reverberi.
GPS: n44,50777 o10,73419.

Italien

IT

553

Emilia-Romagna

5 kostenlos Chkostenlos. **Lage:** Ländlich, einfach.
Untergrund: asphaltiert. 01/01-31/12.
Entfernung: 500M 500M 500M 500M 500M.

Castelnovo ne' Monti — 26D3
Impianti Sportivi, Zona PEP, Via Fratelli Cervi, SS63.
GPS: n44,43277 o10,41133.

4 kostenlos Chkostenlos. **Lage:** Einfach, ruhig.
Untergrund: asphaltiert. 01/01-31/12.
Entfernung: 500M vor Ort.

Cervia — 26G3
Via Aldo Ascione, Cervia-nord. **GPS:** n44,28151 o12,32459.

50 kostenlos Chkostenlos. **Lage:** Einfach, abgelegen, laut.
Untergrund: asphaltiert. 01/01-31/12.
Entfernung: 3Km 3Km 1,3Km.
Sonstiges: Keine Campingaktivitäten.

Cervia — 26G3
Viale Tritone, Fraz. Pinarella. **GPS:** n44,23984 o12,35883.

40 kostenlos Chkostenlos. **Lage:** Städtisch, einfach, laut.
Untergrund: asphaltiert/befestigt. 01/01-31/12.
Entfernung: 750M 900M vor Ort.
Sonstiges: Keine Campingaktivitäten.

Cervia — 26G3
Via Ravenna. **GPS:** n44,27597 o12,34107.
kostenpflichtig. 01/01-31/12.
Entfernung: 500M 1km 500M 500M.
Sonstiges: Keine Campingaktivitäten.

Cervia — 26G3
Terme di Cervia, Viale C. Forlanini, Cervia-nord.
GPS: n44,27335 o12,32964.

50 €10/24 Std (6x)€2. **Lage:** Ländlich, ruhig.
Untergrund: Wiese/Schotter. 01/04-30/11.
Entfernung: 3km 3Km 50M.
Sonstiges: Parkplatz Thermen.
Touristinformation Cervia:
Wochenmarkt. Do.

Cesena — 26G3
Zona Ippodromo, Via G. Ambrosini. **GPS:** n44,14549 o12,22865.
kostenlos €1 €2 Ch. **Lage:** Städtisch.
Untergrund: Schotterasen. **Entfernung:** 500M.

Cesena — 26G3
Agriturismo Macin, Via San Mauro 5280. **GPS:** n44,13592 o12,16953.

4 € 5, kostenlos für Kunden Ch WC inklusive.
Untergrund: Wiese/befestigt. 01/01-31/12.
Entfernung: 5km 8,4km 5Km 5Km.

Cesenatico — 26G3
Area Camper Cesenatico, Viale Camillo Benso Cavour 1/b.
GPS: n44,20620 o12,38875.
160 € 10, Apr/Mai € 14, Jun/Sep € 18, Jul/Aug € 23 Ch €3
WC inklusive. **Untergrund:** Wiese. 01/01-31/12.
Entfernung: 500M vor Ort.
Sonstiges: Ankunft anmelden, überwachter Parkplatz 24/24.

Cesenatico — 26G3
Piazzale della Rocca. **GPS:** n44,19855 o12,39086.

35 kostenlos €0,50/25Liter Ch. **Lage:** Einfach.
Untergrund: befestigt. 01/01-31/12.
Entfernung: 500M 2km 200M 500M 200M.

Cesenatico — 26G3
Via Mazzini, zona Ponente. **GPS:** n44,21408 o12,38008.

21 € 12/24 Std Ch inklusive. **Lage:** Ländlich, einfach.
Untergrund: Wiese/Schotter. 01/01-31/12.
Entfernung: Stadtmitte 3,5km 800M.
Sonstiges: Am Eingang Campingplatz Cesenatico, max. 48 Std.

Civitella di Romagna — 26F3
Agriturismo Acero Rosseo, Via Seggio.
GPS: n44,00200 o11,97539.

20 Gäste kostenlos kostenlos. **Untergrund:** Wiese.
01/01-31/12.
Entfernung: 5km vor Ort 5km.

Collecchio — 26C2
Via Spezia. **GPS:** n44,75178 o10,22265.

8 kostenlos Ch. **Lage:** Einfach. **Untergrund:** asphaltiert.
01/01-31/12.
Entfernung: 500M.

Comacchio — 26F2
Area di sosta Cavallari, Via Villaggio San Carlo 9.
GPS: n44,70297 o12,16862.

80 € 18 Ch inklusive WC €2. **Lage:** Ländlich, luxus,
ruhig. **Untergrund:** Wiese. 16/02-30/11.
Entfernung: 1Km vor Ort.
Sonstiges: Fahrradverleih.

Comacchio — 26F2
Via Fattibello. **GPS:** n44,69095 o12,18447.

13 kostenlos. **Lage:** Ländlich, zentral, ruhig. **Untergrund:** befestigt.
01/01-31/12.
Entfernung: 300M 100M.

Conselice — 26F2
Agriturismo Massari, Via Coronella 110, Chiesanuova di Conselice.
GPS: n44,53167 o11,81856.

10 € 9/pP, für Gäste kostenlos Ch WC inklusive.
Untergrund: befestigt.
01/01-31/12.
Entfernung: 1,5Km 200M vor Ort 1,5Km.

Faenza — 26F3
Via Proventa. **GPS:** n44,31272 o11,89289.

2 kostenlos Chkostenlos. **Untergrund:** asphaltiert.
01/01-31/12. **Entfernung:** 4Km 2km.

Emilia-Romagna

Faenza — 26F3
Agriturismo Trerè, Via Casale 19. GPS: n44,29968 o11,80368.

5 €8 + €5/pP, für Gäste kostenlos Ch €2 WC.
Untergrund: befestigt. 01/01-31/12.
Entfernung: 7Km vor Ort 200M vor Ort.
Sonstiges: Hund €3, Schwimmbad €5.

Farini — 26B2
Viale dei Sassi Neri. GPS: n44,70994 o9,56611.

50 kostenlos Chkostenlos. **Untergrund:** Wiese/Schotter.
01/01-31/12. **Entfernung:** 400M vor Ort.

Ferrara — 26F2
Via Rampari di San Paolo.
GPS: n44,83544 o11,61090.
30 €6/24 Std €1/100Liter €2 Ch€1 €5/2Std.
Lage: Zentral, laut. **Untergrund:** befestigt. 01/01-31/12.
Entfernung: 800M 6,5Km 250M 500M 50M.
Touristinformation Ferrara:
Museo della Cattedrale. €6.
Castello Estence.
Palazzo Scifanoia.
Mo, Frei.

Fontanellato — 26C2
Via XXIV Maggio. GPS: n44,87797 o10,16987.

20 €10/24 Std Ch (16x)WCkostenlos.
Untergrund: asphaltiert. 01/01-31/12.
Entfernung: 300M 6Km 200M 500M.
Sonstiges: Waschplatz für Wohnmobile.

Forlimpopoli — 26G3
Via De Gasperi. GPS: n44,19044 o12,12608.

kostenlos. **Untergrund:** asphaltiert. 01/01-31/12.
Entfernung: 100M 200M 100M 100M.
Sonstiges: In der Nähe vom Bahnhof.

Forlimpopoli — 26G3
Palazzetto dello Sport, Via del Tulipano. GPS: n44,18534 o12,11960.
Chkostenlos.

Gropparello — 26C2
Via D. Aligieri. GPS: n44,83521 o9,73051.

€10 kostenlos. **Lage:** Ländlich, einfach, ruhig.
Untergrund: asphaltiert. 01/01-31/12.
Entfernung: 100M 500M.
Sonstiges: Castello di Gropparello 300M.

Guastalla — 26D2
Piazzale Ugo Foscolo. GPS: n44,92364 o10,65148.

6 kostenlos kostenlos (6x)€3.
Untergrund: asphaltiert.
01/01-31/12.
Entfernung: Altstadt 300M 1,5Km 600M 100M vor Ort.
Sonstiges: Radweg der Po entlang.

Imola — 26F3
Via Pirandello. GPS: n44,34628 o11,70922.

30 kostenlos kostenlos. **Untergrund:** Wiese/Sand.
01/01-31/12. **Entfernung:** 700M 50M 80M 50m
supermercato Famila. **Sonstiges:** Gegenüber die Ferrari Rennstrecke.
Touristinformation Imola:
Piazza Gramsci. Mo-Do, Sa 8-12.30 Uhr.

Lagosanto — 26F2
Locanda Il Varano, Via Valle Oppio 6, Marozzo di Lagosanto.
GPS: n44,78167 o12,12533.

36 €15, für Gäste kostenlos Ch (36x) WC.
Lage: Ländlich, komfortabel, ruhig. **Untergrund:** Schotter.
01/01-31/12.
Entfernung: 3Km 12Km vor Ort 500M.

Langhirano — 26D2
Salumificio La Perla, Quinzano. GPS: n44,58748 o10,23783.

01/01-31/12.
Entfernung: 3Km vor Ort 3Km vor Ort.
Sonstiges: Produzent Parmaschinken.

Langhirano — 26D2
La Fazenda, Cascinapiano di Langhirano. GPS: n44,63322 o10,27410.

50 €10, Gäste €5 WCinklusive. **Lage:** Einfach, ruhig.
Untergrund: Wiese/Schotter. 01/01-31/12.
Entfernung: 1Km vor Ort vor Ort 500M.

Lido di Dante — 26G3
Via Marabina 208. GPS: n44,38867 o12,31364.

30 €6 Chinklusive. **Untergrund:** Wiese. 01/04-30/09.
Entfernung: 100M 100M 50M 200M 50M.

Maranello — 26E2
Area Camper Maranello, Via Fondo Val Tiepido 77, Torre Maina.
GPS: n44,50008 o10,87384.

10 €7 €2 Ch WC.
Lage: Ländlich, komfortabel, ruhig. **Untergrund:** ungepflastert.
01/01-31/12.
Entfernung: vor Ort Bus Bologna-Modena vor Ort.
Sonstiges: Eintrittskode erhältlich beim Bar.

Marzaglia — 26D2
Area di sosta Marzaglia, Strada Pomposiana 305.
GPS: n44,63514 o10,80733.

30 €15, 2 Pers. inkl Ch €1,50/Tag WC.
Lage: Ländlich, komfortabel, ruhig. **Untergrund:** Schotter.
01/01-31/12.
Entfernung: Modena 10Km 7Km.

Mesola — 26G2
Oasi Park II, Via Cristina 84, SP27, Bosco Mesola.
GPS: n44,86822 o12,24898.

Italien

Emilia-Romagna

130 🅿€ 8-15 🚰Ch🚿(100x)€2/Tag WC 🚮kostenpflichtig 📶inklusive. **Lage:** Ländlich, komfortabel, ruhig. **Untergrund:** Wiese. 📅 01/03-01/11. **Entfernung:** ⛪400M 🛒1Km. **Sonstiges:** Fahrräder kostenlos zur Verfügung.

Mesola 26G2
Via Beatrice d'Este. **GPS:** n44,92331 o12,23469. ⬆.

6 🅿kostenlos 🚰Ch. **Lage:** Ländlich, einfach. **Untergrund:** asphaltiert. 📅 01/01-31/12. **Entfernung:** ⛪400M ⊗400M 🛒150M. **Sonstiges:** Parkplatz Sportpark.

Mesola 26G2
Agriturismo Ca'Laura, SP 27, Bosco Mesola. **GPS:** n44,87122 o12,24444. ⬆.

6 🅿€ 15 🚰Ch🚿WC. **Lage:** Luxus, ruhig. **Untergrund:** befestigt. 📅 01/01-31/12. **Entfernung:** 🏖10Km 🏛vor Ort 🛒1km 🚌1km. **Sonstiges:** Schwimmbad, Übung Golfbahn.

Mirandola 26E2
Via Luigi Galvani. **GPS:** n44,89812 o11,06199. ⬆.

10 🅿kostenlos 🚰Ch kostenlos. **Lage:** Einfach, ruhig. **Untergrund:** Schotter. **Entfernung:** ⛪500M ⊗1Km 🛒1Km 🚌500M. **Sonstiges:** Am Friedhof.

Misano Adriatico 26G3
Centro Caravan Misano, Via Taveleto 53. **GPS:** n43,96694 o12,67306.

12 🅿€ 20 🚰Ch🚿(12x)€1,50,6Amp WC €0,50 📶€ 1 📶inklusive. **Lage:** Luxus, ruhig. **Untergrund:** Wiese. 📅 01/01-31/12. **Entfernung:** ⛪500M 🏖5Km ⊗2km 🛒500M 🚌500M. **Sonstiges:** Ankunft <19 Uhr, Kaution Schlüssel € 10, Videoüberwachung.

Modena 26E2
Camper Club Mutina, Strada Collegarola 76/A, zona Vaciglio. **GPS:** n44,61361 o10,94444. ⬆.

32 🅿€ 16/24 Std 🚰Ch🚿WC 📶inklusive. **Lage:** Ländlich, komfortabel, luxus, ruhig. **Untergrund:** asphaltiert. 📅 01/01-31/12. **Entfernung:** ⛪600M 🛒3Km 🚲600M 🏛vor Ort.

Modena 26E2
Taverna Napoleone, Via San Lorenzo 44, Castelnuovo Rangone. **GPS:** n44,57766 o10,96552.

10 🅿kostenlos 🚰Ch kostenlos. **Lage:** Ländlich. **Untergrund:** befestigt. 📅 01/01-31/12. **Entfernung:** ⛪5Km 🚲2,8Km 🍕pizzeria 🛒5Km. **Sonstiges:** 10% Rabatt im Restaurant.

Touristinformation Modena:
🅼 Galleria Ferrari, Via Dino Ferrari 43, Maranello. Automobil-Museum.

Monticelli d'Ongina 26C1
Piazza Resistenza. **GPS:** n45,09050 o9,93537. ⬆➡.

10 🅿kostenlos 🚰Ch kostenlos. **Lage:** Einfach, ruhig. **Untergrund:** asphaltiert. 📅 01/01-31/12. **Entfernung:** ⛪Stadtmitte 300M 🛒6,2Km ⊗300M 🚌300M.

Parma 26D2
Area Camper Parma, Largo XXIV Agosto 1942, n° 21/a. **GPS:** n44,80931 o10,28495. ⬆➡.

26 🅿€ 20 🚰Ch🚿inklusive WC €1. **Lage:** Komfortabel. **Untergrund:** Schotterasen. 📅 01/01-31/12. **Entfernung:** ⛪Stadtmitte 3,5Km 🚲7Km 🛒Lidl 100M 🚌100M. **Sonstiges:** überwachter Parkplatz, Ankunft <22 Uhr, Ver-/Entsorgung Passanten € 4, Waschplatz für Wohnmobile 50M.

Touristinformation Parma:
👁 Palazzo Pilotta. 📅 Morgen.
🏛 Via Verdi. Wochenmarkt. 📅 Mi-Sa 7-14U.

Pavullo nel Frignano 26D3
Via Marchiani. **GPS:** n44,34294 o10,83309. ⬆.

12 🅿kostenlos 🚰Ch kostenlos. **Lage:** Komfortabel, ruhig. **Untergrund:** Schotter/Sand. 📅 01/01-31/12. **Entfernung:** ⛪700M ⊗600M 🛒600M 🚌600M. **Sonstiges:** Picknickplatz.

Porto Corsini 26G2
Ancora Blu, Via G. Guizzetti. **GPS:** n44,49620 o12,27950. ⬆➡.

163 🅿€ 9, 01/06-31/08 € 11 🚰Ch🚿(20x)€3/Tag WC. **Lage:** Ländlich, komfortabel, ruhig. **Untergrund:** Wiese. 📅 01/03-31/10. **Entfernung:** ⛪500M 🏖200M 🚌300M ⊗300M 🛒300M. **Sonstiges:** Videoüberwachung.

Portomaggiore 26F2
Via Giuseppe Mazzini. **GPS:** n44,69584 o11,81389. ⬆.

10 🅿kostenlos 🚰kostenlos. **Untergrund:** asphaltiert. 📅 01/01-31/12. **Entfernung:** ⛪500M ⊗500M 🛒500M. **Sonstiges:** In der Nähe vom Friedhof.

Touristinformation Portomaggiore:
⬇ Valli di Comacchio. Naturschutzgebiet, im Winter Aufenthaltsort der Vögel.

Premilcuore 26F3
Parcheggio Fluviale, Loc. Fontanalba. **GPS:** n43,97618 o11,77615.

🅿€ 1. **Untergrund:** befestigt. 📅 01/01-31/12. **Entfernung:** ⛪500M 🏖20M 🛒500M 🚌50M. **Sonstiges:** Am Fluss.

Ravenna 26G3
Parking Bus-Camper, Via E.Ferrari. Loc.Classe. **GPS:** n44,37849 o12,23461. ⬆➡.

30 🅿€2,25/24 Std 🚰kostenlos. **Lage:** Städtisch, einfach. **Untergrund:** Schotterasen. 📅 01/01-31/12. **Entfernung:** ⛪Ravenna Stadtmitte 6Km.

Emilia-Romagna

Sonstiges: In der Nähe der Basilika.

Ravenna — 26G3
Piazza della Resistenza. **GPS:** n44,41433 o12,18852.

10 € 0,50/Std, € 2,50/24Std Ch kostenlos.
Lage: Städtisch, einfach, zentral.
Untergrund: Schotterasen.
01/01-31/12.
Entfernung: Altstadt 500M 5Km 150M 500M 50M.
Sonstiges: Max. 24 Std.

Ravenna — 26G3
Via Pomposa. **GPS:** n44,43002 o12,20827.

40 kostenlos Ch kostenlos. **Untergrund:** asphaltiert.
01/01-31/12. **Entfernung:** Stadtmitte 2Km 100M vor Ort.

Ravenna — 26G3
Via Teodorico. **GPS:** n44,42317 o12,20981.

10 kostenlos Ch kostenlos. **Lage:** Städtisch, einfach, ruhig.
Untergrund: asphaltiert. 01/01-31/12.
Entfernung: 500M vor Ort.
Sonstiges: Gegenüber Mausoleum.

Ravenna — 26G3
Via Brancaleone/circonvallazione S. Gaetanino.
GPS: n44,42339 o12,20478.

25 kostenlos. **Lage:** Städtisch, einfach, laut. **Untergrund:** befestigt.
01/01-31/12.
Entfernung: 200M 5Km 100M 200M 200M 10M.
Sonstiges: Neben Rocca Brancaleone.

Ravenna — 26G3
Area Camper Atrezzata, Eurolandia, SS16.
GPS: n44,33533 o12,26949.

72 € 10/Tag, € 15/2 Tage Ch inklusive € 0,50/30Minuten.
Lage: Ländlich, einfach.
Untergrund: Schotter. 01/04-31/10.
Sonstiges: Videoüberwachung.

Ravenna — 26G3
Parco Divertimenti Mirabilandia, SS16, via Romea Sud 463.
GPS: n44,33290 o12,26966.

400 € 15 inklusive. **Lage:** Ländlich, einfach, laut.
Untergrund: Schotter. **Entfernung:** Ravenna Stadtmitte 10Km
McDonalds. **Sonstiges:** Max. 48 Std.

Touristinformation Ravenna:
U.I.A.T. (Ufficio Informazioni e di Accoglienza Turistica), Piazza S. Francesco, 7, http://www.turismo.ra.it/. Stadt der Mosaiken, historische Stadt mit vielen Sehenswürdigkeiten.
Piazza Garibaldi. Antiquitätenmarkt. 3. Wochenende des Monats.
Parco Divertimenti Mirabilandia, SS16, via Romea Sud 463. Vergnügungspark. 01/04-15/09.

Reggio nell'Emilia — 26D2
Parking Ex Foro Boario, Via XX Settembre.
GPS: n44,70941 o10,62463.

50 kostenlos Ch kostenlos. **Lage:** Städtisch, einfach.
Untergrund: Schotterasen. 01/01-31/12.
Entfernung: 1Km 3,7Km 100M 500M kostenloser Bus zum Zentrum.

Riccione — 26G3
Piazza 1° Maggio. **GPS:** n44,00392 o12,65115.

10 kostenlos € 4 Ch.
Lage: Städtisch, einfach, zentral, ruhig. **Untergrund:** asphaltiert.
01/01-31/12. Ver-/Entsorgung: Winter.
Entfernung: 100M 500M 500M 100M 50M.

Rimini — 26G3
La Valletta Sosta Verde, Via Della Lama 47, SS 16.
GPS: n44,09889 o12,49867.

200 € 11, >7,3m € 18, Hund € 1 Ch inklusive € 3 WC € 1.
Lage: Ländlich, laut.
Untergrund: Wiese/Schotter. 01/04-30/09.
Entfernung: Rimini 11km 3,8km 2km 800M 800M.
Sonstiges: Shuttlebus zum Strand.

Rimini — 26G3
Parking Settebello, Via Roma 86. **GPS:** n44,05982 o12,57669.

300 € 10/24 Std € 2 Ch € 2 (80x) € 3/Tag. **Lage:** Städtisch, einfach, zentral, laut.
Untergrund: befestigt. 01/01-31/12.
Entfernung: 200M 500M.
Sonstiges: Neben Kino Settebello.

Rimini — 26G3
P30 Chiabrera, Via Chiabrera. **GPS:** n44,04803 o12,59548.
01/05-30/09 € 12,10. **Lage:** Städtisch, einfach, zentral, laut.
Untergrund: asphaltiert.

Rimini — 26G3
Camper Nautica, Via Ortigara 78/80. **GPS:** n44,07461 o12,57005.
20 € 20-30/24 Std € 1,50. 01/01-31/12.
Entfernung: vor Ort vor Ort vor Ort.
Sonstiges: überwachter Parkplatz 24/24.

Touristinformation Rimini:
Casa Zanni, Via Casale, 205, Villa Verucchio. Restaurant mit authentischer italienischer Küche in stilvoller Atmosphäre.

Ro — 26F1
Mulino sul Po. **GPS:** n44,95498 o11,75668.

4 kostenlos (4x) kostenlos WC.
Lage: Ländlich, einfach, laut. **Untergrund:** befestigt.
Entfernung: 1Km vor Ort vor Ort.
Sonstiges: An der Po.

Rocca San Casciano — 26F3
GPS: n44,06173 o11,84604.
4 kostenlos € 1/100Liter Ch € 1/4Std. **Lage:** Ländlich.
Untergrund: befestigt. 01/01-31/12.
Entfernung: 300M 100M.

Sala Baganza — 26C2
Via Vittorio Emanuele, 42. **GPS:** n44,70856 o10,23070.

4 kostenlos Ch (4x) kostenlos. **Lage:** Ländlich, einfach, ruhig. **Untergrund:** asphaltiert. 01/01-31/12.
Entfernung: 500M 15Km 500M.

Salsomaggiore Terme — 26C2
Via Antonio Gramsci. **GPS:** n44,82005 o9,98981.

20 kostenlos kostenlos. **Lage:** Städtisch, einfach, ruhig.
Untergrund: Schotter. 01/01-31/12.

Emilia-Romagna - Ligurien

Entfernung: 800M.
Sonstiges: Parkplatz neben Bahnhof.

San Giuseppe 26G2
Ariaperta Sosta Camper, Via Delle Nazioni 39.
GPS: n44,72578 o12,22528.
99 € 15 Ch (32x)inklusive WC. Untergrund: Wiese.
Entfernung: 500M 1,5Km 500M 500M.

San Piero in Bagno 34C1
Via G.Mazzini. GPS: n43,86353 o11,97692.

5 kostenlos. Untergrund: asphaltiert.
Entfernung: 500M 1Km 500M 500M 200M.

Santa Sofia 34C1
Piazzale K. Marx. GPS: n43,94165 o11,90930.

kostenlos Ch kostenlos. Untergrund: asphaltiert.
01/01-31/12. Entfernung: 200M.
Touristinformation Santa Sofia:
Foreste Casentinesi. Nationales Naturschutzgebiet.

Serramazzoni 26D3
Piazzale Largo Olimpico. GPS: n44,42223 o10,79402.

20 kostenlos Ch kostenlos. Lage: Städtisch.
Untergrund: asphaltiert. 01/01-31/12.
Entfernung: 300M 100M 300M 300M 800M.

Serramazzoni 26D3
Ristorante La Roccia, Via Giardini Nord, Montagnana di Serramazzoni.
GPS: n44,47157 o10,82050.

15 kostenlos. Lage: Ländlich, einfach, ruhig.
Untergrund: Schotter. 01/01-31/12.
Entfernung: 8km Maranello vor Ort 8km.
Sonstiges: Maranello: Ferrari Fabrik und Museum.

Sestola 26D3
Via Guidellina. GPS: n44,22591 o10,77374.
10 kostenlos. Untergrund: asphaltiert. 01/01-31/12.
Entfernung: 300M 800M 500M vor Ort.

Soragna 26C2
Via Matteotti / via Gramsci. GPS: n44,92988 o10,12566.

10 kostenlos Ch kostenlos. Lage: Städtisch, einfach, ruhig.
Untergrund: asphaltiert. 01/01-31/12.
Entfernung: 120M 200M 200M.

Suviana 26E3
Via Lungo Lago. GPS: n44,12039 o11,04592.

60 kostenlos, Urlaub und Feiertage € 9. Lage: Ländlich, einfach, ruhig. Untergrund: asphaltiert. 01/01-31/12.
Entfernung: vor Ort vor Ort vor Ort.
Sonstiges: Am Suvianasee, kanoverleih.

Terenzo 26C2
Loc. Bardone. GPS: n44,62528 o10,10083.

8 € 13 Ch WC inklusive. Lage: Ländlich, komfortabel, ruhig. Untergrund: befestigt. 01/01-31/12.
Entfernung: 200M 12Km 12Km vor Ort.
Sonstiges: Max. 2 Nächte.

Tredozio 26F3
Area Le Volte, Via Salvo D'Acquisto. GPS: n44,07431 o11,73228.

40 € 5 Ch €2,50. Untergrund: befestigt. 01/01-31/12.
Entfernung: 1,5Km 200M Campingplatz 1,5Km.
Sonstiges: Neben Campingplatz Le Volte, max. 48 Std, Rabatt beim Restaurant/Schwimmbad.

Tresigallo 26F2
Fraz. Finale di Rero. GPS: n44,81643 o11,90050.
kostenlos.
Sonstiges: In der Nähe vom Sportpark.

Vergato 26E3
SS 64, Bologna-Pistoia. GPS: n44,28952 o11,11270.

25 kostenlos Ch kostenlos. Lage: Ländlich, einfach.
Untergrund: asphaltiert. 01/01-31/12.

Vezzano Sul Crostolo 26D2
Area Sosta Camper Matildica, SS63. GPS: n44,58960 o10,53608.
10 Ch. Untergrund: asphaltiert. 01/01-31/12.
Entfernung: 1,5Km vor Ort vor Ort vor Ort.
Sonstiges: Eco Parco di Vezzano, Eintrittskarte bei Bar Sport, Via Roma, SS63, n44,59963, o10,54542.

Ligurien

Borghetto Santo Spirito 28H1
Val Varatella, Via Tiziano. GPS: n44,11565 o8,23507.
24 € 18-27 WC.
Entfernung: 500M 1Km.

Borghetto Santo Spirito 28H1
Via Tevere. GPS: n44,11548 o8,23758.

150 € 10/24 Std, Juli-Aug-Dez € 13 Ch (50x)€3/Tag,16Amp.
Untergrund: Schotter.
Entfernung: 1,1Km 2,5Km 400M.
Sonstiges: Am Varatella.

Castelnuovo Magra 26C3
Agriturismo Cascina dei Peri, Via Montefrancio 71.
GPS: n44,10355 o10,00734.

3 € 10/pP, Kind € 3 Ch €3 WC inklusive €5.
Untergrund: Wiese/Schotter. 01/01-31/12.
Entfernung: 2,4Km.
Sonstiges: Mahlzeit € 20/pP Wein inkl. (bestellen <16 Uhr), Verkauf von Wein und Olivenöl, Schwimmbad ab Juni.

Celle Ligure 26A3
Via Natta. GPS: n44,34888 o8,55674.

25 Ch. Untergrund: asphaltiert. 01/01-31/12.
Entfernung: 300M 200M 200M 300M 100M.

Cengio 25H3
Area Attrezzata Cengio Isole, Via Isole.
GPS: n44,39083 o8,20194.

kostenlos Ch kostenlos. Untergrund: asphaltiert.
Entfernung: 600M vor Ort vor Ort.
Sonstiges: In der Nähe vom Sportpark.

Cervo 28H1
Camper Cervo, Via Steria. GPS: n43,92833 o8,10527.

Ligurien

130 € 12-15/Tag Chinklusive €3/24Std.
Untergrund: Schotter. 01/01-31/12.
Entfernung: 2,5Km.

Diano Marina 28H1
Oasi Park, Via Sori 5. **GPS:** n43,90667 o8,07083.

300 € 8-15/Tag Ch €3 WC €1
Untergrund: Wiese/Schotter. 01/01-31/12.
Entfernung: 600M 6,8km 800M 600M 600M 600M Mountainbike-Strecke.
Sonstiges: Bus zum Strand mit Bar/Restaurant.

Diano Marina 28H1
Il bowling di Diano, Via Diano S. Pietro, 71 - Diano Castello.
GPS: n43,91683 o8,07576.

€ 18/Tag Ch €4.
Untergrund: ungepflastert. 01/01-31/12.
Entfernung: 1km 5,5km 1,2km vor Ort 50M.
Sonstiges: Schmale Durchfahrt, Schwimmbad, Bar, Bowling.

Diano Marina 28H1
Al Roseto, Via Case Parse, San siro, Diano Castello.
GPS: n43,91983 o8,07733.

€ 12-15 Ch WC €2 01/01-31/12.
Entfernung: 5,5Km.
Sonstiges: Beim Blumenzüchter, Shuttlebus zum Strand.

Finale Ligure 26A3
Area Caprazoppa, Via Aurelia, SS1. **GPS:** n44,16549 o8,33750.

40 € 18/24 Std Chinklusive.
Untergrund: Schotter/Sand. 01/01-31/12.
Entfernung: 500M 4Km 700M.

Imperia 28H1
Francy Park, Via dei Giardini. **GPS:** n43,86917 o8,00010.

32 € 10, 01/06-30/09 € 13.
Untergrund: befestigt. 01/01-31/12.
Entfernung: Stadtmitte 4Km Meer 150M 150M.

La Spezia 26C3
Viale San Bartolomeo. **GPS:** n44,10417 o9,85917.

100 € 5 kostenlos.
Untergrund: Wiese. 8-20 Uhr 12.30-13.30 Uhr.
Entfernung: 4Km.
Sonstiges: überwachter Parkplatz.

Touristinformation La Spezia:
 Lerici. Ehemaliges Fischerdorf, heute populärer Ferienort.
 Cinque Terre. Geschütztes Küstengebiet.
 Castello di Lerici, Lerici. 01/04-31/10.
 Lerici. Sa-Morgen.

Levanto 26C3
SP556, Loc. Moltedi. **GPS:** n44,17476 o9,61836.

16 € 18/24 Std Chinklusive. 01/01-31/12.
Entfernung: 500M 1Km Zug 100M.
Sonstiges: Hinter dem Bahnhof, ideal für Besuch der Cinque Terre mit Zug.

Loano 25H3
La Sosta, Via delle Fornaci, 31. **GPS:** n44,13115 o8,24111.
41 € 15 Ch WC inklusive. **Untergrund:** Schotter.
01/01-31/12.
Entfernung: 2km 400M.
Sonstiges: Shuttlebus.

Touristinformation Loano:
 Grotta di Santa Lucia, Toirano. Stalagtiten und Stalagmiten.
 Grotta della Basura, Toirano. Mensch und Tier aus dem Steinzeitalter.

Pietra Ligure 26A3
Area Camper, Via Crispi 43. **GPS:** n44,15484 o8,28397.

53 € 13/24 Std, 01/06-30/09 € 16/24 Std Ch (53x)inklusive
WC €0,70. **Untergrund:** Schotter. 01/01-31/12.
Entfernung: 200M.

Portovenere 34A1
Via Olivo, Loc. Cavo. **GPS:** n44,05961 o9,84843.

20 € 1,85/Std 8-20U, übernachten kostenlos Ch.
Untergrund: befestigt. 01/01-31/12.
Entfernung: 2km 750M 600M 50M.

San Lorenzo al Mare 28H1
Area Camper Il Pozzo, Via Gaetano Salvemini.
GPS: n43,85512 o7,96083.

30 € 15-23 Ch WC €4 inklusive. **Lage:** Luxus.
Untergrund: Schotter.
Entfernung: 400M 600M 400M.
Sonstiges: Max. 7M.

San Rocco 26B3
Viale Franco Molfino, Camogli. **GPS:** n44,33472 o9,16084.

9 € 9/8-20U. **Untergrund:** asphaltiert.
Entfernung: 150M vor Ort.
Sonstiges: Markierter Wanderwegen in Parco di Portofino (45Min-2 Std).

Santo Stefano al Mare 28H1
Camper Village, Strada Porsani. **GPS:** n43,84378 o7,90824.

60 € 12-30/24 Std Ch €3 WC €1. **Untergrund:** Schotter.
Entfernung: 10Km 800M vor Ort.
Sonstiges: Kostenloser Bus, Schwimmbad.

Santo Stefano al Mare 28H1
Marina degli Aregai, Via Gianni Cozzi. **GPS:** n43,83723 o7,90581.

± 30 € 1,50/U, € 5-10/Tag. **Untergrund:** asphaltiert.
Entfernung: vor Ort Sandstrand vor Ort vor Ort.

Torriglia 26B3
Area Comunale Piscina, Via degli Alpini. **GPS:** n44,51667 o9,16000.

Italien

Ligurien - Toskana

10 kostenlos kostenlos. **Untergrund:** Schotterasen.
Entfernung: 200M.
Sonstiges: Neben Schwimmbad, Samstag Markt.

Vado Ligure 26A3
Area Sosta Camper, Via Aurelia 16, SS1. **GPS:** n44,27797 o8,44171.

68 € 8/12 Std, € 16/24 Std Ch inklusive.
Untergrund: befestigt. 01/01-31/12.
Entfernung: 600M 50M 50M.
Sonstiges: Fähre > Korsika 2Km.

Toskana

Alberese 34B2
Parco Naturale della Maremma, Via del Bersagliere.
GPS: n42,66944 o11,10416.

50 kostenlos. **Lage:** Ländlich.
Untergrund: Schotter/Sand.
01/04-30/09.
Entfernung: 100M 7Km vor Ort vor Ort vor Ort.

Albinia 34B2
Ai Delfini, Via Aurelia km 153. **GPS:** n42,50882 o11,19552.

24 € 1/Std, Aug € 1,50/Std 4 pers incl. + Kurtaxe
Ch WC inklusive €1 €5 1 Std inkl., € 10/15 dagen.
Lage: Komfortabel, ruhig.
Untergrund: Wiese/Sand. 24/04-31/10.
Entfernung: 2km 50M vor Ort 2km.

Anghiari 34C1
Via Campo della Fiera. **GPS:** n43,53904 o12,05291.

8 kostenlos Chkostenlos. **Lage:** Einfach, ruhig.
Untergrund: asphaltiert. 01/01-31/12.

Entfernung: vor Ort vor Ort vor Ort.

Anghiari 34C1
Agriturismo Val della Pieve, Via della Fossa 8.
GPS: n43,53657 o12,05131.

10 € 15/24 Std, Jul/Aug € 20 Ch WC €3 inklusive.
Lage: Komfortabel, abgelegen, ruhig. **Untergrund:** Schotter.
01/01-31/12.
Entfernung: 300M 300M 300M 300M.
Sonstiges: Schwimmbad € 3/pPpT.

Anghiari 34C1
Agriturismo La Taverna dei Sorci, San Lorenzo.
GPS: n43,51467 o12,07799.

20 kostenlos kostenlos. **Lage:** Einfach, ruhig.
Untergrund: befestigt. 01/01-31/12.
Entfernung: 3Km vor Ort.

Arcidosso 34B2
Parco Faunistico Monte Amiata, Località Poderi.
GPS: n42,83740 o11,52922.

15 kostenlos Ch. **Lage:** Ländlich, abgelegen, ruhig.
Untergrund: Wiese. 01/01-31/12.
Entfernung: 10Km.
Sonstiges: Naturschutzgebiet.

Arezzo 34C1
Via Da Palestrina/via Tarlati (centro-nord). **GPS:** n43,47213 o11,88773.

30 € 0,80/Std, € 8/24 Std Ch kostenlos.
Lage: Einfach, ruhig. **Untergrund:** asphaltiert. 01/01-31/12.
Entfernung: Altstadt 1km.
Sonstiges: Rolltreppe zur Stadtmitte.

Arezzo 34C1
P Tarlati, Via Guido Tarlati. **GPS:** n43,47237 o11,88362.

50 kostenlos. **Lage:** Städtisch, einfach, zentral.
Untergrund: Schotterasen. 01/01-31/12.
Entfernung: Zentrum 1Km 500M 300M.
Touristinformation Arezzo:
Wochenmarkt.

Barberino di Mugello 26E3
SS65, Fraz. Monte di Fó. **GPS:** n44,07613 o11,28062.

30 kostenlos Chkostenlos.
Lage: Einfach, ruhig. **Untergrund:** befestigt. 01/01-31/12.
Entfernung: 4km 150M (Campingplatz) 150M (Campingplatz). **Sonstiges:** Gegenüber Campinggelände Il Sergente.

Barga 26D3
Area San Cristoforo, Via Hayange. **GPS:** n44,07234 o10,48131.

€10/24 Std Ch (10x) WC 200m.
Untergrund: Schotter. **Entfernung:** centro storico zu Fuß erreichbar.

Bibbiena 34C1
La Collina delle Stelle, Loc. Casanova 63.
GPS: n43,71669 o11,85173.

8 € 15, 01/05-30/09 € 20 2 Pers. inkl., extra Pers. € 4 Ch €2/Tag WC €5,Bügelservice €5 inklusive. **Lage:** Komfortabel, ruhig.
Untergrund: Schotter. 15/03-01/11, Weihnachten.
Entfernung: 7Km vor Ort vor Ort.
Sonstiges: Schwimmbad € 5/pP (für Gäste kostenlos).

Borgo a Mozzano 34A1
Via I° Maggio, SP2. **GPS:** n43,97612 o10,54113.

4 kostenlos Ch (4x)kostenlos. **Untergrund:** Schotter.
Entfernung: 200M Fluss Serchio.
Sonstiges: Beim Touristenbüro.

Toskana

Borgo San Lorenzo — 34B1
Via Caduti di Montelungo. **GPS:** n43,95112 o11,38518. ⬆.

10 🛁🚰Chkostenlos.
Lage: Einfach. **Untergrund:** asphaltiert. 📷 01/01-31/12 📷 Fr.
Entfernung: 🚶500M ⊗500M 🚌300M.
Sonstiges: Markt am Freitag.

Buonconvento — 34B2
Viale della Liberta. **GPS:** n43,13854 o11,48109. ⬆.

🚰kostenlos. **Lage:** Einfach. **Untergrund:** ungepflastert.
Entfernung: 🚶50M ⊗50M.
Sonstiges: An der Stadtmauer.

Buonconvento — 34B2
Viale Ferruccio Parri. **GPS:** n43,13065 o11,48349. ⬆➡.
€1 Ch. 📷 01/01-31/12.

Calci — 34A1
Via Brogiotti. **GPS:** n43,72769 o10,51722. ⬆.

6 🚰€ 8/24 Std 🚰Ch inklusive.
Untergrund: asphaltiert. 📷 01/01-31/12.
Entfernung: 🚶100M 🚌200M.
Sonstiges: Am Sportpark, Zahlung nur mit Münzen.

Campiglia Marittima — 34B2
Parcheggio La Pieve, Via di Venturina. **GPS:** n43,05672 o10,61439. ⬆.

4 🚰kostenlos 🚰Chkostenlos. **Lage:** Ländlich.
Untergrund: asphaltiert. 📷 01/01-31/12.
Entfernung: 🚶350M ⊗450M 🚌500M.
Sonstiges: Gegenüber Friedhof, nahe Sporthalle.

Campiglia Marittima — 34B2
Via di Caldana. **GPS:** n43,03662 o10,59969. ⬆.
🚰kostenlos €1/100Liter Ch. 📷 01/01-31/12.
Entfernung: 🚶800M ⊗250M.

Capalbio — 34B3
Via della Torba. **GPS:** n42,40753 o11,31566.
🚰€ 6. **Untergrund:** Sand.
Entfernung: 🚶150M ⊗vor Ort.
Sonstiges: Strandparkplatz.

Capraia e Limite — 34B1
Via delle Ginestre, zona industriale, loc. Capraia Fiorentina.
GPS: n43,73660 o11,00442. ⬆.

🚰kostenlos 🚰Chkostenlos. **Untergrund:** befestigt.

Casola in Lunigiana — 26C3
Area La Linea del Drago. **GPS:** n44,19916 o10,17333. ⬆➡.

20 🚰€ 7 + € 5/pP 🚰Ch 🚽WC inklusive.
Untergrund: Wiese. 📷 01/01-31/12.
Entfernung: 🛥vor Ort.
Sonstiges: Am Bach mit Bademöglichkeit.

Castagneto Carducci — 34A2
Camperesort, Via Aurelia 373/B. **GPS:** n43,15630 o10,56097. ⬆.

50 🚰€ 10 + € 5/pP, 15/06-15/09 € 10/PP 🚰Ch WC €1
€3 inklusive. **Lage:** Luxus. **Untergrund:** Wiese/Schotter.
📷 01/01-31/12. **Entfernung:** 🚶1,2Km ⊗vor Ort.
Sonstiges: Videoüberwachung, Schwimmbad inkl.

Castagneto Carducci — 34A2
Via del Seggio, Marina di Castagneto. **GPS:** n43,18401 o10,54841. ⬆.

30 🚰€10/24 Std 🚰Chkostenlos.
Untergrund: ungepflastert. 📷 01/01-31/12.
Entfernung: 🚶2km 🚶500M ⊗2,5Km 🚌2,5Km.

Castagneto Carducci — 34A2
Viale delle Palme, Marina di Castagneto. **GPS:** n43,19323 o10,54152. ⬆.

20 🚰€20-30/24 Std 🚰Ch. **Untergrund:** ungepflastert.
Entfernung: 🚶100M.
Sonstiges: Max. 48 Std, Hundestrand.

Castel del Piano — 34B2
Via Po. **GPS:** n42,88872 o11,53733. ➡.

30 🚰kostenlos 🚰Chkostenlos. **Lage:** Ländlich, einfach.
Untergrund: asphaltiert. 📷 01/01-31/12.
Entfernung: 🚶500M.

Castelfiorentino — 34B1
Via Che Guevara, circonvallazione Ovest. **GPS:** n43,60885 o10,96365. ⬆.

5 🚰kostenlos 🚰kostenlos.
Lage: Einfach, abgelegen. **Untergrund:** asphaltiert.
Entfernung: 🚶1,5Km ⊗1,5Km 🚌1,5Km.

Castellina in Chianti — 34B1
La Strada del Chianti, SR222. **GPS:** n43,47330 o11,28760. ⬆➡.

15 🚰€ 12/24 Std €0,20/10Liter Ch (8x)inklusive WC €0,50.
Lage: Ländlich, komfortabel. **Untergrund:** asphaltiert.
📷 01/01-31/12. **Entfernung:** 🚶200M.
Touristinformation Castellina in Chianti:
⛪ Via IV Novembre. Wochenmarkt. 📷 Sa-Morgen.

Castelnuovo di Garfagnana — 26D3
Via Valmaira. **GPS:** n44,11447 o10,40304. ⬆.

🚰kostenlos 🚰Chkostenlos.
Untergrund: befestigt. 📷 01/01-31/12.
Entfernung: 🚶1Km. **Sonstiges:** Am Sportpark.

Castiglion Fiorentino — 34C1
Piazza Garibaldi, viale Marconi. **GPS:** n43,34465 o11,92278. ⬆.

20 🚰kostenlos 🚰Chkostenlos WC. **Lage:** Ländlich, einfach.
Untergrund: asphaltiert. 📷 01/01-31/12 📷 Fr-Morgen Markt.
Entfernung: 🚶vor Ort ⊗vor Ort.

Castiglione della Pescaia — 34B2
Paduline, Via Andromeda. **GPS:** n42,76888 o10,89079. ⬆➡.

120 🚰€ 12-15 €2 €3. **Lage:** Ländlich, einfach.
Untergrund: Schotter. 📷 01/05-30/09.
Entfernung: 🚶1Km.
Sonstiges: Samstag Markt.

Italien

Toskana

Castiglione della Pescaia — 34B2
Rocchette Serignano, Via Rio Palma, Rocchette.
GPS: n42,77970 o10,79955.

120 € 20/Tag €3 Ch (18x) €1. **Lage**: Ländlich, komfortabel. **Untergrund**: Schotter. 01/04-15/09.
Entfernung: Castiglione della Pescaia 7km 200M 200M.
Sonstiges: Strandparkplatz, unbewacht.

Castiglione della Pescaia — 34B2
Via Ponte Giorgini. **GPS**: n42,76515 o10,88545.

5 € 1,50Std, € 10/24 Std. **Lage**: Städtisch, einfach.
Untergrund: asphaltiert. 01/01-31/12.
Entfernung: vor Ort.
Sonstiges: Samstag Markt.

Castiglione d'Orcia — 34C2
Area Pro Loco, Viale Marconi. **GPS**: n43,00292 o11,61552.

5 kostenlos kostenlos. **Lage**: Ländlich, einfach.
Untergrund: Schotter/Sand. 01/01-31/12.
Entfernung: 200M vor Ort.

Touristinformation Castiglione d'Orcia:
Rocco d'Orcia. Mittelalterliche Zitadelle.

Cecina — 34A2
Agricamper Impalancati, Via Aurelia Nord, 108.
GPS: n43,33682 o10,49946.

20 € 10, Jun/Sep € 15, Jul € 20, Aug € 25 Ch inklusive WC. **Lage**: Komfortabel, abgelegen, ruhig.
Untergrund: Wiese/Schotter.

Cecina — 34A2
Agricamper Gioia Selvaggia e Fabio, Via Paratino Alto, 53.
GPS: n43,28780 o10,55314.
18 € 10, Jul/Aug € 15 Ch inklusive.
Untergrund: Wiese/Schotter.
Entfernung: Stadtmitte 5Km 6Km.
Sonstiges: Am Schwimmbad (Sommer).

Certaldo — 34B1
Area Comunale, Piazza dei Macelli. **GPS**: n43,54629 o11,04611.

10 kostenlos Ch kostenlos. **Lage**: Ländlich.
Untergrund: befestigt. 01/01-31/12.
Entfernung: Mittelalterliche Stadtmitte 150M (Lifte) 150M 250M.

Chifenti — 34A1
Area sosta Chifenti, SS12. **GPS**: n44,00492 o10,56377.
10 kostenlos Ch kostenlos. **Untergrund**: asphaltiert/Schotter. 01/01-31/12.
Entfernung: 500M.

Chiusdino — 34B2
Abbazia San Galgano, SS441. **GPS**: n43,15283 o11,15137.

15 € 1,50/Std, € 10/8-20 Uhr, übernachten kostenlos (9x)kostenlos. **Lage**: Ländlich, abgelegen, ruhig.
Untergrund: Schotterasen. 01/01-31/12.
Entfernung: 12Km 300M.
Sonstiges: Abtei von San Galgano 300m.

Chiusi — 34C2
Via Torri del Fornello. **GPS**: n43,01461 o11,94972.

5 kostenlos kostenlos. **Untergrund**: asphaltiert.
Entfernung: 100M 4,5Km.
Sonstiges: Neben Schule.

Chiusi — 34C2
Loc. Sbarchino. **GPS**: n43,05049 o11,95756.
10 kostenlos. 01/01-31/12.
Entfernung: Pesce d'Oro vor Ort vor Ort.

Cutigliano — 26D3
Via di Risorgimento/Sp37. **GPS**: n44,09877 o10,75450.
14 € 1,50/Std, € 15/24 Std Ch inklusive.
Untergrund: befestigt.
Sonstiges: Max. 48 Std.

Dicomano — 34B1
SS67, Tosco Romagnola. **GPS**: n43,89407 o11,53715.

4 kostenlos Ch kostenlos. **Lage**: Einfach.
Untergrund: asphaltiert. 01/01-31/12.
Entfernung: 1Km 200M.

Equi Terme — 26C3
Via della Stazione. **GPS**: n44,17009 o10,15513.

40 € 10/Nacht Ch inklusive. **Untergrund**: Schotter.
Entfernung: 100M.
Sonstiges: In der Nähe der Therme (100M), Höhle (500M) und Marmorbruch.

Firenze — 34B1
FiPark, Viale Europa, Fraz. Bagno a Ripoli, Florenz (Firenze).
GPS: n43,75554 o11,30609.

40 7-19 Uhr € 2/Std, 19-7 Uhr € 1/Std, € 15/24 Std Ch.
Lage: Einfach. **Untergrund**: befestigt. 01/01-31/12.
Entfernung: Bus 23/33 > Stadtmitte.

Firenze — 34B1
Area sociale 'Flog', Via M Mercati 24/b, zona Careggi, Florenz (Firenze).
GPS: n43,79491 o11,24835.

25 € 15/24 Std €3 Ch. **Lage**: Einfach. **Untergrund**: Schotter.
01/01-31/12. **Entfernung**: Stadtmitte 2Km Pizzeria
Zentrum : Bus 4, 6-24 Uhr.

Firenze — 34B1
Florence Park Scandicci, Via di Scandicci 241, Florenz (Firenze).
GPS: n43,76267 o11,20875.

25 € 15 inklusive. **Lage**: Städtisch, komfortabel, zentral, ruhig.
Untergrund: befestigt. 01/01-31/12.
Entfernung: 4Km 5Km 150M.
Sonstiges: Videoüberwachung.

Firenze — 34B1
Gelsomino SCAF, Via del Gelsomino 11, Florenz (Firenze).
GPS: n43,75173 o11,24388.

150 € 15/24 Std Ch inklusive.
Untergrund: Schotterasen.
01/01-31/12.
Entfernung: 2km Bus 37 > Stadtmitte.
Sonstiges: Max. 7M.

Touristinformation Florenz (Firenze):
U.I.A.T. (Ufficio Informazioni e di Accoglienza Turistica), Piazza Stazione, 4, www.firenze.turismo.toscana.it. Renaissancestadt mit vielen Sehenswürdigkeiten.
Ponte Vechio. Berühmte Brücke mit Juweliergeschäften.
Cappella Brancacci, Santa Maria del Carmine. Restaurierte Fresken.
The Mall, le griffe, Via Europa 8, Leccio Reggello. Factory outlet.

Firenzuola — 26E3
Loc. Pieve di Camaggiore. **GPS**: n44,14594 o11,45361.

Toskana

50 kostenlos ChWC. **Lage:** Einfach, ruhig.
Untergrund: Schotterasen. 01/01-31/12.
Entfernung: Firenzuola 10km Fluss 100M 1Km.
Sonstiges: Spielplatz.

| | Firenzuola | 26E3 |

Area Picnic, Loc. Badia a Moscheta. **GPS:** n44,07586 o11,42030.

10 kostenlos. **Lage:** Einfach, abgelegen, ruhig.
Untergrund: Schotter. 01/01-31/12.
Entfernung: Firenzuola 8km 500m agriturismo Badia di Moscheta.

| | Fivizzano | 26C3 |

Agriturismo Ristorante Al Vecchio Tino, Loc. Germalla 1, Monte dei Bianchi. **GPS:** n44,17155 o10,13325.
6 € 12 Ch inklusive. **Untergrund:** Schotter. 01/01-31/12.

| | Foiano della Chiana | 34C1 |

Outlet Village Valdichiana, Via Enzo Ferrari 5, loc. Farniole. **GPS:** n43,22398 o11,80301.

10 kostenlos. **Lage:** Einfach. **Untergrund:** asphaltiert.
01/01-31/12. **Entfernung:** vor Ort vor Ort. **Sonstiges:** Reisemobilplatz bei Outlet.

| | Follonica | 34B2 |

Eucalyptus Camper Park, Via Sanzio. **GPS:** n42,92804 o10,77569.

40 € 10 €4 Ch inklusive €1. 01/06-30/09.
Entfernung: Strand 1,8km 1km 1km.
Sonstiges: Am Schwimmparadies.

| | Follonica | 34B2 |

Agriturismo dal Pastore, Via Cassarello, 342.
GPS: n42,92835 o10,78912.
10 € 10 + € 1/pP Kurtaxe Ch . **Lage:** Ländlich.
Untergrund: Wiese.
Entfernung: Stadtmitte 3Km 2,5km.
Sonstiges: Regionale Produkte.

| | Fonteblanda | 34B2 |

Talamone Wind Beach Parking, Strada Provinciale Talamone.
GPS: n42,56334 o11,15659.

150 kostenlos, Juni-Sep € 15. **Lage:** Ländlich, einfach, abgelegen.
Untergrund: Schotter. 01/01-31/12.
Entfernung: 1,5Km vor Ort vor Ort 1,5Km 1,5km.
Sonstiges: Strandparkplatz, Shuttlebus ins Dorf.

| | Gaiole in Chianti | 34B1 |

Via Michelangelo Buonarroti. **GPS:** n43,46470 o11,43428.

kostenlos Ch kostenlos. **Lage:** Ländlich, einfach.
Untergrund: befestigt. 01/01-31/12.
Entfernung: 400M vor Ort.
Sonstiges: Am Fussballstadion.

| | Gallicano | 26D3 |

Via dei Cipressi. **GPS:** n44,05827 o10,44565.

4 kostenlos Ch (2x) kostenlos. **Untergrund:** befestigt.
01/01-31/12.
Entfernung: 500M.
Sonstiges: Grotta del Vento.

| | Greve in Chianti | 34B1 |

Monte S. Michele, Via Montebeni. **GPS:** n43,59066 o11,31355.

17 kostenlos kostenlos. **Lage:** Ländlich, komfortabel, ruhig.
Untergrund: befestigt. 01/01-31/12.
Entfernung: 500M 500M.

Touristinformation Greve in Chianti:
Sa-Morgen.

| | Isola dElba | 34A2 |

Area Camper Cavo, San Bennato, Cavo, Elba (Insel) (Isola dElba).
GPS: n42,85459 o10,42267.
50 € 18/24 Std Ch €2 €1. **Untergrund:** Schotter.
01/04-30/10.
Entfernung: 600M 400M.

| | Isola dElba | 34A2 |

Area Camper La Perla, Loc. Campo All'Aia, Procchio, Elba (Insel) (Isola dElba). **GPS:** n42,78893 o10,24877.
20 € 18, Jun/Sep € 24, Jul € 30, Aug € 39 €3,50.
Untergrund: Schotter. 01/01-31/12.
Entfernung: vor Ort.

| | Isola dElba | 34A2 |

Loc. Bocchetto, Porto Azzurro. **GPS:** n42,77114 o10,39985.
60 kostenlos, Hauptsaison € 10/24 Std Ch kostenlos.
Untergrund: asphaltiert.

Entfernung: Zentrum 1Km.
Sonstiges: In der Nähe vom Friedhof.

| | Isola dElba | 34A2 |

Sighello, area La Pila, Marina di Campo. **GPS:** n42,75357 o10,24228.
30 € 15 Ch €3. **Untergrund:** ungepflastert.
01/05-30/09. **Entfernung:** 400M 200M.
Sonstiges: Am Sportpark.

| | Larciano | 34B1 |

Agriturismo Poggetto, Via Stradella 1489.
GPS: n43,83319 o10,88042.

25 € 15/24 Std, für Gäste kostenlos Ch .
Untergrund: Wiese/Schotter. 01/01-31/12.
Entfernung: 1Km 1km.

| | Livorno | 34A1 |

Parco del Mulino, Via Voltolino Fontani. **GPS:** n43,51394 o10,32503.
25 € 10, Mai/Sep € 12 Ch inklusive. **Untergrund:** Wiese.
01/01-31/12.
Entfernung: Stadtmitte 3Km 1km 350M.

| | Livorno | 34A1 |

Parco Marina del Boccale, Via del Littorale, 238.
GPS: n43,47861 o10,33138.
€ 20 ChWC . **Untergrund:** Wiese. 01/04-31/09.
Entfernung: Livorno 8Km vor Ort vor Ort.

| | Livorno | 34A1 |

Piazza Ordoardo Borrani, Viale d'Antignano.
GPS: n43,50465 o10,32144.

50 kostenlos. **Lage:** Ländlich. **Untergrund:** asphaltiert.
Entfernung: 400m Antignano 100M 300M.

Touristinformation Livorno:
Ufficio Informazioni, Piazza del Municipio. Mittelalterliche Hafenstadt.

| | Lucca | 34A1 |

Il Serchio, Via del Tiro a Segno 704, loc. Sant'Anna.
GPS: n43,85000 o10,48583.

66 € 25/24 Std, Hund € 1 Ch (66x)WC €4,50
inklusive.
Untergrund: Schotterasen. 01/03-31/01.
Entfernung: 1km 2km 500M vor Ort 2km vor Ort.
Sonstiges: Müll € 2/Tag, shuttlebus € 1/pP, Schwimmbad € 5/pP.

| | Lucca | 34A1 |

Area Sosta Lucca, Viale Gaetano Luporini.
GPS: n43,84028 o10,48878.

Italien

Toskana

65 €10/24 Std, Hochsaison € 14/24 Std, € 3/Std inklusive. **Untergrund:** asphaltiert.
Entfernung: 5 Gehminuten 2km.
Touristinformation Lucca:
Casa di Puccini, Via di Poggio. Geburtshaus des Komponisten. Di-So.
Mit, Sa, 3. So des Monats Antiquitätenmarkt.

Lucignano — 34C1
SP19. **GPS:** n43,27664 o11,74512.

20 kostenlos (9x)kostenlos.
Lage: Ländlich, einfach. **Untergrund:** Wiese. 01/01-31/12.
Entfernung: 500M.
Sonstiges: Am Dorfrand.

Marina di Bibbona — 34A2
Via dei Cipressi. **GPS:** n43,24825 o10,53389.
€10/24 Std €2 WCkostenlos €1. 01/04-31/10.
Entfernung: 1Km 500M 500M.

Marina di Cecina — 34A1
Parcheggio Aqua Park, Via Tevere. **GPS:** n43,30070 o10,49948.

100 €8 Ch.
Lage: Ländlich. **Untergrund:** befestigt. 01/03-15/11.
Entfernung: 2km 1km 200M 200M.

Marina di Cecina — 34A1
Via della Cecinella. **GPS:** n43,29278 o10,50785.

30 €8/24 Std Ch. **Lage:** Ländlich, einfach, ruhig.
Untergrund: asphaltiert. 01/03-15/11.
Entfernung: 2km 300M 2km 2km.

Marina di Cecina — 34A1
New Camping Le Tamerici, Via della Cecinella, 5.
GPS: n43,29192 o10,51053.
€ 25-44 Ch WCinklusive. 11/05-03/10.
Entfernung: 1,5Km 1Km vor Ort vor Ort.
Sonstiges: Schwimmbad.

Marina di Grosseto — 34B2
Oasi di Maremma, SP158 delle Collacchie Km 34,4.
GPS: n42,72611 o10,99205.

50 € 16, Hauptsaison € 20,, 4 Pers. inkl Ch (100x)€2 WC €1 €4. **Lage:** Komfortabel, ruhig. **Untergrund:** Wiese. 01/04-30/09.
Entfernung: 1Km 1Km 1Km 1Km vor Ort.
Sonstiges: Jeder Platz mit Wasser, shuttlebus € 1/pP.

Marina di Grosseto — 34B2
Area di sosta l'Oasi, S332 > dir San Vincenzo d'Elba.
GPS: n42,73466 o10,97483.

50 € 12, Jun € 15, Jul/Aug € 20 Ch €2 WC €2.
Lage: Ländlich, komfortabel. **Untergrund:** Wiese. Ostern-30/09.
Entfernung: Marina 1,5km 1,1km 400M in der Nähe.

Marina di Grosseto — 34B2
Via Costiera, SP158. **GPS:** n42,73722 o10,96388.

50 kostenlos. **Lage:** Ländlich, einfach. **Untergrund:** Schotter. 01/01-31/12.
Entfernung: 2km 400M.

Marina di Grosseto — 34B2
Via Grossetana. **GPS:** n42,71552 o10,98646.

8 kostenlos. **Lage:** Städtisch. **Untergrund:** Sand.
Entfernung: 400M 400M vor Ort.
Sonstiges: Beim Hafen.
Touristinformation Marina di Grosseto:
Parco Naturale della Maremma. Naturschutzgebiet. Mit, Sa, So, Feiertage 9 Uhr, 01/06-30/09 Spaziergang mit Führer 9, 16 Uhr.

Marina di Pisa — 34A1
Parcheggio Camper Pisamo, Viale Gabriela d'Annunzio.
GPS: n43,67909 o10,27887.
130 €15/24 Std Ch. **Untergrund:** Sand. 01/01-31/12.
Entfernung: Meer 1Km vor Ort.

Marradi — 26F3
Area sosta Marradi, Via San Benedetto. **GPS:** n44,07347 o11,61166.

30 kostenlos 100Liter Ch 8kWh,Ver-/Entsorgung €5.
Lage: Einfach, ruhig. **Untergrund:** asphaltiert. 01/01-31/12.
Entfernung: 50M vor Ort 100M 200M.
Sonstiges: Kaution Schlüssel Ver-/Entsorgung € 7.

Massa Marittima — 34B2
Viale del Risorgimento. **GPS:** n43,04530 o10,89050.

7 kostenlos Chkostenlos.
Untergrund: asphaltiert. 01/01-31/12.
Entfernung: Altstadt 650M 600M 500M vor Ort.

Montalcino — 34B2
Via Osticcio. **GPS:** n43,04913 o11,48749.

30 € 5/24 Std Chkostenlos. **Lage:** Ländlich, komfortabel, ruhig. **Untergrund:** asphaltiert/befestigt. 01/01-31/12.
Entfernung: 700M 700M 700M.

Montalcino — 34B2
Agriturismo la Croce, La Croce 9. **GPS:** n43,03931 o11,50373.
15 € 20, für Gäste kostenlos. **Lage:** Ländlich, abgelegen, ruhig.
Untergrund: Wiese. 01/04-31/10.
Entfernung: 3,5Km vor Ort.
Sonstiges: Regionale Produkte und Wein.

Monte San Savino — 34C1
Via del Casalino. **GPS:** n43,33177 o11,72204.

20 kostenlos Chkostenlos. **Lage:** Ländlich, einfach.
Untergrund: Schotter. 01/01-31/12.
Entfernung: vor Ort 4,2Km 200M.
Sonstiges: Steile Rampe.

Montecatini Terme — 34B1
Piazza Pietro Leopoldo, SS 436. **GPS:** n43,88286 o10,76386.
40 kostenlos. **Untergrund:** asphaltiert. 01/01-31/12 Do (Markt). **Entfernung:** 3Km 500M 500M.
Sonstiges: Gegenüber Stadion, Dienstag Markt.

Montepulciano — 34C2
P5, Piazza Pietro Nenni. **GPS:** n43,09577 o11,78684.

Toskana

32 €10/24 Std kostenlos. **Lage:** Ländlich, einfach. **Untergrund:** asphaltiert. 01/01-31/12 Mi Morgen, Markt. **Entfernung:** 200M 100M 400M. **Sonstiges:** Barzahlung.

Montepulciano 34C2
La Buca Vecchia, Strada per Pienza, 38. **GPS:** n43,09903 o11,73939.
7 € 20 + € 1/pP Kurtaxe Ch inklusive.
Lage: Komfortabel, abgelegen, ruhig. **Untergrund:** befestigt.
01/01-31/12.
Entfernung: 5Km.
Sonstiges: Ankunft anmelden, Grillplatz.

Monteriggioni 34B1
Via Cassia Nord 142. **GPS:** n43,38560 o11,22784.
30 € 16/24 Std Ch inklusive WC. **Untergrund:** befestigt.
Entfernung: 400M 400M.
Sonstiges: Ver-/Entsorgung Passanten € 4.

Monteriggioni 34B1
Strada di Monteriggioni. **GPS:** n43,38801 o11,22511.

12 € 2/Std 8-20U, max. € 6, übernachten kostenlos.
Lage: Ländlich, komfortabel. **Untergrund:** Schotter. 01/01-31/12.
Entfernung: 300M 1,4Km 300M vor Ort.

Monteriggioni 34B1
Agriturismo "Il Sambuco", Via Maestri del Lavoro 12, Uopini.
GPS: n43,35266 o11,29415.
8 € 15/24 Std kostenlos Ch inklusive WC.
Untergrund: Schotter. 01/01-31/12.
Entfernung: 1Km 350M 300M.
Sonstiges: Regionale Produkte, Schwimmbad € 5.

Monteroni d'Arbia 34B1
Via San Giusto. **GPS:** n43,23048 o11,42371.

kostenlos Ch kostenlos. **Lage:** Ländlich, einfach. **Untergrund:** Sand. 01/01-31/12.
Entfernung: 50M.
Sonstiges: P Zentrum.

Montespertoli 34B1
Molino del Ponte, Via Volterrana Nord. **GPS:** n43,65606 o11,08445.

5 kostenlos €1/100Liter €2 Ch. **Lage:** Ländlich.
Untergrund: befestigt. 01/01-31/12.
Entfernung: Montespertoli 2,3km vor Ort 400M.

Montevarchi 34B1
Via B. Latini. **GPS:** n43,53052 o11,56784.

kostenlos kostenlos. **Lage:** Städtisch, einfach.
Untergrund: asphaltiert. 01/01-31/12.
Entfernung: 7Km Coop.
Sonstiges: In der Nähe vom Stadion.

Montopoli in Val d'Arno 34B1
Piazza Amerigo Vespucci, Via di Masoria. **GPS:** n43,67333 o10,75222.

31 kostenlos Ch kostenlos. **Untergrund:** befestigt.
01/01-31/12. **Entfernung:** zu Fuß erreichbar.

Orbetello 34B3
Lanino Parco Sosta, Loc. Santa Liberata.
GPS: n42,43346 o11,15959.

50 € 10/Wohnmobil, € 8/pP, € 5/Kind Ch (40x)inklusive WC.
Lage: Ländlich. **Untergrund:** Wiese/Schotter. 01/01-31/12.
Entfernung: Orbetello 5km 50M 200M alimentari.
Sonstiges: Max. 72 Std.

Palazzuolo sul Senio 26F3
Parcheggio Casone, Via Casone. **GPS:** n44,11073 o11,54968.

100 kostenlos Ch kostenlos. **Lage:** Einfach.
Untergrund: asphaltiert. 01/01-31/12.
Entfernung: 100M 100M 100M.
Sonstiges: Schmale Durchfahrt.

Palazzuolo sul Senio 26F3
Via Francesco Pagliazzi. **GPS:** n44,11551 o11,55000.

6 kostenlos. **Lage:** Abgelegen. **Untergrund:** befestigt.
01/01-31/12.
Entfernung: vor Ort.

Sonstiges: Neben Friedhof, oberer Teil des Parkplatzes.

Pienza 34C2
Via Mencattelli e Foro Boario. **GPS:** n43,07799 o11,68087.

8-22 Uhr: € 1,50/1 Std, € 5/4 Std, € 10/8 Std, : € 1,50/1 uur, € 5/4 uur, € 10/8 uur Ch inklusive WC. **Lage:** Ländlich, einfach.
Untergrund: asphaltiert. 01/01-31/12 Fr-Morgen Markt.
Entfernung: 100M.

Pienza 34C2
Podere il Casale, Via Podere Il Casale 64. **GPS:** n43,08090 o11,71161.
8 € 26, 2 Pers. inkl €3 WC. **Lage:** Ruhig.
Untergrund: Schotter. 01/01-31/12.
Entfernung: vor Ort.
Sonstiges: Regionale Produkte.

Pieve Santo Stefano 34C1
Grey camper, Via della Verna. **GPS:** n43,67058 o12,03729.

20 € 10 Ch WC inklusive 1. **Lage:** Einfach, laut.
Untergrund: befestigt. 01/01-31/12.
Entfernung: vor Ort 1,7Km.
Sonstiges: In der Nähe vom Viadukt E45.

Piombino 34A2
Camperoasi, Loc. Mortelliccio, Riotorto.
GPS: n42,95416 o10,66638.

93 € 20, Apr-Jun, Sep € 30, Jul/Aug € 40 Ch WC €0,50 inklusive.
Lage: Komfortabel. **Untergrund:** Schotterasen/Wiese.
01/01-31/12. 01/10-31/03 Mo-Do.
Entfernung: 200M 50M 50M.
Sonstiges: Jeder Plaz hat Wasser/Abwasser, 10% Rabatt bei Vorlage eines aktuellen Führer, Rezeption geöffnet: 9.30-12.30 14-19.30 Uhr.

Piombino 34A2
Area Sosta Camper Isolotto, Loc. Mortelliccio, 7, Riotorto.
GPS: n42,95765 o10,67374.
23 € 20, Jul/Aug € 27 Ch inklusive.
Untergrund: Schotter.
Entfernung: 200M. **Sonstiges:** Verkauf von Obst-Gemüsse-Wein-Regionale Produkte, Schwimmbad.

Piombino 34A2
Area Sosta l'OrtiCillo, Loc. Le Pinete, 3 Riotorto.
GPS: n42,98414 o10,68011.
12 € 8-10, 01/07-31/08 € 14 + Kurtaxe € 0,50/pP Ch inklusive.
Untergrund: Schotter. 01/01-31/12.
Entfernung: 300M.
Sonstiges: Grillplatz, Fahrradverleih kostenlos, regionale Produkte.

Piombino 34A2
Carbonifera 1, Loc. Torre Mozza. **GPS:** n42,94750 o10,69277.

Toskana

± 75 € 2,20/Std, € 18,70/24Std Ch inklusive.
Untergrund: Schotter. 01/01-31/12.
Entfernung: 50M.
Sonstiges: Strandparkplatz, keine Campingaktivitäten.

Piombino — 34A2
Parcheggio Caldanelle, Loc. Caldanelle. **GPS:** n43,00216 o10,52816.

150 € 2/Std, € 17/8-20U, übernachten kostenlos Ch.
Lage: Abgelegen, ruhig. **Untergrund:** Wiese. 01/01-31/12.
Entfernung: Piombino 9km 1,5km.
Sonstiges: Strandparkplatz, Ver-/Entsorgung: 8-20 Uhr, keine Campingaktivitäten, Shuttlebus.

Piombino — 34A2
Perelli 1-3, Loc. Perelli. **GPS:** n42,95527 o10,61944.

50 € 2,20/Std, € 18,70/8-20U, übernachten kostenlos Ch kostenlos. **Lage:** Ruhig. **Untergrund:** Wiese/Sand.
01/06-30/09. **Entfernung:** Sandstrand Perelli 1.
Sonstiges: Strandparkplatz, Ver-/Entsorgung: Perelli 3, keine Campingaktivitäten, Hundestrand.

Piombino — 34A2
Podere Mortelliccio, Loc. Mortelliccio 8, Riotorto.
GPS: n42,95700 o10,67884.

8 € 20-25, Jul/Aug € 32 Ch inklusive € 3,50.
Untergrund: Schotter. 01/01-31/12.
Entfernung: 400M vor Ort.
Sonstiges: Regionale Produkte und Wein, Grillplatz.

Piombino — 34A2
Via della Pace. **GPS:** n42,93777 o10,52194.

15 kostenlos € 0,10/10Liter Ch. **Lage:** Städtisch, laut.
Untergrund: befestigt. 01/01-31/12.
Entfernung: 500M 1Km 700M 800M.

Piombino — 34A2
Parcheggio di Alvin, Piazzale Salvatore Allende.
GPS: n42,92578 o10,54219.
€ 15/24 Std Ch. 01/04-31/10.
Entfernung: 200M.

Pisa — 34A1
Parcheggio camper, Via di Pratale 78. **GPS:** n43,72106 o10,42066.

100 € 12/Nacht, € 1/Std, € 5/6 Std €3 Ch. **Lage:** Ruhig.
Untergrund: asphaltiert.
Entfernung: 800M 7Km vor Ort.
Sonstiges: überwachter Parkplatz.

Pistoia — 34B1
Via Marino Marini/via della Quiete. **GPS:** n43,94389 o10,91556.
50 kostenlos. **Untergrund:** asphaltiert.
Entfernung: Zentrum 1Km 6Km vor Ort.
Sonstiges: Am Sportpark.

Pistoia — 34B1
Agricamper Podere Campofossato. **GPS:** n43,99503 o10,89520.
8 € 20 Ch inklusive.
Entfernung: 50M.
Sonstiges: Regionale Produkte.

Poggibonsi — 34B1
Via Fortezza Medicea, loc. Vallone. **GPS:** n43,46203 o11,14593.

± 15 kostenlos € 0,10/10Liter Ch (6x)€ 1/12Std.
Lage: Ländlich. **Untergrund:** Schotter. 01/01-31/12.
Entfernung: Zentrum 500M 400M 500M.
Touristinformation Poggibonsi
Monteriggioni. Ummauerte Stadt.

Pontassieve — 34B1
Viale Hanoi/viale Lisbona. **GPS:** n43,77355 o11,42764.

kostenlos Ch kostenlos. **Lage:** Einfach.
Untergrund: asphaltiert. 01/01-31/12.
Entfernung: 500M.

Poppi — 34C1
La Crocina, Viale dei Pini. **GPS:** n43,71982 o11,76529.

12 kostenlos Ch kostenlos. €3/5Std. **Lage:** Einfach, ruhig.
Untergrund: asphaltiert. 01/01-31/12.
Entfernung: Altstadt 500M 300M.

Porto Ercole — 34B3
Le Miniere, SP di Porto Ercole. **GPS:** n42,41749 o11,20386.

130 € 20-25, Aug € 30 Ch WC € 0,50 € 5 inklusive.
Lage: Komfortabel, laut. **Untergrund:** Wiese.
Ostern-30/09.
Entfernung: Porto Ercole 2km 800M 800M 2km.
Sonstiges: Brötchenservice, Fahrradverleih kostenlos, freier Shuttlebus zum Strand, jeden 30 Minuten.

Porto Ercole — 34B3
Parking Da Renzo, SC della Feniglia. **GPS:** n42,41527 o11,20777.

150 € 18 Ch € 3 WC inklusive.
Lage: Ländlich, komfortabel, ruhig.
Untergrund: Wiese.
Ostern-01/10.
Entfernung: Porto Ercole 3km Strand 1km 800M vor Ort.
Sonstiges: Keine Campingaktivitäten, Rad/PKW Verleih, Strandbus (August).

Pratovecchio — 34C1
Via Uffenheim. **GPS:** n43,78666 o11,71952.

12 kostenlos Ch kostenlos. **Lage:** Einfach, ruhig.
Untergrund: asphaltiert. 01/01-31/12.
Entfernung: 50M 100M 100M.
Sonstiges: Am Fluss, Schildern folgen, nicht GPS.

Radda in Chianti — 34B1
Via Degli Ulivi. **GPS:** n43,48643 o11,37543.

6 € 12/24 Std WC kostenlos. **Lage:** Ländlich, einfach.
Untergrund: befestigt. 01/01-31/12.
Entfernung: 200M (Treppen).

Radicofani — 34C2
Via A. de Gasperi. **GPS:** n42,89471 o11,77506.

5 kostenlos Ch kostenlos. **Lage:** Ländlich, einfach.

Untergrund: Wiese/Schotter. ◯ 01/01-31/12.
Entfernung: 400M ⊗800M.

Radicondoli — 34B1
Il Pianetto. GPS: n43,25888 o11,04250. ↑ →.

🅿kostenlos ⛽Ch €1/Std.
Untergrund: Wiese/Schotter. ◯ 01/01-31/12.
Entfernung: Mittelalterliche Stadtmitte 300M ⊗300M 2km.

Rapolano Terme — 34C1
Area di sosta camper Il Pini, Via Vittorio Veneto.
GPS: n43,29601 o11,60312.
50 🅿 € 10/24 Std, € 8/12 Std, € 6/6 Std €3 inklusive.
Untergrund: Schotter. ◯ 01/01-31/12.
Entfernung: vor Ort 1Km ⊗300M.
Sonstiges: Terme Antica Querciolaia 200M.

Rapolano Terme — 34C1
Villa dei Boschi, Loc. Villa dei Boschi 50, Fraz San Gimignanello, SP10.
GPS: n43,22829 o11,65429. ↑.

20 🅿 € 20/24 Std, für Gäste kostenlos ⛽WC inklusive.
Lage: Ländlich, einfach, abgelegen. **Untergrund:** Wiese.
◯ 01/01-31/12. **Entfernung:** vor Ort.

Rapolano Terme — 34C1
Area di sosta Le Terme, Via Trieste. **GPS:** n43,29268 o11,60781. ↑.

64 🅿 € 5/6 Std, € 8/12 Std, € 12/24 Std
Ch WC inklusive €2. **Lage:** Ländlich, komfortabel.
Untergrund: Schotter/befestigt. ◯ 01/01-31/12.
Entfernung: 500M ⊗50M 200M.
Sonstiges: Terme Antica Querciolaia 50M.

Rosignano Marittimo — 34A1
Molino a Fuoco, Via dei Cavalleggeri Antica, Vada.
GPS: n43,32816 o10,46005. ↑ →.

70 🅿 01/04-15/09 € 15 ⛽Ch inklusive.
Untergrund: Wiese/Schotter. **Entfernung:** 400M 500M
⊗400M 400M. **Sonstiges:** Max. 72 Std.

Rosignano Marittimo — 34A1
Il Fortullino, Località il Fortullino. **GPS:** n43,43005 o10,39632.

150 🅿 € 18/Nacht, Jul-Aug € 23 ⛽Ch inklusive.
Untergrund: ungepflastert. ◯ 01/04-30/09.
Entfernung: Castiglioncello 4km, Livorno 20km, Pisa 40km 150M ⊗Pizzeria 100M 5Km.

Rosignano Marittimo — 34A1
SP39, Via Aurelia, Loc Caletta. **GPS:** n43,39900 o10,42807. ↑.

18 🅿 € 10 kostenlos. **Untergrund:** befestigt.
Entfernung: vor Ort 300M 100M.
Sonstiges: Entlang verkehrsreicher Strasse, max. 48 Std.

Rosignano Marittimo — 34A1
Parcheggio del Lillatro, Via Fratelli Gigli, loc Lillatro.
GPS: n43,38380 o10,43206. ↑.

40 🅿 € 9. **Lage:** Einfach, abgelegen, ruhig. **Untergrund:** Sand.
◯ Ostern-31/10.
Entfernung: 50M ⊗50M.

Rosignano Marittimo — 34A1
Sportiva Vada, Via Mare Mediterraneo, Vada.
GPS: n43,35208 o10,45183. ↑ →.

75 🅿 € 10/Tag. **Lage:** Ländlich, ruhig. **Untergrund:** ungepflastert.
◯ 01/04-01/10.
Entfernung: 400M 200M ⊗200M 400M.

San Casciano dei Bagni — 34C2
Via Della Pineta. GPS: n42,86530 o11,87383. →.

15 🅿 kostenlos. **Lage:** Ländlich, einfach. **Untergrund:** Schotter/Sand.
◯ 01/01-31/12.
Entfernung: 500M.

San Casciano dei Bagni — 34C2
Piazzale del Ponte. GPS: n42,87024 o11,87742. ↑.

15 🅿 € 6/12 Std, € 12/24 Std ⛽Ch.
Untergrund: asphaltiert. ◯ 01/01-31/12.
Entfernung: 100M.
Sonstiges: In der Nähe der Therme.

San Casciano in Val di Pesa — 34B1
Parco Il Poggione. GPS: n43,65395 o11,18768. ↑.

5 🅿 € 8 ⛽kostenlos.

San Gimignano — 34B1
Sosta Camper Santa Chiara, Via di Castel San Gimignano, Loc. Fornace.
GPS: n43,45572 o11,03476. ↑ →.

30 🅿 € 22/24 Std €2 Ch WC inklusive.
Lage: Ländlich, luxus. **Untergrund:** Schotter. ◯ 01/01-31/12.
Entfernung: 3Km ⊗Osteria/bar 1,5Km Bus.
Sonstiges: Grillplatz, kostenlosen shuttlebus nach San Gimignano, Tennisplatz.

San Gimignano — 34B1
Park Santa Lucia, Loc. Santa Lucia. **GPS:** n43,45205 o11,05586. ↑ →.

50 🅿 € 1/Std, € 15/24 Std ⛽Ch (14x)inklusive.
Lage: Ländlich, einfach. **Untergrund:** Schotter. ◯ 01/01-31/12.
Entfernung: 3Km Citybus Linea 1.
Sonstiges: Neben Schwimmbad, 24/24 Videoüberwachung, Shuttlebus ins Zentrum.

San Miniato Basso — 34B1
Piazza G. Impastato, Via Pestalozzi/Via G. Pizzigoni, zona industriale.
GPS: n43,69417 o10,83638. ↑.

🅿 € 0,50/Std ⛽kostenlos.
Untergrund: asphaltiert. ◯ 01/01-31/12.
Entfernung: 800M ⊗50M Superal.

Toskana

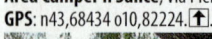
San Miniato Basso 34B1
Area Camper Il Salice, Via Pier delle Vigne 28/A, loc. La Catena.
GPS: n43,68434 o10,82224.

20 € 15/24 Std Ch WC.
Untergrund: Schotter. 01/01-31/12.
Entfernung: 1Km vor Ort.
Sonstiges: Max. 3 Tage, Shuttlebus ins Zentrum.

San Piero a Sieve 34B1
GPS: n43,96260 o11,32732.

20 kostenlos Ch kostenlos. **Lage:** Einfach, ruhig.
Untergrund: befestigt. 01/01-31/12.
Entfernung: 500M 250M.

San Quirico d'Orcia 34C2
Via delle Scuole. GPS: n43,05607 o11,60682.

30 €10/24 Std kostenlos. **Lage:** Ländlich, einfach.
Untergrund: asphaltiert. 01/01-31/12.
Entfernung: 200M.
Sonstiges: Picknickplatz, Spielplatz.

San Quirico d'Orcia 34C2
Strada di Bagno Vignoni, Bagno Vignoni.
GPS: n43,02904 o11,62450.

± 20 kostenlos. **Lage:** Ländlich, einfach, ruhig.
Untergrund: ungepflastert. 01/01-31/12.
Entfernung: 500M 350M.
Sonstiges: Parco dei Mulini: natürlichen Thermalquellen, Eintritt frei, 400m.

San Romano in Garfagnana 26D3
Via Campo Sportivo/via Prà di Lago. GPS: n44,17243 o10,34199.

15 kostenlos Ch kostenlos. **Untergrund:** Wiese.

01/01-31/12.
Sonstiges: Am Sportpark, Parco Avventura Selva del Buffardello 100M.

San Vincenzo 34A2
Via Biserno. GPS: n43,08790 o10,54134.

50 01/04-30/09 € 10/24 Std kostenlos.
Untergrund: Wiese/Schotter.
01/01-31/12.
Entfernung: 1Km Strand 200M 50M 50M.
Sonstiges: Strandparkplatz, keine Campingaktivitäten, Fahrradverleih.

San Vincenzo 34A2
SS. Annunziata, Via del Castelluccio, 142. GPS: n43,10086 o10,56001.
€ 16, Jul/Aug € 25-35 Ch inklusive €0,50 €3.
Entfernung: 1Km 1Km vor Ort 50M.
Sonstiges: Spielplatz, Schwimmbad.

Sansepolcro 34C1
Viale Alessandro Volta. GPS: n43,56976 o12,13727.

20 kostenlos Ch kostenlos. **Lage:** Städtisch, einfach.
Untergrund: asphaltiert. 01/01-31/12.
Entfernung: 200M.

Sansepolcro 34C1
Podere Violino, Via del Tevere 1150, Gricignano.
GPS: n43,55539 o12,12312.

8 € 6 + € 5/pP Ch WC inklusive. **Lage:** Komfortabel, abgelegen, ruhig.
Untergrund: Wiese. 01/03-31/12.
Entfernung: 2km Fluss vor Ort 500M.
Sonstiges: Restaurant Sonntags geschlossen, Schwimmbad.

Santa Fiora 34C2
Via Martiri della Niccioleta. GPS: n42,83531 o11,58397.

20 kostenlos Ch kostenlos (6x)€1/2Std. **Lage:** Ländlich, einfach. **Untergrund:** Schotter/Sand. 01/01-31/12.
Entfernung: 450M.

Sasso Pisano 34B2
Buca San Rocco. GPS: n43,16748 o10,86586.

10 kostenlos €2 Ch €3/12Std. **Lage:** Ländlich.
Untergrund: befestigt. 01/01-31/12.
Entfernung: 100M 200M.

Saturnia 34B2
L'Alveare dei Pinzi, Strada della Peschiera, Saturnia.
GPS: n42,65597 o11,50368.

400 € 14/24 Std Ch (120x)€2 WC €0,50 €6 inklusive.
Lage: Ländlich, komfortabel, ruhig. **Untergrund:** Schotter.
01/01-31/12.
Entfernung: Saturnia 3km 1,5Km.
Sonstiges: Panoramablick, freier Shuttlebus zu den Thermen und Saturnia, Bar/Snack/Früchte, Terme di Saturnia (Schwefelbäder) 1,7Km, Cascate del Mulino (Wasserfall, Eintritt frei) 2,5Km, Markt am Freitag.

Saturnia 34B2
La Quercia, Via Aurina 15. GPS: n42,66667 o11,50457.

30 € 16/24 Std Ch WC €1 inklusive.
Lage: Ländlich, komfortabel, zentral. **Untergrund:** Schotter.
01/01-31/12.
Entfernung: 200M 100M 100M.
Sonstiges: Shuttlebus, Terme di Saturnia (Schwefelbäder) 1,7Km, Cascate del Mulino (Wasserfall, Eintritt frei) 2,5Km.

Scarperia 26E3
Ranch Ricavo, Via di Galliano 21. GPS: n44,01189 o11,30681.

20 € 10 Ch WC inklusive. **Lage:** Einfach, ruhig.
Untergrund: Wiese. 01/01-31/12.
Entfernung: 5Km vor Ort 5Km.

Sestino 34C1
Via Travicello. GPS: n43,71223 o12,30356.

12 kostenlos Ch kostenlos. **Untergrund:** Schotterasen.

Italien

Toskana - San Marino

Entfernung: 2km.
Sonstiges: In der Nähe vom Sportpark.

Sesto Fiorentino 34B1
Area Antica Etruria, Via Ferruccio Parri. **GPS**: n43,84150 o11,17667.

50 € 18/24 Std Ch WC inklusive €1,50/Tag.
Lage: Komfortabel. **Untergrund:** asphaltiert. 01/01-31/12.
Entfernung: 1,5Km 400M 400M 30M > Florenz.
Sonstiges: überwachter Parkplatz.

Sesto Fiorentino 34B1
Viale Ariosto. **GPS**: n43,83238 o11,18997.

15 kostenlos. **Lage:** Einfach, ruhig. **Untergrund:** asphaltiert. 01/01-31/12.
Entfernung: 500M 3Km 200M 500M Zug 100M.
Sonstiges: Gegenüber Lidl, 20 Minuten mit dem Zug nach Florenz.

Siena 34B1
P1, Palasport, Via Achille Sclavo. **GPS**: n43,33323 o11,31739.

35 € 20/Wohnmobil (8-20 Uhr) Ch WC kostenlos.
Lage: Städtisch, einfach. **Untergrund:** befestigt. 01/01-31/12.
Entfernung: vor Ort.

Siena 34B1
P2, Il Fagiolone, Via di Pescaia. **GPS**: n43,31456 o11,31760.

60 € 20/Wohnmobil (8-20 Uhr), übernachten kostenlos
WC kostenlos. **Lage:** Städtisch, einfach, laut.
Untergrund: befestigt. 01/01-31/12.
Entfernung: vor Ort.
Sonstiges: Entlang verkehrsreicher Strasse.

Siena 34B1
Acqua Calda, Via Fausto Coppi. **GPS**: n43,33627 o11,29695.

kostenlos. **Lage:** Städtisch, einfach. **Untergrund:** Schotterasen.

01/01-31/12.
Entfernung: 650M Bus 10 Zentrum Siena.

Siena 34B1
Via delle Province/via Napoli. **GPS**: n43,34168 o11,30512.

kostenlos. **Lage:** Städtisch, einfach, laut. **Untergrund:** asphaltiert.
01/01-31/12.
Entfernung: 200m McDonalds 200M vor Ort.
Touristinformation Siena:
- Palazzo Publico. Gotisches Rathaus von 1342.
- Torre del Mangia. Glockenturm. täglich.
- Duomo. Romanisch-Gotische Kathedrale.
- La Lizza. Wochenmarkt. Mi Morgen.
- Palio, Piazza del Campo. Berühmtes historisches Pferdrennen.
- 02/07, 16/08.

Stia 34C1
Parco comunale del Canto della Rana, Via Londa, SP556.
GPS: n43,80417 o11,70326.

6 kostenlos Ch kostenlos. **Lage:** Einfach, ruhig.
Untergrund: Schotter. 01/01-31/12.
Entfernung: 500M.

Suvereto 34B2
Via dei Forni. **GPS**: n43,07572 o10,67802.

12 kostenlos kostenlos. **Lage:** Ländlich, einfach, ruhig.
Untergrund: Wiese. 01/01-31/12.
Entfernung: Mittelalterliche Stadtmitte 200M 300M 300M.

Torrita di Siena 34C2
Via di Ciliano. **GPS**: n43,16475 o11,77213.

6 kostenlos Ch kostenlos. **Lage:** Ländlich, komfortabel,
ruhig. **Untergrund:** befestigt. 01/01-31/12.
Entfernung: 400M 200M vor Ort vor Ort.

Venturina 34B2
Parco Termale Calidario, Via del Bottaccio.
GPS: n43,03666 o10,60000.

20 kostenlos €0,10/10Liter Ch. **Lage:** Ruhig.
Untergrund: befestigt. 01/01-31/12.
Entfernung: 800M 50M 800M.
Sonstiges: Thermalzentrum 50M.

Viareggio 34A1
Via Martiri di Belfiore. **GPS**: n43,88120 o10,25080.

44 € 15/24 Std Ch inklusive. **Untergrund:** asphaltiert.
01/01-31/12.
Entfernung: 1Km 2,5Km.
Sonstiges: Anmeldung bei: All Events Festival Puccini Viareggio,
Viale Regina Margherita 1, 43,8673339 10,2431529, Gelände mit
Videoüberwachung.

Vinci 34B1
Via Girolamo Calvi. **GPS**: n43,78080 o10,92830.
12 kostenlos Ch kostenlos. **Untergrund:** befestigt.
01/01-31/12. **Entfernung:** 300M.
Sonstiges: Am Sportpark.

Volterra 34B1
Parking P3, Fonti Docciola, Viale Dei Filosofi.
GPS: n43,40306 o10,86417.

15 € 10 8-20U, übernachten kostenlos Ch kostenlos.
Lage: Städtisch. **Untergrund:** Schotter. 01/01-31/12.
Entfernung: Altstadt 100M 200M 300M.

San Marino

San Marino 26G3
Camper Stop, Via del Serrone 94. **GPS**: n43,92057 o12,45056.
kostenlos. **Untergrund:** Wiese.
Entfernung: Stadtmitte 3Km vor Ort.

San Marino 26G3
P13, Baldasserona, Borgo Maggiore. **GPS**: n43,94054 o12,44289.

50 kostenlos Ch. **Untergrund:** asphaltiert. 01/01-31/12.
Sonstiges: Ver-/Entsorgung 300M.

San Marino 26G3
Strada Genghe di Atto, Acquaviva. **GPS**: n43,94491 o12,42963.

Italien

San Marino - Marken

5 kostenlos Ch WC kostenlos. **Untergrund:** asphaltiert.

San Marino 26G3
P10, Via Napoleone Boneparte. **GPS:** n43,93567 o12,44362.

20 € 8/24 Std. **Untergrund:** asphaltiert. 01/11-31/03.
Sonstiges: Aufzug zum Zentrum 50m.
Touristinformation San Marino:
Borgo Maggiore. Wochenmarkt. Do.

Marken

Amandola 34D2
Area Sosta Sibillini, Piazzale Sandro Pertini. **GPS:** n42,97085 o13,35488.
42 € 10 Ch €2 inklusive.
Untergrund: asphaltiert. 01/01-31/12.
Entfernung: 850M.

Ancona 34D1
Area di sosta Posatora, Via Sanzio Blasi, Loc. Posatore.
GPS: n43,59964 o13,48530.

30 € 12 Ch (24x)inklusive. **Lage:** Einfach.
Untergrund: befestigt. 01/01-31/12.
Entfernung: 4,5Km 10M.
Sonstiges: Max. 72 Std, nur mit Münzen und passend zahlen, Eintritt zwischen 8-22 Uhr.

Ancona 34D1
Centro Commerciale Auchan, Via Scataglini, Zona Industriale Baraccola, SS16, Ancona-sud. **GPS:** n43,55133 o13,51506.

25 kostenlos kostenlos. **Lage:** Einfach.
Untergrund: Schotterasen. 01/01-31/12.
Entfernung: 8Km 3,6Km.
Touristinformation Ancona:
Riviera del Conera. Touristische Halbinsel mit Stränden und verschiedenen Badeorten.

Apecchio 34C1
Via Isidoro Pazzaglia. **GPS:** n43,55938 o12,41969.
30 kostenlos Ch (6x)kostenlos. **Untergrund:** befestigt.
01/01-31/12.
Entfernung: 100M 50M.
Touristinformation Apecchio:
Wochenmarkt. Fr-Morgen.

Ascoli Piceno 34E2
Ex Seminario, Viale Alcide Gasperi. **GPS:** n42,85222 o13,58222.

20 € 3/night,20/Std, Nacht € 3. **Lage:** Städtisch.
Untergrund: asphaltiert.
Entfernung: Zentrum 500M 200M 200M.
Sonstiges: überwachter Parkplatz.

Ascoli Piceno 34E2
Bed & Breakfast Chartaria, Via Adriatico.
GPS: n42,84792 o13,57306.
7 € 15 €3. **Untergrund:** Wiese.
Touristinformation Ascoli Piceno:
Stadt mit vielen monumentalen Gebäuden.
Mi, Sa.

Camerino 34D1
Via Macario Muzio. **GPS:** n43,13677 o13,06718.

8 kostenlos Ch kostenlos €1/4Std WC. **Lage:** Ländlich.
Untergrund: asphaltiert. 01/01-31/12.
Entfernung: Zentrum 500M 350M.
Sonstiges: Schöne Aussicht, Rolltreppe zur Stadtmitte.

Carpegna 34C1
Via Aldo Moro. **GPS:** n43,78083 o12,34040.

10 kostenlos €1 Ch €0,60/Std. **Untergrund:** Beton.
01/01-31/12.
Entfernung: 300M 300M.

Castelfidardo 34D1
Croce Verde, Via Lumumba/via Donato Bramonte.
GPS: n43,46603 o13,55563.

3 kostenlos kostenlos. **Lage:** Einfach.
Untergrund: asphaltiert. 01/01-31/12.
Entfernung: 200M.
Sonstiges: Max. 48 Std.

Castelsantangelo sul Nera 34D2
Strada Provinciale 136. **GPS:** n42,89117 o13,15355.
8 kostenlos Ch kostenlos. **Lage:** Abgelegen, ruhig.
Untergrund: asphaltiert. 01/01-31/12.
Entfernung: 200M.

Cerreto D'Esi 34D1
Via Dante Alighieri. **GPS:** n43,32714 o12,99114.

10 kostenlos. **Lage:** Einfach. **Untergrund:** befestigt.
01/01-31/12.
Entfernung: 500M.

Cingoli 34D1
Area Balcone delle Marche, Via San Esuperanzio.
GPS: n43,37643 o13,20943.
€ 10 Ch inklusive. **Lage:** Ländlich.
Untergrund: asphaltiert/Schotter. 01/01-31/12.
Entfernung: 200M 200M 100M vor Ort.

Colmurano 34D1
Via Piero della Francesca, Contrada Peschiera.
GPS: n43,16260 o13,35828.

8 kostenlos Ch WC kostenlos. **Untergrund:** asphaltiert.
01/01-31/12. **Entfernung:** 400M.
Sonstiges: In der Nähe des Sportparkes und historischer Stadtmitte.

Corinaldo 34D1
CoriCamper, Via Pecciameglio. **GPS:** n43,64688 o13,04850.
14 € 10 Ch kostenlos. **Untergrund:** befestigt.
01/01-31/12.
Entfernung: 200M 300M 200M.
Sonstiges: Max. 48 Std.

Corinaldo 34D1
Via Lepri 3. **GPS:** n43,64703 o13,04910.

8 kostenlos Ch kostenlos. **Lage:** Einfach.
Untergrund: asphaltiert. 01/01-31/12.
Entfernung: 400M 50M.

Corinaldo 34D1
Ristorante Camping Colverde, Via per Montalboddo 52.
GPS: n43,63504 o13,09743.

10 € 15, Gäste € 10 Ch WC,am Campingplatz
inklusive,am Campingplatz. **Lage:** Ländlich, einfach.
Untergrund: Wiese. 01/01-31/12.
Entfernung: 5Km vor Ort.
Sonstiges: Max. 48 Std.

Cossignano 34E2
Via Gallo. **GPS:** n42,98050 o13,69213.
6 € 6 Ch inklusive. **Lage:** Einfach.
Untergrund: befestigt. 01/01-31/12.
Entfernung: 500M.

Marken

Cupramontana — 34D1
Verdicchio, SP 11. **GPS**: n43,43934 o13,11837.

10 kostenlos kostenlos Ch (10x). **Lage**: Einfach, laut.
Untergrund: befestigt. 01/01-31/12.
Entfernung: 100M 500M.
Sonstiges: Schöne Aussicht.

Fabriano — 34D1
Fraz. Poggio San Romualdo. **GPS**: n43,36473 o13,02534.

35 kostenlos kostenlos. **Lage**: Ländlich, einfach, ruhig.
Untergrund: Wiese. 01/01-31/12.
Entfernung: 3,5Km vor Ort.

Fabriano — 34D1
Via Bruno Buozzi. **GPS**: n43,34650 o12,91645.

16 kostenlos €2/100Liter Ch (6x)€3/12Std. **Lage**: Einfach.
Untergrund: Wiese. 01/01-31/12.
Entfernung: 3Km.
Sonstiges: Neben Sportzentrum.

Falerone — 34D1
Ex-stazione FS di Piane di Falerone, Via Togliatti.
GPS: n43,09944 o13,49944.

15 kostenlos Ch kostenlos. **Untergrund**: befestigt.
erstes So des Monats.
Entfernung: 100M 200M.
Sonstiges: In der Nähe des alten Bahnhofs und des Theaters Romano.

Fano — 34D1
Lungomare Sassonia, Via Ruggeri. **GPS**: n43,84238 o13,03197.

60 € 7-8,50 (20x)€2. **Untergrund**: Wiese/Schotter.
01/01-31/12.
Entfernung: 1Km 2km 50M 50M 600M.

Fano — 34D1
Area di Sosta Adriatico, SS16, Torrette di Fano.
GPS: n43,80789 o13,08198.

30 € 10-23, Camperstop 18-9 Uhr € 8-10 Ch
(12x)WCinklusive €0,50 €3. **Lage**: Komfortabel.
Untergrund: Wiese/Schotter. 22/04-11/09.
Entfernung: 4Km 9Km 200M 50M 500M.
Sonstiges: Ver-/Entsorgung Passanten € 5.

Fano — 34D1
Viale Kennedy. **GPS**: n43,84557 o13,01133.

16-20 kostenlos Chkostenlos. **Lage**: Einfach.
Untergrund: asphaltiert. 01/01-31/12.
Entfernung: 200M 2,7Km 800M.
Sonstiges: In der Nähe vom Friedhof.

Fano — 34D1
Campo Nunzia, SS Adriactica Sud-Loc. Torrette di Fano.
GPS: n43,80474 o13,08488.

28 € 10-15 Ch €2,50/24Std WC €1. **Lage**: Komfortabel.
Untergrund: Wiese/Schotter. 24/04-01/09.
Entfernung: 7km 10Km 150M.

Fano — 34D1
Ristorante La Tratta Maria Angela, Via Fratelli Zuccari 37.
GPS: n43,83589 o13,04182.

14 € 7.
Lage: Einfach, ruhig. **Untergrund**: Wiese. 01/04-01/10.
Entfernung: 2,5Km 50M vor Ort vor Ort.
Sonstiges: P camper.

Touristinformation Fano:
Mi, Sa.

Fermo — 34E1
Area Camper 2004, Lungomare Marina Palminese.
GPS: n43,15085 o13,81382.

64 € 10, Strom inklusive € 12 Ch (32x)inklusive warme Dusche kostenpflichtig. **Untergrund**: Wiese. 01/04-30/09.
Entfernung: 2,5Km vor Ort.

Fermo — 34E1
Baia dei Gabbiani, Viale A. de Gasperi, Lido S. Tomasso.
GPS: n43,22158 o13,78113.

50 € 13-20, Aug € 25 Ch inklusive €0,50.
Untergrund: Wiese/Schotter. 01/04-30/09.
Entfernung: 6,6Km Privatstrand.

Fermo — 34E1
Onda Verde, Via Usodimare, Lido di Fermo.
GPS: n43,20289 o13,78825.

100 € 10 bis € 20 (Aug) Ch 2Amp WC inklusive.
Untergrund: Wiese. 01/04-30/09.
Entfernung: Fermo 10km 5,4Km 10M 10-500M 200M.

Fossombrone — 34D1
Via Oberdan. **GPS**: n43,69301 o12,81835.

8 kostenlos Chkostenlos. **Untergrund**: asphaltiert.
01/01-31/12. **Entfernung**: 500M 1,4Km.
Touristinformation Fossombrone:
Wochenmarkt. Mo.

Genga — 34D1
Frasassi, Fraz San Vittore. **GPS**: n43,40321 o12,97597.

50 kostenlos WCkostenlos. **Lage**: Einfach, ruhig.
Untergrund: Schotter. 01/01-31/12.
Entfernung: 7Km vor Ort.
Sonstiges: In der Nähe der Gole di Frasassi, freier Shuttlebus zur Grotte.

Italien

Marken

Gradara — 26H3
Parcheggio dei Cipressi, Via Mancini. GPS: n43,94163 o12,77461.
€ 5/6 Std, € 10/24 Std, €3/6Std. Untergrund: Wiese.
01/01-31/12.
Entfernung: vor Ort, vor Ort.

Gradara — 26H3
Parking P1, Piazza Paolo e Francesca. GPS: n43,94083 o12,77083.

14, €10/24 Std, Ch WC kostenlos.
Lage: Einfach, zentral.
Untergrund: asphaltiert. 01/01-31/12.
Entfernung: Altstadt 100M, 7,3Km, vor Ort, 400M.
Sonstiges: Parkplatz Zentrum, Schloss 500m.

Grottammare — 34E2
Sosta Camper 43° Parallelo, Via Carlo Alberto dalla Chiesa.
GPS: n42,96673 o13,87694.
40, € 15, Ch, WC. Untergrund: asphaltiert.
Entfernung: 2,7Km, 500M, 500M, 100M, vor Ort.
Sonstiges: Hinter centro commerciale Cityper, entlang der Bahnlinie.

Grottammare — 34E2
Briciola di Sole, Contr. Granaro 19. GPS: n42,98278 o13,84000.

14, € 15, für Gäste kostenlos, Ch, inklusive.
Untergrund: Schotter/befestigt.
01/04-31/10.
Entfernung: 2,5Km, Meer 5Km, vor Ort, 2km.
Sonstiges: Restaurant mit traditioneller Küche, gelegen auf ein Erbgut.

Jesi — 34D1
Via Alfredo Zannoni. GPS: n43,51882 o13,24180.

10, kostenlos, kostenlos. Lage: Einfach, ruhig.
Untergrund: asphaltiert. 01/01-31/12.
Entfernung: 500m centro storico.
Touristinformation Jesi:
Gebiet mit vielen Weingarten.
Grotte di Frasassi. Höhlen.

Loreto — 34D1
Area Camper Pro Loco, Via Maccari. GPS: n43,44125 o13,61491.

65, € 12/24 Std, Ch inklusive, (20x)€3/Tag, WC, €1, €2/8Std. Lage: Komfortabel. Untergrund: Schotterasen.
01/01-31/12.
Entfernung: 150M, 15Km.

Loreto — 34D1
Parking P1, Via Benedetto XXV. GPS: n43,44129 o13,60756.
Sonstiges: Max. 48 Std.

6, € 6/Tag, übernachten kostenlos WC. Untergrund: asphaltiert.
Entfernung: 300M, 50M.
Sonstiges: Parkplatz an der Stadtmauer.

Macerata — 34D1
Sferisterio, Via Paladini. GPS: n43,29806 o13,45694.
8, € 5, Ch. Untergrund: asphaltiert. 01/01-31/12.
Entfernung: 200M, 200M.

Macerata Feltria — 34C1
Loc. San Gasparre. GPS: n43,80098 o12,42886.

4, kostenlos, Ch WC kostenlos.
Untergrund: befestigt. 01/01-31/12.
Entfernung: 1Km, vor Ort, Pizzeria.
Sonstiges: Am Aspa Fluss.
Touristinformation Macerata Feltria:
Wochenmarkt. Di.

Marina di Montemarciano — 34D1
Lungomare Alfredo Cappellini. GPS: n43,65936 o13,32780.

40, € 0,70/Std, Ch, (32x)€2.
Lage: Einfach, laut. Untergrund: Wiese. 15/05-15/09.
Entfernung: 4Km, 9Km, 50m Kiesstrand, 100M.
Sonstiges: An der Küstenstrasse und Bahnlinie.

Marotta — 34D1
Area di Sosta Marotta, Lungomare Colombo 157, Mondolfo.
GPS: n43,76067 o13,15312.

80, € 6,50-14, Ch, (80x)€2/24 Std WC inklusive, kalt.
Lage: Einfach. Untergrund: Wiese. 01/04-30/09.
Entfernung: 500M, 1,5Km, 50M, vor Ort.
Sonstiges: Zwischen der Küstenstrasse und Bahnlinie.

Matelica — 34D1
Porte Capamante, Via Circonvallazione. GPS: n43,25917 o13,01083.

6-8, kostenlos, kostenlos. Lage: Einfach. Untergrund: asphaltiert.
01/01-31/12.
Entfernung: 200M, 200M, 200M.

Matelica — 34D1
Country House Salomone, Località Salomone 437.
GPS: n43,29635 o13,00031.

40, € 7, für Gäste kostenlos, (16x)inklusive, WC in Restaurant.
Lage: Ländlich, einfach. Untergrund: Wiese/Schotter.
01/01-31/12.
Entfernung: vor Ort.
Sonstiges: Schöne Aussicht.

Mergo — 34D1
Area Sosta Comunale, Via Colli. GPS: n43,47394 o13,03598.

10, kostenlos, Ch kostenlos, (8x).
Lage: Einfach. Untergrund: Beton. 01/01-31/12.
Entfernung: 300M.
Sonstiges: In der Nähe vom Sportpark.

Mondavio — 34D1
Via Cappuccini. GPS: n43,67744 o12,96165.
10, kostenlos, Ch, kostenlos. Untergrund: asphaltiert.
01/01-31/12. Entfernung: 500M, 700M.
Sonstiges: In der Nähe vom Polizeirevier.
Touristinformation Mondavio:
Wochenmarkt. Mo.

Montalto delle Marche — 34E2
Via Cuprense. GPS: n42,98726 o13,60870.

6, kostenlos, kostenlos. Untergrund: befestigt.
01/01-31/12. Entfernung: 100M.

Monte San Giusto — 34D1
Campo Sportivo, Via Magellano, Villa San Filippo.
GPS: n43,26343 o13,60070.

Marken

20 kostenlos Ch kostenlos. **Untergrund:** asphaltiert. 01/01-31/12. **Entfernung:** 1Km. **Sonstiges:** Outlet Center Leder und Schuhe.

Monte Vidon Corrado — 34D1
Viale Trento e Trieste. **GPS:** n43,12205 o13,48381.

4 kostenlos Ch kostenlos. **Untergrund:** befestigt. 01/01-31/12. **Entfernung:** 200M. 200M.

Montecosaro — 34E1
Via Martiri della Libertà Ungherese. **GPS:** n43,31779 o13,63653.

30 kostenlos Ch kostenlos. **Untergrund:** Beton. 01/01-31/12. **Entfernung:** 100M. 100M. 50M.

Montefiore dell'Aso — 34E1
Piazza Pietro Nenni. **GPS:** n43,04992 o13,75021.

10 kostenlos Ch kostenlos. **Untergrund:** Sand. 01/01-31/12. **Entfernung:** 200M.

Montefiore dell'Aso — 34E1
Agricamper Il Poggio del Belvedere, Contrada Aso no. 11. **GPS:** n43,04611 o13,72500.

6 € 8/pP Ch WC inklusive. **Untergrund:** befestigt. 01/01-31/12.

Montelupone — 34D1
Loc. San Firmano. **GPS:** n43,36383 o13,54950.

20 kostenlos kostenlos. **Lage:** Einfach. **Untergrund:** asphaltiert. **Entfernung:** 500M. **Sonstiges:** Parkplatz Sportpark.

Montelupone — 34D1
Via Allesandro Manzoni. **GPS:** n43,34300 o13,57080.

10 kostenlos kostenlos. **Lage:** Einfach. **Untergrund:** asphaltiert. 01/01-31/12. **Sonstiges:** Parkplatz Stadtpark.

Morro d'Alba — 34D1
Area Comunale, Via degli Orti. **GPS:** n43,60198 o13,21263.

30 kostenlos kostenlos. **Lage:** Einfach, ruhig. **Untergrund:** asphaltiert. 01/01-31/12. **Sonstiges:** Zugang mit elektronischer Karte, Bar Pro Loco oder Rathaus.

Offida — 34E2
Via Tommaso Castelli. **GPS:** n42,93689 o13,69180.

3 kostenlos kostenlos. **Untergrund:** ungepflastert. 01/01-31/12. **Sonstiges:** An der Stadtmauer.

Pedaso — 34E1
Via Martiri della Libertà. **GPS:** n43,09985 o13,84272. kostenlos. **Untergrund:** asphaltiert. 01/01-31/12. **Entfernung:** vor Ort vor Ort 150M. **Sonstiges:** Parkplatz beim Strand.

Pesaro — 26H3
Via dell Aquedotto. **GPS:** n43,90842 o12,90097.

12 kostenlos Ch kostenlos (12x) €1. **Untergrund:** asphaltiert. **Entfernung:** 1Km 7,5Km.

Pesaro — 26H3
Waterfront Parking, Via Calata Caio Duilio. **GPS:** n43,92244 o12,90657. 20 € 12. 01/01-31/12. **Entfernung:** vor Ort. **Touristinformation Pesaro:** Wochenmarkt. Di.

Petritoli — 34E1
Impianti Sportivi. **GPS:** n43,07306 o13,65139.

10 kostenlos Ch kostenlos. **Untergrund:** Sand. 01/01-31/12. **Entfernung:** 1Km. **Sonstiges:** Am Sportpark.

Piandimeleto — 34C1
Via Giacomo Leopardi. **GPS:** n43,72541 o12,41328.

9 kostenlos Ch kostenlos. **Untergrund:** Wiese. 01/01-31/12. **Entfernung:** 100M.

Pietrarubbia — 34C1
Vulcangas, Via Montefeltresca 107, Ponte Cappuccini. **GPS:** n43,80278 o12,36667.

2 kostenlos WC kostenlos. **Untergrund:** befestigt. 01/01-31/12. **Entfernung:** 200M.

Pievebovigliana — 34D2
Via Rancia. **GPS:** n43,06583 o13,08526.

10 kostenlos Ch. **Untergrund:** asphaltiert. 01/01-31/12. **Entfernung:** 300M.

Pioraco — 34D1
Loc. Buchetto, SS361 km77. **GPS:** n43,18010 o12,97422.

18 (+20) € 13 (16x) WC inklusive. **Lage:** Ländlich,

Italien

Marken

komfortabel, ruhig. **Untergrund:** Schotter. 01/01-31/12.
Entfernung: 700M vor Ort Sommer vor Ort.

Pollenza 34D1
Contrada Morazzano. **GPS:** n43,26482 o13,34614.

8 kostenlos kostenlos. **Lage:** Einfach.
Untergrund: asphaltiert. 01/01-31/12.
Entfernung: 500M.
Sonstiges: In der Nähe von Aufzug zum Zentrum, max. 48 Std.

Porto Recanati 34E1
Area sosta camper Porto Recanati, Viale Scarfiotti, loc. Scossicci.
GPS: n43,44605 o13,65639.

35 € 10-18 Ch inklusive (8x)€2 WC €1. **Lage:** Einfach.
Untergrund: Wiese. 01/01-31/12.
Entfernung: 500M 3Km 50M 200M 1Km.
Sonstiges: Max. 72 Std, Videoüberwachung, Hundestrand.

Porto Recanati 34E1
Karting Club Pista del Conero, Viale Scarfiotti, loc. Scossicci.
GPS: n43,47067 o13,64246.

80 € 25/24 Std Ch (80x) WC inklusive €1 kostenlos.
Lage: Einfach, laut. **Untergrund:** Schotter. 01/04-30/09.
Entfernung: 100M 200M.

Porto Recanati 34E1
Campeggio Club Adriatico, Via Scossicci, Scossicci.
GPS: n43,46393 o13,64642.
€ 17-30 Ch WC inklusive. **Untergrund:** Wiese.
09/04-29/09.
Entfernung: vor Ort vor Ort vor Ort.

Porto San Giorgio 34E1
La Perla Adriatico, Via San Martino 13. **GPS:** n43,16400 o13,80836.
75 € 15/20 Ch WC inklusive, kalt.
Untergrund: ungepflastert. 01/04-30/09.
Entfernung: Strand 200M 300M.
Sonstiges: Shuttlebus.

Potenza Picena 34E1
Via Togliatti, Porto Potenza Picena. **GPS:** n43,36167 o13,69306.

45 € 7/24 Std, € 10/48 Std, € 15/72 Std Ch inklusive
(12x)€2. **Untergrund:** asphaltiert. 01/01-31/12.
Entfernung: 200M 600M 200M 200M.
Sonstiges: Donnerstag Markt.

Recanati 34D1
Camperclub Recanati, Viale Giovanni XXIII.
GPS: n43,40245 o13,55777.

25 kostenlos (22x)kostenlos. **Lage:** Städtisch, einfach.
Untergrund: asphaltiert. 01/01-31/12.
Entfernung: 500M.

San Benedetto del Tronto 34E2
Sosta Camper 43° Parallelo, Via Domenico Bruni.
GPS: n42,96677 o13,87670.
40 € 15 Ch €3. **Untergrund:** asphaltiert.
Entfernung: vor Ort Sandstrand 100M 80M.

San Benedetto del Tronto 34E2
Viale dello Sport. **GPS:** n42,92312 o13,89527.

70 € 7, Jul/Aug € 10 Ch inklusive €2.
Untergrund: asphaltiert. **Entfernung:** 4,3Km 500M vor Ort.
Sonstiges: Entlang der Bahnlinie, unter dem Viadukt.

San Ginesio 34D1
Via Ciarlatini. **GPS:** n43,10945 o13,31801.

8 kostenlos. **Untergrund:** Schotter. 01/01-31/12.
Entfernung: 200M 200M 200M 1Km.

San Leo 34C1
Via Michele Rosa. **GPS:** n43,89871 o12,34950.

20 kostenlos Ch kostenlos.
Untergrund: asphaltiert. 01/01-31/12 Veranstaltungen.
Entfernung: 500M vor Ort.

San Severino Marche 34D1
P7, Viale Mazzini. **GPS:** n43,22757 o13,18836.

12 kostenlos kostenlos (12x)€0,50/4Std. **Lage:** Einfach,
ruhig. **Untergrund:** asphaltiert. 01/01-31/12.
Entfernung: 800M.
Sonstiges: Parkplatz Sportpark.

Sant'Agata Feltria 34C1
Piazzale Europa. **GPS:** n43,86386 o12,20549.

40 € 8/24 Std (6x)kostenlos. **Untergrund:** asphaltiert.
Entfernung: 100M.

Sarnano 34D2
Via Corridoni. **GPS:** n43,03444 o13,29972.

15 kostenlos Ch WC kostenlos. **Untergrund:** asphaltiert.
01/01-31/12. **Entfernung:** 100M 100M 100M.

Sassoferrato 34D1
Via Raffaello Sanzio. **GPS:** n43,43122 o12,85471.

7 kostenlos kostenlos (6x)€1/Tag. **Lage:** Einfach.
Untergrund: asphaltiert. 01/01-31/12.
Entfernung: 500M.

Senigallia 34D1
Via F. Podesti 234, SS16, Senigallia-sud. **GPS:** n43,70483 o13,23764.

14 € 10 kostenlos. **Lage:** Einfach, laut.
Untergrund: asphaltiert. 01/01-31/12.
Entfernung: 3Km 3,3Km 150M.
Sonstiges: Entlang verkehrsreicher Strasse, neben Tankstelle, max. 48 Std.

Tolentino 34D1
Viale Foro Boario. **GPS:** n43,20773 o13,28784.

15 kostenlos kostenlos. **Untergrund:** asphaltiert.
01/01-31/12.
Entfernung: 200M 200M.

Latium

Urbania — 34C1
Area camper Barco, Loc. Barco Ducale Colonia.
GPS: n43,67916 o12,51277.
65 kostenlos Ch kostenlos. **Lage:** Ländlich.
Untergrund: Schotter/Sand.
Entfernung: 1km.
Sonstiges: Am Radweg, hinter ehemalige Sommerresidenz der Herzöge von Urbania.

Urbania — 34C1
Piazzale Fosso del Maltempo, Viale Michelangelo.
GPS: n43,66482 o12,52191.

50 kostenlos Ch kostenlos. **Untergrund:** asphaltiert.
01/01-31/12. **Entfernung:** 500M.
Touristinformation Urbania:
Wochenmarkt. Do.

Urbino — 34C1
Via Pablo Neruda. GPS: n43,73333 o12,62722.

10 kostenlos Ch kostenlos. **Untergrund:** asphaltiert.
01/01-31/12.
Entfernung: Altstadt 2,5km. **Sonstiges:** Shuttlebus ins Zentrum.

Urbino — 34C1
Corte della Miniera, Via Miniera, 10. GPS: n43,78336 o12,59091.
5 Gäste kostenlos Ch.
Entfernung: Urbino 11km vor Ort.
Touristinformation Urbino:
Wochenmarkt. Sa.

Urbisaglia — 34D1
Abbadia di Fiastra, P4. GPS: n43,22111 o13,40722.

20 kostenlos Ch kostenlos.
Untergrund: befestigt. 01/01-31/12.
Entfernung: 4Km 50M.
Sonstiges: Parkplatz Kloster, archäologischer park Urbs Salvia 3km, Wandergebiet.

Visso — 34D2
Largo Gregorio XIII. GPS: n42,93139 o13,09141.

15 kostenlos Ch kostenlos €0,80/Std.
Untergrund: asphaltiert. **Entfernung:** 800M.

Acquapendente — 34C2
Agriturismo Buonomore, SS Cassia Km 130.
GPS: n42,73367 o11,88361.

8 € 15-20, Aug € 25 Ch WC inklusive.
Lage: Ländlich, einfach, ruhig. **Untergrund:** Wiese/Schotter.
01/01-31/12.
Entfernung: 3Km vor Ort.
Sonstiges: Schwimmbad inkl.

Acquapendente — 34C2
Via Campo Boario. GPS: n42,74203 o11,86240.

20 kostenlos Ch kostenlos. **Lage:** Städtisch.
Untergrund: asphaltiert/befestigt. 01/01-31/12.
Entfernung: 250M 250M.
Sonstiges: Am Sportpark.

Albano Laziale — 34D3
Piazza Guerucci, Via Riccardo Lombardi. GPS: n41,73206 o12,65213.

8 kostenlos Ch kostenlos. **Lage:** Einfach, laut.
Untergrund: asphaltiert.
Entfernung: 1Km Zug > Rom 55 Min.
Sonstiges: Neben Postamt und Sportpark.

Amatrice — 34D2
AgriCamper Amatrice, Località Retrosi. GPS: n42,62349 o13,31788.
20 € 10 Ch inklusive. **Lage:** Abgelegen.
Untergrund: Schotter. 01/01-31/12.
Sonstiges: Gelegen im Naturpark Gran Sasso.

Bolsena — 34C2
Guadetto, Via della Chiusa. GPS: n42,63604 o11,98695.

60 € 15/24 Std Ch inklusive WC.
Lage: Ländlich.
Untergrund: Wiese/Sand. 01/01-31/12.
Entfernung: 1Km 10M 300M 1,5Km vor Ort vor Ort.
Sonstiges: Brötchenservice, Dienstag Markt.

Bolsena — 34C2
Via Santa Maria. GPS: n42,63898 o11,98562.

50 € 5/12 Std, € 10/24 Std. **Lage:** Städtisch, einfach.
Untergrund: asphaltiert. 01/01-31/12.
Entfernung: 800M 100M vor Ort 400M 400M 100M vor Ort vor Ort.

Bolsena — 34C2
Agricampeggio Le Calle, Via Cassia km 111,200.
GPS: n42,63029 o11,99716.
€ 15-19, 2 Pers. inkl Ch WC inklusive. 01/04-01/11.
Entfernung: 1Km vor Ort.
Touristinformation Bolsena:
Mittelalterliche Stadt mit Burg und Stadtwällen.

Bracciano — 34C3
Le Mimose, Via del Lago 25. GPS: n42,10856 o12,17893.

50 € 14/24 Std Ch inklusive (40x)€3/24 Std €0,50.
Lage: Ländlich, komfortabel, ruhig. **Untergrund:** Schotter.
01/01-31/12.
Entfernung: 800M Lago di Bracciano 250m 150M 800M 200M.

Capodimonte — 34C2
Temporanea. GPS: n42,55979 o11,88714.

50 €10/24 Std €3 Ch. **Lage:** Städtisch, einfach, ruhig.
Untergrund: Wiese. 01/01-31/12.
Entfernung: 2km vor Ort.
Sonstiges: Am Bolsena See, Anmeldung in Bar.

Cassino — 35B1
Parking Europa, Via Agnone 5. GPS: n41,48289 o13,83750.

20 € 13,50-16,50 2 Pers. inkl Ver-/Entsorgung €2,50 Ch €3 WC €1 €4/Tag. **Lage:** Ländlich, luxus, ruhig.
Untergrund: Wiese/Schotter. 01/01-31/12.
Entfernung: 800M 4Km 1Km 1Km 1,5Km.
Sonstiges: Ver-/Entsorgung Passanten € 7.

Castel di Tora — 34D3
Via Turano, SP34. GPS: n42,21362 o12,96888.

15 € 15/24 Std Ch WC inklusive. **Untergrund:** Schotter.
01/01-31/12.
Entfernung: 1Km vor Ort 250M.
Sonstiges: Am Turano See.

Latium

Castel Gandolfo — 34D3
Parcheggio Bus Lago Albano, Via Spiaggia del Lago.
GPS: n41,75797 o12,65359.

17 €10/24 Std. **Lage**: Ländlich, einfach, laut.
Untergrund: befestigt. 01/01-31/12.
Entfernung: vor Ort, vor Ort, 800m > Rome.
Sonstiges: Am Albaner See.

Ciampino — 34D3
Il Sassone, Via Doganale 1. **GPS**: n41,78507 o12,62640.

70 €12/24 Std Ch €2/24 Std inklusive.
Lage: Ländlich, komfortabel, ruhig. **Untergrund**: Wiese.
01/01-31/12.
Entfernung: 3Km, 1,5Km, 1,5Km, 50M.

Civita Castellana — 34C3
Via Terni. **GPS**: n42,29905 o12,41520.

+50 kostenlos. **Lage**: Einfach. **Untergrund**: asphaltiert.
01/01-31/12.
Entfernung: 500M, 50M.
Sonstiges: Beim Kirchplatz.
Touristinformation Civita Castellana:
Palazzo Farnese, Caprarola. Fünfeckiges Landhaus, erreichbar über Wendeltreppe.

Colle di Tora — 34D3
Via Maria Letizia Giuliani. **GPS**: n42,20898 o12,94915.

25 €10/24 Std Ch WCinklusive. **Lage**: Ländlich, einfach, ruhig. **Untergrund**: Schotter. 01/01-31/12.
Entfernung: vor Ort, vor Ort.
Sonstiges: Am Turano See, Bezahlung bei restaurant.

Colleferro — 34D3
Viale Europa. **GPS**: n41,72540 o13,00989.
kostenlos Chkostenlos.
Entfernung: 5Km Zug > Rom.
Sonstiges: Neben Schwimmbad.
Touristinformation Colleferro:
Anagni. Region mit einigen alten Ansiedlungen.

Farfa in Sabina — 34D3
Abbazia di Santa Maria, SP41A. **GPS**: n42,22166 o12,71603.

20 kostenlos Chkostenlos. **Lage**: Ländlich, einfach, abgelegen. **Untergrund**: Schotter. 01/01-31/12.
Entfernung: 4,7Km.

Gaeta — 35B1
Playa Colorada, Località S.Agostino, SS 213, Sperlonga>Gaeta.
GPS: n41,22812 o13,50281.

60 €25-30, 2 Pers. inkl Ch WCinklusive €1 €0,50/Std.
Lage: Ländlich, komfortabel, zentral. **Untergrund**: Schotter.
01/04-30/09.
Entfernung: 50M/Bar/Restaurant, 200M.
Sonstiges: Shuttlebus nach Gaeta, Mittwoch Markt.

Gaeta — 35B1
Sosta Camper Internationale, Via Flacca km 20.500.
GPS: n41,23598 o13,49045.

30 €20-25 Ch WCinklusive €1. **Untergrund**: Schotter.
Entfernung: vor Ort, vor Ort.
Sonstiges: überwachter Parkplatz.

Gaeta — 35B1
Copacabana Beach, Via flacca Km 20.350, S.agostino Gaeta.
GPS: n41,23743 o13,48781.

18 €25-30, 4 Pers. inkl €0,50 Ch WC €0,50 €1.
Lage: Ländlich, einfach.
Untergrund: Schotter/Sand. 01/04-30/09.
Entfernung: 6Km, vor Ort, vor Ort.
Sonstiges: Shuttlebus nach Gaeta.

Gradoli — 34C2
Parcheggio camper San Magno, Strada di Gradoli, SP114 km 6+137.
GPS: n42,59925 o11,86547.

50 €15 Ch inklusive. **Lage**: Komfortabel, abgelegen,
ruhig. **Untergrund**: Wiese. 01/01-31/12.
Entfernung: 7km, vor Ort, 500M.
Sonstiges: Am Bolsena See, Rabatt bei längerem Aufenthalt.

Latina — 35A1
Area Camper Alta Marea, Strada Lungomare 3253, SP39, Loc. Foce Verde. **GPS**: n41,41043 o12,86008.

91 €15 Ch WCinklusive €0,50.
Lage: Ländlich, komfortabel, ruhig. **Untergrund**: Wiese.
01/04-30/09.
Entfernung: vor Ort, 50M, vor Ort, 200M.

Latina — 35A1
Museo di Piana delle Orme, Strada Migliara 43 Mezza.
GPS: n41,44452 o12,98479.

25 kostenlos Ch. **Lage**: Ländlich, einfach, ruhig.
Untergrund: Schotter. 01/01-31/12.
Entfernung: Latina 10km, 2km.
Sonstiges: Beim Museum.

Leonessa — 34D2
GPS: n42,56436 o12,96172.

50 kostenlos Ch. **Untergrund**: asphaltiert. Markttag.
Entfernung: 500M, 500M, 500M, 300M.

Lubriano — 34C2
Parco Paime, Piazza Palme. **GPS**: n42,63500 o12,10512.

17 €5/24 Std Ch (36x)WC inklusive.
Lage: Komfortabel, ruhig. **Untergrund**: Schotterasen.
01/01-31/12.
Entfernung: 1Km, vor Ort.
Sonstiges: Abends geschlossen mit Barriere.

Lunghezza — 34D3
Camper Club Antichi Casali, Via Lunghezzina 302/a.
GPS: n41,93039 o12,70454.

Latium

40 🚐 € 15/24 Std 🚰Ch 🚿 WC 📶inklusive. 📹 ♻
Lage: Ländlich, komfortabel, abgelegen, ruhig. **Untergrund:** Schotter.
🅿 01/01-31/12.
Entfernung: 🚲3Km 🚉5Km 🚌Rome 20min.
Sonstiges: überwachter Parkplatz 24/24, Shuttlebus.

Lunghezza — 34D3
Camper Club Mira Lago Roma, Via Lunghezzina 75.
GPS: n41,93159 o12,67642. ⬆➡

60 🚐 € 18/24 Std 🚰Ch 🚿 WC €0,50 €4 📶inklusive.
Lage: Ländlich, komfortabel, abgelegen, ruhig. **Untergrund:** Wiese.
🅿 01/01-31/12.
Entfernung: 🚲700M 🛒vor Ort 🏦vor Ort 🚉vor Ort 🚌vor Ort.
Sonstiges: Am 2 kleinen Seen, Ver-/Entsorgung Passanten € 5.

Montalto di Castro — 34C3
Via Arbea, Marina di Montalto di Castro.
GPS: n42,32981 o11,57699. ⬆➡

50 🚐 € 7,50/Tag, übernachten kostenlos 🚰Ch kostenlos. 🛒
Lage: Ländlich, einfach, ruhig. **Untergrund:** Wiese/Schotter.
🅿 01/01-31/12. **Entfernung:** 🚲250M 🏖200M 🛒200M 🚉200M.
Sonstiges: Schattenreich, Donnerstag Markt.

Montalto di Castro — 34C3
Via Torre Marina, Marina di Montalto di Castro.
GPS: n42,32137 o11,59015. ⬆➡

64 🚐 kostenlos, 01/06-15/09 8-20U € 7,50 🚰Ch inklusive. 🛒
Lage: Ländlich, einfach. **Untergrund:** Schotter. 🅿 01/01-31/12.
Entfernung: 🚲500M 🏖200M 🛒400M 🚉300M.

Montefiascone — 34C2
Cantina di Montefiascone, Via Grilli 2. **GPS:** n42,53346 o12,04293. ⬆

30 🚐kostenlos 🚰Ch 🚿kostenlos. **Lage:** Städtisch, komfortabel, laut. **Untergrund:** befestigt. 🅿 01/01-31/12.
Entfernung: 🚲1Km.

Montefiascone — 34C2
Agricamper Bella Cima, Strada Limitone.
GPS: n42,52241 o12,00767. ⬆➡

18 🚐 € 15/24 Std 🚰Ch inklusive. **Untergrund:** Schotter.
🅿 01/01-31/12.
Entfernung: 🚲4Km 🛒4Km 🚉4Km.
Sonstiges: Schwimmbad.

Nettuno — 35A1
Area Sosta L'Ippocampo, Via Palestrina 9.
GPS: n41,47354 o12,68916. ⬆

50 🚐 € 15 🚰Ch 🚿WC inklusive. 📹 **Lage:** Ländlich, einfach, ruhig. **Untergrund:** Schotter. 🅿 01/01-31/12.
Entfernung: 🚲3Km 🚉3Km.

Oriolo Romano — 34C3
Viale degli Artigiani. **GPS:** n42,16699 o12,13902. ➡

3 🚐kostenlos 🚰kostenlos. **Lage:** Einfach.
Untergrund: asphaltiert. 🅿 01/01-31/12.
Entfernung: 🚲850M 🛒vor Ort 🚉Bahnhof 600M Roma-Viterbo.

Pescia Romana — 34B3
Area La Pineta, Loc. Marina di Pescia Romana.
GPS: n42,36552 o11,49389. ⬆➡

50 🚐 € 10-22 🚰Ch inklusive 🚿€3 €1. **Lage:** Ländlich, komfortabel, ruhig. **Untergrund:** Wiese. 🅿 Ostern-30/09.
Entfernung: 🚲Pescia Romana 5km 🛒100M 🚉100M.
Sonstiges: Brötchenservice, Montag Markt.

Rieti — 34D2
Via Fonte Cottorella. **GPS:** n42,39548 o12,86463. ⬆➡

10 🚐kostenlos 🚰. **Untergrund:** asphaltiert. 🅿 01/01-31/12.
Entfernung: 🚲Altstadt 100M.

Roma — 34D3
Area Attrezzata per Camper LGP Roma, Via Casilina 700, Rom (Roma).
GPS: n41,87595 o12,55515. ⬆

200 🚐 € 15/<8m, € 22/8 >10m, € 30/10 >15m + Kurtaxe € 2/pp 🚰Ch inklusive 🚿kostenpflichtig 📶€1/Std 📹
Lage: Städtisch, luxus, zentral, ruhig. **Untergrund:** Wiese.
🅿 01/01-31/12.
Entfernung: 🛒100M 🚉100M 🚌Tag und Nacht Autobuslinie zum Stadtzentrum.
Sonstiges: Zubehör-Shop, zusätzliches Auto/Anhänger € 15, auf separatem Parkplatz € 7, Reparaturen. Ausfahrt 18 Ring (G.R.A.), Rom centro folgen, ± 4Km Ri Zentrum, Firma ist an der linken Strassenseite, nach 2. Verkehrsampel wenden.

Roma — 34D3
Prato Smeraldo, Via Ardeatina/Via di Tor Pagnotta 424, Rom (Roma).
GPS: n41,80970 o12,52857. ⬆

16 🚐 € 14 🚰Ch 🚿€2/24 Std 📶inklusive. 📹 ♻
Lage: Autobahn, einfach, laut. **Untergrund:** Wiese/befestigt.
🅿 01/01-31/12, 24/24 Std.
Entfernung: 🛒vor Ort 🚉vor Ort 🚌vor Ort.
Sonstiges: Ver-/Entsorgung Passanten € 5. Ausfahrt 25 Ring (G.R.A.), 2. Verkehrsampel nach rechts, Via di Tor Pagnotta.

Roma — 34D3
Le Terrazze, Via di Fioranello 170, Rom (Roma).
GPS: n41,79250 o12,54083. ➡

40 🚐 € 20, max. 4 Pers. inkl 🚰Ch 🚿(40x)inklusive. 📹
Lage: Einfach, ruhig. **Untergrund:** befestigt. 🅿 01/01-31/12.
Entfernung: 🚲750M 🚉1Km 🛒vor Ort 🚌vor Ort.
Sonstiges: Videoüberwachung, Vermietung PKW, Ausflüge. Ausfahrt 25 Ring (G.R.A.), Ri. Santuario Divino Amore.

Roma — 34D3
Parcheggio IAT, Air terminal Ostiense, Piazza G. da Verrazzano 9, Zone Mercati Generali, Rom (Roma). **GPS:** n41,86931 o12,48944. ⬆

Latium

🅿 € 1,50, mindestens € 6, € 27/24 Std 🚾 Chinklusive 💧€3,65/24 Std. **Lage:** Städtisch, einfach, zentral, laut. **Untergrund:** asphaltiert. 📅 01/01-31/12.
Entfernung: 🚇U-Bahn 1km.
Sonstiges: Parkplatz für Wohnmobile und Busse.

Roma 34D3
Area Sosta Camper Park Colombo, Via C. Colombo 170, Rom (Roma). **GPS:** n41,86236 o12,49713.
🅿 € 20 🚾 Ch 💧 Ver-/Entsorgung €5. 📅 01/01-31/12.
Entfernung: 🚌 100M.
Sonstiges: überwachter Parkplatz 24/24.

Touristinformation Rom (Roma):
🏛 Città del Vaticano. Domizil des Papstes. Unabhängiger Staat seit 1929.
🏛 A.P.T. (Azienda di Promozione Turistica), Via Parigi, 11. Hauptstadt des Landes, viel Sehenswürdigkeiten in der alten Stadtmitte. Rom Archeologica Karte: 7-Tageskarte € 27,50, freier Eintritt zu Roman National Museum, Kolosseum, Pfalz, Baths von Caracalla, Tomb von Cecilia Metella und Villa des Quintili.
👁 Piazza del Campidoglio.
👁 Palatino, Via di S. Gregorio, 30. Archäologisches Terrain. 🕘 9 Uhr-Sonnenuntergang. 🎟 € 16, inkl. Colosseum.
👁 Subiaco.
🏛 Musei Vaticani, Città del Vaticano. Gemälde und Kunstgegenstände.
⛪ Basilica di San Pietro. St. Petersbasilika mit Sixtischer Kapelle.
👁 Colosseo, Piazza del Colosseo. Kolosseum, Amphitheater, das bedeutendste DenKmal des alten Rom. 🕘 9 Uhr-Sonnenuntergang. 🎟 € 12, Eintritt Palatin inbegriffen.
👁 Forum Romanum, Via dei Fori Imperiali. Römisches Forum, das politische, ökonomische und religiöse Zentrum des altes Romes. 🕘 9 Uhr-Sonnenuntergang.
👁 Pantheon, Piazza della Rotonda. Kirche Santa Maria ad Martyres. 📅 9-19.30 Uhr, Su 9-18 Uhr, Urlaub 9-13 Uhr, Messe Sa 17 Uhr, Su 10.30 Uhr, 16.30 Uhr. 🎟 kostenlos.
👁 Città del Vaticano. Papst segnet die Gläubigen vom Fenster der Bibliothek. 📅 So 12 Uhr.
👁 Piazza di Spagna.

San Felice Circeo 35B1
Circeo Camper, Viale Europa 1. **GPS:** n41,24095 o13,10426.

🅿 50 € 23-25 4 Pers. inkl 🚾 Ch 💧€3/24 Std WC 🚻€1 🔌€7 inklusive.
Lage: Ländlich, luxus, zentral. **Untergrund:** Wiese. 📅 01/04-20/09.
Entfernung: 🏖100M 🛒10M 🍴10M 🏪100M 🚌100M.

San Felice Circeo 35B1
CirceMed, Via Molella 2/A. **GPS:** n41,25684 o13,12089.

🅿 60 € 18-27 🚾 Ch (50x)WC 🚻€1 🔌€3 inklusive.
Lage: Ländlich, komfortabel, ruhig. **Untergrund:** Wiese. 📅 01/04-30/09.
Entfernung: 🏖500M 🛒200M 🍴200M 🚌vor Ort.

Touristinformation San Felice Circeo:
🏛 Di-Morgen.

Terracina 35B1
Via Amerigo Vespucci. **GPS:** n41,28528 o13,25450.

🅿 20 € 12. **Lage:** Städtisch, einfach. **Untergrund:** asphaltiert.
Entfernung: 🚌vor Ort 🏖100M 🛒vor Ort 🍴200M 🏪300M.

Tivoli 34D3
Via Aquaregna. **GPS:** n41,95841 o12,80465.

🅿 30 kostenlos 🚾 Ch. **Lage:** Städtisch, einfach, zentral, ruhig. **Untergrund:** asphaltiert. 📅 01/01-31/12 👁 Mi, Markt.
Entfernung: 🚌400M.
Sonstiges: Entlang der Aniene.

Touristinformation Tivoli:
👁 Villa d'Este. Landhaus mit Gärten und Fontänen, 16. Jahrhundert.
👁 Villa Adriana. Römisches Landhaus.

Trevignano Romano 34C3
Blue Lake Camper, Via della Rena. **GPS:** n42,15877 o12,22411.
🅿 🚾 Ch 💧. **Untergrund:** Schotter.
Entfernung: 🏖vor Ort 🍴vor Ort.
Sonstiges: Am See.

Tuscania 34C2
Via Nazario Sauro. **GPS:** n42,42217 o11,87520.

🅿 12 kostenlos 🚾 kostenlos. **Lage:** Städtisch, einfach.
Untergrund: Schotterasen/befestigt. 📅 01/01-31/12.
Entfernung: 🏪250M 🍴250M 🚌250M.

Villa San Giovanni in Tuscia 34C3
Viale Europa. **GPS:** n42,28160 o12,05282.

🅿 kostenlos. **Lage:** Ländlich, einfach, ruhig. **Untergrund:** asphaltiert. 📅 01/01-31/12.
Entfernung: 🚌200M.

Viterbo 34C2
Agricampeggio Paliano, Strada Pian di Tortora.
GPS: n42,39301 o12,08601.
🅿 100 € 15, 2 Pers. inkl, extra Pers € 5 🚾 Ch 💧 WC 🔌.
Untergrund: Wiese.
Entfernung: 🏛Stadtmitte 2Km.
Sonstiges: Videoüberwachung.

Viterbo 34C2
Piazza Mariano Romiti, loc. Belcolle. GPS: n42,40897 o12,11049.

🅿 50 kostenlos 🚾 kostenlos. **Lage:** Städtisch, einfach.
Untergrund: asphaltiert. 📅 01/01-31/12.
Entfernung: 🚌Lazise Stadtmitte 300M 🚌vor Ort.
Sonstiges: Am Bahnhof.

Viterbo 34C2
Bed&breakfast Axia, Strada Procoio 2/C.
GPS: n42,41157 o12,05061.

🅿 5 € 18 🚾 Ch €3 inklusive. **Lage:** Ländlich.
Untergrund: Wiese. 📅 01/01-31/12.
Entfernung: 🏛Viterbo 4km.
Sonstiges: 10% Rabatt auf Eintritt Terme dei Papi (900M), Bus nach Viterbo € 5.

Viterbo 34C2
Agriturismo Monteparadiso, Loc. Monterazzano.
GPS: n42,44161 o12,03062.

🅿 5 Gäste kostenlos. **Lage:** Einfach, abgelegen. **Untergrund:** Schotter. 📅 01/01-31/12.
Entfernung: 🏛7Km.
Sonstiges: In der Nähe von Termale Bullicame und Terme dei Papi.

Viterbo 34C2
Terme dei Papi, Strada Montarone. **GPS:** n42,41487 o12,06351.

🅿 100 Gäste kostenlos. **Untergrund:** Wiese/Schotter. 📅 01/01-31/12.
Entfernung: 🏛3Km.
Sonstiges: Bei Terme dei Papi.

Vitorchiano 34C2
SP23 Via della Teverina. **GPS:** n42,47152 o12,17212.

🅿 10 kostenlos 🚾 Ch. **Untergrund:** asphaltiert.
📅 01/01-31/12.
Entfernung: 🏛500M.

Umbrien

Amelia — 34C2
Piazzale del Mercato, Via Rimembranze.
GPS: n42,55200 o12,41880.
10 kostenlos Chkostenlos. **Untergrund**: asphaltiert.
01/01-31/12 Mo-Morgen (Markt).
Entfernung: 50M 50M 50M.

Assisi — 34C2
Via Giosuè Borsi, loc. Santa Maria degli Angeli.
GPS: n43,05972 o12,58747.

€ 18/24 Std, € 1,80/Std Ch. **Untergrund**: asphaltiert.
01/01-31/12.
Entfernung: 2km bus >Assisi 20Min (Hin-und Rückfahrt € 1,80).

Assisi — 34C2
Area San Vittorino, Via San vittorino. **GPS**: n43,07848 o12,60229.

30 € 14/24 Std, € 2/Std. **Untergrund**: asphaltiert. 01/01-31/12.
Entfernung: 500M.
Sonstiges: Convento di San Francesco 1Km.

Assisi — 34C2
Viale Vittorio Emanuele II/SS147. **GPS**: n43,06864 o12,61420.

10 € 20/24 Std. **Untergrund**: Schotter. 01/01-31/12.
Entfernung: Zentrum 100M.

Bevagna — 34D2
Piazza dell'Accoglienza, Via Raggiolo. **GPS**: n42,93417 o12,60639.

50 kostenlos ChWC kostenlos. **Untergrund**: Schotter.
Entfernung: 100M 100M 100M.

Borghetto — 34C1
Via Pontile. **GPS**: n43,18415 o12,02372.

4 kostenlos kostenlos. **Untergrund**: asphaltiert.
01/01-31/12. **Entfernung**: 150M 100M.
Sonstiges: Am Trasimeno See.

Cannara — 34C2
Via Giaime Pintor, Loc. Casone. **GPS**: n42,99272 o12,57840.

20 kostenlos Chkostenlos. **Untergrund**: asphaltiert.
Entfernung: 300M 300M vor Ort.
Sonstiges: An Sportpark XXV Aprile, Radwegen.
Touristinformation Cannara:
Assisi. Historische Stadt.

Cascia — 34D2
Piazzale Papa Leone XIII, Via della Molinella.
GPS: n42,71968 o13,01605.

14 € 8/24 Std Chinklusive (8x)€0,50/2Std.
Untergrund: asphaltiert. 01/01-31/12 Ver-/Entsorgung: Winter. **Entfernung**: 300M 300M 300M 100M 100M.
Sonstiges: Rolltreppe zur Stadtmitte.

Cascia — 34D2
SS Discascia. **GPS**: n42,72139 o13,01778.
20 kostenlos. **Untergrund**: Schotter. 01/01-31/12.
Entfernung: 1Km.
Sonstiges: Neben Tankstelle.

Castelluccio di Norcia — 34D2
Pian Grande. **GPS**: n42,80045 o13,18947.

kostenlos. **Untergrund**: Wiese. 01/01-31/12.
Entfernung: Castelluccio 5km.
Sonstiges: Parco Nazionale dei Monti Sibilini.

Castiglione del Lago — 34C2
Viale Divisione Partigiani Garibaldi. **GPS**: n43,12389 o12,05054.

kostenlos, Sommer € 12 Ch inklusive.
Untergrund: asphaltiert/Sand. 01/01-31/12.
Entfernung: 800M vor Ort.
Sonstiges: Am Trasimeno See.

Città di Castello — 34C1
Piazzale E. Ferri, Viale Nazario Sauro. **GPS**: n43,45892 o12,23465.
kostenlos €0,10/10Liter Ch. **Lage**: Städtisch.
Untergrund: asphaltiert. 01/01-31/12.
Entfernung: 300M 1,5km.
Sonstiges: Rolltreppe zur Stadtmitte.

Città di Castello — 34C1
La Fontana del Boschetto, Via Aretina 38. **GPS**: n43,45737 o12,22882.
20 € 12 Ch. 2km vor Ort.
Sonstiges: Kostenloser Bus.

Ferentillo — 34D2
Loc. Precetto. **GPS**: n42,61802 o12,79347.
5 kostenlos. **Untergrund**: asphaltiert.
Entfernung: 200M.

Ficulle — 34C2
Parco Cittadino, Via Orvieto SR 71. **GPS**: n42,83044 o12,06828.

25 kostenlos Chkostenlos. **Untergrund**: Schotter.
Entfernung: 500M 10Km 1km 500M.

Gualdo Cattaneo — 34C2
Parco Acquarossa, Via Bonifacio 6. **GPS**: n42,89168 o12,53591.
€ 5 Ch WC inklusive. **Lage**: Ländlich.
Untergrund: Schotter.
Entfernung: vor Ort vor Ort.
Sonstiges: Ausflüge, regionale Produkte.

Gualdo Tadino — 34D1
Piazza Federico II di Svevia. **GPS**: n43,23143 o12,78062.
kostenlos Chkostenlos. **Untergrund**: asphaltiert. Do (Markt).

Gualdo Tadino — 34D1
Via Perugia. **GPS**: n43,23756 o12,77235.
100 kostenlos kostenlos.
Entfernung: 400M 20M.
Sonstiges: In der Nähe vom Stadion.

Gubbio — 34C1
Camperclub Gubbio, Via del Bottagnone.
GPS: n43,35000 o12,56389.

80 kostenlos, 20-8 Uhr € 5 Chkostenlos (8x)€1/Std.
Untergrund: asphaltiert. 01/01-31/12.
Entfernung: Altstadt 1,5km 100M 200M.
Sonstiges: Teatro Romano 500M.

Monte Castello di Vibio — 34C2
Via Bartolomeo Jacopo della Rovere. **GPS**: n42,84168 o12,35055.

Umbrien

10 kostenlos Chkostenlos. **Untergrund:** Schotter. 01/01-31/12. **Entfernung:** 350M 50M.

Montefalco — 34D2
Viale delle Vittoria. **GPS:** n42,89230 o12,64791.

15 kostenlos Ch €1/Std. **Untergrund:** Schotterasen. **Entfernung:** 100M.

Montone — 34C1
Via Aldo Bologni. **GPS:** n43,36346 o12,32499.
€10/24 Std Ch. **Untergrund:** asphaltiert. 01/01-31/12.
Entfernung: 200M 250M. **Sonstiges:** Am Sportpark.

Orvieto — 34C2
Area Sosta Camper Orvieto, Strada della Direttissima, Piazza delle Pace. **GPS:** n42,72562 o12,12736.

50 € 18/Tag Ch WC inklusive.
Untergrund: befestigt. 01/01-31/12.
Entfernung: Standseilbahn (Hin-und Rückfahrt € 1,60) 5 Min 2,4Km 50m pizzeria 50M.
Touristinformation Orvieto:
U.I.A.T. (Ufficio Informazioni e di Accoglienza Turistica), Piazza Duomo, 24. Stadt auf vulkanischem Plateau.
Del Crocifisso del Tufo. Ruinen der Etruskerstadt.

Panicale — 34C2
Area Camper, Viale della Repubblica. **GPS:** n43,02806 o12,10222.

8 € 8/24 Std €0,50/180Liter Ch €0,50/kWh.
Untergrund: Schotterasen. 01/01-31/12.
Entfernung: 100M 100M 50M.
Sonstiges: Max. 72 Std.

Passignano sul Trasimeno — 34C1
Airone Area Camper, Lungolago Giappesi.
GPS: n43,18445 o12,14526.
€ 15 Ch WC €0,50 inklusive. **Untergrund:** Wiese.
01/01-31/12.
Entfernung: 500M Strand 200M 50M.
Sonstiges: Am Trasimeno See.

Passignano sul Trasimeno — 34C1
Via Europa, SS75bis, km 35,8. **GPS:** n43,18509 o12,14348.

4 kostenlos €0,30/100Liter Ch €0,30/Std WC.
Untergrund: asphaltiert. 01/01-31/12.
Entfernung: 400M 100M.
Sonstiges: Am Trasimeno See.

Perugia — 34C2
Il Bove, Via Giovanni Ruggia. **GPS:** n43,09810 o12,38386.

50 € 5/12 Std, € 18/24 Std Ch WC.
Lage: Städtisch. **Untergrund:** asphaltiert. 01/01-31/12.
Entfernung: 1,5Km 500M 100M 200M vor Ort.
Sonstiges: Parkplatz beim Polizeirevier.
Touristinformation Perugia:
Palazzo dei Priori.
Di.

San Gemini — 34D2
Via della Libertà. **GPS:** n42,61200 o12,54372.

16 Ch WC. **Untergrund:** befestigt.
01/01-31/12. **Entfernung:** 300M 100M.

Sant'Anatolia di Narco — 34D2
Purchetta, SP209. **GPS:** n42,73599 o12,83598.
8 kostenlos. 01/01-31/12.
Entfernung: vor Ort vor Ort.

Scheggia e Pascelupo — 34D1
Camper Scheggia, Via Campo Sportivo. **GPS:** n43,40007 o12,66674.
€ 12/24 Std Ch inklusive €2. **Untergrund:** Schotter.
01/01-31/12.
Entfernung: 450M 500M.

Spello — 34D2
Via Centrale Umbra. **GPS:** n42,99371 o12,66730.

70 € 6/24 Std Ch. **Untergrund:** asphaltiert.
Entfernung: 500M 1,1km 500M 500M.
Sonstiges: Parkplatz Sportpark.

Spello — 34D2
Terme Francescane Village, Via Fonte Citerna.
GPS: n43,00619 o12,62116.
30 € 13 Ch €3 WC. **Untergrund:** Schotter.
01/01-31/12.
Entfernung: Spello 6km.

Spoleto — 34D2
Parcheggio Ponciano, Via del Tiro a Segno.
GPS: n42,73687 o12,74212.

20 € 1/Std, € 5/24 Std. **Untergrund:** Schotter. 01/01-31/12.
Entfernung: 500M 500M.
Sonstiges: Rolltreppe zur Stadtmitte.

Spoleto — 34D2
Via dei Filosofi. **GPS:** n42,74619 o12,73214.

kostenlos kostenlos. **Untergrund:** Schotter.
Entfernung: 800M.
Touristinformation Spoleto:
Montefalco. Sehenswürdiges Dorf, Parken außerhalb des Dorf, schmale Straßen.
Ponte delle Torri. Aquädukt, 14. Jahrhundert.
Di, Fr.
Kunstfestival. 01/06-31/07.

Terni — 34D2
Via Lombardo Radice. **GPS:** n42,56634 o12,63577.

€ 4/48 Std €0,50 Ch inklusive. **Untergrund:** asphaltiert.
Entfernung: 50M 50M.

Terni — 34D2
Piazzale Felice Fatati, SR209. **GPS:** n42,55690 o12,72006.

kostenlos. **Untergrund:** ungepflastert.
Entfernung: Terni 7km vor Ort.
Sonstiges: Am Fluss, nahe Wasserfälle.

Todi — 34C2
Area Porta Orvietana, Viale di Montesanto.
GPS: n42,78120 o12,40168.

16 € 15,40/24 Std, € 3/Std Ch. **Untergrund:** asphaltiert.

◉ Sa-Morgen Markt.
Sonstiges: Aufzug (kostenlos) zum Zentrum.

Torgiano 34C2
Via Perugia. **GPS:** n43,02917 o12,43833.

10 kostenlos Ch kostenlos. **Untergrund:** asphaltiert.
01/01-31/12. **Entfernung:** 200M 3,5Km 200M 300M.

Trevi 34D2
Via Costa San Paolo. **GPS:** n42,87829 o12,75221.

20 kostenlos Ch kostenlos. **Untergrund:** Schotterasen.
01/01-31/12.
Entfernung: 500M 5,1Km. **Sonstiges:** Am Schwimmbad.

Abruzzen

Anversa degli Abruzzi 34E3
Il Sagittario, Loc. Ponte delle Fornaci. **GPS:** n41,99995 o13,80960.
10 € 12 Ch WC. **Untergrund:** Schotter.
01/01-31/12. **Entfernung:** 1Km 1Km 1Km.

Anversa degli Abruzzi 34E3
Bioagriturismo La Porta dei Parchi, Piazza Roma 3.
GPS: n42,00014 o13,79899.

4 € 10, für Gäste kostenlos Ch WC inklusive.
Untergrund: befestigt. 01/01-31/12.
Entfernung: vor Ort.

Campotosto 34D2
Via Lago, SR557. **GPS:** n42,56208 o13,34805.
€ 5. **Untergrund:** Wiese. 01/01-31/12.
Entfernung: Campotosto 3km vor Ort.
Sonstiges: Am See von Campotosto.

Casalbordino 34F3
Via Alessandrini. **GPS:** n42,19952 o14,61800.
20 € 5. **Untergrund:** Wiese/Sand. 01/01-31/12.
Entfernung: vor Ort vor Ort vor Ort.

Casalbordino 34F3
Area di sosta Ass Villa Sarda, Contr. Piana Sabelli.
GPS: n42,17773 o14,59994.
20 Ch WC. **Untergrund:** Wiese. 01/01-31/12.
Entfernung: 1Km vor Ort.

Fossacesia 34F2
Area Camper, Via Lungomare 16b. **GPS:** n42,24067 o14,52988.

24 € 10 Ch inklusive. **Untergrund:** Schotter/Sand.
01/03-30/11.
Entfernung: 6,5Km vor Ort.
Sonstiges: Kiesstrand.

Isola del Gran Sasso 34E2
S.Gabriele dell Addolorata. **GPS:** n42,51712 o13,65634.

kostenlos Ch. **Untergrund:** Schotter/Sand.
Entfernung: vor Ort 4Km vor Ort vor Ort.
Sonstiges: In der Nähe der Basilika.

Lanciano 34E2
Area Attrezzata, Strada provinciale Lanciano-Frisa, Lancianovecchia.
GPS: n42,23385 o14,39106.

50 kostenlos Ch WC kostenlos.
Untergrund: asphaltiert. ◉ Sa-Morgen Markt.
Entfernung: 300M (Treppen und Lifte).
Sonstiges: An der Stadtmauer, oberer Teil des Parkplatzes, Rolltreppe zur Stadtmitte.
Touristinformation Lanciano:
Historische Stadt mit mittelalterlichem jüdischen Viertel, Ripa Sacca.

L'Aquila 34D2
Via porta Napoli. **GPS:** n42,34175 o13,39510.
10 kostenlos Ch. 01/01-31/12.
Entfernung: 700M 500M.

L'Aquila 34D2
Via Strinella. **GPS:** n42,35323 o13,40708.

10 kostenlos Ch kostenlos. **Untergrund:** asphaltiert.
01/01-31/12. **Entfernung:** 500M. **Sonstiges:** Gegenüber Hotel Federico II, beim Parco del Castello.

Notaresco 34E2
Via Martiri della Libertà. **GPS:** n42,65527 o13,89578.
10 kostenlos Ch kostenlos kostenpflichtig.
Untergrund: asphaltiert.
Entfernung: vor Ort. **Sonstiges:** Bei den Tennisplätzen.

Ovindoli 34E3
Via Statale. **GPS:** n42,14143 o13,51740.

50 kostenlos Ch kostenlos. **Lage:** Einfach.
Entfernung: 500M 600M 2km.

Penne 34E2
Agriturismo Il Portico, Contrada Colle Serangelo 26.
GPS: n42,45592 o13,95165.

15 € 10, für Gäste kostenlos Ch (7x)€3 WC inklusive.
Untergrund: Wiese.

Pescasseroli 34E3
Area Camper S.Andrea, Loc. Sant'Andrea.
GPS: n41,79888 o13,79222.

€ 15, 2 Pers. inkl Ch WC inklusive.
8-13 Uhr, 14.30-20 Uhr.
Sonstiges: Kostenloser Bus zum Zentrum.
Touristinformation Pescasseroli:
Parco Nazionale d'Abruzzo. Naturschutzgebiet.

Pineto 34E2
Sand stone beach, Via Tremiti, fraz. Scerne.
GPS: n42,64270 o14,04505.
Ch WC. **Untergrund:** Wiese. 01/05-31/10.
Entfernung: vor Ort vor Ort.

Roccaraso 34E3
Park Hotel Il Poggio, SS17, C.da Poggio, 1, Loc Il Poggio.
GPS: n41,82638 o14,10111.

18 € 20 Ch (18x)inklusive. 01/01-31/12.
Entfernung: vor Ort.
Sonstiges: Rabatt bei längerem Aufenthalt, Skibus.

Roseto degli Abruzzi 34E2
Area di Sosta Camper Romeo, Via degli Orti 13, loc. Cologna Spiaggia.
GPS: n42,72287 o13,98076.

Abruzzen - Molise - Apulien

40 € 20/24 Std Ch (40x)WC inklusive €1.
Untergrund: Wiese. 01/01-31/12.
Entfernung: 200M 750M vor Ort 100M.

S Roseto degli Abruzzi 34E2
Area di sosta Isola del Sole, Piana degli Ulivi.
GPS: n42,66902 o14,01189.

11 € 20 Ch (11x)€2 WC inklusive.
Untergrund: befestigt. 01/01-31/12.
Entfernung: 3Km 3Km.
Sonstiges: Am Schwimmbad (Sommer).

S Roseto degli Abruzzi 34E2
Palazzo dello Sport. GPS: n42,66012 o14,02382.

kostenlos Ch kostenlos. **Untergrund:** asphaltiert. Di.
Entfernung: 200M.
Sonstiges: Dienstag Markt.

S San Demetrio nei Vestini 34E3
La Grotta di Stiffe, Via del Mulino, Fraz. Stiffe.
GPS: n42,25567 o13,54811.

kostenlos €2,50 €2,50.
Untergrund: befestigt/Sand. 01/01-31/12.
Entfernung: l'Aquila 18km.

S San Salvo Marina 34F3
Area Sosta Communale per Autocaravan.
GPS: n42,07195 o14,76289.
30 € 16/24 Std, € 20/48 Std, € 30/72 Std Ch WC inklusive
kalte Dusche. **Untergrund:** Wiese. 01/05-15/09.
Entfernung: 300M 2,2Km 300M.

S Santo Stefano di Sessanio 34E2
Ostello del Cavaliere, Piazza Della Giudea.
GPS: n42,34429 o13,64314.
5 Gäste kostenlos. **Untergrund:** befestigt.
Entfernung: 300M.

S Sant'Egidio alla Vibrata 34E2
Zona industriale. GPS: n42,81937 o13,69915.

kostenlos Ch kostenlos. **Untergrund:** asphaltiert.

S Torino di Sangro 34F2
Area camper Vitale, Lido le Morgie. **GPS:** n42,20403 o14,60349.
100 € 15/24 Std Ch inklusive €2 WC €0,50.
Untergrund: Wiese/Sand.
Entfernung: 8Km Strand 70M vor Ort.

S Tortoreto Lido 34E2
Frontemare Easy Park, Via Napoli. **GPS:** n42,78425 o13,94966.
30 € 15 Ch inklusive WC . **Untergrund:** asphaltiert.
01/04-01/10.
Entfernung: Strand 200M.

S Tortoreto Lido 34E2
Lungomare Sirena. GPS: n42,78863 o13,94989.
6 kostenlos. 01/01-31/12.
Entfernung: Strand 100M.
Sonstiges: Max. 48 Std.

S Villalago 34E3
SP82b. GPS: n41,92255 o13,85621.

13 kostenlos Ch kostenlos. **Untergrund:** asphaltiert.
Entfernung: vor Ort.
Sonstiges: Am Scanno See, nahe Strand und Kiosk.

Molise

S Campobasso 34F3
Area di sosta Dominick Ferrante, Contrada Macchie 1.
GPS: n41,56886 o14,65118.

20 € 10/24 Std, € 15/48 Std Ch inklusive.
Untergrund: Schotter.
Entfernung: 800M.

S Monteroduni 34E3
Oasi San Nazzaro. GPS: n41,53448 o14,15924.

40 € 10, für Gäste kostenlos Ch (6x)inklusive.
Untergrund: Wiese. 01/01-31/12.
Entfernung: Fisch-See vor Ort.

S Petacciato Marina 34F3
Villagio la Torre, SS16 Adriatica km535,5, Termoli ri Vasto.
GPS: n42,02432 o14,88739.

60 € 10-20 Ch (50x)inklusive WC.
Untergrund: Schotter/Sand. 01/01-31/12.
Entfernung: vor Ort vor Ort vor Ort.
Sonstiges: Zugänglich über Tor neben Turmruine.

S Petacciato Marina 34F3
Parking spiaggia, Via del Mare, SS16. **GPS:** n42,03543 o14,85337.

40 € 6, 8-20U kostenpflichtig. **Untergrund:** asphaltiert.
Entfernung: 9,5Km 50M.
Sonstiges: Reservierter Platz für Wohnmobile.

S Petacciato Marina 34F3
Parking Tolomei, Via Marinelle, SS 16. **GPS:** n42,03219 o14,85844.
50 € 15 Ch WC. **Untergrund:** Schotter.
01/01-31/12.
Entfernung: Direkter Zugang.
Sonstiges: Shuttlebus.

Apulien

S Alberobello 35D1
Parcheggio Nel Verde, Via Cadore. **GPS:** n40,78266 o17,23418.

60 € 15-18/24 Std, € 10/12 Std, € 8/6 Std Ch €3
inklusive. **Untergrund:** Wiese/Schotter. 01/01-31/12.
Entfernung: Trulli-Zentrum 50M 50M 100M.
Sonstiges: Keine Campingaktivitäten.
Touristinformation Alberobello:
Zentrum des Trulligebietes. Trulli-Häuser sind einzigartige Häuser, Mauern und Dach gebaut ohne Zement.
Do-Morgen.

S Bari 35C1
Area Hobby Park Wash, Via Giovanni del Conte.
GPS: n41,11581 o16,88501.
€ 15/24 Std Ch. **Untergrund:** befestigt. 01/01-31/12.
Entfernung: Zentrum 500M 700M.
Sonstiges: überwachter Parkplatz.

S Bari 35C1
Gran Parcheggio Alberotanza, Via Alberotaza, 43A.
GPS: n41,09520 o16,87868.

250 € 15 €0,50/30Liter €2,50 Ch €0,50/kWh.
Untergrund: asphaltiert. 01/01-31/12.
Entfernung: 7,8Km 500M 500M.

Apulien

Brindisi — 35D1
Area Attrezzata, Strada Minnuta 6. **GPS:** n40,63517 o17,91824.

🚐 10 ⛽🚰 €3 WC inklusive.
Untergrund: asphaltiert. 🗓 01/01-31/12.
Sonstiges: 24/24 Überwachung.

Castellana Grotte — 35D1
Area Sapori & Sapori, Via Turi. **GPS:** n40,88560 o17,15722.
10 🚐 kostenlos ⛽🚰 Ch kostenlos. **Untergrund:** asphaltiert.
Entfernung: 🚌 1Km.
Sonstiges: Höhlen 1,8km.

Castellana Grotte — 35D1
Le Grotte di Castellana, SS32. **GPS:** n40,87543 o17,14900.

🚐 5. **Untergrund:** Wiese/Schotter.
🗓 01/01-31/12.
Sonstiges: Parken an den Grotten von Castellana, übernachten erlaubt.

Foggia — 34G3
Parking 92. **GPS:** n41,43430 o15,48063.
🚐 10 ⛽🚰 Ch inklusive.
Entfernung: 🚌 6Km.

Gallipoli — 35D1
Area Sosta Camper Nuovi Orizzonti, Sp 221 Contrada L' Ariò.
GPS: n40,00286 o18,03374.
40 🚐 € 21, Aug € 26 ⛽🚰 Ch ✨ WC inklusive. **Lage:** Komfortabel, ruhig. **Untergrund:** Waldboden.
🗓 01/01-31/12.
Entfernung: Gallipoli 5Km ⛵ 1,5Km.
Sonstiges: Freier Shuttlebus zum Strand.

Gallipoli — 35D1
Autopark Spiaggia D'oro San Mauro, Loc. Padula Bianca.
GPS: n40,09568 o18,01625.
50 🚐 € 20 ⛽🚰 Ch 🚰. **Lage:** Ruhig. 🗓 01/06-31/09.
Entfernung: Gallipoli 4Km ⛵ 100M.

Gallipoli — 35D1
CamperPark Baia Verde, Via Rosa dei Venti, Loc. Baia Verde.
GPS: n40,03375 o18,02088.
70 🚐 € 20 ⛽🚰 Ch ✨ inklusive 🚰. **Untergrund:** Wiese.
🗓 01/06-31/09.
Entfernung: Gallipoli 4Km ⛵ 200M ⊗ 200M.

Gallipoli — 35D1
Campo delle Bandiere, Loc. Padula Bianca. **GPS:** n40,09681 o18,01297.
🚐 15-25 ⛽🚰 Ch WC 🚰. **Untergrund:** Sand. 🗓 01/06-01/09.
Entfernung: ⛵ Sandstrand.

Gallipoli — 35D1
La Sosta, Via Beneficati Rossi, Loc. Padula Bianca.
GPS: n40,09454 o18,01572.
🚐 ⛽🚰 Ch WC 📶. **Untergrund:** Sand. 🗓 01/01-31/12.
Entfernung: ⛵ 50M ⊗ vor Ort.
Sonstiges: Videoüberwachung.

Gallipoli — 35D1
Via Cimitero. **GPS:** n40,05479 o17,99689.
20 🚐 €10/24 Std. **Untergrund:** asphaltiert. 🗓 01/01-31/12.
Entfernung: Zentrum 400M ⛵ 650M ⊗ 400M 🍽 200M.

Lequile — 35D1
Salento Sosta Camper, Via Preti di Campi 6. **GPS:** n40,28266 o18,13179.

18 🚐 € 15/24 Std ⛽🚰 Ch 📶. **Lage:** Komfortabel, ruhig.
Untergrund: Schotter. 🗓 01/01-31/12.
Entfernung: 🚌 Zentrum Lecce 8Km.
Sonstiges: Rad/PKW Verleih, Schwimmbad, Bar.

Lesina — 34F3
Oasi, Via Ludovica Ariosto. **GPS:** n41,86472 o15,35806.

15 🚐 € 12, Sept-Mar-Apr € 15, Mai/Aug € 18 ⛽🚰
Ch ✨ WC inklusive. **Untergrund:** asphaltiert. 🗓 01/01-31/12.
Entfernung: ⛵ 300M ⊗ vor Ort 🍽 500M.

Lucera — 34G3
Via Montello. **GPS:** n41,49987 o15,33223.

100 🚐 kostenlos ⛽🚰. **Untergrund:** asphaltiert. 🗓 01/01-31/12.
Sonstiges: Am Bahnhof.

Lucera — 34G3
Centro sportivo Casanova, Strada Contrada Casanova.
GPS: n41,48849 o15,26008.
🚐 10 ⛽🚰 Ch. **Lage:** Abgelegen. 🗓 01/01-31/12.
Entfernung: 🚌 Lucera 9km.

Margherita di Savoia — 39A3
Lido Baywatch, Via Barletta. **GPS:** n41,36222 o16,17361.

12 🚐 € 20, 01/06-30/09 € 25 ⛽🚰 Ch ✨ WC inklusive.
Untergrund: Schotter. 🗓 01/01-31/12.
Entfernung: 🚌 2km ⊗ vor Ort 🍽 vor Ort.

Massafra — 35D1
Area di Sosta La Stella, SS7, SS Appia km 633, Le Forche.
GPS: n40,59201 o17,09904.

20 🚐 € 10/16-12U, € 20/24 Std ⛽🚰 Ch ✨ (18x) WC inklusive 🚰€1.
Untergrund: Wiese. 🗓 01/01-31/12.
Entfernung: 🚌 1Km ⛵ 500-700M 🍽 1Km.

Sonstiges: Bus zum Strand € 2.

Mattinata — 34G3
Eden Park, Porto di Mattinata, SP53. **GPS:** n41,70667 o16,06556.

25 🚐 € 13-26,60 ⛽🚰 Ch WC inklusive 🚰 €0,50.
Untergrund: Wiese/Sand. 🗓 01/06-31/08.
Entfernung: 🚌 1Km ⛵ Kiesstrand ⊗ vor Ort 1Km 🍽 1Km.

Melendugno — 35D1
Area Camper Salento I Faraglioni, SP366 km 20.5, Sant'Andrea.
GPS: n40,25550 o18,43748.
15 🚐 € 12-27/24 Std ⛽🚰 Ch ✨ WC 🚰. 🗓 01/01-31/12.
Entfernung: ⛵ 700M ⊗ vor Ort.
Sonstiges: Shuttlebus zum Strand.

Melendugno — 35D1
Gran Pasha, Strada provinciale Lecce-Melendugno-San Foca, km.18.
GPS: n40,27724 o18,40510.
50 🚐 € 10-15, 20/07-31/08 € 25 + Kurtaxe ⛽🚰 Ch ✨ €3 WC 🚰.
Untergrund: ungepflastert. 🗓 01/01-31/12.
Entfernung: ⛵ 1,5Km.
Sonstiges: Kostenloser Bus.

Monopoli — 35D1
Area du Sosta Camper Lido Millennium, SP90, Loc. Capitolo, SS16 km850 Uscita Capitolo. **GPS:** n40,90374 o17,35261.

100 🚐 € 15-18-23 ⛽🚰 Ch 6Amp WC inklusive 🚰 €1.
Untergrund: Schotter. 🗓 Ostern-30/09.
Entfernung: 🚌 500M ⛵ 50M ⊗ 50M 🍽 50M.
Sonstiges: Privatstrand.

Otranto — 35D1
Oasy Park, Via Renis. **GPS:** n40,13795 o18,48922.

50 🚐 € 18, Aug € 20, 2 Pers. Inkl ⛽🚰 Ch (70x),16Amp WC inklusive 🚰 €1 🍽 €4. **Untergrund:** Wiese/Schotter. 🗓 01/01-31/12.
Entfernung: 🚌 400M ⛵ 700M ⊗ 400M 🍽 400M.

Otranto — 35D1
Area Camper Fontanelle, Sp366, km28. **GPS:** n40,19159 o18,45494.

🚐 € 15/24 Std, Jul-Aug € 25 4 Pers. inkl. + Kurtaxe ⛽🚰 Ch ✨ €3
WC inklusive 🚰 €0,50.
Entfernung: 🚌 Otranto 5km ⛵ Strand 200M.
Sonstiges: Bus nach Otranto.

Italien

Apulien - Kampanien

Peschici — 34G3
Camper Marina Picola, Loc. Pantanello, Baia di Peschici.
GPS: n41,94528 o16,00528.

45 Apr € 12, Mai € 13, Jun/Sep € 15, Jul € 20, Aug € 25 Ch WC inklusive € 0,50.
Untergrund: Wiese/Sand. 01/04-30/09.
Entfernung: 2,5km, zu Fuß 800M (Treppen) Sandstrand 50M.

Peschici — 34G3
AgriCamper Pane e Vino, SS89 km 2,6. **GPS:** n41,92372 o16,01534.
20 € 10 Ch WC. **Untergrund:** Sand.
Entfernung: 3,5km vor Ort.

Peschici — 34G3
Area attrezzata per camper Dattoli, Via Spiaggia, SS89.
GPS: n41,94522 o16,01138.
14 € 15-20 Ch WC inklusive € 0,50.
Untergrund: ungepflastert.
Entfernung: Altstadt 300M (Treppen) 100M 100M.

Putignano — 35D1
Grotte di Putignano, SS172. **GPS:** n40,85706 o17,10944.
kostenlos. 01/01-31/12.

Rodi Garganico — 34G3
Area sosta camper Isola Bella, Via delle More.
GPS: n41,92444 o15,84166.

30 € 15-20, Aug € 25 Ch WC inklusive.
Untergrund: Wiese/Sand. 01/06-15/09.
Entfernung: Lido del Sole 1,5km, Rodi Garganico 3,8km Sandstrand 10M vor Ort 100M 1,5km.

San Giovanni Rotondo — 34G3
Coppa Cicuta, Strada Comunale Pozzocavo-Tre Carrini.
GPS: n41,69599 o15,70423.

30 € 12 Ch (30x) € 1,50/Nacht WC inklusive € 10.
Untergrund: Schotter. 01/01-31/12.
Entfernung: 3Km vor Ort.
Sonstiges: Shuttlebus € 2/pP.

San Giovanni Rotondo — 34G3
Lo Chalet, Viale Padre Pio. **GPS:** n41,70658 o15,69799.
€ 15/24 Std Ch WC. **Untergrund:** befestigt.
01/01-31/12.
Entfernung: vor Ort.
Sonstiges: Kostenloser Bus, Santuario 300M.

San Giovanni Rotondo — 34G3
Di Cerbo, Circonvallazione Sud, SP45bis. **GPS:** n41,69725 o15,73097.

20 € 5,20/Tag, € 7,80/Nacht Ch WC € 0,50 € 1.
Untergrund: asphaltiert. 01/01-31/12.
Entfernung: 1Km vor Ort vor Ort vor Ort.
Sonstiges: Shuttle-Bus.

San Giovanni Rotondo — 34G3
Viale Padre Pio. GPS: n41,70679 o15,69927.
150 € 2,50, übernachten kostenlos. **Untergrund:** asphaltiert.
Sonstiges: Heiligtum Padre Pio 200M.

San Pietro in Bevagna — 35D1
La Salina, SP122, Manduria. **GPS:** n40,30121 o17,72630.
€ 14-20, 4 Pers. inkl Ch € 2,50 WC inklusive.
Untergrund: Schotter. 01/06-30/09.
Entfernung: vor Ort.

San Pietro in Bevagna — 35D1
La Marina, Via Favignana, Manduria. **GPS:** n40,30888 o17,67750.

80 € 20/24 Std. **Untergrund:** ungepflastert.
Entfernung: 300M.

Santa Maria al Bagno — 35D1
Area Camper Mondonuovo, Via Torremozza.
GPS: n40,13494 o18,00166.
20 € 15, Aug € 17 Ch WC. **Untergrund:** Schotter.
01/01-31/12.
Entfernung: Strand 500M 900M.

Torre Canne di Fasano — 35D1
Lido Tavernese, SS379, uscita Torre Canne Sud.
GPS: n40,82023 o17,49875.

100 € 15-22 Ch (80x) € 2 WC inklusive € 1.
Untergrund: Wiese.
Entfernung: 3,5Km vor Ort 01/07-31/08.

Torre Canne di Fasano — 35D1
Il Privilegio Camper Service, Via Appia, SP90 > Savelletri.
GPS: n40,84363 o17,46359.
€ 15-20 Ch WC. **Untergrund:** Schotter.
Entfernung: vor Ort.
Sonstiges: Beach Club.

Torre dell'Orso — 35D1
Camper Park Area La Torre. **GPS:** n40,27824 o18,41413.
20 € 10-35 €. 01/06-30/09.
Entfernung: 700M.
Sonstiges: Regionale Produkte.

Troia — 34G3
Campo della Fiera, Via Sant'Antonio. **GPS:** n41,36158 o15,30616.

Vico del Gargano — 34G3
Lido Azzurro. GPS: n41,94208 o15,98303.

12 kostenlos Ch. **Untergrund:** asphaltiert.
01/01-31/12.
Entfernung: 200M. **Sonstiges:** Nahe der Kathedrale.

Vico del Gargano — 34G3
Lido Azzurro. GPS: n41,94208 o15,98303.

80 € 15, Juli € 20, Aug € 25 Ch € 3,(Aug) WC inklusive.
Untergrund: Sand. 01/01-31/12.
Entfernung: Valazzo 4km Sandstrand 1km (camping).

Vieste — 34G3
Fusilo Rosina, Contrada S.Lucia. **GPS:** n41,91028 o16,12944.

70 Jun-Sep € 15, Jul € 20, Aug € 27,50 Ch (70x) inklusive WC € 0,50. **Untergrund:** Wiese. 01/06-15/09.
Entfernung: 4km 300M 50M 100M 50M.

Vieste — 34G3
Area Eden Blu, Lungomare Enrico Mattei.
GPS: n41,85985 o16,17396.
40 € 22 Ch WC. **Untergrund:** ungepflastert.
01/04-31/10.
Entfernung: vor Ort.
Touristinformation Vieste:
Mo.

Zapponeta — 39A3
Zapponeta Beach, Via del Mare. **GPS:** n41,45694 o15,96083.

30 € 13, 13/06-10/07, 22/08-11/09 € 14, 11/07-21/08 € 16, 2 Pers inkl Ch € 3 WC inklusive € 1.
Untergrund: Wiese/befestigt. 01/04-30/09.
Entfernung: 250M vor Ort vor Ort 500M 500M.
Sonstiges: Schmale Durchfahrt.

Kampanien

Bacoli — 35B1
Sea Oasi Village, Via Strada Romana, loc. Fusaro.
GPS: n40,82194 o14,04791.
± 100 € 15/20/24 Std, 4 Pers. inkl Ch € 5 WC € 1.
Untergrund: Wiese/Sand.
Entfernung: vor Ort.
Sonstiges: Am Strand.

Bacoli — 35B1
Sea Oasi Village, Via Strada Romana. **GPS:** n40,82194 o14,04791.

Kampanien - Basilikata

100 €18-20, 4 Pers. inkl. **Untergrund:** Wiese.
Entfernung: vor Ort, vor Ort.

Bacoli 35B1
Parco Naturale Agriturismo Fondi di Baia, Via Fondi di Baia.
GPS: n40,81157 o14,07412.

20 €10 Ch inklusive.
Untergrund: asphaltiert. 01/01-31/12.
Entfernung: 3Km, Baia 700m, 100M.

Baia e Latina 35B1
Il Baglio Country Village, Via Sturzo 13. **GPS:** n41,30386 o14,24754.
Gäste kostenlos Ch WC. 01/01-31/12.
Entfernung: Dorf 2Km, vor Ort.
Sonstiges: Saunabenutzung kostenpflichtig.

Battipaglia 35B1
Camperstop Lagomare, Via Andrea Doria 1, Fraz. Lago.
GPS: n40,55296 o14,90615.
40 €20/24 Std, max. 4 Pers Ch 3kWh WC inklusive.
Untergrund: Schotterasen. 01/01-31/12.
Entfernung: 100M, 50M.

Benevento 35B1
Sannio Camper Club, Via Domenico Mustilli.
GPS: n41,13141 o14,78960.

50 €10/24 Std Ch inklusive. 01/01-31/12.
Entfernung: 500M, 1,8Km, 300M.
Touristinformation Benevento:
Piazza Risorgimento en Piazza Santa Maria. Mit, Sa 8-13 Uhr.

Casalbore 35B1
Agriturismo Le Mainarde. GPS: n41,24516 o15,00242.
30 €15. 01/01-31/12.
Entfernung: vor Ort.

Cava de' Tirreni 35B1
Via Ido Longo, loc. Sant'Arcangelo. **GPS:** n40,69984 o14,69553.
kostenlos Ch kostenlos. **Untergrund:** Schotterasen.
01/01-31/12. **Entfernung:** 2,3Km.
Touristinformation Cava de' Tirreni:
Salerno. Stadt mit mittelalterlicher Stadtmitte.
Museo Civico, Amalfi. Museum mit Tavole Amalfitane, den alten Seegesetzen. 8-14 Uhr, Sa 8-12 Uhr Freitag.

Contursi Terme 35C1
Agriturismo Il Giardino, Loc. Prato. **GPS:** n40,64891 o15,23002.
€10 Ch. **Untergrund:** befestigt.
Entfernung: 4,4Km, vor Ort.
Sonstiges: Le Terme Vulpacchio 50M.

Marina di Camerota 35C1
Parcheggio Europa, Via Sirene. **GPS:** n40,00302 o15,36493.
€18 Ch. **Untergrund:** ungepflastert. Ostern-30/09.
Entfernung: 300M.

Mondragone 35B1
Dun Area Camper, Via Domiziana, km 15.250.
GPS: n41,13159 o13,86150.
50 Ch. **Untergrund:** Wiese/Sand.
Entfernung: Mondragone 4km, vor Ort, vor Ort, 3Km, vor Ort.
Sonstiges: überwachter Parkplatz 24/24.

Napoli 35B1
Parking IPM, Via Colli Aminei 27, Neapel (Napoli).
GPS: n40,87038 o14,24616.

7-21 Uhr €, 10 21-8 Uhr €10 Ch inklusive €2.
Untergrund: asphaltiert. 01/01-31/12.
Entfernung: 1,2Km, Bus R4 Stadtmitte Napoli 30M.
Sonstiges: überwachter Parkplatz.

Napoli 35B1
Parking Patry, Via Nuova Poggioreale 120, Neapel (Napoli).
GPS: n40,86788 o14,29436.
€24/24 Std Ch inklusive. **Lage:** Städtisch.
Untergrund: befestigt. 01/01-31/12.
Entfernung: U-Bahn 300M.
Sonstiges: überwachter Parkplatz.

Touristinformation Neapel (Napoli):
A.A.C.S.T.(Azienda Autonoma di Cura Soggiorno e Turismo), Palazzo Reale, www.regione.campania.it. Hauptstadt der Provinz mit vielen Denkmälern und kulturellen Schätzen.
Vesuvio. Vulkan, Observatorium am westlichen Rand des Kraters. Besuch mit Führer möglich.
Mergellina. Kleine Halbinsel mit Fischerei- und Jachthafen.
Teatro San Carlo. Operngebäude.
Museo Nazionale Archeologico di Napoli, Piazza Museo Nazionale 19. Antike griechisch-römische Zivilisation. Di-So 9-14 Uhr.
Palazzo Reale. Königlicher Palast. 9-13.30 Uhr Mo.
Duomo San Gennaro. Kathedrale mit ursprünglichem Interieur.
Ercolano/Herculaneum. Antike Stadt, wurde zusammen mit Pompeji zerstört. 9-14.45 Uhr, Urlaub 9-18.15 Uhr.
Mercato Corso Malta. Mo, Frei.

Paestum 35C1
Camper Village Maremirtilli, Via Linora di Paestum, SP278.
GPS: n40,37607 o15,00119.
70 €15-25 Ch WC. **Untergrund:** Wiese.
01/01-31/12. **Entfernung:** vor Ort.

Paestum 35C1
Camper Park Zone Archeologica, Via Magna Grecia, Capaccio Paestum.
GPS: n40,41851 o15,00697.
30 €10 Ch inklusive. **Untergrund:** ungepflastert.
01/01-31/12.
Entfernung: 300M, 1,6Km, 50M.
Sonstiges: Ausgrabungen Paestum 200m.

Paestum 35C1
Gli Eucalipti Area di Sosta, Via Linora, 76, Capaccio.
GPS: n40,38565 o15,00308.
25 €14/17 Ch inklusive. **Untergrund:** Wiese.
01/05-01/10.
Entfernung: 4Km, 50M.

Paestum 35C1
Fattoria del Casaro, Via Licinella 5, Capaccio Paestum.
GPS: n40,41504 o15,00505.
100 €12/24 Std Ch inklusive.
Entfernung: 600M, Strand 1,8Km, vor Ort.
Sonstiges: Ausgrabungen Paestum 300m, regionale Produkte und Brot.

Touristinformation Paestum:
A.A.C.S.T.(Azienda Autonoma di Cura Soggiorno e Turismo), Via Magna Grecia, 151. Alte Stadt, gegründet von den Griechen. In der Umgebung vielen Überreste aus dieser Zeit. 9 Uhr-Sonnenuntergang.

Palinuro 35C1
Sosta Camper Palorcio, Via San Sebastiano, 39.
GPS: n40,03831 o15,31236.
35 €12-22, 08/08-24/08 €30 Ch WC inklusive.
Untergrund: Wiese. 01/06-30/09.
Entfernung: 1Km.

Palinuro 35C1
Via Palorcio. **GPS:** n40,03722 o15,30944.
20 €20/24 Std Ch WC inklusive.
Entfernung: 700M.

Pompei 35B1
Camping Pompei, Via Plinio 113. **GPS:** n40,74675 o14,48496.
€15,50-20, 2 Pers. inkl Ch inklusive.
Lage: Städtisch. **Untergrund:** Wiese. 01/01-31/12.
Sonstiges: Zugang alte Stadt 150M.

Touristinformation Pompei:
Antike Stadt am Fuße des Vesuvs. 9 Uhr-Sonnenuntergang. Freitag.

Pozzuoli 35B1

Castagnaro Parking
Pozzuoli - Napoli

- Gepflasterte und ebene Stellplätze
- Schöne Aussicht
- Jeder Platz mit Strom/Wasser/Abwasser

www.castagnaroparking.it
info@castagnaroparking.it

Castagnaro Park, Via del Castagnaro 1. **GPS:** n40,86939 o14,12150.
85 €15 Ch (80x)€3/24 Std WC €1,50 inklusive.
Untergrund: Wiese/Schotter. 01/01-31/12.
Entfernung: 300M, 4Km, 300M, 300M, 200M.
Sonstiges: überwachter Parkplatz, Reservierung während der Weihnachtszeit.

Touristinformation Pozzuoli:
Cuma. Archäologisches Terrain. 9-14.45 Uhr, Sommer 18 Uhr.

Sala Consilina 35C1
Via Santa Maria della Misericordia. **GPS:** n40,41376 o15,56397.
20 €5/Nacht Ch inklusive. **Untergrund:** befestigt.
01/01-31/12.
Entfernung: 1,5Km, 300M, 500M, 2,5Km, 1,5Km, 15Km, 5Km.
Sonstiges: Hinter hotel Vallis Dea.

Tramonti 35B1

Agriturismo Costiera Amalfitana Tramonti

- Jeder Platz mit Strom/Wasser/Abwasser
- Bar-Restaurant
- Ganzjährig geöffnet

www.costieraamalfitana.it
info@costieraamalfitana.it

Agriturismo Costiera Amalfitana, Via Falcone, 12 - Frazione Pietre.
GPS: n40,69929 o14,61811.
22 01/09-14/06 €22, 15/06-31/08 - 23/12-06/01 €30
Ch WC inklusive. **Lage:** Ländlich, komfortabel.
Untergrund: Wiese/Schotter. 01/01-31/12.
Entfernung: 50M, 15Km, 6Km, vor Ort, 30M, 500M, vor Ort.
Sonstiges: Amalfi Küste, regionale Produkte.

Basilikata

Grumento Nova 35C1
Agriturismo Al Parco Verde, Contrada Spineto, Moliterno-Grumento.
GPS: n40,28110 o15,90563.
20 €20 Ch WC inklusive. **Untergrund:** Wiese.
01/06-01/10.
Entfernung: 8Km, 2km, 5Km, vor Ort, 2km, 1Km.
Sonstiges: Archäologisches Terrain 200M.

Matera 35C1
Area Camper Matera, SS7, Via Appia. **GPS:** n40,67981 o16,62126.
25 €14/24 Std Ch inklusive.
Untergrund: befestigt. 01/01-31/12.

Basilikata - Kalabrien

Entfernung: 🚶Stadtmitte 3,5Km.

Matera 35C1
Parco Serra Venerdì, Via dei Normanni. **GPS:** n40,66814 o16,58960.⬆️

12 🚐 € 18/24 Std 🚰 Ch 🚿 WC 📶.
Untergrund: befestigt. 📅 01/01-31/12.
Entfernung: 🚶1,8Km 🚌200M 🛒vor Ort.

Metaponto 35C1
Camper parking Nettuno, Viale Magna Grecia, Metaponto Lido.
GPS: n40,35693 o16,83221.⬆️

50 🚐 € 13/24 Std, Jul/Aug € 18 🚰 Ch 🚿 WCinklusive 📶 € 1.
Untergrund: Wiese/Schotter. 📅 01/01-31/12.
Entfernung: 🚶50M 🛒vor Ort 🍽️300M.
Touristinformation Metaponto:
🏛️ Archäologisches Terrain. ☀️9U-Sonnenuntergang.

Kalabrien

Amantea 35C2
Garden Park Caterina, SS. 18, loc Coreca.
GPS: n39,09383 o16,08508.⬆️
10 🚐 € 20-25, 4 Pers. inkl 🚰 Ch 🚿 € 2,50 WCinklusive 📶 € 1 ⚡ € 5.
Untergrund: Wiese. 📅 15/06-15/09.
Entfernung: 🚶vor Ort 🏖️vor Ort 🛒vor Ort 🍽️in der Nähe.

Bova Marina 35C3
Mafalda's Camper Park, Via Sotto Ferrovia, loc. San Pasquale.
GPS: n37,92422 o15,94800.⬆️➡️
20 🚐 € 10-20 🚰 Ch 🚿 inklusive 📶. **Untergrund:** Schotter/Sand.
Entfernung: 🚶3Km 🛒vor Ort 🍽️vor Ort ⚓200M 🏖️500M.
Sonstiges: Erreichbar via Schotterweg, Videoüberwachung.

Catanzaro Marina 35C2
Il Chioschetto, Via Carlo Pisacane 24. **GPS:** n38,83321 o16,64862.

10 🚐 kostenlos 🚰 🚿. **Lage:** Einfach. **Untergrund:** Sand.
Entfernung: 🏖️Sandstrand.

Cirella 35C1
Area Camper Ulisse, SS 18 km 270, Diamante.
GPS: n39,72500 o15,80930.

130 🚐 € 8-25, 4 Pers. inkl 🚰 Ch 🚿 WC inklusive 📶.
Untergrund: Wiese/Sand. 📅 01/04-31/10.
Entfernung: 🚶800M 🏖️vor Ort 🛒vor Ort 🍽️vor Ort ⚓vor Ort.

Cirella 35C1
Lido Alexander, SS 18, Diamante. **GPS:** n39,72168 o15,81097.⬆️

50 🚐 € 8-17 🚰 Ch 🚿 € 3 WCinklusive 📶 € 1 ⚡ € 3.
Untergrund: Wiese/Schotter.
📅 01/01-31/12.
Entfernung: 🚶1,5Km 🏖️vor Ort 🛒vor Ort 🍽️vor Ort.

Cirella 35C1
Lido delle Sirene, SS 18, Contr. Riviere. **GPS:** n39,71822 o15,81137.➡️

100 🚐 🚰 Ch 🚿 WC 📶. **Untergrund:** Wiese.
📅 01/06-20/09.
Entfernung: 🚶1Km 🏖️vor Ort 🛒vor Ort 🍽️vor Ort ⚓1Km.

Cirella 35C1
Lido Tropical, Viale Glauco, 9, Diamante. **GPS:** n39,69222 o15,81556.⬆️

200 🚐 € 8-30, 4 Pers. inkl 🚰 Ch 🚿 WC 📶.
Untergrund: Wiese/Sand. 📅 01/01-31/12.
Entfernung: 🚶1,5Km 🏖️vor Ort 🛒vor Ort ⚓200M 🍽️200M 🚌Bus zum Ort.

Cirò Marina 35D2
Via Maddalena. **GPS:** n39,35998 o17,12910.
25 🚐 € 6, 01/06-31/08 € 12 🚰. **Untergrund:** ungepflastert.
📅 01/01-31/12.
Entfernung: 🚶1,2Km 🏖️50M.

Cittadella del Capo 35C2
Torre Parise, Via Parise. **GPS:** n39,56580 o15,87399.⬆️
16 🚐 € 15, Jul/Aug € 18 🚰 Ch 🚿 WCinklusive.
Untergrund: Wiese. 📅 01/01-31/12.
Entfernung: 🚶1,5Km 🏖️200M ⚓500M.
Sonstiges: Schwimmbad.

Condofuri Marina 35C3
Agriturismo Antonino Gemelli, Via Salinella 37.
GPS: n37,92372 o15,85150.⬆️
20 🚐 € 15-20 🚰 Ch 🚿 WC 📶. **Untergrund:** Schotter/Sand.
📅 01/01-31/12.
Entfernung: 🚶500M 🏖️100M.

Corigliano Calabro 35C1
B&B Club Tepee, Contrada Sant'Agata 42, SS106bis > Cantinella.
GPS: n39,64140 o16,38617.
🚐 € 10 🚰 Ch 🚿 📶.
Entfernung: 🚶Corigliano 14km.

Cropani Marina 35D2
Sena Park, Viale Venezia 34. **GPS:** n38,91143 o16,80963.⬆️➡️
25 🚐 € 12-28, 2 Pers. inkl 🚰 Ch 🚿 WC 📶 € 0,50 ⚡ inklusive ⚓.
Untergrund: Wiese/Sand. 📅 01/01-31/12.
Entfernung: 🚶500M 🏖️400M 🛒400M ⚓ristorante/pizzeria 🍽️500M.
Sonstiges: Waschen Wohnmobil € 20.

Crotone 35D2
Hera Lacinia Mare, Via Filippo, 47, Campione III.
GPS: n39,00311 o17,16984.⬆️

10 🚐 € 25 🚰 Ch 🚿 📶.
Untergrund: Schotter/befestigt.
Entfernung: 🚶vor Ort 🏖️vor Ort 🛒vor Ort ⚓100M 🍽️200M.

Morano Calabro 35C1
Via Gaetano Scorza. **GPS:** n39,84098 o16,13731.⬆️➡️

10 🚐 kostenlos 🚰. **Untergrund:** asphaltiert. 📅 01/01-31/12.
Entfernung: 🚶200M 🚗7Km ⚓200M 🍽️200M.
Sonstiges: Neben der Kirche von San Bernardino, Panoramablick.

Palmi 35C2
Sosta Camper Prajola, Lungomare Donna Canfora.
GPS: n38,39333 o15,86277.⬆️➡️

25 🚐 € 15/24 Std 🚰 Ch 🚿 WCinklusive 📶. **Lage:** Einfach.
Untergrund: Schotter. 📅 01/01-31/12.
Entfernung: 🏖️vor Ort.

Praia a Mare 35C1
Nuova Playa, Contr. Fiucci. **GPS:** n39,86885 o15,78943.⬆️

15 🚐 € 15, Hauptsaison € 30 🚰 Ch 🚿 inklusive.
Untergrund: Wiese. 📅 01/01-31/12.
Entfernung: 🚶2km 🏖️vor Ort 🛒vor Ort ⚓100M 🍽️2km.
Sonstiges: Am schwarzen Sandstrand, gegenüber de Insel Dino.

Praia a Mare 35C1
Punto Mare, Loc. Fiuzzi. **GPS:** n39,87633 o15,78727.⬆️

30 🚐 € 6 🚰 € 2,50 🚿 € 2,50 Ch 🚿 € 2.
Untergrund: Wiese.
📅 01/06-30/09.
Entfernung: 🚶800M 🏖️600M 🛒600M ⚓500M 🍽️500M 🚌vor Ort.

Rossano 35C1
Sosta Camper Il Faro, C. da Foresta Faro Campo Trionto.
GPS: n39,62148 o16,75146.⬆️

Kalabrien - Sardinien

12 € 13-25 Ch WC inklusive. **Lage:** Komfortabel, abgelegen. **Untergrund:** Wiese. 01/01-31/12. **Entfernung:** 2km, Rossano 12km Sandstrand vor Ort.

| S | Scalea | 35C1 |

Dolce Vita, Via Fiume Lao 7. **GPS:** n39,79667 o15,79265.

100 € 16-21 Ch €5 WC €0,50. **Untergrund:** Wiese. 01/05-30/09. **Entfernung:** vor Ort vor Ort vor Ort vor Ort 800M.

| S | Scalea | 35C1 |

Lido Zio Tom, Corso Mediterraneo km 261,7. **GPS:** n39,81306 o15,78917.

140 € 10-18 Ch inklusive, 4Amp WC warme Dusche kostenpflichtig. **Untergrund:** Wiese/Schotter. 15/04-15/10. **Entfernung:** vor Ort 300M 1km 1,5Km.

| S | Scalea | 35C1 |

Lido Aqua Mar Sosta Camper Martina, Corso Mediterraneo. **GPS:** n39,80092 o15,79087.
€ 20/24 Std Ch WC €0,50. **Entfernung:** vor Ort.

Sardinien

| S | Aglientu | 33G2 |

Oasi Gallura, Localita'Vignola Mare 19, SP 90 km 53. **GPS:** n41,12556 o9,06167.

95 € 16-22,50, 2 Pers. inkl Ch €3 WC €5 inklusive. **Lage:** Komfortabel, ruhig. **Untergrund:** Wiese/Sand. **Entfernung:** 25M Sandstrand 50M 100M 100M.

| S | Alghero | 33G2 |

Camperpark I Platani, Ss 291 Km 32,5 S.Maria la Palma - Fertilia. **GPS:** n40,60699 o8,27463.

€ 16, 01/06-160/09 € 20-25 Ch , warme Dusche €0,50 €5 inklusive. **Lage:** Komfortabel. **Untergrund:** Wiese. 01/01-31/12. **Entfernung:** Alghero 7km 1,5Km. **Sonstiges:** überwachter Parkplatz 24/24, freier Shuttlebus zum Strand un Supermarkt, Hundestrand.

| S | Alghero | 33G2 |

Paradise Park, Loc. Le Bombarde. **GPS:** n40,59180 o8,25610.

150 € 16-23 Ch WC €0,50 €5 inklusive. **Lage:** Komfortabel, ruhig. 01/01-31/12. **Entfernung:** 350M 350M vor Ort vor Ort 50M.

| S | Arborea | 33G3 |

Corsaro Beach, Str. 26 Ovest. **GPS:** n39,80187 o8,54956.

10 € 5-10. **Untergrund:** Waldboden. 15/06-15/09. **Entfernung:** Sandstrand 100M 400M.

| S | Arbus | 33G3 |

Spiaggia Scivu, SC Scivu. **GPS:** n39,49426 o8,41444.

+50 kostenlos, Sommer € 12/Tag, übernachten kostenlos €1. **Lage:** Abgelegen. **Untergrund:** Schotter/Sand. 01/01-31/12. **Entfernung:** Sandstrand 100M, Treppen. **Sonstiges:** Bar.

| S | Bosa | 33G2 |

S'Abba Drucche Spiagge, SP49 Alghero-Bosa km 38+800. **GPS:** n40,31641 o8,47352.

100 € 20 Ch (96x), 6Amp WC inklusive €1 €5 €2. **Untergrund:** ungepflastert. 15/03-30/10. **Entfernung:** vor Ort vor Ort. **Sonstiges:** Rabatt bei längerem Aufenthalt.

| S | Bosa | 33G2 |

Parcheggio Nassiriya, Via Sas Conzas. **GPS:** n40,29472 o8,49922.

±10 kostenlos. **Lage:** Städtisch. **Untergrund:** asphaltiert. 01/01-31/12. **Entfernung:** 300M 150M. **Sonstiges:** Am Fluss.

| IT S | Bosa | 33G2 |

Casa del Vento, SP49. **GPS:** n40,32886 o8,43628.

±5 € 10 Ch inklusive. **Lage:** Ländlich. **Untergrund:** Schotter/Sand. **Entfernung:** Bosa 8Km Am Meer, kein Strand vor Ort. **Sonstiges:** Schöne Aussicht, schmale Durchfahrt.

| S | Buggerru | 33G3 |

Area Camper Il Porto, Via Roma. **GPS:** n39,40317 o8,40250.

50 € 5-15, Jul/Aug € 20 Ch €5. **Untergrund:** Sand. 01/04-31/10. **Entfernung:** 800M vor Ort 400M 800M. **Sonstiges:** Strandparkplatz.

| S | Buggerru | 33G3 |

Punta Sosta San Nicolao, Loc. Cala Domestica. **GPS:** n39,41757 o8,41147.

20 € 10 Ch inklusive kalte Dusche. **Untergrund:** Wiese/Sand. 01/05-30/10. **Entfernung:** 4Km Sandstrand 50M 50M. **Sonstiges:** Strandparkplatz.

| S | Cabras | 33G3 |

Tanca Is Muras, Località Mari Ermi. **GPS:** n39,96226 o8,40324.

€ 12 €5 Ch €4 €0,50. **Lage:** Abgelegen. 01/05-01/10. **Entfernung:** Sandstrand.

| S | Cagliari | 33G3 |

Campernow, Via Gerolamo Cardano. **GPS:** n39,23580 o9,13832.

10 € 17 Ch WC inklusive. **Lage:** Städtisch, zentral, laut. **Untergrund:** befestigt. 20/04-15/10. **Entfernung:** Stadtmitte 3Km 150M Lidl 100M 100M.

| S | Cagliari | 33G3 |

Camper Cagliari Park, Via Stanislao Caboni. **GPS:** n39,21024 o9,12772.

Italien 587

Sardinien

150 🚐 € 20 ⛽Ch 🚿€5 WC 📶inklusive. **Lage:** Städtisch.
Untergrund: asphaltiert. 📅 01/01-31/12.
Entfernung: 🚶Zentrum 1,5Km 🚗300M.
Sonstiges: überwachter Parkplatz.

Cala Gonone — 33G2
Palmasera, Viale Bue Marino. **GPS:** n40,27954 09,62993.

🚐 € 20, Jul/Aug € 25-30 ⛽Ch 🚿WC €0,50 💡€5 📶inklusive.
Untergrund: ungepflastert. 📅 01/04-31/10.
Entfernung: 🚶800M 🍽500M ristoro 🛒200M 🚗vor Ort.
Sonstiges: Shuttlebus zum Strand.

Cala Sinzias — 33G3
SP18. **GPS:** n39,18912 09,56273.

10 🚐 kostenlos, Sommer € 10. **Untergrund:** Sand. 📅 01/01-31/12.
Entfernung: 🚶Sandstrand 50M 🚗vor Ort.
Sonstiges: Strandparkplatz, zahlen bei Kiosk.

Cardedu — 33G3
Cucamonga, Marina di Gairo. **GPS:** n39,75397 09,67130.

±20 🚐 € 10 ⛽Ch inklusive. **Lage:** Ländlich, abgelegen, ruhig.
Untergrund: Sand. 📅 01/01-31/12.
Entfernung: 🚶Kiesstrand 🛒7Km.

Domus de Maria — 33G3
Area Camper Chia, Su Giudeu, Capo Spartivento, Chia.
GPS: n38,89128 08,86264.

100 🚐 € 16-20 ⛽Ch 🚿WC inklusive 💡€0,50.
Lage: Komfortabel. **Untergrund:** Sand. 📅 Ostern-01/11.
Entfernung: 🚶vor Ort 🚗400M 🛒900M.

Golfo Aranci — 33G2
Playa Vistas Chulas, Via Cala Moresca. **GPS:** n40,98826 09,63589.

±20 🚐 kostenlos.
Lage: Abgelegen. **Untergrund:** Schotter/Sand. 📅 01/01-31/12.
Entfernung: 🚶2km 🚗vor Ort 🏖vor Ort.
Sonstiges: 1Km Schotterweg, max. ^3,2M, Strandparkplatz, keine Campingaktivitäten.

Masua — 33G3
La Nuova Colonia, Masua Porto Flavia. **GPS:** n39,33409 08,42052.

50 🚐 € 14-17 ⛽Ch inklusive 📶kostenlos, beim Restaurant.
Lage: Ländlich, abgelegen, ruhig. **Untergrund:** ungepflastert.
📅 01/04-31/10.
Entfernung: 🚶Sandstrand 50M, Treppe 🚗vor Ort.
Sonstiges: Ehemaligen Bergbaugebiet, Führungen Porto Flavia.

Nuoro — 33G3
P.le Anfiteatro cittadino, Piazza Veneto. **GPS:** n40,31447 09,32807.

5 🚐 kostenlos ⛽Ch kostenlos. **Untergrund:** asphaltiert.
📅 01/01-31/12. **Entfernung:** 🚶1,2Km.

Olbia — 33G2
Camper service Marina di Cugnana, Località Marina di Cugnana, SP73.
GPS: n41,02042 09,51441.

30 🚐 € 1,50/Std, € 25/24 Std ⛽Ch 🚿WC inklusive.
Lage: Laut. 📅 01/05-30/09.
Entfernung: 🚶Olbia 12Km 🚗vor Ort 🏖vor Ort.
Sonstiges: Shuttlebus zum Strand, Schwimmbad.

Oristano — 33G3
Stadio Tharros, Via Dorando Petri. **GPS:** n39,89710 08,58927.
⛽Ch kostenlos. 📅 01/01-31/12.

Orosei — 33G2
Osalla Beach Garden, Osalla di Orosei. **GPS:** n40,34474 09,68619.

34 🚐 € 15-20 ⛽Ch 🚿WC inklusive, kalte Dusche.

Untergrund: Schotter/Sand. 📅 Ostern-31/10.
Entfernung: 🚶3,5Km.

Quartu Sant'Elena — 33G3
Is Canaleddus, Viale L. da vinci, SP17. **GPS:** n39,17957 09,36489.

🚐 € 10 ⛽ 🚿 **Untergrund:** ungepflastert. 📅 01/05-01/10.
Entfernung: 🚶Kiesstrand 150M 🚗vor Ort.
Sonstiges: Strandparkplatz.

San Nicolò d'Arcidano — 33G3
Viale Dei Giardini. **GPS:** n39,68530 08,64570.

4 🚐 kostenlos ⛽€4 🚿€4 Ch€4 💡€4. **Untergrund:** asphaltiert.
📅 01/01-31/12.
Entfernung: 🚶vor Ort.

San Teodoro — 33G2
Via Donat Cattin. **GPS:** n40,76658 09,66884.

30 🚐 € 1/Std, € 4/6 Std. **Lage:** Laut. **Untergrund:** asphaltiert.
Entfernung: 🚶800M 🛒1,8Km 🚗100M.

Sant'Anna Arresi — 33G3
Sosta camper Il Ruscello, Via del Cormorano, loc. Is Pillonis.
GPS: n38,97772 08,62317.

80 🚐 € 16-20 ⛽Ch 🚿WC €4 📶inklusive.
Lage: Ländlich, komfortabel, abgelegen. **Untergrund:** Wiese/Schotter.
📅 01/01-31/12.
Entfernung: 🚶3,5Km 🚗vor Ort. **Sonstiges:** Shuttlebus zum Strand.

Siniscola — 33G2
Spiaggia di Berchida. **GPS:** n40,48064 09,80680.

+50 🚐 € 10/Tag. **Lage:** Ländlich, abgelegen.
Untergrund: ungepflastert. 📅 01/01-31/12.
Entfernung: 🚶vor Ort.

Sardinien - Sizilien

Solanas 33G3
Via al Mare. **GPS**: n39,13333 o9,43254.

10 kostenlos. **Untergrund**: Sand.
Entfernung: 300M Sandstrand 300M.
Sonstiges: Strandparkplatz.

Sorso 33G2
Camp Site International, Via degli Oleandri, SP 81 km 13, Platamona Lido. **GPS**: n40,81566 o8,46563.

120 € 14-20 Ch WC €3 inklusive.
Lage: Einfach. **Untergrund**: ungepflastert. 01/04-30/09.
Entfernung: 350M 2km vor Ort.

Stintino 33G2
La Pineta, Loc. Pozzo S.Nicola, SP34. **GPS**: n40,86843 o8,23610.

40 € 17-19-21 Ch WC inklusive warme Dusche €1 €5.
Lage: Ländlich. **Untergrund**: Wiese/Sand. 01/01-31/12.
Entfernung: 3,5Km vor Ort.

Tancau sul Mare 33G3
Area attrezzata Costa Orientale, Viale Mare.
GPS: n39,98321 o9,68608.

55 € 10-20, Jul/Aug Strom € 3 Ch WC inklusive €4.
Lage: Komfortabel. **Untergrund**: asphaltiert/Sand. Ostern-31/10.
Entfernung: Santa Maria Navarese 900m Sandstrand 50M 50M 250M.
Sonstiges: Schattenreich.

Tonara 33G3
Ostello delle Gioventù, Via Muggianeddu, 2. **GPS**: n40,02855 o9,17542.
€ 10 Ch. 01/01-31/12.
Entfernung: 500M vor Ort.

Tortolì 33G3
Tanca Orrì, Lido Orrì. **GPS**: n39,90364 o9,68204.

Tortolì 33G3

80 € 16-20 Ch €2,2Amp WC inklusive,kalte Dusche.
Lage: Komfortabel. **Untergrund**: ungepflastert. 01/01-31/12.
Entfernung: Tortolì 5Km Sandstrand 50M 100M.

Tortolì 33G3
Area Camper Rocce Rosse, Via del Muflone. **GPS**: n39,86865 o9,67924.

70 € 15-25, Aug € 35 €4.
Lage: Ländlich. **Untergrund**: Sand. 01/06-30/09.
Entfernung: Tortolì 9Km Sandstrand 250M vor Ort Mini Market.
Sonstiges: Schattenreich.

Tortolì 33G3
Baia Cea, Via del Muflone. **GPS**: n39,86874 o9,68034.

60 € 15-30 Ch WC inklusive. **Lage**: Ländlich.
Untergrund: Sand. 01/05-30/09.
Entfernung: Tortolì 9Km vor Ort vor Ort.

Valledoria 33G2
Punto Maragnani, Via La Ciaccia, Loc. Maragnani.
GPS: n40,92021 o8,79240.

90 € 15/24 Std Ch WC inklusive.
Untergrund: ungepflastert. 01/01-31/12.
Entfernung: 50M 200M.
Sonstiges: Waschplatz für Wohnmobile.

Villaputzu 33G3
Bella Vista Camper Service, Località Prumari, Porto corallo.
GPS: n39,43820 o9,63243.

50 € 10-25 Ch WC €1 €5 inklusive. **Lage**: Ländlich.
Untergrund: Schotter.
Entfernung: Villaputzu 6km 50M 500M 7Km.

Villasimius 33G3
Gli Aranci, Viale dei Carrubi, loc. Pranu Zinnigas.
GPS: n39,15977 o9,50865.

100 € 23 Ch WC inklusive. **Lage**: Komfortabel, ruhig.
Untergrund: ungepflastert. 01/01-31/12.
Entfernung: 2km 4Km 100M Eurospin 1km.
Sonstiges: Shuttlebus zum Strand.

Sizilien

Agrigento 35B3
Sosta Camper Quality, Via delle Dune, San Leone.
GPS: n37,24566 o13,61114.
50 € 20 Ch WC inklusive. **Lage**: Komfortabel, ruhig.
Untergrund: Sand. 01/06-31/10.
Entfernung: Dune Sandstrand 10M 50M.

Agrigento 35B3
Valle dei Templi, Viale Caduti di Marzabotto. **GPS**: n37,28881 o13,58181.
50 € 5. **Lage**: Einfach. **Untergrund**: Sand. 01/01-31/12.
Sonstiges: Nahe Eingang und Kasse von Valle dei Templi.

Augusta 35C3
Area Attrezzata Camper Nelly, SS114 - Km 118,5, Contrada Agnone Bagni. **GPS**: n37,31148 o15,09260.
€ 18-22 Ch WC inklusive €1 €3. 15/05-15/09.
Entfernung: 6Km 1,5Km 180M.

Caccamo 35B3
SS 285. **GPS**: n37,93410 o13,66115.
10 kostenlos Ch kostenlos. **Lage**: Einfach.
Untergrund: Schotter/befestigt.
Entfernung: 900M 300M.

Caltagirone 35C3
Piazzale San Giovanni, Loc. San Giovanni.
GPS: n37,23949 o14,50717.
kostenlos. **Untergrund**: asphaltiert. 01/01-31/12.
Entfernung: Altstadt 700M.

Caltanissetta 35B3
Via Guastaferro. **GPS**: n37,48959 o14,04515.
25 kostenlos Ch kostenlos. **Lage**: Städtisch, einfach, laut.
Untergrund: asphaltiert.
Entfernung: 2km vor Ort vor Ort.

Castelbuono 35B3
Via Guiseppe Mazzini. **GPS**: n37,93694 o14,09296.
10 kostenlos Ch. **Lage**: Einfach, ruhig.
Entfernung: 700M 700M.

Castellammare del Golfo 35B3
Playtime, Viale Leonardo da Vinci, SS187.
GPS: n38,02494 o12,89086.
€ 15/24 Std Ch WC. **Untergrund**: Wiese.
Entfernung: 200M 1Km.

Castelluzzo 35B3
SP16. **GPS**: n38,12220 o12,72524.

kostenlos. **Untergrund**: Schotter.
Entfernung: vor Ort.
Sonstiges: Strandparkplatz, Zug zum Strand.

Castelluzzo 35B3
Parking Macari, SP16. **GPS**: n38,13564 o12,73638.

Sizilien

⛺kostenlos. **Untergrund:** Sand.

🅢 **Enna** 35B3
Ennacamper, C/da S.Giuseppe, Pergusa. **GPS:** n37,52277 o14,29000.
30 ⛺ € 20/24 Std ChVer-/Entsorgung € 5 🚿 € 4. **Lage:** Einfach. **Untergrund:** Sand.
Sonstiges: Kostenloser Bus, waschen Wohnmobil € 5.

🅢 **Francavilla di Sicilia** 35C3
Maremonti, Via Cappuccini. **GPS:** n37,90855 o15,14347.

±50 ⛺Spende. **Untergrund:** ungepflastert. 01/01-31/12.
Entfernung: 400M Flussbett.
Sonstiges: Gole dell'Alcantara 6Km.

🅢 **Furnari** 35C2
Tonnarella, Corso Palermo 6. **GPS:** n38,13218 o15,12469.

44 ⛺ € 13-24 Ch WC inklusive € 0,50 € 4. **Lage:** Einfach.
Untergrund: Schotter. 01/01-31/12.
Entfernung: vor Ort 150M 250M.
Sonstiges: überwachter Parkplatz, Bootsausflug zu den Äolischen Inseln.

🅢 **Gangi** 35B3
SS14. **GPS:** n37,79203 o14,21079.
15 ⛺kostenlos Ch kostenlos.
Untergrund: Schotter/Sand. 01/01-31/12.
Entfernung: 750M 750M.

🅢 **Giardini Naxos** 35C3
Parking Lagani, Via Stralcina 22, zona Recanati.
GPS: n37,82092 o15,26753.

30 ⛺ € 15-30 Ch WC inklusive € 1,(Sommer) € 5.
Untergrund: befestigt. 01/01-31/12.
Entfernung: vor Ort 200M 50M 200M Bus nach Taormina 300M.
Sonstiges: Spezialangebot für Überwinterer, Bar, Blick auf den Ätna und Taormina.

🅢 **Giardini Naxos** 35C3
Eden Parking, Via Stracina. **GPS:** n37,82188 o15,26701.

30 ⛺ € 7-25 Ch € 0,35/kWh WC € 1.
Untergrund: Wiese. 01/01-31/12.
Entfernung: 500M > Taormina.

🅢 **Giardini Naxos** 35C3
Holiday Sun, Viale Stracina 20. **GPS:** n37,82109 o15,26784.
30 ⛺ € 7-25 Ch WC. **Untergrund:** Wiese/Schotter.
Entfernung: Strand 500M vor Ort > Taormina.
Touristinformation Giardini Naxos:
🌲 Sa-Morgen.

🅢 **Ispica** 35C3
Associazione Camper Club Porto Ulisse.
GPS: n36,69761 o14,98647.
30 ⛺ € 16/24 Std Ch. **Untergrund:** Wiese.
Ostern-30/09.
Entfernung: 100M.

🅢 **Licata** 35B3
Ristorante La Sorgente, Loc. Pisciotto.
GPS: n37,12666 o13,85194.

80 ⛺Jun € 15, Jul € 20, Aug € 25 Ch WC inklusive.
Untergrund: Schotter.
Entfernung: Licata 9km vor Ort vor Ort.
Sonstiges: Treppen nach Sandstrand.

🅢 **Marina di Ragusa** 35C3
Marina Caravan, Via Portovenere 57. **GPS:** n36,78472 o14,56486.

60 ⛺ € 15-20 Ch WC € 4 inklusive.
Untergrund: Wiese. 01/01-31/12.
Entfernung: 500M 300M 100M 200M.
Sonstiges: Jeder Plaz hat Wasser/Abwasser, Fahrradverleih.

🅢 **Marina di Ragusa** 35C3
Via Falconara. **GPS:** n36,78821 o14,54697.
40 ⛺kostenlos Ch kostenlos WC. **Untergrund:** asphaltiert.
01/01-31/12. **Entfernung:** 1Km 1Km.

🅢 **Marsala** 35A3
Sibiliana Beach Village, Contrada Fossarunza 205/z 14.
GPS: n37,73520 o12,47497.
100 ⛺ € 20 Ch WC inklusive.
Untergrund: ungepflastert. **Entfernung:** 50M.

🅢 **Marsala** 35A3
Nautisub Club S. Teodoro, Contrada Birgi.
GPS: n37,91046 o12,46178.

±50 ⛺ € 15/20 Ch. **Untergrund:** Wiese. 01/05-30/09.
Entfernung: 5Km Sandstrand vor Ort.

🅢 **Marsala** 35A3
Via Colonnello Maltese. **GPS:** n37,79497 o12,43270.
⛺kostenlos Ch. **Untergrund:** asphaltiert. 01/01-31/12.
Entfernung: 500M vor Ort.

🅢 **Mineo** 35C3
Le Bave di Bacco, Strada Provinciale 86. **GPS:** n37,24137 o14,72239.
⛺Gäste kostenlos. **Lage:** Ländlich, einfach, abgelegen.
Untergrund: Wiese. 01/01-31/12.

🅢 **Montallegro** 35B3
Vizzi Parking, Via Lungomare, SP87. **GPS:** n37,38206 o13,30932.
⛺ 15 € 3 Ch € 2. **Untergrund:** Schotter. 01/06-01/10.
Entfernung: 100M.

🅢 **Montallegro** 35B3
Agriturismo Torre Salsa, Bove Marina.
GPS: n37,37583 o13,32222.

20 ⛺ € 17-24 € 4 Ch nach Verbrauch WC € 1 € 6 € 1,50/Std. **Untergrund:** Wiese. 01/01-31/12.
Entfernung: 700M.
Sonstiges: Auch Stellplätze am Strand ohne Ver-/Entsorgung, Erbgut 300Ha, ausgeschilderte Wander- und Mountainbikewege.

🅢 **Montevago** 35B3
Agricamper Villa dei Pini, Via Piersanti Mattarella.
GPS: n37,70083 o12,98000.
⛺ € 15 Ch inklusive. 01/01-31/12.
Entfernung: 200M.

🅢 **Montevago** 35B3
Centro Terme Acqua Pia, Loc. Acque Calde. **GPS:** n37,70602 o12,98000.
20 ⛺ 2 Tage-1 Nacht € 15 + € 15/Pp € 3. 01/04-31/10.
Sonstiges: Inkl. Eintritt zu den Thermen.

🅢 **Motta Camastra** 35C3
S185, fraz. Ficarazzi. **GPS:** n37,88870 o15,17633.

10 ⛺ € 15 Ch WC inklusive. **Lage:** Ländlich.
Untergrund: Wiese/Schotter. 01/01-31/12.
Entfernung: 300M 1Km.
Sonstiges: Gegenüber Eingang Gole dell'Alcantara.

🅢 **Mussomeli** 35B3
Piazzale Mongibello. **GPS:** n37,58343 o13,74956.
⛺kostenlos Ch.
Entfernung: Altstadt.

🅢 **Noto** 35C3
Airone, Via San Corrado, Lido di Noto. **GPS:** n36,85916 o15,11555.

Sizilien

50 € Jun/Sep € 14-16, Aug € 20 Ch €2 WC warme Dusche €0,50. **Untergrund:** Wiese/Sand. 01/04-30/09.
Entfernung: 100M 100M 750M Bus nach Noto 100M.

Noto — 35C3
Il Canneto, Viale Lido di Noto, Lido di Noto.
GPS: n36,86083 o15,11944.

55 € 10-18 Ch €2 WC. **Untergrund:** Wiese/Sand.
Entfernung: vor Ort 1,2Km.
Sonstiges: Brötchenservice und Mahlzeiten, direkter Zugang zum Sandstrand.

Noto — 35C3
NotoParking, Contrada Faldino, Noto. **GPS:** n36,88353 o15,08595.

40 € 18 Ch €3 WC €1. **Untergrund:** Wiese/Schotter.
01/01-31/12.
Entfernung: 1km 3Km 200M 200M.
Sonstiges: Organisierte Ausflüge in die Umgebung, kostenlosen Shuttlebus nach Noto.

Noto — 35C3
Oasi Park Falconara, Viale Ionio, Lido di Noto.
GPS: n36,87001 o15,12872.
50 € 15, 01/06-31/10 € 17-24 Ch WC inklusive.
Untergrund: Schotter. 01/01-31/12.
Entfernung: Noto 4km Strand 700M pizzeria 50M.
Sonstiges: Shuttlebus nach Noto und Strand.

Noto — 35C3
Parcheggio Calamosche, Oasi di Vendicari.
GPS: n36,81611 o15,09888.

40-50 € 15 WC inklusive. **Untergrund:** Wiese.
01/06-30/09.
Entfernung: Noto 10km 20 Gehminuten Bar/Restaurant.

Oliveri — 35C2
Azimut Sosta Camper, Corso Cristoforo Colombo.
GPS: n38,12840 o15,05833.
100 € 12-15-20-22 Ch (100x),6Amp WC inklusive.
Lage: Komfortabel. **Untergrund:** Wiese/Schotter. 01/03-31/10.
Entfernung: 500m, Tindari 1,2km 2,5Km Strand 50M 50M 50M 200M 10M 100M 100M 200M.

Pachino — 35C3
Area camper Venere, Contrada Granelli. **GPS:** n36,70100 o15,02790.

€ 20-26, 5 Pers. inkl Ch WC inklusive.
Untergrund: ungepflastert. 01/06-30/09.
Entfernung: Sandstrand.

Pachino — 35C3
Dragomar, Strada Marzamemi Portopalo di Capo Passero, Marzamemi.
GPS: n36,72732 o15,12083.

30 € 12-21 Ch €3 WC inklusive. **Untergrund:** Schotter.
01/01-31/12.
Entfernung: vor Ort 400M 600M.
Sonstiges: Meeresblick, kein Strand.

Palermo — 35B3
Green Car Palermo, Via Quarto dei Mille 11b.
GPS: n38,11016 o13,34307.
€ 20/24 Std Ch inklusive. **Lage:** Einfach.
Untergrund: asphaltiert.
Entfernung: piazza Indipendenza 300m.

Palermo — 35B3
Parking Giotto, Piazzale John Lennon. **GPS:** n38,13240 o13,33148.
36 € 20/24 Std Ch kostenlos. **Lage:** Zentral.
Untergrund: asphaltiert. 01/01-31/12.
Sonstiges: 10% Rabatt bei einem Aufenthalt von 3 Nächten.

Palermo — 35B3
Parking Ospedale Cervello, Via Trabucco. **GPS:** n38,15619 o13,31354.
Lage: Einfach, abgelegen.
Sonstiges: In der Nähe des Krankenhauses.

Palermo — 35B3
Via Uditore 17. **GPS:** n38,13140 o13,32515.
Ch WC. **Untergrund:** Schotter.
Sonstiges: überwachter Parkplatz, Shuttlebus ins Zentrum.

Palermo — 35B3
Piazza Alcide De Gasperi. **GPS:** n38,15170 o13,33944.
kostenlos. **Untergrund:** asphaltiert.
Entfernung: vor Ort.
Sonstiges: In der Nähe vom Stadion.

Palermo — 35B3
Freesbee Parking, Via Imperatore Federico 116.
GPS: n38,14722 o13,35277.
100 € 15-18 Ch WC €1. **Untergrund:** asphaltiert.
Entfernung: Kathedrale Palermo 400M 2km 150M.
Sonstiges: Bei Reisemobilhändler, 24/24 Überwachung.

Touristinformation Palermo:
U.I.A.T. (Ufficio Informazioni e di Accoglienza Turistica), Piazza Castelnuovo, 34, www.regione.sicilia.it/turismo. Hauptstadt von Sizilien, Hafenstadt und ökonomisches Herz der Insel.
San Giovanni degli Eremiti.
Santa Catarina.
Vucciria, Via Cassari-Argenteria. Palermos berühmtester, malerischer und historischer Markt.

Piazza Armerina — 35B3
Via G. Lo Giudice. **GPS:** n37,38711 o14,37041.
kostenlos. **Lage:** Einfach. **Untergrund:** asphaltiert.
01/01-31/12. **Entfernung:** 200M.

Piazza Armerina — 35B3
Agricamper Valle Dell'Elsa, SS65. **GPS:** n37,30173 o14,39605.
12 € 15/24 Std Ch WC inklusive. **Lage:** Ländlich, komfortabel, abgelegen, ruhig. **Untergrund:** befestigt.
01/01-31/12. **Entfernung:** Piazza Armerina 20km vor Ort.

Piazza Armerina — 35B3
Agriturismo Agricasale, Contrada Ciavarina.
GPS: n37,34032 o14,38840.
40 € 15 Ch inklusive. **Lage:** Ländlich, abgelegen, ruhig.
Entfernung: Piazza Armerina 13km Bar/Restaurant.
Sonstiges: Schwimmbad € 3/pPpT.

Piazza Armerina — 35B3
Agriturismo Gigliotto, SS 117bis km60. **GPS:** n37,29051 o14,38721.
20 € 20, 01/04-31/10 € 30 Ch inklusive.
Lage: Komfortabel, ruhig. **Untergrund:** Schotter. 01/01-31/12.
Entfernung: Piazza Armerina 13km.
Sonstiges: Schwimmbad inkl.

Piazza Armerina — 35B3
SP90. **GPS:** n37,36805 o14,33421.
20 € 15/24 Std Ch inklusive. **Lage:** Einfach.
01/01-31/12.
Entfernung: Piazza Armerina 4,5km vor Ort.
Sonstiges: Villa Romana del Casale 400M.

Porto Empedocle — 35B3
Punta Piccola Park, Scala dei Turchi, SP68.
GPS: n37,28916 o13,49250.

99 € 15-20, 01/07-31/08 € 23 Ch (65x)WC €1
inklusive. **Untergrund:** Schotter. 01/01-31/12.
Entfernung: 2,5Km vor Ort 200M 1Km.
Sonstiges: Einkaufsservice, direkter Zugang zum Sandstrand.

Touristinformation Porto Empedocle:
Valle dei Templi, Agrigento. Das Tal der Tempel, Archäologie.

Portopalo di Capo Passero — 35C3
Cicogna, Via Carlo Alberto, 2. **GPS:** n36,68333 o15,13638.
20 € Jun/Sep € 12, Jul/Aug € 16 Ch (20x)inklusive.
Untergrund: Schotter.
Entfernung: 50M Sandstrand 300M.

Pozzallo — 35C3
Il Giardino di Epicuro, SP67. **GPS:** n36,73128 o14,86240.

50 € 20 Ch (22x)€3 kalte Dusche.
Untergrund: Wiese/Sand. 01/05-30/09.
Entfernung: 500M vor Ort 50M 300M.
Sonstiges: Sandstrand.

Pozzallo — 35C3
Salvamar, Zona Porto di Pozzallo. **GPS:** n36,71541 o14,82240.

30 € 11/09-31/05 € 15, 01/06-10/09 € 20 2 Pers. inkl Ch inklusive. **Untergrund:** Wiese. 01/01-31/12.
Entfernung: 200M 500M 1Km.

Realmonte — 35B3
Sosta camper Zanzibar, C/o Capo Rossello.
GPS: n37,29495 o13,45438.

100 € 12-22, 01/10-30/03 € 10 Ch WC inklusive warme Dusche € 1. **Untergrund:** Schotter. 01/01-31/12.
Entfernung: Sandstrand vor Ort 150M.
Sonstiges: Bus nach Valle dei Templi (€ 7/pP, Min. 4 pers).

Sizilien

Reitano — 35B3
Via Lungomare Colonna. **GPS:** n38,01407 o14,33081.
70 € 10 Ch €0,50. **Lage:** Einfach. 15/07-18/09.
Entfernung: 500M vor Ort.

Ribera — 35B3
Kamemi, SS115, Secca Grande. **GPS:** n37,43840 o13,24469.
Camperstop € 10 Ch. 01/01-31/12. 01/08-24/08 kein Camperstop.

Roccalumera — 35C3
Park Jonio, Via Collegio, SS114 Roccalumera > Nizza di Sicilia.
GPS: n37,97943 o15,39752.

60 € 11-17, Jul/Aug € 15-20, 3 Pers. inkl Ch (60x).
Untergrund: Schotter.
Entfernung: zu Fuß erreichbar 250M Bar/snack vor Ort.
Sonstiges: Gegenüber Centro Sportivo.

San Giovanni La Punta — 35C3
Entertainmentcity Isivillage, Via Fisichelli 63.
GPS: n37,58929 o15,08612.
Gäste kostenlos. **Untergrund:** asphaltiert.

San Vito Lo Capo — 35B3
Al Faro, Via Faro 36. **GPS:** n38,18472 o12,73277.

30 € 18-30 Ch inklusive warme Dusche €1.
Untergrund: asphaltiert/Wiese. 01/05-31/10.
Entfernung: 1Km vor Ort 300M 1Km.
Sonstiges: Terrasse am Meer, kein Strand, Sandstrand 400M.

San Vito Lo Capo — 35B3
Parking camper Giovanni, Via Savoia 13.
GPS: n38,16222 o12,73666.

90 € 12-18 Ch (90x) WC €0,50 €5 inklusive.
Untergrund: Schotter. 01/01-31/12.
Entfernung: 300M 1,4Km 1Km 1Km.
Sonstiges: Freier Shuttlebus zum Strand.

San Vito Lo Capo — 35B3
Monte Monaco, Via del Secco, 80. **GPS:** n38,17438 o12,74552.
€ 12, Jun € 15, Jul € 20, Aug € 25 Ch WC €1.
Untergrund: Schotter. 01/04-31/10.
Entfernung: 850M 300M 300M 850M.

San Vito Lo Capo — 35B3
Via la Piana. **GPS:** n38,16886 o12,74307.

kostenlos. **Untergrund:** ungepflastert.
Entfernung: 800M 800M.
Sonstiges: Kostenloser Bus zum Zentrum.

Scicli — 35C3
Club Piccadilly, Via Mare Adriatico, Donnalucata.
GPS: n36,74750 o14,66306.
€ 12-35 Ch WC. 01/01-31/12.
Entfernung: 3Km Sandstrand 100M.

Scopello — 35B3
Fontana Andrea, Contrada Ciauli, SS 187.
GPS: n38,05492 o12,84290.
€ 12/24 Std Ch inklusive. **Wiese.**
01/04-01/10.
Entfernung: Strand 300M.

Scopello — 35B3
Agricampeggio Scopello, Via Finanzierè Vincenzo Mazzarell.
GPS: n38,06777 o12,81777.

50 € 22/24 Std Ch inklusive €1.
Untergrund: Schotter. 01/05-30/09.
Entfernung: Altstadt 200M 1,5Km 100M 400M.
Sonstiges: Produkte vom Bauernhof, Direktverkauf, Shuttlebus zum Strand und Riserva dello Zingaro € 2,50/pp.

Siracusa — 35C3
Parcheggio Von Platen, Via Augusto Von Platen 38.
GPS: n37,07692 o15,28738.
€ 0,90/Std.
Sonstiges: Nahe archäologisches Terrain und Museum.

Siracusa — 35C3
Via Procione 6, zona Golfetto, Fontane Bianche.
GPS: n36,96361 o15,22027.
€ 20 Ch WC. **Untergrund:** ungepflastert.
Entfernung: Siracusa 15km vor Ort.
Sonstiges: Bus nach Siracusa, Naturschwimmbad ins Meer.

Siracusa — 35C3
Area sosta Siracusa, Via Rodi 15. **GPS:** n37,06436 o15,28710.
€ 0,60/Std, Nacht € 1. **Untergrund:** asphaltiert. 01/01-31/12.
Entfernung: Ortigia 500m 50M.

Sutera — 35B3
Piazza Rettore Carruba. **GPS:** n37,52450 o13,72960.
kostenlos Ch. **Untergrund:** asphaltiert.
Entfernung: vor Ort vor Ort.

Taormina — 35C3
Sosta Camper Pier Giovanni, Trappitello, Via Spagnuolo.
GPS: n37,82196 o15,24502.

15 € 10-20 Ch WC inklusive.
Untergrund: Wiese/befestigt. 01/01-31/12.
Entfernung: 500M 4km 300M 300M.
Sonstiges: Shuttlebus ins Zentrum.

Terme Vigliatore — 35C2
Area Trinacria, Via Lungomare Marchesana.
GPS: n38,14018 o15,14596.

120 € 15, Aug 18 Ch inklusive.
Untergrund: Wiese. 01/01-31/12.
Entfernung: 50M pizzeria 200M 200M.
Sonstiges: Bootsausflug zu den Äolischen Inseln.

Trapani — 35A3
Hotel Le Saline, SP21 km4, contrada Nubia-Paceco.
GPS: n37,98304 o12,53106.
20 € 15-20 Ch. **Untergrund:** befestigt.
01/01-31/12.

Luxemburg

Hauptstadt: Luxemburg
Staatsform: Konstitutionelle Monarchie
Amtssprache: Französisch, Deutsch und Luxemburgisch
Einwohnerzahl: 570.250 (2015)
Fläche: 2.586 km²

Allgemeine Informationen
Telefonvorwahl: 00352
Allgemeine Notrufnummer: 112
Währung: Euro.

Freies Übernachten im Wohnmobil
Freie Übernachtungen an öffentlichen Straßen sind verboten. Ver- und Entsorgung ist nur am Campingplatz vorhanden.

Gesetzliche Feiertage 2017
1. Mai Tag der Arbeit
23. Juni Nationalfeiertag
15. August Mariä Himmelfahrt
1. November Aller Heiligen

Zeitzone
Winterzeit GMT+1
Sommerzeit GMT+2

Berdorf — 16E1
Camperhafen Martbusch, 3, Beim Martbusch.
GPS: n49,82660 o6,34599.

9 €8-10 €1/100Liter Ch €0,50/kWh €3 inklusive.
Lage: Ländlich, komfortabel, ruhig.
Untergrund: asphaltiert.
01/01-31/12.
Entfernung: 500M vor Ort 7Km 500M vor Ort vor Ort.
Sonstiges: Max. 2 Nächte, anmelden an der Rezeption Campingplatz.

Bleesbrück — 16E1
Camping Bleesbrück, 1, Bleesbreck. GPS: n49,87270 o6,18940.

3 €15 Ch WC inklusive.
Lage: Ländlich, einfach, laut. **Untergrund:** Wiese.
01/04-15/10.
Entfernung: 2,5Km vor Ort 2,5Km.
Sonstiges: Ankunft >18 Uhr Abreise <9 Uhr, sonst Campingpreis.

Diekirch — 16E1
Camping de la Sûre, Route de Gilsdorf.
GPS: n49,86597 o6,16489.

8 €12-15 Ch WC inklusive, Sanitär nur im Sommer €3 kostenlos. **Lage:** Komfortabel, zentral.
Untergrund: Schotterasen. 01/01-31/12.
Entfernung: 100M 100M 100M (Angelschein €4/Monat) 100M 100M.
Sonstiges: Max. 2 Tage.

Touristinformation Diekirch:
Conservatoire National de véhicules historique, 20-22, rue de Stavelot. Ausstellung historischer Fahrzeuge. 10-18 Uhr Mo.
Musée National de l'histoire militaire, 10, Bamertal. Kriegsmuseum.
Di-So 10-18 Uhr Mo.
Rue de Marché. Di 8-12 Uhr.
Al Dikkirch. Volksfest. 2. Woche Jul.

Dudelange — 16E1
Parking Gare-Usines. GPS: n49,47176 o6,07772.

8 kostenlos Ch kostenlos. **Lage:** Einfach, laut.
Untergrund: Schotterasen/Wiese. 01/01-31/12.
Entfernung: 1Km 4,1Km in der Nähe des Bahnhofs.
Sonstiges: Ideal für Besuch Luxemburg Stadt, mit Zug 20 Min, max. 48 Std.

Touristinformation Dudelange:
Musée National des Mines de Fer, Carreau de la Mine, Rumelange. Historie der Gruben.

Ermsdorf — 16E1
Neumühle. GPS: n49,83917 o6,22503.

€16-20,50 Ch WC €4 inklusive. **Lage:** Ländlich, komfortabel, abgelegen, ruhig.
Untergrund: Wiese. 15/03-31/10.
Entfernung: 1Km vor Ort 6Km.

Heiderscheid — 16E1

Camperhafen Fuussekaul Heiderscheid
- Jeder Platz mit Strom
- Ganzjährig geöffnet
- Restaurant vor Ort

www.fuussekaul.lu
info@fuussekaul.lu

Camperhafen Fuussekaul, Fuussekaul 4.
GPS: n49,87806 o5,99278.

35 €10, Jul/Aug €15 Ch (35x), 16Amp WC inklusive €1/5Minuten €4/2,50 €4,90/Tag.
Lage: Luxus, abgelegen, ruhig. **Untergrund:** Schotterasen/befestigt.
01/01-31/12.
Entfernung: 1Km 8Km 8Km 5Km vor Ort vor Ort vor Ort vor Ort.

Touristinformation Heiderscheid:
Heischter Mart. Traditioneller Markt. Ende Jul.

Heiderscheidergrund — 16E1
Camping Bissen, 11, Millewee. GPS: n49,90495 o5,95595.
3 €10, 10/07-15/08 €15 Ch inklusive.
Untergrund: Schotter. 01/01-31/12.
Entfernung: vor Ort vor Ort.
Sonstiges: Quick-Stop: >17Uhr - <10 Uhr, am Fluss.

Hoscheid — 11E3
Hotel-Restaurant Des Ardennes, Haaptstrooss.
GPS: n49,94675 o6,08084.

4 für Gäste kostenlos WC inklusive. **Lage:** Einfach, ruhig. **Untergrund:** asphaltiert. 01/02-15/12.
Entfernung: vor Ort vor Ort vor Ort.
Sonstiges: Parkplatz hinter Hotel.

Junglinster — 16E1
Rue Emile Nilles. GPS: n49,70421 o6,25123.

3 kostenlos €0,10/10Liter Ch (4x)€0,50/kWh.
Lage: Einfach. **Untergrund:** asphaltiert. 01/01-31/12.
Entfernung: 200M.

Larochette — 16E1
Camping Auf Kengert. GPS: n49,80021 o6,19788.
2 €17-26 Ch inklusive. 01/03-08/11.
Sonstiges: Quick-Stop: >19 Uhr - <9 Uhr.

Touristinformation Larochette:
Schiessentümpel. Wasserfall mit drei Kaskaden.
Château. Ostern-Okt, 10-18 Uhr, täglich.

Liefrange — 16E1
Camperhafen Leifreg, 14, Haaptstrooss. GPS: n49,91136 o5,87438.

23 €10, Jul/Aug €15 Ch WC inklusive

₃€1. **Lage:** Ländlich, abgelegen, ruhig. **Untergrund:** Schotterasen/befestigt. 01/04-01/11. **Entfernung:** vor Ort Obersauer Stausee 500m vor Ort.

P Luxemburg 16E1
Glacis, Boulevard de la Foire /Av. de la Faiencerie. **GPS:** n49,61602 o6,12246.

20 ₃ Mo-Fr € 0,80/Std. **Lage:** Städtisch, einfach, laut. **Untergrund:** asphaltiert. 01/01-31/12.
Entfernung: Stadtmitte 650M vor Ort.
Sonstiges: übernachten erlaubt.
Touristinformation Luxemburg:
Luxembourg City Tourist Office, Place d'Armes, www.lcto.lu. Zitadelle und Festungswerke sind geändert in Parks und Wanderwege, besonders in der Unterstadt. 01/04-31/10 Mo-Sa 9-19 Uhr, So 10-18 Uhr, 01/11-31/03 Mo-Sa 9-18 Uhr.
Casemates du Bock, Montée de Clausen. Kasematten, 21km. 01/03-31/10 10-20.30 Uhr.
M Musée National d'histoire et d'art, Marché-aux-Poissons. Archäologischer Fundplatz. Di-So 10-18 Uhr.
Palais Grand Ducal, 17, rue du Marché-aux-Herbes. Herzoglicher Palast. 01/07-31/08.
Cathédrale Notre-Dame, Rue Notre Dame. täglich 10-12 Uhr, 14-17.30 Uhr.
Crypte Archéologique, Montée de Clausen. 01/03-31/10 10-17 Uhr. T kostenlos.
Marché-aux-puces, place d'Armes. Trödel. 2. + 4. des Monats.
Markt, place Guillaume. Mi + Sa Morgen.
Schueberfouer. Folkloristisches Fest. 30/08-15/09.

S Nommern 16E1
Europacamping Nommerlayen, Rue Nommerlayen. **GPS:** n49,78450 o6,16414.

13 ₃ € 10-20 Ch €2/2kWh WC €5,25/4,75 inklusive.
Lage: Ländlich, komfortabel, abgelegen, ruhig.
Untergrund: Schotterasen. 01/03-06/11.
Entfernung: 1Km vor Ort vor Ort 1,5Km vor Ort.
Sonstiges: Quick-Stop: >17Uhr - <10 Uhr.

S Obereisenbach 11E3
Kohnenhof. GPS: n50,01630 o6,13682.

12 ₃ € 14 Ch WC inklusive €10.
Lage: Ländlich, komfortabel, abgelegen, ruhig.
Untergrund: Schotterasen/befestigt. 01/04-01/11.
Entfernung: 4Km vor Ort vor Ort vor Ort 9Km vor Ort vor Ort.

S Redange/Attert 16E1
Rue de la Piscine 24. **GPS:** n49,76918 o5,89459.

12 ₃ kostenlos Ch (5x)kostenlos. **Lage:** Ländlich, einfach, ruhig. **Untergrund:** asphaltiert. 01/01-31/12.
Entfernung: 800M vor Ort.
Sonstiges: Max. 48 Std.

S Schwebsange 16E1
Camport, Rue du Port. **GPS:** n49,51163 o6,36249.

18 ₃ € 10 2 Pers. inkl Ch €2,50 WC €2
inklusive, beim Restaurant. **Lage:** Ländlich, komfortabel, ruhig.
Untergrund: Schotterasen. 01/04-31/10.
Entfernung: 500M Angelschein obligatorisch vor Ort vor Ort 500M.
Touristinformation Schwebsange:
M A Possen, 1 rue Aloyse Sandt, Bech-Kleinmacher. Folkore und Weinmuseum. 01/05-31/10 14-19 Uhr, 01/03-30/04, 01/11-31/12 Fr-So 14-19 Uhr Mo.

Vianden 16E1
39, rue du Sanatorium. **GPS:** n49,93717 o6,20556.

₃ kostenlos. **Lage:** Einfach, zentral, ruhig. **Untergrund:** asphaltiert. 01/01-31/12.
Entfernung: 500M 100M 500M 500M vor Ort vor Ort vor Ort.
Sonstiges: An den Sesselliften (télesiege).
Touristinformation Vianden:
SEO. Großes Wasserkraftwerk. Ostern-Sep 10-20 Uhr. T kostenlos.
M Bakkerij museum, 96-98, Grand-Rue. Ostern-Okt 11-17 Uhr Mo.
Château de Vianden. 10-16 02/11, 25/12, 01/01.
Nessmoort. Nussmarkt. 2. So Okt.
Télesiège. Sessellift. Ostern-Okt.

S Wiltz 11E3
Kaul, Rue Joseph Simon. **GPS:** n49,97173 o5,93433.

3 ₃ kostenlos €1 Ch. **Lage:** Ländlich, einfach, abgelegen, ruhig. **Untergrund:** Schotter. 01/01-31/12.
Entfernung: 500M 500M.
Sonstiges: Erholungspark, nahe Campingplatz.

Montenegro

Hauptstadt: Podgorica
Staatsform: parlamentarische Republik
Amtssprache: Montenegrinisch.
Einwohnerzahl: 647.000 (2015)
Fläche: 13.812 km²

Allgemeine Informationen
Telefonvorwahl: 0382
Allgemeine Notrufnummer: 112
Währung: Euro
Kreditkarten werden fast überall akzeptiert.

Freies Übernachten im Wohnmobil
Freies übernachten ist verboten.

Gesetzliche Feiertage 2017
7-8 Januar Orthodoxes Weihnachten
1. Mai Tag der Arbeit
21. Mai Unabhängigkeitstag
13. Juli Nationalfeiertag

Zeitzone
Winterzeit GMT+1
Sommerzeit GMT+2

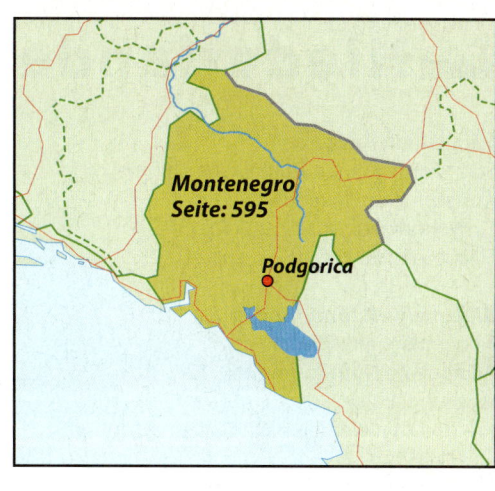

| △S | Bijela | 39C2 |

Zlokovic. GPS: n42,45768 o18,66873.
50 € 21 Ch inklusive.
Untergrund: Wiese/Sand. 01/03-01/11.
Entfernung: 2km vor Ort, vor Ort, vor Ort.

| △S | Dobrilovina | 39C2 |

Kamp Eco Oaza. GPS: n43,01780 o19,40936.
25 € 15 Ch inklusive.
Lage: Ländlich. Untergrund: Wiese. 01/01-31/12.
Entfernung: 200M vor Ort.

| ¶¶ | Gusinje | 39C2 |

Krojet. GPS: n42,55053 o19,82502.
15 € 10. Lage: Ländlich. Untergrund: Wiese. 01/04-30/10.
Entfernung: vor Ort.

| S | Kotor | 39C2 |

E65. GPS: n42,42761 o18,76881.
20 € 1/Std Ch kostenlos.
Lage: Städtisch. Untergrund: Schotter. 01/01-31/12.
Entfernung: 500M vor Ort, vor Ort, 200M, 200M.

| △S | Morinj | 39C2 |

Naluka. GPS: n42,48694 o18,65214.
40 € 20 Ch inklusive.
Untergrund: Wiese/Sand. 01/05-01/10.
Entfernung: vor Ort, vor Ort, 600M.

| △S | Petnjica | 39C2 |

Jatak. GPS: n42,97815 o19,07510.
10 € 10 Ch inklusive €2 €2. Untergrund: Wiese.
01/06-01/09.
Entfernung: vor Ort.

| △S | Petrovac | 39C2 |

Maslina, Buljarica bb 300. GPS: n42,19833 o18,96583.
100 € 15,60 Ch inklusive €3.
Untergrund: Wiese. 01/01-31/12.
Entfernung: 2km 200M 300M.

| ¶¶S | Podgorica | 39C2 |

Hostel Izvor. GPS: n42,48363 o19,30621.
10 € 15 Ch inklusive.
Untergrund: Beton. 01/01-31/12.
Entfernung: vor Ort.

| △S | Rasova | 39C1 |

Miro Tara-Regata, Djrdjevica Tara. GPS: n43,14862 o19,29217.
20 € 15 Ch inklusive.
Untergrund: Wiese/Schotter. 01/04-30/10.

| △S | Ulcinj | 39C3 |

Miami beach. GPS: n41,90870 o19,24978.
30 € 20 Ch inklusive.
Untergrund: Wiese/Sand. 01/05-01/10.
Entfernung: vor Ort, vor Ort, vor Ort.

| △S | Ulcinj | 39C3 |

Safari beach. GPS: n41,90466 o19,26533.

130 € 15, 15/6-15/9 € 30 Ch inklusive €3.
Untergrund: Wiese. 01/01-31/12.
Entfernung: 7Km vor Ort, vor Ort, vor Ort.

| △S | Utjeha-Bušat | 39C2 |

Oliva, Uvala Maslina-Utjeha. GPS: n42,01028 o19,15111.
25 € 15 Ch inklusive. Untergrund: Wiese.
01/04-30/11. Entfernung: vor Ort, vor Ort, vor Ort.

| △S | Utjeha-Bušat | 39C2 |

Utjeha, Uvala Maslina-Utjeha. GPS: n42,01012 o19,15095.

20 € 14, 20/6-1/9 € 16 Ch inklusive kostenpflichtig.
Untergrund: Wiese. 15/04-01/11.
Entfernung: vor Ort, vor Ort, vor Ort.

| △S | Žabljak | 39C1 |

Kod Boce. GPS: n43,14352 o19,11580.
30 € 6 Ch inklusive €2.
Untergrund: Wiese/Schotter. 15/04-30/10.

| △S | Žabljak | 39C1 |

Razvrsje. GPS: n43,14443 o19,11510.
20 € 10 Ch inklusive.
Untergrund: Wiese/Schotter. 01/01-31/12.
Entfernung: 900M vor Ort.

Niederlande

Hauptstadt: Amsterdam
Staatsform: Konstitutionelle Monarchie
Amtssprache: Holländisch
Einwohnerzahl: 16.947.904 (2015)
Fläche: 41.526 km²

Allgemeine Informationen
Telefonvorwahl: 0031
Allgemeine Notrufnummer: 112
Währung: Euro
Kreditkarten werden nicht überall akzeptiert.

Freies Übernachten im Wohnmobil
Freie Übernachtungen sind durch lokale Polizeiverordnungen in den Niederlanden verboten. In einigen Reisemobil-freundlichen Gemeinden gibt es kommunale Stellplätze wo übernachten im Reisemobil erlaubt ist.

Gesetzliche Feiertage 2017
17. April Ostermontag
27. April Königstag
5. Mai Befreiungstag
5. Juni Pfingsten Montag
26. Dezember 2. Weihnachtstag

Zeitzone
Winterzeit GMT+1
Sommerzeit GMT+2

Nordholland

Abbenes 9C2
Camperplaats 't Groene Hart, Kaagweg 50.
GPS: n52,22630 o4,61911.

25 €10, Apr-Mai €12, 2 Pers. inkl Chinklusive (6x) 2/24Std,10Amp WC €0,20 €1 kostenlos. Lage: Ländlich, komfortabel, ruhig. Untergrund: Wiese/Schotter. 15/03-01/11.
Entfernung: 4Km 900M 1,5Km 1,5Km 1,5Km 4Km Leiden <> Amsterdam vor Ort vor Ort.
Sonstiges: Fahrradverleih.

Amsterdam 9C1
Amsterdam City Camp, Papaverweg 55. GPS: n52,39847 o4,90010.

60 €18, 01/08-31/08 €21 + Kurtaxe €1,50/pP Ch (30x) €4,10Amp inklusive. Lage: Städtisch, komfortabel.
Untergrund: befestigt. 01/01-31/12.
Entfernung: 2km 20M 100M 1Km 1,5Km 500M.

Sonstiges: Videoüberwachung, freie Fähre zum Zentrum.

Amsterdam 9C1
Fam. Ackermann, Lutkemeerweg 149, Amsterdam-Osdorp.
GPS: n52,36358 o4,77240.

16 €17,50, 2 Pers. inkl €4 Ch €4,50/Tag.
Untergrund: befestigt. 01/01-31/12.
Entfernung: 10Km Stadtmitte 2km
Straßenbahn > Amsterdam 1,2Km.
Sonstiges: Über Osdorperweg, Sondergenehmigung für Wohnmobile.

Amsterdam 9C1
Het Amsterdamse Bos, Kleine Noorddijk 1, Amsterdam-zuid.
GPS: n52,29271 o4,82171.
100 €21,60-25 Ch WC .
15/03-01/12.
Entfernung: 1Km vor Ort vor Ort vor Ort 100M.

Touristinformation Amsterdam:
VVV, Stationsplein 10 en Leidseplein 1, www.iamsterdam.com. City Card: kostenloser Eintritt in Museen, kostenlose Nutzung öffentlicher Verkehrsmittel, Kahnfahrt auf den Grachten, usw., 24 Std/€55, 48 Std/€65, 72 Std/€75, erhältlich bei VVV.
Canalbus. Kahnfahrt auf den Grachten. €21.
Stelling van Amsterdam. Forts errichtet zum Schutz Amsterdams.
Albert Cuyp. Markt mit mehr als 260 Marktbuden.
täglich 9-17 Uhr So.
Antiek, Noordermarkt. Sa 9-17 Uhr.
Artis, Plantage Kerklaan 38-40. Stadtzoo. 9-17/18 Uhr.
Villa Arena, Arena boulevard. Wohneinkaufszentrum, 50 Geschäfte.
Di-Sa 10-18 Uhr, Mo 13-18 Uhr.

De Rijp 9C1
Bloembolbedrijf Stoop, Zuiddijk 34. GPS: n52,54813 o4,83416.

4 €7 €1/100Liter (4x) €2/Tag.
Lage: Ländlich, einfach, ruhig. Untergrund: Beton. 01/01-31/12.
Entfernung: 3Km 200M 200M 3Km 3Km.

Den Helder 7C3
Willemsoord, Willemsoord 47. GPS: n52,96134 o4,76856.

40 €12,50, Kurtaxe inkl Ch (3x) €1/2kWh inklusive.
Lage: Einfach, zentral, ruhig. Untergrund: befestigt.
01/01-31/12.
Entfernung: 400M 300M 300M 400M 1Km 600M.
Sonstiges: Max. 48 Std, Fähre nach Texel 500m.

Den Oever 7C3
Haventerrein Oostkade, Oostkade 3. GPS: n52,93395 o5,03974.

Nordholland

10 🚐 € 10 🚰 € 0,50/100Liter 🚽 € 0,50 Ch 💧 (8x) WC 📶 inklusive.
Lage: Autobahn, einfach, abgelegen, laut. **Untergrund:** befestigt.
📅 01/01-31/12.
Entfernung: 🚶 500M 🚲 1,4Km ⛵ 200M 🐟 500M 🛒 500M 🏪 vor Ort.
Sonstiges: Am alten Hafen, max. 3 Tage, Samstag-morgen Fischmarkt.

Enkhuizen 9D1
Gependam, Dirck Chinaplein. **GPS:** n52,69806 o5,29005.

6 🚐 € 10,85 🚽 WC € 0,20 € 1. 🔌
Lage: Städtisch, einfach, zentral.
Untergrund: asphaltiert.
📅 01/01-31/12.
Entfernung: 🚶 1km ⛵ vor Ort 🛒 vor Ort 🏪 100M 🛍 1km 🚍 100M.
Sonstiges: Max. 48 Std.
Touristinformation Enkhuizen:
Ⓜ Zuiderzeemuseum. Historische Stadt.
📅 01/04-31/10 10-17 Uhr.

Het Zand 7C3
Camperplaats de Hoop, Parallelweg 33. **GPS:** n52,83628 o4,74931.
14 🚐 € 15 🚽 Ch 💧 inklusive. **Lage:** Ländlich.
Untergrund: Wiese/befestigt. 📅 01/02-21/12.
Entfernung: 🚶 Zentrum 500M 🚲 5km 🛒 300M 🏪 350M 🛍 550M 🚍 150M 🏪 vor Ort 🚶 vor Ort.
Sonstiges: Nahe der Mühle, Geld in Umschlag in den Briefkasten, für Eintrittskode anrufen.

Hoorn 9C1
Jachthaven Hoorn, Visserseiland 221. **GPS:** n52,63467 o5,05676.

27 🚐 € 14,60 🚽 Ch 💧 WC 📶 € 0,50 📶 inklusive.
Lage: Ruhig. **Untergrund:** befestigt. 📅 01/04-31/10.
Entfernung: 🚶 500M 🚲 2,8km ⛵ vor Ort 🛒 vor Ort 🏪 100M 🛍 vor Ort.
Sonstiges: Anmelden beim Hafenmeister.

Huizen 9D2
Recreatieterrein Wolskamer, IJsselmeerstraat.
GPS: n52,30860 o5,24046.

8 🚐 kostenlos Ch. **Lage:** Einfach, ruhig. **Untergrund:** Wiese.
📅 01/01-31/12.
Entfernung: 🚶 1km 🚲 200M 🛒 200M 🏪 1km 🛍 Lidl 300M 🚍 vor Ort 🚶 vor Ort.
Sonstiges: Max. 48 Std, Ver-/Entsorgung beim Hafenmeister.

Touristinformation Huizen:
✈ 📅 Sa.

Katwoude 9C1
De Simonehoeve, Wagenweg 2. **GPS:** n52,48620 o5,03196.

10 🚐 kostenlos. **Lage:** Einfach. **Untergrund:** asphaltiert. 📅 01/01-31/12.
Entfernung: 🚶 2km 🚲 2km ⛵ 2km 🛒 vor Ort 🏪 2km 🚍 100M. **Sonstiges:** Käsebauernhof, in der Nähe von Hotel Volendam, kostenlose Führung.

Laren 9D2
Sportcomplex De Biezem, Schapendrift 64. **GPS:** n52,25717 o5,23884.

2 🚐 kostenlos 🚽 Ch WC 📶. **Untergrund:** befestigt.
📅 01/01-31/12.
Entfernung: 🚶 1Km 🚲 1Km. **Sonstiges:** Max. 1 Nacht.

Medemblik 9D1
Haven Medemblik, Pekelharinghaven 50. **GPS:** n52,77139 o5,11361.

5 🚐 € 12,50, 2 Pers. inkl 🚽 Ch 💧 WC 📶 inklusive.
Lage: Einfach, ruhig. **Untergrund:** befestigt. 📅 01/01-31/12.
Entfernung: 🚶 1km 🚲 200M ⛵ vor Ort 🛒 50M 🏪 1km 🚍 50M 🚶 vor Ort.
Sonstiges: Max. 48 Std, anmelden beim Hafenmeister.
Touristinformation Medemblik:
Ⓜ Museum Stoomtram. Dampfstraßenbahnmuseum: Hoorn-Medemblik.

Middenmeer 9C1
Jachthaven Middenmeer, Havenstraat. **GPS:** n52,81236 o4,99112.

12 🚐 € 10 🚽 Ch 💧 WC 📶 inklusive 📶 € 5/2 € 2.
Lage: Komfortabel. **Untergrund:** befestigt. 📅 01/01-31/12.
Entfernung: 🚶 500M 🚲 1,7Km ⛵ 50M 🛒 50M 🏪 500M 🚍 150M 🚶 vor Ort.
Sonstiges: Max. 48 Std, anmelden beim Hafenmeister.

Monnickendam 9C1
Jachthaven Waterland, Galgeriet 5a. **GPS:** n52,45920 o5,04059.

6 🚐 € 18,50 🚽 Ch 💧 € 0,50/2kWh WC 📶 € 4,50 📶 inklusive.
Lage: Städtisch, einfach, ruhig. **Untergrund:** befestigt.
📅 30/04-15/10.
Entfernung: 🚶 500-800M ⛵ vor Ort 🏪 vor Ort.
Sonstiges: Anmelden beim Hafenmeister, Kaution Sepkey € 20, Hochsaison reservieren.

Naarden 9D2
Jachthaven Naarden, Onderwal 4. **GPS:** n52,30874 o5,14703.

10 🚐 € 17,50 + € 2/pP Kurtaxe 🚽 Ch 💧 WC 📶 € 5/3 📶 inklusive. **Lage:** Ländlich, komfortabel, ruhig.
Untergrund: Wiese/befestigt. 📅 01/01-31/12.
Entfernung: 🚶 Naarden-vesting (Festung) 2,3Km 🚲 600M 🛒 500M Gooisee ⛵ vor Ort 🏪 vor Ort 🚶 vor Ort.
Touristinformation Naarden:
Ⓜ Vestingmuseum. Festungsmuseum. 📅 Di-Fr 10.30-17 Uhr, Sa/So/Feiertage 12-17 Uhr.

Nieuw Vennep 9C2
Allesonda Hoeve, IJweg 1281. **GPS:** n52,28705 o4,62614.
15 🚐 € 12 🚽 Ch 💧 inklusive. **Lage:** Ländlich.
Untergrund: befestigt. 📅 01/04-01/10.
Entfernung: 🚶 1,5Km 🚲 1,5Km 🏪 1,5Km.
Sonstiges: Nur Bargeldzahlung.

Oosthuizen 9C1
Recreatieknooppunt Oosthuizen, Hoornse Jaagweg.
GPS: n52,57609 o4,99719.

2 🚐 kostenlos. **Lage:** Ländlich, abgelegen, laut.
Untergrund: asphaltiert. 📅 01/01-31/12.
Entfernung: 🚶 250M ⛵ vor Ort 🛒 vor Ort 🏪 200M 🛍 500M 🚍 100M > Volendam 🚶 vor Ort 🚶 vor Ort.
Sonstiges: Max. 48 Std.

Opperdoes 9C1
Imkerij de Bijenstal, Zwarte pad. **GPS:** n52,76255 o5,08027.

3 🚐 € 11,10 2 Pers. inkl 🚽 💧 (2x) € 3,50 📶.
Lage: Ländlich, einfach, abgelegen, ruhig. **Untergrund:** Schotter.
Entfernung: 🚶 500M 🚲 2km 🛒 300M 🏪 500M.
Sonstiges: Bootsverleih.
Touristinformation Opperdoes:
Ⓜ Museum stoomtram, Van Dedemstraat 8, Medemblik. Dampfstraßenbahnmuseum: Hoorn-Medemblik.

Nordholland - Friesland

Oudendijk 9C1
Bruin Eetcafé Les Deux Ponts, Slimdijk 2.
GPS: n52,60462 o4,95983.

10 kostenlos, Einnahme einer Mahlzeit Pflicht. **Lage:** Ländlich, einfach, ruhig. **Untergrund:** Schotter. 01/01-31/12 Di.
Entfernung: 2km vor Ort vor Ort.

Purmerend 9C1
Het Bolwerk, Nieuwstraat. **GPS:** n52,50681 o4,95049.

5 € 6,90 € 1 € 0,15/Std kostenlos.
Lage: Städtisch, einfach, ruhig. **Untergrund:** befestigt.
01/01-31/12 **Wasser:** 01/11-01/04.
Entfernung: 200M vor Ort 200M.
Sonstiges: Max. 72 Std, Dienstagmorgen Markt.
Touristinformation Purmerend:
Centrum. Di.

Schagen 9C1
Jachthaven Schagen, Lagedijkerweg 2B. **GPS:** n52,79088 o4,78746.

15 € 7,50 + € 0,97/pP Kurtaxe € 0,50/100Liter Ch inklusive WC € 0,50 € 4/4 € 1.
Untergrund: befestigt. 01/01-31/12.
Entfernung: 500M vor Ort 400M 500M.
Sonstiges: Anmelden beim Hafenmeister, Kaution Schlüssel Sanitärgebäude € 15.
Touristinformation Schagen:
West Friese Folkloremarkt. Folkloremarkt. Jun-Jul-Aug: Do.

Slootdorp 7C3
De Tulpentuin, Wierweg 7. **GPS:** n52,85627 o5,01010.

8 € 11,50 Ch (8x) WC inklusive. **Lage:** Ländlich, abgelegen, ruhig. **Untergrund:** befestigt. 01/01-31/12.
Entfernung: Wieringerwerf 2km 2km 500M 2km 2km vor Ort vor Ort.
Sonstiges: Bei Tulpenzüchter, regionale Produkte.

Stompetoren 9C1
Het Schermer Wapen, Oterlekerweg 3. **GPS:** n52,61285 o4,82096.

4 kostenlos, Einnahme einer Mahlzeit Pflicht. **Lage:** Städtisch, einfach. **Untergrund:** Schotter. 01/01-31/12 Mi.
Entfernung: 500M vor Ort 500M.

Texel/De Cocksdorp 7C3
De Krim, Roggeslootweg 6. **GPS:** n53,15110 o4,85996.
10 € 16-26 Ch inklusive.
Untergrund: Wiese/befestigt. 01/01-31/12.

Volendam 9C1
Marinapark Volendam, De Pieterman 1.
GPS: n52,48944 o5,05972.

36 € 14 10-17 Uhr, € 20/24 Std Ch inklusive € 5.
Lage: Komfortabel, ruhig.
Untergrund: Schotterasen/befestigt.
01/01-31/12.
Entfernung: 1,5Km 50M 50M 300M 300M 300M.
Touristinformation Volendam:
VVV, Zeestraat 37, www.vvv-volendam.nl. Altes Fischerdorf.
Volendams Museum, Zeestraat 41. Das Leben und Arbeiten in Volendam, 1800-1900. 01/03-30/11 10-17 Uhr.

Weesp 9C2
Vecht & Weide, Dammerweg 5c. **GPS:** n52,28729 o5,07152.
8 € 12, Kurtaxe inkl Ch (8x) WC inklusive.
Lage: Ländlich. **Untergrund:** befestigt. 01/01-31/12.
Entfernung: 4km 400M 400M 3.5Km Bus 300M vor Ort vor Ort.
Sonstiges: Max. 8M.

Friesland

Akkrum 7D3
Tusken de Marren, Ulbe Twijnstrawei 31. **GPS:** n53,04853 o5,82577.

20 € 15 € 0,50/100Liter Ch € 2/Nacht WC € 4/2 inklusive. **Untergrund:** Wiese/befestigt. 15/03-01/11.
Entfernung: 200M vor Ort vor Ort 700M 500M vor Ort.
Sonstiges: Information beim Hafenmeister, Bootsverleih.

Anjum 7E2
It Tún-Hûs, Bantswei 1a. **GPS:** n53,37751 o6,12999.

20 € 10 Ch WC. **Untergrund:** befestigt.

15/03-31/10.
Entfernung: 400M 2km 350M 550M.

Appelscha 7E3
De Compagnonshoeve, Vaart Noordzijde 104.
GPS: n52,95222 o6,36278.

10 € 8 Ch € 1,50 inklusive.
Lage: Ländlich, einfach, ruhig. **Untergrund:** Wiese. 01/01-31/12.
Entfernung: vor Ort 3Km vor Ort 200M 400M 400M 50M.

Appelscha 7E3
Camperplaats Appelscha, Noorder Es. **GPS:** n52,95459 o6,33619.

10 € 10 € 0,10/20Liter Ch (10x) € 0,50/kWh WC € 0,50 inklusive. **Untergrund:** Wiese/befestigt. 01/01-31/12.
Entfernung: vor Ort 5Km vor Ort 900M vor Ort 1km 500M vor Ort vor Ort.

Balk 7D3
Jachthaven Lutsmond, Sleatemar 1a. **GPS:** n52,90389 o5,59694.

10 € 10 + € 1/pP Kurtaxe Ch € 3 WC.
Untergrund: Wiese. 01/01-31/12.
Entfernung: 1Km vor Ort vor Ort in der Nähe 1Km vor Ort vor Ort.

Bergum 7E3
Camperterrein Prinses Margriet Kanaal, Opperdijk van Veenweg 22.
GPS: n53,18643 o6,00176.

25 € 10/Nacht Ch inklusive € 2/Nacht 1Std kostenlos, 1 Tag € 7,50. **Lage:** Städtisch, komfortabel, ruhig.
Untergrund: Wiese/befestigt. 01/01-31/12.
Entfernung: 2km 2km vor Ort 2km 200M vor Ort vor Ort vor Ort.

Bergum 7E3
Jachthaven Burgumerdaam, Bergumerdaam 51.
GPS: n53,18705 o5,99299.

Friesland

10 🚐 € 9 + € 1/pP Kurtaxe ⛽ € 0,50/100Liter 💧Ch 🔌 € 0,50/kWh WC🚽 € 0,50/5Minuten 🧺 € 3,50/3,50 📶 inklusive. **Lage:** Städtisch, komfortabel, zentral, ruhig. **Untergrund:** befestigt. 📅 15/03-01/11. **Entfernung:** 🛒 500M 🏖 500M ⛵ 5Km 🍴 vor Ort 🚌 500M 🚆 500M 🚲 500M 🏪 vor Ort 🚶 vor Ort.
Sonstiges: Max. 72 Std.

| 🛁 S | **Blesdijke** | **7E3** |

Stoutenburght, Markeweg 35a. **GPS:** n52,83850 o6,03339.

12 🚐 € 10 ⛽ 💧Ch 🔌(12x),6Amp WC🚽 📶 inklusive. **Lage:** Ländlich. **Untergrund:** Wiese. 📅 15/03-01/10. **Entfernung:** 🛒 5Km ⛵ 2km 🍴 2km 🚲 vor Ort 🚶 vor Ort.

| 🛁 S | **Bolsward** 🌀 | **7D3** |

Camperplaats Half-Hichtum, Hichtumerweg 14. **GPS:** n53,07365 o5,52253. ⬆️

6 🚐 € 13,50 ⛽ 💧Ch WC🚽 📶 inklusive 🧺 € 3,50 📶. **Lage:** Ländlich, komfortabel, ruhig. **Untergrund:** Wiese/befestigt. 📅 01/04-01/11. **Entfernung:** 🛒 1Km 🏖 1,3km ⛵ 6Km 🍴 500M 🚌 1Km 🚆 1Km 🚲 200M 🏪 vor Ort 🚶 vor Ort.

| 🛁 S | **Brantgum** | **7E2** |

Camperplaats Veldzicht, Veldbuurtsterweg 9. **GPS:** n53,35556 o5,93632. ⬆️

20 🚐 € 11 ⛽ 💧Ch 📶 inklusive. **Lage:** Ländlich, komfortabel, abgelegen, ruhig. **Untergrund:** Wiese/befestigt. 📅 01/01-31/12. **Entfernung:** 🛒 Dokkum 7km 🍴 2km 🚌 3km 🚆 3Km 🚲 vor Ort 🚶 vor Ort.
Sonstiges: Fähre nach Ameland 3Km.

| 🛁 S | **Burdaard** | **7E3** |

Jachthaven Mouneheim, Mounewei 17. **GPS:** n53,29711 o5,88261. ⬆️

12 🚐 € 10 🧺 💧Ch 🔌 € 1/Nacht,10Amp WC🚽 € 0,50/5Minuten 🧺 € 4,50/2,50 📶 inklusive. **Lage:** Ländlich, komfortabel, ruhig. **Untergrund:** Wiese/Schotter. 📅 01/01-31/12. **Entfernung:** 🛒 vor Ort 🏖 2km ⛵ vor Ort 🍴 vor Ort 🚌 100M 🚆 500M 🚲 2km 🏪 vor Ort 🚶 vor Ort.
Sonstiges: Passanten € 1/100L.

| 🛁 S | **Dokkum** 🌀 | **7E2** |

Van Kleffenstraat 8. **GPS:** n53,32496 o5,99254.
5 🚐 € 12 2 Pers. inkl ⛽ 💧Ch WC🚽 📶 kostenlos. **Lage:** Zentral. **Untergrund:** Wiese/befestigt. 📅 01/01-31/12. **Entfernung:** 🛒 vor Ort 🍴 vor Ort 🚌 400M 🚆 200M 🚲 400M 🏪 vor Ort 🚶 vor Ort.
Sonstiges: Max. 72 Std.

| | **Dokkum** 🌀 | **7E2** |

Kalkhuisplein, Kalkhuisplein. **GPS:** n53,32650 o6,00936. ⬆️

3 🚐 € 5. **Lage:** Städtisch, einfach, ruhig. **Untergrund:** befestigt. 📅 15/03-31/12. **Entfernung:** 🛒 500M 🏖 1Km ⛵ 20M 🍴 20M 🚌 1Km 🚆 1Km 🚲 1Km 🏪 vor Ort 🚶 vor Ort.
Sonstiges: Max. 1 Nacht, nur Übernachtungen 18-9 Uhr.

| | **Drachten** | **7E3** |

VV Drachten, Gauke Boelensstraat. **GPS:** n53,10289 o6,08832. ⬆️

5 🚐 kostenlos. **Untergrund:** asphaltiert. 📅 01/01-31/12. **Entfernung:** 🛒 500M 🍴 vor Ort 🚌 500M 🚲 vor Ort 🚶 vor Ort.

| 🛁 S | **Earnewâld** | **7E3** |

Eilansgrien. **GPS:** n53,12958 o5,93630. ⬆️➡️

5 🚐 € 5,40 + € 1/pP Kurtaxe ⛽ 💧Ch 📶 inklusive WC🚽 € 0,50 🧺 € 3,50, € 3,50/3,50 📶. **Untergrund:** befestigt. 📅 01/01-31/12. **Entfernung:** 🛒 200M 🚌 500M 🚆 200M.
Sonstiges: Max. 72 Std, Sanitär/Waschmaschine beim Touristenbüro (Sommer).

| 🛁 S | **Harlingen** 🌀 | **7D3** |

Tsjerk Hiddesluizen, Nieuwe Vissershaven 17. **GPS:** n53,17938 o5,41731. ⬆️

10 🚐 € 7,50 ⛽ € 1 💧Ch 🔌 (16x) € 1/2kWh WC🚽 📶. **Untergrund:** asphaltiert. 📅 01/01-31/12. **Entfernung:** 🛒 500M 🏖 500M 🍴 500M 🚆 100M.
Sonstiges: Max. 72 Std, Waschsalon/Toiletten/Dusche 500m.

| | **Heerenveen** | **7E3** |

Thialf, Pim Mulierlaan 1. **GPS:** n52,93843 o5,94495. ⬆️

4 🚐 kostenlos. **Untergrund:** befestigt. 📅 01/01-31/12 🎪 während Veranstaltungen. **Entfernung:** 🛒 2km 🍴 2km 🚆 2km.
Sonstiges: Auf Parkplatz vom Eisstadion, max. 72 Std.

| 🍴 | **Heerenveen** | **7E3** |

De Koningshof, Prinsenweg 1. **GPS:** n52,94759 o5,94438. ⬆️

4 🚐 kostenlos. **Untergrund:** asphaltiert. 📅 01/01-31/12. **Entfernung:** 🛒 1Km 🍴 vor Ort 🚆 4Km 🚲 500M.
Sonstiges: Grosser Parkplatz in der Nähe von A32, max. 72 Std.

| S | **Heerenveen** | **7E3** |

Gemeentewerf, Venus 4. **GPS:** n52,96663 o5,93502.
💧 kostenlos. 📅 Mon-Fr 9-15 Uhr.

| | **Hogebeintum** | **7D2** |

Bezoekerscentrum Terp Hegebeintum, Pijpkediijk 4. **GPS:** n53,33612 o5,85266. ⬆️

4 🚐 kostenlos. **Lage:** Einfach, abgelegen. **Untergrund:** asphaltiert. **Entfernung:** 🛒 4Km.
Sonstiges: Parkplatz Besucherzentrum/VVV, höchsten Warft in den Niederlanden, max. 2 Tage, Fähre nach Ameland 3Km.

| 🛁 S | **IJlst** 🌀 | **7D3** |

De Tsjalk, De Tsjalk. **GPS:** n53,00846 o5,62741. ⬆️

4 🚐 € 7,50 ⛽ WC🚽 kostenlos 🚽 € 0,50/5Minuten. **Lage:** Städtisch, einfach, zentral, ruhig. **Untergrund:** befestigt.

Friesland

 01/01-31/12.
Entfernung: 200M, vor Ort 200M, 200M, 200M, vor Ort, vor Ort.

Joure 7D3
Jachthaven, Grienedyk. **GPS:** n52,97210 o5,78836.

4 € 10 + € 1/pP Kurtaxe € 0,50/70Liter € 3 € 1 € 7,50.
Untergrund: befestigt. 01/03-01/11.
Entfernung: 500M, 50M.
Sonstiges: Max. 72 Std.

Kollum 7E3
Jachthaven de Rijd, Cantecleer 2. **GPS:** n53,28727 o6,15139.

12 € 10 Ch ,10Amp inklusive.
Lage: Städtisch, einfach, zentral. **Untergrund:** befestigt.
 01/05-01/10.
Entfernung: vor Ort, vor Ort, 500M, 500M, 500M, vor Ort, vor Ort.
Sonstiges: Max. 72 Std.

Koudum 7D3
De Kuilart, De Kuilart 1. **GPS:** n52,90305 o5,46706.

10 + 2 € 17,50-25 + € 1/pP Kurtaxe, Quick-Stop € 8
 Chinklusive € 1/Nacht,6Amp € 0,35/5Minuten
 € 4,40/2,35 .
Lage: Ländlich, luxus, laut. **Untergrund:** Wiese/befestigt.
 01/01-07/05, 22/05-05/07, 25/08-31/12. Feiertage.
Entfernung: 1,5Km, vor Ort, vor Ort, vor Ort, 1Km, 1Km, vor Ort, vor Ort.

Langweer 7D3
Brandwehrkazerne, Pontdyk. **GPS:** n52,96000 o5,71972.

4 kostenlos kostenlos. **Lage:** Einfach. **Untergrund:** befestigt.
 01/01-31/12.
Entfernung: 500M, 500M, 500M, 500M.
Sonstiges: Max. 72 Std.

Langweer 7D3
Passantenhaven Langweer, Pontdyk. **GPS:** n52,96091 o5,72240.

3 € 7, Kurtaxe € 0,20/pP € 0,20 Ch € 2 WC € 0,50
€ 3,50/3,50 . **Untergrund:** Wiese. 01/04-31/10.
Entfernung: 500M, vor Ort, vor Ort, 500M, 500M, 500M.

Leeuwarden 7D3
Prinsentuin, Wissesdwinger 1. **GPS:** n53,20528 o5,79659.

4 € 9,08 Ch € 0,34/kWh,6 Amp WC € 4,31/3
inklusive.
Lage: Städtisch, komfortabel, zentral, ruhig. **Untergrund:** befestigt.
 01/01-31/12. Sanitärgebäude: 01/11-01/04.
Entfernung: vor Ort, 2km, vor Ort, vor Ort, vor Ort, vor Ort, vor Ort.

Leeuwarden 7D3
Harlingertrekweg. GPS: n53,19839 o5,77098.

5 kostenlos. **Lage:** Laut.
Untergrund: befestigt. 01/01-31/12.
Entfernung: 1Km, 1Km, 1Km, 500M.

Leeuwarden 7D3
Leeuwarder Jachthaven, Jachthavenlaan 3.
GPS: n53,19886 o5,83019.

6 € 12,50 Ch WC € 1/5Minuten inklusive.
Lage: Städtisch, komfortabel, abgelegen, ruhig.
Untergrund: Wiese/Schotter. 01/01-31/12.
Entfernung: 2,5Km, 1Km, vor Ort, vor Ort, 500M, 500M, 300M, vor Ort, vor Ort.
Sonstiges: Anmelden beim Hafenmeister.

Leeuwarden 7D3
Taniaburg, Vierhuisterweg 72. **GPS:** n53,21955 o5,79286.

8 € 12,50 Ch € 2/Nacht,6 Amp WC € 2,50,

€ 2,50/3 inklusive. **Lage:** Ländlich, komfortabel, ruhig.
Untergrund: Wiese/Schotter. 01/04-01/11.
Entfernung: 3Km, 1Km, vor Ort, vor Ort, 500M, 500M, vor Ort, vor Ort.
Sonstiges: Kanu- und Fahrradverleih.

Lemmer 7D3
Jachthaven Lemmer, Plattedijk 4-12. **GPS:** n52,84708 o5,69696.

25 € 13 + Kurtaxe € 1/pP € 0,50 Ch € 0,50 WC € 0,50
. **Untergrund:** befestigt. 01/01-31/12.
Entfernung: 1Km, 2,7Km, vor Ort, 1Km.

Lemmer 7D3
Watersportcentrum Tacozijl, Plattedijk 20. **GPS:** n52,85104 o5,68189.

20 € 12,50-21 Ch € 0,50/kWh WC inklusive .
Untergrund: Wiese/befestigt. 01/01-31/12.
Entfernung: Stadtmitte 2,2Km, 3Km, 1,5Km, vor Ort, vor Ort.
Touristinformation Lemmer:
 Ir. D.F. Woudagemaal. Das größte Dampfpumpwerk Europas. Di-Sa 10-17 Uhr, So 13-17 Uhr.

Lollum 7D3
Camperplaats Landgoed Hizzard, Hizzaarderlaan 16.
GPS: n53,11913 o5,51428.
2 € 12, Kurtaxe inkl Chinklusive (2x) 2,50/24Std WC
€ 2,50 .
Lage: Ländlich. **Untergrund:** befestigt. 01/01-31/12.
Entfernung: Zentrum Winsum 3,8Km, vor Ort, 3,8Km, 1,4Km, vor Ort, vor Ort.

Makkum 7D3
Gemeentehaven Makkum, Workumerdijk 2.
GPS: n53,05329 o5,40317.

2 € 10 ChWC inklusive € 2/2.
Lage: Städtisch, einfach, zentral, laut. **Untergrund:** befestigt.
 01/04-31/10. Ver-/Entsorgung: 01/11-01/04.
Entfernung: 100M, vor Ort, 400M, 950M, 950M, vor Ort, vor Ort.
Sonstiges: Max. 72 Std.

Mirns 7D3
De Braamberg, Murnserdyk. **GPS:** n52,85249 o5,48190.

10 € 10 + € 1/pP Kurtaxe Chinklusive € 2 WC .

Friesland

Lage: Ländlich. **Untergrund:** Schotter. ⊙ 01/01-31/12.
Entfernung: Strand 250M.

Molkwerum 7D3
Camperplaats 't Seleantsje, 't Seleantsje 2.
GPS: n52,90419 o5,39493.

18 € 12 Ch WC inklusive € 0,50/6Minuten
€ 4/2,50 € 5/Tag. **Lage:** Ländlich, komfortabel, ruhig.
Untergrund: Schotterasen. ⊙ 15/03-01/11.
Entfernung: 300M vor Ort vor Ort vor Ort 4km 1Km vor Ort vor Ort.

Nes 7E3
Manege Nes, Burdineweg 2. **GPS:** n53,05468 o5,85558.

10 € 5 Ch € 2/Nacht,16Amp WC inklusive.
Lage: Ländlich, einfach, ruhig. **Untergrund:** Wiese/befestigt.
⊙ 01/01-31/12.
Entfernung: 700M 1Km 10Km 50M 700M 700M
700M vor Ort vor Ort.
Sonstiges: Beim Manege.

Nijetrijne 7E3
Paviljoen Driewegsluis, Lindedijk 2a. **GPS:** n52,83261 o5,92467.

Gäste kostenlos. **Untergrund:** befestigt.
Entfernung: vor Ort vor Ort vor Ort.

Oudega 7E3
Jachthaven Oudega, Roundeel. **GPS:** n53,12315 o5,99961.

2 € 7 € 1/100Liter € 1 € 1. **Lage:** Einfach.
Untergrund: Wiese. ⊙ 01/04-01/11.
Entfernung: 200M 200M 200M.
Sonstiges: Max. 48 Std.

Oudemirdum 7D3
Landgoed de Syme, Jan Schotanuswei 106a, via Oude Balksterweg.
GPS: n52,85746 o5,51115.

2 € 7,50 inklusive € 2,50/Nacht.
Lage: Ländlich, einfach, abgelegen, ruhig.
Untergrund: Wiese/befestigt. ⊙ 01/01-31/12.
Entfernung: 4Km 6Km 6Km 4Km 4Km vor Ort vor Ort.

Oudeschoot 7E3
Minicamping 't Woutersbergje, Van Bienemalaan 15-17.
GPS: n52,93544 o5,96009.

7 € 10,40 Ch € 2,50/Nacht,6Amp WC € 3/2
inklusive. **Lage:** Ländlich, komfortabel, zentral, ruhig.
Untergrund: befestigt. ⊙ 01/01-31/12.
Entfernung: 3,5Km 300M vor Ort vor Ort.

Ried 7D3
Jachthaven it Kattegat, Berlikumerweg 13. **GPS:** n53,22416 o5,59330.

3 + 4 € 9,50 **Lage:** Ländlich, einfach, ruhig.
Untergrund: Wiese/befestigt. ⊙ 01/04-01/10.
Entfernung: vor Ort 500M vor Ort vor Ort 500M
vor Ort vor Ort.

Rohel 7D3
Aktiviteitenboerderij, Vierhuisterweg 29. **GPS:** n52,90337 o5,84540.

5 € 15 Ch WC inklusive. **Lage:** Ruhig.
Untergrund: befestigt. ⊙ 01/01-31/12.
Entfernung: vor Ort vor Ort vor Ort vor Ort.

Sexbierum 7D3
Restaurant Liauckama State, Liauckamaleane 2.
GPS: n53,22028 o5,47656.

5 € 10, kostenlos für Kunden. **Untergrund:** Wiese/Schotter.
⊙ 01/01-31/12.
Entfernung: 1Km 1Km 1Km.

Sint Jacobiparochie 7D3
Zeedijk, Zwarte Haan. **GPS:** n53,30915 o5,63051.

25 kostenlos. **Untergrund:** Wiese. ⊙ 01/01-31/12.
Entfernung: Sint Jacobiparochie 8km Wattenmeer 100M
vor Ort vor Ort.

Sloten 7D3
Jachthaven Lemsterpoort, Jachthaven 7.
GPS: n52,89265 o5,64486.

10 € 12 € 0,50/100Liter Ch € 2,50/24Std,6Amp WC
€ 1/5Minuten inklusive. **Lage:** Städtisch, komfortabel, ruhig.
Untergrund: Wiese/befestigt. ⊙ 01/01-31/12.
Entfernung: 100M 2km vor Ort vor Ort 100M 100M
500M vor Ort vor Ort.

Sneek 7D3
Jachthaven Holiday Boatin, Eeltjebaasweg 3.
GPS: n53,01996 o5,69562.

4 € 12 Ch € 1/Nacht,10Amp WC inklusive.
Lage: Städtisch, komfortabel, ruhig. **Untergrund:** Beton.
⊙ 01/01-31/12.
Entfernung: 3,6Km 2km vor Ort vor Ort 4Km 2Km,
Bäckerei 300M 300M vor Ort vor Ort.

Sneek 7D3
Amicitia Hotel Sneek, Alexanderstraat.
GPS: n53,02378 o5,67595.

10 € 9,50, für Gäste kostenlos Ch inklusive.
Untergrund: befestigt.
⊙ 01/01-31/12.
Entfernung: 1,5Km 400M 8Km vor Ort.
Sonstiges: Reservierung währen Sneeker-Segelwoche: info@amicitia-hotel.nl, ersten Augustwoche.

Friesland

Stavoren 7D3
Marina Stavoren Buitenhaven Stavoren
- Gepflasterte Stellplätze
- Direkte Lage am See
- Direkte Lage am Strand

www.marinastavoren.nl
info@skipsmaritiem.nl

Marina Stavoren Buitenhaven, Suderstrand 2. **GPS:** n52,87360 o5,36715.
25 € 12,50 Ch € 2,16Amp € 4,50/2,50 inklusive. **Untergrund:** asphaltiert. 01/04-31/10.
Entfernung: Stavoren 500M vor Ort vor Ort vor Ort 500M 500M vor Ort vor Ort.
Sonstiges: Max. 3 Nächte, anmelden beim Hafenmeister.

Sumar 7E3
Recreatiecentrum Bergumermeer, Solcamastraat 30.
GPS: n53,19044 o6,02316.

10 € 19,50 Ch WC inklusive. **Lage:** Ländlich, luxus, ruhig. **Untergrund:** Wiese/befestigt. 01/04-31/10.
Entfernung: 5Km.

Sumar 7E3
Recreatiecentrum Bergumermeer, Solcamastraat-30.
GPS: n53,19044 o6,02316.

1 € 8 17-10U. 01/04-31/10.

Surhuisterveen 7E3
Zwembad Wettervlecke, Badlaan 3. **GPS:** n53,17987 o6,16124.

5 € 5 € 1 € 1 WC inklusive. **Untergrund:** Wiese.
Entfernung: 500M 500M.

Tersoal 7D3
Watersportbedrijf Lege Geaen, Buorren 2.
GPS: n53,07729 o5,74360.

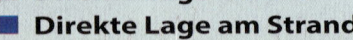
6 € 12 Ch € 2,50/Nacht WC inklusive.
Lage: Ländlich, komfortabel, ruhig. **Untergrund:** Wiese/Schotter. 01/01-31/12.
Entfernung: 8Km 1,5Km vor Ort vor Ort 1,5Km 8Km vor Ort vor Ort.

Wartena 7E3
Jachthaven Wartena, Stukenwei. **GPS:** n53,15145 o5,90532.

10 € 10 € 0,50/100 Ch WC € 1 € 6.
Lage: Zentral. **Untergrund:** Wiese/befestigt. 01/01-31/11.
Entfernung: 200M vor Ort vor Ort 500M 500M vor Ort vor Ort.
Sonstiges: Fahrradverleih.

Winsum 7D3
Camperplaats Winsum, Skans 12. **GPS:** n53,15177 o5,63111.

4 € 12 Ch inklusive WC. **Lage:** Einfach. 01/01-31/12.

Wommels 7D3
Jachthaven Wommels, Terp 14. **GPS:** n53,10957 o5,58765.

8 € 11 Ch WC inklusive € 0,50. **Lage:** Einfach.
Untergrund: Wiese/befestigt. 01/04-01/10.
Entfernung: 300M vor Ort 100M.
Sonstiges: Markt 100M, Museum 200M.
Touristinformation Wommels:
Di-Morgen.

Workum 7D3
Jachthaven Bouwsma, Moleburren 11. **GPS:** n52,98230 o5,45518.

10 € 10-14 excl. Kurtaxe Ch € 2,50/Nacht,6 Amp WC € 2 € 1/7Minuten € 8/0 inklusive. **Lage:** Städtisch, zentral, ruhig. **Untergrund:** Wiese/befestigt. 01/04-31/10.
Entfernung: 750M 1,5Km vor Ort 500M 500M 200M vor Ort vor Ort.
Touristinformation Workum:
Jopie Huisman Museum, Noard 6. Autodidakt, Gemälde und Zeichnungen. € 8,50.

Woudsend 7D3
Recreatiecentrum De Rakken, Lynbaen 10.
GPS: n52,94649 o5,62732.

15 € 17,50 + € 1/pP Kurtaxe Ch WC inklusive € 4,50/2,50. **Untergrund:** Wiese/befestigt. 15/03-15/10.
Entfernung: 200M 2,5Km 200M 200M 200M.

Ypecolsga 7D3
Camperplaats Waterloo, Nr. 19. **GPS:** n52,92758 o5,59549.

13 € 10 2 Pers. inkl Ch WC Nutzung Sanitäranlagen € 1,50/pP € 4,50/2 inklusive. **Untergrund:** Schotterasen. 01/01-31/12. **Entfernung:** 3Km 1Km 1Km 3,5Km 3,5Km in der Nähe vor Ort.

Zurich 7D3
Camperplaats Zurich, Caspar di Roblesdijk 3.
GPS: n53,11235 o5,39335.

3 € 3. **Lage:** Städtisch, einfach, zentral, laut.
Untergrund: befestigt. 01/01-31/12.
Entfernung: vor Ort 1,5Km vor Ort vor Ort vor Ort vor Ort.
Sonstiges: Max. 72 Std.

Zwaagwesteinde 7E3
Camperpark Kuikhorne, Kuikhornsterweg 31.
GPS: n53,24124 o6,01875.

25 € 10 2 Pers. inkl € 1/100Liter Ch € 1 WC € 0,50 € 4/3.
Untergrund: asphaltiert/Wiese. 15/03-01/11.
Entfernung: 2km vor Ort 2Km, Pizzeria zu Fuß erreichbar 2km.
Sonstiges: Max. 72 Std, Bootsverleih.

Gröningen

Appingedam 7F2
Camperplaats Appingedam, Farmsumerweg 21.
GPS: n53,32062 o6,86689.

10 kostenlos kostenlos € 1/kWh,10Amp.
Lage: Städtisch, einfach, zentral, laut. **Untergrund:** befestigt.
01/01-31/12.
Entfernung: 750M Damsterdiep 500M 500M vor Ort vor Ort vor Ort.
Sonstiges: Max. 72 Std.
Touristinformation Appingedam:
Solwerderstraat. Sa 09-16 Uhr.

Blijham 7F3
Camperpark Turfstee, Turfweg 28. **GPS:** n53,11118 o7,02912.

55 € 10 + € 0,75 Kurtaxe Ch WC € 0,50/5Minuten
€ 7,50/d inklusive. **Lage:** Ländlich, komfortabel, abgelegen.
Untergrund: Wiese/Schotter.
Entfernung: 3Km 3Km 3Km vor Ort vor Ort.

Delfzijl 7F2
Zeebadweg, Zeebadweg. **GPS:** n53,33582 o6,92650.

8 kostenlos Ch kostenlos € 1.
Entfernung: 500M vor Ort vor Ort 100M 300M.
Sonstiges: Max. 48 Std.

Doezum 7E3
Landgoed Jonker, Provincialeweg 133a.
GPS: n53,20411 o6,26018.

60 € 10 2 Pers. inkl Ch (20x) € 0,50/kWh,16 Amp WC
inklusive.
Lage: Luxus.
Untergrund: Wiese/befestigt.
25/03-01/10.
Entfernung: 1,5Km vor Ort vor Ort vor Ort.
Touristinformation Doezum:
Abel Tasman Kabinet, Kompasstraat 1, Grootegast. Museum Seefahrer Abel Tasman. Do-Sa 13.30-16.30 Uhr.

Eenrum 7E2
Jachthaven De Dobbe, Dobbepad. **GPS:** n53,36311 o6,45151.

4 € 3 + € 3/pP + € 1,15/pP Kurtaxe Ch € 2 WC inklusive
€ 0,50. **Lage:** Ländlich, einfach, ruhig.
Untergrund: Wiese/befestigt.
Entfernung: 500M vor Ort 500M 500M.
Sonstiges: Anmelden beim Hafenmeister.

Groningen 7E3
Sportcentrum Kardinge, Bieskemaar. **GPS:** n53,23946 o6,59680.

15 Kurtaxe. **Lage:** Ländlich, einfach, ruhig. **Untergrund:** befestigt.
01/01-31/12.
Entfernung: 3Km 1Km vor Ort.
Sonstiges: Max. 72 Std.
Touristinformation Groningen:
Prinsenhof en prinsenhoftuin. 15/03-15/10.

Haren 7E3
De Lijste, Meerweg. **GPS:** n53,16298 o6,57878.
10 kostenlos. **Untergrund:** Wiese.
Entfernung: 1,3Km kein Schwimmwasser 250M.

Lauwersoog 7E2
Lauwersmeerplezier, Kustweg 30. **GPS:** n53,40625 o6,20044.

23 € 17, 2 Pers. inkl WC € 3 inklusive.
Untergrund: Wiese/befestigt. 01/01-31/12.
Entfernung: 500M vor Ort vor Ort 500M 500M.

Lauwersoog 7E2
Havenkantoor Lauwersoog, Haven 2.
GPS: n53,40819 o6,19768.

2 € 1,50/m Ch WC inklusive.
Lage: Städtisch, einfach, ruhig. **Untergrund:** befestigt.
01/01-31/12.
Entfernung: vor Ort vor Ort vor Ort vor Ort vor Ort.

Lauwersoog 7E2
Jachthaven Noordergat, Noordergat 1.
GPS: n53,40493 o6,20311.

30 € 15 + € 1,15/pP Kurtaxe Ch inklusive WC
€ 0,50/5Minuten € 3/2,50.
Lage: Ländlich, einfach, ruhig. **Untergrund:** Beton. 01/01-31/12.
Entfernung: vor Ort vor Ort vor Ort vor Ort.
Touristinformation Lauwersoog:
Lauwersmeergebied. Brutgebiet für Vögel und Erholungsgebiet.
01/04-31/10 Di-So 11-17 Uhr.

Leens 7E2
Leenstertillen, Leenstertillen 2. **GPS:** n53,35066 o6,37002.

15 € 12,50 Ch Ver-/Entsorgung € 3 inklusive WC € 1.
Lage: Ländlich, einfach, ruhig. **Untergrund:** befestigt.
01/01-31/12.
Entfernung: 1,5Km 50M 50M 1,5Km 1,6Km.
Sonstiges: Hund € 1,50/Nacht, Grillplatz.

Losdorp 7F2
Restaurant Eemshaven, Schafferweg 29.
GPS: n53,37214 o6,84411.

4 Verzehr erwünscht Ch € 5,Gäste WC kostenlos.
Lage: Ländlich, einfach, ruhig. **Untergrund:** befestigt.
01/01-31/12 Mo.
Entfernung: 2km 2km 1Km vor Ort vor Ort.
Sonstiges: Kode WLAN in Restaurant.

Lutjegast 7E3
't Kompas, Kompasstraat 1. **GPS:** n53,23498 o6,25972.

5 kostenlos. **Untergrund:** befestigt. 01/01-31/12.
Entfernung: 200M vor Ort 200M vor Ort.
Sonstiges: Hinter dem Clubhaus.

Midwolda 7F3
Blauwestadhoeve, Hoofdweg 156. **GPS:** n53,19424 o7,00751.
6 € 10 € 2,25 € 1,50 Ch 1,50 (6x) € 1,45 WC € 1
€ 1 € 1,45. **Lage:** Ländlich. **Untergrund:** Wiese/befestigt.
01/01-31/12.
Entfernung: 250M 2km 900M 500M 100M 250M 100M vor Ort vor Ort.

Gröningen

Midwolda — Jachthaven Midwolda 7F3

Jachthaven Midwolda
- Gelegen beim Yachthafen
- Direkte Lage am See
- Schöne Aussicht

www.jachthavenmidwolda.nl
info@watersporthuningas.nl

Jachthaven Midwolda, Strandweg 1. GPS: n53,19634 o7,03068.
5 € 11,90 € 0,50/100Liter Ch € 1/Tag inklusive.
Lage: Ländlich, komfortabel, ruhig. **Untergrund:** Wiese.
01/04-31/10.
Entfernung: Zentrum 1Km vor Ort vor Ort 1Km 500M vor Ort.
Sonstiges: Blick über Oldambtsee.

Musselkanaal 7F3

Jachthaven Spoordok, Havenkade 1. GPS: n52,92694 o7,01389.

35 € 9,50 + € 0,75/pP Kurtaxe € 0,50/100Liter Ch (35x) WC inklusive. **Lage:** Ländlich, komfortabel, ruhig.
Untergrund: Wiese/befestigt. 01/04-01/11.
Entfernung: 200M vor Ort vor Ort vor Ort in der Nähe vor Ort.
Sonstiges: Max. 72 Std.

Nuis 7E3

Het Knooppunt, Oudeweg 47. GPS: n53,15061 o6,31021.

12 € 10 Ch WC inklusive. **Lage:** Ländlich.
Untergrund: Wiese/befestigt. 01/04-01/10.
Entfernung: vor Ort 3Km 5Km 2km 3,5Km vor Ort vor Ort vor Ort.
Sonstiges: Frühstücksservice, Ladestation Elektrofahrräder.

Onderdendam 7E2

Watersportvereniging Onderdendam, Warffumerweg 12. GPS: n53,33652 o6,58600.

6 € 6 + € 1/pP Ch (6x) € 2,50 WC inklusive € 0,50.
Lage: Einfach, ruhig. **Untergrund:** Wiese/befestigt.
Entfernung: 500M vor Ort vor Ort 500M 500M.

Onstwedde 7F3

Holte 9. GPS: n53,05021 o7,04459.

5 € 3 Ch inklusive € 2. **Lage:** Ländlich, einfach.
Untergrund: Wiese. 01/01-31/12.
Entfernung: 1Km 1Km 1Km 1Km Rad-Knotenpunkt.

Sellingen 7F3

Camperpark Westerwolde, Zevenmeersveenweg 1a.
GPS: n52,95412 o7,13174.

10 € 8 + € 1/pP Kurtaxe € 1 Ch WC inklusive € 4.
Lage: Ländlich, einfach, ruhig.
Untergrund: Wiese.
01/01-31/12.
Entfernung: 1Km vor Ort 1Km 1Km vor Ort vor Ort.
Sonstiges: Ankunft nach 19 Uhr.

Sellingen 7F3

De Barkhoorn, Beetserweg 6. GPS: n52,94617 o7,13421.

5 € 9 + Kurtaxe, Hund € 3 € 3,50.
Lage: Ländlich, einfach, ruhig. **Untergrund:** Schotterasen.
01/04-31/10 01/07-22/08.

Slochteren 7F3

Duurswoldje, Edserweg. GPS: n53,20051 o6,79020.

7 € 7 Ch inklusive € 1/24 Std.
Lage: Ländlich, einfach, ruhig. **Untergrund:** Wiese.
01/01-31/12.
Entfernung: 500M vor Ort vor Ort 1Km vor Ort.
Sonstiges: überdachter Picknickplatz, Unterkunft für Kleintiere.

Stadskanaal 7F3

De Roo Campers, Unikenkade 1. GPS: n53,03556 o6,87617.

10 € 5 Ch WC inklusive.
Lage: Ländlich, einfach, ruhig.
Untergrund: Wiese.
01/01-31/12.
Entfernung: 8Km 4Km vor Ort vor Ort 8Km 8Km.
Touristinformation Stadskanaal:
Pagedal, www.stadskanaal.nl. Tageserholung.

Ter Apel 7F3

Jachthaven De Runde, Oosterkade 5. GPS: n52,87179 o7,07329.

10 € 7,50 + € 0,75/pP Kurtaxe € 0,50 Ch € 1 WC € 0,50.
€ 4, € 4/2 kostenlos, 5 Std. **Lage:** Ländlich, komfortabel, ruhig.
Untergrund: Wiese. 01/01-31/12.
Entfernung: 1Km vor Ort vor Ort vor Ort 1Km 500M vor Ort.
Sonstiges: WLAN 5 Std kostenlos.

Termunterzijl 7F2

Zeestrand, Schepperbuurt 4a. GPS: n53,30173 o7,03085.

15 € 10 Ch WC inklusive € 1 € 4/2 € 2,50.
Untergrund: befestigt. 01/01-31/12.
Entfernung: 100M 100M 100M 200M 200M.
Sonstiges: Anmeldung über Sprechanlage oder Telefon.

Usquert 7E2

't Zielhuis, Zijlweg. GPS: n53,43203 o6,58396.

+10 kostenlos.
Lage: Ländlich, einfach, abgelegen, ruhig. **Untergrund:** Schotter.
01/01-31/12.
Entfernung: Usquert 4,5km Wattenmeer vor Ort vor Ort.

Veendam 7F3

Borgerswold, Flora 2. GPS: n53,10637 o6,84826.

60 € 5 + € 2,50/pP Ch WC inklusive.
Lage: Ländlich, einfach, ruhig.
Untergrund: Wiese.
01/01-31/12.
Entfernung: 2km Strand 50M vor Ort 2km 1Km 1,5km vor Ort.
Touristinformation Veendam:
Museumspoorlijn STAR, Parallelweg 4, Veendam. Museumeisenbahn, Fahrkarte erhältlich beim Bahnhof.
Hin- und Rückfahrt € 15.
Veenkoloniaalmuseum, Museumplein 5. Moorgeschichte, Schiffahrt und Industrie.

Gröningen - Drenthe

Di-Do 11-17 Uhr, Fr-Mo 13-17 Uhr 01/09-30/06 Mo. € 7,50

Winschoten 7F3
Jachthaven de Rensel, Hellingbaan 4. **GPS:** n53,14405 o7,04760.

10 € 11 2 Pers. inkl € 0,50 Ch WC inklusive. **Lage:** Einfach, ruhig. **Untergrund:** Beton. 01/01-31/12.
Entfernung: 800M 200m McDonalds 200m AH.

Winschoten 7F3
Hotel Café Restaurant Bowling In den Stallen, Oostereinde 10. **GPS:** n53,15371 o7,06528.

10 Verzehr erwünscht auf Anfrage.
Lage: Ländlich, einfach, ruhig.
Untergrund: asphaltiert/befestigt.
Entfernung: 1km 600M 600M vor Ort 1km 600M.
Touristinformation Winschoten:
Stoomgemaal, Winschoter Oostereinde. Dampfmaschine von 1895.

Winsum 7E2
Jachthaven/Camping Marenland, Winsumerstraatweg. **GPS:** n53,33177 o6,51015.

10 € 14,50 Ch 4Amp WC € 6,50, € 6,50/0 inklusive, beim Restaurant. **Lage:** Städtisch, komfortabel, ruhig.
Untergrund: Wiese/befestigt. 01/04-01/11.
Entfernung: 300M 200M vor Ort vor Ort 500M 200M vor Ort Pieterpad.

Zoutkamp 7E2
Jachthaven Hunzegat, Strandweg 17. **GPS:** n53,34114 o6,29406.

10 € 12,50 + Kurtaxe Ch, Entsorgung Chemietoilette nur mit biologisch abbaubare Inhalt (10x), 4A WC inklusive € 0,50 € 7,40/0. **Lage:** Ländlich, komfortabel, ruhig.
Untergrund: Wiese/befestigt. 01/01-31/12.
Entfernung: 1km vor Ort vor Ort 500M 500M 300M vor Ort.
Sonstiges: Brötchenservice.
Touristinformation Zoutkamp:
Zeehondencrèche, Hoofdstraat 94a, Pieterburen. Zentrum für kranke Seehunde. Mo-Fr 9-17 Uhr, Sa-So 10-17 Uhr. € 10,50.

Zuidbroek 7F3
De Broeckhof, W.A. Scholtenweg 18. **GPS:** n53,16118 o6,86054.

3 kostenlos Ch WC kostenlos.
Lage: Ländlich, einfach, zentral, ruhig. **Untergrund:** befestigt.
01/01-31/12. 3. Woche Jun.
Entfernung: 500M vor Ort vor Ort 1km vor Ort vor Ort vor Ort.
Sonstiges: Max. 72 Std.

Drenthe

Barger Compascuum 9F1
Nationale Veenpark, Berkenrode 4. **GPS:** n52,75504 o7,02546.

20 € 6 + € 1,20/pP Kurtaxe inklusive.
Lage: Ländlich, einfach, ruhig.
Untergrund: Wiese.
01/05-31/10.
Entfernung: 100M vor Ort vor Ort.
Sonstiges: Max. 3x24 Std, nach Besuch Veenpark 2. Nacht kostenlos.
Touristinformation Barger Compascuum:
Veenpark-Wereld van Veen, Berkenrode 4. Das Leben und Arbeiten im Moorgebiet, 160ha Natur, Moor und Dörfer. 01/04-31/10 10-17 Uhr, 01/07-31/08 10-18 Uhr.

Borger 7F3
Nuuverstee, Rolderstraat 4. **GPS:** n52,92633 o6,77447.

9 € 15 Ch (9x), 10Amp WC inklusive.
Lage: Ländlich, komfortabel, luxus. **Untergrund:** Wiese/befestigt.
01/01-31/12.
Entfernung: 800M 600M 2km 500M 600M 1km 500M vor Ort vor Ort.
Sonstiges: Brötchenservice, Ladestation Elektrofahrräder, Saunabenutzung kostenpflichtig.

Dwingeloo 9E1
Torentjeshoek, Leeuweriksveldweg 1. **GPS:** n52,81927 o6,36077.

6 € 10-17 + € 1,10 Kurtaxe Ch 10Amp WC inklusive, am Campingplatz.
Lage: Ländlich, luxus, ruhig. **Untergrund:** Wiese/befestigt.
01/01-31/12.
Entfernung: 2km 2km 200M 200M 2km 2km 1km vor Ort vor Ort.
Sonstiges: Ankunft >16 Uhr, Abreise <11 Uhr.

Eelderwolde 7E3
Scandinavisch Dorp, Oude Badweg 1. **GPS:** n53,16984 o6,55391.

5 kostenlos.
Lage: Ländlich, einfach, ruhig. **Untergrund:** asphaltiert/Wiese.
01/01-31/12. Restaurant: Di, 01/10-01/04 Mo-Di.
Entfernung: 2km 5km 500M vor Ort vor Ort 2km 200M vor Ort vor Ort.
Sonstiges: Gäste kostenlos.

Eext 7F3
Schaopvolte, Stationsstraat 60a. **GPS:** n53,00007 o6,72862.

10 € 8,50, Kurtaxe exkl € 1 Ch (6x) € 1/4kWh WC € 0,50 € 4,50, € 2/Tag. **Lage:** Ländlich, einfach, ruhig.
Untergrund: Wiese/Schotter. 01/04-01/11.
Entfernung: 2km.

Elim 9E1
De Barswieke, Barsweg 9. **GPS:** n52,67144 o6,57821.

10 € 6 + Kurtaxe Ch inklusive € 1,50 WC € 0,50.
Untergrund: Wiese/befestigt. 01/01-31/12.
Entfernung: 1km 1km.

Emmen 9F1
Kerkhoflaan/Emmalaan. **GPS:** n52,78091 o6,90330.

10 kostenlos.
Lage: Städtisch, einfach.
Untergrund: Wiese.
01/01-31/12.
Entfernung: 1km Albert Heijn 600m.
Sonstiges: Hinter hotel Eden, max. 72 Std, Zoo Emmen 900M.
Touristinformation Emmen:
Wildlands Adventure Zoo, Raadhuisplein 99. Zoo. 10-17 Uhr.

Erica 9F1
Achter op Erica, Verlengde Herendijk. **GPS:** n52,73006 o6,92256.

Drenthe - Overijssel

15 € 8 Chinklusive € 3 € 1.
Lage: Ländlich. **Untergrund:** Wiese. 01/01-31/12.
Entfernung: 3,5Km vor Ort vor Ort.
Sonstiges: Wasser bei Frost abgeschlossen, reservieren möglich.

Hoogeveen 9E1
Terpweg 3. **GPS:** n52,72639 06,50040.

3 kostenlos. **Lage:** Ländlich, einfach, abgelegen.
Untergrund: befestigt. 01/01-31/12.
Entfernung: 2km 2,2Km 100M 1Km 1Km.
Sonstiges: Am Sportpark, max. 72 Std.

Matsloot 7E3
Camping Pool, Matsloot 1a. **GPS:** n53,19354 06,44980.

10 € 10 Ch WC inklusive. **Lage:** Ländlich, einfach, abgelegen, ruhig. **Untergrund:** befestigt. 01/01-31/12.
Entfernung: 5Km vor Ort vor Ort vor Ort.
Sonstiges: Am Leekstermeer.

Meppel 9E1
Jachthaven, Westeinde 32. **GPS:** n52,69615 06,18096.

15 € 7,70, 2 Pers. inkl. € 0,50 Ch € 0,50/kWh WC € 3/3 .
Lage: Städtisch, komfortabel, zentral, ruhig. **Untergrund:** Wiese.
01/01-31/12.
Entfernung: 500M vor Ort vor Ort vor Ort 400M.

Nieuwlande 9F1
Bonenstee, Brugstraat 87. **GPS:** n52,67889 06,61194.

20 € 7,50, 01/11-31/03 € 6 Ch (6x) € 1,50 WC € 1
inklusive. **Lage:** Ländlich. **Untergrund:** Wiese/befestigt.
01/01-31/12 Ver-/Entsorgung 01/11-31/03.
Entfernung: 2km 4Km 4Km 2Km 2km 100M

Rad-Knotenpunkt vor Ort.
Sonstiges: Max. 72 Std.

Noord-Sleen 9F1
De Kalverweide, Zweeloërstraat 1. **GPS:** n52,79330 06,79475.

10 € 12 Ch WC inklusive. **Lage:** Ländlich, komfortabel, ruhig. **Untergrund:** Wiese. 01/01-31/12.
Entfernung: 500M vor Ort vor Ort.
Sonstiges: Saunabenutzung kostenpflichtig.

Oosterhesselen 9F1
Sauna Hesselerbrug, Verlengde Hoogeveensevaart 32.
GPS: n52,73535 06,72029.

Verpflichtung zur Saunabenutzung. **Untergrund:** befestigt.
Entfernung: 4km 4Km.

Ruinen 9E1
De Wiltzangh, Witteveen 2. **GPS:** n52,78140 06,36581.

10 € 12,50, Kurtaxe inkl Ch € 0,50/kWh WC € 4,50 inklusive.
Untergrund: Wiese/Sand. 01/01-31/12.
Entfernung: 2km 2km vor Ort 2km vor Ort vor Ort.

Schoonloo 7F3
Camping BuitenGewoon, Elperstraat 16. **GPS:** n52,90114 06,67965.
€ 10 Ch WC .
Entfernung: 1,5Km.

Ufelte 9E1
De Blauwe Haan, Weg achter de es 11.
GPS: n52,80220 06,27264.

6 € 10 excl. Kurtaxe Ch € 2,50/Nacht,10Amp WC inklusive. **Lage:** Ländlich, luxus, ruhig.
Untergrund: Wiese/befestigt. 01/04-31/10.
Entfernung: 5Km 2km 3Km 3Km 2,5Km 5Km 2km vor Ort vor Ort.

Westerbork 7F3
Landgoed het Timmerholt, Gagelmaat 4.
GPS: n52,86850 06,61748.

4 € 10, 19/07-02/08 € 12,50 Ch inklusive WC € 1,50/pPpT
€ 1,50/pPpT € 3,90/2,75 Std. **Lage:** Ländlich, luxus, ruhig.
Untergrund: Wiese/befestigt. 01/01-31/12.
Entfernung: 2km 4Km vor Ort vor Ort 2km 2km vor Ort vor Ort.
Touristinformation Westerbork:
Herinneringscentrum Kamp Westerbork, Oosthalen 8, Hooghalen.
Mo-Fr 10-17 Uhr, Sa-So, 01/07-31/08 und Feiertage 11-17 Uhr.

Wijster 9E1
Grondsels, Grondselweg 7. **GPS:** n52,80143 06,49025.

10 € 5 Ch € 2 WC inklusive. **Lage:** Ländlich, einfach, abgelegen, ruhig. **Untergrund:** Wiese/befestigt.
15/03-31/10.
Entfernung: 3km vor Ort 3km 5Km vor Ort.

Overijssel

Almelo 9F1
Stationsstraat. **GPS:** n52,35827 06,65589.
3 kostenlos. **Lage:** Städtisch. **Untergrund:** befestigt.
01/01-31/12. **Entfernung:** 600M.
Touristinformation Almelo:
Markt- en Centrumplein. Do 8.30-14 Uhr, Sa 8.30-17 Uhr.

Bathmen 9E2
Prinses Margrietlaan. **GPS:** n52,25025 06,29927.

2 kostenlos. **Lage:** Städtisch, einfach, zentral, ruhig.
Untergrund: befestigt.
01/01-31/12.
Entfernung: 1km 2,5Km 1Km 1Km vor Ort vor Ort.
Sonstiges: Parkplatz Sporthalle.

Belt Schutsloot 9E1
Café-Restaurant de Belt, Havezatheweg 4. **GPS:** n52,66774 06,05189.

10 kostenlos für Kunden WC .
Untergrund: asphaltiert. 01/01-31/12.
Entfernung: 3km 1km vor Ort 3Km.
Sonstiges: Nördlich von Zwartsluis, bei Belter- und Beulakerwijde.

Bentelo 9F2
Camperplaats de Bentelose Esch, Eschweg 2.
GPS: n52,21250 06,67010.

Overijssel

25 €15 Ch (25x)WC inklusive.
Lage: Ländlich, luxus, ruhig. **Untergrund:** Wiese/Schotter.
15/03-01/11.
Entfernung: 2km 5Km 2km 2km 400M vor Ort vor Ort.

Beuningen 9F1
De Nijnhaer, Nijnhaerweg 25. **GPS:** n52,34471 o6,99325.

15 €10 Ch inklusive.
Lage: Ländlich. **Untergrund:** Wiese. 01/01-31/12.
Entfernung: 3km vor Ort vor Ort.

Borne 9E2
De Aak. GPS: n52,30204 o6,00000.
1 kostenlos. **Lage:** Städtisch. **Untergrund:** befestigt.
01/01-31/12. **Entfernung:** 200M 200M 500M.

Dalfsen 9E1
Stationsweg 4. **GPS:** n52,49944 o6,25949.

5 kostenlos. **Lage:** Ländlich, einfach, zentral, ruhig.
Untergrund: Schotterasen. 01/01-31/12.
Entfernung: 500M 500M 800M vor Ort vor Ort.
Sonstiges: Max. 48 Std, Ver-/Entsorgung auf Campingplatz.

Dalfsen 9E1
Starnbosch, Sterrebosweg 4. **GPS:** n52,47538 o6,26336.

7 €10 + 0,85/pP Kurtaxe Ch (8x)WC inklusive
€0,40/5Minuten €5/0,50 €1/1Std.
Lage: Ländlich, komfortabel, ruhig. **Untergrund:** Wiese/Sand.
01/01-31/12.
Entfernung: 4km vor Ort 4km 3,3Km vor Ort vor Ort.
Sonstiges: Max. 48 Std.

De Lutte 9F2
Erve Velpen, Beuningerstraat 25. **GPS:** n52,33224 o7,01197.

Dedemsvaart 9E1

20 €7, Kurtaxe €1/pP Ch €2/Tag €1/8Minuten
inklusive. **Lage:** Ländlich, komfortabel, abgelegen, ruhig.
01/01-31/12.
Entfernung: 4km 300M Rad-Knotenpunkt vor Ort.

Dedemsvaart 9E1
Camperplaats Dedemsvaart, Langewijk 112.
GPS: n52,60435 o6,45108.

10 €6,50 €1,50 €2,50.
Untergrund: befestigt. 01/01-31/12.
Entfernung: 700M 300M 200M.
Sonstiges: Max. 48 Std.

Den Ham 9E1
De Linderbeek, Zomerweg 56. **GPS:** n52,44526 o6,49870.

4 €12,50 Ch WC €5 inklusive. 01/04-01/10.
Entfernung: vor Ort vor Ort.
Sonstiges: Max. 7 Nächte, €2,50 Rabatt bei Vorlage eines aktuellen Führer.

Diepenheim 9E2
Camperpark Ravenhorst/Diepenheim, Esweg 6.
GPS: n52,18307 o6,57872.

30 €12,50 2P inkl. + Kurtaxe Ch (30x),6Amp WC €1
inklusive. **Lage:** Ländlich, luxus, ruhig.
Untergrund: Wiese/befestigt. 15/03-01/11.
Entfernung: 2km 2km 2km vor Ort vor Ort.
Sonstiges: Geld in Umschlag in den Briefkasten.

Diepenheim 9E2
't Holt, Hengevelderweg 1A. **GPS:** n52,19500 o6,59186.

3 €5, kostenlos für Kunden Ch kostenlos.
Untergrund: befestigt.

01/01-31/12.
Entfernung: 3Km vor Ort vor Ort 3km vor Ort.
Sonstiges: Golfplatz (Pitch+Putt).

Diepenheim 9E2
In de Kokkerieje, Grotestraat 94. **GPS:** n52,19923 o6,55452.

für Gäste kostenlos. Mo-Di.
Entfernung: vor Ort 1km 500M.
Sonstiges: Parkplatz hinter Restaurant.

Enschede 9F2
De Loeks, Moorvenweg 2a. **GPS:** n52,17757 o6,86599.

15 €18,50, Hund €1 Ch (15x)WC €2 inklusive.
Lage: Ländlich, luxus, abgelegen, ruhig. **Untergrund:** Wiese/befestigt.
01/01-31/12 Sanitär 01/11-31/03.
Entfernung: 3Km 2km vor Ort vor Ort.

Enschede 9F2
Diekmanterrein, Weggelhorstweg. **GPS:** n52,20543 o6,90096.

5 kostenlos. **Lage:** Städtisch, einfach, abgelegen, ruhig.
Untergrund: asphaltiert. 01/01-31/12.
Entfernung: 2km 1,4km vor Ort vor Ort.

Enter 9E2
Werfstraat. **GPS:** n52,29808 o6,58271.

3 kostenlos. **Lage:** Städtisch, einfach. **Untergrund:** Wiese/Schotter.
01/01-31/12.
Entfernung: 600M vor Ort vor Ort 600M 700M vor Ort vor Ort.
Sonstiges: Max. 72 Std.

Geesteren 9F1
Zalencentrum Spalink, Koelenbeekweg 10. **GPS:** n52,44060 o6,69555.

15 €8,50 Ch WC.

Overijssel

Untergrund: Wiese/Schotter. 01/01-31/12.
Entfernung: 3,5Km vor Ort 3,5Km vor Ort vor Ort.
Sonstiges: Gäste kostenlos.

Giethoorn 9E1
Passantenhaven Zuidercluft, Vosjacht 1G. GPS: n52,72134 06,07449.

30 € 12 2 Pers. inkl., 1/11-1/4 € 6 € 0,50/100Liter Ch € 1/2kWh WC € 0,50. Untergrund: Wiese. 01/01-31/12.
Entfernung: 2km vor Ort vor Ort.
Sonstiges: Anmelden beim Hafenmeister, Wasser im Winter geschlossen.

Giethoorn 9E1
Camperplaats Haamstede, Kanaaldijk 17.
GPS: n52,72828 06,07570.

35 € 10 2 Pers. inkl € 0,50 Ch € 3 € 0,50.
Lage: Ländlich, komfortabel, zentral, ruhig. Untergrund: Wiese.
01/04-31/10.
Entfernung: 2km 1Km 20M 1Km 1Km vor Ort vor Ort.

Giethoorn 9E1
Camperresort Bodelaeke, Vosjacht 10A.
GPS: n52,71703 06,07668.
99 € 10, 2 Pers. Inkl. € 0,50/100Liter Ch € 3,16Amp WC € 6/4 inklusive.
Lage: Ländlich, komfortabel. Untergrund: Schotterasen/Wiese.
02/03-31/10.
Entfernung: 1Km vor Ort vor Ort.
Touristinformation Giethoorn:
VVV, Eendrachtsplein 1, www.kopvanoverijssel.nl. Dorf im Naturgebiet De Weerribben, das holländische Venedig, Kahnfahrt möglich.

Haaksbergen 9F2
Henk Pen Caravans en Kampeerauto's, Westsingel 2.
GPS: n52,14917 06,71167.

2 kostenlos kostenlos. Lage: Einfach, laut.
Untergrund: asphaltiert. 01/01-31/12.
Entfernung: 1Km vor Ort vor Ort 1Km.
Sonstiges: Reisemobilhändler.

Haaksbergen 9F2
Camping Scholtenhagen, Scholtenhagenweg 30.
GPS: n52,14820 06,72467.

24 € 10 Ch (24x) € 0,90 € 5,25 inklusive.
Lage: Ländlich, luxus, ruhig. Untergrund: Wiese. 01/01-31/12.
Entfernung: 2km 7Km 3Km 2,5Km 1Km vor Ort vor Ort.
Sonstiges: Max. 72 Std, Brötchenservice, ohne gebrauch Schwimmbad.

Hardenberg 9E1
De Kuserbrink, Parkweg. GPS: n52,57746 06,62927.

4 € 10 € 0,50/100Liter Ch kostenlos (4x) € 1/kWh.
Lage: Ländlich, komfortabel, zentral, ruhig.
Untergrund: Schotterasen. 01/01-31/12.
Entfernung: Zentrum 500M vor Ort vor Ort.
Sonstiges: Max. 72 Std.

Hardenberg 9E1
Fam. Pullen, Allemansweg 1a, Collendoorn.
GPS: n52,58845 06,59146.

20 € 10 Ch inklusive. Lage: Ländlich, komfortabel, abgelegen, ruhig. Untergrund: Wiese. 01/01-31/12.
Entfernung: 3km 3Km Rad-Knotenpunkt vor Ort.
Sonstiges: Hunde angeleint.

Hasselt 9E1
Jachthaven de Molenwaard, Van Nahuysweg 151.
GPS: n52,59367 06,08741.

10 € 8,50, Kurtaxe € 0,70/pP Ch (10x) € 2/Nacht WC € 0,50/6Minuten € 3,75/3,75 inklusive.
Lage: Luxus, ruhig. Untergrund: befestigt. 01/01-31/12.
Entfernung: 500M vor Ort vor Ort 500M 500M 500M vor Ort vor Ort.
Sonstiges: Anmelden beim Hafenmeister.

Heeten 9E1
De Baanbreker, Speelmansweg 8. GPS: n52,36026 06,31190.

10 € 4,50 Ch. Untergrund: befestigt. 01/01-31/12.
Entfernung: 2km 2km 2km vor Ort vor Ort.
Sonstiges: Max. 48 Std.

Hellendoorn 9E1
Camperplaats Hancate, Zuidelijke Kanaaldijk.
GPS: n52,43418 06,44060.

10 € 10 Ch (4x) inklusive.
Lage: Ländlich, einfach, ruhig.
Untergrund: Wiese. 01/01-31/12.
Entfernung: 5Km vor Ort 100M 200M vor Ort vor Ort.

Hengelo 9F2
Jachthaven Hengelo, Kanaalweg 8. GPS: n52,25123 06,76216.
6 € 10 + € 1/pP Kurtaxe Ch inklusive.
Lage: Ländlich.
Untergrund: Wiese/befestigt. 01/05-01/10.
Entfernung: 3km vor Ort vor Ort 3km vor Ort vor Ort.
Sonstiges: Max. 72 Std, max. 7M.

Hengelo 9F2
Camperplaats Eulerhook, Vöckersweg 19.
GPS: n52,24652 06,75365.

15 € 10 Ch (15x) WC inklusive. Lage: Ländlich, komfortabel, laut. Untergrund: befestigt. 01/01-31/12.
Entfernung: 4Km 2km 500M 4Km 3Km 1Km vor Ort vor Ort.
Sonstiges: In der Nähe vom Autobahn.

Hertme 9F2
Camperpark Rabo Scheele, Hertmerweg 37.
GPS: n52,32663 06,74691.

25 € 12 2 Pers. inkl Ch WC inklusive.
Lage: Ländlich, komfortabel, ruhig. Untergrund: Wiese/befestigt.
01/01-31/12.
Entfernung: Hertme 500m, Borne 2km 100M 500M 2km 2km vor Ort vor Ort.

Holten 9E2
Camperplaats Holten, Schreursweg 5.
GPS: n52,27862 06,44847.
25 € 11 Ch inklusive. Lage: Ländlich. 01/04-31/10.
Entfernung: 2km 2km vor Ort vor Ort vor Ort.

Holten 9E2
Camperplaats Lookerland, Rijssenseweg 34A.
GPS: n52,28515 06,43866.

20 € 10 Ch (10x) inklusive WC kostenlos.
Lage: Ländlich, ruhig.
Untergrund: Wiese/befestigt. 01/04-31/09.
Entfernung: 1,3Km 3Km 1,3Km 1,3Km 100M vor Ort

Overijssel

⚘ Pieterpad.
Sonstiges: Geld in Umschlag in den Briefkasten.
Touristinformation Holten:
ℹ VVV, Dorpsstraat 27, www.vvvholten.nl.

Kampen — 9E1
Burgemeester Berghuisplein 1. **GPS:** n52,55268 o5,91356.⬆.

25 🚐 € 7,50 🔌 Ch WC inklusive 🚿 € 0,50/6Minuten. 🚮
Lage: Städtisch, komfortabel, zentral, ruhig.
Untergrund: befestigt.
📅 01/01-31/12.
Entfernung: 🏛Altstadt 500M 🛒1,5Km 🚌1,5Km ⊗900M 💧1Km 🚮vor Ort ⚘vor Ort.
Sonstiges: Max. 72 Std, Eintrittskode Sanitärgebäude beim Rathaus.
Touristinformation Kampen:
ℹ VVV, Oudestraat 151, www.vvvkampen.nl. Ehemalige Hansestadt an der Ijssel.

Losser — 9F2
Brilmansdennen, Bookholtlaan. **GPS:** n52,26927 o7,01378. ⬆➡.

3 🚐 kostenlos. **Untergrund:** befestigt. 📅 01/01-31/12.
Entfernung: 🚌1Km.
Sonstiges: Am Sportpark, max. 72 Std.

Nieuwleusen — 9E1
Koninging Julianalaan. **GPS:** n52,58213 o6,28076.⬆.

3 🚐 kostenlos. **Lage:** Städtisch, einfach. **Untergrund:** befestigt.
📅 01/01-31/12.
Entfernung: 🚌300M 🚮vor Ort ⚘vor Ort.
Sonstiges: Max. 48 Std.

Nijverdal — 9E1
De Wilgenweard, Sportlaan 6. **GPS:** n52,37118 o6,46538. ⬆➡.

3 🚐 € 5 + € 0,50/pP Kurtaxe.
Untergrund: Schotterasen/befestigt. 📅 01/01-31/12.
Entfernung: 🛒500M 🛍vor Ort 🚌vor Ort ⊗vor Ort 💧500M 🚮200M 🚴vor Ort ⚘vor Ort.

Oldemarkt — 9E1
Vaartjes partycentrum, Kruisstraat 86-88.
GPS: n52,82095 o5,96698.⬆➡.

10 🚐 kostenlos für Kunden.
Untergrund: asphaltiert. 📅 01/01-31/12.
Entfernung: 🛒200M 🛍vor Ort 🚌vor Ort ⊗vor Ort 💧200M.

Ommen — 9E1
Landgoed De Stekkenkamp, Beerzerweg 3.
GPS: n52,51128 o6,43933.⬆➡.

8 🚐 € 7,50 + € 0,80/pP Kurtaxe 🔌 € 0,50/4Minuten 🚿Ch 🛁(8x)inklusive. **Lage:** Ländlich, einfach, ruhig.
Untergrund: Schotterasen/Wiese. 📅 01/01-31/12.
Entfernung: 🛒1,2Km 🛍1,2Km 🚌1,2Km ⊗1,2Km 💧1,2Km 🚮1,2Km 🚴vor Ort ⚘vor Ort.
Sonstiges: Beim historischen Bauernhof, max. 72 Std.

Overdinkel — 9F2
Camperplaats Skop'nboer, Schaapskooiweg 2.
GPS: n52,24692 o7,03581.⬆➡.

25 🚐 € 15 🔌 Ch 🚿 WC 📶inklusive. **Lage:** Ländlich, luxus, ruhig. **Untergrund:** Schotterasen/Wiese.
Entfernung: 🚌3Km 🛒3Km 🚮vor Ort ⚘vor Ort.

Steenwijk — 9E1
Jachthaven, Houthaven. **GPS:** n52,78627 o6,10006.⬆➡.

20 🚐 € 10 🔌 🚿 € 1. **Untergrund:** Wiese. 📅 01/01-31/12.
Entfernung: 🛒1Km 🛍vor Ort 🚌vor Ort 💧300M.
Sonstiges: Anmelden beim Hafenmeister.

Tubbergen — 9F1
De Vlaskoel, Sportlaan 3. **GPS:** n52,41043 o6,78316.⬆.

2 🚐 kostenlos 🔌kostenlos. **Lage:** Einfach, einfach.
Untergrund: befestigt. 📅 01/01-31/12.
Entfernung: 🛒500M ⊗600M 💧600M 🚮vor Ort ⚘vor Ort.
Sonstiges: Am Schwimmbad.

Vollenhove — 9E1
De Haven. **GPS:** n52,68277 o5,94862.⬆.

6 🚐 € 12 🔌 Ch 🚿 € 1 WC € 0,50.
Untergrund: befestigt. 📅 01/01-31/12.
Entfernung: 🛒100M ⊗100M 💧1Km.
Sonstiges: Anmelden beim Hafenmeister.

Vollenhove — 9E1
Recreatiecentrum 't Akkertien, Op de Voorst, Noordwal 3.
GPS: n52,67609 o5,93914.

20 🚐 € 8 🔌 Ch 🚿inklusive. 📅 01/01-31/12.
Entfernung: 🛒900M 🛍vor Ort 🚌vor Ort 💧400M ⚘während der Hochsaison.

Wierden — 9E1
De Huurne, Zandinksweg 22. **GPS:** n52,35003 o6,57474.

10 🚐 € 10 🔌 Ch 🚿inklusive. 📅 01/01-31/12.
Entfernung: 🛒2km 🛍3Km 🚌2km 💧700M.
Sonstiges: Max. 3 Nächte, max 3,5T.

Wierden — 9E1
Wijngaard Baan, Kloosterhoeksweg 15. **GPS:** n52,32172 o6,56709.

24 🚐 € 12 🔌 Ch 🚿 WC 📶inklusive.
Untergrund: befestigt.
📅 01/01-31/12.
Entfernung: 🛒3km 🚌vor Ort ⊗vor Ort 💧3Km 🚮vor Ort ⚘vor Ort.
Sonstiges: Weingarten.

Wijhe — 9E1
Passantenhaven, Veerweg. **GPS:** n52,38639 o6,12830.⬆.

10 🚐 € 6, Kurtaxe € 0,50/pP 🔌 Ch WC inklusive 🚿.
Lage: Einfach, zentral. **Untergrund:** asphaltiert/befestigt.
📅 24/04-02/11.

Niederlande

Overijssel - Flevoland

Entfernung: 500M vor Ort vor Ort 500M 500M vor Ort vor Ort.
Sonstiges: Max. 3 Nächte.
Touristinformation Wijhe:
Marktplatz. Di-Morgen.

Zwartsluis 9E1

Voetbalvereniging DESZ, Clingellanden. **GPS:** n52,63850 o6,07536.

15 € 10 2 Pers. inkl Ch. **Untergrund:** Schotter.
Entfernung: 400M.
Sonstiges: Ver-/Entsorgung beim Jachthafen.
Touristinformation Zwartsluis:
Stoomgemaal Mastenbroek, Kamperzeedijk 5, Genemuiden. Pumpwerk, 1856.

Zwolle 9E1

Turfmarkt. **GPS:** n52,51326 o6,10380.

7 Mo-Sa 8-18 Uhr € 5/Tag, Nacht kostenlos. **Lage:** Städtisch, einfach, zentral. **Untergrund:** befestigt. 01/01-31/12.
Entfernung: 800M 1Km 650M vor Ort vor Ort.
Sonstiges: Max. 72 Std.

Zwolle 9E1

Jachthaven de Hanze, Holtenbroekerdijk 44.
GPS: n52,53122 o6,07345.

15 € 10, Kurtaxe inkl Ch (15x) € 0,50/kWh WC € 1/7Minuten inklusive. **Lage:** Ländlich, komfortabel, zentral, ruhig. **Untergrund:** Wiese/befestigt. 01/01-31/12.
Entfernung: 2,5Km 2km vor Ort vor Ort 1Km 1Km 500M vor Ort vor Ort.
Sonstiges: Max. 72 Std.
Touristinformation Zwolle:
Sassenpoort, Koestraat 46. Mittelalterliches Torgebäude. Mi-Fr 14-17 Uhr, Sa/So/Feiertage 12-17 Uhr.

Flevoland

Almere 9D2

Marina Muiderzand, IJmeerdijk 4. **GPS:** n52,34155 o5,13493.

10 (01/10-30/04 2 pl € 14,50 Ch WC € 5/3 inklusive. **Untergrund:** asphaltiert. 01/01-31/12.
Entfernung: 8Km vor Ort vor Ort vor Ort vor Ort 1Km.

Sonstiges: Anmelden beim Hafenmeister.
Touristinformation Almere:
VVV, De Diagonaal 199, www.vvvalmere.nl.
Stadhuisplein. Mi, Sa 9-16 Uhr.
Biologische Boerenderij, Kempenhaanpad 14, www.stadsboerderij-jalmere.nl. Sa 9.30-13 Uhr.

Almere-Haven 9D2

WSV Almere, Sluiskade 11. **GPS:** n52,33257 o5,21715.

40 € 15,50, 2 Pers. inkl Ch (12x) € 0,50/2kWh WC € 5 inklusive. **Lage:** Städtisch, einfach. **Untergrund:** Wiese. 01/01-31/12.
Entfernung: vor Ort vor Ort 200M vor Ort.

Almere-Haven 9D2

Haven, Sluis. **GPS:** n52,33366 o5,22170.

2 € 7 Ch WC € 0,50.
Untergrund: befestigt. 02/05-04/09.
Entfernung: vor Ort 1Km vor Ort vor Ort 1Km.
Sonstiges: Max. 72 Std, anmelden beim Hafenmeister.
Touristinformation Almere-Haven:
De Brink. Fr 9-16 Uhr.

Emmeloord 9D1

Camperplaats Emmeloord, Casteleynsweg 1.
GPS: n52,73981 o5,77235.
12 € 9, 2 Pers. inkl Ch € 2/Tag inklusive.
Untergrund: Wiese. 11/04-31/10.
Entfernung: 4,9Km 150M.
Sonstiges: 2 Fahrräder zur Verfügung.

Lelystad 9D1

P Houtribhoek, Houtribslag. **GPS:** n52,54762 o5,45666.

4 kostenlos. **Untergrund:** befestigt.
01/01-31/12.
Entfernung: 2km vor Ort vor Ort vor Ort 2km.
Sonstiges: Max. 48 Std.
Touristinformation Lelystad:
Oostvaardersplassen. 6000 ha Tümpel, Schlickfelder, Ried. Wanderweg 5Km und Radweg 35Km.
Batavia Stad, Bataviaplein 60. Outlet-shopping.
täglich 10-18 Uhr.
kostenlos, Parkplatz € 3.

Luttelgeest 9D1

Recreatie en Horeca bedrijf Craneburcht, Kuinderweg 52.
GPS: n52,78304 o5,84331.

10 € 13,50 + € 0,75/pP Kurtaxe € 2 WC.
Untergrund: befestigt. 01/03-30/11 Winter: Mo-Di.
Entfernung: 200M vor Ort 7Km.
Sonstiges: Ankunft >17h, Abreise <10 Uhr.

Nagele 9D1

Afslag Nagele, Han Stijkelweg 11. **GPS:** n52,65034 o5,68610.

20 € 12 Ch € 2/Nacht WC inklusive kostenlos.
Lage: Komfortabel, abgelegen, ruhig. **Untergrund:** Wiese/befestigt. 01/01-31/12.
Entfernung: 3Km.
Sonstiges: Max. 5 Tage.

Urk 9D1

Haven, Burgemeester Schipperkade. **GPS:** n52,66040 o5,59975.

20 € 15 Ch (18x) WC inklusive.
Untergrund: befestigt. 01/01-31/12.
Entfernung: 200M 100M 100M, Bäckerei 300M.
Touristinformation Urk:
VVV, Wijk 2 2, www.vvvflevoland.nl. Altes Fischerdorf, ehemalige Insel.
Het Oude Raadhuis, Wijk 2 2. Heimatmuseum.
01/04-31/10 Mo-Sa 10-17 Uhr, Sa 10-16 Uhr, 01/03-30/11 Mo-Sa 10-16 Uhr.
Urkerhard.
Sa 8.30-13 Uhr.
Stegentocht/Ginkiotocht. Wanderung mit Führer, reservieren bei Touristinfo Urk.

Zeewolde 9D2

Camperpark De Wielewaal, Wielseweg 9. **GPS:** n52,25981 o5,43727.

50 € 12, 2 Pers. inkl, Kurtaxe € 1/pP, Hund € 1 Ch inklusive € 2 WC kostenpflichtig.
Untergrund: befestigt. 01/01-31/12.
Entfernung: 7Km vor Ort vor Ort 7Km.

Geldern

Aalten — 9F2
't Noorden, Lichtenvoordsestraatweg 44.
GPS: n51,93402 o6,58206.

4 €10 €1/80Liter Ch kostenlos (4x)inklusive.
Lage: Ländlich, einfach, laut.
Untergrund: Schotter.
01/01-31/12.
Entfernung: 700M vor Ort vor Ort.
Touristinformation Aalten:
Wijngoed De Hennepe, Romienendiek 3, www.wijngoeddehennepe.nl. Führungen und Probe. Geschäft Di-Fr 13.30 Uhr-Sonnenuntergang, Sa 10 Uhr, Führung/Probe: Jul/Aug Mi 15 Uhr.
Hoge Blik. Do 8-12 Uhr.

Aerdt — 9E2
De Aerdtse Wacht, Heuvelakkersestraat 18.
GPS: n51,88634 o6,08861.

4 €10 €1/80Liter Ch inklusive. **Lage:** Ländlich, komfortabel, abgelegen, ruhig. **Untergrund:** befestigt.
01/01-31/12. **Entfernung:** 1km 1,5km 1,5km vor Ort vor Ort vor Ort vor Ort vor Ort.

Almen — 9E2
De Nieuwe Aanleg, Scheggertdijk 10. GPS: n52,16711 o6,29744.

12 €10 €0,75/100Liter Ch (12x)inklusive WC €0,75/5Minuten. **Lage:** Ländlich, komfortabel, ruhig.
Untergrund: befestigt. 01/01-31/12.
Entfernung: 2km vor Ort vor Ort 2km vor Ort vor Ort vor Ort.
Sonstiges: Entlang Twentekanal.
Touristinformation Almen:
Dorpsstraat. Kleiner Wochenmarkt. Di 11-13 Uhr.

Apeldoorn — 9E2
Malkander, Dubbelbeek 38. GPS: n52,18305 o5,96673.

4 kostenlos. **Lage:** Einfach, abgelegen. **Untergrund:** befestigt.
01/01-31/12, 15-09U.
Entfernung: 2km 150M 1Km.
Sonstiges: Am Schwimmbad.
Touristinformation Apeldoorn:
Marktplein. Mi 8-13 Uhr, Sa 8-17 Uhr.

Appeltern — 9D3
Strand Maaslanden, Hamsestraat 2. GPS: n51,83107 o5,56193.

10 €10 Ch inklusive WC €1.
Lage: Ländlich.
Untergrund: Wiese/befestigt.
Entfernung: 2km vor Ort vor Ort vor Ort.
Sonstiges: Bootsverleih, Fahrradverleih, Schaugarten Appeltern 3km.

Appeltern — 9D3
Herberg 't Mun, Molenstraat 10, Blauwe Sluis.
GPS: n51,84048 o5,56360.

50 €5 Ch (12x) €2,6Amp WC inklusive.
Lage: Ländlich, einfach, abgelegen, ruhig.
Untergrund: Wiese/befestigt. 01/01-31/12.
Entfernung: 2km 300M Forellenfarm vor Ort 2km vor Ort vor Ort vor Ort.
Sonstiges: Schaugarten Appeltern 3km.

Arnhem — 9E2
Nieuwe Kade. GPS: n51,97327 o5,91593.

4 €9 €2,50 Ch (4x) €0,50/kWh WC.
Lage: Städtisch, einfach, zentral, ruhig. **Untergrund:** befestigt.
01/01-31/12.
Entfernung: 1Km 4,7Km 200M 1Km 1Km vor Ort vor Ort.
Sonstiges: Am Rhein, max. 48 Std, Ver-/Entsorgung bei der Tankstelle n51,970749 o5,94796.
Touristinformation Arnheim (Arnhem):
Jansplaats. Kleiner Wochenmarkt. Di 7.30-15 Uhr.

Bemmel — 9E2
Dijkstraat/Wardstraat. GPS: n51,88972 o5,90972.

3 kostenlos. **Lage:** Städtisch, einfach, zentral, ruhig.
Untergrund: befestigt.
01/01-31/12.
Entfernung: 400M 400M 400M 400M vor Ort vor Ort.
Sonstiges: Max. 72 Std.

Borculo — 9E2
Hambroekplas/Berkelpalace, Hambroekweg 10.
GPS: n52,11573 o6,53758.

4 €10 €1/80Liter Ch (4x)inklusive.
Lage: Ländlich, einfach, laut.
Untergrund: Wiese/Schotter. 01/03-31/10.
Entfernung: 500M 150M 50M 500M vor Ort vor Ort.

Borculo — 9E2
Bruggink Campers, Kamerlingh Onnestraat 19.
GPS: n52,12281 o6,52682.

3 kostenlos auf Anfrage. **Lage:** Städtisch, einfach, laut.
Untergrund: befestigt. 01/01-31/12, 18-9 Uhr.
Entfernung: 1,5Km 2km 500M 1,5Km 1,5Km vor Ort.

Bredevoort — 9F2
P2, recreatieplas Slingeplas, Kruittorenstraat 10b.
GPS: n51,94722 o6,62318.

8 €10 €1/80Liter Ch (8x)inklusive.
Lage: Ländlich, einfach, ruhig.
Untergrund: befestigt.
01/04-01/10.
Entfernung: 500M 100M 400M 500M vor Ort.
Sonstiges: Max. 72 Std.
Touristinformation Bredevoort:
VVV, Markt 8. Stadt mit Fachwerkhäusern.
Büchermarkt. 3. Sa des Monats 10-17.

Culemborg — 9D2
Jachthaven de Helling, Beusichemsedijk.
GPS: n51,96117 o5,22148.

20 €16,50 + Kurtaxe Ch WC €0,50 €4/4 inklusive. **Untergrund:** Wiese/Sand. 01/04-01/11.
Entfernung: 500M 2km vor Ort vor Ort 100M 500M 1,5Km.
Sonstiges: Anmelden beim Hafenmeister.

De Heurne — 9E2
De Haar, Casperstraat 14. GPS: n51,89802 o6,50035.

18 €10 € 1/80Liter Ch (15x) inklusive.
Lage: Ländlich, komfortabel, ruhig. **Untergrund:** Wiese.
01/01-31/12.
Entfernung: 1Km 8Km 1Km vor Ort vor Ort.
Sonstiges: Tankstelle Gasflaschen 300M.

Doesburg 9E2
Jachthaven Doesburg, Turfhaven. **GPS:** n52,01109 o6,13368.

6 € 7,50 Ch (6x) € 0,50/kWh WC inklusive
€ 0,50/4Minuten. **Lage:** Städtisch, komfortabel, zentral, ruhig.
Untergrund: Beton. 01/01-31/12.
Entfernung: 500M 4Km vor Ort 500M 1Km 500M vor Ort vor Ort.
Sonstiges: Anmelden beim Hafenmeister.

Doornenburg 9E2
Kerkstraat. **GPS:** n51,89416 o6,00129.

3 kostenlos. **Lage:** Ländlich, ruhig.
Untergrund: befestigt.
01/01-31/12.
Entfernung: 400M 200m cafetaria 200M 400M vor Ort.
Sonstiges: Max. 3 Tage, Aussicht auf Schloss Doornenburg.

Elburg 9D1
Gemeentehaven Elburg, Havenkade 1. **GPS:** n52,45110 o5,82933.

18 € 7,50 + € 1,05/pP Kurtaxe Ch € 0,50/24 Std
WC € 0,50 inklusive. **Lage:** Komfortabel, zentral, ruhig.
Untergrund: Schotterasen/befestigt. 01/01-31/12.
Entfernung: 250M vor Ort vor Ort 300M 300M vor Ort vor Ort vor Ort.
Sonstiges: Max. 3 Tage, Wasser im Winter geschlossen.

Emst 9E2
Recreatiepark 't Smallert, Smallertsweg 8.
GPS: n52,30910 o5,98126.

20 € 5 kostenlos.
Untergrund: befestigt. 01/01-31/12.
Entfernung: 2km 200M 200M vor Ort.
Sonstiges: Ankunft anmelden.

Ermelo 9D2
Camperpark Strand Horst, Buitenbrinkweg 82.
GPS: n52,31181 o5,56643.

40 € 14-16, 2 Pers. inkl € 1 Ch (50x) WC
€ 0,50/6Minuten inklusive. **Lage:** Ländlich, komfortabel, laut.
Untergrund: Wiese/befestigt. 01/03-01/11.
Entfernung: 4km 50M 200M vor Ort 500M 4Km.

Garderen 9D2
Hotel Restaurant Overbosch, Hooiweg 23.
GPS: n52,22577 o5,70504.

10 € 7,50 € 2,50/24 Std.
Lage: Ländlich, einfach, ruhig. **Untergrund:** Schotter.
01/01-31/12.
Entfernung: 1Km vor Ort 1Km vor Ort vor Ort.
Sonstiges: Einnahme einer Mahlzeit erwünscht.

Garderen 9D2
Gasterij Zondag, Apeldoornsestraat 163-165.
GPS: n52,21443 o5,70696.

10 kostenlos.
Lage: Ländlich. **Untergrund:** Schotter.
01/01-31/12 Restaurant: Di.
Entfernung: 2km 3,5Km vor Ort vor Ort vor Ort.
Sonstiges: Max. 1 Nacht, Einfahrt neben Restaurant, Restaurantbesuch geschätzt.

Geldermalsen 9D2
Kostverlorenkade. **GPS:** n51,88507 o5,29030.

1 kostenlos. **Lage:** befestigt.
Entfernung: 100M 3,6Km vor Ort vor Ort vor Ort.
Sonstiges: Parkplatz an der Ablegestelle der Rundfahrtboote.

Gendringen 9E2
Willem Alexanderplein. **GPS:** n51,86999 o6,37948.

2 kostenlos. **Lage:** Städtisch, einfach, zentral.
Untergrund: asphaltiert. 01/01-31/12.
Entfernung: 200M 100M 500M.
Sonstiges: Max. 72 Std.

Gendringen 9E2
Diekshuus, Ulftseweg 4a. **GPS:** n51,87412 o6,38586.

8 € 10 € 1/80Liter Ch (4x) inklusive. **Lage:** Ländlich, einfach, ruhig. **Untergrund:** Schotter. 01/01-31/12.
Entfernung: 600M 600M vor Ort vor Ort.
Sonstiges: Beim Manege.

Gorssel 9E2
De Vlinderhoeve, Bathmenseweg 7. **GPS:** n52,21825 o6,26255.

5 € 14 Ch WC € 6/2 inklusive.
Lage: Ländlich, komfortabel, luxus, abgelegen, ruhig.
Untergrund: Waldboden.
01/04-31/10.
Entfernung: 4,5Km 5Km vor Ort vor Ort vor Ort.
Sonstiges: Bezahlen beim Campingplatz.

Groenlo 9F2
Camping Marveld, Elshofweg 6. **GPS:** n52,03604 o6,63134.
6 € 10 € 1/80Liter Ch (4x) inklusive. **Lage:** Städtisch, einfach. **Untergrund:** befestigt. 01/01-31/12.
Entfernung: 1Km 500M.

Harderwijk 9D2
P Parkweg, Parkweg. **GPS:** n52,34088 o5,62977.

Geldern

3 🚐 kostenlos. **Lage:** Städtisch, einfach. **Untergrund:** befestigt. 📅 01/01-31/12.
Entfernung: 🛒1,2Km 🚲3Km 🍞1,3Km ⛽800M.

Hattem 9E1
Jachthaven Hattem, Geldersedijk 20. **GPS:** n52,47699 o6,06945. ⬆️.

22 🚐 € 10 + € 1,25/pP Kurtaxe ⚡Ch 🚿(4x) € 2/24Std 🚽 € 0,50 🚰 € 4,00/4,00 inklusive. **Lage:** Städtisch, komfortabel, zentral, ruhig. **Untergrund:** Schotterasen/Wiese. 📅 01/01-31/12.
Entfernung: 🛒200M 🏊vor Ort 🚲vor Ort ⊗200M 🍞200M ⛽50M 🚌vor Ort 🚶vor Ort.
Sonstiges: Max. 72 Std, anmelden beim Hafenmeister, Brötchenservice.

Heerde 9E1
Brasserie Meet & Eat, Eperweg 55. **GPS:** n52,37084 o6,02079.

10 🚐 kostenlos, Einnahme einer Mahlzeit erwünscht ⚡🚿(2x) inklusive 🚽📶.
Untergrund: Wiese/Schotter. ❌ So (01/10-30/04).
Entfernung: 🛒3Km 🚲1,5Km 🍞1,5Km 🚌vor Ort ⊗2Km ⛽100M.

Hengelo 9E2
Elderinkweg 1-9. **GPS:** n52,04457 o6,30377. ⬆️.

2 🚐 kostenlos. **Lage:** Ländlich, einfach. **Untergrund:** asphaltiert. 📅 01/01-31/12.
Entfernung: 🛒500M ⛽100M.
Sonstiges: Neben Sportplätzen, max. 24 Std.

Heteren 9D2
Steenkuil, N837. **GPS:** n51,95456 o5,73094. ⬆️.
Entfernung: 🛒2km ⊗2km 🍞2km ⛽2km 🚌vor Ort 🚶vor Ort.
Sonstiges: Max. 72 Std.

Heteren 9D2
Landgoed Overbetuwe, Uilenburgsestraat 3.
GPS: n51,94853 o5,77266.
10 🚐 € 12 ⚡Ch € 2 🚿 € 2 🚽 € 2 📶. **Untergrund:** Wiese.
📅 01/01-31/12.
Entfernung: 🛒2km.

Huissen 9E2
Looveer. **GPS:** n51,93578 o5,94467. ⬆️➡️.

3 🚐 kostenlos. **Lage:** Einfach, zentral.
Untergrund: Schotterasen/befestigt. 📅 01/01-31/12.
Entfernung: 🛒200M 🏊200M 🚲200M ⊗200M 🚌vor Ort 🍞500M 🚶vor Ort 🚶vor Ort.
Sonstiges: Max. 72 Std.

Hurwenen 9D3
Het Uilennest, Groenestraat 2a. **GPS:** n51,81367 o5,31880.
10 🚐 € 12,50 ⚡Ch 🚿 inklusive. **Untergrund:** Wiese.
📅 01/01-31/12.
Entfernung: 🍞600M ⊗600M.

Kerkwijk 9D3
Hippisch Centrum Bommelerwaard, Jan Stuversdreef 1-3.
GPS: n51,78876 o5,19929. ⬆️.

5 🚐 € 10 🚿 🚽 inklusive. **Untergrund:** befestigt.
📅 01/01-31/12.
Entfernung: 🛒2km ⊗1,5Km 🍞1,5Km ⛽1,5Km.

Lathum 9E2
Jachthaven 't Eiland, De Muggenwaard 16.
GPS: n51,98819 o6,04462. ⬆️➡️.

20 🚐 € 8,50 ⚡Ch 🚿(20x) € 1,50/Tag 🚽 inklusive 📶 € 0,50/4Minuten 📶 € 3/Tag. **Lage:** Ländlich, komfortabel, ruhig.
Untergrund: Wiese/befestigt. 📅 01/01-31/12.
Entfernung: 🛒1Km 🚲5Km 🏊vor Ort 🚌vor Ort ⊗vor Ort ⛽1Km 🚶500M 🚶vor Ort.
Sonstiges: Max. 48 Std.

Lichtenvoorde 9E2
Zieuwentseweg. **GPS:** n51,99067 o6,55990. ⬆️.
4 🚐 € 10 🚰 € 1/80Liter ⚡Ch 🚿(4x) inklusive. 📶
Lage: Städtisch, einfach, zentral. **Untergrund:** Schotter/Sand.

📅 01/01-31/12.
Entfernung: 🛒500M 🚌vor Ort ⛽500M 🍞100M.
Sonstiges: Neben Sportzentrum.

Maasbommel 9D3
Eeterij 't Pont, Veerweg 1. **GPS:** n51,81963 o5,54507. ⬆️.

10 🚐 € 10 🚿. **Lage:** Ländlich. **Untergrund:** Schotter.
📅 01/01-31/12.
Entfernung: 🛒750M 🚌vor Ort 🚶vor Ort.
Sonstiges: Entlang der Maas, schöne Aussicht.

Maasbommel 9D3
Saletmeubelen, Kapelstraat 30. **GPS:** n51,82459 o5,53193. ⬆️.

5 🚐 € 10 ⚡Ch 🚿 inklusive. 📅 01/01-31/12.
Entfernung: 🛒300M 🚲1Km 🍞1Km ⊗1Km ⛽300M.

Megchelen 9E3
Theetuin, B&B Vita Verde, Nieuweweg 10. **GPS:** n51,83895 o6,38022.

3 🚐 € 10 🚿 inklusive. **Untergrund:** Wiese/Schotter.
📅 01/01-31/12.
Entfernung: 🛒500M 🚲5Km ⊗500M 🍞4Km 🚌vor Ort 🚶vor Ort.
Sonstiges: Brötchenservice.

Meteren 9D3
Restaurant 3 Zussen, Rijksstraatweg 80. **GPS:** n51,85722 o5,28033.

5 🚐 kostenlos.
Entfernung: ⊗vor Ort.
Sonstiges: Einnahme einer Mahlzeit erwünscht.

Millingen a/d Rijn 9E3
't Crumpse Hoekje, Crumpsestraat 28.
GPS: n51,85624 o6,03145. ⬆️➡️.

12 🚐 € 8, 2 Pers. inkl ⚡ € 1/90Liter ⚡Ch 🚿(12x) € 2/Tag 🚽 📶 € 1/6Minuten 📶 inklusive. **Lage:** Ländlich, luxus, abgelegen,

Niederlande

Geldern

ruhig. **Untergrund:** Schotter. ⏱ 01/01-31/12.
Entfernung: 🍴1,4Km 🥖2km ⊗1,4Km ⛽1,4Km 🛒1,5Km 🚴vor Ort.

Neede 9F2
Café restaurant De Olde Mölle, Diepenheimseweg 21.
GPS: n52,14153 o6,61035.

8 €10 💧€ 1/80Liter ♻Chkostenlos.
Untergrund: befestigt. ⏱ 01/01-31/12.
Entfernung: 🍴1Km ⊗vor Ort.
Sonstiges: Max. 72 Std.

Neede 9F2
Camperpark Achterhoek, Diepenheimseweg 44.
GPS: n52,18023 o6,58588.

24 € 14,50, 04/07-23/08 € 16, 2 Pers. inkl 💧♻Ch (24x)WC 🚿€ 0,12/Minuten ⚡€ 5,50/3,50 📶inklusive.
Lage: Ländlich, komfortabel, laut. **Untergrund:** Wiese.
⏱ 25/03-25/09.
Entfernung: 🍴4.5 Km 🥖vor Ort ⊗vor Ort ⛽4,5Km 🚴vor Ort 🚶vor Ort.
Sonstiges: Bezahlen beim Campingplatz, Brötchenservice, Fahrradverleih.

Nijkerk 9D2
Camperplaats Nijkerk, Watergoorweg 31.
GPS: n52,22641 o5,47711.

4 kostenlos Chkostenlos. **Lage:** Städtisch, einfach, laut.
Untergrund: befestigt. ⏱ 01/01-31/12.
Entfernung: 🍴500M 🥖2km ⊗2km 🥖500M ⊗500M ⛽500M 🛒200M 🚴vor Ort 🚶vor Ort.

Nunspeet 9D1
Camperplaats De Zwaan, Hardenbrinkweg 46.
GPS: n52,37901 o5,75363.

35 € 13 💧♻Ch (45x)WC 🚿€ 3/3 📶inklusive.
Lage: Ländlich, komfortabel, luxus, ruhig.
Untergrund: Schotterasen/Wiese. ⏱ 01/01-31/12.
Entfernung: 🍴2,5Km 🥖3,5Km ⊗2,5Km 🥖2,5Km ⊗1Km ⛽2km 🛒900M Zwanenroute 🚶vor Ort.
Sonstiges: Sonntag keine Ankunft.

Nunspeet 9D1
Routiers Nunspeet, Rijksweg A28. **GPS:** n52,36199 o5,77061.

3 kostenlos WC. **Untergrund:** asphaltiert. ⏱ 01/01-31/12.
Sonstiges: Sanitärnutzung für Gäste kostenlos.
Touristinformation Nunspeet:
🕐 Do-Morgen.

Otterlo 9D2
De Wije Werelt, Arnhemseweg 100-102. **GPS:** n52,08592 o5,77319.

50 € 18-25 💧Ch 🚿(10x)WC 🚿inklusive ⚡€ 5/2 📶€ 3,50/Tag.
Lage: Ländlich, einfach.
Untergrund: Wiese.
⏱ 01/01-31/12.
Entfernung: 🍴500M 🥖500M ⊗vor Ort 🛒Supermarkt auf Campingplatz vor Ort 🚴vor Ort 🚶vor Ort.
Touristinformation Otterlo:
Kröller Müller Museum. Sammlung Van Gogh, Picasso, Mondriaan.

Poederoijen 9C3
Slot Loevestein, Loevestein 1. **GPS:** n51,81722 o5,02086.
4 kostenlos. ⏱ 01/01-31/12.
Entfernung: 🍴6Km 🥖6Km ⛽6Km ⊗vor Ort 🚶vor Ort.

Putten 9D2
Camperplaats De Driest, Driestweg 10. **GPS:** n52,23386 o5,61533.
15 freiwilliger Beitrag. ⏱ 01/01-31/12.
Entfernung: 🍴2,5Km 🚴vor Ort 🚶vor Ort.
Sonstiges: Max. 72 Std.

Putten 9D2
Brinkstraat. **GPS:** n52,26244 o5,60756.

2 kostenlos. **Lage:** Städtisch, einfach, zentral.
Untergrund: befestigt.
⏱ 01/01-31/12.
Entfernung: 🍴200M ⊗300M 🥖300M ⛽250M 🚴vor Ort 🚶vor Ort.
Sonstiges: Max. 48 Std.
Touristinformation Putten:
🕐 Mi.

Rekken 9F2
Grensovergang, Oldenkotseweg. **GPS:** n52,09783 o6,75568.

5 € 5. **Untergrund:** befestigt. ⏱ 01/01-31/12.
Entfernung: 🍴vor Ort ⊗vor Ort ⛽vor Ort.
Sonstiges: Max. 72 Std, Rad- und Wanderwege.

Ressen 9E2
De Woerdt, Woerdsestraat 4. **GPS:** n51,88867 o5,87215.

15 € 7,50 + € 1/pP Kurtaxe 🚿(10x) € 1.
Lage: Ländlich.
Untergrund: Wiese/befestigt. ⏱ 01/01-31/12.
Entfernung: 🍴2km 🥖3,6Km ⛽2km.
Sonstiges: Regionale Produkte, Stellplätze im Obstgarten.

Ruurlo 9E2
Camping Tamaring, Wildpad 3. **GPS:** n52,10239 o6,44257.

2 €10 💧€ 1/80Liter ♻Ch 🚿(4x)inklusive. 🏠 **Lage:** Ländlich, einfach, ruhig. **Untergrund:** Schotter/befestigt. ⏱ 01/01-31/12.
Entfernung: 🍴2km 🥖vor Ort 🚶vor Ort.
Sonstiges: Max. 8M.

Silvolde 9E2
Parking de Paasberg, Terborgseveld. **GPS:** n51,91633 o6,37194.

4 kostenlos. **Lage:** Städtisch, einfach, ruhig. **Untergrund:** befestigt.
⏱ 01/01-31/12.
Entfernung: 🍴Zentrum 1Km 🥖300M.
Sonstiges: Parkplatz am Schwimmbad, max. 72 Std.

Sinderen 9E2
NatuurlijkBUITEN, Toldijk 11. **GPS:** n51,91297 o6,42384.

2 € 12 💧€ 1/80Liter ♻Ch 🚿(2x) 📶inklusive. 🏠
Lage: Ländlich, komfortabel, abgelegen, ruhig.
Untergrund: Wiese/Schotter. ⏱ 01/01-31/12.
Entfernung: 🍴3Km 🥖3Km ⊗vor Ort ⊗3Km ⛽3Km 🛒2km vor Ort.
Sonstiges: Brötchenservice + Frühstückservice, Fahrradverleih.

Sinderen 9E2
Biezenhof, Kapelweg 42a. **GPS:** n51,90424 o6,45180.

4 € 10 💧€ 1/80Liter ♻Ch 🚿inklusive. 🏠 **Lage:** Ländlich, einfach, ruhig. **Untergrund:** Schotter. ⏱ 01/01-31/12.

Geldern

Entfernung: 🚲4Km ⊗4Km 🚌4Km 🚶vor Ort.

Steenderen 9E2
Camperplaats Landlust, Landlustweg 2.
GPS: n52,06086 o6,18866.⬆➡.

12🚐 € 12,50 ⛽Ch (12x)WC 📶inklusive. 🛒
Lage: Ländlich, luxus, zentral, ruhig. **Untergrund:** Wiese/befestigt.
🗓 01/01-31/12.
Entfernung: 🚲vor Ort 1,5Km 🛒300M 🍴150M ⊗150M 🚶vor Ort 🧍vor Ort.

Stokkum 9E2
Camping Brockhausen, Eltenseweg 20. **GPS:** n51,87778 o6,21167.⬆.

4🚐€ 10 ⛽ € 1/80Liter Ch (4x)inklusive 📶 € 2,50/Tag. 🛒
Lage: Ländlich, einfach.
Untergrund: Schotter. 🗓 01/01-31/12.
Entfernung: 🚲800M 🛒500M 2,5Km ⊗2km 🚶vor Ort 🧍vor Ort.
Sonstiges: Brötchenservice.

Terschuur 9D2
Camperplaats Groot Westerveld, Leemweg 2.
GPS: n52,16819 o5,53239.⬆.

4🚐€ 7,50 ⛽Ch € 2,50/Nacht,10Amp WC 📶inklusive. 🛒
Lage: Ländlich, einfach, ruhig. **Untergrund:** Wiese/befestigt.
🗓 01/03-30/09.
Entfernung: 🚲1,5Km 🛒4Km 2km ⊗3km 🍴2km 🚶1Km 🧍vor Ort 🧍vor Ort.

Terwolde 9E2
Dorpsstraat 53, N792. **GPS:** n52,28173 o6,09962.⬆.

2🚐kostenlos. **Lage:** Einfach, zentral, ruhig.
Untergrund: befestigt.
🗓 01/01-31/12.
Entfernung: 🚲100M ⊗vor Ort 🍴vor Ort 🚶vor Ort 🧍vor Ort.

Tiel 9D2
Parking Waalkade, Waalkade. **GPS:** n51,88518 o5,44079.⬆.

4🚐€ 5,10. ⛽ **Untergrund:** asphaltiert. 🗓 01/01-31/12.
Entfernung: 🚲500M 🛒vor Ort 🍴vor Ort ⊗vor Ort 🍴500M 🚶vor Ort.
Sonstiges: Max. 2 Nächte, Barzahlung.

Tiel 9D2
Restaurant de Betuwe, Hoog Kellenseweg 7.
GPS: n51,90391 o5,44286.
10🚐€ 8 ⛽. **Untergrund:** asphaltiert. 🗓 01/01-31/12.
Entfernung: 🚲2km 🚶vor Ort.

Toldijk 9E2
Prinsen, Hardsteestraat 4. **GPS:** n52,04489 o6,21737.⬆.

2🚐€ 6 ⛽Chinklusive (1x) € 2,50. 🛒
Lage: Ländlich, einfach, ruhig. **Untergrund:** Wiese. 🗓 01/01-31/12.
Entfernung: 🚲1,5Km 5Km 🛒5Km ⊗1,5Km 🍴2km 🚌300M 🧍vor Ort.
Sonstiges: Max. 3 Nächte.

Tolkamer 9E3
Europakade, Europakade. **GPS:** n51,85122 o6,09938.⬆➡.

15🚐€ 7,50 + € 0,90/pP Kurtaxe (6x) € 1/kWh. 🛒
Lage: Einfach, zentral, ruhig.
Untergrund: befestigt.
🗓 01/01-31/12 Hochwasser.
Entfernung: 🚲200M ⊗150M 🍴200M 🚌500M 🚶vor Ort 🧍vor Ort.
Sonstiges: Max. 48 Std.

Tolkamer 9E3
Jachthaven de Bijland, Zwarteweg 2. **GPS:** n51,85923 o6,09775.

20🚐€ 8/Tag, € 10/Nacht ⛽Ch WC € 1/4Minuten 📶inklusive. **Lage:** Ländlich, komfortabel, zentral.
Untergrund: Wiese. 🗓 15/04-15/10.
Entfernung: 🚲200M 🍴200M 🚶vor Ort 🧍vor Ort.

Tolkamer 9E3
De Swaenebloem, Bijland 3. **GPS:** n51,86235 o6,07937.⬆➡.

Tiel 9D2

15🚐€ 11,20 ⛽Ch (12x) € 1,50/Tag WC 📶inklusive. 🛒
Lage: Ländlich, komfortabel, ruhig. **Untergrund:** Wiese.
🗓 01/01-31/12.
Entfernung: 🚲3,5Km 100M 🍴vor Ort ⊗vor Ort 🍴3,5Km 🚌3Km 🚶vor Ort 🧍vor Ort.
Sonstiges: Ladestation Elektrofahrräder.

Twello 9E2
Jachtlustplein 7. **GPS:** n52,23439 o6,09847.⬆.

1🚐kostenlos. **Lage:** Städtisch, einfach, zentral, ruhig.
Untergrund: befestigt. 🗓 01/01-31/12.
Entfernung: 🚲100M 100M 🍴100M 🍴vor Ort 🚶vor Ort 🧍vor Ort.

Varik 9D3
Pleisterplaats Bol Varik, Waalbandijk 8. **GPS:** n51,82589 o5,37829.
5🚐€ 8, Kurtaxe inkl ⛽kostenlos. 🗓 01/01-31/12.
Entfernung: ⊗50M 🍴500M 🚌100M.
Sonstiges: Max. 48 Std, Anmeldung bei Restaurant.

Varsseveld 9E2
Pallandtbad, Grutterinkpad. **GPS:** n51,94345 o6,46691.⬆.

3🚐kostenlos. **Lage:** Städtisch, einfach, zentral.
Untergrund: befestigt. 🗓 01/01-31/12.
Entfernung: 🚲200M 🍴200M 🍴200M 🚌200M.
Sonstiges: Hinter Schwimmbad, max. 24 Std.

Vierakker 9E2
Hanzestadcampers, Vierakkersestraatweg 19.
GPS: n52,10659 o6,24122.⬆.

3🚐€ 7,50 ⛽Ch (3x) 📶inklusive. 🛒
Lage: Ländlich, einfach, ruhig. **Untergrund:** Schotter.
🗓 01/01-31/12.
Entfernung: 🚲500M 1Km 🍴500M 🚌500M 🚶vor Ort 🧍vor Ort.

Voorst 9E2
De Adelaar, Rijksstraatweg 49. **GPS:** n52,17760 o6,14150.⬆.

Geldern - Utrecht

12 🚐 € 13 🚰 kostenlos Ch (12x) € 2,50 WC € 0,50/Mal € 4/Mal, € 4/4 inklusive. **Lage:** Ländlich, luxus, ruhig. **Untergrund:** Wiese/befestigt. 01/01-31/12. **Entfernung:** 500M 7Km vor Ort vor Ort 150M 1Km vor Ort. **Sonstiges:** Inkl. Benutzung campingplatz, Spielplatz.

Voorst 9E2
Boerderij de Kolke, Klarenbeekseweg 30. **GPS:** n52,17355 o6,13318.

16 🚐 € 7,90 Ch (16x) € 1/kWh inklusive. **Lage:** Ländlich, komfortabel, zentral, ruhig. **Untergrund:** Wiese/befestigt. 01/01-31/12. **Entfernung:** 1km 500M. **Sonstiges:** Regionale Produkte.

Voorthuizen 9D2
Ackersate, Harremaatweg 26. **GPS:** n52,18683 o5,62547.

5 🚐 € 23 Ch WC inklusive € 1 € 5,50, am Campingplatz . **Lage:** Ländlich, einfach. **Untergrund:** befestigt. 01/04-27/10. **Entfernung:** 1,3km 4,2Km vor Ort vor Ort vor Ort vor Ort.

Wageningen 9D2
Pabstendam. **GPS:** n51,96107 o5,65923.
3 🚐 kostenlos. **Untergrund:** Schotterasen. 01/01-31/12. **Entfernung:** 650M 650M. **Sonstiges:** In der Nähe vom Hafen.

Westendorp 9E2
Recreatieoord Hippique, Doetinchemseweg 141. **GPS:** n51,94964 o6,42084.

8 🚐 € 10 € 1/80Liter Ch (8x) WC € 1,75/24 Std 1,75/24 Std € 5/Mal inklusive. **Lage:** Ländlich, luxus. **Untergrund:** Schotterasen. 01/01-31/12. **Entfernung:** 500M 2km 3Km 1,5Km 3Km 1,5Km vor Ort vor Ort. **Sonstiges:** Ankunft 9><20 Uhr.

Wijchen 9D3
Oude Klapstraat 80. **GPS:** n51,80840 o5,72140.
2 🚐 kostenlos. **Untergrund:** befestigt. 01/01-31/12. **Entfernung:** 500M.

Wilp 9E2
Kampeerhoeve Bussloo, Grotenhuisweg 50. **GPS:** n52,20883 o6,10961.

10 🚐 € 11-13,50, Kurtaxe inkl Ch (10x) € 3,50/Tag € 5/4 inklusive. **Lage:** Ländlich, luxus, abgelegen, ruhig. **Untergrund:** Wiese/befestigt. 01/01-31/12. **Entfernung:** 4,5Km 2km 400M 400M 1Km 4,5Km vor Ort vor Ort. **Sonstiges:** Sanitärnutzung beim Campingplatz.

Winterswijk 9F2
Landgoed Kreil, Heenkamppieperweg 1. **GPS:** n51,93734 o6,67493.

2 🚐 € 10 € 1/80Liter Ch inklusive kostenpflichtig . **Lage:** Ländlich, einfach, abgelegen, ruhig. **Untergrund:** befestigt. 01/03-31/10. **Entfernung:** Breedevoort 4,5km Gelegen auf ein Erbgut.

Winterswijk 9F2
Camping Ten Hagen, Waliënsestraat 139A. **GPS:** n51,99131 o6,71898.

4 🚐 € 10 € 1/80Liter Ch (4x) inklusive € 3/24 Std . **Lage:** Ländlich, einfach, abgelegen, ruhig. **Untergrund:** Wiese. 01/01-31/12. **Entfernung:** Stadtmitte 3Km 3Km 2km vor Ort vor Ort. **Sonstiges:** Max. 24 Std, Hersteller Holzschuhe.

Winterswijk 9F2
Het Winkel, De Slingeweg 20. **GPS:** n51,95176 o6,73621.

4 🚐 € 10 € 1/80Liter Ch (4x) inklusive. **Lage:** Ländlich, einfach, ruhig. **Untergrund:** Schotter/Sand. 01/01-31/12. **Entfernung:** 4,5Km vor Ort vor Ort vor Ort.

Winterswijk 9F2
Vreehorst, Vreehorstweg 43. **GPS:** n51,95028 o6,69251.

4 🚐 € 10 € 1/80Liter Ch (4x) inklusive. **Lage:** Ländlich, einfach, komfortabel, ruhig. **Untergrund:** Sand. 01/01-31/12. **Entfernung:** 3,6Km vor Ort vor Ort.

Zaltbommel 9D3
De Beersteeg, Beersteeg. **GPS:** n51,81040 o5,24083.
6 🚐. 01/01-31/12.

Zelhem 9E2
Carpoolplaats, Stikkenweg/N330. **GPS:** n51,99893 o6,34541.

2 🚐 kostenlos. **Lage:** Ländlich, einfach, laut. **Untergrund:** asphaltiert. 01/01-31/12. **Entfernung:** 1Km. **Sonstiges:** Max. 24 Std.

Zutphen 9E2
Houtwal. **GPS:** n52,13609 o6,19747.

8 🚐 € 2, übernachten kostenlos € 1/80Liter (8x) € 1/kWh. **Lage:** Städtisch, einfach, ruhig. **Untergrund:** befestigt. 01/01-31/12. **Entfernung:** 1Km. **Sonstiges:** In der Nähe vom Polizeirevier, max. 48 Std, schöne Aussicht.

Zutphen 9E2
IJsselkade. **GPS:** n52,13953 o6,19154.

2 🚐 € 1,30/Std, >18.00 Uhr kostenlos. **Lage:** Städtisch, einfach, zentral, laut. **Untergrund:** befestigt. 01/01-31/12. **Entfernung:** 1Km. **Sonstiges:** Wohnmobil max. 6M, max. 48 Std.

Touristinformation Zutphen:
Groenmarkt-Houtmarkt-Zaadmarkt. Do 8-12 Uhr, Sa 8-17 Uhr.
Lange Hofstraat. Bauernmarkt. Do 8-13 Uhr.

Utrecht

Amersfoort 9D2
Aan de Eem, Grote Koppel. **GPS:** n52,16083 o5,38286.

Utrecht - Südholland

3 🚐 € 1,10/Meter ⛽💧 WC 🚻 inklusive. 🚌🗑
Lage: Städtisch, laut. **Untergrund:** befestigt. 📅 01/01-31/12.
Entfernung: 🚶600M ⛽500M 🛒500M vor Ort.
Sonstiges: Bei der Feuerwehr, max. 24 Std.
Touristinformation Amersfoort:
ℹ️ VVV, Breestraat 1, www.vvvamersfoort.nl.

| **Baarn** | 9D2 |

De Zeven Linden, Zevenlindenweg 4. **GPS:** n52,19721 o5,24838. ⬆.

3 🚐 € 19 ⛽ € 2,50 Ch 📶 🗑
Lage: Einfach.
Untergrund: befestigt. 📅 01/04-01/11.
Entfernung: 🚶2km ⛽1km 🛒2km 🚌300M vor Ort 🚶 vor Ort.
Touristinformation Baarn:
🛍 Brink. 📅 Di 8.30-14 Uhr.

| **Bunnik** | 9D2 |

Camping de Boomgaard, Parallelweg 9. **GPS:** n52,06065 o5,19943. ⬆.

16 🚐 € 17-19 ⛽ Ch WC 📶 € 2.
Untergrund: befestigt.
📅 26/03-15/10.
Entfernung: 🚶3km 🛒800M.
Sonstiges: Ankunft >17 Uhr Abreise <10 Uhr nächste Morgen anmelden bei Rezeption, Benutzung Campingplatz-Anlage erlaub.

| **Bunschoten-Spakenburg** | 9D2 |

Jachthaven Nieuwboer, Westdijk 36. **GPS:** n52,26070 o5,37238. ⬆.

8 🚐 € 18, 2 Pers. inkl ⛽💧 Ch 🚻 WC 🚐 € 3,50 📶 inklusive. 🗑
Lage: Ländlich, einfach, komfortabel, ruhig. **Untergrund:** Wiese.
📅 01/01-31/12.
Entfernung: 🚶800M ⛽6Km 🏊100M 🛒700M 🚌700M 🚶 vor Ort 🚶 vor Ort.

| **IJsselstein** | 9C2 |

Jachthaven Marnemoende, Noord IJsseldijk 107b.
GPS: n52,04583 o5,01861. ⬆.

3 🚐 € 15 ⛽💧Ch 🚻WC 🚐 € 4/2 📶 inklusive. 🗑
Lage: Ländlich, komfortabel, luxus, ruhig. **Untergrund:** Schotter.
📅 01/01-31/12.
Entfernung: 🚶2km vor Ort ⛽ vor Ort 🛒 vor Ort 🚌2km 🚶2km 🚶 vor Ort.

| **Leersum** | 9D2 |

Touché, Rijksstraatweg 54. **GPS:** n52,00974 o5,43507. ⬆.

5 🚐 kostenlos. **Lage:** Städtisch, einfach.
Untergrund: Schotter.
📅 01/01-31/12 Mo-Di.
Entfernung: 🚶200M vor Ort 🛒200M 🚌 vor Ort 🚶 vor Ort.

| **Leusden** | 9D2 |

De Mof, Arnhemseweg 95. **GPS:** n52,10654 o5,41445. ⬆.

5 🚐 kostenlos, Einnahme einer Mahlzeit erwünscht. **Lage:** Ländlich, einfach. **Untergrund:** Schotter.
📅 01/01-31/12 Mo, Di.
Entfernung: 🚶4Km ⛽4Km 🛒 vor Ort 🚌 vor Ort 🚶 vor Ort.
Sonstiges: Erst anmelden beim Restaurant.

| **Mijdrecht** | 9C2 |

Rondweg. GPS: n52,20804 o4,86879. ⬆➡.

4 🚐 kostenlos. **Lage:** Städtisch, einfach, laut. **Untergrund:** befestigt.
📅 01/01-31/12.
Entfernung: 🚶500M ⛽500M 🛒500M 🚌500M.
Sonstiges: Max. 48 Std.

| **Rhenen** | 9D2 |

Restaurant 3 Zussen, Kerkwijk-zuid 115. **GPS:** n52,00682 o5,54006.

5 🚐 kostenlos. **Lage:** Ländlich, einfach. **Untergrund:** asphaltiert.
📅 01/01-31/12.
Entfernung: 🚶1km Veenendaal ⛽ vor Ort 🛒1Km 🚌 vor Ort 🚶 vor Ort 🚶 vor Ort.
Sonstiges: Einnahme einer Mahlzeit erwünscht.

| **Vianen** | 9D2 |

Kanaalweg, P1. GPS: n51,99549 o5,09620.

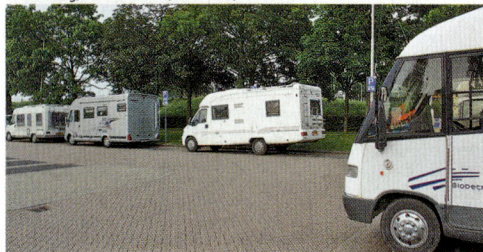

4 🚐 kostenlos. **Untergrund:** befestigt. 📅 01/01-31/12.
Entfernung: 🚶500M.
Sonstiges: Während Veranstaltungen: Hazelaarplein, max. 48 Std.

| **Vianen** | 9D2 |

Ponthoeve, Buitenstad 58.
GPS: n51,99829 o5,09035.
4 🚐 kostenlos. **Untergrund:** befestigt. 📅 01/01-31/12.
Entfernung: 🚶Zentrum 400M ⛽300M 🛒800M 🚌900M vor Ort 🚶 vor Ort.
Sonstiges: Max. 72 Std.
Touristinformation Vianen:
ℹ️ VVV, Voorstraat 97, www.vvv-vianen.nl. Historische Altstadt.
🛍 Voorstraat (zuid). 📅 Mi 10-16 Uhr.

Südholland

| **Alblasserdam** | 9C3 |

Camperpark Kinderdijk, Marineweg 3a.
GPS: n51,85971 o4,65816. ⬆➡.

44 🚐 € 15, Kurtaxe inkl ⛽💧Ch 🚻WC 📶 inklusive.
Lage: Zentral.
Untergrund: befestigt. 📅 01/02-27/12.
Entfernung: 🚶 vor Ort 🏊2km 🏖 vor Ort ⛽ vor Ort 🛒300M 🚌200M 🚶 vor Ort.
Sonstiges: Weltkulturerbe Kinderdijk mit 19 Mühlen, 5Km, Wasserbus 300m.
Touristinformation Alblasserdam:
👁 Werelderfgoed Kinderdijk, Nederwaard 1, Kinderdijk. Weltberühmtes Mühlengebiet. 📅 12/03-30/10 9-17.30, 31/10-30/12 11-16.
🛍 Wilgenplein. 📅 Mo-Mittag.

| **Bleiswijk** | 9C2 |

Jan van de Heidenstraat. GPS: n52,01415 o4,53411. ⬆.

2 🚐 kostenlos. **Lage:** Städtisch. **Untergrund:** befestigt.
📅 01/01-31/12. **Entfernung:** 🚶300M ⛽5Km 🛒500M 🚌Jumbo 400m. **Sonstiges:** Neben Feuerwehr.

| **Bleskensgraaf** | 9C3 |

Farm Nescio, Elzenweg 19. **GPS:** n51,85674 o4,75266. ⬆.

Südholland

8 🛏 € 14 ⚡Ch 🚿WC 📶inklusive 📡. **Lage:** Ländlich, komfortabel, abgelegen, ruhig. **Untergrund:** befestigt. 📅 01/01-31/12. **Entfernung:** 🚍2,5Km 🚊1,5Km 🚉1,5Km ⊗1Km 🚲2,5Km. **Sonstiges:** Führungen möglich.

Delft 9C2
Delftse Hout, Korftlaan 5. **GPS:** n52,01772 o4,37945. ⬆.

20 🛏 € 20-28 ⚡Ch (20x) 🚿 € 6,50 📶inklusive.
Lage: Städtisch, komfortabel, zentral. **Untergrund:** Schotterrasen. 📅 01/04-01/11.
Entfernung: 🚍1,5Km 🚊1,2Km 🚉500M ⊗vor Ort 🍴vor Ort 🚌Sommer > Zentrum ⚓vor Ort 🚶vor Ort.
Sonstiges: Anmelden an der Rezeption Campingplatz.
Touristinformation Delft:
ℹ VVV, Hippolytusbuurt 4, www.delft.nl. Historische Altstadt mit Grachten und Kaufmannshäusern. ⛪ Kirche 01/03-31/10 Mo-Sa 9-18 Uhr, 01/11-28/02 Mo-Sa 11-16 Uhr.

Den Haag 9C2
Camperpark Den Haag, Valutapad. **GPS:** n52,05282 o4,38013. ⬆.

100 🛏 € 19,95, 2 Pers. inkl ⚡Ch 🚿 (30x) € 3,75/24 Std,10Amp WC 📶inklusive 📡.
Lage: Städtisch, komfortabel. **Untergrund:** Wiese/befestigt. 📅 01/01-31/12.
Entfernung: 🚍7Km 🚊1,7Km 🚉12Km ⊗1Km 🍴1Km 🚌500M.
Sonstiges: Brötchenservice.
Touristinformation Den Haag:
ℹ VVV, Spui 68, www.denhaag.com. Regierungsstadt und königliche Residenz.
👁 Bezoekerscentrum Binnenhof, Binnenhof 8a. Führungen in Regierungsgebäude. 📅 Mo-Sa 10-16 Uhr. 🎫 € 5-10.
👁 Madurodam, George Maduroplein 1. Miniatur Niederlande.

Dordrecht 9C3
Camperplaats Stadswerven, Maasstraat.
GPS: n51,81793 o4,68750. ⬆.

2 🛏 € 1/4 Std, ersten 24 Std kostenlos. **Lage:** Städtisch, einfach, laut. **Untergrund:** befestigt. 📅 01/01-31/12. **Entfernung:** 🚍500M 🚊500M 🚉500M ⊗100M.
Sonstiges: Max. 72 Std.

Dordrecht 9C3
Jachthaven Westergoot, Baanhoekweg 1. **GPS:** n51,81518 o4,72467.
🛏 € 10 Ch 🚿 € 2 WC 🚿 € 0,50/7Minuten 📡 € 5.
Entfernung: ⊗vor Ort.

Giessenburg 9C3
Boerenterras De Groot, A.M.A. Langeraadweg 9. **GPS:** n51,85327 o4,92205.

6 🛏 € 10 ⚡Ch 🚿WC 📶inklusive. **Lage:** Ländlich, einfach, abgelegen, ruhig. **Untergrund:** Beton. 📅 01/01-31/12.
Entfernung: 🚍1,5Km 🚊3Km 🚉vor Ort ⊗1,5Km 🍴3,5Km 🚲vor Ort.

Giessenburg 9C3
Halfomhoeve, Bovenkerkseweg 76/78. **GPS:** n51,84628 o4,87548.

5 🛏 € 10 ⚡Ch 🚿WC 📶inklusive. **Lage:** Ländlich, einfach, abgelegen, ruhig. **Untergrund:** Beton. 📅 01/05-15/10.
Entfernung: 🚍2km 🚊3km 🚉vor Ort ⊗1,5Km 🍴1,5Km 🚌vor Ort.

Giessenburg 9C3
Landscheiding Giessenburg, Landscheiding 1.
GPS: n51,84753 o4,92294. ⬆.

10 🛏 € 10 ⚡Ch 🚿WC 📶inklusive.
Lage: Ländlich, komfortabel, abgelegen, ruhig.
Untergrund: Wiese/befestigt. 📅 01/01-31/12.
Entfernung: 🚍2km ⊗2km 🍴2km vor Ort 🚶vor Ort.

Gorinchem 9C3
WSV Merwede, Buiten de Waterpoort 8.
GPS: n51,82697 o4,96477. ⬆➡.

16 🛏 € 10 ⚡Ch inklusive 🚿 € 0,75 📡 € 5/4.
Lage: Komfortabel, abgelegen, ruhig.
Untergrund: Schotter/befestigt. 📅 01/01-31/12.
Entfernung: 🚍500M 🚊vor Ort 🚉vor Ort ⊗300M 🍴1Km 🚲vor Ort.
Sonstiges: Max. 72 Std, anmelden beim Hafenmeister.
Touristinformation Gorinchem:
ℹ VVV, Grote Markt 17, www.gorinchem.nl. Historische Altstadt mit Stadtwällen.
🏰 Slot Loevestein, Loevestein 1, Poederoijen. Schloss, 14. Jahrhundert.
🛒 Grote Markt. 📅 Mo 8.30-12.30 Uhr.

Gouda 9C2
Parking Klein Amerika, Fluwelensingel. **GPS:** n52,01185 o4,71576. ⬆.

30 🛏 € 8 ⚡Ch (12x) WC inklusive 📡.
Lage: Städtisch, einfach, ruhig. **Untergrund:** befestigt. 📅 01/01-31/12.
Entfernung: 🚍300M.
Sonstiges: Max. 3 Tage.
Touristinformation Gouda:
ℹ VVV, Markt 35, www.vvvgouda.nl. Historische Altstadt mit 300 Denkmälern, welberühmt für seinen Gouda-Käse.
👁 Kaaswaag, Markt. Die Geschichte der Gouda-Käse, Käseprobe. 📅 01/04-30/09 13-17 Uhr, Do 10-17 Uhr. 🎫 € 7,50.
🛒 Markt. Do 8.30-13 Uhr, Sa 8.30-17 Uhr.
🛒 Montmartre, Markt. Antiquitäten- und Trödelmarkt. 📅 01/05-30/09 Mi 9-17 Uhr.

Goudriaan 9C3
Boerderij de Verwondering, De Hoogt 14.
GPS: n51,89150 o4,90741. ⬆.

2 🛏 € 10 ⚡Ch 📶inklusive.
Lage: Ländlich, einfach, abgelegen. **Untergrund:** Beton.
Entfernung: 🚍2,5Km 🍴7Km.

Hoogblokland 9C2
Landwinkel De Bikkerhoeve, Bazeldijk 66. **GPS:** n51,89716 o4,99563.

6 🛏 € 10 ⚡Ch 🚿WC inklusive.
Lage: Ländlich, einfach, abgelegen, ruhig. **Untergrund:** Beton.
📅 01/03-31/10.
Entfernung: 🚍2km 🚊1,4Km ⊗2km 🍴2km vor Ort 🚲vor Ort.

---

12 🛏 Mo-Sa € 6,50/24 Std, So kostenlos 🚿 € 1/60Liter ⚡Ch 📡.
Lage: Einfach, ruhig. **Untergrund:** befestigt. 📅 01/01-31/12.
Entfernung: 🚍Stadtmitte 3Km 🚊5Km 🚉vor Ort 🍴vor Ort ⊗3Km 🍴1Km 🚌Wasserbus.
Sonstiges: Max. 72 Std, in de Nähe von der Arche Noah.

Dordrecht 9C3
Weeskinderendijk 5. **GPS:** n51,80861 o4,65611. ⬆.

Südholland

Langerak 9C2
Camperplaats Langerak, Melkweg 3.
GPS: n51,92069 o4,89975.
3 €15 WC **Lage:** Ländlich. **Untergrund:** befestigt.
Entfernung: vor Ort vor Ort.
Sonstiges: Max. 8M, Fahrradverleih.

Leerdam 9C2
De Galgenwaard, Lingedijk 8a, Oosterwijk.
GPS: n51,87451 o5,07311.

3 €8 inklusive € 2 WC. **Lage:** Ländlich, einfach, ruhig.
Untergrund: befestigt. 01/04-01/10.
Entfernung: Leerdam 2km vor Ort vor Ort 300M Am Linge.
Sonstiges: Öffnungszeiten 7-22 Uhr, Personenfähre über Linge.

Leerdam 9C2
Groenzoom, Lingedijk. **GPS:** n51,88288 o5,08670.

3 kostenlos. **Lage:** Städtisch, einfach. **Untergrund:** befestigt.
01/01-31/12.
Entfernung: 2,5Km 2,5Km 2,5Km vor Ort.
Sonstiges: Gegenüber Lingedijk 27, kleinen Stellplätze.

Leerdam 9C2
Parking Glasmuseum, Lingedijk. **GPS:** n51,88676 o5,08699.

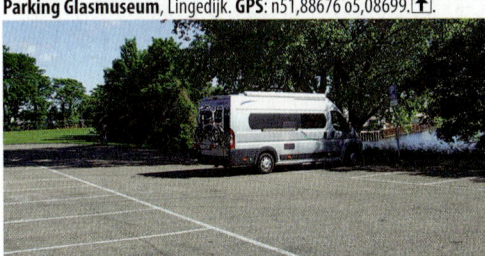

2 kostenlos. **Lage:** Ländlich, einfach. **Untergrund:** asphaltiert.
01/01-31/12.
Entfernung: 1Km vor Ort 1Km vor Ort.

Leerdam 9C2
Jachthaven Oude Horn, Sundsvall 1. **GPS:** n51,88984 o5,09532.

3 kostenlos. **Lage:** Städtisch, einfach. **Untergrund:** Schotter.
01/01-31/12.
Entfernung: 300M 300M 300M.
Sonstiges: Max. 72 Std.

Leiden 9C2
P Haagweg, Haagweg 6. **GPS:** n52,15963 o4,47852.

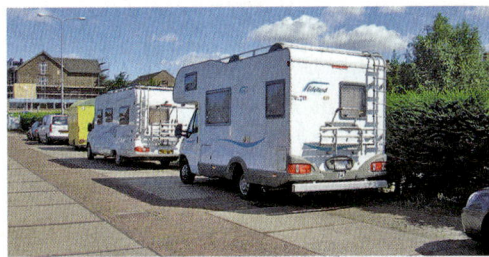

15 € 12/24 Std. **Lage:** Städtisch. **Untergrund:** befestigt.
01/01-31/12.
Entfernung: 800M 800M 800M kostenloser Bus zum Zentrum. **Sonstiges:** An der Bahnlinie, Videoüberwachung, freier Shuttlebus (bis 02U).

Lexmond 9C2
De Fruithof, Achthoven 39. **GPS:** n51,97414 o5,00254.
2 € 12 inklusive. **Lage:** Ländlich. **Untergrund:** befestigt.
Entfernung: 150M vor Ort vor Ort vor Ort.
Sonstiges: Max. 7M.

Maassluis 9B2
Camperplaats Maassluis, Govert van Wijnkade 50.
GPS: n51,91628 o4,24535.

3 kostenlos. kostenlos. **Untergrund:** asphaltiert.
01/01-31/12.
Entfernung: Zentrum 1Km 500M 1,2Km 450M vor Ort vor Ort. **Sonstiges:** Max. 48 Std.

Nieuwland 9C2
De Grienduil, Geer 25. **GPS:** n51,90106 o5,02622.

4 € 7-13 + € 1/pP Kurtaxe Ch WC inklusive.
Lage: Einfach, ruhig. **Untergrund:** Schotter. 01/01-31/12.
Entfernung: vor Ort 2km 4km vor Ort vor Ort.
Sonstiges: Ver-/Entsorgung im Winter limitiert.

Noordeloos 9C2
Huis den Dool, Botersloot 9. **GPS:** n51,91170 o4,95995.
3 € 12,50 Ch inklusive. **Lage:** Ländlich.
Entfernung: vor Ort vor Ort.
Sonstiges: Ladestation Elektrofahrräder.

Numansdorp 9C3
Fort Buitensluis, Fortlaan 10. **GPS:** n51,71727 o4,43866.
5 € 15 Ch inklusive. **Untergrund:** ungepflastert.
01/04-01/10.
Entfernung: 1,5Km 5Km vor Ort vor Ort 1,5Km vor Ort vor Ort.
Sonstiges: Am Hollands Diep, Golfplatz 3km.

Oud Beijerland 9C3
De Oude Tol, Randweg 31a. **GPS:** n51,82933 o4,39585.

4 kostenlos. **Lage:** Ländlich, einfach, abgelegen, ruhig.
Untergrund: asphaltiert.

01/01-31/12.
Entfernung: 2km vor Ort 100M vor Ort.
Sonstiges: Ankunft >16 Uhr, max. 24 Std.

Ouddorp 9B3
Drive-in Camperpark Klepperduinen, Vrijheidsweg 1.
GPS: n51,81724 o3,89850.

51 € 8,50-10,50/12 Std, € 15-18,50/24 Std + Kurtaxe € 0,95/pP, Hund € 2,50/Tag Ch (51x) € 4/24Std WC inklusive.
Lage: Ländlich, luxus, abgelegen, ruhig.
Untergrund: Wiese/befestigt.
Entfernung: 500M 1Km vor Ort vor Ort.

Pernis 9C2
Casa E Parking, Ring 156 -158. **GPS:** n51,88581 o4,39008.

5 € 15 Ch WC € 2/2 inklusive.
Untergrund: befestigt. 01/01-31/12.
Entfernung: Rotterdam 11km 300M 300M 100M.

Poeldijk 9B2
Booma Recreatie, Vredebestlaan 14b. **GPS:** n52,02464 o4,21242.

10 € 6 Ch inklusive (10x) € 2/Tag. **Lage:** Ländlich, einfach, ruhig. **Untergrund:** Schotter. 01/01-31/12.
Entfernung: 800M 50M 800M 800M 800M vor Ort vor Ort.

Sassenheim 9C2
Jachthaven Jonkman, Jonkman 1. **GPS:** n52,22074 o4,54476.

6 € 15 € 0,50 Ch € 1 WC € 0,50 € 5 inklusive.
Lage: Komfortabel. **Untergrund:** Wiese/Schotter. 15/03-01/11.
Entfernung: 2km 1km vor Ort vor Ort vor Ort 2km vor Ort.
Sonstiges: Anmelden beim Hafenmeister.

Schiedam 9C2
Doeleplein 1. GPS: n51,91972 o4,40111.

Südholland - Seeland

2 € 6,60. **Lage:** Städtisch, einfach, zentral, ruhig. **Untergrund:** befestigt. 01/01-31/12. **Entfernung:** 500M 1,5Km vor Ort vor Ort 500M 500M 500M. **Sonstiges:** Max. 72 Std.

Schiedam 9C2
Noordvest 40. **GPS:** n51,91926 o4,39372.

6 € 7. **Lage:** Städtisch, einfach, zentral, ruhig. **Untergrund:** befestigt. 01/01-31/12. **Entfernung:** Zentrum 100M. **Sonstiges:** Max. 72 Std.

Touristinformation Schiedam:
Het Jenever Museum, Lange Haven 74-76. Spirituosenherstellung. Di-So 12-17Uhr.
Lange Kerkstraat. Fr 9-16 Uhr.

Streefkerk 9C2
Camperplaats Streefkerk, Middenpolderweg 2a. **GPS:** n51,91266 o4,81287.
5 € 12,50 Ch WC inklusive. **Lage:** Ländlich. **Untergrund:** befestigt.

Strijensas 9C3
Jachthaven Strijensas, Sassendijk 6. **GPS:** n51,71472 o4,58735.

6 € 7 € 0,50/100Liter Ch € 2,50 WC € 1 inklusive. **Untergrund:** asphaltiert. 01/01-31/12. **Entfernung:** 500M vor Ort vor Ort vor Ort. **Sonstiges:** Max. 72 Std.

Vlaardingen 9C2
Parking Deltabrug, Oosthavenkade 81. **GPS:** n51,90364 o4,34769.

4 kostenlos. **Lage:** Städtisch, laut. **Untergrund:** befestigt. 01/01-31/12. **Entfernung:** 1Km vor Ort 50M 100M 500M. **Sonstiges:** Entlang der Bahnlinie, max. 48 Std.

Wijngaarden 9C2
't Koeiestalletje, Westeinde 26. **GPS:** n51,84378 o4,74631.

5 € 8 Ch Ver-/Entsorgung € 2 WC. **Lage:** Ländlich. **Untergrund:** befestigt. 01/01-31/12. So. **Entfernung:** 5Km 5Km 5Km vor Ort vor Ort. **Sonstiges:** Ladestation Elektrofahrräder, regionale Produkte.

Zevenhoven 9C2
Camperplaats Zevenhoven, Noordeinde 36. **GPS:** n52,19475 o4,77305.

5 € 10 inklusive. **Lage:** Ländlich, komfortabel. **Untergrund:** Wiese/befestigt. 01/01-31/12. **Entfernung:** 1Km 1Km vor Ort vor Ort.

Seeland

Axel 11B1
P Watertoren, Kinderdijk 4. **GPS:** n51,25972 o3,91028.

2 kostenlos. **Lage:** Städtisch, einfach, laut. **Untergrund:** befestigt. 01/01-31/12. **Entfernung:** 800M vor Ort vor Ort 500M vor Ort vor Ort. **Sonstiges:** Max. 24 Std.

Touristinformation Axel:
Noordstraat. Sa 8-16 Uhr.

Breskens 9A3
Roompot Recreatie, Nieuwe Sluisweg. **GPS:** n51,40193 o3,54420.

10 € 14 Ch inklusive WC. **Lage:** Ländlich, komfortabel, ruhig. **Untergrund:** befestigt. 01/01-31/12. **Entfernung:** 500M 400M 100M 100M vor Ort vor Ort. **Sonstiges:** Ver-/Entsorgung bei Camping Zeebad, Fähre nach Vlissingen 500m (Fußgänger/Fahrräder).

Graauw 11B1
Zandbergsestraat. **GPS:** n51,32519 o4,10420.

7 kostenlos. **Lage:** Ländlich, einfach, ruhig. **Untergrund:** Schotter/Sand. 01/01-31/12. **Entfernung:** 400M 400M vor Ort. **Sonstiges:** Max. 72 Std.

Groede 11A1
De Ploeg, Parking Zuid, Voorstraat 47. **GPS:** n51,38232 o3,51268.

40 € 5 17-10 Uhr, € 12,50/24 Std Ch (35x) € 2,50/Nacht WC. **Lage:** Komfortabel, zentral, ruhig. **Untergrund:** Schotterasen/befestigt. 01/04-01/10 22-7 Uhr. **Entfernung:** 100M 3Km 100M 100M 100m > Terneuzen vor Ort vor Ort. **Sonstiges:** Kaution € 10, Sanitär/Waschmaschine auf Campingplatz.

Groede 11A1
Strandcamping Groede, Zeeweg 1. **GPS:** n51,39632 o3,48719.

50 € 1/Std. **Lage:** Ländlich, einfach, ruhig. **Untergrund:** Schotter. 01/01-31/12. **Entfernung:** Groede 3km Sandstrand 200M 60M vor Ort vor Ort vor Ort. **Sonstiges:** Max. 1 Nacht.

Hansweert 9B3
Westhavendijk. **GPS:** n51,44483 o4,00629.

5 kostenlos. **Lage:** Ländlich, einfach, abgelegen, ruhig. **Untergrund:** asphaltiert. 01/01-31/12. **Entfernung:** 250M 4Km vor Ort 200M vor Ort vor Ort.

Hulst 11B1
Parkeerterrein Havenfort, Havenfort. **GPS:** n51,27700 o4,04912.

15 € 0,80/Std, Mo-Sa 9-17 Uhr, So 12-18 Uhr. **Untergrund:** befestigt. 01/01-31/12.

Seeland

Entfernung: 🚻vor Ort 🛒25M ⊗150M 💧150M 🅿200M ♻vor Ort ⛽vor Ort.
Sonstiges: Max. 72 Std, Läden am Sontag geöffnet.
Touristinformation Hulst:
ℹ VVV, Grote Markt 19, www.bezoekhulst.nl. Festungsstadt mit Stadtwällen, Läden So geöffnet.

Kamperland — 9B3
Camperpark Zeeland, Campensweg 5.
GPS: n51,57495 o3,65236.

102 🚐 € 14,50-19,50 ⛽ € 0,20/min 📶Ch (75x) € 4/24 Std,16Amp WC € 0,25/min 🚿 € 6/4 📡inklusive 🧺. **Lage:** Ländlich, komfortabel, luxus, ruhig. **Untergrund:** Wiese/Schotter.
📅 01/01-31/12. **Entfernung:** 🚻3Km 🏖2km 🎣50M ⊗100M 🅿4km ♻2km vor Ort ⛽vor Ort.

Kamperland — 9B3
Roompot Beach Resort, Mariapolderseweg 1.
GPS: n51,58972 o3,71666.

20 🚐 € 6 10-17U, € 14 17-10U ⛽ 📶Ch 🚿 WC € 4,50/1,20 📡.
Untergrund: asphaltiert. 📅 01/01-31/12.
Entfernung: 🚻3Km 🏖500M 🎣500M ⊗500M 💧500M 🅿1Km.

Kloosterzande — 11B1
Hulsterweg. **GPS:** n51,36555 o4,02121.

2 🚐kostenlos. **Lage:** Ländlich, einfach, zentral, ruhig.
Untergrund: befestigt. 📅 01/01-31/12.
Entfernung: 🚻500M ⊗80M 💧700M ♻vor Ort ⛽vor Ort.

Kruiningen — 9B3
Landwinkel de Plantage, Kaasgat 4a. **GPS:** n51,46865 o4,04445.

15 🚐 € 12,50 ⛽ 📶Ch 🚿 € 2,50/Nacht,10Amp WC 📡inklusive.
Untergrund: Wiese. 📅 01/01-31/12.
Entfernung: 🚻3Km 🏖3km 🎣3km ⊗3km 💧vor Ort 🅿1km ♻vor Ort ⛽vor Ort.

Kruiningen — 9B3
Den Inkel, Polderweg 12. **GPS:** n51,43485 o4,04448.
6 🚐 € 15-21 ⛽ 📶Ch 🚿 WC inklusive. 📅 01/01-31/12.

Middelburg — 9A3
Hof van Tange, Hof van Tange. **GPS:** n51,49688 o3,60474.

6 🚐 € 9,50, So/Feiertage kostenlos WC € 0,50.
Lage: Einfach, zentral, ruhig. **Untergrund:** Schotter/Sand.
📅 01/01-31/12 ⊗ 1. Woche Aug.
Entfernung: 🚻500M 🏖5Km ⊗500M 💧300M 🅿vor Ort ♻vor Ort ⛽vor Ort.
Sonstiges: Wohnmobile <6M, max. 48 Std.

Middelburg — 9A3
Oude Veerseweg. **GPS:** n51,50071 o3,62842.

5 🚐kostenlos ⛽ € 1 📶Ch 🚿 (4x) € 4. **Lage:** Komfortabel, zentral, ruhig. **Untergrund:** befestigt. 📅 01/01-31/12.
Entfernung: 🚻1Km 🎣100M ⊗500M 💧1Km 🅿vor Ort.

Middelburg — 9A3
Kanaalweg. **GPS:** n51,49432 o3,61519.

3 🚐 € 9,50. **Lage:** Städtisch, einfach, zentral, laut.
Untergrund: Beton. 📅 01/01-31/12.
Entfernung: 🚻500M 🏖vor Ort 🎣vor Ort 💧500M 🅿vor Ort.
Sonstiges: Max. 48 Std.

Oosterland — 9B3
Wok van Zeeland, Rijksweg 6. **GPS:** n51,65767 o4,05336.

3 🚐kostenlos. **Lage:** Einfach, abgelegen, laut.
Untergrund: asphaltiert. 📅 01/01-31/12.
Entfernung: 🚻2km ⊗vor Ort.
Sonstiges: Nur Übernachtungen.

Oostkapelle — 9A3
De Pekelinge, Landmetersweg 1. **GPS:** n51,55725 o3,55139.
20 🚐 € 18,50-27,50 ⛽ 📶Ch inklusive. 🐕 **Lage:** Einfach, abgelegen, ruhig. **Untergrund:** Schotter/Sand. 📅 27/03-01/11.
Entfernung: 🚻in der Nähe 🏖in der Nähe ⊗vor Ort 💧vor Ort.
Sonstiges: Ankunft >20 Uhr Abreise <10 Uhr, max. 1 Nacht.

Paal — 11B1
Jachthaven, Zeedijk van de van Alsteinpolder.
GPS: n51,35331 o4,10937.

Renesse — 9B3
Camping International, Scharendijkseweg 8.
GPS: n51,74030 o3,78967.

4 🚐kostenlos. **Lage:** Ländlich. **Untergrund:** asphaltiert/befestigt.
📅 01/01-31/12.
Entfernung: 🚻100M 🏖vor Ort 🎣vor Ort ⊗vor Ort 🅿vor Ort ⛽vor Ort.
Sonstiges: Max. 72 Std.

Renesse — 9B3
Camping International, Scharendijkseweg 8.
GPS: n51,74030 o3,78967.

20 🚐 € 20, 11/07-22/09 € 35 ⛽ 📶Ch (16x) WC inklusive 🚿 € 5/3,50 📡 € 2. **Lage:** Ländlich. **Untergrund:** befestigt.
📅 04/03-01/11.
Entfernung: 🚻1,5Km 🏖2,5Km 🎣vor Ort ⊗vor Ort 💧vor Ort 🅿1,5Km ♻vor Ort ⛽vor Ort.

Sas van Gent — 11B1
Kanaaleiland, Oostkade. **GPS:** n51,22527 o3,80246.

2 🚐kostenlos. **Untergrund:** befestigt.
Entfernung: 🚻100M ⊗100M 💧100M.
Sonstiges: Max. 24 Std.
Touristinformation Sas van Gent:
ℹ Keizer Karelplein. ⊙ Di 9-16 Uhr.

Terneuzen — 11B1
Oostsluis, Binnenvaartweg. **GPS:** n51,33555 o3,82117.

4 🚐kostenlos. **Lage:** Ländlich, einfach, abgelegen, ruhig.
Untergrund: Wiese/befestigt. 📅 01/01-31/12.
Entfernung: 🚻500M 🎣vor Ort ⊗500M 🅿200M ♻vor Ort ⛽vor Ort.
Sonstiges: Max. 24 Std.
Touristinformation Terneuzen:
👁 Portaal van Vlaanderen, Zeevaartweg 11. Interaktives Besucherzentrum im Schleusenkomplex, Führung und Rundgang.
ℹ Markt. ⊙ Sa 9-16 Uhr.

Tholen — 9B3
Jachthaven, Contre Escarpe 4. **GPS:** n51,53112 o4,22390.

Seeland - Nordbrabant

4 ⛺ € 10,50 + € 1/pP Kurtaxe 🚰🔌Ch.⚡ € 1,50/24Std WC 🚿 € 5 📶inklusive. **Untergrund:** befestigt. 🚽 01/01-31/12.
Entfernung: 🛒100M ⊗100M 🍴100M.
Sonstiges: Max. 72 Std.

| Vogelwaarde | 11B1 |

Populierenstraat. **GPS:** n51,32562 o3,97758. ⬆

2 ⛺kostenlos. **Lage:** Städtisch, einfach, ruhig. **Untergrund:** befestigt. 🚽 01/01-31/12.
Entfernung: 🛒1Km 🍴400M 🚰vor Ort 🚶vor Ort.

| Westdorpe | 11B1 |

De Baeckermat, Bernhardstraat. **GPS:** n51,22917 o3,82167. ⬆

2 ⛺kostenlos. **Lage:** Ländlich, einfach, ruhig. **Untergrund:** befestigt. 🚽 01/01-31/12.
Entfernung: 🛒500M 🚲vor Ort ⊗100M 🍴500M 🚗vor Ort 🚰vor Ort 🚶vor Ort.
Sonstiges: Max. 24 Std.

| Wolphaartsdijk | 9B3 |

Camping 't Veerse Meer, Veerweg. **GPS:** n51,54325 o3,81253. ⬆

7 ⛺ € 15/22 🚰🔌Ch.⚡ (5x) WC 🚿 am Campingplatz 📶am Campingplatz 📶inklusive. 🚿 **Lage:** Ländlich, komfortabel, abgelegen, ruhig. **Untergrund:** befestigt. 🚽 01/01-31/12. 🌡15/11-15/13. **Entfernung:** 🛒1,5Km ⚓100M 🍴100M 🍴100M 🚰vor Ort 🚶vor Ort.

| Zierikzee | 9B3 |

De Zandweg, Zandweg 30. **GPS:** n51,65691 o3,91210. ⬆

12 ⛺ € 12,50 🚰🔌Ch.⚡ (12x),10Amp 📶inklusive. 🚿
Lage: Ländlich, komfortabel, zentral, laut. **Untergrund:** asphaltiert. 🚽 01/01-31/12.
Entfernung: 🛒800M ⚓vor Ort 🚲vor Ort ⊗350M 🍴1Km 🚗350M

🚰vor Ort.
Sonstiges: Ver-/Entsorgung Passanten € 3.

Nordbrabant

| Asten | 11E1 |

Camperpark Wetland, Tureluurweg 7. **GPS:** n51,36687 o5,84214. ⬆➡

50 ⛺ € 9,60 2 Pers. inkl 🚰🔌Ch.⚡ (37x) € 1,50 WC 🚿 € 2/2 📶inklusive. **Lage:** Ländlich. **Untergrund:** Wiese/befestigt. 🚽 01/01-31/12.
Entfernung: 🛒2km ⚓4Km 🚲9Km 🍴5Km ⊗2km 🍴1,5Km 🚰vor Ort 🚶vor Ort.
Sonstiges: Gelegen im Naturpark De Groote Peel.

| Bakel | 9D3 |

Sporthal de Beek, De Beekakker 13a. **GPS:** n51,50061 o5,74377. ⬆

2 ⛺kostenlos. **Lage:** Städtisch, einfach. **Untergrund:** befestigt. 🚽 01/01-31/12.
Entfernung: 🛒500M 🚰vor Ort 🚶vor Ort.
Sonstiges: An der Sporthalle.

| Bergen op Zoom | 9B3 |

De Boulevard. **GPS:** n51,48405 o4,27941.

8 ⛺kostenlos. 🚽 01/01-31/12.
Sonstiges: Max. 72 Std.

| Bergen op Zoom | 9B3 |

De Boulevard Noord. **GPS:** n51,48735 o4,27708. ⬆

5 ⛺kostenlos. **Untergrund:** befestigt. 🚽 01/01-31/12.
Entfernung: 🛒1km ⚓3,8Km 🚲vor Ort ⊗vor Ort.
Sonstiges: Max. 72 Std. Auf der Höhe von Restaurant 'La Playa'.
Touristinformation Bergen op Zoom:
ℹ De Markiezenhof, Steenbergsestraat 8. Stadtpalast im späten 15. Jahrhundert erbaut. 🚽 Di-So 11-17 Uhr.

| Best | 9D3 |

Carpoolplaats De Wilg. **GPS:** n51,52106 o5,39423. ⬆

3 ⛺kostenlos. **Lage:** Autobahn, abgelegen. **Untergrund:** befestigt. 🚽 01/01-31/12.
Entfernung: 🛒500M 🍴150M 🚰vor Ort 🚶vor Ort.
Sonstiges: Max. 24 Std.

| Boxtel | 9D3 |

Dennenoord, Dennendreef 5. **GPS:** n51,59770 o5,28661. ⬆

4 ⛺ € 12,50 + € 1/pP Kurtaxe 🚰🔌Ch.⚡ WC 🚿 € 4 📶inklusive.
🚿 **Lage:** Ländlich, einfach, abgelegen. **Untergrund:** befestigt.
🚽 01/01-31/12.
Entfernung: 🛒4Km ⚓4Km.
Sonstiges: Max. 3 Nächte.

| Breda | 9C3 |

Nijverheidssingel 391. **GPS:** n51,58793 o4,76366.
6 ⛺ € 14. 🅿
Untergrund: befestigt. 🚽 01/01-31/12.
Entfernung: 🛒900M ⊗800M 🍴900M 🚗200M.
Touristinformation Breda:
ℹ VVV, Willemstraat 17-19, www.vvvbreda.nl. Viele historische Gebäude und Schlösser.

| Budel | 11D1 |

Camperplaats Budel, Heikantstraat 16. **GPS:** n51,26163 o5,59007.

25 ⛺ € 9,50 🚰🔌Ch.⚡ € 2,50/Tag,4Amp 📶inklusive. 🚽 01/01-31/12.
Lage: Städtisch. **Untergrund:** Schotterasen/Wiese.
Entfernung: 🛒800M ⚓2km 🚲600M ⊗800M 🍴800M 🚗600M 🚰vor Ort 🚶vor Ort.
Sonstiges: Max. 72 Std, Videoüberwachung, Grillplatz, Ladestation Elektrofahrräder.

| De Heen | 9B3 |

Akkermans leisure&golf, Heensemolenweg 23.
GPS: n51,60654 o4,24547. ⬆

5 ⛺ € 12,50 🚰🔌Ch.⚡ (16x) WC 📶inklusive 📶 🚿 🚿
Lage: Ländlich, komfortabel, abgelegen, ruhig.
Untergrund: asphaltiert/befestigt. 🚽 01/01-31/12.
Entfernung: ⊗vor Ort 🚰vor Ort 🚶vor Ort.

Nordbrabant

Drimmelen 9C3
Camperpark Jachthaven Biesbosch Drimmelen

- Gelegen beim Yachthafen
- Idealer Ausgangspunkt für Wanderungen und Radtouren
- Luxus-Wohnmobilpark

www.jachthavenbiesbosch.nl
info@jachthavenbiesbosch.nl

Camperpark Jachthaven Biesbosch, Nieuwe Jachthaven 5. **GPS:** n51,70750 o4,81008.
18 € 13,50, 15/06-15/09 € 16,50 Ch € 3/24 Std WC € 5/1,50 inklusive.
Untergrund: asphaltiert/Wiese. 01/01-31/12.
Entfernung: 1Km vor Ort 200M vor Ort vor Ort vor Ort.
Sonstiges: Grillplatz.

Eindhoven 9D3
P+R Meerhoven, Sliffertsestraat 304. **GPS:** n51,43507 o5,42444.

10 Ersten 24 Std € 3, dann € 5/24 Std Ch WC kostenlos.
Lage: Einfach. **Untergrund:** befestigt. 01/01-31/12.
Entfernung: 4Km vor Ort 200M 500M vor Ort vor Ort vor Ort.
Sonstiges: Fahrräder kostenlos zur Verfügung.

Escharen 9D3
Bar Bistro De Brouwketel, Hoogeweg 9. **GPS:** n51,74152 o5,73376.

15 kostenlos. **Untergrund:** Wiese. 01/01-31/12.

Etten-Leur 9C3
Jachthaven Turfvaart, Westpolderpad 6. **GPS:** n51,59512 o4,65102.

5 € 10, 01/04-01/10 € 15 € 0,50/100Liter Ch WC € 1 inklusive. **Untergrund:** Wiese/befestigt. 01/01-31/12.
Entfernung: 1,5Km vor Ort 500M.
Touristinformation Etten-Leur:
Mo-Morgen.

Geertruidenberg 9C3
WSV Geertruidenberg, Statenlaan 15. **GPS:** n51,70362 o4,86311.

8 € 10 Ch WC inklusive. **Lage:** Komfortabel, ruhig.
Untergrund: Schotter. 01/05-31/10.
Entfernung: 500M 3Km vor Ort vor Ort 500M.
Sonstiges: Max. 3 Tage, max. 9M, nur Bargeldzahlung.

Geertruidenberg 9C3
Statenlaan 2. **GPS:** n51,70333 o4,86333.

10 kostenlos. **Untergrund:** befestigt. 01/01-31/12.
Entfernung: 500M vor Ort vor Ort 500M.
Sonstiges: Max. 24 Std.

Gemert 9D3
St.Gerardusplein. **GPS:** n51,55354 o5,69109.

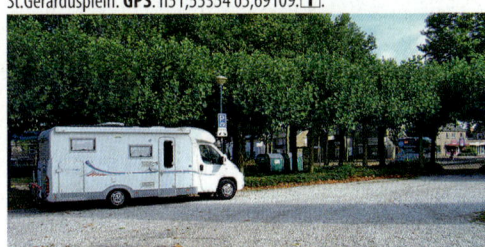

2 kostenlos. **Lage:** Städtisch, einfach. **Untergrund:** Schotter. 01/01-31/12.
Entfernung: vor Ort 300M 200M 100M vor Ort vor Ort.

Gemert 9D3
Koksehoeve, Koksedijk 25. **GPS:** n51,57380 o5,65846.

10 kostenlos, Einnahme einer Mahlzeit Pflicht. **Lage:** Ländlich, einfach, abgelegen, ruhig. **Untergrund:** befestigt. 01/01-31/12.
Entfernung: 2km.

Grave 9D3
Gemaal van Sasse/Kazematten, Mars en Wijthdijk. **GPS:** n51,76859 o5,73085.
2 kostenlos. **Lage:** Ländlich. **Untergrund:** befestigt. 01/01-31/12.
Entfernung: 2,5Km 2,5Km 2,5Km vor Ort vor Ort.

Grave 9D3
Het Arsenaal, Trompetterstraat. **GPS:** n51,75925 o5,73769.
1 kostenlos. **Untergrund:** befestigt. 01/01-31/12.
Entfernung: 200M 200M 50M 200M.

Heeswijk-Dinther 9D3
Hotel-Restaurant de Leygraaf, Meerstraat 45A. **GPS:** n51,66445 o5,47511.

4 € 11,20 WC inklusive € 2,50.
Lage: Ländlich, komfortabel. **Untergrund:** Wiese. 01/01-31/12.
Entfernung: 1,5Km 6Km vor Ort vor Ort vor Ort.
Sonstiges: Ankunft anmelden.

Helenaveen 9E3
Oude Hoeven, Soemeersingel 99. **GPS:** n51,40951 o5,90594.

5 € 7,50, 2 Pers. inkl Ch € 1,50.
Lage: Ruhig. **Untergrund:** Wiese. 01/04-01/11.
Entfernung: vor Ort vor Ort.
Sonstiges: Max. 72 Std, Geld in Umschlag in den Briefkasten.

Helmond 9D3
Parking Beatrixlaan, Beatrixlaan. **GPS:** n51,48100 o5,64870.

6 € 3/24 Std. **Lage:** Städtisch, einfach, ruhig.
Untergrund: befestigt. 01/01-31/12.
Entfernung: 300M 500M 300M 500M vor Ort vor Ort vor Ort.
Sonstiges: Schloss 500m.

Hoogerheide 9B3
METO parking, Huijbergseweg. **GPS:** n51,42318 o4,33452.
5 kostenlos. **Lage:** Einfach.
Untergrund: befestigt. 01/01-31/12.
Entfernung: 800M 800M 800M.

Hoogerheide 9B3
Fa. Broos, Buitendreef 4, De Kooi. **GPS:** n51,42522 o4,34656.

5 kostenlos (3x)kostenlos.
Lage: Ländlich, einfach, abgelegen. **Untergrund:** befestigt. 01/01-31/12.
Entfernung: 3Km 3Km 3Km 3Km vor Ort vor Ort.

Hulten 9C3
Restaurant Stad Parijs, Rijksweg 6. **GPS:** n51,56996 o4,96446.

Nordbrabant

15 🛏kostenlos 🚿 € 0,75. **Lage:** Ländlich, einfach, ruhig. **Untergrund:** asphaltiert. 📅 01/01-31/12. **Entfernung:** ⊗vor Ort. **Sonstiges:** Kostenlos, Einnahme einer Mahlzeit Pflicht.

Linden 9E3
Jachthaven 't Loo, Hardweg 15. **GPS:** n51,75182 o5,82740.

11 🛏 € 12,50-15 🔌Ch 💧 € 2,50/Tag WC 🚽 € 1 🚿€4/3 ♨inklusive. **Untergrund:** Wiese. 📅 01/01-31/12. **Entfernung:** 🚶vor Ort 🎣vor Ort 🚲vor Ort 🛒vor Ort 🍴vor Ort. **Sonstiges:** Anmelden beim Hafenmeister 9-12 Uhr, 15-18 Uhr, Kaution Schlüssel Sanitärgebäude € 20.

Nuenen 9D3
Sportpark RKSV Nuenen, Pastoorsmast 14. **GPS:** n51,46317 o5,56277.

5 🛏kostenlos 🚿. **Lage:** Ländlich, einfach, abgelegen. **Untergrund:** Wiese. 📅 01/01-31/12 ⊗ Juli. **Entfernung:** 🚶1,7Km 🎣800M 🚲900M. **Sonstiges:** Max. 5 Tage pro Monat.

Oijen 9D3
Speciaalbierbrouwerij Oijen, Oijensebovendijk. **GPS:** n51,81049 o5,53126.

3 🛏€ 10, für Gäste kostenlos 🔌💧inklusive. **Lage:** Ländlich, einfach, ruhig. **Untergrund:** Wiese/Schotter. 📅 01/01-31/12. **Entfernung:** 🚶vor Ort 🎣vor Ort 🚲vor Ort 🛒vor Ort 🍴vor Ort.

Oirschot 9D3
Camperplaats Oirschot, De Rijt. **GPS:** n51,50064 o5,32366.

28 🛏€ 13 🔌Chinklusive 💧 (28x) € 2. **Untergrund:** Schotter.

Entfernung: 🚶1Km 🎣vor Ort ⊗1Km 🚲900M. **Sonstiges:** Max. 72 Std.

Touristinformation Oirschot:
ℹ VVV, Sint Odulphusstraat 11, www.vvvoirschot.nl. Stadt mit 100 monumentalen Gebäuden, Rad- und Wanderwegen.
📅 01/01-31/12.
M Museum de Vier Quartieren, Sint Odulphusstraat 11. Heimatmuseum.
📅 Di-So 13-16.30 Uhr.

Oosteind 9C3
Camperplaats Oosteind, Ter Horst 19. **GPS:** n51,64705 o4,88326.

4 🛏 € 8 🔌Ch 💧inklusive. **Lage:** Ländlich, komfortabel, abgelegen. **Untergrund:** Wiese. 📅 01/01-31/12. **Entfernung:** 🚶2km 🎣1Km 🚲500M.

Oss 9D3
Van Venrooy Motorhomes, Galliersweg 39. **GPS:** n51,75981 o5,55642.

2 🛏kostenlos 💧kostenlos. **Untergrund:** befestigt. 📅 01/01-31/12.

Oss 9D3
Sportpark Rusheuvel. **GPS:** n51,77657 o5,52409.

🛏kostenlos. **Untergrund:** befestigt. 📅 01/01-31/12. **Entfernung:** 🚶750M ⊗750M 🚲AH 500m. **Sonstiges:** Max. 3 Nächte.

Oudenbosch 9C3
Het Oude Bossche veld, Moerdijksestraat 1. **GPS:** n51,59558 o4,54117.

15 🛏 € 15,20, Kurtaxe inkl 🔌Ch 💧inklusive. **Untergrund:** Wiese/befestigt. 📅 01/04-01/11. **Entfernung:** 🚶Zentrum 1Km 🎣600M 🚲1Km 🛒1Km 🍴vor Ort. **Sonstiges:** Max. 72 Std, reservieren möglich.

Overloon 9E3
Van Well, Roosendaalseweg 1. **GPS:** n51,56377 o5,91995.

15 🛏freiwilliger Beitrag 🔌Ch 💧 € 2. **Lage:** Ruhig. **Untergrund:** Wiese. 📅 01/01-31/12. **Entfernung:** 🚶2,5Km 🎣4Km ⊗2,5Km 🚲2,5Km vor Ort 🍴vor Ort.

Raamsdonksveer 9C3
De Uilendonck, Lageweg 8, Raamsdonk. **GPS:** n51,68540 o4,91380.

3 🛏kostenlos. **Lage:** Ländlich, einfach, abgelegen, ruhig. **Untergrund:** befestigt. 📅 01/01-31/12. **Entfernung:** 🚶1Km vor Ort.

Raamsdonksveer 9C3
Kloosterweg 1. **GPS:** n51,68908 o4,87582.

4 🛏kostenlos. **Untergrund:** befestigt. **Entfernung:** 🚶800M ⊗vor Ort 🚲800M. **Sonstiges:** Parkplatz am Sportpark.

Reusel 11D1
De Wekker, Wilhelminalaan 97. **GPS:** n51,36187 o5,17339.

5 🛏Kostenlos, Einnahme einer Mahlzeit Pflicht 🔌💧. **Lage:** Einfach, ruhig. **Untergrund:** Sand. 📅 01/01-31/12 ⊗ Di. **Entfernung:** ⊗vor Ort.

Roosendaal 9C3
Mobildrôme, Argon 31-33, Oud Gastel. **GPS:** n51,56333 o4,46278.

8 🛏kostenlos 🔌 € 0,50 💧Ch 💧 € 0,50. **Untergrund:** befestigt. **Entfernung:** 🚶2km 🎣1,1km 🚲2km.

Touristinformation Roosendaal:
🛒 Rosada, A17, afrit 19. Factory outlet.

Vessem 9D3

Eurocamping Vessem Vessem
- Idealer Ausgangspunkt für Wanderungen und Radtouren
- Komfortable Wohnmobilstellplatz
- Wlan

www.eurocampingvessem.com
info@eurocampingvessem.com

Eurocamping Vessem, Zwembadweg 1. **GPS:** n51,41197 o5,27490. 40 € 7, 19/03-31/10 € 10 € 1/80Liter Ch € 0,60/kWh € 0,50 € 1/Tag. **Lage:** Ländlich. **Untergrund:** Wiese. 01/01-31/12. **Entfernung:** 1,5Km 7Km 5Km vor Ort 1,5Km vor Ort 300M vor Ort vor Ort.

Vianen 9E3
Ons Plekske, Berkenkamp 59. **GPS:** n51,71602 o5,84489. 25 € 10 Ch WC inklusive. **Lage:** Komfortabel, luxus, ruhig. **Untergrund:** Wiese. **Entfernung:** vor Ort 3,5Km 2,6Km 2,6Km vor Ort vor Ort. **Sonstiges:** überwachter Parkplatz 24/24.

Wijk en Aalburg 9D3
Bakkerij Hardeman, Torenstraat 4. **GPS:** n51,75976 o5,13123.

5 € 3 Ch € 2 WC € 7,50 inklusive. 01/01-31/12. **Entfernung:** vor Ort vor Ort.

Zundert 9C3
Museum de Scooter, Heischoorstraat 4. **GPS:** n51,49025 o4,64532.

10 € 10 Ch WC inklusive. 01/01-31/12. **Entfernung:** 2,8Km A1 7Km vor Ort vor Ort. **Sonstiges:** Reservieren mit Blumenkorso: museum@lambretta-nl.net.

Limburg

Afferden 9E3
Roland, Rimpelt 17. **GPS:** n51,63766 o6,03035. 40 € 8 Ch (20x) € 2/Tag WC inklusive € 0,50 € 4,50/2,50 € 5/Tag. **Lage:** Ländlich. **Untergrund:** Wiese. 15/03/2017-01/11. **Entfernung:** 1,5Km 1Km 300M 1,5Km 2km vor Ort vor Ort. **Sonstiges:** Hund € 3, Sanitär/Waschmaschine auf Campingplatz.

Brunssum 11E1
Schutterspark P1, Heidestraat 20. **GPS:** n50,94582 o5,98385.

10 kostenlos. **Untergrund:** befestigt. 01/01-31/12. **Entfernung:** 1,5Km 100m Schutershuuske. **Sonstiges:** Max. 72 Std, Barfußpfad.

Gennep 9E3
Martinusplein. GPS: n51,69985 o5,97206.

5 kostenlos. **Lage:** Städtisch, einfach, ruhig. **Untergrund:** befestigt. 01/01-31/12. **Entfernung:** 100M 4,6Km 200M 150M Bäckerei 100M, Supermarkt 250M vor Ort vor Ort. **Sonstiges:** Max. 72 Std.

Gronsveld 11D2
A2 Campeercentrum, Veilingweg 13. **GPS:** n50,80632 o5,72201. 4 kostenlos. 01/01-31/12. **Entfernung:** 500M 1,1Km. **Sonstiges:** Gewerbegebiet, nur Übernachtungen.

Grubbenvorst 9E3
Het Kompas, Meerlosebaan 7. **GPS:** n51,42861 o6,12889.

38 € 10 Ch (39x), 4Amp inklusive. **Lage:** Ländlich. **Untergrund:** Wiese/Schotter. 01/03-30/11. **Entfernung:** 2km 500M 2km 2km 1Km vor Ort vor Ort. **Sonstiges:** Geld in Umschlag in den Briefkasten.

Heel 11E1
De Tump, Heelderweg 13. **GPS:** n51,17698 o5,88315.

5 € 7. **Untergrund:** Wiese. 01/05-31/10. **Entfernung:** 1km vor Ort. **Sonstiges:** Max. 48 Std.

Ittervoort 11E1
Camperplaats Ittervoort, Brigittastraat 31. **GPS:** n51,17565 o5,82228.

15 € 10, 2 Pers. Inkl. Ch inklusive € 2,50 WC € 1/Tag. **Lage:** Ländlich, einfach. **Untergrund:** Wiese. 01/01-31/12. **Entfernung:** Ittervoort 500m, Thorn 2km 2,6Km vor Ort Jan Linders 750m. **Sonstiges:** Weingut Thorn 600m.

Kessel 11E1
Hazenakkerweg 1. **GPS:** n51,29856 o6,05009. 18 € 12, Kurtaxe inkl Ch (18x) € 2,50/24Std WC inklusive. **Lage:** Ländlich. **Untergrund:** asphaltiert/Wiese. 01/01-31/12. **Entfernung:** Zentrum 200M 10Km 100M 200M 500M 300M vor Ort vor Ort. **Sonstiges:** Max. 8M.

Landgraaf 11E1
Camperplaats Landgraaf, Casinolaan 6. **GPS:** n50,87294 o6,02205. 28 € 15 € 0,50/50Liter Ch (18x) € 0,50/kWh. **Lage:** Ländlich. **Untergrund:** Wiese/Schotter. 01/04-31/12. **Entfernung:** 300M 1,5Km 300M 300M 300M 50M 50M 250M.

Landgraaf 11E1
De Watertoren, Kerkveldweg 1. **GPS:** n50,91016 o6,07300.

6 € 10, Hauptsaison € 15 + € 0,90/pP Kurtaxe € 1/90Liter Ch inklusive. **Lage:** Einfach, abgelegen, ruhig. **Untergrund:** Wiese/Schotter. 01/01-31/12. **Entfernung:** 2km.

Maasbree 11E1
Camperplaats Rooth, Rooth. **GPS:** n51,36820 o6,08374. 15 € 12 Ch (18x) WC **Lage:** Ländlich, komfortabel. **Untergrund:** Wiese/Sand. 01/04-01/11. **Entfernung:** 3Km 4Km 2km 500M 3Km 700M vor Ort vor Ort. **Sonstiges:** Max. 72 Std.

Maasbree 11E1
Restaurant Boszicht, Provincialeweg 2. **GPS:** n51,36395 o6,07980.

3 Kostenlos, Einnahme einer Mahlzeit Pflicht. **Lage:** Einfach, laut. **Untergrund:** Schotter. **Entfernung:** 2km 2km vor Ort.

Limburg

Maastricht 11D2
Camperplaats Maastricht Maastricht

- Idealer Ausgangspunkt für Wanderungen und Radtouren
- Gute Lage für einen Stadtbesuch
- Ganzjährig geöffnet

www.camperplaatsnederland.nl
info@camperplaatsnederland.nl

Camperplaats Maastricht, Bosscherweg 35. **GPS**: n50,87553 o5,68018. 100 € 15 € 0,50/50Liter Ch (67x) € 0,50/kWh,16Amp. **Untergrund**: Wiese/Schotter. 01/01-31/12. **Entfernung**: 2,9Km 100M 800M 600M 50M vor Ort vor Ort.

Maastricht 11D2
Maastricht Marina, Hoge Weerd 20. **GPS**: n50,82389 o5,69944.

20 € 18 Ch (20x),6Amp WC € 3,50/2,50 inklusive. **Untergrund**: Schotter/befestigt. 03/02-31/12. **Entfernung**: 1,5Km 2,8Km 50M 50M 50M 1,5Km 800M vor Ort vor Ort. **Sonstiges**: Ankunft <19 Uhr.

Meijel 11E1
Nieuwehof, Vieruiterstn 25. **GPS**: n51,35410 o5,89717. 29 € 10 + € 1/pP Kurtaxe Ch WC inklusive auf Anfrage. **Lage**: Ländlich, komfortabel, ruhig. **Untergrund**: Wiese/Sand. 01/01-31/12. **Entfernung**: 1,8Km 14Km vor Ort vor Ort.

Milsbeek 9E3
Toeristisch knooppunt de Diepen, Zwarteweg 60. **GPS**: n51,73788 o5,95510.

4 kostenlos. **Untergrund**: Wiese/Sand. **Entfernung**: vor Ort. **Sonstiges**: Neben Eethuis de Diepen.

Neer 11E1
Jachthaven Hanssum, Hanssum 40b. **GPS**: n51,25778 o6,00361.

12 € 12,50 Ch WC € 0,50. **Untergrund**: Wiese/befestigt. **Entfernung**: 3Km vor Ort 200M. **Sonstiges**: Max. 48 Std, Ver-/Entsorgung beim Passantenhafen.

Neer 11E1
Café Restaurant Boothuis de Troost, Hanssum 47. **GPS**: n51,25964 o6,00380.

4 € 7,50, für Gäste kostenlos. **Untergrund**: befestigt.

Nieuw Bergen 9E3
Camperplaats Bos&Heide, Op de Paal 4. **GPS**: n51,59008 o6,07269.

25 € 6,50 + € 1/pP Kurtaxe inklusive Ch (15x) € 2 WC. **Untergrund**: Wiese. 01/03-31/10. **Entfernung**: 1,5Km 2Km 1,5Km 1,5Km. **Sonstiges**: Gelegen im Naturpark Maasduinen.

Ottersum 9E3
Bier-Café Restaurant Old Inn, Siebengewaldseweg 13. **GPS**: n51,68935 o6,00728.

20 kostenlos. **Untergrund**: befestigt. 01/01-31/12.

Plasmolen 9E3
Eldorado, Witteweg 18. **GPS**: n51,73284 o5,91639.

13 € 14,50-17 + € 1/pP Kurtaxe € 0,50/100Liter Ch (13x) € 0,50/kWh WC inklusive € 1 € 3 € 5/24Std. **Lage**: Ländlich, komfortabel, ruhig. **Untergrund**: Wiese. 01/01-31/12 Ver-/Entsorgung: Winter. **Entfernung**: 200M 8Km vor Ort vor Ort 200M 200M vor Ort vor Ort. **Sonstiges**: Anmelden bei Eldorado Boatshop Witteweg 9, max. 72 Std.

Sittard 11E1
De Nieuwe Hateboer, Sportcentrumlaan. **GPS**: n51,00794 o5,88150.

10 kostenlos. Ch WC Sanitärnutzung beim Schwimmbad. **Untergrund**: asphaltiert. 01/01-31/12. **Entfernung**: 2km 6,2km 2km 2km 100M vor Ort.

Sonstiges: Am Schwimmbad, anmelden mit SMS (Nummernschild) +31 6 27 82 55 82, max. 48 Std.

Thorn 11E1
Waterstraat. **GPS**: n51,15860 o5,84403.

3 € 2,50/9-18 Uhr. **Untergrund**: Schotter. 01/01-31/12. **Entfernung**: 150M 150M. **Sonstiges**: Max. 24 Std.

Touristinformation Thorn:
VVV, Wijngaard 14, www.lekker-genieten.nl. Die weiße Stadt, mit historischen Kern und gotischen Stiftskirche.

Valkenburg 11E2
Camperplaats Valkenburg Valkenburg aan de Geul

- Gute Lage für einen Stadtbesuch
- Gepflasterte und ebene Stellplätze
- Schwimmbad inklusive

www.camperplaatsvalkenburg.nl
info@camperplaatsvalkenburg.nl

Camperplaats Valkenburg aan de Geul, Heunsbergerweg 1. **GPS**: n50,86037 o5,83148. 40 € 15-25 € 1/100Liter Ch (30x) € 0,60/kWh,16Amp WC inklusive € 0,70 € 4,75/2,25 € 2,50/24 Std. **Lage**: Ländlich, komfortabel, ruhig. **Untergrund**: Wiese/befestigt. 01/01-31/12. **Entfernung**: 500M 2km 1,5Km 1,5Km vor Ort 500M 500M vor Ort vor Ort. **Sonstiges**: Maastricht 15Km.

Valkenburg 11E2
Burgemeester Henssingel. **GPS**: n50,86361 o5,83725.

6 € 1,70/Std, max. € 7. **Untergrund**: befestigt. 01/01-31/12. **Entfernung**: 300M.

Touristinformation Valkenburg:
VVV, Th.Dorrenplein 5, www.vvvzuidlimburg.nl. Populärer Ferienort.
Gemeentegrot, Cauberg 4. Mergelgrube.
Steenkolenmijn, Daalhemerweg 31. Stollen-Besichtigung.
01/04-30/11 10-17 Uhr, 01/11-07/01 + Wochenende, Führung 12 Uhr, 13 Uhr, 14 Uhr und 15 Uhr.

Venlo 9E3
De Boswesels, Weselseweg/Kikvorstraat. **GPS**: n51,39270 o6,19990.

16 🅿 € 12 🚰 🗑 Ch 🔌 (16x) 📶 inklusive. 🚿
Lage: Einfach. **Untergrund:** Wiese. ⏲ 01/04-01/11.
Entfernung: 🛒 1Km 🍞 500M 🍴 1,8Km.

| ⛽ S | Venlo 🌼 | 9E3 |

WSV De Maas, Jachthavenweg 50. **GPS**: n51,39245 o6,14854. ⬆.

20 🅿 € 13 🚰 🗑 🔌 € 2,10Amp WC 🚽 € 3/2 📶 inklusive.
Untergrund: befestigt. ⏲ 01/03-30/11.
Entfernung: 🛒 Venlo Zentrum 4Km 🍞 3,5Km 🍴 vor Ort 🚌 500M.
Sonstiges: Max. 48 Std, anmelden beim Hafenmeister, Fahrräder kostenlos zur Verfügung, freie Fähre zum Zentrum.

| ⛽ S | Weert 🌼 | 11D1 |

Suffolkweg Zuid 30. **GPS**: n51,25435 o5,69283. ⬆.

20 🅿 € 12 🚰 🗑 Ch inklusive 🔌 € 2. **Untergrund:** Schotter/befestigt.
Sonstiges: Max. 72 Std.

| ⛽ S | Well 🌼🌳 | 9E3 |

Camperplaats De Wellsche Hut, Wezerweg 13.
GPS: n51,58687 o6,12344. ⬆.

18 🅿 € 10 🚰 🗑 Ch 🔌 WC inklusive 🚿.
Untergrund: befestigt. ⏲ 01/01-31/12.
Entfernung: 🛒 4Km 🍞 6Km 🍴 vor Ort.
Sonstiges: Mountainbike- Strecke, Hunde angeleint, naturpark Maasduinen.

| ⛽ S | Well 🌼🌳 | 9E3 |

Jachthaven 't Leuken, De Kamp 7a. **GPS**: n51,56361 o6,06360. ⬆.

30 🅿 € 10 🚰 🗑 Ch 🔌 WC inklusive. **Lage:** Einfach, ruhig.
Untergrund: Wiese. ⏲ 01/04-01/11.
Entfernung: 🛒 Well 2km 🍞 11Km 🏊 vor Ort 🍴 vor Ort 🍞 vor Ort 🚲 vor Ort ⛺ vor Ort.
Sonstiges: Wander- und Radwegen, Wassersportgebiet.

🇳🇴 Norwegen

Hauptstadt: Oslo
Staatsform: Erbmonarchie
Amtssprache: Norwegisch
Einwohnerzahl: 5.269.000 (2014)
Fläche: 381.155 km²

Allgemeine Informationen
Telefonvorwahl: 0047
Allgemeine Notrufnummer: 112
Währung: Norwegische Krone (NOK)
€ 1 = NOK 8,96, NOK 1 = € 0,11 (Oktober 2016)
Kreditkarten werden fast überall akzeptiert.

Freies Übernachten im Wohnmobil
Übernachten unter freiem Himmel ist auf offenem Land überall erlaubt, solange man mindestens 150 Meter Abstand zum nächsten Haus oder zur nächsten Hütte einhält.

Für Übernachtung auf einem Campingplatz ist ein Campingkarte erforderlich,p Camping Key Europe. Dies ist auf dem Campingplatz zu verkaufen für 160 NOK (ca. € 17,85) und gültig für 1 Jahr.

Gesetzliche Feiertage 2017
14. April Karfreitag
17. April Ostermontag
17. Mai Nationalfeiertag
5. Juni Pfingstmontag
29. Juli Sankt Olav

Zeitzone
Winterzeit GMT+1 - Sommerzeit GMT+2

Nordnorwegen

Båstad — 3A2
Eggumsveien. GPS: n68,30729 o13,65160.
30 NOK 100 WC. **Lage:** Ländlich, abgelegen, ruhig.
Untergrund: asphaltiert.
Entfernung: vor Ort, vor Ort.
Sonstiges: Anmelden bei cafe.

Bodø — 3A3
Bobilparkering Sentrum, Hålogalandsgata 11.
GPS: n67,27866 o14,41026.
4 NOK 10/Std, übernachten kostenlos Ch kostenlos. 01/01-31/12.
Entfernung: 500M.

Botnhamn — 3A2
Sjark- Og Småbåtforening. GPS: n69,50743 o17,90753.
5 NOK 75 Ch NOK 50. **Untergrund:** Beton.
Entfernung: vor Ort, vor Ort, vor Ort, vor Ort.

Brønnøysund — 4B1
Brønnøy havn, Havnegata. GPS: n65,47271 o12,20725.
kostenlos. **Untergrund:** Schotter. 01/01-31/12 Schnee.
Entfernung: vor Ort, vor Ort, vor Ort.
Sonstiges: Im Einkaufszentrum.

Brønnøysund — 4B1
Statiol, Valveien 48. GPS: n65,47919 o12,21634.
NOK 130 Ch.
Entfernung: vor Ort, vor Ort, 200M.
Sonstiges: Hinter Tankstelle.

Evenes — 3A2
Evenes Lofoten, Nerveien 654. GPS: n68,45810 o16,70223.

Fauske — 3A3
Fauske Parkering AS. GPS: n67,25741 o15,38421.

10 NOK 170 Ch inklusive (10x) NOK 30/Tag WC.
Lage: Ländlich, einfach. **Untergrund:** Schotter. 01/01-31/12.
Entfernung: vor Ort, vor Ort, vor Ort. **Sonstiges:** Geld in Umschlag in den Briefkasten, Saunabenutzung kostenpflichtig.

NOK 150 Ch inklusive.
Untergrund: asphaltiert. kein Wasser im Winter.
Entfernung: 700M, vor Ort, vor Ort, vor Ort.
Sonstiges: Max. 24 Std, Geld in Umschlag in den Briefkasten.

Fiskåbygd — 4A3
Statoil, Van ylven. GPS: n62,08607 o5,57917.

6 kostenlos Ch.
Lage: Ländlich, einfach, einfach. **Untergrund:** asphaltiert. 01/01-31/12.
Entfernung: vor Ort, vor Ort, vor Ort, 300M, 100M.
Sonstiges: An der Tankstelle, max. 3 Tage.

Hammerfest — 3B1
Jernbanetrasken. GPS: n70,66290 o23,67571.
Entfernung: 300M.
Sonstiges: Hinter dem Hotel.

Hattfjelldal — 4C1
RV 73. GPS: n65,59578 o13,99090.
60 kostenlos Ch kostenlos. **Untergrund:** asphaltiert.
Entfernung: 100M.

Hovden — 3A3
Hovden-Halsa, E 17. GPS: n66,72466 o13,69884.

10 kostenlos Ch WC kostenlos. **Lage:** Ländlich, einfach.

Nordnorwegen - Trøndelag

Untergrund: asphaltiert. 01/01-31/12.
Entfernung: 10Km vor Ort vor Ort vor Ort.

Husøy i Senja 3A2
Fylkesveg. GPS: n69,54522 o17,67056.
6 NOK 100.
Entfernung: vor Ort vor Ort.

Innhavet 3A2
Innhavet bobilparkering. GPS: n67,96367 o15,92576.

NOK 100 Ch NOK 30.
Untergrund: Schotter. 01/01-31/12.
Entfernung: vor Ort vor Ort vor Ort 150M.

Jøkelfjord 3B1
Jøkelfjord Bobilcamping. GPS: n70,06207 o21,92987.
10 NOK 100 Ch NOK 50.
Entfernung: vor Ort vor Ort.

Kabelvåg 3A2
Kabelvåg Feriehus & Camping, Mølnosveien.
GPS: n68,21747 o14,44541.
25 NOK 240 Ch NOK 40 NOK 50.
Untergrund: Schotter/befestigt. 01/01-31/12.
Entfernung: 2,5Km vor Ort vor Ort.
Sonstiges: Kanoverleih.

Kirkenes 3C1
Havneveien. **GPS:** n69,72754 o30,07291.

kostenlos Ch. **Untergrund:** asphaltiert.
Entfernung: 1Km vor Ort vor Ort 100M.

Kleppstad 3A2
Lofoten Bobilcamping, Lyngvær. **GPS:** n68,22915 o14,21571.
NOK 125 NOK 40 WC. 01/05-15/09.
Entfernung: vor Ort.

Lødingen 3A2
Båtforeningen. GPS: n68,41249 o16,00871.
NOK 120 (18x)NOK 30 WC NOK 20. **Untergrund:** Wiese/Schotter.
Entfernung: vor Ort vor Ort 1Km 1Km.
Sonstiges: Geld in Umschlag in den Briefkasten.

Melbu 3A2
Melbu Båtforenings, Neptunveien. **GPS:** n68,49493 o14,81248.
NOK 100 inklusive. **Untergrund:** asphaltiert.
Entfernung: vor Ort vor Ort 900M.

Mo i Rana 3A3
E6. **GPS:** n66,30462 o14,12296.
Ch.

Narvik 3A2
Turist Parking, Brugata. **GPS:** n68,44172 o17,41705.
kostenlos. **Untergrund:** asphaltiert.

Oksfjordhamn 3B1
Oksfjord Båtforening. GPS: n69,90620 o21,32404.
NOK 100 Ch WC. **Untergrund:** Schotter.

Skaland 3A2
Senjatrollet, Finnsæter. **GPS:** n69,41020 o17,26334.
20 kostenlos Ch. **Lage:** Abgelegen.

Skutvik 3A3
Skutvik Båtforening. GPS: n68,01368 o15,33414.
NOK 100. **Untergrund:** Wiese.
Entfernung: vor Ort vor Ort.

Sommarøy 3A2
Skipsholmvegen. **GPS:** n69,63335 o17,99490.
freiwilliger Beitrag Ch. **Untergrund:** Schotter.

Entfernung: 1Km vor Ort vor Ort 800M.
Sonstiges: Am Strand.

Stokkvågen 3A3
Grønsvik Kystfort, Aldesundveien R 17. **GPS:** n66,34991 o13,00156.

8 kostenlos WC. **Lage:** Ländlich, einfach.
Untergrund: asphaltiert. 01/01-31/12.
Entfernung: vor Ort 300M vor Ort.

Storforshei 3A3
Polarsirkel-Senteret, Saltfjellet. **GPS:** n66,55175 o15,32134.
kostenlos. **Lage:** Abgelegen, ruhig. **Untergrund:** asphaltiert.

Stø 3A2
Stø Bobilcamp. GPS: n69,01984 o15,10762.
13 NOK 180 Ch WC. **Untergrund:** Schotter.
01/05-15/09. **Entfernung:** vor Ort vor Ort vor Ort.

Svolvær 3A2
Bobilcamp Svolvær, Purkholmen. **GPS:** n68,22733 o14,56016.

30 NOK 250 Ch WC inklusive. **Lage:** Städtisch, einfach. **Untergrund:** Schotter/befestigt. 01/01-31/12.
Entfernung: 200M vor Ort 200M 200M 200M vor Ort.

Svolvær 3A2
Vestfjord Hotell Lofoten, Fiskergata 46. **GPS:** n68,22949 o14,56492.

28 NOK 250 (34x) WC inklusive NOK 5.
Entfernung: 200M vor Ort vor Ort 400M 250M 2km 2km.

Utskarpen 3A3
Flostrandveien. **GPS:** n66,31917 o13,31009.

7 kostenlos. **Lage:** Ländlich. **Untergrund:** asphaltiert/Wiese.
Entfernung: vor Ort vor Ort vor Ort.

Utskarpen 3A3
Flostrandveien. **GPS:** n66,31387 o13,28420.

Vestpollen 3A2
Vestpollen, E10. **GPS:** n68,31583 o14,71576.

8 kostenlos.
Lage: Ländlich, einfach. **Untergrund:** asphaltiert. 01/01-31/12.
Entfernung: 3Km vor Ort vor Ort.

Vevelstad 4B1
Steinmo Bobilparkering, Fv17. **GPS:** n65,60550 o12,36637.
NOK 100. **Lage:** Abgelegen, ruhig. **Untergrund:** Wiese/Schotter.
Entfernung: vor Ort vor Ort.

Øvergård 3B2
Hatteng, E 6. **GPS:** n69,27228 o19,93653.

12 kostenlos Ch WC. **Lage:** Ländlich, einfach.
Untergrund: befestigt. 01/01-31/12.
Entfernung: 4Km vor Ort vor Ort 4Km.

Trøndelag

Grong 4B1
Fv391. **GPS:** n64,46587 o12,31143.

5 kostenlos. **Untergrund:** asphaltiert.
Entfernung: 100M 100M 400M.
Sonstiges: Picknickplatz.

Heimdal 4B2
Sandmoen Bobilparkering, Sandmoflata 6.
GPS: n63,33155 o10,35678.

26 NOK 100-200 Ch (13x)NOK 100 WC kostenlos NOK 20 NOK 50/24 Std.
Lage: Einfach, laut. **Untergrund:** asphaltiert. 01/01-31/12.
Entfernung: vor Ort.
Sonstiges: Anmelden an der Rezeption, Frühstückservice.

Inderøy 4B2
Inderøy Bobilcamp, Sakshangvegen. **GPS:** n63,87790 o11,26847.

Trøndelag - Westnorwegen

14 NOK 100 kostenlos. Lage: Ländlich, einfach, abgelegen, ruhig. Untergrund: Schotter. 01/01-31/12.
Entfernung: 1,5Km 300M vor Ort.
Sonstiges: Bezahlung bei restaurant.

Inderøy 4B2
Kjerknesvågen Kai, Vågavegen 650. GPS: n63,91311 o11,19049.

10 NOK 200 Ch WC inklusive NOK 20.
Lage: Einfach, ruhig. Untergrund: Schotter.
01/01-31/12 1. und 3. Wochenende Juli.
Entfernung: vor Ort vor Ort.

Leksvik 4B2
Hammerbergvegen. GPS: n63,66747 o10,61449.

14 NOK 150 inklusive.
Lage: Städtisch, einfach. Untergrund: asphaltiert.
01/01-31/12.
Entfernung: 500M vor Ort vor Ort vor Ort 1Km.
Sonstiges: Bezahlung bei restaurant.

Oppdal 4B2
Trollheimsporten Turistsenter, Festa. GPS: n62,61610 o9,47695.

8 NOK 150 Ch WC inklusive NOK 10/4Minuten.
Lage: Ländlich, komfortabel, ruhig. Untergrund: asphaltiert.
Entfernung: 12Km vor Ort vor Ort vor Ort.
Sonstiges: Sauna inkl..

Rennebu 4B2
Berkåk Veikro, Mjuklivelen 1. GPS: n62,83215 o10,01117.

8 NOK 200 Ch kostenlos WC NOK 50. Lage: Städtisch, einfach, laut. Untergrund: Schotter. 01/01-31/12.
Entfernung: vor Ort vor Ort 100M.

Rinnan 4B2
Rinnleirets Bobilcamp, E 6. GPS: n63,76421 o11,43589.

50 NOK 150 Ch (16x) inklusive WC. Lage: Ländlich, einfach.
Untergrund: Schotter. 01/01-31/12.
Entfernung: vor Ort vor Ort vor Ort.
Sonstiges: Geld in Umschlag in den Briefkasten.

Trofors 4B1
Store Svenningvatn. GPS: n65,32528 o13,37714.
NOK 80. Lage: Ländlich, abgelegen, ruhig. Untergrund: Schotter.
Entfernung: Trofors 25km vor Ort vor Ort.
Sonstiges: Geld in Umschlag in den Briefkasten.

Trondheim 4B2
Øya Stadion, Klostergata. GPS: n63,42565 o10,38172.

20 kostenlos.
Lage: Städtisch, einfach. Untergrund: asphaltiert. 01/01-31/12.
Entfernung: 1Km 100M vor Ort 1Km 200M.
Sonstiges: Am Stadion, max. 24 Std.

Westnorwegen

Ålesund 4A2
Hjelsetgaarden Motorhome, Sorenskriver Bullsgate.
GPS: n62,47670 o6,16110.

45 NOK 160 (30x) WC inklusive.
Lage: Städtisch, komfortabel. Untergrund: asphaltiert.
01/01-31/12.
Entfernung: vor Ort vor Ort vor Ort 50M 150M 200M.

Åndalsnes 4A2
Rauma, Isfjordsvegen. GPS: n62,56659 o7,69109.

20 kostenlos.
Lage: Städtisch, einfach. Untergrund: asphaltiert. 01/01-31/12.
Entfernung: 300M 100M 100M 200M 300M.
Sonstiges: Walsafari.

Askvoll 4A3
Askvoll Småbåtlag, Rv608. GPS: n61,34679 o5,06360.

15 NOK 125 Ch NOK 35 WC NOK 10 NOK 50.
Lage: Einfach, ruhig. Untergrund: Schotter.
01/01-31/12.
Entfernung: 300M vor Ort vor Ort vor Ort 300M.

Austrheim 4A3
Mastrevikane. GPS: n60,78886 o4,93870.
Untergrund: asphaltiert.
Entfernung: 1Km vor Ort vor Ort.

Austrheim 4A3
Kjelstraumen vertshus, Austrheimsvegen. GPS: n60,79825 o4,93908.
20 NOK 150 (15x) WC.
Entfernung: vor Ort vor Ort 300M.

Averøy 4A2
Atlanterhavsveien. GPS: n63,01244 o7,42807.

15 NOK 210 NOK 20 Ch NOK 30 WC NOK 20/20.
Lage: Ländlich, komfortabel. Untergrund: Schotter.
Entfernung: vor Ort vor Ort vor Ort vor Ort.
Sonstiges: Bootsverleih.

Bergen 4A3
Bergenshallen, Vilhelm Bjerknes vei 24. GPS: n60,35421 o5,35876.

28 NOK 150/24 Std Ch inklusive.
Lage: Städtisch, einfach. Untergrund: asphaltiert. 01/05-31/08.
Entfernung: 5km 500M vor Ort.
Sonstiges: Max. 48 Std.

Bokn 5A1
Langtid, Langtid. GPS: n59,16978 o5,45382.

25 kostenlos. Lage: Ländlich, einfach. Untergrund: befestigt.
01/01-31/12.
Entfernung: 100M 100M.
Sonstiges: Parkplatz bei der Fähre.

Bokn 5A1
Føresvikvegen 580. GPS: n59,23255 o5,43919.
4 (2x) NOK 50. Lage: Ländlich, einfach.
Untergrund: asphaltiert. 01/01-31/12.
Entfernung: vor Ort vor Ort vor Ort.
Sonstiges: Am Supermarkt.

Bremanger 4A3
Iglandsvik Marina. GPS: n61,83631 o4,93487.

Westnorwegen

20 🅿️NOK 200 ⚡inklusive 💧NOK 30/40. 🚻
Lage: Einfach, ruhig. **Untergrund:** Schotter.
📅 01/01-31/12.
Entfernung: 🚲 vor Ort 🛒 vor Ort 🍽 500M 🏥 300M ⛽ vor Ort.

Bru — 5A1
Sokn Marina, Åmøyveien. **GPS:** n59,05210 o5,67691.
30 🅿️NOK 180 💧 Ch ⚡ WC 📶 📅 01/01-31/12.
Entfernung: 🛒 vor Ort ⛽ vor Ort.

Bryne — 5A2
Abobil.no, Vesthagen 11. **GPS:** n58,72057 o5,64894.

25 🅿️kostenlos 💧 Ch ⚡ (25x)kostenlos.
Untergrund: asphaltiert.
Entfernung: 🚲 1Km 🛒 800M 🏥 800M 🍽 1Km.
Sonstiges: Bei Reisemobilhändler.

Egersund — 5A2
Nordre Eigerøy, Ytstebrødveien. **GPS:** n58,45522 o5,90352.
🅿️NOK 150 💧 ⚡ inklusive. **Lage:** Abgelegen.
Untergrund: Wiese.
📅 01/01-31/12.
Entfernung: 🚲 5,5Km 🛒 vor Ort ⛽ vor Ort 🏥 5,5Km 🍽 vor Ort.

Egersund — 5A2
Ved taxi-stasjon, Jernbaneveien. **GPS:** n58,45373 o6,00243.
10 🅿️kostenlos. **Untergrund:** asphaltiert.
Entfernung: 🚲 300M 🛒 vor Ort ⛽ vor Ort 🏥 300M.

Erfjord — 5A1
Hålandsosen, Riksveg. **GPS:** n59,34806 o6,23703.
🅿️kostenlos. **Lage:** Abgelegen, ruhig. **Untergrund:** Schotter.
Entfernung: 🛒 vor Ort ⛽ vor Ort 🏥 200M.

Florø — 4A3
Bobilparkering Florø, Strandavegen 19. **GPS:** n61,60061 o5,02252.

🅿️NOK 60-150.
Lage: Einfach. **Untergrund:** asphaltiert. 📅 01/01-31/12.
Entfernung: 🚲 600M 🛒 vor Ort ⛽ 100M 🏥 100M.
Sonstiges: Bezahlen beim Touristenbüro.

Fosnavåg — 4A2
Gerhard Voldnes veg. GPS: n62,33913 o5,63907.

🅿️kostenlos ⚡ (10x)NOK 50.
Entfernung: 🚲 800M 🛒 vor Ort ⛽ 300M 🏥 800M.
Sonstiges: Wertmünzen beim Rathaus.

Gurskøy — 4A2
Leikong bubilparkering, Riksveg. **GPS:** n62,25072 o5,78544.

6 🅿️NOK 100/24 Std 💧 Ch inklusive. **Untergrund:** Schotter.
Entfernung: 🛒 vor Ort ⛽ vor Ort 🍽 vor Ort.
Sonstiges: Geld in Umschlag in den Briefkasten, schöne Aussicht.

Haugesund — 5A1
Kvalsvik, Skjelavikvegen. **GPS:** n59,43541 o5,24054.

5 🅿️kostenlos. **Lage:** Einfach. **Untergrund:** Schotter/befestigt.
Entfernung: 🚲 4Km 🛒 vor Ort ⛽ vor Ort 🍽 vor Ort.

Hebnes — 5A1
Joker Vatlandsvåg kai. GPS: n59,41009 o6,01843.
🅿️NOK 100 💧.
📅 01/01-31/12.
Entfernung: 🛒 vor Ort ⛽ vor Ort 🍴 Essen zum Mitnehmen 🏥 vor Ort.

Husnes — 5A1
Husnes Båtlag, Onarheimsvegen. **GPS:** n59,87187 o5,76195.

🅿️NOK 150 💧 Ch inklusive ⚡ NOK 50 WC 🚿 NOK 10 💧 NOK 40
🅿️kostenlos.
Lage: Ländlich, einfach. **Untergrund:** befestigt. 📅 01/01-31/12.
Entfernung: 🚲 1,5Km 🛒 vor Ort ⛽ vor Ort 🏥 1,5Km.
Sonstiges: Golfplatz 300m.

Isfjorden — 4A2
Gjerdset Turistsenter, Gjerdsetbygda. **GPS:** n62,57868 o7,56713.

5 🅿️NOK 100 💧 ⚡ WC 📶 🚻 **Lage:** Ländlich, komfortabel.
Untergrund: Schotter.
Entfernung: 🚲 13Km 🛒 200M ⛽ 200M 🏥 100M.

Jørpeland — 5A1
Jørpeland Bobilparkering. GPS: n59,01757 o6,04377.
🅿️NOK 150 ⚡ NOK 50 WC. **Untergrund:** asphaltiert.
Entfernung: 🚲 500M 🛒 vor Ort ⛽ vor Ort 🏥 450M.

Klokkarvik — 4A3
Kleppe Båtlag, Kleppholmen. **GPS:** n60,18462 o5,15163.

---

30 🅿️NOK 100 💧 Ch ⚡ (10x)NOK 50 WC 🚿 NOK 10 📶 inklusive. 🚻
Lage: Einfach. **Untergrund:** asphaltiert. 📅 01/01-31/12.
Entfernung: 🚲 6Km 🛒 vor Ort ⛽ vor Ort.

Kristiansund — 4A2
Freiveien. GPS: n63,12188 o7,72856.

10 🅿️. **Lage:** Einfach. **Untergrund:** Schotter.
Entfernung: 🛒 vor Ort ⛽ vor Ort 🏥 vor Ort.

Kristiansund — 4A2
Kristiansund Småbåtlag, Freiveien 50. **GPS:** n63,11713 o7,73168.

5 🅿️NOK 7-35, übernachten kostenlos. 🚻 **Lage:** Städtisch, einfach.
Untergrund: asphaltiert. 📅 01/01-31/12.
Entfernung: 🚲 1Km 🛒 vor Ort ⛽ vor Ort 🏥 vor Ort.

Kulleseid — 5A1
KKulleseidkanalen, Kulleseidkanalen.
GPS: n59,74194 o5,23481.
🅿️NOK 100 ⚡ 50 📶.
Entfernung : 🛒 vor Ort 🏥 300m.

Måløy — 4A3
Småbåthavn, Gate 1 vagsoy. **GPS:** n61,93236 o5,11212.

10 🅿️NOK 200 💧 ⚡ WC inklusive.
Lage: Städtisch, zentral.
Untergrund: asphaltiert.
Entfernung: 🚲 vor Ort 🛒 vor Ort ⛽ vor Ort 🏥 vor Ort.
Sonstiges: Hinter Aldi-Süd.

Matre — 5A1
Matre Havn, Matre Havn. **GPS:** n59,84352 o5,98434.

6 🅿️NOK 100 💧 inklusive ⚡ NOK 50 WC. **Lage:** Ländlich, abgelegen, ruhig. **Untergrund:** asphaltiert. 📅 01/01-31/12.
Entfernung: 🛒 vor Ort ⛽ vor Ort. **Sonstiges:** Geld in Umschlag in den

Westnorwegen

Briefkasten.

Nesflaten — 5B1
Fylkesveg. **GPS:** n59,64471 o6,80223.
3 kostenlos. **Untergrund:** asphaltiert. 01/01-31/12.
Entfernung: vor Ort, vor Ort.
Sonstiges: Am Kai.

Norheimsund — 4A3
Rosselandsvegen. **GPS:** n60,37007 o6,10616.

8 WC. **Lage:** Ländlich, einfach. **Untergrund:** asphaltiert. 01/01-31/12.
Entfernung: 2,5Km vor Ort, vor Ort 100M.
Sonstiges: Nahe Wasserfälle.

Norheimsund — 4A3
Norheimsund Badstrand, Sandvegen 36.
GPS: n60,36869 o6,14811.

20 kostenlos WC.
Lage: Städtisch, einfach. **Untergrund:** Schotter. 01/01-31/12.
Entfernung: 200M vor Ort, vor Ort 200M 200M vor Ort, vor Ort.

Norheimsund — 4A3
Norheimsund Badstrand, Sandvegen 36.
GPS: n60,36869 o6,14811.
20 kostenlos WC. **Lage:** Städtisch, einfach. **Untergrund:** Schotter. 01/01-31/12.
Entfernung: 200M vor Ort, vor Ort 200M 200M vor Ort, vor Ort.

Odda — 4A3
Odda bobilcamp, Røldalsvegen. **GPS:** n60,07144 o6,54865.
40 NOK 150 inklusive. **Untergrund:** asphaltiert.
Entfernung: vor Ort, vor Ort.
Sonstiges: Max. 3 Tage.

Rennesøy — 5A1
GPS: n59,13787 o5,59161.
kostenlos. **Untergrund:** asphaltiert.
Entfernung: vor Ort, vor Ort.

Rognaldsvåg — 4A3
Rognaldsvåg Bobilparkering. **GPS:** n61,56494 o4,79580.
8 NOK 150 WC. **Untergrund:** Schotter. 01/01-31/12.
Entfernung: 150M 150M vor Ort.

Rosendal — 5A1
Skåla Vika, Skålafjæro. **GPS:** n59,98528 o6,00708.

80 NOK 175 Ch NOK 25 inklusive.
Lage: Ländlich, einfach. **Untergrund:** Schotter. 01/01-31/12.
Entfernung: 200M vor Ort, vor Ort 200M.
Sonstiges: Geld in Umschlag in den Briefkasten.

Sand — 5A1
Hydrokaien, Nordenden. **GPS:** n59,48516 o6,24756.
6 kostenlos WC. **Untergrund:** asphaltiert.
Entfernung: 300M vor Ort, vor Ort 800M 300M.

Sand — 5A1
Stasjon XY. **GPS:** n59,47590 o6,28913.
Ch.
Sonstiges: An der Tankstelle.

Sandeid — 5A1
Kai. **GPS:** n59,54198 o5,86770.

5 NOK 100 NOK 25 NOK 10. **Lage:** Ländlich, einfach.
Untergrund: asphaltiert. 01/01-31/12.
Entfernung: vor Ort, vor Ort, vor Ort.
Sonstiges: Geld in Umschlag in den Briefkasten.

Sauda — 5A1
Bobil Havn, Treaskjæret. **GPS:** n59,64480 o6,33716.
15 NOK 100 Ch WC.
Entfernung: 1,2Km vor Ort, vor Ort 1,2Km 1,2Km 100M.
Sonstiges: Am Kai.

Skånevik — 5A1
Fylkesveg. **GPS:** n59,73385 o5,92672.

8 NOK 150 Ch inklusive WC.
Lage: Städtisch, einfach. **Untergrund:** Schotter. 01/01-31/12.
Entfernung: 500M vor Ort, vor Ort 400M.

Skare — 5B1
Skare Kommune Odda, Riksveg 13 144 langs E 134.
GPS: n59,88666 o6,65612.

50 NOK 100 Ch. **Lage:** Autobahn, einfach.
Untergrund: Schotter. 01/01-31/12.
Entfernung: 6Km vor Ort, vor Ort, vor Ort.
Sonstiges: Ver-/Entsorgung 2km, Geld in Umschlag in den Briefkasten.

Sveio — 5A1
Victors Bobil camping, Fylkesveg. **GPS:** n59,53016 o5,44353.

NOK 250-300 Ch WC inklusive. **Lage:** Ländlich, abgelegen. **Untergrund:** Wiese/Schotter. 01/04-31/10.
Entfernung: 9Km vor Ort, vor Ort 9Km.
Sonstiges: Kleinen Stellplätze.

Svelgen — 4A3
Svelgen Hotell, Granden. **GPS:** n61,76978 o5,29393.

vor Ort.
Sonstiges: Beim Museum.

7 kostenlos. **Lage:** Einfach. **Untergrund:** asphaltiert. 01/01-31/12.

Sykkylven — 4A2
Sykkylven Småbåthamn, Ullavikvegen. **GPS:** n62,39679 o6,58192.
NOK 90 NOK 30 WC. **Untergrund:** asphaltiert.
Entfernung: 500M vor Ort, vor Ort 500M 500M.

Sæbøvik — 5A1
Halsnøy Samfunnshus, Riksveg. **GPS:** n59,79431 o5,71196.

12 NOK 100 Ch inklusive NOK 50 WC NOK 30.
Lage: Ländlich, einfach. **Untergrund:** asphaltiert.
01/01-31/12 kein Wasser im Winter.
Entfernung: vor Ort, vor Ort, vor Ort 200M.

Tau — 5A1
Tau Båtforening, Kvernvegen. **GPS:** n59,06086 o5,91343.
8 NOK 150 Ch WC inklusive. 01/01-31/12.
Entfernung: vor Ort, vor Ort 1Km 1Km.

Tjøvåg — 4A2
Laternen Marina. **GPS:** n62,31388 o5,70805.

NOK 100 (4x)NOK 25 NOK 20 NOK 30.
Lage: Komfortabel. **Untergrund:** Schotter. 01/01-31/12.
Entfernung: 5Km vor Ort, vor Ort, vor Ort.
Sonstiges: Bootsverleih.

Tresfjord — 4A2
Småbåthavn. **GPS:** n62,52520 o7,13085.

4 NOK 150 NOK 30 NOK 30 Ch NOK 30 WC.
Lage: Ländlich, einfach, ruhig. **Untergrund:** Schotter.
Entfernung: 100M vor Ort, vor Ort 100M.
Sonstiges: An der Tankstelle.

Urangsvåg — 5A1
Fylkesveg. **GPS:** n59,84002 o5,15190.
6 NOK 180 Ch WC. **Untergrund:** asphaltiert.
Entfernung: vor Ort, vor Ort.

Vikedal — 5A1
Vikedal Båthavn, Riksveg. **GPS:** n59,49632 o5,89837.

Westnorwegen - Südnorwegen

30 NOK 100 Ch NOK 50 WC inklusive NOK 30.
Lage: Ländlich, einfach. **Untergrund:** befestigt.
01/01-31/12.
Entfernung: 200M vor Ort vor Ort 200M 200M.
Sonstiges: Geld in Umschlag in den Briefkasten.

Viksdalen 4A3
GPS: n61,39096 o6,26945.

6 NOK 150 Ch inklusive. **Lage:** Ländlich, einfach, abgelegen, ruhig. **Untergrund:** Schotter. 01/01-31/12.
Entfernung: 12Km vor Ort vor Ort 12Km.
Sonstiges: Sackgasse, schmale Durchfahrt, Bootsverleih.

Ølen 5A1
Fjellstøl Skianlegg, Helgaland. **GPS:** n59,58853 o5,88857.

30 NOK 40. **Lage:** Ländlich, einfach. **Untergrund:** Schotter.
01/01-31/12.
Entfernung: 6Km vor Ort vor Ort.
Sonstiges: Geld in Umschlag in den Briefkasten.

Ølen 5A1
Båtlag, Fylkesveg. **GPS:** n59,60748 o5,81448.

10 NOK 140 inklusive WC NOK 30.
Lage: Ländlich, einfach. **Untergrund:** Schotter. 01/01-31/12.
Entfernung: 150M vor Ort vor Ort 300M 600M.
Sonstiges: Geld in Umschlag in den Briefkasten.

Ølensvåg 5A1
Ask Bobilparkering, Gjerdevikvegen 46.
GPS: n59,59728 o5,75857.

30 NOK 100 Ch (12x)NOK 30 inklusive. **Lage:** Ländlich, luxus. **Untergrund:** Schotter. 01/01-31/12.
Entfernung: 1Km vor Ort vor Ort.

Sonstiges: Geld in Umschlag in den Briefkasten, Grillplatz.

Øydegard 4A2
Riksvei, E39 70. **GPS:** n62,98958 o7,88272.

10 kostenlos WC kostenlos. **Lage:** Ländlich, einfach, abgelegen, ruhig. **Untergrund:** asphaltiert.
Entfernung: vor Ort vor Ort.

Südnorwegen

Åmli 5B2
Dølemo. **GPS:** n58,71102 o8,34497.
NOK 150 Ch WC. **Lage:** Abgelegen, ruhig.
Untergrund: Wiese. 01/01-31/12.
Entfernung: vor Ort vor Ort.

Åmli 5B2
Pan Garden, Tveit 38. **GPS:** n58,74697 o8,50946.
10 NOK 100 NOK 50 NOK 30. **Lage:** Abgelegen, ruhig.
Entfernung: vor Ort vor Ort vor Ort.

Borhaug 5B2
Lista Fyr, Toppveien 10. **GPS:** n58,10943 o6,56863.
kostenlos. 01/01-31/12.
Entfernung: 1,5Km.
Sonstiges: Beim Leutturm, max. 2 Nächte.

Borhaug 5B2
Borshavn. GPS: n58,10081 o6,58335.
NOK 200 Ch WC. **Untergrund:** asphaltiert.
Entfernung: vor Ort vor Ort.
Sonstiges: Max. 1 Tag.

Eidstod 5B1
Eidstod Kommune Vrådal, Vråliosvegen.
GPS: n59,32570 o8,48630.

20 kostenlos Ch kostenlos. **Lage:** Ländlich, einfach.
Untergrund: Schotter/Sand.
01/01-31/12.
Entfernung: vor Ort vor Ort vor Ort vor Ort vor Ort.

Farsund 5B2
Farsund Bobil Camp, Ferjeveien. **GPS:** n58,09439 o6,81278.
NOK 175. **Untergrund:** befestigt. 01/01-31/12
Ver-/Entsorgung: Winter.
Entfernung: 500M vor Ort vor Ort 500M 1,5Km.

Flekkefjord 5B2
Tollbodbrygga. **GPS:** n58,29267 o6,66296.

25 NOK 200 Ch (16x)inklusive WC.
Untergrund: Schotter. **Entfernung:** 850M vor Ort 850M 200M. **Sonstiges:** Zahlen beim Geschäft.

Grimstad 5B2
Sørlandets Caravansenter, Grøm Næringspark 2.
GPS: n58,34011 o8,56658.
3 kostenlos Ch kostenlos. **Lage:** Einfach.
Entfernung: 1Km 200M 1Km 1Km.

Sonstiges: Bei Reisemobilhändler, max. 24 Std.

Hidrasund 5B2
Kirkehavn. GPS: n58,22896 o6,52919.
Lage: Abgelegen, ruhig. **Untergrund:** asphaltiert.
Entfernung: 2km vor Ort 2km 1Km vor Ort.

Hornes 5B2
Mineralparken Bobilcamp, Mineralvegen 1.
GPS: n58,54993 o7,77542.
40 NOK 200 Ch NOK 20 NOK 40/40 inklusive.
Untergrund: Wiese.
Entfernung: 700M vor Ort vor Ort.
Sonstiges: Brötchenservice im Sommer.

Kviteseid 5B1
Kviteseid, Garverivegen. **GPS:** n59,40275 o8,48675.

5 kostenlos. **Lage:** Ländlich, einfach. **Untergrund:** Schotter.
01/01-31/12.
Entfernung: vor Ort vor Ort vor Ort vor Ort vor Ort vor Ort vor Ort.

Lillesand 5B2
Lillesand gjesthavn, Kokkenes. **GPS:** n58,24745 o8,38349.
25 NOK 200 Ch inklusive WC. **Untergrund:** asphaltiert.
Ver-/Entsorgung: Winter.
Entfernung: 500M vor Ort vor Ort 200M 500M.

Lindesnes 5B2
Spangereidveien. **GPS:** n58,03998 o7,15014.

2 NOK 150 WC NOK 20 NOK 45/45.
Entfernung: vor Ort vor Ort.
Sonstiges: Bootsverleih.

Mandal 5B2
Mandal Havn, Havnegata. **GPS:** n58,02440 o7,45566.
10 NOK 180. **Untergrund:** asphaltiert.
Entfernung: 400M vor Ort 400M 1Km.

Risør 5C2
Tjenngata. **GPS:** n58,72093 o9,22567.

NOK 20/Std, NOK 100/Tag NOK 10 NOK 30/30.
Untergrund: Wiese. 01/01-31/12 Ver-/Entsorgung: Winter.
Entfernung: 600M 500M 500M 600M.

Snig 5B2
Snig, Stegganskogen R460. **GPS:** n58,05313 o7,27103.

Südnorwegen - Ostnorwegen

6 🅿 kostenlos 🚰 WC.
Lage: Ländlich, einfach. **Untergrund:** Schotter.
🗓 01/01-31/12.
Entfernung: 🛒 4,5Km ⛽ vor Ort 🏊 vor Ort 🍽 vor Ort 🚶 vor Ort.

Valle — 5B1
Sanden Såre. GPS: n59,27128 o7,46221. ⬆➡
🅿 NOK 150-200 🚰 Ch 🗑 ⚡. **Lage:** Ländlich, abgelegen, ruhig.
Untergrund: Wiese.
Entfernung: 🛒 10Km 🏊 vor Ort 🍽 vor Ort.
Sonstiges: Nahe Wasserfälle.

Ostnorwegen

Bjørkelangen — 4B3
Bjørkelangen bobilparkering, Stasjonsveien 25.
GPS: n59,88058 o11,57102.
10 🅿 kostenlos 🚰 Ch WC. 🗓 01/03-01/10.
Entfernung: ⊗ 500M 🚉 600M.
Sonstiges: Neben Sportplätzen.

Brandbu — 4B3
Tegneseriemuseet, Rosendalsvegen. **GPS:** n60,41719 o10,50940.
4 🅿 NOK 100 🚰 NOK 50 📶. **Untergrund:** asphaltiert.
🗓 01/03-01/10. **Entfernung:** 🛒 500M 🏊 400M 🚉 300M.
Sonstiges: Beim Museum.

Bøverdalen — 4A3
Leirvassbu. GPS: n61,54917 o8,24694.
🅿 NOK 200 🚰 WC. **Lage:** Abgelegen, ruhig. 🗓 20/06-30/09.
Sonstiges: Via Mautstraße erreichbar (NOK 60).

Dalen — 5B1
Bobilparkering Dalen Bryggje. GPS: n59,44515 o8,02292.

🅿 NOK 200-280 🚰 Ch 🗑 📶 inklusive.
Untergrund: befestigt.
Entfernung: 🛒 900M 🏊 vor Ort 🍽 vor Ort ⊗ vor Ort.
Sonstiges: Geld in Umschlag in den Briefkasten.

Dovre — 4B2
Krymsdalhyte. GPS: n62,08557 o9,64947.

🅿 kostenlos. **Lage:** Abgelegen. **Untergrund:** Wiese. 🗓 01/01-31/12.
Entfernung: 🏊 vor Ort ⊗ 300M 🚶 vor Ort.
Sonstiges: Via Mautstraße erreichbar (NOK 80), Nationalpark 'Rondane'.

Etnedal — 4B3
Sebu Røssjøen, Lenningsvegen. **GPS:** n61,12502 o9,71475.
🅿 kostenlos.
Entfernung: 🍽 vor Ort.

Flatdal — 5B1
Kvåle Din gard, Kvålevegen. **GPS:** n59,56042 o8,56248. ⬆
5 🅿 NOK 200 🚰 Ch. **Untergrund:** Wiese. 🗓 01/01-31/12.
Entfernung: ⊗ vor Ort 🚉 vor Ort.

Fredrikstad — 5C1
Gjestehavn. GPS: n59,21423 o10,92512.

60 🅿 NOK 250 🚰 WC 🗑 📶. **Untergrund:** asphaltiert.
Entfernung: 🛒 vor Ort 🍽 vor Ort 🚉 150M.

Gjøvik — 4B3
Gjøvik Marina, Bryggevegen. **GPS:** n60,79555 o10,70116.
25 🅿 NOK 50 🚰 Ch. **Untergrund:** Schotter. 🗓 15/06-13/09.
Entfernung: 🛒 vor Ort 🍽 vor Ort ⊗ McDonalds 300M.
Sonstiges: Bezahlen bei Tankstelle.

Halden — 5D1
Kiellands gate. **GPS:** n59,11539 o11,38128.
5 🅿 NOK 150 🚰.
Entfernung: 🛒 800M 🏊 vor Ort 🍽 vor Ort 🚉 800M.

Hamar — 4B3
Hamar båtforening, Brygga. **GPS:** n60,78846 o11,07138. ⬆
20 🅿 NOK 120 🚰 Ch 🗑 (6x). **Untergrund:** asphaltiert.
🗓 01/06-30/09.
Entfernung: 🛒 300M 🍽 vor Ort ⊗ vor Ort 🚉 1Km 🚌 400M.

Holmestrand — 5C1
Hagemannsveien. **GPS:** n59,48048 o10,32933.
🅿 kostenlos. **Untergrund:** asphaltiert.
Entfernung: 🏊 vor Ort 🍽 vor Ort.
Sonstiges: Beim Hafen.

Holmestrand — 5C1
Weidemannsgate 13. **GPS:** n59,48921 o10,32294.
🅿 NOK 150 🚰 Ch 🗑 NOK 2,80/kWh. 🗓 01/06-15/09.
Entfernung: 🏊 vor Ort 🍽 vor Ort ⊗ vor Ort.

Horten — 5C1
Horten Havn. GPS: n59,41302 o10,48695.
14 🅿 NOK 180 🚰 WC 🗑 📶.
Untergrund: asphaltiert.
Entfernung: 🏊 vor Ort 🍽 vor Ort ⊗ 100M 🚉 600M.

Hov — 4B3
Fjordvegen 27. **GPS:** n60,69915 o10,33972.
2 🅿 NOK 100 🚰 Ch. **Untergrund:** Wiese.
Entfernung: 🏊 vor Ort 🍽 vor Ort.

Høvringen — 4B3
Rondane Haukliseter Fjellhotell. GPS: n61,88853 o9,48745.
🅿 NOK 200 🚰 Ch 🗑 WC 🗑. **Untergrund:** Wiese.
Entfernung: 🛒 1Km 🏊 1Km.
Sonstiges: Saunabenutzung kostenpflichtig.

Kongsberg — 5C1
Glabak. **GPS:** n59,67205 o9,64166.
🅿. **Untergrund:** asphaltiert.
Entfernung: 🍽 vor Ort ⊗ 400M 🚉 550M.
Sonstiges: Am Schwimmbad.

Kragerø — 5C1
Allemannsveien. **GPS:** n58,87553 o9,41766. ⬆
🅿 NOK 150. 🚌 **Untergrund:** ungepflastert.
Entfernung: 🛒 vor Ort 🍽 100M.

Kvelde — 5C1
Roppestad. **GPS:** n59,15310 o9,90844.
🅿 kostenlos. **Lage:** Abgelegen, ruhig. **Untergrund:** Wiese.
Entfernung: 🛒 50M 🏊 50M.
Sonstiges: Max. 2 Tage.

Langesund — 5C1
Skjærgårdshallen, Stathelleveien 33. **GPS:** n59,01285 o9,74301. ⬆
8 🅿 NOK 150 🚰 Ch 🗑 WC 🗑. **Untergrund:** asphaltiert.
🗓 13/04-11/10. **Entfernung:** 🛒 2km 🏊 700M.
Sonstiges: An der Sporthalle.

Larvik — 5C1
Indre Havn, Strandpromenaden. **GPS:** n59,04892 o10,03361. ⬆
21 🅿 € 15 oder NOK 120 🚰 Ch 🗑 inklusive.
Entfernung: 🏊 vor Ort 🍽 vor Ort ⊗ 500M 🚉 500M.

Lillehammer — 4B3
Lysgårdsbakkene, Lysgårdsvegen 55. **GPS:** n61,12431 o10,48914.
🅿 NOK 70/24 Std. **Untergrund:** befestigt.
Entfernung: 🚌 250M.

Lunde — 5C1
Hogga Sluser, Gamle Strengenvegen. **GPS:** n59,30216 o9,04331. ⬆
12 🅿 NOK 150 🚰 Ch 🗑 inklusive 🗑 NOK 10.
Entfernung: 🛒 vor Ort 🍽 vor Ort.

Moss — 5C1
Bobilhavn, Værftsgata. **GPS:** n59,43486 o10,65141. ⬆
14 🅿 NOK 150 🚰 inklusive WC 🗑 📶.
Entfernung: 🏊 vor Ort 🍽 vor Ort ⊗ 300M 🚉 100M.
Sonstiges: Max. 3 Tage.

Mysusæter — 4B3
Mysuseter Fjellstue. GPS: n61,81161 o9,68463.
🅿 NOK 40. **Untergrund:** befestigt.

Notodden — 5C1
Bobilcamp Nesøya, Heddalsvegen. **GPS:** n59,55876 o9,24851. ⬆
13 🅿 🚰 (13x)inklusive.
Untergrund: ungepflastert.
Entfernung: 🛒 1Km 🏊 vor Ort 🍽 vor Ort 🚉 250M.

Notodden — 5C1
Heddalsvegen. **GPS:** n59,55981 o9,24834.
🅿 NOK 2 🚰 Ch WC NOK 1 🗑 NOK 2. 🗓 01/01-31/12.

Oslo — 4B3
Øvreseterveien. **GPS:** n59,98130 o10,67166.

15 🅿. **Lage:** Ländlich.
Untergrund: Schotter.
Entfernung: 🛒 3Km 🏊 vor Ort 🍽 vor Ort ⊗ 3Km 🚉 200M 🚶 vor Ort.

Oslo — 4B3
Sjølyst Marina, Drammensveien 164. **GPS:** n59,92026 o10,67506. ⬆
250 🅿 NOK 200 🚰 Ch 🗑 WC inklusive. **Untergrund:** asphaltiert.
🗓 01/06-20/09.
Entfernung: 🛒 6Km 🍽 vor Ort 🚌 vor Ort.

Oslo — 4B3
Bogstad Camp, Ankerveien 117. **GPS:** n59,96293 o10,64203.
38 🅿 NOK 280, 4 Pers. inkl WC 🗑 NOK 15. **Untergrund:** Wiese/Schotter.
🗓 01/01-31/12.
Entfernung: 🚉 700M ⊗ vor Ort.

Rauland — 5B1
Raulandsfjell. GPS: n59,71963 o8,00084.
14 🅿.
Entfernung: 🛒 5Km ⛽ vor Ort 🎿 vor Ort.
Sonstiges: Am Skilift.

Sandefjord — 5C1
Sandefjord Bobil havn, Sandefjordsveien.
GPS: n59,12506 o10,22108. ⬆
16 🅿 NOK 200 🚰 inklusive. **Untergrund:** asphaltiert.
Entfernung: 🛒 700M 🏊 vor Ort 🍽 vor Ort ⊗ 700M 🚉 1Km.
Sonstiges: Max. 24 Std.

Sarpsborg — 5D1
Tindlund bobilparkering, Østre Greåkervei.
GPS: n59,27398 o11,04709. ⬆
🅿 NOK 100 🗑 (4x). **Untergrund:** Schotter.
Entfernung: 🛒 1,3Km.

Sarpsborg — 5D1
Stamsaas Fritid, Vogtsvei 40. **GPS:** n59,28532 o11,08414.
🅿 kostenlos 🚰.
Entfernung: 🚉 350M.
Sonstiges: Ver-/Entsorgung während der Öffnungszeiten.

Seljord — 5B1
Flatin Gard, Flatingrendi 3. **GPS:** n59,50725 o8,63964.
40 🅿 NOK 100, NOK 200 Ver-/Entsorgung incl 🚰 WC 🗑 📶.
Entfernung: 🏊 100M 🍽 100M.

Siljan — 5C1
Sporevann. GPS: n59,38476 o9,69584.
10 🅿 kostenlos. **Lage:** Einfach, abgelegen.
Entfernung: 🛒 11Km 🏊 vor Ort 🍽 vor Ort.

Skien — 5C1
Fritidspark, Moflatveien 59. **GPS:** n59,18510 o9,59698.
14 🅿 NOK 200 🚰 Ch 🗑 WC inklusive 🗑 NOK 20.
Untergrund: asphaltiert. 🗓 01/04-01/10.
Entfernung: ⊗ vor Ort.
Sonstiges: Bezahlen beim Hotel.

Skien — 5C1
Teg Seil, Bøleveien 4. **GPS:** n59,19634 o9,62039. ⬆
10 🅿 NOK 150.
🗓 01/05-30/09.
Entfernung: 🛒 700M 🏊 vor Ort 🍽 vor Ort 🚉 400M 🚌 vor Ort.
Sonstiges: Bei Segelmacherei.

Skreia — 4B3
Hersjøen. GPS: n60,54498 o11,03309.
🅿 NOK 45. **Lage:** Abgelegen, ruhig. **Untergrund:** Wiese.
Entfernung: 🏊 vor Ort 🍽 vor Ort 🚉 6,5Km.

Tyristrand — 4B3

Stall Myhre, Holleiaveien 263. **GPS:** n60,11111 o10,07194.
NOK 100.
Lage: Abgelegen, ruhig. **Untergrund:** Wiese. 01/03-01/10.
Entfernung: 3,5Km.
Sonstiges: Beim Reiterhof.

Tønsberg — 5C1

Storgaten. GPS: n59,26323 o10,41569.
8 NOK 150. **Untergrund:** asphaltiert.
Entfernung: vor Ort 100M.
Sonstiges: Max. 7 Tage.

Tønsberg — 5C1

Fjordgaten. GPS: n59,27390 o10,40009.
23. **Untergrund:** asphaltiert.
Entfernung: 1Km 50M 50M.

Tønsberg — 5C1

Messeområdet. GPS: n59,28069 o10,41015.
12 kostenlos.
Sonstiges: An der Eisbahn.

Tønsberg — 5C1

Shell, Kjelleveien 28. **GPS:** n59,27879 o10,40092.
Ch.

Ulefoss — 5C1

Norsjø Golfpark, Romnesvegen 98. **GPS:** n59,30248 o9,26511.
NOK 50.
Entfernung: 4Km.
Sonstiges: Am Golfplatz.

Uvdal — 4B3

Uvdal resort. GPS: n60,26515 o8,78849.
NOK 150. **Untergrund:** Wiese.
Entfernung: vor Ort vor Ort.

Vågå — 4B3

Steinhole fjellcamp. GPS: n61,62293 o8,99682.
NOK 50. **Lage:** Abgelegen, ruhig. **Untergrund:** Wiese.

Voll — 5C1

Ole"s Kios og gatekjøkken, Svanvikveien 653.
GPS: n59,12797 o9,51008.
NOK 150 inklusive.
Entfernung: vor Ort.
Sonstiges: Regionale Produkte.

Ytre Enebakk — 5C1

Holtopp gård, Skiveien 127. **GPS:** n59,72795 o11,00472.
NOK 125 NOK 30.
Lage: Abgelegen, ruhig. 01/03-01/10.
Entfernung: 100M.

Polen

Hauptstadt: Warschau
Staatsform: Parlamentarische Republik
Amtssprache: Polnisch
Einwohnerzahl: 38.562.100 (2015)
Fläche: 311.888 km²

Allgemeine Informationen
Telefonvorwahl: 0048
Allgemeine Notrufnummer: 112
Währung: Zloty (PLN)
€ 1 = 4,32 PLN, 1 PLN = € 0,23 (Oktober 2016)
Kreditkarten werden fast überall akzeptiert.

Freies Übernachten im Wohnmobil
Freies übernachten ist verboten. Auf einem privaten Grundstück mit Genehmigung des Eigentümers.

Gesetzliche Feiertage 2017
6. Januar Heilige Drei Könige
3. Mai Tag der Verfassung
15. Juni Fronleichnam
15. August Maria Himmelfahrt
1. November Allerheiligen
11. November Unabhängigkeitstag

Zeitzone
Winter GMT+1
Sommerzeit GMT+2

Westpommern

Czaplinek 36A3
Drawtur, Ul. Pieciu Pomostów 1. GPS: n53,57671 o16,21984.

50 € 12 Ch €2,50 WC €3,50 inklusive.
Lage: Ländlich, laut. Untergrund: Wiese.
Entfernung: 2km 50M vor Ort vor Ort 2km.
Sonstiges: Hund € 2/Tag.

Miedzywodzie 6H3
Narcyz, Armii Krajowej 33. GPS: n54,00376 o14,69290.

8 € 20 Ch WC auf Anfrage inklusive.
Lage: Ländlich, zentral, laut. Untergrund: Wiese.
01/05-01/10.
Entfernung: 100M 800M 600M 100M 100M 50M.
Sonstiges: Früstückservice.

Miroslawiec 36A3
Hotel Park Reduta Napoleona, Lowicz Walecki 60.
GPS: n53,33081 o16,02333.

30 € 8,50 €2,25 Ch €7,50 WC €2,50 inklusive.
Lage: Ländlich, abgelegen, ruhig. Untergrund: Wiese.
01/01-31/12.
Entfernung: 5Km 100M 500M 50M 700M.

Szczecin 8H2
Hotel Panorama, Ul.Radosna 60, Stettin. GPS: n53,36420 o14,61550.

10 € 17 auf Anfrage inklusive.
Lage: Städtisch, einfach. Untergrund: befestigt. 01/01-31/12.
Entfernung: 10Km 1Km vor Ort 1Km vor Ort.

Wolin 8H1
Fam. Lafrentz, Gogolice 20, Gogolice. GPS: n53,83300 o14,62262.

13 € 12 Ch inklusive.
Lage: Ländlich, ruhig. Untergrund: Schotter. 01/01-31/12.
Entfernung: 1,4Km 500M 50M 1,4Km 1,4Km 1,4Km.

Pommern

Gdańsk 36B2
Akademia Muzycna, Lakowa 1-2, Danzig GPS: n54,34561 o18,66357.

15 € 1-1,50/Std. Lage: Städtisch, zentral.
Untergrund: Wiese/befestigt. 01/01-31/12.
Entfernung: 100M 100M 100M.

Malbork 36B2
Nad Stawem, Ul. Solskiego 10. GPS: n54,04285 o19,02536.

Polen

△ S Osetno 36B3
Osetno 16a. **GPS:** n53,41562 o19,31729.
20 €7,50 Ch WC auf Anfrage inklusive. **Lage:** Ländlich, einfach, abgelegen. **Untergrund:** Wiese. 01/01-31/12.
Entfernung: 12Km 30Km 800M 800M 1Km 100M vor Ort.
Sonstiges: Brötchenservice.

△ S Paslek 36B2
Kemping Bezplatny, 526. **GPS:** n53,98052 o19,62524.
100 €12,50 kostenlos WC. **Lage:** Ländlich, einfach, abgelegen. **Untergrund:** Wiese. 01/01-31/12.
Entfernung: 10Km 10Km vor Ort 10Km vor Ort vor Ort.

S Piecki 36C2
Restaurant Krutynska, Krutyn 72. **GPS:** n53,68807 o21,43075.
20 €13 Ch inklusive. **Lage:** Ländlich. **Untergrund:** Schotterasen. 01/01-31/12.
Entfernung: 300M 300M.

S Pieniezno 36B2
Caravanparc Pieniezno, 14-520. **GPS:** n54,23454 o20,13697.

20 €10 Ch WC inklusive auf Anfrage. **Lage:** Ländlich, ruhig. **Untergrund:** Wiese. 01/01-31/12.
Entfernung: 1Km 800M 800M 500M.

S Sorkwity 36C2
Haus am see, Janowo 1. **GPS:** n53,83495 o21,20284.
5 €10-15 Ch inklusive. **Lage:** Ländlich. **Untergrund:** Wiese. 01/01-31/12.
Entfernung: 500M 250M 1Km.

Tolkmicko 36B2
Swietokanska. **GPS:** n54,32367 o19,52264.

10 €5 WC €0,50 €2. **Lage:** Ländlich, laut. **Untergrund:** befestigt. 01/01-31/12.
Entfernung: 100M 50M vor Ort 100M 100M.

S Łukta 36B2
Plichta 9. **GPS:** n53,75989 o20,05300.
20 €5 €1. **Lage:** Ländlich. **Untergrund:** Wiese. 01/04-01/11.

Lebus

S Owince 8H3
Fisch Camp, Wolności 40. **GPS:** n52,53517 o14,89269.

30 €12 Ch WC inklusive €1/1Tag. **Lage:** Ländlich. **Untergrund:** Wiese. 01/01-31/12.

Großpolen

S Biskupice 36A3
WojciechSzczepanski, Jankowo-Mlyn 23. **GPS:** n52,44965 o17,16442.
20 €20 Ch inklusive. **Lage:** Ländlich. **Untergrund:** Wiese. 01/01-31/12.

Masowien

S Gierloz 36C2
Wolf's Liar - Wilczy Szaniec, 11-400 Kętrzyn.
GPS: n54,07925 o21,49309.
10 €12,50 inklusive WC. **Lage:** Ländlich, komfortabel. 01/01-31/12.
Entfernung: vor Ort.
Sonstiges: Ehemaliges Hitler-Hauptquartier.

S Warszawa 36C3
Parking, 1 Sierpinia, Warschau (Warszawa). **GPS:** n52,19189 o20,98069.
10 €10 €2 €2 Ch3 €5. **Lage:** Städtisch. **Untergrund:** befestigt. 01/01-31/12.
Entfernung: Stadtmitte 5,5Km 2km 100M 500M 300M.

S Warszawa 36C3
Parking, Wybrzeze Gdanskie, Warschau (Warszawa).
GPS: n52,25133 o21,01469.
15 €25. **Lage:** Städtisch. **Untergrund:** befestigt. 01/01-31/12.
Entfernung: Stadtmitte 3Km 5Km vor Ort vor Ort 250M.

Niederschlesien

S Karpacz 37A1
Rezydencja Holandia, Ul.Konstytucji 3-go Maja 67.
GPS: n50,77345 o15,74734.
15 €5 €1 €1 Chkostenlos €1. **Lage:** Ländlich. **Untergrund:** befestigt. 01/01-31/12.
Entfernung: 1Km 900M.

Oppeln

S Gora Swietej Anny 37B1
P Najem Pokoi, Ul.Strzelecka 2A. **GPS:** n50,45785 o18,16895.
20 €10 Ch inklusive. 01/01-31/12.
Entfernung: 600M 100M.

S Naklo 37B1
Fam Urban, Ul Strzelecka 91. **GPS:** n50,57790 o18,12715.
10 €12 Ch WCinklusive. **Lage:** Ländlich. **Untergrund:** Wiese.
Entfernung: 400M 100M.

Łódź

S Lipce Reymontowskie 36B3
Bumerang, Chlebow 3. **GPS:** n51,92795 o19,92847.
8 €10 Chinklusive €3. **Lage:** Ländlich. **Untergrund:** Wiese. 01/01-31/12.

Kleinpolen

S Kraków 37C1
Guesthaus Apis, Ul.Podgorki 60, Krakau (Kraków).
GPS: n49,98885 o19,96210.
5 €15 Ch WC inklusive. **Untergrund:** befestigt. 01/01-31/12.
Entfernung: 50M 400M.

S Kraków 37C1
Elcamp, Ul.Tyniecka 118e, Krakau (Kraków). **GPS:** n50,03418 o19,87658.
5 €7 €1,20 Ch €1,20.
Untergrund: Wiese/Schotter. 01/01-31/12.

30 €12 Ch €2,50 WC inklusive. **Lage:** Städtisch, zentral. **Untergrund:** Wiese. 01/03-01/11.
Entfernung: 200M 50M 200M.

S Parchowo 36A2
Kalex, Jamnowski Mlyn 15. **GPS:** n54,22644 o17,63750.

10 €14 Ch WC €2 €2 inklusive. **Lage:** Ländlich, abgelegen, ruhig. **Untergrund:** Wiese/Sand. 01/04-01/11.
Entfernung: 5Km vor Ort vor Ort 5Km.

△ S Wierzbna 36A3
De Vuijle vaetdoek "carpe Diem", 66-340 Przytoczna.
GPS: n52,56639 o15,81722.

70 €17,50 Ch WC inklusive. **Lage:** Ländlich, einfach, abgelegen. **Untergrund:** Wiese. 01/05-01/09.

S Zagaje 36A2
Gosciniec Zagaje, Zagaje 1. **GPS:** n54,00583 o17,12778.
6 €20 Ch inklusive. **Lage:** Ländlich. **Untergrund:** Wiese. 01/01-31/12.
Entfernung: 4Km 200M vor Ort 4Km vor Ort.

Ermland-Masuren

S Dobre Miasto 36B2
Garnizonowa 16. **GPS:** n53,98594 o20,41430.
3 kostenlos. **Lage:** Einfach. **Untergrund:** befestigt. 01/01-31/12.
Entfernung: 1Km.
Sonstiges: Am Schwimmbad.

S Mikolajki 36C2
Parking Hotelik Caligula, Ul.Jana Pawla II. **GPS:** n53,80278 o21,57444.
20 €14 Ch auf Anfrage inklusive. **Untergrund:** Schotter. 01/01-31/12.
Entfernung: 100M 200M 500M 200M 200M.

S Milolyn 36B2
Mazur, Ul Twarda 28a, Milomlyn. **GPS:** n53,76583 o19,84639.

4 €7,50 €1 €1 Ch €1. **Lage:** Ländlich, ruhig. **Untergrund:** Wiese. 01/01-31/12.
Entfernung: 500M 500M 1Km 1Km 400M 200M 500M 100M 100M.

Entfernung: Krakau 5Km 100M.

| P S | Oswiecim | 37B1 |

Auschwitz Parking, Stanislaw-Leszezynskiej 11. **GPS:** n50,02867 o19,20111.
10 € 10 €2,50. **Untergrund:** befestigt. 01/01-31/12.
Sonstiges: Beim Auswitz-Birkenau Museum.

| | Wieliczka | 37C1 |

Salt Mine, Edwarda Dembowskiego 22. **GPS:** n49,98542 o20,05338.
20 € 7,50. **Lage:** Städtisch. **Untergrund:** Schotter/Sand.
01/01-31/12.
Entfernung: 1,5Km 400M 50M 500M.

Karpatenvorland

| A S | Wetlina | 37D2 |

Górna Wetlinka, 38-608. **GPS:** n49,14740 o22,52028.
15 € 15 inklusive €3. **Lage:** Ländlich. 01/04-01/10.
Entfernung: 200M vor Ort vor Ort.

Portugal

Hauptstadt: Lissabon
Staatsform: Parlamentarische Demokratie
Amtssprache: Portugiesisch
Einwohnerzahl: 10.825.000 (2015)
Fläche: 91.642 km²

Allgemeine Informationen
Telefonvorwahl: 00351
Allgemeine Notrufnummer: 112
Währung: Euro.
Kreditkarten werden fast überall akzeptiert.

Freies Übernachten im Wohnmobil
Wenn kein lokales Verbot gilt sind freie Übernachtungen max. 48 Stunden erlaubt, nicht in Grundwasserschutzzonen und städtischen Gebieten.

Gesetzliche Feiertage 2017
6. Januar Heilige Drei Könige
14. April Karfreitag
25. April Freiheitstag Portugal
1. Mai Tag der Arbeit
10. Juni Nationalfeiertag
15. Juni Corpo de Deus
15. August Maria Himmelfahrt
5. Oktober Tag der Republik Portugal
1. November Aller Heiligen
8. Dezember Mariä Empfängnis

Zeitzone
Winterzeit GMT+0
Sommerzeit GMT+1

Portugal Nord

Aguçadoura 29B3
Aguaçadoura Futebol Clube. **GPS:** n41,44389 w8,77722.

5 kostenlos. **Lage:** Ländlich, einfach. **Untergrund:** Schotter/Sand. 01/01-31/12.
Entfernung: 500M, 50M, 500M, 500M.
Sonstiges: Parkplatz beim Strand.

Amarante 29C3
Av. Alexandre Herculano. **GPS:** n41,27286 w8,07178.

Untergrund: befestigt.
Entfernung: 800M vor Ort vor Ort 50M.
Sonstiges: Parkplatz am Sportzentrum.

Amarante 29C3
GPS: n41,27020 w8,07708.

Untergrund: befestigt. Mi.
Entfernung: vor Ort vor Ort.
Sonstiges: Marktplatz am Fluss.

Amarante 29C3
Penedo da Rainha, São Gonçalo. **GPS:** n41,28031 w8,06925.
€ 10,90-22 Ch. 04/01-30/11.
Entfernung: 1Km vor Ort vor Ort 1Km.
Touristinformation Amarante:
Museu Municipal Amadeu de Souza Cardoso, Alameda Teixeira Pascoaes. Moderne Kunst.

Arcos de Valdevez 29C3
N202. **GPS:** n41,84749 w8,41524.

10 kostenlos. **Lage:** Ländlich, einfach. **Untergrund:** befestigt. 01/01-31/12.
Entfernung: 300M.
Sonstiges: Am Fluss Vez.

Avintes 29B3
Parque Biológico de Gaia, Rue da Cunha. **GPS:** n41,09730 w8,55414.

9 € 4 + € 4 /pp, Eintritt Park inkl Ch inklusive WC kostenlos, an der Rezeption.
Lage: Luxus, ruhig. **Untergrund:** Schotterasen. 01/01-31/12.
Entfernung: 10Km 800M 100M > Porto.
Sonstiges: Anmelden an der Rezeption.

Barcelos 29C3
R.Rosa Ramalho. **GPS:** n41,52829 w8,61547.

12 kostenlos. **Lage:** Ländlich, einfach.
Untergrund: befestigt. 01/01-31/12.
Entfernung: Stadtmitte 800M 3,5Km vor Ort.
Sonstiges: Parkplatz Schwimmbad.
Touristinformation Barcelos:
Museu de Olaria de Barcelos, R. Cónego Joaquim Gaiolas. Keramik und Archäologie. Di-So 10-12.30 Uhr, 14-18 Uhr, Do 10-18 Uhr.

Portugal Nord

Bico 30B1
R. Vasco da Gama. **GPS:** n40,73016 w8,64747.

30 kostenlos. **Lage:** Ländlich, einfach, abgelegen, ruhig. **Untergrund:** befestigt. 01/01-31/12. **Entfernung:** 300M vor Ort vor Ort vor Ort. **Sonstiges:** Im Fischereihafen.

Braga 29C3
Bom Jesus do Monte. **GPS:** n41,55278 w8,38137.

25 kostenlos ChWC kostenlos. **Lage:** Städtisch, einfach. **Untergrund:** Beton. 01/01-31/12. **Entfernung:** 6Km 20M 100M. **Sonstiges:** Parkplatz an der Drahtseilbahn.

Braga 29C3
Sameiro. **GPS:** n41,53928 w8,36743.

10 kostenlos. **Lage:** Einfach. **Untergrund:** Schotter/Sand. **Sonstiges:** Parkplatz beim Wallfahrtsort.

Touristinformation Braga:
Semana Santa. Prozession.
Woche vor Ostern.
Parque Nacional da Peneda-Gerês. Wandergebiet. Inforzentrum Braga, Quinta das Parretas.

Bragança 29D3
Parque de Merendas, Rue Miguel Torga. **GPS:** n41,80417 w6,74611.

30 kostenlos Ch kostenlos. **Lage:** Ländlich, komfortabel, ruhig. **Untergrund:** befestigt. 01/01-31/12. **Entfernung:** 200M 200M 200M. **Sonstiges:** P unter dem Schloss, 01/07-15/09, max. 24 Std, schöne Aussicht.

Touristinformation Bragança:
Mittelalterliche, ummauerte Oberstadt mit Schloß.
Museu Militar. 9-11.45 Uhr, 14-18.15 Uhr.
Parque Natural de Montesinho. Naturschutzgebiet.

Caminha 29B3
Largo da Feira. **GPS:** n41,87490 w8,84113.

10 kostenlos. **Lage:** Städtisch, einfach. **Untergrund:** befestigt. 01/01-31/12. **Entfernung:** 500M 100M.

Carrazeda de Ansiães 29D3
Rua Engenheiro Camilo de Mendonça. **GPS:** n41,24498 w7,30386. Ch. 01/01-31/12. **Sonstiges:** Parkplatz Schwimmbad.

Carregal do Sal 30C1
Quinta de Cabriz. **GPS:** n40,42465 w8,01856. kostenlos. **Untergrund:** ungepflastert. **Entfernung:** vor Ort. **Sonstiges:** Portugal Tradicional, max. 24 Std.

Carregal do Sal 30C1
Luzio, Arruamento Urbano a Sul da Vila. **GPS:** n40,43116 w7,99471.

3 kostenlos Ch kostenlos. **Lage:** Einfach. **Untergrund:** Wiese. 01/01-31/12. **Entfernung:** 1Km. **Sonstiges:** Hinter Tankstelle.

Castelo do Neiva 29B3
Av. de Santoinho. **GPS:** n41,67501 w8,78243.

Chaves 29C3
Alameda do Trajano. **GPS:** n41,73694 w7,46917.

6 kostenlos. **Lage:** Städtisch, einfach. **Untergrund:** befestigt. 01/01-31/12. **Entfernung:** Altstadt 300M 8,6Km 100M 100M. **Sonstiges:** An dem Tâmega.

Chaves 29C3
Quinta do Rebentão, Vila Nova de Veiga. **GPS:** n41,70127 w7,50013. 100 € 16,40-20,40 Ch WC. 01/01-30/11. **Entfernung:** 4Km 400M 1Km 800M.

Touristinformation Chaves:
Torre de Mengem. Militärmuseum.

Covas 29C3
Parque Campismo de Covas, Lugar de Pereiras. **GPS:** n41,88758 w8,69497. € 5,30-8 Ch WC. 01/01-31/12.

Covas 29C3
Quinta do Retiro, Lugar Quinta do Retiro s/n. **GPS:** n40,35230 w7,91583. 5 01/09-30/06 € 17,50, 01/07-31/08 € 22 Ch (5x),10Amp WC € 1/1 inklusive. **Untergrund:** Wiese. 01/01-31/12. **Entfernung:** 800M 3Km 3Km 3Km 8Km vor Ort.

Entre-os-Rios 29C3
GPS: n41,08357 w8,29322.

Espinho 29B3
GPS: n40,98916 w8,6452.

4 WC Lunchroom & co. **Lage:** Einfach, zentral, laut. 01/01-31/12. **Entfernung:** 100M vor Ort vor Ort 100M 100M. **Sonstiges:** Parkplatz am Douro entlang.

Espinho 29B3
GPS: n40,98916 w8,6452.

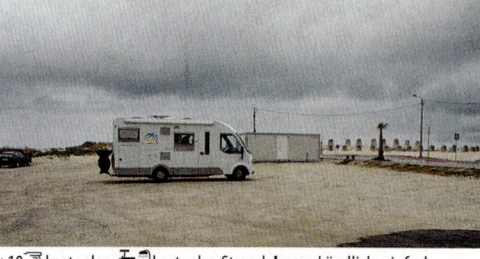

+10 kostenlos kostenlos, Strand. **Lage:** Ländlich, einfach, abgelegen, ruhig. **Untergrund:** Schotter/Sand. 01/01-31/12. **Entfernung:** 1Km 25M 1Km 1Km. **Sonstiges:** Strandparkplatz.

Espinho 29B3
Municipal de Espinho, Zona da Ribeira dos Mochos. **GPS:** n41,01402 w8,63743. € 18,90-23,30 Ch WC. 01/01-31/12.

Esposende 29B3
Forte de S.João Baptiste, Rue do Farol. **GPS:** n41,54222 w8,79111.

5 kostenlos kostenlos. **Lage:** Städtisch, einfach. **Untergrund:** asphaltiert. 01/01-31/12. **Entfernung:** 1,5Km vor Ort vor Ort 1,5Km. **Sonstiges:** Parkplatz beim Leuttturm, für Kunden Restaurant WLAN kostenlos.

Esposende 29B3
Parque de Campismo de Fão, Lírios - Fão. **GPS:** n41,50778 w8,77833. Ch WC. 01/01-31/12. **Entfernung:** 500M 500M vor Ort 500M.

Freixo de Espada a Cinta 30D1
Espaço Multiusos, R. do Samiteiro de Cima. **GPS:** n41,08826 w6,81751.
12 kostenlos Ch (12x) kostenlos. **Untergrund:** befestigt. 01/01-31/12. **Entfernung:** 900M 900M. **Sonstiges:** Ankunft <18U.

Freixo de Numão 30D1
Area de autocaravanas Jean Pierre Rossi, Sebarigos. **GPS:** n41,06000 w7,22111.

30 € 5/Nacht Ch WC inklusive. **Untergrund:** befestigt. **Entfernung:** 900M 500M 500M.

Gerês 29C3
Vila do Gerês. **GPS:** n41,73538 w8,15969.

Portugal Nord

4 🅿 kostenlos. **Lage:** Ländlich, einfach. **Untergrund:** asphaltiert.
📅 01/01-31/12.
Entfernung: 🛒 1Km ⊗ vor Ort.

| △S | **Gondomar** | 29C3 |

Medas, Gavinho - Medas. **GPS:** n41,03917 w8,42694.
🅿 € 26-32 🚰🗑Ch. 🚻 WC. 📅 01/01-31/12.

| ♨ | **Gosende** | 30C1 |

Cooperativa Capuchinhas CRL, Campo Benfeito.
GPS: n40,99799 w7,9269.
🅿 kostenlos.
Untergrund: ungepflastert. 📅 01/01-31/12.
Entfernung: ⚑ 5,1Km.
Sonstiges: Portugal Tradicional.

| △S | **Guilhufe** | 29C3 |

EM594. **GPS:** n41,19541 w8,31605. ⬆➡.

8 🅿 kostenlos 🚰🗑Ch kostenlos. **Lage:** Einfach, laut.
Untergrund: befestigt. 📅 01/01-31/12.
Entfernung: 🛒 1Km ⚑ 1,6Km ⊗ 1Km 🍴 1Km.

| △S | **Izeda** | 29D3 |

Largo do Toural. **GPS:** n41,56750 w6,72333. ⬆➡.

30 🅿 kostenlos 🚰🗑Ch kostenlos. **Lage:** Ländlich, einfach, zentral, ruhig. **Untergrund:** befestigt. 📅 01/01-31/12.
Entfernung: 🛒 Stadtmitte ⊗ 200M 🍴 200M.

| △S | **Lamego** 🌿🏛🎪 | 30C1 |

Parque Lamego, N2, Lugar da Raposeira.
GPS: n41,09016 w7,82214. ⬆➡.

40 🅿 € 5 + € 3/pP 🚰🗑Ch 🚿 €4/Tag WC 📶. **Lage:** Luxus, abgelegen, ruhig. **Untergrund:** ungepflastert. 📅 01/01-31/12.
Entfernung: 🛒 1,2Km ⚑ 4,5Km ⊗ 500M 🍴 2km 🚉 vor Ort.
Sonstiges: Backer kommt jede Morgen, schöne Aussicht, oben Caves da Raposeira, Verkauf von Wein.

| △S | **Lamego** 🌿🏛🎪 | 30C1 |

GPS: n41,09501 w7,80372.

3 🅿 kostenlos. **Untergrund:** befestigt. 📅 01/01-31/12.
Entfernung: 🛒 vor Ort ⊗ vor Ort 🍴 vor Ort.
Sonstiges: Am Fuss der Monumentaltreppe des Santuari.
Touristinformation Lamego:
👁 Bodega Raposeira. ℹ kostenlos.
👁 Nossa Senhora dos Remédios. Pilgerfahrt von Portugal, die wichtigste Festlichkeit des Landes. 📅 Ende Aug-Anfang Sep.

| △S | **Lordelo** | 29C3 |

R. da Igreja 350. **GPS:** n41,23472 w8,41139. ⬆➡.

20 🅿 kostenlos 🚰🗑Ch kostenlos. **Lage:** Einfach, ruhig.
Untergrund: Schotter/Sand. 📅 01/01-31/12.
Entfernung: 🛒 400M ⊗ 400M 🍴 400M.

| △S | **Macedo de Cavaleiros** 🚣 | 29D3 |

Rua das Piscinas. **GPS:** n41,53756 w6,95715. ⬆➡.

8 🅿 kostenlos 🚰 €2/100Liter 🗑Ch €2/1Std.
Lage: Städtisch, einfach, zentral, ruhig. **Untergrund:** asphaltiert.
📅 01/01-31/12.
Entfernung: 🛒 200M ⊗ 200M 🍴 300M 🚉 vor Ort.

| △S | **Macedo de Cavaleiros** 🚣 | 29D3 |

Barragem do Azibo, Frada da Pegada. **GPS:** n41,58333 w6,89944. ⬆.

10 🅿 kostenlos. **Lage:** Ländlich, einfach, ruhig. **Untergrund:** befestigt.
📅 01/01-31/12.
Entfernung: 🛒 2km 🏖 Sandstrand ⊗ vor Ort.
Sonstiges: Beim Talsperre, überwacht während der Sommerperiode.

| △S | **Matosinhos** | 29B3 |

Av. de Praia. **GPS:** n41,26044 w8,72434. ⬆.

10 🅿 kostenlos. **Lage:** Einfach, laut. **Untergrund:** befestigt.
📅 01/01-31/12.
Entfernung: 🛒 200M ⊗ 200M 🍴 600M 🚉 vor Ort.
Sonstiges: Strandparkplatz.

| △S | **Matosinhos** | 29B3 |

Municipal de Angeiras. **GPS:** n41,26722 w8,71972.
🅿 € 18,50-29 🚰🗑Ch. 📅 01/01-31/12.
Sonstiges: Nur Ver-/Entsorgung € 3,15-5,40.

| △S | **Melgaço** | 29C2 |

Porta de Lamas de Mouro, Lamas de Mouro.
GPS: n42,05202 w8,19413.
🅿 kostenlos. **Untergrund:** befestigt.

| 🛏 | **Melgaço** | 29C2 |

Rua do Mercado. **GPS:** n42,11549 w8,26095. ⬆.

6 🅿 kostenlos. **Lage:** Ländlich, einfach. 📅 01/01-31/12.
Entfernung: ⊗ vor Ort.

| △S | **Miranda do Douro** 🌿🏛🎪 | 29E3 |

Av. Eduardo Quero. **GPS:** n41,49167 w6,27333.

🅿 kostenlos. **Untergrund:** befestigt.
Entfernung: 🛒 25M ⊗ 200M.
Sonstiges: Nahe der alten Stadtmauern.

| △S | **Miranda do Douro** 🌿🏛🎪 | 29E3 |

Largo do Cestelo. **GPS:** n41,49611 w6,275.

🅿 kostenlos. **Untergrund:** befestigt.
Entfernung: 🛒 vor Ort ⊗ 50M 🍴 50M.
Sonstiges: Parkplatz bei Ruinen des Schlosses.

| △S | **Mirandela** 🌿 | 29D3 |

Largo Cardal. **GPS:** n41,48685 w7,18391. ⬆.

15 🅿 kostenlos 📶 Fon. **Lage:** Ländlich, einfach, zentral, laut.
Untergrund: befestigt.
Entfernung: 🛒 Stadtmitte ⊗ vor Ort 🍴 vor Ort 🚉 vor Ort.
Sonstiges: Großer Parkplatz am Fluss.

| △S | **Mirandela** 🌿 | 29D3 |

Três Rios-Maravilha.
GPS: n41,50683 w7,19716.
🅿 € 16,50-21,50 🚰🗑Ch 🚻 WC.
📅 02/02-01/12.
Touristinformation Mirandela:
🏛 Museu municipal. Moderne Portugiesische Malkunst. ℹ kostenlos.
🏛 Villa Flôr. Dorfmuseum. ℹ kostenlos.

Portugal Nord

| ⚠ S | Mogadouro | 29D3 |

Mogadouro, Complexo Desportivo Municipal. **GPS**: n41,33528 w6,71861.
⛽ € 13-15 🚰 Ch WC 🗑 . 🅿 01/04-30/09.
Entfernung: ⊗500M 🛒 vor Ort 🚌 500M.

| S | Mondim de Basto | 29C3 |

Area Mondim de Basto. GPS: n41,41199 w7,95137. ⬆.

30 🅿 kostenlos 🚰🔌Ch kostenlos. **Lage**: Städtisch, einfach, zentral.
Untergrund: befestigt. 🅿 01/01-31/12.
Entfernung: 🛒 300M ⊗300M 🚌 300M.
Sonstiges: Markt am Freitag.

| S | Montalegre | 29C3 |

Rua João Rodrigues Cabrilho. **GPS**: n41,82280 w7,78684. ⬆.
🅿 kostenlos 🚰🔌Ch kostenlos. **Untergrund**: befestigt.
🅿 01/01-31/12. **Entfernung**: 🛒 500M.

| ⚠ | Murça | 29C3 |

Murça-Estádio, Variante à N15. **GPS**: n41,40421 w7,44994. ⬆.

🅿 kostenlos. **Untergrund**: asphaltiert. 🅿 01/01-31/12.
Entfernung: 🛒 500M ⊗300M.
Sonstiges: Am Fussballstadion.

| 🏛 | Nelas | 30C1 |

Paço dos Cunhas de Santar, Largo do Paço, Santar.
GPS: n40,57229 w7,89154.
🅿 kostenlos.
Sonstiges: Portugal Tradicional, max. 24 Std, Weingut/Restaurant, Markise und Generator verboten.

| 🏛 | Parada | 29C3 |

Santuário. GPS: n41,68806 w8,20167.
🅿.

| ⚠ S | Paredes de Coura | 29C3 |

R. Bombeiros Voluntários 1. **GPS**: n41,91060 w8,55826.

46 🅿 € 12/24 Std, € 21/48 Std 🚰🔌Ch 💧(21x)WC 🗑 📺 📶 inklusive.
Lage: Ländlich. **Untergrund**: befestigt. 🅿 01/01-31/12.
Entfernung: 🛒 150M 🚲 13Km 🚌 500M ⊗150M 🛏 30M 🏊 50M.
Sonstiges: Videoüberwachung.

| ⚠ | Peso da Régua 🏛 | 29C3 |

Parque de pernoita de autocaravanas.
GPS: n41,15570 w7,78058. ⬆.
16 🅿 € 3 🚰🔌Ch 💧 kostenlos. **Untergrund**: befestigt.
🅿 01/01-31/12. **Entfernung**: 🛒 1km ⊗100M.

| ⚠ | Peso da Régua 🏛 | 29C3 |

Parque Ovar, Av. de Ovar. **GPS**: n41,16278 w7,79222. ⬆.

4 🅿 kostenlos 💧 (4x)WC kostenlos, 150m.
Lage: Städtisch, einfach, zentral, laut. **Untergrund**: asphaltiert.
🅿 01/01-31/12.
Entfernung: 🛒 vor Ort 🚲 4Km 🚌 vor Ort ⊗vor Ort 🛏 vor Ort.

| 🏛 | Ponte de Lima 🌿 | 29C3 |

Alameda de São João. GPS: n41,77052 w8,5847. ⬆.

15 🅿. **Lage**: Städtisch, einfach. **Untergrund**: befestigt.
🅿 01/01-31/12.
Entfernung: 🛒 300M 🚌 vor Ort.
Sonstiges: Am Fluss.

| ⚠ S | Póvoa de Varzim | 29B3 |

Rio Alto, Estela. **GPS**: n41,46277 w8,77369.
⛽ € 19-32 🚰🔌Ch 💧 WC 🗑 . 🅿 01/01-31/12.
Sonstiges: Ver-/Entsorgung Passanten € 3,50-6.

| ⚠ S | Queimadela | 29C3 |

Parque de Campismo do Baragem. GPS: n41,50379 w8,16216.
⛽ € 5 🚰🔌Ch 💧 . **Untergrund**: Wiese/befestigt.
🅿 01/01-31/12. **Entfernung**: 🏊 100M 🚌 100M 🛏 vor Ort.

| 🏛 | Santa Maria da Feira 🌿 | 30B1 |

GPS: n40,91972 w8,54306. ⬆.

5 🅿 kostenlos. **Lage**: Ländlich, einfach, ruhig.
Untergrund: Schotter/Sand. 🅿 01/01-31/12.
Entfernung: 🛒 600M ⊗600M.
Sonstiges: Parkplatz Schloss.

| 🏛 S | São Romão do Corgo | 29C3 |

Quinta de Bourça, Lugar de Vila Nova. **GPS**: n41,44348 w7,9932.
🅿 kostenlos 🚰 € 2,50 💧 € 2,50. **Lage**: Ländlich.
Entfernung: 🚲 11Km.
Sonstiges: Portugal Tradicional.

| 🏛 | Soajo 🌿 | 29C3 |

M530. **GPS**: n41,87197 w8,2633. ⬆.

5 🅿 kostenlos. **Lage**: Ländlich, einfach. **Untergrund**: befestigt.
🅿 01/01-31/12.
Entfernung: 🛒 100M ⊗100M.
Sonstiges: Parkplatz in der Nähe des Schules.

| 🏛 | Torre de Moncorvo | 30D1 |

GPS: n41,18083 w7,04167. ⬆.
9 🅿 kostenlos 🚰🔌Ch kostenlos 💧 . **Untergrund**: befestigt.
🅿 01/01-31/12.

Entfernung: 🛒 1,5KM. **Sonstiges**: Am Sportpark.

| 🏛 | Valadares-SP do Sul 🌿 | 30C1 |

Cooperativa Mimos, Largo do Cruzeiro 1. **GPS**: n40,75704 w8,19997. ⬆.

3 🅿 kostenlos. **Lage**: Einfach.
Untergrund: Wiese. 🅿 01/01-31/12.
Entfernung: 🛒 vor Ort.
Sonstiges: Portugal Tradicional.

| ⚠ S | Valpaços | 29D3 |

Do Rabaçal, Rua Gago Coutinho. **GPS**: n41,63222 w7,24778.
⛽ € 15-19 🚰🔌Ch 💧 WC 🗑 . 🅿 01/01-31/12.

| ⚠ S | Viana do Castelo | 29B3 |

Praia do Cabadelo, Av. do Cabedelo. **GPS**: n41,68388 w8,83333. ⬆.
20 🅿 kostenlos 🚰🔌Ch kostenlos. **Untergrund**: befestigt.
🅿 01/01-31/12. **Entfernung**: 🛒 400M 🚌 vor Ort ⊗100M.

| 🏛 | Viana do Castelo 🌿 | 29B3 |

Rua de Lima. GPS: n41,69534 w8,81875. ⬆.

15 🅿 kostenlos. **Lage**: Städtisch, einfach.
Untergrund: befestigt/Sand.
Entfernung: 🛒 Stadtmitte 700M.
Sonstiges: Großer Parkplatz an dem Lima.

Touristinformation Viana do Castelo:
⛪ Campo do Costelo. Markt. 🅿 Fr.
Romaria da Nossa Senhora da Agonia. Festumzug mit gigantischen Figuren, Tanz- und Musikgruppen. 🗓 3. WocheAug.

| ⚠ S | Vila Chã | 29B3 |

Sol de Vila Chã, Rua do Sol, Facho. **GPS**: n41,29825 w8,73263. ⬆.
⛽ 🚰🔌Ch 🗑 . 🅿 01/01-31/12.
Entfernung: 🏊 300M 🛏 10M 🚌 vor Ort ⊗100M.

| 🏛 | Vila do Conde | 29B3 |

Av. Júlio Graça. **GPS**: n41,34476 w8,74541. ⬆.

20 🅿 kostenlos. **Lage**: Städtisch, einfach, zentral, laut.
Untergrund: befestigt. 🅿 01/01-31/12.
Entfernung: 🛒 400M 🏊 150M 🚌 150M ⊗200M 🛏 400M.
Sonstiges: Entlang der Este.

| 🏛 | Vila do Conde 🌿 | 29B3 |

Av. Marques de Sa Bandiera. **GPS**: n41,34270 w8,74587. ⬆.

20 🅿 kostenlos. **Lage**: Städtisch, einfach, zentral.
Untergrund: Schotter/Sand. 🅿 01/01-31/12.

Portugal Nord - Beira

Entfernung: 🚻500M ⛽vor Ort ⓧ200M 🛒400M.
Sonstiges: Parkplatz am Meer.

🅿S Vila Nova de Cerveira — 29B2
Av. dos Pescadores. **GPS:** n41,93823 w8,74685.⬆.

4 🚽kostenlos 🚰♨Ch 📶kostenlos. **Lage:** Ländlich, einfach.
Untergrund: asphaltiert. ⬜ 01/01-31/12.
Entfernung: 🚻Altstadt 150M 🏖Strand am Fluss.
Sonstiges: Beim Fluss Minho und öffentliches Wasserpark.

🅿S Vila Nova de Foz Côa — 30D1
Autocross, N102. **GPS:** n41,06727 w7,15496.⬆➡.
🚽kostenlos 🚰Ch 📶kostenlos. **Lage:** Abgelegen, ruhig.
Entfernung: 🚻2km.

🅿S Vila Nova de Foz Côa — 30D1
Rua Engenheiro Eugénio Nobre. **GPS:** n41,08028 w7,14806.⬆➡.
+50 🚽kostenlos. **Lage:** Ländlich. ⬜ 01/01-31/12.
Entfernung: 🚻500M ⓧ500M.

⚠S Vila Nova de Gaia — 29B3
Madalena, Rua de Cerro, Praia de Madalena.
GPS: n41,10750 w8,65556.
🚽€ 18,30-28,80 🚰♨Ch ⚿WC📶. ⬜ 01/01-31/12.
Sonstiges: Nur Ver-/Entsorgung € 3,15-5,40.
Touristinformation Vila Nova de Gaia:
ⓘ Stadt des Portweins, am linken Ufer des Douro. Die Porthäuser können nicht täglich besichtigt werden.

⚠S Vila Real 〰 — 29C3
Municipal de Vila Real, Rua Dr. Manuel Cardona, Quinta da Carreira.
GPS: n41,30333 w7,73667.
🚽€ 13,20-20,90 🚰♨Ch ⚿WC📶.
⬜ 01/01-31/12.
Touristinformation Vila Real:
👁 Solar de Mateus. Barockes Landhaus, bekannt von den Etiketten des Matheus rosé Weins. 4 Km östlich von Vila.

Vinhais — 29D3
GPS: n41,83381 w7,00271.⬆.

6 🚽kostenlos 🚰♨Chkostenlos. **Lage:** Städtisch, einfach.
Untergrund: Schotter. ⬜ 01/01-31/12.
Entfernung: 🚻200M ⓧ100M.
Sonstiges: In der Nähe vom Schwimmbad.

Beira

🅿S Aldeia da Ponte — 30D1
Caminho do Freguil. **GPS:** n40,41092 w6,87159.⬆.

4 🚽kostenlos 🚰♨Chkostenlos. **Lage:** Ländlich, einfach.
Untergrund: befestigt. ⬜ 01/01-31/12.
Entfernung: 🚻300M.
Sonstiges: Bei der alten römischen Brücke.

🅿S Almeida 〰 — 30D1
Rua da Guerreira. **GPS:** n40,72753 w6,90402.

🚽kostenlos ⚿WC. **Untergrund:** befestigt. ⬜ 01/01-31/12.
Sonstiges: Beim Schloss.

Anadia — 30B1
Rua Seabras de Castro. **GPS:** n40,44056 w8,4375.⬆.

🚽kostenlos. **Untergrund:** asphaltiert.
Entfernung: ⓧ100M 🛒100M.

🅿S Aveiro 〰🍽 — 30B1
Parque de S João, Canal São Roque. **GPS:** n40,64328 w8,65859.

10 🚽kostenlos 🚰kostenlos. **Untergrund:** Schotterasen.
⬜ 01/01-31/12. **Entfernung:** 🚻200M 🏖25M ⓧ200M 🛒200M.
Sonstiges: Parkplatz beim Kanal und A25.
Touristinformation Aveiro:
🏛 Ecomuseu da Troncalhada, Canal das Pirâmides. Salzgewinnung. Sommer.
🏛 Museu de Aveiro, Av. Sta. Joana Princesa. Sammlung von Barockkunst. ⬜ Di-So 10-17.30 Uhr.

🅿S Barril de Alva 〰🍽 — 30C1
EM517-1. **GPS:** n40,28611 w7,96167.⬆.

50 🚽kostenlos 🚰♨ChWCkostenlos. **Lage:** Ländlich, einfach, ruhig.
Untergrund: ungepflastert. ⬜ 01/01-31/12.
Entfernung: 🚻500M 🏖Strand am Fluss ⓧvor Ort.

🚿 Barriosa — 30C1
Poço da Broca. **GPS:** n40,29366 w7,75376.

🚽kostenlos. **Lage:** Ländlich.
Entfernung: 🏖vor Ort ⓧvor Ort.
Sonstiges: Portugal Tradicional, Restaurant und Verkauf von regionalen Produkten.

🅿S Belmonte — 30C2
Parque de Santiago, N345. **GPS:** n40,21835 w7,20459.⬆.

4 🚽kostenlos 🚰♨ChWC🚽kostenlos. **Untergrund:** befestigt.
⬜ 01/01-31/12. **Entfernung:** 🚻500M ⛽vor Ort 🛒150M ⓧvor Ort.

Castelo Bom 〰 — 30D1
Avenida Santa Maria, N16. **GPS:** n40,61261 w6,83398.⬆.

3 🚽kostenlos. **Lage:** Ländlich, einfach. **Untergrund:** befestigt.
⬜ 01/01-31/12.
Entfernung: 🚻vor Ort.
Sonstiges: Nicht geeignet für Reisemobile > 6,5m, typisches Dorf in der Nähe der spanischen Grenze.

⚠S Castelo Branco 〰 — 30C2
Municipal de Castel Branco, N18. **GPS:** n39,85815 w7,49351.
🚽♨ChWC📶. ⬜ 02/01-15/11.
Touristinformation Castelo Branco:
🏰 Castelo. Ruinen des Schlosses der Templer.
🌳 Alameda da Liberdade. ⬜ Mo.

Castelo de Paiva — 29C3
R. Emidio Navarro. **GPS:** n41,03955 w8,27406.⬆.

50 🚽kostenlos 🚰♨ChWCkostenlos. **Lage:** Einfach, zentral, ruhig.
Untergrund: befestigt. ⬜ 01/01-31/12.
Entfernung: 🚻vor Ort ⛽vor Ort 🛒vor Ort.
Sonstiges: Marktplatz.

🅿S Castelo Mendo 〰🍽 — 30D1
P5, N16. **GPS:** n40,59444 w6,94833.⬆.

3 🚽kostenlos 🚰kostenlos. **Lage:** Ländlich, einfach.
Untergrund: Wiese/Sand. ⬜ 01/01-31/12.
Entfernung: 🚻vor Ort 🚗6,8Km.

🅿 Castelo Rodrigo 〰 — 30D1
GPS: n40,87778 w6,96611.

Beira

🚐kostenlos. **Untergrund:** Sand.
Sonstiges: Am Eingang der Festung.

🏛️ **Celorico da Beira** 30C1
GPS: n40,63389 w7,40472.

10🚐. **Lage:** Abgelegen. **Untergrund:** befestigt.
Entfernung: 🚶2km.
Sonstiges: Parkplatz Sportpark.

Cinfães 29C3
GPS: n41,07167 w8,08719.

🚐. **Untergrund:** befestigt. 🗓️ 01/01-31/12.
Entfernung: 🚶100M ⊗100M 🚌100M.

🏛️S **Coimbra** 🌺🍴 30B1
Parque do Choupalinho, Av. Inês de Castro.
GPS: n40,19970 w8,42905. ⬆️.

20🚐kostenlos 🚰🔌Chkostenlos.
Untergrund: befestigt.
🗓️ 01/01-31/12.
Sonstiges: Max. 24 Std.
Touristinformation Coimbra:
👁️ Portugal dos Pequeninos. Miniatur-Portugal. 🕐 9-19 Uhr.

🏛️S **Coimbrão** 30B2
Praia do Pedrógão. GPS: n39,91500 w8,95.
🚐 € 15,60-18,30 🚰🔌WC ♻️ 🗓️ 16/02-15/12.
Entfernung: 🏖️50M ⛵vor Ort 🛒vor Ort 🚌10M.

🏛️S **Condeixa** 30B1
Av. Bombeiros Voluntarios de Condeixa. **GPS:** n40,11291 w8,49336. ⬆️➡️.

6🚐kostenlos 🚰🔌Chkostenlos. **Untergrund:** asphaltiert.
🗓️ 01/01-31/12. **Entfernung:** 🚶500M ⊗vor Ort 🚌300M.

Sonstiges: Max. 48 Std, Freitag-Morgen Markt.

🏛️ **Condeixa** 30B1
Conímbriga, Praça da Republiça Condeixa.
GPS: n40,09895 w8,4894. ⬆️.

5🚐kostenlos. **Lage:** Einfach. **Untergrund:** Wiese/befestigt.
🗓️ 01/01-31/12.
Sonstiges: Parkplatz neben archäologischem Fundort.

🏛️S **Covas do Monte-SP do Sul** 30C1
Covas do Monte.
GPS: n40,88873 w8,09823.
🚐kostenlos 🚰kostenlos.
Entfernung: 🏖️250M.
Sonstiges: Portugal Tradicional.

🏛️S **Escalos de Baixo** 30C2
Hanmar, Estrada National 352. **GPS:** n39,89917 w7,40028. ⬆️.

20🚐 € 8, Mai-Aug € 10 🚰🔌Ch🚻inklusive.
Untergrund: Wiese. 🗓️ 01/01-31/12.
Entfernung: ⊗1Km 🛒1Km.

🏛️S **Estarreja** 🍴 30B1
R. Dr. Antonio Madureira. **GPS:** n40,75417 w8,56611. ⬆️➡️.

6🚐 € 2/48 Std 🚰🔌Ch inklusive. **Lage:** Städtisch, einfach, zentral. **Untergrund:** befestigt. 🗓️ 01/01-31/12.
Entfernung: 🚶vor Ort 🛒vor Ort.
Sonstiges: Anmelden bei Cafe Piscina, Ag. Seguros Rebelo, Dienstag Markt 100m.

🏛️S **Estarreja** 🍴 30B1
Ribeira do Maurão. **GPS:** n40,81328 w8,61588. ⬆️➡️.

6🚐kostenlos 🚰€2 🔌Ch. **Lage:** Ländlich, einfach, abgelegen, ruhig.
Untergrund: befestigt. 🗓️ 01/01-31/12.
Entfernung: ⛵vor Ort ✝vor Ort.
Sonstiges: Naturschutzgebiet.

🏛️S **Figueira da Foz** 🍴 30B1
Av. de Espanha. **GPS:** n40,14856 w8,86791. ⬆️.

30🚐 € 0,80/Std, übernachten kostenlos WC. 🚌
Untergrund: asphaltiert. 🗓️ 01/01-31/12.
Entfernung: 🏖️vor Ort ⛵vor Ort ⊗100M.

🏛️ **Figueira da Foz** 🏖️ 30B1
R.do Cabedelo. **GPS:** n40,14403 w8,86395.

10🚐. **Lage:** Einfach. **Untergrund:** Sand. 🗓️ 01/01-31/12.
Entfernung: ⛵vor Ort ⊗vor Ort.
Sonstiges: Strandparkplatz.

S **Figueira da Foz** 🏖️ 30B1
Jumbo, Av. Francisco de Sá Carneiro. **GPS:** n40,16413 w8,8413. ⬆️.
🚰🔌Chkostenlos. 🗓️ 01/01-31/12.
Sonstiges: An der Tankstelle.

S **Fratel** 30C2
Vila Velha de Ródão. **GPS:** n39,63250 w7,74694. ⬆️➡️.

10🚐kostenlos 🚰🔌Chkostenlos. **Untergrund:** Wiese.
🗓️ 01/01-31/12. **Entfernung:** 🚶200M 🎣1Km ⊗300M 🛒300M.

🏛️S **Fundão** 30C2
Quinta do Convento. **GPS:** n40,13276 w7,51205.
150🚐 € 13-17 🚰🔌WC ⛵🚻 🗓️ 01/01-31/12.

🏛️ **Furadouro** 30B1
Praia do Furadouro. **GPS:** n40,87645 w8,67381. ⬆️.

30🚐kostenlos WC50m. **Lage:** Ländlich, einfach, ruhig.
Untergrund: asphaltiert. 🗓️ 01/01-31/12.
Entfernung: ⛵vor Ort ⊗300M 🛒300M.
Sonstiges: Strandparkplatz.

🏛️S **Guarda** 🌺🍴 30C1
Parque Pólis, Rua da Direcção Geral de Viação.
GPS: n40,54894 w7,24083. ⬆️➡️.

Portugal

Beira

20 kostenlos Chkostenlos. **Lage:** Einfach.
Untergrund: befestigt. 01/01-31/12.
Entfernung: Altstadt 4Km 2,4Km 700M.
Sonstiges: Erholungspark.

△S **Guarda** 30C1
Rossio de Valhelhas. GPS: n40,40333 w7,40528.
Ch 01/05-30/09.
Entfernung: 50M 300M 150M 100M.
Touristinformation Guarda:
Mittelalterliche Stadt.

△S **Idanha-a-Nova** 30C2
Municipal de Idanha-a-Nova, Albufeira da Barragem Marechel Carmona. **GPS:** n39,95056 w7,18722.
€ 11-14 Ch WC 01/01-31/12.
Entfernung: 50M vor Ort vor Ort 8Km.
Sonstiges: Nur Ver-/Entsorgung € 2,60-4,40.

Idanha-a-Velha 30C2
N332. **GPS:** n39,99830 w7,1445.
Touristinformation Idanha-a-Velha:
Archäologische Route.

Ilhavo 30B1
Av. Infante Dom Henrique, Praia da Barra. **GPS:** n40,64375 w8,74456.

30 kostenlos. **Untergrund:** befestigt. 01/01-31/12.
Entfernung: 300M 300M.

Ilhavo 30B1
Costa Nova do Prado. **GPS:** n40,61222 w8,74917.

7 kostenlos. **Untergrund:** befestigt. 01/01-31/12.
Entfernung: vor Ort vor Ort vor Ort.
Sonstiges: Strandparkplatz.

S **Ilhavo** 30B1
Av Ns.da Saude. **GPS:** n40,61417 w8,75222.
ChWC. 01/01-31/12.
Touristinformation Ilhavo:
Museu Histórico da Vista Alegre, Fábrica de Porcelanas da Vista Alegre. Porzellan-Sammlung. Di-Fr 9-18 Uhr, Sa-So 9-12.30 Uhr, 14-17 Uhr. Museu Marítimo de Ílhavo, Av. Dr. Rocha Madahil. Schiffahrtmuseum. Di-Fr 10-12.30 Uhr, 14.30-18 Uhr, Sa-So 14.30-17.30 Uhr.

S **Lorvão** 30C1
Rua do Malhao. **GPS:** n40,25896 w8,31468.

10 kostenlos Chkostenlos. **Untergrund:** befestigt.
Entfernung: vor Ort.

Luso 30B1
GPS: n40,38639 w8,38139.

10 kostenlos. **Untergrund:** befestigt. 01/01-31/12.
Sonstiges: Parkplatz neben Hotel de Terme.
Touristinformation Luso:
Mata Nacional do Buçaco. Naturschutzgebiet.

△S **Melo-Gouveia** 30C1
Quinta das Cegonhas, Nabainhos. **GPS:** n40,52057 w7,54169.
50 € 19,10-23 Ch WC 01/01-31/12.

△S **Mira** 30B1
Praia de Mira. **GPS:** n40,44472 w8,79806.
Ch WC 16/01-15/11.
Sonstiges: Nur Ver-/Entsorgung € 3,15-5,40.

S **Miranda do Corvo** 30B2
Rua Porto Mourisco. **GPS:** n40,08803 w8,33232.

8 kostenlos Chkostenlos. **Lage:** Ländlich.
Untergrund: asphaltiert. 01/01-31/12.
Entfernung: 700M.

S **Oleiros** 30C2
R. Dr. Barata Relvas. **GPS:** n39,92056 w7,91389.
kostenlos Chkostenlos. **Untergrund:** befestigt. 01/01-31/12.

S **Pardilhó** 30B1
Parque de Merendas, R. Joaquim Maria Resende.
GPS: n40,80111 w8,63472.

15 € 2/48 Std Ch inklusive. **Lage:** Ländlich, komfortabel, abgelegen, ruhig. **Untergrund:** befestigt. 01/01-31/12.
Entfernung: 600M vor Ort vor Ort.
Sonstiges: Max. 48 Std, anmelden bei Bar für Ver-/Entsorgung.

S **Penacova** 30C1
Bairro de Carrazedos. **GPS:** n40,26722 w8,28306.

10 kostenlos ChWC kostenlos. **Untergrund:** befestigt.
01/01-31/12.
Entfernung: 400M 3Km 800M 400M.

S **Penamacor** 30C2
Lazer de Benquerença, Benquerença. **GPS:** n40,22938 w7,22136.

10 kostenlos Chkostenlos. **Lage:** Ländlich, einfach, ruhig.
Untergrund: Schotter/Sand. 01/01-31/12.
Entfernung: 2km vor Ort.

Pinhel 30D1
GPS: n40,77389 w7,06194.

Entfernung: vor Ort vor Ort.
Sonstiges: Am Rathaus.

S **Praia de Mira** 30B1
Praia da Mira. **GPS:** n40,45800 w8,8025.

6 kostenlos. **Lage:** Einfach. **Untergrund:** befestigt.
01/01-31/12.
Entfernung: vor Ort.
Sonstiges: Strandparkplatz.

Praia de Mira 30B1
GPS: n40,44620 w8,80447.

20 kostenlos. **Untergrund:** Sand.
Entfernung: 500M.
Sonstiges: Strandparkplatz.

S **Praia de Quiaos** 30B1
Praia de Quiaos. **GPS:** n40,22034 w8,89116.

15 kostenlos. **Lage:** Einfach. **Untergrund:** befestigt.
01/01-31/12.
Sonstiges: Strandparkplatz.

S **Sabugal** 30D1
Rua do Cemitério. **GPS:** n40,34843 w7,08653.

Portugal

Beira

6 kostenlos Ch kostenlos. **Untergrund:** befestigt.
01/01-31/12. **Entfernung:** 500M 400M.

| S | Sangalhos | 30B1 |

R. Mercado 150. **GPS:** n40,48639 w8,47528.

20 kostenlos Ch kostenlos. **Lage:** Einfach.
Untergrund: befestigt. 01/01-31/12.
Sonstiges: Am Sportzentrum.

| A/S | Santa Ovaia | 30C1 |

Ponte das Três Entradas, Avô. **GPS:** n40,30667 w7,87139.
€ 13-14,50 WC. **Untergrund:** Wiese.
01/01-31/12.
Entfernung: 10M vor Ort vor Ort vor Ort 10M.

| | São João da Pesqueira | 29C3 |

Rua General Ramalho Eanes. **GPS:** n41,14682 w7,40187.
10 € 10 Ch WC. **Entfernung:** 400M.
Sonstiges: Bei der Feuerwehr.

| | São João da Pesqueira | 29C3 |

Restaurant Carocha, N222. **GPS:** n41,15120 w7,42378.
50 kostenlos Ch kostenlos. 01/01-31/12.
Entfernung: 1Km vor Ort.
Sonstiges: Neben Gaststätte und Portweinkeller Cave Cadão.

| S | Sao Joao de Areias | 30C1 |

Terra de Iguanas, Estrada principal 76, Vila Dianteira.
GPS: n40,39045 w8,08574.

4 € 10 Ch WC inklusive. **Lage:** Ländlich,
komfortabel, ruhig. **Untergrund:** Sand. 01/01-31/12.
Entfernung: 2km 1Km 1,2km 2km 400M 2km vor Ort.
Sonstiges: Max. 3 Nächte, Schwimmbad inkl., Obst und Gemüse vom Garten.

| | São Lourenço do Bairro | 30B1 |

Quinta do Encontro, N334. **GPS:** n40,44136 w8,49014.
kostenlos. 01/01-31/12.
Sonstiges: Portugal Tradicional, max. 24 Std, Weingut/Shop/Restaurant, Markise und Generator verboten.

| S | São Pedro do Sul | 30C1 |

Termas São Pedro do Sul, N46. **GPS:** n40,74056 w8,08639.

6 kostenlos Ch kostenlos. **Lage:** Einfach.
Untergrund: asphaltiert. 01/01-31/12.
Entfernung: 1Km.
Sonstiges: Max. 48 Std.

| S | Sertã | 30C2 |

R. Amaro Vicente Martins. **GPS:** n39,79729 w8,09588.

4 kostenlos Ch kostenlos. **Lage:** Einfach.
Untergrund: asphaltiert. 01/01-31/12.
Entfernung: 500M 3Km 50M.
Sonstiges: Am Sportpark.

| | Sertã | 30C2 |

Palácio da Justiça, R. Baden Powell. **GPS:** n39,80028 w8,09944.

kostenlos. **Lage:** Einfach. **Untergrund:** Schotter/Sand.
01/01-23/12.
Entfernung: 100M 3Km 50M 100M.

| S | Sertã | 30C2 |

Albergue do Bonjardim, Nesperal, Sertã. **GPS:** n39,81306 w8,16278.

4 € 6 € 4 WC. **Lage:** Luxus, abgelegen.
Untergrund: ungepflastert. 01/04-31/10.
Entfernung: 200M 2,5Km 1Km 50M.
Sonstiges: Sauna, Dampfbad und Hallenbad € 7,50, Frühstück € 7,50.

| | Tabua | 30C1 |

Piscina. **GPS:** n40,36306 w8,03.

3 kostenlos. **Untergrund:** befestigt.

| | Tabua | 30C1 |

Rua Aurora Jesus Goncalves. **GPS:** n40,36306 w8,02278.

10 kostenlos. **Untergrund:** befestigt.

| | Trancoso | 30C1 |

Parque Sportivo. **GPS:** n40,77160 w7,35621.

3 kostenlos. **Untergrund:** befestigt.

| | Trancoso | 30C1 |

Av. Heróis de São Marcos. **GPS:** n40,77583 w7,35056.

10. **Untergrund:** befestigt.
Entfernung: 50M.
Sonstiges: Achtung: Freitag Markttag.

| S | Vagos | 30B1 |

Praia da Vagueira. **GPS:** n40,54944 w8,77056.
20 € 7,50, 01/10-31/05 € 5 Ch € 2 € 0,50.
Untergrund: Sand. 01/01-31/12.
Sonstiges: Ver-/Entsorgung Passanten € 2,50.

| A/S | Vagueira | 30B1 |

Vagueira, Gafanha da Boa Hora. **GPS:** n40,55806 w8,74528.
€ 16-25 Ch WC. 01/01-31/12.
Entfernung: 1Km vor Ort 1Km 500M.
Sonstiges: Nur Ver-/Entsorgung € 2,60-4,40.

| | Vagueira | 30B1 |

Rua Arménio, Praia da Vagueira. **GPS:** n40,56506 w8,76697.

20 kostenlos. **Untergrund:** befestigt.
Entfernung: 200M Sandstrand 50M.
Sonstiges: Strandparkplatz.

| S | Vila Nova de Oliveirinha | 30C1 |

Quinta do Tapadinho, Rua dos Brandões. **GPS:** n40,36520 w7,92195.

5 € 13,25 € 2/100Liter Ch (5x)€ 5/24 Std,10Amp WC € 4
inklusive. **Untergrund:** Wiese/Sand. 01/01-31/12.
Entfernung: 1Km 6Km 1Km 8Km 1Km vor Ort.

| S | Vila Pouca da Beira | 30C1 |

Despinheiro, Avenida Principal. **GPS:** n40,30159 w7,9257.

Beira - Portugal Zentral und Lissabon

4 €8, 2 Pers. inkl WC €1 €4.
Lage: Ländlich, abgelegen, ruhig. **Untergrund:** Wiese.
01/01-31/12.
Entfernung: 500M 2km 2km 800M vor Ort vor Ort.

	Vilar Formoso	30D1

Zaza, Avenida das Tilia's, N332. **GPS:** n40,61528 w6,83833.

12 €5/24 Std €2 Ch (12x)€3/Tag. **Lage:** Einfach.
Untergrund: asphaltiert/Schotter. 01/01-31/12.
Entfernung: 500M / Backer vor Ort.

	Viseu	30C1

Av. Europa. **GPS:** n40,66533 w7,91681.
8 kostenlos Ch kostenlos.
Untergrund: asphaltiert.
01/01-31/12.
Entfernung: vor Ort 6Km.
Touristinformation Viseu:
Zentrum der Vinho do Dão.
Museu municipal, Castro Daire. Etnografische Sammlung.

Portugal Zentral und Lissabon

	A-dos-Cunhados	30A2

R. Monsenhor José Fialho. **GPS:** n39,15222 w9,30083.

10 kostenlos Ch kostenlos. **Lage:** Einfach, ruhig.
Untergrund: asphaltiert. 01/01-31/12.
Entfernung: 100M 6Km Strand 7km 200M.

	Abrantes	30B2

Aquapolis, São Joao. **GPS:** n39,45489 w8,18977.

10 kostenlos Ch kostenlos. **Lage:** Ländlich, einfach.
Untergrund: befestigt. 01/01-31/12.
Entfernung: 3Km 4,7Km vor Ort 100M 6Km.
Sonstiges: Ver-/Entsorgung 100M.

	Abrantes	30B2

Aquapolis, São Joao. **GPS:** n39,45347 w8,19072.

2 kostenlos Ch kostenlos. **Untergrund:** befestigt.
Entfernung: 3Km 4,8Km Sandstrand.
Sonstiges: An der Tajo.

	Abrantes	30B2

Largo do Pralvo. **GPS:** n39,44956 w8,18968.

10 kostenlos. **Lage:** Städtisch, einfach, ruhig.
Untergrund: befestigt. 01/01-31/12.
Entfernung: 1Km 6,5Km vor Ort 1Km 1Km.
Sonstiges: An der Tajo.

	Abrantes	30B2

Parque Urbano de São Lourenço, São Vincente.
GPS: n39,47530 w8,21541.

10 kostenlos. **Lage:** Ländlich, einfach, ruhig.
Untergrund: Wiese/Schotter. 01/01-31/12.
Entfernung: Stadtmitte 2,4Km 4,4Km 50M 1,8Km.
Sonstiges: Max. 48 Std.
Touristinformation Abrantes:
Posto de Turismo, Esplanada 1º de Maio, www.cm-abrantes.pt.
Historische Stadtmitte.

	Alenquer	30B3

Alenquer camping, Casal das Pedras. **GPS:** n39,05917 w9,02833.
4 €15,50 €2,50 Ch. 01/01-31/12.
Entfernung: vor Ort vor Ort.

	Almada	30A3

Costa de Caparicia, R. Eduardo Luis. **GPS:** n38,56691 w9,19308.

10 kostenlos. **Lage:** Einfach. **Untergrund:** Sand.
Entfernung: vor Ort vor Ort vor Ort.

	Almourol	30B2

Castelo de Almourol, Praia do Ribatejo. **GPS:** n39,46295 w8,38297.

10 kostenlos. **Lage:** Einfach. **Untergrund:** befestigt.
Entfernung: 2km 4Km vor Ort 2km.
Sonstiges: Am Ufer des Tejo, Parkplatz Schloss.

	Arruda dos Vinhos	30B3

Casal da Pevide. **GPS:** n38,99861 w9,08417.

3 kostenlos. **Lage:** Städtisch, einfach, laut. **Untergrund:** asphaltiert.
01/01-31/12.
Entfernung: 2km vor Ort vor Ort.
Sonstiges: Parkplatz Intermarché.

	Assafora	30A3

Pic-nic area, Estr. de São Julião. **GPS:** n38,91167 w9,41138.

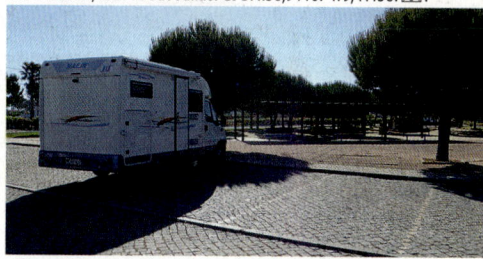

4 kostenlos. **Lage:** Ländlich, einfach, ruhig. **Untergrund:** befestigt.
01/01-31/12.
Entfernung: 800M vor Ort.

	Baleal	30A2

Estrada do Baleal. **GPS:** n39,37240 w9,33702.

30 kostenlos kostenlos. **Lage:** Ländlich, einfach, ruhig.
Untergrund: asphaltiert. 01/01-31/12.
Entfernung: 2km vor Ort vor Ort vor Ort 2km vor Ort.
Sonstiges: Parkplatz neben Bar/Restaurant am Dorfplatz, am Wochenende nicht zu empfehlen.

	Batalha	30B2

Parque Cónego M. Simões Inácio, Rua Cerca Conventual.
GPS: n39,66134 w8,82516.

15 kostenlos Ch kostenlos. **Lage:** Städtisch, einfach, ruhig. **Untergrund:** asphaltiert. 01/01-31/12 Mo.
Entfernung: 100M vor Ort.
Sonstiges: Am Fussballplatz/Tennis, max. 48 Std.

Portugal Zentral und Lissabon

Cabo Espichel 30A3
P Cabo Espichel. GPS: n38,42031 w9,21353.

kostenlos. **Lage**: Ländlich, abgelegen. **Untergrund**: Sand. 01/01-31/12.
Entfernung: Sesimbra 13km Am Meer.
Sonstiges: Schöne Aussicht.

Cascais 30A3
Cap Raso. GPS: n38,71134 w9,48498.

kostenlos. **Lage**: Ländlich, einfach, ruhig. **Untergrund**: Sand. 01/01-31/12.
Entfernung: 6Km vor Ort 6Km vor Ort vor Ort.

Cascais 30A3
Ponta da Gate, Estrada do Guincho. GPS: n38,72769 w9,47555.

10 kostenlos. **Lage**: Einfach, ruhig.
Untergrund: Schotter. 01/01-31/12.
Entfernung: 8km vor Ort vor Ort 8Km vor Ort.

Cascais 30A3
Guincho, Areia, Guincho. GPS: n38,72167 w9,46639.
€ 19,50-42,30 ChWC 01/01-31/12.
Sonstiges: Nur Ver-/Entsorgung € 3,15-5,40.

Cerradas 30A3
Estrada Á-dos-Serrados. GPS: n38,91798 w9,38292.

20 kostenlos Chkostenlos. **Lage**: Ländlich, einfach, ruhig.
Untergrund: Schotter. 01/01-31/12.
Entfernung: vor Ort 5km vor Ort.
Sonstiges: An der Sporthalle, max. 48 Std.

Constância 30B2
Estrada National. GPS: n39,47670 w8,34365.

20 kostenlos Chkostenlos. **Lage**: Ländlich, komfortabel, ruhig. **Untergrund**: befestigt. 01/01-31/12.
Entfernung: 500M 2,3Km vor Ort vor Ort 500M 300M.
Sonstiges: Dem Fluss Zêzere entlang.

Coruche 30B3
Area autocaravana, Rua 5 de Outubro. GPS: n38,96139 w8,51944.

100 kostenlos Chkostenlos. **Untergrund**: befestigt. 01/01-31/12 Letzten Sa des Monats.
Entfernung: vor Ort vor Ort.

Costa da Caparica 30A3
Caravanismo da Costa da Caparica, Santo António da Caparica. GPS: n38,65389 w9,23833.
€ 18,89-36 ChWC 01/01-31/12.
Entfernung: 500M vor Ort vor Ort 100M.
Sonstiges: Nur Ver-/Entsorgung € 3,15-5,40.

Dois Portos 30A3
R. da Azenha. GPS: n39,03689 w9,18098.

4 kostenlos kostenlos. **Lage**: Einfach, ruhig.
Untergrund: befestigt. 01/01-31/12.
Entfernung: vor Ort.

Ericeira 30A3
Municipal de Mil Regos, N247, Casal do Moinho Velho. GPS: n38,97778 w9,41861.
€ 13-17 ChWC 01/01-31/12.
Sonstiges: Ver-/Entsorgung vor Campingplatz.
Touristinformation Ericeira:
Aldeia Museu de José Franco, Sobreiro. Miniatur-Dorf. 9-19 Uhr. kostenlos.

Fátima 30B2
Rua de Sao Vicente de Paulo. GPS: n39,63389 w8,67111.

6 kostenlos WCkostenlos. **Lage**: Städtisch, einfach, ruhig.
Untergrund: asphaltiert. 01/01-31/12.
Entfernung: 1km 3,2Km 100M 1Km.
Sonstiges: 12-13.Mai Feste.

Foz do Arelho 30B2
Av. do Mar. GPS: n39,42828 w9,22055.

Lisbon 30A3
Municipal de Lisboa-Monsanto, Monsanto, Estrada da Circunvalação, Lissabon (Lisbon). GPS: n38,72472 w9,20805.
€ 24-30 ChWC 01/01-31/12.
Entfernung: 3Km vor Ort vor Ort 50M.
Touristinformation Lissabon (Lisbon):
Lisboa Card. Karte berechtigt Zutritt zu den Museen, öffentlichen Verkehrsmitteln, erhältlich in: Rua Jardim do Regedor 50 (10-18), Mosteiros do Jeronimos, Museu dos Coches. € 18,50/24 Std, € 31,50/48 Std, € 39/72 Std.
Markt. Di, Sa.
32 Überdachte Märkte, bedeutendster Markt: Av. 24 de Julho. 6-14 Uhr. So.
Campo de Sta Clara. Flohmarkt.
Rua de São Bento. Antiquitätenmarkt.
Arena in der Nähe von S-Bahn Campo Pequeno. 01/05-30/09 Do.
Feira Popular. Kirmes gegenüber Metro Entre Campos. 01/05-30/09.
Oceanário, Parque das Nações. Aquarium. 10-19 Uhr. € 15,30.
Chiado. Schöne Einkaufsstrassen. Aufzug 7-24 Uhr.

Mação 30C2
Campo de Feiras, Av. Vicente Mirrado. GPS: n39,55723 w7,99303.

10 kostenlos ChWCkostenlos. **Lage**: Städtisch, einfach.
Untergrund: befestigt. 01/01-31/12.
Entfernung: 500M 6Km 500M 500M.
Sonstiges: Max. 48 Std.

Mafra 30A3
R. Arieiro. GPS: n38,95451 w9,33555.

4 kostenlos €1/80Liter Ch. **Lage**: Städtisch, einfach, zentral, ruhig. **Untergrund**: asphaltiert. 01/01-31/12.
Entfernung: 1,5km 2km vor Ort.
Sonstiges: Max. 24 Std.
Touristinformation Mafra:
Posto do turismo, Palácio Nacional de Mafra - Torreão Sul, Terreiro D. João V. www.cm-mafra.pt/turismo
Parque Tapada Nacional, Portão do Codeçal, Safaripark. 10-19 Uhr.

Marinha Grande 30B2
Praia Velha, São Pedro de Moel. GPS: n39,76974 w9,02752.

648 Portugal

Portugal Zentral und Lissabon

10 🚐 kostenlos. **Lage:** Ländlich, einfach, ruhig. **Untergrund:** befestigt.
📅 01/01-31/12.
Entfernung: 🏖️5Km 🛒100M 🍴100M ⛽50M.
Sonstiges: Strandparkplatz.

⚠️ S | **Marinha Grande** | 30B2
Parque de Campismo Orbitur, São Pedro de Moel.
GPS: n39,75806 w9,02583.
💧🚽 Ch. 📅 01/01-31/12.
Sonstiges: Nur Ver-/Entsorgung € 3,15-5,40.

| **Mira de Aire** | 30B2
Av. Mota Pinto. **GPS:** n39,54240 w8,70347.⬆️.

12 🚐 kostenlos 💧🚽Ch. ⚡kostenlos. **Lage:** Einfach, ruhig.
Untergrund: asphaltiert. 📅 01/01-31/12.
Entfernung: 🛒500M ⛽500M.
Sonstiges: Steiler Zufahrtsstraße, Höhlen 1,8km.

🏕️ S | **Montalvo** | 30B2
Horta Do Casinha, Rua Circulação de Montalvinho.
GPS: n39,48550 w8,30765.⬆️.
6 🚐 kostenlos 💧🚽Ch. ⚡. **Lage:** Ländlich, einfach, ruhig.
Untergrund: Wiese. 📅 16/12-01/01.
Entfernung: 🛒vor Ort.
Sonstiges: Schmale Durchfahrt.

S | **Montijo** | 30B3
GPS: n38,70286 w8,97665.

50 🚐 kostenlos. **Untergrund:** befestigt.
Entfernung: 🛒800M 🍴200M ⛽100M 🚿200M 🏖️2km.
Sonstiges: Parkplatz bei der Fähre nach Lisbon.

| **Nazaré** | 30B2
Rua Nossa Senhora da Vitória. **GPS:** n39,64696 w9,06936.⬆️.

20 🚐 kostenlos 💧🚽Ch.kostenlos. **Lage:** Ländlich, abgelegen, ruhig.
Untergrund: befestigt. 📅 01/01-31/12.
Entfernung: 🍴vor Ort ⛽vor Ort.
Sonstiges: Max. 24 Std.

S | **Nazaré** | 30B2
Avenue do Municipio. **GPS:** n39,59741 w9,0696.⬆️.

20 🚐 kostenlos. **Lage:** Städtisch. **Untergrund:** asphaltiert.
📅 01/01-31/12. **Entfernung:** 🛒200M 🍴250M ⛽250M 🚿250M 🏖️750M.

S | **Obidos** | 30B2
Casa Azzurra, Rua do's Cumeiras 10. **GPS:** n39,39250 w9,16947.⬆️.

10 🚐 € 8 💧🚽€2/100Liter 🚽Ch. 🔌€2/Nacht WC ⚡€4/4 📶€1/Tag. 🧺
Lage: Ländlich, komfortabel, abgelegen.
Untergrund: Wiese/befestigt.
📅 01/01-31/12.
Entfernung: 🛒4Km 🍴vor Ort ⛽4Km 🚿4Km ⛱️vor Ort 🏖️vor Ort.
Sonstiges: Ver-/Entsorgung Passanten € 5, Grillplatz, Schwimmbad.

S | **Obidos** | 30B2
Rue do Ginasio. **GPS:** n39,35628 w9,15672.⬆️.

20 🚐 € 6/24 Std 💧🚽Ch.📶inklusive. 🧺 **Lage:** Ländlich, einfach, ruhig. **Untergrund:** Schotter/Sand. 📅 01/01-31/12.
Entfernung: 🛒500M 🍴1Km ⛽500M 🚿500M.
Sonstiges: Ver-/Entsorgung Passanten € 2.

S | **Odrinhas** | 30A3
Parque Autocaravanas Odrinhas, R. do Castanhal.
GPS: n38,88312 w9,37491.⬆️.

40 🚐 € 6 💧🚽Ch. ⚡€3,50/Tag WC ⚡€1 📶€4,50 📡inklusive. 🧺
Lage: Ländlich, komfortabel, ruhig. **Untergrund:** Schotter/Sand.
📅 01/01-31/12.
Entfernung: 🛒vor Ort 🍴vor Ort ⛽vor Ort.
Sonstiges: Möglichkeit zur Wohnmobil-Reparatur, Schwimmbad.

S | **Outeiro da Cabeça** | 30B2
Rua do Pavilhão Gimnodesportivo. **GPS:** n39,19306 w9,1825.⬆️.

5 🚐 kostenlos 💧🚽Ch.kostenlos. **Lage:** Ländlich, einfach, abgelegen.
Untergrund: Schotter. 📅 01/01-31/12.

Entfernung: 🍴300M ⛽2,5Km 🚿300M 🏖️300M.

S | **Palmela** | 30B3
GPS: n38,56664 w8,90032.⬆️.

6 🚐 kostenlos. **Lage:** Städtisch, einfach, ruhig. **Untergrund:** Sand.
📅 01/01-31/12.
Sonstiges: Parkplatz Schloss.

S | **Pataias** | 30B2
Intermarché. **GPS:** n39,66041 w9,0151.⬆️.

10 🚐 kostenlos 💧🚽Ch.kostenlos ⚡📶. **Lage:** Ländlich, einfach, ruhig. **Untergrund:** asphaltiert. 📅 01/01-31/12.
Entfernung: 🛒200M 🍴vor Ort ⛽vor Ort 🚿vor Ort.
Sonstiges: Parkplatz Intermarché, max. 48 Std.

S | **Peniche** | 30A2

ASA PENICHE - Motorhome Park Peniche

- Gute Lage für einen Stadtbesuch
- Wlan inklusive
- 500M vom Sandstrand

www.asapeniche.pt
asa@asapeniche.pt

ASA Peniche - Motorhome Park, Rua da Liberdade 12.
GPS: n39,36622 w9,37917.
60 🚐 € 5 💧🚽Ch. ⚡€3 WC ⚡€1 📶inklusive.
Lage: Komfortabel, luxus, zentral. 📅 01/01-31/12.
Entfernung: 🏙️Zentrum 1Km 🛒300M 🍴300M ⛽400M 🏖️300M.
Sonstiges: Ankunft <19.30 Uhr, Brötchenservice, Videoüberwachung, Picknick und Gillplatz.

S | **Peniche** | 30A2
Av. Porto De Pesca. **GPS:** n39,35852 w9,37752.⬆️⬆️.
50 🚐 kostenlos. **Lage:** Städtisch, einfach, zentral.
Untergrund: asphaltiert. 📅 01/01-31/12.
Entfernung: 🛒500M 🍴900M 🚿1Km ⛽500M 🚿500M 🏖️500M.
Sonstiges: Bei der Feuerwehr und Hafen.

S | **Peniche** | 30A2
Farol do Cabo Cavoeiro, Caminho do Farol.
GPS: n39,35989 w9,4082.⬆️.

5 🚐. **Lage:** Ländlich, einfach, abgelegen. **Untergrund:** befestigt.

Portugal Zentral und Lissabon - Alentejo

◨ 01/01-31/12.
Entfernung: ⌁5Km ⌁300M ⌁vor Ort ⌁3Km.
Sonstiges: Beim Leutturm.

| Peniche | 30A2 |

R. de Liberdade. **GPS:** n39,36577 w9,37417. ⬆.

10 ⌁. **Lage:** Ländlich, einfach.
Untergrund: Sand. ◨ 01/01-31/12.
Entfernung: ⌁1,7Km ⌁50M ⌁200M ⌁200M.

| Peniche | 30A2 |

Peniche Praia, Estrada Marginal Norte. **GPS:** n39,36959 w9,392. ⬆.

23 ⌁€ 9, Jul/Aug € 15 ⌁Ch ⌁WC ⌁inklusive ⌁€6,20/4,50 ⌁.
⌁. **Lage:** Ländlich, komfortabel, ruhig. **Untergrund:** Wiese.
◨ 01/01-31/12.
Entfernung: ⌁1,5Km ⌁Am Meer ⌁vor Ort ⌁vor Ort ⌁1,5Km ⌁vor Ort ⌁1,5Km.

Touristinformation Peniche:
ℳ Fortaleza de Peniche. Badeort.
ℳ Posto de Turismo, Rua Alexandre Herculano, www.cm-peniche.pt. Badeort.

| Póvoa e Meadas | 30C2 |

Barragem de Nisa, M1007. **GPS:** n39,48394 w7,5476. ⬆.

10 ⌁kostenlos ⌁ChWC ⌁kostenlos. **Lage:** Ländlich, einfach, abgelegen, ruhig. **Untergrund:** Schotterasen/Wiese. ◨ 01/01-31/12.
Entfernung: ⌁4Km ⌁4Km.

| Póvoa e Meadas | 30C2 |

Casa Carita, Rua de Santo Antonio. **GPS:** n39,50532 w7,53139. ⬆.

4 ⌁€ 5 ⌁ ⌁inklusive. ⌁ **Lage:** Ländlich, einfach, abgelegen.
Untergrund: Wiese/Sand. ◨ 01/01-31/12.
Entfernung: ⌁500M ⌁500M.

| Praia de Santa Cruz | 30A2 |

GPS: n39,14418 w9,37482. ⬆.

50 ⌁kostenlos ⌁WC kostenlos. **Lage:** Ländlich, einfach.
Untergrund: asphaltiert. ◨ 01/01-31/12.
Entfernung: ⌁300M ⌁20M ⌁vor Ort ⌁300M.
Sonstiges: Parkplatz beim Strand oder in de Nähe der Klippen.

| Ribamar | 30A3 |

R. do Cacho Longo, São Lourenço. **GPS:** n39,01120 w9,42078. ⬆.

10 ⌁kostenlos. **Lage:** Ländlich, einfach, abgelegen.
Untergrund: Schotter. ◨ 01/01-31/12.
Entfernung: ⌁2km ⌁Sandstrand ⌁vor Ort ⌁6Km.

| São Mamede | 30B2 |

Rua de São Martinho. **GPS:** n39,62238 w8,71536. ⬆.

10 ⌁kostenlos ⌁Ch kostenlos. **Lage:** Städtisch, einfach, ruhig.
Untergrund: befestigt.
Entfernung: ⌁vor Ort ⌁200M ⌁200M.

| São Martinho do Porto | 30B2 |

Av. Marigal. **GPS:** n39,50176 w9,14132. ⬆.

15 ⌁kostenlos. **Lage:** Ländlich, einfach, laut.
Untergrund: befestigt. ◨ 01/01-31/12.
Entfernung: ⌁1,4Km ⌁5,5Km ⌁Sandstrand 50M ⌁50M ⌁850M ⌁vor Ort.

| Sintra | 30A3 |

Avenida Conde Sucena, São Pedro de Penaferrim.
GPS: n38,78883 w9,37473. ⬆.

10 ⌁€ 5 ⌁Ch inklusive. **Lage:** Ländlich, einfach, ruhig.
Untergrund: asphaltiert. ◨ 01/01-31/12.
Entfernung: ⌁2km ⌁vor Ort.
Sonstiges: Am Fussballstadion.

| Tomar | 30B2 |

Av. Gen. Bernardo Faria. **GPS:** n39,59972 w8,41306.

⌁kostenlos WC.
Lage: Einfach.
Untergrund: Schotter/Sand.
◨ 01/01-31/12.
Entfernung: ⌁200M ⌁200M ⌁300M.
Sonstiges: In der Nähe vom Bahnhof.

Touristinformation Tomar:
ℳ Sinagoga de Tomar, Museu Luso-Hebraico, Rua Dr. Joaquim Jacinto, 75. Jüdische Geschichte, Kirchhof und Synagoge. ⌁ kostenlos.
✠ Convento de Cristo. Befestigtes Kloster.
✻ Festa dos Tabuleiros. ◨ Pfingsten.
☺ Barragem de Castelo de Bode. Stausee, 15Km östlich von der Stadt.

| Torres Vedras | 30A2 |

Municipal da Praia de Santa Cruz. GPS: n39,13444 w9,37472.
⌁ ⌁Ch ⌁WC ⌁. ◨ 01/01-31/12.

| Turcifal | 30A3 |

Largo Brigadeiro França Borges. **GPS:** n39,04288 w9,26581. ⬆ ➡.

5 ⌁kostenlos ⌁Ch kostenlos. **Lage:** Städtisch, zentral, ruhig.
Untergrund: befestigt. ◨ 01/01-31/12.
Entfernung: ⌁vor Ort ⌁vor Ort ⌁vor Ort.

| Vermoil | 30B2 |

R. Vale de Fojo, Pombal. **GPS:** n39,85080 w8,66125. ⬆.

5 ⌁kostenlos ⌁Ch kostenlos.
Untergrund: Schotter/Sand. ◨ 01/01-31/12.
Entfernung: ⌁200M ⌁300M ⌁300M. **Sonstiges:** Beim Kirchplatz.

| Vila Nova da Barquinha | 30B2 |

Parque De Pernoita, Largo do Primeiro de Dezembro.
GPS: n39,45763 w8,43297. ➡.

10 ⌁kostenlos ⌁Ch WC ⌁kostenlos. **Lage:** Ländlich, einfach, ruhig. **Untergrund:** befestigt.
Entfernung: ⌁100M ⌁vor Ort ⌁vor Ort ⌁vor Ort ⌁150M ⌁vor Ort ⌁vor Ort ⌁vor Ort.
Sonstiges: An der Tajo.

Alentejo

| Alcácer do Sal | 30B3 |

Barragem Pego do Altar, Alcácer do Sal > N253 > Montemoro o Novo > N380. **GPS:** n38,42055 w8,39384.

Alentejo

15 kostenlos ChWC kostenlos. **Lage:** Ländlich. **Untergrund:** Sand. 01/01-31/12.
Entfernung: Alcácer do Sal 13km vor Ort 100M.

Alcácer do Sal — 30B3
Rua do Cabo da Vila.
GPS: n38,36903 w8,50276.
kostenlos. 01/01-31/12.
Entfernung: Altstadt 600M 5,6Km 400M.
Sonstiges: In der Nähe von Arena.
Touristinformation Alcácer do Sal:
Städtchen am Rio Sado.

Almograve — 31B1
Avenida da Praia. **GPS:** n37,65303 w8,80059.

30 kostenlos kostenlos. **Lage:** Einfach.
Untergrund: Schotterasen. 01/01-31/12.
Entfernung: vor Ort.

Alvito — 31B1
Rua de Tapadinha. **GPS:** n38,25917 w7,99222.
kostenlos.
Sonstiges: Am Schwimmbad.

Avis — 30C3
Municipal Albufeira do Maranhão, Barragem Albufeira do Maranhão.
GPS: n39,05682 w7,91145.
€ 8-12 Ch WC .
Entfernung: vor Ort.
Sonstiges: Nur Ver-/Entsorgung € 1,90.

Campo Maior — 30C3
Barragem do Caia. **GPS:** n39,00308 w7,14219.

.

Castelo de Vide — 30C2
Estr. de São Vicente. **GPS:** n39,41028 w7,44917.

kostenlos. **Lage:** Ländlich, ruhig. **Untergrund:** befestigt. 01/01-31/12.
Entfernung: 1Km 300M.
Sonstiges: Am Stadion.

Castelo de Vide — 30C2
Rua Luís de Camões. **GPS:** n39,41583 w7,45778.

kostenlos. **Lage:** Städtisch, einfach, zentral. **Untergrund:** Beton. 01/01-31/12.
Sonstiges: Nahe der alten Stadtmauern.
Touristinformation Castelo de Vide:
www.cm-castelo-vide.pt. Historische Altstadt mit mittelalterlicher Zitadelle.

Cavaleiro — 31B1
Cabo Sardano. **GPS:** n37,59810 w8,80608.

30 kostenlos. **Lage:** Einfach. **Untergrund:** Sand. 01/01-31/12.
Entfernung: vor Ort.
Sonstiges: Beim Leuttturm.

Comporta — 30B3
GPS: n38,37849 w8,78544.

40 kostenlos Ch kostenlos. **Lage:** Städtisch, einfach, ruhig.
Untergrund: Schotter/Sand. 01/01-31/12.
Entfernung: 250M 1Km 250M 250M.

Comporta — 30B3
GPS: n38,38308 w8,78712.

± 6 kostenlos. **Lage:** Städtisch, einfach, ruhig.
Untergrund: Schotter/Sand. 01/01-31/12.
Entfernung: 250M 1Km 300M 500M.
Sonstiges: Bei Kirche.

Elvas — 30C3
Intermarché, Rue Paco Bandera. **GPS:** n38,87458 w7,18429.

15 kostenlos Ch kostenlos. **Untergrund:** asphaltiert. 01/01-31/12.
Entfernung: Altstadt 1,7Km vor Ort.
Sonstiges: An der Tankstelle und Supermarkt, max. 48 Std.

Elvas — 30C3
GPS: n38,87766 w7,17763.

. **Untergrund:** befestigt.
Sonstiges: Parkplatz am alten Aquädukt.
Touristinformation Elvas:
Festungsstadt.

Estrela — 31C1
Aldeia de Estrela, Cais. **GPS:** n38,26637 w7,38906.
5 kostenlos. **Lage:** Ländlich, einfach. **Untergrund:** Schotter/Sand.
Entfernung: vor Ort.

Estremoz — 30C3
Rossio Marquês de Pombal. **GPS:** n38,84320 w7,58672.

10 . **Lage:** Städtisch, einfach, zentral. **Untergrund:** befestigt. 01/01-31/12.
Entfernung: vor Ort 50M 50M.
Touristinformation Estremoz:
Markt. Sa.

Evora — 30C3
GPS: n38,57529 w7,90519.

kostenlos. **Lage:** Städtisch, einfach, laut.
Untergrund: Schotter/befestigt. 01/01-31/12.
Entfernung: 1Km 500M 500M.
Sonstiges: Parkplatz der Universität, beleuchtet.

Evora — 30C3
Avenida Condas De Vilalva. **GPS:** n38,57592 w7,91491.

. **Lage:** Städtisch, laut. **Untergrund:** befestigt. 01/01-31/12.
Entfernung: 1Km.

Evora — 30C3
Lago da Porta de Avis. **GPS:** n38,57672 w7,91096.

A l e n t e j o

🅿kostenlos.
Lage: Städtisch, einfach, laut.
Untergrund: Schotter/befestigt.
📅 01/01-31/12.
Entfernung: 🚶1,5Km.
Sonstiges: Parkplatz am alten Aquädukt.
Touristinformation Evora:
ℹ Posto de Turismo, Praça do Geraldo, www.cm-evora.pt. Historische Stadtmitte.
✝ Igreja de S. Francisco, Capela dos Ossos. Knochen-Kapelle.
🕗 8-18 Uhr. 🚫 12-14 Uhr.
✈ 🚫 Di.

Ferreira do Alentejo — 31B1
GPS: n38,05675 w8,11955.

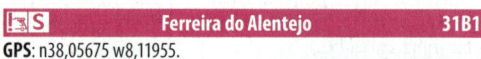

🅿kostenlos 🚰. **Untergrund:** asphaltiert.
Entfernung: 🚶500M 🏖100M 🏊1Km 🛒1,5Km.
Sonstiges: Parkplatz Sportpark.

Grândola — 31B1
Parque de Grândola. GPS: n38,18525 w8,564.

7 🅿kostenlos 🚰 Ch. **Lage:** Einfach.
Untergrund: asphaltiert. 📅 01/01-31/12.
Entfernung: 🚶1Km ⛽7,4Km 🏖600M 🛒500M 🚌1,4Km.
Sonstiges: Am Sportplatz.

Lousal — 31B1
Rua 25 Abril. GPS: n38,03591 w8,42908.

6 🅿kostenlos 🚰 Ch kostenlos. **Untergrund:** Schotter.
📅 01/01-31/12. **Entfernung:** ⛽15Km 🏖250M 🛒400M Bäckerei ✈ vor Ort. **Sonstiges:** Nähe des ehemaligen Grubengeländes von Lousal.

Luz — 31C1
R. de Mourão. GPS: n38,34278 w7,37389.

🅿kostenlos 🚰 Ch kostenlos. **Untergrund:** befestigt.

Marvão — 30C2
N359-6. GPS: n39,39434 w7,3736.

12 🅿kostenlos 🚰 Ch kostenlos. **Lage:** Ländlich, einfach, ruhig.
Untergrund: Wiese/Schotter. 📅 01/01-31/12.
Entfernung: 🚶vor Ort 🏖500M.

Melides — 31B1
Praia de Melides. GPS: n38,12897 w8,79262.

🅿. **Untergrund:** befestigt. 📅 01/01-31/12.
Entfernung: 🚶Melides 6,2km 🏖Sandstrand 🚫vor Ort.

Mértola — 31C1
N122/IC27. GPS: n37,64250 w7,65833.

🅿.
Entfernung: 🏖200M 🛒200M.

Mértola — 31C1
Rua dos Bombeiros Voluntários.
GPS: n37,64114 w7,66326.
10 🅿kostenlos.
Untergrund: Schotter/Sand.
Sonstiges: Bei der Feuerwehr.
Touristinformation Mértola:
✝ Convento São Francisco. Ehemaliges Frauenkloster, Ausstellung und Workshops. 📅 10-17 Uhr.

Messejana — 31B1
GPS: n37,83167 w8,24694.

50 🅿€7 🚰 Ch. **Lage:** Ländlich.
📅 01/01-31/12.
Entfernung: 🚶vor Ort ⛽10Km.

Mina de São Domingos — 31C1
Rua Catarina Eufémia. GPS: n37,67052 w7,50194.
🅿kostenlos 🚰€2 Ch.

Mina de São Domingos — 31C1
Praia Fluvial, R265. GPS: n37,67228 w7,50418.

20 🅿kostenlos. **Lage:** Einfach. **Untergrund:** befestigt/Sand.
Entfernung: 🚶750M 🏖50M.
Sonstiges: Beim Erholungsgebiet, markierte Fläche.

Monsaraz — 30C3
GPS: n38,44250 w7,38003.

±15 🅿kostenlos. **Lage:** Ruhig. **Untergrund:** befestigt.
📅 01/01-31/12. **Entfernung:** 🚶100M 🏖100M.
Sonstiges: Nahe der alten Stadtmauern, schöne Aussicht.

Monsaraz — 30C3
Rue da Fonte.
GPS: n38,45317 w7,38117.
🚰€3,50 Ch.
🕗 Mo-Fr 8-21 Uhr, Sa-So 8-12 Uhr.
Sonstiges: Anrufen für den Schlüssel.
Touristinformation Monsaraz:
ℹ www.monsaraz.com.pt/. Mittelalterliche Stadt.

Montargil — 30B3
Ponte de Sôr. GPS: n39,09972 w8,145.
70 🅿€30-37 🚰 Ch WC 📅 01/01-31/12.
Sonstiges: Nur Ver-/Entsorgung € 3-5.

Montemor-o-Novo — 30B3
A6-IP7. GPS: n38,61856 w8,07924.

2 🅿kostenlos. **Lage:** Autobahn, einfach, ruhig.
Untergrund: asphaltiert/befestigt. 📅 01/01-31/12.
Sonstiges: Achtung: Mautticket ist gültig für 12 Stunden!.

Odeceixe — 31B1
GPS: n37,43750 w8,79833.

30 🅿kostenlos. **Lage:** Einfach. **Untergrund:** Sand. 📅 01/01-31/12.
Entfernung: 🚶6Km 🏖vor Ort.
Sonstiges: Strandparkplatz.

Odemira — 31B1
GPS: n37,59839 w8,64615.

Alentejo

🚻kostenlos. **Untergrund:** asphaltiert. 🗓 01/01-31/12.
Sonstiges: Am Fluss.

| 🅢 | **Pedrogão do Alentejo** 🌿🛒🚻 | **31C1** |

Alqueva Camping-Car Park, Estrada nacional 258, Km38,5.
GPS: n38,11705 w7,63571. ⬆.

25🚐ersten Nacht € 7,50, € 6 jede weitere Nacht 🚰🚽Ch.♿
Lage: Ländlich. **Untergrund:** Schotter. 🗓 01/01-31/12.
Entfernung: 🚴1Km 🏊1Km 🛒1Km 🍽 vor Ort ☕ vor Ort
🥾 vor Ort.

| ♿ | **Ponte de Sôr** 🛒 | **30C2** |

Avenida da Liberdade. GPS: n39,24996 w8,00824. ⬆.

10🚐kostenlos. **Lage:** Ländlich, einfach, zentral, laut.
Untergrund: Beton. 🗓 01/01-31/12.
Entfernung: 🚴vor Ort ⊗100M 🛒100M.

| 🅢 | **Porto Covo** 🌊 | **31B1** |

Rua Francisco Albino. GPS: n37,85225 w8,78874. ⬆➡.
30🚐kostenlos. 🚰🚽Ch. **Untergrund:** befestigt.
🗓 01/01-31/12. **Entfernung:** 🚴Stadtmitte 250M 🏊750M.

| | **Porto Covo** | **31B1** |

Forte do Pessegueiro, Praia da Ilha. **GPS:** n37,49389 w8,47268.

10🚐. **Lage:** Einfach. **Untergrund:** Sand. 🗓 01/01-31/12.
Entfernung: 🚴4Km 🏊vor Ort.
Sonstiges: Parkplatz Schloss.

| ♿ | **Porto Covo** 🌊 | **31B1** |

Praia Grande, Rua do Mar. **GPS:** n37,85054 w8,79299. ⬆.

15🚐. **Lage:** Einfach. **Untergrund:** Schotter.
Entfernung: 🚴1Km 🏊100M ⊗100M 🛒1Km.
Sonstiges: Strandparkplatz.

| 🅢 | **Redondo** 🌿 | **30C3** |

Zona Industrial. GPS: n38,64521 w7,54266. ⬆.

50🚐kostenlos 🚰🚽Chkostenlos. **Lage:** Städtisch, einfach.
Untergrund: Schotter/Sand. 🗓 01/01-31/12.
Entfernung: 🚴400M ⊗400M 🛒100M.

| | **Reguengos de Monsaraz** | **30C3** |

N255. **GPS:** n38,43077 w7,53315. ⬆.

🚻kostenlos. **Untergrund:** asphaltiert.
Sonstiges: Parkplatz am Schwimmbad.

| 🅢 | **Reguengos de Monsaraz** | **30C3** |

Campo 25 de Abril. GPS: n38,42150 w7,53534. ⬆➡.
🚰€3,50 🚽Ch.
Sonstiges: Neben Feuerwehr.

| | **Santa Clara-e-Velha** | **31B1** |

Barragem de Santa Clara. GPS: n37,51303 w8,44024.

🚻kostenlos. **Lage:** Abgelegen. **Untergrund:** befestigt/Sand.
Entfernung: 🏊vor Ort.
Sonstiges: 'Pousada/Zona recreativa balnear' folgen.

| 🅢 | **Santiago do Cacém** 🌿🛒🏛🍴 | **31B1** |

Rua das Nogueiras. GPS: n38,01276 w8,69453. ⬆➡.

7🚐kostenlos 🚰🚽Chkostenlos. **Untergrund:** Schotterasen.
Entfernung: 🚴600M 🏊100M 🛒600M.
Sonstiges: Am Schwimmbad.

| ♿🅢 | **Santo António das Areias** 🌿🛒 | **30C2** |

Camping Asseiceira, Asseiceira. **GPS:** n39,41012 w7,34062.
10🚐 € 16-20 🚰🚽Ch 🔌 WC 🚿📶. **Untergrund:** Wiese.
🗓 01/01-31/10.

| | **São Martinho das Amoreiras** | **31B1** |

N503. **GPS:** n37,56250 w8,34139.

🚻kostenlos. **Untergrund:** befestigt.
Sonstiges: Beim Talsperre.

| 🅢 | **Terrugem** | **30C3** |

Largo Joaquim Codero Vinaigre. GPS: n38,84556 w7,34861. ⬆⬆.

10🚐kostenlos 🚰🚽Chkostenlos. **Lage:** Ländlich, einfach, ruhig.
Untergrund: asphaltiert.
Entfernung: ⊗300M.

| 🅢 | **Vila Nova de Santo André** | **31B1** |

Intermarché. GPS: n38,06521 w8,77951.
5🚐kostenlos 🚰🚽Chkostenlos 🔌€4/2. **Untergrund:** befestigt.
🗓 01/01-23/12.
Entfernung: 🍽vor Ort.
Sonstiges: An der Tankstelle.

| 🅢 | **Vila Nova de Santo André** | **31B1** |

Praia de Santo André, Lagoa de Santo Andre.
GPS: n38,11396 w8,79552.

±15🚐kostenlos 🚰. **Lage:** Einfach. **Untergrund:** Sand.
🗓 01/01-23/12.
Entfernung: 🚴5Km 🏊vor Ort 🛒vor Ort 🥖Bäckerei 1Km.
Sonstiges: Strandparkplatz.

| 🅢 | **Vila Viçosa** 🌿🛒 | **30C3** |

Avenida do Alandroal. GPS: n38,76988 w7,4154. ⬆.

10🚐€3 🚰€2 🚽Ch.♿ **Lage:** Ländlich, einfach, ruhig.
Untergrund: asphaltiert. 🗓 01/01-31/12.
Entfernung: 🚴1Km ⊗100M.
Sonstiges: Bei der Feuerwehr, überwachter Parkplatz.

| ♿ | **Vila Viçosa** 🌿🛒 | **30C3** |

Largo Gago Coutinho. GPS: n38,77661 w7,42034. ⬆.

10🚐kostenlos. **Lage:** Städtisch, einfach, zentral. **Untergrund:** Sand.

Algarve

01/01-31/12.
Entfernung: 250M 25M 100M.

Algarve

Albufeira 31B2
Parque da Galé, Rua do Barranco Vale Rabelho.
GPS: n37,09347 w8,31125.

28 € 8 Ch (28x) inklusive. **Lage:** Komfortabel.
Untergrund: ungepflastert. 01/01-31/12.
Entfernung: 600M 1,8Km 200M 500M.

Albufeira 31B2
Parque da Palmeira, Rua da Palmeira. **GPS:** n37,09829 w8,24339.

90 € 8 Ch WC €4,30 inklusive. **Lage:** Städtisch.
Untergrund: Schotter. 01/01-31/12.
Entfernung: Altstadt 1,7Km 7Km 1,5Km 800m Lidl Busbahnhof 300M.

Albufeira 31B2
Park Falesia, Estrada do Alfarmar. **GPS:** n37,09036 w8,16044.

30 € 12 Ch inklusive.
Untergrund: Schotter. 01/01-31/12.
Entfernung: 4Km 500M 1Km 500M 200M.
Sonstiges: Videoüberwachung.

Touristinformation Albufeira:
Posto de Turismo, R. 5 de Outubro 4, www.cm-albufeira.pt. 10-20 Uhr.
ZooMarine, N125. Vergnügungspark, Delphinarium, Aquarium. 10-20 Uhr.

Alcoutim 31C2
Estrada da Pousada da Juventude. GPS: n37,47500 w7,47472.
kostenlos Ch kostenlos. **Untergrund:** Sand. 01/01-31/12.
Entfernung: 500M 200M.
Sonstiges: Neben 'Centro de Saude'.

Touristinformation Alcoutim:
Festungsstadt. 9-17.30 Uhr.

Aljezur 31A1
Largo do Mercado. GPS: n37,31611 w8,80278.

10 kostenlos WC kostenlos. **Lage:** Einfach. **Untergrund:** befestigt.
01/01-31/12.
Entfernung: 200M 500M.

Altura 31C2
Rua de Alagoa. GPS: n37,17138 w7,49952.

+10 kostenlos. **Untergrund:** ungepflastert. 01/01-31/12.
Entfernung: 100M vor Ort 100M.
Sonstiges: Strandparkplatz.

Alvor 31B2
Zona para autocaravanas, Praia de Alvor.
GPS: n37,12482 w8,59506.

150 € 4 Ch inklusive. **Lage:** Zentral. **Untergrund:** Sand.
01/01-31/12.
Entfernung: Zentrum 400M 100M vor Ort.

Ameixial 31B2
Estacionamento de Autocaravannas. GPS: n37,36539 w7,97165.
10 kostenlos Ch kostenlos. **Lage:** Ländlich, abgelegen, ruhig.
Untergrund: ungepflastert. 01/01-31/12.

Budens 31A2
Figueira Caravan Park, R. da Fonte. **GPS:** n37,07300 w8,84519.
35 € 7,50-10 Ch ,10Amp inklusive. **Lage:** Ländlich, komfortabel. **Untergrund:** Schotter. 01/01-23/12.
Entfernung: Budens 2,5Km 1,8Km 250M Intermarché Budens.
Sonstiges: Rabatt bei längerem Aufenthalt.

Budens 31A2
Praia Boca do Rio. GPS: n37,06563 w8,82434.

20 kostenlos. **Lage:** Einfach. **Untergrund:** Sand. 01/01-31/12.
Entfernung: 2,2Km 50M.
Sonstiges: Verboten im Sommer.

Cabo de São Vicente 31A2
N268. GPS: n37,02361 w8,995.

8 kostenlos. **Untergrund:** befestigt. 01/01-31/12.
Entfernung: Sagres 6km.
Sonstiges: Parkplatz beim Leuttturm.

Caldas de Monchique 31B2
Parque Rural Autocaravanas Vale da Carrasqueira, Barracão 190.
GPS: n37,27667 w8,54333.

14 € 12,50/24 Std Ch WC inklusive.
Lage: Ländlich, komfortabel. **Untergrund:** Schotter.
Entfernung: vor Ort.

Carrapateira 31A2
Praia de Amado. GPS: n37,19623 w8,90156.

30 kostenlos. **Lage:** Einfach. **Untergrund:** Schotter.
Entfernung: Carrapateira 2km 100M vor Ort.
Sonstiges: Strandparkplatz, keine Campingaktivitäten.

Carrapateira 31A2
Praia de Bordeira. GPS: n37,19735 w8,90726.

10 kostenlos. **Lage:** Einfach. **Untergrund:** befestigt.
Entfernung: Carrapateira 2,5km.
Sonstiges: Parkplatz in de Nähe der Klippen.

Carvoeiro 31B2
Estr. do Farol. GPS: n37,08774 w8,44285.

8 . **Lage:** Abgelegen. **Untergrund:** Sand.
Entfernung: 500M vor Ort.
Sonstiges: Parkplatz beim Leuttturm.

Carvoeiro 31B2
Praia Marinha. GPS: n37,09026 w8,41254.

kostenlos. **Lage:** Abgelegen. **Untergrund:** ungepflastert.
04/01-31/12.
Entfernung: 4Km vor Ort.
Sonstiges: Strandparkplatz, schöne Aussicht.

Castro Marim 31C2
Av. Dr. José Afonso Gomes. GPS: n37,21984 w7,44434.

Algarve

± 20 kostenlos €2 Ch. **Untergrund:** Schotter.
01/01-31/12. 2. Sa des Monats.
Entfernung: 1,3Km 50M.
Sonstiges: Wertmünzen bei Geschäfte im Dorf.

S Falésia 31B2
Algarve Motorhome Park, Praia da Falésia.
GPS: n37,09015 w8,16015.
55 € 8/24 Std Ch €2 inklusive. **Lage:** Luxus.
Untergrund: Schotter.
Entfernung: 850M vor Ort 250M.

Faro 31B2
Avenida Calouste Gulbenkian. **GPS:** n37,02599 w7,94692.
8 kostenlos. **Lage:** Abgelegen. **Untergrund:** befestigt.
01/01-31/12.
Entfernung: Zentrum 1,5Km 600M 600M.
Sonstiges: An der Bahnlinie.

Faro 31B2
Doca de Faro. **GPS:** n37,02551 w7,94657.

15 kostenlos. **Lage:** Städtisch, einfach. **Untergrund:** befestigt.
01/01-31/12.
Entfernung: 600M.

Faro 31B2
Parking Largo de São Francisco. GPS: n37,01132 w7,93184.

±6 kostenlos. **Untergrund:** befestigt.
Entfernung: Zentrum 400M 300M.

S Lagos 31B2
Area de servico, Junto ao Estadio Municipal de Lagos.
GPS: n37,11563 w8,678.

20 € 3, ab 4. Nacht € 2,50 €2/100 ChWC kostenlos.
Untergrund: Schotter. 01/01-31/12.
Entfernung: Stadtmitte 2km 7,3Km 2,3Km McDonalds 450M. **Sonstiges:** Anmelden und zahlen beim Rezeption Stadium, Markt 1. Samstag des Monats.
Touristinformation Lagos:
M Museu Municipal, Rua General Alberto da Silveira. Heimatmuseum.
9.30-12.30 Uhr, 14-17 Uhr Freitag.

S Manta Rota 31C2
Praia de Manta Rota, Quinta Manta Rota 15.
GPS: n37,16513 w7,52096.

80 € 4,50 Ch €2,50 inklusive.
Untergrund: befestigt. 16/09-30/06.
Entfernung: vor Ort 6,5Km 100M 100M 500M.

Moncarapacho 31B2
Route 66. GPS: n37,08313 w7,76494.
40 € 8 Ch WC €3 inklusive. **Lage:** Ländlich, komfortabel, abgelegen. **Untergrund:** Schotter/Sand.
01/01-31/12. **Entfernung:** 2,5Km 3Km vor Ort.

Moncarapacho 31B2
Caravanas Algarve. GPS: n37,09502 w7,77427.

20 € 8,50 Ch WC.
Untergrund: Schotter.
01/01-31/12.
Entfernung: 1Km Strand 6km 1Km vor Ort vor Ort.

S Odeleite 31C2
Almada D´Ouro Club-Algarve, M1063, Alcarias-Odeleite.
GPS: n37,33187 w7,46865.

10 + 20 € 4,50 €2,50 Ch €2,50 €5 inklusive.
Lage: Abgelegen, ruhig. **Untergrund:** Schotter. 01/01-31/12.
Entfernung: Odeleite 2,3km vor Ort.
Sonstiges: Bei Jachtverein, Rabatt bei längerem Aufenthalt.

S Paderne 31B2
Motorhome Friends. GPS: n37,15643 w8,20972.

16 € 4,50 Ch (9x)€3 WC €5 inklusive.
Lage: Ländlich. **Untergrund:** Schotter. 01/01-31/12.
Entfernung: 1Km 10Km vor Ort.
Sonstiges: Fahrradverleih € 5, PKW-Verleih € 15.

S Paderne 31B2
Cm 1177 920N. **GPS:** n37,16801 w8,20897.

12 kostenlos Chkostenlos. **Untergrund:** befestigt.
01/01-31/12. **Entfernung:** 1Km 1Km.

S Pêra 31B2
Mikki's Place, Sitio das Arreias. **GPS:** n37,12781 w8,32305.

100 € 8-10,50 Ch €2,50/Tag WC auf Anfrage
inklusive. **Lage:** Ländlich, komfortabel, abgelegen, ruhig.
Untergrund: Schotter/befestigt. 01/01-31/12.
Entfernung: 2km 3Km vor Ort 2Km.

S Pêra 31B2
KM 64 Parque de Autocaravanas, ES125, km64.
GPS: n37,12420 w8,32607.
50 € 3 €2 Chinklusive €3. **Untergrund:** asphaltiert.
01/06-01/10.
Entfernung: 1,5Km 4Km.

S Pereiro 31C2
Parque de autocaravanismo do Pereiro, Pereiro.
GPS: n37,44695 w7,5924.
16 kostenlos Chkostenlos. **Untergrund:** ungepflastert.
01/01-31/12. **Entfernung:** 500M.

S Portimão 31B2
Praia da Rocha, Avenida Rio Arade,. **GPS:** n37,11898 w8,53037.

200 € 2,50 €2/100Liter Chkostenlos.
Untergrund: befestigt/Sand.
Entfernung: vor Ort 100M vor Ort 200M vor Ort.

Portimão 31B2
Rue Très Castelos. **GPS:** n37,11969 w8,54723.

25 kostenlos. **Untergrund:** asphaltiert.
Entfernung: Praia da Rocha 700m Sandstrand 250M 1Km.

Quarteira 31B2
Estrada Fonte Santa, M527-2. **GPS:** n37,07322 w8,07716.

100 € 2/24 Std €2 Ch €2. **Untergrund:** Schotter.
01/01-31/12.
Entfernung: 2km 6,8Km Sandstrand 2,5Km 50M 150m Lidl vor Ort.
Sonstiges: Di 17U-Mi 17U angrenzenden Parkplatz wegen Gypsy Market.

S Sagres 31A2
Fortaleze de Sagres. GPS: n37,00523 w8,94545.

Portugal

Algarve

50 🛏kostenlos WC. **Untergrund:** asphaltiert. 🅾 01/01-31/12.
Entfernung: ⬛500M.
Sonstiges: Beim Schloss.

| 📷S | São Bartolomeu de Messines | 31B2 |

Camperstop Messines. GPS: n37,27979 w8,24133. ⬆➡.

40 🛏€ 6, 01/07-31/08 € 7,50 ⛽🍽ChWC⬛€4/4 📶inklusive.🚿
Lage: Ländlich, ruhig. **Untergrund:** Schotter. 🅾 01/01-31/12.
Entfernung: ⬛6,5Km 🛒6,4Km ⛽1,2Km.
Sonstiges: Einkaufsservice.

| 📷S | São Bartolomeu de Messines | 31B2 |

Rua António Aleixo. **GPS:** n37,25514 w8,2847. ⬆.

4 🛏kostenlos ⛽🍽Chkostenlos. **Lage:** Ländlich.
Untergrund: Schotter. 🅾 01/01-31/12.
Entfernung: ⬛Zentrum 150M 🛒2,7Km.
Sonstiges: Montag regionalen Markt.

| 📷S | Silves | 31B2 |

Algarve Motorhome Park Silves, N124. **GPS:** n37,18722 w8,45158. ⬆.

50 🛏€ 5/24 Std ⛽🍽Ch⚡€2 📶inklusive. 🅾 01/01-31/12.
Entfernung: ⬛1Km ⛽800M.

| 📷S | Silves | 31B2 |

Club Autocaravana Vacaria, N124. **GPS:** n37,21834 w8,36924. ⬆➡.

15 🛏€ 5 ⛽🍽Ch ⚡€1/24Std WC⬛€1
📶inklusive. **Lage:** Ländlich, komfortabel, abgelegen.
Untergrund: Schotter/befestigt. 🅾 01/01-31/12.
Entfernung: ⬛9Km 🛒100M.

| 📷S | Silves | 31B2 |

Parque do Castelo, Rua do Encalhe. **GPS:** n37,19388 w8,43614. ⬆.
40 🛏ersten Nacht € 5, € 4,50 jede weitere Nacht, >10m + € 1
⛽Ch⚡€2,50/24Std,6Amp WC⬛€0,50 📶inklusive.🚿

Untergrund: Schotter. 🅾 01/09-31/05.
Entfernung: ⬛Zentrum 500M ⛽500M 🛒Lidl 550M 🚲vor Ort.

| 📷S | Silves | 31B2 |

Estação de serviço para autocaravanas municipal.
GPS: n37,18527 w8,44551. ⬆.
🛏€ 3 ⛽🍽Ch📶kostenlos. **Untergrund:** Schotter. 🅾 01/01-31/12.
Entfernung: ⬛Stadtmitte 650M ⛽650M 🛒450M.

| 📷 | Silves | 31B2 |

Barregem do Arade, N124-3. **GPS:** n37,23960 w8,37699.

10 🛏kostenlos. **Lage:** Abgelegen.
Untergrund: Sand.
Entfernung: ⬛Silves 10km.
Touristinformation Silves:
Ⓜ Museu Municipal de Arqueologia. Archäologischer Fundplatz.
🏰 Castello. 🅾 9-18 Uhr.
🎪 Festival da cerveja. Bierfestival. 🅾 Juli.

| 📷S | Tavira | 31B2 |

Parque de Autocaravanes. GPS: n37,13637 w7,64013. ⬆.

20 🛏€ 9,90 ⛽🍽Ch⚡WC⬛€2 📶inklusive.🚿
Untergrund: Wiese/Schotter. 🅾 15/09-15/06 ☀ Sommer.
Entfernung: ⬛1Km.
Sonstiges: Schwimmbad.
Touristinformation Tavira:
🏰 Castello. 🅾 Mo-Fr 8-17.30 Uhr.

| 📷 | Vila do Bispo | 31A2 |

Praia da Barriga, N1265. **GPS:** n37,09970 w8,94445.

🛏kostenlos. **Untergrund:** asphaltiert.
Entfernung: ⬛Vila do Bispo 3,8km 🏖vor Ort.
Sonstiges: Strandparkplatz.

| ⚠S | Vila do Bispo | 31A2 |

Sagres, Cerro da Moita. **GPS:** n37,02278 w8,94583.
550 🛏€ 30-38 ⛽🍽Ch⚡WC⬛📷 🅾 01/01-31/12.
Entfernung: 🏖2km ⛽vor Ort 🛒vor Ort 🚌500M.

| 📷S | Vila Real de Santo António | 31C2 |

Avenida de República. GPS: n37,19955 w7,4153. ⬆.

70 🛏€ 4,50 ⛽🍽Ch⚡€5/24Std 📶inklusive.
Untergrund: befestigt/Sand. 🅾 01/01-31/12.
Entfernung: ⬛500M ⛽vor Ort.

Portugal

Rumänien

Hauptstadt: Bukarest
Staatsform: Republik
Amtssprache: Rumänisch
Einwohnerzahl: 21.666.000 (2015)
Fläche: 238.391 km²

Allgemeine Informationen
Telefonvorwahl: 0040
Allgemeine Notrufnummer: 112
Währung: Leu (RON)
€ 1 = 4,50 RON, 1 RON = € 0,22 (Oktober 2016)
Kreditkarten werden fast überall akzeptiert.

Freies Übernachten im Wohnmobil
Freies übernachten wird mit Genehmigung von Land Eigentümer oder Gemeindeverwaltung erlaubt.

Gesetzliche Feiertage 2017
1. Mai Tag der Arbeit
15. August Maria Himmelfahrt
1. November Allerheiligen
30. November Tag des heiligen Andreas
1. Dezember Nationalfeiertag

Zeitzone
Winterzeit GMT+2
Sommerzeit GMT+3

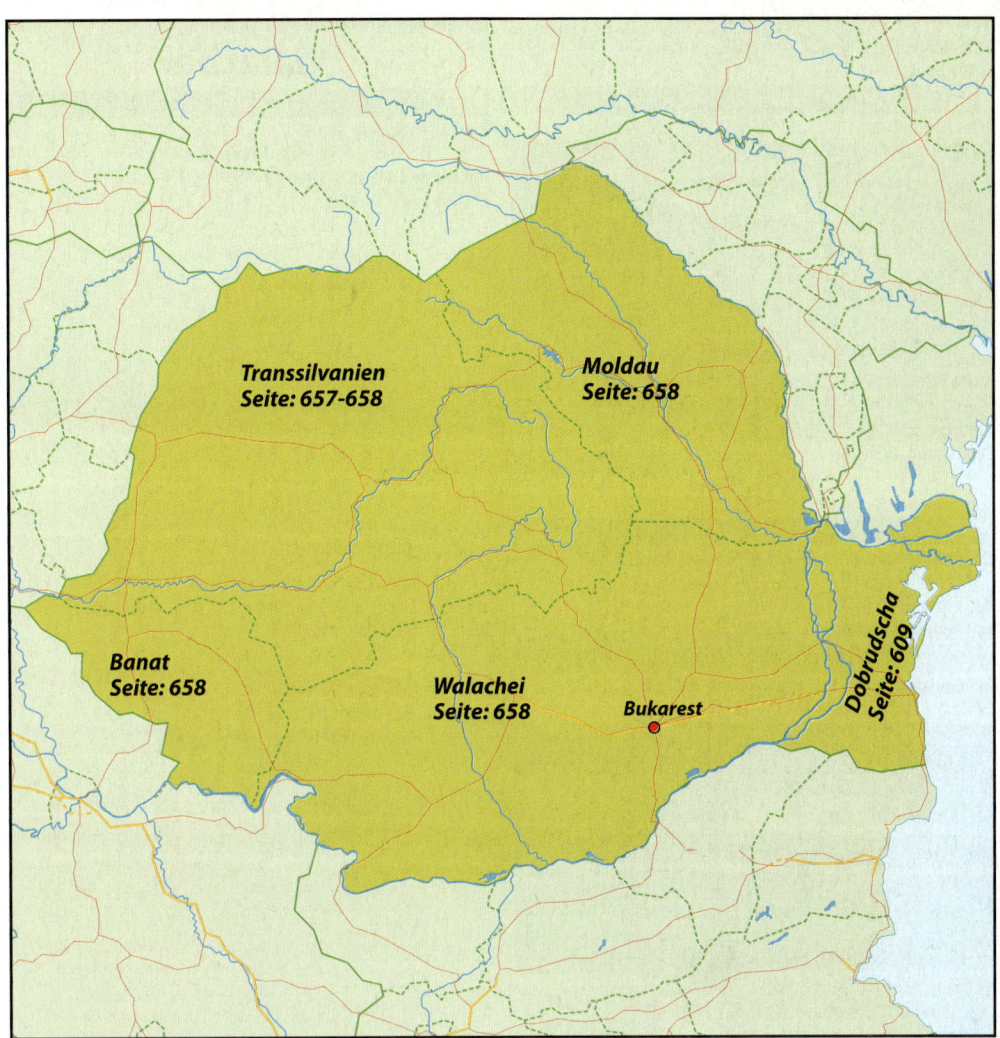

Transsilvanien

Aurel Vlaicu — 40B2
Camping Aurel Vlaicu, Str. Pricipala 155. **GPS**: n45,91424 o23,27938.
€ 12,50 Ch € 2,50 WC inklusive. **Lage**: Ländlich.
Untergrund: Wiese. 15/04-30/09.
Entfernung: 250M 250M 100M 300M 250M.

Baile Felix — 40A2
Camping Apollo. **GPS**: n46,99608 o21,98056.
€ 14 Ch € 2,50 WC inklusive. 01/01-31/12.
Entfernung: 100M 400M 100M.

Blăjel — 40B2
Camping Doua Lumi, Strada Tudor Vladimirescu 87-89.
GPS: n46,21032 o24,32478.

15 € 13 Ch € 3 WC inklusive. **Untergrund**: Wiese.
01/04-15/10.
Entfernung: 10Km.

Borșa — 40B1
Borşa Turism, Strada Pietroasa 9. **GPS**: n47,64914 o24,66801.
4 € 9 Ch WC € 3,50 inklusive. **Lage**: Städtisch.
Untergrund: Schotter. 01/01-31/12.
Entfernung: 1Km 1,5Km 900M.

Bran — 40C2
Vampire camping, Soholstr. **GPS**: n45,52787 o25,37183.
€ 15 Ch € 3,50 WC inklusive. **Lage**: Ländlich.
Untergrund: Wiese. 01/04-01/11.
Entfernung: 650M.

Cârța — 40B2
Camping de Oude Wilg, Str. Prundului 311. **GPS**: n45,78332 o24,56700.
€ 11 € 2,50 Ch € 2,50 WC inklusive € 3,50.
Lage: Ländlich. **Untergrund**: Wiese.
Entfernung: 500M 500M vor Ort vor Ort.

Gârbova — 40B2
Poarta Oilor, Str. Eminescu 573. **GPS**: n45,85933 o23,72019.
€ 15 Ch WC inklusive. **Lage**: Ländlich.
Untergrund: Wiese. 01/05-30/09.

Gilău — 40B2
Camping Eldorado. **GPS**: n46,76748 o23,35381.
€ 13 Ch € 2,50 WC **Untergrund**: Wiese.
15/04-15/10.
Entfernung: 15Km 50M 750M.

Miniș — 40A2
Camping Route Roemenië, Minis 298. **GPS**: n46,13356 o21,59788.

ab € 12,50 € 1,50 € 2,50 Ch € 2,75 WC inklusive € 4.
Lage: Ländlich. **Untergrund**: Wiese. 15/04-15/09.
Entfernung: 1Km.

Mureș — 40B2
Camping Mustang, Câmpu Cetății 16/A. **GPS**: n46,66750 o25,00361.
€ 11,50 Ch WC inklusive. **Lage**: Ländlich.
Untergrund: Wiese. 01/04-31/10.
Entfernung: 3Km 500M 400M.

Nireș — 40B2
Camping Zwaluwnest, Com. Mica 42A. **GPS**: n47,11918 o23,96788.

€ 11 Ch € 2,50 WC inklusive € 4.
Lage: Ländlich. **Untergrund**: Wiese. 01/04-15/10.

Ocna Sibiului — 40B2
Strada Mihai Viteazul 90. **GPS**: n45,88040 o24,04437.
20 € 5 € 1 € 2. **Untergrund**: Wiese. 01/04-01/10.
Entfernung: 800M.

Remetea — 40A2
Camping Turul, Bihor 8. **GPS**: n46,73443 o22,34436.
€ 10 Ch € 2,50 WC inklusive.
Lage: Ländlich. **Untergrund**: Wiese.
Entfernung: 100M 700M 900M.

Richis — 40B2
Camping La Curtea Richvini. **GPS**: n46,09797 o24,48066.
€ 10 Ch € 3 WC inklusive € 4.
Lage: Ländlich. **Untergrund**: Wiese.

Vișeu de Sus — 40B1
Gara CFF Mocanita, Strada Cerbului 5. **GPS**: n47,71461 o24,44282.

🅰️🆂 **Zărnești** 40C2
Alpin Ranch, Strada Pinului 13. **GPS**: n45,57861 o25,34389.

€ 12 Ch WC inklusive. **Lage:** Ländlich.
Untergrund: Wiese.
Entfernung: 800M.

€ 9 Ch WC inklusive nach Verbrauch.
Untergrund: befestigt. 01/01-31/12.
Entfernung: 1,5Km.

Entfernung: vor Ort 500M vor Ort vor Ort.

Walachei

🅰️🆂 **Paclele Mici** 40C2
Popasul La Hangar, 108. **GPS**: n45,34711 o26,70928.
5 € 7 Ch inklusive. **Lage:** Einfach.
Untergrund: Schotter/Sand. 01/01-31/12.
Entfernung: vor Ort.

Moldau

🅰️🆂 **Dărmănești** 40C2
Camperland, Calea Trotusului 272. **GPS**: n46,40150 o26,48267.
€ 15 Ch WC € 3,25 inklusive.
Untergrund: Wiese. 15/04-15/10.
Entfernung: 400M.

🅰️🆂 **Fundu Moldovei** 40B1
Camping de Vuurplaats, Strada Principale 130.
GPS: n47,53417 o25,41528.

24 € 14,75 Ch € 2,75 WC € 4 inklusive.
Lage: Ländlich. **Untergrund:** Wiese. 01/04-01/10.
Entfernung: vor Ort vor Ort.
Sonstiges: Grillplatz.

Dobrudscha

🅰️🆂 **Jupiter** 40D3
Camping Popas Zodiac, Gala Galaction str 49.
GPS: n43,85860 o28,59960.
€ 16,50 - € 19,25 Ch inklusive. **Untergrund:** Wiese.
01/05-31/10.
Entfernung: 200M 200M 100M.

🅰️🆂 **Murighiol** 40D2
La doi Sturioni, Str. Portului 2. **GPS**: n45,03632 o29,16677.

10 € 12 Ch inklusive. **Lage:** Einfach.
Untergrund: ungepflastert. 01/05-01/10.
Entfernung: 200M 200M.

🅰️🆂 **Murighiol** 40D2
Pension Laguna Albastra. **GPS**: n45,03824 o29,18161.
25 € 12 Ch inklusive. **Lage:** Einfach. **Untergrund:** Wiese.
01/04-15/10.
Entfernung: vor Ort vor Ort vor Ort.

🅰️🆂 **Navodari** 40D3
GPM Camping Holiday. **GPS**: n44,27467 o28,61774.
30 € 16 Ch inklusive. 25/04-30/09.
Entfernung: vor Ort vor Ort vor Ort.

Banat

🅰️🆂 **Mehadia** 40B3
Camping Hercules, DN6. **GPS**: n44,86918 o22,38774.
5 € 15 Ch WC.

🇸🇪 Schweden

Hauptstadt: Stockholm
Staatsform: Parlamentarische Erbmonarchie
Amtssprache: Schwedisch
Einwohnerzahl: 9.801.500 (2015)
Fläche: 450.295 km²

Allgemeine Informationen
Telefonvorwahl: 0046
Allgemeine Notrufnummer: 112
Währung: Schwedische Krone (SEK)
€ 1 = SEK 9,70, SEK 1 = € 0,10 (Oktober 2016)
Kreditkarten werden fast überall akzeptiert.

Freies Übernachten im Wohnmobil
Aufenthalt in der Natur wird in der Regel erlaubt. Nicht in privaten Gärten und auf landwirtschaftlichen Flächen.

Für Übernachtung auf einem Campingplatz ist ein Campingkarte erforderlich,p Camping Key Europe. Dies ist auf dem Campingplatz zu verkaufen für SEK 160 (ca. € 16,50) und gültig für 1 Jahr.

Gesetzliche Feiertage 2017
14. April Karfreitag
17. April Ostermontag
1.Mai Tag der Arbeit
6.Juni Nationalfeiertag
23-24.Juni Midsommarfest
1.November Allerheiligen

Zeitzone
Winterzeit GMT+1
Sommerzeit GMT+2

Stockholm

Norrtälje — 4D3
Nässelgrundet 7. **GPS:** n59,68147 o18,81752.
3 SEK 200. **Untergrund:** Wiese.
Entfernung: Norrtälje 19km, vor Ort, vor Ort.
Sonstiges: Kanu- und Bootsverleih.

Skarpnäck — 5G1
Ställplatsstockholm, Flatens Skogsväg 30.
GPS: n59,24822 o18,16159.
48 SEK 180 Ch.
Entfernung: Stockholm 15km.

Stockholm — 5G1
Långholmens Husbilscamping Stockholm, Skutskepparvägen 1.
GPS: n59,32021 o18,03200.
76 SEK 250, 19/06-30/08 SEK 280 Ch inklusive WC SEK 5.
Lage: Städtisch. **Untergrund:** befestigt. 13/05-13/09.
Entfernung: 4Km 200M 500M.

Stockholm — 5G1
Tantolundens Husbilscamping Stockholm, Ringvägen 24.
GPS: n59,31241 o18,05299.
14 SEK 250, 19/06-30/08 SEK 280 WC inklusive.
Lage: Städtisch. **Untergrund:** Schotter. 01/01-31/12.
Entfernung: 5Km 2km 350M.

Stockholm — 5G1
Strandvägen. **GPS:** n59,33124 o18,08595.
SEK 15/Std, übernachten kostenlos. **Untergrund:** asphaltiert.
Entfernung: 1Km vor Ort 300M.
Sonstiges: Am Kai.

Västerbotten

Byske — 4D1
E45. **GPS:** n64,94809 o21,18009.
kostenlos. **Lage:** Ländlich, einfach, abgelegen, laut.
Entfernung: 1,7Km 1,5Km 1,7Km.

Klimpfjäll — 4C1
Stekenjokk. **GPS:** n65,09030 o14,45897.
kostenlos. **Lage:** Abgelegen, ruhig. **Untergrund:** ungepflastert.
Beim Schnee.
Entfernung: vor Ort, vor Ort, vor Ort.

Marsfjäll — 4C1
Trappstegsforsen. **GPS:** n64,95526 o15,46639.
kostenlos. **Lage:** Abgelegen, ruhig. **Untergrund:** Schotter.
Entfernung: 7Km vor Ort.

Sävar — 4D1
Sävar Rastplats, Skomakarvägen. **GPS:** n63,89191 o20,53027.

kostenlos Ch kostenlos. **Untergrund:** asphaltiert.
Entfernung: 2km 100M 1,7Km.

Skellefteå — 4D1
Ställplats Campus, Laboratorgränd.
GPS: n64,74601 o20,95595.
10 SEK 100 WC inklusive.
Lage: Städtisch.
Untergrund: befestigt.
20/06-14/08.
Entfernung: 1Km vor Ort vor Ort 100M vor Ort.

Tärnaby — 4C1
Joeström. **GPS:** n65,74384 o15,08882.
freiwilliger Beitrag. **Lage:** Ländlich. **Untergrund:** Wiese.
Entfernung: 10Km vor Ort.

Vilhelmina — 4C1
Meselefors Rastplats, E45. **GPS:** n64,43398 o16,78733.
2 kostenlos Ch kostenlos.
Entfernung: vor Ort, vor Ort.

Vormsele — 4C1
Blåviksjöns, Blå vägen. **GPS:** n64,82994 o18,03335.
kostenlos. **Lage:** Abgelegen, ruhig. **Untergrund:** asphaltiert.
Entfernung: Vormsele 47km, vor Ort, vor Ort.

Norrbotten

Gällivare — 3B3
Lappeasuando. **GPS:** n67,49093 o21,12025.

kostenlos Ch WC kostenlos. **Lage:** Abgelegen, ruhig.
Untergrund: asphaltiert.
Entfernung: Gällivare 56km 200M 200M.

Jävrebyn — 4D1
Jävrefyrens väg. **GPS:** n65,14339 o21,50862.

SEK 50 Ch. **Lage:** Ländlich. **Untergrund:** Wiese/Schotter.
Entfernung: vor Ort, vor Ort, 500M.

Sonstiges: Max. 12 Std.

Schweden

Jokkmokk 3B3
Polcirkeln. GPS: n66,55058 o19,76375.
SEK 100 Ch SEK40 WC inklusive. **Lage**: Ländlich.
Untergrund: asphaltiert/Wiese.
Entfernung: 2km vor Ort.

Jokkmokk 3B3
Laponia Rastplats, E45. **GPS**: n66,64258 o19,82465.

kostenlos. **Untergrund**: Wiese/Schotter.
Entfernung: 5Km 100M.

Moskosel 3B3
E45. **GPS**: n65,95231 o19,51979.

kostenlos Chkostenlos.
Entfernung: 10Km vor Ort vor Ort.
Sonstiges: Am Fluss.

Nikkala 3C3
Båtklubben Bothnia, Haparandahamn 65.
GPS: n65,77154 o23,90442.
SEK 100 SEK40. **Untergrund**: asphaltiert/Wiese.
Entfernung: 2vor Ort vor Ort.
Sonstiges: Fahrradverleih kostenlos, Saunabenutzung kostenpflichtig.

Övre Soppero 3B2
Ryssäjoki Naturrastplats. GPS: n68,15435 o21,78256.

Lage: Ländlich, abgelegen. **Untergrund**: ungepflastert.
Entfernung: 8Km vor Ort vor Ort.

Porjus 3B3
Strömgatan. **GPS**: n66,95671 o19,80798.
kostenlos. **Untergrund**: asphaltiert.
Entfernung: 500M.
Sonstiges: Vor Feuerwehr.

Vittangi 3B2
Rastplats Suptallen. GPS: n67,66938 o21,40521.
kostenlos.
Entfernung: 15Km.

Uppsala

Älvkarleby 4D3
Älvkarleby Turist & Konferenshotell, Västanåvägen 54.
GPS: n60,56518 o17,43796.
20 SEK 100 WC.
Entfernung: 100M vor Ort.
Sonstiges: Bezahlen bei Rezeption.

Öregrund 4D3
Kyrkogatan. **GPS**: n60,33958 o18,43672.
5. **Untergrund**: asphaltiert.
Entfernung: 200M vor Ort vor Ort 350M 200M.

Öregrund 4D3
GPS: n60,34091 o18,44107.
3 kostenlos kostenlos WC.

Untergrund: asphaltiert.
Entfernung: vor Ort vor Ort vor Ort 100M 200M.

Södermanland

Eskilstuna 5F1
Sundbyholms Gästhamn, Sundbyholm. **GPS**: n59,44749 o16,62593.
6 SEK 150 SEK40.
Entfernung: 2vor Ort vor Ort vor Ort vor Ort.
Sonstiges: Neben Schloss.

Mariefred 5F1
Mariefreds gästhamnen, Gripsholmsvägen.
GPS: n59,25793 o17,22160.
4 SEK 260 WC. **Untergrund**: asphaltiert.
Entfernung: vor Ort 200M 200M.

Mariefred 5F1
Statoil, Storgatan 18. **GPS**: n59,25944 o17,21805.
2. **Untergrund**: asphaltiert.

Nyköping 5F1
Nyköpings hamn, Spelhagsvägen. **GPS**: n58,74460 o17,01524.
10 kostenlos Ch.
Entfernung: 1Km.
Sonstiges: Max. 2 Tage, Ver-/Entsorgung 100M.

Oxelösund 5F1
Femöre Marina, Fiskehamnsvägen 12. **GPS**: n58,65830 o17,11123.
15 SEK 150 Ch (10x)SEK 50. **Untergrund**: Schotter.
Entfernung: 3Km vor Ort vor Ort vor Ort.

Strängnäs 5F1
Strängnäs Gästhamn, Storgatan 38. **GPS**: n59,37860 o17,02599.
8 SEK 260. 01/05-30/09.
Entfernung: 2vor Ort vor Ort vor Ort 200M.
Sonstiges: Max. 48 Std.

Trosa 5G1
Trosa Gästhamn, Uddberggatan 1. **GPS**: n58,89090 o17,55360.
8 SEK 160 Ch inklusive WC.
Entfernung: 2vor Ort vor Ort 200M 1Km.
Sonstiges: Saunabenutzung kostenpflichtig.

Östergötland

Borensberg 5F1
Kaffeteriet, Magasinsgatan 7.
GPS: n58,55885 o15,27995.
SEK 200 inklusive.
Entfernung: 550M vor Ort vor Ort vor Ort 550M.

Borensberg 5F1
Glasbruket, Kanalvägen. **GPS**: n58,55909 o15,30322.
8 SEK 185 (8x)SEK30 WC. **Untergrund**: Wiese.
01/05-30/09.
Entfernung: 1,5Km 1,5Km. **Sonstiges**: Am Göta-Kanal.

Linköping 5F2
Flygvapenmuseum. GPS: n58,41107 o15,52588.
20 kostenlos.
Entfernung: 1Km 1Km.
Sonstiges: Parkplatz Museum.

Motala 5E1
Södra Hamnen, Fabriksgatan 12 H. **GPS**: n58,52979 o15,03811.
SEK 180 Ch WC inklusive. **Untergrund**: Wiese.
01/01-31/12.
Entfernung: 1Km vor Ort vor Ort 500M.

Motala 5E1
Berggrens Källare, Verkstadvägen 91. **GPS**: n58,55550 o15,07820.
6 SEK 150 SEK 50. 01/05-31/08.
Entfernung: vor Ort vor Ort vor Ort.
Sonstiges: In der Nähe von Schleusen.

Motala 5E1
Café Mallboden, Varvsgatan 17. **GPS**: n58,54829 o15,06689.
5 SEK 200 inklusive. **Untergrund**: Wiese. 01/05-30/09.
Sonstiges: Am Göta-Kanal.

Norrköping 5F1
Albrektsvägen. **GPS**: n58,58403 o16,20064.
SEK 60. **Untergrund**: asphaltiert.
Entfernung: 1Km 300M 600M.
Sonstiges: Am Schwimmbad.

Norsholm 5F1
Kapten Bille´s, Slussvägen. **GPS**: n58,50741 o15,97546.
14 SEK 185 WC. 01/04-30/09.
Entfernung: 2vor Ort vor Ort.
Sonstiges: Am Göta-Kanal.

Ödeshög 5E2
Hästholmens hamn, Hamngatan. **GPS**: n58,27904 o14,63522.
5 SEK 120. **Untergrund**: asphaltiert.
Entfernung: vor Ort vor Ort vor Ort.

Skänninge 5E2
Gripenbergs gårdsbutik, Gripenberg 1. **GPS**: n58,40659 o15,08026.
SEK 100 SEK 25 WC inklusive. **Lage**: Abgelegen.
Untergrund: Wiese.
Entfernung: 1,5Km 2km 1,5Km.

Söderköping 5F1
Bergaskolan, Tingshusgatan. **GPS**: n58,48033 o16,32952.
10 SEK 120 Ch. **Untergrund**: Schotter. 15/06-15/08.
Entfernung: 350M 350M.
Sonstiges: Neben der ehemaligen Schule, Ver-/Entsorgung auf Campingplatz.

Söderköping 5F1
Kanalmagasinet AB, Mem. **GPS**: n58,47923 o16,41422.
4 SEK 185. **Untergrund**: Schotter. **Entfernung**: 2vor Ort vor Ort. **Sonstiges**: Bezahlen bei Kanalmagasinet.

Vadstena 5E2
Vadstena Slott, Järnvägsgatan. **GPS**: n58,44569 o14,88167.
SEK 100, Mai-Sep SEK 130 Ch SEK30 WC.
Untergrund: Wiese. Ver-/Entsorgung: Winter.

Vreta Kloster 5F1
Bergs Slussar Vandrarhem, Oscars Slussar 2.
GPS: n58,48524 o15,52970.
25 SEK 185 WC. **Untergrund**: Wiese. 01/04-30/09.
Sonstiges: In der Nähe von Schleusen, am Göta-Kanal.

Jönköping

Bredaryd 5E3
Pelles, Sunnaryd Solbacka. **GPS**: n57,01704 o13,69058.
2 SEK 200 WC SEK50. **Untergrund**: Wiese/Schotter.
01/01-31/12.
Sonstiges: Frühstückservice.

Gränna 5E2
BauerGårdens, Bunn. **GPS**: n57,93629 o14,49227.
100 SEK 200 Ch (70x)WC inklusive.
10/04-01/12.

Gränna 5E2
Gränna Hamn, Hamnvägen.
GPS: n58,02728 o14,46070.
30 SEK 180 Ch (20x)inklusive.
Entfernung: 800M 200M 100M 400M vor Ort vor Ort.
Sonstiges: Abends geschlossen mit Barriere.

Gränna 5E2
Gränna Hamn, Amiralsvägen. **GPS**: n58,02868 o14,45960.
SEK 120. **Untergrund**: asphaltiert.
Entfernung: 100M 100M 100M vor Ort vor Ort.

Hult 5F2
Ställplats Lyckarps, Hultvägen. **GPS**: n57,63577 o15,09830.

19 € 10 Chinklusive (15x)SEK3. **Lage**: Ländlich, abgelegen. **Untergrund**: Wiese/Schotter. 01/05-31/10.
Entfernung: 8Km vor Ort 200M.

Jönköping 5E2
Statoil Hyltena, Hyltena 50. **GPS**: n57,66554 o14,18237.
17 SEK 99 WC. **Untergrund**: asphaltiert.
Entfernung: Jönköping 15km 500M.

Rydaholm 5E3
Skeda Strand, Skeda gård 1. **GPS**: n57,03714 o14,18198.
10 SEK 100 (6x)SEK30 WC inklusive.
Untergrund: Schotter.
Entfernung: 2vor Ort vor Ort. **Sonstiges**: Bootsverleih.

Rydaholm 5E3
Lady & Lufsen Ställplats Husbil, Krusebacken.
GPS: n56,98089 o14,22967.
10 SEK 100 Ch SEK 15. **Untergrund**: Wiese.
15/05-15/09.
Entfernung: 5Km vor Ort.

Sonstiges: Max. 2 Nächte.

Vrigstad 5E3
Timjan Café & Restaurang, Flahult 2. **GPS**: n57,31552 o14,29112.
6 SEK 100 SEK 50.
Entfernung: vor Ort vor Ort.

Kronoberg

Växjö 5E3
Askelövsgatan. **GPS**: n56,87743 o14,79634.
5 SEK 5/Std, übernachten kostenlos. **Untergrund**: asphaltiert.
Entfernung: 500M 350M 300M.

Kalmar

Bläsinge 5F3
Bläsinge Hamn. **GPS**: n56,62015 o16,70076.

15 SEK 100 (14x) WC inklusive. **Lage**: Ländlich, einfach, abgelegen, ruhig. **Untergrund**: Wiese/Schotter.
01/01-31/12.
Entfernung: vor Ort vor Ort vor Ort 15Km.
Sonstiges: Geld in Umschlag in den Briefkasten.

Borgholm 5F3
Stug o Fiske, Verkstadsgatan 5. **GPS**: n56,86841 o16,66309.

29 SEK 150 kostenlos Ch (20x) WC inklusive. **Lage**: Ländlich, komfortabel, ruhig. **Untergrund**: Wiese/Schotter.
24/03-10/10.
Entfernung: 2km vor Ort vor Ort 2km.
Sonstiges: Bezahlung bei restaurant.

Borgholm 5F3
Lindby Boden, Lindby Bygata 23. **GPS**: n56,81571 o16,70548.

50 SEK 70 inklusive (5x). **Lage**: Ländlich, einfach, abgelegen, ruhig. **Untergrund**: Wiese. 01/01-31/12.
Entfernung: Borgholm 10km 10Km 10Km vor Ort vor Ort.
Sonstiges: Geld in Umschlag in den Briefkasten.

Borgholm 5F3
Slot Borgholm, Sollidenvägen 5. **GPS**: n56,86975 o16,64785.

20 SEK 100. **Lage**: Ländlich, einfach, abgelegen, ruhig.
Untergrund: Schotter. 01/01-31/12.
Entfernung: 2km 2km 2km.

Sonstiges: Ver-/Entsorgung 2,5km GPS N56,88224 016,66190.

Borgholm 5F3
Hamnvägen. **GPS**: n56,88301 o16,64790.

40 SEK 140 Ch kostenlos WC inklusive.
Lage: Städtisch, einfach, zentral, ruhig.
Untergrund: Wiese.
01/01-31/12.
Entfernung: vor Ort vor Ort vor Ort 200M 200M.
Sonstiges: Ver-/Entsorgung 500M.

Byxelkrok 5F2
Byxelkrok, Neptunivägen. **GPS**: n57,34969 o17,03601.

15 SEK 100. **Lage**: Ländlich, einfach, abgelegen, ruhig.
Untergrund: Waldboden.
Entfernung: 4Km 100M 100M 4Km 4Km.
Sonstiges: Geld in Umschlag in den Briefkasten.

Byxelkrok 5F2
Oskarshamn, Neptunivägen. **GPS**: n57,32767 o17,00812.

8 SEK 140 Ch WC inklusive. **Lage**: Ländlich, einfach, laut.
Untergrund: Schotter.
15/05-30/09.
Entfernung: 500M vor Ort vor Ort vor Ort 500M.
Sonstiges: Anmelden beim Hafenmeister.

Degerhamn 5F3
Gräsgårds hamn. **GPS**: n56,31722 o16,53167.

25 SEK 80 inklusive (20x). **Lage**: Ländlich, einfach, abgelegen, ruhig. **Untergrund**: Wiese. 01/01-31/12.
Entfernung: 15km vor Ort 15Km 15Km.
Sonstiges: Zahlen bei Kiosk.

Degerhamn 5F3
Degerhamns Ställplats & Hamn. **GPS**: N56,35723 o16,40734.

Borgholm 5F3

40 kostenlos. **Lage**: Ländlich, einfach, abgelegen, ruhig.
Untergrund: Wiese. 15/04-18/10.
Entfernung: 1,5Km vor Ort vor Ort 300M 1,5Km.

Färjestaden 5F3
Köpsenter, Brovägen. **GPS**: n56,65293 o16,47138.

17 kostenlos. **Lage**: Städtisch, einfach, zentral, laut.
Untergrund: asphaltiert. 01/01-31/12.
Entfernung: 500M 50M 50M 50M vor Ort.
Sonstiges: Im Einkaufszentrum, max. 1 Nacht.

Figeholm 5F2
Figeholms Båtklubb, Vasakajen. **GPS**: n57,37267 o16,55416.

8 SEK 150 Ch (8x) SEK 20/24Std WC inklusive.
Lage: Ländlich, komfortabel, zentral, ruhig. **Untergrund**: asphaltiert.
01/01-31/12.
Entfernung: 100M vor Ort 200M.
Sonstiges: Bezahlung beim Hafenmeister.

Fliseryd 5F3
Ställplats Jungnerholmarna, Jungnerholmarna.
GPS: n57,13000 o16,25587.

10 SEK 90 Ch (6x) WC inklusive.
Lage: Ländlich, komfortabel, zentral, ruhig.
Untergrund: Wiese.
01/01-31/12.
Entfernung: 500M vor Ort vor Ort 1,5Km vor Ort.
Sonstiges: Anmeldung und Schlüssel Strom beim Supermarkt.

Grönhögen 36A1
Ventlinge Stellplats, Ventlinge 118. **GPS**: n56,28372 o16,40681.

20 SEK 120 Ch (8x) WC inklusive. **Lage**: Ländlich, komfortabel, ruhig.

Untergrund: Wiese. 01/04-01/11.
Entfernung: 1,5Km 300M 300M 1,5Km 1,5Km.
Sonstiges: Am Golfplatz, Produkte vom Bauernhof, Direktverkauf.

Grönhögen 36A1
Grönhögens hamn, Fiskaregränd. **GPS:** n56,26652 o16,39722.

30 SEK 150 Ch (28x) WC inklusive SEK 15.
Lage: Ländlich, komfortabel, ruhig. **Untergrund:** Wiese.
01/01-31/12.
Entfernung: vor Ort 50M vor Ort 500M 500M vor Ort vor Ort.
Sonstiges: Golfplatz 1km.

Hjorted 5F2
Vattencafé "Vattenfronten", Blankaholm.
GPS: n57,59028 o16,52972.

8 SEK 140 inklusive SEK 40/24 Std WC. **Lage:** Ländlich.
Untergrund: Wiese/Schotter. 01/01-31/12.
Entfernung: 300M vor Ort 300M.
Sonstiges: Bezahlen bei der Bar.

Kalmar 5F3
Ölandskajen, ölandskajen 1. **GPS:** n56,66030 o16,36130.

18 SEK 160 SEK 40/24 Std WC inklusive.
Lage: Städtisch, einfach, zentral, laut.
Untergrund: asphaltiert.
01/01-31/12
kein Wasser im Winter.
Entfernung: 200M 1Km vor Ort 200M 200M vor Ort.
Sonstiges: Zahlen und Wertmünzen beim Touristenbüro, Altstadt.

Kalmar 5F3
Svinö. GPS: n56,68111 o16,38079.

20 kostenlos Ch WC kostenlos. **Lage:** Ländlich, einfach, abgelegen, laut. **Untergrund:** Schotter. 01/01-31/12 Ver-/Entsorgung: Winter. **Entfernung:** 4Km 200M vor Ort Ort 4Km 4Km 5Km vor Ort.

Kalmar 5F3
Elevatorkajen, Skeppsbrogatan 49. **GPS:** n56,66360 o16,37060.

6 SEK 5/Std, übernachten kostenlos.
Lage: Städtisch, einfach, zentral, ruhig.
Untergrund: asphaltiert.
01/01-31/12.
Entfernung: 100M 1Km vor Ort 200M 200M 400M.
Sonstiges: Ver-/Entsorgung 4Km GPS N56,68111 016,38079, Altstadt.

Köpingsvik 5F3
Kårehamns Fiskaffär. GPS: n56,95623 o16,88755.

40 SEK 140 Ch (25x) WC inklusive. **Lage:** Ländlich, komfortabel, abgelegen, ruhig. **Untergrund:** Schotter.
01/01-31/12.
Entfernung: 15Km 100M vor Ort vor Ort 15Km.
Sonstiges: Ver-/Entsorgung 200M.

Löttorp 5G2
Böda, Bödahamnsvägen. **GPS:** n57,24052 o17,07503.

50 SEK 140 Ch (10x) SEK 20/24 Std WC inklusive.
Lage: Ländlich, komfortabel, ruhig. **Untergrund:** Wiese/Schotter.
01/01-31/12.
Entfernung: 1Km vor Ort vor Ort 1Km.

Mönsterås 5F3
Hamnen Mönsterås, Hamngatan. **GPS:** n57,04151 o16,44874.

13 SEK 125 Ch (8x) WC inklusive. **Lage:** Städtisch, komfortabel, ruhig. **Untergrund:** asphaltiert.
01/01-31/12.
Entfernung: 100M vor Ort vor Ort 100M.
Sonstiges: Am Kai, Kode WLAN beim Touristinfo.

Nabelund 5G2
Nabelundsvägen 1. GPS: n57,34882 o17,08904.

40 SEK 140 Ch (4x) WC inklusive. **Lage:** Ländlich, einfach, abgelegen, ruhig. **Untergrund:** Wiese/Schotter.
01/01-31/12.
Entfernung: 7Km vor Ort vor Ort 7Km 7Km.
Sonstiges: Bezahlung beim Hafenmeister.

Oskarshamn 5F2
Oskarshamns gästhamn, Norra Strandgatan.
GPS: n57,26768 o16,45516.

10 SEK 100-150 Ch WC inklusive. **Lage:** Städtisch, einfach, zentral, laut. **Untergrund:** asphaltiert.
01/01-31/12.
Entfernung: 500M vor Ort vor Ort 500M 500M 400M.
Sonstiges: Bezahlung beim Hafenmeister, Ver-/Entsorgung 2Km GPS N57,27830 016,47543.

Sandvik 5F3
Gästhamnen Sandvik, Stenhuggarvägen.
GPS: n57,07143 o16,85335.

30 SEK 160 Ch (30x) WC inklusive.
Lage: Ländlich, komfortabel, ruhig.
Untergrund: Schotter. 01/01-31/12.
Entfernung: 100M vor Ort vor Ort vor Ort 50M.

Stora Rör 5F3
Stora Rörs Hamn, Stora Rörsvägen. **GPS:** n56,75654 o16,52817.

8 SEK 160 (6x) WC inklusive. **Lage:** Ländlich, einfach, ruhig.
Untergrund: asphaltiert.
01/01-31/12.
Entfernung: vor Ort vor Ort vor Ort vor Ort 100M.
Sonstiges: Zahlen beim Geschäft.

Storebrö 5F2
Stellplats Storbro Sportclub, Ulvekarrsvägen.
GPS: n57,59367 o15,83992.

20 SEK 150 (4x) WC inklusive kostenlos. **Lage:** Ländlich, einfach, ruhig. **Untergrund:** Schotter. 01/01-31/12.
Entfernung: 300M.
Sonstiges: Geld in Umschlag in den Briefkasten.

Storebrö 5F2

Tobo Golgklubb camping, Fredensborg 133.
GPS: n57,57566 o15,81154.

10 SEK 100 kostenlos Ch (10x) WC inklusive.
Lage: Ländlich, einfach, abgelegen, ruhig. **Untergrund:** Schotter.
01/01-31/12.
Entfernung: 7Km 50M 7Km.
Sonstiges: Zahlung und Sanitärnutzun im Golfclub.

Timmernabben 5F3

Festplatsen Timmernabben, Botsmansvägen.
GPS: n56,97350 o16,44028.

30 SEK 150 (20x) WC inklusive. **Lage:** Ländlich, einfach, ruhig. **Untergrund:** Wiese/Schotter. 01/01-31/12.
Entfernung: 100M vor Ort vor Ort 1Km 1Km.

Torngärd 36A1

Parkeerterrein Natuurreservaat, Fagelvägen.
GPS: n56,33169 o16,54289.

6 SEK 40 WC kostenlos. **Lage:** Ländlich, einfach, ruhig.
Untergrund: Schotter. 01/01-31/12.
Entfernung: 15Km vor Ort 15Km 15Km 15Km.
Sonstiges: Vogelschutzgebiet, Geld in Umschlag in den Briefkasten.

Tuna 5F2

Ställplats Tuna, Lillgatan. **GPS**: n57,57716 o16,10351.

12 SEK 100 SEK60 Ch (4x) WC SEK 10/Mal.
Lage: Ländlich, einfach, zentral, ruhig. **Untergrund:** Schotter.
01/01-31/12.
Entfernung: 2,5Km 100M vor Ort.
Sonstiges: Geld in Umschlag in den Briefkasten, Elchpark 9km, Touristenzug.

Västervik 5F2

Ställplats Sågen, Värmeverksgatan. **GPS**: n57,75138 o16,65541.

45 SEK 100 Ch kostenlos (15x) SEK 40.
Lage: Städtisch, einfach, zentral, ruhig. **Untergrund:** Schotter.
01/01-31/12.
Entfernung: 1,5Km vor Ort vor Ort 800M.
Sonstiges: Geld in Umschlag in den Briefkasten, Ver-/Entsorgung 1,5km GPS N57.74120 016.66293.

Vimmerby 5F2

Astrid Lindgrens Värld, Fabriksgatan 8.
GPS: n57,67514 o15,84151.

200 SEK 200. **Lage:** Städtisch, einfach, zentral.
Untergrund: asphaltiert. 01/01-31/12.
Entfernung: 1Km 1Km 1,3Km.
Sonstiges: Quick-Stop: >19 Uhr - <8 Uhr.

Gotland

Burgsvik 5G2

Ställplats Sandkvie, Öja Sandkvie 173. **GPS**: n57,01533 o18,31373.
35 SEK 120 Ch SEK30 WC. **Untergrund:** Wiese.
01/01-31/12.
Entfernung: 4Km 2km vor Ort.

Fårö 5G2

Lauterhorns. **GPS**: n57,95249 o19,07995.
15 SEK 100, 01/06-31/08 SEK 120 SEK 10/20Liter (8x) SEK 30.
Untergrund: Schotter.
Entfernung: vor Ort.

Gotlands Tofta 5G2

Tofta Beach, Malvavägen 17. **GPS**: n57,49233 o18,13133.
250 SEK 130. 15/04-18/10.

Visby 5G2

Park and Stay, Gutevägen. **GPS**: n57,62855 o18,28034.
35 SEK 169 Ch. **Untergrund:** Schotter. 15/04-18/10.
Entfernung: 700M.

Blekinge

Hasslö 5F3

Garpahamnen Hasslö, Hamnvägen. **GPS**: n56,09990 o15,47368.
SEK 130 WC.
Entfernung: vor Ort vor Ort.

Hasslö 5F3

Hasslö Stugby, Fiskaregårdsvägen 2, Garpahamnen.
GPS: n56,10227 o15,47770.

Karlshamn 5F3

Ställplats Väggaviken, Saltsjöbadsvägen.
GPS: n56,15840 o14,88486.
SEK 180 inklusive WC. **Untergrund:** Schotter.
01/06-31/08.

Karlshamn 5F3

Hamngatan. **GPS**: n56,16504 o14,86546.
6 kostenlos. **Untergrund:** asphaltiert. 01/01-31/12 während Veranstaltung. **Entfernung:** 500M vor Ort vor Ort.

Karlshamn 5F3

Saltsjöbadsvägen. **GPS**: n56,15835 o14,87974.
kostenlos. **Lage:** Ländlich, abgelegen. **Untergrund:** Schotter.
Entfernung: 2,5Km.

Karlshamn 5F3

Stationsvägen. **GPS**: n56,17563 o14,86610.
kostenlos. **Untergrund:** asphaltiert. 01/01-31/12.
Entfernung: 800M 800M 800M vor Ort.

Karlshamn 5F3

Svaneviks småbåtshamn. **GPS**: n56,15649 o14,88870.
SEK 180 WC inklusive. 01/06-31/08.
Entfernung: 3Km vor Ort vor Ort vor Ort.
Sonstiges: Bezahlung beim Hafenmeister.

Karlshamn 5F3

Kreativum Science Center, Strömmavägen 28.
GPS: n56,19288 o14,85211.
kostenlos.
Entfernung: 4Km 800M.
Sonstiges: Beim Museum, Ankunft anmelden.

Karlskrona 5F3

Karlskrona Stadsmarina, Skeppsbrokajen.
GPS: n56,16723 o15,58893.
24 SEK 180 WC inklusive. **Untergrund:** asphaltiert.
01/01-31/12. **Entfernung:** 1Km vor Ort vor Ort 200M 1Km. **Sonstiges:** Bezahlung beim Hafenmeister, außerhalb der Saison weniger Plätze.

Karlskrona 5F3

Argongatan. **GPS**: n56,16988 o15,59426.
Ch.

Ramdala 5F3

Brofästet Senoren gårdsbutik, Säby Gård.
GPS: n56,13755 o15,74195.
28 SEK 100 Ch inklusive SEK 50. **Untergrund:** Wiese.
01/04-30/09.
Entfernung: 7Km vor Ort vor Ort 1,5Km.

Ronneby 5F3

Ronneby Golfklubb, Reddvägen 14. **GPS**: n56,18962 o15,29355.
6 SEK 100 WC.

Ronneby 5F3

Ronneby Hamn, Östra Piren. **GPS**: n56,17527 o15,30177.
20 SEK 150. **Untergrund:** befestigt. **Entfernung:** vor Ort vor Ort.

Sölvesborg 6H1

Hörviks gästhamn, Kustvägen, Hörvik. **GPS**: n56,04139 o14,76556.
9 SEK 100.
Entfernung: 12Km vor Ort vor Ort 300M.

Sölvesborg 6H1

Krokås gästhamn, Hörvik. **GPS**: n56,04893 o14,75663.
Entfernung: 15Km vor Ort vor Ort 1,5Km.

Sölvesborg 6H1

Nogersunds gästhamn, Östra Hamnvägen, Nogersunds.
GPS: n56,00509 o14,73863.
SEK 160 inklusive.
Entfernung: vor Ort vor Ort.

Sölvesborg 6H1

Torsö gästhamn, Oastensvägen, Västra Torsö.
GPS: n55,99952 o14,64871.
6 SEK 130 WC inklusive.
Entfernung: 7Km vor Ort vor Ort.

Sölvesborg 6H1

Sölveborgs golfbana, Ljunganabbevägen. **GPS**: n56,04428 o14,59946.
10 SEK 150 WC inklusive.
Entfernung: 7Km vor Ort.
Sonstiges: Am Golfplatz.

Sturkö 5F3

Ekenabben. **GPS**: n56,10142 o15,63803.
SEK 130 SEK30. 01/04-27/09.
Entfernung: 7Km vor Ort vor Ort.

Sturkö 5F3

Ställplats Sanda, Hamnvägen. **GPS**: n56,11966 o15,65123.
SEK 130 SEK30. 01/04-27/09.
Entfernung: 1,5Km vor Ort.

Torhamn 5F3

Sandhamn Marine. **GPS**: n56,09351 o15,85479.
SEK 100, 01/05-30/09 SEK 150 Ch WC SEK 50 inklusive. **Untergrund:** Wiese/Schotter. 01/01-31/12.
Entfernung: 1Km vor Ort vor Ort vor Ort.

Skåne

Åhus 6G1

Strandvillan, Kolonivägen 62. **GPS**: n55,94443 o14,32109.

SE

Schweden

16 🅰SEK 150 ⛽WC inklusive 📶.
Untergrund: Wiese. ⭕ 01/01-31/12.
Entfernung: 🛒2km 🍴700M.

| 🚿S | Åhus | 6G1 |

Åhus Gästhamn, Stavgatan 3. **GPS:** n55,92568 o14,30284.⬆️
🅰SEK 50 ⛽WC.
Entfernung: 🛒vor Ort 🍴vor Ort.
Sonstiges: Ankunft anmelden.

| 🚿S | Anderslöv | 6G2 |

Sörbyvägen 99. **GPS:** n55,44370 o13,32866.⬆️
20 🅰SEK 100. **Untergrund:** Wiese.
Entfernung: 🛒900M ❌1Km 🍴900M.

| 🚿S | Ängelholm | 5E3 |

Sibirienvägen. **GPS:** n56,23618 o12,81852.

8 🅰 ⛽WC kostenlos. **Untergrund:** Wiese.
Entfernung: 🛒4Km 🍴100M ❌4Km 🚴vor Ort 🚶vor Ort.
Sonstiges: Naturschutzgebiet.

| 🚿S | Ängelholm | 5E3 |

Ängelholms Föreningshamn, Segelvägen 9.
GPS: n56,26704 o12,84138.⬆️
30 🅰SEK 150 ⚡(16x) inklusive 📶.
⭕ 01/06-06/12.
Entfernung: 🛒5Km 🛒vor Ort 🍴vor Ort ❌vor Ort 🐟5Km.
Sonstiges: Max. 48 Std, Bezahlung beim Hafenmeister.

| 🚿 | Båstad | 5E3 |

Italienska vägen. **GPS:** n56,43383 o12,83132.⬆️
🅰SEK 50. 🅿 **Untergrund:** Wiese. ⭕ 01/01-31/12.
Entfernung: 🛒1Km ❌400M 🍴500M.

| 🚻S | Borrby | 6G1 |

Catrinegården. GPS: n55,46673 o14,21090.
🅰SEK 100 ⚡SEK 20. **Lage:** Ländlich. **Untergrund:** Schotter.
⭕ 01/01-31/12.
Entfernung: 🛒2,5Km 🍴2,5Km.

| 🚿S | Bromölla | 6H1 |

Skåneporten Bromölla, Kristianstadsvägen.
GPS: n56,06414 o14,49689.⬆️
🅰kostenlos ⛽ChWC. **Untergrund:** asphaltiert.
Entfernung: 🛒200M ❌vor Ort 🍴1Km.
Sonstiges: Ver-/Entsorgung bezahlen beim Campingplatz.

| 🚿S | Fjälkinge | 6G1 |

Tosteberge Ångar. GPS: n56,01567 o14,45466.⬆️
🅰. **Lage:** Ländlich. **Untergrund:** Waldboden. ⭕ 01/01-31/12.

| 🚿S | Höllviken | 6F2 |

Ställplats Foteviken, Museivägen. **GPS:** n55,42810 o12,95237.⬆️
🅰SEK 100 ⛽Ch kostenpflichtig WC. **Untergrund:** Wiese.
Entfernung: 🛒1Km 🛒vor Ort ❌1Km 🍴1Km.
Sonstiges: Beim Museum.

| 🚿 | Jonstorp | 5E3 |

Bläsinge Gård, Gamla Södåkravägen 127. **GPS:** n55,23770 o12,65567.
20 🅰SEK 150 ⚡SEK 50. **Untergrund:** Schotter. ⭕ 01/01-31/12.

| 🚿 | Kristianstad | 6G1 |

Sommarlust, Kanalgatan 100. **GPS:** n56,04442 o14,16646.

🅰kostenlos. **Untergrund:** asphaltiert.
Entfernung: 🛒2km 🍴300M 🚴vor Ort 🚶vor Ort.
Sonstiges: Max. 24 Std.

| 🚿S | Landskrona | 6F1 |

Lundåkrahamnen, Stuverigatan 43. **GPS:** n55,86171 o12,85009.⬆️

48 🅰SEK 180 ⛽Ch WC inklusive 📶.
Lage: Ländlich, einfach, ruhig. **Untergrund:** Wiese.
⭕ 01/01-31/12.
Entfernung: 🛒2km 🛒vor Ort 🍴vor Ort ❌300M 🚶vor Ort 🐟vor Ort.
Sonstiges: Ankunft <22 Uhr, überwachter Parkplatz.

| 🚻S | Landskrona | 6F1 |

Gammeleksgården, Rosenhällsvägen 40.
GPS: n55,92197 o12,84515.⬆️➡️

6 🅰SEK 150 ⛽Ch WC inklusive auf Anfrage. 🔌
Lage: Ländlich, einfach, laut. **Untergrund:** Schotter. ⭕ 01/01-31/12.
Entfernung: 🚴vor Ort 🚶vor Ort.
Sonstiges: Ankunft >18h, Abreise <10 Uhr, anmelden bei B&B <22U, Frühstück € 6.

| 🚿S | Limhamn | 6F1 |

Lagunen, Vakgatan 9. **GPS:** n55,59593 o12,93305.⬆️

25 🅰SEK 180 ⛽Ch WC inklusive 📶.
Lage: Ländlich, einfach, ruhig.
Untergrund: Schotter.
⭕ 01/01-31/12.
Entfernung: 🛒5km 🛒vor Ort ❌5km 🍴5Km 🚴vor Ort 🚶vor Ort.

| 🚿S | Limhamn | 6F1 |

Limhamns Småbåtshamn, Bryggövägen.
GPS: n55,58358 o12,91824.⬆️

40 🅰SEK 220 ⛽Ch WC inklusive 📶 🔌 **Lage:** Ländlich, einfach, ruhig. **Untergrund:** Schotterasen. ⭕ 01/01-31/12 Ver-/Entsorgung: Winter.
Entfernung: 🛒700m, Malmö 6km 🛒vor Ort 🍴vor Ort ❌vor Ort 🚴vor Ort 🚶vor Ort.

| 🚿S | Örkelljunga | 5E3 |

Bengt i Örkelljunga, Skåneporten 2. **GPS:** n56,28548 o13,33957.

20 🅰SEK 50 ⚡SEK 15 ⛽Ch ⚡SEK 50. **Untergrund:** Wiese.
⭕ 01/01-31/12.
Entfernung: 🛒4Km 🍴vor Ort ❌1Km.
Sonstiges: Bei Reisemobilhändler, max. 24 Std, bezahlen bei Rezeption.

| 🚿S | Osby | 5E3 |

Spegeldammen, Hässleholmsvägen. **GPS:** n56,36871 o13,98441.⬆️
🅰kostenlos.
Entfernung: 🛒1,6Km 🍴vor Ort.
Sonstiges: Max. 2 Nächte.

| 🚿S | Simrishamn | 6G1 |

Camping car parking Hammarlunda, Gislövshammar.
GPS: n55,49015 o14,30745.⬆️
🅰SEK 100. 🅿 **Untergrund:** Wiese.
Entfernung: 🛒700M 🍴700M ❌2,5Km.

| 🚿S | Simrishamn | 6G1 |

Småbåtshamnen. GPS: n55,56035 o14,34906.⬆️
5 🅰SEK 200 ⛽Ch ⚡(4x)SEK 2/kWh WC 📶 🔌.
Untergrund: asphaltiert.
Entfernung: 🛒500M 🛒vor Ort 🍴vor Ort ❌vor Ort 🚶vor Ort.
Sonstiges: Tallycard.

| C S | Simrishamn | 6G1 |

Tobisviks Camping, Tobisvik. **GPS:** n55,56693 o14,33750.⬆️

20 🅰SEK 120-200. **Untergrund:** Wiese. ⭕ 01/01-31/12.
Entfernung: 🛒3Km 🛒vor Ort 🍴vor Ort.

| 🚿 | Skanör | 6F2 |

Skanör hamn, Hamnvägen. **GPS:** n55,41608 o12,83168.⬆️
10 🅰SEK 120.
Entfernung: 🛒vor Ort 🍴vor Ort ❌vor Ort 🐟1,2Km.
Sonstiges: Max. 24 Std.

| 🚿 | Smygehamn | 6G2 |

Smyge strandväg. GPS: n55,33978 o13,36172.
🅰SEK 150. **Untergrund:** Wiese.
Entfernung: 🛒vor Ort 🍴vor Ort.

| 🚿 | Trelleborg | 6G2 |

Trelleborgs turist Parkering, Västra Trelleborg.
GPS: n55,37536 o13,12004.
🅰kostenlos, Nacht SEK 80. **Untergrund:** Schotter.
Entfernung: 🛒2km 🛒vor Ort 🍴vor Ort ❌1,5Km 🐟800M.

| 🚻S | Yngsjö | 6G1 |

Gamla skolan, Yngsjövägen 1065. **GPS:** n55,84441 o14,20019.⬆️
🅰SEK 150 ⛽WC inklusive. **Untergrund:** Wiese.
Entfernung: 🛒1,5Km.
Sonstiges: Frühstückservice.

| 🚿S | Ystad | 6G2 |

Ystads Marina, Segelgatan 1. **GPS:** n52,42666 o13,81730.⬆️
🅰kostenlos, Nacht SEK 150 ⛽Ch ⚡(16x) WC 📶.
⭕ 01/06-15/09.
Entfernung: 🛒vor Ort 🛒vor Ort 🍴vor Ort ❌vor Ort.
Sonstiges: Kaution SEK 50.

Halland

Falkenberg — 5D3
Lövstavikens Båtförening, Sanddynevägen 58.
GPS: n56,89329 o12,46795.
20 SEK 160 Ch WC inklusive.
Untergrund: Wiese/Schotter.
Entfernung: 3Km vor Ort.

Fjärås — 5D3
Tjolöholms Slott, Tjolöholms byväg. **GPS:** n57,40173 o12,10161.
SEK 100. **Untergrund:** Wiese/Schotter. 01/01-31/12.
Entfernung: vor Ort.
Sonstiges: Beim Schloss, max. 2 Tage.

Fjärås — 5D3
Skårs Gård, Förlandavägen. **GPS:** n57,40081 o12,26869.
6 SEK 140 WC inklusive. **Lage:** Ländlich.
Entfernung: 11Km.

Frillesås — 5D3
Espenäsvägen. GPS: n57,31674 o12,15298.
5 SEK 100. **Untergrund:** Wiese. 01/04-01/10.
Entfernung: 1,5Km vor Ort.
Sonstiges: Geld in Umschlag in den Briefkasten.

Gullbrandstorp — 5E3
Strandgården, Skarviksvägen 2. **GPS:** n56,69518 o12,68550.
8 SEK 250 inklusive.
Entfernung: vor Ort vor Ort.
Sonstiges: Max. 3 Tage, Golfplatz 300m.

Halmstad — 5E3
Citycamp Halmstad, Styrmansgatan. **GPS:** n56,66682 o12,86145.
50 SEK 120, 01/06-31/08 SEK 140.
Entfernung: vor Ort.

Halmstad — 5E3
Halmstad Segelsällskap, Grötviksvägen. **GPS:** n56,64191 o12,77782.
10 SEK 150 inklusive.

Ullared — 5D3
Ställplats Ullared, Värnamovägen. **GPS:** n57,13232 o12,73472.
100 kostenlos, Nacht SEK 90. **Untergrund:** Schotter.
Entfernung: 1Km.
Sonstiges: Max. 48 Std.

Unnaryd — 5E3
Tirahoms Fisk. GPS: n56,94263 o13,64560.
SEK 100. **Untergrund:** Wiese.
Entfernung: vor Ort vor Ort.
Sonstiges: Am kleinen See, Ankunft anmelden.

Varberg — 5D3
Apelvik Strand, Tångkörarvägen, Apelviken.
GPS: n57,08157 o12,26156.

SEK 150 WC.
Entfernung: vor Ort.
Sonstiges: Strandparkplatz.

Varberg — 5D3
Naturum Getterön, Lassavägen 1. **GPS:** n57,12627 o12,25332.

24 SEK 125, 01/06-31/08 SEK 200 inklusive.
Untergrund: Schotter.
Entfernung: vor Ort.
Sonstiges: Naturschutzgebiet.

Varberg — 5D3
Getterön Marina, Änggärdev. 1. **GPS:** n57,11399 o12,22588.

Schweden

21 SEK 170-200 Ch inklusive.
Untergrund: befestigt. 01/01-31/12.
Entfernung: vor Ort vor Ort.
Sonstiges: überwachter Parkplatz.

Värobacka — 5D3
Bua hamn, Hamnvägen. **GPS:** n57,23926 o12,11410.
SEK 180, 15/06-15/08 SEK 200 Ch WC.
Untergrund: asphaltiert. 01/01-31/12.
Entfernung: 1Km vor Ort vor Ort 200M 500M.

Västra Götaland

Åmål — 5D1
Måkebergsvägen. GPS: n59,05615 o12,70862.
SEK 100 SEK 40 Ch. **Untergrund:** asphaltiert. 01/04-15/10.
Entfernung: 600M vor Ort vor Ort 600M 600M.
Sonstiges: Bezahlung beim Hafenmeister, Ver-/Entsorgung am Camping Örnäs.

Bohus-björkö — 5D2
Björkö Hamn, Ljungblomsvägen 7. **GPS:** n57,72812 o11,67751.
SEK 250 inklusive SEK 10 SEK 50. **Untergrund:** Schotter.
01/01-31/12.
Entfernung: vor Ort vor Ort 200M 500M.

Dals Långed — 5D1
Ställplats Dals Långed, Christian Aarsruds väg 2.
GPS: n58,92272 o12,30742.
8 SEK 150.
Entfernung: 400M.

Fiskebäckskil — 5D2
Skaftö Golfklubb, Stockeviksvägen 2. **GPS:** n58,23213 o11,45394.
5 SEK 200 inklusive.
Entfernung: vor Ort.
Sonstiges: Am Golfplatz.

Floda — 5D2
Öijared Golf, Öjaredsvägen. **GPS:** n57,85467 o12,39777.
. **Untergrund:** asphaltiert.
Sonstiges: Am Golfplatz.

Forsvik — 5E1
Ställplats Forsvik Göta kanal, Baltzar von Platens väg.
GPS: n58,57525 o14,43557.
15 SEK 150 WC inklusive. 01/05-30/09.
Sonstiges: Am Göta-Kanal.

Göteborg — 5D2
Lisebergs ställplats Skatås, Skatåsvägen.
GPS: n57,70303 o12,03513.
37 SEK 240/24 Std Ch inklusive.
Untergrund: asphaltiert. 30/05-13/09.
Entfernung: 750M 750M 750M.

Hälsö — 5D2
Tjolmenvägen. GPS: n57,73152 o11,65794.
15 SEK 180 WC inklusive.
Entfernung: vor Ort vor Ort.

Karlsborg — 5E1
Carlsborg Segelsällskap. GPS: n58,53998 o14,50208.
SEK 170 Ch WC inklusive. 29/04-18/09.
Entfernung: 200M.

Kungshamn — 5D2
Smögenbrons Rum, Dinglevägen 27. **GPS:** n56,96903 o11,24984.
SEK 100 Ch. 01/06-31/08.
Entfernung: 1Km vor Ort vor Ort 1Km.

Lidköping — 5E1
Spikens Båtsällskap. GPS: n58,68952 o13,20174.
SEK 120 Ch SEK 30 SEK 5/3Minuten.
01/05-30/09.
Entfernung: Lidköping 25Km vor Ort vor Ort vor Ort.

Lyrestad — 5E1
Kanalvägen. GPS: n58,80324 o14,05721.
25 SEK 150, 15/06-09/08 SEK 175 Ch WC.
Untergrund: Wiese. 24/04-30/09.
Entfernung: vor Ort 200M 200M.
Sonstiges: Am Göta-Kanal, neben Minigolf, Kaution SEK 100.

Lyrestad — 5E1
Norrqvarn Hotell & Konferens, Norrqvarns Slussområde.
GPS: n58,78636 o14,08338.
15 SEK 150 (5x)SEK 25.
Entfernung: 3Km vor Ort.
Sonstiges: Am Göta-Kanal, Ankunft anmelden, Kanu- und Fahrradverleih, Restaurant nur im Sommer.

Lysekil — 5D2
Valbodalens. GPS: n58,28905 o11,43849.
30 SEK 180 (20x)WC inklusive. 25/04-30/09.

Entfernung: 2km vor Ort vor Ort.

Lysekil — 5D2
Kolholmarnas, Bangårdsgatan. **GPS:** n58,27418 o11,43912.
36 SEK 180.
Entfernung: 600M 600M 600M.

Mariestad — 5E1
Hamnmagasinet i Mariestad, Kajgatan 1. **GPS:** n58,71366 o13,81948.
40 SEK 140 Ch SEK 25 SEK 30. **Untergrund:** asphaltiert.
Entfernung: 500M vor Ort 500M.
Sonstiges: Max. 3 Tage, Bezahlung beim Hafenmeister.

Öckerö — 5D2
Hönö Röd, Rödvägen. **GPS:** n57,69933 o11,63954.
30 SEK 150 Ch WC inklusive.
Entfernung: 300M 300M 500M.

Öckerö — 5D2
Hönö Klåva Hamn, Öckerövägen. **GPS:** n57,68345 o11,65156.
SEK 170, 15/06-15/08 SEK 200 inklusive. 01/01-31/12.
Entfernung: vor Ort 500M.

Sjötorp — 5E1
Ställplats Göta kanal, Stenbordsvägen. **GPS:** n58,83716 o13,97865.
28 SEK 185 WC inklusive.
Untergrund: Wiese/Schotter. 01/05-30/09.
Entfernung: vor Ort vor Ort vor Ort.
Sonstiges: Am Göta-Kanal, Kaution SEK 200.

Strömstad — 5D1
Kebalvägen. GPS: n58,95115 o11,17330.

SEK 100/24 Std Ch kostenlos. **Lage:** Ländlich, einfach, ruhig. **Untergrund:** Schotter. 01/01-31/12.
Entfernung: 3Km 200M 300M.
Sonstiges: Kostenloser Bus zum Zentrum.

Tidaholm — 5E2
Södra Kungsvägen. GPS: n58,17838 o13,96083.
2 kostenlos.
Entfernung: 200M.
Sonstiges: Max. 48 Std.

Trollhättan — 5D2
Ställplatser Trollhättan, Åkerssjövägen. **GPS:** n58,26531 o12,26549.
16 SEK 150 Ch.
Entfernung: 2,8Km.

Värmland

Årjäng — 5D1
Sandaholm Restaurang & Camping, Sanda Sjövik.
GPS: n59,36078 o12,27807.

12 SEK 100 Ch (8x)SEK 40/24 Std SEK 30/24 Std.
Untergrund: befestigt. 01/04-01/10.
Entfernung: 6Km vor Ort vor Ort vor Ort 6Km vor Ort vor Ort.

Filipstad — 5E1
Asphyttans Slussar, Konsul Lundströms väg. **GPS:** n59,61839 o14,18147.
SEK 120 inklusive.
Entfernung: 12Km.
Sonstiges: Kanu- und Bootsverleih.

Karlstad — 5E1
Sävegatan 2. GPS: n59,39329 o13,51467.
kostenlos. **Untergrund:** befestigt.
Entfernung: 100M.

Karlstad 5E1
Trädgårdsgatan. **GPS**: n59,37726 o13,50376.
4 ⚑.🚉
Entfernung: 500M ⊗500M.
Sonstiges: An der Bahnlinie.

Kil 5E1
Fryksta, Sjöleden. **GPS**: n59,52045 o13,32507.⬆.
6 kostenlos. **Untergrund**: Schotter.
Entfernung: vor Ort.
Sonstiges: Nur Übernachtungen 18-10 Uhr.

Kristinehamn 5E1
Kristinehamns Gästhamn och Ställplats, Hamnvägen 9.
GPS: n59,31138 o14,09558.
36 SEK 165 Ch (20x)SEK 30 WC inklusive.
Untergrund: Schotter.
Entfernung: 700M 300M.
Sonstiges: Neben Minigolf.

Morokulien 4B3
Kungsvägen. **GPS**: n59,93089 o12,24181.
kostenlos Ch WC. **Untergrund**: asphaltiert/befestigt.
Entfernung: ⊗vor Ort.
Sonstiges: Neben Tankstelle.

Nysäter 5D1
Högsäter. **GPS**: n59,34900 o12,80561.
5 SEK 80 SEK 20 inklusive. **Untergrund**: Wiese.
Entfernung: Nysäter 8,5Km.

Nysäter 5D1
Nysäters gästhamn, Marknadsvägen. **GPS**: n59,28417 o12,78242.
20 SEK 100 Ch SEK 20 inklusive. **Untergrund**: Schotter.
Entfernung: 500M vor Ort 500M.

Säffle 5D1
Karlsborgsgatan. **GPS**: n59,12405 o12,92426.
10 SEK 100 WC inklusive. **Untergrund**: Schotterasen.
Entfernung: 1Km vor Ort vor Ort ⊗1Km.
Sonstiges: Anmelden beim Hafenmeister.

Säffle 5D1
Medborgarhusets, Magasinsgatan 2. **GPS**: n59,13499 o12,92178.
8 SEK 100, 01/06-31/08 SEK 150. 01/01-31/12.
Entfernung: 700M ⊗500M vor Ort.
Sonstiges: Bezahlung beim Hafenmeister.

Örebro

Askersund 5E1
Askersund Citycamp & Gästhamn, Södra Infarten.
GPS: n58,87879 o14,89886.
20 SEK 160 Ch inklusive (20x)SEK 40.
Untergrund: Wiese/Schotter. 01/04-01/11.
Entfernung: 350M 2km ⊗350M 400M 150M.

Västmanland

Lindesberg 5E1
Fotbollsgatan. **GPS**: n59,60157 o15,18676.
10 kostenlos Ch kostenlos. **Untergrund**: asphaltiert.
01/01-31/12. **Entfernung**: Stadtmitte 2,5Km ⊗2,5Km
2,5Km. **Sonstiges**: Max. 24 Std.

Västerås 4D3
Västerås Gästhamn. **GPS**: n59,60190 o16,54648.⬆.
15 SEK 200 WC inklusive. 01/01-31/12.
Entfernung: 500M vor Ort vor Ort ⊗500M.
Sonstiges: Bezahlung beim Hafenmeister.

Dalarna

Ludvika 4C3
Eriksgatan. **GPS**: n60,15020 o15,18936.
. **Lage**: Städtisch. **Untergrund**: asphaltiert.
Entfernung: vor Ort ⊗200M.
Sonstiges: Max. 24 Std.

Särna 4C3
Lägerplats, Byvägen. **GPS**: n61,80383 o12,90931.⬆.➡.
6 SEK 60. **Lage**: Ländlich. **Untergrund**: Wiese.
Entfernung: vor Ort vor Ort.
Sonstiges: Am Fluss.

Säter 4C3
Säterdalens Folkpark. **GPS**: n60,34854 o15,75439.
kostenlos.
Entfernung: 650M ⊗650M 850M.

Smedjebacken 4C3
Smedjebackens. **GPS**: n60,13828 o15,41647.
5 SEK 100 Ch . **Untergrund**: Schotter.

01/05-01/10.
Entfernung: 500M vor Ort ⊗200M 500M vor Ort vor Ort.

Sollerön 4C3
Sollerö camping, Levsnäs. **GPS**: n60,90048 o14,58318.⬆.
18 SEK 80-100 (8x)SEK 30. **Untergrund**: asphaltiert.
Entfernung: vor Ort vor Ort.
Sonstiges: Quick-Stop: >18 Uhr - <9 Uhr.

Stjärnsund 4C3
Villa Solhem, Bruksallén 17. **GPS**: n60,43421 o16,20744.⬆.
11 SEK 200 (4x)SEK 20 WC inklusive.
Entfernung: vor Ort 300M 300M.

Gävleborg

Axmar 4D3
Axmarbrygga Havskrog, Boskär. **GPS**: n61,04877 o17,15774.⬆.
30 SEK 90 Ch SEK 40 WC inklusive SEK 10.
Untergrund: Schotter. 03/04-01/11.
Entfernung: vor Ort vor Ort ⊗vor Ort.
Sonstiges: Brötchenservice.

Gävle 4D3
Hemlingbystugan, Hemlingbyvägen 93. **GPS**: n60,65005 o17,16996.
kostenlos WC. **Untergrund**: asphaltiert.
Entfernung: 2km 2km 1,8Km.
Sonstiges: Max. 3 Tage.

Gävle 4D3
Culinarparkeringen, Drottningsgatan 47, Anderholmen.
GPS: n60,67810 o17,15493.⬆.

12 SEK 2/Std, übernachten und Wochenende kostenlos. **Untergrund**: Schotter.

Gävle 4D3
Södra Skeppsbron. **GPS**: n60,67670 o17,15985.⬆.

2 kostenlos. **Lage**: Städtisch. **Untergrund**: asphaltiert.
01/01-31/12. **Entfernung**: vor Ort vor Ort vor Ort ⊗vor
Ort. **Sonstiges**: Max. 48 Std.

Ockelbo 4C3
Wij Trädgårdar, Vigatan 4. **GPS**: n60,88722 o16,70139.
kostenlos. 23/05-06/09.
Entfernung: 1Km.
Sonstiges: Nahe der Mühle, max. 3 Tage.

Västernorrland

Kvissleby 4D2
Svartvik. **GPS**: n62,31935 o17,36955.

20 kostenlos. **Untergrund**: Wiese/Schotter.
Entfernung: vor Ort vor Ort ⊗500M.

Sandöverken 4D2
Hotell Höga Kusten AB, Hornöberget. **GPS**: n62,80468 o17,95136.⬆.

kostenlos. **Untergrund**: asphaltiert.
Entfernung: ⊗vor Ort vor Ort.

Skatan 4D2
Galströmsvägen. **GPS**: n62,19896 o17,49645.
kostenlos Ch WC. 01/01-31/12.
Entfernung: ⊗500M 200M.

Jämtland

Bispgården 4C2
Rojo Zweden, Sörböle 230. **GPS**: n62,99040 o16,62163.
25 € 10,60 Ch WC inklusive. **Lage**: Abgelegen.
Untergrund: Wiese. 01/05-01/09.
Entfernung: 8Km.

Gällö 4C2
Alma Ångbåt. **GPS**: n62,82794 o15,30652.
SEK 150. **Untergrund**: Wiese.
Entfernung: vor Ort vor Ort 300M.

Hammarstrand 4C2
Zorbcenter, Dödviken 145. **GPS**: n63,14690 o16,17890.

11 € 16 (5x)SEK 2 WC inklusive . **Untergrund**: Wiese.
01/05-31/09.
Entfernung: 15Km vor Ort 1Km.
Sonstiges: Kanu- und Bootsverleih.

Mattmar 4C2
Ångaren Östersund, Södra Arvesund 516. **GPS**: n63,23573 o14,06810.
SEK 60 SEK 60 SEK 20. **Untergrund**: Wiese/befestigt.
01/01-31/12.
Entfernung: vor Ort vor Ort ⊗vor Ort.

Svenstavik 4C2
Centrumvägen. **GPS**: n62,76731 o14,43496.⬆.
SEK 100 Ch kostenlos WC. **Lage**: Städtisch.
Untergrund: asphaltiert.
Entfernung: vor Ort ⊗vor Ort vor Ort.

Slowakei

Hauptstadt: Bratislava
Staatsform: Parlamentarische Republik
Amtssprache: Slowakisch
Einwohnerzahl: 5.445.000 (2015)
Fläche: 49.036 km²

Allgemeine Informationen
Telefonvorwahl: 0421
Allgemeine Notrufnummer: 112
Währung: Euro
Kreditkarten werden fast überall akzeptiert.

Freies Übernachten im Wohnmobil
Freies übernachten ist nicht erlaubt.

Gesetzliche Feiertage 2017
1. Januar Tag der Republik
5. Juli Feiertag der Heiligen Kyrill und Method
29. August National Feiertag
1. September Tag der Verfassung der Slowakischen Republik
17. November Tag für Freiheit und Demokratie

Zeitzone
Winterzeit GMT+1
Sommerzeit GMT+2

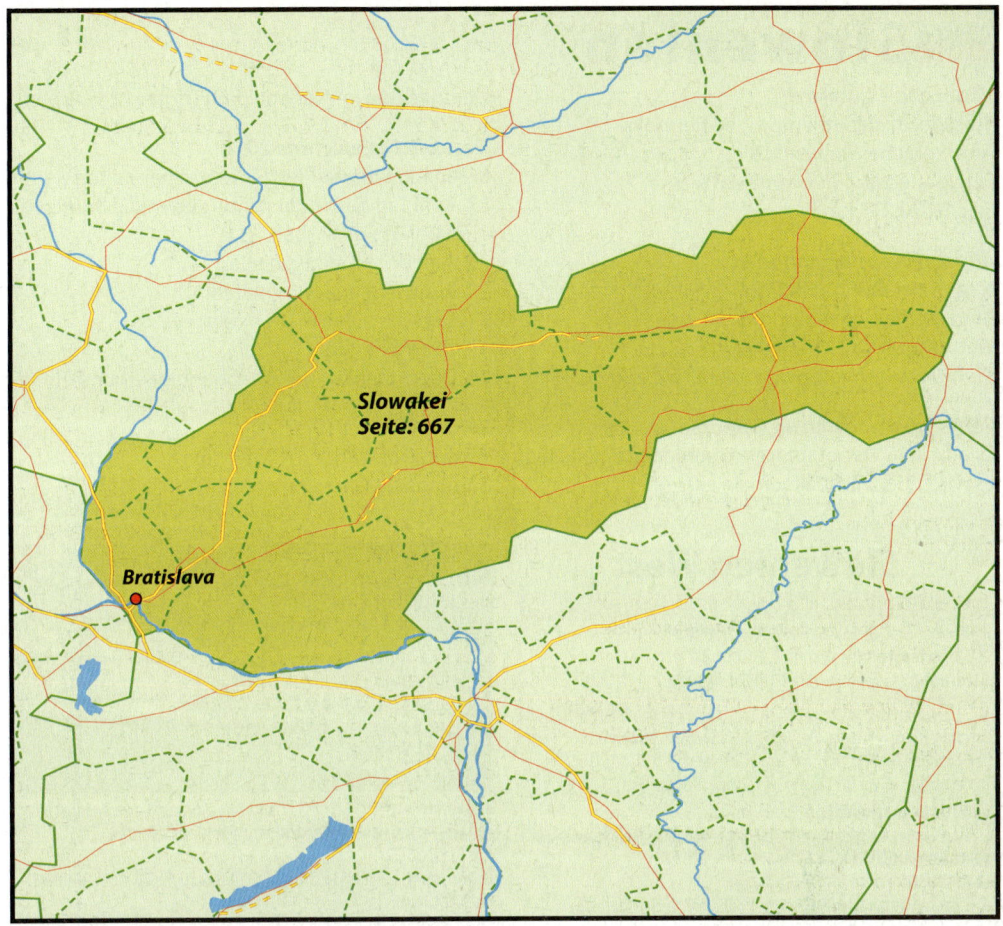

Bratislava

Bratislava — 37B3
Camping Zlate Piesky, Senecká cesta 2. **GPS:** n48,18836 o17,18557.
€ 15,80 2 Pers. inkl Ch €3,50 WC inklusive.
Lage: Städtisch. **Untergrund:** Wiese. 01/05-15/10.
Entfernung: 8Km 100M vor Ort 200M.

Trnava

Banka — 37B2
Camping Pullmann Piestany, Cesta Janka Alexyho 921.
GPS: n48,57609 o17,83444.
€ 8 Ch WC inklusive. **Untergrund:** Wiese.
Entfernung: 2km vor Ort.

Dunajská Streda — 37B3
CaravanCamp DS, Kúpelná ulica 21. **GPS:** n47,98689 o17,61150.
15 € 12 Ch WC inklusive. **Lage:** Ländlich.
Untergrund: Wiese. 01/04-01/11.
Entfernung: 1Km 350M 900M.

Šamorín — 37B3
Stellplatz Čilistov, Čilistov. **GPS:** n48,01364 o17,30850.

25 € 7 Ch €3 WC inklusive. **Lage:** Ländlich, einfach.
Untergrund: Wiese/Schotter. 01/04-31/10.
Entfernung: Bratislava 20Km 50M 500M 200M.
Sonstiges: Hund € 3, Golfplatz 2km.

Žilina

Liptovský Ján — 37C2
Pension Horec, Starojanka. **GPS:** n49,03709 o19,67526.
15 kostenlos. **Lage:** Ländlich. **Untergrund:** befestigt.
01/01-31/12.

Varín — 37B2
Autocamp Varin, Doktor Jozefa Tisu 13. **GPS:** n49,20833 o18,87861.
€ 12 Ch €3,30 WC inklusive.
Lage: Ländlich. **Untergrund:** Wiese. 01/05-11/10.
Entfernung: vor Ort.

Banská Bystric

Brezno — 37C2
Sedliacky Dvor, Hliník 7, Rohozná. **GPS:** n48,79535 o19,72869.

20 € 17,25 Ch WC €3,25 inklusive.
Lage: Ländlich. **Untergrund:** Wiese.
15/04-31/10.
Entfernung: 7Km 1,2Km 1,2Km 700M vor Ort vor Ort.
Sonstiges: Brötchenservice.

Prešov

Haligovce — 37C2
Camping Goralsky Dvor. **GPS:** n49,37984 o20,43972.
€ 10,50 Ch €3,50 WC inklusive. **Lage:** Ländlich.
Untergrund: Wiese.
Entfernung: vor Ort.

Snina — 37D2
Camping Snina, Rybnícka 4483. **GPS:** n48,97384 o22,18919.
25 € 9 Ch inklusive. €2,50 €0,50 inklusive. 15/05-30/09.
Entfernung: 3Km 50M 50M vor Ort vor Ort.

Vysoké Tatry — 37C2
Pension Slnecny Dom, Tatranská Lomnica 287.
GPS: n49,16664 o20,28169.
4 € 10 Ch inklusive. 01/01-31/12.
Entfernung: vor Ort vor Ort.

Košice

Vyšný Medzev — 37C2
Camping Sokol, Hrdinov SNP 64 - 68. **GPS:** n48,71472 o20,90222.
€ 17,50 Ch €2,50 WC inklusive.
Lage: Autobahn. **Untergrund:** Wiese. 01/04-01/10.
Entfernung: vor Ort.

Slowenien

Hauptstadt: Ljubljana
Staatsform: parlamentarische Republik
Amtssprache: Slowenisch
Einwohnerzahl: 2.061.000 (2015)
Fläche: 20.273 km²

Allgemeine Informationen
Telefonvorwahl: 00386
Allgemeine Notrufnummer: 112
Währung: Euro
Kreditkarten werden fast überall akzeptiert.

Freies Übernachten im Wohnmobil
Es gibt kein Verbot für freie Übernachtungen, aber es wird noch nicht allgemein akzeptiert. Freies Übernachten im Nationalpark Triglav ist verboten.

Gesetzliche Feiertage 2017
8. Februar Prešeren Tag Slowenischer Kulturfeiertag
27. April Tag des Widerstands gegen die Besatzung
1.-2. Mai Tag der Arbeit
25. Juni Unabhängigkeitstag
15. August Maria Himmelfahrt
31. Oktober Reformationstag
1. November Aller Heiligen
26. Dezember Tag der Unabhängigkeit und Einheit

Zeitzone
Winterzeit GMT+1
Sommerzeit GMT+2

Ost-Slowenien Seite: 670-673
Ljubljana
West-Slowenien Seite: 668-670

Slowenien West

Bled 38A1
Ljubljanska cesta. GPS: n46,36957 o14,11700.
€ 8. Untergrund: befestigt. 01/01-31/12.
Entfernung: Zentrum 1km 300M 100M.

Bled 38A1
Camping Bled, Kidričeva 10 c. GPS: n46,36162 o14,08221.
€ 28,50-31,50 Ch WC 01/04-15/10.
Entfernung: vor Ort vor Ort vor Ort vor Ort.
Touristinformation Bled:
Bled Castle. Ausstellung der Geschichte von Bled, im Sommer auch Freilichtkonzerte.
8-17 Uhr.
Soteska Vintgar Gorge, TD Gorje, Podhom 0, Gorje. Route über Brücke und Galerien, dem Fluss entlang.

Bohinjsko jezero 38A1
Zlatorog. GPS: n46,27887 o13,83739.
200 € 20-30 Ch WC 25/04-30/09.
Entfernung: vor Ort vor Ort 150M.
Touristinformation Bohinjsko jezero:
Savica Falls. Wasserfälle.

Bovec 23H1
Alpski turistični center Kanin Bovec, Dvor 43.
GPS: n46,33306 o13,53944.

14 € 20/24 Std, € 30/36 Std Ch inklusive.
Lage: Ländlich.
Untergrund: asphaltiert.
01/01-31/12
Ver-/Entsorgung 01/11-15/03.
Entfernung: 1km vor Ort vor Ort.
Sonstiges: Max. 36 Std, Zahlung nur mit Münzen.
Touristinformation Bovec:
Triglav National Park, Dom Trenta, Soča. Informationszentrum.
Kluže Fortress, Trg golobarskih žrtev 8. Festung über Schlucht.
Soča Trail, Soča. Wanderroute entlang des Soca.

Cerkno 38A1
Kmetija Želinc, Straža 8. GPS: n46,10259 o13,94670.
5 € 12. 01/01-31/12.
Entfernung: vor Ort vor Ort.

Domžale 38A1
ACG Autocenter Glavan, Češminova ulica 1a.
GPS: n46,14637 o14,60047.

Dornberk 38A2
Saksida, Zalošče 12a. GPS: n45,88963 o13,74751.

2 kostenlos Ch (2x)kostenlos,16Amp. Lage: Städtisch, einfach, zentral, laut. Untergrund: asphaltiert/Schotter.
01/01-31/12.
Entfernung: 100M 3Km 500M 300M 150M 150M 500M vor Ort vor Ort 20Km 20Km.

DovjeMojstrana 38A1
Kamne. GPS: n46,46444 o13,95778.
€ 15,20-21 Ch WC 01/01-31/12.
Entfernung: 1km 1km.

Hruševje 38A2
Penzion & Camp Mirjam, Razdrto 19. GPS: n45,75690 o14,06126.

9 € 12 Ch inklusive WC auf Anfrage € 1
Lage: Städtisch, einfach, zentral, ruhig. Untergrund: Schotter.
01/05-31/10.
Entfernung: vor Ort 1Km 10Km 10Km 50M vor Ort vor Ort.

Idrija 38A2
Veri Krajnik, Carl Jakoba ulica 9. GPS: n45,99879 o14,02595.

Ilirska Bistrica 38A2
Grill Danilo, Bazoviška cesta 46. GPS: n45,55846 o14,24340.

3 € 5 Ch inklusive. Lage: Ländlich, einfach, abgelegen, ruhig. Untergrund: Wiese/Schotter. 01/01-31/12.
Entfernung: 1,5Km 1,5Km 1,5Km 1,5Km vor Ort.
Sonstiges: Schmale Durchfahrt.

Ilirska Bistrica 38A2
Grill Danilo, Bazoviška cesta 46. GPS: n45,55846 o14,24340.

6 € 10 Ch (6x),16Amp WC inklusive.
Lage: Ländlich, zentral, ruhig.
Untergrund: asphaltiert.
01/01-31/12.
Entfernung: 500M 10Km 20Km 50M vor Ort 200M 100M 500M vor Ort vor Ort 20Km 20Km.

Izola 38A2
Cankarjev Drevored. GPS: n45,53808 o13,66397.

5 € 15/24 Std Ch (4x)inklusive,16Amp. Lage: Städtisch, einfach, ruhig.
Untergrund: asphaltiert. 01/01-31/12.
Entfernung: 500M 500M vor Ort 500M 500M vor Ort vor Ort.

Kamniška Bistrica 38A1
Kamp Alpe. GPS: n46,30543 o14,60794.
10 € 25 Ch WC 01/05-01/10.

Kobarid 23H1
Koren, Drezneske Ravne 333. GPS: n46,25083 o13,58667.
Ch WC 01/01-31/12.
Entfernung: 500M vor Ort vor Ort vor Ort.

Slowenien West

Kobarid — 23H1
Lazar, Gregorciceva 63. **GPS:** n46,25530 o13,58720.
€ 26 Ch WC 01/04-31/10.
Entfernung: vor Ort, vor Ort.
Touristinformation Kobarid:
- Kobariski muzej, Gregorciceva 1. Museum über den Ersten Weltkrieg. 01/04-30/09 9-18 Uhr, 01/10-31/03 10-17 Uhr.
- Tolmin Chutes, LTO Sotočje, Petra Skalarja 4, Tolmin. Touristenroute entlang der Stromschnellen zur Thermalquelle des Flusses.

Koper — 38A2
Ljubljanska cesta 13. **GPS:** n45,53790 o13,73780.
36 € 10/24 Std Ch WC inklusive.
Untergrund: asphaltiert. 01/01-31/12.
Entfernung: Zentrum 1,5Km, 2km.
Sonstiges: Nahe Busbahnhof.

Kranj — 38A1
Stara Sava, Gregorčičeva ulica. **GPS:** n46,24307 o14,35771.
6 € 10/24 Std €0,50/40Liter Ch €0,20/kWh.
Untergrund: Schotter. 01/01-31/12.
Entfernung: 200M.

Kranjska Gora — 38A1
Borovška cesta. **GPS:** n46,48746 o13,77510.
20 € 15 Ch inklusive. **Lage:** Ländlich.
Untergrund: Schotter.

Ljubljana — 38A1
Alo Camp, Peruzzijeva ulica 105. **GPS:** n46,02151 o14,52303.

€ 10 (13x) €5 WC inklusive.
Untergrund: asphaltiert.
01/01-31/12.
Entfernung: 3Km, vor Ort, 500M, 50M vor Ort, vor Ort.
Sonstiges: Anmelden bei Hotel, Fahrradverleih kostenlos, kostenloser Bus zum Zentrum.

Ljubljana — 38A1
Pri Kovaču, Cesta II. grupe odredov 82, Dobrunje.
GPS: n46,03162 o14,60386.

10 € 8/Nacht, für Gäste kostenlos Ch (20x) €2/Nacht,16Amp WC €0,80 inklusive. **Lage:** Ländlich, komfortabel, zentral, ruhig. **Untergrund:** Schotter. 01/01-31/12
Restaurant: Di.
Entfernung: 8Km, 2,5Km, 5km, 4km, vor Ort, 100M, Bäckerei 200M, 20M vor Ort, vor Ort, 400M.

Ljubljana — 38A1
Sraka, Masarykova cesta 17. **GPS:** n46,05740 o14,51870.

15 € 15, parken € 10 Ch inklusive. **Lage:** Städtisch.
Untergrund: Schotter. 01/01-31/12.
Entfernung: 1Km, vor Ort, 100M, vor Ort, vor Ort, vor Ort.
Sonstiges: Waschplatz für Wohnmobile.

Touristinformation Ljubljana:
- Ljubljana Tourist Card. Karte ermöglicht unter anderem freien Eintritt zu öffentlichen Verkehrsmitteln, freien Zutritt zu Museen und Rabatt in Gaststätten, Geschäfte etc., Erhältlich im Tourist Office, Bahnhof und einigen Hotels. € 20,70/24 Std.
- Ljubljana Tourist Information Center, Krekov trg 10, www.visitljubljana.com. Hauptstadt, historische Stadt mit vielen jährlichen Ereignissen.
- National museum, Muzjeska 1. Archäologisches, historisches Museum. 10-18 Uhr, Do 10-20 Uhr Mo.
- Plecnik museum, Kurunova 4. Architektonisches Museum im Haus von Joze Plecnik. Di, Do 10-14 Uhr.
- Slovene Natural History Museum, Muzjeska 1. Zoologisches und botanisches Museum. täglich 10-18 Uhr, Do 10-20 Uhr Mo.
- Ljubljana Castle. Mittelalterliche Festung, Abfahrtspunkt des touristischen Zuges ist in der Stadtmitte. 01/10-30/04 10-21 Uhr, 01/05-30/09 9-22 Uhr.
- Vodnikov trg. täglich, Sommer 6-18 Uhr, Winter 6-16 Uhr.
- Zoo Ljubljana, Večna pot 70. Zoo. Sommer 9-19 Uhr, Winter 9-16 Uhr.

Logatec — 38A2
Počivališče Lom. **GPS:** n45,89817 o14,25486.
6 kostenlos. **Lage:** Autobahn. **Untergrund:** asphaltiert.
Entfernung: vor Ort, vor Ort, vor Ort.
Sonstiges: An der Tankstelle.

Luče — 38A1
Camp Smica, Luče 4. **GPS:** n46,36117 o14,73626.
€ 12-16 Ch WC 01/05-30/10.
Entfernung: vor Ort, vor Ort, 900M.

Lukovica — 38A1
Gostilna Furman, Stari trg 19. **GPS:** n46,17026 o14,69233.

10 € 10, € 15 Ver-/Entsorgung incl Ch (10x) WC .
Lage: Städtisch, einfach, zentral, ruhig. **Untergrund:** Schotter.
01/01-31/12.
Entfernung: vor Ort, 3Km, 3Km, vor Ort, 200M, 100M vor Ort, vor Ort.

Lukovica — 38A1
OMV Istrabenz. **GPS:** n46,16690 o14,69380.
2 kostenlos. **Lage:** Autobahn, laut.
Entfernung: vor Ort, vor Ort.
Sonstiges: Parkplatz-Tankstelle OMV Istrabenz.

Portorož — 38A2
Marina Portorož, Cesta solinarjev 8. **GPS:** n45,50505 o13,59847.

60 € 17, 15/04-20/09 € 26 + Kurtaxe € 0,63/pP Ch (64x),16Amp inklusive. **Lage:** Städtisch, einfach, ruhig.
Untergrund: Schotter. 01/01-31/12.
Entfernung: 1Km, vor Ort, vor Ort, vor Ort, vor Ort, 500M vor Ort, vor Ort. **Sonstiges:** überwachter Parkplatz 24/24, Schwimmbad.

Touristinformation Portorož:
- Turistična organizacija Koper, Verdijeva 10, Koper. Stadt mit venezianischer Geschichte und vielen Sehenswürdigkeiten.
- Pomorski muzej Sergej Mašera, Cankarjevo nabrežje 3, Piran. Maritimmuseum. 9-12 Uhr, 15-18 Uhr, 01/07-31/08 9-12 Uhr, 18-21 Uhr Mo.

Postojna — 38A2
Park Postojnska Jama, Veliki Otok. **GPS:** n45,78066 o14,20322.

20 € 18/24 Std Ch (20x)inklusive,16Amp.
Lage: Ländlich, einfach, ruhig.
Untergrund: Beton.
01/04-30/09.
Entfernung: 1Km, 3Km, 100M, 1Km, vor Ort, vor Ort, vor Ort.
Sonstiges: Höhle von Postojna 300M.

Touristinformation Postojna:
- Križna jama, Bloška polica 7, Grahovo. Größte Wasserhöhlen von Slowenien.
- Perdjama Grad. Schloss, 16. Jahrhundert und Höhlen. 01/05-30/09 9-18 Uhr, 01/10-30/04 10-16 Uhr.
- Postojnska Jama, Jamska cesta 30. Höhle von Postojna. 01/05-30/09 9-18 Uhr, 01/10-30/04 10-16 Uhr.

Rateče — 23H1
Nordijski center Planica. **GPS:** n46,47708 o13,72418.
€ 12 Ch WC inklusive. 01/01-31/12.

Šenčur — 38A1
Camper Stop Cubis, Poslovna cona A 2.
GPS: n46,23855 o14,40769.

14 € 10 Ch (12x) inklusive. **Untergrund:** Schotter.
01/01-31/12.
Entfernung: 1Km, 150M, 1Km, vor Ort.
Sonstiges: Videoüberwachung.

Šmarje — 38A2
Garni Mimosa, Srgaši 38a. **GPS:** n45,50843 o13,70560.

5 € 10 €8/100Liter (1x)inklusive,16Amp WC auf Anfrage .
Lage: Städtisch, einfach, zentral, ruhig.
Untergrund: Schotter.
01/01-31/12.
Entfernung: 6Km, 50M, 50M, 100M, vor Ort, vor Ort.

Smlednik — 38A1
Hotel Kanu, Valburga 7. **GPS:** n46,16927 o14,42228.

20 € 10 Ch (4x),16Amp WC €5 inklusive.
Lage: Ländlich, abgelegen, ruhig. **Untergrund:** Schotterasen.
01/01-31/12 kein Wasser im Winter.
Entfernung: 300M, 5Km, vor Ort, vor Ort, vor Ort, 300M, 300M vor Ort, vor Ort, 20Km, 7Km.

Slowenien West - Slowenien Ost

Tolmin — 38A1
Kamp Siber, Klanec 8. **GPS**: n46,18082 o13,73792.

50 €8/pP Ch WC. **Lage**: Ländlich.
Untergrund: Wiese/Schotter. 01/01-31/12.
Entfernung: 1Km vor Ort vor Ort 1Km.

Slowenien Ost

Braslovče — 38A1
Najem & Kamping, Preserje 16b. **GPS**: n46,28915 o15,05524.

20 €5 Ch (2x)€5/Tag,16Amp inklusive.
Lage: Ländlich, komfortabel, abgelegen, ruhig. **Untergrund**: Schotter.
01/01-31/12.
Entfernung: 1Km vor Ort vor Ort 1Km 1Km 1Km vor Ort vor Ort 10Km 10Km.
Sonstiges: Öffnungszeiten 7-22 Uhr.

Brestanica — 38B1
Bazen Brestanica, Jetrno selo 2. **GPS**: n46,00124 o15,47492.

4 kostenlos Ch. **Untergrund**: Schotter.
Sonstiges: Am Schwimmbad.

Brestanica — 38B1
Ribiška družina Brestanica, Raztez 1a. **GPS**: n46,00504 o15,49751.

5 kostenlos WC. **Lage**: Abgelegen, ruhig.
Untergrund: Schotter.
Entfernung: vor Ort vor Ort vor Ort.
Sonstiges: Fischteich, Anmeldung bei Restaurant.

Celje — 38B1
Parking Glazija, Ljubljanska cesta 20. **GPS**: n46,23319 o15,25904.
2 €10 inklusive. **Lage**: Städtisch.
Untergrund: befestigt.
Entfernung: vor Ort.

Celje — 38B1
Glavan Center Karavaninga, Gaji 45. **GPS**: n46,24406 o15,30217.

6 €5 €1/100Liter Ch (2x)€0,50/kWh,16Amp.
Lage: Ländlich, einfach, abgelegen, ruhig.
Untergrund: Schotter.
01/01-31/12.
Entfernung: 3Km 4Km 4Km 200M 2km vor Ort vor Ort vor Ort.
Sonstiges: Bei Reisemobilhändler.
Touristinformation Celje:
• Jama Pekel, Šempeter. Höhlen.
• Stari Grad Castle. Überreste des Schlosses.
• Rimska Nekropola, Šempeter. Roman Necropolis, Archäologischer Park.

Cirkulane — 38B1
Herman Lederhaus, Dolane 8. **GPS**: n46,37114 o15,99682.

10 €10 Ch WC inklusive. **Untergrund**: Wiese/Schotter.
01/01-31/12.
Entfernung: vor Ort vor Ort vor Ort 50M.
Sonstiges: Restaurant und Lederfabrik.

Dolenjske Toplice — 38A2
Dolenjske Toplice, Meniška vas. **GPS**: n45,76739 o15,05151.

10 €8, 20/06-24/08, €12 + Kurtaxe Ch €3,50 inklusive. **Lage**: Ländlich, einfach, abgelegen, ruhig.
Untergrund: Wiese/Schotter. 01/01-31/12.
Entfernung: 800M vor Ort vor Ort 800M 800M vor Ort vor Ort.
Sonstiges: Entlang der Krka, Terme Dolenjske Toplice 800M.

Hinje — 38A2
Domačija Krnc, Hrib pri Hinjah 9. **GPS**: n45,76729 o14,88887.
. **Untergrund**: Wiese.
Entfernung: vor Ort.

Ivanjkovci — 38B1
Vinoteka Svetinjska Klet, Svetinje 5.
GPS: n46,46220 o16,16990.

10 kostenlos. **Untergrund**: befestigt.
Sonstiges: Verkauf von Wein.

Jesenice na Dolenjskem — 38B2
Gostinstvo Strnisa, Jesenice na Dolenjskem 7c.
GPS: n45,85869 o15,68979.

5 €6 €2 Ch €2,50 WC. **Lage**: Städtisch.
Untergrund: Beton.
Entfernung: vor Ort.

Kamnica — 38B1
Gostilna Koblarjev Zaliv, Na otok 20. **GPS**: n46,56560 o15,61908.

20 kostenlos, Einnahme einer Mahlzeit erwünscht kostenlos.
Untergrund: Wiese. 01/01-31/12.
Entfernung: Maribor 2km vor Ort vor Ort vor Ort 2km 300M.
Sonstiges: Wander- und Radwege entlang des Flusses Drava zum Maribor-Zentrum.

Kocevje — 38A2
Turistični Komplex Jezero, Trdnjava 3. **GPS**: n45,64421 o14,87140.

3 kostenlos. **Lage**: Einfach, abgelegen, ruhig.
Untergrund: asphaltiert. 01/01-31/12.
Entfernung: 1Km 200M 200M 1Km 1Km vor Ort vor Ort.
Sonstiges: Naturschutzgebiet.

Kostanjevica na Krki — 38B2
Krška cesta. **GPS**: n45,84891 o15,41795.
5 kostenlos. **Untergrund**: Wiese/befestigt. 01/01-31/12.
Entfernung: 300M vor Ort vor Ort 300M.
Sonstiges: Am Fluss.

Krško — 38B1
Raceland, Pesje 30. **GPS**: n45,92977 o15,53500.

50 €12 WC inklusive. **Lage**: Ländlich, abgelegen, laut. **Untergrund**: asphaltiert.
Entfernung: vor Ort.
Sonstiges: Parkplatz bei Kartbahn.

Krško — 38B1
Stadium Matija Gubec, Cesta krških žrtev 130a.
GPS: n45,94691 o15,48832.

Slowenien Ost

30 🚐kostenlos. **Untergrund:** Wiese/Schotter. 01/01-31/12.
Krško 38B1
Gostilna Stanislava Pečnik, Gunte 8. **GPS:** n45,98645 o15,46572.

2 🚐kostenlos. So.
Entfernung: vor Ort vor Ort.
Laško 38A1
Thermana Park Laško, Zdraviliška cesta 6.
GPS: n46,16188 o15,23132.

16 €7-10/pP, Hund €4 Chinklusive (16x)€4/Tag,16Amp WC **Lage:** Städtisch, einfach, zentral, laut. **Untergrund:** Schotterasen/befestigt. 01/01-31/12.
Entfernung: 700M vor Ort 700M vor Ort vor Ort vor Ort 10Km 10Km.
Sonstiges: Max. 24 Std, anmelden an der Rezeption.
Laško 38A1
Zdravilišče Laško, Zdraviliška cesta 4. **GPS:** n46,15761 o15,23224.

4 €7-10/pP, Hund €4 Chinklusive (4x)€4/Tag,16Amp WC **Lage:** Städtisch, einfach, zentral, laut. **Untergrund:** asphaltiert. 01/01-31/12.
Entfernung: 500M vor Ort 500M vor Ort vor Ort vor Ort 10Km 10Km.
Lendava 38B1
Terme Lendava, Tomsiceve 21A. **GPS:** n46,55396 o16,45813.

90 €12,50-13,50/pP, Hund €3 Ch €4 WC €1/30Minuten. **Untergrund:** asphaltiert/Wiese. 01/01-31/12.
Sonstiges: Inkl. Eintritt zu den Thermen.
Ljutomer 38B1
Gostilna Trnek, Mota 76. **GPS:** n46,55516 o16,21929.

25 🚐Gäste kostenlos Chinklusive €3 WC.
Lage: Ländlich, abgelegen, ruhig. **Untergrund:** Wiese/Schotter. 01/01-31/12.
Entfernung: vor Ort vor Ort vor Ort 1Km.
Sonstiges: Sanitärnutzung nur während der Öffnungszeiten.
Maribor 38B1
Avtobusna postaja Maribor, Mlinska ulica 1.
GPS: n46,55852 o15,65573.

4 €10 Ch. **Lage:** Laut. **Untergrund:** asphaltiert.
Entfernung: vor Ort fast food vor Ort vor Ort.
Sonstiges: Nahe Busbahnhof P4, anmelden bei Touristenbüro.
Maribor 38B1
Partizanska cesta 50. GPS: n46,56315 o15,65819.
🚐8-17 uur €0,50/uur, übernachten und Wochenende kostenlos.
01/01-31/12.
Entfernung: Zentrum 1Km 200M.
Sonstiges: Am Bahnhof.
Metlika 38B2
Dependansa sobe Metlika, Cesta bratstva in enotnosti 77.
GPS: n45,64663 o15,31778.

3 €15 + €0,64/pP Kurtaxe Ch inklusive.
Lage: Städtisch, einfach, zentral, ruhig. **Untergrund:** asphaltiert.
01/01-31/12.
Entfernung: 100M 1Km 1Km 100M 100M 100M vor Ort vor Ort.
Moravske Toplice 38B1
Kamp Moravske Toplice, Kranjčeva ulica 12.
GPS: n46,67862 o16,22151.

🚐€3,20 2 Pers. inkl., Hund €3 Ch €4.
Untergrund: Wiese/Schotter. 01/01-31/12.
Entfernung: 400M 100M 200M vor Ort vor Ort.
Sonstiges: Inkl. Eintritt zu den Thermen 3000.
Touristinformation Moravske Toplice:
Goričko Regional Park, Ulica ob igrišču 3, www.park-goricko.org. Informationszentrum.
Novo Mesto 38B2
Old Gardening, Skalickega 3. **GPS:** n45,79536 o15,17039.

10 €15 Ch (10x)WC inklusive.
Lage: Komfortabel, ruhig.
Untergrund: Wiese/Schotter. 01/01-31/12. nach heftigen Schneefällen.
Entfernung: 400M 400M 300M 400M vor Ort vor Ort.
Novo Mesto 38B2
Pri Belokranjcu, Kandijska cesta 63. **GPS:** n45,79947 o15,17865.

3 €15 Ch 16Amp inklusive. **Lage:** Städtisch, einfach, zentral, laut. **Untergrund:** asphaltiert. 01/01-31/12.
Entfernung: 400M 5Km 400M vor Ort 200M vor Ort 200M vor Ort vor Ort.
Obrežje Jug 38B2
OMV Istrabenz. GPS: n45,85517 o15,68513.
2 🚐kostenlos. **Lage:** Autobahn, laut.
Entfernung: vor Ort.
Sonstiges: Parkplatz-Tankstelle OMV Istrabenz.
Ormož 38B1
Bar Ribnik, Ob ribniku 1. **GPS:** n46,40588 o16,15963.

3 🚐kostenlos inklusive. **Lage:** Ländlich.
Untergrund: asphaltiert. 01/01-31/12.
Entfernung: vor Ort vor Ort.
Otočec 38B2
Kamp Otočec. GPS: n45,83794 o15,23821.
40 €18, 20/06-24/08 €22 Ch €3,50 inklusive.
Untergrund: Wiese/Schotter. 01/04-30/09.
Entfernung: 500M vor Ort vor Ort 500M 500M.
Sonstiges: Am Fluss.
Pivka 38A2
Park of Military History Pivka, Kolodvorska cesta.
GPS: n45,66812 o14,18779.

8 €10 Ch inklusive, in Restaurant.
Untergrund: asphaltiert. 01/01-31/12.
Entfernung: 2km vor Ort.
Sonstiges: Beim Museum, Videoüberwachung.
Podbočje 38B2
Turistična kmetija Hribar, Podbočje 36. **GPS:** n45,86190 o15,47110.

Slowenien

Slowenien Ost

5 🅿 kostenlos.
Untergrund: Schotter.
Entfernung: 400M vor Ort vor Ort vor Ort vor Ort.

Podčetrtek 38B1
Golf Klub a Podčetrtek Amon, Olimje 24. **GPS:** n46,14400 o15,56493.

20 🅿 € 10 + € 1,25/pP Kurtaxe inklusive. **Lage:** Abgelegen, ruhig. **Untergrund:** asphaltiert/Schotter. 01/01-31/12 Beim Schnee.
Entfernung: vor Ort vor Ort vor Ort.
Sonstiges: Am Golfplatz, Fahrradverleih.

Podčetrtek 38B1
Terme Olimia Kamp Natura, Zdravilška cesta 24.
GPS: n46,16529 o15,60522.

15 🅿 € 16,50-21,50/pP, Hund € 3 Ch €4,20 WC €3
Untergrund: befestigt. 21/04-30/09.
Entfernung: vor Ort vor Ort.
Sonstiges: Inkl. Eintritt zu den Thermen.

Touristinformation Podčetrtek:
- Sedovška Homestead, Aškercev trg 24, Šmarje pri Jelšah. Traditioneller Bauernhof.
- Rogatec Open-air Museum, Ptujska cesta 23, Rogatec. Freilichtmuseum, 18-20. Jahrhundert. 01/04-31/10 Mo.
- Božjepotna Marijina cerkev, Sladka Gora, Šmarje pri Jelšah. Wallfahrtskirche.
- Olimje Monastery and Pharmacy, Olimje 82. Kloster und eine der ältesten Apotheke der Welt.

Podsmreka 38A2
A2. **GPS:** n45,94805 o14,77065.
5 🅿 kostenlos kostenlos. **Lage:** Autobahn.
Entfernung: 100M.
Sonstiges: überwachter Parkplatz-Tankstelle Petrol Podsmereka, Autobahn Novo Mesto-Ljubljana.

Prebold 38A1
Dolina, Dolenja Vas 147. **GPS:** n46,24015 o15,08771.
🅿 € 15,50 Ch WC 01/01-31/12.
Entfernung: 200M 200M.

Ptuj 38B1
Camping Terme Ptuj
- Gelegen beim Kurort
- Gute Lage für einen Stadtbesuch
- Mittelalterliche Stadt

www.camping-slovenia.com
kamp@terme-ptuj.si

Terme Ptuj, Pot v toplice 9. **GPS:** n46,42109 o15,85585.
20 🅿 € 20 + € 1,63/Anmeldung + Kurtaxe Ch (2x),16Amp WC €5/5 inklusive.
Lage: Einfach.
Untergrund: Schotter. 01/01-31/12.
Entfernung: 800M 3Km 500M 100M 1Km vor Ort 25Km.

Touristinformation Ptuj:
- Maribor Tourist Board, Partizanska 47, Maribor, www.maribor-tourism.si. Alte Stadt mit historischer Stadtmitte.
- Mariborski Grad, Maribor. Schloss, 15. Jahrhundert, regionales Museum. 01/04-31/12 Di-Sa 9-17 Uhr, So 10-14 Uhr Mo.
- Ptujski Grad. Schloss, 11. Jahrhundert mit regionalem Museum. 01/05-31/10 9-18 Uhr.

Rečica ob Savinji 38A1
Menina. **GPS:** n46,31167 o14,90917.
🅿 € 18-22 Ch WC 01/01-31/12.
Entfernung: vor Ort vor Ort 300M.

Touristinformation Rečica ob Savinji:
- Mozirski gaj, Hribernikova 1, Mozirje. Botanische Gärten. 01/04-31/10 9-19 Uhr.
- Musej Premogovništva, Stari jašek - Koroška cesta, Velenje. BergwerKmuseum.

Rogla 38B1
Rogla. **GPS:** n46,45259 o15,33117.

🅿 € 12 Ch inklusive. **Untergrund:** Schotter.
Entfernung: Zreče 10km 200M vor Ort vor Ort vor Ort vor Ort.
Sonstiges: Höhe 1517M.

Sevnica 38B1
Cesta na Grad. **GPS:** n46,00862 o15,31527.
🅿 kostenlos. **Untergrund:** Schotter. 01/01-31/12.
Entfernung: 500M 500M.
Sonstiges: Neben Schloss.

Slovenj Gradec 38A1
Camperstop Slovenj Gradec, Ozare 18.
GPS: n46,51418 o15,07678.

6 🅿 € 5 Ch (4x) inklusive.
Lage: Komfortabel, ruhig. 01/01-31/12.

Entfernung: 500M 500M 500M vor Ort.
Sonstiges: Bei Jugendherberge.

Solcava 38A1
Park Logarska Dolina, Logarska Dolina 9.
GPS: n46,41999 o14,64555.

20 🅿 € 10. **Lage:** Ländlich, einfach, abgelegen, ruhig.
Untergrund: Wiese/Schotter. 01/01-31/12.
Entfernung: 5Km vor Ort 5Km 5Km vor Ort vor Ort vor Ort vor Ort.
Sonstiges: Eintritt Park € 7/pP.

Stahovica 38A1
Pri Jurju, Kamniška Bistrica 5. **GPS:** n46,32685 o14,58706.

20 🅿 € 5 Ch (20x)€2/Tag,16Amp WC inklusive €5/Tag.
Lage: Ländlich, einfach, abgelegen, ruhig. **Untergrund:** Wiese. 01/01-31/12.
Entfernung: 8Km 6Km vor Ort 8Km 300M vor Ort vor Ort 3Km 3Km.

Tepanje 38B1
A1. **GPS:** n46,34776 o15,48695.
5 🅿 kostenlos kostenlos. **Lage:** Autobahn, laut.
Entfernung: vor Ort.
Sonstiges: überwachter Parkplatz-Tankstelle Petrol Tepanje I, auf beiden Seiten der Autobahn Maribor-Ljubljana.

Visnja Gora 38A1
Mestno kopališče, Kopaliska Ulica 25.
GPS: n45,95268 o14,75097.

20 🅿 kostenlos (1x) WC kostenlos. **Lage:** Ländlich, abgelegen, ruhig. **Untergrund:** asphaltiert/Schotter. 01/01-31/12.
Entfernung: vor Ort 1,7Km 1Km 200M vor Ort vor Ort 10Km 10Km. **Sonstiges:** Anmeldung beim Schwimmbad, Ver-/Entsorgung während der Öffnungszeiten.

Visnja Gora 38A1
PrinceSport&Fun Center, Kopališka ulica 27.
GPS: n45,95207 o14,75201.
🅿 € 10 WC inklusive. **Untergrund:** Wiese/Schotter.
01/01-31/12.

Žalec 38A1
Camperstop Žalec, Mestni trg. **GPS:** n46,25418 o15,16274.

4 🅿 kostenlos Ch (4x)kostenlos,16Amp. **Lage:** Städtisch,

Slowenien Ost

einfach, zentral, ruhig.
Untergrund: befestigt.
◯ 01/01-31/12.
Entfernung: 500M 100M 500M 500M vor Ort vor Ort.
Sonstiges: Am Sportpark, Kaution Ver-/Entsorgung € 20 beim Hotel.

4 € 10 + € 1,30/pP Kurtaxe inklusive.
Untergrund: asphaltiert.
Entfernung: 300M 300M vor Ort 300M.
Sonstiges: Anmelden bei Hotel, 20% Rabatt Schwimmbad.

Zdole — 38B1
Etnoart tourism Špiler, Kostanjek 18. **GPS**: n46,01018 o15,54409.

5 **Untergrund:** Wiese.
Entfernung: vor Ort.

Zdole — 38B1
Gostilna pri Dularju, Kostanjek 20. **GPS**: n46,00975 o15,54155.

10 Ch (3x). **Lage:** Ländlich, ruhig.

Zgornje Jezersko — 38A1
Camperstop Stara Pošta, Zgornje Jezersko 124.
GPS: n46,40240 o14,50673.

9 € 12 Ch (16x) €3/24Std WC €4 inklusive.
Lage: Ländlich, luxus, ruhig. **Untergrund:** Wiese. ◯ 01/04-30/09.
Entfernung: 1km 1km 1km 1km 1km 100M vor Ort vor Ort.

Zgornje Jezersko — 38A1
Camperstop Šenkova Domačija, Zgornje Jezersko 12.
GPS: n46,40792 o14,51769.

5 € 10, Jul/Aug € 15 Ch (5x)€3/Nacht WC €3 inklusive. **Lage:** Ländlich, ruhig.
Untergrund: Schotter/befestigt. ◯ 01/01-31/12.
Entfernung: 2km 300M 300M 300M 2km 100M vor Ort vor Ort vor Ort.

Zreče — 38B1
Thermal Spa, Cesta na Roglo 15. **GPS**: n46,37096 o15,39021.

Index

Place	Grid	Page
A Coruña (ES)	29C1	303
A Guarda (ES)	29B2	303
A Laracha (ES)	29C1	303
A Pontenova (ES)	29D1	303
A Rúa (ES)	29D2	303
A-dos-Cunhados (PT)	30A2	647
Aabybro (DK)	5C3	289
Aachen (DE)	11E2	178
Aalborg (DK)	5C3	289
Aalbæk (DK)	5C2	289
Aalen (DE)	17C3	242
Aalst (BE)	11B1	102
Aalten (NL)	9F2	611
Aalter (BE)	11A1	102
Aarbergen (DE)	11H3	226
Aarhus (DK)	6D1	289
Aarschot (BE)	11C1	105
Aartrijke (BE)	11A1	100
Aarup (DK)	6D2	298
Abainville (FR)	16D3	336
Abbendorf (DE)	8D3	171
Abbenes (NL)	9C2	596
Åbenrå (DK)	6D2	289
Aberdeen (GB)	2C2	502
Abergynolwyn (GB)	1D3	506
Aberlour (GB)	2B1	503
Abingdon (GB)	1G2	507
Abla (ES)	31G2	323
Abrantes (PT)	30B2	647
Absberg (DE)	17D2	264
Acceglio (IT)	25F3	529
Accous (FR)	27B3	439
Achenkirch (AT)	20E2	92
Achern (DE)	16H3	242
Achillio (GR)	35G1	512
Achtrup (DE)	6C3	119
Acquapendente (IT)	34C2	575
Acqui Terme (IT)	26A2	529
Adé (FR)	27C2	469
Adelsdorf (DE)	17D1	264
Adendorf (DE)	8C2	130
Adorf (DE)	12E2	175
Aerdt (NL)	9E2	611
Aerzen (DE)	10A2	130
Aeschi (CH)	22G1	113
Afferden (NL)	9E3	625
Ag.Mamas Moudania (GR)	35H1	517
Agde (FR)	28A2	469
Aggsbach Dorf (AT)	37A3	88
Aggsbach Markt (AT)	37A3	88
Aghadowey (GB)	1C1	502
Agia Kyriaki (GR)	35G3	513
Agios Andreas (GR)	35G2	513
Agios Fokas (GR)	35G3	514
Agios Kiriaki (GR)	35F3	514
Agios Nikolaos (GR)	35F2	512
Aglié (IT)	25H1	529
Aglientu (IT)	33G2	587
Agno (CH)	23A3	116
Agon-Coutainville (FR)	15B2	351
Agos-Vidalos (FR)	27C3	469
Agrigento (IT)	35B3	589
Agris (FR)	21D3	439
Agua Amarga (ES)	31H3	323
Açuçadoura (PT)	29B3	639
Aguilar de Campoo (ES)	29F2	319
Águilas (ES)	31H2	310
Agurain (ES)	29H2	303
Ahaus (DE)	9F2	178
Ahlbeck (DE)	8G1	158
Ahlen (DE)	9G3	178
Ahlerstedt (DE)	8A2	130
Ahlum (DE)	8C3	166
Ahorn (DE)	12D3	264
Ahrenshoop (DE)	6F3	158
Åhus (SE)	6G1	663
Aichach (DE)	17D3	264
Aigre (FR)	21D3	439
Aiguebelle (FR)	25E1	417
Aigueperse (FR)	22A3	417
Aigues-Mortes (FR)	28B2	470
Aiguèze (FR)	25C3	470
Aiguilhe (FR)	25B2	417
Aillas (FR)	24C3	439
Ainay-le-Vieil (FR)	21H1	400
Aínsa (ES)	32C1	309
Aire-sur-l'Adour (FR)	27C1	439
Airvault (FR)	21D1	439
Aix-en-Othe (FR)	18H1	336
Aix-les-Bains (FR)	22E3	417
Akkrum (NL)	7D3	598
Akt Armenistis Sithonia (GR)	35H1	517
Alanís (ES)	31D1	323
Alba (IT)	25H2	529
Alba-la-Romaine (FR)	25C3	417
Albano Laziale (IT)	34D3	575
Albarracín (ES)	33A1	309
Albas (FR)	24F3	439
Alberese (IT)	34B2	560
Alberobello (IT)	35D1	582
Albersdorf (DE)	8A1	119
Albertshofen (DE)	17C1	264
Albertville (FR)	22F3	417
Albi (FR)	27G1	470
Albinia (IT)	34B2	560
Ablasserdam (NL)	9C3	617
Albstadt (DE)	20A1	242
Albufeira (PT)	31B2	654
Alcácer do Sal (PT)	30B3	650
Alcalá de Guadaíra (ES)	31D2	323
Alcázar de San Juan (ES)	30G3	323
Alcoutim (PT)	31C2	654
Alcover (ES)	32E3	310
Aldeadávila de la Ribera (ES)	30D1	319
Aldeanueva de Barbarroya (ES)	30E2	320
Aldeia da Ponte (PT)	30D1	643
Aldershot (GB)	1G3	507
Alenquer (PT)	30B3	647
Aléria (FR)	33G1	500
Alès (FR)	28B1	470
Alessandria (IT)	26A2	529
Ålesund (NO)	4A2	630
Alexandroúpoli (GR)	35H1	517
Alf (DE)	11F3	200
Alfeld/Leine (DE)	10B2	130
Algar (ES)	31D3	323
Alghero (IT)	33G2	587
Alicante (ES)	33A2	310
Alicún de las Torres (ES)	31G2	323
Aljezur (PT)	31A1	654
Alken (DE)	11G3	201
Allanche (FR)	24H1	417
Allarmont (FR)	19F1	336
Allassac (FR)	24F1	439
Alle-sur-Semois (BE)	16C1	111
Allensbach (DE)	20A2	242
Allevard (FR)	25E1	417
Allogny (FR)	18G3	400
Allos (FR)	25F3	492
Allrode (DE)	10C3	166
Almada (PT)	30A3	647
Almayate (ES)	31F3	323
Almazán (ES)	30H1	320
Almeida (PT)	30D1	643
Almelo (NL)	9F1	606
Almen (NL)	9E2	611
Almensilla (ES)	31D2	323
Almere (NL)	9D2	610
Almere-Haven (NL)	9D2	610
Almerimar (ES)	31G3	323
Almograve (PT)	31B1	651
Almourol (PT)	30B2	647
Alpe d'Huez (FR)	25E2	417
Alpen (DE)	9E3	178
Alquézar (ES)	32C1	309
Alsfeld (DE)	12A2	226
Alsheim (DE)	16H1	201
Alt Schwerin (DE)	8E2	158
Alt-Zeschdorf (DE)	10H1	171
Altafulla (ES)	33B1	310
Altdöbern (DE)	10H2	171
Altdorf (DE)	16H2	201
Altea (ES)	33A2	310
Altena (DE)	11G1	178
Altenau (DE)	10C2	130
Altenbeken (DE)	10A3	178
Altenberge (DE)	9G2	178
Altenbrak (DE)	10C2	166
Altendiez (DE)	11H3	201
Altenglan (DE)	16G1	201
Altenhof (DE)	6D3	119
Altenmarkt an der Triesting (AT)	37A3	88
Altenmarkt im Pongau (AT)	20H2	93
Altikon (CH)	20A2	115
Altmannstein (DE)	17E2	264
Altötting (DE)	20G1	264
Altstätten (CH)	20B3	115
Altura (PT)	31C2	654
Altusried (DE)	20C2	264
Altwarp (DE)	8G1	158
Alvignac (FR)	24F2	470
Alvito (PT)	31B1	651
Älvkarleby (SE)	4D3	660
Alvor (PT)	31B2	654
Alzano Lombardo (IT)	23C3	542
Alzon (FR)	28A1	470
Åmål (SE)	5D1	665
Amandola (IT)	34D2	570
Amantea (IT)	35C2	586
Amarante (PT)	29C3	639
Amatrice (IT)	34D2	575
Amberg (DE)	17E1	264
Ambierle (FR)	22B2	417
Ambleteuse (FR)	13C2	331
Amboise (FR)	18E3	400
Ameixial (PT)	31B2	654
Amelia (IT)	34C2	579
Amélie-les-Bains-Palalda (FR)	32G1	470
Amelinghausen (DE)	8B3	130
Amersfoort (NL)	9D2	616
Amiens (FR)	15H1	331
Åmli (NO)	5B2	633
Ammoudia (GR)	35E1	512
Amnéville (FR)	16E2	336
Amöneburg (DE)	12A2	226
Amorbach (DE)	17A1	264
Ampezzo (IT)	23G1	550
Amplepuis (FR)	22B3	417
Amposta (ES)	33B1	311
Ampudia (ES)	29F3	320
Amsterdam (NL)	9C1	596
Amtzell (DE)	20B2	242
Amurrio (ES)	29H2	303
Anadia (PT)	30B1	643
Añana (ES)	29G2	303
Ancerville (FR)	16C3	337
Ancona (IT)	34D1	570
Andalo (IT)	23D2	538
Åndalsnes (NO)	4A2	630
Andau (AT)	37B3	97
Andeer (CH)	23B1	115
Andernach (DE)	11G2	201
Andernos-les-Bains (FR)	24B2	439
Anderslöv (SE)	6G2	664
Andorra (ES)	33A1	320
Andreis (IT)	23G2	550
Anduze (FR)	28B1	470
Anetjärvi (FI)	3D3	330
Angé (FR)	18F3	400
Ängelholm (SE)	5E3	664
Angermünde (DE)	8G2	171
Angers (FR)	18C2	384
Anghiari (IT)	34C1	560
Anglès (FR)	27H2	470
Anglet (FR)	27A1	439
Angliers (FR)	18D3	440
Angoisse (FR)	24E1	440
Angoulins (FR)	21B2	440
Angrie (FR)	18C2	385
Aniane (FR)	28A2	470
Anita (IT)	26F2	552
Anjum (NL)	7E2	598
Ankum (DE)	9G1	131
Annecy (FR)	22E3	417
Annot (FR)	28F1	492
Annweiler (DE)	16H2	201
Anost (FR)	19B3	409
Ansbach (DE)	17C2	264
Anse (FR)	22C3	417
Ansó (ES)	27B3	309
Antequera (ES)	31E2	323
Antey-Saint-André (IT)	22G3	528
Anthy-sur-Léman (FR)	22F2	417
Antrain (FR)	15B3	364
Antrim (GB)	1D1	502
Antwerpen (BE)	11C1	103
Anversa degli Abruzzi (IT)	34E3	581
Aoiz (ES)	27A3	309
Aosta (IT)	22G3	528
Apecchio (IT)	34C1	570
Apeldoorn (NL)	9E2	611
Apen (DE)	7G3	131
Appelscha (NL)	7E3	598
Appeltern (NL)	9D3	611
Appenzell (CH)	20B3	115
Appingedam (NL)	7F2	603
Appledore (GB)	1E3	507
Aquileia (IT)	23H3	550
Aragnouet (FR)	27D3	471
Arahova (GR)	35G2	512
Arbesbach (AT)	37A3	88
Arborea (IT)	33G3	587
Arbúcies (ES)	32G2	311
Arbus (IT)	33G3	587
Arc-en-Barrois (FR)	19C2	337
Arc-et-Senans (FR)	22E1	409
Arcachon (FR)	24B2	440
Arcade (ES)	29C2	303
Arçais (FR)	21C2	440
Archena (ES)	31H1	311
Archidona (ES)	31E2	323
Archignat (FR)	21H2	418
Arcidosso (IT)	34B2	560
Arco (IT)	23D3	538
Arçon (FR)	22B3	418
Arcos de Valdevez (PT)	29C3	639
Ardagger (AT)	37A3	88
Ardentes (FR)	21G1	400
Ardevon (FR)	15B3	351
Ardfern (GB)	2A2	503
Ardmair (GB)	2B1	503
Arendonk (BE)	11D1	103
Arendsee (DE)	8D3	166
Arette (FR)	27B2	440
Arezzo (IT)	34C1	560
Arfons (FR)	27G2	471
Argelès-Gazost (FR)	27C3	471
Argenta (IT)	26F2	552
Argenton-sur-Creuse (FR)	21F1	400
Arguedas (ES)	32A1	309
Arillas (GR)	35E1	512
Arinthod (FR)	22D2	409
Ariza (ES)	30H1	309
Årjäng (SE)	5D1	665
Arlanc (FR)	25A1	418
Arlebosc (FR)	25C2	418
Arles (FR)	28C2	492
Arlon (BE)	16E1	111
Armschlag (AT)	37A3	88
Arnac (Cantal) (FR)	24G2	418
Arnage (FR)	18D1	385
Arnbruck (DE)	17G2	264
Arnedillo (ES)	29H3	309
Arnheim (Arnhem) (NL)	9E2	611
Arnsberg (DE)	9H3	178
Arnstein (DE)	12B3	265
Arona (IT)	23A3	530
Arquà Polesine (IT)	26F1	546
Arques (FR)	13D2	331
Arras (FR)	13D3	331
Arre (FR)	28A1	471
Arreau (FR)	27D3	471
Arrens-Marsous (FR)	27C3	471
Arrigorriaga (ES)	29H2	303

674

Index

Entry	Ref	Page
Arromanches-les-Bains (FR)	15C1	351
Arróniz (ES)	29H2	309
Arruda dos Vinhos (PT)	30B3	647
Arsure-Arsurette (FR)	22E1	410
Arta Terme (IT)	23G1	550
Artegna (IT)	23H2	550
Artlenburg (DE)	8C2	131
Arundel (GB)	1G3	507
Arvieu (FR)	24H3	471
Arzacq-Arraziguet (FR)	27C2	440
Arzal (FR)	18A2	364
Arzberg (DE)	12E3	265
Arzon (FR)	14D3	364
As Neves (ES)	29C2	304
As Nogais (ES)	29D2	304
As Pontes de García Rodríguez (ES)	29D1	304
Asâ (DK)	5C3	289
Asbach/Sickenberg (DE)	12B1	238
Aschaffenburg (DE)	12A3	265
Aschau im Zillertal (AT)	20F3	92
Aschbach Markt (AT)	37A3	89
Ascheberg (DE)	9G3	178
Aschersleben (DE)	10D2	167
Aschheim (DE)	20E1	265
Ascó (ES)	32D3	311
Ascoli Piceno (IT)	34E2	570
Asiago (IT)	23E3	546
Askeaton (IE)	1B2	527
Askersund (SE)	5E1	666
Askvoll (NO)	4A3	630
Asnières-sur-Vègre (FR)	18D2	385
Asolo (IT)	23F3	546
Aspach (FR)	17B2	242
Asperup (DK)	6D2	298
Assafora (PT)	30A3	647
Assenede (BE)	11B1	102
Assens (DK)	6D2	298
Assérac (FR)	14D3	385
Assini (GR)	35G2	514
Assisi (IT)	34C2	579
Asten (NL)	11E1	622
Asti (IT)	25H2	530
Astorga (ES)	29E2	320
Astudillo (ES)	29F3	320
Athée-sur-Cher (FR)	18E3	401
Athen (Athens) (GR)	35G2	514
Attendorn (DE)	11G1	179
Aubechies (BE)	11B2	109
Aubeterre-sur-Dronne (FR)	24D1	440
Aubignas (FR)	25C3	418
Aubigné-sur-Layon (FR)	18C3	385
Aubigny-sur-Nère (FR)	18H3	401
Aubrac (FR)	24H3	471
Aubusson (FR)	21G3	440
Aubusson-d'Auvergne (FR)	22A3	418
Auch (FR)	27D1	471
Auchtertyre (GB)	2A1	503
Auderville (FR)	15B1	351
Audierne (FR)	14B2	364
Auerbach (DE)	17E1	265
Auffay (FR)	15F1	351
Aufseß (DE)	12D3	265
Augsburg (DE)	17D3	265
Augusta (IT)	35C3	589
Augustenborg (DK)	6D2	289
Aukrug (DE)	8B1	119
Aulendorf (DE)	20B1	243
Aulnay (FR)	21C2	440
Auray (FR)	14D3	364
Aurec-sur-Loire (FR)	25B1	418
Aurel Vlaicu (RO)	40B2	657
Auriat (FR)	21F3	440
Aurich (DE)	7G2	131
Aurillac (FR)	24G2	418
Auronzo di Cadore (IT)	23F1	546
Austrheim (NO)	4A3	630
Auterive (FR)	27F2	471
Autun (FR)	22B1	410
Auvers-le-Hamon (FR)	18D1	385
Auxerre (FR)	19A2	410
Auzas (FR)	27E2	471
Availles-sur-Seiche (FR)	18B1	364
Ave-et-Auffe (BE)	11D3	111
Avegno (CH)	23A2	116
Aveiro (PT)	30B1	643
Avenches (CH)	22F1	113
Aventoft (DE)	6C3	119
Avermes (FR)	22A1	418
Averton (FR)	18D1	385
Averøy (NO)	4A2	630
Avèze (FR)	28A1	471
Avigliana (IT)	25G2	530
Avignon (FR)	28C1	492
Avila (ES)	30F1	320
Avintes (PT)	29B3	639
Avinyo (ES)	32F2	311
Avinyonet del Penedès (ES)	32F3	311
Avio (IT)	23D3	538
Avioth (FR)	16D1	337
Avis (PT)	30C3	651
Avize (FR)	16B3	337
Avocourt (FR)	16D2	337
Avoine (FR)	18D3	401
Avranches (FR)	15B3	351
Ax-les-Thermes (FR)	27F3	471
Axel (NL)	11B1	620
Axmar (SE)	4D3	666
Aydat (FR)	21H3	418
Ayegui (ES)	29H2	310
Ayen (FR)	24F1	440
Aymavilles (IT)	22G3	528
Ayora (ES)	33A2	311
Aywaille (BE)	11D2	108
Azannes-et-Soumazannes (FR)	16D2	337
Azay-le-Rideau (FR)	18E3	401
Azé (FR)	18F2	401
Azerat (FR)	24E1	441
Azur (FR)	27A1	441
Baarn (NL)	9D2	617
Babino Polje (HR)	39B2	520
Baccarat (FR)	19F1	337
Bacharach (DE)	11G3	201
Backnang (DE)	17B2	243
Bacoli (IT)	35B1	584
Bad Abbach (DE)	17E2	265
Bad Aibling (DE)	20F1	265
Bad Arolsen (DE)	10A3	226
Bad Bayersoien (DE)	20D2	265
Bad Bellingen (DE)	19G2	243
Bad Bentheim (DE)	9F2	131
Bad Bergzabern (DE)	16H2	201
Bad Berka (DE)	12D1	238
Bad Berleburg (DE)	11H1	179
Bad Bevensen (DE)	8C3	131
Bad Bibra (DE)	12D1	167
Bad Birnbach (DE)	17G3	265
Bad Bocklet (DE)	12B3	265
Bad Bramstedt (DE)	8B1	119
Bad Brückenau (DE)	12B3	266
Bad Buchau (DE)	20B1	243
Bad Camberg (DE)	11H3	226
Bad Colberg/Heldburg (DE)	12C3	238
Bad Deutsch-Altenburg (AT)	37B3	89
Bad Ditzenbach (DE)	17B3	243
Bad Driburg (DE)	10A3	179
Bad Düben (DE)	10F3	175
Bad Dürkheim (DE)	16H1	201
Bad Dürrheim (DE)	20A1	243
Bad Elster (DE)	12E2	175
Bad Ems (DE)	11G3	201
Bad Emstal (DE)	12A1	226
Bad Endbach (DE)	11H2	226
Bad Essen (DE)	9H1	131
Bad Feilnbach (DE)	20F2	266
Bad Frankenhausen/Kyffhäuser (DE)	10D3	238
Bad Füssing (DE)	17G3	266
Bad Gams (AT)	38A1	94
Bad Gandersheim (DE)	10B2	167
Bad Gögging (DE)	17E2	266
Bad Griesbach (DE)	17G3	266
Bad Großpertholz (AT)	37A3	89
Bad Herrenalb (DE)	16H3	243
Bad Hersfeld (DE)	12B1	227
Bad Hindelang (DE)	20C2	266
Bad Karlshafen (DE)	10A3	227
Bad Kissingen (DE)	12B3	266
Bad Klosterlausnitz (DE)	12E1	238
Bad Kohlgrub (DE)	20D2	266
Bad König (DE)	17A1	227
Bad Königshofen (DE)	12C3	266
Bad Kösen (DE)	12E1	167
Bad Kötzingen (DE)	17G2	267
Bad Kreuznach (DE)	16G1	202
Bad Krozingen (DE)	19G2	243
Bad Laasphe (DE)	11H1	179
Bad Langensalza (DE)	12C1	238
Bad Lausick (DE)	12F1	175
Bad Lauterberg (DE)	10C3	132
Bad Liebenstein (DE)	12C1	238
Bad Liebenzell (DE)	17A3	243
Bad Lippspringe (DE)	10A3	179
Bad Lobenstein (DE)	12E2	238
Bad Malente (DE)	6E3	120
Bad Marienberg (DE)	11G2	202
Bad Mergentheim (DE)	17B1	243
Bad Münder (DE)	10A2	132
Bad Münster am Stein-Ebernburg (DE)	16G1	202
Bad Münstereifel (DE)	11F2	179
Bad Muskau (DE)	37A1	175
Bad Nauheim (DE)	12A3	227
Bad Nenndorf (DE)	10A1	132
Bad Neuenahr (DE)	11F2	202
Bad Neustadt (DE)	12C2	267
Bad Niedernau (DE)	17A3	244
Bad Oeynhausen (DE)	9H2	179
Bad Oldesloe (DE)	8B1	120
Bad Orb (DE)	12A3	227
Bad Pyrmont (DE)	10A2	132
Bad Radkersburg (AT)	38B1	94
Bad Rappenau (DE)	17A2	244
Bad Reichenhall (DE)	20G2	267
Bad Rodach (DE)	12C2	267
Bad Saarow (DE)	10G1	171
Bad Sachsa (DE)	10C3	132
Bad Säckingen (DE)	19H2	244
Bad Salzdetfurth (DE)	10B2	132
Bad Salzschlirf (DE)	12B2	227
Bad Salzuflen (DE)	9H2	179
Bad Salzungen (DE)	12C1	238
Bad Sankt Leonhard im Lavanttal (AT)	38A1	96
Bad Sassendorf (DE)	9H3	179
Bad Saulgau (DE)	20B1	244
Bad Schönborn (DE)	17A2	244
Bad Schussenried (DE)	20B1	244
Bad Schwalbach (DE)	11H3	227
Bad Schwartau (DE)	8C1	120
Bad Segeberg (DE)	8B1	120
Bad Sobernheim (DE)	16G1	202
Bad Soden-Salmünster (DE)	12A3	227
Bad Sooden-Allendorf (DE)	12B1	227
Bad Staffelstein (DE)	12D3	267
Bad Steben (DE)	12E2	267
Bad Suderode (DE)	10D2	167
Bad Tatzmannsdorf (AT)	37A3	97
Bad Teinach (DE)	17A3	244
Bad Tennstedt (DE)	12C1	238
Bad Tölz (DE)	20E2	267
Bad Urach (DE)	17B3	244
Bad Waldliesborn (DE)	9H3	179
Bad Waldsee (DE)	20B1	244
Bad Waltersdorf (AT)	37A3	94
Bad Westernkotten (DE)	9H3	180
Bad Wildbad (DE)	16H3	245
Bad Wildungen (DE)	12A1	227
Bad Wilsnack (DE)	8E3	172
Bad Wimpfen (DE)	17A2	245
Bad Windsheim (DE)	17C1	267
Bad Wörishofen (DE)	20D1	267
Bad Wünnenberg (DE)	9H3	180
Bad Wurzach (DE)	20C2	245
Bad Zwesten (DE)	12A1	228
Bad Zwischenahn (DE)	7G3	132
Badajoz (ES)	30C3	320
Badefols-sur-Dordogne (FR)	24E2	441
Baden-Baden (DE)	16H3	245
Baderna (HR)	38A2	518
Baeza (ES)	31F1	323
Bagenkop (DK)	6E3	298
Bagnères-de-Bigorre (FR)	27D3	472
Bagnères-de-Luchon (FR)	27D3	472
Bagno di Romagna (IT)	34C1	553
Bagnoles-de-l'Orne (FR)	15D3	351
Bagnols-en-Forêt (FR)	28F2	492
Bagnols-sur-Cèze (FR)	28C1	472
Baia e Latina (IT)	35B1	585
Baiersbronn (DE)	16H3	245
Baile Felix (RO)	40A2	657
Bailleul (FR)	13D2	331
Bakel (NL)	9D3	622
Bakio (ES)	29H2	304
Balaruc-les-Bains (FR)	28A2	472
Balatonkeresztúr (HU)	38C1	525
Balazuc (FR)	25B3	418
Balchrick (GB)	2B1	503
Balderschwang (DE)	20C2	267
Baleal (PT)	30A2	647
Balge (DE)	10A1	132
Balingen (DE)	20A1	245
Balje (DE)	8A1	132
Balk (NL)	7D3	598
Ballachulish (GB)	2B2	503
Ballenstedt (DE)	10D2	167
Ballinamallard (GB)	1C1	502
Ballinskelligs (IE)	1A3	527
Ballymoney (GB)	1C1	502
Balmacara (GB)	2A1	503
Balsicas (ES)	33A2	311
Baltanàs (ES)	29F3	320
Balve (DE)	11G1	180
Bamberg (DE)	12D3	267
Banff (GB)	2C1	503
Banja Luka (BA)	38C2	99
Banka (SK)	37B2	667
Banne (FR)	25B3	418
Banon (FR)	28D1	492
Bansin (DE)	6H3	158
Banteux (FR)	11A3	331
Bapaume (FR)	13D3	332
Bar-le-Duc (FR)	16D3	337
Bar-sur-Aube (FR)	19C1	337
Baraqueville (FR)	24G3	472
Barbarano Vicentino (IT)	26E1	546
Barberà de la Conca (ES)	32E3	311
Barberino di Mugello (IT)	26E3	560
Barbezieux-Saint-Hilaire (FR)	24C1	441
Barbiano (IT)	23E1	538
Barbotan-les-Thermes (FR)	27C1	472
Barbullush (AL)	39C3	85
Barcelona (ES)	32G3	311
Barcelonnette (FR)	25F3	492
Barcelos (PT)	29C3	639
Barcis (IT)	23G2	550
Bard (IT)	22H3	528
Bardigues (FR)	27E1	472
Bardolino (IT)	23D3	546
Bardouville (FR)	15F1	352
Barèges (FR)	27D3	472
Barfleur (FR)	15C1	352
Barga (IT)	26D3	560
Barge (IT)	25G2	530
Barger Compascuum (NL)	9F1	605
Bari (IT)	35C1	582
Bardigues (FR)	27E1	472
Barjac (FR)	25B3	418
Barkenholm (DE)	6C3	119
Barlieu (FR)	18H3	401
Barmstedt (DE)	8B1	120
Bärnau (DE)	12F3	267
Barneville-Carteret (FR)	15B1	352
Barnstorf (DE)	9H1	132
Barntrup (DE)	10A2	180
Barretalli (FR)	33G1	500
Barril de Alva (PT)	30C1	643
Barrio Cosío (ES)	29F2	304
Barriosa (PT)	30C1	643

Name	Ref	Page
Barruera (ES)	32E1	311
Barßel (DE)	7G3	132
Barsinghausen (DE)	10A1	132
Barth (DE)	6F3	158
Barvaux (BE)	11D3	111
Bárzana (ES)	29E1	304
Baselga di Pine (IT)	23E2	538
Baška Voda (HR)	39A2	520
Bassano del Grappa (IT)	23F3	546
Båstad (NO)	3A2	628
Båstad (SE)	5E3	664
Bastenach (Bastogne) (BE)	11D3	112
Batalha (PT)	30B2	647
Bathmen (NL)	9E2	606
Battenberg (DE)	11H1	228
Battifollo (IT)	25H3	530
Battipaglia (IT)	35B1	585
Battweiler (DE)	16G2	202
Batz-sur-Mer (FR)	14D3	385
Baud (FR)	14D2	364
Baugé-en-Anjou (FR)	18D2	385
Baume-les-Dames (FR)	19E3	410
Baume-les-Messieurs (FR)	22D1	410
Baumholder (DE)	16G1	202
Baunach (DE)	12D3	268
Baunatal (DE)	12A1	228
Bautzen (DE)	10H3	175
Bavay (FR)	11B3	332
Baveno (IT)	23A3	530
Bayerbach (DE)	17G3	268
Bayeux (FR)	15C2	352
Bayreuth (DE)	12E3	268
Bayrischzell (DE)	20F2	268
Bazas (FR)	24C3	441
Bazel (BE)	11B1	102
Bazouges-la-Pérouse (FR)	15B3	364
Bazouges-sur-le-Loir (FR)	18D2	385
Beasain (ES)	29H2	304
Beaucaire (FR)	28C1	472
Beaulieu (FR)	25B2	418
Beaulieu-en-Argonne (FR)	16C2	337
Beaulon (FR)	22A1	419
Beaumont du Périgord (FR)	24E2	441
Beaunay (FR)	16B3	337
Beaune (FR)	22C1	410
Beausemblant (FR)	25C1	419
Beautor (FR)	16A1	332
Beauvoir (FR)	15B3	352
Beauvoir-sur-Mer (FR)	18A3	385
Beauzac (FR)	25B1	419
Bebra (DE)	12B1	228
Becerreá (ES)	29D2	304
Becerril de Campos (ES)	29F3	320
Beche (ES)	29C1	304
Becheln (DE)	11G3	202
Bécherel (FR)	15A3	365
Beckerwitz (DE)	8D1	158
Beckingen (DE)	16F2	202
Beckum (DE)	9G3	180
Bédarieux (FR)	27H2	472
Bedburg-Hau (DE)	9E3	180
Bédée (FR)	18A1	365
Bédoin (FR)	28D1	492
Beerfelden (DE)	17A1	228
Beernem (BE)	11A1	100
Behobia (ES)	27A2	304
Behrensdorf (DE)	6E3	120
Beilngries (DE)	17E2	268
Bekölce (HU)	37C3	525
Bélesta (FR)	27H3	472
Bellac (FR)	21E2	441
Bellaria-Igea Marina (IT)	26G3	553
Bellas (FR)	24H3	472
Bellcaire d'Empordà (ES)	32H2	312
Belle-Isle-en-Terre (FR)	14D1	365
Bellegarde (FR)	28C1	473
Bellerive-sur-Allier (FR)	22A2	419
Belleville (FR)	22C2	419
Belleville-sur-Vie (FR)	21B1	385
Belley (FR)	22D3	419
Belleydoux (FR)	22E2	419
Bellheim (DE)	16H2	203
Bellicourt (FR)	11A3	332
Bellinzona (CH)	23A2	116
Belluno (IT)	23F2	546
Bellvei (ES)	32F3	312
Belmont sur Rance (FR)	27H1	473
Belmont-de-la-Loire (FR)	22B2	419
Belmonte (PT)	30C2	643
Beloeil (BE)	11B2	109
Belpech (FR)	27F2	473
Belt Schutsloot (NL)	9E1	606
Belvoir (FR)	19F3	410
Belz (FR)	14D3	365
Bemmel (NL)	9E2	611
Benagéber (ES)	33A1	312
Benais (FR)	18D3	401
Benarrabá (ES)	31E3	375
Bendorf (DE)	11G2	203
Benediktbeuern (DE)	20E2	268
Bénéjacq (FR)	27C2	441
Benet (FR)	21C2	385
Benevento (IT)	35B1	585
Benfeld (FR)	19G1	337
Benningen am Neckar (DE)	17A2	245
Bentelo (NL)	9F2	606
Berat (AL)	39D3	85
Beratzhausen (DE)	17E2	268
Berceto (IT)	26C3	553
Berching (DE)	17E2	268
Berchtesgaden (DE)	20G2	268
Berck-sur-Mer (FR)	13C3	332
Berdorf (LU)	16E1	593
Bergara (ES)	29H2	304
Berge (DE)	9G1	132
Bergen (DE)	8B3	132
Bergen (NO)	4A3	638
Bergen op Zoom (NL)	9B3	622
Bergen/Chiemgau (DE)	20F1	268
Bergen/Rügen (DE)	6G3	158
Bergerac (FR)	24D2	441
Bergheim (DE)	11F1	180
Bergkamen (DE)	9G3	180
Bergues (FR)	13D2	332
Bergum (NL)	7E3	598
Bergwitz (DE)	10F2	167
Beringen (BE)	11D1	106
Berkatal (DE)	12B1	228
Berlare (BE)	11B1	102
Berlin (DE)	10F1	172
Bermeo (ES)	29H2	304
Bernau am Chiemsee (DE)	20F1	268
Bernau im Schwarzwald (DE)	19H2	245
Berne (DE)	7H3	133
Bernhardsthal (AT)	37B2	89
Bernières-sur-Mer (FR)	15D2	352
Bernissart (BE)	11B2	109
Bernkastel (DE)	11F3	203
Bernos-Beaulac (FR)	24C3	441
Bernried (DE)	17G2	269
Berric (FR)	14D3	365
Berriozar (ES)	27A3	310
Berssel (DE)	10C2	167
Bertamirans (ES)	29C1	304
Bertingen (DE)	10D1	167
Bertinoro (IT)	26G3	553
Bertry (FR)	11A3	332
Besançon (FR)	19E3	410
Besigheim (DE)	17A2	245
Bessais-le-Fromental (FR)	21H1	401
Bessines-sur-Gartempe (FR)	21F2	441
Best (NL)	9D3	622
Bestwig (DE)	9H3	180
Betzdorf (DE)	11G2	203
Beuningen (NL)	9F1	607
Beuren (DE)	17B3	245
Beuron (DE)	20A1	245
Beuvron-en-Auge (FR)	15D2	352
Bevagna (IT)	34D2	579
Beveren (BE)	11B1	103
Bevern (DE)	10A2	133
Beverungen (DE)	10A3	181
Bexbach (DE)	16G2	203
Beynac-et-Cazenac (FR)	24E2	441
Bezzecca (IT)	23D3	538
Biarritz (FR)	27A2	441
Biassono (IT)	23B3	542
Bibbiena (IT)	34C1	560
Biberach (DE)	20C1	269
Biberach/Riss (DE)	20B1	245
Biberwier (AT)	20D3	92
Bibiana (IT)	25G2	530
Bibinje (HR)	38B3	520
Bibione (IT)	23H3	547
Bibost (FR)	22C3	419
Bichlbach (AT)	20D2	92
Bico (PT)	30B1	640
Bicorp (ES)	33A2	312
Bideford (GB)	1E3	508
Biebelnheim (DE)	16H1	203
Biebernheim (DE)	11G3	203
Biedenkopf (DE)	11H1	228
Bielefeld (DE)	9H2	181
Biella (IT)	25H1	530
Bielmonte (IT)	22H3	530
Bienenbüttel (DE)	8C3	133
Biesenhofen (DE)	20D2	269
Bietigheim-Bissingen (DE)	17A2	246
Bigastro (ES)	33A2	312
Bihać (BA)	38B2	99
Bijela (ME)	39C2	595
Bila (BA)	38C3	99
Bilbao (ES)	29H2	304
Billerbeck (DE)	9F2	181
Billund (DK)	6C1	290
Billy (FR)	22A2	419
Bilzen (BE)	11D2	106
Binche (BE)	11B3	109
Bindslev (DK)	5C3	290
Bingen/Rhein (DE)	11H3	203
Binic (FR)	14D1	365
Binz (DE)	6G3	158
Biograd na Moru (HR)	38B3	520
Bionaz (IT)	22G3	528
Bippen (DE)	9G1	133
Birgel (DE)	11F3	203
Biron (FR)	24E2	442
Biscarrosse (FR)	24B3	442
Bischoffen (DE)	11H2	228
Bischofsgrün (DE)	12E3	269
Bischofsheim an der Rhön (DE)	12B2	269
Bischofswiesen (DE)	20G2	269
Biskupice (PL)	36A3	637
Bispgården (SE)	4C2	666
Bispingen (DE)	8B3	133
Bissendorf (DE)	9H2	133
Bistensee (DE)	6D3	120
Bitche (FR)	16G2	337
Bitterfeld (DE)	10E2	167
Bivio (CH)	23B2	115
Bjert (DK)	6D2	290
Björkelangen (NO)	4B3	634
Blagaj (BA)	39B2	99
Blaichach (DE)	20C2	269
Blain (FR)	18A2	385
Blaison-Gohier (FR)	18C3	385
Blåjel (RO)	40B2	657
Blanes (ES)	32H3	312
Blankenberge (BE)	11A1	100
Blankenburg (DE)	10C2	167
Blankenheim (DE)	11F2	181
Blankensee (DE)	8G1	159
Blanquefort (FR)	24C2	442
Blasimon (FR)	24C2	442
Bläsinge (SE)	5F3	661
Blaton (BE)	11B2	109
Blaubeuren (DE)	17B3	246
Blaustein (DE)	17B3	246
Blaye (FR)	24C1	442
Bleckede (DE)	8C2	133
Bled (SI)	38A1	668
Bleesbrück (LU)	16E1	593
Blégny-Mine (BE)	11D2	108
Bleiburg (AT)	38A1	96
Bleiswijk (NL)	9C2	617
Blekendorf (DE)	6E3	120
Blérancourt (FR)	16A1	332
Blesdijke (NL)	7E3	599
Bleskensgraaf (NL)	9C3	617
Blesle (FR)	25A1	419
Blieskastel (DE)	16G2	203
Blijham (NL)	7F3	603
Blois (FR)	18F2	401
Blomberg (DE)	7G2	133
Blumberg (DE)	19H2	246
Bobenthal/Bornich (DE)	16H2	204
Böblingen (DE)	17A3	246
Bocholt (BE)	11D1	106
Bocholt (DE)	9F3	181
Bockenem (DE)	10B2	133
Bockenheim (DE)	16H1	204
Bockhorn (DE)	7G2	133
Bodenmais (DE)	17G2	269
Bodenwerder (DE)	10A2	134
Bodenwöhr (DE)	17F1	269
Bodman-Ludwigshafen (DE)	20A2	246
Bodø (NO)	3A3	628
Boën (FR)	22B3	419
Boeslunde (DK)	6E2	299
Bogen (DE)	17F2	269
Bogense (DK)	6D2	298
Bogny-sur-Meuse (FR)	16C1	337
Bogø By (DK)	6F2	299
Bohan (BE)	16C1	111
Bohinjsko jezero (SI)	38A1	668
Bohmte (DE)	9H1	134
Bohus-björkö (SE)	5D2	665
Boiensdorf (DE)	8D1	159
Boiro (ES)	29C2	304
Bois-d'Amont (FR)	22E2	410
Boismé (FR)	21C1	442
Boisse Penchot (FR)	24G3	473
Bokn (NO)	5A1	630
Bol (HR)	39A2	520
Bolderberg (BE)	11D1	106
Bollène (FR)	25C3	493
Bolsena (IT)	34C2	575
Bolsward (NL)	7D3	599
Boltenhagen (DE)	8C1	159
Boltigen (CH)	22G1	113
Bolzano/Bozen (IT)	23E1	538
Bomporto (IT)	26E2	553
Bonac Irazein (FR)	27E3	473
Böningen (CH)	22H1	113
Bonn (DE)	11F2	181
Bonndorf (DE)	19H2	246
Bonneval (FR)	18F1	401
Bönnigheim (DE)	17A2	246
Bonny-sur-Loire (FR)	18H2	401
Bonzée (FR)	16D2	337
Bopfingen (DE)	17C3	246
Borculo (NL)	9E2	611
Bordesholm (DE)	8B1	120
Bordils (ES)	32H2	312
Borensberg (SE)	5F1	660
Borgdorf-Seedorf (DE)	6D3	120
Borger (NL)	7F3	605
Borghetto (IT)	34C1	579
Borghetto di Valeggio sul Mincio (IT)	26D1	547
Borghetto Santo Spirito (IT)	28H1	558
Borgholm (SE)	5F3	661
Borgo a Mozzano (IT)	34A1	560
Borgo San Dalmazzo (IT)	25G3	530
Borgo San Lorenzo (IT)	34B1	561
Borgo Valsugana (IT)	23E2	538
Borgofranco sul Po (IT)	26E1	542
Borgosesia (IT)	22H3	530
Borhaug (NO)	5B2	633
Borken (DE)	9F3	181
Borken (DE)	12A1	229
Bormio (IT)	23C1	542
Borne (NL)	9E2	607
Bornem (BE)	11B1	103
Borrby (SE)	6G1	664

Index

Name	Grid	Page
Borşa (RO)	40B1	657
Borsodbóta (HU)	37C2	525
Bort-les-Orgues (FR)	24H1	442
Bosa (IT)	33G2	587
Bosanska Krupa (BA)	38B2	99
Bosau (DE)	8B1	120
Bösdorf (DE)	8B1	120
Bosmoreau-les-Mines (FR)	21F3	442
Botnhamn (NO)	3A2	628
Bottrop (DE)	9F3	182
Bouchemaine (FR)	18C2	386
Bouère (FR)	18C2	386
Bouffioulx (BE)	11C3	110
Bouglon (FR)	24D3	442
Bougon (FR)	21D2	442
Bouillac (FR)	24G3	473
Bouillon (BE)	16C1	112
Bouin (FR)	18A3	386
Boukka (GR)	35F1	512
Boulieu-lès-Annonay (FR)	25C1	419
Boulleret (FR)	18H3	401
Boulogne-sur-Mer (FR)	13C2	332
Bourbach-le-Haut (FR)	19F2	337
Bourcefranc-le-Chapus (FR)	21B3	443
Bourdeilles (FR)	24E1	443
Bourg-Blanc (FR)	14B1	365
Bourg-en-Bresse (FR)	22D2	419
Bourg-Saint-Andéol (FR)	25C3	419
Bourg-Saint-Maurice (FR)	25F1	419
Bourg-sur-Gironde (FR)	24C1	443
Bourganeuf (FR)	21F3	443
Bourges (FR)	18H3	401
Bourget-du-Lac (FR)	22E3	420
Bourgneuf (FR)	25E1	420
Bourgneuf-en-Retz (FR)	18A3	386
Bourgueil (FR)	18D3	402
Bourré (FR)	18F3	402
Bourseville (FR)	13C3	332
Bourton-on-the-Water (GB)	1G2	508
Boussay (FR)	18B3	386
Boussois (FR)	11B3	332
Boussu-lez-Walcourt (BE)	11C3	110
Bouvante (FR)	25D2	420
Bouveret (CH)	22F2	116
Bova Marina (IT)	35C3	586
Bovec (SI)	23H1	668
Boxberg (DE)	17B1	246
Boxtel (NL)	9D3	622
Bozas (GR)	35G3	514
Bozsok (HU)	37B3	525
Bracciano (IT)	34C3	575
Brachwitz (DE)	10E3	167
Brackenheim (DE)	17A2	246
Braga (PT)	29C3	640
Bragança (PT)	29D3	640
Braies (IT)	23F1	538
Brake (DE)	7H2	134
Brakel/Bellersen (DE)	10A3	182
Bramsche (DE)	9G1	134
Bran (RO)	40C2	657
Brandbu (NO)	4B3	634
Brandenburg (DE)	10E1	172
Branne (FR)	24C2	443
Branoux-les-Taillades (FR)	25B3	473
Brantgum (NL)	7E2	599
Brantôme (FR)	24E1	443
Braslovče (SI)	38A1	670
Brasschaat (BE)	11C1	103
Bratislava (SK)	37B3	667
Braubach (DE)	11G3	204
Brauneberg (DE)	16F1	204
Braunfels (DE)	11H2	229
Braunlage (DE)	10C3	134
Braunsbedra (DE)	10E3	168
Braunschweig (DE)	10C1	134
Bray-Dunes (FR)	13D2	332
Bray-sur-Seine (FR)	19A1	363
Bréal-sous-Montfort (FR)	18A1	365
Bréau-et-Salagosse (FR)	28A1	473
Brech (FR)	14D3	365
Brecht (BE)	11C1	104
Brecon (GB)	1D3	506
Breda (NL)	9C3	622
Bredaryd (SE)	5E3	660
Bredevoort (NL)	9F2	611
Bredstedt (DE)	6C3	120
Bredsten (DK)	6C1	290
Bree (BE)	11D1	106
Breiholz (DE)	6D3	121
Breil/Brigels (CH)	23A1	115
Breisach/Rhein (DE)	19G1	247
Breitenbrunn (DE)	12F2	175
Breitenstein (DE)	10C3	168
Breitenwang (AT)	20D2	92
Breitungen (DE)	12C2	238
Bremanger (NO)	4A3	630
Bremen (DE)	7H3	135
Bremerhaven (DE)	7H2	135
Bremervörde (DE)	8A2	135
Bremm (DE)	11F3	204
Brentonico (IT)	23D3	538
Brenz (DE)	8D2	159
Brescia (IT)	23C3	542
Breskens (NL)	9A3	620
Bressuire (FR)	21C1	443
Brest (FR)	14B1	365
Brestanica (SI)	38B1	670
Brétignolles-sur-Mer (FR)	21A1	386
Bretocino (ES)	29E3	320
Bretten (DE)	17A2	247
Bretteville-sur-Odon (FR)	15D2	352
Breuberg (DE)	17A1	229
Breuna (DE)	10A3	229
Bréville-les-Monts (FR)	15D2	352
Brezno (SK)	37C2	667
Brézolles (FR)	15F3	402
Briançon (FR)	25F2	493
Briare-le-Canal (FR)	18H2	402
Bricquebec (FR)	15B1	353
Briedern (DE)	11F3	204
Brienne-le-Château (FR)	19C1	337
Brienz (CH)	22H1	113
Brieske (DE)	10H3	172
Brietlingen (DE)	8B2	135
Brig (CH)	22H2	116
Brillac (FR)	14D3	365
Brindisi (IT)	35D1	583
Briollay (FR)	18C2	386
Brioude (FR)	25A1	419
Brisighella (IT)	26F3	553
Brissac-Quincé (FR)	18C3	386
Brive-la-Gaillarde (FR)	24F1	443
Broager (DK)	6D3	290
Broby (DK)	6D2	298
Brodenbach (DE)	11G3	204
Brodersby (DE)	6D3	121
Broglie (FR)	15E2	353
Brognard (FR)	19F2	410
Broindon (FR)	19C3	410
Brokdorf (DE)	8A1	121
Bromölla (SE)	6H1	664
Broock (DE)	8E2	159
Broquies (FR)	27H1	473
Brotterode (DE)	12C1	238
Broughshane (GB)	1D1	502
Brovst (DK)	5C3	290
Bru (NO)	5A1	631
Bruchhausen (DE)	10A3	182
Bruchhausen-Vilsen (DE)	8A3	135
Bruchsal (DE)	16H2	247
Brugelette (BE)	11B2	110
Brugge (BE)	11A1	100
Brüggen (DE)	11E1	182
Brugnera (IT)	23G2	550
Brühl (DE)	11F2	182
Bruley (FR)	16E3	338
Brunico/Bruneck (IT)	23F1	539
Brunnen (CH)	23A1	115
Brunsbüttel (DE)	8A1	121
Brunssum (NL)	11E1	625
Brüssel (Bruxelles/Brussel) (BE)	11B2	108
Brusson (IT)	22H3	528
Bruyères-et-Montberault (FR)	16A1	332
Bryne (NO)	5A2	631
Brædstrup (DK)	6D1	290
Brønderslev (DK)	5C3	290
Brønnøysund (NO)	4B1	628
Bucey-les-Gy (FR)	19E3	410
Buchen/Odenwald (DE)	17A1	247
Buchenbach (DE)	19H2	247
Buchholz/Nordheide (DE)	8B2	136
Buchy (FR)	15F1	353
Bückeburg (DE)	10A2	136
Budapest (HU)	37C3	525
Büddenstedt (DE)	10C2	136
Bude (GB)	1E3	508
Budel (NL)	11D1	622
Büdelsdorf (DE)	6D3	121
Budens (PT)	31A2	654
Büdingen (DE)	12A3	229
Bueu (ES)	29C2	304
Buggerru (IT)	33G3	587
Bühl (DE)	16H3	247
Bühren (DE)	10B3	136
Builth Wells (GB)	1F2	506
Bujaleuf (FR)	21F3	443
Bulgnéville (FR)	19E1	338
Bullet (CH)	22F1	113
Buna (BA)	39B2	99
Buncrana (IE)	1C1	527
Bunde (DE)	7F3	136
Bünde (DE)	9H2	182
Bunnik (NL)	9D2	617
Bunschoten-Spakenburg (NL)	9D2	617
Buonconvento (IT)	34B2	561
Burdaard (NL)	7E3	599
Burela (ES)	29D1	304
Büren (DE)	9H3	182
Burg bei Magdeburg (DE)	10E1	168
Burg/Spreewald (DE)	10H2	172
Burgbernheim (DE)	17C1	269
Burgdorf (CH)	19G3	113
Burgen (DE)	11G3	204
Burgen bei Bernkastel-Kues (DE)	16F1	204
Burghaslach (DE)	17C1	269
Burghaun (DE)	12B2	229
Burghausen (DE)	20G1	269
Burgkirchen (DE)	20G1	270
Burgkunstadt (DE)	12D3	270
Burgo de Osma (ES)	30G1	320
Burgos (ES)	29G3	320
Bürgstadt (DE)	17A1	270
Burgsvik (SE)	5G2	663
Burkheim (DE)	19G1	247
Burrweiler (DE)	16H2	204
Bury St Edmunds (GB)	1H2	508
Busdorf (DE)	6D3	121
Busenberg (DE)	16G2	205
Bussière-Poitevine (FR)	21E2	443
Bussy-le-Grand (FR)	19C2	410
Büsum (DE)	7H1	121
Butjadingen (DE)	7H2	136
Buxtehude (DE)	8A2	136
Buzet-sur-Baïse (FR)	24D3	443
Bylderup-Bov (DK)	6C2	290
Byske (SE)	4D1	659
Byxelkrok (SE)	5F2	661
Bælum (DK)	5C3	290
Bønnerup (DK)	5D3	290
Børkop (DK)	6D1	290
Bøverdalen (NO)	4A3	634
Cabanes (ES)	32H1	312
Cabárceno (ES)	29G2	304
Cabo de Gata (ES)	31H3	323
Cabo de São Vicente (PT)	31A2	654
Cabo Espichel (PT)	30A3	648
Cabourg (FR)	15D2	353
Cabra (ES)	31F2	323
Cabras (IT)	33G3	587
Cabrerizos (ES)	30E1	320
Caccamo (IT)	35B3	589
Cáceres (ES)	30D2	320
Cadaqués (ES)	32H1	312
Cadenberge (DE)	8A1	137
Cadillac (FR)	24C2	443
Cadolzburg (DE)	17D1	270
Cadours (FR)	27E1	473
Cagliari (IT)	33G3	587
Cahors (FR)	24F3	473
Cahuzac-sur-Vère (FR)	27G1	473
Caille (FR)	28F1	493
Cajarc (FR)	24F3	473
Cala de Mijas (ES)	31E3	324
Cala Gonone (IT)	33G2	588
Cala Sinzias (IT)	33G3	588
Calaf (ES)	32F2	312
Calais (FR)	13C2	332
Calci (IT)	34A1	561
Caldas de Monchique (PT)	31B2	654
Calden (DE)	10A3	229
Caldes (IT)	23D2	539
Caldes de Malavella (ES)	32H2	312
Caldonazzo (IT)	23E2	539
Callac (22)	14C1	365
Callander (GB)	2B2	503
Callosa d'en Sarrià (ES)	33A2	312
Calnegre (ES)	31H2	312
Calpe (ES)	33A2	313
Caltagirone (IT)	35C3	589
Caltanissetta (IT)	35B3	589
Calvinet (FR)	24G2	420
Calw (DE)	17A3	247
Camares (FR)	27H1	473
Camaret-sur-Mer (FR)	14B1	365
Camariñas (ES)	29B1	305
Cambo-les-Bains (FR)	27A2	444
Cambrai (FR)	11A3	333
Cambremer (FR)	15D2	353
Cambrils (ES)	33B1	313
Camerino (IT)	34D1	570
Caminha (PT)	29B3	640
Campagnac (FR)	24H3	473
Campan (FR)	27D3	473
Campénéac (FR)	18A1	365
Campiglia Marittima (IT)	34B2	561
Campigny (FR)	15E2	353
Campione (IT)	23D3	542
Campo Maior (PT)	30C3	648
Campobasso (IT)	34F3	582
Campotosto (IT)	34D2	581
Campuac (FR)	24H3	474
Cañada de Callego (ES)	31H2	313
Cancale (FR)	15B3	366
Cancon (FR)	24E3	444
Candás (ES)	29E1	305
Candelo (ES)	25H1	530
Canelli (IT)	25H2	530
Canet-de-Salars (FR)	24H3	474
Cangas de Morrazo (ES)	29C2	305
Cangas de Onís (ES)	29F1	305
Cangas del Narcea (ES)	29E1	305
Canjáyar (ES)	31G3	324
Cannara (IT)	34C2	579
Cannobio (IT)	23A2	530
Cantallops (ES)	32H1	313
Canterbury (GB)	1H3	508
Capalbio (IT)	34B3	561
Capbreton (FR)	27A1	444
Capdenac-Gare (FR)	24G3	474
Capian (FR)	24C2	444
Capo di Ponte (IT)	23C2	542
Capodimonte (IT)	34C2	575
Capraia e Limite (IT)	34B1	561
Capriva del Friuli (IT)	23G2	550
Carantec (FR)	14C1	366
Carboneras (ES)	31H3	324
Carcaixent (ES)	33A2	313
Carcans (FR)	24B1	444
Carcassonne (FR)	27G2	474
Carcoforo (IT)	22H3	530
Cardaillac (FR)	24G2	474
Cardedu (IT)	33G3	588
Carenno (IT)	23B3	542
Carentan (FR)	15C1	353

Index

Name	Grid	Page
Carhaix-Plouguer (FR)	14C2	366
Carnac (FR)	14D3	366
Carnon (FR)	28B2	474
Carnota (ES)	29B1	305
Carolles (FR)	15B3	353
Carpegna (IT)	34C1	570
Carpentras (FR)	28C1	493
Carpi (IT)	26D2	553
Carpin (DE)	8F2	159
Carrapateira (PT)	31A2	654
Carrazeda de Ansiães (PT)	29D3	640
Carregal do Sal (PT)	30C1	640
Carrickfergus (GB)	1D1	502
Carrión de los Condes (ES)	29F3	320
Carro (FR)	28C2	493
Carry-le-Rouet (FR)	28D2	493
Cârţa (RO)	40B2	657
Cartagena (ES)	33A2	313
Cartelle (ES)	29C2	305
Carvoeiro (PT)	31B2	654
Casal Borsetti (IT)	26G2	553
Casalbordino (IT)	34F3	581
Casalbore (IT)	35B1	585
Casale Monferrato (IT)	26A1	531
Casaleggio Boiro (IT)	26A2	531
Cascais (PT)	30A3	648
Cascante (ES)	29H3	310
Cascia (IT)	34D2	579
Casola in Lunigiana (IT)	26C3	561
Casola Valsenio (IT)	26F3	553
Cassaniouze (FR)	24G2	420
Cassel (FR)	13D2	333
Casseneuil (FR)	24E3	444
Cassino (IT)	35B1	575
Castagneto Carducci (IT)	34A2	561
Castanet (FR)	24G3	474
Casteil (FR)	32G1	474
Castel del Piano (IT)	34B2	561
Castel di Tora (IT)	34D3	575
Castel Gandolfo (IT)	34D3	576
Castel San Pietro Terme (IT)	26F3	553
Castelbuono (IT)	35B3	589
Castelculier (FR)	24E3	444
Castelfidardo (IT)	34D1	570
Castelfiorentino (IT)	34B1	561
Castelfondo (IT)	23E1	539
Castelguglielmo (IT)	26E1	547
Casteljaloux (FR)	24D3	444
Castellammare del Golfo (IT)	35B3	589
Castellana Grotte (IT)	35D1	583
Castellane (FR)	28F1	493
Castellarano (IT)	26D2	553
Castelletto Stura (IT)	25G3	531
Castellina in Chianti (IT)	34B1	561
Castelluccio di Norcia (IT)	34D2	579
Castelluzzo (IT)	35B3	589
Castelnau-de-Montmiral (FR)	27F1	474
Castelnau-Durban (FR)	27F3	474
Castelnaudary (FR)	27G2	474
Castelnovo ne' Monti (IT)	26D3	554
Castelnuovo di Garfagnana (IT)	26D3	561
Castelnuovo Magra (IT)	26C3	558
Castelo Bom (PT)	30D1	643
Castelo Branco (PT)	30C2	643
Castelo de Paiva (PT)	29C3	643
Castelo de Vide (PT)	30C2	651
Castelo do Neiva (PT)	29B3	640
Castelo Mendo (PT)	30D1	643
Castelo Rodrigo (PT)	30D1	643
Castelsantangelo sul Nera (IT)	34D2	570
Castelsarrasin (FR)	27E1	474
Castiglion Fiorentino (IT)	34C1	561
Castiglione del Lago (IT)	34C2	579
Castiglione della Pescaia (IT)	34B2	561
Castiglione d'Orcia (IT)	34C2	562
Castiglione Falletto (IT)	25H2	531
Castiglione Tinella (IT)	25H2	531
Castletownbere (IE)	1B3	527
Castres (FR)	27G2	474
Castro Caldelas (ES)	29D2	305
Castro de Rei (ES)	29D1	305
Castro Marim (PT)	31C2	654
Catanzaro Marina (IT)	35C2	586
Catillon-sur-Sambre (FR)	11A3	333
Caulnes (FR)	15A3	366
Caumont-l'Éventé (FR)	15C2	353
Caumont-sur-Garonne (FR)	24D3	444
Cauterets (FR)	27C3	474
Cava de' Tirreni (IT)	35B1	585
Cavaleiro (PT)	31B1	651
Cavalese (IT)	23E2	539
Cavalière (FR)	28F3	493
Cavallino-Treporti (IT)	23G3	547
Cavasso Nuovo (IT)	23G2	550
Cavour (IT)	25G2	531
Cayeux-sur-Mer (FR)	13C3	333
Caylus (FR)	24F3	475
Cayrols (FR)	24G2	420
Cecina (IT)	34A2	562
Celje (SI)	38B1	670
Celle (DE)	10B1	137
Celle Ligure (IT)	26A3	558
Cellefrouin (FR)	21D3	444
Celles-sur-Belle (FR)	21D2	444
Celorico da Beira (PT)	30C1	644
Cengio (IT)	25H3	558
Cenlle (ES)	29C2	305
Céré-la-Ronde (FR)	18F3	402
Ceresole Reale (IT)	25G1	531
Cerisières (FR)	19C1	338
Cerisy-la-Forêt (FR)	15C2	353
Cerkno (SI)	38A1	668
Cerradas (PT)	30A3	648
Cerreto D'Esi (IT)	34D1	570
Certaldo (IT)	34B1	562
Certilleux (FR)	19D1	338
Certosa di Pavia (IT)	26B1	542
Červená Řečice (CZ)	37A2	118
Cervera (ES)	32E3	313
Cervera de Pisuerga (ES)	29F2	320
Cervia (IT)	26G3	554
Cervinia/Breuil (IT)	22G3	528
Cervo (IT)	28H1	558
Cesana Torinese (IT)	25F2	531
Cesena (IT)	26G3	554
Cesenatico (IT)	26G3	554
Cesson-Sévigné (FR)	18B1	366
Ceutí (ES)	31H2	314
Chabanais (FR)	21E3	444
Chablis (FR)	19B2	410
Chabris (FR)	18F3	402
Chailland (FR)	18C1	386
Chaille-les-Marais (FR)	21B2	386
Challans (FR)	18A3	387
Chalmazel (FR)	22B3	420
Chalon-sur-Saône (FR)	22C1	410
Chalonnes-sur-Loire (FR)	18C3	387
Chalus (FR)	21E3	444
Chambéret (FR)	21F3	444
Chambéry (FR)	25E1	420
Chambon-sur-Lac (FR)	24H1	420
Chambon-sur-Voueize (FR)	21H2	445
Chambord (FR)	18F2	402
Chamboulive (FR)	24F1	445
Chambretaud (FR)	18C3	387
Chamery (FR)	16B2	338
Chamonix-Mont-Blanc (FR)	22F3	420
Champ-Sur-Layon (FR)	18C3	387
Champagnac (FR)	24G1	420
Champagnole (FR)	22E1	411
Champeix (FR)	25A1	420
Champéry (CH)	22F2	116
Champigny-lès-Langres (FR)	19D2	338
Champigny-sur-Veude (FR)	18D3	402
Champoly (FR)	22B3	420
Champorcher (IT)	22G3	528
Champougny (FR)	16D3	338
Champtocé-sur-Loire (FR)	18C2	387
Champtoceaux (FR)	18B3	387
Chamrousse (FR)	25E2	420
Chanaleilles (FR)	25A2	421
Changé (FR)	18C1	387
Chantada (ES)	29C2	305
Chantenay-Villedieu (FR)	18D1	387
Chanteuges (FR)	25A2	421
Chantonnay (FR)	21B1	387
Chanzeaux (FR)	18C3	387
Chaon (FR)	18G2	402
Chaource (FR)	19B1	338
Charbonnières-les-Varennes (FR)	21H3	421
Charcé-Saint-Ellier-sur-Aubance (FR)	18C3	387
Charix (FR)	22D2	421
Charleville-Mézières (FR)	16C1	338
Charlieu (FR)	22B2	421
Charmes (FR)	19E1	338
Charolles (FR)	22B2	411
Charols (FR)	25C2	421
Chaspuzac (FR)	25A2	421
Chastreix (FR)	24H1	421
Château-Arnoux-Saint-Auban (FR)	28E1	493
Château-Chinon (FR)	19B3	411
Château-d'Oex (CH)	22G2	113
Château-d'Olonne (FR)	21A1	387
Château-Gontier (FR)	18C2	387
Château-Larcher (FR)	21D2	445
Château-l'Evêque (FR)	24E1	445
Château-sur-Allier (FR)	21H1	421
Château-Thierry (FR)	16A2	333
Châteaudun (FR)	18F1	402
Châteauneuf-du-Faou (FR)	14C2	366
Châteauneuf-sur-Sarthe (FR)	18C2	388
Châteauroux (FR)	21F1	402
Châtel-Guyon (FR)	21H3	421
Châtelaillon-Plage (FR)	21B2	445
Châtelus-le-Marcheix (FR)	21F3	445
Châtenois (FR)	19G1	338
Chatillon (FR)	22G3	528
Châtillon-en-Bazois (FR)	22A1	411
Châtillon-en-Vendelais (FR)	18B1	366
Châtillon-sur-Loire (FR)	18H2	402
Chaudes-Aigues (FR)	24H2	421
Chaumont (FR)	19D1	338
Chavagnes-en-Paillers (FR)	18B3	388
Chavagnes les Eaux (FR)	18C3	388
Chavanges (FR)	16C3	338
Chavannes-sur-l'Etang (FR)	19F2	339
Chaves (PT)	29C3	640
Chavignon (FR)	16A2	333
Chef-Boutonne (FR)	21D2	445
Cheltenham (GB)	1F2	508
Chemillé-Melay (FR)	18C3	388
Chênehutte-Trèves-Cunault (FR)	18D3	388
Chénerailles (FR)	21G2	445
Chenillé-Changé (FR)	18C2	388
Chenonceaux (FR)	18F3	402
Cherasco (IT)	25H2	531
Cherbourg (FR)	15B1	353
Cherves-Richemont (FR)	21C3	445
Chester (GB)	1F1	508
Chevagnes (FR)	22A1	421
Cheverny (FR)	18F2	403
Chey (FR)	21D2	445
Cheyres (CH)	22F1	113
Chianocco (IT)	25G1	531
Chiavenna (IT)	23B2	542
Chiaverano (IT)	25H1	531
Chichilianne (FR)	25D2	421
Chiddes (FR)	22B1	411
Chieri (IT)	25H2	531
Chiesa in Valmalenco (IT)	23C2	542
Chifenti (IT)	34A1	562
Chimay (BE)	11B3	110
Chioggia (IT)	26G1	547
Chiusa (IT)	23E1	539
Chiusa di Pesio (IT)	25H3	531
Chiusa di San Michele (IT)	25G2	532
Chiusdino (IT)	34B2	562
Chiusi (IT)	34C2	562
Chivasso (IT)	25H1	532
Chomelix (FR)	25B1	421
Chorges (FR)	25E3	493
Chouzé-sur-Loire (FR)	18D3	403
Chur (CH)	23B1	116
Churwalden (CH)	23B1	116
Chusclan (FR)	28C1	475
Ciampino (IT)	34D3	576
Cieux (FR)	21E3	445
Cinfães (PT)	29C3	644
Cingoli (IT)	34D1	570
Cirella (IT)	35C1	586
Cirencester (GB)	1F2	508
Cirkulane (SI)	38B1	670
Cirò Marina (IT)	35D2	586
Città di Castello (IT)	34C1	579
Cittadella del Capo (IT)	35C2	586
Cividale del Friuli (IT)	23H2	550
Civita Castellana (IT)	34C3	576
Civitella di Romagna (IT)	26F3	554
Civrac-en-Médoc (FR)	24B1	445
Civray-de-Touraine (FR)	18F3	403
Clairvaux-les-Lacs (FR)	22E1	411
Clamecy (FR)	19A3	411
Clansayes (FR)	25C3	422
Clausthal-Zellerfeld (DE)	10C2	137
Clauzetto (IT)	23G2	550
Clecy (FR)	15D2	353
Cléden-Cap-Sizun (FR)	14B2	366
Cléden-Poher (FR)	14C2	367
Cleebronn/Tripsdrill (DE)	17A2	247
Clefs-Val d'Anjou (FR)	18D2	388
Clenze (DE)	8C3	137
Clérac (FR)	24C1	446
Clères (FR)	15F1	353
Clermont Ferrand (FR)	22A3	422
Clermont-l'Hérault (FR)	28A2	475
Clohars-Carnoët (FR)	14C2	367
Cloppenburg (DE)	7G3	137
Cloyes-sur-le-Loir (FR)	18F1	403
Clusone (IT)	23C3	542
Coaña (ES)	29D1	305
Cobh (IE)	1B3	527
Coburg (DE)	12D3	270
Coca (ES)	30F1	321
Cochem (DE)	11F3	205
Codroipo (IT)	23H2	550
Coesfeld (DE)	9F2	182
Coëx (FR)	21A1	388
Cognac (FR)	21C3	446
Cogne (IT)	22G3	528
Coimbra (PT)	30B1	644
Coimbrão (PT)	30B2	644
Col de Bavella (FR)	33G1	501
Col de Vergio (FR)	33G1	501
Colà di Lazise (IT)	23D3	547
Colico (IT)	23B2	543
Colle di Tora (IT)	34D3	576
Collecchio (IT)	26C2	554
Colleferro (IT)	34D3	576
Collegno (IT)	25G2	532
Colleville-Montgomery (FR)	15D2	354
Collioure (FR)	32H1	475
Collonges-la-Rouge (FR)	24F2	446
Colloredo di Monte Albano (IT)	23H2	550
Colmar (FR)	19G1	339
Colmars-les-Alpes (FR)	25F3	493
Colmurano (IT)	34D1	570
Colombey-les-deux-Eglises (FR)	19C1	339
Colombier-le-Jeune (FR)	25C2	422
Colombres (ES)	29F1	305
Coltines (FR)	24H2	422
Colunga (ES)	29F1	305
Comacchio (IT)	26F2	554
Combrée (FR)	18C2	388
Combrit (FR)	14B2	367
Comines (FR)	11A2	333
Commana (FR)	14C1	367
Commercy (FR)	16D3	339
Como (IT)	23B3	543
Comporta (PT)	30B3	651
Comps (FR)	28C1	475
Comps-sur-Artuby (FR)	28F1	493
Concarneau (FR)	14C2	367
Concèze (FR)	24F1	446
Concourson-sur-Layon (FR)	18C3	388

Name	Grid	Page
Condat (FR)	24H1	422
Condeixa (PT)	30B1	644
Condofuri Marina (IT)	35C3	586
Condom (FR)	27D1	475
Conegliano (IT)	23F2	547
Confolens (FR)	21E2	446
Conil de la Frontera (ES)	31D3	324
Conliège (FR)	22D1	411
Conselice (IT)	26F2	554
Consenvoye (FR)	16D2	339
Consolation-Maisonnettes (FR)	19F3	411
Constância (PT)	30B2	648
Consuegra (ES)	30G3	321
Contis-Plage (FR)	24A3	446
Contrisson (FR)	16C3	339
Contursi Terme (IT)	35C1	585
Conty (FR)	15G1	333
Coo (BE)	11E3	109
Coppenbrügge (DE)	10A2	137
Cordes-sur-Ciel (FR)	27G1	475
Córdoba (ES)	31E1	324
Corgirnon (FR)	19D2	339
Corigliano Calabro (IT)	35C1	586
Corinaldo (IT)	34D1	570
Cormeilles (FR)	15E2	354
Cormons (IT)	23H2	550
Cornas (FR)	25C2	422
Corno di Rosazzo (IT)	23H2	550
Corraguan (IE)	1B2	527
Corravillers (FR)	19F2	411
Corre (FR)	19E2	411
Cortemilia (IT)	25H3	532
Coruche (PT)	30B3	648
Corvara in Badia (IT)	23F1	539
Cospeito (ES)	29D1	305
Cossignano (IT)	34E2	570
Costa da Caparica (PT)	30A3	648
Costa Volpino (IT)	23C3	543
Coswig/Anhalt (DE)	10E2	168
Coubon (FR)	25B2	422
Coucouron (FR)	25B2	422
Coucy-le-Château-Auffrique (FR)	16A1	333
Coudeville-sur-Mer (FR)	15B2	354
Couhé (FR)	21D2	446
Coullons (FR)	18H2	403
Coulon (FR)	21C2	446
Coulonges-sur-l'Autize (FR)	21C1	446
Coupiac (FR)	27H1	475
Coupvray (FR)	15H3	364
Courmayeur (IT)	22F3	529
Cournon d'Auvergne (FR)	22A3	422
Cours-la-Ville (FR)	22B2	422
Courseulles-sur-Mer (FR)	15D2	354
Courtenay (FR)	22D3	422
Courville-sur-Eure (FR)	15F3	403
Cousance (FR)	22D2	411
Couterne (FR)	15D3	354
Covas (PT)	29C3	640
Covas do Monte-SP do Sul (PT)	30C1	644
Crac'h (FR)	14D3	367
Crailsheim (DE)	17C2	247
Crandelles (FR)	24G2	422
Cransac (FR)	24G3	475
Craponne-sur-Arzon (FR)	25B1	422
Cravagliana (IT)	22H3	532
Crediton (GB)	1F3	508
Creixell (ES)	33B1	314
Crémieu (FR)	22D3	422
Cremona (IT)	26C1	543
Créon (FR)	24C2	447
Cres/Cres (HR)	38A2	518
Cres/Martinščica (HR)	38A3	518
Cres/Nerezine (HR)	38A3	518
Crespin (FR)	11B3	333
Cressat (FR)	21G2	446
Crest (FR)	25C2	422
Crickhowell (GB)	1F2	506
Criel-sur-Mer (FR)	13C3	354
Crikvenica (HR)	38A2	518
Crissolo (IT)	25G2	532
Criteuil la Magdeleine (FR)	21C3	446
Cropani Marina (IT)	35D2	586
Cros-de-Géorand (FR)	25B2	423
Crosey-le-Petit (FR)	19F3	411
Crotone (IT)	35D2	586
Crots (FR)	25F3	493
Crozon (FR)	14B1	367
Cruden Bay (GB)	2C1	503
Csemő (HU)	37C3	525
Cserszegtomaj (HU)	38C1	525
Cuceglio (IT)	25H1	532
Cudillero (ES)	29E1	305
Cudrefin (CH)	22F1	113
Cuellar (ES)	30F1	321
Cuevas de San Marcos (ES)	31F2	324
Cuges-les-Pins (FR)	28E2	493
Culan (FR)	21G2	403
Culemborg (NL)	9D2	611
Cullar (ES)	31G2	324
Cullen (GB)	2B1	503
Cupramontana (IT)	34D1	571
Cussac (FR)	21E3	446
Cutigliano (IT)	26D3	562
Cuxac-Cabardès (FR)	27G2	475
Cuxhaven (DE)	7H1	137
Cuzion (FR)	21F2	403
Czaplinek (PL)	36A3	636
Dabitz (DE)	6F3	159
Dahlem (DE)	11E3	182
Dahn/Reichenbach (DE)	16G2	205
Daimús (ES)	33A2	314
Dalby (DK)	6E2	300
Dalen (NO)	5B1	634
Dalfsen (NL)	9E1	607
Dals Långed (SE)	5D1	665
Dalwitz (DE)	8E1	159
Damazan (FR)	24D3	446
Damgan (FR)	14D3	367
Damme (DE)	9H1	137
Damp (DE)	6D3	121
Dampierre-en-Burly (FR)	18H2	403
Dampierre-sur-Loire (FR)	18D3	388
Dampniat (FR)	24F1	447
Damvillers (FR)	16D2	339
Dangast (DE)	7G2	138
Dankerode (DE)	10D3	168
Dannemare (DK)	6E3	300
Dannenberg (DE)	8C3	138
Danzig (Gdańsk) (PL)	36B2	636
Darlingerode (DE)	10C2	168
Dărmănești (RO)	40C2	658
Darscheid/Vulkaneifel (DE)	11F3	205
Dassel (DE)	10B2	138
Dassow (DE)	8C1	159
Dauphin (FR)	28E1	494
Davos (CH)	23C1	116
Dax (FR)	27B1	447
De Heen (NL)	9B3	622
De Heurne (NL)	9E2	611
De Lutte (NL)	9F2	607
De Rijp (NL)	9C1	596
Deauville (FR)	15D2	354
Dedemsvaart (NL)	9E1	607
Degerhamn (SE)	5F3	661
Deggendorf (DE)	17G2	270
Deidesheim (DE)	16H2	205
Deiningen (DE)	17C2	270
Deinste (DE)	8A2	138
Deleitosa (ES)	30E2	321
Delémont (CH)	19G3	113
Delft (NL)	9C2	618
Delfzijl (NL)	7F2	603
Delmenhorst (DE)	7H3	138
Delphi (AL)	35F2	512
Deltebre (ES)	33B1	314
Demmin (DE)	8F1	159
Den Haag (NL)	9C2	618
Den Ham (NL)	9E1	607
Den Helder (NL)	7C3	596
Den Oever (NL)	7C3	596
Denkendorf (DE)	17E2	270
Dennheritz (DE)	12F1	175
Desenzano del Garda (IT)	23D3	543
Dessau-Roßlau (DE)	10E2	168
Detern (DE)	7G3	138
Dettelbach (DE)	17C1	270
Dettenheim (DE)	16H2	247
Deudesfeld (DE)	11F3	205
Deuselbach (DE)	16F1	205
Deutsch Goritz (AT)	38B1	94
Deutsch Jahrndorf (AT)	37B3	97
Deutschfeistritz (AT)	37A3	94
Deutschlandsberg (AT)	38A1	94
Deux-Evailles (FR)	18C1	388
Dexheim (DE)	16H1	205
Diakofto (GR)	35F2	514
Diano Marina (IT)	28H1	559
Dicomano (IT)	34B1	562
Die (FR)	25D2	423
Diekirch (LU)	16E1	593
Diemelsee (DE)	9H3	229
Diemelstadt (DE)	10A3	229
Dienville (FR)	19C1	339
Diepenbeek (BE)	11D1	106
Diepenheim (NL)	9E2	607
Diepholz (DE)	9H1	138
Dieppe (FR)	13B3	354
Diera-Zehren (DE)	10G3	176
Dierbach (DE)	16H2	205
Diesbar-Seusslitz (DE)	10G3	176
Dießen (DE)	20D1	270
Diest (BE)	11C1	105
Dieue-sur-Meuse (FR)	16D2	339
Digne-les-Bains (FR)	28E1	494
Digoin (FR)	22B2	411
Dijon (FR)	19C3	412
Diksmuide (BE)	13D2	100
Dillenburg (DE)	11H2	229
Dilsen-Stokkem (BE)	11D1	106
Dimaro (IT)	23D2	539
Dimitsána (GR)	35F2	514
Dinan (FR)	15A3	367
Dingolfing (DE)	17F3	270
Dinkelsbühl (DE)	17C2	270
Dinslaken (DE)	9F3	182
Diou (FR)	22B2	423
Dittelbrunn (DE)	12C3	270
Ditzum (DE)	7F2	138
Dives-sur-Mer (FR)	15D2	354
Divjakë Plazh (AL)	39C3	85
Dobre Miasto (PL)	36B2	637
Dobrilovina (ME)	39C2	595
Dobrinj (HR)	38A2	518
Doesburg (NL)	9E2	612
Doezum (NL)	7E3	603
Dois Portos (PT)	30A3	648
Dokkum (NL)	7E2	599
Dol-de-Bretagne (FR)	15B3	367
Dolancourt (FR)	19C1	339
Dólar (ES)	31G2	324
Dôle (FR)	19D3	412
Dolenjske Toplice (SI)	38A2	670
Dolgesheim (DE)	16H1	205
Dollenchen (DE)	10G2	173
Dolus-d'Oléron (FR)	21B3	447
Domegge di Cadore Belluno (IT)	23F1	547
Dömitz (DE)	8D3	160
Dommartin-lès-Remiremont (FR)	19F2	339
Domme (FR)	24F2	447
Dompierre-sur-Besbre (FR)	22A2	423
Dompierre-sur-Charente (FR)	21C3	447
Domus de Maria (IT)	33G3	588
Domžale (SI)	38A1	668
Don Benito (ES)	30D3	321
Doña Mencía (ES)	31F2	324
Donaghadee (GB)	1D1	502
Donato (IT)	25H1	532
Donaueschingen (DE)	20A2	247
Donauwörth (DE)	17D3	271
Donegal (IE)	1C1	527
Donjeux (FR)	19D1	339
Donzac (FR)	24E3	475
Donzenac (FR)	24F1	447
Donzère (FR)	25C3	423
Doornenburg (NL)	9E2	612
Dordrecht (NL)	9C3	618
Dormagen (DE)	11F1	182
Dornberk (SI)	38A2	668
Dornbirn (AT)	20B3	92
Dorndorf (DE)	12B1	238
Dornum (DE)	7G2	138
Dörpen (DE)	7F3	138
Dörrenbach (DE)	16H2	205
Dorsten (DE)	9F3	183
Dortmund (DE)	9G3	183
Dorum (DE)	7H2	138
Dörverden (DE)	8A3	139
Dos Hermanas (ES)	31D2	324
Dottignies (BE)	11A2	110
Douarnenez (FR)	14B2	368
Douchapt (FR)	24D1	447
Doudeville (FR)	15E1	354
Doué-la-Fontaine (FR)	18D3	388
Douelle (FR)	24F3	475
Doullens (FR)	13D3	333
Dover (GB)	1H3	508
DovjeMojstrana (SI)	38A1	668
Dovre (NO)	4B2	634
Drace-Pelješac (HR)	39B2	520
Drachten (NL)	7E3	599
Drage/Elbe (DE)	8B2	139
Dragey-Ronthon (FR)	15B3	354
Dranske/Bakenberg (DE)	6G3	160
Dreetz (DE)	8E3	173
Drelsdorf (DE)	6C3	121
Drensteinfurt (DE)	9G3	183
Dresden (DE)	12G1	176
Dreux (FR)	15F3	403
Drimmelen (NL)	9C3	623
Drochtersen (DE)	8A2	139
Dronningmølle (DK)	6F1	300
Drübeck/Harz (DE)	10C2	168
Drugeac (FR)	24G1	423
Dry (FR)	18G2	403
Dubrovnik (HR)	39B2	520
Ducey (FR)	15B3	354
Dudelange (LU)	16E1	593
Duderstadt (DE)	10C3	139
Dugi Rat (HR)	39A1	521
Duilhac-sous-Peyrepertuse (FR)	27G3	475
Duisburg (DE)	9F3	183
Dülmen (DE)	9F3	183
Dumfries (GB)	2B3	504
Dun-sur-Meuse (FR)	16D2	339
Dunajská Streda (SK)	37B3	667
Dundonnell (GB)	2B1	504
Dunfanaghy (IE)	1C1	527
Dunthulm (GB)	2A1	504
Duras (FR)	24D2	447
Durbach (DE)	16H3	247
Durbuy (BE)	11D3	112
Düren (DE)	11E2	183
Durness (GB)	2B1	504
Dürrenroth (CH)	19G3	113
Durtal (FR)	18D2	388
Duruelo de la Sierra (ES)	29G3	321
Düsseldorf (DE)	11F1	183
Dwingeloo (NL)	9E1	605
Earnewâld (NL)	7E3	599
Easdale (GB)	2A2	504
Eaux-Bonnes (FR)	27C3	447
Ebeltoft (DK)	6D1	290
Ebensee (AT)	20H1	87
Eberbach (DE)	17A1	248
Ebermannstadt (DE)	17D1	271
Ebern (DE)	12C3	271
Ebersbach/Sachsen (DE)	37A1	176
Ebrach (DE)	12C3	271
Ebreuil (FR)	21H2	423
Ebringen (DE)	19G2	248
Ecaussines (BE)	11B2	110
Echallens (CH)	22F1	113
Echillais (FR)	21B3	447

Index

Entry	Grid	Page
Eckenhagen (DE)🅢	11G1	183
Eckernförde (DE)	6D3	121
Eckersweiler (DE)🅢	16G1	206
Ecuisses (FR)🅢	22C1	412
Edenkoben (DE)🅐🏠🅢	16H2	206
Edermünde (DE)🅢	12A1	229
Edertal (DE)🅢	12A1	229
Edesheim (DE)🅐🅢	16H2	206
Edewecht (DE)🅢	7G3	139
Ediger/Eller (DE)🅢	11F3	206
Eeklo (BE)🅙🅢	11A1	102
Eelderwolde (NL)🏠	7E3	605
Eenrum (NL)🏠	7E2	603
Eext (NL)🅒🅢	7F3	605
Eferding (AT)🏠	17H3	87
Egå (DK)🅐🅢	6D1	291
Egersund (NO)🅐🅙🅢	5A2	631
Egestorf (DE)🅢	8B3	139
Eggenburg (AT)🅢	37A3	89
Eggenfelden (DE)🅢	17G3	271
Eggermühlen (DE)🅢	9G1	139
Eggestedt (DE)🅢	7H3	139
Eging am See (DE)🅒🅢	17G2	271
Egletons (FR)🅢	24G1	447
Eguisheim (FR)🅢	19G1	340
Ehingen (DE)🅢	20B1	248
Eibelstadt (DE)🅢	17B1	271
Eichstätt (DE)🅐🅢	17D2	271
Eichstetten (DE)🅐🅢	19G1	248
Eidstod (NO)🅢	5B1	633
Eigeltingen (DE)🏠🅢	20A2	248
Einbeck (DE)🅐🅢	10B2	139
Eindhoven (NL)🅢	9D3	623
Einsiedl (DE)🅢	20E2	271
Eisenach (DE)🅐🅢	12C1	238
Eisenbach (DE)🅢	19H2	248
Eisenheim (DE)🅐🅢	12C3	271
Eisenschmitt (DE)🏠🅢	11F3	206
Eisfeld (DE)🅐🏠🅢	12D2	239
Ejerslev (DK)🅙🅢	5C3	291
El Bosque (ES)🅐🅢	31D3	324
El Campello (ES)🅐🅢	33A2	314
El Catllar (ES)🅐🅢	33B1	314
El Higuerón (ES)🏠🅢	31E1	324
El Masroig (ES)🅐🅢	33B1	314
El Palomar (ES)🅐🅢	33A2	314
El Puerto de Santa Maria (ES)🅐🅢	31D3	324
El Real de la Jara (ES)🅐🅢	31D1	324
Elba (Insel) (Isola d'Elba) (IT)🅐🅐🅢	34A2	563
Elburg (NL)🅙🅢	9D1	612
Eldena (DE)🅐🅢	8D2	160
Elefsina (GR)🅢	35G2	514
Elend (DE)🅐🅢	10C2	168
Elim (NL)🅢	9E1	605
Ellenz/Poltersdorf (DE)🅐🅢	11G3	206
Ellwangen (DE)🅐🅢	17C2	248
Elm (CH)🅐	23B1	116
Elmenhorst (DE)🅐🅢	6F3	160
Elmshorn (DE)🅐🅢	8A1	121
Elmstein (DE)🅐🏠🅢	16H2	206
Elorrio (ES)🅐🅢	29H2	305
Els Muntells (ES)🅐🅢	33B1	314
Elsfleth (DE)🅙🅢	7H3	139
Elsterheide (DE)🅐🅢	10H3	176
Eltmann am Main (DE)🅐🅢	12C3	271
Eltville am Rhein (DE)🅐🅢🅢	11H3	229
Eltziego (ES)🅐🅢	29H3	305
Elvas (PT)🅐🅢	30C3	651
Elven (FR)🅐🅢	14D3	368
Elzweiler (DE)🅐🅢	16G1	207
Embry (FR)🅐🅢	13C2	333
Emden (DE)🅙🅢	7F2	140
Emmeloord (NL)🅢	9D1	610
Emmelsbüll-Horsbüll (DE)🅐🅢	6C3	121
Emmen (NL)🅢	9F1	605
Emmendingen (DE)🅐🅢	19H1	248
Emmerich (DE)🅙🅢	9E3	183
Emsbüren (DE)🏠	9F1	140
Emst (NL)🅒🅢	9E2	612
Enderndorf (DE)🅐🅢	17D2	271
Endingen am Kaiserstuhl (DE)🅐🅢	19G1	248
Engelberg (CH)🅐🅢	22H1	115
Engesvan (DK)🅐🅢	6C1	291
Englesqueville-la-Percée (FR)🅐🅢	15C1	355
Enkhuizen (NL)🅢	9D1	597
Enkirch (DE)🅐🅢	11F3	207
Enna (IT)🅐🅢	35B3	590
Ennepetal (DE)🅒🅐🅢	11G1	184
Ennigerloh (DE)🅐🅢	9G3	184
Enquin-les-Mines (FR)🅐🅢	13D2	333
Ensch (DE)🅢	16F1	207
Enschede (NL)🅐🅢	9F2	607
Ensuès-la-Redonne (FR)🅐🅢	28D2	494
Enter (NL)🅢	9E2	607
Entracque (IT)🅐🅢🅢	25G3	532
Entraygues-sur-Truyère (FR)🅐🅢	24H2	475
Entre-os-Rios (PT)🅢	29C3	640
Épernay (FR)🅐🅢	16B2	340
Epidauros (Epidaurus) (GR)🅐🅢	35G2	514
Épinal (FR)🅐🅢	19E1	340
Épineuil-le-Fleuriel (FR)🅐🅢	21H1	403
Eppan (DE)🅐🅢	23E1	539
Eppelborn (DE)🅐🅢	16F2	207
Eppenbrunn (DE)🅐🅢	16G2	207
Eppingen (DE)🅐🅢	17A2	248
Equeurdreville (FR)🅐🅢	15B1	355
Equi Terme (IT)🅐🅢	26C3	562
Equihen-Plage (FR)🅢	13C2	333

Entry	Grid	Page
Eratini (GR)🅐	35F2	512
Erbach (DE)🅐🅢	17A1	230
Erbendorf (DE)🅐🅢	12E3	272
Erden (DE)🅐🅢	11F3	207
Erdeven (FR)🅐🅢	14D3	368
Erding (DE)🅙🅢	20E1	272
Erétria (GR)🅐🅢	35G2	512
Erfjord (NO)🅐🅢	5A1	631
Erftstadt (DE)🅐🅢	11F2	184
Erfurt (DE)🅐🅢	12D1	239
Erica (NL)🅢	9F1	605
Ericeira (PT)🅐🅢	30A3	648
Erlauf (AT)🏠🅢	37A3	89
Ermelo (NL)🅢	9D2	612
Ermioni (GR)🅐🅢	35G2	514
Ermsdorf (LU)🅐	16E1	593
Erndtebrück (DE)🏠🅢	11H1	184
Ernée (FR)🅐🅢	18C1	389
Ernst (DE)🅐🏠🅢	11G3	207
Erquy (FR)🅐🅢	15A3	368
Erslev (DK)🅐🅐🅢	5C3	291
Esbjerg (DK)🅐🅢🅢	6C2	291
Escalos de Baixo (PT)🅐🅢	30C2	644
Escharen (NL)🏠	9D3	623
Eschbach (DE)🅐🅢	16H2	207
Eschenz (CH)🅒🅢	20A2	116
Escherndorf (DE)🅐🅢	12C3	272
Eschershausen (DE)🅐🅢	10B2	140
Eschwege (DE)🅐🅢	12B1	230
Esens (DE)🅐🅢	7G2	140
Esine (IT)🏠🅢	23C3	543
Eskilstuna (SE)🅙🅢	5F1	660
Esmoulières (FR)🅐🅢	19F2	412
Espalion (FR)🅐🅢	24H3	476
Esparron de Verdon (FR)🅐🅢	28E1	494
Espéraza (FR)🅐🅢	27G3	476
Espés Undurein (FR)🅐🅢	27B2	447
Espinho (PT)🅐🅐🅢	29B3	640
Espinosa de los Monteros (ES)🅐🅢	29G2	321
Esposende (PT)🅐🅢	29B3	640
Esquelbecq (FR)🅐🅢	13D2	333
Essel (DE)🏠🅢	10B1	140
Essen (BE)🅐🅢	9C3	104
Essingen (DE)🅐🅢	16H2	207
Esslingen am Neckar (DE)🅐🅢	17B3	248
Essoyes (FR)🅐🅢	19C1	340
Estaires (FR)🅐🅢	13D2	333
Estarreja (PT)🅐🅢	30B1	644
Estavayer-le-Lac (CH)🅐🅢	22F1	113
Esternay (FR)🅐🅢	16A3	340
Esterwegen (DE)🅐🅢	7G3	140
Estivareilles (FR)🅐🅢	21H2	423
Estorf (DE)🅐	8A2	140
Estrela (PT)🅐	31C1	651
Estremoz (PT)🅐🅢	30C3	651
Esvres-sur-Indre (FR)🅐🅢	18E3	403
Étain (FR)🅐	16D2	340
Étang-sur-Arroux (FR)🅐🅢	22B1	412
Étel (FR)🅒🅢	14D3	368
Etival-Clairefontaine (FR)🅐🅢	19F1	340
Etnedal (NO)🅢	4B3	634
Étouteville (FR)🅐🅢	15E1	355
Etretat (FR)🅐🅢	15E1	355
Étroubles (IT)🅒🅢	22G3	529
Etten-Leur (NL)🅙🅢	9C3	623
Ettenbeuren (DE)🅐🅢	20C1	272
Ettenheim (DE)🅐🅢	19G1	249
Ettlingen (DE)🅐🅢	16H3	249
Eupen (BE)🅐🅢	11E2	109
Eutin (DE)🅐	8C1	121
Evenes (NO)🅐🅢	3A2	628
Everswinkel (DE)🅐🅢	9G2	184
Evolène (CH)🅐🅢	22G2	117
Evora (PT)🅐	30C3	651
Excideuil (FR)🅐🅢	24E1	447
Eystrup (DE)🅐	8A3	140
Eyzin-Pinet (FR)🅐🅢	25C1	423
Faaborg (DK)🅒🅐🅢	6D2	298
Fabriano (IT)🅐🅢	34D1	571
Faenza (IT)🅐🅢🅢	26F3	554
Fains-Veel (FR)🅐🅢	16D3	340
Fakse (DK)🅒🅢	6F2	300
Falces (ES)🅐🅢	29H3	310
Falerone (IT)🅐🅢	34D1	571
Falésia (PT)🅐🅢	31B2	655
Falkenberg (SE)🅙🅢	5D3	665
Falkirk (GB)🅐🅢	2B2	504
Fanjeaux (FR)🅐🅢	27G2	476
Fano (IT)🅐🅐🏠🅢	34D1	571
Fanø (DK)🅒🅢	6C2	291
Farfa in Sabina (IT)🅐🅢	34D3	576
Farini (IT)🅐🅢	26B2	555
Färjestaden (SE)🅐🅢	5F3	661
Faro (PT)🅐🅢	31B2	655
Fårö (SE)🅐🅢	5G2	663
Farsund (NO)🅐🅢	5B2	633
Farsø (DK)🅐🅢	5C3	291
Farum (DK)🅐🅢	6F1	300
Farø (DK)🅐🅢	6F2	300
Faßberg (DE)🅐🅢	8B3	140
Fátima (PT)🅐🅢	30B2	648
Faucogney-et-la-Mer (FR)🅐🅢	19F2	412
Fauske (NO)🅐🅢	3A3	628
Faverges (FR)🅐🅢	22E3	423
Faverolles (FR)🅐🅢	25A2	423
Favières (FR)🅐🅢	19E1	340
Faye d'Anjou (FR)🅐🅢	18C3	389
Fayence (FR)🅐🅢	28F2	494

Entry	Grid	Page
Fažana (HR)🅐🅢	38A3	518
Fécamp (FR)🅐🅢	15E1	355
Fehmarn (DE)🅐🅙🅐🅢	6E3	121
Fehrbellin (DE)🅐🅢	8F3	173
Feichten/Kaunertal (AT)🅐🅢	20D3	92
Feldberg (DE)🅐	8F2	160
Félines-Termenès (FR)🅐🅢	27H3	476
Fell (DE)🅐🅢	16F1	207
Felletin (FR)🅐🅢	21G3	447
Felsőszentmárton (HU)🅐🅢	38C1	526
Feltre (IT)🅐🅢	23F2	547
Fenestrelle (IT)🅐🅢	25G2	532
Fénétrange (FR)🅐🅢	16F3	340
Feneu (FR)🅐🅢	18C2	389
Fénis (IT)🅐🅢	22G3	529
Ferentillo (IT)🅐🅢	34D2	579
Ferlach (AT)🅐🅢	38A1	97
Fermanville (FR)🅐	15B1	355
Fermo (IT)🅐🅢	34E1	571
Ferrara (IT)🅐🅢	26F2	555
Ferrara di Monte Baldo (IT)🅐🅢	23D3	547
Ferreira do Alentejo (PT)🅐🅢	31B1	652
Ferrette (FR)🅐🅢	19G3	340
Ferritslev (DK)🅐🅢	6D2	298
Ferrol (ES)🅐🅢	29C1	305
Fervaches (FR)🅐🅢	15C2	355
Fessenheim (FR)🅐🅢	19G2	340
Fettercairn (GB)🅐🅢	2B2	504
Feucht (DE)🅐🅢	17D1	272
Fichtelberg (DE)🅒	12E3	272
Ficulle (IT)🅐🅢	34C2	579
Figeac (FR)🅐🅢	24G3	476
Figeholm (SE)🅙🅢	5F2	661
Figueira da Foz (PT)🅐🅢	30B1	644
Figueres (ES)🅐🅢	32H1	314
Filderstadt (DE)🅐🅢	17A3	249
Filipstad (SE)🅐🅢	5E1	665
Finale Ligure (IT)🅐🅢	26A3	559
Finisterre (ES)🅐🅢	29B1	305
Firenzuola (IT)🅐🅢	26E3	562
Fischbach (DE)🅐🅐🅢	16G1	207
Fischen (DE)🅐🅢	20C2	272
Fiskåbygd (NO)🅐🅢	4A3	628
Fiskebäckskil (SE)🅐🅢	5D2	665
Fitou (FR)🏠🅢	27H3	476
Fivizzano (IT)🏠🅢	26C3	563
Fjälkinge (SE)🅢	6G1	664
Fjärås (SE)🅐🅢	5D3	665
Fjerritslev (DK)🅐🅢	5C3	291
Flaine (FR)🅐	22F3	423
Flåtdal (NO)🏠🅢	5B1	634
Flauenskjold (DK)🅐🅢	5C3	291
Flekkefjord (NO)🅐🅢	5B2	633
Flemlingen (DE)🅐🅢	16H2	208
Flensburg (DE)🅐	6D3	122
Fleurance (FR)🅐🅢	27E1	476
Fleurus (BE)🅐	11C2	110
Fleury-d'Aude (FR)🅐🅢	28A2	476
Fliseryd (SE)🅐🅢	5F3	661
Flöda (SE)🅐	5D2	665
Flonheim (DE)🅐🅢	16H1	208
Florac (FR)🅐🅢	25A3	476
Florensac (FR)🅐🅢	28A2	476
Florenz (Firenze) (IT)🅐🅢	34B1	562
Flörsbachtal-Lohrhaupten (DE)🅐🅢	12B3	230
Florø (NO)🅐🅢	4A3	631
Foča (BA)🅐🅢	39C1	99
Fockbek (DE)🅐🅢	6D3	122
Föckelberg (DE)🅐	16G1	208
Foggia (IT)🅐🅢	34G3	583
Foiano della Chiana (IT)🅐	34C1	563
Folgaria (IT)🅐🅢	23E3	539
Folgarida (IT)🏠🅢	23D2	539
Follonica (IT)🅐🅢🅢	34B2	563
Foncastín (ES)🅐🅢	29F3	321
Fontaine-de-Vaucluse (FR)🅐🅢	28D1	494
Fontaine-Française (FR)🅐🅢	19D3	412
Fontainemore (IT)🅐🅢	22H3	529
Fontaines (FR)🅐🅢	21C2	389
Fontanellato (IT)🅐🅢	26C2	555
Fontanes (FR)🅐🅢	25C1	423
Fonteblanda (IT)🅐	34B2	563
Fontenay-le-Comte (FR)🅐🅢	21C1	389
Fontet (FR)🅐🅢	24D2	448
Fontevraud l'Abbaye (FR)🅐🅢	18D3	389
Fontvieille (FR)🅐🅢	28C1	494
Forbach (FR)🅐🅢	16F2	340
Forchheim (DE)🅐🅢	17D1	272
Forgès (FR)🅐🅢	24G1	448
Forges-les-Eaux (FR)🅐🅢	15G1	355
Forlimpopoli (IT)🅐🅢	26G3	555
Formigny (FR)🅐🅢	15C1	355
Forni di Sopra (IT)🅐🅢	23G1	551
Forst an der Weinstrasse (DE)🅐🅢	16H1	208
Forsvik (SE)🅐🅢	5E1	665
Fort Mahon Plage (FR)🅐🅢	13C3	334
Fort William (GB)🅐🅢	2A2	504
Fosnavåg (NO)🅙🅢	4A2	631
Fossacesia (IT)🅐🅢	34F2	581
Fossombrone (IT)🅐🅢	34D1	571
Fouesnant (FR)🅐🅢🅢	14C2	368
Fougères (FR)🅐🅢	15B3	368
Fouras (FR)🅐🅢	21B2	389
Fourques-sur-Garonne (FR)🅐🅢	24D3	448
Fours (FR)🅐🅢	22A1	412
Foussais-Payré (FR)🅐🅢	21C1	389
Foz do Arelho (PT)🅐🅢	30B2	648
Frabosa Soprana (IT)🅐🅒🅢	25H3	532

Name	Ref	Page
Frailes (ES)	31F2	324
Fraïsse-sur-Agout (FR)	27H2	476
Fraize (FR)	19F1	340
Francavilla di Sicilia (IT)	35C3	590
Frankenberg/Eder (DE)	12A1	230
Fratel (PT)	30C2	644
Fredenbeck (DE)	8A2	140
Fredericia (DK)	6D2	291
Frederikshavn (DK)	5C3	291
Frederikssund (DK)	6F1	300
Frederiksværk (DK)	6F1	300
Fredrikstad (NO)	5C1	634
Fréhel (FR)	15A3	368
Freiberg (DE)	12G1	176
Freiburg (DE)	19H1	249
Freiburg/Elbe (DE)	8A1	140
Freigné (FR)	18B2	389
Freisen (DE)	16G1	208
Freistatt (DE)	9H1	140
Freixo de Espada a Cinta (PT)	30D1	640
Freixo de Numão (PT)	30D1	640
Frejairolles (FR)	27G1	476
Fresenbrügge (DE)	8D2	160
Fresnay-sur-Sarthe (FR)	18D1	389
Freudenberg (DE)	17A1	389
Freudenberg (NRW) (DE)	11G1	184
Freyburg/Unstrut (DE)	10E3	168
Freyung (DE)	17H2	272
Friedberg (DE)	12A3	230
Friedberg (DE)	17D3	272
Friedeburg (DE)	7G2	140
Friedenfels (DE)	12E3	272
Friedrichshafen (DE)	20B2	249
Friedrichskoog (DE)	7H1	122
Friedrichstadt (DE)	6C3	122
Frielendorf (DE)	12A1	230
Friesoythe (DE)	7G3	141
Frillesås (SE)	5D3	665
Fritzlar (DE)	12A1	230
Fromental (FR)	21F2	448
Frómista (ES)	29F3	321
Froncles (FR)	19D1	340
Frontenac (FR)	24C2	448
Frutigen (CH)	22G1	113
Frørup (DK)	6E2	299
Fuengirola (ES)	31E3	325
Fuente Dé (ES)	29F2	305
Fulda (DE)	12B2	230
Fumay (FR)	11C3	340
Fumel (FR)	24E3	448
Fundão (PT)	30C2	644
Fundu Moldovei (RO)	40B1	658
Fur (DK)	5C3	291
Furadouro (PT)	30B1	644
Furnari (IT)	35C2	590
Fürstenau (DE)	9G1	141
Fürstenberg/Havel (DE)	8F2	173
Fürstenzell (DE)	17G3	273
Fushë-Kruje (AL)	39D3	85
Füssen (DE)	20D2	273
Føllenslev (DK)	6E1	300
Gaby (IT)	22H3	529
Gacé (FR)	15E3	355
Gaeta (IT)	35B1	576
Gaggenau (DE)	16H3	249
Gaildorf (DE)	17B2	249
Gailingen am Hochrhein (DE)	20A2	249
Gaillac (FR)	27F1	476
Gaiole in Chianti (IT)	34B1	563
Gaishorn am See (AT)	37A3	94
Galatas (GR)	35G2	514
Galéria (FR)	33G1	501
Gallicano (IT)	26D3	563
Gallipoli (IT)	35D1	583
Gällivare (SE)	3B3	659
Gallneukirchen (AT)	37A3	87
Gälló (SE)	4C2	666
Galtür (AT)	20C3	92
Galway (IE)	1B2	527
Gaming (AT)	37A3	89
Gamlitz (AT)	38B1	94
Gammertingen (DE)	20A1	249
Gampelen (CH)	22F1	113
Gan (FR)	27C2	448
Gandino (IT)	23C3	543
Gangelt (DE)	11E1	184
Gangi (IT)	35B3	590
Gap (FR)	25E3	494
Gârbova (RO)	40B2	657
Garda (IT)	23D3	547
Garderen (NL)	9D2	612
Garessio (IT)	25H3	532
Gargazzone (IT)	23E1	539
Garmisch-Partenkirchen (DE)	20D2	273
Garrigàs (ES)	32H2	314
Gars am Kamp (AT)	37A3	89
Gartow (DE)	8D3	141
Gastes (FR)	24B3	448
Gau-Algesheim (DE)	11H3	208
Gau-Bickelheim (DE)	16H1	208
Gau-Heppenheim (DE)	16H1	208
Gau-Odernheim (DE)	16H1	208
Gavarnie (FR)	27C3	477
Gavere (BE)	11B1	102
Gavirate (IT)	23A3	543
Gävle (SE)	4D3	666
Gavray (FR)	15B2	355
Gâvres (FR)	14C3	368
Gebhardshain (DE)	11G2	208
Gèdre (FR)	27C3	477
Gedrez (ES)	29D2	306
Gedser (DE)	6F3	300
Geel (BE)	11C1	103
Geertruidenberg (NL)	9C3	623
Geeste (DE)	9F1	141
Geesteren (NL)	9F1	607
Geesthacht (DE)	8B2	122
Gehrden (DE)	10B1	141
Geierswalde (DE)	10H3	176
Geiselberg (DE)	16G2	208
Geisingen (DE)	20A2	249
Geldermalsen (NL)	9D2	612
Geldern (DE)	9E3	184
Gelnhausen (DE)	12A3	230
Gelsenkirchen (DE)	9F3	184
Gelting (DE)	6D3	122
Gelves (ES)	31D2	325
Gémenos (FR)	28D2	494
Gemert (NL)	9D3	623
Gemona del Friuli (IT)	23H2	551
Gencay (FR)	21D2	448
Gendringen (NL)	9E2	612
Gené (FR)	18C2	389
Génelard (FR)	22B2	412
Genga (IT)	34D1	571
Genillé (FR)	18F3	403
Genk (BE)	11D1	106
Gennep (NL)	9E3	625
Genola (IT)	25H3	533
Génolhac (FR)	25B3	477
Genté (FR)	21C3	448
Geraardsbergen (BE)	11B2	103
Gerakani (GR)	35H1	517
Gérardmer (FR)	19F1	340
Germersheim (DE)	16H2	208
Germignaga (IT)	23A3	543
Germigny-des-Prés (FR)	18G2	403
Gernrode (DE)	10D2	168
Gernsbach (DE)	16H3	250
Gerolimenas (GR)	35G3	514
Gerolstein (DE)	11F3	208
Gerolzhofen (DE)	12C3	273
Gervans (FR)	25C2	423
Geslau (DE)	17C2	273
Gevenich (DE)	11F3	209
Gialova Pylou (GR)	35F3	514
Giardini Naxos (IT)	35C3	590
Giaveno (IT)	25G2	533
Gien (FR)	18H2	404
Giengen (DE)	17C3	250
Gierloz (PL)	36C2	637
Gießen (DE)	11H2	230
Giessenburg (NL)	9C3	618
Giethoorn (NL)	9E1	608
Giffaumont-Champaubert (FR)	16C3	341
Gifhorn (DE)	10C1	141
Gignac (FR)	24F2	477
Gigondas (FR)	28C1	494
Gijón (ES)	29E1	306
Gilău (RO)	40B2	657
Gilleleje (DK)	6F1	300
Gillenfeld (DE)	11F3	209
Gilly-sur-Loire (FR)	22B2	412
Gilserberg (DE)	12A1	230
Gimbsheim (DE)	16H1	209
Gimont (FR)	27E1	477
Girona (ES)	32H2	314
Girvan (GB)	1D1	504
Gisay-la-Coudre (FR)	15E2	355
Gistel (BE)	11A1	100
Gistrup (DK)	5C3	291
Giswil (CH)	22H1	115
Give (DK)	6C1	291
Givet (FR)	11C3	341
Givry (FR)	22C1	412
Gizeux (FR)	18D3	404
Gjirokaster (AL)	35E1	85
Gjøvik (NO)	4B3	634
Gladbeck (DE)	9F3	185
Gladenbach (DE)	11H2	230
Glan-Münchweiler (DE)	16G1	209
Gleisweiler (DE)	16H2	209
Gleiszellen-Gleishorbach (DE)	16H2	209
Glejbjerg (DK)	6C2	291
Glenbrittle (GB)	2A1	504
Glenmalure (IE)	1C2	527
Glifa Kyllini (GR)	35F2	514
Gliki (GR)	35E1	512
Glödnitz (AT)	38A1	97
Glomel (FR)	14C2	368
Glorenza (IT)	23D1	539
Glückstadt (DE)	8A1	122
Gmünden (AT)	20H1	87
Gnarrenburg (DE)	8A2	141
Goch (DE)	9E3	185
Golčův Jeníkov (CZ)	37A2	118
Goldenstedt (DE)	9H1	141
Goldkronach (DE)	12E3	273
Golfo Aranci (IT)	33G2	588
Göllersdorf (AT)	37A3	89
Golling (AT)	20G2	93
Goncourt (FR)	19D1	341
Gondomar (PT)	29C3	641
Gondrecourt-le-Château (FR)	16D3	341
Gonzeville (FR)	15E1	355
Göppingen (DE)	17B3	250
Gora Swietej Anny (PL)	37B1	637
Gordes (FR)	28D1	494
Gordevio (CH)	23A2	117
Gorinchem (NL)	9C3	618
Gorizia (IT)	23H2	551
Gorleben (DE)	8D3	141
Gorliz (ES)	29H2	306
Gornac (FR)	24C2	448
Gorron (FR)	15C3	389
Gorssel (NL)	9E2	612
Gosau (AT)	20H2	87
Gosdorf (AT)	38B1	94
Gosende (PT)	30C1	641
Gößweinstein (DE)	17D1	273
Göteborg (SE)	5D2	665
Gotha (DE)	12C1	239
Gotlands Tofta (SE)	5G2	663
Göttingen (DE)	10B3	141
Gouda (NL)	9C2	618
Goudriaan (NL)	9C2	618
Goulven (FR)	14B1	368
Gourdon (FR)	24F2	477
Gournay-en-Bray (FR)	15G1	356
Gouvets (FR)	15C2	356
Gouville-sur-Mer (FR)	15B2	356
Gouzon (FR)	21G2	449
Gozon (ES)	29E1	306
Graach/Mosel (DE)	11F3	209
Graal-Müritz (DE)	6F3	160
Graauw (NL)	11B1	620
Grabow (DE)	8D2	160
Gradačac (BA)	38D2	99
Gradara (IT)	26H3	572
Gradisca d'Isonzo (IT)	23H2	551
Grado (IT)	23H3	551
Gradoli (IT)	34C2	576
Grafenau (DE)	17G2	273
Gräfendorf (DE)	12B3	273
Grafschaft (DE)	11F2	209
Grainville-Langannerie (FR)	15D2	356
Gram (DK)	6C2	299
Gramat (FR)	24F2	477
Granada (ES)	31F2	325
Grand-Fort-Philippe (FR)	13D2	334
Grand-Fougeray (FR)	18B2	368
Grandcamp-Maisy (FR)	15C1	356
Grândola (PT)	31B1	652
Grandson (CH)	22F1	113
Grandvilliers (FR)	15G1	334
Grane (FR)	25C2	423
Gränna (SE)	5E2	660
Granollers (ES)	32G3	315
Granville (FR)	15B2	356
Grasberg (DE)	8A3	141
Grave (NL)	9D3	623
Gravelines (FR)	13D2	334
Gray (FR)	19D3	412
Grayan-et-l'Hôpital (FR)	24B1	449
Graz (AT)	37A3	94
Grazalema (ES)	31E3	325
Greasque (FR)	28D2	494
Great Missenden (GB)	1G2	508
Grebaštica (HR)	39A1	521
Grebenau (DE)	12B2	230
Grebenhain (DE)	12A2	231
Greding (DE)	17D2	273
Grefrath (DE)	11E1	185
Greifswald (DE)	6G3	160
Grenaa (DK)	5D3	291
Grenade-sur-Garonne (FR)	27F1	477
Grenade-sur-l'Adour (FR)	27C1	449
Gréoux-les-Bains (FR)	28E1	495
Gresse-en-Vercors (FR)	25C2	423
Gressoney-Saint-Jean (IT)	22H3	529
Greve (DK)	6F1	300
Greve in Chianti (IT)	34B1	563
Greven (DE)	9G2	185
Gréville-Hague (FR)	15B1	356
Grez-en-Bouère (FR)	18C2	389
Grez-Neuville (FR)	18C2	389
Grézillac (FR)	24C2	449
Gries (DE)	16G2	209
Gries am Brenner (AT)	20E3	92
Grigneuseville (FR)	15F1	356
Grimaud (FR)	28F2	495
Grimbergen (BE)	11C1	105
Grimentz (CH)	22G2	117
Grimselpas (CH)	22H1	117
Grimstad (NO)	5B2	633
Grindelwald (CH)	22H1	113
Grinzane Cavour (IT)	25H2	533
Grobbendonk (BE)	11C1	104
Grödersby (DE)	6D3	122
Groede (NL)	11A1	620
Groenlo (NL)	9F2	612
Grömitz (DE)	6E3	122
Gron (NO)	4B1	629
Grönhögen (SE)	36A1	661
Groningen (NL)	7E3	603
Gronsveld (NL)	11D2	625
Gropparello (IT)	26C2	555
Großalmerode (DE)	12B1	231
Großefehn (DE)	7G2	142

Index

Name	Grid	Page
Großenaspe (DE)	8B1	123
Großenbrode (DE)	6E3	123
Großenhain (DE)	10G3	176
Großenkneten (DE)	7H3	142
Großenwieden (DE)	10A2	142
Großenwörden (DE)	8A2	142
Großheide (DE)	7F2	142
Großheubach (DE)	17A1	273
Großlobming (AT)	37A3	94
Grossbottwar (DE)	17B2	250
Großsolt (DE)	6D3	123
Grossville (FR)	15B1	356
Großweil (DE)	20E2	273
Grottammare (IT)	34E2	572
Grožnjan (HR)	38A2	518
Grubbenvorst (NL)	9E3	625
Gruissan (FR)	27H3	477
Grumento Nova (IT)	35C1	585
Grünberg (DE)	12A2	231
Grünhain (DE)	12F2	176
Gryon (CH)	22G2	113
Gschwend (DE)	17B2	250
Gstaad (CH)	22G2	113
Gualdo Cattaneo (IT)	34C2	579
Gualdo Tadino (IT)	34D1	579
Gualta (ES)	32H2	315
Guarda (PT)	30C1	644
Guastalla (IT)	26D2	555
Gubbio (IT)	34C1	579
Guebwiller (FR)	19G2	341
Gueltas (FR)	14D2	368
Guenrouet (FR)	18A2	389
Guérande (FR)	14D3	389
Guéret (FR)	21G2	449
Guern (FR)	14D2	369
Güglingen (DE)	17A2	250
Guichen (FR)	18B1	369
Guidel (FR)	14C2	369
Guilberville (FR)	15C2	356
Guilhufe (PT)	29C3	641
Guillaumes (FR)	28F1	495
Guilly (FR)	18G3	404
Guimiliau (FR)	14C1	369
Guingamp (FR)	14D1	369
Guiscriff (FR)	14C2	369
Guisseny (FR)	14D1	369
Guitiriz (ES)	29C1	306
Gullbrandstorp (SE)	5E3	665
Gumpoldskirchen (AT)	37A3	89
Gundersheim (DE)	16H1	209
Guntersblum (DE)	16H1	209
Günzburg (DE)	17C3	251
Gunzenhausen (DE)	17D2	274
Gurgy (FR)	19A2	412
Gurskøy (NO)	4A2	631
Gusinje (ME)	39C2	595
Güstrow (DE)	8E1	160
Gützkow (DE)	8F1	160
Guzet-Neige (FR)	27E3	477
Gwatt-Thun (CH)	22G1	113
Gyenesdiás (HU)	38C1	525
Győr (HU)	37B3	526
Gythion (GR)	35G3	514
Gørlev (DK)	6E2	300
Haaksbergen (NL)	9F2	608
Habichtswald (DE)	10A3	231
Hachenburg (DE)	11G2	209
Haderslev (DK)	6D2	292
Hadsund (DK)	5C3	292
Hage (DE)	7F2	142
Hagenbach (DE)	16H2	210
Hagenburg (DE)	10A1	142
Hagetmau (FR)	27C1	449
Hahnenklee (DE)	10C2	142
Haigerloch (DE)	20A1	250
Hainburg/Donau (AT)	37B3	89
Hainfeld (AT)	16H2	210
Haironville (FR)	16D3	341
Halászi (HU)	37B3	526
Halden (NO)	5D1	634
Haldensleben (DE)	10D1	168
Haligovce (SK)	37C2	667
Hall in Tirol (AT)	20E3	92
Halle (BE)	11B2	105
Halle/Saale (DE)	10E3	169
Halmstad (SE)	5E3	665
Hals (DK)	5C3	292
Hälsö (SE)	5D2	665
Haltern am See (DE)	9F3	185
Hamar (NO)	4B3	634
Hambergen (DE)	7H2	142
Hamburg (DE)	8B2	123
Hameln (DE)	10A2	142
Hamina (FI)	4F2	327
Hamm (DE)	9G3	185
Hammarstrand (SE)	4C2	666
Hamme (BE)	11B1	103
Hammelburg (DE)	12B3	274
Hammerfest (NO)	3A2	549
Hamoir (BE)	11D3	109
Hamont (BE)	11D1	106
Hampigny (FR)	19C1	341
Han-Sur-Lesse (BE)	11D3	111
Handewitt (DE)	6C3	123
Hanerau-Hademarschen (DE)	8A1	123
Hanhikoski (FI)	4E2	328
Hankensbüttel (DE)	8C3	142
Hannoversch Münden (DE)	10B3	142
Hanstholm (DK)	5C3	292
Hansweert (NL)	9B3	620
Harchies (BE)	11B2	110
Hard (AT)	20B2	92
Hardegsen (DE)	10B3	143
Hardelot (FR)	13C2	334
Hardenberg (NL)	9E1	608
Harderwijk (NL)	9D2	612
Hardheim (DE)	17B1	250
Harelbeke (BE)	11A2	101
Haren (NL)	7E3	603
Haren/Ems (DE)	9F1	143
Harlingen (NL)	7D3	599
Haro (ES)	29H2	310
Harrislee (DE)	6D3	123
Harsefeld (DE)	8A2	143
Harsewinkel (DE)	9H2	185
Harskirchen (FR)	16F3	341
Hartmannswiller (FR)	19G2	341
Harzgerode (DE)	10D3	169
Haselünne (DE)	9G1	143
Haslach (AT)	17H3	87
Haslach/Kinzigtal (DE)	19H1	250
Hasloh (DE)	8B2	123
Hasselberg (DE)	6D3	123
Hasselfelde (DE)	10C3	169
Hasselt (BE)	11D1	106
Hasselt (NL)	9E1	608
Hassfurt (DE)	12C3	274
Hasslö (SE)	5F3	663
Hassloch (DE)	16H2	210
Hattem (NL)	9E1	613
Hattfjelldal (NO)	4C1	628
Hattingen (DE)	9F3	185
Hattu (FI)	4G1	328
Hatzfeld (DE)	11H1	231
Hauenstein (DE)	16G2	210
Haugesund (NO)	5A1	631
Hausach (DE)	19H1	250
Häusernmoos (CH)	19G3	113
Hautefort (FR)	24E1	449
Hauteluce (FR)	22F3	423
Hauterives (FR)	25C1	424
Hautmont (FR)	11B3	334
Havelberg (DE)	8E3	169
Havixbeck (DE)	9G2	186
Havndal (DK)	5C3	292
Hawick (GB)	2B3	504
Hay-on-Wye (GB)	1F2	507
Haybes (FR)	11C3	341
Hayling Island (GB)	1G3	508
Hebnes (NO)	5A1	631
Hechingen (DE)	20A1	251
Hechtel/Eksel (BE)	11D1	107
Hédé-Bazouges (FR)	15B3	369
Heel (NL)	11E1	625
Heerde (NL)	9E1	613
Heerenveen (NL)	7E3	599
Heeswijk-Dinther (NL)	9D3	623
Heeten (NL)	9E1	608
Heide (DE)	8A1	123
Heidenheim (DE)	17C3	251
Heiderscheid (LU)	16E1	593
Heiderscheidergrund (LU)	16E1	593
Heilbronn (DE)	17A2	251
Heiligenberg (DE)	20B2	251
Heiligenblut (AT)	20G3	97
Heiligenhafen (DE)	6E3	124
Heiligenhaus (DE)	11F1	186
Heiligenstadt (DE)	10B3	239
Heiligenstein (FR)	19G1	341
Heimbach (DE)	11E2	186
Heimborn (DE)	11G2	210
Heimdal (NO)	4B2	629
Heinävesi (FI)	4F2	329
Heinsberg (DE)	11E1	186
Heiterwang (AT)	20D2	92
Hejls (DK)	6D2	292
Helchteren (BE)	11D1	107
Helenaveen (NL)	9E3	623
Helensburgh (GB)	2B2	504
Hellendoorn (NL)	9E1	608
Hellenthal (DE)	11E3	186
Helmond (NL)	9D3	623
Helmstedt (DE)	10C1	143
Helsa (DE)	12B1	231
Helsinge (DK)	6F1	300
Helsinki (FI)	4F3	327
Heltersberg (DE)	16G2	210
Hemer (DE)	9G3	186
Hemmelzen (DE)	11G2	210
Hemmet (DK)	6C1	292
Hemmiken (CH)	19H3	115
Hendaye (FR)	27A2	449
Hengelo (NL)	9E2	613
Hengelo (NL)	9F2	608
Herbeumont (BE)	16D1	112
Herborn (DE)	11H2	231
Herbrechtingen (DE)	17C3	251
Herbstein (DE)	12A2	231
Hérémence (CH)	22G2	117
Herentals (BE)	11C1	104
Herford (DE)	9H2	186
Heringsdorf (DE)	6H3	161
Herk-de-Stad (BE)	11D1	107
Hermagor (AT)	23H1	97
Hermannsburg (DE)	8B3	143
Hermanville-sur-Mer (FR)	15D2	356
Hermsdorf (DE)	12G1	176
Hernádvécse (HU)	37C2	525
Hernani (ES)	29H2	306
Herning (DK)	6C1	292
Hérouvilette (FR)	15D2	356
Herrenberg (DE)	17A3	251
Herrera de Pisuerga (ES)	29F2	321
Herrieden (DE)	17C2	274
Herrstein (DE)	16G1	210
Hersbruck (DE)	17D1	274
Herscheid (DE)	11G1	186
Herselt (BE)	11C1	104
Hertme (NL)	9F2	608
Herxheim (DE)	16H2	210
Herzlake (DE)	9G1	143
Herzogenaurach (DE)	17D1	274
Hesel (DE)	7G2	144
Hessigheim (DE)	17A2	251
Hessisch Lichtenau (DE)	12B1	231
Hessisch Oldendorf (DE)	10A2	144
Het Zand (NL)	7C3	597
Heteren (NL)	9D2	613
Heubach (DE)	17B3	251
Heuchelheim-Klingen (DE)	16H2	210
Heudicourt sous les Côtes (FR)	16D3	342
Heuilley-sur-Saône (FR)	19D3	412
Heurteauville (FR)	15E1	357
Hidrasund (NO)	5B2	633
Hieflau (AT)	37A3	95
Hiers-Brouage (FR)	21B3	449
Hilchenbach (DE)	11H1	186
Hilders (DE)	12B2	232
Hiliadou (GR)	35F2	512
Hillerød (DK)	6F1	300
Hillesheim (DE)	11F3	210
Hillion (FR)	14D1	369
Hilpoltstein (DE)	17D2	274
Himarë (AL)	35E1	85
Hinje (SI)	38A2	670
Hinrichshagen (DE)	6G3	161
Hinterkappelen (CH)	22G1	113
Hinterstoder (AT)	37A3	87
Hinterzarten (DE)	19H2	251
Hirel (FR)	15B3	370
Hirschhorn (DE)	17A1	232
Hirtshals (DK)	5C3	292
Hirtzbach (FR)	19G2	342
Hirzenhain (DE)	12A2	232
Hitzacker (DE)	8C3	144
Hjallerup (DK)	5C3	293
Hjorted (SE)	5F2	662
Hjørring (DK)	5C2	293
Hobro (DK)	5C3	293
Höchenschwand (DE)	19H2	251
Hochspeyer (DE)	16G1	211
Hoepertingen (BE)	11D2	107
Hof/Saale (DE)	12E2	274
Hofgeismar (DE)	10A3	232
Hofheim in Unterfranken (DE)	12C3	275
Hogebeintum (NL)	7D2	599
Hogne (BE)	11D3	111
Höheinöd (DE)	16G2	211
Hohenau/March (AT)	37B2	89
Hohenberg/Eger (DE)	12E3	275
Hohenburg (DE)	17E1	275
Hohenfelde (DE)	6D3	124
Höhenland (DE)	8G3	173
Hohn (DE)	6D3	124
Hohne (DE)	10C1	144
Hohnstorf/Elbe (DE)	8C2	144
Höhr-Grenzhausen (DE)	11G2	211
Hohwacht (DE)	6E3	124
Holdorf (DE)	9H1	144
Hollenstein/Ybbs (AT)	37A3	89
Hollern (DE)	8A2	144
Höllviken (SE)	6F2	664
Holmestrand (NO)	5C1	634
Holsted (DK)	6C2	293
Holsworthy (GB)	1E3	509
Holten (NL)	9E2	608
Holzappel (DE)	11G3	211
Holzmaden (DE)	17B3	251
Holzminden (DE)	10A2	144
Homberg/Efze (DE)	12A1	232
Homberg/Ohm (DE)	12A2	232
Hombourg-Haut (FR)	16F2	342
Hondaribbia (ES)	27A2	306
Hondschoote (FR)	13D2	334
Hône (IT)	22H3	529
Honfleur (FR)	15E1	357
Hontoria del Pinar (ES)	29G3	321
Hoogblokland (NL)	9C2	618
Hoogerheide (NL)	9B3	623
Hoogeveen (NL)	9E1	606
Hoorn (NL)	9C1	597
Hopsten (DE)	9G1	187
Horitschon (AT)	37B3	97
Horn (DE)	10A2	187
Hornbach (DE)	16G2	211
Hornberg (DE)	19H1	251
Hornburg (DE)	10C2	144
Hornes (NO)	5B2	633
Hornstorf (DE)	8D1	161
Hornu (BE)	11B2	110
Hörnum (DE)	6C3	124
Hörschhausen (DE)	11F3	211
Horsens (DK)	6D1	293
Hörstel (DE)	9G2	187

Index

Name	Grid	Page
Hörsten (DE)	6D3	124
Horten (NO)	5C1	634
Horw (CH)	22H1	115
Hoscheid (LU)	11E3	593
Hostens (FR)	24C3	449
Hotton (BE)	11D3	112
Houdeng Aimeries (BE)	11B2	110
Houeillès (FR)	24D3	449
Hourtin (FR)	24B1	449
Houthalen (BE)	11D1	107
Hov (NO)	4B3	634
Hovborg (DK)	6C2	293
Hovden (NO)	3A3	628
Hövelhof (DE)	9H2	187
Hoven (DK)	6C1	293
Höxter (DE)	10A3	187
Hoya/Weser (DE)	8A3	144
Hrušеvje (SI)	38A2	668
Hückelhoven (DE)	11E1	187
Hüde (49448) (DE)	9H1	144
Hude (DE)	7H3	144
Hudënisht (AL)	39D3	85
Huelgoat (FR)	14C1	370
Huelva (ES)	31C2	325
Huércal-Overa (ES)	31H2	325
Huergas de Babia (ES)	29E2	321
Hüfingen (DE)	19H2	251
Huisheim (DE)	17D2	275
Huissen (NL)	9E2	613
Huittinen (FI)	4E2	328
Huizen (NL)	9D2	597
Hülben (DE)	17B3	252
Hulst (NL)	11B1	620
Hult (SE)	5F2	660
Hulten (NL)	9C3	623
Humble (DK)	6E3	299
Humbligny (FR)	18H3	404
Hundested (DK)	6E1	300
Hünfeld (DE)	12B2	232
Hungen (DE)	12A2	232
Huntingdon (GB)	1G2	509
Hürtgenwald (DE)	11E2	187
Hurup Thy (DK)	5B3	293
Hurwenen (NL)	9D3	613
Husnes (NO)	5A1	631
Hüsten (DE)	9G3	187
Husum (DE)	6C3	124
Husøy i Senja (NO)	3A2	629
Hüttschlag (AT)	20H3	93
Huttwil (CH)	19H3	113
Huy (BE)	11D2	109
Hvide Sande (DK)	6B1	293
Hyères (FR)	28E3	495
Højslev (DK)	5C3	293
Høvringen (NO)	4B3	634
Ibbenbüren (DE)	9G2	188
Ibi (ES)	33A2	315
Ichtershausen (DE)	12D1	239
Ičići (HR)	38A2	518
Idanha-a-Nova (PT)	30C2	645
Idanha-a-Velha (PT)	30C2	645
Idar/Oberstein (DE)	16G1	211
Idrija (SI)	38A2	668
Idstein (DE)	11H3	232
Ieper (BE)	11A2	101
Igoumenítsa (GR)	35E1	513
Ihlienworth (DE)	7H1	144
Ihlow (DE)	7G2	144
Ihringen (DE)	19G1	252
Iisalmi (FI)	4F1	329
IJlst (NL)	7D3	599
IJsselstein (NL)	9C2	617
Ikaalinen (FI)	4E2	328
Ilfeld (DE)	10C3	239
Ilhavo (PT)	30B1	645
Ilirska Bistrica (SI)	38A2	668
Illa de Arousa (ES)	29C2	306
Illano (ES)	29D1	306
Illiat (FR)	22C2	424
Illmitz (AT)	37B3	97
Ilmarinen (FI)	4E3	328
Ilmenau (DE)	12D2	240
Ilomantsi (FI)	4F1	329
Imatra (FI)	4F2	327
Immenstadt (DE)	20C2	275
Imola (IT)	26F3	555
Imperia (IT)	28H1	559
Impflingen (DE)	16H2	211
Inderøy (NO)	4B2	629
Ingelheim am Rhein (DE)	11H3	211
Ingolstadt (DE)	17E3	275
Innhavet (NO)	3A2	629
Insel Poel (DE)	8D1	161
Interlaken (CH)	22H1	113
Inzell (DE)	20G1	275
Ioánnina (GR)	35E1	513
Iphofen (DE)	17C1	275
Ippesheim (DE)	17C1	275
Ipswich (GB)	1H2	509
Irura (ES)	29H2	310
Irvine (GB)	1D1	504
Ischgl (AT)	20C3	92
Iseo (IT)	23C3	543
Iserlohn (DE)	9G3	188
Isfjorden (NO)	4A2	631
Isigny-sur-Mer (FR)	15C1	357
Isny (DE)	20C2	252
Isola del Gran Sasso (IT)	34E2	581
Ispica (IT)	35C3	590
Isselburg (DE)	9E3	188
Issoire (FR)	25A1	424
Issoncourt (FR)	16D3	342
Issum-Sevelen (DE)	9E3	188
Isterberg (DE)	9F1	144
Itea (GR)	35F2	513
Ittervoort (NL)	11E1	625
Itzehoe (DE)	8A1	124
Ivanjkovci (SI)	38B1	670
Ivrea (IT)	25H1	533
Ivybridge (GB)	1E3	509
Izeda (PT)	29D3	641
Izernore (FR)	22D2	424
Izola (SI)	38A2	668
Jade (DE)	7H2	145
Jagel (DE)	6D3	124
Jagerberg (AT)	38B1	95
Jajec (BA)	38C3	99
Jalance (ES)	33A2	315
Jalhay (BE)	11E2	109
Jaligny-sur-Besbre (FR)	22A2	424
Janovice N.U (CZ)	17G1	118
Jans (FR)	18B2	390
Janzé (FR)	18B1	370
Jard-sur-Mer (FR)	21A1	390
Jarnages (FR)	21G2	449
Jausiers (FR)	25F3	495
Jávea (ES)	33A2	315
Javerdat (FR)	21E3	449
Javernant (FR)	19B1	342
Jävrebyn (SE)	4D1	659
Jedburgh (GB)	2B3	504
Jelling (DK)	6C1	293
Jenbach (AT)	20E2	92
Jerte (ES)	30E2	321
Jesenice na Dolenjskem (SI)	38B2	670
Jesi (IT)	34D1	572
Jettenbach (DE)	16G1	211
Jeurre (FR)	22D2	412
Jever (DE)	7G2	145
Job (FR)	22A3	424
Jobourg (FR)	15B1	357
Joinville (FR)	19D1	342
Jois (AT)	37B3	97
Jokkmokk (SE)	3B3	660
Jongunjoki (FI)	4F1	329
Jönköping (SE)	5E2	660
Jonstorp (SE)	5E3	664
Jonzac (FR)	24C1	449
Jork (DE)	8A2	145
Josselin (FR)	14D2	370
Jouques (FR)	28D2	495
Joure (NL)	7D3	600
Joux (FR)	22B3	424
Judenburg (AT)	37A3	95
Juelsminde (DK)	6D1	293
Juigne-sur-Loire (FR)	18C3	390
Jülich (DE)	11E1	188
Jumièges (FR)	15E3	357
Jumilhac-le-Grand (FR)	24E1	449
Junglinster (LU)	16E1	593
Jupiter (RO)	40D3	658
Juvigné (FR)	18C1	390
Juzennecourt (FR)	19C1	342
Jyväskylä (FI)	4E2	327
Jøkelfjord (NO)	3B1	629
Jørpeland (NO)	5A1	631
Kabelvåg (NO)	3A2	629
Kaindorf (AT)	37A3	95
Kaisersbach (DE)	17B2	252
Kaisersesch (DE)	11F3	211
Kaiserslautern (DE)	16G1	211
Kakovatos (GR)	35F2	514
Kalamaria (GR)	35G1	517
Kalkar (DE)	9E3	188
Kall (DE)	11F2	188
Kalmar (SE)	5F3	662
Kalmthout (BE)	11C1	104
Kalnakill (GB)	2A1	505
Kalo Nero (GR)	35F2	514
Kalogria (GR)	35F2	514
Kaltenkirchen (DE)	8B1	124
Kalundborg (DK)	6E1	300
Kalvehave (DK)	6F2	300
Kamares (GR)	35G3	514
Kameras Irion (GR)	35F1	514
Kamminke (DE)	8G1	161
Kamnica (SI)	38B1	670
Kamniška Bistrica (SI)	38A1	668
Kamp-Bornhofen (DE)	11G3	212
Kamp-Lintfort (DE)	9E3	188
Kampen (NL)	9E1	609
Kamperland (NL)	9B3	621
Kandel (DE)	16H2	212
Kangasala (FI)	4E2	328
Kapellen-Drusweiler (DE)	16H2	212
Kappeln (DE)	6D3	124
Kappelrodeck (DE)	16H3	252
Karathona (GR)	35G2	514
Karavostasi (GR)	35G3	515
Karenz (DE)	8D2	161
Kargow (DE)	8F2	161
Karhunpää (FI)	4F1	329
Karise (DK)	6F2	300
Karjaa (FI)	4E3	327
Karlovy Vary (CZ)	12F2	118
Karlsborg (SE)	5E1	665
Karlshamn (SE)	5F3	663
Karlskrona (SE)	5F3	663
Karlsruhe (DE)	16H2	252
Karlstad (SE)	5E1	665
Karlstein an der Thaya (AT)	37A2	89
Karnin (DE)	8G1	161
Karpacz (PL)	37A1	637
Karrebæksminde (DK)	6E2	300
Karup (DK)	6C1	293
Kassel (DE)	12A1	232
Kaštel Kambelovac (HR)	39A1	521
Kaštel Štafilic (HR)	39A1	521
Kaštel Stari (HR)	39A1	521
Kastl/Oberpfalz (DE)	17E1	275
Kastoriá (GR)	35F1	517
Kastro (GR)	35F2	515
Kato Alissos (GR)	35F2	515
Katwoude (NL)	9C1	597
Kaufbeuren (DE)	20D1	275
Kaufungen (DE)	12B1	232
Kavajë (AL)	39C3	85
Kaysersberg (FR)	19G1	342
Kefermarkt (AT)	37A3	87
Kehl (DE)	16G3	252
Keitele (FI)	4E1	330
Kelbra (DE)	10D3	169
Kelheim (DE)	17E2	275
Kell am See (DE)	16F1	212
Kellinghusen (DE)	8A1	124
Kemnath (DE)	12E3	275
Kempen (DE)	11E1	188
Kempenich (DE)	11F2	212
Kempfeld (DE)	16G1	212
Kempten (DE)	20C2	276
Kenzingen (DE)	19G1	252
Kerken (DE)	9E3	188
Kerkwijk (NL)	9D3	613
Kerlouan (FR)	14B1	370
Kernascléden (FR)	14C2	370
Kerteminde (DK)	6E2	299
Kessel (NL)	11E1	625
Kesten (DE)	16F1	212
Kevelaer (DE)	9E3	189
Kiefersfelden (DE)	20F2	276
Kiel (DE)	6D3	124
Kienitz (DE)	8H3	173
Kifisiá (GR)	35G2	515
Kil (SE)	5E1	666
Kilchoan (GB)	2A2	505
Killini (GR)	35F2	515
Killinkoski (FI)	4E2	328
Kilstett (FR)	16G3	342
Kinheim (DE)	11F3	212
Kinrooi (BE)	11D1	107
Kirchberg (DE)	11G3	212
Kirchberg/Jagst (DE)	17B2	252
Kirchenlamitz (DE)	12E3	276
Kircham (DE)	17G3	276
Kirchheim (DE)	12B2	232
Kirchheim unter Teck (DE)	17B3	252
Kirchheimbolanden (DE)	16H1	212
Kirchhundem (DE)	11H1	189
Kirkcudbright (GB)	1D1	505
Kirke Hyllinge (DK)	6F1	300
Kirkenes (NO)	3C1	629
Kirn (DE)	16G1	212
Kisbárapáti (HU)	38C1	525
Kisslegg (DE)	20C2	253
Kitzingen (DE)	17C1	276
Kiveri (GR)	35G2	515
Klausen (DE)	16F1	212
Klein-Ossnig (DE)	10H2	173
Kleinbundenbach (DE)	16G2	212
Kleinwallstadt (DE)	17A1	232
Klenovica (HR)	38A2	518
Kleppstad (NO)	3A2	629
Kleve (DE)	9E3	189
Klimpfjäll (SE)	4C1	659
Klingenberg (DE)	17A1	276
Klokkarvik (NO)	4A3	631
Kloosterzande (NL)	11B1	621
Kloster Lehnin (DE)	10F1	173
Klosterneuburg (AT)	37A3	89
Klüsserath (DE)	16F1	212
Knebel (DK)	6D1	294
Knighton (GB)	1F2	507
Knokke-Heist (BE)	11A1	101
Kobarid (SI)	23H1	668
Kobern (DE)	11G3	212
Koblenz (DE)	11G3	213
Kocevje (SI)	38A2	670
Kokkinia (GR)	35G5	515
Kolan (HR)	38B3	521
Kolding (DK)	6D2	294
Kolkwitz (DE)	10H2	173
Kollum (NL)	7E3	600
Köln (DE)	11F1	190
Kongsberg (NO)	5C1	634
Königsberg (DE)	12C3	276
Königsbrunn (DE)	20D1	276
Königschaffhausen (DE)	19G1	253
Königsfeld (DE)	19H1	253
Königsfeld-Stollsdorf (DE)	12F1	177
Königslutter am Elm (DE)	10C1	145
Königstein (DE)	12H1	177
Königswiesen (AT)	37A3	87
Königswinter (DE)	11F2	190
Koningshooikt (BE)	11C1	104

Name	Grid	Page
Konstanz (DE)	20B2	253
Kontiomäki (FI)	4F1	329
Konz (DE)	16F1	213
Kopačevo (HR)	38D1	524
Kopenhagen (Copenhagen) (DK)	6F1	299
Koper (SI)	38A2	669
Köpingsvik (SE)	5F3	662
Koppánszántó (HU)	38C1	525
Koprivnica (HR)	38C1	524
Korb (DE)	17B3	253
Korbach (DE)	12A1	232
Korčula (HR)	39A2	521
Korenica (HR)	38B2	521
Korfos (GR)	35G2	515
Korfu (Corfu) (GR)	35E1	512
Korinthos (GR)	35G2	515
Kornati/Murter (HR)	38B3	521
Koromačno (HR)	38A2	518
Koroni (GR)	35F3	515
Korsør (DK)	6E2	300
Kortela (FI)	4E3	327
Kortemark (BE)	11A1	101
Kortessem (BE)	11D2	107
Kortrijk (BE)	11A2	101
Kosmas (GR)	35G2	515
Kostanjevica na Krki (SI)	38B2	670
Kotor (ME)	39C2	595
Kotronas (GR)	35G3	515
Kötschach–Mauthen (AT)	23G1	97
Koudum (NL)	7D3	600
Köwerich (DE)	16F1	213
Kragerø (NO)	5C1	634
Kraichtal (DE)	17A2	253
Krakau (Kraków) (PL)	37C1	637
Kraljevica (HR)	38A2	518
Kramsach (AT)	20F2	93
Kranenburg (DE)	9E3	190
Kranj (SI)	38A1	669
Kranjska Gora (SI)	38A1	669
Krempe (DE)	8A1	125
Kremsmünster (AT)	37A3	87
Kressbronn (DE)	20B2	253
Kreuth (DE)	20E2	276
Kreuzlingen (CH)	20B2	116
Kreuztal (DE)	11G1	190
Kreuzwertheim (DE)	17B1	276
Krimml (AT)	20F3	93
Krioneri (GR)	35F2	513
Kristianstad (SE)	6G1	664
Kristiansund (NO)	4A2	631
Kristinehamn (SE)	5E1	666
Krk/Baška (HR)	38A2	518
Krk/Klimno (HR)	38A2	518
Krk/Krk (HR)	38A2	518
Krk/Malinska (HR)	38A2	519
Krk/Njivice (HR)	38A2	519
Krk/Omišalj (HR)	38A2	519
Krk/Pinezici (HR)	38A2	519
Krk/Punat (HR)	38A2	519
Krk/Šilo (HR)	38A2	519
Kronach (DE)	12D3	276
Kronstorf (AT)	37A3	87
Kropp (DE)	6D3	125
Krško (SI)	38B1	670
Kruiningen (NL)	9B3	621
Krummendeich (DE)	8A1	145
Krummhörn (DE)	7F2	145
Krün (DE)	20E2	276
Krupa na Vrbasu (BA)	38C2	99
Krvavica (HR)	39A2	521
Ksamil (AL)	35E1	85
Kučište (HR)	39A2	521
Kühlungsborn (DE)	6F3	161
Kühndorf (DE)	12C2	240
Kulen Vakuf (BA)	38B3	99
Kulleseid (NO)	5A1	631
Kulmbach (DE)	12D3	276
Külsheim (DE)	17B1	253
Kümmersbruck (DE)	17E1	277
Kungshamn (SE)	5D2	665
Kürten (DE)	11G1	190
Kusel (DE)	16G1	213
Kutenholz (DE)	8A2	145
Kvelde (NO)	5C1	634
Kvissel (DK)	5C3	294
Kvissleby (SE)	4D2	666
Kviteseid (NO)	5B1	633
Kylesku (GB)	2B1	505
Kyritz (DE)	8E3	173
L'Alqueria de la Comtessa (ES)	33A2	315
L'Hôpital-Saint-Blaise (FR)	27B2	450
L'Isle-sur-la-Sorgue (FR)	28C1	495
L'Olleria (ES)	33A2	315
La Alberca (ES)	30D1	321
La Azohia (ES)	33A2	315
La Baconnière (FR)	18C1	390
La Balme de Sillingy (FR)	22E3	424
La Barre-de-Monts (FR)	18A3	390
La Bastide-de-Sérou (FR)	27F3	479
La Baule (FR)	14D3	390
La Bénisson-Dieu (FR)	22B2	424
La Bernerie-en-Retz (FR)	18A3	390
La Bourboule (FR)	24H1	424
La Brée-les-Bains (FR)	21B2	450
La Bréole (FR)	25E3	495
La Bresse (FR)	19F2	342
La Brévine (CH)	22F1	114
La Canourgue (FR)	25A3	478
La Cavalerie (FR)	27H1	478
La Chaise-Dieu (FR)	25A1	424
La Chapelle des Bois (FR)	22E1	413
La Chapelle-de-Guinchay (FR)	22C2	413
La Chapelle-Laurent (FR)	25A1	424
La Chapelle-Monthodon (FR)	16A2	334
La Chapelle-Saint-Florent (FR)	18B3	390
La Chapelle-Saint-Mesmin (FR)	18G2	404
La Charité-sur-Loire (FR)	18H3	413
La Châtre (FR)	21G1	450
La Chaux-de-Fonds (CH)	19F3	114
La Cheppe (FR)	16C2	342
La Chèze (FR)	14D2	370
La Clusaz (FR)	22F3	424
La Coquille (FR)	24E1	450
La Couronne (FR)	21D3	450
La Courtine (FR)	21G3	450
La Couvertoirade (FR)	28A1	478
La Crau (FR)	28E3	495
La Croix-sur-Meuse (FR)	16D3	342
La Daguenière (FR)	18C2	390
La Faute-sur-Mer (FR)	21B2	390
La Féclaz (FR)	22E3	424
La Ferrière-aux-Etangs (FR)	15C3	357
La Ferté-Beauharnais (FR)	18G2	404
La Ferté-Macé (FR)	15D3	357
La Ferté-Saint-Cyr (FR)	18G2	404
La Flèche (FR)	18D2	390
La Fontenelle (FR)	15B3	370
La Fouly (CH)	22G3	117
La Fresnaye-sur-Chédouet (FR)	15E3	390
La Gault-Soigny (FR)	16A3	342
La Grande Motte (FR)	28B2	478
La Guàrdia dels Prats (ES)	32E3	315
La Isleta (ES)	31H3	325
La Joyosa (ES)	32A2	321
La Línea de Conceptión (ES)	31D3	325
La Londe-les-Maures (FR)	28E3	495
La Loupe (FR)	15F3	404
La Louvière (BE)	11B2	110
La Lucerne-d'Outremer (FR)	15B3	357
La Mailleraye-sur-Seine (FR)	15E1	357
La Marina (ES)	33A2	315
La Martre (FR)	28F1	495
La Martyre (FR)	14C1	370
La Meilleraie-Tillay (FR)	21C1	390
La Montagne (FR)	19F2	413
La Mothe-Saint-Héray (FR)	21D2	450
La Motte (FR)	28F2	495
La Palme (FR)	27H3	478
La Pérouille (FR)	21F1	404
La Pesse (FR)	22E2	413
La Pierre-Saint-Martin (FR)	27B3	450
La Plaine-sur-Mer (FR)	18A3	391
La Pobla de Segur (ES)	32E1	315
La Poitevinière (FR)	18C3	391
La Poterie-Cap-d'Antifer (FR)	15E1	357
La Réole (FR)	24D2	450
La Roca del Vallès (ES)	32G3	315
La Roche (BE)	11D3	112
La Roche-Bernard (FR)	18A2	370
La Roche-Blanche (FR)	22A3	424
La Roche-Chalais (FR)	24D1	450
La Roche-Derrien (FR)	14D1	370
La Roche-des-Arnauds (FR)	25E3	495
La Roche-Posay (FR)	21E1	450
La Roche-sur-Yon (FR)	21B1	391
La Rochefoucauld (FR)	21D3	450
La Rochelle (FR)	21B2	450
La Roque-Gageac (FR)	24E2	451
La Salle-les-Alpes (FR)	25F2	496
La Salzadella (ES)	33A1	315
La Séguinière (FR)	18C3	391
La Selle-Craonnaise (FR)	18C1	391
La Sénia (ES)	33A1	315
La Seu d'Urgell (ES)	32F1	315
La Spezia (IT)	26C3	559
La Suze-sur-Sarthe (FR)	18D2	391
La Tallada d'Empordà (ES)	32H2	315
La Teste-de-Buch (FR)	24B2	451
La Thuile (IT)	22F3	529
La Tour-d'Auvergne (FR)	24H1	424
La Tranche-sur-Mer (FR)	21B2	391
La Tremblade (FR)	21B3	451
La Turballe (FR)	14D3	391
La Vespière (FR)	15E2	357
La Villa in Badia (IT)	23F1	539
La-Rivière-Saint-Sauveur (FR)	15E1	357
Labastida (ES)	29H3	306
Labastide-d'Armagnac (FR)	27C1	451
Labastide-Murat (FR)	24F2	478
Labenne (FR)	27A1	451
Labin (HR)	38A2	519
Lablachère (FR)	25B3	425
Laboe (DE)	6D3	125
Labruguiere (FR)	27G2	478
Lacanau (FR)	24B1	451
Lacapelle Marival (FR)	24G2	478
Lacapelle-Viescamp (FR)	24G2	425
Lacaune (FR)	27H1	478
Lachamp-Raphaël (FR)	25B2	425
Lachaussée (FR)	16E2	343
Lacroix-Barrez (FR)	24H2	478
Ladaux (FR)	24C2	451
Ladbergen (DE)	9G2	190
Ladelund (DE)	6C3	125
Ladenburg (DE)	17A1	253
Lagartera (ES)	30E2	321
Lago (IT)	23E2	540
Lagorce (FR)	25B3	425
Lagos (PT)	31B2	655
Lagosanto (IT)	26F2	555
Lagrasse (FR)	27H3	478
Laguepie (FR)	24G3	478
Laguiole (FR)	24H2	478
Laheycourt (FR)	16C3	343
Lahnstein (DE)	11G3	213
Lahr/Scharzwald (DE)	19H1	253
Laignes (FR)	19B2	413
Lailly-en-Val (FR)	18G2	404
Laimbach am Ostrong (AT)	37A3	89
Laissac (FR)	24H3	478
Lalinde (FR)	24E2	451
Lalling (DE)	17G2	277
Lalouvesc (FR)	25C2	425
Lamastre (FR)	25C2	425
Lambiri (GR)	35F2	515
Lambrecht (DE)	16H2	213
Lamego (PT)	30C1	641
Lamotte-Beuvron (FR)	18G2	404
Lamoura (FR)	22E2	413
Lampaul-Plouarzel (FR)	14B1	370
Lampsringe (DE)	10B2	145
Lamure-sur-Azergues (FR)	22C3	425
Lanarce (FR)	25B2	425
Lanciano (IT)	34E2	581
Landau (DE)	16H2	213
Landau/Isar (DE)	17F3	277
Landerneau (FR)	14B1	370
Landgraaf (NL)	11E1	625
Landivisiau (FR)	14C1	371
Landrecies (FR)	11B3	334
Landsberg am Lech (DE)	20D1	277
Landskrona (SE)	6F1	664
Landstuhl (DE)	16G2	213
Landudec (FR)	14B2	371
Lanestosa (ES)	29G2	306
Lanfains (FR)	14D1	371
Langå (DK)	5C3	294
Langballig (DE)	6D3	125
Langemark- Poelkappele (BE)	11A1	101
Langen Brütz (DE)	8D1	161
Langenau (DE)	17C3	253
Langenbrettach (DE)	17B2	253
Langenburg (DE)	17B2	253
Langenlois (AT)	37A3	89
Langenlonsheim (DE)	16G1	213
Langenthal (CH)	19G3	114
Langerak (NL)	9C2	619
Langesund (NO)	5C1	634
Langhirano (IT)	26D2	555
Langogne (FR)	25B2	478
Langon (Loir-et-Cher) (FR)	18G3	404
Langreo (FR)	29E1	306
Langres (FR)	19D2	343
Langrune-sur-Mer (FR)	15D2	357
Langschlag-Mitterschlag (AT)	37A3	90
Languidic (FR)	14D2	371
Langwedel (DE)	6D3	125
Langweer (NL)	7D3	600
Lanloup (FR)	14D1	371
Lannemezan (FR)	27D2	479
Lannilis (FR)	14B1	371
Lanouaille (FR)	24E1	451
Lans-en-Vercors (FR)	25D2	425
Lanton (FR)	24B2	451
Lantueil (FR)	24F1	451
Lanuéjouls (FR)	24G3	479
Lanvallay (FR)	15A3	371
Laôn (FR)	16A1	334
Lapalisse (FR)	22A2	425
Lapradelle Puilaurens (FR)	27G3	479
Laprugne (FR)	22A3	425
Laqueuille (FR)	21H3	425
Laragne-Montéglin (FR)	25E3	496
Larciano (IT)	34B1	563
Laren (NL)	9D2	597
Larmor-Baden (FR)	14D3	371
Larmor-Plage (FR)	14C3	371
Larochemillay (FR)	22B1	413
Larochette (LU)	16E1	593
Laruns (FR)	27C3	451
Larvik (NO)	5C1	634
Lassay-les-Châteaux (FR)	15C3	391
Lathuile (FR)	22E3	425
Lathum (NL)	9E2	613
Latina (IT)	35A1	576
Latisana (IT)	23H3	551
Latour-Bas-Elne (FR)	32H1	479
Latour-de-Carol (FR)	32F1	479
Latronquière (FR)	24G2	479
Laubach (DE)	12A2	233
Lauchringen (DE)	19H2	253
Lauda-Königshofen (DE)	17B1	254
Laudun-l'Ardoise (FR)	28C1	479
Lauenau (DE)	10A1	145
Lauenburg/Elbe (DE)	8C2	145
Lauenförde (DE)	10A3	145
Laufenburg (DE)	19H2	254
Launois-sur-Vence (FR)	16C1	343
Laupheim (DE)	20B1	254
Lausanne (CH)	22F2	114
Lauscha (DE)	12D2	240
Lautenthal (DE)	10C2	146
Lauterbach (DE)	12A2	233

Index

Entry	Grid	Page
Lauterbrunnen (CH)	22H1	114
Lauterecken (DE)	16G1	213
Lauwersoog (NL)	7E2	603
Lauzerte (FR)	24E3	479
Lauzun (FR)	24D2	452
Laval (FR)	18C1	391
Lavardac (FR)	24D3	452
Lavarone (IT)	23E2	540
Lavaudieu (FR)	25A1	425
Lavern (ES)	32F3	315
Layrac (FR)	24E3	452
Lazise (IT)	23D3	547
Le Barcarès (FR)	27H3	479
Le Bessat (FR)	25C1	425
Le Billot (FR)	15D2	357
Le Blanc (FR)	21E1	404
Le Bois-Plage-en-Ré (FR)	21B2	452
Le Bonhomme (FR)	19F1	343
Le Bosc (FR)	28A1	479
Le Boulou (FR)	32H1	479
Le Breuil-sur-Couze (FR)	25A1	425
Le Bugue (FR)	24E2	452
Le Cap d'Agde (FR)	28A2	479
Le Caylar (FR)	28A1	480
Le Château d'Oléron (FR)	21B3	452
Le Châtelet (FR)	21G1	404
Le Cheix-sur-Morge (FR)	22A3	425
Le Cheylard (FR)	25C2	426
Le Cheylas (FR)	25E1	426
Le Conquet (FR)	14B1	371
Le Coudray Macouard (FR)	18D3	391
Le Croisic (FR)	14D3	392
Le Croisty (FR)	14C2	371
Le Crotoy (FR)	13C3	334
Le Crozet (FR)	22B2	426
Le Faou (FR)	14C1	371
Le Faouët (FR)	14C2	371
Le Folgoët (FR)	14B1	371
Le Fossat (FR)	27F2	480
Le Grand Bornand (FR)	22F3	426
Le Grand Village Plage (FR)	21B3	452
Le Grau du Roi (FR)	28B2	480
Le Guédéniau (FR)	18D2	392
Le Guilvinec (FR)	14B2	372
Le Houga (FR)	27D1	480
Le Lac d'Issarlès (FR)	25B2	426
Le Landeron (CH)	19F3	114
Le Lauzet-Ubay (FR)	25F3	496
Le Malzieu-Ville (FR)	25A2	480
Le Mans (FR)	18D1	392
Le Mas-d'Agenais (FR)	24D3	452
Le Mesnil-Jumièges (FR)	15E1	357
Le Monastier-Pin-Moriès (FR)	25A3	480
Le Monastier-sur-Gazeille (FR)	25B2	426
Le Monestier (FR)	25A1	426
Le Monêtier-les-Bains (FR)	25F2	496
Le Mont-Saint-Michel (FR)	15B3	358
Le Nouvion-en-Thiérache (FR)	11B3	334
Le Noyer-en-Ouche (FR)	15E2	358
Le Pallet (FR)	18B3	392
Le Poiré-sur-Vie (FR)	21B1	392
Le Porge (FR)	24B2	452
Le Portel (FR)	13C2	334
Le Puy-en-Velay (FR)	25B2	426
Le Puy-Notre-Dame (FR)	18D3	392
Le Reposoir (FR)	22F3	426
Le Roeulx (BE)	11B2	110
Le Sap (FR)	15E2	358
Le Ségala (FR)	27F2	480
Le Ségur (FR)	27G1	480
Le Teich (FR)	24B2	452
Le Teil (FR)	25C3	426
Le Temple-sur-Lot (FR)	24D3	452
Le Thoronet (FR)	28E2	496
Le Touquet-Paris Plage (FR)	13C2	334
Le Tréport (FR)	13C3	358
Le Trévoux (FR)	14C2	372
Le Vaudelnay (FR)	18D3	393
Le Verdon-sur-Mer (FR)	21B3	452
Le Vernet (FR)	25A2	426
Le Vernois (FR)	22D1	413
Le Vivier-sur-Mer (FR)	15B3	358
Le-Cateau-Cambrésis (FR)	11A3	334
Lecco (IT)	23B3	543
Lechbruck am See (DE)	20D2	277
Leck (DE)	6C3	125
Ledenitzen (AT)	38A1	97
Leens (NL)	7E2	603
Leer (DE)	7G3	146
Leerdam (NL)	9C2	619
Leers Noord (BE)	11A2	110
Leersum (NL)	9D2	617
Leese (DE)	10A1	146
Leeuwarden (NL)	7D3	600
Lefkas (Levkas) (GR)	35F2	513
Legazpi (ES)	29H2	306
Lège-Cap-Ferret (FR)	24B2	452
Legrena (GR)	35G2	515
Léguillac-de-l'Auche (FR)	24E1	453
Léhon (FR)	15A3	372
Leiden (NL)	9C2	619
Leimersheim (DE)	16H2	213
Leinsweiler (DE)	16H2	213
Leipzig (DE)	10E3	177
Leiwen (DE)	16F1	213
Lekeitio (ES)	29H2	306
Leksvik (NO)	4B2	630
Lelystad (NL)	9D1	610
Lemberg (DE)	16G2	214
Lembras (FR)	24D2	453
Lembruch (DE)	9H1	146
Lemmer (NL)	7D3	600
Lempäälä (FI)	4E2	328
Lemvig (DK)	5B3	294
Lemwerder (DE)	7H3	146
Lendalfoot (GB)	1D1	505
Lendava (SI)	38B1	671
Lenggries (DE)	20E2	277
Lennestadt (DE)	11H1	190
Lens (FR)	13D3	334
Lensahn (DE)	6E3	125
Lenti (HU)	38B1	526
Lenz über Malchow (DE)	8E2	161
Leogang (AT)	20G2	94
León (ES)	29E2	321
Léon (FR)	27A1	453
Leonberg (DE)	17A3	254
Leonessa (IT)	34D2	576
Leopoldsburg (BE)	11D1	107
Lepaa (FI)	4E2	327
Lequile (IT)	35D1	583
Léré (FR)	18H3	405
Les Ancizes-Comps (FR)	21H3	426
Les Angles (FR)	32G1	480
Les Bordes (FR)	18H2	405
Les Brenets (CH)	19F3	114
Les Cabannes (FR)	27F3	480
Les Carroz-Araches (FR)	22F3	426
Les Deux-Alpes (FR)	25E2	426
Les Epesses (FR)	21C1	393
Les Essarts (FR)	21B1	393
Les Estables (FR)	25B2	426
Les Eyzies (FR)	24E2	453
Les Forges (FR)	14D2	372
Les Gets (FR)	22F2	426
Les Granges-Gontardes (FR)	25C3	426
Les Haudères (CH)	22G2	117
Les Herbiers (FR)	21B1	393
Les Houches (FR)	22F3	427
Les Islettes (FR)	16C2	343
Les Issambres (FR)	28F2	496
Les Karellis (FR)	25F1	427
Les Mages (FR)	25B3	480
Les Mathes/La Palmyre (FR)	21B3	453
Les Menuires (FR)	25F1	427
Les Montils (FR)	18F2	405
Les Noës (FR)	22B3	427
Les Pieux (FR)	15B1	358
Les Ponts-de-Martel (CH)	22F1	114
Les Portes-en-Ré (FR)	21B2	453
Les Riceys (FR)	19B2	343
Les Rousses (FR)	22E2	413
Les Sables-d'Olonne (FR)	21A1	393
Les Salles-Lavauguyon (FR)	21E3	453
Les Salles-sur-Verdon (FR)	28E1	496
Les Sauvages (FR)	22B3	427
Lescar (FR)	27C2	453
Lesina (IT)	34F3	583
Leskovik (AL)	35E1	85
Lessay (FR)	15B2	358
Lessines (BE)	11B2	110
Lestelle-Bétharram (FR)	27C2	453
Leucate (FR)	27H3	480
Leuk (CH)	22G2	117
Leukerbad (CH)	22G2	117
Leun (DE)	11H2	233
Leusden (NL)	9D2	617
Leutasch (AT)	20D3	93
Leutkirch im Allgäu (DE)	20C2	254
Leutschach (AT)	38B1	95
Levanto (IT)	26C3	559
Leverkusen (DE)	11F1	190
Levet (FR)	21H1	405
Levico Terme (IT)	23E2	540
Lexmond (NL)	9C2	619
Lézardrieux (FR)	14D1	372
Lezay (FR)	21D2	453
Lezoux (FR)	22A3	427
Licata (IT)	35B3	590
Lich (DE)	12A2	233
Lichtenvoorde (NL)	9E2	613
Lichtervelde (BE)	11A1	101
Lidköping (SE)	5E1	665
Lido di Dante (IT)	26G3	555
Lido di Jesolo (IT)	23G3	548
Liefrange (LU)	16E1	593
Lieksa (FI)	4F1	329
Lienen (DE)	9G2	190
Lier (BE)	11C1	104
Liérganes (ES)	29G2	306
Liezen (AT)	37A3	95
Liffré (FR)	18B1	372
Liginiac (FR)	24G1	453
Ligny-en-Barrois (FR)	16D3	343
Liikkala (FI)	4F2	328
Lillehammer (NO)	4B3	634
Lillesand (NO)	5B2	633
Limburg (DE)	11H2	233
Limeuil (FR)	24E2	454
Limhamn (SE)	6F1	664
Limoux (FR)	27G3	481
Linda (DE)	12E2	240
Lindau (DE)	20B2	277
Linden (NL)	9E3	624
Lindenfels (DE)	17A1	233
Lindesberg (SE)	5E1	666
Lindesnes (NO)	5B2	633
Lindlar (DE)	11G1	190
Lindow/Mark (DE)	8F3	173
Lingen/Ems (DE)	9F1	146
Linköping (SE)	5F2	660
Linthal (FR)	19F2	343
Linz am Rhein (DE)	11G2	214
Lion-sur-Mer (FR)	15D2	358
Lipce Reymontowskie (PL)	36B3	637
Lipno nad Vltavou (CZ)	37A3	118
Lipovac (HR)	38D2	524
Lippstadt (DE)	9H3	190
Liptovský Ján (SK)	37C2	667
Liscanor (IE)	1B2	527
Lisieux (FR)	15E2	358
Lisle sur Tarn (FR)	27F1	481
Lissabon (Lisbon) (PT)	30A3	648
Lissac-sur-Couze (FR)	24F1	454
Lit-et-Mixe (FR)	24A3	454
Litzendorf (DE)	12D3	278
Livigno (IT)	23C1	543
Livinallongo del Col di Lana (IT)	23F1	548
Livorno (IT)	34A1	563
Lizant (FR)	21D2	454
Ljubljana (SI)	38A1	671
Ljutomer (SI)	38B1	671
Llandrindod Wells (GB)	1F2	507
Llanidloes (GB)	1D3	507
Lleida (ES)	32D3	316
Llogara (AL)	35E1	85
Loano (IT)	25H3	559
Löbau (DE)	37A1	177
Locana (IT)	25G1	533
Locarno (CH)	23A2	117
Loches (FR)	18E3	405
Lochwinnoch (GB)	1D1	505
Locmaria-Plouzané (FR)	14B1	372
Locmariaquer (FR)	14D3	372
Locminé (FR)	14D2	372
Locmiquelic (FR)	14C3	372
Locqueltas (FR)	14D3	373
Locronan (FR)	14B2	373
Loctudy (FR)	14B2	373
Lodève (FR)	28A2	481
Lodrino (IT)	23C3	543
Löf (DE)	11G3	214
Löffingen (DE)	19H2	254
Logatec (SI)	38A2	669
Logroño (ES)	29H3	316
Logrosán (ES)	30E3	321
Lohme (DE)	6G3	162
Löhne (DE)	9H2	190
Lohr/Main (DE)	12B3	278
Lohsa (DE)	10H3	177
Lokeren (BE)	11B1	103
Lokva Rogoznica (HR)	39A2	521
Lollum (NL)	7D3	600
Lombez (FR)	27E2	481
Lommel (BE)	11D1	107
Londigny (FR)	21D2	454
Long (FR)	13C3	335
Longeville-en-Barrois (FR)	16D3	343
Longfossé (FR)	13C2	335
Longpont (FR)	16A2	335
Longué-Jumelles (FR)	18D3	393
Longuich/Mosel (DE)	16F1	214
Longuyon (FR)	16D2	343
Longwy (FR)	16D1	344
Lorca (ES)	31H2	316
Lordelo (PT)	29C3	641
Loreto (IT)	34D1	572
Lorquí (ES)	31H2	316
Lorsch (DE)	16H1	233
Lorvão (PT)	30C1	645
Los Alcázares (ES)	33A2	316
Losdorp (NL)	7F2	603
Losheim am See (DE)	16F1	214
Lošinj/Mali Lošinj (HR)	38A3	519
Lösnich (DE)	11F3	214
Losser (NL)	9F2	609
Lotte (DE)	9G2	191
Löttorp (SE)	5G2	662
Loudéac (FR)	14D2	373
Loudenvielle (FR)	27D3	481
Loudun (FR)	18D3	454
Louhans (FR)	22D1	413
Lourdes (FR)	27C2	481
Lousal (PT)	31B1	652
Louzouer (FR)	18H1	405
Lovište (HR)	39A2	521
Loxstedt (DE)	7H2	146
Luant (FR)	21F1	405
Lübbecke (DE)	9H1	191
Lübbenau (DE)	10G2	173
Lübeck (DE)	8C1	125
Lubriano (IT)	34C2	576
Luc-sur-Mer (FR)	15D2	358
Lucca (IT)	34A1	563
Luče (SI)	38A1	669
Lucera (IT)	34G3	583
Lüchow (DE)	8C3	147
Lucignano (IT)	34C1	564
Luckenwalde (DE)	10F2	174
Luçon (FR)	21B1	393
Lüdenscheid (DE)	11G1	191
Lüdersfeld (DE)	10A1	147
Lüdinghausen (DE)	9G3	191
Ludvika (SE)	4C3	666

Index

Name	Grid	Page
Ludwigslust (DE)	8D2	162
Lugo (ES)	29D1	306
Lugones (ES)	29E1	306
Luino (IT)	23A3	544
Lukoran (HR)	38B3	521
Lukovica (SI)	38A1	669
Lunas (FR)	28A1	481
Lunde (NO)	5C1	634
Lunden (DE)	6C3	126
Lüneburg (DE)	8B2	147
Lunéville (FR)	16F3	344
Lunghezza (IT)	34D3	576
Lurcy-Lévis (FR)	21H1	427
Lus-la-Croix-Haute (FR)	25D2	427
Lusigny-sur-Barse (FR)	19B1	344
Luskentyre (GB)	2A1	505
Luso (PT)	30B1	645
Lussac-les-Châteaux (FR)	21E2	454
Lutherstadt Wittenberg (DE)	10F2	169
Lutjegast (NL)	7E3	603
Lütow (DE)	6G3	162
Luttelgeest (NL)	9D1	610
Lutzerath (DE)	11F3	214
Luxemburg (LU)	16E1	594
Luxeuil-les-Bains (FR)	19E2	413
Luz (PT)	31C1	652
Luzech (FR)	24F3	481
Luzoir (FR)	16B1	335
Luzy (FR)	22B1	414
Lychen (DE)	8F2	174
Lynge (DK)	6F1	301
Lyons-la-Fôret (FR)	15F2	358
Lyrestad (SE)	5E1	665
Lysekil (SE)	5D2	665
Lødingen (NO)	3A2	629
Løgstrup (DK)	5C3	294
Løgstør (DK)	5C3	294
Løkken (DK)	5C3	294
L'Aiguillon-sur-Mer (FR)	21B2	393
L'Aquila (IT)	34D2	581
L'Arboç (ES)	32F3	316
L'Hospitalet-près-l'Andorre (FR)	32F1	481
Maasbommel (NL)	9D3	613
Maasbree (NL)	11E1	625
Maaseik (BE)	11D1	107
Maasholm (DE)	6D3	126
Maassluis (NL)	9B2	619
Maastricht (NL)	11D2	626
Mação (PT)	30C2	648
Maccagno (IT)	23A2	544
Macedo de Cavaleiros (PT)	29D3	641
Macerata (IT)	34D1	572
Macerata Feltria (IT)	34C1	572
Mâcot-la-Plagne (FR)	25F1	427
Macugnaga (IT)	22H3	533
Madonna del Sasso (IT)	23A3	533
Maël-Carhaix (FR)	14C2	373
Mafra (PT)	30A3	648
Magdeburg (DE)	10D2	169
Maglione (IT)	25H1	533
Magnacavallo (IT)	26E1	544
Magyaregregy (HU)	38C1	526
Maidstone (GB)	1H3	509
Maikammer (DE)	16F2	214
Mailand (Milano) (IT)	26B1	544
Maillé (FR)	21C2	393
Maillezais (FR)	21C2	393
Mailly-le-Château (FR)	19A2	414
Mainbernheim (DE)	17C1	278
Mainstockheim (DE)	17C1	278
Maintal (DE)	12A3	233
Mainz (DE)	11H3	214
Maisdon-sur-Sèvre (FR)	18D2	393
Maisnil-lès-Ruitz (FR)	13D3	335
Maisod (FR)	22D2	414
Makkum (NL)	7D3	600
Málaga (ES)	31E3	325
Malansac (FR)	18A2	373
Malaucène (FR)	25D3	496
Malborghetto Valbruna (IT)	23H1	551
Malbork (PL)	36B2	636
Malcesine (IT)	23D3	548
Malchin (DE)	8E1	162
Malchow (DE)	8E2	162
Malemort-du-Comtat (FR)	28D1	496
Malestroit (FR)	18A1	373
Malmedy (BE)	11E3	109
Malsch (DE)	16H3	254
Malvilliers (CH)	22F1	114
Malzy (FR)	16B1	335
Måløy (NO)	4A3	631
Mamers (FR)	18E1	393
Manching (DE)	17E3	278
Mandailles-Saint-Julien (FR)	24H2	427
Mandal (NO)	5B2	633
Mandelbachtal (DE)	16F2	214
Mandello del Lario (IT)	23B3	544
Manderscheid (DE)	11F3	214
Maniago (IT)	23G2	551
Mannheim/Friedrichsfeld (DE)	16H1	254
Mansigné (FR)	18D2	394
Manta Rota (PT)	31C2	655
Mantova (IT)	26D1	544
Manzat (FR)	21H3	427
Maranello (IT)	26E2	555
Marathon (GR)	35G2	515
Marbach am Neckar (DE)	17A2	254
Marbotte (FR)	16D3	344
Marboué (FR)	18F1	405
Marbre (FR)	27D3	481
Marburg (DE)	12A2	233
Marchena (ES)	31E2	325
Marchienne-au-Pont (BE)	11C3	110
Marcilly-en-Villette (FR)	18G2	405
Marck (DE)	13C2	335
Marcoing (FR)	11A3	335
Marcolès (FR)	24G2	427
Mardorf (DE)	10A1	147
Marennes (FR)	21B3	454
Mareuil-sur-Ay (FR)	16B2	344
Marghera (IT)	23F3	548
Margherita di Savoia (IT)	39A3	583
Maria Alm (AT)	20G2	94
Mariager (DK)	5C3	294
Maribo (DK)	6E3	301
Maribor (SI)	38B1	671
Mariefred (SE)	5F1	660
Marienberg (DE)	12G2	177
Marienhafe (DE)	7F2	147
Mariestad (SE)	5E1	665
Marigny (FR)	15B2	358
Marigny-le-Cahouët (FR)	19C3	414
Marina di Bibbona (IT)	34A2	564
Marina di Camerota (IT)	35C1	585
Marina di Cecina (IT)	34A1	564
Marina di Grosseto (IT)	34B2	564
Marina di Montemarciano (IT)	34D1	572
Marina di Pisa (IT)	34A1	564
Marina di Ragusa (IT)	35C3	590
Marinha Grande (PT)	30B2	648
Markelsheim (DE)	17B1	254
Markt Wald (DE)	20C1	278
Marktbreit (DE)	17C1	278
Marktheidenfeld (DE)	17B1	278
Marktleuthen (DE)	12E3	279
Marktoberdorf (DE)	20D2	278
Marktredwitz (DE)	12E3	278
Marmande (FR)	24D3	454
Marotta (IT)	34D1	572
Marquay (FR)	24E2	454
Marradi (IT)	26F3	564
Marsaglia (IT)	25H3	533
Marsala (IT)	35A3	590
Marsannay-la-Côte (FR)	19C3	414
Marsanne (FR)	25C3	427
Marsberg (DE)	10A3	191
Marseillan-Plage (FR)	28A1	481
Marseille (FR)	28D2	496
Marsfjäll (SE)	4C1	659
Martel (FR)	24F2	481
Martigné-Briand (FR)	18C3	394
Martigny (CH)	22G2	117
Martizay (FR)	21E1	405
Marvão (PT)	30C2	652
Marvéjols (FR)	25A3	481
Marzaglia (IT)	26D2	555
Marzan (FR)	18A2	373
Marzy (FR)	22A1	414
Massa Marittima (IT)	34B2	564
Massafra (IT)	35D1	583
Massiac (FR)	25A1	427
Massing (DE)	17F3	279
Masua (IT)	33G3	588
Matelica (IT)	34D1	572
Matemale (FR)	32G1	481
Matera (IT)	35C1	585
Matosinhos (PT)	29B3	641
Matre (NO)	5A1	631
Matrei (AT)	20F3	93
Matsloot (NL)	7E3	606
Mattinata (IT)	34G3	583
Mattmar (SE)	4C2	666
Maulbronn (DE)	17A2	254
Mauléon (FR)	18C3	454
Maure-de-Bretagne (FR)	18A1	373
Maureillas-Las-Illas (FR)	32H1	482
Mauriac (FR)	24G1	427
Mauron (FR)	18A1	373
Maurs (FR)	24G2	427
Mauzé-sur-le-Mignon (FR)	21C2	454
Maxey-sur-Meuse (FR)	19D1	344
Maxey-sur-Vaise (FR)	16D3	344
Maya (ES)	27A2	310
Mayen (DE)	11F3	215
Mayenne (FR)	18C1	394
Mayroyouni/Gythion (GR)	35G3	515
Mayschoss (DE)	11F2	215
Mazamet (FR)	27G2	482
Mazaricos (ES)	29B1	306
Mazères-sur-Salat (FR)	27E3	482
Mechernich (DE)	11F2	191
Meckenbeuren (DE)	20B2	254
Meckenheim (DE)	16H2	215
Meddersheim (DE)	16G1	215
Medemblik (NL)	9D1	597
Medugorje (BA)	39B2	99
Medulin (HR)	38A3	519
Meersburg/Bodensee (DE)	20B2	254
Meeuwen-Gruitrode (BE)	11D1	107
Megchelen (NL)	9E3	613
Megève (FR)	22F3	428
Mégrit (FR)	15A3	373
Mehadia (RO)	40B3	658
Mehlmeisel (DE)	12E3	279
Mehring (DE)	16F1	215
Mehun-sur-Yèvre (FR)	18G3	405
Meijel (NL)	11E1	626
Meineringhausen (DE)	12A1	233
Meinerzhagen (DE)	11G1	191
Meiningen (DE)	12C2	240
Meiringen (CH)	22H1	114
Meisenheim (DE)	16G1	215
Meißenheim (DE)	19G1	254
Meissen (DE)	10G3	177
Melbu (NO)	3A2	629
Meldorf (DE)	7H1	126
Melendugno (IT)	35D1	583
Melgaço (PT)	29C2	641
Melides (PT)	31B1	652
Melle (DE)	9H2	147
Melle (IT)	25G3	533
Mellé (FR)	15B3	373
Mellrichstadt (DE)	12C2	279
Melo-Gouveia (PT)	30C1	645
Melsungen (DE)	12B1	233
Memmelsdorf (DE)	12D3	279
Memmingen (DE)	20C1	255
Menaggio (IT)	23B2	544
Mende (FR)	25A3	482
Mendig (DE)	11G3	215
Ménerbes (FR)	28D1	496
Menetou-Salon (FR)	18H3	405
Mengen (DE)	20B1	255
Ménigoute (FR)	21D1	454
Mennetou-sur-Cher (FR)	18G3	405
Mensignac (FR)	24E1	454
Meppel (NL)	9E1	606
Meppen (DE)	9F1	147
Merate (IT)	23B3	544
Merchtem (BE)	11B1	105
Mergo (IT)	34D1	572
Mergozzo (IT)	23A3	533
Mérida (ES)	30D3	321
Meride (CH)	23A3	117
Merlimont (FR)	13C3	335
Mernes (DE)	12B3	234
Mers-les-Bains (FR)	13C3	335
Merseburg (DE)	10E3	169
Mértola (PT)	31C1	652
Mervent (FR)	21C1	394
Merville Franceville (FR)	15D2	358
Méry-sur-Cher (FR)	18G3	405
Merzig (DE)	16F2	215
Meschede (DE)	11H1	191
Meschers-sur-Gironde (FR)	21B3	454
Mesen (BE)	13D2	335
Meslin (FR)	14D1	373
Mesnard-la-Barotière (FR)	21B1	394
Mesnay (FR)	22E1	414
Mesnil-Saint-Père (FR)	19B1	344
Mesola (IT)	26G2	555
Mesolóngi (GR)	35F2	513
Mesquer (FR)	14D3	394
Messanges (FR)	27A1	454
Messé (FR)	21D2	454
Messeix (FR)	21H3	428
Messejana (PT)	31B1	652
Messkirch (DE)	20A1	255
Metamorphosi (GR)	35H1	517
Metaponto (IT)	35C1	586
Metéora (GR)	35F1	513
Meteren (NL)	9D3	613
Metlika (SI)	38B2	671
Métsovo (GR)	35F1	513
Mettingen (DE)	9G2	191
Mettlach (DE)	16F1	215
Metz (FR)	16E2	344
Metzingen (DE)	17B3	255
Meung-sur-Loire (FR)	18G2	405
Meuzac (FR)	24F1	455
Mevagissey (GB)	1E3	509
Meymac (FR)	24G1	455
Meyras (FR)	25B2	428
Mèze (FR)	28A2	482
Mezeray (FR)	18D2	394
Mézières-sur-Issoire (FR)	21E2	455
Michelbach an der Blitz (DE)	17B2	255
Michelstadt (DE)	17A1	234
Middelburg (NL)	9A3	621
Middelfart (DK)	6D2	299
Middelkerke (BE)	13D1	101
Middenmeer (NL)	9C1	597
Midleton (IE)	1B3	527
Midwolda (NL)	7F3	603
Miedzywodzie (PL)	6H3	636
Miélan (FR)	27D2	482
Mieres (ES)	29E1	307
Mieto (FI)	4E2	328
Mihla (DE)	12C1	240
Mijdrecht (NL)	9C2	617
Mijoux (FR)	22E2	428
Mikolajki (PL)	36C2	637
Milladoiro (ES)	29C1	307
Millau (FR)	27H1	482
Millery (FR)	16E3	344
Millinge (DK)	6D2	299
Millingen a/d Rijn (NL)	9E3	613
Milly-la-Forêt (FR)	18H1	364
Milolyn (PL)	36B2	637
Milsbeek (NL)	9E3	626
Miltenberg (DE)	17A1	279
Mimizan (FR)	24B3	455
Mina de São Domingos (PT)	31C1	652
Minden (DE)	10A2	192

Index

Name	Ref	Page
Mineo (IT)	35C3	590
Minheim (DE)	16F1	215
Miniş (RO)	40A2	657
Miño (ES)	29C1	307
Mira (PT)	30B1	645
Mira de Aire (PT)	30B2	649
Mirabel-aux-Baronnies (FR)	25D3	428
Mirabello Monferrato (IT)	26A2	533
Mirambeau (FR)	24C1	455
Miranda de Ebro (ES)	29G2	307
Miranda do Corvo (PT)	30B2	645
Miranda do Douro (PT)	29E3	641
Mirandela (PT)	29D3	641
Mirandol-Bourgnounce (FR)	24G3	482
Mirandola (IT)	26E2	556
Mirano (IT)	23F3	548
Mirebeau (FR)	21D1	455
Mirecourt (FR)	19E1	344
Mirepoix (FR)	27F3	482
Mirns (NL)	7D3	600
Miroslawiec (PL)	36A3	636
Mirow (DE)	8F2	162
Misano Adriatico (IT)	26G3	556
Mistelgau (DE)	12D3	279
Misurina (IT)	23F1	548
Mittelbergheim (FR)	19G1	344
Mittenwald (DE)	20E2	279
Mitterbach (AT)	37A3	90
Mitterteich (DE)	12E3	279
Mlini (HR)	39B2	521
Mljet (HR)	39B2	521
Mo i Rana (NO)	3A3	629
Modena (IT)	26E2	556
Moëlan-sur-Mer (FR)	14C2	374
Moelfre (GB)	1D2	507
Moena (IT)	23E2	540
Moers (DE)	9F3	192
Moffat (GB)	2B3	505
Mogadouro (PT)	29D3	642
Moglia (IT)	26E2	544
Möhnesee (DE)	9H3	192
Moissac (FR)	27E1	482
Mokalo (HR)	39B2	521
Molfsee (DE)	6D3	126
Moliets-et-Maa (FR)	27A1	455
Molina (ES)	23D3	548
Molinazzo di Montegio (CH)	23A3	117
Molkwerum (NL)	7D3	601
Mölln (DE)	8C2	126
Molunat (HR)	39B2	521
Molveno (IT)	23D2	540
Mombarcaro (IT)	25H3	533
Monbahus (FR)	24D3	455
Monbazillac (FR)	24D2	455
Moncarapacho (PT)	31B2	655
Mönchengladbach (DE)	11E1	192
Moncontour (FR)	14D2	374
Mondariz (ES)	29C2	307
Mondavio (IT)	34D1	572
Mondim de Basto (PT)	29C3	642
Mondoñedo (ES)	29D1	307
Mondovì (IT)	25H3	533
Mondragone (IT)	35B1	585
Mondsee (AT)	20H1	88
Monemvasía (GR)	35G3	515
Monfalcone (IT)	23H2	551
Monfero (ES)	29C1	307
Monflanquin (FR)	24E3	455
Monforte de Lemos (ES)	29D2	307
Mongrando (IT)	25H1	533
Monheim (DE)	17D2	279
Mönkebude (DE)	8G1	162
Monnickendam (NL)	9C1	597
Monopoli (IT)	35D1	583
Monpazier (FR)	24E2	455
Mons (Mons/Bergen) (BE)	11B2	110
Monsaraz (PT)	30C3	652
Monschau (DE)	11E2	192
Monségur (FR)	24D2	456
Mönsterås (SE)	5F3	662
Mont Roc (FR)	27G1	482
Mont-de-Marsan (FR)	27C1	456
Mont-Louis (FR)	32G1	482
Montagnac (FR)	28A2	483
Montagnana (IT)	26E1	548
Montalcino (IT)	34B2	564
Montalegre (PT)	29C3	642
Montalieu-Vercieu (FR)	22D3	428
Montalivet-les-Bains (FR)	24B1	456
Montallegro (IT)	35B3	590
Montalto delle Marche (IT)	34E2	572
Montalto di Castro (IT)	34C3	577
Montalvo (PT)	30B2	649
Montargil (PT)	30B3	652
Montauban (FR)	27F1	483
Montbéliard (FR)	19F3	414
Montblanc (ES)	32E3	316
Montboucher (FR)	21F3	456
Montbrison-sur-Lez (FR)	25C3	428
Montbrun-les-Bains (FR)	28D1	428
Montcalm (FR)	28B2	483
Montcaret (FR)	24D2	456
Montcuq (FR)	24E3	483
Montdardier (FR)	28A1	483
Monte Castello di Vibio (IT)	34C2	579
Monte Marenzo (IT)	23B3	544
Monte San Giusto (IT)	34D1	572
Monte San Savino (IT)	34C1	564
Monte Vidon Corrado (IT)	34D1	573
Montebourg (FR)	15B1	359
Montecatini Terme (IT)	34B1	564
Montecosaro (IT)	34E1	573
Montefalco (IT)	34D2	580
Montefiascone (IT)	34C2	577
Montefiore dell'Aso (IT)	34E1	573
Monteils (FR)	24G3	483
Montélimar (FR)	25C3	428
Montelupone (IT)	34D1	573
Montemor-o-Novo (PT)	30B3	652
Montendre (FR)	24C1	456
Montepulciano (IT)	34C2	564
Montereale Valcellina (IT)	23G2	551
Monteriggioni (IT)	34B1	565
Monteroduni (IT)	34E3	582
Monteroni d'Arbia (IT)	34B1	565
Montespertoli (IT)	34B1	565
Monteton (DE)	24D2	456
Montevago (IT)	35B3	590
Montevarchi (IT)	34B1	565
Montézic (FR)	24H2	483
Montferrand (FR)	27F2	483
Montfiquet (FR)	15C2	359
Montfort-le-Gesnois (FR)	18E1	394
Montgenèvre (FR)	25F2	496
Montguyon (FR)	24C1	456
Monthermé (FR)	16C1	344
Monthureux-sur-Saône (FR)	19E1	344
Monticelli d'Ongina (IT)	26C1	556
Montier-en-Der (FR)	19C1	345
Montiglio Monferrato (IT)	25H2	533
Montignac (FR)	24E1	456
Montigny (FR)	18H3	405
Montigny-lès-Vaucouleurs (FR)	16D3	345
Montijo (PT)	30B3	649
Montils (FR)	21C3	456
Montluçon (FR)	21H2	428
Montmorillon (FR)	21E2	456
Montmurat (FR)	24G2	428
Montoire-sur-le-Loir (FR)	18E2	406
Montoldre (FR)	22A2	428
Montone (FR)	34C1	580
Montopoli in Val d'Arno (IT)	34B1	565
Montpellier (FR)	28B2	483
Montpeyroux (FR)	22A3	428
Montplonne (FR)	16D3	345
Montpon-Ménestérol (FR)	24D2	456
Montréal (Gers) (FR)	27D1	483
Montréjeau (FR)	27D3	483
Montrésor (FR)	18F3	406
Montreuil-Bellay (FR)	18D3	394
Montreuil-Juigné (FR)	18C2	394
Montreuil-sur-Mer (FR)	13C3	335
Montreux-Château (FR)	19F2	414
Montrichard (FR)	18F3	406
Montsalvy (FR)	24G2	429
Montseny (ES)	32G3	316
Montsoreau (FR)	18D3	394
Montville (FR)	15F1	359
Monzambano (IT)	26D1	544
Monze (FR)	27G3	483
Monzernheim (DE)	16F1	216
Monzingen (DE)	16G1	216
Moormerland (DE)	7G2	147
Moosbach (DE)	17F1	279
Morano Calabro (IT)	35C1	586
Moravske Toplice (SI)	38B1	671
Morbach (DE)	16F1	216
Morbegno (IT)	23B2	544
Morcenx (FR)	24B3	456
Morella (ES)	33A1	316
Morges (CH)	22F2	114
Morienval (FR)	15H2	335
Morillon (FR)	22F3	429
Morinj (ME)	39C2	595
Morlaix (FR)	14C1	374
Morlanwelz-Mariemont (BE)	11B2	110
Morley (FR)	16D3	345
Mörnsheim (DE)	17D2	279
Morogues (FR)	18H3	406
Morokulien (SE)	4B3	666
Morro d'Alba (IT)	34D1	573
Mortagne-sur-Gironde (FR)	21C3	456
Mortain (FR)	15C3	359
Mörtschach (AT)	20G3	97
Mosbach (DE)	17A2	255
Moščenička Draga (HR)	38A2	519
Moschendorf (AT)	37B3	98
Moskosel (SE)	3B3	660
Mosonmagyaróvár (HU)	37B3	526
Moss (NO)	5C1	634
Mossa (IT)	23H2	551
Mössingen (DE)	20A1	255
Motala (SE)	5E1	660
Motovun (HR)	38A2	519
Motta Camastra (IT)	35C3	590
Moulins (FR)	22A2	429
Moulismes (FR)	21E2	457
Mourèze (FR)	28A2	483
Mouscron (BE)	11A2	110
Moussières (FR)	22E2	414
Moustheni (GR)	35H1	517
Moustiers-Sainte-Marie (FR)	28E1	496
Mouthe (FR)	22E1	414
Moutier (CH)	19G3	114
Moutiers-sur-le-Lay (FR)	21B1	394
Mouzillon (FR)	18B3	395
Mouzon (FR)	16C1	345
Muess (DE)	8D2	162
Mugron (FR)	27B1	457
Mühlberg (DE)	20C1	255
Mula (ES)	31H2	316
Mülheim/Ruhr (DE)	9F3	192
Müllheim (DE)	19G2	255
München (DE)	20E1	279
Munke Bjergby (DK)	6E2	301
Münnerstadt (DE)	12C3	280
Münsingen (DE)	20B1	255
Münster (DE)	9G2	192
Munster (FR)	19F1	345
Münstermaifeld (DE)	11G3	216
Münzenberg (DE)	12A2	234
Mur de Barrez (FR)	24H2	483
Mûr-de-Bretagne (FR)	14D2	374
Murat (FR)	24H2	429
Murat-le-Quaire (FR)	21H3	429
Murbach (FR)	19G2	345
Murça (PT)	29C3	642
Murcia (ES)	33A2	316
Mureck (AT)	38B1	95
Mureş (RO)	40B2	657
Murfeld (AT)	38B1	96
Murg (DE)	19H2	256
Murighiol (RO)	40D2	658
Murnau am Staffelsee (DE)	20D2	280
Murol (FR)	24H1	429
Murrhardt (DE)	17B2	256
Murten (CH)	22G1	114
Murviel-lès-Béziers (FR)	27H2	483
Musselkanaal (NL)	7F3	604
Mussomeli (IT)	35B3	590
Mutigny (FR)	16B2	345
Muzzano-Lugano (CH)	23A3	117
Mycenae (GR)	35G2	515
Mysusæter (NO)	4B3	634
Naarden (NL)	9D2	597
Naarn (AT)	37A3	88
Nabelund (SE)	5G2	662
Nackel (DE)	8E3	174
Nafpaktos (GR)	35F2	513
Nafplio (GR)	35G2	516
Nagele (NL)	9D1	610
Nages (FR)	27H2	483
Nagold (DE)	17A3	256
Nagysáp (HU)	37B3	526
Naila (DE)	12E2	280
Nailhac (FR)	24E1	457
Najac (FR)	24G3	484
Naklo (PL)	37B1	637
Namur (BE)	11C2	111
Nancy (FR)	16E3	345
Nant-le-Grand (FR)	16D3	345
Nantes (FR)	18B3	395
Nantgaredig (GB)	1D3	507
Nantiat (FR)	21F3	457
Nantua (FR)	22D2	429
Nanzdietschweiler (DE)	16G2	216
Narbonne (FR)	27H2	484
Narbonne-Plage (FR)	27H3	484
Narvik (NO)	3A2	629
Nassereith (AT)	20D3	93
Nattheim (DE)	17C3	256
Naucelle (FR)	24G3	484
Naucelles (FR)	24G2	429
Naujan-et-Postiac (FR)	24C2	457
Naumburg/Saale (DE)	12E1	169
Nava (ES)	29E1	307
Navarcles (ES)	32F2	316
Navarrete (ES)	29H3	310
Navata (ES)	32H2	316
Navelgas (ES)	29E1	307
Navia (ES)	29D1	307
Navodari (RO)	40D3	658
Nazaré (PT)	30B2	649
Neapel (Napoli) (IT)	35B1	585
Neckarsulm (DE)	17A2	256
Neckarwestheim (DE)	17A2	256
Neede (NL)	9F2	614
Neef (DE)	11F3	216
Neer (NL)	11E1	626
Neeroeteren (BE)	11D1	107
Neerpelt (BE)	11D1	107
Nègrepelisse (FR)	27E1	484
Neive (IT)	25H2	533
Nelahozeves (CZ)	12H2	118
Nelas (PT)	30C1	642
Nemours (FR)	18H1	364
Neo Itylo (GR)	35G3	516
Nérac (FR)	24D3	457
Neresheim (DE)	17C3	256
Néris-les-Bains (FR)	21H2	429
Nersac (FR)	21D3	457
Nes (NL)	7E3	601
Nesflaten (NO)	5B1	632
Nespouls (FR)	24F2	457
Nesselwang (DE)	20C2	280
Nessmersiel (DE)	7F2	147
Netphen (DE)	11H1	192
Nettersheim (DE)	11F2	193
Nettetal (DE)	11E1	193
Nettuno (IT)	35A1	577
Neu Kaliss (DE)	8D2	162
Neualbenreuth (DE)	12F3	280
Neubeuern (DE)	20F2	280

Name	Grid	Page
Neubrandenburg (DE)	8F1	162
Neuburg/Donau (DE)	17D3	280
Neuchâtel (CH)	22F1	114
Neuendorf (DE)	6F3	162
Neuental (DE)	12A1	234
Neuf-Brisach (FR)	19G1	345
Neufchâtel-en-Bray (FR)	15F1	359
Neufeld (DE)	8A1	126
Neuffen (DE)	17B3	256
Neuharlingersiel (DE)	7G2	147
Neuhaus an der Oste (DE)	8A1	147
Neuhäusel (DE)	11G3	216
Neuhausen (CH)	20A2	116
Neuhausen ob Eck (DE)	20A1	256
Neuillay-les-Bois (FR)	21F1	406
Neuilly-Saint-Front (FR)	16A2	335
Neukirchen (AT)	20F3	94
Neukirchen (DE)	12A1	126
Neukirchen 23779 (DE)	6E3	126
Neukirchen 25927 (DE)	6C3	126
Neukloster (DE)	8D1	163
Neulliac (FR)	14D2	374
Neumagen-Dhron (DE)	16F1	216
Neumarkt (AT)	37A3	88
Neumarkt/Oberpfalz (DE)	17E1	280
Neumünster (DE)	8B1	126
Neunkirchen (DE)	17A2	256
Neuruppin (DE)	8F3	174
Neusäß (DE)	17D3	280
Neuss (DE)	11F1	193
Neussargues-Moissac (FR)	24H1	429
Neustadt in Holstein (DE)	8C1	126
Neustadt/Aisch (DE)	17C1	280
Neustadt/Orla (DE)	12E1	240
Neustadt/Weinstrasse (DE)	16H2	216
Neustrelitz (DE)	8F2	163
Neuvéglise (FR)	24H2	429
Neuvy-Le-Barrois (FR)	21H1	406
Neuvy-Pailloux (FR)	21G1	406
Neuwied (DE)	11G2	217
Névache (FR)	25F2	496
Névez (FR)	14C2	374
New Abbey (GB)	2B3	505
New Milton (GB)	1F3	509
Newhaven (GB)	1G3	509
Newnham on Severn (GB)	1F2	509
Newton (GB)	1F2	507
Newton Abbot (GB)	1F3	509
Newton Steward (GB)	1D1	505
Newtownards (GB)	1D1	502
Niardo (IT)	23C2	544
Nibe (DK)	5C3	294
Nickenich (DE)	11G3	217
Nideggen (DE)	11E2	193
Niderviller (FR)	16F3	345
Niebüll (DE)	6C3	126
Niedenstein (DE)	12A1	234
Niederbreitbach (DE)	11G2	217
Niederkirchen bei Deidesheim (DE)	16H2	217
Niederwerrn (DE)	12C3	280
Niella Belbo (IT)	25H3	533
Niella Tanaro (IT)	25H3	534
Nienburg (DE)	10A1	147
Nierstein (DE)	16H1	217
Niestetal (DE)	10B3	234
Nieuil-l'Espoir (FR)	21E2	457
Nieul (FR)	21F3	457
Nieulle-sur-Seudre (FR)	21B3	457
Nieuw Bergen (NL)	9E3	626
Nieuw Vennep (NL)	9C2	597
Nieuwland (NL)	9C2	619
Nieuwlande (NL)	9F1	606
Nieuwleusen (NL)	9E1	609
Nieuwpoort (BE)	13D1	101
Nijetrijne (NL)	7E3	601
Nijkerk (NL)	9D2	614
Nijverdal (NL)	9E1	609
Nikkala (SE)	3C3	660
Nîmes (FR)	28B1	484
Nimritz (DE)	12E2	240
Nimy (BE)	11B2	110
Nin (HR)	38B3	521
Niort (FR)	21C2	457
Nireş (RO)	40B2	657
Nismes (BE)	11C3	111
Nisramont (BE)	11D3	112
Nixéville-Blercourt (FR)	16D2	345
Nizza Monferrato (IT)	26A2	534
Noailly (FR)	22B2	429
Nogent-le-Roi (FR)	15F3	406
Nogent-sur-Seine (FR)	16A3	345
Nogent-sur-Vernisson (FR)	18H2	406
Nogueira de Ramuín (ES)	29C2	307
Nohfelden (DE)	16F1	217
Noia (ES)	29C2	307
Noirétable (FR)	21H3	429
Noirmoutier-en-l'Ile (FR)	18A3	395
Nokia (FI)	4E2	328
Nolay (FR)	22C1	414
Nommern (LU)	16E1	594
Nonancourt (FR)	15F3	359
Nonnweiler (DE)	16F1	218
Nonsard Lamarche (FR)	16D3	346
Noord-Sleen (NL)	9F1	606
Noordeloos (NL)	9C2	619
Nordborg (DK)	6D2	299
Norddeich (DE)	7F2	148
Nordenham (DE)	7H2	148
Nordhausen (DE)	10C3	240
Nordheim (DE)	17A2	256
Nordheim am Main (DE)	12C3	281
Nordholz (DE)	7H1	148
Nordhorn (DE)	9F1	148
Nordkirchen (DE)	9G3	193
Nördlingen (DE)	17C3	281
Nordrach (DE)	19H1	257
Nordstrand (DE)	6C3	126
Norgaardholz (DE)	6D3	127
Norheimsund (NO)	4A3	632
Norrköping (SE)	5F1	660
Norrtälje (SE)	4D3	659
Norsholm (SE)	5F1	660
Nort-sur-Erdre (FR)	18B2	395
Northcumberland (GB)	2C2	509
Northeim (DE)	10B3	148
Norville (FR)	15E1	359
Nossentin (DE)	8E2	163
Notaresco (IT)	34E2	581
Noto (IT)	35C3	590
Notodden (NO)	5C1	634
Notre-Dame-de-Courson (FR)	15E2	359
Notre-Dame-de-Monts (FR)	18A3	395
Nottuln (DE)	9G2	193
Nouan-le-Fuzelier (FR)	18G2	406
Nová Bystřice (CZ)	37A2	118
Nova Milanese (IT)	23B3	545
Novate Mezzola (IT)	23B2	545
Nové Město pod Smrkem (CZ)	37A1	118
Novi Ligure (IT)	26A2	534
Novi Vinodolski (HR)	38A2	519
Novigrad (Dalmatia) (HR)	38B3	521
Novigrad (Istria) (HR)	23H3	519
Novo Mesto (SI)	38B2	671
Noyal-Pontivy (FR)	14D2	374
Nozay (FR)	18B2	395
Nozeroy (FR)	22E1	414
Nr. Åby (DK)	6D2	299
Nubécourt (FR)	16D2	346
Nuenen (NL)	9D3	624
Nuis (NL)	7E3	604
Nuits-Saint-Georges (FR)	19C3	414
Numansdorp (NL)	9C3	619
Nuncq-Hautecôte (FR)	13D3	335
Nunspeet (NL)	9D1	614
Nuoro (IT)	33G2	588
Nürburg (DE)	11F3	218
Nürnberg (DE)	17D1	281
Nürtingen (DE)	17B3	257
Nyborg (DK)	6E2	299
Nyköping (SE)	5F1	660
Nykøbing (DK)	6E1	301
Nykøbing F. (DK)	6F3	301
Nykøbing Mors (DK)	5C3	295
Nyons (FR)	25D3	429
Nysäter (SE)	5D1	666
Næstved (DK)	6E2	301
Nørager (DK)	5C3	295
Nørre Nebel (DK)	6B1	295
O Barco (ES)	29D2	307
Oban (GB)	2A2	505
Ober-Hilbersheim (DE)	16H1	218
Oberammergau (DE)	20D2	281
Oberaudorf (DE)	20F2	281
Oberaula (DE)	12B1	234
Oberbrombach (DE)	16G1	218
Oberburg (CH)	19G3	114
Obereisenbach (LU)	11E3	594
Oberelsbach (DE)	12B2	281
Oberhausen (DE)	9F3	193
Oberhof (DE)	12C2	240
Oberkirch (DE)	16H3	257
Oberkotzau (DE)	12E2	281
Oberkrämer (DE)	8F3	174
Obermaiselstein (DE)	20C2	281
Obernai (FR)	19G1	346
Oberndorf/Neckar (DE)	20A1	257
Oberndorf/Oste (DE)	8A1	148
Oberrakitsch (AT)	38B1	96
Oberstdorf (DE)	20C3	281
Oberstenfeld (DE)	17B2	257
Oberteuringen (DE)	20B2	257
Oberthulba (DE)	12B3	281
Oberursel (DE)	11H3	234
Oberviechtach (DE)	17F1	282
Oberwesel/Rhein (DE)	11G3	218
Oberwiesenthal (DE)	12F2	177
Obidos (PT)	30B2	649
Objat (FR)	24F1	457
Obrežje Jug (SI)	38B2	671
Obrovac (HR)	38B3	521
Obsteig (AT)	20D3	93
Occimiano (IT)	26A2	534
Ockelbo (SE)	4C3	666
Öckerö (SE)	5D2	665
Ockholm (DE)	6C3	127
Ocna Sibiului (RO)	40B2	657
Octon (FR)	28A2	484
Odda (NO)	4A3	632
Odder (DK)	6D1	295
Odeceixe (PT)	31B1	652
Odeleite (PT)	31C2	655
Odemira (PT)	31B1	652
Odense (DK)	6D2	299
Oderwitz (DE)	37A1	177
Ödeshög (SE)	5E2	660
Odrinhas (PT)	30A3	649
Oederquart (DE)	8A1	148
Oedt (DE)	11E1	193
Oelde (DE)	9H3	193
Oestrich-Winkel (DE)	11H3	234
Oettingen (DE)	17C2	282
Oeversee (DE)	6D3	127
Offenbach an der Queich (DE)	16H2	218
Offenburg (DE)	16H3	257
Offida (IT)	34E2	573
Ogeu-les-Bains (FR)	27C2	457
Oggebbio (IT)	23A3	534
Ogliastro (FR)	33G1	501
Öhringen (DE)	17B2	257
Oijen (NL)	9D3	624
Oirschot (NL)	9D3	624
Oissel (FR)	15F2	359
Oksfjordhamn (NO)	3B1	629
Olbia (IT)	33G2	588
Oldemarkt (NL)	9E1	609
Oldenburg (DE)	7H3	148
Oldham (GB)	1F1	509
Oleiros (ES)	29C1	307
Oleiros (PT)	30C2	645
Oleis (IT)	23H2	551
Olginate (IT)	23B3	545
Oliva (ES)	33A2	317
Oliveri (IT)	35C2	591
Öllingen (DE)	17C3	257
Ollioules (FR)	28E3	497
Olmedo (ES)	30F1	321
Olonne-sur-Mer (FR)	21A1	395
Oloron-Sainte-Marie (FR)	27B2	457
Olpe (DE)	11G1	193
Olsberg (DE)	9H3	193
Oltingue (FR)	19G3	346
Olvera (ES)	31E2	325
Olympia (GR)	35F2	516
Omarë (AL)	39C2	85
Omegna (IT)	23A3	534
Omiš (HR)	39A1	521
Ommen (NL)	9E1	609
Oñati (ES)	29H2	307
Onderdendam (NL)	7E2	604
Ondres (FR)	27A1	458
Onstwedde (NL)	7F3	604
Oosteind (NL)	9C3	624
Oosterhesselen (NL)	9F1	606
Oosterland (NL)	9B3	621
Oosthuizen (NL)	9C1	597
Oostkapelle (NL)	9A3	621
Oppdal (NO)	4B2	630
Oppède-le-Vieux (FR)	28D1	497
Oppenau (DE)	16H3	257
Oppenheim (DE)	16H1	218
Oppenweiler (DE)	17B2	257
Opperdoes (NL)	9C1	597
Opuzen (HR)	39B2	521
Oradour-sur-Glane (FR)	21E3	458
Oradour-sur-Vayres (FR)	21E3	458
Oranienbaum-Wörlitz (DE)	10E2	169
Oranienburg (DE)	8F3	174
Orašac (HR)	39B2	521
Orbec (FR)	15E2	359
Orbetello (IT)	34B3	565
Orbey (FR)	19F1	346
Orcières-Merlette (FR)	25E2	497
Orcines (FR)	21H3	429
Öregrund (SE)	4D3	660
Orgelet (FR)	22D2	414
Orgnac l'Aven (FR)	25B3	430
Orikum (AL)	35E1	85
Oriolo Romano (IT)	34C3	577
Oristano (IT)	33G3	588
Örkelljunga (SE)	5E3	664
Orléans (FR)	18G2	406
Ormea (IT)	25H3	534
Ormož (SI)	38B1	671
Oropa (IT)	22H3	534
Oropesa (ES)	30E2	321
Orosei (IT)	33G2	588
Orschwihr (FR)	19G2	346
Orta San Giulio (IT)	23A3	534
Orth/Donau (AT)	37B3	90
Orvieto (IT)	34C2	580
Osann-Monzel (DE)	16F1	218
Osby (SE)	5E3	664
Osetno (PL)	36B3	637
Oskarshamn (SE)	5F2	662
Oslip (AT)	37B3	98
Oslo (NO)	4B3	634
Osnabrück (DE)	9G2	148
Osorno (ES)	29F2	321
Oss (NL)	9D3	624
Ostbevern (DE)	9G2	193
Osten (DE)	8A2	148
Osterhever (DE)	6C3	127
Osterholz-Scharmbeck (DE)	7H3	148
Osterode (DE)	10C3	148
Ostheim (DE)	12C2	282
Osthofen (DE)	16H1	218
Ostrach (DE)	20B2	257
Ostrhauderfehn (DE)	7G3	149
Ostseebad Sellin/Rügen (DE)	6G3	163
Ostseebad Wustrow (DE)	6F3	163
Oswiecim (PL)	37B1	638
Otočec (SI)	38B2	671
Otranto (IT)	35D1	583
Ottenhöfen im Schwarzwald (DE)	16H3	257

Index

Location	Grid	Page
Ottenschlag (AT)	37A3	90
Otterlo (NL)	9D2	614
Otterndorf (DE)	7H1	149
Ottersberg (DE)	8A3	149
Ottersum (NL)	9E3	626
Ottobeuren (DE)	20C1	282
Ottrau (DE)	12A2	235
Ottweiler (DE)	16F2	218
Oud Beijerland (NL)	9C3	619
Ouddorp (NL)	9B3	619
Oudega (NL)	7E3	601
Oudemirdum (NL)	7D3	601
Oudenbosch (NL)	9C3	624
Oudenburg (BE)	11A1	101
Oudendijk (NL)	9C1	598
Oudeschoot (NL)	7E3	601
Oudon (FR)	18B3	395
Ouistreham (FR)	15D2	359
Oulches (FR)	21F1	406
Ouranoupoli (GR)	35H1	517
Ourol (ES)	29D1	307
Oust (FR)	27E3	484
Outeiro da Cabeça (PT)	30B2	649
Outrup (DK)	6C1	295
Ouveillan (FR)	27H2	484
Ouzouer-sur-Trézée (FR)	18H2	406
Ovada (IT)	26A2	534
Ovelgönne (DE)	7H2	149
Overdinkel (NL)	9F2	609
Overhetfeld (DE)	11E1	194
Overloon (NL)	9E3	624
Oviedo (ES)	29E1	307
Ovindoli (IT)	34E3	581
Övre Soppero (SE)	3B2	660
Owince (PL)	8H3	637
Oxelösund (SE)	5F1	660
Oye-plage (FR)	13D2	335
Oyten (DE)	8A3	149
Paal (NL)	11B1	621
Pachino (IT)	35C3	591
Paclele Mici (RO)	40C2	658
Paderborn (DE)	9H3	194
Paderne (PT)	31B2	655
Padua (Padova) (IT)	26F1	548
Paestum (IT)	35C1	585
Pag (HR)	38B3	521
Pageas (FR)	21E3	458
Pahlen (DE)	6C3	127
Paimpol (FR)	14D1	374
Paimpont (FR)	18A1	374
Pajares (ES)	29E2	307
Pakoštane (HR)	38B3	521
Palamós (ES)	32H2	317
Palavas-les-Flots (FR)	28B2	484
Palazuelos de Eresma (ES)	30F1	321
Palazzuolo sul Senio (IT)	26F3	565
Palencia (ES)	29F3	321
Palermo (IT)	35B3	591
Palinuro (IT)	35C1	585
Palmela (PT)	30B3	649
Palmi (IT)	35C2	586
Paluzza (IT)	23G1	551
Palzem (DE)	16E1	218
Pamproux (FR)	21D2	458
Pandrup (DK)	5C3	295
Panicale (IT)	34C2	580
Panissières (FR)	22B3	430
Pápa (HU)	37B3	526
Papenburg (DE)	7G3	149
Parada (PT)	29C3	642
Parada do Sil (ES)	29D2	307
Paralia Astros (GR)	35G2	516
Paralia Epanomi (GR)	35G1	517
Paralia Platanou (GR)	35F2	516
Paralia Rizomilos (GR)	35F2	516
Paray-le-Frésil (FR)	22A1	430
Parchim (DE)	8D2	163
Parchowo (PL)	36A2	637
Pardilhó (PT)	30B1	645
Paredes de Coura (PT)	29C3	642
Parentis-en-Born (FR)	24B3	458
Parga (GR)	35E1	513
Parikkala (FI)	4F2	328
Parkstein (DE)	17E1	282
Parma (IT)	26D2	556
Parthenay (FR)	21D1	458
Pas de la Casa (FR)	32F1	492
Paslek (PL)	36B2	637
Pašman (HR)	38B3	522
Passail (AT)	37A3	96
Passau (DE)	17H3	282
Passignano sul Trasimeno (IT)	34C1	580
Pataias (PT)	30B2	649
Patosfa (HU)	38C1	526
Pátra (GR)	35F2	516
Pau (FR)	27C2	458
Paucourt (FR)	18H1	406
Paulhac (FR)	24H2	430
Pavullo nel Frignano (IT)	26D3	556
Payerne (CH)	22F1	114
Payzac (FR)	24F1	458
Pécs (HU)	38C1	525
Pedaso (IT)	34E1	573
Pedrógão do Alentejo (PT)	31C1	653
Peer (BE)	11D1	108
Peigney (FR)	19D2	346
Peiting (DE)	20D2	282
Pélissanne (FR)	28D2	497
Pelješac/Orebić (HR)	39B2	522
Pelješac/Trpanj (HR)	39B2	522
Pellegrue (FR)	24D2	458
Pellouailles-les-Vignes (FR)	18C2	395
Penacova (PT)	30C1	645
Peñafiel (ES)	29F3	322
Peñaflor (ES)	32B2	322
Penamacor (PT)	30C2	645
Peñarroya-Pueblonuevo (ES)	31E1	325
Pénestin (FR)	14D3	375
Peniche (PT)	30A2	649
Peñíscola (ES)	33A1	317
Penmarch (FR)	14B2	375
Penne (IT)	34E2	581
Penvins (FR)	14D3	375
Penzé (FR)	14C1	375
Pepelow (DE)	8D1	163
Pêra (PT)	31B2	655
Perahóra (GR)	35G2	516
Perdika (GR)	35E1	513
Pereiro (PT)	31C2	655
Pergine Valsugana (IT)	23E2	540
Pérignac (FR)	21C3	458
Périgny (FR)	22A2	430
Périgueux (FR)	24E1	458
Perl (DE)	16E1	218
Pernegg (AT)	37A2	90
Pernis (NL)	9C2	619
Pérols-sur-Vézère (FR)	21G3	458
Perugia (IT)	34C2	580
Péruwelz (BE)	11A2	110
Pesaro (IT)	26H3	573
Pescasseroli (IT)	34E3	581
Peschici (IT)	34G3	584
Peschiera del Garda (IT)	26D1	548
Pescia Romana (IT)	34B3	577
Peso da Régua (PT)	29C3	642
Petacciato Marina (IT)	34F3	582
Petalidi (GR)	35F3	516
Petersdorf (DE)	8E2	163
Petershagen (DE)	10A1	194
Petnjica (ME)	39C2	595
Petrcane (HR)	38B3	522
Petritoli (IT)	34E1	573
Petrovac (ME)	39C2	595
Petting (DE)	20G1	282
Pettneu am Arlberg (AT)	20C3	93
Peyragudes (FR)	27D3	484
Peyrat-le-Château (FR)	21F3	458
Peyrehorade (FR)	27B1	459
Peyriac-de-Mer (FR)	27H3	484
Peyrusse le Roc (FR)	24G3	484
Pezens (FR)	27G2	484
Pfaffen-Schwabenheim (DE)	16H1	218
Pfaffenheim (FR)	19G2	346
Pforzheim (DE)	17A3	258
Pfronten (DE)	20D2	282
Pfullendorf (DE)	20B2	258
Pfullingen (DE)	17A3	258
Pfunds (AT)	20D3	93
Phalsbourg (FR)	16G3	346
Piancavallo (IT)	23G2	551
Piandimeleto (IT)	34C1	573
Piatto (IT)	22H3	534
Piazza Armerina (IT)	35B3	591
Pichl-Kainisch (AT)	20H2	96
Pickering (GB)	1G1	509
Picquigny (FR)	13D3	335
Piecki (PL)	36C2	637
Pieniezno (PL)	36B2	637
Pienza (IT)	34C2	565
Pierre-Percée (FR)	19F1	346
Pierrefitte-Nestalas (FR)	27C3	485
Pierrefort (FR)	24H2	430
Piesport (DE)	16F1	218
Pietra Ligure (IT)	26A3	559
Pietraporzio (IT)	25G3	534
Pietrarubbia (IT)	34C1	573
Pieve Santo Stefano (IT)	34C1	565
Pievebovigliana (IT)	34D2	573
Pilion (GR)	35G1	513
Pillichsdorf (AT)	37B3	90
Pineda de Mar (ES)	32G3	317
Pinerolo (IT)	25G2	534
Pineto (IT)	34E2	581
Piney (FR)	19B1	346
Pinhel (PT)	30D1	645
Pinsac (FR)	24F2	485
Piombino (IT)	34A2	565
Pioraco (IT)	34D1	573
Piré-sur-Seiche (FR)	18B1	375
Pírgos Dhiroú (GR)	35G3	516
Piriac-sur-Mer (FR)	14D3	396
Pirmasens (DE)	16G2	219
Pirna (DE)	12H1	177
Pirou-Plage (FR)	15B2	359
Pisa (IT)	34A1	565
Pistoia (IT)	34B1	566
Pivka (SI)	38A2	671
Pizzighettone (IT)	26C1	545
Plabennec (FR)	14B1	375
Plaidt (DE)	11G3	219
Plaika (AT)	37A3	90
Plan-de-la-Tour (FR)	28F2	497
Planfoy (FR)	25C1	430
Planguenoual (FR)	15A3	376
Plasmolen (NL)	9E3	626
Plataria (GR)	35E1	513
Platja d'Aro (ES)	32H2	317
Plattling (DE)	17G2	282
Pleaux (FR)	24G1	430
Plein (DE)	11F3	219
Pleinfeld (DE)	17D2	282
Plémet (FR)	14D2	376
Pléneuf-Val-André (FR)	15A3	376
Plerguer (FR)	15B3	376
Plérin (FR)	14D1	376
Pleslin-Trigavou (FR)	15A3	376
Plessala (FR)	14D2	376
Plestin-les-Grèves (FR)	14C1	376
Plettenberg (DE)	11G1	194
Pleubian (FR)	14D1	376
Pleumeur-Bodou (FR)	14C1	376
Plévenon (FR)	15A3	377
Pleyben (FR)	14C2	377
Pleystein (DE)	17F1	282
Plitvička (HR)	38B2	524
Ploemeur (FR)	14C2	377
Plogoff (FR)	14B2	377
Plombières-les-Bains (FR)	19E2	346
Plomelin (FR)	14B2	377
Plön (DE)	8B1	127
Plonévez-Porzay (FR)	14B2	377
Plouarzel (FR)	14B1	377
Ploubalay (FR)	15A3	378
Ploubazlanec (FR)	14D1	378
Plouescat (FR)	14D1	378
Plouézec (FR)	14D1	378
Plougasnou (FR)	14C1	378
Plougastel-Daoulas (FR)	14B1	378
Plougonvelin (FR)	14B1	378
Plouguerneau (FR)	14B1	378
Plouha (FR)	14D1	379
Ploumoguer (FR)	14B1	379
Plouneour (FR)	14B1	379
Plouvorn (FR)	14C1	379
Pluméliau (FR)	14D2	379
Pobra do Brollón (ES)	29D2	307
Podbočje (SI)	38B2	671
Podčetrtek (SI)	38B1	672
Podersdorf (AT)	37B3	98
Podgora (HR)	39A2	522
Podgorica (ME)	39C2	595
Podsmreka (SI)	38B1	672
Podstrana (HR)	39A1	522
Poederoijen (NL)	9C3	614
Poeldijk (NL)	9B2	619
Poggibonsi (IT)	34B1	566
Pola de Laviana (ES)	29E1	307
Polch (DE)	11G3	219
Pölfing-Brunn (AT)	38A1	96
Polle (DE)	10A2	149
Pollenza (IT)	34D1	574
Pollone (IT)	22H3	535
Pollos (ES)	29E3	322
Pomarez (FR)	27B1	459
Pombia (IT)	23A3	535
Pommerby (DE)	6D3	127
Pompei (IT)	35B1	585
Pompierre (FR)	19D1	347
Ponderano (IT)	25H1	535
Pons (FR)	21C3	459
Pont Canavese (IT)	25G1	535
Pont-à-Mousson (FR)	16E3	347
Pont-Aven (FR)	14C2	379
Pont-de-Ruan (FR)	18E3	407
Pont-de-Salars (FR)	24H3	485
Pont-de-Veyle (FR)	22C2	430
Pont-d'Ouilly (FR)	15D2	359
Pont-l'Abbé (FR)	14B2	379
Pont-l'Évêque (FR)	15E2	359
Pont-Saint-Martin (IT)	22H3	529
Pontassieve (IT)	34B1	566
Pontcharra-sur-Turdine (FR)	22C3	430
Ponte de Lima (PT)	29C3	642
Ponte de Sôr (PT)	30C2	653
Pontechianale (IT)	25G3	535
Pontedeva (ES)	29C2	307
Pontivy (FR)	14D2	379
Pontlevoy (FR)	18F3	407
Pontmain (FR)	15C3	396
Pontresina (CH)	23C2	116
Poperinge (BE)	13D2	101
Poppenhausen (DE)	12B2	235
Poppenricht (DE)	17E1	283
Poppi (IT)	34C1	566
Pordenone (IT)	23G2	551
Poreč (HR)	38A2	519
Porjus (SE)	3B3	660
Pornic (FR)	18A3	396
Port Saint-Louis-du-Rhône (FR)	28C2	497
Port Vendres (FR)	32H1	485
Port-des-Barques (FR)	21B2	459
Port-en-Bessin-Huppain (FR)	15C1	360
Port-la-Nouvelle (FR)	27H3	485
Port-Louis (FR)	14C3	379
Port-Sainte-Foy-et-Ponchapt (FR)	24D2	459
Portalban (CH)	22F1	114
Portbail (FR)	15B1	360
Portimão (PT)	31B2	655
Portiragnes (FR)	28A2	485
Porto Corsini (IT)	26G2	556
Porto Covo (PT)	31B1	653
Porto Empedocle (IT)	35B3	591
Porto Ercole (IT)	34B3	566
Porto Kagio (GR)	35G3	516

Location	Ref	Page
Porto Lagos (GR)	35H1	517
Porto Recanati (IT)	34E1	574
Porto San Giorgio (IT)	34E1	574
Porto Tolle (IT)	26G2	549
Porto Vecchio (FR)	33G2	501
Portomaggiore (IT)	26F2	556
Portopalo di Capo Passero (IT)	35C3	591
Portorož (SI)	38A2	669
Portovenere (IT)	34A1	559
Portrush (GB)	1C1	502
Portsall (FR)	14B1	379
Portumna (IE)	1B2	527
Posada de Valdeón (ES)	29F2	307
Posedarje (HR)	38B3	522
Postojna (SI)	38A2	669
Potenza Picena (IT)	34E1	574
Potes (ES)	29F2	308
Potsdam (DE)	10F1	174
Pottenstein (DE)	17D1	283
Pouancé (FR)	18B2	396
Pougues-les-Eaux (FR)	19A3	414
Pouilly-sous-Charlieu (FR)	22B2	430
Pouligny-Saint-Pierre (FR)	21E1	407
Poullaouen (FR)	14C1	379
Poupehan (BE)	16C1	112
Pouzauges (FR)	21C1	396
Povijana (HR)	38B3	522
Póvoa de Varzim (PT)	29B3	642
Póvoa e Meadas (PT)	30C2	650
Pozzallo (IT)	35C3	591
Pozzuoli (IT)	35B1	585
Pra-Loup (FR)	25F3	497
Praa Sands (GB)	1E3	509
Pradelles (FR)	25B2	430
Pradinas (FR)	24G3	485
Prag (Prague) (CZ)	37A2	118
Pragelato (IT)	25F2	535
Praia a Mare (IT)	35C1	586
Praia de Mira (PT)	30B1	645
Praia de Quiaos (PT)	30B1	645
Praia de Santa Cruz (PT)	30A2	650
Prali (IT)	25G2	535
Prapoutel-les-Sept-Laux (FR)	25E1	430
Prarostino (IT)	25G2	535
Prato Nevoso (IT)	25H3	535
Pratovecchio (IT)	34C1	566
Prats-de-Carlux (FR)	24F2	459
Prayssac (FR)	24E3	485
Préaux-Saint-Sébastien (FR)	15E2	360
Prebold (SI)	38A1	672
Predazzo (IT)	23E2	540
Preetz (DE)	6D3	127
Préfailles (FR)	18A3	396
Preignan (FR)	27D1	485
Prêles (CH)	19G3	115
Premilcuore (IT)	26F3	556
Preone (IT)	23G1	551
Presteigne (GB)	1F2	507
Prettin (DE)	10F2	169
Préveza (GR)	35F1	513
Prichsenstadt (DE)	17C1	283
Priego de Córdoba (ES)	31F2	325
Prien am Chiemsee (DE)	20F1	283
Priepert (DE)	8F2	163
Primelin (FR)	14B2	379
Primošten (HR)	39A1	522
Prissé (FR)	22C2	415
Privas (FR)	25C2	430
Privlaka (HR)	38B3	522
Priziac (FR)	14C2	380
Profondeville (BE)	11C3	111
Pronsfeld (DE)	11E3	219
Provins (FR)	16A3	364
Pruillé-l'Éguillé (FR)	18E2	396
Prüm (DE)	11E3	219
Prunet (FR)	24G2	430
Pruzilly (FR)	22C2	415
Præstø (DK)	6F2	301
Ptuj (SI)	38B1	672
Puget Theniers (FR)	28F1	497
Puimoisson (FR)	28E1	497
Pula (HR)	38A3	519
Pulkau (AT)	37A2	90
Pünderich (DE)	11F3	219
Punta Sabbioni (IT)	23G3	549
Puolanka (FI)	3D3	329
Purmerend (NL)	9C1	598
Püspökladány (HU)	37C3	525
Putbus (DE)	6G3	163
Putgarten (DE)	6G3	164
Putignano (IT)	35D1	584
Putte (BE)	11C1	104
Putten (NL)	9D2	614
Puttgarden (DE)	6E3	127
Puurs (BE)	11B1	104
Puy l'Eveque (FR)	24E3	485
Puy-Saint-Martin (FR)	25C3	430
Puy-Saint-Vincent (FR)	25F2	497
Puylaurens (FR)	27G2	485
Puyvert (FR)	28D1	497
Pyhäjärvi (FI)	4E1	328
Quaregnon (BE)	11B2	110
Quarre-les-Tombes (FR)	19B3	415
Quart (ES)	32H2	317
Quarteira (PT)	31B2	655
Quartu Sant'Elena (IT)	33G3	588
Quedlinburg (DE)	10D2	169
Queimadela (PT)	29C3	642
Quend (FR)	13C3	335
Quend-plage-les-Pins (FR)	13C3	336
Quevaucamps (BE)	11B2	110
Quiberon (FR)	14D3	380
Quiberville (FR)	13B3	360
Quickborn bei Burg (DE)	8A1	127
Quillan (FR)	27G3	485
Quimper (FR)	14C2	380
Quimperlé (FR)	14C2	380
Quinson (FR)	28E1	497
Quintin (FR)	14D1	380
Quinto di Trevisio (IT)	23F3	551
Raamsdonksveer (NL)	9C3	624
Rab (HR)	38A3	519
Rabac (HR)	38A2	519
Rabbi (IT)	23D2	540
Rablay sur Layon (FR)	18C3	396
Racines (IT)	20E3	540
Racovica (HR)	38B2	524
Radda in Chianti (IT)	34B1	566
Raddon-et-Chapendu (FR)	19F2	415
Radenac (FR)	14D2	380
Radhimë (AL)	35E1	86
Radicofani (IT)	34C2	566
Radicondoli (IT)	34B1	567
Radolfzell (DE)	20A2	258
Raesfeld (DE)	9F3	194
Rafina (GR)	35G2	516
Rain/Lech (DE)	17D3	283
Rake (GB)	1G3	510
Ramatuelle (FR)	28F2	497
Ramdala (SE)	5F3	663
Ramonete (ES)	31H2	317
Ramstein-Miesenbach (DE)	16G1	219
Ramsthal (DE)	12B3	283
Randan (FR)	22A3	430
Randers (DK)	5C3	295
Randevillers (FR)	19F3	415
Ranshofen (AT)	17G3	88
Rantasalmi (FI)	4F2	329
Rantrum (DE)	6C3	127
Rapolano Terme (IT)	34C1	567
Raron (CH)	22H2	117
Rasdorf (DE)	12B2	235
Rasova (ME)	39C1	595
Rastatt (DE)	16H3	258
Rastede (DE)	7H3	149
Rateče (SI)	23H1	669
Ratzeburg (DE)	8C1	127
Raucoules (FR)	25B1	431
Rauland (NO)	5B1	634
Rauville-la-Bigot (FR)	15B1	360
Ravascletto (IT)	23G1	551
Ravenna (IT)	26G3	556
Ravensburg (DE)	20B2	258
Ražanac (HR)	38B3	522
Realmonte (IT)	35B3	591
Rébénacq (FR)	27C2	459
Rebeuville (FR)	19D1	347
Recanati (IT)	34D1	574
Rech (DE)	11F2	220
Rechberghausen (DE)	17B3	258
Rečica ob Savinji (SI)	38A1	672
Recke (DE)	9G1	194
Reckingen (CH)	22H2	117
Recoaro Terme (IT)	23E3	549
Redange/Attert (LU)	16E1	594
Redon (FR)	18A2	380
Redondela (ES)	29C2	308
Redondo (PT)	30C3	653
Redu (BE)	11D3	112
Rees (DE)	9E3	194
Reggio nell'Emilia (IT)	26D2	557
Reguengos de Monsaraz (PT)	30C3	653
Réguiny (FR)	14D2	380
Rehburg-Loccum (DE)	10A1	169
Rehfelde (DE)	8G3	174
Reichelsheim/Odenwald (DE)	17A1	235
Reichenau (DE)	20A2	258
Reichenau/Rax (AT)	37A3	90
Reichenbach (DE)	12E1	240
Reichental (DE)	16H3	258
Reignac-sur-Indre (FR)	18E3	407
Reil/Mosel (DE)	11F3	220
Reims (FR)	16B2	347
Reinach (CH)	19G3	115
Reinfeld (DE)	8B1	127
Reinhardshagen (DE)	10B3	235
Reipoltskirchen (DE)	16G1	220
Reit im Winkl (DE)	20F2	283
Reitano (IT)	35B3	592
Rekem (BE)	11D1	108
Reken (DE)	9F3	194
Rekken (NL)	9F2	614
Remagen (DE)	11F2	220
Remetea (RO)	40A2	657
Rémilly (FR)	22B1	415
Remiremont (FR)	19F1	347
Remoulins (FR)	28C1	485
Remscheid (DE)	11F1	194
Renaison (FR)	22B3	431
Renchen (DE)	16H3	258
Rendsburg (DE)	6D3	127
Renesse (NL)	9B3	621
Rengsdorf (DE)	11G2	220
Rennebu (NO)	4B2	630
Rennepont (FR)	19C1	347
Rennes (FR)	18B1	380
Rennes-les-Bains (FR)	27G3	485
Rennesøy (NO)	5A1	632
Rentería (ES)	29H2	308
Requista (FR)	27H1	486
Rerik (DE)	6E3	164
Ressen (NL)	9E2	614
Restigné (FR)	18D3	407
Retournac (FR)	25B1	431
Retz (AT)	37A2	90
Reusel (NL)	11D1	624
Reußenköge (DE)	6C3	128
Reutlingen (DE)	17A3	258
Revel (FR)	27G2	486
Reventin-Vaugris (FR)	25C1	431
Revigny-sur-Ornain (FR)	16C3	347
Réville (FR)	15C1	360
Revin (FR)	16C1	347
Rhauderfehn (DE)	7G3	149
Rheda-Wiedenbrück (DE)	9H2	194
Rhede (DE)	9F3	195
Rhede/Ems (DE)	7F3	149
Rheinbach (DE)	11F2	195
Rheinbreitbach (DE)	11F2	220
Rheine (DE)	9G2	195
Rheinmünster (DE)	16H3	259
Rhemes Notre Dame (IT)	25G1	529
Rhenen (NL)	9D2	617
Rheurdt (DE)	9E3	195
Rhodes (FR)	16F3	347
Rhodt unter Rietburg (DE)	16H2	220
Riaille (FR)	18B2	396
Rialp (ES)	32E1	317
Riantec (FR)	14C3	380
Ribadeo (ES)	29D1	308
Ribamar (PT)	30A3	650
Ribamontán al Monte (ES)	29G1	308
Ribaseca (ES)	29E2	322
Ribe (DK)	6C2	295
Ribeauvillé (FR)	19G1	347
Ribera (ES)	35B3	592
Ribérac (FR)	24D1	459
Ribnik (HR)	38B2	520
Ribnitz-Damgarten (DE)	6F3	164
Riccione (IT)	26G3	557
Richardmenil (FR)	16E3	347
Richebourg (FR)	13D2	336
Richelieu (FR)	18D3	407
Richis (RO)	40B2	657
Ricote (ES)	31H1	317
Ried (NL)	7D3	601
Riedenburg (DE)	17E2	283
Riedlingen (DE)	20B1	259
Riegersburg (AT)	37A3	96
Rielasingen-Worblingen (DE)	20A2	259
Rietberg (DE)	9H3	195
Rieti (IT)	34D2	577
Rieupeyroux (FR)	24G3	486
Rieutort-de-Randon (FR)	25A3	486
Riez (FR)	28E1	497
Rignac (FR)	24G3	486
Rijeka (HR)	38A2	520
Rimasco (IT)	22H3	535
Rimini (IT)	26G3	557
Ringgau (DE)	12B1	235
Ringkøbing (DK)	6B1	295
Ringsted (DK)	6E2	301
Rinnan (NO)	4B2	630
Rinteln (DE)	10A2	149
Riom (FR)	22A3	431
Riom-es-Montagnes (FR)	24H1	431
Riosa (ES)	29E1	308
Ríos (ES)	29D3	308
Ripoll (ES)	32G2	317
Riquewihr (FR)	19G1	347
Risør (NO)	5C2	633
Riva del Garda (IT)	23D3	540
Riva Valdobbia (IT)	22H3	535
Rivedoux-Plage (FR)	21B2	459
Rivera (CH)	23A2	117
Rivières (FR)	27G1	486
Ro (IT)	26F1	557
Roanne (FR)	22B3	431
Roaschia (IT)	25G3	535
Röbel (DE)	8E2	164
Rocamadour (FR)	24F2	486
Rocca San Casciano (IT)	26F3	557
Roccalumera (IT)	35C3	592
Roccaraso (IT)	34E3	581
Rochefort (BE)	11D3	111
Rochefort (FR)	21B2	459
Rochefort-en-Terre (FR)	18A2	380
Rockenhausen (DE)	16G1	220
Rodewald (DE)	10A1	150
Rodez (FR)	24H3	486
Rodi Garganico (IT)	34G3	585
Roding (DE)	17F2	283
Roesalare (BE)	11A1	101
Roetgen (DE)	11E2	195
Rogla (SI)	38B1	672
Rogliano (FR)	33G1	501
Rognaldsvåg (NO)	4A3	632
Rogny-les-Sept-Écluses (FR)	18H2	415
Rohan (FR)	14D2	380
Rohel (NL)	7D3	601
Rollainville (FR)	19D1	347
Rolle (CH)	22E2	115
Rom (Roma) (IT)	34D3	577
Romagné (FR)	15B3	380

Romagne (FR) 21D2 460
Romano Canavese (IT) 25H1 535
Romans-sur-Isère (FR) 25C2 431
Romont (CH) 22F1 115
Roncesvalles (ES) 27A3 310
Ronneby (SE) 5F3 663
Ronquières (BE) 11B2 110
Ronse (BE) 11A2 103
Roosendaal (NL) 9C3 624
Roquecor (FR) 24E3 486
Roquefort (FR) 24C3 460
Roquefort-sur-Soulzon (FR) 27H1 486
Roschbach (DE) 16H2 220
Roscoff (FR) 14C1 381
Rosegg (AT) 38A1 97
Rosenau (FR) 19G2 347
Rosendahl (DE) 9F2 195
Rosendal (NO) 5A1 632
Rosenthal (DE) 12A1 235
Roseto degli Abruzzi (IT) 34E2 581
Roßhaupten (DE) 20D2 283
Rosignano Marittimo (IT) 34A1 567
Roskilde (DK) 6F1 301
Roslev (DK) 5C3 296
Rossano (IT) 35C1 586
Rossatzbach (AT) 37A3 90
Rosta (IT) 25G2 535
Rostock (DE) 6F3 164
Rostrenen (FR) 14D2 381
Rotenburg (Wümme) (DE) 8A3 150
Rotenburg a/d Fulda (DE) 12B1 235
Rothenbuch (DE) 12B3 283
Rothenburg ob der Tauber (DE) 17C1 284
Rothenkirchen (DE) 12D2 284
Röthlein (DE) 12C3 284
Rots (FR) 15D2 360
Rotselaar (BE) 11C1 106
Rottenburg/Neckar (DE) 17A3 259
Röttingen (DE) 17B1 284
Rottweil (DE) 20A1 259
Rouans (FR) 18A3 396
Rouillac (FR) 21D3 460
Roullet-Saint-Estèphe (FR) 21D3 460
Roumazières-Loubert (FR) 21E3 460
Roussillon (FR) 28D1 497
Routier (FR) 27G3 486
Rouvray (FR) 19B3 415
Rovanjska (HR) 38B3 522
Rovereto (IT) 23E3 540
Rovetta (IT) 23C3 545
Rovinj (HR) 38A2 520
Royan (FR) 21B3 460
Royère-de-Vassivière (FR) 21G3 460
Rozoy-sur-Serre (FR) 16B1 336
Rudkøbing (DK) 6E2 299
Rudolstadt (DE) 12D2 241
Ruffec (FR) 21D2 460
Rugles (FR) 15E3 360
Ruhpolding (DE) 20G2 284
Ruinen (NL) 9E1 606
Ruino (IT) 26B2 545
Rummen (BE) 11D2 108
Ruoms (FR) 25B3 431
Ruppertsberg (DE) 16H2 221
Rupt-sur-Moselle (FR) 19F2 347
Rust (DE) 19G1 259
Rute (ES) 31F2 325
Rüterberg (DE) 8C3 164
Rüthen (DE) 9H3 195
Ruurlo (NL) 9E2 614
Ruynes-en-Margeride (FR) 25A2 431
Ry (DK) 6D1 296
Rydaholm (SE) 5E3 660
Rye (GB) 13B2 510
Rødding (DK) 6C2 296
Rødekro (DK) 6C2 296
Rødvig (DK) 6F2 301
Rømø (DK) 6C2 296
Rønde (DK) 6D1 296
Saalfeld (DE) 12D2 241
Saarbrücken (DE) 16F2 221
Saarburg (DE) 16F1 221
Saarlouis (DE) 16F2 221
Saas Fee (CH) 22H2 117
Sabbioneta (IT) 26D2 545
Sablet (FR) 25C3 498
Sabugal (PT) 30D1 645
Sachsenburg (AT) 20H3 97
Sacile (IT) 23G2 551
Sadroc (FR) 24F1 460
Säffle (SE) 5D1 666
Sagres (PT) 31A2 655
Saignelégier (CH) 19F3 115
Saillagousse (FR) 32F1 486
Saillans (FR) 25D2 431
Saillon (CH) 22G2 117
Sains (FR) 15B3 381
Saint Aignan (FR) 14D2 381
Saint Blaise (CH) 22F1 115
Saint Césaire (FR) 21C3 460
Saint Estèphe (FR) 21E3 460
Saint Fromond (FR) 15C2 360
Saint Gérand (FR) 14D2 381
Saint Laurant de la Prée (FR) 21B2 460
Saint-Agnant (FR) 21B3 460
Saint-Agrève (FR) 25B2 431
Saint-Alban-Auriolles (FR) 25B3 431
Saint-Amand-Montrond (FR) 21H1 407
Saint-Amand-sur-Sèvre (FR) 21C1 460
Saint-André (FR) 32H1 486
Saint-André-d'Apchon (FR) 22B3 431
Saint-André-de-l'Eure (FR) 15F3 360
Saint-André-les-Alpes (FR) 28F1 498
Saint-Antoine (FR) 27E1 486
Saint-Antoine-Cumond (FR) 24D1 461
Saint-Antoine-de-Breuilh (FR) 24D2 461
Saint-Antonin-Noble-Val (FR) 24F3 486
Saint-Aubin (CH) 22F1 115
Saint-Aubin-d'Aubigné (FR) 18B1 381
Saint-Aubin-de-Luigné (FR) 18C3 396
Saint-Barnabé (FR) 14D2 381
Saint-Benin-d'Azy (FR) 22A1 415
Saint-Benoît-des-Ondes (FR) 15B3 381
Saint-Benoît-du-Sault (FR) 21F2 407
Saint-Bertrand-de-Comminges (FR) 27D3 487
Saint-Bonnet-le-Château (FR) 25B1 432
Saint-Bonnet-le-Froid (FR) 25C1 432
Saint-Bonnet-Tronçais (FR) 21H1 432
Saint-Bresson (FR) 19F2 415
Saint-Brice-en-Coglès (FR) 15B3 381
Saint-Brisson-sur-Loire (FR) 18H2 407
Saint-Calais (FR) 18E2 397
Saint-Caprais-de-Blaye (FR) 24C1 461
Saint-Carreuc (FR) 14D1 381
Saint-Céré (FR) 24G2 487
Saint-Chamas (FR) 28C2 498
Saint-Chély-d'Apcher (FR) 25A2 487
Saint-Christophe-sur-Dolaison (FR) 25B2 432
Saint-Cirq-Lapopie (FR) 24F3 487
Saint-Clar (FR) 27E1 487
Saint-Claude (FR) 22E2 415
Saint-Claude-de-Diray (FR) 18F2 407
Saint-Clément-des-Baleines (FR) 21B2 461
Saint-Clément-des-Levées (FR) 18D3 397
Saint-Côme-d'Olt (FR) 24H3 487
Saint-Couat-d'Aude (FR) 27H2 487
Saint-Crépin (FR) 25F2 498
Saint-Cyprien (FR) 32H1 461
Saint-Cyprien (FR) 24E2 487
Saint-Cyprien-sur-Dourdou (FR) 24G3 487
Saint-Cyr-en-Bourg (FR) 18D3 397
Saint-Cyr-sur-Morin (FR) 16A3 364
Saint-Denis (IT) 22G3 529
Saint-Denis-d'Oléron (FR) 21B2 461
Saint-Denis-les-Ponts (FR) 18F1 407
Saint-Derrien (FR) 14C1 381
Saint-Désirat (FR) 25C1 432
Saint-Dizant-du-Gua (FR) 24C1 461
Saint-Dizier (FR) 16C3 348
Saint-Donat-sur-l'Herbasse (FR) 25C2 432
Saint-Dyé-sur-Loire (FR) 18F2 407
Saint-Éloy-les-Mines (FR) 21H2 432
Saint-Épain (FR) 18E3 407
Saint-Estèphe (FR) 24C1 461
Saint-Étienne-de-Tinée (FR) 25F3 498
Saint-Étienne-la-Varenne (FR) 22C3 432
Saint-Fargeau (FR) 19A2 415
Saint-Fargeau-Ponthierry (FR) 15H3 364
Saint-Félicien (FR) 25C2 432
Saint-Félix-Lauragais (FR) 27F2 487
Saint-Flour (FR) 24H2 432
Saint-Forgeux (FR) 22C3 432
Saint-Front-la-Rivière (FR) 24E1 461
Saint-Gelven (FR) 14D2 381
Saint-Genest-de-Beauzon (FR) 25B3 432
Saint-Gengoux-le-National (FR) 22C1 415
Saint-Geniez-d'Olt (FR) 24H3 487
Saint-Genis-de-Saintonge (FR) 21C3 461
Saint-Genouph (FR) 18E3 407
Saint-Georges (FR) 25A2 432
Saint-Georges-d'Espérance (FR) 25C1 433
Saint-Georges-de-Didonne (FR) 21B3 461
Saint-Georges-sur-Arnon (FR) 21G1 407
Saint-Georges-sur-Loire (FR) 18C2 397
Saint-Georges-sur-Moulon (FR) 18H3 407
Saint-Gérand-de-Vaux (FR) 22A2 433
Saint-Germain-de-Marencennes (FR) 21C2 461
Saint-Germain-Lespinasse (FR) 22B2 433
Saint-Gérons (FR) 24G2 433
Saint-Gervais (FR) 18A3 397
Saint-Gervais-les-Bains (FR) 22F3 433
Saint-Géry (FR) 24F3 487
Saint-Gildas-de-Rhuys (FR) 14D3 381
Saint-Gilles (FR) 28B2 487
Saint-Gilles-Croix-de-Vie (FR) 21A1 397
Saint-Girons (FR) 27E3 487
Saint-Gondon (FR) 18H2 407
Saint-Guyomard (FR) 14D3 382
Saint-Haon-le-Châtel (FR) 22B3 433
Saint-Hilaire-de-Chaléons (FR) 18A3 397
Saint-Hilaire-de-Lusignan (FR) 24D3 461
Saint-Hilaire-de-Riez (FR) 21A1 397
Saint-Hilaire-du-Harcouët (FR) 15C3 360
Saint-Hilaire-la-Palud (FR) 21C2 462
Saint-Hilaire-sous-Charlieu (FR) 22B2 433
Saint-Hippolyte (FR) 19G1 348
Saint-Honoré-les-Bains (FR) 22B1 415
Saint-Hubert (BE) 11D3 111
Saint-Imoges (FR) 16B2 348
Saint-Jacut-de-la-Mer (FR) 15A3 382
Saint-Jean-d'Angély (FR) 21C3 462
Saint-Jean-d'Ardières (FR) 22C2 433
Saint-Jean-de-Bournay (FR) 25D1 433
Saint-Jean-de-Côle (FR) 24E1 462
Saint-Jean-de-Luz (FR) 27A2 462
Saint-Jean-de-Maurienne (FR) 25E1 433
Saint-Jean-de-Monts (FR) 21A1 397
Saint-Jean-du-Gard (FR) 28B1 487
Saint-Jean-en-Royans (FR) 25D2 433
Saint-Jean-et-Saint-Paul (FR) 27H1 487
Saint-Jean-le-Blanc (FR) 18G2 408
Saint-Jean-le-Thomas (FR) 15B3 360
Saint-Jean-Pied-de-Port (FR) 27A2 462
Saint-Jean-Saint-Nicolas (FR) 25E2 498
Saint-Jean-sur-Mayenne (FR) 18C1 398
Saint-Jouin-Bruneval (FR) 15E1 360
Saint-Julien-Chapteuil (FR) 25B2 433
Saint-Julien-du-Sault (FR) 19A1 415
Saint-Julien-la-Geneste (FR) 21H3 433
Saint-Julien-le-Petit (FR) 21F3 462
Saint-Junien-la-Bregère (FR) 21F3 462
Saint-Just (FR) 25A2 433
Saint-Just-d'Ardèche (FR) 25C3 433
Saint-Just-en-Chevalet (FR) 22B3 433
Saint-Just-sur-Viaur (FR) 27G1 487
Saint-Lary-Soulan (FR) 27D3 487
Saint-Laurent (FR) 21G2 462
Saint-Laurent-de-Carnols (FR) 25C3 488
Saint-Laurent-de-Cerdans (FR) 32G1 488
Saint-Laurent-du-Var (FR) 28G1 498
Saint-Laurent-Médoc (FR) 24B1 462
Saint-Laurent-sur-Gorre (FR) 21E3 462
Saint-Léger-sur-Dheune (FR) 22C1 415
Saint-Leon-sur-l'Isle (FR) 24D1 462
Saint-Léon-sur-Vézère (FR) 24E2 462
Saint-Léonard (CH) 22G2 117
Saint-Léonard-des-Bois (FR) 18D1 398
Saint-Lô (FR) 15C2 361
Saint-Loup-du-Gast (FR) 15C3 398
Saint-Loup-sur-Semouse (FR) 19E2 415
Saint-Lubin-en-Vergonnois (FR) 18F2 408
Saint-Malo (FR) 15A3 382
Saint-Mamert-du-Gard (FR) 28B1 488
Saint-Mamet (FR) 27D3 488
Saint-Mamet-la-Salvetat (FR) 24G2 433
Saint-Mandrier-sur-Mer (FR) 28E3 498
Saint-Marcel-d'Urfé (FR) 22B3 433
Saint-Marcel-en-Murat (FR) 21H2 433
Saint-Mars-la-Jaille (FR) 18B2 398
Saint-Marsal (FR) 32G1 488
Saint-Martial-d'Artenset (FR) 24D2 462
Saint-Martin de Bréhal (FR) 15B2 361
Saint-Martin-d'Estréaux (FR) 21H2 434
Saint-Martin-de-Crau (FR) 28C2 498
Saint-Martin-de-Londres (FR) 28A1 488
Saint-Martin-de-Ré (FR) 21B2 462
Saint-Martin-en-Haut (FR) 22C3 434
Saint-Martory (FR) 27E2 488
Saint-Mathieu (FR) 21E3 463
Saint-Mathieu-de-Tréviers (FR) 28B1 488
Saint-Maurice-en-Quercy (FR) 24G2 488
Saint-Médard-de-Guizières (FR) 24D2 463
Saint-Merd-les-Oussines (FR) 21G3 463
Saint-Michel-Chef-Chef (FR) 18A3 398
Saint-Michel-en-l'Herm (FR) 21B2 398
Saint-Michel-et-Chanveaux (FR) 18B2 398
Saint-Michel-l'Observatoire (FR) 28E1 498
Saint-Michel-Mont-Mercure (FR) 21C1 398
Saint-Mihiel (FR) 16D3 348
Saint-Nabord (FR) 19F1 348
Saint-Nazaire (FR) 18A3 398
Saint-Nicolas-d'Aliermont (FR) 15F1 361
Saint-Nicolas-de-Bliquetuit (FR) 15E1 361
Saint-Nicolas-de-Bourgueil (FR) 18D3 408
Saint-Nicolas-de-la-Grave (FR) 27E1 488
Saint-Nicolas-de-Port (FR) 16E3 348
Saint-Omer (FR) 13D2 336
Saint-Ours-les Roches (FR) 21H3 434
Saint-Oyen (IT) 22G3 529
Saint-Pair-sur-Mer (FR) 15B2 361
Saint-Palais-sur-Mer (FR) 27B2 463
Saint-Paul-des-Landes (FR) 24G2 434
Saint-Paul-le-Jeune (FR) 25B3 434
Saint-Paul-lès-Dax (FR) 27B1 463
Saint-Paul-lès-Durance (FR) 28E2 498
Saint-Paul-Trois-Châteaux (FR) 25C3 434
Saint-Pée-sur-Nivelle (FR) 27A2 463
Saint-Pey-d'Armens (FR) 24C2 463
Saint-Philbert-de-Grand-Lieu (FR) 18B3 398
Saint-Pierre (IT) 22G3 529
Saint-Pierre-d'Oléron (FR) 21B2 463
Saint-Pierre-Église (FR) 15B1 361
Saint-Pierre-en-Faucigny (FR) 22E3 434
Saint-Pierre-le-Vieux (FR) 15F1 361
Saint-Pierre-Quiberon (FR) 14D3 382
Saint-Pierre-sur-Dives (FR) 15D2 361
Saint-Point-Lac (FR) 22E1 415
Saint-Pol-de-Léon (FR) 14C1 382
Saint-Porchaire (FR) 21C3 463
Saint-Pourçain-sur-Sioule (FR) 22A2 434
Saint-Privat (FR) 24G1 463
Saint-Puy (FR) 27D1 488
Saint-Rémèze (FR) 25C3 434
Saint-Rémy-de-Blot (FR) 21H3 434
Saint-Rémy-la-Varenne (FR) 18D3 399
Saint-Renan (FR) 14B1 382
Saint-Restitut (FR) 25C3 434
Saint-Rirand (FR) 22B3 434
Saint-Rivoal (FR) 14C1 382
Saint-Romain-d'Ay (FR) 25C1 434
Saint-Romain-de-Lerps (FR) 25C2 434
Saint-Romain-la-Virvée (FR) 24C2 463
Saint-Romain-Lachalm (FR) 25B1 434
Saint-Saire (FR) 15F1 361

Saint-Saturnin (FR) 21G2 408
Saint-Saturnin-sur-Loire (FR) 18C3 399
Saint-Saud-Lacoussière (FR) 21E3 463
Saint-Sauves-d'Auvergne (FR) 21H3 435
Saint-Sauveur (FR) 24E2 463
Saint-Sauveur-Camprieu (FR) 28A1 488
Saint-Sauveur-le-Vicomte (FR) 15B1 361
Saint-Savin (FR) 24C1 463
Saint-Servais (FR) 14C1 382
Saint-Sever-Calvados (FR) 15C2 361
Saint-Séverin (FR) 24D1 464
Saint-Sorlin-de-Conac (FR) 24C1 464
Saint-Sulpice-le-Guérétois (FR) 21G2 464
Saint-Sylvestre-sur-Lot (FR) 24E3 464
Saint-Symphorien-sur-Coise (FR) 22C3 435
Saint-Thégonnec (FR) 14C1 382
Saint-Théoffrey (FR) 25E2 435
Saint-Thibéry (FR) 28A2 488
Saint-Thomas (FR) 27E2 488
Saint-Thomé (FR) 25C3 435
Saint-Trojan-les-Bains (FR) 21B3 464
Saint-Tropez (FR) 28F2 498
Saint-Vaast-la-Hougue (FR) 15C1 361
Saint-Valery-en-Caux (FR) 13B3 361
Saint-Valery-sur-Somme (FR) 13C3 336
Saint-Véran (FR) 25F2 498
Saint-Viaud (FR) 18A3 399
Saint-Victor-sur-Loire (FR) 25B1 435
Saint-Vigor-le-Grand (FR) 15C2 361
Saint-Vincent-de-Cosse (FR) 24E2 465
Saint-Vincent-Jalmoutiers (FR) 24D1 465
Saint-Vincent-sur-Jard (FR) 21B1 399
Saint-Wandrille-Rançon (FR) 15E1 362
Saint-Ybard (FR) 24F1 465
Saint-Yrieix-la-Perche (FR) 24F1 465
Saint-Yrieix-sur-Charente (FR) 21D3 465
Sainte-Alvère (FR) 24E2 465
Sainte-Colombe-en-Bruilhois (FR) 24D3 465
Sainte-Croix (CH) 22F1 115
Sainte-Croix-du-Verdon (FR) 28E1 498
Sainte-Croix-Volvestre (FR) 27E3 488
Sainte-Eulalie-d'Olt (FR) 24H3 488
Sainte-Eulalie-en-Born (FR) 24B3 465
Sainte-Foy (FR) 21A1 399
Sainte-Geneviève-sur-Argence (FR) 24H2 489
Sainte-Honorine-des-Pertes (FR) 15C1 362
Sainte-Livière (FR) 16C3 348
Sainte-Livrade-sur-Lot (FR) 24E3 465
Sainte-Marie-aux-Mines (FR) 19G1 348
Sainte-Marie-de-Campan (FR) 27D3 489
Sainte-Marie-du-Lac-Nuisement (FR) 16C3 348
Sainte-Marie-du-Mont (FR) 15C1 362
Sainte-Marie-en-Chanois (FR) 19F2 415
Sainte-Maure-de-Touraine (FR) 18E3 408
Sainte-Maxime (FR) 28F2 498
Sainte-Mère-Église (FR) 15B1 362
Sainte-Nathalène (FR) 24F2 465
Sainte-Sévère-sur-Indre (FR) 21G2 408
Saintes (FR) 21C3 465
Saintes-Maries-de-la-Mer (FR) 28B2 498
Saintt-André-de-Chalencon (FR) 25B1 435
Sakskøbing (DK) 6E3 301
Sala Baganza (IT) 26C2 557
Sala Consilina (IT) 35C1 585
Salamanca (ES) 30E1 322
Salandi (GR) 35G2 516
Salasc (FR) 28A2 489
Saldaña (ES) 29F2 322
Salernes (FR) 28E2 499
Salers (FR) 24H1 435
Salies-de-Béarn (FR) 27B2 466
Salignac-Eyvigues (FR) 24F2 466
Salin-de-Giraud (FR) 28C2 499
Salins-les-Bains (FR) 22E1 416
Sallenelles (FR) 15D2 362
Salles-Curan (FR) 24H3 489
Salles-sur-l'Hers (FR) 27F2 489
Salsomaggiore Terme (IT) 26C2 557
Saltum (DK) 5C3 296
Saluzzo (IT) 25G2 535
Salzgitter (DE) 10B2 150
Salzhausen (DE) 8B2 150
Salzhemmendorf (DE) 10B2 150
Salzwedel (DE) 8C3 170
Samatan (FR) 27E2 489
Samnaun (CH) 20C3 116
Samoëns (FR) 22F3 435
Šamorín (SK) 37B3 667
Samsø (DK) 6D1 296
San Benedetto del Tronto (IT) 34E2 574
San Benedetto Po (IT) 26E1 545
San Candido (IT) 23F1 540
San Casciano dei Bagni (IT) 34C2 567
San Casciano in Val di Pesa (IT) 34B1 567
San Clodio (ES) 29D2 308
San Damiano d'Asti (IT) 25H2 536
San Daniele del Friuli (IT) 23G2 551
San Demetrio nei Vestini (IT) 34E3 582
San Felice Circeo (IT) 35B1 578
San Fulgencio (ES) 33A2 317
San Gemini (IT) 34D2 580
San Gimignano (IT) 34B1 567
San Ginesio (IT) 34D1 574
San Giovanni La Punta (IT) 35C3 592
San Giovanni Rotondo (IT) 34G3 584
San Giuseppe (IT) 26G2 558
San Guiseppe al Lago (IT) 23E2 541
San Juan de los Terreros (ES) 31H2 326
San Leo (IT) 34C1 574
San Lorenzo al Mare (IT) 28H1 559
San Marino (IT) 26G3 569
San Martín del Rey Aurelio (ES) 29E1 308
San Martino di Castrozza (IT) 23F2 541
San Miniato Basso (IT) 34B1 567
San Nicolò d'Arcidano (IT) 33G3 588
San Piero a Sieve (IT) 34B1 568
San Piero in Bagno (IT) 34C1 558
San Pietro in Bevagna (IT) 35D1 584
San Quirico d'Orcia (IT) 34C2 568
San Rafael del Río (ES) 33A1 318
San Rocco (IT) 26B3 559
San Romano in Garfagnana (IT) 26D3 568
San Salvo Marina (IT) 34F3 582
San Sebastian (ES) 29H2 308
San Severino Marche (IT) 34D1 574
San Teodoro (IT) 33G2 588
San Vigilio di Marebbe (IT) 23F1 541
San Vincenzo (IT) 34A2 568
San Vito al Tagliamento (IT) 23G2 551
San Vito Lo Capo (IT) 35B3 592
Sancey-le-Grand (FR) 19F3 416
Sancey-le-Long (FR) 19F3 416
Sancoins (FR) 21H1 408
Sancti Petri La Barrosa (ES) 31D3 326
Sancti-Spiritus (ES) 30D1 322
Sand (NO) 5A1 632
Sande (Nieder-Sachsen) (DE) 7G2 150
Sandefjord (NO) 5C1 634
Sandeid (NO) 5A1 632
Sandöverken (SE) 4D2 666
Sandstedt (DE) 7H2 150
Sandvik (SE) 5F3 662
Sanfront (IT) 25G2 536
Sangalhos (PT) 30B1 646
Sangerhausen (DE) 10D3 170
Sanginkylä (FI) 4E1 329
Sanguinet (FR) 24B2 466
Sankt Aldegund (DE) 11F3 221
Sankt Andreasberg (DE) 10C3 150
Sankt Blasien (DE) 19H2 259
Sankt Gallen (CH) 20B3 116
Sankt Goarshausen (DE) 11G3 221
Sankt Ingbert (DE) 16F2 221
Sankt Julian (DE) 16G1 221
Sankt Martin (DE) 16H2 221
Sankt Martin am Ybbsfelde (AT) 37A3 90
Sankt Moritz (CH) 23C1 116
Sankt Pankraz (AT) 37A3 88
Sankt Peter-Ording (DE) 6C3 128
Sankt Stefan im Rosental (AT) 38B1 96
Sankt Vith (BE) 11E3 109
Sankt Wendel (DE) 16F1 221
Sanlúcar de Barrameda (ES) 31D2 326
Sansac-de-Marmiesse (FR) 24G2 435
Sansepolcro (IT) 34C1 568
Sant Feliu de Guíxols (ES) 32H2 318
Sant Hilari Sacalm (ES) 32G2 318
Sant Joan de les Abadesses (ES) 32G1 318
Sant'Anatolia di Narco (IT) 34D2 580
Sant'Anna Arresi (IT) 33G3 588
Sant-Julià-de-Lòria (FR) 32F1 492
Santa Caterina Valfurva (IT) 23D2 545
Santa Clara-e-Velha (PT) 31B1 653
Santa Coloma de Cervelló (ES) 32F3 318
Santa Cristina Valgardena (IT) 23E1 541
Santa Fiora (IT) 34C2 568
Santa Maria al Bagno (IT) 35D1 584
Santa Maria da Feira (PT) 30B1 642
Santa Maria Maggiore (IT) 23A2 536
Santa Ovaia (PT) 30C1 646
Santa Sofia (IT) 34C1 558
Santander (ES) 29G1 308
Santec (FR) 14C1 383
Santiago de Compostela (ES) 29C1 308
Santiago do Cacém (PT) 31B1 653
Santillana del Mar (ES) 29G1 308
Santo António das Areias (PT) 30C2 653
Santo Stefano al Mare (IT) 28H1 559
Santo Stefano di Cadore (IT) 23G1 549
Santo Stefano di Sessanio (IT) 34E2 582
Sant'Agata Feltria (IT) 34C1 574
Sant'Antonino di Susa (IT) 25G2 536
Sant'Egidio alla Vibrata (IT) 34E2 582
Sanxenxo (ES) 29B2 308
São Bartolomeu de Messines (PT) 31B2 656
São João da Pesqueira (PT) 29C3 646
Sao Joao de Areias (PT) 30C1 646
São Lourenço do Bairro (PT) 30B1 646
São Mamede (PT) 30B2 650
São Martinho das Amoreiras (PT) 31B1 653
São Martinho do Porto (PT) 30B2 650
São Pedro do Sul (PT) 30C1 646
São Romão do Corgo (PT) 29C3 642
Sapignicourt (FR) 16C3 348
Sappada (IT) 23G1 549
Sarajevo (BA) 39B1 99
Saran (FR) 18G2 408
Sarandë (AL) 35E1 86
Sare (FR) 27A2 466
Särkisalmi (FI) 4F2 328
Sarlat-la-Canéda (FR) 24F2 466
Särna (SE) 4C3 666
Sarnano (IT) 34D2 574
Saronno (IT) 23B3 545
Sarpsborg (NO) 5D1 634
Sarralbe (FR) 16F2 348
Sarrant (FR) 27E1 489
Sarria (ES) 29D2 308
Sarrians (FR) 28C1 499
Sartirana Lomellina (IT) 26A1 545
Sarzeau (FR) 14D3 383
Sas van Gent (NL) 11B1 621
Sasbachwalden (DE) 16H3 259
Sassenage (FR) 25D1 435
Sassenberg (DE) 9H2 195
Sassenheim (NL) 9C2 619
Sasso Pisano (IT) 34B2 568
Sassoferrato (IT) 34D1 574
Säter (SE) 4C3 666
Saterland (DE) 7G3 150
Satigny (CH) 22E2 115
Saturnia (IT) 34B2 568
Saturrarán (ES) 29H2 309
Sauda (NO) 5A1 632
Saugues (FR) 25A2 435
Saujon (FR) 21B3 466
Saulgé l'Hôpital (FR) 18C3 399
Sault (FR) 28D1 499
Saulx (FR) 19E2 416
Sauret-Besserve (FR) 21H3 435
Sauris (IT) 23G1 552
Sausset-les-Pins (FR) 28D2 499
Sauvagnon (FR) 27C2 466
Sauve (FR) 28B1 489
Sauveterre de Guyenne (FR) 24C2 466
Sauveterre-de-Comminges (FR) 27D3 489
Sauveterre-de-Rouergue (FR) 24G3 489
Sauzé-Vaussais (FR) 21D2 466
Savalia (GR) 35F2 516
Sävar (SE) 4D1 659
Saverne (FR) 16G3 348
Savignac-Lédrier (FR) 24F1 466
Savigny-le-Sec (FR) 19C3 416
Savines-le-Lac (FR) 25F3 499
Savognin (CH) 23B1 116
Savoyeux (FR) 19D2 416
Savudrija (HR) 23H3 520
Scaër (FR) 14C2 383
Scalea (IT) 35C1 587
Scarborough (GB) 1G1 510
Scarperia (IT) 26E3 568
Schacht-Audorf (DE) 6D3 128
Schagen (NL) 9C1 598
Schalkhoven (BE) 11D2 108
Scharbeutz (DE) 8C1 128
Scharnebeck (DE) 8C2 150
Scharnstein (AT) 20H1 88
Schashagen (DE) 8C1 128
Scheggia e Pascelupo (IT) 34D1 580
Scheidegg (DE) 20C2 284
Scheinfeld (DE) 17C1 284
Schiedam (NL) 9C2 619
Schieder (DE) 10A2 195
Schierke (DE) 10C2 170
Schiers (CH) 20B3 116
Schiersfeld (DE) 16G1 221
Schiltach (DE) 19H1 259
Schiltern bei Langenlois (AT) 37A3 90
Schio (IT) 23E3 549
Schleich (DE) 16F1 222
Schleiden (DE) 11E2 196
Schleiz (DE) 12E2 241
Schleswig (DE) 6D3 128
Schlierbach (AT) 37A3 88
Schliersee (DE) 20E2 284
Schlitz (DE) 12B2 235
Schloss Holte/Stukenbrock (DE) 9H2 196
Schluchsee (DE) 19H2 259
Schlüchtern (DE) 12B2 235
Schlüsselfeld (DE) 17C1 284
Schmallenberg (DE) 11H1 196
Schmergow (DE) 10F1 174
Schmiedefeld (DE) 12C2 241
Schnelldorf (DE) 17C2 284
Schneverdingen (DE) 8B3 151
Schöllkrippen (DE) 12A3 284
Schonach im Schwarzwald (DE) 19H1 259
Schönberg (AT) 37A3 90
Schönberg/Ostsee (DE) 6D3 128
Schongau (DE) 20D2 285
Schönsee (DE) 17F1 285
Schönwald (DE) 12E3 285
Schönwald im Schwarzwald (DE) 19H1 259
Schoonloo (NL) 7F3 606
Schöppenstedt (DE) 10C2 151
Schöppingen (DE) 9F2 196
Schorndorf (DE) 17B3 259
Schortens (DE) 7G2 151
Schramberg (DE) 19H1 260
Schrems (AT) 37A2 90
Schrobenhausen (DE) 17D3 285
Schulenberg (DE) 10C2 151
Schüttorf (DE) 9F2 151
Schwabenheim/Selz (DE) 11H3 222
Schwäbisch Gmünd (DE) 17B3 260
Schwäbisch Hall (DE) 17B2 260
Schwaigern (DE) 17A2 260
Schwalmstadt (DE) 12A1 235
Schwalmtal (DE) 12A2 236
Schwanberg (AT) 38A1 96
Schwandorf (DE) 17E1 285
Schwanewede (DE) 7H3 151
Schwangau (DE) 20D2 285
Schwarzenbach an der Saale (DE) 12E3 285

Index

Entry	Ref	Page
Schwaz (AT)	20E2	93
Schwebsange (LU)	16E1	594
Schwedt/Oder (DE)	8H2	174
Schweich/Mosel bei Trier (DE)	16F1	222
Schwerin (DE)	8D1	164
Schwetzingen (DE)	16H2	260
Scicli (IT)	35C3	592
Ščit (BA)	39B1	99
Scopello (IT)	35B3	592
Scourie (GB)	2B1	505
Sdr. Omme (DK)	6C1	296
Sedan (FR)	16C1	348
Seehausen (DE)	8D3	170
Seehof (DE)	8D1	164
Seelbach (DE)	19H1	260
Seelze (DE)	10A1	152
Seestermühe (DE)	8A2	128
Seewald (DE)	16H3	260
Segnitz (DE)	17C1	285
Segonzac (FR)	21C3	466
Segorbe (ES)	33A1	318
Segré (FR)	18C2	399
Ségur (FR)	24H3	489
Ségur-les-Villas (FR)	24H1	435
Sehestedt (DE)	6D3	128
Seiffen (DE)	12G1	177
Seignosse (FR)	27A1	467
Seilebost (GB)	2A1	506
Selb (DE)	12E3	285
Selce (HR)	38A2	520
Selina (HR)	38A2	520
Seljord (NO)	5B1	634
Selles-sur-Cher (FR)	18F3	408
Sellingen (NL)	7F3	604
Selonnet (FR)	25E3	499
Selsingen (DE)	8A2	152
Selva di Val Gardena (IT)	23F1	541
Selzen (DE)	16H1	222
Sembzin (DE)	8E2	164
Semur-en-Auxois (FR)	19B3	416
Sénas (FR)	28D1	499
Šenčur (SI)	38A1	669
Senden (DE)	9G2	196
Sendenhorst (DE)	9G2	196
Senergues (FR)	24G3	489
Senftenberg (DE)	10H3	174
Senigallia (IT)	34D1	574
Senj (HR)	38A2	522
Sent (CH)	23C1	116
Sepúlveda (ES)	30G1	322
Séreilhac (FR)	21E3	467
Sérent (FR)	14D2	383
Sérignan-Plage (FR)	28A2	489
Sermamagny (FR)	19F2	416
Sernaglia della Battaglia (IT)	23F3	549
Serramazzoni (IT)	26D3	558
Serres-sur-Arget (FR)	27F3	489
Serrières-en-Chautagne (FR)	22E3	435
Sertã (PT)	30C2	646
Servières-le-Château (FR)	24G1	467
Sestino (IT)	34C1	568
Sesto al Reghena (IT)	23G2	552
Sesto Fiorentino (IT)	34B1	569
Sesto/Sexten (IT)	23F1	541
Sestola (IT)	26D3	558
Sestriere (IT)	25F2	536
Sète (FR)	28A2	489
Seuil-d'Argonne (FR)	16C3	348
Seurre (FR)	22D1	416
Sévignacq Méracq (FR)	27C2	467
Sevilla (ES)	31D2	326
Sevnica (SI)	38B1	672
Sewerby (GB)	1G1	510
Sexbierum (NL)	7D3	601
Seyssel (FR)	22E3	435
Sézanne (FR)	16B3	348
Shawbost (GB)	2A1	506
Siaugues-Sainte-Marie (FR)	25A2	436
Šibenik (HR)	38B3	522
Sideville-Lorimier (FR)	15B1	362
Siefersheim (DE)	16H1	222
Siegen (DE)	11H1	196
Siegsdorf (DE)	20G1	285
Siena (IT)	34B1	569
Sierck-les-Bains (FR)	16E2	348
Sierksdorf (DE)	8C1	129
Sierra Nevada (ES)	31F2	326
Sievershagen (DE)	6F3	165
Sigmaringen (DE)	20B1	260
Siikajoki (FI)	4E1	329
Silandro (IT)	23D1	541
Silfiac (FR)	14D2	383
Siljan (NO)	5C1	634
Silkeborg (DK)	6D1	296
Sillans-la-Cascade (FR)	28E2	499
Sillé-le-Guillaume (FR)	18D1	399
Sils (ES)	32H2	318
Silves (PT)	31B2	656
Silvolde (NL)	9E2	614
Simat de la Valldigna (ES)	33A2	318
Simmerath (DE)	11E2	196
Simonsberg (DE)	6C3	129
Simplon (CH)	22H2	117
Simrishamn (SE)	6G1	664
Sindal (DK)	5C3	296
Sindelfingen (DE)	17A3	260
Sinderen (NL)	9E2	614
Singen (DE)	20A2	260
Siniscola (IT)	33G2	588
Sinntal (DE)	12B3	236
Sinsheim (DE)	17A2	260
Sint Jacobiparochie (NL)	7D3	601
Sint-Amands (BE)	11B1	104
Sint-Eloois-Vijve (BE)	11A1	101
Sint-Huibrechts-Lille (BE)	11D1	108
Sint-Job-in-'t-Goor (BE)	11C1	105
Sint-Truiden (BE)	11D2	108
Sintra (PT)	30A3	650
Sinzig (DE)	11F2	222
Siouville-Hague (FR)	15B1	362
Siracusa (IT)	35C3	592
Sirmione (IT)	23D3	545
Sisteron (FR)	25E3	499
Sitges (ES)	32F3	318
Sittard (NL)	11E1	626
Sitzendorf (DE)	12D2	241
Sivota (GR)	35E1	513
Sivry (BE)	11B3	110
Six-Fours-les-Plages (FR)	28E3	499
Sixt-Fer-à-Cheval (FR)	22F3	436
Sjötorp (SE)	5E1	665
Sjællands Odde (DK)	6E1	301
Sjølund (DK)	6D2	296
Skagen (DK)	5C2	296
Skaland (NO)	3A2	629
Skals (DK)	5C3	296
Skånevik (NO)	5A1	632
Skånninge (SE)	5E2	660
Skanör (SE)	6F2	664
Skare (NO)	5B1	632
Skarpnäck (SE)	5G1	659
Skatan (SE)	4D2	666
Skellefteå (SE)	4D1	659
Skien (NO)	5C1	634
Skjern (DK)	6C1	296
Skoutari (GR)	35G3	516
Skradin (HR)	38B3	522
Skreia (NO)	4B3	634
Skutvik (NO)	3A3	629
Skælskør (DK)	6E2	301
Skærbæk (DK)	6C2	296
Slano (HR)	39B2	522
Slatine (HR)	39A1	522
Sligachan (GB)	2A1	506
Slochteren (NL)	7F3	604
Slootdorp (NL)	7C3	598
Sloten (NL)	7D3	601
Slovenj Gradec (SI)	38A1	672
Smarano (IT)	23E2	541
Šmarje (SI)	38A2	669
Smedjebacken (SE)	4C3	666
Smlednik (SI)	38A1	669
Smygehamn (SE)	6G2	664
Snedsted (DK)	5C3	296
Sneek (NL)	7D3	601
Sněžník (CZ)	12H1	118
Snig (NO)	5B2	633
Snina (SK)	37D2	667
Soajo (PT)	29C3	642
Soave (IT)	26E1	549
Soboth (AT)	38A1	96
Söderköping (SE)	5F1	660
Soest (DE)	9H3	196
Solanas (IT)	33G3	589
Solcava (SI)	38A1	672
Solda (IT)	23D1	541
Solignac-sur-Loire (FR)	25B2	436
Solignat (FR)	25A1	436
Soline (HR)	38B3	522
Solingen (DE)	11F1	196
Sollerön (SE)	4C3	666
Solre-Sur-Sambre (BE)	11B3	110
Soltau (DE)	8B3	152
Sölvesborg (SE)	6H1	663
Sommariva Perno (IT)	25H2	536
Sommarøy (NO)	3A2	629
Sommersdorf (DE)	8F1	165
Sommières (FR)	28B1	490
Somogyvár (HU)	38C1	525
Sondershausen (DE)	10C3	241
Sondrio (IT)	23C2	545
Sonogno (CH)	23A2	117
Sonthofen (DE)	20C2	285
Sontra (DE)	12B1	236
Soorts-Hossegor (FR)	27A1	467
Sopela (ES)	29H2	309
Soragna (IT)	26C2	558
Sorges (FR)	24E1	467
Soria (ES)	29H3	322
Sorkwity (PL)	36C2	637
Sormás (HU)	38C1	526
Sorso (IT)	33G2	589
Sörup (DE)	6D3	129
Sospel (FR)	28G1	500
Soubise (FR)	21B3	467
Soubrebost (FR)	21G3	467
Soufflenheim (FR)	16H3	348
Sougéal (FR)	15B3	383
Souillac (FR)	24F2	490
Souilly (FR)	16D2	349
Soulac-sur-Mer (FR)	21B3	490
Soulom (FR)	27C3	490
Soultz (FR)	19G2	349
Soumont-Saint-Quentin (FR)	15D2	362
Sounion (GR)	35G2	516
Souppes-sur-Loing (FR)	18H1	364
Sourbrodt (BE)	11E2	109
Sourdeval (FR)	15C3	362
Sourzac (FR)	24D1	467
Souscéyrac (FR)	24G2	490
Soustons (FR)	27A1	467
Southampton (GB)	1G3	510
Souvigné-sur-Sarthe (FR)	18D2	399
Spalt (DE)	17D2	285
Spello (IT)	34D2	580
Speyer (DE)	16H2	222
Spilimbergo (IT)	23G2	552
Spirkelbach (DE)	16G2	222
Split (HR)	39A1	522
Splügen (CH)	23B1	116
Spoleto (IT)	34D2	580
Sprendlingen (DE)	16H1	222
Springe (DE)	10A2	152
Spøttrup (DK)	5C3	296
St Anthème (FR)	25B1	436
St Austell (GB)	1E3	510
St Ives (GB)	1G2	510
St Jidgey (GB)	1E3	510
Sta.Pola (ES)	33A2	318
Stade (DE)	8A2	152
Stadecken-Elsheim (DE)	11H3	223
Stadl an der Mur (AT)	38A1	96
Stadland (DE)	7H2	152
Stadskanaal (DE)	7F3	604
Stadthagen (DE)	10A1	152
Stadtkyll (DE)	11F3	223
Stadtlengsfeld (DE)	12B2	241
Stadtlohn (DE)	9F2	196
Stadtoldendorf (DE)	10B2	152
Stahovica (SI)	38A1	672
Stainz (AT)	38A1	96
Stampa (CH)	23B2	117
Staple Fitzpaine (GB)	1F3	510
Starigrad/Paklenica (HR)	38B3	523
Stassfurt (DE)	10D2	170
Stavoren (NL)	7D3	602
Steckborn (CH)	20A2	116
Steenderen (NL)	9E2	615
Steenwijk (NL)	9E1	609
Steimbke (DE)	10A1	152
Steinach am Brenner (AT)	20E3	93
Steinach/Straubing (DE)	17F2	285
Steinau/Strasse (DE)	12B3	236
Steinberg am See (DE)	17F1	285
Steinfeld (DE)	9H1	152
Steinfurt (DE)	9G2	197
Steinhagen (DE)	9H2	197
Steinheid (DE)	12D2	241
Steinhude (DE)	10A1	153
Stella-plage (FR)	13C3	336
Stemwede (DE)	9H2	197
Stenay (FR)	16D1	349
Stendal (DE)	10D1	170
Stenstrup (DK)	6D2	299
Sternberg (DE)	8D1	165
Sternenfels (DE)	17A2	260
Stetten (DE)	20B2	260
Stettin (Szczecin) (PL)	8H2	636
Steyerberg (DE)	10A1	153
Stezzano (IT)	23B3	545
Stia (IT)	34C1	569
Stintino (IT)	33G2	589
Stjärnsund (SE)	4C3	666
Stockach/Bodensee (DE)	20A2	260
Stockerau (AT)	37A3	90
Stockholm (SE)	5G1	659
Stoke St Gregory (GB)	1F3	510
Stokkum (NL)	9E2	615
Stokkvågen (NO)	3A3	629
Stolberg/Harz (DE)	10C3	170
Stolzenau (DE)	10A1	153
Stolzenhagen (DE)	8G3	175
Stompetoren (NL)	9C1	598
Ston (HR)	39B2	523
Stora Rör (SE)	5F3	662
Store Fuglede (DK)	6E2	302
Storebrö (SE)	5F2	662
Storforshei (NO)	3A3	629
Storkow/Mark (DE)	10G1	175
Storvorde (DK)	5C3	297
Stouby (DK)	6D1	297
Straelen (DE)	9E3	197
Stralsund (DE)	6G3	165
Strandby (DK)	5C3	297
Strängnäs (SE)	5F1	660
Straß im Attergau (AT)	20H1	88
Strasbourg (FR)	16G3	349
Stratford-upon-Avon (GB)	1G2	510
Streefkerk (NL)	9C2	620
Strijensas (NL)	9C3	620
Stromberg (DE)	11G3	223
Strömstad (SE)	5D1	665
Strücklingen (DE)	7G3	153
Struckum (DE)	6C3	129
Struer (DK)	5C3	297
Struppen (DE)	12H1	178
Stumm (AT)	20F3	93
Sturkö (SE)	5F3	663
Stø (NO)	3A2	629
Suben (AT)	17H3	88
Südbrookmerland (DE)	7F2	153
Süderlügum (DE)	6C3	129
Suesa (ES)	29G1	309
Suippes (FR)	16C2	349

Entry	Grid	Page
Sukošan (HR)	38B3	523
Sulingen (DE)	9H1	153
Sulkava (FI)	4F2	329
Sully-sur-Loire (FR)	18H2	408
Sulniac (FR)	14D3	383
Sulz am Neckar (DE)	20A1	261
Sulzano (IT)	23C3	546
Sulzbach-Rosenberg (DE)	17E1	285
Sulzburg (DE)	19G2	261
Sulzemoos (DE)	20D1	286
Sumar (NL)	7E3	602
Super Besse (FR)	24H1	436
Super Lioran (FR)	24H2	436
Supetar (HR)	39A2	523
Surhuisterveen (NL)	7E3	602
Surtainville (FR)	15B1	362
Surwold (DE)	7G3	153
Sury-prés-Léré (FR)	18H3	408
Susa (IT)	25G1	536
Sutera (IT)	35B3	592
Sutivan (HR)	39A2	523
Suvereto (IT)	34B2	569
Suviana (IT)	26E3	558
Suze-la-Rousse (FR)	25C3	436
Sv. Filip I Jakov (HR)	38B3	523
Sveio (NO)	5A1	632
Svelgen (NO)	4A3	632
Svendborg (DK)	6D2	299
Svenstavik (SE)	4C2	666
Sveti Juraj (HR)	38A2	523
Sveti Petar na Moru (HR)	38B3	523
Svitavy (CZ)	37A2	118
Svolvær (NO)	3A2	629
Sydals (DK)	6D3	297
Sykkylven (NO)	4A2	632
Szentkirály (HU)	37C3	525
Sæby (DK)	5C3	297
Sæbøvik (NO)	5A1	632
Taastrup (DK)	6F1	302
Tabarz (DE)	12C1	241
Taberno (ES)	31H2	326
Tabua (PT)	30C1	646
Tagliolo Monferrato (IT)	26A2	536
Talizat (FR)	24H2	436
Talmont-Saint-Hilaire (FR)	21A1	399
Tambach-Dietharz (DE)	12C1	241
Tancau sul Mare (IT)	33G3	589
Tangermünde (DE)	10E1	170
Tanhua (FI)	3C2	330
Tann/Rhön (DE)	12B2	236
Tannois (FR)	16D3	349
Taormina (IT)	35C3	592
Tapia (ES)	29D1	309
Tarbes (FR)	27D2	490
Tarcento (IT)	23H2	552
Tardinghen (FR)	13C2	336
Tarifa (ES)	31D3	326
Tarm (DK)	6C1	297
Tarmstedt (DE)	8A3	153
Tärnaby (SE)	4C1	659
Tarrington (GB)	1F2	510
Tårs (Harpelunde) (DK)	6E2	302
Tårs (Hjørring) (DK)	5C3	297
Tarvisio (IT)	23H1	552
Tau (NO)	5A1	632
Tauberbischofsheim (DE)	17B1	261
Tauberrettersheim (DE)	17B1	286
Tavernes de la Valldigna (ES)	33A2	318
Tavertet (ES)	32G2	318
Tavira (PT)	31B2	656
Tecklenburg (DE)	9G2	197
Telgte (DE)	9G2	197
Templeboy (IE)	1B1	527
Templin (DE)	8F2	175
Temse (BE)	11B1	103
Tenby (GB)	1D3	510
Tence (FR)	25B2	436
Tenero (CH)	23A2	117
Tennie (FR)	18D1	399
Tepanje (SI)	38B1	672
Ter Apel (NL)	7F3	604
Terenzo (IT)	26C2	558
Tergnier (FR)	16A1	336
Terme Vigliatore (IT)	35C2	592
Termunterzijl (NL)	7F2	604
Ternate (IT)	23A3	546
Terneuzen (NL)	11B1	621
Terni (IT)	34D2	580
Terracina (IT)	35B1	578
Terradillos (ES)	30E1	322
Terrasson-Lavilledieu (FR)	24F1	467
Terrugem (PT)	30C3	653
Terschuur (NL)	9D2	615
Tersoal (NL)	7D3	602
Teruel (ES)	33A1	322
Terwolde (NL)	9E2	615
Tettnang (DE)	20B2	261
Teverga (ES)	29E1	309
Texel/De Cocksdorp (NL)	7C3	598
Thalfang (DE)	16F1	223
Thallichtenberg (DE)	16G1	223
Thann (FR)	19F2	349
Thaon-les-Vosges (FR)	19E1	349
Thaxted (GB)	1G2	510
Thedinghausen (DE)	8A3	153
Theillay (FR)	18G3	408
Theix (FR)	14D3	383
Themar (DE)	12C2	242
Thémines (FR)	24F2	490
Thenay (FR)	21F1	408
Therondels (FR)	24H2	490
Theza (FR)	32H1	490
Thiaucourt-Regniéville (FR)	16E3	349
Thiel-sur-Acolin (FR)	22A2	436
Thiers (FR)	22A3	436
Thierstein (DE)	12E3	286
Thierville-sur-Meuse (FR)	16D2	349
Thieu/Strepy (BE)	11B2	110
Thiézac (FR)	24H2	436
Thiron-Gardais (FR)	18F1	409
Thisted (DK)	5C3	297
Thoiré-sur-Dinan (FR)	18E2	399
Thoirette (FR)	22D2	416
Tholen (NL)	9B3	621
Tholey (DE)	16F1	223
Thorenc (FR)	28F1	500
Thorn (NL)	11E1	626
Thorsager (DK)	6D1	297
Thouars (FR)	18D3	467
Thues-entre-Valls (FR)	32G1	490
Thueyts (FR)	25B2	436
Thuin (BE)	11B3	110
Thüngersheim (DE)	12B3	286
Thurageau (FR)	21D1	468
Thyborøn (DK)	5B3	297
Thyholm (DK)	5C3	297
Tidaholm (SE)	5E2	665
Tiefenort (DE)	12B1	242
Tiefensee (DE)	8G3	175
Tiel (NL)	9D2	615
Tilleux (FR)	19D1	349
Timau (IT)	23G1	552
Timmel (DE)	7G2	153
Timmendorfer Strand (DE)	8C1	129
Timmernabben (SE)	5F3	663
Tinchebray (FR)	15C3	362
Tinglev (DK)	6C2	297
Tintagel (GB)	1E3	510
Tinténiac (FR)	15B3	383
Tirana (AL)	39D3	86
Tiranges (FR)	25B1	437
Tirano (IT)	23C2	546
Tirolo (IT)	23E1	541
Titisee (DE)	19H2	261
Tivoli (IT)	34D3	578
Tjøvåg (NO)	4A2	632
Tkon (HR)	38B3	523
Tocane-Saint-Apre (FR)	24D1	468
Todi (IT)	34C2	580
Todtmoos (DE)	19H2	261
Toftlund (DK)	6C2	298
Toldijk (NL)	9E2	615
Toledo (ES)	30F2	322
Tolentino (IT)	34D1	574
Tolkamer (NL)	9E3	615
Tolkmicko (PL)	36B2	637
Tolmin (SI)	38A1	670
Tolo (GR)	35G2	516
Tolosa (ES)	29H2	309
Tomar (PT)	30B2	650
Tomintoul (GB)	2B2	506
Tonadico (IT)	23F2	541
Tonara (IT)	33G3	589
Tongeren (BE)	11D2	108
Tongerlo (BE)	11D1	108
Tonnay-Charente (FR)	21B3	468
Tönning (DE)	6C3	129
Torbole (IT)	23D3	546
Torgiano (IT)	34C2	581
Torgnon (IT)	22G3	529
Torhamn (SE)	5F3	663
Torino di Sangro (IT)	34F2	582
Torngärd (SE)	36A1	663
Toro (ES)	29E3	322
Torre Canne di Fasano (IT)	35D1	584
Torre de Benagalbón (ES)	31F3	326
Torre de Moncorvo (PT)	30D1	642
Torre dell'Orso (IT)	35D1	584
Torre di Mosto (IT)	23G3	549
Torres Vedras (PT)	30A2	650
Torrig (DK)	6E2	302
Torriglia (IT)	26B3	559
Torrington (GB)	1E3	511
Torrita di Siena (IT)	34C2	569
Tortolì (IT)	33G3	589
Tortoreto Lido (IT)	34E2	582
Tortosa (ES)	33B1	318
Totana (ES)	31H2	318
Toul (FR)	16E3	349
Tour-en-Sologne (FR)	18F2	409
Tourlaville (FR)	15B1	362
Tournai (Tournai/Doornik) (BE)	11A2	111
Tournon-d'Agenais (FR)	24E3	468
Tournon-sur-Rhône (FR)	25C2	437
Tournus (FR)	22C2	416
Tours (FR)	18E3	409
Tourzel-Ronzières (FR)	25A1	437
Touvre (FR)	21D3	468
Traben-Trarbach (DE)	11F3	223
Tramonti (IT)	35B1	585
Tramonti di Sopra (IT)	23G2	552
Trancoso (PT)	30C1	646
Tranekær (DK)	6E2	299
Trapani (IT)	35A3	592
Traunstein (DE)	20F1	286
Travemünde (DE)	8C1	129
Trazegnies (BE)	11B2	111
Tréauville (FR)	15B1	363
Trébeurden (FR)	14C1	383
Trechtinghausen (DE)	11G3	223
Tredozio (IT)	26F3	558
Treffort (FR)	25D2	437
Treffurt (DE)	12C1	242
Trégastel (FR)	14C1	384
Tréguier (FR)	14D1	384
Trégunc (FR)	14C2	384
Treignac (FR)	24F1	468
Treignes (BE)	11C3	111
Treigny (FR)	19A2	416
Trelleborg (SE)	6G2	664
Tremblay (FR)	15B3	384
Trémolat (FR)	24E2	468
Tremp (ES)	32E2	319
Trémuson (FR)	14D1	384
Trento (IT)	23E2	541
Tres (IT)	23E2	542
Tresfjord (NO)	4A2	632
Tresigallo (IT)	26F2	558
Treteau (FR)	22A2	437
Treuchtlingen (DE)	17D2	286
Trevi (IT)	34D2	581
Treviglio (IT)	23B3	546
Trevignano Romano (IT)	34C3	578
Treviso (IT)	23F3	549
Trévoux (FR)	22C3	437
Tribanj (HR)	38B3	523
Triberg im Schwarzwald (DE)	19H1	261
Trient (CH)	22F3	117
Trier (DE)	16F1	223
Trieste (IT)	38A2	552
Trigance (FR)	28F1	500
Trittau (DE)	8B2	129
Trittenheim (DE)	16F1	224
Trochtelfingen (DE)	20B1	261
Trofors (NO)	4B1	630
Trogir (HR)	39A1	523
Troia (IT)	34G3	584
Trois Épis (FR)	19G1	350
Trollhättan (SE)	5D2	665
Trondheim (NO)	4B2	630
Trosa (SE)	5G1	660
Trouillas (FR)	32H1	490
Trujillo (ES)	30E3	322
Tubbergen (NL)	9F1	609
Tui (ES)	29C2	309
Tuna (SE)	5F2	663
Turcifal (PT)	30A3	650
Turckheim (FR)	19G1	350
Turégano (ES)	30F1	322
Turenne (FR)	24F2	468
Turin (Torino) (IT)	25H2	536
Turis (ES)	33A1	319
Turnhout (BE)	11C1	105
Turquant (FR)	18D3	399
Tuscania (IT)	34C2	578
Tuttlingen (DE)	20A1	261
Tuuri (FI)	4E2	329
Twello (NL)	9E2	615
Tweng (AT)	20H3	94
Twist (DE)	9F1	153
Tyrchu (GR)	35G2	516
Tyristrand (NO)	4B3	635
Tønder (DK)	6C3	298
Tønsberg (NO)	5C1	635
Úbeda (ES)	31G1	326
Überlingen (DE)	20A2	261
Übersee/Chiemsee (DE)	20F1	286
Uchte (DE)	10A1	153
Udine (IT)	23H2	552
Ueckermünde (DE)	8G1	165
Uedem (DE)	9E3	197
Uelsen (DE)	9F1	153
Uelzen (DE)	8C3	153
Uetersen (DE)	8A2	129
Ufelte (NL)	9E1	606
Ugine (FR)	22F3	437
Uhart-Mixe (FR)	27B2	468
Uherský Brod (CZ)	37B2	118
Uhldingen-Mühlhofen (DE)	20B2	261
Uig (GB)	2A1	506
Ulcinj (ME)	39C3	595
Ulefoss (NO)	5C1	635
Ulfborg (DK)	6C1	298
Ullared (SE)	5D3	665
Ulm (DE)	17C3	261
Ulrichstein (DE)	12A2	236
Umag (HR)	23H3	520
Ummendorf (DE)	20B1	262
Undeloh (DE)	8B3	154
Ungersheim (FR)	19G2	350
Unkel (DE)	11F2	223
Unnaryd (SE)	5E3	665
Unterkirnach (DE)	19H1	262
Unterlamm (AT)	37A3	96
Untermünkheim (DE)	17B2	262
Unteröwisheim (DE)	17A2	262
Unterwasser (CH)	20B3	116
Uplengen (DE)	7G2	154
Urangsvåg (NO)	5A1	632
Urbania (IT)	34C1	575
Urbino (IT)	34C1	575
Urbisaglia (IT)	34D1	575
Urk (NL)	9D1	610
Urmitz/Rhein (DE)	11G2	224

Index

Entry	Ref	Page
Ürzig (DE)	11F3	224
Usedom (DE)	8G1	165
Uslar (DE)	10B3	154
Usquert (NL)	7E2	604
Usseaux (IT)	25G2	537
Ussel (FR)	24G1	468
Utersum (DE)	6C3	129
Utjeha-Bušat (ME)	39C2	595
Utskarpen (NO)	3A3	629
Uttenweiler (DE)	20B1	262
Uttfeld (DE)	11E3	224
Uvdal (NO)	4B3	635
Uvernet-Fours (FR)	25F3	500
Uzerche (FR)	24F1	468
Vaajakoski (FI)	4E2	329
Vaasa (FI)	4D2	329
Vabre (FR)	27G1	490
Vabres-l'Abbaye (FR)	27H1	490
Vacha (DE)	12B1	242
Vado Ligure (IT)	26A3	560
Vadstena (SE)	5E2	660
Vaduz/Liechtenstein (CH)	20B3	116
Vågå (NO)	4B3	635
Vagia (GR)	35G2	513
Vagos (PT)	30B1	646
Vagueira (PT)	30B1	646
Vaiges (FR)	18C1	399
Vailhan (FR)	28A2	490
Vailly-sur-Sauldre (FR)	18H3	409
Vaison-la-Romaine (FR)	25D3	500
Vaivre-et-Montoille (FR)	19E2	416
Val d'Isère (FR)	25F1	437
Val-d'Izé (FR)	18B1	384
Val-d'Ornain (FR)	16C3	350
Val-de-Saâne (FR)	15F1	363
Val-et-Châtillon (FR)	16F3	350
Valadares-SP do Sul (PT)	30C1	642
Valanjou (FR)	18C3	399
Valberg (FR)	28F1	500
Valderiés (FR)	27G1	490
Valdieri (IT)	25G3	537
Valençay (FR)	18F3	409
Valence (Tarn-et-Garonne) (FR)	24F3	490
Valence-sur-Baïse (FR)	27D1	490
Valencia (ES)	33A1	319
Valencia de Alcántara (ES)	30C2	322
Valencia de Don Juan (ES)	29E2	322
Valette (FR)	24H1	437
Valeyrac (FR)	24B1	468
Valgrisenche (IT)	22G3	529
Valkenburg (NL)	11E2	626
Vallabrègues (FR)	28C1	490
Valladolid (ES)	29F3	322
Valle (NO)	5B1	634
Valle Mosso (IT)	22H3	537
Valledoria (IT)	33G2	589
Vallendar (DE)	11G3	224
Valleraugue (FR)	28A1	491
Vallirana (ES)	32F3	319
Valloire (FR)	25F1	437
Vallon-Pont-d'Arc (FR)	25B3	437
Valognes (FR)	15B1	363
Valpaços (PT)	29D3	642
Valras-Plage (FR)	28A2	491
Valréas (FR)	25C3	500
Vals (CH)	23B1	116
Valsavarenche (IT)	25G1	529
Valuéjols (FR)	24H2	437
Valvasone (IT)	23G2	552
Valverde del Camino (ES)	31C1	326
Valwig (DE)	11F3	224
Vandel (DK)	6C1	298
Vannes (FR)	14D3	384
Vanxains (FR)	24D1	468
Varallo (IT)	22H3	537
Varberg (SE)	5D3	665
Varde (DK)	6C2	299
Varennes-sur-Allier (FR)	22A2	437
Varik (NL)	9D3	615
Varín (SK)	37B2	667
Värobacka (SE)	5D3	665
Varsseveld (NL)	9E2	615
Varzi (IT)	26B2	546
Vasles (FR)	21D1	468
Vassieux-en-Vercors (FR)	25D2	437
Västerås (SE)	4D3	666
Västervik (SE)	5F2	663
Vauchrétien (FR)	18C3	400
Vaucouleurs (FR)	16D3	350
Vaujany (FR)	25E1	438
Vauquois (FR)	16C2	350
Vauvenargues (FR)	28D2	500
Växjö (SE)	5E3	661
Vechta (DE)	9H1	154
Védrines-Saint-Loup (FR)	25A2	438
Veendam (NL)	7F3	604
Vegadeo (ES)	29D1	309
Veitsch (AT)	37A3	96
Veitshöchheim (DE)	17B1	286
Vejby (DK)	6F1	302
Vejers Strand (DK)	6B2	298
Vela Luka (HR)	39A2	523
Velaines (FR)	16D3	350
Velbert (DE)	11F1	197
Veldenz (DE)	16F1	224
Veldwezelt (BE)	11D2	108
Velemín (CZ)	12H2	118
Velen (DE)	9F2	198
Vélez-Rubio (ES)	31H2	326
Veli Rat (HR)	38A3	523
Velká Jesenice (CZ)	37A1	118
Vellevans (FR)	19F3	416
Velzic (FR)	24H2	438
Venansault (FR)	21B1	400
Venaria Reale (IT)	25G1	537
Venasca (IT)	25G3	537
Vendeuvre-sur-Barse (FR)	19C1	350
Vendôme (FR)	18F2	409
Vendrennes (FR)	21B1	400
Venedig (Venezia) (IT)	23G3	550
Vénerque (FR)	27F2	491
Venlo (NL)	9E3	626
Ventron (FR)	19F2	350
Venturina (IT)	34B2	569
Vera (ES)	31H2	326
Verbania (IT)	22H3	537
Vercelli (IT)	26A1	537
Verden (DE)	8A3	154
Verdun (FR)	16D2	350
Véretz (FR)	18E3	409
Vergato (IT)	26E3	558
Vergina (GR)	35G1	517
Vergne (FR)	25H3	437
Vermoil (PT)	30B2	650
Vernante (IT)	25G3	537
Vernet-les-Bains (FR)	32G1	491
Vernosc-lès-Annonay (FR)	25C1	438
Verona (IT)	26E3	550
Verrès (IT)	22G3	529
Vers (FR)	24F3	491
Vertheuil (FR)	24B1	469
Vesenaz (CH)	22E2	115
Vesløs (DK)	5C3	298
Vessem (NL)	9D3	625
Vestervig (DK)	5B3	298
Vestpollen (NO)	3A2	629
Vétroz (CH)	22G2	117
Veules-les-Roses (FR)	13B3	363
Veulettes-sur-Mer (FR)	15E1	363
Veurne (BE)	13D2	101
Vevelstad (NO)	4B1	629
Veynes (FR)	25E3	500
Veyrines-de-Domme (FR)	24E2	469
Vézac (FR)	24E2	469
Vézac (FR)	24H2	438
Vézénobres (FR)	28B1	491
Vézins-de-Lévézou (FR)	24H3	491
Vezzano (IT)	23D2	542
Vezzano Sul Crostolo (IT)	26D2	558
Vialfrè (IT)	25H1	537
Viana do Castelo (PT)	29B3	642
Vianden (LU)	16E1	594
Vianen (NL)	9D2	617
Vianen (NL)	9E3	625
Viareggio (IT)	34A1	569
Vias (FR)	28A2	491
Vic (ES)	32G2	319
Vic-en-Bigorre (FR)	27D2	491
Vic-sur-Cère (FR)	24H2	438
Vicdessos (FR)	27F3	491
Vicenza (IT)	23E3	550
Vico del Gargano (IT)	34G3	584
Vicq-sur-Gartempe (FR)	21E1	469
Vidracco (IT)	25H1	537
Viechtach (DE)	17G2	286
Vieille-Brioude (FR)	25A1	438
Vieillevie (FR)	24G2	438
Vielank (DE)	8C2	165
Vielle-Saint-Girons (FR)	27A1	469
Vienenburg (DE)	10C2	154
Vienne (FR)	25C1	438
Vierakker (NL)	9E2	615
Viersen (DE)	11E1	198
Vieste (IT)	34G3	584
Vieux-Boucau-les-Bains (FR)	27A1	469
Viéville (FR)	19D1	350
Vig (DK)	6E1	302
Viganj (HR)	39A2	523
Vigeois (FR)	24F1	469
Vigneulles-les-Hattonchat (FR)	16D2	350
Vihiers (FR)	18C3	400
Viitasaari (FI)	4E1	329
Vikedal (NO)	5A1	632
Viksdalen (NO)	4A3	633
Vila Chã (PT)	29B3	642
Vila de Cruces (ES)	29C2	309
Vila do Bispo (PT)	31A2	656
Vila do Conde (PT)	29B3	642
Vila Nova da Barquinha (PT)	30B2	650
Vila Nova de Cerveira (PT)	29B2	643
Vila Nova de Foz Côa (PT)	30D1	643
Vila Nova de Gaia (PT)	29B3	643
Vila Nova de Oliveirinha (PT)	30C1	646
Vila Nova de Santo André (PT)	31B1	653
Vila Pouca da Beira (PT)	30C1	646
Vila Real (PT)	29C3	643
Vila Real de Santo António (PT)	31C2	656
Vila Viçosa (PT)	30C3	653
Viladrau (ES)	32G2	319
Vilafranca del Penedès (ES)	32F3	319
Vilalba (ES)	29D1	309
Vilar Formoso (PT)	30D1	647
Vilhelmina (SE)	4C1	659
Villa San Giovanni in Tuscia (IT)	34C3	578
Villa Vicentina (IT)	23H2	552
Villacañas (ES)	30G3	322
Villada (ES)	29F3	322
Villaines les Rochers (FR)	18E3	409
Villalago (IT)	34E3	582
Villalpando (ES)	29F3	322
Villandry (FR)	18E3	409
Villanueva de Algaidas (ES)	31E2	326
Villanueva de Oscos (ES)	29D1	309
Villaputzu (IT)	33G3	589
Villar Focchiardo (IT)	25G2	537
Villar Pellice (IT)	25G2	537
Villards-de-Lans (FR)	25D2	438
Villars-les-Dombes (FR)	22C3	438
Villasavary (FR)	27G2	491
Villasimius (IT)	33G3	589
Villebernier (FR)	18D3	400
Villecomtal-sur-Arros (FR)	27D2	491
Villedieu-les-Poêles (FR)	15B2	363
Villedômer (FR)	18E2	409
Villefranche-d'Allier (FR)	21H2	438
Villefranche-de-Rouergue (FR)	24G3	491
Villefranche-du-Périgord (FR)	24E2	469
Villefranche-sur-Saône (FR)	22C3	350
Villeneuve (Aveyron) (FR)	24G3	491
Villeneuve (FR)	28E1	500
Villeneuve-de-Marsan (FR)	27C1	469
Villeneuve-lès-Maguelone (FR)	28B2	491
Villeneuve-Minervois (FR)	27G2	492
Villeneuve-Renneville-Chevigny (FR)	16B3	350
Villequiers (FR)	18H3	409
Villeréal (FR)	24E2	469
Villerest (FR)	22B3	438
Villers-Bocage (FR)	15C2	363
Villers-Cotterêts (FR)	16A2	336
Villers-le-Lac (FR)	19F3	416
Villers-sous-Châtillon (FR)	16B2	351
Villers-sur-Mer (FR)	15D2	363
Villeton (FR)	24D3	469
Villeveque (FR)	18C2	400
Villiers-Charlemagne (FR)	18C1	400
Villiers-en-Désœuvre (FR)	15F2	363
Villingen/Schwenningen (DE)	20A1	262
Villmar (DE)	11H2	236
Vilseck (DE)	17E1	287
Vilshofen (DE)	17G3	287
Vimmerby (SE)	5F2	663
Vimoutiers (FR)	15E2	363
Vinadio (IT)	25G3	538
Vinça (FR)	32G1	492
Vinci (IT)	34B1	569
Vinderup (DK)	5C3	298
Vinhais (PT)	29D3	643
Vinon sur Verdon (FR)	28E1	500
Vinzelles (FR)	22C2	417
Violay (FR)	22B3	438
Vir (HR)	38B3	523
Vire (FR)	15C2	363
Virieu (FR)	25D1	439
Visan (FR)	25C3	500
Visby (SE)	5G2	663
Viseu (PT)	30C1	647
Vişeu de Sus (RO)	40B1	657
Visnja Gora (SI)	38A1	672
Visselhövede (DE)	8A3	154
Visso (IT)	34D2	575
Viterbo (IT)	34C2	578
Vito d'Asio (IT)	23G1	552
Vitorchiano (IT)	34C2	578
Vitoria Gasteiz (ES)	29H2	309
Vitrac (FR)	24F2	469
Vitry-aux-Loges (FR)	18G2	409
Vittangi (SE)	3B2	660
Viverols (FR)	25B1	439
Vižinada (HR)	38A2	520
Vlaardingen (NL)	9C2	620
Vöcklabruck (AT)	20H1	88
Vodice (HR)	38B3	523
Voersa (DK)	5C3	298
Vogelwaarde (NL)	11B1	622
Vogtsburg im Kaiserstuhl (DE)	19G1	262
Vogüé (FR)	25B3	439
Vohenstrauß (DE)	17F1	287
Vöhl (DE)	12A1	236
Void-Vacon (FR)	16D3	351
Volendam (NL)	9C1	598
Volkach (DE)	12C3	287
Völklingen (DE)	16F2	224
Volkmarsen (DE)	10A3	236
Voll (NO)	5C1	635
Vollenhove (NL)	9E1	609
Volpedo (IT)	26B2	538
Volterra (IT)	34B1	569
Vonitsa (GR)	35F2	513
Voorst (NL)	9E2	615
Voorthuizen (NL)	9D2	616
Vordernberg (AT)	37A3	96
Vorey-sur-Arzon (FR)	25B1	439
Vormsele (SE)	4C1	659
Vosselaar (BE)	11C1	103
Vouvant (FR)	21C1	400
Vouvray (FR)	18E3	409
Vranjko Jezero (HR)	38B3	523
Vreden (DE)	9F2	198
Vrees (DE)	7G3	154
Vreta Kloster (SE)	5F1	660
Vrigstad (SE)	5E3	661
Vrsar (HR)	38A2	520
Vrsi (HR)	38B3	523
Vyšný Medzev (SK)	37C2	667

Name	Ref	Page
Vysoké Tatry (SK)	37C2	667
Væggerløse (DK)	6F3	302
Værløse (DK)	6F1	302
Waabs (DE)	6D3	129
Wachenheim (DE)	16H1	224
Wachtendonk (DE)	9E3	198
Wadelincourt (FR)	16C1	351
Wadern (DE)	16F1	224
Wadersloh (DE)	9H3	198
Wagenfeld (DE)	9H1	154
Wageningen (NL)	9D2	616
Wahlsburg (DE)	10B3	236
Wahrenberg (DE)	8D3	171
Waiblingen (DE)	17B3	262
Waidhaus (DE)	17F1	287
Waimes (BE)	11E3	109
Walchum (DE)	7F3	154
Wald (DE)	20D2	287
Waldbröl (DE)	11G2	198
Waldeck (DE)	12A1	236
Waldfeucht-Brüggelchen (DE)	11E1	198
Waldfischbach-Burgalben (DE)	16G2	225
Waldhausen im Strudengau (AT)	37A3	88
Waldkappel (DE)	12B1	236
Waldkirch (DE)	19H1	262
Waldkirchen (DE)	17H2	287
Waldsassen (DE)	12F3	287
Waldshut-Tiengen (DE)	19H2	262
Walldürn (DE)	17B1	262
Walsrode (DE)	8A3	154
Waltrop (DE)	9G3	198
Wanfried (DE)	12B1	237
Wangen im Allgäu (DE)	20B2	262
Wangerland (DE)	7G2	155
Warburg (DE)	10A3	198
Wardenburg (DE)	7H3	155
Waren (DE)	8E2	165
Warendorf (DE)	9G2	198
Warnemünde (DE)	6F3	166
Warschau (Warszawa) (PL)	36C3	637
Warstein (DE)	9H3	199
Wartena (NL)	7E3	602
Wassenberg (DE)	11E1	199
Wassertrüdingen (DE)	17C2	287
Wassy (FR)	19C1	351
Watten (FR)	13D2	336
Waxweiler (DE)	11E3	225
Weddelbrook (DE)	8B1	129
Wedel (DE)	8A2	129
Weener (DE)	7F3	155
Weert (NL)	11D1	627
Weesp (NL)	9C2	598
Weeze (DE)	9E3	199
Wegberg (DE)	11E1	199
Weggis (CH)	19H3	115
Wehr (DE)	19H2	263
Weidenberg (DE)	12E3	287
Weikersheim (DE)	17B1	263
Weil der Stadt (DE)	17A3	263
Weilburg (DE)	11H2	237
Weilheim (DE)	19H2	263
Weilheim in Oberbayern (DE)	20D2	287
Weilmünster (DE)	11H2	237
Weilrod (DE)	11H3	237
Weimar (DE)	12D1	242
Weingarten (DE)	20B2	263
Weinheim (DE)	17A1	263
Weinsberg (DE)	17A2	263
Weisen (DE)	8D3	175
Weiskirchen (DE)	16F1	225
Weismain (DE)	12D3	287
Weissenburg (DE)	17D2	288
Weissenfels (DE)	10E3	171
Weistrach (AT)	37A3	91
Weißwasser (DE)	10H2	178
Weitra (AT)	37A3	91
Well (NL)	9E3	627
Welshpool (GB)	1F2	507
Welzheim (DE)	17B2	263
Wenns/Piller (AT)	20D3	93
Werder/Havel (DE)	10F1	175
Werdum (DE)	7G2	155
Werlte (DE)	7G3	155
Wermsdorf (DE)	10F3	178
Wernberg (AT)	38A1	97
Werne (DE)	9G3	199
Wernigerode (DE)	10C2	171
Wertach (DE)	20C2	288
Wertheim (DE)	17B1	263
Wertingen (DE)	17D3	288
Wervik (BE)	11A2	101
Wesel (DE)	9F3	199
Wesenberg (DE)	8F2	166
Westdorpe (NL)	11B1	622
Westende (BE)	13D1	102
Westerdorp (NL)	9E2	616
Westerbork (NL)	7F3	606
Westerburg (DE)	11H2	225
Westergellersen (DE)	8B2	155
Westerholt (DE)	7G2	155
Væsterholz (DE)	6D3	129
Westerkappeln (DE)	9G2	199
Westerstede (DE)	7G3	155
Westhalten (FR)	19G2	351
Westhofen (DE)	16H1	225
Westoverledingen (DE)	7G3	155
Westward Ho! (GB)	1E3	511
Wetlina (PL)	37D2	638
Wetzlar (DE)	11H2	237
Weyher (DE)	16H2	225
Whaplode St Catherines (GB)	1G2	511
Whitehead (GB)	1D1	502
Wiefelstede (DE)	7G3	156
Wiehl (DE)	11G1	199
Wieliczka (PL)	37C1	638
Wien (AT)	37A3	91
Wiener Neustadt (AT)	37A3	91
Wierden (NL)	9E1	609
Wierzbna (PL)	36A3	637
Wiesbaden (DE)	11H3	237
Wiesenttal (DE)	12D3	288
Wiesing (AT)	20E2	93
Wiesmoor (DE)	7G2	156
Wietzendorf (DE)	8B3	156
Wijchen (NL)	9D3	616
Wijhe (NL)	9E1	609
Wijk en Aalburg (NL)	9D3	625
Wijngaarden (NL)	9C3	620
Wijster (NL)	9E1	606
Wildberg (DE)	17A3	263
Wildeshausen (DE)	7H3	156
Wilfersdorf (AT)	37B3	91
Wilhelmshaven (DE)	7G2	156
Willebroek (BE)	11B1	105
Willer-sur-Thur (FR)	19F2	351
Willingen (DE)	11H1	237
Willisau (CH)	19H3	115
Willroth (DE)	11G2	225
Wilnsdorf (DE)	11H2	199
Wilp (NL)	9E2	616
Wilster (DE)	8A1	129
Wiltz (LU)	11E3	594
Winchester (GB)	1G3	511
Windeck (DE)	11G2	200
Wingene (BE)	11A1	102
Winschoten (NL)	7F3	605
Winsen/Luhe (DE)	8B2	157
Winsum (NL)	7D3	602
Winsum (NL)	7E2	605
Winterberg (DE)	11H1	200
Winterswijk (NL)	9F2	616
Wintrich (DE)	16F1	225
Wischhafen (DE)	8A1	130
Wismar (DE)	8D1	166
Wissant (FR)	13C2	336
Wissen (DE)	11G2	225
Witten (DE)	9G3	200
Wittenbeck (DE)	6F3	166
Wittingen (DE)	8C3	157
Wittlich (DE)	11F3	225
Wittmund (DE)	7G2	157
Witzenhausen (DE)	10B3	237
Wolfach (DE)	19H1	263
Wolfegg/Allgäu (DE)	20B2	263
Wolfenbüttel (DE)	10C2	157
Wolfhagen (DE)	10A3	237
Wolfsburg (DE)	10C1	157
Wolin (PL)	8H1	636
Wolnzach (DE)	17E3	288
Wolphaartsdijk (NL)	9B3	622
Wommels (NL)	7D3	602
Wonneberg (DE)	20G1	288
Workum (NL)	7D3	602
Wörlitz (DE)	10E2	171
Worms (DE)	16H1	225
Wörrstadt (DE)	16H1	226
Woudsend (NL)	7D3	602
Wülfrath (DE)	11F1	200
Wunsiedel (DE)	12E3	288
Würzburg (DE)	17B1	288
Wusterhausen/Dosse (DE)	8E3	175
Xanten (DE)	9E3	200
Ybbs an der Donau (AT)	37A3	91
Yecla (ES)	33A2	319
Yeovil (GB)	1F3	511
Ylämaa (FI)	4F2	328
Ylivieska (FI)	4E1	329
Ylönkylä (FI)	4E3	329
Yngsjö (SE)	6G1	664
Ypecolsga (NL)	7D3	602
Ystad (SE)	6G2	664
Ytrac (FR)	24G2	439
Ytre Enebakk (NO)	5C1	635
Zaberfeld (DE)	17A2	263
Žabljak (ME)	39C1	595
Zaboric (HR)	39A1	523
Zacharo (GR)	35F2	517
Zadar (HR)	38B3	523
Zafra (ES)	31D1	323
Zagaje (PL)	36A2	637
Zagreb (HR)	38B2	524
Žalec (SI)	38A1	672
Zaltbommel (NL)	9D3	616
Zamora (ES)	29E3	323
Zaostrog (HR)	39B2	523
Zapponeta (IT)	39A3	584
Zaragoza (ES)	32B2	310
Zărnești (RO)	40C2	658
Zaton (HR)	38B3	523
Zdole (SI)	38B1	673
Ždrelac (HR)	38B3	523
Zeewolde (NL)	9D2	610
Zegama (ES)	29H2	309
Zeil am Main (DE)	12C3	288
Zeitz (DE)	12E1	171
Zelhem (NL)	9E2	616
Zell am Harmersbach (DE)	19H1	264
Zell/Mosel (DE)	11F3	226
Zella-Mehlis (DE)	12C2	242
Zellingen (DE)	12B3	288
Zeltingen-Rachtig (DE)	11F3	226
Zetel (DE)	7G2	157
Zeulenroda (DE)	12E2	242
Zeven (DE)	8A2	157
Zevenhoven (NL)	9C2	620
Zgornje Jezersko (SI)	38A1	673
Ziegenhagen (DE)	10B3	237
Zierikzee (NL)	9B3	622
Zingst (DE)	6F3	166
Zirndorf (DE)	17D1	288
Zittau (DE)	37A1	178
Živogošče (HR)	39A2	523
Zizers (CH)	23B1	116
Zlan (AT)	20H3	97
Zonnebeke (BE)	11A2	102
Zoppola (IT)	23G2	552
Zorge (DE)	10C3	158
Zoutkamp (NL)	7E2	605
Zreče (SI)	38B1	673
Žrnovo (HR)	39A2	523
Zsana (HU)	38D1	525
Zug (CH)	20A3	115
Zuidbroek (NL)	7F3	605
Žuljana (HR)	39B2	523
Zülpich (DE)	11F2	200
Zulte (BE)	11A1	103
Zumaia (ES)	29H2	309
Zundert (NL)	9C3	625
Zürich (CH)	20A3	116
Zurich (NL)	7D3	602
Zurow (DE)	8D1	166
Zutphen (NL)	9E2	616
Zwaagwesteinde (NL)	7E3	602
Zwartsluis (NL)	9E1	610
Zweibrücken (DE)	16G2	226
Zweisimmen (CH)	22G1	115
Zwettl (AT)	37A3	91
Zwolle (NL)	9E1	610
Zwota (DE)	12F2	178
Ærøskøbing (DK)	6D2	299
Ølen (NO)	5A1	633
Ølensvåg (NO)	5A1	633
Østbirk (DK)	6D1	298
Øvergård (NO)	3B2	629
Øydegard (NO)	4A2	633
Łukta (PL)	36B2	637